Curso
de direito
Constitucional

Uadi Lammêgo Bulos

Curso de direito Constitucional

17ª edição
atualizada até a
Emenda Constitucional n. 135, de 20-12-2024

2025

- O autor deste livro e a editora empenharam seus melhores esforços para assegurar que as informações e os procedimentos apresentados no texto estejam em acordo com os padrões aceitos à época da publicação, *e todos os dados foram atualizados pelo autor até a data de fechamento do livro*. Entretanto, tendo em conta a evolução das ciências, as atualizações legislativas, as mudanças regulamentares governamentais e o constante fluxo de novas informações sobre os temas que constam do livro, recomendamos enfaticamente que os leitores consultem sempre outras fontes fidedignas, de modo a se certificarem de que as informações contidas no texto estão corretas e de que não houve alterações nas recomendações ou na legislação regulamentadora.

- Data do fechamento do livro: 30/01/2025

- O autor e a editora se empenharam para citar adequadamente e dar o devido crédito a todos os detentores de direitos autorais de qualquer material utilizado neste livro, dispondo-se a possíveis acertos posteriores caso, inadvertida e involuntariamente, a identificação de algum deles tenha sido omitida.

- Direitos exclusivos para a língua portuguesa
  Copyright ©2025 by
  Saraiva Jur, um selo da SRV Editora Ltda.
  Uma editora integrante do GEN | Grupo Editorial Nacional
  Travessa do Ouvidor, 11
  Rio de Janeiro – RJ – 20040-040

- Atendimento ao cliente: https://www.editoradodireito.com.br/contato

- Reservados todos os direitos. É proibida a duplicação ou reprodução deste volume, no todo ou em parte, em quaisquer formas ou por quaisquer meios (eletrônico, mecânico, gravação, fotocópia, distribuição pela Internet ou outros), sem permissão, por escrito, da **SRV Editora Ltda.**

- Capa: Idée Arte e Comunicação
  Diagramação: Guilherme Salvador

- **DADOS INTERNACIONAIS DE CATALOGAÇÃO NA PUBLICAÇÃO (CIP)**
  VAGNER RODOLFO DA SILVA – CRB-8/9410

B939c Bulos, Uadi Lammego
Curso de direito constitucional / Uadi Lammêgo Bulos. – 17. ed. – São Paulo:
   Saraiva Jur, 2025.

1.568 p.
ISBN: 978-85-5362-120-0 (impresso)

1. Direito. 2. Direito constitucional. I. Título.

	CDD 342
2023-3146	CDU 342

Índices para catálogo sistemático:
1. Direito constitucional   342
2. Direito constitucional   342

Respeite o direito autoral

OBRAS DO AUTOR

- *Estudos preliminares de processo civil.* Salvador: IPRAJ, 1991. 30 p.
- *Mandado de segurança coletivo (e outros estudos).* Salvador: Ed. e Distribuidora de Livros Salvador, 1994. 129 p.
- *Elementos de direito constitucional.* Belo Horizonte: Nova Alvorada Ed., 1996. 205 p.
- *Mandado de segurança coletivo.* São Paulo: Revista dos Tribunais, 1996. 415 p.
- *Manual de interpretação constitucional.* São Paulo: Saraiva, 1997. 128 p.; 2. ed. rev., atual. e ampl. (no prelo).
- *Lei da Arbitragem comentada.* São Paulo: Saraiva, 1997 (p. 3-72); 2. ed., rev. e atual., 1998 (p. 3-75).
- *Mutação constitucional.* São Paulo: Saraiva, 1997. 215 p. (dissertação de Mestrado); 2.ed. rev., atual. e ampl. (no prelo).
- *Constituição Federal anotada.* São Paulo: Saraiva, 2000. 1466 p.; 2. ed., 2001. 1470 p.; 3. ed. rev. e atual., 2001. 1446 p.; 4. ed. rev. e atual., 2002. 1456 p.; 4. ed. rev. e atual., 2. tir., 2002. 1456 p.; 5. ed. rev. e atual., 2003. 1542 p.; 6. ed. rev., atual. e ampl., 2005. 1596 p.; 7. ed. rev. e atual., 2007. 1596 p.; 2. tir., 2007. 1596 p.; 8. ed. rev. e atual., 2008. 1596 p.; 9. ed. rev. e atual., 2009. 1598 p.; 10. ed. rev. atual. e ref., 2012. 1824 p.; 11. ed. rev. e atual., 2015. 1840 p.; 12. ed. rev. e atual., 2017. 1892 p.
- *Comissão parlamentar de inquérito:* técnica e prática. São Paulo: Saraiva, 2001. 340 p. (tese de Doutorado).
- *Curso de direito constitucional.* São Paulo: Saraiva, 2007. 1385 p.; 2. tir., 2007; 2. ed. rev. e atual., 2008. 1391 p.; 2. tir., 2008. 1391 p.; 3. ed. rev. e atual., 2009. 1391 p.; 4. ed. rev. e atual., 2009. 1502 p.; 5. ed. rev. e atual., 2010. 1654 p.; 6. ed. rev. e atual, 2011. 1668 p.; 2. tir., 2011. 1668 p.; 7. ed. rev. e atual., 2012. 1686 p., 8. ed. rev. e atual., 2014. 1704 p.; 9. ed. rev. e atual., 2015. 1704 p.; 10. ed. rev. e atual., 2017. 1728 p.; 2018. 1728 p.; 11. ed. rev. e atual., 2018. 1841 p.; 12. ed. rev. e atual., 2019. 1736 p.; 13. ed. rev. e atual., 2020. 1736 p.; 14. ed. rev. e atual., 2021. 1752 p.; 15. ed. rev. e atual., 2022. 1760 p.; 16. ed. rev. e atual., 2023. 1760 p.; 17. ed. rev. e atual., 2025. 1760 p.
- *Direito constitucional ao alcance de todos.* São Paulo: Saraiva, 2009. 648 p.; 2. tir., 2009. 648 p.; 2. ed. rev. e atual., 2010. 738 p.; 2. tir. 2010. 738 p.; 3. ed. rev. e atual., 2011. 766 p.; 4. ed. rev. e atual., 2012. 780 p.; 5. ed. rev. e atual., 2014. 754 p.; 6. ed. rev. e atual., 2015. 744 p.; 7. ed. rev. e atual., 2017. 760 p.; 8. ed. rev. e atual., 2018. 728 p.; 9. ed. rev. e atual., 2019. 748 p.; 10. ed. rev. e atual., 2020; 11. ed. rev., atual. e ampl. (no prelo).

REVISÕES E ATUALIZAÇÕES

- Nelson de Sousa Sampaio. *O poder de reforma constitucional.* 3. ed. rev. e atual. por Uadi Lammêgo Bulos, Belo Horizonte: Nova Alvorada Ed., 1995. 135 p.
- Nelson de Sousa Sampaio. *O processo legislativo.* 2. ed. rev. e atual. por Uadi Lammêgo Bulos. Belo Horizonte: Del Rey, 1996. 206 p.

COORDENAÇÕES EDITORIAIS

- *Revista Ângulos,* n. 20, coord. Uadi Lammêgo Bulos, Diretório Acadêmico Ruy Barbosa, Faculdade de Direito da Universidade Federal da Bahia, 1992. 149 p.
- *Direito processual:* inovações e perspectivas. In: Estudos em homenagem ao Ministro Sálvio de Figueiredo Teixeira. Coord. Eliana Calmon e Uadi Lammêgo Bulos. São Paulo: Saraiva, 2003. 456 p.

ARTIGOS E PARECERES EM REVISTAS E COLETÂNEAS

- O Município e o seu novo regime político-constitucional. *Revista do Centro de Estudos e Pesquisas Jurídicas da Universidade Federal da Bahia,* Salvador, n. 4, p. 269-271, 1990.
- Das nulidades no processo civil. *Ciência Jurídica,* Belo Horizonte, n. 46, p. 33-49, jul./ago. 1992.
- Mandado de segurança coletivo, legitimidade e outros aspectos polêmicos. *Revista da Ordem dos Advogados da Bahia,* Salvador, n. 2, p. 233-255, 1992; *Revista Bahia Forense,* Salvador, n. 38, p. 53-68, 1994.

- Notas para uma teoria das invalidades processuais. *Revista Ângulos*, Salvador, n. 20, p. 76-89, 1992.
- Pela revisão constitucional do mandado de segurança coletivo. *Revista Bahia Forense*, Salvador, n. 37, p. 33-41, 1993.
- Mandado de segurança coletivo (pela revisão constitucional). *Ciência Jurídica*, Belo Horizonte, n. 51, p. 255-264, maio/jun. 1993.
- Criação e mudança constitucional. *Ciência Jurídica*, Belo Horizonte, n. 57, p. 265-285, maio/jun. 1994.
- Interpretação, integração e aplicação das normas constitucionais trabalhistas. *Revista do Instituto Goiano de Direito do Trabalho*, São Paulo: LTr, n. 3, p. 59-77, 2º semestre 1994.
- Interpretação constitucional tributária. *Ciência Jurídica*, Belo Horizonte, n. 59, p. 53-86, set./out. 1994.
- Mandado de segurança das organizações. *Trabalho & Processo*, São Paulo: Saraiva, n. 4, p. 97-142, mar./maio 1995; *RT, 716*:78-111, jun. 1995.
- Função social da propriedade (perspectiva constitucional). *Trabalho & Processo*, São Paulo: Saraiva, n. 6, p. 141-150, set. 1995.
- Função social da propriedade. *Ciência Jurídica*, Belo Horizonte, n. 63, p. 333-345, maio/jun. 1995.
- Mudança informal da Constituição, *Revista Bahia Forense*, Salvador, n. 42, p. 32-43, 1996.
- Construção constitucional. *Trabalho & Doutrina*, São Paulo: Saraiva, n. 8, p. 177-197, mar. 1995; *Revista da Faculdade de Direito da UFMG*, Belo Horizonte, v. 36, n. 36, p. 181-206, 1999.
- Elaboração e reforma das Constituições. *Revista de Direito Administrativo*, Rio de Janeiro: Renovar, n. 203, p. 75-106, jan./mar. 1996.
- Da reforma à mutação constitucional. *Revista de Informação Legislativa*, Brasília, n. 129, p. 25-43, jan./mar. 1996.
- Repercussão das reformas constitucionais no direito adquirido do trabalhador. *Revista da Ordem dos Advogados da Bahia*, ano 9, n. 3, p. 147-159, nov. 1996; *Revista de Direito do Trabalho*, ano 25, n. 95, p. 196-205, jul./set. 1996; *Trabalho & Doutrina*. São Paulo: Saraiva, n. 12, p. 132-142, mar. 1997; *Syntheses*, São Paulo: TRT 2ª Região, n. 25, p. 28, 1997.
- Costume constitucional. *Revista da Faculdade de Direito*, edição comemorativa do cinquentenário da UFBA, v. 36, p. 139-159, 1996.
- Mudanças constitucionais informais. *Trabalho & Doutrina*, São Paulo: Saraiva, n. 11, p. 210-236, dez. 1996; *Syntheses*, São Paulo: TRT, 2ª Região, n. 25, p. 26, 1997.
- A reforma da Constituição de 1946. *Revista do Instituto Geográfico e Histórico da Bahia*, n. 92, p. 163-172, jan./dez. 1996.
- Teoria da interpretação constitucional. *Revista de Direito Administrativo*, Rio de Janeiro: Renovar, n. 205, p. 23-64, jul./set. 1996.
- *Writ* coletivo no processo do trabalho. In: *Processo do trabalho:* estudos em homenagem ao Professor José Augusto Rodrigues Pinto. São Paulo: LTr, 1997, p. 502-521.
- Cláusulas pétreas nos doze anos de Constituição. In: *Estudos em homenagem ao Ministro Adhemar Ferreira Maciel.* Coord. Ministro Sálvio de Figueiredo Teixeira. São Paulo: Saraiva, 2001, p. 703-721.
- Arbitragem: constitucionalidade e aplicação nos dissídios trabalhistas. *Trabalho & Doutrina*, São Paulo: Saraiva, n. 14, p. 99-108, set. 1997.
- Orçamento municipal. *Revista Jurídica Administração Municipal*, Salvador: Jurídica Editoração e Eventos Ltda., ano 3, n. 4, p. 17-34, abr. 1998.
- Finanças públicas e orçamento. *Trabalho & Doutrina*, São Paulo: Saraiva, n. 17, p. 14-30, jun. 1998; *Revista de Direito Administrativo*, Rio de Janeiro: Renovar, n. 211, p. 281-299, jan./mar. 1998.
- Servidor público: estágio probatório e apuração de responsabilidades. *Revista Jurídica Administração Municipal*, Salvador: Jurídica Editoração e Eventos Ltda., ano 3, n. 7, p. 36- 50, jul. 1998.
- Três aspectos da reforma do Judiciário. *Revista Jurídica Administração Municipal*, Salvador: Jurídica Editoração e Eventos Ltda., ano 3, n. 8, p. 3-12, ago. 1998; *Revista Forum*, Salvador: Instituto dos Advogados da Bahia, p. 153-163, 1998.
- Direitos sociais constitucionais. *Trabalho & Doutrina*, São Paulo: Saraiva, n. 18, p. 124-128, set. 1998; *Syntheses*, São Paulo: TRT, 2ª Região, n. 28, p. 47, 1999.
- Reforma administrativa (primeiras impressões). *Revista de Direito Administrativo*, Rio de Janeiro: Renovar, n. 214, p. 69-98, out./ dez.; *Boletim de Direito Administrativo*, São Paulo: NDJ, ano 14, n. 11, p. 704-724, nov. 1998.
- Aspectos da reforma administrativa. *Revista do Centro de Estudos Judiciários do Conselho da Justiça Federal (CEJ)*, Brasília, n. 6, p. 136-144, set./dez. 1998.
- Emenda constitucional da reforma administrativa. *Revista Jurídica Administração Municipal*, Salvador: Jurídica Editoração e Eventos Ltda., ano 4, n. 4, p. 61-84, abr. 1999.

◆ OBRAS DO AUTOR ◆

- Da reforma à fraude constitucional. *Revista Jurídica Administração Municipal*, Salvador: Jurídica Editoração e Eventos Ltda., ano 3, n. 11, p. 1-9, nov. 1998; *Revista Travelnet*, site *www.juridica.com.br*.
- Cláusulas pétreas na Constituição de 1988. *Revista "In verbis"*, Rio de Janeiro: Instituto dos Magistrados do Brasil, n. 15, p. 28-30, out./mar. 1998; *Boletim de Direito Administrativo*, São Paulo: NDJ, ano 15, n. 3, p. 156-159, mar. 1999; *Trabalho & Doutrina*, São Paulo: Saraiva, n. 21, p. 160-164, jun. 1999; *Revista Jurídica Consulex*, ano 3, n. 26, p. 42-44, 28-2-1999 (sob o título Cláusulas pétreas); *Themis — Revista da Escola Superior da Magistratura do Estado do Ceará*, Fortaleza: Tribunal de Justiça do Estado do Ceará, v. 2, n. 2, p. 107-114, 1999.
- Dez anos de Constituição: em torno das cláusulas de inamovibilidade. *Revista da Ajufe*, Associação dos Juízes Federais do Brasil, ano 18, n. 60, p. 236-315, jan./mar. 1999; *Revista do Tribunal de Contas do Estado de Minas Gerais*, v. 32, n. 3, p. 47-76, jul./set. 1999.
- Cláusulas pétreas e direito adquirido. *Cidadania e Justiça: Revista da Associação dos Magistrados Brasileiros*, ano 3, n. 6, p. 220-229, 1º semestre 1999; destaque no site Jusnavigandi, *www.jus.com.br*, ano IV, n. 46, out. 2000; veiculado no site *www.jurisdoctor.com.br*.
- Decênio da Constituição de 1988. *Revista de Processo:* estudos em homenagem ao Ministro Sálvio de Figueiredo Teixeira. Publicação Oficial do Instituto Brasileiro de Direito Processual, São Paulo, ano 25, n. 98, p. 307-323, abr./jun. 2000.
- O livre convencimento do juiz e as garantias constitucionais do processo penal, site *www.direitocriminal.com.br*, 29-10-2000 (conferência proferida na XIIª Semana de Estudos Jurídicos da Faculdade de Direito da Pontifícia Universidade Católica do Rio Grande do Sul, em parceria com o Instituto de Processo Penal, Porto Alegre, 26-10-2000); *Revista da Escola da Magistratura do Estado do Rio de Janeiro*, Emerj, v. 3, n. 12, p. 184-198, 2000.
- Realidade institucional, tripartição de poderes e medidas provisórias. *Revista da EMARF*, Escola da Magistratura Regional Federal (órgão do TRF da 2ª Região), v. 5, n. 1, p. 231-249, set. 2002.
- Recurso especial: meio idôneo para a tutela de princípios gerais de direito? In: *Direito processual:* inovações e perspectivas. Estudos em homenagem ao Ministro Sálvio de Figueiredo Teixeira. Coord. Eliana Calmon e Uadi Lammêgo Bulos. São Paulo: Saraiva, 2003, p. 437-456.
- Alterações informais na Constituição. *Revista do Advogado:* estudos de direito constitucional em homenagem a Celso Ribeiro Bastos, São Paulo: AASP — Associação dos Advogados de São Paulo, ano XXIII, n. 73, p. 199-204, nov. 2003.
- Cobertura florística — Desapropriação — Indenização (Parecer). *Revista de Direito Administrativo*, Rio de Janeiro: Renovar, n. 215, p. 294-308, jan./mar. 1999; *Boletim de Direito Administrativo*, São Paulo: NDJ, ano 15, n. 9, p. 582-593, set. 1999; *Boletim de Direito Municipal*, São Paulo: NDJ, ano 16, n. 5, p. 289-300, maio 2000.
- Boa-fé — Enriquecimento Ilícito — Competência do STJ para julgar princípio geral de direito — Licitação — Razoabilidade (Parecer). *Boletim de Licitações e Contratos (BLC)*, São Paulo: NDJ, ano 17, n. 1, p. 4-24, jan. 2004.
- Agências reguladoras — Princípios constitucionais — Autonomia da Anatel — Desvio de conduta — Atos ministeriais (Parecer). *Boletim de Direito Administrativo*, São Paulo: NDJ, ano 20, n. 5, p. 497-514, maio 2004.
- Poder Público — Proibição temporária de contratar — Incentivos fiscais e creditícios — Condenação desproporcional (Parecer). *Boletim de Licitações e Contratos*, São Paulo: NDJ, ano 17, n. 8, p. 549-572, ago. 2004.
- Comissão Parlamentar de Inquérito — Requerimento nulo — Arquivamento (Parecer). *Boletim de Direito Administrativo*, São Paulo: NDJ, ano 20, n. 10, p. 1116-1135, out. 2004; *Revista Ibero-Americana de Direito Público*, Rio de Janeiro: América Jurídica, v. XV, p. 245-263, 2004.
- Permissionárias de transportes urbanos — Custo da tarifa — Compensação de créditos — Taxa de gerenciamento (Parecer). *Boletim de Direito Municipal*, São Paulo: NDJ, ano 21, n. 4, p. 297-319, abr. 2005.
- Programa de inspeção veicular (Parecer). *Boletim de Direito Municipal*, São Paulo: NDJ, ano 28, n. 8, p. 595-602, ago. 2007.
- Fornecimento de gás canalizado (alcance dos arts. 177, I e IV, e 25, § 2º, da Constituição Federal). *Boletim de Direito Administrativo*, São Paulo: NDJ, ano 23, n. 10, p. 1117-1124, out. 2007.
- Poder de gestão do Estado-membro. *Boletim de Direito Administrativo*, São Paulo: NDJ, ano 23, n. 12, p. 1362-1371, dez. 2007.
- Principiologia constitucional dos leilões. Disponível em: *www.saraivajur.com.br*, 29-11-2007.
- *Disregard doctrine* em face da Constituição da República. Disponível em: *www.saraivajur.com.br*, 29-11-2007.
- Razoável duração do processo. Disponível em: *www.saraivajur.com.br*, 17-1-2008.
- *Procedural constitution* e penhoras *contra legem*. Disponível em: *www.saraivajur.com.br*, 17-1-2008.

VIII

- Licitação em caso de parentesco. *Jus Navigandi*, Teresina, ano 12, n. 1855, 30 jul. 2008. Disponível em: <http://jus2.uol.com.br/doutrina/texto.asp?id=11555>.
- Vinte anos da Constituição de 1988. *Jus Navigandi*, Teresina, ano 12, n. 1922, 5 out. 2008. Disponível em: <http://jus2.uol.com.br/doutrina/texto.asp?id=11798>.; *Boletim de Licitações e Contratos*. São Paulo: NDJ, ano 22, n. 3, p. 216-232, mar. 2009.
- Intolerância religiosa no ordenamento brasileiro. *Jus Navigandi*, Teresina, ano 21, n. 4.831, 22 set. 2016. Disponível em: <https://jus.com.br/artigos/52290>.
- Autonomia institucional do MP de Contas. *Revista do Ministério Público de Contas do Estado do Paraná*, Curitiba, n. 4, ano II, maio 2016/nov. 2016, p. 40-62.
- Inconstitucionalidade da cobrança de ICMS em transporte terrestre de passageiros. *Jus Navigandi*, Teresina, ano 23, n. 5320, 24 jan. 2018. Disponível em: <https://jus.com.br/artigos/63658>.

ARTIGOS EM JORNAIS, INFORMATIVOS E SUPLEMENTOS

- Sobral Pinto, O apóstolo da liberdade. *Jornal Correio da Bahia*, Salvador, Caderno 2, 12 dez. 1991, p. 11.
- Para a revisão constitucional de 1993. *Jornal A Tarde*, Salvador, Caderno 1, 18 jul. 1992, p. 6.
- O relançamento de Ângulos. *Jornal A Tarde*, Salvador, Caderno 1, 19 nov. 1992, p. 6.
- Após o plebiscito. *Informativo Dilisa*, Salvador, jun./jul. 1993, p. 2.
- Revisão ilimitada? *Jornal A Tarde*, Salvador, Caderno 1, 14 jul. 1993, p. 6.
- De olho na Constituição. *Jornal A Tarde*, Salvador, Caderno 2, 29 jun. 1995, p. 3.
- Nelson Sampaio e "O poder de reforma constitucional". *Ciência Jurídica Fatos*, ano 2, n. 14, nov. 1995, p. 10.
- Reforma constitucional da Previdência. *Jornal A Tarde*, Salvador, Coluna Judiciárias, 17 ago. 1996, p. 20.
- As reformas constitucionais e o direito adquirido do trabalhador. *Jornal A Tarde*, Salvador, Coluna Judiciárias, 27 ago. 1996, p. 22.
- Interpretar a Constituição. *Jornal A Tarde*, Salvador, Coluna Judiciárias, 17 set. 1996, p. 16.
- Interpretação das normas constitucionais. *Boletim Informativo Saraiva (BIS)*, ano 5, n. 3, out./nov. 1996, p. 8.
- A súmula vinculante na reforma do Judiciário (em coautoria com o Min. Sálvio de Figueiredo Teixeira). *Jornal A Tarde*, Salvador, Coluna Judiciárias, 9 nov. 1996, p. 20; *Tribuna do Direito*, São Paulo, jan. 1998, p. 10; *Correio Braziliense*, Brasília, Coluna Direito & Justiça, 9 fev. 1998, p. 3; Site do Tribunal de Justiça do Mato Grosso, *www.tj.mt.gov.br/artigo5.htp*.
- Nelson Sampaio e "O processo legislativo". *Del Rey Notícias*, órgão informativo da Del Rey, ano 1, n. 3, set./out. 1996, p. 2.
- A face jurídica da educação. *Jornal A Tarde*, Salvador, Coluna Judiciárias, 16 maio 1997, p. 18.
- Medidas provisórias: admissibilidade e outros aspectos. Enfoque jurídico, suplemento do Tribunal Regional Federal da 1ª Região, abr./maio 1997, p. 26.
- Promotor natural: exigência de nosso tempo. *Jornal A Tarde*, Salvador, Coluna Judiciárias, dez. 1997, p. 6.
- Um dia de inverno em Chicago. *Folha do Acadêmico*, São Paulo, ano II, n. 5, abr. 2002, p. 5; *Jornal A Tarde*, Salvador, Caderno 1, 12 mar. 1998, p. 8.
- Vida privada e honra. *Boletim Informativo Saraiva (BIS)*, ano 7, n. 1, mar. 1998, p. 12.
- Reforma do Judiciário ou mudança de mentalidade?, *Tribuna do Direito*, São Paulo, p. 14, ago. 1999.
- Reforma do Judiciário. *Boletim Informativo Saraiva (BIS)*, ano 8, n. 3, out./nov. 1999, p. 14.
- Quebra do sigilo ou quebra da Constituição? In: *www.direitocriminal.com.br*, 20-1-2001; *www.saraivajur.com.br*, 22-1-2001; *Jornal A Tarde*, Salvador, Caderno 1, Opinião, 27 jan. 2001, p. 8; *Revista Meio Jurídico*, ano IV, n. 41, jan. 2001, p. 5-7.

OBRAS DE DESENVOLVIMENTO PESSOAL E ESPIRITUAL

- *Humano como nós:* as lições daquele que dividiu a História, abriu caminhos, administrou crises e coordenou pensamentos com os olhos do coração. São Paulo: Casa Editorial, 2017, 144 p.
- *Alegria em gotas:* leituras de um minuto para refletir, aumentar o ânimo, arrumar as ideias e seguir em frente. São Paulo: Didier, 2023, 210 p.
- *Livro de orações:* coletânea universal de preces para vigiar mais, purificar o espírito, alimentar a alma e fortalecer os corpos (no prelo).
- *As flores falam:* o que as flores querem nos dizer com a linguagem própria delas (no prelo).

A você, minha Regi,
"Buscai, primeiramente, o reino de Deus e sua
justiça e todas as coisas vos serão acrescentadas"
(Evangelho segundo Mateus, 6:33).

ABREVIATURAS E SIGLAS

ABIN — Agência Brasileira de Inteligência
AC — Apelação civil
ACO — Ação civil ordinária
ACrim — Apelação criminal
ADC — Ação declaratória de constitucionalidade
ADCT — Ato das Disposições Constitucionais Transitórias
ADIN/ADI — Ação direta de inconstitucionalidade
ADPF — Arguição de descumprimento de preceito fundamental
AFRMM — Adicional ao frete para renovação da marinha mercante
AgI — Agravo de instrumento
AgRg — Agravo regimental
AGU — Advocacia Geral da União
AI — Ato Institucional
AJ — *Arquivo Judiciário*
ANAPE — Associação Nacional dos Procuradores do Estado
ANTT — Agência Nacional de Transportes Terrestres
AO — Ação ordinária
AOE — Ação originária especial
Ap. — Apelação
AP — Ação penal
AR — Agravo retido
ATP — Adicional de tarifa portuária
ATS — Adicional por tempo de serviço
BANERJ — Banco do Estado do Rio de Janeiro
BDA — *Boletim de Direito Administrativo*
BLC — *Boletim de Licitações e Contratos*
BVerfGG — *Bundesverfassungsgericht* (Tribunal Constitucional alemão)
Câm. Cív. — Câmara Cível
Cap. — Capítulo
c/c — combinado com
CComp — Conflito de competência
CDC — Código de Defesa do Consumidor
CDCCP — *Cadernos de Direito Constitucional e Ciência Política*
CDTFP — *Cadernos de Direito Tributário e Finanças Públicas*
cf. — confronte/confira
CF — Constituição Federal

CGI — Comissão Geral de Investigações
CIDE — Contribuição de Intervenção no Domínio Econômico
CJ — Conflito de jurisdição
CLT — Consolidação das Leis do Trabalho
CMN — Conselho Monetário Nacional
CNJ — Conselho Nacional de Justiça
CNMP — Conselho Nacional do Ministério Público
CNP — Conselho Nacional do Petróleo
CNTS — Confederação Nacional dos Trabalhadores na Saúde
COAF — Conselho de Controle de Atividades Financeiras
COFINS — Contribuição para Financiamento da Seguridade Social
CONFAZ — Conselho Nacional de Política Fazendária
CONFEN — Conselho Federal de Entorpecentes
COSEMI — Comissão do Serviço Militar
CP — Código Penal
CPC — Código de Processo Civil
CPF — Cadastro de Pessoa Física
CPI — Comissão Parlamentar de Inquérito
CPMF — Contribuição provisória sobre movimentação ou transmissão de valores e de créditos e direitos de natureza financeira
CR — Carta rogatória
CSLL — Contribuição sobre o lucro líquido
CSN — Conselho de Segurança Nacional
CVM — Comissão de Valores Mobiliários
Des. — Desembargador
DETRAN — Departamento Estadual de Trânsito
DJ — *Diário da Justiça*
DJU — *Diário da Justiça da União*
DL — Decreto-Lei
DNOCS — Departamento Nacional de Obras Contra as Secas
EC — Emenda Constitucional
ECR — Emenda Constitucional de Revisão
EDecl. — Embargos de declaração
e. g. — *exempli gratia*
EI — Embargos infringentes
Extr. — Extradição

FGPC — Fundo de Garantia para Promoção da Competitividade

FGTS — Fundo de Garantia do Tempo de Serviço

FINSOCIAL — Fundo de Investimento Social

FUNAI — Fundação Nacional do Índio

FUNPEN — Fundo Penitenciário Nacional

FUNRURAL — Fundo de Assistência ao Trabalhador Rural

HC — *Habeas corpus*

HD — *Habeas data*

IAA — Instituto do Açúcar e do Álcool

IBAMA — Instituto Brasileiro do Meio Ambiente e dos Recursos Naturais Renováveis

ICMS — Imposto sobre circulação de mercadorias e serviços

IDC — Incidente de deslocamento de competência

IF — Intervenção federal

INPC — Índice Nacional de Preços ao Consumidor

INSS — Instituto Nacional do Seguro Social

IOF — Imposto sobre operações financeiras

IPMF — Imposto provisório sobre movimentação financeira

IPTU — Imposto sobre a propriedade territorial urbana

IPVA — Imposto sobre a propriedade de veículos automotores

ISS — Imposto sobre serviços

j. — julgamento/julgado

JTJ — *Julgados do Tribunal de Justiça*

LDB — Lei de Diretrizes e Bases

LEP — Lei de Execução Penal

LOMAN — Lei Orgânica da Magistratura Nacional

MC — Medida cautelar

MI — Mandado de injunção

Min. — Ministro

ML — Medida liminar

MP — Medida provisória/Ministério Público

MPDFT — Ministério Público do Distrito Federal e Territórios

MS — Mandado de segurança

n. — número(s)

OAB — Ordem dos Advogados do Brasil

OEA — Organização dos Estados Americanos

OIT — Organização Internacional do Trabalho

ONGs — Organizações não governamentais

ONU — Organização das Nações Unidas

OTAN — Organização do Tratado do Atlântico Norte

p. — página(s)

par. — parágrafo

PASEP — Programa de Formação do Patrimônio do Servidor Público

PEC — Proposta de emenda à constituição

Pet. — Petição

PIS — Programa de Integração Social

PNDI — Política Nacional dos Direitos dos Idosos

Proc. — Processo

PRONAC — Programa Nacional de Apoio à Cultura

PSDB — Partido da Social Democracia Brasileira

PSV — Proposta de Súmula Vinculante

QO — Questão de ordem

RDA — *Revista de Direito Administrativo*

RE — Recurso extraordinário

Rec. — Recurso

Recl. — Reclamação

Rel. — Relator

Repr. — Representação

RePro/RP — *Revista de Processo*

Resp. — Resposta

REsp — Recurso especial

RF — *Revista Forense*

RHC — Recurso em *habeas corpus*

RHD — Recurso em *habeas data*

RIBDC — *Revista do Instituto Brasileiro de Direito Constitucional*

RICD — Regimento Interno da Câmara dos Deputados

RIL — *Revista de Informação Legislativa*

RIMA — Relatório de Impacto Ambiental

RISF — Regimento Interno do Senado Federal

RISTF — Regimento Interno do Supremo Tribunal Federal

RITJDFT — Regimento Interno do Tribunal de Justiça do Distrito Federal e Territórios

RITCU — Regimento Interno do Tribunal de Contas da União

RJTJESP — *Revista de Jurisprudência do Tribunal de Justiça do Estado de São Paulo*

RMS — Recurso em mandado de segurança

RPGEGB — *Revista da Procuradoria-Geral do Estado da Guanabara*

ABREVIATURAS E SIGLAS

RPGR — *Revista da Procuradoria-Geral da República*
RR — Recurso de revista
RSTJ — *Revista do Superior Tribunal de Justiça*
RT — *Revista dos Tribunais*
RTDP — *Revista Trimestral de Direito Público*
RTJ — *Revista Trimestral de Jurisprudência*
RTJRS — *Revista do Tribunal de Justiça do Rio Grande do Sul*
s. — seguinte(s)
SAT — Serviço autônomo
SBTVD — Sistema Brasileiro de Televisão Digital
SDI — Seção de Dissídio Individual
SE — Sentença estrangeira
SEBRAE — Serviço Brasileiro de Apoio às Micro e Pequenas Empresas
SEC — Sentença estrangeira contestada
SELIC — Sistema Especial de Liquidação e Custódia
SENAC — Serviço Nacional de Aprendizagem Comercial
SENAI — Serviço Nacional de Aprendizagem Industrial
SENAR — Serviço Nacional de Aprendizagem Rural
SENAT — Serviço Nacional de Aprendizagem do Transporte
SEST — Serviço Social do Transporte
SIMPLES — Sistema Integrado de Pagamento de Imposto e Contribuições das Microempresas e das Empresas de Pequeno Porte
SINASAN — Sistema Nacional de Sangue
SNI — Serviço Nacional de Informação

SS — Suspensão de segurança
STA — Suspensão de Tutela Antecipada
STF — Supremo Tribunal Federal
STJ — Superior Tribunal de Justiça
STM — Superior Tribunal Militar
SUDAM — Superintendência do Desenvolvimento da Amazônia
SUDENE — Superintendência de Desenvolvimento do Nordeste (substituída pela ADENE — Agência de Desenvolvimento do Nordeste)
SUFRAMA — Superintendência da Zona Franca de Manaus
SUMOC — Superintendência da Moeda e do Crédito do Banco do Brasil
SUS — Sistema Único de Saúde
t. — tomo
T. — Turma
TC — Tribunal de Contas
TCU — Tribunal de Contas da União
TDAs — Títulos da dívida agrária
TFR — Tribunal Federal de Recursos (extinto)
TJRS — Tribunal de Justiça do Rio Grande do Sul
TJSP — Tribunal de Justiça de São Paulo
TRF — Tribunal Regional Federal
TRT — Tribunal Regional do Trabalho
TSE — Tribunal Superior Eleitoral
TST — Tribunal Superior do Trabalho
v. — volume
v. — *vide*
v. g. — *verbi gratia*
v. m. — votação por maioria
v. u. — votação unânime

NOVIDADES DA 17ª EDIÇÃO

A 17ª edição traz:
• resumo dos julgados do Supremo Tribunal Federal que reputamos merecedores de destaque; e
• últimas emendas constitucionais, advindas até a data de fechamento da presente edição.

Agradecemos as sugestões enviadas. Esperamos continuar recebendo outras. Livros nunca acabam de ser escritos. Só o tempo corrige-lhes as imperfeições.

Uadi Lammêgo Bulos

COMO ESTUDAR DIREITO CONSTITUCIONAL

Em qualquer setor do conhecimento, o estudo varia conforme a necessidade.

Não é diferente com o Direito Constitucional, porque o modo de estudá-lo depende do objetivo que se queira alcançar.

Para fazer exames de graduação universitária, por exemplo, o estudo é uma coisa. Outra é a preparação para concursos públicos, cursos de especialização *lato sensu*, mestrados e doutorados. Já o exercício profissional exige pesquisa dirigida a fim de encontrar, amiúde, aquilo que se busca.

O objetivo deste livro é fornecer ao leitor um corpo de informações seguras, permitindo-lhe enfrentar, com êxito, qualquer uma dessas situações.

Como a melhor forma de aprender é simplificar, o estudo do Direito Constitucional será fácil, ou difícil, a depender do modo como estruturarmos o pensamento. Se, por exemplo, o estudioso quiser colher dados gerais da matéria, sem descer a maiores detalhes, ele não precisa ler tudo que está desdobrado nos capítulos deste *Curso*; basta, apenas, pincelar aquilo que lhe interessa. Mas, caso um concursando pretenda esgotar a disciplina, para ir com tranquilidade realizar as provas, deverá ler, ponto a ponto, toda a obra.

Os profissionais, por sua vez, também encontrarão fonte rápida de informações, organizadas em tópicos, de modo a facilitar-lhes a consulta.

É que, ingressar nos escaninhos do Direito Constitucional, indo do geral para o particular, e vice-versa, numa linguagem direta, sem comprometer o rigor científico no seu exame, é a finalidade deste trabalho.

Todos os pontos da disciplina, e os seus reflexos sobre os diversos setores da experiência jurídica, receberam cuidadoso tratamento.

Nesse contexto, recomendamos dez passos para facilitar o estudo do Direito Constitucional:

1º) **Gostar de estudar:** estudar é hábito. É preciso cultivar uma *disciplina feliz*. O contrário é perda de tempo. E como gostar de estudar? Tendo objetivo na vida, sabendo querer, para, desse modo, centralizar a mente no alvo concreto a alcançar. O principal é o esforço, a fé, a coragem, sem os quais ninguém vive, muito menos sobrevive. Esse gosto pelo estudo é o oposto da ambição desenfreada, do carreirismo, da pressa de "ter algo". Irmana-se com o "ser algo", estágio em que o sujeito enche a sua vida de significado, fazendo uma revolução silenciosa no campo das emoções, passando a ser dono de si, e não escravo da satisfação alheia. Ao dominar os imensos territórios de sua alma, encontrará a meada dos fios que tecem a colcha de retalhos da sua inteligência. Nesse dia, o gosto pelo estudo será natural e o êxito também.

2º) **Ruminar a lição:** Direito Constitucional é uma disciplina ampla. Envolve tudo. Só existe uma forma para absorvê-lo: remoendo-lhe o conteúdo. Repete, repete, repete que pega! Napoleão Bonaparte dizia que a melhor figura de retórica é a *repetição*. Ler várias vezes a mesma coisa é atitude de sabedoria, porque as palavras têm vida. O significado delas depende da dimensão praxeológica e do nível teorético-científico que se lhes atribuírem. Por isso, é difícil captar, de um súbito, o conteúdo de uma lei, de uma decisão judicial ou de um texto doutrinário. Mas ruminar a lição não é decorá-la, sem entender a sua essência, e sim colocar na mente o cerne do assunto. Isso é algo diverso da cegueira, do mero utilitarismo prático, da unidimensionalização do saber jurídico, que compromete o alicerçamento das *leges artis* da profissão.

3º) **Fazer resumos:** resumir o assunto é um modo de evitar o sono durante o estudo, porque o Direito Constitucional é uma disciplina densa. Por mais que se queira simplificá-lo, há momentos em que se torna impossível fazê-lo, sob pena de o tornar banal. Mas não basta fazer resumos, é preciso concentrar-se naquilo que se está lendo, precisamente para os pontos fortes da disciplina adentrarem no subconsciente, evitando os famosos "brancos" ou esquecimentos, na hora da prova.

4º) **Reconhecer a importância da jurisprudência:** durante muito tempo, os professores nem sequer se referiam às decisões judiciais nas salas de aula. Vislumbravam-nas com certo desdém. Acreditavam que seria metodicamente empobrecedor trazer ao debate acadêmico a produção de juízes e tribunais. O paradigma formativo cingia-se, tão só, a teorias abstratas, calcadas num suposto *saber sábio* de um *Direito Constitucional de Professores*. O tempo mostrou o desacerto dessas diretrizes, porque o conhecimento *ex cathedra*, reduzido ao abstracionismo, renega problemas humanos e sociais, propiciando uma fuga para o céu de noções alheias à realidade pulsante dos ordenamentos. Mas esses padrões estruturais expositivos mudaram. Ao lado das *teorias políticas da justiça* e das *teorias críticas da sociedade* somou-se aquilo que poderíamos chamar de *jurisprudencialização do saber constitucional*. Estados Unidos da América, França, Alemanha, Itália, Espanha e Portugal aderiram a essa *transmutação jurisprudencial do Direito Constitucional*. No Brasil, já estamos vivendo es-sa fase. As decisões do Supremo Tribunal Federal têm merecido grande destaque, sendo nítida a destronização do Direito do Estado, em sua feição pura, pelo *Direito Constitucional Judicial*.

5º) **Ler a Constituição seca:** ler a *Lei das Leis*, sem comentários ou anotações, é o passo inicial de toda a obediência, porque ninguém pode estudar Direito Constitucional sem conhecer aquilo que está escrito na Constituição. Daí o perigo de se recorrer a matérias jornalísticas sobre temas constitucionais antes de examinar a Carta Maior. Não raro, forma-se um convencimento distorcido da realidade, amesquinhando a força normativa da Constituição.

6º) **Atualizar-se:** como tudo na vida, o Direito Constitucional está sujeito a modas. Daí falarem em *novo Direito Constitucional* e, até, em *novíssimo Direito Constitucional*, que nada mais são que experiências constitucionais de maior ou menor duração, aquilo que os americanos chamam de experiência de *living constitution*. O importante de tudo isso é estar sempre atualizado à luz desse *neoconstitucionalismo*, preocupado em dissecar os problemas da sociedade *globalizada*, *técnica*, *informativa*, *materialista* e de *risco* em que vivemos. As discussões gravitam, basicamente, em torno dos fenômenos da biotecnologia, biótica, inseminações, clonagens, criogenia de seres humanos, alimentos transgênicos, nanotecnologia (ciência que estuda a milionésima parte do metro), inteligência artificial, mídias sociais, exercício de liberdades públicas no mundo digitalizado, dentre outros temas relacionados à erupção e reconhecimento de direitos e deveres, dantes não contemplados. O *Future Constitutionalism* propõe uma reavaliação de conceitos clássicos, a fim de adequá--los aos novos tipos organizatórios de comunidades supranacionais, a exemplo da *União Europeia*, do *Mercosul* e do *Nafta*, e, a médio e longo prazo, aos futuros sistemas interplanetários, quando da apresentação, às abertas, dos seres de outros Orbes a todos nós.

7º) **Entrelaçar o discurso acadêmico à práxis profissional:** o estudo do Direito Constitucional deve transcender à dogmática clássica. Não basta, apenas, desenvolver esquemas abstratos de

◆ COMO ESTUDAR DIREITO CONSTITUCIONAL ◆

raciocínio. Mais que isso, é preciso voltar os olhos para a prática profissional, seara onde os fatos são discutidos, com vistas à busca de soluções. Urge fazer uma simbiose entre o *humus* teórico e a experiência da vida. Desse modo, eliminam-se as figuras dos diligentes de questões jurídicas e dos teóricos de plantão. O entrelaçamento do discurso acadêmico e da práxis profissional permite a formação de consciências críticas, capazes de compreender a importância da argumentação, das construções doutrinárias, legislativas e jurisprudenciais. Desse modo, torna-se possível equilibrar os planos científico e vivencial, evitando radicalismos no estudo dos diversos temas que compõem tão vasto setor do saber, eliminando o pragmatismo cego e, ao mesmo tempo, o teorismo exacerbado, distantes da riqueza da vida.

8º) **Não ter pressa em aprender tudo de uma vez só:** a ansiedade, a pressa, a agonia para estudar tudo de uma só vez gera angústia, medo e depressão, gerando mal-estar profundo. Os apressados vivem uma eterna guerra de pensamentos que brotam da mente com velocidade estupenda. Sobrecarregam o córtex cerebral, escoando a energia vital do espírito. Andam tristes, agitados, fatigados e esquecidos. Deixam de contemplar o belo, e, num processo inconsciente, perdem a alegria interior. Que tal pensar para viver, em vez de viver para pensar? Dinheiro, fama, *status*, cargo público importante não compensam a infelicidade. Qualquer vitória só faz sentido se for obtida com esforço e em clima de festa. Assim, podemos fazer do estudo do Direito Constitucional uma oportunidade para reeducar hábitos.

9º) **Descansar a mente:** ir a festas é ótimo quando se acha que não se está aprendendo mais nada. Jesus Cristo, o Mestre dos Mestres, o príncipe da arte de gerenciar emoções e pensamentos, que não seguiu credo religioso algum, foi um homem corporativo e cooperativo. Bebia vinho com os amigos e estava sempre alegre, mesmo sabendo o calvário que a ignorância humana iria proporcionar-lhe. Vivia em perigo constante, e não sofria antecipadamente. Sempre estava com o intelecto calmo e descansado. Foi à festa de Caná da Galileia, do tabernáculo, dentre outras. Alguns dos seus melhores ensinamentos ocorreram durante as refeições, embora naquela época inexistissem restaurantes. Na realidade, é impossível absorver assuntos tão áridos, como os constitucionais, dentro de uma autocobrança lógica e rígida. Isso vale para os pais de muitos alunos. Avisamo-lhes: sem alegria, não há triunfo, sem bem-estar íntimo, filhos não trazem resultados. A mente humana é um terreno inçado de idas e vindas. Mais uma vez, recordemos do Carpinteiro do amor. Na hora da perseguição mais acirrada de sua vida, parou e disse: "olhai os lírios do campo". Descansar a mente é atitude de enorme valia para quem deseja a verdadeira vitória: ter paz.

10º) **Erigir Deus como o centro de tudo:** quando entregamos a nossa vida a Deus, o estudo flui. Nem é preciso ter religião para fazer isso; basta, antes de começar os estudos, invocar o nome do Senhor — ó, Senhor Jesus! —, fazendo a respiração da vida. Confiar em Deus, Amigo incondicional de todas as horas, é compensar todo o esforço despendido, coroando a nossa existência de luz, temperança e autodomínio.

Cônscios de que o livro não substitui o professor, da mesma forma que o professor não substitui o livro, pretendemos facilitar a vida universitária, condensando em um só volume o sumo dos programas de ensino das faculdades e dos editais de concursos públicos.

Este curso faz parte de um ideal maior: mostrar que o Direito Constitucional não é somente o que os juízes proclamam, nem, tampouco, apenas aquilo que os professores dizem, e sim a junção de doutrina e jurisprudência, teoria e prática, estática e dinâmica, pensamento e ação.

As transformações mundiais estão culminando no ápice da transição planetária.

Nos próximos dias, acontecimentos impactarão a vida constitucional dos Estados.

Migraremos, paulatinamente, do Direito Constitucional que hoje conhecemos para aquilo que chamamos de **Ectogênese das Constituições**, algo que explicaremos aos nossos leitores em momento oportuno.

Uadi Lammêgo Bulos

RESUMO DE JULGADOS DO STF

Eis o sumo dos julgados do Supremo Tribunal Federal, proferidos até a data de fechamento da presente edição, os quais reputamos merecedores de destaque.

Recomendamos que eles sejam pesquisados em sua íntegra, para um exame mais aprofundado do conteúdo que encerram.

- **Notícia comprovadamente falsa que atribuía crimes a um homem que foi testemunha de acusação em uma ação penal** — para a 1ª Turma do Supremo Tribunal Federal, a retirada da divulgação de notícia falsa não se caracteriza como censura, porque a informação era inverídica. Por maioria de votos, prevaleceu o entendimento de que eventuais abusos no exercício da manifestação do pensamento podem ser examinados pelo Poder Judiciário, com a cessação das ofensas, direito de resposta e a fixação de responsabilidades civil e penal de seus autores (STF, Reclamação 68354, Rel. Min. Cármen Lúcia, j. 24-9-2024).

- **Impossibilidade de recursos serem utilizados para promover comemorações do golpe de 1964, decide STF** — o Supremo Tribunal Federal reafirmando a sua jurisprudência sobre o tema, na sessão de 27 de setembro de 2024, firmou a seguinte tese de repercussão geral: "A utilização, por qualquer ente estatal, de recursos públicos para promover comemorações alusivas ao Golpe de 1964 atenta contra a Constituição e consiste em ato lesivo ao patrimônio imaterial da União".

- **Testemunhas de Jeová podem recusar transfusão de sangue** — reafirmando o princípio constitucional da liberdade religiosa, o Supremo Tribunal Federal, em 25 de setembro de 2024, consagrou as teses com repercussão geral sobre o direito de Testemunhas de Jeová, adultos e capazes, terem o direito de recusar procedimento médico que envolva transfusão de sangue. **Teses do RE 979742:** "1 — Testemunhas de Jeová, quando maiores e capazes, têm o direito de recusar procedimento médico que envolva transfusão de sangue, com base na autonomia individual e na liberdade religiosa. 2 — Como consequência, em respeito ao direito à vida e à saúde, fazem jus aos procedimentos alternativos disponíveis no SUS podendo, se necessário, recorrer a tratamento fora de seu domicílio"; e **Teses do RE 1212272:** "1 — É permitido ao paciente, no gozo pleno de sua capacidade civil, recursar-se a se submeter a tratamento de saúde por motivos religiosos. A recusa a tratamento de saúde por motivos religiosos é condicionada à decisão inequívoca, livre, informada e esclarecida do paciente, inclusive quando veiculada por meio de diretiva antecipada de vontade. 2 — É possível a realização de procedimento médico disponibilizado a todos pelo Sistema Único de Saúde, com a interdição da realização de transfusão sanguínea ou outra medida excepcional, caso haja viabilidade técnico-científica de sucesso, anuência da equipe médica com a sua realização e decisão inequívoca, livre, informada e esclarecida do paciente".

- **Constitucionalidade do pagamento de créditos individuais de condenação em ação coletiva** — na sessão de 23 de setembro de 2024, o Supremo Tribunal Federal contemplou a seguinte tese de repercussão geral: "A execução de créditos individuais e divisíveis decorrentes de título judicial coletivo, promovida por substituto processual, não caracteriza o fracionamento de precatório vedado pelo § 8º do art. 100 da Constituição".

- **Limites da retroatividade dos acordos de não persecução penal** — na sessão de 18 de setembro de 2024, o Supremo Tribunal Federal aprovou a seguinte tese de julgamento sobre esse assunto: "Compete ao membro do Ministério Público oficiante, motivadamente o no exercício do seu poder dever, avaliar o preenchimento dos requisitos para negociação e celebração do ANPP, sem prejuízo do regular exercício dos controles jurisdicional e interno. É cabível a celebração do ANPP em casos de processo em andamento quando da entrada em vigência da Lei 13.964/2019, mesmo se ausente confissão do réu até aquele momento, desde que o pedido tenha sido feito antes do trânsito em julgado. Nos processos penais em andamento na data da proclamação do resultado deste julgamento, nos quais em tese seja cabível a negociação de ANPP, se este ainda não foi oferecido ou não houve motivação para o seu não oferecimento, o Ministério Público, agindo de ofício, a pedido da defesa ou mediante provocação do magistrado da causa deverá, na primeira oportunidade em que falar nos autos, após a publicação da ata deste julgamento, manifestar-se motivadamente acerca do cabimento ao não do acordo. Nas investigações ou ações penais iniciadas a partir da proclamação do resultado deste julgamento, a proposição de ANPP pelo Ministério Público, ou a motivação para o seu não oferecimento, devem ser apresentadas antes do recebimento da denúncia, ressalvada a possibilidade de propositura pelo órgão ministerial no curso da ação penal, se for o caso".

- **Fornecimento de medicamentos pelo SUS e os parâmetros fixados em acordo homologado pelo STF** — o Supremo Tribunal Federal homologou acordo que definiu critérios e parâmetros a serem observados nas ações judiciais de fornecimento de medicamentos pelo Sistema Único de Saúde (SUS). A questão foi discutida em sede de recurso extraordinário com repercussão geral (Tema 1.234). Tal acordo definiu quais são os medicamentos que não integram o âmago da política pública do SUS. O foro competente para examinar demandas relacionadas a medicamentos não incorporados ao SUS, mas com registro na Anvisa, é a Justiça Federal, desde quando o valor anual do tratamento seja igual ou superior a 210 salários mínimos (STF, RE 1366243, Rel. Min. Gilmar Mendes, j. 16-9-2024).

- **Impenhorabilidade de Fundo Partidário e Fundo de Campanha durante eleições** — tendo em vista que o bloqueio das verbas durante as campanhas pode prejudicar a neutralidade do pleito, decidiu o Supremo Tribunal Federal que os valores provenientes do Fundo Partidário e do Fundo Especial de Financiamento de Campanha não podem ser penhorados no curso das campanhas eleitorais. "O Estado-juiz, no curso do período das campanhas eleitorais, não pode simplesmente se valer de tal instrumento, interferindo diretamente na paridade de armas e na liberdade de voto, sob pena de macular a legitimidade do pleito" (STF, ADPF 1017, Rel. Min. Gilmar Mendes, j. 1º-10-2024).

- **Condenados por júri popular podem ser presos imediatamente após o julgamento** — na sessão de 12 de setembro de 2024, o Supremo Tribunal Federal fixou a seguinte tese com repercussão geral sobre esse tema: "A soberania dos veredictos do Tribunal do Júri autoriza a imediata execução de condenação imposta pelo corpo de jurados, independentemente do total da pena aplicada".

- **Validade de cobrança de diferenças do ICMS para empresas optantes pelo Simples Nacional** — o Supremo Tribunal Federal decidiu pela validade de dispositivos de lei complementar federal que obrigam o recolhimento da diferença de alíquotas (interna x interestadual) do ICMS-ST pelas empresas optantes pelo Simples Nacional que realizarem operações interestaduais. O Simples Nacional permite o recolhimento mensal de vários impostos e contribuições num único documento de arrecadação, mas, em relação ao ICMS, segue a legislação aplicável às demais pessoas jurídicas. Recordemos que o STF, no julgamento do Recurso Extraordinário 970821 (Tema 517 da repercussão geral), tinha julgado constitucional a cobrança de diferencial da alíquota do Imposto sobre ICMS nas compras interestaduais feitas por empresas optantes do Simples Nacional (STF, ADI 6030, Rel. Min. Gilmar Mendes, j. 30-8-2024).

- **São válidas punições militares previstas no Regulamento Disciplinar do Exército** — por unanimidade de votos, fixou o Supremo Tribunal Federal, na sessão de 26 de agosto de 2024, a seguinte tese com repercussão geral: "O artigo 47 da Lei 6.880/1980 foi recepcionado pela Constituição Federal de 1988, sendo válidos, por conseguinte, os incisos IV e V do artigo 24 do Decreto 4.346/2002, os quais não ofendem o princípio da reserva legal".

- **Sport: único campeão brasileiro de futebol de 1987** — o STF considerou inviável recurso da Confederação Brasileira de Futebol contra a decisão do Tribunal Regional da 5ª Região, que declarou o Sport Clube Recife como o único campeão brasileiro de futebol de 1987. Prevaleceu o entendimento de que, segundo jurisprudência do próprio STF, não é cabível o reexame de provas via recursos extraordinários (STF, ARE 1503759, Rel. Min. Flávio Dino, j. 23-8-2024).

RESUMO DE JULGADOS DO STF ◆ XXIII

- **Criadores profissionais não estão obrigados a castrarem cães e gatos em SP** — O STF suspendeu trechos de uma lei do Estado de São Paulo que obrigava criadores profissionais de gatos e cães a castrarem filhotes antes dos quatro meses de idade. Prevaleceu o entendimento de que a alteração compulsória, indiscriminada e artificial da morfologia dos cães e gatos, sem considerar suas características e situações específicas, viola a dignidade desses animais, pois pode comprometer não apenas a integridade física, como a própria existência das raças. Estudos científicos demonstram que a castração precoce, generalizada e indiscriminada de cães e gatos, sem considerar suas características individuais, aumenta os riscos de má formação fisiológica e morfológica, além de favorecer doenças que prejudicam as espécies e comprometem suas futuras gerações. "Ao se preocupar com outras formas de vida não humanas, a Constituição incorporou uma visão mitigada do antropocentrismo, de modo a reconhecer que seres não humanos podem ter valor e dignidade", ressaltou o Min. Flávio Dino, relator da matéria. Ademais, a lei estadual não previu meios nem facilitou a adaptação às novas regras, o que poderia prejudicar a atividade econômica e profissional dos canis e gatis. Portanto, compete ao Poder Executivo estadual estabelecer prazo razoável para os criadores se adaptarem às novas obrigações, em respeito ao princípio da segurança jurídica e da proteção da confiança (STF, ADI 7704, Rel. Min. Flávio Dino, j. 22-8-2024).
- **Autonomia financeira e administrativa dos MPs de Contas: impossibilidade** — o Supremo Tribunal Federal, em sua composição plenária, invalidou trechos de leis do Estado do Pará que davam autonomia financeira e administrativa aos ministérios públicos especiais que atuam junto aos Tribunais de Contas estadual e municipal. Prevaleceu o entendimento de que, como a Constituição Federal conferiu ao Ministério Público especial que atua no Tribunal de Contas da União apenas autonomia funcional, os Estados não podem editar lei local ampliando essa prerrogativa. O STF tem entendimento consolidado de que, como esses MPs estão inseridos nas estruturas dos tribunais de contas, não há campo para que a legislação estadual destoe do modelo federal. Como as regras estão em vigor há mais de 30 anos, a decisão produzirá efeitos a partir de 2026. Desse modo, será possível fazer os ajustes legislativos, evitando que os recursos orçamentários já definidos sejam interrompidos. A decisão também estabelece que os tribunais de contas do Pará devem continuar a assegurar aos MPs os meios para manterem a autonomia funcional (STF, ADI 5254, Rel. Min. Roberto Barroso, j. 21-8-2024).
- **Importação de resíduos nocivos à saúde e ao meio ambiente: impossibilidade** — o Supremo Tribunal Federal decidiu, por unanimidade de votos, que as leis pátrias são explícitas em proibirem a importação de resíduos nocivos à saúde e ao meio ambiente. Com base nesse entendimento, a Corte anulou lei estadual que permitia a comercialização, no Rio Grande do Sul, de carcaças de pneus usados importados, sob algumas condições impostas às empresas importadoras. Preponderou o entendimento de que toda a estrutura normativa de regulamentação e fiscalização pátrias buscam a proibição da entrada, no Brasil, de pneu que tenha passado por qualquer processo de reutilização ou recuperação. Como já firmado pelo STF, trata-se de um material altamente poluente, que acarreta riscos graves ao meio ambiente e à saúde pública, devido à difícil gestão das formas de descarte (STF, ADI 3801, Rel. Nunes Marques, j. 20-8-2024).
- **Suspensão de leis que proíbem linguagem neutra em municípios** — o Plenário do Supremo Tribunal Federal confirmou, por unanimidade, a tese de que municípios não têm competência legislativa para editar normas que tratem de currículos, conteúdos programáticos, metodologias de ensino ou modos de exercício da atividade docente, já que compete à União legislar sobre diretrizes e bases da educação nacional. Assim, a proibição de divulgação de conteúdos, implica ingerência explícita do Poder Legislativo municipal no currículo pedagógico das instituições de ensino vinculadas ao Sistema Nacional de Educação e, consequentemente, submetidas à Lei de Diretrizes e Bases da Educação Nacional (Lei Federal n. 9.394/96). Normas que proíbem a linguagem neutra à administração pública municipal em geral, aparentemente violam a garantia da liberdade de expressão, bem como o princípio da proibição da censura e a promoção do bem de todos, sem preconceitos de origem, raça, sexo, cor, idade ou quaisquer outras formas de discriminação (STF, ADPFs 1150 e 1155, Rel. Min. Alexandre de Moraes, j. 11-6-2024).

- **Omissão legislativa e fixação de prazo para lei de proteção ao Pantanal** — por maioria de votos, reconheceu o Plenário do Supremo Tribunal Federal omissão do Congresso Nacional em editar lei que assegure a preservação do Pantanal. Segundo a decisão, o Legislativo deverá regulamentar o tema em até 18 meses. Caso uma nova lei não seja editada no prazo, restará à Corte determinar providências adicionais, substitutivas ou supletivas para garantir o seu cumprimento (STF, ADO 63, Rel. Min. André Mendonça, j. 6-6-2024).

- **Parentes podem ocupar, ao mesmo tempo, chefia do Legislativo e do Executivo** — por maioria de votos, decidiu o Supremo Tribunal Federal que políticos que tenham alguma relação familiar entre si — cônjuges, companheiros ou parentes até segundo grau — podem ocupar, ao mesmo tempo, os cargos de chefia dos Poderes Legislativo e Executivo no mesmo município ou estado ou na esfera federal. Prevaleceu o entendimento de que o § 7º, do art. 14 da Constituição Federal, que trata da "inelegibilidade por parentesco", não previu essa hipótese de inelegibilidade. Tal prática não pode ser caracterizada como nepotismo, pois não se trata de nomeação de parente, mas de eleição. O Min. Flávio Dino abriu divergência ao votar pela procedência do pedido. Entendeu ser nítida a determinação da Constituição de que não haja a formação de oligarquias familiares no país. "Essa ideia de concentração de poder, de casta, de poder familiar é incompatível com o conceito de República e de democracia". Acompanharam esse ponto de vista os ministros André Mendonça, Edson Fachin e Dias Toffoli (STF, ADPF 1089, Rel. Min. Cármen Lúcia, j. 5-6-2024).

- **Número de empregados não é critério para criação de sindicatos de micro e pequenas empresas** — por maioria de votos, o Supremo Tribunal Federal, em sua composição plenária, decidiu que o número de funcionários ou o porte da empresa não são parâmetros válidos para a criação de sindicatos de micro e pequenas empresas. Isto porque a Constituição da República estabelece como critério determinante a categoria econômica da empresa, e não o seu tamanho ou número de trabalhadores. Tal parâmetro baseia-se no princípio da unicidade sindical, para evitar que a mesma categoria econômica ou profissional seja representada por dois sindicatos diferentes, o que poderia gerar insegurança jurídica. Desse modo, o princípio da unicidade sindical é passível de críticas, mas foi a opção feita pelo constituinte (STF, RE 646104, Rel. Min. Dias Toffoli, j. 29-5-2024).

- **Polícia não pode exigir que MP antecipe providências em casos envolvendo crianças e adolescentes** — o Plenário do Supremo Tribunal Federal decidiu, por unanimidade de votos, que delegados de polícia podem solicitar ao Ministério Público que antecipe a produção de provas, como ouvir vítimas, testemunhas, por exemplo, antes do início do processo penal, em casos de violência contra crianças e adolescentes, mas não pode impor a adoção da medida. É que uma lei não pode prever que determinado órgão tenha poder ou atribuição de determinar ao Ministério Público a abertura de ação. Isso porque a Constituição Federal concede autonomia à instituição e garante independência funcional a cada um de seus membros. Demais disso, compete ao *Parquet* o controle externo da atividade policial. Assim, qualquer interpretação que atribua seu controle externo à polícia judiciária subverteria o desenho constitucional das duas instituições. O verbo "requisitar", no jargão constitucional, tem o sentido de "solicitar", e não "determinar" (STF, ADI 7192, Rel. Min. Luiz Fux, j. 24-5-2024).

- **Questionamentos sobre histórico de vida da mulher vítima de violência** — o Supremo Tribunal Federal, por maioria de votos, decidiu que é inconstitucional a prática de questionar a vida sexual ou o modo de vida da vítima na apuração e no julgamento de crimes de violência contra mulheres. Caso isso ocorra, o processo deve ser anulado. Perguntas desse tipo perpetuam a discriminação e a violência de gênero e vitimiza duplamente a mulher, especialmente as que sofreram agressões sexuais. Assim, o juiz responsável que não impedir essa prática durante a investigação pode ser responsabilizado administrativa e penalmente. O magistrado também não pode levar em conta a vida sexual da vítima no momento em que fixar a pena do agressor. Afirmou a relatora: "É lamentável que, terminando o primeiro quarto do século XXI, nós ainda tenhamos esse machismo estrutural, inclusive em audiência perante o Poder Judiciário", afirmou o ministro Alexandre de Moraes, na sessão de hoje, ao apresentar seu voto. "E não há possibilidade de tratar isso com meias medidas. É importante que o Supremo Tribunal Federal demonstre que não vai tolerar mais isso" (STF, ADPF 1107, Rel. Min. Cármen Lúcia, j. 23-5-2024).

- **Instauração de investigação criminal pelo Ministério Público** — o Supremo Tribunal Federal, em sua composição plenária, definiu parâmetros para que o Ministério Público instaure procedimentos investigativos por iniciativa própria. Embora a legislação e a jurisprudência da Corte permitam tais investigações, é preciso assegurar os direitos e garantias dos investigados. Em primeiro lugar, o *Parquet* é obrigado a comunicar imediatamente ao Poder Judiciário sobre o início e término dos procedimentos criminais. Em segundo, as investigações devem observar os mesmos prazos e regras previstos para os inquéritos policiais. Em terceiro, as prorrogações devem ser comunicadas ao Judiciário. Em quarto, o órgão deve analisar a possibilidade de iniciar investigação própria sempre que o uso de arma de fogo por agentes de segurança resultar em mortes ou ferimentos graves, ou quando esses agentes forem suspeitos de envolvimento em crimes. Nessas hipóteses, deve explicar os motivos da apuração. Em quinto, nos casos em que for comunicado sobre fato supostamente criminoso, o Ministério Público deve justificar, obrigatoriamente, a decisão de não instaurar apuração. Em sexto, se a polícia e o *Parquet* investigarem os mesmos fatos, os procedimentos devem ser distribuídos para o mesmo juiz de garantias. Em sétimo, o Estado deve providenciar meios para que o órgão tenha estrutura que possibilite exercer o controle externo das forças de segurança (STF, ADIs 2943, 3309 e 3318, Rel. Min. Dias Toffoli, 2-5-2024).
- **Gravação clandestina em ambiente privado não pode ser usada como prova em processo eleitoral** — eis a tese com repercussão geral fixada pelo STF em 30 de abril de 2024: "No processo eleitoral, é ilícita a prova colhida por meio de gravação ambiental clandestina, sem autorização judicial e com violação à privacidade e à intimidade dos interlocutores, ainda que realizada por um dos participantes, sem o conhecimento dos demais. A exceção à regra da ilicitude da gravação ambiental feita sem o conhecimento de um dos interlocutores e sem autorização judicial ocorre na hipótese de registro de fato ocorrido em local público desprovido de qualquer controle de acesso, pois, nesse caso, não há violação à intimidade ou quebra da expectativa de privacidade".
- **Nulidade de provas obtidas em busca domiciliar sem mandado judicial** — a Segunda Turma do Supremo Tribunal Federal reafirmou a jurisprudência da Corte, fixada no Tema 280 da repercussão geral, de que a entrada policial forçada em domicílio sem mandado judicial só é lícita quando amparada em razões que indiquem, de forma concreta e justificadas posteriormente, a ocorrência de crime. Nos casos analisados, os policiais entraram nas residências ou após denúncia anônima ou depois de apreenderem drogas com os investigados, sem indícios concretos de que outros crimes estariam ocorrendo nos locais (STF, RE's 1447057, 1449343, 1449529, 1472091 e 1447077, Rel. Min. Gilmar Mendes, j. 30-4-2024).
- **Repasse de dados telefônicos, sem autorização judicial, para investigação de crimes graves** — por maioria de votos, o Supremo Tribunal Federal declarou a constitucionalidade de normas do Código de Processo Penal que autorizam delegados de polícia e membros do Ministério Público a requisitarem o repasse de dados cadastrais a operadoras de celular, mesmo sem autorização judicial. Os dados devem ser utilizados, exclusivamente, em investigações sobre os crimes de cárcere privado, redução à condição análoga à de escravo, tráfico de pessoas, sequestro relâmpago, extorsão mediante sequestro e envio ilegal de criança ao exterior. Também por maioria de votos, a Corte validou a regra que permite a requisição, mediante autorização judicial, às empresas prestadoras de serviço de telecomunicações e/ou telemática para que disponibilizem imediatamente sinais, informações e outros dados que permitam a localização da vítima ou dos suspeitos desses mesmos delitos. Ademais, o colegiado manteve a eficácia da norma que autoriza a requisição direta dos dados às empresas, pelas autoridades competentes, caso a autorização judicial não seja emitida no prazo de 12 horas. A regra prevê que, para períodos superiores a 30 dias, a ordem judicial será obrigatória (STF, ADI 5642, Rel. Min. Edson Fachin, j. 18-4-2024).

- **É constitucional uso de trajes religiosos em fotos de documentos oficiais** — em 17 de abril de 2024, o STF fixou a seguinte tese de repercussão geral: "É constitucional a utilização de vestimentas ou acessórios relacionados a crença ou religião nas fotos de documentos oficiais desde que não impeçam a adequada identificação individual, com rosto visível".

- **Constituição estadual não pode impor aos munícipios a criação de procuradorias** — a criação de procuradorias municipais depende de escolha de cada município, no exercício da prerrogativa de sua auto-organização. Feita a opção pela criação de um corpo próprio de procuradores, a realização de concurso público é a única forma, constitucionalmente possível, de preenchimento desses cargos (STF, ADI 6331, Rel. Min. Luiz Fux, j. 15-4-2024).

- **Cobrança de PIS e Cofins em locação de móveis ou imóveis** — na sessão de 11 de abril de 2024, o STF fixou a seguinte tese de repercussão geral: "é constitucional a incidência da contribuição para o PIS e da Cofins sobre as receitas auferidas com a locação de bens móveis ou imóveis quando constituir atividade empresarial do contribuinte, considerando que o resultado econômico dessa operação coincide com o conceito de faturamento ou receita bruta tomados como a soma das receitas oriundas do exercício das atividades empresariais, pressuposto desde a redação original do artigo 195, I, da Constituição Federal".

- **Compete ao Plenário do STF julgar recursos contra decisões de ministros sobre ADIs estaduais** — o entendimento unânime do Supremo nesse tema partiu do pressuposto de que cabe ao Plenário examinar, em quaisquer hipóteses, os recursos internos interpostos em relação a aspectos processuais, ao tema de fundo e ao alcance da decisão. Os pronunciamentos da Corte, no âmbito de recursos extraordinários interpostos contra acórdãos proferidos em controle concentrado de constitucionalidade estadual, quando dizem respeito ao mérito da controvérsia, apresentam efeito vinculante e eficácia para todos. Assim, é inevitável reconhecer a competência do Plenário para apreciar recursos internos (STF, RE 913517, Rel. Min. Gilmar Mendes, j. 9-4-2024).

- **Inconstitucionalidade da tese de poder moderador das Forças Armadas** — por unanimidade de votos, o Plenário do Supremo Tribunal Federal repudiou a interpretação de que as Forças Armadas exercem poder moderador entre os Poderes Executivo, Legislativo e Judiciário. A chefia das Forças Armadas tem poder limitado, não sendo possível qualquer interpretação que permita seu uso para indevidas intromissões no funcionamento independente dos Poderes da República. A prerrogativa do presidente da República de autorizar o emprego das Forças Armadas, por iniciativa própria ou a pedido dos presidentes do STF, do Senado ou da Câmara dos Deputados, não pode ser exercida contra os próprios poderes entre si. Ademais, o emprego das Forças Armadas para a garantia da lei e da ordem, embora não se limite às hipóteses de intervenção federal, de estados de defesa e de sítio, deve ser usado, excepcionalmente, quando houver grave e concreta violação à segurança pública interna. Tal medida só deve ser utilizada após o esgotamento dos mecanismos ordinários e preferenciais de preservação da ordem pública e da incolumidade das pessoas e do patrimônio, mediante a atuação colaborativa das instituições estatais e sujeita ao controle permanente dos demais poderes. Assim, não cabe a interpretação de que o art. 142 da Constituição Federal permite que os militares possam intervir nos Poderes ou na relação entre uns e outros. "Confiar essa missão às Forças Armadas violaria a cláusula pétrea da separação de Poderes, atribuindo-lhes, em último grau e na prática, inclusive o poder de resolver até mesmo conflitos interpretativos sobre normas da Constituição", disse o relator. Aliás, a Constituição de 1988 inseriu as Forças Armadas no âmbito do controle civil do Estado, como instituições nacionais permanentes e regulares. "Esses atributos qualificam as Forças Armadas como órgãos de Estado, e não de governo, indiferentes às disputas que normalmente se desenvolvem no processo político", frisou o relator. A autoridade suprema sobre as Forças Armadas, conferida ao presidente da República pelo art. 84 da Constituição Federal, se refere à hierarquia e à disciplina da conduta militar. Tal autoridade, porém, não se impõe à separação e à harmonia entre os poderes, cujo funcionamento livre e independente fundamenta a democracia constitucional (STF, ADI 6457, Rel. Min. Luiz Fux, j. 8-4-2024).

- **Polícia pode pedir compartilhamento de dados ao Coaf sem autorização judicial prévia** — a Primeira Turma do Supremo Tribunal Federal, por unanimidade, manteve entendimento de que a polícia pode requerer diretamente ao Conselho de Controle de Atividades Financeiras

(Coaf) o compartilhamento de relatórios de inteligência financeira, sem necessidade de autorização judicial (STF, RCL 61944, Rel. Min. Cristiano Zanin, j. 2-4-2024).

- **Direito à licença-maternidade de Mãe não gestante em união homoafetiva** — na sessão de 13 de março de 2024 o Supremo Tribunal Federal fixou a seguinte tese de repercussão geral: "A mãe servidora ou trabalhadora não gestante em união homoafetiva tem direito ao gozo de licença-maternidade. Caso a companheira tenha utilizado o benefício, fará jus à licença pelo período equivalente ao da licença-paternidade".

- **Não obrigatoriedade de separação de bens em casamento de pessoas acima de 70 anos** — o Supremo Tribunal Federal fixou a seguinte tese de repercussão geral: "Nos casamentos e uniões estáveis envolvendo pessoa maior de 70 anos, o regime de separação de bens previsto no artigo 1.641, II, do Código Civil, pode ser afastado por expressa manifestação de vontade das partes mediante escritura pública".

- **Inexistência de vínculo empregatício de médica, contratada como PJ, por casa de saúde** — o STF anulou decisão da Justiça do Trabalho que havia reconhecido o vínculo de emprego entre uma médica e Casa de Saúde. A interpretação conjunta de precedentes do STF, como o Recurso Extraordinário 958252 e a Arguição de Descumprimento de Preceito Fundamental 324, reconhece a validade de outras formas de relação de trabalho que não a relação de emprego regida pela CLT. Em casos semelhantes, envolvendo a chamada "pejotização", a Primeira Turma da Corte tem decidido no mesmo sentido (STF, RCL 65011, Rel. Min. Alexandre de Moraes, j. 17-1-2024).

- **Tribunais de Contas podem condenar administrativamente governadores e prefeitos** — o Plenário do Supremo Tribunal Federal reafirmou a tese de que os Tribunais de contas podem impor condenação administrativa a governadores e prefeitos quando identificada sua responsabilidade pessoal em irregularidades no cumprimento de convênios de repasse de verbas entre estados e municípios. Tal ato não precisa ser julgado ou aprovado posteriormente pelo Legislativo. (STF, ARE 1436197, Rel. Min. Luiz Fux, j. 12-1-2024).

- **Créditos de IPI a exportadoras não integram base de cálculo de PIS/Cofins** — na sessão de 5 de janeiro de 2024 o Supremo Tribunal Federal fixou sobre esse assunto a seguinte tese de repercussão geral: "Os créditos presumidos de IPI, instituídos pela Lei n. 9.363/1996, não integram a base de cálculo da contribuição para o PIS e da COFINS, sob a sistemática de apuração cumulativa (Lei n. 9.718/1998), pois não se amoldam ao conceito constitucional de faturamento."

- **Poder concorrente do Ministério Público em investigações criminais** — o Supremo Tribunal Federal reconheceu o poder concorrente do Ministério Público de Minas Gerais e do Paraná para realizar investigações criminais. Sobre Minas Gerais, o questionamento era sobre a Resolução 2 da Procuradoria-Geral de Justiça, que regulamentou o Procedimento Investigatório Criminal. Quanto ao Paraná, questionou-se o Decreto n. 10.296/2014 e as Resoluções n. 1.801/2007 e 1.541/2009, que organizaram os Grupos de Atuação Especial de Combate ao Crime Organizado. A Corte reafirmou o entendimento de que o poder investigatório do Ministério Público é constitucional e sua atuação não se limita à requisição de inquérito policial. Portanto, a Resolução n. 2 da Procuradoria-Geral de Justiça de Minas Gerais consagrou instrumento legítimo e complementar às investigações policiais. Com referência ao Paraná, prevaleceu a tese subjacente às ADIs 2943, 3309 e 3318. Desse modo, as normas paranaenses são compatíveis com a autonomia do Ministério Público, porque visam fortalecer a persecução penal e o combate ao crime organizado. O STF reconheceu ao Ministério Público o poder concorrente para realizar investigações, as quais se sujeitam aos prazos e parâmetros previstos em lei para a condução dos inquéritos policiais (STF, ADIs 7175 e 7176, Rel. Min. Edson Fachin, j. 24-12-2024).

- **Decisões individuais e colegiadas do STF sobre direitos de travestis e transexuais** — nas "Notícias do STF", de 29 de janeiro de 2025, colhemos a informação de que a Corte Suprema reconheceu mecanismos de combate à discriminação e à exclusão de LGBTQIA+s. Decerto, o Pretório Excelso proferiu decisões paradigmáticas quanto às prerrogativas de transgêneros, transexuais e travestis, vítimas de discriminação e preconceito. Eis o sumo dos temas, engrentados pelo órgão de cúpula do Judiciário pátrio: (i) **ADPF 787** — o Supremo Tribunal Federal decidiu que a *Declaração de Nascido Vivo* deve ter termos inclusivos para contemplar pessoas trans. Assim, quando uma criança nasce nos hospitais, eles devem usar o termo "parturiente/mãe", e não só *parturiente*, bem como "responsável legal/pai", ao invés de colocar, apenas, "responsável legal". No julgamento da ADPF 787, a Corte ainda enfrentou a questão do acesso à saúde. Para o STF, o Sistema Único de Saúde tem o dever de garantir, às pessoas transexuais e travestis, o pleno acesso aos serviços e ações de saúde, condizentes com o sexo biológico. É imperativo, portanto, assegurar o direito ao atendimento médico à luz do aparato biológico, respeitando as necessidades fisiológicas da pessoa; (ii) **ADI 5668** — quando interpretou o Plano Nacional de Educação, disciplinado na Lei n. 13.005/2014, o Supremo Tribunal Federal decidiu que as escolas públicas e particulares devem combater discriminações à identidade de gênero e orientação sexual. É que o Estado brasileiro tem o dever constitucional de concretizar políticas públicas repressivas e preventivas, de caráter social e educativo, para prover a isonomia de gênero e de orientação sexual; (iii) **ADI 4275** — a Corte também reconheceu que o direito à igualdade sem discriminações abrange a identidade ou expressão de gênero. Assim, é possível alterar o nome e gênero, no assento de registro civil, mesmo sem a realização de cirurgia de redesignação de sexo ou autorização judicial. Para o STF, como a identidade de gênero é manifestação da própria personalidade da pessoa humana, o dever do Estado é, somente, reconhecê-la; (IV) **ADPF 527** — presidiárias transexuais femininas devem ser transferidas para presídios femininos. Elas estão expostas a situações de violência, que colocam em risco a integridade física, psíquica e a própria vida delas. Nesse ínterim, o Conselho Nacional de Justiça editou resolução com diretrizes e procedimentos a serem observados pelo Poder Judiciário, no campo criminal, com relação ao tratamento da população lésbica, gay, bissexual, transexual, travesti ou intersexo que seja custodiada, acusada, ré, condenada, privada de liberdade, em cumprimento de alternativas penais ou monitorada eletronicamente. A resolução prevê, também, que, em caso de prisão, o local será definido pelo magistrado em sentença fundamentada, a ser lavrada após questionamento da preferência da pessoa presa; e (V) **ADO 26 e MI 4733** — a transfobia, juntamente com a homofobia, foi equiparada ao crime de racismo, até quando o Congresso Nacional venha a criar lei para criminalizar atos desse jaez; e (VI) **ADIs 5.537, 5.580, 6.038 e ADPFs 461, 465 e 600** — são inconstitucionais normas locais que proíbem o ensino sobre diversidade de gênero, porque a liberdade de ensinar e o pluralismo de ideias são princípios e diretrizes do sistema educacional brasileiro.

SUMÁRIO

Obras do autor	V
Abreviaturas e siglas	XI
Novidades da 17ª edição	XV
Como estudar Direito Constitucional	XVII
Resumo de julgados do STF	XXI

CAPÍTULO 1 — DIREITO CONSTITUCIONAL

1. A terminologia *Direito Constitucional*	1
2. Noção de Direito Constitucional	2
3. Objeto do Direito Constitucional	3
4. Conteúdo do Direito Constitucional	3
4.1. Direito Constitucional Positivo	4
4.2. Direito Constitucional Comparado	4
4.3. Direito Constitucional geral	5
4.4. Direito Constitucional material e formal	5
4.5. Direito Constitucional Internacional	6
4.6. Direito Constitucional Comunitário	7

CAPÍTULO 2 — CONSTITUCIONALISMO

1. Constitucionalismo: palavra recente numa ideia remota	8
2. Sentidos do constitucionalismo	8
2.1. Constitucionalismo em sentido amplo	8
2.2. Constitucionalismo em sentido estrito	9
3. Constitucionalismo e estabelecimento de regimes constitucionais	10
4. Evolução do constitucionalismo	10
4.1. Constitucionalismo primitivo	10
4.2. Constitucionalismo antigo	11
4.3. Constitucionalismo medieval	12
4.4. Constitucionalismo moderno	14
4.5. Constitucionalismo contemporâneo	18
4.5.1. Neoconstitucionalismo	21
a) O que é neoconstitucionalismo	21
b) Origem do neoconstitucionalismo	21
c) Características do neoconstitucionalismo	21
d) Acepções do termo "neoconstitucionalismo"	22
d.1) Neoconstitucionalismo como modelo axiológico de constituição normativa	22
d.2) Neoconstitucionalismo como modelo de Estado de Direito, implantado com base em determinada forma de organização política	22
d.3) Neoconstitucionalismo como conjunto de ideias hauridas de uma "nova" Teoria do Direito	23
d.3.1) Neoconstitucionalismo em face das teses pós-positivistas	23
d.3.2) Neoconstitucionalismo em face da tese do soft positivism	24
d.3.3) Neoconstitucionalismo em face da tese do positivismo inclusivo e suas variantes	24

d.3.4) Neoconstitucionalismo como ponto de confluência entre o positivismo, o jusnaturalismo e o realismo jurídico 24

d.3.5) Neoconstitucionalismo em face da tese do moralismo jurídico 25

d.4) Neoconstitucionalismo como marco histórico, filosófico e teórico 26

e) Crítica ao neoconstitucionalismo 26

f) Neoconstitucionalismo em seu devido lugar 29

4.5.2. Transconstitucionalismo 29

a) O que é transconstitucionalismo 29

b) Cronologia do transconstitucionalismo 30

c) Transconstitucionalismo *stricto sensu* 31

c.1) Características do transconstitucionalismo *stricto sensu* 32

d) Transconstitucionalismo *lato sensu* 32

d.1) Características do transconstitucionalismo *lato sensu* 33

e) Como o transconstitucionalismo pode se apresentar 33

f) Transconstitucionalismo na jurisprudência do STF 34

f.1) Diálogo transconstitucional do STF com outras Cortes de Justiça 35

4.5.3. Constitucionalismo digital 36

4.6. Constitucionalismo do porvir 38

CAPÍTULO 3 — CONSTITUIÇÃO

1. Teoria da Constituição 39

2. Noção de constituição 39

3. Constituição e carta constitucional 41

4. Grafia da palavra *constituição* 41

5. Sentidos tradicionais de constituição 42

5.1. Constituição sociológica 42

5.2. Constituição jurídica 42

5.3. Constituição política 43

6. Outros sentidos de constituição 43

6.1. Constituição jusnaturalista 43

6.2. Constituição positivista 43

6.3. Constituição marxista 44

6.4. Constituição institucionalista 44

6.5. Constituição culturalista 44

6.6. Constituição estruturalista 44

6.7. Constituição biomédica 44

6.8. Constituição compromissória 45

6.9. Constituição suave 45

6.10. Constituição em branco 45

6.11. Constituição plástica 46

6.12. Constituição empresarial 46

6.13. Constituição oral 47

6.14. Constituição instrumental 47

6.15. Constituição como estatuto do poder 47

7. Sentidos contemporâneos de constituição 47

7.1. Constituição como ordem material e aberta da comunidade 47

7.2. Constituição dirigente 48

7.3. Constituição como instrumento de realização da atividade estatal 48

7.4. Constituições subconstitucionais ou subconstituições 49

7.5. Constituição como documento regulador do sistema político 49

7.6. Constituição como processo público 50

7.7. Constituição como meio de resolução de conflitos 50

7.8. Constituição como garantia do *status* econômico e social 50

7.9. Constituição.com (*crowdsourcing*) 50

◆ SUMÁRIO ◆   XXXI

8. Classificação das constituições 51
   8.1. Quanto à origem: históricas, democráticas, outorgadas, pactuadas, cesaristas............... 51
   8.2. Quanto à essência: normativas, semânticas e nominais 52
   8.3. Quanto à sistematização: unitárias e variadas.. 53
   8.4. Quanto à ideologia: ortodoxas e ecléticas 53
   8.5. Quanto à extensão: sintéticas e analíticas.. 53
   8.6. Quanto ao conteúdo: materiais e formais 54
   8.7. Quanto à forma: escritas e não escritas 54
   8.8. Quanto ao processo de mudança: rígidas, flexíveis, transitoriamente flexíveis, semirrígidas, fixas e imutáveis 55
9. Classificação da Constituição brasileira.. 56
   9.1. Quanto à origem: democrática 57
   9.2. Quanto à essência: nominal.. 57
   9.3. Quanto à sistematização: unitária 57
   9.4. Quanto à ideologia: eclética 57
   9.5. Quanto à extensão: analítica... 57
   9.6. Quanto ao conteúdo: formal 58
   9.7. Quanto à forma: escrita 58
   9.8. Quanto ao processo de mudança: rígida 58
10. Elementos mínimo-irredutíveis das Constituições.. 58
11. Heteroconstituições.. 61

CAPÍTULO 4 — RIGIDEZ E SUPREMACIA DAS CONSTITUIÇÕES

1. Princípio da rigidez constitucional... 62
   1.1. Graus da rigidez constitucional 62
     a) Grau máximo: constituições super-rígidas 62
     b) Grau médio: constituições rígidas 62
     c) Grau mínimo: constituições pouco rígidas 63
2. Princípio da supremacia constitucional 64
   2.1. Princípio da supremacia na jurisprudência do STF... 64
   2.2. Reflexos da supremacia constitucional na ordem jurídica 65
   2.3. Supremacia formal da constituição 66
   2.4. Supremacia material da constituição... 66
3. Supremacia constitucional e força normativa da constituição................................ 67
4. Derrotabilidade de normas constitucionais 68
5. Exortação ao dever de obediência à supremacia constitucional.............................. 70

CAPÍTULO 5 — INCONSTITUCIONALIDADE DAS LEIS

1. Noção de constitucionalidade e inconstitucionalidade 72
2. Inconstitucionalidade e ilegalidade 73
3. Inconstitucionalidade das leis e atos normativos 74
   3.1. Requisitos formais (procedimentais ou instrumentais).. 74
     a) Requisitos formais subjetivos 75
     b) Requisitos formais objetivos.. 75
   3.2. Requisitos materiais (substanciais ou de conteúdo).. 75
4. Diferentes tipos de inconstitucionalidade.. 76
   4.1. Inconstitucionalidade formal (instrumental ou extrínseca) 77
   4.2. Inconstitucionalidade material (substancial ou intrínseca) 78
   4.3. Inconstitucionalidade por ação e por omissão.. 82
   4.4. Inconstitucionalidade total e parcial 85
   4.5. Inconstitucionalidade direta e indireta... 87
   4.6. Inconstitucionalidade antecedente e consequente 89
   4.7. Inconstitucionalidade causal... 90
   4.8. Inconstitucionalidade presente e pretérita.. 90

4.9. Inconstitucionalidade originária e superveniente **91**

4.10. Inconstitucionalidade progressiva: a lei ainda constitucional e as situações constitucionais imperfeitas **93**

5. Lei anterior incompatível com a carta magna: revogação **95**

6. Inconstitucionalidade dos atos públicos e privados **96**

7. Sanção de inconstitucionalidade **96**

    7.1. Regime da sanção de nulidade **97**

    7.2. Regime da sanção de anulabilidade **98**

8. Recusa dos particulares a cumprir leis inconstitucionais **99**

    8.1. Direito de resistência e desobediência civil dos particulares **100**

9. Recusa dos Poderes Públicos a cumprir leis inconstitucionais **103**

10. Bloco de constitucionalidade (ou parâmetro constitucional) **106**

CAPÍTULO 6 — CONTROLE DE CONSTITUCIONALIDADE

1. Noção de controle de constitucionalidade **112**

    1.1. A *graphē paranomōn* **112**

2. Fundamentos do controle de constitucionalidade **112**

3. Todo ato inconstitucional é suscetível de controle? **114**

4. Espécies do controle de constitucionalidade **115**

    4.1. Controles quanto ao órgão fiscalizador **115**

        a) Controle político **116**

        b) Controle jurisdicional (judiciário ou jurídico) **116**

        c) Controle misto (eclético ou híbrido) **117**

    4.2. Controles quanto ao momento da fiscalização **117**

        a) Controle preventivo **117**

        b) Controle repressivo **117**

5. Sistemas de controle da constitucionalidade **117**

        a) Sistema americano de controle da constitucionalidade **117**

        b) Sistema austríaco de controle da constitucionalidade **119**

6. Modelos de controle da constitucionalidade no Direito Comparado **121**

    6.1. Portugal **121**

    6.2. França **121**

    6.3. Alemanha **122**

    6.4. Espanha **123**

    6.5. Itália **123**

7. Modelo brasileiro de controle da constitucionalidade **123**

    7.1. Evolução do modelo brasileiro do controle de constitucionalidade **124**

        a) Constituição de 1824 .... **125**

        b) Constituição de 1891 .... **125**

        c) Constituição de 1934 .... **125**

        d) Constituição de 1937 .... **125**

        e) Constituição de 1946 .... **126**

        f) Constituição de 1967 (EC n. 1/69) **126**

        g) Constituição de 1988 .... **127**

8. Controle Jurisdicional de Constitucionalidade **127**

    8.1. Vias jurisdicionais de declaração da inconstitucionalidade **127**

        8.1.1. Controle difuso da constitucionalidade **128**

        8.1.2. Controle difuso em sede de ação civil pública: possibilidade **129**

        8.1.3. Matérias afetas ao controle difuso **131**

            a) Lei ou ato normativo municipal em face das cartas estaduais **131**

            b) Lei ou ato normativo municipal em face da Carta Federal **132**

            c) Leis ou atos normativos distritais **132**

            d) Espécies normativas (CF, art. 59) **133**

◆ SUMÁRIO ◆

d.1) Emendas constitucionais 133
d.2) Medidas provisórias.. 133
e) Tratados internacionais... 134
f) Leis estrangeiras inconstitucionais.. 135
g) Atos normativos privados.. 136
8.1.4. Matérias alheias ao controle difuso 136
a) Leis ou atos normativos revogados (anteriores à CF) 136
b) Normas constitucionais originárias 136
c) Ato inconstitucional com efeitos *erga omnes*.................................... 136
d) Crises de legalidade... 137
e) Leis e atos de efeitos concretos 137
f) Súmulas (inclusive as súmulas vinculantes) 137
g) Ementas de leis diversas de seu conteúdo 137
h) Respostas do Tribunal Superior Eleitoral.. 137
i) Convenções coletivas de trabalho... 137
j) Normas regimentais do processo legislativo.. 137
k) Resoluções do CNJ e do CNMP 137
8.1.5. Controle difuso do processo legislativo.. 137
a) Controle difuso durante o trâmite do processo legislativo 139
b) Controle difuso de normas regimentais: impossibilidade................... 140
c) Controle difuso das propostas de emendas à constituição (PECs) 143
8.1.6. Senado Federal no controle difuso (CF, art. 52, X)................................ 144
a) Campo de aplicação do art. 52, X, da Constituição brasileira............ 144
b) Suspensão da executoriedade do ato inconstitucional........................ 145
c) Abrangência da resolução senatorial: a terminologia "no todo ou em parte" 146
d) Impossibilidade de o Senado alterar a resolução por ele editada........ 146
e) Efeitos da resolução senatorial.. 146
f) O Senado não está obrigado a suspender o ato inconstitucional 147
g) O art. 52, X, da Carta Magna sofreu mutação constitucional? 148
8.2. Controle concentrado da constitucionalidade... 152
8.2.1. Controle concentrado em sede de ação civil pública: impossibilidade...... 153
8.2.2. Controle concentrado do processo legislativo: impossibilidade.............. 153
8.2.3. Supremo Tribunal Federal no controle concentrado 154
8.2.4. Mecanismos do controle concentrado da constitucionalidade................ 155
8.2.5. Ação direta de inconstitucionalidade interventiva.................................. 156
a) Noção.. 157
b) Natureza jurídica 158
c) Particularidades do instituto 159
d) Finalidade... 159
e) Objeto... 160
f) Competência 161
g) Ação interventiva no plano estadual... 161
h) Legitimidade... 161
i) Partes 162
j) Lei n. 12.562/2011: processo e julgamento.. 163
k) Medida cautelar 165
l) Embargos infringentes 166
m) Sentença e julgamento 167
n) Efeitos da decisão do Supremo Tribunal Federal................................ 167
8.2.6. Ação direta de inconstitucionalidade genérica 168
a) Noção.. 168
b) Natureza jurídica 169
c) Finalidade... 170

d) Competência	**171**
e) Leis e atos normativos	**171**
f) Matérias que constituem objeto da ação direta genérica	**172**
f.1) Leis ou atos normativos estaduais	**172**
f.2) Leis ou atos normativos distritais	**173**
f.3) Decretos autônomos e atos regulamentares	**174**
f.4) Princípio da razoabilidade	**176**
f.5) Decisões normativas dos tribunais	**176**
f.6) Espécies normativas	**176**
f.7) Emendas constitucionais	**177**
f.8) Medidas provisórias	**181**
f.9) Tratados internacionais	**183**
f.10) Resoluções do CNJ e do CNMP	**184**
f.11) Leis de diretrizes orçamentárias	**184**
g) Matérias que não constituem objeto da ação direta genérica	**184**
g.1) Lei ou ato normativo municipal em face da Carta Federal	**185**
g.2) Leis ou atos normativos revogados (anteriores à CF)	**185**
g.3) Atos normativos privados	**186**
g.4) Crises de legalidade	**186**
g.5) Leis e atos de efeitos concretos	**186**
g.6) Súmulas	**187**
g.7) Ementas de leis diversas de seu conteúdo	**187**
g.8) Respostas do Tribunal Superior Eleitoral	**187**
g.9) Normas constitucionais originárias	**188**
g.10) Convenções coletivas de trabalho	**189**
g.11) Inconstitucionalidade reflexa	**189**
g.12) Leis estrangeiras inconstitucionais	**189**
g.13) Propostas legislativas ou projetos de leis	**189**
h) Legitimidade	**190**
h.1) Legitimidade ativa	**190**
h.2) Legitimidade passiva	**198**
i) Advogado-Geral da União: o curador da constitucionalidade	**198**
j) Procurador-Geral da República: o fiscal da lei	**200**
k) Procedimento	**200**
l) Petição inicial	**201**
m) Procuração	**202**
n) Prazo para pedido de informações	**202**
o) Requisição de informações adicionais	**202**
p) Litisconsórcio	**203**
q) "Amicus curiae" (Lei n. 9.869/99, art. 7º, § 2º)	**203**
r) Impossibilidade de intervenção de terceiros	**207**
s) Impossibilidade de oposição	**208**
t) Impossibilidade de desistência	**208**
u) Arguição de suspeição e impedimento	**208**
v) Prescrição e decadência	**208**
w) Tramitação paralela de ações diretas no Tribunal local e no STF	**209**
x) Medida cautelar	**209**
y) Decisão final	**213**
y.1) Coisa julgada na ação direta de inconstitucionalidade genérica	**213**
y.2) Ação rescisória nas ações diretas e coisa julgada inconstitucional	**215**
z) Reclamação	**218**
8.2.7. Ação declaratória de constitucionalidade	**221**
a) Noção	**222**
b) Natureza jurídica	**222**
c) Finalidade	**222**

◆ SUMÁRIO ◆   **XXXV**

d) Competência 222
e) Características... 223
f) Objeto... 223
g) Legitimidade.. 224
h) Manifestação do Procurador-Geral da República 225
i) Processo e julgamento.. 225
j) Medida cautelar.. 226
k) Decisão final... 227
    k.1) Efeitos da decisão final 227
    k.2) Coisa julgada na ação declaratória de constitucionalidade........... 229
l) Reclamação.. 230
8.2.8. Arguição de descumprimento de preceito fundamental 230
    a) Noção.. 231
    b) Finalidade... 231
    c) Natureza jurídica 232
    d) Cabimento 233
        d.1) Atos que comportam ADPF 233
        d.2) Atos que não comportam ADPF 234
    e) Subsidiariedade: inexistência de outro meio idôneo 234
    f) Que é preceito fundamental? 236
    g) Advento da Lei n. 9.882/99 236
    h) Competência 237
    i) Espécies de arguição: preventiva, repressiva, autônoma e incidental 238
    j) É inconstitucional o parágrafo único, I, do art. 1º da Lei n. 9.882/99? 238
    k) ADPF nas Constituições estaduais: possibilidade 239
    l) Legitimidade ativa 239
    m) Legitimidade passiva 240
    n) Pertinência temática.. 240
    o) Procedimento 240
    p) Medida cautelar.. 241
    q) Participação do Ministério Público 241
    r) Decisão.. 241
8.2.9. Ação direta de inconstitucionalidade por omissão 242
    a) Noção.. 243
    b) Previsão constitucional.. 243
    c) Previsão infraconstitucional 243
    d) Finalidade... 243
    e) Cabimento 243
    f) Competência 244
    g) Ação por omissão nas Cartas estaduais... 244
    h) Legitimidade ativa e pertinência temática 244
    i) Legitimidade passiva 245
    j) Procedimento 245
    k) Prazo 246
    l) Medida cautelar.. 246
    m) Decisão do STF que declara a omissão inconstitucional........................ 247
8.3. Efeitos da declaração de inconstitucionalidade 247
    8.3.1. Efeitos da declaração de inconstitucionalidade no controle difuso............ 248
        a) Teoria da transcendência dos motivos determinantes no controle difuso 249
    8.3.2. Efeitos da declaração de inconstitucionalidade no controle concentrado 250
9. Fórmulas de preclusão e efeitos da decisão nos planos normativo e dos atos singulares............. 262
10. Princípios jurisprudenciais regentes do controle concentrado............................... 263
    a) Princípio da não incidência do efeito vinculante aos atos do Poder Legislativo 263
    b) Princípio da modulação temporal dos efeitos do controle concentrado de normas............. 264
    c) Princípio da transcendência dos motivos determinantes 265

d) Princípio da expansão da sentença declaratória de inconstitucionalidade 266

e) Princípio da proibição ao atalhamento constitucional 267

f) Princípio da parcelaridade 267

g) Princípio da interpretação conforme a constituição como técnica de controle concentrado de normas 268

h) Princípio da declaração de inconstitucionalidade parcial sem redução do texto 268

i) Princípio da declaração de inconstitucionalidade sem a pronúncia da nulidade 269

j) Princípio da declaração de inconstitucionalidade da norma ainda constitucional, mas em trânsito para a inconstitucionalidade 270

k) Princípio do apelo ao legislador... 270

l) Princípio da reserva do impossível 271

m) Princípio da reserva do possível 273

    m.1) Reserva do possível e a Teoria do direito de ter direitos 275

11. Controle de constitucionalidade por elevação da causa 277

12. Incidente de arguição de inconstitucionalidade.. 278

13. Cláusula de reserva de plenário (CF, art. 97; CPC de 2015, arts. 948 a 950) 280

14. Controle preventivo de constitucionalidade... 283

  14.1. Colocação da matéria 283

  14.2. Controle preventivo realizado pelas Comissões de Constituição e Justiça........................ 284

  14.3. Controle preventivo realizado pelo Chefe do Poder Executivo (veto jurídico) 284

15. Controle repressivo de constitucionalidade 285

  15.1. Colocação da matéria 285

  15.2. A regra é o Judiciário realizar o controle repressivo de constitucionalidade..................... 285

  15.3. Casos excepcionais em que o controle repressivo é realizado pelo Legislativo 285

    15.3.1. Poder congressual de sustar atos normativos do Executivo (CF, art. 49, V) 285

    15.3.2. Apreciação congressual de medidas provisórias (CF, art. 62, §§ 3º, 5º e 10) 286

CAPÍTULO 7 — PODER CONSTITUINTE

1. Significado... 287

2. Concepção clássica: a teoria de Emmanuel Joseph Sieyès 287

3. Formas de manifestação... 290

4. Existe um poder constituinte "municipal"? 291

5. Etapa de criação constitucional: o poder constituinte originário 292

  5.1. Natureza 292

  5.2. Características 293

  5.3. Espécies.. 294

    a) Poder constituinte formal.. 294

    b) Poder constituinte material 294

    c) Poder constituinte revolucionário.. 294

  5.4. Titularidade 295

  5.5. Exercício 296

  5.6. Limites extrajurídicos 297

    5.6.1. Limites ideológicos.. 297

    5.6.2. Limites institucionais 298

    5.6.3. Limites substanciais (transcendentes, imanentes e heterônomos)............................ 298

6. Etapa de reforma constitucional: o poder constituinte derivado 299

  6.1. Natureza 299

  6.2. Características 300

  6.3. Espécies.. 300

  6.4. Titularidade e exercício 301

  6.5. Emenda e revisão: espécies do gênero "reforma constitucional" 301

  6.6. Regime jurídico do poder constituinte derivado 301

  6.7. Limites do poder reformador... 302

◆ SUMÁRIO ◆   XXXVII

6.8. Limites expressos... 302

    6.8.1. Limites formais 303

    6.8.2. Limites circunstanciais 304

    6.8.3. Limites materiais... 305

        a) Cláusulas pétreas... 307

        b) Extensão das cláusulas pétreas 307

        c) As cláusulas pétreas podem ser reformuladas?............................. 308

        d) Eficácia das cláusulas pétreas 310

6.9. Limites implícitos 310

    6.9.1. Limites implícitos aos direitos e garantias fundamentais................... 311

    6.9.2. Limites implícitos à titularidade do poder constituinte originário...... 311

    6.9.3. Limites implícitos à titularidade do poder reformador...................... 311

    6.9.4. Limites implícitos ao processo legislativo especial de reforma 312

7. Etapa de criação e reforma das cartas estaduais: o poder constituinte decorrente 312

    7.1. Natureza 312

    7.2. Características 313

    7.3. Espécies... 313

        a) Poder constituinte decorrente institucionalizador......................... 313

        b) Poder constituinte decorrente reformador 314

    7.4. Titularidade e exercício 315

    7.5. Regime jurídico do poder constituinte decorrente 316

    7.6. Limites.. 316

        7.6.1. Limites autônomos 317

            a) Princípios constitucionais sensíveis (ou enumerados) 318

            b) Princípios constitucionais organizatórios (ou estabelecidos) 318

            c) Princípios constitucionais extensíveis 320

        7.6.2. Limites heterônomos.. 320

8. Etapa da mutação constitucional: o poder constituinte difuso................................ 321

    8.1. Natureza 322

    8.2. Características 322

    8.3. Manifestação 322

    8.4. Mutações constitucionais 322

        8.4.1. Terminologia.. 323

        8.4.2. Como se apresentam 323

        8.4.3. Categorias.. 324

        8.4.4. Rigidez e mutabilidade.. 325

        8.4.5. Limites das mutações constitucionais 326

    8.5. Mutações inconstitucionais 326

    8.6. Manipulações constitucionais... 327

    8.7. Manipulações inconstitucionais.. 328

    8.8. Ativismo judicial: perigoso veículo de fraude à Constituição 328

9. Etapa da criação e reforma das constituições supranacionais: o poder constituinte transnacional ... 330

CAPÍTULO 8 — INTERPRETAÇÃO DA CONSTITUIÇÃO

1. O que é interpretar a constituição.. 332

2. A interpretação constitucional é indispensável 333

3. A quem compete interpretar a constituição? 333

4. Inexiste interpretação "especificamente" constitucional.................................. 334

5. Teoria da argumentação na exegese constitucional 336

6. Não há receita pronta e acabada para interpretar a constituição 338

7. Métodos de interpretação constitucional... 340

    7.1. Métodos clássicos de interpretação constitucional................................... 340

        7.1.1. Os problemas jurídicos sob a lente da Constituição........................ 342

    7.2. Métodos modernos de interpretação constitucional................................. 342

8. Princípios de interpretação constitucional... 343

a) Princípio da unidade da constituição		343
b) Princípio da correção funcional		344
c) Princípio da concordância prática (ou da harmonização)		344
d) Princípio da eficácia integradora (ou do efeito integrador)		344
e) Princípio da força normativa da constituição		345
f) Princípio da máxima efetividade		345
g) Princípio da razoabilidade (ou da proporcionalidade)		345
h) Princípio da conformidade (ou da justeza constitucional)		345

9. Técnicas de interpretação constitucional 346

    a) Técnica da ponderação de valores (ou interesses) 347

    b) Técnica da optimização de princípios 350

    c) Técnica da filtragem constitucional 350

10. Postulado do legislador racional 351

11. Síndrome da interpretação retrospectiva das constituições 351

12. Interpretação inconstitucional de leis "constitucionais" 352

13. Interpretação constitucional de leis "inconstitucionais" 352

14. Interpretação conforme a constituição 353

    a) Interpretação conforme com redução do texto 356

    b) Interpretação conforme sem redução do texto 356

CAPÍTULO 9 — APLICABILIDADE E EFICÁCIA DAS NORMAS CONSTITUCIONAIS

1. Aplicabilidade constitucional 358

2. Eficácia constitucional 358

3. Eficácia normativa das constituições 359

4. Eficácia social das constituições 359

5. Classificação da aplicabilidade e eficácia das normas constitucionais 360

    a) Normas constitucionais de eficácia absoluta e aplicabilidade imediata 361

    b) Normas constitucionais de eficácia plena e aplicabilidade imediata 362

    c) Normas constitucionais de eficácia contida e aplicabilidade imediata 362

      c.1) Enquadramento eficacial do art. 5º, § 1º, da Carta de 1988 363

    d) Normas constitucionais de eficácia limitada e aplicabilidade diferida 364

      d.1) Normas limitadas por princípio institutivo 365

      d.2) Normas limitadas por princípio programático 365

    e) Normas constitucionais de eficácia esvaída e aplicabilidade esgotada 366

    f) Normas constitucionais de eficácia exaurida e aplicabilidade esgotada 367

6. Imperatividade eficacial das normas constitucionais 368

7. Efeitos temporais da norma constitucional 369

    a) Princípio da recepção 369

    b) Princípio da recepção material 369

    c) Princípio da revogação 370

    d) Princípio da repristinação 370

    e) Princípio da desconstitucionalização 371

CAPÍTULO 10 — CARACTERÍSTICAS DAS CONSTITUIÇÕES BRASILEIRAS

1. Panorama das nossas constituições 372

2. Constituição de 1824 372

3. Constituição de 1891 373

4. Constituição de 1934 374

5. Constituição de 1937 375

6. Constituição de 1946 375

7. Constituição de 1967 377

    7.1. Emenda Constitucional n. 1/69 à Constituição de 1967 377

8. Constituição de 1988 378

◆ SUMÁRIO ◆   XXXIX

CAPÍTULO 11 — PREÂMBULO CONSTITUCIONAL

1. Significado 381
2. Natureza jurídica 382
3. Não há inconstitucionalidade por violação do preâmbulo 382
4. Mensagem preambular da Constituição de 1988 383
5. Evocação à divindade 383

CAPÍTULO 12 — PRINCÍPIOS FUNDAMENTAIS

1. Que são princípios fundamentais 385
2. Princípios fundamentais da República Federativa do Brasil 386
3. Objetivos fundamentais da República Federativa do Brasil 396
4. Princípios regentes das relações internacionais da República brasileira 397
5. Idioma oficial e símbolos da República Federativa do Brasil 400

CAPÍTULO 13 — DIREITOS E GARANTIAS FUNDAMENTAIS

1. Teoria geral dos direitos e garantias fundamentais 401
2. Que são direitos fundamentais 401
3. Natureza jurídica dos direitos e garantias fundamentais 402
4. Finalidades dos direitos fundamentais: defesa e instrumentalização 402
5. Declarações de direitos fundamentais 402
6. Gerações dos direitos fundamentais 403
    6.1. Gerações, famílias e dimensões dos direitos fundamentais 403
        a) Direitos fundamentais de primeira geração: direitos individuais 404
        b) Direitos fundamentais de segunda geração: direitos sociais, econômicos e culturais 404
        c) Direitos fundamentais de terceira geração: direitos de fraternidade ou solidariedade 404
        d) Direitos fundamentais de quarta geração: direito dos povos 404
        e) Direitos fundamentais de quinta geração: direito à paz 405
        f) Direitos fundamentais de sexta geração: direito à democracia, à informação e ao pluralismo político 406
7. Direitos não se confundem com garantias fundamentais 406
8. Classificação das garantias fundamentais na Constituição de 1988 407
9. Abrangência dos direitos e garantias fundamentais 407
10. Características dos direitos e garantias fundamentais 408
11. Os direitos e garantias fundamentais, em regra, são relativos 408
12. Destinatários dos direitos e garantias fundamentais 409
    12.1. O estrangeiro e as liberdades públicas 410
    12.2. Pessoa jurídica e liberdades públicas 411
    12.3. Empresas estrangeiras e liberdades públicas 411
    12.4. Quase pessoas jurídicas e liberdades públicas 411
13. Caráter vinculante dos direitos e garantias fundamentais 412
    a) Vinculação legislativa 412
    b) Vinculação executiva 412
    c) Vinculação jurisdicional 413
14. Eficácia e aplicabilidade dos direitos e garantias fundamentais 413
    14.1. Eficácia horizontal dos direitos e garantias fundamentais 413
    14.2. Eficácia horizontal e harmonização de interesses em disputa 415
15. Direitos e deveres individuais e coletivos 415
16. Direito à vida (art. 5º, *caput*) 415
    16.1. Aborto 417
    16.2. Anencefalia 417
    16.3. Eutanásia 421
        16.3.1. "Morte digna": a experiência norte-americana 421
    16.4. Suicídio 422

16.5. Pena de morte	422
16.6. Clonagem	423
17. Princípio da igualdade (art. 5º, *caput*)	425
a) Ações afirmativas	425
b) Política de cotas na UnB: a ADPF 186	427
17.1. Objetivos do princípio da igualdade: posição do STF	430
17.2. Igualdade formal e igualdade material	430
17.3. Igualdade perante a lei e igualdade na lei	431
17.4. Limite de idade em concurso público e princípio da igualdade	431
17.5. Igualdade entre homens e mulheres	431
17.6. Igualdade entre sexos e admissão em emprego: a Lei n. 9.029/95	432
17.7. Prerrogativa de foro em ações de separação judicial e divórcio direto	432
18. Princípio constitucional da legalidade (arts. 5º, II, 37, *caput*, e 84, IV)	433
18.1. Legalidade e reserva legal	434
18.2. Princípio da legalidade e outorga do poder regulamentar	435
19. Proibição à tortura (art. 5º, III)	435
20. Liberdade de manifestação do pensamento (art. 5º, IV)	436
20.1. Vedação constitucional ao anonimato: posição do STF	438
21. Direito de resposta (art. 5º, V)	439
22. Inviolabilidade da intimidade, vida privada, honra e imagem (art. 5º, X)	440
22.1. Vida privada e intimidade	441
22.2. Honra	441
22.3. Imagem	441
23. Indenização por dano material, moral, estético e à imagem (art. 5º, V e X)	442
23.1. Dano material	442
23.2. Dano moral	443
23.3. Dano estético	444
23.4. Dano à imagem	445
24. Liberdade de consciência, de religião e de convicção (art. 5º, VI e VIII)	445
24.1. Escusa de consciência	446
24.2. Intolerância religiosa	448
a) Intolerância religiosa como conduta de ódio	449
b) Intolerância religiosa subjetiva e objetiva	451
c) Vedação constitucional à intolerância religiosa	451
d) Legislação sobre intolerância religiosa	454
e) Por uma nova legislação de combate à intolerância religiosa	455
25. Assistência religiosa (art. 5º, VII)	456
26. Liberdade de expressão (art. 5º, IX)	456
26.1. Limites à liberdade de expressão	457
27. Inviolabilidade de domicílio (art. 5º, XI)	458
27.1. Dia e noite para fins de inviolabilidade domiciliar	460
27.2. Inviolabilidade domiciliar e Fisco	461
27.3. Inviolabilidade domiciliar e princípio da reserva de jurisdição	461
28. Direito ao sigilo (art. 5º, XII)	462
28.1. Sigilo de correspondência	463
28.2. Sigilo das comunicações telegráficas	464
28.3. Sigilo das comunicações de dados	464
a) Sigilo bancário	465
b) Sigilo fiscal	468
c) Quebra dos sigilos bancário e fiscal pelas CPIs	469
d) Quebra dos sigilos bancário e fiscal pela Receita Federal	470
d.1) Primeiro estágio da jurisprudência do STF: quebra de sigilo só com ordem judicial	472
d.2) Segundo estágio da jurisprudência do STF: quebra de sigilo sem ordem judicial	473
e) Quebra dos sigilos bancário e fiscal pelo Ministério Público	475
28.3.1. Emenda Constitucional n. 115/2022 e a proteção de dados digitais	477

◆ SUMÁRIO ◆   XLI

28.4. Sigilo das comunicações telefônicas **477**
    a) Interceptação telefônica **478**
      a.1) Considerações sobre a Lei n. 9.296/96 (interceptações telefônicas) **479**
    b) Interceptação telefônica em face do sigilo profissional **482**
    c) Gravação clandestina **483**
      c.1) Absurdo que deve ser combatido **485**
      c.2) Quando uma gravação como meio de prova é válida **486**
28.5. Sigilo das comunicações telemáticas **487**

29. Direito de reunião (art. 5º, XVI) **488**
30. Direito de associação (art. 5º, XVII a XXI) **489**
31. Direito de propriedade (art. 5º, XXII) **491**
32. Função social da propriedade (arts. 5º, XXIII; 170; 182, § 2º; e 186, *caput*) **492**
33. Desapropriação (art. 5º, XXIV) **493**
34. Direito de requisição (art. 5º, XXV) **496**
35. Garantia à pequena propriedade rural (art. 5º, XXVI) **497**
36. Proteção aos direitos autorais (art. 5º, XXVII e XXVIII, *a* e *b*) **498**
37. Proteção à propriedade industrial (art. 5º, XXIX) **499**
38. Direito de herança (art. 5º, XXX) **499**
39. Sucessão de bens de estrangeiros situados no Brasil (art. 5º, XXXI) **499**
40. Defesa do consumidor (arts. 5º, XXXII, e 170, V) **500**
41. Liberdade de informação (art. 5º, XIV e XXXIII) **501**
    41.1. Liberdade de acesso à informação (art. 5º, XIV) **501**
      a) Sigilo da fonte **501**
      b) O jornalista e a proteção do sigilo da fonte **501**
    41.2. Direito de receber informações dos órgãos públicos (art. 5º, XXXIII) **502**
      a) Decreto n. 5.301/2004 .... **502**
      b) Decreto n. 5.584/2005 .... **503**
      c) Lei n. 12.527/2011 .... **503**
42. Inafastabilidade da jurisdição (art. 5º, XXXV) **504**
43. Garantia da estabilidade das relações jurídicas (art. 5º, XXXVI) **507**
    43.1. Direito adquirido **507**
      a) Como funciona a garantia do direito adquirido **508**
      b) Consequências processuais advindas do direito adquirido **508**
      c) Direito adquirido e regime jurídico de instituto de direito **509**
      d) Direito consumado, expectativa de direito e simples faculdades legais **510**
    43.2. Ato jurídico perfeito **510**
    43.3. Coisa julgada **511**
    43.4. Preservação de situações de fato **512**
44. Tribunal do Júri (art. 5º, XXXVIII) **512**
    44.1. Plenitude de defesa (art. 5º, XXXVIII, *a*) **513**
    44.2. Sigilo das votações (art. 5º, XXXVIII, *b*) **514**
    44.3. Soberania dos veredictos e recorribilidade da decisão (art. 5º, XXXVIII, *c*) **514**
    44.4. Competência do júri quanto aos crimes dolosos contra a vida (art. 5º, XXXVIII, *d*) **515**
    44.5. Competências especiais por prerrogativa de função **515**
45. Garantias constitucionais criminais **517**
    45.1. Legalidade e anterioridade da lei penal incriminadora (art. 5º, XXXIX) **518**
    45.2. Retroatividade da lei penal (art. 5º, XL) **518**
    45.3. Discriminação a direitos e liberdades fundamentais (art. 5º, XLI) **519**
    45.4. Prática de racismo (art. 5º, XLII) **520**
    45.5. Crimes inafiançáveis e insuscetíveis de graça ou anistia (art. 5º, XLIII) **521**
    45.6. Ação de grupos armados, civis e militares (art. 5º, XLIV) **524**
    45.7. Intransmissibilidade das penas (art. 5º, XLV) **524**
    45.8. Individualização das penas (art. 5º, XLVI) **524**
    45.9. Cumprimento das penas (art. 5º, XLVIII) **525**

45.10. Prerrogativas dos presos (art. 5º, XLIX, L, LXII a LXVI, LXXV)	**526**
a) Análise da prisão preventiva na ordem constitucional brasileira	**528**
45.11. Identificação criminal (art. 5º, LVIII)	**530**
a) Advento da Lei n. 12.037/2009	**531**
b) Os não identificados civilmente	**531**
c) Como atestar a identificação civil	**532**
d) O que se inclui na identificação criminal	**532**
e) Direito de requerer a retirada da identificação fotográfica do inquérito ou processo	**532**
f) Revogação da Lei n. 10.054, de 7-12-2000	**532**
45.12. Ação penal privada subsidiária (art. 5º, LIX)	**533**
45.13. Regra da não prisão (art. 5º, LXI)	**534**
45.14. Prisão civil por dívida (art. 5º, LXVII)	**535**
a) Descumprimento de obrigação alimentar	**537**
b) Prisão civil e prestação alimentícia em atraso	**538**
c) Prisão civil do devedor fiduciário	**538**
46. Extradição (art. 5º, LI e LII)	**538**
46.1. Regras constitucionais para a extradição	**540**
46.2. Requisitos legais para a extradição	**542**
46.3. Competência para processar e julgar o extraditando	**543**
46.4. Deveres do Estado requerente da extradição	**543**
46.5. Pedido de extensão: entendimento do STF	**544**
46.6. Papel do Supremo Tribunal Federal na extradição	**544**
46.7. Pedido extradicional: procedimento	**545**
46.8. Prisão no procedimento extradicional	**546**
46.9. Legalidade do ato concessivo de refúgio e natureza dos crimes imputados ao extraditando: o "caso Cesare Battisti"	**547**
46.9.1. Reflexões sobre o "caso Cesare Battisti"	**549**
46.10. Expulsão	**551**
46.11. Extradição e expulsão de estrangeiro com cônjuge e filhos brasileiros	**552**
47. Devido processo legal (art. 5º, LIV)	**553**
47.1. Funcionamento e importância do devido processo legal	**554**
47.2. Qual a amplitude do devido processo legal?	**554**
47.3. Princípios constitucionais derivados do devido processo legal	**555**
a) Princípio implícito do duplo grau de jurisdição	**556**
b) Princípio da razoabilidade	**558**
c) Princípios do juiz e do promotor natural (art. 5º, XXXVII e LIII)	**559**
d) Princípios do contraditório e da ampla defesa (art. 5º, LV)	**562**
d.1) Interrogatório por videoconferência	**565**
e) Princípio da proibição da prova ilícita (art. 5º, LVI)	**566**
e.1) Uso excepcional das provas ilícitas e princípio da proporcionalidade	**568**
e.2) Convalidação das provas ilícitas em nome da legítima defesa	**569**
e.3) Provas ilícitas por derivação: frutos da árvore envenenada	**570**
f) Princípio da motivação das decisões (art. 93, IX e X)	**572**
g) Princípio da publicidade (arts. 5º, LX, e 93, IX)	**575**
g.1) Mudança de voto depois de proclamado o resultado do julgamento	**576**
h) Princípio da razoável duração do processo (art. 5º, LXXVIII)	**577**
i) Princípio da presunção de inocência (art. 5º, LVII)	**579**
i.1) HC 126.292/SP do STF: pena pode ser cumprida após decisão de segunda instância	**582**
i.2.) ADCs 43, 44 e 54: início do cumprimento da pena só após o trânsito em julgado	**584**
i.3) Delação premiada	**586**
48. Tratados internacionais e direitos fundamentais (art. 5º, § 2º)	**587**
48.1. Princípio da não tipicidade constitucional	**588**

◆ SUMÁRIO ◆   XLIII

48.2. Incorporação dos tratados internacionais na ordem jurídica brasileira 588
    a) Regime jurídico do art. 5º, § 2º, da CF: o novo entendimento do STF 590
    b) Regime jurídico do art. 5º, § 3º, da CF: equivalência com as emendas constitucionais 592
49. Tribunal Penal Internacional (art. 5º, § 4º) 594
    49.1. Estatuto de Roma e prisão de chefe de Estado estrangeiro 595
50. Pacto de San José da costa rica em face da Constituição Brasileira 597
    a) Finalidades do Pacto de San José da Costa Rica 597
    b) Pontos de interseção entre o Pacto de San José da Costa Rica e a Constituição brasileira 598
    c) Temas decididos pelo STF com base no Pacto de San José da Costa Rica 599

CAPÍTULO 14 — INSTRUMENTOS DE TUTELA DAS LIBERDADES

1. Que são instrumentos de tutela das liberdades? 600
2. Direito de petição (art. 5º, XXXIV, *a*) 600
3. Direito de certidão (art. 5º, XXXIV, *b*) 603
4. *Habeas corpus* (art. 5º, LXVIII) 604
    4.1. Perfil do *habeas corpus* 606
    4.2. Pressupostos constitucionais de impetração 611
    4.3. Legitimidade ativa no *habeas corpus* 612
    4.4. Legitimidade passiva no *habeas corpus* 614
    4.5. Ato de particular 614
    4.6. Ato de Tribunais Regionais Federais ou Tribunais estaduais 615
    4.7. Ato ilegal imputado a promotor de justiça 616
    4.8. Ato de membro do Ministério Público Federal 617
    4.9. Ato de Turma Recursal de Juizados Especiais Criminais 617
    4.10. Ato de juiz especial nos Juizados Especiais Criminais 618
    4.11. Punições disciplinares militares 618
    4.12. Coação ilegal atribuída à Turma do STF 618
    4.13. Liminar em *habeas corpus* 619
    4.14. Empate no *habeas corpus*: favorecimento ao paciente 619
    4.15. *Habeas corpus* e recurso ordinário: ajuizamento simultâneo 619
    4.16. *Habeas corpus* e substituição de recurso ordinário constitucional 619
5. Mandado de segurança (art. 5º, LXIX) 620
    5.1. Perfil do mandado de segurança 621
    5.2. Cabimento do mandado de segurança 622
    5.3. Legitimidade ativa no mandado de segurança (impetrante) 625
    5.4. Legitimidade passiva no mandado de segurança (impetrado) 626
    5.5. Autoridade coatora no mandado de segurança (coator) 627
    5.6. Procedimento 628
        a) Petição inicial 628
    5.7. Prazo para impetração 630
    5.8. Competência 631
        a) Competência do Supremo Tribunal Federal 631
        a.1) Excepcionalmente, compete ao STF julgar mandamus contra ato da própria Corte ... 632
        b) Competência do Superior Tribunal de Justiça 633
        c) Competência dos Tribunais Regionais Federais 633
        d) Competência dos juízes federais 633
        e) Competência dos Juizados Especiais 633
    5.9. Liminar em mandado de segurança 633
        a) Disciplina da medida liminar na Lei n. 12.016/2009 634
6. Desistência da ação de segurança 636
7. Mandado de segurança coletivo (art. 5º, LXX) 637
    7.1. Regime jurídico 637
    7.2. Natureza 637

7.3. Finalidade: defender direitos coletivos e individuais homogêneos 638

7.4. Objeto: não se exige que o direito seja peculiar à classe.. 639

7.5. Impetração simultânea do *writ* coletivo e individual: possibilidade...................... 639

7.6. Legitimidade ativa (impetrantes) 640

    a) Partidos políticos com representação no Congresso Nacional.............................. 641

    b) Sindicatos, entidades de classe e associações 642

7.7. Legitimidade passiva 643

7.8. *Writ* coletivo e litisconsórcio.. 643

7.9. Coisa julgada... 643

    7.10. Liminar em *writ* coletivo... 644

8. Mandado de injunção (art. 5º, LXXI)... 644

  8.1. Antecedentes.. 645

  8.2. Natureza jurídica.. 645

  8.3. Mandado de injunção e ADIn por omissão 645

  8.4. Requisitos 646

  8.5. Objeto 646

  8.6. Legitimidade ativa... 648

    a) Mandado de injunção coletivo 648

  8.7. Legitimidade passiva 650

  8.8. Procedimento: Lei n. 13.300/2016.. 651

    8.8.1. Petição inicial.. 651

    8.8.2. Oitiva do Ministério Público 652

  8.9. Medida liminar 652

  8.10. Competência 652

  8.11. Decisão... 653

  8.12. Efeitos do mandado de injunção.. 653

    a) Efeitos do mandado de injunção na Lei n. 13.300/2016 655

  8.13. Análise da Lei n. 13.300/2016.. 657

9. *Habeas data* (art. 5º, LXXII) 658

  9.1. Antecedentes.. 659

  9.2. Natureza jurídica.. 659

  9.3. Finalidades 659

  9.4. Cabimento 659

    a) Imprescindibilidade do interesse de agir 660

    b) *Habeas data* e dados sigilosos da sociedade e do Estado 661

  9.5. Legitimidade ativa... 661

    a) Impetração em nome de terceiros.. 661

    b) *Habeas data* coletivo 662

  9.6. Legitimidade passiva 662

  9.7. Competência... 662

  9.8. Procedimento (Lei n. 9.507/97) 664

10. Ação popular (art. 5º, LXXIII) 665

  10.1. Origem 665

  10.2. Perfil constitucional.. 666

  10.3. Finalidade: defender interesses difusos.. 666

  10.4. Objeto: combater atos lesivos e ilegais 666

  10.5. Legitimidade ativa.. 668

  10.6. Legitimidade passiva 669

  10.7. Competência... 670

  10.8. Sentença e coisa julgada 671

  10.9. Isenção de custas e ônus da sucumbência.. 671

CAPÍTULO 15 — DIREITOS SOCIAIS

1. Direitos sociais: noção e funcionamento.. 672

2. Finalidade dos direitos sociais 672

◆ SUMÁRIO ◆   XLV

3. Natureza dos direitos sociais 672
4. Sujeito passivo dos direitos sociais... 673
5. Classificação dos direitos sociais... 673
6. Efetividade e proteção dos direitos sociais 673
7. Direitos sociais e direitos dos trabalhadores.. 674
8. Previsão constitucional dos direitos sociais (art. 6º)... 675
   8.1. Alimentação e transporte como direitos sociais básicos: a Emenda Constitucional n. 64/2010... 677
9. Direitos dos trabalhadores urbanos e rurais (art. 7º)... 677
   9.1. Direitos dos trabalhadores domésticos: a Emenda Constitucional n. 72, de 2-4-2013 693
10. Liberdade de associação profissional e sindical (art. 8º).. 694
   10.1. Princípios constitucionais da liberdade associativa (art. 8º, I a VIII) 694
   10.2. Contribuições confederativa e sindical... 697
11. Direito de greve (art. 9º).. 698

CAPÍTULO 16 — DIREITO DE NACIONALIDADE

1. Significado.. 701
2. Noções correlatas à nacionalidade 701
3. Brasileiros natos e naturalizados 702
   a) Brasileiro nato... 702
   b) Brasileiro naturalizado.. 702
4. Tipos de nacionalidade: originária e secundária 703
   4.1. Aquisição da nacionalidade originária.. 703
      a) Regra do *ius solis* ou *ius loci* (art. 12, I, *a*)... 703
      b) Regra do *ius sanguinis* + critério funcional (art. 12, I, *b*) 704
      c) Regra da nacionalidade potestativa: *ius sanguinis* + critério residencial + opção confirmativa (art. 12, I, *c*) 704
         c.1) Nacionalidade potestativa e opção 704
         c.2) Nacionalidade potestativa antes da Carta de 1988 705
         c.3) Nacionalidade potestativa depois da Carta de 1988 705
         c.4) ECR n. 3/94: supressão do critério *ius sanguinis* + registro....................... 705
         c.5) EC n. 54/2007: registro em repartição competente e maioridade (18 anos completos) ... 706
   4.2. Aquisição da nacionalidade secundária 708
      4.2.1. Polipátridas e apátridas (ou Heimatlos) 708
         a) Polipátridas e os conflitos positivos de nacionalidade 708
         b) Apátridas e os conflitos negativos de nacionalidade.................................. 709
      4.2.2. Tipos de naturalização... 709
         a) Naturalização tácita (ou grande naturalização) 710
         b) Naturalização expressa (explícita ou taxativa) 710
            b.1) Naturalização ordinária (ou comum).. 710
               b.1.1) Quase nacionalidade... 711
            b.2) Naturalização extraordinária (ou quinzenária) 713
      4.2.3. Radicação precoce e conclusão de curso superior...................................... 714
5. A lei não pode distinguir brasileiros natos e naturalizados....................................... 715
   a) Extradição (CF, art. 5º, LI).. 716
   b) Cargos (CF, art. 12, § 3º).. 716
   c) Função (CF, art. 89, VII) 717
   d) Propriedade de empresa jornalística, de radiodifusão sonora, de sons e imagens (CF, art. 222).... 717
6. Perda da nacionalidade 718
   6.1. Ação de cancelamento de naturalização (perda-punição) 718
   6.2. Naturalização voluntária (perda-mudança) 719
   6.3. Nacionalidade adquirida com fraude à lei... 720
   6.4. Exclusão de hipótese da Carta de 1967 720
7. Reaquisição da nacionalidade brasileira perdida 720

CAPÍTULO 17 — DIREITOS POLÍTICOS

1. Que são direitos políticos.. 721
2. Como se classificam os direitos políticos.. 721
3. Direitos políticos positivos... 721
    3.1. Direito de sufrágio 722
        a) Natureza jurídica do sufrágio 722
        b) Espécies de sufrágio 723
        c) Direito de sufrágio e as capacidades eleitorais ativa e passiva 724
            c.1) Elegibilidade... 725
            c.2) Condições de elegibilidade (CF, art. 14, § 3º)............................... 725
        d) Exercício do sufrágio: o direito de voto 726
            d.1) Natureza do voto 727
            d.2) Características do voto 727
            d.3) Plebiscito e referendo: formas de exercer o direito de voto........... 729
        e) Eleitorado 730
            e.1) Impossibilidade de "corpos eleitorais" 730
    3.2. Sistemas eleitorais... 730
        a) Sistema majoritário.. 731
        b) Sistema proporcional 731
        c) Sistema misto... 732
    3.3. Procedimento eleitoral 733
4. Direitos políticos negativos.. 733
    4.1. Inelegibilidades 733
        4.1.1. Panorama das inelegibilidades na Constituição de 1988................... 734
            a) Inelegibilidades absolutas... 734
            b) Inelegibilidades relativas.. 735
                b.1) Inelegibilidade funcional por motivo de reeleição (art. 14, § 5º)............... 735
                b.2) Inelegibilidade funcional por motivo de desincompatibilização (art. 14, § 6º)... 739
                b.3) Inelegibilidade reflexiva — casamento, parentesco ou afinidade (art. 14, § 7º) ... 742
                b.4) Inelegibilidades militares (art. 14, § 8º)................................. 747
                b.5) Inelegibilidades legais (art. 14, § 9º)...................................... 748
        4.1.2. Emenda Constitucional n. 111, de 28-9-2021 751
    4.2. Privação dos direitos políticos... 752
        4.2.1. Perda dos direitos políticos... 754
        4.2.2. Suspensão dos direitos políticos... 755
            a) Condenação criminal transitada em julgado (CF, art. 15, III): conclusões do STF e do TSE.. 755
            b) Condenação criminal transitada em julgado e perda do mandato de parlamentares federais 757
            c) Condenação criminal transitada em julgado e a Lei Complementar n. 64/90 (art. 1º, I, *e*)... 758
5. Reaquisição dos direitos políticos.. 759
    5.1. Reaquisição dos direitos políticos perdidos 759
    5.2. Reaquisição dos direitos políticos suspensos 759
6. Princípio da anualidade eleitoral... 759
    a) Exceção ao princípio da anualidade eleitoral: hipótese de eleição indireta........... 761
    6.1. Criação de Município em ano eleitoral: impossibilidade............................. 761
7. Cassação dos direitos políticos 761
    7.1. Cumprimento imediato das decisões da Justiça Eleitoral 762
8. Impugnação de mandato eletivo 763
    8.1. Ação de impugnação de mandato eletivo.. 763
9. Princípio da fidelidade partidária.. 764
10. Renúncia a mandato parlamentar e coligação 765

◆ SUMÁRIO ◆   XLVII

CAPÍTULO 18 — PARTIDOS POLÍTICOS

1. Que são partidos políticos? 767
2. Origem dos partidos políticos 767
3. Partidos políticos na Constituição de 1988 767
4. Criação, fusão, incorporação e extinção de partidos políticos 768
5. Autonomia partidária 769
6. Registro partidário 771
7. Recursos do fundo partidário e propaganda eleitoral 771
   7.1. Emenda Constitucional n. 133, de 22 de agosto de 2024 772
8. Partidos políticos e organizações paramilitares 773
9. Inconstitucionalidade da cláusula de barreira 773
10. Do princípio da verticalização das coligações partidárias à regra da não obrigatoriedade de vinculação entre as candidaturas (CF, art. 17, § 1º) 773

CAPÍTULO 19 — ORGANIZAÇÃO DO ESTADO BRASILEIRO

1. Organização político-administrativa e divisão espacial do poder ... 776
2. Federação 776
   2.1. O Estado Federal brasileiro 778
   2.2. Princípio da indissolubilidade do pacto federativo (CF, arts. 1º, *caput*, e 18, *caput*) 779
   2.3. Princípio implícito da simetria federativa 779
   2.4. Federalismo assimétrico (CF, arts. 23; 43; 151, I; 155, I, *b*, § 2º, VI e XII, *g*) 780
3. Entidades componentes da federação brasileira 780
4. União 781
   4.1. Bens da União (CF, art. 20, I a XI) 781
   4.2. Participação em recursos minerais (CF, art. 20, § 1º) 783
   4.3. Faixa de fronteira (CF, art. 20, § 2º) 783
   4.4. Regiões administrativas ou de desenvolvimento (CF, art. 43, §§ 1º a 4º) 784
5. Estados 785
   5.1. Autonomia estadual (CF, art. 25) 786
      5.1.1. Organização dos governos estaduais (CF, arts. 27, 28 e 125) 787
   5.2. Bens dos Estados (CF, art. 26, I a IV) 790
   5.3. Formação de Estados (CF, art. 18, § 3º) 790
   5.4. Regiões metropolitanas, aglomerações urbanas e microrregiões (CF, art. 25, § 3º) 792
6. Municípios 792
   6.1. Autonomia municipal (CF, arts. 1º, *caput*; 18, *caput*; 29; 30 e 34, VII, *c*) 793
   6.2. Lei orgânica municipal (CF, art. 29) 794
   6.3. Organização dos governos municipais (CF, arts. 29 e 29-A) ... 795
      a) Eleição e posse de prefeitos, vice-prefeitos e vereadores (CF, art. 29, I a III) 795
      b) Remuneração de prefeitos, vice-prefeitos e secretários municipais (CF, art. 29, V) 795
      c) Prefeito — perda do mandato (CF, art. 29, XIV) 796
      d) Julgamento do prefeito — foro especial por prerrogativa de função (CF, art. 29, X) 796
         d.1) Competência dos Tribunais de Justiça 797
         d.2) Competência das Câmaras de Vereadores 798
         d.3) Competência dos Tribunais Regionais Eleitorais 799
         d.4) Competência dos Tribunais Regionais Federais 799
         d.5) Competência dos juízes de direito 799
      e) Crime de responsabilidade do prefeito (CF, art. 29-A, § 2º) 800
      f) Número de vereadores por Município (CF, art. 29, IV) 801
         f.1) Primeira redação do art. 29, IV, advinda da manifestação constituinte originária de 1988 802
         f.2) Segunda redação do art. 29, IV, proveniente da Emenda Constitucional n. 58/2009 ... 803
            f.2.1) Inconstitucionalidade do art. 3º, I, da Emenda Constitucional n. 58/2009 ... 804
               f.2.1.1) Decisão do Tribunal Regional Eleitoral do Estado de Goiás 805
               f.2.1.2) ADIns no Supremo Tribunal Federal 805

g) Remuneração de vereadores (CF, art. 29, VI e VII)	808
h) Imunidade material dos vereadores (CF, art. 29, VIII)	810
i) Proibições e incompatibilidades dos vereadores (CF, art. 29, IX)	812
j) Crime de responsabilidade do Presidente da Câmara de Vereadores (CF, art. 29-A, § 3º)	812
k) Funções legislativas e fiscalizatórias da Câmara Municipal (CF, art. 29, XI)	812
l) Cooperação no planejamento do Município (CF, art. 29, XII)	812
m) Iniciativa popular de projetos de lei (CF, art. 29, XIII)	812
6.4. Fiscalização do Município (CF, art. 31, §§ 1º a 4º)	812
6.5. Formação de Municípios (CF, art. 18, § 4º — redação dada pela EC n. 16/96)	814
6.5.1. Emenda Constitucional n. 57/2008	815
7. Distrito Federal	816
7.1. Natureza	816
7.2. Brasília — Capital Federal	816
7.3. Autonomia	817
7.4. Governo do Distrito Federal	819
8. Vedações constitucionais de natureza federativa	820
9. Territórios Federais	821
9.1. Natureza autárquica	821
9.2. Como surgiram os Territórios Federais	821
9.3. Não mais existem Territórios Federais no Brasil	822
a) Os novos Estados de Roraima e Amapá	822
b) Fernando de Noronha: Distrito do Estado de Pernambuco	823
9.4. Podem ser criados novos Territórios Federais no Brasil	823
10. Competências federativas	824
10.1. Repartição de competências federativas	825
a) Princípio da predominância do interesse	825
b) Técnicas de repartição de competências	825
10.2. Panorama das competências federativas na Constituição de 1988	826
10.3. Competências da União	828
a) Competências administrativas da União (CF, art. 21, I a XXVI)	828
a.1) Emenda Constitucional n. 69, de 29 de março de 2012	831
a.2) Emenda Constitucional n. 118, de 26 de abril de 2022	831
b) Competências legislativas da União (CF, art. 22, I a XXX)	832
10.4. Competências dos Estados	837
a) Competência remanescente ou reservada (CF, art. 25, § 1º)	837
b) Competência enumerada (CF, arts. 18, § 4º, e 25, §§ 2º e 3º)	837
c) Competência delegada (CF, art. 22, parágrafo único)	838
d) Competência concorrente (CF, art. 24, I a XVI)	838
e) Competência suplementar (CF, art. 24, §§ 1º a 4º)	839
10.5. Competências do Distrito Federal	839
10.6. Competências dos Municípios	839
10.7. Competência comum da União, Estados, Distrito Federal e Municípios	842
10.8. Competência concorrente da União, Estados e Distrito Federal	843
10.9. Competência suplementar dos Estados, do Distrito Federal e dos Municípios	846
11. Intervenção	847
11.1. Intervenção da União nos Estados, no Distrito Federal ou nos Municípios situados em Territórios Federais	849
a) Pressupostos materiais da intervenção federal (CF, art. 34, I a VII)	849
b) Pressupostos formais da intervenção federal (CF, art. 36, I a III)	852
c) Procedimento da intervenção federal	852
c.1) Fase inicial	852
c.2) Fase judicial	853
c.3) Fase do decreto interventivo	853
c.4) Fase do controle político e jurisdicional	854
11.2. Intervenção estadual nos Municípios	855

SUMÁRIO

XLIX

CAPÍTULO 20 — ADMINISTRAÇÃO PÚBLICA

1. Significado de Administração Pública na Constituição de 1988	857
2. Decreto-Lei n. 200/67	858
2.1. Administração direta	859
2.2. Administração indireta	859
3. Princípios constitucionais da Administração Pública	860
3.1. Princípio da legalidade administrativa	861
3.2. Princípio da impessoalidade administrativa	862
3.3. Princípio da moralidade administrativa	862
3.4. Princípio da publicidade administrativa	865
3.5. Princípio da eficiência administrativa	865
4. Preceitos constitucionais da Administração Pública	867
5. Agentes públicos na Constituição	885
5.1. Agentes políticos	885
5.2. Particulares em regime de colaboração com o Poder Público	886
5.3. Servidores públicos	886
5.3.1. Servidores públicos no exercício de mandato eletivo	886
5.3.2. Direitos sociais dos servidores públicos civis	887
5.3.3. Formação e aperfeiçoamento de servidores públicos	888
5.3.4. Prêmio de produtividade dos servidores públicos	888
5.3.5. Estabilidade e efetividade dos servidores públicos civis	889
5.3.6. Estágio probatório dos servidores públicos civis	890
5.3.7. Perda do cargo do servidor público estável	892
6. Sistema remuneratório dos agentes públicos	893
6.1. Regime jurídico único	893
6.2. Subsídios	894
6.2.1. Irredutibilidade de subsídios	896
6.2.2. Preservação do direito adquirido	896
6.3. Teto remuneratório	897
6.3.1. Emenda Constitucional n. 95/2016: limite de despesas públicas	898
6.4. Regras remuneratórias no âmbito estadual, distrital e municipal	899
6.5. Regras transitórias da EC n. 41/2003	900
6.6. Princípio da periodicidade	900
6.7. Vinculação e equiparação de espécies remuneratórias	901
6.8. Proibição do "efeito repicão"	902
6.9. Disponibilidade remunerada	903
7. Aposentadoria dos agentes públicos	904
7.1. Contribuição de inativos e pensionistas	906
7.2. Espécies de aposentadoria	906
a) Aposentadoria por incapacidade permanente	906
a.1) Emenda Constitucional n. 70, de 29 de março de 2012	907
b) Aposentadoria compulsória	908
c) Aposentadoria voluntária	909
7.3. Regras para a aposentadoria	910
8. Militares dos Estados, do Distrito Federal e dos Territórios	914

CAPÍTULO 21 — ORGANIZAÇÃO DOS PODERES

1. Organização constitucional de Poderes	916
2. Poderes do Estado e defesa das liberdades públicas	917
3. Poder Legislativo	918
3.1. Congresso Nacional	918
a) Atribuições do Congresso Nacional	921
a.1) Competência legislativa do Congresso Nacional (CF, art. 48, I a XV)	921
a.2) Competência exclusiva do Congresso Nacional (CF, art. 49, I a XVIII)	923

b) Convocação e comparecimento de Ministros de Estado (CF, art. 50, §§ 1º e 2º)............ 926
c) Funcionamento do Congresso Nacional.. 927
    c.1) Legislatura: significado e período de duração... 927
    c.2) Sessões legislativas 927
    c.3) Recesso parlamentar 929
    c.4) Deliberações parlamentares 929
        c.4.1) Quórum.. 929
        c.4.2) Técnica de positivação constitucional das maiorias................... 929
d) Voto de liderança e princípio da colegialidade... 930
3.2. Câmara dos Deputados.. 930
  a) Eleição de deputados federais no Distrito Federal... 932
  b) Sistema proporcional 932
  c) Competência privativa da Câmara dos Deputados 933
3.3. Senado Federal.. 935
  a) Sistema majoritário... 935
  b) Competência privativa do Senado Federal... 935
3.4. Estatuto dos Congressistas... 940
3.5. Origem e crise das imunidades parlamentares... 940
3.6. Disciplina constitucional das imunidades parlamentares...................................... 941
3.7. Imunidade material (CF, art. 53, *caput*)... 942
  a) Como funciona a imunidade material... 943
  b) Imunidade material após o advento da EC n. 35/2001 943
  c) Extensão da imunidade material 944
  d) Imunidade material na jurisprudência do STF... 945
    d.1) Irrenunciabilidade das imunidades 945
    d.2) Licenciamento para exercício de cargo no Poder Executivo..................... 945
    d.3) Crimes contra a honra.. 945
    d.4) Proteção no exercício do mandato ou em razão dele 946
    d.5) Efeitos temporais da imunidade material... 948
    d.6) Depoimento prestado em CPI... 948
    d.7) Propaganda eleitoral 948
    d.8) Declaração em jornais e insuficiência de provas 948
3.8. Imunidade processual (CF, art. 53, §§ 1º a 5º)... 949
  a) Conteúdo da imunidade processual 949
  b) Abrangência da imunidade processual.. 950
  c) Extensão no tempo da imunidade processual 950
  d) Imunidade processual na jurisprudência do STF.. 950
    d.1) Prerrogativa de foro em razão da função 951
    d.2) Prerrogativa de foro nas infrações penais comuns................................... 952
    d.3) Arquivamento da denúncia... 953
    d.4) Cancelamento da Súmula 394 do STF 953
    d.5) Atualidade do mandato e competência do STF 954
    d.6) Desnecessidade de licença prévia para o processo de parlamentares......... 954
    d.7) Deliberação do pedido de processo parlamentar à Casa legislativa........... 955
    d.8) Superveniência da EC n. 35/2001 955
  e) Pedido de sustação e prescrição suspensa (CF, art. 53, §§ 4º e 5º)..................... 957
3.9. Isenção do dever de testemunhar (CF, art. 53, § 6º)... 958
3.10. Incorporação às Forças Armadas (CF, art. 53, § 7º, c/c o art. 143).................... 958
3.11. Imunidade parlamentar durante o estado de sítio (CF, art. 53, § 8º).................. 959
3.12. Incompatibilidades (CF, art. 54)... 959
3.13. Perda do mandato parlamentar (CF, art. 55, §§ 1º a 3º).................................... 960
3.14. Renúncia do mandato parlamentar (CF, art. 55, § 4º).. 963
  3.14.1. Renúncia de parlamentar extingue a competência do STF........................ 963
3.15. Afastamento do congressista (CF, art. 56, I e II).. 964
3.16. Suplência parlamentar (CF, art. 56, §§ 1º e 2º).. 964

3.17. Vencimentos dos parlamentares: competência para fixar subsídios	**965**
3.18. Comissões parlamentares	**966**
3.19. Comissões permanentes	**967**
3.20. Comissões temporárias ou especiais	**968**
3.21. Comissões mistas	**968**
3.22. Comissões parlamentares de inquérito	**968**
a) Para que servem as CPIs	**969**
b) Quórum de criação das CPIs	**970**
c) Poderes investigatórios das CPIs	**972**
c.1) Poderes de investigação próprios das autoridades judiciais	**973**
d) CPIs podem ordenar prisões?	**978**
e) Limites constitucionais às CPIs	**979**
f) Controle judicial das CPIs	**981**
g) Medidas processuais contra atos das CPIs	**982**
h) Intimação para depor em CPI	**984**
i) Duração do inquérito parlamentar e prorrogação do prazo	**987**
j) Direito ao silêncio e privilégio contra a autoincriminação	**989**
k) Direito ao sigilo e decisão parlamentar fundamentada	**994**
l) Prerrogativas profissionais do advogado	**998**
m) Contraditório e ampla defesa no inquérito parlamentar	**1000**
n) Princípio da reserva de jurisdição no inquérito parlamentar	**1001**
o) Relatório	**1003**
p) Responsabilidade civil ou criminal dos infratores	**1004**
3.23. Comissão parlamentar representativa	**1005**
3.24. Processo legislativo	**1006**
3.24.1. Processo legislativo na Constituição de 1988	**1006**
3.24.2. Classificação do processo legislativo	**1008**
3.24.3. Fases de elaboração das leis e atos normativos	**1008**
a) Procedimento legislativo ordinário (ou comum)	**1008**
a.1) Fase introdutória do procedimento legislativo ordinário: a iniciativa de lei	**1009**
a.1.1) Iniciativa do Presidente da República (CF, art. 61, § 1º)	**1010**
a.1.2) Iniciativa de lei do Poder Judiciário	**1014**
a.1.3) Iniciativa de lei para fixação do teto salarial	**1015**
a.1.4) Iniciativa de lei do Ministério Público	**1016**
a.1.5) Iniciativa popular de lei	**1017**
a.2) Fase constitutiva do procedimento legislativo ordinário: as deliberações	**1017**
a.2.1) Deliberação parlamentar	**1017**
a.2.1.1) Emenda parlamentar	**1019**
a.2.1.2) Votação	**1020**
a.2.1.3) Prazo para deliberação parlamentar	**1020**
a.2.2) Deliberação executiva	**1020**
a.2.2.1) Sanção	**1021**
a.2.2.2) Veto presidencial	**1021**
a.3) Fase complementar do procedimento legislativo ordinário: a certificação e a comunicação	**1023**
a.3.1) Promulgação	**1023**
a.3.2) Publicação	**1024**
b) Procedimento legislativo sumário	**1024**
c) Procedimento legislativo especial	**1025**
3.25. Espécies normativas	**1026**
a) Hierarquia entre as espécies normativas	**1026**
b) Atributos das espécies normativas	**1027**
3.25.1. Emendas à Constituição	**1027**
a) Procedimento legislativo especial das emendas à Constituição	**1028**
a.1) Fase introdutória do procedimento legislativo especial de emenda	**1028**

5.12. Órgãos auxiliares do Presidente da República 1100
    a) Ministros de Estado 1100
    b) Conselho da República 1102
    c) Conselho de Defesa Nacional 1102
6. Poder Judiciário 1103
6.1. Funções típicas e atípicas do Poder Judiciário 1103
6.2. Estatuto da Magistratura — reserva de lei complementar federal 1104
6.3. Princípios constitucionais-estatutários da magistratura 1105
6.4. Regra do quinto constitucional 1107
6.5. Garantias do Poder Judiciário 1109
    a) Garantias institucionais da magistratura 1109
      a.1) Autonomia orgânico-administrativa do Poder Judiciário 1110
        a.1.1) O art. 102 da Lei Complementar n. 35/1979 foi recepcionado pela Carta de 1988? 1112
      a.2) Autonomia administrativa, financeira e orçamentária do Poder Judiciário 1113
        a.2.1) Princípio do autogoverno da magistratura 1114
    b) Garantias funcionais da magistratura 1115
      b.1) Garantias funcionais de liberdade 1115
        b.1.1) Vitaliciedade 1115
        b.1.2) Inamovibilidade 1116
        b.1.3) Irredutibilidade de subsídio 1116
      b.2) Garantias funcionais de imparcialidade 1117
6.6. Precatórios judiciais 1118
    a) Obrigatoriedade da inclusão do precatório no orçamento dos entes públicos 1121
    b) Débitos de natureza alimentícia 1121
    c) Consignação ao Poder Judiciário de dotações e créditos 1122
    d) Regra das obrigações definidas em leis como de pequeno valor 1123
    e) Análise da Emenda Constitucional n. 62/2009 1123
      e.1) Teor do art. 100 da Constituição Federal após o advento da EC n. 62/2009 1127
      e.2) Ações diretas de inconstitucionalidade contra a EC n. 62/2009: entendimento do STF 1129
    f) Emenda Constitucional n. 94/2016 1130
6.7. Órgãos do Poder Judiciário 1131
6.8. Supremo Tribunal Federal 1133
    a) Supremo Tribunal Federal e a Suprema Corte dos Estados Unidos 1134
    b) Supremo Tribunal Federal: Corte Constitucional do Brasil? 1136
    c) Composição do Supremo Tribunal Federal 1137
    d) Competências do Supremo Tribunal Federal 1138
      d.1) Princípio da taxatividade constitucional das competências do STF 1138
        d.1.1) Desmembramento do processo do "Mensalão" (AP 470/MG) 1140
      d.2) Competência originária do Supremo Tribunal Federal 1142
      d.3) Competência recursal do Supremo Tribunal Federal 1147
        d.3.1) Recurso ordinário constitucional 1147
        d.3.2) Recurso extraordinário 1148
          d.3.2.1) Repercussão geral das questões constitucionais 1151
            d.3.2.1.1) Não cabe recurso no STF para solucionar equívocos na aplicação da repercussão geral 1153
          d.3.2.2) Recurso extraordinário nas causas decididas em única ou última instância 1153
    e) Súmula vinculante 1157
    6.8.1. Conselho Nacional de Justiça 1175
      a) Composição do Conselho Nacional de Justiça 1177
      b) Competência do Conselho Nacional de Justiça 1178
      c) Controle dos atos do Conselho Nacional de Justiça 1180

◆ SUMÁRIO ◆   LV

6.9. Superior Tribunal de Justiça **1180**
   a) Composição do Superior Tribunal de Justiça... **1180**
   b) Competências do Superior Tribunal de Justiça **1182**
      b.1) Competência originária do Superior Tribunal de Justiça **1182**
      b.2) Competência recursal do Superior Tribunal de Justiça **1185**
         b.2.1) Recurso ordinário para o STJ.. **1186**
         b.2.2) Recurso especial **1186**
            b.2.2.1) Arguição de inconstitucionalidade em recurso especial **1189**
            b.2.2.2) Recurso especial e tutela de princípio geral de direito **1189**
            b.2.2.3) EC n. 125/2022: relevância de questões de direito federal infracons-
                   titucional.. **1190**
   c) Escola Nacional de Formação e Aperfeiçoamento de Magistrados **1192**
   d) Conselho da Justiça Federal **1192**
6.10. Tribunais Regionais Federais e juízes federais **1192**
   a) Órgãos da Justiça Federal... **1193**
      a.1) Tribunais Regionais Federais **1193**
         a.1.1) Composição dos Tribunais Regionais Federais **1194**
         a.1.2) Competências dos Tribunais Regionais Federais................. **1194**
            a.1.2.1) Competência originária dos Tribunais Regionais Federais **1195**
            a.1.2.2) Competência recursal dos Tribunais Regionais Federais **1196**
      a.2) Juízes federais... **1196**
         a.2.1) Organização da Justiça Federal de primeiro grau **1196**
         a.2.2) Competência dos juízes federais....................................... **1196**
         a.2.3) Regras complementares de competência dos juízes federais **1200**
6.11. Tribunais e juízes do trabalho **1201**
   a) Organização da Justiça do Trabalho **1202**
      a.1) Tribunal Superior do Trabalho **1202**
      a.2) Tribunais Regionais do Trabalho **1203**
      a.3) Juízes do trabalho.. **1204**
   b) Competência da Justiça do Trabalho **1205**
      b.1) Amplitude do art. 114 da Constituição Federal............................. **1205**
      b.2) Desdobramento do art. 114 da Constituição Federal **1206**
6.12. Tribunais e juízes eleitorais **1210**
   a) Órgãos da Justiça Eleitoral **1210**
      a.1) Tribunal Superior Eleitoral.. **1210**
      a.2) Tribunais Regionais Eleitorais **1211**
      a.3) Juízes e Juntas Eleitorais **1212**
6.13. Tribunais e juízes militares **1213**
   a) Órgãos da Justiça Militar **1213**
      a.1) Superior Tribunal Militar **1213**
      a.2) Tribunais e juízes militares **1214**
6.14. Tribunais e juízes dos Estados **1214**
   a) Princípios organizatórios da Justiça comum **1215**
   b) Usurpação de iniciativa reservada... **1215**
   c) Competência dos Tribunais de Justiça... **1216**
   d) Organização da Justiça Militar estadual.. **1217**
6.15. Juizados especiais.. **1218**
   a) Fundamento constitucional dos juizados especiais **1218**
   b) Juizados cíveis e criminais **1219**
   c) Distinção entre juizados especiais e juizados de pequenas causas **1219**
   d) Procedimento sumaríssimo **1220**
   e) Juizados especiais no âmbito da Justiça Federal **1220**
6.16. Juizados de paz... **1220**

CAPÍTULO 22 — FUNÇÕES ESSENCIAIS À JUSTIÇA

1. Que são funções essenciais à Justiça?.. **1223**
2. Ministério Público.. **1223**
   2.1. Origem do Ministério Público **1224**
   2.2. Surgimento do Ministério Público no Brasil.. **1224**
   2.3. Evolução do Ministério Público nas Constituições brasileiras **1225**
   2.4. Ministério Público na Constituição de 1988 .... **1226**
   2.5. Posição institucional do Ministério Público... **1227**
   2.6. Natureza administrativa das funções do Ministério Público........................ **1228**
   2.7. Princípios institucionais do Ministério Público **1228**
      a) Unidade.. **1228**
      b) Indivisibilidade **1229**
      c) Independência funcional... **1229**
         c.1) Autonomia funcional e administrativa do Ministério Público........... **1229**
         c.2) Autonomia orçamentária e financeira do Ministério Público **1231**
   2.8. Organização constitucional do Ministério Público **1232**
      a) Ministério Público da União: nomeação e destituição do Procurador-Geral da República... **1232**
      b) Ministérios Públicos dos Estados, Distrito Federal e Territórios: nomeação e destituição do Procurador-Geral de Justiça **1233**
   2.9. Ingresso na carreira do Ministério Público.. **1234**
   2.10. Garantias do Ministério Público... **1235**
      a) Garantias institucionais do Ministério Público...................................... **1236**
      b) Garantias funcionais do Ministério Público **1237**
         b.1) Garantias funcionais de liberdade.. **1237**
            b.1.1) Vitaliciedade.. **1237**
            b.1.2) Inamovibilidade... **1237**
            b.1.3) Irredutibilidade de subsídio **1238**
         b.2) Garantias funcionais de imparcialidade.. **1238**
   2.11. Funções institucionais do Ministério Público.. **1240**
      a) Funções ministeriais previstas na Constituição Federal......................... **1241**
         a.1) Legitimidade do Ministério Público para propor ações civis............. **1242**
         a.2) O Ministério Público tem poder de investigação criminal?............... **1243**
            a.2.1) Posicionamento do Supremo Tribunal Federal **1244**
      b) Funções ministeriais previstas na Lei n. 8.625/93.................................. **1248**
   2.12. Ministério Público junto ao Tribunal de Contas da União **1248**
      a) Ministério Público junto aos Tribunais de Contas estaduais................. **1249**
   2.13. Conselho Nacional do Ministério Público **1249**
      a) Composição do Conselho Nacional do Ministério Público.................... **1249**
      b) Competência do Conselho Nacional do Ministério Público................... **1250**
3. Advocacia Pública.. **1251**
   3.1. Advocacia-Geral da União.. **1251**
   3.2. Procuradorias dos Estados e do Distrito Federal **1252**
4. O profissional da advocacia **1253**
   4.1. Mandamentos do advogado **1255**
   4.2. Princípio constitucional da indispensabilidade do advogado...................... **1255**
   4.3. Inviolabilidade do advogado.. **1256**
   4.4. Habilitação e exercício da advocacia **1258**
   4.5. Livre ingresso em repartições públicas **1258**
   4.6. Natureza jurídica dos honorários advocatícios **1258**
   4.7. Inconstitucionalidade da atuação da OAB no lugar da Defensoria Pública **1258**
5. Defensoria Pública... **1259**
   5.1. Essencialidade da Defensoria Pública **1259**
      5.1.1. Perfil constitucional dos Defensores Públicos..................................... **1260**

◆ SUMÁRIO ◆   LVII

5.1.2. Emenda Constitucional n. 80, de 4 de junho de 2014 1261
    a) *Locus* constitucional 1261
    b) *Status* de permanência 1261
    c) Princípios institucionais da Defensoria Pública 1262
    d) A terminologia "aplicando-se no que couber" 1262
    e) A "PEC das Comarcas" e o prazo de 8 anos 1262
5.2. Organização da Defensoria Pública: Lei Complementar n. 132, de 7-10-2009 1263

CAPÍTULO 23 — DEFESA DO ESTADO E DAS INSTITUIÇÕES DEMOCRÁTICAS

1. Equilíbrio e estabilidade na ordem constitucional 1265
  1.1. Defesa do Estado 1265
  1.2. Defesa das instituições democráticas 1265
2. Sistema constitucional de crises 1266
  2.1. Medidas excepcionais das situações de crise: estados de defesa e de sítio 1266
    2.1.1. O estado de defesa (CF, art. 136, §§ 1º a 7º) 1267
      a) Pressupostos materiais e formais de decretação 1268
      b) Prisão no estado de defesa 1269
      c) O estado de defesa sujeita-se aos controles jurisdicional e político 1269
    2.1.2. O estado de sítio (CF, arts. 137 a 139) 1269
      a) Pressupostos materiais e formais de decretação 1270
      b) Tipos de estado de sítio 1270
      c) Efeitos da decretação do estado de sítio 1270
      d) O estado de sítio também se sujeita aos controles jurisdicional e político 1271
    2.1.3. Diferenças entre o estado de defesa e o estado de sítio 1271
    2.1.4. Disposições comuns aos estados de defesa e de sítio (CF, arts. 140 e 141) 1272
3. Forças Armadas 1272
  3.1. Importância das Forças Armadas 1273
  3.2. Composição das Forças Armadas 1273
  3.3. Instituições nacionais, permanentes e regulares 1273
  3.4. Hierarquia e disciplina 1273
  3.5. Provisões constitucionais das Forças Armadas (CF, arts. 142 e 143) 1274
4. Segurança pública 1276
  4.1. Órgãos da segurança pública (CF, art. 144, I a VI) 1277
5. Emenda Constitucional n. 60, de 11-11-2009 1279

CAPÍTULO 24 — SISTEMA CONSTITUCIONAL TRIBUTÁRIO

1. Bases constitucionais da tributação 1280
2. Componentes do sistema constitucional tributário 1281
  2.1. Impostos (CF, arts. 145, I, e 153 a 156) 1283
    2.1.1. Impostos federais: competência da União 1283
    2.1.2. Impostos estaduais/distritais: competência dos Estados e do Distrito Federal 1285
    2.1.3. Impostos municipais: competência dos Municípios 1287
  2.2. Taxas (CF, art. 145, II) 1288
  2.3. Empréstimos compulsórios (CF, art. 148) 1290
  2.4. Contribuições especiais (arts. 145, III, e 149) 1291
3. Prevenção de conflitos tributários 1293
  3.1. Lei complementar tributária 1294
    3.1.1. Normas gerais em matéria tributária 1294
4. Limitações constitucionais ao poder de tributar 1296
  4.1. Imunidades 1297
  4.2. Vedação de privilégios odiosos 1299
  4.3. Princípios constitucionais tributários 1302
    4.3.1. Princípios constitucionais tributários expressos 1303
      a) Princípio da legalidade tributária (art. 150, I) 1303
      b) Princípio da igualdade tributária (art. 150, II) 1303

c) Princípio da capacidade contributiva (art. 145, § 1º)		1303
d) Princípio da irretroatividade da lei tributária (art. 150, III, *a*)		1304
e) Princípio da anterioridade tributária (art. 150, III, *b*)		1304
f) Princípio da carência tributária (art. 150, III, *c*)		1306
g) Princípio da proibição de confisco (art. 150, IV)		1306
h) Princípio da liberdade de tráfego (art. 150, V)		1307

4.3.2. Princípios constitucionais tributários decorrentes ... 1307
- **a)** Princípio da universalidade (art. 153, § 2º, I) ... 1307
- **b)** Princípio da destinação pública dos tributos (art. 145) ... 1307
- **c)** Princípio da não surpresa (art. 5º, II, c/c o art. 150, I) ... 1307

4.3.3. Princípios constitucionais tributários vedatórios ... 1309
- **a)** Princípio da uniformidade tributária (art. 151, I) ... 1309
- **b)** Princípio da limitação de rendas (art. 151, II) ... 1309
- **c)** Princípio do poder de isenção (art. 151, III) ... 1309
- **d)** Princípio da não diferenciação tributária (art. 152) ... 1309

4.3.4. Princípios constitucionais tributários específicos ... 1309
- **a)** Princípio da progressividade (arts. 153, § 2º, I; 156, § 1º; 182, § 4º, II) ... 1309
- **b)** Princípio da não cumulatividade do imposto (arts. 153, IV, § 3º, II; 155, II, § 2º, I) ... 1310
- **c)** Princípio da seletividade do imposto (art. 153, IV, e § 3º, I) ... 1311

5. Repartição das receitas tributárias ... 1311

6. Emenda Constitucional n. 132, de 20-12-2023 ... 1313

CAPÍTULO 25 — FINANÇAS PÚBLICAS E ORÇAMENTO

1. Colocação da matéria ... 1315

2. Finanças públicas ... 1315
- **2.1.** Normas gerais sobre finanças públicas ... 1315
- **2.2.** Banco Central ... 1316

3. Orçamento ... 1317
- **3.1.** Orçamento público na Constituição de 1988 ... 1318
- **3.2.** Organização dos orçamentos públicos ... 1318
  - **a)** Receita pública ... 1319
  - **b)** Despesa pública ... 1319
- **3.3.** Espécies de orçamento público e as leis de iniciativa do Executivo ... 1321
  - **a)** Lei complementar financeira ... 1321
  - **b)** Lei plurianual ... 1322
  - **c)** Lei de diretrizes orçamentárias ... 1322
  - **d)** Lei orçamentária anual ... 1323
- **3.4.** Orçamento-programa ... 1324
  - **a)** Orçamento-programa na Constituição de 1988 ... 1325
- **3.5.** Princípios constitucionais orçamentários ... 1325
  - **a)** Princípio constitucional da universalidade orçamentária ... 1325
  - **b)** Princípio constitucional da unidade orçamentária ... 1326
  - **c)** Princípio constitucional da programação orçamentária ... 1326
  - **d)** Princípio constitucional da pureza orçamentária ... 1326
  - **e)** Princípio constitucional do equilíbrio orçamentário ... 1327
  - **f)** Princípio constitucional da legalidade orçamentária ... 1327
  - **g)** Princípio constitucional da anualidade orçamentária ... 1328
  - **h)** Princípio constitucional da plurianualidade das despesas de investimento ... 1328
  - **i)** Princípio constitucional da não afetação da receita ... 1329
  - **j)** Princípio constitucional da quantificação dos créditos orçamentários ... 1329
- **3.6.** Elaboração das leis orçamentárias ... 1329
- **3.7.** Apreciação das leis orçamentárias ... 1331
- **3.8.** Apresentação de emendas ao projeto das leis orçamentárias ... 1331

◆ SUMÁRIO ◆   LIX

3.9. Rejeição do projeto da lei orçamentária anual.. **1332**
3.10. Emendas Constitucionais n. 86/2015 e n. 100/2019... **1333**

CAPÍTULO 26 — ORDEM ECONÔMICA E FINANCEIRA

1. Significado e amplitude **1335**
2. Constituição econômica **1335**
3. Ordenamento econômico composto e interpretação da ordem econômica............................ **1336**
4. Princípios gerais da atividade econômica.. **1336**
5. Normas constitucionais da atividade econômica **1339**
 5.1. Remessa de lucros (CF, art. 172) **1339**
 5.2. Exploração direta de atividade econômica (CF, art. 173) **1340**
 5.3. Intervenção do Estado no domínio econômico (CF, art. 174) **1343**
 5.4. Exploração de serviços públicos (CF, art. 175)... **1344**
 5.5. Exploração dos recursos minerais e energia hidráulica (CF, art. 176) **1345**
 5.6. Monopólios (CF, art. 177) **1347**
 5.7. Ordenação de transportes (CF, art. 178).. **1348**
 5.8. Microempresas e empresas de pequeno porte (CF, art. 179) **1349**
 5.9. Incentivo ao turismo (CF, art. 180) **1350**
 5.10. Requisição de documento ou informação comercial (CF, art. 181) **1350**
6. Política urbana... **1350**
 6.1. Normas constitucionais da política urbana **1351**
  a) Política de desenvolvimento urbano (CF, art. 182)... **1351**
  b) Usucapião pró-moradia (CF, art. 183).. **1353**
7. Política agrícola, fundiária e reforma agrária **1353**
 7.1. Política agrícola **1354**
 7.2. Política fundiária **1355**
  a) Alienação ou concessão de terras públicas (CF, art. 188, § 1º)............................... **1355**
  b) Distribuição de imóveis rurais (CF, art. 189)... **1356**
  c) Aquisição ou arrendamento de propriedade rural (CF, art. 190)............................ **1356**
  d) Usucapião *pro labore* (CF, art. 191) **1356**
 7.3. Reforma agrária... **1357**
  a) Títulos da dívida agrária (CF, art. 184, *caput*) **1358**
  b) Indenização das benfeitorias úteis e necessárias (CF, art. 184, § 1º)...................... **1359**
  c) Decreto expropriatório (CF, art. 184, § 2º)... **1361**
  d) Procedimento contraditório especial (CF, art. 184, § 3º)...................................... **1362**
  e) Previsão orçamentária dos TDAs (CF, art. 184, § 4º)... **1362**
  f) Imunidade tributária (CF, art. 184, § 5º) **1362**
8. Sistema financeiro nacional **1362**
 8.1. Emenda Constitucional n. 40/2003 e o art. 192 da Constituição **1363**
 8.2. Irretroatividade da EC n. 40/2003 .... **1364**
 8.3. Desconstitucionalização via EC n. 40/2003 .... **1364**
 8.4. Revogação dos incisos, alíneas e parágrafos do art. 192.. **1364**
 8.5. Missão do Poder Judiciário em face da EC n. 40/2003 .... **1364**
 8.6. Enquanto as leis complementares não forem editadas... **1365**
 8.7. Limite da taxa de juros: perdura a discussão após a EC n. 40/2003? **1366**
  a) Limite da taxa de juros: polêmica que não precisava existir.................................... **1366**
  b) Limite da taxa de juros em face do estado permanente de mora legislativa............... **1368**
  c) Posições de vanguarda no Poder Judiciário **1368**
 8.8. Juros no Superior Tribunal de Justiça.. **1369**
  a) Cobrança de juros além do limite de 12% ao ano **1369**
  b) Cédulas de crédito rural, comercial e industrial.. **1370**
  c) Cobrança cumulada de juros remuneratórios e moratórios..................................... **1370**
  d) Cobrança de juros remuneratórios e comissão de permanência................................ **1370**

e) Cobrança da comissão de permanência pela taxa de mercado **1371**
f) Substituição da taxa mensal de juros pela taxa Selic **1371**
g) Uso da TR como índice de correção monetária **1371**
h) Relações jurídicas nos contratos entre bancos e consumidores **1371**

CAPÍTULO 27 — ORDEM SOCIAL

1. Significado **1372**
2. Seguridade social **1372**
   2.1. Objetivos da seguridade social **1373**
   2.2. Financiamento da seguridade social **1374**
3. Saúde **1375**
   3.1. Diretrizes constitucionais das ações e serviços públicos de saúde **1376**
   3.2. Atribuição constitucional do Sistema Único de Saúde **1377**
   3.2.1. Agentes de saúde e agentes de combate às endemias na Emenda Constitucional n. 63/2010 .... **1380**
   3.2.2. Emenda Constitucional n. 120, de 5 de maio de 2022 .... **1380**
   3.2.3. Emenda Constitucional n. 124, de 14 de julho de 2022 .... **1381**
   3.2.4. Emenda Constitucional n. 127, de 22 de dezembro de 2022 .... **1381**
   3.3. Remoção de órgãos, tecidos e substâncias humanas **1381**
   3.4. Direito à saúde e políticas públicas **1382**
4. Previdência social **1383**
   4.1. Organização da previdência social **1383**
   4.2. Vedações constitucionais previdenciárias **1384**
   a) Proibição de diferenciações (CF, art. 201, § 1º) **1384**
   b) Proibição de benefício inferior ao salário mínimo (CF, art. 201, § 2º) **1385**
   c) Proibição de desatualização das contribuições (CF, art. 201, § 3º) **1385**
   d) Proibição aos "segurados facultativos" (CF, art. 201, § 5º) **1385**
   4.3. Regras constitucionais para a aposentadoria **1386**
   4.4. Previdência privada de caráter complementar **1387**
5. Assistência social **1388**
   5.1. Perfil da assistência social na Carta de 1988 .... **1389**
   5.2. Ações governamentais **1390**
6. Educação, cultura e desporto **1390**
   6.1. Educação **1391**
   6.1.1. Educação como programa constitucional **1391**
   6.1.2. Princípios constitucionais do ensino **1392**
   6.1.3. Autonomia universitária **1395**
   6.1.4. Garantias constitucionais da educação **1397**
   6.1.5. Educação infantil: obrigação constitucional do Município (CF, art. 208, IV) **1399**
   6.1.6. Sistemas de ensino **1399**
   6.1.7. Financiamento do ensino público **1400**
   6.1.8. Destinação dos recursos públicos no setor educativo **1401**
   6.1.9. Plano decenal de educação **1402**
   6.2. Cultura **1402**
   6.2.1. Direitos constitucionais culturais **1403**
   6.2.2. Patrimônio cultural brasileiro **1404**
   6.2.3. Sistema Nacional de Cultura: a EC n. 71, de 29-11-2012 .... **1405**
   6.3. Desporto **1406**
   6.3.1. Justiça desportiva **1407**
   a) Justiça desportiva **1407**
   b) Princípio do esgotamento da instância administrativa de curso forçado **1407**
   c) Não compete à Justiça desportiva processar e julgar questões trabalhistas **1407**
   d) Membros do Poder Judiciário não podem exercer funções na Justiça desportiva ... **1408**

◆ SUMÁRIO ◆ LXI

e) Súmula vinculante n. 2 e a proibição de funcionamento das casas de bingos **1408**
f) Estatuto de Defesa do Torcedor **1408**
7. Ciência e tecnologia **1409**
8. Comunicação social **1410**
    8.1. Liberdade de comunicação social **1411**
    8.2. Limitações constitucionais à liberdade de comunicação social **1411**
    8.3. Princípios constitucionais dos meios de comunicação **1413**
    8.4. Propriedade de empresa jornalística, de radiodifusão sonora e de sons e imagens **1414**
    8.5. Renovação dos serviços de radiodifusão sonora, de sons e imagens **1414**
    8.6. Comunicação social e direito de antena **1415**
9. Meio ambiente **1415**
    9.1. Meio ambiente ecologicamente equilibrado **1417**
    9.2. Encargos do Poder Público na preservação ambiental **1418**
    9.3. Normas assecuratórias do bem ambiental **1421**
10. A família, a criança, o adolescente, o jovem e o idoso **1422**
    10.1. Família como base da sociedade **1423**
        10.1.1. Regras constitucionais das relações familiares **1425**
        10.1.2. Regras constitucionais do casamento **1426**
        10.1.3. Emenda Constitucional do divórcio **1427**
        10.1.4. União entre pessoas do mesmo sexo: posição do STF **1430**
        10.1.5. Realização, pelo SUS, de cirurgias de transgenitalização **1431**
        10.1.6. Transgêneros: possibilidade de alteração de registro civil sem mudança de sexo **1432**
    10.2. Proteção constitucional às crianças, aos adolescentes e aos jovens **1432**
    10.3. Amparo constitucional aos idosos **1434**
        10.3.1. Estatuto do Idoso: implementação do programa constitucional **1435**
            a) Objetivo do Estatuto do Idoso (art. 1º) **1435**
            b) Extensão de direitos (art. 2º) **1435**
            c) Princípio da solidariedade (art. 3º) **1436**
            d) Garantia de prioridade no atendimento (art. 3º, parágrafo único) **1436**
            e) Direito ao envelhecimento saudável (arts. 8º a 10) **1436**
            f) Direito ao sustento (arts. 11 a 14) **1437**
            g) Direito à saúde (arts. 15 a 19) **1437**
            h) Gratuidade do transporte público (arts. 39 a 42) **1437**
            i) Fiscalização do atendimento aos idosos (arts. 48 a 50) **1438**
            j) Obrigações das entidades de atendimento (art. 50) **1439**
            k) Prioridade na tramitação de procedimentos judiciais (art. 71) **1439**
11. Índios **1439**
    11.1. Tutela constitucional do indigenato **1440**
    11.2. Terras tradicionalmente ocupadas pelos índios **1440**
    11.3. Usufruto exclusivo **1441**
    11.4. Mineração em terras indígenas **1442**
    11.5. Princípio da irremovibilidade dos índios **1442**
    11.6. Ocupação, domínio e posse das terras indígenas **1442**
    11.7. Demarcação das terras indígenas **1442**
        11.7.1. Demarcação da reserva indígena Raposa Serra do Sol **1443**
    11.8. Defesa dos direitos e interesses dos índios **1448**
    11.9. Competência do STF e das Justiças Federal e Civil nas questões indígenas **1448**

CAPÍTULO 28 — DISPOSIÇÕES CONSTITUCIONAIS GERAIS

1. Significado **1450**
2. Conteúdo das disposições constitucionais gerais **1450**
3. Vedações à União (art. 234) **1451**
4. Criação de Estado (art. 235, I a XI) **1451**

LXII

5. Serviços notariais e de registro (art. 236, §§ 1º a 3º)...................................... **1452**
6. Fiscalização e controle sobre comércio exterior (art. 237)............................... **1455**
7. Venda e revenda de combustíveis (art. 238) **1455**
8. Arrecadação do PIS/PASEP (art. 239) **1455**
9. Ressalva às contribuições compulsórias (art. 240) **1456**
10. Disciplina legal dos consórcios e convênios de cooperação (art. 241).......... **1456**
11. Exceção ao princípio da gratuidade do ensino público (art. 242) **1457**
12. Expropriação de glebas pelo cultivo de plantas psicotrópicas (art. 243)........ **1457**
13. Acesso adequado aos portadores de deficiência (art. 244)............................ **1458**
14. Assistência aos herdeiros e dependentes de vítimas de crime doloso (art. 245) **1458**
15. Proibição a medidas provisórias (art. 246) **1458**
16. Previsão legal de critérios para perda de cargos públicos (art. 247)............... **1459**
17. Observância ao teto remuneratório (art. 248) **1459**
18. Fundos de contribuições, bens, direitos e ativos (arts. 249 e 250) **1459**

CAPÍTULO 29 — DISPOSIÇÕES CONSTITUCIONAIS TRANSITÓRIAS

1. Significado... **1461**
2. Natureza jurídica **1461**
3. *Locus* das disposições constitucionais transitórias **1462**
4. Objetivo das disposições constitucionais transitórias..................................... **1462**
5. Disposições transitórias e princípio da recepção **1463**
6. Disposições transitórias e emendas constitucionais.. **1463**

Bibliografia.. **1467**

Índice remissivo.. **1499**

CAPÍTULO 1

DIREITO CONSTITUCIONAL

✦ 1. A TERMINOLOGIA *DIREITO CONSTITUCIONAL*

A terminologia *Direito Constitucional* formalizou-se no fim do século XVIII, precisamente em 26 de setembro de 1791, quando a Assembleia Constituinte francesa determinou às faculdades de Direito que ministrassem aulas sobre a Constituição da França.

> **Pioneirismo da Faculdade de Direito de Paris:** a Faculdade de Direito de Paris foi a primeira do mundo a incluir a disciplina *Direito Constitucional* em sua grade curricular (1834).

No ano de 1797, a escola italiana, capitaneada por Pellegrino Rossi, Di Luzzo e Compagnoni, disseminou o uso da expressão.

O objetivo era consagrar uma nomenclatura uniforme, capaz de proporcionar um tratamento científico e didático ao incipiente *Direito político* da época.

Hoje em dia a expressão está consolidada em todo o mundo.

Adota-se, contemporaneamente, a terminologia *Direito Constitucional* para designar um *Direito Público fundamental*, um *Direito do Estado por excelência*.

Direito do Estado por excelência enquanto forma qualificada de nos referirmos ao próprio *Direito Público*, isto é, a um complexo de relações que têm como protagonista a organização estatal.

> **Direito Público e Direito Privado:** costuma-se distribuir os ramos do fenômeno jurídico em dois grandes setores: o **Direito Público** e o **Direito Privado** (Ulpiano, *Digesto*, I, 1, 1, 2). A dicotomia é útil e necessária para fins didáticos. Após longas tertúlias doutrinárias, chegou-se à seguinte conclusão: **Direito Público — regula as relações em que o Estado é parte**. Desdobra-se em dois campos: o interno e o externo. O Direito Público Interno rege a organização e a atividade do Estado considerado em si mesmo. Compreende: o Direito Constitucional, o Direito Administrativo, o Direito Tributário, o Direito Penal, o Direito Processual e o Direito Internacional Privado. Já o Direito Público Externo rege as relações de um Estado com outro Estado. Abrange: o Direito Internacional Público e, segundo alguns, o Direito Internacional Privado. Para nós o Direito Internacional Privado faz parte do Direito Público Interno; afinal, é composto por normas jurídicas nacionais, integrantes do ordenamento de cada país. **Direito Privado — regula as relações entre particulares**. Tradicionalmente, é formado pelo Direito Civil, Direito Comercial e Direito do Trabalho. Desde 1960, há uma tendência de publicização do Direito Privado. O *jus publicum* passou a interferir nos vínculos jurídicos travados entre particulares. Foi o que ocorreu, por exemplo, com os preceitos do direito de família e com a legislação do inquilinato. Hoje em dia talvez fosse mais apropriado falar em *constitucionalização do Direito Privado*, dada a influência marcante das constituições contemporâneas sobre as relações jurídico-privadas.

A locução *Direito do Estado* afigura-se útil e apropriada, pois elimina o hábito de segregarmos os campos público e privado do fenômeno jurídico, os quais, em muitos casos, estão entrelaçados e não se postam como departamentos completamente estanques.

> **Interferência normativa:** inexiste uma separação perfeita entre as normas de Direito Público e as normas de Direito Privado. Há casos em que elas se comunicam. Basta ver os preceitos do direito de família, notadamente aqueles que disciplinam o casamento. Ao mesmo tempo que o matrimônio logra a índole individual (Direito Privado), possui caráter social, pois nada mais importante para a sociedade

que a estabilidade familiar (Direito Público). Quando matas de fazendas particulares são queimadas (Direito Privado), o Poder Público intervém em nome da preservação ambiental (Direito Público), o que demonstra, mais uma vez, a interferência recíproca entre as normas de ordem pública e as normas de cunho privado. Inúmeros são os exemplos, como a proibição de particulares construírem casas (Direito Privado) em locais considerados impróprios pelas leis municipais (Direito Público).

2. NOÇÃO DE DIREITO CONSTITUCIONAL

A noção de *Direito Constitucional* pode ser *resumida* ou *detalhada*.

Noção resumida: *Direito Constitucional* é a ciência encarregada de estudar a Teoria das Constituições e o ordenamento positivo dos Estados.

Noção detalhada: *Direito Constitucional* é a parcela da ordem jurídica que compreende a ordenação sistemática e racional de um conjunto de normas supremas encarregadas de organizar a estrutura do Estado e delimitar as relações de poder.

Ambas complementam-se.

O importante saber é que, estudando o Direito Constitucional, deparamo-nos com a essência do *pacto fundante* do ordenamento supremo de um povo: a constituição.

Por isso, Direito Constitucional e constituição são ideias que se complementam.

Do mesmo modo que a organização política se consubstancia num instrumento de hierarquia máxima, destinado a estruturar o poder político e determinar a existência do Estado — a constituição —, existe uma disciplina científica cujo desiderato é expor o conjunto de conceitos operacionais que darão suporte ao entendimento daquela estrutura — o Direito Constitucional.

O Direito Constitucional, portanto, é o substrato e o ponto de convergência de todas as matérias.

Trata-se, pois, de uma *disciplina-síntese*, que nos permite visualizar as conexões do fenômeno jurídico em sua plenitude, haja vista a influência que exerce sobre todos os *ramos do Direito*.

Aliás, a metáfora *ramos do Direito* existe por uma razão didático-pedagógica. É usada para facilitar o manejo das unidades dogmático-estruturais que integram a ordem estatal.

Desse modo, todas as províncias jurídicas, sem exceção, sentem a força e a intensidade do Direito Constitucional. Ele esparge os efeitos de suas normas sobre os mais diversos setores da experiência jurídica, organizando o funcionamento do Estado e regendo os seus elementos nucleares.

Quando se afirma que os ramos do Direito sentem, diretamente, o influxo do Direito Constitucional é por uma razão simples: são as normas constitucionais que articulam as relações político-primárias, condicionando a interpretação das demais pautas prescritivas de comportamento.

Por isso, o Direito Constitucional é uma ferramenta de trabalho, permitindo ao jurista olhar e interpretar todos os ramos do Direito.

Pode-se dizer, então, que o Direito Constitucional é a *chave do conhecimento jurídico*. Seu estudo nos faz raciocinar em termos publicísticos, conduzindo-nos ao ordenamento supremo do Estado.

O civilista, o administrativista, o processualista, o tributarista, o internacionalista, o penalista, o comercialista, o ambientalista, e assim por diante, encontram no Direito Constitucional a fonte dos preceitos fundamentais, a regulamentação das liberdades públicas, as normas que regem o esquema de repartição de competências.

Mas, quando se vislumbra a amplitude que acabamos de anunciar, pode parecer que o próprio ordenamento se confunde com o Direito Constitucional.

De modo algum essa confusão de planos pode persistir. A virtude está no meio. Tudo está em saber dividir sem separar.

Embora o Direito Constitucional esparrame a sua força sobre os ramos jurídicos, nem todos os assuntos são da sua alçada. É inegável que o seu conteúdo é riquíssimo. Mas isso não basta para acharmos que nele tudo se enquadra. Determinadas relações entre particulares ou grupos privados, por exemplo, não se incluem na essência da disciplina.

O mesmo se diga quanto a certos poderes secundários, extensões ou faculdades menores, que também não integram o seio do Direito Constitucional. Se fosse diferente, reduziríamos as diversas

Cap. 1 ◆ DIREITO CONSTITUCIONAL

provínicias jurídicas ao campo constitucional, e sabemos que isso inocorre. Há relações que escapam à órbita das constituições.

Exemplo: se alguém comete homicídio, sua conduta estará tipificada no Direito Penal (art. 121 do CP), ainda que, acessoriamente, existam garantias constitucionais a serem observadas quando da tomada de providências pelas autoridades competentes, como o devido processo legal (art. 5º, LIV), a ampla defesa (art. 5º, LV), a fundamentação da sentença condenatória (art. 93, IX) etc.

Seja como for, é inegável que, pelo uso de critérios estimativos de interpretação, o Direito Constitucional possibilita ao exegeta extrair as particularidades e as riquezas da ordem jurídica.

✦ 3. OBJETO DO DIREITO CONSTITUCIONAL

Acabamos de ver que Direito Constitucional e constituição são ideias complementares.

Então, qual seria o objeto do Direito Constitucional?

O objeto do Direito Constitucional é o *estudo sistematizado das constituições*.

Mediante esse *estudo sistematizado* passamos a entender: o fio condutor das normas supremas que organizam o Estado; a forma de governo; a estruturação do poder; a disciplina das liberdades públicas; o conteúdo dos princípios básicos que conformam as instituições governamentais; e os fatores políticos, econômicos, sociais, culturais, religiosos e antropológicos que circunscrevem os ordenamentos constitucionais.

Mas o *estudo sistematizado das constituições* envolve ideias de filósofos, sociólogos, políticos e pensadores. Daí a necessidade de perscrutarmos o conteúdo do Direito Constitucional. Só assim sentiremos a pujança desse infindável repositório do saber.

✦ 4. CONTEÚDO DO DIREITO CONSTITUCIONAL

O conteúdo do Direito Constitucional abrange *aspectos multifacetários*.

Esses *aspectos multifacetários* podem ser examinados didaticamente sob as denominações: Direito Constitucional Positivo, Direito Constitucional Comparado, Direito Constitucional Geral, Direito Constitucional Material e Formal, Direito Constitucional Internacional e Direito Constitucional Comunitário.

Todos eles são métodos de estudo. Atuam como mecanismos estruturadores do pensamento. Possuem grande utilidade, porque permitem ao estudioso ordenar as ideias em face da diversidade de minúcias que compõem a inesgotável seara constitucional. Demais disso, "O Direito Constitucional é uma disciplina relativamente jovem. Não existe uma metódica autônoma ou apenas uma metodologia do Direito Constitucional. Atualmente se pode fazer o seguinte: oferecer em uma primeira seção uma visão de conjunto sobre a reflexão e práxis metódicas na jurisprudência e na bibliografia científica e apresentar em uma segunda parte o esboço sistemático de uma metódica do Direito Constitucional segundo os fundamentos e elementos individuais de concretização" (Friedrich Müller, *Métodos de trabalho do direito constitucional*, p. 23).

Em verdade, se fôssemos às últimas consequências, jamais esgotaríamos o conteúdo do Direito Constitucional. Bastaria associarmos os ramos do Direito ao estudo positivo das constituições para descobrirmos a existência de infinitas conexões.

Então falaríamos em Direito Constitucional Administrativo, Direito Constitucional Tributário, Direito Constitucional Penal, Direito Constitucional Processual Civil, Direito Constitucional Processual Penal, Direito Constitucional Processual do Trabalho, Direito Constitucional Eleitoral, Direito Constitucional Econômico, Direito Constitucional Ambiental, Direito Constitucional Trabalhista, Direito Constitucional Previdenciário, Direito Constitucional Financeiro, Direito Constitucional Sindical, Direito Constitucional Civil, Direito Constitucional Agrário etc.

Todas essas denominações, a depender do contexto em que forem lançadas, são úteis e procedentes.

Nesta oportunidade, convém restringirmos a classificação do conteúdo do Direito Constitucional tomando como parâmetro as principais disciplinas que o compõem. O contrário disso seria descambar para um caminho sem fim, até porque esse *Direito Público Fundamental* interliga-se com disciplinas de cunho não jurídico, a exemplo da Ciência Política, da Economia, da Filosofia, da Sociologia, da Antropologia, da Psicologia, da Religião etc. Houve até quem estabelecesse um paralelo entre a Física Quântica e o Direito Constitucional (Laurence Tribe, The curvature of constitutional space: what lawyers can learn from modern physics, *Harvard Law Review*, *103*:1).

✧ 4.1. Direito Constitucional Positivo

O Direito Constitucional Positivo, também chamado de Direito Constitucional Particular ou Interno, é a ciência prática que tem por escopo o estudo, a interpretação, a sistematização e a crítica da ordem jurídica vigente de determinado Estado.

> **Sobre o Direito Constitucional Positivo:** "É uma ciência prática, que consiste na verificação, na definição, no desenvolvimento, na coordenação e sistematização dos conceitos e princípios, das normas de todos os institutos, que, a despeito de abstratos, são sempre 'positivos', no sentido de que estão, efetivamente, contidos numa determinada constituição estatal" (Santi Romano, *Princípios de direito constitucional geral*, p. 14).

Quem desejar estudar o Direito Constitucional Positivo brasileiro, por exemplo, deve recorrer à Carta Federal em vigor. Dessa forma, o estudioso terá contato com a Constituição concreta da República Federativa do Brasil, promulgada em 5 de outubro de 1988. Poderá examinar as normas constitucionais que regem, de maneira particularizada, o ordenamento pátrio.

Na seara do Direito Constitucional Positivo, nada impede que se realize a análise das memórias constitucionais, da eficácia das normas supremas do Estado, das liberdades públicas, da ordem econômica e financeira etc., levando em conta períodos históricos ou acontecimentos sociais relevantes. Por isso que o Direito Constitucional Positivo não é uma disciplina exclusivamente normativa, embora este seja, *a priori*, o seu *ponto de chegada*.

Tomando como exemplo o art. 5º, *caput*, da Constituição brasileira, o intérprete, para determinar o seu alcance, pode pesquisar textos doutrinários, históricos e legislativos, antes mesmo de perquirir a literalidade da mensagem nele contida. Mas, ao fim desse exercício mental, suas conclusões ficarão centradas ao preceito tomado de per si, pois todo o labor intelectual convergirá para o art. 5º, *caput*. Eis o *ponto de chegada* acima referido.

O essencial para a deflagração do Direito Constitucional Positivo é o exame da ordem constitucional particular de certo Estado (o italiano, o francês, o inglês, o alemão, o espanhol, o canadense, o austríaco, o argentino, o suíço etc.). Portanto, o objeto do Direito Constitucional Positivo é a constituição específica de um país, avaliada à luz da positividade das normas que a compõem, ainda quando se tome como critério de análise elementos extranormativos, reagrupados de fontes diversas daquela forjada pela linguagem prescritiva do legislador constituinte.

✧ 4.2. Direito Constitucional Comparado

O Direito Constitucional Comparado é uma ciência *descritiva* e *auxiliar*.

Descritiva porquanto almeja descrever o ordenamento constitucional de um povo, cotejando-o com outras constituições estrangeiras.

Auxiliar porque, mediante o estudo comparativo dos diversos ordenamentos jurídicos, ajuda o intérprete, o legislador e o aplicador do Direito a descobrir as particularidades dos institutos, instituições, órgãos etc.

Daí constituir o Direito Constitucional Comparado inesgotável repositório do saber natural da humanidade. Sua importância é notória, visto que o estudioso não pode prescindir dessa grandiosa fonte de dados, coligidos a partir da análise das constituições de diversas plagas.

Sua missão, portanto, "é o estudo teórico das normas jurídico-constitucionais positivas (mas não necessariamente vigentes) de vários Estados, preocupando-se em destacar as singularidades e os contrastes entre eles ou entre grupos deles. Por conseguinte, é uma disciplina que agrupa uma pluralidade de ordens jurídicas constitucionais" (Manuel Garcia-Pelayo, *Derecho constitucional comparado*, p. 20).

O Direito Constitucional Comparado não é uma disciplina normativa, pois não encontra previsão nos textos legislativos. Consiste num método de trabalho capaz de facilitar o entendimento das categorias jurídico-constitucionais positivas.

✥ 4.3. Direito Constitucional geral

O Direito Constitucional geral constitui um capítulo específico da Teoria Geral do Direito. Pelo seu estudo apreendemos as categorias típicas, os conceitos, os princípios genéricos e específicos, essenciais ao conhecimento íntimo das instituições e institutos do ordenamento constitucional positivo.

Eis o escopo do Direito Constitucional geral: classificar, dentro de uma visão unitária e dogmática, os diversos conceitos e princípios genéricos e teóricos do Direito Constitucional particular.

Como o próprio nome diz, essa subdivisão do Direito Constitucional é *geral*.

Por isso, ele permite ao estudioso, dentre outras tarefas: obter a própria noção do Direito Constitucional; entender a sua funcionalidade; estudar o conteúdo do Direito Constitucional; analisar a evolução do constitucionalismo; examinar a teoria da constituição; classificar as normas constitucionais; verificar a importância da teoria do poder constituinte etc.

✥ 4.4. Direito Constitucional material e formal

Os constitucionalistas costumam distinguir o *Direito Constitucional material* do *Direito Constitucional formal*.

Examinemos a diferença.

Por *Direito Constitucional material* entende-se o conjunto de normas jurídicas que traçam a estrutura, as atribuições e as competências dos órgãos do Estado.

Para entender a funcionalidade do Direito Constitucional material, diríamos que ele se reporta ao conteúdo das disposições constitucionais, traçando-lhes a substância, a estrutura profunda, a competência, os direitos dos cidadãos, os fins essenciais da organização política.

Exemplo: os arts. 1º a 5º da Constituição de 1988 integram o Direito Constitucional material da República brasileira, pois tais dispositivos regulamentam as relações de poder, os princípios gerais que nutrem a ordem constituída nacional e a garantia das liberdades públicas.

A importância do Direito Constitucional material é a seguinte: pelo seu estudo descobrimos que nenhum Estado pode realmente existir sem uma constituição. É esse documento supremo que irá estabelecer quem deve exercer o poder e quais os limites desse exercício.

Mas o estudo do Direito Constitucional material suscita problemas de fundo. Quando analisamos as constituições apenas pela ótica do conteúdo ou substância, deparamo-nos com a intrincada questão das fronteiras dos preceitos que regem o Estado.

Noutros termos, indagamos: até onde vai o campo de incidência das normas constitucionais? Claro que a resposta a esse questionamento dependerá das circunstâncias. Cada caso é único. Cabe ao intérprete analisar *subjetivamente* a situação concreta e o conteúdo lógico das disposições supremas do Estado com base em hipóteses reais.

Na realidade, a dicotomia em estudo é o reflexo do sentido amplo de que as constituições contemporâneas se revestiram.

Esse alargamento do Direito Constitucional justifica a importância dos aspectos material e formal que o embasam. É procedente, pois, a doutrina que distingue a substância e a forma dos preceitos constitucionais. Daí os estudiosos conceberem, ao lado do Direito Constitucional material, a existência de um *Direito Constitucional formal*.

A definição do *Direito Constitucional formal* é a seguinte: conjunto de normas e princípios inseridos num documento solene, que só pode ser elaborado e modificado mediante a observância de um procedimento técnico e cerimonioso, instituído especificamente para esse fim.

Exemplo: o art. 60 da Constituição Federal brasileira estabelece o procedimento para a sua modificação. Esse procedimento é solene e especial, se comparado àqueloutro utilizado para a elaboração das leis complementares e ordinárias, previstas nos arts. 61 e seguintes da nossa Carta Maior.

Curioso anotar que a ideia de *Direito Constitucional formal* é notória nos países de tradição romanística, como o Brasil, cujo império da lei escrita e das constituições rígidas é característica marcante.

Na Inglaterra, por outro lado, destaca-se a noção de constituição material, em virtude do predomínio dos usos, costumes seculares, atos, pactos, tratados e decisões jurisprudenciais. Aqui não há constituição em sentido formal, porque inexiste a celebração de um processo legislativo mais dificultoso, mais árduo e solene. Também não há o estabelecimento de um quórum especial para a elaboração das leis comuns.

Registre-se a existência de inúmeros assuntos, depositados nas constituições modernas, que nada têm de formalmente constitucionais. Embora integrem o articulado dos textos supremos, precisamente para lograr tutela especial, não são, em rigor, normas constitucionais formais.

É o que sucede, por exemplo, com numerosos dispositivos insertos na nossa Constituição. Lembre-se, apenas, daqueles ligados ao matrimônio (art. 226), à tutela da criança (art. 227), à organização do ensino (art. 205), à disciplina da cultura (art. 215), e de tantos outros temas que, embora substancialmente constitucionais, não o são do ponto de vista estritamente formal, a exemplo do uso da propriedade (art. 5º, XXV), das normas relacionadas à navegação de cabotagem (art. 178, parágrafo único), às terras devolutas (art. 188, §§ 1º e 2º) etc.

Mas todas essas normas, cujo conteúdo pode relacionar-se ao Direito Civil, Comercial, Penal, Administrativo, Tributário, Urbanístico, Ambiental, Eleitoral, Trabalhista etc., quando colocadas nas constituições, passam a ter natureza constitucional. Pouco importa se constituem, ou não, típicas disposições constitucionais formais. Ao ser constitucionalizadas, assumem a dignidade dos demais preceitos supremos do Estado. Passam a revestir-se de todos os atributos oriundos do *Direito Constitucional formal*.

É nesse contexto que surge a pergunta: que é *matéria constitucional*?

Matéria constitucional é o assunto inserido na constituição pela manifestação constituinte originária.

Inexiste, porém, critério absoluto ou fórmula pronta e acabada para distinguir aquilo que é *matéria constitucional* daquilo que não o é. Tanto é assim que, na vida das organizações políticas, os constituintes podem incluir nas constituições toda e qualquer temática. Para tanto, basta que a considerem vital, importante, imprescindível ao sistema. Resultado: é *subjetiva* a ideia do que seja *matéria constitucional*.

Exemplificando: a Constituição brasileira preceitua no art. 13: "A língua portuguesa é o idioma oficial da República Federativa do Brasil". Precisaria tal matéria ser objeto de constitucionalização? Entendeu o constituinte de 1988 que sim. Ainda quando discutamos o mérito de erigir esse assunto ao posto de norma suprema, não há negar a sua deflagração constitucional.

✧ 4.5. Direito Constitucional Internacional

Denomina-se *Direito Constitucional Internacional* o conjunto de normas e princípios que disciplinam as relações entre preceitos de Estados estrangeiros e as normas constitucionais de determinado país.

Trata-se da fusão de dois ramos do fenômeno jurídico: o constitucional e o internacional. Daí não possuir objeto nem metodologia próprios. Assenta-se numa interdisciplinaridade que busca equacionar o ordenamento supremo interno de um povo com as normas que regem o plano externo.

Foi com essa visão que o constituinte de 1988 demonstrou grande sensibilidade, ao pretender reunir o Direito Internacional e o Direito Interno. Aduziu no art. 7º do ADCT: "O Brasil propugnará pela formação de um tribunal internacional dos direitos humanos".

Mas, em nosso ordenamento jurídico, encontramos outra fonte de onde se extraem preceitos de Direito Constitucional Internacional: o art. 4º, I a X, da Constituição brasileira.

◇ 4.6. Direito Constitucional Comunitário

Direito Constitucional Comunitário é o subsistema normativo integrante de uma realidade maior: o *Direito Comunitário*. Este último, portanto, é o gênero, do qual aquele é espécie.

A expressão *Direito Constitucional Comunitário* não designa um novo ramo da Ciência do Direito, como pode parecer num primeiro exame; afinal o fenômeno jurídico é uno, indivisível e indecomponível. Ela é utilizada por comodidade didático-pedagógica e porque abrange certo grupo específico de normas. Nada mais que isso.

O *Direito Comunitário* é um *tertium genus* que se situa entre o Direito Interno e o Direito Internacional. Lida com um conjunto de normas supranacionais, as quais consignam disposições comuns aos Estados membros da associação.

Emanam de fontes próprias, que não se confundem com aquelas que produzem o Direito Interno e o Internacional, a exemplo dos Parlamentos e dos governos locais. Nesse sentido, lembre-se dos tratados de integração, como o de *Maastricht*, na Europa, e mesmo o de *Assunção*, na América do Sul, embora eles ainda estejam em fase de consolidação de suas instituições.

Esses tratados são verdadeiras cartas constitucionais — aquilo que a doutrina chama de *tratados--quadro*. Inserem-se, nesse bojo, as resoluções e diretrizes partidas dos órgãos comunitários, vinculando Estados, as pessoas jurídicas públicas e privadas, bem como os particulares.

O *Direito Constitucional Comunitário* é, assim, um apêndice do próprio *Direito Comunitário*. Está presente nas constituições de diversos países, as quais, para acompanhar as exigências da modernidade, consagram certas disposições, a exemplo do parágrafo único do art. 4º e do § 2º do art. 5º da Carta brasileira em vigor.

Nesse ínterim, toma de empréstimo os princípios gerais do Direito, a exemplo do *pacta sunt servanda*, do *suum cuique tribuere*, do *ne bis in idem*, do *nemo jus ignorare censetur*, dos vetores da paz, da unidade, da isonomia, da liberdade, da subsidiariedade, da solidariedade, da segurança, da razoabilidade etc.

O *Direito Constitucional Comunitário*, em início de formação, é o que de mais avançado existe no panorama do constitucionalismo de nosso tempo, fomentando o ideal de se instituir um poder constituinte originário supranacional, apto a criar uma constituição comum para os blocos de países, a exemplo dos megablocos econômicos da União Europeia.

Ganhou impulso com a aprovação da Carta de Direitos Fundamentais da União Europeia, em 7 de dezembro de 2000, e do Tratado de Nice, quando os autores começaram a falar num *constitucionalismo da União Europeia* (Luis María Díez-Picazo, *Constitucionalismo de la Unión Europea*, 217 p.).

Dentre outras metas, propõe:

- rediscutir o papel das constituições contemporâneas à luz do advento das leis supranacionais; e
- criar uma constituição comum para os blocos de países, com normas vinculatórias, e não simples exortações de cunho moral aos governantes.

> **Esboço de uma "Constituição Europeia":** no início de 2003, surgiu o primeiro esboço de uma "Constituição Europeia". Com mais de 400 artigos, propôs extrair as experiências positivas de mais de 40 décadas de tratados, de sorte a nortear a conduta de 450 milhões de habitantes. Pontos controvertidos, entretanto, não chegaram a um consenso por parte dos governos dos Estados Nacionais (política de defesa, estruturação do federalismo, cristianismo etc.). Em 10-7-2003, o Presidente da Convenção Europeia, Valery Giscard d'Estaing, anunciou a aprovação consensual do projeto definitivo da futura Constituição Europeia, que acabou sendo definitivamente rejeitada em 2005.

3. CONSTITUCIONALISMO E ESTABELECIMENTO DE REGIMES CONSTITUCIONAIS

Nos fins do século XVIII, o constitucionalismo tinha o objetivo de limitar o poder despótico, mediante o estabelecimento de *regimes constitucionais.*

Regimes constitucionais no sentido de se consagrar, nas constituições, os limites do poder dos governantes, pelo reconhecimento dos postulados supremos da personalidade humana, consectários da *igualdade*, da *fraternidade*, da *legalidade,* da *liberdade* e da *democracia*.

A necessidade de proteger, no plano constitucional positivo, os direitos fundamentais, como a liberdade de locomoção, a liberdade de manifestação do pensamento, a liberdade de imprensa, a liberdade de culto religioso, dentre inúmeras liberdades públicas, foi a justificativa para a deflagração do constitucionalismo.

Desde os fins do século XVIII que a trajetória do constitucionalismo tem sido a busca pela limitação do poder, aliada ao esforço de se estabelecer uma justificativa espiritual, moral, sociológica, política, filosófica e jurídica para o exercício da autoridade.

A propósito, vejamos as fases históricas de seu desenvolvimento.

4. EVOLUÇÃO DO CONSTITUCIONALISMO

Quando falamos em *constitucionalismo* deparamo-nos com uma plêiade de fenômenos políticos cujo desenvolvimento pode ser estudado em seis etapas bem delimitadas:
- 1ª **etapa** — constitucionalismo primitivo (de 30.000 anos a.C. até 3.000 anos a.C.);
- 2ª **etapa** — constitucionalismo antigo (de 3.000 a.C. até o século V);
- 3ª **etapa** — constitucionalismo medieval (do século V até o século XV);
- 4ª **etapa** — constitucionalismo moderno (do século XV até o século XVIII);
- 5ª **etapa** — constitucionalismo contemporâneo (do século XVIII aos nossos dias); e
- 6ª **etapa** — constitucionalismo do futuro ou do porvir.

4.1. Constitucionalismo primitivo

Na etapa do constitucionalismo primitivo, ele se identificava com a acepção ampla da palavra, que parte da premissa segundo a qual "as entidades políticas sempre tiveram e têm uma constituição" (Hermann Heller, *Teoria do Estado*, p. 318).

Ora, se *as entidades políticas sempre tiveram e têm uma constituição*, é forçoso reconhecer que a *ideia*, não a palavra *constitucionalismo*, pode ser detectada desde priscas eras.

Entre os povos primitivos, a *ideia* de constitucionalismo não se originou daquelas concepções que só apareceriam nos fins do século XVIII, com as Revoluções Francesa e Norte-Americana, as quais apregoavam o primado da liberdade, da democracia e da Justiça, que se tornariam fundamentos da generalidade dos povos civilizados.

Apresentava-se, tão somente, em sua manifestação mais singela, sob a forma das organizações consuetudinárias, em que os chefes familiais ou os líderes dos clãs traçavam as normas supremas que deveriam nortear a vida em comunidade, estabelecendo a estrutura-mestra, a essência, o cerne da ordenação jurídica daqueles povos.

A primeira etapa de desenvolvimento do constitucionalismo antecedeu ao advento da dicotomia constituição formal *versus* constituição material. Alicerçava-se na observância reiterada dos padrões de comportamento dos povos primitivos.

Não existiam constituições escritas e os esforços de formulação das pautas jurídicas de comportamento eram muito limitados. Mesmo assim, já apareciam os vestígios do que hoje chamamos *Direito Público*, conforme ensinou John Gilissen, pois havia "uma organização relativamente desenvolvida dos grupos sociopolíticos de numerosos povos sem escrita" (*Introduction historique au droit*, p. 31).

Ao elemento consuetudinário somava-se a força do politeísmo. Os homens viviam sob o domínio de uma autoridade considerada divina, em que os detentores do poder eram os sacerdotes, tidos como representantes dos deuses.

Explicam os antropólogos que, nessa quadra da história, os direitos eram profundamente místicos e irracionais. Mencionam os *ordálios* — juízos divinos obtidos pela água fervente, o fogo, o veneno, o

Cap. 2 ◆ CONSTITUCIONALISMO

11

duelo, mediante os quais se manifestavam os poderes sobrenaturais para saber quem estava com a razão (L. Pospisil, *Anthropology of law*, p. 7; A. S. Diamond, *Primitive law:* past and present, p. 54; A. R. R. Brown, *Structure and function in primitive society*, p. 43).

Veja-se que a origem da *ideia* de constitucionalismo não se liga, de modo inexorável, ao advento de constituições escritas.

Noutras palavras, a existência de uma constituição escrita não se identifica necessariamente com a deflagração da *ideia* de constitucionalismo. Organizações políticas anteriores à égide dos textos escritos viveram sob o comando de um Direito Constitucional que não estava articulado em documentos constitucionais marcados pela grafia.

Segundo Karl Loewenstein, houve época em que as constituições se regiam pelas convicções da comunidade e pelos costumes nacionais, que se refletiam nas relações entre governantes e governados. Cita, como exemplo, a estruturação do antigo Estado hebreu. Assevera que os hebreus foram um dos primeiros povos a praticar o constitucionalismo (*Teoría de la constitución*, p. 154-157).

Para Loewenstein, pois, o marco do nascimento do movimento constitucionalista foi entre os hebreus, que em seu Estado teocrático estabeleceram limites ao poder político pela imposição da Bíblia. Então caberia aos profetas, dotados de legitimidade popular, fiscalizar e punir os atos dos governantes que ultrapassassem os limites bíblicos. Eis aí a primeira experiência constitucionalista de que se tem registro (*Teoría de la constitución*, p. 154).

Acresça-se à assertiva de Loewenstein a evolução dos direitos de algumas etnias africanas. Certas populações, como a da Nigéria e a da Zâmbia, conheceram um estágio de ordenação constitucional muito semelhante àquela do Estado centralizado das monarquias, em que os reis governavam com a assistência de seus súditos, sem qualquer lastro em constituições escritas (T. O. Elias, *La nature du droit coutumier africain*, p. 18 e s.; A. N. Allot, *Judicial and legal systems in Africa*, p. 23 e s.).

Os caracteres gerais do constitucionalismo dos povos primitivos foram os seguintes:

- Os direitos, prerrogativas e deveres não vinham depositados em instrumentos constitucionais escritos. Aliás, nem existia a díade constituição formal *versus* constituição material.
- Cada comunidade regia-se por costumes próprios, quase sem contato com outros grupos. Esses costumes derivavam da observância geral, constante e uniforme das condutas humanas. Formavam-se por dois elementos: um objetivo e outro subjetivo. O elemento objetivo, material, fático ou externo revelava-se pela repetição de um procedimento — era o *usus*. Já o elemento subjetivo, psicológico ou interno promanava da convicção generalizada de sua exigibilidade. Tratava-se da *opinio juris et necessitatis*, que consistia na certeza de que o respeito à norma consuetudinária equivaleria a uma aquiescência jurídica, disso resultando a sua obrigatoriedade.
- Nos grupos sociais relativamente evoluídos, os anciãos do clã, ou da etnia, submetiam os membros da comunidade a certos preceitos de comportamento, os quais eram repetidos em intervalos mais ou menos regulares para que fossem rememorados. O costume, portanto, não era a única fonte dos direitos dos povos primitivos, pois existiam verdadeiras *leis não escritas* para reger a vida do grupo.
- Influência direta da religião, porquanto os povos primitivos viviam sob o constante temor dos poderes sobrenaturais, alimentando a crença de que seus líderes eram representantes dos deuses na terra.
- Predomínio dos meios de constrangimento para assegurar o respeito aos padrões de conduta da comunidade, essenciais para se manter a coesão do grupo.
- Existência de *precedentes judiciários*. Os chefes ou anciãos firmaram a tendência de *julgar* os litígios de acordo com as soluções dadas a conflitos semelhantes.

✧ 4.2. Constitucionalismo antigo

Nas civilizações antigas, o constitucionalismo aparece com contornos específicos.

Basta ver que o termo *constituição* (*constitutio*) era utilizado, no Baixo Império Romano, em sentido estrito, para designar qualquer lei feita pelo imperador.

Vale lembrar que, na República romana, o constitucionalismo se desintegrou com as guerras civis dos primeiros séculos antes de Cristo, acabando com o domínio de César e o seu imperialismo despótico. Antes disso, contudo, despontaram os *interditos*, que procuravam proteger os direitos individuais contra o arbítrio e a opressão do Estado (Léon Homa, *Les institutions politiques des romains de la cité à l'État*, p. 226 e s.).

Note-se que a acepção antiga de constituição não se confundia com aqueloutra, valorizada nos fins do século XVIII, na Europa ocidental, quando as constituições foram concebidas como instrumentos de limitação do poder, compostas de normas definidoras da organização fundamental do Estado.

O que se sabe é que, entre os antigos, o constitucionalismo já se apresentava, de modo geral, como técnica de limitação do poder. Tanto foi assim que o historiador americano Charles Howard McIlwain, num ensaio escrito um dia após a deflagração da Segunda Guerra Mundial, profligou: "É oportuno insistir que o mais antigo, o mais persistente e duradouro dos caracteres essenciais do verdadeiro constitucionalismo continua sendo o mesmo do início: a limitação do Governo mercê do direito" (*Constitutionalism and the changing world*, p. 23).

Decerto que tal assertiva encontra foros de veracidade. Na Grécia, por exemplo, durante breves e brilhantes centúrias, existiu um "regime político absolutamente constitucional. Através de um desses milagres, frequentes na história das formas de governo, esta nação, excepcionalmente dotada, alcançou, quase que de um só passo, o tipo mais avançado de governo: a democracia constitucional. A democracia direta das Cidades-Estado gregas, no Século V, é o único exemplo conhecido de sistema político com plena identidade entre governantes e governados, no qual o poder político está igualmente distribuído entre todos os cidadãos ativos" (Karl Loewenstein, *Teoría de la constitución*, p. 155).

Eis os traços principais do constitucionalismo antigo:

- inexistência de constituições escritas, prevalecendo os acordos de vontade, normalmente vertidos em proclamações de direitos e garantias fundamentais;
- prevalência da supremacia do Parlamento, que, como fonte criadora dos direitos e garantias fundamentais, não se subordinava a qualquer outro poder, razão pela qual inexistia controle de constitucionalidade dos seus atos;
- os atos legislativos ordinários poderiam mudar as proclamações constitucionais dos direitos e garantias sem maiores exigências de cunho formal; e
- os detentores do poder — reis, imperadores, déspotas — não estavam compelidos a seguir quaisquer pautas jurídicas de comportamento, consagrando-se uma irresponsabilidade governamental. De algum modo, essa praxe enquadra-se nas *teses do grau zero da eficácia constitutiva do direito constitucional*. Isso porque, no momento em que o cumprimento dos preceitos de conduta fica destituído de obrigatoriedade, forma-se a cultura do ceticismo quanto ao valor da constituição como instrumento de controle social, seja ela escrita, seja ela consuetudinária, esvaziando-lhe a coercitividade. Daí advém uma espécie de *eficácia social zero do constitucionalismo*. Mas ressalte-se bem: esse grau *zero* é do ponto de vista da *eficácia social* ou *efetividade*, jamais da ótica normativa. É que não há, em nenhuma constituição, cláusula a que se deva atribuir o valor moral de conselhos, recomendações, avisos, lembretes ou lições. Todas, do estrito ponto de vista normológico, têm força imperativa. Coisa diferente é a concretização dos preceptivos constitucionais, ou melhor, a incidência da força normativa da constituição no mundo dos fatos. Quer dizer: quando os reis, imperadores, déspotas não seguiam, voluntariamente, as pautas jurídicas de conduta, atribuíam *eficácia social zero* ao constitucionalismo antigo, porquanto não materializavam, no plano da vida, os efeitos concretos que os preceitos legais pretendiam espargir no seio daquelas coletividades (J. J. Gomes Canotilho, *Constituição dirigente e vinculação do legislador*, p. 29).

✧ 4.3. Constitucionalismo medieval

É engano pensar que na Idade Média o constitucionalismo ficou sufocado, em virtude do feudalismo, da rígida separação de classes e do vínculo de subordinação entre susseranos e vassalos.

Charles Howard Mcilwain desfez possíveis equívocos. Mostrou que, na era medieval, encontram-se as mais claras apologias ao poder limitado dos governantes e a mais explícita reivindicação do primado da função judiciária (*Constitutionalism and the changing world*, 1939; *Constitucionalismo antiguo y moderno*, 1958).

Deveras, na Idade Média, encontramos a *ideia* de constitucionalismo jungida aos reclamos de limitação do poder arbitrário. Nesse particular, eclodiam as concepções jusnaturalistas, pondo o direito natural no

◆ Cap. 2 ◆ CONSTITUCIONALISMO

patamar de norma superior. E, se os atos dos soberanos fossem de encontro ao *jus naturale*, eram declarados nulos pelo juiz competente, perdendo seus efeitos vinculatórios.

Durante tal período, alguns textos jurídicos reconheceram a primazia das liberdades públicas contra o abuso de poder, embora as declarações de direitos só viessem à baila no século XVIII, adentrando até a metade do século XX.

Exemplo vigoroso pela busca da limitação do poder foi o advento da *Magna Charta Libertatum*, de 15 de junho de 1215, outorgada na Inglaterra, pelo Rei João, filho de Henrique II, sucessor de Ricardo Coração de Leão, que se tornaria mais tarde o legendário *João Sem Terra*.

A importância da *Magna Charta Libertatum* — instrumento que antecedeu as declarações de direitos fundamentais — foi tamanha que os governantes a proclamavam peremptoriamente: Ricardo II, Henrique III e Henrique IV confirmaram-na por seis vezes; Henrique V e Henrique VI, uma vez; Eduardo I, três vezes; Eduardo III, quatorze vezes.

É que a *Magna Charta* foi o reflexo das necessidades sociais do seu tempo, abrindo precedentes que se incorporariam, em definitivo, às constituições vindouras. Mencione-se, a propósito, o direito de petição, a instituição do júri, a cláusula do devido processo legal, o *habeas corpus*, o princípio do livre acesso à justiça, a liberdade de religião, a aplicação proporcional das penas etc.

Além da *Magna Charta*, existiram outros documentos de garantia dos direitos fundamentais que antecederam a moderna disciplina constitucional das liberdades públicas.

Funcionavam como verdadeiras constituições não escritas, destacando-se os seguintes:

* Estatuto ou Nova Constituição de Merton, de 1236;
* *Petition of Right*, de 1628;
* *Habeas Corpus Act*, de 1679;
* *Bill of Rights*, de 1689; e
* *Act of Settlement*, de 1701.

Alguns se apresentavam sob a forma de pactos escritos. Por meio deles, os monarcas e os súditos celebravam acordos de vontade sobre o modo de governar e de estabelecer direitos individuais. Tanto a *Magna Charta Libertatum* de 1215 como a *Petition of Right* de 1628 foram exemplos vigorosos desses pactos. No primeiro caso, o Rei João Sem Terra firmou acordo com seus súditos para que a Coroa respeitasse os seus direitos. Já no segundo, os parlamentares firmaram com o Rei Carlos I, da Inglaterra, os termos de garantia dos direitos dos cidadãos ingleses.

Além dos *pactos*, vigoraram na Idade Média os *forais* e os *contratos de colonização*.

Os *forais*, também chamados de *cartas de franquia*, disseminaram-se por toda a Europa. Eram escritos e objetivavam garantir os direitos individuais. Distinguiam-se dos pactos, porquanto permitiam a participação dos súditos no governo local.

Já os *contratos de colonização* fluíram, vigorosamente, nas colônias da América do Norte. Fixaram-se pelo mútuo consenso dos povos puritanos, com base na igualdade de todos. Exemplificam-lhes o *Compact of Mayflower*, de 1620, e as *Fundamental Orders of Connecticut*, de 1639.

A grande importância dos *pactos*, dos *forais* e dos *contratos de colonização* foi o prenúncio de alguns dos pilares do moderno constitucionalismo, dentre os quais a tutela dos direitos individuais em documentos escritos e a organização do governo pelos governados. Ambos os itens passaram a integrar, mais tarde, o coração das constituições setecentistas.

Em suma, o constitucionalismo na Idade Média apresentou as seguintes características:

* necessidade de afirmar a igualdade dos cidadãos perante o Estado, excluindo todo poder arbitrário e abrindo caminhos para o amadurecimento do *Rule of law* (governo da lei);
* reivindicação do primado da função judiciária;
* predomínio da concepção jusnaturalista de constituição, lastreada no pensamento de que as leis preexistem aos próprios homens;
* existência de documentos garantidores de liberdades públicas, que funcionavam como autênticas constituições não escritas (pactos, forais, contratos de colonização); e
* florescimento da ideia de que a autoridade dos governantes se fundava num contrato com os súditos, os quais obedeceriam à realeza na proporção do comprometimento do rei com a justiça.

Deus seria o árbitro do fiel cumprimento desse acordo de vontades. Em contrapartida, se o rei governasse como um tirano, os súditos deixariam de cumprir os compromissos firmados. Então o Papa, representante da divindade na Terra, interferiria para dar a última palavra.

◇ 4.4. Constitucionalismo moderno

Como movimento jurídico, político e cultural, o constitucionalismo só adquiriu consistência no fim do século XVIII, com o fortalecimento de certos princípios, que passaram a ser adotados pela maioria dos Estados, sob a forma de declarações de direitos e garantias fundamentais.

Nessa época, o povo dizia que havia um tesouro enterrado numa ilha. A riqueza que nele se continha era a *happy constitution*, ou seja, uma *constituição feliz*, afortunada, que transformaria a sociedade patriarcal e imperialista num celeiro de alegria, onde todos seriam iguais, livres e bem-aventurados.

A partir de então, a ideia de constitucionalismo ficou associada à necessidade de todo Estado possuir uma constituição escrita para frear o arbítrio dos Poderes Públicos.

> **Advertência de Afonso Arinos:** Afonso Arinos de Melo Franco, no ano do sesquicentenário da Independência do Brasil, ao escrever sobre as origens e as razões dos impulsos constitucionalistas, registrou que "O chamado constitucionalismo começa por ser uma tentativa de construção racional aplicável aos governos dos povos civilizados. Apesar de entrevisto em algumas tentativas anteriores poderemos situar o seu aparecimento, e o seu sucesso, nos escritos do inglês John Locke, que foi o primeiro, em começo do século XVIII, a justificar juridicamente o individualismo e o liberalismo como sendo as bases naturais da estrutura das sociedades humanas" (*O constitucionalismo de D. Pedro I no Brasil e em Portugal*, p. 1).

Nada obstante a importância das ideias do filósofo John Locke, as quais abriram ensanchas para a compreensão do individualismo e do liberalismo, o certo é que, do ponto de vista formal, o constitucionalismo moderno inaugura-se a partir do advento das Constituições escritas e rígidas dos Estados Unidos da América, de 14 de setembro de 1787, e da França, de 3 de setembro de 1791.

A Carta americana de 1787 nasceu em substituição aos *Articles of Confederation*, instituindo o federalismo, a rígida separação dos Poderes e o presidencialismo. Seu texto é curtíssimo. Resume-se a sete artigos. Alguns foram subdivididos em várias seções. Ao longo do tempo, sofreu vinte e seis emendas, sendo que as dez primeiras, aprovadas em 25 de setembro de 1789 e ratificadas em 15 de dezembro de 1791, consagraram a técnica do *Bill of Rights*, conhecida desde o ano de 1689.

> **Sobre a contribuição americana ao constitucionalismo:** Friedrich A. Hayek, *The Constitution of liberty*, p. 176-192.

Curioso registrar que a ideia de fixar princípios e normas numa constituição escrita adveio muito antes de 1787. Foi uma criação dos constituintes de onze das treze colônias norte-americanas que adquiriram independência, entre os anos de 1776 e 1780. A partir daí a palavra *constituição* ficou reservada para designar o ato legislativo escrito, dotado de superior hierarquia, responsável pelo delineamento das vigas-mestras do Estado.

CONSTITUIÇÃO DOS ESTADOS UNIDOS DE 1787
(organograma da distribuição dos Poderes)

Poder Legislativo (Congresso)	Poder Executivo	Poder Judiciário
↓	↓	↓
Senadores e Deputados	Presidente e Vice-Presidente	Suprema Corte
↓ ↓	↓	↓
(eleitos por 6 anos) (eleitos por 2 anos)	(eleitos por 4 anos pela soma do número de Senadores com o número de representantes eleitos pelos cidadãos votantes)	(Corte Federal de Apelação e Cortes Distritais)

◆ Cap. 2 ◆ CONSTITUCIONALISMO **15**

Já a Constituição francesa de 1791 foi a primeira carta escrita da França e de toda a Europa. Demorou dois anos para ser redigida pela Assembleia Nacional Constituinte de 1789. Manteve a monarquia constitucional, limitando os poderes reais. Estabeleceu o princípio da separação de Poderes, mas sem o rigorismo dos americanos.

O Poder Legislativo era exercido por uma Assembleia Legislativa única, composta por 745 representantes eleitos livremente pelo povo, de acordo com o critério censitário. Para votar o cidadão tinha de habitar em França, ter pelo menos 25 anos de idade e pagar imposto no valor de três dias de trabalho.

Quanto ao Poder Executivo, pertencia ao rei. Embora a Constituição de 1791 o declarasse inviolável e sagrado, competia-lhe o dever de sancionar projetos de lei, aprovados em três assembleias sucessivas.

O Poder Judiciário era composto por juízes, os quais integravam um Tribunal de Cassação.

A Carta de 1791 inspirou a feitura dos Textos Constitucionais franceses de 1814, 1830, 1875 e 1946, e da Constituição da Bélgica de 1831, além de outras constituições europeias.

CONSTITUIÇÃO FRANCESA DE 1791
(organograma da distribuição dos Poderes)

Poder Legislativo	Poder Executivo	Poder Judiciário
↓	↓	↓
Assembleia Legislativa única	Realeza	Tribunal de Cassação
(745 representantes eleitos pelo critério censitário)	(dever de sancionar projetos de lei, aprovados por três vezes sucessivas)	(composto de juízes)

Por último, vale observar que o período do constitucionalismo moderno coincide com a fase do pós-positivismo jurídico, por alguns chamado de *neopositivismo*, que promoveu a superação do normativismo exacerbado. A partir da segunda metade do século XX, questões de cunho ético passaram a ser discutidas, rompendo os grilhões do conhecimento convencional, que procurava reduzir o Direito à sua dimensão absolutamente normativa.

> **Noções:**
> • **Positivismo** — esta palavra deriva do latim *positum*, que significa *posto, firmado, situado, observado, experimentado*. O movimento positivista granjeou enorme prestígio em todo o mundo, nas diversas áreas da cultura e do saber, sempre proclamando a importância dos métodos experimentais e advertindo para as limitações da filosofia racionalista. O nome *positivismo* surgiu em 1830, na Escola do socialismo utópico de Saint-Simon (1760-1825). Desenvolveu-se, ganhando notável projeção com Augusto Comte, considerado o pensador protótipo do movimento, principalmente na França.
> • **Neopositivismo** — Positivismo Lógico, Filosofia Analítica, Empirismo Contemporâneo, Empirismo Lógico, ou, simplesmente, Neopositivismo, são os nomes que equivalem a uma corrente de pensamento que surgiu em Viena, na segunda década do século XX. Filósofos, físicos, matemáticos, sociólogos, psicólogos, lógicos e juristas se encontravam no *Círculo de Viena* para debater problemas ligados ao conhecimento científico. Discutiam, pois, Filosofia das Ciências, em última análise, Epistemologia Geral — teoria crítica voltada para o estudo dos conceitos básicos, com vistas à busca de resultados concretos. Mantinham um grupo harmônico, em que o colóquio de alto nível se nutria em clima de cooperação intelectual. Além de se ocuparem com a análise dos princípios basilares do saber científico, os neopositivistas lógicos esmiuçaram a Semiótica — teoria geral dos signos linguísticos, que abrange todo e qualquer esquema de comunicação, desde os mais primitivos e singelos aos mais avançados e complexos. Daí deflui o traço marcante do Neopositivismo: a preocupação que atribuem à linguagem, tida como o instrumento indispensável ao saber científico. Eis os principais corifeus dessa corrente: Hans Hahn, Philipp Franck, Otto Neurath, Moritz Schlick, Rudolf Carnap, David Hume, Gottlob Frege, Ernst Mach. Nada obstante as enormes divergências sobre a identificação do pensamento de Ludwig Wittgenstein, que não chegou a pertencer ao Círculo de Viena, muitos dizem que, sem suas ideias, os neopositivistas jamais teriam chegado à profundidade a que chegaram. Hans Kelsen participou de alguns encontros neopositivistas. Em nossa opinião, o grande contributo do Neopositivismo para o Direito Constitucional foi deixar a mensagem de que não há linguagem quimicamente pura, em

promovem, coercitivamente, a direção social, política, econômica e cultural do Estado. Daí o caráter *promocional* de suas prescrições. *Promocional*, porque procura acompanhar a evolução do Direito e o fluir das relações sociais, abandonando a ideia de um ordenamento constitucional unicamente repressivo, para dar vazão às grandes discussões que afetam o organismo social como um todo (Y. Dror, *Ventures in policy sciences*, p. 169; Norberto Bobbio, *Contribución a la teoría del derecho*, p. 367 e s.; Gregorio Peces-Barba, *La nueva constitución española desde la filosofía del derecho*, p. 30 e s.).

- Reconhecimento normativo da dimensão principiológica do Direito, cujos reflexos se espraiaram por todo o mundo, inclusive no Brasil, onde juízes e Tribunais vêm aplicando os pórticos da legalidade, da igualdade, da separação de Poderes, do Estado Democrático de Direito, da dignidade da pessoa humana, da razoabilidade, da reserva de jurisdição, da solidariedade e da equidade.

✧ 4.5. Constitucionalismo contemporâneo

A fase que estamos vivendo é a do *constitucionalismo contemporâneo*, marcada pela existência de documentos constitucionais amplos, analíticos, extensos, a exemplo da Constituição brasileira de 1988.

O *constitucionalismo contemporâneo* engloba dois assuntos, que estudaremos a seguir, de modo detalhado:

- o **neoconstitucionalismo**, que, para nós, é o mesmo que constitucionalismo contemporâneo; e
- o **transconstitucionalismo**, com a sua desafiante proposta de um constitucionalismo de níveis múltiplos.

É no *constitucionalismo contemporâneo* que iremos ver, com notável nitidez, a consagração daquelas ideias pós-positivistas, propostas na etapa do constitucionalismo moderno (2ª metade do século XX).

O resultado desse longo processo histórico foi o desenvolvimento de um constitucionalismo principialista, e, em última análise, da própria face principiológica do Direito.

No constitucionalismo contemporâneo é nítido o desprestígio da lei. Muitos são os seus problemas, a exemplo da *inflação legislativa*, da *desconstitucionalização*, da *deslegisficação* e da *desregulamentação*.

> **Significados:**
> - *inflação legislativa* — excesso de leis em vigor;
> - *desconstitucionalização* — transferência de temas constitucionais para a órbita legislativa;
> - *deslegisficação* — o Poder Legislativo exclui a lei da ordem jurídica, mediante cláusula revogatória;
> - *desregulamentação* — exclusão de matéria constitucional. Reserva-se o uso desse termo para o campo da lei das leis, da lei máxima por excelência: a Constituição do Estado.

Se, entre os publicistas, as discussões giram em torno da (in)governabilidade dos Estados, no âmbito do Direito Privado, os códigos civis já nascem superados pelo predomínio dos microssistemas legislativos, a exemplo do Código de Defesa do Consumidor e do Estatuto da Criança e do Adolescente.

Por outro lado, é nítida a prevalência da *lex mercatoria* nas relações mercantis, notadamente naquelas que dizem respeito ao comércio exterior. Nesse campo, as questões tendem a ser regulamentadas pelos usos e costumes internacionais, pelos contratos e cláusulas-tipo, pela arbitragem e pelos princípios gerais de Direito comuns às diversas legislações nacionais.

Na órbita do Direito Comercial, Penal, Tributário, Eleitoral e orçamentário predomina a péssima regulamentação, ensejando males impossíveis de serem sanados. Os financiamentos de campanhas eleitorais, como única saída de levar ao povo um plano de governo, o fisiologismo na votação congressual do orçamento, a voracidade fiscal, estimulando a cultura da sonegação como única saída para a própria sobrevivência, são alguns dos exemplos desalentadores de um catálogo extenso de absurdos.

Quanto ao princípio da segurança jurídica e aos seus respectivos desdobramentos — direito adquirido, ato jurídico perfeito e coisa julgada —, é inegável que, na etapa do constitucionalismo contemporâneo, eles têm sido renegados ao último plano, mediante o império da interpretação distorcida, casual e imediatista dos problemas deduzidos em juízo.

◆ Cap. 2 ◆ **CONSTITUCIONALISMO**

19

Temos de reconhecer, contudo, que a própria evolução histórica do constitucionalismo o credencia como um projeto jurídico, social, político e ideológico triunfante.

Na contemporaneidade, por exemplo, ocorreram avanços dignos de nota, os quais muito se amoldam à realidade brasileira.

É que, promulgada a Carta de 1988, com a redemocratização e reconstitucionalização do País, ocorreram mudanças significativas, a exemplo da tentativa de buscar a eficácia social das constituições (efetividade), a prevalência do princípio da força normativa da Constituição e o aprimoramento da hermenêutica constitucional.

Porém, se o constitucionalismo contemporâneo avançou positivamente em determinados aspectos, consagrou, por outro lado, uma espécie de **totalitarismo constitucional**, muito próximo à ideia de constituição programática.

Temas que muito bem se enquadrariam em leis comuns são postos nas constituições. É que nos textos constitucionais contemporâneos o supérfluo e o acessório predominam. Ilustrando, precisaria vir expresso, na Carta brasileira, que o Colégio Pedro II, localizado na cidade do Rio de Janeiro, será mantido na órbita federal (art. 242, § 2º)? Que a bandeira, o hino, as armas e o selo são os símbolos do País (art. 13, § 1º)?

Em verdade, as constituições contemporâneas firmaram o compromisso entre o liberalismo capitalista e o intervencionismo estatal. Isso fez com que ocorresse um alargamento dos textos constitucionais, isentando os indivíduos das coações autoritárias em nome da democracia política, dos direitos econômicos, dos direitos dos trabalhadores. Daí o conteúdo social das constituições de onde deriva a ideia de constituição dirigente, que encontra no Professor português José Joaquim Gomes Canotilho sua expressão maior.

Assim, os textos constitucionais contemporâneos deixaram de impor relações coativas de convivência e passaram a consagrar princípios socioeconômicos, vertidos em normas dependentes de regulamentação legislativa, no intuito de celebrarem compromissos e promessas genéricas, difíceis de serem realizadas na prática (concretizadas).

Reportamo-nos às normas programáticas, cuja formulação doutrinária se iniciou no constitucionalismo moderno, mas que encontrou seu apogeu na contemporaneidade.

Revestidas sob a forma de promessas e programas, as normas programáticas limitam-se a enunciar princípios a serem cumpridos pelos Poderes Legislativo, Executivo e Judiciário. Em vez de disciplinarem diretamente a matéria que enunciam, deixam para os órgãos públicos a complexa tarefa de realizar os fins sociais do Estado.

Esse particular aspecto do constitucionalismo contemporâneo diverge daquela orientação clássica, que procurava conceber as constituições como instrumentos de governo (*instrument of government*), dotadas de imperatividade ou cogência absoluta, para definir os limites da ação política. E qualquer violação à força centrípeta dos comandos constitucionais suscitaria a adoção de um sério e rígido controle de constitucionalidade.

Do ponto de vista da realização constitucional, temos reservas quanto à eficácia social das normas constitucionais programáticas (referimo-nos à efetividade, não à eficácia normativa, intrínseca a toda disposição constitucional).

Ao prometer benefícios futuros, deixando a implementação deles a cargo da chancela legislativa, que não se sabe quando será acionada, criam falsas expectativas. Até a Constituição portuguesa de 1976, exemplo de texto dirigente, não conseguiu transformar Portugal "numa so- ciedade sem classes" (art. 1º), levando Gomes Canotilho a concluir que, "perante a experiência constitucional portuguesa, devemos ter serenidade bastante para reconhecer que a hipertrofia programática não resolve só por si os problemas de direcção social, dado que ela implica que se confie a concretização do 'programa' a instâncias políticas, ficando largamente dependente da 'vontade constitucional' dos detentores do poder" (*Constituição dirigente e vinculação do legislador*, p. 157).

O certo é que, na contemporaneidade, a ampliação do conteúdo das constituições acabou desvalorizando-as. Elas não mais gozam daquele respeito de outrora. Foram banalizadas. Aliás, o marco inicial desse desprestígio deu-se com o término da Primeira Guerra Mundial, quando os constituintes, não se contentando em organizar o poder político, inseriram, na seara consti- tucional, normas econômicas e sociais.

A famosa Constituição alemã de Weimar, de 11 de agosto de 1919, foi a precursora dessa tendência. Implantou um modelo, baseado em normas de cunho político, econômico, social, religioso e educacional, que foi seguido pelas constituições do mundo afora. A Carta brasileira de 1934, por exemplo, trilhou esse caminho.

Desde então, nada escaparia à órbita constitucional. Formou-se a cultura do *constitucionalismo exacerbado*, erigido sob a auspiciosa máxima: coloca-se primeiro na constituição, para depois se tentar cumprir.

Georges Burdeau rechaçou esse **totalitarismo constitucional**. Ensinou que as constituições contemporâneas não mais repousam sobre a ideia de unidade do sistema jurídico, inexistindo uma *ideia central de Direito*. O que há são *ideias de Direito*, que, além de contraditórias, acarretam a perda de autoridade do texto maior (*Traité de science politique*, v. 7, p. 156 e s.).

No Brasil, a Carta de 1988 é um exemplo eloquente do **totalitarismo constitucional**. Além das disposições de direitos sociais e econômicos, o constituinte previu normas programáticas de índole financeira, securitária, educacional, cultural, desportiva etc.

Contudo, insista-se num ponto, como o fez Manoel Gonçalves Ferreira Filho:

"A massa de disposições programáticas que incham as Constituições contemporâneas, mormente nos capítulos sobre a 'ordem econômica' e sobre a 'ordem social', igualmente contribui para a desvalorização da ideia de Constituição. Frequentemente fruto de desejos em descompasso com o possível, não raro essas normas permanecem letra morta. Ora, quando uma parcela da Constituição é ressentida como não cogente, a imperatividade de toda a Constituição com isso perde" (*Estado de Direito e Constituição*, p. 88).

Certamente, a experiência das constituições sintéticas preserva o **sentimento constitucional**. Um texto enxuto, sem maiores programas ou promessas inexequíveis, evita os **excessos de carga**.

A experiência comprova que o **detalhamento de conteúdos** leva à ineficácia social das disposições supremas do Estado. Aí está o segredo da sobrevivência da Constituição americana.

Por isso, as constituições não devem ser convertidas em fontes inesgotáveis de pormenores, propiciando, mais ainda, o descompasso entre a normatividade constitucional e a faticidade política, no dizer de W. Hennis (*Verfassung und Verfassungswirklichreit*, p. 249).

Mas não é essa a tendência de um setor significativo da constitucionalística contemporânea, que propõe a implantação de textos constitucionais pormenorizados, criticando a ideia de constituição como mero instrumento de governo (J. P. Müller, *Soziale Grundrechte in der Verfassung?*, p. 715).

Daí o surgimento dos sentidos contemporâneos de constituição, que serão estudados no item 6 do próximo capítulo.

Por enquanto, registre-se um ponto digno de nota: a técnica de positivação constitucional das liberdades públicas na contemporaneidade.

Nesse aspecto, é possível dizer que, nas constituições contemporâneas, os direitos fundamentais apresentam duas notas distintas:

* refletem as aquiescências, as angústias e os brados por uma sociedade melhor, justa e igualitária. Daí os constantes apelos para se colocar nas constituições normas relacionadas à informática, *softwares*, biociências, eutanásia, alimentos transgênicos, sucessão dos filhos gerados por inseminação artificial etc. Também desponta uma preocupação ética e moral acentuada. Inúmeros são os reclamos para que esses elementos integrem a tábua de direitos fundamentais nos textos supremos contemporâneos; e
* consagram instrumentos de proteção das liberdades públicas, que se somam aos mecanismos de defesa da própria constituição. No Brasil, exemplificam os primeiros o mandado de segurança, o *habeas data*, o *habeas corpus*, o mandado de injunção, a ação popular e a ação civil pública. Ilustram os referidos mecanismos a ação direta de inconstitucionalidade interventiva, a ação direta de inconstitucionalidade genérica, a ação declaratória de inconstitucionalidade, a arguição de descumprimento de preceito fundamental e a ação direta de constitucionalidade por omissão.

Enfim, eis os traços gerais do *constitucionalismo contemporâneo* ou *neoconstitucionalismo*:

* fase marcada pela existência de documentos constitucionais amplos, analíticos, extensos, consagrando uma espécie de totalitarismo constitucional, consectário à ideia de constituição programática;
* alargamento dos textos constitucionais, isentando os indivíduos das coações autoritárias em nome da democracia política, dos direitos econômicos, dos direitos dos trabalhadores;

◆ Cap. 2 ◆ CONSTITUCIONALISMO

- disseminação da ideia de constituição dirigente que diverge daquela visão tradicional de constituição, que a concebe como lei processual, definidora de competências e reguladora de processos;
- advento de novos arquétipos de compreensão constitucional, que vieram a enriquecer a Teoria Geral das Constituições;
- destaque dos direitos e garantias fundamentais como resposta às aquiescências, angústias e brados por uma sociedade melhor, justa e igualitária.

⌘ 4.5.1. Neoconstitucionalismo

O Direito Constitucional, assim como o ser humano em geral, está sujeito a modas.

Um desses modismos é, sem sombra de dúvida, aquilo que alguns autores americanos e europeus convencionaram chamar de *neoconstitucionalismo* e que acabou se espalhando por todo o mundo, criando-se a atmosfera de que "surgiu" algo "novo", para "revolucionar" o saber constitucional da humanidade.

Mas será que o *neoconstitucionalismo* é, realmente, "novo"?

Afigura-se-nos que, em sua essência, ele não traz nada de "novo", a despeito de seu imponente nome e da "logística" implementada ao seu derredor.

> **Sobre o assunto:** Susana Pozzolo, *Neoconstitucionalismo y especificidad de la interpretación constitucional*, 1998; Gustav Zagrebelsky, *El derecho dúctil. Ley, derechos, justicia*, 2003; Luis Prieto Sanchís, *Justicia constitucional y derechos fundamentales*, 2003; Carlos Santiago Nino, *La Constitución de la democracia deliberativa*, 2003; Luigi Ferrajoli, *Derechos y garantías. La ley del más débil*, 2004; Paolo Comanducci, *Formas de (neo)constitucionalismo*: un análisis metateórico, 2005.

a) O que é neoconstitucionalismo

Neoconstitucionalismo, *constitucionalismo pós-positivista*, ou *constitucionalismo neopositivo*, é um viés teórico no campo do Direito Constitucional, que aglutina tendências e teses dos mais variados matizes.

Designa a evolução de certos aspectos provenientes da cultura constitucional contemporânea.

É, portanto, o constitucionalismo contemporâneo com outro nome. E nada mais.

b) Origem do neoconstitucionalismo

Os "neoconstitucionalistas" afirmam que o *neoconstitucionalismo* surgiu, na Europa, a partir da Segunda Guerra Mundial, na época de nascimento do Estado Constitucional Social.

Na realidade, é impossível se precisar a origem do *neoconstitucionalismo*.

Não há uma data, que, a rigor, possa ser considerada como o marco histórico de seu nascimento.

O único dado passível de constatação é que, a partir de 1990, alguns estudiosos americanos e europeus passaram a adotar esse epíteto do *constitucionalismo contemporâneo* em seus escritos.

c) Características do neoconstitucionalismo

Para os defensores do *neoconstitucionalismo*, ele apresenta as seguintes características: (**i**) equivale a uma nova teoria do Direito Constitucional; (**ii**) promoveu a decodificação do Direito, cujos ramos saíram da órbita infraconstitucional, passando para o campo constitucional; (**iii**) inaugura um novo período da hermenêutica constitucional; (**iv**) reflete a pujança da força normativa da Constituição; (**v**) corresponde a uma nova ideologia ou método de análise do Direito; (**vi**) retrata o advento de um novo sistema jurídico e político; (**vii**) inaugura um novo modelo de Estado de Direito; e (**viii**) reúne novos valores que se prenunciam vigorosamente.

Para nós, nenhuma dessas características, tomadas de per si, pertence ao *neoconstitucionalismo*, porque todas elas fazem parte da evolução do constitucionalismo contemporâneo, algo que independe de rótulos, nomes, expressões ou terminologias para existir.

Ora, se esses caracteres não são do *neoconstitucionalismo*, quais seriam, então, os seus traços característicos?

Acreditamos que são os seguintes:

- não se trata de um movimento, muito menos de uma escola;
- não agrega, de modo sistematizado, um corpo coerente de postulados, nem de propostas científicas que venham a acrescer algo, verdadeiramente novo, àquilo que a humanidade já sabia;
- trabalha com teses, ideias e descobertas que vêm de priscas eras, mas que encontraram o seu apogeu na contemporaneidade; e
- seus defensores são chamados de "neoconstitucionalistas". Adoram propagar concepções velhas como se fossem "novas", tomando como suporte constatações do pensamento jusfilosófico dos dias correntes.

d) Acepções do termo "neoconstitucionalismo"

A palavra *neoconstitucionalismo* é empregada pelos seus representantes em vários sentidos, a saber:

- neoconstitucionalismo como modelo axiológico de constituição normativa;
- neoconstitucionalismo como modelo de Estado de Direito, implantado com base em determinada forma de organização política;
- neoconstitucionalismo como conjunto de ideias hauridas de uma nova Teoria do Direito;
- neoconstitucionalismo como ponto de confluência entre o jusnaturalismo e o realismo jurídico; e
- neoconstitucionalismo como marco histórico, filosófico e teórico.

d.1) Neoconstitucionalismo como modelo axiológico de constituição normativa

O *neoconstitucionalismo* como modelo axiológico de constituição normativa reconhece, no panorama do constitucionalismo atual, a existência de **constituições invasoras**, as quais impregnam os ordenamentos de normas constitucionais, promovendo o fenômeno da "constitucionalização do Direito".

A **constituição invasora**, na imagem de Riccardo Guastini, serviria para mostrar que estamos vivendo a era dos textos constitucionais que interferem na ação dos atores políticos (*La "constitucionalización" del ordenamiento jurídico*: el caso italiano, p. 153).

Seria, melhor dizendo, uma **constituição extremamente invasora**, que se mistura com todos os assuntos e setores da vida política, social, econômica, cultural, religiosa e jurídica do Estado, condicionando a atividade dos Poderes Executivo, Legislativo e Judiciário.

É precisamente nesse contexto que surge o "modelo axiológico de Constituição como norma", cujos pontos nucleares são os seguintes:

- a constituição é marcada pela presença de princípios e de normas definidoras de direitos fundamentais;
- as normas e princípios constitucionais têm caráter material, positivando valores arraigados na comunidade, a exemplo da moral, dos costumes e dos hábitos (conteúdo axiológico); e
- as constituições também possuem denso conteúdo normativo, influenciando toda a ordem jurídica e vinculando a atividade dos Poderes Públicos e dos particulares (eficácial horizontal dos direitos humanos).

d.2) Neoconstitucionalismo como modelo de Estado de Direito, implantado com base em determinada forma de organização política

Conforme os "neoconstitucionalistas", durante muito tempo as correntes do pensamento constitucional andaram dissociadas.

De um lado, os norte-americanos com a sua constituição garantista, e, de outro, os europeus sem textos constitucionais garantistas.

O *neoconstitucionalismo* propõe juntar essas duas vertentes, de modo a existirem *constituições normativas garantistas*, que, dotadas de aperfeiçoado controle de constitucionalidade, seriam capazes de propiciar ao Poder Judiciário maior segurança na resolução de conflitos.

Como modelo de Estado de Direito, implantado com base em determinada forma de organização política, a ideia de *neoconstitucionalismo*, de acordo com os adeptos dessa vertente, assentar-se-ia:

- na força normativa e vinculante das constituições;

◆ Cap. 2 ◆ CONSTITUCIONALISMO   23

- na supremacia e rigidez constitucional diante do sistema de fontes do Direito;
- na eficácia e aplicabilidade integrais da carta magna; e
- na *sobreinterpretação* constitucional, de sorte a impedir a existência de espaços em branco, sujeitos à discricionariedade legislativa. Por mais *político* que um litígio se apresente, ele deve ser submetido a um controle de constitucionalidade imparcial e técnico.

d.3) Neoconstitucionalismo como conjunto de ideias hauridas de uma "nova" Teoria do Direito

O *neoconstitucionalismo* como conjunto de ideias hauridas de uma nova Teoria do Direito defende:

- mais respeito a princípios, em vez de normas;
- mais ponderação do que subsunção;
- mais direito constitucional, e não conflitos jurídicos desnecessários;
- mais trabalho judicial, em vez de criação de leis pelo Poder Legislativo (ativismo judicial); e
- mais valores, no lugar de dogmas indiscutíveis.

A origem de todas essas ideias reside na reunião de posturas jusfilosóficas, que podem ser assim agrupadas:

Neoconstitucionalismo
- Teses pós-positivistas
- Tese do *soft positivism*
- Teses do positivismo inclusivo e suas variantes
- Tese da confluência entre positivismo, jusnaturalismo e realismo jurídico
- Tese do moralismo jurídico

d.3.1) Neoconstitucionalismo em face das teses pós-positivistas

Para os pós-positivistas, o positivismo jurídico clássico não passa de "uma inércia mental", de "um puro e simples resíduo histórico" (Gustavo Zagrebelsky, *El derecho dúctil. Ley, derechos, justicia*, p. 33 e 41).

Isto porque o conhecimento jurídico não mais se reduz a proclamar a necessidade de se defenderem direitos, em nome do ideal de justiça. Na atualidade, as pretensões formalistas e estatalistas, que vinculavam, de modo estreito, Estado, Direito e lei, cederam lugar a conteúdos axiológicos, os quais recheiam as normas jurídicas de valores e elementos de natureza moral.

Logo, o intérprete deve recorrer a fundamentos de ordem moral quando for delimitar o significado das normas jurídicas, pois só assim poderá definir o seu verdadeiro alcance e conteúdo.

É nesse contexto que surgem as teorias pós-positivistas, como as de Ronald Dworkin, Robert Alexy e Gustav Zagrebelsky, que buscam, cada qual a seu estilo, relativizar a separação entre Direito e moral, admitindo critérios materiais de validade das normas jurídicas.

Vejamos, em brevíssimas linhas, e sem prejuízo de aprofundamento em obras específicas, o sumo das posturas teóricas de cada um:

- **Ronald Dworkin** — antipositivista convicto, sucedeu Herbert Hart na disciplina Filosofia do Direito em Oxford. Teve a coragem e a capacidade teórica de assumir o seu antipositivismo. Lançou a tese do Direito como integridade, de grande consistência, como alternativa teorética contra o positivismo. Obras de destaque: *Law's empire*, 1985; *Taking rights seriously*, 1997; *Freedom's law:* the moral reading of the american Constitution, 2005;
- **Robert Alexy** — na seara da teoria do direito, propõe interagir o Direito à moral. No campo da argumentação jurídica, evoca a importância de se inserir elementos de ordem moral. No setor dos direitos fundamentais, prioriza a observância de princípios e valores. Obras de destaque: *Teoría de la argumentación jurídica*, 1997; e *Teoría de los derechos fundamentales*, 1997; e
- **Gustav Zagrebelsky** — propõe a tese do "direito suave". Discorda da postura positivista, que procura identificar lei, direito e justiça. Obra de destaque: *El derecho dúctil. Ley, derechos, justicia*, 2003.

Os "neoconstitucionalistas", estribados no pensamento dos filósofos pós-positivistas, procuram adaptar tais teorias ao objeto de seus estudos, para, desse modo, descreverem a ordem jurídica dos Estados constitucionais.

d.3.2) Neoconstitucionalismo em face da tese do *soft positivism*

Herbert Hart, em um pós-escrito, lançou a tese do positivismo brando, moderado, ou, simplesmente, *soft positivism*, que seria um meio-termo entre a Teoria do Direito como integridade de Dworkin e o positivismo em sentido estrito.

Ao concluir que o positivismo tradicional vem sofrendo modificações substanciais, Hart explicou que a **regra de reconhecimento** (equivale, *grosso modo*, à norma fundamental de Kelsen) pode incorporar, como critérios de validade jurídica, a conformidade com princípios morais ou com valores substantivos (*O conceito de direito*, p. 312).

A tese de Hart provocou calorosos debates, uma vez que propõe incorporar a moral como requisito de validade das normas jurídicas, mas mantendo:

* a separação entre Direito e moral;
* a discricionariedade jurídica perante o sistema de fontes do Direito; e
* a preservação de conceitos morais como liberdade, igualdade e dignidade humana.

Discussões à parte, o certo é que os "neoconstitucionalistas" tomam como lastro a tese do *soft positivism*, para, desse modo, proporem a superação, em dadas circunstâncias, da objetividade do direito posto.

d.3.3) Neoconstitucionalismo em face da tese do positivismo inclusivo e suas variantes

Pela tese do positivismo inclusivo, defendida por Waluchow, somam-se ao próprio "direito posto" elementos de ordem ética, moral e crítica.

> **Sobre o pensamento de Waluchow:** Rafael Escudero Alday, *Los calificativos del positivismo jurídico. El debate sobre la incorporación de la moral*, 2004.

O positivismo inclusivo irmana-se com o **positivismo incorporacionista** de Coleman, com o **positivismo ético** de Gregorio Peces-Barba e com o **positivismo crítico** de Luigi Ferrajoli.

> **Sobre o assunto:** Rafael Escudero Alday, *Positivismo y moral interna del derecho*, 2000.

Como explica Gregorio Peces-Barba, a incorporação de argumentos morais na identificação e exegese jurídica adapta-se a um positivismo capaz de sobreviver às mudanças, de incorporar a reflexão moral a seus esquemas. Trata-se de um "positivismo corrigido", "positivismo ético", "positivismo aberto", "flexível" e até mesmo "dúctil" (*Derechos sociales y positivismo jurídico. Escritos de filosofía jurídica y política*, 1999).

Todas essas variantes do positivismo inclusivo nada mais são do que um complemento do próprio positivismo jurídico, aperfeiçoando-lhe, contudo, em sua forma mais extrema e acabada (Luigi Ferrajoli, Juspositivismo crítico y democracia constitucional. *Isonomía*, n. 16, abr. 2002).

Daí Luis Prieto Sanchís propor a existência de um **constitucionalismo positivista**, que, segundo ele próprio, constitui um desafio imposto atualmente aos filósofos do direito com vocação de constitucionalistas e aos constitucionalistas com vocação de filósofos do direito (*Sobre el neoconstitucionalismo y sus implicaciones*, 2003).

d.3.4) Neoconstitucionalismo como ponto de confluência entre o positivismo, o jusnaturalismo e o realismo jurídico

Há escritos "neoconstitucionalistas" —, apresentando uma **confluência de paradigmas** —, reunindo, ao mesmo tempo, o positivista, o jusnaturalismo e o realismo jurídico.

Em nossos dias, a díade positivismo *versus* jusnaturalismo ainda participa dos colóquios entre especialistas, embora a contraposição venha se diluindo, ao longo do tempo, por força de debates mais flexíveis, e, ao mesmo tempo, complexos, mas sem aquele sentido apaixonado de outrora, que procurava contrapor uma corrente à outra.

É nesse sentido que iremos encontrar, nas abordagens "neoconstitucionalistas", o exame de valores, direitos e princípios jurídicos.

◆ Cap. 2 ◆ CONSTITUCIONALISMO

Para o *neoconstitucionalismo*, é preciso que se entenda a constituição do Estado no âmbito de uma teoria integradora de todos os aspectos importantes do positivismo, do jusnaturalismo e do realismo jurídico, banindo-se, de uma vez por todas, concepções unilaterais, que procuram dissociar essas correntes do pensamento jurídico.

Quer dizer, aos princípios morais do direito natural juntam-se aqueloutros preconizados pelo direito positivo e, ainda, pelo realismo jurídico.

Quanto ao realismo jurídico, façamos uma breve análise.

O realismo jurídico é de matriz sociológica. Seus principais seguidores foram Karl Llewellyn, Jerome Frank e Oliver Wendell Holmes. Propõe o rompimento com o positivismo jurídico, principalmente no que concerne à hierarquia das fontes do direito.

Para os realistas, a jurisprudência é a fonte primária e imediata, restando em segundo plano os atos legislativos, os costumes e a doutrina. Haveria, segundo acreditam, uma dicotomia entre o direito formal, que prevalece nos textos legais e nos acervos de jurisprudência (o *law in books*) e o direito prático, vivo, em ação, construído no cotidiano forense (o *law in action*).

Em 1980, o realismo jurídico foi renomeado para **pragmatismo jurídico**, cujos seguidores foram, dentre outros, vários juízes da Suprema Corte, a exemplo de White, Breyer, Stevens, Powell, Douglas, Brennan, Frankfurter, Jackson e Brandeis.

Mas o realismo jurídico ficou conhecido, em todo o mundo, graças à célebre frase de Hughes: "a Constituição é o que os juízes dizem que é".

Interessante notar que Hughes pronunciou essa frase na condição de Governador do Estado de New York, e não como juiz da Suprema Corte norte-americana.

Aliás, Hughes não era adepto do realismo jurídico, que teve grande influência na primeira metade do século XX, sendo contrário ao ativismo judicial. Os juízes da Suprema Corte, a seu ver, só deveriam atuar: (**i**) em casos concretos; (**ii**) sem conhecerem questões políticas; (**iii**) apenas usarem o *judicial review* se for imprescindível; e (**iv**) não procederem revisão judicial de atos político-legislativos (Charles Evans Hughes, *La Suprema Corte de Estados Unidos*, p. 46-55).

Contudo, o realismo jurídico não deve ser confundido com a **Jurisprudência Sociológica**, defendida pelo Juiz da Suprema Corte Benjamin Cardozo e por Roscoe Pound, Decano da Universidade de Harvard.

Em primeiro lugar, a **Jurisprudência Sociológica** jamais se separou do positivismo jurídico clássico (*stricto sensu*). Apenas vislumbrou o exercício da jurisdição como atividade essencialmente criadora do magistrado, algo que nada tem que ver, diga-se de passagem, com ativismo judicial.

Em segundo, Cardozo e Pound propugnaram, com grande acerto, que a atividade judicial não é meramente reprodutiva, mas sim criadora, voltada para as exigências da vida, e, por isso, deve suprir, pela exegese teleológica, vazios normativos, sem, contudo, extrapolar os limites da lei, impostos ao exercício da atividade jurisprudencial.

Os adeptos do *neoconstitucionalismo* como ponto de confluência entre o positivismo, o jusnaturalismo e o realismo jurídico tomam como premissa todas essas ideias.

Entendem que as normas constitucionais, principalmente as que contemplam liberdades públicas, devem ser interpretadas como o ponto de confluência do positivismo, do jusnaturalismo e do realismo jurídico.

De acordo com os "neoconstitucionalistas" essa convergência nada tem de contraditória, como poderia parecer, porque os direitos fundamentais envolvem aspectos multifacetários, cuja complexidade estrutural não pode ser explicada, suficientemente, de um só ângulo, mas, apenas, pela soma das três grandes vertentes do pensamento jusfilosófico: o positivismo, o jusnaturalismo e o realismo jurídico.

> **Sugestão de leitura:** Elías Díaz, *Curso de filosofía del derecho*, 1998; Alfonso García Figueroa, *La incidencia de la derrotabilidad de los principios iusfundamentales sobre el concepto de derecho*, 2003; Denis de Castro Halis, *Teoria do direito e "fabricação de decisões"*: a contribuição de Benjamin N. Cardozo, 2005; Dimitri Dimoulis, *Positivismo jurídico*: introdução a uma teoria do direito e defesa do pragmatismo jurídico-político, 2006.

d.3.5) Neoconstitucionalismo em face da tese do moralismo jurídico

O moralismo jurídico não chega a ser uma escola, tampouco um movimento para aglutinar adeptos.

Trata-se de uma expressão, criada por Miguel Reale, para explicar a postura de alguns autores, contrários ao positivismo exacerbado: "A esses juristas, que não compreendem a juricidade indiferente à licitude ou à ilicitude moral da conduta prescrita ou proibida, vinculando o Direito à Moral de maneira absoluta, damos o nome genérico de *moralistas*, na falta de melhor qualificação" (*Filosofia do direito*, p. 423).

Os "neoconstitucionalistas", supervalorizando o componente de ordem moral, impregnam os seus escritos com um certo ontologismo axiológico. Nisto, procuram corrigir certos valores, tidos por eles como superados. E, ao aproximarem o direito da moral, criam a imagem de que a solução apresentada por eles, no equacionamento de um determinado assunto, é a única correta.

> **Para maior aprofundamento:** Elías Díaz, *Legalidad-legitimidad en el socialismo democrático*, 1978; Elías Díaz, *Ética contra política*, 1998; Gregorio Peces-Barba e Eusebio Fernández García, *Curso de teoría del derecho*, 2000; Susanna Pozzolo, *Inclusive positivism*: alcune critiche, 2001; Vittorio Villa, *Alcune chiarificazioni concettuali sulla nozione di inclusive positivism*, 2001; José Juan Moreso, *In defense of inclusive legal positivism*, 2001; Luigi Ferrajoli, *Juspositivismo crítico y democracia constitucional*, 2002; Francisco Laporta, *Entre el derecho y la moral*, 2003; Francisco Javier Ansuátegui Roig, *Derechos, constitución, democracia. Aspectos de la presencia de derechos fundamentales en las constituciones actuales*, 2003; Alfonso García Figueroa, A Teoria do Direito em tempos de constitucionalismo, 2007.

d.4) Neoconstitucionalismo como marco histórico, filosófico e teórico

O *neoconstitucionalismo* equivaleria a um **marco histórico** na sociedade contemporânea, porque retrata o conjunto amplo de transformações operadas no Estado de Direito.

Também seria um **marco filosófico**, irmanando-se com o pós-positivismo jurídico, reaproximando o Direito da Ética, além de colocar as liberdades públicas no centro de todos os debates.

Finalmente, o *neoconstitucionalismo* corresponderia a um **marco teórico**, uma vez que proclama, em alto e bom som, a expansão da jurisdição constitucional e o desenvolvimento de uma "nova" dogmática de interpretação das constituições.

e) Crítica ao neoconstitucionalismo

Não há dúvidas, ao menos de nossa parte, que o *neoconstitucionalismo*, enquanto categoria teorética existente de per si, encontra-se imerso em enormes fragilidades e inconsistências.

Também é exato que os "neoconstitucionalistas" trabalham com ideias corretíssimas, testadas e aprovadas pela experiência jurídica.

Mais correto ainda é que tais ideias encontraram seu apogeu na contemporaneidade, embora tenham sido produto de longa e paulatina evolução histórica (século XV ao século XVIII).

Acontece, porém, que essas ideias não pertencem ao *novo constitucionalismo*, porque de "neo" nada têm.

É o caso do princípio da rigidez constitucional, da disciplina das normas assecuratórias de direitos fundamentais, da consagração dos mecanismos de controle da constitucionalidade, das opções éticas e políticas da sociedade, das técnicas de exegese constitucional, e de tantos outros assuntos conhecidos e disseminados em todo o mundo. Nesse particular, remetemos os leitores desse *Curso* aos respectivos capítulos que abordam os assuntos aí mencionados, onde será possível se encontrar informações complementares a respeito deles, a exemplo de datas, cronologias e escorços históricos.

O que o *neoconstitucionalismo* tem de novo é a forma de os seus defensores repetirem o que todo mundo já sabe com outras palavras, usando termos criados por eles mesmos e adotando terminologias empoladas ou pensamentos adaptados de jusfilósofos da atualidade. Trazem, para a seara constitucional, fragmentos da Filosofia do Direito, como vimos acima.

Outra novidade do *neoconstitucionalismo* é a deturpação e o exagero quanto a certos institutos e categorias dogmáticas. Foi o que fizeram com os princípios constitucionais. Supervalorizaram tanto as normas-princípio, que elas passaram a ser mais importantes do que as normas em geral. E, como tudo virou princípio, muitos juízes deixam de aplicar as normas jurídicas, em nome de ilações e mais ilações, transformando conjecturas em certezas, probabilidades em axiomas, deturpando a grande importância que os princípios, verdadeiramente, possuem. A legalidade, a moralidade, a isonomia, o devido processo legal, a dignidade da pessoa humana, a proibição ao confisco, dentre tantos outros pórticos importantíssimos, estão sendo banalizados, pois, pelos escritos "neoconstitucionalistas", tudo acaba sendo princípio.

◆ Cap. 2 ◆ CONSTITUCIONALISMO

Então perguntamos: e as prerrogativas comezinhas, que fazem parte do varejo da vida, que vêm previstas em normas jurídicas comuns, por assim chamá-las, ficam destituídas de proteção pelo simples fato de não serem princípios constitucionais? E se um direito do cidadão estiver previsto em uma lei ordinária a sua defesa será menos importante do que se este mesmo direito estivesse escudado em um princípio?

Quanto ao moralismo jurídico, não há dúvidas de que os adeptos do *novo constitucionalismo* são criativos e hábeis, pois procuram adaptar as modificações substanciais que o positivismo jurídico vem sofrendo, para reforçarem aquilo que chamam de "ideário neoconstitucionalista".

Por exemplo, quando discorrem sobre normas assecuratórias de direitos fundamentais, eles as vislumbram como o ponto de encontro entre o direito e a moral, como se a transformação da **moral crítica** em **moral legalizada** também não estivesse presente em todos os cantos e recantos da ordem jurídica.

> **Noções:**
> - **moral crítica** — conjunto de conteúdos morais que ainda não foram consagrados pelo legislador, mas que buscam, um dia, obter reconhecimento; e
> - **moral legalizada** — é a transformação das normas morais em normas jurídicas. Ou seja, quando a moral crítica ganha um *plus* de normatividade, ela passa a ser legalizada.

Ora bem. Não é preciso falar em *neoconstitucionalismo* para todas essas constatações, corretíssimas, virem à tona.

Sem sombra de dúvida, as normas jurídicas, a exemplo daquelas que traduzem direitos humanos, possuem conteúdos morais, pois participam do câmbio de valores de uma comunidade, num dado período histórico.

O mesmo se diga quanto aos preceitos correspondentes ao Direito Civil, Comercial, Urbanístico, Penal, Ambiental, igualmente aos demais setores da experiência jurídica, que também se encontram permeados de **exigências éticas de dignidade**.

Assim, o *neoconstitucionalismo* jamais será pré-requisito para reconhecermos que os ordenamentos jurídicos, como um todo, encontram-se impregnados de conteúdos morais.

No entanto, diferentemente do que divulgam os "neoconstitucionalistas", não são, apenas, as normas constitucionais, como as que veiculam liberdades públicas, que possuem uma dupla normatividade, moral e jurídica, ou uma dupla dimensão, axiológica e deontológica, propiciando o ponto de encontro entre Direito e moral. No dizer de um dos autores prediletos dos próprios "neoconstitucionalistas", "todo Direito é estruturalmente moral" (Eusebio Fernández García, *Filosofía política y derecho*, p. 23).

Quanto ao modelo axiológico de constituição normativa, acima descrito, também não precisava existir o *neoconstitucionalismo* para se concluir que predomina, na contemporaneidade, a chamada **constituição invasora**, que nada mais é do que o **totalitarismo constitucional** com outro nome.

Como vimos acima, o totalitarismo constitucional disseminou-se nos dias correntes, algo que independe de existir, ou não, o *neoconstitucionalismo*, simples apelido do constitucionalismo contemporâneo.

Na realidade, o *neoconstitucionalismo* não passa de uma alcunha que retrata, de maneira espetacular, e até espetaculosa, a mania que o ser humano tem de criar modismos, de inventar terminologias, de ter a ambição de dizer algo "inédito".

No afã de falar em coisa "diferente" de tudo quanto já foi dito, lança-se mão dos prefixos "pós" ou "neo", enxundiando o vocabulário jurídico de "rótulos".

Aliás, o Direito sempre viveu à sombra dos "rótulos". Positivistas, jusnaturalistas, realistas, moralistas, dentre outros, são alguns deles. Nos nossos dias, os "rótulos" vêm acompanhados de prefixos. Daí falarem em pós-positivismo, neopositivismo, *soft* positivismo etc.

O certo é que os "rótulos", em qualquer fase da humanidade, sempre deram suporte a uma argumentação retórica sensacionalista, sem qualquer sentido prático.

E, na ilusão de serem "precursores", os "neoconstitucionalistas", em vez de proferirem o som *constitucionalismo contemporâneo*, enaltecem, com todas as pompas e requintes de estilo, a voz *neoconstitucionalismo*, que nada mais é do que um mero viés teórico no campo do Direito Constitucional da contemporaneidade, vale reiterar.

Luis Prieto Sanchís, por exemplo, após reconhecer a imprecisão terminológica, proveniente do uso do termo "neoconstitucionalismo", chega ao extremo de dizer que ele corresponde a uma "nova cultura jurídica" (Sobre el neoconstitucionalismo y sus implicaciones, p. 101).

Manuel Atienza fala em "paradigma constitucionalista" (*El sentido del derecho*, p. 309). Assegura que o *neoconstitucionalismo* trouxe uma nova concepção de Direito, formada por coincidências e tendências comuns encontradas nas teorias de autores adeptos de Ronald Dworkin, Neil MacCormick, Joseph Raz, Robert Alexy, Carlos Santiago Nino e Luigi Ferrajoli.

No Brasil, Luís Roberto Barroso está convicto de que uma das três grandes transformações que subverteram o conhecimento ortodoxo, relativamente à aplicação do Direito Constitucional, foi o desenvolvimento daquilo que ele chama de "uma nova dogmática da interpretação" (*Neoconstitucionalismo e constitucionalização do direito*: o triunfo tardio do direito constitucional no Brasil, p.6).

Alguns autores já perceberam todos esses exageros. Um deles foi Elival da Silva Ramos, que, dentre outros aspectos, demarcou:

- **"A referência ao marco histórico do neoconstitucionalismo não revela nada que permita distingui-lo do constitucionalismo *tout court*"** — desde o constitucionalismo moderno que a segurança jurídica e a liberdade, projetadas em constituições escritas e rígidas, vêm plasmadas nos diversos ordenamentos constitucionais, algo que não constitui, de modo algum, marco histórico do *neoconstitucionalismo*. Ora, "O Estado constitucional de Direito consolidou-se em períodos históricos diversificados, em relação a cada sociedade política, usualmente coincidindo com a consolidação do próprio sistema político democrático, não existindo fundamento algum para se afirmar que se trata de um fenômeno simultâneo e de abrangência universal, contemporâneo às últimas décadas do Século XX" (Elival da Silva Ramos, *Parâmetros dogmáticos do ativismo judicial em matéria constitucional*, p. 239);

- **"Quanto ao marco filosófico, intitulam-se os neoconstitucionalistas de pós-positivistas, como se o positivismo jurídico, com as renovações por que passou e continua passando, tivesse deixado de ser o modelo dominante nos domínios da Teoria do Direito, e, consequentemente, da Dogmática Jurídica"** — embora os "neoconstitucionalistas" não desprezem o direito posto, não hesitam em descartá-lo, se necessário for. Por certo, "preferem dedicar um epitáfio ao positivismo jurídico do que afirmar em combate com essa variante teórica, que continua extremamente influente no campo da Ciência do Direito (mera estratégia deslegitimadora, portanto, que não faz *jus* ao brilho intelectual dos que a utilizam). Nesse ponto, não tiveram a coragem e a capacidade teórica de Dworkin, que não apenas assume o seu antipositivismo, como, também, oferece-lhe uma alternativa teorética (o direito como integridade), da qual se pode (e, a meu ver, se deve) discordar, mas não se pode negar a consistência (...). Cuida-se sim de um jusnaturalismo mitigado, em que se propugna o distanciamento de categorias metafísicas ou subjetivismo axiológico, para buscar na racionalidade argumentativa (a Alexy) ou na experiência histórica (à Dworkin) um mínimo de objetividade ética que permita a superação (em determinadas circunstâncias, apenas) da objetividade do direito legislado" (Elival da Silva Ramos, *Parâmetros dogmáticos do ativismo judicial em matéria constitucional*, p. 239-240); e

- **"De resto, a fragilidade teórica do neoconstitucionalismo pode ser também aquilatada: pela indevida invocação de autores estrangeiros que, supostamente, teriam rompido com o positivismo jurídico, quando, na verdade, o que professam nada mais é do que um positivismo renovado (em geral, com a incorporação da viragem hermenêutica ocorrida em meados do século passado)"** — observa Elival, com muita razão, que a maioria dos autores brasileiros, associados ao "ideário" do *neoconstitucionalismo*, "contemplam manifestações de um difuso moralismo jurídico", cuja imprecisão teórica "permite que, sob sua atraente e abrangente moldura, se aninhem também autores que se aproximam do realismo jurídico, seguindo tendência que, no exterior, disputa com o positivismo e o moralismo jurídicos a explicação, justificação e conformação da experiência no mundo do direito. (...) Nota-se, pois, que moralistas e realistas (ou sociologistas) jurídicos confluem na propagação do ativismo judicial, arregimentando sob as vestes reluzentes de um mal composto neoconstitucionalismo, as mentes das jovens gerações de juristas e operadores do direito" (*Parâmetros dogmáticos do ativismo judicial em matéria constitucional*, p. 244 e 245).

◆ Cap. 2 ◆ CONSTITUCIONALISMO   **29**

f) Neoconstitucionalismo em seu devido lugar

Só devemos pronunciar a palavra *neoconstitucionalismo* no sentido de constitucionalismo contemporâneo, nada obstante a postura metodológica daqueles que preferem usar o termo à sombra das transformações teoréticas por que vem passando o positivismo jurídico nos últimos tempos.

O que alguns, com ritual e pompa, chamam de *neoconstitucionalismo*, como se fosse uma grande novidade, é, apenas, o retrato de um dos períodos de desenvolvimento do constitucionalismo, qual seja, o contemporâneo, que se iniciou no fim do século XVIII, chegando aos nossos dias. E só.

Se é certo que vários Estados, a partir do segundo pós-guerra, em momentos históricos de repúdio aos recém-depostos regimes autoritários, adotaram constituições caracterizadas pela forte presença de direitos, princípios, valores e de mecanismos rígidos de fiscalização da constitucionalidade, mais exato ainda é que o embrião de tudo isso não reside na fase contemporânea do constitucionalismo, e sim no período moderno.

Significa dizer que aquilo que está escrito nas Constituições da Itália de 1948, da Alemanha de 1949, da Espanha de 1978, de Portugal de 1976 e do Brasil de 1988 não proveio do *neoconstitucionalismo*, que constitui um mero viés teórico do Direito Constitucional.

As palavras são as fontes dos mal-entendidos. Quanto mais simplificamos, evitamos deturpações.

Sem dúvida, a atmosfera teórica, metodológica e ideológica do *neoconstitucionalismo*, presente, de modo assistemático na doutrina, e em alguns acórdãos do Supremo Tribunal Federal, não equivale a uma corrente unitária de pensamento.

Na realidade, a alcunha *neconstitucionalismo* agrega um conjunto de posturas teóricas, as quais surgiram lentamente, muito antes do advento do constitucionalismo contemporâneo.

Aquilo que os "neoconstitucionalistas" rotulam de "nova cultura jurídica", de "paradigma constitucionalista *in statu nascendi*", ou, com enorme exagero, de "paradigma do Estado constitucional de direito", nada mais é do que uma variedade de ideias bastante ecléticas, que não surgiram na contemporaneidade.

Portanto, muito antes de os "neoconstitucionalistas" existirem, as ideias que eles proclamam já tinham nascido, pois apareceram de embates travados na etapa do constitucionalismo moderno (século XV ao século XVIII).

Assim, o *neoconstitucionalismo* — do mesmo modo que qualquer outro rótulo — não é pré-requisito para falarmos em:

- constituição invasora (= totalitarismo constitucional);
- importância dos princípios e valores na ordem jurídica;
- ponderação de bens constitucionais em conflito;
- desenvolvimento de uma "nova" dogmática da interpretação;
- força normativa das constituições, como fator condicionante de toda a atividade dos Poderes Públicos, e, também, das relações entre particulares;
- substituição do legislador pelo juiz em face das omissões legislativas (ativismo judicial);
- expansão da jurisdição constitucional; e
- conexão entre Direito e moral.

⌗ 4.5.2. Transconstitucionalismo

Como dissemos acima, o estudo do constitucionalismo contemporâneo engloba, além do *neoconstitucionalismo*, o *transconstitucionalismo*.

A análise do *transconstitucionalismo* irmana-se com o Poder Constituinte Supranacional, versado no Capítulo 7 deste *Curso*.

a) O que é transconstitucionalismo

Transconstitucionalismo é o fenômeno pelo qual diversas ordens jurídicas de um mesmo Estado, ou de Estados diferentes, se entrelaçam para resolver problemas constitucionais.

Vale observar que as relações de interpenetração entre ordenamentos diferenciados não são, propriamente, uma novidade. Isto porque já existiam pactos, a exemplo daquele firmado no Tratado de Westfália de 1648, em que o direito internacional clássico e o direito estatal já se conectavam.

O componente "novo" do *transconstitucionalismo*, portanto, não é o entrelaçamento entre uma pluralidade de ordenamentos de países distintos. A novidade está no modo como são travadas as formas de conversações entre os atores do cenário estatal.

Esse detalhe é muito interessante, principalmente se levarmos em conta que a sociedade mundial do presente é bastante complexa, competitiva e de risco, e, mesmo assim, os diálogos ultrapassam fronteiras e quebram paradigmas.

Quer dizer, os detentores do poder de ordenamentos diferentes abrem mão do tom de disputa de suas conversações, a fim de solucionarem problemas constitucionais, algo que não equivale a uma cooperação permanente entre Estados diversos.

Por isso, podemos dizer que o *transconstitucionalismo* decorre do caráter multicêntrico dos sistemas jurídicos mundiais, onde a conversa e o diálogo desenvolvem-se em vários níveis que se integram, formando um bloco compacto de comunicação entre os atores do cenário estatal.

Há um superentrelaçamento de níveis múltiplos. No lugar da vaidade, do provincianismo, da rebeldia, da discórdia e da mediocridade, comuns no mundo, abre-se espaço para o entendimento, a cooperação, a conversa e a criatividade.

Douglas R. Hofstadter explicou, melhor do que ninguém, esse superentrelaçamento:

"Como, sem dúvida, você já percebeu, não há nada que nos impeça de fazer o 'impossível' — ou seja, entrelaçar o nível I e o nível E, tornando as próprias convenções de interpretação sujeitas à revisão, de acordo com a situação no tabuleiro de xadrez. Mas, para levar a cabo este 'superentrelaçado', você teria de estar de acordo com seu adversário quanto a convenções ulteriores para ligar os dois níveis — e o ato de fazê-lo criaria um novo nível, um novo tipo de nível inviolável, acima do nível 'superentrelaçado' (ou abaixo dele, se você preferir)" (*Gödel, Escher, Bach:* an Eternal Golden Braid, 1979).

Desse modo, podemos dizer que o *transconstitucionalismo* é um **constitucionalismo de níveis múltiplos** ou, melhor dizendo, um **constitucionalismo multiplex**.

Imaginemos estar passeando num *shopping center*. Resolvemos, então, assistir a um filme. Vamos ao piso superior e lá encontramos salas, exibindo filmes variados. Pois bem, comparando o nosso passeio ao *transconstitucionalismo* diríamos: cada uma dessas salas equivale a uma ordem jurídica, que possui particularidades próprias, não havendo, porém, hierarquia entre elas.

Decerto, em vez de hierarquia, o que existe, na expressão de Anne-Marie Slaughter, é uma **"fertilização constitucional cruzada"** (*A New World Order*, p. 69 e s.). Isto porque, um determinado órgão de cada Estado, a exemplo do Poder Judiciário, toma como base os trabalhos, os estudos, as técnicas de outros órgãos, para, desse modo, demonstrar o acerto de suas teses. Um juiz, por exemplo, cita uma sentença de outro juiz; um deputado um projeto de lei de outro; um governador, uma experiência implantada noutro lugar, e assim por diante.

Essa verdadeira troca de informações deve estar presente nos **litígios globais**, isto é, aqueles que envolvem conflitos de interesses entre vários Estados diferentes, exigindo que os magistrados, integrantes das estruturas judiciais específicas de seu respectivo país, recorram às duas palavrinhas mágicas, que devem nortear a vida do ser humano, do berço ao túmulo, e que constituem o cerne das negociações, inclusive as judiciais: **bom senso**.

b) Cronologia do transconstitucionalismo

No fim do século XX, o Direito Constitucional doméstico de alguns países começou a ultrapassar as fronteiras locais, adentrando em ordens jurídicas de outros Estados.

Concomitante a isso, especialistas das mais diferentes tradições teóricas começaram a falar em *constituição Europeia, constituição multilevel, constituição da comunidade internacional, constituições globais, constituições civis da sociedade mundial, constituições transversais*, dentre tantos outros termos metafóricos, surgidos não por capricho intelectual ou modismo, mas pela própria necessidade de se nomear um fenômeno irrefreável, de tendência universal.

Com o tempo, o pensamento científico sobre a questão foi aprimorado, ganhando suporte, estrutura, forma e vida.

◆ Cap. 2 ◆ CONSTITUCIONALISMO

Vejamos, pois, a seguinte cronologia:

- **1997 — Francisco Lucas Pires**, em Portugal, constatou a existência da relação da ordem jurídica da União Europeia com as ordens constitucionais dos seus respectivos Estados-membros (*Introdução ao direito constitucional europeu:* seu sentido, problemas e limites, p. 101 e s.). Também nesse ano, Bruce Ackerman, nos Estados Unidos, criticou a "tentação ao particularismo provincial", corriqueira na teoria e prática norte-americana, condenando a praxe de sempre se identificar uma nova constituição apenas quando surge uma nova ordem jurídica doméstica (*The Rise of Word Constitucionalism*, p. 773 e 774);
- **1999 — Ingolf Pernice**, na Alemanha, reconheceu a existência de um *constitucionalismo de níveis múltiplos*, assim chamado por não se resumir a uma ordem constitucional específica, derivando do entrelaçamento de diversas ordens jurídicas ao mesmo tempo (Mutilevel Constitucionalism and Treaty of Amsterdam: European Constitution Making Revisited?, p. 703-50. Sobre o tema: Christian Joerges e Ernst-Ulrich Petterssmann (orgs.), *Constitucionalism, Multilevel Trade Governance and Social Regulation*, 2006);
- **2006 — José Joaquim Gomes Canotilho**, em Portugal, retomando as ideias de Francisco Lucas Pires, refere-se ao fenômeno da *interconstitucionalidade* para designar o entrelaçamento da União Europeia com as respectivas ordens jurídicas parciais (*"Brancosos" e interconstitucionalidade:* itinerários dos discursos sobre historicidade constitucional, 2006);
- **2008 — Mark Tushnet**, numa conferência proferida no Instituto de Direito Internacional de Haia, concluiu que o direito constitucional doméstico está sendo globalizado, algo que não deve ser confundido com *constituição global*, muito menos com *constituição internacional*. O que está acontecendo, a seu ver, é a "inevitável globalização do direito constitucional", que irá, aos poucos, dominar o mundo (The inevitable globalization of constitutional law, 2008). Ainda neste ano, **Régis Anderson Dudena**, em dissertação de Mestrado, reconheceu a presença de hierarquias entrelaçadas no constitucionalismo europeu (*Constitucionalismo europeu:* autorreprodução e hierarquias entrelaçadas no sistema constitucional europeu, 2008); e
- **2009 — Marcelo da Costa Pinto Neves**, no Brasil, empregou a terminologia **transconstitucionalismo**. Constatou que a concepção moderna de constituição mostrou-se insuficiente para equacionar problemas surgidos na sociedade contemporânea, essencialmente complexa e multicêntrica, onde as ordens jurídicas se entrelaçam, a fim de resolverem conflitos. Tal fenômeno pode acontecer tanto entre duas ordens jurídicas de um mesmo ordenamento como entre ordens jurídicas de países diferentes. Há, pois, um **transconstitucionalismo pluridimensional dos direitos humanos**, envolvendo uma multiplicidade de ordenamentos constitucionais. O autor, apoiado em Niklas Luhmann, vê a **constituição como mecanismo de racionalidade transversal** entre política e direito, e não um mero acoplamento de estruturas políticas e jurídicas. Aí está o embrião da ideia de **constituição transversal**, que ultrapassa os limites territoriais de um dado Estado, culminando no **transconstitucionalismo** como fator de integração sistêmica da sociedade hipercomplexa da atualidade (*Transconstitucionalismo*, 2009).

Mas, quando falamos em *transconstitucionalismo*, devemos saber que a terminologia possui um sentido restrito e outro amplo, senão vejamos.

c) *Transconstitucionalismo* stricto sensu

Em sentido restrito, o *transconstitucionalismo* opera entre ordens jurídicas de Estados diferentes.

Poderíamos chamá-lo, sem prejuízo de outras denominações, de **transconstitucionalismo propriamente dito**, porque, como veremos abaixo, ele possui características específicas, se comparado ao transconstitucionalismo *lato sensu*.

No *transconstitucionalismo* propriamente dito, ordenamentos distintos se interagem e somam esforços conjuntos para resolverem casos complexos e difíceis.

O que predomina é a superação do constitucionalismo provinciano ou paroquial em nome de algo maior: a integração cooperativa, pacífica e desterritorializada de ordens estatais diferentes.

Cada Estado continua com a sua soberania e vida própria.

Ocorre, apenas, uma integração harmoniosa entre ordens constitucionais de Estados completamente diferentes, algo que está acima de quaisquer simpatias ou antipatias, camaradagens ou disputas pessoais, muito menos institucionais.

Para solucionar conflitos envolvendo direitos humanos, duas ou mais Cortes de Justiça, de Estados diferentes, rompem suas barreiras territoriais e abandonam o regionalismo em nome da **conversação** e do **diálogo constitucional**.

Segundo Carl Baudenbacher, essa **conversação** pode ocorrer entre o Tribunal de Justiça das Comunidades Europeias e os Tribunais dos Estados-membros, bem como entre o Tribunal Europeu de Direitos Humanos e as Cortes Nacionais (*Judicial globalization: new development or old wine in new bottles*, p. 507 e s.).

Mas não é só no âmbito judiciário que vemos o *transconstitucionalismo* propriamente dito concretizar-se.

Anne-Marie Slaughter alerta-nos que o fenômeno também pode se verificar fora do Judiciário, ou seja, entre outros níveis do ordenamento, onde os aprendizados e intercâmbios delineiam-se informalmente (*A New World Order*, p. 104 e s.).

Para ilustrar, enfatizem-se as conversações travadas entre o Legislativo e o Executivo de Países distintos, onde ocorrem aprendizado recíproco e intercâmbio criativo, mediante a troca de informações das respectivas esferas governamentais.

Também nada impede que cada órgão do poder se comunique entre si: Legislativo com Legislativo; Executivo com Executivo; e Judiciário com Judiciário.

A recíproca também é verdadeira. Órgãos distintos podem travar diálogos.

c.1) Características do transconstitucionalismo *stricto sensu*

O *transconstitucionalismo* propriamente dito apresenta as seguintes características:

* exige que o estudioso abandone, por completo, aquela ideia, haurida do constitucionalismo moderno, de que o conceito de constituição liga-se, exclusivamente, a determinado Estado, sem que daí seja preciso recorrer a outras constituições de outros Estados;
* permite a externalização e a internalização de informações entre Estados, órgãos e atividades completamente diferentes, pela troca de experiências, conhecimentos, técnicas etc.;
* duas ou mais ordens jurídicas de Estados distintos se entrelaçam, mantendo a independência inerente a cada uma; e
* fomenta a existência de pontes de transição entre ordens jurídicas, onde órgãos do poder de Estados diversos passam a se intercomunicar, solidificando relacionamentos formais e informais.

d) Transconstitucionalismo lato sensu

Em sentido amplo, o *transconstitucionalismo* ocorre entre duas ordens jurídicas de um mesmo ordenamento.

Trata-se do *transconstitucionalismo jurídico*, a exemplo daquele verificado nas federações.

É o caso da Federação brasileira, formada pela união indissolúvel dos Estados, Municípios e Distrito Federal (CF, art. 1º).

Significa dizer que os entes federativos da República pátria podem dialogar entre si, a fim de trocarem ideias, experiências, conhecimentos etc.

Consequentemente, os órgãos Executivo, Legislativo e Judiciário, que funcionam nos Estados, Municípios e Distrito Federal, podem conversar mutuamente, para, desse modo, eliminarem problemas constitucionais.

Quer dizer, existem conflitos cuja resolução depende do entrelaçamento dos entes federativos. Um Estado se comunica com outro, ou, ainda, com Municípios e Distrito Federal. A recíproca também é verdadeira. Município pode falar com Distrito Federal e este com qualquer Estado-membro, por exemplo.

Quando isso ocorre estamos diante do *transconstitucionalismo jurídico* ou *transconstitucionalismo* em sentido amplo (*lato sensu*).

d.1) Características do transconstitucionalismo *lato sensu*

O *transconstitucionalismo jurídico* possui os seguintes caracteres:
- está presente nas federações;
- não ocorre em nível internacional, envolvendo ordens jurídicas estrangeiras;
- permite que os órgãos do poder dos entes federativos dialoguem entre si; e
- operacionaliza-se, no Brasil, por meio do entrelaçamento dos entes federativos, porque a União, Estados, Distrito Federal e Municípios podem trocar informações a fim de sanar problemas constitucionais.

e) Como o transconstitucionalismo pode se apresentar

É impossível se delimitar a unanimidade das formas em que as conversações transconstitucionais podem ocorrer.

O motivo é simples: os problemas constitucionais são infinitos e as formas de resolvê-los acabam fazendo parte de um universo fragmentado, onde não existem soluções matemáticas, principalmente na sociedade mundial hodierna.

Nada obstante, os estudiosos têm procurado observar os limites e possibilidades da ocorrência de relações transversais nos ordenamentos jurídicos de todo o mundo, propondo algumas tipologias (Stefan Langer, *Grundalgen einer internationalen Wirtschaftsverfassung — Strukturprinzipien, Typik und Perpektiven anhand von Europäischer Union und Welthandelsorganisation*, 1995; Andreas Fischer-Lescano, *Globalverfassung: Die Geltungsbegründung der Menschenrechte*, 2005; Marcelo da Costa Pinto Neves, *Transconstitucionalismo*, 2009).

Sem prejuízo de outras categorias porventura existentes, cremos que, no panorama do constitucionalismo contemporâneo, o fenômeno pode apresentar-se do seguinte modo:

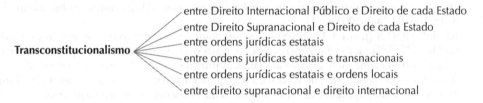

Imerso nesse bojo está o **transconstitucionalismo pluridimensional dos direitos humanos**. Sua justificativa deflui do fato de que as liberdades públicas ultrapassaram fronteiras, influenciando o direito constitucional dos Estados.

Por isso, devemos nos lembrar de duas observações feitas por Marcelo da Costa Pinto Neves:
- **1ª observação:** "um mesmo problema de direitos fundamentais pode apresentar-se perante uma ordem estatal, local, internacional, supranacional e transnacional (em sentido estrito) ou, com frequência, perante mais de uma dessas ordens, o que implica cooperações e conflitos, exigindo aprendizado recíproco. No que diz respeito às ordens jurídicas transnacionais em sentido estrito, que envolvem sobretudo atores privados e quase-públicos, é indiscutível que questões de direitos fundamentais ou de direitos humanos surgem perante elas. Menos clara é a afirmação de que elas estão relacionadas com os problemas de limitação e controle do poder. Caso se trate de poder político no sentido sistêmico, que se orienta primariamente à tomada de decisões coletivamente vinculantes, é inegável que essas ordens estariam distintas desse problema. No entanto, a *influência* que os atores privados desempenham no âmbito dessas ordens, sem o controle direto de uma autoridade política — estatal, internacional ou supranacional —, transforma-os em detentores de poder com repercussões políticas relevantes. Dessa maneira, também nas ordens transnacionais reaparecem os problemas jurídicos-constitucionais com uma nova roupagem" (*Transconstitucionalismo*, p. 106-107); e
- **2ª observação:** "os exemplos apresentados a respeito do **transconstitucionalismo pluridimensional dos direitos humanos** parecem-me corroborar a ideia de que, embora não se possa afastar o direito constitucional clássico do Estado, vinculado geralmente a um texto constitucional, o constitucionalismo abre-se para esferas além do Estado, não propriamente porque surjam outras

constituições (não estatais), mas sim porque os problemas eminentemente constitucionais, especialmente os referentes a direitos humanos, perpassam simultaneamente ordens jurídicas diversas, que atuam entrelaçadamente na busca de soluções. O transconstitucionalismo afigura-se, dessa maneira, como o direito constitucional do futuro, exigindo um grau de interdisciplinaridade. Nesse sentido, é fundamental a construção de uma metodologia específica para o transconstitucionalismo" (*Transconstitucionalismo*, p. 240).

f) Transconstitucionalismo na jurisprudência do STF

Existem alguns julgados do Supremo Tribunal Federal que evidenciam a presença do transconstitucionalismo na ordem jurídica brasileira.

Eis alguns:

- **HC 82.424/RS (j. em 17-11-2003)** — o Supremo, em sua composição plenária, considerou crime de racismo a publicação de obra negando a existência do holocausto. Numa verdadeira manifestação do **transconstitucionalismo pluridimensional dos direitos humanos**, houve farta referência ao direito estrangeiro, invocando-se, inclusive, o caso "Jersild *versus* Dinamarca", julgado pelo Tribunal Europeu de Direitos Humanos, em 23 de setembro de 1994. Ocorreu aí um diálogo transconstitucional em sistema de níveis múltiplos, no qual a ordem jurídica brasileira se articulou com a experiência de uma ordem jurídica estrangeira para solucionar problema de direitos humanos;
- **ADIn 3.112/DF (j. em 2-5-2007)** — ao decretar, apenas em parte, a inconstitucionalidade dos parágrafos únicos dos arts. 14 e 15 e do art. 21 do Estatuto do Desarmamento — Lei n. 10.826, de 22-12-2003, a Corte recorreu a precedentes do Tribunal Constitucional alemão;
- **ADIn 3.510/DF (j. em 29-5-2008)** — neste caso, o Supremo discutiu o direito constitucional de outros países, para, desse modo, rejeitar o pedido de decretação de inconstitucionalidade do art. 5º da Lei de Biossegurança, que prevê a pesquisa com células-tronco embrionárias (Lei n. 11.105, de 24-3-2005);
- **RE 349.703/RS (j. em 3-12-2008)** — esta decisão, juntamente com as sentenças proferidas no HC 87585/TO e RE 349703/RS, fixou o novo entendimento da Corte quanto à supralegalidade dos tratados sobre direitos humanos. A princípio isto nada teria de *transconstitucionalismo*. Acontece, porém, que, ao rever seu antigo posicionamento, superou o constitucionalismo provinciano e contraproducente, em nome das transformações profundas da sociedade contemporânea, onde os problemas são concebidos de modo "desterritorializado"; e
- **ADPF 101/DF (j. em 24-6-2009)** — por maioria de votos, a Corte, mais uma vez demonstrando como o diálogo constitucional pode vir a ser útil no equacionamento de problemas jurídicos, julgou parcialmente procedente pedido formulado em arguição de descumprimento de preceito fundamental, ajuizada pelo Presidente da República, para declarar inconstitucionais, com efeitos *ex tunc*, as interpretações que permitiram, ou permitem, a importação de pneus usados de qualquer espécie, incluindo-se aí os remoldados. Apesar da complexidade dos interesses em disputa, a Corte se valeu da ponderação de princípios constitucionais, para concluir que as decisões que autorizaram a importação de pneus usados, ou remoldados, feriram os arts. 170, I e VI, e seu parágrafo único, 196 e 225 da Carta de 1988.

Em todos esses julgados, o que se notou foi a existência de uma conversação constitucional ao estilo pátrio, pois as decisões do Supremo Tribunal transplantaram o conhecimento haurido de outros ordenamentos para o nosso.

Aliás, o fenômeno do *transconstitucionalismo* não deve ser confundido com a praxe do "provincianismo jurídico", onde as sentenças judiciais recorrem ao direito comparado, aleatoriamente, de maneira acrítica e sem qualquer harmonia de sentido ou conteúdo.

Quer dizer, a ocorrência do fenômeno não se dá mediante simples citações de excertos doutrinários ou jurisprudenciais, porque deflui da observância atenta da prática jurídica de outros países, a qual é amoldada à realidade brasileira.

Substituir o diálogo transconstitucional pelo palavreado oco e desprovido de maior significado é deixar de aproveitar os benefícios que a troca de conhecimentos pode ensejar, pois, como ensinou Anne-Marie Slaughter, "Um 'diálogo entre órgãos judicantes da comunidade mundial' não seria composto

♦ Cap. 2 ♦ CONSTITUCIONALISMO **35**

de cortes dos EUA, da França, Alemanha e Japão, nem de tribunais internacionais, mas simplesmente de entidades judicantes comprometidas em resolver litígios, interpretando e aplicando o direito da melhor maneira que elas possam. Essa é uma visão de um sistema jurídico global, estabelecido não por um Tribunal Mundial em Haia, mas sim por cortes nacionais, trabalhando conjuntamente em torno do mundo" (*A New World Order*, p. 94).

f.1) Diálogo transconstitucional do STF com outras Cortes de Justiça

O Supremo Tribunal Federal tem procurado manter intercâmbio com Cortes de Justiça estrangeiras.

Seu objetivo é firmar um intercâmbio com a comunidade internacional, dialogando, assim, com outros Tribunais Constitucionais, apresentando-lhes o resultado de sua profícua atividade judicante.

A troca de informações, experiências e conhecimentos encontra na *Internet* terreno fecundo para se desenvolver.

Nesse particular, merece destaque a *homepage* do STF — www.stf.jus.br — onde foram resumidos, em espanhol, inglês e francês, alguns dos mais importantes julgados da Corte, proferidos desde 2006.

Eis o catálogo desses importantes precedentes, que estão ao dispor dos internautas de todo o planeta:

1) abrangência da expressão "racismo" (HC 82.424);
2) extradição e crime político (Ext 700);
3) proteção da flora e estudo de impacto ambiental (ADI 1.086);
4) acesso ao judiciário e custas nos tribunais (ADI/MC 1.926);
5) devido processo legal e juntada de provas por juízes (ADI 1.570);
6) estupro simples e crime hediondo (HC 81.288);
7) proteção da fauna e farra do boi (RE 153.531);
8) estupro e presunção da violência (HC 74.983);
9) proteção da fauna e briga de galo (ADI 2.514);
10) programa de privatização do Estado (ADI/MC 1.724);
11) liberdade de imprensa (ADI 869);
12) juízo arbitral e cláusula de compromisso (SE/AgR 5.206);
13) liberdade de assembleia (ADI/MC 1.969);
14) teste de DNA e ação de paternidade (HC 76.060);
15) imunidade de Estados estrangeiros em matéria civil (RE/AgR 222.368);
16) concessão de serviços públicos e alteração contratual (ADI/MC 2.299);
17) extradição e prisão perpétua (Ext 855);
18) direito de silêncio da testemunha (HC 79.812);
19) progressão de regime de cumprimento da pena por crimes hediondos (HC 82.959);
20) privatização de bancos estatais (ADI/MC 1.348);
21) criação de subsidiárias da Petrobras e autorização geral (ADI 1.649);
22) licença-maternidade e pagamento (ADI/MC 1.946);
23) pagamento de títulos públicos nos programas nacionais de privatização (MS 22.493);
24) livre concorrência e distância mínima entre os estabelecimentos comerciais da mesma espécie (RE 193.749);
25) privatização em nível dos estados (ADI 234);
26) extradição e a definição insuficiente de um crime (Ext 633);
27) terrorismo e descaracterização como crime político (Ext 853);
28) supremacia da Constituição sobre tratados internacionais (ADI MC 1.480);
29) processo de oferta de preços em privatização (ADI 1.582);
30) tratados de extradição e imediata aplicação (Ext 864); e
31) autonomia das universidades públicas (ADI 51).

A possibilidade de as Cortes Constitucionais de todo o mundo acessarem esses *leading cases*, além de fomentar o diálogo transconstitucional do nosso STF com Tribunais estrangeiros, demonstra a presença do transconstitucionalismo entre nós.

¤ 4.5.3. *Constitucionalismo digital*

Denomina-se *constitucionalismo digital* o movimento sociopolítico que propõe limitar a ação dos particulares em suas atividades na internet.

Surgiu da necessidade de se protegerem liberdades fundamentais, passíveis de violação pelos atores que atuam no ciberespaço.

Sedimentados nas concepções emergentes do constitucionalismo contemporâneo, seus adeptos propugnam a consagração de pautas normativas de conduta para reconhecerem, afirmarem e protegerem direitos fundamentais no ambiente digital.

> **Sobre o tema:** Marco Bassini, Fundamental rights and private enforcement in the digital age, p. 182-197; Edoardo Celeste, Digital constitutionalism: a new systematic theorisation, p. 76-99; Thomas Fetzer e Christopher S. Yoo, New technologies and constitutional law, p. 23; Lawrence Lessig, Reading the constitution in cyberspace, p. 869-910; Orin S. Kerr, The fourth amendment and new technologies: constitutional myths and the case for caution, p. 801-888; Alessandro Morelli e Oreste Pollicino, Metaphors, judicial frames and fundamental rights in cyberspace, p. 1-26; Claudia Padovani e Mauro Santaniello, Digital constitutionalism: fundamental rights and power limitation in the internet eco--system, p. 295-301.

A proposta conceitual do constitucionalismo digital é louvável, pois a atividade privada dos organismos virtuais precisa de prescrições regulatórias, a exemplo do que fez a "Lei do Marco Civil da Internet" – Lei n. 12.965, de 23-4-2014. Esse diploma normativo contemplou princípios, garantias, direitos e deveres para o uso da internet no Brasil.

O *digital constitucionalism* convém ser tomado amplamente, para abarcar as mais diversas iniciativas particulares e governamentais.

> **Redefinição e reterritorialização da internet:** Gilmar Ferreira Mendes e Victor Oliveira Fernandes sustentaram que uma transformação teórica da jurisdição constitucional brasileira, voltada à defesa de direitos fundamentais no ciberespaço, requer: 1) a redefinição da perspectiva tradicional da teoria da eficácia horizontal dos direitos fundamentais; e 2) a abertura do controle de constitucionalidade à compreensão do fenômeno de reterritorialização da internet (Constitucionalismo digital e jurisdição constitucional: uma agenda de pesquisa para o caso brasileiro, *Revista Justiça do Direito*, v. 34, n. 2, p. 6, maio/ago. 2020).

O assunto já chegou aos Tribunais Constitucionais de várias partes do mundo, a exemplo da Corte Constitucional alemã (*Bundesverfassungsgericht*). Em 2008, o Tribunal tedesco reconheceu que os sistemas informáticos são confidenciais e, portanto, devem ter a sua integralidade preservada.

No Brasil, o Supremo Tribunal Federal enfrentou temática ínsita ao constitucionalismo digital. Ao referendar medida cautelar nas Ações Diretas de Inconstitucionalidade n. 6.389, 6.390, 6.393, 6.388 e 6.387, suspendeu a aplicação da Medida Provisória n. 954/2020, que obrigava as prestadoras de serviços de telecomunicações a compartilharem dados de seus usuários com o Instituto Brasileiro de Geografia e Estatística, em virtude dos trabalhos de combate à Covid-19 (Coronavírus). De modo expresso, a Corte decidiu que a proteção de dados do art. 5º, X, da Carta Magna é um direito autônomo.

Enquanto não se consagrar uma declaração de liberdades públicas na internet, uma *Bill of Rights* do ciberespaço, viveremos numa "terra de ninguém".

> **Nesse sentido:** Andrea Pettrachin, Towards a universal declaration on internet rights and freedoms?, p. 337-353; Lex Gill, Dennis Redeker e Urs Gasser, Towards digital constitutionalism? Mapping attempts to craft an Internet Bill of Rights, p. 5; Urs Gasser, Towards digital constitutionalism? Mapping attempts to craft an Internet Bill of Rights. *Research Publication*, p. 15.

O fato é que o constitucionalismo digital requer o contributo do Poder Judiciário frente ao desrespeito a liberdades comezinhas do Estado brasileiro.

Nisso ressai a importância da mutação constitucional, da *construction*, das técnicas de exegese constitucional. Afinal, constituições são organismos vivos.

> **Constitucionalismo discursivo** – há uma dose de verdade naquela proposta de Robert Alexy, que remonta ao constitucionalismo discursivo, alcunha que engloba a efetividade dos direitos fundamentais,

◆ Cap. 2 ◆ CONSTITUCIONALISMO

à ponderação, o discurso, à jurisdição constitucional e à representação. A implementação dessa ideia remonta ao bom senso de pessoas racionais, capazes e dispostas de aceitarem instituições e argumentos que possam vir a influenciar a tomada de decisões. **Conferir:** Robert Alexy, *Constitucionalismo discursivo*, p. 2 e s.

Corremos, sim, o risco de existir ativismo judicial nessa seara, pois, nem sempre, os legisladores conseguem, a curto prazo, fazer leis para reger todas as situações cotidianas.

De outro lado, as legislações formais dos mais diversos países do mundo se esforçam para balizar as suas missões institucionais levando em conta noções do Direito Constitucional clássico, cujos institutos, diga-se de passagem, não satisfazem, por completo, os reclamos das sociedades hodiernas.

Inegavelmente, muitos pontos que precisam de regulamentação passam despercebidos, porquanto a tutela dos direitos digitais cede face ao dinamismo do fato social, emergente num mundo líquido, efêmero, descartável e cambiante, no dizer de Zygmunt Bauman (*Modernidade líquida*, p. 4 e s.).

Então é preciso que os membros do Poder Judiciário, amiúde os integrantes das Cortes Supremas, encontrem o meio-termo no exame de questões *sub judice*, envolvendo os litígios da internet.

De um lado, evitemos ativismos judiciais. De outro, saquemos das disposições constitucionais um sentido, significado e alcance que venham a proteger direitos constitucionais básicos contra a ação dos operadores do ciberespaço.

Assim, não ficam à míngua a dignidade da pessoa humana, a liberdade de expressão, os direitos à participação política, ao trabalho, à cultura, à saúde, dentre outros de segunda geração, frente ao direito de acesso à internet, ao direito ao esquecimento, ao direito à neutralidade da rede e ao direito à proteção de dados.

Optimização constitucional, bom senso, calibragem, filtragem, ponderação de bens e de valores são as palavras de ordem em todo esse contexto.

Tal contextura envolve os direitos dos internautas, os quais, não raro, encontram-se imbrincados com preceitos de matriz constitucional, necessitando de um tratamento jurídico particularizado em virtude da natureza das relações sociais *on-line*.

Daí a importância de dois corpos normativos em se tratando da realidade brasileira: a suprarreferida Lei n. 12.965, de 23-4-2014, que contemplou o Marco Civil da Internet, e a Lei n. 13.709, de 14-8-2028, a Lei Geral de Proteção de Dados Pessoais, sendo esta última com redação dada pela Lei n. 13.853, de 8-7-2019.

A Lei n. 12.965/2014 reforçou a liberdade de expressão (art. 3º, I), a privacidade (art. 3º, II) e a preservação da natureza participativa da rede (art. 3º, VII), no que se amoldou, *in totum*, aos reclamos do constitucionalismo digital.

Na mesma toada, a Lei n. 13.709/2018 homenageou a autodeterminação informativa (art. 2º, II), que é uma *longa manus* do direito constitucional à privacidade (CF, art. 5º, X). Demais disso, trouxe os princípios da vinculação à finalidade (art. 6º, I), da necessidade (art. 6º, III) e da transparência (art, 6º, VI). Desse modo, forneceu balizas para o Poder Legislativo brasileiro desempenhar sua tarefa legiferante na esfera das relações cibernéticas.

Se, de um lado, as leis do Marco Civil da Internet e da proteção de dados pessoais não servem de parâmetro de confronto para aferir a constitucionalidade de atos normativos, por outro lado, desempenham o papel de bússola norteadora de soluções de conflitos digitais.

Evidente que estamos nos referindo ao ato de criação jurisprudencial, pois o julgador, o membro do Poder Judiciário, não é um autômato de decisões, uma mera máquina que vive dentro de uma "caixa", funcionando no "automático".

Juízes são dotados de corpo (cinco órgãos do sentido), alma (mente, vontade, emoção) e espírito (comunhão, consciência e intuição), sendo-lhes facultado, *ex propria auctoritatem*, formular construções hermenêuticas, que podem em muito servir de ferramenta para a resolução de problemas do espaço cibernético.

Situações envolvendo o combate a divulgações de notícias falsas em período eleitoral, disponibilização de dados de internautas, decisões judiciais bloqueadoras do funcionamento do WhatsApp são exemplos de como o constitucionalismo digital pode influir, sim, na vida das instituições de nosso tempo.

38 ◆ Uadi Lammêgo Bulos ◆

◇ 4.6. Constitucionalismo do porvir

O constitucionalismo do porvir ou do futuro proporcionará o aperfeiçoamento de um conjunto de ideias que foram avaliadas ao longo do tempo. Sua concepção parte da esperança de dias melhores, numa etapa vindoura da evolução humana.

Para tanto, resta aos depositários do poder constituinte originário, com engajamento e ideal, superar os ciclos de atraso. As mudanças serão lentas e a longo prazo, quase imperceptíveis a um primeiro momento, mas que se robustecerão paulatinamente.

O sofrimento da humanidade, a violência social, o desemprego, o subemprego e a informalidade, a descrença no poder absoluto da razão, o desprestígio das instituições e do próprio Estado, a crise de valores, a necessidade de se recorrer aos ensinamentos do Evangelho do Cristo de Deus, como único alívio imediato para os males humanos, a fome, as doenças dizimando as massas, o avançado desenvolvimento tecnológico e científico, os novos recursos da comunicação e da informática, o império dos bens de consumo e os questionamentos éticos relativos à engenharia genética são alguns dos fatores que tendem a influenciar o ato de feitura das constituições do porvir.

Espera-se que a *constituição do futuro* propicie o ponto de equilíbrio entre as concepções hauridas do constitucionalismo moderno e os excessos do constitucionalismo contemporâneo.

Em nome do sentimento de equidade, é vital a conscientização de todos perante os bens da vida, algo muito maior do que a tutela dos interesses individuais e metaindividuais. Se os limites da liberdade individual e a intervenção do Estado na economia já se postam como temas superados no colóquio dos especialistas contemporâneos, mais exato ainda é que o primado da segurança jurídica pode submeter-se a uma reavaliação profunda, sob pena de continuar no desuso, como tem sido em nossos dias.

José Roberto Dromi, em exercício de futurologia, externou suas ideias sobre o tema (La reforma constitucional. El constitucionalismo del "por-venir", 842 p.).

Prenunciou seis valores fundamentais das constituições do porvir:

- **Veracidade** — as constituições não mais conterão promessas impossíveis de ser realizadas, nem consagrarão mentiras. Ao invés, tornar-se-ão documentos verdadeiros e íntegros. Diferentemente do que foram no século XX, quando muito se mentiu para esconder o estado de descalabro das sociedades políticas, as constituições serão instrumentos para gerar a harmonia e o clima de veracidade. Os constituintes passarão a ponderar o que realmente se *necessita*, se *requer* e se *pode* constitucionalizar. Busca-se, assim, um constitucionalismo transparente, ético, eficaz, oportuno, conveniente, ponderado e sincero.

- **Solidariedade** — as constituições do porvir, além de dotadas de normas suscetíveis de ser cumpridas na prática, aproximar-se-ão de uma nova ideia de igualdade, baseada na solidariedade dos povos, no tratamento digno do homem e na justiça social. As discriminações serão eliminadas, prevalecendo o reconhecimento integral das liberdades públicas.

- **Continuidade** — as reformas constitucionais ocorrerão com ponderação e equilíbrio. Em vez de destruir as vigas-mestras das constituições, subvertendo-lhes o sentido original, darão continuidade ao caminho traçado. Reformar uma constituição é manter a lógica do sistema, não é destruí-la, mas adaptá-la às exigências do progresso, não desfazendo as conquistas alcançadas.

- **Participatividade** — o povo será convocado a participar de forma ativa, integral, equilibrada e responsável nos negócios do Estado. Só assim eliminar-se-á a indiferença social. Não há democracia participativa e Estado Democrático de Direito sem a participação real e efetiva dos corpos intermediários da sociedade.

- **Integracionalidade** — as constituições propiciarão um sentido integracionista entre o plano interno e o externo. Nesse passo, refletirá a integração espiritual, moral, ética e institucional dos povos, visando o desenvolvimento dos Estados. Para tanto, as constituições conterão dispositivos para prever órgãos supranacionais, delegando poderes por meio de tratados gerais de integração.

- **Universalidade** — o constitucionalismo do porvir dará especial atenção aos direitos fundamentais internacionais, confirmando o primado universal da dignidade do homem e banindo todas as formas de desumanização.

CAPÍTULO 3

CONSTITUIÇÃO

✦ 1. TEORIA DA CONSTITUIÇÃO

Teoria da Constituição é o conjunto de categorias dogmático-científicas que possibilitam o estudo dos aparelhos conceituais e dos métodos de conhecimento da lei fundamental do Estado.

Seu objetivo é encontrar respostas para esclarecer problemas e dúvidas:

- surgidos na vida política dos Estados; e
- apresentados pela teoria científica do Direito Constitucional.

Em ambas as hipóteses, a *Teoria da Constituição* contribui na análise, discussão e crítica dos limites e possibilidades do Direito Constitucional, buscando explicar e refutar ideias, propostas, dogmas, postulados e artifícios teorético-científicos que estão por detrás das constituições.

O que é uma constituição, para que criar uma constituição, como nasce uma constituição, quais os motivos para reformar uma constituição, o que deve conter uma constituição são alguns dos inúmeros questionamentos que a *Teoria da Constituição* almeja elucidar.

Não é de hoje a preocupação dos juspublicistas em esboçar uma *Teoria da Constituição*.

Em tempos remotos, a *Teoria da Constituição* foi objeto de exame pelos adeptos da *filosofia do constitucionalismo*, a exemplo de Locke, Rousseau, Montesquieu e Tocqueville.

Entre 1920 e 1930 destacaram-se as contribuições de Hermann Heller, Carl Schmitt, Richard Smend, Hans Kelsen e Heinrich Triepel.

Todos eles, cada um a seu modo, analisaram a crise do constitucionalismo liberal e do positivismo jurídico, conclamando a urgência de se desenvolver uma *Teoria da Constituição* voltada para as transformações políticas, econômicas e sociais.

Em nossos dias, Gomes Canotilho vislumbrou um triplo sentido para a *Teoria da Constituição*: "(1) como *instância crítica* das soluções constituintes consagradas nas leis fundamentais e das propostas avançadas para a criação e revisão de uma constituição nos *momentos constitucionais*; (2) como *fonte de descoberta* das decisões, princípios, regras e alternativas, acolhidas pelos vários *modelos constitucionais*; (3) como filtro de racionalização das pré-compreensões do intérprete das normas constitucionais, procurando evitar que os seus prejuízos e pré-conceitos jurídicos, filosóficos, ideológicos, religiosos e éticos afectem a racionalidade e razoabilidade indispensáveis à observação da rede de complexidade do estado de direito democrático-constitucional" (*Direito constitucional e teoria da constituição*, p. 1188-1189).

A seguir, veremos algumas das principais categorias desenvolvidas, ao longo do tempo, pela *Teoria da Constituição*, sem qualquer pretensão de esgotar o tema.

✦ 2. NOÇÃO DE CONSTITUIÇÃO

Constituição é o *organismo vivo* delimitador da organização estrutural do Estado, da forma de governo, da garantia das liberdades públicas, do modo de aquisição e exercício do poder.

Traduz-se por um conjunto de normas jurídicas que estatuem direitos, prerrogativas, garantias, competências, deveres e encargos, consistindo na lei fundamental da sociedade.

O termo *constituição* encontra origem no verbo latino *constituere*, exteriorizando a ideia de constituir, estabelecer, firmar, formar, organizar, delimitar.

Na Teoria Constitucional, a sua noção é plurívoca.

Daí dizer-se que o *conceito* de "constituição" é um *conceito* em crise, pois até hoje os estudiosos não chegaram a um consenso a seu respeito, existindo diversos sentidos para o seu entendimento.

> **Gilberto Freyre propôs uma Constituição em quadrinhos:** em 1948, o cientista social Gilberto Freyre sugeriu que se fizesse uma versão da Carta de 1946 em quadrinhos, para ser mais bem digerida pela população. Na época, havia um caloroso debate sobre o "perigo" que a leitura de gibis poderia causar no mundo infantil. Freyre, que ocupava o cargo de Deputado Federal, subiu à Tribuna para discursar contra o extermínio das "revistinhas", algo que seria um ataque a toda a literatura, e não apenas ao entretenimento dos pequenos. Passados cinquenta anos, o clássico de Freyre — *Casa grande e senzala* — ganhou versão em quadrinhos, confirmando o vate de Monteiro Lobato: "felizmente o mundo será o que Gilberto Freyre disser".

Basta ver que, em linha de princípio, a doutrina, em vez de formular uma noção exaustiva de constituição, prefere adotar uma pluralidade de acepções (Jorge Xifras Heras, *Curso de derecho constitucional*, p. 43).

Juízes e tribunais também adotam esse entendimento. Tanto é assim que se encontra cristalizada na jurisprudência do Supremo Tribunal Federal a perspectiva de que existem múltiplas acepções para o signo *constituição* (STF, *RTJ 71*:289, *77*:657).

Em sede de ação direta de inconstitucionalidade, por exemplo, o Ministro Celso de Mello reconheceu que os tratadistas, "em vez de formularem um conceito único de constituição, costumam referir-se a uma pluralidade de acepções", ensinando ainda:

"Cabe ter presente que a construção do significado de Constituição permite, na elaboração desse conceito, que sejam considerados não apenas os preceitos de índole positiva, expressamente proclamados em documento formal (que consubstancia o texto escrito da Constituição), mas, sobretudo, que sejam havidos, igualmente, por relevantes, em face de sua transcendência mesma, os valores de caráter suprapositivo, os princípios cujas raízes mergulham no direito natural e o próprio espírito que informa e dá sentido à Lei Fundamental do Estado. Não foi por outra razão que o Supremo Tribunal Federal, certa vez, e para além de uma perspectiva meramente reducionista, veio a proclamar — distanciando-se, então, das exigências inerentes ao positivismo jurídico — que a Constituição da República, muito mais do que o conjunto de normas e princípios nela formalmente positivados, há de ser também entendida em função do próprio espírito que a anima, afastando-se, desse modo, de uma concepção impregnada de evidente minimalismo conceitual" (STF, ADIn 595-2/ES, Rel. Min. Celso de Mello, decisão de 28-2-2002).

Na realidade, o magistério doutrinário e jurisprudencial não poderia ser outro, porque as constituições são lídimos *organismos vivos*, verdadeiros *documentos abertos no tempo*, em íntimo vínculo dialético com o meio circundante, com as forças de transformação da sociedade, com as crenças, as convicções, as aspirações, os anseios populares, a burocracia, a economia, a política, o esporte, o lazer, a religião, a cultura, a educação, a saúde, o meio ambiente etc.

As constituições são *organismos vivos* porque no ato mesmo de criação delas é incumbência do legislador prever possíveis modificações futuras, o que exige conferir às normas *elasticidade*, abrindo perspectivas para a recepção de fatos novos, surgidos após o seu advento.

Tanto é assim que existem nas próprias constituições certos dispositivos que permitem a sua reforma, justamente para reprimir o espírito conservador do construído e primar pelo equilíbrio mantenedor de todas as suas partes e prescrições. Exemplos: Constituições do Brasil (art. 3º do ADCT), de Portugal (art. 286º), da Suíça (art. 118), da Itália (arts. 138 e 139), da França (art. 89) e da Áustria (art. 44).

> **Previsão implícita na Constituição americana:** na Constituição americana, a reforma foi prevista implicitamente no artigo V, que possibilita convocar uma convenção especial para votar emendas, a serem ratificadas por pelo menos 3/4 dos Estados.

Como *organismo vivo*, cumpre à constituição estatuir direitos, prerrogativas, garantias, competências, deveres e encargos, dispondo sobre as funções executiva, legislativa e jurisdicional, estabelecendo as diretrizes e os limites para o exercício do poder.

◆ Cap. 3 ◆ CONSTITUIÇÃO   **41**

Pelo seu exame, é possível detectar — além dos direitos e deveres, competências e garantias — o perfil do Estado, os elementos que o compõem, os princípios que o regem.

Tomando como exemplo a Constituição de 1988, visualizaremos a forma federativa de Estado (art. 1º), a estruturação do poder (art. 2º), a garantia das liberdades públicas (art. 5º), dentre outros caracteres imanentes ao Estado brasileiro.

Daí dizer que as constituições revelam a *particular maneira de ser do Estado*.

Segundo esse raciocínio, o nascimento da organização estatal tem lugar no preciso momento em que se edita a sua constituição, provenha ela de revolução ou de assembleia popular.

Mas isso não pode ser tido como regra. Existe um *tertius genus*. É o caso da Carta brasileira de 1988. Ela não foi fruto de revolução nem de assembleia popular. O então Presidente da República, por iniciativa sua, provocou a convocação de uma Assembleia Constituinte ao Congresso Nacional, delegando--lhe, temporariamente, poderes constituintes. Houve a participação de *senadores biônicos*.

A partir dessa advertência é possível falar que o Estado brasileiro, oriundo da manifestação constituinte originária de 5 de outubro de 1988, instituiu uma nova ordem jurídica, diversa das anteriores. O novel ordenamento não é o de 1969, nem o de 1946, nem o de 1937, 1934, 1891 ou de 1824. Do ponto de vista histórico e geográfico, pode ser o mesmo; porém, da ótica exclusivamente jurídico--formal, não. A cada manifestação constituinte, emissora de atos constitucionais, inaugura-se um novo Estado (Raymond Carré de Malberg, *Teoría general del Estado*, p. 76).

✦ 3. CONSTITUIÇÃO E CARTA CONSTITUCIONAL

Para alguns, *constituição* e *carta constitucional* são expressões que designam conteúdos distintos.

Argumentam que a palavra *constituição* significaria o complexo normativo que disciplina a organização do Estado, a origem e o exercício do poder, a discriminação das competências estatais e a proclamação das liberdades públicas. Associar-se-ia ao ideário democrático, porquanto o ato de criação constitucional é precedido de livre discussão, votação e promulgação por uma Assembleia Constituinte, escolhida pelo povo.

Noutro prisma, *carta magna* designaria o produto de um ato arbitrário e autoritário, traduzido numa outorga.

Dentro desse critério, ao qual não aderimos, seriam *constituições* os textos brasileiros de 1891, 1934, 1946 e 1988. *Cartas constitucionais*, por sua vez, consignariam os diplomas de 1824, 1937, 1967 e 1967 com a reforma empreendida pela Emenda Constitucional n. 1/69.

Na atualidade, parece-nos que tal distinção perdeu a sua razão de ser, estando destituída de qualquer significado prático. Tanto faz utilizar uma como outra terminologia. O essencial é cunhar o termo no sentido de *organismo vivo*, por meio do qual encontramos a organização estrutural do Estado, a forma de governo, o modo de aquisição e o exercício do poder, traduzido por um conjunto de normas jurídicas, escritas ou costumeiras, que estatuem direitos, prerrogativas, garantias, competências, deveres e encargos.

Por esse ângulo, *constituição* e *carta constitucional* são vocábulos sinonímios, possuindo outras denominações que se lhes equivalem, tais como: texto constitucional, texto maior, texto máximo, texto fundamental, texto supremo, lei maior, lei máxima, *lex legum*, *lex mater*, lei das leis, documento basilar, carta política, carta fundamental, carta magna, código supremo, instrumento superior etc.

✦ 4. GRAFIA DA PALAVRA *CONSTITUIÇÃO*

É comum o vocábulo *constituição* vir escrito com maiúscula, inclusive na jurisprudência do Supremo Tribunal Federal. Trata-se de mera convenção, que ainda não se consolidou entre os constitucionalistas, como ocorre com o uso da maiúscula para grafar a palavra *Estado*, exprimindo unidade política.

Seja como for, parece-nos que o signo *constituição*, e seus derivados, somente deve ser grafado com inicial maiúscula quando se referir a uma ordem constitucional positiva específica. Exemplos: Constituição brasileira de 1988, Carta francesa de 1814, Texto Maior da Irlanda de 1922 etc.

Assim, elimina-se o uso da maiúscula caso o termo seja cunhado em sentido genérico. Apenas a empregamos na hipótese de reportar-se a determinado ordenamento. Dessa maneira evita-se o hábito de escrever, na unanimidade dos casos, as palavras jurídicas com letra maiúscula.

5. SENTIDOS TRADICIONAIS DE CONSTITUIÇÃO

Vimos que o conceito de *constituição* é um conceito em crise, pois inexiste consenso a seu respeito, pluralizando-se sob múltiplos enfoques.

Nesse ínterim, indagam os estudiosos:

Seria uma *constituição* a soma do poder dos fatores reais que regem um país (sentido sociológico)?

É viável compreender uma *constituição* tomando o vocábulo, apenas, nos sentidos lógico-jurídico e jurídico-positivo (sentido jurídico)?

Convém vislumbrarmos a *constituição* como o produto de uma decisão política fundamental (sentido político)?

Dessas perguntas defluem os sentidos ou acepções tradicionais, mediante as quais a doutrina procurou compreender o que é uma *constituição*.

5.1. Constituição sociológica

Defensor dessa concepção: Ferdinand Lassalle.

Ferdinand Lassalle, em famosa conferência pronunciada no ano de 1863 para intelectuais e operários da antiga Prússia, salientou o caráter sociológico de uma constituição, a qual se apoiava nos *fatores reais do poder* (*¿Qué es una constitución?*, *passim*).

E o que seriam esses *fatores reais do poder*?

Para Lassalle, eles designariam a força ativa de todas as leis da sociedade. Logo, uma constituição que não correspondesse a tais *fatores reais* não passaria de simples folha de papel.

Uma constituição duradoura e boa — dizia Lassalle — seria aquela que equivalesse à constituição real, cujas raízes estariam fincadas nos fatores de poder predominantes no país.

5.2. Constituição jurídica

Defensor dessa concepção: Hans Kelsen.

Hans Kelsen, de outro ângulo, examinou a constituição nos sentidos *lógico-jurídico*, *jurídico-positivo*, *formal* e *material*.

Kelsen, judeu, filho de austríacos, nascido em Praga (11-10-1881) e falecido nos Estados Unidos da América (19-4-1973), aos 92 anos de idade, aduziu que toda função do Estado é uma função de criação de normas jurídicas.

O mestre de Viena vislumbrou o fenômeno jurídico em *automovimento*, ou seja, na sua perspectiva *dinâmica*.

Demonstrou que as funções do Estado correspondem a um *processo evolutivo e graduado* de criação de normas jurídicas (Hans Kelsen, *Teoria pura do direito*, 1979).

Aquilo que a teoria tradicional assinala como sendo três Poderes ou funções distintas do Estado, para Kelsen nada mais é que a forma jurídica positiva de certos aspectos relativos ao processo de criação jurídica, particularmente importantes do ponto de vista político (*Teoría general del Estado*, 1934).

Segundo Kelsen, inexiste uma justaposição de funções mais ou menos desconexas, como quer a teoria clássica, impulsionada por certas tendências políticas. O que há é uma hierarquia dos diferentes graus do processo criador do Direito.

É nesse ponto que aparece a constituição em sentido *jurídico-positivo*. Ela surge como grau imediatamente inferior ao momento em que o legislador estabelece normas reguladoras da legislação mesma.

Do ângulo *lógico-jurídico*, a "constituição" consigna a norma fundamental hipotética não positiva, pois sobre ela embasa-se o primeiro ato legislativo não determinado por nenhuma norma superior de Direito Positivo (Hans Kelsen, *Teoría general del Estado*, p. 325-326).

◆ Cap. 3 ◆ CONSTITUIÇÃO

Mas Kelsen, ao analisar a estrutura hierárquica da ordem jurídica, também distinguiu os sentidos *formal* e *material* de uma constituição.

Sentenciou que a constituição em sentido *formal* é certo documento solene, traduzido num conjunto de normas jurídicas que só podem ser modificadas mediante a observância de prescrições especiais, que têm por objetivo dificultar o processo reformador.

Já a constituição em sentido *material* é constituída por preceitos que regulam a criação de normas jurídicas gerais (Hans Kelsen, *Teoría general del derecho y del Estado*, p. 147).

Alguns juristas, porém, chamam de constituição material o que Kelsen denominou formal, sendo a recíproca verdadeira (Renato Treves, Il fondamento filosofico della dottrina pura del diritto di Hans Kelsen, p. 13; Giuseppe Maggiore, Quel che resta del kelsenismo, p. 55-64).

✧ 5.3. Constituição política

Defensor dessa concepção: Carl Schmitt.

Noutro prisma, temos o sentido político de constituição.

Carl Schmitt, seguindo a linha *decisionista*, defendia esse arquétipo de compreensão constitucional (*Teoría de la constitución*, p. 23 e s.).

Conforme Schmitt a constituição é fruto de uma decisão política fundamental, é dizer, uma decisão de conjunto sobre o modo e a forma da unidade política.

Ele admitia que só seria possível uma noção de constituição quando se distinguisse *constituição* de *lei constitucional*.

Para os adeptos desse pensamento, *constituição* é o conjunto de normas que dizem respeito a uma decisão política fundamental, ou seja, aos direitos individuais, à vida democrática, aos órgãos do Estado e à organização do poder.

Lei constitucional, por outro lado, é o que sobra, isto é, que não contém matéria correlata àquela decisão política fundamental.

Em suma, tudo aquilo que, embora esteja previsto na constituição, não diga respeito a uma decisão política qualifica-se, apenas, como *lei constitucional* (Antonio José Brandão, *Sobre o conceito de constituição política*, 1990.

✦ 6. OUTROS SENTIDOS DE CONSTITUIÇÃO

Além dos três sentidos tradicionais de constituição existem outros, desenvolvidos ao longo do tempo.

✧ 6.1. Constituição jusnaturalista

Defensor dessa concepção: Víctor Cathrein.

No sentido jusnaturalista, a constituição é concebida à luz dos princípios do direito natural, principalmente no que concerne aos direitos humanos fundamentais.

Quer dizer, o *habeas corpus*, o mandado de segurança, o direito à intimidade, dentre tantos outros direitos fundamentais, encontraria sua justificativa no jusnaturalismo.

✧ 6.2. Constituição positivista

Defensores dessa concepção: Laband e Jellinek.

Segundo os positivistas, constituição é o conjunto de normas emanadas do poder do Estado.

Afirmam que basta recorrer ao Direito Constitucional posto pela ação do homem para sabermos o conceito de constituição.

Acreditam, pois, que para compreendermos o que é uma constituição não precisamos buscar fatores sociais, políticos, econômicos, culturais, éticos, religiosos (critérios metanormativos).

O sentido positivista de constituição aproxima-se, de certa maneira, da concepção normativa de Hans Kelsen.

✧ 6.3. Constituição marxista

Defensor dessa concepção: Karl Marx.

No sentido marxista, a constituição é o produto da supraestrutura ideológica, condicionada pela infraestrutura econômica.

É o caso da *constituição-balanço*, que, conforme a doutrina soviética, prescreve e registra a organização política estabelecida, é dizer, os estágios das relações de poder. A cada passo da evolução socialista, existiria uma nova constituição para auscultar as necessidades sociais. Exemplos: as Cartas soviéticas de 1924, 1936 e 1977.

A *constituição-balanço* é o inverso da *constituição-garantia* ou *constituição-quadro*.

Constituição-garantia é aquela que almeja garantir a liberdade limitando o poder. Enquadra-se no modelo clássico. Exemplo: Constituição dos Estados Unidos da América de 1787.

✧ 6.4. Constituição institucionalista

Defensores dessa concepção: Santi Romano, Maurice Hauriou, Georges Renard, Costantino Mortati.

A constituição, no sentido institucionalista, é a expressão das ideias fortes e duradouras, dos fins políticos, com vistas a cumprir programas de ordem social.

Observe-se que o sentido institucionalista de texto constitucional lembra-nos a própria acepção sociológica de *instituição*: entrelaçamento de práticas sociais articuladas num complexo de relações, costumes e sentimentos, com vistas ao exercício de controles sociais.

✧ 6.5. Constituição culturalista

Defensores dessa concepção: Stein, Michele Ainis, Grimm.

A constituição, para os culturalistas, é produto do fato cultural.

Nesse sentido, seria apropriado falarmos numa *constituição cultural*, formada pelo conjunto de normas constitucionais referentes à educação, ao ensino, ao desporto, as quais visam tutelar, em sentido amplo, o *direito à cultura*.

✧ 6.6. Constituição estruturalista

Defensor dessa concepção: Spagna Musso.

No sentido estruturalista, a constituição é o resultado das estruturas sociais, servindo para equilibrar as relações políticas e o processo de transformação da sociedade.

A constituição não seria apenas certo número de preceitos cristalizados em artigos e parágrafos, e sim uma unidade estrutural, um conjunto orgânico e sistemático de caráter normativo sob inspiração de um pensamento diretor (Francisco Campos, *Direito constitucional*, v. 2, p. 63 e s.).

✧ 6.7. Constituição biomédica

Defensor dessa concepção: João Carlos Simões Gonçalves Loureiro.

Constituições biomédicas, constituições biológicas ou, simplesmente, *bioconstituições* são aquelas que consagram normas assecuratórias da identidade genética do ser humano, visando reger o processo de

◆ Cap. 3 ◆ CONSTITUIÇÃO

45

criação, desenvolvimento e utilização de novas tecnologias científicas. Visam assegurar a dignidade humana, salvaguardando *biodireitos* e *biobens*.

Os reclamos da sociedade contemporânea geraram essa concepção, derivada, em grande parte, de uma espécie de *consciência ético-jurídica da comunidade*. Por isso, a ideia de *bioconstituição* suscita importantes debates, tais como: se os direitos por ela tutelados são autônomos ou se equivalem a um prolongamento dos direitos já existentes; se ela toma como referência o ser humano vivo ou os embriões, fetos e células; se inclui o *direito à ignorância genética* ou o dever de informar os males constantes nas chamadas "comunidades bióticas".

A quarta revisão constitucional da Carta portuguesa de 1976, realizada no ano de 1997, consagrou o sentido *biomédico* de constituição. De modo geral, equivalem a preceitos bioconstitucionais fundantes do Texto lusitano: os arts. 1º (dignidade da pessoa humana); 13º (princípio da igualdade); 24º (direito à vida); 25º (direito à integridade pessoal); 26º, 3 (identidade pessoal e genética); 41º, 6 (direito à objecção de consciência); 64º (direito à saúde); 67º (família).

Em termos principiológicos, a bioconstituição portuguesa, por assim dizer, finca-se nos seguintes vetores bioconstitucionais: inviolabilidade e integridade da pessoa humana; igualdade no acesso à saúde; não venalização do corpo humano; familiaridade, prevenção e precaução de doenças incuráveis.

✧ 6.8. Constituição compromissória

Defensor dessa concepção: Paolo Barile.

Constituição compromissória é aquela que reflete a pluralidade das forças políticas e sociais. Típica da sociedade plural e complexa em que vivemos, ela é fruto de conflitos profundos (*deep conflict*), da barganha, do jogo de interesses, do tom persuasivo do discurso político.

O procedimento constituinte de elaboração das *constituições compromissórias* é tumultuado pelas correntes convergentes e divergentes de pensamento, mas que ao fim encontram o consenso (*compromisso constitucional*).

A Constituição portuguesa de 1976 e a brasileira de 1988, oriundas de compromissos constitucionais, exemplificam as cartas compromissórias.

✧ 6.9. Constituição suave

Defensor dessa concepção: Gustavo Zagrebelsky.

Constituição suave é aquela que não contém exageros. Ao exprimir o pluralismo social, político e econômico da sociedade, não consagra preceitos impossíveis de ser vividos na prática. Têm a ambição de ser realizadas (Zagrebelsky, *Il diritto mite*, p. 10 e s.).

As constituições suaves não fazem promessas baseadas na demagogia política. São despretensiosas.

Sem cair na ilusão de realizar todos os projetos que as relações sociais comumente exigem, buscam, com equilíbrio e moderação, regular a vida em sociedade, empreendendo tarefas básicas.

À medida do possível, intentam contribuir para a consecução de políticas constitucionais diferenciadas.

A *constituição-garantia*, como a Carta dos Estados Unidos de 1787, é um típico exemplo de texto constitucional suave.

✧ 6.10. Constituição em branco

Defensor dessa concepção: Siegenthaler.

A constituição em branco (*Blanko-Verfassung*) é aquela que não consagra limitações explícitas ao poder de reforma constitucional.

O processo de sua mudança subordina-se à discricionariedade dos órgãos revisores, que, por si próprios, ficam encarregados de estabelecer as regras para a propositura de emendas ou revisões constitucionais.

As primeiras constituições dos Estados da união norte-americana possuíam o sentido em branco. Também foi o caso das Constituições da França de 1799, 1814 e 1830, do Estatuto do Reino da Sardenha de 1848 e da Carta espanhola de 1876.

Curioso observar que as *constituições fixas*, que estudaremos logo mais, foram *cartas em branco*.

✧ 6.11. Constituição plástica

Defensor dessa concepção: Raul Machado Horta.

Constituição plástica é aquela que apresenta uma mobilidade, projetando a sua força normativa na realidade social, política, econômica e cultural do Estado.

Qualifica-se de *plástica* porquanto revela uma *maleabilidade*.

Maleabilidade porque permite a adequação de suas normas às situações concretas do cotidiano.

Tanto as cartas rígidas como as flexíveis podem ser *plásticas*. Tal *maleabilidade* nada tem que ver com o grau de rigidez de uma constituição. Pouco importa a maior ou menor dificuldade de mudança da carta maior para se afigurar o sentido plástico de um texto supremo. Exemplos: a Constituição brasileira de 1988 é rígida e plástica. Já a Carta da Inglaterra é flexível e também plástica.

O *quid* caracterizador da plasticidade é a adaptação das normas constitucionais às oscilações da opinião pública, ao fluir dos fatos sociais e às mudanças sub-reptícias na realidade dos ordenamentos jurídicos.

Normalmente, as constituições plásticas consagram preceitos de eficácia limitada, porque deixam a cargo do legislador ordinário a complexa tarefa de preenchimento das normas constitucionais.

Nesse sentido, a advertência de Raul Machado Horta ao dissertar sobre o caráter *plástico* da Constituição brasileira de 1988: "Considerando a natureza obrigatória da norma constitucional, o preenchimento de regras constitucionais pela legislação ordinária demonstra, entretanto, que a Constituição dispõe de plasticidade. A plasticidade permitiria a permanente projeção da Constituição na realidade social e econômica, afastando o risco da imobilidade que a rigidez sempre acarreta. A Constituição plástica estará em condições de acompanhar, através do legislador ordinário, as oscilações da opinião pública e da vontade do corpo eleitoral. A norma constitucional não se distanciará da realidade social e política. A Constituição normativa não conflitará com a Constituição real. A coincidência entre a norma e a realidade assegurará a duração da Constituição no tempo" (*Estudos de direito constitucional*, p. 240).

Em suma, as *constituições plásticas* pretendem fazer coincidir o *dever ser* de seus preceitos com a realidade social que lhes subjaz. Nesse particular, interligam-se ao fenômeno da mutação constitucional, que estudaremos mais à frente.

✧ 6.12. Constituição empresarial

Defensor dessa concepção: Sérgio Sérvulo da Cunha.

A *constituição empresarial* é muito mais uma noção de índole material do que formal, porque designa, tão só, o conjunto de normas cujo conteúdo estabelece a organização jurídica de uma dada comunidade, num período histórico determinado.

Inexistentes no panorama do constitucionalismo de nosso tempo, as *constituições empresariais* existiram nos séculos XVI e XVII.

> **Sobre as *constituições empresariais*:** "Espécie de Constituição programática é a Constituição empresarial. Nos anos dourados de expansão mercantilista, criavam-se empresas com o objetivo de explorar os recursos extrativos de determinado território, dominado política, econômica e militarmente" (Sérgio Sérvulo da Cunha, *Fundamentos de direito constitucional*, p. 77).

Por meio de *regimentos* ou *alvarás*, as *constituições empresariais* definiam as prerrogativas e as tarefas a serem desempenhadas pela população colonial.

◆ Cap. 3 ◆ CONSTITUIÇÃO

47

Quando os franceses, holandeses e portugueses estiveram no Brasil-colônia, chegaram a vigorar as incomuns e inusitadas *constituições empresariais*, elaboradas por empresas exploradoras da atividade comercial da época.

Citem-se, apenas, o Alvará Régio de 10 de março de 1647, que confirmou os estatutos da Companhia Geral do Comércio do Brasil, e o Alvará Régio de 12 de fevereiro de 1682, que autorizou o funcionamento da Companhia do Comércio do Maranhão. Ambos podem ser concebidos como *cartas empresariais*.

✧ 6.13. Constituição oral

Defensor dessa concepção: Gasnier-Duparc.

Constituição oral é aquela em que o chefe supremo de um povo proclama, de viva voz, o conjunto de normas que deverão reger a vida em comunidade.

Exemplifica-a a Carta da Islândia do século IX, quando os vikings instituíram, solene e oralmente, o primeiro parlamento livre da Europa.

✧ 6.14. Constituição instrumental

Defensor dessa concepção: W. Hennis.

A *constituição como instrumento de governo*, também chamada de *constituição formal, processual ou instrumental*, é aquela em que as suas normas equivalem a leis processuais. Seu objetivo é definir competências, para limitar a ação dos Poderes Públicos.

Grande parte dos constitucionalistas contemporâneos não aceitam essa ideia de constituição. Argumentam que as constituições também devem conter normas de conteúdo político, econômico e social, a fim de evitar que elas se convertam em ordem de domínio dos mais fortes sobre os mais fracos.

Assim, a *constituição como instrumento de governo*, segundo seus críticos, reveste-se de uma neutralidade estatal e de um indiferentismo político que camuflam interesses e aspirações, calcados na ideologia da classe dominante.

✧ 6.15. Constituição como estatuto do poder

Defensor dessa concepção: Georges Burdeau.

A constituição equivale a um mecanismo para legitimar o poder soberano, segundo certa *ideia de direito*, prevalecente no seio da sociedade.

De acordo com essa tese, o texto constitucional, enquanto *estatuto do poder*, é o pressuposto lógico do próprio Estado de Direito, servindo para balizar a conduta de governantes, verdadeiros prepostos da sociedade política, e a conduta dos governados, os quais devem submeter-se ao *poder de direito*, juridicizado e racionalizado por meio de normas constitucionais.

✦ 7. SENTIDOS CONTEMPORÂNEOS DE CONSTITUIÇÃO

Quando estudamos, no capítulo anterior, o constitucionalismo contemporâneo vimos que um setor significativo da constitucionalística inadmite a ideia de constituição como simples *instrumento de governo*. Disso surgiram novas formas de se entender o que é uma constituição.

✧ 7.1. Constituição como ordem material e aberta da comunidade

Defensor dessa concepção: Konrad Hesse.

As constituições servem para criar os fundamentos e normatizar os princípios diretores da unidade política do Estado. Nesse ínterim, regulam o processo de solução de conflitos da comunidade e as relações sociais historicamente cambiantes.

Sendo o contexto histórico que pretendem ordenar, possuem um conteúdo adaptado às necessidades do tempo em que foram concebidas. Por isso, as constituições são incompletas e imperfeitas. Instituem uma ordem jurídica fundamental, material e aberta da comunidade.

Daí o conteúdo vago e indeterminado de seus preceitos. Mas isso não significa que elas se esfacelem perante a dinâmica da vida, já que equivalem a uma ordem material e aberta.

Essas ideias, hauridas do espírito arguto de Konrad Hesse, granjearam notório respeito entre os nomes mais expressivos da juspublicística mundial.

E faz sentido, pois é indubitável que a função de um texto constitucional escrito é racionalizar, estabilizar e garantir o exercício das liberdades, ao mesmo tempo que erige critérios para limitar as mazelas do processo político.

Disso exsurge a força normativa da constituição que, ao atuar diretamente na realidade histórica, pretende atribuir ao texto supremo efetividade ou eficácia social (Konrad Hesse, *Grundzüge des Verfassungsrechts der Bundesrepublik Deutschland*, p. 18).

✧ 7.2. Constituição dirigente

Defensor dessa concepção: J. J. Gomes Canotilho.

Pretende a *constituição dirigente*, como o próprio nome indica, dirigir a ação governamental do Estado. Propõe que se adote um programa de conformação da sociedade, no sentido de estabelecer uma direção política permanente.

Significa que o texto constitucional seria uma lei material, para preordenar programas a serem realizados, objetivos e princípios de transformação econômica e social.

A ideia de *constituição dirigente*, muito própria dos juristas de inspiração ideológica socialista, portanto, diverge daquela visão tradicional de constituição, que a concebe como lei processual ou instrumento de governo, definidora de competências e reguladora de processos.

Assim, no sentido dirigente, a constituição é o "estatuto jurídico do político", o plano global normativo de todo o Estado e de toda a sociedade, que estabelece programas, definindo fins de ação futura.

Exemplos: Constituições portuguesa de 1976 e brasileira de 1988.

A constituição dirigente pressupõe uma *filosofia de ação* incompatível com qualquer teoria positivista. Seu problema central situa-se no âmbito da filosofia prática e da estratégia da política de justiça, é dizer, da institucionalização jurídico-constitucional dos critérios fundamentais do justo comum e da política justa.

Mas o grande dilema da constituição dirigente reside na discussão do que ela deve e pode ordenar aos órgãos legislativos. Os debates gravitam em torno do modo de agir do legislador no cumprimento regular, adequado e oportuno das imposições constitucionais (J. J. Gomes Canotilho, *Constituição dirigente e vinculação do legislador*, p. 11, 69 e 257).

A ideia de constituição dirigente convém evoluir, haja vista os fenômenos da supranacionalização, a exemplo do Mercosul e da Comunidade Europeia. Nos dias atuais, o seu estudo poderia ser encarado sob o prisma do Direito Comunitário, donde talvez fosse apropriado falarmos em *Direito Comunitário dirigente e vinculação do legislador*, como reconheceu o próprio Gomes Canotilho (J. J. Gomes Canotilho, *"Brancosos" e interconstitucionalidade:* itinerários dos discursos sobre historicidade constitucional, p. 222 e s.).

✧ 7.3. Constituição como instrumento de realização da atividade estatal

Defensor dessa concepção: R. Bäumlin.

O texto maior é uma ordenação global do Estado e da sociedade, ao mesmo tempo que é um projeto de determinação de sua identidade.

Segundo Bäumlin, as constituições são ordens fundamentais que contêm, no âmbito da historicidade que as subjaz, programas de ação que as identificam como ordenamentos político-sociais tendentes a um processo de realização concreto.

◆ Cap. 3 ◆ CONSTITUIÇÃO

49

Só assim se poderá ter um texto supremo aberto nas sociedades democráticas (R. Bäumlin, *Lebendige oder gebändigte Demokratie?*, p. 83).

Veja-se que esse pensamento nutre forte semelhança com a tese da *constituição dirigente*, pois propõe o estabelecimento de metas para dirigir a atividade estatal.

✧ 7.4. Constituições subconstitucionais ou subconstituições

Defensor dessa concepção: Hild Krüger.

As constituições existem para entrar na consciência de todos os cidadãos. Por isso que elas são um programa de integração e de representação nacionais.

Ora, se a constituição é um meio de integrar e representar o interesse legítimo da sociedade, é engano pensar que quanto maior o número de assuntos constitucionalizados tanto melhor será a sua realização prática.

Particularmente, seguimos em gênero, número e grau essa proposta de compreensão das constituições, sobremaneira disseminada entre os constitucionalistas germânicos da melhor cepa, a exemplo de Hild Krüger.

Para Krüger, uma constituição só deve trazer aquilo que interessa à sociedade como um todo, sem particularizações e detalhamentos inúteis.

A praxe de incluir uma gama infindável de matérias nas constituições (*totalitarismo constitucional*), a ponto de se falar em *constituição econômica, constituição social* etc., é uma contumélia injustificável, pois, em rigor, constituição é somente aquilo que diz respeito à comunidade, à nação e ao sistema político. O resto não se pode considerar *constituição do Estado*, no sentido exato da palavra, porque foi fruto dos interesses de certos grupos que, num determinado estágio de evolução política do país, acreditaram que o simples ato de consagrar *autorizações constitucionais* seria o bastante para o cumprimento de todas as promessas formuladas.

Esse equívoco mereceu de Krüger severas críticas. Explicou ele que o excesso de temas constitucionalizados forma as *constituições subconstitucionais* ou, simplesmente, *subconstituições*, as quais podem ser definidas como um conjunto de normas que, mesmo elevadas formalmente ao patamar constitucional, não o são, pois que limitadas nos seus objetivos. Demonstram preocupações momentâneas, interesses esporádicos, próprios do tempo em que foram elaboradas.

Em geral, as *subconstituições* não servem para o futuro, pois já nascem divorciadas do sentido de estabilidade e perpetuidade que deve encampar o ato de feitura dos documentos supremos que pretendem ser duradouros.

Revelam uma espécie de *constituição de necessidade* (*Notstandsverfassung*), algo contrário àqueles documentos normativos que consagram um *poder geral em branco*, responsável pela adaptação dos problemas concretos ao *dever ser* das prescrições supremas do Estado, sem a necessidade de se explicitarem as *autorizações constitucionais* (Hild Krüger, *Subkonstitutionelle Verfassungen*, p. 613-614 e 617; *Die Verfassung als Programm der nationalen Integration*, p. 247; *Algemeine Staatslehre*, p. 18).

✧ 7.5. Constituição como documento regulador do sistema político

Defensor dessa concepção: Niklas Luhmann.

A carta magna é um instrumento funcional que serve para reduzir a complexidade do sistema político. Nesse contexto, propicia a reflexão da funcionalidade do Direito, abandonando o exame isolado da relação de hierarquia das normas constitucionais.

Conforme Luhmann, urge banir a mera *visão negativa da análise dos problemas constitucionais*. Não basta perquirir o vínculo de conformidade ou desconformidade das leis e atos normativos com a constituição. É imperioso que se busque a lógica do sistema político. As constituições não servem, somente, para emitir juízos de constitucionalidade ou de inconstitucionalidade. Constituem algo maior, visto que estão inseridas no *campo da contingência de autofixação do sistema político* (Niklas Luhmann, *Politische Verfassungen in Kontext des Gesellschaftssystems*, p. 174).

7.6. Constituição como processo público

Defensor dessa concepção: Peter Häberle.

Procura compreender o texto constitucional como documento de uma sociedade pluralista e aberta, como obra de vários partícipes, como uma ordem jurídica fundamental do Estado e da sociedade.

Peter Häberle, idealizador desse arquétipo de compreensão constitucional, assinala que as constituições não são atos voluntarísticos do poder constituinte, porque dizem respeito à evolução social da comunidade.

Acredita que qualquer constituição participa de uma ordem fragmentária, indeterminada e passível de interpretação, num contexto descontínuo, permeado de teses e antíteses. Conclui, assim, que o texto constitucional é o reflexo de um processo interpretativo aberto e conduzido à luz da força normativa da publicidade (Peter Häberle, *Verfassung als öffentlicher Prozess: Materialien zu einer Verfassungstheorie der offenen Gesellschaft*, p. 10 e s.).

7.7. Constituição como meio de resolução de conflitos

Defensor dessa concepção: S. T. Possony.

Eis a *constituição processual*, terminologia defendida por uma corrente expressiva dos juristas europeus e que encontrou adeptos no constitucionalismo americano da contemporaneidade.

Possony, aí incluído, defende a tese da *procedural constitution*.

Para ele a constituição não é um meio de resolver problemas, e sim um simples instrumento mediante o qual podemos eliminar conflitos. Isso porque as constituições consagram *processos de decisão* que não podem ser impostos ou pré-programados, pois servem de parâmetro de resolução de casos concretos perante circunstâncias particulares, a fim de possibilitar *soluções ótimas*.

Nisso almejam criar uma ordem estável e equilibrada, ajustando as situações materiais problemáticas às contingências dos diferentes programas de governo (S. T. Possony, The procedural constitution, p. 14 e s.).

7.8. Constituição como garantia do *status* econômico e social

Defensor dessa concepção: Ernst Forsthoff.

A constituição, segundo essa tese, é um sistema de artifícios técnico-jurídicos, com vistas à racionalização e garantia do *status quo*, consistindo num mecanismo formal de garantia, despojado de qualquer conteúdo social, material ou econômico. Objetiva, apenas, manter o coeficiente de juridicidade e de estadualidade do ordenamento jurídico.

Essa teoria é sobremodo criticada pelos estudiosos. Para muitos, o excesso de tecnicidade, de neutralidade e de positividade que permeia tal ideia "professoral" de constituição despreza os elementos materiais, sociais e republicanos em nome de um falso positivismo, incompatível com a materialização da *lex fundamentalis*.

7.9. Constituição.com (*crowdsourcing*)

Constituição.com é aquela cujo projeto conta com a opinião maciça dos usuários da *internet*, que, por meio de *sites* de relacionamento, externam seu pensamento a respeito dos temas a serem constitucionalizados.

Desse modo, pelo sugestivo nome "constituição.com" os governos aproveitam as redes sociais de internet para escreverem novas cartas constitucionais para seus respectivos Estados.

Foi a Islândia que, pioneiramente, fez, no ano de 2011, uma "constituição.com" (*crowdsourcing*).

A Carta Maior islandesa era de 1944. Como este país, situado no norte da Europa, tem uma população pequena, cerca de 311 mil habitantes, com elevado nível educacional, ficou fácil disseminar, pela *web*, a terminologia *crowdsourcing*, isto é, feitura de projetos com ajuda de internautas.

◆ Cap. 3 ◆ CONSTITUIÇÃO   **51**

Na Islândia, 97% da população usa a internet, sendo que 64,8% acessam o Facebook. Isso facilitou, sobremaneira, a discussão de várias propostas, dentre as quais a publicidade dos documentos governamentais, a definição das permissões de uso dos recursos naturais, a mudança do semipresidencialismo pelo parlamentarismo, a revisão do *status* de religião estatal, conferido à igreja evangélica luterana e a recuperação de propriedades roubadas.

Assim, as reuniões da Assembleia Constituinte foram transmitidas *online*, permitindo aos internautas opinarem a respeito da nova Constituição islandesa. Tais opiniões foram convertidas em um *rascunho constitucional*, entregue ao Parlamento em 29 de julho de 2011.

A ideia de constituição.com, muito mais do que aquecer os debates sobre a importância do uso da rede mundial de computadores, serve para polarizar as discussões em torno do uso de *sites* no processo constituinte.

Os islandeses distribuíram-se em duas correntes sobre o tema.

Para uns, a internet não ajuda a democracia. O que os governos deveriam fazer é vigiar os cidadãos, identificar e prender dissidentes, em vez de permitir o uso da *web* para se debater o próprio ato de feitura das constituições.

Outros, numa linha mais avançada e condizente com a realidade de nosso tempo, acreditam que a internet amplia os canais democráticos, pluralizando o debate constitucional, mediante a consagração de ferramentas cotidianas, como o Facebook, o Twitter e o YouTube.

De nossa parte, cremos que as vantagens da constituição.com são tremendas e indiscutíveis. Vejamo-las:

- aumenta a efetiva participação popular, pois uma nova constituição é um novo contrato social. Todos devem participar, dizendo o que querem. Nem sempre os representantes eleitos pelo voto popular são a boca do povo. Não raro, se esquecem daquilo que prometeram na época de suas respectivas campanhas eleitorais;
- fomenta a consciência e o respeito aos temas constitucionais, levando o complexíssimo processo constituinte ao conhecimento geral e irrestrito;
- vivifica a importância de as constituições refletirem o que a maioria quer, e não apenas aquilo que alguns poucos desejam; e
- homenageia o princípio da transparência, pois todos podem falar o que quiserem, sem cerceamentos ou medos de reprimenda.

Num mundo de transformações dinâmicas, no qual ninguém tem tempo sobrando e as informações são abundantes, nada melhor do que a ideia da constituição.com, seguida na Islândia.

No Brasil, esperamos que essa concepção, um dia, se materialize em toda a sua plenitude, valendo destacar o portal *e-Democracia*, que, de certo modo, é um prenúncio neste sentido (http://edemocracia.camara.gov.br).

✦ 8. CLASSIFICAÇÃO DAS CONSTITUIÇÕES

A classificação ou tipologia das constituições não é uniforme na doutrina. Varia de autor para autor, pois a matéria pode ser analisada sob diferentes enfoques.

Aliás, sobre o ato de classificar um dado objeto vale ponderar: as classificações não são boas nem más, melhores ou piores.

Desde que partam de premissas verdadeiras, podem ser úteis ou inúteis.

A utilidade ou inutilidade de uma classificação, no entanto, irá depender do ponto de partida adotado pelo estudioso (Augustín Gordillo, *Introducción al derecho de la planificación*, p. 8).

Reunindo e tomando como premissa os diversos critérios tipológicos, encontrados na Teoria Constitucional, parece-nos útil estabelecer uma classificação para as constituições.

✧ 8.1. Quanto à origem: históricas, democráticas, outorgadas, pactuadas, cesaristas

Constituições históricas ou **histórico-costumeiras** — originam-se da tradição, dos usos e costumes, da religião, da geografia, das relações políticas e econômicas. Nelas, dificilmente conseguiremos identificar o titular do poder constituinte, cujo exercício ocorre de modo difuso. Toda a comunidade, ou apenas parte dela, cria o texto constitucional, com base num lento processo de sedimentação consuetudinária. Daí se dizer que as *cartas históricas* são obras anônimas. Exemplos: a Constituição inglesa, fruto da evolução lenta e gradual do povo britânico, e as cartas primitivas, provenientes dos usos e costumes de gerações longínquas no tempo.

Constituições democráticas — também chamadas de *populares*, *promulgadas* ou *votadas*, são aquelas que se originam da participação popular. O povo, galgando o *status* de eleitor, escolhe livremente, por meio do voto, os representantes que irão integrar a Assembleia Constituinte, destinada a elaborar e estabelecer as normas constitucionais. Exemplos: Constituições brasileiras de 1891, 1934, 1946 e 1988.

Constituições outorgadas — são as que derivam de uma concessão do governante, seja ele rei, imperador, presidente, representante de uma junta governativa, ditador, líder carismático, isto é, de personalidades que titularizam o poder constituinte originário. Logo, inexiste participação popular na feitura das cartas outorgadas. Exemplos: Constituições brasileiras de 1824, 1937, 1967, seguida esta pela Emenda Constitucional n. 1/69.

Constituições pactuadas — surgem mediante pacto entre o soberano e a organização nacional. Nelas, inclusive, o poder constituinte originário pode concentrar-se nas mãos de mais de um titular. Por isso, trata-se de modalidade anacrônica, dificilmente se ajustando à noção moderna de constituição, intimamente associada à ideia de unidade do poder constituinte. Exemplos: as constituições pactuadas foram bastante difundidas no seio da monarquia da Idade Média, quando o poder estatal aparecia cindido entre o Rei e as ordens privilegiadas. Nesse período, as cartas *pactuadas* também eram chamadas de *dualistas*, pois evidenciavam o equilíbrio entre o princípio monárquico e o democrático. A realeza e o Poder Legislativo firmavam acordo, e o Rei respeitava as deliberações constitucionais. A Magna Carta de 1215, que os barões ingleses obrigaram João Sem Terra a jurar, também ilustra essa classificação.

> **A lição de Sousa Sampaio:** na modernidade, "em especial na restauração que se seguiu à Revolução Francesa, encontramos algumas cartas constitucionais que assumem feição pactista entre o monarca e a representação popular, traduzindo um compromisso entre o princípio monárquico e a soberania do povo, como vemos na Constituição de Wüttemberg de 1819, e na adoção da Carta francesa de 1830" (Nelson de Sousa Sampaio, *O poder de reforma constitucional*, p. 33).

Constituições cesaristas — são aquelas formadas por dois mecanismos distintos de participação popular, que estudaremos mais à frente: o plebiscito e o referendo. Tais cartas *cesaristas* objetivam, apenas, legitimar a presença do detentor do poder. Em rigor, não são outorgadas, nem, tampouco, democráticas, ainda quando, do ponto de vista formal, o povo integre o processo constituinte. Exemplos: Cartas plebiscitárias do Chile, sob a influência de Pinochet, e da era napoleônica, oriundas dos plebiscitos elaborados por Napoleão I (as chamadas *constituições bonapartistas*); e Textos Constitucionais referendados de New Hampshire de 1784 e de Massachusetts de 1780.

◇ 8.2. Quanto à essência: normativas, semânticas e nominais

Foi Karl Loewenstein quem elaborou a célebre classificação ontológica das constituições (*Teoría de la constitución*, p. 216 e s.).

De acordo com Loewenstein, os textos constitucionais podem ser analisados segundo o seu caráter *normativo*, *semântico* e *nominal*.

Constituições normativas — seriam aquelas perfeitamente adaptadas ao fato social. Além de juridicamente válidas, estariam em total consonância com o processo político. No dizer de Loewenstein, o texto constitucional normativo poderia ser comparado a uma roupa que assenta bem e que realmente veste bem.

Constituições semânticas — diversamente das anteriores, encontram-se submetidas ao poder político prevalecente. Trata-se de um documento formal criado para beneficiar os detentores do poder de fato, que dispõem de meios para coagir os governados. Se inexistisse constituição formal ou escrita, a vida institucional não sentiria qualquer diferença. O aparato coativo do Estado, posto ao dispor dos poderosos, funcionaria do mesmo jeito, a fim de privilegiá-los de alguma maneira. Karl Loewenstein compara a carta semântica a uma roupa que não veste bem mas dissimula, esconde, disfarça os seus defeitos.

♦ Cap. 3 ♦ CONSTITUIÇÃO
53

Constituições nominais — situam-se entre a constituição normativa e a constituição semântica. Nelas, a dinâmica do processo político não se adapta às suas normas, embora elas conservem, em sua estrutura, um caráter educativo, com vistas ao futuro da sociedade. Seriam constituições prospectivas, isto é, voltadas para um dia serem realizadas na prática. Mas, enquanto não realizarem todo o seu programa, continuaria a desarmonia entre os pressupostos formais nelas insculpidos e a sua aplicabilidade. É como se fossem uma roupa guardada no armário que será vestida futuramente, quando o corpo nacional tiver crescido.

No Brasil, considerando a classificação ontológica das constituições de Loewenstein, temos o seguinte quadro: as Cartas de 1891, 1934 e 1946 foram *nominais*, enquanto os Textos de 1937, 1967, juntamente com a EC n. 1/69, *semânticos*. Note-se que, até hoje, não tivemos um texto constitucional *normativo*.

E a Constituição de 1988, seria *normativa, semântica* ou *nominal*?

Sem dúvida, *nominal*.

Esperamos, um dia, por uma constituição *normativa*, em consonância com a vida, com os fatores de transformação da sociedade, para valer na prática, produzindo resultado concreto no plano da vida.

✧ 8.3. Quanto à sistematização: unitárias e variadas

Constituições unitárias, unitextuais, reduzidas ou **codificadas** — são aquelas em que a sistematização das matérias se apresenta num instrumento único e exaustivo de todo o seu conteúdo. Nelas, os assuntos não se repartem em documentos normativos variados, concentrando-se em um só. O Direito Constitucional formal do Estado é posto num único instrumento, inexistindo as chamadas *leis com vigor constitucional* (leis que funcionam como se normas constitucionais fossem, embora não o sejam). Exemplos: todas as Constituições brasileiras e a portuguesa de 1976.

Constituições variadas, pluritextuais ou **não codificadas** — ao contrário da anterior, compõem--se de normas jurídicas espalhadas em diversos documentos legais. Aqui encontramos as *leis de emenda constitucional*, situadas em diplomas normativos extravagantes, isto é, fora da constituição. Vigoram, nessa seara, as *leis com força constitucional*. Exemplos: Cartas da Bélgica de 1830 e da França de 1975.

✧ 8.4. Quanto à ideologia: ortodoxas e ecléticas

Constituições ortodoxas — são aquelas elaboradas com base num pensamento ideológico único e centralizado. Exemplo: Constituições soviéticas de 1923, 1936 e 1977.

Constituições ecléticas — são as oriundas do torvelinho de ideologias diversas, dos embates de pensamentos, mas que se acabam conciliando. Participam do sentido compromissório de constituição, que estudaremos adiante. Exemplo: Constituição portuguesa de 1976.

✧ 8.5. Quanto à extensão: sintéticas e analíticas

Constituições sintéticas, tópicas, breves ou **curtas** — são as compactas, concisas, enxutas, sucintas. Nelas, a matéria constitucional vem predisposta de modo breve e resumido, sem o predomínio de pleonasmos, repetições inúteis ou construções prolixas. Exemplo: Constituição dos Estados Unidos da América de 1787, com sete artigos apenas.

Os textos constitucionais sintéticos qualificam-se como *constituições negativas*, porquanto construtoras da chamada *liberdade-impedimento*, precisamente para limitar o arbítrio dos Poderes Públicos. A constituição do tipo clássico — *constituição-garantia* ou *constituição-quadro* — também logra o caráter sintético, contrapondo-se à *constituição-balanço*, que registra os estágios das relações de poder, como estudamos acima.

Não devemos confundir, todavia, as constituições sintéticas com aquilo que os italianos chamam de pequena constituição — *piccole costituzione*. Esta seria uma *lei constitucional passageira*, criada para reger provisoriamente os poderes do Estado, a exemplo da Lei Constitucional portuguesa de n. 3/74, que instituiu um ordenamento provisório para reger a vida dos lusitanos.

Constituições analíticas ou **longas** — diversamente das anteriores, são amplas, detalhistas, minuciosas e pleonásticas, pois os seus artigos, desdobrados em incisos e alíneas, ordenam-se de modo reiterado em várias partes do texto. Exemplos: Cartas indiana de 1916 e da Iugoslávia de 1974, esta última com 406 artigos.

As constituições *dirigentes* dos juristas de inspiração marxista são *analíticas*, pois, ao propor a adoção de um plano para dirigir a evolução do Estado, estabelecem um complexo normativo minucioso e pleonástico. Trazem para a seara constitucional matérias que, em rigor, pertencem ao campo das leis ordinárias. Exemplos: Constituições portuguesa de 1976 e brasileira de 1988.

✧ 8.6. Quanto ao conteúdo: materiais e formais

Do ponto de vista do conteúdo ou substância as constituições classificam-se em *materiais* (ou substanciais) e *formais* (ou procedimentais).

Constituições materiais — são o conjunto de normas substancialmente constitucionais, escritas ou costumeiras, que podem vir ou não codificadas em um texto exaustivo de todo o seu conteúdo.

Curioso anotar que até mesmo as constituições formais possuem um *núcleo material*, isto é, um cerne substancial identificado com a titularidade do poder. Exemplos: a Carta do Império, de 1824, no seu art. 178, considerava *constitucional* apenas o que dissesse respeito aos limites e atribuições dos poderes e direitos políticos, inclusive os individuais dos cidadãos. O Texto Maior de 1988 registra no parágrafo único do art. 1º: "Todo o poder emana do povo, que o exerce por meio de representantes eleitos ou diretamente". Sem esse *núcleo material*, jamais poderíamos falar em Estado brasileiro, que pressupõe, antes de mais nada, a organização e a titularidade do poder.

Constituições formais — são os documentos escritos e solenes oriundos da manifestação constituinte originária.

O Estado, portanto, é organizado formalmente, a partir do exercício do poder constituinte originário, ou seja, com a existência da constituição formal, escrita e solene, apenas alterável por meio de procedimentos estabelecidos quando da sua feitura. Daí as cartas formais também receberem a denominação de *constituições procedimentais*, pois o rito para serem reformuladas vem disciplinado nelas mesmas. Exemplo: Constituição brasileira de 1988 (art. 60, I a III, e §§ 2º, 3º e 5º).

O estudo da *constituição formal* também revela:

*   a força normativa dos preceitos constitucionais, procriados por um poder de maior força impositiva, qual seja, o constituinte originário; e
*   a superioridade hierárquica de tais preceitos em face das prescrições infraconstitucionais.

✧ 8.7. Quanto à forma: escritas e não escritas

Constituições escritas ou **instrumentais** — são aquelas cujas normas vêm prescritas de modo sistemático e codificado em documentos solenes. Estabelecem-se por um órgão constituinte, que esquematiza o funcionamento dos poderes constituídos, o modo de exercício e os limites de sua atuação. Exemplos: Constituições brasileiras de 1824, 1891, 1934, 1937, 1946, 1967 e 1988.

> **Caráter limitativo das cartas escritas:** "A limitação do poder, toda a história constitucional o atesta, foi o sentido da luta em torno das constituições. O pensamento da constituição escrita está inafastavelmente ligado à exigência do desmantelamento de toda mentalidade de poder absoluto" (Horst Ehmke, *Grenzen der Verfassungsanderung*, seite 88).

As *constituições escritas* equivalem à lei maior de um povo. Correspondem às chamadas *constituições legais*, pois são dotadas de coercibilidade para produzir efeitos estabilizadores e racionalizadores. Objetivam espargir sua força normativa nos diversos quadrantes da vida de relações. Funcionam como *instrumentos* assecuratórios de direitos fundamentais, a exemplo dos políticos, sociais, individuais, coletivos e econômicos.

Ilustram as *cartas escritas* as próprias *constituições dogmáticas*, lídimas obras do constituinte originário, caracterizadas por conter dogmas ou ideias preconcebidas, cristalizadas pela mentalidade jurídico-política tradicional, em um dado período histórico.

◆ Cap. 3 ◆ CONSTITUIÇÃO

55

As primeiras *constituições escritas*, assim consideradas nos moldes de hoje, descenderam das treze colônias inglesas da América do Norte, nos idos de 1776. Em 1787, a Convenção da Filadélfia aprovou a Constituição dos Estados Unidos. A partir daí, quase todos os povos editaram textos escritos, a começar pela França, após a sua instável experiência constitucional com a Revolução de 1789.

Constituições não escritas — são aquelas cujas normas não vêm grafadas de modo único, sistemático, codificado e exaustivo num documento formal e solene. Sedimentam-se ao lado dos usos e costumes, das leis comuns, das praxes, das convenções e até da reiteração uniforme dos julgados (jurisprudência).

A histórico-costumeira Constituição inglesa, imposta aos gauleses (século XIV), escoceses (1706) e irlandeses (1801), é o exemplo clássico de textos não escritos (*unwritten constitutions*).

Mas, em rigor, inexistem textos inteiramente não escritos. A própria Constituição costumeira da Inglaterra possui uma parte *escrita* e outra *não escrita*.

A parte *escrita* é composta dos atos ou tratados de união, das leis expressas do Parlamento (*Statutes Law*) e das cartas, acordos solenes ou pactos (*Bill of Rights*). Já a parte *não escrita* forma-se pela jurisprudência (*Case Law*) e pelas convenções constitucionais (*Constitutional Conventions*).

✧ 8.8. Quanto ao processo de mudança: rígidas, flexíveis, transitoriamente flexíveis, semirrígidas, fixas e imutáveis

Constituições rígidas — são aquelas somente suscetíveis de mudança por intermédio de um processo solene e complicado, bem mais específico e rigoroso do que aquele utilizado para modificar as leis comuns. O órgão competente para revê-las é o reformador — distinto do legislativo ordinário e do constituinte de primeiro grau. Exemplo: Constituições brasileiras de 1891, 1934, 1937, 1946, 1967, 1988.

Normalmente, as constituições escritas são *rígidas*. Todavia, no plano jurídico, essa regra admite exceções. A experiência constitucional, sedimentada no transcorrer dos tempos, demonstrou que, excepcionalmente, um texto supremo pode ser escrito e flexível, consuetudinário e rígido. Assim, nem toda constituição escrita é rígida, do mesmo modo que nem todo texto não escrito é flexível. Exemplos: a Carta flexível da República do Transvaal de 1853 era escrita; as Cartas francesas de 1814 e 1830 eram costumeiras e rígidas.

Constituições flexíveis — são as contrapostas às rígidas, pois, a cada momento, elas podem ser modificadas, expandidas, contraídas, sem processo formal complexo, solene, demorado e dificultoso. O órgão competente para modificá-las é o legislativo ordinário. Provêm das mesmas autoridades que fazem as demais leis. São promulgadas e abolidas segundo o procedimento legislativo comum. Exemplos: Constituições da Inglaterra, Finlândia, Nova Zelândia e África do Sul.

> **Contributo de Bryce:** as palavras *rígida* e *flexível* foram usadas pela primeira vez por James Bryce, em sua obra *The American Commonwealth* (New York, Macmillan, 1897). Historicamente, contudo, as categorias têm origem muito mais antiga. Aristóteles já distinguia as normas fundamentais da organização política (*politeia*) das normas ordinárias, fundadas na *politeia* (*nomói*).

Constituições transitoriamente flexíveis — são as suscetíveis de reforma, com base no mesmo rito das leis comuns, mas apenas por determinado período; ultrapassado este, o documento constitucional passa a ser rígido. Nessa hipótese, o binômio rigidez/flexibilidade não coexiste simultaneamente. Apresenta-se de modo alternado. O órgão competente para proceder a reforma dessas constituições é o legislativo ordinário. Exemplos: Constituição de Baden de 1947, que previa no seu art. 128: "A lei pode estabelecer normas jurídicas especiais até 31 de dezembro de 1948, no mais tardar, para libertação do povo alemão do nacional socialismo e do militarismo, e para remoção de suas consequências". A Carta irlandesa de 1937 durante os primeiros três anos de sua vigência também demonstrou uma flexibilidade provisória, enquadrando-se, portanto, nessa tipologia.

Constituições semirrígidas ou **semiflexíveis** — são aquelas que têm uma parte rígida (o órgão encarregado de mudá-las segue rito mais solene do que o da lei ordinária) e outra flexível (o órgão incumbido de reformá-las o faz de modo idêntico às leis ordinárias). São constituições *mistas*, pois abrigam, ao mesmo tempo, a rigidez e a flexibilidade. Exemplos: Constituições brasileira de 1824 e irlandesa de 1922.

Constituições fixas — são aquelas que só podem ser modificadas por um poder de competência idêntico àquele que as criou. O órgão competente para reformulá-las é o constituinte originário. Também são chamadas de constituições silenciosas, porque não consagram, de modo expresso, o procedimento para sua reforma. Atualmente, possuem valor meramente histórico. Exemplos: Estatuto do Reino da Sardenha de 1848, que depois se tornou a Constituição da Itália; Carta espanhola de 1876.

Constituições imutáveis — igualmente conhecidas como *graníticas*, *permanentes* ou *intocáveis*, são as que pretendem ser eternas. Inconcebíveis em nossos dias, alicerçam-se na crença de que não haveria órgão competente para proceder, legitimamente, à reforma delas, muito menos para revogá-las. Exemplos: Constituições dos sistemas consuetudinários dos povos primitivos; Cartas espanhola de 1976 e italiana de 1848.

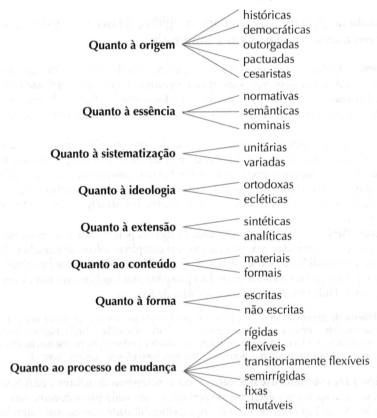

✦ 9. CLASSIFICAÇÃO DA CONSTITUIÇÃO BRASILEIRA

A Constituição brasileira de 1988 classifica-se como: democrática, nominal, unitária, eclética, analítica, formal, escrita e rígida.

◆ Cap. 3 ◆ CONSTITUIÇÃO

✧ 9.1. Quanto à origem: democrática

No período de sua criação, ocorreu intensa participação popular, com inúmeras propostas de emendas, algumas das quais com mais de um milhão de assinaturas.

Cerca de cinco milhões de pessoas, aproximadamente, circularam pelo Congresso Nacional, participando do processo de elaboração da Constituição de 1988.

✧ 9.2. Quanto à essência: nominal

Vimos que a Carta de 1988, do ponto de vista da sua *essência*, classifica-se como *nominal*. Simples leitura do seu art. 3º e perguntamos: a pobreza foi erradicada? As desigualdades sociais e regionais foram reduzidas?

Em tese, a Constituição de 1988 foi pródiga ao consagrar os dois grandes tipos de democracia: a liberal e a social. Pela primeira — a *democracia liberal* —, as liberdades públicas são protegidas contra os abusos de poder dos governantes. Pela segunda — a *democracia social* —, busca-se eliminar desequiparações entre as condições de vida dos homens.

Oxalá, nos anos vindouros, possamos comemorar a implantação dos dois modelos de democracia descritos, porque, nesses anos de Constituição, a democracia social não saiu do papel e a democracia liberal está seriamente abalada.

✧ 9.3. Quanto à sistematização: unitária

Do ponto de vista da sua sistematização, a Carta de 1988 é *unitária, unitextual, reduzida* ou *codificada*, pois suas matérias foram dispostas num instrumento único e exaustivo de todo o seu conteúdo.

✧ 9.4. Quanto à ideologia: eclética

No ângulo ideológico, a Carta de 1988 é *eclética* porquanto adveio de um torvelinho de ideologias diversas e interesses antagônicos, que se conciliaram ao término dos trabalhos constituintes.

✧ 9.5. Quanto à extensão: analítica

Eis a sua principal marca característica. A Constituição brasileira de 1988 é longa, pleonástica, amplíssima, detalhista, minuciosa e dirigente, em nítida oposição aos textos sintéticos, tópicos e sucintos.

Aliás, foi no século XX, com a Constituição de Weimar de 1919 — a qual trouxe preceitos relacionados à ordem econômica e previsões de direitos sociais —, que os textos supremos passaram a ser analíticos, numa tentativa de limitar o espaço deixado à atividade discricionária do legislador infraconstitucional.

Essa desconfiança com o legislador ordinário fez com que matérias de todo jaez fossem constitucionalizadas.

Resultado: as constituições tornaram-se projetos inacabados, documentos pretensiosamente exaustivos, porém impossíveis de ser vividos na sua plenitude. E a única saída encontrada é apelar para o recurso instituído das reformas constitucionais, a fim de adequar o instrumento basilar superado aos influxos do fato social cambiante.

Porém, tamanho nunca foi sinal de efetividade. Em dois artigos, apenas, a Princesa Izabel, ao assinar a Lei Áurea, de 13 de maio de 1888, extinguiu a escravidão no Brasil.

> **Texto legal mais curto de nossa história:**
> "Art. 1º É declarada extinta desde a data desta lei a escravidão no Brasil.
> Art. 2º Revogam-se as disposições em contrário".

9.6. Quanto ao conteúdo: formal

Nela, existem procedimentos expressos para a sua reforma, seja mediante revisão (reforma de maior extensão, prevista no art. 3º do ADCT, que já se extinguiu com a edição de apenas seis mudanças), seja por intermédio de emenda (reforma de menor amplitude).

Tais formalidades delineiam-se por meio de requisitos solenes e específicos, os quais vêm registrados no seu art. 60.

9.7. Quanto à forma: escrita

O seu texto veio grafado e inserido num documento solene, formal, único e exaustivo dos assuntos nela disciplinados.

9.8. Quanto ao processo de mudança: rígida

Do ângulo constitucional positivo, a rigidez da Constituição de 1988 pode ser apurada contrastando-se o art. 60, que prevê critério solene para a sua reforma, com o processo de produção das demais leis ordinárias, disciplinado nos arts. 61 e seguintes.

De outra parte, se confrontarmos o mencionado art. 60 com o art. 47, veremos, mais uma vez, a índole rígida da Carta de Outubro, pois é mais fácil iniciar um projeto de lei do que um projeto de emenda à constituição.

Realmente, o art. 60 exige: a) que a iniciativa de emenda constitucional ocorra mediante proposta de 1/3, no mínimo, dos Deputados ou dos Senadores; do Presidente da República; de mais da metade das Assembleias Legislativas dos Estados, manifestando-se, cada uma delas, pela maioria relativa de seus membros; b) que a discussão e votação do projeto de emenda à Carta Maior se dê em cada Casa congressual, em dois turnos; e c) que, para a emenda ser aprovada, deve-se respeitar o quórum de votação de 3/5 dos votos dos respectivos membros.

Enquanto isso, o art. 47 assegura um processo diferente para a feitura de lei comum: "Salvo disposição constitucional em contrário, as deliberações de cada Casa e de suas Comissões serão tomadas por maioria dos votos, presente a maioria absoluta de seus membros".

Logo, é bem mais singelo discutir e aprovar o projeto de lei em um turno de votação do que em dois.

Demais disso, para um projeto de lei ser aprovado, basta que esteja presente a maioria simples dos membros da Casa Legislativa, diferentemente da exigência de 3/5 dos presentes para aprovação de emendas constitucionais.

TIPOLOGIA DA CONSTITUIÇÃO DE 1988

10. ELEMENTOS MÍNIMO-IRREDUTÍVEIS DAS CONSTITUIÇÕES

Elementos mínimo-irredutíveis das constituições são itens imprescindíveis à configuração dos textos constitucionais.

♦ Cap. 3 ♦ **CONSTITUIÇÃO** 59

A adjetivação mínimo-irredutíveis: Carl Schmitt, Manuel Garcia-Pelayo, Adolfo Posada, Karl Loewenstein, Garner et al. abordaram o tema sob o título *elementos das constituições*. O qualificativo *mínimo--irredutíveis* encontra origem no pensamento de Kenneth C. Wheare (*Modern constitutions*, p. 46 e s.). No Brasil, José Horácio Meirelles Teixeira enfrentou o assunto (*Curso de direito constitucional*, p. 182-190), no que foi seguido por José Afonso da Silva (*Aplicabilidade das normas constitucionais*, p. 179-208). Ambos, contudo, assim como a generalidade dos autores, cognominaram o ponto de *elementos das constituições*, sem a adjetivação *mínimo-irredutíveis*.

Esses elementos são *mínimo-irredutíveis* porquanto não podem faltar num documento constitucional. São fundamentais à organização do Estado e à garantia das liberdades públicas. Por isso, não podem ser reduzidos, amesquinhados ou renegados a segundo plano. São indispensáveis a uma autêntica constituição porque integram a sua estrutura normativa (Karl Loewenstein, *Teoría de la constitución*, p. 153).

Por serem as constituições elaboradas como documentos unitários e sistematizados, elas formam um *todo orgânico*.

Esse *todo orgânico* abriga matérias das mais diversas, donde se diz que as constituições são entes *polifacéticos*, na expressão de Manuel Garcia-Pelayo (*Derecho constitucional comparado*, p. 91).

Precisamente por terem *várias faces*, os textos constitucionais trazem algumas matérias ligadas à estruturação do poder, às liberdades públicas, aos órgãos do Estado. Outras, por sua vez, fixam limites às atividades governamentais, reportando-se ao funcionamento da máquina estatal e até estabelecendo critérios para o exercício das garantias individuais e coletivas.

Desse contexto, esfloram os *elementos mínimo-irredutíveis das constituições*. Se eles faltassem nos textos constitucionais, a organização político-jurídica do Estado ficaria desconfigurada em suas linhas-mestras.

E quais seriam as características dos *elementos mínimo-irredutíveis das constituições*? De que forma os *elementos mínimo-irredutíveis das constituições* podem ser classificados ou agrupados?

Os *elementos mínimo-irredutíveis das constituições* caracterizam-se por serem diversos entre si. Correspondem a cada tipo de organização estatal e variam a depender dos acontecimentos registrados na evolução histórica de determinado lugar. Possuem conteúdo, origem e finalidades substancialmente diferentes. Atuam como instrumentos de concretização dos mais diversificados bens e valores constitucionais. Revestem-se de iniludível fundamentalidade para as coletividades, distribuindo-se ao longo dos títulos, capítulos e seções das constituições. Embora díspares no conteúdo, vivem em harmonia dentro da constituição e logram a mesma importância. Não há hierarquia entre eles, nem gradação ou superioridade. Cada um desempenha seu papel dentro do correspectivo instrumento basilar em que se acha inserido, espargindo seus reflexos na mecânica dos Estados.

Quanto ao agrupamento dos *elementos mínimo-irredutíveis*, pode-se dizer que inexiste consenso a respeito da terminologia a que são identificados e da exata classificação deles. Tudo irá depender das particularidades, dos fins e objetivos visados por cada ordenação constitucional positiva.

De modo geral, contudo, a lenta evolução constitucional dos Estados nos propiciou um modelo genérico de agrupamento dos *elementos mínimo-irredutíveis das constituições*.

Certamente, a generalidade dos textos supremos em vigor apresenta, em seus articulados, itens de presença obrigatória, como aqueles ligados à parte orgânica, à limitação dos poderes estatais, ao caráter compromissório das cartas constitucionais modernas, à defesa das instituições, ao modo de aplicação dos textos magnos e até àqueles preceitos relativos ao ato das disposições transitórias.

No Brasil, a estrutura normativa da Constituição de 1988 evidencia os seguintes *elementos mínimo-irredutíveis*:

- **Elementos mínimo-irredutíveis orgânicos ou dogmáticos** — organizam o Estado brasileiro e a estrutura do poder, fixando o sistema de competência dos órgãos, instituições e autoridades públicas. Também se reportam às normas relativas à tributação e ao orçamento. Exemplos: arts. 18 a 43; 44 a 135; 142 a 144; e 145 a 169 do nosso Texto Constitucional.
- **Elementos mínimo-irredutíveis limitativos** — freiam o poder estatal perante os cidadãos, evitando o arbítrio, o abuso de autoridade, o desrespeito aos direitos e garantias fundamentais. Exemplos: arts. 5º, I a LXXVIII; 14 a 17.
- **Elementos mínimo-irredutíveis socioideológicos** — assinalam os fins sociais e econômicos do Estado, refletindo os anseios por uma sociedade mais justa, com distribuição equânime da

renda, suprimindo os privilégios injustificados. Esses elementos, portanto, são de cunho *ideológico-programático*, revelando o conteúdo social das constituições contemporâneas. Presumem uma *ideologia*, no sentido de que refletem o compromisso entre o Estado individual e o Estado social. Engendram um *programa, escopo* ou *finalidade*, consubstanciando-se em preceitos definidores de metas a serem alcançadas. Exemplos: arts. 6º a 11; 170 a 232.

> **Elementos socioideológicos:** "Imprimem sentido total, espírito, diretrizes à constituição, fixando as finalidades essenciais e supremas do Estado. Refletem concepções da vida e do mundo, e constituem esquemas ou fórmulas de compromisso entre as tendências que se digladiam no interior do Estado e vão refletir-se na constituição" (José Horácio Meirelles Teixeira, *Curso de direito constitucional*, p. 188).

- **Elementos mínimo-irredutíveis de estabilização constitucional** — buscam manter a normalidade institucional e a paz coletiva, eliminando conflitos constitucionais. Funcionam, também, como mecanismos de defesa do Estado e da própria constituição. Exemplos: arts. 34 a 36; 51, I; 52, X; 60; 85 e 86; 97; 102, I, *a*, e III; 103; 136 a 141.
- **Elementos mínimo-irredutíveis de aplicabilidade constitucional** — estabelecem o procedimento formal para promulgação, vigência e aplicação das normas supremas do Estado, bem como o grau de eficácia dos preceitos definidores dos direitos e garantias fundamentais. As normas relacionadas ao processo legislativo também se inserem nessa classificação, porque, em sentido amplo, também dizem respeito à forma pela qual os dispositivos constitucionais devem ser aplicados. Exemplos: Preâmbulo, § 1º do art. 5º, arts. 59 a 69. Interessante observar que a Constituição de 1988 traz a cláusula de promulgação no seu próprio preâmbulo. Contudo, ela não consagra um artigo expresso com cláusula de vigência, a exemplo do que sucedeu com o Texto Maior de 1967 (art. 189), mais tarde amplamente reformulado pela Emenda Constitucional n. 1/69 (art. 2º).
- **Elementos mínimo-irredutíveis de transição constitucional** — concentram-se no Ato das Disposições Constitucionais Transitórias. Vigoram por certo período. Ao produzir seus efeitos, esgotam-se completamente. Passam a ter valor histórico, sendo meras proposições sintáticas, cuja efetividade já se esvaiu no tempo. Outras, por sua vez, ainda produzirão seus efeitos. Exemplos: arts. 1º a 75 do ADCT da Constituição pátria.

Há um condicionamento recíproco entre os *elementos mínimo-irredutíveis das constituições*. Eles encontram-se interagidos. Reagem uns com os outros, formando uma unidade orgânica e funcional.

Exemplo: embora as normas do processo legislativo da Constituição englobem elementos de aplicabilidade, também configuram elementos orgânicos ou dogmáticos (arts. 59 a 69).

Outro exemplo: além de se classificarem como elementos de transição constitucional, as disposições transitórias da Carta de 1988 também se inserem entre os elementos de aplicabilidade (arts. 1º a 75 do ADCT).

ELEMENTOS MÍNIMO-IRREDUTÍVEIS DA CONSTITUIÇÃO BRASILEIRA

Elementos mínimo-irredutíveis
- orgânicos ou dogmáticos (arts. 18 a 43; 44 a 135; 142 a 144; e 145 a 169)
- limitativos (arts. 5º, I a LXXVIII; 14 a 17)
- socioideológicos (arts. 6º a 11; 170 a 192; 193 a 232)
- de estabilização constitucional (arts. 34 a 36; 51, I; 52, X; 60; 85 e 86; 97; 102, I, *a*, e III; 103; 136 a 141)
- de aplicabilidade constitucional (Preâmbulo; § 1º do art. 5º; arts. 59 a 69)
- de transição constitucional (arts. 1º a 75 do ADCT)

◆ Cap. 3 ◆ CONSTITUIÇÃO

✦ 11. HETEROCONSTITUIÇÕES

Heteroconstituições são constituições decretadas de fora do Estado que irão reger.

São incomuns, mas podem concretizar-se na vida constitucional dos Estados.

A Constituição cipriota as exemplifica. Surgiu de acordos celebrados em Zurique, nos idos de 1960, travados entre a Grã-Bretanha, a Grécia e a Turquia.

Também as ilustram as Cartas das Repúblicas Helvética e Bávara, à época da Revolução Francesa, bem como as Constituições da Espanha de 1808 e do Japão de 1946.

> **As *heteroconstituições* causam perplexidade:** "Uma heteroconstituição — ou uma constituição que passe da comunidade pré-estatal para o Estado — tem por título, desde o instante da aquisição da soberania, não a autoridade que a elaborou, mas sim a soberania do novo Estado. Até à independência o fundamento de validade da constituição estava na ordem jurídica donde proveio; com a independência transfere-se para a ordem jurídica local, investida de poder constituinte. Verifica-se, pois, uma verdadeira *novação* do acto constituinte ou (doutro prisma) uma deslocação da regra de reconhecimento; e apenas o texto que persista — correspondente a constituição em sentido instrumental — se liga à primitiva fonte, não o valor vinculativo das normas" (Jorge Miranda, *Manual de direito constitucional*, t. 2, p. 80-81).

CAPÍTULO 4

RIGIDEZ E SUPREMACIA DAS CONSTITUIÇÕES

✦ 1. PRINCÍPIO DA RIGIDEZ CONSTITUCIONAL

Vimos que *rígidas* são as constituições somente alteradas por um processo solene e complicado, bem mais específico e rigoroso do que aquele usado para modificar as leis comuns.

As vantagens do princípio da rigidez são indiscutíveis.

No plano jurídico-formal, sua incidência proíbe reformas constitucionais inoportunas, assegurando a estabilidade da constituição.

E, ao dificultar a realização de revisões e emendas constitucionais, o princípio da rigidez resguarda os direitos e garantias fundamentais, mantendo estruturas e competências, com vistas à defesa da ordem jurídica.

Nesse particular, cumpre a tarefa de balizar o controle da constitucionalidade das leis e dos atos normativos, impedindo violações à supremacia dos preceitos constitucionais.

✧ 1.1. Graus da rigidez constitucional

Para atingir todas as suas metas, o princípio da rigidez constitucional exterioriza-se mediante três *gradações* distintas: *máxima*, *média* e *mínima*.

Esses graus de rigidez permitem-nos falar em constituições *super-rígidas*, *rígidas* e *pouco rígidas*:

a) Grau máximo: constituições super-rígidas

Super-rígidas são as constituições cujo grau de rigidez é máximo. Quer dizer, o procedimento para serem reformadas é rigorosíssimo. Apresentam uma rigidez que excede o comum, mediante a consagração de freios jurídicos de elevado teor proibitório de revisões ou emendas constitucionais.

Exemplo: Constituição dos Estados Unidos da América de 1787.

b) Grau médio: constituições rígidas

Rígidas são as constituições que apresentam um grau de rigidez médio. Não são muito rígidas nem pouco rígidas. O quórum para serem modificadas procura conciliar os requisitos de progresso com os de estabilidade, funcionando como válvulas de segurança, mas sem impedir reformas.

Exemplo: Constituição brasileira de 1988.

É equívoco dizer que nossa Carta Maior é super-rígida. Embora ela consagre um núcleo imodificável no art. 60, § 4º (cláusulas pétreas), e possua um processo legislativo diferenciado para sua reforma (art. 60), diverso daqueloutro destinado à feitura de leis ordinárias (arts. 47 e 61), isso não evidencia uma super-rigidez. Numa escala gradativa, o seu nível de rigidez é médio.

c) Grau mínimo: constituições pouco rígidas

Pouco rígidas são as constituições que apresentam um grau de rigidez mínimo. Apesar de seu processo de alteração ser solene, formal e complexo, é bem mais brando do que aquele exigido pelas duas modalidades anteriores.

Exemplos: a Constituição da antiga União Soviética qualificar-se-ia como *pouco rígida*. Para sua reforma, seriam necessários, apenas, 2/3 dos votos do Soviet Supremo. O Texto Constitucional da antiga Prússia, de 1850, também apresentava um grau mínimo de rigidez. Previa, apenas, duas votações espaçadas de vinte e um dias para tornar possível sua alteração (art. 107).

Enfatize-se que as cartas *pouco rígidas* não se confundem com as flexíveis. Nestas últimas, até uma lei ordinária pode revogar normas constitucionais, algo que inocorre com as de grau de rigidez mínimo.

Assim, temos:
- **constituições pouco rígidas** — preservam a hierarquia formal de seus preceitos perante as leis comuns; e
- **constituições flexíveis** — inexiste hierarquia formal entre os seus preceitos e as leis comuns.

REPRESENTAÇÃO GEOMÉTRICA DOS GRAUS DE RIGIDEZ

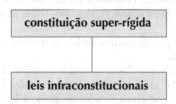

A linha vertical representa a posição hierárquica dos textos super-rígidos, cujo processo legislativo de modificabilidade é hiperárduo e solene. Daí o absoluto de uma linha reta representar o grau máximo de rigidez.

A pirâmide representa a posição hierárquica dos textos rígidos, cujo processo legislativo de modificabilidade, embora árduo e solene, não chega a ser rigorosíssimo (super-rígido), nem brando (pouco rígido). Tal forma geométrica demonstra que as cartas rígidas ficam no ápice do ordenamento, enquanto as leis comuns, na base.

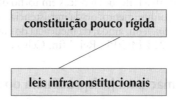

A linha inclinada representa a posição hierárquica dos textos pouco rígidos, cujo processo legislativo de modificabilidade é bem mais brando se comparado aos anteriores.

```
                    constituição flexível

    normas constitucionais          normas infraconstitucionais
```

Duas linhas horizontais representam a posição de igualdade hierárquica dos textos flexíveis para com as leis em geral, cujo processo legislativo de modificabilidade de ambos não segue maiores ritos ou exigências procedimentais.

✦ 2. PRINCÍPIO DA SUPREMACIA CONSTITUCIONAL

Conexo ao pórtico da rigidez está o princípio da supremacia constitucional.

Quando falamos em *supremacia das constituições*, pensamos em *preeminência*, *hegemonia*, *superioridade*.

E faz sentido, porque *supremacia constitucional* é o vínculo de subordinação dos atos públicos e privados à constituição de um Estado.

A ideia do princípio da *supremacia constitucional* advém da constatação de que a constituição é soberana dentro do ordenamento (*paramountcy*). Por isso, todas as demais leis e atos normativos a ela devem adequar-se.

É que o ordenamento se compõe de normas jurídicas situadas em planos distintos, formando um escalonamento de diferentes níveis.

E, no nível mais elevado do Direito Positivo, está a constituição, que é o parâmetro, a lei fundamental do Estado, a rainha de todas as leis e atos normativos, a *lex legum* (lei das leis).

Consequência disso: sendo a constituição a lei máxima, a lei das leis, o fundamento último de validade de toda e qualquer disposição normativa, não se admitem agressões à sua magnitude.

Tomemos, como ilustração, a *Lex Mater* de 1988.

Em virtude de sua *supremacia*, subordinam-se a ela os atos materiais exercidos pelos homens e os atos jurídicos que criam direitos e estabelecem deveres.

Tanto os atos legislativos, administrativos e jurisdicionais como os atos praticados por particulares submetem-se à supremacia da Constituição brasileira, que esparge sua força normativa em todos os segmentos do ordenamento jurídico.

O pórtico da supremacia encontra-se implícito na ordem constitucional brasileira. Exige raciocínio indutivo para percebê-lo. Não está escrito em nenhum lugar.

> **Direito Comparado:** as Constituições de Portugal de 1976 (art. 3º, 2 e 3) e da Espanha de 1978 (art. 9, 1 e 3) consagraram, expressamente, o princípio da supremacia constitucional.

Mas isso pouco importa, afinal ele transcende os escaninhos da linguagem prescritiva do Texto de 1988, impregnando todo o articulado constitucional. Extrai-se do contexto da Constituição, da lógica geral das normas que a compõem (v. g., arts. 23, I, 25, 29, 32, 60, 78, 85, 102, 103, 121, §§ 3º e 4º, 125 etc.). Por isso, "tem o condão de desqualificar, no plano jurídico, o ato em situação de conflito hierárquico com o texto da Constituição — estimula reflexões teóricas em torno da natureza do ato inconstitucional, daí decorrendo a possibilidade de reconhecimento, ou da inexistência, ou da nulidade, ou da anulabilidade (com eficácia *ex nunc* ou eficácia *ex tunc*), ou, ainda, da ineficácia do comportamento estatal incompatível com a Constituição" (STF, ADIn 2.215-MC/PE, Rel. Min. Celso de Mello, j. em 17-4-2001).

✧ 2.1. Princípio da supremacia na jurisprudência do STF

O Supremo Tribunal Federal tem seguido esta linha de pensamento: "Sabemos que a supremacia da ordem constitucional traduz princípio essencial que deriva, em nosso sistema de direito positivo, do caráter eminentemente rígido de que se revestem as normas inscritas no estatuto fundamental. Nesse contexto, em que a autoridade normativa da Constituição assume decisivo poder de ordenação e de conformação da atividade estatal — que nela passa a ter o fundamento de sua própria existência, validade e eficácia —, nenhum ato de Governo (Legislativo, Executivo e Judiciário) poderá contrariar-lhe os princípios ou

◆ Cap. 4 ◆ RIGIDEZ E SUPREMACIA DAS CONSTITUIÇÕES

transgredir-lhe os preceitos, sob pena de o comportamento dos órgãos do Estado incidir em absoluta desvalia jurídica" (STF, ADIn 2.215-MC/PE, Rel. Min. Celso de Mello, j. em 17-4-2001).

Em várias assentadas, reconheceu, de modo inequívoco, a supremacia da Constituição Federal, nos mais diversos quadrantes da experiência jurídica.

Para ilustrar, enfatizem-se dois casos dentre os inúmeros existentes:

- **Prisão civil do devedor fiduciário** — "A possibilidade jurídica de o Congresso Nacional instituir a prisão civil também no caso de infidelidade depositária encontra fundamento na própria Constituição da República (art. 5º, LXVII). A autoridade hierárquico-normativa da Lei Fundamental do Estado, considerada a supremacia absoluta de que se reveste o estatuto político brasileiro, não se expõe, no plano de sua eficácia e aplicabilidade, a restrições ou a mecanismos de limitação fixados em sede de tratados internacionais, como o Pacto de São José da Costa Rica (Convenção Americana sobre Direitos Humanos). A ordem constitucional vigente no Brasil — que confere ao Poder Legislativo explícita autorização para disciplinar e instituir a prisão civil relativamente ao depositário infiel (art. 5º, LXVII) — não pode sofrer interpretação que conduza ao reconhecimento de que o Estado brasileiro, mediante tratado ou convenção internacional, ter-se-ia interditado a prerrogativa de exercer, no plano interno, a competência institucional que lhe foi outorgada, expressamente, pela própria Constituição da República. Os tratados e convenções internacionais não podem transgredir a normatividade subordinante da Constituição da República e nem dispõem de força normativa para restringir a eficácia jurídica das cláusulas constitucionais e dos preceitos inscritos no texto da Lei Fundamental" (STF, RE 357.345/RS, Rel. Min. Celso de Mello, j. em 22-10-2002, DJ de 28-11-2002, p. 47).

- **Subordinação normativa dos tratados internacionais** — "No sistema jurídico brasileiro, os tratados ou convenções internacionais estão hierarquicamente subordinados à autoridade normativa da Constituição da República. Em consequência, nenhum valor jurídico terão os tratados internacionais que, incorporados ao sistema de direito positivo interno, transgredirem, formal ou materialmente, o texto da Carta Política" (STF, Pleno, ADIn 1.480-MC/DF, Rel. Min. Celso de Mello, j. em 4-9-1997, DJ de 18-5-2001, p. 429).

Para o Supremo Tribunal Federal, portanto, a magnitude da Constituição da República é de observância indispensável.

Noutra assentada, o Pretório Excelso também decidiu que o legislador não pode modificar ou suprimir normas constitucionais, editando preceitos normativos contrários à supremacia da Carta de 1988 (STF, AgI 174.811-7/RS, Rel. Min. Moreira Alves, DJ de 2-5-96, p. 13770).

Mas não é só a atividade legislativa que encontra parâmetro na supremacia da constituição. O mesmo ocorre com as funções executiva e judiciária.

Esse é o motivo pelo qual o princípio da supremacia das constituições é reputado como a "pedra angular, em que se assenta o edifício do moderno direito político" (Pinto Ferreira, *Princípios gerais do direito constitucional moderno*, p. 90).

Significa reconhecer que a Constituição Federal ocupa um posto de hierarquia máxima no escalonamento normativo do Estado brasileiro.

Daí ser a supremacia constitucional a medida para os homens e os organismos balizarem os seus atos, que só serão válidos se se conformarem às disposições fundamentais da sociedade, as normas constitucionais.

> **Observação de Eduardo García de Enterría:** "O grande aporte americano ao direito moderno consistiu em fazer da constituição um parâmetro normativo superior que decide a validade das leis editadas pelo Congresso" (*La constitución como norma y el tribunal constitucional*, p. 53). Sobre supremacia constitucional nos Estados Unidos da América: Edward S. Corwin, *A Constituição norte-americana e seu significado atual*, p. 172.

✧ 2.2. Reflexos da supremacia constitucional na ordem jurídica

Os reflexos da supremacia constitucional na ordem jurídica podem ser sentidos pela observância dos seguintes princípios:

- **Princípio da adequação ou da simetria** — os atos legislativos, administrativos e jurisdicionais, do mesmo modo que os privados, devem ser simétricos com relação ao texto maior. Com efeito, devem adequar-se à superioridade das normas constitucionais, porque a constituição é a lei máxima do Estado. Todos os órgãos estão vinculados a ela.

- **Princípio da hierarquia** — os atos públicos e privados submetem-se à gradação do ordenamento jurídico em suas diversas camadas. Hans Kelsen formulou o discurso lógico-jurídico mais completo a respeito da posição hierárquica das normas jurídicas. Ensinou que o ordenamento normativo é uma estrutura escalonada, formada de diferentes níveis. No ápice dessa estrutura está a constituição, que condiciona toda a produção normativa do Estado. Existe um vínculo de dependência, em que a validade da norma de escalão menor se condiciona à norma de escalão maior. O fim da trajetória, conforme Kelsen, está na norma fundamental hipotética, fundamento último de validade dessa interconexão criadora (*Teoria pura do direito*, p. 310).
- **Princípio da razoabilidade** — os atos públicos e privados devem ser praticados com base nos fins estatuídos nas constituições, à luz da racionalidade, do bom senso, da lógica, do sentimento de justiça e da prudência.
- **Princípio da defesa da constituição** — no momento que a supremacia constitucional confere superioridade hierárquica às normas constitucionais, torna-se responsável pela guarda da constituição, não permitindo que emendas constitucionais, leis complementares, leis ordinárias, leis delegadas, medidas provisórias, decretos legislativos e resoluções sobreponham-se à sua magnitude. Portanto, a supremacia é consectária à ideia de controle da constitucionalidade, tanto nas constituições rígidas como nas flexíveis, sendo que estas últimas possuem supremacia material.
- **Princípio da força normativa da constituição** — as normas constitucionais possuem uma *força interna* que influencia o entendimento das leis comuns e dos atos públicos e privados. Por isso, integram a *ordem fundamental, material e aberta* da comunidade: *ordem fundamental*, porque são supremas; *ordem material*, porque todos devem respeitar o conteúdo delas; e *ordem aberta*, pois disciplinam as relações sociais, e, ao mesmo tempo, são influenciadas pela própria sociedade. É nesse contexto que aparece a *força normativa da constituição*, que, mesmo sendo um vetor implícito, age de modo concreto sobre a realidade histórica, com vistas a atribuir eficácia social ao texto maior (Konrad Hesse, *A força normativa da constituição*, p. 15).
- **Princípio da rigidez constitucional** — a constituição, situada no vértice do ordenamento jurídico, não permite que confundamos o ato de elaboração das leis comuns com o procedimento solene e dificultoso utilizado para a sua reforma. Nesse particular aspecto de natureza *formal*, a supremacia das constituições emana da rigidez. Mas não é somente a constituição rígida que goza do atributo da supremacia constitucional. Os textos flexíveis, da vertente sociológica, também são supremos. Disso resulta a diferença entre a supremacia *formal* e a supremacia *material* das constituições.

✧ 2.3. Supremacia formal da constituição

Supremacia formal da constituição é a particular relação de superioridade em que se encontram submetidos os atos públicos e privados de um ordenamento.

Do ponto de vista estritamente jurídico, pode-se dizer: é da essência da rigidez a supremacia *formal* das constituições. Do contrário, seria impossível distinguir as leis comuns das leis constitucionais.

A supremacia *formal* qualifica as normas constitucionais como hegemônicas e preeminentes. Tais normas não veiculam meros lembretes, avisos, conselhos ou disposições de cunho moral; estruturam-se na lógica do dever ser, limitando a ação dos Poderes Públicos e as condutas praticadas por particulares.

Nossa Constituição da República, por exemplo, apoia-se no primado da rigidez, apresentando a supremacia *formal*.

Consequência disso: por encontrar-se no topo da estrutura hierárquica do ordenamento brasileiro, nossa Constituição determina a validade dos atos públicos e privados. Todos os Poderes e competências governamentais só serão legítimos na proporção de sua autoridade. União, Estados, Distrito Federal e Municípios subordinam-se ao dever ser de suas prescrições. O mesmo se diga quanto ao exercício das funções legislativa, executiva e jurisdicional.

✧ 2.4. Supremacia material da constituição

Supremacia material ou *substancial* da constituição é a que decorre de uma *consciência constitucional*.

◆ Cap. 4 ◆ RIGIDEZ E SUPREMACIA DAS CONSTITUIÇÕES

Essa *consciência*, porém, não é exclusiva da supremacia material. Os textos dotados de supremacia formal também requerem a presença desse conceito, pois a particular relação de superioridade que se encontram submetidos os atos públicos e privados exige o *acatamento* irrestrito à constituição.

Deveras, a *consciência constitucional* gera uma espécie de *acatamento* que faz com que os Poderes Públicos e os particulares sujeitem suas condutas às normas constitucionais.

Só que na supremacia constitucional essa *consciência* é muito mais sociológica do que propriamente técnico-jurídica. Não se cogita, aqui, da incidência de princípios ou procedimentos escritos num documento formalizado.

As constituições flexíveis e as histórico-costumeiras, por exemplo, possuem a supremacia material. O dever de acatamento aos seus preceitos não vem registrado num texto escrito. A *consciência constitucional*, nesse caso, deflui do fator sociológico, responsável pela estabilidade da ordem jurídica.

Já nos textos constitucionais rígidos ocorre o inverso. Neles, a consciência de que se deve acatar os seus princípios e preceitos brota de documentos solenes e cerimoniosos, erigidos para esse fim.

Daí se dizer que a supremacia formal é exclusiva das constituições rígidas (Georges Burdeau, *Traité de science politique*, t. 1, p. 90; Franco Modugno, *L'invalidità della legge*, v. 1, p. 71-72).

Quanto à supremacia material, é uma *supremacia sociológica*, que encontra sólido fundamento na vida constitucional dos Estados.

> **"Rigidez" das cartas costumeiras:** "As Constituições costumeiras, históricas, flexíveis sob o ponto de vista jurídico, são de notável rigidez, consideradas na realidade da vida. A Constituição britânica, por exemplo, não escrita, flexível, sob o ponto de vista jurídico, é, entretanto, sob o ponto de vista sociológico, de maior rigidez que a Constituição americana, que é rígida, sob o ponto de vista jurídico" (Carlos Velloso, *Temas de direito público*, p. 148).

Pela supremacia material, o verdadeiro acatamento à superioridade dos preceitos constitucionais depende da realização prática da constituição (eficácia social ou efetividade).

Nessa perspectiva, não se leva em conta o vínculo hierárquico de fundamentação e derivação dos atos normativos ao texto maior, nem mesmo a diferença entre leis ordinárias e leis constitucionais. Tal preocupação restringe-se ao campo da supremacia formal.

Na seara da supremacia material, somente interessa a realização objetiva dos preceitos constitucionais. Pouco importa se existem ou não procedimentos técnico-formais a serem observados para se elaborar as leis infranconstitucionais ou se reformular a própria carta magna.

Desde que exista *sentimento constitucional*, no sentido de os órgãos públicos e os particulares adequarem suas condutas ao dever ser das prescrições supremas do Estado, o texto magno passa a incorporar o *estado espiritual do seu tempo*. Só assim logrará a supremacia material. Do contrário, torna-se *letra morta*, sem qualquer importância palpável na vida de relações (Pablo Lucas Verdú, *El sentimiento constitucional (aproximación al estudio del sentir constitucional como modo de integración política)*, 1985).

Uma constituição apenas se converte em força ativa na sociedade se for capaz de assegurar sua autoridade, com lastro em elementos políticos, econômicos, culturais, sociais, éticos, religiosos etc. (condicionantes ou fatores naturais).

✦ 3. SUPREMACIA CONSTITUCIONAL E FORÇA NORMATIVA DA CONSTITUIÇÃO

Força normativa da constituição é a energia vital que lhe confere efetividade ou eficácia social. Consigna um dos princípios reitores da ordem jurídica. Relaciona-se com a supremacia constitucional e não se encontra expressa no texto maior. É, portanto, um vetor implícito, dessumido da lógica do sistema.

Por seu intermédio, as normas supremas do Estado se concretizam, regulando, no plano da vida, as relações sociais, políticas e econômicas de acordo com o amadurecimento da *consciência constitucional*.

Tanto a supremacia material como a supremacia formal sujeitam-se ao influxo da *força normativa da constituição*, que se encontra conectada com aquele fenômeno que os alemães chamaram de *vontade de constituição* (*Wille zur Verfassung*).

E o que é *vontade de constituição*?

É o elemento subjetivo pelo qual a *força normativa* se concretiza. Está presente nas constituições dotadas de supremacia material, como também naquelas que possuem supremacia formal.

Sem a *vontade de constituição*, não há falar em efetividade das normas constitucionais.

A *vontade de constituição*, porém, não pode ser controlada absolutamente. Ela depende de uma série de *condicionantes naturais* (fatores políticos, econômicos, culturais, sociais, éticos, religiosos etc.).

Se o intérprete, contudo, conseguir adaptar o texto maior a esses *fatores naturais*, então a *força normativa da constituição* se realizará.

> **Lição de Konrad Hesse:** "A intensidade da força normativa da constituição apresenta-se, em primeiro plano, como uma questão de vontade normativa, de vontade de constituição. Nenhum poder do mundo, nem mesmo a constituição, pode alterar as condicionantes naturais. Tudo depende, portanto, de que se conforme a constituição a esses limites. Se os pressupostos da força normativa encontrarem correspondência na constituição, se as forças em condições de violá-la ou de alterá-la mostrarem-se dispostas a render-lhe homenagem, se, também em tempos difíceis, a constituição lograr preservar a sua força normativa, então ela configura verdadeira força viva capaz de proteger a vida do Estado contra as desmedidas investidas do arbítrio. Não é em tempos tranquilos e felizes que a constituição normativa vê-se submetida à sua prova de força. Em verdade, esta prova dá-se nas situações de emergência, nos tempos de necessidade. Em determinada medida, reside aqui a relativa verdade da conhecida tese de Carl Schmitt segundo a qual o estado de necessidade configura ponto essencial para a caracterização da força normativa da constituição. Importante, todavia, não é verificar, exatamente durante o estado de necessidade, a superioridade dos fatos sobre o significado secundário do elemento normativo, mas, sim, constatar, nesse momento, a superioridade da norma sobre as circunstâncias fáticas" (*A força normativa da constituição*, p. 24-25).

✦ 4. DERROTABILIDADE DE NORMAS CONSTITUCIONAIS

Conexo à temática da supremacia constitucional está o assunto da derrotabilidade de normas constitucionais (*defeasibility*).

Derrotabilidade é o ato pelo qual uma norma jurídica deixa de ser aplicada, mesmo presentes todas as condições de sua aplicabilidade, de modo a prevalecer a justiça material no caso concreto.

Foi H. L. A. Hart o pai de tal concepção.

> **Herbert Lionel Adolphus Hart:** este era o nome completo de Hart, conhecido pela abreviatura "H. L. A. Hart". Ele foi um influente jusfilósofo e Professor da Universidade de Oxford. Nasceu na cidade de Harrowgate, Inglaterra, aos 18 de julho de 1907, falecendo em 19 de dezembro de 1992. No Brasil, tornou-se conhecido pela sua monografia *O conceito de direito*. Travou fecundos debates com estudiosos da corrente do "moralismo jurídico", a exemplo de Lon Fuller e Ronald Dworkin. Desenvolveu uma robusta teoria sobre o positivismo jurídico, na perspectiva da filosofia analítica. Tido como um filósofo positivista-inclusivista, eis que admitiu a moral como um dos componentes da definição do Direito, combateu a vertente positivista-exclusivista, seguida por seu orientando Joseph Raz. Também foi orientador de Neil MacCormick e John Finnis. Dentre os títulos por ele publicados, destacamos: *Definition and Theory in Jurisprudence* (1953); *Causation in the law* (com Tony Honoré) (1959); *The concept of law* (1961); *Law, liberty and morality* (1963); *The morality of the criminal law* (1964); *Punishment and responsibility* (1968); *Essays on Bentham: studies in jurisprudence and political theory* (1982); e *Essays in jurisprudence and philosophy* (1983).

Observou Hart que a solução para determinados problemas concretizava-se, não raro, por raciocínios pouco convencionais, que privilegiavam a exceção, fugindo da exegese jurídica convencional (*The ascription of responsibility and rights*, p. 171 a 194).

Embora Hart tivesse sido um jurista do *Common Law*, o fato é que suas constatações aplicam-se em gênero, número e grau aos ordenamentos de direito escrito e codificado, como o nosso.

No Brasil, assim como em outras ordens jurídicas da contemporaneidade, os institutos de direito, a linguagem prescritiva das leis em geral e das próprias normas constitucionais, apresentam uma textura aberta. Não seguem um esquema aritmético, exato, matematicamente perfeito, porquanto se externam, no plano da vida, num linguajar pobremente definido.

◆ Cap. 4 ◆ RIGIDEZ E SUPREMACIA DAS CONSTITUIÇÕES

Os mais importantes conceitos legais, observou L. Thorne Mccarty, não são estáticos, mas dinâmicos, sendo tipicamente construídos, modificados e aplicados a um determinado conjunto de fatos (*Some arguments about legal arguments*, p. 221).

Tudo isso se aplica à seara constitucional, porque as normas supremas do Estado são vazadas num manancial terminológico amplíssimo.

Evidente que a linguagem prescritiva do constituinte originário não segue o absoluto de uma linha reta. Apresenta textura aberta, e, como qualquer outra norma jurídica, jamais se reveste de um vocabulário matemático, exato, estático.

O dinamismo é o traço maior dos termos constitucionais, obrigando o exegeta a amoldá-los ao fato social cambiante.

Eles, os termos constitucionais, são amorfos e, também, "pobremente definidos", mas precisam ser aplicados à vida, adptados ao pulsar dos acontecimentos.

Por tudo isso, é possível, sim, ocorrer, na vida constitucional dos Estados, a chamada derrotabilidade de normas constitucionais, algo que, num exame rápido, e sem maiores reflexões, pode parecer uma *contraditio in terminis*.

Poder-se-ia perguntar: de que modo uma norma constitucional, dotada de supremacia, pode ser derrotada?

Se os preceitos constitucionais são soberanos dentro do ordenamento, condicionando todas as demais disposições jurídicas, como justificar a tese da derrotabilidade?

Quando falamos em derrotabilidade das normas constitucionais, é no sentido de que, mesmo sem declarar expressamente a inconstitucionalidade de determinada pauta de comportamento, o órgão de cúpula do Poder Judiciário, que, no Brasil, é o Supremo Tribunal Federal, pode afastar a sua incidência, no todo ou em parte, deixando de aplicá-la a determinada situação concreta.

Quer dizer, a norma constitucional deixa de ser aplicada em um caso particular. Como permanece no ordenamento, poderá regular outras relações jurídicas que venham a ser submetidas a seu crivo.

Aí está o modo como se opera a derrotabilidade de preceitos contidos na própria constituição.

Não raro, os profissionais do Direito, de modo aberto ou velado, preconizam saídas excepcionais para um determinado caso concreto.

Assim o fazem por meio de mecanismos pouco ortodoxos, diferentes daqueloutros levados a cabo por meio de exegeses literais do produto constitucional legislado.

Desse modo, promovem a derrotabilidade da resposta oferecida pelo legislador constituinte, pois, em vez de seguirem o óbvio, procuram uma maneira diferenciada e criativa para solver conflitos.

Jorge Luis Rodriguez e German Sucar sintetizaram onze hipóteses em que uma norma jurídica, incluindo a norma constitucional, pode se submeter ao império da derrotabilidade (*Las trampas de la derrotabilidad. Niveles de análisis de la indeterminación del derecho*, p. 277-305). Ei-las:

> 1ª) a exegese nem sempre é a mesma para todos os casos. Pode mudar em certos momentos para enquadrar a norma interpretada em situações dantes não compreendidas em seu espectro semântico;
>
> 2ª) novos enunciados jurídicos, depreendidos de exceções outrora não contempladas, podem advir do mister interpretativo;
>
> 3ª) o conteúdo de um enunciado jurídico deve ser extraído do contexto no qual foi formulado, porque outros enunciados do sistema podem permitir exceções na norma por ele expressada;
>
> 4ª) os enunciados jurídicos estão sempre sujeitos ao problema da textura aberta da linguagem, motivo pelo qual é impossível se delimitar, numa precisão matemática, o grau maior ou menor de incerteza a respeito da aplicabilidade de uma norma com relação a um caso particular;
>
> 5ª) a atividade legislativa leva em conta, apenas, o básico das situações que pretende regulamentar, sem ter em mente que casos atípicos merecem uma solução diferenciada. Por isso, as obrigações e os direitos consagrados em normas gerais submetem-se a exceções implícitas;
>
> 6ª) o uso dos conceitos jurídicos faz-se de modo adscritivo e não descritivo, porquanto não podem ser validados em decorrência da informação fática trazida em seu apoio. Logo, não se pode enquadrar os fatos dentro do alcance dos conceitos jurídicos em termos de condições necessárias e suficientes. Um juiz, por exemplo, ao aplicar um conceito jurídico, possui uma margem de subjetividade para exercer a subsunção;
>
> 7ª) qualquer norma jurídica pode restar derrotada em sua aplicabilidade a determinado caso *sub judice*, desde quando a situação fática assim o recomende. Um argumento de índole moral, por exemplo, pode prevalecer em face da letra fria de um preceito jurídico, desde quando privilegie uma solução normativa derivada do ordenamento;

8ª) a norma geral interpretada pelo juiz num caso concreto serve para convalidar toda uma classe de soluções igualmente válidas;

9ª) para se tipificar a conduta do sujeito no caso particular é preciso, primeiramente, analisar a situação em que ele se encontra. Diferentes descrições podem determinar diferenças na qualificação normativa. Como não há uma descrição que pode considerar-se "verdadeira" ou "completa", sempre é possível que uma dada situação apresente certa particularidade que venha a tornar operativa uma exceção;

10ª) a informação sobre a realidade fática que envolve um problema deduzido em juízo é sempre incompleta; e

11ª) qualquer pretensão deduzida em juízo com base em uma norma geral pode ser derrotada pela parte contrária se ficar demonstrado que o ordenamento jurídico contempla exceções a respeito do assunto.

A título exemplificativo, vejamos um caso de derrotabilidade de norma constitucional.

O art. 37, II, da Carta de 1988, consagra o princípio da obrigatoriedade do concurso público. Já o art. 37, *caput*, prevê o princípio da eficiência administrativa.

Pois bem.

A eficiência prevalece, a depender da circunstância, diante do primado da obrigatoriedade do concurso público.

Que critério autoriza-nos a afirmar que o princípio da eficiência derrota o princípio do concurso público?

Tal critério chama-se bom senso. Para evitar que situações constituídas fiquem sem tutela jurídica; para evitar que o mandamento insculpido no inciso XXII do art. 37 da Carta Maior, que admite a existência de mais de uma carreira para o exercício das atividades da administração tributária, torne-se letra morta, dentre outros motivos, privilegia-se o pórtico da eficiência, consagrado, em nossa *Lex Mater*, no art. 37, *caput*.

A tese da derrotabilidade, é bom se dizer, não é algo advindo de modismos ou invencionismos, tendo a chancela do magistério insigne de estudiosos do porte de Neil Maccormick, Henry Prakken, Giovanni Sartor, Juan Carlos Bayón, Ángeles Ródenas, María Inés Pazos, Peng-Hsiang Wang *et alii*.

Mas não é em toda e qualquer situação que podemos invocar a tese da derrotabilidade de normas constitucionais.

A maioria dos problemas deduzidos em juízo podem muito bem ser submetidos às potencialidades da simples fórmula da *subsunção*. Ela possui um poder racional que não pode ser subestimado, porquanto consigna, *prima facie*, um magnífico mecanismo de exigência mínima de racionalidade, como ensinou Robert Alexy (*On balancing and subsumption*: a structural comparison, p. 435).

Referimo-nos ao *minimal requirements of rationality* dos juristas estadunidenses, algo muito mais pujante do que se recorrer, de modo aleatório, a expedientes que, a rigor, não se amoldam a dado caso concreto.

✦ 5. EXORTAÇÃO AO DEVER DE OBEDIÊNCIA À SUPREMACIA CONSTITUCIONAL

Ao término deste Capítulo, convém fazermos uma breve exortação ao dever de obediência à supremacia, formal e material, das normas enfeixadas no Texto de 1988.

Todos devem seguir o que está contido na Carta da República, prestando o compromisso solene de atuar nas balizas de sua superioridade hierárquica.

Os destinatários primordiais dessa exortação são os próprios agentes dos Poderes Executivo, Legislativo e Judiciário, de todos os níveis e escalões.

Assim, a supremacia constitucional volta-se, em primeiro lugar, para tais agentes, porque são eles que devem exercer seus elevados misteres nos precisos marcos da Constituição e das leis.

O dever de obediência à *Lex Mater* é proporcional à magnitude de cada cargo.

Quanto maior for a importância do cargo, muito maior será a responsabilidade daqueles que o ocupam.

Logo, o acatamento às normas supremas do Estado, por parte das autoridades da *res publica*, é o primeiro passo de toda a obediência ao ditame da superioridade hierárquico-normativa da Carta de Outubro.

◆ Cap. 4 ◆ RIGIDEZ E SUPREMACIA DAS CONSTITUIÇÕES   71

A fidelidade ao *pacto fundante* é um prenúncio de que as normas supremas do ordenamento serão levadas a sério.

E, como diploma inaugural da ordem jurídica, a Constituição de 1988 é o alicerce, a base, o documento estruturante do Estado e da sociedade. O dever de observância aos seus pinaculares princípios e preceitos fazem a excelência de sua efetividade (eficácia social).

Portanto, *supremacia constitucional* e *cumprimento da Carta Maior* são olho e pálpebra, veia e sangue, carne e unha, forma e substância, respeito e acatamento.

O Poder Judiciário deve levar em conta essa realidade. Seus membros, no exercício do monopólio de interpretar e aplicar normas, titularizam cargos estruturados em carreira. Submetem-se a rigorosos critérios de investidura. Para eles, ter a "ficha limpa" é *conditio sine qua non* para o exercício da competência funcional de interpretarem e aplicarem, com definitividade, o direito positivo.

Juiz é aquele que não pode cair frente "a tanta ação", no trocadilho do Vate e Archote das liberdades, Min. Carlos Ayres Britto, lançado em seu discurso de posse na Presidência do Supremo Tribunal Federal.

Quem julga o seu semelhante tem o dever, a obrigação sacrossanta, de seguir, à risca, o princípio da supremacia constitucional.

Enfim, mentalizemos a advertência do Min. Celso de Mello, ao exortar:

"os desvios jurídico-constitucionais eventualmente praticados por qualquer instância de poder — mesmo quando surgidos no contexto de processos políticos — não se mostram imunes à fiscalização judicial desta Suprema Corte, como se a autoridade e a força normativa da Constituição e das leis da República pudessem, absurdamente, ser neutralizadas por meros juízos de conveniência ou de oportunidade, não importando o grau hierárquico do agente público ou a fonte institucional de que tenha emanado o ato transgressor de comandos estabelecidos na própria Lei Fundamental do Estado, como aqueles que asseguram direitos e garantias ou que impõem limites intransponíveis ao exercício do poder. O que se mostra imperioso proclamar, Senhor Presidente, é que nenhum Poder da República tem legitimidade para desrespeitar a Constituição ou para ferir direitos públicos e privados de quaisquer pessoas, eis que, na fórmula política do regime democrático, nenhum dos Poderes da República é imune ao império das leis e à força hierárquica da Constituição" (Discurso proferido na solenidade de posse da Presidência do STF, em 19-4-2012, p. 7 e 8).

CAPÍTULO 5

INCONSTITUCIONALIDADE DAS LEIS

✦ 1. NOÇÃO DE CONSTITUCIONALIDADE E INCONSTITUCIONALIDADE

No capítulo anterior, vimos que as normas constitucionais são supremas na estrutura hierárquica da ordem jurídica.

Quando a supremacia constitucional é respeitada, deparamo-nos com a *ideia de constitucionalidade*.

Se os atos públicos ou privados contrariarem o caráter supremo das normas constitucionais, estaremos diante da *inconstitucionalidade*.

Mas, tanto a *constitucionalidade* como a *inconstitucionalidade* pressupõem a existência de uma constituição rígida, dotada de supremacia formal, cujas normas sirvam de *parâmetro* para a elaboração das demais prescrições do ordenamento jurídico.

Assim tem entendido o Supremo Tribunal Federal.

> **Precedente:** "O repúdio ao ato inconstitucional decorre, em essência, do princípio que, fundado na necessidade de preservar a unidade da ordem jurídica nacional, consagra a supremacia da Constituição. Esse postulado fundamental de nosso ordenamento normativo impõe que preceitos revestidos de *menor* grau de positividade jurídica guardem, *necessariamente*, relação de conformidade vertical com as regras inscritas na Carta Política, sob pena de ineficácia e consequente inaplicabilidade. Atos inconstitucionais são, por isso mesmo, nulos e destituídos, em consequência, de qualquer carga de eficácia jurídica" (STF, Pleno, ADIn 652-5-QO/MA, Rel. Min. Celso de Mello, v. u., j. em 2-4-1992, *DJ* de 2-4-1993, *Ementário de Jurisprudência* n. 1698-03).

Sem dúvida, as ideias de *constitucionalidade* e *inconstitucionalidade* designam *conceitos de relação*, baseados no elo firmado entre as condutas públicas ou privadas e a carta maior.

> **Conceitos por dedução imediata:** "De modo pré-sugerido, resultam do confronto de uma norma ou de um acto com a Constituição (...). Não se trata de relação de mero carácter lógico ou intelectivo. É essencialmente uma relação de carácter normativo e valorativo, embora implique sempre um momento de conhecimento. Não estão em causa simplesmente a adequação de uma realidade a outra realidade, de um *quid* a outro *quid* ou a desarmonia entre este e aquele acto, mas o cumprimento ou não de certa norma jurídica" (Jorge Miranda, *Manual de direito constitucional*, t. 2, p. 311).

O Supremo Tribunal Federal tem adotado essa linha de raciocínio.

> **Precedentes:** STF, ADIn 595/ES, Rel. Min. Celso de Mello, j. em 18-2-2002, *DJ* de 26-2-2002, p. 21; STF, ADIn 1.120/PA, Rel. Min. Celso de Mello, j. em 28-2-2002, *DJ* de 7-3-2002, p. 7; STF, ADIn 1.510/SC, Rel. Min. Celso de Mello, j. em 28-2-2002, *DJ* de 7-3-2002, p. 10; STF, ADIn 905/DF, Rel. Min. Celso de Mello, j. em 7-3-2002, *DJ* de 13-3-2002, p. 8; STF, ADIn 1.552/DF, Rel. Min. Celso de Mello, j. em 11-4-2002, *DJ* de 17-4-2002.

A vantagem de concebermos as noções de constitucionalidade e de inconstitucionalidade como *conceitos de relação* é possibilitar "o exame da compatibilidade vertical de um ato, dotado de menor hierarquia, com aquele que se qualifica como fundamento de sua existência, validade e eficácia" (STF, ADIn 1.588/DF, Rel. Min. Celso de Mello, j. em 11-4-2002, *DJ* de 17-4-2002, p. 9.)

Cap. 5 ◆ INCONSTITUCIONALIDADE DAS LEIS 73

Vale advertir, contudo, que essas noções foram tomadas em sentido amplo, pois, como estudaremos logo mais, existem diferentes tipos de inconstitucionalidade, que geram estados distintos de desconformidade constitucional.

> **Essa constatação vem de longa data:** nos idos de 1888, Dicey já ensinava que a noção de *inconstitucionalidade* varia de lugar para lugar. Na **Inglaterra**, por exemplo, a inconstitucionalidade designa a opinião de alguém que considera um ato contrário ao espírito da constituição britânica, ferindo os costumes locais. Foi o caso do *Iris Church Act de 1689*, tido como inconstitucional. Veja-se que, no sistema inglês do *common law*, uma dada conduta, pública ou privada, pode até estar em conformidade com a carta magna. Mesmo assim, é possível que seja inconstitucional, por ferir costumes seculares. Na **França**, a inconstitucionalidade traduz um simples termo de censura. Notou Dicey que os tribunais franceses se viam na obrigação de reconhecer o vício da inconstitucionalidade. E, nos **Estados Unidos**, a inconstitucionalidade exprime a transgressão de atos legislativos, os quais seriam nulos. Uma lei pode até ser benéfica para os americanos. Mas, a partir do momento em que vulnera a constituição, é inconstitucional (*Lectures introductory to study of the law of the constitution*, p. 165-166). As observações de Dicey, quanto ao sistema americano do *civil law*, adaptam-se, de certo modo, à realidade brasileira, pois, como veremos adiante, desde a Carta Republicana de 1891, vigora entre nós o *regime da sanção de nulidade dos atos inconstitucionais*.

Curioso registrar que a inconstitucionalidade não é, por si só, um vício. Este é o aspecto exterior do fenômeno, que resulta de uma causa que o antecedeu, qual seja, a desconformidade da conduta, pública ou privada, perante a carta maior.

É precisamente nesse sentido que a inconstitucionalidade é um *juízo de valor*, porque ela conduz o intelecto humano a considerar certas condutas — públicas ou privadas — contrárias à constituição.

Essa particularidade, no estudo da matéria, é sobremodo tênue. Mas precisa ser esboçada, para jamais confundirmos a causa — a desconformidade — com o efeito propriamente dito — o vício.

Ora, é a desconformidade que gera o vício, e não o vício que gera a desconformidade, ainda quando ambos os aspectos tenham pontos de contato.

Exemplo: um ato normativo, mesmo viciado, pode ser constitucional; basta que esteja em consonância com o parâmetro de controle: a constituição do Estado. Em contrapartida, uma lei pode não conter vício algum, embora esteja em desacordo com a constituição. Nesse caso, será inconstitucional.

CONSTITUCIONALIDADE E INCONSTITUCIONALIDADE

• **Constitucionalidade**	Relação de conformidade hierárquica entre as condutas públicas e privadas com a constituição do Estado. Revela o vínculo de correspondência, adequação ou idoneidade de um comportamento com o texto maior.
• **Inconstitucionalidade**	Relação de desconformidade hierárquica entre as condutas públicas e privadas com a constituição do Estado. Evidencia a inadequação ou inidoneidade de um comportamento com o texto maior.

✦ 2. INCONSTITUCIONALIDADE E ILEGALIDADE

As concepções de *inconstitucionalidade* e *ilegalidade* estão imbricadas. Ambas ensejam *transgressões normativas*, diferindo, apenas, em função do nível hierárquico dos preceitos vulnerados.

Na *inconstitucionalidade* ferem-se preceitos da constituição — a norma de hierarquia máxima do ordenamento jurídico. Já na *ilegalidade* vulneram-se preceitos legais — normas de hierarquia inferior do ordenamento jurídico, submetidas à supremacia da *lex mater*.

Com efeito, a *inconstitucionalidade* é uma *forma qualificada de ilegalidade*, pois ao desrespeitar a constituição estar-se-á transgredindo a lei das leis, a mãe de todas as leis, a lei magna por excelência.

No Brasil, quando as condutas públicas ou privadas violam a Constituição, praticam uma espécie qualificada de ilegalidade, isto é, atentam contra a lei maior do Estado.

De fato, a Constituição, em nossa República, é uma lei. Não uma lei qualquer, mas a rainha de todas as leis — uma lei hierarquicamente superior em relação às demais.

Ora, se, entre nós, *inconstitucionalidade* e *ilegalidade* são noções correlatas, por que tais ideias são cunhadas em termos diferentes?

Porque designam conteúdos distintos. As palavras são signos linguísticos. Veiculam *formas-pensamento* que se diferenciam na substância. É o que acontece com a *inconstitucionalidade* e a *ilegalidade*. Uma coisa é ofender a lei maior: a constituição; outra, é conspurcar as leis em geral. Ambas são contumélias contrárias à ordem jurídica. Distinguem-se, no mérito, pela qualidade dos preceitos violados. Se o preceptivo atingido for da constituição, temos uma *inconstitucionalidade*. Se for das leis em geral, temos uma *ilegalidade*.

Na jurisprudência do Supremo Tribunal Federal, ambas as categorias foram delimitadas, porque a adoção de uma ou de outra gera consequências distintas para fins de controle da constitucionalidade das leis e atos normativos.

> **Precedente:** "Se a interpretação administrativa da lei divergir do sentido e do conteúdo da norma legal que o Decreto impugnado pretendeu regulamentar, quer porque se tenha projetado *ultra legem*, quer porque tenha permanecido *citra legem*, quer porque tenha investido *contra legem*, a questão posta em análise caracterizará típica crise de legalidade, e não de inconstitucionalidade, a inviabilizar a utilização do mecanismo processual de fiscalização normativa abstrata" (STF, Pleno, ADIn 561-MC/DF, Rel. Min. Celso de Mello, j. em 23-8-1995, v. m., vencidos os Ministros Sepúlveda Pertence e Maurício Corrêa, *DJ* de 23-3-2001. Acórdãos citados: ADIn 311, ADIn 365, ADIn 379, ADIn 387, ADIn 531, ADIn 536, ADIn 673; *RTJ*, *124*:18).

✦ 3. INCONSTITUCIONALIDADE DAS LEIS E ATOS NORMATIVOS

A inconstitucionalidade das leis e dos atos normativos é muito comum nos países que adotam a lei como fonte imediata de toda a ordem jurídica.

No Brasil, por exemplo, a Constituição Federal é enfática ao prescrever que "ninguém será obrigado a fazer ou deixar de fazer alguma coisa senão em virtude de lei" (art. 5º, II).

Aí está o princípio da legalidade, vinculando os Poderes Públicos, inclusive o Poder Legislativo, responsável pela elaboração das espécies normativas, previstas no art. 59 da Carta brasileira (emendas constitucionais, leis complementares, leis ordinárias, leis delegadas, medidas provisórias, decretos legislativos e resoluções).

Ora, se a diretriz da legalidade esparrama os seus efeitos até sobre o processo legislativo, evidente que existem requisitos a serem observados para se averiguar a constitucionalidade das leis e atos normativos.

E se esses requisitos não forem observados?

Caso isso venha a acontecer, o Poder Judiciário poderá declarar a inconstitucionalidade da norma, assunto que estudaremos no próximo capítulo.

✧ 3.1. Requisitos formais (procedimentais ou instrumentais)

Os *requisitos formais* são aqueles que estabelecem o procedimento de elaboração das emendas constitucionais, das leis complementares, das leis ordinárias, das leis delegadas, das medidas provisórias, dos decretos legislativos e das resoluções (CF, art. 59).

São *formais*, *procedimentais* ou *instrumentais*, pois, previstos taxativamente na constituição, consignam parâmetros de observância obrigatória no processo legislativo, sob pena de as espécies normativas do art. 59 da Carta de Outubro padecerem do vício da inconstitucionalidade formal.

O primeiro requisito de procedimento para verificar a conformidade do processo legislativo perante a Constituição brasileira é o próprio princípio da legalidade (art. 5º, II).

◆ Cap. 5 ◆ **INCONSTITUCIONALIDADE DAS LEIS** **75**

Como "ninguém será obrigado a fazer ou deixar de fazer alguma coisa senão em virtude de lei", qualquer um dos degraus normativos do art. 59 deve ser elaborado de acordo com as *normas do processo legislativo constitucional.*

E onde estão localizadas essas normas?

Localizam-se nos arts. 60 a 69 da Constituição. Umas consagram *requisitos subjetivos*; outras contemplam *pressupostos objetivos.*

a) Requisitos formais subjetivos

Os *requisitos* ou *pressupostos subjetivos* dizem respeito à iniciativa das leis. Atuam na fase introdutória do processo legislativo e vêm dispostos no art. 61, §§ 1º e 2º, da Carta Magna.

São denominados *subjetivos* porque conferem, a certas autoridades, o poder de iniciar o procedimento de elaboração legislativa (Presidentes da República, do Senado Federal, da Câmara de Deputados, do Supremo Tribunal Federal e dos Tribunais Superiores; deputados federais, senadores da República, Procurador-Geral da República e cidadãos).

Por isso, quando a iniciativa de elaboração das leis não parte de autoridade constitucionalmente competente, temos a hipótese da *inconstitucionalidade por vício formal subjetivo.*

Exemplo: uma lei complementar, oriunda de projeto de lei apresentado por um senador, é editada para fixar os efetivos das Forças Armadas. Esse diploma normativo é inconstitucional, por conter *vício formal subjetivo*. Apenas o Presidente da República pode dispor sobre essa matéria. Trata-se de uma competência privativa que a Constituição lhe outorgou (art. 61, § 1º, I).

Outro exemplo: um projeto de lei é elaborado e proposto por deputado federal para extinguir órgãos da Administração Pública. No caso, a inconstitucionalidade por *vício formal subjetivo* é manifesta, pois essa atribuição é privativa do Presidente da República (art. 61, § 1º, II, *e*).

b) Requisitos formais objetivos

Os *requisitos objetivos* concernem ao trâmite do processo legislativo nas suas fases constitutiva e complementar. Esboçam-se nos arts. 60, 62 a 69 da Constituição Federal. Não abarcam, portanto, o art. 61, uma vez que esse preceito é direcionado aos pressupostos subjetivos.

Qualificam-se de *objetivos* porque delimitam o caminho pelo qual cada espécie normativa deve trilhar, de acordo com o procedimento que a constituição lhes reservou.

Exemplo: o Presidente da República edita uma medida provisória e não a encaminha, de imediato, ao Congresso Nacional. Temos aí um seriíssimo *vício formal objetivo*, pois, pelo *caput* do art. 62 da Constituição, o Chefe do Executivo tem o dever inadiável de submeter as medidas provisórias às Casas Congressuais (Câmara dos Deputados e Senado Federal).

Outro exemplo: determinado projeto de lei de iniciativa dos Presidentes da República, do Supremo Tribunal Federal e dos Tribunais Superiores foi discutido e votado, em primeiro lugar, no Senado. Eis um contundente caso de inconstitucionalidade por *vício formal objetivo*. Consoante o art. 64, *caput*, da Carta de 1988, a discussão e votação de projetos de lei cuja iniciativa partiu das autoridades mencionadas só pode ter início na Câmara dos Deputados e não no Senado da República.

✧ 3.2. Requisitos materiais (substanciais ou de conteúdo)

Requisitos materiais são aqueles que nos permitem comparar o conteúdo da lei ou do ato normativo com a constituição, para sabermos se ela foi violada na sua substância.

São rubricados de *materiais, substanciais* ou *de conteúdo*, porquanto dizem respeito à matéria constitucional suscetível de sofrer investidas pela ação do legislador.

Tais requisitos estão presentes em todas as fases do processo legislativo. Não vêm prescritos na constituição. São *pressupostos de fundo*, ou seja, parâmetros que estão embutidos nos escaninhos da mensagem constitucional positivada, sendo extraídos da lógica geral do sistema.

Os *requisitos materiais* promanam da filosofia que orientou a feitura de seus princípios e preceitos. Refletem os grandes cânones políticos que inspiraram o constituinte (democracia, liberdade, igualdade, fraternidade, justiça, solidariedade etc.).

Não se reportam às técnicas formais do processo legislativo, ou melhor, ao estrito procedimento de elaboração das espécies normativas do art. 59 da Constituição (emendas constitucionais, leis complementares, leis ordinárias, leis delegadas, medidas provisórias, decretos legislativos e resoluções).

Ligam-se à *conveniência* ou *inconveniência* de editar determinada lei ou ato normativo, isto é, se o advento de certo diploma legal ofenderá, ou não, o conteúdo de certas disposições constitucionais.

Observando os *requisitos materiais*, chegamos à conclusão de que não podemos separar a inconstitucionalidade de uma lei da *conveniência* ou *inconveniência* de sua edição. Significa dizer que a hierarquia das normas constitucionais envolve, além de elementos de natureza formal, aqueloutros de cunho fático, deduzidos de raciocínios explícitos e implícitos, à luz de dados variáveis em cada país e momento. É que a forma não existe sozinha; depende do conteúdo que lhe subjaz. Por isso, os postulados da lógica formal devem ser vistos com moderação, sem extremismos.

Exemplo: por maioria de votos, o Plenário do Supremo declarou a inconstitucionalidade do art. 3º da Lei n. 3.556/2005, do Distrito Federal, que considerava como de efetivo exercício da atividade policial o tempo de serviço prestado pelo servidor cedido à Administração Pública direta e indireta. Ao emitir o seu voto, a Ministra Cármen Lúcia demonstrou que o dispositivo, além de ferir o art. 21, XIV, da Carta Magna, apresentou, também, a inconstitucionalidade material. Isso porque, ao estender o benefício da aposentadoria especial, por meio de lei distrital, para policiais civis emprestados para outros órgãos, e que podem ou não estar exercendo atividades que envolvem risco à saúde, houve afronta à substância do art. 40, § 4º, do Texto Maior. Só lei complementar poderia disciplinar o assunto (STF, ADIn 3.817/DF, Rel. Min. Cármen Lúcia, *DOU* de 24-11-2008). Nesse caso, a maioria dos Ministros da Corte, em vez de vislumbrar, apenas, o cancro da inconstitucionalidade formal, foram além, para auscultar os requisitos materiais de aferição da compatibilidade das leis com a Constituição de 1988.

✦ 4. DIFERENTES TIPOS DE INCONSTITUCIONALIDADE

Existem diferentes comportamentos que ensejam a inconstitucionalidade, permitindo a formação de *juízos de inconstitucionalidade*.

Juízos de inconstitucionalidade são avaliações das prováveis condutas que podem contrariar, ou não, o texto supremo.

Esses *juízos de inconstitucionalidade* realizam-se pelos órgãos encarregados de defender a constituição.

No Brasil, é o Poder Judiciário que exerce, de modo preponderante, o *juízo de inconstitucionalidade*.

Cumpre ao Judiciário verificar se um dado diploma normativo é, ou não, contrário à carta magna.

Interessante observar que uma lei ou ato normativo podem apresentar, de uma só vez, diferentes tipos de inconstitucionalidade.

Exemplo: lei ordinária traz a pecha da inconstitucionalidade formal e, ao mesmo tempo, material.

Outro exemplo: ato normativo evidencia a inconstitucionalidade parcial e, ao mesmo tempo, por omissão.

Mais um exemplo: medida provisória apresenta a inconstitucionalidade direta e, ao mesmo tempo, por ação.

A utilidade de catologar os diferentes *tipos de inconstitucionalidade* é precisamente esta: saber quais os comportamentos contrários à constituição.

Numa linguagem figurada, diríamos: a pesquisa dos diferentes tipos de inconstitucionalidade possibilita o diagnóstico da doença que compromete a saúde do ato normativo. Descoberta a doença, poderemos curá-la, porque saberemos qual o remédio a utilizar.

◆ Cap. 5 ◆ INCONSTITUCIONALIDADE DAS LEIS 77

◇ 4.1. Inconstitucionalidade formal (instrumental ou extrínseca)

Vimos que existem requisitos de forma, subjetivos e objetivos, a serem verificados no exame da inconstitucionalidade das leis e dos atos normativos (*nomodinâmica constitucional*).

Agora vamos completar nosso estudo analisando a inconstitucionalidade *formal, instrumental* ou *extrínseca*.

Diz-se que uma lei é formalmente inconstitucional quando é elaborada por um procedimento contrário à constituição, ou quando emana de órgão incompetente, ou, ainda, quando é criada em tempo proibido.

Existem, portanto, três tipos de inconstitucionalidade formal:

* *inconstitucionalidade formal propriamente dita;*
* *inconstitucionalidade formal orgânica;* e
* *inconstitucionalidade formal temporal.*

No Brasil, as duas primeiras são as mais importantes. Tanto é assim que prevalece na jurisprudência do Supremo Tribunal Federal a tese de que a *inconstitucionalidade formal propriamente dita* (advinda da inobservância dos pressupostos de elaboração normativa) e a *inconstitucionalidade formal orgânica* (oriunda do desrespeito à competência inscrita pelo constituinte) vulneram a constituição por vício de forma.

> **Precedentes:** STF, ADIn 103/RO, Rel. Min. Sydney Sanches, j. em 3-8-1995, *DJU* de 8-9-1995; STF, ADIn 1.279-MC/PE, Rel. Min. Maurício Corrêa, j. em 27-9-1995, *DJU* de 15-12-1995; STF, ADIn 1.421-MC/DF, Rel. Min. Francisco Rezek, j. em 27-3-1996, *DJU* de 31-5-1996; STF, ADIn 864/DF, Rel. Min. Moreira Alves, j. em 25-4-1996, *DJU* de 13-9-1996; STF, ADIn 1.064/MS, Rel. Min. Ilmar Galvão, j. em 7-8-1997, *DJU* de 26-9-1997.

Vejamos cada categoria em separado.

A *inconstitucionalidade formal propriamente dita* é aquela que contamina o procedimento de elaboração das espécies normativas pela inobservância dos pressupostos técnicos, exigidos para a feitura delas. Por isso, acarreta a nulidade de emendas constitucionais, leis complementares, leis ordinárias, leis delegadas, medidas provisórias, decretos legislativos e resoluções.

Exemplo: medida provisória que não observou os pressupostos da relevância e urgência apresentará a *inconstitucionalidade formal propriamente dita* por ofensa, direta, ao art. 62, *caput*, da Constituição.

Outro exemplo: emenda constitucional proposta por menos de 1/3 dos membros da Câmara dos Deputados e do Senado Federal também apresentará a *inconstitucionalidade formal propriamente dita*. É que o art. 60, I, da Carta brasileira, estabelece o quórum mínimo de 1/3.

Em tema de *inconstitucionalidade formal propriamente dita*, a Corte Excelsa declarou inconstitucional o art. 2º da Lei estadual n. 498/92, do Estado do Tocantins, na parte que modificou, sem prévia consulta plebiscitária, a área, os limites e as confrontações de Município, temas que já tinham sido submetidos a plebiscito. O mesmo ocorreu com o art. 48 do ADCT da Carta do Maranhão e da Lei estadual n. 4.956/89.

> **Precedentes:** STF, ADIn 1.262/TO, Rel. Min. Sydney Sanches, j. em 11-9-1997; STF, ADIn 458/MA, Rel. Min. Octavio Galloti, j. em 8-6-1998. Esse entendimento do Supremo proveio da exegese do art. 18, § 4º, da Constituição brasileira, com redação dada pela Emenda Constitucional n. 15/96. Somente consultando as coletividades, por meio de plebiscito, é que as Assembleias Legislativas estaduais podem dispor, mediante lei, sobre a criação, incorporação, fusão e desmembramento de Municípios. Do contrário, será inconstitucional, formalmente falando, ainda quando as leis estaduais sejam regularmente votadas e sancionadas.

Já a *inconstitucionalidade formal orgânica* é praticada por órgãos que não detêm a competência constitucional para elaborar certos atos normativos, e, mesmo assim, o fazem. Gera, portanto, vícios de competência.

Exemplo: prefeito municipal elabora lei delegada. Pelo art. 68 da Carta de Outubro as leis delegadas serão elaboradas pelo Presidente da República, que deverá solicitar a delegação ao Congresso Nacional. Eis uma *inconstitucionalidade formal orgânica*, pois prefeitos municipais são constitucionalmente incompetentes para elaborar leis delegadas.

Outro exemplo: Presidente de Tribunal de Justiça pretende regular matéria, via lei complementar, inerente ao Estatuto da Magistratura. A situação é sobremodo estapafúrdia, porque apenas o Supremo Tribunal Federal possui a iniciativa de lei complementar para disciplinar a matéria (CF, art. 93, *caput*). No caso, a *inconstitucionalidade formal orgânica* será inequívoca.

Na jurisprudência do Supremo Tribunal Federal, encontramos julgados reconhecendo a *inconstitucionalidade formal orgânica*, cujo exemplo vigoroso é a problemática da usurpação de iniciativa de competência reservada ou exclusiva.

Num primeiro momento, o Pretório Excelso entendia que o vício poderia ser sanado mediante simples sanção do projeto aposta pelo Chefe do Poder Executivo.

Nesse ínterim, criou a Súmula 5: "A sanção do projeto supre a falta de iniciativa do Poder Executivo". Mas inúmeros reclamos doutrinários foram expendidos contra esse enunciado sumular.

> **Posicionamento doutrinário:** "Ainda na vigência da Constituição de 1946, pensávamos que essa jurisprudência merecia revisão. Com maior força julgamos que isso se impõe no regime constitucional vigente, muito cioso do resguardo do princípio da iniciativa privativa. As razões doutrinárias do nosso modo de pensar são, porém, as mesmas de ontem. Admitir o saneamento da falta de iniciativa do Executivo pela sanção leva-nos sempre a conclusões inaceitáveis. Sob certo aspecto, equivaleria a sustentar que a sanção tornaria o preceito da iniciativa exclusiva apenas *diretório* quando houvesse sanção. Aportaríamos à contradição de que a mesma cláusula seria ora *mandatória* ora não. Se ela é imperativa — e não teria sentido pensar de outro modo — trata-se de uma competência de direito público, que é indelegável ou irrenunciável na ausência de disposição em contrário" (Nelson de Sousa Sampaio, *O processo legislativo*, p. 194-195).

Os apelos foram ouvidos, e o Supremo alterou a Súmula 5, passando a decidir da seguinte maneira:

"A sanção do projeto de lei que veicule norma resultante de emenda parlamentar aprovada com transgressão à cláusula inscrita no art. 63, I, da Carta Federal, não tem o condão de sanar o vício de inconstitucionalidade formal, eis que a vontade do Chefe do Poder Executivo — ainda que deste seja a prerrogativa institucional usurpada — revela-se juridicamente insuficiente para convalidar o defeito radical oriundo do descumprimento da Constituição da República" (STF, ADIn 1.070/MS, Rel. Min. Celso de Mello, j. em 23-11-1994, *DJU* de 15-9-1995).

Por último, temos a *inconstitucionalidade formal temporal*.

Ocorre quando o órgão competente para editar leis e atos normativos o faz em tempo proibido, fora dos períodos de normalidade institucional.

A *inconstitucionalidade formal temporal* é uma modalidade anacrônica, ou seja, pouco usual e de difícil constatação prática, mas que convém ser registrada, pois pode ocorrer, inclusive, no Brasil.

Exemplo: emenda constitucional aprovada na vigência de intervenção federal, de estado de defesa ou de estado de sítio. Padecerá da *inconstitucionalidade formal temporal* porque o § 1º do art. 60 de nossa Constituição proíbe emendas nessas ocasiões.

A experiência constitucional evidencia que a *inconstitucionalidade formal temporal* delineia-se nas épocas de reformas constitucionais, quando os limites temporais e circunstanciais do poder constituinte derivado são transgredidos pela ação do legislador (Marcelo Neves, *Teoria da inconstitucionalidade das leis*, p. 115-116).

◇ 4.2. Inconstitucionalidade material (substancial ou intrínseca)

O tema em epígrafe relaciona-se com os requisitos materiais de verificação da inconstitucionalidade das leis e dos atos normativos (*nomoestática constitucional*).

A *inconstitucionalidade material, substancial* ou *intrínseca* é a que afeta o conteúdo das disposições constitucionais.

Mas o que significa afetar o conteúdo dos preceitos constitucionais?

Significa violar a *matéria de fundo* presente na constituição.

Matéria de fundo é o assunto, o tema, a substância que está por trás dos artigos, incisos ou alíneas da constituição. Não diz respeito ao procedimento, nem à técnica formal de produção legislativa; relaciona-se à conveniência ou inconveniência de editar, ou não, determinada lei ou ato normativo. Nisso,

◆ Cap. 5 ◆ INCONSTITUCIONALIDADE DAS LEIS

abrange os grandes princípios formulados pelo constituinte e o *quadro de valores* supremos inseridos na mensagem constitucional positivada.

Exemplo: o inciso LIV do art. 5º enuncia: "ninguém será privado da liberdade ou de seus bens sem o devido processo legal". A *matéria de fundo*, subjacente a esse enunciado, consiste no devido processo legal material, que logra um sentido amplo, genérico, inominado, cujo objetivo é proteger, de modo incondicional, os direitos fundamentais. Mas o constituinte nem se refere ao aspecto material da referida cláusula. Apenas finda o preceptivo com o jargão "devido processo legal", sem minudenciá-lo. É precisamente nesse ponto que aparece a *matéria de fundo* do inciso LIV do art. 5º. Ela está embutida nas entrelinhas da disposição constitucional, nos escaninhos da mensagem prescritiva, embora não haja a mínima referência, direta ou específica, a seu respeito.

Para ilustrar, eis algumas das *matérias de fundo* presentes no Texto de 1988:

- **Matérias de fundo correlatas ao Preâmbulo** — compreendem assuntos ligados aos direitos sociais e individuais, liberdade, segurança, bem-estar, desenvolvimento, igualdade, harmonia social, paz, fraternidade e justiça. Albergam, pois, fórmulas principiológicas de elevado caráter abstrato, mas que não têm força cogente se tomadas de per si. Por isso, é relativo o valor do Preâmbulo na verificação da inconstitucionalidade material. Ele só funcionará como parâmetro de exame da constitucionalidade se for confrontado com outros preceptivos constitucionais expressos. Exemplo: nada adianta alegar que uma lei complementar fere o Preâmbulo da Constituição no item igualdade; é mister que se entrelace esse juízo com a mensagem prescrita no *caput* do art. 5º: "Todos são iguais perante a lei, sem distinção de qualquer natureza".

- **Matérias de fundo correlatas aos fundamentos da República** — englobam temas versados nos arts. 1º, 3º e 4º da Constituição: soberania, cidadania, dignidade humana, valores sociais do trabalho e da livre-iniciativa; sociedade livre, justa e solidária; desenvolvimento nacional; erradicação da pobreza, da marginalidade, das desigualdades sociais e regionais; promoção do bem geral; a independência nacional, a prevalência dos direitos humanos, a autodeterminação dos povos etc.

- **Matérias de fundo correlatas às liberdades públicas** — abarcam o Título II da Constituição, que disciplina os direitos e garantias fundamentais. Nesse particular, merece destaque a cláusula do devido processo legal material (art. 5º, LIV), acima referida, da qual dimanam outros vetores dotados de inegável relevância no exame da inconstitucionalidade material, a exemplo do princípio da razoabilidade ou proporcionalidade, objeto de análise específica nas páginas vindouras.

- **Matérias de fundo correlatas à principiologia da Constituição** — aqui residem os grandes princípios, expressos e implícitos, que podem servir de apanágio para detectarmos a inconstitucionalidade material das leis e dos atos normativos. Exemplificam os princípios expressos ou explícitos: legalidade, impessoalidade, moralidade, publicidade, eficiência, acessibilidade aos cargos e funções públicas, remuneração dos servidores, improbidade administrativa, autonomia gerencial dos entes administrativos etc. Ilustram os princípios implícitos: paz, fraternidade, amor ao próximo, solidariedade, justiça, respeito mútuo entre os homens, progresso social, boa-fé, proibição do enriquecimento sem causa, máximas da experiência etc.

Essa catalogação foi meramente exemplificativa. Claro que existem outras *matérias de fundo* que demandam pesquisa no Texto Constitucional.

O mais importante é sabermos que, no Brasil, a avaliação da inconstitucionalidade material encontra respaldo em *assuntos subjacentes à Carta Maior*. Eles veiculam a *ideia de direito* e *de justiça* que formam o coração do ordenamento constitucional pátrio.

A partir do momento que essa *ideia de direito* e *de justiça* é desrespeitada temos a inconstitucionalidade material das leis e dos atos normativos, porque a liberdade do legislador é limitada pela Constituição Federal.

Deveras, há na Carta de 1988 uma espécie de *quadro de valores* que nos fornece subsídios para entendermos a *ideia de direito* e *de justiça* que a preside.

Essa constatação é importantíssima, pois demonstra que o legislador não é um ser ilimitado. Não poderá sair legislando do modo como quiser e da maneira que bem entender. Sua liberdade

80 ◆ Uadi Lammêgo Bulos ◆

circunscreve-se às *ideias de direito* e *de justiça* plasmadas na Carta Maior. É engano pensar que as leis podem conter tudo. Elas só serão constitucionais, materialmente falando, se estiverem de acordo com a *substância da constituição*.

Exemplo: uma lei ordinária foi elaborada à luz de todas as exigências técnicas previstas na Constituição brasileira. Mesmo perfeita do ponto de vista formal, só será constitucional se, e somente se, lastrear-se nas *ideias de direito* e *de justiça* decorrentes da manifestação constituinte originária.

Na jurisprudência do Supremo Tribunal Federal, a categoria em exame é largamente difundida:

- **Regime jurídico de servidores públicos** — "Ação Direta de Inconstitucionalidade. Estado de Rondônia. § 10 Introduzido no art. 20 da Constituição Estadual pela EC n. 3/92. Dispositivo que se ressente de inconstitucionalidade material e formal. No primeiro caso, por haver instituído hipótese de disponibilidade do servidor civil e efeito do exercício, por este, de mandato eletivo, que não se acham previstos na Carta da República (arts. 38 e 41, §§ 2º e 3º), nesse ponto, de observância imperiosa para os Estados. E, no segundo, por introduzir modificação no regime jurídico de servidores públicos, com ofensa ao princípio de iniciativa privativa do Chefe do Poder Executivo, como previsto no art. 61, § 1º, II, c, da mesma Carta, corolário do princípio da independência dos Poderes a que, por igual, está vinculado o legislador estadual. Procedência da ação" (STF, Pleno, ADIn 1.255/RO, Rel. Min. Ilmar Galvão, j. em 20-6-2001, v. u., *DJ* de 6-9-2001, p. 7).

- **Vencimento de servidor estadual** — "A decisão recorrida, ao reconhecer a servidor civil estadual direito a vencimento básico nunca inferior ao salário mínimo, com base no art. 29, inciso I, da Constituição do Estado, contrariou orientação desta Corte de que a garantia do salário mínimo, prevista no art. 7º, inciso IV, da Constituição Federal, sendo de aplicação obrigatória aos servidores civis, por força do art. 39, § 2º (redação original), da mesma Carta, deve ser entendida, neste caso, como alusiva ao total dos vencimentos, incorrendo em inconstitucionalidade material o dispositivo da Constituição estadual que vincula tal garantia ao vencimento básico. Precedentes: RREE 197.072 e 199.098, do Estado de Santa Catarina. Recurso conhecido e provido para o fim de declarar, *incidenter tantum*, inconstitucional o inciso I, art. 29, da Constituição do Estado do Rio Grande do Sul e, em consequência, reformar o acórdão que o teve por fundamento" (STF, RE 265.129/RS, j. em 9-11-2000, v. u., Rel. Min. Ilmar Galvão, *DJ* de 14-11-2002, p. 16).

- **Fixação de subsídios parlamentares** — "A fixação de subsídios parlamentares, em cada legislatura para a seguinte, não é matéria de lei, mas objeto de resolução, de competência exclusiva do Congresso Nacional (CF, art. 49, VII) ou da Assembleia Legislativa (CF, art. 29, § 2º). 2. Ainda que impressione o argumento de que o art. 37, XIII, CF, não incide, quando não se cuida de vencimentos de servidores públicos, mas de remuneração de agentes de um dos poderes do Estado, o princípio da autonomia do Estado-membro faz plausível a inconstitucionalidade material do atrelamento de subsídios de deputados estaduais aos dos deputados federais" (STF, ADIn 898/SC, Rel. Min. Ellen Gracie, j. em 17-4-2002, *DJ* de 24-4-2002, p. 10. Precedentes: STF, ADIn 491, 22-4-1992; ADIn 891, 23-6-1992).

- **Reserva de iniciativa legislativa do Chefe do Executivo** — "Normas que, dispondo sobre servidores públicos do Estado, padecem de inconstitucionalidade formal, por inobservância da reserva de iniciativa legislativa ao Chefe do Poder Executivo, corolário da separação dos poderes, imposta aos Estados pelo art. 25 da Constituição Federal e, especialmente, ao constituinte estadual, pelo art. 11 de seu ADCT. Configuração, ainda, de inconstitucionalidade material, por contemplarem hipóteses de provimento de cargos e empregos públicos mediante transferência indiscriminada de servidores, em contrariedade ao art. 37, II, do texto constitucional federal. Ação direta julgada procedente" (STF, Pleno, ADIn 483/PR, Rel. Min. Ilmar Galvão, j. em 25-4-2001, *DJ* de 29-6-2001, p. 32).

- **Acionista de sociedade anônima** — "No tocante ao acionista de sociedade anônima, é inconstitucional o art. 35 da Lei 7.713, de 1988, dado que, em tais sociedades, a distribuição dos lucros depende principalmente da manifestação da assembleia geral. Não há falar, portanto, em aquisição de disponibilidade jurídica do acionista mediante a simples apuração do lucro líquido. Todavia, no concernente ao sócio-quotista e ao titular de empresa individual, o citado art. 35

♦ Cap. 5 ♦ **INCONSTITUCIONALIDADE DAS LEIS** **81**

da Lei 7.713, de 1988, não é, em abstrato, inconstitucional (constitucionalidade formal). Poderá sê-lo, em concreto, dependendo do que estiver disposto no contrato (inconstitucionalidade material). II. Precedente: RE 172.058-SC, Plenário, 30-6-1995. III. Recurso Extraordinário conhecido e provido em parte" (STF, 2ª T., RE 181.450/PR, Rel. Min. Carlos Velloso, j. em 26-9-1995, *DJ* de 1º-12-1995, p. 41710).

* **Norma programática** — "O artigo 187 da Constituição Federal é norma programática na medida em que prevê especificações em lei ordinária. Ausência, à primeira abordagem, da tese da inconstitucionalidade material. Medida liminar indeferida" (STF, Pleno, ADIn 1.330-MC/ DF, Rel. Min. Francisco Rezek, j. em 10-8-1995, *DJ* de 20-9-2002, p. 87).

Sem embargo, resta saber como se *manifesta a inconstitucionalidade material.*
Certamente, a *matéria de fundo* presente na Constituição pode ser violada de duas maneiras:
* pela incompatibilidade entre o conteúdo da norma e o da constituição; e
* pelo excesso do ato de legislar.

Examinemos ambas as formas.
A *inconstitucionalidade material pela incompatibilidade entre o conteúdo da norma e o da constituição* é comum no Brasil.
Incontáveis foram as vezes que a competência legislativa foi exercida *contra constitutionem*. Basta citar a extinta contribuição provisória sobre movimentação financeira — a CPMF (arts. 74 e 75 do ADCT), exemplo eloquente de *inconstitucionalidade material pela incompatibilidade entre o conteúdo da norma e o da constituição.*
Mas o Supremo Tribunal Federal não pensou assim, considerando a cobrança da CPMF constitucional (STF, RE 370.692/SP, Rel. Min. Moreira Alves, j. em 18-3-2003, *DJ* de 9-4-2003, p. 107).
Em sede de ação direta ajuizada pelo Partido dos Trabalhadores contra a Emenda Constitucional n. 21/99, que acrescentou o art. 75 ao ADCT, para prorrogar a extinta CPMF, o Pretório Excelso, por maioria, indeferiu o pedido de liminar. Decidiu pela ausência de plausibilidade jurídica das arguições de inconstitucionalidade material sustentadas pelo autor da ação, com fundamento nos arts. 2º, 5º, 7º, VI, 150, I e IV, e 154, I, do Texto de 1988. Seguiu precedente firmado na ADIn 939/DF, exaustivamente debatido no Plenário. Nesse julgamento, foram vencidos os Ministros Ilmar Galvão e Marco Aurélio, que, contrariamente à maioria, deferiam a liminar para suspender integralmente a eficácia da Emenda Constitucional n. 21/99 (STF, Pleno, ADIn 2.031-MC/DF, Rel. Min. Octavio Gallotti, decisão em 29-9-1999. Precedente: STF, ADIn 939/DF, *RTJ, 151*:755).
Já a *inconstitucionalidade material pelo excesso do ato de legislar* configura hipótese de *desvio da função legislativa*, enquadrando-se, de modo geral, naquilo que os franceses chamaram de desvio de poder (*détournement de pouvoir*).
Estamos diante da inconstitucionalidade *finalística* ou *teleológica*, também chamada de inconstitucionalidade por *desvio de poder.*
Trata-se de uma espécie do gênero inconstitucionalidade material pelo excesso do ato de legislar:

Inconstitucionalidade material pelo excesso do ato de legislar **(gênero)**
Inconstitucionalidade finalística (teleológica ou por desvio de poder) **(espécie)**

Como se vê, a *inconstitucionalidade finalística* não constitui uma categoria autônoma, mas, tão só, mero desdobramento da teoria da *inconstitucionalidade material pelo excesso do ato de legislar*. Ela decorre do desvio de poder legislativo. É constatada pela contradição entre o fim do ato normativo e o fim do bem constitucionalmente tutelado.

Exemplo: ao editar uma lei ordinária, o legislador, valendo-se de sua competência legal, persegue finalidade contrária àquela prevista na constituição, somente para beneficiar ou prejudicar setores ou segmentos da sociedade.

Outro exemplo: suponhamos que o legislador, com base na norma constitucional programática do art. 205 de nossa Constituição, elabore diploma normativo que não contemple o desenvolvimento da pessoa humana e o seu preparo para o exercício da cidadania. Assim o fez no intuito de baixar elevados custos para o setor da educação privada. Eis uma inconstitucionalidade finalística, pois o programa encampado pelo constituinte foi frustrado por provisões legislativas contrárias aos expressos fins constitucionais.

A *inconstitucionalidade finalística*, que pode assolar qualquer tipo de norma constitucional, seja de eficácia absoluta, seja de eficácia plena, contida, limitada, esvaída ou, até, exaurida, é muito comum na experiência europeia. Na Itália, por exemplo, Vezio Crisafulli relata-nos que a jurisprudência da Corte italiana é pródiga em detectar a existência de disposições legais que contrariam os fins traçados na Carta peninsular (*Lezioni di diritto costituzionale*, v. 2, p. 337-338).

No Brasil, o estudo da inconstitucionalidade finalística é útil na medida em que serve para revelar a existência do elo de incompatibilidade entre o conteúdo da norma e o da constituição.

Embora os estudiosos pátrios não tenham enfrentado o tema com maior profundidade, a jurisprudência do Supremo Tribunal Federal, desde a década de cinquenta, reconhece a categoria (STF, RE 18.331, Rel. Min. Orozimbo Nonato, j. em 21-9-1951, *RF*, *145*:164).

Sem dúvida, o Poder Judiciário, e, em especial, o Pretório Excelso, está capacitado, inclusive pela sistemática da Carta de 1988, para preencher a margem de indeterminação das normas constitucionais. Poderá, até, buscar auxílio nas máximas da experiência e mesmo nos dados concretos extraídos da realidade econômica, política, social e cultural.

É nesse ínterim que se situa a *inconstitucionalidade finalística*, verdadeiro parâmetro de confronto para avaliar se existe, ou não, contraste entre os fins constitucionais e os preceitos das leis comuns.

Pode ocorrer de os legisladores editarem leis que exorbitam as finalidades constitucionais. Praticam o mister legiferante de modo inapropriado, sem qualquer senso de lógica ou razoabilidade. Cometem exageros pela maledicência ou pela inaptidão de exercerem o mandato para o qual foram eleitos. Daí elaborarem normas com escopos totalmente contrários àquilo que foi demarcado pelo constituinte originário. Quer dizer, extrapolam a imaginação criadora, perfeitamente admissível quando exercida à luz dos padrões supremos da norma de hierarquia máxima: a constituição.

E nem se fale que os legisladores têm discricionariedade. O exagero da *liberdade de configuração normativa* deve ser repudiado.

> **Liberdade de configuração normativa:** "Não se deve falar de uma discricionariedade do legislador, senão de uma 'liberdade de configuração' normativa (*Gestaltungsfreiheit des Gesetzgebers*, na expressão usual do Tribunal Constitucional alemão)" (Eduardo García de Enterría e Tomás-Ramón Fernández, *Curso de direito administrativo*, p. 159).

Até o Presidente da República, que não é legislador, não possui poder discricionário para editar, de modo abusivo, medidas provisórias, ainda quando, na prática, possa fazê-lo às escâncaras.

⬦ 4.3. Inconstitucionalidade por ação e por omissão

Tanto a *inconstitucionalidade por ação* como a *inconstitucionalidade por omissão* vêm consignadas na jurisprudência do Supremo Tribunal Federal.

> **Precedente:** "O desrespeito à Constituição tanto pode ocorrer mediante ação estatal quanto mediante inércia governamental. A situação de inconstitucionalidade pode derivar de um comportamento ativo do Poder Público, que age ou edita normas em desacordo com o que dispõe a Constituição, ofendendo-lhe, assim, os preceitos e os princípios que nela se acham consignados. Essa conduta estatal, que importa em um *facere* (atuação positiva), gera a inconstitucionalidade por ação. Se o Estado deixar de adotar as medidas necessárias à realização concreta dos preceitos da Constituição, em ordem a torná-los efetivos, operantes e exequíveis, abstendo-se, a consequência, de cumprir o dever de prestação que a Constituição lhe impôs, incidirá em violação negativa do texto constitucional. Desse *non facere*, ou *non praestare*, resultará a inconstitucionalidade por omissão, que pode ser total, quando

◆ Cap. 5 ◆ INCONSTITUCIONALIDADE DAS LEIS 83

nenhuma é a providência adotada, ou parcial, quando é insuficiente a medida efetivada pelo Poder Público" (STF, ADIn 1.458/DF, Rel. Min. Celso de Mello, *RDA, 206*:248).

Inconstitucionalidade por ação, portanto, é a que infringe a carta magna pela prática de um comportamento positivo (*facere* ou *praestare*).

Comportamento positivo é aquele advindo dos Poderes Públicos, e até mesmo dos particulares. Eles praticam ato, ou *fazem* algo, contrário ao texto maior.

A inconstitucionalidade por ação é a mais comum de todas as formas de *fraude constitucional*.

Exemplo: Presidente da República se ausenta do Brasil por quarenta dias sem a autorização do Congresso Nacional. Na hipótese, o Chefe do Executivo feriu a constituição, porque *fez* algo contrário ao art. 49, III, que prevê a competência exclusiva do Congresso para autorizá-lo a se ausentar do País por mais de quinze dias.

Já a inconstitucionalidade por omissão é a que viola a carta magna pela prática de um comportamento negativo (*non facere* ou *non praestare*).

Comportamento negativo é aquele que provém da inércia de qualquer um dos Poderes do Estado.

Quer dizer, o Executivo, o Judiciário ou o Legislativo deixam de tomar as providências, previstas na própria lei maior, para o fiel cumprimento de suas normas.

Exemplo de inconstitucionalidade por omissão via medida político-administrativa: Governador de Estado (Poder Executivo) rejeita aplicar o primado da impessoalidade, silenciando a seu respeito. Eis um nítido caso de omissão inconstitucional, pois o Texto de 1988, de forma concreta, exigiu a sua observância (art. 37, *caput*).

Exemplo de inconstitucionalidade por omissão via medida judicial: Presidente de Tribunal de Justiça (Poder Judiciário) não encaminha a proposta orçamentária. Será notória a omissão inconstitucional, pois a Carta Política conexiona o ato de enviar o orçamento a uma exigência de ação (art. 99, § 2º, II).

Exemplo de inconstitucionalidade por omissão via medida legislativa: a Câmara dos Deputados, o Senado ou o Congresso Nacional (Poder Legislativo) não editam lei ordinária para facultar as universidades a admitirem professores estrangeiros em seus quadros. Aí está uma típica inconstitucionalidade por omissão, porque os depositários da função legiferante deixaram de fazer aquilo que o § 1º do art. 207 da *Lex Mater* os obriga a executar.

Ressalte-se que, na prática, a inconstitucionalidade por omissão proveniente de medida político--administrativa não é difícil de ser resolvida. Reclamos interpartidários, apelos políticos ou reivindicações de grupos organizados da sociedade podem suplantá-la.

O mesmo se diga quanto às omissões empreendidas no campo jurisdicional. Aqui também inexistem problemas. A simples *vontade de realizar o direito* possui o condão de desfazer maiores óbices.

Na órbita legislativa, entretanto, a problemática da inconstitucionalidade por omissão adquire maior complexidade, desafiando a argúcia dos juristas. Nas constituições dirigentes, como a brasileira de 1988, a situação complica-se ainda mais, porque elas consagram compromissos a serem realizados, programas a longo prazo, promessas dependentes de providências legislativas posteriores, que não se sabe quando serão tomadas.

Decerto, as cartas dirigentes — pródigas em normas programáticas — atribuem tarefas para o legislador que nem sempre são cumpridas. Daí as conhecidíssimas *omissões inconstitucionais*, que desprestigiam o sentido normativo da constituição.

Ora, o *silêncio transgressor*, a *insinceridade normativa*, a *inércia legislativa*, o *programaticismo das cartas novecentistas*, ou quaisquer outros nomes correlatos à omissão inconstitucional, devem ser repudiados, porquanto produzem a *síndrome de inefetividade das constituições*, responsável pela *erosão da consciência constitucional*.

> **Doutrina:** Karl Loewenstein, *Teoría de la constitución*, p. 226. **Jurisprudência:** "A violação negativa do texto constitucional, resultante da situação de inatividade do Poder Público — que deixa de cumprir ou se abstém de prestar o que lhe ordena a Lei Fundamental — representa, notadamente em tema de direitos e liberdades de segunda geração (direitos econômicos, sociais e culturais), um inaceitável processo de desrespeito à Constituição, o que deforma a vontade soberana do poder constituinte e que traduz conduta estatal incompatível com o valor ético- -jurídico do sentimento constitucional,

cuja prevalência, no âmbito da coletividade, revela-se fator capaz de atribuir, ao Estatuto Político, o necessário e indispensável coeficiente de legitimidade social" (STF, ADIn 1.442/DF, Rel. Min. Celso de Mello, *Clipping* do *DJ* de 29-4-2005).

Cumpre advertir, contudo, que não é toda e qualquer omissão legislativa que propulsiona o cancro da inconstitucionalidade.

Isso porque a categoria muito longe está de ser mero *conceito naturalístico ou de negação*. Ao invés, sedimenta-se num sentido jurídico palpável, sem abstracionismos infundados. O legislador, por vontade própria, *não faz* aquilo que, normativamente, a constituição o obriga a fazer (J. J. Gomes Canotilho, *Constituição dirigente e vinculação do legislador*, p. 331-332).

Esse raciocínio remonta à contribuição do Direito Penal, porque omissiva é a conduta concernente a uma *ação determinada*.

Na órbita das *omissões inconstitucionais* também é assim, pois o *non facere* que as notabilizam é aquele oriundo de um comportamento que vai de encontro a imposições constitucionais *concretas, certas e exatificadas*.

Ora, a omissão, para ser inconstitucional, deve suplantar o evasivo "não fazer", em nome de um *não fazer algo concreto*, cristalizado na linguagem prescritiva do constituinte.

Noutras palavras, inconstitucional é a omissão conecta a um não fazer algo que positivamente a constituição exige que seja feito.

Nessa ordem de ideias, o diagnóstico da categoria pode ser obtido pela verificação das seguintes regras:

1ª) A omissão legislativa inconstitucional resulta do desrespeito às normas constitucionais que consagram exigências de ação.

O comportamento negativo, responsável pela omissão inconstitucional, é detectado toda vez que o constituinte consagra imposições, deveres e metas a serem perseguidos pelos Poderes Públicos, e, mesmo assim, eles não tomam quaisquer providências para impedir a *síndrome de inefetividade da constituição*.

Não se trata de satisfazer o mero dever geral de criar leis, algo corriqueiro no processo legislativo ordinário.

Também não estamos falando do preenchimento de deveres abstratos ou *silêncios eloquentes* do legislador.

Referimo-nos à inércia da atividade legislativa concretizadora dos desígnios do constituinte originário, cujo *non facere* fulmina os compromissos constitucionais, as exigências de ação positiva, os deveres institucionais de editar leis para efetivar a carta magna.

2ª) A omissão legislativa inconstitucional não é constatada perante imposições constitucionais abstratas ou implícitas.

Somente o descumprimento de um preceito ou princípio constitucional individualizado, concreto e explícito é capaz de ensejar a categoria.

Por isso, a omissão inconstitucional não é obtida em face do sistema em bloco.

Não leva em conta a totalidade da ordem jurídica, nem considera o conjunto de disposições ou ditames constitucionais implícitos, dessumidos da lógica geral do sistema.

Apenas se afigura na seara dos mandamentos específicos, expressos e cristalinos, cuja inexequibilidade, em concreto, frustra o cumprimento da constituição.

3ª) A omissão legislativa inconstitucional exterioriza-se na seara das normas constitucionais de eficácia limitada.

No Brasil, preceitos constitucionais dependentes de providência legislativa ulterior podem apresentar a inconstitucionalidade por omissão.

Isso porque, na feitura da Carta Maior, o constituinte deixou vazios propositais, os quais foram cunhados em preceitos concretos, de sorte que, numa etapa futura da vida do País, pudessem ser preenchidos pela ação legiferante.

Tais brechas, por assim chamá-las, dispostas em normas de eficácia limitada, se não forem preenchidas em virtude da inércia do legislador, ocasionam a omissão inconstitucional.

◆ Cap. 5 ◆ INCONSTITUCIONALIDADE DAS LEIS 85

Numa palavra, o *non facere* conspurcou um dever legislativo que foi colocado, concretamente, na *Lex Mater*, e por isso deve realizar-se.

4ª) A omissão legislativa inconstitucional só se verifica nos casos de lacunas constitucionais técnicas se, e somente se, a inércia do legislador for por tempo indeterminado.

As lacunas constitucionais técnicas, de legislação ou *intra legem* ocorrem quando o legislador deixa de editar norma prioritária para o fiel cumprimento do preceito constitucional.

Todavia, se elas puderem ser superadas pelos mecanismos integrativos do art. 4º da Lei de Introdução às Normas do Direito Brasileiro, não há falar em omissão inconstitucional. Referimo-nos à exegese, em suas diversas modalidades e métodos, à equidade, aos princípios gerais de direito, à analogia e, também, às máximas da experiência.

5ª) A omissão legislativa inconstitucional pode ser total, parcial, formal, material, absoluta e relativa.

- *Omissão total* — não satisfaz, por inteiro, o dever de legislar, ainda quando tenha envidado esforços para cumprir a sua tarefa. Embora tenha demonstrado a "intenção" de fazer a lei, não concretiza a tarefa.
- *Omissão parcial* — atende apenas em parte o dever de legislar.
- *Omissão formal* — ofende o processo de formação das leis e atos normativos.
- *Omissão material* — fere o conteúdo da carta maior.
- *Omissão absoluta* — o legislador, deliberadamente, deixa de legislar.
- *Omissão relativa* — a inércia legislativa atenta contra o princípio da igualdade.

✧ 4.4. Inconstitucionalidade total e parcial

Inconstitucionalidade total é a que incide, por inteiro, sobre a lei ou o ato normativo.

Já a *inconstitucionalidade parcial* é a que atinge apenas uma parte da lei ou do ato normativo.

Tais categorias levam em conta que as leis e os atos normativos, para fins de controle de constitucionalidade, podem sofrer *parcelamento*.

Parcelamento no sentido de que a invalidade constitucional de parte de uma lei não atinge, obrigatoriamente, a outra parte, que está em perfeita consonância com o texto maior.

Nesse ínterim, advém o *princípio da parcelaridade*, que não é exclusivo do controle concentrado de constitucionalidade, exercido pelas Cortes Supremas. Qualquer juiz ou tribunal também poderá invocá-lo, no desempenho do controle difuso de normas.

Pelo *princípio da parcelaridade*, nem sempre uma lei ou ato normativo podem ser declarados totalmente inconstitucionais.

Apenas a parcela que se encontra maculada será alvo da decisão de inconstitucionalidade, enquanto a outra que está compatível à constituição continua válida.

Porém, se parte da lei ou do ato normativo contaminar a outra parte, aí sim impõe-se a decretação da inconstitucionalidade total.

É comum leis e atos normativos formalmente inconstitucionais apresentarem a inconstitucionalidade total.

Daí alguns autores rejeitarem a categoria da inconstitucionalidade formal parcial, sob o argumento de que estaria embutida na própria inconstitucionalidade material (Raul Bertelsen Repetto, *Control de constitucionalidad de la ley*, p. 29).

Tal concepção parece-nos equívoca. A experiência detecta a presença da inconstitucionalidade formal parcial, nos diversos ordenamentos, como modalidade autônoma.

> **Doutrina:** Vezio Crisafulli, *Lezioni di diritto costituzionale*, v. 2, p. 327. **Jurisprudência:** "As situações configuradoras de omissão inconstitucional, ainda que se cuide de omissão parcial, refletem comportamento estatal que deve ser repelido, pois a inércia do Estado — além de gerar a erosão da própria consciência constitucional — qualifica-se, perigosamente, como um dos processos informais de mudança ilegítima da Constituição, expondo-se, por isso mesmo, à censura do Poder Judiciário. Precedentes" (STF, ADIn 1.442/DF, Rel. Min. Celso de Mello, *Clipping* do *DJ* de 29-4-2005).

Exemplo: uma lei ordinária foi regularmente votada e sancionada. Porém, um de seus artigos dispôs sobre matéria reservada à lei complementar. Eis um típico caso de inconstitucionalidade formal parcial, pois preceito de lei ordinária invadiu campo reservado à lei complementar.

Outro exemplo: uma lei federal complementar, de iniciativa do Presidente da República, seguiu o rito regular de sua feitura, ajustando-se perfeitamente às exigências procedimentais previstas na constituição. Todavia, um de seus artigos usurpou área reservada à esfera de atribuições legislativas de Estado-membro. Aí está outro inequívoco caso de inconstitucionalidade formal parcial.

Assim, do mesmo modo que existe inconstitucionalidade material total, pode existir inconstitucionalidade formal parcial.

A recíproca é verdadeira. Nada impede que uma lei ou ato normativo apresente inconstitucionalidade formal total, ou ainda inconstitucionalidade material parcial.

Tais considerações confirmam-se na prática. É que a experiência suplanta meras conjecturas teóricas, inexistindo dogmas nessa seara. A inconstitucionalidade é uma categoria que inadmite fórmulas prontas e acabadas, porque a norma constitucional, como todo e qualquer preceito jurídico, pode apresentar inconsistências das mais diversas, criando estados distintos de desconformidade que variam em *grau*, *profundidade* e *extensão*.

Daí a tese das inconsistências normativas de Alf Ross. Para este adepto de Hans Kelsen, as inconsistências normativas podem ser *total-total*, *total-parcial* e *parcial-parcial* (*Sobre el derecho y la justicia*, p. 124-125).

Vejamos cada uma, mostrando seus reflexos na jurisprudência do Supremo Tribunal Federal:

- **Inconstitucionalidade total-total** — a lei ou o ato normativo é absolutamente incompatível com a constituição e não deve ser aplicada em nenhuma circunstância, sob pena de transgredir o texto magno por inteiro. Está fartamente presente na casuística do Pretório Excelso, inclusive em tema de vencimentos da magistratura.

  Precedente: "Ementa: Representação de Inconstitucionalidade. Sistema duplo de vencimentos e de vantagens para a magistratura da mesma carreira é inconstitucional. No caso, declara-se a inconstitucionalidade de toda a sistemática, porque a declaração de inconstitucionalidade parcial importaria verdadeira criação de uma lei nova, não votada pelo Legislativo, que, presumidamente, não a votaria por afastar-se da orientação que presidiu à sua feitura. Representação que se julga procedente para declarar inconstitucionais os artigos 3º, 4º (e seu parágrafo único), 5º (e seus parágrafos) e 6º da Lei 9.262, de 11 de setembro de 1986, do Estado de Minas Gerais. Ressalva quanto ao Anexo II da referida Lei" (STF, RE 141.424, Rel. Min. Carlos Velloso, j. em 17-5-2002, *DJ* de 1º-8-2002, p. 205).

- **Inconstitucionalidade total-parcial** — nela a nulidade parcial enseja a nulidade total da lei ou ato normativo incompatível com a constituição. Desse modo, a lei ou o ato normativo devem ser excluídos integralmente do ordenamento jurídico, porque a parte "doente" da norma contaminou a parte "sadia" dela, sendo impossível recuperar a parcela da normatividade que, em rigor, não estava viciada, mas que se contaminou por derivação. Incomum no acervo da Corte Suprema, pode ser vista naqueles casos de extensão dos efeitos da declaração de inconstitucionalidade para todos os dispositivos correlacionados ao preceito parcialmente inconstitucional.

  Precedente: "Impugnação isolada apenas de partes de um sistema legal, interligadas ao seu conjunto, torna inviável o conhecimento da ação direta de inconstitucionalidade, dado que, reconhecida a inconstitucionalidade parcial de alguns preceitos, os outros perdem o seu sentido" (STF, Pleno, ADIn 2.174/DF, Rel. Min. Maurício Corrêa, j. em 2-11-2001). Na ADIn 722, ajuizada pelo Procurador-Geral da República, e acolhida, por unanimidade, pelo Supremo, também se verificou a hipótese, declarando-se inconstitucional o art. 27 e parágrafo único da Lei n. 8.216, de 13-8-1991, e o art. 10, § 2º, II, da Lei n. 8.270, de 17-12-1991.

- **Inconstitucionalidade parcial-parcial** — somente uma parte da lei ou do ato normativo vulnera a carta magna. Nessa hipótese, apenas a parcela inconstitucional do diploma normativo é que deverá ser expurgada do ordenamento, para não contaminar o restante dos enunciados normativos que estiverem em perfeita sintonia com o texto maior, e, como tais, devem permanecer intactos. Presente de modo vigoroso nos julgados da Corte Excelsa, como nos casos de inconstitucionalidade parcial de lei tributária.

◆ Cap. 5 ◆ INCONSTITUCIONALIDADE DAS LEIS   **87**

> **Precedente:** "Ementa: Contribuição social (Lei n. 7.689/88): constitucionalidade da sua instituição e inconstitucionalidade da sua exigência sobre o lucro apurado em 31-12-1988, a menos de 90 dias da lei de criação do tributo (STF, RE n. 146.733, de 29-6-92, e RE n. 138.284, de 01-07-92): manutenção, não obstante, por sua conclusão, do acórdão recorrido, a qual basta a inconstitucionalidade parcial declarada pelas decisões plenárias do Supremo Tribunal Federal, dado que — embora o julgado *a quo* se tenha fundado na inconstitucionalidade da própria contribuição —, no caso concreto, nos limites do pedido, a concessão da segurança se circunscreveu a eximir a recorrida da exigência relativa ao lucro do exercício de 1988" (STF, 1ª T., RE 136.346/PE, Rel. Min. Sepúlveda Pertence, v. u., j. em 3-11-1992, *DJ* de 27-11-1992, p. 22304). Eis outro julgado aplicando a categoria: "É inconstitucional a palavra *nominal* contida no inciso I, do art. 20, da Lei n. 8.880/94, por violação aos princípios da preservação do valor real dos benefícios insculpido no art. 201, § 2º, da Constituição Federal e do direito adquirido, consagrado no art. 5º, XXXVI, da Carta Magna, devendo o benefício ser calculado incluindo-se o reajuste integral nas parcelas consideradas para o cálculo da média aritmética (...). Como visto, o acórdão plenário — que integra a decisão recorrida — declarou a inconstitucionalidade parcial do dispositivo questionado por ofensa aos arts. 201, § 2º, e 5º, XXXVI, da Constituição" (STF, RE 307.465/RS, Rel. Min. Sepúlveda Pertence, j. em 1º-8-2001, *DJ* de 5-10-2001, p. 105).

✧ 4.5. Inconstitucionalidade direta e indireta

Inconstitucionalidade direta, que também pode ser chamada de expressa, imediata ou manifesta, é aquela que atinge dispositivo explícito da constituição.

Exemplo: medida provisória ofende o princípio da legalidade, previsto, taxativamente, no art. 5º, II, da Constituição brasileira. Temos, nesse caso, uma inconstitucionalidade direta.

O Supremo Tribunal Federal reconhece a teoria da inconstitucionalidade direta em sua plenitude.

> **Nesse sentido:** "Ementa: arguição de inconstitucionalidade da resolução que o dispensa — aprovado pelo Tribunal de Justiça — e do edital — baixado por seu Presidente, por não ter participado a Ordem dos Advogados do Brasil da elaboração de tais atos normativos: ação direta inadmissível no ponto, porque, outorgadas as competências do Tribunal e de seu Presidente pela lei, a existir, a inconstitucionalidade direta seria desta, a lei, e não dos atos normativos que, com base na competência legal, foram baixados. II. Concurso para a magistratura: exigência constitucional de participação da OAB 'em todas as suas fases': consequente plausibilidade da arguição de inconstitucionalidade das normas regulamentares do certame que: (a) confiaram exclusivamente ao Presidente do Tribunal de Justiça, com recurso para o plenário deste, decidir sobre os requerimentos de inscrição; (b) predeterminaram as notas a conferir a cada categoria de títulos: usurpação de atribuições da comissão, da qual há de participar a Ordem. III. Concurso público para a magistratura: títulos: plausível a invocação do princípio constitucional da isonomia contra a validade de normas que consideram título o mero exercício de cargos públicos, efetivos ou comissionados, privativos ou não de graduados em Direito" (STF, Pleno, ADIn 2.210-MC/AL, Rel. Min. Sepúlveda Pertence, v. u., j. em 28-9-2000, *DJ* de 24-5-2002, p. 53. Acórdãos citados: ADIn 485-MC (*RTJ, 137*:87), ADIn 495-MC, ADIn 598 (*RTJ, 149*:773), ADIn 1.864-MC).

Numa oportunidade, o Supremo aplicou a concepção da inconstitucionalidade direta em tema de direitos adquiridos.

> **Precedente:** "Se a Corte conclui, mediante votação expressiva, pela impossibilidade jurídica de pedido de declaração de inconstitucionalidade, na via direta, de preceito anterior à Carta, o entendimento em sentido contrário deve ser relegado a plano secundário, em prol da celeridade e economia processuais. A discussão do tema passa a ser meramente acadêmica. A concessão de liminar pressupõe conclusão, ao primeiro exame, sobre o sinal do bom direito e o risco decorrente de manter-se, com plena eficácia, o preceito atacado. Isto ocorre quando o dispositivo legal encerra extinção de Fundo de Aposentadoria e de Pensões, assegurando-se direitos adquiridos" (STF, Pleno, ADIn 454-MC/PR, Rel. Min. Marco Aurélio, j. em 7-2-1992, *DJ* de 8-5-1992, p. 6264. Precedentes: STF, ADIn 2, ADIn 7, ADIn 74, ADIn 85, ADIn 381, ADIn 385, ADIn 389, ADIn 415, ADIn 438, ADIn 450, ADIn 464, ADIn 503, ADIn 569, ADIn 606).

Já a inconstitucionalidade indireta, implícita, mediata ou não manifesta, é aquela em que uma lei ou ato normativo se contrapõem à constituição de modo oblíquo ou reflexo.

Exemplo: um regulamento contém disposição que, implicitamente, ofende o princípio da reserva constitucional de jurisdição (CF, art. 5º, XXXV).

E o que significa violar o texto magno de maneira oblíqua ou reflexa?

Para muitos, é o mesmo que ferir o *espírito da constituição* (Alfredo Buzaid, *Da ação direta de declaração de inconstitucionalidade no direito brasileiro*, p. 46; Lúcio Bittencourt, *O controle jurisdicional da constitucionalidade das leis*, p. 55; Ronaldo Poletti, *Controle da constitucionalidade das leis*, p. 181).

Mas esses autores não dizem o que é *espírito da constituição* para fins de determinação da inconstitucionalidade indireta das leis e atos normativos.

Sem dúvida, a terminologia é sobremodo abstrata e insuficiente para se alegar a incongruência da lei ou do ato normativo perante o texto maior.

É que a inconstitucionalidade representa um juízo que depende da *concretização* daquilo que se supõe contrário à carta magna. Daí ser indispensável indicar, de modo taxativo, o princípio, a norma, o inciso ou a alínea do texto magno que foi violado, ainda que de modo implícito.

Não basta dizer que um diploma normativo é inconstitucional porque ofende o *espírito da constituição*. Esse argumento, além de vago e evasivo, renega o *princípio da especificação das normas*, alicerçado na necessidade de catalogar os ditames e preceitos constitucionais presumivelmente conspurcados pela atividade legiferante ordinária.

Esse magistério encontra acolhida na jurisprudência do Supremo Tribunal Federal.

> **Nesse sentido:** "O Supremo Tribunal Federal não está condicionado, no desempenho de sua atividade jurisdicional, pelas razões de ordem jurídica invocadas como suporte da pretensão de inconstitucionalidade deduzida pelo autor da ação direta. Tal circunstância, no entanto, não suprime à parte o dever processual de motivar o pedido e de identificar, na Constituição, em obséquio ao *princípio da especificação das normas*, os dispositivos alegadamente violados pelo ato normativo que pretende impugnar. Impõe-se ao autor, no processo de controle concentrado de constitucionalidade, sob pena de não conhecimento da ação direta, indicar as normas de referência — que são aquelas inerentes ao ordenamento constitucional e que se revestem, por isso mesmo, de parametricidade — em ordem a viabilizar a aferição da conformidade vertical dos atos normativos infraconstitucionais" (STF, Pleno, ADIn 561-MC/DF, Rel. Min. Celso de Mello, j. em 23-8-1995, v. m., vencidos os Ministros Sepúlveda Pertence e Maurício Corrêa, *DJ* de 23-3-2001. Acórdãos citados: ADIn 311, ADIn 365, ADIn 379, ADIn 387, ADIn 531, ADIn 536, ADIn 673; *RTJ*, *124*:18).

Com efeito, a categoria da inconstitucionalidade indireta, enquanto veículo de ofensa reflexa ou oblíqua do Texto de 1988, não é aceita pelo Pretório Excelso.

> **Precedente:** "Ação direta de inconstitucionalidade. 1. Ato de governo estadual que ao contrariar legislação federal ordinária afrontaria a Constituição, consequentemente o princípio da legalidade dos atos da Administração (art. 37, *caput*, da CF). Inconstitucionalidade por via oblíqua. Inadmissibilidade" (STF, Pleno, ADIn 99-MC/MT, Rel. Min. Célio Borja, j. em 18-10-1989, v. u., *DJ* de 17-11-1989, p. 17184).

Nesse diapasão, o Supremo Tribunal Federal, em inúmeros julgados proferidos sob a égide da Carta de 1988, é firme no sentido de inadmitir a inconstitucionalidade oblíqua ou reflexa das leis e dos atos normativos.

> **Precedentes:** STF, Pleno, ADIn 1.383-1/RS, Rel. Min. Moreira Alves, *DJ*, 1, de 18-10-1996, p. 39844; STF, Pleno, ADIn 1.388-3/DF, Rel. Min. Néri da Silveira, *DJ*, 1, de 14-11-1996, p. 44467; STF, Pleno, ADIn 996/DF, Rel. Min. Celso de Mello; *RTJ*, *99*:1366 e *138*:436.

Parece-nos que o entendimento do Supremo Tribunal Federal possui fundamento.

É grave dizer que uma lei ou um ato normativo é inconstitucional sem uma base sólida que justifique essa alegação, ainda mais no Brasil, cujo ordenamento jurídico é sobremaneira complexo, marcado por antinomias jurídicas de toda monta, num universo de mais de quarenta e seis mil diplomas legislados.

> **Quantidade de normas editadas no Brasil:** o Instituto Brasileiro de Planejamento e Tributação (IBPT) publicou um estudo demonstrando que, em nosso País, foram editadas, nos idos de 2019, 6.087.473 (seis milhões, oitenta e sete mil, quatrocentos e setenta e três) normas. Em média, foram editadas 776 (setecentos e setenta e seis) normas por dia útil. Só em temas tributários, editaram 403.322 (quatrocentas e três mil, trezentas e vinte e duas) normas (Gilberto Luiz do Amaral; Letícia M. Fernandes do Amaral; João Eloi Olenike; Fernando Steinbruch; Cristiano Lisboa Yazbek. Quantidade de normas editadas no Brasil: 31 anos da Constituição Federal de 1988. p. 2. Disponível em: https://migalhas. uol.com.br/arquivos/2019/10/art20191025-11.pdf. Acesso em: 02 dez. 2022).

◆ Cap. 5 ◆ INCONSTITUCIONALIDADE DAS LEIS

Ora, o simples ato de invocar o *espírito da constituição*, dentro de um abstracionismo infundado, não é o bastante para aquilatar a inconstitucionalidade de uma lei ou de um ato normativo.

Do contrário, abriríamos uma brecha para todo tipo de suposições e casuísmos que não justificariam acionar o aparato jurisdicional do Estado.

E como fazer diante das inconstitucionalidades indiretas, das ofensas reflexas ou oblíquas à *lex legum*? O problema fica sem solução?

De maneira alguma. Como veremos abaixo, os princípios implícitos também fazem parte do bloco de constitucionalidade da Carta de 1988.

Se é certo que a constituição pode sofrer investidas implícitas no seu corpo normativo, mais exato ainda é que o remédio adequado para sanar a problemática trilha um *caminho sobremodo preciso*.

Esse *caminho sobremodo preciso* concerne à *especificação* do preceptivo violado pela atividade legislativa comum. Nesse passo, o que é oblíquo passa a ser palpável.

Noutras palavras, se a ofensa oblíqua ou reflexa comprometer certos valores emanados de normas prescritas pelo constituinte e dessumidas da lógica geral do sistema, a exemplo da boa-fé (art. 37, *caput*), da razoabilidade (art. 5º, LIV), do ideário da paz entre os homens (art. 4º, VI), dentre tantos, restará ao Poder Judiciário defender a ordem constitucional transgredida.

Todavia, a mera invocação subjetiva de argumentos abstratos, que apenas demonstram a existência de violações oblíquas ou reflexas ao texto da constituição, não servem de suporte para decretar a inconstitucionalidade das leis ou dos atos normativos.

Numa palavra, a inconstitucionalidade indireta só pode ser aceita à luz do *princípio da especificação das normas*. Somente transgressões concretas à *lex mater* justificam seu reconhecimento.

Nesse caso, a inconstitucionalidade deixa de ser implícita, oblíqua, reflexa, não manifesta, para transmutar-se numa inconstitucionalidade direta, explícita, manifesta.

Conclusão: a inconstitucionalidade indireta só é admissível se promanar de uma ofensa às próprias normas expressas na constituição. É como se existisse uma violação implícita daquilo que está explícito.

> **A esse respeito, decidiu o Supremo Tribunal Federal:** "Viola o princípio da independência e harmonia dos Poderes emenda constitucional estadual que determina sejam submetidas à Assembleia Legislativa as indicações de dirigentes de autarquias" (STF, Pleno, Repr. 1.079/SP, Rel. Min. Moreira Alves, v. u., *RTJ*, *103*:495-507, fev. 1983). Eis outro *decisum*: "É ilegítima a hermenêutica constitucional que considerou inelegível a esposa casada apenas religiosamente com o titular do cargo, por entender 'que quem analisa detidamente os princípios que norteiam a Constituição na parte atinente às inelegibilidades, há de convir que sua intenção, no particular, é evitar, entre outras coisas, a perpetuidade de grupos familiares, ou oligarquias, à frente dos executivos' (...). Seria estimular a fraude à lei e à Constituição permitir-se a burla da inelegibilidade expressamente prevista na lei complementar, desconsiderando-se a realidade, para negar a finalidade da própria lei" (STF, RE Eleitoral n. 98.935/PI, Rel. Min. Cordeiro Guerra, *RTJ*, *103*:1321 e 1326, mar. 1983). Ambas as decisões, embora prolatadas na vigência da Constituição pregressa, encontram-se perfeitamente atuais em nossos dias. Há outros julgados, também anteriores à Carta de 1988, reconhecendo as fraudes implícitas aos preceitos constitucionais (STF, Pleno, Repr. 1.089/SP, Rel. Min. Soares Muñoz, v. u., *RTJ*, *103*: 516-522, fev. 1983). Ao atuar na Suprema Corte, os Ministros Xavier de Albuquerque e Rodrigues Alckmin invocavam a existência de certos "valores suscetíveis de consideração" no exame da constitucionalidade das leis (STF, RHC 53.801/RJ, *RTJ*, *79*:67 e 73, jan. 1977).

✧ 4.6. Inconstitucionalidade antecedente e consequente

Inconstitucionalidade antecedente ou *principal* é aquela que ocorre no exato momento da violação explícita do texto maior por uma lei ou ato normativo.

Exemplo: Lei Delegada, de 10 de outubro de 2000, fere o princípio da autonomia universitária, previsto no art. 207, *caput*, da Constituição brasileira de 5 de outubro de 1988.

A *inconstitucionalidade antecedente* nada mais é que um desdobramento da própria *inconstitucionalidade direta*. Não há diferenças substanciais entre ambas. A única particularidade no exame do assunto é que a *antecedente* é um tipo de inconstitucionalidade que se classifica quanto ao momento lógico de configuração da incompatibilidade. E só. No mais, é excesso pretender extrair de fenômenos idênticos resultados diversos.

De outro ângulo, *inconstitucionalidade consequente, acessória* ou *derivada* é aquela que provém do efeito reflexo ou oblíquo de uma violação direta à carta magna. Trata-se de um corolário da própria inconstitucionalidade antecedente.

Quer dizer, uma norma que viola expressamente a lei magna contamina, por derivação, os outros dispositivos que nela encontram o fundamento de validade.

Exemplo: uma medida provisória, já declarada inconstitucional, é convertida em lei. Nesse caso, a referida lei também será inconstitucional por derivação. Trata-se de típico caso de inconstitucionalidade derivada ou consequente, que cria um vínculo de dependência entre um ato normativo que tem a sua fonte de validade naquele que foi considerado inconstitucional. No caso, é como se a lei ficasse contaminada pela doença que a medida provisória lhe transmitiu.

Veja-se que a *inconstitucionalidade consequente* também é um desdobramento da *inconstitucionalidade indireta*. Nessa seara é válido tudo que dissemos acima acerca da simetria entre a *inconstitucionalidade antecedente* e a *inconstitucionalidade direta*. Assim, inexistem diferenças substanciais entre elas, havendo somente uma nuança no estudo do tema: o ato de classificar tais categorias sob a ótica do momento lógico de configuração da inconstitucionalidade. Nada mais.

✧ 4.7. Inconstitucionalidade causal

É aquela em que os Poderes Públicos, em sentido amplo, praticam ato contrário a uma *situação fática* prevista na carta magna.

Tal *situação fática* envolve a *causa* responsável pela *fraude constitucional.*

Exemplo: o art. 5º, LXV, da nossa Constituição diz que "a prisão ilegal será imediatamente relaxada pela autoridade judiciária". Suponhamos que uma autoridade policial prenda alguém fora dos lindes da legalidade, e, ao examinar o caso, o juiz determina o relaxamento da prisão. Na hipótese, a *causa* do relaxamento da prisão foi o ato ilegal que a motivou. Já a *situação fática* responsável pela *inconstitucionalidade causal* concerne à prisão ilícita.

✧ 4.8. Inconstitucionalidade presente e pretérita

Inconstitucionalidade presente ou atual é aquela que atinge preceito constitucional em vigor.

Exemplo: uma lei ordinária contém dispositivo contrário ao princípio da dignidade da pessoa humana, previsto no art. 1º, III, da Constituição de 1988.

Tal categoria vigora no Brasil. Pode ser dessumida de diversos julgamentos do Supremo Tribunal Federal, embora não haja referência expressa à terminologia *inconstitucionalidade presente* na casuística da Corte.

Inconstitucionalidade pretérita ou póstuma é aquela que viola norma constitucional que já não se encontra em vigor.

Exemplo: uma lei complementar consagra artigo que agride inciso da Constituição de 1946.

No ordenamento jurídico brasileiro, só interessa a inconstitucionalidade presente ou atual.

Assim, só podem servir de parâmetro de confronto as normas constitucionais que estiverem em plena vigência, e não as que sofreram revogação, conforme vem demarcando a jurisprudência do Supremo Tribunal Federal.

Precedente: STF, ADIn 1.588/DF, Rel. Min. Celso de Mello, j. em 11-4-2002, *DJ* de 17-4-2002, p. 9; ADIn 595/ES.

Logo, não se aplica, entre nós, a doutrina da inconstitucionalidade pretérita ou póstuma, porque normas constitucionais revogadas não servem de parâmetro de confronto.

Daí o Supremo Tribunal Federal não admitir a declaração de inconstitucionalidade, por meio de ação direta, de lei ou ato normativo, em face de constituição já revogada.

Nesse sentido: *RTJ, 95*:980. O TJSP tem perfilhado o mesmo entendimento do Pretório Excelso (Lair da Silva Loureiro e Lair da Silva Loureiro Filho, *Ação direta de inconstitucionalidade:* jurisprudência do órgão especial do Tribunal de Justiça do Estado de São Paulo, p. 423-424).

◆ Cap. 5 ◆ INCONSTITUCIONALIDADE DAS LEIS **91**

⬦ 4.9. Inconstitucionalidade originária e superveniente

Inconstitucionalidade originária é aquela em que o ato, emanado do órgão legislativo, fere norma constitucional em vigor.

Exemplo: lei ordinária *Y* consagrou preceito que dificulta a brasileiros e estrangeiros ocuparem cargos, empregos e funções públicas. Nesse caso, a inconstitucionalidade originária será flagrante, porque viola o art. 37, I, da Constituição Federal, em plena vigência no nosso ordenamento jurídico.

> **Art. 37, I, da CF:** "Os cargos, empregos e funções públicas são acessíveis aos brasileiros que preencham os requisitos estabelecidos em lei, assim como aos estrangeiros, na forma da lei".

Tal inconstitucionalidade é adjetivada de *originária* porque o vício que contamina o ato advém do seu próprio nascimento. A lei já nasce com um defeito congênito em sua configuração.

A *inconstitucionalidade originária* pode ocorrer no Brasil, e o Supremo Tribunal Federal a menciona em seus veraditos.

> **Precedentes:** no julgamento do RE 191.044, v. g., detectou-se a mácula da inconstitucionalidade originária (STF, AgI 207.905/AL, Rel. Min. Sepúlveda Pertence, j. em 26-10-1999), *DJ* de 22-11-1999, p. 3. Na ADIn 718, decidiu-se pela sua inexistência (STF, Pleno, ADIn 718/MA, Rel. Min. Sepúlveda Pertence, j. em 5-11-1998, v. u., *DJ* de 18-12-1998, p. 49).

Já a *inconstitucionalidade superveniente* é aquela em que o ato, emanado do órgão legislativo, viola norma constitucional que ainda será editada.

Exemplo: decreto legislativo *Z*, editado em 15 de dezembro de 1934, traz dispositivo contrário à Constituição brasileira em vigor, que só veio a ser promulgada muitos anos depois, precisamente em 5 de outubro de 1988.

Embora tenhamos utilizado o decreto legislativo para ilustrar o fenômeno, este também pode ocorrer pelas demais modalidades do art. 59 da Carta de Outubro (emendas constitucionais, leis complementares, leis ordinárias, leis delegadas, medidas provisórias e resoluções).

Tal inconstitucionalidade qualifica-se de *superveniente* porque apenas sobrevém com o advento de um novo texto constitucional.

É como se fosse uma *inconstitucionalidade futura*, que só surgirá quando uma dada constituição vier a lume.

Para nós, a chamada *inconstitucionalidade superveniente* provém de uma construção doutrinária equivocada. Isso porque leis nascidas em ordenamentos constitucionais pregressos ao surgimento da nova constituição são automaticamente revogadas ou recepcionadas por ela.

Ora, a *inconstitucionalidade superveniente*, que, ao pé da letra, significa inconstitucionalidade que vem depois, nem inconstitucionalidade é. Seria logicamente impossível averiguar o elo de conformidade entre um ato legislativo elaborado antes do aparecimento da nova ordem constitucional com preceitos supremos recém-editados, que nem existiam ao tempo em que o poder legislativo ordinário o criou.

De qualquer sorte, jamais devemos confundir a *inconstitucionalidade originária* com a chamada *inconstitucionalidade superveniente*:

• **Inconstitucionalidade originária**

> A norma constitucional, objeto de violação, encontra-se em vigor. Aqui, o parâmetro de confronto — a constituição — está em plena vigência.
> Exemplo: o Decreto n. 3.724/2001, que regulamentou a Lei Complementar n. 105/2001, autorizando a quebra do sigilo bancário pela Receita Federal, traz a pecha da inconstitucionalidade originária, porque usurpou preceitos constitucionais vigentes, como o inciso XXXV do art. 5º, que consagra a reserva de jurisdição ("a lei não excluirá da apreciação do Poder Judiciário lesão ou ameaça a direito").

• Inconstitucionalidade superveniente

É a que surge quando a constituição deixa de vigorar. Pressupõe, pois, a inexistência de constituição. Nela, não há parâmetro de confronto. O poder constituinte originário não tinha sido exercido ainda, embora a lei reputada inconstitucional, com o surgimento de nova constituição, sim. Quer dizer, a obra do legislador estava de pé, mas a do constituinte originário, não. Para nós, a tese da inconstitucionalidade superveniente é ilógica e inaceitável. Seus defensores confundem-na com a revogação, como veremos abaixo. O Supremo Tribunal Federal não a admite.

Exemplo: os adeptos da tese da *inconstitucionalidade superveniente*, à qual não nos filiamos, certamente a vislumbrariam pelo cotejo da última parte do art. 186 do Código de Processo Penal (Dec.-Lei n. 3.689, de 3-10-1941) com o art. 5º, LXIII, da Constituição. Diriam que o dispositivo infraconstitucional feriu o privilégio contra a autoincriminação, impedindo o *réu*, o *indiciado* e a *testemunha* de ficarem calados, sem produzir provas que os prejudiquem (*nemo tenetur se detegere*). Acreditamos que isso não seria uma inconstitucionalidade propriamente dita, porém revogação. Ora, o direito ao silêncio, consubstanciado no Texto Maior, revogou a parte final do mencionado art. 186 do Código de Processo Penal, preceito anterior ao advento da Carta de 1988. Portanto, acreditamos que não há, nesse caso, "inconstitucionalidade superveniente", mas sim revogação.

O Supremo Tribunal Federal, há mais de cinquenta anos, rejeita a tese da "inconstitucionalidade superveniente".

> **Precedentes:** "Firmado no STF não poder ser objeto de ação direta de inconstitucionalidade a incompatibilidade entre a lei e a norma constitucional superveniente — que se reduziria, segundo o entendimento vitorioso, a mera revogação" (STF, Pleno, ADIn 718/MA, Rel. Min. Sepúlveda Pertence, j. em 5-11-1998, v. u., *DJ* de 18-12-1998, p. 49). Eis outro julgado: "A questão da incompatibilidade entre lei infraconstitucional e Constituição, quando aquela é anterior a esta, se circunscreve ao âmbito da revogação, e não da inconstitucionalidade, não podendo, por isso, ser objeto de ação direta de inconstitucionalidade" (STF, Pleno, ADIn 385-MC/DF, Rel. Min. Moreira Alves, j. em 7-2-1992, v. u., *DJ* de 11-9-1992, p. 14712).

Na realidade, aquilo que os doutrinadores chamam de "inconstitucionalidade superveniente" nada mais é que uma das formas de "exteriorizar a *revogação*", um simples vício contemporâneo ao nascimento da lei.

Por isso, atos editados antes da vigência do Texto de 1988 que estiverem em desconformidade com ele são revogados em virtude da ausência de recepção pela nova ordem jurídica.

> **Precedentes:** "A incompatibilidade vertical superveniente de atos do Poder Público, em face de um novo ordenamento constitucional, traduz hipótese de pura e simples revogação dessas espécies jurídicas, posto que lhe são hierarquicamente inferiores. O exame da revogação de leis ou atos normativos do Poder Público constitui matéria absolutamente estranha à função jurídico-processual da ação direta de inconstitucionalidade" (STF, Pleno, ADIn 7-QO/DF, Rel. Min. Celso de Mello, v. u., *DJ* de 4-9-1992, p. 14087). Noutra assentada, reiterou a tese pacífica: "A lei ou é constitucional ou não é lei. Lei inconstitucional é uma contradição em si. A lei é constitucional quando fiel à Constituição; inconstitucional na medida em que a desrespeita, dispondo sobre o que lhe era vedado. O vício da inconstitucionalidade é congênito à lei e há de ser apurado em face da Constituição vigente ao tempo de sua elaboração. Lei anterior não pode ser inconstitucional em relação à Constituição superveniente; nem o legislador poderia infringir Constituição futura. A Constituição sobrevinda não torna inconstitucionais leis anteriores com ela conflitantes: revoga-as. Pelo fato de ser superior, a Constituição não deixa de produzir efeitos revogatórios. Seria ilógico que a lei fundamental, por ser suprema, não revogasse, ao ser promulgada, leis ordinárias. A lei maior valeria menos que a lei ordinária. Reafirmação da antiga jurisprudência do STF, mais que cinquentenária. Ação direta de que se não conhece por impossibilidade jurídica do pedido" (STF, Pleno, ADIn 2-1/DF, Rel. Min. Paulo Brossard, j. em 6-2-1992, v. m., *DJ* de 21-11-1997, p. 60585).

Lembre-se que a inconstitucionalidade superveniente também não pode ser atacada, no Superior Tribunal de Justiça, via recurso especial.

◆ Cap. 5 ◆ INCONSTITUCIONALIDADE DAS LEIS 93

Nesse sentido: "O reconhecimento da revogação de lei, por incompatibilidade com dispositivo constitucional novo, pressupõe a verificação da compatibilidade entre a lei velha e a Constituição nova. O Tribunal, quando verifica a ocorrência de inconstitucionalidade superveniente exerce evidente controle da constitucionalidade. Acórdão que examina a revogação por inconstitucionalidade expõe-se, tão somente, a recurso extraordinário. O recurso especial é instrumento impróprio para o enfrentar" (STJ, 1ª T., EDecl. em REsp 61.902/RS, Rel. Min. Humberto Gomes de Barros, decisão de 18-10-1995, *DJ*, 1, de 27-11-1995, p. 40850).

Já a Constituição portuguesa de 1976 disciplinou a inconstitucionalidade superveniente em seu texto. Assim o fez ao mencionar a hipótese "de inconstitucionalidade ou de ilegalidade por infração de norma constitucional ou legal posterior" (art. 282º, 2).

Magistério doutrinário: analisando o art. 282º, 2, da Carta lusitana, averbam Gomes Canotilho e Vital Moreira que reformas constitucionais podem ensejar inconstitucionalidades supervenientes em virtude da mudança do parâmetro constitucional. Afirmam, ainda, que a categoria se situa na seara da inconstitucionalidade material, pois "a inconstitucionalidade orgânica ou formal — que necessariamente diz respeito à formação do acto — só pode ser aferida pelas normas constitucionais vigentes à *data dessa formação*. Por outro lado, pela sua própria natureza, ela só pode afectar a legitimidade da norma a partir do momento em que a norma se tornou inconstitucional" (*Fundamentos da constituição*, p. 268).

Sem dúvida, a experiência comprova que normas constitucionais acrescentadas ao texto originário da constituição mediante reformas somente revogam os preceitos ordinários incompatíveis com o texto supremo. Assim, emendas ou revisões à carta magna não geram inconstitucionalidades supervenientes. Trata-se de revogação.

E as mutações constitucionais, que estudaremos mais adiante, poderiam ocasionar o fenômeno?

Não há falar em *inconstitucionalidade superveniente* em sede de mutação constitucional.

Opiniões contrárias: Clèmerson Merlin Clève entende que as mutações constitucionais "poderiam dar lugar ao surgimento da inconstitucionalidade superveniente" (*A fiscalização abstrata de constitucionalidade no direito brasileiro*, p. 55). No mesmo sentido, Luís Roberto Barroso: "Hipóteses haverá em que a inconstitucionalidade de uma norma será *superveniente* a seu nascimento, resultando *mutações constitucionais*" (*Controle de constitucionalidade no direito brasileiro*, p. 164).

O fato de uma norma constitucional ser modificada no sentido, significado e alcance, mantendo intacta a sua letra, em nada obstaculiza os efeitos revogatórios da *lex mater*.

Se é certo que a constituição interage com a realidade, alterando as circunstâncias fáticas que permeiam os ordenamentos constitucionais, mais exato ainda é que esse fenômeno não elide a revogação, impropriamente confundida com o que convencionaram chamar de *inconstitucionalidade superveniente*, que, vale repetir, nem inconstitucionalidade é.

✧ 4.10. Inconstitucionalidade progressiva: a lei ainda constitucional e as situações constitucionais imperfeitas

Inconstitucionalidade progressiva é a que decorre da falta de implementação das estruturas normativas previstas na constituição.

A categoria liga-se à problemática da *omissão legislativa inconstitucional*, acima estudada, bem como ao tema da *lei ainda constitucional* (*situações constitucionais imperfeitas*).

Quando o legislador deixa de editar norma prioritária para o fiel cumprimento de preceito constitucional, sendo impossível utilizar os instrumentos de integração da ordem jurídica (equidade, analogia, princípios gerais de direito, máximas da experiência), surge a *inconstitucionalidade progressiva*.

Nesse caso, os instrumentos de integração da ordem jurídica cedem em face do transcurso do tempo, compondo o cenário das chamadas *situações constitucionais imperfeitas, que tendem para a inconstitucionalidade*.

Situação constitucional imperfeita é o estágio provisório de constitucionalidade, no qual o ato legislativo está passando por um progressivo processo de inconstitucionalização. Por seu intermédio, abre-se espaço para a existência do *princípio da declaração de inconstitucionalidade da norma ainda constitucional, mas em trânsito para a inconstitucionalidade*. Em 2010, a problemática das *situações constitucionais imperfeitas* voltou à baila no Plenário do Supremo Tribunal. Referimo-nos ao RE 600.885/RS, relatado pela Min. Cármen Lúcia, cujo julgamento foi suspenso em 10-11-2010, em virtude de empate, no qual os juízes da Corte discutiam o limite de idade para ingresso nas Forças Armadas. O fato é que o decano do Supremo, Min. Celso de Mello, invocou o fenômeno das *situações constitucionais imperfeitas* para sustentar o seu ponto de vista. Para ele, seria conveniente estipular-se o prazo de um ano, de modo a preservar todos os concursos públicos realizados pelas Forças Armadas com base na lei considerada incompatível com a Carta de 1988. Decorridos os 12 (doze) meses, o Supremo não mais validaria certames realizados com base em critérios administrativos estabelecidos em regulamentos das Forças Armadas.

Com efeito, as *situações constitucionais imperfeitas* equivalem ao problema da *lei ainda constitucional*.

Elas não chegam a ser, num primeiro momento, inconstitucionais. Acontece, porém, que a falta de regulamentação de um dispositivo constitucional, ou seja, o comportamento negativo do legislador, acaba ocasionando o cancro da *inconstitucionalidade progressiva*.

O Supremo Tribunal Federal enfrentou a questão da *lei ainda constitucional* (*situações constitucionais imperfeitas*), ao concluir pela momentânea constitucionalidade do prazo em dobro para as Defensorias Públicas apresentarem recursos.

> **Posicionamento do STF:** "A controvérsia constitucional objeto do recurso extraordinário, a que se refere o presente agravo de instrumento, já foi dirimida pelo Supremo Tribunal Federal, cujo Plenário, ao julgar o RE 135.328/SP, Rel. Min. Marco Aurélio (*RTJ, 177*:879), fixou entendimento no sentido de que, enquanto o Estado de São Paulo não instituir e organizar a Defensoria Pública local, tal como previsto na Constituição da República (art. 134), subsistirá íntegra a regra inscrita no art. 68 do CPP, na condição de norma *ainda* constitucional — que configura um transitório estágio intermediário situado 'entre os estados de plena constitucionalidade ou de absoluta inconstitucionalidade' (...) — mesmo que tal preceito legal venha a expor-se, em face de modificações supervenientes das circunstâncias de fato, a um processo de progressiva inconstitucionalização (...). É que a omissão estatal, no adimplemento de imposições ditadas pela Constituição — à semelhança do que se verifica nas hipóteses em que o legislador comum se abstém, como no caso, de adotar medidas concretizadoras das normas de estruturação orgânica previstas no estatuto fundamental — culmina por fazer instaurar 'situações constitucionais imperfeitas' (...), cuja ocorrência justifica 'um tratamento diferenciado, não necessariamente reconduzível ao regime da nulidade absoluta' (...), em ordem a obstar o imediato reconhecimento do estado de inconstitucionalidade no qual eventualmente incida o Poder Público, por efeito de violação negativa do texto da Carta Política" (STF, AgI 482.332/SP, Rel. Min. Celso de Mello, decisão de 30-4-2004).

Portanto, existe um estágio intermediário, de caráter transitório, entre a *constitucionalidade* e a *inconstitucionalidade*, algo jungido à *inconstitucionalidade progressiva*, à *omissão legislativa inconstitucional* e às *situações constitucionais imperfeitas*.

> **Precedentes:** STF, RE 196.857/SP, Rel. Min. Moreira Alves; STF, RE 208.798/SP, Rel. Min. Ellen Gracie; STF, RE 229.810/SP, Rel. Min. Sydney Sanches; STF, RE 295.740/SP, Rel. Min. Néri da Silveira; STF, RE 147.776/SP, Rel. Min. Sepúlveda Pertence.

Registre-se que os publicistas tedescos têm enfatizado a importância do uso dessas técnicas de controle da constitucionalidade, extraídas dos suplementos dos doutos e, sobretudo, da jurisprudência da Corte Constitucional alemã (Ingwer Ebsen, *Das Budesverfassungsgericht als element gesellschaftlicher Selbstregulierung*, p. 96; Cristoph Moench, *Verfassungswidriges Gesetz und Normenkontrolle*, p. 187).

Foi na doutrina e jurisprudência germânicas que o Supremo Tribunal Federal procurou inspiração.

> **Precedente:** "A única justificativa que encontro para esse tratamento desigual a favor da Defensoria Pública em face do Ministério Público é a de caráter temporário: a circunstância de as Defensorias Públicas ainda não estarem, por sua recente implantação, devidamente aparelhadas como se acha o Ministério Público. Por isso, para casos como este, parece-me deva adotar-se a construção da Corte Constitucional Alemã no sentido de considerar que uma lei, em virtude das circunstâncias de fato, pode vir a ser inconstitucional, não o sendo, porém, enquanto essas circunstâncias de fato não se apresentarem com a intensidade necessária para que se tornem

◆ Cap. 5 ◆ INCONSTITUCIONALIDADE DAS LEIS   **95**

inconstitucionais. Assim, a lei em causa será constitucional enquanto a Defensoria Pública, concretamente, não estiver organizada com a estrutura que lhe possibilite atuar em posição de igualdade com o Ministério Público, tornando-se inconstitucional, porém, quando essa circunstância de fato não mais se verificar" (STF, HC 70.514, voto do Ministro Moreira Alves, j. em 23-3-1994, *DJ* de 27-6-1997).

Certamente, o Pretório Excelso assumiu posicionamento salutar diante do tema, porque abandonou o rigorismo exacerbado das técnicas usuais de controle de normas, para reconhecer a problemática da inconstitucionalidade progressiva, em toda a sua extensão (Gilmar Ferreira Mendes, *Moreira Alves e o controle de constitucionalidade no Brasil*, p. 38-49).

✦ 5. LEI ANTERIOR INCOMPATÍVEL COM A CARTA MAGNA: REVOGAÇÃO

Leis anteriores incompatíveis com a Constituição são automaticamente revogadas por ela.

Inexiste inconstitucionalidade em tais casos, porque diplomas legislativos revogados por nova manifestação constituinte originária desservem como parâmetro aferidor da hierarquia entre normas (Giovanni Bernieri, *Rapporto della costituzione con la leggi anteriori*, p. 409).

Mas, tanto na doutrina como na jurisprudência, esse assunto é controvertido. Para a maioria, leis anteriores incompatíveis com a Constituição consignam casos de revogação. A minoria, por sua vez, afirma que se trata de inconstitucionalidade.

Em sede doutrinária, Castro Nunes dizia que o texto constitucional só revoga uma norma por expresso. Logo, leis anteriores, incompatíveis com a carta magna, submetem-se ao controle de constitucionalidade, não havendo revogação (Castro Nunes, *Teoria e prática do Poder Judiciário*, p. 601).

Já Lúcio Bittencourt segue raciocínio intermediário. Para ele a revogação é consequência da própria inconstitucionalidade.

> **Opinião de Bittencourt:** "A inconstitucionalidade é um *estado* — estado de conflito entre uma lei e a Constituição — e a revogação é o *efeito* deste estado. O tribunal declara a inconstitucionalidade e, em consequência desta, reconhece a *revogação* da lei" (Lúcio Bittencourt, *O controle jurisdicional da constitucionalidade das leis*, p. 131).

No campo jurisprudencial, a nossa Corte Excelsa firmou o entendimento majoritário de que leis anteriores, incompatíveis com a nova Constituição, são revogadas por ela. Descabem ações de inconstitucionalidade nessas situações (STF, *RF*, *221*:167; *RTJ*, *95*:980, *95*:993, *99*:544).

Mas nem na Colenda Corte o assunto é completamente pacífico. No julgamento da Ação Direta de Inconstitucionalidade n. 2-1, por exemplo, foi questionada a inconstitucionalidade de lei anterior à Constituição de 1988. Oito Juízes do Pretório Excelso votaram pela impossibilidade jurídica do pedido, à luz da tese de que lei anterior à Carta Magna e incompatível com ela consigna caso de revogação. Três deles, porém, foram contrários à jurisprudência majoritária da Corte (vencidos, à época, os Ministros Sepúlveda Pertence, Marco Aurélio e Néri da Silveira).

Para o Ministro Sepúlveda Pertence — voto vencido —, normas anteriores ao Texto de 1988, e com ele inconciliáveis, representam, em primeiro lugar, uma relação de inconstitucionalidade, ainda quando se possa vislumbrar, na espécie, não uma simples revogação, operada entre normas de nível ordinário, mas uma *revogação qualificada*. Entende que não se pode recusar a via da ação direta de inconstitucionalidade ao expurgo de leis velhas, incompatíveis com a nova ordem constitucional. Do contrário, o Supremo Tribunal Federal seria demitido de uma missão e de uma responsabilidade que são, intransferivelmente, suas (STF, Pleno, ADIn 2-1/DF, Rel. Min. Paulo Brossard, j. em 6-2-1992, v. m., *DJ* de 21-11-1997, p. 60585, voto do Min. Sepúlveda Pertence).

Para nós, lei anterior incompatível com a Constituição é revogada por ela.

Normas jurídicas de ordenamento pregresso somente são válidas se forem, expressa ou tacitamente, recepcionadas pela nova Constituição.

A problemática, portanto, não se situa no âmbito da inconstitucionalidade, mas sim no da revogação.

Prováveis conflitos entre o velho ordenamento e o novo solvem-se pela aplicação de regras revogatórias, a exemplo daquelas magistralmente previstas na Lei de Introdução às Normas do Direito Brasileiro (art. 2º, §§ 1º a 3º).

Aliás, é engano pensar que a Lei de Introdução às Normas do Direito Brasileiro só se aplica ao Direito Privado. Na seara constitucional, sua utilização é valiosíssima, porque ela é uma *lei de introdução às leis*. Sua aplicabilidade, no tempo e no espaço, é universal. Atinge todos os domínios da experiência jurídica. Seus seis primeiros artigos, por exemplo, irmanam-se com os princípios determinativos da exegese e aplicação das normas constitucionais. A Lei de Introdução é, assim, uma *lex legum*, um diploma autônomo, um conjunto de normas sobre normas (*ein Recht der Rechtsordenung, Recht ueber Recht, jus supra jura, surdroit*).

✦ **6. INCONSTITUCIONALIDADE DOS ATOS PÚBLICOS E PRIVADOS**

Somente os atos provenientes do Poder Legislativo podem conter o vício da inconstitucionalidade? Apenas as espécies do art. 59 da *Lex Mater*, ou seja, as emendas constitucionais, as leis complementares, as leis ordinárias, as leis delegadas, as medidas provisórias, os decretos legislativos e as resoluções, podem ser inconstitucionais?

O vício da inconstitucionalidade não é exclusivo dos atos oriundos do Poder Legislativo. O exercício das funções executiva e judiciária também pode ocasioná-lo, em suas diversas formas de manifestação.

Nada impede que Presidentes da República, Governadores ou Prefeitos adotem posturas desconformes à supremacia constitucional.

Também podem vulnerar a lei magna os atos provenientes dos Procuradores, Promotores de Justiça e Advogados.

O mesmo se diga quanto aos atos praticados por Ministros de Tribunais Superiores, Desembargadores, Juízes em geral, donde insurge uma questão raramente suscitada: a inconstitucionalidade das decisões do Poder Judiciário.

> **Atos desconformes com a Constituição:** "As questões de validade constitucional dos actos do poder judicial foram objecto de um esquecimento quase total, apenas justificado pela persistência do mito liberal que configura o juiz como 'a boca que pronuncia as palavras da lei' e o poder judicial como 'invisível e nulo' (Montesquieu). No entanto, urge reconhecer, os tribunais, como quaisquer outros órgãos aplicadores do Direito, são passíveis de produzir actos desconformes com a Constituição" (Paulo Otero, *Ensaio sobre o caso julgado inconstitucional*, p. 9).

Deveras, não resta dúvida de que o ato jurisdicional, do mesmo modo que os atos administrativos e legislativos, pode conter o vício da inconstitucionalidade. É o caso da decisão judicial proferida por autoridade constitucionalmente incompetente que viola, direta ou indiretamente, a constituição. O mesmo se diga quanto ao *decisum* que, proferido com base em norma inconstitucional, agride o conteúdo da carta magna.

Idêntico pensamento também se estende aos particulares.

Sem dúvida, as condutas privadas também estão submetidas à supremacia das normas constitucionais, pois, a qualquer momento, podem afrontar a constituição.

Aliás, a publicística alemã contemporânea chegou a desenvolver a *teoria da eficácia externa dos direitos fundamentais (Drittwirkung)*, permitindo ao Tribunal Constitucional Alemão examinar se os atos praticados por particulares estariam de acordo com a disciplina das liberdades públicas.

> **Sobre o assunto:** Konrad Hesse, *Grundzüge des Verfassungsrechts der Bundesrepublik Deutschland*, p. 139-143; Thiago Luís Santos Sombra, *A eficácia dos direitos fundamentais nas relações jurídico- -privadas:* a identificação do contrato como ponto de encontro dos direitos fundamentais, p. 123 e s.

O respeito à constituição é dever irremediável. Compete a quem quer que seja — sem distinções — sujeitar-se ao parâmetro das normas supremas do Estado. Desde o Chefe da Nação até o último dos habitantes do País, todos devem basear seus atos no ditame imperativo da carta superior. O acatamento à constituição é dever dos Poderes Públicos e dos entes privados. Este é o ato primacial de toda obediência.

✦ **7. SANÇÃO DE INCONSTITUCIONALIDADE**

Vamos estudar o assunto que é a base para entendermos os efeitos da declaração de inconstitucionalidade, mais à frente examinados.

◆ Cap. 5 ◆ INCONSTITUCIONALIDADE DAS LEIS 97

O primeiro passo para saber se um ato é inconstitucional é o seu confronto com a constituição. O segundo é saber se ele incorre, ou não, em sanção.

Caso o ato tenha sido criado por autoridade constitucionalmente competente, de acordo com a forma e o conteúdo da carta magna, não recai sanção sobre ele. Será *constitucional*.

Porém, se emanar de autoridade constitucionalmente incompetente e estiver em desconformidade com a forma e o conteúdo da carta magna, incorrerá em sanção. Será *inconstitucional*.

Mas o que é a *sanção de inconstitucionalidade*?

Sanção de inconstitucionalidade é a manifestação do Poder Judiciário para expurgar do ordenamento jurídico o ato público ou privado que estiver em desconformidade com o texto maior.

O objetivo da *sanção de inconstitucionalidade* é preservar a saúde da constituição, combatendo os vícios que inquinam o comportamento dos órgãos públicos e dos particulares, conspurcando a substância e a forma dos preceitos constitucionais.

Daí o uso dos instrumentos de defesa da carta política — do chamado controle de constitucionalidade — que visa fulminar os vícios de conteúdo (desconformidades estáticas) e de procedimento (desconformidades dinâmicas) que comprometem a supremacia constitucional.

Assim, com base no *regime sancionatório* consagrado pelo constituinte, o Poder Judiciário poderá fazer prevalecer o estado de higidez da constituição, preservando-lhe a supremacia.

Tal *regime sancionatório* da inconstitucionalidade das leis e dos atos normativos varia de acordo com as especificidades de cada ordenamento jurídico (Luigi Ventura, *Le sanzioni costituzionali*, p. 15 e s.).

Há lugares onde vigora o regime da sanção de nulidade e, em outros, o regime da sanção de anulabilidade.

> **Sobre o assunto:** Elival da Silva Ramos, *A inconstitucionalidade das leis*: vício e sanção, 1994.

✧ 7.1. Regime da sanção de nulidade

No *regime da sanção de nulidade* a sentença de inconstitucionalidade é declaratória e o ato inconstitucional é nulo desde a origem, retroagindo ao momento de seu ingresso na ordem jurídica.

> **Direito Comparado:** esse regime está presente na Constituição dos Estados Unidos da América de 1787 e na Carta de Portugal de 2-4-1976, com a redação que lhe foi conferida pela Lei Constitucional n. 1, de 8-7-1989.

É o regime que vigora no Brasil, mas *sem exageros*.

> **Influência de Ruy Barbosa:** foi a Constituição de 1891 que o inaugurou entre nós (art. 59, § 1º), por influência de Ruy Barbosa, como ele próprio disse: "Fomos nós, em um trabalho submetido, faz já dezesseis anos, ao Supremo Tribunal Federal e por êle coroado com a vitória, que primeiro traçamos neste país as regras estabelecidas no assunto pela jurisprudência americana. Ali esboçamos com o maior vigor todos os elementos dêsse mecanismo, cuja singela delicadeza combina em si os recursos para elucidar o direito constitucional nas suas mais altas dificuldades mediante o jôgo ordinário das ações civis" (*O Direito do Amazonas ao Acre Septentrional*, v. 1, p. 95).

Sem exageros, pois, como veremos logo mais, o Supremo Tribunal Federal tem atenuado o dogma da nulidade do ato inconstitucional, admitindo temperamentos quanto aos efeitos temporais da sentença declaratória de inconstitucionalidade, posição que encontra respaldo no art. 27 da Lei n. 9.868/99.

Com efeito, a jurisprudência do Supremo Tribunal Federal reconhece que a lei inconstitucional nasce nula, de pleno direito, e não apenas anulável (STF, *RTJ*, *132*:20, *144*:358, *146*:461, *153*:457).

Deveras, a jurisprudência do Supremo Tribunal Federal assim entende desde o ordenamento pregresso.

> **Nesse sentido:** "O ato inconstitucional, ensina tradicionalmente a doutrina, é nulo e írrito. Desde a célebre decisão do Juiz Marshall, no caso Marbury v. Madison, passando pela lição de Ruy Barbosa, assentou-se que, nulo, o ato inconstitucional não obriga, não sendo de se aplicar o que, se aplicado, nula é esta aplicação. Tanto assim, que o efeito da declaração de nulidade retroage *ex tunc*, não sendo válidos os atos praticados sob seu império" (Repr. 980/SP, Rel. Min. Moreira Alves, *RTJ*, *96*:508, 1981).

98

Com o advento da Carta de 1988, a tese aí sufragada repetiu-se em inúmeras oportunidades.

> **Precedente:** "Convém enfatizar, de outro lado — e por necessário —, que a declaração de inconstitucionalidade (que se reveste de caráter definitivo), uma vez proferida, sempre retroagirá ao momento em que surgiu, no sistema de direito positivo, o ato estatal atingido pelo pronunciamento judicial (nulidade *ab initio*). É que os atos inconstitucionais são nulos e desprovidos de qualquer carga de eficácia jurídica (*RTJ*, *146*:46)" (STF, ADIn 1.251/MG, Rel. Min. Celso de Mello, j. em 13-12-1996, *DJ* de 3-2-1997, p. 506).

O *regime da sanção de nulidade*, que não é absoluto entre nós, apresenta uma série de características.

Em primeiro lugar, a lei inconstitucional é ineficaz desde o início, pois já nasce sem produzir efeitos *normativos* (nulidade *ab initio, ex origine* ou *a priori*) (STF, Recl. 487/DF, Rel. Min. Maurício Corrêa, j. em 11-11-1997, *DJ* de 20-11-1997, p. 60315).

Nem precisa existir decisão judicial para confirmar a *ineficácia jurídica* em causa. Se o Poder Judiciário não for provocado para se manifestar a respeito da suposta inconstitucionalidade, o ato viciado será inválido, pois a sua chaga é congênita.

> **Precedente:** "Sendo inconstitucional, a regra jurídica é nula. Não incidindo sobre fato, nela, visto ou previsto, não há fato jurídico e, via de lógica consequência, o fato não produz qualquer efeito jurídico" (STF, 2ª T., RE 93.173/SP, Rel. Min. Firmino Paz, *RTJ*, *102*:671, 1982).

Por outro lado, mesmo sendo a lei inconstitucional ineficaz, do ponto de vista *jurídico* ou *normativo*, nada impede que ela apresente *eficácia social* ou *efetividade*.

Quer dizer, os efeitos *sociológicos* do ato viciado podem repercutir na vida de relações. Somente com a sentença a lei inconstitucional cessará a *efetividade*. Nessa operação, o Judiciário apenas reconhece o vício que o ato traz em sua configuração, aplicando o remédio que o próprio ordenamento receitou para curar a doença. O remédio é o controle da inconstitucionalidade, que se realiza através da *sanção de inconstitucionalidade* (decreta a *ineficácia sociológica* de um ato que, originariamente, não tem *eficácia normativa*). A doença é o *vício congênito* que afeta o ato inconstitucional.

Mas se o Judiciário for chamado a se pronunciar sobre a inconstitucionalidade, sua sanção operará de pleno direito (*pleno jure*). Não haverá necessidade de o Legislativo, por exemplo, editar outro ato subsequente para invalidar a lei declarada inconstitucional. Por isso, se o legislador produzir ato contrário à constituição não poderá saná-lo posteriormente, editando lei corretiva para fulminar o vício. Numa palavra, não se admite *convalidação*.

Sem embargo, a eficácia da sentença que declara a nulidade *é retroativa* (eficácia *ex tunc*), porque volta até a data de publicação da lei e desconstitui os efeitos por ela produzidos, atingindo número indeterminado de pessoas e situações (eficácia *erga omnes*) (STF, Pleno, ADIn 1.434-MC/SP, Rel. Min. Celso de Mello, j. em 20-8-1996, v. u., *DJ* de 22-11-1996, p. 45684).

No campo da *sanção de nulidade*, o ato reputado inconstitucional é imprescritível, pois a sanção de inconstitucionalidade opera de *pleno direito* (*pleno jure*), não dando margem à sua inação. Quer dizer, o titular de uma prerrogativa poderá a qualquer tempo buscar a sua tutela. Essa prerrogativa não se extinguirá pela inércia de seu exercício.

Nessa seara, também não há cogitar a possibilidade de decadência, afinal sempre poderemos invocar a nulidade de uma lei no caso concreto.

Teoricamente, o poder constituinte originário, ao fazer nova constituição, pode estipular prazo decadencial para a propositura da ação direta de inconstitucionalidade.

Na prática, porém, tal medida cairia em desuso, porque essas ações colimam preservar o interesse público da ordem constitucional, e não negócios jurídico-privados.

✧ 7.2. Regime da sanção de anulabilidade

Pelo *regime da sanção de anulabilidade* — que não vigora no Brasil —, o ato inconstitucional é válido por certo período, produzindo efeitos até que sobrevenha uma sentença constitutiva para o anular.

Nele, a *sanção de inconstitucionalidade* não é automática. O Judiciário precisa ser provocado. Só depois de sua pronúncia é que os atos contrários à constituição serão efetivamente invalidados.

◆ Cap. 5 ◆ INCONSTITUCIONALIDADE DAS LEIS

Assim, pelo *regime da sanção de anulabilidade*, enquanto a lei viciada não passar pelo crivo do órgão jurisdicional, continuará válida, como se estivesse em seu perfeito estado de saúde.

Daí se dizer que, nesse *regime*, a validade da lei inconstitucional é *provisória*. Isso porque ela se encontra potencialmente idônea para produzir efeitos jurídicos. Só deixará de apresentar *eficácia normativa* numa etapa posterior, quando for anulada por decisão judicial (invalidação *a posteriori*) (Enrico Redenti, *Legittimità delle leggi e Corte Costituzionale*, p. 77-78; Giuseppino Treves, *Principi di diritto pubblico*, p. 317).

Mas não é somente o *regime da sanção de nulidade* que inadmite a convalidação da lei inconstitucional. No *regime da anulabilidade*, o ato não pode ser convalidado porque o legislador também deve procurar atender aos requisitos constitucionais consagrados para a elaboração dos atos normativos, sob pena de serem eles inválidos.

O *regime da sanção de anulabilidade* é muito comum nas constituições que adotam o controle concentrado de constitucionalidade.

Exemplos: Constituições da Áustria de 1920 e da Itália de 1947.

Nesses ordenamentos, as decisões anulatórias, proferidas pelos Tribunais Constitucionais, atingem todas as pessoas sujeitas ao ato legislativo, independentemente de serem partes na demanda (eficácia *erga omnes*), prolongando seus efeitos no tempo para englobar as situações inconstitucionais que surgirem no futuro (eficácia *ex nunc*).

Normalmente, essas decisões não prescrevem nem admitem decadência.

Também não retroagem (não possuem eficácia *ex tunc*), exceto em caráter excepcional, quando apresentam retroatividade limitada, como aconteceu na Itália.

De fato, o sistema de defesa da Constituição italiana de 1947 foi bastante complexo, coexistindo os controles na via de ação e de exceção. Esse caráter misto enseja hipóteses aparentemente inusitadas, mas que não chegam a descaracterizar o *regime da sanção de anulabilidade* da Carta peninsular.

E, no tocante aos efeitos retroativos de algumas decisões da Corte italiana, pode-se dizer que se trata de hipóteses não generalizadas, mas que existem (Vezio Crisafulli, *Lezione di diritto costituzionale*, p. 346-349).

✦ 8. RECUSA DOS PARTICULARES A CUMPRIR LEIS INCONSTITUCIONAIS

Estariam os particulares obrigados a cumprir lei inconstitucional, cuja inconstitucionalidade ainda não foi proclamada pelo Poder Judiciário?

Estão sim.

Sem a pronúncia do órgão jurisdicional sobre a inconstitucionalidade de uma lei, ela continuará válida, obrigando os particulares a segui-la, ainda que o vício seja flagrante.

Como ninguém pode ser juiz em causa própria, só depois da *sanção de inconstitucionalidade* é que os entes privados estarão exonerados do dever de cumprir a norma inconstitucional.

Ademais, sendo a lei, por essência e definição, imperativa, não basta detectar o cancro da inconstitucionalidade para justificar o seu descumprimento. Sem a *primeira* e a *última palavra* do Estado-Juiz, as normas supostamente contrárias à constituição continuam válidas, mesmo que apresentem vícios indiscutíveis de forma e de conteúdo.

> **Ponto de vista diferente do nosso:** "quando se apresenta a um particular uma lei inconstitucional ele está obrigado a descumpri-la. Deixar de fazê-lo seria fazer passar a lei à frente da Constituição. Não se diga que isso é matéria de interpretação é atributo dos tribunais. Como destinatário da lei, o cidadão não pode deixar de examiná-la à luz da sua inteligência, da sua consciência. O positivismo é que deseja que sejamos autômatos" (Sérgio Sérvulo, correspondência ao Autor deste *Curso*, em 31-3-2009).

E os Poderes Públicos podem deixar de aplicar a lei vigente, invocando uma presumida inconstitucionalidade?

É o que analisaremos mais adiante. Por enquanto, demarque-se que a hipótese aí é diferente. São incomparáveis as repercussões das atitudes de indivíduos, particularmente tomados, das deliberações dos Poderes Públicos, que afetam as coletividades por inteiro e repercutem na vida do Estado como um todo.

Se, em sentido técnico, tanto particulares quanto Poderes Públicos têm o dever de acatar as leis, em sua configuração abstrata, mais exato ainda é que o ato isolado de uma pessoa física não repercute na mecânica institucional dos Estados com a mesma extensão e pujança dos atos administrativos, legislativos e judiciais. Estes revestem-se de uma amplitude *pública*, porque não se reportam, apenas, a este ou àquele interesse particularizado, mas a um complexo de *situações jurídicas* publicamente relevantes.

◇ 8.1. Direito de resistência e desobediência civil dos particulares

O particular pode deixar de cumprir uma lei que reputa inconstitucional com base no *direito de resistência*, praticando, nesse ínterim, *desobediência civil*?

Poderá numa única hipótese: se o país encontrar-se em *estado de opressão*, requisito indispensável para a prática da *desobediência civil*.

Desdobrando o assunto, ponto a ponto, encontraremos o porquê desse posicionamento.

Em primeiro lugar, cumpre saber o que é *direito de resistência* e o que é *desobediência civil*.

Direito de resistência é o recurso derradeiro que o cidadão ofendido invoca para defender seus direitos, liberdades e garantias contra os atos dos Poderes Públicos.

Também pode ser invocado nas relações jurídico-privadas (Maria da Assunção Esteves, *A constitucionalização do direito de resistência*, p. 209 e s.).

Trata-se de um meio não jurisdicional de amparo. A doutrina o considera um direito natural ou suprapositivo, que nem precisaria vir expresso na constituição para ser reconhecido e invocado.

> **Sobre o tema:** Gerardo Morelli, *Il diritto naturale nelle costituzioni moderne*, p. 334 e s.; Jorge Miranda, *Manual de direito constitucional*, t. 4, p. 322 e s.; Maria da Assunção Esteves, *A constitucionalização do direito de resistência*, p. 120 e s.; Orlando, *Della resistenza politica individuale e collettiva*, p. 13 e s.; Raymond Aron, *L'homme contre les tyrans*, p. 5 e s.; Claudia de R. M. Araújo, *O direito constitucional de resistência*, p. 7 e s.

As origens do *direito de resistência* remontam ao Código de Hamurabi, que previa a rebelião popular como forma de escárnio público à tirania dos governantes. Na Idade Média, encontrou o seu apogeu, sendo lembrado até hoje.

> **Doutrina:** Léon Duguit, *Traité de droit constitutionnel*, t. 3, p. 790 e s.; Santi Romano, *Diritto costituzionale generale*, p. 123-124; Machado Paupério, *O direito político de resistência*, p. 11 e s.; Pinto Antunes, Revisão constitucional. Direito à revolução, *Revista da Faculdade de Direito da Universidade de Minas Gerais*, p. 41, 1956; Doncel, *La resistencia a la opresión ante la libertad, el orden y el poder*, p. 4 e s.; Gofredo da Silva Telles Jr., Resistência violenta aos governos injustos, *RF*, p. 24, 1955.

A *desobediência civil*, por sua vez, é o instrumento de exercício do *direito de resistência*. Permite que os cidadãos descumpram os atos opressivos dos Poderes Públicos, contrários aos direitos fundamentais.

Quer dizer, o cidadão ou grupo de cidadãos, durante o *regime de força*, desobedece, por ato ou omissão, as ordens dos detentores do poder que infrinjam ou violem direitos constitucionalmente assegurados.

> **Nesse sentido:** Michel Walzer, *Das obrigações políticas:* ensaios sobre a desobediência, guerra e cidadania, 1975; Josaphat Marinho, *Direito de revolução*, 1953; Nelson Nery Costa, *Teoria e realidade da desobediência civil*, 1980; François Ost et al., *Le système juridique entre ordre et désordre*, 1988; Grigori Geamanu, *La résistance à l'opression et le droit à l'insurrection*, 1933.

Na prática, o uso do *direito de resistência*, via *desobediência civil*, serve de reduto final para o cidadão se proteger dos atos ilícitos, ilegítimos e arbitrários dos órgãos executivos, legislativos e jurisdicionais.

O comportamento daqueles que o praticam não está sujeito a quaisquer sanções cíveis, administrativas ou criminais, mas seu uso só é possível em situações extremas, nas quais os mecanismos comuns de tutela das liberdades públicas não surtem mais efeitos.

Ora, o recurso extremo à *desobediência civil* só é aceitável quando se torna impossível o controle da constitucionalidade e da legalidade dos atos públicos e privados pelas vias normais de fiscalização.

◆ Cap. 5 ◆ INCONSTITUCIONALIDADE DAS LEIS 101

Não são muitos os diplomas normativos que consagram o *direito de resistência*, a exemplo do que fizeram as Declarações da Independência dos EUA, de 1776, e a dos Direitos do Homem, da França, de 1789 (art. 2º).

Duas Constituições, pelo menos, foram bastante enfáticas.

A primeira é a Lei Fundamental da República Federal da Alemanha de 1949.

> **Constituição da Alemanha:** "Art. 20, 4. Todos os alemães têm o direito de resistência, se não for possível outro recurso, contra quem tentar subverter a ordem fundamental liberal democrática do País". Segundo Arthur Kaufmann, esse preceito permite que o combate às tiranias ocorra de forma passiva, sem o uso da violência, ou ativa, com utilização da violência contra o tirano (*Filosofía del derecho*, p. 376).

A segunda é a Carta portuguesa de 1982.

> **Carta portuguesa:** "Art. 21º Todos têm o direito de resistir a qualquer ordem que ofenda os seus direitos, liberdades e garantias e de repelir pela força qualquer agressão, quando não seja possível recorrer à autoridade pública". Comentando esse dispositivo, explica Paulo Otero que, em Portugal, "o direito de resistência constitucionalmente consagrado confere às entidades privadas uma dupla habilitação: por um lado, atribui a faculdade de não cumprir qualquer acto que seja ofensivo dos direitos, liberdades e garantias (= resistência passiva ou negativa); por outro lado, confere a própria faculdade de repelir pela força as agressões violadoras de tais posições jurídicas subjectivas garantidas pela Constituição, sempre que não seja possível recorrer à autoridade pública (= resistência activa ou positiva)" (*Ensaio sobre o caso julgado inconstitucional*, p. 164).

Em Portugal, o *direito de resistência* pode ser invocado durante os períodos de normalidade democrática. Nem é preciso o país se encontrar em *estado de opressão* para as entidades privadas descumprirem deliberações inconstitucionais. E ninguém pode ser responsabilizado criminalmente pelo descumprimento de atos inconstitucionais.

Acreditamos que, no Brasil, diferentemente de Portugal, é pressuposto indispensável para o exercício do *direito de resistência* o País achar-se mergulhado em *estado de opressão*.

Em períodos de normalidade democrática, vigora o princípio da inafastabilidade do controle judicial, ou seja, a reserva constitucional de jurisdição, cuja primeira e última palavra, na solução de eventuais litígios, fica sob os auspícios do Poder Judiciário (art. 5º, XXXV).

Destarte, quaisquer controvérsias surgidas na sociedade devem ser submetidas aos juízes e tribunais, para que verifiquem a constitucionalidade e a legalidade dos atos administrativos, legislativos e, até mesmo, jurisdicionais.

Eis o motivo pelo qual o *direito de resistência* não vigora, entre nós, nas fases de normalidade institucional.

Durante os trabalhos da Assembleia Nacional Constituinte, de 1987 a 1988, foram apresentadas propostas para incluir o direito de resistência na nossa Carta Magna. Nenhuma vingou (José Carlos Buzanello, *Direito de resistência constitucional*, p. 335-368).

A tradição brasileira, portanto, é no sentido de não consagrar, de modo expresso, o *direito de resistência*, deixando-o implícito na ordem constitucional, como decorrência do primado da legalidade, já que o cidadão só está obrigado a fazer ou a deixar de fazer alguma coisa se a lei determinar (CF, art. 5º, II).

Mas o direito de resistência dessume-se, também, de outros preceitos de envergadura constitucional: Preâmbulo; art. 1º, *caput*, e parágrafo único; art. 5º, II, e § 2º.

Numa exegese ampla, trata-se de uma manifestação significativa do regime representativo e democrático (CF, art. 17), bem como da garantia dos poderes constituídos, da lei e da ordem (CF, art. 142).

Por isso, deliberações ilegais, cometidas durante o período de ditadura, eivadas de abuso de poder, que gerem constrangimentos materiais ou morais ao ser humano, ensejam o exercício do *direito de resistência*, mediante *desobediência civil*.

Esse exercício, contudo, não constitui uma rebeldia.

Pela *Lex Mater*, todo poder emana do povo, motivo pelo qual os cidadãos não estão compelidos a acatar, nos tempos de opressão, veredictos ilegais, contaminados pelo arbítrio. Se fosse diferente, o Estado Democrático de Direito desconfigurar-se-ia em suas linhas-mestras, pois a soberania popular é um dos seus fundamentos (CF, art. 1º, *caput*, e parágrafo único).

Como se pode observar, o *direito de resistência* e o seu instrumento de exercício — a *desobediência civil* — consignam autênticos *direitos fundamentais implícitos*, que podem vir à tona nas épocas de ditadura.

Sem embargo, a Constituição destacou os *direitos fundamentais implícitos* no nosso ordenamento, desde que decorram do regime e dos princípios por ela adotados. Quer dizer, os *direitos fundamentais implícitos* dessumem-se até dos tratados internacionais que a República brasileira firmar (CF, art. 5º, § 2º).

E se o Brasil estiver em estado de opressão, como pode ser acionado o direito de resistência?

Por meio do direito de petição, dirigido ao Poder Executivo, ao Legislativo ou ao Judiciário, conforme for o caso (CF, art. 5º, XXXIV, *a*).

Nessa hipótese, deverão ser demonstrados os motivos fáticos e jurídicos que consubstanciam a defesa das liberdades públicas supostamente ofendidas.

Se o peticionário tiver o seu pedido julgado improcedente, voltará ao seu *status quo ante*, sem sofrer sanções ou reprimendas pelo exercício do direito constitucional de petição.

Veja-se que os Poderes Públicos deverão pronunciar-se sobre a petição, seja para acolhê-la, seja para negar o pedido nela inscrito. Em qualquer hipótese, a autoridade tem o dever de manifestar-se. A falta de resposta ao pleito enseja o uso do mandado de segurança, para garantir o direito líquido e certo de obter o veredito almejado.

Raramente vemos nos acervos de jurisprudência dos tribunais a invocação ao *direito de resistência*.

No Supremo Tribunal Federal, já sob a égide da Constituição de 1988, houve um caso. O Governador do extinto território do Amapá impetrou *habeas corpus* preventivo, para preservar sua liberdade de ir e vir, pleiteando o direito de não ser preso nem processado. Almejava continuar no exercício do cargo até que um mandado de segurança, interposto no próprio Pretório Excelso, fosse julgado. Alegou-se que a situação autorizaria o uso do *direito de resistência* contra ordens absurdas e ilegítimas, sem que daí decorresse alguma implicação de natureza penal. Se não bastasse, o art. 14 do ADCT criou o Estado do Amapá. Como ele passou a integrar a federação brasileira, o mecanismo que deveria prevalecer seria o da intervenção, e não atos exoneratórios de Governadores, praticados subjetivamente.

Neste caso, o Supremo julgou prejudicado o pedido de *habeas corpus preventivo*. Mesmo assim, apreciou o mérito da matéria. Na ocasião, os Ministros da Corte seguiram, unanimemente, a tese defendida pelo Relator.

> **Entendimento do STF:** o "direito de resistência afirmado pelo impetrante é incompatível com o judiciarismo, princípio ínsito ao sistema político da Constituição, segundo o qual todas as controvérsias surgidas no meio nacional e, especialmente, entre os Poderes Públicos e as pessoas jurídicas de direito público interno, são *justiciáveis* — para empregar expressivo neologismo — ou não dão origem a recurso outro que não ao Poder Judiciário, como seriam o apelo à força ou à resistência. Há, pois, uma contradição nos termos de uma petição que reclama, simultaneamente, o exercício das próprias razões e a proteção judicial (...). A alegada inconstitucionalidade do ato presidencial pode encontrar correção em sede processual e jurisdicional própria; não está o país em *estado de opressão*, requisito indispensável do exercício da resistência, até mesmo para os seus defensores. Há controle de constitucionalidade e legalidade dos atos de *todos* os Poderes Públicos, pelo Poder Judiciário, cujas decisões têm eficácia plena" (STF, 2ª T., HC 68.067-4/AP, Rel. Min. Célio Borja, v. u., decisão de 6-12-1990).

No Superior Tribunal de Justiça a questão chegou a ser ventilada mediante o seguinte questionamento formulado pelo Ministro Adhemar Maciel: "Não temos na Constituição brasileira, como em alguns estatutos políticos estrangeiros, expressamente, o direito de resistência. Têm os súditos o direito de se rebelar contra o soberano que não está agindo a favor do povo?" (STJ, HC 4.399/SP, voto do Ministro Adhemar Maciel, *RSTJ*, 87:365-374).

A pergunta, lançada em sede de *habeas corpus* impetrado em favor de integrantes do movimento dos "sem-terra", não chegou a ser respondida, muito menos discutida. O Tribunal limitou-se a conceder o *writ*, nada dizendo sobre o direito de resistência.

> **Decisão do STJ:** "Diante das circunstâncias fáticas do caso, e em homenagem ao princípio constitucional ínsito no art. 5º, LXVI, da Lei Maior, em harmonia com o disposto no art. 323, I, do Código de Processo Penal, merece a prisão preventiva ser substituída pela liberdade provisória, com fiança" (STJ, HC 4.399/SP, Rel. Min. William Patterson, j. em 12-3-1996, *DJ* de 8-4-1996, *RSTJ*, 87:365-374).

◆ Cap. 5 ◆ INCONSTITUCIONALIDADE DAS LEIS

Se fôssemos responder à conjectura formulada pelo Ministro Adhemar Maciel, diríamos: no Brasil, mesmo sendo o povo o titular do poder constituinte, isso não lhe permite opor-se à Constituição. Ela é a lei fundamental da República — paradigma máximo a que todos devem obediência. Logo, um grupo social, ou até mesmo um cidadão, individualmente tomado, não detém a prerrogativa de exercer a desobediência civil em tempos de normalidade democrática, porquanto é o Poder Judiciário o primeiro súdito da legalidade constitucional. Mesmo diante das conturbações sociais, das pressões violentas existentes nas cidades brasileiras, do choque entre comezinhos preceitos relacionados às liberdades públicas, a exemplo da moradia, da educação, da saúde, da propriedade, da habitação etc., nada disso autoriza o uso do direito de resistência, em todo e qualquer caso, porque ele não é, entre nós, um direito subjetivo (*facultas agendi*), autorizado normativamente (*norma agendi*). Nem poderia ser, afinal é o estado de opressão que enseja a prática da desobediência civil.

✦ 9. RECUSA DOS PODERES PÚBLICOS A CUMPRIR LEIS INCONSTITUCIONAIS

No regime brasileiro da *sanção de nulidade*, é plenamente possível os Poderes Públicos deixarem de aplicar as leis que os seus órgãos decisórios reputarem inconstitucionais, sem prejuízo de posterior exame pelo Judiciário.

Desde os idos de 1964 que esse entendimento tem prevalecido nos julgados do Supremo Tribunal Federal.

> **Precedente:** "A jurisprudência tem admitido que o Poder Executivo, também interessado no cumprimento da Constituição, goza da faculdade de não executá-la, submetendo-a aos riscos daí decorrentes" (STF, MS 14.136, Rel. Min. Aliomar Baleeiro, *DJ* de 30-11-1964, p. 4189).

Na vigência da Carta de 1967, o Supremo também decidiu que o Executivo pode, e até deve, negar-se a cumprir as leis e os atos normativos reputados inconstitucionais.

> **Posição do STF:** "Não tenho dúvida em filiar-me à corrente que sustenta que pode o Chefe do Poder Executivo deixar de cumprir — assumindo os riscos daí decorrentes — lei que se lhe afigure inconstitucional" (Repr. 980/SP, Rel. Min. Moreira Alves, *RTJ*, 96:508, 1981 — decisão por maioria, vencidos os Ministros Leitão de Abreu e Décio Miranda). Nesse sentido: STF, *RDP*, 5:234; *RDA*, 82:358 etc.

Após o advento da Constituição de 1988, muito se questionou a subsistência desse entendimento pretoriano, tendo em vista que o Presidente da República, os Governadores de Estado e os prefeitos municipais lograram competência para ajuizar ações diretas de inconstitucionalidade (art. 103, I e V; e art. 125, § 2º).

O certo é que o raciocínio dantes formulado pelo Supremo Tribunal Federal permaneceu intacto com o surgimento do Texto de 1988.

Assim, os titulares do poder — e não os seus agentes — podem deixar de aplicar, no âmbito da Administração, leis ou atos normativos reputados inconstitucionais.

> **Nesse sentido:** "Os Poderes Executivo e Legislativo, por sua Chefia — e isso mesmo tem sido questionado com o alargamento da legitimação ativa na ação direta de inconstitucionalidade —, podem tão só determinar aos seus órgãos subordinados que deixem de aplicar administrativamente as leis ou atos com força de lei que considerem inconstitucionais" (STF, Pleno, ADIn 221-MC/DF, Rel. Min. Moreira Alves, *DJ*, 1, de 22-10-1993, p. 22251, *RTJ*, 151:331-355).

O entendimento do Pretório Excelso parte da premissa de que, no Estado Democrático de Direito, viceja o primado da legalidade (art. 5º, II), cuja influência imprime direção à conduta dos órgãos públicos (STF, *RTJ*, 96:508).

Pela jurisprudência da Corte Suprema, portanto, o titular do poder, no âmbito do exercício discricionário de suas atribuições, ao certificar-se de que uma norma agride, material ou formalmente, a constituição, não deve aplicá-la, assumindo os riscos daí decorrentes, sob pena de ferir, *sponte sua*, a própria manifestação constituinte originária.

O fio condutor desse pensamento remonta a nossa primeira Constituição Republicana, de 1891, e, até hoje, é aceito por juízes e tribunais.

Comentário: Carlos Maximiliano, analisando o art. 15 da Carta de 1891, dizia que "O Executivo reprime os excessos do Congresso por meio do veto e do direito de não cumprir as leis manifestamente inconstitucionais" (*Comentários à Constituição brasileira*, p. 252).

O Superior Tribunal de Justiça, por exemplo, o admite.

Entendimento do STJ: "O Poder Executivo deve negar execução a ato normativo que lhe pareça inconstitucional" (STJ, REsp 23.121-92/GO, Rel. Min. Humberto Gomes de Barros, *DJU* de 8-11-1993, p. 23521).

Nos acervos dos Tribunais de Justiça também encontramos julgados favoráveis ao descumprimento de lei ou ato normativo inconstitucional.

Julgado do TJSP: "Desobrigatoriedade do Executivo em acatar normas legislativas contrárias à Constituição ou a leis hierarquicamente superiores — segurança denegada — recurso não provido. Nivelados no plano governamental, o Executivo e o Legislativo praticam atos de igual categoria, e com idêntica presunção de legitimidade. Se assim é, não há de negar ao Chefe do Executivo a faculdade de recusar-se a cumprir ato legislativo inconstitucional, desde que por ato administrativo formal e expresso declare a sua recusa e aponte a inconstitucionalidade de que se reveste" (TJSP, 3ª Câm. Cív., Ap. 220.155-1 — Campinas, Rel. Des. Gonzaga Franceschini, decisão de 14-2-1995).

Na doutrina, o tema divide opiniões.

Alguns autores, mesmo antes da promulgação da Carta de 1988, mantiveram a linha de pensamento do Supremo Tribunal Federal (Francisco Campos, *Direito Constitucional*, v. 1, p. 443; Pontes de Miranda, *Comentários à Constituição de 1967*, t. 3, p. 624; Ronaldo Poletti, *Controle da constitucionalidade das leis*, p. 120; Miguel Reale, *Revogação e anulamento do ato administrativo*, p. 33; José Celso de Mello Filho, *Constituição Federal anotada*, p. 346).

Com o surgimento da Constituição de 1988, a maioria da doutrina continuou aderindo à tese vitoriosa de que os Poderes Públicos podem e devem negar o cumprimento das leis que reputarem inconstitucionais (Hely Lopes Meirelles, *Direito municipal brasileiro*, p. 538; Ivo Dantas, *O valor da Constituição*, p. 159-165; Luís Roberto Barroso, Poder Executivo — lei inconstitucional — descumprimento, *RDA, 181-182*:387. No Direito comparado: Maria Teresa de Melo Ribeiro, *O princípio da imparcialidade da Administração Pública*, p. 138-149).

Registre-se, contudo, a corrente minoritária, para a qual os Poderes Públicos, inclusive o Executivo, não podem descumprir as leis e os atos normativos presumivelmente inconstitucionais. Preconizam que o poder da Administração não é ilimitado. Sem sentença judicial para declarar a inconstitucionalidade, as leis se presumem válidas, eficazes e obrigatórias.

Nesse sentido: "*Não é lícito* ao Poder Executivo deixar de cumprir a lei por entender que a mesma é inconstitucional. Permitir que este Poder, *ex propria auctoritate*, cancele a eficácia de norma jurídica, porque a reputa contrária à Constituição, é consagrar tese perigosíssima, que pode pôr em risco a Democracia, num País em desenvolvimento, como o nosso, com tantas e tão graves limitações e carências, com uma vocação histórica — e até o momento incontrolável — para o autoritarismo, com um Executivo verdadeiramente formidável e imperial, significando o princípio da divisão de poderes quase uma letra morta no Texto Magno" (Zeno Veloso, *Controle jurisdicional de constitucionalidade*, p. 322). No passado, seguiram esse ponto de vista: Lúcio Bittencourt, *O controle jurisdicional da constitucionalidade das leis*, p. 96; Ruy Carlos de Barros Monteiro, O argumento de inconstitucionalidade e o repúdio da lei pelo Poder Executivo, *RF, 284*:101 et al.

Filiamo-nos à corrente majoritária.

Os Estados que aderem ao *regime da sanção de nulidade*, a exemplo do Brasil, as leis ou atos normativos inconstitucionais não vinculam as condutas dos Poderes Públicos, porque são completamente desprovidos de eficácia jurídica desde o nascedouro.

Sem embargo, é inegável que, entre nós, existe a tendência de o Poder Executivo sobrepor-se às leis. Essa constatação, porém, não basta para remediarmos um mal com outro.

Em verdade, é difícil precisar se o pior é a praxe contumaz de os nossos governantes abominarem a legalidade ou se é o hábito de burlar a Constituição do Estado.

Nessa encruzilhada, uma certeza brilha em nosso espírito: a constituição é para ser respeitada nos seus significados mais profundos.

◆ Cap. 5 ◆ INCONSTITUCIONALIDADE DAS LEIS

Qualquer órgão do Poder Público que acatar determinações inconstitucionais está colaborando para a destruição da manifestação constituinte originária.

Uma rebeldia normativa por parte dos Poderes Públicos pode acarretar danos irreversíveis. Suponhamos que esteja em jogo a primazia dos direitos humanos fundamentais. Nesse caso, a autoridade pública tem de esperar a sanção de inconstitucionalidade de uma lei para, então, só depois garantir as liberdades públicas? E o princípio pelo qual a Administração direta e indireta, de qualquer dos Poderes, deve seguir a diretriz da legalidade (CF, art. 37, *caput*), tornar-se-á letra morta? A constituição não é a lei das leis, a rainha de todas as leis, a *lex mater*?

É por isso que, nos *regimes da sanção de nulidade*, os Poderes Públicos têm a faculdade de recusar o cumprimento das leis presumivelmente inconstitucionais, porque a supremacia da constituição está em primeiro lugar.

No Brasil, por exemplo, o Legislativo, ao elaborar as leis, não está compelido a seguir normas regimentais inconstitucionais. Poderá até revogar uma lei viciada que ele próprio editou. Nesse aspecto, sua atitude merecerá aplausos. E, se convidado a prestar informações em sede de ações diretas de inconstitucionalidade, deverá fazê-lo com galhardia, confirmando, se for o caso, a existência do vício suscitado.

O Executivo, como já se disse, não está compelido a cumprir leis inconstitucionais.

O Judiciário, por sua vez, também não deverá cumprir a lei inconstitucional, a começar pelo Pretório Excelso, o guardião da Constituição (art. 102, *caput*).

Ora, se o próprio órgão de cúpula da Justiça — o Supremo Tribunal Federal — está desobrigado de seguir deliberações inconstitucionais, evidente que juízes e tribunais também não devem postar-se como escravos da ilicitude.

A título de curiosidade, lembremos que nos albores da República foi editada a Lei n. 221, de 20 de novembro de 1894, para organizar a Justiça Federal. O art. 13, § 10, dizia:

"Os juízes e tribunais apreciarão a validade das leis e regulamentos e deixarão de aplicar aos casos ocorrentes as leis manifestamente inconstitucionais e os regulamentos manifestamente incompatíveis com as leis ou com a Constituição".

Claro que tal regra foi preconizada como advertência. Era um conselho a ser seguido pelo exegeta, atitude mental que o intérprete deveria guardar no exame do texto em litígio (Castro Nunes, *Teoria e prática do Poder Judiciário*, p. 592).

Convém enfatizar que a recusa ao cumprimento de leis inconstitucionais não é um ato arbitrário, porque:

- existe o livre acesso ao Poder Judiciário para findar eventuais controvérsias quanto ao mérito do descumprimento ou de seu possível desvio de finalidade (art. 5º, XXXV); e
- toda e qualquer decisão no sentido de descumprir lei ou ato normativo reputado inconstitucional deve ser motivada. Sem exaustiva e convincente fundamentação, com sólidos argumentos técnicos, o ato da recusa será nulo. Apenas o titular do Poder, e não os seus subordinados, é que deve indicar, por escrito, os motivos que o levaram a adotar a medida. Se por acaso os seus agentes, no exercício das atribuições do órgão, detectarem a pecha de inconstitucionalidade, a única coisa que poderão fazer é comunicar ao seu superior hierárquico. Nada mais.

Observemos que declinadas as premissas, corretamente assentadas ou não, mas coerentes com a lógica do ordenamento jurídico, estará satisfeita a exigência da motivação. Elementos subjetivos, considerações meramente políticas, suposições ou querelas pessoais, destituídas de respaldo técnico, não servem de base para desqualificar o ato que determinou o descumprimento das leis inconstitucionais.

Hipótese diferente é a que se refere à falta de motivação completa do ato. Nesse caso, ele será nulo, de pleno direito, desde o seu nascimento.

Se foi praticado por Presidente da República, haverá, *em tese*, crime de responsabilidade (CF, art. 85, VII).

Em tese, pois teria de existir uma lei específica para definir as minudências da conduta presidencial, supostamente ensejadora do delito. Só em alguns casos a Lei n. 1.079/50 poderia ser invocada. Nos demais, precisaria haver detalhamento legislativo "especial", conforme exige a Constituição (art. 85, parágrafo único).

Lei n. 1.079, de 10 de abril de 1950: "Define os crimes de responsabilidade e regula o respectivo processo de julgamento". Nesse diploma normativo, algumas condutas configuram crime de responsabilidade. Exemplos: "permitir, de forma expressa ou tácita, a infração de lei federal de ordem pública" (art. 8º, n. 7); "infringir, patentemente, e de qualquer modo, dispositivo da lei orçamentária" (art. 10, n. 4); "ordenar despesas não autorizadas por lei ou sem observância das prescrições legais relativas às mesmas" (art. 11, n. 1) etc.

O mesmo raciocínio se aplica a todos os chefes dos Poderes Públicos, pois "não há crime sem lei anterior que o defina, nem pena sem prévia cominação legal" (art. 5º, XXXIX).

Sem embargo, o titular do Poder deve observar se houve manifesta inconstitucionalidade para adotar a medida. Situações desprovidas de fundamento desautorizam o uso de tal providência.

Com isso, evita-se toda sorte de acusações, dentre as quais a de ter incorrido na prática do crime de responsabilidade.

> **Advertência do STF:** "A recusa de cumprimento de lei, por inconstitucionalidade, somente é possível quando evidente" (STF, MS 14.557/SP, Rel. Min. Cândido Mota Filho).

Sem embargo, existe uma hipótese que pode ocorrer no Brasil.

Imaginemos que o Presidente da República, Governadores ou prefeitos municipais estejam descumprindo lei reputada inconstitucional. Em seguida, propõem, no Pretório Excelso, ação direta de inconstitucionalidade com pedido de medida liminar. Pretendem, formalmente, desincumbir-se do dever de cumprimento da lei contrária à Carta de 1988 (art. 102, I, *a* e *p*; art. 103, I e V).

Perguntamos: enquanto o Supremo Tribunal Federal não proferir sua decisão, o Chefe do Executivo pode continuar recusando o cumprimento da lei reputada inconstitucional?

Certamente que sim. Poderá descumprir a lei atacada somente até o julgamento do pedido de medida cautelar que ele próprio formulou. Mas, após a publicação do veredito judiciário, deverá acatar o resultado sem reservas, aplicando a lei que considera inconstitucional ou não. Nesse ínterim, pouco importa se o Pretório Excelso julgou procedente ou improcedente o seu pedido. Decisão judicial é para ser cumprida, sob pena de se instaurar uma crise institucional de menor ou maior gravidade.

Quer dizer, se a Colenda Corte acolher o pedido de medida cautelar, a execução da lei estará suspensa. Seus efeitos atingirão a todos (eficácia *erga omnes*). Mas, se rejeitá-la, negando a existência da fumaça do bom direito (*fumus boni juris*) e do perigo da mora (*periculum in mora*), não mais haverá suposições de inconstitucionalidade. Daí em diante a eficácia normativa do ato questionado foi confirmada pelo oráculo da Constituição: o Supremo Tribunal Federal (art. 102, *caput*).

✦ 10. BLOCO DE CONSTITUCIONALIDADE (OU PARÂMETRO CONSTITUCIONAL)

Bloco de constitucionalidade é o conjunto de normas e princípios, extraídos da constituição, que serve de paradigma para o Poder Judiciário averiguar a constitucionalidade das leis.

Também é conhecido como *parâmetro constitucional*, pois, por seu intermédio, as Cortes Supremas, a exemplo do nosso Pretório Excelso, aferem a *parametricidade constitucional* das leis e atos normativos perante a Carta Maior, requisito indispensável para o exame da ação direta de inconstitucionalidade.

> **Noção de *parametricidade* no STF:** a "noção conceitual de *parametricidade* — vale dizer, do atributo que permite outorgar, à cláusula constitucional, a qualidade de paradigma de controle — desempenha papel de fundamental importância na admissibilidade, ou não, da própria ação direta, consoante já enfatizado pelo Plenário do Supremo Tribunal Federal (ADIMC 1.347/DF, Rel. Min. Celso de Mello). Isso significa, portanto, que a ideia de inconstitucionalidade (ou de constitucionalidade), por encerrar um conceito de relação que supõe, por isso mesmo, o exame da compatibilidade vertical de um ato, dotado de menor hierarquia, com aquele que se qualifica como fundamento de sua existência, validade e eficácia — torna essencial, para esse específico efeito, a identificação do parâmetro de confronto, que se destina a possibilitar a verificação, *in abstracto*, da legitimidade constitucional de certa regra de direito positivo, a ser necessariamente cotejada em face da cláusula invocada como referência paradigmática. A busca do paradigma de confronto, portanto, significa, em última análise, a procura de um padrão de cotejo, que, ainda em regime de vigência temporal, permita, ao intérprete, o exame da fidelidade hierárquico-normativa de determinado ato estatal, contestado em face da Constituição" (STF, ADIn 1.588/DF, Rel. Min. Celso de Mello, j. em 11-4-2002, *DJ* de 17-4-2002, p. 9).

◆ Cap. 5 ◆ INCONSTITUCIONALIDADE DAS LEIS — 107

A sua concepção parte do pressuposto de que as constituições formam blocos monolíticos e harmônicos, coordenando feixes de normas e princípios explícitos e implícitos, dotados de *cogência* (*força normativa*), não podendo ser separados para fins de controle de constitucionalidade.

> **Entenda como surgiu a concepção do bloco de constitucionalidade e a sua presença na jurisprudência do Supremo Tribunal Federal, após o advento da Carta de 1988:**
>
> - Em 1974, o constitucionalista francês Louis Favoreau empregou, pela primeira vez, a terminologia.
> - Favoreau se baseou na ideia de *bloco legal* ou *bloco de legalidade*, defendida pelos administrativistas franceses, notadamente Maurice Hauriou, e num veredito do Conselho Constitucional da França, de 16 de julho de 1971, que reconheceu o valor jurídico dos preâmbulos (Louis Favoreau e Loïc Philip, *Les grandes décisions du Conseil Constitutionnel*, p. 242; François Luchaire, *La Décision du 16 de Juillet 1971*, p. 77).
> - Na década de 1980, o publicista espanhol Francisco Rubio Llorente acompanhou as lições de Favoreau. A partir daí, a expressão *bloco de constitucionalidade* disseminou-se em todo o mundo, sendo usada para designar a solidez e a unidade de sentido de certas normas e princípios de valor constitucional (Louis Favoreau e Francisco Rubio Llorente, *El bloque de la constitucionalidad*, p. 19-21 e 58-59).
> - Contemporaneamente, os autores têm ressaltado a importância que emerge da noção de *bloco de constitucionalidade* para fins de determinação da fidelidade hierárquica dos atos administrativos, legislativos e judiciários perante a constituição do Estado (Dominique Turpin, *Contentieux constitutionnel*, p. 55-56; Alessandro Pizzorusso, *L'interpretazione della costituzione di essa attraverso la prassi*, p. 8; Miguel Montoro Puerto, *Jurisdicción constitucional y procesos constitucionales*, p. 193-195; Ignacio de Otto, *Derecho constitucional*: sistema de fuentes, § 25; Bernardo Leôncio Moura Coelho, O bloco de constitucionalidade e a proteção à criança, *RIL*, *123*:259-266).
> - Promulgada a Carta de 1988, o Supremo enalteceu a importância que emerge da noção de *bloco de constitucionalidade*. Muitas ações diretas foram ajuizadas, sob o argumento de que o art. 173, § 1º, da Constituição Federal, na redação anterior ao advento da reforma administrativa (EC n. 19/98), estava sendo desrespeitado. Os autores dessas ações pretendiam que as entidades paraestatais exploradoras de atividade econômica ficassem submetidas ao regime jurídico próprio das empresas privadas, notadamente no campo trabalhista. Acreditavam que seria ilegítima a exclusão — quanto aos empregados das empresas públicas e sociedades de economia mista exploradoras de atividade econômica — da incidência das normas constantes do Capítulo V, Título I, do Estatuto da Advocacia (Lei n. 8.906/94), que dispõem sobre a jornada de trabalho, sobre o salário mínimo profissional relativo aos advogados empregados e sobre o direito destes aos honorários de sucumbência. Ocorre, porém, que o advento da EC n. 19/98 importou em sensível reformulação da *cláusula de parâmetro* invocada pelos autores daquelas ações diretas. Concluiu o Pretório Excelso que a reforma da Carta Política, introduzida pela EC n. 19/98, atribuiu ao legislador comum a competência para formular o estatuto de regência pertinente às entidades paraestatais exploradoras de atividade econômica, outorgando, ao Poder Legislativo, a prerrogativa de instituir, em sede meramente legal, o referido estatuto jurídico, destinado, este sim, a desenvolver, no plano infraconstitucional, as diretrizes concernentes ao regime normativo disciplinador de tais entes. Assim, houve, na espécie, efetiva mudança no paradigma de confronto, apto, por si só, a gerar a situação caracterizadora de prejudicialidade (STF, ADIn 1.588/DF, Rel. Min. Celso de Mello, j. em 11-4-2002, *DJ* de 17-4-2002, p. 9; STF, ADIn 595/ES, Rel. Min. Celso de Mello, j. em 18-2-2002, *DJ* de 26-2-2002, p. 21; ADIn 1.120/PA, Rel. Min. Celso de Mello, j. em 28-2-2002, *DJ* de 7-3-2002, p. 7; STF, ADIn 1.510/SC, Rel. Min. Celso de Mello, j. em 28-2-2002, *DJ* de 7-3-2002, p. 10; STF, ADIn 905/DF, Rel. Min. Celso de Mello, j. em 7-3-2002, *DJ* de 13-3-2002, p. 8).

Assim, temos:

> **Bloco de Constitucionalidade = Constituição Total = Força Normativa = Solidez e Unidade de Sentido**

Curioso observar que não é toda e qualquer matéria que integra o bloco de constitucionalidade da Constituição de 1988.

Eis alguns assuntos que, no Brasil, não constituem parâmetro de constitucionalidade:

- **Preâmbulo constitucional** — diferentemente da França, nosso preâmbulo constitucional, em virtude de não apresentar força cogente, não integra o bloco de constitucionalidade da Carta de 1988, motivo pelo qual desserve de paradigma de controle (*v.* Cap. 11).

Em sentido contrário: registre-se a posição de Ronaldo Polleti, para quem o preâmbulo serve de parâmetro para se aferir a inconstitucionalidade das leis: "Se uma lei violar o preâmbulo da Constituição,

108 ◆ Uadi Lammêgo Bulos ◆

ainda que não esteja ferindo a literalidade do texto contido no corpo da Carta, será igualmente inconstitucional" (*Controle da constitucionalidade das leis*, p. 181).

- **Normas constitucionais revogadas** — o pré-requisito para se invocar o *bloco de constitucionalidade*, enquanto parâmetro de verificação da compatibilidade vertical das condutas públicas e privadas perante a constituição, é a existência de normas constitucionais que estejam em plena vigência. Pouco interessa, por exemplo, a ordem jurídica contemporânea às Constituições brasileiras de 1824, 1891, 1934, 1937, 1946 ou 1967. Apenas importa o conjunto de preceitos e princípios insculpidos no documento formalizado e promulgado a partir de 5 de outubro de 1988, que é a Constituição da República Federativa do Brasil em vigor. Quer dizer, só se leva em conta a Carta brasileira vigente aqui e agora (*hic et nunc*). Portanto, no âmbito do controle concentrado de normas, não há cogitar de elementos históricos ou paradigmas normativos que já não se encontram em vigor. Restarão prejudicadas, total ou parcialmente, as ações diretas de inconstitucionalidade intentadas nas hipóteses de revogação superveniente da norma de confronto. Desde o regime constitucional passado que o Pretório Excelso vem proclamando esse pensamento. Tanto a superveniente revogação global da constituição como a posterior derrogação de norma constitucional configuram hipóteses caracterizadoras de prejudicialidade da ação direta, pois a perda de seu objeto compromete o paradigma de confronto, invocado no processo de controle concentrado.

  Entendimento do STF: "Isso significa, portanto, que, em sede de controle abstrato, o juízo de inconstitucionalidade há de considerar a situação de incongruência normativa de determinado ato estatal, contestado em face da Carta Política (vínculo de ordem jurídica), desde que o respectivo parâmetro de aferição ainda mantenha atualidade de vigência (vínculo de ordem temporal). Sendo assim, e quaisquer que possam ser os parâmetros de controle que se adotem — a Constituição escrita, de um lado, ou a ordem constitucional global, de outro — torna-se essencial, para fins de viabilização do processo de controle normativo abstrato, que tais referências paradigmáticas encontrem-se, ainda, em regime de plena vigência" (STF, ADIn 1.588/DF, Rel. Min. Celso de Mello, j. em 11-4-2002, *DJ* de 17-4-2002, p. 9. Precedentes: STF, *RTJ*, *128*:515, *130*:68, *130*:1002, *135*:515, *168*:436, *169*:834, *169*:920, *171*:114, *172*:54).

- **Praxes constitucionais** — as práticas constitucionais, a exemplo dos usos, costumes e convenções que se formam *a latere* das constituições, não integram o bloco de constitucionalidade, pelo simples fato de que derivam de fontes não formais de elaboração legislativa. Destituídas de supremacia formal, desservem de parâmetro direto para o controle de normas. Em realidade, as praxes constitucionais não apresentam a eficácia normativa (ou jurídica) dos preceitos escritos no texto magno. Podem, no máximo, revogar disposições infraconstitucionais, preencher lacunas da constituição e fornecer subsídios para se interpretar preceitos obscuros e indeterminados.

  Sobre o assunto: Pontes de Miranda, *Comentários à Constituição de 1946*, p. 195-196, v. 1; Anna Cândida da Cunha Ferraz, *Processos informais de mudança da constituição*, p. 187; Uadi Lammêgo Bulos, *Mutação constitucional*, p. 182-183.

- **Normas de direito suprapositivo** — preceitos metapositivos, que excedem as fronteiras da ordem jurídica nacional, transcendendo os limites da Constituição da República Federativa do Brasil, não integram o bloco de constitucionalidade do nosso Texto Supremo. Assim, não podem ser tomados como parâmetro constitucional. Do contrário, criar-se-ia uma espécie de *controle de supraconstitucionalidade*, em nítido desrespeito ao esquema de competências do Supremo, taxativamente estabelecido na Carta de 1988.

  Posicionamento do STF: ao concluir pela impossibilidade de controle abstrato de normas provenientes do poder constituinte originário, explicou o Ministro Moreira Alves que a jurisdição atribuída ao Pretório Excelso, pelo Texto Maior, não lhe permite verificar supostas ofensas a "princípios de direito suprapositivos" (STF, Pleno, ADIn 815-3/RS, Rel. Min. Moreira Alves, *DJ*, 1, de 10-5-1996, p. 15131).

- **Normas interpostas** — preceitos situados entre a constituição e as leis ordinárias não possuem, no Brasil, supremacia constitucional formal, a ponto de servirem de paradigma de controle. Assim, as chamadas *normas interpostas*, a exemplo daquelas contidas nas Constituições dos Estados-membros

◆ Cap. 5 ◆ INCONSTITUCIONALIDADE DAS LEIS

(localizadas entre a Constituição de 1988 e os atos estaduais e municipais), não participam do bloco de constitucionalidade da Carta de Outubro, sob pena de admitirmos uma *inversão de hierarquias*, em que preceitos de escalão menor prevaleceriam sobre os de nível hierárquico máximo, situados no Texto Supremo. Registre-se, todavia, que existem países que admitem os dispositivos interpostos como parâmetros de constitucionalidade. É o caso da Espanha, da Itália, de Portugal e da Alemanha, os quais aceitam as chamadas *leis de valor reforçado*, que servem de padrão de controle para outras leis (Augusto Cerri, *Corso de giustizia costituzionale*, p. 111; Gustav Zagrebelsky, *La giustizia costituzionale*, p. 40).

- **Lei Complementar n. 95, de 26 de fevereiro de 1998** — esse diploma normativo, que regulou o art. 59, parágrafo único, da Carta Maior, tem por objeto a elaboração, a redação, a alteração e a consolidação das leis. A nosso ver, ele não pode ser tomado como parâmetro direto de controle de constitucionalidade formal porque o paradigma de fiscalização normativa, nesse caso, é, tão só, o Texto Maior, procriado pelo poder constituinte originário. Admitir o contrário é erigir padrões infraconstitucionais de cotejo, permitindo que normas de grau hierárquico inferior atuem como se normas constitucionais fossem, algo incompatível com a sistemática da supremacia da Constituição de 1988. Com isso não queremos dizer que as leis comuns não possam auxiliar a composição do parâmetro de controle. Evidente que existem casos em que a exegese de um preceito constitucional toma de empréstimo dados extraídos de leis ordinárias, desde que elas estejam em sintonia com a Carta Magna. Esse, aliás, tem sido o posicionamento do Supremo Tribunal Federal em diversas assentadas. Embora tome como subsídio diplomas infraconstitucionais, isso não equivale a um rompimento com o consagrado princípio de que o controle de constitucionalidade só opera a partir dos padrões normativos extraídos da própria *Lex Mater*, ainda que possam ser invocados atos legislativos ordinários.

> **Julgados da Corte que, sem desvirtuar a primazia da Constituição Federal, utilizaram, subsidiariamente, leis para aclarar o *juízo de inconstitucionalidade*:** STF, ADIn 1.523/SC, Rel. Min. Maurício Corrêa, *DJU* de 18-5-2001; STF, ADIn 2.396-MC/MS, Rel. Min. Ellen Gracie, *DJU* de 14-12-2001, p. 23; STF, ADIn 474-3/RJ, Rel. Min. Octavio Gallotti, *DJU* de 3-5-1996; STF, ADIn 748-MC/RS, Rel. Min. Celso de Mello, *DJU* de 6-11-1992, p. 20105; STF, ADIn 493/DF, Rel. Min. Moreira Alves, *DJU* de 4-9-1992. Conforme Juliano Taveira Bernardes, a LC n. 95/98 pode servir de parâmetro de controle de constitucionalidade formal. Eis o seu raciocínio: "independentemente da discussão em torno do *status* normativo da LC n. 95/98, nada impede tome-se tal diploma como fundamento da instauração de controle judicial preventivo do processo legislativo. Assim, ainda que se trate de controle baseado em 'lei', não há afastar a conclusão de que esse controle é factível mediante parâmetro formado por norma materialmente constitucional. E é somente nessa perspectiva, também material (e por exceção), que se defende a possibilidade de ampliação do parâmetro direto de controle a ato normativo que não conta com supremacia constitucional em sentido formal" (*Controle abstrato de constitucionalidade:* elementos materiais e princípios processuais, p. 135-136).

De outra parte, inúmeros assuntos compõem o significado do bloco de constitucionalidade da Constituição brasileira, sendo impossível registrá-los exaustivamente.

Aliás, no ordenamento pátrio, o *parâmetro constitucional* é vasto, porque vai muito além das normas e princípios constantes nas leis constitucionais escritas. Alarga-se, sobremaneira, para abarcar os princípios implícitos, que defluem da lógica do sistema, do espírito da constituição, dos valores que informam a ordem constitucional como um todo.

Em suma, o bloco de constitucionalidade da Carta de 1988 permite ao Supremo Tribunal Federal:

- **Construir o direito aplicável ao caso concreto** — a interpretação da Constituição de 1988 vai além do mero sentido literal de suas normas, para acompanhar os acontecimentos históricos, econômicos e políticos da sociedade. Nesse contexto, a Carta Magna transforma-se num documento vivo e sempre atual, permitindo a construção da tese jurídica para resolver o problema em juízo (STF, Lex, *181*:363, Rel. Min. Celso de Mello).
- **Ampliar ou restringir os domínios materiais da Carta de 1988** — com base no *bloco de constitucionalidade*, o Pretório Excelso poderá *concretizar* as liberdades públicas numa dimensão aberta e prospectiva, entrelaçando o *direito* e a *ética*. Mais do que isso, detém, quando necessário, o poder de expandir os preceitos constitucionais numa *perspectiva ampla*. Isso demonstra que o *bloco de*

110 ◆ Uadi Lammêgo Bulos ◆

constitucionalidade, consentâneo à Carta de 1988, abarca, além das normas formalmente consagradas, aqueloutras disposições materialmente constitucionais, que estão fora do texto escrito pelo constituinte. Assim, a amplitude do *bloco de constitucionalidade* depende da abrangência material que se atribuir às cartas constitucionais.

> **Correntes sobre a amplitude material do bloco de constitucionalidade:**
> 1ª) o *bloco* restringe-se às normas formalmente constitucionais; e
> 2ª) o *bloco* alcança o conceito mais amplo de constituição. Esta perspectiva foi adotada pelo Ministro Celso de Mello: "O significado de bloco de constitucionalidade projeta-se para além da totalidade das regras constitucionais meramente escritas e dos princípios contemplados, explícita ou implicitamente, no corpo normativo da própria Constituição formal, chegando, até mesmo, a compreender normas de caráter infraconstitucional, desde que vocacionadas a desenvolver, em toda a sua plenitude, a eficácia dos postulados e dos preceitos inscritos na Lei Fundamental, viabilizando, desse modo, e em função de perspectivas conceituais mais amplas, a concretização da ideia de ordem constitucional global" (STF, ADIn 1.588/DF, Rel. Min. Celso de Mello, j. em 11-4-2002, *DJ* de 17-4-2002, p. 9).

- **Aferir a parametricidade constitucional das leis e atos normativos em face das liberdades públicas** — nas constituições dirigentes, a exemplo da brasileira de 1988 e da portuguesa de 1976, os direitos e garantias fundamentais funcionam como parâmetros, ou normas de referência, servindo para desvendar o exato alcance do *bloco de constitucionalidade*. Nessas cartas fundamentais, há amplo catálogo de liberdades públicas, que constitui um meio hábil para examinar a legitimidade e a constitucionalidade das leis e dos atos normativos.
- **Utilizar o § 2º do art. 5º como paradigma de controle normativo** — se é certo que quase nenhuma liberdade pública ficou de fora da Constituição de 1988, mais exato ainda é que outros direitos podem vir a ser incorporados à ordem jurídica, por força da cláusula inserta no § 2º do art. 5º da *Lex Mater*. Com base nisso, pode-se dizer que os novos direitos daí decorrentes, quando incorporados ao ordenamento pátrio no posto de leis ordinárias, passam a integrar o bloco de constitucionalidade da Carta de Outubro. Assim, os preceitos materialmente constitucionais, como aqueles oriundos de convenções internacionais, tratados, pactos etc., funcionam como *normas de referência*. Isso porque ingressam na ordem jurídica brasileira na qualidade de preceitos ordinários infraconstitucionais, sujeitos ao controle de constitucionalidade. Daí se revestirem de densificações possíveis, legítimas e capazes de integrar o *bloco de constitucionalidade*.
- **Invocar princípios explícitos e implícitos como parâmetro constitucional** — existindo disposição explícita, cumpre à Corte Excelsa aferir a constitucionalidade de um ato jurídico à luz das normas e dos princípios escritos na constituição. Mas não havendo disposição expressa, resta ao Judiciário enfrentar o tema da constitucionalidade numa *perspectiva constitucional global*, porque não são apenas as normas e princípios escritos nas constituições que servem de parâmetro para verificar a compatibilidade vertical das leis e dos atos normativos perante a *Lex Mater* de 1988, mas também os princípios implícitos.

> **Nesse sentido:** STF, ADIn 595/ES, Rel. Min. Celso de Mello, j. em 18-2-2002, *DJ* de 26-2-2002, p. 21; STF, ADIn 1.120/PA, Rel. Min. Celso de Mello, j. em 28-2-2002, *DJ* de 7-3-2002, p. 7; STF, ADIn 1.510/SC, Rel. Min. Celso de Mello, j. em 28-2-2002, *DJ* de 7-3-2002, p. 10; STF, ADIn 905/DF, Rel. Min. Celso de Mello, j. em 7-3-2002, *DJ* de 13-3-2002, p. 8).

Com efeito, o *bloco de constitucionalidade* da Carta de Outubro engloba, ao mesmo tempo, os princípios *explícitos* (escritos) e os *implícitos* (não escritos).

Os *explícitos* decorrem do próprio Documento Maior. Não ensejam maiores questionamentos. Consagrados pelo constituinte, de modo taxativo, podem ser facilmente deduzidos.

Já os *implícitos* encontram-se latentes no texto da Constituição brasileira. Transcendem à linguagem prescritiva do constituinte. Somente podem ser tomados como referência ou parâmetro normativo de controle de normas se puderem ser especificados no contexto geral da Carta Maior.

Quando falamos em *princípios implícitos* não estamos nos reportando a algo inalcançável, calcado num abstracionismo fantasioso e infundado. Referimo-nos à existência de certos princípios não escritos, mas reconduzíveis ao programa normativo-constitucional, e, por isso, sendo plenamente passíveis de revelação específica, do mesmo modo dos que foram plasmados pela linguagem prescritiva do legislador constituinte (J. J. Gomes Canotilho, *Direito constitucional e teoria da constituição*, p. 855).

◆ Cap. 5 ◆ INCONSTITUCIONALIDADE DAS LEIS

Basta ver que esses vetores não escritos nas constituições derivam dos próprios princípios explícitos, desfrutando do mesmo prestígio deles.

Exemplos:

- a boa-fé não está consignada expressamente na Carta de 1988, mas extrai-se do art. 37, *caput*, porque é impossível pensar na concreção do vetor da moralidade administrativa onde vicejar a má-fé;
- o Texto Maior não incluiu, de modo expresso, o ditame da proporcionalidade em sua íntegra, mas nada impede de o dessumirmos da cláusula do devido processo legal material (art. 5º, LIV) e de outras diretivas constitucionais, como aquela que assegura o Estado Democrático de Direito (art. 1º, *caput*).
- as *máximas da experiência* também não foram consagradas, *in verbis*, pelo constituinte, mesmo assim encontram-se implícitas no *bloco de constitucionalidade* da Constituição de 1988.

> **O que são máximas da experiência:** *máximas da experiência* são juízos gerais, axiomas sujeitos ao exame probatório do Poder Judiciário, que exprimem verdades extraídas de raciocínios lógicos, deduzidos do ordenamento jurídico. Velhas conhecidas do Direito Processual, estão presentes em todos os ramos do Direito, possibilitando a juízes e tribunais utilizarem-nas como recursos supletivos para o preenchimento de lacunas. O requisito para serem invocadas é a inexistência de norma ou princípio expresso, disciplinando um respectivo assunto. Não são criadas mediante arbítrio ou abuso de poder, pois cingem-se à ideia de legalidade. Partem da intuição e da sensibilidade do juiz perante as minúcias do caso concreto. Quando o órgão judicante define o que são "juros reais", quando diz o que é "preço vil" etc., enfrenta uma plêiade de conceitos normativos indeterminados. Nesses casos, é-lhe facultado recorrer às *máximas da experiência*, reveladas pelos brocardos ou aforismas admitidos cientificamente. Dessa forma, torna-se possível clarear o sentido da lei, avaliar provas, verificar, enfim, a alegação das partes no processo cível, trabalhista, administrativo ou criminal.

A justificativa para a inclusão dos princípios implícitos no bloco de constitucionalidade da Carta de 1988 é a seguinte: o conteúdo das constituições pode lograr uma amplitude considerável a depender de como forem interpretadas.

Sendo o magistrado um ser livre — jamais um escravo das formas —, seu ato interpretativo pode ir além da gramática constitucional, desvendando o significado profundo da ordem jurídica.

Nada o impede de tomar de empréstimo noções condensadas nos vetores implícitos que se inserem no *bloco de constitucionalidade* da Constituição brasileira.

Logo, a invocação de elementos implícitos à linguagem prescritiva do constituinte originário serve de *parâmetro constitucional* desde que seja observado o *princípio da especificação das normas*, acima estudado (*v.*, *supra*, n. 4.4).

Bloco de constitucionalidade da CF/88	**Princípios explícitos** (cidadania, dignidade do homem, direitos fundamentais da pessoa humana, pacto federativo, Estado de Direito, ordem liberal e democrática, forma republicana, sistema representativo, autonomia municipal, prestação de contas pela Administração Pública, separação de Poderes, tratados internacionais de que o Brasil for signatário, limites das emendas constitucionais, mensagem preambular etc.)
	Princípios implícitos (supremacia constitucional, presunção da constitucionalidade das leis e atos normativos, segurança jurídica, razoabilidade, interesse público, boa-fé, proibição do enriquecimento sem causa, máximas da experiência etc.)

Evidente que o catálogo aí exemplificado não esgota a matéria. Existem outros princípios, expressos e implícitos, que demandam árdua pesquisa em nossa Constituição (Raquel Fernandes Perrini, Os princípios constitucionais implícitos, *Cadernos de Direito Constitucional e Ciência Política*, *17*:113-169).

CAPÍTULO 6

CONTROLE DE CONSTITUCIONALIDADE

✦ 1. NOÇÃO DE CONTROLE DE CONSTITUCIONALIDADE

Controle de constitucionalidade é o instrumento de garantia da supremacia das constituições.

Serve para verificar se os atos executivos, legislativos e jurisdicionais são compatíveis com a carta magna.

Controlar a constitucionalidade, portanto, é examinar a adequação de dado comportamento ao texto maior, mediante a análise dos requisitos formais e materiais (*v.* Cap. 5, n. 3.1 e 3.2).

Enquanto a *inconstitucionalidade* é a *doença* que contamina o comportamento desconforme à constituição, o *controle* é o *remédio* que visa restabelecer o estado de higidez constitucional.

✧ 1.1. A *graphē paranomōn*

A *graphē paranomōn*, procedimento adotado em Atenas, Grécia, no século V a. C., é o antecedente mais remoto do controle de constitucionalidade de que se tem notícia.

Ao pé da letra, *graphē paranomōn*, do grego γραφή παρανόμων, significa termo de ajuste de contas.

Por seu intermédio era possível verificar se uma lei, votada pela assembleia popular em face do Direito ancestral, estava em consonância com o interesse da maioria.

Funcionava como uma espécie de acusação pública contra os proponentes de leis inconstitucionais.

Suponhamos que determinado projeto fosse proposto ao arrepio das formalidades necessárias à sua propositura. Só por este motivo, seu proponente seria responsabilizado, geralmente com pena de multa.

Mediante a *graphē paranomōn*, um júri, escolhido por sorteio, poderia reverter, e até anular, uma proposta de lei inconstitucional, punindo o seu respectivo autor.

Com o tempo, o procedimento da *graphē paranomōn* foi substituído pela *graphi nomon me epitedeion theinai*, que, na prática, não trouxe maiores novidades.

Já pensou se a *graphē paranomōn* vigorasse no Brasil?

Infelizmente, em nosso sistema de direito positivo, os parlamentares não têm qualquer responsabilidade sobre o resultado de suas propostas, sem falar que gozam de imunidade material e formal.

✦ 2. FUNDAMENTOS DO CONTROLE DE CONSTITUCIONALIDADE

A constituição, mesmo dotada de supremacia, não está imune a abusos e violações, tanto por parte do legislador ordinário como das autoridades públicas em geral.

É exatamente aí que reside a razão de ser do controle de constitucionalidade: proteger a carta magna.

Não basta as normas constitucionais serem hierárquica e formalmente superiores às leis em geral. É necessário um instrumento para ser acionado nos casos de violação à ordem suprema do Estado.

Esse instrumento é o controle de constitucionalidade.

◆ Cap. 6 ◆ CONTROLE DE CONSTITUCIONALIDADE

A seu respeito convém saber:

- Em sentido amplo, o controle de constitucionalidade é exercido sobre atos legislativos (as leis, propriamente ditas), executivos (medidas provisórias e deliberações administrativas em geral) e jurisdicionais (regimentos internos de tribunais).
- Qualquer um dos diferentes tipos de inconstitucionalidade pode adoecer a constituição (*v.* Cap. 5, n. 4). Mas o remédio para curar a moléstia que aflige a saúde constitucional — o controle — segue um receituário diversificado. Isso porque, em termos gerais e bastante amplos, sem nos circunscrevermos a este ou àquele lugar, não podemos falar em controle, mas sim em *controles de constitucionalidade*, no plural. Cada Estado possui suas particularidades. Daí os mecanismos de controle desenvolverem-se, por essência, "no âmbito de um processo mais ou menos complexo, atendendo às próprias características do ordenamento jurídico. E o modo de provocar o exame da questão constitucional assume importância fundamental, uma vez que dele depende o próprio exercício da função que garante a Constituição" (Gilmar Ferreira Mendes, *Controle de constitucionalidade*, p. 117).
- O pré-requisito para a existência do controle de constitucionalidade é a necessidade de preservar a supremacia, material e formal, das constituições (*v.* Cap. 4). É o escalonamento normativo que irá situar a posição hierárquica dos atos jurídicos, funcionando como parâmetro de fiscalização (supremacia formal). Mas o controle também se faz necessário nos sistemas em que prevalece a força dos costumes, das praxes em geral, as quais são responsáveis pela *estabilidade sociológica* das constituições flexíveis (supremacia material). É o caso da Constituição da Inglaterra, que, formalmente, não possui controle de constitucionalidade. Ou seja, da estrita ótica técnico-jurídica, inexiste distinção formal entre leis constitucionais e leis ordinárias. Não vigora, entre os ingleses, quaisquer mecanismos formais de fiscalização da constitucionalidade. Acontece, porém, que, do ponto de vista material, sociológico, pois, a histórico-flexível Carta britânica possui sim um controle informal de constitucionalidade, que não está escrito em nenhum lugar, mas que se encontra sobejamente cristalizado na cultura do povo inglês, numa plêiade de costumes, praxes e documentos jurídicos, os quais são preservados pela inexedível força do Parlamento.
- É equívoco erigir a rigidez ou a flexibilidade das constituições como pressupostos imprescindíveis para a existência material do controle de constitucionalidade. Somente no ângulo formal é que o princípio da rigidez pode ser aferido como paradigma de validade de outros atos normativos. Contudo, da ótica material, não há qualquer intersecção absoluta nesse campo a ponto de chegarmos ao extremo de acreditar que, "no Estado onde inexistir o controle, a constituição será flexível". Ora, e como ficaria a supremacia substancial das cartas flexíveis? Estariam tais constituições destituídas de toda e qualquer proteção? E a força dos grupos organizados da sociedade, dos costumes, das praxes e do bom senso? Sem dúvida, tais elementos influem na garantia da ordem constitucional, servindo como *parâmetros materiais* de defesa da *lex mater*. Daí a advertência de Paulo Napoleão Nogueira da Silva: "O controle de constitucionalidade, a rigor, passa por cima de conceitos tais como o de Constituição flexível ou rígida, na medida em que, *em tese*, pode incidir de igual maneira sobre as leis e os atos normativos em geral, fundados tanto em uma, como em outra dessas espécies constitucionais" (*A evolução do controle da constitucionalidade e a competência do Senado Federal*, p. 15).
- Completando o tópico anterior, diríamos: do ponto de vista material, o princípio da rigidez não é um corolário absoluto do controle de constitucionalidade das leis e dos atos normativos estatais. Tanto é assim que, na Inglaterra, a Câmara dos Lordes, no exercício de suas atividades político-judiciárias, impede a entrada em vigor das leis que estiverem em desacordo com a flexível Constituição britânica, a fim de preservar os princípios e os valores seculares que a sustentam. Nisso, demonstrou Jennings, exercita autêntico controle da constitucionalidade dos atos legislativos aprovados pela Câmara dos Comuns (*A Constituição britânica*, p. 71).
- Um dos fundamentos do controle de constitucionalidade é a proteção dos direitos e garantias fundamentais, porque existe uma tábua de valores na sociedade que deve ser preservada das injunções estritamente políticas, das decisões que contrariam a legitimidade democrática, dos conchavos que deturpam as conquistas alcançadas no longo e tormentoso processo de elaboração originária da *lex mater*.

- Mas a finalidade do controle não é apenas assegurar as liberdades públicas. Evidente que esse é um dos escopos prioritários desse mecanismo de tutela da supremacia constitucional, mas não é o único. Todas as normas e princípios, depositados na constituição, independentemente do assunto que versem, ou do grau de importância que ostentem, merecem amparo. Logo, o controle de constitucionalidade limita os Poderes do Estado na unanimidade das provisões constitucionais. Só assim se concretiza o processo democrático, porquanto a defesa da constituição, em todas as suas entrelinhas, é o signo referencial das instituições livres.

- No Brasil, o Supremo Tribunal Federal demarcou que o controle deve tomar como paradigma as normas constitucionais vigentes, aqui e agora, contemporâneas ao bloco de constitucionalidade da Constituição de 1988, sob pena de acarretar a prejudicialidade das ações diretas de inconstitucionalidade intentadas ao arrepio desse princípio (*v.* Cap. 5, n. 9).

Precedente: STF, ADIn 1.552/DF, Rel. Min. Celso de Mello, j. em 11-4-2002, *DJ* de 17-4-2002.

✦ 3. TODO ATO INCONSTITUCIONAL É SUSCETÍVEL DE CONTROLE?

Estudamos, no capítulo anterior, que as ações públicas e privadas estão submetidas ao império da constituição. Por isso, a qualquer tempo, podem incorrer em inconstitucionalidades.

Agora chegou o momento de saber se a inconstitucionalidade pode ser controlada em todas as situações da vida.

Certamente, uma coisa é *reconhecer* a inconstitucionalidade que afeta o ato público ou privado; outra é *controlá-la*.

Essa distinção é de primacial importância, pois nem todos os vícios que fulminam a constituição podem ser controlados. Tanto é assim que veremos, mais à frente, a lista de matérias alheias ao controle difuso e concentrado de normas (*v.*, *infra*, n. 8.1.4 e 8.2.6, *g*).

Muitas vezes, a doença (a inconstitucionalidade) é detectada, mas, mesmo assim, não há o remédio (o controle) para a sua cura.

Até nos países que consagram mecanismos avançadíssimos para o combate à inconstitucionalidade, como é o caso do Brasil, Alemanha e Portugal, existem certos comportamentos contrários à constituição que acabam desbordando o controle de constitucionalidade.

Exemplo eloquente do que acabamos de dizer é a inconstitucionalidade de decisões judiciais. Sem dúvida, elas existem. O problema é *como fiscalizá-las*.

Nem sempre os recursos interpostos para derrubar as sentenças inconstitucionais, as ações rescisórias, os mandados de segurança, as novas concepções acerca da relatividade da coisa julgada, os mecanismos processuais ordinários em geral conseguem fulminar o cancro da inconstitucionalidade, eliminando, por completo, a chaga que assola a supremacia das constituições.

Não há dúvida de que seria positiva a consagração de *sanções específicas*, previstas em lei, para fiscalizar a constitucionalidade dos atos jurisdicionais. O problema é como operacionalizar isso, porque o princípio da separação de Poderes, inclusive no Brasil, não pode correr riscos, sob pena de se desconfigurar a manifestação constituinte originária em seu sentido mais profundo.

E esclareça-se bem: a ausência de *sanções específicas* para serem aplicadas a tais atos, pode conferir-lhes a aparência de "constitucionais", quando, na realidade, não o são (Jorge Bacelar Gouveia, *O valor positivo do acto inconstitucional*, p. 20).

Noutro ângulo, se, no plano das ideias, o combate à problemática pode até encontrar saída, na prática, o controle das sentenças inconstitucionais é complicado.

A única via imediata para sanar o problema seria a formação de uma *consciência constitucional plena*. Antes mesmo de existirem instrumentos formais, que se reputem aptos a realizar o controle de sentenças judiciais, impende reconhecer o *valor da constituição*, ou seja, a sua verdadeira importância no panorama do Estado Democrático de Direito. Sem isso, será impossível eliminar a celeuma, ainda quando se envidem nobilitantes esforços no sentido de erigir meios legais e processuais destinados a esse fim.

No ordenamento português, por exemplo, Marcelo Rebelo de Sousa entende que, em alguns casos, a lei admite a possibilidade de controle das decisões judiciais desconformes com o texto maior. É como se houvesse, diz ele, "uma equiparação da inconstitucionalidade à ilegalidade e os actos jurisdicionais inconstitucionais fossem nulificados, nos termos legislativos ordinários e, nesses exactos termos, objecto de controlo da legalidade" (*O valor jurídico do acto inconstitucional*, p. 179).

♦ Cap. 6 ♦ CONTROLE DE CONSTITUCIONALIDADE **115**

A tese de Rebelo de Sousa, porém, não é pacífica, haja vista que nem todos os publicistas lusitanos a admitem. Paulo Otero, por exemplo, concebe a problemática sob outro enfoque, mas também não apresenta uma solução definitiva para o controle da inconstitucionalidade das decisões judiciais, embora formule percucientes observações a respeito do assunto (*Ensaio sobre o caso julgado inconstitucional*, p. 127 e s.).

Gomes Canotilho e Vital Moreira ensinam que a Constituição portuguesa é expressa em admitir, tão somente, o controle da constitucionalidade de normas jurídicas. Atos de governo e decisões judiciais, por exemplo, não têm caráter normativo. Logo, não se submetem à fiscalização. Esta, aliás, é a orientação jurisprudencial firmada, de modo reiterado, em Portugal (*Fundamentos da constituição*, p. 258-259).

✦ 4. ESPÉCIES DO CONTROLE DE CONSTITUCIONALIDADE

As normas jurídicas presumem-se, em princípio, constitucionais.

Logo, "toda presunção é pela constitucionalidade da lei e qualquer dúvida razoável deve-se resolver em seu favor e não contra ela" (Lúcio Bittencourt, *O controle jurisdicional da constitucionalidade das leis*, p. 91-92).

Acontece, porém, que nem sempre a presunção da constitucionalidade é capaz de evitar as *situações inconstitucionais*.

Justamente por isso, a Teoria Constitucional desenvolveu formas de controle, que são classificadas sob os mais diversos critérios.

Levando em conta a realidade brasileira, contemporânea à Constituição de 1988, sugerimos a seguinte tipologia:

- **Quanto ao órgão fiscalizador** — controle político / controle jurisdicional / controle misto

- **Quanto ao momento da fiscalização** — controle preventivo / controle repressivo

As formas de controle aí classificadas não são compartimentos estanques; encontram-se entrelaçadas.

É o caso do controle preventivo, que pode ser desempenhado por um órgão de natureza política e, até, jurisdicional.

O sistema francês, desenvolvido pelo antigo *Comité* e pelo atual *Conseil Constitutionnel*, por exemplo, exerce o controle de constitucionalidade preventivo mediante um órgão político. Já a Carta austríaca, reformulada em 1925, disciplinou no seu art. 138 a existência de um controle preventivo, realizado por órgão jurisdicional.

A mesma coisa vale para o repressivo. Pode esse controle efetivar-se por órgãos políticos, jurisdicionais e, inclusive, mistos.

Exemplos: a Constituição polonesa de 1952 consagrou um controle repressivo de constitucionalidade, mas de natureza estritamente política. Já a Carta brasileira de 1934 trouxe um controle repressivo que pode ser classificado como misto, pois conjugou as competências dos órgãos judiciais com aqueloutras de cunho político, exercidas pelo Senado Federal.

Inexistem fórmulas para fazer combinações nessa área. A experiência suplanta a teoria. Quem dita as regras é a prática, restando ao Professor de Direito descrever a realidade. Nada mais.

✦ 4.1. Controles quanto ao órgão fiscalizador

Os ordenamentos jurídicos adotam três grandes técnicas para fiscalizar a constitucionalidade: o controle político, o jurisdicional e o misto.

A escolha de uma ou de outra técnica de controle varia conforme as necessidades de realizar o ideário da *justiça constitucional* em cada lugar.

> **Doutrina:** Louis Favoreau (coord.), *Documents d'études: droit constitutionnel et institutions politiques* — la justice constitutionnelle, p. 2 e s.; Hans Kelsen, *La garantie juridictionnelle de la constitution (la justice constitutionnelle)*, 1928; Alessandro Pizzorusso, *I sistemi di giustizia costituzionale dai modelli alle prassi*, 1982; F. Moderne et al., *La justice constitutionnelle en Espagne, passim*; Giorgio Lombardi, *Costituzione e giustizia costituzionale nel diritto comparato* (obra coletiva), 1985; Leszec Garlick e Witold Zakrzewsky, *La protection juridictionnelle de la constitution dans le monde contemporain*, 1985.

a) Controle político

É realizado por órgão não pertencente ao Poder Judiciário. Normalmente é o Poder Legislativo e o Executivo que o exercem.

Fundamentos que justificam a sua adoção:

* somente os órgãos políticos é que dominam a dinâmica da ordem jurídica, pois, quando a constituição é fiscalizada pelo Poder Judiciário, não há sensibilidade política; e
* os juízes ao decretar a inconstitucionalidade de um ato jurídico acabam por anular as próprias deliberações do Legislativo e do Executivo, atentando contra o princípio da separação de Poderes.

Críticas endereçadas ao controle político:

* a experiência evidencia que o controle político se baseia muito mais num juízo de conveniência, desprovido de respaldo técnico; e
* essa forma de controle é redundante e parcial, pois é o próprio Poder Legislativo que controla a constitucionalidade dos atos que ele mesmo criou. Aí sim é que há violação à cláusula da separação de Poderes.

Países que adotaram o controle político puro: França, Polônia, Romênia e Tchecoslováquia.

O controle político puro não é das melhores opções. Só traria benefícios se fosse adotado de forma mitigada, para ser exercido por um tribunal político-jurídico, nos Estados onde a opinião pública é forte, a imprensa é responsável e os representantes do povo, sérios (Dircêo Torrecillas Ramos, *O controle de constitucionalidade por via de ação*, p. 22-23).

b) Controle jurisdicional (judiciário ou jurídico)

Desempenhado apenas por juízes e tribunais. É o Poder Judiciário que o exerce com exclusividade.

Funda-se nos seguintes argumentos:

* a jurisdição constitucional deve reservar-se ao Poder Judiciário, porque a verificação da compatibilidade das leis e atos normativos perante a carta magna é tarefa que exige, a um só tempo, técnica e imparcialidade; e
* o controle de constitucionalidade exercido pelo Poder Judiciário é uma maneira eficaz para combater a falibilidade do legislador, fazendo valer o império das leis na medida dos *direitos da liberdade*. Só assim é possível efetivar-se o princípio da supremacia constitucional, em toda a sua plenitude.

Críticas endereçadas ao controle judiciário:

* seu uso é responsável pela existência de um "governo de juízes" ou "judiciocracia", a exemplo do que ocorre nos Estados Unidos com a Suprema Corte Americana, autêntica terceira câmara legislativa (Karl Loewenstein, *Political power and the governmental process*, p. 245);
* tal sistema desvia o Poder Judiciário do seu ofício típico, convertendo-o num órgão de natureza política, algo que lhe é vedado por essência, pondo em xeque o princípio da separação de Poderes; e
* os juízes, em geral, são legalistas, insensíveis e tecnicistas. Nisso, opõem-se aos avanços, representando obstáculo conservador às reformas sociais.

◆ Cap. 6 ◆ **CONTROLE DE CONSTITUCIONALIDADE** **117**

País que criou e adota, até hoje, esse tipo de controle: Estados Unidos da América.

Há excesso nas críticas lançadas ao controle judiciário de constitucionalidade, pois a experiência demonstra que a sua adoção se afigura positiva, principalmente se utilizado com temperamentos, à luz dos componentes de ordem política.

Disso adveio a criação do controle de constitucionalidade misto.

c) Controle misto (eclético ou híbrido)

Conjuga os controles político e jurídico.

A expressão *controle misto* também é usada para se referir à adoção simultânea das técnicas difusa e concentrada e defesa da *lex mater*.

Seu objetivo é equacionar os prós e os contras dos controles político e jurídico (difuso e concentrado), corrigindo distorções.

Não há maiores críticas ao controle misto, porque, na realidade, é a melhor técnica.

Certas matérias são fiscalizadas pelo Judiciário, enquanto outras são controladas pelo Legislativo e pelo Executivo.

Países que adotam esse tipo de controle: Brasil e Portugal.

✧ 4.2. Controles quanto ao momento da fiscalização

Quando uma lei ou ato normativo são inconstitucionais, o controle de constitucionalidade pode ser acionado em dois momentos distintos:

1° *momento* — na etapa do projeto de lei ou ato normativo (controle preventivo); e

2° *momento* — na etapa posterior à produção da lei ou ato normativo (controle repressivo).

a) Controle preventivo

É aquele que opera na etapa do projeto de lei (*v.* Seção 2, *infra*).

b) Controle repressivo

Desempenhado pelo Judiciário, visa *reprimir* a inconstitucionalidade após a promulgação da lei.

✦ 5. SISTEMAS DE CONTROLE DA CONSTITUCIONALIDADE

Sistemas de controle da constitucionalidade são as matrizes das quais derivaram os diversos *modelos* de justiça constitucional.

Muitos são os *modelos* de fiscalização da constitucionalidade, por exemplo, o *francês*, o *alemão*, o *espanhol*, o *italiano*, o *português*, o *brasileiro*, o *japonês* etc.

Mas *sistemas* de controle da constitucionalidade das leis ou atos normativos só há dois: o *americano* e o *austríaco*.

Vamos estudá-los a seguir, porque eles são as fontes onde os *modelos* de fiscalização de constitucionalidade foram abeberar-se.

a) Sistema americano de controle da constitucionalidade

O sistema americano de controle da constitucionalidade formalizou-se em 1803. Foi John Marshall, *Chief Justice* da Suprema Corte dos Estados Unidos da América do Norte, que registrou, formalmente, as suas bases ao julgar o caso William Marbury *versus* James Madison.

> **Entenda o *leading case* Marbury *versus* Madison (1 Cranch 137 — 1803):**
> • **Quem foi John Marshall** — Marshall foi um estadista convertido em juiz. Dotado de inteligência fulgurante, possuía a experiência da vida e o conhecimento que transcendia a mera formalidade dos livros técnicos. Tinha a força da ponderação e do equilíbrio. Não era formado em Direito, e, segundo Joseph Story, seu amigo e colega, sua simplicidade de caráter a todos encantava. Nomeado *Chief Justice* em 4 de fevereiro de 1801, ao apagar das luzes da Presidência de John Adams, legou

para a humanidade o seu contributo. Com todas as letras, foi o grande disseminador do controle difuso de normas.

- **Problemática** — em 1801, William Marbury foi nomeado para o cargo de juiz de paz no Distrito de Columbia. O Presidente John Adams, do Partido Federalista, foi quem o nomeou, nos precisos termos da lei. Como o Presidente Adams estava terminando o seu mandato, não houve tempo hábil para empossar Marbury no cargo. Então o republicano Thomas Jefferson, ao assumir a Presidência dos Estados Unidos, mandou que o seu Secretário de Estado, James Madison, negasse posse a Marbury. Este, inconformado com tal arbitrariedade, recorreu à Suprema Corte a fim de que o Secretário Madison fosse obrigado a lhe dar posse.
- **Ambiente da época** — a problemática era muito mais *política* do que jurídica. Enquanto a Corte Suprema era composta, em sua maioria, por federalistas, o Congresso e o Executivo eram controlados pelos republicanos, que nunca admitiram qualquer interferência direta do Judiciário nas deliberações do Executivo.
- **Como Marshall resolveu o dilema** — Marshall, com argúcia, foi pelo ângulo da competência constitucional da Suprema Corte americana. Concluiu que a Lei Judiciária de 1789, que permitia ao Tribunal expedir mandados para sanar atos ilegais do Executivo, violava a Carta estadunidense, cujo art. III, seção 2, disciplinava a competência originária da Suprema Corte. Como as atribuições da Suprema Corte estavam, taxativamente, disciplinadas no Texto Magno dos americanos, o Congresso não poderia, por meio da Lei Judiciária de 1789, ampliá-las.
- **Legado da decisão histórica de Marshall** — o *decisum* do *Chief Justice* Marshall legou para o mundo as bases do controle difuso de normas, destacando-se os seguintes aspectos: **(i)** primazia da superioridade das decisões judiciais sobre os atos de natureza política, tanto do Congresso como do Executivo; **(ii)** reconhecimento da supremacia da Constituição sobre as atividades legislativa e administrativa do Estado; e **(iii)** indispensabilidade da interpretação e aplicação das normas constitucionais e legais pelo Poder Judiciário.

Antes disso, contudo, a Justiça do Estado de New Jersey, nos idos de 1780, já havia declarado que leis contrárias à constituição reputavam-se nulas. Em 1782, um grupo de juízes da Virgínia declararam, em seus veredito s, que leis inconstitucionais afiguravam-se nulas. No ano de 1787, a Suprema Corte da Carolina do Norte invalidou leis contrárias aos artigos da Confederação.

Todas essas datas demonstram o quão é equivocada a ideia de que "o controle difuso nasceu do caso Madison *versus* Marbury". Na realidade, o *decisum* de Marshall resultou do amadurecimento de séculos. Homens e instituições, de todo o mundo, exigiam o respeito incondicional às normas constitucionais, a fim de se encontrar a tão almejada *salvaguarda de direitos e garantias*.

> **Nesse sentido:** Charles F. Hobson, *The great Chief Justice:* John Marshall and the rule of law, p. 3 e s.; Susan Bloch e Maeva Marcus, John Marshall's selective use of history in Marbury v. Madison, p. 15 e s.; Mauro Cappelletti, *O controle judicial de constitucionalidade das leis no direito comparado*, p. 46.

O próprio Alexander Hamilton, após a aprovação da Carta americana de 1787, advertiu que nenhum ato legislativo que lhe fosse contrário poderia ser válido (*O federalista*, p. 312).

Contudo, é inegável que coube a John Marshall, em 1803, disseminar, em sua decisão, os fundamentos do controle judicial de constitucionalidade. Seu veredito sempre deve ser lembrado, porque consagrou o princípio da supremacia da constituição e a competência do Poder Judiciário para invalidar os atos que a contravenham. Numa palavra, mostrou que o juiz é o intérprete último da carta magna.

Ao proferir sentença em Marbury *versus* Madison, Marshall interpretou e desenvolveu a Constituição americana, num autêntico exercício de construção constitucional (*construction*).

É que o Texto estadunidense de 1787 não consagrava, de modo expresso, nenhum dispositivo que pudesse ser invocado na hipótese de sua violação.

Depois que o histórico arresto de Marshall se incorporou, em definitivo, à experiência constitucional americana, o *judicial control* ou *judicial review* alcançou posto de destaque em todo o mundo (John Marshall, *Decisões constitucionais de John Marshall*, p. 8 e s.; Bernard Schwartz, *Direito constitucional americano*, p. 187-192; Edward S. Corwin, *A Constituição norte-americana e seu significado atual*, p. 169-171). Ronald Dworkin teve razão ao dizer que a *judicial review* é "o orgulho e o enigma" dos norte-americanos (*Uma questão de princípio*, p. 41).

Mas, ao lado do controle difuso, existem nos Estados Unidos outros meios de defesa da Carta de 1787.

Cap. 6 ◆ CONTROLE DE CONSTITUCIONALIDADE

Técnica tricotômica de controle de normas: segundo George H. Jaffin, no sistema americano três são os meios para os litigantes submeterem ao Judiciário uma questão de constitucionalidade: "1º) a exceção de inconstitucionalidade; 2º) o recurso ao procedimento de equidade, que é o pedido à Corte de uma *injunction* que proíba aos funcionários públicos dependentes do Poder Executivo, obrigados ao cumprimento da lei inconstitucional arguida, sua aplicação ou mera tentativa de aplicação; e 3º) o uso do procedimento da sentença declaratória" (Evolução do controle jurisdicional da constitucionalidade das leis nos Estados Unidos, *RF*, 86:282).

Lembre-se do *stare decisis*. Por esse princípio, os juízes de instâncias inferiores seguem as decisões proferidas nos Tribunais Superiores. É o que acontece com a Suprema Corte. Seus veredítos apresentam *efeito vinculante*, em virtude da força dos *precedentes* do Direito americano, verdadeiros *paradigmas* que vinculam o entendimento de todos os órgãos judiciais. Trata-se de um mecanismo fiscalizatório da supremacia da Carta americana de 1787, porque, quando a Suprema Corte declara uma lei inconstitucional, todos os juízes passam a considerá-la letra morta (Edward D. Re, Stare decisis, *RIL*, n. 122, maio/jul. 1994, trad. Ellen Gracie Northfleet).

Mas a aplicação do *stare decisis*, no sistema americano, opera-se na seara do controle difuso de constitucionalidade, ou seja, somente a conflitos de interesses entre as partes. Não se realiza em nível de fiscalização abstrata.

Para Hans Kelsen essa seria uma das deficiências do modelo incidental dos americanos, que limita, em muito, o combate ao cancro da inconstitucionalidade, deixando à míngua as *situações inconstitucionais abstratas*. Estas, por seu turno, em vez do que se preconiza nos Estados Unidos, devem ser genericamente anuladas, na via concentrada, para expurgar da ordem jurídica os atos normativos incompatíveis com as normas constitucionais (*La giustizia costituzionale*, p. 306).

O legado que o sistema de controle de constitucionalidade americano deixou para o mundo sintetiza-se nos seguintes pontos:

- qualquer juiz pode averiguar a alegação de inconstitucionalidade, diante do caso concreto, na via de defesa ou exceção; e
- a fiscalização da constitucionalidade é necessária quando, no curso de qualquer ação judicial, uma das partes pretende aplicar a lei mas a outra defende-se dessa pretensão, alegando, no caso concreto, a inconstitucionalidade de referido diploma normativo.

b) Sistema austríaco de controle da constitucionalidade

O sistema austríaco, ou europeu continental, adveio da Constituição da Áustria de 1º de outubro de 1920 (*Oktoberverfassung*), revelando uma nova faceta do controle de constitucionalidade: a fiscalização concentrada de normas, exercida por um órgão de cúpula do Poder Judiciário.

Na Áustria, esse órgão de cúpula do Poder Judiciário é o Tribunal Constitucional (*Verfassungsgerichtshof*), encarregado, dentre outras atribuições, de exercer o controle concentrado de leis mediante requerimento especial (*Antrag*).

Aliás, a Carta austríaca de 1920, por influência de Hans Kelsen, foi a primeira do mundo a consagrar um Tribunal Constitucional, no que foi seguida pela Constituição da Espanha de 1931.

> **Kelsen foi o grande teórico do modelo europeu de Tribunal Constitucional:** no dizer de Eduardo García de Enterría, o sistema austríaco de controle da constitucionalidade foi obra pessoal sua (*La constitución como norma y el tribunal constitucional*, p. 56).

Portanto, os Tribunais Constitucionais não foram criados pela Carta de Weimar de 1919, a qual, no art. 108, previa um Tribunal de Justiça Constitucional para o Império alemão — o *Staatsgerichtshof* — que não tinha competência para controlar a constitucionalidade das leis do *Reich* (Klaus Schlaich, *Das Bundesverfassungsgericht*: Stellung, Verfahren, Entscheidungen, p. 2).

Com o advento da Lei Fundamental, promulgada em 12 de março de 1951, a Alemanha passou a ter uma autêntica Corte Constitucional — o *Bundesverfassungsgericht* — apta a exercer o controle abstrato de normas (*abstrakte normenkontrolle*).

Anais da Assembleia Constituinte da Carta de Bonn de 1949: nos anais da Assembleia Constituinte, reunida para fazer a Carta de Bonn de 1949, inexistem registros que confirmem a influência direta do pensamento de Hans Kelsen na consagração da Corte Constitucional alemã, posteriormente instituída pela Lei de 12-3-1951 (Lei do *Bundesverfassungsgericht*).

Convém observar que, na sua redação originária, a *Lex Mater* da Áustria de 1920 só previa o controle concentrado de normas.

Foi a reforma de 1929 que implantou a fiscalização incidental.

A partir daí o controle abstrato, na via de ação, passou a conviver com o controle concreto, na via de exceção.

Erigiram, assim, um controle misto.

Mas o sistema austríaco de controle da constitucionalidade é muito mais fecundo do que se pode supor. Ao lado do controle misto, que mescla os métodos concentrado e difuso, há, ainda, os *recursos constitucionais* e os *requerimentos governamentais*.

Vejamos, de imediato, os *recursos constitucionais*.

O primeiro é o recurso contra a violação de direitos constitucionalmente garantidos (*Beschwerde*). Exauridas as instâncias ordinárias, torna-se possível a sua utilização para combater atos administrativos abusivos, regulamentos ilegais, leis ou tratados inconstitucionais (art. 144, 1ª parte).

Já o segundo é recurso individual (*Individualantrag*). Foi criado em 1975. Serve para impugnar, perante a Corte Constitucional, as leis e os regulamentos que contrariem, de modo direto, direitos individuais (art. 140, par. 1º). Essa medida só deve ser usada se não houver outra via judicial cabível para defender o direito lesado (*princípio da subsidiariedade*) (Herbert Haller, *Die Prüfung von Gesetzen*, p. 208; José Alfredo de Oliveira Baracho, *O princípio de subsidiariedade:* conceito e evolução, p. 23-90).

Outra modalidade preventiva de controle de normas são os *requerimentos governamentais*, previstos no art. 138, par. 2º, da Constituição austríaca.

Através deles os Governos Federal ou Estadual, conforme o caso, provocam a Corte para saber se um ato da soberania é da competência da União ou se é dos Estados. Trata-se de um controle tipicamente preventivo, porque só pode ser acionado antes da conversão do projeto em lei.

O sistema austríaco impregnou o pensamento da constitucionalística mundial. Muito mais do que a consagração do controle concentrado de normas, seus traços formais influenciaram diversos ordenamentos jurídicos.

Em suma, o sistema austríaco apresentou os seguintes caracteres:

- As leis federais ou estaduais e os regulamentos provenientes das autoridades administrativas podem ser objeto de controle da constitucionalidade (art. 139, par. 1º).
- Apenas as normas vigentes podem ter a constitucionalidade fiscalizada na via abstrata. Já as leis revogadas submetem-se ao controle concreto, na via de exceção (Peter Oberndorfer, *Die Verfassungsrechtprechung im Rahmen der Staatlichen Funktionen*, p. 196).
- O Tribunal Constitucional somente controla a constitucionalidade das omissões parciais, nos casos de violação ao princípio da igualdade. A inconstitucionalidade por omissão total, por sua vez, não se sujeita ao crivo da Corte Austríaca, porque as bases positivistas do sistema, cunhadas pelo rigorismo teórico de Hans Kelsen, adstringem-se à declaração de inconstitucionalidade dos atos formalmente editados e promulgados (*La giustizia costituzionale*, p. 188-189).
- O sistema austríaco é marcadamente normativista. Não há espaços para juízos subjetivos na seara do controle da constitucionalidade. Valorações políticas comprometem o sentido do sistema concebido por Kelsen, baseado na regra de que o juiz não pode substituir o legislador. Aqui, ao contrário do modelo alemão, também não se podem invocar princípios jusnaturalistas como parâmetros de controle (Herbert Haller, *Die Prüfung von Gesetzen*, p. 133-134).
- Qualquer ato inconstitucional, que preserva sua força jurídica até o dia em que é cassado pelo Tribunal Constitucional, afigura-se absolutamente nulo. Ao cassar os efeitos da lei inconstitucional, no todo ou em parte, a Corte austríaca desempenha um papel de legislador negativo (*negativer Gesetzgeber*).
- O Tribunal Constitucional utiliza a interpretação conforme à constituição, evitando que leis dotadas de significados reputados inconstitucionais deixem de ser aplicadas. Aqui a Corte vai

◆ Cap. 6 ◆ CONTROLE DE CONSTITUCIONALIDADE

muito além da sua tarefa de expurgar do ordenamento a lei inconstitucional, para estabelecer a única exegese compatível com a Carta de 1920 (*legislador negativo*).

• Quando o Tribunal pronuncia a inconstitucionalidade de uma lei (via concentrada), os efeitos da cassação começam a contar da data em que o julgado foi publicado (eficácia *ex nunc*). Nessa hipótese, inexistirá retroatividade. Porém, a declaração de inconstitucionalidade no caso concreto, na via de exceção, é retroativa, voltando no tempo e desfazendo os efeitos dos atos contrários à Constituição.

• A Carta austríaca permite ao Tribunal estabelecer prazo máximo de um ano para a cassação do ato inconstitucional vigorar (art. 140, par. 5º, 2º e 3º períodos).

✦ 6. MODELOS DE CONTROLE DA CONSTITUCIONALIDADE NO DIREITO COMPARADO

Os modelos de *justiça constitucional* derivaram dos sistemas que acabamos de estudar.

O controle concentrado, proveniente da matriz austríaca, por exemplo, foi adotado, com algumas variantes, na Alemanha, na Itália e na Espanha. Também o assimilaram a Turquia, o Chipre, a Grécia e a Bélgica.

Nesses países, porém, não existe controle difuso à moda dos Estados Unidos da América e do Brasil, onde os órgãos da jurisdição ordinária controlam a constitucionalidade.

O que há na Alemanha, na Itália e na Espanha é o *incidente de inconstitucionalidade*, mecanismo acionado em sede de *controle da constitucionalidade por elevação da causa* (*v. infra*, n. 12 e 13).

✧ 6.1. Portugal

Características do modelo português:

• Portugal foi o primeiro país da Europa que introduziu o controle difuso, à luz do sistema norte--americano. Assim o fez em sua Constituição de 1911, inspirando-se na Carta brasileira de 1891 (Cardoso da Costa, *A jurisdição constitucional em Portugal*, p. 10).

• A partir da Carta de 1976, revista em 1982, passou a vigorar o modelo misto, e bastante original, que não seguiu, à risca, o controle difuso, dos americanos, nem o controle concentrado, dos austríacos.

• A roupagem eclética da fiscalização lusitana de constitucionalidade ainda permite que, no caso concreto, a questão inconstitucional seja suscitada pela parte, pelo Ministério Público ou, de ofício, pelo juiz.

• Os efeitos da declaração de inconstitucionalidade, no caso *sub judice*, são sempre *inter partes*. Porém, se o Tribunal Constitucional português declarar por três vezes a inconstitucionalidade da norma, desenvolve-se o processo de controle concentrado, por iniciativa de qualquer dos seus juízes ou do Ministério Público. A sentença declaratória aí proferida logrará a eficácia *erga omnes* (art. 281º, 3, da Carta portuguesa).

✧ 6.2. França

Caracteres do modelo francês:

• Predomina o controle concentrado de claro teor político, exercido pelo *Conseil Constitutionnel*, que assumiu a postura de um lídimo Tribunal Constitucional.

• Vigora o controle repressivo de constitucionalidade, cujo objetivo é garantir a repartição constitucional de competências entre o Governo e o Parlamento (André Hauriou, *Derecho constitucional e instituciones políticas*, p. 716).

• Há, também, o controle preventivo, no próprio decorrer do processo legislativo. Pode ser acionado pelo Presidente da República ou por qualquer das Casas Legislativas. Durante o prazo de um mês, é-lhe facultado analisar a constitucionalidade de proposições legislativas ou de emendas ainda não promulgadas (Constituição de 1958, art. 61).

- A Constituição de 1958 conferiu ao *Conseil Constitutionnel* o exercício do controle concentrado (arts. 61 e 62).

- As origens do *Conselho Constitucional*, previsto na Carta de 1958, remontam à *juria constitucional* de Sieyès e ao Senado Conservador de Napoleão (Francis Hamon e Céline Wiener, *Le contrôle de constitutionalité:* I — présentation générale, France, Etats-Unis, p. 8 e s.).

- O *Conselho Constitucional* nasceu e se desenvolveu sob a marca do ecletismo. Ao mesmo tempo que exerce atribuições jurisdicionais, também desempenha funções políticas. Nisso, colima preservar a fisionomia da separação dos Poderes na França (Thierry Renoux, *Le conseil constitutionnel et l'autorité judiciaire*, p. 32 e s.).

- A publicística francesa contemporânea vem reivindicando a inserção do controle difuso na França. No projeto de reforma constitucional de 1990 e 1993 consagrou-se previsão nesse sentido (Jean Gicquel, *Droit constitutionnel et institutions politiques*, p. 771).

- A evolução do Conselho Constitucional Francês tem sido constante desde quando foi criado, nos albores da Quinta República, por Napoleão Bonaparte, com a sua conhecida competência administrativa, e da Corte de Cassação, com jurisdição sobre matéria civil. Na atualidade, o *Conseil Constitutionnel* tem passado por uma espécie de revolução constitucional silenciosa, despercebida pela opinião pública francesa. Pela reforma constitucional de 2008, que entrou em vigor em março de 2010, o *Conseil*, além de exercitar o controle constitucional abstrato e preventivo, que já desempenhava, passou a atuar como uma verdadeira justiça constitucional, realizando, também, o controle constitucional concreto e *a posteriori*. O *Conseil* encontra-se, em nossos dias, completamente informatizado. Os advogados têm direito à sustentação oral de, no máximo, 15 minutos. As decisões são tomadas por consenso e em sessão fechada. Cada magistrado tem direito a apresentar sua avaliação do caso por um período de cinco minutos. Não são admitidas declarações de voto. O Conselho Constitucional Francês tem procurado evitar: (**i**) a formação de um governo de juízes, por meio de decisões que reescrevam as leis do Parlamento; e (**ii**) a instabilidade jurídica a partir de sentenças obscuras, as quais acarretariam expectativa de mudanças de posições já cristalizadas na Corte.

6.3. Alemanha

Caracteres do modelo alemão:

- Tribunal Constitucional (*Bundesverfassungsgericht*) — órgão encarregado de controlar a constitucionalidade de normas, compõe-se de duas câmaras com oito juízes cada uma, eleitos para um mandato de doze anos (§ 2º do *BVerfGG*), sendo que metade deles é eleita pelo Parlamento, enquanto a outra metade é eleita pelo Conselho Federal (§ 5º do *BVerfGG*).

- Controle abstrato de normas (*abstrakte Normenkontrole*) — exercido pelo Tribunal Constitucional alemão, que aprecia representação formulada pelos Governos Federal e Estadual ou por 1/3 dos membros do Parlamento (Lei Fundamental, art. 93, par. 1º, n. 2).

- Controle concreto de normas (*konkrete Normenkontrole*) — suscitado por um tribunal, que deve sustar o feito caso repute a lei inconstitucional (Lei Fundamental, art. 100, par. 1º). Incluem-se nesse controle os dissídios interpretativos entre tribunais estaduais ou destes com o Tribunal Constitucional alemão (Lei Fundamental, art. 100, par. 3º).

- Qualificação de normas (*Normqualifikationsverfahren*) — o Tribunal Constitucional alemão decide se determinada lei integra o direito federal (Lei Fundamental, art. 126).

- Verificação de normas (*Normverifikation*) — o Tribunal Constitucional alemão decide, a requerimento de outra Corte de Justiça, se uma dada norma de Direito Internacional Público pertence, ou não, à seara do Direito federal (Lei Fundamental, art. 100, § 2º).

- Controle das prognoses legislativas — o Tribunal Constitucional alemão procede à análise dos "fatos legislativos históricos" (*historische Tatsache*), dos "fatos atuais" (*gegenwärtige Tatsachen*) e dos "eventos futuros" (*zukünftige*). Desse modo, perquire os fatores estáveis e dinâmicos do litígio, verifica as tendências, indagando sobre a verdadeira intenção das partes envolvidas na demanda.

◆ Cap. 6 ◆ CONTROLE DE CONSTITUCIONALIDADE

É como se a Corte combinasse a racionalidade do ato de julgar com a intuição dos juízes (Klaus Jürgen Philippi, *Tatsachenfestsellungen des Bundesverfassungsgericht*, p. 2 e s.).

◇ 6.4. Espanha

Caracteres do modelo espanhol:
*   Controle concentrado — realiza-se mediante ação direta interposta perante o Tribunal Constitucional, previsto no Título IX da Constituição de 27 de dezembro de 1978, cuja composição é de doze membros nomeados pelo Rei, propostos pela Câmara, Senado, Governo e Conselho-Geral do Poder Judiciário (José Antonio Gonzáles Casanova, *Derecho constitucional e instituciones políticas*, p. 1042).
*   Controle incidental — a Carta espanhola de 1978 permite o uso do *incidente de inconstitucionalidade* quando o juiz, ao questionar a constitucionalidade de uma lei no caso concreto, submete a análise de uma questão prévia ao Tribunal Constitucional (art. 163).
*   O tribunal *a quo* pode agir de ofício ou por provocação das partes, no que tange à questão prejudicial. Nessa hipótese, cumpre à Corte espanhola julgar, de antemão, se a lei questionada fere ou não a Carta Maior (Lei Orgânica do Tribunal Constitucional, art. 35) (Rosa Ruiz Lapeña, *El tribunal constitucional:* estudios sobre la Constitución española de 1978, p. 387 e s.).

◇ 6.5. Itália

Caracteres do modelo italiano:
*   Controle concentrado — a *Corte Costituzionale*, via ação direta, julga as controvérsias relacionadas à legitimidade constitucional das leis e atos com força de lei do Estado e das Regiões (Constituição italiana de 1947, art. 134, I).
*   Controle incidental — opera-se, no caso concreto, quando, no curso do litígio, surge uma controvérsia constitucional, que é levada à *Corte Costituzionale*. O juiz ordinário não tem competência para decidir a questão prejudicial (Leis Constitucionais de 9-2-1948 e de 11-3-1953).
*   A Corte Constitucional italiana é formada por quinze membros, escolhidos dentre magistrados, professores de Direito e advogados. Foi introduzida pela Constituição de 1947 como órgão de natureza político-jurídica (arts. 134 e 137) (Paolo Biscaretti di Ruffía, *Direito constitucional*, p. 447).

✦ 7. MODELO BRASILEIRO DE CONTROLE DA CONSTITUCIONALIDADE

O modelo brasileiro de controle da constitucionalidade é bastante fecundo.

Na realidade, vigoram, no Brasil, diversos métodos fiscalizatórios, embora a Carta de 1988 tenha dado maior ênfase ao controle concentrado de normas.

Vejamos o esboço geral do nosso modelo de controle.

Quanto ao órgão fiscalizador da constitucionalidade, temos o controle misto, que mescla os controles político e jurisdicional.

O controle político pode ser legislativo ou executivo:
*   *Controle político legislativo* — exercido pela Câmara dos Deputados, Senado Federal ou Congresso Nacional (CF, arts. 22, 47 a 49, 58, 60 a 62, 64 a 65).
*   *Controle político executivo* — exercido pelo Presidente da República através do veto jurídico (CF, art. 66, § 1º).

Já o controle jurisdicional, desempenhado pelo Poder Judiciário, pode ser concentrado ou difuso:

- *Controle jurisdicional concentrado* — exercido pelo Supremo Tribunal Federal, fiscaliza a inconstitucionalidade das leis e atos normativos federais e estaduais, na via de ação. Trata-se de um controle abstrato, instaurado por provocação dos agentes, órgãos e entidades previstos no art. 103 da Lei Maior. Também pode ser acionado o controle abstrato de leis ou atos normativos estaduais ou municipais perante os Tribunais de Justiça dos Estados, em face das constituições estaduais (CF, art. 125, § 2º).
- *Controle jurisdicional difuso* — realizado por juízes e tribunais, nos processos de sua competência (CF, art. 97). O Supremo Tribunal Federal também o pratica em sede de recurso extraordinário (art. 102, III, *a, b* e *c*) e de recurso ordinário ou quando aprecia a inconstitucionalidade de leis ou atos normativos que se tenham fundado em decisões recorridas (art. 102, II). O Superior Tribunal de Justiça exercita o controle incidental via recurso especial (art. 105, III, *a, b, c*). Recordemos, nesse contexto, o enunciado contido na **Súmula 568 do STJ:** "O relator, monocraticamente e no Superior Tribunal de Justiça, poderá dar ou negar provimento ao recurso quando houver entendimento dominante acerca do tema".

Quanto ao momento da fiscalização da constitucionalidade, vigem os controles repressivo e preventivo:
- *Controle repressivo jurisdicional difuso e concentrado* — realizado pelo Poder Judiciário (CF, arts. 35, IV; 36 c/c o art. 34, VI e VII; 97; 102, I, *a*, §§ 1º e 2º, II e III, *a, b, c*; 103, § 2º; 105, III, *a, b, c*; 125, § 2º).
- *Controle repressivo legislativo* — exercido, de modo excepcional, pelo Congresso Nacional (CF, arts. 49, V; e 62).
- *Controle preventivo legislativo* — fiscalização de natureza política, exercida pela Câmara dos Deputados, Senado Federal ou Congresso Nacional (CF, arts. 22, 47 a 49, 58, 60 a 62, 64 a 65).
- *Controle preventivo executivo* — fiscalização de natureza política, exercida pelo Presidente da República por meio do veto jurídico (CF, art. 66, § 1º).

Vale observar que, no Brasil, existe uma fiscalização político-preventiva de constitucionalidade das leis e atos normativos, da mesma forma que há um controle repressivo jurisdicional.

Nos moldes estabelecidos pelo constituinte de 1988, o controle preventivo é um controle político. Ambos se entrelaçam. Tanto que foram consignados nos mesmos dispositivos constitucionais (CF, arts. 22, 47 a 49, 58, 60 a 62, 64 a 65, 66, § 1º).

Distinguem-se, apenas, pelo critério classificatório no qual se inserem.

Enquanto o *preventivo* é um controle que se classifica *quanto ao momento de sua realização*, o *político* é classificado *quanto ao órgão fiscalizador*.

O mesmo vale para os controles jurisdicional (concentrado e difuso) e repressivo jurisdicional, que se diferenciam somente pelo ângulo didático das classificações; no mais, são espécies de uma mesma família, que se comunicam e vêm dispostos em preceitos constitucionais idênticos (CF, arts. 35, IV; 36 c/c o art. 34, VI e VII; 97; 102, I, *a*, §§ 1º e 2º, II e III, *a, b, c*; 103, § 2º; 105, III, *a, b, c*; 125, § 2º).

✧ 7.1. Evolução do modelo brasileiro do controle de constitucionalidade

Foi paulatina a evolução do modelo brasileiro do controle de constitucionalidade.

Do dogma da soberania do Parlamento, cristalizado na Carta Imperial de 1824, que não admitia a mais incipiente forma de controle judicial, à adoção de instrumentos avançadíssimos de fiscalização concentrada de constitucionalidade pelo Texto Maior de 1988, o que se constata é a ascendência da matéria entre nós.

Examinemos como o tema evoluiu em nossas Constituições.

◆ Cap. 6 ◆ CONTROLE DE CONSTITUCIONALIDADE

a) Constituição de 1824

- Não previu o controle jurisdicional de constitucionalidade. Apenas outorgou ao Poder Legislativo a tarefa de "fazer as leis, interpretá-las, suspendê-las e revogá-las", bem como "velar na guarda da Constituição" (art. 15, n. 8º e 9º).
- Teoricamente, pois, o controle de constitucionalidade deveria ser exercido pelo Poder Legislativo. Contudo, ele se manteve inerte diante da onipotência do Poder Moderador, ao qual competia assegurar "a independência, equilíbrio e harmonia dos demais Poderes" (art. 98).
- A tônica do dogma da soberania do Parlamento, na Constituição do Império de 1824, foi assim sintetizada por Pimenta Bueno: "Só o poder que faz a lei é o único competente para declarar por via de autoridade ou por disposição geral obrigatória o pensamento, o preceito dela. Só ele, e exclusivamente ele, é quem tem o direito de interpretar o seu próprio ato, suas próprias vistas, sua vontade, seus fins" (*Direito público brasileiro e análise da Constituição do Império*, p. 69).

b) Constituição de 1891

- Inaugurou, em termos constitucionais positivos, o modelo brasileiro de controle jurídico-difuso de constitucionalidade. Ruy Barbosa, inspirado no Direito Constitucional americano, teve especial influência nesse sentido, embora o art. 3º do Decreto n. 848, de 11 de outubro de 1890, já tivesse previsto a via incidental, ao dizer que, "na guarda e aplicação da Constituição e das leis nacionais, a magistratura federal só intervirá em espécie e por provocação da parte". A chamada Constituição provisória de 1890 também previa a fiscalização judicial (art. 58, 1, *a* e *b*).
- A Constituição de 1891 reconheceu a competência do Supremo Tribunal Federal para rever as sentenças das Justiças dos Estados, em última instância, quando se questionasse a validade ou a aplicação de tratados e leis federais (art. 59, § 1º, *a* e *b*).
- Com o advento da Lei n. 221, de 20 de novembro de 1894, reforçou-se, ainda mais, o modelo judicial de controle da constitucionalidade.
- A reforma constitucional de 1926 da Carta de 1891 empreendeu algumas modificações na técnica de controle sem, contudo, alterar-lhe o âmago. Ficou mantido o método difuso e, de certa forma, a jurisdição constitucional do Supremo foi ampliada, porque, na exegese da lei federal, outorgou-se-lhe a tarefa de uniformizar a jurisprudência dos demais Tribunais (art. 60, § 1º, *c*).
- Estava consolidado, entre nós, o controle difuso de constitucionalidade, à moda do *judicial review* dos norte-americanos — "um poder de hermenêutica, e não um poder de legislação" (Ruy Barbosa, *Os atos inconstitucionais do Congresso e do Executivo ante a Justiça Federal*, p. 83).

c) Constituição de 1934

- Empreendeu profundas mudanças no método de controle, mantendo a fiscalização incidental de constitucionalidade das leis e atos normativos pelo Pretório Excelso (arts. 76; 78, parágrafo único; 83, § 1º).
- Introduziu a competência do Senado para suspender a execução de lei, decreto, regulamento ou deliberação, declarados inconstitucionais pelo Poder Judiciário, emprestando efeito *erga omnes* às decisões proferidas pelo Supremo Tribunal Federal (arts. 91, IV, e 96).
- Em nome do ideário da segurança jurídica, consagrou quórum especial para se declarar a inconstitucionalidade (art. 179). Somente pela maioria da totalidade dos membros dos tribunais, as leis e atos normativos poderiam ser decretados inconstitucionais. Buscava-se, assim, evitar flutuações de entendimentos na jurisprudência.
- Implantou, no ordenamento pátrio, a representação interventiva.
- Proibiu ao Poder Judiciário conhecer de questões exclusivamente políticas (art. 68).

d) Constituição de 1937

- A estagnação e o retrocesso foram as marcas características do controle de constitucionalidade da Carta de 1937.

- Foi mantido o controle difuso (art. 101, III, *b* e *c*) e o quórum especial para se decretar a inconstitucionalidade (art. 96).
- Reiterou a vedação do Texto de 1934, proibindo ao Poder Judiciário conhecer de questões exclusivamente políticas (art. 94).
- Permitiu ao Presidente da República submeter ao Parlamento a lei declarada inconstitucional. Se, pelo voto de 2/3 terços de cada uma das Casas Legislativas, fosse confirmada a validade da lei, tornava-se insubsistente a decisão do Poder Judiciário que decretou a inconstitucionalidade (art. 96, parágrafo único). Estava aberta a porta para se cassar em vereditos jurisdicionais. Em 1939, o Presidente Getúlio Vargas editou o Decreto-Lei n. 1.564, "validando" textos de lei declarados inconstitucionais pelo Supremo Tribunal Federal. Pôs em xeque o caráter incontrastável das sentenças judiciais, manchando o histórico do controle de constitucionalidade em nosso país.

e) *Constituição de 1946*
- Restaurou o controle jurisdicional de constitucionalidade no Brasil.
- Permitiu que o controle difuso fosse exercido pelo Supremo Tribunal Federal em sede de recurso extraordinário (art. 101, II, *a*, *b* e *c*).
- Preservou a exigência de maioria absoluta dos membros do Tribunal para a eficácia da decisão declaratória de inconstitucionalidade (art. 200).
- Manteve a atribuição do Senado Federal para suspender a executoriedade de lei declarada inconstitucional pelo Pretório Excelso (art. 64).
- Emprestou nova configuração à representação de inconstitucionalidade interventiva, introduzida, no Brasil, pela Carta de 1934, deixando-a sob os auspícios do Procurador-Geral da República (art. 8º, parágrafo único, c/c o art. 7º, VII).
- A Constituição de 1946 foi modificada pela Emenda Constitucional n. 16, de 26 de novembro de 1965, que inaugurou oficialmente em nosso país a fiscalização abstrata de normas. Nisso, conferiu ao Supremo Tribunal Federal a competência para processar e julgar originariamente ações diretas de inconstitucionalidade de lei ou ato normativo estadual ou federal, propostas pelo Procurador-Geral da República.
- A Emenda Constitucional n. 16/65, no art. 124, XIII, permitiu ao legislador "estabelecer processo de competência originária do Tribunal de Justiça, para declaração de inconstitucionalidade de lei ou ato do Município em conflito com a Constituição do Estado".

f) *Constituição de 1967 (EC n. 1/69)*
- Não trouxe maiores contribuições em matéria de controle de constitucionalidade. Preservou o controle difuso e o abstrato, nos mesmos moldes da Carta de 1946, com a Emenda Constitucional n. 16/65.
- Ampliou, no entanto, a representação interventiva, titularizada pelo Procurador-Geral da República, a fim de garantir os princípios sensíveis (art. 10, VII) e o provimento da execução das leis federais (art. 10, VI, 1ª parte).
- Transferiu para o Presidente da República a competência para suspender o ato estadual (art. 11, § 2º).
- Em sua redação originária, a Carta de 1967 não acatou a novidade oriunda da Emenda Constitucional n. 16/65, no sentido de permitir ao legislador estabelecer processo de competência originária dos Tribunais de Justiça para declararem a inconstitucionalidade das leis municipais que conflitarem com as constituições estaduais.
- Com o advento da Emenda Constitucional n. 1, de 17 de outubro de 1969, que empreendeu amplíssima mudança formal na Carta de 1967, retornou o controle de constitucionalidade de lei municipal, em face da constituição do Estado, para fins de intervenção no Município (art. 15, § 3º, *d*).
- Mais tarde surgiu a Emenda Constitucional n. 7, de 13 de abril de 1977, que introduziu nova modalidade de representação de inconstitucionalidade. Tal instituto foi outorgado ao Procurador-Geral da República, que poderia provocar o pronunciamento do Supremo na exegese de lei ou

◆ Cap. 6 ◆ CONTROLE DE CONSTITUCIONALIDADE

ato normativo estadual ou municipal (art. 119, I, *e*). Procurou, com tal medida, evitar a proliferação de demandas, com a fixação correta, pelo Pretório Excelso, da exegese da lei.
- A Emenda Constitucional n. 7/77 também reconheceu a competência do Supremo Tribunal para deferir pedido de cautelar formulado pelo Procurador-Geral da República (art. 119, I, *p*).

g) Constituição de 1988
- O modelo de controle da constitucionalidade implantado pela Carta de 1988 é um dos mais avançados do mundo, principalmente em matéria de fiscalização concentrada.
- Esse detalhe é significativo, porque a Carta de Outubro ampliou a legitimidade para a propositura da ação direta de inconstitucionalidade (art. 103). Possibilitou que as grandes controvérsias constitucionais fossem submetidas ao Supremo Tribunal Federal pelo processo de controle concentrado de normas.
- Permitiu ao Supremo suspender, de imediato, a eficácia do ato normativo considerado inconstitucional mediante pedido de medida cautelar (art. 102, I, *p*), mantendo a novidade oriunda da Emenda Constitucional n. 7/77.
- A propositura de inúmeras ações diretas de inconstitucionalidade genéricas, inclusive pelos partidos políticos com representação no Congresso Nacional, demonstra que muitos temas polêmicos chegaram ao Pretório Excelso pelo controle concentrado. Basta ver o questionamento da legitimidade da lei do salário mínimo, as disputas sobre o pagamento por precatório dos créditos alimentícios, as discussões relativas à política econômica do Governo, as celeumas previdenciárias etc. Todos esses temas, como tantos outros, evidenciam o perfil que o Texto de 1988 irrogou ao controle concentrado de normas perante o Supremo Tribunal Federal (STF, ADIn 737, Rel. Min. Moreira Alves, *DJ* de 22-10-1993, p. 22252; STF, ADIn 672, Rel. Min. Marco Aurélio, *DJ* de 4-2-1992, p. 499; STF, ADIn 605, Rel. Min. Celso de Mello, *DJ* de 5-3-1993, p. 12254).
- Ao reforçar a anatomia do controle concentrado, o constituinte de 1988 acabou *reduzindo*, mas não eliminando, o controle difuso. Quer dizer, a competência da jurisdição constitucional ordinária foi, de certa forma, *atenuada*, mas não extinta. Resultado: a inconstitucionalidade das leis e atos normativos passou a ser examinada, na maioria das situações de relevo, pelo Supremo Tribunal Federal (controle concentrado). Já os juízes — titulares da jurisdição constitucional ordinária — ficaram, praticamente, limitados, tendo em vista que a Carta de 1988 *esvaziou* o controle difuso de constitucionalidade. Todavia, isso não nos autoriza menosprezar o controle difuso no Brasil. Ele está ao dispor para quem desejar obter a decretação da inconstitucionalidade da lei ou ato normativo no caso concreto.

✦ 8. CONTROLE JURISDICIONAL DE CONSTITUCIONALIDADE

Estudamos, até agora, as bases gerais do controle de constitucionalidade.
A seguir, veremos como o controle repressivo jurisdicional de normas realiza-se em nosso país.

◇ 8.1. Vias jurisdicionais de declaração da inconstitucionalidade

Nas páginas anteriores, falamos em controle difuso (via de exceção) e controle concentrado (via de ação).
Ambos são vias jurisdicionais de declaração da inconstitucionalidade. Equivalem aos meios consagrados pela ordem jurídica para o Poder Judiciário realizar a *justiça constitucional*, reprimindo a existência de normas incompatíveis com a supremacia da constituição.
O Judiciário, por sua vez, ao realizar a *justiça constitucional*, pratica o controle jurisdicional repressivo, verificando se as leis ou atos normativos estão de acordo com a constituição.
Como vigora, no Brasil, o controle misto, a tarefa do Poder Judiciário efetiva-se por duas vias diferentes:
- via de exceção (ou de defesa) = controle difuso; e
- via de ação (ou abstrata) = controle concentrado.

128 ♦ Uadi Lammêgo Bulos ♦

Em nosso país, portanto, a via de exceção liga-se, inevitavelmente, ao controle difuso, enquanto a via de ação, ao controle concentrado.

⌑ 8.1.1. Controle difuso da constitucionalidade

O controle difuso, existente no Brasil desde a Constituição de 1891, permite a todo e qualquer juiz ou tribunal apreciar a inconstitucionalidade das leis ou atos normativos.

No Brasil, o controle difuso — também chamado de desconcentrado, subjetivo, aberto, concreto, descentralizado ou incidental — atrela-se à *via de exceção*.

Pela via de exceção ou de defesa, qualquer das partes, no curso de um processo, pode suscitar o problema da inconstitucionalidade, como *questão prejudicial*, cabendo ao juiz ou tribunal decidi-la, pois só assim a *questão principal* poderá ser resolvida.

Cumpre ressaltar que, se tomada ao pé da letra, a terminologia *via de exceção*, como meio de designar o controle difuso, apresenta impropriedades.

Exceção é a defesa oposta pelo réu. Ora, em sede de controle difuso nem sempre é o réu quem levanta a questão prévia de inconstitucionalidade. Até o juiz, de ofício, e no caso concreto, pode suscitar a prejudicial, afastando a aplicabilidade da norma inconstitucional.

Não devemos, contudo, abandonar o seu uso em sentido amplo. É que a palavra *exceção*, consagrada em sede de controle difuso, designa a defesa do lesado em um processo judicial cuja resolução depende do deslinde de uma questão prévia. Aliás, essa é a diretriz encampada nos julgados do Supremo Tribunal Federal, antes mesmo do advento da Carta de 1988 (STF, RE 89.553/GO, Rel. Min. Rafael Mayer, j. em 24-3-1981).

Seja como for, a via de exceção ou de defesa dar-se-á quando, no curso de qualquer ação judicial, uma das partes pretende aplicar uma lei e a outra parte defende-se dessa pretensão, alegando a inconstitucionalidade da aludida lei.

É nessa hora que surge o controle difuso, realizado por todo e qualquer juiz ou tribunal, precisamente para resolver a questão prévia, qual seja, a inconstitucionalidade da norma.

Veja-se que a pronúncia do Poder Judiciário, no controle difuso, não se reporta ao mérito da causa. A sentença proferida, no caso concreto, é para resolver a questão prévia de inconstitucionalidade, não o litígio principal. Este último só será resolvido depois que o incidente tiver sido sanado.

E, como decidiu o Supremo Tribunal Federal, quando a questão prejudicial for suscitada, na via de exceção, cumpre ao Poder Judiciário examiná-la.

> **Precedente:** "Controle incidente de constitucionalidade: suscitada, no voto de um dos juízes do colegiado, a questão de inconstitucionalidade da lei a aplicar, deve o Tribunal decidir a respeito; omitindo-se e persistindo na omissão, não obstante provocado mediante embargos de declaração, viola as garantias constitucionais da jurisdição e do devido processo legal (CF, art. 5º, XXXV e LIV), sobretudo quando, com isso, obstruir o acesso da parte ao recurso extraordinário" (STF, RE 198.346-9/DF, Rel. Min. Sepúlveda Pertence, *DJ*, 1, de 5-12-1997, p. 63919).

Em nosso ordenamento jurídico, juízes e tribunais examinam, nos processos de sua competência, a inconstitucionalidade das leis e atos normativos no caso concreto, na via de exceção, pelo controle difuso (CF, art. 97). Incluem-se aí os magistrados de primeira instância (STF, 1ª T., RE 117.805/PR, Rel. Min. Sepúlveda Pertence, *DJ*, 1, de 27-8-1993, p. 17022; STF, Recl. 721-0/AL (medida liminar), Rel. Min. Celso de Mello, *DJ*, 1, de 19-2-1998, p. 8).

O Supremo Tribunal Federal também exerce o controle difuso, apenas em sede de recurso extraordinário (art. 102, III, *a, b* e *c*), de recurso ordinário ou quando aprecia a inconstitucionalidade de normas fundadas em decisões recorridas (art. 102, II).

Já o Superior Tribunal de Justiça exercita o controle difuso por intermédio do recurso especial (art. 105, III, *a, b, c*).

Quanto à questão prejudicial, suscitada na via de defesa, ela pode ser discutida:
* nos processos de conhecimento (rito ordinário ou sumário), de execução ou cautelar, e nas ações constitutiva, declaratória ou condenatória; e

Cap. 6 ◆ CONTROLE DE CONSTITUCIONALIDADE

- em mandado de segurança individual e coletivo, *habeas corpus, habeas data*, mandado de injunção, arguição de preceito fundamental, ação civil pública, ação popular, ações ordinárias.

No caso concreto, a questão prévia pode ser levantada:
- pelo réu, por ocasião da resposta (contestação, reconvenção, exceção);
- por aqueles que integram a relação processual na qualidade de terceiros (assistentes, litisconsortes, oponentes etc.);
- pelo autor da ação de qualquer natureza (civil, trabalhista, eleitoral);
- pelo Ministério Público. Aqui há uma particularidade. O *Parquet* deve manifestar-se sempre que for arguida a inconstitucionalidade na via de defesa. Ele é o fiscal da lei (*custos legis*). Mesmo nos processos que, em rigor, não tenha de intervir, é preciso convocá-lo para que se manifeste sobre a questão prejudicial. Ele é obrigado a isso. Não nos referimos à excepcional figura dos "superpromotores", dos "caçadores de manchetes", "dos acusadores de plantão", que, "escravos da mídia", colocam em xeque a dignidade alheia, formulando conjecturas despropositadas, sem um mínimo de respaldo técnico, muito menos ético. Reportamo-nos à maioria dos membros do Ministério Público, comprometidos com a missão sacrossanta que a Constituição lhes confiou (art. 127, *caput*); e
- pelo juiz, de ofício (*ex officio*). O magistrado singular, ou componente do tribunal, o relator, o revisor, assim como qualquer membro, pode e deve, no exercício do controle difuso, declarar a inconstitucionalidade das leis. Nem precisam as partes ou o Ministério Público provocá-lo, em virtude da incidência do princípio segundo o qual *o tribunal conhece o direito* (*iura novit curia*). Portanto, poderá deixar de aplicar, no caso concreto, a lei inconstitucional.

Há, entretanto, um detalhe a ser observado nesse último item.

Vimos que o Supremo Tribunal Federal exercita o controle difuso em sede de recurso extraordinário. Pois bem, diante de uma demanda que chegue ao seu exame, entendemos que o Pretório Excelso, por livre e espontânea deliberação, se achar conveniente, poderá levantar, de ofício, a questão de inconstitucionalidade e sobre ela decidir, mesmo sem prequestionamento, pelo fato de que lhe compete, precipuamente, a guarda da Constituição (art. 102, *caput*).

Mas, esclareça-se bem: outros interessados não têm essa faculdade.

Somente o Supremo Tribunal Federal pode, por si próprio, apreciar a questão de inconstitucionalidade que não tenha sido suscitada antes. Essa prerrogativa lhe é exclusivíssima, decorrendo de sua posição institucional.

No mais, quaisquer interessados só poderão arguir, na via de defesa, pelo recurso extraordinário, as questões constitucionais explicitamente prequestionadas.

Ora, se é certo que a Colenda Corte, como guardiã da ordem constitucional, pode, se assim desejar, apreciar matérias não prequestionadas, mais exato ainda é que essa faculdade não se estende a nenhum outro órgão.

Isso porque o controle difuso, realizado na via de defesa, mediante recurso extraordinário, não se sujeita ao princípio segundo o qual *o tribunal conhece o direito* (*iura novit curia*). O recorrente deverá prequestionar o preceito constitucional supostamente violado.

Logo, a exigência de prequestionamento, em tema de recurso extraordinário, posta-se como uma exigência intransponível para a aferição do controle concreto de normas perante o Pretório Excelso (STF, RE 117.805/PR, Rel. Min. Sepúlveda Pertence, *DJU* de 27-8-1993; STF, AgRg 144.816-5, Rel. Min. Moreira Alves, *DJU* de 12-4-1996; STF, AgRg 193.772, Rel. Min. Moreira Alves, *DJU* de 24-10-1997; STF, AgRg 155.188-8, Rel. Min. Celso de Mello, *DJU* de 15-5-1998).

¤ 8.1.2. Controle difuso em sede de ação civil pública: possibilidade

O controle difuso de constitucionalidade pode efetivar-se por meio da ação civil pública, disciplinada pela Lei n. 7.347, de 1985.

Nesse ínterim, juízes e tribunais, na via de defesa, podem analisar ações civis públicas que questionem a constitucionalidade de leis ou atos normativos federais, estaduais, municipais ou distritais.

Daí a competência do Ministério Público para, mediante controle difuso, ajuizar ações civis públicas, pleiteando o exame da constitucionalidade de leis lesivas ao patrimônio público. Aí se enquadram as licitações fraudulentas. Elas também podem ser questionadas na seara da fiscalização incidental de inconstitucionalidade.

Tais considerações derivam do entendimento de que, no caso concreto, num litígio envolvendo partes, é possível o juiz ou o tribunal declarar a inconstitucionalidade da lei, a fim de resolver a questão prejudicial.

Como a ação civil pública, quando intentada no caso concreto, só surte efeitos entre as partes, nada obsta que seja utilizada como sucedâneo do controle difuso, para fins de defender, tão somente, direitos subjetivos dos interessados, no curso de uma questão prejudicial, supostamente contrária à Carta Maior.

Mas veja-se bem: o controle difuso em sede de ação civil pública apenas surte efeitos entre as partes. Do contrário, restaria usurpada a competência do Supremo Tribunal Federal — única Corte responsável pela exegese concentrada da Constituição de 1988 (STF, Recl. 633-6/SP, Rel. Min. Francisco Rezek, *DJ*, 1, de 23-9-1996, p. 34945).

Esse, aliás, é o entendimento do Pretório Excelso, para o qual inexiste empecilho em declarar a inconstitucionalidade no caso litigioso, mediante ação civil pública, de leis ou atos normativos, desde quando a ação for "ajuizada entre as partes contratantes, na persecução de bem jurídico concreto, individual e perfeitamente definido, de ordem patrimonial, objetivo que jamais poderia se alcançado pelo reclamado em sede de controle *in abstracto* de ato normativo" (STF, Recl. 602-6/SP, Rel. Min. Ilmar Galvão, j. em 3-9-1997).

> **Também nesse sentido:** STF, Pleno, Recl. 600-0/SP, Rel. Min. Néri da Silveira, *DJ* de 3-9-1997, p. 34945; STF, 1ª T., Recl. 611-5/PR, Rel. Min. Sydney Sanches, *DJ*, 1, de 1º-4-1998, p. 12.

A posição do Supremo Tribunal Federal é sobejamente clara. Para ilustrar, mencionemos sua jurisprudência no campo dos direitos coletivos, difusos e individuais homogêneos.

Ao mesmo tempo que o Pretório Excelso inadmite ação civil pública protegendo direitos coletivos e difusos em sede de ação direta de inconstitucionalidade (controle concentrado e efeitos *erga omnes*), aceita, sem tergiversar, o uso da ação civil pública para garantir, no caso concreto, a tutela de direitos individuais homogêneos (controle difuso e efeitos *inter partes*) (STF, Pleno, Recl. 597/SP, Rel. Min. Marco Aurélio, Rel. p/ acórdão Min. Néri da Silveira, j. em 3-9-1997).

O Supremo Tribunal Federal entende que os direitos individuais homogêneos, disciplinados no art. 81, III, do Código de Defesa do Consumidor, comportam a ação civil pública, em sede de controle difuso, porque os efeitos da decisão atingem, apenas, um grupo de pessoas, sem usurpar a finalidade primordial do controle concentrado, que se efetiva via ações diretas de inconstitucionalidade (STF, Recl. 663-6/DF, Rel. Min. Nelson Jobim, *DJ*, 1, de 13-10-1997, p. 51467).

Em contrapartida, ação civil pública intentada, na via de exceção, com o fito de resguardar direitos difusos ou coletivos, nos termos do art. 81, I e II, do Código de Defesa do Consumidor, afigura-se improcedente, pois a decisão aí proferida teria efeitos *erga omnes*, isto é, gerais, amplíssimos, alcançando todos, sejam partes ou não. É como se a própria ação civil pública se convertesse numa autêntica ação direta de inconstitucionalidade, algo intolerável pela Constituição de 1988 (STF, Recl. 554-2/MG, Rel. Min. Maurício Corrêa, *DJ*, 1, de 26-11-1997, p. 61678).

Daí, tanto o Supremo Tribunal Federal como o Superior Tribunal de Justiça negarem a possibilidade de a ação civil pública substituir a ação direta, própria do controle concentrado de normas (STF, Recl. 601, Rel. Min. Carlos Velloso, *RDA*, *206*:267; STJ, 1ª T., REsp 134.979/GO, Rel. Min. Garcia Vieira, *DJ*, 1, de 6-10-1997, p. 49903).

A tese parece-nos salutar, porquanto, nas ações civis públicas, os efeitos das sentenças que declaram, na via de exceção, a inconstitucionalidade de leis ou atos normativos somente se estendem às partes.

Do contrário, o controle difuso transmutar-se-ia em controle concentrado, frustrando a exegese abstrata de normas, conferida ao Supremo Tribunal Federal (art. 102, *caput*).

◆ Cap. 6 ◆ CONTROLE DE CONSTITUCIONALIDADE **131**

⌑ *8.1.3. Matérias afetas ao controle difuso*

Os tópicos a seguir exemplificados trazem matérias que podem ser objeto do controle difuso de normas.

a) *Lei ou ato normativo municipal em face das cartas estaduais*

Pelo controle difuso, na via de exceção, todo e qualquer juiz poderá decretar a inconstitucionalidade de lei ou ato normativo municipal perante a carta estadual.

Se a decisão judicial monocrática declarar, no caso concreto, a inconstitucionalidade de uma lei do Município em face da constituição do Estado, caberá recurso para o Tribunal de Justiça.

Como a declaração foi na órbita da incompatibilidade vertical entre a lei municipal e a constituição do Estado, recursos extraordinários não poderão ser intentados para o Supremo Tribunal Federal, porque a Carta de 1988 não previu a hipótese no art. 102, III, *a, b, c* e *d*.

> **Recurso extraordinário e controle difuso de normas municipais em face das Cartas estaduais:** a impossibilidade de o recurso extraordinário ser interposto, como sucedâneo do controle difuso de normas municipais perante as constituições dos Estados, não foi um desatino do constituinte. Tratou-se de uma restrição proposital e meditada, para não enxudiar o Pretório Excelso de uma carga incomensurável de trabalho. Saliente-se ainda que esse *silêncio eloquente* — lídima vedação inequívoca — não comporta a exegese construtiva ou evolutiva do art. 102, III, *a, b* e *c*, porque não inexiste lacuna, vazio normativo, vácuo legiferante ou outro termo que se prefira utilizar.

Portanto, a última instância para apreciar a exceção de inconstitucionalidade de lei ou ato normativo municipal, em face da carta estadual, será o Tribunal de Justiça do Estado, cuja decisão é irrecorrível.

Nisso não há fraude ao devido processo legal nem a outras garantias constitucionais do processo, como se poderia supor. Trata-se de providência salutar, de economia e celeridade processuais, evitando que o Pretório Excelso fique abarrotado de demandas, num universo de mais de cinco mil Municípios (Domingos Franciulli Netto, *O ideal idealíssimo, o ideal realizável e o processo de resultados*, p. 22).

Se a constituição do Estado, contudo, disser, expressamente, que a representação de inconstitucionalidade dos atos normativos estaduais e municipais pode operar-se, em face das cartas estaduais, via controle concentrado, os Tribunais de Justiça poderão apreciar e julgar ações diretas (CF, art. 125, § 2º).

Mas, nessa hipótese, a decisão do Tribunal de Justiça também será irrecorrível, do mesmo modo que o é no controle difuso, inadmitindo recurso extraordinário para a Corte Suprema, nada obstante o fato de ter sido proferida em sede de controle abstrato, por expresso mandamento da constituição estadual.

E se as constituições dos Estados reproduzirem ou copiarem, com exata fidelidade, preceitos da Constituição Federal, incorporando-os em sua íntegra, os Tribunais de Justiça poderão apreciar, por meio de ação direta, a inconstitucionalidade de normas municipais em face dos textos estaduais?

Cremos que sim.

Isso porque, ao reproduzir normatividade do texto magno, o constituinte estadual acaba erigindo comando jurídico próprio, ainda que ele seja idêntico àquele cunhado pela carta maior, motivo pelo qual as normas constitucionais estaduais, oriundas de cópia fidedigna do modelo federal, submetem-se ao crivo dos Tribunais de Justiça.

Quer dizer, depois de formalizadas nas constituições dos Estados, as normas transplantadas do texto federal adquirem independência. Passam a ter vida própria.

Por isso, não há fazer distinções, porque nem a própria Constituição de 1988 assim procede. Basta ler o art. 35, IV, e o art. 125, § 2º. Ambos os preceptivos, na particularidade dos temas que veiculam, tomam como parâmetro aferidor da constitucionalidade as próprias cartas estaduais, sem qualquer critério distintivo.

Na Reclamação n. 383/SP, relatada pelo Ministro Moreira Alves, o Excelso Pretório, por maioria de votos, vencidos os Senhores Juízes Carlos Velloso, Sepúlveda Pertence, Celso de Mello e Francisco Rezek, decidiu que é possível propor perante o Tribunal de Justiça ações diretas de inconstitucionalidade de leis municipais contrárias aos preceitos de constituições estaduais, que repetiram normas da Carta de 1988, sem prejuízo de eventual recurso extraordinário para a Corte Suprema (STF, *RDA 199*:201, *204*:249; *RTJ, 147*:404).

132 ◆ Uadi Lammêgo Bulos ◆

Esse posicionamento foi corroborado noutras assentadas pelo Supremo, a exemplo da seguinte decisão: "Desde o julgamento da Reclamação n. 383, Rel. Min. Moreira Alves, entende o STF inexistir usurpação de sua competência quando os Tribunais de Justiça analisam, em controle concentrado, a constitucionalidade de leis municipais ante normas constitucionais estaduais que reproduzam regras da Carta da República de observância obrigatória" (STF, Pleno, Recl. 2.076/MG, Rel. Min. Ilmar Galvão, j. em 3-10-2002, v. u., *DJ* de 8-11-2002, p. 26).

b) Lei ou ato normativo municipal em face da Carta Federal

No Brasil, só há duas formas para realizar o controle de constitucionalidade de lei ou ato normativo municipal em face do Texto Federal:

- pela arguição de descumprimento de preceito fundamental (CF, art. 102, § 1º, c/c a Lei n. 9.882/99, art. 1º, parágrafo único, I); e
- pela fiscalização difusa, exercida, no caso concreto, por qualquer juiz ou tribunal.

A primeira hipótese estudaremos mais adiante.

De imediato, observemos que o art. 102, I, *a*, da Constituição só admite ação direta de inconstitucionalidade perante atos normativos *federais* ou *estaduais*. Ficaram de fora, propositadamente, os *municipais*.

Propositadamente porque o silêncio foi deliberado e consciente. Nem há falar em lacunas ou vazios normativos. A proibição teve alcance prático. Foi para impedir uma avalancha de ações, de milhares de Municípios, que poderiam inviabilizar, ainda mais, as atividades do Supremo Tribunal Federal.

Mas se as leis municipais, que ferem a Constituição da República, não podem ser questionadas por meio de ações diretas de inconstitucionalidade, só resta a via de defesa, pelo controle difuso, como entendeu o Supremo Tribunal Federal.

Precedente: "O único controle de constitucionalidade de lei e de ato normativo municipal em face da Constituição Federal que se admite é o difuso, exercido *incidenter tantum*, por todos os órgãos do Poder Judiciário, quando do julgamento de cada caso concreto" (STF, Pleno, Recl. 337/DF, Rel. Min. Paulo Brossard, decisão de 18-8-94, *Ementário de Jurisprudência*, n. 1772-01, p. 50, *DJ*, 1, de 19-12-1994, p. 35178).

Convém observar que da decisão prolatada por juízes ou tribunais declarando, no caso concreto, a inconstitucionalidade de normas municipais perante a Carta de 1988, caberá recurso extraordinário para o Supremo Tribunal Federal.

Isso porque o parâmetro não é a constituição do Estado-membro, e sim o Texto Federal, cuja guarda precípua incumbe ao Pretório Excelso (CF, art. 102, *caput*).

Daí o constituinte ter enunciado, com notável clareza, que cumpre ao Supremo Tribunal, mediante recurso extraordinário, julgar as causas decididas em única ou última instância, inclusive quando a decisão recorrida contrariar dispositivo da Constituição da República (art. 102, III, *a* e *c*).

Assim, a sentença declaratória da inconstitucionalidade de lei municipal em face da Carta Federal comporta, na via de defesa, recurso extraordinário.

c) Leis ou atos normativos distritais

Pelo controle difuso, todo e qualquer juiz do Distrito Federal poderá declarar, no caso concreto, a inconstitucionalidade de lei ou ato normativo distrital.

Tanto é assim que o Tribunal de Justiça do Distrito Federal e Territórios, tomando como base o art. 97 da Carta de 1988, previu, em seu Regimento Interno, incidente processual próprio, cuja competência pertence ao Conselho Especial da Corte Distrital (arts. 8º, VI, 207 e 208 do RITJDFT).

Tal incidente foi denominado *arguição de inconstitucionalidade* (arts. 206 a 209 do RITJDFT).

Nesse ínterim, a Corte de Justiça do Distrito Federal e Territórios declara a inconstitucionalidade de lei ou ato normativo do Poder Público distrital, territorial, estadual ou federal, mediante incidente próprio, tomando como arrimo o Código de Processo Civil de 2015 (arts. 948 a 950).

Declarada a inconstitucionalidade, na via difusa, pelo Conselho Especial do Tribunal de Justiça do Distrito Federal e Territórios, as Câmaras ou as Turmas poderão reconhecê-la em outros casos. E não

◆ Cap. 6 ◆ CONTROLE DE CONSTITUCIONALIDADE

haverá necessidade de reiteração do incidente no Conselho Especial (art. 209 do RITJDFT) (Anildo Fabio de Araujo, Controle de constitucionalidade no Distrito Federal, *RIL, 144*:84-85).

Como é sabido, o Distrito Federal é um misto de Estado e Município, pois exerce, ao mesmo tempo, competências municipais e estaduais (CF, arts. 24, 25, § 1º, 30, 31, § 1º).

Por isso, há duas observações quanto ao cabimento do recurso extraordinário em sede de controle difuso:

*   A sentença declaratória da inconstitucionalidade de lei ou ato normativo distrital proferida na órbita da Constituição Distrital, pelo TJDFT, é irrecorrível. Não cabe recurso extraordinário para a Corte Suprema. Tudo que foi dito acima sobre o controle difuso das leis municipais perante as cartas dos Estados vale aqui.
*   A sentença declaratória da inconstitucionalidade de lei ou ato normativo distrital prolatada em face do Texto de 1988, pelo TJDFT, comporta, na via de defesa, recurso extraordinário (art. 102, III, *a* e *c*). É o mesmo que ocorre com as leis municipais com relação à Carta Federal.

d) Espécies normativas (CF, art. 59)

No curso de uma demanda, faz-se possível a fiscalização difusa de emendas constitucionais, leis complementares, leis ordinárias, leis delegadas, medidas provisórias, decretos legislativos e resoluções (CF, art. 59).

Destacamos desse contexto as emendas constitucionais e as medidas provisórias, as quais, pela riqueza de detalhes que apresentam, merecem tratamento pormenorizado.

d.1) Emendas constitucionais

O controle jurisdicional difuso de emendas constitucionais, e não meras propostas de emendas, é perfeitamente possível, pois nenhum juiz ou tribunal está obrigado a aplicar, no caso concreto, preceitos derivados inconstitucionais.

Assim, manifestações legiferantes adversas ao direito adquirido, ao ato jurídico perfeito e à coisa julgada reclamam a adoção de um sério e rígido controle difuso de constitucionalidade. Nenhum membro do Poder Judiciário está obrigado a aplicar lei contrária à cláusula pétrea, insculpida no art. 5º, XXXVI, da Constituição. Poderá, independentemente de provocação, declarar a inconstitucionalidade da lei ou ato normativo federal, estadual, distrital ou municipal. Seu veredito produzirá efeitos somente entre as partes.

O Supremo Tribunal Federal, ao examinar dado litígio, também pode exercitar o controle difuso de emendas constitucionais, incorporadas, em definitivo, ao texto da Constituição (STF, Pleno, ADIn 829-3/DF, Rel. Min. Moreira Alves, decisão de 14-4-1993; STF, MS 24.645-MC/DF, Rel. Min. Celso de Mello, *DJU* de 15-9-2003).

Nisso, compete-lhe assegurar, via recurso extraordinário, por exemplo, os limites expressos formais, circunstanciais e materiais do poder reformador (*v.* Cap. 7, n. 6.7 e s.).

> **Precedentes:** STF, *RTJ, 153*:786, trecho do voto do Ministro Celso de Mello; STF, MS 24.645-MC/DF, Rel. Min. Celso de Mello, *DJU* de 15-9-2003; STF, Pleno, ADIn 466/91/DF, Rel. Min. Celso de Mello, decisão de 9-4-1991, *DJ*, 1, de 10-5-1991, p. 5929; STF, Pleno, ADIn 937-7/DF, Rel. Min. Sydney Sanches, decisão de 15-12-93, *DJ*, 1, de 18-3-1994, p. 5165.

E os *limites implícitos* também se sujeitam ao controle difuso, afinal eles promanam dos expressos (*v.* Cap. 7, n. 6.9).

d.2) Medidas provisórias

Juízes ou tribunais podem declarar, no caso concreto, a inconstitucionalidade de medidas provisórias (STF, ADIn 295-3-ML/DF, Rel. Min. Paulo Brossard, j. em 22-6-1990).

Em sede de cautelares, mandados de segurança, por exemplo, o magistrado poderá decidir se uma dada medida provisória, supostamente inconstitucional, ensejou lesão ou ameaça a direito (CF, art. 5º, LIV).

Nesse desiderato, cumpre-lhe avaliar a *relevância* e *urgência* de tais medidas com olhar técnico, sem avaliar politicamente a espécie, porque isso o próprio Presidente da República e o Congresso Nacional podem muito bem fazer.

134 ◆ Uadi Lammêgo Bulos ◆

> **Precedentes:** STF, Pleno, ADIn 1.754-9-ML/DF, Rel. Min. Sydney Sanches, *DJ*, 1, de 6-8-1999, p. 5; STF, Pleno, ADIn 1.717-6-ML/DF, Rel. Min. Sydney Sanches, *DJ*, 1, de 3-2-2000, p. 3; STF, Pleno, ADIn 1.516-8-ML/DF, Rel. Min. Sydney Sanches, *DJ*, 1, de 13-8-1999, p. 3; STF, Pleno, ADIn 1.753-2-ML/DF, Rel. Min. Sepúlveda Pertence, *DJ*, 1, de 12-6-1998, p. 51.

Assim, do juiz de direito ao Ministro do Supremo Tribunal Federal, nenhum membro do Judiciário pode ser compelido a aplicar, no caso concreto (*incidenter tantum*), medidas provisórias inconstitucionais.

O argumento para controlar, na via difusa, a constitucionalidade de medidas provisórias inconstitucionais dessume-se basicamente do princípio da *reserva de jurisdição* (CF, art. 5º, XXXVI).

Significa dizer que juízes ou tribunais, quando formalmente provocados, *devem* fiscalizar, *in concreto*, a desconformidade material ou procedimental de medidas provisórias com a Carta da República, antes de decidir o litígio principal.

Nisso o juiz de direito não sai de seu campo próprio nem, tampouco, invade a esfera de competência do Executivo. Ao exercer a tarefa de verificar os requisitos normativos de uma medida provisória, não fere o pórtico da separação dos Poderes (art. 2º), ao invés, dá cumprimento e destino ao comando do art. 62 da Carta Política.

Sem *relevância* e *urgência*, criteriosamente delimitadas, não há vislumbrar a irrupção de qualquer competência "discricionária" dos Presidentes da República, no sentido de editarem medidas provisórias.

Em contrapartida, a autoridade jurisdicional que tolera medidas provisórias inconstitucionais, nos casos que lhe são levados à apreciação, presta flagrante desserviço à ordem jurídica, porque fora das hipóteses de *relevância* e *urgência* inexiste supedâneo constitucional para a expedição dessas providências excepcionais, precárias e condicionadas. Cometerá atentado explícito à moralidade administrativa (art. 37, *caput*), ao princípio do Estado Democrático de Direito (art. 1º, *caput*), com todos os seus desdobramentos, aos direitos e garantias fundamentais (art. 5º, XXXVI), intangíveis segundo a Constituição (art. 60, § 4º, IV) etc.

E seria cabível mandado de segurança contra medida provisória, impetrado no caso concreto (controle difuso), pleiteando a declaração de inconstitucionalidade do ato presidencial, equiparando-o a uma lei em tese?

Entende o Supremo Tribunal Federal que descabe mandado de segurança contra medida provisória equivalente à lei em tese.

> **Entendimento do STF:** "Trata-se de mandado de segurança impetrado contra o Exmo. Sr. Presidente da República, por haver editado a Medida Provisória n. 1.415, de 29-4-1996, posteriormente reeditada, em que foi instituída, para os servidores inativos da União, contribuição destinada à Seguridade Social. 2. Tendo em vista que Medida Provisória é ato normativo com força de lei (art. 62 da Constituição Federal), o presente mandado de segurança ataca norma jurídica em tese, sendo de aplicar-se, pois, a Súmula 266 da Corte, pela qual 'não cabe mandado de segurança contra lei em tese'. Em face do exposto, nego seguimento ao presente mandado de segurança, ficando, assim, prejudicado o pedido de medida liminar" (STF, MS 22.649-8/RJ, Rel. Min. Moreira Alves, *DJ*, 1, de 20-11-1996, p. 45267).

Na realidade, as medidas provisórias, mesmo não sendo atos formalmente elaborados pelo Poder Legislativo, têm força de lei. Mas isso não permite que se converta o mandado de segurança em ação direta de inconstitucionalidade, discutindo-se, em sede de controle difuso, assuntos atinentes à fiscalização abstrata de normas (STF, Pleno, MS 22.989-5/RJ, Rel. Min. Marco Aurélio, *DJ*, 1, de 25-11-1997, p. 1396).

e) *Tratados internacionais*

Os tratados internacionais, quando incorporados ao sistema de Direito Positivo Interno, equiparam-se às leis ordinárias, submetendo-se ao controle difuso (STF, Pleno, ADIn 1.480-MC/DF, Rel. Min. Celso de Mello, j. em 4-9-1997, *DJ* de 18-5-2001, p. 429).

Assim, preceitos extraídos de tratados, pactos, cartas, acordos, atos ou convênios, por se situarem no mesmo plano hierárquico das leis ordinárias, podem ser declarados inconstitucionais por qualquer juiz que reputá-los em antagonismo com a *Lex Mater* (STF, AgI 196.379-9/RJ, Rel. Min. Marco Aurélio,

♦ Cap. 6 ♦ **CONTROLE DE CONSTITUCIONALIDADE** **135**

DJ, 1, de 14-8-1997, p. 36790. Precedente citado: STF, RE 172.720; STF, ADIn 1.480-MC/DF, Rel. Min. Celso de Mello, j. em 4-9-1997, *DJ* de 18-5-2001, p. 429).

f) Leis estrangeiras inconstitucionais

Leis estrangeiras inconstitucionais sujeitam-se ao controle difuso.

Do Ministro do Supremo Tribunal Federal ao juiz de primeiro grau de jurisdição, todos, sem exceção, devem negar, no caso concreto, a aplicação de lei ou ato normativo estrangeiro incompatível com a Constituição brasileira.

Isso porque as normas constitucionais logram uma amplitude internacional, impedindo a eficácia de atos legislativos, executivos e jurisprudenciais que as contrariarem.

Seria possível os juízes pátrios declararem, no caso concreto, a inconstitucionalidade de leis estrangeiras, tomando como parâmetro as constituições que lhes são originárias?

Cremos que sim. Quaisquer membros do Poder Judiciário, até os do Supremo Tribunal Federal, podem declarar, no caso concreto, a inconstitucionalidade de lei estrangeira em face da constituição em que se originaram. Para tanto, é necessário que haja reciprocidade, firmada por tratado ou ato internacional de que o Brasil seja signatário. E se, no país estrangeiro, já existir sentença sobre a constitucionalidade do ato alienígena questionado, não há dúvida de que o magistrado brasileiro deve segui-la.

Contudo, inexistindo elo de reciprocidade não é dado ao Poder Judiciário, seja qual for o grau de jurisdição, declarar a inconstitucionalidade da lei estrangeira perante a carta magna alienígena. Nesse particular, o juiz do foro também não detém competência para decretar a inconstitucionalidade da lei estrangeira, se concluir que é ela contrária à constituição do país em que se originou.

> **Doutrina:** Luiz Antonio Severo da Costa, *Da aplicação do direito estrangeiro pelo juiz nacional*, p. 40 e s.; Zeno Veloso, *Controle jurisdicional de constitucionalidade*, p. 367-380. No Direito Comparado: Rui Manuel de Moura Ramos, *Direito internacional privado e constituição (introdução a uma análise das suas relações)*, p. 210 e s.; Luís Roberto Barroso, *Interpretação e aplicação da constituição*, p. 13-49; Javier Maseda Rodrígues, *El control de la constitucionalidad de la ley extranjera*, p. 198.

Na vigência da Constituição de 1988, o Supremo Tribunal Federal, ao examinar pedido extradicional de brasileiro naturalizado, decidiu, com base no art. 5º, LI, da *Lex Mater*, pela possibilidade de controle de constitucionalidade de atos normativos estrangeiros à luz do ordenamento de origem, negando-lhes aplicação quando for o caso.

> **Posição do STF:** "Compete exclusivamente ao Supremo Tribunal Federal, juiz da extradição passiva, no Brasil, julgar da invalidade, perante a ordem jurídica do Estado requerente, da promessa de reciprocidade em que baseado o pedido, a fim de negar-lhe a eficácia extradicional pretendida" (STF, Extr. 541, Rel. Min. Sepúlveda Pertence, *RDA*, *190*:94).

O posicionamento do Pretório Excelso representou um avanço em sua jurisprudência, porque, num pedido de extradição do governo argentino, de 10 de dezembro de 1984, a maioria dos Ministros da Corte decidiu pela impossibilidade de o juiz do foro declarar a inconstitucionalidade de lei ou ato normativo estrangeiro.

> **Precedente:** STF, Extr. 417, Rel. Min. Oscar Dias Corrêa, *RTJ*, *111*:16, 1984. **Pontos discutidos:** 1º) a exegese, vigência e validade de uma lei de anistia da Argentina que havia sido revogada, retroativamente, pelo próprio Congresso argentino; e 2º) a natureza dos delitos imputados ao extraditando, Mario Eduardo Firmenich, *ex-líder dos Montoneros* (seu advogado foi José Paulo Sepúlveda Pertence, mais tarde Ministro do Supremo Tribunal Federal e relator da Extradição n. 541). O Governo argentino imputava ao extraditando os crimes de associação ilícita, homicídios, prática de lesões corporais, posse de explosivos e uso de documento falso. O Supremo, por maioria de votos, concedeu a extradição, sob o argumento de que a Lei de Anistia argentina era inaplicável na hipótese, pois os crimes comuns prevaleceriam sobre os políticos, sendo improcedente a alegação da defesa de que o extraditando seria submetido em seu país a um tribunal de exceção. Os três votos vencidos concluíram: 1º) que a declaração de inconstitucionalidade é atribuição privativa do Poder Judiciário no Brasil ou das Cortes Constitucionais nos países que as adotaram (Min. Alfredo Buzaid); 2º) os tribunais podem derrubar, no caso concreto, com efeitos *ex tunc*, leis inconstitucionais (Min. José Francisco Rezek); e 3º) os delitos imputados ao extraditando eram de natureza política (Min. Aldir Passarinho).

136 ◆ Uadi Lammêgo Bulos ◆

Nesse episódio, o extraditando interpôs embargos de declaração. A maioria dos Ministros reavivou a tese de que não se poderia controlar a constitucionalidade de lei alienígena, sob pena de o Supremo: 1º) invadir a esfera de competência da Corte estrangeira (Ministros Oscar Dias Corrêa, Néri da Silveira, Rafael Mayer, Décio Miranda, Moreira Alves); 2º) declarar a inconstitucionalidade com base numa interpretação que não compete empreender (Min. Djaci Falcão); e 3º) se comportar como se fosse um Tribunal supranacional, dizendo como os outros devem julgar (Min. Cordeiro Guerra) (STF, *RTJ*, *113*:1, 1985).

g) *Atos normativos privados*

O controle difuso pode ter como objeto de impugnação atos normativos privados, como a convenção de condomínio ou o estatuto de empresa, que, no caso concreto, violem a Carta Magna.

⌗ 8.1.4. *Matérias alheias ao controle difuso*

A seguir, veremos assuntos que não constituem objeto do controle difuso.

a) *Leis ou atos normativos revogados (anteriores à CF)*

O controle difuso não se revela instrumento juridicamente idôneo ao exame da constitucionalidade de leis ou atos normativos revogados.

Atos não recepcionados pelo Texto Maior vigente constituem hipótese de revogação, não de inconstitucionalidade, porque o controle de normas, seja difuso, seja concentrado, pressupõe a existência de um vínculo de reciprocidade entre o ato questionado e a carta política sob cuja égide ele veio a ser editado.

Assim, leis pré-constitucionais, editadas em momento anterior ao da vigência da nova constituição, não se predispõem ao controle concreto, tampouco ao abstrato de normas (STF, ADO 7-QO/DF, Rel. Min. Celso de Mello, *DJ* de 4-9-1992, p. 14087).

b) *Normas constitucionais originárias*

Inexiste, no Brasil, o controle difuso de preceitos constitucionais de primeiro grau (*normas constitucionais inconstitucionais originárias*).

O que o ordenamento jurídico brasileiro hospeda é a possibilidade de se controlar, no caso concreto, emendas constitucionais (*normas constitucionais inconstitucionais derivadas*).

c) *Ato inconstitucional com efeitos* **erga omnes**

O controle difuso de normas constitucionais não se afigura instrumento apto para imprimir à declaração de inconstitucionalidade efeitos genéricos, a exemplo do que ocorre na fiscalização abstrata.

Somente quando o Senado publica resolução suspendendo, no todo ou em parte, a executoriedade de ato declarado inconstitucional pelo Supremo é que os efeitos do controle difuso passam a ser gerais.

Se é certo que o membro do Poder Judiciário não está compelido a seguir preceito jurídico, advindo do exercício *contra constitutionem* do poder reformador, mais exato ainda é que ele não poderá expandir o objeto do controle difuso, convertendo-o, ao arrepio da legalidade, num autêntico controle concentrado.

Quer dizer, qualquer juiz pode, no caso concreto, declarar a inconstitucionalidade normativa. O que não poderá fazer é imprimir à sentença eficácia *erga omnes*, exercendo, *moto proprio*, atribuições que pertencem ao Supremo e ao Senado da República (CF, art. 102, *caput*, c/c o art. 52, X).

Assim, qualquer membro do Poder Judiciário, mediante controle difuso, poderá declarar a inconstitucionalidade das espécies normativas do art. 59 da Constituição, mas apenas no caso concreto, somente no processo em que estiver oficiando. Os efeitos de seu veredito resumir-se-ão ao bojo da demanda (*v.* n. 5, *infra*).

◆ Cap. 6 ◆ CONTROLE DE CONSTITUCIONALIDADE 137

d) Crises de legalidade
O controle difuso não se afigura mecanismo idôneo para fiscalizar a desobediência das leis ou atos normativos por parte das autoridades administrativas ("crises de legalidade").

e) Leis e atos de efeitos concretos
Não se sujeitam à incidência do controle difuso as medidas substancialmente administrativas, revestidas sob a roupagem de leis e atos estatais de efeitos concretos, por faltar-lhes densidade jurídico-material.

Como simples providências de índole político-administrativa, não são formalmente legislativas, não consignando fontes primárias do Direito.

f) Súmulas (inclusive as súmulas vinculantes)
As proposições jurídicas que consolidam a jurisprudência de um tribunal acerca de assuntos controvertidos — súmulas — não apresentam características de ato normativo. Logo, não se sujeitam ao controle difuso. Incluem-se aí as súmulas vinculantes.

g) Ementas de leis diversas de seu conteúdo
Leis que contêm matérias distintas das que foram enunciadas em sua ementa não se submetem ao controle difuso, pois, na realidade, não ocasionam qualquer fraude ao texto maior.

h) Respostas do Tribunal Superior Eleitoral
Inexiste a possibilidade de controlar, no caso concreto, mediante fiscalização difusa, a constitucionalidade de respostas emitidas pelo Tribunal Superior Eleitoral às consultas que lhe foram endereçadas, as quais não apresentam qualquer eficácia vinculativa quanto aos demais órgãos do Poder Judiciário.

i) Convenções coletivas de trabalho
No caso concreto, é possível haver controle difuso da constitucionalidade de convenções coletivas de trabalho.

Desde que sejam atentatórias à Constituição Federal, tais convenções podem deixar de ser aplicadas pelo juiz no curso de um litígio.

j) Normas regimentais do processo legislativo
Preceitos regimentais do processo legislativo são de livre exegese parlamentar, não se sujeitando a nenhuma espécie de controle judicial (*v.*, *infra*, n. 8.1.5, *b*).

k) Resoluções do CNJ e do CNMP
Resoluções do Conselho Nacional de Justiça e do Conselho Nacional do Ministério Público, que disciplinam matérias de forma geral e abstrata, não podem ser objeto de controle difuso, porque a Carta Magna reservou esta atribuição para os Ministros do Supremo Tribunal Federal, no exercício, originário, da fiscalização abstrata de normas (art. 102, I, *r*, com redação da EC n. 45/2004). Seria um contrassenso os membros do Poder Judiciário em geral decidirem, no caso concreto, a constitucionalidade de atos resolutivos que se aplicam a eles próprios. No regime das liberdades públicas, a regra é não se julgar em causa própria. Por isso, os depositários da EC 45/2004, quando aditaram a alínea *r* ao inciso I, do art.102, outorgaram a tarefa de processar e julgar, originariamente, "as ações contra o Conselho Nacional de Justiça e contra o Conselho Nacional do Ministério Público", para o órgão de cúpula do Poder Judiciário, o Supremo Tribunal Federal.

¤ 8.1.5. Controle difuso do processo legislativo

O *processo legislativo*, que vai do art. 59 ao 69 da Constituição, submete-se ao crivo do controle difuso de normas.

Esse controle, esclareça-se desde já, embora exercido ainda na fase de elaboração legislativa, possui natureza *repressiva*, e não preventiva, pois visa expurgar do ordenamento atos inconstitucionais. Ou seja, não vigora, no Brasil, o controle jurisdicional preventivo de constitucionalidade.

À luz dessas observações, podemos dizer que a feitura das espécies normativas primárias do art. 59 da Carta Magna é passível de fiscalização concreta de constitucionalidade (emendas constitucionais, leis complementares, leis ordinárias, leis delegadas, medidas provisórias, decretos legislativos e resoluções).

O dever de acatamento às normas constitucionais é incumbência dos Poderes Executivo, Legislativo e Judiciário. Todos, portanto, a começar pelos depositários da função de legislar, devem assim proceder.

Uma proposta de lei complementar contrária à Constituição, por exemplo, sujeita-se à incidência do controle difuso de constitucionalidade, mediante ajuizamento de mandados de segurança contra atos de autoridades coatoras, isto é, Presidentes ou Mesas das Casas Legislativas.

O mesmo se diga quanto aos demais degraus normativos do art. 59 (emendas constitucionais, leis ordinárias, leis delegadas, medidas provisórias, decretos legislativos e resoluções).

Desse modo, competirá ao Pretório Excelso analisar a compatibilidade de determinada sequência de atos do processo legislativo perante a Constituição Federal.

Quando atuar nesse sentido, o Supremo poderá controlar, na via difusa, a constitucionalidade, e, se for o caso, conceder o *writ*, a fim de garantir aos deputados federais ou senadores da República o direito líquido e certo de não participarem do processo legislativo inconstitucional.

Assim, a feitura das emendas constitucionais, leis complementares, ordinárias e delegadas, medidas provisórias, decretos legislativos e resoluções, se contrariar a Constituição, pode ter a inconstitucionalidade declarada, no caso concreto.

O Supremo Tribunal Federal sustentou a necessidade de se fiscalizar a constitucionalidade das normas destinadas a regular o processo legislativo, as quais têm eficácia plena e aplicabilidade imediata (arts. 59 a 69) (STF, Pleno, MS 23.565-MC/DF, Rel. Min. Celso de Mello, *DJ* de 17-11-1999).

Conforme entendimento do Pretório Excelso, compete ao Poder Judiciário apreciar e julgar mandados de segurança impetrados por parlamentares questionando a regularidade do processo legislativo (STF, Pleno, MS 22.503-3/DF, Rel. p/ acórdão Min. Maurício Corrêa, *DJ*, 1, de 6-6-1997, p. 24872, *Ementário de Jurisprudência* n. 1872-3).

Para tanto, urge que o Judiciário analise a impetração do *writ* com maior abrangência, à luz dos arts. 59 a 69 da Carta Política, conferindo ao congressista o direito líquido e certo de não participar do processo legislativo inconstitucional ou ilegal.

Vale observar, contudo, que o controle de constitucionalidade do processo legislativo efetiva-se, apenas, na via de exceção (controle difuso).

Aqui não há lugar para o exercício do controle concentrado, porque ainda não existe lei pronta ou acabada, mas simples esboço do que ela provavelmente será.

O que se examina nessa seara é a constitucionalidade do processo de formação das leis. Logo, o controle sempre será difuso, efetivando-se mediante mandado de segurança, impetrado no Supremo Tribunal Federal por deputado ou senador que se sentir ofendido no seu direito líquido e certo de apenas participar de processo legislativo constitucional e legal.

Ao longo das fases de desenvolvimento do processo legislativo, o Pretório Excelso, quando provocado, detém competência para examinar, em sede de controle difuso, e não concentrado, a constitucionalidade da sequência de atos concernentes ao *iter* de elaboração das espécies normativas.

Isso porque os arts. 59 a 69 da Lei Magna vinculam o legislador, que deverá pautar sua conduta na cláusula do devido processo legal (*due process of law*), conforme decidiu o Superior Tribunal de Justiça.

> **Decisão do STJ:** "O princípio do *due process of law* estende-se à gênese da lei. Uma lei mal formada, vítima de defeitos no processo que a gerou, é ineficaz; a ninguém pode obrigar" (STJ, 1ª T., RMS 7.313-0/RS, Rel. Min. Humberto Gomes de Barros, *DJ*, 1, de 5-5-1997, *Ementário de Jurisprudência do STJ*, n. 18, p. 395).

Nesse especial contexto, merece destaque o princípio da legalidade, porque o império da lei é o signo fundamental do nosso sistema *civil law*, condicionando a atividade legislativa do Estado brasileiro (CF, art. 5º, II).

♦ Cap. 6 ♦ CONTROLE DE CONSTITUCIONALIDADE   **139**

Portanto, o trâmite de elaboração de qualquer das espécies normativas primárias do art. 59 do Texto Maior condiciona-se ao primado da lei, cujo desrespeito reclama o uso do controle de constitucionalidade difuso.

É engano, contudo, pensar que, para fins de controle difuso, a elaboração de emendas à Constituição, leis complementares, ordinárias e delegadas, medidas provisórias, decretos legislativos ou resoluções submete-se, apenas, ao ditame da legalidade.

Sem dúvida, o *due process of law* deve ser tomado em toda a sua amplitude constitucional (CF, art. 5º, LIV).

Daí, a feitura das modalidades normativas deve observar, além do vetor da legalidade, os princípios da isonomia (art. 5º, *caput*, e I), do juiz e do promotor natural (art. 5º, XXXVII e LIII), do direito de ação (art. 5º, XXXV), do contraditório e da ampla defesa (art. 5º, LV), da proibição da prova ilícita (art. 5º, LVI), da publicidade dos atos processuais (arts. 5º, LX, e 93, IX), da motivação das decisões judiciárias (art. 93, IX), da razoabilidade e do duplo grau de jurisdição.

E, ao influir no ato de criação das leis e atos normativos do Poder Público, o *devido processo legal* transmuta-se para o *devido processo legislativo*, previsto com grande riqueza de detalhes no Texto de 1988 (arts. 59 a 69).

a) Controle difuso durante o trâmite do processo legislativo

A justificativa para o exercício do controle difuso do processo legislativo em trâmite é o fato de ainda inexistir lei ou ato normativo que concluiu todo o procedimento de sua elaboração.

Como, nessa hipótese, a espécie normativa ainda não concluiu o seu processo de feitura, seria juridicamente impossível lançar mão do controle concentrado, restando, para a garantia da ordem constitucional, a adoção do método difuso.

O controle difuso da constitucionalidade do processo legislativo em trâmite é uma hipótese muito provável de ocorrer. Tanto é assim que o Supremo Tribunal Federal reconheceu a legitimidade ativa de deputado ou senador para intentar, via mandado de segurança, esse controle, pleiteando a garantia do devido processo legislativo e da supremacia constitucional (STF, *RTJ*, *139*:783, *102*:27, *112*:598, *112*:1023).

Deveras, a jurisprudência da Corte Excelsa firmou orientação no sentido de atribuir apenas aos deputados federais e aos senadores da República, e apenas a eles, com a consequente exclusão de terceiros estranhos à instituição parlamentar, a legitimidade *ad causam* para instaurar processo judicial de controle difuso do procedimento de elaboração das espécies normativas primárias do art. 59 da Carta Política (STF, *RTJ*, *139*:783, *102*:27, *112*:598; *RDA*, *215*:229).

Somente os congressistas titularizam o poder de agir em sede jurisdicional para discutir, em juízo, e tão só na via difusa, controvérsias constitucionais empreendidas ao longo do processo formativo das leis.

Assim, apenas deputado federal ou o senador da República têm, como líquido e certo, o Direito Público subjetivo de ingressar em juízo para questionar a constitucionalidade do processo legislativo. Trata-se de prerrogativa indelegável, não outorgada a mais ninguém.

> **Entendimento do STF:** "O processo de formação das leis ou de elaboração de emendas à Constituição revela-se suscetível de controle incidental ou difuso pelo Poder Judiciário, sempre que, havendo possibilidade de lesão à ordem jurídico-constitucional, a impugnação vier a ser suscitada por membro do próprio Congresso Nacional, pois, nesse domínio, somente ao parlamentar — que dispõe do direito público subjetivo à correta observância das cláusulas que compõem o devido processo legislativo — assiste legitimidade ativa *ad causam* para provocar a fiscalização jurisdicional. A jurisprudência do Supremo Tribunal Federal firmou-se no sentido de recusar, a terceiros que não ostentem a condição de parlamentar, qualquer legitimidade que lhes atribua a prerrogativa de questionar, *incidenter tantum*, em sede mandamental, a validade jurídico-constitucional de proposta de emenda à Constituição, ainda em tramitação no Congresso Nacional. Precedentes. Terceiros, ainda que invocando a sua potencial condição de destinatários da futura lei ou emenda à Constituição, não dispõem do direito público subjetivo de supervisionar a elaboração dos atos legislativos, sob pena de indevida transformação, em controle preventivo de constitucionalidade em abstrato — e inexistente no sistema constitucional brasileiro (*RTJ*, *136*:25-26, Rel. Min. Celso de Mello) — do processo de mandado de segurança, que, instaurado por mero particular, converter-se-ia em um inadmissível sucedâneo da ação direta de inconstitucionalidade. Precedentes" (STF, MS 23.565/DF, Rel. Min. Celso de Mello, *DJU* de 17-11-1999).

140 ◆ Uadi Lammêgo Bulos ◆

b) Controle difuso de normas regimentais: impossibilidade

No estudo do controle de constitucionalidade do processo legislativo, vale demarcar a impossibilidade de se fiscalizar as normas regimentais.

O Supremo Tribunal Federal firmou jurisprudência majoritária no sentido de que as normas dos Regimentos Internos do Congresso Nacional, da Câmara de Deputados e do Senado, incumbidas de regular o processo legislativo, são de livre interpretação do Parlamento.

> **Nesse sentido:** STF, Pleno, ADIn 2.038/BA, Rel. Min. Marco Aurélio, Rel. p/ acórdão Min. Nelson Jobim, decisão de 18-8-1999. Invocando remoto precedente, do qual foi relator, lembrou o Ministro Moreira Alves, no julgamento do Mandado de Segurança n. 22.503-3/DF: "A observância dessas normas regimentais ordinatórias se exaure na esfera do Poder Legislativo, sendo imune à jurisdição desta Corte. Assim como não podemos declarar a inconstitucionalidade de uma lei pela não observância de formalidade estabelecida por norma regimental de qualquer das Casas do Congresso, por não haver hierarquia entre essas normas, também não podemos admitir que previamente, por meio de mandado de segurança, sob a invocação de inexistente direito subjetivo público, se paralise a atuação do Congresso com base na alegação de não aplicação ou má aplicação de norma regimental dessa natureza. Questões dessa natureza se resolvem exclusivamente no âmbito de atuação parlamentar" (STF, Pleno, Rel. p/ acórdão Min. Maurício Corrêa, *DJ*, 1, de 6-6-1997, p. 24872, *Ementário de Jurisprudência* n. 1872-3. Precedentes: STF, MS 20.247/DF, Rel. Min. Moreira Alves; STF, MS 20.471/DF, Rel. Min. Francisco Rezek).

Assim, o Poder Judiciário não poderá controlar a constitucionalidade da exegese que o Poder Legislativo imprimir aos seus próprios preceitos regimentais, os quais são não sindicáveis (STF, *RTJ*, *102*:27, *112*:598, *112*:1023, *169*:181-182).

A um primeiro momento, o posicionamento pretoriano pode causar espanto, porquanto, se até o processo de elaboração das leis deve acompanhar a Constituição, pela lógica a interpretação dos preceptivos regimentais também estaria submetida ao mister fiscalizatório do Poder Judiciário.

Um exame mais acurado do assunto, todavia, revela que a exegese parlamentar das normas regimentais participa do plexo das deliberações *interna corporis* do Legislativo, que encontram amparo no primado da harmonia entre os Poderes (art. 2º).

> **Advertência do STF:** "Separação dos Poderes da República, como princípio básico da nossa ordem constitucional, aconselha que cada Poder exerça suas funções, com autonomia, sem a interferência dos demais. No que concerne ao Poder Judiciário, é certo, a Constituição lhe confere competência para tomar conhecimento de fatos e atos ocorridos no âmbito de outros Poderes, mas isso há de dar-se nos limites que a Constituição autoriza, na salvaguarda do equilíbrio e da própria independência dos Poderes, qual idêntica função moderadora, e na asseguração dos direitos e garantias dos indivíduos e de quem quer que tenha sofrido lesão de direito ou esteja ameaçado de violência, em virtude dos atos impugnados. Fora desse amplo domínio de sua atuação, não compete ao Poder Judiciário conhecer de questões ou controvérsias da intimidade de outros Poderes, cujo campo de atuação a Constituição define, com os respectivos limites. Nem as questões de convivência ou oportunidade, nem as matérias *interna corporis* hão de passar pelo crivo do Judiciário, desde que lesão a direito subjetivo não se configure" (STF, Pleno, MS 22.503-3/DF, Rel. Min. Néri da Silveira, *DJ*, 1, de 6-6-1997, p. 24872, *Ementário de Jurisprudência* n. 1872-3).

Certamente, seria inconstitucional qualquer controle judiciário de assunto inerente à *livre exegese parlamentar*. É sacrossanto o entendimento sufragado pelo Parlamento quanto ao teor de seus dispositivos regimentais. Assuntos *interna corporis* do Legislativo não se submetem ao princípio da reserva de jurisdição. Do contrário, vergar-se-ia a cláusula inscrita no art. 5º, XXXV, da Carta Maior, utilizando-a, indevidamente, como instrumento para fomentar conflito entre Poderes. Se isso ocorresse, a supremacia da Constituição restaria liquidada e o Supremo Tribunal Federal se converteria em mera instância revisora de intermináveis tertúlias políticas, mescladas ao sabor de polêmicas contingenciais. Toda e qualquer divergência entre correntes antagônicas do Parlamento desaguaria no Pretório Excelso.

> **Não convém transformar o Supremo Tribunal Federal numa câmara revisora de toda a elaboração legislativa do Congresso Nacional:** há posicionamento nesse sentido: "Não creio vá a este ponto o judiciarismo da nossa Constituição, ainda que não me proponha a estabelecer, com pretensões de rigor acadêmico (em relação às quais, ando cada vez mais cético), um critério a *priori*, uma base dogmática inequívoca para dimensionar essa contenção do Poder Judiciário. Creio, na verdade (...) que a jurisprudência restritiva da apreciação judiciária dos pormenores do processo legislativo

◆ Cap. 6 ◆ CONTROLE DE CONSTITUCIONALIDADE 141

decorre menos de textos expressos do que de uma experiência internacional de concretização do princípio de independência e da harmonia entre Poderes" (STF, Pleno, MS 22.503-3/DF, voto do Min. Sepúlveda Pertence, *DJ*, 1, de 6-6-1997, p. 24872).

Por isso, a exegese que o Legislativo atribuir às suas normas regimentais está imune à crítica judiciária.

Nesse sentido: "Processo legislativo no Congresso Nacional. *Interna corporis*. Matéria relativa à interpretação, pelo Presidente do Congresso Nacional, de normas de regimento legislativo é imune a crítica judiciária, circunscrevendo-se no domínio *interna corporis*" (STF, *RTJ*, *112*:1023). Também nesse sentido: STF, *RTJ 112*:598, *116*:67, *137*:1053, *114*:537.

Assinale-se, todavia, mais uma vez, que esse posicionamento é majoritário, não unânime.

No julgamento do Mandado de Segurança n. 22.503-3/DF, por exemplo, os Ministros Celso de Mello, Marco Aurélio e Ilmar Galvão defenderam a possibilidade de controle jurisdicional da interpretação atribuída pelo Parlamento às normas regimentais, lastreados nos seguintes raciocínios:

- "O Judiciário, ao efetuar o controle de regularidade do processo de elaboração legislativa, não transgride o postulado da separação de Poderes, pois, longe de interferir na intimidade orgânica da instituição parlamentar, desempenha o relevantíssimo encargo — delegado à magistratura judicial pelo próprio legislador constituinte — de preservar valores jurídicos e princípios fundamentais proclamados pela Lei Fundamental do Estado. A imperiosa necessidade de fazer prevalecer a supremacia da Constituição, a que se acha necessariamente subordinada a vontade de todos os órgãos do Estado que se revelam depositários das funções político-jurídicas definidas pela teoria da separação dos Poderes, e a inafastável obrigação de tornar efetivas as cláusulas regimentais que disponham, em caráter mandatório e vinculante, sobre o modo de elaboração legislativa, legitimam, plenamente, a atuação do Poder Judiciário no processo de formação dos atos normativos, em ordem a permitir, no plano da *judicial review*, a exata aferição do fiel cumprimento, pelo Poder Legislativo, das diretrizes, dos princípios e das regras inscritas, tanto na Lei Fundamental da República quanto no regimento interno, que condiciona — considerada a indisponibilidade de determinadas normas regimentais de caráter procedimental — a própria validade e eficácia das resoluções tomadas pelas Casas legislativas" (Min. Celso de Mello) (STF, Pleno, MS 22.503-3/DF, *DJ*, 1, de 6-6-1997, p. 24872).

- "Os participantes dos trabalhos legislativos, porque representantes do povo, quer de segmentos majoritários, quer de minoritários, têm o direito público subjetivo de ver respeitadas na tramitação de projetos, proposições, as regras normativas em vigor, tenham estas, ou não, estatura constitucional" (Min. Marco Aurélio) (STF, Pleno, MS 22.503-3/DF, *DJ*, 1, de 6-6-1997, p. 24872).

- "A alegação de violência ao exercício de direito subjetivo seu, por inobservância de normas regimentais da Câmara dos Deputados, e tendo em vista, ainda, possuir essa alegação uma conotação clara de ordem constitucional, considero estar diante de razão suficiente para apreciar o mérito do pedido" (Min. Ilmar Galvão) (STF, Pleno, MS 22.503-3/DF, *DJ*, 1, de 6-6-1997, p. 24872).

Não se devem confundir controle de constitucionalidade de atos *interna corporis* do Legislativo com controle de constitucionalidade de normas regimentais inconstitucionais.

Sem dúvida, questões de conveniência ou oportunidade, a exemplo das exegeses de preceitos regimentais pela própria instituição parlamentar, isentam-se do exame judiciário.

Mas se as normas regimentais — e não a exegese legislativa tomada de per si — discreparem da Carta Suprema, lesando direitos subjetivos, ou ameaçando-lhes a existência, por certo que se torna imprescindível a adoção de um sério e rígido controle difuso de constitucionalidade, em nome do mandamento previsto no art. 5º, XXXV, do Texto de 1988.

Nesse caso, o parâmetro de confronto será somente as normas do processo legislativo previstas na Lei Maior, supostamente violadas, em cotejo com os preceitos regimentais inconstitucionais, algo diverso de interpretações parlamentares de regimentos internos.

Assim, durante o trâmite do processo legislativo, a fiscalização difusa poderá ser acionada, via mandado de segurança, se, e somente se, existir um direito em concreto violado ou prestes a sofrer violação. Simples conjecturas, embasadas em juízos subjetivos, de natureza política, não respaldam o cabimento do *writ*, dando azo às chamadas *lides constitucionais eventualmente temerárias*.

> **A esse respeito decidiu o Pretório Excelso:** "Cumpre assinalar que não basta somente arguir a inconstitucionalidade de determinada norma, já positivada ou em fase de elaboração, impondo-se, a quem alega a situação de conflito com o texto da Constituição, demonstrá-la satisfatoriamente, fazendo-o com apoio em fundamentação consistente e juridicamente densa, em ordem a viabilizar o reconhecimento da própria plausibilidade jurídica da pretensão deduzida por aquele que invoca, perante os Tribunais, a ocorrência de antagonismo insuperável de certa regra, contestada em face da Lei Fundamental do Estado. Esse dever de fundamentar a arguição de inconstitucionalidade, quer em sede de controle incidental (como no caso), quer no plano da fiscalização abstrata, onera e incide sobre aquele que faz tal afirmação, assumindo, por isso mesmo, um caráter de indeclinável observância (ADI 561/DF, Rel. Min. Celso de Mello). Tratando-se de ônus processual exclusivamente imputável ao que promove determinada ação, especialmente quando — ajuizada esta perante o Supremo Tribunal Federal — tem ela por objetivo viabilizar a intervenção judicial no desempenho das funções institucionais de qualquer das Casas legislativas (Câmara dos Deputados e Senado Federal), impõe-se, consideradas as gravíssimas consequências que podem projetar-se no plano das atividades congressionais, que o autor cumpra o dever de expor, com suficiente densidade, os fundamentos jurídicos da impugnação pertinente às normas consideradas incompatíveis com o texto da Constituição, não se revelando cabível, nem admissível, deduzir alegações genéricas ou superficiais, sem qualquer demonstração razoável e adequada do suporte legitimador da pretensão de inconstitucionalidade, consoante já advertiu, em julgamento plenário, esta Suprema Corte (*RTJ, 144*:690, Rel. Min. Moreira Alves). Não cabe, desse modo, ao Supremo Tribunal Federal, substituindo-se ao autor, suprir qualquer omissão que se verifique na petição inicial. Isso porque a natureza mesma de qualquer processo instaurado perante esta Corte, notadamente quando dele puder resultar grave repercussão na ordem jurídica interna, impõe maior rigidez no controle dos seus pressupostos formais (*RTJ, 135*:19, Rel. Min. Sepúlveda Pertence; *RTJ, 135*:905, Rel. Min. Celso de Mello). A magnitude dos meios de ativação da jurisdição constitucional do Supremo Tribunal Federal, quer se cuide de fiscalização incidental, quer se trate de controle concentrado, impõe e reclama, até mesmo para que não se degrade em sua importância, uma atenta fiscalização desta Corte, que deve impedir que a instauração de processos possa conduzir à instauração de lides constitucionais eventualmente temerárias" (STF, MS 24.645-MC/DF, Rel. Min. Celso de Mello, *DJU* de 15-9-2003).

Demonstrada a liquidez e certeza do direito, deputados ou senadores poderão ajuizar mandados de segurança para discutir a constitucionalidade dos preceitos regimentais. E, como legítimos possuidores do direito público subjetivo de apenas participarem de processo legislativo constitucional e legal, a decisão concessiva do *writ* poderá isentá-los de apreciar e votar propostas legislativas inconstitucionais.

Portanto, provada a liquidez e certeza do direito, haverá espaço para o controle difuso de normas regimentais, cujo exame não poderá ser abstraído do Poder Judiciário (CF, art. 5º, XXXV).

> **Nesse sentido:** os preceitos regimentais, decidiu o Ministro Francisco Rezek, "são normas que, uma vez observada a Constituição Federal, as casas do Congresso elaboram para reger a liturgia do seu trabalho no cotidiano, mesmo quando em instância grave como aquela da mudança da Constituição. E são normas — as do Regimento — que as casas podem modificar, em condições bem menos estritas do que aquelas que regem a mudança da própria Constituição" (STF, Pleno, MS 22.503-3/DF, *DJ*, 1, de 6-6-1997, p. 24872, *Ementário de Jurisprudência* n. 1872-3).

Plenamente justificável, pois, o controle difuso de normas regimentais inconstitucionais, que não têm o condão de obrigar deputados ou senadores a participar de processo legislativo inconstitucional ou ilegal.

Isso porque os preceitos regimentais derivam de resoluções. No momento em que o Regimento Interno do Congresso, da Câmara ou do Senado conspurcam princípio ou preceito constitucional se está desrespeitando, na verdade, a própria resolução, categoria prevista no art. 59, VII, da Carta Magna. Como lesões ou ameaças a lesões submetem-se ao controle jurisdicional (art. 5º, XXXV), cabe mandado de segurança para questionar a liquidez e a certeza de preceitos regimentais inconstitucionais.

◆ Cap. 6 ◆ CONTROLE DE CONSTITUCIONALIDADE

c) *Controle difuso das propostas de emendas à constituição (PECs)*

As PECs — propostas de emendas à constituição — submetem-se, apenas, ao crivo do controle difuso de constitucionalidade.

> **Posição do STF:** o Supremo Tribunal Federal não aceita o controle concentrado de constitucionalidade de propostas de emenda à constituição (SS-AgRg 327, Rel. Min. Néri da Silveira, *DJU* de 5-6-1992). Precedentes assinalam que a Corte só admite o controle difuso mediante "mandado de segurança impetrado por parlamentar para impedir o trâmite de Proposta de Emenda à Constituição, em caso de ofensa ao Texto Constitucional" (STF, MS 24.643-MC/DF, Rel. Min. Sepúlveda Pertence, j. em 4-9-2003, *DJ* de 10-9-2003, p. 18).

Enquanto *propostas*, em fase de elaboração legiferante, as PECs são atos destituídos de eficácia jurídica. Não apresentam cogência. São meros atos infraconstitucionais em processo de feitura. Consequentemente, não logram o *status* de norma constitucional. Depois de aprovadas, passam ao posto hierárquico de normas constitucionais secundárias, porquanto provenientes do poder constituinte derivado. Fazem parte do ordenamento, gozam de eficácia normativa e tornam-se imperativas (STF, *RTJ*, *136*:25).

Despojadas de normatividade, as propostas de emenda constitucional não podem ser fiscalizadas em abstrato, via controle concentrado.

> **Entendimento do STF:** "Atos normativos *in fieri*, ainda em fase de formação, com tramitação procedimental não concluída, não ensejam, nem dão margem, ao controle concentrado ou em tese de constitucionalidade, que supõe — ressalvadas as situações configuradoras de omissão juridicamente relevante — a existência de espécies normativas definitivas, perfeitas e acabadas. Ao contrário do ato normativo — que existe e que pode dispor de eficácia jurídica imediata, constituindo, por isso mesmo, uma realidade inovadora da ordem positiva —, a mera proposição legislativa nada mais encerra do que simples proposta de direito novo, a ser submetido à apreciação do órgão competente, para que de sua eventual aprovação possa derivar, então, a sua introdução formal no universo jurídico. A jurisprudência do Supremo Tribunal Federal tem refletido claramente essa posição em tema de controle normativo abstrato, exigindo, nos termos do que prescreve o próprio Texto Constitucional — e ressalvada a hipótese de inconstitucionalidade por omissão — que a ação direta tenha, e só possa ter, como objeto juridicamente idôneo, apenas leis e atos normativos, federais e estaduais, já promulgados, editados e publicados" (STF, Pleno, ADIn 466/91/DF, Rel. Min. Celso de Mello, decisão de 9-4-1991, *DJ*, 1, de 10-5-1991, p. 5929).

Portanto, propostas de emendas constitucionais vulneradoras da Carta Política sujeitam-se, somente, ao controle difuso de constitucionalidade.

> **Precedente:** "Mandado de segurança contra ato da Mesa do Congresso que admitiu a deliberação de proposta de emenda constitucional que a impetração alega ser tendente à abolição da República. Cabimento do mandado de segurança em hipóteses em que a vedação constitucional se dirige ao próprio processamento da lei ou da emenda, vedando a sua apresentação (...) ou a sua deliberação (como na espécie). Nesses casos, a inconstitucionalidade diz respeito ao próprio andamento do processo legislativo, e isso porque a Constituição não quer — em face da gravidade dessas deliberações, se consumadas — que sequer se chegue à deliberação, proibindo-a taxativamente. A inconstitucionalidade, se ocorrente, já existe antes de o projeto ou de a proposta se transformar em lei ou em emenda constitucional, porque o próprio processamento já desrespeita, frontalmente, a Constituição" (STF, Rel. p/ acórdão Min. Moreira Alves, *RTJ*, 99:1031-1032. *Aliter*: STF, MS 24.645-MC/DF, Rel. Min. Celso de Mello, *DJU* de 15-9-2003).

Mas há no Supremo entendimento contrário àquele defendido pela maioria dos Ministros da Corte:

"A pretensão posta neste mandado de segurança é excluir do projeto de emenda constitucional da previdência a taxação dos inativos, sob o fundamento de ofensa aos direitos e garantias individuais (CF, art. 60, § 4º, IV). Ocorre que não se adotou, no Brasil, o controle judicial preventivo de constitucionalidade de lei. Não é, assim, em princípio, admissível o exame, por esta Corte, de projetos de lei ou mesmo de propostas de emenda constitucional, para pronunciamento prévio sobre sua validade" (STF, MS 24.576/DF, Rel. Min. Ellen Gracie, j. em 27-6-2003, *DJ* de 1º-8-2003, p. 167).

Recomenda-se que se reavaliem as premissas desse pensamento, cujo equívoco parece-nos patente.

Em primeiro lugar, propostas de emendas podem ser submetidas ao controle concreto, na via de exceção.

Em segundo, fiscalização difusa de PECs não se confunde com "controle judicial preventivo de constitucionalidade de lei".

Certamente, a fiscalização jurisdicional concreta de atos normativos em processo de feitura, ainda quando logre um sentido de "prevenção", existe para expurgar do ordenamento manifestações nitidamente inconstitucionais.

A defesa da Constituição é o *prius* das instituições que se reputam livres. A possibilidade jurídica de deputados ou senadores impetrarem mandados de segurança no Supremo Tribunal Federal, pleiteando o acatamento ao *devido processo legislativo*, funda-se no Direito Público subjetivo de se obter o reconhecimento judicial da subordinação jurídico-hierárquica do poder reformador às suas limitações constitucionais, efetivando-se em sede de controle jurisdicional repressivo.

Não há cogitar, muito menos fazer menção, de fiscalizações preventivas. A faculdade de banir do ordenamento aquelas propostas de emenda vulneradoras da Constituição nada tem que ver com o uso de mecanismos preventivos de controle, mas sim repressivos.

Colima-se, dessa forma, extirpar *transgressões constitucionais*, a exemplo daquelas perpetradas pelo exercício incondicionado do poder constituinte secundário.

Afigura-se-nos, pois, que a possibilidade do controle difuso das PECs é medida idônea para a defesa da Constituição. Dessa forma, assegura-se a supremacia constitucional, pois seria inaceitável deixar desamparados os limites do poder reformador, até mesmo em sede de meras propostas de emendas.

Merece tutela o processo legislativo especial de reforma. Ele é mais dificultoso e demorado que o ordinário. Daí a rigidez do Texto Maior, sendo justificável a fiscalização difusa da constitucionalidade de propostas de emendas constitucionais.

E o Supremo Tribunal Federal *deve* pronunciar-se, no caso concreto, sobre a validade do processo de formação dos degraus normativos, a exemplo das propostas de emendas constitucionais.

Tal incumbência, muito mais do que admissível, é, sobretudo, imprescindível no regime das liberdades públicas, seja para acatar, seja para rejeitar o pedido, afinal a Corte Excelsa é a guardiã da ordem constitucional (CF, art. 102, *caput*).

⌧ 8.1.6. Senado Federal no controle difuso (CF, art. 52, X)

Proclama a Constituição, no art. 52, X, que compete, privativamente, ao Senado "suspender a execução, no todo ou em parte, de lei declarada inconstitucional por decisão definitiva do Supremo Tribunal Federal".

a) Campo de aplicação do art. 52, X, da Constituição brasileira

O art. 52, X, da Carta Magna, só se aplica no âmbito do controle difuso, campo em que o Supremo Tribunal Federal, mediante o exame de recurso extraordinário, poderá declarar a inconstitucionalidade concreta:

- de leis ou atos normativos federais, estaduais, distritais e municipais;
- de leis ou atos normativos formais, elaborados pelo Poder Legislativo (e. g., emendas à Constituição, leis complementares, leis ordinárias, leis delegadas, decretos legislativos, resoluções); e
- de leis ou atos normativos materialmente legislativos (v. g., decretos presidenciais, medidas provisórias, regulamentos autônomos, resoluções, tratados internacionais, regimentos internos de tribunais).

Logo, na via de ação, é desnecessário o Senado suspender a executoriedade da lei inconstitucional, pois a sentença do Pretório Excelso, nessa seara, já atinge a todos automaticamente (STF, *RTJ, 151*:331).

Coisa diferente ocorre no controle difuso. Nele faz-se necessária a participação do Senado, para a declaração de inconstitucionalidade do Supremo alcançar a todos (eficácia *erga omnes*).

E, pela interpretação lógica do art. 178 do Regimento Interno do STF, somente as decisões da Corte, proferidas no caso concreto, na via de exceção, é que se inserem no campo do art. 52, X, da Carta

◆ Cap. 6 ◆ CONTROLE DE CONSTITUCIONALIDADE 145

Maior. Só nessa hipótese deve haver remessa da sentença declaratória da inconstitucionalidade para o Senado.

Razões de **economia** e **celeridade** processuais justificam a eficácia *erga omnes* da decisão pretoriana, secundada pela resolução do Senado Federal.

Veja-se que o inciso X do art. 52 restringe-se ao controle difuso, não se aplicando no bojo do controle concentrado, como já sentenciou a Corte Excelsa:

"Entre nós, como se adota o sistema misto de controle judiciário de inconstitucionalidade, se esta for declarada, no caso concreto, pelo Supremo Tribunal Federal, sua eficácia se limita às partes da lide, podendo o Senado Federal apenas suspender a execução, no todo ou em parte, da lei declarada inconstitucional por decisão definitiva do Supremo Tribunal Federal (art. 52, X). Já, em se tratando de declaração de inconstitucionalidade de lei ou ato normativo por meio de ação direta de inconstitucionalidade, a eficácia dessa decisão é *erga omnes* e ocorre, refletindo-se sobre o passado, com o trânsito em julgado do aresto desta Corte" (STF, Rel. Min. Moreira Alves, *RTJ*, 151:331-355).

A participação da Câmara Alta, portanto, acontece apenas quando o Supremo, pela maioria absoluta de seus integrantes, declara, na via de exceção, a inconstitucionalidade das leis ou atos normativos.

Daí o Ministro Thompson Flores, em 18 de junho de 1977, quando presidia a Corte Excelsa, ter encampado essa tese, determinando que as comunicações do Senado se limitassem às sentenças de inconstitucionalidade, proferidas no controle difuso (*incidenter tantum*) (*RIL, 57*:260, 1978).

Esse entendimento, que, diga-se, prevalece ainda hoje, é velho na casuística do Supremo. O Ministro Victor Nunes Leal, por exemplo, já o enunciava, e o Ministro Aliomar Baleeiro esmiuçou-o vivamente, na sessão de 25 de maio de 1966, ao salientar o caráter discricionário da competência senatorial (STF, MS 7.248/SP, Rel. Min. Victor Nunes Leal; Aliomar Baleeiro, *O Supremo Tribunal Federal, esse outro desconhecido*, p. 96-98).

b) Suspensão da executoriedade do ato inconstitucional

O objetivo do art. 52, X, da Carta de Outubro é, apenas, tornar pública a decisão do Supremo Tribunal Federal, divulgando-a para a sociedade brasileira, do mesmo modo que está previsto nas Constituições da Áustria (art. 140, 5) e da Alemanha (art. 31, 2).

Por isso, quando o Supremo emite decisão definitiva e irrecorrível, que faz coisa julgada no caso concreto entre as partes, declarando incidentalmente a inconstitucionalidade, ele oficia ao Senado para suspender a execução da lei contrária à Constituição.

Daí o Regimento Interno do Senado Federal dispor, no seu art. 386, que o Senado conhecerá da declaração de inconstitucionalidade, total ou parcial, de uma lei, mediante:

- comunicação do Presidente do Supremo Tribunal Federal;
- representação do Procurador-Geral da República; e
- projeto de resolução de iniciativa da Comissão de Constituição, Justiça e Cidadania.

Depois do preenchimento desses três requisitos, junta-se o parecer do Procurador-Geral da República, o texto da lei impugnada e a cópia da decisão do Supremo, devidamente acompanhada do seu registro taquigráfico, e a matéria é lida no Plenário do Senado. Em seguida, é encaminhada à Comissão de Constituição, Justiça e Cidadania, que fará o texto do projeto de resolução suspendendo, no todo ou em parte, a lei declarada inconstitucional.

A resolução do Senado, portanto, suspendendo a executoriedade do ato inconstitucional, acontece apenas quando o Supremo, pela maioria absoluta de seus integrantes, declara, na via de exceção, a inconstitucionalidade das leis ou atos normativos.

Na prática, o papel do Senado, na "suspensão da executoriedade" do ato inconstitucional, é meramente figurativo, destinando-se a dar publicidade à decisão do Supremo, ainda quando alguns tentem invocar a teoria da nulidade das leis inconstitucionais para defender o contrário.

O próprio Supremo Tribunal Federal, em algumas circunstâncias, tem ampliado os efeitos de suas sentenças, proferidas em sede de controle difuso, dispensando-se, assim, a chancela senatorial.

Por outro lado, existem situações que eliminam, por completo, a necessidade de o Senado tornar pública a decisão do Supremo, a exemplo das seguintes:

- sentenças declaratórias de inconstitucionalidade, proferidas em sede de ações coletivas, a exemplo de ações civis públicas e mandados de segurança coletivo, na prática, alcançam a todos, ainda quando, teoricamente, busquem, apenas, efeitos entre as partes. Ora bem, não há como justificar a necessidade de comunicação ao Senado diante de decisões com eficácia *erga omnes*, visto que a Câmara Alta apenas participa dos processos de controle difuso de normas; e
- súmulas vinculantes conferem eficácia geral e vinculante às decisões do Supremo, independentemente de uma lei ser declarada inconstitucional. Quer dizer, antes mesmo de um ato ser expurgado do ordenamento mediante controle difuso, ele pode deixar de ser aplicado pela Administração, atingindo a todos. Evidente que essa eficácia *erga omnes* dispensa a mínima participação do Senado.

c) Abrangência da resolução senatorial: a terminologia "no todo ou em parte"

O art. 52, X, da Constituição diz que compete ao Senado suspender, "no todo ou em parte", a lei declarada inconstitucional por decisão definitiva do Supremo.

Significa dizer que a resolução senatorial deve, obrigatoriamente, acompanhar os estritos termos da sentença declaratória de inconstitucionalidade lavrada pelo Supremo, sob pena de ofensa à separação de Poderes (CF, art. 2º).

Se o Supremo, por exemplo, declarar que só parte da lei é inconstitucional, o Senado deverá seguir essa determinação. Não poderá ampliar os efeitos, suspendendo a execução de toda a lei.

Logo, a atribuição senatorial é balizada pelo veredito do Pretório Excelso. Somente com o acórdão do Supremo, declarando, em concreto, a inconstitucionalidade normativa, é que o art. 52, X, da Carta de 1988 poderá ser aplicado.

Desde a ordem constitucional pregressa que a Corte Excelsa assim se posicionou (STF, 1ª T., RE 95.751/MG, Rel. Min. Aldir Passarinho, *DJ*, 1, de 13-4-1984, p. 5631; STF, Pleno, Repr. 933/MG, Rel. Min. Thompson Flores, *DJ*, 1, de 26-12-1976).

A resolução senatorial deve basear-se na extensão da sentença da Corte Suprema. Do contrário, haveria invasão de atribuições, comprometendo a divisão funcional do Poder (CF, art. 2º).

Mas essa opinião não é pacífica.

No próprio Senado Federal há entendimento de que a tarefa constitucional de ampliar esses efeitos lhe pertence, pois consigna uma extensão da sua atividade legiferante (Senado Federal, Pareceres n. 154/71, 261/71, *RIL*, 48:265).

Na doutrina, Clèmerson Merlin Clève, comparando o art. 52, X, com o art. 66, § 1º, da Constituição, que, a seu ver, consagram atribuições assemelhadas, sustentou: "não está o Senado impedido de suspender a execução de parte, apenas, de uma lei declarada, por inteiro, inconstitucional pelo Supremo Tribunal Federal" (*A fiscalização abstrata da constitucionalidade no direito brasileiro*, p. 121).

De nossa parte, acreditamos que a abrangência da resolução senatorial assim deve ser entendida:

- **declaração TOTAL da inconstitucionalidade normativa** — se o Supremo declarar, por decisão definitiva, que toda a lei é inconstitucional, o Senado deverá seguir esse veredito em sua resolução. Não poderá restringir os efeitos suspendendo a executoriedade de, apenas, parte da lei; e
- **declaração PARCIAL da inconstitucionalidade normativa** — se o Supremo declarar, por decisão definitiva, que só parte da lei é inconstitucional, o Senado deverá seguir esse veredito em sua resolução. Não poderá ampliar os efeitos suspendendo a executoriedade de toda a lei.

d) Impossibilidade de o Senado alterar a resolução por ele editada

Se o Senado, no âmbito de seu juízo discricionário, editar resolução suspendendo no todo ou em parte a executoriedade de uma lei ou decreto, tidos pelo Supremo como inconstitucionais, a sua competência se esgota nesse ato. Não poderá, depois, voltar atrás, alterando a resolução que havia editado anteriormente (STF, *RTJ*, 38:5).

e) Efeitos da resolução senatorial

E os efeitos da resolução do Senado que suspendem a executoriedade da lei declarada inconstitucional podem ser estendidos, ou ampliados, via controle difuso, pelo Supremo Tribunal Federal?

A esse respeito formaram-se duas correntes:

◆ Cap. 6 ◆ CONTROLE DE CONSTITUCIONALIDADE   147

- **a resolução senatorial NÃO RETROAGE** — a resolução senatorial só começa a vigorar a partir do dia em que é promulgada. Portanto, não retroage desconstituindo relações jurídicas já firmadas. Apresenta, pois, eficácia futura (*ex nunc*). Resultado: todos os comportamentos praticados sob a égide do ato inconstitucional ficam preservados; e
- **a resolução senatorial RETROAGE** — desconstitui todas as relações jurídicas formadas sob a égide do ato declarado inconstitucional pelo Supremo. Apresenta, assim, eficácia retroativa, cujos efeitos voltam-se para o passado (*ex tunc*). Consequência: todas as ações firmadas sob o império do ato inconstitucional tornam-se inválidas, porque a resolução do Senado volta no tempo e apanha o preceito contrário à constituição desde o seu nascimento. O Supremo Tribunal Federal tem seguido esta diretriz muito antes do advento da Carta de 1988: a "suspensão da lei por inconstitucionalidade torna sem efeito todos os atos praticados sob o império da lei inconstitucional" (STF, RMS 17.976, Rel. Min. Amaral Santos, *RDA*, *105*:111). Também compartilhou desse entendimento o Senado Federal: "A suspensão por declaração de inconstitucionalidade vale por fulminar, desde o instante do nascimento, a lei ou decreto inconstitucional, o que importa manifestar que essa lei ou decreto não existiu, não produziu efeitos válidos" (Senador Accioly Filho, Declaração de inconstitucionalidade de lei ou decreto. Suspensão de execução do ato inconstitucional pelo Senado Federal. Extensão da competência. Efeitos. Parecer n. 154, de 1971, *RIL*, *12* (48): 265-270).

f)   O Senado não está obrigado a suspender o ato inconstitucional

Na doutrina, muito se discute quanto à natureza da atribuição que o art. 52, X, da Carta de 1988, conferiu ao Senado da República.

> **Sobre a controvérsia:** Paulo Napoleão Nogueira da Silva, *A evolução do controle da constitucionalidade e a competência do Senado Federal*, p. 84-85; Ana Valderez Ayres de Alencar, A competência do Senado Federal para suspender a execução dos atos declarados inconstitucionais, *RIL*, 57:234.

Para uns, ela é discricionária, para outros, é juridicamente vinculada, exercida, pois, em caráter compulsório.

Os adeptos da concepção vinculada, por assim chamá-la, invocam, inclusive, o art. 1º, § 2º, do Decreto n. 2.346/97, que estipula eficácia retroativa para a resolução senatorial no que tange à Administração Pública Federal direta e indireta.

Entendemos que o Senado não está obrigado a editar resolução suspensiva da inconstitucionalidade, porque sua atribuição é discricionária, de iniludível colorido político.

Posicionam-se assim o próprio Supremo e, também, o Senado (STF, MI 460-9/RJ, Rel. Min. Celso de Mello, *DJ* de 16-6-1994, p. 15509; Senado Federal, Pareceres n. 154/71, 261/71, 282/71, *RIL*, *48*:265).

Registre-se, contudo, que o Senado Federal chegou a não conferir eficácia *erga omnes* à decisão do STF proferida no RE 150.764-1/PE, que havia declarado a inconstitucionalidade de artigos da Lei que estatuía a contribuição para o Finsocial. O Senador Amir Lando, ao relatar a matéria, discordou da sentença do Supremo: "É incontestável, pois, que a suspensão da eficácia desses artigos de lei pelo Senado Federal, operando *erga omnes*, trará profunda repercussão na vida econômica do país, notadamente em momento de acentuada crise do Tesouro Nacional e de conjugação de esforços no sentido de recuperação da economia nacional. Ademais, a decisão declaratória de inconstitucionalidade do STF, no presente caso, embora configurada em maioria absoluta nos precisos termos do art. 97 da Lei Maior, ocorreu pelo voto de seis de seus membros contra cinco, demonstrando, com isso, que o entendimento sobre a questão não é pacífico".

É importante observar, ainda, que não existe prazo constitucional, legal ou muito menos regimental, para o Senado, após receber a comunicação do Supremo informando-lhe que o ato normativo foi declarado inconstitucional, exercer a sua tarefa.

> **Momento de o Senado exercer sua competência:** "Tudo está a indicar que o Senado é o juiz exclusivo do momento em que convém exercer a competência, a ele e só a ele atribuída, de suspender a lei ou decreto declarado inconstitucional por decisão definitiva do Supremo Tribunal Federal. No exercício dessa competência cabe-lhe proceder com equilíbrio e isenção, sobretudo com prudência,

148 ◆ Uadi Lammêgo Bulos ◆

como convém à tarefa delicada e relevante, assim para os indivíduos, como para a ordem jurídica" (Paulo Brossard, O Senado e as leis inconstitucionais, *RIL*, *50*:55).

Por isso, advertiu Lúcio Bittencourt: "Se o Senado não agir, nem por isso ficará afetada a eficácia de sua decisão, a qual continuará a produzir todos os seus efeitos regulares que, de fato, independem de qualquer dos poderes" (*O controle jurisdicional de constitucionalidade das leis*, p. 145).

g) O art. 52, X, da Carta Magna sofreu mutação constitucional?

O Min. Gilmar Mendes, em artigo doutrinário, defendeu que o art. 52, X, sofreu mutação constitucional. Argumentou que, com o advento da Carta de 1988, houve uma completa reformulação do sistema jurídico e, por conseguinte, uma nova compreensão do referido preceito constitucional (O papel do Senado Federal no controle de constitucionalidade: um caso clássico de mutação constitucional, *RIL*, *162*:165).

Na jurisprudência do Supremo, a matéria foi discutida no bojo da **Reclamação 4.335-5/AC**, relatada pelo mencionado Min. Gilmar Mendes.

Nesta Reclamação, houve um pedido de vista do Min. Eros Grau, cujo voto acompanhou a tese defendida pelo Relator, Min. Gilmar Mendes, no sentido de que o art. 52, X, do Texto da República, sujeitou-se a uma "autêntica" mutação constitucional.

Vejamos as passagens mais importantes do voto vista do Min. Eros Grau, cujos grifos são nossos:

- "cumpre ponderarmos o que propõe, em seu voto, o eminente Relator, Ministro Gilmar Mendes. S. Exa. extrai o seguinte sentido do texto do inciso X do artigo 52 da Constituição, no quadro de uma *autêntica mutação constitucional*: ao Senado Federal está atribuída competência privativa para dar publicidade à suspensão da execução de lei declarada inconstitucional, no todo ou em parte, por decisão definitiva do Supremo Tribunal Federal. A própria decisão do Supremo conteria força normativa bastante para suspender a execução da lei declarada inconstitucional. Note-se bem que S. Exa. não se limita a interpretar um texto, a partir dele produzindo a norma que lhe corresponde, porém *avança até o ponto de propor a substituição de um texto normativo por outro*. Por isso aqui mencionamos a mutação da Constituição" (STF, Pleno, Recl. 4335-5/AC, Rel. Min. Gilmar Mendes, voto vista, proferido em 19-4-2007);

- "A mutação constitucional é transformação de sentido do enunciado da Constituição sem que o próprio texto seja alterado em sua redação, vale dizer, na sua dimensão constitucional textual. Quando ela se dá, o intérprete extrai do texto norma diversa daquelas que nele se encontravam originariamente involucradas, em estado de potência. Há, então, *mais do que interpretação*, esta concebida como processo que opera a transformação de texto em norma. Na mutação constitucional caminhamos não de um texto a uma norma, porém de *um texto a outro texto, que substitui o primeiro*. Daí que a mutação constitucional não se dá simplesmente pelo fato de um intérprete extrair de um mesmo texto norma diversa da produzida por um outro intérprete. Isso se verifica diuturnamente, a cada instante, em razão de ser, a interpretação, uma prudência. Na mutação constitucional há mais. Nela não apenas a norma é outra, mas *o próprio enunciado normativo é alterado*. O exemplo que no caso se colhe é extremamente rico. Aqui passamos em verdade de um texto 'compete privativamente ao Senado Federal suspender a execução, no todo ou em parte, de lei declarada inconstitucional por decisão definitiva do Supremo Tribunal Federal' a outro texto *'compete privativamente ao Senado Federal dar publicidade à suspensão da execução, operada pelo Supremo Tribunal Federal, de lei declarada inconstitucional, no todo ou em parte, por decisão definitiva do Supremo'*" (STF, Pleno, Recl. 4.335-5/AC, Rel. Min. Gilmar Mendes, voto vista, proferido em 19-4-2007);

- "Eis precisamente o que o eminente relator pretende tenha ocorrido, uma mutação constitucional. Pouco importa a circunstância de resultar estranha e peculiar, no novo texto, a competência conferida ao Senado Federal — competência privativa para cumprir um dever, o dever de publicação [= dever de dar publicidade] da decisão, do Supremo Tribunal Federal, de suspensão da execução da lei por ele declarada inconstitucional. Essa peculiaridade manifesta-se em razão da circunstância de cogitar-se, no caso, de uma situação de mutação constitucional. O eminente Relator não está singelamente conferindo determinada interpretação ao texto do inciso X do artigo 52 da Constituição. Não extrai uma norma diretamente desse texto, norma essa cuja correção possa ser sindicada

◆ Cap. 6 ◆ **CONTROLE DE CONSTITUCIONALIDADE** **149**

segundo parâmetros que linhas acima apontei. Aqui nem mesmo poderemos indagar da eventual subversão, ou não subversão, do texto. *O que o eminente Relator afirma é mutação, não apenas uma certa interpretação do texto do inciso X do artigo 52 da Constituição*" (STF, Pleno, Recl. 4.335-5/AC, Rel. Min. Gilmar Mendes, voto vista, proferido em 19-4-2007);

* "O sentido atribuído pelo eminente Relator ao inciso X do artigo 52 da Constituição não é inusitado. Há alguns anos foi afirmado por Lúcio Bittencourt. De resto, inúmeras circunstâncias esmiuçadas no voto do Relator — circunstâncias que não me parece necessário aqui reproduzir ou reiterar — *indicam a efetividade da mutação*" (STF, Pleno, Recl. 4.335-5/AC, Rel. Min. Gilmar Mendes, voto vista, proferido em 19-4-2007);

* "Obsoleto o texto que afirma ser da competência privativa do Senado Federal a suspensão da execução, no todo ou em parte, de lei declarada inconstitucional por decisão definitiva do Supremo Tribunal Federal, nele se há de ler, por força da mutação constitucional, que compete ao Senado Federal dar publicidade à suspensão da execução, operada pelo Supremo Tribunal Federal, de lei declarada inconstitucional, no todo ou em parte, por decisão definitiva do Supremo. Indague-se, a esta altura, se *esse texto, resultante da mutação*, mantém-se adequado à tradição [= à coerência] do contexto, reproduzindo-a, de modo a ele se amoldar com exatidão. A resposta é afirmativa. Ademais não se vê, quando ligado e confrontado aos demais textos no todo que a Constituição é, oposição nenhuma entre ele e qualquer de seus princípios; o novo texto é plenamente adequado ao espaço semântico constitucional. Ainda uma outra indagação será neste passo proposta: poderia o Poder Legislativo, no que tange à decisão a que respeita a Reclamação n. 4.335, legislar para conferir à Constituição interpretação diversa da definida pelo Supremo Tribunal Federal no julgamento do HC n. 82.959, quando considerou inconstitucional o artigo 2º, § 1º, da Lei n. 8.072/90 [a chamada Lei dos crimes hediondos]? Entendo que não" (STF, Pleno, Recl. 4.335-5/AC, Rel. Min. Gilmar Mendes, voto vista, proferido em 19-4-2007); e

* "Quem não se recusar a compreender perceberá que o texto do inciso X do artigo 52 da Constituição é — *valho-me da dicção de Hsü Dau-Lin* — obsoleto. Sucede que estamos aqui não para caminhar seguindo os passos da doutrina, mas para produzir o direito e reproduzir o ordenamento. *Ela nos acompanhará, a doutrina*. Prontamente ou com alguma relutância. Mas *sempre nos acompanhará*, se nos mantivermos fiéis ao compromisso de que se nutre a nossa legitimidade, o compromisso de guardarmos a Constituição. *O discurso da doutrina [= discurso sobre o direito] é caudatário do nosso discurso, o discurso do direito. Ele nos seguirá; não o inverso*" (STF, Pleno, Recl. 4.335-5/AC, Rel. Min. Gilmar Mendes, voto vista, proferido em 19-4-2007).

Todas essas afirmações do Min. Eros Grau representam um convite à nossa meditação, pois, desde 1995, temos pesquisado o assunto.

> **Monografia:** em 1997, a Saraiva publicou nossa dissertação de Mestrado, intitulada *Mutação constitucional*, 215 p. Remetemos o leitor para o Capítulo 7 deste *Curso*, onde abordamos o tema em seus aspectos gerais.

Em todos esses anos, concluímos que a mutação constitucional é um **fenômeno**.

Fenômeno, do grego *phainómenon*, do latim *phaenomenon*, é o substantivo masculino que significa fato, aspecto ou ocorrência passível de observação. Nos dicionários, a palavra vem associada à ideia de fato de interesse científico, suscetível de descrição ou explicação; fato de natureza moral ou social.

A particularidade da *mutação constitucional*, que é um **um fato passível de observação**, é a *informalidade*. Ou seja, equivale a um processo informal de mudança das constituições.

Só que esse fenômeno, presente na vida constitucional dos Estados, não é algo programável, premeditado, preconcebido, sob pena de se descaracterizar.

A espontaneidade e a imprevisibilidade de quando irá ocorrer são algumas de suas particularidades.

Por isso, a mutação constitucional, enquanto processo informal de mudança das constituições, não é algo provocado pela ação humana, pois, como veremos no Capítulo 7, ela deriva do poder constituinte difuso, que existe em estado de latência na ordem jurídica.

Membros do Poder Judiciário que desejem, *sponte propria*, "realizar" mutações constitucionais estarão, sem sobra de dúvida, desconfigurando o fenômeno em suas linhas capitais.

Não basta, por exemplo, os titulares da jurisdição constitucional afirmarem que um dado preceito sofreu "autêntica" mutação, para, desse modo, todos acreditarem nisto, sem reflexão mais demorada, só porque foi um juiz da Corte Suprema que disse. Evidente que as decisões judiciais são vinculantes. Nelas, existe o *monopólio da última palavra*, aliado ao dever sacrossanto de os seus destinatários as obedecerem. Entretanto, nem a mesma a obrigação de observância aos veredictos judiciais é capaz de corromper o fenômeno das mutações constitucionais, que brotam do fluir da vida — algo muito maior e mais forte do que podemos imaginar.

Os juízes podem proferir decisões paradigmáticas, alegando a tese da mutação constitucional. Mas, se o fenômeno inexistir, de nada adianta o magistrado dizer o contrário.

Expliquemos: qualquer mutação planejada, arquitetada, programada, não é mutação. O fenômeno só pode ser percebido de modo natural e espontâneo, quando comparamos o entendimento atribuído às cláusulas constitucionais em momentos afastados no tempo.

Pois bem. Para o Min. Eros Grau, "na mutação constitucional não apenas a norma é nova, mas *o próprio texto normativo é substituído por outro*" (STF, Pleno, Recl. 4.335-5/AC, Rel. Min. Gilmar Mendes, voto vista, proferido em 19-4-2007).

Isto, seguramente, não é, nunca foi e jamais será aquilo que se convencionou chamar de mutação constitucional — fenômeno pelo qual as normas constitucionais mudam sem alterar uma vírgula, sequer, do texto originário da constituição, **que não é substituído por outro**.

Na realidade, a linha de raciocínio proposta pelo Min. Gilmar Mendes, inteligentemente defendida pelo Min. Eros Grau na Recl. 4.335-5/AC, culmina num exercício de legiferação positiva, inadmitida pelo próprio Supremo Tribunal Federal.

Ora, o fenômeno da mutação constitucional é algo que em nada se compara ao trabalho desenvolvido pelos legisladores positivos, juízes legisladores ou ativistas judiciais, ainda quando estes a invoquem para defenderem determinados pontos de vista e fundamentarem, inclusive na melhor das intenções, os seus veredictos.

O que vemos na Recl. 4.335-5/AC é algo muito comum na vida constitucional dos Estados: a existência de outro instigante fenômeno, a ser analisado no Capítulo 7 desta obra, que se chama **manipulação inconstitucional**.

Sem embargo, nem sempre o fenômeno da mutação constitucional pode servir de apanágio para a solução de todos os hiatos constitucionais, de todas as deficiências da ordem jurídica, de todos os descompassos entre as normas da constituição e o dinamismo da realidade social, de todas as excrecências que geram repugnância ao espírito humano.

Há momentos em que os *meios difusos de alteração constitucional* desservem de argumento para que se concretize aquela **jurisprudência corretiva**, desenvolvida por juízes éticos, criadores do Direito e atualizadores da obra constituinte originária, a que se referiu Oskar von Büllow (*Gesetz und Richteramt*, 1885).

Invocar a tese das mutações constitucionais não é certeza de que teremos êxito na tarefa de atualizar dispositivos constitucionais superados, a exemplo do art. 52, X, da Carta de Outubro. O envelhecimento natural dessa norma é inegável. Se, um dia, pretenderem eliminá-la da ordem jurídica brasileira somente poderão fazê-lo pelo exercício do poder reformador (emenda à constituição), e não pela manifestação do poder constituinte difuso (mutação constitucional).

Interessante lembrar que até hoje não se sabe a data exata em que os publicistas constataram, pela primeira vez, o fenômeno da mutação constitucional. Parece ter sido a doutrina alemã quem detectou a sua ocorrência, no fim do século XIX e início do século XX, quadra histórica onde se destacaram os escritos de Paul Laband (*Wandlungen der deutschen Reichsverfassung*, 1895) e Georg Jellinek (*Verfassungsänderung und Verfassungswandlung*, 1906). Mais tarde, um discípulo de Rudolf Smend — o chinês Hsü-Dau-Lin — analisou a matéria (*Die Verfassungswandlung*, 1932).

Sobre Rudolf Smend: lançou as base do Direito Constitucional Alemão pós-Segunda Grande Guerra Mundial. Também foi um dos primeiros a ressaltar a importância dos princípios na hermenêutica constitucional.

◆ Cap. 6 ◆ CONTROLE DE CONSTITUCIONALIDADE

151

Com efeito, não é em toda e qualquer situação que esses trabalhos pioneiros sobre o assunto, produzidos em contextos específicos e particularizados, podem servir de base para se sustentar a ocorrência das mutações constitucionais no ordenamento brasileiro, contemporâneo à Constituição de 1988.

Em seu voto vista, o Min. Eros Grau cita esses autores, procurando contextualizá-los no bojo de sua sofisticada e bem urdida argumentação de cunho hermenêutico. Não se perguntou, todavia, se a realidade brasileira de nosso tempo se irmana com a díade positivismo/sociologismo, que impregnou a concepção empírica de mutação constitucional, formulada no fim do século XIX e início do século XX.

> **Advertência:** "até mesmo a sofisticada argumentação de cunho hermenêutico do Ministro Eros Grau perde terreno, mesmo que ele pretenda vê-la ancorada na dicotomia 'texto e norma', assim como na repercussão dessa tese na decisão de 'mutação constitucional'. Ao que se depreende das assertivas do Min. Eros Grau, 'tudo vira norma' e com pretensões universalizantes" (Lênio Luiz Streck, Marcelo Andrade Cattoni de Oliveira e Martonio Mont'Alverne Barreto Lima, A nova perspectiva do Supremo Tribunal Federal sobre o controle difuso: mutação constitucional e limites da legitimidade da jurisdição constitucional, *Jus Navigandi*, p. 2).

Quando apareceram os primeiros estudos sobre o tema, os autores o vislumbraram como um fenômeno descritivo dos processos político-sociais. Conceberam a mutação constitucional como uma saída para a crise do Estado alemão de 1870. Daí a proposta dos primeiros autores, a exemplo de Hsü--Dau-Lin, mencionado no voto do Min. Eros Grau, em classificar o fenômeno do modo como ele se apresentava naquele tempo.

Contudo, é importante salientar que nenhum desses autores estimulou a prática de atos de legiferação positiva. A concepção decisionista de jurisdição é que se valeu da tese da mutação constitucional, não sendo a recíproca verdadeira.

Significa dizer que a ideia de as cortes constitucionais operarem como poderes constituintes permanentes nada tem que ver com a proposta da mutação constitucional, embora muitos juízes, de todo o mundo, vejam o fenômeno como saída para se propugnar a tese, aberta ou velada, de que o Poder Judiciário pode mudar a constituição como quiser, "inventando" o direito, naquilo que as pautas legislativas de comportamento forem omissas.

Na realidade, o que aconteceu com o art. 52, X, da Constituição de 1988 foi a sua inadequabilidade em face das transformações do fato social cambiante, acarretando-lhe *desuso*, e não mutação constitucional.

Desuso é a não aplicação ou desobediência a uma norma, sem que haja criação de outra que se lhe oponha, em virtude de sua *inadequabilidade* social. Mas nem todo *desuso* acarreta mutação constitucional. Há casos em que o *desuso* modifica, informalmente, as normas constitucionais, sem, contudo, alterar--lhes uma vírgula sequer. A recíproca também é verdadeira, pois pode haver *desuso* sem mutação constitucional.

O art. 52, X, do Texto de 1988, por exemplo, não sofreu qualquer mutação constitucional, embora esteja passando por um lento e gradual processo de *desuso*, haja vista a sua *inadequabilidade* social, algo que, a nosso sentir, não constitui uma verdadeira reforma da Constituição sem expressa mudança do texto. Tal *inadequabilidade*, e não uma autêntica mutação constitucional, pode ser aferida pelos seguintes motivos:

- o tema remonta à Carta de 1934, época em que o princípio da separação de Poderes não tinha o perfil de agora. Em nossos dias, a competência privativa do Senado, inscrita no art. 52, X, não pode ser analisada à luz do pensamento predominante na década de 30, época em que inexistiam as particularidades e exigências *constitucionais* de hoje;
- a Constituição de 1988 reduziu, significativamente, a importância do controle difuso. Para tanto, ampliou o acervo dos mecanismos de controle abstrato de normas e o elenco de legitimados para propor ações diretas de inconstitucionalidade. Assim, quase todas as controvérsias constitucionais ficaram sob os cuidados do Supremo Tribunal Federal, é dizer, da técnica abstrata de defesa da Constituição;
- na prática, o papel do Senado, na "suspensão da executoriedade" do ato inconstitucional, é meramente figurativo, pois, como vimos, destina-se, apenas, a dar publicidade à decisão do Supremo; e

152 ◆ Uadi Lammêgo Bulos ◆

- o próprio Supremo Tribunal Federal, em alguns casos, vem considerando legítima a ampliação dos efeitos de suas decisões, até mesmo em sede de controle difuso, por meio da *teoria da transcendência dos motivos determinantes da sentença (ratio decidendi)*, que estudaremos a seguir. Em todos esses casos, não foi preciso o Senado comunicar à socie- dade brasileira que a Corte Excelsa, ao declarar a inconstitucionalidade de leis municipais, conferiu efeito vinculante não só à parte dispositiva do seu veredito, mas também aos próprios motivos que determinaram inúmeras decretações de inconstitucionalidade, praticadas com base no art. 932, incisos IV e V, do Código de Processo Civil de 2015. Desse modo, tornou-se dispensável a chancela senatorial para que os fundamentos determinantes da decisão pretoriana apresentassem efeito vinculante.

Todas essas constatações, todavia, não nos permitem antever a existência de qualquer mudança informal no sentido, significado e alcance do art. 52, X, da Carta de Outubro, nada obstante o seu indisfarçável descompasso social.

Decerto, o mandamento cristalizado no art. 52, X, encontra-se totalmente superado e já passou da hora de ser excluído da normativa constitucional brasileira.

O Supremo Tribunal Federal é o oráculo do Texto Maior (art. 102, *caput*). Seus veredictos, independentemente de quaisquer chancelas, devem lograr eficácia contra todos e efeito vinculante, tanto na via concentrada como na de defesa, algo que nada tem que ver com mutação constitucional.

- **Reclamação 4.335/AC:** nem todos os Ministros do Supremo Tribunal Federal admitem que o art. 52, X, da Carta Magna, sofreu mutação constitucional. Em sede de voto-vista, por exemplo, o Min. Ricardo Lewandowski não vislumbrou, na matéria discutida na Reclamação 4.335/AC, qualquer mudança informal do referido inciso X (STF, Rcl 4.335/AC, Rel. Min. Gilmar Mendes, 16-5-2013).

✧ 8.2. Controle concentrado da constitucionalidade

O controle concentrado, inaugurado no Brasil pela Emenda Constitucional n. 16, de 6 de dezembro de 1965, permite que apenas o órgão de cúpula do Poder Judiciário aprecie a inconstitucionalidade das leis ou atos normativos.

No Brasil, o controle concentrado — também chamado de objetivo, reservado, fechado, em tese, principal, abstrato ou centralizado — atrela-se à *via de ação*.

Pela via de ação, somente o Supremo Tribunal Federal fiscaliza a constitucionalidade das leis e atos normativos, podendo ser provocado pelos mecanismos abstratos de defesa da Constituição (*v.* Cap. 7).

Conforme vimos, foi Hans Kelsen, precursor do sistema austríaco de fiscalização da constitucionalidade, quem criou o controle concentrado.

Prestigia-se, nele, a jurisdição abstrata, estabelecendo a *via de ação direta* para as Cortes Supremas realizarem o ideário da justiça constitucional.

Magistrados e tribunais não o exercitam, pois ele é exclusivo do órgão de cúpula do Poder Judiciário, que, em nosso país, é o Supremo Tribunal Federal — guardião da Carta Magna (art. 102, *caput*) (STF, Pleno, ADIn 652-5-QO/MA, Rel. Min. Celso de Mello, j. em 2-4-1992, v. u., *DJ* de 2-4-1993, *Ementário de Jurisprudência* n. 1698-3).

O controle concentrado apresenta as características do chamado *processo objetivo*.

Processo objetivo é aquele que segue regras próprias, não sendo regido pelas mesmas diretrizes do processo ordinário, comum ou subjetivo.

Resultado: na via de ação, o controle concentrado de constitucionalidade não segue os mesmos princípios do processo comum, aplicáveis num conflito entre as partes.

O caráter abstrato do processo objetivo afasta a aplicação plena e irrestrita das normas processuais comuns, previstas no Código de Processo Civil, usadas para resolver conflitos entre as partes.

No processo objetivo, a preocupação maior é a defesa da regularidade da ordem constitucional.

Aquelas situações concretas, peculiares ao controle difuso, não se submetem ao seu crivo.

◆ Cap. 6 ◆ CONTROLE DE CONSTITUCIONALIDADE

153

É possível, contudo, invocar o uso de certas categorias inerentes ao processo comum no âmbito do controle concentrado. Nada impede, por exemplo, falar em elementos, requisitos ou condições da ação.

O imprescindível é não desvirtuar as linhas-mestras do processo objetivo, sempre verificando o atendimento de seus requisitos formais.

> **Esta tem sido a orientação do Supremo Tribunal Federal:** "O controle normativo abstrato constitui processo de natureza objetiva. A importância de qualificar o controle normativo abstrato de constitucionalidade como processo objetivo — vocacionado, exclusivamente, à defesa, em tese, da harmonia do sistema constitucional — encontra apoio na própria jurisprudência do Supremo Tribunal Federal, que, por mais de uma vez, já enfatizou a objetividade desse instrumento de proteção *in abstracto* da ordem constitucional. Precedentes. Admitido o perfil objetivo que tipifica a fiscalização abstrata de constitucionalidade, torna-se essencial concluir que, em regra, não se deve reconhecer, como pauta usual de comportamento hermenêutico, a possibilidade de aplicação sistemática, em caráter supletivo, das normas concernentes aos processos de índole subjetiva, especialmente daquelas regras meramente legais que disciplinam a intervenção de terceiros na relação processual. Precedentes. Não se discutem situações individuais no âmbito do controle abstrato de normas, precisamente em face do caráter objetivo de que se reveste o processo de fiscalização concentrada de constitucionalidade. O círculo de sujeitos processuais legitimados a intervir na ação direta de inconstitucionalidade revela-se extremamente limitado, pois nela só podem atuar aqueles agentes ou instituições referidos no art. 103 da Constituição, além dos órgãos de que emanaram os atos normativos questionados. A tutela jurisdicional de situações individuais — uma vez suscitada controvérsia de índole constitucional — há de ser obtida na via do controle difuso de constitucionalidade, que, supondo a existência de um caso concreto, revela--se acessível a qualquer pessoa que disponha de legítimo interesse (CPC, art. 3º)" (STF, AgRg em ADIn 1.254-MC, Rel. Min. Celso de Mello, *DJ* de 19-9-1997, p. 45530).

⌑ 8.2.1. *Controle concentrado em sede de ação civil pública: impossibilidade*

Entende o Supremo Tribunal Federal que a ação civil pública não poderá ser ajuizada como sucedâneo de ação direta de inconstitucionalidade, provocando uma espécie de controle concentrado de constitucionalidade de lei ou ato normativo (STF, *RDA, 206*:267).

O Superior Tribunal de Justiça também reconhece a "impossibilidade do uso da ação civil pública para substituir a ação direta de inconstitucionalidade" (STJ, 1ª T., REsp 134.979/GO, Rel. Min. Garcia Vieira, *DJ*, 1, de 6-10-1997, p. 49903).

Vale destacar, ainda, que o Supremo Tribunal Federal não admite ação civil pública em defesa de interesses coletivos ou difusos ajuizada como sucedâneo de ação direta de inconstitucionalidade (STF, Recl. 663-6/SP, Rel. Min. Nelson Jobim, *DJ*, 1, de 13-10-1997, p. 51467).

Mas o Pretório Excelso aceita o ajuizamento da ação civil pública para a tutela de interesses individuais homogêneos, pois, nesse caso, a decisão só alcança grupo determinado de pessoas, não usurpando o controle concentrado de normas.

Situação diversa — explicou o Ministro Maurício Corrêa — "ocorreria se a ação civil pública estivesse preordenada a defender direitos difusos ou coletivos, quando, então, a decisão teria efeito *erga omnes*, na acepção usual do termo e, aí sim, teria os mesmos efeitos de uma ação direta, pois alcançaria todos, partes ou não, na relação processual estabelecida na ação civil". Nessa hipótese, descaberia a ação civil pública.

> **Precedentes:** STF, Recl. 554-2/MG, Rel. Min. Maurício Corrêa, *DJ*, 1, de 26-10-1997, p. 61738; Recl. 597/SP, Rel. Min. Marco Aurélio; Recl. 600/SP, Rel. Min. Néri da Silveira; Recl. 602/SP, Rel. Min. Ilmar Galvão.

⌑ 8.2.2. *Controle concentrado do processo legislativo: impossibilidade*

O controle concentrado não é instrumento apropriado para *reprimir* a inconstitucionalidade do *devido processo legislativo* (STF, *RTJ, 156*:451, 1996; *RDA, 198*:123, 1998).

Apenas atos conclusos, promulgados e publicados, e não meros esboços, propostas ou projetos de leis em tramitação, sujeitam-se ao controle abstrato.

154 ◆ Uadi Lammêgo Bulos ◆

Do contrário, estaríamos admitindo, no Brasil, um controle jurisdicional preventivo de normas, hipótese que a Constituição de 1988 não agasalha.

O único mecanismo idôneo para *reprimir* a inconstitucionalidade do processo legislativo é o controle difuso, exercido por qualquer juiz ou tribunal no caso concreto (*v. n.* 8.1.5, *retro*).

¤ 8.2.3. Supremo Tribunal Federal no controle concentrado

O Supremo Tribunal Federal, no controle concentrado de normas, atua como *legislador negativo*, não podendo converter seu *munus* em instrumento de *legiferação positiva*.

> **Entendimento do STF:** a jurisprudência do Supremo Tribunal Federal tem reconhecido a impossibilidade jurídica de se ajuizarem ações diretas de inconstitucionalidade, com o escopo de transformá-lo em legislador positivo: "Por impossibilidade jurídica do pedido, o Tribunal não conheceu da ação direta ajuizada pelo Partido Popular Socialista — PPS, contra dispositivos da Lei 9.504/97, que trata da distribuição do tempo para a propaganda gratuita no rádio e na televisão entre os partidos e suas coligações referentes às eleições majoritárias e proporcionais. Considerou-se que a declaração de inconstitucionalidade apenas das normas impugnadas, tal como pretendida, alteraria o sistema da Lei, transformando o STF em legislador positivo" (STF, Pleno, ADIn 1.822-MC/DF, Rel. Min. Moreira Alves, decisão de 26-6-1998).

Legiferação positiva é o ato de criar leis ou atos normativos primários.

Assim, o Supremo Tribunal Federal, no controle abstrato, não poderá editar leis ou atos normativos primários, atuando como se *legislador positivo* fosse.

> **Julgado inusitado do STF:** essa é a tese vitoriosa na jurisprudência da Corte. Porém, registre-se um inusitado julgado — que não representa o entendimento prevalecente — no sentido de que o Supremo atuaria como legislador positivo: STF, AgRg em AgI 211.422/PI, Rel. Min. Maurício Corrêa, *DJU* de 14-8-1998.

Significa dizer que a Colenda Corte não exercita *poder de impulsão*, a ponto de inovar a ordem jurídica pela expedição de atos normativos primários.

Se assim procedesse, estaria adentrando a seara do Poder Legislativo, violando a cláusula da separação de Poderes (CF, art. 2º).

Por isso, quando o Supremo Tribunal Federal exerce o controle concentrado, ele atua como *legislador negativo*.

Atuar como *legislador negativo* significa retirar do ordenamento jurídico lei ou ato normativo inconstitucional.

> **Pioneirismo de Kelsen:** foi Hans Kelsen, em 1920, quem primeiro vislumbrou a figura do *legislador negativo*, atribuindo-a ao Tribunal Constitucional austríaco (*v. n.* 8.3, *b*).

O *legislador negativo*, portanto, é aquele que não cria a norma, mas a expurga da ordem jurídica por ser inconstitucional.

> **Nesse sentido:** "A declaração de inconstitucionalidade em tese encerra um juízo de exclusão, que, fundado numa competência de rejeição deferida ao Supremo Tribunal Federal, consiste em remover do ordenamento positivo a manifestação estatal inválida e desconforme ao modelo plasmado na Carta Política, com todas as consequências daí decorrentes, inclusive a plena restauração de eficácia das leis e das normas afetadas pelo ato declarado inconstitucional. Esse poder excepcional — que extrai a sua autoridade da própria Carta Política — converte o Supremo Tribunal Federal em verdadeiro legislador negativo" (STF, Pleno, ADIn 652-5-QO/MA, Rel. Min. Celso de Mello, v. u., j. em 2-4-1992, *DJ* de 2-4-1993, *Ementário de Jurisprudência* n. 1698-3).

Daí justificar-se a índole *negativa* do controle abstrato de normas, pois não é dado ao Supremo fazer aquilo que a Constituição outorgou somente aos depositários da função legislativa do Estado.

> **Nesse sentido:** "A ação direta de inconstitucionalidade não pode ser utilizada com o objetivo de transformar o Supremo Tribunal Federal, indevidamente, em legislador positivo, eis que o poder de

◆ Cap. 6 ◆ CONTROLE DE CONSTITUCIONALIDADE

155

inovar o sistema normativo, em caráter inaugural, constitui função típica da instituição parlamentar. Não se revela lícito pretender, em sede de controle normativo abstrato, que o Supremo Tribunal Federal, a partir da supressão seletiva de fragmentos do discurso normativo inscrito no ato estatal impugnado, proceda à virtual criação de outra regra legal, substancialmente divorciada do conteúdo material que lhe deu o próprio legislador" (STF, QO na ADIn 1.063-8-MC, Rel. Min. Celso de Mello, *DJU* de 27-4-2001, p. 57).

⌑ 8.2.4. *Mecanismos do controle concentrado da constitucionalidade*

Mecanismos do controle concentrado da constitucionalidade são instrumentos jurídicos, previstos na carta magna e nas leis, que permitem ao Supremo Tribunal Federal realizar a defesa abstrata da constituição.

> **Legislação:** Lei n. 9.868, de 10-11-1999 ("Dispõe sobre o processo e julgamento da ação direta de inconstitucionalidade e da ação declaratória de constitucionalidade perante o Supremo Tribunal Federal"); Lei n. 9.882, de 3-12-1999 ("Dispõe sobre o processo e julgamento da arguição de descumprimento de preceito fundamental, nos termos do § 1º do art. 102 da Constituição Federal").

Esses mecanismos operam em abstrato, porque não visam a defesa de interesses particulares, mas a tutela da ordem jurídica como um todo.

Existem para impedir a presença de leis ou atos normativos em desarmonia com a Constituição da República.

No plano estadual, o Texto de 1988 prevê a representação de inconstitucionalidade de leis ou atos normativos municipais, cujo parâmetro de confronto para se aferir o juízo de constitucionalidade são as Cartas dos Estados-membros (art. 125, § 2º).

> **Controle concentrado de constitucionalidade nos Estados:** para o Supremo Tribunal, o controle concentrado, no âmbito dos Estados-membros, deve tomar como parâmetro a Constituição Estadual, nos termos do art. 125, § 2º, do Texto Maior (STF, ADIn 347/SP, Rel. Min. Joaquim Barbosa, decisão de 20-9-2006).

Já no plano federal, vigoram em nosso país os seguintes mecanismos de defesa abstrata da *Lex Mater*:

- ação direta de inconstitucionalidade interventiva (CF, art. 34, VII);
- ação direta de inconstitucionalidade genérica (CF, art. 102, I, *a*, 1ª parte);
- ação declaratória de constitucionalidade (CF, art. 102, I, *a*, 2ª parte);
- arguição de descumprimento de preceito fundamental (CF, art. 102, § 1º); e
- ação direta de inconstitucionalidade por omissão (CF, art. 103, § 2º).

Em nome do didatismo, aí incluímos a ação direta de inconstitucionalidade interventiva e a arguição de descumprimento de preceito fundamental, modalidades *especiais* da fiscalização abstrata.

Especiais, pois, em rigor, não apresentam apenas as características do controle concentrado. Nem sempre o debate constitucional que suscitam constitui o problema principal posto em discussão, e sim uma questão prejudicial a ser desatada.

Equivalem, portanto, a instrumentos híbridos, situados no meio do caminho entre a técnica concentrada e a difusa de controle de normas.

PERFIL GERAL DOS MECANISMOS DE CONTROLE CONCENTRADO

	Interventiva	Genérica	Declaratória	Descumprimento	Omissão
Previsão	art. 34, VII	art. 102, I, a (1ª parte)	art. 102, I, a (2ª parte)	art. 102, § 1º	art. 103, § 2º
Legitimidade	art. 36, III	art. 103, I a IX	art. 103, I a IX	art. 103, I a IX	art. 103, I a IX

Finalidade	jurídico- -política	jurídica	jurídica	jurídica	jurídica
Cabimento	lei ou ato normativo estadual contrário a princípio constitucional sensível	lei ou ato normativo federal, estadual ou distrital contrários à CF	lei ou ato normativo federal, alvo de controvérsia judicial relevante	preceito fundamental lesionado por ato do Poder Público e quando for relevante o fundamento da controvérsia constitucional	norma de eficácia limitada

⌑ 8.2.5. Ação direta de inconstitucionalidade interventiva

A *ação direta de inconstitucionalidade interventiva* é uma criação brasileira, sem precedentes imediatos no Direito Comparado.

Nasceu em virtude de inúmeros reclamos, no sentido de criar um instituto capaz de substituir a intervenção — forma drástica para corrigir anomalias detectadas no plano federativo — pela declaração de inconstitucionalidade do Supremo Tribunal Federal.

Foi a Carta de 1934 que a implantou no ordenamento pátrio (art. 7º, I, *a* e *h*).

Nisso, lançou o embrião do controle concentrado de normas, permitindo ao Brasil ingressar, aos poucos, na seara da fiscalização abstrata.

Na realidade, o constituinte de 1934 instituiu uma ação direta que, embora não possa ser considerada o marco da fiscalização abstrata no Brasil, correspondeu ao meio-termo entre o controle difuso e o concentrado de normas.

> **Começo oficial do controle concentrado no Brasil:** somente com a Emenda Constitucional n. 16, de 6 de dezembro de 1965, se inaugurou oficialmente no Brasil o controle concentrado de normas.

Assim, a representação interventiva foi criada como uma variante da via difusa, para operar em concreto, embora seja exercida por meio de ação direta, sendo, por mero didatismo, inclusa dentre os mecanismos de controle abstrato.

Pelo Texto de 1934, o uso da representação interventiva, confiada ao Procurador-Geral da República, era uma declaração de inconstitucionalidade para evitar a intervenção federal (Oswaldo Aranha Bandeira de Mello, *Teoria das constituições rígidas*, p. 170).

Tal mecanismo condicionava a eficácia da lei interventiva, de iniciativa do Senado (art. 41, § 3º), à declaração de sua constitucionalidade pelo Pretório Excelso (art. 12, § 2º).

Contudo, se do ponto de vista constitucional positivo as vigas-mestras da *ação interventiva* encontram-se no Texto Supremo de 1934, mais exato ainda é que o seu aperfeiçoamento foi fruto de uma ingente construção jurisprudencial, conduzida por juízes do Pretório Excelso, nos idos de 1947.

> A *direta interventiva* nem chegou a ser utilizada sob a égide da Constituição brasileira de 1934: apenas na vigência do Texto de 1946 o instituto foi inaugurado. O então Procurador-Geral da República, Themístocles Brandão Cavalcanti, formulou a Representação n. 93, de 16-7-1947, que teve como relator o Ministro Aníbal Freire, questionando a constitucionalidade de disposições parlamentaristas da Carta do Ceará (STF, *AJ*, 85:3).

Com base no regimento interno da Corte, e nos suplementos dos doutos, os Ministros relatores das primeiras representações — Aníbal Freire, Castro Nunes, Orozimbo Nonato e Goulart de Oliveira — imprimiram rumo e direção à brasileiríssima *direta interventiva*.

> **Precedentes históricos:** STF, Repr. 93/Ceará, Rel. Min. Aníbal Freire, *AJ*, 82:34; STF, Repr. 94/RS, Rel. Min. Castro Nunes, *AJ*, 85:34; STF, Repr. 95/PE, Rel. Min. Orozimbo Nonato, *AJ*, 85:70; STF, Repr. 96/SP, Rel. Min. Goulart de Oliveira, *AJ*, 85:102.

◆ Cap. 6 ◆ CONTROLE DE CONSTITUCIONALIDADE 157

Ao longo de sua trajetória, porém, a *direta interventiva* sempre foi relegada a segundo plano. Na prática, nunca mereceu a atenção devida, nada obstante o surgimento da Lei n. 12.562, de 23 de dezembro de 2011, que deu nova energia à matéria. Mas o certo é que, desde o advento da Emenda Constitucional n. 16/65, o mecanismo caiu no vazio, pois o Procurador-Geral da República passou a utilizar a *ação direta genérica* nos casos de ofensa a princípio sensível. E as vantagens dessa opção não podem ser negadas. Enquanto a *interventiva* resume-se em decretar a intervenção para, só depois disso, o Presidente da República concretizá-la, a *genérica* nulifica, com eficácia *erga omnes*, o ato impugnado, sem a necessidade de se adotar qualquer providência ulterior para tornar efetiva a sentença de inconstitucionalidade transitada em julgado.

Quer dizer, no Brasil, a garantia dos princípios constitucionais sensíveis não é monopólio da *ação interventiva*. A *genérica* também cumpre esse papel.

Mas nem sempre a *genérica* poderá substituir, por completo, a *interventiva*. Suponhamos que determinados atos concretos, e até omissões violadoras de princípios sensíveis, sejam perpetrados. Imaginemos, ainda, que haja recusa à execução de lei federal. Pela Carta de 1988, somente a *interventiva* poderia ser levada a cabo (art. 36, III), ainda que, num esforço de exegese, se possa vislumbrar a *genérica* como meio idôneo para alcançar tais objetivos.

a) Noção

Ação direta de inconstitucionalidade interventiva é o instrumento de defesa abstrata da Constituição Federal, incumbido de defender concretamente os princípios constitucionais sensíveis.

Mediante a *direta interventiva*, provoca-se a jurisdição concentrada do Supremo, no sentido de buscar a defesa da ordem constitucional como um todo. Daí o cunho *abstrato* desse mecanismo, pois somente o Pretório Excelso é o titular da fiscalização *em tese* de atos normativos.

Por seu intermédio, realiza-se um *controle concreto* de princípios sensíveis violados por Estado-membro ou Distrito Federal. Veja-se que a defesa em concreto é de princípio sensível, não de conflitos privados. Quer dizer, mesmo sendo um instrumento da jurisdição concentrada, a *interventiva* tutela, apenas, princípio sensível, e não situações individualizadas, como ocorre no controle difuso.

Esse mecanismo especial de controle concentrado, que não visa a declaração de inconstitucionalidade em si mesma, é mero pressuposto para a decretação da intervenção federal.

É invocado naqueles conflitos federativos, travados entre a União — a quem compete primar pelos princípios sensíveis que alicerçam a federação — e o Estado-membro ou Distrito Federal.

Na *Lex Mater* brasileira, cinco são os princípios sensíveis (art. 34, VII, *a, b, c, d* e *e*) que fornecem supedâneo para o ajuizamento, no Supremo Tribunal Federal, da *ação interventiva*:

- forma republicana, sistema representativo e regime democrático;
- direitos da pessoa humana;
- autonomia municipal;
- prestação de contas da Administração Pública, direta e indireta; e
- aplicação do mínimo exigido da receita resultante de impostos estaduais, proveniente de transferências na manutenção e desenvolvimento do ensino.

O desrespeito a qualquer um desses princípios sensíveis já é o bastante para o uso da *ação interventiva*, medida excepcional que encontra guarida em *norma específica* da Constituição (art. 34, VII).

> **Exegese sistemática do art. 34, VII, da CF:** evidente que o art. 34, VII, deve ser concebido em exegese conjunta com outros dispositivos conexos ao tema nele versado, a exemplo do art. 34, VII, *a, b, c, d* e *e* (princípios sensíveis).

Tal *norma específica* possibilita que a regra da *autonomia dos entes federativos* (CF, arts. 1º e 18) seja atenuada em nome da defesa dos princípios sensíveis.

Dessa forma, a Constituição da República permite que os vetores sensíveis sejam objeto de *ação direta de inconstitucionalidade interventiva*. Para tanto, basta que os Estados-membros ou o Distrito Federal, no exercício de suas competências legislativas, administrativas ou tributárias, os transgridam.

Na realidade, a *ação interventiva* é consectária do instituto da *intervenção* (*v.* Cap. 14).

Isso porque, se os Estados ou o Distrito Federal deixarem de acatar os princípios sensíveis, estarão submetidos à maior sanção política aplicada no plano federativo: a intervenção na autonomia que possuem.

Mas veja-se bem: a *ação interventiva*, embora seja uma medida correlata à intervenção, com ela não se confunde.

Enquanto a primeira — a *ação interventiva* — é um mecanismo de controle abstrato da constitucionalidade, disciplinada em preceito específico (art. 34, VII), a segunda — a *intervenção* — é uma sanção de índole política, aplicada no âmbito do Estado Federal, e que se dessume de um plexo de normas constitucionais (arts. 34, 35 e 36).

Interessante observar que a decretação de intervenção, com lastro no art. 34, VII, depende de provimento, pela Corte Suprema, da representação do Procurador-Geral da República. Nesse caso, o fundamento da intervenção será a defesa da ordem constitucional. Aí é que surge o controle concreto dos princípios sensíveis realizado pela *ação direta interventiva*.

Claro que o provimento da *direta interventiva* pelo Supremo não basta, por si só, para, na prática, ocasionar a intervenção. É preciso que o Presidente da República, mediante decreto, o faça.

Assim, pela Carta de 1988, enquanto o Supremo Tribunal Federal exerce o exame técnico dos pressupostos motivadores da intervenção, o Chefe do Executivo é quem a executa, pondendo até sustar a executoriedade do ato impugnado, se essa medida for o bastante para restabelecer a normalidade.

b) Natureza jurídica

Embora a Carta de 1988, no art. 36, III, e a Lei n. 12.562/2011, em vários dispositivos, falem, impropriamente, em *representação*, a *direta interventiva* é, na realidade, uma verdadeira *ação*.

> **Posicionamento doutrinário:** no passado, alguns a tinham como *representação*, não ação (Pontes de Miranda, *Comentários à Constituição de 1967 com a Emenda n. 1, de 1969*, p. 253; Themístocles Brandão Cavalcanti, *Do controle da constitucionalidade*, p. 112; José Carlos Barbosa Moreira, As partes na ação declaratória de inconstitucionalidade, *RPGEGB*, Rio de Janeiro, *13*:67-80, 1964).

Na vigência da Constituição de 1946, Themístocles Brandão Cavalcanti procurava justificar o *nomen juris* "representação", em vez de "reclamação", sob o argumento de que a terminologia tinha sido escolhida pelo constituinte brasileiro para designar a natureza da atividade desempenhada pelo Procurador-Geral da República, que encaminhava o seu parecer ao STF (*Do controle da constitucionalidade*, p. 110-112. Conferir: Rogério Tadeu Romano, A representação interventiva federal no direito brasileiro, *RPGR*, *4*:135).

Seja como for, o termo *representação*, consignado no art. 36, III, da Carta 1988, assim como nas constituições pregressas, e até na Lei n. 12.562/2011, é inadequado, porque dá-se provimento a recurso e não à ação. Pela técnica processual, as ações são julgadas procedentes ou improcedentes.

Decerto, o poder do Procurador-Geral da República submeter ao Supremo Tribunal Federal ato contrário a quaisquer dos princípios sensíveis configura lídima *ação interventiva*.

Quando o Pretório Excelso é provocado, ele decide o litígio, solvendo o conflito de interesses que lhe foi submetido. Se fosse representação, o Supremo seria mero órgão consultivo, e não o oráculo do Texto Supremo (CF, art. 102, *caput*).

Ora, como dizia Alfredo Buzaid, a "função do Supremo Tribunal Federal não é responder a uma consulta; é decidir um caso concreto" (*Da ação direta de inconstitucionalidade no direito brasileiro*, p. 101).

Pela análise da natureza jurídica da *direta interventiva*, descobrimos ainda que ela possui partes, imiscuindo-se num conflito federativo cujo deslinde pode ocasionar a intervenção, medida extrema para limitar a autonomia dos Estados-membros (ou Distrito Federal).

> **Inexistência de processo objetivo:** "Não se tem aqui, pois, um processo objetivo (*objektives Verfahren*), mas a *judicialização* de conflito federativo atinente à observação de deveres jurídicos especiais, impostos pelo ordenamento federal ao Estado-membro" (Gilmar Ferreira Mendes, *Controle de constitucionalidade*, p. 222).

Com efeito, a *direta interventiva* tem como base um litígio constitucional, uma relação processual contraditória, englobando, no polo ativo, a União, e, no passivo, o Estado-membro.

◆ Cap. 6 ◆ CONTROLE DE CONSTITUCIONALIDADE

c) Particularidades do instituto

A *interventiva* é um mecanismo abstrato, mas que se opera em concreto.

Vejamos essa particularidade.

Os atos estaduais ou distritais — objetos da *direta interventiva* — encontram-se envolvidos no bojo de um litígio constitucional, instaurado entre a União e o Estado-membro ou Distrito Federal.

Quando se busca, no Supremo, uma sentença por meio de *ação interventiva*, não se pretende obter uma declaração de inconstitucionalidade.

Isso porque a declaração não é o objeto principal da demanda, e sim uma questão prejudicial a ser solvida.

Por isso é que a *ação interventiva* se opera em concreto, buscando uma declaração incidental de inconstitucionalidade, embora apresente consequências distintas daquelas produzidas no controle difuso.

Noutras palavras, na *interventiva*, a declaração incidental de inconstitucionalidade não é o objeto principal da demanda, mas apenas um meio de se resolver a controvérsia travada entre a União e o Estado-membro. A sentença final não nulifica a lei, como ocorre no controle abstrato de normas, e o Supremo apenas decide o conflito federativo, provendo, ou não, a representação.

Outra particularidade é que também compete ao Supremo prover representação do Procurador--Geral da República, no caso de recusa à execução de lei federal (art. 36, III). Trata-se de uma novidade oriunda da Emenda Constitucional n. 45/2004.

Significa dizer que se alguma lei federal violar princípio sensível da Carta Maior a competência para examinar a ofensa será da Corte Excelsa, em sede de *direta interventiva*, e não do Superior Tribunal de Justiça, como era antes.

> **Revogação do inciso IV do art. 36 da CF:** a "reforma do Judiciário" (EC n. 45/2004) revogou o inciso IV do art. 36 do Texto Magno, que atribuía tal competência ao STJ.

Assim, a não executoriedade de leis federais, colocando em xeque a forma republicana, o sistema representativo, o regime democrático, os direitos da pessoa humana, a autonomia municipal, o dever da Administração de prestar contas e a aplicação do mínimo exigido na receita tributária, é matéria conexa ao controle concentrado, exercido, apenas, pela Corte Suprema, mediante *direta interventiva*.

d) Finalidade

A *direta interventiva* possui um escopo *jurídico* e outro *político*.

Jurídico, porque visa declarar a inconstitucionalidade da lei ou ato normativo estadual ou distrital.

Político, porquanto colima abrir caminho para se decretar a intervenção no Estado-membro ou no Distrito Federal.

Assim, dois são os motivos que justificam a razão de ser da *direta interventiva*:

- Garantir ao Pretório Excelso a tarefa de extirpar a inconstitucionalidade do suposto ato contrário a princípio sensível da Carta Magna. Almeja-se evitar que o Congresso ou o Executivo se arvorem de juízes, exercendo controle político de constitucionalidade, subtraindo a *reserva de jurisdição* dos membros do Poder Judiciário (art. 5º, XXXV). Aliás, isso foi muito comum durante a vigência da nossa primeira Constituição Republicana, de 1891, período em que frequentes abusos foram perpetrados, uma vez que o Congresso e o Executivo determinavam o destino dos atos governamentais, como se magistrados fossem.

- Deixar a intervenção federal como última medida a ser adotada no Estado Federal. E, se for utilizada, que sejam observados os lindes da constitucionalidade e da legalidade, pois nada pior que um procedimento interventivo inconstitucional e ilegal, massacrando e usurpando o princípio da autonomia dos entes federativos. É que fatos isolados não justificam a medida interventiva, a qual se reveste de iniludível excepcionalidade, como tem proclamado a Corte Suprema (STF, IF 114-5/MT, Rel. Min. Néri da Silveira, *DJU* de 27-9-1996).

e) Objeto

A *ação interventiva* almeja obter um pronunciamento do Supremo Tribunal Federal para garantir princípio sensível da Constituição.

Desse modo, leis ou atos normativos, estaduais ou distritais, contrários a quaisquer um dos princípios sensíveis, ensejam o cabimento da *direta interventiva* (CF, art. 36, III).

Nesse contexto, devemos ter em mente:

- As leis ou atos normativos municipais não constituem objeto da *direta interventiva*. Somente as leis ou atos normativos estaduais ou distritais se inserem no seu âmbito de incidência. Aliás, a Corte Excelsa inadmite a intervenção federal nos Municípios, posicionamento correto, pois a Carta de 1988 sinaliza nesse sentido (art. 35, IV).

> **Precedente:** "Os Municípios situados no âmbito territorial dos Estados-membros não se expõem à possibilidade constitucional de sofrerem intervenção decretada pela União Federal, eis que, relativamente aos entes municipais, a única pessoa política ativamente legitimada a neles intervir é o Estado--membro" (STF, IF 591-9, Rel. Min. Celso de Mello, *DJU* de 16-9-1998). **Doutrina:** na doutrina, encontramos a tese de que a propositura da *ação interventiva* logra maior amplitude, englobando, além dos atos estaduais, os municipais (Pontes de Miranda, *Comentários à Constituição de 1946*, v. II, p. 74; Themístocles Brandão Cavalcanti, *Do controle da constitucionalidade*, p. 115).

- Os atos estaduais ou distritais — objeto da *direta interventiva* — estão contextualizados num litígio constitucional, travado entre a União e o Estado (ou Distrito Federal), como vimos acima.
- Na realidade, a *direta interventiva* busca findar um conflito federativo entre a União e o Estado-membro (ou Distrito Federal). Somente em último caso, com o flagrante descumprimento dos deveres jurídicos especiais previstos na Constituição, é que a Corte Excelsa deverá proferir sentença determinando a providência extrema da *intervenção*.
- O ato que suscita a *direta interventiva*, a que se refere o art. 36, § 3º, da Carta Magna, não precisa ser necessariamente normativo. Situações de fato, por exemplo, que causem insegurança global aos direitos humanos, ensejam a providência. Esse foi o entendimento firmado no Supremo Tribunal Federal. Numa assentada, a maioria dos juízes da Corte entendeu que a mera omissão ou a incapacidade de lidar com circunstâncias fáticas, atentatórias aos direitos da pessoa humana, seria o bastante para dar provimento à *direta interventiva*, com lastro no princípio sensível insculpido no art. 34, VII, *b*, da *Lex Mater*.

> **Precedente:** STF, IF 114-5/MT, Rel. Min. Néri da Silveira, *DJU* de 27-9-1996. Nesse julgado, a Corte Excelsa revisou sua jurisprudência, que apontava no sentido de só admitir os atos normativos como objeto da *interventiva* (STF, Repr. 94/RS, Rel. Min. Castro Nunes, *AJ*, *85*:34). Contudo, os Senhores Ministros Celso de Mello e Moreira Alves, votos vencidos, filiaram-se à corrente que considera serem apenas os atos comissivos os motivadores da *direta interventiva*. Para nós, o ato que a deflagra possui o cunho *jurídico-político*, incluindo-se aí todas as manifestações e omissões legislativas, executivas e judiciais. **Matéria polêmica na doutrina:** por muito tempo perdurou o entendimento de que a propositura da *direta interventiva* se lastreia em ato exclusivamente normativo, e não político, abrangendo normas jurídicas de qualquer hierarquia, desde que contrárias a princípios sensíveis da constituição (Oswaldo Aranha Bandeira de Mello, *Teoria das constituições rígidas*, p. 169). Pontes de Miranda, por exemplo, dizia que os atos jurisdicionais não poderiam ser objeto da *direta interventiva* (*Comentários à Constituição de 1946*, v. II, p. 74).

- O *non facere*, a omissão deliberada, a negligência, ou até mesmo a impotência, a inépcia por parte das autoridades dos Estados ou Distrito Federal, sem dúvida alguma, justificam o ajuizamento da *interventiva* para combater a inobservância, por parte deles, de princípios sensíveis. Desse modo, não é apenas a conduta positiva — *o fazer propriamente dito* — que se submete à esfera de incidência do instituto, mas também o comportamento negativo, a omissão legislativa estadual ou distrital. Ora, no momento que os órgãos públicos deixam de tomar providências concretas para a cabal garantia dos princípios sensíveis (art. 34, VII), negando, inclusive, a execução da lei federal (art. 36, III), faz-se possível o ajuizamento da *direta interventiva*, cuja propositura se alicerça num *ato jurídico-político*.

◆ Cap. 6 ◆ CONTROLE DE CONSTITUCIONALIDADE

161

Posicionamento jurisprudencial: "Pode haver anormalidade de fato, a cuja cessação não baste a suspensão de um ato estatal determinado. A consequência é que então se imporá a intervenção efetiva, com as medidas necessárias à superação da anormalidade; óbvio, então, já não dispensada a participação do Congresso na homologação do ato presidencial que a decretar. O que é necessário, a meu ver, é que haja uma situação de fato de insegurança global dos direitos humanos, mas à ação material ou à omissão por conveniência, por negligência ou por impotência, dos poderes estaduais, responsáveis" (STF, IF 114-5/MT, excerto do voto do Ministro Sepúlveda Pertence, Rel. Min. Néri da Silveira, *DJU* de 27-9-1996).

f) Competência

Compete exclusivamente ao Supremo Tribunal Federal julgar e apreciar a *direta interventiva* (CF, art. 36, III).

Tal competência deriva do fato de a *direta interventiva* consistir num instrumento de defesa abstrata da Constituição proposta pelo Procurador-Geral da República (arts. 102, I, *a*, e 129, IV) e submetida, apenas, à jurisdição concentrada do Supremo Tribunal Federal (art. 36, III), com o escopo de tutelar princípios constitucionais sensíveis (art. 34, VII).

g) Ação interventiva no plano estadual

Desde a Emenda Constitucional n. 1/69 (art. 15, § 3º, *d*) que a normativa constitucional pátria deixou sob os auspícios do Chefe do Ministério Público dos Estados — o Procurador- -Geral de Justiça — a titularidade da ação interventiva no plano das unidades federadas, cujo provimento ficou a cargo dos Tribunais de Justiça.

Em nossos dias, cumpre às cartas estaduais instituir representação de inconstitucionalidade de lei ou ato normativo estadual ou municipal em face de sua respectiva constituição (CF, art. 125, § 2º).

O uso da *ação interventiva* no âmbito dos Estados-membros é para assegurar os princípios estabelecidos em suas respectivas constituições, provendo a execução de lei, ordem ou decisão judicial.

Almeja evitar a intervenção do Estado no Município, medida excepcional e drástica em sua autonomia.

Curioso observar que o art. 125, § 2º, da Carta de Outubro silenciou quanto à possibilidade de o Distrito Federal interpor a *direta interventiva*.

Na realidade, o Procurador-Geral do Distrito Federal não detém competência para interpor *ação direta interventiva*, porque essa providência compete ao Procurador-Geral da República (CF, art. 34, VII, c/c o art. 36, III).

Nesse particular, a Lei Orgânica do Distrito Federal, de 8 de junho de 1993, atribuiu à Câmara Legislativa e ao Governador a competência privativa para solicitar o ajuizamento da *interventiva* (arts. 60, IX, e 100, XXII).

Mesmo tendo conferido a titularidade da representação judicial e extrajudicial do Distrito aos Procuradores Distritais (art. 111, I, III e IV), somente o Procurador-Geral da República é o destinatário da referida solicitação, pois, pela mecânica da Carta de 1988, só ele detém competência para ajuizar a *direta interventiva*.

h) Legitimidade

Segundo a Constituição de 1988, o único legitimado para propor a *direta interventiva* é o Procurador- -Geral da República.

Trata-se, pois, de uma *legitimidade ativa* exclusiva e discricionária (CF, art. 36, III).

Tese prevalecente: essa tese, prevalecente desde a ordem constitucional pregressa (*RTJ*, *98*:3, *48*:156, *59*:333, *100*:1013), não é unânime. Para Josaphat Marinho, por exemplo, a tarefa do Procurador-Geral não é discricionária (Inconstitucionalidade de lei. Representação ao Supremo Tribunal Federal, *RDP*, *12*:150). O raciocínio parte do princípio de que o Procurador-Geral da República está obrigado a submeter ao Supremo o exame da matéria. Apenas o Pretório Excelso, e mais ninguém, é que deve deliberar sobre o assunto, visto que é ele o oráculo da Constituição.

Resultado: o Procurador-Geral da República não está compelido a ajuizar, perante o Pretório Excelso, a *direta interventiva*.

Tal *faculdade* decorre da autonomia do Ministério Público (CF, art. 127, § 1º), pois o seu chefe — o Procurador-Geral da República — poderá arquivar qualquer ação que lhe tenha sido endereçada.

Importante observar que o Procurador-Geral da República — autor da *direta interventiva* — atua como substituto processual, agindo em nome próprio, na defesa de interesse alheio. Nesse caso, representa toda a coletividade, e não interesses particulares. Não se posta, portanto, como um advogado no patrocínio de causas. Ao se convencer da necessidade de interpor a *ação*, deverá agir como defensor da ordem jurídica e do equilíbrio federativo. Por isso, não é mero representante da União, mas um protetor do regime democrático e dos interesses indisponíveis. Não está obrigado a tomar a medida caso não se convença da sua extrema necessidade, à luz da independência funcional que norteia a sua sacrossanta *liberdade de convencimento* (CF, art. 127, *caput*, §§ 1º a 3º).

Já a *legitimidade passiva* na *direta interventiva* pertence ao Estado-membro ou Distrito Federal, pessoas jurídicas de Direito Interno, representados pelo chefe da respectiva Procuradoria-Geral, a quem incumbe, com exclusividade, a representação judicial e a consultoria jurídica das respectivas entidades federadas (CF, art. 132).

i) Partes

Diferentemente da *ação direta de inconstitucionalidade genérica*, a *interventiva* não desencadeia o chamado *processo objetivo* (processo que independe de partes para ser instaurado e da demonstração de um interesse jurídico específico).

Na *ação interventiva* existem partes e, para ser ajuizada, é preciso que se demonstre, de modo certo e induvidoso, a existência de um interesse jurídico específico, supostamente violado, que se traduz pelo desrespeito a princípio sensível da Constituição.

Na *direta interventiva* são partes:

* a União — sujeito ativo ou autora, representada pelo Procurador-Geral da República; e
* o Estado-membro ou Distrito Federal — sujeito passivo ou réu, ao qual se atribui a ofensa a princípio sensível, sendo representado pelo Procurador-Geral de Justiça.

Embora a Constituição de 1988 tenha criado a Advocacia-Geral da União, manteve a titularidade da *direta interventiva* nas mãos do Procurador-Geral da República. Preferiu seguir à risca a tradição implantada pelo constituinte de 1934. Nisso, foi contraditória. Ao mesmo tempo que negou legitimidade para o Advogado-Geral propor a *interventiva*, proibiu aos membros do *Parquet* o exercício da representação judicial das entidades públicas (art. 129, IX). No entanto, conferiu ao Procurador-Geral a titularidade da *interventiva* (arts. 129, IV, e 36, III, primeira parte, e 34, IV). Ou seja, complicou tudo, em nome da injustificada "reserva especial de provocação jurisdicional do Chefe do Ministério Público da União", existente desde o Texto de 1934 e preservada pelas Constituições posteriores.

> **Perfil da Carta de 1934:** na Carta de 1934, o Procurador-Geral da República acumulava, a um só tempo, a chefia da representação judicial e extrajudicial da União, bem como a chefia do Ministério Público da União. Assim, o Procurador-Geral não atuava como substituto processual, à luz do que dizia Alfredo Buzaid (*Da ação direta de inconstitucionalidade no direito brasileiro*, p. 107), nem como *custos legis*, mas sim como representante dos interesses da União.

Quanto ao papel desempenhado pelo Procurador-Geral de Justiça dos Estados nas *ações interventivas*, foi a Emenda Constitucional n. 1/69 que lhe conferiu essa titularidade (art. 15, § 3º, *d*). Tal equívoco — que persiste em nossos dias — já passou do tempo de ser corrigido. Convém transferir a atribuição do Chefe do Ministério Público local para o Procurador-Geral dos Estados ou Distrito Federal, chefes da representação judicial dessas coletividades federadas (Clèmerson Merlin Clève, *A fiscalização abstrata da constitucionalidade no direito brasileiro*, p. 410-411).

♦ Cap. 6 ♦ CONTROLE DE CONSTITUCIONALIDADE

163

j) Lei n. 12.562/2011: processo e julgamento

A Lei n. 12.562, de 23 de dezembro de 2011, que possui 13 artigos, regulamentou o inciso III do art. 36 da Constituição Federal, dispondo, assim, sobre o processo e julgamento da *direta interventiva* perante o Supremo Tribunal Federal.

Ao atualizar o rito da ação direta de inconstitucionalidade interventiva, a Lei n. 12.562/2011 acabou atualizando o próprio procedimento da intervenção federal.

Na realidade, a Lei n. 12.562/2011 satisfez apelos doutrinários e jurisprudenciais, no sentido de se dotar a *direta interventiva* de um corpo de preceitos aptos a regerem o seu processo e julgamento, algo que já havia ocorrido com os outros mecanismos de controle abstrato de normas (ADI, ADC, ADI omissiva e ADPF).

Foi positiva a criação da Lei n. 12.562/2011, porque clareou pontos obscuros inerentes ao âmbito de aplicação do art. 36, III, da Carta de 1988. Como toda obra humana, não é perfeita. Num ou noutro ponto pode apresentar falhas. Mas isso é pouco diante do todo, em face do benefício que veio trazer. O ser humano é mestre em olhar só o que é ruim. Fala mal de tudo e de todos, inclusive das instituições e, também, das leis. E, se não acha maiores defeitos, procura logo um, para saciar os anseios mais íntimos. Ora bem. Convidamos o leitor a ir contra essa tendência natural do gênero humano, olhando a totalidade da Lei n. 12.562/2011 e o imenso vazio que ela veio a preencher, no tocante ao processo e julgamento da *direta interventiva*, verdadeira medida preparatória para o pedido de intervenção federal.

Expliquemos.

Antes do aparecimento da Lei n. 12.562/2011, o rito da ação direta de inconstitucionalidade interventiva delineava-se por meio de três veículos normativos:

*   **Lei n. 4.337, de 1º de maio de 1964** — mesmo recepcionada pela Carta de 1988, na maioria de seus dispositivos, não conseguiu dirimir controvérsias, pois foi feita para garantir princípios sensíveis do Texto de 1946 (art. 7º, VII), época em que o mundo era outro e a vida, também, era outra;

    > **Primazia legislativa:** quem primeiro regulamentou a *direta interventiva* foi a Lei n. 2.271, de 22 de julho de 1954, revogada pela Lei n. 4.337/64 (art. 9º).

*   **Lei n. 5.778, de 16 de maio de 1972** — vigorou na maior parte de suas prescrições, mas não conseguiu acompanhar o influxo do fato social cambiante e as necessidades do ordenamento contemporâneo à Carta de 1988, até porque nasceu sob a égide da Emenda Constitucional n. 1/69 (art. 15, § 3º, *d*); e
*   **Regimento Interno do Supremo Tribunal Federal** — embora consagrasse normas sobre o assunto, algumas válidas, outras não (arts. 175, parágrafo único, 350, IV, e s.), não previu, amiúde, o processo e o julgamento da *direta interventiva*, mesmo porque não era a seara apropriada para este fim.

A exegese conjunta desses três veículos normativos, somada às normas e princípios constitucionais aplicáveis à espécie, fornecia o *iter* da *direta interventiva*.

Importante assinalar que, logo no art. 1º, da Lei n. 12.562/2011, está escrito com total clareza: "Esta Lei dispõe sobre o processo e julgamento da representação interventiva prevista no inciso III do art. 36 da Constituição Federal".

Resultado: nos pontos em que a Lei n. 12.562/2011 for omissa, é possível, sim, aplicarmos as Leis n. 4.337/64 e 5.778/72 e o Regimento Interno do Supremo Tribunal Federal. Óbvio que assim será nas partes em que tais corpos legais estiverem de acordo com a Carta de 1988. Portanto, não está descartada, por completo, a aplicação desses três veículos normativos.

Somando-se a regulamentação do processo e julgamento da *direta interventiva* pela Lei n. 12.562/2011 com as demais regulamentações legais, atinentes à matéria, temos o seguinte:

*   **propositura** — ao tomar conhecimento da infringência dos princípios sensíveis, encartados no inciso VII do art. 34 da Lei Maior, ou de recusa, por parte de Estado-membro, à execução de lei federal, o Procurador-Geral da República estuda a matéria, e, se achar viável, promove a *direta interventiva* no Supremo Tribunal Federal (Lei n. 12.562/2011, art. 2º);
*   **possibilidade de interessados comunicarem ofensa a princípios sensíveis ao Procurador--Geral da República** — esta hipótese não foi disciplinada pela Lei n. 12.562/2011. Aplica-se

aqui a Lei n. 4.337/64. Assim, caso o Procurador-Geral da República tenha recebido a informação, por intermédio de quaisquer interessados, de que houve ofensa a princípios sensíveis, ele terá, em princípio, trinta dias, a contar do recebimento da representação, para ajuizar a interventiva no Supremo (Lei n. 4.337/64, art. 2º). Mas esse prazo há de ser compreendido à luz da discricionariedade da função ministerial, pois o chefe do Ministério Público da União deve avaliar a matéria que lhe foi endereçada. Aliás, a interventiva não é uma "ação popular constitucional", a ponto de o Procurador-Geral ficar no dever de ingressar em juízo sempre que chamado a fazê-lo. E, ao convencer-se da impertinência daquilo que lhe foi submetido a exame, ele jamais estará obrigado a propor ação interventiva. O prazo de trinta dias, portanto, é relativo e contingente;

- **petição inicial** — conforme a Lei n. 12.562/2011, arts. 3º e 4º, a exordial deverá conter: **(i)** a indicação do princípio constitucional que se considera violado ou, se for o caso de recusa à aplicação de lei federal, das disposições questionadas; **(ii)** a indicação do ato normativo, do ato administrativo, do ato concreto ou da omissão questionados; **(iii)** a prova da violação do princípio constitucional ou da recusa de execução de lei federal; e **(iv)** o pedido, com suas especificações. A inicial deverá ser apresentada em duas vias, devendo conter, se for o caso, cópia do ato questionado e dos documentos necessários para comprovar a impugnação. O relator poderá indeferir, liminarmente, a petição inicial em três hipóteses: **(i)** descabimento, no respectivo caso concreto, da representação interventiva; **(ii)** falta de qualquer dos requisitos estabelecidos na Lei n. 12.562/2011; ou **(iii)** por inépcia. Da decisão de indeferimento da petição inicial caberá agravo no prazo de cinco dias. Recebida a inicial, o relator deverá tentar dirimir o conflito que dá causa ao pedido, utilizando-se dos meios que julgar necessários, na forma do regimento interno (Lei n. 12.562/2011, art. 6º, § 2º);
- **oitiva do Presidente do STF** — ajuizada a interventiva, o Ministro-relator, que sempre será o Presidente do Supremo (RISTF, art. 352), ouvirá, em trinta dias, os órgãos que tenham perpetrado a ofensa constitucional e, findo esse termo, terá prazo igual para apresentar o relatório (Lei n. 4.337/64, art. 3º). Nesse particular, o Presidente do Pretório Excelso — relator do pedido de intervenção — poderá mandar arquivá-lo, caso o considere manifestamente infundado. De sua decisão caberá agravo regimental (RISTF, art. 351, I e III);
- **vista ao Procurador-Geral da República** — apresentadas as informações colhidas, abre-se vista ao Procurador-Geral da República para apresentar seu parecer (CF, art. 103, § 3º);
- **comunicação aos ministros do STF** — remete-se cópia do relatório a todos os ministros da Corte Suprema (Lei n. 4.337/64, art. 4º);
- **sessão de julgamento** — em seguida, o Presidente do STF designa dia para que o Tribunal pleno decida a espécie (Lei n. 4.337/64, art. 4º). A sessão de julgamento será aberta ao público. Nesse particular, o art. 93, IX, da Carta de 1988 revogou o art. 352 do Regimento Interno do STF, que determinava fosse o julgamento secreto;
- **uso da palavra** — findo o relatório na sessão plenária de julgamento (RISTF, art. 5º, VIII), "poderão usar da palavra, na forma do Regimento Interno do Tribunal, o Procurador-Geral da República, sustentando a arguição, e o Procurador dos órgãos estaduais interessados, defendendo a constitucionalidade do ato impugnado" (Lei n. 4.337/64, art. 4º, parágrafo único). Registre-se a impropriedade da frase contida no dispositivo citado, "Procurador dos órgãos estaduais interessados". Deixa transparecer que a defesa da autonomia estadual ou distrital cabe a qualquer um dos membros das procuradorias, quando, na verdade, é *munus* exclusivo do Procurador-Geral do Estado ou do Distrito Federal. Contudo, o Pretório Excelso admite a criação de Procuradorias especiais ligadas aos órgãos legislativos ou judiciários, nada obstante o fato de não possuírem personalidade jurídica. De qualquer forma, a decisão pretoriana excepcionou a regra geral da exclusividade da representação do Estado ou Distrito pelo respectivo Procurador-Geral (STF, ADIn 175/PR, Rel. Min. Octavio Gallotti, *DJU* de 8-10-1993);
- **requisição de informações adicionais** — de acordo com o art. 7º, da Lei n. 12.562/2011, o relator, se entender necessário, poderá requisitar informações adicionais, designar perito ou comissão de peritos para que elabore laudo sobre a questão ou, ainda, fixar data para declarações, em audiência pública, de pessoas com experiência e autoridade na matéria. Ademais, poderão

♦ Cap. 6 ♦ **CONTROLE DE CONSTITUCIONALIDADE** **165**

ser autorizadas, a critério do relator, a manifestação e a juntada de documentos por parte de interessados no processo;

• **prazos e pedido de dia para julgamento** — já pelo art. 8º, da Lei n. 12.562/2011, vencidos os prazos previstos no seu art. 6º ou, se for o caso, realizadas as diligências de que trata o art. 7º, o relator lançará o relatório, com cópia para todos os Ministros, e pedirá dia para julgamento; e

• **imediata convocação do STF** — "Se, ao receber os autos, ou no curso do processo, o ministro relator entender que a decisão é urgente em face de relevante interesse de ordem pública, poderá requerer, com prévia ciência das partes, a imediata convocação do tribunal, e este, sentindo-se esclarecido, poderá suprimir o prazo de trinta dias e proferir seu pronunciamento" (Lei n. 4.337/64, art. 5º).

k) Medida cautelar

Antes do aparecimento da Lei n. 12.562/2011 não era possível a concessão de medida liminar em sede de *ação interventiva*. A suspensão do ato arguido como ofensivo aos princípios sensíveis era, do ponto de vista técnico, da alçada do Presidente da República, e não do Supremo Tribunal Federal. Portanto, liminar não era instrumento idôneo para antecipar o resultado final da sentença, a qual, diga--se de passagem, não exaure, em definitivo, o conflito. Apenas diz se a *direta interventiva* é procedente ou improcedente. Nada mais.

Agora a matéria recebeu novos contornos, por força da Lei n. 12.562/2011 (arts. 5º e 6º).

Destarte, o Supremo Tribunal Federal, por decisão da maioria absoluta de seus membros, poderá deferir pedido de medida liminar na representação interventiva.

Nesse caso, o relator poderá ouvir os órgãos ou autoridades responsáveis pelo ato questionado, bem como o Advogado-Geral da União ou o Procurador-Geral da República, no prazo comum de cinco dias.

A liminar poderá consistir na determinação de que se suspenda o andamento de processo ou os efeitos de decisões judiciais ou administrativas ou de qualquer outra medida que apresente relação com a matéria objeto da representação interventiva.

Apreciado o pedido de liminar ou, logo após recebida a petição inicial, se não houver pedido de liminar, o relator solicitará as informações às autoridades responsáveis pela prática do ato questionado, que as prestarão em até dez dias.

Decorrido o prazo para prestação das informações, serão ouvidos, sucessivamente, o Advogado--Geral da União e o Procurador-Geral da República, que deverão manifestar-se, cada qual, no prazo de dez dias.

Tudo isso que acabamos de expor foi graças à Lei n. 12.562/2011 (arts. 5º e 6º), voltamos a repetir, porque antes era o Presidente da República quem colocava termo à questão, baixando decreto para sustar a executoriedade do ato inconstitucional, e não por meio de medidas liminares.

E se, porventura, liminares fossem concedidas para antecipar o resultado final da decisão, ficava patente que inexistia o mínimo senso de razoabilidade da autoridade concedente, pois não se justifica que cautelares, efêmeras e precárias, ingressassem no mérito de matéria tão delicada e complexa, de notório colorido político, autorizando, de um súbito, ao Presidente da República suspender o ato viciado, sem o exame demorado e amadurecido do problema.

Contraditoriamente, a Lei n. 5.778/72 admitia que se concedesse liminar em ação interventiva.

Preceituava que o Ministro relator poderia, a requerimento do chefe do Ministério Público estadual, e mediante despacho fundamentado, suspender liminarmente o ato impugnado (art. 2º).

Ora, o art. 2º da Lei n. 5.778/72 não levava em conta que medidas liminares pressupõem o perigo da mora e a fumaça do bom direito, dificílimos de serem avaliados numa seara tão cambiante como essa, sujeita aos fluxos e refluxos do fato político.

Embora a Lei n. 4.337/64 não tivesse trazido qualquer disposição expressa no sentido de proibir a concessão de liminares, o certo é que ela as substituiu pelo julgamento de urgência:

"Art. 5º Se, ao receber os autos, ou no curso do processo, o ministro relator entender que a decisão é urgente, em face de relevante interesse de ordem pública, poderá requerer, com prévia ciência das partes, a imediata convocação do tribunal, e este, sentindo-se esclarecido, poderá suprimir o prazo de trinta dias e proferir seu pronunciamento".

Na realidade, quando o Senador Milton Campos, em 1962, elaborou o projeto que deu ensejo à Lei n. 4.337/64, ele percebeu os obstáculos que cercavam a matéria, a começar pelo fato de que o Pretório Excelso estava concedendo liminares às largas, com base na revogada Lei n. 2.271/54, cuja característica principal era equiparar o procedimento da *direta interventiva* ao do mandado de segurança.

> **Memória legislativa:** a Lei n. 2.271/54, revogada pela Lei n. 4.337/64 (art. 9º), dizia em seu art. 4º: "Aplica-se ao Supremo Tribunal Federal o rito do processo do mandado de segurança, de cuja decisão caberão embargos caso não haja unanimidade". Esse preceptivo foi invocado pelo Supremo Tribunal Federal, talvez pela falta de normatividade específica sobre o tema naquela época, afinal nenhuma identidade existe entre o procedimento da interventiva e o do *mandamus*. O certo é que a Corte chegou a deferir pedidos de liminar, com base na Lei n. 1.533/51, que disciplina o rito do mandado de segurança (STF, Repr. 466, Rel. Min. Ari Franco, *RTJ*, 23:1(8); STF, Repr. 467, Rel. Min. Victor Nunes Leal, *RTJ*, 19:5).

Assim, a troca da medida liminar pelo julgamento de urgência era a saída encontrada pela Lei n. 4.337/64 para evitar o considerável número de liminares concedidas em ações interventivas, que, além de gerarem conflitos institucionais, estribavam-se numa estranha assemelhação entre a *direta interventiva* e o mandado de segurança, mecanismos com procedimentos distintos e completamente díspares um do outro.

I) Embargos infringentes

Embora a Lei n. 12.562/2011 não tenha previsto tal possibilidade, o certo é que contra as decisões proferidas em *ação direta interventiva* cabe o ajuizamento de embargos infringentes, como preveem os seguintes diplomas normativos:
*   Lei n. 4.337, de 1º de junho de 1964 (art. 6º); e

> **"Art. 6º** Só caberão embargos, que se processarão na forma da legislação em vigor, quando, na decisão, forem 3 (três) ou mais os votos divergentes".

*   Regimento Interno do Supremo Tribunal Federal (arts. 333, *caput*, IV, 334 a 336).

> **"Art. 333.** Cabem embargos infringentes à decisão não unânime do Plenário ou da Turma.
> (...)
> IV — que julgar a representação de inconstitucionalidade".
> • *RISTF*: arts. 57 e 59, II (preparo: tabela "B" de custas STF); § 3º c/c o art. 107 (prazo: 10 dias); art. 76 (distribuição); art. 93 (acórdão); arts. 96 e 97 (composição do acórdão).
> • *CPC*: arts. 530 a 534 (dos embargos infringentes).
> **"Art. 334.** Os embargos de divergência e os embargos infringentes serão opostos no prazo de quinze dias, perante a Secretaria, e juntos aos autos, independentemente de despacho".
> • *RISTF*: art. 115, § 1º (juntada de documentos).
> • *CPC*: art. 508 (prazo: 15 dias); art. 546, II, e parágrafo único (processo conforme *RISTF*).
> **"Art. 335.** Interpostos os embargos, o Relator abrirá vista ao recorrido, por quinze dias, para contrarrazões.
> § 1º Transcorrido o prazo do *caput*, o Relator do acórdão embargado apreciará a admissibilidade do recurso.
> § 2º Da decisão que não admitir os embargos, caberá agravo, em cinco dias, para o órgão competente para o julgamento do recurso.
> § 3º Admitidos os embargos, proceder-se-á à distribuição nos termos do art. 76.
> (Redação dada pela Emenda Regimental n. 47, de 24 de fevereiro de 2012)".
> • *RISTF*: art. 76 (distribuição); art. 317 (cabimento de AgRg: art. 6º, II, *d*).
> • *RISTF*: arts. 57 e 59, II (preparo).
> • *RISTF*: art. 57, § 3º, c/c o art. 107 (prazo: 3 dias para conta e 10 dias para recolhimento); art. 104 (intimação no *DJ*).
> **"Art. 336.** Na sessão de julgamento, aplicar-se-ão, supletivamente, as normas do processo originário, observado o disposto no art. 146".
> • *RISTF*: art. 6º, IV (julgamento Pleno); art. 146 (em caso de empate: decisão mais favorável ao réu).

Curioso anotar que o art. 1º da Lei n. 5.778/72 determina que não se deve aplicar o art. 6º da Lei n. 4.337/64, o qual consagra a possibilidade de se interpor embargos infringentes nas decisões proferidas em *ação interventiva*.

♦ Cap. 6 ♦ CONTROLE DE CONSTITUCIONALIDADE

> "**Art. 1º** O processo e o julgamento das representações de que trata a alínea *d* do § 3º do art. 15 da Constituição Federal (1969) regulam-se, no que for aplicável, pela *Lei n. 4.337*, de 1º de junho de 1964, excetuado o seu art. 6º".

Certamente, a última parte do art. 1º da Lei n. 5.778/72 ("excetuado o seu art. 6º") não foi recepcionada pelo Texto de 1988, que consagra o princípio do livre acesso ao Poder Judiciário (art. 5º, XXXV), do qual a recorribilidade das decisões é um corolário.

Assim, pela sistemática da Carta de Outubro, é plenamente possível a interposição de embargos infringentes em sede de *direta interventiva*.

m) Sentença e julgamento

A Lei n. 12.562/2011 disciplinou esse assunto nos arts. 9º a 11.

Com efeito, a decisão sobre a representação interventiva somente será tomada se presentes na sessão pelo menos oito Ministros.

Realizado o julgamento, proclamar-se-á a procedência ou improcedência do pedido formulado na representação interventiva se num ou noutro sentido se tiverem manifestado pelo menos seis Ministros.

E, estando ausentes Ministros em número que possa influir na decisão sobre a representação interventiva, o julgamento será suspenso, a fim de se aguardar o comparecimento dos Ministros ausentes, até que se atinja o número necessário para a prolação da decisão.

Julgada a ação, far-se-á a comunicação às autoridades ou aos órgãos responsáveis pela prática dos atos questionados, e, se a decisão final for pela procedência do pedido formulado na representação interventiva, o Presidente do Supremo Tribunal Federal, publicado o acórdão, leva-lo-á ao conhecimento do Presidente da República para, no prazo improrrogável de até quinze dias, dar cumprimento aos §§ 1º e 3º do art. 36 da Constituição Federal.

Dentro do prazo de dez dias, contado a partir do trânsito em julgado da decisão, a parte dispositiva será publicada em seção especial do *Diário da Justiça* e do *Diário Oficial da União*.

Finalmente, a decisão que julgar procedente ou improcedente o pedido da representação interventiva é irrecorrível, sendo insuscetível de impugnação por ação rescisória (Lei n. 12.562/2011, art. 12).

n) Efeitos da decisão do Supremo Tribunal Federal

Embora a *ação direta interventiva* seja um mecanismo da jurisdição concentrada, seus efeitos operam-se em concreto, atingindo apenas as partes, e não a todos.

Esses efeitos *inter partes* da sentença pretoriana não se prolongam no tempo nem servem de paradigma para situações semelhantes. Esgotam-se naquele caso específico. Não há falar em efeitos *ex nunc* ou *pro futuro* em matéria essencialmente instável, notabilizada pela oscilação do fato político.

> **Em sentido contrário:** "Quanto ao aspecto *temporal*, a própria limitação dos efeitos objetivos da decisão faz com que, na prática, a decisão tenha eficácia *ex nunc*. Assim é porque o provimento da ação interventiva não produz por si mesmo consequências sobre a situação inconstitucional levada ao conhecimento da Corte, funcionando como pressuposto material — e mandamento, conforme demonstrado — para que o Poder Executivo decrete a intervenção, cujas providências extrapolam a esfera de efeitos próprios da ação interventiva" (Luís Roberto Barroso, *O controle de constitucionalidade no direito brasileiro*, p. 253).

Assim, quando o Supremo julga a *ação interventiva*, concluindo pela sua procedência ou improcedência, os efeitos da decisão alcançam, tão só, a controvérsia envolvendo a União e Estado-membro (ou Distrito Federal).

Vale observar que a sentença do Supremo tem caráter mandamental e o Presidente da República pratica ato vinculado. Ou seja, o Chefe do Executivo não exercita um juízo discricionário nem decide a respeito da conveniência ou oportunidade da intervenção. Somente o Pretório Excelso é que possui essa prerrogativa, que decorre do seu posto de oráculo da Carta Magna (CF, art. 102, *caput*).

Resultado: se o Supremo julgar o pedido *procedente*, caberá à União intervir no ente federado, a fim de extirpar a inconstitucionalidade. Mas, se a Corte Excelsa concluir pela *improcedência* do pedido, a União não poderá intervir no Estado-membro ou Distrito Federal, ainda que alegue ofensa a princípio

168 ◆ Uadi Lammêgo Bulos ◆

sensível. Lembre-se que o desatendimento ao veredito pretoriano enseja crime de responsabilidade (CF, art. 85, VII).

◻ 8.2.6. *Ação direta de inconstitucionalidade genérica*

A *ação direta de inconstitucionalidade genérica* surgiu no Brasil com a Emenda Constitucional n. 16, de 6 de dezembro de 1965.

Aliás, o adjetivo *genérica*, que qualifica o mecanismo em estudo, é um rótulo doutrinário, usado para distingui-lo dos demais instrumentos do controle abstrato de normas. Tanto é assim que nenhuma de nossas Constituições o adotou. Basta ver a Carta de 1988, que consagrou a terminologia *ação direta de inconstitucionalidade* (art. 102, I, *a*), ou, simplesmente, *ação de inconstitucionalidade* (art. 103, *caput*, e § 1º).

Antes o instituto era chamado de *representação por inconstitucionalidade* (EC n. 1/69, art. 119, I, *l*).

> **Entendimento do STF:** no Supremo Tribunal Federal, enquanto o Ministro Moacyr Amaral Santos considerava a representação por inconstitucionalidade verdadeira *ação declaratória*, o Ministro Aliomar Baleeiro a vislumbrava não como ação no sentido clássico, genuinamente processual, porém "uma instituição de caráter político, à semelhança do *impeachment*, que, por mais que queiramos pôr dentro do processo penal, não é processo penal. É uma medida política, pouco importando que ela adote alguns dos ingredientes processualistas" (STF, Repr. 700, *RTJ, 45*:690).

O resquício da ordem jurídica pregressa persistiu na sistemática do Texto de 1988, pois, no art. 125, § 2º, o constituinte usou a terminologia *representação de inconstitucionalidade*.

Seja como for, essa autêntica *ação* (e não representação) viabiliza o exercício do controle abstrato de normas perante o Supremo Tribunal Federal.

Por isso, falar em *ação direta de inconstitucionalidade genérica, ação genérica* ou, simplesmente, *direta genérica*, é reportar-se ao próprio controle concentrado.

Enquanto a *direta interventiva*, que acabamos de estudar, é um instrumento de fiscalização concreta da constitucionalidade, a *direta genérica* é um mecanismo sempre concentrado de defesa da ordem constitucional. A primeira não envolve um *processo objetivo*, a segunda sim, como veremos a seguir.

No Brasil, existem duas modalidades de ação direta de inconstitucionalidade: uma por *ação*, outra por *omissão*. Esta última, analisaremos à frente.

Quanto à *direta genérica* por *ação* — categoria específica de nosso estudo — ela recebeu tratamento de destaque na Lei Maior de 1988.

Outrora deixado sob os auspícios do Procurador-Geral da República (EC n. 1/69, art. 119, I, *l*), passou, com a Carta de Outubro, a ter como curador o Advogado-Geral da União, que defenderá o ato ou texto impugnado (CF, art. 103, § 3º).

E, pelo seu novo regime, muitos podem propor a *direta genérica*, exceto o cidadão (CF, art. 103). Até no plano estadual o mecanismo pode ser implantado (CF, art. 125, § 2º).

a) Noção

Ação direta de inconstitucionalidade genérica é o mecanismo de controle exclusivamente abstrato de normas que consiste num processo objetivo de defesa da Constituição Federal.

O instituto é ínsito ao controle concentrado de normas, porquanto é o Supremo Tribunal Federal — e somente ele — quem o aprecia.

Por seu intermédio, instaura-se lídimo *processo objetivo*, que não visa tutelar casos concretos, algo que, no Brasil, é realizado pelo controle difuso.

> **Controvérsia doutrinária:** há posicionamento, ao qual não aderimos, admitindo a possibilidade de o *processo objetivo* também reportar-se a casos concretos (Gilmar Ferreira Mendes, O controle incidental de normas no direito brasileiro, *Cadernos de Direito Constitucional e Ciência Política, 23*:31). Sobre o assunto: Milton Flaks, Instrumentos processuais de defesa coletiva, *RDA, 190*:67.

◆ Cap. 6 ◆ CONTROLE DE CONSTITUCIONALIDADE

169

b) Natureza jurídica

Existem partes na *direta genérica*? Qual o seu objeto? Há contraditório, lide ou litígio?

Certamente, a *direta genérica* possui a natureza jurídica de uma *ação*, e não de representação, calcada num *processo objetivo*.

> **Posição do STF:** a *direta genérica* é "ação de caráter excepcional com acentuada feição política pelo fato de visar ao julgamento, não de uma relação jurídica concreta, mas da validade da lei em tese" (STF, Repr. 1.016, Rel. Min. Moreira Alves, *RTJ*, 95:999).

As consequências de a *direta genérica* sedimentar-se num *processo objetivo* são as seguintes:

- Apenas o Supremo Tribunal Federal é o foro competente para processar e julgar a *direta genérica*.
- No campo da *direta genérica*, não há lide ou litígio, nem, tampouco, contraditório, porque inexiste conflito de interesses concretos em jogo. Consequentemente, não equivale a um típico direito de ação, tal qual previsto no art. 5º, XXXV, da *Lex Legum*, pois, se assim fosse, deixaria de consignar um *processo objetivo* (STF, Recl. 397-QOMC/RJ, Rel. Min. Celso de Mello, j. em 25-11-1992, *DJU* de 21-5-1993).
- Não há falar em *partes*, no sentido da processualística clássica, exceto no aspecto formal. Existem requerentes, mas inexistem requeridos, pois a *direta genérica* integra o cerne daquilo que se chama *processo constitucional*. Este, por sua vez, possui regras próprias, diferentes daquelas aplicadas num conflito entre as partes envolvidas numa demanda (processo ordinário, comum ou subjetivo). As figuras da *pertinência temática* e do *amicus curiae*, que estudaremos adiante, exemplificam sua especificidade.

> **Advertência do STF:** o Supremo Tribunal Federal deve permanecer em "constante vigília, de modo a evitar tentativas de aplicação *contra naturam* das regras de processo civil a situações em que elas não podem ser aplicadas" (STF, Pet. 1.120-MC/SP, Rel. Min. Celso de Mello, j. em 1º-3-1996).

- O objeto da *direta genérica* é a tutela da ordem constitucional como um todo, e não a defesa de um direito subjetivo, juridicamente protegido, lesado ou na iminência de sê-lo. Seus proponentes devem buscar a defesa do interesse genérico de toda a sociedade, e não de interesses privados, traduzidos em casos concretos (STF, ADIn 79, Rel. Min. Celso de Mello, *DJU* de 12-9-1989; STF, AgRg em ADIn 1.254-MC, Rel. Min. Celso de Mello, *DJ* de 19-9-1997, p. 45530).
- Ofensas indiretas, oblíquas ou reflexas a direitos subjetivos não autorizam a propositura da *direta genérica*, porque ela consiste num instrumento abstrato de garantia da ordem constitucional. Daí a impossibilidade de se invocar, nesse bojo, a aplicação irrestrita e desmensurada do princípio da subsidiariedade, pois a natureza objetiva do controle concentrado de normas "supõe a discussão meramente abstrata de questões jurídicas atinentes à conformação constitucional dos atos estatais" (STF, ADIn 1.350/RO, Rel. Min. Celso de Mello, j. em 27-6-1996).

O fato de a *direta genérica* encetar um *processo objetivo* é plenamente justificável.

Vimos que o controle concentrado, do qual a *direta genérica* participa, apresenta traços do *processo objetivo*.

Foi a publicística alemã que desenvolveu as bases teóricas do *processo objetivo* (*objectives Verfahren*).

Trata-se, segundo os germânicos, de um processo unilateral, sem partes, sem contraditório.

Se os institutos tradicionais do Direito Processual fincaram seus alicerces na natureza subjetiva das demandas discutidas em juízo, as transformações perpetradas na contemporaneidade imprimiram uma revisão de conceitos clássicos, para satisfazer a *praxis* judiciária de nosso tempo.

Em verdade, o *processo objetivo* reveste-se de particularidades, porque é um *processo constitucional*, destinado, apenas, à tutela abstrata das constituições (*Verfassungsrechtsbewahrungsverfahen*).

Nele não há a defesa do direito de um requerente (*Rechtsschutzbedürfnis*).

Logo, o *processo objetivo* não se destina a proteger relações jurídico-privadas, nem à defesa de direitos subjetivos lesados ou ameaçados de lesão, tal como preconizados no art. 5º, XXXV, da Carta de 1988. Ele existe por uma necessidade pública de controle da ordem constitucional (*öffentliches Kontrollbedürfnis*).

Críticas severas são endereçadas ao *processo objetivo*. Muitos acreditam que os seus fundamentos subvertem as bases teóricas do Direito Processual clássico. Asseguram que ele não se amolda ao modelo brasileiro, que não pode ser equiparado ao alemão.

Crítica doutrinária: "Não há, no direito brasileiro, o procedimento solipsista que se designou falsamente como processo 'objetivo', um processo sem partes e contraditório, 'uma ação especialíssima, sem réu, sem relação jurídica e sem pretensão resistida' (*RTJ, 113*:22; *159*:18; *163*:942). No direito germânico, *processo objetivo* não é processo sem partes (ainda que a lei, em tal caso, sem usar o termo 'parte', utilize outros, assemelhados, em seu lugar), mas o processo em que não se cuida de direitos subjetivos. A falácia do processo 'objetivo' é uma dessas ficções, excrecências pseudocientíficas postas a serviço do autoritarismo. Se o juiz não ouviu, é irrelevante o que possa haver sentido: não há *sentencia* onde não se ouviram os interessados. Nem pode haver processo 'objetivo' com efeitos subjetivos; se objetivo o processo, objetivos também os seus efeitos" (Sérgio Sérvulo da Cunha, *O efeito vinculante e os poderes do juiz*, p. 118-119).

Cremos que há em tudo isso um aspecto terminológico.

A voz *processo objetivo* é utilizada pela falta de outra que exteriorize o seu conteúdo.

Não raro, é difícil para o jurista verbalizar determinadas *formas-pensamento*. Vestir as ideias com vocábulos, às vezes, é o mesmo que matá-las, porque as concepções ficam limitadas.

As palavras têm conteúdo emocional, pelo qual são conhecidas. Quando se veicula um raciocínio, um esquema mental, um instituto de direito, temos de vesti-los com signos linguísticos conhecidos, e nem sempre o logramos.

Aí reside o grande problema; radica-se todo o mal, porque o vocábulo *processo*, independentemente de ser qualificado como *objetivo* ou *subjetivo*, no campo processual, ligou-se à ideia de litígio, partes, contraditório, relação jurídica etc.

Há um paralelismo entre esses termos, que, por simbiose, passaram a ser assim concebidos.

Em matéria de jurisdição constitucional, todavia, recomenda-se que se mude a *forma-pensamento* que, usualmente, norteia o raciocínio jurídico, pois, nesse setor, nem sempre incide a dogmática processual clássica, tampouco os pressupostos do Direito Privado.

Se, na órbita civil, os pronunciamentos jurisdicionais abarcam dois sujeitos, assentando-se numa petição de princípio civilista, no campo da constituição, o problema não pode ser encarado, necessariamente, dessa forma.

Existem hipóteses em que as questões submetidas ao Supremo Tribunal Federal adquirem uma dimensão diferenciada, se comparada aos processos ordinários.

Daí o reconhecimento doutrinário da natureza objetiva dos casos submetidos ao controle concentrado de normas, que nem sempre seguem à risca as concepções clássicas do Direito Processual.

Doutrina: Heinrich Triepel, *Streitigkeiten zwischen Reich und Ländern*: Beiträge zur Auslegung des Artikels 19 der Weimarer Verfassung, p. 68; Hartmut Söhn, Die abstrakte Normenkontrolle, p. 292-322.

c) Finalidade

A finalidade da *ação genérica* é eliminar da ordem jurídica as leis ou atos normativos inconstitucionais.

Mediante a instauração de um *processo objetivo* delineia-se a defesa concentrada da carta magna.

Quando o Pretório Excelso declara, em abstrato, a ilegitimidade constitucional de lei ou ato normativo federal ou estadual, maculados pelo vício da inconstitucionalidade, a *direta genérica* alcança o seu escopo.

A Corte retira do sistema de Direito Positivo os atos inconstitucionais até então formalmente vigentes (STF, ADIn 2.010/DF, Rel. Min. Celso de Mello, j. em 11-3-2004, *DJ* de 22-3-2004, p. 43).

Por isso, a finalidade da *direta genérica* é transformar o Supremo Tribunal Federal num *legislador negativo*, que, ao declarar em abstrato a inconstitucionalidade normativa, expurga leis ou atos viciados do ordenamento, paralisando-lhes os efeitos nocivos à supremacia da Carta Maior.

Precedente: STF, ADIn 2.971-MC/RO, Rel. Min. Celso de Mello, j. em 5-5-2004, *DJ* de 18-5-2004, p. 28. Pacífica é a jurisprudência da Corte nesse sentido: STF, *RTJ, 153*:765, *126*:48, *143*:57, *146*:461-462, *178*:22-24. Registre-se um polêmico precedente que excepcionou o entendimento consagrado no Pretório Excelso: STF, AgRg em AgI 211.422/PI, Rel. Min. Maurício Corrêa, *DJU* de 14-8-1998.

◆ Cap. 6 ◆ CONTROLE DE CONSTITUCIONALIDADE

171

Nesse ínterim, a Corte Excelsa não desempenha o papel de *legislador positivo*, inovando a ordem jurídica pela criação de norma anteriormente inexistente. Ora, quem faz leis é o Legislativo, não o Judiciário (*v. n.* 8.2.2, *supra*).

> **Posicionamento do STF:** "O Poder Judiciário somente atua como legislador negativo, vedando-se-lhe o atuar de forma positiva" (STF, RE 279.002/RS, Rel. Min. Sepúlveda Pertence, j. em 4-5-2004, *DJ* de 24-5-2004, p. 61).

d) Competência

Compete ao Supremo Tribunal Federal processar e julgar, originariamente, *ações diretas de inconstitucionalidade* de leis ou atos normativos federais ou estaduais (CF, art. 102, I, *a*).

Essa competência pertence ao Pretório Excelso e a mais ninguém, porquanto ele é o titular do controle concentrado, que decorre do seu posto de guarda da ordem constitucional (CF, art. 102, *caput*).

Incumbe-lhe, assim, fiscalizar, em sede de *ação direta genérica*, a constitucionalidade das leis ou atos normativos.

Nessa seara, não se discutem questões concretas, problemas particularizados, como ocorre no controle difuso.

Se, na via difusa, existe um direito subjetivo a ser defendido, podendo ser pleiteado em qualquer juízo ou tribunal, na via de ação há um direito objetivo que apenas pode ser alegado perante a Colenda Corte.

Desse modo, reserva-se ao órgão de cúpula do Poder Judiciário — o Supremo Tribunal Federal — a missão sacrossanta de empreender a defesa em tese da Constituição, a fim de preservar-lhe a integridade.

Daí a competência originária do Pretório Excelso para processar e julgar *ação direta de inconstitucionalidade genérica* — instrumento formal viabilizador do controle abstrato de normas.

> **Perfil da "Direta Genérica":** a *direta genérica* traduz-se como um dos "mecanismos mais expressivos de defesa objetiva da Constituição e de preservação da ordem normativa nela consubstanciada. A *ação direta*, por isso mesmo, representa meio de ativação da jurisdição constitucional concentrada, que enseja, ao Supremo Tribunal Federal, o desempenho de típica função política ou de governo, no processo de verificação, em abstrato, da compatibilidade vertical de normas estatais contestadas em face da Constituição da República" (STF, ADIn 2.971-MC/RO, Rel. Min. Celso de Mello, j. em 5-5-2004, *DJ* de 18-5-2004, p. 28).

e) Leis e atos normativos

Entender o significado e o alcance do que sejam *leis e atos normativos* é pressuposto inarredável para verificar a possibilidade jurídica de exercício da *ação direta de inconstitucionalidade genérica*.

Isso porque são as *leis* e os *atos normativos* os parâmetros de confronto, a serem cotejados com a carta maior, para verificar a existência de ofensas, ou não, em seu texto.

Leis são atos primários, escritos, bilaterais, abstratos, gerais e imperativos, elaborados pelo Poder Legislativo. Tal noção é em sentido amplo, compreendendo a atividade legislativa em toda a sua extensão.

Atos normativos, por sua vez, são pautas prescritivas de comportamento, emanadas dos Poderes Públicos, que encerram um juízo de *dever ser*. Podem ser criados por autoridades que não integram o Poder Legislativo do Estado. Subordinam a vontade humana e geram dever de obediência.

Ao contrário das *leis*, os *atos normativos*, para se sujeitarem ao controle abstrato, não necessitam ser elaborados pelo Poder Legislativo. O Executivo e o Judiciário, no exercício de suas correspectivas funções constitucionais, também podem editá-los, imprimindo-lhes, na *substância*, densidade normativa.

Assim, não é o exame da forma nem a fonte de origem que possibilitam o entendimento do que sejam *atos normativos*.

É o *conteúdo* do ato que permite identificá-lo como *normativo*.

172 ◆ Uadi Lammêgo Bulos ◆

Uma resolução administrativa do Poder Judiciário, por exemplo, é um ato normativo, desde que exteriorize indisfarçável substância jurídico-material, trazendo, em sua essência, a marca da generalidade, da abstração e da força vinculante que a todos obriga.

Por outro lado, súmulas, convenções coletivas de trabalho, atos estatais de efeitos concretos, respostas a consultas formuladas ao Tribunal Superior Eleitoral etc. não são atos normativos para fins de controle abstrato de constitucionalidade.

Só se pode considerar *normativo* o ato cuja substância disciplina certo padrão de comportamento, dando margem para *decidir conflitos* (STF, ADIn 1.352-1/DF, Rel. Min. Celso de Mello, *DJ* de 4-10-1995, p. 32736; STF, Pleno, ADIn 1.716-0/DF, Rel. Min. Sepúlveda Pertence, *DJ*, 1, de 27-3-1998, p. 2).

Atos estatais de conteúdo meramente derrogatório, resoluções do Conselho Internacional de Preços, medidas provisórias, emendas constitucionais, por exemplo, desde que revestidos de iniludível *substância normativa*, submetem-se ao controle abstrato de normas (STF, Pleno, ADIn 8-0/DF, Rel. Min. Carlos Velloso, *DJ*, 1, de 10-5-1996, p. 15129; STF, Pleno, ADIn 769-ML/MA, Rel. Min. Celso de Mello, *DJ*, 1, de 8-4-1994, p. 7224 etc.).

f) Matérias que constituem objeto da ação direta genérica

O objeto da *ação direta de inconstitucionalidade genérica* convém ser estudado com amplitude.

Não basta simplesmente dizer que o seu cabimento se reporta a atos normativos primários, federais ou estaduais, inovadores da ordem jurídica. Também não é o bastante ir pela negativa, afirmando que os atos secundários, os atos de efeitos concretos e os atos revogados estão fora da *direta genérica*, porquanto se encontram despojados de normatividade.

Ora, essas premissas gerais são utilíssimas, mas devem ser escandidas, desdobradas, esmiuçadas, de modo a especificarmos quais os atos que podem, ou não, ser impugnados na via abstrata.

É o que faremos nos dois tópicos seguintes, adiantando, desde já, que a enunciação vindoura é meramente exemplificativa, sem prejuízo de outros comportamentos impugnáveis em sede de controle concentrado de normas.

f.1) Leis ou atos normativos estaduais

O Supremo Tribunal Federal, via *ação direta*, poderá controlar, em abstrato, a constitucionalidade de normas das cartas dos Estados-membros, bem como as leis produzidas pelas Assembleias legislativas e decretos autônomos estaduais.

Desde a promulgação da Carta de 1988, inúmeros foram os precedentes em que dispositivos de Constituições dos Estados foram declarados inconstitucionais pelo Pretório Excelso.

> **Controle Abstrato — Normas Constitucionais Estaduais de Conteúdo Remissivo — Parametricidade** — "Revela-se legítimo invocar, como referência paradigmática, para efeito de controle abstrato de constitucionalidade de leis ou atos normativos estaduais e/ou municipais, cláusula de caráter remissivo, que, inscrita na Constituição Estadual, remete, diretamente, às regras normativas constantes da própria Constituição Federal, assim incorporando-as, formalmente, mediante referida técnica de remissão, ao plano do ordenamento constitucional do Estado-membro. Com a técnica de remissão normativa, o Estado-membro confere parametricidade às normas, que, embora constantes da Constituição Federal, passam a compor, formalmente, em razão da expressa referência a elas feita, o *corpus* constitucional dessa unidade política da Federação, o que torna possível erigir-se, como parâmetro de confronto, para os fins a que se refere o art. 125, § 2º, da Constituição da República, a própria norma constitucional estadual de conteúdo remissivo. Doutrina. Precedentes" (STF, Rcl. 10.500 MC/SP, Rel. Min. Celso de Mello, j. em 18-10-2010).

A exegese lógica do art. 125, § 2º, da Carta de 1988 permite-nos concluir que compete ao Tribunal de Justiça processar e julgar leis e atos normativos estaduais, tomando como paradigma a constituição estadual.

> **Decisão do STF:** "Da decisão de Tribunal de Justiça, em representação de inconstitucionalidade, com base no art. 125, § 2º, da Constituição Federal, poderá caber recurso extraordinário, a teor do art. 102, III, da Lei Maior da República" (STF, Pleno, Recl. 425-2/RJ, Rel. Min. Néri da Silveira, decisão de 27-5-1993, *DJ*, 1, de 22-10-1993, p. 22252).

◆ Cap. 6 ◆ **CONTROLE DE CONSTITUCIONALIDADE** 173

Recorde-se que somente o Supremo Tribunal Federal detém competência para processar e julgar leis ou atos normativos estaduais que violarem preceitos do Texto Maior (*RTJ*, *135*:12, 1991).

Nesse caso, o paradigma de confronto é a própria Constituição de 1988 (STF, *RDA*, *184*:208, 1991).

E não compete ao Tribunal de Justiça exercer controle concentrado de lei federal perante carta de Estado-membro, nem de lei municipal em face do Texto da República (STF, *RTJ*, *134*:1066, 1990; *135*:12, 1991).

Cumpre assinalar que é legítima a intervenção do *amicus curiae* no processo de fiscalização abstrata de constitucionalidade instaurado perante o Tribunal de Justiça Local. O Supremo Tribunal Federal assim tem entendido (ADI 2.321-MC/DF e RE 595.964/GO). Decerto, a presença do *amicus curiae*, nessa seara, pluraliza e legitima o debate constitucional, desde quando esteja presente aquilo que os publicistas estadunidenses chamaram de *representatividade adequada*. A *adequacy of representation* abre campo para se discutir a problemática da abertura procedimental dos mecanismos inerentes ao controle abstrato de normas, bem como a legitimidade das decisões emanadas do Supremo Tribunal Federal e dos Tribunais de Justiça Locais. É que, excetuadas aquelas situações particulares e concretas, as quais não admitem debates em abstrato, via fiscalização concentrada de normas, é possível, sim, o ingresso, como *amicus curiae*, de algumas entidades e instituições que preencham a exigência pertinente à *adequacy of representation*. No RE 597.165, por exemplo, a Corte Excelsa não admitiu o ingresso, como *amicus curiae*, da Companhia Brasileira de Distribuição, que não preencheu a exigência concernente à representatividade adequada, mesmo sendo um ente privado (DF, Rel. Min. Celso de Mello, *DJE* de 12-4-2011). Portanto, para se lograr o *status* de *amicus curiae*, inclusive em sede de controle abstrato de normas perante o Tribunal de Justiça, é preciso seguir a fórmula da *adequacy of representation*, inerente aos processos que envolvem sentenças coletivas, seara de frutíferas discussões sobre a legitimidade para agir em tema de interesses metaindividuais.

f.2) Leis ou atos normativos distritais

A Constituição de 1988, no art. 102, I, *a*, refere-se apenas ao controle de constitucionalidade de lei ou ato normativo federal ou estadual, sem mencionar as leis ou atos normativos distritais.

Se não bastasse, o art. 103, IV e V, também não previu a legitimidade ativa do Governador e da Mesa da Câmara Legislativa do Distrito Federal, enquanto o § 2º do art. 125 nada disse a respeito.

Em que pese o silêncio do constituinte, parece-nos que o Supremo Tribunal Federal — oráculo da *Lex Mater* — detém competência para efetuar o controle concentrado de constitucionalidade de leis ou atos normativos distritais.

Esse posicionamento parte do pressuposto de que, pela Constituição da República, o Distrito Federal exerce, simultaneamente, competências legislativas e administrativas reservadas aos Estados e Municípios (arts. 24, 25, § 1º, 30, 31, § 1º).

Com base nessa constatação, o Supremo Tribunal Federal entendeu ser possível realizar o controle concentrado de lei ou ato normativo distrital em face do Texto de 1988 (STF, Pleno, ADIn 611/DF, Rel. Min. Sepúlveda Pertence, *RTJ*, *145*:491; STF, ADIn 645-MC/DF, Rel. Min. Ilmar Galvão, *DJU* de 21-2-1992).

Para tanto, urge que as leis ou atos normativos questionados estejam vinculados ao exercício da competência estadual que a Constituição da República irrogou ao Distrito.

É que se a inconstitucionalidade alegada for correlata ao exercício da competência municipal do Distrito, não há falar em controle concentrado, pois isso recairia na hipótese proibida de uma lei do Município ser arguida em face da manifestação constituinte de primeiro grau (STF, Pleno, ADIn 611-MC/DF, Rel. Min. Sepúlveda Pertence, *DJU* de 11-12-1992, p. 23662, *RTJ*, *145*:491).

Esse posicionamento, inclusive, tornou-se objeto da Súmula 642 do STF, de 24 de setembro de 2003: "Não cabe ação direta de inconstitucionalidade de lei do Distrito Federal derivada de sua competência legislativa municipal".

Em suma, na via abstrata, o Supremo Tribunal Federal pode exercer o controle concentrado de constitucionalidade de normas distritais, competindo-lhe processar e julgar:

- ações diretas de inconstitucionalidade de preceitos contidos na Lei Orgânica do Distrito Federal contrárias à Constituição da República;

Nesse sentido: STF, ADIn 1.020-4, Rel. Min. Ilmar Galvão, que declarou inconstitucional os §§ 3º e 4º do art. 103 da Lei Orgânica do Distrito Federal.

* ações diretas de inconstitucionalidade questionando dispositivos constantes no Ato das Disposições Transitórias da Lei Orgânica do Distrito Federal (STF, ADIn 980-0, voto do Ministro Celso de Mello);
* ações diretas de inconstitucionalidade de preceitos oriundos de emendas constitucionais à Lei Orgânica do Distrito Federal (STF, ADIn 1.557-5, Rel. Min. Octavio Gallotti, proposta pela Associação Nacional dos Procuradores do Estado (Anape);
* ações diretas de inconstitucionalidade de lei ou ato normativo distrital, inclusive aqueles aprovados pela Câmara Legislativa do Distrito Federal ou pelo Senado da República.

Precedente: STF, ADIn 1.592-MC/DF, Rel. Min. Moreira Alves, que suspendeu a eficácia de lei distrital que determinava a colocação de placas de sinalização antes de toda e qualquer barreira eletrônica implantada nas vias do Distrito Federal, informando a velocidade máxima permitida.

Embora o Tribunal de Justiça do Distrito Federal e Territórios possua competência para desempenhar o controle de constitucionalidade das leis e atos normativos distritais, *ex vi* do art. 125, § 2º, da Carta Maior, ele não poderá declarar a inconstitucionalidade tomando como parâmetro de controle a Constituição de 1988.

Apenas o Supremo, no exercício da sua missão constitucional, poderá agir como guardião da Carta Magna, exercendo o controle concentrado de atos distritais.

Mas é possível o uso da *reclamação* para a Corte impedir invasão constitucional de atribuições (CF, art. 102, I, *l*).

No que tange ao controle de constitucionalidade dos atos distritais, o Tribunal de Justiça do Distrito Federal e Territórios somente poderá tomar como parâmetro de fiscalização a Lei Orgânica Distrital.

E, pelo art. 30 da Lei n. 9.868/99, a propositura de ação direta de inconstitucionalidade de lei ou ato normativo distrital em face da Lei Orgânica do Distrito Federal pertence: ao Governador, à Mesa da Câmara Legislativa, ao Procurador-Geral de Justiça, à OAB do Distrito Federal, aos sindicatos e entidades de classe, aos partidos políticos com representação na Câmara Legislativa.

f.3) Decretos autônomos e atos regulamentares

O controle concentrado de decretos e atos regulamentares é providência excepcional aceita pela jurisprudência do Pretório Excelso.

Para viabilizar-se, é preciso que o decreto ou ato normativo regulamentar seja *autônomo*.

Nesse sentido: STF, Pleno, ADIn 1.383-1/RS, Rel. Min. Moreira Alves, *DJ*, 1, de 18-10-1996, p. 3944; STF, Pleno, ADIn 1.883-3/CE, Rel. Min. Maurício Corrêa, *DJ*, 1, de 27-11-1998, p. 7; STF, Pleno, ADIn 1.614-8-ML/MG, Rel. Min. Marco Aurélio, *DJ*, 1, de 27-3-1998, p. 2.

Tecnicamente, decreto *autônomo* é espécie do gênero decreto executivo, que dispõe sobre assuntos que ainda não foram disciplinados pelo legislador. Trata-se, pois, de um provimento *praeter legem*, que visa suprir a omissão legislativa para atender ao interesse público. Em rigor, não há lugar, na normativa constitucional brasileira, para a sua existência, porque o art. 84, IV, da *Lex Mater*, não o abriga. Na prática, contudo, apresenta-se com certa frequência, desbordando a Constituição e fugindo do sentido teórico em que foi concebido. No Direito alienígena, o *decreto autônomo* possui natureza administrativa. Não pode sobrepor-se ao princípio da legalidade. Com a edição da lei, fica superado. Embora apresente caráter geral e abstrato, sendo, em regra, expedido pelo Chefe do Poder Executivo, caracteriza-se como um ato estritamente subordinado, subalterno e circunscrito à fonte primária do Direito: a lei. Por isso, é inferior, secundário, não inova, com foros de inicialidade, a ordem jurídica. Ao contrário do que se pode imaginar, existe para reger situações que demandem a presença da Administração Pública. Qualificado de *autônomo* ou *independente* — tão só para designar o fato de ser expedido por organismo diverso daquele ao qual é cometida a edição de leis (Poder Legislativo) —, é mero auxiliar da função legislativa do Estado. E nada mais.

◆ Cap. 6 ◆ CONTROLE DE CONSTITUCIONALIDADE

175

Abrangência do conceito de ato normativo autônomo: para que se tenha uma ideia acerca do entendimento do Pretório Excelso sobre a abrangência do conceito de *ato normativo autônomo*, em tema de controle concentrado, transcreva-se o seguinte *decisum*: "O decreto em questão — longe de haver sido utilizado como sucedâneo da lei em sentido formal, substituindo-a, impropriamente, em sua clássica função de veículo instaurador de uma nova ordem normativa (J. J. Gomes Canotilho, *Direito Constitucional e Teoria da Constituição*, Coimbra, Almedina, 1998, p. 633) — veio a ser editado precisamente em decorrência, e como um necessário complemento, da Lei n. 9.394/96, cuja existência tornou imprescindível a formulação do mencionado decreto, circunstância que nesta faz ressaltar a sua ausência de autonomia jurídica, o que lhe suprime o atributo de normatividade qualificada, essencial à instauração do processo de fiscalização abstrata de constitucionalidade" (STF, ADIn 2.589/DF, Rel. Min. Carlos Velloso, j. em 29-9-2003, *DJ*, 1, de 6-10-2003, p. 55).

Quando o decreto ou ato normativo não for *autônomo*, sua problemática se situa no âmbito da ilegalidade, e não da inconstitucionalidade, afinal ele se encontra abaixo da lei, não dando ensejo ao conhecimento da ação direta de inconstitucionalidade. Por isso, deve ser confrontado com a legislação e não com o Texto Maior (STF, Pleno, ADIn 1.793/SP, Rel. Min. Nelson Jobim, decisão de 20-5-1998; ADIn 2.121/SC, Rel. Min. Moreira Alves, *DJ* de 15-12-2000).

Mas se o decreto ou o ato regulamentar for *autônomo* será possível o controle concentrado, via ação direta de inconstitucionalidade, para verificar se houve ofensa ao princípio constitucional da reserva legal ou, até mesmo, invasão de competência legislativa de um dos entes federativos (União, Estados, Distrito Federal ou Municípios) (STF, Pleno, ADIn 1.435-8-MC/DF, Rel. Min. Francisco Rezek, *DJ*, 1, de 6-8-1999, p. 5).

Vez ou outra, o Supremo Tribunal Federal admite ação direta de inconstitucionalidade tendo por objeto decretos e atos regulamentares *autônomos*, quando estes deixam de regulamentar, no todo ou em parte, a lei, contrariando, assim, o princípio da reserva legal (CF, art. 5º, II) (STF, *RTJ*, *142*:718, *158*:54).

Um regimento interno ou atos normativos do Poder Judiciário, e dos Tribunais de Contas, por exemplo, aí se situam, sujeitando-se ao controle abstrato (STF, ADIn 1.400-5-MC/SP, Rel. Min. Ilmar Galvão, *DJU* de 31-5-1996, p. 18800; STF, ADIn 2.093-5-MC/SC, Rel. Min. Marco Aurélio, *DJU* de 28-4-2000, p. 71).

O mesmo se diga quanto aos atos normativos secundários desconformes à Carta Magna (v. g., atos administrativos em geral, instruções, resoluções, portarias, atos declaratórios).

Precedente: STF, *RDA*, *183*:132, 1991. **Ressalva:** porém, se o ato secundário, interpretativo de lei ordinária, ultrapassar o conteúdo da lei, não da Constituição, o problema será de ilegalidade, não de inconstitucionalidade (STF, ADIn 2.618-AgRgAgRg/PR, Rel. Min. Carlos Velloso, decisão de 12-8-2004).

Mas o controle concentrado de decretos é a exceção. A regra é corrigir possíveis inconstitucionalidades na via difusa, ou seja, no caso concreto, no processo *inter partes*. Daí o Pretório Excelso ter declarado a impossibilidade jurídica de se lançar mão do controle concentrado de normas para discutir a constitucionalidade de ato administrativo de mera execução da lei consubstanciada em decreto presidencial (CF, art. 84, IV) (STF, Pleno, ADIn 1.554-3/DF, Rel. Min. Sydney Sanches, *DJ*, 1, de 5-9-1997, capa).

Também descabe ação direta de inconstitucionalidade com base em decreto executivo, regulamentador de lei. O fato de um decreto restringir dispositivo legal pode culminar na decretação da sua ilegalidade, jamais da sua inconstitucionalidade.

Nesse sentido: STF, Pleno, ADIn 1.388-3/DF, Rel. Min. Néri da Silveira, *DJ*, 1, de 14-11-1996, p. 44467; STF, Pleno, ADIn 1.412-9-ML/DF, Rel. Min. Maurício Corrêa, *DJ*, 1, de 22-3-1996, p. 8233.

Esporadicamente, portanto, o Supremo Tribunal Federal admite que decretos possam ser alvo de ações diretas. Não basta, apenas, alegar a existência de prováveis insubordinações executivas, ao arrepio do art. 84, IV, da Carta Magna, para a medida ser aceita (STF, Pleno, ADIn 996/DF, Rel. Min. Celso de Mello).

Aliás, nem pela via reflexa, oblíqua ou indireta de violação à Constituição decretos executivos podem ter a sua inconstitucionalidade arguida em sede de controle concentrado, pois o regulamento contrário à lei é *ilegal* (STF, *RTJ*, *99*:1366, *138*:436).

Problemas dessa natureza podem ser solucionados pela aplicação da lei, identicamente aos atos normativos secundários que apresentam vícios jurídicos de insubordinação normativa às balizas da legalidade (STF, ADIn 365/DF, Rel. Min. Celso de Mello; STF, ADIn 311, Rel. Min. Carlos Velloso).

f.4) Princípio da razoabilidade

O Supremo Tribunal Federal reconhece a possibilidade de ajuizamento da ação direta de inconstitucionalidade contra lei ou ato normativo contrário ao princípio da razoabilidade, enquanto projeção da cláusula do devido processo legal material (CF, art. 5º, LIV) (STF, Pleno, ADIn 1.775-5/DF, Rel. Min. Celso de Mello, *DJ*, 1, de 4-2-1998, capa).

f.5) Decisões normativas dos tribunais

O Supremo Tribunal Federal admite o controle de constitucionalidade concentrado das decisões normativas dos tribunais.

Tais decisões podem revestir-se sob a forma de resoluções administrativas, portarias, deliberações *interna corporis* etc.

Seja qual for a nomenclatura adotada, as decisões normativas dos tribunais são atos abstratos, que devem obediência à Constituição Federal.

Para que se tenha uma ideia da jurisprudência do Pretório Excelso sobre o assunto, podemos agrupar importantes vereditos, proferidos em sede de ação direta de inconstitucionalidade, da seguinte maneira:

- *Resoluções normativas dos Tribunais de Justiça* — "Na dicção da ilustrada maioria, tem contornos normativo-abstratos, desafiando o controle concentrado de constitucionalidade, resolução de tribunal no sentido de a representação mensal devida aos magistrados incidir sobre a totalidade de vencimentos" (STF, Pleno, ADIn 2.093-5-ML/SC, Rel. Min. Marco Aurélio, *DJ*, 1, de 28-4-2000, p. 71).
- *Resoluções administrativas dos Tribunais Regionais do Trabalho* — "Possibilidade de ADIn em relação à Resolução Administrativa n. 17/97, emanada do Tribunal Regional do Trabalho da 24ª Região (Mato Grosso do Sul), quando existente o necessário coeficiente de normatividade" (STF, Pleno, ADIn 1.652-1-ML/MS, Rel. Min. Octavio Gallotti, *DJ*, 1, de 10-10-1997, p. 50884).
- *Decisões normativas dos Tribunais de Contas* — por votação unânime, o Supremo tem deferido ações diretas de inconstitucionalidade, com pedido de medida liminar, para suspender, com eficácia *ex tunc*, decisões normativas de Tribunais de Contas, a exemplo daquelas que permitem a contagem de tempo de serviço de atividade privada para fins de gratificação adicional e sexta parte (STF, Pleno, ADIn 1.691-1/DF, Rel. Min. Moreira Alves, *DJ*, 1, de 28-11-1997).

f.6) Espécies normativas

O controle concentrado das espécies normativas do art. 59 da Carta Magna é plenamente possível.

Assim, *emenda constitucional* é passível de controle concentrado (*v.* item e.7).

Lei complementar, aplicada em hipótese não expressa pela Carta Magna, incidirá em inconstitucionalidade, sendo objeto do controle abstrato.

> **Precedente:** "Só cabe lei complementar, no sistema de direito positivo brasileiro, quando formalmente reclamada a sua edição por norma constitucional explícita" (STF, ADIn 789/DF, Rel. Min. Celso de Mello, *DJU* de 19-12-1994, p. 35180).

Lei ordinária que dispõe sobre matéria reservada à lei complementar, usurpando o campo de competência desta última, também se submete ao crivo da fiscalização abstrata (STF, ADIn 2.223/DF, Rel. Min. Maurício Corrêa, decisão de 13-7-2000).

Lei delegada sujeita-se, igualmente, ao controle concentrado, o qual incidirá sobre o ato resolutivo do Congresso Nacional que regulamentou a *delegação* ou sobre o ato do Presidente da República que

◆ Cap. 6 ◆ CONTROLE DE CONSTITUCIONALIDADE

177

lhe deu ensejo (CF, art. 68). Nesta última hipótese, o controle será sobre o conteúdo ou a forma da lei delegada.

> **Advertência:** lembre-se que o Presidente da República poderá sustar atos normativos que exorbitem os limites da delegação legislativa, modalidade excepcional de controle político que em nada se assemelha à fiscalização concentrada de normas (CF, art. 49, V).

Medidas provisórias também são passíveis de controle concentrado.

Decretos legislativos constituem objeto de controle concentrado, tanto na forma quanto no conteúdo, porque, embora sejam atos privativos do Congresso Nacional ou de cada uma de suas Casas, têm força de lei. Esse é o entendimento do Supremo Tribunal Federal, cujos pressupostos legitimadores do exercício "dessa excepcional competência deferida à instituição parlamentar", no dizer do Ministro Celso de Mello, justificam o exame abstrato de constitucionalidade dos mesmos (STF, ADIn 1.125-MC/DF, Rel. Min. Celso de Mello, *DJU* de 6-11-1992, p. 20105).

Resoluções, que também consagram atos privativos do Congresso e de suas Casas, possuem força normativa equiparável à dos preceitos jurídicos. Logo, constituem alvo do controle concentrado. É o caso dos Regimentos do Congresso Nacional, da Câmara dos Deputados e do Senado Federal, que apresentam carga de normatividade. O mesmo se diga quanto às delegações do Presidente da República (CF, art. 68, § 2º) e de algumas atribuições do Senado (CF, art. 155, § 2º, IV) (STF, ADIn 806-MC, Rel. Min. Carlos Velloso, *DJU* de 11-3-1994).

f.7) Emendas constitucionais

O controle concentrado de emendas constitucionais é medida assaz louvável para a defesa da tábua essencial de valores de uma constituição.

> **Nesse sentido:** "Não há dúvida de que, em face do novo sistema constitucional, é o STF competente para, em controle difuso ou concentrado, examinar a constitucionalidade, ou não, de emenda constitucional" (STF, Pleno, ADIn 829-3/DF, Rel. Min. Moreira Alves, decisão de 14-4-1993).

No panorama do constitucionalismo de nosso tempo, é difícil, talvez impossível, encontrar um só autor defendendo o contrário. A doutrina é unânime em preconizar a importância, e sobretudo a necessidade, de o Poder Judiciário fiscalizar a constitucionalidade dos processos formais de alteração constitucional.

E na jurisprudência também é pacífica a possibilidade de controle normativo de emendas constitucionais (STF, *RTJ*, *136*:25, 1991; *151*:755, 1995; *RDA*, *191*:214, 1993).

Seria errôneo, e até mesmo ingênuo, acreditar que o exercício da competência reformadora, responsável pela feitura de emendas constitucionais, posta-se sempre de acordo com as deliberações oriundas do poder constituinte originário, superiormente enfeixadas na constituição.

E quando falamos em controle de constitucionalidade de emendas constitucionais reportamo-nos a preceitos que já ingressaram na ordem jurídica. Agora já não se trata de meras propostas de emendas, e sim de normas jurídicas incorporadas à Carta Magna, com a mesma hierarquia dos preceitos constitucionais originários. Aliás, vimos que as propostas de emendas constitucionais se sujeitam, apenas, ao controle difuso. E somente após convertidas em normas constitucionais é que podem ser fiscalizadas em abstrato.

> **Nesse sentido:** "A impossibilidade jurídica de controle abstrato preventivo de meras propostas de emenda não obsta a sua fiscalização em tese quando transformadas em emendas à constituição. Estas — que não são normas constitucionais originárias — não estão excluídas, por isso mesmo, do âmbito do controle sucessivo ou repressivo de constitucionalidade" (STF, Pleno, ADIn 466/91/DF, Rel. Min. Celso de Mello, decisão de 9-4-1991, *DJ*, 1, de 10-5-1991, p. 5929).

No Brasil, a possibilidade de o Pretório Excelso fiscalizar em abstrato a constitucionalidade de emendas constitucionais justifica-se pelos seguintes fatores:

- garantir a supremacia e a rigidez da *Lex Mater*; e
- assegurar os limites do poder reformador (CF, arts. 60 e s.) (STF, MS 24.645-MC/DF, Rel. Min. Celso de Mello, *DJU* de 15-9-2003).

Sem embargo, os preceitos constitucionais advindos de emendas à Constituição, embora se incorporem ao articulado do Texto Supremo, com a mesma hierarquia dos demais comandos nele previstos, sempre possuirão a natureza *secundária*. Jamais ocuparão o posto de normas constitucionais originárias, porque estas somente promanam da manifestação constituinte de primeiro grau. Ora, o poder reformador é uma competência, não uma potência. Sua obra é derivada, não genuína. Resultado: enquanto as normas provenientes de emendas constitucionais podem ser submetidas ao controle de constitucionalidade, as normas constitucionais originárias, procriadas pelo poder constituinte primário, são insuscetíveis de fiscalização de constitucionalidade.

Deveras, as normas constitucionais originárias não se sujeitam ao controle de constitucionalidade. A tese dos publicistas germânicos das *normas constitucionais inconstitucionais* não vigora no Brasil. Inexiste, entre nós, qualquer possibilidade de se arguir, nas vias difusa ou concentrada, a constitucionalidade de preceitos originários da Carta de 1988, porque não há "hierarquia entre normas constitucionais originárias dando azo à declaração de inconstitucionalidade de umas em face de outras" (STF, Pleno, ADIn 815-3/RS, Rel. Min. Moreira Alves, *DJ*, 1, de 10-5-1996, p. 15131).

De outra parte, o controle de constitucionalidade de emendas constitucionais é algo que não se sujeita ao império de juízos distorcidos ou análises superficiais, sem a demonstração sólida e convincente de que houve *fraude à Constituição*.

Evidente que se os depositários do poder de emendar a Constituição produzirem mudanças *constitucionais*, ou seja, alterações compatíveis com o procedimento e técnica de reforma (art. 60), não há falar em inconstitucionalidades, muito menos em controles.

Porém, o cabal desrespeito aos limites do poder de emendar a Carta de 1988 (art. 60) — se demonstrado satisfatoriamente, em fundamentação consistente e juridicamente densa, evidenciando, com extrema clareza, a ocorrência de antagonismo insuperável entre o preceito questionado e a *Lex Mater* — é o bastante para provocar o Supremo Tribunal Federal, em sede de controle concentrado de normas, a se manifestar a respeito do assunto. É o que tem ocorrido pelo ajuizamento de ações diretas de inconstitucionalidade.

> **Exemplos:** ação direta de inconstitucionalidade relativa à EC n. 2/92 (STF, Pleno, ADIn 829-3/DF, Rel. Min. Moreira Alves, decisão de 14-4-1993); ação direta de inconstitucionalidade relativa à EC n. 3/93 (STF, Pleno, ADIn 939-7/DF, Rel. Min. Sydney Sanches, *DJ* de 18-3-1994); ação direta de inconstitucionalidade relativa à EC n. 16/97 (STF, Pleno, ADIn 1.805-MC/DF, Rel. Min. Néri da Silveira, decisão de 26-3-1998); ação direta de inconstitucionalidade relativa à EC n. 20/98 — 1ª reforma previdenciária (STF, Pleno, ADIn 1.946-MC/DF, Rel. Min. Sydney Sanches, *DJ* de 5-6-2003) etc.

Assim, compete ao Congresso Nacional, no exercício do poder de emendar a Constituição, observar os limites expressos da competência reformadora.

> **Posição do STF:** "Atos de revisão constitucional — tanto quanto às emendas à Constituição — podem, assim, também incidir no vício de inconstitucionalidade, configurando este pela inobservância de limitações jurídicas superiormente estabelecidas no texto da Carta Política, por deliberação do órgão exercente das funções constituintes primárias ou originárias" (STF, *RTJ*, 153:786, trecho do voto do Ministro Celso de Mello).

Sem dúvida, os limites expressos das emendas constitucionais são suscetíveis de controle concentrado.

> **Entendimento do STF:** o "processo parlamentar de reforma constitucional, embora passível de controle jurisdicional, há de considerar, unicamente, para efeito de aferição de sua compatibilidade com preceitos revestidos de maior grau de positividade jurídica, as normas de parâmetro que definem, em caráter subordinante, as limitações formais (CF, art. 60, *caput*, e § 2º), as limitações circunstanciais (CF, art. 60, § 1º) e, em especial, as limitações materiais (CF, art. 60, § 4º)" (STF, MS 24.645-MC/DF, Rel. Min. Celso de Mello, *DJU* de 15-9-2003).

Desse modo, é possível verificar a compatibilidade das normas derivadas, advindas de emendas à Constituição, perante os limites explícitos formais (CF, art. 60, I, II, III, e §§ 2º, 3º e 5º), circunstanciais (art. 60, § 1º) e materiais (art. 60, § 4º) do poder reformador.

◆ Cap. 6 ◆ CONTROLE DE CONSTITUCIONALIDADE

O controle de normas constitucionais derivadas faz-se necessário quando elas advêm de emendas produzidas por autoridades incompetentes, ou feitas ao arrepio do procedimento previsto na Carta Magna para serem elaboradas. Trata-se do cancro da *inconstitucionalidade formal*, afetando a regularidade do devido processo legislativo. Aqui averigua-se o *iter* de tramitação das emendas: iniciativa, votação, quórum etc. A falta de qualquer desses requisitos instrumentais permite ao Judiciário invalidar a emenda inconstitucional.

Mas as normas derivadas, ao serem criadas, também podem padecer da *inconstitucionalidade material*, que infringe o conteúdo da manifestação constituinte originária pelo *desvio ou excesso do poder de legislar*. Nesse caso, as consequências são danosas, porque a inconstitucionalidade repercute em toda a ordem jurídica, corrompendo a substância das normas supremas do Estado.

É nesse contexto que se enquadra o controle concentrado das *cláusulas pétreas*, que equivalem aos limites materiais expressos do poder reformador.

Emendas constitucionais, e até propostas de emendas (PECs), portanto, devem tomar como parâmetro de observância as *cláusulas pétreas*.

Isso porque elas impedem modificações, ou supressões, em assuntos que violem a forma federativa de Estado, o voto direto, secreto, universal e periódico, a separação de Poderes, os direitos e garantias fundamentais (CF, art. 60, § 4º, I a IV).

Quaisquer mudanças formais no texto da Constituição devem atentar para esses requisitos.

Daí a inconstitucionalidade de certas propostas estapafúrdias, sugerindo "duplas revisões", "miniconstituintes", dentre outras estultices, plenamente passíveis de controle concentrado de normas.

Certamente, emendas ao articulado da Carta Política devem ser *constitucionais*. Caso contrário, resta ao Poder Judiciário, até mesmo pelo controle concentrado, expurgá-las do ordenamento.

Por isso que o Supremo Tribunal Federal tem defendido a necessidade de se acatarem as cláusulas pétreas da Carta de Outubro (art. 60, § 4º, I a IV).

Sem a pretensão de exaustividade, vejamos alguns tópicos que têm sido compreendidos à luz desse enfoque:

- *Princípio da anterioridade tributária* — os direitos e garantias individuais excedem a enumeração contida nos arts. 5º a 7º da Carta Política. É o caso do princípio da anterioridade tributária. Trata-se de um direito individual do contribuinte, uma cláusula pétrea (art. 60, § 4º, IV), mesmo figurando fora do rol do art. 5º, precisamente no art. 150, III, *b*. As prerrogativas atinentes à nacionalidade e aos direitos políticos também são cláusulas pétreas (STF, Pleno, ADIn 937-7/ DF, Rel. Min. Sydney Sanches, decisão de 15-12-93, *DJ*, 1, de 18-3-1994, p. 5165).
- *Princípio da imunidade tributária recíproca* — a Emenda Constitucional n. 3, de 17 de março de 1993, instituiu o Imposto Provisório sobre Movimentação Financeira (IPMF). O Supremo declarou parte dessa emenda inconstitucional, pois, além de violar a anterioridade tributária, feriu o pórtico da imunidade tributária recíproca, lídima cláusula pétrea para a garantia da federação brasileira (CF, arts. 60, § 4º, I, e 150, VI, *a*) (STF, Pleno, ADIn 939, Rel. Min. Sydney Sanches, *RDA*, *198*:123, 1994).
- *Princípio republicano* — perfeitamente possível impetrar mandado de segurança contra ato da Mesa do Congresso que admitiu a deliberação de proposta de emenda constitucional tendente a abolir a República, verdadeira cláusula pétrea da Carta brasileira (STF, *RTJ*, *99*:1031).
- *Princípio da irredutibilidade de vencimentos* — a garantia constitucional da irredutibilidade de vencimentos torna intangível o direito que já nasceu e que não pode ser suprimido.
- *Garantia da irredutibilidade de vencimentos a servidores* — por maioria de votos, o Supremo Tribunal Federal deu provimento parcial a recurso extraordinário, atribuindo-lhe repercussão geral, para garantir a irredutibilidade de vencimentos de servidores públicos estaduais admitidos antes da Emenda Constitucional n. 19/1998. Mas o Plenário da Corte enfatizou que tais servidores não têm direito adquirido ao regime jurídico que vigorava antes da aludida EC n. 19/98, que alterou o inciso XIV do art. 37 da Constituição Federal, estatuindo que "os acréscimos pecuniários percebidos por servidor público não serão computados nem acumulados para fim de concessão de acréscimos ulteriores". Recordemos que a jurisprudência do Supremo Tribunal Federal não reconhece o direito adquirido a regime jurídico de servidor público. Mas esta tese jamais pode ser levantada como bandeira para se reduzir o salário de servidores públicos. Tanto

é assim que o próprio Supremo, nesta assentada, deu provimento parcial ao recurso extraordinário, garantindo o princípio da irredutibilidade salarial (STF, Pleno, RE 563.708/MS, Rel. Min. Cármen Lúcia, j. 6-2-2013).

- *Princípio da proibição à pena de morte* — em sede de ação direta de inconstitucionalidade, o Pretório Excelso enfatizou que a proibição da pena de morte é uma cláusula pétrea da Constituição de 1988 (art. 60, § 4º, IV). Tal limite material explícito à competência reformadora do Congresso Nacional é insuscetível de reformas (STF, Pleno, ADIn 466/91/DF, Rel. Min. Celso de Mello, decisão de 9-4-1991, *DJ*, 1, de 10-5-1991, p. 5929).
- *Princípio da intangibilidade constitucional* — em nosso sistema constitucional há um núcleo temático intangível, imune à ação revisora da instituição parlamentar (art. 60, § 4º), cuja irreformabilidade encontra guarida nos controles abstrato e difuso de normas (STF, Pleno, ADIn 466/91/DF, Rel. Min. Celso de Mello, decisão de 9-4-1991, *DJ*, 1, de 10-5-1991, p. 5929).

Como se observa, o controle concentrado dos limites expressos do poder reformador é reconhecido na jurisprudência do Supremo Tribunal Federal.

Mas será que o mesmo pode ser dito com relação aos *limites implícitos*?

A questão é muito delicada, pois inexiste determinação taxativa do constituinte no sentido de vedá-las.

Entendemos que os limites tácitos se sujeitam ao controle concentrado, pois subsumem-se dos expressos.

Suponhamos, por exemplo, que o princípio republicano esteja sendo violado. Nada impede o Supremo Tribunal Federal de defender a ordem jurídica, extirpando a inconstitucionalidade, mesmo diante do fato de o § 4º do art. 60 silenciar a respeito da inclusão do pórtico republicano entre as cláusulas pétreas. Contudo, a imodificabilidade da diretriz republicana está implícita no bojo do inciso I do art. 60, dessumindo-se do vetor federativo.

Nos Estados Unidos, as discussões a respeito do controle de constitucionalidade das limitações implícitas alcançaram níveis elevados. A Suprema Corte posicionou-se pela sua impossibilidade. Como houve vacilações nesses pronunciamentos, a matéria continuou em aberto (Robert Cushman, *Amendments constitutional*, p. 42).

Em França, porém, tal controle foi admitido em nome da *legitimidade constitucional*, que é o conjunto de princípios implícitos que embasam a constituição, e, por isso, devem ser amparados via controle jurisdicional de constitucionalidade. É o caso da boa-fé, da proibição do enriquecimento ilícito, da hierarquia administrativa, que, mesmo sem integrar, explicitamente, o núcleo imodificável da Carta francesa, condicionam a competência reformadora (Georges Liet-Veaux, *Droit Constitutionnel*, p. 85).

No Brasil, essa ideia de *legitimidade constitucional* aplica-se plenamente, funcionando como argumento de combate a emendas inconstitucionais procriadas por um procedimento irregular, que fulminam os direitos fundamentais, a titularidade do poder constituinte ou até as disposições que regulam o processo de reforma constitucional (art. 60).

O controle dos limites implícitos pode ser empreendido pelo Supremo Tribunal Federal, que, na grandeza de sua missão, detém a competência, senão o dever (art. 102, *caput*), de fiscalizar, *in abstracto*, a constitucionalidade de normas oriundas de emendas contrárias às vedações inerentes da Carta de 1988.

Poder-se-á retrucar que o controle de constitucionalidade dos limites implícitos reveste-se de iniludível colorido subjetivo, calcado em juízo de evidente subjetividade.

Quanto a esse aspecto, só nos resta dizer que tal argumento também tem pertinência com relação a outros *freios* do Direito Público, a exemplo da moralidade administrativa, da razoabilidade, da certeza e segurança das relações jurídicas, que, nem por isso, deixam de ser invocados.

O importante é impedir que os Poderes Públicos dobrem a constituição, curvando-se às fraudes contra ela cometidas.

Se nem sempre a toga da Justiça encontra respaldo concreto para atuar, não podemos erigir barreiras, permitindo investidas inconstitucionais.

O problema não é então o de invocar um suposto abstracionismo infundado, mas de ter coragem de decidir. Sucede, porém, que, na hora decisiva, os encarregados de guardar as constituições adormecem em seus postos, afirmando que se encontram de mãos atadas, quando, na realidade, não estão.

◆ Cap. 6 ◆ CONTROLE DE CONSTITUCIONALIDADE

181

f.8) Medidas provisórias

O Supremo Tribunal Federal firmou o entendimento de que as medidas provisórias se submetem ao controle concentrado (STF, ADIn 295-3-ML/DF, Rel. Min. Paulo Brossard, j. em 22-6-1990).

Do contrário, implantar-se-ia, no Brasil, verdadeiro instrumento de ditadura constitucional, fulminando o sutil equilíbrio entre Poderes, pelo uso e abuso de medidas provisórias.

> **Decidiu o Pretório Excelso:** "Tudo o que puder frustrar ou cercear o exercício ou a plena eficácia do controle legislativo sobre medidas provisórias, haja de ser recusado por inconstitucionalidade" (STF, *RTJ*, *151*:331, voto do Ministro Sepúlveda Pertence). Noutra assentada, prospectou: "Para prevenir eventuais abusos ou práticas arbitrárias, a Constituição do Brasil estabeleceu garantias formais de controle dessa atividade presidencial, que consistem em quatro pontos essenciais: (a) convocação extraordinária do Congresso, quando em recesso; (b) imediata apresentação ao Congresso Nacional, pelo Poder Executivo, da medida provisória por este editada, visando a sua conversão em lei; (c) perda da eficácia *ex tunc* do ato não convertido em lei; e (d) possibilidade de controle jurisdicional de constitucionalidade de medida provisória, mediante exercício da jurisdição difusa ou concentrada — esta já expressamente admitida pelo Supremo Tribunal Federal, em decisão unânime proferida no julgamento da ADIn 37-3/DF (Medida Cautelar), de que foi relator o eminente Ministro Francisco Rezek (*DJ* de 23-6-1989). O que se pretende evitar, com este sistema de garantias, é que o exercício indiscriminado dessa excepcional competência do Poder Executivo se converta numa prática legiferante ordinária e substitutiva dos procedimentos comuns de formação das leis" (STF, *RTJ*, *151*:331, voto do Ministro Celso de Mello).

Mas, advirta-se bem: o controle concentrado da *relevância* e *urgência* das medidas provisórias é de natureza técnica. Aqui, tanto quanto na fiscalização difusa, inexiste lugar para a avaliação subjetiva desses requisitos (STF, Pleno, ADIn 1.754-9-ML/DF, Rel. Min. Sydney Sanches, *DJ*, 1, de 6-8-1999, p. 5; STF, Pleno, ADIn 1.753-2-ML/DF, Rel. Min. Sepúlveda Pertence, *DJ*, 1, de 12-6-1998, p. 51).

Não compete ao Supremo Tribunal Federal, por exemplo, adentrar no juízo de conveniência do Presidente da República, examinando a constitucionalidade de medidas provisórias à luz de dados subjetivos, estritamente políticos, calcados em critérios de oportunidade e conveniência, algo que os Poderes Executivo e Legislativo "têm melhores condições que o Judiciário para uma conclusão a respeito".

> **Precedentes:** STF, Pleno, ADIn 1.717-6-ML/DF, Rel. Min. Sydney Sanches, *DJ*, 1, de 3-2-2000, p. 3; STF, Pleno, ADIn 1.516-8-ML/DF, Rel. Min. Sydney Sanches, *DJ*, 1, de 13-8-1999, p. 3. Entendeu a Corte Suprema que os requisitos de *urgência* e *relevância* logram caráter político, e, em princípio, a sua apreciação fica por conta dos Poderes Legislativo e Executivo. Mas se tais requisitos "evidenciarem-se improcedentes, no controle judicial, o Tribunal deverá decidir pela ilegitimidade constitucional da medida provisória" (STF, Pleno, ADIn 1.647-4/PA, Rel. Min. Carlos Velloso, *DJ*, 1, de 26-3-1999, capa).

A possibilidade do controle concentrado de medidas provisórias presume, portanto, o exame *jurídico* dos seus pressupostos de admissibilidade. Evita-se, assim, combater o desvio de competência no ato presidencial que as ensejou. A atividade de expedi-las é discricionária, não se compactuando com abuso de poder.

> **Nesse sentido:** STF, ADIn 293, Rel. Min. Celso de Mello, *DJ* de 16-4-1993, p. 6429; STF, ADIn 427, Rel. Min. Sepúlveda Pertence, *DJ* de 1º-2-1991, p. 351; STF, ADIn 1.753-1/DF, Rel. Min. Sepúlveda Pertence, *DJ*, 1, de 12-6-1998, p. 51.

Realmente, o juízo discricionário de oportunidade e de valor do Presidente da República na edição de medidas provisórias deve ser respeitado.

> **Atenção:** não procede, aliás, qualquer interpretação retrospectiva no sentido de atribuir às medidas provisórias os mesmos contornos jurisprudenciais conferidos, pela Corte Excelsa, ao antigo decreto-lei. Afigura-se superado aquele entendimento do Supremo Tribunal Federal, expedido antes do advento da Carta de 1988, de que não se poderia controlar a juridicidade de tais figuras, porque se estaria invadindo a esfera discricionária do Poder Executivo. Tal raciocínio não se aplica às medidas provisórias (STF, *RTJ*, *44*:54, *62*:819; *RDA*, *125*:89).

Se forem expedidas, porém, com nítido desvio de finalidade ou abuso do poder de legislar, faz-se necessário o controle judiciário, porquanto elas não configuram instrumentos de arbítrio (STF, Pleno,

ADIn 162-1-ML/DF, Rel. Min. Moreira Alves, *DJ*, 1, de 19-9-1997; STF, Pleno, ADIn 1.417-0-ML/DF, Rel. Min. Octavio Gallotti, *DJ*, 1, de 24-5-1996, p. 17412).

Esse controle dar-se-á tanto em relação aos seus pressupostos de admissibilidade quanto no que tange à disciplina do assunto nela veiculado.

> **Entendimento do STF:** "A edição de medida provisória faz-se no campo da excepcionalidade. Leitura equidistante do art. 62 da Carta Política da República revela a necessidade de concorrerem requisitos, a saber: a relevância e a urgência do trato da matéria de forma excepcional, ou seja, pelo próprio Presidente da República e em detrimento da atuação dos representantes do povo e dos Estados, ou seja, das Câmaras Legislativas" (STF, Pleno, ADIn 1.848-0-ML/DF, Rel. Min. Marco Aurélio, *DJ*, 1, de 4-8-1998).

Logo, havendo usurpação dos seus pressupostos de admissibilidade (relevância e urgência), a exemplo do execrável expediente das *reedições plurissucessivas*, é imprescindível que o Poder Judiciário adentre na esfera discricionária (não arbitrária) do Presidente da República, para garantir, em sede de controle concentrado de normas, a sobrevivência da Constituição.

> **Entendimento do STF:** "A mera possibilidade de avaliação arbitrária daqueles pressupostos (relevância e urgência), pelo Chefe do Poder Executivo, constitui razão bastante para justificar o controle jurisdicional. O reconhecimento de imunidade jurisdicional, que preexcluísse de apreciação judicial o exame de tais pressupostos, caso admitido fosse, implicaria consagrar, de modo inaceitável, em favor do Presidente da República, uma ilimitada expansão de seu poder para editar medidas provisórias, sem qualquer possibilidade de controle, o que se revelaria incompatível com o nosso sistema constitucional" (STF, *RTJ*, *151*:331-355, Rel. Min. Celso de Mello).

Evidente que na fase inicial de edição da medida provisória, os requisitos *relevância* e *urgência* submetem-se, apenas, ao juízo discricionário do Presidente da República, para, em seguida, passarem pelo crivo do Congresso Nacional, que poderá deixar de converter a medida em lei se estiverem ausentes seus pressupostos de admissibilidade.

> **Posição do STF:** a jurisprudência da Corte Excelsa reconhece a competência do Presidente da República e do Congresso Nacional para avaliar, subjetivamente, o requisito *urgência* da medida provisória. "É de se exceptuar, apenas, a hipótese em que a falta de urgência possa ser constatada objetivamente" (STF, Pleno, ADIn 1.516-8/DF (medida liminar), Rel. Min. Sydney Sanches, *DJ*, 1, de 13-8-1999, p. 3).

Nesse momento, "não cabe ao Poder Judiciário aquilatar a presença, ou não, dos critérios de relevância e urgência exigidos pela Constituição para a edição da medida provisória" (STF, Pleno, ADIn 1.667-9-ML, Rel. Min. Ilmar Galvão, *DJ*, 1, de 21-11-1997, p. 60586).

> **Precedentes:** STF, ADIns 162, 526, 1.397 e 1.417. Noutra assentada, o Supremo seguiu a mesma orientação: "Pacífica a jurisprudência da Corte, no sentido de lhe descaber o exame da relevância e da urgência, como requisitos da medida provisória (art. 62 da CF), quando dependam de avaliação subjetiva — e não meramente objetiva — como ocorre no caso presente" (STF, Pleno, ADIn 1.754-9-ML/DF, Rel. Min. Sydney Sanches, *DJ*, 1, de 6-8-1999, p. 5).

Passada essa etapa introdutória, contudo, nenhuma dúvida subsiste de que, no âmbito do controle concentrado, compete ao Supremo Tribunal Federal fulminar medidas provisórias vulneradoras da Constituição, via ações diretas de inconstitucionalidade (art. 102, *a*, c/c o art. 103).

E se a medida provisória for convertida em lei ao tempo em que a ação direta de inconstitucionalidade foi interposta? A ação ficará prejudicada?

O Supremo Tribunal Federal concluiu que "não prejudica a ação direta de inconstitucionalidade material de medida provisória a sua intercorrente conversão em lei sem alterações, dado que a sua aprovação e promulgação integrais apenas lhe tornam definitiva a vigência, com eficácia *ex tunc* e sem solução de continuidade, preservada a identidade originária de seu conteúdo" (STF, *RTJ*, *140*:797).

Resultado: estendem-se os efeitos da declaração de inconstitucionalidade da medida provisória, inclusive em sede de liminar, quando ela for convertida em lei.

Esse raciocínio aplica-se, também, às medidas provisórias reeditadas.

◆ Cap. 6 ◆ CONTROLE DE CONSTITUCIONALIDADE

O essencial em tudo isso é que a medida provisória convertida em lei mantenha a sua redação originária.

Posição do STF: "No julgamento do pedido de concessão de liminar na Ação direta de inconstitucionalidade n. 1.117-1/DF, o Pleno desta Suprema Corte assentou que, ocorrendo a reedição da medida provisória, repetindo-se por isto ou por aquilo, o preceito que houver sido suspenso, cabe ao próprio relator a automática extensão da medida acauteladora. Diante do requerimento do Governador do Estado do Amazonas e constatando-se que se repetiu, sem alteração de vírgula, a norma que o Plenário, em exame preliminar, considerou conflitante com a Carta da República, procedo a extensão cabível. Suspendo a eficácia do parágrafo 1º do artigo 11 da Medida Provisória n. 1.614-17, de 2 de abril de 1998, e publicada no *Diário Oficial* do dia 3 imediato" (STF, Pleno, ADIn 1.779-2-ML/DF, Rel. Min. Marco Aurélio, *DJ*, 1, de 23-4-1998, p. 29).

f.9) Tratados internacionais

Quando definitivamente incorporados à ordem jurídica pátria, os tratados internacionais, se contrariarem o Texto de 1988, comportam *ação direta genérica*, e, uma vez declarados inconstitucionais, reputam-se nulos.

Jurisprudência do STF: desde a Carta de 1967, com redação dada pela EC n. 1/69, que a jurisprudência do Pretório Excelso assim entende (STF, Repr. 803, Rel. Min. Djaci Falcão, *RTJ*, 95:980, 1977).

Os tratados internacionais não figuram entre as espécies normativas do art. 59 da Carta Magna, mas isso não é motivo para ficarem isentos de controle abstrato, porque a subordinação hierárquica deles à Constituição da República afigura-se inequívoca.

Nesse sentido: STF, Pleno, ADIn 1.480 MC/DF, Rel. Min. Celso de Mello, j. em 4-9-1997, *DJ* de 18-5-2001, p. 429. Essa ação acabou sendo extinta pela perda superveniente do objeto, pois o Brasil denunciou a Convenção 158 da Organização Internacional do Trabalho (OIT), que lhe dera causa. Durante curto espaço de tempo essa Convenção vigorou entre nós. Causou grande polêmica, chegando às barras da Corte Excelsa. Ao avaliar o procedimento constitucional de incorporação dos tratados internacionais à ordem jurídica pátria, os Ministros do Supremo foram unânimes em aceitar o controle de constitucionalidade dos atos de Direito das gentes. O veredito merece aplausos. Quaisquer tratados, pactos, convenções etc. contrários à Constituição Federal reputam-se nulos e despojados de eficácia normativa.

Deveras, as normas constitucionais são hierarquicamente supremas perante os tratados, atos, acordos, convenções, cartas, pactos, dentre outras figuras congêneres do *Direito das gentes*.

Para se incorporarem à República pátria, os tratados internacionais, e seus consectários, devem ser referendados pelo Congresso Nacional (CF, art. 49, I).

Mediante decreto legislativo e, em seguida, decreto do Presidente da República (CF, art. 84, VIII), eles são promulgados e publicados, passando a ter executoriedade. A partir daí, convertem-se em atos infraconstitucionais, plenamente sujeitos ao controle concentrado de normas.

Precedente: "No sistema jurídico brasileiro, os tratados ou convenções internacionais estão hierarquicamente subordinados à autoridade normativa da Constituição da República. Em consequência, nenhum valor jurídico terão os tratados internacionais, que, incorporados ao sistema de direito positivo interno, transgredirem, formal ou materialmente, o texto da Carta Política" (STF, Pleno, ADIn 1.480-MC/DF, Rel. Min. Celso de Mello, j. em 4-9-1997, *DJ* de 18-5-2001, p. 429).

Assim, tratados, pactos, cartas, acordos, atos ou convênios seguem o regime jurídico das normas jurídicas de Direito Interno. Subordinam-se, pois, à constituição, devendo-lhe total obediência, pois se situam no mesmo plano hierárquico-normativo das leis ordinárias.

Precedente: STF, *RTJ*, 83:809. O Supremo Tribunal Federal, ao examinar a compatibilidade do art. 22 da Convenção de Varsóvia com o art. 5º, II, e § 2º, da Carta de 1988, decidiu: "Os tratados subscritos pelo Brasil não se superpõem à Constituição Federal" (STF, AgI 196.379-9/RJ, Rel. Min. Marco Aurélio, *DJ*, 1, de 14-8-1997, p. 36790. Precedente citado: RE 172.720).

Como inexiste hierarquia entre as leis ordinárias e os atos internacionais incorporados à ordem jurídica brasileira, não há contrariedade absoluta e insolúvel entre ambos. Mas pode haver antinomia aparente. Nesse caso, aplica-se o princípio da especialidade (*lei especial derroga lei geral*) ou o critério cronológico (*lei posterior derroga lei anterior*).

> **Entendimento do STF:** essa tem sido a diretriz jurisprudencial preconizada pelo Pretório Excelso (STF, *RTJ*, *70*:333, *100*:1030). Todavia, nem todas as situações podem ser sanadas mediante tais recursos. Tanto o princípio da especialidade como o critério cronológico podem afigurar-se insatisfatórios, pois não são axiomas absolutos. É que as técnicas solucionadoras dos conflitos de normas são relativas. Resta ao Poder Judiciário avaliar as peculiaridades do litígio (García Máynez, Some consideration on the problem of antinomies in the law, *Archiv fur Rechts und Socialphilosophie*, 49:1 e s.; Salmon, Les antinomies en droit international public, p. 315 e s.; Krystina Marek, Les rapports entre le droit international et le droit interne à la lumière de la jurisprudence, *Revue Générale de Droit International Public*, n. 2, p. 260-298).

f.10) Resoluções do CNJ e do CNMP

Resoluções do Conselho Nacional de Justiça e do Conselho Nacional do Ministério Público, que possuem densidade normativa e disciplinam matérias de forma geral e abstrata, podem ser objeto de controle concentrado, porque a Carta Magna reservou esta atribuição para os Ministros do Supremo Tribunal Federal, no exercício, originário, da fiscalização abstrata de normas (art. 102, I, *r*, com redação da EC 45/2004). A ação direta de inconstitucionalidade e, também, a ação declaratória de constitucionalidade e a arguição de descumprimento de preceito constitucional fundamental, são os mecanismos da jurisdição concentrada, que podem ser usados para essa finalidade.

f.11) Leis de diretrizes orçamentárias

O Supremo Tribunal Federal reiterou o entendimento da possibilidade de impugnação, via controle abstrato, mediante o ajuizamento de ação direta de inconstitucionalidade, de leis de diretrizes orçamentárias.

Consolidou, assim, a tese externada no julgamento da ADI 4.048-MC/DF, relatada pelo Min. Gilmar Mendes. Esse julgado reportou-se à lei de abertura de crédito extraordinário, de conteúdo diverso, portanto, da lei de diretrizes orçamentárias. Mas isso em nada exclui a plena possibilidade de submissão das normas orçamentárias ao controle abstrato de constitucionalidade.

Concretizando uma nova orientação, o Supremo admitiu ADI contra lei de diretrizes orçamentárias, nos seguintes julgados: ADI 3.949-MC/DF (Rel. Min. Gilmar Mendes) e ADI 4.663 Referendo-MC/RO (Rel. Min. Luiz Fux).

Recordemos que a Corte Excelsa inadmitia ação direta de inconstitucionalidade contra disposições insertas na lei de diretrizes orçamentárias. O Supremo a concebia como norma individual ou de efeitos concretos, esgotando-se com a propositura e a votação do orçamento fiscal. Portanto, em nossos dias, não mais se aplica o entendimento contemplado na ADI 283 (Rel. Min. Celso de Mello, *DJU* de 12-3-1990), na ADI 2.100 (Rel. Min. Nelson Jobim, *DJ* de 1º-6-2001), na ADI 2.484-MC (Rel. Min. Carlos Velloso, *DJ* de 14-11-2003) e na ADI 2.535-MC (Rel. Min. Sepúlveda Pertence, *DJ* de 21-11-2003).

Parece-nos que o mesmo entendimento quanto às leis orçamentárias deve ser aplicado às medidas provisórias, que veiculem o orçamento de despesa ou a sua alteração no curso do exercício financeiro. Aqui existe campo para ocorrer outra virada na jurisprudência da Corte, que já decidiu no sentido de que medidas provisórias em matéria orçamentária são atos de efeitos concretos, e, por isso, não poderiam ser objeto idôneo da fiscalização abstrata de normas (STF, Pleno, ADIn 1.716-0/DF, Rel. Min. Sepúlveda Pertence, *DJ*, 1, de 27-3-1998, p. 2).

O mesmo se diga quanto às emendas parlamentares que tratem de percentual em projeto de lei de diretrizes orçamentárias. Acreditamos que, neste ponto, o Supremo tem de fazer uma revisão em sua jurisprudência, a qual não admitia controle abstrato nesse campo (STF, Pleno, ADIn 2.057-9/AP, Rel. Min. Maurício Corrêa, *DJ*, 1, de 25-4-2000, p. 1).

g) Matérias que não constituem objeto da ação direta genérica

A seguir, exemplificaremos assuntos que não comportam *ação direta de inconstitucionalidade genérica*.

◆ Cap. 6 ◆ CONTROLE DE CONSTITUCIONALIDADE

g.1) Lei ou ato normativo municipal em face da Carta Federal

Se é certo que compete ao Tribunal de Justiça exercer o controle concentrado de leis municipais, tomando como paradigma a constituição estadual (CF, art. 125, § 2º), o mesmo não podemos dizer da lei ou do ato normativo municipal diante da Constituição da República.

> **Jurisprudência do STF:** pela jurisprudência do STF, compete ao tribunal de justiça julgar ação direta de inconstitucionalidade de norma municipal em face de dispositivos de constituição estadual (CF, art. 125, § 2º). Pouco importa se os dispositivos da carta estadual sejam reprodução de preceitos da Constituição Federal. E, com o veredito do Pretório Excelso, confirmando o conflito de normas, não mais se pode cogitar da existência da lei impugnada, sendo, por essa razão, incabível a comunicação da decisão à Câmara Municipal (STF, RE 199.293/SP, Rel. Min. Marco Aurélio, decisão de 19-5-2004. Precedentes: STF, Recl. 383/SP, *DJU* de 21-5-93; e Recl. 425-AgRg/RJ, *DJU* de 2-6-1993).

Em suma, não é possível o controle concentrado de lei ou ato normativo municipal em face da Carta Magna, nem pelo Tribunal de Justiça, nem pelo Supremo Tribunal Federal.

> **Nesse sentido:** "O nosso sistema constitucional não admite o controle concentrado de constitucionalidade de lei ou ato normativo municipal em face da Constituição Federal; nem mesmo perante o Supremo Tribunal Federal, que tem, como competência precípua, a sua guarda, art. 102, *caput*" (STF, Pleno, Recl. 337/DF, Rel. Min. Paulo Brossard, decisão de 18-8-1994).

Em diversas oportunidades, a Colenda Corte suspendeu a eficácia de dispositivos de constituições estaduais que não seguiram essa orientação. Algumas de modo direto, outras de forma velada, instituíram *controle concentrado de lei ou ato normativo municipal em face da Carta Federal*. Resultado: tiveram sua inconstitucionalidade declarada pelo Supremo (STF, *RTJ*, *102*:49, *124*:266, *124*:612, *97*:438, *102*:749, *104*:724 etc.).

Foi o caso da Constituição de São Paulo. No inciso XI do art. 74 autorizava o Tribunal de Justiça local a representar a inconstitucionalidade de lei ou ato normativo municipal em face da Carta Federal.

O Supremo, por sua vez, não titubeou em decretar a inconstitucionalidade desse preceito, pois Tribunais de Justiça não podem produzir decisões *erga omnes* no âmbito dos Estados. Só o Pretório Excelso — o guarda da Constituição Federal — detém esta competência.

> **Nesse sentido:** STF, Pleno, ADIn 347-0/DF, Rel. Min. Paulo Brossard, *Ementário de Jurisprudência* n. 1772-01, p. 50, *DJ*, 1, de 19-12-1994, p. 35178.

Com o advento da Lei n. 9.882, de 3 de dezembro de 1999, abriu-se caminho para se ajuizar, no Supremo, a *arguição de descumprimento de preceito fundamental*, "quando for relevante o fundamento da controvérsia constitucional sobre lei ou ato normativo federal, estadual ou municipal, incluídos os anteriores à Constituição" (art. 1º, parágrafo único, I).

Se considerarmos a *arguição de preceito fundamental* uma rota para se exercer o controle concentrado perante o Pretório Excelso, veremos que a Lei n. 9.882/99 propiciou a fiscalização abstrata das leis ou atos normativos municipais em face da Carta Federal.

Mas isso nada tem que ver com o ajuizamento da *direta genérica*, em estudo, inconfundível com a *arguição de preceito fundamental*.

g.2) Leis ou atos normativos revogados (anteriores à CF)

O Supremo Tribunal Federal, há mais de cinquenta anos, inadmite o controle concentrado de leis ou atos normativos anteriores à Carta Magna (*v.* Cap. 5, n. 4.9).

> **Precedentes:** STF, *RT*, *231*:665, *71*:291, *109*:1220, *124*:415.

Esses casos são de simples revogação, não de inconstitucionalidade, sujeitando-se ao princípio da recepção.

> **Precedentes:** STF, *RTJ*, *95*:980, *95*:993, *99*:544, *143*:3, *143*:340.

Nem o controle difuso é instrumento hábil para ser invocado nesse contexto, porquanto leis ou atos normativos anteriores a uma nova Constituição, se com ela conflitarem, são automaticamente revogados.

Numa palavra, revogação nada tem que ver com inconstitucionalidade.

Por isso é pacífica a jurisprudência do Supremo Tribunal Federal no sentido de não admitir o controle concentrado de constitucionalidade de leis ou atos normativos revogados.

Nesse sentido: STF, Pleno, ADIn 1.674-5/GO, Rel. Min. Sydney Sanches, *DJ*, de 28-5-1999, p. 4.

Logo, é incabível ação direta de inconstitucionalidade para atacar lei ou ato normativo de eficácia exaurida, a exemplo das medidas provisórias que jamais foram convertidas em leis.

Precedentes: STF, Pleno, ADIn 612/RJ, Rel. Min. Celso de Mello; STF, Pleno, ADIn 162-1/DF, Rel. Min. Moreira Alves.

Resultado: ações diretas de inconstitucionalidade ajuizadas com base em leis cuja eficácia normativa já se esgotou afiguram-se prejudicadas, em virtude da perda do objeto (STF, Pleno, ADIn 482/DF, Rel. Min. Néri da Silveira, *DJ*, 1, de 8-4-1994, p. 7223).

Do contrário, a ação direta se converteria num injustificado instrumento processual de proteção de situações jurídicas pessoais, desvirtuando o verdadeiro escopo do controle concentrado de normas, que é o amparo em abstrato da Constituição Federal.

Nesse sentido: STF, Pleno, ADIn 162-1/DF, Rel. Min. Moreira Alves, *DJ*, 1, de 19-9-1997, p. 45582; STF, Pleno, ADIn 534-QO/DF, Rel. Min. Celso de Mello, *DJ*, 1, de 8-4-1994, p. 7240.

g.3) Atos normativos privados

O controle abstrato de normas somente pode ter como objeto de impugnação atos normativos emanados do Poder Público.

Precedente: "Isto significa, ante a necessária estatalidade dos atos suscetíveis de fiscalização *in abstracto*, que a ação direta de inconstitucionalidade só pode ser ajuizada em face de órgãos ou instituições de natureza pública" (STF, ADIn 1.434-MC/SP, Rel. Min. Celso de Mello, *RTJ, 164*:506, 1998).

Ilustrando, convenção de condomínio, estatuto de empresa, por serem atos oriundos de pessoas privadas, não constituem objeto da *direta genérica*, embora possam ser impugnados por outras vias judiciais (cf. J. J. Gomes Canotilho, *Direito constitucional e teoria da constituição*, p. 831).

g.4) Crises de legalidade

A ação direta de inconstitucionalidade — instrumento de controle concentrado de normas — não se afigura mecanismo idôneo para fiscalizar as chamadas "crises de legalidade", assim cognominadas para caracterizar a desobediência das leis ou atos normativos pelas autoridades administrativas.

Posição do STF: "A ação direta de inconstitucionalidade não é instrumento hábil ao controle da validade de atos normativos infralegais em face da lei sob cuja égide foram editados, ainda que, num desdobramento, se estabeleça, mediante prévia aferição da inobservância dessa mesma lei, o confronto consequente com a Constituição Federal. Crises de legalidade, caracterizadas pela inobservância, por parte da autoridade administrativa, do seu dever jurídico de subordinação normativa à lei, revelam-se estranhas ao controle normativo abstrato, cuja finalidade restringe-se, exclusivamente, à aferição de eventual descumprimento, desde que direto e frontal, das normas inscritas na Carta Política. A ação direta de inconstitucionalidade — quando utilizada como instrumento de controle abstrato da mera legalidade dos atos editados pelo Poder Público — descaracteriza-se em sua precípua função político-jurídica, na medida em que, reduzindo-se em sua dimensão institucional, converte-se em meio processual desvinculado da finalidade para a qual foi concebido" (STF, ADIn 264-AgRg/DF, Rel. Min. Celso de Mello, Pleno, j. em 7-5-1992, *DJ* de 8-4-1994). Nesse sentido: STF, ADIn 1.253-3-ML, Rel. Min. Carlos Velloso, *DJ*, 1, de 25-8-1995, p. 26022; STF, 2ª T., AgI 151.041-AgRg/RS, Rel. Min. Marco Aurélio, *DJ*, 1, de 4-3-1996.

g.5) Leis e atos de efeitos concretos

Não estão sujeitos à incidência do controle de constitucionalidade concentrado as leis e os atos estatais de efeitos concretos, por ausência de densidade jurídico-material (STF, *RTJ, 154*:432).

É a falta de densidade jurídico-material que retira a imperatividade, a generalidade e a abstração da norma jurídica.

♦ Cap. 6 ♦ CONTROLE DE CONSTITUCIONALIDADE

Interessante observar que as leis e atos de efeitos concretos se apresentam numa roupagem de norma jurídica, com objeto e destinatários especificados. Não passam, porém, de medidas materialmente administrativas, despojadas de conteúdo normativo. E, como meras providências de índole político-administrativa, não são atos formalmente legislativos, trazendo a marca da generalidade. Numa palavra, não consignam fontes primárias do Direito, embora possam até se apresentar como tais.

Como só se consideram objeto idôneo do controle concentrado normas jurídicas, automaticamente as leis e os atos estatais de efeitos concretos não comportam *ação direta genérica*.

> **Nesse sentido:** STF, Pleno, ADIn 1.716-0/DF, Rel. Min. Sepúlveda Pertence, *DJ*, 1, 27-3-1998, p. 2.

Quer dizer, a mera aparência de "norma" desserve para o exercício da jurisdição abstrata, pouco importando que tenham sido editados com força legislativa formal.

> **Precedente:** STF, ADIn 1.716/AP, Rel. Min. Maurício Corrêa, decisão de 9-12-1999.

Nesse contexto, não se sujeitam ao controle concentrado:
- atos estatais de efeitos concretos que convertam a *ação direta* em sucedâneo de ação popular;

> **Nesse sentido:** STF, Pleno, ADIn 769-ML/MA, Rel. Min. Celso de Mello, *DJ*, 1, de 8-4-1994, p. 7224.
> **Importante:** a Carta de 1988 não incluiu, no âmbito da competência originária do Supremo, o julgamento de ações populares. Significa dizer que o Pretório Excelso não poderá examiná-las por falta de previsão constitucional expressa, como aliás ele próprio vem demarcando em diversas assentadas (STF, Pet. 296-2, Rel. Min. Célio Borja; STF, Pet. 352-7, Rel. Min. Sydney Sanches; STF, Pet. 431-1, Rel. Min. Néri da Silveira; STF, Pet. 487-6, Rel. Min. Marco Aurélio; STF, Pet. 682-MS, Rel. Min. Celso de Mello).

- atos legislativos que consagram doações de bens públicos a entidades privadas;

> **Precedente:** STF, ADIn 643-MC/SP, Rel. Min. Celso de Mello, *DJU* de 3-4-1992.

- decreto legislativo que susta a realização de licitação pública pelo Estado;

> **Nesse sentido:** STF, Pleno, ADIn 834-0-ML/MT, Rel. Min. Celso de Mello, *Ementário de Jurisprudência* n. 1698-04.

- resoluções de Assembleias Legislativas que determinam consultas plebiscitárias sobre a criação de Municípios (STF, *RDA, 203*:254, 1996); e
- medidas materialmente administrativas que contemplem o uso de recursos arrecadados por contribuições provisórias sobre movimentações financeiras.

> **Precedente:** STF, Pleno, ADIn 1.640-7/DF, Rel. Min. Sydney Sanches, *DJ*, 1, de 3-4-1998, capa.

g.6) Súmulas
Súmulas — proposições jurídicas que consolidam a jurisprudência de um tribunal acerca de assuntos controvertidos — não apresentam características de ato normativo.

Estão excluídas do âmbito da jurisdição abstrata do Supremo Tribunal Federal.

> **Nesse sentido:** STF, Pleno, ADIn 594-MC/DF, rel. Min. Carlos Velloso, decisão de 19-2-1992.

g.7) Ementas de leis diversas de seu conteúdo
Leis que contêm matérias distintas das que foram enunciadas em sua ementa não se sujeitam ao controle concentrado de normas, porque, em rigor, em nada violam a Constituição.

> **Nesse sentido:** STF, Pleno, ADIn 1.096-4-ML, Rel. Min. Celso de Mello, *DJ*, 1, de 22-9-1995, p. 30589.

g.8) Respostas do Tribunal Superior Eleitoral
Inexiste a possibilidade de se controlar a constitucionalidade de respostas emitidas pelo Tribunal Superior Eleitoral às consultas que lhe foram endereçadas, pois esse ato, de natureza administrativa, não apresenta qualquer eficácia vinculativa aos demais órgãos do Poder Judiciário.

> **Precedente:** STF, ADIn 1.805-MC/DF, Rel. Min. Néri da Silveira, decisão de 26-3-1998.

g.9) Normas constitucionais originárias

No Brasil, está completamente descartado o controle concentrado, e também o difuso, da constitucionalidade de normas constitucionais originárias.

O que o ordenamento jurídico brasileiro hospeda é a possibilidade de se ajuizar a *direta genérica* para impugnar a obra do poder reformador da Constituição, notadamente as emendas constitucionais.

Assim, vigoram entre nós dois princípios:

*   **possibilidade de controle de normas constitucionais inconstitucionais derivadas** — os preceitos constitucionais secundários, de segundo grau, instituídos, reformados ou constituídos, postos no ordenamento brasileiro mediante emendas à Constituição, submetem-se ao crivo dos controles concentrado e difuso;
*   **impossibilidade de controle de normas constitucionais inconstitucionais originárias** — os membros do Poder Judiciário não poderão, com base na teoria das *normas constitucionais inconstitucionais originárias*, declarar a inconstitucionalidade de lei ou ato normativo, procriados pelo constituinte primário.

Portanto, não procede, entre nós, a tese das *normas constitucionais inconstitucionais originárias* (*Verfassungswidrige Verfassugsnormen*).

> **Sobre o assunto:** Otto Bachof, *Normas constitucionais inconstitucionais?*, p. 5 e s.

A título de curiosidade, registre-se que o Tribunal Constitucional da Baviera admitiu hierarquia entre disposições de uma mesma constituição, aceitando a existência de preceitos constitucionais originários antagônicos.

> **Nesse sentido:** Reinhold Zippelius & Theodor Maunz, *Deutsches Staatsrecht*, p. 18 e s.

Os adeptos da teoria das *normas constitucionais inconstitucionais originárias* acreditam que há, nos ordenamentos, um direito *natural, não escrito*, que decorre do postulado da justiça (*Grundentscheidugen*).

Argumentam que, por esse motivo, o Poder Judiciário deve verificar a constitucionalidade de normas constitucionais originárias, tomando como base *valores suprapositivos*, que transcendem os preceitos escritos nas constituições (honestidade, bom senso, dar a cada um o que é seu etc.).

Defendem, pois, a existência de *conflitos de valores* na ordem jurídica, que seriam responsáveis pelo choque entre as normas constitucionais positivas e o direito *supraconstitucional*.

Sob esse prisma, reconhecem certas *contradições transcendentes*, concluindo pela possibilidade de ocorrer incompatibilidade entre normas constitucionais escritas, integrantes de uma mesma constituição.

> **Compulsar:** J. J. Gomes Canotilho, *Direito constitucional e teoria da constituição*, p. 1105.

Em nosso país, o Supremo Tribunal Federal inadmite a inconstitucionalidade de normas constitucionais originárias.

> **Precedente:** STF, Pleno, ADIn 815-3/RS, Rel. Min. Moreira Alves, decisão de 20-3-1996, *DJ*, 1, de 10-5-1996, p. 15131.

Eis os argumentos da Corte Excelsa para justificar seu posicionamento:

*   a tese de que há hierarquia entre normas constitucionais originárias é incompatível com o sistema de Constituição rígida;
*   compete ao Supremo Tribunal Federal, como guarda da Constituição, protegê-la como um todo, e não fiscalizar se o poder constituinte originário violou, ou não, princípios suprapositivos;
*   nem as cláusulas pétreas podem ser invocadas para sustentar a tese das normas inconstitucionais originárias, porquanto a Constituição as prevê apenas como limites materiais ao poder reformador;
*   *ações genéricas*, questionando a inconstitucionalidade de normas constitucionais originárias, não podem ser conhecidas pelo Supremo por impossibilidade jurídica do pedido.

◆ Cap. 6 ◆ CONTROLE DE CONSTITUCIONALIDADE

Na realidade, a Carta de 1988 não dá azo à existência de preceitos conflitantes em seu corpo normativo.

Como é muito extensa e detalhista, podem surgir situações *aparentemente contraditórias*, facilmente sanadas por uma *exegese harmoniosa de normas*, realizando-se uma espécie de *autocorreção constitucional*.

Ora, pelo *princípio da unidade hierárquico-normativa da Constituição*, conflitos aparentes podem ser superados, pois inexiste, no bojo da Carta Magna, *norma constitucional originariamente inconstitucional*.

> **Entendimento do STF:** os "postulados que informam a teoria do ordenamento jurídico e que lhe dão o necessário substrato doutrinário assentam-se na premissa fundamental de que o sistema de direito positivo, além de caracterizar uma unidade institucional, constitui um complexo de normas que devem manter entre si um vínculo de essencial coerência" (STF, 1ª T., RE 159.103-0/SP, Rel. Min. Celso de Mello, v. u., decisão de 11-10-1994, *DJU* de 4-8-1995, p. 22493). **Sobre o tema:** Flávio Bauer Novelli, Norma constitucional inconstitucional?: a propósito do art. 2º, § 2º, da EC 3/93, *RDA, 199*:21; Clayton Maranhão, Inconstitucionalidade da Emenda Constitucional 3/93, *RP, 72*:112; Celso Antônio Bandeira de Mello, Leis originariamente inconstitucionais compatíveis com emenda constitucional superveniente, *RDA, 215*:85-98.

g.10) Convenções coletivas de trabalho

As convenções coletivas de trabalho não se sujeitam ao crivo da fiscalização abstrata de constitucionalidade.

Embora sejam pautas jurídicas de comportamento, aplicáveis a terceiros, cogentes e heterônomas, as convenções coletivas de trabalho não são atos federais nem estaduais.

Como não são editadas pelo Poder Público, requisito exigido pela Carta Suprema para a propositura de ações diretas de inconstitucionalidade (art. 102, I, *a*), fogem do âmbito da jurisdição concentrada do Pretório Excelso.

g.11) Inconstitucionalidade reflexa

O Supremo Tribunal Federal inadmite a inconstitucionalidade reflexa, oblíqua ou indireta (*v.* Cap. 5, n. 4.5).

A Corte orienta-se no sentido da impossibilidade de controle concentrado de lei ou ato normativo quando, para o deslinde da questão, faz-se imperioso o exame do conteúdo de outras normas infraconstitucionais ou da matéria de fato (STF, *RTJ, 164*:897).

g.12) Leis estrangeiras inconstitucionais

As leis ou atos normativos estrangeiros inconstitucionais são insuscetíveis de fiscalização abstrata de constitucionalidade, embora possam ser alvo de controle difuso.

Não se confundem, pois, com os tratados internacionais firmados pelo Brasil. Estes, após incorporados à ordem jurídica pátria, sujeitam-se ao controle concentrado de normas.

A recusa por parte do Estado Federal em inaplicar ato normativo estrangeiro, não recepcionado pela Carta de 1988, é perfeitamente admissível, desde que seja para preservar a *ordem interna*.

Trata-se de um princípio universal, que não se situa no âmbito da constitucionalidade ou inconstitucionalidade normativa, mas sim no da conveniência ou inconveniência de admitir, ou recusar, a aplicação da lei estrangeira.

Assim, quando a aplicação do Direito estrangeiro não for conveniente ao Brasil, por ser contrário à ordem pública, ou até à Constituição, não há falar em controle concentrado de normas. A matéria pode ser resolvida na via de exceção, pela fiscalização difusa, em que qualquer juiz ou tribunal, inclusive o Pretório Excelso, pode apreciar, *in concreto*, a inconstitucionalidade de lei ou ato normativo estrangeiro.

g.13) Propostas legislativas ou projetos de leis

Não é possível o controle concentrado de atos em processo de formação (*v.* n. 8.2.2, *supra*).

O mero trâmite de espécies normativas não autoriza o ajuizamento da *direta genérica*, porque, no Brasil, inexiste controle jurisdicional preventivo de constitucionalidade.

h) Legitimidade

Desde 1965, a tradição constitucional brasileira reservava ao Procurador-Geral da República a legitimidade para propor *ação direta de inconstitucionalidade.*

> **Retrospecto:** CF de 1946, com redação dada pela EC n. 26/65 (art. 101, I, *k*); CF de 1967 (art. 113, *l*); e EC n. 1/69 (art. 119, I, *l*).

O Texto de 1988, rompendo o tradicionalismo, consagrou autêntica *legitimidade concorrente* (art. 103, I a IX).

Legitimidade concorrente é aquela em que mais de um legitimado detém a titularidade para ingressar em juízo a fim de pleitear a tutela jurisdicional de um direito ou prerrogativa.

Nesse ínterim, resta saber quais os legitimados para propor a *direta genérica.*

h.1) Legitimidade ativa

A legitimidade ativa para propor a *direta genérica* foi consagrada no art. 103, I a IX, da Carta de Outubro.

Assim, o Presidente da República, a Mesa do Senado Federal, a Mesa da Câmara dos Deputados, a Mesa de Assembleia Legislativa ou da Câmara Legislativa do Distrito Federal, o Governador de Estado ou do Distrito Federal, o Procurador-Geral da República, o Conselho Federal da Ordem dos Advogados do Brasil, partido político com representação no Congresso Nacional e confederação sindical ou entidade de classe de âmbito nacional.

Seguindo a terminologia da Corte Excelsa, eis aí os *requerentes* ou autores do pedido formulado na *direta genérica.*

Mas há algumas observações a serem emitidas.

Em primeiro lugar, a legitimidade ativa para a propositura da *direta genérica* abrange a legitimidade recursal.

> **Nesse sentido:** STF, Pleno, ADIn 2.130-AgRg/SC, Rel. Min. Celso de Mello, decisão de 3-10-2001.

Em segundo, o elenco do art. 103 não pode ser ampliado via exegese construtiva. Apenas os *requerentes* aí discriminados é que podem propor a *direta genérica.*

Em terceiro, essa legitimidade ativa concorrente é restrita.

Por isso, a jurisprudência do Supremo Tribunal Federal exige a presença de *pertinência temática* para alguns dos legitimados do art. 103 intentarem a ação direta de inconstitucionalidade.

Pertinência temática é o requisito objetivo pelo qual se verifica a procedência, conveniência e plausibilidade da ação, ajuizada para a defesa de um interesse específico, via controle concentrado de constitucionalidade.

O instituto não vem previsto na Constituição, nem nas leis, mas está consagrado na jurisprudência do Pretório Excelso.

Busca-se com a *pertinência temática* impedir que determinadas entidades discutam, em sede de controle abstrato, toda e qualquer matéria, aumentando, ainda mais, a carga de trabalho do Supremo Tribunal Federal.

Assuntos despiciendos ou tertúlias políticas, amparados em disposições regimentais de órgãos ou entidades de classes, não autorizam o uso da *direta genérica*, porque a *pertinência temática* pressupõe os três requisitos que amparam a propositura de qualquer ação: *legitimidade para agir, interesse de agir* e *possibilidade jurídica do pedido.*

> **Processo constitucional:** o *processo constitucional*, terreno onde viceja a *direta genérica*, embora possua natureza *objetiva*, toma de empréstimo elementos da processualística clássica. É o caso da *pertinência temática*, que deve ser concebida à luz das *condições da ação* — categorias *lógico-jurídicas*, previstas na doutrina e nas leis, que operam, em última análise, para saber se existe, ou não, o direito de ação.

◆ Cap. 6 ◆ CONTROLE DE CONSTITUCIONALIDADE

Sem a demonstração lógica e cabal, por parte de certas agremiações, de que a suposta ofensa ao Texto de 1988 repercutiu em seus objetivos sociais e econômicos não há falar em *direta genérica*.

A análise da *pertinência temática* conduz-nos a dois tipos de legitimados ativos para o ajuizamento da *direta genérica*: os *universais* e os *especiais*.

Os legitimados *universais* não se sujeitam ao exame da *pertinência temática*, porque o seu próprio papel institucional já os autoriza a promover a *direta genérica* em qualquer hipótese.

Precedente: STF, ADIn 1.398/SC, Rel. Min. Marco Aurélio.

São eles:

i) Presidente da República;

- A Constituição permite que o Presidente impugne os atos legislativos promulgados pela derrubada de seu veto (art. 66, §§ 4º a 7º).

- Vale observar que o Presidente pode ajuizar a *direta genérica* quanto aos atos em que ele próprio contribuiu para que viessem a lume, mediante iniciativa ou sanção. Nesse particular, lembre-se que a Súmula 5 do STF já não prevalece, pois a Corte Excelsa passou a entender que a sanção não sana o vício da inconstitucionalidade formal (*v.* Cap. 5, n. 4.1).

- Caso o Presidente mude de opinião, passando a considerar inconstitucional a lei ou o ato normativo por ele mesmo concebidos, nada o impedirá de ajuizar a *direta genérica*, para invalidar a norma contrária à Constituição.

ii) Mesas da Câmara dos Deputados e do Senado Federal;

- As Mesas das Casas Legislativas podem questionar, em sede de *direta genérica*, os seus próprios atos.

- O direito de propositura das Mesas da Câmara e do Senado não se estende à Mesa do Congresso Nacional. Esta, portanto, não poderá interpor *direta genérica*, pois a Constituição não autorizou.

- Em compensação, as Mesas da Câmara e do Senado não podem ajuizar a *direta genérica* com o objetivo de sustar atos normativos do Poder Executivo que exorbitem o poder regulamentar e os limites da delegação legislativa, pois esta é uma competência exclusiva do Congresso Nacional (CF, art. 49, V).

iii) Procurador-Geral da República;

- Desde o ordenamento jurídico pregresso, prevalece o entendimento doutrinário e jurisprudencial de que o Procurador-Geral da República possui juízo discricionário para propor, ou não, a *direta genérica*. Aliás, o Chefe do Ministério Público Federal nem deve levar ao conhecimento do Pretório Excelso toda e qualquer matéria, apenas assuntos sérios, revestidos de argumentação convincente, com a induvidosa plausibilidade da ofensa ao Texto Supremo, merecem encaminhamento e registro.

- Proposta a *direta genérica* pelo Procurador-Geral da República e figurando o Governador do Estado no polo passivo, como requerido a prestar informações, não pode ele atuar como litisconsorte ativo, ao lado do autor da ação.

Nesse sentido: STF, ADIn 807, Rel. Min. Celso de Mello, *DJU* de 11-6-1993.

iv) Partido político com representação no Congresso Nacional; e

- As agremiações partidárias têm legitimidade universal, irrestrita, algo que "constitui natural derivação da própria natureza e dos fins institucionais que justificam a existência, em nosso sistema normativo, dos Partidos Políticos" (STF, ADIn 1.096-4-MC/RS, Rel. Min. Celso de Mello, *DJU* de 22-9-1995, p. 30589).

- Segundo a jurisprudência majoritária do Supremo, a aferição da legitimidade ativa para partido político interpor a *direta genérica* deve ser feita no momento da propositura da ação (STF, ADIn 2.159-AgRg/DF, Rel. p/ acórdão Min. Gilmar Mendes, decisão de 12-8-2004).

- O Deputado ou o Senador da República, individualmente considerados, podem propor a *direta genérica* desde quando estejam filiados a partido político com representação no Congresso Nacional. Essa foi a única exigência da Carta de 1988, que não exigiu que a propositura da ação ficasse a cargo de vários parlamentares, como ocorre na Áustria, Alemanha, Portugal e Espanha.

  > **Direito Comparado:** Constituição austríaca de 1920 (art. 140, 1) — 1/3 dos parlamentares (*Nationalrat*) ou 1/3 dos conselheiros federais (*Bundesrat*); Lei Fundamental de Bonn de 1949 (art. 93, I, n. 2) — 1/3 dos parlamentares; Constituição portuguesa de 1976 (art. 281) — 1/10 dos membros da Assembleia da República; Constituição da Espanha de 1978 (art. 162) — 50 deputados ou 50 senadores.

- Assim, o constituinte brasileiro quis preservar a atuação jurisdicional abstrata das correntes minoritárias do Parlamento. Numa palavra, basta a presença de uma representação singular, até porque existem partidos representados no Congresso Nacional por apenas um só parlamentar. No ano de 1994, por exemplo, o Partido Verde, o PSTU e o Prona só tinham um representante no Parlamento brasileiro.
- Em contrapartida, o diretório ou a executiva *regional* do partido político não foram autorizados pela Carta de Outubro a ajuizar a *direta genérica*. Logo, não poderão agir, nacionalmente, como se fossem o próprio partido. Somente o diretório ou a executiva *nacional* podem deliberar em nome da agremiação.

  > **Precedente:** STF, ADIn 779-AgRg/DF, Rel. Min. Celso de Mello, *RTJ, 153*:765, 1995.

- Como decidiu o Supremo Tribunal Federal, "a Constituição Federal, ao atribuir no art. 103, VIII, competência a partido político com representação no Congresso Nacional, referiu-se à sua representação nacional, uma vez que o órgão regional não representa o partido político, senão nos limites de sua atuação estadual" (STF, ADIn 1.449-8/AL, Rel. Min. Ilmar Galvão, *DJ*, 1, de 21-5-1996, p. 16877).
- Com efeito, para propor a ação direta de inconstitucionalidade basta que o presidente do partido político, com representação congressual, assim determine, sendo desnecessária a intervenção do diretório partidário. Na procuração outorgada a deputado federal ou senador da República pelo presidente do respectivo partido político, devem vir especificados os dispositivos infraconstitucionais a serem impugnados.

  > **Nesse sentido:** STJ, ADIn 2.552/PR, Rel. Min. Maurício Corrêa, *DJ* de 19-12-2001.

- A perda superveniente da representação parlamentar desqualifica, automaticamente, a legitimidade ativa do partido político. Nesse caso, a *ação direta* não deverá prosseguir, até mesmo por motivos de economia e celeridade processuais.

  > **Precedente:** STF, ADIn 1.063/DF, Rel. Min. Celso de Mello, *DJ* de 25-6-2001.

- Mas esse posicionamento da Corte Suprema não é unânime. Existem julgados no sentido de que a perda superveniente de representação do partido político no Congresso Nacional não o desqualifica como legitimado ativo para a *direta genérica*. Nas ADIns 2.159 e 2.618, por exemplo, os Ministros da Corte Suprema proveram recursos em duas ações requeridas pelo Partido Social Liberal (PSL), que, no momento do ajuizamento de tais ações, tinha representação no Congresso. Por maioria de votos, vencidos os Ministros Carlos Velloso e Celso de Mello, as ações não foram consideradas prejudicadas em virtude da perda superveniente da representação parlamentar (STF, ADIn 2.159-AgRg/DF, Rel. originário Min. Carlos Velloso, Rel. p/ acórdão Min. Gilmar Mendes, *DJ* de 24-8-2004; STF, ADIn 2.618/DF, Rel. Min. Carlos Velloso, *DJ* de 24-8-2004).

v) Conselho Federal da Ordem dos Advogados do Brasil.
- A implantação do Estado de Direito Democrático pela Carta de 1988, alçou a OAB a posto destacado no panorama do controle abstrato de normas. Daí não se sujeitar a entidade à *pertinência temática*.

Cap. 6 ◆ CONTROLE DE CONSTITUCIONALIDADE 193

> **Precedente:** "Em se tratando do Conselho da Ordem dos Advogados do Brasil, sua colocação no elenco que se encontra no mencionado artigo, e que a distingue das demais entidades de classe de âmbito nacional, deve ser interpretada como feita para lhe permitir, na defesa da ordem jurídica com o primado da Constituição Federal, a propositura da ação direta de inconstitucionalidade contra qualquer ato normativo que possa ser objeto dessa ação; independe do requisito da pertinência temática entre o seu conteúdo e o interesse dos advogados como tais, de que a Ordem é entidade de classe" (STF, ADIn 3/DF, Rel. Min. Moreira Alves; *RTJ, 142*:363; *RDA, 191*:182).

Já os *legitimados especiais* são os que só podem propor a *direta genérica* se demonstrarem o elo de *pertinência temática* entre o ato normativo arguido como inconstitucional e os interesses específicos da agremiação.

Procura-se, aqui, verificar a representatividade real dos órgãos e entidades que batem às portas do Pretório Excelso, e não a tutela de direitos privados, ainda que revestidos de um colorido social.

Daí os seguintes *legitimados ativos especiais*:

i) Mesa de Assembleia Legislativa do Estado ou Câmara do Distrito Federal;
* A Emenda Constitucional n. 45/2004, acompanhando a jurisprudência do Supremo e a Lei n. 9.868/99 (art. 2º, IV), reconheceu a legitimidade da Mesa da Câmara Legislativa do Distrito Federal para propor a *direta genérica*.

> **Precedente:** STF, *RTJ, 140*:457.

* A Mesa da Assembleia estadual só poderá ajuizar a *direta genérica* se houver vínculo objetivo de pertinência temática entre o conteúdo das normas impugnadas e os interesses da Assembleia Legislativa que estiverem em jogo.

> **Nesse sentido:** STF, ADIn 1.307-6/MS, Rel. Min. Francisco Rezek, *DJ* de 24-5-1996.

* A ação direta de inconstitucionalidade interposta pela Mesa da Assembleia Legislativa dos Estados poderá ter por objeto lei ou ato normativo oriundo do próprio Poder Legislativo do qual ela faz parte.

> **Precedente:** STF, ADIn 91-8/SE, Rel. Min. Sydney Sanches, *DJU* de 23-3-2001, p. 83.

* Mesa da Câmara municipal não possui legitimidade ativa para propor a *direta genérica*, porquanto não integra o núcleo temático do art. 103 da Constituição da República.

> **Precedente:** STF, Pleno, ADIn 1.803-0/SP, Rel. Min. Moreira Alves, *DJ*, 1, de 24-4-1998, p. 4.

ii) Governador de Estado ou do Distrito Federal;
* A Emenda Constitucional n. 45/2004, seguindo a jurisprudência do Supremo, reconheceu que o Governador do Distrito Federal também pode ajuizar a *direta genérica*. O art. 2º, V, da Lei n. 9.868/99 já previa tal possibilidade. Sem dúvida, o Distrito Federal exerce parte de suas competências nos mesmos moldes dos Estados-membros, submetendo-se ao crivo da *pertinência temática* (STF, Pleno, ADIn 611/DF, Rel. Min. Sepúlveda Pertence, *RTJ, 145*:491; STF, ADIn 645-MC/ DF, Rel. Min. Ilmar Galvão, *DJU* de 21-2-1992).
* ADI ajuizada por governador e legitimidade recursal — o Plenário do Supremo Tribunal Federal, por maioria de votos, negou provimento a agravo regimental interposto de decisão proferida em sede de ação direta de inconstitucionalidade, ajuizada por Governador de Estado. Prevaleceu a tese de que o ente federado não tem legitimidade recursal (STF, ADI 1.663 AgR/AL, Rel. Min. Dias Toffoli, j. 24-4-2013).

> **Nesse sentido:** STF, Pleno, ADIn 611/DF, Rel. Min. Sepúlveda Pertence, *RTJ, 145*:491; STF, ADIn 645-MC/DF, Rel. Min. Ilmar Galvão, *DJU* de 21-2-1992.

- Apenas o Governador detém legitimidade ativa e capacidade postulatória para interpor a *direta genérica*, e não o Procurador-Geral, nem, tampouco, o Estado-membro propriamente dito.

  Precedentes: STF, ADIn 336/SE, Rel. Min. Célio Borja, *DJ* de 1º-11-1991; STF, ADIn 902, Rel. Min. Marco Aurélio, *DJ* de 10-3-1994; STF, ADIn 2.130-AgRg, Rel. Min. Celso de Mello, *DOU* de 21-2-2002.

- Em sede de *direta genérica*, o Governador possui capacidade processual plena podendo praticar, "no processo de ação direta de inconstitucionalidade, quaisquer atos ordinariamente privativos de advogado" (STF, Plenário, ADIn 127-2/AL, Rel. Min. Celso de Mello, decisão de 20-11-1989, *DJ*, 1, de 4-12-1992, p. 23057).

- A garantia do equilíbrio federativo pressupõe a legitimidade ativa especial do Governador para propor a *direta genérica* no Pretório Excelso, quando ocorrerem invasões de competências constitucionais. Nesse caso, configura-se o elo de *pertinência temática* entre a norma impugnada e os interesses estaduais a serem, legitimamente, tutelados. Assim, pode o Governador ajuizar a *direta genérica* tendo por objeto lei ou ato normativo da União, de seu próprio Estado, e até de outros Estados-membros da federação, cujas deliberações ferirem interesses e competências de sua ordem jurídica parcial.

  Inconstitucionalidade do art. 2º da Lei federal n. 9.055/1995 (amianto crisotila) — em 24-8-2017, a Corte declarou, incidentalmente, a inconstitucionalidade do art. 2º da Lei federal n. 9.055/1995, que possibilitou a extração, industrialização, comercialização e a distribuição do uso do amianto na variedade crisotila no País. Recordemos que, na via incidental, a declaração de inconstitucionalidade lastreia-se nos fundamentos da decisão, levando em conta situações que excedem o pedido principal formulado na ação. Nesta assentada, a Corte seguiu a linha da ADI 3937, a qual considerou inconstitucional preceito de diploma normativo federal que autorizava o uso da crisotila (STF, ADI 3937, Rel. Min. Marco Aurélio, j. 24-8-2017). Em 29-11-2017, a Corte, por maioria de votos, reafirmou a inconstitucionalidade do art. 2º da Lei federal n. 9.055/1995, que permitia a extração, industrialização, comercialização e a distribuição do uso do amianto na variedade crisotila no Brasil. Nesta assentada, o Supremo, que já tinha declarado naquele caso específico a inconstitucionalidade do referido art. 2º, conferiu efeito vinculante e eficácia geral ao *decisum*.

- Se o Governador passar a considerar a lei ou ato normativo inconstitucional, nada o impedirá de interpor a *direta genérica*. Nesse ínterim, pouco importa se ele participou diretamente do processo legislativo, ou não. Desde que constate a inconstitucionalidade normativa, cumpre-lhe ingressar no Pretório Excelso, para discuti-la em juízo.

  Nesse sentido: "Embora não tenha o requerente [*Governador de Estado*], na ocasião própria, vetado o projeto de lei em que se converteu a norma impugnada, nada impede, por qualquer razão legal, que reconheça o Tribunal a inconstitucionalidade formal do diploma legislativo em questão, tendo em vista manifesta usurpação da competência privativa do Poder Executivo estadual" (STF, Pleno, ADIn 2.174/DF, Rel. Min. Maurício Corrêa, decisão de 2-11-2001).

iii) Entidades de classe de âmbito nacional; e
- A jurisprudência do Supremo Tribunal Federal é sobremodo restritiva e criteriosa quanto à possibilidade de as entidades de classe ajuizarem *ações diretas de inconstitucionalidade*.
- Nesse mister, urge observar a relação de *pertinência temática* entre o interesse específico da classe, para cuja defesa essas entidades foram constituídas, e o ato normativo arguido de inconstitucional (STF, *RDA, 200*:211).
- Perfil de entidade de classe, de âmbito nacional, para ajuizar ADI — somente entidade de classe, de âmbito nacional, tem legitimidade para ajuizar ADI no Supremo. O caráter nacional de uma entidade de classe não decorre de mera declaração formal, mas da real existência de associados ou membros em pelo menos nove Estados da Federação (STF, ADI 4.459, Rel. Min. Celso de Mello, j. 22-3-2013).
- A Associação dos Magistrados Brasileiros, por exemplo, tem legitimidade para mover ação direta em matérias pertinentes às suas finalidades institucionais.

◆ Cap. 6 ◆ CONTROLE DE CONSTITUCIONALIDADE 195

Precedente: STF, *RTJ, 133*:1011. **Observação:** do advento da Carta de 1988 aos nossos dias, o Supremo Tribunal Federal reconheceu o direito de propositura da *direta genérica* a várias confederações sindicais e entidades de classes de âmbito nacional.

- Com efeito, somente têm legitimidade ativa as entidades de classe *nacionais* que possuam filiados em, pelo menos, nove Estados brasileiros, numa aplicação analógica à Lei Orgânica dos Partidos Políticos.

  Nesse sentido: STF, ADIn 79, Rel. Min. Celso de Mello, *RDA, 188*:144. "Não é entidade de classe de âmbito nacional, para efeitos do inciso IX, do art. 103 da Constituição, a que só reúne empresas sediadas no mesmo Estado, nem a que congrega outras de apenas quatro Estados da Federação" (STF, *RTJ, 136*:479).

- Tal postura parece-nos salutar, porque não é todo e qualquer assunto suscetível de controle abstrato de normas. Se é certo que o respeito à *Lex Mater* é a garantia do Estado Democrático de Direito, mais exato ainda é que o uso descomensurado e aleatório dos mecanismos de defesa concentrada da ordem constitucional não encontra guarida no sistema de Direito Positivo brasileiro.

- A jurisprudência do Supremo Tribunal Federal tem seguido essa diretriz, "consignando, no que concerne ao requisito da espacialidade, que o caráter nacional da entidade de classe não decorre de mera declaração formal, consubstanciada em seus estatutos ou atos constitutivos. Essa particular característica de índole espacial pressupõe, além da atuação transregional da instituição, a existência de associados ou membros em pelo menos nove Estados da Federação. Trata-se de critério objetivo, fundado na aplicação analógica da Lei Orgânica dos Partidos Políticos, que supõe, ordinariamente, atividades econômicas ou profissionais amplamente disseminadas no território nacional" (STF, *RTJ, 141*:3).

  Também nesse sentido: STF, ADIn 1.096-4/RS, Rel. Min. Celso de Mello, *RT, 675*:244; STF, ADIn 108/DF (questão de ordem), Rel. Min. Celso de Mello, *RTJ, 141*:3; STF, ADIn 386-MC/SP, Rel. Min. Sydney Sanches, *RTJ, 136*:479.

- Mas advirta-se que a exigência contida na Lei Orgânica dos Partidos Políticos convém ser *racionalizada*, para não cair no vazio, nem descambar para o exagero. Não basta, por exemplo, que uma agremiação concentre suas atividades em um número determinado de Estados, alegando o cumprimento de seu mister em todo o País, quando, na prática, nada disso faz. Noutro prisma, o fato de possuir escritórios ou sucursais em pelo menos nove Estados não constitui, por si só, requisito demonstrativo do elo de *pertinência temática* entre a questão versada na lei ou ato normativo a ser impugnado e os objetivos sociais da entidade requerente. É imprescindível, em linha de princípio, que haja a comprovação de que a entidade realiza trabalhos de amplitude nacional, agindo em nome de interesses homogêneos de toda a classe (STF, ADIn 77-2/DF, Rel. Min. Sepúlveda Pertence, *DJU* de 23-4-1993).

- Grupos sociais formados circunstancialmente, compostos de membros de categorias profissionais ou econômicas heterogêneas, não detêm legitimidade ativa para propor a *direta genérica*. É preciso que os membros da entidade estejam ligados entre si pelo desempenho de uma mesma atividade, que os interesses sejam homogêneos (STF, ADIn 108, Rel. Min. Celso de Mello, *DJU* de 5-6-1992, p. 8426; STF, ADIn 42-0/DF, Rel. Min. Paulo Brossard, *DJU* de 2-4-1993, p. 5611; STF, ADIn 77, Rel. Min. Sepúlveda Pertence, *DJU* de 23-4-1993, p. 6918).

- A entidade deve atuar em nome da *categoria profissional*, cujo conteúdo tem de se encontrar imediatamente dirigido à ideia de *profissão* (CF, art. 5º, XIII). O qualificativo *classe*, que adjetiva a palavra *entidade*, não significa *classe social*, no sentido sociológico, mas sim *categoria profissional* (STF, ADIn 89-3/DF, Rel. Min. Néri da Silveira, *RDA, 201*:114, 1995; STF, ADIn 334, Rel. Min. Moreira Alves, *DJU* de 31-3-1995, p. 8).

- Em suma, à luz da jurisprudência do Supremo Tribunal Federal, *não* se qualificam como *entidades de classe*, para fins de ajuizamento da *direta genérica*:
  — União Nacional dos Estudantes (UNE) e Central Geral dos Trabalhadores (CGT), porque ambas não representam uma classe profissional, mas uma classe *estudantil*, não se reportando

a exercício de *profissão* (CF, art. 5º, XIII) (STF, ADIn 89-3/DF, Rel. Min. Néri da Silveira, *RDA*, *201*:114, 1995; STF, ADIn 334, Rel. Min. Moreira Alves, *DJU* de 31-3-1995, p. 8);
— associação de associações, pois a composição da entidade deve ter como membros os próprios integrantes da respectiva classe, e não intermediários que os representem. Este é o posicionamento majoritário, mas não unânime da Corte Excelsa. Alguns julgados admitem a chamada *representação de segundo grau*. De nossa parte não aceitamos o hibridismo na composição social das entidades de classe, pois a *direta genérica* desserve para tutelar interesses de *associação de associações*;

Decisões majoritárias, inadmitindo a *representação de segundo grau*: STF, ADIn 334, Rel. Min. Moreira Alves, *DJU* de 31-3-1995, p. 8; STF, Pleno, ADIn 151-5/RS, Rel. Min. Sydney Sanches, *RTJ, 151*:435. **Julgado que exterioriza o entendimento minoritário, aceitando a *representação de segundo grau*:** STF, ADIn 79, Rel. Min. Celso de Mello, *DJU* de 12-9-1989. **Possibilidade de as *associações de associações* ajuizarem a *direta genérica*:** "Presidente, volta ao Plenário um problema cuja solução, na jurisprudência da Corte, jamais, pessoalmente, me convenceu: é a que baniu da legitimação para a ação direta de inconstitucionalidade o que se tem chamado 'associação de associações'. A meu ver, nada o justifica. Chegou-se a falar que uma 'associação de associações' só poderia defender os interesses das suas associadas, vale dizer, das associações que congrega. Mas, *data venia*, o paralogismo é patente. A entidade é de classe, da classe reunida nas associações estaduais que lhe são filiadas. O seu objetivo é a defesa da mesma categoria social. E o fato de uma determinada categoria se reunir, por mimetismo com a organização federativa do País, em associações correspondentes a cada Estado, e essas associações se reunirem para, por meio de uma entidade nacional, perseguir o mesmo objetivo institucional de defesa de classe, a meu ver, não descaracteriza a entidade de grau superior como o que ela realmente é: uma entidade de classe. No âmbito sindical, isso é indiscutível. As entidades legitimadas à ação direta são as confederações, que, por definição, não têm como associados pessoas físicas, mas, sim, associações delas. Não vejo, então, no âmbito das associações civis comuns não sindicais, como fazer a distinção. Peço todas as vênias ao eminente Relator — aliás já discutimos a respeito, desde de pelo menos o caso CUT e CGT, na ADI 271 — para dar provimento ao agravo regimental, a fim de que se processe a ação direta" (STF, ADIn 3.153-AgRg/DF, Rel. p/ acórdão Min. Sepúlveda Pertence, *Clipping* do *DJ* de 23-9-2004).

— entidades internacionais, com seções no Brasil, domiciliadas no território na-cional;

Precedente: STF, *RT, 687*:205.

— conselhos, e. g., Conselho Nacional de Farmácias, Conselho Federal de Preços etc. O Supremo os enquadra na noção de "autarquia", não os considerando entidades de classe de âmbito nacional;

Precedente: STF, *RT, 695*:228.

— entidades cujos integrantes pertencem a associações civis e organismos de caráter sindical, que reúnam membros vinculados a categorias radicalmente distintas, possuindo composição heterogênea, congregando civis e, também, órgãos públicos;

Nesse sentido: STF, Pleno, ADIn 1.437-4/PR, Rel. Min. Celso de Mello; *RTJ, 141*:3. A associação civil designa uma coletividade de pessoas voltadas para fins altruístas. Portanto, visa a promoção e a defesa de aspirações cívicas de toda a cidadania, e não de interesses específicos de certo setor da sociedade, razão pela qual não detém legitimidade para interpor ação direta de inconstitucionalidade (STF, *RT, 675*:244). "Qualquer que seja o mais elástico conceito de entidade de classe que se pretenda lançar, nele não inclui associação que reúne, como associados, órgãos públicos que não possuem personalidade jurídica e diferentes categorias de servidores públicos, uns integrando aqueles órgãos (conselheiros e auditores), outros integrando o Ministério Público, que atua junto a eles — os procuradores" (STF, *RT, 659*:207).

— entidades compostas por pessoas jurídicas, que não representam, coletivamente, categoriais profissionais ou econômicas, e não formam classe alguma. Aqui convém ponderarmos. Em algumas circunstâncias, certas atividades só podem, e só devem, ser desempenhadas por pessoas jurídicas. Seria possível, nesses casos, o ajuizamento da *direta genérica*? Depende. Se pessoas jurídicas integrarem uma entidade de classe, representando especificamente a categoria profissional e o interesse homogêneo do grupo, evidente que sim. O que a jurisprudência majoritária do Pretório Excelso inadmite, e com razão, é que se formem *associações*

◆ Cap. 6 ◆ CONTROLE DE CONSTITUCIONALIDADE

de associações, criando-se a figura esdrúxula da *representação de segundo grau*. Ora, o direito de as pessoas jurídicas se congregarem numa entidade representativa das atividades econômicas e profissionais da categoria é aceitável e compreensível; o que se veda é o fomento das técnicas disfarçadas de defesa de interesses híbridos, quando grupos de pessoas se unem, sem qualquer propósito definido, e passam a pleitear tudo, atitude que convém ser execrada, porque, pelo menos na teoria, o Supremo Tribunal Federal não é um cartório de interesses sórdidos, e sim o guardião da ordem jurídica; e

Precedentes: STF, ADIn 116/PE, Rel. Min. Ilmar Galvão, *DJU* de 18-10-1996, p. 1846, *RTJ, 141*:3, 1992; STF, ADIn 511, Rel. Min. Paulo Brossard; STF, ADIn 705, Rel. Min. Celso de Mello; STF, ADIn 947, Rel. Min. Sydney Sanches.

— pessoas jurídicas de direito privado, compostas por associações cíveis ou sindicais, revelam a marca do *hibridismo*. Logo, não podem ser consideradas entidades de classe para fins de ajuizamento da *direta genérica*.

Nesse sentido: STF, *RT, 687*:295. "Entidade de classe híbrida, porque composta de associações de classe e por entidades sindicais, não tem legitimidade para a ação direta de inconstitucionalidade" (STF, *RT, 691*:223).

iv) Confederação sindical.

- Tudo que acabamos de dizer aplica-se às confederações sindicais. Do mesmo modo que as entidades de classe, o Supremo tem reservas quanto ao uso da *direta genérica* por essas agremiações. O motivo já sabemos: evitar o número excessivo de demandas na Corte. Daí a exigência da *pertinência temática* para aferir o elo entre os objetivos sociais da confederação e o alcance da suposta norma inconstitucional.

Precedente: STF, ADIn 1.151/MG, Rel. Min. Marco Aurélio, *DJU* de 19-5-1995. "A razão de ser da legitimidade prevista no art. 103 da Constituição Federal está na representatividade de uma certa categoria. Provado nos autos que a nova entidade sindical surgiu mediante simples registro do estatuto no Cartório das Pessoas Jurídicas, não tendo havido deliberação dos interessados sobre o desmembramento, forçoso é concluir pela carência da ação proposta. Isso ocorre em relação à Confederação Nacional da Pecuária considerada a Confederação Nacional da Agricultura" (STF, Plenário, ADIn 831-5/DF, Rel. Min. Marco Aurélio, decisão de 27-5-1993, *DJ*, 1, de 25-6-1993, p. 12638).

- Para o Pretório Excelso, podem ajuizar a *direta genérica* as confederações organizadas com um mínimo de três federações, estabelecidas em pelo menos três Estados, nos termos do art. 535 da CLT (STF, Plenário, ADIn 939-7/DF, Rel. Min. Sydney Sanches, decisão de 15-9-1993, *DJ*, 1, de 17-12-1993, p. 28066; STF, ADIn 505/DF, Rel. Min. Moreira Alves, *RT, 677*:240).
- Porém, o Supremo não reconhece a legitimidade ativa para as confederações sindicais utilizarem a direta genérica nos seguintes casos:
  — federações e sindicatos nacionais;

Nesse sentido: STF, ADIn 17-MC, Rel. Min. Sydney Sanches, *RDA, 183*:137; STF, ADIn 275, Rel. Min. Moreira Alves, *DJU* de 22-2-1991. "Federação nacional que reúne sindicatos de cinco Estados, não se constitui numa confederação sindical, motivo que a desautoriza intentar ação direta de inconstitucionalidade" (STF, *RT, 675*:256). "A autora não tem *legitimatio ad causam* por não ser confederação sindical nacional. Por outro lado, ainda que se entenda que a alusão, no inciso IX do art. 103 da Carta Magna, a essas confederações não exclui as outras entidades sindicais, a federação em causa também não tem as características de entidade de classe de âmbito nacional. Ademais, há, no caso, impossibilidade jurídica do pedido, pois é firme o entendimento desta Corte de que, em se tratando de norma regulamentadora, não cabe ação direta de inconstitucionalidade para a verificação da ocorrência, ou não, de extravasamento da esfera regulamentar, por se considerar que, se este se der, se configurará ilegalidade e não inconstitucionalidade. Ação de inconstitucionalidade não conhecida" (STF, Pleno, ADIn 360-MC/DF, Rel. Min. Moreira Alves, decisão de 21-9-1990, *Ementário de Jurisprudência* n. 1693-1, p. 1, *DJ*, 1, de 26-2-1993, p. 2354).

— confederações formadas por uma série de departamentos e associações de aposentados e pensionistas de trabalhadores de diferentes categorias profissionais não são confederações sindicais, nem entidades de classes, não tendo, pois, legitimidade para ajuizar a *direta genérica*;

Precedente: STF, *RT, 677*:239. "No plano da organização sindical brasileira, somente as confederações sindicais dispõem de legitimidade ativa *ad causam* para o ajuizamento da ação direta de inconstitucionalidade (CF, art. 103, IX), falecendo às centrais sindicais, em consequência, o poder para fazer instaurar, perante o Supremo Tribunal Federal, o concernente processo de fiscalização normativa abstrata. Precedentes" (STF, ADIn 1.442/DF, Rel. Min. Celso de Mello, *Clipping* do *DJ* de 29-4-2005).

— associações de empregados de empresas não possuem legitimidade, porque agrupam pessoas ligadas para defender interesses contingentes, contra determinado empregador (STF, *RT, 643*:181).

h.2) Legitimidade passiva

A *legitimidade passiva* na *direta genérica* recai sobre o órgão ou autoridade do qual emanou o ato que se pretende impugnar.

Cumpre ao sujeito passivo — *requerido*, na terminologia do Supremo Tribunal Federal — prestar informações ao Ministro relator do processo.

É pacífica a jurisprudência no sentido de que pessoas privadas não poderão figurar no polo passivo da *ação direta genérica*.

Nesse sentido: "Entidades meramente privadas, porque destituídas de qualquer coeficiente de estatalidade, não podem figurar como litisconsortes passivos necessários em sede de ação direta de inconstitucionalidade" (STF, ADIn 1.434-MC/SP, Rel. Min. Celso de Mello, *RTJ, 164*:506, 1998).

i) Advogado-Geral da União: o curador da constitucionalidade

Cumpre ao Advogado-Geral da União defender a norma, federal, distrital ou estadual, impugnada em ação direta de inconstitucionalidade.

Precedente: STF, ADIn 97-QO/RO, Rel. Min. Moreira Alves, *DJ*, 1, de 30-3-1990, p. 2239.

Sua tarefa é de natureza exclusivamente defensiva, pois a Carta de 1988 o impediu de se manifestar contrariamente à norma jurídica que se busca impugnar. Por isso, seus posicionamentos sempre devem ser no sentido de velar pela preservação da constitucionalidade dos atos normativos. Não poderá posicionar-se em desfavor da lei cuja inconstitucionalidade foi postulada pelo autor da *ação direta*, pois o *munus* indisponível que a Constituição lhe reservou impede-o de admitir a invalidade da norma impugnada.

Precedente: STF, Pleno, AgRg em ADIn 1.254-1/RJ, Rel. Min. Celso de Mello, *DJ*, 1, de 19-9-1997, p. 45530.

Isso porque o Advogado-Geral é o *curador da presunção da constitucionalidade das leis e atos normativos*. Sua função é estritamente vinculada, sendo ele o defensor *legis*, investido do dever institucional de sempre defender a plena validade jurídica do ato estatal impugnado. Sua presença, no controle abstrato de normas, é compulsória e de ordem pública. Tanto o seu chamamento judicial como o seu pronunciamento defensivo em favor da norma impugnada possuem substrato constitucional (art. 103, § 3º).

Precedente: STF, Pleno, ADIn 1.350-5/RO, Rel. Min. Celso de Mello, *DJ*, 1, de 7-8-1996, p. 26666.

Em qualquer circunstância cumpre-lhe defender o ato impugnado, devendo manifestar-se no prazo máximo de quinze dias (Lei n. 9.868/99, art. 8º). Tanto é assim que o Supremo, ao apreciar a *ação direta*, cita-o previamente, para que ele defenda a constitucionalidade da norma questionada (CF, art. 103, § 3º).

Após citado, deverá o Advogado-Geral da União necessariamente se pronunciar, "para satisfazer requisito de validade do processo de ação direta" (STF, *RDA, 179*:180-208).

Existindo, porém, precedente no Supremo de que determinada matéria foi declarada inconstitucional, nesse caso não será necessária a presença do Advogado-Geral da União.

Em suma, temos:

• **Regra** — no controle concentrado, o Advogado-Geral atua como defensor especial da constitucionalidade das leis e atos normativos questionados no Supremo, sendo inadmissível que ele ataque a norma supostamente inconstitucional.

◆ Cap. 6 ◆ CONTROLE DE CONSTITUCIONALIDADE 199

Nesse sentido: "A Constituição exige que o Advogado-Geral da União, ou quem desempenha tais funções, faça a defesa do ato impugnado em ação direta de inconstitucionalidade. Inadmissibilidade de ataque à norma por quem está no exercício das funções previstas no § 3º do art. 103" (STF, Pleno, ADIn 242-2/RJ, Rel. Min. Paulo Brossard, *DJ*, 1, 23-3-2001, p. 84).

• **Exceção** — no controle concentrado, o Advogado-Geral não está obrigado a defender matéria que a Corte Suprema já apreciou e fixou entendimento a respeito.

Precedente: "O *munus* a que se refere o imperativo constitucional (CF, art. 103, § 3º) deve ser entendido com temperamentos. O Advogado-Geral da União não está obrigado a defender tese jurídica se sobre ela esta Corte já fixou entendimento pela sua inconstitucionalidade" (STF, Pleno, ADIn 1.616-4/PE, Rel. Min. Maurício Corrêa, *DJ*, 1, de 24-8-2001, p. 41).

E se o Advogado-Geral estiver convencido de que a norma questionada é realmente inconstitucional, ele poderá exteriorizar essa sua convicção?

Entende o Supremo que, no posto de curador da norma infraconstitucional, o Advogado-Geral não poderá manifestar-se contra as leis que reputar inconstitucionais, sob pena de desconfigurar o papel constitucional que lhe foi confiado, comprometendo sua própria atuação processual. Dessa forma, não lhe é dado admitir a invalidade da norma impugnada. Ao contrário, sempre deverá defendê-la, veiculando os argumentos disponíveis.

Precedente: STF, *RTJ, 131*:958; *RDA, 181*:162, *201*:194; *RT, 670*:200.

Na realidade, o papel desempenhado pelo Advogado-Geral, tal como previsto no art. 103, § 3º, da *Lex Mater*, é *meramente figurativo*, e já passou do tempo de ser supresso, via emenda constitucional.

Meramente figurativo porque o Advogado-Geral, no posto de curador da norma impugnada, sempre deverá defender a constitucionalidade normativa, ainda que o ato seja, reconhecidamente, inconstitucional.

Ademais, são incompatíveis o exercício da consultoria do Poder Executivo e o papel de curador dos atos inconstitucionais.

É, no mínimo, uma contradição o Advogado-Geral empreender a defesa, simultânea, da Carta Maior (na consultoria do Executivo) e do ato inconstitucional (nos processos das *ações diretas*).

Esse, contudo, não é o pensamento do Supremo Tribunal Federal.

Ao concluir que o Advogado-Geral está obrigado a defender a norma impugnada, independentemente da sua natureza federal ou estadual, decidiu que inexiste contradição entre o exercício normal de suas atribuições (CF, art. 131, *caput*) e "a defesa da norma ou ato inquinado, em tese, como inconstitucional, quando funciona como curador especial, por causa do princípio da presunção de sua constitucionalidade" (STF, ADIn 97-QO/RO, Rel. Min. Moreira Alves, *DJ*, 1, de 30-3-1990, p. 2239).

No mesmo sentido: STF, Pleno, ADIn 1.350-5/RO, Rel. Min. Celso de Mello, *DJ*, 1, de 7-8-1996, p. 26666.

Temos de reconhecer, contudo, que, antes do advento da Carta de 1988, os legitimados passivos na *ação direta* nem sempre assumiam a defesa da norma contestada. Simplesmente prestavam informações objetivas acerca do andamento do processo. Não raro, chegavam até a sustentar a inconstitucionalidade, por motivos políticos de mudança de governo.

Precedente: STF, ADIn 97-QO/RO, Rel. Min. Moreira Alves, *DJ*, 1, de 30-3-1990, p. 2239.

Nada obstante isso, o papel de curador especial da presunção de constitucionalidade do ato impugnado tem sido *meramente figurativo* nesses últimos anos de vigência da Carta de 1988, ainda quando nem todos concordem com esse ponto de vista.

De qualquer sorte, não compete ao Advogado-Geral opinar nem exercer a missão atribuída ao Procurador-Geral da República, senão vejamos.

j) Procurador-Geral da República: o fiscal da lei

Enquanto o *Advogado-Geral da União* é o curador da constitucionalidade, o *Procurador-Geral da República* é o *fiscal da lei* (*custos legis*), cumprindo-lhe manifestar-se pela inconstitucionalidade normativa.

Prazo máximo: ambos têm o prazo máximo de quinze dias para se pronunciar (Lei n. 9.868/99, art. 8º).

Nesse particular, o Procurador-Geral age com absoluta independência funcional, opinando e exercendo, com liberdade, seu mister fiscalizatório.

Precedentes: STF, ADIn 97-QO/RO, Rel. Min. Moreira Alves, *DJ*, 1, de 30-3-1990, p. 2239; STF, Pleno, ADIn 1.350-5/RO, Rel. Min. Celso de Mello, *DJ*, 1, de 7-8-1996, p. 26666.

O que o Procurador-Geral não poderá fazer, assim como qualquer outro legitimado do art. 103 da Carta Magna, é desistir da ação já proposta.

Precedentes: STF, ADIn 1.971-6/SP, Rel. Min. Celso de Mello, *DJU*, 1, de 2-8-1999; STF, Pleno, ADIn 164-MC/DF, Rel. Min. Moreira Alves, *RTJ, 139*:396.

Daí a Carta de 1988 determinar que o Procurador-Geral deverá ser previamente ouvido nas ações de inconstitucionalidade e em todos os processos de competência do Supremo (art. 103, § 1º).

Nesse sentido: "O preceito inserto no § 1º do art. 103 da Constituição Federal há de merecer interpretação teleológica. Visa ao conhecimento da matéria pelo Ministério Público, não implicando, necessariamente, seja-lhe enviado automaticamente todo e qualquer processo. O pronunciamento do Órgão pode ocorrer na assentada em que apreciado o recurso. Precedente: Recurso Extraordinário 177137-2/ RS, relatado pelo Ministro Carlos Velloso perante o Pleno, em 24 de maio de 1995" (STF, 2ª T., AgRg 158.725-1/MG, Rel. Min. Marco Aurélio, decisão de 18-12-1995, *DJ*, 1, de 8-3-1996, p. 6222).

Até mesmo nas *ações diretas* que propuser, poderá, ao final, considerá-las improcedentes, devido à independência funcional de seus membros (CF, art. 127, § 1º), embora o Supremo não esteja vinculado ao exame da matéria.

Precedentes: STF, *RTJ, 122*:923, *124*:59, *94*:58.

Terceiros interessados poderão pedir ao Procurador-Geral da República que ajuíze a *direta genérica*?

Sim. Desde o regime da Constituição de 1946, passando pela Emenda Constitucional n. 16/65, e chegando ao Texto de 1988, que a jurisprudência do Supremo Tribunal Federal admite a possibilidade.

Essa *praxis* possui justificativa.

Nada obsta que o Procurador-Geral atenda às solicitações que lhe forem endereçadas por diferentes entidades, organizações ou pessoas, porque ele é o fiscal da lei. Mas não estará obrigado a concordar com as formulações que lhe forem endereçadas. Poderá vislumbrá-las com reserva, manifestando-se, no seu parecer definitivo, pela improcedência da arguição.

k) Procedimento

O rito da *ação direta de inconstitucionalidade genérica* rege-se pela Lei n. 9.868/99, diploma normativo que endossou as posições firmadas pelo Supremo Tribunal Federal sobre o assunto, estabelecendo as diretrizes para o processo e julgamento do instituto.

Precedente: o Supremo, por unanimidade, considerou *constitucional* a Lei n. 9.868/99 (STF, Pleno, ADIn 2.111-7/DF, Rel. Min. Sydney Sanches, *DJ*, 1, de 24-3-2000, p. 37).

Aplicam-se subsidiariamente à Lei n. 9.868/99 os preceitos do Regimento Interno do Supremo Tribunal Federal.

Regimento interno do STF: antes do surgimento da Lei n. 9.868/99, a matéria regia-se pelo Regimento Interno do Supremo Tribunal Federal, combinado com a Lei n. 4.337, de 1º-6-1964.

◆ Cap. 6 ◆ CONTROLE DE CONSTITUCIONALIDADE   **201**

A seguir, veremos os principais pontos, colhidos da legislação mencionada, pertinentes ao processo e julgamento da *direta genérica* pelo Pretório Excelso.

I) Petição inicial

Os requisitos da petição inicial foram previstos na Lei n. 9.868/99 (art. 3º, I, II, e parágrafo único; art. 4º e parágrafo único).

A exordial deverá ser apresentada em duas vias, trazendo a cópia da lei ou ato normativo impugnado e dos documentos necessários para demonstrar a pretensa inconstitucionalidade. É imprescindível que se indique a norma impugnada e os fundamentos jurídicos do pedido, sendo inadmissíveis alegações genéricas, destituídas de razoabilidade e empreendidas por amostragem.

> **Precedente:** STF, Pleno, ADIn 259, Rel. Min. Moreira Alves, *DJ*, 1, de 19-2-1992, p. 2030.

Na *direta genérica*, a inicial permite aditamentos ou emendas, desde que ocorram antes, e não depois da requisição de informações ao órgão que elaborou o ato impugnado.

> **Precedentes:** STF, Pleno, ADIn 474, Rel. Min. Moreira Alves, *DJ*, 1, 8-11-1991, p. 15952; STF, Pleno, ADIn 722, Rel. Min. Moreira Alves, *DJ*, 1, de 19-6-1992, p. 9520.

O Supremo não está adstrito aos fundamentos invocados pelo autor. Poderá declarar a inconstitucionalidade por argumentos diversos dos expendidos na petição inicial. A Corte condiciona sua atividade ao pedido, não à *causa petendi*. Compete-lhe analisar a constitucionalidade dos dispositivos atacados pelo autor, não se limitando a esta ou àquela tese jurídica. Mas, como veremos logo mais, esse posicionamento não é pacífico. Há entendimento em sentido contrário, motivo pelo qual não podemos tomá-lo como paradigma (*v. n. 9, infra*).

> **Precedentes:** STF, ADIn 2.396-MC/MS, Rel. Min. Ellen Gracie, *DJU* de 14-12-2001, p. 23; STF, *RTJ*, 46:352.

Havendo duas ou mais ações, com identidade total de objeto, serão apensadas e julgadas em conjunto.

> **Precedente:** STF, Pleno, ADIn 259, Rel. Min. Moreira Alves, *DJ*, 1, de 19-2-1992, p. 2030.

Somente os partidos políticos, as confederações sindicais e as entidades de classe necessitam de patrocínio de advogado, exigindo-se, nesses casos, procuração com poderes especiais para propor a *direta genérica* e poderes específicos para atacar a norma objeto do pedido. Os demais legitimados do art. 103 da Carta Magna podem peticionar sem a presença de advogados, pois possuem capacidade postulatória. Lembre-se, ainda, de que as entidades sindicais podem solicitar ao Procurador-Geral da República o ajuizamento de *ação direta* no Supremo (*provocatio ad agendum*). Essa possibilidade decorre do exercício do direito de petição — instrumento jurídico-constitucional posto ao dispor de qualquer interessado, mesmo daqueles destituídos de personalidade jurídica, com a explícita finalidade de viabilizar a defesa, perante as instituições estatais, de direitos ou valores revestidos tanto de natureza pessoal, quanto de significação coletiva.

> **Nesse sentido:** STF, Pleno, ADIn 1.247-MC/PA, Rel. Min. Celso de Mello, decisão de 17-8-1995, *Ementário de Jurisprudência* n. 1799-01, p. 20, *DJ*, 1, de 8-9-1995, p. 28354.

Petições ineptas, liminarmente indeferidas pelo Ministro relator, não fundamentadas ou manifestamente improcedentes, comportam agravo ao Plenário da Corte Excelsa.

Não há falar em inépcia da exordial, na *direta genérica*, quando transcrito literalmente o texto legal impugnado, anexada a cópia do *Diário Oficial* à contracapa dos autos.

> **Precedente:** STF, ADIn 1.991-DF, Rel. Min. Eros Grau, *Clipping* do *DJ* de 3-12-2004.

m) Procuração

Na *direta genérica*, a procuração deve ser passada com o fim especial de impugnar norma jurídica devidamente especificada.

> **Precedente:** STF, Pleno, ADIn 2.187-7-MC/BA, Rel. Min. Octavio Gallotti, *DJU* de 27-6-2000 (decisão unânime).

Assim, todas as procurações ou delegações outorgadas a advogados ou procuradores devem conter poderes especiais para o ajuizamento da *direta genérica*, indicando-se, de modo objetivo, a lei ou ato normativo impugnados.

> **Precedente:** STF, Pleno, ADIn 2.270-9-ML/MS, Rel. Min. Celso de Mello, *DJ*, 1, de 22-8-2000, p. 44.

n) Prazo para pedido de informações

Cumpre ao relator, no prazo de trinta dias, pedir informações aos órgãos ou às autoridades competentes das quais promanou a lei ou o ato normativo impugnado (Executivo, Legislativo e até do próprio Judiciário).

Havendo urgência, o lapso temporal de trinta dias poderá ser dispensado pelo relator, com a concordância da Corte (deliberação *ad referendum*). A dispensa de informações, com a prévia ciência do requerente e do requerido, permite ao relator levar a *ação direta* a julgamento com os elementos de que dispuser (RISTF, art. 170, § 3º).

> **Entendimento doutrinário:** há na doutrina entendimento de que essa norma regimental não foi recepcionada pela Carta de 1988 (art. 103, §§ 1º e 3º). Argumenta-se que sua aplicabilidade pode eliminar a defesa do Advogado-Geral da União e o parecer do Procurador-Geral da República (Rodrigo Lopes Lourenço, *Controle de constitucionalidade à luz da jurisprudência do STF*, p. 31; Clèmerson Merlin Clève, *A fiscalização abstrata da constitucionalidade no direito brasileiro*, p. 148).

Durante as férias e o recesso do Supremo Tribunal Federal o prazo de trinta dias fica suspenso.

Requisitadas as informações, preclui o direito de o autor emendar a petição inicial. O Advogado-Geral da União e o Procurador-Geral da República, sucessivamente, terão quinze dias para se manifestar.

Ultrapassado o prazo de quinze dias, o relator apresentará seu relatório, com cópia a todos os Ministros, pedindo dia para o julgamento (STF, *RTJ*, *131*:966, 1990; *RT*, *694*:208, 1993).

> **Prazo dobrado para a Fazenda Pública recorrer em processo controle abstrato de normas: inaplicabilidade** – reafirmando sua própria jurisprudência, o Supremo Tribunal Federal decidiu que o art.183 do CPC de 2015 não concede prazo em dobro para a Fazenda Pública recorrer nos processos abstratos de controle de normas. Tal matéria é consolidada há muitos anos e tem precedentes de quase todos os ministros do Supremo. Exceto em casos excepcionais de ocorrer mudança relevante na compreensão do direito, ou numa determinada situação fática, não há motivos para se alterar esta diretriz pretoriana (STF, ARE/SC 830727, Rel. do acórdão Min. Cármen Lúcia, j. 6-2-2010; ADI 5814/RR, Rel. Roberto Barroso, j. 6-2-2019).

o) Requisição de informações adicionais

Se o relator concluir que as informações constantes nos autos são insuficientes para esclarecer a demanda, poderá, no prazo de trinta dias, requisitar informações adicionais, marcar audiências públicas, ouvir pessoas com experiência e autoridade na matéria, designar perito ou comissão de peritos, a fim de emitir parecer sobre o assunto, solicitar dados aos Tribunais Superiores, aos Tribunais federais e aos Tribunais estaduais acerca da norma impugnada no âmbito de sua jurisdição (Lei n. 9.868/99, art. 9º, §§ 1º a 3º).

A possibilidade de *requisição de informações adicionais*, novidade introduzida no Brasil pela Lei n. 9.868/99, encontra similitude com o procedimento adotado no Tribunal Constitucional português. Em Portugal, os interesses públicos ou privados, *dignos de consideração*, submetem-se à praxe judicial da juntada de documentos por terceiros interessados.

> **Conferir:** J. J. Gomes Canotilho e Vital Moreira, *Constituição da República Portuguesa anotada*, p. 1037.

◆ Cap. 6 ◆ CONTROLE DE CONSTITUCIONALIDADE

p) Litisconsórcio

Aqui temos a *regra* e a *exceção*:

- **Regra** — não é admissível litisconsórcio ativo ou passivo na *direta genérica* para a defesa de interesses concretos e subjetivos, haja vista o caráter *abstrato* da fiscalização concentrada.

> **Precedentes:** STF, *RTJ, 82*:84; STF, ADIn 1.512-5, Rel. Min. Maurício Corrêa, *DJ*, 1, de 18-11-1996, p. 44790; STF, ADIn 1.350-5, Rel. Min. Celso de Mello, *DJ*, 1, de 7-8-1996, p. 26666.

- **Exceção** — é possível litisconsórcio ativo entre os constitucionalmente legitimados para a propositura da *direta genérica*, vedado o ingresso como litisconsorte ativo do órgão que figurar no polo passivo da relação processual.

> **Posição do STF:** "A nova Carta Política, ao ampliar o rol das pessoas ativamente legitimadas para o exercício da ação direta de inconstitucionalidade, tornou viável a formação do litisconsórcio ativo no processo objetivo de controle normativo abstrato. Quando, no entanto, o ato normativo impugnado em sede de fiscalização abstrata tiver emanado também do Chefe do Poder Executivo e este figurar, em consequência, no polo passivo da relação processual, tornar-se-á juridicamente impossível o seu ingresso em condição subjetiva diversa daquela que já ostenta no processo. Vale dizer, o órgão estatal responsável pela edição do ato questionado não pode, em processo de controle abstrato, já instaurado por terceiro, figurar como seu litisconsorte ativo" (STF, ADIn 807-2-QO, Rel. Min. Celso de Mello, j. em 27-5-1993, *DJU* de 11-6-1993).

q) "Amicus curiae" (Lei n. 9.869/99, art. 7º, § 2º)

Amicus curiae, amici curiae, amicus partis ou *amicus causae*, ao pé da letra, significam "amigo da Corte".

Instituto de matiz democrática, o *amicus curiae* confere legitimidade a terceiro interessado para expor, aos juízes do tribunal, ponto de vista favorável a uma das partes.

Cumpre-lhe demonstrar as repercussões, diretas e indiretas, que a eventual declaração de inconstitucionalidade pode suscitar, ainda mais na esfera da fiscalização abstrata de normas, cujas implicações políticas, sociais, econômicas, jurídicas e culturais são de irrecusável importância e de inquestionável significado.

> **Legislação:** Lei n. 9.868/99 (art. 7º, § 2º). **Jurisprudência:** STF, Pleno, ADIn 2.130-3-MC/SC, Rel. Min. Celso de Mello, *DJ*, 1, de 2-2-2001. **Doutrina:** Kermit L. Hall, *The Oxford companion to the Suprem Court of the United States*, p. 85; Paolo Bianchi, *Un'amicizia interessata*: l'amicus curiae davanti alla Corte Suprema degli Stati Uniti, p. 2 e s.).

Suas raízes estão fincadas no Direito americano.

> **Amicus curiae nos Estados Unidos da América:** nos Estados Unidos, "o terceiro — pessoa natural ou jurídica — que tem um 'forte interesse' que a decisão judicial favoreça um determinado ponto de vista, sumariza um pedido (*brief*) ao juiz (comumente tribunal de segundo grau), trazendo, em poucas linhas, suas razões de convencimento. À evidência, não é todo arrazoado de qualquer pessoa que é admitido. As partes, como *domini litis*, podem recusar o ingresso do *tertium* em 'seu' processo. Muitas vezes, as partes se põem de acordo, mas, ainda assim, a Corte nega o pedido de ingresso do terceiro: a matéria não é relevante, as partes já tocaram no assunto. Órgãos governamentais, associações particulares de interesse coletivo, 'grupos de pressão', muito se utilizam do *judicial iter* para deduzir seus entendimentos, influindo na vida de toda comunidade. Aliás, na Suprema Corte dos Estados Unidos, mais da metade dos casos de *amicus curiae* são ocasionados pelo *solicitor general*, que representa a União Federal" (Adhemar Ferreira Maciel, *Amicus curiae*: um instituto democrático, *Revista Emarf*, v. 5., n. 1, p. 263).

Todavia, enquanto no modelo estadunidense o instituto viabiliza-se em sede de controle difuso, no Brasil ele é exercido, tanto na seara da fiscalização abstrata de normas como, também, nos processos com perfil de transcendência subjetiva. Existem certas situações nas quais os temas postos em juízo logram enorme repercussão. É preciso, pois, que se pluralize o debate constitucional, admitindo, até, a participação de parlamentares, de partidos políticos e litisconsortes, algo que em nada fere a dogmática processual. O Banco Central do Brasil, por exemplo, foi admitido pelo Supremo Tribunal Federal como *amicus curiae*, pois a Corte entendeu que ele possui representatividade adequada no processo de controle abstrato de normas, como exigido pelo § 2º do art. 7º da Lei n. 9.868/99 (ADI 5.022/RO, Rel. Min.

Celso de Mello, *DJE* de 24-10-2013). O que importa, pois, é fornecer ao Supremo todos os elementos informativos possíveis, e disponíveis, ao enfrentamento da problemática, que, nos processos objetivos de controle normativo, reveste-se do manto da impessoalidade. O *amicus curiae* não é um mero assistente, muito menos um terceiro interessado que intervém, de modo aleatório, na controvérsia levada às barras do Pretório Excelso. Sua atividade reveste-se de iniludível importância, porquanto cumpre-lhe, com imparcialidade e rigor técnico, disseminar o debate constitucional, inclusive nos feitos com perfil de transcendência subjetiva. Não se pode colocar uma camisa de força na atuação do *amicus curiae*, porquanto ele é um provocador de debates, cumprindo-lhe municiar o juiz constitucional de informações úteis, e até indispensáveis, ao exercício do monopólio da última palavra de seu *munus* judicante. Nesse ínterim, o ordenamento jurídico permite ao *amicus curiae* fazer sustentações orais perante a Corte Suprema, permitindo-lhe propor ao relator da causa a requisição de informações adicionais, de designação de perito ou comissão de peritos, para que emita parecer sobre questões decorrentes do litígio, de convocação de audiências públicas, facultando ao *amicus* o pleno gozo da prerrogativa de recorrer da decisão que tenha negado o seu pedido de admissão no processo de controle abstrato de normas.

> **Retrospecto legislativo:** antes mesmo do advento da Lei n. 9.869/99, o art. 31 da Lei n. 6.385, de 7 de dezembro de 1976, já previa o ingresso formal do *amicus curiae* nos processos judiciais, de caráter meramente subjetivo, para discutir questões de direito societário, sujeitas, no plano administrativo, à competência da Comissão de Valores Mobiliários (CVM).

Paulatinamente, o Supremo Tribunal Federal vem firmando sua jurisprudência sobre o *amicus curiae*:

- **finalidade** — o escopo precípuo do *amicus curiae* é pluralizar o debate constitucional, permitindo que o Pretório Excelso venha a dispor de todos os elementos informativos, possíveis e necessários, à resolução da controvérsia.

> **Entendimento do STF:** "No estatuto que rege o sistema de controle normativo abstrato de constitucionalidade, o ordenamento positivo brasileiro processualizou a figura do *amicus curiae* (Lei n. 9.868/99, art. 7º, § 2º), permitindo que terceiros, desde que investidos de representatividade adequada, possam ser admitidos na relação processual, para efeito de manifestação sobre a questão de direito subjacente à própria controvérsia constitucional. A admissão de terceiro, na condição de *amicus curiae*, no processo objetivo de controle normativo abstrato, qualifica-se como fator de legitimação social das decisões da Suprema Corte, enquanto Tribunal Constitucional, pois viabiliza, em obséquio ao postulado democrático, a abertura do processo de fiscalização concentrada de constitucionalidade, em ordem a permitir que nele se realize, sempre sob uma perspectiva eminentemente pluralística, a possibilidade de participação formal de entidades e de instituições que efetivamente representem os interesses gerais da coletividade ou que expressem os valores essenciais e relevantes de grupos, classes ou estratos sociais. Em suma: a regra inscrita no art. 7º, § 2º, da Lei n. 9.868/99 — que contém a base normativa legitimadora da intervenção processual do *amicus curiae* — tem por precípua finalidade pluralizar o debate constitucional" (STF, ADIn 2.884-MC/RJ, Rel. Min. Celso de Mello, *DJ* de 2-2-2001, p. 145, j. em 20-12-2000).

- **Admissibilidade** — o relator tem discricionariedade para admitir, ou não, sob pena de tumulto processual, a presença do *amicus curiae* nas ações diretas de inconstitucionalidade.

> **Entendimento do STF:** se, por um lado, é inadmissível a intervenção de terceiros (Lei n. 9.868/99, art. 7º, *caput*), por outro, o relator, considerando a relevância da matéria e a representatividade da postulante, pode permitir a manifestação do *amigo da corte* (Lei n. 9.869/99, art. 7º, § 2º), juntando-a aos autos (STF, ADIn 2.223-7-MC/DF, Pleno, Rel. Min. Maurício Corrêa, *DJ*, 1, de 28-11-2000, p. 41; ADIn 2.961/MG, Rel. Min. Joaquim Barbosa, *DJ* de 14-4-2004, p. 4, j. em 24-3-2004). O importante é evitar tumultos processuais (STF, ADPF 54/DF, Rel. Min. Marco Aurélio, j. em 23-8-2004, *DJ* de 30-8-2004, p. 286).

- **Sustentação oral** — a maioria dos Ministros da Corte só admite a participação do *amicus* por escrito, não aceitando sustentações orais. Essa posição, contudo, não é unânime.

> **Posição do STF:** a participação do *amicus*, quando admitida, "confere-lhe, dentre outras faculdades processuais, a de promover a sustentação oral de suas razões perante o Plenário do Supremo Tribunal Federal, consoante esta Corte teve o ensejo de proclamar, por ocasião do julgamento de questão de ordem suscitada na ADI 2.777/SP, Rel. Min. Cezar Peluso (*DJU* de 15-12-2003, p. 5)" (STF, ADIn 3.019/

◆ Cap. 6 ◆ CONTROLE DE CONSTITUCIONALIDADE 205

RJ, Rel. Min. Celso de Mello, *DJ* de 1º-6-2004, p. 4, j. em 20-5-2004). Todavia, num dos julgados concernentes ao tema, a maioria dos juízes do Supremo — vencidos os Ministros Celso de Mello, Nelson Jobim e Marco Aurélio — não aceitaram a sustentação oral do *amicus curiae* (STF, Pleno, ADIn 2.223-7-MC/DF, Rel. Min. Maurício Corrêa, *DJ*, 1, de 28-11-2000, p. 41).

• **Provocação formal e participação espontânea** — a postulação do *amicus curiae* — para ser apreciada pelo Supremo Tribunal Federal — depende de provocação formal da própria instituição interessada (Lei n. 9.868/99, art. 7º, § 2º). Para legitimar-se, deve ser espontânea, e não coacta ou forçada.

> **Nesse sentido:** STF, ADIn 2.884-MC/RJ, Rel. Min. Celso de Mello, *DJ* de 26-8-2003, p. 32, j. em 20-8-2003.

• **Prazo para o *amicus curiae* se manifestar** — pelo Regimento Interno do Supremo Tribunal Federal, o *amicus curiae* terá o tempo máximo de quinze minutos para expor seu pensamento (art. 131, § 3º, c/c o art. 132, § 2º). Mas a aplicação desses dispositivos regimentais sujeita-se à discricionariedade do relator, que não está compelido a admitir a presença do *amicus curiae*, devendo analisar as circunstâncias do caso concreto.

> **Entendimento do STF:** "Assim, consideradas as circunstâncias do caso concreto, reconsidero a decisão de fl. 73, para admitir a manifestação da Companhia Energética de Brasília, que intervirá no feito na condição de *amicus curiae*. Fixo o prazo de cinco dias para a manifestação. Após o registro, na autuação, do nome da interessada e de seus patronos, publique-se" (STF, ADIn 1.104/DF, Rel. Min. Gilmar Mendes, *DJ* de 29-10-2003, p. 33, j. em 21-10-2003).

Recorribilidade de decisão que nega ingresso de *amicus curiae* em ADI — o Plenário do Supremo Tribunal Federal decidiu que é admissível recurso contra decisão que nega ingresso de *amicus curiae*, o amigo da corte ou terceiro interessado, em ação direta de inconstitucionalidade. Assim, é possível recorrer da decisão que rejeita a admissão no processo. Ademais, o Código de Processo Civil de 2015, no art. 138, passou a admitir a figura do *amicus curiae* de maneira geral, e não apenas nos casos de controle concentrado, possibilitando que pessoas físicas requeressem o ingresso nas ações (STF, ADI 3396, Rel. Min. Celso de Mello, j. 6-8-2020).

Sem dúvida, o *amicus curiae* enseja maior participação das entidades, grupos, classes ou estratos sociais, que podem apresentar informações elucidativas da matéria *sub judice*.

> **Ingresso de amigo da Corte só é possível até a entrada do processo em pauta:** por seis votos a três, o Plenário do Supremo Tribunal Federal concluiu que o ingresso de terceiros — os chamados *amicus curiae* — nos processos de controle concentrado de constitucionalidade, ADI, ADCs e ADPFs, só deve ser permitido até o momento em que o processo é encaminhado pelo relator para inclusão na pauta de julgamentos. Resultado: depois de ouvida a Procuradoria-Geral da República e encerrada a participação do relator, com o encaminhamento do processo para ser incluído em pauta, não cabe mais a entrada de terceiros na matéria. Contra esse entendimento, posicionaram-se os Ministros Carlos Britto, Celso de Mello e Gilmar Mendes. Para eles, a participação de terceiros no processo de controle abstrato de normas, solicitada a qualquer instante, é um fator que legitima, ainda mais, as decisões do Supremo. Conforme o Min. Celso de Mello, "essa intervenção pluraliza o debate constitucional, com fundamentos e razões que podem muito bem orientar a Corte no desempenho de sua função constitucional". Embora concordem com a relevância da participação dos amigos da Corte, os Ministros que formaram a maioria pelo indeferimento dos pedidos frisaram que a regra processual, que permite o ingresso de terceiros, tem que ter alguma limitação, do contrário o *amicus curiae* vai acabar se tornando o regente do processo, quando, na verdade, sua função é ajudar na instrução do processo. "No momento em que o julgador libera para pauta, encerra seu ofício. Não pode haver mais qualquer intervenção", ressaltou o Relator (STF, ADI 4071/DF, Rel. Min. Menezes Direito, j. em 22-4-2009).

Em nome do postulado democrático, a atuação do *amicus* deve ser ampla, desde que demonstre sua experiência e autoridade na matéria sobre a qual deverá manifestar-se. De nada adianta, por exemplo, uma dada entidade possuir, em seus estatutos, disposições de cunho corporativo ou de interesse próprio da categoria. "A mera manifestação de interesse em integrar o feito, sem o acréscimo de nenhum outro subsídio fático ou jurídico relevante para o julgamento da causa, não justifica a admissão do postulante como *amicus curiae*" (STF, ADIn 3.311/DF, Rel. Min. Joaquim Barbosa, decisão de 15-4-2005, *DJU* de 25-4-2005).

O *amicus* poderá fazer sustentações orais, e não apenas juntar peças escritas nos autos, como memoriais ou pareceres. Embora o Supremo Tribunal Federal não esteja compelido a acolher os argumentos por ele formulados, sua presença poderá enriquecer os debates constitucionais, tanto pelos elementos informativos apresentados, como pelo acervo de experiências transmitidas.

O essencial é que sua participação seja espontânea, de sorte a contribuir na resolução do litígio (STF, Pleno, MS 32.033/DF, Rel. Min. Gilmar Mendes, j. 5-6-2013).

A Lei n. 9.868/99 consagrou a possibilidade de órgãos ou entidades se manifestarem a respeito de matérias levadas a julgamento no Supremo, quando houver *relevância da discussão* e *representatividade do postulante*:

"Art. 7º Não se admitirá intervenção de terceiros no processo de ação direta de inconstitucionalidade.

§ 1º (vetado)

§ 2º O relator, considerando a relevância da matéria e a representatividade dos postulantes, poderá, por despacho irrecorrível, admitir, observado o prazo fixado no parágrafo anterior, a manifestação de outros órgãos ou entidades".

Pelo preceptivo em tela, o *amicus curiae* não se confunde com a *intervenção de terceiros* (CPC de 2015, arts. 119 a 138). Antes do Código de Processo Civil de 2015, existiam julgados da Corte Excelsa que não consideravam a diferença, a exemplo da ADIn 3.311/DF (Rel. Min. Joaquim Barbosa, decisão de 15-4-2005, *DJU* de 25-4-2005).

Enquanto a Lei n. 9.868/99 fomentou a presença do *amicus* (art. 7º, § 2º), proibiu a *intervenção de terceiros* nos processos de *ação direta* (art. 7º, *caput*).

Ao aceitar a presença do *amicus*, o legislador "abrandou o sentido absoluto da vedação pertinente à intervenção assistencial, passando, agora, a permitir o ingresso de entidade dotada de representatividade adequada no processo de controle abstrato de constitucionalidade" (STF, Pleno, ADIn 2.321-7-ML/DF, Rel. Min. Celso de Mello, *DJ*, 1, de 19-10-2000, p. 2).

Esse abrandamento, contudo, não esvaziou a regra que proíbe a intervenção de terceiros no controle concentrado de normas (Lei n. 9.868/99, art. 7º, *caput*).

Nesse particular aspecto, parece-nos que o Código de Processo Civil de 2015 adotou a nomenclatura correta ao disciplinar o instituto do *amicus curiae*. Nos §§ 1º e 2º do art.138, por exemplo, usou a terminologia "intervenção" sem qualificá-la com o adjetivo "de terceiros". Ora, o *amicus* é uma espécie do gênero intervenção, embora, em sentido rigorosamente técnico, não seja "de terceiros".

Sem dúvida, a *direta genérica* desserve para discutir questões individuais. Estas só podem ser pleiteadas na via difusa, por qualquer pessoa, titular de legítimo interesse (CPC de 2015, art. 17).

Por isso, a intervenção de terceiros não se amolda à natureza da *direta genérica*, cujo círculo de legitimados para propô-la é limitadíssimo em face do caráter *abstrato* da fiscalização concentrada.

Precedentes: STF, Pleno, ADIn 2.130-3-MC/SC, Rel. Min. Celso de Mello, *DJ*, 1, de 2-2-2001; STF, ADIn 2.540/RJ, Rel. Min. Celso de Mello, *DJ* de 8-8-2002, p. 20, j. em 1º-8-2002; STF, ADIn 2.961/MG, Rel. Min. Joaquim Barbosa, *DJ* de 14-4-2004.

Esse, aliás, é o entendimento da Corte Excelsa, que reconhece a impossibilidade de intervenção de terceiros no bojo da *direta genérica*, algo que não constitui ofensa aos princípios do contraditório e da ampla defesa.

Nesse sentido: STF, Pleno, ADIn 1.350-5/RO, Rel. Min. Celso de Mello, *DJ*, 1, de 7-8-1996, p. 26666.

Daí o emprego equivocado da voz "intervenção de terceiros" no art. 131, § 3º, do Regimento Interno do Supremo Tribunal Federal, quando deveria ser *amicus curiae*.

§ 3º da Emenda Regimental n. 15, de 30 de março de 2004:

"Art. 131. Nos julgamentos, o Presidente do Plenário ou da Turma, feito o relatório, dará a palavra, sucessivamente, ao autor, recorrente, peticionário ou impetrante, e ao réu, recorrido ou impetrado, para sustentação oral.

§ 3º Admitida a intervenção de terceiros no processo de controle concentrado de constitucionalidade, fica-lhes facultado produzir sustentação oral, aplicando-se, quando for o caso, a regra do § 2º do art. 132 deste Regimento".

◆ Cap. 6 ◆ CONTROLE DE CONSTITUCIONALIDADE

Assim prescrevem os dispositivos aí citados:
"Art. 132. Cada uma das partes falará pelo tempo máximo de quinze minutos, excetuada a ação penal originária, na qual o prazo será de uma hora, prorrogável pelo Presidente.
§ 2º Se houver litisconsortes não representados pelo mesmo advogado, o prazo, que se contará em dobro, será dividido igualmente entre os do mesmo grupo, se diversamente entre eles não se convencionar".

Na realidade, o que a norma regimental pretendeu assegurar foi o direito de sustentação oral pelo *amicus curiae*. Mas faltou-lhe aquela precisão da *Rule 37* do Regimento Interno da Suprema Corte dos Estados Unidos, que, em seis itens e subitens, esgotou a matéria com notável precisão.

Antes da Emenda Regimental n. 15/2004: antes do advento da Emenda Regimental n. 15, de 30 de março de 2004, que consagrou o § 3º do art. 131, o Ministro Sepúlveda Pertence havia demonstrado a necessidade de incluir no Regimento Interno do Supremo Tribunal normatividade para regular a participação do *amicus curiae*. Eis as considerações de Sua Excelência: "Sr. Presidente, cheguei a sustentar, na questão de ordem na Petição 2.223, que a lei não admitia a sustentação oral dos *amicus curiae*. Fundei-me, para isso, numa interpretação do art. 7º da Lei n. 9.868/99, em combinação, aliás, com um parágrafo anterior vetado, que fora, de certo modo, até uma sugestão minha, na discussão da ADC n. 1, de um procedimento-edital pelo qual se desse ciência aos legitimados do ingresso de uma ação direta de inconstitucionalidade, ou de uma ação declaratória de constitucionalidade, para que pudessem eles intervir no processo e, eventualmente, propor uma ação em sentido contrário. Esse parágrafo foi vetado. Mas o certo é que nele se previa que, naquele prazo, é que o Relator admitiria a manifestação do *amicus curiae*. Enquanto corria o prazo do edital para que os outros legitimados viessem ao processo, o Relator poderia, além deles, que teriam o ingresso assegurado, admitir os outros, como *amici curiae*. Hoje me convenço que a questão, a rigor, não é legal; é menor, é regimental. Basta ler a Lei n. 9.868/99. Ela, impondo uma virada na orientação regimental anterior, previu, como direito do reque-rente e do requerido, a sustentação oral no julgamento cautelar, mas não se previu no julgamento de mérito. Então, se reduzíssemos o problema da sustentação oral ao plano da interpretação literal, chega-ríamos à solução paradoxal de que, mesmo as partes formais, nesse processo *sui generis* de controle abstrato, só poderiam falar no julgamento liminar, não no definitivo. O que mostra, rigorosamente, que a lei pode impor sustentações orais em determinados momentos que considere essenciais. Mas, deixa sempre em aberto o que não regulou, para que o Tribunal a admita, ou não, em outras fases. Comovido sinceramente pelos valores que os Ministros Celso de Mello, Carlos Britto e Gilmar Mendes realçaram hoje nessa questão, aparentemente menor, tenho, porém — talvez pela responsabilidade de estar sentado agora nesta cadeira de decano, de recordar, também — como o faria o meu insigne antecessor nela — uma outra responsabilidade do Tribunal: a responsabilidade com a sua sobrevivência, sua viabilidade e sua funcionalidade. Com as manifestações havidas, vou admitir, hoje, a sustentação requerida para provocar o Tribunal. Mas entendo urgente, que, mediante norma regimental, venhamos a encontrar uma fórmula que, sem comprometer a viabilidade do funcionamento do Tribunal — nesta, que é a sua função mais nobre: o julgamento dos processos objetivos do controle de constitucionalidade —, possamos ouvir, o que me parece extremamente relevante, o *amicus curiae* admitido" (STF, ADIn 2.777-QO/SP, Rel. p/ acórdão Min. Sepúlveda Pertence).

r) Impossibilidade de intervenção de terceiros

Acabamos de ver que a Lei n. 9.868/99 (art. 7º, *caput*) e a jurisprudência do Supremo Tribunal inadmitem a intervenção de terceiros no controle abstrato de normas.

Mas vale lembrar que o Pretório Excelso, ao reconhecer o perfil objetivo do controle abstrato, concluiu que não se aplicam de modo sistemático, nem em caráter supletivo, as normas concernentes aos processos de índole subjetiva, especialmente aquelas regras meramente legais que disciplinam a intervenção de terceiros na relação processual.

Precedente: STF, ADIn 1.254-MC/RJ, Rel. Min. Celso de Mello, j. em 14-8-1996, *DJU* de 19-9-1997.

Nas decisões finais, prolatadas em sede de *ação direta genérica*, o Pretório Excelso também inadmite a interposição de recursos por terceiros prejudicados (embargos infringentes ou de declaração). O que a Corte aceita é o ajuizamento de recurso pelo Procurador-Geral da República, mesmo se a ação for julgada procedente.

Precedentes: STF, *RTJ*, 109:880; *RDA*, 158:173.

s) Impossibilidade de oposição

É inadmissível invocar a *oposição* nos processos de *ação direta de inconstitucionalidade*. Tal instituto se restringe à órbita exclusiva dos processos subjetivos, em cujo âmbito discutem-se situações individuais e interesses concretos (CPC de 2015, arts. 682 a 686). Por isso, não se aplica no campo do controle concentrado, "que se qualifica como típico processo de caráter objetivo, *sine contradictores*, destinado a viabilizar o julgamento, não de uma relação jurídica concreta, mas de validade de lei" (STF, Pleno, ADIn 1.350-5/RO, Rel. Min. Celso de Mello, *DJ*, 1, de 7-8-1996, p. 26666).

t) Impossibilidade de desistência

Por força do *princípio da indisponibilidade da instância*, descabe desistência na *direta genérica* (Lei n. 9.868/99, art. 5º; RISTF, art. 169, § 1º).

Essa é a linha de entendimento firmada pelo Pretório Excelso.

> **Precedente:** "Instaurado o processo de controle normativo abstrato perante o STF, não mais assiste ao autor qualquer poder de disposição sobre a ação direta de inconstitucionalidade. Em consequência, não lhe será lícito requerer a desistência da ação direta já ajuizada" (STF, ADIn 1.971-6/SP, Rel. Min. Celso de Mello, *DJU*, 1, de 2-8-1999).

Pelo *princípio da indisponibilidade da instância*, o autor não exerce qualquer poder de disposição sobre a *direta genérica* ajuizada. Por isso, os legitimados ativos do art. 103 da *Lex Mater* não podem desistir da ação que propuserem.

> **Nesse sentido:** STF, Pleno, ADIn 164-MC/DF, Rel. Min. Moreira Alves, *RTJ, 139*:396.

Pedidos de medida cautelar também não comportam desistência.

> **Precedente:** STF, Pleno, ADIn 892-7/RS, Rel. Min. Celso de Mello, *DJ*, 1, de 7-11-1997, p. 57230.

Curioso observar que a Corte Constitucional alemã aderiu à tese de que descabe desistência nas ações de inconstitucionalidade, pois a natureza objetiva do controle abstrato impede a defesa de interesses privados. Entende que a desistência não extingue o processo de controle normativo, razões de ordem pública impossibilitam tal extinção. Mas a matéria não é completamente pacífica na doutrina tedesca. Para alguns, a Lei da *Bundesverfassungsgericht* acolhe o *princípio da disposição*, pelo qual o prosseguimento do processo de controle normativo depende, exclusivamente, da vontade do ente legitimado.

> **Sobre o ponto:** Ernst Friesenhahn, *Verfassungsgerichtsbarkeit*, p. 99.

Na década de cinquenta, o Supremo Tribunal Federal chegou a admitir a desistência da ação proposta. Em 1970, reavaliou seu ponto de vista, consagrando, no Regimento Interno da época, a inadmissibilidade de desistência (RISTF, art. 169, § 1º). Esse posicionamento perdura até hoje, naquela mesma linha preconizada pela Corte Constitucional alemã (RISTF, art. 169, § 1º).

> **Precedente:** STF, Repr. 287, Rel. Min. Nélson Hungria, *DJ* de 16-4-1958.

u) Arguição de suspeição e impedimento

Decidiu o Supremo Tribunal Federal que a arguição de suspeição se afigura incabível no âmbito do processo objetivo de controle abstrato de normas.

> **Precedente:** STF, ADIn 1.354-8-MC, Rel. Min. Maurício Corrêa, decisão de 7-2-1996.

Quanto ao impedimento, entende a Corte Excelsa que ele pode ocorrer, desde que o julgador tenha atuado no processo como requerente, requerido, Advogado-Geral da União ou Procurador-Geral da República.

> **Precedente:** STF, *RTJ, 146*:3; *147*:719.

v) Prescrição e decadência

O ajuizamento da *ação direta* não se sujeita à observância de qualquer prazo prescricional ou decadencial, pois os atos inconstitucionais não se convalidam pelo mero decurso do tempo.

◆ Cap. 6 ◆ CONTROLE DE CONSTITUCIONALIDADE 209

Nesse sentido: STF, Pleno, ADIn 1.247-MC/PA, Rel. Min. Celso de Mello, decisão de 17-8-1995, *DJ*, 1, de 8-9-1995, p. 28354.

Nesse particular, vigora a primeira parte da Súmula 360 do STF: "Não há prazo de decadência para a representação de inconstitucionalidade".

w) Tramitação paralela de ações diretas no Tribunal local e no STF

É inadmissível a tramitação paralela de ações diretas de inconstitucionalidade, no Tribunal de Justiça local e no Supremo Tribunal Federal, interpostas contra a mesma lei estadual impugnada. Se isso ocorrer, suspende-se o curso da ação direta ajuizada na Corte estadual até o julgamento final da ação direta proposta no Pretório Excelso.

Precedentes: STF, ADIn 1.423-4-MC/SP, Rel. Min. Moreira Alves, *DJU* de 22-2-1996; STF, Recl. 386-8/SC, Rel. Min. Octavio Gallotti; STF, Recl. 1.341-6/SP, Rel. Min. Francisco Rezek; Pleno, STF, Recl. 425-2/RJ, Rel. Min. Néri da Silveira, decisão de 27-5-1993, *DJ*, 1, de 22-10-1993, p. 22252.

Esse entendimento decorre da lógica do sistema.

É que a sistemática consagrada pelo constituinte de 1988 possibilitou o ajuizamento simultâneo da *direta genérica* no plano federal (STF) e no estadual (Tribunais de Justiça).

O paradigma, na primeira hipótese, será o Texto da República, e, na segunda, a carta estadual. Em ambas, a decisão que prevalecerá é a do Supremo, e não a do Tribunal de Justiça.

Resultado: quando tramitarem paralelamente duas ações, e sendo a norma estadual simples reprodução da Carta de 1988, o processo no Tribunal de Justiça fica sobrestado até que o Pretório Excelso julgue em definitivo o mérito da controvérsia.

Entendimento do STF: "Se a ADI é proposta inicialmente perante o Tribunal de Justiça local e a violação suscitada diz respeito a preceitos da Carta da República, de reprodução obrigatória pelos Estados-membros, deve o Supremo Tribunal Federal, nesta parte, julgar a ação, suspendendo-se a de lá; se além das disposições constitucionais federais há outros fundamentos envolvendo dispositivos da Constituição do Estado, a ação ali em curso deverá ser sobrestada até que esta Corte julgue em definitivo o mérito da controvérsia. Precedentes" (STF, ADIn 2.361-6/CE, Rel. Min. Maurício Corrêa, *DJU* de 1º-8-2003).

x) Medida cautelar

As medidas cautelares buscam salvaguardar o efeito útil do processo contra o risco de sua própria demora.

Daí a Constituição de 1988 prever expressamente a possibilidade de o Supremo Tribunal Federal processar e julgar, originariamente, pedidos de medidas liminares ou cautelares nas ações diretas de inconstitucionalidade (art. 102, I, *p*).

Retrospecto: no ordenamento passado, o Supremo Tribunal Federal entendeu que o pedido de medida cautelar era possível, independentemente de previsão constitucional expressa (STF, Repr. 933/RJ, Rel. Min. Thompson Flores, *RTJ*, 76:343, 1976). Com a EC n. 7, de 1977, o pedido de cautelar passou a figurar no elenco das competências originárias do Pretório Excelso. A Carta de 1988 manteve inalterada essa orientação. Assim, "eventuais providências cautelares encontram fundamento direto e imediato no próprio texto constitucional" (STF, Recl. 2.256/RN, Rel. Min. Gilmar Mendes, *DJ* de 19-9-2003).

Na dicção desse preceito, o Supremo concluiu que os pedidos de liminares nas *ações diretas* devem satisfazer os seguintes requisitos:

- plausibilidade jurídica do que se alega (*fumus boni juris*);
- possibilidade de prejuízo em virtude do retardamento da decisão pleiteada (*periculum in mora*);
- irreparabilidade ou insuportabilidade dos danos oriundos dos atos impugnados; e
- necessidade de garantir a ulterior eficácia da decisão (STF, *RTJ, 130*:5; *RDA, 178*:75).

A análise desses requisitos demonstra que a medida liminar somente deve ser interposta em caráter excepcionalíssimo, porque as leis ou atos normativos se presumem constitucionais até que se prove o contrário.

Na prática, contudo, pedidos de cautelares chegam aos montes no Supremo, causando perplexidade, criando uma *ordem jurídica de instantes*, amparada por providências efêmeras que se prolongam no tempo ou nunca são examinadas no mérito. A Corte ora defere liminares, que passam a ser definitivas nada obstante o caráter provisório delas, ora as indefere, deixando sua análise para data futura e incerta.

Ora, não basta, simplesmente, se terem de cor as noções de *fumaça do bom direito* e de *perigo da mora*; deve haver uma dose de bom senso e de prudência na avaliação do fato contextualizado no pedido.

Daí o Supremo exigir, para a concessão de liminares, a relevância do pedido, de sorte a evidenciar, de forma inequívoca, o risco comprometedor da efetividade do ato normativo questionado e o sinal do bom direito.

> **Precedente:** STF, ADIn 400 (medida cautelar), Rel. Min. Marco Aurélio, *RDA, 181*:285, 1990.

É essencial, ainda, que se mostre a *conveniência* da medida pleiteada e a repercussão dos danos daí resultantes.

> **Posição do STF:** "A suspensão cautelar da eficácia de preceito normativo pode ter por fundamento razões de conveniência" (STF, ADIn 834-0-MC/MT, Rel. Min. Celso de Mello, *DJU* de 2-4-1993, p. 5617). "No juízo liminar da ADIn é imperioso que, além do aspecto de bom direito na tese do autor, tenha-se como seguro que os danos resultantes da continuidade da vigência da norma são maiores que aqueles que adviriam de sua suspensão até o juízo definitivo" (STF, ADIn 1.549-4-MC/RJ, Rel. Min. Francisco Rezek, *DJU* de 18-5-2001, p. 430).

Quanto à *conveniência*, há, inclusive, decisão no sentido de que é possível utilizá-la como critério concessivo da cautelar, em lugar do perigo da mora.

> **Nesse sentido:** STF, ADIn 1.087-5-MC/RJ, Rel. Min. Moreira Alves, *DJU* de 7-4-1995.

O que o Supremo Tribunal Federal não aceita é o tardio ajuizamento de medida liminar em *ação direta*, pois, decorrido o lapso temporal de edição do ato normativo impugnado, não subsiste o requisito do *perigo da mora*, necessário para a sua concessão.

> **Precedentes:** STF, Pleno, ADIn 1.857-2-MC/SC, Rel. Min. Moreira Alves, *DJ*, 1, de 7-8-1998, p. 81; STF, ADIn 2.621-MC/DF, Rel. Min. Celso de Mello, j. em 1º-8-2002, *DJ* de 8-8-2002, p. 20; STF, ADIn 1.935-3/RO, Rel. Min. Marco Aurélio, *DJU* de 11-6-1999, p. 8.

Entendemos, todavia, que havendo tardio ajuizamento da *direta genérica* é possível substituir a falta do perigo da mora pela *conveniência* de conceder a medida liminar, ficando a matéria sob os auspícios do juízo discricionário da Corte Excelsa. Nesse caso, urge que se comprove a existência de lesão irreparável, possibilitando ao Supremo excepcionar a regra de que os atos normativos são presumivelmente constitucionais. Como dissemos, conceder liminares é a exceção. Não é toda e qualquer hipótese que permite o seu ajuizamento, pois as leis, elaboradas pelo Legislativo e sancionadas pelo Executivo, presumem-se *constitucionais* (STF, Pleno, ADIn 1.155-3/DF, Rel. Min. Marco Aurélio, *DJ*, 1, de 18-5-2001, p. 63).

Advirta-se, contudo, que é "pacífica a orientação do Tribunal no sentido de que não se configura o *periculum in mora*, para os fins de concessão de cautelar, se a lei objeto da impugnação estiver em vigor há muito tempo" (STF, ADIn 3.273-MC, Rel. Min. Nelson Jobim, decisão de 17-8-2004).

Questão importante é a produção dos efeitos das liminares nas *ações diretas*.

Será que a sentença concedente de cautelares opera com efeitos *ex nunc*?

Na maioria dos casos, o Supremo entende que sim. Excepcionalmente, não.

Deveras, a medida cautelar, em *ação direta*, reveste-se, em regra, de eficácia *ex nunc*, operando, portanto, a partir do momento em que o Pretório Excelso a defere. Excepcionalmente, porém, poderá projetar-se com eficácia *ex tunc*, repercutindo sobre situações pretéritas.

> **Precedente:** STF, ADIn 1.434-MC/SP, Rel. Min. Celso de Mello, *RTJ, 164*:506, 1998.

Esse raciocínio pretoriano foi confirmado pela Lei n. 9.858/99.

◆ Cap. 6 ◆ **CONTROLE DE CONSTITUCIONALIDADE**   **211**

Posição do STF: muito antes do advento desse diploma normativo, o Supremo já admitia a possibilidade de dar efeito retroativo à medida cautelar (STF, Repr. 1.356, Rel. Min. Francisco Rezek, *DJ* de 14-11-1986).

Em seu art. 11, § 1º, estatuiu que a medida cautelar, dotada de eficácia contra todos, será concedida com efeitos *ex nunc*, exceto se o tribunal entender que deva conceder-lhe eficácia retroativa.

Portanto, os efeitos da liminar em *ação direta* sujeitam-se a uma *regra* e a uma *exceção*:

* **Regra** — a decisão concedente de medidas cautelares nas *ações diretas* opera com efeitos *ex nunc*. Resultado: a lei ou ato normativo arguido como inconstitucional não retroage, não volta no tempo, não desconstitui o que já estava firmado. A medida liminar só valerá da data de sua publicação oficial em diante.

    Entendimento do STF: "Os efeitos da concessão da liminar na ação direta de inconstitucionalidade, ao contrário do que acontece no tocante ao provimento final no sentido da inconstitucionalidade, não tem cunho retroativo" (STF, Pleno, ADIn 851-MC/RJ, Rel. Min. Marco Aurélio, decisão de 1º-4-1993, *DJ*, 1, de 7-5-1993, p. 8327). Concedida a medida liminar, cujo caráter é temporário, a regra geral da eficácia *ex nunc* tem início com a publicação da ata de sessão de julgamento no *Diário de Justiça da União*, exceto em casos específicos a serem examinados pelo Presidente do Supremo Tribunal Federal, de modo a garantir a eficácia da decisão (STF, ADIn 1.434-MC/SP, Rel. Min. Celso de Mello, *RTJ*, *164*:506, 1998).

* **Exceção** — excepcionalmente, o Supremo concede medidas liminares com efeitos retroativos (*ex tunc*), caso conclua pela *conveniência* da concessão. Esse raciocínio parte do princípio de que não se pode suspender para o futuro o que já se exauriu no passado. Daí o legislador ter excepcionado a regra geral dos efeitos *ex nunc* (Lei n. 9.868/99, art. 11, § 1º).

    Precedentes: STF, ADIn 596-MC/RJ, Rel. Min. Moreira Alves, *DJ* de 22-11-1991; STF, ADIn 1.610-MC/DF, Rel. Min. Sydney Sanches, *DJ* de 5-12-1997; STF, Recl. 2.256/RN, Rel. Min. Gilmar Mendes, *DJ* de 19-9-2003; STF, ADIn 3.273, Rel. Min. Carlos Britto, *DJ* de 4-10-2004.

O cunho excepcional da eficácia *ex tunc* deve ser explicitado no acórdão prolatado pelo Supremo Tribunal Federal. A falta de determinação expressa leva ao entendimento de que os efeitos da sentença cautelar são *ex nunc*.

Nesse sentido: STF, ADIn 1.434-MC/SP, Rel. Min. Celso de Mello, *RTJ*, *164*:506, 1998.

E a medida cautelar em *ação direta* apresenta eficácia *erga omnes* e efeito vinculante?

Sim, as cautelares apresentam eficácia *erga omnes* (atinge a todos), tese prevalecente no Pretório Excelso.

Eficácia geral e processo objetivo: "Alguns autores chegam a sustentar que a eficácia *erga omnes* constitui apanágio dos processos objetivos. Esse parece ser, também, o entendimento do Supremo Tribunal Federal, que, desde 1977, vem afirmando a eficácia geral da decisão proferida em representação de inconstitucionalidade" (STF, Recl. 2.256/RN, Rel. Min. Gilmar Mendes, *DJ* de 19-9-2003).

Em virtude de seus efeitos gerais (*erga omnes* ou contra todos), deve-se conferir publicidade à decisão concessiva da liminar, publicando-a no *Diário Oficial da União* e no *Diário da Justiça* no prazo de dez dias (Lei n. 9.869/99, art. 11, *caput*).

Quanto à possibilidade de a cautelar operar com efeitos vinculantes, não há posicionamento unívoco na jurisprudência do Supremo.

Há julgados que negam a possibilidade, preconizando que o indeferimento do pedido cautelar não gera efeito vinculante.

Nesse sentido: STF, Recl. 2.063-QO/RJ, Rel. Min. Ellen Gracie, *DJ* de 5-9-2002.

Em contrapartida, outras decisões reconhecem que a concessão da cautelar suspende qualquer processo em andamento no Pretório Excelso, até o julgamento final da *direta genérica*. Argumenta-se que a Corte em nada exorbita os lindes de sua competência ao reconhecer efeito vinculante às decisões paradigmáticas que proferir.

Precedentes: STF, Pleno, Recl. em AgRg 1.880-QO/SP, Rel. Min. Maurício Corrêa, j. 6-11-2002 (por maioria de votos); STF, Recl. 2.256/RN, Rel. Min. Gilmar Mendes, *DJ* de 19-9-2003.

Na realidade, o *efeito vinculante* das decisões prolatadas em sede de medida cautelar nas *ações diretas* deriva do particular papel político-institucional que o Supremo desempenha no ordenamento jurídico brasileiro: o de guardião da Constituição (CF, art. 102, *caput*).

Tanto é assim que existem precedentes no sentido de que o efeito vinculante também se projeta no âmbito dos processos em tramitação perante outros órgãos judiciais, quando envolverem a aplicação de lei ou ato normativo cuja vigência tenha sido suspensa pelo Supremo Tribunal Federal.

Precedentes: STF, ADIn 1.244-4-QO/SP, Rel. Min. Néri da Silveira, *DJU* de 28-5-1999, p. 3; STF, Recl. 2.256-1-MC, Rel. Min. Gilmar Mendes, *DJU* de 22-4-2003.

A decisão que defere a liminar suspendendo o ato impugnado não comporta pedido de reconsideração.

Nesse sentido: STF, ADIn 2.188-QO/RJ, Rel. Min. Néri da Silveira, *DJ* de 26-6-2000.

O que é plenamente viável é a reiteração do pedido da liminar indeferida na hipótese da ocorrência de fatos supervenientes que justifiquem o reexame.

Precedentes: STF, ADIn 1.667-9/DF, Rel. Min. Ilmar Galvão, *DJU* de 2-3-1998; STF, *RTJ, 138*:735, 1991; *159*:421, 1997; *RDA, 187*:232, 1992.

Assunto delicado é a situação jurídica que há de subsistir em face da concessão da liminar quanto ao direito que deveria ter sido revogado ou superado pela norma questionada.

Nesse ponto, a Lei n. 9.868/99 verberou que "a concessão da medida cautelar torna aplicável a legislação anterior acaso existente, salvo expressa manifestação em sentido contrário" (art. 11, § 2º).

Sufragrou-se, aí, velho entendimento jurisprudencial, lavrado na vigência da Constituição passada, no sentido de reconhecer o poder restaurador provisório da legislação anterior.

Precedente: STF, Repr. 1.356, Rel. Min. Francisco Rezek, *DJ* de 14-11-1986.

Evidente que a particularidade do art. 11, § 2º, da Lei n. 9.868/99 reside no fato de permitir ao Supremo ponderar as particularidades do caso concreto, reconhecendo a presença de situações especiais.

Assim, deferida a liminar que suspende a aplicação da norma questionada, aplica-se, integralmente, o direito anterior acaso existente.

Nesse sentido: STF, ADIn 652-MC/MA, Rel. Min. Celso de Mello, *DJ* de 2-4-1993. "De qualquer sorte, a possibilidade, admitida pelo Tribunal, de que se conceda, ainda que em casos excepcionais, a cautelar com eficácia *ex tunc*, e a aceitação, pela Corte, da ideia segundo a qual, concedida a liminar, restaura-se a vigência do direito eventualmente revogado, revelam, em verdade, que já no juízo de liminar se cuida de uma questão de vigência da norma questionada. Portanto, a medida cautelar deferida em processo de controle de normas opera não só no plano estrito da eficácia, mas também no plano da própria vigência da norma. Não há dúvida, pois, de que a suspensão liminar da eficácia da lei ou do ato normativo equivale, portanto, à suspensão temporária de sua vigência" (STF, Recl. 2.256/RN, Rel. Min. Gilmar Mendes, *DJ* de 19-9-2003).

Convém lembrar que o tema das medidas cautelares em *ação direta* foi disciplinado, com exaustão, pela Lei n. 9.868/99.

Eis seus tópicos principais:

- Compete ao Pleno da Corte Excelsa proferir a sentença cautelar. Para ser concedida, é preciso o voto de, no mínimo, seis ministros (maioria absoluta), reunidos em sessão plenária, na presença de, pelo menos, oito julgadores (Lei n. 9.868/99, art. 10, *caput*, c/c o art. 22, *caput*).
- Devem ser ouvidos, previamente, os órgãos ou autoridades dos quais emanou o ato impugnado (Lei n. 9.868/99, art. 10, *caput*).
- No período de recesso, o pedido cautelar será examinado pelo Presidente do Supremo, *ad referendum* do Plenário (RISTF, art. 13, VIII). Em momento algum, salvo no período de recesso, é possível decisão monocrática.

◆ Cap. 6 ◆ **CONTROLE DE CONSTITUCIONALIDADE** **213**

- Os órgãos ou autoridades dos quais emanou a lei ou ato normativo impugnado têm o prazo de cinco dias para se manifestar (Lei n. 9.868/99, art. 10).
- Somente em casos de excepcional urgência é que se pode dispensar a audiência dos órgãos ou autoridades dos quais emanou o ato impugnado (Lei n. 9.868/99, art. 10, *caput*).
- Se achar necessário, o relator ouvirá o Advogado-Geral da União e o Procurador-Geral da República, no prazo de três dias (Lei n. 9.868/99, art. 10, § 2º).
- O requerente e o requerido têm direito à sustentação oral, na forma do Regimento Interno do Supremo Tribunal Federal (Lei n. 9.868/99, art. 10, § 2º).
- Concedida a medida cautelar, o Supremo publicará a sentença, no prazo de dez dias, e solicitará informações a serem prestadas no prazo de trinta dias (Lei n. 9.868/99, art. 6º, parágrafo único, c/c o art. 11, *caput*).
- O relator, se concluir que o caso possui aspectos singulares, cujas repercussões recomendam rito sumário, mais célere, poderá submeter o processo diretamente ao tribunal, a fim de que seja julgado definitivamente (Lei n. 9.868/99, art. 12).

y) Decisão final

Com base na **Carta de 1988** (art. 97), na **Lei n. 9.868/99** (arts. 22 a 28) e no **Regimento Interno do STF** (arts. 143, parágrafo único, 173 e 174), a sentença final da *direta genérica* norteia-se pelos seguintes parâmetros:

- O julgamento da *direta genérica* é no Plenário do Pretório Excelso, exigindo-se o quórum mínimo de oito ministros para a instalação da sessão e de seis ministros, no mínimo, para proclamar a constitucionalidade ou a inconstitucionalidade do ato impugnado (maioria absoluta).
- Se pelo menos seis ministros, mediante declaração expressa, entenderem que a lei ou ato normativo é *constitucional*, a ação é julgada *improcedente*. Ao invés, se concluírem que ela é *procedente*, a norma é declarada *inconstitucional*, sendo expurgada, de imediato, da ordem jurídica. Aqui não incide o art. 52, X, da *Lex Mater*, preceito aplicado, apenas, no controle difuso.
- Há entendimento de que o Supremo condiciona a sua decisão final à *causa de pedir*, não ao pedido, só podendo declarar a constitucionalidade ou a inconstitucionalidade com base nos fundamentos expendidos na petição inicial. Porém, esse posicionamento não é unânime no seio da Corte (*v. n. 9, infra*).

> **Nesse sentido:** STF, Repr. 1.313/MS, *RTJ, 137*:1110; STF, Pleno, ADIn 2.174/DF, Rel. Min. Maurício Corrêa, j. em 2-11-2001. **Em sentido contrário:** existem decisões afirmando que o julgamento da ADIn independe da *causa de pedir* formulada na exordial. Conforme essa tese, o Supremo não está limitado a acatar os fundamentos invocados pelo autor, podendo declarar a inconstitucionalidade por argumentos diferentes daqueles que constam na petição inicial (STF, Pleno, ADIn 1.896-8-MC/DF, Rel. Min. Sydney Sanches, j. em 18-2-1999, votação majoritária, *DJ* de 28-5-1999, *Ementário* n. 1952-1; STF, ADIn 2.396-MC/MS, Rel. Min. Ellen Gracie, *DJU* de 14-12-2001, p. 23).

- O resultado do julgamento deve ser comunicado à autoridade ou ao órgão responsável pela expedição do ato, e, no prazo de dez dias após o trânsito em julgado, publica-se a parte dispositiva do acórdão.
- Embora a decisão declaratória da constitucionalidade ou inconstitucionalidade seja irrecorrível, é possível a interposição de embargos de declaração, que somente podem ser interpostos pelo requerente ou pelo requerido. Advogado-Geral da União ou terceiros que se dizem prejudicados não detêm competência para oferecê-los.

> **Precedentes:** STF, *RDA, 158*:173; EDecl. na ADIn 2.323/DF, Rel. Min. Ilmar Galvão, *DJ* de 30-5-2001.

y.1) Coisa julgada na ação direta de inconstitucionalidade genérica

Quando o Pretório Excelso decide nas *ações diretas*, exercita tarefa de natureza *jurisdicional*. Sua sentença é declaratória. Não inova a ordem jurídica. Se concluir pela procedência do pedido, constata a existência do vício e expurga a norma do sistema. Porém, se decidir pela improcedência, a norma permanece válida e eficaz.

Nesse sentido, a Lei n. 9.868/99: "Art. 24. Proclamada a constitucionalidade, julgar-se-á improcedente a ação direta ou procedente eventual ação declaratória; e, proclamada a inconstitucionalidade, julgar-se-á procedente a ação direta ou improcedente eventual ação declaratória".

A particularidade da coisa julgada em sede de *ação direta* é precisamente esta: se o pedido for julgado procedente, a decisão declaratória da inconstitucionalidade reveste-se da autoridade da coisa julgada.

Em regra, após o trânsito em julgado, a sentença não mais comportará recursos, seu conteúdo se torna indiscutível e imutável (CPC de 2015, art. 502).

Sobre o assunto: Lacoste, *De la chose jugée en matière civile, criminelle, disciplinaire et administrative*, 1904; Ugo Rocco, *L'autorità della cosa giudicata e i suoi limiti soggettivi*, 1917; Ernesto Heinitz, *I limiti oggetivi della cosa giudicata*, 1937; Mario Vellani, *Naturaleza de la cosa juzgada*, 1963; Enrico Tullio Liebman, *Eficácia e autoridade da sentença e outros escritos sobre a coisa julgada*, 1984.

Nesse caso, a coisa julgada na *direta genérica* consistirá na imutabilidade da sentença e de seus efeitos.

Esses efeitos podem ser *preclusivos* e *vinculatórios*.

Efeitos *preclusivos* da coisa julgada são aqueles que impedem a existência de novos pronunciamentos judiciais.

Já os efeitos *vinculatórios* da *res iudicata* atrelam as decisões dos juízes ou tribunais às sentenças do Pretório Excelso prolatadas em sede de controle concentrado de normas, sob pena de se ajuizar o instituto da *reclamação* (CF, art. 102, I, *l*).

Lei n. 9.868/99: disciplinou os efeitos *vinculatórios* no parágrafo único do art. 28, na esteira do art. 103, § 2º, da Carta Maior, com redação dada pela EC n. 3/93.

É nesse sentido que a coisa julgada desempenha o especial papel de imunizar os efeitos das sentenças declaratórias de *inconstitucionalidade*, estabilizando as relações jurídicas.

Nesse particular, projeta-se para fora do processo, acompanhando a vida dos homens, para impedir que quaisquer atos estatais venham a comprometer o resultado das sentenças, mesmo depois de extinto o processo (*coisa julgada material*).

Mas a coisa julgada, inclusive na seara da direta genérica, também é um fenômeno interno ao processo, repercutindo sobre a sentença, que não poderá ser substituída por outra (*coisa julgada formal*).

E se a decisão for julgada improcedente, declarando a *constitucionalidade* da norma?

Aí só existirão efeitos *vinculatórios*, mas não *preclusivos*.

Julgado improcedente o pedido da *ação direta*, declarando a norma constitucional, o Supremo poderá reapreciar a mesma matéria, desde que existam novos argumentos, novos fatos ou transformações que modifiquem a situação jurídica outrora submetida a seu veredito, demonstrando que a Carta Magna foi deveras violada.

Podem, portanto, os legitimados do art. 103 da Carta de Outubro ajuizar, novamente, a *direta genérica*, tendo por objeto a mesma lei dantes questionada.

Nesse caso, não incidem os efeitos *preclusivos* da *res iudicata*, que só se exteriorizam quando a ação é julgada procedente, com a respectiva exclusão da lei ou ato normativo da ordem jurídica.

Logo, as decisões do Supremo que consideraram os pedidos improcedentes não se revestem da força centrípeta da *coisa julgada*.

Daí a jurisprudência portuguesa adotar, em linha de princípio, esse raciocínio.

Entendimento da Corte Constitucional portuguesa: "O Tribunal Constitucional vem acentuando, na sua jurisprudência, que as únicas decisões capazes de precludirem a possibilidade de nova apreciação judicial da constitucionalidade de uma norma são as que, sendo proferidas em sede de fiscalização abstracta sucessiva, declaram a sua inconstitucionalidade (...) e que, no caso de acórdãos que não se pronunciem pela inconstitucionalidade, o Tribunal não fica impedido de voltar a pronunciar-se sobre a mesma matéria" (Tribunal Constitucional português, Ac. 452/95, Rel. Conselheiro Alves Corrêa, j. em 6-7-1995).

◆ Cap. 6 ◆ CONTROLE DE CONSTITUCIONALIDADE

Observe-se que a transposição da coisa julgada do processo civil clássico para o bojo do controle concentrado de normas sofre transformações, em decorrência da natureza *objetiva* da via abstrata, senão vejamos.

No processo civil clássico:

- Os limites objetivos da coisa julgada imunizam a conclusão da sentença ou do acórdão (parte dispositiva do *decisum*). Somente protegem a situação concreta trazida para o juiz. Não resguardam: o relatório, a fundamentação, os motivos, a verdade estabelecida dos fatos, nem a questão prejudicial. Impedem novo pronunciamento judicial sobre a mesma matéria (CPC de 2015, arts. 503, §§ 1º e 2º 504, I e II).

- Os limites subjetivos da coisa julgada imunizam os efeitos das sentenças proferidas com relação às partes do litígio. Não beneficiam nem prejudicam terceiros. Atingem, tão só, os sujeitos da demanda (CPC de 2015, art. 506).

No processo objetivo de controle abstrato de normas:

- Os limites objetivos da coisa julgada não impedem a reapreciação da sentença declarada improcedente pelo Supremo, sendo possível ajuizamento de nova *ação direta* pelos legitimados do art. 103 da Carta Maior. Aqui os efeitos vinculantes da sentença improcedente subordinam todos os órgãos do Poder Judiciário, menos o Pretório Excelso, que poderá, se desejar, reexaminar a matéria.

- Os limites subjetivos da coisa julgada atingem a todos. Isso porque a propositura da *direta genérica* opera-se mediante substituição processual. Daí os órgãos listados no art. 103 da *Lex Mater* possuírem legitimidade extraordinária ou anômala, atuando em nome próprio, mas na defesa de interesses da coletividade.

y.2) Ação rescisória nas ações diretas e coisa julgada inconstitucional

O ajuizamento da *ação rescisória*, em sede de controle concentrado de normas, convém ser encarado com *bom senso*, de modo a concretizar o princípio máximo da justiça (*sum cuique tribuere*).

Aqui, como em tantos outros setores da vida constitucional dos Estados, vigoram, ao mesmo tempo, a *regra* e a *exceção*.

- **Regra** — a impossibilidade de ajuizar a rescisória no campo da *direta genérica*.
- **Exceção** — permite o ajuizamento da rescisória diante de injustiças flagrantes ou situações teratológicas, desconstituindo-se a *coisa julgada inconstitucional*.

Vejamos, em separado, ambas as hipóteses.

Em princípio, o julgamento procedente ou improcedente da *direta genérica* não dá margem à interposição da rescisória, nos termos da Lei n. 9.868/99, que endossou antiga jurisprudência do Supremo Tribunal Federal.

> **Lei n. 9.868/99:** "Art. 26. A decisão que declara a constitucionalidade ou a inconstitucionalidade da lei ou ato normativo em ação direta ou em ação declaratória é irrecorrível, ressalvada a interposição de embargos declaratórios, não podendo, igualmente, ser objeto de ação rescisória".

Decerto, no controle concentrado, as consequências deflagradas durante a vigência do ato inconstitucional ficam destituídas de toda e qualquer eficácia normativa, sendo impossível, em situação de normalidade, restaurar o que foi desconstituído.

Embora os veredito do Supremo apresentem eficácia geral (*erga omnes*), eles não podem passar por cima de sentenças transitadas em julgado, lastreadas em leis tidas como *constitucionais* à época do fato.

> **Precedentes:** STF, *RTJ*, 82:791, 87:758, 89:367, 94:49.

Assim, em **regra**, decorrido o prazo *in albis* de dois anos para ajuizamento da rescisória, operando-se a decadência da rescisão, já não será possível desfazer o julgado, ainda que ele tenha sido proferido com base em lei posteriormente declarada inconstitucional pelo Pretório Excelso. Evitam-se, assim, a instabilidade e o caos.

Retroatividade da lei penal: no âmbito criminal, a lei poderá retroagir para beneficiar o réu (CF, art. 5º, XL). Evidente que a declaração de inconstitucionalidade de norma penal incriminatória também é retrospectiva.

Observemos, agora, a **exceção**.

Diante de injustiças óbvias e em casos excepcionalíssimos, afigura-se possível rever um veredito, baseado em lei posteriormente declarada inconstitucional, mesmo que o prazo de dois anos para propor a rescisória se tenha esvaído. O Código de Processo Civil de 2015, no art.910, § 2º, inclusive, deixou margem à aplicação desse entendimento, em tema de execução contra a Fazenda Pública, prescrevendo: "Nos embargos, a Fazenda Pública poderá alegar qualquer matéria que lhe seria lícito deduzir como defesa no processo de conhecimento".

> **Segundo Pontes de Miranda:** a *querela de nulidade* seria outro instrumento idôneo para combater injustiças flagrantes, nas hipóteses de *"errores in procedendo*, quando a sentença mesma não os sana" (*Tratado da ação rescisória*, p. 64).

Essa providência última, por assim dizer, só deve ser tomada excepcionalmente, até porque raros são os casos que autorizam sua adoção.

> **Retrospecto:** no ordenamento constitucional pregresso, o Supremo Tribunal Federal não aceitava a possibilidade de oferecimento de embargos, com base em lei posteriormente declarada inconstitucional (STF, RE 86.056/SP, Rel. Min. Rodrigues Alckmin, *DJU* de 1º-7-1977). Já na vigência da Carta de 1988, o Conselho Federal da OAB ajuizou ação direta pleiteando a inconstitucionalidade da Medida Provisória n. 1.984-17, de 7-4-2000, que acrescentou parágrafo único ao art. 741 do CPC, excepcionando a regra da autoridade da coisa julgada, que poderia ser desconstituída sem o prévio ajuizamento de ação rescisória (STF, ADIn 2.418-3, Rel. Min. Sydney Sanches).

Somente em situações absurdas, teratológicas, que ocasionem estados de injustiça e insegurança, é que se pode flexibilizar a **regra** da Lei n. 9.868/99 (art. 26).

Suponhamos que uma decisão transitada em julgado, com lastro em lei que posteriormente veio a ser declarada *inconstitucional*, ofenda direitos adquiridos, atente contra a dignidade humana, malsine o pórtico da isonomia etc.

Imaginemos, ainda, uma sentença transitada em julgado que ao declarar a *constitucionalidade* de uma lei malsine direitos comezinhos derivados da cidadania, princípios ínsitos às liberdades públicas, postulados fundamentais do Estado brasileiro.

Em ambas as hipóteses é a própria segurança jurídica que estará em jogo, bem como o postulado da justiça social.

> **Não cabimento de ação rescisória por mudança de entendimento** – reafirmando sua própria jurisprudência, entendeu o Supremo Tribunal Federal que não cabe ação rescisória quando o acórdão estiver em harmonia com a jurisprudência firmada pela Corte na época, mesmo havendo alteração posterior do entendimento sobre o assunto (STF, AR 2297, Rel. Min. Edson Fachin, j. 3-3-2021).

Por isso, deve prevalecer o bom senso, a ideia de razoabilidade, sempre se ponderando os interesses em disputa, sob pena de a cláusula inscrita no inciso XXXVI do art. 5º da Lei Suprema tornar-se letra morta ("a lei não prejudicará o direito adquirido, o ato jurídico perfeito e a coisa julgada").

Se fosse diferente, admitiríamos o fenômeno da *coisa julgada inconstitucional*, cuja necessidade de *relativização* tem sido admitida em casos extremos.

> **Sobre o tema:** Carlos Valder do Nascimento (org.), *Coisa julgada inconstitucional*, p. 5 e s.; Ivo Dantas, *Coisa julgada inconstitucional*: declaração judicial de inexistência, *passim*; Sacha Calmon Navarro Coelho, Da impossibilidade jurídica de ação rescisória de decisão anterior à declaração de inconstitucionalidade pelo Supremo Tribunal Federal no Direito Tributário, *CDTFP*, 15:200; Bruno Noura de Moraes Rêgo, *Ação rescisória e a retroatividade das decisões de controle de constitucionalidade das leis no Brasil*, p. 500 e s.

Ocorre a *coisa julgada inconstitucional* quando a produção dos efeitos da sentença transitada em julgado conspurcam a magnitude da Constituição.

◆ Cap. 6 ◆ CONTROLE DE CONSTITUCIONALIDADE

217

A *coisa julgada inconstitucional* fulmina a obra do poder constituinte originário. Desestabiliza as relações sociais, convertendo a certeza jurídica num subprincípio, sem maior vigor ou valimento. Cria a atmosfera de um direito que, em rigor, não existe, inculcando, no intelecto humano, a falsa verdade de que há "segurança". Em vez de fomentar a paz social, proporciona a dúvida, o medo, o engano.

Por isso, a *coisa julgada inconstitucional* é um cancro e deve ser repelida, venha de onde vier, pois se estriba num ato nulo, não se subordinando a prazos decadenciais nem prescricionais. E o único instrumento adequado para combatê-la é a rescisória, mesmo que já esvaído o prazo de dois anos para a sua propositura.

- **Relativização da coisa julgada: inadmissibilidade** — existem julgados no Supremo Tribunal Federal que não aceitam a tese da "relativização" da autoridade da coisa julgada, em especial da denominada "coisa julgada inconstitucional". Há vários precedentes nesse sentido (AI 723.357; RE 593.160; RE 592.912; RE 473.715-AgR; RE 431.014-AgR/RN). Merece destaque o seguinte veredito do Min. Celso de Mello: "Tenho para mim que essa postulação, se admitida, antagonizar-se-ia com a proteção jurídica que a ordem constitucional dispensa, em caráter tutelar, à *res judicata*. Na realidade, a desconsideração da *auctoritas rei judicatae* implicaria grave enfraquecimento de uma importantíssima garantia constitucional que surgiu, de modo expresso, em nosso ordenamento positivo, com a Constituição de 1934. A pretendida 'relativização' da coisa julgada provocaria consequências altamente lesivas à estabilidade das relações intersubjetivas, à exigência de certeza e de segurança jurídicas e à preservação do equilíbrio social. (...) Cabe ter presente, neste ponto, o que a própria jurisprudência constitucional do Supremo Tribunal Federal vinha proclamando, já há quatro (4) décadas, a respeito da invulnerabilidade da coisa julgada em sentido material, enfatizando, em tom de grave advertência, que sentenças transitadas em julgado, ainda que inconstitucionais, somente poderão ser invalidadas mediante utilização de meio instrumental adequado, que é, no domínio processual civil, a ação rescisória" (STF, RE 594.350/RS, Rel. Min. Celso de Mello, *DJE* de 11-6-2010).

- **Relativização da coisa julgada: admissibilidade** — por unanimidade de votos, o Plenário Virtual do Supremo Tribunal Federal reconheceu repercussão geral em tema discutido no RE 600.658, referente à relativização da garantia da coisa julgada. Lembrou a Ministra Ellen Gracie que, em abril de 2007, no julgamento do RE 146.331, o Supremo assentou não ser absoluta a garantia da coisa julgada, afastando a aplicação do art. 17 do ADCT, da Carta de 1988, cujo problema de fundo apresentava relevância econômica, política, social e jurídica (STF, RE 600.658/PE, Rel. Min. Ellen Gracie, j. em 8-4-2011). Noutra assentada, o Supremo, por 7 votos contra 2, por maioria de votos, flexibilizou o princípio da coisa julgada para conceder o direito à realização de novo exame de DNA (STF, RE 363.889, Rel. Min. Dias Toffoli, em j. 2-6-2011).

Recorde-se, também, que a restrição inserta na Súmula 343 do Supremo Tribunal Federal somente se aplica quando o dissídio envolver a interpretação de norma legal, e não constitucional.

> **Súmula 343 do STF:** "Não cabe ação rescisória por ofensa a literal disposição de lei, quando a decisão rescindenda se tiver baseado em texto legal de interpretação controvertida nos tribunais".

Esse é o entendimento do Pretório Excelso e do Superior Tribunal de Justiça.

> **Precedentes:** STF, AgRg no RE 328.812/AM, Rel. Min. Gilmar Mendes, *DJU* de 11-4-2003; STF, REsp 140.947/RS, Rel. Min. Humberto Gomes de Barros, *DJU* de 30-11-1998, p. 55; STF, AgRg 1.459/PR, Rel. Min. Eliana Calmon, *DJU* de 22-10-2001, p. 261.

Cumpre observar que o ordenamento jurídico não concebe a coisa julgada dentro do absoluto de uma linha reta.

Daí a Carta Magna e o Código de Processo Civil consagrarem o mecanismo da ação rescisória para corrigir distorções e eventuais ignomínias (CF, arts. 102, I, *j*, 105, I, *e*, 108, I, *b*; CPC de 2015, arts. 966 e s.).

> **Na vigência da EC n. 1/69, o STF decidiu:** "A suspensão da vigência da lei por inconstitucionalidade torna sem efeito todos os atos praticados sob o império da lei inconstitucional. Contudo, a nulidade da decisão judicial transitada em julgado só pode ser declarada por via de ação rescisória, sendo impróprio o mandado de segurança" (STF, RMS 17.976/SP, Rel. Min. Amaral Santos, *DJU* de 24-9-1969).

Aliás, qualquer juiz ou tribunal, quando provocado mediante a propositura de ações comuns, em sede de controle difuso de normas, pode decidir acerca da *coisa julgada inconstitucional*.

A razão é simples: ninguém está compelido a seguir deliberações flagrantemente contrárias à Constituição, ao arrepio do bom senso, da justiça, da ética e da paz social.

Aos poucos, o Judiciário pátrio tem *relativizado* a ideia de imutabilidade da coisa julgada, flexibilizando-a para evitar injustiças patentes, como nos casos de investigação de paternidade.

> **Posição do STJ:** "A coisa julgada, em se tratando de ações de estado, como no caso de investigação de paternidade, deve ser interpretada *modus in rebus*. Nas palavras de respeitável e avançada doutrina, quando estudiosos hoje se aprofundam no reestudo do instituto, na busca sobretudo da realização do processo justo, 'a coisa julgada existe como criação necessária à segurança prática das relações jurídicas e as dificuldades que se opõem à sua ruptura se explicam pela mesmíssima razão. Não se pode olvidar, todavia, que numa sociedade de homens livres, a Justiça tem de estar acima da segurança, porque sem Justiça não há liberdade'" (STJ, REsp 226.436/PR, Rel. Min. Sálvio de Figueiredo, *RSTJ*, *154*:403, 2002).

Numa assentada, o Superior Tribunal de Justiça, por três votos a dois, confirmou a antecipação de tutela que um juiz de primeiro grau havia concedido e o Tribunal de Justiça cassado, para que o particular devolvesse aos cofres públicos a verba indenizatória que havia recebido em desapropriação de terreno que, mais tarde, se descobriu não lhe pertencer, porquanto era do próprio Estado. O prazo decadencial de dois anos da rescisória já se havia esgotado.

> **Nesse sentido:** STJ, REsp 240.712, Rel. Min. José Delgado, decisão de 15-2-2000.

z) Reclamação

Chama-*se reclamação* o instrumento *constitucional processual*, que permite a Corte Suprema garantir a autoridade de suas decisões, proferidas em sede de controle abstrato de normas (CF, art. 102, I, *l*).

Fruto de uma construção jurisprudencial, a reclamação objetiva preservar a competência do Supremo, notadamente em face da notória insubmissão de alguns tribunais judiciários às teses jurídicas consagradas nas sentenças da Corte, as quais se revestem de inequívoca autoridade.

O uso da via reclamatória, portanto, justifica-se pelo respeito à autoridade das decisões do STF. Do contrário, não há que se cogitar a sua interposição (STF, Pleno, Recl. 556-9/TO, Rel. Min. Maurício Corrêa, *DJ*, 1, de 3-10-1997, p. 49230. STF, *RTJ*, *124*:411, *160*:788).

A reclamação deverá ser interposta, diretamente, no Pretório Excelso, "contra qualquer ato, administrativo ou judicial, que desafie a exegese constitucional consagrada pelo Supremo Tribunal Federal em sede de controle concentrado de normas, ainda que a ofensa se dê de forma oblíqua" (STF, Pleno, Recl. 1.987/DF, decisão por maioria, Rel. Min. Maurício Corrêa, j. em 1º-10-2003, *DJ* de 21-5-2004, p. 33).

O instituto em estudo foi regulamentado pelo art. 13 da Lei n. 8.038/1990 e pelos arts. 156 e seguintes do Regimento Interno do Supremo Tribunal Federal.

> **Emendas regimentais do STF:** a princípio, a competência para apreciar reclamações no Supremo era do Plenário. Com a Emenda Regimental 9, de 2001, passaram a ser julgadas pelas duas Turmas, cabendo ao Plenário julgar, apenas, as reclamações referentes à competência originária do próprio Pleno ou para garantir decisões plenárias. Com a Emenda Regimental 49/2014, transferiu-se para as Turmas a competência para julgar todas as reclamações. Lembremos que, no ano de 2004, uma mudança regimental permitiu que o ministro-relator da reclamação a julgasse quando a matéria fosse objeto de jurisprudência consolidada da Corte.

Pertencente à classe de processos originários do Supremo, o seu trâmite ocorre, exclusivamente, por meio eletrônico. A parte deverá protocolá-la via *internet*, eliminando-se a necessidade de se ir à Brasília para se fazer isso.

> **Resolução 427 do STF:** a Resolução 427 do STF, de 20-4-2010, disciplina o processo eletrônico no âmbito da Corte Suprema.

O instrumento reclamatório busca concretizar tríplice tarefa de índole político-jurídica:

◆ Cap. 6 ◆ CONTROLE DE CONSTITUCIONALIDADE

- preservar a competência originária do Pretório Excelso, assegurando a legitimidade, ativa e passiva, dos colegitimados à instauração do controle abstrato de normas (STF, Recl. 397-QO/RJ, Rel. Min. Celso de Mello, *DJ*, 1, de 21-5-1993);
- garantir a primazia das sentenças da Corte, preservando-lhes a eficácia, independentemente da natureza jurídica que se lhe atribuam. Para uns, trata-se de uma *ação* (Pontes de Miranda e Alcides de Mendonça Lima). Outros consideram-na autêntico *remédio incomum* (Orozimbo Nonato). Há quem diga ser um *incidente processual* (Moniz de Aragão), *medida de direito processual constitucional* (José Frederico Marques), e, até, *medida processual de caráter excepcional* (Djaci Falcão) (STF, Recl. 511-9/PB, Rel. Min. Celso de Mello, *DJU* de 24-10-1994, p. 28668); e
- garantir o respeito à eficácia vinculante das decisões emanadas do plenário do Supremo Tribunal Federal, invalidando a prática de atos contrários ao *imperium* dos julgados da Corte (STF, Recl. 1.722/RJ, Rel. Min. Celso de Mello, *clipping* do *DJ* de 13-5-2005).

É cabível em três hipóteses: (**i**) quando alguma autoridade do Poder Judiciário usurpa a competência prevista no art. 102 da Constituição Brasileira, processando ou julgando matérias da órbita de atuação dos ministros da Corte; (**ii**) quando decisões monocráticas ou colegiadas do Supremo Tribunal Federal são conspurcadas ou descumpridas por autoridades judiciárias ou administrativas; ou (**iii**) quando súmulas vinculantes são desrespeitadas por autoridades judiciárias ou administrativas.

Súmulas convencionais da jurisprudência dominante do Supremo não comportam o uso da reclamação. Somente as vinculantes.

Também não "cabe reclamação quando já houver transitado em julgado o ato judicial que se alega tenha desrespeitado decisão do Supremo Tribunal Federal" (Súmula 734 do STF).

Ela também não é cabível para apreciar mérito de ação principal (STF, Pleno, Recl. em EDecl. 1.229/DF, Rel. Min. Gilmar Mendes, v. u., *DJ* de 7-11-2003, p. 82).

E quem tem legitimidade para ajuizar a reclamação no Supremo?

A princípio, a jurisprudência da Corte concluiu que somente os colegitimados para proporem a direta genérica do art. 103 da Carta Magna é que poderiam ajuizar a reclamação (STF, Recl. 518-QO/BA, Rel. Min. Moreira Alves, *DJ* de 24-10-1997, p. 54149; STF, Recl. 1.149/RS, Rel. Min. Celso de Mello, *DJU* de 29-10-1999; STF, Recl. 354-0/DF, Rel. Min. Celso de Mello, *DJ*, 1, de 28-6-1991; STF, Recl. 1.688/BA, Rel. Min. Maurício Corrêa, *DJ* de 22-9-2000, p. 99).

Esse entendimento partiu do princípio de que o controle abstrato não comporta a defesa de interesses subjetivos, concretos ou individuais de terceiros que se sintam eventualmente prejudicados pelo desrespeito das sentenças pretorianas. Somente quem foi parte em ações com o mesmo objeto é que poderia invocar o instrumento constitucional.

> **Nesse sentido:** "A jurisprudência deste Tribunal tem se orientado no sentido de só admitir reclamação com fundamento em desrespeito à autoridade das suas decisões tomadas em ação direta nos casos em que é requerida por quem foi parte na respectiva ação direta e que tenha o mesmo objeto" (STF, Pleno, Recl. 702-5-ML/PI, Rel. Min. Maurício Corrêa, *DJ*, 1, de 4-11-1997). Outro precedente: STF, Pleno, Recl. 556-9/TO, Rel. Min. Maurício Corrêa, *DJ*, 1, de 3-10-1997, p. 49230.

Mas o Supremo, numa votação majoritária, reviu essa tese, passando a considerar parte legítima para propor a reclamatória todos aqueles que forem atingidos por deliberações contrárias às suas decisões de mérito, prolatadas em sede de controle concentrado (STF, Pleno, Recl. em AgRg 1.880-QO/SP, Rel. Min. Maurício Corrêa, j. em 6-11-2002).

Também por maioria de votos, o Supremo reconheceu a legitimidade ativa autônoma do Ministério Público estadual para propor reclamação perante a Corte Suprema. Mas, como ensinou o Ministro Celso de Mello, o Ministério Público do Trabalho não dispõe dessa legitimidade ativa por uma singularidade, qual seja a de integrar o Ministério Público da União, cujo chefe é o Procurador-Geral da República. Mas não há qualquer relação de dependência entre o Ministério Público da União e os Estados-membros. Estabelecer uma situação de subalternidade converteria a federação brasileira em um verdadeiro Estado unitário, no qual as deliberações emanariam do órgão central do sistema, que seria o Procurador-Geral da República (STF, Rcl. 7.358/SP, Rel. Min. Ellen Gracie, j. em 24-2-2011).

Para ajuizar reclamação, é preciso ser parte no processo. A jurisprudência do Supremo Tribunal firmou-se no sentido de ser incabível reclamação quando o reclamante não tenha sido parte. É que tais decisões são desprovidas de eficácia vinculante e efeito *erga omnes* (STF, Recl. 10.466/GO, Rel. Min. Cármen Lúcia, j. em 7-10-2010). Evidente que esse raciocínio deve ser tomado em termos amplos, sob pena de se cercear esse formidável mecanismo constitucional.

Com efeito, "assiste plena legitimidade ativa, em sede de reclamação, àquele — particular ou não — que venha a ser afetado, em sua esfera jurídica, por decisões de outros magistrados ou tribunais que se revelem contrárias ao entendimento fixado, em caráter vinculante, pelo Supremo Tribunal Federal, no julgamento de processos objetivos de controle normativo abstrato instaurados mediante ajuizamento, quer de ação direta de inconstitucionalidade, quer de ação declaratória de constitucionalidade" (STF, Pleno, Recl. 2.523-3-MC/SP, Rel. Min. Celso de Mello, *DJ*, 1, de 2-2-2004, p. 97).

Essa diretriz pretoriana adapta-se à sistemática da Lei n. 9.868/99, que possibilitou ao interessado utilizar a via reclamatória.

Certamente, é inaceitável que juízes ou tribunais, pela inobservância, desconhecimento ou descumprimento de precedentes firmados pelo Supremo Tribunal Federal, coloquem em xeque liberdades públicas, em nítida afronta a seus julgados (STF, RT, 654:209, 1990; RTJ, 147:31, 1993).

Daí o Supremo, antes mesmo do advento da Lei n. 9.868/99, ter proclamado em várias assentadas que é absolutamente necessária a reclamação para garantir o efeito vinculante das decisões da Corte, em tema de controle abstrato de normas (STF, ADC 4-6/DF, Rel. Min. Moreira Alves, *DJU* de 21-5-1999; STF, Pleno, AgRg 1.723-1/CE, Rel. Min. Celso de Mello, *DJ*, 1, de 6-4-2001, p. 71; STF, Recl. 1.722/RJ, Rel. Min. Celso de Mello, *clipping* do *DJ* de 13-5-2005).

A ampliação da legitimidade para ajuizamento de reclamações, de sorte a permitir a qualquer interessado, no caso concreto, recorrer ao Supremo Tribunal Federal para pleitear o dever de observância da eficácia vinculante de suas sentenças, não passou despercebida aos depositários da Emenda Constitucional n. 45/2004 (reforma do Judiciário), que deu nova redação ao art. 102, § 2º, da Carta Magna.

> **Reclamação — Emenda Regimental n. 34 do STF, de 7-8-2009, que mudou o RISTF:**
> "**Art. 70.** Será distribuída ao Relator do feito principal a reclamação que tenha como causa de pedir o descumprimento de decisão cujos efeitos sejam restritos às partes.
> § 1º Será objeto de livre distribuição a reclamação que tenha como causa de pedir o descumprimento de súmula vinculante ou de decisão dotada de efeito *erga omnes*.
> § 2º Se o Relator da causa principal já não integrar o Tribunal, a reclamação será distribuída ao sucessor.
> § 3º Se o Relator assumir a Presidência do Tribunal, a reclamação será redistribuída ao Ministro que o substituir na Turma.
> § 4º Será distribuída ao Presidente a reclamação que tiver como causa de pedir a usurpação da sua competência ou o descumprimento de decisão sua.
> § 5º Julgada procedente a reclamação por usurpação da competência, fica prevento o Relator para o processo avocado.
> § 6º A reclamação, que tiver como causa de pedir a usurpação da competência por prerrogativa de foro, será distribuída ao Relator de *habeas corpus* oriundo do mesmo inquérito ou ação penal".

E os tribunais de justiça dos Estados, e do Distrito Federal, podem se valer da reclamatória para garantir a autoridade de suas decisões?

Sim.

O Supremo Tribunal Federal também se posicionou nesse sentido. Em 2-10-2003, no julgamento da ADI 2212, julgada improcedente, concluiu que as cortes estaduais poderiam, sim, usar a reclamatória no âmbito de sua competência. Nessa ADI, os ministros discutiram a possibilidade de o Tribunal de Justiça do Ceará valer-se desse mecanismo para preservar o acatamento às suas sentenças. Conforme a maioria dos juízes do Supremo, presentes naquela assentada, é importante o uso da reclamatória, no âmbito das ordens jurídicas parciais, para assegurar a supremacia das constituições dos Estados-Membros.

É possível utilizar a reclamação para se questionar eventual erro dos tribunais em matérias de repercussão geral?

Reclamações não se prestam a essa finalidade, ainda quando estejam em jogo matérias de repercussão geral. Aliás, esse assunto está sendo discutido pelo Plenário da Corte, no julgamento dos agravos

◆ Cap. 6 ◆ **CONTROLE DE CONSTITUCIONALIDADE** **221**

regimentais, interpostos nas Reclamações 11427 e 11408. Os debates já foram iniciados e ocorreram pedidos de vista. Existem, no próprio seio do Supremo Tribunal, entendimentos no sentido de que a reclamatória não se afigura mecanismo idôneo para se questionar eventual erro dos tribunais no momento de aplicar a decisão da Corte em matérias de repercussão geral.

¤ *8.2.7. Ação declaratória de constitucionalidade*

Também chamada de *ação direta de constitucionalidade*, a *ação declaratória de constitucionalidade* — ADC ou ADECON — foi introduzida no Brasil pela Emenda Constitucional n. 3, de 17 de março de 1993.

> **EC n. 3/93:** a EC n. 3/93 alterou o art. 102, I, *a*, criando o § 2º do art. 102 e o § 4º do art. 103 da Constituição Federal. **Conferir:** Arthur Castilho Neto, Reflexões críticas sobre a ação direta de constitucionalidade no Supremo Tribunal Federal, *Revista da Procuradoria-Geral da República, 2*:13.

As bases remotas da *ação declaratória de constitucionalidade* fincam-se nos *fundamentos* ou *motivos determinantes* do Direito Processual germânico, que almejam conferir maior eficácia às decisões da Corte Constitucional alemã.

> **Nesse sentido:** Christian Pestalozza, *Verfassungsprozessrecht*, p. 170.

No Brasil, o instituto não possui antecedentes próximos, embora alguns afirmem ser ele uma decorrência lógica da própria ação direta de inconstitucionalidade genérica, a qual poderia também ser utilizada para declarar a constitucionalidade. A jurisprudência do Supremo Tribunal Federal não aceitou essa tese, negando o caráter ambivalente ou dúplice da *direta genérica*.

> **Precedente:** STF, Repr. 1.349, Rel. Min. Aldir Passarinho, *RTJ, 129*:41, 1989. Segundo Victor Nunes Leal, o art.174, § 1º, do Regimento Interno do STF, na versão de 1970, possibilitava ao Procurador- -Geral da República encaminhar parecer reconhecendo a constitucionalidade normativa (Representação de inconstitucionalidade perante o Supremo Tribunal Federal: um aspecto inexplorado, *RDP, 53*:25).

Assim, somente após o advento da Emenda Constitucional n. 3/93, surge a *ação direta de constitucionalidade*, dotando de eficácia vinculante as decisões definitivas do Supremo Tribunal Federal.

> **O reconhecimento do efeito vinculante das decisões do STF não é uma criação brasileira:** nos Estados Unidos, por exemplo, viceja a máxima *stare decisis et non quieta movere* — "ficar com o que foi decidido e não mover o que está em repouso". As Constituições da Argentina de 1949 (art. 95) e do México de 1951 (art. 107, XIII) também previram a eficácia vinculante.

Logo após a promulgação da Emenda Constitucional n. 3/93, muito se discutiu sobre a constitucionalidade do novo mecanismo de defesa abstrata da Carta Magna.

> **Conferir:** Ives Gandra da Silva Martins e Gilmar Ferreira Mendes (coords.), *Ação declaratória de constitucionalidade*, 235 p.

Para muitos, sua inserção no Texto Maior violaria os princípios do devido processo legal, do contraditório, do controle judicial e do acesso à Justiça. Argumentavam que a Emenda Constitucional n. 3/93 feriu cláusulas irreformáveis (CF, art. 60, § 4º, IV), erigindo o Poder Judiciário a legislador, ao arrepio dos freios e contrapesos (CF, art. 2º), criando um processo anômalo e sem recursos.

Outros, porém, defenderam a constitucionalidade da ação declaratória, sob o argumento de que ela envolve um *processo objetivo*, não apresentando qualquer atecnia ou fraude à Constituição, posição à qual nos filiamos.

O plenário do Supremo Tribunal Federal, por sua vez, findou a celeuma, declarando, incidentalmente, tanto a constitucionalidade como a aplicabilidade imediata da ação declaratória, que não precisaria de qualquer lei para regulamentar o seu procedimento.

> **Nesse sentido:** ADC 1-1/DF, Rel. Min. Moreira Alves, *DJ*, 1, de 5-11-1993, p. 23286.

Anos depois do julgamento da ADC 1-1/DF, veio a lume a Lei n. 9.868, de 10 de novembro de 1999, que dispôs sobre o processo e julgamento da ação declaratória de constitucionalidade perante o Supremo Tribunal Federal.

a) Noção

Ação direta ou *declaratória de constitucionalidade* é o mecanismo de defesa abstrata do Texto Supremo pelo qual se busca, na Corte Excelsa, o reconhecimento expresso de que determinado ato normativo é constitucional.

b) Natureza jurídica

A *declaratória de constitucionalidade* possui a natureza jurídica de um verdadeiro *processo objetivo*, inserindo-se no sistema de controle abstrato de normas.

> **Precedente:** STF, Pleno, ADC 1-1/DF, Rel. Min. Moreira Alves, *DJ*, 1, de 5-11-1993, p. 23286.

c) Finalidade

Segundo o Supremo Tribunal Federal a finalidade única da *declaratória* "é a defesa da ordem jurídica, não se destinando diretamente à tutela de direitos subjetivos. Por isso mesmo, deve ser necessariamente estruturada em um processo objetivo, como ocorre com a ação direta de inconstitucionalidade, isto é, um processo não contraditório, sem partes, embora possam ser ouvidos os órgãos que participaram da elaboração da lei ou do ato normativo" (STF, Pleno, ADC 1-1/DF, Rel. Min. Moreira Alves, *DJ*, 1, de 5-11-1993, p. 23286).

Na realidade, o instituto possui um escopo claro e inconfundível: banir o estado de incerteza e insegurança provindo de interpretações maliciosas ou traumatizantes ao texto da *Lex Mater*, ratificando a presunção de que uma dada norma jurídica é constitucional.

Nisso, procura conferir orientação homogênea às controvérsias, evitando que pronunciamentos díspares de câmaras, turmas, grupos ou seções de um mesmo tribunal, proferidos em sede de controle difuso de normas, gerem polêmicas intermináveis, em detrimento da justiça.

> **Nesse sentido:** o voto do Ministro Néri da Silveira, na ADC 1-1/DF, Rel. Min. Moreira Alves, *DJ*, 1, de 5-11-1993, p. 23286.

Na defesa da ordem jurídica, cumpre à *declaratória de constitucionalidade* criar uma atmosfera de certeza e segurança nas relações jurídicas, transformando a presunção relativa (*juris tantum*) de constitucionalidade em absoluta (*juris et juris*).

É que a *declaratória* parte do princípio de que toda lei ou ato normativo é constitucional até que se prove o contrário.

Noutras palavras, existe uma presunção relativa (*juris tantum*) de que os atos legislativos são constitucionais.

Essa presunção relativa, contudo, admite prova em contrário.

Desde que se comprove que uma lei ou ato normativo federal estão gerando incerteza e insegurança torna-se possível o seu ajuizamento, precisamente para se obter um pronunciamento definitivo do Supremo acerca da compatibilidade de determinada norma perante a Carta da República.

Resultado: a ação declaratória de constitucionalidade vincula os Poderes Públicos, impedindo que determinado assunto, já decidido pelo Supremo Tribunal Federal, volte a ser reexaminado em sede de controle difuso, procrastinando a solução dos feitos.

O mesmo se diga quanto ao Poder Executivo, que não poderá deixar de cumprir lei ou ato normativo por reputá-lo inconstitucional.

d) Competência

A ação declaratória de constitucionalidade de lei ou ato normativo federal é processada e julgada, originariamente, na Corte Suprema (CF, art. 102, I, *a*).

◆ Cap. 6 ◆ **CONTROLE DE CONSTITUCIONALIDADE**   **223**

Esta competência decorre do fato de que a *declaratória* é um mecanismo do controle abstrato de normas, exercido, apenas, pelo Supremo Tribunal Federal.

> **Precedente:** STF, Pleno, ADC 1-1/DF, Rel. Min. Moreira Alves, *DJ*, 1, de 5-11-1993, p. 23286.

e) Características
São caracteres da *declaratória de constitucionalidade*:
* Ratifica a constitucionalidade normativa.
* Quando julgada procedente, vincula os demais órgãos do Poder Judiciário, bem como a Administração Pública, os quais não poderão verberar que determinado ato é inconstitucional, agindo em sentido contrário à decisão do Supremo Tribunal Federal.
* Não se confunde com a ação direta de inconstitucionalidade genérica. É o inverso desta. Daí ser tida como uma *ação direta com sinal trocado*, pois não tem por objeto a inconstitucionalidade normativa, e sim a constitucionalidade. Enquanto a *direta genérica* busca a certeza negativa pelo cotejo do ato impugnado com a *Lex Mater*, a *declaratória* colima alcançar a certeza positiva, confirmando a presunção de que a norma questionada é constitucional. Ademais, a legitimidade para a sua propositura é mais reduzida do que a da *direta genérica*.
* Também não é o mesmo que a extinta *avocatória*, instituída, no Brasil, pela Emenda Constitucional n. 7, de 13 de abril de 1997. A competência do Supremo para julgá-la é originária e não decorrencial. Os motivos para a sua propositura são "jurídicos" e não políticos. E o seu uso em nada interfere nas decisões dos juízes de primeiro grau de jurisdição.

f) Objeto
O objeto da ação declaratória de constitucionalidade é a lei ou ato normativo federal, que esteja sendo alvo de comprovada controvérsia judicial.

Querelas doutrinárias ou teses acadêmicas que lancem meras conjecturas, destituídas de maior relevo, não se submetem ao crivo do instituto.

Daí a Lei n. 9.868/99, na esteira do Pretório Excelso, exigir que se indique, logo na petição inicial, "a existência de controvérsia judicial relevante sobre a aplicação da disposição objeto da ação declaratória" (art. 14, III).

> **Precedentes:** STF, ADC 1-1/DF, Rel. Min. Moreira Alves, *DJ*, 1, de 5-11-1993, p. 23286; STF, Pleno, ADC 8-ML/DF, Rel. Min. Celso de Mello, decisão de 4-8-1999; STF, Agl 174.778-1/RS, Rel. Min. Marco Aurélio.

Advirta-se, com o Supremo, que a declaratória "não é o meio adequado para dirimir qualquer dúvida em torno da constitucionalidade de lei ou ato normativo federal, mas somente para corrigir uma situação particularmente grave de incerteza, suscetível de desencadear conflitos e de afetar, pelas suas proporções, a tranquilidade geral" (STF, Pleno, ADC 1-1/DF, Rel. Min. Moreira Alves, *DJ*, 1, de 5-11-1993, p. 23286).

Não se trata, pois, de um instrumento para realizar consultas ao Pretório Excelso, e sim de uma ação que busca uma sentença materialmente jurisdicional.

Ademais, a "ação declaratória de constitucionalidade não se adstringe aos limites do objeto fixado pelo autor, mas estes estão sujeitos aos lindes da controvérsia judicial que o autor tem que demonstrar" (STF, Agl 174.778-1/RS, Rel. Min. Marco Aurélio, *DJ*, 1, de 22-9-1995, p. 30573).

E os atos estaduais e municipais também poderiam ser objeto da *declaratória de constitucionalidade*?

Sim, desde que exista norma expressa, nas cartas estaduais, prevendo a possibilidade e seja observado o modelo federal inserido na Constituição da República.

Desse modo, o constituinte reformador estadual poderá, por emenda à Constituição do Estado, instituir ação declaratória de constitucionalidade de lei ou ato normativo estadual, em face da Carta do Estado-membro, a ser ajuizada no respectivo Tribunal de Justiça.

Isso porque, no exercício de sua competência remanescente, pode o Estado-membro implantar tal modalidade de controle, tendo por objeto lei ou ato normativo estadual ou municipal.

Nesse caso, cumpre ao legislador reformador estadual — via emenda à Constituição do respectivo Estado-membro — tomar como paradigma a Carta da República.

Esse é o detalhe que, se observado rigorosamente, possibilita serem ajuizadas ações declaratórias perante os Tribunais de Justiça, cujos legitimados para intentá-las seriam o Governador do Estado, a Mesa da Assembleia Legislativa e o Procurador-Geral de Justiça.

Interessante observar que a ação declaratória de constitucionalidade pode ser ajuizada para atacar os mesmos atos normativos que se combatem em sede de ação direta de inconstitucionalidade genérica.

Assim, podem ser questionados via *declaratória de constitucionalidade*: leis ou atos normativos estaduais, leis ou atos normativos distritais, decretos autônomos e atos regulamentares, princípio da razoabilidade, decisões normativas dos tribunais, espécies normativas (CF, art. 59) e os tratados internacionais incorporados à República brasileira.

Em contrapartida, não constituem objeto da *declaratória de constitucionalidade*: lei ou ato normativo municipal em face da Carta Federal, lei ou ato normativo anterior à Constituição, lei ou ato normativo revogado, atos normativos privados, crises de legalidade, leis e atos de efeitos concretos, súmulas, ementas de leis diversas de seu conteúdo, respostas do Tribunal Superior Eleitoral, normas constitucionais originárias, convenções coletivas de trabalho, normas reflexamente inconstitucionais, leis estrangeiras e propostas legislativas ou projetos de leis.

g) Legitimidade

Possuem legitimidade para propor a declaratória de constitucionalidade:

- Presidente da República;
- Mesa do Senado Federal;
- Mesa da Câmara dos Deputados;
- Mesa de Assembleia Legislativa ou da Câmara Legislativa do Distrito Federal;
- Governador de Estado ou do Distrito Federal;
- Procurador-Geral da República;
- Conselho Federal da OAB;
- Partido político com representação no Congresso Nacional; e
- Confederação sindical ou entidade de classe de âmbito nacional.

Antes do surgimento da Emenda Constitucional n. 45/2004, que revogou o § 4º do art. 103 da Carta Magna, os legitimados para propor a ação declaratória de constitucionalidade eram apenas o Presidente da República, a Mesa do Senado Federal, a Mesa da Câmara dos Deputados e o Procurador--Geral da República. Ou seja, a legitimidade era mais restrita se comparada à ação genérica (art. 102, I, *a*) ou à ação por omissão (art. 103, § 2º).

> **Declaratória de constitucionalidade e ação direta genérica:** quando da promulgação da Carta de 1988, entendia-se que a *declaratória de constitucionalidade* seria um instrumento de governo, um meio para os órgãos estatais provocarem a jurisdição abstrata da Corte Excelsa, enquanto a *direta genérica* constituiria mecanismo de salvaguarda dos interesses da sociedade. O Supremo chegou a decidir, mais de uma vez, que a legitimidade para propor a *declaratória* não poderia ser ampliada, sob pena de se desfigurarem as linhas-mestras do instituto (STF, ADC 6-9/DF, Rel. Min. Moreira Alves, *DJU* de 18-5-1998 — negou legitimidade à Confederação de Servidores Públicos do Brasil; STF, ADC 2-9/SP, Rel. Min. Carlos Velloso, *DJU* de 26-10-1999, p. 47480 — rejeitou a legitimidade da Associação Brasileira de Embalagens Plásticas Flexíveis; STF, ADC 7-0/CE, Rel. Min. Maurício Corrêa, *DJU* de 20-4-1999 — desconheceu a legitimidade do Prefeito e da Câmara Municipal de Chorozinho).

Assim, todos os agentes e órgãos públicos, referidos no art. 103, têm legitimidade *universal* (sujeitam--se ao exame de pertinência temática) e *extraordinária* (agem como substituto processual, em nome próprio, e na defesa do interesse geral).

> **Princípio da simetria:** incide, nesse particular aspecto, o princípio da simetria. Logo, tudo que foi dito sobre a *direta genérica* aí se aplica. *Vide*: STF, ADIn 1.096, Rel. Min. Celso de Mello, *RTJ, 158*:444, 1996.

◆ Cap. 6 ◆ CONTROLE DE CONSTITUCIONALIDADE 225

Quanto à *capacidade postulatória*, é desnecessária a presença de advogado para os legitimados tomarem a medida.

> **Nesse sentido:** STF, ADIn 127-QO/AL, Rel. Min. Sepúlveda Pertence, *RTJ, 144*:3. **Contra:** na doutrina, posicionando-se em sentido contrário: Clèmerson Merlin Clève, *A fiscalização abstrata da constitucionalidade no direito brasileiro*, p. 296.

Também não há cogitar da existência de *legitimidade passiva* na ação declaratória de constitucionalidade, isso porque, ao contrário do que ocorre na *direta genérica*, não é possível atribuir tal *legitimatio* aos órgãos dos quais emanou o ato impugnado.

h) Manifestação do Procurador-Geral da República

É obrigatória a manifestação do Procurador-Geral da República, no prazo de quinze dias, como *custos legis*, embora ele não ocupe posto de curador da presunção da constitucionalidade, como ocorre na *direta genérica*.

Esse entendimento, adotado pelo art. 19 da Lei n. 9.868/99, remonta ao julgamento da Ação Declaratória de Constitucionalidade n. 1/DF, ocasião em que o Supremo Tribunal Federal assim decidiu.

> **Precedente:** STF, Pleno, Rel. Min. Moreira Alves, *DJ*, 1, de 5-11-1993, p. 23286.

i) Processo e julgamento

O processo e julgamento da ação declaratória de constitucionalidade está previsto na Lei n. 9.868/99, que simplesmente confirmou a jurisprudência do Supremo Tribunal Federal sobre a matéria.

Em linhas gerais, segue o mesmo rito da ação direta de inconstitucionalidade genérica, respeitadas as particularidades de cada uma dessas espécies de controle concentrado.

> **Precedente:** STF, Pleno, ADC 1-1/DF, Rel. Min. Moreira Alves, *DJ*, 1, de 5-11-1993, p. 23286.

Com base na casuística do Supremo, e na Lei n. 9.868/99 (arts. 14 a 20), podemos sintetizar os atos componentes do procedimento da *declaratória de constitucionalidade*:

*   Aplica-se o mesmo quórum da ação direta de inconstitucionalidade genérica.
*   A petição inicial deverá ser apresentada em duas vias, trazendo a cópia do ato normativo questionado e dos documentos comprobatórios do pedido. Quando subscrita por advogado, deve vir acompanhada de procuração. Se for inepta, não fundamentada ou manifestamente improcedente, a exordial deverá ser indeferida, liminarmente, pelo relator. Caberá agravo dessa decisão. E, logo na petição inicial, deverá ficar demonstrada a controvérsia que esteja colocando em xeque a presunção da constitucionalidade da lei ou ato normativo federal.

> **Nesse sentido:** conforme o Supremo Tribunal Federal, para instaurar a *declaratória* é preciso "que se faça comprovada, desde logo, a existência de controvérsia em torno da validade ou não da lei ou ato normativo federal" (voto do Ministro Néri da Silveira, na ADC 1-1/DF, Rel. Min. Moreira Alves, *DJ*, 1, de 5-11-1993, p. 23286). Noutro julgado, decidiu a Corte Excelsa: "O ajuizamento da ação declaratória de constitucionalidade, que faz instaurar processo objetivo de controle normativo abstrato, supõe a existência de efetiva controvérsia judicial — fundada em razões jurídicas idôneas e consistentes — em torno da legitimidade constitucional de determinada lei ou ato normativo federal" (STF, Pleno, ADC 8-ML/DF, Rel. Min. Celso de Mello, decisão de 4-8-1999).

*   Se for alegada a ocorrência de vício formal na lei ou ato normativo questionados, faz-se necessário juntar a documentação relativa ao processo legislativo que os originou.
*   Proposta a ação, não será possível desistência nem intervenção de terceiros, pois não há sujeito passivo no processo objetivo da *declaratória de constitucionalidade*, seara em que inexiste contraditório.

> **Em sentido contrário:** os Ministros Sepúlveda Pertence e Ilmar Galvão, votos vencidos, entenderam, no julgamento da ADC 1-1/DF, que era possível estabelecer um contraditório na *declaratória de constitucionalidade* (STF, Pleno, Rel. Min. Moreira Alves, *DJ*, 1, de 5-11-1993, p. 23286).

226 ◆ Uadi Lammêgo Bulos ◆

- É necessário parecer do Procurador-Geral da República, como *custos legis*, em sentido amplo. Ele oficiará no prazo de quinze dias. Depois disso, o relator lançará o relatório, com cópia para todos os ministros, pedindo que marque o dia do julgamento.
- O relator, se entender que os dados contidos nos autos são insuficientes, poderá requisitar informações adicionais, designar peritos, ouvir depoimentos de pessoas com experiência e autoridade na matéria. Poderá, também, solicitar informações aos Tribunais Superiores, ao Tribunais federais e estaduais sobre a aplicação da norma questionada no âmbito de sua jurisdição. O prazo das informações, perícias e audiências será de trinta dias, contados da solicitação do relator.
- É desnessária a oitiva do Advogado-Geral da União. No processo da *declaratória de constitucionalidade*, em que se busca preservar a presunção de constitucionalidade da lei ou ato normativo federal, não se justifica a existência de curador para essa mesma presunção.

j) Medida cautelar

A Carta de 1988, no art. 102, I, *p*, e no seu § 2º, com redação dada pela Emenda Constitucional n. 3/93, silenciou sobre a concessão de medida cautelar em ação declaratória de constitucionalidade. Mas a Lei n. 9.868/99 colmatou o vazio constitucional, estatuindo a possibilidade.

> **Lei n. 9.868/99, art. 21:** "Art. 21. O Supremo Tribunal Federal, por decisão da maioria absoluta de seus membros, poderá deferir pedido de medida cautelar na ação declaratória de constitucionalidade, consistente na determinação de que os juízes e os Tribunais suspendam o julgamento dos processos que envolvam a aplicação da lei ou do ato normativo objeto da ação até seu julgamento definitivo. Parágrafo único. Concedida a medida cautelar, o Supremo Tribunal Federal fará publicar em seção especial do Diário Oficial da União a parte dispositiva da decisão, no prazo de dez dias, devendo o Tribunal proceder ao julgamento da ação no prazo de cento e oitenta dias, sob pena de perda de sua eficácia".

Na realidade, a disciplina normativa do assunto reflete a *praxis* que a Corte Excelsa já vinha desenvolvendo, antes mesmo do aparecimento da Lei n. 9.868/99.

É que o Supremo, invocando o seu poder geral de cautela, concedeu liminar em *declaratória de constitucionalidade*, atribuindo à medida eficácia *ex nunc* e efeitos vinculantes, até o julgamento final da ação.

> **Precedente:** STF, Pleno, ADC 04-6-ML, Rel. Min. Sydney Sanches, *DJ*, 1, de 13-2-1998 (votos vencidos: Ministros Marco Aurélio e Ilmar Galvão). No passado, a Corte trilhou o mesmo caminho quanto ao instituto da representação de inconstitucionalidade, concedendo liminar com base no *poder geral de cautela dos juízes* (STF, Repr. 933-MC/RJ, Rel. Min. Thompson Flores, *RTJ*, 76:342, 1976).
> "O exercício do poder geral de cautela, pelo STF, em sede de ação declaratória de constitucionalidade, destina-se a garantir a própria utilidade da prestação jurisdicional a ser efetivada no processo de controle normativo abstrato, em ordem a impedir que o eventual retardamento na apreciação do litígio constitucional culmine por afetar e comprometer o resultado definitivo do julgamento" (STF, Pet. 1.404-8, Rel. Min. Celso de Mello, *DJ*, 1, de 12-3-1998, p. 13).

Ressalte-se, contudo, que, para uma parcela minoritária da jurisprudência, à qual não aderimos, a liminar, na *declaratória de constitucionalidade*, não produziria eficácia vinculante, sob o argumento de que o § 2º do art. 102 da Carta de Outubro reputa tal efeito, apenas, às *decisões definitivas de mérito*.

> **Posição do Ministro Marco Aurélio:** "No citado parágrafo tem-se o efeito vinculante relativamente às decisões definitivas de mérito e com estas são inconfundíveis as liminares, sempre precárias e efêmeras, sempre submetidas à condição resolutiva, ou seja, à possibilidade de, no julgamento de fundo, vir-se a concluir de forma diametralmente oposta" (STF, Pleno, Recl. 1.197-6-ML/PB, *DJ*, 1, de 22-11-1999, p. 2).

Enfim, a concessão de medida liminar nas ações declaratórias de constitucionalidade acarreta:

- o exercício do poder de cautela do Supremo Tribunal Federal (STF, Pet. 1.402-5/MS, Rel. Min. Celso de Mello, *DJ*, 1, de 16-3-1998, p. 27; STF, Pleno, ADC 8-MC/DF, Rel. Min. Celso de Mello, decisão de 13-10-1999);

◆ Cap. 6 ◆ **CONTROLE DE CONSTITUCIONALIDADE** 227

- a produção de eficácia *ex nunc* e efeito vinculante, até o julgamento final da ação, comunicando-se a todos os Tribunais Superiores, Tribunais Regionais Federais e Tribunais de Justiça dos Estados (STF, Pleno, ADC 4-6-ML, Rel. Min. Sydney Sanches, DJ, 1, de 13-2-1998, capa);
- o acatamento, apenas por parte dos atos dos órgãos dos Poderes Judiciário e Executivo, à vinculação, enquanto os do Poder Legislativo aí não se incluem, em virtude do silêncio eloquente do Texto Maior (art. 102, § 2º, acrescido pela EC n. 3/93);
- o reconhecimento obrigatório, pelos órgãos do Poder Judiciário e do Poder Executivo, da constitucionalidade da lei ou ato normativo federal, em face da eficácia *ex nunc* e dos efeitos vinculantes, deflagrados a partir da concessão da liminar, suspendendo-se, até o julgamento final da ação, os efeitos de todas as sentenças não transitadas em julgado (STF, Pleno, ADC 5-ML/DF, Rel. Min. Nelson Jobim, decisão de 17-11-1999);
- a possibilidade de ajuizamento da reclamação perante o Supremo Tribunal Federal (CF, art. 102, I, *l*), em virtude do desrespeito à medida liminar que declarou a lei ou ato normativo constitucional (STF, Pleno, ADC 8/DF, Rel. Min. Celso de Mello, decisão de 13-10-1999); e
- o reconhecimento de que pode haver desistência do pedido de medida liminar em ação declaratória de constitucionalidade, **como já decidiu o** Min. Marco Aurélio. Para ele, em tema de ADC, a indisponibilidade, ou seja, a impossibilidade de desistência, concerne à própria ação de controle concentrado, e não à medida liminar pleiteada (STF, ADC 43, Rel. Min. Marco Aurélio, j. 25-4-2018).

k) Decisão final

A decisão final, definitiva ou de mérito, proferida em ação declaratória de constitucionalidade, exige o quórum de deliberação de, pelo menos, oito ministros (Lei n. 9.868/99, art. 22).

Efetuado o julgamento, será proclamada a constitucionalidade normativa se, desses oito ministros, houverem se manifestado, apenas, seis deles (Lei n. 9.868/99, art. 23, *caput*).

Mas, se não for alcançada a maioria necessária à declaração de constitucionalidade, estando ausentes ministros em número que possa influir no julgamento, este será suspenso, aguardando-se o comparecimento dos ministros ausentes, até atingir o quórum necessário para a prolação da sentença (Lei n. 9.868/99, art. 23, parágrafo único).

Resultado (Lei n. 9.868/99, art. 24):
- proclamada a **constitucionalidade** — a ADC é julgada **procedente**; e
- proclamada a **inconstitucionalidade** — a ADC é julgada **improcedente**.

Essa decisão, na qual o Pretório Excelso aprecia em definitivo a matéria, é irrecorrível. Comporta, apenas, embargos declaratórios. Mas não cabe ação rescisória (Lei n. 9.868/99, art. 26).

k.1) Efeitos da decisão final

Os efeitos da decisão final na ação declaratória de constitucionalidade são: *ex nunc* (para o futuro), *erga omnes* (contra todos) e vinculantes (quanto aos atos dos órgãos judiciários, da Administração Pública, direta e indireta, da União, dos Estados, do Distrito Federal e dos Municípios).

Tal entendimento deriva da exegese conjunta do art. 102, § 2º, da Carta Magna, combinado com o art. 28, *caput*, da Lei n. 9.868/99.

> **Antes do advento da Lei n. 9.868/99:** o Supremo Tribunal Federal já havia concluído que os efeitos da decisão final, proferida em ação declaratória de constitucionalidade, vinculam os "órgãos do Poder Judiciário, de modo que, no julgamento dos casos concretos, em que a mesma questão constitucional deva ser decidida *incidenter tantum*, o juiz ou tribunal competentes deverão observar aquele pronunciamento. Decisão em sentido contrário constitui afronta à autoridade do julgado do Supremo Tribunal Federal, que pode ser proclamada pelas instâncias superiores nos julgamentos dos recursos, ou mesmo por via de reclamação ao Supremo Tribunal Federal, na forma dos arts.156 a 162 do Regimento Interno" (STF, Pleno, ADC 1-1/DF, Rel. Min. Moreira Alves, *DJ*, 1, de 5-11-1993, p. 23286).

Pouco importa se o Supremo declarar a *constitucionalidade*, julgando procedente a ADC, ou a *inconstitucionalidade*, julgando-a improcedente.

Em regra, os efeitos serão *ex nunc*, *erga omnes* e vinculantes.

E os efeitos da sentença do Supremo produzem eficácia *ex tunc*?

Não. Certamente, a decisão que julga procedente o pedido, declarando a constitucionalidade, não inova a ordem jurídica, apenas confirma a validade da norma. Por isso, os efeitos da sentença do Supremo não são retroativos, voltando-se para o passado e desconstituindo aquilo que se havia afirmado sob a égide da lei que se presumia constitucional. Assim, não há eficácia *ex tunc*, até porque a *declaratória de constitucionalidade* existe para ratificar uma presunção relativa, e não para afetar situações jurídicas preexistentes.

Ademais, se o Supremo julgar parcialmente procedente a lei ou ato normativo federal, sua constitucionalidade será válida em parte. O restante da norma deverá ser declarado inconstitucional (Lei n. 9.868/99, art. 28, parágrafo único).

E, se for utilizada a interpretação conforme à Constituição, e o Supremo julgar procedente a ação, declarando a lei ou ato normativo constitucional, essa exegese será vinculante para os órgãos do Poder Judiciário e da Administração Pública federal, estadual e municipal (Lei n. 9.868/99, art. 28, parágrafo único).

Veja-se ainda que, se o Supremo declarar a constitucionalidade da lei ou ato normativo federal, inexistirá a possibilidade de nova análise contestatória do assunto.

Não é admissível alegar a existência de dados supervenientes, aptos a ensejar uma interpretação diversa da que foi sustentada, originariamente, na sentença final da ação declaratória de constitucionalidade.

É que no controle abstrato — seara donde emerge o mecanismo em estudo — o Supremo não se vincula à causa de pedir. Sua cognição é plena na matéria, esgotando todos os pontos constitucionais que envolvem o problema.

Nesse sentido: STF, AgI 174.811-7/RS, Rel. Min. Moreira Alves, *DJ*, 1, de 2-5-1996, p. 13770.

Todas essas considerações encontram respaldo no § 2º do art. 102 da Carta Magna.

> **Redação do preceptivo, dada pela EC n. 45/2004:** "§ 2º As decisões definitivas de mérito, proferidas pelo Supremo Tribunal Federal, nas ações diretas de inconstitucionalidade e nas ações declaratórias de constitucionalidade, produzirão eficácia contra todos e efeito vinculante, relativamente aos demais órgãos do Poder Judiciário e ao Poder Executivo".

Desse dispositivo, devemos saber:

*   **As decisões declaratórias devem, necessariamente, ser prolatadas pelo Supremo Tribunal Federal** — apenas o Pretório Excelso, e nenhum outro órgão judiciário, poderá declarar a constitucionalidade de lei ou ato normativo federal.
*   **As decisões definitivas devem ser de mérito** — consideram-se de *mérito* as sentenças que põem termo à relação processual, encerrando o processo e esgotando a função jurisdicional. Na ação declaratória de constitucionalidade, presume-se a existência de uma sentença final, que decide o pedido, julgando-o procedente ou improcedente. Daí a necessidade de uma *decisão definitiva* para apreciar o fato, associado ao direito material, acolhendo ou rejeitando o pedido do autor. Por isso, é uma decisão de fundo. Dela não mais cabe recurso. O juiz resolve o litígio, satisfazendo a obrigação jurisdicional *in totum*.
*   **As decisões surtem efeitos *erga omnes*** — significa que a eficácia da decisão do Supremo, em ação declaratória de constitucionalidade, é oponível a todos, logrando força obrigatória de lei. Em regra, o efeito *erga omnes* permite que qualquer pessoa invoque a sentença do Pretório Excelso para consubstanciar suas prerrogativas, sem que seja preciso novo pronunciamento judicial sobre o assunto. A terminologia *eficácia contra todos*, inserta no art. 102, § 2º, da *Lex Mater*, remonta ao Direito alemão (*Gesetzeskraft = força de lei*).

> **Força de lei e eficácia *erga omnes*:** não confundir *força de lei* ou *força obrigatória de lei* com eficácia *erga omnes*. Segundo Sérgio Sérvulo da Cunha, quando "se fala em eficácia *erga omnes* de decisão do Supremo Tribunal Federal, tem-se em vista, ou a sua força declaratória (na decisão meramente declaratória), ou o seu elemento declaratório em ações de efeito. Apenas a declaração é que pode conter um enunciado de tipo geral, semelhante aos enunciados legais. Se essa declaração se confere 'efeito vinculante', ela ganha o mesmo vigor (força obrigatória, capacidade de gerar vínculo, capacidade de produzir efeitos) que tem a lei" (*O efeito vinculante e os poderes do juiz*, p. 152).

◆ Cap. 6 ◆ CONTROLE DE CONSTITUCIONALIDADE

- **As decisões vinculam os órgãos do Poder Judiciário e da Administração Pública, direta e indireta, da União, dos Estados, do Distrito Federal e dos Municípios** — a locução *efeito vinculante* surge pela primeira vez, no Brasil, no art. 102, § 2º, proveniente da Emenda Constitucional n. 3/93, correspondendo à expressão alemã efeito vinculante (*Bindungswirkung*). Preservada pela Emenda Constitucional n. 45/2004, a terminologia designa a adesão dos juízes e tribunais à interpretação superior e prévia do órgão de cúpula do Poder Judiciário: o Supremo Tribunal Federal. Decisões emanadas de instâncias superiores vinculam as inferiores.

k.2) Coisa julgada na ação declaratória de constitucionalidade

As considerações expendidas acerca da coisa julgada na *direta genérica* aplicam-se à *declaratória de constitucionalidade*.

Nesse contexto, quando o Supremo acolhe a *declaratória de constitucionalidade*, julgando-a procedente ou improcedente, aparecem dois tipos de eficácia para a coisa julgada:

- **eficácia preclusiva** — não mais será possível obter novo pronunciamento judicial a respeito da mesma matéria, exceto se sobrevierem mudanças no ordenamento jurídico; significa dizer que o próprio Supremo Tribunal Federal não está sujeito à eficácia preclusiva, porque ele poderá apreciar, novamente, o assunto dantes apreciado, desde que haja alteração das circunstâncias fáticas ou da realidade normativa subjacente à propositura da declaratória de constitucionalidade. No dizer do Ministro Carlos Velloso, "hoje, a lei pode ser constitucional, amanhã, não" (STF, ADC 1-QO/DF, Rel. Min. Moreira Alves, *RTJ, 157*:371, 1996); e
- **eficácia vinculatória** — os órgãos do Poder Judiciário deverão acolher, como premissa lógica e necessária, a sentença do Supremo Tribunal Federal, sob pena de ajuizamento da *reclamação* (CF, art. 102, I, *l*).

Sem embargo, ambas as modalidades de eficácia não são absolutas. Tanto que é possível o uso da ação rescisória em sede de ação declaratória de constitucionalidade, desde que estejam presentes os seus pressupostos processuais (CPC de 2015, art. 966).

O prazo para a propositura da rescisória será de dois anos (CPC de 2015, art. 975), e a própria sentença declaratória da constitucionalidade servirá de fundamento para embasar a ação.

> **Precedentes do STJ:** STJ, AgRg 1.365/SC, Rel. Min. José Arnaldo, *DJU* de 18-6-2001, p. 252; STJ, REsp 128.239/RS, Rel. Min. Ari Pargendler, *DJU* de 1º-12-1997, p. 62712.

Contudo, se ultrapassado o prazo de dois anos para a propositura da rescisória, prevalecem, em regra, as eficácias preclusiva e vinculatória da coisa julgada, exceto em situações extremas que admitam a sua *relativização*. Cumpre, nesse peculiar aspecto, que a autoridade jurisdicional pondere valores, em nome do princípio máximo da justiça (*sum cuique tribuere*).

Realmente, há situações excepcionalíssimas em que a sentença proferida pelo Supremo Tribunal Federal, em sede de ação declaratória de constitucionalidade, adquire uma dimensão sobremodo específica diante do caso *sub judice*.

Suponhamos que o Pretório Excelso declare uma lei constitucional. Porém, diante do caso concreto, o juiz de direito constata que a sua incidência acarretará situação insustentável para as partes. Nessa hipótese, a razoabilidade deverá prevalecer, temperando-se os efeitos *erga omnes* e vinculantes da declaração de constitucionalidade, os quais deverão ceder em nome do bom senso e do ideário máximo da justiça.

O Supremo Tribunal Federal adotou, em linha de princípio, esse pensamento, demonstrando que uma norma pode ser declarada constitucional embora as circunstâncias fáticas acabem, no caso concreto, tornando-a inconstitucional.

No julgamento do Plano Collor, por exemplo, a Corte, mesmo tendo julgado constitucional a proibição de liminares, ressalvou que, se entendesse razoável, o juiz poderia concedê-las, em sede de controle difuso de normas.

> **Precedente:** STF, ADIn 223-MC/DF, Rel. Min. Paulo Brossard, *DJU* de 29-6-1990.

Noutra feita, o Supremo considerou constitucional lei que proibia a concessão de antecipação de tutela em face da Fazenda Pública. Mas o Tribunal de Justiça do Rio Grande do Sul, que em princípio

230 ♦ Uadi Lammêgo Bulos ♦

estaria sujeito ao efeito vinculante do veredito pretoriano, deferiu antecipação de tutela contra o Estado, para que fosse liberado um medicamento necessário à sobrevivência da autora da ação. Resultado: evitou--se a morte, permitindo-se a compra de remédio imprescindível à vida humana.

> **Nesse sentido:** STF, ADC 4-MC, Rel. Min. Sydney Sanches, *RTJ, 169*:383, 1999; TJRS, 4ª Câm. Cív., AgI 598.398.600, Rel. Des. Araken de Assis.

l) Reclamação

Os efeitos *erga omnes* (contra todos), *ex nunc* (para o futuro) e vinculantes da sentença liminar ou de mérito, confirmatórias da procedência (constitucionalidade) ou improcedência (inconstitucionalidade) do pedido formulado na *declaratória*, impedem que os órgãos do Judiciário e do Executivo deixem de aplicar a lei ou ato normativo sob o argumento de que seriam inconstitucionais.

Daí o menoscabo à sentença proferida pelo Supremo Tribunal Federal, em sede de ação declaratória de constitucionalidade, ensejar o uso da *reclamação* (CF, art.102, I, *l*).

Quanto às liminares, ratificadoras da presunção da constitucionalidade da lei ou ato normativo federal, a jurisprudência do Supremo admite a possibilidade de *reclamação* em caso de insurgência contra elas.

> **Precedentes:** STF, Recl. 739-6-ML, Rel. Min. Sydney Sanches, *DJ*, 1, de 19-3-1998, p. 7; STF, Pleno, Recl. 753-9-ML/RS, Rel. Min. Octavio Gallotti, *DJ*, 1, de 4-5-1998, p. 44; STF, Pleno, Recl. 755-1-ML/MG, Rel. Min. Ilmar Galvão, *DJ*, 1, de 5-5-1998, p. 5.

⌑ 8.2.8. Arguição de descumprimento de preceito fundamental

A arguição de descumprimento de preceito fundamental enriqueceu o sistema brasileiro de controle de normas, sem dúvida, um dos mais fecundos e complexos do mundo.

Promulgada a Carta de 1988, o constituinte satisfez o apelo dos estudiosos instituindo, no Brasil, esse instrumento especial de defesa da Constituição.

> **Previsão originária:** originariamente, o instituto foi previsto no parágrafo único do art. 102 da Carta de 1988. Com o advento da EC n. 3/93, transformou-se no § 1º do mesmo dispositivo, preservando a redação de antes: "A arguição de descumprimento de preceito fundamental decorrente desta Constituição será apreciada pelo Supremo Tribunal Federal, na forma da lei".

Indiscutivelmente, a arguição de descumprimento ampliou a jurisdição constitucional do Supremo.

Mas onde o constituinte brasileiro foi se inspirar?

Na Constituição de Portugal é que não foi; tampouco nas Constituições brasileiras passadas.

Aliás, a *arguição* é diferente da *avocatória*. O cotejo é impertinente e a prática mostrou isso. Até hoje não se viu a *arguição* ser utilizada de modo idêntico à *avocatória* do regime militar.

> **Magistério doutrinário:** para Manoel Gonçalves Ferreira Filho, o objetivo real, embora disfarçado, da *arguição* "é introduzir uma forma de avocatória, concentrando nas mãos do Supremo Tribunal Federal questões de inconstitucionalidade, suscitadas incidentalmente perante outras instâncias" (O sistema constitucional brasileiro e as recentes inovações no controle de constitucionalidade, *RDA*, 220:14).

Na *arguição*, o Supremo não chama para si o julgamento de "matéria politicamente interessante", como era na *avocatória*. Apenas age quando provocado pelos colegitimados do art. 103 da *Lex Mater*. E a *arguição* não afeta o princípio do juiz natural, pois os magistrados em nada são impedidos de praticar o mister judicante (CF, art. 5º, XXXVII e LIII).

> **Introdução da avocatória:** a avocatória foi introduzida pela EC n. 7/77 (art. 119, I, *o*), cujas origens se encontram no *Diagnóstico do Poder Judiciário*, redigido, na década de setenta, pelos Ministros do Supremo Thompson Flores, Xavier de Albuquerque e Rodrigues Alckmin.

Na realidade, do modo como foi prevista na Carta de 1988 (art. 102, § 1º), a arguição de descumprimento não encontra perfeita similitude com outros institutos do Direito Comparado, embora existam figuras que lhes sejam congêneres.

◆ Cap. 6 ◆ CONTROLE DE CONSTITUCIONALIDADE   231

Remotamente, por exemplo, a nossa *arguição* lembra o *recurso constitucional alemão*, que funciona como meio de queixa jurisdicional perante a Corte germânica, almejando a tutela de direitos fundamentais e de certas situações subjetivas lesadas por um ato de autoridade pública.

> **Recurso constitucional alemão:** só que os objetivos do recurso constitucional tedesco (*Verfassungsbeschwerde*) são diversos daqueles colimados pela nossa *arguição*. O *Verfassungsbeschwerde*, em alguns casos, serve para impugnar decisões judiciais, postando-se, inclusive, como instrumento de tutela das liberdades, a exemplo do nosso mandado de segurança, embora não se restrinja a tutelar direitos líquidos e certos. Sem embargo, a legitimidade do recurso dos alemães é mais ampla. A lei que o regulamenta, de 17 de abril de 1951, por exemplo, permite a qualquer pessoa recorrer junto à Corte alemã para defender direitos fundamentais, algo vedado no Brasil.

O mesmo se diga quanto a outros mecanismos jurídicos que mantêm pontos de semelhança, e dessemelhança, com a brasileiríssima *arguição de descumprimento*, a exemplo do *writ of certionari*, dos americanos, da *Popularklage*, da Baviera, do *recurso de amparo*, dos espanhóis, da *autorremissão*, dos italianos, do *Beschwerde*, dos austríacos, da *ação popular de inconstitucionalidade*, dos venezuelanos.

a) Noção

Arguição de descumprimento de preceito fundamental é o mecanismo especial de controle de normas que permite aos legitimados do art. 103 da Carta Maior levarem ao conhecimento do Pretório Excelso a ocorrência de desrespeito às normas basilares da ordem jurídica.

b) Finalidade

A finalidade da ADPF é preservar as vigas-mestras que solidificam o edifício constitucional, buscando dar coerência, racionalidade e segurança ao ordenamento jurídico.

Pelo seu uso, é possível suspender, liminarmente, ações judiciais ou administrativas em curso, as quais deverão acatar a sentença geral e vinculante da Corte Suprema, proferida no fim do processo.

Lídimo instrumento do controle concentrado, mas que esparge sua influência no caso concreto (controle difuso), seu raio de ação se circunscreve ao deslinde de questões constitucionais tidas como de iniludível fundamentalidade para a ordem jurídica.

Tendo em vista que a *arguição* apenas serve para a defesa de *preceitos fundamentais*, é inadmissível a demora em seu julgamento, sob pena de perecer aquilo que se busca tutelar.

De outro lado, cumpre alertar que ela é uma via excepcionalíssima de tutela da Carta Maior. As hipóteses de seu uso são reduzidíssimas se comparadas aos demais instrumentos de salvaguarda da ordem jurídica.

Enquanto as outras formas de controle concentrado servem para discutir violações a normas constitucionais, a ADPF só pode ser ajuizada contra agressão a *preceito fundamental*.

Por isso o instituto não é sucedâneo de *writs* ou instrumentos processuais, desservindo para discutir a constitucionalidade ou a inconstitucionalidade normativa. Visa, apenas, fiscalizar o *descumprimento* dos grandes princípios que informam e conformam a ordem jurídica.

A constitucionalidade ou a inconstitucionalidade podem ser atacadas por institutos próprios, mas não pela *arguição*, que tem como pano de fundo o *descumprimento*, o *desrespeito*, a *inobservância*, o *menoscabo* das vigas-mestras que corporificam o Documento Supremo.

Logo, a *arguição* não é meio idôneo para discutir a compatibilidade (constitucionalidade) ou a incompatibilidade (inconstitucionalidade) entre normas.

Tanto é assim que a jurisprudência do Supremo Tribunal Federal admite a arguição ser conhecida como ação direta de inconstitucionalidade genérica, haja vista o seu caráter subsidiário.

> **ADPF — Conversão em ADIn:** "Tendo em conta o caráter subsidiário da ação de descumprimento de preceito fundamental — ADPF, consubstanciado no § 1º do art. 4º da Lei 9.882/99, o Tribunal resolveu questão de ordem no sentido de conhecer, como ação direta de inconstitucionalidade (ADIn), a ADPF ajuizada pelo Governador do Estado do Maranhão, em que se impugna a Portaria 156/2005, editada pela Secretaria Executiva de Estado da Fazenda do Pará, que estabeleceu, para fins de arrecadação do ICMS, novo boletim de preços mínimos de mercado para os produtos que elenca em seu anexo único. Entendeu-se demonstrada a impossibilidade de se conhecer da ação como ADPF, em razão da existência de outro meio eficaz para impugnação da norma, qual seja, a ADIn, porquanto o objeto do

pedido principal é a declaração de inconstitucionalidade de preceito autônomo por ofensa a dispositivos constitucionais, restando observados os demais requisitos necessários à propositura da ação direta" (STF, ADPF 72-QO/PA, Rel. Min. Ellen Gracie, j. em 1º-6-2005).

A ideia de *descumprimento* não deve ser tomada em sentido amplo, sob pena de toda e qualquer matéria submeter-se ao crivo da *arguição*. Isso em nada diminui suas potencialidades, que apresentam virtudes inequívocas.

Todavia, não podemos negar o seu caráter secundário, residual ou complementar, cujo exercício sujeita-se ao *princípio da subsidiariedade*, previsto no art. 4º, § 1º, da Lei n. 9.882/99, como veremos mais à frente.

c) Natureza jurídica

A *arguição de descumprimento de preceito fundamental* possui natureza jurídica híbrida, mista ou ambivalente.

Embora participe do controle concentrado, o debate constitucional que suscita busca desatar uma questão prejudicial, ocorrida ao longo da demanda, em sede de controle difuso.

> **Lei n. 9.882/99:** ao implementar a norma de eficácia limitada prevista no art. 102, § 2º, da Carta Magna, incluiu a arguição de descumprimento dentre os mecanismos de controle concentrado de constitucionalidade. **Nesse sentido:** STF, Pleno, AgRg em ADPF 43-2/DF, Rel. Min. Carlos Britto, *DJ*, 1, de 13-2-2004, p. 9.

Quer dizer, a *arguição de descumprimento* situa-se no meio do caminho entre a técnica concentrada e a difusa de defesa da supremacia constitucional.

Como ponte de ligação entre os métodos concentrado e difuso, o mecanismo reveste-se de notória ambivalência, ora se apresentando como ação autônoma, ora como providência incidental, deflagrada no curso do caso litigioso, num processo já instaurado.

Permite, por isso, o convívio entre a regra difusa, rotineira no Brasil, e a abstrata, que tem granjeado grande projeção no panorama do constitucionalismo contemporâneo.

> **Pedido de suspeição de Ministro do STF e natureza da ADPF:** o Min. Gilmar Mendes, na qualidade de Presidente do Supremo Tribunal Federal, negou Arguição de Suspeição contra o Min. Eros Grau, que, segundo o Sindicato Nacional das Empresas de Encomendas Expressas, não poderia participar do julgamento da ADPF 70, haja vista ter emitido parecer em favor da ECT. Para o Min. Gilmar Mendes, a ADPF é uma das formas de controle concentrado de normas — assim como as ações diretas de inconstitucionalidade e as ações declaratórias de constitucionalidade. Por isso, nela não se discute interesse de caráter individual ou situações concretas, limitando-se a Corte a examinar o caráter abstrato e objetivo da legitimidade da norma questionada, num processo sem sujeitos, destinado pura e simplesmente à defesa da Constituição, e não à defesa de interesses particulares. De outro lado, as arguições de suspeição são típicas do processo subjetivo, em que se questiona a tutela de direitos de pessoas ou grupos, algo que não se aplica aos processos abstratos de controle de normas (STF, AS 37/DF, Rel. Min. Presidente Gilmar Mendes, j. em 18-2-2009).

Para alguns, todavia, tal convívio não é harmônico, pois gera uma tensão entre ambas as formas de controle. Daí o Conselho Federal da Ordem dos Advogados do Brasil ter proposto, na Corte Suprema, ação direta de inconstitucionalidade contra a Lei n. 9.882/99, que regulamentou o instituto. O julgamento iniciou-se em 5 de dezembro de 2001, findando com pedido de vista do Ministro Sepúlveda Pertence (STF, ADIn 2.231-MC/DF, Rel. Min. Néri da Silveira, j. em 5-12-2001).

> **Natureza jurídica da ADPF:** "Ela ostenta uma multifuncionalidade legal que me parece de duvidosa constitucionalidade. Entretanto, como se encontra pendente de julgamento a ADIn 2.231/DF, manejada, especificamente, contra a lei instituidora da própria, ADPF (Lei n. 9.982/99), e tomando em linha de conta o fato de que há decisões plenárias a prestigiar os desígnios da mesma Lei n. 9.882/92, que tenho feito? Tenho me rendido ao princípio constitucional da presunção de validade dos atos legislativos, de sorte a momentaneamente acatar o instituto da ADPF tal como positivamente gizado. Logo, a ADPF enquanto mecanismo processual apto a ensejar tanto a abertura do processo de controle concentrado de constitucionalidade quanto a instauração do processo de controle desconcentrado (comumente designado por 'difuso' e em caráter 'incidental'), ambos de índole jurisdicional. Alcançando, no mesmo tom, assim os atos do Poder Público editados anteriormente à Constituição como

◆ Cap. 6 ◆ **CONTROLE DE CONSTITUCIONALIDADE** **233**

os de edição a ela posterior. Mais ainda, quer os atos procedentes da União e dos Estados, quer os originários dos Municípios brasileiros. E com a força ambivalente, enfim, de reparar ou até mesmo prevenir lesão ao tipo de enunciado normativo-constitucional a que ela, ADPF, se destina salvaguardar" (STF, ADPF 54-QO, voto vista do Ministro Carlos Britto, em 27-4-2005).

d) Cabimento

Segundo a Lei n. 9.882/99, a ADPF é cabível para:

* *evitar* lesão a preceito fundamental pela prática de ato do Poder Público;
* *reparar* lesão a preceito fundamental pela prática de ato do Poder Público; e
* *reconhecer a relevância* do fundamento da controvérsia constitucional sobre lei ou ato normativo federal, estadual ou municipal, incluídos os anteriores à Constituição.

Desdobrando essas três hipóteses, deparamo-nos com os atos que podem, ou não, ser objeto do pedido formulado na arguição de descumprimento de preceito fundamental.

d.1) Atos que comportam ADPF

Vejamos os atos que constituem alvo da arguição de descumprimento:

* **Atos do Poder Público** — decorrem do comportamento dos órgãos estatais. Podem ser legislativos (normativos), administrativos ou judiciais. Não se confundem com atos políticos. Estes, como veremos, não comportam ADPF. Já em editais de licitação, contratos administrativos, concursos públicos, decisões de tribunais de contas, por exemplo, que repercutem amplamente na sociedade, cabe o instrumento. O mesmo se diga quanto à lesão de preceito decorrente de mera interpretação judicial ou sentença proferida com base em preceito revogado. Nesses casos excepcionalíssimos, nos quais os mecanismos processuais clássicos não funcionam, torna-se viável a ADPF, porquanto todos eles caracterizam-se como *atos do Poder Público*, nos termos do Lei n. 9.882/99 (art. 1º).
* **Atos privados equiparados aos praticados por autoridades públicas** — comportam arguição atos exercidos por entes privados que agem por delegação do Poder Público, a exemplo dos concessionários de serviços públicos e dirigentes de entidades particulares de ensino. Aqui, mais uma vez, vigora a regra da subsidiariedade. Se, no caso concreto, couber, por exemplo, mandado de segurança, está completamente descartado o uso da arguição.
* **Atos municipais** — até o advento da Lei n. 9.882/99, a jurisprudência do Supremo só admitia o combate à lei municipal inconstitucional por representação de inconstitucionalidade no âmbito estadual ou pelo controle difuso. Como as ações direta de inconstitucionalidade e declaratória de constitucionalidade não são meios idôneos para lograr tal fim, a ADPF poderá, em princípio, ser utilizada. Entretanto, cumpre à Corte Excelsa ter bastante cautela na construção dessa jurisprudência, para não converter a arguição em ação direta de inconstitucionalidade de ato normativo municipal em face da Carta Federal. Aqui a regra da subsidiariedade deve ser encarada *cum grano salis*, num universo de mais de cinco mil Municípios.
* **Atos normativos anteriores à Constituição** — a jurisprudência do Supremo é antiga no sentido de que não cabe ação direta de inconstitucionalidade cujo objeto seja direito pré-constitucional. Evidente que a possibilidade de ajuizamento da arguição para o controle abstrato de normas revogadas, prevista no art. 1º, parágrafo único, II, parte final, da Lei n. 9.882/99, exige uma análise cuidadosa por parte da Corte Excelsa. Isso porque atos normativos anteriores à Carta de 1988 encontram-se, automaticamente, revogados por ela, sendo nulos de pleno direito. Na prática, talvez seja impossível justificar o descumprimento de preceito fundamental por parte de um ato que perdeu a vigência. Teoricamente, entretanto, é cabível a medida.
* **Atos omissivos inconstitucionais** — o controle, por meio da arguição de descumprimento, das omissões legislativas inconstitucionais, chegou às barras do Supremo Tribunal Federal. Referimo-nos ao julgamento da ADPF 4, quando a Corte debateu amplamente o cabimento do instituto contra medida provisória que fixava o valor do salário mínimo ao arrepio do art. 7º, IV, da Carta Magna. Por maioria apertada de votos — 6 a 5 — o Supremo conheceu o pedido, prevalecendo a tese de que a ação direta de inconstitucionalidade por omissão não era eficaz para sanar a

lesividade. Todavia, cumpre ponderar que, admitida a *arguição*, o Supremo muito pouco poderá fazer, pois ele não atua como legislador positivo, ao arrepio do princípio da separação de Poderes. Decerto, fazer leis é atributo do Parlamento. Mesmo interpretando a Lei n. 9.882/99, a fim de achar o provimento adequado, resta à Corte Excelsa, tão só, exortar o Poder Legislativo para elaborar a lei. Ou seja, as mesmas dificuldades sistêmicas no enfrentamento da *síndrome da inefetividade das constituições*, vividas pelo mandado de injunção e pela ação por omissão, repetem-se aqui.

> **Precedente:** STF, ADPF 4/DF, Rel. Min. Octavio Gallotti, j. em 17-4-2002.

d.2) Atos que não comportam ADPF

Examinemos, agora, os atos insuscetíveis de arguição de descumprimento:

* **Atos normativos negociais** — atos envolvendo particulares não se submetem ao crivo do instituto, porquanto podem ser impugnados por outras vias.

> **Entendimento do STF:** o Ministro Néri da Silveira, mediante interpretação conforme, excluiu do campo de aplicação da Lei n. 9.882/99 controvérsias constitucionais concretamente postas em juízo (STF, ADIn 2.231-MC/DF, Rel. Min. Néri da Silveira, j. em 5-12-2001).

* **Atos políticos** — não é toda e qualquer conduta pública, contrária a preceitos fundamentais, que enseja o uso da arguição. Daí o Supremo Tribunal Federal ter concluído que veto imotivado de prefeito a projeto de lei aprovado pela Câmara é insuscetível de apreciação judicial mediante arguição de descumprimento. É que o veto se caracteriza como ato político, não se enquadrando no conceito de ato do Poder Público, previsto no art. 1º da Lei n. 9.882/99.

> **Precedente:** STF, ADPF 1-QO/RJ, Rel. Min. Néri da Silveira, j. em 3-2-2000.

* **Atos legislativos em fase de formação** — somente atos do Poder Público já concretizados comportam o mecanismo. Atos legislativos em fase de formação não podem ser submetidos, preventivamente, ao crivo da ADPF. É o caso das propostas de emenda constitucional e dos projetos de lei. Em tais hipóteses, o uso preventivo do instituto não se afigura idôneo porque o Supremo Tribunal Federal não detém competência para interferir em matérias *interna corporis* do Legislativo, sob pena de macular a cláusula da separação de Poderes (CF, art. 2º).

> **Posição do STF:** o Supremo inadmitiu o ajuizamento da ADPF para análise de proposta de emenda constitucional (STF, Pleno, AgRg em ADPF 43-2/DF, Rel. Min. Carlos Britto, *DJ*, 1, de 13-2-2004, p. 9).

* **Atos normativos secundários** — como os regulamentos, resoluções, instruções, portarias, dentre outros atos infralegais, não comportam ação direta de inconstitucionalidade, é cabível o uso subsidiário da arguição, como concluiu o Supremo, ao admiti-la contra provimento de Tribunal de Justiça.

> **Precedente:** STF, ADPF 41-6, Rel. Min. Gilmar Mendes, decisão de 24-4-2003.

e) *Subsidiariedade: inexistência de outro meio idôneo*

Por força do princípio da subsidiariedade, o Supremo Tribunal Federal só poderá admitir a *arguição* se inexistir outro meio eficaz para sanar a lesividade do ato.

> **Nesse sentido:** "O ajuizamento da ação constitucional de arguição de descumprimento de preceito fundamental rege-se pelo princípio da subsidiariedade (Lei n. 9.882/99, art. 4º, § 1º), a significar que não será ela admitida, sempre que houver qualquer outro meio juridicamente idôneo apto a sanar, com efetividade real, o estado de lesividade emergente do ato impugnado. Precedentes: ADPF 3/CE, ADPF 12/DF e ADPF 13/SP" (STF, Pleno, ADPF 17-AgRg/AP, Rel. Min. Celso de Mello, v. u., j. em 5-6-2002, *DJ* de 14-2-2003, p. 58).

◆ Cap. 6 ◆ CONTROLE DE CONSTITUCIONALIDADE   **235**

O *princípio da subsidiariedade*, ou *cláusula de exaurimento de instâncias*, está previsto na Lei n. 9.882/99 (art. 4º, § 1º), que se inspirou nos perfis legislativos dos recursos constitucionais alemão e espanhol.

> **Direito Comparado:** referimo-nos à Lei do Tribunal Constitucional Federal alemão (§ 90, alínea 2) e à Lei Orgânica n. 2, de 3-7-1979, do Tribunal Constitucional espanhol (art. 44, 1, *a*). O art. 4º, § 1º, da Lei n. 9.882/99 possui a seguinte redação: "Não será admitida arguição de descumprimento de preceito fundamental quando houver qualquer outro meio eficaz de sanar a lesividade".

Resultado: a ADPF não substitui o agravo regimental, a reclamação, os recursos ordinários e extraordinários, o *habeas corpus*, o *habeas data*, o mandado de segurança individual e coletivo, o mandado de injunção, a ação popular e a ação civil pública. Também não pode ser ajuizada no lugar da ação direta de inconstitucionalidade por ação ou omissão, da ação interventiva ou da ação declaratória de constitucionalidade.

Seu campo de incidência deve ser mensurado por exclusão: onde couberem *writs* e instrumentos processuais não há cogitar a sua presença.

> **Posição do STF:** cabível "a ação direta de inconstitucionalidade ou de constitucionalidade, não será admissível a arguição de descumprimento. Em sentido contrário, não sendo admitida a utilização de ações diretas de constitucionalidade — isto é, não se verificando a existência de meio apto para solver a controvérsia constitucional relevante de forma ampla, geral e imediata —, há de se entender possível a utilização da arguição de descumprimento de preceito fundamental" (STF, ADPF 33-5, Rel. Min. Gilmar Ferreira Mendes, *DJU* de 2-12-2002, p. 70).

Esse entendimento, sufragado pela Corte Excelsa, demonstra que a arguição só poderá ser ajuizada:

- se o interessado demonstrar que houve prévio exaurimento de todas as vias processuais para resolver a demanda; ou

> **Precedentes:** STF, Pleno, ADPF 17-AgRg/AP, Rel. Min. Celso de Mello, v. u., j. em 5-6-2002, *DJ* de 14-2-2003, p. 58; STF, ADPF 17-3-MC/AP, Rel. Min. Celso de Mello, decisão de 20-9-2001, *DJ* de 28-9-2001, p. 64; STF, Pleno, ADPF 33/PA, Rel. Min. Gilmar Mendes, v. u., j. em 29-10-2003, *DJ* de 6-8-2004, p. 20.

- se o interessado comprovar que as vias processuais são incapazes, insuficientes ou ineficazes para sanar a controvérsia constitucional relevante.

> **Nesse sentido:** STF, ADPF 3-QO/CE, Rel. Min. Sydney Sanches, *DJ* de 18-3-2004; STF, ADPF 12/DF, Rel. Min. Ilmar Galvão, *DJU* de 26-3-2001; STF, ADPF 13/SP, Rel. Min. Ilmar Galvão, *DJU* de 5-4-2001.

Mas, como ensinou o Ministro Celso de Mello, a mera possibilidade de uso de outros meios processuais "não basta, só por si, para justificar a invocação do princípio da subsidiariedade, pois, para que esse postulado possa legitimamente incidir — impedindo, desse modo, o acesso imediato à arguição de descumprimento de preceito fundamental — revela-se essencial que os instrumentos disponíveis mostrem-se capazes de neutralizar, de maneira eficaz, a situação de lesividade que se busca obstar com o ajuizamento desse *writ* constitucional" (STF, Pleno, ADPF 17-AgRg/AP, Rel. Min. Celso de Mello, v. u., j. em 5-6-2002, *DJ* de 14-2-2003, p. 58).

Assim, a diretriz da subsidiariedade, insculpida no art. 4º, § 1º, da Lei n. 9.882/99, não deve, nem pode, ser invocada para obstacular o ajuizamento da *arguição*, tornando-a imprestável e fulminando a própria efetividade constitucional.

A índole subsidiária que o legislador lhe irrogou não constitui uma "camisa de força" apta a inviabilizar, no campo estritamente objetivo, a salvaguarda dos preceitos fundamentais contemplados na Carta Política da República.

Não se pode, por exemplo, dizer que existem processos ordinários e recursos extraordinários em curso para, *a priori*, descartar o uso da *arguição*. Ora, muitas vezes as ações ordinárias e o próprio recurso extraordinário nem conseguem resolver a controvérsia constitucional de modo geral, definitivo e imediato, sendo interportos "para ganhar tempo", acabando por inflacionar o volume de trabalho do Supremo.

Daí a "prudência com que o Supremo Tribunal Federal deve interpretar a regra inscrita no art. 4º, § 1º, da Lei n. 9.882/99, em ordem a permitir que a utilização da nova ação constitucional possa efetivamente prevenir ou reparar lesão a preceito fundamental, causada por ato do Poder Público" (STF, ADPF 17, Rel. Min. Celso de Mello, *DJU* de 28-9-2001).

> **Advertência:** a "atenuação do significado literal do princípio da subsidiariedade, quando do prosseguimento de ações nas vias ordinárias, não se mostra apta para afastar a lesão a preceito fundamental" (STF, Pleno, ADPF 33-MC/PA, Rel. Min. Gilmar Mendes, v. u., j. em 29-10-2003, *DJ* de 6-8-2004, p. 20).

Para que a arguição de preceito fundamental não se transforme num mecanismo destituído de significado prático, a exemplo do que ocorreu com o mandado de injunção, há de se ter em vista o seu caráter objetivo, como, aliás, já reconheceu o Supremo Tribunal Federal, em sede de decisão monocrática.

> **Entendimento do STF:** "Assim, tendo em vista o caráter acentuadamente objetivo da arguição de descumprimento, o juízo de subsidiariedade há de ter em vista, especialmente, os demais processos objetivos já consolidados no sistema constitucional" (STF, ADPF 33-5, Rel. Min. Gilmar Ferreira Mendes, *DJU* de 2-12-2002, p. 70).

Recomenda-se à Corte Excelsa conhecer da arguição de descumprimento "toda vez que o princípio da segurança jurídica restar seriamente ameaçado, especialmente em razão de conflitos de interpretação ou de incongruências hermenêuticas causadas pelo modelo pluralista de jurisdição constitucional" (STF, ADPF 33-5, Rel. Min. Gilmar Ferreira Mendes, *DJU* de 2-12-2002, p. 70).

f) Que é preceito fundamental?

Qualificam-se de *fundamentais* os grandes preceitos que informam o sistema constitucional, que estabelecem comandos basilares e imprescindíveis à defesa dos pilares da manifestação constituinte originária.

Podem ser consideradas *preceitos fundamentais* as diretrizes insculpidas no pórtico do art. 1º da Constituição de 1988, quais sejam, a soberania, a cidadania, a dignidade da pessoa humana, os valores sociais do trabalho, da livre-iniciativa, do pluralismo político.

Outros exemplos: princípio republicano (art. 1º, *caput*), princípio federativo (art. 1º, *caput*), princípio do Estado Democrático (art. 1º, *caput*), princípio da separação dos Poderes (art. 2º), princípio presidencialista (art. 76), princípio da legalidade (art. 5º, II), princípio da liberdade (art. 5º, IV, VI, IX, XIII, XIV, XV, XVI, XVII etc.), princípio da inafastabilidade do controle jurisdicional (art. 5º, XXXV), princípio da autonomia das entidades federadas (arts. 1º e 18), princípio do juiz e do promotor natural (art. 5º, XXXVII e LIII), princípio do devido processo legal (art. 5º, LIV), princípio do contraditório (art. 5º, LV), princípio da publicidade dos atos processuais (arts. 5º, LX, e 93, IX), princípio da legalidade administrativa (art. 37, *caput*), princípio da impessoalidade (art. 37, *caput*), princípio da moralidade (art. 37, *caput*), princípio da publicidade (art. 37, *caput*), princípio da ocupação de cargos através de concurso público (art. 37, II), princípio da prestação de contas (arts. 70, parágrafo único, 34, VII, *d*, e 35, III), princípio da independência funcional da Magistratura (arts. 95 e 96), princípio da capacidade contributiva (art. 145, III), princípio da defesa do consumidor (art. 170, IV), princípio da autonomia universitária (art. 207) etc.

g) Advento da Lei n. 9.882/99

A *arguição de descumprimento* foi disciplinada pela Lei n. 9.882, de 3 de dezembro de 1999, que dispôs sobre o seu processo e julgamento.

Onze anos depois da promulgação da Carta de 1988, portanto, regulamentou-se o seu art. 102, § 1º, norma de eficácia limitada que estava inerte por falta de disciplina legal.

◆ Cap. 6 ◆ **CONTROLE DE CONSTITUCIONALIDADE**   **237**

Aliás, antes mesmo de surgir a Lei n. 9.882/99, o Supremo havia decidido que o § 1º do art. 102 precisava ser regulamentado para a *arguição* ser exercida.

> **Memória jurisprudencial:** à época, explicou o Ministro Sydney Sanches que se tratava de competência cujo exercício ainda dependia de lei, em sentido formal, a qual não poderia ser elaborada pelo Supremo, e sim pelo Poder Legislativo. Lembrou, ainda, que se afigurava incabível, na espécie, o ajuizamento do mandado de injunção. Também não incidia o disposto no art. 4º da Lei de Introdução às Normas do Direito Brasileiro ("quando a lei for omissa, o Juiz decidirá o caso de acordo com a analogia, os costumes e os princípios gerais de direito"), pois não se tratava de omissão ou de lei existente, e sim de lei inexistente. Igualmente, era inaplicável a segunda parte do art. 126 do então Código de Processo Civil de 1973, já revogado, que permitia ao juiz, na falta de norma, recorrer à analogia, aos costumes e aos princípios gerais de direito, para resolver lide *inter partes* (STF, Pleno, Pet. 1.140-7-AgRg/TO, Rel. Min. Sydney Sanches, decisão de 2-5-96, *DJ*, 1, de 31-5-96, p. 18803. Também nesse sentido: STF, Pet. 1.369/8, Rel. Min. Ilmar Galvão, *DJ*, 1, de 8-10-1997, p. 50468).

Para alguns, a Lei n. 9.882/99 não esclareceu o verdadeiro sentido e alcance da *arguição de descumprimento*.

> **Posição do STF:** a Ministra Ellen Gracie concluiu que a Lei n. 9.882/99 pouco contribuiu para clarificar a ADPF. "Se isso é bom, porque deixa ao Tribunal ampla margem de discricionariedade na construção do instituto, corresponde também a enorme responsabilidade para com o futuro" (STF, Pleno, ADPF 54-8-QO/DF, voto proferido em 27-4-2005).

Argumentam, ainda, que dispositivos importantes da proposta original foram vetados, desconfigurando as linhas-mestras da Lei n. 9.882/99.

> **Veto do art. 1º, parágrafo único, II, da Lei n. 9.882/99:** foi vetado o inciso II, parágrafo único, do art. 1º da Lei n. 9.882/99, que possibilitava o ajuizamento amplo do instituto por qualquer prejudicado, nos termos do recurso de amparo dos alemães, espanhóis e argentinos. Também sofreu veto o art. 2º, II, pelo qual a *arguição* seria um instrumento da cidadania apto a defender direitos fundamentais, podendo ser ajuizada por qualquer pessoa lesada ou ameaçada de lesão pelo Poder Público.

De qualquer sorte, a Lei n. 9.882/99 possibilitou:
- Abreviar a *via crucis* do controle difuso. Já era tempo de admitir, entre nós, a antecipação do deslinde de um problema jurídico, sem que se percorresse a rota do método difuso, que sai do juízo comum até chegar ao Pretório Excelso. E, depois de tudo, ainda se tinha de aguardar uma sentença definitiva do Supremo, para, então, o Senado receber o comunicado e suspender a executoriedade do comando normativo. Por isso, o mecanismo afigura-se útil. Convém ser preservado, mesmo diante das obscuridades da Lei n. 9.882/99. Nesse aspecto, resta ao Supremo Tribunal Federal, mediante ato interpretativo, vivificar à *arguição de descumprimento*, construindo--lhe as linhas-mestras e sanando as deficiências do seu perfil legislativo defeituoso.
- Antecipar decisões sobre controvérsias constitucionais relevantes, atribuindo-lhes eficácia geral (*erga omnes*).
- Acelerar o desfecho definitivo da demanda, evitando que se consolidem situações irreparáveis, ao arrepio da exegese firmada pelo Supremo (efeito vinculante).
- Permitir ao Supremo modular os seus efeitos temporais, reduzindo-lhes o alcance.
- Controlar a constitucionalidade de atos *não normativos* e *atos anteriores* à promulgação da Constituição.
- Controlar, na via abstrata, a constitucionalidade de leis municipais, que, pela sistemática tradicional, só se fazia possível pela via difusa. Essa solução oferecida pela Lei n. 9.882/99 é bem melhor do que atribuir competência aos Tribunais de Justiça para, em sede de ação direta de inconstitucionalidade, apreciar e julgar atos normativos municipais. Num universo de mais de cinco mil Municípios, seria impraticável o Supremo julgar uma gama incomensurável de recursos extraordinários contra as sentenças das Cortes estaduais.

h) Competência
Compete ao Supremo Tribunal Federal processar e julgar a ADPF.

Nesse particular, o instituto se submete ao juízo de admissibilidade discricionária da Corte Excelsa, que poderá, até mesmo, deixar de conhecê-lo, em virtude da inexistência de relevante interesse público. Evidente que a ADPF não existe para ensejar a análise *per saltum* de questões jurídicas (STF, ADPF 283, Rel. Min. Ricardo Lewandowski, *DJE* de 16-6-2014). O salto de instâncias judiciárias representa um aniquilamento à competência das instâncias judiciais ordinárias.

A ADPF não funciona como instância recursal para todos os julgamentos do Poder Judiciário. Logo, cumpre ao Supremo proceder à escolha das arguições que deverão ser processadas e julgadas, concretizando, assim, a regra da subsidiariedade (Lei n. 9.882/99, art. 4º, § 1º).

> **Posição do STF:** sendo incabível o ajuizamento das demais modalidades de controle de normas, faz-se possível o uso da arguição (STF, ADPF 54-QO/DF, Rel. Min. Marco Aurélio, decisão de 27-4-2005).

i) Espécies de arguição: preventiva, repressiva, autônoma e incidental

A Lei n. 9.882/99 consagrou quatro tipos de arguição de preceito fundamental:

> **Reconhecimento do STF:** o Supremo Tribunal Federal reconheceu as arguições repressiva e preventiva (Pleno, ADPF 54-8-QO/DF, Rel. Min. Marco Aurélio, voto da Ministra Ellen Gracie, proferido em 27-4-2005). Há julgados que também reconhecem as arguições autônoma e incidental (STF, Pleno, ADPF 3-QO/CE, Rel. Min. Sydney Sanches, j. em 18-5-2000, *DJ* de 27-2-2004, p. 20). Todas elas podem ser utilizadas em sede de medida liminar, cujos efeitos serão gerais e vinculantes.

- **Arguição preventiva** — visa **evitar** lesões a princípios, direitos ou garantias fundamentais previstos na Carta Magna, tutelando liberdades públicas prestes a sofrer lesão ou ameaça de lesão.
- **Arguição repressiva** — visa **reparar** lesões, reprimindo ou fazendo cessar as condutas omissivas ou comissivas de qualquer dos Poderes Públicos, no exercício de suas atribuições, que estejam pondo em risco preceitos fundamentais.
- **Arguição autônoma** — prevista no art. 1º, *caput*, é consectária do art. 102, § 1º, da Carta Magna. Proposta perante a jurisdição concentrada do Supremo, objetiva evitar ou reparar lesão a preceito fundamental, resultante de ato do Poder Público (legislativo, administrativo ou judicial). Em virtude do caráter subsidiário que a preside, só poderá ser usada quando inexistir outro meio eficaz de sanar a lesividade do ato. Seu parâmetro de controle é mais restrito se comparado aos demais mecanismos da via abstrata, pois não se dirige a qualquer norma da Carta de 1988, mas somente a preceito fundamental. Em contrapartida, seu objeto é mais amplo, pois não se restringe aos atos normativos.
- **Arguição incidental** (*abstrata, paralela, por equivalência, equiparação* ou *derivação*) — disciplinada no art. 1º, parágrafo único, I, caberá quando for relevante o fundamento da controvérsia constitucional sobre lei ou ato normativo federal, estadual ou municipal, incluídos os anteriores à Constituição. Note-se que o ato deverá ser, necessariamente, *normativo*. Ao contrário da arguição autônoma, não se estende aos atos do Poder Público. Na prática, poucos serão os casos de uso dessa modalidade complexa e com objeto mais limitado, em virtude do próprio tratamento que a Lei n. 9.882/99 lhe conferiu. Basta ver que a legitimidade para ajuizá-la recai sobre as mesmas pessoas e órgãos que podem propor a arguição autônoma, inclusive o Procurador-Geral da República, que poderá acolher representação formulada por algum interessado (Lei n. 9.882/99, art. 2º, § 1º).

j) É inconstitucional o parágrafo único, I, do art. 1º da Lei n. 9.882/99?

O parágrafo único do art. 1º, I, da Lei n. 9.882/99 está em perfeita sintonia com o Texto Maior. Ele consagra a arguição incidental, também chamada de arguição por derivação, por equivalência, por equiparação, abstrata ou paralela.

A particularidade dessa espécie reside no fato de o assunto nela inserido não integrar o bojo do art. 102, I, *a*, da Carta Magna, e, mesmo assim, inserir-se na competência do Supremo Tribunal Federal.

Seria preciso a feitura de uma emenda à Constituição para se exercitar a arguição por equivalência?

♦ Cap. 6 ♦ CONTROLE DE CONSTITUCIONALIDADE

239

Parece-nos que não. A Lei n. 9.882/99 já o fez, porquanto o legislador ordinário não está impedido de colmatar os vazios detectados na *Lex Mater*.

É desnecessária a feitura de emenda constitucional para incluir no art. 102, I, *a*, do Texto Magno a possibilidade de exercício da arguição por equivalência, sob o argumento de que lei ordinária não seria o veículo normativo apropriado para permitir a hipótese.

> **Posição jurisprudencial:** registre-se o posicionamento do Ministro Néri da Silveira. Embora reconheça que o parágrafo único do art. 1º possui uma formulação genérica, prevendo a arguição incidental, nos processos em curso, afirma que esta última não poderia ser criada pelo legislador ordinário, mas, apenas, por emenda constitucional (STF, ADIn 2.231-MC/DF, Rel. Min. Néri da Silveira, j. em 5-12-2001). Já a Ministra Ellen Gracie foi enfática ao vislumbrar vício formal de criação da Lei n. 9.882/99, por ter instituído "nova modalidade de arguição de descumprimento de preceito fundamental por lei ordinária, em matéria que se reserva à atuação de constituinte reformador" (STF, Pleno, ADPF 54-8-QO/DF, voto proferido em 27-4-2005). No mesmo sentido, a opinião de Sérgio Rezende de Barros, que também considera o parágrafo único do art. 1º, I, da Lei n. 9.882/99 inconstitucional (O nó górdio do sistema misto, p. 194).

O fato de caber *arguição* quando for relevante o fundamento da controvérsia constitucional sobre lei ou ato normativo federal, estadual ou municipal, incluídos os anteriores à Carta Suprema, em nada amplia, indevidamente, a lista de atribuições do Pretório Excelso.

Veja-se que o próprio art. 102, § 1º, da *Lex Legum* deixou para o legislador a tarefa de regular o instituto, algo que a Lei n. 9.882/99 encarregou-se de fazer.

Convém lembrar ainda que a hipótese de arguição por equivalência ou equiparação veio a satisfazer reclamo no sentido de instituir no Brasil uma *espécie incidental de arguição*, que surge no seio do processo, para considerar a relevância da questão discutida.

E, ao se situar no campo de competência outorgada pela Carta Magna ao Pretório Excelso, a *arguição*, quando se exterioriza na forma de um incidente processual de inconstitucionalidade, equivale a uma *arguição incidental*, cabível "quando for relevante o fundamento da controvérsia constitucional sobre lei ou ato normativo federal, estadual ou municipal, incluídos os anteriores à Constituição" (Lei n. 9.882/99, art. 1º, parágrafo único, I).

Assim, a competência constitucional do Supremo permaneceu intacta com o advento do parágrafo único, I, do art. 1º da Lei n. 9.882/99, inexistindo quaisquer manobras terminológicas ou alargamentos inconstitucionais de atribuições da Corte Excelsa.

k) ADPF nas Constituições estaduais: possibilidade

A Carta de 1988 não previu a possibilidade de os Estados-membros consagrarem a ADPF em suas respectivas constituições, nada obstante a tentativa do Senado da República de regulamentar a matéria.

> **ADPF perante Tribunal de Justiça:** pelo Parecer n. 1.748, e, mais tarde, pela PEC n. 29, de 2000 (n. 96, de 1999, da Câmara dos Deputados), constante da Emenda n. 240 da Comissão de Constituição, Justiça e Cidadania, o Senado, num dos tópicos do texto apresentado, previu a arguição de descumprimento de preceito fundamental perante o Tribunal de Justiça. E, propondo nova redação para o art. 125, § 2º, do Texto Maior, vislumbrou a possibilidade de se imprimirem efeitos vinculantes às decisões oriundas da jurisdição constitucional dos Estados-membros.

Mas, pelo princípio da simetria federativa, é possível que o mecanismo seja inserido nos textos estaduais, como fizeram Mato Grosso do Sul, Rio Grande do Norte e Alagoas.

A importância dessa inserção, entretanto, será diminuta. Em primeiro lugar, os preceitos fundamentais hão de ser os mesmos da Constituição Federal. Em segundo, os atos municipais e os estaduais já comportam *arguição de descumprimento*.

l) Legitimidade ativa

Podem propor a ADPF os mesmos legitimados ativos da ação direta de inconstitucionalidade genérica e da ação declaratória de constitucionalidade, listados no art. 103, I a IX, da Carta Magna (Presidente da República, Mesa do Senado Federal, Mesa da Câmara dos Deputados, Mesa de Assembleia Legislativa ou da Câmara Legislativa do Distrito Federal, Governador de Estado ou do Distrito Federal,

Procurador-Geral da República, Conselho Federal da Ordem dos Advogados do Brasil, partido político com representação no Congresso Nacional e confederação sindical ou entidade de classe de âmbito nacional).

Resultado: Prefeitos ou Câmara de Vereadores não detêm legitimidade para propor a arguição, mesmo diante da possibilidade de o instituto ser ajuizado no combate dos atos municipais contrários a preceitos constitucionais fundamentais.

O cidadão que se sentir lesado ou ameaçado de lesão também não está legitimado para ajuizar a ADPF. Nesse particular, o inciso II e o § 2º do art. 2º, que previam a possibilidade de qualquer pessoa usar a arguição incidental, sofreram veto presidencial.

Quanto à abrangência desse veto, prevaleceu o entendimento de que engloba as arguições autônoma e incidental, indistintamente. Daí os inúmeros precedentes do Supremo rejeitando a legitimidade de pessoa que não conste no elenco do art. 103 da Carta Maior (ADPF 11; ADPF 20; ADPF 29; ADPF 30; ADPF 31; ADPF 27-1 etc.).

> **Ilegitimidade de diretório municipal para propor ADPF:** diretório municipal não tem legitimidade para propor ADPF. A jurisprudência do STF é firme no sentido de que, nas ações de controle abstrato, "a legitimidade ativa se circunscreve ao diretório nacional do partido político, o que afasta a legitimidade ativa *ad causam* do órgão municipal da agremiação partidária". Precedentes: ADPFs 343, 202, 184 e 136 (STF, ADPF 340, Rel. Min. Roberto Barroso, j. 26-6-2015).

m) Legitimidade passiva

Os legitimados passivos são aqueles que devem prestar informações ao órgão ou agente que supostamente tenham praticado o ato vulnerador de preceito fundamental.

n) Pertinência temática

A propositura da *arguição* sujeita-se à *pertinência temática* exigida pelo Supremo Tribunal Federal para *alguns* dos legitimados do art. 103 (Mesa da Assembleia Legislativa, Câmara Legislativa do Distrito Federal, Governador do Estado ou do Distrito Federal, confederações sindicais ou entidades de âmbito nacional).

Nesse particular, o mesmo raciocínio aplicável a tais proponentes da ação direta de inconstitucionalidade estende-se ao instituto.

o) Procedimento

A petição inicial é apresentada em duas vias, acompanhada do ato questionado e dos documentos necessários para comprovar a impugnação, indicando, ainda, o preceito fundamental tido como violado, o pedido e o ato que se pretende questionar. Se for o caso, a petição deverá conter a comprovação da existência de controvérsia judicial relevante sobre a aplicação do preceito fundamental que se considera violado. A inicial será indeferida liminarmente, pelo relator, quando não for o caso de arguição ou se faltarem alguns dos requisitos formais exigidos pela Lei n. 9.882/99.

Da decisão que indefere a petição inicial caberá agravo, no prazo de cinco dias. Havendo pedido de liminar, o relator solicitará informações às autoridades responsáveis pela prática do ato questionado, no prazo de dez dias. Poderá, caso haja necessidade, ouvir as partes envolvidas no processo que ensejou a arguição, requisitar informações adicionais, designar perito ou comissão de peritos, a fim de que seja emitido parecer sobre a controvérsia, ou, ainda, fixar data para declarações em audiência pública.

Podem ser autorizadas, a critério do relator, sustentação oral e juntada de memoriais, por requerimento dos interessados no processo. Decorrido o prazo das informações, o relator lançará o relatório, com cópia para todos os Ministros do Supremo Tribunal Federal, pedindo dia para julgamento. Julgada a ação, as autoridades ou órgãos responsáveis pela prática dos atos questionados serão comunicados, estabelecendo-se os requisitos e o modo de interpretação e aplicação do preceito fundamental.

O Presidente do Supremo determinará o imediato cumprimento do *decisum*, lavrando-se o acórdão posteriormente. A decisão que julgar procedente ou improcedente é irrecorrível, não podendo ser objeto de ação rescisória.

◆ Cap. 6 ◆ CONTROLE DE CONSTITUCIONALIDADE

241

Descabimento de ação rescisória: nesse aspecto, a Lei n. 9.882/99 seguiu o entendimento do Supremo, no sentido de ser incabível rescisória em processo objetivo (STF, Recl. 354-0/190/DF, Rel. Min. Celso de Mello, decisão de 16-5-1991). Parcela da doutrina, entretanto, acredita que esse posicionamento é discutível, haja vista o princípio de que os atos contrários à Constituição não podem revestir-se da coisa julgada, prevalecendo em face da supremacia da *Lex Mater*.

p) Medida cautelar

Por decisão da maioria absoluta dos Ministros do Supremo será possível deferir liminares, exceto em situação de extrema urgência ou perigo de lesão grave, ou, ainda, no recesso, hipótese em que a medida poderá ser deferida pelo Ministro relator, *ad referendum* do Plenário.

A cautelar poderá consistir na determinação de que juízes e tribunais suspendam o andamento de processo, ou os efeitos das decisões judiciais, ou de qualquer outra medida que apresente relação com a matéria objeto da arguição, salvo se decorrentes da coisa julgada (Lei n. 9.882/99, art. 5º, § 3º).

Quer dizer, processos em tramitação, e até decisões por acaso proferidas, poderão ser suspensos liminarmente. A jurisprudência do Supremo assim entende, determinando a suspensão de processos em curso e dos efeitos das sentenças proferidas com base no dispositivo questionado na ADPF.

Precedentes: ADPF 10-6-MC, Rel. Min. Maurício Corrêa, *DJU* de 13-9-2001; STF, ADPF 33-5, Rel. Min. Gilmar Mendes, *DJU* de 2-12-2002. Em virtude da pendência da ADIn 2.231-MC/DF, que questiona a constitucionalidade da Lei n. 9.882/99 como um todo, o Supremo Tribunal Federal não tem apreciado o mérito de diversas ADPFs, suspendendo o julgamento de muitas delas (v. g., as de n. 6, 8, 14, 16, 18 e 26). Mesmo assim, concedeu medidas liminares em alguns casos.

q) Participação do Ministério Público

O *Parquet*, nas arguições que não houver formulado, terá vista do processo, por cinco dias, após o decurso do prazo para informações (Lei n. 9.882/99, art. 7º).

A lei acompanhou a trilha do constituinte de 1988, no sentido de que o Procurador-Geral da República deverá ser previamente ouvido em todos os processos de competência do Supremo Tribunal Federal (art. 103, § 1º).

Lembre-se, enfim, de que é facultado "ao interessado, mediante representação, solicitar a propositura de arguição de descumprimento de preceito fundamental ao Procurador-Geral da República, que, examinando os fundamentos jurídicos do pedido, decidirá do cabimento do seu ingresso em juízo" (Lei n. 9.882/99, art. 2º, § 1º).

r) Decisão

A decisão somente será tomada se presentes, na sessão de julgamento, pelo menos, 2/3 dos Ministros do Supremo (Lei n. 9.882/99, art. 8º).

O legislador nada previu sobre o quórum qualificado de votação. Mas, em se tratando de ato do Poder Público, declarado inconstitucional por descumprimento de preceito fundamental, prevalece a regra da maioria absoluta (CF, art. 97).

Já a decisão do Supremo Tribunal Federal no processo de arguição terá eficácia:

* *erga omnes* — atinge a todos;
* *vinculante* — atrela os demais órgãos do Poder Público, cabendo reclamação em caso de desrespeito ao veredito do Supremo, esse efeito sujeita-se ao princípio da reserva legal; e

Natureza do efeito vinculante: o efeito vinculante não tem natureza constitucional. O legislador ordinário poderá disciplinar a eficácia das decisões judiciais, especialmente porque a Carta de Outubro remete expressamente à lei a disciplina da ADPF (CF, art. 102, § 1º). Assim, a Lei 9.882/99 é constitucional na parte em que cuida do processo de natureza objetiva (STF, ADIn 2.231-MC/DF, Rel. Min. Néri da Silveira, j. em 5-12-2001).

* *temporal* — o Supremo, pela maioria de 2/3 de seus Ministros, poderá declarar a inconstitucionalidade de lei ou ato normativo, no processo de arguição de descumprimento, inclusive por motivos de segurança jurídica ou de excepcional interesse social (Lei n. 9.882/99, art. 11). Nisso, o Pretório Excelso detém competência para modular os efeitos temporais da arguição. Pode,

nesse ínterim, restringir a eficácia da declaração, determinando que ela só apresente efeitos a partir do seu trânsito em julgado ou noutro momento a ser fixado pela Corte.

Exegese do art. 11 da Lei n. 9.882/99: interpretando o art. 11 da Lei n. 9.882/99, decidiu o Min. Néri da Silveira que, sendo o processo da ADPF de natureza objetiva, não há norma constitucional que impeça o legislador ordinário autorizar o Supremo Tribunal a restringir, em casos excepcionais, por razões de segurança jurídica, os efeitos de suas decisões (STF, ADIn 2.231-MC/DF, Rel. Min. Néri da Silveira, j. em 5-12-2001).

⌘ 8.2.9. Ação direta de inconstitucionalidade por omissão

Vimos, no Capítulo 5, n. 4.3, que a inconstitucionalidade por omissão é reconhecida pela jurisprudência do Supremo.

Na verdade, é fácil detectar omissão inconstitucional. O problema é encontrar o remédio para curá-la.

Teoricamente, esse remédio seria a ação direta de inconstitucionalidade por omissão, regulamentada, na parte processual, pela Lei 12.063, de 27-10-2009, que acrescentou à Lei 9.868, de 10-11-1999, o Capítulo II-A.

No Brasil, o mecanismo não conseguiu combater o *silêncio transgressor*, a *insinceridade normativa*, a *inércia legislativa*, o *programaticismo das cartas novecentistas*, responsáveis pela *síndrome de inefetividade das constituições*.

O Supremo Tribunal Federal, assim como diversas Cortes de Justiça de outros países, cujas constituições previram esse tipo de ação, deparou-se com dificuldades sistêmicas para operar o instituto.

Todos esses tribunais, acatando a formulação clássica do princípio da separação de Poderes, concluíram que não seria dado ao Judiciário arvorar-se em legislador positivo, editando norma geral para suprir omissões inconstitucionais, como se fosse o próprio Poder Legislativo.

Nessa linha de raciocínio, afigura-se inaceitável os órgãos de cúpula do Judiciário, a exemplo do nosso Supremo Tribunal Federal, *judicializando* a política, do mesmo modo que é inconcebível o Parlamento *politizando* a Justiça.

O certo é que, pela sistemática da Constituição brasileira de 1988, o máximo que o Supremo Tribunal Federal pode fazer, em tema de ação direta por omissão, é comunicar ao Legislativo a necessidade de feitura de lei para sanar a falta de normatividade, e nada mais.

À vista de tais premissas, o instituto não tem maior importância prática no Brasil, pois o Supremo, em virtude dos óbices referidos, não tem como interpretá-lo de modo aberto e construtivo, do contrário estaria afrontando a cláusula da separação de Poderes (CF, art. 2º).

A linha de jurisprudência firmada no Supremo assim se consolidou, nada obstante o meritório esforço doutrinário, densamente fundamentado, no sentido de recomendar à Corte que explorasse as potencialidades da ação por omissão, em vez de renegá-la a um papel marginal e inglório.

Precedentes: STF, ADIn 529/DF, Rel. Min. Sepúlveda Pertence, *RTJ*, *146*:424, 1993; STF, ADIn 1.458-MC/DF, Rel. Min. Celso de Mello, *DJU* de 20-9-1996; STF, ADIn 267-MC/DF, Rel. Min. Celso de Mello, *DJU* de 19-5-1995, p. 13990.

Sugeriu-se, por exemplo, que o Pretório Excelso deveria expedir provimento normativo temporário, enquanto o estado de inércia legislativa perdurasse.

Para que esses reclamos se concretizassem seria preciso que o legislador constituinte tivesse ido além, pois de nada adianta cientificar o Poder Legislativo exortando-o a fazer leis.

O indispensável seria que norma constitucional expressa dotasse a sentença que reconhece a inércia legiferante de eficácia normativa. Assim, enquanto perdurasse a omissão, total ou parcial, o Judiciário disciplinaria, *pro tempore*, a matéria. Não se trata de transformar os Ministros do Supremo em legisladores. É uma questão de bom senso: evita-se que um direito inalienável, algo imprescindível à vida humana, que esteja dependendo de lei, a qual não se sabe quando virá, não pereça pelo descaso ou desinteresse daqueles que têm o dever de legislar, mas não o fazem, seja qual for o motivo ou a justificativa.

◆ Cap. 6 ◆ **CONTROLE DE CONSTITUCIONALIDADE**   **243**

a) Noção

Ação direta de inconstitucionalidade por omissão é o mecanismo de defesa abstrata da constituição que se destina a combater a inércia legislativa.

Trata-se, portanto, de autêntico processo objetivo, que não visa resolver litígios ou sanar controvérsias entre partes litigantes, mas, tão só, tutelar a ordem jurídica como um todo.

b) Previsão constitucional

O instituto — típico das constituições compromissórias e dirigentes, como a nossa, está previsto no art. 103, § 2º, da Carta de 1988:

"§ 2º Declarada a inconstitucionalidade por omissão de medida para tornar efetiva norma constitucional, será dada ciência ao Poder competente para a adoção das providências necessárias e, em se tratando de órgão administrativo, para fazê-lo em trinta dias".

A ação aí prevista foi uma novidade da Carta de 1988, já existente noutros ordenamentos constitucionais estrangeiros.

No Brasil, o constituinte originário inspirou-se no Texto Constitucional português (art. 283º, 1 e 2) para introduzi-la entre nós.

c) Previsão infraconstitucional

No plano legislativo, a ação direta de inconstitucionalidade por omissão foi regulada pela Lei n. 12.063, de 27 de outubro de 2009.

Essa Lei possui, apenas, dois artigos.

O art. 1º, desdobrado nos arts.12-A a 12-H da Lei n. 12.063/2009, prescreve que a Lei n. 9.868, de 10 de novembro de 1999, passa a vigorar acrescida do Capítulo II-A, o qual consagra a disciplina processual da ação direta de inconstitucionalidade por omissão. Aliás, referido art. 1º, da Lei n. 12.063/2009, subdiviu o art. 12 da Lei n. 9.868/99 em partes, nominando-as por meio das letras A, B, C, D, E, F, G, H.

Já o art. 2º da Lei n. 12.063/2009, determinou que ela começa a vigorar a partir da data de sua publicação, a qual ocorreu em 28 de outubro de 2009, no *Diário Oficial da União*.

d) Finalidade

A finalidade da ação direta de inconstitucionalidade por omissão, tal como disciplinada na Carta Magna, é cientificar o Poder Legislativo para que ele edite normatividade suficiente à regulamentação dos preceitos constitucionais, tornando-os exequíveis.

e) Cabimento

Apenas as normas de eficácia limitada, por princípio institutivo e/ou por princípio programático, é que podem ser objeto da ação de inconstitucionalidade por omissão.

Somente essas normas dependem de regulamentação legislativa, atribuindo ao legislador o dever de expedir comandos normativos. Exemplos: arts. 17, IV, 25, § 3º, 43, § 1º, I e II, 127, § 2º, 148, I e II, 165, § 9º, I etc. (normas institutivas) e arts. 21, IX, 23, 170, 205, 211, 215, 218, 226, § 2º etc. (normas programáticas).

Porém, as normas de eficácia absoluta e de eficácia plena, que independem de providência legislativa ulterior, não comportam o mecanismo, pois nelas não existe a possibilidade de ocorrer qualquer conduta negativa, responsável pela omissão inconstitucional. Exemplos: arts. 1º, 2º, 5º, I a LXXVII, 14, 60, § 4º, I, II, III, IV (normas de eficácia absoluta) e arts. 14, § 2º, 17, § 4º, 21, 22, 37, III, 44, parágrafo único, 69, 153, 155, 156 etc. (normas de eficácia plena).

Nesse sentido: STF, Pleno, ADIn 480-8, Rel. Min. Paulo Brossard, *DJU*, 1, de 25-11-1994, p. 32298.

Também descabe ação por omissão nas normas de eficácia contida e de eficácia exaurida, pelos mesmos motivos. Ilustrando: arts. 15, 84, XXVI, 139, 170, parágrafo único, 184 (normas contidas); e arts. 1º, 2º, 3º, 14 etc. do ADCT (normas exauridas).

Precedente: STF, ADIn 297-MC/DF, Rel. Min. Octavio Gallotti, *DJU* de 8-11-1996.

Lembre-se de que o Supremo Tribunal Federal concluiu que a ação direta por omissão não serve para compelir a prática de ato administrativo em caso concreto. Visa, sim, que seja expedido ato normativo, imprescindível ao cumprimento de preceito constitucional.

Nesse sentido: STF, *RT, 645*:184.

Interessante observar que são impugnáveis, mediante ação de inconstitucionalidade por omissão, tanto os atos normativos primários (CF, art. 59) como os secundários (regulamentos, instruções etc.).

A jurisprudência do Supremo Tribunal Federal, por sua vez, tem entendido que a ação por omissão perde seu objeto em caso de revogação de norma constitucional que precisava ser regulamentada para ter efetividade. Nesse caso, é julgada prejudicada.

Precedente: STF, ADIn 1.836-QO, Rel. Min. Moreira Alves, *DJU* de 4-12-1998, p. 10.

Idêntico raciocínio aplica-se quando o Poder Executivo encaminha ao Congresso o projeto da lei reclamada, hipótese em que a Corte tem decidido pela prejudicialidade da ação de inconstitucionalidade omissiva.

Nesse sentido: STF, ADIn 130-2, Rel. Min. Sepúlveda Pertence, *DJU* de 1º-2-1990, p. 275.

Cumpre observar, ainda, que, devido à inexistência do princípio da fungibilidade de ações, a jurisprudência do Supremo não admite a conversão do mandado de injunção em ação direta de inconstitucionalidade por omissão, dada a impossibilidade jurídica do pedido.

Precedente: STF, MI 395-PR, Rel. Min. Moreira Alves, 1993, *RT, 691*:218.

Em alguns julgados o Supremo considera impossível a conversão da ação por omissão em ação direta genérica, sob o argumento de que o pedido formulado em ambas é diverso.

Nesse sentido: STF, ADIn 1.439/DF, Rel. Min. Celso de Mello, *DJ* de 5-8-2003.

Há decisões, contudo, admitindo a cumulação de pedidos de declaração de inconstitucionalidade por omissão e por ação, na linha que preconiza a unidade entre ambos os instrumentos de controle abstrato de normas, exceto quando for impossível conciliar as regras aplicáveis a cada um deles.

Precedente: STF, ADIn 1.600-MC/DF, Rel. Min. Sydney Sanches, *DJU* de 6-2-1998.

f) Competência

Compete ao Supremo Tribunal Federal processar e julgar, originariamente, a ação de inconstitucionalidade por omissão (CF, art. 102, I, *a*).

g) Ação por omissão nas Cartas estaduais

Perfeitamente possível às Constituições dos Estados-membros consagrarem a ação direta por omissão, nada obstante o silêncio da Carta de 1988 a esse respeito.

Tal possibilidade decorre da autonomia de auto-organização e autogoverno estaduais, devendo-se observar, como regra, o modelo federal, preconizado na Constituição da República, a *Lex Mater*.

A ação direta de inconstitucionalidade por omissão, a ser processada e julgada pelos Tribunais de Justiça, está prevista, por exemplo, nas Cartas do Rio de Janeiro (art. 162, § 2º) e de São Paulo (art. 74, VI).

h) Legitimidade ativa e pertinência temática

"Podem propor a ação direta de inconstitucionalidade por omissão os legitimados à propositura da ação direta de inconstitucionalidade e da ação declaratória de constitucionalidade" (Lei n. 12.063, de 27-10-2009, art. 12-A).

Em verdade, a legitimidade ativa da ADIn omissiva é idêntica à dos legitimados para propor a ação direta de inconstitucionalidade genérica, a ação declaratória de constitucionalidade e a arguição de

◆ Cap. 6 ◆ **CONTROLE DE CONSTITUCIONALIDADE**   **245**

preceito fundamental, listados no art. 103, I a IX, da Carta Magna (Presidente da República, Mesa do Senado Federal, Mesa da Câmara dos Deputados, Mesa de Assembleia Legislativa ou da Câmara Legislativa do Distrito Federal, Governador de Estado ou do Distrito Federal, Procurador-Geral da República, Conselho Federal da Ordem dos Advogados do Brasil, partido político com representação no Congresso Nacional e confederação sindical ou entidade de classe de âmbito nacional).

Desses legitimados extraordinários, que atuam em nome próprio mas agem no interesse geral, estão isentos da demonstração de interesse jurídico especificamente afetado pelo ato omissivo, em virtude de possuírem legitimação ativa universal: Presidente da República, Mesas do Senado e da Câmara dos Deputados, Procurador-Geral da República, Conselho Federal da Ordem dos Advogados do Brasil e partidos políticos.

Noutro prisma, sujeitam-se ao exame da *pertinência temática*, devendo comprovar a existência do vínculo entre a omissão inconstitucional e suas áreas de atuação: a Mesa de Assembleia Legislativa ou da Câmara Legislativa do Distrito Federal, o Governador de Estado ou do Distrito Federal e a confederação sindical ou a entidade de classe de âmbito nacional. Pela jurisprudência do Pretório Excelso, apenas tais órgãos se submetem a esse critério objetivo de qualificação da legitimidade *ad causam*.

> **Precedente:** STF, ADIn 1.096/RS, Rel. Min. Celso de Mello, *DJU* de 22-9-1995.

i) Legitimidade passiva

Pertence à pessoa ou órgão responsável pela não edição do ato necessário à efetividade da norma constitucional.

Na ação por omissão, a descoberta da legitimidade passiva tem importância maior do que na ação direta genérica, pois, na primeira, o que se busca é a inércia, o *non facere* (ou *non praestare*), enquanto na segunda, pouco importa se o sujeito passivo praticou ou não qualquer ato, pois o *facere* (ou *praestare*) se apresenta de modo claro e inconfundível.

j) Procedimento

Em linhas gerais, o procedimento da ação direta por omissão é o mesmo da ação direta genérica. Tanto é assim que, pelo art. 12-E da Lei n. 12.063/2009, aplicam-se ao procedimento da ação direta de inconstitucionalidade por omissão, no que couber, as disposições constantes da Seção I do Capítulo II da Lei n. 9.868/99.

A **petição inicial** indicará: (**i**) a omissão inconstitucional total ou parcial quanto ao cumprimento de dever constitucional de legislar ou quanto à adoção de providência de índole administrativa; e (**ii**) o pedido, com suas especificações (Lei n. 12.063/2009, art. 12-B, I e II). A exordial, acompanhada de instrumento de procuração, se for o caso, será apresentada em duas vias, devendo conter cópias dos documentos necessários para comprovar a alegação de omissão (Lei 12.063/09, art.12-B, parágrafo único). Se for inepta, não fundamentada, e manifestamente improcedente, será liminarmente indeferida pelo relator (Lei n. 12.063/2009, art.12-C). **Cabe agravo** da decisão que a indeferir (Lei n. 12.063/2009, art.12-C, parágrafo único).

Segundo o § 1º do art. 12-E da Lei n. 12.063/2009, os demais titulares referidos no art. 2º, da Lei n. 9.868/99 poderão manifestar-se, por escrito, sobre o objeto da ação e pedir a juntada de documentos reputados úteis para o exame da matéria, no prazo das informações, bem como apresentar memoriais.

Ponto digno de nota, na Lei n. 12.063/2009, foi o seguinte: o relator poderá solicitar a manifestação do **Advogado-Geral da União**, que deverá ser encaminhada no prazo de quinze dias (art.12-E, § 2º). Antes do advento desse diploma normativo, o Advogado-Geral não era citado nas ADIns omissivas. O Supremo chegou a decidir no sentido de que, como na ação por omissão inexiste ato ou texto impugnado a ser defendido, não seria obrigatória a oitiva do Advogado-Geral da União (STF, Pleno, ADIn 480-8, Rel. Min. Paulo Brossard, *DJU*, 1, de 25-11-1994, p. 32298; *RDA, 178*:79). Agora, se o relator reputar necessário, o Advogado-Geral poderá ser ouvido.

Como *custos legis*, o **Procurador-Geral da República** deve sempre manifestar-se, antes mesmo de o Plenário da Corte Excelsa decidir a respeito da ação interposta. Daí a Lei n. 12.063/2009 estatuir que o **Procurador-Geral**, nas ações em que não for autor, terá vista do processo, por quinze dias, após o decurso do prazo para informações (art. 12-E, § 3º).

246 ◆ Uadi Lammêgo Bulos ◆

Proposta a ação direta de inconstitucionalidade omissiva, não se admitirá desistência (Lei n. 12.063/09, art.12-D).

k) Prazo

Inexiste prazo para o ajuizamento da ação de inconstitucionalidade por omissão.

> **Precedentes:** STF, ADIn 2.061/DF, Rel. Min. Ilmar Galvão, *DJU* de 29-6-2001, p. 33; STF, MS 22.439, Rel. Min. Maurício Corrêa, *DJU* de 11-4-2003. Em ambos os julgados a Corte Excelsa entendeu que o Presidente da República não se sujeitava a prazo para encaminhar projeto de lei de sua iniciativa privativa (CF, art. 37, X, por se tratar de competência política e não administrativa).

Contudo, há de se observar, em cada caso, se houve, ou não, o transcurso de tempo razoável, ou seja, se o *Poder Público* emitiu o comando normativo para colmatar o vazio normativo que impedia o exercício regular de um direito ou o cumprimento de um dever. Em caso afirmativo, ocorre a perda de objeto da ação direta omissiva, que, se interposta, deverá ser julgada prejudicada pelo Supremo Tribunal Federal.

> **Precedente:** STF, ADIn 2.162-QO, Rel. Min. Moreira Alves, *DJU* de 9-6-2000.

l) Medida cautelar

A Lei n. 12.063/2009 dedicou sua Seção II à medida cautelar (ou liminar) em ação direta de inconstitucionalidade por omissão.

Pelo regime do aludido diploma legal, portanto, cabe medida cautelar em ação de inconstitucionalidade omissiva.

Vejamos o que a Lei n. 12.063/2009 determinou:

- **cabimento da medida liminar** — em caso de excepcional urgência e relevância da matéria, o Supremo Tribunal Federal, por decisão da maioria absoluta de seus membros, observado o disposto no art. 22 da Lei n. 9.868/99, poderá conceder medida cautelar, após a audiência dos órgãos ou autoridades responsáveis pela omissão inconstitucional, que deverão pronunciar-se no prazo de cinco dias (art. 12-F, *caput*);

- **extensão da medida liminar** — a medida cautelar poderá consistir na suspensão da aplicação da lei ou do ato normativo questionado, no caso de omissão parcial, bem como na suspensão de processos judiciais ou de procedimentos administrativos, ou ainda em outra providência a ser fixada pelo Tribunal (art. 12-F, § 1º);

- **oitiva do Procurador-Geral da República** — o relator, julgando indispensável, ouvirá o Procurador-Geral da República, no prazo de três dias (art. 12-F, § 2º);

- **possibilidade de sustentação oral** — no julgamento do pedido de medida cautelar, será facultada sustentação oral aos representantes judiciais do requerente e das autoridades ou órgãos responsáveis pela omissão inconstitucional, na forma estabelecida no Regimento do Tribunal (art. 12-F, § 3º); e

- **publicação e solicitação de informações** — concedida a medida cautelar, o Supremo Tribunal Federal fará publicar, em seção especial do *Diário Oficial da União* e do *Diário da Justiça da União*, a parte dispositiva da decisão no prazo de dez dias, devendo solicitar as informações à autoridade ou ao órgão responsável pela omissão inconstitucional, observando-se, no que couber, o procedimento estabelecido na Seção I do Capítulo II da Lei n. 9.868/99 (art.12-G).

Antes do advento da Lei 12.063/2009, o Supremo Tribunal Federal decidiu que era incompatível com o objeto da ação direta omissiva a concessão de medida cautelar.

> **Nesse sentido:** "A suspensão liminar de eficácia de atos normativos, questionados em sede de controle concentrado, não se revela compatível com a natureza e a finalidade da ação direta de inconstitucionalidade por omissão, eis que, nesta, a única consequência político-jurídica possível traduz-se na mera comunicação formal, ao órgão estatal inadimplente, de que está em mora constitucional" (STF, ADIn 267-8-MC, Rel. Min. Celso de Mello, *DJU* de 19-5-1995).

◆ Cap. 6 ◆ CONTROLE DE CONSTITUCIONALIDADE

247

Esse entendimento partia do pressuposto de que, se o Pretório Excelso, nem na decisão final poderia expedir provimento normativo para suprir a inércia do órgão inadimplente, muito menos lograria competência para fazê-lo em sede de liminar, antecipando efeitos positivos, inalcançáveis pela sentença de mérito (STF, ADIn 361, Rel. Min. Marco Aurélio, *DJ* de 13-8-1998).

m) Decisão do STF que declara a omissão inconstitucional

A decisão que declara a omissão inconstitucional possui a natureza obrigatória ou mandamental. Nela, o Supremo determina ao Poder ou órgão competente que tome as providências necessárias à cabal efetividade da Constituição.

Pelo art. 103, § 2º, da Carta de 1988, a decisão pretoriana dirige-se ao Poder Legislativo e ao órgão administrativo:

- **Poder Legislativo** — é cientificado para que adote as medidas cabíveis. Porém, a sentença do Supremo não poderá estipular prazo para o Parlamento exercer seu *munus*. Do contrário, a Corte o estaria forçando a legislar, contrariando o princípio da convivência harmônica entre Poderes (CF, art. 2º). Por inexistir prazo determinado, o Legislativo não poderá ser responsabilizado pela demora. Teoricamente, contudo, a omissão inconstitucional dá margem à responsabilização da União Federal por perdas e danos. Na prática, essa hipótese é remotíssima, ainda que ocorram notórios prejuízos, o Parlamento seja cientificado e a decisão do Supremo seja geral (*erga omnes*) e retroativa (*ex tunc*).

> **Entendimento do STF:** segundo jurisprudência pacífica do Pretório Excelso, quando ele declara, absoluta ou parcialmente, a inércia legiferante, faltam-lhe poderes para fixar o prazo dentro do qual o legislador deverá sanar a omissão (STF, ADIn 529/DF, Rel. Min. Sepúlveda Pertence, *RTJ, 146*:424, 1993). Assim, prepondera o entendimento de que não compete à Corte expedir provimentos normativos visando suprir a inatividade do órgão legislativo inadimplente (STF, ADIn 1.458-MC/DF, Rel. Min. Celso de Mello, *DJU* de 20-9-1996). "Contudo, assiste ao Supremo Tribunal Federal, unicamente, em face dos próprios limites fixados pela Carta Política em tema de inconstitucionalidade por omissão (CF, art. 103, § 2º), o poder de cientificar o legislador inadimplente, para que este adote as medidas necessárias à concretização do texto constitucional (STF, ADIn 1.458/DF, Rel. Min. Celso de Mello, *RDA, 206*:248). "O reconhecimento dessa possibilidade implicaria transformar o STF, no plano de controle concentrado de constitucionalidade, em legislador positivo, condição que ele próprio se tem recusado a exercer" (STF, ADIn 267-MC/DF, Rel. Min. Celso de Mello, *DJU* de 19-5-1995, p. 13990).

- **Órgãos administrativos** — deverão tomar providências no prazo máximo de trinta dias. Se não forem adotadas quaisquer medidas, é cabível, em tese, indenização, desde que fique demonstrado o nexo de causalidade entre o dano e a inércia administrativa.

A decisão na ação direta de inconstitucionalidade por omissão foi regulada pela Seção III da Lei n. 12.063/2009, senão vejamos:

- **cientificação ao Poder competente** — declarada a inconstitucionalidade por omissão, com observância do disposto no art. 22 da Lei n. 9.868/99, será dada ciência ao Poder competente para a adoção das providências necessárias (art. 12-H, *caput*);
- **prazo de trinta dias quanto à omissão de órgão administrativo** — em caso de omissão imputável a órgão administrativo, as providências deverão ser adotadas no prazo de trinta dias, ou em prazo razoável a ser estipulado excepcionalmente pelo Tribunal, tendo em vista as circunstâncias específicas do caso e o interesse público envolvido (art. 12-H, § 1º); e
- **remissão à Lei n. 9.868/99** — aplica-se à decisão da ação direta de inconstitucionalidade por omissão, no que couber, o disposto no Capítulo IV da Lei n. 9.868/99 (art. 12-H, § 2º).

✧ 8.3. Efeitos da declaração de inconstitucionalidade

Agora estudaremos os efeitos da declaração de inconstitucionalidade.
O assunto envolve uma gama considerável de detalhes.

Em primeiro lugar, registre-se que a declaração da constitucionalidade ou inconstitucionalidade da lei ou ato normativo surte efeitos a partir da publicação da decisão no *Diário de Justiça*, independentemente do trânsito em julgado (STF, Recl. 2.576/SC, Rel. Min. Ellen Gracie, j. 23-6-2004).

> **Termo inicial da eficácia de decisão em sede de controle abstrato de normas:** o termo inicial da eficácia de decisão proferida em controle abstrato de normas é a data da publicação, no *Diário da Justiça Eletrônico*, da ata da sessão de julgamento, e não o momento da publicação do acórdão (STF, Rcl 20160, Rel. Min. Celso de Mello, j. 9-6-2015).

Em segundo, devemos evitar radicalismos no estudo do tema.

> **Inconstitucionalidade não tem efeito automático sobre sentenças:** a decisão do Supremo que declara a constitucionalidade ou a inconstitucionalidade de uma norma não produz a automática reforma ou rescisão das decisões judiciais anteriores que tenham adotado entendimento diferente. Para que isso ocorra, é indispensável a interposição de recurso próprio ou, se for o caso, a propositura de ação rescisória (CPC de 2015, art. 966), observado o prazo decadencial (CPC de 2015, art. 975) (STF, RE 730462, Rel. Min. Teori Zavascki, j. 28-6-2015).

Não podemos dizer, por exemplo, que em todas as circunstâncias a declaração difusa de inconstitucionalidade apresentará efeitos gerais (*erga omnes*) e retroativos (*ex tunc*).

Também não convém afirmar que a declaração concentrada jamais logrará efeitos prospectivos (eficácia *ex nunc*).

Recomenda-se, nesse tema, abandonar dogmas e raciocínios aritméticos, auscultando o pulsar do caso concreto.

Deve-se saber, antes de tudo, que o estudo dos efeitos da declaração de inconstitucionalidade, tanto na via difusa como na concentrada, é um *pluribus in unum*, isto é, uma *diversidade dentro da unidade*, porque cada situação é única. Tudo irá depender do enquadramento eficacial da sentença que declara a inconstitucionalidade.

⌑ 8.3.1. Efeitos da declaração de inconstitucionalidade no controle difuso

Efeitos das decisões do STF no controle difuso
- efeitos retroativos (ou *ex tunc*)
- efeitos vinculantes entre as partes (ou *inter partes*)
- efeitos prospectivos (ou futuros, *ex nunc, pro futuro, a posteriori*)
- efeitos gerais (ou genéricos, *erga omnes*)

Tradicionalmente, os efeitos da declaração incidental de inconstitucionalidade sempre foram classificados do seguinte modo na ordem constitucional brasileira:

- **efeitos retroativos (ou *ex tunc*)** — retornam no tempo e desfazem, desde a origem (*ab origine*), todas as ações pretéritas, praticadas sob o império dos atos contrários à constituição, que são nulos, de pleno direito (nulidade *ipso jure*). No controle difuso, a eficácia da lei declarada inconstitucional é retroativa (eficácia *ex tunc*), não apresentando qualquer eficácia jurídica, pois já é írrita desde o início (ineficácia *ab initio*), como tem decidido o Supremo (STF, *RTJ, 82*:791);
- **efeitos vinculantes entre as partes (ou *inter partes*)** — só alcançam os litigantes. Além de retroativa, a sentença declaratória da inconstitucionalidade, proferida no caso concreto, por qualquer juiz ou tribunal, só atinge as partes envolvidas no processo (eficácia *incidenter tantum*). Mesmo depois de a lei ter sido declarada inconstitucional, continua a vigorar na ordem jurídica, porque o ato que a decretou só vincula as partes envolvidas no litígio. Aqueles que desejarem se eximir do dever de cumpri-la têm de recorrer ao Poder Judiciário, ainda que este já se tenha pronunciado sobre a matéria. É que os efeitos da declaração incidental de inconstitucionalidade são, apenas, *intraprocessuais*. Não fazem coisa julgada (CPC de 2015, art. 503);
- **efeitos prospectivos (ou futuros, *ex nunc, pro futuro, a posteriori*)** — só recairão em relações jurídicas futuras, não retroagindo para desconstituir vínculos consolidados antes do seu surgimento. Depois que o Senado edita resolução para suspender a executoriedade da norma

Cap. 6 ◆ CONTROLE DE CONSTITUCIONALIDADE

declarada pelo Supremo, no todo ou em parte, inconstitucional, os efeitos do controle difuso se expandem para o futuro, donde insurge a eficácia prospectiva. Por isso, a declaração de inconstitucionalidade também afeta hipóteses futuras, que ainda ocorrerão; e

*   **efeitos gerais (ou genéricos, *erga omnes*)** — como o nome já diz, são os que atingem a todos, de modo indistinto, e não apenas aos litigantes envolvidos na relação processual. Tradicionalmente, só quando o Senado publica a resolução, suspendendo a lei declarada inconstitucional por sentença definitiva do Supremo (CF, art. 52, X), é que o ato senatorial atinge a todos, de modo genérico e indistinto, expurgando, por completo, a norma do ordenamento.

Mas o esboço de todos esses efeitos para o controle difuso não esgota a análise da matéria, porque há uma gama considerável de detalhes aí envolvidos.

Desse modo, devemos evitar radicalismos no estudo do tema.

Não podemos dizer, por exemplo, que em todas as circunstâncias a declaração difusa de inconstitucionalidade apresentará efeitos gerais (*erga omnes*) e retroativos (*ex tunc*).

Também não convém afirmar que a declaração difusa jamais logrará efeitos futuros ou prospectivos (eficácia *ex nunc*).

Nesse tema, não se pode colocar "cabrestos" no juiz, obrigando-o a imprimir em sua decisão dogmas e axiomas, sob o auspicioso argumento de que em toda e qualquer situação as decisões proferidas em sede de controle difuso repercutirão, apenas, entre as partes.

Para desfazer esse equívoco, doutrinadores e juízes, inclusive alguns do nosso Supremo Tribunal Federal, têm recorrido à *teoria da transcendência dos motivos determinantes da sentença (ratio decidendi)*, que passamos a estudar.

a) Teoria da transcendência dos motivos determinantes no controle difuso

O uso da *teoria da transcendência dos motivos determinantes* no controle difuso é, na realidade, um aporte à aplicação da tese da mitigação dos efeitos da sentença declaratória de inconstitucionalidade em casos específicos e determinados.

A depender do caso concreto, por exemplo, nada impede o Supremo proferir a pura declaração de inconstitucionalidade com efeito exclusivamente para o futuro, em vez de seguir o caminho ortodoxo de imprimir à sua sentença eficácia retroativa (*ex tunc*), sob o argumento de que se está lidando com o controle difuso.

Evidente que essa margem de discricionariedade conferida ao Pretório Excelso, para a fixação dos efeitos da declaração de inconstitucionalidade, não pode conduzir ao arbítrio, nem ao abuso. Tanto é assim que se condiciona pelo princípio da proporcionalidade.

Há, no Supremo Tribunal Federal, decisões entendendo que os efeitos da declaração de inconstitucionalidade no controle difuso podem apresentar uma amplitude muito maior, com eficácia vinculante para os demais tribunais brasileiros.

Essa nova tendência, ainda não pacificada no seio da nossa Corte Suprema, é uma aplicação da *teoria da transcendência dos motivos determinantes (ratio decidendi)* na seara do controle difuso de normas.

Nesse sentido, merecem destaque os seguintes julgados, que promoveram uma verdadeira "abstrativização" do controle difuso:

*   **RE 197.917/SP** — o Relator foi o Ministro Maurício Corrêa, cuja decisão, publicada no *DJ* de 7-5-2004, reduziu o número de vereadores do Município de Mira Estrela de 11 para 9, determinando que tal veredito só começasse a viger na próxima legislatura. Nesse julgado, a Corte Suprema conferiu efeito transcendente aos próprios motivos determinantes que ampararam o julgamento plenário do RE 197.917/SP. Resultado: aplicou, ao Egrégio Tribunal Superior Eleitoral, o efeito vinculante, emergente da própria *ratio decidendi*, que ensejou o julgamento do referido caso. Dito de outro modo: a decisão do Supremo vinculou o Tribunal Eleitoral, que teve de seguir os *motivos determinantes* por ele fixados. E, nada obstante o fato de que a declaração de inconstitucionalidade foi proferida no campo do controle difuso, veja-se que a Corte conferiu eficácia *ex nunc* em sua decisão, a qual só deveria atingir a próxima legislatura. Desse modo, os

250 ◆ Uadi Lammêgo Bulos ◆

Juízes do Tribunal evitaram que certas situações constituídas ficassem desamparadas, justificando-se, assim, a eficácia *pro futuro* do julgado;

- **HC 82.959/SP** — o Relator foi o Ministro Marco Aurélio, cuja decisão, proferida em 23-2-2006, declarou, no caso concreto, via controle difuso, a inconstitucionalidade da proibição da progressão de regime de cumprimento de pena nos crimes hediondos (Lei n. 8.072/90, art. 2º, § 1º). Por unanimidade, a Corte decidiu que a declaração incidental de inconstitucionalidade do preceito legal em questão não gerará consequências jurídicas com relação às penas já extintas nessa data, pois a decisão plenária envolve, unicamente, o afastamento do óbice representado pela norma ora declarada inconstitucional, sem prejuízo da apreciação, caso a caso, pelo magistrado competente, dos demais requisitos pertinentes ao reconhecimento da possibilidade de progressão. Quer dizer, o Supremo Tribunal Federal saiu do raciocínio ortodoxo de que, no controle difuso, a arguição de inconstitucionalidade somente ocorre incidentalmente, como questão prejudicial, para, desse modo, aplicar a tese da transcendência da *ratio decidendi*; e
- **Recl. 4.335/AC** — o Relator foi o Ministro Gilmar Mendes, cuja decisão, proferida em 1º-2-2007, procurou aproximar o controle difuso do controle concentrado de normas. Concluiu Sua Excelência, e com acerto, que o art. 52, X, que proclama a suspensão da executoriedade pelo Senado da lei inconstitucional, apenas confere publicidade, no *Diário do Congresso*, ao ato que o próprio Supremo declarou contrário à Constituição. Como essa declaração do Supremo, em sede de controle difuso, é geral (*erga omnes*), todos devem obediência a ela, independentemente do que preconiza a regra do referido art. 52, X, da Carta Maior.

A aplicação da *teoria da transcendência dos motivos determinantes* no controle difuso merece aplausos, porque serve para concretizar os princípios da supremacia constitucional, da força normativa da constituição, da economia, celeridade e efetividade processuais (CF, art. 5º, LXXVIII).

Entendemos que o uso da *transcendência*, com caráter geral, *pro futuro* e vinculante, dos motivos determinantes da sentença proferida em sede de controle difuso não precisa de qualquer base legislativa para ser invocado. É desnecessário, por exemplo, submeter os arts. 52, X, e 97 da Carta Magna ao influxo de emendas constitucionais, a fim de adequá-los a certas exigências. Também é despiciendo movimentar o legislador processual para estabelecer regras nesse sentido.

A justificativa de tudo isso é muito simples: as decisões do Supremo Tribunal Federal devem ser obedecidas e levadas às últimas consequências, sob pena de se burlar o seu posto de guarda da Constituição (art. 102, *caput*). Daí o caráter *erga omnes* de suas deliberações autorizar, sem sombra de dúvida, o uso da reclamação em caso de desrespeito aos seus veredictos, inclusive aqueles proferidos em sede de controle difuso de normas.

Finalmente, o Superior Tribunal de Justiça já reconheceu que as sentenças proferidas em sede de controle difuso pelo Supremo Tribunal Federal possuem a contestável e natural vocação para se expandir, com eficácia vinculante para todos os tribunais brasileiros (STJ, REsp 828.106/SP, 1ª Turma, Rel. Min. Teori Albino Zavascki, *DJ* de 15-5-2006).

¤ **8.3.2. Efeitos da declaração de inconstitucionalidade no controle concentrado**

Efeitos das decisões do STF no controle concentrado
- efeitos gerais (*erga omnes*)
- efeitos repristinatórios
- efeitos retroativos (*ex tunc, ab initio* ou *ex origine*)
- efeitos prospectivos (*ex nunc, pro futuro* ou *a posteriori*)
- efeitos vinculantes (vinculatórios ou vinculativos)

A declaração de inconstitucionalidade concentrada começa a valer a partir da **publicação da ata de julgamento no DJU** — *Diário de Justiça da União*, independentemente do trânsito em julgado, "exceto nos casos excepcionais a serem examinados pelo Presidente do Tribunal, de maneira a garantir a eficácia da decisão" (STF, Recl. 2.576/SC, Rel. Min. Ellen Gracie, j. em 23-6-2004. Precedentes: ADIn 711 e Recl. 3.309).

◆ Cap. 6 ◆ CONTROLE DE CONSTITUCIONALIDADE

Quando o Supremo Tribunal Federal, no exercício do controle concentrado, declara a inconstitucionalidade normativa, vários efeitos defluem de sua decisão.

Isso porque, como já dissemos, os efeitos da declaração de inconstitucionalidade, inclusive na via abstrata, são um *pluribus in unum*, uma *diversidade dentro da unidade*.

Do mesmo modo que ocorre com os efeitos no controle difuso, na via abstrata não há certezas absolutas.

Se existem regras, também encontramos exceções, consagradas, inclusive, em sede legislativa, a exemplo do que fez a Lei n. 9.868/99 (art. 27).

Para facilitar o estudo do assunto, catalogamos, a seguir, os efeitos que as decisões do Supremo Tribunal Federal podem apresentar em sede de controle concentrado de constitucionalidade, a saber:

1º) efeitos gerais (*erga omnes*);

2º) efeitos repristinatórios;

3º) efeitos retroativos (*ex tunc, ab initio* ou *ex origine*);

4º) efeitos prospectivos (*ex nunc, pro futuro* ou *a posteriori*); e

5º) efeitos vinculantes.

Examinemos as características de cada um.

- **Efeitos gerais (*erga omnes*)** — a declaração abstrata de inconstitucionalidade, pelo Supremo Tribunal Federal, alcança a todos, indistintamente. Seus efeitos são genéricos e automáticos.

Aqui é diferente da decisão proferida no controle difuso, que só atinge a todos depois que o Senado suspende a executoriedade da lei declarada inconstitucional pelo Supremo (art. 52, X).

Assim, as decisões do Supremo Tribunal Federal, em sede de jurisdição concentrada, logram a eficácia *erga omnes*, porque estendem-se a todos e não apenas aos litigantes envolvidos no caso *sub judice*.

Mas frise-se bem: os atos praticados com base na lei inconstitucional que não foram afetados, de nenhuma maneira, pelo veredito do Pretório Excelso continuam válidos.

Em tais hipóteses excepcionais, seria ilógico admitir a eficácia *erga omnes* das decisões do Supremo. As técnicas de defesa da constituição desservem ao formalismo exacerbado. Não devem, e não podem, ser utilizadas como instrumentos de odiosidade pública, empreendendo a discussão de matérias que não mais comportam questionamentos, porquanto acobertadas pelo manto da segurança jurídica e do bom senso.

Aliás, nos idos de 1977, o Supremo Tribunal Federal proclamou que somente são afetados pela declaração de inconstitucionalidade os atos sujeitos a revisão ou impugnação.

> **Precedente:** STF, RE 86.056, Rel. Min. Rodrigues Alckmin, *DJ* de 1º-7-1977.

Na verdade, é engano pensar que a eficácia *erga omnes* depura, por completo, a ordem jurídica. O que ela faz é estabelecer as condições para eliminar "os atos singulares suscetíveis de revisão ou de impugnação" (Gilmar Ferreira Mendes, *Controle concentrado de constitucionalidade*, p. 335).

- **Efeitos repristinatórios** — são os que revalidam normas revogadas, ressuscitando-lhes, automaticamente, os efeitos.

> **Distinção entre efeito repristinatório e norma aparentemente revogada:** *efeito repristinatório do controle abstrato de normas* (reentrada em vigor da *norma aparentemente* revogada) não se confunde com *repristinação* (reentrada em vigor da norma *efetivamente* revogada). (**Nesse sentido:** Clèmerson Merlin Clève, *A fiscalização abstrata da constitucionalidade no direito brasileiro*, p. 250). Sobre o princípio da repristinação, *v.* o Cap. 9, n. 7, *c*.

A justificativa para a *eficácia repristinatória* é a própria nulidade das normas inconstitucionais.

> **Nesse sentido:** STF, ADIn 2.215-MC/PE, voto do Ministro Celso de Mello, decisão de 17-4-2001.

Por isso, no exato momento em que o Supremo publica a sua decisão, cassando a constitucionalidade do ato normativo, voltam à vigência as previsões legais que haviam sido revogadas pela lei declarada inconstitucional.

Significa dizer que a amplitude dos efeitos genéricos ou *erga omnes* do controle abstrato enseja a *eficácia repristinatória*.

Essa eficácia é automática. Nem precisa vir anunciada no acórdão para tornar-se válida. Subtende-se dele.

Exemplificando, suponhamos que uma portaria foi revogada por determinada lei. Em seguida, o Supremo declarou a inconstitucionalidade da aludida lei, embora nem saiba da existência daquela portaria. Mesmo assim, esta última repristinou.

Logo, a sentença do Pretório Excelso ressuscita, de modo automático, os efeitos da portaria, dantes revogada pela norma impugnada. Eis a *eficácia repristinatória*.

Em sede legislativa, o art. 11, § 2º, da Lei n. 9.868/99, previu *eficácia repristinatória*:

"A concessão da medida cautelar torna aplicável a legislação anterior acaso existente, salvo expressa manifestação em sentido contrário".

Veja-se que o dispositivo em tela se dirigiu, apenas, às medidas cautelares.

Parece-nos, todavia, que também se incluem, nesse contexto, as decisões de mérito, proferidas em sede de ação direta, de ação declaratória e de arguição de preceito fundamental.

> **Art. 11, § 2º, da Lei n. 9.868/99:** "A declaração de inconstitucionalidade *in abstracto*, de um lado, e a suspensão cautelar de eficácia do ato reputado inconstitucional, de outro, importam — considerado o efeito repristinatório que lhes é inerente — em restauração das normas estatais revogadas pelo diploma objeto do processo de controle normativo abstrato. Esse entendimento — hoje expressamente consagrado em nosso sistema de direito positivo (Lei n. 9.868/99, art. 11, § 2º) —, além de refletir-se no magistério da doutrina, também encontra apoio na própria jurisprudência do Supremo Tribunal Federal, que, desde o regime constitucional anterior, vem reconhecendo a existência de efeito repristinatório nas decisões desta Corte Suprema, que, em sede de fiscalização normativa abstrata, declaram a inconstitucionalidade ou deferem medida cautelar de suspensão de eficácia dos atos estatais questionados" (STF, ADIn 2.621-MC/DF, Rel. Min. Celso de Mello, j. em 1º-8-2002, *DJ* de 8-8-2002, p. 153).

Vale registrar que os efeitos repristinatórios vêm consubstanciados nas Constituições de Portugal (art. 282º, 1), Áustria (art. 140, 6) e Alemanha (Lei Fundamental da Corte Constitucional, art. 35).

Em nosso país, a jurisprudência do Supremo Tribunal Federal, ao reconhecer a *eficácia repristinatória*, entende que dado preceito, supostamente revogado por uma norma inconstitucional, mantém-se em pleno vigor.

> **Precedentes:** STF, ADIn 2.028, Rel. Min. Celso de Mello, *RTJ*, *146*:461-462; STF, ADIn 2.036/DF, Rel. Min. Moreira Alves; STF, Repr. 1.077/RJ, Rel. Min. Moreira Alves. O Pretório Excelso posiciona-se nesse sentido desde a vigência da ordem constitucional passada: *RTJ*, *101*:499, *120*:64.

Mas o efeito repristinatório sempre é vantajoso?

Quando empreendido nos lindes da *razoabilidade* e da *ponderação*, conjugando-se os arts.11, § 2º, e 27 da Lei n. 9.868/99, sim.

Porém, se o efeito repristinatório calcar-se em juízo notadamente político, alheio ao pórtico da supremacia constitucional, gerando caos e desarmonia sociais, não. Nessa hipótese, será, além de indesejado, contrário às linhas-mestras da *Lex Mater*.

> **Efeito repristinatório indesejado:** "A reentrada em vigor da norma revogada nem sempre é vantajosa. O efeito repristinatório produzido pela decisão do Supremo, em via de ação direta, pode dar origem ao problema da legitimidade da norma revivida. De fato, a norma reentrante pode padecer de inconstitucionalidade ainda mais grave que a do ato nulificado. Previne-se o problema com o estudo apurado das eventuais consequências que a decisão judicial haverá de produzir. O estudo deve ser levado a termo por ocasião da propositura, pelos legitimados ativos, de ação direta de inconstitucionalidade. Detectada a manifestação de eventual eficácia repristinatória indesejada, cumpre requerer, igualmente, já na inicial da ação direta, a declaração da inconstitucionalidade, e, desde que possível, a do ato normativo ressuscitado" (STF, ADIn 2.621-MC/DF, Rel. Min. Celso de Mello, *DJ* de 8-8-2002, p. 153). **Advertência:** para a Corte Excelsa a eventual declaração de inconstitucionalidade de dispositivos impugnados não detém o condão de restaurar a eficácia de normas constitucionais originárias de idêntico conteúdo material. Logo, arguida na petição inicial a declaração de inconstitucionalidade, descabe ação direta contra normas constitucionais originárias. Nesse sentido: STF, ADIn 2.883/DF, Rel. Min. Gilmar Mendes, decisão de 30-8-2006; STF, ADIn 2.760/DF, Rel. Min. Joaquim Barbosa, decisão de 30-8-2006.

◆ Cap. 6 ◆ CONTROLE DE CONSTITUCIONALIDADE

- **Efeitos retroativos (*ex tunc, ab initio* ou *ex origine*)** — no controle concentrado, os efeitos da declaração de inconstitucionalidade são retroativos (eficácia *ex tunc, ab initio* ou *ex origine*). Voltam no tempo e alcançam as condutas pretéritas, praticadas sob a égide da lei declarada inconstitucional.

Para ilustrar, imaginemos que alguém esteja preso. O Pretório Excelso declara, em sede de ação direta genérica, a inconstitucionalidade do preceito incriminador que alicerçou a prisão. Sem dúvida, caberá *habeas corpus*. E, se a condenação tiver transitado em julgado, o condenado poderá ajuizar revisão criminal, fulminando, assim, o ato condenatório. É que sentenças judiciais embasadas em normas inconstitucionais encontram-se destituídas de efeitos jurídicos. A inobservância desse princípio acarreta o direito à indenização pelos danos materiais e morais decorrentes da prisão baseada na lei declarada inconstitucional (CF, art. 37, § 6º).

A título de curiosidade, vale lembrar que, na Alemanha, a *Lei do Tribunal Constitucional* o autoriza a acatar os pedidos de revisão criminal, interpostos contra sentenças condenatórias que se consubstanciaram em normas declaradas inconstitucionais (§ 79, n. 1).

> **Nesse sentido:** Jörn Ipsen, *Rechtsfolgen der Verfassungswidrigkeit von Normen und Einzelakt*, p. 170 e s.

No ordenamento jurídico brasileiro não há preceito semelhante.

Seja como for, os efeitos da declaração de inconstitucionalidade no controle concentrado desfazem, desde a origem, o ato que o Supremo considerou contrário à Constituição, nulificando todas as consequências dele advindas.

A jurisprudência do Pretório Excelso é firme nesse sentido, pois parte da premissa de que as normas contrárias à Carta Magna são nulas, e, por isso mesmo, despojadas de qualquer carga de eficácia jurídica.

> **Precedentes:** STF, *RTJ, 82*:791, *87*:758, *89*:367, *146*:461, *164*:506. **Doutrina:** alguns dizem que as leis inconstitucionais são nulas (Black, Kent e Marshall). Outros, anuláveis (Hans Kelsen). Há ainda os que defendem a inexistência delas (Francisco Campos). **Jurisprudência:** prevalece no Supremo Tribunal Federal o entendimento de que as leis inconstitucionais são nulas. Registre-se, contudo, que no próprio Supremo houve uma decisão que aderiu à tese kelseniana da anulabilidade: "Acertado se me afigura, também, o entendimento de que não se deve ter como nulo *ab initio* ato legislativo, que entrou no mundo jurídico munido de presunção de validade, impondo-se, em razão disso, enquanto não declarado inconstitucional, à obediência pelos destinatários dos seus comandos. Razoável é a inteligência, a meu ver, de que se cuida, em verdade, de ato anulável" (RE 79.343/BA, Rel. Min. Leitão de Abreu, decisão de 31-5-1977, *RTJ, 82*:795). Esse posicionamento em nada alterou a tese da nulidade *ipso jure* dos atos inconstitucionais, prevalecente na jurisprudência do Pretório Excelso e sustentada por estudiosos de escol (Ruy Barbosa, Alfredo Buzaid, Castro Nunes et al.).

É que, como dissemos, vigora no Brasil o *regime da sanção de nulidade* (*v.* Cap. 5, n. 7.1).

Resultado: a declaração abstrata de inconstitucionalidade, exercida em sede de controle concentrado, nulifica os atos emanados dos Poderes Públicos.

> **Atos pretéritos:** "A declaração de inconstitucionalidade de uma lei alcança, inclusive, os atos pretéritos com base nela praticados, eis que o reconhecimento desse supremo vício jurídico, que inquina de total nulidade os atos emanados do Poder Público, desampara as situações constituídas sob sua égide e inibe — ante a sua inaptidão para produzir efeitos jurídicos válidos — a possibilidade de invocação de qualquer direito" (STF, Pleno, ADIn 652-5-QO/MA, Rel. Min. Celso de Mello, v. u., j. em 2-4-1992, *DJ* de 2-4-1993, *Ementário de Jurisprudência* n. 1698-3).

Mas a regra do *regime da sanção de nulidade* não é um dogma imutável e absoluto, insuscetível de flexibilizações e abrandamentos. Em alguns casos excepcionais, o próprio Supremo Tribunal Federal flexibilizou a regra, admitindo a retroatividade da decisão que declarou a inconstitucionalidade normativa.

O reconhecimento dessas situações esporádicas não é algo novo: o Tribunal Constitucional alemão, por exemplo, tem modulado os efeitos temporais da declaração de inconstitucionalidade, flexibilizando o dogma da nulidade da lei inconstitucional, mediante o uso: a) da declaração da inconstitucionalidade sem pronúncia da nulidade; b) da declaração da norma ainda constitucional, mas em trânsito para a inconstitucionalidade; c) do apelo ao legislador; d) da interpretação conforme à Constituição; e d) da declaração de inconstitucionalidade sem redução do texto. A jurisprudência do Supremo Tribunal Federal reconhece, no Brasil, a possibilidade de uso de todas essas técnicas.

Não raro, a Corte Excelsa assegurou:

• o primado da boa-fé e o princípio da aparência nas relações sociais, considerando válidos os atos praticados por servidor público com base em lei declarada inconstitucional; e

> **Precedente:** STF, RE 78.533/SP, Rel. Min. Décio Miranda, *RTJ*, *100*:1086.

• a garantia do princípio da irredutibilidade de vencimentos da magistratura, concluindo que a "retribuição declarada inconstitucional não é de ser devolvida no período de validade inquestionada da lei declarada inconstitucional — mas tampouco paga após a declaração de inconstitucionalidade" (STF, RE 122.202, Rel. Min. Francisco Rezek, *DJU* de 8-4-1994).

Além desses dois exemplos, extraídos da jurisprudência do Supremo, o abrandamento à regra da sanção de nulidade também incide:

• para garantir a coisa julgada — vereditos do Supremo que decretam a inconstitucionalidade normativa, a despeito de apresentarem eficácia geral (*erga omnes*), não podem passar por cima de sentenças transitadas em julgado, proferidas com lastro em leis consideradas *constitucionais* à época do fato. Assim, decorrido o prazo legal para ajuizamento da ação rescisória, operando-se decadência da rescisão, já não será possível desfazer o julgado, ainda que ele tenha sido prolatado com base em lei posteriormente declarada inconstitucional pelo Pretório Excelso. Do contrário, a instabilidade e o caos estariam implantados; e

> **Nesse sentido:** Sacha Camon Navarro Coelho, Da impossibilidade jurídica de ação rescisória de decisão anterior à declaração de inconstitucionalidade pelo Supremo Tribunal Federal no Direito Tributário, *CDTFP*, *15*:200.

• na proibição do enriquecimento sem causa — quando a Administração Pública se beneficia de uma relação jurídica, locupletando-se com base em norma declarada inválida, o particular de boa-fé tem direito à indenização correspondente.

> **Sobre o tema:** Celso Antônio Bandeira de Mello, O princípio do enriquecimento sem causa em direito administrativo, *RDA*, *210*:25; Uadi Lammêgo Bulos, Boa-fé — Enriquecimento ilícito — Competência do STJ para Julgar Princípio Geral de Direito — Licitação — Razoabilidade (Parecer), *BLC*, *1*:4-24.

Tais atenuações à regra da nulidade da lei inconstitucional encontram sequência no estudo dos efeitos da sentença que se produzem para o futuro, senão vejamos.

• **Efeitos prospectivos (*ex nunc, pro futuro* ou *a posteriori*)** — a Lei n. 9.868, de 10 de novembro de 1999, no seu art. 27, admitiu que a declaração de inconstitucionalidade não retroagisse ao início da vigência da lei: "Ao declarar a inconstitucionalidade de lei ou ato normativo, e tendo em vista razões de segurança jurídica ou de excepcional interesse social, poderá o Supremo Tribunal Federal, por maioria de dois terços de seus membros, restringir os efeitos daquela declaração ou decidir que ela só tenha eficácia a partir de seu trânsito em julgado ou de outro momento que venha a ser fixado".

Esse preceito permitiu ao Supremo Tribunal Federal restringir ou limitar, de modo *lógico-razoável*, os efeitos da declaração abstrata de inconstitucionalidade.

> **Modelo português:** em Portugal, a Constituição de 1982 consagrou norma de idêntico teor (art. 281º, n. 4). Informam Gomes Canotilho e Vital Moreira que esse preceito autorizou o Tribunal Constitucional lusitano a "manipular com certa amplitude os efeitos das sentenças, abrindo-lhe a possibilidade de

◆ Cap. 6 ◆ CONTROLE DE CONSTITUCIONALIDADE

255

exercer poderes tendencialmente normativos, embora vinculados aos pressupostos objectivos constitucionalmente fixados (segurança jurídica, razões de equidade ou interesse público de excepcional relevo)" (*Constituição da República Portuguesa anotada*, p. 1042). Cf. Rui Medeiros, *A decisão de inconstitucionalidade*, p. 729.

Desse modo, excepcionou a regra da eficácia *ex tunc*, que acabamos de estudar, flexibilizando o dogma da nulidade da lei inconstitucional.

Ao atenuar o *regime da sanção de nulidade* em nosso país, a Lei n. 9.868/99 deu ao Supremo Tribunal Federal margem de manobra para *manipular, graduar, restringir, limitar* ou *modular* os efeitos da declaração abstrata de constitucionalidade.

Novidade legislativa: a referida Lei n. 9.868/99 dispõe "sobre o processo e julgamento da ação direta de inconstitucionalidade e da ação declaratória de constitucionalidade perante o Supremo Tribunal Federal". Os efeitos prospectivos, do ponto de vista legislativo, constituem uma inovação da Lei n. 9.868/99. Lembre-se de que a Lei n. 9.882/99, que trata da arguição de preceito fundamental, também os previu (art. 11).

Resultado: em sede de ação direta de inconstitucionalidade, ação declaratória de inconstitucionalidade e arguição de preceito fundamental, a decisão do Pretório Excelso pode apresentar eficácia *ex nunc* ou *pro futuro*.

Alteração de limites de Município e efeito *ex nunc* da declaração de inconstitucionalidade: o Supremo Tribunal, aplicando efeitos *ex nunc*, declarou a inconstitucionalidade do art. 51 do Ato das Disposições Constitucionais Transitórias da Constituição do Estado da Paraíba, que alterava limites territoriais do Município do Conde. Para a Corte, ofendeu-se o art. 18, § 4º, da Carta Maior, pois a redefinição dos limites territoriais do Município não foi precedida de prévia consulta plebiscitária das populações envolvidas. Justificou a aplicação dos efeitos *ex nunc*, em face da adoção do rito do art. 12 da Lei n. 9.868/99, porque, na espécie, a norma hostilizada permanecera em vigor por dezesseis anos, período em que diversas situações jurídicas foram consolidadas, notadamente nos âmbitos financeiro, tributário e administrativo, que deveriam ser mantidas, sob pena de ofensa à segurança jurídica (STF, Pleno, ADIn 3.615/PB, Rel. Min. Ellen Gracie, decisão de 30-8-2006).

Assim, o Supremo Tribunal Federal, na declaração concentrada, pode proferir sentença com eficácia não retroativa, cujos efeitos sejam prospectivos, a partir do seu trânsito em julgado.

Aplicação analógica da Lei n. 9.868/99: embora estejamos fazendo referência à Corte Suprema, nada impede de os Tribunais de Justiça dos Estados e os Tribunais Regionais Federais também aplicarem, por analogia, a Lei n. 9.868/99, porque inexiste obstáculo intransponível, exceto numa ótica estritamente formalista, à qual não aderimos. Aliás, o Tribunal de Justiça do Rio Grande do Sul, ao julgar o mérito de uma ação direta de inconstitucionalidade de lei municipal, invocou o art. 27 da Lei n. 9.868/99. Evitou a ocorrência de dano irreparável a terceiros adquirentes de boa-fé. Em nome do interesse social, fixou o termo de eficácia da sentença declaratória de inconstitucionalidade a partir do dia em que havia sido deferida a liminar. Conferiu, assim, efeitos prospectivos à sentença declaratória de inconstitucionalidade, modulando-a temporalmente (TJRS, ADIn 70003026564, Rel. Des. Clarindo Favretto, j. em 16-9-2002).

Cumpre advertir que a tendência de conferir às declarações abstratas de inconstitucionalidade efeitos futuros é antiga.

Mauro Cappelletti notou que na Áustria, Alemanha, Itália, e até mesmo nos Estados Unidos, exigências práticas ensejaram uma elasticidade na doutrina da eficácia *ex tunc*. Nesses países, a força do pragmatismo flexibilizou o rigorismo teórico da irretroatividade (*O controle judicial de constitucionalidade das leis no direito comparado*, p. 122).

Particularmente na Áustria, sob a égide da Carta de 1920, reformada em 1929, o Tribunal Constitucional austríaco consolidou sua jurisprudência no sentido de que as leis ou atos normativos inconstitucionais são anuláveis, e, por isso, seus efeitos só se voltam para o futuro (eficácia *ex nunc*).

Nesse sentido: Charles Eisenmann, *La justice constitutionelle et la haute cour constitutionelle d'Autriche*, p. 226.

Também com o fito de evitar excessos, há um forte movimento na Espanha no sentido de mitigar o rigorismo dos efeitos *ex tunc* da sentença que declara a inconstitucionalidade, donde insurge o critério prospectivo ou *ex nunc*.

> **Conferir:** Eduardo García de Enterría, *La constitución como norma y el tribunal constitucional*, p. 182.

Alguns países da América Latina têm seguido essa diretriz, permitindo que os efeitos da declaração abstrata de inconstitucionalidade logrem eficácia *pro futuro*, é dizer, não retroativa.

No Panamá, México, Colômbia, Guatemala, Bolívia, Venezuela, Peru e Equador, por exemplo, a sentença que declara a inconstitucionalidade apresenta efeitos *ex nunc*.

> **Sobre o ponto:** Domingo Garcia Belaunde e Francisco Fernandez Segado, *La jurisdicción jurisdiccional en Iberoamérica*, p.156.

Isso não significa, de modo algum, o abandono da regra que homenageia os efeitos gerais ou *erga omnes* no controle concentrado. Trata-se, apenas, da consagração do princípio que permite ao órgão de cúpula do Poder Judiciário — a exemplo do nosso Supremo Tribunal Federal — *manipular* os efeitos da declaração abstrata de inconstitucionalidade, com larga dose de *discricionariedade* e *razoabilidade*, ponderando interesses em disputa.

Eis o que os portugueses rubricaram de *manipulação dos efeitos das sentenças declaratórias de inconstitucionalidade* e os italianos de decisões manipulativas de efeitos aditivos (*decisioni manipulative*), técnica também conhecida sob as denominações *graduação* ou *modulação temporal, limitação* ou *restrição dos efeitos da declaração de inconstitucionalidade*.

> **Vide:** J. J. Gomes Canotilho, *Direito constitucional*, p. 1075; Giustino D'Orazio, Le sentenze costituzionali additive tra esaltazione e contestazione, *Rivista Trimestralle di Diritto Pubblico*, Milano, n. 1, 1992.

Tal *manipulação* faculta à Corte Suprema limitar ou restringir os efeitos temporais da declaração abstrata de inconstitucionalidade.

Seu objetivo é adequar a eficácia das sentenças de inconstitucionalidade às situações da vida, mitigando a excessiva rigidez que pode advir desse contexto.

Daí a possibilidade de o Supremo Tribunal Federal dosar os efeitos retroativos (*ex tunc*) da decisão de inconstitucionalidade, o que lhe permite fazer uma ponderação entre as normas declaradas inconstitucionais e as normas constitucionais aferidoras de *valores supremos*, tais como a moralidade, a boa-fé, a coisa julgada, a razoabilidade, a irredutibilidade de vencimentos, a proibição do enriquecimento ilícito, a primazia dos valores decorrentes da cláusula do devido processo legal etc.

Então abre-se ao Poder Judiciário uma porta, uma válvula de segurança, para driblar as consequências gravosas de um nocivo formalismo cego.

Faculta-se-lhe, pois, manipular a eficácia *erga omnes* da declaração de inconstitucionalidade, limitando os efeitos temporais de sua decisão.

Em vez de nulificar, *ex origine*, todos os atos praticados com base na lei inconstitucional, o tribunal confere à sentença eficácia *ex nunc*. Como tais efeitos voltam-se para o futuro, não é possível haver retroatividade nem repristinação.

Para que seja assim, o art. 27 da Lei n. 9.868/99 estatui duas exigências:

1ª) *exigência formal-procedimental* — o Supremo só poderá restringir os efeitos da declaração de inconstitucionalidade se, no dia do julgamento, estiverem presentes, pelo menos, oito ministros; e

2ª) *exigência material-substancial* — o Supremo apenas poderá restringir os efeitos de sua decisão tendo em vista *razões de segurança jurídica* ou de *excepcional interesse social*.

Algumas observações advêm desse contexto.

Em primeiro lugar, a *exigência formal-procedimental* consagra a regra da maioria qualificada, ou seja, somente com a presença de 2/3 dos membros da Corte pode acontecer a manipulação da eficácia do veredito pretoriano. Ora, a possibilidade de ponderar interesses não é atribuição corriqueira, e sim acontecimento de grande relevo. O que se busca, com esse mecanismo, é a concretização de valores

◆ Cap. 6 ◆ CONTROLE DE CONSTITUCIONALIDADE   257

constitucionais, em última análise, da própria supremacia da Carta Magna, que deve ser concebida como um todo, e não em pedaços ou partes.

Em segundo, a restrição dos efeitos da declaração de inconstitucionalidade só pode ocorrer no campo do controle concentrado, e não no do controle difuso.

> **Nem todos pensam como nós:** o Ministro Gilmar Ferreira Mendes, do Supremo Tribunal Federal, por exemplo, admite a manipulação dos efeitos da declaração de inconstitucionalidade em sede de controle difuso. Proferiu voto no sentido de conhecer e desprover embargos, defendendo a aplicação do art. 27 da Lei n. 9.868/99 (STF, RE 256.588/RJ, Rel. Min. Ellen Gracie, j. em 30-10-2002). Noutra assentada, Sua Excelência declarou, em sede de controle difuso, a inconstitucionalidade *pro futuro* (STF, RE 197.917/SP, Rel. Min. Maurício Corrêa, j. em 10-4-2003). Há outros julgados sedimentados nessa mesma linha de pensamento (STF, ADIn 1.498-EDecl./RS, Rel. orig. Min. Ilmar Galvão, Rel. p/ acórdão Min. Marco Aurélio, j. em 10-4-2003).

Em terceiro, tal restrição só pode acontecer no exato momento em que a ação direta estiver sendo apreciada pelo quórum mínimo de oito ministros da Corte. Proclamado o resultado do julgamento, a eficácia da sentença do Supremo não mais poderá ser manipulada, seja para atribuir-lhe eficácia *ex nunc*, seja para negar-lhe efeitos repristinatórios.

Em quarto, o princípio pelo qual, declarada a inconstitucionalidade de lei revogadora de outra lei, restaura-se a norma revogada submete-se ao juízo de conveniência e oportunidade do quórum de 2/3 dos ministros do Supremo, no sentido de que a Corte Excelsa poderá decidir — mediante avaliação discricionária — que a norma a ser restaurada não deve ser aplicada, em nome do interesse social. Decerto, a inteligência do art. 27 da Lei n. 9.868/99 é no sentido de que mesmo se a norma revogada for constitucional, não convém ser ela aplicada caso cause profundas injustiças e danos irreparáveis à segurança das relações jurídicas.

> **Necessidade de abrandamento:** a jurisprudência do Supremo Tribunal Federal ainda não despertou para o que aí está dito. Basta ver que a Corte exige a cumulação de pedidos sucessivos (declaração de inconstitucionalidade de norma superveniente e declaração de inconstitucionalidade da norma anterior por ela revogada) como condição para o conhecimento da ação direta (STF, ADIn 2.215-6-MC, Rel. Min. Celso de Mello, *DJU* de 26-4-2001, p. 5). Certamente, a ponderação de valores constitucionais supremos permite à Corte trilhar outro rumo, abrandando a exigência do pedido cumulado aí descrita.

Em quinto, os pressupostos formal e material devem ser observados em conjunto, não em separado. Pelo quórum mínimo de oito ministros, o Pretório Excelso pode restringir os efeitos da sua decisão se estiverem em jogo *motivos de segurança jurídica* ou de *excepcional interesse social.*

Em sexto, a noção do que sejam *razões de segurança jurídica* ou de *excepcional interesse social* deve ser tomada em sentido amplo, porque no momento que o legislador — corretamente, a nosso ver — confere ao Pretório Excelso o poder de ponderar quanto aos valores em disputa, abre-se uma gama enorme de possibilidades de concretização constitucional à luz de um juízo de conveniência e oportunidade, algo que suplanta, em muito, o mero ato de decretar a inconstitucionalidade normativa.

> **Modulação temporal dos efeitos da declaração de inconstitucionalidade:** o Supremo, por maioria de votos, rejeitou embargos de declaração opostos pelo Governador do Estado do Amazonas contra acórdão que julgara parcialmente procedente pedido formulado em ação direta para declarar a inconstitucionalidade de dispositivos de lei estadual. Sustentava-se, na espécie, a ocorrência de omissão, ao fundamento de não se ter levado em conta a impossibilidade material de retroação dos efeitos do acórdão embargado a período anterior a sua prolação. Buscava-se que fossem atribuídos efeitos *ex nunc* ao referido julgado. A Corte concluiu não estar caracterizada a omissão apontada, e que o recurso visaria, na verdade, dirimir casos concretos relacionados com a conjuntura de Municípios do Estado do Amazonas. Vencidos os Ministros Gilmar Mendes, Carlos Britto e Ellen Gracie, que acolhiam os embargos de declaração por considerar que a manutenção da eficácia *ex tunc* à declaração acarretaria sérios problemas de recomposição dos valores, salientando que a aplicação do art. 27 da Lei n. 9.868/99, ao caso, justificar-se-ia diante do *princípio constitucional da segurança jurídica* (STF, ADIn 2.728-ED/AM, Rel. Min. Marco Aurélio, 19-10-2006).

Em sétimo, o Supremo não poderá manipular os efeitos de sentenças condenatórias transitadas em julgado, no sentido de permitir a retroatividade da lei penal mais severa, contrariando, assim, o mandamento insculpido no art. 5º, LV, da Carta de 1988. Aliás, normas incriminadoras de Direito Criminal estão fora desse contexto.

Em oitavo, será juridicamente impossível a Corte restringir os efeitos da declaração de inconstitucionalidade depois que a decisão sair publicada no *Diário Oficial*. Isso porque a norma foi expurgada da ordem jurídica. Inexiste a mínima possibilidade de manipular pauta jurídica inexistente.

Por outro lado, não nos parece que a possibilidade de o Supremo manipular os efeitos da sentença de inconstitucionalidade, conferida pela Lei n. 9.868/99, desvirtue o controle concentrado, desde que sejam observados os princípios e pressupostos que informam a ordem constitucional brasileira, concebidos à luz da *razoabilidade*.

Claro que a legislação sobre o tema foi disposta em sentido amplo, sem descer a minúcias ou detalhamentos. Isso é um sinal de que a prudência é recomendada no exame da matéria, sob pena de, aí sim, ferir a manifestação constituinte originária.

Como prevalece, no Brasil, o regime da sanção de nulidade dos atos inconstitucionais, a regra é a da eficácia *ex tunc* e *erga omnes* da declaração de inconstitucionalidade.

Acontece, porém, que, em alguns casos, é preciso que as decisões pretorianas, em sede de controle concentrado de normas, logrem efeitos *ex nunc*.

Razões de ordem prática nem sempre aconselham imprimir às decisões do Supremo eficácia *ex tunc*.

Não raro, a retroatividade *ab initio* de uma sentença da Corte Excelsa pode gerar o caos, desconstituindo relações jurídicas travadas com base na boa-fé.

Ora, seria impossível alguém prever que o Poder Judiciário, um dia, iria decretar a inconstitucionalidade de ato que motivou a prática de uma conduta.

Daí a necessidade de flexibilizar-se o princípio de que a lei inconstitucional é nula, porque os efeitos *ex tunc* não são, e não podem ser, absolutos em todas as situações.

Aliás, como já dissemos, o Supremo Tribunal Federal, antes do advento da Lei n. 9.868/99, já limitava a eficácia *erga omnes* de sua sentença.

> **Nesse sentido:** STF, RE 122.202-6/MG, Rel. Min. Francisco Rezek, *DJ* de 8-4-1994, *RDA*, 202:171.

Isso demonstra o acerto da Lei n. 9.868/99 em desvincular os efeitos *ex tunc* e *erga omnes* da declaração abstrata de inconstitucionalidade.

Abrandaram, portanto, o rigorismo do nosso regime da sanção de nulidade, sem, contudo, fulminar--lhe os traços capitais.

Seguiram uma tendência irrefreável no panorama do constitucionalismo mundial.

Porém, muitos consideram os arts. 27 da Lei n. 9.868/99 e 11 da Lei n. 9.882/99 inconstitucionais, posição a que não aderimos.

> **Posição contrária à nossa:** Ives Gandra da Silva Martins, por exemplo, diz que o art. 27 da Lei n. 9.868/99 é inconstitucional, sob o argumento de que ele se basearia num princípio do Direito alemão que não se aplica no Brasil. Entende que a tradição jurídica pátria confere efeitos *ex tunc* e não *ex nunc* à declaração de inconstitucionalidade. Assevera que se a norma for inconstitucional "sua existência no mundo jurídico fica definitivamente prejudicada desde o seu surgimento" (Eficácia de decisões em controle concentrado de constitucionalidade, in *Direito processual:* inovação e perspectivas, p. 289).

Ações diretas de inconstitucionalidade, propostas pelo Conselho Federal da Ordem dos Advogados do Brasil, foram submetidas à apreciação do Pretório Excelso, precisamente para discutir a constitucionalidade do art. 27 da Lei n. 9.868/99 e do art. 11 da Lei n. 9.882/99.

Numa dessas ações, argumentou a OAB que a *manipulação* ofenderia o Estado Democrático de Direito (CF, art. 1º) e o princípio da legalidade (CF, art. 5º, II), permitindo "que atos normativos ou leis inconstitucionais, assim declarados por decisão do STF, produzam algum tipo de efeito em algum momento do tempo, mormente Medidas Provisórias que sequer têm, em sua edição, participação do Poder Legislativo" (Petição inicial da OAB da ADIn 2.231-8).

O Ministro Néri da Silveira, ao examinar a constitucionalidade do art. 11 da Lei n. 9.882/99, foi favorável à modulação temporal dos efeitos da declaração. Argumentou, com acerto, que, em se tratando de processo de natureza objetiva, não há norma constitucional que impeça o legislador ordinário de autorizar o Supremo a restringir, em casos excepcionais, por razões de segurança jurídica, os efeitos de suas decisões.

◆ Cap. 6 ◆ CONTROLE DE CONSTITUCIONALIDADE

Precedente: STF, ADIn 2.231-MC/DF, Rel. Min. Néri da Silveira, j. em 5-12-2001. Assim dispõe o mencionado art. 11 da Lei n. 9.882/99: "Ao declarar a inconstitucionalidade de lei ou ato normativo, no processo de arguição de descumprimento de preceito fundamental, e tendo em vista razões de segurança jurídica ou de excepcional interesse social, poderá o Supremo Tribunal Federal, por maioria de dois terços de seus membros, restringir os efeitos daquela declaração ou decidir que ela só tenha eficácia a partir de seu trânsito em julgado ou de outro momento que venha a ser fixado".

Já em sede de reclamação, o Ministro Moreira Alves considerou, em seu voto, inconstitucional a manipulação dos efeitos da declaração de inconstitucionalidade.

Posição do Ministro Moreira Alves: "É inconstitucional o art. 27, que vai contra aquilo que é imanente ao nosso sistema, ou seja, que o efeito dessas declarações é desconstitutivo, tendo em vista a circunstância de que nós temos, ao lado do controle concentrado, o controle difuso, e não é possível haver um controle com uma eficácia e outro com outra diferente quando eles visam, em última análise, ao mesmo objetivo" (STF, Recl. 1.880, Rel. Min. Maurício Corrêa, excerto do voto do Ministro Moreira Alves).

- **Efeitos vinculantes** — são aqueles que *ligam, prendem, submetem* as decisões do Supremo Tribunal Federal à comunidade como um todo.

No Brasil, o controle concentrado apresenta *efeitos vinculantes.*

Foi a Emenda Constitucional n. 7, de 1977, que os introduziu entre nós: "Art. 9º A partir da data da publicação da ementa do acórdão no Diário Oficial da União, a interpretação nele fixada terá força vinculante, implicando sua não observância negativa de vigência do texto interpretado". Tratava-se da *Representação interpretativa*, abolida pela Carta de 1988, e consagrada no Regimento Interno do Supremo Tribunal Federal: "Art. 187. A partir da publicação do acórdão, por suas conclusões e ementa, no Diário de Justiça da União, a interpretação nele fixada terá força vinculante para todos os efeitos". Em 1992, o efeito vinculante das decisões proferidas em sede de controle concentrado de normas constou no Projeto de Emenda à Constituição n. 130/92, apresentado pelo Deputado Roberto Campos. Promulgada a Emenda Constitucional n. 3, de 16-3-1993, ele foi incorporado à Constituição da República (art. 102, § 2º). No campo legislativo, as Leis n. 9.868/99 (art. 28) e 9.882/99 (art. 10, § 3º) previram o efeito vinculante para as decisões proferidas na ação declaratória de constitucionalidade, ação direta de inconstitucionalidade e arguição de preceito fundamental, respectivamente.

Na realidade, quando se diz que os julgados do Supremo apresentam, em sede de controle concentrado de normas, *efeitos vinculantes* é porque eles funcionam como *parâmetro de observância geral e obrigatória.*

Esse *parâmetro de observância geral e obrigatória* deriva do fato de que o Texto de 1988 elevou o Supremo Tribunal Federal ao posto de guardião da Constituição (CF, art. 102, *caput*).

Os órgãos estatais devem tomar como premissa o veredito pretoriano a partir do momento que ele transita em julgado.

A força obrigatória dos precedentes do Supremo advém do fato de que, no ordenamento jurídico pátrio, ele é quem profere a última palavra em matéria de jurisdição constitucional.

Por isso, ignorar os efeitos vinculantes advindos das sentenças da Corte Excelsa é desrespeitar a magnitude do Texto de 1988, cabendo, nesse caso, o uso da reclamação (CF, art. 102, I, *l*).

Nesse sentido: STF, Pleno, Recl. 556-9/TO, Rel. Min. Maurício Corrêa.

Cumpre observar que os efeitos vinculantes das decisões do Supremo Tribunal Federal prolatadas na seara do controle concentrado de constitucionalidade encontra respaldo *constitucional* e, também, *legal.*

A Constituição da República, no art. 102, § 2º, proclama:

"§ 2º As decisões definitivas de mérito, proferidas pelo Supremo Tribunal Federal, nas ações diretas de inconstitucionalidade e nas ações declaratórias de constitucionalidade produzirão eficácia contra todos e *efeito vinculante*, relativamente aos demais órgãos do Poder Judiciário e à administração pública direta e indireta, nas esferas federal, estadual e municipal" (grifamos).

De outra parte, a Lei n. 9.868/99, no art. 28, parágrafo único, é taxativa ao verberar:

"A declaração de constitucionalidade ou de inconstitucionalidade, inclusive a interpretação conforme a Constituição e a declaração parcial de inconstitucionalidade sem redução do texto, têm eficácia contra

260 ◆ Uadi Lammêgo Bulos ◆

todos e efeito vinculante em relação aos órgãos do Poder Judiciário e à Administração Pública federal, estadual e municipal".

> **Posição do STF:** o Supremo, em sua maioria, considerou esse preceito *constitucional*, vencidos os Ministros Ilmar Galvão, Moreira Alves e Marco Aurélio (STF, Recl. 1.880, Rel. Min. Maurício Corrêa, j. em 6-11-2002).

E a Lei n. 9.882/99, art. 10, § 3º, também aduz:
"A decisão terá eficácia contra todos e efeito vinculante relativamente aos demais órgãos do Poder Público".

Aliás, na jurisprudência do Supremo Tribunal Federal, há um interessante posicionamento. Trata-se do veredito do Ministro Néri da Silveira, para quem o efeito vinculante não tem natureza constitucional. Logo, o legislador ordinário poderá disciplinar a eficácia das decisões judiciais.

> **Precedente:** STF, ADIn 2.231-MC/DF, Rel. Min. Néri da Silveira, j. em 5-12-2001.

Vejamos, então, as principais dúvidas sobre o assunto.

O que são decisões vinculantes?

São as decisões capazes de transitar em julgado.

De onde vem o efeito vinculante?

O *efeito vinculante* é uma criação dos processualistas germânicos. Eles se esforçaram para encontrar uma maneira de garantir a efetividade das decisões prolatadas pela Corte Constitucional alemã. Objetivaram, com tal medida, assegurar força vinculante tanto à *parte dispositiva da decisão* (pronunciamento definitivo de mérito) como aos seus *fundamentos determinantes* (motivos jurídicos que justificaram a sentença). Buscou-se, assim, que as sentenças do Tribunal Constitucional alemão transcendessem o caso singular, servindo de bússola para orientar hipóteses futuras.

> **Fonte de inspiração:** o efeito vinculante do art. 102, § 2º, da Carta Maior inspirou-se no § 31, I, da Lei do Tribunal Constitucional alemão.

A eficácia vinculante só concerne à parte dispositiva, ou abrange os próprios fundamentos determinantes do julgado que o Supremo Tribunal Federal venha a proferir em sede de controle abstrato.

Embora a Carta de 1988 refira-se às "decisões definitivas de mérito", o efeito vinculante não se limita, apenas, à parte dispositiva da sentença. Alcança, também, os motivos ou fundamentos determinantes, para preservar a própria integridade hierárquica da *Lex Mater*. Do contrário, a força normativa, a supremacia formal e material das constituições restariam liquidadas. Esse posicionamento, porém, não é pacífico no acervo de jurisprudência do Supremo Tribunal Federal.

> **Julgados negando a transcendência dos motivos determinantes:** STF, ADC 1-1/DF, voto do Ministro Moreira Alves, p. 17; STF, Pleno, ADIn 1.850-MC, Rel. Min. Sepúlveda Pertence, j. em 2-9-1988, v. u., *DJ* de 27-4-2001, p. 57. **Julgados reconhecendo o caráter transcendente e vinculante dos fundamentos determinantes:** STF, Recl. 2.363/PA, Rel. Min. Gilmar Mendes; STF, Recl. 1.987/DF, Rel. Min. Maurício Corrêa. De nossa parte, filiamo-nos ao magistério do Ministro Celso de Mello, quando ensinou: "O efeito vinculante refere-se, também, à própria *ratio decidendi*, projetando-se, em consequência, para além da parte dispositiva do julgamento, *in abstracto*, de constitucionalidade ou de inconstitucionalidade. Essa visão do fenômeno da transcendência parece refletir a preocupação que a doutrina vem externando a propósito dessa específica questão, consistente no reconhecimento de que a eficácia vinculante não só concerne à parte dispositiva, mas refere-se, também, aos próprios fundamentos determinantes do julgado que o Supremo Tribunal Federal venha a proferir em sede de controle abstrato, especialmente quando consubstanciar declaração de inconstitucionalidade" (STF, Recl. 2.986-MC/SE, decisão de 11-3-2005).

Todo e qualquer assunto, discutido no seio do Pretório Excelso, adquire força vinculante?

Considerações marginais, coisas ditas de súbito ou de passagem (*obter dicta*), no calor dos debates, por força de argumentação, não apresentam efeito vinculante.

A eficácia vinculante pode ser relegada a segundo plano?

◆ Cap. 6 ◆ CONTROLE DE CONSTITUCIONALIDADE

O respeito e o acatamento às decisões do Supremo, proferidas em sede de ação direta de inconstitucionalidade, ação declaratória de constitucionalidade e arguição de descumprimento de preceito fundamental, postam-se como uma exigência intransponível no ordenamento jurídico brasileiro.

> **Entendimento do STF:** "Para efeito de controle abstrato de constitucionalidade de lei ou ato normativo, há similitude substancial de objetos nas ações declaratória de constitucionalidade e direta de inconstitucionalidade. Enquanto a primeira destina-se à aferição positiva de constitucionalidade a segunda traz pretensão negativa. Espécies de fiscalização objetiva que, em ambas, traduzem manifestação definitiva do Tribunal quanto à conformação da norma com a Constituição Federal. 3. A eficácia vinculante da ação declaratória de constitucionalidade, fixada pelo § 2º do artigo 102 da Carta da República, não se distingue, em essência, dos efeitos das decisões de mérito proferidas nas ações diretas de inconstitucionalidade" (STF, AgRg na Recl. 1.880/SP, Rel. Min. Maurício Corrêa, *Clipping do DJ* de 19-3-2004).

Efeito vinculante é o mesmo que "eficácia contra todos"?

Efeito vinculante não se confunde com *eficácia contra todos* (*erga omnes*). Existem diferenças. Enquanto o descumprimento das decisões com efeitos vinculantes exige o uso da reclamação, as sentenças *erga omnes* somente podem ser asseguradas, em caso de desrespeito, mediante recurso extraordinário. Ademais, o *geral* (*erga omnes*) nem sempre é *vinculante*: "A eficácia *erga omnes* da decisão que suspende os efeitos de uma norma se restringe a estender a todos essa suspensão, inclusive do Poder Legislativo, mas, ao contrário da eficácia vinculante, não impede que este reproduza total ou parcialmente a mesma norma em diploma legal posterior, o que implica em dizer que havendo tal reprodução se faz mister o ajuizamento de ação direta de inconstitucionalidade" (STF, ADIn 864/RS, Rel. Min. Moreira Alves, *RTJ, 151*:422).

Afinal, que é efeito vinculante?

O significado do que seja *efeito vinculante*, por força do art. 102, § 3º, da Carta Magna, e do art. 28, parágrafo único, da Lei n. 9.868/99, liga-se à ideia da obrigatoriedade de os órgãos do Poder Judiciário e da Administração Pública direta e indireta, nas esferas federal, estadual e municipal, pautarem o exercício de suas respectivas atribuições à exegese que o Supremo Tribunal Federal atribuir às questões submetidas ao seu veredito.

Quais as consequências da vinculação obrigatória?

A vinculação obrigatória acarreta procedência ou improcedência da ação declaratória de constitucionalidade, da ação direta de inconstitucionalidade ou da arguição de preceito fundamental, bem como da *declaração parcial de inconstitucionalidade sem redução do texto* e da *interpretação conforme à constituição*. Em caso de procedência da ação, a norma é expelida da ordem jurídica. Sendo improcedente, permanece.

> **Posição do STF:** o efeito vinculante pode atingir decisão proferida em sede de medida cautelar (STF, ADC 4-MC/DF, Rel. Min. Sydney Sanches, j. em 11-2-1998).

Juízes e tribunais estão submetidos ao efeito vinculante das decisões do Supremo?

Em tese, sim. Isso porque o efeito vinculante impossibilita juízes e tribunais rediscutirem assunto que o Supremo já deliberou. O mesmo se diga quanto aos órgãos da Administração Pública direta e indireta, nas esferas federal, estadual e municipal.

O Supremo Tribunal Federal submete-se ao efeito vinculante de suas próprias decisões?

Pelo art. 102, § 2º, da Constituição, encontram-se submetidos ao *efeito vinculante* somente os "demais órgãos do Poder Judiciário". O Supremo, portanto, não se sujeita ao efeito vinculante de suas próprias decisões. Após o trânsito em julgado de seus veredictos, ele poderá, noutra oportunidade, reavaliar a sua postura, mudando o entendimento outrora disseminado. Do contrário, o Pretório Excelso paralisaria o desenvolvimento de novas teses, novos pensamentos, ainda não suscitados, impedindo o aprimoramento da jurisdição constitucional.

O Poder Legislativo encontra-se submetido à eficácia vinculante das decisões do Pretório Excelso?

O efeito vinculante, na ordem jurídica pátria, não se dirige ao órgão legislativo. A jurisprudência do Pretório Excelso tem-se posicionado assim.

Precedente: STF, Pleno, ADIn 1.850-MC, Rel. Min. Sepúlveda Pertence, j. em 2-9-1988, v. u., *DJ* de 27-4-2001, p. 57. **Efeito vinculante e Poder Legislativo:** "Nosso ordenamento não estendeu ao legislador os efeitos vinculantes da decisão de inconstitucionalidade. Nem se pode tirar coisa diversa à só previsão da eficácia *erga omnes*. Já se demonstrou alhures, com abundância de argumentos, que, como fruto de exegese de textos similares ou análogos, a proibição de reprodução de norma idêntica à que foi declarada inconstitucional não pode inspirar-se nalgum princípio processual geral que iniba renovação do comportamento subjacente a ato concreto anulado ou tido por ilegal, o que, sob a autoridade da *res iudicata*, conviria apenas a processos de índole subjetiva. Ademais, o postulado da segurança jurídica acabaria, contra uma correta interpretação constitucional sistemático-teleológica, sacrificando, em relação às leis futuras, a própria justiça da decisão. Por outro lado, tal concepção comprometeria a relação de equilíbrio entre o tribunal constitucional e o legislador, reduzindo este a papel subalterno perante o poder incontrolável daquele, com evidente prejuízo do espaço democrático-representativo da legitimidade política do órgão legislativo. E, como razão de não menor tomo, a proibição erigiria mais um fator de resistência conducente ao inconcebível fenômeno da *fossilização da Constituição*" (STF, Recl. 2.617-AgRg/MG, Rel. Min. Cezar Peluso, *DJ* de 20-5-2005).

O art. 10, § 3º, da Lei n. 9.882/99, contudo, ao mencionar a frase "aos demais órgãos do Poder Público", abre uma brecha para se imprimir efeito vinculante aos atos legislativos. Mas o efeito vinculante também deveria estender-se aos atos legislativos. Dessa forma, ficaria consagrada a impossibilidade de os legisladores elaborarem leis ou atos normativos com base em teses reputadas inconstitucionais pelo Supremo, seja para convalidar atos nulos praticados sob a égide da lei declarada contrária à constituição, seja para derrogar o veredito pretoriano, olvidando sua força e cogência.

O Ministério Público está sujeito aos efeitos vinculantes das decisões pretorianas?

Não. O seu posicionamento institucional exime-o dos efeitos vinculantes, previstos no art. 102, § 2º, da Carta de 1988.

✦ 9. FÓRMULAS DE PRECLUSÃO E EFEITOS DA DECISÃO NOS PLANOS NORMATIVO E DOS ATOS SINGULARES

No ordenamento jurídico brasileiro, o efeito vinculante, via de regra, está presente: **(i)** no controle concentrado de normas, tanto nas ações diretas de inconstitucionalidade como nas ações declaratórias de constitucionalidade; **(ii)** no instituto das súmulas vinculantes; e **(iii)** na resolução do Senado, suspendendo a executoriedade do ato inconstitucional.

Mas, no Brasil, diferentemente da Alemanha, a nulidade da lei não acarreta a nulificação de todos os atos que foram praticados sob sua égide.

Embora não exista, em nosso país, diploma normativo regulando o assunto, o Supremo Tribunal Federal, há muito tempo, aceita, genericamente, a tese de que o ato fundado em lei inconstitucional se encontra eivado de iliceidade (STF, RMS 17.976, Rel. Min. Amaral Santos, *RTJ*, *55*:744).

Com base nesse raciocínio, o Ministro Gilmar Mendes, num voto proferido no Supremo, lembrou que, para preservar o **princípio da segurança jurídica**, o ato singular pode ser protegido por meio das chamadas **fórmulas de preclusão**, que nos permitem distinguir os **efeitos das decisões proferidas no plano normativo** (*Normebene*) **dos efeitos das sentenças proferidas no plano dos atos singulares** (*Einzelaktebene*). Tais fórmulas constam no § 79 da Lei da Corte Constitucional alemã (STF, RE 217.141/SP, Rel. Min. Néri da Silveira, *DJ* de 4-8-2006).

As principais consequências práticas de aceitar as **fórmulas de preclusão** em tema de eficácia vinculante da declaração abstrata de normas seriam as seguintes:

* o juiz do processo judicial ainda não concluso ficaria vinculado à decisão proferida em controle concentrado de normas, devendo decidir a questão prejudicial com base no veredito do Supremo; e

* no prazo de dois anos, a coisa julgada inconstitucional poderia ser discutida, em sede de ação rescisória, afastando-se o enunciado da Súmula 343 do STF.

Cap. 6 ◆ CONTROLE DE CONSTITUCIONALIDADE

263

✦ 10. PRINCÍPIOS JURISPRUDENCIAIS REGENTES DO CONTROLE CONCENTRADO

A jurisprudência do Supremo Tribunal Federal, interpretando a Constituição de 1988, as leis que tratam do controle concentrado de normas e tomando como subsídio elementos de Direito Constitucional Comparado, contempla em suas sentenças verdadeiros *princípios*, que visam facilitar a aplicabilidade dos mecanismos de fiscalização abstrata de normas.

Princípios jurisprudenciais-regentes do controle concentrado	Princípio da não incidência do efeito vinculante aos atos do Poder Legislativo Princípio da modulação temporal dos efeitos do controle concentrado de normas Princípio da transcendência dos motivos determinantes Princípio da expansão da sentença declaratória de inconstitucionalidade
Princípios jurisprudenciais regentes do controle concentrado	Princípio da proibição ao atalhamento constitucional Princípio da parcelaridade Princípio da interpretação conforme à constituição como técnica de controle concentrado de normas Princípio da declaração de inconstitucionalidade parcial sem redução do texto Princípio da declaração de inconstitucionalidade sem a pronúncia da nulidade Princípio da declaração de inconstitucionalidade da norma ainda constitucional, mas em trânsito para a inconstitucionalidade Princípio do apelo ao legislador Princípio da reserva do possível Princípio da reserva do impossível

Sobre todos esses *princípios* devemos saber:

- eles interagem uns com os outros, podendo ser aplicados, pelo Supremo, simultaneamente, num mesmo caso concreto;
- não se aplicam, apenas, à ação direta de inconstitucionalidade genérica (CF, art. 102, I, *a*, 1ª parte), mas a qualquer dos mecanismos de controle concentrado de normas, respeitadas as particularidades de cada um e a natureza do tema em discussão;
- conferem "ao Relator da causa, o poder de efetuar — enquanto responsável pela ordenação e direção do processo — o controle prévio dos requisitos formais da fiscalização normativa abstrata" (STF, *RTJ, 139*:67);
- incidem em diversos assuntos, e não só em matéria de controle de constitucionalidade, por exemplo, em tema de intervenção federal; e
- representam um convite para modificar a ideia tradicional da cláusula da separação de Poderes (CF, art. 2º), que não pode servir de empecilho para a efetividade plena das normas constitucionais, principalmente das que consagram direitos e garantias fundamentais (CF, art. 5º).

a) Princípio da não incidência do efeito vinculante aos atos do Poder Legislativo

Por esse *princípio*, o Poder Legislativo não se submete à eficácia vinculante das decisões do Supremo Tribunal Federal proferidas em sede controle concentrado de normas.

A não incidência do efeito vinculante aos atos legislativos enseja duas consequências:

- **proibição do inconcebível fenômeno da "fossilização constitucional"** — a terminologia "fossilização constitucional" é de autoria do Ministro Cezar Peluso. Decerto, é preciso preservar o equilíbrio entre o Supremo e o Legislativo, cuja tarefa de criar leis não pode ficar reduzida, a ponto de prejudicar o espaço democrático-representativo de sua legitimidade política, *fossilizando*, assim, a própria Constituição de 1988, que consagra da harmonia entre os Poderes (CF, art. 2º). Ora, não se pode interferir, de maneira desarmônica, na esfera de atuação do Poder Legislativo do Estado, impedindo-o de legislar, toda vez que o Supremo declarar a inconstitucionalidade abstrata de uma lei; e
- **preservação da atividade legislativa do Estado** — a instauração do controle normativo abstrato no Supremo não impossibilita o Poder Legislativo de, por meio de novo ato, deliberar sobre a mesma matéria versada nos atos estatais impugnados, "especialmente quando o conteúdo material da nova lei implicar tratamento jurídico diverso daquele resultante das normas questionadas na ação direta de inconstitucionalidade" (STF, Recl. 467, Rel. Min. Celso de Mello, *DJ* de 9-12-1994). Por isso, a Corte Excelsa, desde o ordenamento passado, não admite o uso de *reclamação* contra lei editada depois da sentença abstrata de inconstitucionalidade (STF, Recl. 706, Rel. Min. Amaral Santos, *DJ* de 18-11-1968).

Registre-se que tanto a Constituição da República (art. 102, § 2º) como a Lei n. 9.868/99 (art. 28, parágrafo único) limitam a extensão dos efeitos vinculantes de sua decisão.

Significa dizer que a eficácia contra todos e o efeito vinculante das sentenças do Supremo, emitidas via controle concentrado, apenas atingem o Poder Judiciário (juízes e tribunais) e o Poder Executivo (Administração Pública direta e indireta da União, Estados, Distrito Federal e Municípios).

Assim, a declaração de constitucionalidade ou inconstitucionalidade não impede o legislador de promulgar lei de conteúdo idêntico ao texto anteriormente censurado.

Em contrapartida, declarada a constitucionalidade ou inconstitucionalidade normativa, ficam os tribunais e órgãos do Poder Executivo obrigados a guardar-lhe plena obediência, mas o legislador, não (STF, Pleno, ADIn 1.850-MC, Rel. Min. Sepúlveda Pertence, v. u., *DJ* de 27-4-2001).

b) Princípio da modulação temporal dos efeitos do controle concentrado de normas

Pelo *princípio da modulação temporal dos efeitos do controle concentrado de normas*, o Supremo Tribunal Federal *manipula* ou *gradua* os efeitos de sua sentença, com larga dose de *discricionariedade* e *razoabilidade* (Lei n. 9.868/99, art. 27).

Por meio desse princípio, o Supremo pode restringir ou limitar os efeitos temporais da declaração abstrata de inconstitucionalidade, mitigando a excessiva rigidez que pode advir desse contexto.

Como já dissemos no estudo dos efeitos da declaração de inconstitucionalidade no controle concentrado (n. 8.3.2), a *modulação* permite ao Supremo Tribunal Federal:
- dosar os efeitos retroativos (*ex tunc*) da decisão abstrata de normas;
- manipular os efeitos gerais (*erga omnes*) da decisão abstrata, limitando-lhe os efeitos temporais. Em vez de nulificar, *ex origine*, todos os atos praticados com base na lei declarada inconstitucional, o tribunal confere à sentença eficácia *ex nunc*. Como tais efeitos voltam-se para o futuro, não é possível haver retroatividade nem repristinação;
- fazer uma *ponderação* entre as normas declaradas inconstitucionais e as normas constitucionais aferidoras de *valores supremos*, tais como a moralidade, a boa-fé, a coisa julgada, a razoabilidade, a irredutibilidade de vencimentos, a proibição do enriquecimento ilícito, a primazia dos valores decorrentes da cláusula do devido processo legal etc.; e
- driblar as consequências gravosas de um nocivo formalismo cego.

Sem embargo, o *princípio da modulação*, também chamado de *declaração de inconstitucionalidade com eficácia restritiva* ou *limitativa*, foi consagrado, no Brasil, pela Lei n. 9.868/99, cujo art. 27 fez duas exigências.

◆ Cap. 6 ◆ CONTROLE DE CONSTITUCIONALIDADE

A primeira é uma *exigência formal-procedimental*. Por seu intermédio, o Supremo só poderá restringir os efeitos da declaração de inconstitucionalidade se, no dia do julgamento, estiverem presentes, pelo menos, oito ministros.

Já a segunda é uma *exigência material-substancial*. Mediante sua observância, o Supremo apenas poderá restringir os efeitos de sua decisão tendo em vista *razões de segurança jurídica* ou de *excepcional interesse social*.

Na verdade, o art. 27 da Lei n. 9.868/99 tem caráter fundamentalmente interpretativo. Os conceitos jurídicos indeterminados nele utilizados de *segurança jurídica* e *excepcional interesse social* revestem-se de base constitucional. Nesse particular, a nulidade só deve ser afastada se for possível demonstrar, com base numa ponderação concreta, que a declaração de inconstitucionalidade, em seu sentido clássico, sacrificará a *segurança jurídica* ou outro valor constitucional materializável sob a forma de *interesse social* (STF, ADIn 2.240-7/BA, Rel. Min. Eros Grau, j. em 9-5-2007).

Mas o art. 27 da Lei n. 9.868/99 só deve ser invocado em casos excepcionais, para não desvirtuar as próprias regras clássicas que norteiam o assunto, acima estudadas.

Fazendo um apanhado geral da jurisprudência da Corte, verificaremos que ela, nos passos do Tribunal Constitucional alemão, tem aplicado a *modulação dos efeitos temporais do controle concentrado*, para abrandar o dogma da nulidade da lei inconstitucional, mediante o uso:

- da declaração de inconstitucionalidade sem a pronúncia da nulidade;
- da declaração de inconstitucionalidade da norma ainda constitucional, mas em trânsito para a inconstitucionalidade;
- do apelo ao legislador;
- da interpretação conforme à Constituição, enquanto mecanismo de controle concentrado de normas; e
- da declaração de inconstitucionalidade sem redução do texto.

Além disso, o Supremo, por meio de *manipulação*, também pode mitigar os efeitos da norma declarada inconstitucional, para:

- **garantir a autoridade da coisa julgada** — vereditos do Supremo que decretam a inconstitucionalidade normativa, a despeito de apresentarem eficácia geral (*erga omnes*), não podem passar por cima de sentenças transitadas em julgado, proferidas com lastro em leis consideradas *constitucionais* à época do fato. Assim, decorrido o prazo de dois anos para ajuizamento da ação rescisória, operando-se a decadência da rescisão, já não será possível desfazer o julgado, ainda que ele tenha sido prolatado com base em lei posteriormente declarada inconstitucional, sob pena de se implantar a instabilidade e o caos;
- **proibir o enriquecimento sem causa** — quando a Administração Pública se beneficia de uma relação jurídica, locupletando-se com base em norma declarada inválida, o particular de boa-fé tem direito à indenização correspondente; e
- **preservar a estabilidade das relações jurídicas** — a modulação dos efeitos temporais da sentença pretoriana pode evitar situações caóticas, muitas das quais poderiam passar desapercebidas à Corte pela simples análise da letra fria das normas constitucionais (STF, ADIn 2.501/MG, Rel. Min. Joaquim Barbosa, j. em 4-9-2008).

c) *Princípio da transcendência dos motivos determinantes*

Pelo *princípio da transcendência dos motivos determinantes* no controle concentrado, o Supremo Tribunal Federal atribui efeitos vinculantes à *ratio decidendi* de sua sentença declaratória de constitucionalidade ou de inconstitucionalidade.

Foi o caso da ADIn 3.345/DF, que, ao reconhecer a constitucionalidade da Resolução do TSE que limitava o número de vereadores, *vinculou* todos os Municípios brasileiros, em virtude do efeito transcendente dos próprios motivos determinantes da sentença proferida no RE 197.917.

Os *efeitos vinculantes*, no âmbito do controle concentrado, alcançam, além do dispositivo de sentença, os fundamentos que determinaram a própria decisão do Supremo (*ratio decidendi*).

Note-se que a aplicação do *princípio da transcendência dos motivos determinantes*, no controle abstrato de normas, é apenas quanto à *ratio decidendi*, não incidindo sobre coisas ditas de passagem (*obter dictum*).

Assim, devemos ter em mente:

* **não apresentam eficácia vinculante as coisas ditas de passagem (*obter dictum*)** — considerações marginais, coisas ditas de súbito ou de passagem, no calor dos debates, por força de argumentação, não apresentam efeito vinculante, sendo dispensáveis, pois não influem no mérito da decisão. Por isso, não se sujeitam ao princípio da transcendência dos motivos determinantes (STF, Pleno, ADIn 1.850-MC, Rel. Min. Sepúlveda Pertence, *DJ* de 27-4-2001); e
* **apresenta eficácia vinculante a fundamentação essencial responsável pelo resultado da ação (*ratio decidendi*)** — aqui a justificativa exarada na sentença do Supremo vincula outros julgamentos, isto é, vincula para fora do processo de controle abstrato de normas. Logo, submete-se ao princípio da transcendência dos motivos determinantes. Significa dizer que o efeito vinculante alcança a própria *ratio decidendi*, projetando-se para além da parte dispositiva do julgamento, *in abstracto*, de constitucionalidade ou de inconstitucionalidade. Como explicou o Ministro Celso de Mello, "essa visão do fenômeno da transcendência parece refletir a preocupação que a doutrina vem externando a propósito dessa específica questão, consistente no reconhecimento de que a eficácia vinculante não só concerne à parte dispositiva, mas refere--se, também, aos próprios fundamentos determinantes do julgado que o Supremo Tribunal Federal venha a proferir em sede de controle abstrato, especialmente quando consubstanciar declaração de inconstitucionalidade" (STF, Recl. 2.986-MC/SE, Rel. Min. Celso de Mello, j. em 11-3-2005).

d) Princípio da expansão da sentença declaratória de inconstitucionalidade

Pelo *princípio da expansão da sentença declaratória de inconstitucionalidade*, quando o Supremo reconhece, em sede de controle concentrado, a inconstitucionalidade de uma norma, as demais que se encontram ligadas a ela também são declaradas inconstitucionais.

A aplicação desse princípio parte do seguinte pressuposto: uma norma que violou, expressamente, a Carta Magna contaminou, por derivação, os outros dispositivos que nela encontram o fundamento de validade.

O *princípio da expansão da sentença declaratória de inconstitucionalidade* conecta-se com:

* **a teoria da inconstitucionalidade por arrastamento (ou por atração)** — essa teoria é também chamada de inconstitucionalidade consequente, derivada, acessória ou consequencial (STF, ADIn 2.895/AL, Rel. Min. Carlos Velloso, j. em 2-2-2005). *Inconstitucionalidade consequente* é aquela que provém do efeito reflexo ou oblíquo de uma violação direta à Carta Magna. É o inverso da *inconstitucionalidade antecedente* ou *principal*, que fere explicitamente a constituição. Com base nessa teoria, o Supremo declarou a inconstitucionalidade do art. 82, II, § 1º, do ADCT da Carta de Minas Gerais, e, por arrastamento, seus §§ 4º, 5º e 6º (STF, ADIn 2.501/MG, Rel. Min. Joaquim Barbosa, j. em 4-9-2008);
* **a teoria do efeito cascata ou dominó da declaração de inconstitucionalidade** — quando a sentença que decreta a inconstitucionalidade de uma lei se estende a normas que não foram indicadas, por expresso, na petição inicial que arguiu o vício do ato inconstitucional, deparamo--nos com o *efeito cascata* ou *dominó* da declaração de inconstitucionalidade.

Com base em tais teorias, o Supremo, ao detectar que houve ofensa ao art. 22, XX, da Carta de Outubro, julgou procedente uma série de pedidos formulados em ações diretas ajuizadas pelo Procurador--Geral da República, para declarar a inconstitucionalidade de algumas leis, e, por *arrastamento*, de decretos estaduais (STF, ADIns 3.148/TO, 3.189/AL, 3.293/MS, Rel. Min. Celso de Mello, j. em 13-12-2006).

Mas, ao declarar a inconstitucionalidade de uma lei, os demais artigos, não mencionados pelo autor na petição inicial, também se submetem, por *arrastamento*, ao crivo fiscalizatório do Supremo Tribunal Federal?

♦ Cap. 6 ♦ CONTROLE DE CONSTITUCIONALIDADE

267

Há decisões entendendo que sim. Tais veredítos partem do pressuposto de que a Corte não está condicionada à causa de pedir, mas sim ao pedido do autor (STF, Pleno, ADIn 2.982-EDecl./CE, Rel. Min. Gilmar Mendes, *DJ* de 22-9-2006).

Logo, o Supremo poderá ir além, declarando a inconstitucionalidade por fundamentos diversos daqueles declinados na petição inicial (STF, Pleno, ADInMC 1.896-8/DF, Rel. Min. Sydney Sanches, votação majoritária, *DJ* de 28-5-1999).

Esse posicionamento, embora predominante, **não pode ser tomado como paradigma, a ponto de o considerarmos absolutamente pacífico no Supremo**. Isso porque também existem decisões considerando inepta a petição inicial que não declina os fundamentos jurídicos do pedido, a exemplo da alegação genérica de inconstitucionalidade. Sob esse prisma, a exordial deve especificar o dispositivo malsinado, instruindo com documentos que comprovem o teor e a vigência da legislação impugnada, sob pena de não conhecimento da ação (STF, *RTJ*, *141*:14).

e) Princípio da proibição ao atalhamento constitucional

Pelo *princípio da proibição ao atalhamento constitucional*, nenhum ato público ou privado poderá driblar a constituição do Estado, por meio de subterfúgios, para, desse modo, obter vantagens ilícitas.

Esse princípio parte do pressuposto de que o Supremo Tribunal Federal, como oráculo da ordem jurídica, não pode permitir, muito menos tolerar, quaisquer desvios do Poder Legislativo, quer na sua função ordinária de fazer leis, quer na atividade constituinte derivada. O mesmo vale para o Poder Executivo, que não poderá editar medidas provisórias com *desvio de poder* ou *finalidade* — contumélia inadmissível que os franceses chamam de *détournement de pouvoir*.

Mas de todas as formas de *atalhamento constitucional* merece destaque aquela por meio de emendas constitucionais. Significa dizer que, no exercício do controle abstrato de normas, cumpre ao Supremo *fiscalizar* possíveis desvios de poder praticados por aqueles que detêm a titularidade da competência reformadora da Carta de 1988, que *devem respeitar* os limites formais e materiais em seu exercício (art. 60, §§ 1º a 5º).

Com base no *princípio da proibição ao atalhamento constitucional*, por exemplo, a Corte Suprema fez prevalecer a regra inscrita no art. 16 do Texto Magno, que contempla o primado da anualidade eleitoral, julgando procedente pedido formulado em ação direta ajuizada pelo Conselho Federal da Ordem dos Advogados do Brasil, para declarar a inconstitucionalidade do art. 2º da Emenda Constitucional n. 52/2006, que havia alterado a disciplina relativa às coligações partidárias eleitorais (STF, ADIn 3.685/DF, Rel. Min. Ellen Gracie, *DJ* de 10-8-2006).

Ao agir assim, o Supremo Tribunal Federal, em sede de controle normativo abstrato, impediu que o casuísmo atingisse fins ilícitos por meio do *atalhamento da constituição*, prática execrável que os publicistas alemães denominam *Verfassungsbeseitigung*.

f) Princípio da parcelaridade

O *princípio da parcelaridade* permite ao Supremo Tribunal Federal, quando provocado em sede de controle concentrado de normas, declarar, apenas, parte da lei desconforme à constituição, expurgando apenas uma palavra ou uma frase do texto legal.

Tal *princípio* parte do pressuposto de que nem sempre uma lei ou ato normativo podem ser declarados totalmente inconstitucionais.

Apenas a parcela que se encontra maculada será alvo da decisão de inconstitucionalidade, enquanto a outra, que está compatível com a constituição, continua válida.

Porém, se uma parte da lei ou do ato normativo contaminar outra parte, aí sim impõe-se a decretação da inconstitucionalidade total.

O Supremo Tribunal Federal aplicou o *princípio da parcelaridade*, por exemplo, na ADIn 1.227-8, por meio de interpretação conforme à constituição com redução do texto, para suspender a eficácia da palavra *desacato*, inserida no art. 7º, § 2º, da Lei n. 8.906/94.

g) Princípio da interpretação conforme a constituição como técnica de controle concentrado de normas

Como veremos no Capítulo 8, a *interpretação conforme à constituição* é um princípio de exegese constitucional e, ao mesmo tempo, uma técnica de controle de normas (STF, *RTJ, 126*:48).

h) Princípio da declaração de inconstitucionalidade parcial sem redução do texto

O *princípio da declaração de inconstitucionalidade parcial sem redução do texto* é a técnica decisória que possibilita à Corte Suprema excluir determinadas hipóteses de aplicação de um programa normativo.

Sem empreender qualquer alteração gramatical dos textos legais, permite que o Supremo aplique uma lei, num determinado sentido, a fim de preservar a sua constitucionalidade.

> **Delimitação legal:** tanto a Lei n. 9.868/99 (art. 28, parágrafo único) como a Lei n. 9.882/99 (art. 10) estipulam a competência para a Corte Excelsa declarar parcialmente a inconstitucionalidade sem redução do texto.

Ao afastar parcialmente a aplicação da norma, o instituto busca a clareza dos textos normativos e a existência de decisões judiciais abalizadas e coerentes.

Apresenta eficácia *erga omnes* (contra todos) e efeito vinculante, relativamente aos órgãos do Poder Judiciário, da Administração Pública federal, estadual e municipal (Lei n. 9.868/99, art. 28, parágrafo único).

No Brasil, foi Lúcio Bittencourt quem primeiro vislumbrou, em 1949, a importância da *declaração parcial sem redução do texto*. Ensinou que uma lei pode ser válida quanto a certo número de casos ou pessoas e inválida em relação a outros. Concluiu, enfim, que algumas leis, redigidas em linguagem ampla, eram inaplicáveis a fatos pretéritos, embora se aplicassem a situações futuras (*O controle jurisdicional da constitucionalidade das leis*, p. 128).

O Supremo Tribunal Federal vem utilizando a categoria desde a década de sessenta.

> **Matéria tributária:** em tema de leis tributárias, que instituíam tributos e começavam a cobrá-los no mesmo exercício financeiro, a Corte aplicou o instituto. Argumentou que essas leis eram compatíveis com o Texto Magno, em todo o conteúdo, exceto pela inobservância do princípio da anterioridade. Decidiu, então, mantê-las no ordenamento, autorizando que fossem aplicadas, sem qualquer mácula, no exercício financeiro seguinte (RMS 11.853, Rel. Min. Luiz Gallotti, *DJ* de 17-8-1966; RMS 16.588, Rel. Min. Victor Nunes Leal, *DJ* de 12-3-1968; RE 61.102, Rel. Min. Oswaldo Trigueiro, *DJ* de 14-2-1968). Noutra feita, a Corte, examinando a aplicação de leis relativas à correção monetária, entendeu que elas não poderiam desrespeitar situações consolidadas. Nesse ínterim, resolveu apenas declarar a inconstitucionalidade das hipóteses contrárias à Carta Magna, sem proceder, contudo, a alterações em seus programas normativos (RMS 16.986, Rel. Min. Aliomar Baleeiro, *RTJ, 43*:575; RMS 16.661, Rel. Min. Evandro Lins e Silva, *RTJ, 59*:185; RE 63.318, Rel. Min. Victor Nunes Leal, *RTJ, 46*:205).

Assim, em vez de cassar a lei, a Corte prefere aplicá-la sem nenhuma mácula, preservando-a para uso futuro (STF, ADIn 319-4, Rel. Min. Moreira Alves, *DJ* de 30-4-1993, p. 7563).

Questão controvertida diz respeito à autonomia da *declaração de inconstitucionalidade parcial sem redução do texto*.

Seria ela um mecanismo equivalente à *interpretação conforme à constituição*?

Teoricamente, enquanto a *interpretação conforme* é um princípio de exegese, a declaração parcial constitui uma *técnica de decisão judicial*.

Embora os estudiosos reconheçam essa diferença teórica, admitem que ambas produzem efeitos similares.

> **Sobre o tema:** Klaus Schlaich, *Das Bundesverfassungsgericht, Stellung, Verfahren, Entscheidungen*, p. 165; Wassilios Skouris, *Teilnichtigkeit von Gesetzen*, p. 108 e s.; Brun-Otto Bryde, *Verfassungsentwicklung, Stabilität und Dynamik im Verfassungsrecht der Bundesrepublik Deutschland*, p. 411.

Em algumas situações práticas, a *declaração parcial de inconstitucionalidade sem redução do texto* posta-se como instrumento para operacionalizar a *interpretação conforme*.

◆ Cap. 6 ◆ CONTROLE DE CONSTITUCIONALIDADE 269

Sem alterar uma vírgula sequer da carta magna, o intérprete declara a inconstitucionalidade de algumas exegeses possíveis do texto legal, mantendo, assim, a lei ou ato normativo na ordem jurídica.

Na jurisprudência do Supremo Tribunal Federal, a matéria passou por significativa mudança de rumos.

Num primeiro momento, a Corte deixou assente que a *interpretação conforme* não seria um simples princípio interpretativo, mas uma modalidade de decisão do controle de normas, equiparando-se a uma *declaração parcial de inconstitucionalidade sem redução do texto*.

> **Decisões do Supremo considerando a *declaração parcial de inconstitucionalidade sem redução do texto* instrumento decisório para chegar a uma interpretação conforme:** STF, Pleno, Repr. 1.417-7, Rel. Min. Moreira Alves, v. u., j. em 9-12-1987; STF, Pleno, ADIn 1.344-1-ML/ES, Rel. Min. Moreira Alves, *DJ*, 1, de 19-4-1996, p. 12212; STF, ADIn 1.510-9-ML/SC, Rel. Min. Carlos Velloso, *DJ*, 1, de 25-2-1997; STF, Pleno, ADIn 1.719-9-ML, Rel. Min. Moreira Alves, *DJ*, 1, de 27-2-1998, capa; STF, ADIn 1.600-8-ML/DF, Rel. Min. Sydney Sanches, *DJ*, 1, de 6-2-1998, p. 2.

Num segundo estágio, contudo, o Pretório Excelso desequiparou os institutos, deixando explícito que, em caso de *declaração sem redução do texto*, as hipóteses de aplicação do programa normativo de uma lei devem ser declaradas inconstitucionais, e, como tal, nulos.

> **Precedentes:** STF, ADIn 491-MC, Rel. Min. Moreira Alves, *RTJ*, *137*:90 (discutia-se a constitucionalidade do art. 86, parágrafo único, do Estado do Amazonas); STF, ADIn 939, Rel. Min. Sydney Sanches, *DJ* de 18-3-1994, p. 5165-6 (questionava-se a cobrança do IPMF, levando a Corte a declarar a inconstitucionalidade sem redução do texto nos pontos em que determinou cobrança do imposto sobre pessoas jurídicas de Direito Público e demais entidades e empresas referidas no art.150, VI, *a, b, c, d*, da Carta Magna).

Nesse ínterim, o Supremo chegou até a admitir a possibilidade de "explicitação, no campo da liminar, do alcance de dispositivos de uma certa lei, sem afastamento da eficácia no que se mostre consentânea com a Constituição Federal" (STF, ADIn 1.045, Rel. Min. Marco Aurélio, *DJ* de 6-5-1994, p. 10485).

Segundo Gilmar Ferreira Mendes, todos esses julgados "estão a denotar que a declaração parcial de inconstitucionalidade sem redução do texto parece ter ganho autonomia como técnica de decisão no âmbito da jurisprudência do Supremo Tribunal Federal" (*Jurisdição constitucional*, p. 277).

Deveras, aos poucos, a Corte vem firmando a independência recíproca dos dois instrumentos, admitindo, de modo categórico, que não se equivalem em todas as circunstâncias.

i) Princípio da declaração de inconstitucionalidade sem a pronúncia da nulidade

Pelo princípio da declaração de inconstitucionalidade sem a pronúncia da nulidade, o Supremo Tribunal Federal reconhece que a lei é inconstitucional. Mesmo assim, não a nulifica.

Resultado: mesmo inconstitucional, a lei não deixa de produzir efeitos, porque o Supremo não cassa a sua validade, precisamente para não ensejar catástrofes e prejuízos insuportáveis.

O princípio da declaração de inconstitucionalidade de caráter restritivo ou sem a pronúncia da nulidade é velho conhecido nosso.

Desde a Constituição brasileira de 1946 (art. 7º, VII, c/c o art. 13), passando pela de 1967/69 (art. 10, c/c o art. 11, § 2º), chegando à de 1988 (art. 34, VII, c/c o art. 36, III, e § 3º), que essa autêntica modalidade de decisão vigora entre nós.

Quer dizer, o Supremo, embora possa impugnar a inconstitucionalidade de providência ou omissão de determinado Estado-membro, não poderá cassar ou suspender os efeitos do ato do Governador, porque tal providência compete ao Presidente da República, no bojo do processo interventivo, como preconiza o próprio Regimento Interno da Corte Excelsa (art. 175).

Também é importante reconhecer que o princípio em exame se solidificou com a Carta de 1988, que consagrou a ação direta de inconstitucionalidade por omissão (art. 103, § 2º) e o mandado de injunção (art. 5º, LXXI), sem falar do advento da Lei n. 9.868/99, cujo art. 27 previu a declaração de inconstitucionalidade com eficácia restritiva.

Nas ADIns **2.240-7/BA, 3.316/MT, 3.489/SC, 3.689/PA**, todas relatadas pelo Ministro Eros Grau, o Supremo declarou a inconstitucionalidade de várias leis estaduais, sem, contudo, decretar a nulidade de todas elas. Manteve-lhes a vigência, na expectativa de o legislador regular o assunto nelas discutido.

Por maioria de votos, o Plenário do Supremo concedeu mandado de segurança para declarar a validade de Concurso de Serventia Extrajudicial do Estado de Rondônia, cassando decisão do Conselho Nacional de Justiça que havia anulado o certame, sob o argumento de que a Comissão Examinadora não havia sido integrada por um notário, conforme exigido pela Lei n. 8.935/94, que regulamenta o art. 236 da Constituição Federal, dispondo sobre serviços notariais e de registro. Nesse ínterim, a Corte também declarou a inconstitucionalidade do art. 98 do Regimento Interno do CNJ, que previa a intimação de partes interessadas em processos administrativos por ele julgados apenas por edital — fixado em mural no átrio do Supremo, e não por intimação pessoal, conforme previsto nos Códigos de Processo Penal e Civil, bem como no art. 163 do Estatuto do Funcionalismo Público (Lei n. 8.112/90). Assim, o Tribunal declarou incidentalmente a inconstitucionalidade do referido preceito regimental, mas **sem a pronúncia da nulidade** do procedimento administrativo (STF, MS 25.962/DF, Rel. Min. Marco Aurélio, j. em 23-10-2008).

A origem do princípio que acabamos de ver está na *Lei da Corte Constitucional alemã*, que, desde 1970, contemplou o § 31, (2), 2º e 3º períodos, para permitir ao Tribunal declarar a inconstitucionalidade sem a pronúncia da nulidade de uma lei (Unvereinbarerlärung).

j) Princípio da declaração de inconstitucionalidade da norma ainda constitucional, mas em trânsito para a inconstitucionalidade

Por intermédio desse *princípio*, o Supremo Tribunal Federal não declara a inconstitucionalidade de uma norma que ainda está de acordo com a Constituição.

Quer dizer, a norma tida como *constitucional*, a depender de certas condições, pode tornar-se *inconstitucional*, e, mesmo assim, o Supremo não declara, em abstrato, a sua inconstitucionalidade.

Trata-se, pois, de uma flexibilização das técnicas de decisão no controle concentrado de normas que permite à Corte reconhecer um estado imperfeito de regularidade do ato, e, nada obstante isso, preservar a sua constitucionalidade, em vez de invalidá-la.

O *princípio da lei ainda constitucional*, também chamado de **inconstitucionalidade progressiva**, que estudamos nos Capítulo 5, n. 4.10., é aplicado pelo Supremo Tribunal Federal em certos casos, valendo destacar dois deles, a título exemplificativo:

* prazo recursal em dobro para a Defensoria Pública se manifestar; e
* ação civil *ex delicto* ajuizada pelo Ministério Público.

Ambos os casos serão estudados no Capítulo 16.

Lembremos, no que tange ao nosso tema específico, que o *princípio da lei ainda constitucional* foi uma construção da Corte Constitucional alemã, sendo também invocado pelo Supremo em outras oportunidades. Isso demonstra que o seu uso pode evitar a declaração *desnecessária* da ilegitimidade da lei (STF, *RTJ, 178*:423).

k) Princípio do apelo ao legislador

Pelo *princípio do apelo ao legislador*, o Supremo Tribunal Federal exorta o Poder Legislativo para que ele elabore lei que venha a suprir uma omissão legislativa dentro de certo prazo.

Quer dizer, embora determinada situação jurídica não seja, em rigor, inconstitucional, o legislador **deve** tomar todas as medidas necessárias para manter a constitucionalidade normativa, de modo a evitar o caos.

Na **ADI 3.682**, a Corte reconheceu a omissão congressual fazendo **apelo ao legislador** para que elaborasse a lei em dezoito meses (STF, ADIn por omissão 3.682/MT, Rel. Min. Gilmar Mendes, *DJ* de 6-9-2007).

A origem do princípio do apelo ao legislador — *Appellentscheidung* — finca-se numa práxis da Corte Constitucional alemã, cujos julgados aplicam a categoria não apenas para exortar o cumprimento do dever constitucional de legislar, mas também:

◆ Cap. 6 ◆ CONTROLE DE CONSTITUCIONALIDADE

271

- **para preservar situações constituídas em face de mudanças nas relações fáticas e jurídicas** — foi o caso das pensões previdenciárias concedidas por morte do cônjuge de sexo feminino, algo que, em rigor, deveria ser disciplinado em lei, cuja feitura foi exortada, via *apelo ao legislador*, pela Corte alemã em sentença de 17 de dezembro de 1974; e
- **para atestar se, realmente, houve ofensa constitucional** — foi o caso da inconstitucionalidade da divisão dos distritos eleitorais. Como não havia certeza de que tal divisão era inconstitucional, a Corte alemã, mediante *apelo ao legislador*, reconheceu a existência de uma zona cinzenta, que dificultava precisar o momento exato em que houve fraude à Constituição, não declarando a inconstitucionalidade normativa.

l) Princípio da reserva do impossível

Pelo *princípio da reserva do impossível* existem matérias que, do ponto de vista formal, podem até se afigurar inconstitucionais, mas, por uma impossibilidade fática, o Supremo proíbe a pronúncia da nulidade do ato inconstitucional, para evitar prejuízos incalculáveis para o Estado.

Assim, existem situações excepcionais consolidadas que devem ser mantidas para preservar a força normativa dos fatos, a segurança da ordem jurídica, a continuidade do Estado, os valores éticos da convivência pacífica entre os homens, a confiança e a boa-fé das relações sociais, permitindo ao Supremo Tribunal Federal modular os efeitos da decisão declaratória de inconstitucionalidade, pelo quórum qualificado de **dois terços dos votos** de seus Ministros (**= 8 Ministros**), com a possibilidade de estender, para o futuro, os efeitos de sua decisão, ou fixar prazo que achar razoável (Lei n. 9.868/99, art. 27).

Como se vê, o *princípio da reserva do impossível*, no âmbito do controle concentrado, não é a regra.

Sua aplicação é excepcionalíssima, justificando-se em nome:

- da modulação dos efeitos da declaração de inconstitucionalidade (Lei n. 9.868/99, art. 27);
- da declaração de inconstitucionalidade sem a pronúncia da nulidade;
- do apelo ao legislador; e
- da ponderação de interesses.

Na jurisprudência do Supremo, a *reserva do impossível* foi invocada por ocasião do julgamento da ADIn 2.240-7/BA, interposta pelo Partido dos Trabalhadores contra a Lei n. 7.619, de 30-3-2000, do Estado da Bahia, que criou o Município de Luís Eduardo Magalhães, decorrente do desmembramento de área do Município de Barreiras.

Esse julgado, relatado pelo Ministro Eros Grau e proferido **antes do advento da EC n. 57/2008**, demonstra a aplicação da *reserva do impossível* em ação direta de inconstitucionalidade. Seus pontos capitais são os seguintes:

- **o STF não pode limitar-se ao mero exercício de subsunção** — o fato de inexistir a lei complementar federal aludida no art. 18, § 4º, na forma da EC n. 15/96, não permite ao Supremo interpretar literalmente esse preceito, para chegar à conclusão de que a inércia legislativa é capaz de se sobrepor à força normativa dos fatos, tornando inconstitucional o ato de criação de uma municipalidade. Ora, a despeito de o Município de Luís Eduardo ter sido criado em confronto com o mencionado art. 18, § 4º, não se pode desconhecer que a vida das coletividades se encontra, muitas vezes, em desacordo com as soluções formais preconizadas pelo sistema de Direito Positivo. No caso, foi criado um ente federativo dotado de autonomia política, não podendo a Corte Suprema desconhecer essa realidade, voltando no tempo para anulá-la. Aqui a lógica do *ser* sobrepõe-se à lógica do *dever ser*. O normativismo radical não se aplica aqui. O Supremo não tem de prestar contas a Kelsen, mas ao direito vivo que pulsa do fato social. Se é certo que, em termos formais, o Município de Luís Eduardo jamais foi criado, mais exato ainda é que a vida se passa no mundo do *ser*, onde a municipalidade existe. Decerto, as normas valem para situações normais. Embora o art. 18, § 4º, não tenha sido regulamentado, não se pode, com base nessa situação *anormal*, negar que o Município foi efetivamente criado. Assumiu existência de fato. Possui Lei Orgânica. Legisla sobre assuntos locais. Elegeu seus mandatários em eleições realizadas pela Justiça Eleitoral. Em seu território foram celebrados casamentos, registrados nascimentos e óbitos. Recebeu recursos federais e estaduais, além de arrecadar tributos de sua competência. Assim, o Município de Luís Eduardo existe, de fato, como ente federativo, dotado de autonomia, e foi criado por uma decisão política;

- **respeito à segurança jurídica** — renegar a decisão política que criou o Município é o mesmo que matar uma situação fática consolidada, pondo em risco o princípio da segurança jurídica. O tempo transcorrido pode gerar situações de fato equiparáveis a situações jurídicas, suplantando a nulidade que originariamente as comprometiam (Miguel Reale);
- **proteção ao princípio da confiança** — o ordenamento assegura o respeito à *confiança* mútua entre as pessoas, condição primordial para se ter uma vida pacífica, em que os homens e as instituições buscam a paz. O princípio da confiança é o outro nome da ética jurídica e da boa-fé, a qual se presume nas relações jurídicas de Direito Público (Karl Larenz);
- **garantia de situações excepcionalmente consolidadas** — as situações excepcionais consolidadas podem ter um caráter político-institucional. Atua aqui a **força normativa dos fatos** (Georg Jellinek). Algumas vezes, o próprio ordenamento jurídico as prevê, como ocorre com o casamento putativo e com as sociedades de fato. Porém, existem situações excepcionais consolidadas que não foram regulamentadas. É o caso do Município de Luís Eduardo Magalhães, que existe do ponto de vista fático, embora não esteja previsto pelo Direito Positivo;
- **município putativo** — assim, o Município baiano fora efetivamente criado a partir de uma decisão política, assumindo existência de fato como ente federativo dotado de autonomia há mais de seis anos, realidade que não pode ser ignorada. Logo, a declaração de inconstitucionalidade da lei estadual traria consequências perniciosas. Assim como o *casamento putativo*, cuja produção de efeitos jurídicos permanece válida até a sua anulação, podem existir situações excepcionais, não amparadas pelo próprio Direito Positivo, que se consolidam pela *força normativa dos fatos* (Carl Schmitt). "Por isso teria sentido, sim, falarmos em 'Município putativo', essa putatividade operando, mercê de conferência fictícia de validade à sua criação, como um obstáculo aos efeitos da inconstitucionalidade da lei que a operou (...). A diferença entre o casamento putativo e o 'Município putativo' está em que, embora possível a anulação do primeiro, a anulação da decisão política de que resultou a criação do Município avança sobre o que poderíamos chamar de 'reserva do impossível', no sentido de não ser possível anularmos o fato dessa decisão política de caráter institucional sem agressão ao princípio federativo (...). Criado o Município [Luís Eduardo Magalhães], passou a existir e agir como ente da federação. Trata-se de um fato. Não se anulam fatos. Um ente da federação assumiu existência (plano da existência) e dessa existência resultaram efeitos jurídicos (plano da eficácia), tal como ocorre no casamento putativo e com as 'sociedades em comum' (= sociedades de fato). Impossível retornarmos no tempo, para anular a existência, sem agressão à autonomia desse Município e, pois — repito — ao princípio federativo" (STF, ADIn 2.240-7/BA, Rel. Min. Eros Grau, j. em 18-5-2006); e
- **princípio da continuidade do Estado** — é imprescindível que o Supremo Tribunal Federal assegure a continuidade do Estado brasileiro, tal como preconizado no art. 1º, *caput*, da Carta de 1988, algo que em nada estimulará a criação desenfreada de Municípios.

Após o Ministro Eros Grau apresentar o seu voto, cujos tópicos principais acabamos de resumir, pediu vista o Ministro Gilmar Mendes. E, depois de ouvir o voto-vista, o Supremo declarou a inconstitucionalidade da Lei n. 7.619, de 30-3-2000, do Estado da Bahia, mas **sem a pronúncia da nulidade do ato**, mantendo a sua vigência por mais vinte e quatro meses.

Desse modo, a Corte conferiu sobrevida de vinte e quatro meses para os Municípios, evitando que as municipalidades fiquem submetidas a uma condição resolutiva, retornando ao *status quo ante*.

Ao findar o julgamento da ADIn 2.240-7/BA, a Corte conclamou a necessidade de se aplicar a **técnica da ponderação de interesses** ao caso, cujo emprego é bastante difundido no Direito Comparado. Lembrou que, no Brasil, afigura-se insuficiente a mera pronúncia da nulidade do ato inconstitucional. Daí o art. 27 da Lei n. 9.868/99 permitir ao Supremo, como vimos acima, **modular os efeitos da declaração de inconstitucionalidade** (STF, ADIn 2.240-7/BA, Rel. Min. Eros Grau, j. em 9-5-2007).

Noutras oportunidades, o Supremo voltou a aplicar o entendimento firmado na ADIn 2.240-7/BA (STF, ADIn 3.316/MT, ADIn 3.489/SC, ADIn 3.689/PA, Rel. Min. Eros Grau, j. em 18-5-2006).

◆ Cap. 6 ◆ CONTROLE DE CONSTITUCIONALIDADE   **273**

Interessante observar que em todas essas decisões, **anteriores ao surgimento da EC n. 57/2008, o Supremo não admitiu, de nenhum modo, a constitucionalidade superveniente das leis estaduais questionadas**. Assim, não alterou uma vígula sequer do seu antigo e abalizado posicionamento, segundo o qual o sistema jurídico brasileiro não contempla a figura da (in)constitucionalidade superveniente. O que a Corte fez foi ir além da letra escrita da Constituição de 1988, para, em vez de proceder como um legista que examina um corpo morto, reconhecer que o ato de criação de uma pessoa política de direito público interno — o Município — é algo que transcende esquemas de coerências formais. O fato de uma lei estadual surgir defeituosa, levando a Corte Excelsa a reconhecer sua inconstitucionalidade, não elimina, no plano do *ser*, a existência fática do Município. Tanto é assim que o próprio Supremo, ponderando bens e interesses à luz do senso de proporcionalidade, declarou a inconstitucionalidade sem pronúncia da nulidade, para preservar a segurança jurídica. E, ao afastar a incidência da regra da nulidade do ato inconstitucional, evitou maiores catástrofes, num verdadeiro tirocínio de política judiciária.

m) Princípio da reserva do possível

Pelo *princípio* ou *cláusula da reserva do possível* cumpre ao Supremo exercer o papel excepcional de garantir o cumprimento dos encargos político-jurídicos, outorgados aos Poderes Legislativo e Executivo pela Constituição do Estado.

A *reserva do possível* (*Voerbehalt des Möglichen*) pressupõe que os direitos fundamentais não consagram, apenas, uma **proibição de intervenção** (*Eingriffsverbote*), contendo, também, um **postulado de proteção** (*Schutzgebote*).

Quer dizer, se, por um lado, a atribuição de formular e concretizar **políticas públicas** é tarefa típica das funções legislativa e executiva, de outro, é dever do oráculo da ordem jurídica — o Supremo Tribunal Federal — fiscalizar, em sede de controle normativo abstrato, o efetivo cumprimento das liberdades públicas e dos direitos revestidos de conteúdo programático, delineados na Carta Maior.

A *reserva do possível* reside justamente neste ponto: verificar se os direitos constitucionais, a exemplo daqueles de segunda geração — direitos econômicos, sociais e culturais — estão sendo respeitados pelo Poder Público, o qual tem o dever constitucional de os concretizar.

Mediante a *cláusula da reserva do possível*, o Supremo Tribunal Federal, quando provocado em sede de controle abstrato de normas para se manifestar a respeito da concretização de direitos constitucionais, dando cumprimento ao **postulado de proteção**, deve observar dois fatores ao mesmo tempo:

* **razoabilidade da pretensão** — a razoabilidade da pretensão individual/social, deduzida em face do Poder Público, é o primeiro aspecto a ser examinado pela Corte. Nesse particular, cumpre-lhe indagar: houve omissão do Estado na prática de encargos que a Constituição da República lhe atribuiu? Existiu abusividade governamental ou arbítrio estatal responsável pela inefetividade de direitos sociais, econômicos e culturais? Se todas essas perguntas forem respondidas afirmativamente, está configurado o primeiro requisito para a Corte repudiar o ato pleiteado como inconstitucional. Quer dizer, o adimplemento, pelo Poder Público, dos direitos de segunda geração é uma prestação estatal de natureza positiva, cuja obrigatoriedade de implementação é requisito indispensável para a efetividade de prerrogativas individuais e coletivas, de enorme vulto constitucional; e

* **disponibilidade financeira do Estado** — a existência de disponibilidade financeira do Estado, para tornar efetivas as prestações positivas dele reclamadas, é o outro ponto a ser observado pelo Supremo, em sua decisão. Aqui, cumpre à Corte Excelsa questionar: o Estado tem dinheiro para saldar os seus deveres constitucionais? Qual a sua realidade econômica? Como estão as suas finanças, receitas e despesas?

Esses dois fatores devem ser sopesados em conjunto. Só a incidência de ambos, no caso concreto, viabiliza a possibilidade de o Supremo exigir dos Poderes Públicos a cabal concretização de suas sacrossantas obrigações constitucionais.

Com efeito, quando o Supremo, no campo do controle concentrado de normas, deparar com situações que reclamem a invocação do *princípio da reserva do possível*, ele deve contrabalancear, de um lado, o fiel cumprimento dos direitos constitucionais, e, de outro, as possibilidades orçamentárias do Estado.

Comprovando, objetivamente, a incapacidade econômico-financeira da pessoa estatal, nada se poderá exigir dela, pois não se afigura razoável cobrar a imediata efetivação de prerrogativas constitucionais de quem não tem aporte financeiro para saldá-las.

De outro lado, não se afigura lícito, muito menos *ético-moral*, que o Poder Público alegue falta de recursos, de modo a criar obstáculos que inviabilizem o cumprimento de deveres constitucionais impostergáveis, previstos em favor da própria pessoa humana e dos cidadãos em geral.

É que as constituições contemporâneas, a exemplo da Carta de 1988, preveem, em seus textos, *condições materiais mínimas de existência*, sem as quais o ser humano não viveria, muito menos sobreviveria.

Tais *condições materiais mínimas de existência* irmana-se com o que se convencionou denominar **mínimo existencial**, que encontra na *reserva do possível* sua concretização e alcance.

O *princípio da reserva do possível*, portanto, não constitui reduto de proteção para o Estado deixar de cumprir seus deveres. É o caso das omissões constitucionais, que devem ser repudiadas. Ora, qualquer conduta governamental negativa pode aniquilar direitos constitucionais básicos, como a educação, a saúde, a previdência, a moradia etc., fulminando, por completo, o *status* de fundamentalidade que ostentam.

A *cláusula da reserva do possível* apareceu na jurisprudência do Supremo por meio da ADPF 54/DF, quando se discutiu a intervenção do Poder Judiciário em tema de políticas públicas, reafirmando-se noutros julgados (Exemplo: AgI 677.274/SP, Rel. Min. Celso de Mello, j. em 18-9-2008).

Tal ADPF foi promovida contra veto presidencial de proposição legislativa que, mais tarde, acabou se convertendo em lei, colmatando, assim, a própria omissão normativa alegadamente descumpridora de preceito fundamental. Nada obstante a superveniência da referida lei, que instaurou a prejudicialidade da ADPF, a Corte Suprema reconheceu que a *cláusula da reserva do possível* qualifica-se como **instrumento idôneo e apto a viabilizar a concretização de políticas públicas** quando, previstas no texto da Carta Política, venham a ser descumpridas, total ou parcialmente, pelas instâncias governamentais destinatárias da própria Constituição Federal (STF, ADPF 54-MC/DF, Rel. Min. Celso de Mello, *DJU* de 4.5.2004).

Os pontos capitais da ADPF 54/DF, da lavra do Ministro Celso de Mello, convém serem transcritos:

- em "princípio, o Poder Judiciário não deve intervir em esfera reservada a outro Poder para substituí-lo em juízos de conveniência e oportunidade, querendo controlar as opções legislativas de organização e prestação, a não ser, excepcionalmente, quando haja uma violação evidente e arbitrária, pelo legislador, da incumbência constitucional";
- embora "a formulação e a execução de políticas públicas dependam de opções políticas a cargo daqueles que, por delegação popular, receberam investidura em mandato eletivo, cumpre reconhecer que não se revela absoluta, nesse domínio, a liberdade de conformação do legislador, nem a de atuação do Poder Executivo"; e
- "parece-nos cada vez mais necessária a revisão do vetusto dogma da separação dos Poderes em relação ao controle dos gastos públicos e da prestação dos serviços básicos no Estado Social, visto que os Poderes Legislativo e Executivo no Brasil se mostraram incapazes de garantir um cumprimento racional dos respectivos preceitos constitucionais".

O Ministro Gilmar Mendes, no exercício da Presidência do Supremo, também invocou a *cláusula da reserva do possível*, ao negar pedido de intervenção federal no Rio Grande do Sul. Ao avaliar os motivos alegados pelo Rio Grande do Sul para não ter quitado a dívida com precatório, entendeu que esse Estado não teria como pagar o que deve em virtude de sua crise econômica. "O Estado-membro tem sido diligente na tentativa de plena satisfação dos precatórios judiciais. Encontra, contudo, obstáculos nas receitas constitucionalmente vinculadas e na reserva do financeiramente possível" (STF, IF 5.102/RS, Rel. orig. Min. Ellen Gracie, j. em 23-9-2008).

Noutro julgamento, o Ministro Gilmar Mendes voltou a aplicar a *reserva do possível*, para manter decisão que obrigava o Estado do Tocantins e o Município de Palmas a prestarem tratamento odontológico, com aplicação de anestesia geral, para menor portador de distúrbios mentais. Desse modo, Sua

♦ Cap. 6 ♦ **CONTROLE DE CONSTITUCIONALIDADE** **275**

Excelência priorizou o direito fundamental à saúde (CF, art. 196), nada obstante o Município ter alegado não ter recursos para arcar com tais despesas (STF, STA 238/TO, Rel. Min. Gilmar Mendes, j. em 21-10-2008).

Finalmente, em março de 2010, o Ministro Celso de Mello invocou a cláusula da reserva do possível, associando-a à ideia de *mínimo existencial em tema de políticas públicas*. Concluiu que não é dado ao Poder Público recorrer à *cláusula da reserva do possível* sempre que puder resultar, de sua aplicação, comprometimento do núcleo básico que qualifica o *mínimo existencial*. Determinou, então, que o município de Florianópolis executasse programa de atendimento a crianças e adolescentes vítimas de violência, abuso e exploração sexual. Isso porque cumpre aos municípios garantirem a tutela integral de suas crianças, jovens e adolescentes, de modo a não praticar uma omissão inconstitucional (STF, RE 482.611/SC, Rel. Min. Celso de Mello, j. em 23-3-2010).

m.1) Reserva do possível e a Teoria do direito de ter direitos

Dissemos que o princípio da reserva do possível não pode ser invocado como argumento para o Estado deixar de cumprir seus deveres.

> **Sobre o assunto:** Luiza Cristina Fonseca Frischeisen, *Políticas públicas — A responsabilidade do administrador e o Ministério Público*, 2000; Otávio Henrique Martins Port, *Os direitos sociais e econômicos e a discricionariedade da Administração Pública*, 2005.

Aí está um particular aspecto do tema que nos conduz à Teoria dos custos dos direitos, à Teoria da restrição das restrições ou da limitação das limitações.

> **Sugestão de leitura:** Stephen Holmes e Cass R. Sustein, *The cost of rights*, 1999; Flávio Galdino, *Introdução à Teoria dos custos dos direitos*, 2005; Luís Fernando Sgarbossa, *Crítica à teoria dos custos dos direitos*, 2010, vol. 1.

Essas concepções encontram na *Teoria do direito de ter direitos* lugar de destaque.

Pela *Teoria do direito de ter direitos* a satisfação de certas prerrogativas dos indivíduos ou das coletividades, ainda quando sejam onerosas aos cofres do Estado, constitui um reflexo do dever de o Poder Público concretizar prestações estatais positivas.

Nesse campo, a palavra de ordem é o Poder Público não criar embaraços, manipulando recursos ou levantando questões de índole financeira, as quais acabam impondo empecilhos artificiais para a efetivação de prerrogativas individuais e metaindividuais.

Portanto, o objetivo da *Teoria do direito de ter direitos* é evitar que o Poder Público alegue fatores político-administrativos para obstacularizar a efetividade daquelas prestações estatais positivas.

Busca-se, assim, combater atos arbitrários, ilegítimos e censuráveis que venham a fraudar, frustrar ou inviabilizar o gozo pleno de direitos fundamentais, consagrados constitucionalmente, em benefício dos cidadãos.

Como vemos, os direitos fundamentais, enquanto conjunto de normas que visam garantir condições materiais mínimas de existência humana, a exemplo da vida, da propriedade e, em última análise, do direito de ser feliz, colocam-se em primeiríssimo plano.

Mesmo na seara das políticas públicas, os direitos e garantias fundamentais não podem ser alvo de restrições, cerceamentos, aniquilações diretas ou escamoteadas, inclusive no que tange à aplicabilidade da cláusula da reserva do possível, a qual pode ser alvo de controle jurisdicional.

> **Resultado:** quaisquer limitações a direitos fundamentais podem comportar exegese restritiva, sob pena de se macularem prerrogativas constitucionais, a exemplo daquelas vertidas sob as vestes de determinados princípios como o da *proibição de retrocesso social*, da *proteção ao mínimo existencial* (vertente da dignidade humana), da vedação da proteção insuficiente, bem como da proibição de excesso.

Daí a advertência do Min. Celso de Mello: "a cláusula da 'reserva do possível' — ressalvada a ocorrência de justo motivo objetivamente aferível — não pode ser invocada, pelo Estado, com a finalidade de exonerar-se, dolosamente, do cumprimento de suas obrigações constitucionais, notadamente quando, dessa conduta governamental negativa, puder resultar nulificação ou, até mesmo, aniquilação de direitos constitucionais impregnados de um sentido de essencial fundamentalidade" (STF, AI 598212 / PR, Rel. Min. Celso de Mello, j. 10-6-2013).

O entendimento do Min. Celso de Mello aí transcrito operou-se em sede de agravo de instrumento. Na oportunidade, Sua Excelência conheceu do recurso extraordinário, dando-lhe provimento (CPC de 1973, art. 544, § 4º, na redação anterior à Lei n. 12.322/2010, que no CPC de 2015 corresponde aos arts. 948 a 950), a fim de "restabelecer a sentença proferida pelo magistrado de primeira instância, que condenou o Estado do Paraná a cumprir a obrigação 'de implantar e estruturar a Defensoria Pública do Estado do Paraná, no prazo de 6 (seis) meses, sob pena de cominação de multa diária de R$ 1.000,00 (um mil reais), valor que será destinado ao Fundo de Defesa dos Direitos Difusos, na forma do artigo 13 da Lei n. 7.347/85' (fls. 114/124)" (STF, AI 598212 / PR, Rel. Min. Celso de Mello, j. 10-6-2013).

Resultado: o princípio da reserva do possível cedeu em face do direito fundamental de a população paranaense ter ao seu dispor uma Defensoria Pública para atendê-la.

Observemos que a discricionariedade do Poder Executivo federal, estadual, distrital e municipal, no âmbito de aplicação do princípio da reserva do possível, é extremamente limitada. Isso porque a concretização das políticas públicas constitucionais não exonera o administrador de cumprir os desígnios firmados na Constituição Federal. O *non facere*, ou seja, o ato de se omitir, de não fazer, é algo contrário ao *dever ser* dos preceptivos supremos do Estado, estatuídos na Carta Magna.

Notemos que a margem da ação discricionária do administrador público é muito pequena em face do ato de se concretizarem prestações estatais positivas.

A despeito de a conduta omissiva do administrador ser passível de responsabilização, é preciso recordarmos a necessidade urgentíssima de se renovar, em todos os sentidos, as praxes políticas arraigadas.

Tais praxes encontram-se submetidas ao império da Constituição da República e das normas infraconstitucionais a ela compatíveis, muitas das quais voltadas para a defesa do bem-estar e da justiça social.

Como os chefes do Executivo federal, estadual, distrital e municipal não possuem discricionariedade para deliberar sobre a oportunidade e a conveniência de se implementarem políticas públicas, pois estas foram delineadas pelo legislador constituinte e ordinário, é de todo cabível o controle jurisdicional de certos princípios, a exemplo do vetor da reserva do possível. Diga-se, de passagem, que pelo art. 37, § 16, da Carta Maior, com redação dada pela EC n. 109/2021, "Os órgãos e entidades da administração pública, individual ou conjuntamente, devem realizar avaliação das políticas públicas, inclusive com divulgação do objeto a ser avaliado e dos resultados alcançados, na forma da lei".

Do contrário, a tutela dos direitos constitucionais ficaria suscetível a todo tipo de considerações, desejos, alegações subjetivas de todo jaez.

É o caso do silêncio transgressor da Constituição brasileira perpetrado pelos administradores. Certamente, o Poder Judiciário dispõe, sim, de competência para exercer, no caso concreto, controle de legitimidade da conduta omissiva do Estado, principalmente em tema de políticas públicas.

Como as políticas públicas decorrem de taxativa disposição constitucional, elas não consignam favores que os administradores fazem aos administrados. São deveres de estatura suprema, porquanto previstos na *Lex Mater*, motivo pelo qual compete ao Poder Judiciário fiscalizar o cumprimento de tais políticas. Assim fazendo, o órgão jurisdicional estará agindo no âmbito de seu *munus* institucional, porquanto "o poder deve conter o poder" (Montesquieu).

Daí não prosperar o argumento de que o controle da margem de discricionariedade administrativa pelo juiz constitui ofensa ao princípio da separação de Poderes. Pelo contrário, tal controle revela o cumprimento do disposto no art. 2º da Carta de 1988, porque só existe harmonia onde os atos dos Poderes não desbordam as linhas mestras do Documento Supremo, fonte de todo o sistema de legalidade. Compete, pois, ao juiz dirimir dúvida a respeito da legitimidade do ato administrativo omissivo ou comissivo, verificando a sua juridicidade, ainda mais quando se trata daqueles programas de políticas públicas constitucionalmente previstos.

Essa tem sido a linha de raciocínio do Supremo Tribunal Federal, cuja jurisprudência vem dando vida à *Teoria do direito de ter direitos*.

Precedentes do STF: ADPF 45/DF (relatada pelo Min. Celso de Mello); RE 367.432-AgR/PR e RE 543.397/PR (relatados pelo Min. Eros Grau); RE 556.556/PR (relatado pela Min. Ellen Gracie) e RE 574.353/PR (relatado pelo Min. Ayres Britto).

◆ Cap. 6 ◆ CONTROLE DE CONSTITUCIONALIDADE

✦ 11. CONTROLE DE CONSTITUCIONALIDADE POR ELEVAÇÃO DA CAUSA

Controle de constitucionalidade por elevação da causa é o mecanismo de defesa da constituição que permite ao juiz singular submeter o exame da norma, supostamente inconstitucional, ao órgão de cúpula do Poder Judiciário. Exerce-se pelo *incidente de inconstitucionalidade*.

Trata-se, pois, de um controle por iniciativa do juiz (*Richterklage* dos alemães).

Conferir: Germán José Bidart Campos, *El derecho constitucional del poder*, v. 2, p. 321 e s.

A terminologia *controle de constitucionalidade por elevação da causa* é empregada para designar a existência de um controle de constitucionalidade que não está necessariamente jungido à técnica difusa nem à técnica concentrada de defesa da *lex mater*.

Significa que o controle por elevação da causa não se identifica com este ou com aquele processo jurisdicional de decretação da inconstitucionalidade. Pode ocorrer tanto na via de defesa como na via abstrata. Quem irá determinar qual o procedimento a ser utilizado é o próprio legislador, à luz das particularidades de cada ordem jurídica.

Portanto, o reconhecimento, em si, de que leis ou atos normativos podem violar a carta maior independe do objeto do processo, "senão do procedimento em que se desenvolve o juízo de constitucionalidade" (Luis Javier Mieres Mieres, *El incidente de constitucionalidad en los procesos constitucionales: especial referencia al incidente en el recurso de amparo*, p. 41).

O controle por elevação da causa, na realidade, demonstra que a bipartição clássica entre a fiscalização concreta e a abstrata, embora não esteja superada, tende para uma aproximação, respeitadas as particularidades de cada modelo.

Daí os autores vislumbrarem, no campo da justiça constitucional, um ponto de encontro, uma encruzilhada, uma linha divisória cada vez mais tênue, entre a jurisdição objetiva (concreta) e a jurisdição subjetiva (abstrata).

Sobre o assunto: Jose L. Cascajo Castro e Vicente Gimeno Sendra, *El recurso de amparo*, p. 21; Mario Patrono, Corte Costituzionale, giudizio *a quo* e promovimento del processo costituzionale (note in marginale al ricorso diretto alla corte), p. 24-25.

No Canadá, por exemplo, além do *judicial review*, existe a possibilidade de se levar, *per saltum*, a questão de constitucionalidade às barras da Corte Suprema.

Na Áustria, Alemanha, Itália e Espanha — países que adotam o controle por elevação da causa —, o incidente de inconstitucionalidade atua na via concentrada, embora sua utilização decorra de provocações concretas, em litígios envolvendo questões prejudiciais, suscitados na seara do controle difuso.

Nesses países, o fato de o instrumento de exercício do controle — o incidente de inconstitucionalidade — operar-se mediante provocação, deflagrada da via de defesa, no caso concreto, pode levar-nos a crer que ele se correlaciona com o controle difuso, mas ocorre o inverso, pois são as Cortes Constitucionais austríaca, alemã, italiana e espanhola que o apreciam em nível de jurisdição abstrata, e não em sede de fiscalização concreta de normas.

Assim, nos lugares em que há controle por elevação da causa, inexiste fiel correspondência entre o seu modo de exercício — o incidente de inconstitucionalidade — e os métodos difuso, na via de defesa, e concentrado, na via abstrata.

A explicação para todas essas particularidades está na matriz de origem do próprio *controle de constitucionalidade por elevação da causa*: a Áustria.

No sistema austríaco de fiscalização de normas, existe um *per saltum* do juiz singular para a Corte Constitucional, via incidente de inconstitucionalidade. Dessa maneira, o controle por *elevação* da causa se operacionaliza.

E a *elevação* reside justamente no "pulo", no "salto" do grau de jurisdição inferior para o superior.

Em nosso país, a Constituição Federal e o Código de Processo Civil impossibilitam o uso do controle de constitucionalidade por elevação da causa:

- **Constituição Federal** — o art. 97 exige que a inconstitucionalidade da lei ou ato normativo só pode ser declarada pela maioria absoluta dos membros do tribunal. Significa que o juiz singular não poderá, por ato próprio, remeter a matéria ao Supremo Tribunal Federal, porque, no Brasil, não há o *per saltum* do magistrado ao tribunal pleno ou órgão especial, muito menos para o órgão de cúpula do Poder Judiciário.

- **Código de Processo Civil de 2015** — o art. 949, parágrafo único, proclama: "Os órgãos fracionários dos tribunais não submeterão ao plenário ou ao órgão especial a arguição de inconstitucionalidade quando já houver pronunciamento destes ou do plenário do Supremo Tribunal Federal sobre a questão". Esse preceito, na realidade, consagrou o entendimento do Pretório Excelso no sentido de se evitar o deslocamento previsto no art. 97 da Carta de 1988. Por enquanto, cumpre observar que o dispositivo do Código de Processo Civil veda o incidente de inconstitucionalidade nas questões já decididas. Nesse particular, resta saber se as matérias não apreciadas comportariam o incidente. A resposta é negativa. Isso porque aplicar-se-á, na espécie, o mencionado art. 97 de nossa Constituição, para que a maioria dos membros do tribunal se manifestem.

Entre nós, portanto, não é possível o exercício do controle de constitucionalidade por elevação da causa.

A justificativa para a impossibilidade é a seguinte: no Brasil qualquer juiz ou tribunal poderá apreciar, via controle difuso, questões prejudiciais, declarando a inconstitucionalidade de leis ou atos normativos.

Logo, não é necessário os magistrados singulares remeterem ao Supremo Tribunal Federal as questões prejudiciais se eles próprios detêm competência para fazê-lo, inclusive de ofício, sem qualquer provocação.

Desde a Carta Republicana de 1891 que a normativa constitucional pátria segue esse pensamento. Espelhou-se no sistema norte-americano, em que não há *per saltum* de órgãos inferiores de jurisdição para o órgão de cúpula do Poder Judiciário.

✦ 12. INCIDENTE DE ARGUIÇÃO DE INCONSTITUCIONALIDADE

O *incidente de arguição de inconstitucionalidade*, figura conhecida nos países europeus, possibilita ao juiz singular submeter aos órgãos de cúpula do Poder Judiciário uma relevante controvérsia constitucional (questão prejudicial).

> **Direito Comparado:** a Carta da Áustria (art. 140) e a Lei Fundamental de Bonn (art. 100, I), por exemplo, o adotam. Cf. Mauro Cappelletti, *La pregiudizialità costituzionale nel processo civile*, 242 p.

As linhas capitais do incidente, no Direito Comparado, podem ser assim resumidas:
- **finalidade** — permitir ao juiz comum, no caso concreto, suscitar, na Corte Suprema, a *questão prejudicial*; resolvida esta, não mais haverá empecilhos para a *questão principal* ser solucionada;
- **exercício** — quem aciona o *incidente* é o juiz singular, que, na dúvida sobre a constitucionalidade de uma lei, remete à Corte Suprema a matéria controvertida; e
- **funcionamento** — a questão é enviada ao Tribunal Constitucional, que é o último grau de jurisdição no organograma do Poder Judiciário, para que ele decida se a norma é, ou não, compatível com a carta magna; só depois disso o feito retorna ao juiz de origem e a decisão monocrática é proferida.

Mas do modo como é concebido na Áustria, Alemanha, Itália e Espanha, o *incidente* não existe no Brasil, porque, aqui, um juiz singular não poderá levar, *per saltum*, a questão da constitucionalidade de uma lei ao Supremo Tribunal Federal.

> **Propostas para se implantar o incidente no Brasil:** na reforma da Carta de 1988, prevista no art. 3º do ADCT, vários congressistas apresentaram propostas de emenda à Constituição para incluir, no art. 104 da Carta de 1988, o *incidente*, como categoria autônoma, e com maior amplitude, em nosso país. Segundo propuseram, sempre que houvesse lesão à segurança jurídica, à ordem ou às finanças públicas,

◆ Cap. 6 ◆ CONTROLE DE CONSTITUCIONALIDADE

279

estariam legitimados para propor o incidente de inconstitucionalidade o Procurador-Geral da República, o Advogado-Geral da União, o Procurador-Geral de Justiça e o Procurador-Geral do Estado (Congresso Revisor, *Relatoria da Revisão Constitucional. Pareceres produzidos*. Senado Federal, Subsecretaria de Edições Técnicas, Brasília, 1994, t. I).

O que existe, entre nós, é o uso mitigado do incidente, simples vestígios de sua presença. Numa palavra, não vislumbramos similitude entre o modelo europeu e o brasileiro.

Em nossa República falta respaldo constitucional para ele ser adotado como categoria autônoma, com a mesma profundidade dos países europeu-continentais, onde magistrados de jurisdição ordinária provocam, de modo direto, os órgãos de cúpula do Poder Judiciário, a exemplo do que sucede com a Corte Constitucional italiana.

Compulsar: Roberto Romboli, *Il giudizio costituzionale incidentale come processo senza parti*, p. 35.

Eis as formas pelas quais o *incidente* marca presença, de maneira muito branda, na federação brasileira:

- Por intermédio da cláusula de reserva de plenário (CF, art. 97 c/c o CPC de 2015, arts. 948 a 950).
- Através da arguição de inconstitucionalidade, regulada pela Lei n. 9.882, de 3 de dezembro de 1999, permitindo ao órgão fracionário do tribunal — turma, câmara, grupo de câmaras, câmaras reunidas —, após ouvir o Ministério Público, acolher o *incidente*, remetendo-o ao tribunal pleno ou ao órgão especial (CF, art. 97). Pelo voto da maioria absoluta dos juízes declara-se, ou não, a inconstitucionalidade. Só depois disso os autos retornam ao órgão fracionário, para que este resolva o caso concreto, prolatando a sua decisão.
- Por meio da arguição de descumprimento de preceito fundamental (art. 102, § 1º, da CF c/c o art. 1º, parágrafo único, I, da Lei n. 9.882/99).
- Mediante declaração incidental de inconstitucionalidade pelo Supremo Tribunal Federal, nos termos dos arts. 176, 177 e 178 do seu Regimento Interno. Aqui o Pretório Excelso declara a inconstitucionalidade de lei ou ato normativo federal, estadual, distrital ou municipal em sede de sua competência originária, recursal ordinária e recursal extraordinária. Na prática, o principal meio de encaminhamento, na via incidental, de questões constitucionais à Corte Suprema é o recurso extraordinário (CF, art. 102, III).
- Por intermédio da declaração incidental pelo Superior Tribunal de Justiça da inconstitucionalidade de lei ou ato normativo do Poder Público, consoante dispõe o seu Regimento Interno (arts. 199 e 200). Nessa hipótese, a seção ou turma remeterá o feito à apreciação da corte especial.

Veja-se que em nenhuma dessas hipóteses ocorre o *per saltum* do juiz singular para o Supremo Tribunal Federal.

Logo, a presença do incidente de inconstitucionalidade, no Brasil, é sobremaneira tênue. Só há meros vestígios de seu comparecimento.

E, como dissemos acima, o controle de constitucionalidade por elevação da causa, que não vigora no Brasil, exercita-se pelo incidente de inconstitucionalidade.

Isso não significa que o incidente seja uma figura exclusiva do controle de constitucionalidade por elevação da causa.

Embora o controle por elevação dependa do incidente para funcionar, a recíproca não é verdadeira, porque pode haver incidente sem controle por elevação.

É que o incidente pode ser acionado perante outros meios de defesa do texto supremo, a exemplo da *Popularklage* da Baviera.

O *Popularklage* é uma ação popular que visa impugnar leis ou regulamentos lesivos aos direitos fundamentais. Exercita-se em nível de controle abstrato da constitucionalidade, e qualquer cidadão poderá iniciá-lo (Constituição bávara, art. 98, 4º; Lei do Tribunal Constitucional Estadual bávaro, art. 53).

Cumpre registrar que o incidente não se confunde com o controle difuso do sistema norte-americano, em que qualquer juiz ou tribunal pode apreciar, *motu proprio*, a alegação de inconstitucionalidade.

No incidente, é o órgão de cúpula do Judiciário que examina a questão prejudicial, e não os órgãos da jurisdição ordinária.

O único ponto em comum entre o incidente de inconstitucionalidade e o controle difuso é que a controvérsia suscitada em juízo concerne a uma situação concreta, num processo envolvendo partes. Isso porque há, em ambos, uma *questão prévia* que deverá ser resolvida antes da *questão principal*, para verificar se houve, ou não, a mácula de inconstitucionalidade.

A nosso ver, a consagração do incidente de inconstitucionalidade, enquanto categoria autônoma, no ordenamento jurídico pátrio, via emenda à Constituição, possibilitaria:

- A suspensão, pelo Supremo Tribunal Federal, caso acolha o incidente, de processo em curso perante qualquer juízo ou tribunal para proferir decisão na matéria federal suscitada.

- O efeito subordinante de controvérsias, evitando repetição desnecessária de processos idênticos e prejuízos para as partes. Nesse ponto reside a importância da uniformização da jurisprudência. Em vez de decidir a questão constitucional apenas com base no art. 97 do Texto Supremo, a Corte *a quo* poderia obter um pronunciamento definitivo do Supremo Tribunal Federal.

- A existência de um mecanismo a mais para o controle de normas no Direito brasilei-ro, ao lado do método difuso, existente entre nós desde a Carta de 1891, e dos mecanismos da jurisdição concentrada. Aliás, vale observar que o incidente de inconstitucionalidade não excluiria a participação dos juízes e tribunais, que, na via de exceção, continuariam examinando a constitucionalidade da lei ou ato normativo. Por outro lado, o Supremo Tribunal Federal prosseguiria julgando recursos extraordinários contra decisões judiciais de única ou última instância.

- A separação da questão constitucional para ser julgada, não só pelo pleno do tribunal ou órgão especial mas, também, pelo Pretório Excelso. Haveria, assim, uma *cisão funcional vertical de competência*, completando a técnica da *cisão funcional horizontal de competência*, prevista no art. 97 da Carta Magna.

Em nossa República, seria benéfico transformar o incidente de inconstitucionalidade numa categoria constitucional autônoma?

Só a aplicação concreta do instituto seria capaz de nos propiciar a sua real dimensão, uma vez que a experiência suplanta quaisquer dúvidas.

Porém, muitos acreditam que a implantação do incidente no Brasil é um retrocesso, sendo uma forma disfarçada de ressuscitar a *avocatória*.

A *avocatória*, que remonta ao "Pacote de abril de 1977", do General Geisel, possibilitava à autoridade competente saltar etapas do processo administrativo, chamando para si matérias que dependem de diligência, parecer ou decisão prévia.

> **Recordando:** a avocatória, antes mesmo do "Pacote de abril de 1977", chegou a ser sugerida pelo STF quando da reforma empreendida pelo AI n. 2, de 27-10-1965, e pela EC n. 16, de 26-11-1965.

Como a avocatória agride, em vários pontos, princípios estruturais da administração da justiça, o incidente — figura congênere — ensejaria o mesmo problema, usurpando a competência do juiz singular, o primado do juiz natural e o duplo grau de jurisdição.

> **Nesse sentido:** Sérgio Sérvulo da Cunha, *O efeito vinculante e os poderes do juiz*, p. 128-133.

✦ 13. CLÁUSULA DE RESERVA DE PLENÁRIO (CF, ART. 97; CPC DE 2015, ARTS. 948 A 950)

Cláusula de reserva de plenário é o *parâmetro normativo* que estatui o quórum de votação para os membros de um tribunal declararem a inconstitucionalidade dos atos do Poder Público.

Trata-se de construção jurisprudencial da Suprema Corte norte-americana, chamada de regra do *full bench* ("composição plenária"), *full court* ("tribunal pleno") ou julgamento *en banc* ("pela bancada").

Conferir: Henry J. Abraham, *The judicial process:* an introductory anlysis of the courts of the United States, p. 201 e s.; Carl Brent, *Historic decisions of the Supreme Court*, p. 37; Harold C. Syrett, *American historical documents*, p. 15; Thomas Cooley, *Treatise on the constitutional limitations which rest upon the legislative power of the states of the american union*, p. 194; Henry Campbell Black, *Handbook of american constitutional law*, p. 62; Willoughby, *The constitutional law of the United States*, v. 1, p. 34.

No Brasil, a *cláusula de reserva* é conhecida, nos tribunais, como *incidente de arguição de inconstitucionalidade*, conexão aceitável desde que se observem as particularidades que envolvem a matéria, acima estudadas.

A importância da *cláusula de reserva* foi reconhecida pelo Supremo Tribunal Federal, que a vislumbrou como verdadeira condição de eficácia jurídica da declaração jurisdicional de inconstitucionalidade dos atos do Poder Público.

Precedentes: STF, *RTJ*, 99:273, 58:499, 71:233, 110:226, 117:265, 135:297, 95:859, 96:1188; *RF* 193:131; *RT, 508*:217.

Certamente, a *reserva de plenário* reveste-se de profundo significado político-jurídico. Deve prevalecer ainda que a "norma questionada perante o Tribunal inferior já tenha sido declarada inconstitucional *incidenter tantum* pelo próprio Supremo Tribunal Federal, eis que a imperatividade do preceito inscrito no art. 97 da Carta Política não torna lícito invocar, em tema de reconhecimento de inconstitucionalidade, o princípio da economia processual" (STF, RE 192.920/RS, Rel. Min. Celso de Mello, decisão de 8-8-1995, *DJ* de 1º-9-1995, p. 27366).

> **Base doutrinária:** as razões subjacentes a esse entendimento pretoriano remontam à formulação do postulado constitucional do *full bench*, lapidarmente preconizada por Marcelo Caetano: "A exigência de maioria qualificada para a declaração da inconstitucionalidade de lei ou ato normativo justifica-se pela preocupação de só permitir ao Poder Judiciário tal declaração quando o vício seja manifesto e, portanto, salte aos olhos de um grande número de julgadores experientes caso o órgão seja colegiado. Sendo atingida a majestade da lei a qual, em princípio, se beneficia da presunção de estar de acordo com a Constituição, é necessário que o julgamento resulte de um consenso apreciável e não brote de qualquer escassa maioria (...). Essa exigência, por outro lado, acautela contra uma futura variação de jurisprudência no mesmo Tribunal. Assim, a inconstitucionalidade tem de ser declarada pelos votos conformes de um número de juízes equivalente à metade e mais um dos membros do Tribunal ou do órgão competente nele formado" (*Direito constitucional*, v. II, p. 417).

A *cláusula de reserva* inaugurou-se, entre nós, com a Constituição de 1934 (art. 179). Repetiu-se nas Cartas de 1937 (art. 96), 1946 (art. 200), 1967 (art. 111) e na EC n. 1/69 (art. 116). Conforme a Emenda Constitucional n. 7/77, apenas o plenário poderia reconhecer a inconstitucionalidade, atribuição hoje conferida, pelo Texto de 1988, a um órgão especial (art. 93, XI).

Além de constar nos regimentos internos de nossos tribunais, nas Cartas dos Estados promulgadas em 1989, e nos arts. 948 a 950 do Código de Processo Civil de 2015, a *cláusula de reserva* recebeu a seguinte fraseologia constitucional:

"Art. 97. Somente pelo voto da maioria absoluta de seus membros ou dos membros do respectivo órgão especial poderão os tribunais declarar a inconstitucionalidade de lei ou ato normativo do Poder Público".

Conforme esse preceito, a inconstitucionalidade de qualquer ato normativo só pode ser declarada pela maioria absoluta de todos os membros do tribunal.

E faz sentido, porque a declaração de inconstitucionalidade por *maioria simples* vigora somente no caso concreto. Já a declaração de inconstitucionalidade por *maioria absoluta*, além de vigorar no caso concreto, pode, sobrevindo um segundo julgamento concordante, transformar-se em súmula, vinculando os órgãos fracionários do tribunal — câmaras, grupos, turmas ou sessões — em julgamentos futuros.

Vale observar que o art. 97 da *Lex Mater* em nada alterou o princípio de que, no Brasil, as decisões do Supremo, proferidas em sede de controle abstrato de normas, espargem efeitos *erga omnes*.

Também não mudou o entendimento de que a Corte Excelsa poderá, no caso concreto, declarar, por maioria absoluta de seus membros, a inconstitucionalidade de leis ou atos normativos do Poder Público, tal como previsto no seu Regimento Interno (arts. 176 e 177).

Precedente: STF, *RTJ*, 160:1019.

Certamente, a *cláusula de reserva de plenário* não constitui barreira para o exercício legítimo dos controles concentrado e difuso.

Basta ver que o juiz de primeiro grau de jurisdição pode declarar, no caso concreto, a inconstitucionalidade normativa.

Nesse sentido: STF, *RTJ, 554*:253, *98*:877.

Quanto ao alcance da *reserva de plenário,* vale observar:

* os efeitos das decisões declaratórias da inconstitucionalidade de atos estaduais, distritais e municipais, prolatadas pelos Tribunais de Justiça, restringem-se ao território dos Estados-membros e Distrito Federal; e
* os efeitos das decisões de inconstitucionalidade dos Tribunais Regionais Federais proferidas, no caso concreto, resumem-se às partes envolvidas na demanda, valendo, somente, no território submetido à sua jurisdição.

Precedente: STF, RE 198.346-9/DF, Rel. Min. Sepúlveda Pertence, *DJ*, 1, de 5-12-1997, p. 63919.

Realmente, os organismos jurisdicionais exercem seu *munus* nos limites territoriais de sua esfera de competência.

Seria inusitado absurdo, por exemplo, um tribunal regional ou estadual declarar, com eficácia *erga omnes,* a inconstitucionalidade de uma lei nacional, usurpando a competência do Supremo, órgão de cúpula do Poder Judiciário, titular do controle concentrado.

No plano da legislação ordinária, a delimitação da *cláusula de reserva* também encontra respaldo.

Arguida a inconstitucionalidade de lei ou ato normativo do Poder Público, e acolhida pelo órgão fracionário a alegação, a matéria será submetida ao pleno do tribunal, onde será julgada (CPC de 2015, arts. 948 a 950).

Quer dizer, o acatamento à *reserva de plenário* suplanta quaisquer "ingerências políticas", porquanto decorre da Constituição da República e das leis a ela conformadas.

Ademais, "nenhum órgão fracionário, de qualquer Tribunal, dispõe de competência, no sistema jurídico brasileiro, para declarar a inconstitucionalidade de leis ou atos emanados do Poder Público. Essa magna prerrogativa jurisdicional foi atribuída, em grau de absoluta exclusividade, ao Plenário dos Tribunais ou, onde houver, ao respectivo Órgão Especial" (STF, RE 192.920/RS, Rel. Min. Celso de Mello, decisão de 8-8-1995, *DJ* de 1º-9-1995, p. 27366).

Logo, suscitada a questão prejudicial de constitucionalidade perante órgão fracionário de tribunal — câmaras, grupos, turmas ou seções —, a este competirá, em acolhendo a alegação, submeter a controvérsia jurídica ao tribunal pleno.

Precedentes: STF, *RF, 193*:131; *RTJ, 95*:859, *96*:1188; *RT, 508*:217.

Reitere-se que a inobservância da *reserva de plenário* acarreta a nulidade absoluta da decisão judicial colegiada que, partindo de órgão meramente fracionário, tenha declarado a inconstitucionalidade de determinado ato estatal.

Precedentes: STF, *RTJ, 135*:297, *95*:859, *96*:1188; *RT, 508*:217; *RF, 193*:131.

Há exceções a essa regra?

Sim. Em nome da racionalização orgânica do Poder Judiciário, da segurança e certeza das relações jurídicas, é possível dispensar a aplicação do postulado constitucional do *full bench.*

A jurisprudência concluiu que nos seguintes casos ocorre a dispensa:

* existência de pronunciamento pelos órgãos fracionários dos tribunais — câmaras, grupos, turmas ou seções — sobre a questão prejudicial (CPC de 2015, art. 949);

Nesse sentido: STJ, 3ª T., REsp 89.297/MG, Rel. Min. Ari Pargendler, *DJ* de 7-2-2000.

* existência de pronunciamento sobre a inconstitucionalidade da lei ou do ato normativo pelo plenário do Supremo Tribunal Federal ou súmula editada pela própria Corte;

◆ Cap. 6 ◆ CONTROLE DE CONSTITUCIONALIDADE

283

> **Cláusula de reserva de plenário. Afastamento. Existência de decisão do STF sobre o tema** — o Supremo Tribunal Federal reafirmou seu entendimento no sentido de que é desnecessário submeter demanda judicial à regra da reserva de plenário quando a decisão judicial estiver fundada em jurisprudência do Plenário do Supremo ou em súmula da própria Corte. Deveras, a jurisprudência consolidada do Supremo é no sentido de que não há violação ao art. 97 da Carta Magna quando existir pronunciamento do Plenário da Corte sobre matéria de fundo (STF, ARE 914045, repercussão geral reconhecida, Rel. Min. Edson Fachin, j. 6-11-2015).

- existência, no âmbito do tribunal *a quo*, e em relação àquele mesmo ato do Poder Público, de decisão plenária que tenha apreciado o litígio constitucional, mesmo sem o reconhecimento judicial da suposta inconstitucionalidade (STF, 1ª T., RE 190.725-8/PR, Rel. p/ acórdão Min. Ilmar Galvão, *RTJ*, *99*:273).

O Supremo Tribunal Federal editou a **Súmula vinculante n. 10**, cujo enunciado é o seguinte: "Viola a cláusula de reserva de plenário (CF, art. 97) a decisão de órgão fracionário de tribunal que, embora não declare expressamente a inconstitucionalidade de lei ou ato normativo do poder público, afasta sua incidência, no todo ou em parte".

Essa súmula, portanto, impede que órgãos fracionários que não têm a maioria absoluta dos integrantes de um tribunal afastem a incidência, total ou em parte, de lei ou ato normativo do Poder Público. Isso é vedado mesmo que a decisão do órgão fracionário não declare a inconstitucionalidade da norma, mas apenas afaste a sua incidência em um caso concreto.

A Súmula vinculante n. 10 foi proposta, em ótima hora, pela Ministra Ellen Gracie, cujo texto foi aprovado com pequenos ajustes.

✦ 14. CONTROLE PREVENTIVO DE CONSTITUCIONALIDADE

◇ 14.1. Colocação da matéria

O controle *preventivo*, *sucessivo* ou *prévio* é aquele que se realiza no transcurso do processo legislativo.

Seu objetivo é evitar, desde o projeto de lei, que normas jurídicas ingressem no ordenamento apresentando a pecha da *inconstitucionalidade*.

As características do controle preventivo são as seguintes:
- fiscaliza, *previamente*, a inconstitucionalidade normativa, por isso é um controle *a priori*, sendo acionado antes de a lei ser aperfeiçoada;
- incide quando o processo legislativo ainda está em andamento, daí consistir num autêntico *autocontrole de constitucionalidade*, pois se inicia com o exame do projeto de lei nas Comissões de Constituição e Justiça, prosseguindo no plenário das Casas Legislativas e terminando com o veto do Poder Executivo, se for o caso; e
- na maioria dos países, trata-se de controle de natureza *política*, exercido pelo Legislativo e Executivo, como é o caso do Brasil. Mas essa regra admite exceções. As Cartas do Equador de 1946 (art. 67) e da Síria de 1950 (art. 63), v. g., conferiram ao Poder Judiciário — que é um órgão *técnico* — a incumbência de fiscalizar, preventivamente, e de ofício, projetos de lei.

Não há no Brasil o controle jurisdicional preventivo de normas.

Quando, na via difusa, o Judiciário expurga do ordenamento atos inconstitucionais do processo legislativo, assim o faz para *reprimir* a mácula detectada. Nisso não há qualquer controle jurisdicional preventivo, mas sim repressivo (*v.* n. 8.1.5, *supra*).

O que vigora entre nós é o controle *político* preventivo de constitucionalidade, realizado em sistema de coparticipação entre o Legislativo (CF, art. 58, *caput*) e o Executivo (CF, art. 66, § 1º).

Portanto, no Brasil, inexiste controle judicial preventivo da constitucionalidade, como já decidiu o Supremo Tribunal Federal: "Não é, assim, em princípio, admissível o exame, por esta Corte, de projetos de lei ou mesmo de propostas de emenda constitucional, para pronunciamento prévio sobre sua validade" (STF, MS 30.602/DF, Rel. Min. Ellen Gracie, *DJE* de 24-5-2011).

✧ 14.2. Controle preventivo realizado pelas Comissões de Constituição e Justiça

O Texto de 1988 abriu caminho para a existência de um controle preventivo político de constitucionalidade realizado pelas Comissões de Constituição e Justiça:

"Art. 58. O Congresso Nacional e suas Casas terão comissões permanentes e temporárias, constituídas na forma e com as atribuições previstas no respectivo regimento ou no ato de que resultar sua criação".

Aí está a base do controle preventivo político de constitucionalidade que o Congresso Nacional e suas Casas (Câmara e Senado) podem exercitar, mediante suas Comissões Permanentes de Constituição e Justiça.

Tanto é assim que os regimentos internos de ambas as Casas Legislativas consagraram o controle político preventivo de normas.

No Regimento Interno da Câmara dos Deputados, está escrito:

"Art. 32. São as seguintes as Comissões Permanentes e respectivos campos temáticos ou áreas de atividade:

(...)

IV — Comissão de Constituição e Justiça e de Cidadania:

a) aspectos constitucional, legal, jurídico, regimental e de técnica legislativa de projetos, emendas ou substitutivos sujeitos à apreciação da Câmara ou de suas Comissões;

b) admissibilidade de proposta de emenda à Constituição;

c) assunto de natureza jurídica ou constitucional que lhe seja submetido, em consulta, pelo Presidente da Câmara, pelo Plenário ou por outra Comissão, ou em razão de recurso previsto neste Regimento;

d) assuntos atinentes aos direitos e garantias fundamentais, à organização do Estado, à organização dos Poderes e às funções essenciais da Justiça;

e) matérias relativas a direito constitucional, eleitoral, civil, penal, penitenciário, processual, notarial (...)".

Já o Regimento Interno do Senado Federal prevê:

"Art. 101. À Comissão de Constituição, Justiça e Cidadania compete:

I — opinar sobre a constitucionalidade, juridicidade e regimentalidade das matérias que lhe forem submetidas por deliberação do Plenário, por despacho da Presidência, por consulta de qualquer comissão, ou quando em virtude desses aspectos houver recurso de decisão terminativa de comissão para o Plenário (...)".

✧ 14.3. Controle preventivo realizado pelo Chefe do Poder Executivo (veto jurídico)

No Brasil, o veto jurídico é a outra maneira de se exercitar o controle político preventivo. Delineia-se pela participação do Chefe do Poder Executivo no processo de feitura das leis.

Se o Presidente da República considerar um projeto de lei, aprovado pelo Congresso Nacional, contrário à Constituição ou ao interesse público, poderá vetá-lo, no todo ou em parte. Terá o prazo de quinze dias úteis, contados da data do recebimento, e comunicará, dentro de quarenta e oito horas, ao Presidente do Senado os motivos do veto (CF, art. 66, § 1º).

Governadores e prefeitos também podem exercer o controle preventivo de normas; basta que as cartas estaduais e as leis orgânicas dos Municípios assim disponham. Contudo, os parâmetros fixados na Constituição Federal devem ser observados.

◆ Cap. 6 ◆ CONTROLE DE CONSTITUCIONALIDADE

✦ 15. CONTROLE REPRESSIVO DE CONSTITUCIONALIDADE

◇ 15.1. Colocação da matéria

O controle repressivo é aquele que *reprime* a inconstitucionalidade, incidindo após a promulgação da lei ou ato normativo.

São características do controle repressivo:

- expurga do ordenamento jurídico leis e atos normativos inconstitucionais;
- é um controle *a posteriori*, só podendo ser acionado depois que a lei estiver em pleno vigor;
- excepcionalmente, pode ser desempenhado por órgão legislativo.

◇ 15.2. A regra é o Judiciário realizar o controle repressivo de constitucionalidade

Em nosso país, a regra é o Poder Judiciário exercer o controle repressivo de constitucionalidade.

Aliás, vimos, na seção anterior, que juízes e tribunais podem controlar, na via difusa, a constitucionalidade das leis, enquanto o Supremo Tribunal Federal, na via abstrata, é o oráculo da Carta Magna.

Assim, não resta dúvida de que o Judiciário brasileiro desempenha um controle repressivo jurisdicional de constitucionalidade.

Essa regra, todavia, é *relativa*, pois pode existir *controle repressivo político de constitucionalidade*.

No Brasil, por exemplo, existe um *controle repressivo legislativo de constitucionalidade*, exercido, de forma excepcional, pelo Poder Legislativo.

◇ 15.3. Casos excepcionais em que o controle repressivo é realizado pelo Legislativo

A Constituição de 1988 previu, excepcionalmente, um *controle repressivo político de constitucionalidade*.

Dois são os caminhos para o Poder Legislativo empreendê-lo:

1º) pelo poder congressual de sustar atos normativos do Executivo (CF, art. 49, V); e

2º) pela apreciação congressual de medidas provisórias (CF, art. 62, §§ 3º, 5º e 10).

Assim, o Congresso Nacional poderá retirar do ordenamento jurídico atos normativos provenientes do Executivo que exorbitem o poder regulamentar ou os limites da delegação legislativa (art. 49, V). Também lhe é facultado rejeitar medidas provisórias inconstitucionais (art. 62, §§ 3º, 5º e 10).

⌑ 15.3.1. *Poder congressual de sustar atos normativos do Executivo (CF, art. 49, V)*

O poder congressual de o Legislativo sustar atos do Executivo, como instrumento de *controle repressivo político de constitucionalidade*, encontra fundamento na Constituição Federal:

"Art. 49. É da competência exclusiva do Congresso Nacional:

(...)

V — sustar os atos normativos do Poder Executivo que exorbitem do poder regulamentar ou dos limites de delegação legislativa".

Aí está a competência *exclusiva* para o Congresso Nacional editar decreto legislativo, sustando decretos presidenciais (CF, art. 84, IV) e até leis delegadas (CF, art. 68). Para tanto, basta que esses "atos executivos" tenham sido emitidos em sentido contrário ao procedimento previsto na Constituição para serem elaborados.

286

Sempre que o Presidente da República extrapolar os limites fixados na resolução, concedente da lei delegada, o Congresso Nacional poderá sustá-la via decreto legislativo, paralisando todos os seus efeitos.

O ato que susta a lei delegada logra eficácia *ex nunc*, pois não produz efeitos retroativos, operando a partir da publicação do decreto legislativo. Nesse caso, inexiste declaração de nulidade da lei delegada, mas simples sustação de seus efeitos.

Por outro lado, o dispositivo transcrito não obstaculiza nem desprestigia a declaração de inconstitucionalidade pelo Poder Judiciário.

Decerto a decretação jurisdicional de inconstitucionalidade é imprescindível e insubstituível no caso concreto. Somente ela detém o poder de retroagir desde a edição da espécie normativa, desconstituindo os efeitos nocivos do ato inconstitucional (eficácia *ex tunc*). Isso jamais poderá ser alcançado pelo poder congressual de o Legislativo sustar atos do Executivo.

⌗ 15.3.2. *Apreciação congressual de medidas provisórias (CF, art. 62, §§ 3º, 5º e 10)*

Quando o Congresso Nacional rejeita medidas provisórias, não as convertendo em lei, sob o argumento de apresentarem a mácula da inconstitucionalidade, estamos diante do *controle repressivo político de constitucionalidade*.

A apreciação congressual de medidas provisórias, portanto, é a outra forma de o Legislativo fiscalizar o Executivo. Nesse particular, quando a Comissão Temporária Mista profere parecer no sentido de expurgar medida provisória do ordenamento jurídico, a única saída será acatar tal deliberação.

Pouco importa o caráter temporário das medidas provisórias ou o fato de elas ingressarem no ordenamento jurídico com força de lei. Desde que o Congresso Nacional as tenha como inconstitucionais, não há duvidar quanto à validade do *controle repressivo* exercido pelo Poder Legislativo. Isso porque a rejeição de medida provisória mediante *controle repressivo político de constitucionalidade* encontra respaldo na Carta Política da República (art. 62, §§ 3º, 5º e 10).

Sem embargo, nada impede que ao lado do controle político seja exercido o controle repressivo jurisdicional de medidas provisórias.

Quanto a este último aspecto, o Supremo Tribunal Federal, em linha de princípio, fixou o entendimento de que as medidas provisórias podem ser objeto de ação direta de inconstitucionalidade. No posto de atos normativos perfeitos, acabados e temporários, tais medidas sujeitam-se ao crivo do Congresso Nacional, que, muito além de ratificar os efeitos imediatos produzidos, poderá convertê-las em lei, atribuindo-lhes eficácia definitiva.

Nesse sentido: STF, Pleno, ADIn 295-3-ML/DF, Rel. Min. Paulo Brossard, decisão de 22-6-1990.

CAPÍTULO 7

PODER CONSTITUINTE

✦ 1. SIGNIFICADO

Poder constituinte é a *potência* que faz a constituição, e, ao mesmo tempo, a *competência* que a modifica.

Trata-se da *força propulsora* que, ao elaborar a carta magna, fornece as diretrizes fundamentais do Estado. Por isso, é a *energia vital* das constituições.

A finalidade do poder constituinte é atuar nas etapas de *criação, reforma* e, também, *mutação* das cartas políticas.

Deixando de lado as intermináveis polêmicas doutrinárias que envolvem o tema, podemos considerar o poder constituinte a expressão mais elevada do fenômeno político *poder*.

A sua importância é tamanha que, se ele inexistisse, não haveria constituição e, consequentemente, ordem jurídica.

É que a cada manifestação constituinte, emissora de atos constitucionais, inaugura-se um *novo Estado*.

Conferir: Raymond Carré de Malberg, *Teoría general del Estado*, p. 76.

Exemplificando, o atual ordenamento jurídico brasileiro, oriundo do poder constituinte de 5 de outubro de 1988, não é o de 1967, 1969, nem o de 1946, 1937, 1934, 1891 ou de 1824. Do ponto de vista histórico e geográfico, pode até ser o mesmo, mas, da ótica exclusivamente jurídico-formal, não.

Nesse sentido: Michel Temer, *Elementos de direito constitucional*, p. 35.

Diante do que acabamos de dizer, o poder constituinte desempenha, primordialmente, a *função* de criar e modificar, quando necessário, as constituições.

Mas qual a natureza do poder constituinte? Como se origina e se caracteriza? Quem é o seu titular? De que modo se exerce? Qual o teor de sua obra e o que nela deve conter?

Essas indagações são discutidas, ainda hoje, pelos estudiosos. Não há consenso sobre elas. Integram o fulcro daquilo que os doutores convencionaram denominar *fundamentos da constituição*.

Vide: Claude Klein, *Théorie et pratique du pouvoir constitutant*, p.12 e s.

Daí a necessidade de estudar a concepção clássica do tema, preconizada por Emmanuel Joseph Sieyès.

Certamente, Sieyès forneceu *pistas* para o entendimento do poder constituinte, ao elevá-lo ao posto de *função* criadora das constituições.

✦ 2. CONCEPÇÃO CLÁSSICA: A TEORIA DE EMMANUEL JOSEPH SIEYÈS

A teoria do poder constituinte, tal qual concebida em sua feição clássica, aparece com o desenvolvimento da Revolução Francesa (1789), no período do movimento político-cultural do *constitucionalismo*, destacando-se, à época, as ideias desenvolvidas pelo Abade Emmanuel Joseph Sieyès (1748-1836).

Sieyès foi um personagem misterioso, um sacerdote sem vocação, um orador nada brilhante, com débil estrutura física, porém um grande e hábil político.

Conferir: Paul Bastid, *Sieyès et sa pensée*, p. 20.

O período de sua maior influência deu-se na fase inicial da Revolução Francesa, por sua notável atuação na constituinte, como membro do Comitê da Constituição e Presidente da Assembleia. Seu pensamento obteve enorme ressonância. É lembrado, até hoje, pela Teoria Constitucional e pela Filosofia Política.

Indiscutivelmente, deve-se a Sieyès a noção primeira do poder constituinte, associado, por grande parte dos estudiosos, a características todo poderosas e grandiloquentes, exteriorizadas pelas notas de inicial, originário, supremo, extraordinário, de primeiro grau, direto, inalienável, fundacional, imprescritível, incontrolável etc.

Mas, para compreendermos o alcance do pensamento político-jurídico de Sieyès, convém recorrer a um panfleto por ele publicado poucos meses antes do começo da Revolução Francesa, intitulado *Qu'est-ce que le tiers État?*, que expressava as reivindicações da burguesia contra o privilégio e o absolutismo.

Nesse seu opúsculo, Sieyès parte do princípio de que a ordem jurídica é estabelecida pela própria Nação:

"Em toda nação livre — e toda Nação deve ser livre — só há uma forma de acabar com as diferenças que se produzem com respeito à Constituição. Não é aos notáveis que se deve recorrer, é à própria Nação. Se precisamos de Constituição devemos fazê-la. Só a Nação tem direito de fazê-la" (*Que é o terceiro Estado?*, p. 113).

Para ele, pois, a Nação existe antes de tudo, é a origem de tudo. Sua vontade é sempre legal, porque é a própria lei, só existindo acima dela o *direito natural*.

Acreditava que, para se ter uma ideia das leis positivas, bastaria examinar as leis constitucionais que regulam a organização e as funções do *corpo legislativo*.

Sieyès dizia que essas leis são fundamentais, no sentido de não serem obra de um poder constituído, mas de um *poder constituinte*, que não se encontra subjugado a nenhuma espécie de delegação.

Ademais, as leis propriamente ditas, as que protegem os cidadãos e decidem do interesse comum são obra do corpo legislativo, que se move de acordo com as condições constitutivas. Mesmo quando apresentadas em segunda linha, tais leis são as mais importantes, na visão de Sieyès, porquanto são o fim do que as leis constitucionais são apenas o meio.

Ao longo de sua exposição, procurou demonstrar os pontos capitais do seu raciocínio, que podem ser sintetizados da seguinte forma:

- Seria ridículo supor a Nação ligada pelas formalidades ou pela constituição a que ela sujeitou seus mandatários.
- A Nação se forma unicamente pelo direito natural, ao contrário do governo, que é regulado pelo direito positivo.
- O governo só exerce um poder real enquanto constitucional; a vontade nacional, ao invés, parte sempre da lei. É a origem de toda legalidade.
- Uma Nação não pode alienar nem proibir o direito de mudar; qualquer que seja a sua vontade, jamais poderá cercear o direito de mudança.
- A depender da vontade da Nação, todas as formas são boas, pois o seu desejo é sempre uma lei suprema.
- A Nação preexiste a qualquer forma constitucional.
- Os representantes ordinários de um povo estão encarregados de exercer, nas formas constitucionais, toda a porção da vontade comum, necessária para a manutenção de uma boa administração; seu poder está limitado aos assuntos de governo.
- Os representantes extraordinários terão um novo poder, dado pela Nação, da maneira que melhor lhe aprouver; como uma grande Nação nem sempre pode reunir-se, deve confiar nos seus representantes extraordinários.

◆ Cap. 7 ◆ PODER CONSTITUINTE

- Esses representantes extraordinários são deputados somente para um único assunto e por determinado tempo.
- Uma representação extraordinária não se confunde com a legislatura comum; são poderes distintos; esta só pode mover-se nas condições que lhe são impostas. A outra não está submetida a nenhum requisito especial. Reúne-se e delibera como faria a própria Nação se, mesmo composta por um pequeno número de indivíduos, quisesse dar uma constituição a seu governo. Não se trata de distinções inúteis, no dizer de Sieyès. Para ele, todos esses princípios são essenciais à ordem social, que seria incompleta se encontrasse um só caso para o qual não fosse possível indicar normas de conduta capazes de resolvê-lo.
- A Nação deve reformar a sua constituição; não poderá abster-se desse encargo.
- Um corpo legislativo, submetido a formas constitutivas, só pode decidir alguma coisa conforme a constituição. Não pode dar-se de outra maneira, deixando de existir a partir do momento em que se move, fala, atua.
- É uma máxima incontestável a necessidade de só reconhecer a vontade comum da opinião da maioria.
- A vontade de uma Nação é o resultado das vontades individuais. É impossível conceber uma associação legítima que não tenha como objeto a segurança comum, a liberdade de todos, a coisa pública.

Eis, em breves linhas, o fulcro do pensamento de Sieyès, extraído do escrito clássico que o notabilizou: *Qu'est-ce que le tiers État?*

A propósito das ideias precedentemente reproduzidas, algumas considerações vêm a lume, no que tange à teoria do poder constituinte.

As concepções de Sieyès culminam na mesma linha de pensamento elaborada pelo jusnaturalismo racionalista, à época da Revolução Francesa.

Demonstram, de algum modo, certa similitude com o contratualismo de Jean-Jacques Rousseau, mesmo diante da nítida diferença entre o pensamento de um e de outro. O genebrino Rousseau, por exemplo, não aceitou, categoricamente, os limites do poder, desconfiando do governo representativo. O revolucionário abade, ao contrário, percebia a nítida diferença entre poder constituinte e poderes constituídos; notou as limitações do poder, confiou no governo representativo.

A concepção clássica de Sieyès sobre o poder constituinte é, na realidade, uma teoria sobre a legitimidade do poder.

Teve a grande virtude de compreender o poder constituinte como uma *função*, a qual se revela pela própria *finalidade, resultado último, produto derradeiro* do poder constituinte: a feitura da constituição do Estado.

O mérito da teoria de Sieyès foi indiscutível. Graças às suas ideias, formou-se a concepção de que poder constituinte é a fonte magnânima de todo o direito formal de um ordenamento jurídico.

Evidente que o pensamento de Sieyès retrata a época histórica e revolucionária dos fins do século XVIII, quando surgiram conceitos novos, propostas novas, derivadas da reflexão iluminista, do pensamento racionalista francês, da concepção organicista da sociedade. Substituiu-se a crença no poder divino pela soberania do poder nacional, aparecendo, daí, a teoria do poder constituinte, cuja titularidade pertenceria à Nação.

Aliás, para Sieyès, *povo* e *Nação* não se confundiam.

O *povo* seria o conjunto de pessoas reunidas e submetidas a um poder.

A *Nação* é mais do que conjunto, é a encarnação dos interesses dos indivíduos como um todo, na sua *generalidade* e *permanência*.

Generalidade, no sentido de o poder soberano não se limitar, em seu exercício, a nenhuma parcela de indivíduos, visto que a soberania pertence à comunidade inteira.

Permanência, se se considerar o interesse permanente das gerações futuras, que não poderá ficar renegado ao interesse transitório de um grupo de indivíduos.

O grande mérito de Sieyès foi teorizar algo que sempre houve em toda sociedade política.

Nesse sentido: "Desde que existe Estado, existe, materialmente ao menos, a função constituinte, pois não se compreende grupo estatal sem essa função. Mas sua teoria, que começa a delinear-se com as primeiras assembleias constituintes no verdadeiro sentido da palavra, ou seja, as convenções das colônias recém-emancipadas pela Revolução Americana, somente se define nas vésperas da Revolução Francesa, através da obra de Sieyès *Que é o terceiro Estado?*, destinada a propagar as ideias e reivindicações da burguesia na campanha eleitoral que antecedeu a reunião dos Estados Gerais de 1789" (Nelson de Sousa Sampaio, *O poder de reforma constitucional*, p. 41).

Se, na prática, a distinção funcional entre poder constituinte e poderes constituídos já havia sido percebida pelos constitucionalistas americanos, quando foram realizadas as Convenções Estaduais da Virgínia (1776) e o Congresso da Filadélfia (1787), pouco tempo antes da eclosão da Revolução Francesa, foi Sieyès que a teorizou, por meio de esquemas de pensamento acessíveis e perceptíveis, aceitos e disseminados em todo o mundo.

Por isso iremos encontrar, em inúmeros autores, variadas sistematizações, métodos de estudo diversos, com o intuito de assimilar a *ratio essendi* do poder constituinte.

Sobre o tema: Carlos Sanchez Viamonte, *El poder constituyente*, 1957; Luis Carlos Sáchica, *Esquema para una teoría del poder constituyente*, 1978; Celso Antônio Bandeira de Mello, Poder constituinte, *Revista de Direito Constitucional e Ciência Política*, 4:69, 1985; Nelson Saldanha, *O poder constituinte*, 1986; Manoel Gonçalves Ferreira Filho, *O poder constituinte*, 1999.

Sem embargo, todas as "escolas" que enfrentaram a temática têm em comum o fato de expressarem suas formulações a partir das ideias de Sieyès, independentemente das tendências jusfilosóficas abraçadas por seus corifeus e das adaptações novas, advindas de uma análise mais atualizada do poder criador das normas supremas do Estado.

Foi a partir de Sieyès que a distinção formal entre poder constituinte e poderes constituídos se consolidou em termos definitivos.

Na atualidade, a concepção clássica de poder constituinte, preconizada por Sieyès, tem merecido reticências quanto ao caráter onipotente e ilimitado do poder constituinte.

Como veremos adiante, a *energia vital da constituição* encontra limites *extrajurídicos* em seu exercício, os quais se condicionam por fatores *ideológicos*, *institucionais* e *substanciais*.

✦ 3. FORMAS DE MANIFESTAÇÃO

Formas de manifestação do poder constituinte são as diversas maneiras pelas quais ele se expressa.

Certamente, quando pronunciamos a "voz" *poder constituinte* ouvimos um "som" *amplo*, carregado de um conteúdo semântico indefinido.

Em verdade, a "denominação" *poder constituinte* é uma ficção, um artifício criado pelo homem para rotular, através de palavras, as *tarefas* que ele desempenha, os efeitos que produz, as consequências *concretas* que surte no plano da vida.

Quando usamos o signo linguístico *poder constituinte*, sem adjetivá-lo de originário, derivado, decorrente ou difuso, estamos falando no *gênero*, ou seja, em um fenômeno político-social de modo *amplo*.

Assim, enquanto categoria genérica, o poder constituinte se expressa de vários modos. Daí as suas diferentes formas de *manifestação*, *expressão*, *revelação*, *atuação* ou *exteriorização*, que podem ser catalogadas com base nas seguintes espécies:

- **poder constituinte originário** — *poder de fato* que estabelece a constituição federal, podendo ser formal, material, histórico ou revolucionário;
- **poder constituinte derivado** — *poder jurídico* que se concretiza por meio do **poder constituinte derivado reformador** (reformula, por meio de emendas ou revisões, a constituição federal), e por meio do **poder constituinte derivado decorrente** (cria e modifica as constituições dos Estados membros da Federação);
- **poder constituinte difuso** — *poder de fato*, responsável pelas *mutações constitucionais*; e

• ***poder constituinte transnacional*** — *poder de fato* que faz e reformula as *constituições supranacionais*.

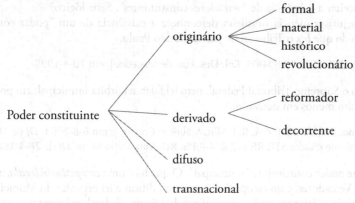

Todos eles são galhos de uma mesma árvore. Embora possuam caracteres próprios, configuram faces desdobradas de um idêntico fenômeno: a criação e mudança das constituições. Claro que cada um desempenha tarefa específica no quadro das instituições políticas do Estado. São inconfundíveis. Equivalem a *círculos concêntricos de competência*, como disse Nelson de Sousa Sampaio (*O poder de reforma constitucional*, p. 40-46).

O de maior raio é o *poder constituinte originário*, cuja tarefa é organizar o Estado, sem qualquer limitação de direito positivo interno (quando se tratar de unidade soberana). E nos Estados de constituição rígida, podemos identificar, ainda, o *poder reformador* como uma competência intermediária entre o poder constituinte originário e o legislativo ordinário. Acresça-se, aí, o *poder constituinte decorrente*, responsável pela elaboração e reforma das constituições estaduais, e o *poder constituinte difuso*, incumbido de modificar, informalmente, as constituições.

Ao ser exercido, pois, o poder constituinte expande a sua *energia vital*. É como se fosse um caleidoscópio, cujo movimento apresenta combinações de cores variadas, mas que partiram de um mesmo ponto.

A depender de cada situação, o poder constituinte se movimenta de forma diversificada, refletindo a sua força centrípeta na realidade que pretende projetar.

4. EXISTE UM PODER CONSTITUINTE "MUNICIPAL"?

Com a promulgação da Carta de 1988, muito se debateu sobre a existência de uma espécie de poder constituinte encarregada de criar as leis orgânicas municipais.

As discussões partiram do pressuposto de que o Texto Maior elevou os Municípios ao posto de ente autônomo da federação brasileira (arts. 1º e 18).

Nada obstante a iniludível autonomia que os Municípios lograram na Constituição da República, parece-nos exagero falar em poder constituinte "municipal".

Aliás, *lendo* o art. 29 do Texto de Outubro, veremos que ele se reporta à obra do poder constituinte originário, ou seja, à Carta Federal, bem como às Constituições dos Estados-membros, oriundas do poder constituinte decorrente. E, ao se referir às leis orgânicas, fez questão de frisar que são obra da Câmara Municipal, não de uma Assembleia Constituinte.

Se isso não bastasse, simples passar d'olhos no parágrafo único do art. 11 das Disposições Transitórias e tais conclusões se intensificarão.

> **Parágrafo único.** "Promulgada a Constituição do Estado, caberá à Câmara Municipal, no prazo de seis meses, votar a Lei Orgânica respectiva, em dois turnos de discussão e votação, respeitado o disposto na Constituição Federal e na Constituição Estadual".

292 ◆ Uadi Lammêgo Bulos ◆

Significa dizer que o mais alto diploma normativo do Município advém de um órgão legislativo comum: a Câmara de Vereadores. Se admitíssemos a existência de um poder constituinte municipal, também teríamos de aceitar a existência de "vereadores constituintes". Seria lógico?

Registre-se que a jurisprudência brasileira desconhece a existência de um "poder constituinte municipal", a exemplo do que fez o Tribunal de Justiça de São Paulo.

> **Precedente:** TJSP, ADIn 20.894/05, Rel. Des. Luís de Macedo, j. em 10-4-1995.

E, como assentou o Supremo Tribunal Federal, nem há falar, na órbita municipal, em poder constituinte originário, muito menos em derivado.

> **Nesse sentido:** STF, SS 2.247/PA, Rel. Min. Maurício Corrêa, j. em 6-8-2003, *DJ* de 18-8-2003, p. 25. Precedente citado: STF, RE 112.044-4/PB, Rel. Min. Célio Borja, *DJ* de 28-4-1989.

Em suma, inexiste poder constituinte "municipal". O que há é uma *competência legislativa*, titularizada pela Câmara de Vereadores, cujo escopo é elaborar e modificar a lei orgânica do Município. E só.

Também é inapropriado falar em poder constituinte do Distrito Federal, pelos motivos já expostos, como, aliás, preconiza a Constituição da República.

> **Art. 32.** "O Distrito Federal, vedada sua divisão em Municípios, reger-se-á por lei orgânica, votada em dois turnos com interstício mínimo de dez dias, e aprovada por dois terços da Câmara Legislativa, que a promulgará, atendidos os princípios estabelecidos nesta Constituição".

✦ 5. ETAPA DE CRIAÇÃO CONSTITUCIONAL: O PODER CONSTITUINTE ORIGINÁRIO

O *poder constituinte originário* estabelece a constituição, auto-organizando o Estado.

Também chamado de *fundacional, genuíno, primário, primogênito* ou *de primeiro grau*, ele atua na etapa de criação das constituições.

Ilimitado pelo Direito Positivo interno, situa-se fora do processo legislativo. Daí o seu cunho *fático, político-social, metajurídico* ou *extrajurídico*.

Ao atuar na etapa de criação constitucional, logra os caracteres de *inicial, soberano, incondicionado, latente, instantâneo, inalienável e especial*.

Trata-se do poder que faz a constituição, com a qual se organiza, juridicamente, o Estado.

PODER CRIADOR DAS CONSTITUIÇÕES

Poder constituinte originário
(fundacional, genuíno, primário, primogênito ou de primeiro grau)
↓
Atua na etapa de primogeneidade constitucional.
↓
É a potência criadora da constituição.
↓
Elabora a constituição e organiza juridicamente o Estado.

◇ 5.1. Natureza

O poder constituinte originário é um poder *de fato*.

Sua natureza, pois, é *fática*.

Não é um poder jurídico, sujeito aos desígnios do mundo do Direito, e sim *metajurídico* ou *extrajurídico*.

◆ Cap. 7 ◆ **PODER CONSTITUINTE**   **293**

Brota das relações *político-sociais*, porque seu fundamento reside nas necessidades econômicas, culturais, antropológicas, filosóficas e, até, religiosas, da vida em sociedade.

O poder constituinte originário não tem como referencial nenhuma norma jurídica que o precedeu. Posta-se acima do plano legislativo; afinal, é a produção legiferante do Estado que se lastreia nele. Resultado: o ordenamento jurídico nasce a partir do momento em que ele cria a constituição.

Então o poder constituinte originário é um poder preexistente à ordem jurídica, sendo desnecessário haver preceitos normativos para regulamentá-lo.

Genaro Carrió chegou a compará-lo a um "deus" para enfatizar a sua onipotência (*Sobre los límites del lenguaje normativo*, p. 44).

Esse tipo de comparação, contudo, transmite-nos um sentir metafísico, inacessível, muito próximo do infinito, distante do bem e do mal.

Jorge Reinaldo Vanossi entende que tal sensação não ajuda, de forma alguma, a precisar a natureza do poder constituinte originário, que, a seu ver, só pode ser obtida distinguindo-se duas etapas bem delimitadas:

"O poder constituinte originário, aquele que atua na **etapa fundacional**, é uma *potência*, uma energia, enquanto que o poder constituinte, que atua na **etapa da reforma ou revisão**, é uma **competência**, é mais uma manifestação de aplicação da própria legalidade prevista por aquele poder constituinte inicial. Esta distinção entre **potência e competência** contribui a precisar a natureza. Essa energia inicial, a **potência**, não tem limites jurídicos, embora possa ter limites metajurídicos, bem seja, derivados das crenças, das ideologias, com respeito aos valores, ou por acatamento a certa realidade social subjacente" (grifamos) (Uma visão atualizada do poder constituinte, *RIBDC*, 1:15).

✧ 5.2. Características

Numa análise *rigorosamente formal*, o poder constituinte originário caracteriza-se pelos seguintes atributos:

- **Inicialidade** — antecede e origina a ordem jurídica do Estado, que somente passa a existir com o advento da constituição que ele criou.
- **Soberania** — mais do que um poder autônomo, é autossuficiente. Haure sua força em si mesmo, não se vinculando a prescrições jurídico-positivas para embasá-lo. Não constitui um dado interno do mundo do Direito, pois não é um fato jurídico. Logo, não tem como referencial atos normativos; estes é que lhe tomam de parâmetro, pois, para serem válidos, devem conformar-se à sua obra-prima: a constituição do Estado.
- **Incondicionalidade** — como potência que atua no período de elaboração constitucional, é a forma de todas as formas, antecedendo a todas as criações legais e humanas, pois transcende a todas elas. Não encontra condicionamentos ao seu exercício. É juridicamente ilimitado e livre de toda e qualquer formalidade.
- **Latência** — é um poder latente, atemporal, contínuo, pois está pronto para ser acionado a qualquer momento.
- **Instantaneidade** — depois de elaborada a constituição, a *potência* cessa instantaneamente, deixando a sua obra pronta até o dia em que o pulsar dos acontecimentos exija mudanças no texto originário da carta magna. Então a *competência* reformadora das constituições é acionada, época em que o poder constituinte volta, mas sob as vestes do *poder constituinte secundário*.
- **Inalienabilidade** — seus titulares não poderão deixar de exercê-lo, sob o argumento de que é indisponível, porquanto pode ser acionado a qualquer hora. A *inalienabilidade*, pois, é um corolário da *permanência*.
- **Especialidade** — não elabora as leis comuns, mas somente a constituição. Sua *função*, portanto, é *especial*: elaborar a *norma fundante* da ordem jurídica, o *documento supremo de um povo*, e não as leis e atos normativos em geral. Estes ficam a cargo do legislador ordinário.

294 ◆ Uadi Lammêgo Bulos ◆

⬦ 5.3. Espécies

Ao estabelecer a constituição do Estado, o poder constituinte originário apresenta-se de três espécies diferentes.

a) Poder constituinte formal
É poder constituinte originário em movimento.

Sob o rótulo *poder constituinte formal* pretende-se aduzir ao ato de criação constitucional propriamente dito.

b) Poder constituinte material
É a face substancial do poder constituinte originário, responsável pela autoconformação do Estado, segundo certa *ideia de direito*.

Exemplo: suponhamos que os constituintes, quando elaboraram a Carta de 1988, pretendiam implantar a escravidão. Eles estavam impossibilitados de fazê-lo, pois, ao exercer o poder constituinte formal, seus atos esbarraram na *ideia de direito* preconizada pelo poder constituinte material. E que *ideia de direito* foi essa? Foi a de que todos os homens nascem livres e devem ser tratados com justiça e dignidade. Daí o eloquente catálogo de princípios fundamentais e liberdades públicas, cristalizados ao longo dos arts. 1º a 17 do Texto Maior.

Assim, o poder constituinte material tem como escopo prioritário *qualificar* o direito constitucional formal inserido nas constituições.

Outro exemplo: a dignidade da pessoa humana, formalmente prevista no art. 1º, III, da Carta Magna, passou pelo crivo do poder constituinte material que a *qualificou* como um dos princípios fundamentais da República pátria.

O poder constituinte material, portanto, serve para *balizar* a atividade do poder constituinte formal.

> **Correlação:** "O poder constituinte material envolve o poder constituinte formal, porque (assim como a Constituição formal contém uma referência material) este é, por seu turno, não menos um poder criador de conteúdo valorável a essa luz. Não somente o poder constituinte formal complementa e especifica a *ideia de Direito* como é, sobretudo, através dele que se declara e firma a legitimidade em que agora assenta a ordem constitucional. Confere, em contrapartida, o poder constituinte formal estabilidade e garantia de permanência e de supremacia hierárquica ou sistemática ao princípio normativo inerente à Constituição material. Confere estabilidade, visto que a certeza do Direito exige o estatuto da regra. Confere garantia, visto que só a Constituição formal coloca o poder constituinte material (ou o resultado da sua acção) ao abrigo das vicissitudes da legislação e da prática quotidiana do Estado e das forças políticas" (Jorge Miranda, *Manual de direito constitucional*, t. 2, p. 75).

Numa palavra, o poder constituinte material precede, logicamente, o formal, pois a *ideia de Direito* é anterior à elaboração normativa.

Por isso, antes de fazer a constituição, cumpre aos titulares do poder constituinte originário observar tal aspecto.

O mesmo se diga quanto aos depositários do poder de reforma. Devem obediência à *ideia de direito*, que também consubstancia a atividade constituinte derivada.

c) Poder constituinte revolucionário
É o responsável pelas *revoluções constitucionais*, na célebre expressão de Liet-Veaux (*Essai d'une théorie juridique des révolutions*, p. 46).

Derruba e destrói a ordem jurídica existente, implantando outro ordenamento, seja por meio de rebelião armada, seja pelo recurso à força.

Esse tipo de poder constituinte fundacional é adjetivado de *revolucionário*, porque desconhece legalidade constitucional preexistente.

◆ Cap. 7 ◆ PODER CONSTITUINTE

Exercita-se por *instâncias de fato*, a exemplo dos *regimes de emergência*, dos *governos provisórios ou de transição* e dos *prolongamentos de administrações paralelas*.

> **Prolongamentos de administrações paralelas:** os compêndios de História Geral são sobremodo ilustrativos quanto ao exercício do poder constituinte originário pelas instâncias de fato. Não iremos enumerar aqui os infindáveis exemplos. Registre-se, apenas, que, nos idos de 1973, houve, na Argentina, *prolongamento de administração paralela,* quando o governo eleito acatou, em parte, as normas impostas pelo regime constitucional anterior.

Três são os requisitos para o exercício do poder constituinte revolucionário:

1º) esgotamento de todas as instâncias pacíficas para a implantação da nova ordem jurídica, ou restauração da já existente;

2º) viabilidade econômica do expediente revolucionário, pois, a depender dos custos, torna-se impossível a sua realização; e

3º) perspectiva de sucesso na implantação ou restauração de uma ordem jurídica *desejável*, de sorte que não gere consequências mais danosas do que as perpetradas.

> **Nesse sentido:** Georges Burdeau, *Droit constitutionnel et institutions politiques*, p. 80.

Explicam os estudiosos que o poder constituinte revolucionário é tão autêntico e genuíno quanto o poder constituinte de primeiro grau. Não se condiciona a preceitos normativos dantes existentes e traz consigo uma nova *ideia de direito* em substituição à anterior. Por isso a obra revolucionária é *jurídica*, e não pode ser contestada sob o argumento de ilicitude ou inconstitucionalidade.

> **Conferir:** Miguel M. Padilla, Poder constituyente y revolución, p. 8; Mario A. Cattaneo, *El concepto de revolución en la ciencia del derecho*, p. 40 e s.; Juan Francisco Linares, Ilimitación temporal de los decretos-leyes de la revolución, p. 32; Carlos Cossio, *El concepto puro de revolución*, p.18 e s.; José Carlos Tosetti Barruffini, *Revolução e poder constituinte*, p. 5.

✧ 5.4. Titularidade

O titular do poder constituinte originário é o povo.

Até nos regimes militares, aristocráticos, ditatoriais, é o povo o titular do poder constituinte.

De modo geral, as constituições não consagram normas para aferir a titularidade do poder constituinte originário, exceto de modo subentendido, em declarações preambulares ou em disposições genéricas, que remontam à teoria da soberania popular. É o caso da nossa Constituição. No Preâmbulo afirma: "Nós, representantes do povo brasileiro, reunidos em Assembleia Nacional Constituinte para instituir um Estado Democrático". E, no parágrafo único do art. 1º, preconiza: "Todo o poder emana do povo, que o exerce por meio de representantes eleitos ou diretamente, nos termos desta Constituição".

O que não podemos confundir é a titularidade com o exercício do poder constituinte originário. Decerto, o povo é o titular, mas não o seu agente ou exercente.

> **Nesse sentido:** "O povo pode ser reconhecido como o titular do Poder Constituinte mas não é jamais quem o exerce. É ele um titular *passivo*, ao qual se imputa uma vontade constituinte sempre manifestada por uma *elite*" (Manoel Gonçalves Ferreira Filho, *Poder constituinte*, p. 31).

Em contrapartida, aqueles que, em nome do povo, fazem a constituição — os agentes ou exercentes do poder constituinte — jamais o titularizam.

Ora, a titularidade do poder constituinte não é uma garantia de que o seu exercício sempre será conforme o desejo do povo. Um déspota, uma junta militar, um grupo hegemônico, um rei, um aristocrata, um líder religioso, por exemplo, podem fazer a constituição, ainda que suas normas se encontrem dissociadas dos anseios populares.

◈ 5.5. Exercício

O titular do poder constituinte originário é o povo.

E quem seria o seu agente ou exercente?

Depende. Pode ser um ditador. Mas também deputados eleitos pelo voto direto, secreto, universal e periódico.

Então, há dois tipos de exercício:

1º) *Exercício autocrático* — o agente do poder constituinte originário é o representante das forças oligárquicas da sociedade. É o caso dos líderes religiosos, grupos militares, monarcas, aristocratas, ditadores, déspotas, dentre outros detentores do poder econômico, social, político, racial ou religioso, que fazem a constituição. Aqui não há lugar para o diálogo, o livre debate de ideias, o respeito mútuo entre opiniões antagônicas. O que prevalece é a vontade da minoria, que manipula a maioria através dos métodos de dominação das massas (força física, propaganda governamental, uso da máquina administrativa, do poder econômico etc.).

2º) *Exercício democrático* — o agente do poder constituinte originário é o povo. Ele decide a respeito da subsistência, ou insubsistência, de uma constituição. Prevalecem o pensamento livre e a soberania popular, com o direito de voto — expressão máxima da cidadania —, que se expressa pelo sufrágio universal. Aqui, o poder constituinte originário é protagonizado pela maioria que escolhe os seus representantes eleitos, em clima de consenso, com absoluta liberdade de expressão.

Ambos os modos dependem da diretriz política adotada, pois a questão do exercício do poder constituinte originário é, em essência, um problema ligado à crença que se tem na *ideia de direito* dominante no meio social.

Exemplo: no Egito, as crenças teocráticas formavam a *ideia de direito* da época. Todos *acreditavam* no poder divino do Faraó, legitimando-o como o representante de Deus na terra. Então o agente do poder fundacional do ordenamento jurídico egípcio era o Faraó.

Outro exemplo: na monarquia, era o rei o agente do poder constituinte originário, pois os seus súditos o consideravam o legítimo e único artífice de toda a produção normativa da Corte.

Interessante registrar as formas de exercício, manifestação ou exteriorização do poder originário:

* *aclamação* — a multidão se reúne e decide o que deve constar, ou não, no texto maior — exemplo: Constituições das Cidades-Estado gregas do século V;
* *referendo popular* — a Assembleia Constituinte submete aos eleitores um projeto de constituição para que, mediante voto, seja aprovado ou reprovado — exemplo: Carta francesa de 1946, cujo primeiro projeto foi rejeitado pelo eleitorado;
* *assembleia* ou *convenção constituinte* — os representantes eleitos pelo povo elaboram a constituição — exemplos: as Constituições brasileiras de 1891, 1934, 1946 e 1988 advieram de *assembleias constituintes*; já a Constituição norte-americana de 1787 foi elaborada por uma *convenção constituinte* — a Convenção de Filadélfia;
* *outorga* — os autocratas, ditadores, déspotas, exercitam o poder constituinte originário por meio de atos institucionais, estatutos, impondo de maneira unilateral suas vontades; nessa modalidade de exercício, inexiste o debate democrático, bem como a participação dos governados, do povo, pois — exemplo: Cartas brasileiras de 1824, 1937 e 1967;

> **Em sentido contrário:** "Não parece correto dizer que a Constituição de 1967 tenha sido outorgada. Ela foi estabelecida por uma Convenção Constituinte, ainda que esta tenha sido limitada pelo ato de outorga (= Ato Institucional n. 4, de 7-12-1966) que lhe deu força e lhe serviu de ponto de partida" (Manoel Gonçalves Ferreira Filho, *O poder constituinte*, p. 72).

* *exercício misto* — combina a participação popular e a outorga; os detentores do poder celebram pactos ou acordos com os representantes da assembleia eleita pelo povo — exemplo: Constituição francesa de 1830; e
* *revolução* — um grupo de pessoas, descontentes com o sistema, conclui que as vias normais de elaboração e reforma das constituições não funcionam. Daí se rebelam contra a *ideia de Direito* prevalecente, e, pela força, e até derramamento de sangue, exercitam o poder constituinte originário, implantando uma nova ordem jurídica — exemplo: Constituição francesa de 1848.

◆ Cap. 7 ◆ **PODER CONSTITUINTE** **297**

Veja-se que um texto supremo, elaborado por Assembleia Constituinte, pode conter, em sua raiz, um ato de outorga.

Em nosso país, a Lei Maior de 1934 só foi promulgada porque o Decreto n. 19.398, de 11 de novembro de 1930, assim permitiu. Foi esse ato que findou a ordem constitucional pregressa, abrindo caminho para o advento da terceira Constituição brasileira.

Por isso, as modalidades de exercício do poder constituinte, aí classificadas, são *relativas*. Inexistem equações matemáticas nesse setor, pois o poder constituinte originário não tem forma prefixada para se manifestar.

✧ 5.6. Limites extrajurídicos

Os professores reconhecem a existência de limites *extrajurídicos, suprajurídicos ou metajurídicos* para o poder constituinte originário.

Nesse sentido: Horst Ehmke, *Grezen der Verfassungsaenderung*, 1953.

Esses limites são *extrajurídicos*, porquanto ultrapassam as balizas formais da ordem jurídica.

Conferir: Luzia Cabral Pinto, *Os limites do poder constituinte e a legitimidade material da constituição*, 1994.

Claro que se analisarmos o poder constituinte originário na vertente formal, ele será juridicamente ilimitado, pois estará sujeito aos desígnios do mundo do Direito.

Mas, no campo *material*, muito além das fronteiras do Direito Positivo, nenhum poder é completamente *inicial, autônomo* e *incondicionado, latente, instantâneo, inalienável e especial*.

Se é certo que, da ótica normativa, o poder constituinte originário apresenta todas aquelas características acima estudadas, mais exato ainda é que ele encontra — do ângulo sociológico, filosófico, econômico, religioso e político — vedações em seu exercício.

Daí os autores enfatizarem que o poder constituinte originário se limita pelas estruturas políticas, sociais, econômicas e culturais dominantes na sociedade, bem como pelos valores ideológicos de que são portadores.

Nesse sentido: Marcelo Rebelo de Sousa, *Direito constitucional*, p. 62.

Em linha de princípio, esse entendimento encontra-se embutido nos julgados do Supremo Tribunal Federal, destacando-se a doutrina do Ministro Carlos Velloso:

"Se é verdade que o poder constituinte originário não está limitado por nenhuma norma de direito positivo, certo é que esse poder está limitado, entretanto, pela ideia de direito subjacente ao movimento revolucionário legítimo, que é seu veículo usual. No voto que proferi no Supremo Tribunal Federal, quando do julgamento da cautelar requerida na ADIn 1.497/DF, dissertei longamente a respeito desse assunto. Voltei ao tema outras vezes, especialmente no voto que proferi por ocasião do julgamento da ADIn 829-DF, em 14-4-93" (Reforma constitucional, cláusulas pétreas, especialmente a dos direitos fundamentais, e a reforma tributária, p. 165 e 167).

Decerto, só formalmente é possível falar em ilimitação absoluta do poder constituinte originário. Na prática, ele possui *limites ideológicos, institucionais* e *substanciais*.

Tais limitações, vedações ou proibições situam-se fora do campo jurídico-positivo, como veremos a seguir.

✄ *5.6.1. Limites ideológicos*

Exteriorizam-se através das crenças, da experiência dos valores, da influência dos grupos de pressão, das exigências do bem comum, da opinião pública.

São denominados *ideológicos*, porque constituem a tradução das principais ideias e pensamentos que devem nortear o exercício do poder constituinte originário.

Dando exemplos, basta compulsar a história constitucional brasileira para detectarmos a presença desses *limites ideológicos* no processo constituinte que gerou a Constituição de 1988.

Nele, aconteceram manifestações populares em diversas partes do País.

Caravanas partiram rumo a Brasília, grupos de pressão foram ao Congresso Nacional, e a força do *lobby* profissionalizado entrou em cena. O processo constituinte apresentou-se sempre tencionado, reunindo forças antagônicas, crenças díspares, interesses econômicos das elites dominantes, que pretendiam impor um procedimento rápido e um projeto articulado.

Tudo isso refletiu no delineamento e exercício do poder constituinte originário, que por força de tantas imposições, notadamente de *índole ideológica*, incorporou na Constituição conteúdos e assuntos muito diversificados.

Assim, o poder responsável pela feitura do Texto de 1988 encontrou *limites ideológicos* em sua atividade suprema, promanados da composição de interesses diversos, com vistas à obtenção de resultados razoáveis, ao longo do árduo processo de elaboração constitucional.

⌘ 5.6.2. Limites institucionais

Fornecem ao poder constituinte ideias reguladoras de situações sociais, como a família, a propriedade, a educação etc., sempre buscando os fins supremos, responsáveis pelo bem-estar dos membros da comunidade.

São rotulados de *institucionais*, porquanto proporcionam uma amplitude de sentido para o poder constituinte, pela consagração de institutos *sociologicamente reconhecidos pela comunidade*, sem os quais o ato de criação constitucional se desconfiguraria em suas linhas-mestras.

Ao recorrermos à Constituição brasileira de 1988, mais uma vez, encontraremos o *Título VIII — Da Ordem Social*, que engloba temas diversos, tais como a seguridade social, a educação, a cultura, o desporto, a ciência e a tecnologia, a comunicação social, o meio ambiente, a família, a criança, o adolescente, o idoso, os índios.

Essas matérias foram fruto da manifestação constituinte originária que, com vistas ao bem-estar da coletividade, procurou delimitá-las, consagrando institutos *sociologicamente arraigados*.

Ora, os incumbidos de exercer o poder constituinte de primeiro grau não poderiam deixar de incluir esses temas na Constituição de 1988, porque eles denotam fins supremos e imprescindíveis à segurança e à satisfação da sociedade como um todo.

⌘ 5.6.3. Limites substanciais (transcendentes, imanentes e heterônomos)

Estabelecem os parâmetros para o poder constituinte originário plasmar o conteúdo dos princípios e preceitos constitucionais.

São chamados de *substanciais*, porquanto condicionam a matéria a ser inclusa nas constituições pelo poder fundacional do Estado.

As vedações substanciais podem ser de três tipos: *transcendentes, imanentes* e *heterônomas*.

Os limites **transcendentes** prendem-se aos direitos fundamentais, intrinsecamente ligados à dignidade da pessoa humana. São adjetivados de *transcendentes*, porquanto provêm de imperativos éticos superiores, os quais se vinculam a uma consciência jurídica coletiva. Objetivam impedir a decretação de normas constitucionais que estabeleçam o arbítrio em detrimento das liberdades públicas. Exemplo: o constituinte originário, quando fez a Carta de 1988, estava *proibido* de cercear a liberdade de crença. Basta ver que ela foi alçada ao patamar de um direito inviolável (art. 5º, VI).

As proibições **imanentes** provêm do *poder constituinte material*. Este, como vimos acima, serve para *qualificar* o Direito Constitucional formal, balizando a etapa de feitura das constituições, conforme a *ideia de direito*, presente na sociedade num dado momento histórico. Daí os *limites imanentes*, assim cognominados para designar o teor dos assuntos que devem consubstanciar a identidade do Estado.

◆ Cap. 7 ◆ PODER CONSTITUINTE

299

Exemplo: o Estado brasileiro, implantado pela manifestação constituinte originária de 1988, é uma República e, também, uma federação. Tem, dentre seus fundamentos, a soberania (art. 1º, *caput*, e inciso I). Evidente que os constituintes jamais poderiam transformar o Brasil num Estado Unitário, muito menos despojá-lo de sua soberania. É que a *ideia de direito*, ínsita à Carta de Outubro, consagrou como *limite imanente* o acatamento incondicional aos princípios republicano, federativo e da soberania popular.

Já os limites **heterônomos** condicionam o exercício do poder constituinte originário às normas de Direito Internacional. Assim, uma constituição não poderá ser criada ao arrepio dos preceitos reguladores de suas relações internacionais. Tais limites são rubricados de *heterônomos* porque se escudam em atos normativos alheios ao Direito local. Derivam dos pactos, das responsabilidades e dos deveres assumidos entre Estados ou destes com a comunidade internacional em seu conjunto. Exemplo: a manifestação constituinte originária de 1988 reconheceu, em seus trabalhos, o Tratado de Paz, celebrado após a primeira e a segunda Guerras Mundiais, que propiciou a dupla garantia dos direitos das comunidades grega e turca em Chipre, constante dos acordos de Zurique de 1960, bem como a obrigação da Áustria de abster-se de qualquer ato que prejudicasse sua total independência (Tratado de Saint-Germain de 1919). A esse respeito, compulsemos o art. 4º da *Lex Mater*, que traz o catálogo dos princípios que regem o Brasil em suas relações internacionais.

✦ 6. ETAPA DE REFORMA CONSTITUCIONAL: O PODER CONSTITUINTE DERIVADO

O poder constituinte derivado é aquele que altera, formalmente, a constituição.

É também chamado de *reformador, instituído, constituído, de segundo grau* ou *secundário*.

Responsável pela *função renovadora das constituições*, cumpre ao poder derivado modificar a forma plasmada quando da elaboração genuína do texto básico, recriando e inovando a ordem jurídica. Nisso, completa e atualiza a obra do constituinte de primeiro grau.

Sem embargo, enquanto o *poder originário* é a *potência* que funciona na *etapa de primogeneidade constitucional*, fazendo a constituição, o poder derivado é a competência que atua na *etapa de continuidade constitucional*, reformulando a carta magna.

PODER REFORMADOR DAS CONSTITUIÇÕES

Poder constituinte derivado
(reformador, instituído, constituído, de segundo grau ou secundário)

↓

Atua na etapa de continuidade constitucional

↓

É a competência reformadora da constituição federal

↓

Atualiza e completa a manifestação constituinte originária

✧ 6.1. Natureza

O poder constituinte derivado é um poder *de direito*, um *fato jurídico*, sendo essa a sua natureza. Na seara do poder derivado, inexistem maiores polêmicas quanto à sua natureza.

Aqui, ao contrário do que acontece no campo do poder constituinte originário, ninguém duvida que se trata de um *poder de direito*.

Aliás, somente os poderes instituído e decorrente integram o *mundo jurídico*. Os demais logram a índole fática.

Como *dado do mundo jurídico*, origina-se da própria carta magna, que estabelece as condições para o seu exercício.

Embora os poderes originário e secundário sejam *formas de manifestação do poder constituinte*, isso não significa que eles não tenham identidade própria.

Ora, os filhos são diferentes dos pais. O poder constituinte originário é o pai e o derivado, o filho. Este último possui um código genético que o personifica no plano institucional do Estado.

Como vimos, o poder reformador é uma *competência intermediária* entre o poder constituinte originário e o poder legislativo comum.

Todavia, ele jamais alcançará a eminência representada pelo poder constituinte de primeiro grau, por ser *constituído, derivado, instituído, de segundo grau*, culminando numa *atividade diferida*. Também não se confunde com o poder legislativo comum, pois, para ser acionado, segue critérios mais rigorosos do que aqueles erigidos para a feitura das leis ordinárias.

Assim, o poder constituinte reformador tem caracteres próprios e inconfundíveis.

✧ 6.2. Características

O poder constituinte derivado ou reformador é *secundário, subordinado, condicionado* e *contínuo*. Eis o desdobramento de seus caracteres ou atributos:

- **Secundariedade** — não existe por si próprio. É preciso que haja uma constituição para prevê-lo. Retira sua força, portanto, do poder constituinte originário, razão pela qual é adjetivado de *derivado, instituído, constituído* ou *de segundo grau*.
- **Subordinação** — haure sua força na obra do poder constituinte originário. Por isso, é uma *competência* prevista na carta magna, sujeitando-se, completamente, aos seus desígnios. Essa é a linha doutrinária prevalecente na jurisprudência do Pretório Excelso, para o qual o Congresso Nacional, no desempenho da função reformadora da Carta Magna, está juridicamente subordinado ao poder constituinte originário.

    Precedentes: STF, Pleno, ADIn 466-91/DF, Rel. Min. Celso de Mello, decisão de 9-4-1991, *DJ*, 1, de 10-5-1991, p. 5929; STF, MS 23.087-MC/SP, Rel. Min. Celso de Mello, j. em 30-6-1998, *DJ* de 3-8-1998, p. 48; STF, ADIn 1.484/DF, Rel. Min. Celso de Mello, j. em 21-8-2001, *DJ* de 28-8-2001, p. 30.

- **Condicionamento** — para alterar a constituição, condiciona-se aos limites nela previstos. Deveras, se o poder constituinte reformador é um dado do mundo jurídico, os parâmetros para o seu exercício vêm gizados na carta magna. Ora, do mesmo modo que o constituinte originário prevê as funções legislativa, executiva e jurisdicional, preconizadas na tripartição clássica de Montesquieu, evidente que ele, também, delineia a competência reformadora da *lex mater*. Do contrário, a criatura — o poder reformador — suplantaria o seu criador — o poder constituinte fundacional.
- **Continuidade** — ao manifestar-se na etapa da reforma constitucional, prossegue a obra do constituinte, adaptando os preceptivos supremos do Estado à realidade dos fatos. Desse modo, atualiza a constituição, sem, contudo, corromper-lhe a espinha dorsal; afinal, é limitado por ela mesma.

✧ 6.3. Espécies

Há duas espécies de poder constituinte derivado.

A primeira é o poder reformador, destinado a rever a constituição federal.

A segunda é o poder constituinte decorrente, incumbido de estabelecer e modificar as constituições dos Estados-membros, conforme estudaremos na Seção 3.

MODALIDADES DO PODER CONSTITUINTE DERIVADO

Poder constituinte derivado < reformador = altera a carta federal
decorrente = cria e reformula as cartas estaduais

◆ Cap. 7 ◆ PODER CONSTITUINTE

◇ 6.4. Titularidade e exercício

A titularidade do poder reformador pertence ao povo.

Já o seu exercício vem demarcado na Constituição Federal.

No Brasil, os agentes da competência reformadora são os deputados e senadores (CF, art. 60, § 2º), cumprindo às Casas do Congresso Nacional, pelas Mesas da Câmara e do Senado, promulgar as emendas constitucionais (CF, art. 60, § 3º).

◇ 6.5. Emenda e revisão: espécies do gênero "reforma constitucional"

Emenda e *revisão* constitucionais são espécies do gênero *reforma constitucional*.

Tecnicamente, distinguem-se.

Diz-se *emenda constitucional* o recurso instituído pelo poder constituinte originário para realizar modificações em *pontos específicos e localizados* do texto maior.

Já a *revisão constitucional*, que também é um recurso instituído pelo poder constituinte originário, objetiva mudar a constituição *amplamente*.

A Carta de 1988 enunciou ambas as técnicas de alteração formal das constituições de maneira promíscua, sem tecer maiores detalhamentos de uma ou de outra. Previu, no art. 60, a *emenda*, e, no art. 3º das Disposições Transitórias, a *revisão*. Pela formulação dogmática do constituinte originário, a *emenda* é um dos atos normativos integrantes do processo legislativo, o que não se dá com a *revisão* (art. 59).

Seja como for, a palavra *emenda*, empregada no art. 60, significa *reforma de menor extensão*. Já revisão, nos termos do art. 3º do ADCT, equivale a uma *reforma de maior amplitude*.

Assim, enquanto a *emenda* serve para mudar tópicos da constituição, a *revisão* objetiva alterar gama maior de matérias.

Na prática, tudo que acabamos de dizer não é levado em conta, principalmente no Brasil. Aqui se deturpa tudo. Cite-se como exemplo a frustrada revisão constitucional de 1994, conclusa com, apenas, seis modificações formais no texto primitivo da Constituição vigente.

Em contrapartida, saliente-se o excessivo número de emendas constitucionais, atingindo a tudo e a todos, irrestritamente.

Aliás, nesse particular, a história constitucional pátria é pródiga em teratologias. Muitos são os exemplos de emendas constitucionais que se transformaram em autênticas revisões constitucionais. A recíproca é verdadeira.

Para ilustrar, a revisão prevista no art. 3º do ADCT realizou-se mediante *emendas constitucionais de revisão*.

> **Emendas Constitucionais de Revisão:** ECR n. 1, de 1º-3-1994, acrescentou os arts. 71, 72 e 73 ao ADCT; ECR n. 2, de 7-6-1994, deu nova redação ao art. 50, *caput*, e § 2º da Constituição Federal; ECR n. 3, de 7-6-1994, alterou a alínea *c* do inciso I, a alínea *b* do inciso II, o § 1º e o inciso II do § 4º do art. 12 da Constituição Federal; ECR n. 4, de 7-6-1994, deu nova redação ao § 9º do art. 14 da Constituição Federal; ECR n. 5, de 7-6-1994, substituiu a expressão *cinco anos* por *quatro anos* no art. 82 da Constituição Federal; e ECR n. 6, de 7-6-1994, acrescentou o § 4º ao art. 55 da Constituição Federal.

Lembre-se, ainda, da Emenda Constitucional n. 1/69. Empreendida de maneira amplíssima e, até, incondicionada, modificou, como bem quis, a Carta de 1967. Resultado: não atingiu tópicos específicos do Texto de 1967, mas a generalidade dos seus dispositivos. Daí muitos a considerarem uma autêntica constituição, e não, apenas, uma emenda.

◇ 6.6. Regime jurídico do poder constituinte derivado

No Brasil, a Carta de Outubro foi completa na disciplina do *regime jurídico* do poder constituinte derivado, senão vejamos:

- **Art. 60** — disciplinou a emenda à Constituição.
- **Art. 3º do ADCT** — previu a revisão constitucional. Segundo esse dispositivo, a revisão deveria realizar-se após cinco anos, contados da promulgação do Texto Supremo, pelo voto da maioria

absoluta dos membros do Congresso Nacional, em sessão unicameral. E assim sucedeu em 1994. Foram promulgadas seis Emendas Constitucionais de Revisão (ECR). Dessa forma, o procedimento revisional não poderá ser utilizado novamente, pois a eficácia do art. 3º das Disposições Transitórias esvaiu-se.

- **Art. 25** — consagrou o poder constituinte decorrente, ao propalar que "Os Estados organizam-se e regem-se pelas Constituições e leis que adotarem, observados os princípios desta Constituição".
- **Art. 11 do ADCT** — estabeleceu o prazo de um ano, contado da promulgação do Texto Magno, para o poder constituinte decorrente ser exercido.

◊ 6.7. Limites do poder reformador

Tanto a *emenda* (art. 60) quanto a *revisão* (art. 3º do ADCT) submetem-se a vedações *expressas* e *implícitas*.

Estamos diante dos limites do poder reformador.

Tais proibições ou condicionamentos servem para balizar a competência reformadora das constituições.

A seguir daremos ênfase à técnica da *emenda constitucional*, pois, como dissemos, a *revisão* da Carta Maior deu-se em 1994, esgotando, assim, a eficácia do art. 3º do ADCT. Logo, não há mais falar, no Brasil, em revisões constitucionais, e sim em emendas à Constituição — único mecanismo em vigor apto a modificar a nossa *Lex Mater*.

Com isso não queremos dizer que as revisões constitucionais sejam ilimitadas; ao contrário. Elas, do mesmo modo que as emendas, logram condicionamentos expressos e implícitos. A própria revisão constitucional de 1994, disciplinada no art. 3º do ADCT, sujeitou-se aos mesmos limites impostos pelo constituinte originário às emendas constitucionais (art. 60).

> **Tese prevalecente na revisão constitucional de 1994:** em 1994, prevaleceu a exegese sistemática do Texto de Outubro, aplicando-se as limitações das emendas (art. 60) à revisão (art. 3º do ADCT).

Para termos um panorama geral do assunto, antes de esmiuçá-lo na íntegra, convém observar, abaixo, o organograma dos limites do poder reformador na Constituição de 1988.

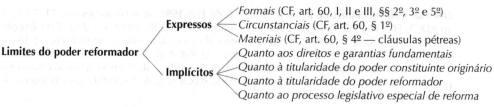

◊ 6.8. Limites expressos

Limites *expressos*, *explícitos*, *taxativos* ou *diretos* são os que vêm textualmente prescritos no texto da constituição.

No Brasil, eles inserem-se no bojo do processo legislativo.

As emendas constitucionais, portanto, devem acatá-los integralmente, sob pena de comprometerem a manifestação constituinte originária.

Na Lei Magna de 1988, existem três tipos de limites expressos: os *formais*, os *circunstanciais* e os *materiais*, todos reconhecidos pela jurisprudência do Supremo Tribunal Federal.

> **Precedente:** STF, MS 24.645-MC/DF, Rel. Min. Celso de Mello, decisão de 8-9-2003, *DJU* de 15-9-2003.

◆ Cap. 7 ◆ PODER CONSTITUINTE   **303**

¤ *6.8.1. Limites formais*

Limites *formais*, também chamados de *procedimentais* ou *de rito*, são as vedações expressas que consagram o procedimento *especial* para realização de reformas constitucionais.

Tal procedimento é *especial* porque difere daquele utilizado para a elaboração de leis ordinárias. Daí a rigidez da Carta de 1988 (cf. Cap. 4).

No Texto Maior, essas vedações vêm previstas no art. 60, I, II e III, e §§ 2º, 3º e 5º.

Pelos incisos I, II e III do art. 60, qualquer reforma constitucional deve levar em conta as seguintes formalidades:

- a Constituição poderá ser emendada mediante proposta de, no mínimo, um terço dos Deputados ou Senadores (art. 60, I);
- o Presidente da República detém competência para propor emendas constitucionais (art. 60, II); e
- a Constituição também poderá ser emendada pela proposta de mais da metade das Assembleias Legislativas das unidades da federação, manifestando-se, cada uma delas, pela maioria relativa de seus membros (art. 60, III).

Mas, além dessas limitações ao poder de emendar a Constituição Federal, existem outras. É que os §§ 2º, 3º e 5º do art. 60 também estatuem procedimentos a serem seguidos. Vejamos:

- propostas de emendas constitucionais devem ser discutidas e votadas em cada Casa do Congresso Nacional, em dois turnos, considerando-se aprovadas as que obtiverem 3/5 dos votos dos Deputados e Senadores (art. 60, § 2º);
- são as Mesas da Câmara dos Deputados e do Senado Federal, observado o respectivo número de ordem, que promulgam as emendas à Constituição (art. 60, § 3º); e
- os assuntos que constarem nas propostas de emendas constitucionais que foram rejeitadas ou tidas como prejudicadas não podem ser objeto de nova proposta na mesma sessão legislativa (art. 60, § 5º).

Quanto a esse último limite, há algumas observações.

Em primeiro lugar, o § 5º completa o conjunto de preceitos que formam o catálogo dos limites formais do poder reformador da Carta de 1988. Inspirou-se, em linhas gerais, no art. 58, § 3º, da Emenda Constitucional n. 1/69. Só que essa norma ressalvava as proposições de iniciativa do Presidente da República, detalhe que não constou no Texto de Outubro.

> **Redação do aludido § 3º do art. 58 da EC n. 1, de 17-10-1969:** "A matéria constante do projeto de lei rejeitado ou não sancionado, assim como a constante de proposta de emenda à Constituição, rejeitada ou havida por prejudicada, somente poderá constituir objeto de novo projeto, na mesma sessão legislativa, mediante proposta da maioria absoluta dos membros de qualquer das Câmaras, ressalvadas as proposições de iniciativa do Presidente da República".

Assinale-se, também, o posicionamento do Supremo Tribunal Federal acerca do alcance da vedação formal às emendas constitucionais, contida no § 5º do art. 60 da *Lex Mater*.

Entendeu o Pretório Excelso que o § 5º não se aplica a substitutivos de projetos de emendas constitucionais, mas, tão somente, à própria emenda rejeitada ou havida por prejudicada. Resultado: deputados e senadores têm o direito público subjetivo de não ser obrigados a votar propostas de emenda à Constituição contrárias ao multicitado § 5º (*v.* Cap. 6, 4, item 5).

Nesse sentido, decidiu o Supremo Tribunal Federal:

"Não ocorre contrariedade ao § 5º, do art. 60, da Constituição, na medida em que o Presidente da Câmara dos Deputados, autoridade coatora, aplica dispositivo regimental adequado e declara prejudicada a proposição que tiver substitutivo aprovado, e não rejeitado, ressalvados os destaques (art. 163, V). É de ver-se, pois, que tendo a Câmara dos Deputados apenas rejeitado o substitutivo, e não o projeto que veio por mensagem do Poder Executivo, não se cuida de aplicar a norma do art. 60, § 5º, da Constituição. Por isso mesmo, afastada a rejeição do substitutivo, nada impede que se prossiga na votação do projeto originário. O que não pode ser votado na mesma sessão legislativa é a emenda rejeitada ou

304 ◆ Uadi Lammêgo Bulos ◆

havida por prejudicada, e não o substitutivo que é uma subespécie do projeto originário proposto" (STF, Pleno, MS 22503-3/DF, Rel. p./ acórdão Min. Maurício Corrêa, *DJ*, 1, de 6-6-1997, p. 24872, *Ementário de Jurisprudência do STF* n. 1872-3).

⋈ 6.8.2. Limites circunstanciais

Limites circunstanciais são as vedações expressas que impedem reformas nas constituições em períodos conturbados.

Como o próprio nome já diz, esses limites são *circunstanciais*.

Quer dizer, circunstâncias anormais ou ocasiões excepcionais não propiciam condições para modificar a carta magna.

Isso porque, nos momentos de instabilidade institucional o País não se encontra em clima de tranquilidade para realizar reformas em sua Lei Maior.

Daí o § 1º do art. 60 proclamar que "a Constituição não poderá ser emendada na vigência de intervenção federal, de estado de defesa ou de estado de sítio".

> **Advertência:** o Supremo Tribunal Federal reconhece que o preceito em epígrafe consagra "restrições de ordem circunstancial, inibitórias do poder reformador" (STF, MS 23.087-MC/SP, Rel. Min. Celso de Mello, j. em 30-6-1998, *DJ* de 3-8-1998, p. 48).

E faz sentido. Nas hipóteses de intervenção federal, estado de defesa e estado de sítio, falta o *equilíbrio* para a realização de reformas.

Daí a justificativa para os limites *circunstanciais*, pois em tempos caóticos faltam dois elementos primordiais para se empreender qualquer reforma na ordem constituída: a serenidade e a ponderação.

Requisitos dessa estirpe procuram assegurar que as deliberações de conjunto sejam tomadas em ambiente de paz e liberdade, evitando possíveis imposições de força ou a prevalência de interesses unilaterais.

É nesse sentido que a Constituição assegurou que as decisões reformistas sejam tomadas em ambiente tranquilo, sem a pressa que os momentos difíceis e conturbados comumente ensejam.

Promulgada a Carta de 1988, quase todas as constituições estaduais proibiram emendas na vigência de intervenção federal, estado de sítio ou estado de defesa.

Somente a Constituição do Estado de São Paulo se calou quanto à intervenção federal, ao enunciar no § 1º do art. 21 que "não poderá ser emendada na vigência de estado de defesa ou de estado de sítio".

Mesmo assim, parece-nos que o silêncio do constituinte estadual paulistano encontra respaldo nos *limites implícitos* do poder reformador.

Assim, nada obstante o silêncio do Texto Constitucional de São Paulo, ele não poderá sofrer alterações formais em períodos de intervenção. Trata-se de um *limite constitucional inerente*, que estudaremos adiante.

Impende registrar que as limitações cincunstanciais não se confundem com as *temporais*.

Limite *temporal* ou *pro tempore* é o que estabelece prazo proibitivo ao exercício do poder reformador, cujo cumprimento é indispensável para se realizarem mudanças constitucionais.

O Texto de 1988 não incluiu limite *temporal* em sua íntegra. Mas ele já existiu entre nós. Isso foi durante a vigência da Carta imperial de 1824, que proibia reformas por quatro anos (art. 174).

E o art. 3º do Ato das Disposições Constitucionais Transitórias consagrou limite temporal?

A resposta só pode ser negativa.

Não há nenhum limite temporal ao poder reformador na aludida norma transitória. O fato de ela ter estabelecido o prazo da já realizada revisão constitucional de 1994 não configura qualquer vedação *pro tempore*.

Demarque-se, finalmente, que existe, no Direito Comparado, uma modalidade sobremodo curiosa de limite temporal: a que estabelece a periodicidade das reformas, as quais só podem ser realizadas de tempos em tempos.

♦ Cap. 7 ♦ PODER CONSTITUINTE

Nunca houve no Brasil esse tipo de limite. Ele esteve presente nas Cartas francesas de 1791 (art. 3º) e de 1848 (art. 111). O Texto português de 1933 também o consagrou (art. 137).

☒ 6.8.3. Limites materiais

Limites *materiais* são as vedações expressas que visam impedir reformas constitucionais contrárias à *substância* da constituição.

> **Adjetivo "materiais":** tais limites são adjetivados de *materiais* porque cingem-se ao conteúdo dos assuntos que não podem ser objeto de propostas de emendas tendentes a aboli-los, quer implícita, quer explicitamente.

Que *substância* é essa?

Trata-se do *cerne intangível da constituição*, ou seja, do *núcleo normativo* que engloba matérias imprescindíveis à configuração das suas linhas-mestras, e, por isso, não pode ser modificado.

Exemplificando, seria inaceitável uma emenda constitucional suprimir o *habeas corpus*, descriminalizar o racismo, eliminar a liberdade de expressão etc. Tais assuntos integram a essência da manifestação constituinte que criou a Carta de 1988. Qualquer proposta de emenda tendente a aboli-los equivaleria a uma afronta ao *cerne* da nossa Lei Maior.

Fazendo uma comparação, o homem, para viver, deve ter condições mínimas de saúde. Pois bem, violar o *cerne intangível* da manifestação constituinte originária é o mesmo que tirar o coração do corpo humano.

As proibições *materiais* ao poder reformador, portanto, integram o *cerne intangível* da Constituição brasileira, ele é *imodificável, irreformável, inalterável* por quaisquer emendas que pretendam aboli-lo, direta ou indiretamente.

É precisamente esse *cerne intangível, imodificável, irreformável, inalterável* que se convencionou chamar de *cláusulas pétreas*.

Com efeito, a doutrina convencionou denominar as limitações materiais *cláusulas pétreas*, também chamadas de *garantias de eternidade, cláusulas permanentes, cláusulas absolutas, cláusulas intangíveis, cláusulas irreformáveis, cláusulas imodificáveis* etc.

De modo bastante genérico, essas vedações materiais — equivalentes às cláusulas pétreas — já estavam presentes naquelas velhas constituições do século passado. Com a Segunda Grande Guerra Mundial elas proliferaram, em decorrência das mudanças de regime, a exemplo da Alemanha, onde a ordem jurídica se consolidou através da subversão dos processos de reforma constitucional.

As cláusulas pétreas, portanto, são universais. Há muito tempo vêm consolidadas nos mais diversos ordenamentos, a exemplo das Cartas albanesa de 1925 (art. 141), francesa de 1946 (art. 95), italiana de 1947 (art. 139), grega de 1951 (art. 108) e portuguesa de 1976 (art. 290º).

Essas *cláusulas*, no Texto de 1988, vêm consignadas no § 4º do art. 60, cuja redação é a seguinte:

"§ 4º Não será objeto de deliberação a proposta de emenda tendente a abolir:

> **A expressão tendente a abolir:** a expressão *tendente a abolir* veicula a mensagem de que o Congresso Nacional, no exercício da competência reformadora, não poderá abrigar tendências que levem, conduzam, encaminhem, possibilitem, facilitem, mesmo indiretamente, a deliberação de matérias sacras, intocáveis, absolutas, fundamentais. *Tendente* computa ideia de *inclinar, ter vocação, ser conducente. Abolir*, por sua vez, é o mesmo que *suprimir, revogar, afastar, pôr fora de uso*. Ora, nenhuma proposta de emenda poderá *inclinar-se* no sentido de *aniquilar* a forma federativa de Estado, o voto secreto, universal e periódico, a separação de Poderes e os direitos fundamentais, porquanto esses assuntos integram o *cerne intangível* do Texto Maior.

> **I — a forma federativa de Estado;**

> **Memória constitucional:** desde a Carta de 1891 que esse limite material ao poder reformador vem consagrado em nossas constituições. Apenas o Texto de 1937 deixou de prevê-lo. O princípio republicano também é imodificável, pois está aí implícito. Assim decidiu o Supremo Tribunal Federal, ao concluir que a Mesa do Congresso Nacional não possui competência para deliberar

306 ◆ Uadi Lammêgo Bulos ◆

proposta de emenda tendente a abolir a República. Nesse caso, cabe mandado de segurança contra o ato da Mesa que deliberou sobre a matéria (STF, *RTJ, 99*:1031).

II — o voto direto, secreto, universal e periódico;

Novidade: esse limite material é uma novidade da Carta de 1988. Sua preocupação foi impedir reformas constitucionais em assuntos relacionados, direta ou indiretamente, com a participação popular.

III — a separação dos Poderes;

Pioneirismo: a Constituição de 1988 foi o primeiro Texto Supremo brasileiro a incluir o princípio da separação dos Poderes entre as cláusulas pétreas. O Tribunal Regional Federal da 3ª Região, interpretando a norma em epígrafe, concluiu que medida provisória não pode agredir conteúdo pétreo da Constituição (TFR, 3ª Região, 2ª Seção, MS 91.03.004753/SP, Rel. Juíza Lúcia Figueiredo, decisão de 18-6-1991, *DOE* de 23-9-1991, p. 93).

IV — os direitos e garantias individuais".

Aqui há uma imprecisão: os direitos e garantias não são apenas os individuais, isto é, as liberdades públicas clássicas. Englobam, também, os direitos econômicos, os sociais, e, ainda, os difusos, coletivos e individuais homogêneos, os quais não podem ser objeto de emendas tendentes a aboli-los. Quanto à extensão das cláusulas pétreas na jurisprudência do Supremo e, em particular, desse inciso, conferir, abaixo, letra *b*. Sobre o inciso IV, em tela, decidiu o Supremo Tribunal Federal: "O inciso IV, do § 4º, do art. 60, da Constituição do Brasil, veicula regra dirigida ao Poder Constituinte derivado, que é quem não deverá deliberar sobre proposta de emenda constitucional tendente a abolir os direitos e garantias individuais. A ação/objeto é não abolir, vale dizer não excluir do texto da Constituição qualquer dos direitos ou garantias individuais, sejam os enunciados pelo artigo 5º, sejam outros mais, como tais qualificados mercê do que o Ministro Carlos Ayres Britto chama de interpretação generosa ou ampliativa das cláusulas pétreas" (STF, Pleno, RE 3.105-8/DF, Rel. orig. Min. Ellen Gracie, Rel. p/ acórdão Min. Cezar Peluso, voto do Ministro Eros Grau, decisão de 18-8-2004).

Sem embargo, é oportuno lançar algumas ponderações a respeito do dispositivo transcrito.

O § 4º do art. 60 é uma das normas mais importantes da Constituição de 1988, senão a mais importante do ponto de vista de sua preservação e defesa, pois assegura limites *materiais* ao exercício do poder reformador.

Certamente, o acatamento do dispositivo em estudo é fundamental para a preservação da ordem jurídica pátria.

Vez ou outra, porém, vislumbramos propostas estapafúrdias, como as chamadas "miniconstituintes" — exemplo primoroso de *fraude à constituição*.

Sob essa terminologia, teratológica e imprópria, sem precedentes no Direito Constitucional Comparado, a imprensa tem noticiado propostas de emendas tendentes a instituir mecanismos aptos a facilitar reformas constitucionais, sem a observância dos procedimentos técnicos, consagrados quando da feitura do diploma maior.

Nesse sentido: o jornal *Folha de S.Paulo*, por exemplo, publicou matéria intitulada "Especialistas rejeitam miniconstituinte", Caderno Especial 1, sábado, 3 out. 1998, p. 2.

Qualquer proposta no sentido de criar "miniconstituintes" se apresenta, totalmente, inconstitucional. *A uma*, subverte o primado da rigidez; *a duas*, viola a manifestação constituinte originária; *a três*, a observância do quórum qualificado de 3/5 é limite procedimental imodificável (art. 60, § 2º); *a quatro*, medidas oblíquas, indiretas, remotas, são igualmente proibidas, por força das vedações inerentes do poder constituinte derivado. Admiti-las seria aceitar a tese da dupla revisão, que, conforme veremos, destrói o documento supremo, subvertendo-lhe a essência e a forma.

Para evitar toda sorte de teratologias, a exemplo das "miniconstituintes", é que existem os limites materiais do poder reformador.

◆ Cap. 7 ◆ PODER CONSTITUINTE   **307**

Momentos de crise ou situações emergenciais não autorizam a propositura de emendas constitucionais contrárias ao § 4º do art. 60 da Constituição.

Ou se faz novo Texto, ou se cumpre o que já foi promulgado, desde 5 de outubro de 1988, com os seus óbices, imperfeições, atecnias, vícios, virtudes, inovações, avanços e minúcias.

Para o Pretório Excelso, o Congresso Nacional está sujeito aos limites materiais explícitos do poder reformador (cláusulas pétreas). Ao decidir pela inconstitucionalidade de proposta de emenda que pretendia instituir a pena de morte no Brasil, mediante prévia consulta plebiscitária, demarcou:

"O Congresso Nacional, no exercício de sua atividade constituinte derivada e no desempenho de sua função reformadora, está juridicamente subordinado à decisão do poder constituinte originário que, a par de restrição de ordem circunstancial, inibitória do poder reformador (CF, art. 60, § 1º), identificou, em nosso sistema constitucional, um núcleo temático intangível e imune à ação revisora da instituição parlamentar. As limitações materiais, definidas no § 4º do art. 60 da Constituição da República, incidem diretamente sobre o poder de reforma, conferido ao Poder Legislativo da União, inibindo-lhe o exercício nos pontos ali discriminados. A irreformabilidade desse núcleo temático, acaso desrespeitada, pode legitimar o controle normativo abstrato, e mesmo a fiscalização jurisdicional concreta da constitucionalidade" (STF, Pleno, ADIn 466/91/DF, Rel. Min. Celso de Mello, decisão de 9-4-1991, *DJ*, 1, de 10-5-1991, p. 5929).

a) Cláusulas pétreas

Convém entender o que são *cláusulas pétreas* e como elas funcionam.

Decerto que as palavras são signos linguísticos e, como tais, constituem verdadeiros pedaços de vida encartados em folhas de papel. Por isso, cumpre-nos investigar o sentido dos vocábulos, porque, se empregados indevidamente, constituem as fontes dos mal-entendidos.

O adjetivo *pétrea* vem de pedra. Significa "duro como pedra".

Trasladando a etimologia da palavra para o campo constitucional, *cláusula pétrea* é aquela insuscetível de mudança formal, porque consigna o *núcleo irreformável* da constituição.

Podemos denominá-las — sem exclusão dos demais termos — *cláusulas de inamovibilidade*, porquanto diante delas o legislador não poderá remover elenco específico de matérias, quais sejam, a forma federativa de Estado, o voto direto, secreto, universal e periódico, a separação dos Poderes, os direitos e garantias fundamentais.

b) Extensão das cláusulas pétreas

Vimos que emendas constitucionais não podem ser propostas para abolir, direta ou indiretamente, a forma federativa de Estado, o voto direto, secreto, universal e periódico, a separação dos Poderes, bem como os direitos fundamentais, que englobam os individuais, coletivos, difusos e individuais homogêneos.

Assim, não é toda e qualquer matéria que constitui alvo da *competência reformadora*.

Exemplo: não são apenas as liberdades públicas do art. 5º da Constituição que são insuscetíveis de reforma, em virtude de consignarem direitos fundamentais, abrangidos pela cláusula pétrea do art. 60, § 4º, IV. Quaisquer outras prerrogativas, espraiadas na Carta de 1988, e que guardem correspondência com o seu *cerne imodificável*, não podem ser alvo de propostas de emendas tendentes a aboli-lo.

Esse entendimento está presente na jurisprudência do Supremo Tribunal Federal.

A Corte, ao apreciar o problema da inconstitucionalidade de emenda à Constituição, decidiu, unanimemente, na Ação Direta de Inconstitucionalidade n. 937-7/DF, que as normas intangíveis do § 4º estipulam cláusulas pétreas. Segundo o Ministro Carlos Velloso incluem-se na categoria dos direitos e garantias fundamentais as prerrogativas atinentes à nacionalidade e aos direitos políticos, os quais, a seu ver, são irreformáveis (STF, Pleno, ADIn 937-7/DF, Rel. Min. Sydney Sanches, decisão de 15-12-1993, *DJ*, 1, de 18-3-1994, p. 5165, trecho do voto do Ministro Carlos Velloso, *RTJ, 150*:68).

O Ministro Marco Aurélio, por sua vez, firmou o vínculo de continência dos direitos sociais com as garantias do art. 60, § 4º:

"Tivemos, Senhor Presidente, o estabelecimento de direitos e garantias de forma geral. Refiro-me àqueles previstos no rol, que não é exaustivo, do art. 5º da Carta, os que estão contidos, sob a nomenclatura 'direitos sociais', no art. 7º e, também, em outros dispositivos da Lei Básica Federal, isto sem considerar a regra do § 2º do art. 5º" (STF, Pleno, ADIn 937-7/DF, Rel. Min. Sydney Sanches, decisão de 15-12-1993, *DJ*, 1, de 18-3-1994, p. 5165, trecho do voto do Ministro Marco Aurélio, *RTJ, 150*:68).

Ainda na Ação Direta de Inconstitucionalidade n. 937-7/DF, o Ministro Celso de Mello não titubeou em interpretar o *núcleo intangível* da Carta Maior de modo amplo, considerando cláusula pétrea o princípio da anterioridade tributária (art. 150, III, *b*). Ao concluir que o art. 60, § 4º, IV, contém um *obstáculo intransponível*, ensinou:

"Admitir que a União, no exercício de sua competência residual, ainda que por emenda constitucional, pudesse excepcionar a aplicação desta garantia individual do contribuinte, implica em conceder ao ente tributante poder que o constituinte expressamente lhe subtraiu ao vedar a deliberação de proposta de emenda à Constituição tendente a abolir os direitos e garantias individuais constitucionalmente assegurados" (STF, Pleno, ADIn 937-7/DF, Rel. Min. Sydney Sanches, decisão de 15-12-1993, *DJ*, 1, de 18-3-1994, p. 5165, trecho do voto do Ministro Celso de Mello, *RTJ, 150*:68).

Sendo o poder reformador subordinado e instituído pelo instrumento que lhe traçou o perfil e ditou seu *modus operandi*, qual seja, o poder constituinte originário, nem tudo ele pode, nem todas as manifestações solicitadas poderá satisfazer, nem todas as reclamações formuladas poderão ser acolhidas.

Do ponto de vista jurídico, é engano acreditar que os depositários do limitado poder reformador, investidos na laboriosa tarefa de modificar a Constituição, a fim de adaptá-la a novas realidades fáticas, tudo podem fazer.

Se assim fosse, estariam aptos a exercer o poder constituinte originário, o que lhes permitiria elaborar um novo Texto Supremo e não, simplesmente, alterá-lo.

Consequência disso, o legislador ordinário não tem varinha de condão para fazer mágicas, criando situações inconstitucionais, mantidas pela interpretação distorcida de preceitos e princípios reformulados.

> **Precedente:** STF, *RTJ, 153*:178.

Assim, quem desejar saber a extensão dos incisos do § 4º do art. 60 não precisa ir muito longe; basta ter em mente o caráter instituído que condiciona as formas de exercício da competência reformadora.

Evidente que todas as limitações do poder reformador servirão de bússola para saber o que pode e o que deve ser mudado através de modificações formais.

A razão de tudo isso é simples: o poder de reforma constitucional exercita-se num círculo de atividades reguladas e delimitadas.

Alterar a estrutura das normas supremas do Estado não é o mesmo que criar leis ordinárias, resolver processos, realizar atos administrativos. Trata-se de uma faculdade excepcional, extraordinária!

A constituição é um meio e nunca um fim em si mesma. Não podemos alimentar a ilusão de que a força operante das normas constitucionais pode *evoluir* a conjuntura social. A situação é outra: os preceitos constitucionais servem para *ordenar* a realidade circundante a depender da interpretação que se lhes atribua. Todavia, não são modificações formais, inoportunas e inviáveis, com promessas teóricas de fácil equacionamento, que trarão uma suposta "felicidade nacional".

Jorge Reinaldo Vanossi transmitiu lição lapidar. Para ele, os depositários do poder reformador devem saber, de antemão:

1º) o que se *quer* reformar;

2º) o que se *deve* reformar; e

3º) o que, presumivelmente, se *pode* reformar (*Teoria constitucional*, t. 1, p. 508).

Desse modo, não é simples empreitada mudar textos constitucionais.

O constituinte derivado brasileiro, de modo geral, preocupa-se em fazer reformas, esquecendo-se de como elas devem ser concebidas.

c) As cláusulas pétreas podem ser reformuladas?

Há quem diga que as cláusulas pétreas, a exemplo das inseridas no art. 60, § 4º, da nossa Constituição, podem ser reformadas.

♦ Cap. 7 ♦ **PODER CONSTITUINTE**   **309**

São os seguidores da controvertida *tese da dupla revisão*, também conhecida como *técnica do duplo processo revisional* ou *duplo grau de revisão*.

A tese da *dupla revisão* tem dividido opiniões: aderem a ela: Burgess, Laferrière, Barthélemy e Duez, Sanchez Agesta, Constantino Mortati, Stefano Maria Cicconetti, Paolo Biscaretti Di Ruffia, Marie-Françoise Rigaux, Georges Morange, Modugno, Gregorio Peces-Barba, Emilio Crosa, Duguit, Burdeau e Jorge Miranda. Rechaçam-na: Liet-Veaux, Carl Schmitt, André Gonçalves Pereira, Marcelo Rebelo de Sousa, Afonso Queiró et al.

Seus adeptos defendem que os limites materiais podem ser modificados ou "superados" pelo legislador reformador, abrindo caminho para, num momento futuro, ocorrer a remoção dos princípios correspondentes aos limites substanciais explícitos, mediante a dupla revisão.

No Brasil, Manoel Gonçalves Ferreira Filho acredita que as cláusulas pétreas podem ser alteradas, porque elas não seriam intangíveis. Entende que o art. 60, § 4º, da *Lex Mater* proíbe *abolir*, ou seja, extinguir, eliminar, revogar. Mas o preceito não veda alterar, modificar, regulamentar (*O poder constituinte*, p. 181).

Por esse raciocínio, as cláusulas do art. 60, § 4º, poderiam ser reformuladas, sob o argumento de que lograriam uma imodificabilidade apenas relativa, afinal viriam de uma reforma constitucional, obra do poder constituinte derivado, podendo sofrer alteração a qualquer tempo.

Assim, a forma federativa de Estado, o voto secreto, universal e periódico, a separação de Poderes e os direitos e garantias fundamentais seriam alterados. Essas cláusulas pétreas, tidas como intangíveis, tornar-se-iam maleáveis, podendo ser extintas. Então não persistiria qualquer obstáculo para que toda e qualquer matéria fosse objeto de deliberação de emendas tendentes a modificá-las.

Alguns estudiosos europeus — os chamados *neoconstitucionalistas* — admitiram a reforma das cláusulas pétreas, para facilitar o ingresso de seus Estados na União Europeia. Argumentaram que uma geração não poderia sacrificar a outra, influindo no futuro dos povos.

Não compactuamos com as teses que propugnam a reforma das cláusulas pétreas.

Emendas constitucionais devem acatar os limites materiais do poder reformador; jamais destruí-los. Isso porque, ao serem elaboradas, as constituições precisam de uma garantia, de uma segurança para não perderem a sua integridade.

Ainda que se invoquem elementos de historiologia constitucional, a fim de discutir o *modus faciendi* da manifestação constituinte originária de 1988, que se não fosse *inicial* jamais teríamos um novo ordenamento jurídico, diferente do anterior, é indubitável que as matérias arroladas no § 4º do art. 60 são intangíveis.

No momento que se admite a tese da dupla revisão, está-se atentando contra a identidade do documento supremo, enfraquecendo-o profundamente.

Em nosso país, qualquer proposta de emenda tendente a instituir duplas revisões pode ter a sua inconstitucionalidade declarada pelo Pretório Excelso:

"Uma emenda constitucional emanada, portanto, de Constituinte derivada, incidindo em violação à Constituição originária, pode ser declarada inconstitucional, pelo Supremo Tribunal Federal, cuja função precípua é a de guarda da Constituição (art. 102, I, *a*, da CF)" (Pleno, ADIn 937-7/DF, Rel. Min. Sydney Sanches, decisão de 15-12-1993, *DJ*, 1, de 18-3-1994, p. 5165).

Deveras, insurge o uso do controle de constitucionalidade, difuso ou concentrado, pois, como decidiu o Pretório Excelso, os limites à atividade reformadora consignam restrições a mudanças inconstitucionais, em virtude do desrespeito aos parâmetros fixados no art. 60 da Constituição Federal.

Precedentes: STF, Pleno, ADIn 829-3/DF, Rel. Min. Moreira Alves, decisão de 14-4-1993; STF, Pleno, ADIn 1.805-MC/DF, Rel. Min. Néri da Silveira, decisão de 26-3-1998; STF, Pleno, ADIn 1.946-MC/DF, Rel. Min. Sydney Sanches, decisão de 7-4-1999.

Em suma, qualquer proposta de emenda tendente a excluir os limites materiais do § 4º do art. 60 da Constituição brasileira afigura-se inconstitucional, porquanto as cláusulas pétreas são *imprescindíveis* e *insuperáveis*.

Imprescindíveis porque simplificar as normas que estatuem limites, outrora depositados pela própria manifestação constituinte originária, é usurpar o caráter fundacional do poder criador da constituição.

Insuperáveis porque alterar as condições estabelecidas por um poder inicial, autônomo e incondicionado, a fim de reformar limites explícitos à atividade derivada, é promover uma *fraude à constituição* (a *verfassungsbeseitigung*, dos alemães).

Essa *fraude à constituição* consiste numa agressão à superioridade da atividade constituinte de primeiro grau, colocando em risco a ordem jurídica instituída.

A propósito, advirta-se, com o Ministro Celso de Mello, que as cláusulas do § 4º do art. 60 são insuscetíveis de reforma:

"A irreformabilidade desse núcleo temático, acaso desrespeitada, pode legitimar, desde logo, a *judicial review*, que constituirá, nesse contexto, o instrumento de preservação e de restauração da vontade emanada do órgão exercente das funções constituintes primárias. Normas constitucionais, quando derivadas do poder de reforma exercido pelo Congresso Nacional, podem incidir no vício da inconstitucionalidade. É tão grande a intensidade do vínculo restritivo estabelecido no art. 60, § 4º, da Carta Política — cujo único destinatário é o próprio Poder Legislativo da União — que o Supremo Tribunal Federal, ao julgar o MS 20.257/DF, Rel. para o acórdão o Min. Moreira Alves, reconheceu, em sede de controle incidental, a possibilidade da fiscalização jurisdicional da constitucionalidade de propostas de emenda à Constituição que veicularem matéria imune ao poder reformador do Congresso Nacional ou que desrespeitarem o *iter* formativo definido na própria Carta da República" (STF, MS 23.087-MC/SP, Rel. Min. Celso de Mello, j. em 30-6-1998, *DJ* de 3-8-1998, p. 48).

Não resta dúvida: o *processo de dupla revisão* consigna claro alijamento às normas que prescrevem a imodificabilidade de outras normas.

A análise eficacial das cláusulas pétreas confirma isso.

d) Eficácia das cláusulas pétreas

Investigando a produção de efeitos das cláusulas pétreas, teremos parâmetro para saber o alcance da atividade reformadora.

Sem dúvida, as cláusulas pétreas possuem uma supereficácia, ou seja, uma eficácia *total* ou *absoluta*. Contêm elas uma força paralisante de toda a legislação que vier a contrariá-las, de modo direto ou indireto. São insuscetíveis de reforma.

Por exemplo, os arts. 1º, 2º, 5º, I a LXXVIII, 14, 18, 34, VII, *a* e *b*, 46, § 1º, têm eficácia absoluta. Não podem ser reformulados, sob pena de ferir a Constituição. Assim ocorre com as cláusulas do § 4º do art. 60. Elas também são insuscetíveis de reforma.

Soma-se a isso o fato de apresentarem efeitos ab-rogantes, *positivos* e *negativos*.

Têm efeito *positivo*, pois incidem de modo imediato. São intangíveis e não podem ser alteradas via revisão ou emenda.

Ademais, logram efeito *negativo* pela sua força paralisante, absoluta e imediata, vedando qualquer lei que pretenda contrariá-las. Permanecem imodificáveis, exceto nas hipóteses de revolução, quando ocorre ruptura na ordem jurídica para se instaurar outra.

✧ 6.9. Limites implícitos

Limites *implícitos*, *tácitos*, *indiretos* ou *inerentes* são aqueles que não vêm prescritos pela linguagem do constituinte, embora sejam tão contundentes quanto os expressos.

Proíbem a reforma de normas que estatuem limites, cuja observância é obrigatória para se emendar ou revisar as constituições.

Exemplo: não se pode suprimir, alterar ou extinguir os §§ 1º, 2º, 3º e 4º do art. 60 porque estão implicitamente fora do raio de ação do poder constituinte derivado. Só por meio de revolução, com a quebra da ordem jurídica, é que eles poderão ser massacrados, suplantados, excluídos, atingidos, reduzidos, modificados.

Desrespeitar limite implícito é o mesmo que violar a manifestação constituinte originária, procriada por um poder de maior força impositiva, responsável pela *fundação* do ordenamento jurídico.

Assim, o que foi prescrito pelo constituinte para uma reforma constitucional não pode ser atenuado, supresso ou mudado.

Exemplo: emendas à Constituição não podem suprimir o § 4º, I, do art. 60, para destituir a forma federativa de Estado, porque tal vedação é implícita, vigorando enquanto existir o Texto de 1988.

Nos últimos tempos tem prosperado, nos ordenamentos constitucionais de todo o mundo, a tendência de ampliar, cada vez mais, os casos de limites materiais expressos, como aqueles previstos no § 4º do art. 60.

Tal constatação, entretanto, em nada diminui a importância das vedações inerentes; ao contrário, reforça-lhes a pertinência.

Tanto é assim que Horst Ehmke seccionou as limitações implícitas em três espécies:

- *Limites implícitos transcendentes à constituição* — equivalem às normas gerais de Direito Internacional, bem como às condições econômicas, técnicas e até geográficas do Estado. Exemplo: o § 2º do art. 5º da Carta de 1988 enquadrar-se-ia nessa vedação, impedindo que matérias incompatíveis com o seu texto sejam alvo da competência reformadora.
- *Limites implícitos imanentes à constituição* — dizem respeito à racionalização e limitação do poder. Exemplo: os arts. 2º, 5º e 7º, com seus vários incisos, estariam aí inseridos. Quer dizer, na Constituição brasileira, são *limites imanentes* os direitos e garantias fundamentais dos indivíduos, das coletividades e a cláusula da independência e harmonia dos Poderes.
- *Limites implícitos intermediários à constituição* — concernem ao próprio fundamento de validade do poder constituinte, os direitos internacionais reconhecidos ao homem, os fins da comunidade política, inseridos normalmente nos preâmbulos. Exemplo: a mensagem inserida na parte preambular da nossa Carta Maior (Horst Ehmke, *Grezen der Verfassungsaenderung*, p. 47).

Embora a tipologia do publicista germânico se adapte à realidade pátria, convém oferecer classificação específica dos limites implícitos à competência reformadora do Texto de 1988.

6.9.1. Limites implícitos aos direitos e garantias fundamentais

Emendas constitucionais não podem alterar, ampliar, restringir, e muito menos abolir os direitos e garantias fundamentais dos arts. 5º, 6º e 7º.

Aliás, as liberdades públicas são *supranacionais* (art. 5º, § 2º), pois transcendem a órbita meramente interna.

São insuscetíveis de alterações sub-reptícias, colocando-se fora do crivo da competência reformadora.

6.9.2. Limites implícitos à titularidade do poder constituinte originário

Emendas à Constituição de 1988 não têm a competência de alterar a titularidade do poder originário que as regulamentou.

A criatura não pode insurgir-se contra o criador, exceto nos casos de subversão da ordem natural dos acontecimentos, mediante o florescimento de situações excepcionais.

6.9.3. Limites implícitos à titularidade do poder reformador

Emendas constitucionais também não podem mudar o titular do poder reformador, que representa uma delegação do constituinte originário, insuscetível de transferência. Por exemplo, seria inconstitucional o legislador ultrapassar o mandamento insculpido no § 2º do art. 60, impedindo a discussão e votação de propostas de emendas constitucionais em cada Casa do Congresso Nacional.

312 ◆ Uadi Lammêgo Bulos ◆

⬚ 6.9.4. Limites implícitos ao processo legislativo especial de reforma

Emendas constitucionais não podem simplificar ou dificultar o processo legislativo especial de reforma, previsto na Carta de 1988.

Ilustrando, os incisos I, II, III e os §§ 2º, 3º e 5º do art. 60, que asseguram condicionamentos formais, bem como o seu § 1º, que estatui vedação circunstancial, estão fora da incidência do poder constituinte derivado, porque as limitações implícitas proíbem.

✦ 7. ETAPA DE CRIAÇÃO E REFORMA DAS CARTAS ESTADUAIS: O PODER CONSTITUINTE DECORRENTE

O *poder constituinte decorrente* estabelece e reformula a constituição estadual, organizando, constitucionalmente, o Estado-membro.

Também chamado de *poder constituinte estadual*, ele atua na etapa de criação e reforma das constituições dos Estados.

É qualificado de *decorrente* porque, como o nome já diz, *decorre* da carta magna, ou seja, encontra a sua fonte de inspiração na obra do constituinte de primeiro grau, que estatui seus limites e as linhas-mestras de seu exercício.

O Texto de 1988, por exemplo, assegurou aos Estados-membros a capacidade de elaborar e mudar suas próprias constituições, à luz da autonomia que se lhes subjaz, isto é, da capacidade de tomar decisões dentro do círculo preestabelecido pela Constituição Federal.

> **Art. 25 da CF de 1988:** observe-se que o art. 25 da Carta de Outubro, ao prever a capacidade de os Estados terem constituições próprias, partiu do pressuposto de que soberania (inerente ao Estado Federal) e autonomia (peculiar à unidade federada) são inconfundíveis.

CRIAÇÃO E REFORMA DAS CARTAS ESTADUAIS

Poder constituinte decorrente
(de terceiro grau)
↓
Atua na etapa de elaboração e reforma das constituições estaduais
↓
Organiza juridicamente o Estado-membro

◇ 7.1. Natureza

O poder constituinte decorrente é um poder de direito. Trata-se de uma construção jurídica da carta federal.

Como um *dado do mundo jurídico*, ele integra o catálogo dos poderes constituídos do Estado.

A sua natureza é a mesma do poder constituinte secundário.

Daí se dizer que o poder decorrente é uma espécie de poder derivado, constituído, instituído, secundário etc.

Isso faz sentido, pois tanto o poder decorrente como o poder derivado são criados pelo constituinte de primeiro grau.

Demarque-se, por fim, que alguns estudos negam o verdadeiro caráter *constituinte* do poder decorrente. Afirmam que ele jamais poderia ser assim rotulado, em virtude dos condicionamentos que a própria carta federal lhe impõe. Logo, *constituinte* só poderia ser o poder criador da constituição do Estado.

Não pensamos assim. O poder decorrente é poder constituinte de segundo grau. Ainda quando limitado pela carta maior, convém ser concebido como tal, até porque inexiste ilimitação absoluta nessa seara. O próprio poder constituinte originário, juridicamente ilimitado, possui condicionamentos metajurídicos em seu exercício.

◆ Cap. 7 ◆ PODER CONSTITUINTE   **313**

✧ 7.2. Características

Como o poder constituinte dos Estados-membros é uma espécie de poder derivado, ele apresenta os mesmos caracteres deste último.

Há, nesse particular, uma *simetria* entre o poder constituinte decorrente e o poder constituinte secundário, respeitada a área de atuação de cada um, isto é, enquanto o primeiro faz e modifica as cartas dos Estados, o segundo reformula as constituições federais.

Assim, por força do *princípio da simetria*, o poder decorrente é *secundário, subordinado, condicionado* e *contínuo*.

Vejamos o porquê dessas características ou atributos:

* **secundariedade** — a força do poder decorrente advém da Constituição Federal;
* **subordinação** — encontra-se submetido aos rigores da carta maior; logo, deve acatar os *princípios constitucionais federais*, vetores de observância obrigatória para o Estado-membro, que formam a espinha dorsal de sua capacidade organizatória (CF, art. 25);
* **condicionamento** — para alterar as cartas estaduais, sujeita-se aos parâmetros estabelecidos na Constituição Federal; e
* **continuidade** — ao reformar as constituições dos Estados-membros, atualiza e complementa a obra do constituinte estadual, sem, contudo, corromper-lhe as linhas-mestras.

✧ 7.3. Espécies

O poder constituinte decorrente é, em sua essência, uno. Mas, como o seu exercício desdobra-se em duas etapas delimitadas, a doutrina reconhece a existência de um *poder constituinte decorrente institucionalizador* e de outro *poder constituinte decorrente reformador*.

> **Terminologia:** na vigência da Constituição de 1967, alterada pela EC n. 1/69, Anna Cândida da Cunha Ferraz adotou as expressões *poder constituinte decorrente institucionalizador, instituidor* ou *inicial*, bem como *poder constituinte decorrente de revisão estadual* ou de *segundo grau* (*Poder constituinte do Estado-membro*, p. 84-99). Levando em conta a manifestação constituinte originária de 5-10-1988, e a sistemática das cartas estaduais promulgadas após essa data, convém usar terminologia ampla, qual seja, *poder constituinte decorrente reformador*. Ela engloba, além da revisão (mudança de maior extensão), o instituto da emenda (mudança de menor extensão).

Então, duas são as espécies de poder constituinte decorrente:

a) *Poder constituinte decorrente institucionalizador*

Também chamado de *poder decorrente inicial* ou *instituidor*, cumpre-lhe elaborar a constituição do Estado-membro, organizando o arcabouço constitucional das unidades federadas. Por ser uma derivação do poder constituinte originário, encontra a sua base na Constituição Federal. Esta é que traça os seus limites e a sua forma de exercício. Sentimo-lo, em toda a sua plenitude, nas seguintes hipóteses:

* **Quando o Estado-membro tem a sua primeira constituição** — isso ocorre no *federalismo por segregação*, em que um Estado unitário se transforma em Estado Federal. Nesse caso, o Estado federado passará a ter a sua primeira carta magna. O poder decorrente é acionado para inaugurar a ordem jurídica estadual. Quer dizer, o poder decorrente atua em Estado-membro sem constituição, ainda que possam existir diplomas normativos que façam as vezes dos textos magnos, as chamadas *constituições provisórias*. Exemplo: o Decreto n. 1, de 15-1-1889, transformou o Brasil de Estado unitário em Estado Federal, determinando que as antigas províncias do Estado unitário, que equivaliam ao Império brasileiro, se convertessem em Estados federados, os quais deveriam possuir constituição própria (arts. 2º e 3º).
* **Quando Estados-membros se unem formando um só Estado** — isso se verifica no *federalismo por agregação*, em que dois ou mais Estados preexistentes — dotados de documentos constitucionais próprios — unem-se para criar um novo e único Estado. Nesse caso, ou se elaboram novas

constituições dos Estados, exercitando-se o poder decorrente institucionalizador, ou se adaptam as cartas estaduais, já existentes, ao novel texto federal, lançando mão do poder decorrente reformador. Exemplos: a Constituição norte-americana de 1787 recebeu como válidas as cartas originárias das antigas cartas coloniais inglesas. Noutro prisma, o Texto do Estado de Massachusetts de 1780 sofreu inúmeras emendas, precisamente para se adaptar à nova realidade.

> **Conferir:** James Bryce, *A comunidade americana*, v. I, p. 124.

- **Quando o Estado-membro substitui sua constituição por outra** — essa hipótese concretiza-se com a feitura de uma nova carta suprema, em substituição àquela dantes existente, ensejando a necessidade de ajuste das ordens jurídicas parciais ao modelo federal. Noutras palavras, o poder decorrente atua em Estado-membro cuja constituição deixou de vigorar. Aqui pode, ou não, haver mudanças no regime (democrático ou ditatorial) e, até, no sistema de governo (parlamentarista ou presidencialista), com reflexos na órbita dos Estados-membros. Exemplo: o advento da Constituição de 1988 propiciou o surgimento de novas cartas estaduais (CF, art. 11 do ADCT), todas calcadas na democracia e no presidencialismo.
- **Quando o Estado-membro é criado por incorporação, subdivisão ou desmembramento** — aqui é necessário que a unidade federada possua constituição própria, procriada pelo poder decorrente inicial, a fim de estabelecer seu novel ordenamento. No Brasil de hoje, essa é a única maneira de se formarem novos Estados federados. Tanto é assim que a Constituição de 1988 permite que os Estados se incorporem entre si, subdividam-se ou desmembrem-se para se anexarem a outros, ou formarem novos Estados ou Territórios Federais, com aprovação da população diretamente interessada, mediante plebiscito, e do Congresso Nacional, por lei complementar, ouvidas as respectivas Assembleias Legislativas (art. 18, § 3º, c/c o art. 48, VI). Exemplos: a Lei Maior de 1988 determinou, por desdobramento, a criação do Estado do Tocantins. Prescreveu que os Territórios Federais de Roraima e do Amapá se transformassem em Estados (ADCT, art. 14). Extinguiu o Território Federal de Fernando de Noronha, reincorporando-o ao Estado de Pernambuco (ADCT, art. 15).

> **No passado, ocorreram outros casos:** a Constituição de 1967, modificada pela EC n. 1/69, deixou sob os auspícios do legislador a possibilidade da criação de novos Estados (art. 3º). Foi aí que veio a lume a Lei Complementar n. 20, de 1º-7-1974, donde resultou a fusão dos Estados do Rio de Janeiro e da Guanabara, que, a partir de 15-3-1975, fundiram-se num só Estado, promulgando-se, em 23-7-1975, a Constituição do novo Estado do Rio de Janeiro. O mesmo se deu com o antigo Estado do Mato Grosso, que, por força da Lei n. 31, de 11-10-1977, desmembrou-se, ensejando o surgimento de um novo Estado, com texto constitucional próprio, o Estado do Mato Grosso do Sul.

b) *Poder constituinte decorrente reformador*

Tecnicamente falando, é o responsável pelas revisões (mudanças amplas) e emendas (mudanças específicas) no texto primitivo das cartas estaduais. Ele adquire notável projeção na vida constitucional do Estado-membro, embora nem tudo possa fazer. No Brasil, por exemplo, a constituição federal impõe-lhe limites, conforme veremos abaixo. Registre-se, ainda, a existência de dois tipos de *poder constituinte decorrente reformador*:

- **Poder constituinte decorrente reformador normal** — é aquele que vem previsto na própria *lex legum* do Estado federado, exercitando-se nos moldes nela previstos e devendo obediência aos condicionamentos impostos pelo texto federal. Exemplo: a Carta do Rio Grande do Sul de 1989 previu a técnica da emenda constitucional como mecanismo de atualização de seus dispositivos (art. 58, I a IV, §§ 1º a 4º).
- **Poder constituinte decorrente reformador anômalo** — também chamado de extraordinário, serve para ajustar ou rever a carta do Estado-membro quando a constituição federal é reformada. Exemplo: a Carta da Bahia de 1989, pela Emenda Constitucional n. 7, de 19 de janeiro de 1999, consagrou o princípio da eficiência no seu art. 13, acompanhando, assim, a redação que a Reforma Administrativa (EC n. 19/98) imprimiu ao art. 37, *caput*, da Constituição brasileira.

◆ Cap. 7 ◆ PODER CONSTITUINTE

315

> **Sobre poder decorrente reformador *normal* e *anômalo* (*extraordinário*):** compulsar Anna Cândida da Cunha Ferraz, *Poder constituinte do Estado-membro*, p. 217 e s. Os esclarecimentos da autora, encetados nos idos de 1979, continuam atuais nos seus aspectos doutrinários.

As espécies ou tipos de poder decorrente que acabamos de estudar equivalem, na realidade, às maneiras pelas quais se manifesta o ato de feitura e reforma das cartas dos Estados-membros.

Sem dúvida, o entendimento da tipologia do poder decorrente logra considerável importância didática, porque nos propicia uma visualização geral do ato de feitura e mudança formal das constituições estaduais.

TIPOLOGIA DO PODER CONSTITUINTE DECORRENTE

Poder constituinte decorrente

institucionalizador (inicial ou instituidor)
- atua em Estado-membro sem constituição
- atua em Estado-membro que se formou pela união de outros Estados-membros
- atua em Estado-membro cuja constituição deixou de vigorar
- atua em Estado-membro incorporado, subdividido ou desmembrado

reformador (emenda ou revisão)
- normal
- anômalo (ou extraordinário)

✧ 7.4. Titularidade e exercício

O titular do poder constituinte decorrente, inicial ou de reforma, é o povo do Estado-membro. A experiência constitucional de diversos lugares, concebida à luz da teoria da soberania popular, confirma isso. Tanto é assim que as constituições estaduais brasileiras, promulgadas após 5 de outubro de 1988, estatuem que "todo poder emana do povo" (*Constituições estaduais, 1989:* textos das constituições estaduais, promulgados em 1989, 5 v.).

E, para que não se tenha dúvida quanto à titularidade do povo nas constituições dos Estados--membros, vale observar que até na experiência constitucional estrangeira a diretriz prevalece. Basta citar algumas constituições estaduais norte-americanas, a exemplo dos textos da Califórnia, Ilinóis e de Montana, elaboradas para se adequar à Constituição Federal estadunidense de 1789. Em seus preâmbulos proclamaram, de forma taxativa, o primado da soberania popular.

> **Locus constitucional:** na Constituição brasileira de 1988, a soberania popular está prevista no parágrafo único do art. 1º.

Contudo, se o titular do poder constituinte decorrente é o povo do Estado-membro, o seu exercício fica a cargo das Assembleias Legislativas estaduais.

Essa, aliás, foi a linha de entendimento firmada no art. 11 das Disposições Transitórias da Carta de Outubro.

Significa dizer que são os deputados estaduais os agentes ou exercentes do poder constituinte estadual, incumbindo-lhes criar e reformar as constituições das unidades federadas da República brasileira.

Evidente que estamos nos referindo aos Estados Democráticos, como o Brasil. Aqui o exercício do poder decorrente inicial ou reformador é estendido aos representantes do povo.

Registre-se, todavia, que nem sempre é assim. Há casos excepcionais que extrapolam os lindes da normalidade democrática. A titularidade do poder decorrente permanece nas mãos do povo do Estado--membro, mas os seus agentes não são, em rigor, os representantes eleitos. Isso, contudo, parte de um consenso popular, prévio ou posterior. Ou seja, o povo aceita, passiva ou ativamente, que o exercício do poder constituinte estadual não fique sob o encargo dos deputados eleitos.

Então é possível vislumbrar um exercício *normal* e outro *anômalo* do poder constituinte decorrente:

- **Exercício normal** — ocorre por *convenção*, *assembleia* ou *plebiscito*, prevalecendo ato coletivo de vontade (o povo participa, direta ou indiretamente, do processo constituinte). Nessa hipótese, o povo escolhe os seus agentes, que irão representá-lo na feitura da carta estadual. Exemplo: as constituições de 1989 dos Estados brasileiros foram feitas por representantes populares. Aqui os deputados estaduais elaboraram, normalmente, os textos das unidades federadas.
- **Exercício anômalo** — delineia-se pela *outorga*, firmando-se ato unilateral de vontade sem participação popular direta. O agente que exercita o poder constituinte do Estado-membro não é necessariamente aquele escolhido pelo povo. Quem diz aquilo que deverá constar na carta estadual é o ditador ou, até, o líder carismático. Pouco importa o desejo popular; prevalece o querer monocrático do déspota. Em alguns casos, existe a anuência, aberta ou velada, do povo. Noutros, não, motivando as *revoluções constitucionais*. Exemplo: aclamado pelas massas, Getúlio Vargas, em seu governo ditatorial, expediu o Decreto n. 8.063, de 10 de outubro de 1945, determinando que os interventores e governadores dos Estados outorgassem, no prazo de vinte dias, os respectivos textos estaduais. Assim o fez com lastro na Carta Federal de 1937, que até reconheceu o povo como titular do poder constituinte (art. 1º), mas consagrou um agente anômalo para exercê-lo (art. 181).

> **Art. 181:** "As Constituições estaduais serão outorgadas pelos respectivos governos, que exercerão, enquanto não se reunirem as Assembleias Legislativas, as funções destas matérias de competência dos Estados".

✧ 7.5. Regime jurídico do poder constituinte decorrente

O regime jurídico do poder constituinte decorrente parte do pressuposto de que a unidade federada possui autonomia auto-organizatória, logrando a faculdade de dar-se constituição própria.

E como os agentes do poder decorrente devem exercitar tal prerrogativa?

Via de regra, é a *lex mater* federal quem diz.

No Texto Supremo de 1988, por exemplo, o regime jurídico do poder decorrente foi demarcado, de modo específico, em dois preceitos:

- **art. 25** — verberou que "os Estados organizam-se e regem-se pelas Constituições e leis que adotarem, observados os princípios desta Constituição"; e
- **art. 11 do ADCT** — previu o prazo de um ano, contado a partir de 5 de outubro de 1988, data da promulgação da Carta Federal, para o exercício do poder constituinte decorrente. E assim ocorreu, esgotando-se os efeitos do art. 11. Este preceito cumpriu a sua finalidade, pois as Assembleias Legislativas estaduais elaboraram suas respectivas constituições, exercendo poderes constituintes, dentro do prazo estipulado pelo comando transitório. O Supremo Tribunal Federal, por sua vez, aplicando a norma em comento, determinou que o prazo de duração dos mandatos de deputados estaduais não podem ser ampliados, nem reduzidos, por normas de constituições estaduais, muito menos por Regimentos Internos. Isso porque o art. 11 é claro ao enfatizar que o ato de feitura das cartas estaduais deve obedecer aos princípios estabelecidos na Constituição da República. Um desses vetores, segundo o Pretório Excelso, é o que fixa em quatro anos a duração do mandato dos deputados estaduais (CF, art. 27, § 1º).

> **Precedente:** STF, Pleno, ADIn 1.162-MC/SP, Rel. Min. Sydney Sanches, decisão de 1º-12-1994, *Ementário de Jurisprudência* n. 1800-2, p. 200; *DJ*, 1, de 15-9-1995, p. 29507.

✧ 7.6. Limites

O poder decorrente encontra *limites autônomos* e *heterônomos* em seu exercício.

> **Contributo de Jellinek:** Jellinek, em lapidar monografia, vislumbrou *limites autônomos* e *heterônomos* para o poder de reforma das constituições federais (*Grenzen der verfassungsgesetzgebung*, p. 10 e s.). O notável publicista, contudo, imprimiu a tais termos um sentido completamente

diferente do nosso. Aplicou-lhes, apenas, na órbita do Estado Federal, e não à realidade do Estado-
-membro, como, agora, estamos fazendo.

Essa tipologia é sobremodo abrangente, englobando aqueloutras que já vieram a lume.

Posições doutrinárias: para Antônio Sampaio Dória os princípios enumerados seriam os verdadeiros limites do poder decorrente (*Direito constitucional:* comentários à Constituição de 1946, v. 2, p. 494 e s.). Raul Machado Horta acredita que há limitações genéricas e específicas (*Da autonomia do Estado-
-membro no direito brasileiro*, p. 243). Anna Cândida da Cunha Ferraz, após reconhecer a inexistência de uma teoria dos limites do poder decorrente, salienta proibições de ordem positiva e negativa, expressas e implícitas, de forma e de fundo (*Poder constituinte do Estado-membro*, p. 132 e s.). Manoel Gonçalves Ferreira Filho menciona os princípios constitucionais limitativos (*O poder constituinte*, p. 149 e s.).

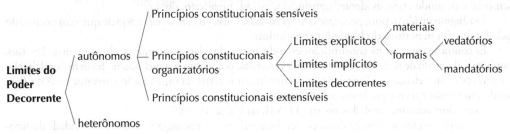

7.6.1. Limites autônomos

Limites autônomos são as vedações do poder constituinte decorrente, inicial e reformador, fixadas na Constituição Federal.

São adjetivados de *autônomos* porque advieram do próprio constituinte originário. Por isso, independem de quaisquer providências legislativas ulteriores das Assembleias Legislativas dos Estados para ser aplicados. Desfrutam de regime normativo próprio, em virtude do grau de independência que ostentam. Regem-se por si mesmos.

No ato de feitura ou reforma dos textos estaduais, os deputados devem acatar os *limites autônomos*, incondicionalmente, sob pena de ferir a fonte que lhes originou: a constituição federal. Funcionam, pois, como parâmetro de observância obrigatória para o exercício do poder decorrente inicial e reformador.

Sem dúvida, o poder decorrente é juridicamente circunscrito à constituição federal — instrumento que lhe traçou o perfil e ditou a sua competência.

É, portanto, o texto magno que estipula os *limites autônomos* do poder decorrente.

A *regra de ouro* que vigora nesse campo é a seguinte: toda e qualquer matéria colocada na constituição do Estado-membro deve acompanhar, necessariamente, o modelo federal.

Significa que o exercício do poder constituinte decorrente, seja para criar a carta estadual, seja para reformulá-la, deve conformar-se com o parâmetro supremo, gizado na *lex mater*.

Partindo dessa *regra de ouro*, a Constituição de 1988 traçou os limites jurídico-positivos do poder decorrente, enunciando, na segunda parte do art. 25, *caput*, a voz *observados os princípios desta Constituição*.

Tal frase coloca-nos diante dos *limites autônomos* do poder constituinte decorrente, cuja inobservância gera a inconstitucionalidade dos atos normativos estaduais.

Mas qual o significado da terminologia *princípios desta Constituição*?

Ao indicá-la como fonte de observância obrigatória pelo intérprete, o constituinte circunscreveu o âmbito no qual o poder constituinte decorrente deve exercer o seu mister.

Não disse explicitamente, no entanto, quais são esses princípios.

Mediante interpretação extensiva, descobrimos alguns deles enunciados nos arts. 34, VII, e 125. Este último, à luz do modelo encampado pelo constituinte de 1946, mencionou a expressão *princípios estabelecidos*.

Na realidade, só existe uma maneira para resolvermos o problema da redação lacônica do art. 25, *caput*: recorrer à doutrina dos *princípios constitucionais sensíveis* (ou *enumerados*), dos *princípios constitucionais organizatórios* (ou *estabelecidos*) e dos *princípios constitucionais extensíveis*.

Só assim encontraremos os *limites autônomos* do poder decorrente no ordenamento jurídico pátrio, porque, como advertiu João Mangabeira, "numa Constituição há princípios expressos, princípios inerentes, princípios implícitos, princípios resultantes, princípios fundamentais e princípios circunstanciais" (*Ideias políticas de João Mangabeira*, p. 300).

a) Princípios constitucionais sensíveis (ou enumerados)

Os *princípios constitucionais sensíveis* trazem limitações autônomas ao poder constituinte decorrente, inicial e reformador.

Sensível é aquilo que pode ser captado pela intuição, causando no observador sensações externas.

Com efeito, *princípio constitucional sensível* é o que pode ser facilmente percebido pelos órgãos sensoriais, de modo claro, evidente, translúcido, visível, manifesto, óbvio.

Do ângulo jurídico, pois, *princípio constitucional sensível* ou *enumerado* é aquele que vem positivado pela linguagem prescritiva do legislador constituinte.

Encontra-se expresso na constituição, estando apontado, clara e incontestavelmente, nela. Por isso, também é chamado de *princípio constitucional enumerado*, porquanto sua inclusão no texto maior delineia-se através de um elenco de disposições que constituem o cerne da organização constitucional do País, sendo imperiosas para o equilíbrio e a manutenção do pacto federativo.

Exemplos: assuntos arrolados no art. 34, VII, da Carta de 1988.

Esse preceito enumera os seguintes princípios sensíveis que consagram limites à capacidade de auto--organização dos Estados-membros:

- forma republicana de governo;
- sistema representativo e regime democrático;
- direitos humanos;
- autonomia municipal; e
- prestação de contas da Administração Pública, direta e indireta.

Note-se que os *princípios constitucionais sensíveis* ou *enumerados* interligam-se com outras disposições da Constituição, as quais, de uma forma ou de outra, também participam da organização dos poderes governamentais do Estado, constituindo o "arcabouço" ou "cerne" da estrutura federativa do Brasil.

Exemplos do Texto de 1988: arts: 1º (pacto federativo); 2º (equilíbrio e harmonia entre os Poderes); 18 (organização político-administrativa da República); 70 a 75 (prestação de contas); 165 a 169 (princípios orçamentários).

Dessas disposições, emergem outras que se vinculam a elas. São desdobramentos normativos, mediante os quais outros princípios particulares se agregam à força centrípeta dos *princípios constitucionais sensíveis*.

Por isso, a elaboração ou mudança formal de constituições estaduais deverá observar tais mandamentos.

A infringência deles poderá ensejar representação do Procurador-Geral da República, com o fito de interpor ação declaratória de inconstitucionalidade, bem como a decretação de intervenção federal, caso a simples suspensão do ato impugnado não produza os efeitos desejados (CF, art. 36, III, § 3º).

b) Princípios constitucionais organizatórios (ou estabelecidos)

Os *princípios constitucionais organizatórios* ou *estabelecidos* consagram limites autônomos, vedando ou proibindo o exercício indiscriminado do poder constituinte decorrente inicial e reformador.

Funcionam como balizas reguladoras da capacidade de auto-organização dos Estados.

> **O qualificativo "estabelecidos":** o qualificativo *estabelecidos* não é o mais apropriado para adjetivá-los, porque nada revela ou esclarece. Em última análise, os princípios sensíveis e extensíveis também são *estabelecidos*, porquanto — dispostos na constituição federal — cumprem, em sentido amplo, idênticas tarefas. À luz disso, preferimos denominar os princípios constitucionais

◆ Cap. 7 ◆ PODER CONSTITUINTE

estabelecidos princípios constitucionais *organizatórios*, termo que evita maiores deturpações. Todavia, não devemos abandonar, por completo, o seu uso, nada obstante a impropriedade da qualificação que os doutores lhe atribuem, porque ele já se encontra consagrado entre os publicistas, servindo para veicular a ideia nuclear que preside o assunto.

Exemplos: conjunto de normas centrais, dispersas no Texto de 1988, que tratam da repartição de competências, do sistema tributário nacional, da organização dos Poderes, dos direitos políticos, da nacionalidade, dos direitos e garantias individuais, dos direitos sociais, da ordem econômica, da educação, da saúde, do desporto, da família, da cultura etc.

As limitações do poder decorrente, oriundas dos *princípios organizatórios*, esparramam-se ao longo do articulado constitucional, exigindo pesquisa para serem identificadas.

Para facilitar a busca e a localização dos princípios constitucionais *organizatórios* na Constituição brasileira, vale esboçar o seguinte catálogo, que consagra três tipos de limites autônomos ao poder constituinte dos Estados-membros:

* **Limites explícitos** — também chamados de *expressos*, são aqueles que vêm previstos de modo taxativo na Constituição Federal. Decorrem, portanto, da manifestação constituinte originária, e, por isso, são de observância obrigatória pelos agentes do poder constituinte decorrente, que, ao elaborar, ou reformar, as cartas estaduais, devem acatá-los, incondicionalmente. Uns trazem proibições materiais, como aquelas ligadas ao núcleo substancial das constituições, a exemplo dos princípios federativo e republicano (art. 1º, *caput*), da dignidade humana (art. 1º, III), da isonomia (art. 5º, *caput*), da legalidade (art. 5º, II), da moralidade (art. 37), do combate às desigualdades regionais (art. 43), da previsão do fundo de participação tributária especial para as regiões norte, nordeste e centro-oeste (art. 159), do plano plurianual regionalizado (art. 165, § 1º), do rateio de fundos (art. 159, I), das diretrizes econômicas, financeiras e sociais (arts. 170 a 181 e 193 a 204) etc. Outros, *formais*. Estes são importantíssimos. Consagram *vedações de forma*. Proíbem os deputados estaduais de inserirem nas cartas estaduais assuntos contrários aos *princípios estabelecidos na constituição federal*. E que princípios são esses? A resposta a essa pergunta só pode ser obtida pela prospecção dos limites expressos formais, numa ordem constitucional positiva determinada. É o caso do ordenamento brasileiro. Se esmiuçarmos os *limites expressos* do poder decorrente, contidos na Constituição de 1988, veremos que eles podem ser *vedatórios* ou *mandatórios*. Ambos têm natureza formal. Os *limites vedatórios* proíbem os Estados de praticarem atos ou seguirem procedimentos contrários à manifestação constituinte originária. Exemplos: arts. 19, 35, 150 e 152. Já os limites *mandatórios* ao poder constituinte estadual são os que determinam, de modo direto e taxativo, o rol de matérias que devem constar, necessariamente, na constituição do Estado-membro. Compelem os agentes do poder decorrente a observarem as diretrizes constitucionais que contenham restrições à liberdade organizatória. Exemplos: arts. 18, § 4º, 29, 31, § 1º, 37 a 42, 92 a 96, 98, 99, 125, § 2º, 127 a 130, 132, 134, 135 e 144, IV e V, §§ 4º a 7º, da Carta de 1988.

    Proibições mandatórias: as proibições mandatórias ao poder decorrente também vinculam a atividade do legislador ordinário estadual, além de condicionar as práticas governamentais. Busca-se, assim, evitar inconstitucionalidades. Aliás, os Estados podem adotar normas consentâneas para satisfazer seus interesses peculiares, num campo mais largo. O que não se permite são inovações maliciosas, sub-reptícias, alicerçadas em interpretações amplas de preceitos que trazem mensagens específicas e diretas. Para ilustrar, os Estados poderão adotar os princípios básicos que regem a Administração Pública em suas constituições (legalidade, impessoalidade, moralidade, publicidade e eficiência). Não se lhes faculta, no entanto, inverter a mensagem contida nesses vetores, sob pena de transmudar a vontade constituinte em vontade constituída, alijando o art. 37, *caput*, da Constituição brasileira.

* **Limites implícitos** — também rubricados de indiretos, inerentes, silenciosos ou tácitos, não vêm positivados, *ipsis litteris*, na letra dos dispositivos constitucionais. Possuem um sentido particularizado, pois são implícitos. Subsumem-se das próprias pautas jurídicas expressas, visto que promanam da lógica geral da carta magna. Exemplo: os Estados não poderão interceder em matérias de estrita competência da União (arts. 21 e 22) e dos Municípios (art. 30), sob pena, neste último caso, de intervenção federal (art. 34, VII, *c*). Pondere-se que esses limites implícitos

não podem ser invocados como barreiras impeditivas do exercício equilibrado do poder decorrente, inicial e reformador. O que se busca através deles é evitar invasões de competência, violando a manifestação constituinte de primeiro grau. Nada impede, e. g., o legislador estadual de instituir regiões metropolitanas, aglomerações urbanas e microrregiões (art. 25, § 3º), desde que siga os critérios prescritos pela Constituição brasileira, dentre os quais a organização tributária federal (arts. 145 e 155), a separação de Poderes (art. 2º), o respeito à Assembleia Legislativa e ao Governador do Estado (arts. 27, 28, 92, VII, e 125), a estrutura unicameral do Poder Legislativo Estadual e do Executivo unipessoal (arts. 27 e 28).

O conteúdo dos princípios constitucionais *organizatórios* engendra matérias ligadas à organização política, social e econômica dos Estados-membros. É formado por um grupo de *normas centrais*.

No plano doutrinário, as *normas centrais* foram assim definidas por Raul Machado Horta:

"Participando das características da norma jurídica, designam um conjunto de normas constitucionais vinculadas à organização da forma federal de Estado, com missão de manter e preservar a homogeneidade dentro da pluralidade das pessoas jurídicas, dos entes dotados de soberania da União e de autonomia dos Estados-membros e Municípios, que compõem a figura complexa do Estado Federal. As normas centrais não são normas de centralização, como as do Estado Unitário. São normas constitucionais federais que servem aos fins da participação, da coordenação e da autonomia das partes constitutivas do Estado Federal. Distribuem-se em círculos normativos, configurados na Constituição Federal, para ulterior projeção nas Constituições dos Estados. Nem sempre dispõem de aplicação imediata e automática. Identificam o figurino, o modelo federal, para nele introduzir-se, posteriormente, o constituinte estadual, em sua tarefa de organização do Estado federado. Não são normas inócuas. A infringência de normas dessa natureza, na Constituição do Estado ou na legislação estadual, gera a sanção da inconstitucionalidade" (Normas centrais na Constituição Federal, *Revista do Instituto dos Advogados de Minas Gerais*, *3*:214).

c) Princípios constitucionais extensíveis

Os *princípios constitucionais extensíveis* integram a estrutura da federação brasileira. Nisso, apresentam limites autônomos ao poder decorrente.

Exemplos: forma de investidura em cargos eletivos (art. 77), processo legislativo (arts. 59 e s.), orçamentos (arts. 165 e s.), provisões constitucionais da Administração Pública (arts. 37 e s.) etc.

Na elaboração e reforma das constituições estaduais, os princípios constitucionais extensíveis também são de observância obrigatória. Isso porque a missão do poder constituinte nos Estados-membros não se restringe, apenas, a reproduzir o que está na Carta Federal. Mais que isso, cumpre-lhe atuar em consonância com o alcance dos princípios e normas enfeixadas no Documento Basilar, respeitando-os, adaptando-os, harmonizando-os à organização constitucional estadual.

Vejam-se os vetores republicano e federativo, por exemplo, extensíveis ao processo legislativo. Evidente que, sendo o Poder Legislativo da União bicameral e o dos Estados, unicameral, o *iter* procedimental de um projeto de lei das ordens jurídicas parciais não poderá ser igual ao da ordenação jurídica total.

Ilustrando, se os deputados constituintes estaduais impusessem que o veto do governador só poderia ser, quanto aos efeitos, total, estariam violando princípio extensível, pois, na esfera federal, o Chefe do Executivo também pode exercer o veto parcial.

⌑ 7.6.2. Limites heterônomos

Limites heterônomos são vedações ao poder decorrente reformador, estabelecidas pelas constituições dos Estados-membros.

Exemplo: art. 56, I a IV, e §§ 1º a 5º da Carta sergipana de 1989.

São qualificados de *heterônomos* porquanto reproduzem aquelas proibições contidas na constituição federal, ajustando-as às características da unidade federada.

A *heteronomia* reside precisamente na capacidade de o poder decorrente impor limites à competência reformadora das cartas estaduais, à luz da configuração normativa do Estado-membro. Quer dizer,

◆ Cap. 7 ◆ **PODER CONSTITUINTE** **321**

embora logrem a faculdade de consagrar limites específicos às características de cada ordenamento estadual, possuem o mesmo conteúdo e forma daquelas vedações clássicas, formais e materiais, com todos os seus desdobramentos, insculpidas na carta maior.

Para ilustrar, vejamos as constituições dos Estados brasileiros, promulgadas em 1989. Elas reproduziram os mesmos limites do art. 60 do Texto Federal. Evidente que houve adaptações, a fim de ajustar o teor das vedações à realidade de cada Estado. A Carta de Goiás, por exemplo, para ser emendada, sujeita-se à observância de limites expressos formais, circunstanciais e materiais (art. 19, I a IV, §§ 1º a 5º).

Note-se que há, no caso brasileiro, uma congruência, uma similitude, entre os limites do poder reformador da Constituição Federal e os limites do poder reformador das cartas estaduais.

Esse detalhe demonstra que as Assembleias Legislativas estaduais, ao elaborar as constituições dos Estados de 1989, acompanharam a Carta Maior. Tal atitude foi positiva. É que, para serem *constitucionais*, os *limites heterônomos* devem seguir o Texto Federal. Ora, os constituintes estaduais brasileiros jamais poderiam exercitar o poder decorrente para regular pormenores da vida social do Estado-membro. O detalhismo inútil só faz desprestigiar a importância das cartas estaduais no panorama da federação brasileira.

Interessante observar que os *limites heterônomos* revelam condicionamentos internos à atividade reformadora das constituições estaduais. Logo, não se dirigem ao poder que cria a constituição do Estado (poder decorrente inicial), mas, tão somente, ao poder que a reformula (poder decorrente reformador).

Assim, enquanto os *limites autônomos* atuam na etapa de feitura e mudança da constituição estadual, os *heterônomos* só incidem no período das reformas.

INCIDÊNCIA DOS LIMITES AUTÔNOMOS E HETERÔNOMOS

- **Limites autônomos** ➜ incidem nas etapas de criação e reforma da carta estadual
- **Limites heterônomos** ➜ só incidem na etapa de reforma da carta estadual

✦ 8. ETAPA DA MUTAÇÃO CONSTITUCIONAL: O PODER CONSTITUINTE DIFUSO

O poder constituinte difuso é aquele que atua na etapa da mutação constitucional.

É chamado de *difuso* porque não vem formalizado nas constituições. Mesmo assim, está presente na vida dos ordenamentos jurídicos.

Conferir: Georges Burdeau, *Traité de science politique*, v. 4, p. 247 e 290 e s.

Cabe ao poder constituinte difuso alterar os preceitos constitucionais informalmente, ou seja, sem revisões nem emendas.

Fazendo uma comparação: enquanto o *poder originário* é a *potência*, que faz a constituição, e o *poder derivado*, a *competência*, que a reformula, o *poder difuso* é a *força invisível* que a altera, mas sem mudar-lhe uma vírgula sequer.

PODER RESPONSÁVEL PELAS MUTAÇÕES CONSTITUCIONAIS

Poder constituinte difuso
(informal e espontâneo)

↓

Atua na etapa da mutação constitucional

↓

É a força latente que altera, de modo informal, as constituições

↓

Atualiza e completa as manifestações constituintes originária e derivada

◇ 8.1. Natureza

O poder constituinte difuso é um *poder de fato*, em virtude do estado de latência em que se encontra.

Possui, pois, natureza *fática*, brotando do fato social, político e econômico.

Surge espontaneamente na vida constitucional dos Estados.

◇ 8.2. Características

Eis os atributos do poder constituinte difuso:

- **Latência** — o poder difuso apresenta-se em estado de *latência*, daí ser um *poder invisível*, apenas aparecendo quando necessário, para ser exercido pelos órgãos constitucionais, aos quais compete aplicar a constituição, interpretando-a, escandindo-a se preciso for, a fim de dar-lhe efetividade.
- **Permanência** — o poder difuso não é menos real do que aquele que atua na etapa de criação e mudança formal das constituições federais e estaduais. Sua ação é permanente e o seu procedimento não vem consagrado de modo expresso, embora atribua às constituições feições novas, outrora não contempladas quando da feitura dos seus preceptivos.
- **Informalidade** — o poder difuso não é inicial, autônomo, nem incondicionado. Também não é secundário, limitado ou, sequer, condicionado. Não vem previsto pelos mecanismos instituídos na ordem jurídica, porque é *informal*, ou seja, não promana da linguagem prescritiva do legislador constituinte. As praxes constitucionais advêm desse contexto, abrangendo convenções, usos e costumes.
- **Continuidade** — o poder difuso emerge, com vigor, nos casos de lacunas constitucionais, em que o Executivo, o Legislativo e o Judiciário têm a missão, senão o dever sacrossanto, de fazer valer *a constituição*. Daí o caráter de *continuidade* do poder difuso, pois, nos casos de vazios normativos, ele permite que a obra do constituinte inicial e do reformador seja complementada, por meio da interpretação e até dos usos e costumes. Assim, os Poderes Públicos *continuam* a obra do constituinte originário, colmatando os espaços em branco do produto constitucional normado.

◇ 8.3. Manifestação

O poder constituinte difuso manifesta-se por intermédio das *mutações constitucionais*.

◇ 8.4. Mutações constitucionais

O fenômeno pelo qual os textos constitucionais são alterados sem revisões ou emendas denomina-se *mutação constitucional*.

Mutação constitucional, portanto, é o processo informal de mudança das constituições que atribui novos sentidos aos seus preceitos significados e conteúdos dantes não contemplados.

Vale observar que as mutações constitucionais possuem as mesmas características do poder constituinte difuso, porquanto dele derivam. Logo, são *latentes*, *permanentes*, *informais* e *contínuas*.

Mas qual a justificativa para a mutação constitucional?

Uma observação percuciente da vida constitucional dos Estados evidencia que as constituições sofrem mudanças além daquelas previstas formalmente.

Significa que não é apenas por meio de reforma constitucional que as constituições se modificam, para aderir às exigências sociais, políticas, econômicas, jurídicas do Estado e da comunidade.

O caráter dinâmico da ordem jurídica propicia o redimensionamento da realidade normativa, em que as constituições, sem revisões ou emendas, assumem significados novos, expressando uma temporalidade própria, caracterizada por um renovar, um refazer de soluções normativas que nem sempre surgem de reformas constitucionais.

Cap. 7 ♦ PODER CONSTITUINTE

323

Nesse sentido, as normas de uma carta suprema possuem uma *inalterabilidade relativa*, pois podem sofrer alterações independentemente das formalidades especiais oriundas do princípio da rigidez constitucional.

À luz disso, os estudiosos perceberam que as constituições podem sofrer mudanças que não decorrem da atuação formal do poder constituinte derivado.

Parece ter sido a doutrina alemã que primeiro detectou o problema, ao notar que a Constituição de 1871 sofria, frequentemente, mudanças quanto ao funcionamento das instituições do *Reich*, mas sem reformas constitucionais.

Foi aí que Laband, examinando o Texto germânico de 1871, constatou a existência de mudanças informais em seu articulado, passando a distinguir a *reforma* da *mutação constitucional* (*Wandlugen der deutschen Reichverfassung*, p. 2).

Mais tarde, no início da década de trinta, Hsü Dau-Lin, entendendo que a mutação constitucional seria a simbiose entre a carta maior e a realidade, concluiu que as normas constitucionais podem ser modificadas lentamente, sem a presença do poder reformador (*Die Verfassungswandlung*, p. 29).

Sem embargo, a mutação constitucional é a aplicação de normas que se alteram lenta e imperceptivelmente, quando as palavras do texto maior que permanecem imodificadas recebem um sentido distinto do originário.

Não se trata de um acontecimento peculiar e único na órbita das normas constitucionais, senão de um fenômeno constatado em todos os domínios do Direito.

O fenômeno das *mutações constitucionais,* portanto, é uma constante na vida dos Estados. As constituições, como *organismos vivos* que são, acompanham o evoluir das circunstâncias sociais, políticas, econômicas, que, se não alteram o texto na letra e na forma, modificam-no na substância, no significado, no alcance e no sentido de seus dispositivos.

⌗ 8.4.1. Terminologia

Inexiste terminologia uniforme para cognominar o fenômeno das mudanças constitucionais informais.

Vicissitude constitucional tácita, mudança constitucional silenciosa, transições constitucionais, processos de fato, mudança material, processos indiretos, processos não formais, processos informais, processos oblíquos são denominações convenientes, pois expressam o conteúdo dos *meios difusos* de modificação constitucional.

O uso de uma ou de outra expressão alcança o mesmo resultado, pois revela a existência de alterações operadas no texto da constituição diversas da atividade, adrede demarcada, do poder reformador.

Levando em conta a existência do poder constituinte difuso, sugerimos o nome *meios difusos* para demarcar as mutações constitucionais.

Deveras, as mudanças informais são difusas. Nascem da necessidade de adaptação dos preceitos constitucionais aos fatos concretos, de modo implícito, espontâneo, indireto, quase imperceptível, sem quaisquer formalidades.

Atuam modificando o significado da constituição, mas sem vulnerar-lhe o conteúdo expresso. Tornam-se perceptíveis quando comparamos o entendimento dado às cláusulas constitucionais em momentos afastados no tempo.

⌗ 8.4.2. Como se apresentam

As mutações constitucionais não seguem procedimentos expressos. Do mesmo modo que o poder constituinte difuso, possuem natureza *fática*.

Operam nas constituições mudanças de fato, por vezes desapercebidas, só notadas de vez em quando.

Processam-se lentamente. Para serem *constitucionais*, não podem gerar deformações maliciosas nem subversões traumatizantes.

Desenvolvem-se em momentos cronologicamente distintos, perante situações diferentes.

Assim, as mutações constitucionais ocorrem, normalmente, em períodos separados no tempo.

324 ◆ Uadi Lammêgo Bulos ◆

Mas isso não é uma regra, pois o fenômeno pode apresentar-se em momentos próximos.

Óbvio que a determinação do lapso temporal é impossível de ser exatificada. Enquanto perdurar o texto supremo, uma norma constitucional pode sofrer mutação, embora não se saiba quando isso irá ocorrer.

¤ 8.4.3. Categorias

Podem ocasionar mutações constitucionais:

- **Interpretação em suas diversas modalidades e métodos** — a exegese constitucional, em todas as suas formas de expressão, constitui um meio importante e eficiente para adaptar, sem revisões ou emendas, a carta magna às necessidades emergentes do cotidiano. Ao interpretar a constituição, o Poder Judiciário pode conferir-lhe novos sentidos, conteúdos ainda não ressaltados, mudando a substância dos comandos nela prescritos, mas sem afetar-lhe a forma. Exemplo: ao interpretar o inciso XI do art. 5º do Texto de 1988, o Supremo Tribunal Federal pacificou a tese de que a palavra *casa*, inserida nesse preceito, não é apenas a residência, a habitação com intenção definitiva de estabelecimento, mas todo local, determinado e separado, que alguém ocupa com exclusividade, a qualquer título, inclusive profissionalmente, pois nessa relação entre pessoa e espaço preserva-se, mediatamente, a vida privada do sujeito. Assim, "o conceito de casa estende-se ao escritório de empresa comercial" (STF, RE 331.303 AgRg/PR, Rel. Min. Sepúlveda Pertence, j. em 10-2-2004). Ao atribuir sentido amplo ao signo *casa*, o ato interpretativo ensejou mutação constitucional no inciso XI do art. 5º. Eis a interpretação funcionando como processo informal de mudança da Carta de 1988.

  Precedentes: STF, *RTJ*, *74*:88 e *84*:302.

- **Construção constitucional** — é o expediente supletivo que permite ao Poder Judiciário elaborar e, até, recompor o direito a ser aplicado no caso concreto. O Supremo Tribunal Federal a utiliza quando necessário. Serve para suprir as deficiências da ordem jurídica, e, em especial, da constituição. Nisso, pode ocasionar mutações constitucionais. Que o diga a Suprema Corte dos Estados Unidos da América. Em julgados históricos, utilizou a *construction* para adaptar, sem quaisquer reformas constitucionais, a carta estadunidense às necessidades de um novo dia e de uma nova época. No Brasil, detectamos o seu uso. Exemplo: teoria brasileira do *habeas corpus*, cujo principal artífice foi Pedro Lessa. Ao lado de Ruy Barbosa, desenvolveu raciocínio para aumentar o campo de incidência do art. 72, § 22, da Constituição de 1891, possibilitando que o *habeas corpus* pudesse ser concedido contra qualquer ato de abuso de autoridade. Antes, o remédio heroico era utilizado para tutelar direitos dependentes da liberdade física e da garantia dos direitos pessoais.

  Registros: na década de cinquenta, o Ministro Edmundo Macêdo salientou a "prerrogativa que compete ao STF de construir o próprio direito, em dadas circunstâncias de premência e necessidade, em ordem a suprir as deficiências ou imperfeições da legislação". Para o Ministro Edgard Costa, "o STF, ao modo da Corte Suprema Norte-Americana, desempenha não o papel de um simples tribunal de justiça, mas o de uma constituinte permanente, porque os seus deveres são políticos, no mais alto sentido da palavra, tanto quanto judiciais" (STF, Intervenção Federal n. 14, Rel. Min. Edmundo Macêdo Ludolf, *DJ* de 28-11-1951, p. 4528-9). Já o Ministro Ribeiro da Costa, noutra assentada, firmou "a necessidade de se construir o direito *in concreto* — o que corresponde à *construction* do Judiciário americano — e de entendê-lo, quando couber aos casos idênticos" (STF, RMS 4.928, Rel. Min. Ribeiro da Costa, *DJ* de 23-12-1957, apenso, p. 3285 e s.). Evidente que, pela sistemática da Constituição de 1988, essas afirmações têm de ser concebidas com equilíbrio, porque o Supremo Tribunal Federal não é uma "constituinte permanente", como disse, nos idos de 1951, o Min. Edgard Costa, mas sim o oráculo da ordem jurídica. Quem tem a incumbência de legislar é o Legislativo, não o Judiciário.

- **Praxes constitucionais** — abarcam as convenções, os usos e os costumes. Podem promover, frequentemente, mutações no sentido, significado e alcance das normas constitucionais, sem

◆ Cap. 7 ◆ PODER CONSTITUINTE

325

revisões ou emendas à carta maior. Exemplos: no Brasil, tivemos as práticas parlamentaristas do Segundo Império, inteiramente à margem e até mesmo contra dispositivos da Carta Política de 1824, que dava ao Imperador o poder de nomear e demitir livremente seus ministros. Na França, foram notórias as mutações ocorridas pelas práticas constitucionais. Neste país, a atrofia do direito de dissolução do Presidente diante do Parlamento, anulando norma expressa na Constituição, provocou uma mudança difusa, através de um uso constitucional.

> **Conferir:** Uadi Lammêgo Bulos, *Mutação constitucional*, p. 171-194.

- **Influência dos grupos de pressão** — em certos momentos da vida constitucional dos Estados, os grupos de pressão podem influenciar na interpretação da carta maior, ensejando, assim, processo informal de mudança dos seus preceitos. Quando os grupos de pressão se aliam em defesa de determinadas posições, exercem forte influência sobre os Poderes Públicos, dentre os quais o Judiciário. Exemplos: nos Estados Unidos, onde os *lobbies* funcionam como verdadeiras empresas especializadas, dotadas de imponentes escritórios, com organização e influência marcantes, cuja atividade é regulamentada em lei, é inegável a força que possuem na deliberação de assuntos jurídico-constitucionais. No Brasil, embora não estejam previstos na legislação, é manifesta a atividade dos grupos de pressão, não raro sob o impulso direto dos partidos políticos, das categorias profissionais, de trabalhadores ou de servidores públicos, das organizações econômicas, privadas e públicas, das instituições de classes liberais, de militantes da defesa do meio ambiente, enfim, dos patronos de diferentes interesses, que agem, fortemente, em favor de teses e reivindicações.

As categorias aí listadas não são as únicas que podem gerar mutações constitucionais e, também, inconstitucionais.

Até uma omissão inconstitucional, oriunda da inércia do legislador, bem como o desuso no plano constitucional, detectado pela inaplicabilidade consciente e repetida de um preceito supremo, ocasionam o fenômeno.

> **Nesse sentido:** Anna Cândida da Cunha Ferraz, *Processos informais de mudança da constituição*, p. 217-237.

Assim, é impossível enumerar, com a pretensão de esgotar a matéria, todas as hipóteses em que os dispositivos de uma constituição sofrem mudanças no seu sentido, significado e alcance, sem mudar a forma prescrita pela manifestação constituinte originária.

⨱ 8.4.4. Rigidez e mutabilidade

Tanto as constituições rígidas como as flexíveis podem submeter-se ao influxo das mutações constitucionais.

A experiência constitucional mostra que o fenômeno independe do grau de rigidez do texto magno.

Sendo o princípio da rigidez aquele corolário, no qual é estabelecido um processo especial, mais solene e dificultoso, para a alteração das normas constitucionais, seria normal, à primeira vista, que toda e qualquer mudança fosse apenas produzida com base em requisitos formais e específicos.

Na prática, nem sempre é assim.

Os Estados Unidos, por exemplo, têm constituição rígida, e conhecem, com profundidade, a influência das mutações constitucionais. A Inglaterra, a Nova Zelândia, a Finlândia e a África do Sul, por sua vez, possuem cartas flexíveis, também sujeitas a mudanças informais.

Logo, o fenômeno da mutação constitucional não é exclusivo das constituições rígidas, pois países de texto flexível não escapam da incidência dos processos indiretos de modificação constitucional.

¤ 8.4.5. Limites das mutações constitucionais

A prática constitucional evidencia a impossibilidade de traçar, com exatidão, os limites das mutações constitucionais.

O fenômeno é, em essência, o resultado da atuação de forças elementares, dificilmente explicáveis, que variam conforme exigências e situações sempre novas, em constante transformação.

Logo, as mutações constitucionais não se produzem pelos meios convencionais ou em razão de um Direito Constitucional estático, acomodatício. As constituições — já o dissemos — são *organismos vivos*, submetendo-se a *fatores sociais cambiantes*.

Como a doutrina das mutações constitucionais é o reflexo, teórico e prático, desses *fatores sociais cambiantes*, ela se produz quando a normatividade constitucional se modifica pelo influxo de acontecimentos que não afetam a sua forma, porém transmutam seu conteúdo.

Por conseguinte, o fenômeno é *involuntário* e *intencional*.

A única limitação que poderia existir — mas de *natureza subjetiva* e, até mesmo, *psicológica*, seria a *consciência* do intérprete em não extrapolar a forma plasmada na letra dos preceptivos supremos do Estado, mediante interpretações deformadoras dos princípios fundamentais que embasam o documento maior.

Assim, estar-se-ia evitando as mutações inconstitucionais, e o limite, nesse caso, ficaria por conta da *ponderação do intérprete*, que, sem transbordar os mecanismos de controle de constitucionalidade, atualizaria a constituição.

É inegável que esse limite subjetivo, consubstanciado no elemento psicológico da consciência do intérprete em não desbordar os parâmetros jurídicos, através de interpretações maliciosas ou traumatizantes, não pode ser levado às últimas consequências, diante da realidade cotidiana dos diversos ordenamentos constitucionais.

Referimo-nos à existência de mudanças informais, resvaladoras dos cânones normativos preceituados nas constituições, que nem sempre seguem os moldes estabelecidos pelo poder constituinte originário.

Ao invés, o que se constata, cada vez mais, é a proliferação dos processos inconstitucionais de mutação do texto magno.

◇ 8.5. Mutações inconstitucionais

Mutações inconstitucionais são os processos informais de violação da carta magna. Elas desbordam o próprio controle de constitucionalidade. Destroem a vida dos preceptivos constitucionais. Os efeitos provocados por essas deformações variam em grau e em profundidade e podem contrariar a carta suprema, em maior ou menor extensão, sem mudar a letra das suas normas.

É o caso da inércia legislativa.

No momento que o legislador fica incumbido de fazer lei ou ato normativo para regular a constituição e não o faz, transgride a própria manifestação constituinte originária. Exemplo: a saúde é direito de todos e dever do Estado (CF, art. 196). Qualquer omissão legislativa, descumpridora da *promessa* aí estampada, acarreta inércia legislativa, que, pela jurisprudência do Pretório Excelso, é um perigoso veículo de mutação constitucional:

"As situações configuradoras de omissão inconstitucional — ainda que se cuide de omissão parcial, derivada da insuficiente concretização, pelo Poder Público, do conteúdo material da norma impositiva fundada na Carta Política — refletem comportamento estatal que deve ser repelido, pois a inércia do Estado qualifica-se, perigosamente, como um dos processos informais de mudança da Constituição" (STF, ADIn 1.484/DF, Rel. Min. Celso de Mello, *DJ* de 28-8-2001, p. 30).

Vários são os processos inconstitucionais de mudança informal. Impossível seria enumerá-los exaustivamente, porém eles adquirem especial relevo naqueles casos que envolvem a prática de ato contrário à Lei Maior pelo Executivo, tal como uma nomeação decretada sem observância das formalidades previstas em lei.

Que o diga a investidura do Marechal Floriano Peixoto, então Vice-Presidente, na Presidência da República, violando o art. 42 da Constituição de 1891. Olvidando esse artigo, o Congresso Nacional

◆ Cap. 7 ◆ PODER CONSTITUINTE   327

permitiu que o Marechal assumisse a chefia interina do Executivo, embora a renúncia do primeiro Presidente se tenha dado antes de findar o prazo de dois anos.

Essas violações mais ou menos intencionais, derivadas de uma exegese maliciosa e sub-reptícia, podem provocar mudanças eventuais ou permanentes e, até mesmo, suspender, por algum tempo, a produção dos efeitos da norma constitucional.

São inegáveis os riscos da interpretação constitucional, enquanto processo informal de mudança da Constituição. Em vez de adaptar a Lei Maior à realidade social cambiante, passa a comprometer a sua estabilidade, ocasionando sua destruição como lei.

Deveras, os riscos existem, mas não devem servir de pretexto para que as leis deixem de ser interpretadas com larga visão de sentido, alcance e significado, pelos meios difusos de modificação constitucional.

As mutações, quando *constitucionais*, promovem mudanças necessárias e perfeitamente admitidas, sem necessidade de se recorrer àquelas reformas despropositadas, sem previsibilidade técnica e sem visão de futuro.

✧ 8.6. Manipulações constitucionais

Manipulação constitucional é o expediente por meio do qual os órgãos do Poder Público — Executivo, Legislativo e Judiciário — fazem as normas constitucionais funcionarem, pondo-as em movimento, a fim de concretizarem as liberdades civis, as franquias e os direitos assegurados na Carta Maior.

O parâmetro para se empreenderem as manipulações constitucionais é o bom senso, indispensável nas sociedades de massa, que abrigam formas de convívio social bastante complexas e diversificadas. A busca por resultados melhores e pela felicidade exigem de todos os membros dos Poderes do Estado, e não apenas dos juízes, o dever de atuarem como instrumentos de efetividade das constituições.

Nesse contexto, surge a importância das manipulações constitucionais, que podem evitar erros, equívocos e injustiças.

Isto porque, no mundo contemporâneo, os ordenamentos passaram a ser espaços heterogêneos, plurais e contraditórios.

Ampliaram-se, na seara dos conflitos interindividuais e metaindividuais, as discussões em torno do "lícito-ilícito", "proteção-repressão", "possível-impossível", "justo-injusto".

O campo das políticas públicas também foi alargado, para atender os reclamos de tutela dos direitos sociais, coletivos, difusos e individuais homogêneos.

Assim, quando o Executivo, o Legislativo ou o Judiciário exercem suas funções típicas ou atípicas, eles podem acionar as normas constitucionais, interpretando-as, escandindo-as se preciso for, sem, contudo, desbordarem os precisos termos em que elas foram escritas no texto constitucional.

As manipulações constitucionais podem ensejar mudanças informais no sentido, significado e alcance dos preceitos supremos do Estado, sem, todavia, alterarem a gramática constitucional.

Quer dizer, na manipulação constitucional o próprio texto normativo das disposições constitucionais não é substituído por outro — coisa que só o poder constituinte secundário poderá fazê-lo, por meio de revisões ou emendas à constituição.

A manipulação constitucional não é um cancro que vulnera a obra constituinte de primeiro grau. Quando utilizada com equilíbrio e bom senso presta o relevante serviço de atualizar as disposições constitucionais, em face das transformações do fato social cambiante.

Por isso, ela nada tem que ver com legisladores positivos, juízes legisladores ou ativistas judiciais, personagens que não se amoldam à sistemática da Constituição brasileira de 1988, que não admite, nem tolera, desrespeito ao princípio da separação de Poderes (art. 2º).

Vários são os veículos para a manipulação constitucional se efetivar, sendo impossível enumerá-los, exaustivamente.

A interpretação, em suas diversas modalidades, por exemplo, pode servir de instrumento para a existência de manipulações constitucionais.

Também mediante a construção constitucional, que estudamos acima, é possível se concretizar o instituto.

Mas o uso da interpretação ou da *construction* não podem ir além das balizas constitucionais, exagerando, conferindo uma leitura totalmente incompatível com o sentido originário da norma constitucional, vergando a sua fraseologia para enquadrá-la num determinado contexto.

Se isto acontecer, estaremos diante de uma *manipulação inconstitucional*.

✧ 8.7. Manipulações inconstitucionais

Manipulação inconstitucional é o desrespeito às normas constitucionais, que passam a ser usadas para servir, ardilosamente, a interesses vis. O intérprete, em vez de servir a constituição, serve-se dela, mediante manobra ou engodo da lei suprema, fazendo passar "gato por lebre constitucional" (Néstor Pedro Sagüés).

A *manipulação inconstitucional de normas constitucionais* é um perigoso veículo de *mutação inconstitucional*, verificando-se em diversas situações, impossíveis de serem enumeradas exaustivamente.

Eis alguns dos incontáveis meios de *manipulação inconstitucional*:

- **conferir às palavras escritas nas constituições sentidos totalmente ilógicos e absurdos** — no *Instrument of Government* de 1653, temos o registro do primeiro absurdo manipulativo de que se tem notícia. Oliver Cromwell, a fim de driblar a exigência de cinco meses para a dissolvição do Parlamento inglês (art. VIII), interpretou esse prazo pelo calendário lunar, e não pelo solar. Assim, mudou o sentido óbvio da palavra *mês*, adequando-a a seus próprios interesses;
- **interpretar um dispositivo constitucional como se não existissem outros** — o Supremo, evitando uma indesejada *manipulação inconstitucional*, arquivou *habeas corpus* contra a Súmula Vinculante n. 11, cujo enunciado restringe o uso de algemas durante as prisões apenas para os casos em que o preso oferecer risco aos policiais ou a terceiros. Ao decidir assim, a Corte não considerou, apenas, o art. 5º, LXVIII, que contempla o *habeas corpus*, como também o art. 103-A, § 2º, que consagra os requisitos para a revisão de tais súmulas. Desse modo, a Corte evitou a manipulação inconstitucional do remédio heroico, que, seguramente, não deve ser usado para revisar o conteúdo de súmulas vinculantes (STF, HC 96.301/SP, Rel. Min. Ellen Gracie, j. em 2-10-2008);
- **legitimar competências inconstitucionais** — o art. 127 da Carta Magna não legitima a competência para o Ministério Público propor ação civil pública para obter internação compulsória de pessoas portadoras de alcoolismo. Nessa hipótese, não se trata de interesse social indisponível, de defesa da ordem pública ou do regime democrático, mas compete à defensoria pública tutelar tal interesse. Esse entendimento do Supremo impediu que se legitimasse a competência *inconstitucional* de o *Parquet* obrigar o internamento de alcoólatras (STF, RE 496.718/RS, Rel. p/ acórdão Min. Menezes Direito, j. em 12-8-2008); e
- **criar exceções não previstas constitucionalmente** — o Supremo impediu que houvesse manipulação inconstitucional do art. 37, II, do Texto Maior, ao concluir pela presunção da boa-fé na feitura de concursos públicos. Ensinou o Ministro Lewandowski que "não é possível presumir a existência de má-fé ou a ocorrência de irregularidades pelo simples fato de duas das candidatas aprovadas terem sido assessoras de desembargadores integrantes da banca examinadora" (STF, MS 26.700/RO, Rel. Min. Ricardo Lewandowski, *Clipping* do *DJ* de 30-5-2008).

✧ 8.8. Ativismo judicial: perigoso veículo de fraude à Constituição

Ativismo judicial é o ato em que os juízes criam pautas legislativas de comportamento, como se fossem os próprios membros do Poder Legislativo.

Trata-se de um perigoso veículo de fraude à constituição, podendo acarretar mutações inconstitucionais, afinal um órgão do Poder adentra na esfera do outro, ao arrepio da cláusula da separação de Poderes (CF, art. 2º).

◆ Cap. 7 ◆ PODER CONSTITUINTE 329

Os ativistas judiciais, também chamados de juízes legisladores ou legisladores positivos, ao invés de decidirem conflitos, que é a tarefa típica que lhes compete exercer, praticam atos inerentes ao ofício de Deputados e Senadores da República.

Assim, o ativismo judicial é uma ultrapassagem das linhas demarcatórias da função judiciária, pois o juiz desborda o núcleo essencial da jurisdição. Em vez de *dizer o direito* nos conflitos de interesse, passa a criar comandos normativos, via sentenças judiciais, indo muito além da criatividade natural que permeia o *munus* judicante.

Por meio do ativismo judicial, o Poder Judiciário passa a ser um órgão incontrolável, cujos membros podem até invocar a "doutrina das questões políticas", para, de modo descomensurado, desbordarem as raias da função jurisdicional, proferindo sentenças estapafúrdias, baseadas em interpretações dessarazoadas, construções e manipulações contrárias ao dever ser das normas constitucionais.

O ativismo judicial, portanto, abusa da *interpretação*, da *construção* e da *manipulação*, propiciando fraudes constitucionais, e, não raro, mutações inconstitucionais.

Tais fraudes subvertem as técnicas de vivência das constituições, alijando as normas supremas do Estado, porque minam-lhes as potencialidades e as virtudes.

Ora, a *interpretação*, a *construção* e a *manipulação constitucionais*, quando usadas nos lindes da lógica e do bom senso, são meios idôneos para se atualizar a obra constituinte, pondo as normas supremas do Estado em consonância com o pulsar do fato social cambiante.

Porém, o que muitos chamam de ativismo, não é, a rigor, ativismo.

Elival da Silva Ramos, por exemplo, acredita que o Supremo Tribunal Federal exerceu o ativismo judicial em quatro matérias: (**i**) modulação temporal do art. 27 da Lei n. 9.868/99; (**ii**) perda do mandado por infidelidade partidária; (**iii**) proibição ao nepotismo; e (**iv**) declaração da eficácia plena e aplicabilidade imediata do art. 208, IV, da Carta Magna, que assegura o direito à educação infantil, em creche pré-escolar (Parâmetros dogmáticos do ativismo judicial em matéria constitucional, p. 269-270).

A nosso ver, não houve em nenhum desses quatro temas qualquer praxe ativista da Corte Suprema, e sim o exercício legítimo da *construção constitucional*, que atualizou a obra do constituinte originário de 1988, sem, contudo, vulnerar-lhe a forma.

Vislumbramos ativismo judicial na **Reclamação 4.335-5/AC**, precisamente no voto vista do Min. Eros Grau, comentado no Capítulo 6 deste livro. Ao acompanhar o Relator, Min. Gilmar Mendes, Sua Excelência concluiu que o art. 52, X, do Texto da República, sujeitou-se a uma "autêntica" mutação constitucional. Aqui, sim, houve ativismo judicial, pois, manipulando, inconstitucionalmente, o referido preceito da Carta de 1988, o órgão de cúpula do Judiciário atuou como legislador positivo.

Na realidade, o grande problema é saber até onde o juiz pode atuar, porque a demarcação dos parâmetros do ativismo judicial ainda é um tema aberto a conjecturas e refutações.

O desafio, portanto, é encontrar a zona limítrofe para o exercício da jurisdição constitucional, estabelecendo os limites da interpretação, da construção e da manipulação constitucionais.

Mas a dificuldade de se estabelecer esse marco é enorme, porque o pensamento humano é insuficiente para retratar, de modo preciso, aquilo que passa na mente dos responsáveis pelo solitário ofício de julgar.

Noutro lado, se as constituições, assim como os homens, são imperfeitas, óbvio que não podem prever todas as hipóteses em que deverão incidir, motivo pelo qual existem lacunas, vazios ou vácuos a serem preenchidos.

De qualquer modo, é inegável que os juízes nutrem uma espécie de vínculo orgânico com as constituições, principalmente quando estão em jogo direitos e garantias fundamentais. Portanto, é aceitável que atuem com criatividade, suprindo cochilos legislativos, eliminando silêncios eloquentes, procurando sanar as dificuldades propiciadas pelo próprio ordenamento, que é incapaz de prever, normativamente, a unanimidade das situações a serem regulamentadas.

Sendo o tipo constitucional de índole prospectiva, fica fácil notar que o legislador constituinte deixa várias disposições em aberto, precisamente porque as palavras, expressões ou frases dos artigos, incisos e alíneas, ensejam qualificação tipológica, no sentido de se adaptarem ao fato, de acordo com os valores a que serve o modelo jurídico.

Foi à luz desta perspectiva que Rossi, analisando o ordenamento italiano, anteviu a elasticidade das normas constitucionais, enfatizando que elas são frequentemente modificadas devido à própria redação que lhes foi conferida. Analisando o Estatuto Albertino, concluiu que a *elasticità* propiciou a sua sobrevivência, por meio de vários reenvios a ulteriores leis de complementação, frequentes silêncios e a consciente generalidade de muitos de seus enunciados, com escassa modificação formal de seus artigos, desencadeando o crescimento do pequeno reino de Sardenha, englobando toda a Itália, passando do governo constitucional puro ao parlamentar e, finalmente, com o fascismo, a outro estritamente autoritário (*La elasticità dello Statuto Italiano*, 1940).

Todavia, nem mesmo a *elasticidade* das normas constitucionais justifica a prática do ativismo judicial, que é um perigoso veículo de fraude à constituição, porque propicia o exercício distorcido da função judiciária, que não pode nem deve ultrapassar as balizas impostas pelo ordenamento jurídico.

Finalmente, façamos nossas as palavras proclamadas pelo Min. Celso de Mello, no **MS 27.931-1**: "Interpretações regalistas da Constituição — que visem a produzir exegeses servilmente ajustadas à visão e à conveniência exclusivas dos governantes e de estamentos dominantes no aparelho social — representariam clara subversão da vontade inscrita no texto de nossa Lei Fundamental e ensejariam, a partir da temerária aceitação da soberania interpretativa manifestada pelos dirigentes do Estado, a deformação do sistema de discriminação de poderes fixado, de modo legítimo e incontrastável, pela Assembleia Nacional Constituinte" (STF, MS 27.931-1/DF (medida cautelar), Rel. Min. Celso de Mello, j. em 27-3-2009).

✦ 9. ETAPA DA CRIAÇÃO E REFORMA DAS CONSTITUIÇÕES SUPRANACIONAIS: O PODER CONSTITUINTE TRANSNACIONAL

Poder constituinte transnacional, supranacional ou global é o *poder de fato*, encarregado de fazer e reformular as *constituições transnacionais, supranacionais* ou *globais*.

Sua fonte de validade finca-se na cidadania universal, na multiplicidade de ordenamentos jurídicos, no desejo dos povos de se integrarem e interagirem, propondo um redimensionamento no conceito clássico de *soberania*.

O poder constituinte transnacional almeja fazer constituições que ultrapassem as fronteiras domésticas de um Estado, em nome de uma integração maior, com vistas a alcançar uma comunidade de nações. Para tanto, sugere que os Estados se reorganizem internamente, de modo a se adaptarem à supranacionalidade, ideia muito próxima de um direito comunitário.

A ideia de poder constituinte transnacional está ligada ao fenômeno da *metaconstitucionalidade*, que permite um ordenamento operar com normas de outro ordenamento. Exemplo: a Constituição da União Europeia é uma *metaconstituição*, pois se concretizou a partir da incorporação de cláusulas de outros Estados, como o art. 23.1, inciso 1º, da Lei Fundamental de Bonn, introduzido, em 1992, quando o *Tratado de Maastricht* foi ratificado.

A grande nuança do poder constituinte transnacional, portanto, está na sua capacidade de submeter as diversas constituições nacionais ao seu poder supremo, mas de modo pacífico, sem uso da força, da demagogia, da imposição de teses ou ideias de um grupo pequeno de pessoas.

E isso é possível? Há, no atual estágio de evolução da humanidade, algum exemplo prático de concretização do poder constituinte supranacional?

A concretização da teoria do poder constituinte supranacional, consectária à ideia de *constitucionalismo global*, já se prenuncia com grande força na Europa.

Quer dizer, povos diferentes, ocupando territórios distintos, com culturas e perfis particulares, que antes só se uniam sob leis comuns de impérios ditatoriais, como o da extinta União Soviética, estão analisando a viabilidade de uma constituição transnacional democrática.

Na União Europeia, por exemplo, o fenômeno da transnacionalidade foi responsável pela existência de moeda e mercado comuns, e, aos poucos, se está buscando consenso entre os países-membros, de modo que eles sejam regidos por uma constituição única, caracterizada pela *ductibilidade*, ou seja, pela capacidade de se amoldar às particularidades de cada país.

Há, portanto, vestígios de que, numa etapa futura da civilização, esse poder constituinte supranacional venha a se disseminar em todo o mundo.

Cap. 7 ◆ PODER CONSTITUINTE

O maior exemplo é o *Direito Constitucional Comunitário*, que ganhou impulso com a aprovação da Carta de Direitos Fundamentais da União Europeia, em 7 de dezembro de 2000, e do Tratado de Nice, quando se começou a falar num *constitucionalismo da União Europeia*.

No início de 2003, surgiu o primeiro esboço de uma "Constituição Europeia". Com mais de 400 artigos, propôs extrair as experiências positivas de mais de quarenta décadas de tratados, de sorte a nortear a conduta de 450 milhões de habitantes. Pontos controvertidos, entretanto, não obtiveram um consenso por parte dos governos dos Estados Nacionais (política de defesa, estruturação do federalismo, cristianismo etc.). Em 10 de julho de 2003, o Presidente da Convenção Europeia, Valery Giscard d'Estaing, anunciou a aprovação consensual do projeto definitivo da futura "Constituição Europeia", que acabou sendo definitivamente rejeitada em 2005.

Esse *constitucionalismo da União Europeia*, muito além de abrir brechas para a concretização do poder constituinte supranacional, representou o surgimento de um constitucionalismo multilateral (*multilevel constitutionalism*), cooperativo e multidimensional que, dentre outras metas, propõe:

- rediscutir o papel das constituições contemporâneas à luz do advento das leis supranacionais; e
- criar uma constituição comum para os blocos de países, com normas vinculatórias, e não simples exortações de cunho moral aos governantes.

É na esteira do ***multilevel constitutionalism*** que aparece a ***teoria da interconstitucionalidade***, encarregada de estudar a variedade de constituições e poderes constituintes no mesmo espaço político, implantando-se uma espécie de ***constitucionalismo transnacional***.

A ideia de *interconstitucionalidade* não é algo novo. Se observarmos o feudalismo, na Idade Média, veremos que inúmeros direitos ocupavam o mesmo espaço jurídico. O mesmo se diga quanto às articulações do Federalismo. Aqui a autonomia dos Estados-membros funda-se na própria soberania do Estado Federal.

Tanto a crise do princípio da legalidade, motivada pela inflação legislativa, como a disfunção da linguagem normativa dos textos legais permitirão, num futuro próximo, que tenhamos um *Estado de Direito Internacional* (ou *global*), cuja transnacionalidade de uma constituição comum a todos os povos irá formar o elo entre o direito interno e os direitos humanos supranacionais.

O surgimento de uma ordem normativa supranacional sobre direitos humanos fundamentais é algo natural e espontâneo, que independe da vontade dos Estados, embora vincule todos eles.

Essa ordem supranacional, comum e imperativa, afigura-se como algo pulsante, apto a propiciar o nascimento de uma constituição transnacional, vocacionada para a universalidade.

PODER RESPONSÁVEL PELAS CONSTITUIÇÕES TRANSNACIONAIS
↓
Poder constituinte transnacional
(poder de fato)
↓
Propõe uma revisão do conceito clássico de soberania
↓
Liga-se à teoria da interconstitucionalidade

CAPÍTULO 8

INTERPRETAÇÃO DA CONSTITUIÇÃO

✦ 1. O QUE É INTERPRETAR A CONSTITUIÇÃO

Interpretar a constituição é descobrir o significado, o conteúdo e o alcance dos símbolos linguísticos escritos em seus artigos, parágrafos, incisos e alíneas.

> **A ciência que estuda a interpretação é a *hermenêutica*:** este domínio teórico e especulativo tem por objeto sistematizar critérios, métodos, regras, princípios científicos que possibilitem a descoberta do conteúdo, sentido, alcance e significado das normas jurídicas. Foi a *hermenêutica*, por exemplo, que formulou os diversos processos interpretativos usados para resolver, dogmaticamente, os problemas do Direito (gramatical, sistemático, histórico, teleológico, lógico, autêntico, popular etc.). Sem embargo, a palavra *hermenêutica* vem de *Hermes*, que, na mitologia grega, intermediava a comunicação entre os deuses e os homens. Como a língua divina sempre foi considerada inacessível aos mortais, a *hermenêutica* servia para *fazer a lei de Deus falar*. Na antiguidade, quando Moisés queria conversar com Deus, recorria a Aarão.

Mediante a interpretação ou exegese constitucional, encontramos:

* o conteúdo semântico dos enunciados normativos dispostos nos artigos, parágrafos, incisos e alíneas das constituições;

> **Exemplo:** a palavra *casa*, no art. 5º, XI, da Constituição brasileira, possui um significado amplo, englobando o escritório de um advogado, o consultório de um médico, uma imobiliária, e não apenas o domicílio civil — local onde se mantém residência com ânimo definitivo (STF, *RT*, 670:273; *RTJ*, 74:88, 84:302, RE 331.303, AgRg/PR, Rel. Min. Sepúlveda Pertence, j. em 10-2-2004).

* o sentido racional, lógico e justo para efetivar *a vontade da constituição*; e

> **Exemplo:** a EC n. 40, de 29-5-2003, revogou o § 3º do art. 192, que limitava a taxa de juros. Nem por isso as instituições bancárias poderiam fazer o que fazem: cobrar juros sobre juros (anatocismo).

* o espaço de decisão (= campo de interpretação das normas constitucionais). Esse espaço pode ser ampliado, via exegese extensiva, ou diminuído, por exegese restritiva.

> **Exemplo:** o art. 205 do texto de 1988 diz que a educação será promovida e incentivada com a colaboração da sociedade. Evidente que o campo de exegese desse preceito programático abarca o dever de as emissoras de televisão primarem pela qualidade das matérias transmitidas.

Sem embargo, a atividade interpretativa das constituições engloba momentos complementares, os quais equivalem a *estágios* componentes de uma mesma operação mental.

Vejamos esses *estágios*:

* **construção** — expediente supletivo, desenvolvido pela Suprema Corte norte-americana, por meio do qual se constrói ou recompõe o direito aplicável, nas circunstâncias de premência e

◆ Cap. 8 ◆ INTERPRETAÇÃO DA CONSTITUIÇÃO

necessidade, para suprir as deficiências ou imperfeições da manifestação constituinte originária. Como vimos no capítulo anterior, a *construction* pode ensejar mutações constitucionais;

* **concretização (ou densificação)** — permite o preenchimento do campo de exegese da norma constitucional, de modo a tornar possível a resolução de problemas concretos, como veremos mais à frente; e

* **aplicação** — último estágio do processo interpretativo. Voltaremos ao seu estudo no início do próximo capítulo.

✦ 2. A INTERPRETAÇÃO CONSTITUCIONAL É INDISPENSÁVEL

Por mais que os artigos, parágrafos, incisos e alíneas de uma constituição sejam claros, é necessário que sejam interpretados.

O aforismo latino *in claris non fit interpretatio* (nas coisas claras não se faz interpretação) encontra-se desprovido de sentido no panorama das constituições de nosso tempo, pois nem sempre a inveterada subserviência ao conteúdo gramatical das normas constitucionais consegue dirimir os problemas da vida.

Nenhum texto constitucional dispensa interpretação, sob pena de não adaptarmos o *dever ser* de suas normas ao influxo dos acontecimentos sociais, históricos, políticos, religiosos e econômicos, presentes num determinado momento.

Extrair as finalidades supremas dos preceitos constitucionais, tornando-os efetivos e harmônicos entre si, é a palavra de ordem na exegese das constituições.

Sem isso, a aplicabilidade dos direitos, garantias e liberdades fundamentais não se realiza, uma vez que não se pode aplicar aquilo que não se entende.

Assim, a importância da interpretação constitucional é indiscutível, pois ela antecede a própria aplicação das normas fundamentais que organizam o Estado.

Num primeiro exame, pode parecer que o assunto é desprovido de maior utilidade.

Ledo engano.

A interpretação constitucional é, nos nossos dias, dos maiores desafios colocados para o aplicador do Direito e um dos campos mais fecundos e prioritários do labor científico dos juristas. Constitui o coração dos debates constitucionais.

Na medida em que o Estado contemporâneo é, precisamente, o Estado Constitucional, a interpretação das constituições equivale ao ponto nuclear da Teoria do Estado, e, de certa maneira, da Teoria do Direito.

✦ 3. A QUEM COMPETE INTERPRETAR A CONSTITUIÇÃO?

Intérprete, do latim *interpres,* é aquele que descortina o significado de uma norma jurídica, desentranhando a mensagem positivada nos textos legais.

Ao adentrar nos escaninhos da linguagem prescritiva das normas jurídicas, o *intérprete* desvenda o significado das palavras normadas, esmiuçando-lhes a essência.

Qualquer ser pensante que se depare com problemas jurídico-constitucionais, tem o dever, senão a missão sacrossanta, de *pré-compreender* o que está escrito nas constituições.

> **A interpretação é produto de uma época:** "Toda interpretação é produto de uma época, de um momento histórico, e envolve os fatos a serem enquadrados, o sistema jurídico, as circunstâncias do intérprete e o imaginário de cada um. A identificação do cenário, dos atores, das forças materiais atuantes e da posição do sujeito da interpretação constitui o que se denomina de *pré--compreensão*" (Luís Roberto Barroso, Fundamentos teóricos e filosóficos do novo direito constitucional brasileiro, p. 1).

Não são apenas os órgãos incumbidos de aplicar o Direito que podem interpretar as normas supremas do Estado.

334 ◆ Uadi Lammêgo Bulos ◆

Ninguém detém o monopólio da interpretação constitucional, nem mesmo o Poder Judiciário, aplicador do Direito por excelência.

Advogados, membros do Ministério Público, integrantes dos Poderes Executivo e Legislativo, juristas, doutrinadores, pareceristas, cidadãos, todos, enfim, que vivem sob a égide de uma carta magna, são os seus legítimos intérpretes.

Essa foi a mensagem que Peter Häberle procurou transmitir com a tese da *sociedade aberta dos intérpretes da constituição (Hermenêutica constitucional — a sociedade aberta dos intérpretes da Constituição:* contribuição para a interpretação pluralista e "procedimental" da Constituição, 1997).

Mas, ao propalar que a interpretação das constituições não é evento exclusivamente estatal, Häberle não desprezou a interpretação judiciária, estágio antecedente à aplicação autoritativa do Direito ao caso concreto.

Evidente que, no momento de aplicar, no caso *sub judice*, a carta suprema, são os titulares da jurisdição constitucional que determinam a exegese prevalecente.

É o Supremo Tribunal Federal quem profere a última palavra em matéria de interpretação da constituição.

Isso em nada diminui a importância dos copartícipes do processo exegético, que atuam como intérpretes indiretos ou pré-intérpretes, os quais podem influir, a longo prazo, na tomada de decisões.

O que a tese häberliana sugere é abrir o rol cerrado ou fixado com *numerus clausus* de intérpretes, para democratizar a exegese constitucional, de sorte que os casos de grande repercussão sejam, previamente, discutidos por todos, antes de serem sentenciados pelo Poder Judiciário (Peter Häberle, *Hermenêutica constitucional — a sociedade aberta dos intérpretes da Constituição*: contribuição para a interpretação pluralista e "procedimental" da Constituição, 1997, p. 13).

No Brasil, a proposta do publicista alemão tem-se, de certa maneira, verificado na prática, embora inexista uso ordenado e categórico de sua tese.

O Supremo Tribunal Federal tem enfrentado questões amplamente debatidas pela sociedade, como o *impeachment* presidencial, a interrupção da gravidez por anencefalia, o alcance do crime de racismo, a contribuição de inativos etc.

Em todos esses temas, como em tantos outros, a Corte Excelsa foi quem emitiu a última palavra.

Embora suas decisões não tenham agradado, unanimemente, à *sociedade aberta dos intérpretes da Constituição brasileira de 1988*, é forçoso reconhecer que o pluralismo democrático, registrado logo no Preâmbulo da Carta de Outubro, foi levado às suas últimas consequências.

A imprensa disse o que quis e bem entendeu. O povo se manifestou a respeito de todos aqueles assuntos.

Contudo, a palavra derradeira que prevaleceu foi a do Supremo Tribunal Federal.

✦ 4. INEXISTE INTERPRETAÇÃO "ESPECIFICAMENTE" CONSTITUCIONAL

O exercício mental para se interpretar a constituição não difere daquele que fazemos para extrair o sentido e o alcance das leis comuns.

Por isso, não há exegese "especificamente" constitucional.

> **Esse entendimento não é pacífico:** respeitáveis esforços doutrinários procuraram particularizar a interpretação da *lex mater*, sob os seguintes argumentos:
> - a interpretação constitucional possui peculiaridades que a distinguem dos métodos convencionais de exegese, criados para atender aos reclamos do Direito Privado, notadamente do Direito Civil;
> - os princípios da supremacia e da rigidez das constituições especificam a interpretação constitucional;
> - a interpretação constitucional reveste-se da inicialidade (inerente à formação originária do ordenamento jurídico, em grau de superioridade hierárquica); do conteúdo marcadamente político; da estrutura de linguagem (caracterizada pela síntese e coloquialidade); da predominância das normas de estrutura ou organização (normas que regulam a criação de outras);
> - a instabilidade do Direito Constitucional e do Direito Público em geral, com a amplitude de seu conteúdo, com o grau menos adiantado de elaboração científica, admite terminologias indeterminadas, como as noções de liberdade, igualdade, reputação ilibada, interesse público, utilidade social, requerendo técnica específica de exegese;

◆ Cap. 8 ◆ INTERPRETAÇÃO DA CONSTITUIÇÃO

- a eficácia das normas constitucionais reclama a adoção de coordenadas hermenêuticas próprias, diferentes daquelas preconizadas na interpretação do Código Civil, Comercial, Penal, Tributário etc.

O que há é uma interpretação jurídica da constituição.

Registro: nessa linha de pensamento, destaca-se o *método jurídico* de Ernest Forsthoff. Para ele a interpretação da carta maior não se distingue da exegese das leis comuns, e, por isso, para compreender o significado das normas constitucionais, devemos utilizar os métodos clássicos de hermenêutica (*Zur Problematik der Verfassungsauslegung*, p. 5 e s.).

Eis algumas das razões que justificam esse pensamento:

- A interpretação constitucional não difere da interpretação das demais normas jurídicas. Ambas seguem os mesmos cânones hermenêuticos, apontados pela Ciência Jurídica. Esta, por seu turno, ao descrever o Direito Positivo, seu objeto, faz uso de um corpo de linguagem com o escopo de transmitir conhecimentos e desvendar técnicas passíveis de aplicação universal, seja qual for o ramo do Direito.
- O caráter político não é exclusivo da órbita constitucional, sendo inerente ao processo de elaboração de qualquer lei. O sentido vernacular dos preceitos enfeixados no Código Civil, no Código do Consumidor, no Código Tributário, no Código de Processo Penal, nas leis trabalhistas, por exemplo, também são derivações de uma vontade política.

> **Constituição. Alcance político. Sentido dos vocábulos. Interpretação:** "O conteúdo político de uma Constituição não é conducente ao desprezo do sentido vernacular das palavras, muito menos ao do técnico, considerados institutos consagrados pelo Direito. Toda ciência pressupõe a adoção de escorreita linguagem, possuindo os institutos, as expressões e os vocábulos que a revelam conceito estabelecido com a passagem do tempo, quer por força de estudos acadêmicos quer, no caso do Direito, pela atuação dos Pretórios" (STF, 2ª T., RE 145.841-1/MG, Rel. Min. Marco Aurélio, decisão de 30-6-1994, *DJ*, 1, de 17-3-1995, p. 5793).

- É indiscutível a impossibilidade de estudar a lei infraconstitucional com desapreço à constituição. Se são as normas constitucionais que fundam o ordenamento jurídico, submetendo as outras normatizações ao seu alvedrio, claro que os preceitos enfeixados na constituição repercutem, direta e imediatamente, sobre o direito ordinário. Trata-se do influxo dos princípios da supremacia e da presunção de constitucionalidade das leis e dos atos do Poder Público. Configuram pautas *básicas* e *genéricas*, cuja observância é dever não simplesmente do exegeta da constituição, mas também do intérprete das leis comuns, que deve condicionar o seu labor à supremacia da *lex mater*. Nesse ponto, convém lembrar a única nuança, mas não especificidade, da interpretação da constituição: a da natureza subconstitucional dos preceitos ordinários, que, para serem recepcionados, com ela devem compatibilizar-se. O mesmo se diga quanto aos ditames da efetividade e da razoabilidade, que também não são "princípios de interpretação especificamente constitucionais", afinal o exegeta das leis comuns também deve levar em conta a eficácia social e a lógica do razoável.
- Há uma repercussão das normas ordinárias sobre os dispositivos constitucionais, as quais podem ser interpretadas por preceptivos de grau inferior, desde que lhes sejam harmônicos. Exemplo: o uso do mandado de segurança (CF, art. 5º, LXIX) requer o entendimento de seus detalhes, dispostos nas Leis n. 1.533/51 e 4.348/64. Assim, a exegese da *lex mater* beneficia-se da legislação subalterna, dês que lhe esteja em consonância.
- A eficácia das normas constitucionais não revela consistência na tarefa de demarcar o objeto específico da interpretação da carta suprema, a ponto de apresentar traços de especialidade. O fato de um preceito constitucional possuir eficácia plena e aplicabilidade imediata não exime a hipótese de uma norma civil, processual, trabalhista, previdenciária, consumerista, por exemplo, apresentar essa configuração.
- Se é certo que o intérprete se depara com o caráter amplo, lacônico e coloquial dos termos grafados pelo constituinte, à moda do manancial terminológico do povo, e se é indubitável que a linguagem das constituições deixa margem a dúvidas quanto ao uso das palavras, isso não basta para propugnar uma teoria da interpretação constitucional, com foros de especificidade, pois problemas semelhantes podem ser detectados no labor interpretativo das leis em geral.

- Tanto a linguagem do constituinte como a linguagem do legislador ordinário possuem o traço da coloquialidade, entremeadas, aqui ou acolá, de termos técnicos. Isso ocorre por duas razões: 1ª) nos Estados democráticos, a representatividade popular exige que os Parlamentos sejam compostos por membros de diversos segmentos sociais, como advogados, médicos, agricultores, banqueiros, operários, sindicalistas etc.; logo, as normas jurídicas surgem dos embates políticos, numa ambiência naturalmente conturbada, não havendo espaço para o rigor terminológico; e 2ª) o Poder Legislativo não legisla com clareza, deliberadamente, pois, para as leis serem aprovadas, devem satisfazer compromissos antagônicos, interesses de variadíssima gama. Isso gera as imprecisões e ambiguidades do produto normado.

> **Questão de política legislativa:** "A lei, quanto mais clara, menos maioria consegue. Cada vez mais se introduziram na lei brasileira advérbios de modo e adjetivos. Então, quando não há uma hegemonia de pensamento dentro do Congresso, a ambiguidade da lei é a condição para a sua aprovação" (Nelson Jobim, Entrevista à *Folha de S.Paulo*, Caderno 1, p. 4, 14 abr. 1997).

Por esses motivos, não há como seccionar a interpretação a ponto de admitir uma dogmática específica de exegese constitucional.

✦ 5. TEORIA DA ARGUMENTAÇÃO NA EXEGESE CONSTITUCIONAL

A *teoria da argumentação*, aplicada à exegese constitucional, procurou fornecer subsídios para sabermos qual a opção exegética que deve prevalecer diante das diversas possibilidades interpretativas de uma mesma norma.

> **Existem vários estudos sobre a *teoria da argumentação*:** a seguir, veremos alguns tópicos nucleares do assunto. Para maior aprofundamento: Chaim Perelman e Lucie Albrechts-Tyteca, *Traité de l'argumentation:* la nouvelle rhétorique, 1958; Roberto Bin, *Diritti e argomenti, il bilanciamento degli interessi nella giurisprudenza costituzionale*, 1992; Robert Alexy, *Teoría de la argumentación jurídica*, 1997; Arthur Kaufmann, *Beiträge zur Juristischen Hermeneutik*, 1993.

Embora merecedora de aplausos, a *teoria* não conseguiu decifrar o indecifrável: o que se passa na mente do intérprete.

Por mais que se busquem decisões judiciais "seguras" ou "corretas", jamais será possível desvendar por que existem veredictos contraditórios sobre um mesmo assunto, proferidos por um mesmo juiz, com base em fatos e elementos normativos idênticos.

O motivo é simples: a intepretação jurídica é o reencontro gradual do espírito humano consigo próprio.

> **Nesse sentido:** Von Ulrich Schroth, *Rechtsphilophie und Rechtstheorie der Gegenwart*, p. 345.

Nesse campo, influenciam fortes cargas valorativas, concorrendo o subjetivismo, a sensibilidade, a formação profissional e humanística do intérprete, porque ele não é neutro; possui opções pessoais, registros subconscientes, crenças, preconceitos, virtudes e defeitos.

> **Interpretação. Carga construtiva. Extensão:** "Se é certo que toda interpretação traz em si carga construtiva, não menos correta exsurge a vinculação à ordem jurídico-constitucional. O fenômeno ocorre a partir das normas em vigor, variando de acordo com a formação profissional e humanística do intérprete. No exercício gratificante da arte de interpretar, descabe 'inserir na regra de direito o próprio juízo — por mais sensato que seja — sobre a finalidade que *conviria* fosse por ela perseguida'. Sendo o Direito uma ciência, o meio justifica o fim, mas não este àquele" (STF, 2ª T., RE 145.841-1/MG, Rel. Min. Marco Aurélio, decisão de 30-6-1994, *DJ*, 1, de 17-3-1995, p. 5793).

Como o exegeta não é um robô, uma máquina, um ser destituído de vontade, a norma jurídica será o produto da leitura que ele fizer dos termos legais.

◆ Cap. 8 ◆ INTERPRETAÇÃO DA CONSTITUIÇÃO

Por isso, as normas são *juízos de dever ser* que fazem despertar no intelecto humano uma dada *sensação*.

Essa *sensação* surte efeitos diversos, tais como prerrogativas, ordens, proibições, deveres, faculdades e ônus, variando de acordo com os enunciados linguísticos expendidos pelo legislador.

Daí ser impossível estipular diretrizes absolutas para a interpretação constitucional, pois a mensagem extraída dos textos positivados pode variar de acordo com os parâmetros a serem convencionados pelo intérprete.

Concebendo a norma como algo que se apreende por meio da leitura do produto legislado, um mesmo texto legal pode originar significados díspares, a depender do modo como o sujeito cognoscente analise os termos empregados na letra da lei e o contexto no qual ela se insere.

Mesmo assim, o uso da *teoria da argumentação* não deve ser descartado. Assume papel importante, embora não consiga determinar qual a interpretação que deve prevalecer no caso concreto.

Em certa medida, a teoria da argumentação fornece *parâmetros* para a exegese constitucional. Eis alguns:

- **A argumentação deve ser jurídica** — cabe ao intérprete enunciar os *fundamentos normativos* que consubstanciam o seu raciocínio. Não basta, por exemplo, dizer o que ele "acha", sem percorrer o caminho longo e acidentado que o conduzirá a determinada conclusão. No Brasil, por exemplo, são corriqueiras as decisões judiciais desmotivadas, ao arrepio do Texto Magno (CF, art. 93, IX e X). Não raro, as autoridades judiciárias, embaladas por ideias próprias, simpatias ou antipatias pessoais, esquecem-se de que a República brasileira é um Estado Democrático de Direito e o Judiciário só pode sentenciar com base na lei. A propósito, os acervos de jurisprudência são pródigos em tautologias, como reconheceu o Supremo Tribunal Federal.

   > **Precedente:** "A apelação devolve integralmente ao Tribunal a decisão da causa, de cujos motivos o teor do acórdão há de dar conta total. Não o faz o que — sem sequer transcrever a sentença — limita-se a afirmar, para refutar apelação arrazoada com minúcia, que 'no mérito, não têm os apelantes qualquer parcela de razão', somando-se o vazio dessa afirmação à tautologia de que 'a prova é tranquila em desfavor dos réus'. A melhor prova de ausência de motivação judicial — que deve ser a demonstração da adequação do dispositivo ao caso concreto e singular — é que ela sirva a qualquer julgado, o que vale por dizer que não serve a nenhum" (STF, HC 78.013/RJ, Rel. Min. Sepúlveda Pertence, *DJ* de 19-3-1999).

- **A argumentação deve ser universal** — o intérprete deve buscar a coerência, adotando uma mesma linha de pensamento para interpretar normas que regulam situações idênticas. A possibilidade de generalizar os critérios de decisão constitui uma tentativa de evitar decisões diferentes sobre um mesmo assunto. Se é certo que nem sempre haverá só uma resposta certa, é possível existirem soluções plausíveis e razoáveis. Mas esse parâmetro é relativo. Na jurisprudência do Supremo Tribunal Federal, por exemplo, é comum encontrarmos votos conflitantes em um mesmo julgado.

   > **Contribuição de inativo:** foi o que ocorreu no julgamento da contribuição de inativos, em que preponderou, no seio do Pretório Excelso, a tese de que a situação dos aposentados e pensionistas seria institucional e não subjetiva, motivo que permitiria alterar, via emenda à Constituição, no caso a EC n. 41/2003, o instituto jurídico da aposentadoria, sem que isso representasse qualquer violação a direitos adquiridos (STF, Pleno, RE 3.105-8/DF, Rel. orig. Min. Ellen Gracie, Rel. p/ acórdão Min. Cezar Peluso, voto do Ministro Eros Grau, decisão de 18-8-2004). Felizmente, nem todos concordaram com esse raciocínio equivocado: "Quando a Constituição emite o discurso de que 'a lei não prejudicará o direito adquirido, o ato jurídico perfeito e a coisa julgada' (art. 5º, XXXVI), ela está dizendo direito/lei, qualquer ato da ordem normativa constante no art. 59 da Constituição" (STF, RE 3.105-8/DF, voto do Ministro Carlos Britto).

- **A argumentação deve ser principialista** — recorrer aos princípios, explícitos e implícitos, que informam o ordenamento constitucional é outra incumbência do intérprete. Tais vetores merecem importância destacada, pois consubstanciam os pilares da ordem constitucional. O

338 ◆ Uadi Lammêgo Bulos ◆

Supremo Tribunal Federal em inúmeros casos utilizou a argumentação principialista. Cite-se, como exemplo, o pórtico da razoabilidade, consagrado na jurisprudência da Corte Excelsa.

Precedente: STF, RE 140.889/MS, Rel. Min. Marco Aurélio, *DJ* de 15-12-2000.

* **A argumentação pode recorrer às técnicas de retórica** — é dado ao intérprete utilizar repertórios de argumentos os quais podem afigurar-se úteis na exegese constitucional. A título ilustrativo, citemos dois dentre os inúmeros existentes: 1º) argumento *ab absurdum* — se o exame de uma tese conduzir ao absurdo, a uma conclusão absolutamente inaceitável, resta ao exegeta mudar o entendimento de uma proposição tida como verdadeira. Exemplo: uma ação rescisória é interposta antes de iniciar a contagem do prazo de dois anos, exigido para o seu ajuizamento (CPC de 2015, art. 975). Em seguida o absurdo vem à tona: o Código de Processo Civil não hospeda o uso preventivo do instituto; e 2º) argumento de autoridade — funda-se no prestígio pessoal de alguém que está sustentando uma tese. No Brasil, o argumento *ab auctoritatem* é reconhecido. Exemplo: pareceres técnicos, nos quais os juristas assinam trabalhos que aliam *qualidade* (nome do parecerista) e *quantidade* (várias opiniões comungam com o pensamento defendido).

> **Sobre os diversos tipos de argumentos jurídicos:** Tércio Sampaio Ferraz Júnior, *Introdução ao estudo do direito:* técnica, decisão, dominação, p. 306-314.

✦ 6. NÃO HÁ RECEITA PRONTA E ACABADA PARA INTERPRETAR A CONSTITUIÇÃO

Todos os métodos, meios, técnicas, processos, princípios e regras de exegese, até hoje elaborados, conduzem sempre a um resultado *apenas possível*, mas não o único correto.

> **Lição de Hans Kelsen:** não há, ensinou Hans Kelsen, "qualquer método — capaz de ser classificado como de Direito positivo — segundo o qual, das várias significações verbais de uma norma, apenas uma possa ser destacada como 'correta' — desde que, naturalmente, se trate de várias significações possíveis: possíveis no confronto de todas as outras normas da lei ou da ordem jurídica" (*Teoria pura do direito*, p. 367).

Por isso, não existe critério matemático para levar o intérprete a dar relevância jurídica a alguns eventos e ignorar outros.

Isso, entretanto, não descarta a enorme utilidade de todos os *artifícios hermenêuticos*, postos ao dispor do intérprete, para desvendar o significado das normas constitucionais.

Esses *artifícos* são os métodos, princípios e técnicas de interpretação constitucional.

Todos eles receberam críticas e objeções, inclusive do ponto de vista terminológico.

> **Crítica terminológica:** para alguns, *método, técnica, elemento, meio, regra, processo* não são vocábulos sinônimos, como querem certos juristas ao estudar as teorias da interpretação. Aceitar a identidade vocabular de tais palavras seria cometer lamentável confusão e inversão terminológica. Teoricamente, *processo* seria o conjunto de atos para se chegar à compreensão do sentido, significado e alcance das normas jurídicas, enfim o mesmo que *técnica*. *Método* seria a operação unitária de interpretação das leis, sendo a mesma coisa que *elemento* ou *meio*. *Regra* significaria a proposição científica do cientista do Direito, que, descrevendo o Direito Positivo, procura interpretá-lo, compreendendo suas nuanças e seus problemas.

Sem embargo, todos esses artifícios não passam de simples propostas, hauridas da observação e vivência histórico-cultural dos seus adeptos.

Nada têm de absoluto, nem fornecem critério exato e perfeito para a exegese constitucional.

São relativos e complementares (Giuseppe Lumia, *Principios de teoría e ideología del derecho*, p. 69).

Relativos, porque o contexto fático-normativo, no qual irão incidir, é vário, multifacetário e infinito. Complementares, porque um complementa o outro.

♦ Cap. 8 ♦ INTERPRETAÇÃO DA CONSTITUIÇÃO 339

Logo, o intérprete, consciente da fragilidade de todos eles, deve, na exegese constitucional, utilizar todos os recursos que estiverem ao seu alcance.

Quando a necessidade exigir, é preciso que se tenha uma visão restrita da norma constitucional. Noutros casos, porém, há de se considerar a totalidade do sistema, até porque é comum o constituinte desdobrar uma mesma norma em várias partes (dispositivos).

> **Exemplo:** o art. 173 da Carta Magna, com seus parágrafos e incisos, quando concebidos em conjunto, erige as condições para a exploração direta da atividade econômica pelo Estado. Isso demonstra que a obtenção da norma pode ocorrer mediante a conjugação de vários dispositivos. Por outro lado, o dispositivo isolado também veicula uma só norma (v. g., art. 2º — separação de Poderes) ou, até, abriga mais de uma (e. g., art. 5º, *caput* — direito à vida, liberdade, isonomia, segurança e propriedade).

Conclusão: inexiste um só caminho para interpretar a *lex mater*.

Os problemas constitucionais, oriundos da experiência jurídica, são infinitos. Não há como milimetrá-los, imprimindo-lhes exatidão, elegendo este ou aquele método como o único possível e viável.

Por isso, em matéria de interpretação constitucional, não há método, princípio ou técnica por excelência. Tudo é bem-vindo. Dos artifícios tradicionais aos modernos.

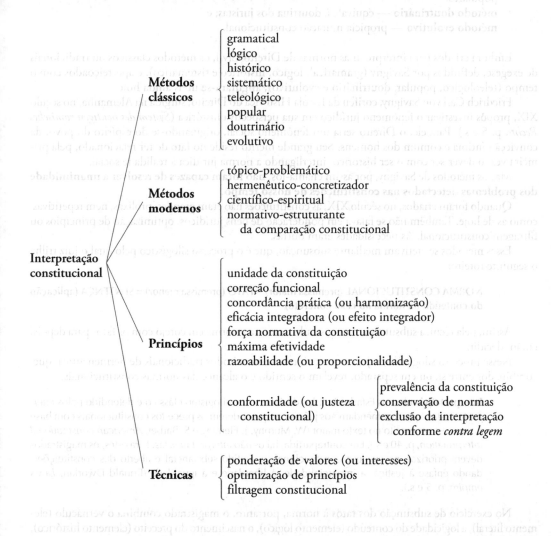

340 ◆ Uadi Lammêgo Bulos ◆

✦ 7. MÉTODOS DE INTERPRETAÇÃO CONSTITUCIONAL

Método é o caminho percorrido para alcançar a "verdade".
Não existe um método, mas vários métodos, para interpretar as constituições.

✧ 7.1. Métodos clássicos de interpretação constitucional

Eis os métodos clássicos, tradicionais ou ortodoxos, pelos quais as constituições têm sido interpretadas ao longo do tempo:

- **método gramatical** — observa a pontuação, a etimologia e a colocação das palavras;
- **método lógico** — procura a coerência e a harmonia das normas em si, ou em conjunto;
- **método histórico** — investiga os fatores que resultaram no trabalho de elaboração normativa;
- **método sistemático** — examina o contexto constitucional;
- **método teleológico** — busca os fins da norma constitucional;
- **método popular** — realiza-se pelo plebiscito, *referendum*, *recall*, iniciativa e veto populares;
- **método doutrinário** — equivale à doutrina dos juristas; e
- **método evolutivo** — propicia mutação constitucional.

Embora criados para interpretar as normas de Direito Civil, os métodos clássicos ou tradicionais de exegese, definidos por Savigny (gramatical, lógico, histórico e sistemático), e aperfeiçoados com o tempo (teleológico, popular, doutrinário e evolutivo), afiguram-se úteis ainda hoje.

Friedrich Carl von Savigny, corifeu da Escola Histórica do Direito, surgida na Alemanha, no século XIX, propôs investigar o fenômeno jurídico em sua perspectiva histórica (*System des heutigen romisches Rechts*, p. 5 e s.). Para ele, o Direito seria um fenômeno social, originando-se do espírito do povo, da convicção íntima e comum dos homens. Seu grande mérito reside no fato de ter relacionado, pela primeira vez, o dever-ser com o ser histórico, interligando a norma jurídica à realidade social.

Mas os métodos de Savigny, por assim chamá-los, **não foram capazes de resolver a unanimidade dos problemas detectados nas constituições de nosso tempo**.

Quando foram criados, no século XIX, as constituições não eram grandes, prolixas, nem repetitivas, como as de hoje. Também não se falava em ponderação de bens jurídicos, optimização de princípios ou filtragem constitucional. As necessidades eram outras.

Esses métodos se efetivam mediante subsunção, que é o processo silogístico pelo qual o juiz trilha o seguinte roteiro:

> **NORMA CONSTITUCIONAL (premissa maior) + FATO (premissa menor) = SENTENÇA (aplicação do conteúdo da norma ao caso concreto)**

Assim, pela técnica subsuntiva, o magistrado examina a norma em cotejo com os fatos para depois, então, decidir.

Nesse processo silogístico, o juiz toma como base os métodos tradicionais de hermenêutica, que, combinados entre si, ou em separado, revelam o sentido e o alcance das normas constitucionais.

> **Interpretativismo:** nos Estados Unidos da América, o silogismo clássico é defendido pelos *interpretativistas*, que recomendam aos juízes compreenderem os preceitos constitucionais com base no que estiver escrito no texto maior (W. Murphy, J. Fleming e S. Barber, *American constitutional interpretation*, p. 40 e s.). Em contrapartida, há os *não interpretativistas*. Para estes, os magistrados devem priorizar, na exegese constitucional, o sentido substancial e aberto das constituições, dando ênfase à justiça, à imparcialidade, à liberdade e à igualdade (Ronald Dworkin, *Law's empire*, p. 5 e s.).

No exercício de subsunção dos fatos à norma, portanto, o magistrado combina o vernáculo (elemento literal), a logicidade do conteúdo (elemento lógico), o nascimento do preceito (elemento histórico),

◆ Cap. 8 ◆ INTERPRETAÇÃO DA CONSTITUIÇÃO 341

o contexto normativo (elemento sistemático), a meditação dos juristas (elemento doutrinário), as mudanças sociais (elemento evolutivo) e os anseios democráticos (elemento popular).

Por isso a exegese constitucional clássica finca-se na ideia de que nenhum elemento exegético conduz, isoladamente, a resultados líquidos (Karl Engisch, Introdução ao pensamento jurídico, p. 133). Somente a combinação de todos eles é capaz de revelar o significado das normas constitucionais.

Acontece, porém, que, na subsunção clássica, o juiz só reconhece o conteúdo preexistente na norma, sem ir adiante. Mesmo se for preciso, ele não constrói uma solução jurídica para o caso concreto.

Realmente, pela dogmática interpretativa tradicional, o magistrado é "a boca que pronuncia as palavras da lei" (Montesquieu, O espírito das leis, p. 176). Ele apenas revela o conteúdo presente nos comandos normativos, sem moderar-lhes a força e o rigor. Não empreende qualquer papel criativo. Estriba seu pensamento na cientificidade do Direito, empregando a lógica formal em busca de uma "pureza" teórica. Acredita no dogma da completude do ordenamento. Posta-se, muitas vezes, como um ser inanimado, um autômato de decisões, exercendo seu mister de modo mecânico ou puramente racional (Antonie Garapon, Bem julgar: ensaio sobre o ritual judiciário, p. 310).

Assim, a exegese clássica das normas constitucionais, útil em diversas situações, não satisfaz, totalmente, os reclamos de justiça, a ponto de solver a unanimidade dos problemas interpretativos das constituições contemporâneas.

O máximo que faz é remeter para o arbítrio judicial a solução das tertúlias constitucionais, sem maior reflexão, objetividade e racionalidade.

Nisso, os métodos convencionais nem sempre realizam a vontade da constituição. Aplicados no bojo do silogismo tradicional, em que o juiz subsume os fatos à norma, não prestigiam os processos abertos de argumentação, porque surgiram numa época em que as constituições não eram como as de hoje: grandes, repetitivas, cheias de detalhes e valores conflitivos, muitos dos quais impróprios para documentos supremos que se pretendem duradouros.

Quando foram criados, no século XIX, as necessidades eram diferentes. Não se falava, por exemplo, em *teoria da argumentação na exegese jurídica, ponderação de valores, dimensão principiológica das constituições, optimização, filtragem constitucional* etc.

Àquela época, não se cogitava submeter à lente da constituição conflitos de interesses, pois inexistia o totalitarismo constitucional, como hoje, em que as constituições têm a pretensão de regular tudo.

Vale reiterar, contudo, que os métodos tradicionais de interpretação ainda são valiosos na atualidade.

Diversas são as situações em que o simples silogismo, a mera subsunção do fato à norma, resultando na sentença, ainda é a saída.

Até nas constituições contemporâneas existem preceitos de *baixa densidade valorativa*, ou seja, normas que disciplinam assuntos comuns da vida, fáceis de ser compreendidos mediante simples leitura.

O Texto Maior de 1988 é pródigo em exemplos dessa natureza: partido político com representação no Congresso Nacional pode impetrar mandado de segurança coletivo (art. 5º, LXX, a); compete privativamente ao Presidente da República nomear e exonerar Ministro de Estado (art. 84, I); a idade para ser Ministro do Supremo Tribunal Federal é mais de 35 e menos de 65 anos (art. 101, *caput*) etc.

Todos esses tópicos, como tantos outros da Carta de Outubro, não apresentam dificuldades de monta para serem compreendidos, pois não exigem maiores especulações teóricas.

O excesso de detalhes das constituições atuais, porém, impede que o silogismo clássico funcione sempre.

Novamente, a Constituição brasileira ilustra o que estamos dizendo.

Imaginemos o seguinte: um grupo de estudantes paralisa uma via pública em ato de protesto. Seria legítima essa liberdade de expressão diante da liberdade de ir e vir dos automóveis e transeuntes? Veja-se que ambas as liberdades foram asseguradas pela Carta de 1988 (art. 5º, IX e XV). Mas qual delas deve prevalecer?

Certamente, a resposta não poderá ser dada pela simples soma da premissa maior com a premissa menor. Claro que o mero silogismo judicial será insuficiente para solver o conflito.

342 ◆ Uadi Lammêgo Bulos ◆

A única saída para o caso seria a *optimização de princípios*, permitindo ao juiz ir para o campo da exegese aberta e construtiva, ponderando valores e interesses, argumentando com racionalidade e bom senso.

Ora, nas constituições contemporâneas é preciso o intérprete ir além, investigando as entrelinhas da *lex legum*, pois o mero ato de revelar o conteúdo preexistente na norma constitucional, sem qualquer criatividade, nem sempre é capaz de realizar, finalisticamente, a *vontade* de cartas constitucionais prolixas, confusas, repetitivas e enormes, como a brasileira de 1988.

¤ 7.1.1. Os problemas jurídicos sob a lente da Constituição

Diante da insuficiência dos métodos clássicos de interpretação das constituições, poderíamos falar, em nosso país, numa "nova interpretação constitucional"?

Não diríamos que, no Brasil, existe uma "nova interpretação constitucional", mas sim uma *nova maneira de enxergar os problemas jurídicos*, os quais passaram a ser vistos sob a lente da constituição.

Essa *nova maneira* derivou da evolução seletiva dos métodos de exegese, que, conservando e reconhecendo a funcionalidade das regras clássicas de hermenêutica, procuraram suprir suas deficiências.

Promulgada a Carta de 1988, as normas constitucionais converteram-se na lente pela qual todos os ramos do Direito passaram a ser reinterpretados.

Eis a *constitucionalização do direito infraconstitucional*, fenômeno vivido pela Alemanha logo após o término da Segunda Guerra Mundial, quando a Constituição tedesca passou a ser o centro das discussões jurídicas.

No Brasil, questões de direito do consumidor, civil, processual, penal, comercial, tributário, eleitoral, previdenciário, internacional etc. são, cotidianamente, submetidas ao crivo do Texto de 1988.

Veja-se que o Direito Civil perdeu o destaque de outrora. Até nas relações privadas formaram-se microssistemas para acompanhar a evolução do fato social. Do contrário, não seriam solvidas as questões locatícias, fundiárias, de bioética, de direito de família, de direito do consumidor etc.

Desse modo, a exegese constitucional no Brasil rompeu os grilhões do privatismo, e do silogismo clássico, para ceder lugar a uma visão aberta e pujante das tertúlias jurídicas, que, sob a lente da Constituição da República, adquiriram amplo relevo, permitindo ao exegeta privilegiar o caráter aberto e principiológico das normas constitucionais.

Nesse mister, é facultado ao juiz penetrar nos escaninhos da Carta de 1988, perquirindo e especulando o porquê de tudo, a fim de encontrar a solução constitucionalmente adequada para dirimir conflitos.

Em vez de revelar o conteúdo preexistente nas normas constitucionais, o magistrado realiza o nobilitante papel de *vivificá-las*, pois elas não apresentam sentido unívoco, objetivo e idêntico para todas as situações. Nisso, privilegia a supremacia material e axiológica da Constituição brasileira, potencializando a normatividade de seus princípios. E, no ato de submeter os problemas jurídicos ao crivo da Carta de 1988, o intérprete poderá lançar mão das técnicas de interpretação constitucional.

✧ 7.2. Métodos modernos de interpretação constitucional

Eis os chamados métodos modernos de exegese das constituições:

- **método tópico-problemático** — propõe a descoberta mais razoável para a solução de um caso jurídico concreto, considerando a constituição um sistema aberto de regras e princípios. Parte do caso concreto para a norma (Theodor Viehweg);
- **método hermenêutico-concretizador** — busca suprir deficiências normativas, preenchendo, se necessário for, lacunas constitucionais. Ao contrário do método tópico, que parte do caso concreto para a norma, o hermenêutico-concretizador parte da constituição para o problema, valendo-se das pré-compreensões do intérprete sobre o tema (pressupostos subjetivos), o qual atua como se fosse um mediador entre a norma e o caso concreto, que brota da realidade social (pressupostos objetivos). O intérprete, nesse método, atua num verdadeiro círculo hermenêutico,

◆ Cap. 8 ◆ INTERPRETAÇÃO DA CONSTITUIÇÃO 343

porque seu pensamento "vaivém", até encontrar a saída para o problema (Hans-Georg Gadamer);

- **método científico-espiritual** — as constituições devem ser interpretadas de modo elástico e flexível, para acompanhar o dinamismo do Estado, que é um fenômeno espiritual em constante transformação (Rudolf Smend);
- **método normativo-estruturante** — o intérprete constitucional não pode separar o programa normativo, inserido nas constituições, da realidade social (Friedrich Müller); e
- **método da comparação constitucional** — alia os métodos gramatical, lógico, histórico e sistemático, propostos por Savigny, ao Direito Comparado, de modo a buscar em vários ordenamentos jurídicos a melhor direção interpretativa das normas constitucionais de um Estado. Assim, ter-se-ia um quinto método de exegese (Peter Häberle).

Os métodos modernos de interpretação constitucional nada mais são do que uma releitura de velhos artifícios hermenêuticos, com nova roupagem, de modo a se adaptarem às exigências das constituições modernas.

Em rigor, nada têm de novo, nem merecem a rubrica de "originais". Mas têm grande importância, porque se amoldam, em muitos casos, ao caráter elástico, amplo, detalhista e minudente da maioria das constituições hodiernas, a exemplo da brasileira de 1988.

✦ 8. PRINCÍPIOS DE INTERPRETAÇÃO CONSTITUCIONAL

Princípios de interpretação constitucional são enunciados científicos, elaborados pela doutrina, para ajudar o exegeta a entender a mensagem inserida nas constituições.

Surgiram de uma necessidade prática. Alguns são difíceis de ser entendidos. Outros são mais fáceis. Até o nome de alguns soa estranho.

Prestam inestimável auxílio, porque permitem ao intérprete *pré-compreender* o discurso constitucional.

Mas convém esclarecer que os princípios interpretativos, a seguir listados, não têm qualquer caráter normativo, não sendo, pois, obrigatórios. Funcionam, apenas, como elementos persuasivos, que se estribam em enunciados lógicos.

E, ao funcionarem como fórmulas de persuasão, facultam aos aplicadores do Direito justificar seus posicionamentos, de modo isento, científico e fundamentado.

a) Princípio da unidade da constituição

Também conhecido como *princípio da unidade hierárquico-normativa da constituição*, serve para evitar contradições, harmonizando os espaços de tensão das normas constitucionais.

Pela *unidade da constituição*, o texto maior não comporta hierarquia entre suas próprias normas, pois o que se busca, por seu intermédio, é o todo constitucional, e não preceitos isolados ou dispersos entre si.

Por isso, em caso de confrontos normativos, a palavra de ordem é apaziguar os dispositivos conflitantes do sistema.

O *princípio da unidade*, assim, privilegia o caráter uno das constituições, reforçando a unidade política do Estado, o pacto federativo, o vetor republicano e a separação de Poderes.

Se necessário, reduz ou amplia o alcance dos preceitos constitucionais, priorizando valores imprescindíveis, como a vida, a igualdade, a propriedade, as liberdades públicas, os princípios fundamentais etc.

O Supremo Tribunal Federal tem aplicado a *unidade da constituição*. Em diversas assentadas, vem preconizando que "os postulados que informam a teoria do ordenamento jurídico e que lhe dão o necessário substrato doutrinário assentam-se na premissa fundamental de que o sistema de direito positivo, além de caracterizar uma unidade institucional, constitui um complexo de normas que devem manter entre si um vínculo de essencial coerência" (STF, 1ª T., RE 159.103-0/SP, Rel. Min. Celso de Mello, v. u., decisão de 11-10-1994, *DJU* de 4-8-1995, p. 22493).

Daí a Corte Excelsa, em nome da unidade da ordem jurídica, não aceitar a tese de que existe hierarquia entre normas constitucionais originárias, isto é, a teoria das normas constitucionais inconstitucionais (STF, Pleno, ADIn 815-3/RS, Rel. Min. Moreira Alves, decisão de 20-3-1996, *DJ*, 1, de 10-5-1996, p. 15131).

b) *Princípio da correção funcional*

Corolário do princípio da unidade da constituição, a diretriz da correção funcional procura assegurar a supremacia das constituições, mediante interpretação que preserve a constitucionalidade de suas normas.

É o caso da separação de Poderes, princípio nodular do Estado de Direito, cujo acatamento e respeito são de observância indiscutível.

A correção funcional é, na realidade, um princípio de enorme importância para fins de controle de constitucionalidade dos atos normativos, servindo de instrumento importantíssimo à eliminação de conflitos institucionais entre os órgãos do Poder, que devem inspirar os seus atos na superioridade das normas constitucionais.

c) *Princípio da concordância prática (ou da harmonização)*

O *princípio da* con*cordância prática* tem como meta coordenar, harmonizar e combinar bens constitucionais conflitantes, evitando o sacrifício total de uns em relação aos outros.

Nos Estados Unidos da América, a Corte Suprema considera a *concordância prática um* verdadeiro *cânon de concretização constitucional* (C. J. Antieau, *Constitutional construction*, p. 27).

E, nos ordenamentos que possuem constituições grandes, conflitivas e repetitivas, como o nosso, referido princípio é muito importante, porque serve para evitar colisões entre direitos e garantias fundamentais.

Pela concordância prática, a norma, examinada separadamente do fato, já não desfruta o prestígio de outrora. É preciso que o intérprete analise o preceito à luz do fato com o qual ele interage, procurando entrelaçar o comando jurídico à realidade social.

A concordância prática também se irmana com a *metódica normativo-estruturante* de Friedrich Müller, em que o intérprete não pode segregar o programa normativo do pedaço de realidade social (*Juristische Methodik*, p. 144).

No Brasil, desde 1951, o Supremo Tribunal Federal tem aplicado a técnica da *concordância prática*, conciliando interesses em jogo.

> **Precedente:** o "poder de taxar somente pode ser exercido dentro dos limites que o tornem compatível com a liberdade de trabalho, de comércio e de indústria e com o direito de propriedade" (STF, RE 18.331/SP, Rel. Min. Orozimbo Nonato, *DJ* de 21-9-1951).

E, na vigência da Carta de 1988, a Corte Excelsa voltou a preconizar a necessidade de harmonizar bens conflitantes, mediante a *técnica da concordância prática*.

> **Nesse sentido:** "A norma que prevê a assistência do técnico responsável nas drogarias visa à concordância prática entre a liberdade do exercício do comércio de medicamentos e o seu controle, em benefício dos que visam tais medicamentos" (STF, Repr. 1.507, Rel. Min. Carlos Madeira, *DJ* de 9-12-1988).

d) *Princípio da eficácia integradora (ou do efeito integrador)*

Mediante esse princípio, o intérprete desenvolve um raciocínio eminentemente crítico e global da constituição, para dela extrair a verdadeira finalidade de suas normas.

O *princípio do efeito integrador* prioriza a integração política e social do Estado, reforçando, assim, a sua unidade política.

Esse vetor, na realidade, constitui uma releitura do método sistemático, pois, pela sua observância, a carta magna não deve ser interpretada em tiras, pedaços, porções ou fatias isoladas do todo.

O princípio do efeito integrador remete-nos à assertiva do Apóstolo Paulo: "a letra mata, mas o espírito vivifica" (*Bíblia Sagrada*, 2ª Carta aos Coríntios, Cap. 3, Ver. 6).

◆ Cap. 8 ◆ INTERPRETAÇÃO DA CONSTITUIÇÃO **345**

No dizer de Rudolf Smend — um dos corifeus dessa diretriz —, as constituições convém serem interpretadas a partir de uma visão de conjunto, sempre como um todo, com percepção global e captação de sentido (*Constitución y derecho constitucional*, p. 5 e s.).

Sendo o Direito Constitucional essencialmente integrativo, configurando uma *disciplina síntese*, suas normas cumpre serem concebidas em suas múltiplas conexões, à luz dos fatos concretos, inseridos na realidade social.

A *técnica integrativa* está implícita em alguns acórdãos do Supremo Tribunal Federal.

Ao apreciar globalmente o Texto de 1988, a Corte decidiu, em tema de revisão salarial, que o Judiciário poderia corrigir a inconstitucionalidade de uma discriminação, nulificando critérios diferenciadores, quando a lei estabelecesse privilégios para uma pessoa. Do contrário, atentar-se-ia contra a finalidade do princípio constitucional da isonomia (CF, art. 5º, *caput*) (STF, Pleno, ROMS 22.307-7/DF, Rel. Min. Marco Aurélio, j. em 19-2-1997).

e) Princípio da força normativa da constituição

Quando duas ou mais interpretações possíveis surgirem, deve-se priorizar a que assegure maior eficácia, aplicabilidade e estabilidade às normas constitucionais.

Esse princípio irmana-se com o método concretizador (K. Hesse), com a metódica estruturante (F. Müller) e com a hermenêutica da *praxis* jurídica ou teoria da decisão racionalizada (M. Kriele).

Por seu intermédio, é dado ao intérprete atualizar os preceitos constitucionais, tornando-os efetivos e estáveis; afinal, eles possuem *força normativa*, devendo ser cumpridos e aplicados.

O Supremo Tribunal Federal reconheceu a importância da *força normativa da constituição*, considerando-a fator de observância na exegese da Carta de 1988.

> **Precedente:** "Cabe destacar, neste ponto, tendo presente o contexto em questão, que assume papel de fundamental importância a interpretação constitucional derivada das decisões proferidas pelo Supremo Tribunal Federal, cuja função institucional, de 'guarda da Constituição' (CF, art. 102, *caput*), confere-lhe o monopólio da última palavra em tema de exegese das normas positivadas no texto da Lei Fundamental, como tem sido assinalado, com particular ênfase, pela jurisprudência desta Corte Suprema: 'A interpretação do texto constitucional pelo STF deve ser acompanhada pelos demais Tribunais. A não observância da decisão desta Corte debilita a força normativa da Constituição' (RE 203.498-AgR/DF, Rel. Min. Gilmar Mendes)" (STF, Recl. 2.986-MC/SE, Rel. Min. Celso de Mello, decisão de 11-3-2005).

f) Princípio da máxima efetividade

Também chamado de *princípio da eficiência interpretativa* ou *da interpretação efetiva*, seu objetivo é imprimir eficácia social ou efetividade às normas constitucionais, extraindo-lhes o maior conteúdo possível, principalmente em matéria de direitos humanos fundamentais.

A palavra de ordem é conferir às normas uma interpretação que as leve a uma *realização prática*, fazendo prevalecerem os fatos e os valores nelas consignados.

g) Princípio da razoabilidade (ou da proporcionalidade)

O bom senso, a prudência, a moderação são imprescindíveis à exegese de toda e qualquer norma constitucional.

Esse princípio é largamente aplicado pelo Supremo Tribunal Federal, nos mais diferentes setores da experiência jurídica (cf. STF, ADIn 1.158-8/AM, Rel. Min. Celso de Mello, *DJU* de 26-5-1995).

h) Princípio da conformidade (ou da justeza constitucional)

Também chamado de princípio da *interpretação das leis em conformidade com a constituição*, por seu intermédio, o Poder Judiciário não poderá interpretar o texto magno ferindo o esquema organizatório-funcional nele estabelecido, pouco importando se as suas normas são polissêmicas ou plurissignificativas.

Esse primado irmana-se com as seguintes diretrizes:

* **princípio da prevalência da constituição** — dentre as inúmeras possibilidades interpretativas delineadas na moldura normativa dos preceitos constitucionais, o intérprete deve escolher aquela

que esteja em perfeita sintonia com o texto e o contexto da carta maior. Exemplo: em nome da prevalência da Carta de 1988, o pórtico da dignidade da pessoa humana tem embasado diversas decisões judiciais, proferidas pelo Supremo Tribunal Federal, Superior Tribunal de Justiça e Tribunais de Justiça dos Estados;

> **Jurisprudência:** a "dignidade da pessoa humana, um dos fundamentos do Estado democrático de direito, ilumina a interpretação da lei ordinária" (STJ, HC 9.892/RJ, Rel. orig. Min. Hamilton Carvalhido, Rel. p/ acórdão Min. Fontes de Alencar, *DJ* de 26-3-2001). Em nome da prevalência da *Lex Mater*, encontramos o vetor aplicado em tema de sujeição do réu em ação de investigação de paternidade ao exame compulsório de DNA (STF, HC 71.373/RS, Rel. Min. Marco Aurélio, *DJ* de 10-11-1994), de fornecimento obrigatório de medicamentos pelo Poder Público (STJ, ROMS 11.183/PR, Rel. Min. José Delgado, *DJ* de 4-9-2000), de rejeição de prisão por dívida pelo não pagamento de juros escorchantes (STJ, HC 12.547/DF, Rel. Min. Ruy Rosado de Aguiar, *DJ* de 12-2-2001), de levantamento do FGTS para tratamento de portador do vírus HIV (STJ, REsp 249.026/PR, Rel. Min. José Delgado, *DJ* de 26-6-2000), de nulidade de cláusula contratual limitadora do tempo de internação hospitalar (TJSP, AC 110.772-4/4-00, Rel. Des. O. Breviglieri) etc.

- **princípio da conservação de normas** — se um diploma normativo pode ser interpretado em consonância com a constituição, harmonizando-se com ela, não há motivo para o Judiciário decretar a sua inconstitucionalidade, sepultando o seu fim. Exemplo: o Pretório Excelso, em vez de declarar a inconstitucionalidade da Lei Complementar n. 206/2001, do Espírito Santo, concluiu que é "constitucional lei estadual que regule promoção, dita 'peculiar', de praças da Polícia Militar e do Corpo de Bombeiros, desde que se lhe subentenda, por interpretação conforme à Constituição, que cada promoção só pode efetivar-se quando exista, na classe ou nível superior, cargo vago" (STF, Pleno, ADIn 2.979/ES, Rel. Min. Cezar Peluso, j. em 15-4-2004, v. u., *DJ* de 4-6-2004, p. 28); e

- **princípio da exclusão da interpretação conforme à constituição *contra legem*** — o intérprete não pode contrariar, subverter ou deturpar o significado originário das leis, ainda que tenha o intuito de adaptá-las à carta magna. Exemplo: se o art. 140 do Código Eleitoral brasileiro determina que "somente podem permanecer no recinto da mesa receptora os seus membros", evidente que não há cogitar, via *interpretação conforme* do art. 1º, parágrafo único, da Carta Magna (democracia representativa), da presença de correligionários políticos no local dos trabalhos eleitorais. Do contrário, usurpar-se-ia o significado do art. 140, vergando-lhe a finalidade. No Brasil, o Supremo Tribunal Federal ainda não despertou para a importância desse princípio. Em Portugal, a Corte Constitucional o reconhece (cf. J. J. Gomes Canotilho, *Direito constitucional e teoria da constituição*, p. 1100).

Pudemos observar, pois, que o *princípio da conformidade constitucional* funciona como paradigma de controle, usado para evitar interpretações inconstitucionais, que desrespeitem, implícita ou explicitamente, a forma e a substância das constituições.

Seu escopo maior, portanto, é combater o cancro da *interpretação inconstitucional de preceitos constitucionais*.

✦ 9. TÉCNICAS DE INTERPRETAÇÃO CONSTITUCIONAL

Técnicas de interpretação constitucional são ferramentas que auxiliam o intérprete na tarefa de descobrir o significado e as conexões de sentido das normas supremas do Estado.

Quando combinadas entre si apresentam grande utilidade no mister interpretativo da *Lex Mater*, embora possam ser usadas de per si.

Servem para interpretar casos difíceis (*hard cases*), os quais exigem maior energia mental do exegeta, que atua num campo subjetivo, em que prevalece a discricionariedade na escolha da interpretação mais condizente com a situação prática.

Por isso é que essas técnicas visam abrandar o formalismo estéril e o simples silogismo clássico, concretizando o sentido mais profundo das constituições analíticas, como a brasileira de 1988.

◆ Cap. 8 ◆ INTERPRETAÇÃO DA CONSTITUIÇÃO   **347**

Embora sejam verdadeiros *cânones* de interpretação constitucional, não equivalem a princípios "específicos" de exegese da *lex mater*.

Constituem, em grande parte, um aprimoramento da própria *interpretação sistemática*, superando-a em muitas situações.

Desenvolvidas com base em raciocínios indutivos, comuns a todo e qualquer ramo do Direito, entronizam no ato interpretativo da carta maior valiosas ideias para atender ao influxo de novas demandas, a exemplo daquelas que envolvem conflitos entre bens jurídicos constitucionalmente protegidos.

Essas técnicas interpretativas marcam presença na jurisprudência do Supremo Tribunal Federal, embora nem sempre as vejamos explicitadas em seus veredictos.

Estudemo-las.

a) Técnica da ponderação de valores (ou interesses)

Técnica da ponderação de valores ou interesses é o recurso colocado ao dispor do intérprete para que ele avalie qual o bem constitucional que deve prevalecer perante situações de conflito.

Por seu intermédio, procura-se estabelecer o peso relativo de cada um dos princípios contrapostos.

Como os bens constitucionais não são uns superiores aos outros, afinal integram um mesmo texto magno, e foram procriados pelo mesmo poder constituinte, apenas pelo estudo do caso concreto saberemos qual deve preponderar.

À vista da situação prática, o intérprete analisa qual o bem que deve ceder perante o outro, sempre buscando o resultado socialmente desejável.

O exegeta faz concessões recíprocas, sacrificando determinado princípio a fim de priorizar o interesse mais racional para reger o caso concreto.

Exemplos:

- quebra do *sigilo bancário* × *privacidade de dados* — prevalece a quebra do segredo nos casos de macrocriminalidade, como na lavagem de dinheiro para manter o narcotráfico; aqui o combate ao crime organizado predomina no lugar dos valores albergados no art. 5º, X, da Carta Maior;
- *rodízio de automóveis* × *liberdade de locomoção* — prevalece o rodízio, haja vista a garantia do meio ambiente saudável (art. 225); como se pode andar a pé, em transporte coletivo, bicicleta, moto, carona etc., não há qualquer desrespeito ao direito constitucional de ir e vir (art. 5º, XV);
- *proibição de publicação atentatória à honra e à imagem* × *liberdade intelectual* — prevalece a honra e a imagem, valores supremos, inalienáveis (art. 5º, X), que ultrapassam a liberdade intelectual e a proibição à censura (CF, art. 5º, IX);
- *farra do boi* × *proteção aos animais* — prevalece a preservação da vida dos bois, e não a crueldade das formas primitivas de recreação (art. 225, § 1º, VII), tampouco o princípio que alberga manifestações populares (art. 215, § 1º) **(sobre o assunto:** Gisela Maria Bester, *Direito constitucional:* fundamentos teóricos, p. 183-185);
- *direito social à moradia* × *penhorabilidade do bem de família* — prevalece, no entendimento do Supremo Tribunal Federal, a impenhorabilidade da moradia do homem e sua família, direito fundamental de segunda geração.

> **Precedente:** "O bem de família — a moradia do homem e sua família — justifica a existência de sua impenhorabilidade: Lei 8.009/90, art. 1º. Essa impenhorabilidade decorre de constituir a moradia um direito fundamental. Posto isso, veja-se a contradição: a Lei 8.245, de 1991, excepcionando o bem de família do fiador, sujeitou o seu imóvel residencial, imóvel residencial próprio do casal, ou da entidade familiar, à penhora. Não há dúvida que a ressalva trazida pela Lei 8.245, de 1991 — inciso VII do art. 3º —, feriu de morte o princípio isonômico, tratando desigualmente situações iguais, esquecendo-se do velho brocardo latino: *ubi eadem ratio, ibi eadem legis dispositio*, ou em vernáculo: onde existe a mesma razão fundamental, prevalece a mesma regra de Direito. Isto quer dizer que, tendo em vista o princípio isonômico, o citado dispositivo — inciso VII do art. 3º, acrescentado pela Lei 8.245/91 — não foi recebido pela EC 26, de 2000. Essa não recepção mais se acentua diante do fato de a EC 26, de 2000, ter estampado, expressamente, no art. 6º, CF, o direito à moradia como direito fundamental de 2ª geração, direito social. Ora, o bem de família — Lei 8.009/90, art. 1º — encontra justificativa, foi dito linha atrás, no constituir o direito à moradia um direito fundamental que deve ser protegido e

348 ◆ Uadi Lammêgo Bulos ◆

por isso mesmo encontra garantia na Constituição. Em síntese, o inciso VII do art. 3º da Lei 8.009, de 1990, introduzido pela Lei 8.245, de 1991, não foi recebido pela CF, art. 6º, redação da EC 26/2000" (STF, RE 352.940/SP, Rel. Min. Carlos Velloso, decisão de 25-4-2005).

Mas a *ponderação* serve, também, para delimitar *conceitos jurídicos indeterminados*.

Exemplo: para o entendimento do que sejam "valores éticos da pessoa e da família" (CF, art. 221, IV), é dado ao juiz *ponderar* qual o sentido que se deve atribuir a essa frase, escolhendo o significado que melhor se amolde ao caso concreto.

Roscoe Pound — corifeu da *jurisprudência sociológica* — foi o grande precursor da técnica da ponderação, ao vislumbrá-la como um expediente autônomo e imprescindível de exegese (*Interpretations of legal history*, p. 12 e s.).

Em nossos dias, a *ponderação* adquiriu lugar de destaque.

Se, no passado, as normas constitucionais seguiam uma lógica unidirecional para serem entendidas e aplicadas pelo Poder Judiciário, hoje em dia prevalece a lógica multidirecional, em que o intérprete das constituições lida com programas normativos dialeticamente conflitantes.

Basta ver que, pela dogmática clássica, quando o juiz depara com leis conflitantes, utiliza os critérios *hierárquico* (a lei superior prevalece sobre a inferior), *cronológico* (a lei posterior prevalece sobre a anterior) e da *especialização* (lei específica prevalece sobre lei geral).

Ora, esses critérios são insatisfatórios para dirimir colisões entre princípios constitucionais conflitantes numa mesma constituição, até mesmo os que consagram direitos fundamentais.

O Texto de 1988, por exemplo, tutelou valores em rota de colisão, pois, ao comparar suas normas, vemos situações potencialmente antagônicas. É o caso:

- da livre-iniciativa (art. 1º, IV) e da intervenção do Estado na economia (art. 174);
- da liberdade de expressão (art. 5º, IX) e do direito à privacidade (art. 5º, X);
- do direito de propriedade (art. 5º, XXII) e de sua função social (art. 5º, XXIII); e
- do direito à honra (art. 5º, X) e da liberdade de informação (art. 220).

O mesmo ocorre quando cotejamos assuntos importantes, que têm sido objeto de amplos debates nesses anos de vigência da Carta de Outubro:

- relativização da coisa julgada × proteção dos direitos humanos fundamentais;
- aplicação de normas constitucionais às relações privadas (eficácia horizontal dos direitos fundamentais) × autonomia da vontade; e
- liberdade dos meios de comunicação × direito à honra, à imagem e à privacidade.

Pelo silogismo clássico, não seria possível saber quais desses bens devem prevalecer.

A simples soma da norma constitucional (premissa maior) com o fato (premissa menor) mostra-se insuficiente para sanar confrontos entre eles.

Daí os estudiosos defenderem o uso da *ponderação*.

Nesse sentido: Ronald Dworkin, *Taking rights seriously, passim*; Robert Alexy, *Teoría de los derechos fundamentales, passim*; Aaron Barak, Foreword: a judge on judging: the role of a Supreme Court in a Democracy, *Harvard Law Review, 116*:1; Karl Larenz, *Metodogia da ciência do direito*, p. 490-506.

Ela se distingue da interpretação clássica:

Exegese tradicional
↓
Exame da norma + análise do fato = sentença

Técnica da ponderação
↓
Identificação dos bens em conflito + exame conjunto das circunstâncias concretas e das normas aplicáveis ao fato + apuração dos pesos que devem ser atribuídos a cada um dos bens em disputa + escolha da norma que deve preponderar = sentença

◆ Cap. 8 ◆ INTERPRETAÇÃO DA CONSTITUIÇÃO   349

Como se vê, o exercício da *ponderação* é mais demorado e complexo do que a exegese convencional.

Certamente, a técnica surgiu por uma necessidade, e não por um capricho intelectual.

> **Em sentido contrário:** T. Alexander Aleinikoff considera o uso da *ponderação* subjetivo e impróprio no campo constitucional (Constitutional law in the age of balancing, p. 943 e s.).

Para nós, a *ponderação*, muito mais do que uma técnica decisória, constitui um valiosíssimo *princípio de exegese*, aplicável perante casos difíceis, impossíveis de ser resolvidos pelo silogismo convencional.

Por seu intermédio, o exegeta realiza o *dever de proporcionalidade*, balanceando e sopesando bens em disputa, interesses, valores, princípios e normas colidentes.

> **Nesse sentido:** Gertrude Lübbe-Wolff, *Die Grundrechte als Eingriffsabwehrrechte:* Struktur und Reichweite der Eingriffsdogmatik im Bereich sttaatlicher Leistungen, p. 167; Karl Peter Sommermann, *Staatsziele und Staatszielbestimmungen*, p. 370 e s.

Ou seja, não é dado ao intérprete agir arbitrariamente, sem *senso de proporção*. Do contrário, a escolha de um dos interesses em jogo, com a respectiva anulação do outro, violaria o texto constitucional.

O dever de proporcionalidade permite-lhe formular juízos de ponderação, aquilo que se convencionou chamar cedência recíproca de princípios (Stefan Huster, *Rechte und Ziele:* Zur Dogmatik des allgemeinen Gleichheistssatzes, p. 70).

E, ao determinar com senso de *razoabilidade* qual o bem que deve prevalecer, o intérprete harmoniza contradições, eliminando aparentes estados de hierarquia constitucional.

Evidente que, como todo e qualquer ato interpretativo, há uma dose de subjetividade nesse contexto, dando margem ao raciocínio discricionário e à livre argumentação do juiz. Isso, contudo, não minora a sua importância no Brasil, cuja Constituição, como vimos, apresenta soluções contraditórias para um mesmo assunto.

Aos poucos, o Poder Judiciário está despertando para os benefícios que a *ponderação* pode ensejar.

Embora o Supremo Tribunal Federal houvesse considerado constitucional lei que impedia concessão de antecipação da tutela contra a Fazenda Pública, o Tribunal de Justiça do Rio Grande do Sul, homenageando o princípio que assegura o direito à vida, não hesitou em conceder a medida, evitando a morte da requerente. Ou seja, diante do conflito, preponderou o maior de todos os bens: a vida humana (STF, ADC (medida cautelar), Rel. Min. Sydney Sanches, *RTJ*, 169:383; TJRS, 4ª Câm. Cív., AgI 598.398.600, Rel. Des. Araken de Assis, *Ajuris*, 86:361).

Certa vez, o Supremo deparou-se com a problemática da presunção de violência nos casos de relação sexual com menor de 14 anos, para o fim de tipificar o delito de estupro (CP, arts. 213 e 224, *a).* Contrabalançando os valores envolvidos na questão, entendeu o Ministro-Relator que a presunção seria relativa, tanto pelas particularidades do conflito (a menor vivia de modo promíscuo, aparentava maior idade e consentiu com a relação sexual) como por força do art. 226 da Carta Maior, que consagra a proteção especial à família (tinham-se passado 5 anos do evento delituoso, e, nesse tempo, o paciente do *habeas corpus*, condenado por estupro, casou-se e constituiu família). Quer dizer, observadas as nuanças do caso *sub judice*, prevaleceu o princípio constitucional que protege a família, em detrimento da presunção de violência (STF, HC 73.662/MG, Rel. Min. Marco Aurélio, *DJ* de 20-9-1996).

Noutra assentada, contrabalançando o binômio prerrogativa institucional de tributar *versus* liberdades públicas do contribuinte, decidiu a Corte Excelsa que "a prerrogativa institucional de tributar, que o ordenamento positivo reconhece ao Estado, não lhe outorga o poder de suprimir (ou de inviabilizar) direitos de caráter fundamental, constitucionalmente assegurados ao contribuinte, pois este dispõe, nos termos da própria Carta Política, de um sistema de proteção destinado a ampará-lo contra eventuais excessos cometidos pelo poder tributante ou, ainda, contra exigências irrazoáveis veiculadas em diplomas normativos por este editados" (STF, RE 374.981/RS, Rel. Min. Celso de Mello, decisão de 28-3-2005).

Finalmente, usando a técnica da ponderação de princípios, valores ou interesses, o Supremo Tribunal Federal enfrentou, em sede de arguição de preceito fundamental, a problemática da importação de pneus usados. Por maioria de votos, a Corte julgou parcialmente procedente o pedido formulado pelo

Presidente da República e declarou inconstitucionais, com efeitos *ex tunc*, as interpretações, incluídas as judicialmente acolhidas, que permitiram ou permitem a importação de pneus usados de qualquer espécie, aí insertos os remoldados. Ficaram ressalvados os provimentos judiciais transitados em julgado, com teor já executado e objeto completamente exaurido. Entendeu-se, em síntese, que, apesar da complexidade dos interesses e dos direitos envolvidos, a **ponderação dos princípios constitucionais** revelaria que as decisões que autorizaram a importação de pneus usados ou remoldados teriam afrontado os arts. 170, I e VI, e seu parágrafo único, 196 e 225 da Carta de 1988 (STF, ADPF 101/DF, Rel. Min. Cármen Lúcia, j. em 24-6-2009).

b) Técnica da optimização de princípios

Optimização de princípios é a técnica que permite ao intérprete extrair o que existe de melhor na substância das disposições constitucionais.

Perante situações concretas, o exegeta procura tornar ótimo o conteúdo dos *princípios*, ampliando, reduzindo, harmonizando e compatibilizando os interesses em disputa.

> **Sobre o tema:** Ronald Dworkin, *Taking rights seriously*, p. 116 e s.; Robert Alexy, *Teoría de la argumentación jurídica*, p. 75 e s.; Gustav Zagrebelsky, *Il sistema costituzionale delle fontti del diritto*, p. 108; J. J. Gomes Canotilho, *Direito constitucional e teoria da constituição*, p. 1035.

Os princípios constitucionais são passíveis de uma exegese optimizadora, pelo simples fato de que o exegeta deve buscar a melhor saída para descortinar o sentido mais profundo das constituições.

Ao observar os condicionamentos fáticos e jurídicos que envolvem o problema concreto, cumpre-lhe balancear valores e interesses conflitivos, ponderando, harmonizando e realizando a *vontade da constituição*.

Optimizando a vertente substancial do princípio do devido processo, concluiu o Pretório Excelso: "Quando se tratar de matéria tributária, impõe-se, ao Estado, no processo de elaboração das leis, a observância do necessário coeficiente de razoabilidade, pois, como se sabe, todas as normas emanadas do Poder Público devem ajustar-se à cláusula que consagra, em sua dimensão material, o princípio do *'substantive due process of law'* (CF, art. 5º, LIV), eis que, no tema em questão, o postulado da proporcionalidade qualifica-se como parâmetro de aferição da própria constitucionalidade material dos atos estatais, consoante tem proclamado a jurisprudência do Supremo Tribunal Federal" (STF, RE 374.981/RS, Rel. Min. Celso de Mello, decisão de 28-3-2005).

c) Técnica da filtragem constitucional

Concebida, em 1938, pelo penalista italiano Arturo Santoro, a filtragem constitucional advém da ideia de que toda ordem jurídica deve ser lida e apreendida sob a lente da constituição.

Com o advento da Constituição brasileira de 1988, a *filtragem constitucional* veio à tona, permitindo que todos os ramos do Direito fossem interpretados e lidos à luz da manifestação constituinte originária.

A técnica serve para:

* evitar incompatibilidades entre o velho ordenamento e o novel texto maior, preservando a superioridade hierárquica das normas supremas do Estado;
* saber se o direito infraconstitucional posterior ao advento de uma nova constituição está em consonância com ela;
* interpretar e reinterpretar os institutos dos diversos ramos do Direito à luz da carta maior;
* combater o cancro da inconstitucionalidade das leis e dos atos normativos, extirpando excesso de condutas alheias ao fiel alcance dos preceitos e ditames constitucionais; e
* realizar a tábua de valores depositada nas constituições.

Quanto ao último ponto, veja-se que a técnica em estudo permite ao intérprete submeter a ordem jurídica ao *filtro axiológico das constituições*.

Que *filtro* é esse?

É aquele que se encontra implícito nas entrelinhas da carta magna, possibilitando ao exegeta depurar as leis a serem aplicadas aos casos concretos.

◆ Cap. 8 ◆ INTERPRETAÇÃO DA CONSTITUIÇÃO   **351**

Exemplo: a justiça, a dignidade, a proibição do preconceito, dentre tantos outros *valores constitucionais*, podem, no caso concreto, compelir o intérprete a realizar uma releitura de leis civis, processuais, trabalhistas, comerciais, tributárias etc., a fim de que sejam atualizadas de acordo com a Carta de 1988.

Assim, escolhe-se o sentido dos textos legais que melhor se ajuste à tábua de valores da constituição.

O uso da *filtragem constitucional* é uma manifestação eloquente da *força normativa das constituições*.

Filtrando valores constitucionais, o Supremo Tribunal Federal tem asseverado, em inúmeras assentadas, que os direitos e garantias individuais não têm caráter absoluto. Motivos de relevante interesse público, ou exigências derivadas do princípio de convivência das liberdades, legitimam, mesmo de modo excepcional, a adoção, por parte dos órgãos estatais, de medidas restritivas das prerrogativas individuais ou coletivas, observados os termos previstos na Constituição (STF, Rel. Min. Celso de Mello, *RTJ*, 173:807-808).

Esse entendimento do Pretório Excelso abre margem para várias situações.

Por exemplo, o art. 220, *caput*, da Carta de Outubro confere à imprensa o direito de informar, sem censuras. Filtrando esse preceito, veremos que tal direito não é absoluto, ilimitado e inatingível. Existem *valores constitucionais* a serem preservados, como a privacidade, a honra, a imagem, a qualidade de vida sadia, a dignidade humana, o bem-estar de todos, o respeito à origem, raça, sexo e cor.

✦ 10. POSTULADO DO LEGISLADOR RACIONAL

O *postulado do legislador racional* é a categoria dogmática-descritiva que propõe aos juristas interpretarem o direito positivo como se legisladores fossem, partindo do pressuposto de um Estado ideal, impecável, único, justo, onipotente e econômico, cujo ordenamento seria completo, sem lacunas nem conflitos.

Com base nesse postulado, o jurista se colocaria no lugar do legislador, o qual seria visto como um ser *racional*, isento de erros, redundâncias ou contradições.

Segundo os defensores desse postulado, sua grande vantagem residiria no fato de que o jurista não precisaria recorrer a teses suprapositivas, metajurídicas, abstratas. Ao considerar o legislador um ser *racional*, ficaria fácil encontrar saídas para os problemas constitucionais.

Ressalte-se, ainda, que, para os adeptos do postulado do legislador racional, todos os métodos, princípios e técnicas interpretativas equivalem a subprincípios dele provenientes. Numa palavra, ele seria o pai de todos os artifícios hermenêuticos, acima estudados.

Do postulado do legislador racional, extraem-se as seguintes "máximas" interpretativas para as constituições:

• as constituições regulam todas as relações travadas na sociedade, assegurando aos jurisdicionados proteção e garantia para o pleno desenvolvimento de sua personalidade;
• não existe norma constitucional sobrando no texto das constituições, cabendo ao intérprete extrair o que estas têm de melhor; e
• não existem antinomias, isto é, conflitos reais entre normas constitucionais. Quaisquer contradições são meramente aparentes, afinal não há hierarquia entre elas, haja vista que foram procriadas por um mesmo poder constituinte.

✦ 11. SÍNDROME DA INTERPRETAÇÃO RETROSPECTIVA DAS CONSTITUIÇÕES

Sempre que uma nova constituição entra em vigor, é imprescindível fazer uma releitura das leis e atos normativos da ordem jurídica pregressa.

Nesse intenso processo de *filtragem*, deparamo-nos com a interpretação retrospectiva das constituições.

Em vez de proceder à necessária releitura das leis e atos normativos, em face da nova constituição, a fim de verificar se podem, ou não, ser aplicados, prefere-se o caminho acrítico e automático da *exegese retrospectiva*.

Mediante tal patologia, a nova constituição é interpretada com vistas ao passado.

A ideia que brota na mente do intérprete é a seguinte: o texto novo deve ficar, tanto quanto possível, igual ao velho.

Resultado: o ato interpretativo não inova coisa alguma. O atraso permanece. A mesma exegese de outrora é mantida. Não se olha o presente, tampouco o futuro, mas, tão só, o passado.

Por isso, a interpretação retrospectiva é uma *síndrome*, pois o intérprete não atualiza o ordenamento jurídico à luz da nova carta magna; prefere interpretar o Direito como era antes.

Promulgada a Carta de 1988, o Supremo Tribunal Federal a interpretou, retrospectivamente, em diversos acórdãos, repetindo parte de sua jurisprudência, edificada sob a égide da EC n. 1/69.

> **Constatação:** "Põe-se ênfase nas semelhanças, corre-se um véu sobre as diferenças e conclui-se que, à luz daquelas, e a despeito destas, a disciplina da matéria, afinal de contas, mudou pouco, se é que na verdade mudou. É um tipo de interpretação ... em que o olhar do intérprete dirige-se antes ao passado que ao presente, e a imagem que ele capta é menos a representação da realidade que uma sombra fantasmagórica" (José Carlos Barbosa Moreira, O Poder Judiciário e a efetividade da nova Constituição, p. 152).

✦ 12. INTERPRETAÇÃO INCONSTITUCIONAL DE LEIS "CONSTITUCIONAIS"

Muitas vezes, os comportamentos dos Poderes Públicos e dos particulares estão de acordo com a constituição.

Mesmo assim, o intérprete confere às normas constitucionais um entendimento que cria situações de inconstitucionalidade.

Estamos diante da exegese inconstitucional de preceitos constitucionais. Ou seja, a lei ou ato normativo está em absoluta correspondência com a constituição, e, nada obstante, o exegeta confere-lhe um significado que a torna inconstitucional.

No Brasil, é corriqueira a praxe de interpretar de modo inconstitucional as leis e atos normativos.

Embora muitas leis estejam em absoluta consonância com o Texto Magno, recebem uma exegese distorcida, equivocada, ensejando uma interpretação que lhes acaba subvertendo o sentido originário.

Essas leis passam a ser atacadas pelos operadores do Direito mediante a suposição de que são inconstitucionais, quando, verdadeiramente, não o são.

As *exegeses inconstitucionais de preceitos constitucionais* fulminam a vida das constituições.

Os efeitos provocados por essas deformações variam em grau e em profundidade e podem vulnerar a Carta Suprema, em maior ou menor extensão.

Vários são os exemplos de *exegeses inconstitucionais* de preceitos constitucionais.

Impossível seria enumerá-los exaustivamente, pois é incomensurável a pletora de casos que chegam, todos os anos, ao Supremo Tribunal Federal.

Tais violações, mais ou menos intencionais, derivadas de uma interpretação maliciosa ou sub-reptícia, podem provocar mudanças eventuais ou, até, permanentes, suspendendo, por algum tempo, a produção de efeitos da norma constitucional.

✦ 13. INTERPRETAÇÃO CONSTITUCIONAL DE LEIS "INCONSTITUCIONAIS"

Também pode existir *interpretação constitucional de leis ou atos normativos inconstitucionais*.

Nesse caso, a situação é o inverso da anterior, mas o despautério é o mesmo.

A vida constitucional dos Estados é pródiga em exemplos de *exegeses constitucionais de leis ou atos normativos inconstitucionais*.

Na vigência da Constituição brasileira de 1946, por exemplo, tivemos a exegese constitucional de leis ordinárias inconstitucionais. O constituinte deixou sob os auspícios da lei o encargo de erigir critérios para a feitura de concursos públicos (art. 186). Nesse ínterim, leis ordinárias foram editadas admitindo a efetivação de servidores extranumerários ou interinos sem concurso. Outros diplomas normativos

◆ Cap. 8 ◆ INTERPRETAÇÃO DA CONSTITUIÇÃO

chegavam a anunciar a abertura de certames que nem se realizavam. Outorgavam, de antemão, benefícios aos extranumerários, impedindo a aprovação de candidatos que estivessem fora do serviço público.

Essas práticas, corriqueiras no curso de nossa trajetória constitucional, e que desbordam as técnicas de controle de constitucionalidade, devem ser repelidas, venham de onde vierem. Em vez de adaptarem as constituições ao influxo do fato social cambiante, fulminam-lhes a forma e o conteúdo.

✦ 14. INTERPRETAÇÃO CONFORME A CONSTITUIÇÃO

Para evitar os problemas que acabamos de ver, a jurisprudência alemã, construída sob a égide da Lei Fundamental de Bonn de 1949, propôs o princípio da *interpretação conforme a constituição*.

A *interpretação conforme a constituição* é um meio para as Cortes Supremas neutralizarem violações constitucionais.

Em vez de declarar a norma inconstitucional, o Tribunal escolhe a alternativa interpretativa que a conduza a um juízo de constitucionalidade.

No Brasil, o Supremo Tribunal Federal, desde o ordenamento jurídico anterior, tem utilizado esse princípio.

> **Precedente:** STF, Pleno, Repr. 1.417-7, Rel. Min. Moreira Alves, v. u., j. em 9-12-1987, *DJ* de 15-4-1988, *RTJ*, 126:48.

Interessante observar que a terminologia *interpretação conforme a constituição* apresenta certo truísmo.

É que, em rigor, toda e qualquer exegese, para ser válida, deve conformar-se à carta magna.

> **Nesse sentido:** "A interpretação conforme é uma técnica de eliminação de uma interpretação desconforme. O saque desse modo especial da interpretação conforme não é feito para conformar um dispositivo subconstitucional aos termos da Constituição Positiva. Absolutamente! Ele é feito para descartar aquela particularizada interpretação que, incidindo sobre um dado texto normativo de menor hierarquia impositiva, torna esse texto desconforme à Constituição. Logo, trata-se de uma técnica de controle de constitucionalidade que só pode começar ali onde a interpretação do texto normativo inferior termina. Primeiro, a interpretação do texto segundo os seus próprios elementos de compreensibilidade e por imersão no diploma com que nasceu para o Direito Positivo. Pronto! Depois é que se faz, não a reinterpretação desse texto para afeiçoá-lo à normatividade constitucional, mas tão somente uma comparação entre o que já foi interpretado como um dos sentidos dele (texto normativo) e qualquer dos dispositivos da Constituição. Donde o nome interpretação conforme a Constituição significar, em rigor, um imediato cotejo entre duas pré-compreensões ou dois antecipados entendimentos jurídicos: o entendimento que já se tem de qualquer dos dispositivos constitucionais *versus* aquele específico entendimento a que também previamente se chegou de um dispositivo infracons-titucional" (STF, ADPF 54-QO, voto vista do Min. Carlos Britto, em 27-4-2005).

Noutros termos, as leis e os atos normativos devem ser interpretados em harmonia com as constituições.

A *interpretação conforme à constituição* é um critério de exegese constitucional e, ao mesmo tempo, uma técnica de controle de constitucionalidade.

> **Posicionamento do STF:** ao posicionar-se nesse sentido, o Supremo reconheceu que a *interpretação conforme*, quando fixada no juízo abstrato de normas, corresponde a uma pronúncia de inconstitucionalidade (Pleno, Repr. 1.417-7, Rel. Min. Moreira Alves, v. u., j. em 9-12-1987, *DJ* de 15-4-1988, *RTJ*, 126:48). Segundo a *praxis* da Corte Excelsa, a *interpretação conforme* equivale a uma declaração de constitucionalidade da lei, equiparando-se, em alguns casos, à declaração de nulidade parcial sem redução do texto (STF, Repr. 1.454, Rel. Min. Octavio Gallotti, *RTJ*, 125:997; STF, Repr. 1.389, Rel. Min. Oscar Corrêa, *RTJ*, 126:514; STF, Repr. 1.399, Rel. Min. Aldir Passarinho, *DJ* de 9-9-1988).

Como *critério de exegese*, a *interpretação conforme* visa preservar a norma, e não decretar a sua inconstitucionalidade, permitindo ao intérprete:

- Realizar a *vontade da constituição*. A jurisprudência do Supremo Tribunal não confere maior importância à *intenção* ou *vontade do legislador*, embora reconheça que ela seja um dos limites do princípio em estudo; mas, na prática, se a *exegese conforme* operacionaliza-se pela mera expressão literal do texto, a Corte evita investigar a *voluntas legislatoris*.

  Precedentes: STF, Repr. 1.454, Rel. Min. Octavio Gallotti, *RTJ, 125*:997; STF, Repr. 1.389, Rel. Min. Oscar Corrêa, *RTJ, 126*:514; STF, Repr. 1.399, Rel. Min. Aldir Passarinho, *DJ* de 9-9-1988.

- Escolher o melhor significado das leis ou atos normativos, em meio a tantos outros que eles possam apresentar. Assim, no equacionamento de problemas jurídico-constitucionais, resta ao intérprete recorrer à *teoria da divisibilidade da norma*. Desse modo, o Supremo declara a inconstitucionalidade da parte "doente" da lei, preservando o restante dela. Evidente que isso só pode ser feito em preceitos que abriguem múltiplos significados (*normas polissêmicas*), aceitando várias interpretações. Caso a norma tenha sentido unívoco, não há opções de escolha. Resultado: ou ela é totalmente constitucional, ou inconstitucional. Por isso, o instituto "só é utilizável quando a norma impugnada admite, dentre as várias interpretações possíveis, uma que a compatibilize com a Carta Magna, e não quando o sentido da norma é unívoco" (STF, Pleno, ADIn 1.344-1/ES (medida liminar), Rel. Min. Moreira Alves, *DJ*, 1, de 19-4-1996, p. 12212).
- Harmonizar as leis ou os atos normativos à constituição, elegendo uma linha interpretativa que melhor se amolde a ela.

  Nesse sentido: em "matéria de inconstitucionalidade de lei ou de ato normativo, admite-se, para resguardar dos sentidos que eles podem ter por via de interpretação, o que for constitucionalmente legítimo — é a denominada interpretação conforme a Constituição" (STF, Pleno, ADIn 1.344-1-ML/ES, Rel. Min. Moreira Alves, *DJ*, 1, de 19-4-1996, p. 12212).

- Excluir exegeses que contrariem a constituição, chegando a um único sentido interpretativo, o qual legitima determinada leitura da norma legal.

  Entendimento do STF: "A incidência desse postulado permite, desse modo, que, reconhecendo-se legitimidade constitucional a uma determinada proposta interpretativa, excluam-se as demais construções exegéticas propiciadas pelo conteúdo normativo do ato questionado" (STF, ADIn 581/DF, Rel. Min. Marco Aurélio, j. em 12-8-1992, voto do Ministro Celso de Mello, *RTJ, 144*:146).

- Buscar o sentido profundo das normas constitucionais, eliminando interpretações superficiais, resultantes de leituras apressadas e sem reflexão mais demorada. Ao determinar qual das possíveis exegeses de uma lei se mostra compatível com a carta maior, a interpretação conforme evita que se declare a inconstitucionalidade normativa. Em vez de nulificar o ato supostamente inconstitucional, procura salvá-lo, mediante a descoberta de uma alternativa que legitime o conteúdo da norma, reputada, num exame alijeirado, contrária à constituição. Por isso, a grande importância do instituto está em discernir a zona limítrofe da inconstitucionalidade. Muitas vezes, a força conformadora da interpretação é o bastante para eliminar situações aparentemente inconstitucionais. Daí a justificativa da *interpretação conforme*: extrair, ao máximo, as potencialidades das leis e atos normativos, prestigiando, assim, os princípios da economia processual, da supremacia da constituição, da unidade do ordenamento jurídico e da presunção de constitucionalidade das leis.

Mas, além de critério exegético, a *interpretação conforme* também é uma técnica de controle de normas, tanto na via difusa como na abstrata.

Nesse aspecto, possibilita ao Supremo:

- abandonar o formalismo exacerbado, imposto pela estrutura normativa dos diplomas legais, em nome do princípio jurídico-funcional da autolimitação judiciária (*judicial self-restraint*);

♦ Cap. 8 ♦ INTERPRETAÇÃO DA CONSTITUIÇÃO   **355**

> *Leading case:* o *leading case* que levou o plenário do Supremo a adotar essa tese foi a Representação n. 1.417-7, relatada pelo Ministro Moreira Alves. No julgamento, realizado em 9-12-1987, acatou-se, por unanimidade de votos, a longa fundamentação do Relator.

- condicionar a validade de um preceito à exegese que lhe foi atribuída, controlando a sua constitucionalidade; e

> **Precedente:** "Em suma: o princípio da interpretação conforme à constituição, ao reduzir a expressão semiológica do ato impugnado a um único sentido interpretativo, garante, a partir de sua concreta incidência, a integridade do ato do Poder Público no sistema de direito positivo. Essa função conservadora da norma permite que se realize, sem redução do texto, o controle de sua constitucionalidade" (STF, ADIn 581/DF, Rel. Min. Marco Aurélio, j. em 12-8-1992, voto do Ministro Celso de Mello, *RTJ, 144*:146).

- julgar certas ações diretas procedentes em parte, em vez de julgá-las improcedentes, aproveitando os benefícios que a preservação de uma norma pode oferecer.

> **Nesse sentido:** STF, Pleno, Repr. 1.417-7, Rel. Min. Moreira Alves, v. u., j. em 9-12-1987, *DJ* de 15-4-1988, *RTJ, 126*:48. **Doutrina:** Konrad Hesse, *Escritos de derecho constitucional*, p. 50 e s.

Mas a *interpretação conforme*, seja como critério de exegese constitucional, seja como técnica de controle de normas, não pode ser utilizada para distorcer o sentido originário das leis ou atos normativos, os quais não devem sujeitar-se a exegeses absurdas ou deturpadas.

Numa palavra, o intérprete não poderá recorrer à *interpretação conforme* com o fito de "salvar a lei", vergando-a para satisfazer a defesa de teses *contra legem*.

> **Precedente:** "Sendo, portanto, inequívoco que o Decreto-lei 2.288/86 pretendeu foi instituir um empréstimo compulsório, que, por sua natureza mesma de empréstimo, implica a devolução em dinheiro ou em título que o represente, não é possível pretender-se, para conformar esse diploma legal com a Constituição, dar-lhe sentido que inequivocadamente o altera em ponto essencial: o de que onde se lê 'empréstimo compulsório' se entenda 'imposto restituível em espécie diversa da entregue pelo contribuinte' que seria, na verdade, um 'investimento compulsório'" (STF, RE 121.336/CE, Rel. Min. Sepúlveda Pertence, j. em 11-10-1990, *RTJ, 139*:636,1992).

O princípio em estudo não constitui apanágio para se realizar interpretações distorcidas, que, a pretexto de servirem de fundamento para a declaração de inconstitucionalidade, contrariam o conteúdo e a forma das leis, ferindo-lhes a essência.

Não é dado ao intérprete, por exemplo, realizar exegeses desproporcionais, que extrapolem os lindes da razoabilidade, ampliando ou reduzindo o alcance de um dispositivo legal apenas para adequá-lo a situações contingenciais, que, em rigor, nem são por ele contempladas.

Também não é facultado ao juiz converter a *interpretação conforme* em um mecanismo disfarçado de legiferação. O alcance do princípio não engloba o ato de legislar em causa própria.

Nesse particular aspecto, decidiu o Supremo Tribunal Federal que a *interpretação conforme* sofre restrições, pois o Judiciário não tem o poder de agir como se fosse o próprio Poder Legislativo.

> **Nesse sentido:** "Por isso, se a única interpretação possível contrariar o sentido inequívoco que o Poder Legislativo lhe pretendeu dar, não se pode aplicar o princípio da interpretação conforme à constituição, que implicaria, em verdade, criação de norma jurídica, o que é privativo do legislador positivo. No caso, não se pode aplicar a interpretação conforme à constituição, por não se coadunar essa com a finalidade inequivocamente colimada pelo legislador, expressa literalmente no dispositivo em causa, e que dele ressalta pelos elementos da interpretação lógica" (STF, Pleno, Repr. 1.417-7, Rel. Min. Moreira Alves, v. u., j. em 9-12-1987).

Segundo a Lei n. 9.868/99, a *interpretação conforme*, assim como a *declaração parcial de inconstitucionalidade sem redução do texto*, que estudaremos a seguir, têm eficácia contra todos e efeito vinculante em relação aos órgãos do Poder Judiciário, da Administração Pública federal, estadual e municipal (art. 28, parágrafo único).

356 ◆ Uadi Lammêgo Bulos ◆

Antes mesmo do advento da Lei n. 9.868/99, o Superior Tribunal de Justiça admitiu a eficácia *erga omnes* e o efeito vinculante de decisão do Pretório Excelso, proferida em sede de *interpretação conforme*.

> **Precedente:** "Direito Econômico. Mensalidade escolar de serviços. Contrato prevendo atualização monetária. Validade. Ato jurídico perfeito. Congelamento. Lei nova. Nova incidência. Interpretação conforme à Constituição feita pelo Supremo Tribunal Federal. Art. 4º da Lei 8.039/90. Recurso desacolhido. Lei nova que impossibilita o reajuste de mensalidades escolares não pode atingir os contratos de prestação de serviços educacionais celebrados antes de sua vigência, nos quais se previu atualização monetária daquelas, sob pena de infringência ao ato jurídico perfeito e ao direito adquirido. Interpretação conforme à Constituição feita pelo Supremo Tribunal Federal (ADIn 319-DF) para restringir a aplicação do art. 4º da Lei 8.039/90 aos casos em que não tenha havido situações jurídicas já consolidadas" (STJ, 4ª T., REsp 39.705/SP, Rel. Min. Sálvio de Figueiredo, decisão de 24-3-1997).

Observe-se, ainda, que a Emenda Constitucional n. 45/2004 ("reforma do Judiciário") não incluiu a *interpretação conforme* e a *declaração parcial de inconstitucionalidade sem redução do texto* no bojo do art. 102, § 2º, da Carta Magna.

> **Art. 102.** (...)
> "§ 2º As decisões definitivas de mérito, proferidas pelo Supremo Tribunal Federal, nas ações diretas de inconstitucionalidade e nas ações declaratórias de constitucionalidade produzirão eficácia contra todos e efeito vinculante, relativamente aos demais órgãos do Poder Judiciário e à administração pública direta e indireta, nas esferas federal, estadual e municipal."

Não haveria sentido em equiparar a *interpretação conforme* e a *declaração parcial* aos dois mecanismos de controle abstrato de normas. Eles não se destinam ao mesmo papel exercido pela ação direta de inconstitucionalidade e pela ação declaratória de constitucionalidade, ainda que se afigurem instrumentos destinados a preservar o ordenamento jurídico.

Finalmente, a *interpretação conforme* manifesta-se *com* ou *sem redução do texto*.

a) Interpretação conforme com redução do texto

Ocorre quando certa terminologia ambígua é declarada inconstitucional por estar violando a *lex legum*.

Impugna-se, pois, sua redação viciosa, contrária à supremacia das normas constitucionais.

Exemplo: na ADIn 1.127-8, o Supremo concedeu medida liminar para suspender a eficácia da expressão "ou desacato", prevista no art. 7º, § 2º, do Estatuto da OAB (Lei n. 8.906/94).

Ao reduzir o alcance do preceito, concedeu imunidade material aos advogados, numa *interpretação conforme* do art. 133 da Carta de Outubro.

b) Interpretação conforme sem redução do texto

A *interpretação conforme sem redução do texto* é uma modalidade de decisão da Corte alemã, plenamente aceita e utilizada pelo nosso Supremo Tribunal Federal (STF, ADIn 1.510-9-ML/SC, Rel. Min. Carlos Velloso, *DJ*, 1, de 25-2-1997).

Possui natureza *decisória*, não consistindo, meramente, numa modalidade interpretativa.

Ao revestir-se numa modalidade especial de ato decisório, encarregado de declarar a nulidade sem a redução do texto, ela poderá *conceder* ou *excluir* da norma impugnada determinado sentido que a torne compatível com a constituição.

> **Ao concluir que a *interpretação conforme* é, ao mesmo tempo, critério hermenêutico e mecanismo de controle de normas, decidiu o Pretório Excelso:** "O mesmo ocorre quando a Corte dessa natureza (constitucional), aplicando a *interpretação conforme à constituição*, declara constitucional uma lei com a interpretação que a compatibiliza com a Carta Magna, pois, nessa hipótese, há uma modalidade de inconstitucionalidade parcial (a inconstitucionalidade parcial sem redução do texto), o que implica dizer que o tribunal constitucional elimina — e atua, portanto, como legislador negativo — as interpretações por ela admitidas, mas inconciliáveis com

◆ Cap. 8 ◆ INTERPRETAÇÃO DA CONSTITUIÇÃO

a Constituição" (STF, Pleno, Repr. 1.417-7, Rel. Min. Moreira Alves, v. u., j. em 9-12-1987, *DJ* de 15-4-1988, *RTJ*, *126*:48).

Nesse ínterim, a *interpretação conforme* sem redução do texto desdobra-se em dupla vertente:

* *interpretação conforme sem redução do texto concessiva* — concede à norma impugnada uma interpretação que lhe preserve a constitucionalidade;

> **Decidiu o Supremo Tribunal Federal:** "Quando, pela redação do texto no qual se inclui a parte da norma que é atacada como inconstitucional, não é possível suprimir dele qualquer expressão para alcançar essa parte, impõe-se a utilização da técnica de concessão da liminar para a suspensão da eficácia parcial do texto impugnado sem a redução de sua expressão literal, técnica essa que se inspira na razão de ser da declaração de inconstitucionalidade sem redução do texto em decorrência de este permitir interpretação conforme à Constituição" (STF, Pleno, ADIn 1.344-1/ES (medida liminar), Rel. Min. Moreira Alves, *DJ*, 1, de 19-4-1996, p. 12212). O Pretório Excelso adotou a técnica em estudo para declarar "inconstitucional a expressão contida no art. 276, § 2º, da Lei n. 10.098, do Estado do Rio Grande do Sul, bem como declarar que os §§ 3º e 4º desse mesmo artigo só são constitucionais com a interpretação que exclua da aplicação deles as funções ou empregos relativos a servidores celetistas que não se submeteram ao concurso aludido no art. 37, II, da parte permanente da Constituição Federal, ou referido no § 1º, art. 19, do ADCT" (STF, Pleno, ADIn 1.150-2-ML/RS, Rel. Min. Moreira Alves, *DJ* de 17-4-1998, capa).

* *interpretação conforme sem redução do texto excludente* — exclui da norma impugnada uma interpretação que possa torná-la inconstitucional.

> **Jurisprudência do STF:** o Pretório Excelso tem adequado a Carta de 1988 a diversos preceitos legais impugnados, mediante a redução dos seus respectivos campos de interpretação. Por votação unânime, a Corte "deferiu, em parte, o pedido de medida cautelar, para, sem redução do texto e dando interpretação conforme à Constituição, excluir, com eficácia *ex tunc*, da norma constante no art. 90 da Lei n. 9.099/95, o sentido que impeça a aplicação de normas de direito penal, com conteúdo mais favorável ao réu, aos processos penais com instrução iniciada à época da vigência desse diploma legislativo" (STF, Pleno, ADIn 1.719-9-ML, Rel. Min. Moreira Alves, *DJ*, 1, de 27-2-1998, capa). Desse modo, "A interpretação conforme é plenamente aceita e utilizada pelo Supremo Tribunal Federal, no sentido de dar ao texto do ato normativo impugnado compatibilidade com a Constituição Federal, mesmo se necessário for a redução de seu alcance" (STF, ADIn 1.510-9-ML/SC, Rel. Min. Carlos Velloso, *DJ*, 1, de 25-2-1997). Por votação majoritária, a Colenda Corte "indeferiu o pedido de medida cautelar, para a interpretação conforme à constituição e sem redução de texto afastar qualquer exegese que inclua, no âmbito de compreensão da Lei Complementar n. 87, de 13-9-1996, a prestação de serviços de navegação ou de transporte aéreo" (STF, ADIn 1.600-8-ML/DF, Rel. Min. Sydney Sanches, *DJ*, 1, de 6-2-1998, p. 2).

CAPÍTULO 9

APLICABILIDADE E EFICÁCIA DAS NORMAS CONSTITUCIONAIS

✦ 1. APLICABILIDADE CONSTITUCIONAL

É a possibilidade de incidência da norma constitucional no caso concreto.

Aplicável, pois, é o preceito da carta maior capaz de produzir efeitos jurídicos.

Efetivamente, é o Judiciário que aplica a carta maior ao caso concreto.

O Legislativo, contudo, ao fazer leis, também aplica a constituição; o Executivo, ao expedir decretos, aplica normas constitucionais; o administrador ou o servidor público, ao ditar atos administrativos, aplicam normas gerais; simples particulares, quando celebram contratos ou fazem testamentos, aplicam norma geral.

Para a aplicabilidade constitucional realizar-se é preciso que as normas de uma constituição, além de vigentes e válidas, sejam juridicamente *eficazes*.

> **Recordemos:**
> - **vigência constitucional** — período que vai da entrada em vigor da carta maior até a sua revogação;
> - **vocatio constitutionis ou vocacio legis constitutionalis** — período em que as normas constitucionais ficam esperando para entrar em vigência. Exemplos: a Constituição brasileira de 1967, assinada em 24 de janeiro, vigorou em 15 de março daquele ano. A EC n. 1/69 veio a lume em 17-10-1969 e só entrou em vigor no dia 30 do mesmo mês; e
> - **validade constitucional** — conformidade fática entre o comportamento disciplinado na norma constitucional e as consequências jurídicas daí decorrentes.

Sem a observância desses *requisitos gerais de aplicabilidade*, não há cogitar em aplicação da carta magna, já que uma norma só pode incidir sobre o fato social se estiver apta a produzir efeitos jurídicos.

> **Nesse sentido:** Flaminio Franchini, *Efficacia delle norme costituzionale*, p. 201.

Assim, aplicabilidade e eficácia constitucionais são faces de uma mesma moeda, porque uma norma só é aplicável à medida que for eficaz.

Como fenômenos conexos, podem ser assim concebidas:
- **aplicabilidade** = realizabilidade = incidência das constituições; e
- **eficácia** = potencialidade = capacidade das constituições gerarem efeitos.

✦ 2. EFICÁCIA CONSTITUCIONAL

Eficácia constitucional é a capacidade das normas supremas do Estado produzirem *efeitos*.

Esses *efeitos* variam em grau e profundidade.

É o que estudaremos ao longo deste capítulo.

◆ Cap. 9 ◆ APLICABILIDADE E EFICÁCIA DAS NORMAS CONSTITUCIONAIS   **359**

✦ 3. EFICÁCIA NORMATIVA DAS CONSTITUIÇÕES

Eficácia normativa ou técnico-jurídica é a simples possibilidade de aplicação da norma constitucional.

Não se busca aqui o *sucesso* da carta magna, mas a sua aptidão técnica para produzir efeitos jurídicos.

A eficácia normativa é um atributo *in fieri*, ou seja, intrínseco, de toda e qualquer norma constitucional.

Por isso, não existe na constituição norma "não jurídica".

Todas as normas constitucionais gozam de eficácia normativa, sendo aplicáveis nos limites dessa eficácia.

Logo, são imperativas, taxativas, cogentes ou mandamentais, não veiculam meros conselhos, avisos, recomendações ou lembretes.

Exemplo: o art. 226, § 3º, da Carta de 1988 consagrou a união estável entre homem e mulher. Antes mesmo de ser regulamentado, o dispositivo já tinha eficácia normativa, pois indicava, em seu relato, a possibilidade de sua aplicação.

Veja-se que a eficácia normativa pode ser *vinculatória* ou *aplicatória*.

Possuem *eficácia de vinculação* aqueles preceitos que, como o nome já diz, *vinculam* o legislador, compelindo-o a regulamentá-los. Exemplo: o próprio art. 226, § 3º.

Apresentam *eficácia de aplicação* os dispositivos prontos para serem aplicados. Exemplo: o art. 2º da *Lex Mater* (princípio da separação de Poderes).

Aliás, logo ao nascer, os preceitos constitucionais revogam todas as disposições que lhes forem contrárias.

Isso demonstra que não há norma constitucional sem eficácia jurídica.

Até as normas programáticas, limitadas por essência, possuem um *mínimo de eficácia*, uma vez que, como veremos, consagram o dever do legislador de regulá-las.

O *mínimo de eficácia* é a possibilidade de todo e qualquer preceito constitucional produzir, concretamente, efeitos normativos, sob pena de não ter vigência.

> **Mínimo de eficácia:** "Uma norma que nunca, e em parte alguma, é aplicada e respeitada, isto é, uma norma que não é eficaz em certa medida, não será considerada como norma válida. Um mínimo de eficácia é a condição de sua vigência" (Hans Kelsen, *Teoria generale delle norme*, p. 98).

E se, da ótica normativa, a constituição não for aplicada pelo Judiciário, regulamentada pelo Legislativo, seguida pelo Executivo, tampouco obedecida pelos seus destinatários, ela continua eficaz?

Sim. Mesmo inefetiva, sociologicamente falando, ela continua produzindo efeitos normativos ou técnico-jurídicos.

A desobediência à constituição não é capaz de "matar" a sua eficácia normativa.

O "tiro de morte", nesse caso, é na eficácia sociológica.

Quando as normas constitucionais são desrespeitadas, e tornam-se letra morta, algo corriqueiro no Brasil, o problema é de efetividade, ou seja, de eficácia social, não de eficácia técnico-jurídica.

✦ 4. EFICÁCIA SOCIAL DAS CONSTITUIÇÕES

Eficácia social ou sociológica é a incidência concreta e regular das normas constitucionais sobre os acontecimentos da vida. É o mesmo que *efetividade*, pois faz prevalecerem os fatos sociais e os valores positivos inseridos nas constituições.

Mediante a eficácia social, o texto maior concretiza-se no seio da sociedade, cumprindo-se na prática.

Norma constitucional efetiva, portanto, é aquela obedecida, seguida e aplicada, correspondendo aos *fatores reais do poder* que regem a sociedade.

Sem eficácia social a *vontade da constituição* não se realiza, porque seus comandos perdem a importância.

O que se busca com a eficácia social é o *sucesso* da constituição.

Note-se que a *efetividade* depende da *eficácia jurídica* para materializar-se.

Uma norma constitucional não se realiza (*efetividade*) se inexistir a mínina *chance* de ser aplicada (*eficácia normativa*).

✦ 5. CLASSIFICAÇÃO DA APLICABILIDADE E EFICÁCIA DAS NORMAS CONSTITUCIONAIS

Existem diversos enquadramentos eficaciais para as normas supremas do Estado, porque a eficácia das constituições é um fenômeno essencialmente *plural*.

Decerto, as normas constitucionais produzem diversos efeitos, além dos normativos e sociológicos que acabamos de estudar.

Há um *gradualismo eficacial das normas constitucionais*, no dizer de Liet Veaux, cujos efeitos variam em grau, profundidade e extensão (*Droit constitutionnel*, 1949).

Se é certo que todas as disposições de uma constituição produzem, em maior ou menor grau, efeitos jurídicos, mais exato ainda é que esses efeitos submetem-se a um escalonamento.

Qual a justificativa para esse *gradualismo eficacial das constituições*?

Seria ingênuo admitir normas constitucionais de idêntica eficácia, sempre prontas para serem aplicadas, porque as constituições são diplomas incompletos. Albergam múltiplos interesses, que derivam de forças antagônicas. Elaboradas em ambientes conturbados, a realização de suas promessas e de seus compromissos fica sob os cuidados do legislador ordinário, que, numa etapa futura da vida constitucional do Estado, irá implementar as aspirações cristalizadas no texto supremo.

Daí as normas constitucionais classificarem-se quanto aos efeitos e à aplicabilidade.

Nesse particular, o contributo de José Afonso da Silva foi decisivo (*Aplicabilidade das normas constitucionais*, 1968).

Considerando três critérios distintos, concluiu que as normas constitucionais podem ser de eficácia plena e aplicabilidade imediata; de eficácia contida e aplicabilidade imediata; e de eficácia limitada (por princípio institutivo ou princípio programático).

A tipologia de José Afonso da Silva, atual em nossos dias, é o critério adotado pelo Pretório Excelso, com algumas variações terminológicas.

> **Variações terminológicas:** na 3ª sessão administrativa, realizada em 24-6-1998, o Supremo Tribunal Federal utilizou as expressões "norma não autoaplicável" e "norma dependente de lei formal", em vez de *norma de eficácia limitada*. No RE 286963/MG, menciona-se a terminologia "norma autoaplicável" (Rel. Min. Sepúlveda Pertence, decisão de 29-3-2005).

Ao lado dessas espécies, incluímos três outras: **(i)** normas constitucionais de eficácia absoluta e aplicabilidade imediata, aviltradas por Pinto Ferreira, em 1979; **(ii)** normas de eficácia esvaída e aplicabilidade esgotada, categoria esta que passamos a esboçar, de modo autônomo, a partir de 2012; e **(iii)** normas constitucionais de eficácia exaurida e aplicabilidade esgotada, por nós propostas, no ano 2000.

> **Fontes:** Pinto Ferreira, Eficácia (direito constitucional), in *Enciclopédia Saraiva do Direito*, p. 162; Uadi Lammêgo Bulos, *Constituição Federal anotada*, p. 335.

Temos, assim, a seguinte classificação:

* normas constitucionais de eficácia absoluta e aplicabilidade imediata;
* normas constitucionais de eficácia plena e aplicabilidade imediata;
* normas constitucionais de eficácia contida e aplicabilidade imediata;
* normas constitucionais de eficácia limitada e aplicabilidade diferida;
* normas constitucionais de eficácia esvaída e aplicabilidade esgotada; e
* normas constitucionais de eficácia exaurida e aplicabilidade esgotada.

◆ Cap. 9 ◆ APLICABILIDADE E EFICÁCIA DAS NORMAS CONSTITUCIONAIS 361

a) Normas constitucionais de eficácia absoluta e aplicabilidade imediata

As normas constitucionais de eficácia absoluta e aplicabilidade imediata possuem uma supereficácia paralisante de toda a atividade reformadora que venha, expressa ou implicitamente, contrariá-las.

O critério que se leva em conta aqui para aferir a produção de efeitos da norma constitucional é a *modificabilidade da carta magna.*

Seria apropriada a inclusão das normas de eficácia absoluta na tipologia eficacial das constituições?

Evidente que sim; do contrário, admitiríamos que os preceitos relativos à reforma constitucional são destituídos de efeitos, dispensando categorização eficacial.

> **Em sentido contrário:** José Afonso da Silva considera imprópria a inclusão das normas absolutas na tipologia eficacial das constituições, por se basear no critério da intangibilidade constitucional, e não na aplicabilidade propriamente dita. Assegura que as normas absolutas nada mais são do que normas de eficácia plena (*Aplicabilidade das normas constitucionais*, 3. ed., p. 87). Não aderimos a tais ideias. Em primeiro lugar, as prescrições absolutas não se confundem com as plenas. Em segundo, os preceitos intangíveis também são passíveis de aplicação, motivo pelo qual a irreformabilidade dos mesmos é plenamente suscetível de ser classificada quanto à produção de seus efeitos.

Eis as características dos preceitos de eficácia absoluta:

- podem ser chamados de *normas de eficácia total*, pois produzem efeitos paralisantes de toda manifestação legislativa que vier a conspurcá-los;
- independem de lei para terem aplicação imediata, direta ou integral;
- são inalteráveis, paralisando, totalmente, propostas de emendas e revisões constitucionais que pretendam reformulá-los, mediante *duplo processo revisional* (*v.* Cap. 7, n. 6.8.3, *a*); e
- funcionam como *normas constitucionais de bloqueio*, impedindo que leis ou atos normativos venham, direta ou indiretamente, contrariá-los.

> **Eficácia de bloqueio:** exceto as normas de eficácia exaurida e aplicabilidade esgotada, todas as demais — absolutas, plenas, contidas e limitadas — podem apresentar *eficácia de bloqueio*. **Exemplos:** CF/88, arts. 2º; 5º; 14; 22; 25, § 3º; 60, § 4º; 148, I e II; 170, I a IX etc.

Como *normas de bloqueio*, espargem efeitos positivos e negativos:

- **Efeitos positivos** — as *normas constitucionais de eficácia absoluta positiva* impedem a ação do *legislador reformador* por força das cláusulas pétreas. Não podem ser alteradas por meio do processo de revisão ou emenda, sendo intangíveis, logrando incidência imediata. Exemplo: emenda constitucional não poderá excluir o *habeas corpus* da Carta Magna, porque ele é uma garantia individual (CF, art. 60, § 4º, IV).
- **Efeitos negativos** — as *normas constitucionais de eficácia absoluta negativa* paralisam a ação do *legislador ordinário*. Obstaculizam toda legislação comum que vier, expressa ou implicitamente, vulnerá-las. Têm aplicação direta, são irreformáveis e ab-rogativas (suprimem e revogam leis inconstitucionais). Exemplo: lei complementar não poderá ser editada ao arrepio do pacto federativo (CF, art. 1º c/c o art. 60, § 4º, I).

> **Hipótese excepcional:** mediante revolução, um ato de força, as *normas constitucionais de eficácia negativa*, como quaisquer outras, podem ser destruídas, eliminadas, e até substituídas. Mas essa é uma hipótese excepcional, que se dá com a implantação de um novo ordenamento jurídico.

No Texto de 1988, exemplificam as normas de eficácia absoluta e aplicabilidade imediata as cláusulas pétreas (art. 60, § 4º, I a IV) e os dispositivos associados à intangibilidade (arts. 1º; 2º; 5º, I a LXXVII; 14 etc.).

b) Normas constitucionais de eficácia plena e aplicabilidade imediata

As normas constitucionais de eficácia plena e aplicabilidade imediata não precisam de providência legislativa para ser utilizadas, já que possuem todos os elementos necessários à sua executoriedade direta e integral.

Características principais:

- conhecidas como *normas de aplicação, normas autoaplicáveis, normas completas, normas bastantes em si* ou *normas autoexecutáveis* (*self-executing provisions, self-enforcing provisions* ou *self-acting provisions*);
- podem ser aplicadas desde o momento que entram em vigor, dada a potencialidade integral e direta da produção de seus efeitos;
- criam situações de vantagem ou de vínculo que se tornam, desde logo, exigíveis; e

> **Pensamento jurisprudencial prevalecente:** "Ementa: *Funcionário público.* Vencimentos. Décimo terceiro salário. Percepção com base na remuneração integral do servidor. Arts. 5º, § 1º; 7º, VIII; e 39, § 2º, da Constituição da República. Direito incorporado ao patrimônio, de aplicação imediata e independentemente de lei regulamentadora. Recurso provido. Se a gratificação natalina deve ser paga levando em conta a remuneração integral do servidor, abrangendo o padrão, adicionais, sexta parte e outras vantagens, não há motivo para se aguardar a regulamentação por lei ordinária ou complementar. Trata-se de direito incorporado ao patrimônio do servidor e de aplicação imediata" (TJSP, 6ª Câm. Civ., AC 175.293-1/SP, Rel. Des. Ernani de Paiva, decisão de 24-9-1992). **Doutrina:** Paolo Barile, *Il soggetto privato nella Costituzione italiana*, 1953; Caetano Azzariti, *Problemi attuali di diritto costituzionale*, 1951; Ugo Natoli, *Limite costituzionale dell'autonomia privata nel rapporto di lavoro*, 1955; G. Balladori Pallieri, *Diritto costituzionale*, 1976.

- podem vir em qualquer parte da constituição, principalmente na orgânica.

Interessante observar que os preceitos de eficácia plena, se comparados às normas de eficácia absoluta, *assemelham-se* e *distinguem-se* delas.

Assemelham-se, porque ambas possuem aplicabilidade imediata, independendo de *interpositio legislatoris* para incidir concretamente.

Distinguem-se, porque as normas constitucionais de eficácia plena podem ser revistas ou emendadas, pela ação do poder reformador, em virtude de não apresentarem efeitos absolutos, enquanto as de eficácia total, como vimos, são intangíveis.

Em nossa Constituição, ilustram as normas de eficácia plena e aplicabilidade imediata os arts.: 2º; 14, § 2º; 17, § 4º; 19; 20; 21; 22; 24; 28, *caput*; 30; 37, III; 44, parágrafo único; 45, *caput*; 46, § 1º; 51; 60; 156 etc.

c) Normas constitucionais de eficácia contida e aplicabilidade imediata

As normas constitucionais de eficácia contida e aplicabilidade imediata são as que podem ser restringidas ou suspensas pelo legislador ordinário.

Sob a ótica da aplicabilidade, as normas *contidas* aproximam-se das *plenas* por incidirem de imediato e delas se distanciam pela contenção de sua eficácia.

Por outro lado, os preceitos contidos assemelham-se aos de eficácia limitada pela possibilidade de regulamentação legislativa.

Contudo, são inconfundíveis:

> normas de eficácia contida = as leis podem <u>RESTRINGIR-LHES</u> o alcance
> normas de eficácia limitada = as leis podem <u>AMPLIAR-LHES</u> o alcance

Raramente as constituições consagram normas de eficácia contida e normas de eficácia limitada num mesmo dispositivo.

É o caso do art. 37, VII, do Texto de 1988. Ao passo que admite a existência de lei específica para **restringir** o direito de greve (*eficácia contida*), abre portas para o legislador **ampliar** o seu exercício (*eficácia limitada por princípio institutivo*).

◆ Cap. 9 ◆ APLICABILIDADE E EFICÁCIA DAS NORMAS CONSTITUCIONAIS

Eis as características dos dispositivos de eficácia contida:
- também chamadas de *normas de eficácia contível, redutível ou restringível* ou, ainda, *normas de integração restringível*;
- apresentam uma *cláusula de redutibilidade*, permitindo que leis subalternas componham seu significado — exemplo: o § 1º do art. 9º do Texto Maior autoriza o legislador a definir serviços ou atividades essenciais;
- a própria constituição pode restringir ou suspender-lhes a eficácia, e não apenas o legislador; assim, existem certos fatores, previstos nas constituições, que influenciam os efeitos das normas contidas — exemplo: a liberdade de reunião (art. 5º, XVI) pode sofrer restrição ou suspensão em períodos de estado de defesa ou de sítio, independentemente da existência de leis para dispor sobre o assunto (CF, arts. 136, § 1º, I, *a*, e 139, IV);
- abrigam conceitos genéricos, vagos, indeterminados, que, ao restringir ou suspender situações subjetivas ativas ou de vantagem, atrelam a atuação do Poder Público — exemplo: o art. 5º, XXII, prevê o direito de propriedade, e os incisos XXIV e XXV do mesmo preceito restringem o seu exercício, permitindo desapropriação por *necessidade pública, utilidade pública* ou *interesse social*; também consagram ideias vagas, contendo a produção de efeitos da norma constitucional, as noções de *interesse econômico, motivos de ordem pública, bons costumes, paz social, perigo público iminente* etc.;
- na falta de leis para regulamentar-lhes, devem ter aplicação imediata — exemplo: enquanto inexistir lei para reger todas as situações correlatas à liberdade de locomoção, o art. 5º, XV, da *Lex Mater* deverá ser aplicado imediatamente;
- apresentam a função eficacial de resguardo, pois certos conceitos neles estabelecidos, ou leis que ainda serão editadas, resguardam-lhes os efeitos originários (*normas constitucionais de resguardo*); e
- situam-se em qualquer parte da constituição, principalmente entre os seus elementos limitativos.

No Texto de 1988, exemplificam as normas de eficácia contida e aplicabilidade imediata os arts.: 5º, VII, VIII, XII, XIII, XV, XXIV, XXV, XXVII, XXVIII, XXIX e XXXIII; 15, IV; 37; 84, XXVI; 139; 170, parágrafo único; 184, *caput* etc.

c.1) Enquadramento eficacial do art. 5º, § 1º, da Carta de 1988

Dispõe o § 1º do art. 5º da Carta Maior:

"As normas definidoras dos direitos e garantias fundamentais têm aplicação imediata".

Mas, afinal, todos os incisos do art. 5º são autoexecutáveis, como sugere a leitura desse parágrafo?

O estudo das normas de eficácia contida demonstra-nos que nem todas as liberdades públicas do art. 5º produzem efeitos plenos.

Certamente, o parágrafo acima transcrito deve ser visto *cum granun salis*, porque as liberdades públicas têm aplicação imediata se, e somente se, a Carta Suprema não exigir a feitura de leis para implementá-las.

> **Novidade constitucional:** o § 1º do art. 5º da Carta de 1988 foi uma novidade introduzida em nossas Constituições, cuja fonte de inspiração foi o Texto português de 1976 (art. 18, I).

Exemplo: a aplicação plena da liberdade de trabalho condiciona-se à lei (art. 5º, XIII), evidenciando que a mensagem do § 1º do art. 5º é relativa, pois nem todos os direitos fundamentais bastam-se a si próprios.

Deveras, muitos preceptivos do art. 5º, a exemplo dos incisos VIII, XIII, XXVII, XXVIII, XXIX, só serão plenamente exequíveis se existirem leis para regê-los.

Assim, há direitos e garantias fundamentais essencialmente incompletos na Carta de 1988, carecendo de regulamentação.

É o caso do princípio da inviolabilidade das comunicações telefônicas (art. 5º, XII). Evidente que o juiz, para aplicá-lo, deve recorrer à Lei n. 9.296, de 24 de julho de 1996. Só assim obterá os detalhes normativos que permeiam essa liberdade pública.

- impedem que o legislador ordinário edite normas em sentido oposto ao direito nelas inserido;
- condicionam, de modo pleno e integral, a produção legislativa futura, paralisando leis que venham vulnerá-las (*eficácia de bloqueio*); e
- apontam o regime político e os fins sociais que informam a ordem jurídica.

No Texto de 1988, exemplificam as normas programáticas os artigos: 7º, XI, XX, XXVII; 21, IX; 23; 170; 173, § 4º; 196; 205; 211; 215; 216, § 3º; 218, *caput*; 226, § 2º; 227 etc.

e) Normas constitucionais de eficácia esvaída e aplicabilidade esgotada

Norma constitucional de eficácia esvaída é aquela cuja eficácia normativa ou jurídica já se esgotou por completo.

Formalmente, sua aplicabilidade também já se esgotou, embora exigências oriundas do fato social cambiante prolonguem a sua aplicação em determinados casos.

Do ponto de vista da eficácia social, portanto, a aplicabilidade das normas esvaídas, mesmo esgotada do ângulo jurídico, afigura-se possível.

Exemplificando, pelo art. 22 do ADCT, do Texto de 1988, "É assegurado aos defensores públicos investidos na função até a data de instalação da Assembleia Nacional Constituinte o direito de opção pela carreira, com a observância das garantias e vedações previstas no art. 134, parágrafo único, da Constituição".

Pois bem.

O preceptivo transcrito, referente à carreira dos defensores públicos, investidos na função até 31 de janeiro de 1987, mesmo depois de esvaído, continuou sendo aplicado, para não deixar sem tutela certas situações particulares, que precisavam ser equacionadas.

Notemos que não houve qualquer inconstitucionalidade em beneficiar, mediante a aplicação do art. 22 do ADCT, a carreira dos defensores públicos, porque incide, em todo esse contexto, o princípio da máxima efetividade das normas constitucionais.

Quer dizer, conferir aplicabilidade a uma norma constitucional de eficácia esvaída não é praxe inconstitucional, sob pena de se deixar à míngua direitos e prerrogativas constitucionais.

A justificativa para tudo isso reside na seguinte ponderação: se, da ótica jurídica, as normas esvaídas chegaram a termo, o mesmo não se pode dizer numa perspectiva sociológica, pois é plenamente possível um preceptivo esvaído permanecer efetivo, apresentando eficácia social.

Aí está o detalhe da norma esvaída: embora não mais apresente eficácia jurídica, ela pode continuar produzindo efeitos sociais (efetividade).

É o caso do art. 9º do ADCT, da Constituição brasileira de 1988, a saber: "Os que, por motivos exclusivamente políticos, foram cassados ou tiveram seus direitos políticos suspensos no período de 15 de julho a 31 de dezembro de 1969, por ato do então Presidente da República, poderão requerer ao Supremo Tribunal Federal o reconhecimento dos direitos e vantagens interrompidos pelos atos punitivos, desde que comprovem terem sido estes eivados de vício grave".

Tal dispositivo, depois de esvaído, ficou, por muitos anos, apresentando eficácia sociológica até o dia em que a Corte Suprema, por maioria de votos, julgou extinta ação originária especial, ajuizada em 2-4-2008, por militar cassado pelo Ato Institucional n. 5, exaurindo-lhe todos os efeitos (STF, AOE 27/DF, Rel. Min. Cármen Lúcia, j. 10-8-2011. Precedente citado: AOE 17/RS, *DJU* de 25-5-2001).

Nesse diapasão, podemos dizer que norma constitucional de eficácia esvaída não é a mesma coisa que norma constitucional de eficácia exaurida.

A norma de eficácia esvaída é um estágio anterior à norma de eficácia exaurida.

Por isso, resolvemos, a partir de 2012, estudar as normas de eficácia esvaída, como categoria autônoma, de modo a evitar confusões.

> **Registro:** dois trabalhos adentraram nos meandros das normas de eficácia esvaída: o primeiro foi produzido, em 1992, pelo então estudante do quarto semestre do curso de Direito Uadi Lammêgo Bulos, intitulado Para a revisão constitucional de 1993 (*Jornal A Tarde*, Salvador, Caderno 1, p. 6, 18 jul. 1992); o segundo, elaborado, em 1994, pelo publicista, poeta e professor Carlos Ayres Britto, com o título Revisão constitucional: norma de eficácia esvaída (*RTDP*, n. 6, p. 158-168, 1994).

◆ Cap. 9 ◆ APLICABILIDADE E EFICÁCIA DAS NORMAS CONSTITUCIONAIS 367

Quando uma norma de eficácia esvaída corresponde a uma norma de eficácia exaurida, foi porque ela deixou de ser esvaída, tornando-se exaurida.

A partir do momento em que uma norma esvaída desvanece, por completo, os seus efeitos jurídicos e sociológicos, ela se transforma numa norma de eficácia exaurida.

Exemplo: pelo art. 26 do ADCT, da Carta de Outubro, "No prazo de um ano a contar da promulgação da Constituição, o Congresso Nacional promoverá, através de Comissão mista, exame analítico e pericial dos atos e fatos geradores do endividamento externo brasileiro". Essa norma se esvaiu em 5-10-1989. Mas, como sabemos, o assunto nela versado só foi enfrentado anos depois. Assim, o art. 26, a partir de 5-10-1989, qualificou-se como preceito de eficácia esvaída, apenas passando a ser um dispositivo de eficácia exaurida no início da década de 1990.

Na realidade, as normas constitucionais de eficácia esvaída são normas em trânsito para o exaurimento.

Falta-lhes um *plus*, um quê, um algo a mais, para se tornarem, em caráter definitivo, letra morta, de modo a não espargirem, no meio social, um ceitil, sequer, de efetividade.

As normas esvaídas submetem-se à ação do tempo, o qual lhes imprime o último sopro de vida, tornando-as exauridas, algo que também pode advir, até, de uma sentença judicial, como ocorreu na AOE 27/DF e na AOE 17/RS, que tramitaram no Supremo Tribunal Federal.

Toda norma de eficácia esvaída, mais cedo ou mais tarde, tornar-se-á uma norma de eficácia exaurida, pois, vale reiterar, as normas constitucionais de eficácia esvaída são normas em trânsito para o exaurimento.

Quando começamos a escrever, em fevereiro de 1997, a nossa *Constituição Federal anotada*, constatamos que vários textos constitucionais contemporâneos, e não apenas a Carta brasileira de 1988, tinham, em seus respectivos articulados, normas cuja eficácia jurídica já havia sido sepultada, perdurando, contudo, a sua efetividade.

Embora essas prescrições estivessem, no campo normativo, desvanecidas, elas não estavam totalmente "mortas". Apresentavam uma espécie de sobrevida, regendo, em caráter excepcional, situações particulares. Os seus efeitos não eram, de todo, esgotados.

Percebendo todas essas sutilezas, propomos, em 2000, o adjetivo *exaurido* para cognominar certas normas cuja produção de efeitos jurídicos e sociológicos se esgotaram simultaneamente, ao contrário das esvaídas, cuja efetividade poderia, em casos específicos, persistir.

Examinemos, então, as normas de eficácia exaurida.

f) Normas constitucionais de eficácia exaurida e aplicabilidade esgotada

Normas de eficácia exaurida e aplicabilidade esgotada são aquelas, como o próprio nome diz, que já extinguiram a produção de seus efeitos.

Por isso, encontram-se dissipadas ou desvanecidas, esgotando, assim, sua aplicabilidade.

As características delas são as seguintes:

- não mais apresentam eficácia jurídica, tampouco eficácia social ou sociológica (efetividade), porquanto desvaneceram, completamente, todos os seus efeitos normativos e sociológicos. Por exemplo, a Constituição de 1988 só pode ser alterada por emenda, porque o expediente revisional, previsto no art. 3º do ADCT, já se esgotou. Eis aí uma norma de eficácia exaurida e aplicabilidade esgotada;

- equivalem às disposições constitucionais transitórias que desempenharam, rigorosamente, a tarefa ou encargo para que foram propostas, não sendo mais aplicáveis — exemplo: inúmeros preceitos do ADCT da Carta de 1988;

  > **Estatística:** curioso observar que a nossa Constituição Federal as prevê em número muito maior do que constituições inteiras. Enquanto toda a Constituição da China Popular de 1978 possuía sessenta artigos, somente o ADCT de nosso Texto Supremo é composto de mais de noventa dispositivos, muitos deles desdobrados em parágrafos e incisos.

- disposições transitórias que ainda não cumpriram o seu desiderato, continuando em vigor, não se classificam como normas de eficácia exaurida, afinal podem apresentar efeitos plenos, contidos, limitados, conforme o caso — exemplo: art. 84 do ADCT (norma de eficácia plena até 31-12-2007); e

- uma vez que os efeitos das normas exauridas já se esgotaram, elas não mais podem ser aplicadas, exceto se o constituinte originário, com uma nova carta magna, ou o legislador reformador, mediante emenda constitucional, restaurar-lhes a eficácia normativa; nesse caso, sujeitam-se a novo enquadramento eficacial — exemplo: o prazo final de validade do art. 84 do ADCT era 31 de dezembro de 2004, quando esgotaria a sua eficácia. Porém, a Emenda Constitucional n. 42/2003 acresceu o art. 90 às disposições transitórias da Carta de Outubro, prorrogando para 2007 a cobrança de contribuição provisória sobre movimentações financeiras. Resultado: até 31 de dezembro de 2007, o art. 90 classifica-se como norma de eficácia plena e aplicabilidade integral, e não como preceito de eficácia exaurida.

Na Carta de 1988, exemplificam as normas de eficácia exaurida e aplicabilidade esgotada: arts. 1º, 2º, 14, 20, 25, 48 do ADCT etc.

✦ 6. IMPERATIVIDADE EFICACIAL DAS NORMAS CONSTITUCIONAIS

Quando estudamos a eficácia normativa das constituições, vimos que as suas normas são imperativas, porque não trazem meros conselhos, avisos, recomendações ou lembretes.

As normas constitucionais, independentemente do grau de eficácia que apresentem, são mandamentos imperativos, cogentes, taxativos, pois prescrevem, explícita ou implicitamente, o que "deve ser" a conduta dos indivíduos, dos órgãos públicos, das autoridades e instituições.

Até as normas de eficácia limitada, a exemplo das programáticas, são imperativas, porquanto não é dado ao legislador desconhecer-lhes o valor jurídico (eficácia normativa).

Sem dúvida, os preceitos constitucionais não podem ser apenas classificados quanto aos efeitos que produzem, e nos limites de sua aplicabilidade. Isso porque eles participam de uma conjuntura maior, sendo imprescindível explicar o modo como a sua cogência se exterioriza.

Decerto, há uma imperatividade eficacial nas constituições que se manifesta de diversas maneiras e, para fins didáticos, convém ser classificada.

Assim, do ponto de vista da imperatividade de seus efeitos, as prescrições constitucionais classificam-se em:

- **Mandatórias (preceptivas e proibitivas)** — seu cumprimento é obrigatório e inescusável, tanto para estatuir um *facere* como um *non facere* (exemplo: CF, art. 5º, II, IV etc.). Quando impõem uma conduta positiva, um fazer, tornam-se normas *preceptivas* (exemplo: CF, arts. 5º, *caput*; 44; 164 etc.). Mas se revelarem um comportamento negativo, um não agir, consignam normas *proibitivas* ou *vedatórias* (exemplo: CF, arts. 5º, III, XLV, XXXVII, XI, XII; 14, § 2º; 17, § 4º; 142, § 3º, IV etc.). Pode ocorrer *bipolaridade eficacial*, ou seja, um mesmo dispositivo estatuir, simultaneamente, efeitos positivos e negativos, como sói com o art. 5º, XVII: "é plena a liberdade de associação para fins lícitos [*preceptiva*], vedada a de caráter paramilitar [*proibitiva*]".
- **Facultativas (ou permissivas)** — consagram permissões, sem, contudo, obrigar ninguém a fazer ou não fazer algo. Logo, constituem uma exceção às normas mandatórias proibitivas ou vedatórias. Exemplos: CF, arts. 18, § 3º; 22, parágrafo único; 25, § 3º; 60; 154, I; 182, § 4º. Mas existem normas facultativas e, ao mesmo tempo, mandatórias proibitivas. Exemplo: CF, art. 53 (permite à União decretar impostos, proibindo Estados e Municípios de os instituírem) etc.
- **Diretivas (diretórias, prospectivas ou programáticas)** — visam orientar a atividade legislativa futura. Dirigem-se, pois, ao legislador, mostrando-lhe um caminho a seguir, a fim de concretizar programas de ação, metas e diretrizes essenciais à vida do Estado. Têm, portanto, um caráter prospectivo, de nítido colorido ideológico, porque procuram incutir na mente dos legisladores a necessidade de regulamentar os assuntos nelas veiculados. Exemplos: CF, arts. 170 (objetivos da ordem econômica); 215 (garantia dos direitos culturais); 218 (promoção do desenvolvimento científico e tecnológico) etc.

◆ Cap. 9 ◆ APLICABILIDADE E EFICÁCIA DAS NORMAS CONSTITUCIONAIS   369

- **Dispositivas (ou remissivas)** — funcionam como normas complementares de outros preceitos constitucionais. Incidem de modo obrigatório, estipulando condições para o exercício de direitos e deveres de natureza pública. Rubricamo-as de *remissivas* porque elas deixam a realização de seus objetivos a cargo de certos preceitos da carta magna que com ela mantêm liame de reciprocidade. Além de imperativas, são irrenunciáveis e inderrogáveis, vinculando os seus destinatários. Exemplo: o art. 155, § 2º, VI, remete o intérprete ao inciso XII, *g*, do mesmo preceito, só facultando aos Estados e ao Distrito Federal deliberar sobre isenção, incentivos e benefícios fiscais, na forma estabelecida em lei complementar. Quer dizer, tais entidades federativas não estão obrigadas a decretar impostos de sua competência, porém estão impedidas de criar outros. Veja-se que para chegarmos a tais ilações recorremos à *norma constitucional dispositiva*, prevista no art. 155, § 2º, VI e XII, *g*, da Carta de Outubro.

✦ 7. EFEITOS TEMPORAIS DA NORMA CONSTITUCIONAL

Com o advento de uma nova constituição, as leis e atos normativos da ordem jurídica pregressa continuam válidos ou precisam ser refeitos?

É possível a nova constituição assegurar, expressamente, a continuidade da vigência de artigos da carta magna anterior?

O que ocorre com atos legislativos incompatíveis com a nova constituição?

Pode a nova constituição revalidar normas constitucionais revogadas?

Após o surgimento do novo texto magno, as normas revogadas da carta suprema antiga podem passar à categoria de leis comuns?

Todas essas perguntas constituem objeto de investigação do *Direito Constitucional Intertemporal.*

> **Direito Constitucional Intertemporal:** é o capítulo da Teoria Geral do Direito que cuida dos conflitos temporais decorrentes da nova constituição.

Sem embargo, é difícil administrar o passado, o presente e o futuro das constituições, porque, nesse campo, deparamo-nos:
- com o *conflito de normas constitucionais no tempo*;
- com a *retroatividade e irretroatividade das constituições*; e
- com a garantia do *direito adquirido, do ato jurídico perfeito e da coisa julgada*.

Esses assuntos serão estudados mais à frente.

Por enquanto, vejamos como a constituição nova se posiciona perante a ordem jurídica antiga, buscando o auxílio de certos princípios reitores do Direito Intertemporal *lato sensu*.

Eles ajudam a saber como as normas constitucionais novas se relacionam, no tempo, com as antigas.

a) *Princípio da recepção*

Com o advento de uma nova constituição, as leis e atos normativos da ordem jurídica pregressa continuam válidos ou precisam ser refeitos?

Pelo princípio da recepção, continuam válidos todos os atos legislativos editados na vigência do ordenamento anterior, sendo recebidos e adaptados à nova ordem jurídica.

Logo, não precisam ser reeditados, recriados ou refeitos, mediante outra manifestação legislativa.

Exemplo: a Lei n. 5.172/66, que instituiu o Código Tributário Nacional, foi recepcionada pela Carta de 1988. Embora tenha sido criada com quórum de lei ordinária, vem fazendo as vezes de lei complementar, harmonizando-se com a mensagem insculpida no art. 146 e quejandos da *Lex Mater*.

Assim, para as leis do ordenamento antigo serem recepcionadas é preciso que sejam compatíveis com a nova carta maior.

b) *Princípio da recepção material*

É possível a nova constituição assegurar, expressamente, a continuidade da vigência de artigos da carta magna anterior?

Pelo princípio da recepção material, o novo texto supremo pode assegurar a vigência de normas constitucionais pretéritas, mantendo-lhes em vigor no ordenamento jurídico récem-implantado.

Exemplo: a Carta de 1988 determinou que o sistema tributário nacional deveria vigorar a partir do primeiro dia do quinto mês seguinte ao da sua promulgação, ficando mantido, até essa data, o do Texto de 1967 (art. 34, *caput*, § 1º).

Observe-se que o princípio da recepção material opera-se no campo das disposições transitórias, cujas normas, precárias e efêmeras, têm prazo certo de validade.

Portanto, o terreno onde viceja o ditame da recepção material é o dos preceitos constitucionais de eficácia exaurida e aplicabilidade esgotada.

Finalmente, a recepção material é um vetor, necessariamente, expresso. Só vem à tona se existir mandamento explícito na nova carta magna prevendo-lhe a incidência, como ocorreu no Texto brasileiro de 1988 (art. 34, *caput*, e § 1º).

c) Princípio da revogação

O que ocorre com atos legislativos incompatíveis com a nova constituição?

Pelo princípio da revogação, atos legislativos incompatíveis com o novo documento supremo são deste expulsos.

Qualquer antagonismo é repelido em nome da supremacia constitucional e da presunção de constitucionalidade das leis e dos atos do Poder Público.

Assim, as leis não recepcionadas pela nova ordem jurídica perdem a sua vigência, por força dos efeitos ab-rogativos do ditame da revogação. Nem precisa existir preceito revogatório expresso para que seja assim; afinal, todas as pautas de comportamento desconformes com o novo texto maior saem da ordem jurídica, automaticamente.

A simples manifestação constituinte de primeiro grau concretiza, de imediato, o ditame da revogação; pois *lex posterior derogat priori* (*lei posterior derroga a anterior*).

Vale lembrar que a incompatibilidade das leis ou atos normativos com o novo texto magno nada tem que ver com o fenômeno da inconstitucionalidade.

Estudamos esse tema, detalhadamente, quando vimos que revogação é uma coisa e inconstitucionalidade outra (*v*. Cap. 5, n. 4).

Assim, não há cogitar em controle de constitucionalidade de leis ou atos normativos revogados, quer pelo método difuso, no caso concreto, quer mediante controle em tese, por via de ação direta genérica (*v*. Cap. 6, n. 8.2.6, *g.2*).

> **Em sede legislativa:** o art. 1º, parágrafo único, II, da Lei n. 9.882/99 possibilita o ajuizamento da arguição de preceito fundamental quanto a atos revogados.

d) Princípio da repristinação

Pode a nova constituição revalidar leis ou atos normativos revogados por constituições antigas?

Conforme o princípio da repristinação, é possível revalidar normas dantes revogadas, ressuscitando-lhes os efeitos.

> **Etimologia da palavra *repristinação*:** o prefixo latino *re* significa fazer de novo, restaurar, refazer. *Pristinus*, por seu turno, computa ideia de anterioridade, antiguidade, retorno ao que era e deixou de ser.

Essa prática deve ser repelida, venha de onde vier, porque compromete a certeza e a segurança das relações jurídicas.

Leis ou atos normativos revogados pela manifestação constituinte originária anterior não devem ser soerguidos pela nova ordem constitucional.

A repristinação é, assim, prática condenável, inadmitida, na sistemática da Carta de Outubro, pelo Supremo Tribunal Federal.

> **Nesse sentido:** "A recepção de lei ordinária como lei complementar pela Constituição posterior a ela só ocorre com relação aos seus dispositivos em vigor quando da promulgação desta, não

◆ Cap. 9 ◆ APLICABILIDADE E EFICÁCIA DAS NORMAS CONSTITUCIONAIS 371

havendo que pretender-se a ocorrência de efeito repristinatório, porque o nosso sistema jurídico, salvo disposição em contrário, não admite a repristinação (art. 2º, § 3º, da Lei de Introdução ao Código Civil)" (STF, 1ª T., AgRg 235.800/RS, Rel. Min. Moreira Alves, *DJ* de 25-6-1999).

No Brasil, a Lei de Introdução às Normas do Direito Brasileiro abre a possibilidade de o legislador instituir, expressamente, a repristinação (art. 2º, § 3º).

Em tese, pois, é possível a repristinação no Direito Constitucional brasileiro.

Na prática, contudo, muito dificilmente leis refeitas produzem efeitos válidos, pois, quando o constituinte as ab-roga, elas perdem a vigência, não mais podendo ser reestabelecidas, recuperadas ou restauradas, salvo por disposição expressa.

Em verdade, se a nova Carta Maior revalidar leis revogadas na vigência de constituições pregressas, causará seriíssimas dificuldades na aplicação do Direito, pondo em xeque a segurança das relações sociais.

Exemplo: a Constituição de 1988 não poderá recepcionar lei produzida na vigência do Texto de 1946, revogada pela Carta de 1967, recuperando-lhe os efeitos.

Recorde-se que o instituto da repristinação, aqui estudado, nada tem que ver com os efeitos repristinatórios do controle abstrato de normas, disciplinados pela Lei n. 9.868/99 (art. 11, § 2º).

Conforme vimos, a reentrada em vigor da norma *aparentemente* revogada (efeitos repristinatórios) não se confunde com a reentrada em vigor da norma *efetivamente* revogada (repristinação).

e) *Princípio da desconstitucionalização*

Normas constitucionais revogadas na vigência da ordem jurídica antiga podem passar à categoria de leis comuns com o surgimento do novo texto magno?

Segundo o princípio da desconstitucionalização, normas constitucionais revogadas podem passar ao nível infraconstitucional.

A nova constituição recepciona as antigas normas constitucionais, mas na qualidade de leis ordinárias.

Exemplo: o Texto de 1937 desconstitucionalizou o mandado de segurança, criado pelo constituinte de 1934, disciplinando-o no Decreto-Lei n. 1.608/39 (art. 319).

Eis as principais características do princípio da desconstitucionalização:

* Ao adquirir o *status* de lei, a norma, outrora constitucional, não mais integra o articulado da constituição; muda de roupagem e continua em vigor. Fica ao arbítrio do legislador ordinário, podendo ser alterada ou supressa a qualquer tempo (Esmein, *Éléments de droit constitutionnel français et comparé*, p. 582).
* Não precisa existir previsão constitucional expressa para o princípio vir à baila. Na França do século XIX, por exemplo, muitos preceitos constitucionais passaram ao posto de leis comuns, espontaneamente. Vez ou outra, contudo, o constituinte enuncia-o de modo explícito, como a Carta portuguesa de 1976 (art. 292º) e a Constituição do Estado de São Paulo de 1967 (art. 147). Isso, contudo, voltamos a repetir, não é pré-requisito para a concretização do primado.
* Seu exercício em nada fere a carta maior, até porque se a norma constitucional antiga, agora integrante da legislação comum, atritar com a obra constituinte originária, sujeitar-se-á ao crivo do controle de constitucionalidade.

CAPÍTULO 10

CARACTERÍSTICAS DAS CONSTITUIÇÕES BRASILEIRAS

✦ 1. PANORAMA DAS NOSSAS CONSTITUIÇÕES

Ao longo da história constitucional brasileira, nossas constituições participaram de um processo histórico bastante diferenciado.

Da Carta Imperial de 1824 (originada por ato imperial de D. Pedro I, após a dissolução da Assembleia Constituinte, convocada em 1823), chegando à Constituição Republicana de 1988 (fruto de ampla participação popular, abrigando um torvelinho de interesses de variadíssima gama), o Brasil passou por transformações profundas que refletiram na própria concepção de Estado.

Basta ver que no constitucionalismo pátrio apenas quatro constituições foram democrática e livremente votadas e promulgadas por Assembleias Constituintes (1891, 1934, 1946 e 1988), enquanto as demais surgiram de atos ilegítimos de outorga (1824, 1937, 1967 e 1967 com a reforma empreendida pela EC n. 1/69).

Além dessas constituições, o Brasil teve mais duas de natureza provisória, provenientes de governos revolucionários:

- a Constituição provisória instituída pelo Decreto n. 1, de 15 de novembro de 1889; e
- a Constituição provisória instituída pelo Decreto n. 19.398, de 11 de novembro de 1930.

✦ 2. CONSTITUIÇÃO DE 1824

A "Constituição Política do Imperio do Brazil" foi *jurada* em 25 de março de 1824.

O Diploma Constitucional do Império, fortemente influenciado pelas ideias de Clermont Tonerre e Benjamin Constant, sobretudo na formulação da dinâmica e estrutura do Poder Moderador, foi a receita institucional encontrada pelo Imperador para perpetuar-se no trono. Almejava armar a filha e a Rainha com os mesmos instrumentos políticos da realeza que concentrou em suas mãos.

A mecânica do Poder Moderador, denominado por Benjamin Constant *Poder Real*, foi o ponto mais debatido dos temas políticos do Segundo Reinado no Brasil. Pode-se até dizer que a sua organização é a fonte da Carta imperial de 1824.

As ideias de Benjamin Constant deram azo à concepção de um poder moderador entre os poderes estatais. Daí a sua frase: "la chef de toute organisation politique". Essa máxima fixou-se na Carta Imperial: "O Poder Moderador é a chave de toda a organização política" (art. 98).

Até mesmo no seu *Jornal íntimo*, Constant mencionou essa criação do seu espírito, aproveitada de um obscuro autor do tempo: Clermont Tonerre.

> **Exposição de Benjamin Constant:** a "exposição mais completa feita por Constant, sobre o assunto, encontra-se no opúsculo *Princípios de Política*, publicado em 1815, e incluídos mais tarde na obra intitulada *Curso de Política Constitucional* (edição de 1872)" (Afonso Arinos de Melo Franco, *O constitucionalismo de D. Pedro I no Brasil e em Portugal*, p. 10).

A Constituição de 1824 instituiu a forma unitária de Estado, privilegiando a centralização político-administrativa e a forma monárquica de governo.

♦ Cap. 10 ♦ CARACTERÍSTICAS DAS CONSTITUIÇÕES BRASILEIRAS   **373**

O território brasileiro foi dividido em Províncias, administradas por um "presidente", nomeado pelo Imperador e exonerável *ad nutum*.

Consagrou a religião católica como a oficial do Império. Assegurava, todavia, a prática de cultos domésticos e particulares por outras religiões, as quais ficaram condicionadas a não edificar templos.

Reconheceu a existência de quatro funções do poder político: legislativa, moderadora, executiva e judiciária:

* *Função legislativa* — delegada à Assembleia Geral, formada pela Câmara dos Deputados, eletiva e temporária, e pelo Senado, organizado mediante eleição provincial, sendo os seus membros designados pelo Imperador, em lista tríplice, para uma investidura vitalícia.
* *Função moderadora (ou neutra)* — chave de toda a organização política do Império, foi atribuída, exclusivamente, ao Monarca, que interferia no exercício das outras. No âmbito legislativo, nomeava senadores, dissolvia a Câmara de Deputados, convocava extraordinariamente a Assembleia Geral, sancionava e vetava proposições legislativas. Na esfera executiva, nomeava e exonerava Ministros de Estado. Na judiciária, suspendia juízes, exercendo a clemência soberana de réus condenados por sentença.
* *Função executiva* — chefiada pelo Monarca (pessoa sagrada e inviolável, sem qualquer dever de responsabilidade), que era servido por Ministros de Estado, os quais administravam a Corte. Ademais, o próprio Rei examinava as proposições legislativas, submetidas ao seu poder de sanção ou de veto, o qual era tácito. Caracterizava-se pelo decurso, *in albis*, do prazo de um mês. Passadas duas legislaturas, dentro do período de quatro anos cada uma, e sendo o projeto reapresentado e aprovado pela Assembleia Geral, a lei estava, automaticamente, sancionada.
* *Função judiciária* — desempenhada por juízes, com a participação de jurados. O Tribunal do Júri possuía competência em matéria penal e civil, nas hipóteses previstas na legislação. Quanto às garantias da Magistratura, era assegurada ao juiz a vitaliciedade, mas não a inamovibilidade. O órgão de cúpula do Poder Judiciário era o Supremo Tribunal de Justiça, formado por juízes togados, advindos das relações provinciais, e nomeados de acordo com a antiguidade.

Na Carta de 1824, consagrou-se o sufrágio censitário. Só podia votar quem preenchesse os seguintes requisitos econômico-financeiros:

* eleitor de Província (renda 200 mil-réis);
* deputado (renda de 400 mil-réis); e
* senador (renda de 800 mil-réis).

Graças ao voto censitário, a Carta de 1824 foi apelidada de "Constituição da mandioca", pois levava em conta a riqueza de uma sociedade rural e agrária, em que a farinha de mandioca era a moeda utilizada para calcular a renda dos produtores rurais.

Curiosamente, o Texto do Império trazia um extenso rol de liberdades públicas, convertidas numa Declaração de Direitos.

Nesse particular, foi influenciada pelas Revoluções Americana, de 1776, e Francesa, de 1789.

O sustentáculo da Carta de 1824, na realidade, foi o binômio monarquia × escravidão.

Certamente, os lucros oriundos da malfadada coisificação do ser humano fizeram com que o Texto do Império fosse o de maior duração dentre todas as nossas constituições: sessenta e cinco anos!

✦ 3. CONSTITUIÇÃO DE 1891

A "Constituição da República dos Estados Unidos do Brazil" foi *promulgada* em 24 de fevereiro de 1891.

Estabeleceu a forma federativa de Estado, com rígida separação de competência entre a União e os Estados-membros, consagrando a técnica do federalismo dualista.

Adotou a República como forma de governo.

Transformou as Províncias do Império em Estados federados, convertendo em Distrito Federal o Município Neutro (o antigo Município do Rio de Janeiro).

Sob influência da doutrina de Montesquieu, previu a organização tripartite das funções do Poder (legislativa, executiva e judiciária).

A função legislativa era exercida pelo Congresso Nacional, formado pela Câmara dos Deputados e pelo Senado Federal. Seus membros sujeitavam-se aos ditames da eletividade e temporariedade dos seus mandatos.

O Distrito Federal passou a ter representatividade, tanto na Câmara dos Deputados como no Senado da República.

A função executiva era exercida pelo Presidente da República. Este era eleito, mediante sufrágio universal, em votação popular e direta. Se nenhum dos candidatos obtivesse a maioria absoluta dos votos, restaria ao Congresso Nacional eleger, por maioria simples, um dentre os dois candidatos mais votados.

A função judiciária estruturou-se, no âmbito da União, com juízes e tribunais federais. Na esfera dos Estados-membros, organizou-se com juízes e tribunais locais. O STF, órgão de cúpula do Judiciário, era composto de quinze Ministros, sendo um deles designado pelo Presidente da República para o cargo de Procurador-Geral da República, situação essa que só se extinguiu com a Reforma Constitucional de 1926.

Os Estados federados passaram a possuir competência legislativa própria em matéria eleitoral, bastando para tanto que se tratasse de processo eletivo para os cargos estaduais e municipais, e, em matéria processual, desde que dissesse respeito às causas submetidas à jurisdição local.

O *habeas corpus* foi previsto expressamente, com a ampliação da Declaração de Direitos. No período vindouro à publicação dessa Constituição, mais especificamente de 1891 a 1926, desenvolveu-se a doutrina brasileira do *habeas corpus*, com forte influência das ideias de Pedro Lessa, secundado por Ruy Barbosa, dando ensejo ao brilhante trabalho de construção jurisprudencial empreendido pelo Supremo Tribunal Federal.

Houve rigorosa separação entre a Igreja e o Estado. O Poder Público manteve-se neutro no que concerne aos debates de cunho religioso, recebendo enorme influência do pensamento positivista.

A propósito, o positivismo impregnou várias partes do texto dessa primeira Constituição republicana. Em virtude disso, houve intensa liberdade de culto a todas as pessoas, haja vista a inexistência de qualquer religião oficial do Estado.

Nesse ínterim, a Carta de 1891 propiciou:
- a secularização dos cemitérios, que passaram a ser administrados pelas autoridades municipais;
- o reconhecimento jurídico, apenas, do casamento civil;
- a proibição de as escolas públicas ministrarem aulas de religião;
- a extinção das nomeações dos bispos e do provimento dos benefícios eclesiásticos (direito do padroado), extinguindo-se, também, o beneplácito régio, que era a aprovação estatal dos decretos conciliares, letras apostólicas, bulas pontifícias e quaisquer outras constituições eclesiásticas, como requisito imprescindível e condicionante da vigência de tais documentos, dentro do território nacional; e
- a eliminação do recurso à coroa, ou seja, da prerrogativa de que dispunha o poder temporal para conhecer e fazer cessar os abusos cometidos por autoridades eclesiásticas.

✦ 4. CONSTITUIÇÃO DE 1934

A "Constituição da República dos Estados Unidos do Brasil" foi *promulgada* em 16 de julho de 1934.

Com a ruptura da concepção liberal de Estado, esse Texto Maior demonstrou grande preocupação e compromisso com a questão social, traduzida pelas disparidades existentes entre os setores produtivos.

Eis suas linhas capitais:
- implantou a Justiça do Trabalho, a Justiça Eleitoral e o voto secreto;
- garantiu o acesso das mulheres à cidadania, cujo direito de votar era obrigatório, exceto se não exercessem função pública remunerada;
- constitucionalizou os direitos sociais;

◆ Cap. 10 ◆ CARACTERÍSTICAS DAS CONSTITUIÇÕES BRASILEIRAS **375**

- criou o mandado de segurança e a ação popular;
- institucionalizou o Ministério Público, o Tribunal de Contas e os Conselhos Técnicos;
- conferiu à União competência exclusiva para legislar sobre processo e matéria eleitoral;
- cognominou o Supremo Tribunal Federal de "Corte Suprema", composta de onze Ministros;
- implantou o modelo cooperativo de federalismo;
- permitiu a criação e manutenção de cemitérios religiosos;
- reconheceu, do ponto de vista jurídico, o casamento religioso, além de considerar indissolúvel o liame matrimonial;
- admitiu o ensino religioso nas escolas públicas, cuja frequência passou a ser facultativa;
- atribuiu primazia à Câmara dos Deputados, restando ao Senado Federal o posto de mero colaborador do mister legiferante; e
- dificultou o processo de revisão constitucional e facilitou a propositura de emendas à constituição.

✦ 5. CONSTITUIÇÃO DE 1937

A "Constituição dos Estados Unidos do Brasil" foi *decretada* em 10 de novembro de 1937.

Chamada de *polaca*, porque Getulio Vargas, embalado na posição universal de descrença da democracia, inspirou-se na Carta ditatorial da Polônia, de 1935, editada por Jósef Pilsudzki, Ministro da Guerra do Premiê Moscicki.

> **Neopresidencialismo:** Karl Loewenstein vislumbrou originalidade no Texto polonês por ter implantado o *neopresidencialismo* (*Teoría de la constitución*, p. 210).

A Carta de 1934 descaracterizou a autonomia das entidades federadas, criando uma espécie de *federalismo nominal*.

Sob sua égide, o Brasil tornou-se um Estado Federal somente na forma, desvirtuando a prática federalista dantes proposta.

Eis seus pontos nucleares:

- possibilitou que os Municípios de uma mesma região se agrupassem para instalar, explorar e administrar serviços públicos comuns;
- destacou o bicameralismo, em que as funções legislativas eram desenvolvidas pelo Parlamento Nacional, formado pela Câmara dos Deputados, eleita por voto indireto, e pelo Conselho Federal (que substituiu o Senado), também eleito indiretamente;
- considerou o Presidente da República "autoridade suprema do Estado", com absoluta imunidade penal, durante o exercício de suas funções, sendo eleito por um Colégio Eleitoral; todavia, se o Presidente indicasse candidato, a eleição presidencial passaria a ser direta e por sufrágio universal entre os dois candidatos: o escolhido pelo Colégio Eleitoral e o indicado por ele;
- conferiu ao Presidente da República o poder de influenciar diretamente as decisões do Judiciário, o que ocorreu em razão do poder discricionário que lhe foi atribuído para submeter ao Parlamento Nacional qualquer lei declarada inconstitucional pelo Judiciário; se essa declaração de inconstitucionalidade, reexaminada pelo Legislativo, viesse a ser confirmada pelo voto de dois terços de ambas as Casas, a decisão do Tribunal ficaria sem efeito;
- reduziu os direitos e garantias individuais, empreendendo a desconstitucionalização do mandado de segurança e da ação popular;
- manteve extinto o cargo de Vice-Presidente da República;
- determinou a nomeação de prefeitos pelo Governador do Estado; e
- eliminou a Justiça Federal de primeira instância, colocando em disponibilidade ou aposentando juízes federais.

✦ 6. CONSTITUIÇÃO DE 1946

A "Constituição dos Estados Unidos do Brasil" foi *promulgada* em 18 de setembro de 1946.

Proveio da redemocratização e reconstitucionalização do Brasil, precedida da queda de Getúlio Vargas.

Com o fim da Segunda Guerra Mundial, o Texto de 1946 surge em ambiente internacional a ele favorável.

Nesse tempo, o Brasil participou, com os Aliados, de movimentos que repeliam as correntes nazi-fascistas, exsurgindo o Manifesto dos Mineiros, a entrevista de José Américo de Almeida, dentre outras ações democráticas.

Houve no mundo do pós-guerra grande retomada dos princípios constitucionais, modificando as constituições existentes ou criando outras, como as da Itália, França, Alemanha, Iugoslávia, Polônia etc.

Dentro desse quadro, foi instalada, no dia 2 de fevereiro de 1946, a Assembleia Constituinte, agregando facções diversas.

Os tópicos elementares da Constituição de 1946 foram os seguintes:

- combateu a hipertrofia do Poder Executivo;
- trouxe o equilíbrio político ao País, pelo regime de seus representantes no Senado e na Câmara;
- fomentou a política municipalista, fortalecendo a autonomia dos Municípios;
- consagrou os postulados constitucionais das liberdades públicas;
- privilegiou o bicameralismo;
- restaurou a figura do Vice-Presidente da República, outorgando-lhe a função de presidir o Senado Federal;
- expandiu os Poderes da União, em detrimento dos Poderes dos Estados;
- determinou que a ordem econômica fosse organizada conforme os princípios da justiça social, conciliando a liberdade de iniciativa com a valorização do trabalho humano;
- condicionou o uso da propriedade ao bem-estar da sociedade, permitindo a desapropriação por interesse social;
- criou novo título referente à família, à educação e à cultura;
- instituiu a Justiça do Trabalho e o Tribunal Federal de Recursos;
- reconstitucionalizou o mandado de segurança e a ação popular;
- conferiu tratamento institucional ao Ministério Público, em título próprio, fora do campo de qualquer das funções exercidas pelo poder estatal; e
- optou por um texto longo e desenvolvido.

> **Análise de um crítico literário:** Álvaro Lins — o primeiro crítico literário brasileiro a tecer considerações sobre um projeto de constituição — percebeu o seu tamanho exagerado. Ao elaborar uma série de seis artigos para a imprensa diária, chegou a indagar se uma carta magna deveria desdobrar-se em muitos artigos e parágrafos, legislando sobre todos os problemas, ou se deveria sintetizar-se em poucos artigos, ocupando-se, apenas, de problemas essenciais. Concluiu, após constatar que o espírito do Projeto era o mesmo de 1891, que o Texto de 1946, era longo, minucioso, prolixo, superabundante, com um tamanho desproporcional e escandaloso (*Jornal de Crítica*, p. 259).

Precisamente pela sua amplitude, a Constituição de 1946 viveu o grande drama dos textos prolixos e pleonásticos: ser cumprida.

Pecou na *efetividade* (eficácia social), não correspondendo, inteiramente, às exigências e aspirações do seu tempo, embora tenha desempenhado o importante papel de restaurar, dentro dos limites do possível, o regime democrático.

Como documento de transição, a Carta de 1946 ficou obsoleta, ao longo dos seus anos de vigência, restando-lhe recorrer ao expediente da *reforma constitucional*, como caminho para não perder a autoridade e não cair no descrédito.

Recebeu, ao todo, vinte emendas, quatro atos institucionais e trinta e sete atos complementares.

◆ Cap. 10 ◆ CARACTERÍSTICAS DAS CONSTITUIÇÕES BRASILEIRAS   **377**

✦ 7. CONSTITUIÇÃO DE 1967

A "Constituição do Brasil", como foi chamada pelo próprio legislador constituinte originário, foi formalmente *promulgada* em 24 de janeiro de 1967.

O Marechal Castello Branco, no exercício da Presidência da República, pretendia dar ao País uma constituição uniforme e harmônica, que representasse a institucionalização dos ideais e princípios da Revolução.

Editou, assim, o Ato Institucional n. 4, de 7 de dezembro de 1966, convocando o Congresso Nacional para se reunir, extraordinariamente, no período de 12 de dezembro de 1966 a 24 de janeiro de 1967.

> **Importante ressalva:** "Ressalte-se, contudo, que o Congresso Nacional, que deliberou sobre referido projeto, *não mais se apresentava como órgão revestido de legitimidade política*, especialmente para esse efeito, tantas e tais as graves ofensas, bem como a arbitrária violência, que sofrera por parte do comando revolucionário. Além disso, ao Congresso foi imposto prazo exíguo (quarenta e dois dias) para o desempenho de suas funções constituintes. É oportuno, aqui, registrar que ao Congresso também *não foi reconhecida a faculdade de substituir o projeto do Executivo* por *outro*, de autoria dos próprios parlamentares. Mais do que isso, *impôs-se* às Mesas das duas casas do Congresso Nacional a obrigação de, *mesmo não concluída a votação do projeto* até o *dia 21-12-1967*, promulgarem a Constituição *segundo* a redação final de uma Comissão Mista, observadas as regras dispostas no art. 8º do Ato Institucional n. 4/66. Na verdade, a *outorga* desse texto constitucional mascarou-se pela utilização de um Congresso Nacional *pressionado* e sem garantias" (José Celso de Mello Filho, *Constituição Federal anotada*, p. 11-12).

Vejamos os itens básicos da Carta de 1967:
- preocupou-se, fundamentalmente, com a segurança nacional;
- conferiu amplos poderes à União e ao Presidente da República, em detrimento das funções legislativa e judicial;
- modificou, rigidamente, o sistema tributário nacional e a discriminação de rendas;
- deu maior amplitude à técnica do federalismo cooperativo, que consistia na participação de uma entidade na receita de outra, com marcante centralização;
- interferiu na autonomia dos Municípios, reduzindo as hipóteses de eleição direta e popular para prefeitos;
- privou o povo do Distrito Federal da representatividade política na Câmara dos Deputados, eliminando também a representação dessa entidade no Senado da República;
- limitou a iniciativa parlamentar para a criação de leis;
- equiparou o salário dos membros do Judiciário e do Ministério Público; e
- consagrou a ação de suspensão de direitos individuais e políticos.

✧ 7.1. Emenda Constitucional n. 1/69 à Constituição de 1967

A "Emenda Constitucional n. 1" foi *imposta* por uma junta militar em 17 de outubro de 1969.

Os Ministros da Marinha de Guerra, do Exército e da Aeronáutica Militar, deram nova redação à Carta de 1967. Aproveitaram a doença e morte do Presidente Costa e Silva, que pretendia revogar o AI-5 para devolver ao País algumas prerrogativas democráticas, e desprezaram, por completo, a Teoria do Direito Constitucional e os reclamos por constituições populares.

Alguns estudiosos consideram a Emenda Constitucional n. 1/69 uma nova e autêntica Constituição. Argumentam, basicamente:
- a emenda que implantou a nova ordem funcionou como simples "mecanismo de outorga"; e
- o *nomen juris* que lhe atribuíram, "Constituição da República Federativa do Brasil", difere daqueloutro de 1967, "Constituição do Brasil", demonstrando tratar-se de outro texto maior.

Para nós, a descomensurada Emenda Constitucional n. 1/69, que abarcou o Texto de 1967 quase por inteiro, não foi suficiente para dar ao Brasil a sua "sétima Constituição".

Inexistiu o exercício legítimo do poder constituinte originário, mas, tão só, o uso anômalo da competência reformadora, que se revestiu na roupagem de uma emenda constitucional hiperampliativa.

Sem dúvida, a figura das emendas constitucionais dissociou-se do seu verdadeiro sentido: empreender mudanças localizadas e em pontos específicos do articulado constitucional, jamais atingindo toda e qualquer matéria.

Nada obstante o rótulo impróprio que lhe puseram — *Constituição da República Federativa do Brasil* — o certo é que a Emenda Constitucional n. 1/69 foi outorgada pela Junta Militar, adaptando os vários atos institucionais e complementares.

> **Registro:** Pontes de Miranda não se deixou enganar pelo nome pomposo da emenda constitucio-
> nal, mantendo firme o título de sua fecunda obra: *Comentários à Constituição de 1967, com a
> Emenda n. 1 de 1969.*

Dentre as "novidades" impostas pela referida Emenda, destacam-se:
- o alargamento da Carta de 1967 (de 189 artigos, passou a ter 200);
- a ampliação da possibilidade de censura às publicações "contrárias à moral e aos bons costumes";
- o aumento para cinco anos do mandato presidencial;
- as eleições indiretas para os governos estaduais; e
- a eliminação das imunidades parlamentares materiais e processuais.

✦ 8. CONSTITUIÇÃO DE 1988

A "Constituição da República Federativa do Brasil" foi *promulgada* em 5 de outubro de 1988.

Convocada pela Emenda Constitucional n. 26, de 27 de novembro de 1985, a Assembleia Nacional Constituinte incumbiu-se de elaborar a sétima Constituição brasileira.

Os trabalhos foram implantados, solenemente, em 1º de fevereiro de 1987, em sessão presidida pelo então Presidente do Supremo Tribunal Federal, Ministro José Carlos Moreira Alves, que vaticinou: "Como sói acontecer em momentos como este, reascendem-se as esperanças, e, de certa forma, renascem devaneios utópicos".

> **Legislação:** assim determinou o art. 2º da EC n. 26/85.

O fato de a Assembleia Nacional Constituinte não ter sido eleita para o propósito exclusivo de fazer a futura Constituição não lhe retirou a legitimidade.

É que, nas eleições gerais de 15 de novembro de 1986, foram eleitos deputados federais e senadores que sabiam da incumbência de elaborar a nova carta magna.

Muitos dos parlamentares federais eleitos participaram do processo constituinte, nada obstante a presença de *senadores biônicos*, cujos mandatos tinham se iniciado em 1982, findando-se em 1990.

> **Senadores biônicos:** os senadores biônicos — resquício autoritário do governo Geisel — estavam
> amparados pela EC n. 1, de 1987, que, alterando o art. 41, § 2º, da EC n. 1/69, previu um terço
> das vagas do Senado para serem preenchidas por eleição indireta.

A participação total de 72 *senadores biônicos*, na Assembleia Constituinte, contudo, foi inexpressiva diante da maioria esmagadora de 487 deputados.

Assim, não há motivos para duvidar da legitimidade do poder constituinte originário, responsável pela feitura da Constituição brasileira de 1988.

> **Em sentido contrário:** para Manoel Gonçalves Ferreira Filho, a Constituição de 1988 não foi obra
> do poder constituinte originário, mas de um poder derivado (*O poder constituinte*,
> p. 168-170).

◆ Cap. 10 ◆ **CARACTERÍSTICAS DAS CONSTITUIÇÕES BRASILEIRAS**   **379**

A teoria clássica do poder constituinte, capitaneada por Emmanuel Joseph Sieyès, não foi desprestigiada diante do fato de a Assembleia Nacional Constituinte ter sido convocada pelos órgãos do poder constituído anterior.

Se o modo convocatório deixou a desejar, se os vícios do sistema representativo da época foram flagrantes, por certo que a ampla participação popular, no processo constituinte, concretizou aquela ideia de *nação*, brilhantemente preconizada por Sieyès (*v.* Cap. 7, n. 2).

Deveras, durante a Assembleia Nacional Constituinte, a participação popular foi intensa.

Inúmeras propostas de emendas advieram, algumas com mais de um milhão de assinaturas. Cerca de cinco milhões de pessoas, aproximadamente, circularam pelo Congresso Nacional.

Com efeito, foi numa quarta-feira, às 16 horas, de 5 de outubro de 1988, que foi promulgada a Constituição atual.

Era o ano que antecedia a queda do muro de Berlim, marco da derrocada dos países socialistas. Ressurgiam as esperanças. Brotavam as expectativas.

Num esforço extraordinário, a grande meta era implantar um Estado Democrático, após vinte e cinco anos de regime militar e quase doze de abertura lenta e gradual.

Enfeixaram num texto extenso, minudente, detalhista, apelidado de "constituição cidadã", uma considerável dose de *utopismo*, bem-intencionado, porém delirante.

Em contrapartida, teve a virtude de espelhar a reconquista das liberdades públicas, superando o vezo autoritário que se impusera ao País.

Num ambiente heterogêneo, soergueu-se novo modelo constitucional.

O clima de apoteose cívica, marcada pelo torvelinho de interesses de variadíssima gama, resultou num projeto inicial de 551 artigos, apresentado pelo relator da Comissão de Sistematização, Deputado Bernardo Cabral.

Nesse ínterim, predominava: o *corporativismo*, dos grupos que manipulavam recursos; o *ideal socialista*, daqueles que queriam fazer justiça social sem liberdade econômica; o *estatismo*, dos que acreditavam que a sociedade não poderia prescindir de tutela; o *paternalismo*, daqueles que queriam que o governo tudo lhes prodigalizasse, sem necessidade do trabalho e do esforço próprio; o *assistencialismo*, dos que supunham que a palavra escrita se converte, de um súbito, em benefícios imediatos; o *fiscalismo*, dos despreocupados com a sobrecarga tributária.

> **Nesse sentido:** Diogo de Figueiredo Moreira Neto, Organizações sociais de colaboração (descentralização social e Administração Pública não estatal), *RDA, 210*:184. **Conferir:** Ney Prado, *Razões das virtudes e dos vícios da Constituição de 1988*, p. 33-89; João Gilberto Lucas Coelho, *A nova Constituição:* avaliação do texto e comentários, p. 11-14.

Consequência disso:

- implantação de um texto constitucional xenófobo, arremedo mal formulado de "constituição dirigente";

    > **Influências estrangeiras:** foi da Constituição portuguesa de 1976 que o constituinte transportou a sequência inicial de organização sistemática do Texto de 1988 (preâmbulo, princípios fundamentais e direitos fundamentais). Outros temas foram constitucionalizados sob a inspiração do Direito alemão, espanhol, italiano, francês, latino-americano e anglo-americano. Eis os *contágios legislativos* de que nos fala Marcel Ancel (*Utilité et méthodes du droit comparé*, p. 57 e s.).

- hegemonia dos grupos de pressão de caráter proteiforme, dos *lobbies* e das classes coorporativas;
- superposição de minúcias írritas, totalmente impróprias para um documento equilibrado e duradouro; e
- sistematização pleonástica, desuniforme e confusa de matérias, com nítido predomínio de normas de eficácia contida e limitada.

No final dos trabalhos constituintes, a estrutura formal da Constituição de 1988 diferia dos textos pregressos: 245 artigos no corpo permanente, e 73 na parte transitória de normas, distribuídos em nove títulos distintos, disfarçados em numeração romana por itens. Somando tudo, tínhamos 318 artigos,

380   ◆ Uadi Lammêgo Bulos ◆

946 incisos, 596 parágrafos e 203 alíneas. Cerca de 200 dispositivos dependiam de leis futuras, complementares e ordinárias.

Estávamos diante de uma das constituições mais prolixas do mundo, a exemplo da Carta da Iugoslávia de 1974, com 406 artigos.

Em sua feição originária, antes das emendas e remendos que sofreu ao longo dos anos, a Carta de 1988 apresentou as seguintes características:

* trouxe uma estrutura formal inovadora no panorama de nossas constituições; originariamente, tinha 245 artigos, no corpo permanente de normas, e 73 na parte transitória, distribuídos em nove títulos distintos;

> **Títulos da CF/1988:** Título I — Dos Princípios Fundamentais; Título II — Dos Direitos e Garantias Fundamentais; Título III — Da Organização do Estado; Título IV — Da Organização dos Poderes; Título V — Da Defesa do Estado e das Instituições Democráticas; Título VI — Da Tributação e do Orçamento; Título VII — Da Ordem Econômica e Financeira; Título VIII — Da Ordem Social; Título IX — Das Disposições Constitucionais Gerais, e Ato da Disposições Constitucionais Transitórias.

* previu *princípios fundamentais*, ao contrário das constituições pregressas, que não demarcaram, logo no intróito, as garantias do homem e da sociedade;
* constitucionalizou a ciência, a tecnologia, a comunicação social, o meio ambiente, atribuindo importância à família, à criança, ao adolescente, ao idoso e ao índio;
* pôs a ordem econômica em título próprio;
* criou: novos Estados, o Superior Tribunal de Justiça, os Tribunais Regionais Federais, o mandado de injunção, o mandado de segurança coletivo, o *habeas data*, a ação de inconstitucionalidade por omissão etc.

Com o correr do tempo, a Carta de Outubro vem sendo submetida a diversas mudanças formais em seu texto originário.

Nunca uma Constituição brasileira foi tão modificada como a de 1988:

* **1ª fase** (*emendas constitucionais pré-revisão*) — antecederam a revisão constitucional prevista no art. 3º do ADCT;
* **2ª fase** (*emendas constitucionais de revisão*) — lastreadas no art. 3º do ADCT; e
* **3ª fase** (*emendas constitucionais pós-revisão*) — empreendidas após o ciclo revisionista previsto no já esgotado art. 3º do ADCT. É a que estamos vivendo.

CAPÍTULO 11

PREÂMBULO CONSTITUCIONAL

✦ 1. SIGNIFICADO

Preâmbulo, do latim *praeambulu*, é a parte introdutória ou preliminar de uma constituição.

Na expressão de Peter Häberle, os preâmbulos são "pontes no tempo", exteriorizando as origens, os sentimentos, os desejos e as esperanças que palmilharam o ato constituinte originário (*El Estado constitucional*, p. 276).

É o documento de intenções que serve para certificar a legitimidade e a origem do novo texto.

Trata-se, pois, de uma *proclamação de princípios*, que não integra o bloco de constitucionalidade da Carta de 1988.

> **Opiniões diferentes:** vimos, no Capítulo 5, n. 10, que nem todos pensam assim. Alguns defendem a possibilidade de a mensagem preambular servir de parâmetro para se aferir a inconstitucionalidade das leis.

Logo, não possui força normativa, sendo destituído de qualquer cogência.

> **Nesse sentido:** Quiroga Lavié, Miguel Ángel Ekmekdjian, J. J. Gomes Canotilho e Vital Moreira, Pinto Ferreira, José Celso de Mello Filho et al. Em sentido contrário, vislumbrando caráter normativo nos preâmbulos: Lafferrière, Burdeau, Schmitt, Hans Nawiaski, Biscaretti di Ruffia, Bidart Campos et al.

No preâmbulo encontramos as diretrizes gerais que inspiraram a feitura de uma carta maior, as justificativas, objetivos e finalidades da nova ordem constituída.

Normalmente, quando os Parlamentos se reúnem para fazer as constituições existe a preocupação natural de demonstrar que o surgimento do novo Estado representa o rompimento com o ordenamento anterior.

É aí que os preâmbulos entram em cena.

Mesmo não fazendo parte do corpo prescritivo da *lex mater*, sintetizam os fins primordiais da nova ordem implantada, traçando as diretrizes políticas, filosóficas e ideológicas do Estado.

Curioso observar que não há padrão fixo para a feitura dos preâmbulos, que variam em conteúdo e tamanho.

Podem existir sínteses lapidares, como, também, longos arrazoados, à guisa de relatórios preliminares ou exposições de motivos.

> **Sobre o tema:** Javier Tajadura Tejada, *El preámbulo constitucional*, p. 5 e s.; Robert Peloux, Le préambule de la Constitution du 27 octobre de 1946, p. 347; Jorge Miranda, *Manual de direito constitucional*, t. 2, p. 233 e s.; Patrícia Fontes Marçal, *O preâmbulo da Constituição Federal do Brasil*, 169 p.

No Brasil, por exemplo, tornou-se praxe inserir, nos prolegômenos das constituições, dados oriundos do próprio ato que as edita.

Basta ver os Textos de 1824 e de 1937, que apresentaram preâmbulos extensos, evidenciando a preocupação de estipular, de modo exaustivo, os objetivos fixados pelo constituinte de primeiro grau.

382 ◆ Uadi Lammêgo Bulos ◆

Já a Emenda Constitucional n. 1/69 não consagrou preâmbulo. A junta militar preferiu tecer considerações técnicas a respeito das mudanças formais encetadas no Texto de 1967.

Encontram-se preâmbulos nos mais importantes textos constitucionais de todos os tempos e lugares, variando em extensão e estilo vernacular.

Assim, aparecem mensagens preambulares nas Constituições dos Estados Unidos de 1787, da Suíça de 1874, da Alemanha de 1919, da Irlanda de 1937, da França de 1946, da Iugoslávia de 1974, da Grécia de 1975, de Portugal de 1976, da Espanha de 1978, de Cabo Verde de 1981, da Guiné-Bissau de 1984, da Nicarágua de 1987 etc.

✦ 2. NATUREZA JURÍDICA

Existem três teses a respeito da natureza jurídica do preâmbulo:

* *tese da irrelevância jurídica* — o preâmbulo situa-se fora do domínio do Direito, colocando-se no campo político ou no setor histórico;
* *tese da eficácia idêntica* — o preâmbulo é um conjunto de preceitos jurídicos que possuem eficácia idêntica à de qualquer outro dispositivo da constituição; e
* *tese da relevância indireta* — o preâmbulo não tem força normativa, embora provenha do mesmo poder constituinte originário que elaborou toda a constituição. Em certa medida, fornece-nos critérios para o entendimento das linhas gerais que inspiraram o ato de feitura das constituições.

Filiamo-nos à terceira corrente.

Normalmente, o preâmbulo proveio da mesma manifestação constituinte originária responsável pela feitura de qualquer outra prescrição constitucional. Mas não é norma jurídica, porque não cria direitos nem estabelece deveres.

Proclama, apenas, princípios e não integra a parte cogente do texto maior.

Daí a sua *relatividade* como parâmetro de interpretação constitucional.

> **Lição clássica de Henry Campbell Black:** o preâmbulo é uma simples declaração de intenções, jamais de direitos ou deveres, propiciando, somente, alguma prova de seu sentido e intenção, embora os argumentos daí deduzidos tenham valor relativo (*Handbook on construction and interpretation of law*, p. 13).

Na Carta de 1988, por exemplo, a liberdade, a segurança, a democracia, o bem-estar, a igualdade só se prestam ao mister interpretativo, se tomados em seu conjunto, quando comparados às demais normas constitucionais.

Assim, o preâmbulo constitui elemento de interpretação e integração dos diversos artigos das constituições, a ponto de dissipar-lhes as dúvidas práticas, orientando a atividade política do governo, se, e somente se, forem concebidos no cômputo geral da manifestação constituinte originária.

Mas se o preâmbulo for tomado de per si, isoladamente do restante da carta suprema, desservirá de paradigma interpretativo. Por isso, a sua importância é relativa na exegese constitucional, motivo pelo qual não constitui atributo de observância obrigatória.

O vigor de seus componentes não pode ser negado, tampouco supervalorizado.

✦ 3. NÃO HÁ INCONSTITUCIONALIDADE POR VIOLAÇÃO DO PREÂMBULO

O preâmbulo propriamente dito não tem força cogente, visto que não vale como norma jurídica, tese consagrada na jurisprudência do Supremo Tribunal Federal.

> **Precedente:** "O preâmbulo da Constituição não tem valor normativo, apresentando-se desvestido de força cogente" (STF, MS 24.645-MC/DF, Rel. Min. Celso de Mello, decisão de 8-9-2003, *DJU* de 15-9-2003).

◆ Cap. 11 ◆ PREÂMBULO CONSTITUCIONAL 383

Resultado: seus princípios não prevalecem diante do texto expresso da constituição.

Em virtude de não apresentar força normativa, desserve de parâmetro para declarar a constitucionalidade ou a inconstitucionalidade normativa.

No Brasil, por exemplo, os direitos sociais e individuais, a liberdade, a segurança, o bem-estar, o desenvolvimento, a igualdade e a justiça, consagrados no preâmbulo da Carta de 1988, não funcionam como paradigma para a declaração de inconstitucionalidade dos atos do Poder Público.

✦ 4. MENSAGEM PREAMBULAR DA CONSTITUIÇÃO DE 1988

Na história constitucional brasileira, tornou-se comum fazer anteceder à constituição um preâmbulo, como o fez a de 1988:

"Nós, representantes do povo brasileiro, reunidos em Assembleia Nacional Constituinte para instituir um Estado Democrático, destinado a assegurar o exercício dos direitos sociais e individuais, a liberdade, a segurança, o bem-estar, o desenvolvimento, a igualdade e a justiça como valores supremos de uma sociedade fraterna, pluralista e sem preconceitos, fundada na harmonia social e comprometida, na ordem interna e internacional, com a solução pacífica das controvérsias, promulgamos, sob a proteção de Deus, a seguinte CONSTITUIÇÃO DA REPÚBLICA FEDERATIVA DO BRASIL".

Algumas observações provêm desse enunciado:

* O objetivo do preâmbulo da Carta de 1988 foi assegurar *valores supremos* (direitos sociais e individuais, liberdade, segurança, bem-estar, desenvolvimento, igualdade e justiça).
* Pela primeira vez a palavra *valores* aparece em nossas constituições. Aliás, ela também foi prevista no inciso IV do art. 1º, para acompanhar os signos *trabalho* e *livre-iniciativa*. Melhor seria que o constituinte tivesse qualificado os valores de *superiores*, e não de supremos. Ora, *supremo* é algo absoluto numa relação de hierarquia de seres, e o preâmbulo não o é com relação às normas constitucionais, não prevalecendo perante estas.

> **Nesse sentido:** Eduardo Costa Silva, Os valores e a Constituição de 1988, *RIL, 109*:61-62. A Constituição espanhola de 1978 utilizou o signo *superiores*: "España se constituye en un Estado Social y Democrático de Derecho, que propugna como valores *superiores* de su ordenamiento jurídico la libertad, la justicia, la igualdad y el pluralismo político" (grifamos).

* O constituinte de 1988 reconheceu que a maior parte da população brasileira crê em Deus.
* A mensagem preambular priorizou o pluralismo da sociedade pluralista (sociedade no sentido de sociedade política ou Estado), em oposição a uma sociedade monista (Estado centralizador e ditatorial), opressiva das liberdades públicas.

✦ 5. EVOCAÇÃO À DIVINDADE

Apenas as Constituições brasileiras de 1891 e de 1937 deixaram de rogar a Deus, em razão da influência do pensamento positivista; as demais, referiram-se ao Ser Supremo.

A presença de Deus nos prêambulos de nossos textos constitucionais revela a face teísta de nossa sociedade. O Brasil não é um país ateu ou agnóstico. Reverencia ao Senhor, sem que isso signifique adesão a este ou àquele movimento religioso.

Aliás, o Deus referido no preâmbulo da Carta de 1988 é ecumênico. Não pertence a este ou àquele credo religioso, pois o Estado brasileiro não tem religião oficial (é leigo, laico ou não confessional). Desde o Texto de 1891, vigora, entre nós, o *princípio da separação entre Estado e Igreja*.

> **Preâmbulo da Carta argentina:** o preâmbulo da Constituição argentina revela a face confessional desse Estado. Segundo Helio Juan Zarini, o Deus lá referido é o do catolicismo (*Análisis de la constitución nacional*, p. 11).

No panorama do constitucionalismo mundial, tornou-se praxe as cartas magnas mencionarem, em seus preâmbulos, o elemento teocrático.

Nesse sentido: "O Direito Constitucional Comparado registra inúmeros outros países que também apresentam uma face teísta em seus preâmbulos. O Deus do chamamento preambular é ecumênico, porquanto nossa sociedade é pluralista e não confessional. O estilo vernacular da invocação não merece censura, pois vale pelo seu conteúdo próprio, pela cosmovisão que traduz, pelo significado da relação" (Francisco Adalberto Nóbrega, *Deus e Constituição:* a tradição brasileira, p. 73).

É obrigatório constar no preâmbulo constitucional a invocação à Divindade?

Segundo a jurisprudência do Supremo Tribunal Federal, não.

Promulgada a Carta de 1988, dos vinte e cinco Estados membros da Federação brasileira, vinte e quatro fizeram o chamamento a Deus. Apenas o Acre não seguiu a tradição.

O fato levou o Partido Social Liberal a ajuizar, na Corte Excelsa, ação direta de inconstitucionalidade contra ato da Assembleia Estadual Constituinte acreana ao argumento de que ela omitiu a expressão "sob a proteção de Deus".

Segundo os litigantes, a omissão feriu os arts. 11 e 25 do Ato das Disposições Constitucionais Transitórias, sem falar que o nome de Deus estaria presente nas constituições de quase todo o mundo.

O Ministro Carlos Velloso, relator da ação, ao julgá-la improcedente, concluiu que o Preâmbulo não constitui norma central da Carta de 1988. Invocar o amparo divino, a seu ver, não consigna algo que deva ser elevado ao posto de norma de reprodução obrigatória em constituições estaduais, não tendo força normativa.

Precedente: STF, Pleno, ADIn 2.076/AC, Rel. Min. Carlos Velloso, v. u., decisão de 15-8-2002.

Juridicamente, pois, não é obrigatória a menção a Deus nos preâmbulos constitucionais.

Contudo o alcance político e literário da mensagem preambular recomenda a presença da Divindade no pórtico das constituições, afinal as palavras introdutórias da carta magna possuem um valor semântico e simbólico que reflete a crença dos povos, algo que transcende a análise puramente técnica da questão.

Se é certo que até os preâmbulos estão sujeitos à incidência de emendas constitucionais, quer para alterá-los, quer para suprimi-los, já que não equivalem a componentes normativos das constituições, também é exato que podem sofrer acréscimos, de modo a receberem o influxo de novos princípios filosófico-políticos, a exemplo do que assegura o elemento teocrático.

CAPÍTULO 12

PRINCÍPIOS FUNDAMENTAIS

✦ 1. QUE SÃO PRINCÍPIOS FUNDAMENTAIS

Princípios fundamentais são diretrizes imprescindíveis à configuração do Estado, determinam-lhe o modo e a forma de ser.

Refletem os valores abrigados pelo ordenamento jurídico, espelhando a ideologia do constituinte, os postulados básicos e os fins da sociedade.

> **Princípios e valores:** para Francisco Javier Díaz Revorio, *princípios* não se confundem com *valores*. Mas ele próprio reconhece que estes últimos — os *valores* — podem servir de *parâmetro de constitucionalidade*, assim como os princípios (*Valores superiores e interpretación constitucional*, p. 172 e s.). Na doutrina italiana, o termo *valor*, que comporta múltiplos significados, é usado numa acepção ampla, interagindo com os *princípios*. Nesse sentido: Gianformaggio, L'interpretazione della Costituzione tra applicazione di regole ed argomentazione basata sul principi, *Rivista Internazionale di Filosofia del Diritto*, [s.l.] n.1, 1985.

São qualificados de *fundamentais*, porquanto constituem o alicerce, a base, o suporte, a pedra de toque do suntuoso edifício constitucional.

Em nossa Constituição, vêm localizados no Título I, arts. 1º a 4º.

Tais princípios possuem força expansiva, agregando, em torno de si, direitos inalienáveis, básicos e imprescritíveis, como a dignidade humana, a cidadania, o pluralismo político etc.

Dessa forma, buscam:

* garantir a unidade da Constituição brasileira;
* orientar a ação do intérprete, balizando a tomada de decisões, tanto dos particulares como dos órgãos legislativo, executivo e judiciário; e
* preservar o Estado Democrático de Direito.

Noções correlatas ao tema:

* **Princípio jurídico** — mandamento nuclear do sistema, alicerce, pedra de toque, disposição fundamental, que esparge sua força por todos os escaninhos do ordenamento. Não comporta enumeração taxativa, mas exemplificativa, porque, além de *expresso*, também pode ser *implícito*. Seu espaço é amplo, abarcando debates ligados à Sociologia, à Antropologia, à Medicina, ao Direito, à Filosofia, e, em particular, à liberdade, à igualdade, à justiça, à paz etc. Exemplo: CF, art. 5º, II (princípio da legalidade — dele se extrai o princípio implícito da autonomia da vontade).
* **Princípio constitucional** — enunciado jurídico que serve de vetor de interpretação. Propicia a unidade e a harmonia do ordenamento. Integra as diferentes partes da constituição, atenuando tensões normativas. Quando examinado com visão de conjunto, confere coerência geral ao sistema, exercendo função dinamizadora e prospectiva, refletindo a sua força sobre as normas constitucionais. Apesar de veicular valores, não possui uma dimensão puramente axiológica, porque logra o *status* de norma jurídica. Violá-lo é tão grave quanto transgredir uma norma qualquer, pois não há gradação quanto ao nível de desrespeito a um bem jurídico. O interesse

tutelado por uma norma é tão importante quanto aquele escudado em um princípio. Exemplo: CF, art. 37, *caput* (princípio da eficiência).

- **Norma-princípio** — a dogmática jurídica atual reconhece que os princípios possuem normatividade. Propõe a construção de um Direito Constitucional *principialista*, em que as *normas* e os *princípios* não se postem como noções completamente antagônicas. Reconhece, contudo, que eles obedecem a diferentes graus de concretização. Assim, os princípios seriam normas jurídicas com um grau de generalidade relativamente elevado. Já as normas lograriam um espectro de ação muito mais reduzido do que os princípios (Esser). Da ótica da determinabilidade ou aplicação no caso concreto, os princípios demandariam um trabalho maior de concretização pela autoridade jurisdicional, enquanto a norma, cuja formulação seria menos vaga, não exigiria grande esforço (Larenz). Do ângulo do sistema das fontes do Direito, os princípios corroborariam normas de índole destacada na ordem jurídica em virtude de sua hierarquia dentro do sistema (Guastini). Os princípios seriam *standards* juridicamente vinculantes, que colimam reclamos de justiça, lastreando-se numa *ideia de direito*, enquanto as normas seriam vinculantes (Dworkin). Exemplo: CF, art. 7º, II (norma-princípio que tutela o seguro-desemprego).

- **Regra jurídica** — é uma proposição científica da Ciência do Direito (Hans Kelsen). No fim dos anos setenta, o conceito de regra jurídica sofreu uma significativa mudança de rumos (Ronald Dworkin, *Taking rights seriously*, 1977). *Regras* não se confundem com *princípios*. As *regras* veiculam *mandados de definição*, aplicando-se, mediante subsunção, sob a forma de *tudo ou nada* (*all or nothing*). Por isso, não comportam meio-termo. Segundo Robert Alexy, improcede a máxima "toda regra tem exceção", pois *regras* são válidas (aplicáveis) ou inválidas (inaplicáveis) (*Teoría de los derechos fundamentales*, 1997). Já os *princípios* seriam *mandados de otimização*. Dentro do possível, realizam-se amplamente, mediante aquelas técnicas interpretativas estudadas no Capítulo 8. Exemplo: CF, art. 40, II (regra jurídica que estabelece a aposentadoria compulsória por idade; quando o servidor completa 70 anos, deve passar à inatividade — veja-se que isso não enseja maiores debates; está definido e pronto).

- **Sobreprincípio** — princípio cujo conteúdo é mais amplo se comparado a outros de menor amplitude. Exemplo: CF, art. 5º, LIV (sobreprincípio do devido processo legal, que abarca princípios restritos, que dele dimanam, como os vetores do juiz natural, do contraditório, da motivação das decisões judiciais etc.).

✦ 2. PRINCÍPIOS FUNDAMENTAIS DA REPÚBLICA FEDERATIVA DO BRASIL

Os *fundamentos* da República brasileira vêm estampados no Título I da Constituição Federal, exteriorizando-se por meio dos seguintes *princípios*:

- **Princípio republicano (art. 1º, *caput*)** — estabelece a forma de governo do Brasil. Consagra a ideia de que representantes eleitos pelo povo devem decidir em seu nome, à luz da *responsabilidade* (penhor da idoneidade da representação popular), da *eletividade* (meio de exercício da representação) e da *temporariedade* (fidelidade do mandato e alternância no poder). A força do vetor republicano ressoa sobre toda a ordem jurídica. Ele não pode sofrer emendas constitucionais, haja vista o limite implícito no art. 60, § 4º, I, da Carta de 1988. Sua observância é obrigatória por parte dos entes federativos, a começar pela União (CF, art. 34, VII, *a*). Do simples cidadão ao Presidente da República, todos devem respeitá-lo. Sua importância é tamanha que quaisquer atos governamentais, legislativos ou judiciais só serão legítimos se forem praticados sob sua égide. Mas o pórtico republicano nem sempre é levado às últimas consequências. O constituinte reformador brasileiro, por exemplo, fulminou-o ao admitir reeleição para cargos públicos unipessoais (EC n. 16/97, que deu nova redação aos arts. 14, § 5º; 28, *caput*; 29, II; 77, *caput*; e 82 da CF). Ora, *república* contrapõe-se a *monarquia*, em que tudo pertencia ao Rei, o qual governava de modo absoluto e irresponsável. A *res* (coisa) *publicae* (povo) foi um brado contra a realeza, em homenagem ao governo responsável e de muitos. A alternância no poder lhe é inata. O povo elege seus representantes para atuarem por uma só vez. Por isso, a Emenda Constitucional n. 16/97, ao assegurar *reeleições*, equiparou o Brasil a um *principado*, fulminando o pórtico republicano.

◆ Cap. 12 ◆ PRINCÍPIOS FUNDAMENTAIS

387

Informações adicionais sobre o princípio republicano:

- **República em Aristóteles** — o filósofo concebeu três formas de governo: a *monarquia* ou *realeza* (governo de um só), a *aristocracia* (governo de mais de um, porém de poucos) e a *democracia* ou *república*, como preferem alguns tradutores (governo do povo). Se essas formas não lograrem o mister para o qual se propõem, ocorrerão degenerações: a monarquia se converte em tirania; a aristocracia, em oligarquia; a democracia ou república, em demagogia.

- **República em Machiavelli** — após Aristóteles, é com Nicoló Di Bernardo Dei Machiavelli, nascido em Florença, em 3 de maio de 1469, que vai surgir nova classificação. Machiavelli estudou os *ciclos de governo*, para afirmar, em 1532, na sua obra *Il principe*, que "os Estados e soberanias que tiveram e têm autoridade sobre os homens, foram e são ou repúblicas ou principados".

- **República em Alexander Hamilton** — depois do italiano Machiavelli, os estudiosos têm classificado as formas de governo em república e monarquia, ou governo republicano e governo monárquico. Alexander Hamilton, por exemplo, profligou: "Quando falamos de representantes, a ideia que naturalmente se apresenta a nossas mentes é que eles se assemelham àqueles que representam. Devem ser a pintura verdadeira do povo, possuir um conhecimento de suas circunstâncias e de suas necessidades, solidarizar-se com todos os seus infortúnios, e estar dispostos a lutar por seus verdadeiros interesses" (*Os artigos federalistas*: 1787-1788, p. 39).

- **Monarquia e República na atualidade** — hoje em dia, os conceitos *monarquia* e *república* vêm perdendo a razão de ser. Com a diminuição do poder das monarquias, que estão quase por completo destituídas de qualquer prerrogativa de mando efetivo, isso tornou-se facilmente perceptível. Nesse sentido, observou Marcelo Caetano: "A distinção hoje existente se prende ao modo de designação do Chefe de Estado, o que nada esclarece quanto às suas realidades essenciais, tais como: a titularidade da soberania, os órgãos e seu exercício, a limitação do poder, a situação dos governados perante os governantes, os fins visados pelos governantes" (*Direito constitucional*, p. 412).

- **Pela Constituição de 1988, o nome do País é o nome do Estado** — a Carta Maior cunhou a nomenclatura *República Federativa do Brasil*. Veja-se que, pelo art. 1º, *caput*, da Constituição, o nome do Estado brasileiro é o nome do País (*República Federativa do Brasil*). Trata-se de mera coincidência, também registrada na Espanha (nome do Estado e do País) e nos Estados Unidos (nome do Estado e do País). Mas o nome do País pode não coincidir com o nome do Estado. Exemplo: Portugal (nome do País e não do Estado) e República portuguesa (nome do Estado e não do País). Tecnicamente, Estado não se confunde com País. O primeiro é composto do povo, território e soberania. Já o segundo refere-se à paisagem, aos aspectos físicos e naturais, ao *habitat*, à flora e à fauna, às crenças, às lendas, aos mitos, manifestando a unidade geográfica, histórica, cultural, econômica e política.

- **Princípio federativo (art. 1º, *caput*)** — prescreve a forma de Estado em vigor no Brasil. Como princípio fundamental, o vetor federativo é responsável pela indissolubilidade do *vinculum foederis* entre União, Estados, Distrito Federal e Municípios (CF, art. 1º, *caput*, c/c o art. 18). Não há, em nossa República, o chamado *direito de secessão*, pelo qual os entes federativos podem ser separados. Logo, União, Estados, Distrito Federal e Municípios não podem sofrer atos segregatórios. Quaisquer tentativas de burla à coexistência harmoniosa, solidária e pacífica entre eles enseja o uso da *intervenção federal* (CF, arts. 34 e s). A exegese da Carta de 1988 deve estar em consonância com o princípio federativo.

Informações adicionais sobre o princípio federativo:

- **Proteção à autonomia dos entes federados** — o respeito ao princípio federativo constitui uma salvaguarda da autonomia das pessoas políticas de Direito Público Interno, evitando ameaças à organização federal constituída (STF, RE 193.712-2/MG, Rel. Min. Maurício Corrêa, *DJ*, 1, de 16-5-1996, p. 16124).

- **Aplicação dos princípios ditos "federais"** — não "ofende a Constituição do Brasil norma constitucional estadual que dispõe sobre aplicação, interpretação e integração de textos normativos estaduais, em conformidade com a Lei de Introdução ao Código Civil. Não há falar-se em quebra do pacto federativo e do princípio da interdependência e harmonia entre os poderes em razão da aplicação de princípios jurídicos ditos 'federais' na interpretação de textos normativos estaduais. Princípios são normas jurídicas de um determinado direito, no caso, do direito brasileiro. Não há princípios jurídicos aplicáveis no território de um, mas não de outro ente federativo, sendo descabida a classificação dos princípios em *federais* e *estaduais*" (STF, ADIn 246, Rel. Min. Eros Grau, *DJ* de 29-4-2005).

- **Princípios extensíveis e pacto federativo** — "Se é certo que a Nova Carta Política contempla um elenco menos abrangente de princípios constitucionais sensíveis, a denotar, com isso, a expansão de poderes jurídicos na esfera das coletividades autônomas locais, o mesmo não se pode afirmar quanto aos princípios federais extensíveis e aos princípios constitucionais estabelecidos, os quais, embora disseminados pelo texto constitucional, posto que não é tópica a sua localização, configuram acervo expressivo de limitações dessa autonomia local, cuja identificação — até mesmo pelos efeitos restritivos que deles decorrem — impõe-se realizar. A questão da necessária observância ou não, pelos Estados- -Membros, das normas e princípios inerentes ao processo legislativo, provoca a discussão sobre o alcance do poder jurídico da União Federal de impor, ou não, às demais pessoas estatais que integram a estrutura da federação, o respeito incondicional a padrões heterônomos por ela própria instituídos como fatores de compulsória aplicação. (...) Da resolução dessa questão central, emergirá a definição do modelo de federação a ser efetivamente observado nas práticas institucionais" (STF, ADIn 216-MC, Rel. Min. Celso de Mello, *DJ* de 23-5-1990).

- **Pacto federativo e exoneração tributária** — "O pacto federativo, sustentando-se na harmonia que deve presidir as relações institucionais entre as comunidades políticas que compõem o Estado Federal, legitima as restrições de ordem constitucional que afetam o exercício, pelos Estados- -Membros e Distrito Federal, de sua competência normativa em tema de exoneração tributária pertinente ao ICMS" (STF, ADIn 1.247-MC, Rel. Min. Celso de Mello, *DJ* de 8-9-1995).

- **Princípio do Estado Democrático de Direito (art. 1º, *caput*)** — reconhece a República Federativa do Brasil como uma ordem estatal justa, mantenedora das liberdades públicas e do regime democrático. A força e intensidade desse princípio projeta-se em todos os escaninhos da vida constitucional brasileira. Transmite a mensagem de que *Estado de Direito* e *Democracia* bem como *Democracia* e *Estado de Direito* não são ideias redundantes ou pleonásticas, porque inexistem dissociadas. Como princípio fundamental, a voz *Estado Democrático de Direito* veicula a ideia de que o Brasil não é um *Estado de Polícia*, autoritário e avesso aos direitos e garantias fundamentais. Em suma, a República Federativa do Brasil é um *Estado Democrático de Direito*, porque assegura direitos inalienáveis, sem os quais não haveria democracia nem liberdades públicas.

  Informações adicionais sobre o princípio do Estado Democrático de Direito:
  - **Origem da expressão** — *Estado de Direito*, sem o qualificativo *democrático*, é tradução literal da palavra alemã *Rechtsstaat*, usada desde o começo do século XIX. Com o tempo, o termo incorporou-se ao vocabulário jurídico e político, significando o oposto de *Polizeistaat* — Estado de Polícia (Estado absolutista). Lembre-se, ainda, que foi Nicoló Di Bernardo Dei Machiavelli o criador do vocábulo *Estado*, cuja raiz latina (*status*) computa ideia de *estabilidade*.
  - **Sinonímia** — no Brasil, Estado Democrático de Direito é a mesma coisa que Estado de Direito Democrático. O Texto Magno optou pela primeira expressão (art. 1º, *caput*).
  - **Fonte de inspiração do constituinte de 1988** — art. 2º da Constituição portuguesa de 1976.
  - **Significado do princípio em Portugal** — "Este conceito — que é seguramente um dos conceitos- -chave da Constituição da República Portuguesa — é bastante complexo, e as suas duas componentes — ou seja, a componente do Estado de direito e a componente do Estado democrático — não podem ser separadas uma da outra. O Estado de direito é democrático e só sendo-o é que é Estado de direito; o Estado democrático é Estado de direito e só sendo-o é que é democrático. Esta ligação material das duas componentes não impede a consideração específica de cada uma delas, mas o sentido de uma não pode deixar de ficar condicionado e de ser qualificado em função do sentido da outra" (Gomes Canotilho e Vital Moreira, *Constituição da República Portuguesa anotada*, p. 73).

- **Princípio da soberania (art. 1º, I)** — revela a qualidade máxima do poder. Trata-se de um conceito que inadmite gradações. É impróprio falar em semissoberania. O Estado é soberano ou não é. Nos termos da Carta de 1988, a soberania apresenta dupla feição: uma *externa* e outra *interna*. Do ponto de vista *externo*, impede que a República Federativa do Brasil fique à mercê de quaisquer injunções internacionais ou estrangeiras, cerceadoras ou subjugadoras do Direito Interno do País. Liga-se, pois, ao princípio da independência nacional (CF, art. 3º, I). Daí o pórtico da soberania também ser chamado de *princípio do governo independente*. Mas do ângulo *interno*, o vetor em estudo confere ao Estado brasileiro autoridade máxima — *summa potestas* — dentro do seu território, não se submetendo a qualquer outro poder. Nessa seara, pessoas físicas ou jurídicas, agrupamentos públicos ou privados, todos, sem exceção, devem-lhe obediência. A soberania interna, por assim dizer, engloba as capacidades de *auto-organização* (poder do Estado de editar suas próprias normas, a começar pela Carta Magna), *autogerenciamento financeiro* (poder do Estado de gerir negócios próprios no âmbito das relações, econômicas — CF, art. 170, I) e *autogoverno* (poder do Estado de se autoadministrar).

◆ Cap. 12 ◆ PRINCÍPIOS FUNDAMENTAIS **389**

Informações adicionais sobre o princípio da soberania:

- **A soberania é um dos elementos do Estado Federal** — a soberania ou governo independente, ao lado do povo e do território, este último implícito no *caput* do art. 1º da *Lex Mater*, constituem os elementos do Estado brasileiro.
- **Atributos da soberania** — a Constituição francesa de 1791, em seu art. 1º, sintetizou os atributos da soberania, os quais passaram a ser reconhecidos nas constituições de todo o mundo: *unidade, indivisibilidade, inalienabilidade* e *imprescritibilidade*. A Carta brasileira de 1988, ao consagrar o pórtico da soberania em seu texto, proibiu a existência de mais de um poder soberano dentro do seu território (*unidade*). Vedou, também, que o poder do Estado seja repartido aleatoriamente (*indivisibilidade*), cedido ou transferido para entes externos (*inalienabilidade*), porque ele deve ser perpétuo, sem qualquer limite no tempo. Estado soberano existe para perdurar, não sendo algo precário, episódico ou efêmero (*imprescritibilidade*).
- **Soberania não se confunde com autonomia** — o *princípio da soberania* não se confunde com o *vetor da autonomia dos entes federativos*. O conteúdo da autonomia insere-se na qualidade máxima do poder que é a soberania. A autonomia, enquanto conceito jurídico, supõe um poder de Direito Público não soberano, capaz de estabelecer, por direito próprio, e não por mera delegação, normas jurídicas cogentes. Nessa tarefa legislativa, a autonomia coloca-se dentro da própria soberania, devendo manter-se nos limites adrede fixados pelo poder soberano. Por isso, União (em sua dimensão interna), Estados, Municípios e Distrito Federal não podem exorbitar a esfera de competências constitucionais, pois são entidades autônomas, jamais soberanas, conquanto a soberania seja imanente à República Federativa do Brasil, só se empregando no âmbito do Estado Federal (cf. Jellinek, *Teoría general del Estado*, p. 405; Raymond Carré de Malberg, *Contribution a la théorie générale de L'Etat*, t. 1; p. 45; Machado Paupério, *O conceito polêmico de soberania e a sua revisão contemporânea*, p. 19).
- **Soberania operacional ou funcional** — nos últimos anos, os autores têm defendido a ideia de que o conceito de soberania deve lograr um sentido *operacional* ou *funcional*. Como lembrou Enrique Ricardo Lewandowski, a "percepção da impotência do Estado para controlar a repercussão interna das decisões econômicas tomadas pelos agentes do mercado, de um lado, e a constatação da existência de entes políticos apenas formalmente soberanos, de outro, levaram alguns estudiosos a conjugar o conceito de soberania com a noção de funcionalidade. A ideia consiste em superar uma visão dicotômica da soberania, compreendida simplesmente em termos afirmativos ou negativos, emprestando-lhe um sentido operacional. Em outras palavras, o Estado é soberano se tiver condições de agir de forma eficaz, sobrepujando os múltiplos condicionamentos que sofre o mundo atual" (*Globalização, regionalização e soberania*, p. 259).
- **Soberania e procedimento citatório** — "O mero procedimento citatório não produz qualquer efeito atentatório à soberania nacional ou à ordem pública, apenas possibilita o conhecimento da ação que tramita perante a justiça alienígena e faculta a apresentação de defesa" (STF, AgRg 10.849, Rel. Min. Maurício Corrêa, *DJ* de 21-5-2004).
- **Soberania e prática de delito:** — "Não pode o Supremo Tribunal Federal avaliar o mérito dos elementos formadores da prova, inclusive a autoria e a materialidade dos delitos cometidos, ora em produção perante a autoridade judiciária do País requerente, tema afeto à sua soberania" (STF, Extr. 853, Rel. Min. Maurício Corrêa, *DJ* de 5-9-2003).
- **Soberania e continuidade delitiva** — "Cabe, assim, à Justiça do Estado requerente, reconhecer soberanamente, desde que o permita a sua própria legislação penal, a ocorrência, ou não, da continuidade delitiva, não competindo ao Brasil, em obséquio ao princípio fundamental da soberania dos Estados, que rege as relações internacionais, constranger o Governo requerente a aceitar um instituto que até mesmo o seu próprio ordenamento positivo possa rejeitar" (STF, Extr. 542, Rel. Min. Celso de Mello, *DJ* de 13-2-1992).
- **Soberania e privilégios diplomáticos** — "Privilégios diplomáticos não podem ser invocados, em processos trabalhistas, para coonestar o enriquecimento sem causa de Estados estrangeiros, em inaceitável detrimento de trabalhadores residentes em território brasileiro, sob pena de essa prática consagrar censurável desvio ético-jurídico, incompatível com o princípio da boa-fé e inconciliável com os grandes postulados do direito internacional. O privilégio resultante da imunidade de execução não inibe a Justiça brasileira de exercer jurisdição nos processos de conhecimento instaurados contra estados estrangeiros" (STF, RE 222.368, Rel. Min. Celso de Mello, *DJ* de 14-2-2003).

- **Princípio da cidadania (art. 1º, II)** — é o *status* das pessoas físicas que estão no pleno gozo de seus direitos políticos ativos (capacidade de votar) e passivos (capacidade de ser votado e, também, de ser eleito). O princípio da cidadania credencia os cidadãos a exercerem prerrogativas e garantias constitucionais, tais como propor ações populares (CF, art. 5º, LXXIII), participar do processo de iniciativa de leis complementares e de leis ordinárias (CF, art. 61, *caput*). Também faculta ao cidadão participar da vida democrática brasileira (*status activae civitatis*). Daí conectar-se com a dignidade da pessoa humana (art. 1º, III), com a soberania popular (CF, art. 1º, parágrafo único), com as

390 ◆ Uadi Lammêgo Bulos ◆

liberdades públicas (CF, art. 5º), com os direitos políticos (CF, art. 14), com o direito à educação (CF, art. 205) etc.

Informações adicionais sobre o princípio da cidadania:

- **Cidadania, *status civitatis* e direitos fundamentais** — na Constituição de 1988, a cidadania é, ao mesmo tempo, um *status* para o cidadão e um direito fundamental.
- **Cidadania e ordem ilegal** — "Ninguém é obrigado a cumprir ordem ilegal, ou a ela se submeter, ainda que emanada de autoridade judicial. Mais: é dever de cidadania opor-se à ordem ilegal; caso contrário, nega-se o Estado de Direito" (STF, HC 73.454, Rel. Min. Maurício Corrêa, *DJ* de 4-6-1996).
- **Princípio da dignidade da pessoa humana (art. 1º, III)** — este vetor agrega em torno de si a unanimidade dos direitos e garantias fundamentais do homem, expressos na Constituição de 1988. Quando o Texto Maior proclama a dignidade da pessoa humana, está consagrando um imperativo de justiça social, um *valor constitucional supremo*. Por isso, o primado consubstancia o espaço de integridade moral do ser humano, independentemente de credo, raça, cor, origem ou *status* social. O conteúdo do vetor é amplo e pujante, envolvendo valores *espirituais* (liberdade de ser, pensar e criar etc.) e *materiais* (renda mínima, saúde, alimentação, lazer, moradia, educação etc.). Seu acatamento representa a vitória contra a intolerância, o preconceito, a exclusão social, a ignorância e a opressão. A dignidade humana reflete, portanto, um conjunto de valores civilizatórios incorporados ao patrimônio do homem. Seu conteúdo jurídico interliga-se às liberdades públicas, em sentido amplo, abarcando aspectos individuais, coletivos, políticos e sociais do direito à vida, dos direitos pessoais tradicionais, dos direitos metaindividuais (difusos, coletivos e individuais homogêneos), dos direitos econômicos, dos direitos educacionais, dos direitos culturais etc. Abarca uma variedade de bens, sem os quais o homem não subsistiria. A força jurídica do pórtico da dignidade começa a espargir efeitos desde o ventre materno, perdurando até a morte, sendo inata ao homem. Notório é o caráter instrumental do princípio, afinal ele propicia o acesso à justiça de quem se sentir prejudicado pela sua inobservância. No Brasil, o Supremo Tribunal Federal e o Superior Tribunal de Justiça têm reconhecido a importância da dignidade humana.

Informações adicionais sobre o princípio da dignidade da pessoa humana:

- **Dimensões da dignidade humana** — o princípio constitucional da dignidade da pessoa humana apresenta-se em três dimensões: 1ª) *dimensão fundamentadora* — núcleo basilar e informativo de todo o sistema jurídico-positivo; 2ª) *dimensão orientadora* — estabelece metas ou finalidades predeterminadas, que fazem ilegítima qualquer disposição normativa que persiga fins distintos, ou que obstaculize a consecução daqueles fins enunciados pelo sistema axiológico-constitucional; e 3ª) *dimensão crítica* — serve de critério para aferir a legitimidade das diversas manifestações legislativas (Antonio Enrique Pérez Luño, *Derechos humanos, Estado de Derecho y Constitución*, p. 288-289).
- **Importância da dignidade humana na exegese constitucional** — a dignidade da pessoa humana, enquanto vetor determinante da atividade exegética da Constituição de 1988, consigna um *sobre-princípio*, ombreando os demais pórticos constitucionais, como o da legalidade (art. 5º, II), o da liberdade de profissão (art. 5º, XIII), o da moralidade administrativa (art. 37) etc. Sua observância é, pois, obrigatória para a exegese de qualquer norma constitucional, devido à força centrípeta que possui. Assim, a dignidade da pessoa humana é o carro-chefe dos direitos fundamentais na Constituição de 1988. Esse princípio conferiu ao texto uma tônica especial, porque o impregnou com a intensidade de sua força. Nesse passo, condicionou a atividade do intérprete.
- **Dignidade humana no Direito Constitucional Comparado** — a constitucionalização do vetor da dignidade da pessoa humana vem plasmada em diversos ordenamentos jurídicos mundiais, o que comprova que o homem é o centro, fundamento das sociedades modernas. Daí a Lei Fundamental de Bonn de 1949, diploma que muito influenciou a Constituição espanhola de 1978, ter enfatizado, logo no art. 1º, "a dignidade do homem" (*Schutz der Menschenwürde*): "A dignidade do homem é intangível. Respeitá-la e protegê-la é obrigação de todo poder público". O mesmo aconteceu com a Constituição portuguesa de 1978, que também assegurou o princípio (art. 1º).
- **Dignidade humana e exame de DNA** — no Pretório Excelso, a preservação da dignidade da pessoa humana foi um dos fundamentos invocados para liberar o réu de ser conduzido ao laboratório, "debaixo de vara", para a coleta do material indispensável à feitura do exame de DNA (STF, Pleno, HC 71.373/RS, Rel. Min. Marco Aurélio, j. em 10-11-1994, decisão por maioria, vencidos os Ministros Francisco Rezek, Ilmar Galvão, Carlos Velloso e Sepúlveda Pertence, *RTJ*, 165:902).
- **Dignidade humana e prisão cautelar abusiva** — (i) "ninguém pode permanecer preso por lapso temporal que supere, de modo excessivo, os padrões de razoabilidade"; (ii) "A duração prolongada, abusiva e irrazoável da prisão cautelar de alguém ofende, de modo frontal, o postulado da dignidade da pessoa humana"; e (iii) "O excesso de prazo, portanto, tratando-se, ou não, de crime hediondo, deve ser repelido pelo Poder Judiciário, pois é intolerável admitir que persista, no tempo, sem razão

◆ Cap. 12 ◆ **PRINCÍPIOS FUNDAMENTAIS** 391

legítima, a duração da prisão cautelar do réu, em cujo benefício — é sempre importante relembrar — milita a presunção constitucional, ainda que 'juris tantum' (relativa), de inocência" (STF, HC 101.357/SP, Rel. Min. Celso de Mello, j. 16-3-2010).

• **Dignidade humana e proibição de ofensas e humilhações** — "Denúncias genéricas, que não descrevem os fatos na sua devida conformação, não se coadunam com os postulados básicos do Estado de Direito. Mais! Quando se fazem imputações vagas está a se violar, também, o princípio da dignidade da pessoa humana, que, entre nós, tem base positiva no artigo 1º, III, da Constituição. Como se sabe, na sua acepção originária, este princípio proíbe a utilização ou transformação do homem em objeto dos processos e ações estatais. O Estado está vinculado ao dever de respeito e proteção do indivíduo contra exposição a ofensas ou humilhações" (STF, HC 84.409, Rel. Min. Joaquim Barbosa, *DJ* de 1º-2-2005).

• **Dignidade humana e concessão de prisão domiciliar** — "O fato de o paciente estar condenado por delito tipificado como hediondo não enseja, por si só, uma proibição objetiva incondicional à concessão de prisão domiciliar, pois a dignidade da pessoa humana, especialmente a dos idosos, sempre será preponderante, dada a sua condição de princípio fundamental da República (art. 1º, inciso III, da CF/88). Por outro lado, incontroverso que essa mesma dignidade se encontrará ameaçada nas hipóteses excepcionalíssimas em que o apenado idoso estiver acometido de doença grave que exija cuidados especiais, os quais não podem ser fornecidos no local da custódia ou em estabelecimento hospitalar adequado" (STF, HC 83.358, Rel. Min. Carlos Britto, *DJ* de 4-6-2004).

• **Dignidade humana e exploração do homem pelo homem** — "Sendo fundamento da República Federativa do Brasil a dignidade da pessoa humana, o exame da constitucionalidade de ato normativo faz-se considerada a impossibilidade de o Diploma Maior permitir a exploração do homem pelo homem. O credenciamento de profissionais do volante para atuar na praça implica ato do administrador que atende às exigências próprias à permissão e que objetiva, em verdadeiro saneamento social, o endosso de lei viabilizadora da transformação, balizada no tempo, de taxistas auxiliares em permissionários" (STF, RE 359.444, Rel. Min. Carlos Velloso, *DJ* de 28-5-2004).

• **Dignidade humana e proibição do racismo** — "Fundamento do núcleo do pensamento do nacional-socialismo de que os judeus e os arianos formam raças distintas. Os primeiros seriam raça inferior, nefasta e infecta, características suficientes para justificar a segregação e o extermínio: inconciliabilidade com os padrões éticos e morais definidos na Carta Política do Brasil e do mundo contemporâneo, sob os quais se ergue e se harmoniza o estado democrático. Estigmas que por si sós evidenciam crime de racismo. Concepção atentatória dos princípios nos quais se erige e se organiza a sociedade humana, baseada na respeitabilidade e dignidade do ser humano e de sua pacífica convivência no meio social. Condutas e evocações aéticas e imorais que implicam repulsiva ação estatal por se revestirem de densa intolerabilidade, de sorte a afrontar o ordenamento infraconstitucional e constitucional do País" (STF, HC 82.424-QO, Rel. Min. Maurício Corrêa, *DJ* de 19-3-2004).

• **Dignidade humana e direito ao nome** — "O direito ao nome insere-se no conceito de dignidade da pessoa humana, princípio alçado a fundamento da República Federativa do Brasil (CF, artigo 1º, inciso III)" (STF, RE 248.869, Rel. Min. Maurício Corrêa, *DJ* de 12-3-2004).

• **Dignidade humana e inquérito ilegal** — "A mera instauração de inquérito, quando evidente a atipicidade da conduta, constitui meio hábil a impor violação aos direitos fundamentais, em especial ao princípio da dignidade humana" (STF, HC 82.969, Rel. Min. Gilmar Mendes, *DJ* de 17-10-2003).

• **Dignidade humana e proibição da tortura** — "A simples referência normativa à tortura, constante da descrição típica consubstanciada no art. 233 do Estatuto da Criança e do Adolescente, exterioriza um universo conceitual impregnado de noções com que o senso comum e o sentimento de decência das pessoas identificam as condutas aviltantes que traduzem, na concreção de sua prática, o gesto ominoso de ofensa à dignidade da pessoa humana. A tortura constitui a negação arbitrária dos direitos humanos, pois reflete — enquanto prática ilegítima, imoral e abusiva — um inaceitável ensaio de atuação estatal tendente a asfixiar e, até mesmo, a suprimir a dignidade, a autonomia e a liberdade com que o indivíduo foi dotado, de maneira indisponível, pelo ordenamento positivo" (STF, HC 70.389, Rel. Min. Celso de Mello, *DJ* de 10-8-2001).

• **Dignidade humana e intangibilidade do corpo humano** — "Discrepa, a mais não poder, de garantias constitucionais implícitas e explícitas — preservação da dignidade humana, da intimidade, da intangibilidade do corpo humano, do império da lei e da inexecução específica e direta de obrigação de fazer — provimento judicial que, em ação civil de investigação de paternidade, implique determinação no sentido de o réu ser conduzido ao laboratório, 'debaixo de vara', para coleta do material indispensável à feitura do exame DNA. A recusa resolve-se no plano jurídico-instrumental, consideradas a dogmática, a doutrina e a jurisprudência, no que voltadas ao deslinde das questões ligadas à prova dos fatos" (STF, HC 71.373, Rel. Min. Marco Aurélio, *DJ* de 22-11-1996).

• **Dignidade humana e prisão civil em alienação fiduciária** — o Superior Tribunal de Justiça concedeu *habeas corpus* em caso de prisão civil em alienação fiduciária, após constatar, dentre outros fatores,

392 ◆ Uadi Lammêgo Bulos ◆

que o aumento absurdo da dívida por força de juros altíssimos feria o princípio da dignidade da pessoa humana, dando validade a uma relação negocial sem nenhuma equivalência, privando por quatro meses o devedor de seu maior valor, que é a liberdade, consagrando o abuso de uma exigência que submetia uma das partes a perder o resto provável de vida que não seja o de cumprir com a exigência do credor (STJ, HC 12.547/DF, Rel. Min. Ruy Rosado de Aguiar, *DJU* de 12-2-2001).

- **Dignidade humana e levantamento de FGTS** — o Superior Tribunal de Justiça, com base no princípio da dignidade da pessoa humana, autorizou o levantamento do FGTS por mãe de pessoa portadora de AIDS, para ajudá-la no tratamento da doença, independentemente da existência, ou não, de lei para autorizar o saque do fundo (STJ, REsp 249026/PR, Rel. Min. José Delgado, *DJU* de 26-6-2000, p. 138).

- **Princípio dos valores sociais do trabalho e da livre-iniciativa (art. 1º, IV)** — o trabalho, certamente, dignifica a existência terrena, e, quando livre e criativo, liga o homem a Deus. Daí a Constituição enfatizar o respeito e a dignidade ao trabalho em diversos lugares (arts. 5º, XIII, 6º, 7º etc.), para dizer que a garantia ao trabalho engloba empregados e empregadores, autônomos e assalariados. Aliás, para alcançar o seu desígnio constitucional, o labor deve ser *livre*. Daí o constituinte tê-lo encampado como um dos fundamentos da República Federativa do Brasil, banindo o trabalho escravo. E, ao prescrever os valores sociais do trabalho e da livre-iniciativa, a Constituição aduziu que a ordem econômica se funda nesse primado, valorizando o trabalho do homem em relação à economia de mercado, nitidamente capitalista. Priorizou, pois, a intervenção do Estado na economia, para dar significação aos valores sociais do trabalho. Estes, ao lado da iniciativa privada, constituem um dos pilares do Estado brasileiro.

    Informações adicionais sobre o princípio da livre-iniciativa:
    - **Caracterização inadequada na Carta de 1988** — a fórmula adotada pelo constituinte foi infeliz no tocante à caracterização da livre-iniciativa como valor social, demonstrando a existência de concessões ideológicas, fazendo prevalecer o espírito antiliberal em termos de economia. Ao elevar a livre-iniciativa ao posto de valor social, o constituinte procurou satisfazer as correntes menos progressistas, incluindo no léxico da Constituição o binômio trabalho e capital. Mesmo assim é impróprio e atécnico, porque a sua ideia não se compactua com elementos estruturantes da política republicana. A livre-iniciativa, em realidade, participa de um modelo econômico, calcado no modelo liberal, não corroborando elemento inerente à configuração estrutural da República. Bem andaria os constituintes de 1988 se tivessem seguido a técnica aviltrada na Constituição brasileira de 1946, cujo art. 45 vaticinou: "A ordem econômica deve ser organizada conforme os princípios de justiça social, conciliando a liberdade de iniciativa com a valorização do trabalho humano".
    - **Livre-iniciativa e ordem econômica** — "A livre-iniciativa está consagrada na ordem econômica constitucional e como fundamento da própria República Federativa do Brasil, podendo atuar o particular com total liberdade, ressalvadas apenas as proibições legais. Não se tolera restrição a tal liberdade, sem o devido respaldo legal" (TRF, 5ª Região, 2ª T., AC 93.05.27765/CE, Rel. Juiz José Delgado, *DJ*, 2, de 27-9-1993, p. 40993).
    - **Livre-iniciativa e livre concorrência** — "A Constituição de 1988 garante a livre-iniciativa e a livre concorrência e não a venda de produtos com data de validade vencida e por preço acima do tabelado" (TRF, 1ª Região, 3ª T., AC 93.01.17840-0/MG, Rel. Juiz Tourinho Neto, *DJ*, 2, de 30-8-1993, p. 34675).

- **Princípio do pluralismo político (art. 1º, V)** — *pluralismo* significa participação plural na sociedade. Essa participação é vasta, envolvendo partidos políticos, sindicatos, associações, entidades de classe, igrejas, universidades, escolas, empresas, organizações em geral. Assim, o Estado Democrático de Direito, em que se constitui a própria República Federativa do Brasil, sedimenta-se no pluralismo político, isto é, na variedade de correntes sociais, políticas, econômicas, ideológicas e culturais. Admitir uma sociedade pluralista significa aceitar a diversidade de opiniões, muitas vezes conflitivas e tensas entre si.

    Informações adicionais sobre o princípio do pluralismo político:
    - **Alcance do pluralismo político** — o pluralismo político abrange a liberdade de pensamento, de opinião, de reunião, de associação, de candidaturas, da formação de grupos parlamentares (nesse sentido: André Hauriou, *Droit constitutionnel et institutions politiques*, p. 225).
    - **Democracia pluralista** — ao enunciar o pluralismo político como um dos fundamentos da República brasileira, o constituinte abriu caminho para a implantação definitiva (pelo menos em termos

◆ Cap. 12 ◆ PRINCÍPIOS FUNDAMENTAIS

constitucionais) de uma *democracia pluralista*. Esta, por sua vez, abriga, além do pluralismo político (art. 1º), os pluralismos: partidário (art. 17), econômico (art. 170), ideológico e educacional (art. 206, III), cultural (arts. 215 e 216) e de informação (art. 220, *caput*, e § 5º).

- **Pluralismo político e distribuição do poder** — o pluralismo político tem em vista uma "sociedade composta de vários centros de poder, mesmo que em conflito entre si, aos quais é atribuída a função de limitar, controlar e contrastar, até o ponto de o eliminar, o centro do poder dominante, historicamente identificado com o Estado" (Norberto Bobbio et al., *Dicionário de política*, v. 2, p. 928).

- **Pluralismo político e número de candidatos** — "Normas que condicionaram o número de candidatos às Câmaras Municipais ao número de representantes do respectivo partido na Câmara Federal. Afronta à igualdade caracterizadora do pluralismo político consagrado pela Carta de 1988" (STF, ADIn 1.355-MC, Rel. Min. Ilmar Galvão, *DJ* de 23-2-1996).

- **Princípio representativo (art. 1º, parágrafo único)** — pelo vetor representativo, todo poder emana do povo, que o exerce por meio de representantes eleitos ou diretamente, nos termos da Constituição, mediante eleições livres e periódicas. *Todo poder emana do povo*, no sentido de que o regime democrático e o respeito às liberdades públicas constituem a pedra de toque da República Federativa do Brasil, algo que as autoridades públicas devem observar. Democracia é o governo do povo, para o povo, pelo povo e em benefício dele. Assim, a emanação do poder advém do povo, porque o povo não pode apresentar-se na função de governo. Os seus escolhidos o representam, governando e tomando decisões em seu nome, como se estivessem em seu próprio lugar, exteriorizando a vontade geral. O poder, contudo, é exercido *por meio de representantes eleitos* ou *diretamente*. São os mandatários, ou representantes eleitos pelo povo, os incumbidos de exercer mandatos. Tais mandatos obrigam politicamente os eleitos a agir em benefício dos seus eleitores (do povo), defendendo teses, fórmulas e propostas de campanha. Curioso observar que o cumprimento do princípio da representatividade deve ser *nos termos da Constituição Federal*. Quer dizer, os mandatários do povo devem pautar o exercício de suas atribuições à luz das balizas constitucionais. Exorbitá-las, ou renegá-las a segundo plano, é olvidar a democracia, fomentando a demagogia, muito comum nas campanhas eleitorais brasileiras.

  - **Demarquia** — no intuito de se corrigirem as imperfeições do princípio representativo em sua feição clássica, há quem defenda o regime político da *Demarquia*. A palavra *Demarquia* provém do grego, significando, ao pé da letra, *demos* (povo) e *archein* (governo com a lei). *Demarquia*, portanto, é a democracia dentro dos princípios do Estado de Direito (*Rule of Law*). Defensores da *Demarquia*: o austríaco Friedrich Hayek e o brasileiro Henry Maksoud.

- **Princípio da separação de Poderes (art. 2º)** — conforme esse princípio, são Poderes da União, independentes e harmônicos entre si, o Legislativo, o Executivo e o Judiciário. Trata-se, pois, de um conceito que tem por base a ideia de limitação, baseada na fórmula clássica de Montesquieu segundo a qual o poder deve *freiar* o poder. Resultado: quaisquer tentativas no sentido de instaurar *instâncias hegemônicas de poder* padecerão do vício de inconstitucionalidade, pois o escopo do constituinte foi claro: neutralizar, no âmbito político-jurídico do Estado, qualquer possibilidade de dominação institucional por parte dos Poderes da República. O pórtico em análise funciona como parâmetro de observância indispensável à exegese das normas constitucionais, sendo uma das vigas-mestras da Constituição de 1988. Veja-se que, em rigor, o poder político é *uno* (não se biparte, esfacelando seu conteúdo) e *indecomponível* (não se divide, cindindo a sua forma). Por isso, quando falamos em separação de Poderes estamos nos reportando a uma *separação de funções estatais*, conferidas a órgãos especializados para cada atribuição. Algumas funções são típicas, próprias ou preponderantes. Assim, cumpre ao Legislativo elaborar pautas de comportamento gerais, abstratas e impessoais, é dizer, as leis; ao Executivo incumbe resolver os problemas concretos e individualizados, à luz das leis. Ao fazê-lo exerce a função de governo, desempenhando atribuições políticas e de decisão, e a função administrativa, quando promove a intervenção, o fomento e o serviço público; ao Judiciário compete aplicar autoritariamente a lei nos casos concretos, intersubjetivos e litigiosos. Em contrapartida, os órgãos estatais também exercem funções atípicas ou impróprias. São denominadas *atípicas* porque não são inerentes a cada órgão, mas sim secundárias ou subsidiárias. Assim, o Legislativo também administra e julga (CF, arts. 51, IV, e 52, XIII); o Executivo julga e legisla (CF, arts. 62 e 68, § 2º) e o Judiciário legisla e administra (CF, art. 96, I, *a* e *f*). Mas nada impede falar em Poder Legislativo, Poder Executivo e Poder Judiciário,

394 ◆ Uadi Lammêgo Bulos ◆

terminologias consagradas e utilizadas, correntemente, no vocabulário jurídico. Aliás, essas denominações *devem* ser mantidas, porque quando as mencionamos queremos, em verdade, dirigir-nos às próprias funções que o poder político desempenha.

Informações adicionais sobre o princípio da separação de Poderes:

• **Harmonia entre Poderes** — a *harmonia* entre os orgãos do poder exterioriza-se pelas seguintes notas: cortesia e trato respeitoso entre eles. Isso não impede, de modo algum, a interferência de um órgão no outro, a fim de assegurar o mecanismo de freios e contrapesos, garantindo as liberdades públicas e evitando o arbítrio e o autoritarismo. Exemplos de como funciona o *mecanismo de freios e contrapesos*: 1º) Enquanto o Legislativo expede normas gerais, impessoais e abstratas, o Executivo participa pela iniciativa, sanção ou veto das leis. A iniciativa legislativa do Executivo, no entanto, é condicionada à possibilidade de o Congresso Nacional alterar o seu projeto por meio de emendas e até rejeitá-lo. 2º) Mesmo o Presidente da República não influindo na função jurisdicional, os próprios ministros dos tribunais superiores são nomeados por ele, havendo ainda, nesse contexto, a participação do Senado da República (art. 52, III, *a*).

• **Independência entre Poderes** — a *independência* de cada Poder delineia-se: pela investidura e permanência das pessoas num dos órgãos do governo, as quais, ao exercer as atribuições que lhes foram conferidas, atuam num raio de competência próprio, sem a ingerência de outros órgãos, com total liberdade, organizando serviços e tomando decisões livremente, sem qualquer interferência alheia, mas permitindo colaboração quando a necessidade o exigir. Em última análise, a independência das funções do poder político, uno e indivisível, exterioriza-se pelo impedimento de uma função se sobrepor à outra, admitidas as exceções participantes dos mecanismos de freios e contrapesos.

• **Evolução do princípio da separação de Poderes em nossas Constituições** — desde a Carta imperial de 1824 que o princípio vem reconhecido entre nós. Nessa época, por influência de Benjamin Constant, adotou-se a quadripartição funcional do poder. Nas Constituições seguintes a fórmula consagrada foi a de Montesquieu, com a doutrina tripartite das funções estatais do poder político. O constituinte de 1988 manteve o pórtico, contudo o enunciou de maneira um pouco diferente em relação aos textos constitucionais passados, que prescreviam o jargão "Salvo as exceções previstas nesta Constituição, é vedado a qualquer dos Poderes delegar atribuições; quem for investido na função de um deles não poderá exercer a de outro".

• **Flexibilidade do princípio da separação de Poderes na Constituição de 1988** — o constituinte originário consagrou peculiaridades no tocante ao exercício do poder político e de suas três funções. Numa palavra, conferiu ao princípio da separação funcional do poder flexibilidade, parecendo que permitiu a ingerência de uma função em outra. Assim, Deputados e Senadores podem exercer funções de Ministro de Estado (art. 56) e Ministro de Estado convocado para prestar informações perante o plenário das Casas do Congresso ou de suas comissões sobre assunto relevante de seu Ministério (art. 50). Medidas provisórias podem ser editadas (art. 62) e o Presidente da República exerce atribuições legislativas (art. 68). Mas a flexibilização do princípio também pode ser sentida no tocante ao poder que o Legislativo possui para aprovar nomeações de certos cargos típicos do Executivo (art. 52, III, *f*). Não é só: a aludida flexibilização também pode ser notada a partir da observância de duas instituições que funcionam como órgãos auxiliares da função executiva — o Conselho da República (arts. 89 e 90) e o Conselho de Defesa Nacional (art. 91), bem como das competências administrativas do Congresso Nacional (art. 49, XII, XIV, XVI e XVII). Todos esses casos configuram exceções ao princípio da separação das funções do poder político. Devem ser compreendidos como mecanismos de freios e contrapesos, responsável pela harmonia das funções estatais.

• **Preservação do princípio da separação de Poderes** — se quisermos conservar o princípio em estudo, sem exorbitar a sua configuração constitucional, insta repudiarmos o seu esvaziamento, através de interpretações desmensuradas da cláusula da *independência* e *harmonia*. O órgão do poder deve sempre conter o outro órgão do poder. A interferência de um órgão em outro é apenas admissível para garantir direitos fundamentais, impedindo abusos e atentados contra a própria Constituição, caso contrário de nada adiantará a constitucionalização do princípio em exame, porque ele existirá apenas nominalmente, sem qualquer relevância prática.

• **Irreformabilidade do princípio da separação de Poderes** — a Constituição vigente enuncia a intangibilidade do princípio insculpido no art. 2º, que não pode ser objeto de emenda. Isso evidencia o seu caráter insuprimível (art. 60, § 4º, III), insurgindo daí a sua grande importância como *guia* ou *vetor interpretativo* para a determinação do sentido, significado e alcance das demais normas constitucionais.

• **Concepção atual do princípio da separação de Poderes** — em nossos dias, o vetor da separação das funções estatais não pode ser visto na sua feição clássica e tradicional. As tarefas desempenhadas pelo Estado contemporâneo exigem o redimensionamento da visão comumente difundida de que as funções exercidas são independentes, equilibradas e harmônicas. Não se deve duvidar que as

◆ Cap. 12 ◆ **PRINCÍPIOS FUNDAMENTAIS** **395**

teorias clássicas precisam ser redefinidas, porque não mais se adaptam à realidade contemporânea. Em se tratando da Constituição de 1988, a disciplina tripartite das funções do poder, desempenhadas pelos órgãos do Estado, foi modificada sensivelmente, "favorecendo menos a independência, o equilíbrio e a harmonia entre eles, e mais a predominância, no plano jurídico-constitucional, do Poder Legislativo. Dessa normação constitucional decorrem consequências graves, tais como a ingovernabilidade do País e o avultamento de conflitos entre poderes políticos, no plano político--institucional" (Anna Cândida da Cunha Ferraz, *Conflito entre poderes*, p.11).

• **Casuística do STF sobre o princípio da separação de Poderes** — a seguir listaremos uma série de temas que demonstram como a Corte Excelsa vem aplicando o vetor em destaque. Evidente que existem outros assuntos além desses, os quais abordaremos ao longo deste livro.

— **Freios e contrapesos:** "Os mecanismos de controle recíproco entre os Poderes, os 'freios e contrapesos' admissíveis na estruturação das unidades federadas, sobre constituírem matéria constitucional local, só se legitimam na medida em que guardem estreita similaridade com os previstos na Constituição da República. Precedentes" (STF, ADIn 1.905-MC, Rel. Min. Sepúlveda Pertence, *DJ* de 5-11-2004).

— **Fiscalização legislativa dos atos executivos:** "A fiscalização legislativa da ação administrativa do Poder Executivo é um dos contrapesos da Constituição Federal à separação e independência dos Poderes: cuida-se, porém, de interferência que só a Constituição da República pode legitimar. Do relevo primacial dos 'pesos e contrapesos' no paradigma de divisão dos poderes, segue-se que à norma infraconstitucional — aí incluída, em relação à Federal, a constituição dos Estados-Membros —, não é dado criar novas interferências de um Poder na órbita de outro que não derive explícita ou implicitamente de regra ou princípio da Lei Fundamental da República. O poder de fiscalização legislativa da ação administrativa do Poder Executivo é outorgado aos órgãos coletivos de cada câmara do Congresso Nacional, no plano federal, e da Assembleia Legislativa, no dos Estados; nunca aos seus membros individualmente, salvo, é claro, quando atuem em representação de sua Casa ou comissão" (STF, ADIn 3.046, Rel. Min. Sepúlveda Pertence, *DJ* de 28-5-2004).

— **Prévia licença para Governador e Vice se ausentarem do País:** "Afronta os princípios constitucionais da harmonia e independência entre os Poderes e da liberdade de locomoção norma estadual que exige prévia licença da Assembleia Legislativa para que o Governador e o Vice--Governador possam ausentar-se do País por qualquer prazo. Espécie de autorização que, segundo o modelo federal, somente se justifica quando o afastamento exceder a quinze dias. Aplicação do princípio da simetria" (STF, ADIn 738, Rel. Min. Maurício Corrêa, *DJ* de 7-2-2003).

— **Norma cerceadora da competência de Secretários de Estado:** "Norma que subordina convênios, acordos, contratos e atos de Secretários de Estado à aprovação da Assembleia Legislativa: inconstitucionalidade, porque ofensiva ao princípio da independência e harmonia dos poderes" (STF, ADIn 676, Rel. Min. Carlos Velloso, *DJ* de 29-11-1996. No mesmo sentido: STF, ADIn 770, *DJ* de 20-9-2002; ADIn 165, *DJ* de 26-9-1997).

— **Leis interpretativas:** "É plausível, em face do ordenamento constitucional brasileiro, o reconhecimento da admissibilidade das leis interpretativas, que configuram instrumento juridicamente idôneo de veiculação da denominada interpretação autêntica. As leis interpretativas — desde que reconhecida a sua existência em nosso sistema de direito positivo — não traduzem usurpação das atribuições institucionais do Judiciário e, em consequência, não ofendem o postulado fundamental da divisão funcional do poder" (STF, ADIn 605-MC, Rel. Min. Celso de Mello, *DJ* de 5-3-1993).

— **Conselho Estadual de Justiça:** "É inconstitucional a criação, por Constituição estadual, de órgão de controle administrativo do Poder Judiciário do qual participem representantes de outros poderes ou entidades" (Súmula 649 do STF).

— **Conselho Nacional de Justiça após a EC n. 45/2004:** "O CNJ é órgão próprio do Poder Judiciário (CF, art. 92, I-A), composto, na maioria, por membros desse mesmo Poder (CF, art. 103-B), nomeados sem interferência direta dos outros Poderes, dos quais o Legislativo apenas indica, fora de seus quadros e, assim, sem vestígios de representação orgânica, dois dos quinze membros, não podendo essa indicação se equiparar a nenhuma forma de intromissão incompatível com a ideia política e o perfil constitucional da separação e independência dos Poderes" (STF, Pleno, ADIn 3.367-MC/DF, Rel. Min. Cezar Peluso, v. m., j. em 13-4-2005).

— **Conselho Nacional de Justiça antes da EC n. 45/2004:** "Na formulação positiva do constitucionalismo republicano brasileiro, o autogoverno do Judiciário — além de espaços variáveis de autonomia financeira e orçamentária — reputa-se corolário da independência do Poder (ADIn 135-PB, Gallotti, 21-11-96): viola-o, pois, a instituição de órgão do chamado 'controle externo', com participação de agentes ou representantes dos outros Poderes do Estado" (STF, ADIn 98, Rel. Min. Sepúlveda Pertence, *DJ* de 31-10-1997).

396 ◆ Uadi Lammêgo Bulos ◆

✦ 3. OBJETIVOS FUNDAMENTAIS DA REPÚBLICA FEDERATIVA DO BRASIL

Os objetivos fundamentais da República Federativa do Brasil vêm previstos no art. 3º da Constituição Federal.

> **O art. 3º da Carta de 1988 é originalíssimo:** não mantém correspondência com nenhum outro preceito de nossas constituições anteriores. O constituinte seguiu o modelo português, cujo Texto Maior, no seu art. 9º, também consagrou objetivos, tarefas, metas a serem observadas como categorias fundamentais, as quais visam assegurar a existência de uma sociedade livre, justa e solidária, procurando o desenvolvimento nacional e a erradicação da pobreza para promover o bem-estar de todos. A enumeração do art. 3º evidencia os fins do Estado brasileiro. Não é taxativa, mas exemplificativa, não exaurindo os escopos a que se destina a República Federativa do Brasil. Disso decorre a afirmação de que, entre nós, a definição dos fins estatais promana de uma enunciação de *princípios*, não se esgotando, simplesmente, pela intelecção do art. 3º da *Lex Mater*, que deve ser analisado em conjunto com os arts. 1º, 2º e 4º. O certo é que a norma traz os objetivos definidos como categorias fundamentais, que se instrumentalizam através dos aludidos *princípios*.

Eis os referidos objetivos fundamentais da República pátria:

- **Construir uma sociedade livre, justa e solidária (art. 3º, I)** — é a meta prioritária da República Federativa do Brasil, irmando-se com os ideários de liberdade, justiça e solidariedade humana.

  > **Nesse sentido:** "Se o comportamento da Administração impõe ao titular dos depósitos sacrifício individual desproporcional, agravado pela virtualidade do prejuízo irrecuperável ante a idade avançada do mesmo, não é ilegal o ato judicial que garante liminar de desbloqueio" (TRF, 4ª Região, 3ª T., MS 90.04.25430/RS, Rel. Des. Volkmer de Castilho, decisão de 12-11-1991, *DJ*, 2, de 29-1-1992, p. 898).

- **Garantir o desenvolvimento nacional (art. 3º, II)** — os recursos materiais são imprescindíveis à melhoria das condições de vida do homem, porque lhe propiciam estabilidade, educação, saúde, cultura etc. Na Carta de 1988, *desenvolvimento social* é um sonho ainda inatingível a milhões de brasileiros. O vocábulo é recente na Sociologia e na Economia, significando a passagem de uma sociedade agrária para uma sociedade industrial, com aumento do Produto Interno Bruto e da renda *per capita*. Normalmente, o *desenvolvimento social* é medido pelo índice de mortalidade infantil, atendimento hospitalar, sanitarização pública, instalação de indústrias geradoras de empregos, grau de alfabetização, consumo de energia elétrica, cimento e petróleo etc.

- **Erradicar a pobreza e a marginalização e reduzir as desigualdades sociais e regionais (art. 3º, III)** — ante a pobreza generalizada, o desenvolvimento social impõe a sua extirpação como única saída para o extermínio das desigualdades sociais e regionais. A preocupação do constituinte de 1988 foi salutar, pois, no Brasil, a pobreza, a indigência e a miséria são comuns, o que o distingue com o triste título de País do Terceiro Mundo, ainda quando muitos pensem de modo diferente, propagando o contrário. Metade da população brasileira, de 5 anos para cima, é ainda analfabeta, não sabendo escrever um simples bilhete. Lembre-se que a Emenda Constitucional n. 31, de 14 de dezembro de 2000, criou o Fundo de Combate à Pobreza. Para financiar esse Fundo, a Emenda Constitucional n. 42, de 19 de dezembro de 2003, autorizou a criação adicional de até dois pontos percentuais na alíquota do Imposto sobre Circulação de Mercadorias e Serviços. O ICMS, por sua vez, deverá incidir sobre os produtos e serviços supérfluos e nas condições definidas em lei complementar, a qual deverá definir seus contribuintes, dispor sobre substituição tributária e disciplinar o regime de compensação do imposto (CF, art. 155, § 2º, XII). Recordemos que a Emenda Constitucional n. 67, de 22 de dezembro de 2010, prorrogou, por tempo indeterminado, o prazo de vigência do Fundo de Combate e Erradicação da Pobreza. Numa tacada só, sapecou: "Art. 1º Prorrogam-se, por tempo indeterminado, o prazo de vigência do Fundo de Combate e Erradicação da Pobreza a que se refere o *caput* do art. 79 do Ato das

◆ Cap. 12 ◆ PRINCÍPIOS FUNDAMENTAIS

Disposições Constitucionais Transitórias e, igualmente, o prazo de vigência da Lei Complementar n. 111, de 6 de julho de 2001, que 'Dispõe sobre o Fundo de Combate e Erradicação da Pobreza, na forma prevista nos arts. 79, 80 e 81 do Ato das Disposições Constitucionais Transitórias'". Pelo art. 2º da EC n. 67/2010, ela entrou em vigor na data de sua publicação, algo que ocorreu via *Diário Oficial da União* de 23 de dezembro de 2010.

Informações adicionais sobre o Fundo de Combate e Erradicação da Pobreza:
- O Fundo de Combate e Erradicação da Pobreza, instituído no âmbito do Poder Executivo Federal, foi regulamentado pela Lei Complementar n. 111, de 6-7-2001. Os arts. 79 a 83 do ADCT da Carta Magna estabeleceram as suas diretrizes. Já a Resolução n. 1, de 6-5-2003, aprovou o Regimento Interno do Conselho Consultivo e de Acompanhamento do Fundo, com representantes da sociedade civil (CF, art. 79, parágrafo único, do ADCT).
- A aplicação dos recursos do Fundo devem direcionar-se às ações suplementares de nutrição, habitação, educação, saúde, reforço da renda familiar e outros programas de relevante interesse social que busquem a melhoria da qualidade de vida (CF, art. 79 do ADCT).
- Estados, Distrito Federal e Municípios devem instituir Fundos de Combate à Pobreza, com a participação obrigatória da sociedade civil em seu gerenciamento (CF, art. 82 do ADCT).

- **Promover o bem de todos, sem preconceitos de origem, raça, sexo, cor, idade e quaisquer outras formas de discriminação (art. 3º, IV)** — eis a igualdade formal consagrada como um dos objetivos da República pátria. Nossos irmãos do sul, norte, leste, oeste; os brancos, negros, judeus, indígenas, crianças, jovens, adultos, idosos, seja quem for, independente de gênero, raça, credo, estão abrangidos por este comando constitucional, porque não se pode tolher seus direitos e deveres. A presença de todos no cenário histórico brasileiro repercutiu, sensivelmente, na miscigenação, nos costumes, na alimentação e, também, nas crenças, usos e costumes.

✦ 4. PRINCÍPIOS REGENTES DAS RELAÇÕES INTERNACIONAIS DA REPÚBLICA BRASILEIRA

A República Federativa do Brasil rege-se, em suas relações internacionais, pelos princípios insculpidos no art. 4º, I a X, e parágrafo único, da *Lex Mater*.

Novidade da Constituição de 1988 — distanciando-se das cartas passadas, que não disciplinavam a matéria como agora, o art. 4º listou, de forma sistemática e categórica, os princípios regentes das relações exteriores do Brasil. A matéria e a forma do preceito, adotados pela Assembleia Nacional Constituinte, derivaram do art. 26 do *Anteprojeto da Comissão da Soberania e dos Direitos e Garantias do Homem e da Mulher*. E, ao erigir os incisos do art. 4º ao posto de princípios regentes da República Federativa do Brasil nas suas relações internacionais, o constituinte prescreveu vetores que repercutem na própria ordem jurídica interna. Basta ver a cooperação entre os povos para o progresso da humanidade (CF, art. 4º, IX), que se combina com a institucionalização do Mercosul (CF, art. 4º, parágrafo único), ou então a prevalência dos direitos do homem (CF, art. 4º, II), suscetíveis de apreciação até por um Tribunal Internacional de Direitos Humanos (CF, art. 7º do ADCT). E mais: recorde-se dos próprios incisos que compõem o art. 5º. Eles tratam dos direitos e garantias fundamentais, ligando-se ao princípio de que a República Federativa do Brasil participa dos tratados internacionais (CF, art. 5º, § 1º).

Estudemos tais princípios:
- **Independência nacional (art. 4º, I)** — explícito na Carta Imperial de 1824, o princípio retorna com o Texto de 1988. As demais constituições brasileiras não o previram. A *independência nacional* liga-se à ideia de soberania. O Estado brasileiro é independente, pois a sua vontade não está condicionada a injunções externas.
- **Prevalência dos direitos humanos (art. 4º, II)** — princípio que foi uma novidade trazida pela Carta de 1988. O constituinte, certamente, atentou para a sua importância, reforçando a ideia de que o respeito às prerrogativas do homem também deve guiar as relações exteriores da República Federativa do Brasil.

Respeito à prevalência dos direitos humanos: "Existe um nexo estreito entre a imprescritibilidade, este tempo jurídico que se escoa sem encontrar termo, e a memória, apelo do passado à disposição dos vivos, triunfo da lembrança sobre o esquecimento. No estado de direito democrático devem ser intransigentemente respeitados os princípios que garantem a prevalência dos direitos humanos. Jamais podem se apagar da memória dos povos que se pretendam justos os atos repulsivos do passado que permitiram e incentivaram o ódio entre iguais por motivos raciais de torpeza inominável" (STF, HC 82.424, Rel. Min. Maurício Corrêa, *DJ* de 19-3-2004).

- **Autodeterminação dos povos (art. 4º, III)** — este princípio não chegou a ser explicitado nas constituições brasileiras passadas, mesmo assim sempre configurou um dos paradigmas tradicionais de nossa política externa, interagindo com o primado da soberania do Estado brasileiro.

- **Não intervenção (art. 4º, IV)** — novidade oriunda da Carta de 1988, o vetor revela a proibição de um Estado imiscuir-se em outro nos assuntos de natureza interna, em respeito ao primado da soberania. Por esse princípio o Estado brasileiro deve repelir qualquer tentativa de ameaça à sua organização interna que possa prejudicar seu desenvolvimento econômico, político, social e cultural.

- **Igualdade entre os Estados (art. 4º, V)** — o princípio da igualdade entre os Estados, defendido com veemência por Ruy Barbosa, evoluiu da sua feição jurídico-formal para um comprometimento com o ideário da democracia social. Nesse passo, acompanhou o fenômeno da *constitucionalização do Direito Internacional*, desencadeado a partir do século XX. Por meio desse princípio, que não estava previsto nas constituições brasileiras passadas, procurou-se instaurar uma ordem econômica justa e equitativa, com a abolição de todas as formas de dominação de um Estado por outro. Isso significa que o Brasil não deve sujeitar-se ao controle econômico, político, social e tecnológico de outras organizações estatais. Nesse sentido, posicionou-se a Carta de Direitos e Deveres Econômicos dos Estados, proclamada em 1972 pela Assembleia Geral da ONU, afirmando que "todo Estado tem o direito soberano e inalienável de eleger seu sistema econômico, assim como seus sistemas político, social e cultural, de acordo com a vontade de seu povo, sem ingerência, coação e nem ameaças externas de nenhuma classe" (art. 1º).

- **Defesa da paz (art. 4º, VI)** — a defesa da paz, na qualidade de parâmetro das relações exteriores do Brasil, dessumia-se, outrora, do princípio da solução pacífica de conflitos, razão pela qual não estava expresso nas nossas constituições passadas. Com o advento do Texto de 1988, a defesa da paz tornou-se diretriz explícita, inspiradora dos relacionamentos internacionais do Brasil com outros Estados da ordem mundial. Veja-se que a exploração de serviços e instalações nucleares de qualquer natureza somente deve realizar-se para fins pacíficos e mediante aprovação do Congresso Nacional (CF, art. 21, XXIII, *a*).

- **Solução pacífica dos conflitos (art. 4º, VII)** — busca-se com esse princípio estirpar medidas violentas ou coativas, a fim de garantir a prevalência dos direitos humanos e da paz entre os povos.

- **Repúdio ao terrorismo e ao racismo (art. 4º, VIII)** — proveniente da Carta de 1988, o princípio do repúdio ao terrorismo e ao racismo deriva da concepção democrática e asseguratória das liberdades públicas, pois todos são iguais etnicamente, sem qualquer distinção. Nesse sentido, a prática do racismo constitui crime inafiançável e imprescritível, sujeito à pena de reclusão (art. 5º, XLII), enquanto o terrorismo é tido como crime inafiançável e insuscetível de graça ou anistia, por ele respondendo os mandantes, os executores e os que, podendo evitá-lo, se omitirem (art. 5º, XLIII).

- **Cooperação entre os povos para o progresso da humanidade (art. 4º, IX)** — eis outro princípio inédito na história constitucional brasileira, consagrado pelo Texto Supremo de 1988. O seu objetivo é combater disparidades que tolhem o progresso da humanidade. Seu fundamento está na Carta das Nações Unidas de 1945 (art. 1º), que apregoa a cooperação internacional entre os povos para resolver problemas internacionais, estimulando a defesa dos direitos humanos e a igualdade de raça, sexo, língua e religião.

Cap. 12 ◆ PRINCÍPIOS FUNDAMENTAIS

399

- **Concessão de asilo político (art. 4º, X)** — asilo político é o acolhimento de estrangeiro por um Estado que não é o seu, em virtude de perseguições, praticadas por seu país de origem ou por um terceiro país. Ensejam concessão de asilo: dissidência política, livre manifestação do pensamento, prática de crimes contra a segurança do Estado (não delitos penais comuns). O asilo político possui a natureza *territorial*. É concedido ao estrangeiro que cruzou as fronteiras de um Estado soberano e aí o requereu. Mas nenhum Estado está obrigado a concedê-lo. Tudo irá depender de cada caso e da avaliação prévia do Presidente da República.

    Informações adicionais sobre asilo político:
    - **Legislação** — Lei n. 13.445, de 24-5-2017; Decreto n. 86.715/81; Decreto n. 678/92.
    - **Asilo político é ato de soberania estatal** — a concessão de asilo político a estrangeiro é ato de soberania estatal, de competência do Presidente da República (STF, Pleno, Extr. 524/DF, Rel. Min. Celso de Mello, *DJ*, 1, de 8-3-1993, p. 2200). Quando concedido, o Ministro da Justiça lavra termo fixando o prazo de estada do asilado no Brasil. Poderá, conforme o caso, estipular as condições e os deveres que as normas de Direito Interno e Internacional sujeitam os asilados. No prazo de trinta dias a contar da concessão do asilo, o asilado deverá registrar-se no Departamento da Polícia Federal, identificando-se pelo método datiloscópico, e apresentando os seguintes dados: nome completo, filiação, cidade, país, data de nascimento, nacionalidade, sexo, estado civil, profissão, grau de instrução, local e data de entrada no Brasil, espécie e número de documento de viagem, número e classificação do visto consular, data e local de sua concessão, meio de transporte utilizado, dados relativos a filhos menores, local de residência, trabalho ou estudo.
    - **Asilo político e extradição** — a concessão anterior de asilo político não impede posterior análise, e consequente concessão de pedido extradicional, desde que o fato ensejador do pedido não apresente características de crime político ou de opinião, porque nesses casos existirá expressa vedação constitucional (STF, Pleno, Extr. 524/DF, Rel. Min. Celso de Mello, *DJ*, 1, de 8-3-1993, p. 2200. Precedente: STF, Pleno, Extr. 232/DF, Rel. Min. Víctor Nunes, *RTJ*, 26:01).
    - **Asilo político e extradição passiva** — "Não há incompatibilidade absoluta entre o instituto do asilo político e o da extradição passiva, na exata medida em que o Supremo Tribunal Federal não está vinculado ao juízo formulado pelo poder executivo na concessão administrativa daquele benefício regido pelo direito das gentes. Disso decorre que a condição jurídica de asilado político não suprime, só por si, a possibilidade de o Estado brasileiro conceder, presentes e satisfeitas as condições constitucionais e legais que a autorizam, a extradição que lhe haja sido requerida. O estrangeiro asilado no Brasil só não será passível de extradição quando o fato ensejador do pedido assumir a qualificação de crime político ou de opinião ou as circunstâncias subjacentes à ação do Estado requerente demonstrarem a configuração de inaceitável extradição política disfarçada" (STF, Extr. 524, Rel. Min. Celso de Mello, *DJ* de 8-3-1991).
    - **Amplitude do asilo político** — pela Constituição de 1988, o *asilo* configura mecanismo imprescindível à prática da solidariedade universal, traço revelador da maturidade democrática de um Estado. A sua adoção serve para evitar que aquelas experiências oriundas dos governos autoritários venham à tona, alijando e diminuindo a importância que o instituto merece lograr. Por isso, o *asilo político* deve ser concebido de modo amplo, abarcando: a) o *asilo diplomático* — concedido a estrangeiros nas legações, nas sedes de missões diplomáticas ordinárias, na residência de chefes de missões, em navios de guerra e aeronaves militares, que se encontrem no espaço territorial do Estado; b) o *asilo territorial* — recebimento de estrangeiros perseguidos por motivos políticos em outros países; e c) *asilo neutro* — concedido por um Estado, que não esteja participando da guerra, a membros das forças armadas dos Estados beligerantes.
    - **Asilado que se ausenta do Brasil** — o asilado que se ausentar do País, pretendendo nele voltar sob tal condição, deverá solicitar autorização prévia ao Ministro da Justiça. A saída do Brasil sem prévio consentimento do governo brasileiro é tida como renúncia ao benefício.
    - **Prorrogação do prazo do asilo político** — compete ao Ministro da Justiça prorrogar a estada do asilado no Brasil.
    - **Igualdade de direitos entre portugueses e brasileiros** — "Pela só permanência no País, não gozam, automaticamente, o português no Brasil e o brasileiro em Portugal, da igualdade de direitos e deveres a que se refere a convenção aprovada, fazendo-se necessários prévios requerimento e decisão concessiva de autoridade competente" (STF, Pleno, HC 72.593/RJ, Rel. Min. Néri da Silveira, *DJ*, 1, de 8-1-1995, p. 28448).

- **Formação de uma comunidade latino-americana de nações (art. 4º, parágrafo único)** — cumpre à República Federativa do Brasil buscar a integração econômica, política, social e cultural dos povos da América Latina, visando à formação de uma comunidade latino-americana de nações. Assim, o Estado brasileiro, por determinação constitucional, ficou autorizado a

400   ◆ Uadi Lammêgo Bulos ◆

integrar-se em uma comunidade latino-americana de nações. O objetivo foi estabelecer a homogeneidade entre os povos da América Latina, em relação à economia, à política, aos cultos, aos costumes etc.

✦ 5. IDIOMA OFICIAL E SÍMBOLOS DA REPÚBLICA FEDERATIVA DO BRASIL

O idioma oficial da República Federativa do Brasil é a *língua portuguesa* (CF, art. 13).

> **Decreto Legislativo n. 54, de 18-4-1995:** aprovou o Acordo Ortográfico da Língua Portuguesa, assinado na cidade de Lisboa, em 16-12-1990.
> **Decreto n. 6.586, de 29-9-2008:** dispõe sobre a implementação do Acordo Ortográfico da Língua Portuguesa.

Por isso, o ensino fundamental regular deve ser ministrado em língua portuguesa, assegurado às comunidades indígenas o direito de ter a sua própria língua materna e os seus próprios processos de aprendizagem (CF, art. 13, *caput*, c/c o art. 210, § 2º).

Aplicando o princípio de que a língua portuguesa é o idioma oficial do Brasil, concluiu o Pretório Excelso que a petição de *habeas corpus* "deve ser redigida em português, sob pena de não conhecimento do *writ* constitucional (CPC de 2015, art. 192 c/c o CPP, art. 3º), eis que o conteúdo dessa peça processual deve ser acessível a todos, sendo irrelevante, para esse efeito, que o juiz da causa conheça, eventualmente, o idioma estrangeiro utilizado pelo impetrante. A imprescindibilidade do uso do idioma nacional nos atos processuais, além de corresponder a uma exigência que decorre de razões vinculadas à própria soberania nacional, constitui projeção concretizadora da norma inscrita no art. 13, *caput*, da Carta Federal" (STF, Pleno, HCQO 72391/DF, Rel. Min. Celso de Mello, *DJ*, 1 de 17-3-1995, p. 5791).

São "símbolos da República Federativa do Brasil a bandeira, o hino, as armas e o selo nacionais" (CF, art. 13, § 1º).

O legislador ordinário não poderá ampliar ou diminuir os elementos aí mencionados, aplicando-se-lhes a Lei n. 5.700, de 1º de setembro de 1971, que dispõe sobre a forma e a apresentação dos símbolos nacionais.

CURIOSIDADES

- **Cores nacionais** — são o *verde* e o *amarelo*, as quais podem ser usadas sem quaisquer restrições, inclusive associadas ao *azul* e *branco* (Lei n. 5.700/71, arts. 28 e 29).
- **Bandeira** — as constelações que figuram na bandeira brasileira equivalem ao aspecto do céu do Rio de Janeiro, às 18:30 minutos do dia 15-11-1889 (12 horas siderais). Devem ser consideradas como se o observador estivesse fora do espaço celestial. Quando determinado Estado/membro da federação for extinto, a estrela que lhe correspondia, no seio da bandeira brasileira, é eliminada. Em contrapartida, é designada outra estrela para representar o novo Estado, devendo-se, em qualquer caso, seguir a disposição estética original constante no desenho proposto pelo Decreto n. 4, de 19-11-1889 (equivale ao art. 3º, §§ 2º e 3º, da Lei n. 5.700/71, com redação dada pela Lei n. 8.421, de 11-5-1992).
- **Hino nacional** — composto da música de Francisco Manoel da Silva e do poema de Joaquim Osório Duque Estrada, nos termos dos Decretos n. 171, de 20-1-1890, e 15.671, de 6-9-1922. A marcha batida, de autoria do mestre de música Antão Fernandes, deve integrar as instrumentações da orquestra e banda, nos casos de execução do hino nacional, devendo ser mantida e adotada a adaptação vocal, em fá maior, do maestro Alberto Nepomuceno (Lei n. 5.700/71, art. 6º).
- **Armas** — devem obedecer à proporção de 15 de altura e 14 de largura (Lei n. 5.700/71, arts. 7º e 8º).
- **Selos nacionais** — usados para autenticar os atos de governo, bem como os diplomas e certificados expedidos pelos estabelecimentos de ensino oficiais ou reconhecidos (Lei n. 5.700/71, art. 27).

CAPÍTULO 13

DIREITOS E GARANTIAS FUNDAMENTAIS

✦ 1. TEORIA GERAL DOS DIREITOS E GARANTIAS FUNDAMENTAIS

Teoria geral dos direitos e garantias fundamentais é o conjunto de noções, ideias, classificações e distinções relativas à disciplina constitucional das *liberdades públicas*.

Seu fundamento reside na proteção da dignidade da pessoa humana, sendo a constituição a sua fonte de validade.

Basta ver a Carta de 1988. Logo no preâmbulo, ela proclama que a Assembleia Nacional Constituinte buscou "instituir um Estado Democrático, destinado a assegurar o exercício dos direitos sociais e individuais, a liberdade, a segurança".

Como se pode antever, a *teoria geral dos direitos e garantias fundamentais* é um setor do conhecimento indispensável à interpretação do nosso Texto Supremo.

Lembre-se, aliás, de que o desenvolvimento dessa *teoria geral* não nasceu da noite para o dia. Foi fruto de lenta e gradual maturação histórica, das lutas, dificuldades, alegrias e tristezas que circundam a própria existência terrena.

A seguir, estudaremos alguns dos pontos principais desse **domínio ético-político-jurídico do saber humano**, que encontra no cristianismo o seu ápice, pois, como lembrou Robert Alexy, citando Gálatas, 3:28: "Não há judeu nem grego, não há varão nem mulher, pois todos vós sois um em Cristo Jesus" (Derechos fundamentales y Estado constitucional democrático, p. 32).

✦ 2. QUE SÃO DIREITOS FUNDAMENTAIS

Direitos fundamentais são o conjunto de normas, princípios, prerrogativas, deveres e institutos, inerentes à *soberania popular*, que garantem a convivência pacífica, digna, livre e igualitária, independentemente de credo, raça, origem, cor, condição econômica ou *status* social.

Sem os direitos fundamentais, o homem não vive, não convive, e, em alguns casos, não sobrevive.

Os *direitos fundamentais* são conhecidos sob os mais diferentes rótulos, tais como *direitos humanos fundamentais, direitos humanos, direitos do homem, direitos individuais, direitos públicos subjetivos, direitos naturais, liberdades fundamentais, liberdades públicas* etc.

> **Críticas terminológicas:** todas essas expressões sofreram críticas pela própria dificuldade de se encontrar uma terminologia exaustiva de toda a substância que engendram (cf. Jean Rivero, *Les libertés publiques*: les droits de l'homme, v. 1, 1973; Georges Burdeau, *Les libertés publiques*, 1972; Jacques Robert, *Libertés publiques*, 1971; Claude-Albert Colliard, *Libertés publiques*, 1972; T. Revet R. Cambrillac et al., *Droits et libertés fondamentaux*, 1997; Arlette Heymann- -Doat, *Libertés publiques et droits de l'homme*, 1997; Jean A. Poille Roche, *Libertés publiques*, 1997; Robert Charvin, *Droits de l'homme et libertés de la personne*, 1997).

Sugerimos o uso de **liberdades públicas em sentido amplo** — conjunto de normas constitucionais que consagram limitações jurídicas aos Poderes Públicos, projetando-se em três dimensões: **civil**

402 ◆ Uadi Lammêgo Bulos ◆

(direitos da pessoa humana), **política** (direitos de participação na ordem democrática) e **econômico-social** (direitos econômicos e sociais).

> **Outras dimensões:** José Carlos Vieira de Andrade, por sua vez, detectou as liberdades públicas em três perspectivas: **filosófica ou jusnaturalista** (direitos de todos os homens, em todos os tempos e em todos os lugares), **universalista ou internacionalista** (direitos de todos os homens em todos os lugares, num certo tempo) e **estadual ou constitucional** (direitos dos cidadãos num Estado concreto) (*Os direitos fundamentais na Constituição de 1976*, p. 11).

✦ 3. NATUREZA JURÍDICA DOS DIREITOS E GARANTIAS FUNDAMENTAIS

As liberdades públicas têm a natureza de normas constitucionais positivas, pois derivaram da linguagem prescritiva do constituinte.

Na medida do possível, têm aplicação direta e integral, independendo de providência legislativa ulterior para serem imediatamente aplicadas (*v*. Capítulo 9, n. 5, c.1).

✦ 4. FINALIDADES DOS DIREITOS FUNDAMENTAIS: DEFESA E INSTRUMENTALIZAÇÃO

Os direitos fundamentais cumprem as finalidades de defesa e de instrumentalização.

Como *direitos de defesa*, permitem o ingresso em juízo para proteger bens lesados, proibindo os Poderes Públicos de invadirem a esfera privada dos indivíduos.

> **Doutrina:** J. J. Gomes Canotilho, *Direito constitucional e teoria da constituição*, p. 373; Paolo Barile, *Diritti dell'uomo e libertà fondamentali*, p. 13; José Carlos Vieira de Andrade, *Os direitos fundamentais na Constituição portuguesa de 1976*, p. 57; Hans Schneider, Peculiaridad y función de los derechos fundamentales en el Estado Constitucional Democrático, p. 30.

No posto de *direitos instrumentais*, consagram princípios informadores de toda a ordem jurídica (legalidade, isonomia, devido processo legal etc.), fornecendo-lhes os mecanismos de tutela (mandado de segurança, *habeas corpus*, ação popular etc.).

A *finalidade instrumental* das liberdades públicas permite ao particular reivindicar do Estado:

- o cumprimento de prestações sociais (saúde, educação, lazer, moradia etc.);
- a proteção contra atos de terceiros (segurança, inviolabilidade de domicílio, dados informáticos, direito de reunião etc.); e
- a tutela contra discriminações (desrespeito à igualdade, proibição ao racismo, preconceito religioso, distinções de sexo, origem, cor etc.).

✦ 5. DECLARAÇÕES DE DIREITOS FUNDAMENTAIS

Os antecedentes das *declarações de direitos* estão nos pactos, forais e cartas de franquia. A Inglaterra foi terreno fértil para o surgimento delas, em virtude da estabilidade, firmeza e tradição das instituições inglesas. Daí se destacaram a *Petition of Right* (1628), o *Habeas Corpus Amendment Act* (1679) e o *Bill of Rights* (1688). Mas o primeiro instrumento que as assegurou foi a *Declaração de Direitos do Bom Povo de Virgínia* (12-1-1776), antes da *Declaração de Independência dos Estados Unidos da América*.

No século XVIII, com as Revoluções Americana e Francesa, representaram o instrumento de luta política da burguesia contra o Estado absolutista centralizador e os resquícios do feudalismo. Conclamavam a democracia, a educação, a liberdade, a igualdade e a fraternidade.

> **Nesse sentido:** Lewis H. Morgan, *La sociedad primitiva*, p. 543-544.

As constituições brasileiras sempre previram uma *declaração de direitos*. Aliás, o Texto Imperial de 1824 foi o primeiro do mundo a expressar, em termos normativos, os direitos do homem, antes mesmo

♦ Cap. 13 ♦ DIREITOS E GARANTIAS FUNDAMENTAIS **403**

da Carta belga de 1831, tida por Paolo Biscaretti de Ruffía como a pioneira nesse campo (*Diritto costituzionale*, p. 695-696).

✦ 6. GERAÇÕES DOS DIREITOS FUNDAMENTAIS

A doutrina e a jurisprudência reconhecem as etapas que os direitos fundamentais atravessaram. Nesse sentido, admitiu o Supremo Tribunal Federal:

"Enquanto os *direitos de primeira geração* (direitos civis e políticos) — que compreendem as liberdades clássicas, negativas ou formais — realçam o princípio da liberdade e os *direitos de segunda geração* (direitos econômicos, sociais e culturais) — que se identificam com as liberdades positivas, reais ou concretas — acentuam o princípio da igualdade, os *direitos de terceira geração*, que materializam poderes de titularidade coletiva atribuídos genericamente a todas as formações sociais, consagram o princípio da solidariedade e constituem um momento importante no processo de desenvolvimento, expansão e reconhecimento dos direitos humanos, caracterizados, enquanto valores fundamentais indisponíveis, pela nota de uma essencial inexauribilidade" (STF, Pleno, MS 22.164/SP, Rel. Min. Celso de Mello, *DJ*, 1, de 17-11-1995, p. 39206).

> **Para maior aprofundamento:** Robert Pelloux, Vrais et faux droits de l'homme, p. 58; Karel Vasak, *The international dimensions of human rights*, p. 13; Dominique Rousseau, Les droits de l'homme de la troisième génération, 1987; Salvatore Senese, Droit à la paix et droits de l'homme, 1990; Norberto Bobbio, *A era dos direitos*, 1992; Themístocles Brandão Cavalcanti, *Princípios gerais de direito público*, p. 202.

✧ 6.1. Gerações, famílias e dimensões dos direitos fundamentais

Qual a melhor terminologia para cognominar as etapas de evolução dos direitos fundamentais? A doutrina usa várias nomenclaturas, senão vejamos:

- **famílias** — seria, segundo seus adeptos, o termo mais correto para descrever os novos horizontes e as novas conquistas no campo das liberdades públicas, pois indicaria os diversos níveis ou escalonamentos em que elas foram se desenvolvendo. Para Arion Sayão Romita a palavra *geração* é equivocada, pois transmite a ideia de que a conquista de uma fase extirparia a da outra subsequente. A liberdade, por exemplo, sufragaria a isonomia, afinal esta veio depois daquela. Usando o signo *família* este problema seria eliminado, segundo Romita, porque o direito à igualdade adveio da própria liberdade, sendo que ambos convivem, harmonicamente, num mesmo Estado democrático (*Direitos fundamentais nas relações de trabalho*, p. 99);
- **dimensões** — representaria, de acordo com seus defensores, a terminologia indicada para rotular o desenvolvimento das liberdades públicas. Reconhecem que, no início, os direitos humanos formaram *gerações*, mas, com o tempo, passaram a integrar *dimensões*. Conforme Paulo Bonavides, um só direito pode ter várias dimensões, a exemplo do direito de propriedade, que passou do campo privado para o constitucional, e, por derradeiro, para o ambiental (*Curso de direito constitucional*, p. 474 e s.). Desse modo, o termo *dimensão* demonstra o próprio evoluir da palavra *geração*, retratando, com maior nitidez, o caleidoscópio das liberdades públicas; e
- **gerações** — é a melhor, a nosso ver, porque demarca muito bem os períodos de evolução das liberdades públicas. Seu uso, ao contrário do que se pode imaginar, demonstra a ideia de conexão de uma *geração* à outra. Os direitos de primeira geração, por exemplo, irmanam-se com os de quarta geração, os de segunda com os de terceira, e assim por diante. Ou seja, a *geração* mais nova não elimina as anteriores. Quanto à terminologia *família*, ela não se afigura adequada, porque as famílias, ainda quando inseridas numa mesma sociedade, não se comunicam, necessariamente, entre si, podendo existir de modo equidistante. A palavra *dimensão*, por sua vez, também é imprópria, pois computa ideia de nível, posto, escalonamento, algo incompatível com os direitos humanos, que, por natureza, inadmitem qualquer hierarquia.

Estudemos, pois, as fases distintas e bem delimitadas das *gerações dos direitos fundamentais*.

a) Direitos fundamentais de primeira geração: direitos individuais

A *primeira geração*, surgida no final do século XVII, inaugura-se com o florescimento dos direitos e garantias individuais clássicos, os quais encontravam na limitação do poder estatal seu embasamento.

Nessa fase, prestigiavam-se as cognominadas *prestações negativas*, as quais geravam um dever de não fazer por parte do Estado, com vistas à preservação do direito à vida, à liberdade de locomoção, à expressão, à religião, à associação etc.

b) Direitos fundamentais de segunda geração: direitos sociais, econômicos e culturais

A *segunda geração*, advinda logo após a Primeira Grande Guerra, compreende os direitos sociais, econômicos e culturais, os quais visam assegurar o bem-estar e a igualdade, impondo ao Estado uma *prestação positiva*, no sentido de fazer algo de natureza social em favor do homem.

Aqui encontramos os direitos relacionados ao trabalho, ao seguro social, à subsistência digna do homem, ao amparo à doença e à velhice.

c) Direitos fundamentais de terceira geração: direitos de fraternidade ou solidariedade

A *terceira geração*, por alguns chamada de *novíssima dimensão*, engloba os chamados *direitos de solidariedade ou fraternidade* (Karel Vasak).

Tais direitos têm sido incorporados nos ordenamentos constitucionais positivos e vigentes de todo o mundo, como nas Constituições do Chile (art. 19, § 8º), da Coreia (art. 35, 1) e do Brasil (art. 225).

Os direitos difusos em geral, como o meio ambiente equilibrado, a vida saudável e pacífica, o progresso, a autodeterminação dos povos, o avanço da tecnologia, são alguns dos itens componentes do vasto catálogo dos direitos de solidariedade, prescritos nos textos constitucionais hodiernos, e que constituem a terceira geração dos direitos humanos fundamentais.

> **Direito ao meio ambiente:** os "direitos de terceira geração (ou de novíssima dimensão), que materializam poderes de titularidade coletiva atribuídos, genericamente, e de modo difuso, a todos os integrantes dos agrupamentos sociais, consagram o princípio da solidariedade e constituem, por isso mesmo, ao lado dos denominados direitos de quarta geração (como o direito ao desenvolvimento e o direito à paz), um momento importante no processo de expansão e reconhecimento dos direitos humanos, qualificados estes, enquanto valores fundamentais indisponíveis, como prerrogativas impregnadas de uma natureza essencialmente inexaurível. Todos sabemos que os preceitos inscritos no art. 225 da Carta Política traduzem, na concreção de seu alcance, a consagração constitucional, em nosso sistema de direito positivo, de uma das mais expressivas prerrogativas asseguradas às formações sociais contemporâneas. Essa prerrogativa, que se qualifica por seu caráter de metaindividualidade, consiste no reconhe- cimento de que todos têm direito ao meio ambiente ecologicamente equilibrado. Trata-se, consoante já o proclamou o Supremo Tribunal Federal (*RTJ*, *158*:205-206, Rel. Min. Celso de Mello), de um típico direito de terceira geração (ou de novíssima dimensão), que assiste, de modo subjetivamente indeterminado, a todo o gênero humano, circunstância essa que justifica a especial obrigação — que incumbe ao Estado e à própria coletividade — de defendê-lo e de preservá-lo em benefício das presentes e futuras gerações, evitando-se, desse modo, que irrompam, no seio da comunhão social, os graves conflitos intergeracionais marcados pelo desrespeito ao dever de solidariedade na proteção da integridade desse bem essencial de uso comum de todos quantos compõem o grupo social" (STF, ADIn 3.540-1-MC/DF, Rel. Min. Celso de Mello, decisão de 1º-9-2005).

d) Direitos fundamentais de quarta geração: direito dos povos

O tempo em que estamos vivendo revela alterações na vida e no comportamento dos homens.

Nesse contexto, os direitos sociais das minorias, os direitos econômicos, os coletivos, os difusos, os individuais homogêneos passaram a conviver com outros de notória importância e envergadura.

Referimo-nos aos *direitos fundamentais de quarta geração*, relativos à saúde, informática, *softwares*, biociências, eutanásia, alimentos transgênicos, sucessão dos filhos gerados por inseminação artificial, clonagens, dentre outros acontecimentos ligados à engenharia genética.

No plano legislativo, a proteção dos direitos de quarta geração encontrou guarida na Lei n. 11.105, de 24 de março de 2005, a chamada Lei de Biossegurança, que proibiu a clonagem humana.

♦ Cap. 13 ♦ DIREITOS E GARANTIAS FUNDAMENTAIS **405**

Paulatinamente, o Judiciário brasileiro tem-se deparado com esse *direito dos povos*, proveniente do processo de globalização do Estado neoliberal.

> **Alimentos transgênicos:** "A liberação para a importação de 38 mil toneladas de milho não acarretará, segundo se depreende do próprio pedido da União Federal, grave dano à ordem econômica, e, sim, como por ela própria analisado, prejuízos aos importadores, que eles afir- mam ser incalculáveis. Grave dano, sim, poderá resultar para a saúde" (TRF, 1ª Região, Pet. 2000.01.00.086038-3/DF, Rel. Juiz Tourinho Neto, *DJ*, 2, de 18-7-2000).

e) *Direitos fundamentais de quinta geração: direito à paz*

A quinta geração dos direitos fundamentais corresponde à *paz*.

Expliquemos.

Quando Karel Vasak, na abertura dos trabalhos do Instituto Internacional dos Direitos do Homem, mencionou o *direito à vida pacífica* como um *direito de fraternidade* (1979), ele o fez a título exemplificativo, sem descer a maiores detalhamentos (*The international dimensions of human rights*, 2 v.).

A consequência disso foi o completo esquecimento da paz, enquanto categoria teórica componente da terceira geração de direitos fundamentais, sem falar que alguns autores, a exemplo de Robert Pelloux, chegaram a contestar a natureza e a real extensão desses autênticos direitos de solidariedade (*Vrais et faux droits de l'Homme*, p. 58).

Quer dizer, Vasak, simplesmente, aludiu ao direito à paz como um viés do direito à fraternidade, e não como um direito autônomo e fundamental no mundo contemporâneo.

Sem embargo, a força normativa do direito à paz está sedimentada em preceitos legais e fundamentais, e, até, em diplomas internacionais, a exemplo da Declaração das Nações Unidas e na Organização para a proscrição das Armas Nucleares na América Latina (OPANAL).

No Brasil, o direito fundamental à paz é um corolário do mandamento insculpido no art. 4º, IV, da Constituição de 1988.

Sua força normativa é tamanha que condiciona a exegese de inúmeros princípios e preceitos jurídicos, a começar pelo *princípio do Estado Democrático de Direito*, estampado no art. 1º de nossa Carta Magna, pois, onde inexistir a paz, a democracia estará, no mínimo, abalada.

O reconhecimento da paz, enquanto direito fundamental, já é uma realidade na vida judiciária dos Estados. A Corte da Costa Rica, em 8 de setembro de 2004, destacou-lhe em termos sólidos, bem como o nosso Supremo Tribunal Federal, na **ADIn 3.540-1**, decidida pelo Min. Celso de Mello, em 1º de setembro de 2005.

Vale enfatizar que o enquadramento do direito à paz, enquanto direito componente da quinta geração das liberdades públicas, não é por capricho intelectual, mas por uma necessidade premente nos dias correntes.

Tudo, absolutamente tudo, está conturbado. Vivemos a crise da crise. O caos, em todos os quadrantes da vida, tornou-se corriqueiro. As constituições são incapazes de regular os absurdos de todo jaez, que se sucedem todos os dias no mundo globalizado, onde as soberanias são relativizadas, as economias estouradas e os poderes do Estado manietados.

O que é melhor? A liberdade ou o cárcere dentro dos próprios lares? A esperança, que nunca deserda da vida, ou os "Bushs", como símbolos personificados da maldade e do ódio?

Onde não há paz, não há amor; onde não há paz, não predomina a retidão no coração; onde não há paz, não há verdade; onde não há paz, não há Deus. Deus está em tudo, embora nem todos os homens — alguns dos quais artífices dos poderes constitucionais dos Estados — estejam Nele, e, por isso, sofrem. Mas, se há beleza no caráter, reinará harmonia no lar. Havendo harmonia no lar, haverá ordem nas nações. Se reina ordem nas nações, haverá paz no mundo.

Como se vê, a quinta geração dos direitos fundamentais, equivalente à *paz*, é muito mais fecunda e importante do que supomos, porque representa um convite para pensarmos além das balizas ortodoxas, que comumente norteiam o estudo convencional dos direitos humanos.

f) *Direitos fundamentais de sexta geração: direito à democracia, à informação e ao pluralismo político*

Os direitos fundamentais de sexta geração correspondem à democracia, à liberdade de informação, ao direito de informação e ao pluralismo.

A *democracia* é um direito fundamental, porque o arbítrio não se irmana com o regime das liberdades públicas, que se opõe à força, à brutalidade, ao abuso de poder.

O *direito de informação*, por sua vez, é outra liberdade pública da coletividade. Não se personifica, muito menos se dirige a sujeitos determinados. Conecta-se à a *liberdade de informação*, porque todos, sem exceção, têm a prerrogativa de informar e de ser informado. O acesso ao conhecimento não pode ser tido como privilégio de uns, em detrimento de outros.

Já o pluralismo político é a composição da sociedade pelos seus diversos segmentos, sendo outro direito fundamental de grande envergadura, no panorama das liberdades públicas. Neste particular, merecem destaque:

- **CF, art. 1º, V** — erigiu o pluralismo ao posto de fundamento do Estado Democrático de Direito brasileiro; e
- **Declaração Universal dos Direitos Humanos, art. XXI** — dispõe que toda pessoa tem o direito de participar do governo de seu País, de modo direto ou por meio de seus representantes eleitos para esse fim.

✦ 7. DIREITOS NÃO SE CONFUNDEM COM GARANTIAS FUNDAMENTAIS

Direitos fundamentais são bens e vantagens disciplinados na Constituição Federal. Exemplo: art. 5º, XVI e XXII.

Garantias fundamentais são as ferramentas jurídicas por meio das quais tais direitos se exercem, limitando os poderes do Estado. Exemplo: art. 5º, XXXV a LXXVII.

Conferir: Alejandro Silva Bascuñán, *Tratado de derecho constitucional*, p. 208.

Na lição de Ruy Barbosa, os **direitos fundamentais** consagram *disposições meramente declaratórias* (imprimem existência legal aos direitos reconhecidos). Já as **garantias fundamentais** contêm *disposições assecuratórias* (defendem direitos, evitando o arbítrio dos Poderes Públicos) [*República: teoria e prática* (textos doutrinários sobre direitos humanos e políticos consagrados na primeira Constituição da República), p. 121].

Embora o Título II da Carta Maior tenha mencionado a terminologia "Direitos e Garantias Fundamentais", não distinguiu uma categoria da outra. Resta ao intérprete fazê-lo.

Numa mesma norma constitucional, contudo, **garantias** podem vir disciplinadas junto com **direitos**. Exemplos:

- **CF, art. 5º, VI** — **direito** de crença + **garantia** da liberdade de culto;
- **CF, art. 5º, IX** — **direito** de expressão + **garantia** da proibição à censura; e
- **CF, art. 5º, LV** — **direito** à ampla defesa + **garantia** do contraditório.

Certamente, pouco importa um direito fundamental ser reconhecido ou declarado se não for garantido, pois existirão momentos em que ele poderá ser alvo de discussão e até de violação.

Nesse sentido: Maurice Hauriou, *Principios de derecho público y constitucional*, p. 20 e s.

A doutrina alemã, a partir de Carl Schmitt, distingue os **direitos fundamentais** das **garantias institucionais**, tipologia que, até certo ponto, coincide com a realidade brasileira:

- **direitos fundamentais** — atendem aos cidadãos em suas relações particulares, sem atingir a sociedade como um todo (exemplo: direito de herança — CF, art. 5º, XXX) etc.; e
- **garantias institucionais** — repercutem sobre toda a sociedade, e não ao homem particularmente considerado (exemplo: autonomia universitária — CF, art. 207, *caput*) etc.

◆ Cap. 13 ◆ DIREITOS E GARANTIAS FUNDAMENTAIS **407**

Mas há casos em que os direitos fundamentais interagem com os direitos institucionais, motivo pelo qual essa classificação não pode ser levada às suas últimas consequências no Brasil. Exemplo: o direito de expressão (CF, art. 5º, IX) é indissociável da garantia de vedação à censura (CF, art. 220, § 2º).

> **Teoria das garantias institucionais:** foi uma criação do publicista germânico Carl Schmitt. Para ele, "a garantia institucional é, por essência, limitada. Existe só dentro do Estado e não se baseia na ideia de uma esfera de liberdade, em princípio, ilimitada" (*Teoría de la constitución*, p. 198).

✦ 8. CLASSIFICAÇÃO DAS GARANTIAS FUNDAMENTAIS NA CONSTITUIÇÃO DE 1988

Com base na Constituição de 1988, as garantias fundamentais classificam-se em:

* **Garantias fundamentais gerais** — proíbem abusos de poder e todas as formas de violação aos direitos que asseguram. Exemplos: legalidade (art. 5º, II); liberdade (art. 5º, IV, VI, IX, XIII, XIV, XV, XVI, XVII etc.); inafastabilidade do controle judicial (art. 5º, XXXV); juiz e promotor natural (art. 5º, XXXVII e LIII); devido processo legal (art. 5º, LIV); contraditório (art. 5º, LV); publicidade dos atos processuais (art. 5º, LX, e 93, IX) etc.
* **Garantias fundamentais específicas** — *instrumentalizam* os direitos fundamentais e fazem prevalecer as próprias *garantias fundamentais gerais*. Por meio delas, os titulares dos direitos encontram a forma, o procedimento, a técnica, o meio de exigir a proteção de suas prerrogativas. Exemplos: *habeas corpus*, mandado de segurança, mandado de segurança coletivo, mandado de injunção, *habeas data*, ação popular, ação civil pública. Todos esses institutos de tutela constitucional, postos ao dispor dos indivíduos e coletividades, encarregam-se de garantir os direitos fundamentais.

Observe-se que os institutos de tutela das liberdades públicas participam do gênero **garantias fundamentais específicas**.

TIPOLOGIA DAS GARANTIAS FUNDAMENTAIS NA CF

Garantias fundamentais ⟨ Gerais ➜ vedam abusos de poder / Específicas ➜ instrumentalizam direitos

✦ 9. ABRANGÊNCIA DOS DIREITOS E GARANTIAS FUNDAMENTAIS

Na Constituição de 1988, os direitos e garantias fundamentais abrangem:

* os direitos individuais e coletivos (art. 5º);
* os direitos sociais (arts. 6º e 193 e s.);
* os direitos à nacionalidade (art. 12);
* os direitos políticos (arts. 14 a 16); e
* os direitos dos partidos políticos (art. 17).

Essa lista é exemplificativa. Não exaure o catálogo de direitos e garantias fundamentais, que demandam pesquisa na Carta de 1988, ultrapassando, inclusive, o âmbito do art. 5º, como decidiu o Supremo Tribunal Federal.

> **Precedente:** STF, ADIn 939-7-MC/DF, Rel. Min. Sydney Sanches, *RTJ*, *150*:68.

Os direitos fundados nas relações econômicas, por exemplo, foram dispostos nos arts. 170 a 192 do Texto Maior.

Assim, o elenco de incisos do art. 5º é exemplificativo, pois os direitos e garantias expressos na Constituição não excluem outros decorrentes do regime e dos princípios por ela adotados, ou dos tratados internacionais em que a República Federativa do Brasil for parte (CF, art. 5º, § 2º).

✦ 10. CARACTERÍSTICAS DOS DIREITOS E GARANTIAS FUNDAMENTAIS

Além de *fundamentais*, os direitos e garantias previstos em nossa Carta Suprema são:

- **Históricos** — derivaram de longa evolução, participando de um contexto histórico perfeitamente delimitado. Nascem, morrem e extinguem-se. Não são obra da natureza, mas das necessidades humanas, ampliando-se ou limitando-se a depender das circunstâncias. Exemplo: direito de propriedade (CF, art. 5º, XXII).
- **Universais** — ultrapassam os limites territoriais de um lugar específico para beneficiar os indivíduos, independentemente de raça, credo, cor, sexo, filiação etc. Exemplo: princípio da isonomia (CF, art. 5º, *caput*).
- **Cumuláveis (ou concorrentes)** — podem ser exercidos ao mesmo tempo. Exemplo: direito de informação e liberdade de manifestação do pensamento (art. 5º, IV e XXXIII).
- **Irrenunciáveis** — podem deixar de ser exercidos, mas nunca renunciados. Exemplo: não ajuizamento do mandado de segurança, algo que não o retira da Constituição (CF, art. 5º, LXIX).
- **Inalienáveis** — são indisponíveis. Os seus titulares não podem vendê-los, aliená-los, comercializá-los, pois não têm conteúdo econômico. Exemplo: a função social da propriedade não pode ser vendida porque não corresponde a um bem disponível (CF, art. 5º, XXIII).
- **Imprescritíveis** — não prescrevem, uma vez que não apresentam caráter patrimonial. Exemplo: direito à vida (CF, art. 5º, *caput*).
- **Relativos (ou limitados)** — nem todo direito ou garantia fundamental podem ser exercidos de modo absoluto e irrestrito, salvo algumas exceções.

✦ 11. OS DIREITOS E GARANTIAS FUNDAMENTAIS, EM REGRA, SÃO RELATIVOS

Os direitos e garantias fundamentais, em regra, são relativos, e não absolutos.

Esse é o posicionamento do Supremo Tribunal Federal. Embasado no *princípio da convivência entre liberdades*, a Corte concluiu que nenhuma prerrogativa pode ser exercida de modo danoso à ordem pública e aos direitos e garantias fundamentais, as quais sofrem *limitações* de ordem ético-jurídica. Essas *limitações* visam, de um lado, tutelar a integridade do interesse social e, de outro, assegurar a convivência harmônica das liberdades, para que não haja colisões ou atritos entre elas. Evita-se, assim, que um direito ou garantia seja exercido em detrimento da ordem pública ou com desrespeito aos direitos e garantias de terceiros.

Nesse sentido: STF, MS 23.452, Rel. Min. Celso de Mello, *DJ* de 12-5-2000.

Inegavelmente, há situações em que um direito ou garantia fundamental é absoluto, devendo ser exercido de maneira irrestrita. É o caso da proibição à tortura e do tratamento desumano ou degradante. Aqui não existe relatividade alguma. O marginal, assaltante, sequestrador, meliante, corrupto ou "monstro" da pior estirpe não pode ser torturado com o uso de expedientes psíquicos ou materiais. Aqui o inciso III do art. 5º da Carta Maior consagra, sim, uma garantia ilimitada e absoluta. Do contrário, fulminar-se-ia o Estado Democrático de Direito (CF, art. 1º), fomentando-se a cultura do "olho por olho, dente por dente".

Mas, no geral, as liberdades públicas, a exemplo daquelas arroladas no art. 5º de nossa Constituição, são relativas. É nesse sentido que devemos compreender a jurisprudência do Supremo Tribunal Federal.

Assim, salvo hipóteses específicas, como a da proibição à tortura, as liberdades públicas possuem limites, não servindo de substrato para a *salvaguarda de práticas ilícitas*.

Nesse sentido: STF, *RT, 709*:408.

Quando se diz que os direitos e garantias individuais e coletivos do art. 5º, da Carta de Outubro, têm o caráter limitado e relativo não se está pretendendo criar uma redoma para a ilicitude, eximindo de responsabilidade civil e penal os infratores.

◆ Cap. 13 ◆ DIREITOS E GARANTIAS FUNDAMENTAIS **409**

O que se busca é evitar o arbítrio por parte do Estado, jamais fomentar praxes antijurídicas, como reconheceu o Superior Tribunal de Justiça.

> **Precedente:** "Está muito em voga, hodiernamente, a utilização *ad argumentandum tantum*, por aqueles que perpetram delitos bárbaros e hediondos, dos indigitados direitos humanos. *Pasmem*, ceifam vidas, estupram, sequestram, destroem lares e trazem a dor a quem quer que seja, por nada, mas, depois, buscam guarida nos direitos humanos fundamentais. É verdade que esses direitos devem ser observados, mas por todos, principalmente por aqueles que impensadamente, cometem os censurados delitos trazendo a dor aos familiares da vítima" (STJ, 6ª T., RHC 2.770-0/RJ, Rel. Min. Pedro Acioli, *Ementário de Jurisprudência* n. 8, p. 721).

Até mesmo a *Declaração Universal dos Direitos Humanos* de 1948 reconheceu que "no exercício de seus direitos e no desfrute de suas liberdades, todas as pessoas estarão sujeitas às limitações estabelecidas pela lei com a única finalidade de assegurar o respeito dos direitos e liberdades dos demais, e de satisfazer as justas exigências da moral, da ordem pública e do bem-estar de uma sociedade democrática" (artigo XXIX, 2).

Significa dizer que existem *parâmetros* para o exercício de qualquer liberdade pública.

Nesse particular, resta ao Poder Judiciário empreender uma interpretação constitucional *conformadora* ou *harmonizante* das normas assecuratórias de liberdades públicas, de modo a evitar contradições entre bens e princípios jurídicos consagrados pelo Texto de 1988.

A relatividade dos direitos fundamentais é, em grande parte, um problema de interpretação. Cada caso é único. Não é preciso sacrificar um direito fundamental em relação ao outro; basta que se reduza, proporcionalmente, o âmbito de alcance dos interesses em disputa, mediante a *técnica da ponderação de valores* (cf. Cap. 8, n. 9, *h*).

✦ 12. DESTINATÁRIOS DOS DIREITOS E GARANTIAS FUNDAMENTAIS

A quem se dirigem os direitos e garantias fundamentais? Os seus destinatários seriam, em primeiro lugar, os indivíduos?

As normas constitucionais são voltadas, primeiramente, para os Poderes Executivo, Legislativo e Judiciário, que, ao exercer suas respectivas funções, tornam-se os destinatários diretos, primeiros ou imediatos das liberdades públicas.

Ao aplicar os dispositivos da Carta Maior às situações concretas, o Executivo, o Legislativo e o Judiciário efetivam os direitos e garantias fundamentais. É nesse estágio que o povo passa a ser o receptor do Texto Supremo.

Por isso, é ilusório e utópico dizer que as liberdades públicas são voltadas, num primeiro momento, aos cidadãos. Estes são os destinatários indiretos, secundários ou mediatos dos direitos e garantias fundamentais, os quais dependem de aplicação para se efetivar.

De nada adianta dizer, por exemplo, que "todos são iguais perante a lei" (CF, art. 5º, *caput*) se esse enunciado não passar pelo crivo da autoridade competente.

Sem providência concreta, nenhuma liberdade pública sai do papel.

> **Destinação das normas como falso problema:** Santi Romano chegou a dizer que as normas jurídicas não possuem um destinatário certo e único, afirmando que a problemática dos destinatários das normas jurídicas é um falso problema (Norme giuridiche (destinatari delle), p.135 e s.).

Com efeito, transposta a etapa de concretização das liberdades públicas pelos órgãos executivo, legislativo ou judiciário, elas voltam-se para a proteção das pessoas físicas e jurídicas, nacionais e estrangeiras, desde que estejam no território pátrio.

A partir daí, todos têm direito à vida, à segurança, à propriedade, à proteção tributária e aos instrumentos de tutela constitucional.

> **Precedentes:** STF, *RF, 226*:81; STF, *RT, 657*:281.

410 ◆ Uadi Lammêgo Bulos ◆

DESTINATÁRIOS DAS LIBERDADES PÚBLICAS
Destinatário imediato = Poder Público
Destinatário mediato = Povo

◇ 12.1. O estrangeiro e as liberdades públicas

A condição jurídica do estrangeiro em face dos direitos e garantias fundamentais merece atenção.

O *caput* do art. 5º referiu-se, apenas, a brasileiros, incluindo-se aí os natos e os naturalizados, bem como os estrangeiros residentes no País.

Todavia, tanto os que residem no território pátrio como os passantes fazem *jus* aos direitos fundamentais, nos limites de nossa soberania, como reconheceu a Corte Excelsa (STF, HC 74.051, Rel. Min. Marco Aurélio, *DJ* de 20-9-1996).

> **Estrangeiro residente no Brasil faz jus à concessão de benefício assistencial:** por unanimidade de votos, e com repercussão geral reconhecida, decidiu o Supremo Tribunal Federal: "Os estrangeiros residentes no país são beneficiários da assistência social prevista no artigo 203, inciso V, da Constituição Federal, uma vez atendidos os requisitos constitucionais e legais" (STF, RE 587970, Rel. Min. Marco Aurélio, j. 20-4-2017).

Assim, os estrangeiros "não residentes" podem valer-se das mesmas liberdades públicas concedidas aos "residentes".

O Supremo Tribunal Federal segue esse entendimento, inserindo, nesse contexto, além dos estrangeiros não residentes, os apátridas e os que estiverem em trânsito no Brasil.

Ora, o qualificativo "residentes no País" não adjetiva o substantivo "estrangeiro", e sim o sujeito composto "brasileiros e estrangeiros".

> **Precedentes:** STF, HC 74.051-3, Rel. Min. Marco Aurélio, *DJ* de 9-10-1998; STF, *RF, 192*:122; STF, *RT, 312*:36; STF, *RDA, 39*:326.

Logo, os estrangeiros não residentes, e em situação regular, não podem ser discriminados, pois dispõem de meios jurisdicionais para tutelar situações subjetivas.

> **Entendimento do STF:** "Ao recorrente, por não ser francês, não obstante trabalhar para a empresa francesa, no Brasil, não foi aplicado o Estatuto do Pessoal da Empresa, que concede vantagens aos empregados, cuja aplicabilidade seria restrita ao empregado de nacionalidade francesa. Ofensa ao princípio da igualdade: CF, 1967, art. 153, § 1º; CF, 1988, art. 5º, *caput*. A discriminação que se baseia em atributo, qualidade, nota intrínseca ou extrínseca do indivíduo, como o sexo, a raça, a nacionalidade, o credo religioso, etc., é inconstitucional. Precedente do STF: Ag 110.846(AgRg)-PR, Célio Borja, RTJ 119/465. Fatores que autorizariam a desigualização não ocorrente no caso" (RE 161.243, Rel. Min. Carlos Velloso, *DJ* de 19-12-1997).

Tanto que existem normas jurídicas, inclusive de direito internacional, que o Brasil e suas autoridades têm o dever de observar.

O mesmo se diga quanto àqueles preceitos legais insculpidos na legislação especial. Basta citar os que definem os direitos e a condição jurídica do estrangeiro não residente que tenha ingressado, de modo regular, no território brasileiro.

Nada impede, por exemplo, um turista impetrar *habeas corpus* (art. 5º, LXVIII) ou solicitar informações aos órgãos públicos (art. 5º, XXXIII).

Evidente que existem institutos específicos, como a ação popular, apenas proposta pelo cidadão (titular de direitos políticos ativos e passivos), dentre outros casos particularizados que demandam exame minucioso.

◆ Cap. 13 ◆ **DIREITOS E GARANTIAS FUNDAMENTAIS** **411**

Nunca é demasiado lembrar que o Brasil subscreve as declarações universal e americana dos direitos humanos. Ambas, por força do art. 5º, § 2º, do Texto Maior, colocam o indivíduo numa dimensão supranacional, dando-lhe o direito de ter um mínimo de respeito e tratamento condigno.

A propósito, a dignidade do homem é um dos pilares do Estado brasileiro (CF, art. 3º, III), sendo alçada como uma proclamação universal, ecumênica, que não se atém a sexo, credo, origem, cor etc.

✧ 12.2. Pessoa jurídica e liberdades públicas

As pessoas jurídicas, do mesmo modo que as físicas, também são destinatárias dos direitos e garantias fundamentais.

A tendência de permitir às pessoas jurídicas o pleno gozo das liberdades públicas não é algo que se verifica somente no Brasil. A Carta Fundamental de Bonn de 23 de maio de 1949, por exemplo, prevê a possibilidade (art. 19-3). Até mesmo a Convenção Europeia de Direitos Humanos assim se posicionou (art. 25, 1), respeitadas, logicamente, as características inerentes à espécie.

Pessoa jurídica é a unidade de pessoas físicas ou de bens que se reúnem para atingir fins comuns.

O ordenamento jurídico a considera sujeito de direitos e obrigações, desde que preencha três requisitos distintos: **licitude de propósitos**, **capacidade jurídica** e **organização de pessoas ou patrimônios** (*universitas personurum* e *universitas bonorum*).

Surge assim a cognominada pessoa jurídica como uma realidade firmada pelo Direito, o qual concede a agrupamentos de pessoas ou de bens a faculdade de realizarem interesses humanos (Maurice Hauriou).

Desse modo, o art. 5º traz disposições que se dirigem às pessoas jurídicas.

Elas também são beneficiárias do extenso rol de prerrogativas nele fixadas, com as exceções detectadas pela simples leitura dos preceitos constitucionais.

É o caso da garantia do *habeas corpus*, que não se dirige às pessoas jurídicas, as quais não são seres humanos, e, por isso, jamais podem ser ameaçadas em sua liberdade de ir e vir (STF, HC 92.921/BA, Rel. Min. Ricardo Lewandowski, j. em 19-8-2008).

✧ 12.3. Empresas estrangeiras e liberdades públicas

As pessoas jurídicas estrangeiras, constituídas sob as leis pátrias e que tenham sua sede e administração no Brasil, são destinatárias da proteção tributária, da igualdade, da legalidade, do direito de resposta, do direito de propriedade, do sigilo de correspondência, da inviolabilidade de domicílio, do direito adquirido, do ato jurídico perfeito e da coisa julgada, dos instrumentos processuais constitucionais etc.

Daí o art. 176, § 1º, com redação dada pela Emenda Constitucional n. 6, de 18 de agosto de 1995, permitir a pesquisa e lavra de recursos minerais às empresas aqui sediadas e constituídas sob o império de nossas leis.

✧ 12.4. Quase pessoas jurídicas e liberdades públicas

Quase pessoas jurídicas são as coletividades despersonalizadas e os núcleos patrimoniais.

> **Sobre o assunto:** Gabriel Nettuzzi Perez, O significado da quase pessoa jurídica no direito público interno, *Justitia*, 75:139.

O Senado da República, a Câmara dos Deputados, as câmaras de vereadores, as assembleias legislativas, os tribunais constituem coletividades despersonalizadas.

Já a massa falida, a herança jacente e o espólio são núcleos patrimoniais.

As quase pessoas jurídicas não se sujeitam a todas as liberdades públicas, mas somente àquelas conaturais ao perfil jurídico que ostentam.

Dotadas de estrutura orgânica e patrimônio próprios, logrando capacidade processual ativa e passiva, são desprovidas de personalidade jurídica. Como *partes formais*, têm direito ao devido processo

412　　　　　　　　　　　　　　◆ Uadi Lammêgo Bulos ◆

legal, ao contraditório, à ampla defesa etc. Porém, não podem valer-se do *habeas corpus*, do *habeas data*, por exemplo.

Quer dizer, as coletividades despersonalizadas e os núcleos patrimoniais titularizam direitos e garantias fundamentais até certo ponto.

✦ 13. CARÁTER VINCULANTE DOS DIREITOS E GARANTIAS FUNDAMENTAIS

O exercício das funções legislativa, executiva e jurisdicional encontra-se vinculado à observância dos direitos e garantias fundamentais.

a) Vinculação legislativa

A vinculação do Poder Legislativo exterioriza-se, de um lado, pelo dever de legislar à luz do que prescrevem as liberdades públicas, e, de outro, pela obrigação de colmatar vazios legislativos, evitando, assim, omissões inconstitucionais.

Neste último aspecto, cumpre aos legisladores regulamentar os preceitos que traduzem direitos fundamentais e que exigem providências legiferantes para saírem do papel.

Mas, quando o legislador edita normatividade restringindo ou ampliando as liberdades públicas, ele deve agir com bom senso, com prudência e razoabilidade, de modo a não comprometer o **núcleo essencial** de tais direitos.

É nesse contexto que surge o **princípio da proibição de retrocesso**, pelo qual o legislador não pode reverter as conquistas alcançadas e sedimentadas por meio de lei ou ato normativo.

Embora nem todos aceitem tal princípio, acreditamos que é inconstitucional qualquer ato legislativo que anule, revogue ou aniquile liberdades públicas assentadas no seio da sociedade.

Exemplo: o legislador não poderá, por meio de emenda constitucional, fulminar a proteção do sigilo da fonte (art. 5º, XIV), pois se trata de uma conquista obtida pelos constituintes de 1988, cujo núcleo essencial o imuniza de quaisquer investidas por parte da atividade legislativa.

A vinculação legislativa, em tema de direitos fundamentais, incide em vários quadrantes da experiência jurídica, impedindo, por exemplo, o exercício descomensurado do poder de reforma constitucional (CF, art. 60, § 4º) e de quaisquer abusos cometidos por comissões parlamentares de inquérito, que também devem respeitar as liberdades públicas.

b) Vinculação executiva

A Administração Pública, em sentido amplo, ou seja, as pessoas jurídicas de Direito Público e de Direito Privado que disponham de faculdades do Poder Público, sujeitam-se, inexoravelmente, ao *jus imperium* das liberdades fundamentais do Estado.

Atos administrativos praticados à margem dos direitos fundamentais são nulos, de nada adiantando o argumento de que foram exercidos discricionariamente.

Por isso, Presidente da República, Governadores de Estado e Prefeitos municipais não podem ser obrigados a cumprir atos inconstitucionais, praticados ao arrepio das liberdades públicas.

No passado, o Supremo assim se posicionou. Na vigência da Carta em vigor, não houve pronunciamento a respeito do tema, que, a nosso ver, em nada muda aquela diretriz preconizada antes de 1988 (STF, *RTJ*, *96*:508, 1981).

O assunto é controvertido.

Para uma corrente, os Poderes Públicos podem e devem negar o cumprimento das leis que reputarem inconstitucionais.

Uma outra corrente, todavia, acredita que os Poderes Públicos, inclusive o Executivo, não podem descumprir as leis e os atos normativos presumivelmente inconstitucionais. Preconizam que o poder da Administração não é ilimitado. Sem sentença judicial para declarar a inconstitucionalidade, as leis se presumem válidas, eficazes e obrigatórias.

Filiamo-nos à primeira corrente, pois **entendemos que o agente pode deixar de cumprir a lei por entendê-la inconstitucional**.

◆ Cap. 13 ◆ DIREITOS E GARANTIAS FUNDAMENTAIS　　　　　　　　**413**

Nos Estados que aderem ao *regime da sanção de nulidade*, a exemplo do Brasil, as leis ou atos normativos inconstitucionais não vinculam as condutas dos Poderes Públicos, pois são completamente desprovidos de eficácia jurídica desde o nascedouro.

Sem embargo, é inegável que, entre nós, existe a tendência de o Poder Executivo sobrepor-se às leis. Essa constatação, porém, não basta para remediarmos um mal com outro.

Em verdade, é difícil precisar se o pior é a praxe contumaz de os nossos governantes abominarem a legalidade ou o hábito de burlar a Constituição do Estado.

Nessa encruzilhada, uma certeza brilha em nosso espírito: **a constituição é para ser respeitada nos seus significados mais profundos**.

Qualquer órgão do Poder Público que acatar determinações inconstitucionais está colaborando para a destruição da manifestação constituinte originária.

Uma rebeldia normativa por parte dos Poderes Públicos pode acarretar danos irreversíveis. Suponhamos que esteja em jogo a primazia dos direitos humanos fundamentais. Nesse caso, a autoridade pública tem de esperar a sanção de inconstitucionalidade de uma lei para, então, só depois garantir as liberdades públicas? E o princípio pelo qual a Administração direta e indireta, de qualquer dos Poderes, deve seguir a diretriz da legalidade (CF, art. 37, *caput*), tornar-se-á letra morta? A constituição não é a lei das leis, a rainha de todas as leis, a *lex mater*, por excelência?

c) Vinculação jurisdicional

A vinculação da atividade jurisdicional aos direitos e garantias fundamentais pode ser sentida pelas seguintes notas:

- o Poder Judiciário deve conferir o máximo possível de efetividade às liberdades públicas;
- o Poder Judiciário não está obrigado a aplicar leis inconstitucionais, atentatórias às liberdades públicas;
- o Poder Judiciário pode aplicar direitos fundamentais mesmo contra as leis, desde que estas não se conformem ao sentido constitucional daqueles; e
- o Poder Judiciário, no exame dos tratados internacionais que veiculam direitos humanos fundamentais, deve proteger as prerrogativas violadas ou ameaçadas de violência (CF, art. 5º, XXXV).

✦ 14. EFICÁCIA E APLICABILIDADE DOS DIREITOS E GARANTIAS FUNDAMENTAIS

Está escrito no art. 5º, § 1º, da Carta de 1988 que os direitos e garantias fundamentais têm aplicação imediata.

Analisando esse parágrafo, vemos que nem todos os direitos e garantias fundamentais têm aplicação imediata.

É o caso dos incisos VIII, XIII, XXVII, XXVIII e XXIX do art. 5º, que precisam de leis para se tornar plenamente exequíveis.

Assim, o § 1º do art. 5º deve ser interpretado *cum granun salis*, porque as liberdades públicas têm aplicação imediata se, e somente se, a Constituição Federal não exigir a feitura de leis para implementá-las.

✧ 14.1. Eficácia horizontal dos direitos e garantias fundamentais

A *teoria da eficácia horizontal dos direitos e garantias fundamentais*, também chamada de *teoria da eficácia privada*, *teoria da eficácia externa*, *teoria da eficácia entre particulares* ou, ainda, *teoria da eficácia em relação a terceiros*, surgiu na Alemanha sob o rótulo *Drittwirkung*, desenvolvendo-se de 1955 a 1960, como um aprimoramento da *state action* da Suprema Corte norte-americana.

Tradicionalmente, os direitos e garantias fundamentais são aplicados nas relações travadas entre o particular e o Poder Público.

Aqui o sujeito passivo que arcará com a obrigação de satisfazer o direito do particular é o próprio Estado.

Dizemos, pois, que as relações entre os indivíduos e o Estado apresentam **eficácia vertical**, porque a satisfação do direito de crédito ocorre no **plano interno** entre dois protagonistas bem definidos: o Poder Público, destinatário das obrigações decorrentes dos direitos fundamentais (sujeito passivo), e o indivíduo, titular de tais direitos (sujeito ativo).

Assim, quando o indivíduo impetra *habeas corpus* e o Judiciário o concede, efetiva-se, verticalmente, a liberdade de locomoção — direito fundamental previsto no art. 5º, XV, da Carta Magna.

Acontece, porém, que as crises sociais e econômicas do século XX modificaram a posição do sujeito passivo dos direitos fundamentais.

Percebeu-se que as normas constitucionais, assecuratórias de liberdades públicas, não surtiam, apenas, efeitos verticais, apresentando também **eficácia horizontal**.

Noutras palavras, os direitos fundamentais valem não só nas relações verticais entre indivíduo e Estado, mas também nas relações inter-privadas (particular com particular).

Eficácia horizontal dos direitos e garantias fundamentais, portanto, é a aplicação das liberdades públicas nas relações travadas somente entre particulares.

Será que um pai pode preterir um de seus filhos por gostar mais de outro filho?

Alguém pode deixar de oferecer emprego a outrem por motivo de cor, raça ou origem?

Indo mais além, no âmbito das relações firmadas, exclusivamente, entre particulares, vigoram os princípios constitucionais da igualdade, da justiça social, da dignidade humana, do devido processo legal, da ampla defesa, do contraditório, do respeito às liberdades públicas?

Para responder a todas essas perguntas, surgiu a **teoria da eficácia horizontal dos direitos e garantias fundamentais**, que se concretiza pelos princípios a seguir listados:

*   **princípio da eficácia direta ou imediata das liberdades públicas** — existem direitos e garantias fundamentais que podem ser aplicados diretamente pelo Judiciário nas relações entre particulares, pois não precisam de lei para se tornar plenamente exequíveis. Exemplo: direito à privacidade (CF, art. 5º, X);
*   **princípio da eficácia irradiante das liberdades públicas** — existem direitos e garantias fundamentais que irradiam sua eficácia a todos os escaninhos da ordem jurídica, espargindo efeitos até mesmo nas relações entre particulares. Exemplo: devido processo legal (CF, art. 5º, LIV);
*   **princípio da eficácia indireta ou mediata positiva das liberdades públicas** — existem direitos e garantias fundamentais que, para serem aplicados pelo Judiciário nas relações entre particulares, precisam de lei para se concretizar. Exemplo: liberdade de trabalho (CF, art. 5º, XIII); e
*   **princípio da eficácia indireta ou mediata negativa das liberdades públicas** — existem direitos e garantias fundamentais que não podem ser obstaculizados pela lei, sob pena de deixarem de ser aplicados pelo Judiciário às relações entre particulares. Exemplo: proibição do tratamento desumano ou degradante (CF, art. 5º, III).

Aos poucos, surge, no Supremo Tribunal Federal, o prenúncio da aceitabilidade da **teoria da eficácia horizontal dos direitos e garantias fundamentais**, a saber:

*   fere o princípio da razoabilidade contrato de consórcio que prevê devolução nominal de valor já pago em caso de desistência (**RE 175.161-4**);
*   viola o princípio da igualdade estatuto de empresa que discrimina funcionários com base em critério de sexo, raça, nacionalidade e credo religioso (**RE 161.243-6**); e
*   pratica constrangimento ilegal fábrica que faz a revista íntima de funcionárias (**RE 160.222-8**).

Mas o precedente mais bem elaborado sobre a matéria foi o **RE 201.819**. Nele, a Corte concluiu que a **garantia da ampla defesa** incide diretamente sobre as relações privadas. Por isso, membro de sociedade não pode dela ser excluído sem a sua observância (STF, RE 201.819, Rel. p/acórdão Min. Gilmar Mendes, *DJ* de 27-10-2006).

O Superior Tribunal de Justiça, e alguns tribunais brasileiros, também tem aplicado direitos fundamentais às relações entre particulares.

Assim, o Superior Tribunal de Justiça entendeu que a prisão civil por dívida, em contrato de alienação fiduciária, em virtude de aumento do valor contratado, de R$ 18.700,00 para R$ 86.858,24,

◆ Cap. 13 ◆ **DIREITOS E GARANTIAS FUNDAMENTAIS** **415**

viola a dignidade da pessoa humana (STJ, HC 12.547/DF, Rel. Min. Ruy Rosado, *DJ* de 12-2-2001).

Já o Tribunal Regional Federal da 4ª Região decidiu, com base na **teoria da eficácia horizontal**, que as entidades de planos de saúde não podem exigir fidelidade associativa dos médicos que compõem seu quadro social (TRF, 4ª R., AgI 2003.04.01.033768-5, Rel. Des. Valdemar Capeletti, *DJU* de 25-8-2003).

◈ 14.2. Eficácia horizontal e harmonização de interesses em disputa

A aplicação, pelo Poder Judiciário, dos direitos e garantias fundamentais às relações privadas é algo complexo e delicado, porque pode gerar deturpações de toda espécie, invertendo a lógica, em vez de trazer benefícios.

Por isso, recomenda-se ao julgador analisar os interesses em disputa com *bom senso*, aplicando, na medida do possível, o princípio da razoabilidade (Robert Alexy, *Balancing, constitutional review and representation*, p. 573).

Cumpre ao magistrado avaliar as circunstâncias do caso concreto, pesando os interesses em conflito, para, desse modo, decidir qual deve prevalecer.

Nesse contexto, destaca-se a *técnica da ponderação*, que estudamos no Capítulo 5 (n. 9).

Decerto, a ponderação permite ao julgador sopesar os princípios e regras, que são espécies de normas jurídicas (Ronald Dworkin, *Taking rights seriously*, p. 22-28).

Assim, resta ao magistrado, em face da colisão entre direitos fundamentais do indivíduo e das entidades privadas (condomínios, loteamentos de casas, escolas, clubes, cooperativas, igrejas etc.), fazer um exercício de ponderação, em nome da prudência e do bom senso.

Exemplo: autonomia da vontade privada e livre-iniciativa (CF, arts. 1º, IV, e 170, *caput*) *x* dignidade humana e máxima efetividade dos direitos fundamentais (CF, arts. 1º, III, e 5º, § 1º). O magistrado deve harmonizar esses bens em disputa, promovendo a **concordância prática** entre eles. Se isso não for viável, resta-lhe eleger qual interesse deve prevalecer.

✦ 15. DIREITOS E DEVERES INDIVIDUAIS E COLETIVOS

A Constituição brasileira enuncia os direitos e deveres individuais e coletivos no pórtico do seu Título II, Capítulo I.

Existe uma justificativa para isso.

É que a Carta de 1988 — ao sair da excepcionalidade institucional para o reordenamento constitucional — rompeu a praxe de deixar a enunciação dos direitos fundamentais para depois.

Quis priorizar os direitos fundamentais, as garantias sacrossantas da cidadania, dando-lhes destaque topográfico.

Em vez de dar prevalência a normas relativas à estrutura do Estado e de seus Poderes, como era no passado, consagrou as liberdades públicas logo nos seus primeiros dispositivos.

✦ 16. DIREITO À VIDA (ART. 5º, *CAPUT*)

O direito à vida é o mais importante de todos os direitos.

Nesse sentido: STF, 2ªT., RE 179.485/AM, Rel. Min. Marco Aurélio, *DJ*, 1, de 10-11-1995, p. 38326.

Seu significado constitucional é amplo, porque ele se conecta com outros, a exemplo dos direitos à liberdade, à igualdade, à dignidade, à segurança, à propriedade, à alimentação, ao vestuário, ao lazer, à educação, à saúde, à habitação, à cidadania, aos valores sociais do trabalho e da livre-iniciativa.

O princípio constitucional que assegura o direito à vida foi analisado pelo Supremo Tribunal Federal nas discussões sobre **pesquisas com células-tronco embrionárias**, disciplinadas na Lei n. 11.105/2005 (Lei de Biossegurança).

416 ◆ Uadi Lammêgo Bulos ◆

A decisão da Corte Excelsa, que se enquadra na etapa do **constitucionalismo contemporâneo**, reflete as aquiescências, as angústias e os brados por uma sociedade melhor, justa e igualitária. Ao julgar improcedente a **ADIn 3.510**, reconhecendo a **constitucionalidade do art. 5º da Lei de Biossegurança**, ajuizada pela Procuradoria-Geral da República, o Supremo acatou a tese de que as pesquisas com células--tronco embrionárias não violam o direito à vida, tampouco a dignidade da pessoa humana. Ao contrário, tais pesquisas encontram suporte no próprio direito à vida, à saúde, ao planejamento familiar, à pesquisa científica. Soma-se a isso o espírito de sociedade fraternal preconizado pela Constituição brasileira, que permite o uso de células-tronco embrionárias nas pesquisas para a cura de doenças. Entendeu o Ministro Carlos Britto, relator da matéria, que, para existir vida humana, é preciso que o embrião tenha sido implantado no útero humano, com a participação ativa da futura mãe. O zigoto — embrião em estágio inicial — é a primeira fase do embrião humano, a célula-ovo ou célula-mãe, mas representa uma realidade distinta da pessoa natural, porque ainda não tem cérebro formado. O Ministro Celso de Mello, ao acompanhar o voto do relator, explicou que o Estado não pode ser influenciado pela religião, alertando que a decisão da Corte permitirá que milhões de brasileiros, que hoje sofrem e se acham postos à margem da vida, exerçam, de modo concreto, um direito básico e inalienável que é "o direito à busca da felicidade e também o direito de viver com dignidade, direito de que ninguém, absolutamente ninguém, pode ser privado" (STF, Pleno, ADIn 3.510, Rel. Min. Carlos Ayres Britto, j. em 29-5-2008).

Sem a proteção incondicional do direito à vida, os fundamentos da República Federativa do Brasil não se realizam. Daí a Constituição proteger todas as formas de vida, inclusive a uterina.

> **Precedente:** TJSP, *CDCCP*, *4*:299-302.

Assim, tanto a expectativa de vida exterior (vida intrauterina) como a sua consumação efetiva (vida extrauterina) constituem um direito fundamental. Sem ele nenhum outro se realiza.

Cabe ao Estado assegurar o direito à vida sob duplo aspecto: direito de nascer e direito de subsistir ou sobreviver. O Estatuto da Criança e do Adolescente encampou essa diretriz, dando ênfase ao direito à saúde e ao apoio alimentar à gestante (arts. 7º e 8º).

Cumpre aos Estados-membros da federação preservar a saúde e a vida humanas, o que levou o Superior Tribunal de Justiça a decidir que é obrigatório o registro de agrotóxicos no Ministério da Agricultura. Para a distribuição e comercialização desses produtos, não há impedimento no sentido de que sejam registrados nos Departamentos das Secretarias Estaduais de Saúde e Meio Ambiente.

> **Entendimento do STJ:** "A competência da União não exclui a dos Estados, que utiliza seu poder de polícia e o princípio federativo em proteção à população. Os Estados têm o dever de preservar a saúde e a vida das pessoas" (1ª T., REsp 19.274-0/RS, Rel. Min. Garcia Vieira, v. u., *DJ* de 5-4-1993).

O direito à vida inicia-se com a fecundação do óvulo pelo espermatozoide, resultando num ovo ou zigoto.

Conforme o Superior Tribunal de Justiça, "a legislação penal sufragou o calendário gregoriano para o cômputo do prazo. O período do dia começa à zero hora e se completa às 24 horas. Inclui-se o dia do começo. A idade é mencionada por ano. Não se leva em conta a hora do nascimento. O dia do começo, normativamente, independe do instante da ocorrência do nascimento. Termina às 24 h. Assim, a pessoa nascida ao meio-dia completa o primeiro dia de vida à meia-noite" (STJ, 6ª T., REsp 16.8949-0/SP, Rel. Min. Luiz Vicente Cernicchiaro, v. u., *DJ* de 14-6-1993).

O Tribunal de Justiça de São Paulo, por sua vez, concluiu: "A personalidade civil do homem começa com o nascimento com vida, mas a lei põe a salvo os direitos do nascituro, uma vez que neste há vida" (TJSP, 1ª Câm. Cív., AC 193.648-1/SP, Rel. Des. Renan Lotufo, *CDCCP*, *4*:299-302).

Já o Tribunal de Justiça do Rio Grande do Sul proclamou: "Ao nascituro assiste, no plano do Direito Processual, capacidade para ser parte, como autor ou como réu. Representando o nascituro, pode a mãe propor ação investigatória, e o nascimento com vida investe o infante da titularidade da pretensão de direito material, até então apenas uma expectativa resguardada" (*RTJRS*, *104*:418).

Vale lembrar que um embrião traz carga genética própria, sendo, pois, um ser individualizado. Possui existência, a qual não deve ser confundida com a vida dos seus pais, cabendo ao jurista buscar o enquadramento legal que deflui dessa realidade.

> **Doutrina:** Thereza Baptista Mattos, A proteção do nascituro, *RDC*, *52*:34; José Emílio Medauar Ommati, As novas técnicas de reprodução humana à luz dos princípios constitucionais, *RIL*, *141*:229.

♦ Cap. 13 ♦ DIREITOS E GARANTIAS FUNDAMENTAIS

❖ 16.1. Aborto

Aborto é a interrupção da gravidez antes do seu termo normal, com ou sem expulsão do feto, espontâneo ou provocado.

Por força do art. 5º, *caput*, em epígrafe, qualquer tentativa de despenalização do aborto é contrária à manifestação constituinte originária de 1988. Nem mediante emenda constitucional isso seria possível, pois o direito à vida integra o cerne imodificável da Carta de Outubro (CF, art. 60, § 4º, IV).

Essa regra, porém, comporta exceções, as quais vêm tipificadas no Código Penal (arts. 124 a 128). Não há falar em inconstitucionalidade das leis criminais em tais hipóteses. Essas exceções visam, na realidade, assegurar o próprio direito constitucional à vida. Isso porque "toda pessoa tem o direito de que se respeite a sua vida. Esse direito deve ser protegido pela lei e, em geral, desde o momento da concepção. Ninguém pode ser privado da vida arbitrariamente" (art. 4º, 1, da Convenção Americana de Direitos Humanos — Pacto de San José da Costa Rica, de 22-11-1969 —, ratificada pelo Brasil em 25-10-1992).

Por isso, as exceções à regra da criminalização do aborto justificam-se, sem que o Texto Maior seja vulnerado. É o caso do art. 128, I e II, do Código Penal. Ora, não há qualquer inconstitucionalidade em não punir o médico pelo aborto praticado para salvar a vida da gestante (aborto necessário) ou se a gravidez resultar de estupro, atentando contra a liberdade sexual da mulher (aborto sentimental). A preservação da vida prevalece.

E como fica o princípio constitucional do direito à vida diante da falta de previsão normativa do *aborto eugenésico*? É possível realizar, por exemplo, o parto de uma criança acrânica (sem cérebro)? Perante a inviabilidade da vida extrauterina, justifica-se o aborto?

Nada obstante o silêncio das leis pátrias quanto às enfermidades provenientes de sério e comprovado perigo de vida, é necessário reconhecer que existem casos que merecem uma análise relativizada dos direitos humanos fundamentais. Em defesa da própria vida, recomenda-se a exegese racional do art. 5º, *caput*, da *Lex Mater*. Com efeito, nas hipóteses ligadas a fatores hereditários, doenças maternas, problemas irreversíveis decorrentes da gravidez, do álcool, das drogas, dos cigarros, das radiações químicas, das distorções psíquicas, das deformidades orgânicas etc., a prática abortiva é recomendável para evitar fundado risco de vida, atestado por rigorosa perícia médica.

Mas não são todas as situações que acarretam a interpretação otimizadora do princípio constitucional que tutela o direito à vida. Por exemplo: nascituros portadores de deficiências físicas, de enfermidades psíquicas, de deformações corporais não podem ser submetidos ao aborto, porque se estaria permitindo que os pais e os médicos empreendessem uma espécie de *seleção natural*. Aqui sim a norma que consagra o princípio constitucional do direito à vida seria flagrantemente desrespeitada (CF, art. 5º, *caput*), colocando em xeque os vetores da dignidade da pessoa humana (CF, art. 1º, III) e da isonomia (CF, art. 5º, *caput*). O mesmo se diga quanto ao aborto praticado para impedir o estado de hipossuficiência da gestante (aborto social ou econômico) e do aborto realizado em virtude de gravidez extraconjugal (aborto *honoris causa*).

❖ 16.2. Anencefalia

Anencefalia é a ausência total ou parcial dos centros nervosos ou cerebrais do feto.

A problemática da *anencefalia* chegou ao Pretório Excelso mediante Arguição de Descumprimento de Preceito Fundamental (ADPF), com pedido de medida liminar, ajuizada pela Confederação Nacional dos Trabalhadores na Saúde (CNTS). A entidade indicou, como vulnerados, os arts. 1º, IV (dignidade da pessoa humana), 5º, II (princípio da legalidade, liberdade e autonomia da vontade), 6º, *caput*, e 196 (direito à saúde) da Carta Magna.

Argumentou que os arts. 124, 126 e 128, I e II, do Código Penal (Decreto-lei n. 2.848/40) encontram-se em desarmonia com o Texto Supremo. Requereu que a Corte Colenda os submetesse ao crivo da *interpretação conforme à Constituição sem redução do texto*, possibilitando ao profissional da saúde interromper a gravidez nos casos de fetos anencefálicos, sem a necessidade de apresentação prévia de ordem judicial ou de qualquer outra forma de permissão específica do Estado, desde que a anomalia seja atestada por médico habilitado.

Alternativamente, rogou ao Supremo que recebesse a petição inicial da ADPF como ação direta de inconstitucionalidade, se a Corte entendesse pelo descabimento da primeira, algo que nada se assemelha ao entendimento pretoriano, segundo o qual não se pode realizar controle concentrado de norma anterior à Constituição vigente.

O Ministro Marco Aurélio, Relator, concedeu o pedido cautelar, entendendo que "a vida é um bem a ser preservado a qualquer custo, mas, quando a vida se torna inviável, não é justo condenar a mãe a meses de sofrimento, de angústia, de desespero" (STF, ADPF 54-MC/DF, Rel. Min. Marco Aurélio, decisão de 1º-7-2004, *DJU* de 2-8-2004).

Todavia, a Corte, por sete votos a quatro, suspendeu a liminar dantes concedida até o julgamento final da ação. Votaram pela derrubada da cautelar os Ministros Carlos Velloso, Nelson Jobim, Gilmar Mendes, Eros Grau, Joaquim Barbosa e a Ministra Ellen Gracie. Foram favoráveis à interrupção das gestações, cujos votos foram vencidos parcialmente, os Ministros Marco Aurélio, Celso de Mello, Sepúlveda Pertence e Carlos Britto, que acolhiam, na íntegra, a liminar concedida, ressaltando sua vigência temporal de quase quatro meses. Vencido, também, em parte, o Ministro Cezar Peluso, que não referendava a liminar em sua totalidade (STF, ADPF 54-QO/DF, Rel. Min. Marco Aurélio, decisão de 20-10-2004).

No julgamento da questão de ordem na ADPF 54, o Pleno da Corte Excelsa deliberou sobre a manutenção da liminar concedida pelo Relator. Em 1º-7-2004, ele sobrestou os processos e decisões não transitadas em julgado, reconhecendo o direito constitucional da gestante de se submeter à operação terapêutica de parto de fetos anencéfalos a partir de laudo médico que atestasse a deformidade. A Corte Excelsa, por maioria de votos, referendou a primeira parte da liminar concedida (sobrestamento de feitos), revogando a segunda (direito ao aborto), com efeitos *ex nunc*. Para a maioria dos Ministros, não havia justificativa para manutenção da liminar, haja vista a pendência de decisão quanto à admissibilidade da ação.

Em 12-4-2012, o Supremo Tribunal Federal, por maioria e nos precisos termos do voto do Relator, Min. Marco Aurélio, concluiu o julgamento da ADPF 54. Ela foi julgada procedente. Oito dos dez ministros presentes à sessão declararam a inconstitucionalidade da exegese segundo a qual a interrupção da gravidez de feto anencéfalo é conduta tipificada nos arts. 124, 126, 128, I e II, do Código Penal. Os Ministros Gilmar Mendes e Celso de Mello, que julgaram a ação precedente, ficaram vencidos quanto ao apelo que fizeram no sentido de se diagnosticar, previamente, o quadro de anencefalia, de modo a comprová-lo. Já os Ministros Ricardo Lewandowski e Cezar Peluso (Presidente) julgaram improcedente a ADPF. O Min. Dias Toffoli ficou impedido, pois havia atuado no processo como Advogado-Geral da União.

Eis o sumo das teses vitoriosas neste *hard case*:

1. Questão das mais importantes analisadas pelo STF — até 2005, juízes e tribunais de justiça formalizaram cerca de três mil autorizações para a interrupção gestacional em razão da incompatibilidade do feto com a vida extrauterina, o que demonstra a necessidade de pronunciamento da Corte Suprema a respeito do assunto. Ademais, o Brasil é o quarto país no mundo em casos de fetos anencéfalos. Fica atrás do Chile, México e Paraguai. A incidência é de aproximadamente um a cada mil nascimentos, segundo dados da Organização Mundial de Saúde, confirmados na audiência pública. Chega-se a falar que, a cada três horas, realiza-se o parto de um feto portador de anencefalia. Esses dados foram os obtidos e datam do período de 1993 a 1998 (STF, Pleno, ADPF 54, Rel. Min. Marco Aurélio, j. em 12-4-2012).

2. O Brasil é um Estado secular tolerante (CF, arts. 5º, VI, e 19, I) — na República brasileira, deuses e césares têm espaços apartados. O Estado não é religioso, tampouco é ateu. O Estado é simplesmente neutro. Logo, a questão posta na ADPF 54, qual seja a inconstitucionalidade da exegese segundo a qual configura crime a interrupção de gravidez de feto anencéfalo, não pode ser examinada sob os influxos de orientações morais religiosas. Essa premissa é essencial à análise da controvérsia (STF, Pleno, ADPF 54, Rel. Min. Marco Aurélio, j. em 12-4-2012).

3. Caracterização da anencefalia — a anencefalia consiste em uma malformação do tubo neural, caracterizando-se pela ausência parcial do encéfalo e do crânio, resultante de defeito no fechamento do tubo neural durante a formação embrionária. O anencéfalo, tal qual o morto cerebral, não tem atividade cortical, embora apresente respiração e batimento cardíaco. Letal, quando o diagnóstico é correto, a anencefalia exclui toda e qualquer potencialidade de vida em 100% dos casos. Quem não tem cérebro não tem vida. Resultado: a anencefalia é incompatível com a vida. O anencéfalo jamais se tornará uma

♦ Cap. 13 ♦ DIREITOS E GARANTIAS FUNDAMENTAIS **419**

pessoa. Não se cuida de vida em potencial, mas de morte segura. O fato de respirar e ter batimento cardíaco não altera essa conclusão, até porque a respiração e o batimento cardíaco não excluem o diagnóstico de morte cerebral (STF, Pleno, ADPF 54, Rel. Min. Marco Aurélio, j. em 12-4-2012).

4. O caso "Marcela" — um anencéfalo resiste muito pouco tempo fora do útero. No célebre caso de Marcela — suposta portadora de anencefalia que teria sobrevivido por um ano, oito meses e doze dias —, o diagnóstico estava equivocado, consoante informaram renomados especialistas. Não se tratava de anencefalia no sentido corriqueiramente utilizado pela literatura médica, mas de meroencefalia. Ou seja, o feto possuía partes do cérebro — cerebelo e pedaço do lóbulo temporal — que viabilizavam, embora precariamente, a vida extrauterina. Daí não se poder qualificá-lo, em sentido técnico, como feto anencéfalo, o qual jamais será dotado de tais estruturas (STF, Pleno, ADPF 54, Rel. Min. Marco Aurélio, j. em 12-4-2012).

5. Interrupção da gestação de feto anencéfalo não é aborto eugênico — o anencéfalo é um natimorto. Não há vida em potencial. Logo, não se pode cogitar de aborto eugênico, o qual pressupõe a vida extrauterina de seres que discrepem de padrões imoralmente eleitos. A temática discutida na ADPF 54 em nada se assemelha à problemática de feto ou criança com lábio leporino, ausência de membros, pés tortos, sexo dúbio, Síndrome de Down, extrofia de bexiga, cardiopatias congênitas, comunicação interauricular ou inversões viscerais. Assim, não se trata de feto portador de deficiência grave que permita sobrevida extrauterina. Cuida-se tão somente de anencefalia (STF, Pleno, ADPF 54, Rel. Min. Marco Aurélio, j. em 12-4-2012).

6. Inaplicabilidade de convenções internacionais e normas da Carta Magna — não se aplica, na espécie, preceitos da Convenção sobre Direitos da Criança das Nações Unidas (arts. 6º, 1 e 2; e 23, 1 e 2), muito menos a Constituição Federal no que determina a proteção à criança e ao adolescente, devendo a eles ser viabilizado o direito à vida, à saúde, à alimentação, à educação, ao lazer, à profissionalização, à cultura, à dignidade, ao respeito, à liberdade e à convivência familiar e comunitária, ficando a salvo de toda forma de negligência, discriminação, exploração, violência, crueldade e opressão. Ora, é inimaginável falar desses objetivos no caso de feto anencéfalo, presente a impossibilidade de, ocorrendo o parto, vir-se a cogitar de criança e, posteriormente, de adolescente (STF, Pleno, ADPF 54, Rel. Min. Marco Aurélio, j. em 12-4-2012).

7. A anencefalia pode ser diagnosticada na 12ª semana de gestação — o diagnóstico da anencefalia pode ser realizado por meio de ultrassonografia. Geralmente, os médicos preferem repetir o exame em uma ou duas semanas para confirmação. Trata-se de um diagnóstico de certeza, e a ultrassonografia disponível no Sistema Único de Saúde é 100% segura. Existem dois diagnósticos em Medicina Fetal que são absolutamente indiscutíveis: óbito fetal e anencefalia. Não há nenhuma dúvida para um médico minimamente formado estabelecer esse diagnóstico (STF, Pleno, ADPF 54, Rel. Min. Marco Aurélio, j. em 12-4-2012).

8. Impossibilidade de doação de órgãos de anencéfalos — não é dado invocar, em prol da proteção dos fetos anencéfalos, a possibilidade de doação de seus órgãos. E não se pode fazê-lo por duas razões: **(i)** é vedado obrigar a manutenção de uma gravidez tão somente para viabilizar a doação de órgãos, sob pena de coisificar a mulher e ferir, a mais não poder, a sua dignidade; e **(ii)** por revelar-se praticamente impossível o aproveitamento dos órgãos de um feto anencéfalo. Essa última razão reforça a anterior, porquanto, se é inumano e impensável tratar a mulher como mero instrumento para atender a certa finalidade, avulta-se ainda mais grave se a chance de êxito for praticamente nula (STF, Pleno, ADPF 54, Rel. Min. Marco Aurélio, j. em 12-4-2012).

9. Impossibilidade de se tutelar direito à vida de anencéfalos — não é dado invocar o direito à vida dos anencéfalos. Anencefalia e vida são termos antitéticos. Conforme demonstrado, o feto anencéfalo não tem potencialidade de vida. Trata-se, na expressão adotada pelo Conselho Federal de Medicina e por abalizados especialistas, de um natimorto cerebral. Por ser absolutamente inviável, o anencéfalo não tem a expectativa nem é ou será titular do direito à vida, motivo pelo qual aludi, no início do voto, a um conflito apenas aparente entre direitos fundamentais. Em rigor, no outro lado da balança, em contraposição aos direitos da mulher, não se encontra o direito à vida ou à dignidade humana de quem está por vir, justamente porque não há ninguém por vir, não há viabilidade de vida. Aborto é crime contra a vida. Tutela-se a vida em potencial. Mas no caso do anencéfalo a situação é diferente, pois não existe vida possível. O feto anencéfalo, mesmo que biologicamente vivo, porque feito de células e tecidos vivos, é juridicamente morto, não gozando de proteção jurídica, nem proteção jurídico-penal. Quer dizer, no caso do anencéfalo não há, nem nunca haverá, indivíduo-pessoa. E, inexistindo potencialidade para tornar-se pessoa humana, não logra tutela jurídico-penal (STF, Pleno, ADPF 54, Rel. Min. Marco Aurélio, em j. 12-4-2012).

10. O caráter relativo do direito à vida — inexiste hierarquia do direito à vida sobre os demais direitos, o que é inquestionável ante o próprio texto da Constituição da República, cujo art. 5º, XLVII, admite a pena de morte em caso de guerra declarada na forma do art. 84, XIX. Corrobora esse entendimento o fato de o Código Penal prever, como causa excludente de ilicitude ou antijuridicidade, o aborto ético ou humanitário — quando o feto, mesmo sadio, seja resultado de estupro. Ao sopesar o direito à vida do feto e os direitos da mulher violentada, o legislador houve por bem priorizar estes em detrimento daquele — e, até aqui, ninguém ousou colocar em dúvida a constitucionalidade da previsão. Há que se distinguir *ser humano* de *pessoa humana*. O embrião é ser humano, ser vivo, obviamente. Não é, ainda, *pessoa*, vale dizer, sujeito de direitos e deveres, o que caracteriza o estatuto constitucional da pessoa humana. Ainda que se conceba a existência do direito à vida de fetos anencéfalos, deve-se admitir ser a tutela conferida a tal direito menos intensa do que aquela própria às pessoas e aos fetos em geral. Mostra-se um equívoco equiparar um feto natimorto cerebral, possuidor de anomalia irremediável e fatal, que, se sobreviver ao parto, o será por poucas horas ou dias, a um feto saudável. Simplesmente, aquele não se iguala a este. Se a proteção ao feto saudável é passível de ponderação com direitos da mulher, com maior razão o é eventual proteção dada ao feto anencéfalo (STF, Pleno, ADPF 54, Rel. Min. Marco Aurélio, j. em 12-4-2012).

11. Direitos da mulher que se contrapõem à preservação do feto anencéfalo — a manutenção compulsória da gravidez de feto anencéfalo importa em graves danos à saúde psíquica da família toda e, sobretudo, da mulher. Enquanto, numa gestação normal, são nove meses de acompanhamento, minuto a minuto, de avanços, com a predominância do amor, em que a alteração estética é suplantada pela alegre expectativa do nascimento da criança, na gestação do feto anencéfalo, no mais das vezes, reinam sentimentos mórbidos, de dor, de angústia, de impotência, de tristeza, de luto, de desespero, dada a certeza do óbito. O sofrimento dessas mulheres pode ser tão grande que estudiosos do tema classificam como tortura o ato estatal de compelir a mulher a prosseguir na gravidez de feto anencéfalo. Desse modo, a imposição estatal da manutenção de gravidez cujo resultado final será irremediavelmente a morte do feto vai de encontro aos princípios basilares do sistema constitucional, mais precisamente à dignidade da pessoa humana, à liberdade, à autodeterminação, à saúde, ao direito de privacidade, ao reconhecimento pleno dos direitos sexuais e reprodutivos de milhares de mulheres. O ato de obrigar a mulher a manter a gestação, colocando-a em uma espécie de cárcere privado em seu próprio corpo, desprovida do mínimo essencial de autodeterminação e liberdade, assemelha-se à tortura ou a um sacrifício que não pode ser pedido a qualquer pessoa ou dela exigido (STF, Pleno, ADPF 54, Rel. Min. Marco Aurélio, j. em 12-4-2012).

12. Incolumidade física do feto anencéfalo e direitos da mulher — a incolumidade física do feto anencéfalo, que, se sobreviver ao parto, o será por poucas horas ou dias, não pode ser preservada a qualquer custo, em detrimento dos direitos básicos da mulher. No caso, ainda que se conceba o direito à vida do feto anencéfalo — o que, na minha ótica, é inadmissível, consoante enfatizado —, tal direito cederia, em juízo de ponderação, em prol dos direitos à dignidade da pessoa humana, à liberdade no campo sexual, à autonomia, à privacidade, à integridade física, psicológica e moral e à saúde, previstos, respectivamente, nos arts. 1º, III, 5º, *caput* e II, III e X, e 6º, *caput*, da Carta de 1988 (STF, Pleno, ADPF 54, Rel. Min. Marco Aurélio, j. em 12-4-2012).

13. Autonomia da vontade: o direito de decidir da mulher — cabe à mulher, e não ao Estado, sopesar valores e sentimentos de ordem estritamente privada, para deliberar pela interrupção, ou não, da gravidez. Cumpre à mulher, em seu íntimo, no espaço que lhe é reservado — no exercício do direito à privacidade —, sem temor de reprimenda, voltar-se para si mesma, refletir sobre as próprias concepções e avaliar se quer, ou não, levar a gestação adiante. Ao Estado não é dado intrometer-se. Ao Estado compete apenas se desincumbir do dever de informar e prestar apoio médico e psicológico à paciente, antes e depois da decisão, seja ela qual for. Franquear a decisão à mulher é medida necessária ante o texto da Convenção Interamericana para Prevenir, Punir e Erradicar a Violência contra a Mulher, também conhecida como "Convenção de Belém do Pará", ratificada pelo Estado brasileiro em 27 de novembro de 1995, cujo art. 4º inclui como direitos humanos das mulheres o direito à integridade física, mental

◆ Cap. 13 ◆ DIREITOS E GARANTIAS FUNDAMENTAIS

421

e moral, à liberdade, à dignidade e a não ser submetida a tortura. Não se coaduna com o princípio da proporcionalidade proteger apenas um dos seres da relação, privilegiar aquele que, no caso da anencefalia, não tem sequer expectativa de vida extrauterina, aniquilando, em contrapartida, os direitos da mulher, impingindo-lhe sacrifício desarrazoado (STF, Pleno, ADPF 54, Rel. Min. Marco Aurélio, j. em 12-4-2012).

◇ 16.3. Eutanásia

Eutanásia é o homicídio piedoso, realizado a pedido do próprio doente, ante a sua incurabilidade e sofrimento insuportável.

Há correntes que admitem a eutanásia, posicionamento que não é pacífico.

Mas, se da ótica factual do problema deparamo-nos com a variação de opiniões sobre o tema, do ângulo estritamente jurídico os posicionamentos não podem gerar dubiedade, sob pena de se violar o primado constitucional que tutela o direito à vida.

Pela Carta de 1988, não é dado a ninguém dispor de sua vida no sentido de fulminá-la, razão pela qual a eutanásia ativa e a eutanásia passiva (ortotanásia) são flagrantemente inconstitucionais.

Sem embargo, inexiste direito subjetivo de exigir de terceiros a realização da chamada "morte doce" ou "homicídio por piedade", sob o argumento de que se estaria minorando dores e sofrimentos de pacientes em estado de saúde irreversível (eutanásia ativa).

Também é inconstitucional o cognominado "direito à morte digna", mobilizando terceiros e, muitas vezes, o Poder Público para a tomada de providências no sentido de propor projetos de leis tendentes a legalizar reclamos contrários à manifestação constituinte originária.

O direito à vida não abre brechas para o império de artifícios médicos destinados a abreviar doenças incuráveis ou terríveis. É por esse motivo que a ordem jurídica proíbe todas as formas de manifestação da eutanásia. Ainda que seja impossível prever ou impedir o exato momento em que alguém, *sponte propria*, elimina sua vida, mais certo ainda é que não é facultado ao homem dispor de sua própria morte.

Não é sem motivo que o Código Penal enquadra a eutanásia no campo do homicídio (art. 121).

Assim entendeu o Tribunal de Justiça de São Paulo: "Induzimento, instigação ou auxílio ao suicídio. Vítima que se encontrava internada em hospital, com moléstia incurável. Preferência pela morte, na eventualidade de ter que ficar na dependência de terceiro. Neto que lhe leva pasta com documentos e arma de fogo, sabendo das intenções do avô. Suicídio praticado. Réu pronunciado" (TJSP, *RT, 720*:407).

¤ 16.3.1. "Morte digna": a experiência norte-americana

Dissemos acima que nos parece inconstitucional o "direito à morte digna". Examinemos, em separado, a questão.

O anteprojeto do novo Código Penal contempla, em seu art. 122, tema que, a rigor, deveria ser submetido à consulta popular: a problemática da *morte digna*. Alguns a rotulam de *eutanásia acompanhada* ou *assistida*. Outros, para cognominá-la, utilizam a alcunha *suicídio acompanhado* ou *assistido*.

Questões terminológicas à parte, o certo é que a milenar eutanásia, além de ser tipificada como crime pelo anteprojeto do novo Código Penal, recebeu um *plus* em sua configuração normativa. Referimo-nos ao § 2º do art. 122 do mencionado anteprojeto para o qual inexiste crime quando o próprio doente terminal pede para morrer. E, se for comprovada a impossibilidade de o paciente externar o seu rogo, tal pedido pode ser feito pelos seus ascendentes, descendentes, cônjuge, companheiro e até irmão. Dois médicos devem atestar, previamente, a irreversibilidade da doença.

Tendo em vista que esse ponto do anteprojeto do novo Código Penal é deveras complexo, ensejando reflexões quanto aos limites do princípio constitucional que assegura o direito à vida (CF, art. 5º, *caput*), vejamos como a matéria foi equacionada noutros lugares, perscrutando, em particular, a experiência norte-americana.

Nos Estados Unidos, o chamado *direito de morrer com dignidade* (*right to die with dignity*), bem como o suicídio medicamente assistido (*assisted suicide*), deu azo a enormes celeumas, culminando com o ajuizamento de ações judiciais. Entidades de classe foram criadas, a exemplo do *Death With Dignity National Center*, para defenderem, publicamente, o direito de morrer.

A diferença entre a realidade americana e a brasileira é uma só: aqui tudo é submetido ao Poder Judiciário, amiúde ao Supremo Tribunal Federal, enquanto na Federação estadunidense o povo é chamado a se manifestar. Na República irmã do norte, todos decidem, democraticamente, qual a diretriz a ser atribuída a certos assuntos. Em novembro de 1994, por exemplo, os americanos foram chamados a votar em um plebiscito. 51,3% votaram a favor da morte assistida. Outra consulta plebiscitária foi realizada em Washington. 57,82% dos eleitores decidiram pela morte antecipada.

Com efeito, a pequena e silenciosa Constituição norte-americana de 1787, aquela que preferiu homenagear princípios em vez de preceitos e, por isso, já vive há mais de duzentos anos, nada dispôs sobre o direito de morrer, antecipadamente, em razão de doença irreversível. Mesmo assim, a Suprema Corte, alargando a exegese do *due process of law* e da *equal protection of laws*, julgou certos casos. Em 1997, sob a presidência do conservador William Rehnquist, o Tribunal apreciou dois casos relevantes: *Washington v. Glucksberg* e *Vacco v. Quill*. Em ambos, concluíram os Juízes da Suprema Corte que os pacientes terminais tinham, sim, o direito de prolongar suas vidas, ou, se preferissem, poderiam negar o tratamento, embora não pudessem recorrer à assistência médica para os ajudarem a morrer. O médico que assim procedesse cometeria assassinato.

✧ 16.4. Suicídio

Suicídio é o ato voluntário de tirar a própria vida.

A legislação penal, *pari passu* com a Constituição da República, tipifica como crime o ato de induzir ou instigar alguém a suicidar-se ou prestar-lhe auxílio para que o faça (art. 122). Faz sentido, porque o pior crime é aquele cometido contra si próprio.

As consequências são terríveis, e só o tempo as evidencia. Não se pode fugir das dificuldades, das lutas, das dores, das decepções, dos aborrecimentos, dos enganos e dos desígnios da vida.

O inevitável fenômeno biológico da morte física, do qual ninguém poderá evadir-se, por mais dura que seja a jornada no invólucro carnal, não é uma *facultas agendi*. Independente de credo religioso ou de posição filosófica, a manifestação constituinte originária não se compactua com o ato de alguém subtrair a sua própria vida.

✧ 16.5. Pena de morte

Pena de morte é a pena capital consistente em tirar a vida de criminoso pelo seu alto grau de periculosidade ou gravidade do delito praticado.

> **No Brasil já teve pena de morte, mas só para escravos:** uma Lei, que nem número tinha, de 10 de junho 1835, determinou a pena de morte para "escravos ou escravas que matarem por qualquer maneira que seja, propinarem veneno, ferirem gravemente ou fizerem qualquer grave ofensa física a seu senhor, a sua mulher, a descendentes ou ascendentes". A pena capital era praticada por meio de enforcamento. Durou até 1876, quando foi enforcado, pela última vez, um escravo de Alagoas. Só foi extinta com a Lei Áurea. Sobre o assunto: João Luiz Ribeiro, *No meio das galinhas, as baratas não têm razão*: a Lei de 10 de junho de 1835, 2005.

O princípio constitucional que garante o direito à vida também veda a adoção da pena capital ou de morte, salvo em caso de guerra declarada (CF, arts. 5º, XLVII, *a*; 84, XIX).

> **Notícia histórica:** exceto a Carta de 1937, as Constituições brasileiras restringiram a pena de morte às disposições da legislação militar em tempo de guerra, algumas trazendo a advertência: "guerra externa". Mesmo assim virou tradição ouvir o Presidente da República, que poderá valer--se da *clementia principis*, impedindo a execução do condenado. Isso já ocorreu, na segunda metade do século XX, quando foi convertida a pena de morte em prisão perpétua.

Justifica-se a proibição da pena extrema por inúmeros motivos.

Convém destacar os seguintes:

◆ Cap. 13 ◆ DIREITOS E GARANTIAS FUNDAMENTAIS   **423**

- possibilidade de erro judiciário, que, mesmo reconhecido, não traz a vida de volta, porque é irreparável;

    Erro judiciário no Ceará: Basileu Garcia relata o erro judiciário cometido no final do Império, ocorrido no Ceará, de que foi vítima Manoel da Mota Coqueiro (*Instituições de direito penal*, t. 1, p. 132).

- comprovação estatística de que a pena capital em nada diminui a criminalidade; daí os reiterados protestos internacionais, no sentido de extingui-la, definitivamente; e
- respeito a princípio humanitário. Em todas as relações humanas, o valor maior é a vida. Não é dado a ninguém, nem ao próprio Estado, interromper o ciclo vital de quem quer que seja. Mesmo naqueles crimes hediondos e bárbaros, nos quais são utilizados expedientes torpes e absurdos, é injustificável a adoção da pena capital. Hoje se estabilizou a geografia da pena de morte. Inúmeras leis fundamentais repelem-na com repugnância.

A Constituição de 1988 previu a pena de morte nos casos de guerra externa declarada.

Trata-se de hipótese excepcional e muito restrita. Funciona como cautela à agressão estrangeira, sendo autorizada pelo Congresso Nacional ou por ele referendada, quando ocorrida no intervalo das sessões legislativas (art. 84, XIX).

O objetivo da pena de morte, nesse caso especial, é a defesa da soberania da República Federativa do Brasil. No particular, rompem-se princípios humanitários internacionais, tolerando-se excessos, em nome de uma *força intimidativa*, pois desobediências numa guerra externa declarada pode conduzir ao massacre de milhares de vidas.

A Constituição exige que a guerra seja declarada. Significa que deve existir um ato de cunho jurídico-internacional para que o confronto bélico seja formado. Não basta, pois, uma guerra de fato, não declarada. Disso decorre a sua outra exigência: que seja externa.

Embora inexista disposição taxativa a esse respeito, parece-nos que apenas a guerra externa enseja a pena de morte. A guerra interna ou civil não, porque para que tal ato beligerante exista urge ser declarado. E essa declaração só ocorre entre Estados soberanos e não entre Estados federados, dotados de simples autonomia, integrantes do território nacional.

Registre-se que a execução da pena de morte, em caso de guerra externa declarada, encontra no Código de Processo Penal Militar sua previsão através do fuzilamento. Depois de transitar em julgado a sentença condenatória, comunica-se a decisão ao Presidente da República, que, no prazo de sete dias, poderá ou não exercer a *clementia principis*, eliminando a execução do condenado. Se a pena extrema for imposta em zona de operação bélica ou se estiver em perigo a ordem e a disciplina militares, a execução dar-se-á imediatamente.

Muito se tem discutido se a pena de morte pode ser adotada em nosso país por meio de emenda à Constituição. Acreditamos ser impossível, pelo simples argumento de que o constituinte consagrou sua proibição como regra, inserindo-a entre as liberdades públicas. E, como proclama o art. 60, § 4º, IV, não será objeto de deliberação a proposta de emenda tendente a abolir "os direitos e garantias individuais".

Nem mesmo plebiscito servirá para esse fim, porque o princípio da supremacia constitucional exige a proteção do cerne inalterável das constituições.

✧ 16.6. Clonagem

Clonagem é a reprodução assexuada em ser humano, mediante a qual a fecundação é obtida por uma célula, não sêmen. É o mesmo que *partenogênese*.

O novo ser — cópia de outro — surge pelo estímulo físico-químico de um óvulo, sem que seja fecundado com o esperma.

Muitos acreditam que o progresso científico autoriza o homem a *brincar de Deus*, alterando códigos genéticos para *fazer* seres humanos.

Ora, o homem, que nem *brincar de homem* sabe, não pode manipular, de modo direto ou oblíquo, o direito constitucional à vida (art. 5º, *caput*).

A clonagem integra um projeto ousado e cientificamente inteligente — o Projeto Genoma Humano. Nos idos de 1990, inúmeros cientistas de várias partes do mundo objetivaram decodificar os quase três bilhões de caracteres que se acham inseridos nas células humanas.

Foi um trabalho que procurou desvendar os mistérios da estrutura molecular do homem, com vistas a curar enfermidades, eliminar dores físicas, armazenando, em depósitos especiais, corpos humanos, os quais poderiam ser usados na troca de peças orgânicas gastas ou originariamente defeituosas. Mediante esse recurso até mesmo intelectuais poderiam ser programados para equacionar os enigmas do Cosmo. Então, partindo do sêmen de gênios, dotados de elevadíssimo coeficiente intelectivo, criar-se-iam artistas, filósofos, missionários, como também psicopatas, monstros orgânicos, dentre outras aberrações indescritíveis.

Em um primeiro momento, não resta dúvida de que o Projeto Genoma Humano empreendeu um esforço enorme, enunciando descobertas maravilhosas.

> **Prevalência da ética:** afigura-se "inadiável a presença de uma ética estribada nos limites que devem ser impostos à pesquisa, a fim de que os governos arbitrários e as pessoas alucinadas não se utilizem do conhecimento genético para experiências macabras, quais aquelas muitas ocorridas em tempos próximos passados nos campos de concentração, onde milhões de vidas pereceram longe de qualquer dignidade ou compaixão, ou mesmo sentimento de humanidade, sob mãos de cientistas loucos que pretendiam criar uma raça superior, na vã presunção de submeter aque-loutras que consideravam inferiores. A inexorável marcha do tempo, ou passagem do ser pelo rio infinito das horas presentes, vem demonstrando que somente as conquistas que objetivam o bom, o belo, o nobre, o dignificante permanecem, enquanto as utopias da loucura se desfazem como brumas espessas de um momento que o calor do dia termina por diluir" (Joana de Ângelis, *Dias gloriosos*, p. 83-84).

Mas o progresso da engenharia genética não possui o condão de massacrar o princípio constitucional que assegura o direito à vida, até porque a dignidade do homem e o entendimento de sua natureza, nas suas mais profundas imbricações, inadmitem submetê-lo ao torvelinho das paixões e dos desmandos.

Dia virá em que o conhecimento dos meandros da causalidade divina tirará o homem da ignorância e da presunção de ser aquilo que ainda não está apto a ser.

Por enquanto, cumpre ao cientista, consciente dos limites dos seus parcos recursos humanos, curvar--se diante da riqueza do Cosmo, indagando até onde têm lugar conjecturas que podem servir a propósitos menos nobilitantes, sob o disfarce das chamadas conquistas científicas, apregoadas pelos títeres do progresso.

A clonagem humana, sob o auspicioso argumento de aprimorar o corpo físico e combater problemas desafiantes na área da saúde humana, é de todo inconstitucional, porque todos os homens têm direito:

- a uma vida digna (CF, art. 1º, III, c/c o art. 5º, *caput*);
- a uma vida sadia (CF, art. 225, *caput*); e
- de ser concebido no seio de uma família, mediante a união sexuada de um homem com uma mulher (CF, art. 226, §§ 1º a 8º).

Por isso, cumpre ao Poder Público, ao preservar a diversidade e a integridade do patrimônio genético do País, fiscalizar as entidades dedicadas à pesquisa e à manipulação de materiais genéticos (CF, art. 225, § 1º).

Qualquer ato legislativo ordinário que vier a ser elaborado, nesse campo, deve observar tudo isso.

Ademais, as leis já existentes, como a de biossegurança (Lei n. 8.974/95, arts. 13 e 14), devem ser interpretadas à luz de todas essas normas constitucionais.

Uma ou outra lacuna porventura existente não logra a força de abrir precedentes assaz inconstitucionais. Nem mesmo a liberdade de pesquisa científica sobrepõe-se à vedação constitucional à clonagem (CF, art. 218, § 1º).

E os novos conhecimentos biogenéticos, oriundos da Eugenia — ciência encarregada de estudar as condições mais propícias à reprodução e melhoramento da raça humana —, não têm a força de suplantar a *técnica de ponderação de valores* que relativizam os direitos constitucionais.

♦ Cap. 13 ♦ DIREITOS E GARANTIAS FUNDAMENTAIS **425**

Merecem aplausos alguns documentos internacionais reguladores dos direitos fundamentais de quarta geração. Eles procuram estabelecer parâmetros para a implementação dos conhecimentos hauridos de novas tecnologias. Foi o que ocorreu com as pesquisas biológicas. No final de 1997, a Assembleia Geral da Unesco firmou a Declaração dos Direitos do Homem e do Genoma Humano.

A Declaração dos Direitos do Homem e do Genoma Humano prescreve:
- **Art. 1º:** "O genoma humano sustenta a unidade fundamental de todos os membros da família humana, assim como o reconhecimento de sua dignidade intrínseca e de sua diversidade".
- No seu art. 11, a Declaração considerou a clonagem humana técnica atentória à dignidade, de modo que não deve ser praticada e permitida.
- Nesses temas, a Declaração acompanhou o Relatório Belmont de 1978, primeiro diploma a estatuir três princípios relativos à bioética: a *autonomia* (o homem tem livre-arbítrio para nascer mediante processo natural), a *beneficência* (deve-se evitar o mal, como no caso da ovelha Dolly, que, segundo boletins científicos, apresentou problemas de gigantismo e de menos tempo de vida) e a *igualdade* (a clonagem distingue seres clonados de seres originais, nada obstante a identidade física que apresentam).

✦ 17. PRINCÍPIO DA IGUALDADE (ART. 5º, *CAPUT*)

O princípio da *igualdade, isonomia, equiparação* ou *paridade*, consiste em quinhoar os iguais igualmente e os desiguais na medida de sua desigualdade, ensinou Aristóteles.

Passagem clássica de Ruy Barbosa: baseando-se na lição aristotélica, proclamou Ruy Barbosa que "a regra da igualdade não consiste senão em quinhoar desigualmente aos desiguais na medida em que se desigualam. Nesta desigualdade social, proporcionada à desigualdade natural, é que se acha a verdadeira lei da igualdade. O mais são desvarios da inveja, do orgulho ou da loucura. Tratar com desigualdade a iguais, ou a desiguais com igualdade, seria desigualdade flagrante, e não igualdade real. Os apetites humanos conceberam inverter a norma universal da criação, pretendendo, não dar a cada um, na razão do que vale, mas atribuir o mesmo a todos, como se todos se equivalessem" (*Oração aos moços*, p. 10-11).

Esse é o posicionamento do Supremo Tribunal Federal (*RT, 308*.687, *411*:182, *272*:680, *273*:434 etc.).

Mas a grande questão que se coloca com relação ao vetor da isonomia é definir quais as situações de *igualdade* e quais as de *desigualdade*.

Para tanto, os estudiosos desenvolveram a doutrina das *ações afirmativas*.

a) Ações afirmativas

Ações afirmativas, também chamadas de *discriminações positivas* ou *desequiparações permitidas*, são as que defluem da própria linguagem prescritiva das constituições, com vistas à efetividade do princípio da isonomia.

Encontram-se plasmadas, de modo explícito ou implícito, nos diversos preceitos constitucionais, e dependem de exegese para virem à tona.

Na Carta de 1988, por exemplo, a interpretação do Preâmbulo, dos arts. 1º, III, 3º, III e IV, dentre outros, indica-nos a existência, no Brasil, de um *Estatuto Constitucional das Ações Afirmativas*.

Busca-se, por meio das *ações afirmativas*, compensar os menos favorecidos, assim como ocorre com os que nunca sofreram restrições.

As *ações afirmativas* consignam um mecanismo que permite ao Estado sanar o déficit para com aqueles seres humanos que, historicamente, sempre foram alvo de preconceitos, humilhações e detrimentos de toda espécie.

Aqui se encontram os idosos, as mulheres, as crianças de rua, os mendigos, os negros, os pardos, os índios, os homossexuais, os deficientes físicos, as prostitutas, categorias humanas, enfim, que nunca tiveram, ao longo da história, o mesmo tratamento conferido às chamadas *classes abastadas*.

Desequiparações permitidas — existem desequiparações que não ferem o pórtico da isonomia, decorrentes da própria Constituição. É o caso das imunidades parlamentares, da prerrogativa de

426 ◆ Uadi Lammêgo Bulos ◆

foro *ratione muneris* em benefício de certos agentes políticos, da exclusividade do exercício de determinados cargos públicos somente a brasileiros natos etc. Sobre as *desequiparações permitidas*, advertiu San Tiago Dantas: "Quanto mais progridem e se organizam as coletividades, maior é o grau de diferenciação a que atinge seu sistema legislativo. A lei raramente colhe no mesmo comando todos os indivíduos, quase sempre atende a diferenças de sexo, de profissão, de atividade, de situação econômica, de posição jurídica, de direito anterior; raramente regula do mesmo modo a situação de todos os bens, quase sempre se distingue conforme a natureza, a utilidade, a raridade, a intensidade de valia que ofereceu a todos; raramente qualifica de um modo único as múltiplas ocorrências de um mesmo fato, quase sempre os distingue conforme as circunstâncias em que se produzem, ou conforme a repercussão que têm no interesse geral. Todas essas situações, inspiradas no agrupamento natural e racional dos indivíduos e dos fatos, são essenciais ao processo legislativo, e não ferem o princípio da igualdade. Servem, porém, para indicar a necessidade de uma construção teórica, que permita distinguir as leis arbitrárias das leis conforme o direito, e eleve até esta alta triagem a tarefa do órgão do Poder Judiciário" (*Igualdade perante a lei* e due process of law: *contribuição ao estudo da limitação constitucional do poder legislativo*, p. 359).

As *ações afirmativas* são o contrário das *discriminações negativas*. Estas últimas são desequiparações injustificáveis, e, por isso, proibidas pelo constituinte originário. Quando alguém desiguala outrem, sem qualquer supedâneo constitucional, estamos diante das discriminações negativas. Elas fulminam o pórtico da isonomia quando proíbem o acesso das classes minoritárias àqueles postos reservados aos "bem-nascidos", com base em critérios de raça, origem, cor, condição financeira, social etc. Mas o raciocínio para aferir o que seja igual ou desigual, idêntico ou diferente, equiparado ou desequiparado, é subjetivo. Inexiste qualquer exatidão nesse campo. Caberá ao magistrado precisar essas palavras, valendo-se do bom senso, das máximas da experiência, dos princípios gerais de Direito, da equidade, da ponderação de valores etc. É o juiz quem determina o grau de equidade em cada caso.

> **Privilégios em nome do interesse público** — certos privilégios em favor das entidades estatais e em nome do interesse público, contidos nas leis e na própria Constituição, não ferem o princípio da isonomia. O Supremo Tribunal Federal já se manifestou a respeito, decidindo, em acórdão, que "a igualdade perante a lei que a Constituição Federal assegura a brasileiros e estrangeiros residentes no País, não compreende a União e as demais pessoas de direito público interno, em cujo favor pode a lei conceder privilégios impostos pelo interesse público sem lesão à garantia constitucional" (STF, *RF, 201*:118).

As *ações afirmativas* jamais constituem um fim em si mesmas. Somente duram enquanto perdurar as causas que as ensejaram. No posto de providências efêmeras, corroboram, somente, uma fase ou etapa da evolução dos direitos fundamentais de certos grupos que sofreram no passado. Por terem durabilidade precária, não têm o condão de mudar, de uma hora para outra, situações arraigadas. Servem de meio, de caminho, de estrada, para a concretização do postulado da justiça social, que é um dos ideários do chamado *constitucionalismo social* (CF, art. 3º, III e IV).

Tais *ações*, embora apresentem a enorme virtude de levantarem o "moral", a "autoestima", a "dignidade", o "brio", de segmentos massacrados no curso da história, devem ser encaradas *cum granum salis*. É que o tiro pode sair pela culatra. Suponhamos que um estudante negro rico se valha da cor de sua pele, retirando a oportunidade de outro menos favorecido. Vemos, neste exemplo, que as *ações afirmativas*, como providências isoladas, muito longe estão de ser a melhor opção. Daí a necessidade de se implantarem, neste campo, políticas compensatórias, as quais devem vir acompanhadas de outras medidas, até mesmo para não se alimentar formas variadas de preconceitos.

De qualquer sorte, as políticas de *ações afirmativas* afiguram-se importantes. Como nada é perfeito, não podemos renegar o fato de que o critério, exclusivamente racial, pode acarretar situações indesejáveis.

Portanto, as *ações afirmativas* não servem de panaceia para todos os absurdos perpetrados ao longo dos anos, nem eximem o dever de o Poder Público se desdobrar, fazendo o possível e o impossível, para fornecer, a todos, educação pública, gratuita e de qualidade, única saída para se encontrar, nesta seara, a almejadíssima isonomia real e efetiva.

◆ Cap. 13 ◆ DIREITOS E GARANTIAS FUNDAMENTAIS **427**

As *ações afirmativas* não foram uma criação norte-americana, nada obstante o fato de que nos Estados Unidos a Suprema Corte enfrentou casos paradigmáticos, a exemplo de *Bakke v. Regents of the University of California* (1978), de *Gratz v. Bollinger* (2003) e de *Grutter v. Bollinger* (2003).

O berço originário das *ações afirmativas* é a Índia, onde as disparidades étnico-raciais, fruto do rígido sistema de estratificação, chegaram a patamares insustentáveis. E, para minorar os rigorismos do regime de castas, que trouxe tensões sociais desagregadoras, aprovaram, em 1935, o *Government of India Act.*

Mahatma Gandhi foi o patrono da política das *ações afirmativas* na Índia. Percebeu ele que as castas mais altas da sociedade indiana deveriam reconhecer a real situação das vítimas do antiquado sistema social que relegava comunidades inteiras.

O contributo de Gandhi surtiu efeitos sobre a *Constituição de Independência da Índia*, que consagrou discriminações positivas em favor das *Scheduled Castes* e das *Scheduled Tribes*. Tais segmentos sociais, por assim chamá-los, constituíam cerca de 23% da população. Graças à política de *ações afirmativas*, eles passaram a ser admitidos no Parlamento, nas escolas, nas faculdades e no serviço público.

Muito mais do que apregoar o fomento de riquezas materiais, as *ações afirmativas* contêm uma simbologia extraordinária, pois evidenciam que a inclusão social é para todos. Há algo de psicológico, de comportamental, em tudo isso. O assunto *ações afirmativas* só é complexo porque os humanos encontram-se muito distantes daquilo que Jesus de Nazaré ensinou: "amar ao próximo como a si mesmo". Ora, como podemos amar o próximo se somente conseguimos raciocinar, colocando os nossos interesses mais profundos para satisfazer os cinco sentidos físicos? Dificílimo, quase impossível, a maioria dos "bem-sucedidos", escravos da audição, da visão, do tato, do olfato e do paladar, entenderem, do fundo d'alma, o significado simbólico das *ações afirmativas*. O motivo é simples: a mente humana é como um macaco bêbado pelo vinho do desejo e picado pela abelha do orgulho. Um dia o gênero humano saberá transmutar os elementos densos da forma, encontrando-se com a consciência cósmica. A palavra de ordem será a felicidade do semelhante, mesmo se preciso for a tomada de providências passageiras, que, a rigor, não extirpam disparidades e distorções profundas. Esta é a lógica subjacente ao Texto de 1988.

b) Política de cotas na UnB: a ADPF 186

A Corte Suprema, em sua composição plenária, considerou constitucional a política de cotas étnico--raciais para seleção de estudantes da Universidade de Brasília, reconhecendo, inclusive, a sua repercussão geral (RE 597.285/RS, Pleno, Rel. Min. Ricardo Lewandowski, j. 9-5-2012).

Por unanimidade de votos, os Ministros da Corte acompanharam o voto do Relator, Min. Ricardo Lewandowski, julgando totalmente improcedente a ADPF 186.

Ajuizada pelo DEM em 2009, a ação defendeu, sem sucesso, a tese de que a política de cotas feriria os princípios da dignidade da pessoa humana, do repúdio ao racismo, da isonomia, bem como outros preceptivos relacionados ao direito universal à educação.

Façamos um resumo dos pontos principais do voto do Min. Ricardo Lewandowski:

- **abrangência do tema discutido** — a questão fundamental posta em debate é saber se os programas de ação afirmativa, que estabelecem um sistema de reserva de vagas com base em critério étnico--racial para acesso ao ensino superior, estão ou não em consonância com a Carta Magna, assunto que só pode ser analisado à luz dos princípios e valores sobre os quais ela repousa (STF, Pleno, ADPF 186/DF, Rel. Min. Ricardo Lewandowski, j. 25-4-2012);
- **igualdade formal *versus* igualdade material** — o constituinte de 1988 não se ateve, simplesmente, a proclamar a isonomia formal, mas buscou assegurar a igualdade substancial a todos os brasileiros e estrangeiros que vivem no País, levando em consideração — é claro — a diferença que os distingue por razões naturais, culturais, sociais, econômicas ou até mesmo acidentais, além de atentar, de modo especial, para a desequiparação ocorrente no mundo dos fatos entre os distintos grupos sociais. Para possibilitar que a isonomia material entre as pessoas seja levada a efeito, o Estado pode lançar mão seja de políticas de cunho universalista, que abrangem um número indeterminado de indivíduos, mediante ações de natureza estrutural, seja de ações afirmativas, que atingem grupos sociais determinados, de maneira pontual, atribuindo a estes certas vantagens, por um tempo limitado, de modo a permitir-lhes a superação de desigualdades decorrentes de situações históricas particulares (STF, Pleno, ADPF 186/DF, Rel. Min. Ricardo Lewandowski, j. 25-4-2012);
- **justiça social** — a transformação do direito à isonomia em igualdade de possibilidades, sobretudo no tocante a uma participação equitativa nos bens sociais, apenas é alcançado por meio da aplicação da denominada "justiça distributiva". Só ela permite superar as desigualdades que ocorrem na

realidade fática, mediante uma intervenção estatal determinada e consistente para corrigi-las, realocando-se os bens e oportunidades existentes na sociedade em benefício da coletividade como um todo. A aplicação do princípio da igualdade, sob a ótica justiça distributiva, considera a posição relativa dos grupos sociais entre si. Mas, convém registrar, ao levar em conta a inelutável realidade da estratificação social, não se restringe a focar a categoria dos brancos, negros e pardos. Ela consiste em uma técnica de distribuição de justiça, que, em última análise, objetiva promover a inclusão social de grupos excluídos ou marginalizados, especialmente daqueles que, historicamente, foram compelidos a viver na periferia da sociedade (STF, Pleno, ADPF 186/DF, Rel. Min. Ricardo Lewandowski, j. 25-4-2012);

- **política de ações afirmativas** — o Supremo Tribunal Federal admitiu, em diversas oportunidades, a constitucionalidade das políticas de ações afirmativas, que encontram pleno abrigo na Constituição de 1988. Precedentes: MC-ADI 1.276-SP (Rel. Min. Octavio Gallotti); ADI 1.276/SP (Rel. Min. Ellen Gracie); RMS 26.071 (Rel. Min. Ayres Britto); ADI 1.946/DF (Rel. Min. Sydney Sanches); e MC-ADI 1.946/DF (Rel. Min. Sydney Sanches) (STF, Pleno, ADPF 186/DF, Rel. Min. Ricardo Lewandowski, j. 25-4-2012);

- **critérios para ingresso no ensino superior** — a Constituição de 1988, ao mesmo tempo em que estabelece a igualdade de acesso, o pluralismo de ideias e a gestão democrática como princípios norteadores do ensino (art. 206, I, III e IV), também acolhe a meritocracia como parâmetro para a promoção aos seus níveis mais elevados (art. 208, V). Seus dispositivos, bem interpretados, mostram que o constituinte buscou temperar o rigor da aferição do mérito dos candidatos que pretendem acesso à universidade com o princípio da igualdade material que permeia todo o Texto Magno. Afigura-se evidente, de resto, que o mérito dos concorrentes que se encontram em situação de desvantagem com relação a outros, em virtude de suas condições sociais, não pode ser aferido segundo uma ótica puramente linear, tendo em conta a necessidade de observar-se o citado princípio. Com efeito, tendo em conta a diversidade dos atores e interesses envolvidos, o debate sobre os critérios de admissão não se resume a uma única ótica, devendo ser travado sob diversas perspectivas, eis que são distintos os objetivos das políticas antidiscriminatórias. Na presente ação, o que se questiona, basicamente, é a metodologia de reserva de vagas, empregada para superar a desigualdade étnico-racial ou social dos candidatos à universidade pública, em especial os fundamentos sobre os quais ela se assenta. Ora, as políticas que buscam reverter, no âmbito universitário, o quadro histórico de desigualdade que caracteriza as relações étnico-raciais e sociais em nosso País, não podem ser examinadas apenas sob a ótica de sua compatibilidade com determinados preceitos constitucionais, isoladamente considerados, ou a partir da eventual vantagem de certos critérios sobre outros. O critério de acesso às universidades públicas, entre nós, deve levar em conta, antes de tudo, os objetivos gerais buscados pelo Estado Democrático de Direito, inseridos no Preâmbulo da Constituição de 1988. Deve, ademais, no particular, levar em conta os postulados constitucionais que norteiam o ensino público, nos termos dos arts. 205 e 207 da Carta Suprema. Nessa ordem de ideias, afigura-se essencial calibrar os critérios de seleção à universidade para que se possa concretizar objetivos maiores colimados na Constituição. Nesse sentido, as aptidões dos candidatos devem ser aferidas de maneira a conjugar-se seu conhecimento técnico e sua criatividade intelectual ou artística com a capacidade potencial que ostentam para intervir nos problemas sociais. Essa metodologia de seleção diferenciada pode perfeitamente levar em consideração critérios étnico-raciais ou socioeconômicos, de modo a assegurar que a comunidade acadêmica e a própria sociedade sejam beneficiadas pelo pluralismo de ideias, de resto, um dos fundamentos do Estado brasileiro, conforme dispõe o art. 1º, V, da Constituição. Ademais, essa metodologia parte da premissa de que o princípio da igualdade não pode ser aplicado abstratamente, pois procede a escolhas voltadas à concretização da justiça social. Em outras palavras, cuida-se, em especial no âmbito das universidades estatais, de utilizar critérios de seleção que considerem uma distribuição mais equitativa dos recursos públicos (STF, Pleno, ADPF 186/DF, Rel. Min. Ricardo Lewandowski, j. 25-4-2012);

- **adoção do critério étnico-social** — no HC 82.424-QO/RS, Rel. Min. Maurício Corrêa, conhecido como "Caso Ellwanger", o Supremo Tribunal Federal enfrentou a questão referente ao uso de critério étnico-racial para os fins de qualquer espécie de seleção de pessoas. No presente caso, cumpre afastar o conceito biológico de raça, o qual é de natureza histórico-cultural, artificialmente construído para justificar a discriminação ou, até mesmo, a dominação exercida por alguns indivíduos sobre certos grupos sociais, maliciosamente reputados inferiores. Ora, tal como os constituintes de 1988 qualificaram de inafiançável o crime de racismo, com o escopo de impedir a discriminação negativa de determinados grupos de pessoas, partindo do conceito de raça, não como fato biológico, mas como categoria histórico-social, assim também é possível empregar essa mesma lógica para autorizar a utilização, pelo Estado, da discriminação positiva com vistas a estimular a inclusão social de grupos tradicionalmente excluídos. Nas sociedades contemporâneas, as quais passaram pela experiência da escravidão, há uma discriminação histórica. Os programas de ação afirmativa, efetivados onde isso ocorre, a exemplo do Brasil, equivalem a uma forma de compensar essa discriminação, culturalmente arraigada, não raro, praticada de forma inconsciente e à sombra de um

◆ Cap. 13 ◆ **DIREITOS E GARANTIAS FUNDAMENTAIS** **429**

Estado complacente. Tais programas trazem, pois, como um bônus adicional, a aceleração de uma mudança na atitude subjetiva dos integrantes desses grupos, aumentando a autoestima que prepara o terreno para a sua progressiva e plena integração social. As ações afirmativas, portanto, encerram também um relevante papel simbólico. Uma criança negra que vê um negro ocupar um lugar de evidência na sociedade projeta-se naquela liderança e alarga o âmbito de possibilidades de seus planos de vida. Há, assim, importante componente psicológico multiplicador da inclusão social nessas políticas (STF, Pleno, ADPF 186/DF, Rel. Min. Ricardo Lewandowski, j. 25-4-2012);

• **o papel integrador da sociedade** — é preciso construir um espaço público aberto à inclusão do *outro*, do *outsider* social. Um espaço que contemple a alteridade. E a universidade é o espaço ideal para a desmistificação dos preconceitos sociais com relação ao *outro* e, por conseguinte, para a construção de uma consciência coletiva plural e culturalmente heterogênea, aliás, consentânea com o mundo gobalizado em que vivemos (STF, Pleno, ADPF 186/DF, Rel. Min. Ricardo Lewandowski, j. 25-4-2012);

• **as ações afirmativas nos EUA** — foi exatamente a percepção de que a diversidade é componente essencial da formação universitária que pautou as decisões da Suprema Corte dos Estados Unidos da América nos casos em que ela examinou a constitucionalidade das políticas de ação afirmativa, a exemplo de *Bakke v. Regents of the University of California* (1978), *Gratz v. Bollinger* (2003) e *Grutter v. Bollinger* (2003). Em tais julgados, a Suprema Corte daquele país avaliou, antes de tudo, a forma pela qual as instituições que adotaram ações afirmativas promoviam a diversidade étnico- -racial. O Tribunal não examinou simplesmente se o critério adotado era constitucional ou inconstitucional em si mesmo. Exigiu, em cada caso, a demonstração de que o fundamento da discriminação positiva adotado pela instituição levaria a uma maior integração e igualdade entre as pessoas, segundo o critério denominado *narrowly tailored*. O que interessou para a Suprema Corte americana, em todos esses *cases*, foi a satisfação de um interesse imperativo do Estado, qual seja assegurar a diversidade cultural (STF, Pleno, ADPF 186/DF, Rel. Min. Ricardo Lewandowski, j. 25-4-2012);

• **hetero e autoidentificação** — no processo seletivo do sistema de cotas, as universidades têm utilizado duas formas distintas de identificação: a autoidentificação e a heteroidentificação (identificação por terceiros). Qualquer um desses sistemas está de acordo com a Carta de 1988, desde que seja respeitada a dignidade pessoal do candidato (STF, Pleno, ADPF 186/DF, Rel. Min. Ricardo Lewandowski, j. 25-4-2012);

• **reserva de vagas ou estabelecimento de cotas** — a reserva de vagas e o estabelecimento de cotas encontra abrigo no art. 37, VIII, da Carta Maior. O mesmo entendimento aplicado pelo Supremo Tribunal Federal quanto à reserva de vagas para deficientes físicos aplica-se aqui. No RMS 26.071, Rel. Min. Ayres Britto, *DJ* de 1º-2-2008, por exemplo, a 1ª Turma da Corte afastou a ideia de que o Texto Constitucional somente autorizaria as políticas de ação afirmativa nele textualmente mencionadas, tais como a reserva de vagas para deficientes físicos ou para as mulheres. A Constituição brasileira — é importante notar — permite que se faça uma abordagem das políticas afirmativas muito mais abrangente daquela feita pela Suprema Corte dos Estados Unidos. Resultado: não há dúvidas quanto à constitucionalidade da política de reserva de vagas ou do estabelecimento de cotas nas universidades públicas, visto que a medida encontra amparo no próprio Texto Magno (STF, Pleno, ADPF 186/DF, Rel. Min. Ricardo Lewandowski, j. 25-4-2012);

• **transitoriedade das políticas de ação afirmativa** — é importante ressaltar a natureza transitória das políticas de ação afirmativa, já que as desigualdades entre negros e brancos não resultam, como é evidente, de uma desvalia natural ou genética, mas decorrem de uma acentuada inferioridade em que aqueles foram posicionados nos planos econômico, social e político em razão de séculos de dominação dos primeiros pelos segundos. Na medida em que essas distorções históricas forem corrigidas e a representação dos negros e demais excluídos nas esferas públicas e privadas de poder atenda ao que se contém no princípio constitucional da isonomia, não haverá mais qualquer razão para a subsistência dos programas de reserva de vagas nas universidades públicas, pois o seu objetivo já terá sido alcançado. As políticas de ação afirmativa fundadas na discriminação reversa apenas são legítimas se a sua manutenção estiver condicionada à persistência, no tempo, do quadro de exclusão social que lhes deu origem. Caso contrário, tais políticas poderiam converter-se em benesses permanentes, instituídas em prol de determinado grupo social, mas em detrimento da coletividade como um todo, situação — é escusado dizer — incompatível com o espírito de qualquer Constituição que se pretenda democrática. No caso da Universidade de Brasília, que figura como arguida nesta ADPF, o critério da temporariedade foi cumprido, uma vez que o Programa de Ações Afirmativas instituído pelo Conselho Superior Universitário — COSUNI daquela instituição estabeleceu a necessidade de sua reavaliação após o transcurso do período de 10 anos (STF, Pleno, ADPF 186/DF, Rel. Min. Ricardo Lewandowski, j. 25-4-2012); e

• **proporcionalidade entre meios e fins** — não basta proclamar a constitucionalidade das políticas de reserva de vagas sob o ponto de vista da nobreza de suas intenções. É preciso também que elas, além de limitadas no tempo, respeitem a proporcionalidade entre os meios empregados e os fins colimados, em especial que sejam pautadas pela razoabilidade. No caso da Universidade de Brasília,

430 ◆ Uadi Lammêgo Bulos ◆

a reserva de 20% de suas vagas para estudantes negros e de "um pequeno número" delas para "índios de todos os Estados brasileiros", pelo prazo de 10 anos, constitui providência adequada e proporcional ao atingimento dos mencionados desideratos. Dito de outro modo, a política de ação afirmativa adotada pela UnB não se mostra desproporcional ou irrazoável, afigurando-se, também sob esse ângulo, compatível com os valores e princípios da Constituição (STF, Pleno, ADPF 186/ DF, Rel. Min. Ricardo Lewandowski, j. 25-4-2012).

◇ 17.1. Objetivos do princípio da igualdade: posição do STF

A igualdade constitucional mais do que um direito é um *princípio*, uma *regra de ouro*, que serve de diretriz interpretativa para as demais normas constitucionais.

Daí o Supremo Tribunal Federal apontar o seu tríplice objetivo: limitar o legislador, a autoridade pública e o particular.

> **Precedente:** STF, Pleno, MI 58/DF, Rel. p/ acórdão Min. Celso de Mello, *DJ*, 1, de 19-4-1991, p. 4580.

Como **limite ao legislador**, a isonomia impede que ele crie normas veiculadoras de desequiparações ilícitas e inconstitucionais.

Enquanto **limite à autoridade pública**, os presidentes da República não podem praticar ações discriminatórias e os membros do Poder Judiciário não devem dar azo, em suas sentenças, ao cancro da desigualdade. Daí os mecanismos de uniformização da jurisprudência, tanto na órbita constitucional (recursos extraordinário e ordinário) como na infraconstitucional (leis processuais).

No posto de **limite à conduta do particular**, a isonomia não se coaduna com atos discriminatórios, eivados de preconceito, racismo, maledicências diversas, propiciando a responsabilização civil ou criminal dos infratores.

◇ 17.2. Igualdade formal e igualdade material

A *igualdade jurídico-formal*, presente entre nós desde o Império, é detectada pelo uso da expressão "perante a lei".

Assim, o Texto de 1988 a consagra quando diz que "todos são iguais perante a lei, sem distinção de qualquer natureza" (art. 5º, *caput*, 1ª parte).

Mas o que o princípio busca garantir é a proteção da igualdade *real, material* ou *substancial*, e não a isonomia puramente formal.

Igualdade material, portanto, é a concretização da própria *isonomia formal*, que sai do papel para se realizar na prática.

Alguns textos constitucionais de nosso tempo são sobremodo fartos no que respeita à disciplina da igualdade material, pois acreditam que o desdobramento do conteúdo do princípio serve para reforçar o seu *real* cumprimento.

É o caso da Carta brasileira de 1988, que diluiu a *substância* da isonomia ao longo do articulado constitucional, não se limitando a enunciar a igualdade "perante a lei".

Assim, a face material do vetor foi salientada em diversas partes da Constituição. Exemplos: preâmbulo, arts. 3º, III e IV; 5º, I; 170; 193; 196; 205 etc.

Didaticamente, eis o desdobramento da isonomia material em nosso Texto Maior:

- igualdade racial (art. 4º, VIII);
- igualdade entre os sexos (art. 5º, I);
- igualdade religiosa (art. 5º, VIII);
- igualdade de armas (art. 5º, LV);
- igualdade jurisdicional (art. 5º, XXXVII);
- igualdade de idade (art. 7º, XXX);
- igualdade de trabalho (art. 7º, XXXII);
- igualdade política (art. 14); e
- igualdade tributária (art. 150, II).

◆ Cap. 13 ◆ DIREITOS E GARANTIAS FUNDAMENTAIS
431

✧ 17.3. Igualdade perante a lei e igualdade na lei

Os estudiosos seccionam o princípio da isonomia em:
* **igualdade *perante* a lei** — exigência dirigida aos aplicadores do direito no caso concreto;
* **igualdade *na* lei** — alcança, ao mesmo tempo, o legislador e o juiz.

A distinção não tem maior significado no Brasil. Pela sistemática da Carta de 1988, a "igualdade *perante* a lei" tem o sentido que, no exterior, se dá à "igualdade *na* lei". Mesmo assim, o Supremo Tribunal Federal reconhece a dicotomia.

> **Entendimento do STF:** "O princípio da isonomia, que se reveste de autoaplicabilidade, não é — enquanto postulado fundamental de nossa ordem político-jurídica — suscetível de regulamentação ou de complementação normativa. Esse princípio — cuja observância vincula, incondicionalmente, todas as manifestações do Poder Público — deve ser considerado, em sua precípua função de obstar discriminações e de extinguir privilégios (*RDA*, *55*:114), sob duplo aspecto: (a) o da igualdade na lei e (b) o da igualdade perante a lei. A igualdade na lei — que opera numa fase de generalidade puramente abstrata — constitui exigência destinada ao legislador que, no processo de sua formação, nela não poderá incluir fatores de discriminação, responsáveis pela ruptura da ordem isonômica. A igualdade perante a lei, contudo, pressupondo lei já elaborada, traduz imposição destinada aos demais poderes estatais, que, na aplicação da norma legal, não poderão subordiná-la a critérios que ensejem tratamento seletivo ou discriminatório. A eventual inobservância desse postulado pelo legislador imporá ao ato estatal por ele elaborado e produzido a eiva de inconstitucionalidade" (MI 58, Rel. Min. Celso de Mello, *DJ* de 19-4-1991).

✧ 17.4. Limite de idade em concurso público e princípio da igualdade

O Supremo Tribunal Federal concluiu pela impossibilidade de se estabelecer proibição genérica ao acesso em determinadas carreiras por critério de idade, tendo em vista o primado da isonomia (art. 5º, *caput*). É que a Constituição não tolera discriminações abusivas (art. 7º, XXX). Os cargos públicos, como o dos militares e de todo o sistema de pessoal civil, são de livre acesso (art. 37, I).

> **Precedentes:** STF, Pleno, RE 141.864-8/RS, Rel. Min. Marco Aurélio, *DJ*, 1, de 23-3-1995, p. 6721; STF, Pleno, RE 157.863-7/DF, Rel. Min. Moreira Alves, *DJ*, 1, de 1º-10-1993, *Ementário de Jurisprudência do STF* n. 1.719-5; STF, Pleno, RE 148.065-3/RS, Rel. Min. Marco Aurélio, *DJ*, 1, de 21-9-1995, p. 30415; STF, 1ª T., RMS 1.086, Rel. Min. Garcia Vieira, *DJ*, de 9-3-1992, *RT*, *38*:115.

Mas o Supremo Tribunal reconhece casos em que a desequiparação é permitida, para satisfazer as finalidades do cargo a ser preenchido.

> **Nesse sentido:** STF, *RTJ*, *157*:718.

Nesses casos, a Constituição admite que se estabeleça diferencial de idade, porque a natureza e as atribuições funcionais da atividade assim o exigem.

> **Precedente:** STF, Pleno, RMS 21.046, Rel. Min. Sepúlveda Pertence. Precedente: STF, *RTJ*, *157*:718.

Foram tantas as decisões nesse sentido que a Corte Excelsa elaborou a **Súmula 683**: "O limite de idade para a inscrição em concurso público só se legitima em face do art. 7º, XXX, da Constituição, quando possa ser justificado pela natureza das atribuições do cargo a ser preenchido".

✧ 17.5. Igualdade entre homens e mulheres

Pela Constituição de 1988, homens e mulheres são iguais em direitos e obrigações (art. 5º, I).

O constituinte, ao igualar homens e mulheres, acatou uma solicitação há muito reclamada. Expressou em termos constitucionais positivos as longas lutas travadas contra a discriminação do sexo feminino.

Ao fazê-lo garantiu muito mais que a igualdade "perante a lei"; assegurou a igualdade material de direitos e obrigações entre os sexos.

Logo, homens e mulheres, que estiverem em situação idêntica, não poderão, seja qual for o argumento, sofrer qualquer cerceamento em suas prerrogativas e nos seus deveres, sob pena de se infringir a Carta de 1988.

Só valem as discriminações contidas na própria Constituição, e. g., a aposentadoria da mulher com menos tempo de contribuição e menor limite de idade do que o homem (art. 40, § 1º, III, *a* e *b*). Essa exceção em favor da mulher possui fundamento, porque às mulheres incumbem os serviços do lar, no mais das vezes sem nenhuma ajuda do marido. Sua sobrecarga de trabalho justifica a aposentadoria com menos tempo de serviço e menor idade.

O tratamento isonômico entre homens e mulheres proporciona a tutela constitucional contra o discrímen sexual (CF, arts. 7º, XVIII e XIX; 143, §§ 1º e 2º; 202, I e II).

Pode o legislador ordinário elaborar comandos normativos que visem atenuar os desníveis de tratamento em razão do sexo.

✧ 17.6. Igualdade entre sexos e admissão em emprego: a Lei n. 9.029/95

A Lei n. 9.029, de 13 de abril de 1995, proíbe a exigência de atestados de gravidez e esterilização, e outras práticas discriminatórias, para efeitos admissionais ou de permanência de relação jurídica de trabalho.

Veda, também, a adoção de qualquer prática discriminatória e limitativa para efeito de acesso a relação de emprego, ou sua manutenção, por motivo de sexo, origem, raça, cor, estado civil, situação familiar ou idade. Ressalve-se, nesse caso, as hipóteses de proteção ao menor previstas no inciso XXXIII do art. 7º da Constituição Federal.

Pela lei, são praxes delituosas:

- a exigência de teste, exame, perícia, laudo, atestado, declaração ou qualquer outro procedimento relativo à esterilização ou a estado de gravidez;
- a adoção de quaisquer medidas, de iniciativa do empregador, que configurem indução ou instigamento à esterilização genética; e
- a produção do controle de natalidade, assim não considerado o oferecimento de serviços e de aconselhamento ou planejamento familiar, realizados por instituições públicas ou privadas, submetidas às normas do Sistema Único de Saúde — SUS.

✧ 17.7. Prerrogativa de foro em ações de separação judicial e divórcio direto

Por força do princípio da isonomia, é inconstitucional a prerrogativa de *foro* em favor da mulher (CPC de 1973, art. 100, I; CPC de 2015, art. 53), tanto para a ação de separação judicial quanto para a de divórcio direto, instituído pela Carta de 1988 (art. 226, § 6º, que ampliou as hipóteses da Lei do Divórcio — Lei n. 6.515, de 26-12-1977).

> **O que é foro:** pela técnica processual, *foro* significa território. Na organização das justiças locais brasileiras, é o mesmo que *comarca* (Município ou vários Municípios contíguos submetem-se à competência dos juízes de direito). Já no âmbito da Justiça Federal, o *foro* equivale às *seções judiciárias* (Estados e Distrito Federal submetem-se à competência dos juízes federais).

Nesse sentido posicionou-se o Superior Tribunal de Justiça, ao concluir que "o art. 100, I, do CPC [de 1973] não se aplica ao divórcio direto, eis que tendo a Constituição da República instituído o divórcio direto e, na mesma, ter proclamado a igualdade jurídica entre os cônjuges, não se pode aceitar a interpretação extensiva do dispositivo" (STJ, REsp 17.999-0, Rel. Min. Sálvio de Figueiredo Teixeira. Noutra oportunidade, o STJ concedeu medida cautelar para dar efeito suspensivo a recurso especial que discutia essa tese (4ª T., Pet. 225/RJ, Rel. Min. Sálvio de Figueiredo Teixeira, j. em 3-12-1991, v. u., *DJU* de 24-2-1992, p. 1870)).

◆ Cap. 13 ◆ DIREITOS E GARANTIAS FUNDAMENTAIS

Mas nem todos sempre pensaram assim. O Tribunal de Justiça de São Paulo, por exemplo, tomando como arrimo o art. 100, I, do Código de Processo Civil de 1973, chegou a proferir decisão no sentido de que esse preceito não era inconstitucional, aplicando-se à separação judicial e ao divórcio direto. Certamente, o Código de Processo Civil de 2015 sepultou, de vez, esse modo de pensar, regulamentando a matéria no seu art.53, I, *a, b, c.*

> **Nesse sentido:** TJSP, *RT, 753*:309; *RTJESP, 132*:279, *134*:283. Quanto ao divórcio direto, o art. 187 do Regulamento Interno do TJSP confere à Câmara Especial atribuição para julgar conflitos de competência suscitados em primeira instância. Em abono a essa prerrogativa, mencione-se a Lei Complementar estadual n. 225/79 (art. 11, II, e parágrafo único), e o Provimento n. 35/92 do TJSP.

O argumento dos que assim pensavam estribava-se numa interpretação retrospectiva da Constituição, com base na ideia de que o seu art. 5º, *caput*, teria o mesmo conteúdo do art. 153, § 1º, do Texto de 1967. No mais, afirmavam que a única novidade seria a paridade de tratamento entre pessoas de sexos diferentes, prevista no art. 5º, I, e nada mais.

Em verdade, o art. 5º, I, não é apenas mero desdobramento do princípio geral da igualdade, embora o *caput* do preceptivo consagre a fórmula geral, o gênero, pois.

Também não se pode comparar o art. 5º, *caput*, da Carta de Outubro com o revogado art. 153, § 1º, do Texto de 1967. É engano pensar que o constituinte de 1988 simplesmente reforçou a isonomia de tratamento entre homens e mulheres, à semelhança do regime constitucional pregresso, porque ele foi bem além disso, ideia que os adeptos da exegese retrospectiva das constituições não conseguem captar.

Por isso, não existem comparações absolutas entre o preceito constitucional em vigor e o art. 153, § 1º, da Constituição de 1967. É preciso raciocinar em termos amplos, evitando a síndrome da interpretação retrospectiva das constituições, pela qual se procura entender o novo pelo velho, a norma extinta, pela que está em vigor, buscando os pontos de identidade entre elas. Infelizmente essa é uma das patologias crônicas da dogmática constitucional brasileira, que busca interpretar o novo Texto Supremo como se em nada tivesse inovado, de modo que fique idêntico ao anterior (*v.* Capítulo 8, n. 10).

O que caracteriza o inciso I do art. 5º, conferindo-lhe carga eficacial autônoma, é o fato de ter sido constitucionalizado em virtude da tendência universal de se atribuir equivalência entre os sexos.

Por força do que prescrevem os arts. 3º, IV; 7º, XXX; e 226, § 5º, da Carta de Outubro, encontra-se revogado qualquer dispositivo da legislação ordinária que estabelecer desequiparações entre homens e mulheres.

✦ 18. PRINCÍPIO CONSTITUCIONAL DA LEGALIDADE (ARTS. 5º, II, 37, *CAPUT*, E 84, IV)

Pelo princípio constitucional da legalidade, ninguém pode ser obrigado a fazer ou deixar de fazer alguma coisa senão em virtude de lei (CF, art. 5º, II).

O art. 4º da Declaração dos Direitos do Homem e do Cidadão previu o princípio da legalidade, cujo surgimento se deu com o *Estado de Direito*, em oposição ao *Estado de Polícia*, autoritário e antidemocrático.

Como viga-mestra do ordenamento jurídico brasileiro, o princípio da legalidade dirige-se aos Poderes Públicos e, também, aos particulares:

- **quanto aos Poderes Públicos** — o Executivo, o Legislativo e o Judiciário devem agir dentro da lei; qualquer ação por parte deles, seja para ordenar ato (conduta positiva), seja para abster fato (conduta negativa), somente será juridicamente válida se nascer da lei em sentido formal; e
- **quanto aos particulares** — nas relações privadas, tudo aquilo que não for proibido pela lei é tido como permitido (**princípio da autonomia da vontade**).

O princípio da legalidade transmite a ideia de que apenas o Poder Legislativo pode criar comandos inovadores na ordem jurídica.

Somente o Parlamento, protagonista do processo legislativo constitucional, é o órgão legítimo para estatuir prescrições inéditas no cenário jurídico.

Mas o princípio da legalidade não é absoluto, do contrário medidas provisórias não poderiam ser editadas pelo Presidente da República, nem os estados de sítio e de defesa poderiam ser decretados.

Em síntese, devemos saber:

- a legalidade democrática do Estado brasileiro funda-se no império da **lei**, o que não impede a existência de provimentos regulamentares, editados pelas autoridades administrativas, com base no juízo discricionário;
- o substrato do pórtico da legalidade é a **lei formal** (norma geral e abstrata de conduta, aprovada pelo Legislativo e sancionada pelo Executivo, com base no devido processo legislativo) e a **lei material** (toda e qualquer norma editada pelo Poder Público, v. g., os regimentos internos e, em especial, os decretos regulamentares expedidos pelo Executivo); e
- existem outros atos normativos que, mesmo não integrando o processo legislativo, constituem aquilo que a doutrina denomina **atos equiparados às leis formais**, que, em rigor, não são leis formais. É o caso da medida provisória (CF, art. 62) e da lei delegada (CF, art. 68), modalidades específicas, mas que não se distanciam do pórtico da legalidade, enquanto princípio basilar do Estado Democrático de Direito.

Destaquemos, ainda, o **princípio constitucional da precaução**. Este pórtico é um consectário lógico do cânone da legalidade (CF, art. 5º, II). Por seu intermédio, a ação dos Poderes do Estado e dos órgãos a ele ligados, bem como atos de particulares, deve evitar danos que podem advir da conduta ativa ou passiva do respectivo agente, aqui tomado em sentido amplo. A sua aplicabilidade deve ser cogitada quando há dúvida razoável a respeito da matéria que se está discutindo. O Supremo Tribunal Federal aplicou o importante vetor da precaução em tema de campos eletromagnéticos de linhas de energia. A Corte concluiu que tais campos devem respeitar padrões da OMS. O princípio da precaução desempenha papel de fundamental importância, explicou em seu voto o Ministro Celso de Mello. Citando trechos do acórdão atacado e a possibilidade de ligação entre os campos eletromagnéticos e certas patologias graves, especialmente o câncer, Celso de Mello ensinou que a doutrina e a jurisprudência dizem que, sempre que houver probabilidade de que o dano se concretize a partir de qualquer atividade, impõe-se ao Estado a adoção de medidas de índole cautelar destinadas a preservar a incolumidade do meio ambiente e proteger a integridade da vida e saúde humanas. Ao prover recurso extraordinário, ajuizado pela Eletropaulo Metropolitana — Eletricidade de São Paulo S.A., a Corte Suprema fixou a tese de que, "enquanto não houver certeza científica acerca dos efeitos nocivos da exposição ocupacional e da população em geral a campos elétricos, magnéticos e eletromagnéticos, gerados por sistemas de energia elétrica, devem ser adotados os parâmetros propostos pela Organização Mundial da Saúde (OMS), conforme estabelece a Lei 11.934/2009". A matéria teve sua repercussão geral reconhecida (STF, RE 627.189, Rel. Min. Dias Toffoli, j. em 8-6-2016).

✧ 18.1. Legalidade e reserva legal

Em rigor, o princípio da legalidade não se separa do princípio da reserva da lei. São sinônimos, algo comumente sentido no âmbito penal.

Contudo, da ótica estritamente instrumental, é possível diferençar ambos:

- **princípio da legalidade** — contempla o elo de sujeição ou subordinação das pessoas, órgãos e entidades às leis; e
- **princípio da reserva legal** — veicula normas constitucionais que determinam os assuntos que devem ser regulamentados por lei em sentido formal.

O **princípio da reserva legal**, também chamado de *cláusula de reserva da lei*, classifica-se em:

- **reserva absoluta de lei** — o legislador, para mencionar o princípio, utiliza as expressões: *a lei regulará, a lei disporá, a lei complementar organizará, a lei poderá definir* etc. (exemplo: CF, art. 88);
- **reserva relativa de lei** — havendo autorização normativa, o legislador usa de fórmulas do tipo: *nos termos da lei, no prazo da lei, na forma da lei, com base na lei, nos limites da lei, nos parâmetros da lei, segundo critérios da lei* etc. (exemplo: CF, art. 153, § 1º);
- **reserva indelegável de lei** — ainda quanto à indelegabilidade, a reserva de lei abarca assuntos que só competem ao Congresso Nacional (exemplo: CF, art. 68, § 1º); também vale observar

◆ Cap. 13 ◆ DIREITOS E GARANTIAS FUNDAMENTAIS **435**

que existem temas afetos à lei complementar e outros, à lei ordinária (exemplos: CF, arts. 7º, I, e 14, § 9º); bem como leis reservadas aos Estados e aos Municípios (exemplos: CF, arts. 18, § 4º, e 29).

✧ 18.2. Princípio da legalidade e outorga do poder regulamentar

O princípio constitucional da legalidade mantém estreito vínculo com a outorga constitucional do poder regulamentar.

Poder regulamentar é a faculdade atribuída aos Chefes do Executivo para que expliquem a lei, tornando-a correta quando da sua execução.

A ordem jurídica pátria inadmite o "regulamento independente ou autônomo", pois o art. 84, VI, da Carta de 1988 prevê a exigência de *reserva relativa de lei.*

Por meio do poder regulamentar, atributo constitucionalmente conferido a todas as esferas governamentais, os Chefes do Executivo desempenham a faculdade de executar, fielmente, as leis.

Tanto o Presidente da República (art. 84, IV e VI, da CF) como os governadores (constituições dos Estados) e os prefeitos (leis orgânicas municipais) desempenham esse poder, inerente e privativo, e, por isso, indelegável a qualquer subordinado.

O poder regulamentar é um poder administrativo limitado e circunscrito ao exercício de sua função normativa, subordinando-se aos limites da competência executiva.

Não se coloca no patamar do Poder Legislativo. Não pode criar, tampouco modificar ou extinguir direitos e obrigações. Também não detém o condão de adiar a execução da lei nem de suspendê-la. Sujeita-se ao império da legalidade, dada a proeminência das leis sobre ele.

✦ 19. PROIBIÇÃO À TORTURA (ART. 5º, III)

Vimos, acima, que a proibição à tortura é um direito absoluto, insuscetível de relativizações, sob pena de se fulminar o arcabouço do Estado Democrático de Direito (CF, art. 1º, *caput*).

Portanto, ninguém pode ser submetido a tortura, nem a tratamento desumano ou degradante (CF, art. 5º, III).

> **Novidade constitucional:** as Constituições brasileiras passadas não consagraram dispositivo idêntico ao art. 5º, III, da Carta de Outubro. Certamente, o direito quanto à inviolabilidade física e moral, nos termos aí expostos, nutre grande semelhança com o art. 25º da Constituição portuguesa, que também dispõe sobre a integridade da pessoa humana. Mas o constituinte de 1988 foi mais adiante, ao banir, além da tortura, os tratamentos desumanos ou degradantes. Buscou, assim, evitar a prática da crueldade e da selvageria, amparando o homem contra possíveis agressões físicas e morais.

Torturar é constranger alguém, mediante a prática da violência, da grave ameaça, causando-lhe dor, pavor, sofrimento físico ou mental.

Tal expediente caracteriza-se pela sua finalidade torpe: obter informação, declaração ou confissão da vítima ou de terceira pessoa, com o objetivo de provocar ação ou omissão criminosa, em razão de discriminação racial ou religiosa. Daí constituir-se num crime inafiançável (CF, art. 5º, XLIII).

Nesse contexto, lembremos da **Súmula vinculante n. 11**, que **proíbe o uso indiscriminado de algemas**: "Só é lícito o uso de algemas em caso de resistência e de fundado receio de fuga ou de perigo à integridade física própria ou alheia, por parte do preso ou de terceiros, justificada a excepcionalidade por escrito, sob pena de responsabilidade disciplinar civil e penal do agente ou da autoridade e de nulidade da prisão ou do ato processual a que se refere, sem prejuízo da responsabilidade civil do Estado".

Recordemos também que o Supremo Tribunal Federal, ao analisar a constitucionalidade do art. 233 do Estatuto da Criança e do Adolescente, decidiu, por seis votos a cinco, que já existe lei tipificando o delito de tortura, quando praticado contra criança ou adolescente.

Nesse sentido: STF, Pleno, HC 70.389-5/SP, Rel. Min. Celso de Mello, j. em 23-7-1994. **Precedente:** STF, HC 74.332/RJ, Rel. Min. Néri da Silveira, j. em 24-9-1996.

436 ◆ Uadi Lammêgo Bulos ◆

Mas a discussão perdeu a razão de ser devido o advento da Lei n. 9.455, de 7 de abril de 1997, que definiu os crimes de tortura (art. 1º), revogando, expressamente, o art. 233 do Estatuto da Criança e do Adolescente (Lei n. 8.069/90, art. 4º).

> **Decreto n. 40, de 15-2-1991:** ratificou a Convenção contra a tortura e outros tratamentos ou penas cruéis, desumanos ou degradantes.

✦ 20. LIBERDADE DE MANIFESTAÇÃO DO PENSAMENTO (ART. 5º, IV)

É livre a manifestação do pensamento, sendo proibido o anonimato (CF, art. 5º, IV).

A liberdade de manifestação do pensamento configura um dos atributos da liberdade de expressão, gênero que engloba, inclusive, a liberdade de opinião.

Encontra reforço no art. 220 da Carta Suprema, abrangendo:

- **interlocução entre pessoas presentes** — dá-se mediante diálogos, exposição de ideias, comunicações em congressos, palestras, debates, conversações, discursos, reuniões, seminários etc.; mantém nítida ligação com a liberdade de reunião (art. 5º, XVI) e com a liberdade de associação (art. 5º, XVII);

> **Livre manifestação de ideias em ambiente acadêmico** — em sede de reclamação, o Min. Edson Fachin deferiu liminar para estabelecer a autoridade da sentença do Supremo Tribunal Federal, proferido na ADPF 548. Neste *decisum*, a Corte proibiu que autoridades públicas estatais determinem, promovam ou permitam o controle e a fiscalização, por agentes estatais, da liberdade de expressão e de pensamento de professores, alunos e servidores dentro dos ambientes escolares. No caso concreto, observou o Min. Fachin que, ao conclamar os alunos a exercerem verdadeiro controle sobre manifestações de opinião de professores, uma deputada estadual transmitiu a ideia de que isso seria lícito, estimulando a se controlar e a denunciar manifestações político-partidárias ou ideológicas contrárias às suas. De acordo com o Min. Edson Fachin, ao agir dessa forma, a representante do Legislativo, conferiu aos estudantes, por meio de sua própria "autoridade", direito ou poder de exercerem juízo de valor em detrimento da liberdade de expressão e do pensamento alheio, violando o entendimento inserido na ADPF 548. Isto, segundo o Min. Fachin, não pode ser feito nem mesmo por autoridades públicas (STF, ADPF 548/DF, Rel. Min. Cármen Lúcia, j. 8-2-2019; RCL 33137/SC, Rel. Min. Edson Fachin, j. 8-2-2019).

- **interlocução entre pessoas ausentes especificadas** — delineia-se por meio de cartas pessoais, confissões sigilosas escritas, telefonemas, fax, correspondências privadas, telegramas etc., alimentando forte vínculo com o direito à privacidade (art. 5º, X);
- **interlocução entre pessoas ausentes indeterminadas** — expressa-se por intermédio de obras, jornais, revistas, periódicos, meios televisivos e radiofônicos, ligando-se às prescrições constitucionais relacionadas à comunicação social (arts. 220 a 224); e

> **Liberdade de crítica jornalística:** "A crítica jornalística, quando inspirada pelo interesse público, não importando a acrimônia e a contundência da opinião manifestada, ainda mais quando dirigida a figuras públicas, com alto grau de responsabilidade na condução dos negócios de Estado, não traduz nem se reduz, em sua expressão concreta, à dimensão de abuso da liberdade de imprensa, não se revelando suscetível, por isso mesmo, em situações de caráter ordinário, à possibilidade de sofrer qualquer repressão estatal ou de se expor a qualquer reação hostil do ordenamento positivo" (STF, Pet. 3.486-4/DF, Rel. Min. Celso de Mello, decisão de 22-8-2005). **No mesmo sentido:** Tribunal Constitucional Espanhol (Sentenças n. 6/1981, Rel. Juiz Francisco Rubio Llorente; n. 12/1982, Rel. Juiz Díez-Picazo; n. 104/1986, Rel. Juiz Tomás y Valiente; n. 171/1990, Rel. Juiz Bravo-Ferrer) e Tribunal Europeu de Direitos Humanos (Sentença no Caso *Handyside*, de 7-12-1976, e Sentença no Caso *Lingens*, de 8-7-1986). Ensinou Hugo Lafayette Black: "O direito de pensar, falar e escrever livremente, sem censura, sem restrições ou sem interferência governamental representa o mais precioso privilégio dos cidadãos" (*Crença na constituição*, p. 63).

- **liberdade de ficar calado ou direito ao silêncio** — ninguém pode ser compelido a falar aquilo que não lhe convém. O pensamento é indefasável. Não está sujeito a coações. O homem tem

◆ Cap. 13 ◆ DIREITOS E GARANTIAS FUNDAMENTAIS

437

o direito de permanecer calado, não externando seus erros, emoções, segredos íntimos, crenças, convicções filosóficas etc. Daí o direito ao silêncio conectar-se com o privilégio contra a autoincriminação (CF, art. 5º, LXIII).

O direito de não produzir prova contra si mesmo: o privilégio contra a autoincriminação é reconhecido, pacificamente, pela jurisprudência do Pretório Excelso, em inúmeros precedentes. Com efeito, "o direito ao silêncio, que assegura a não produção de prova contra si mesmo, constitui pedra angular do sistema de proteção dos direitos individuais e materializa uma das expressões do princípio da dignidade da pessoa humana. Como se sabe, na sua acepção originária, este princípio proíbe a utilização ou transformação do homem em objeto dos processos e ações estatais. O Estado está vinculado ao dever de respeito e proteção do indivíduo contra exposição a ofensas ou humilhações. A propósito, em comentários ao art. 1º da Constituição alemã, afirma Günther Dürig que a submissão do homem a um processo judicial indefinido e sua degradação como objeto do processo estatal atenta contra o princípio da proteção judicial efetiva (*rechtliches Gehör*) e fere o princípio da dignidade humana" (STF, HC 86.724-3-MC/DF, Rel. Min. Gilmar Mendes, decisão de 20-9-2005. Precedentes citados: STF, HC 78.812, Rel. Min. Celso de Mello, *DJ* de 16-2-2001; STF, HC 83.357, Rel. Min. Nelson Jobim, *DJ* de 26-3-2004; STF, HC 79.244, Rel. Min. Sepúlveda Pertence, *DJ* de 24-3-2000).

A liberdade de manifestação do pensamento ressoa em todos os quadrantes da ordem jurídica. Para se ter uma ideia de sua imensa influência, basta lembrar que o Supremo Tribunal Federal proclamou a **inconstitucionalidade da exigência de diploma para o exercício do jornalismo**. Por maioria de votos, o Plenário da Corte concluiu que, pela sistemática da Carta de 1988, não se pode exigir diploma de jornalismo e registro profissional no Ministério do Trabalho como condição para o exercício da profissão de jornalista. Prevaleceu a tese de que o Decreto-Lei n. 972/1969, baixado durante o regime militar, não foi recepcionado pela Constituição de 1988. As exigências nele contidas ferem a liberdade de imprensa e contrariam o direito à **livre manifestação do pensamento**, prevista, inclusive, no art. 13 da Convenção Americana dos Direitos Humanos (Pacto de San José da Costa Rica), que revogou o art. 4º do referido Decreto-Lei n. 972 (exigia o registro dos profissionais da imprensa no Ministério do Trabalho). O **jornalismo e a liberdade de expressão são atividades que estão imbricadas por sua própria natureza** e não podem ser pensados e tratados de forma separada, pois existem de forma contínua, profissional e remunerada. Logo, **o diploma não é obrigatório para o exercício da atividade jornalística (STF, RE 511.961/SP, Rel. Min. Gilmar Mendes, *DJE* de 18-6-2009)**.

Mas a liberdade de manifestação de pensamento nada tem que ver com:

* abusos cometidos pelo seu exercício indevido e exagerado; nesse particular, ela se submete ao exame e à apreciação pelo Judiciário, podendo ensejar a responsabilidade civil e penal de seus autores (*RF, 176:*147);

    Direito de protesto contra o próprio STF — os direitos constitucionais de reunião e de livre manifestação do pensamento asseguram a realização de carreatas e protestos contra o próprio Supremo Tribunal Federal. Trata-se do exercício de duas liberdades fundamentais reconhecidas a todos os cidadãos (STF, Petição 8.830, Rel. Min. Celso de Mello, j. 7-5-2020).

* com a publicação de injúrias por parte de empresas, as quais têm o dever de vigiar e controlar o teor das matérias que divulga, sob pena de sofrerem controle judicial (*RT, 659:*143); e
* com a divulgação de propaganda eleitoral gratuita ofensiva à honra alheia, inclusive por candidato no exercício legítimo do direito de resposta.

    Reprodução de propaganda eleitoral gratuita: o Tribunal Superior Eleitoral, em diversas assentadas, proclamou que não viola a garantia de livre manifestação do pensamento, nem constitui censura prévia, a decisão de Tribunal Regional Eleitoral que proíbe a reprodução de propaganda eleitoral gratuita, ofensiva à honra alheia, quando do exame e reconhecimento do direito de resposta (TSE, Pleno, MS 1.336/SP, Rel. Min. Octavio Gallotti, *DJ*, 1, de 29-10-1990, p. 12115; TSE, Pleno, MS 1.329/PR, Rel. Min. Célio Borja, *DJ*, 1, de 19-12-1990, p. 15559; TSE, Pleno, MS 1.362/SP, Rel. Min. Octavio Gallotti, *DJ*, 1, de 14-2-1991, p. 1).

438 ◆ Uadi Lammêgo Bulos ◆

✧ 20.1. Vedação constitucional ao anonimato: posição do STF

A Constituição brasileira proíbe o anonimato, entendimento pacífico na jurisprudência do Supremo Tribunal Federal, pois quem exercita a liberdade de pensamento deve assumir a identidade das posições emitidas, sob pena de responder por eventuais danos causados a terceiros.

> **Propósito da vedação constitucional ao anonimato:** "A proibição do anonimato tem um só propósito, qual seja, o de permitir que o autor do escrito ou da publicação possa expor-se às consequências jurídicas derivadas de seu comportamento abusivo. Quem manifesta o seu pensamento através da imprensa escrita ou falada, deve começar pela sua identificação. Se não o faz, a responsável por ele é a direção da empresa que o publicou ou transmitiu. Nisso consiste a *ratio* subjacente à norma, que, inscrita no inciso IV, do art. 5º, da Constituição da República, proclama ser livre a manifestação do pensamento, sendo vedado o anonimato. Torna-se evidente, pois, que a cláusula que proíbe o anonimato — ao viabilizar, *a posteriori*, a responsabilização penal e/ou civil do ofensor — traduz medida constitucional destinada a desestimular manifestações abusivas do pensamento, de que possa decorrer gravame ao patrimônio moral das pessoas injustamente desrespeitadas em sua esfera de dignidade, qualquer que seja o meio utilizado na veiculação das imputações contumeliosas" (STF, MS 24.369/DF, Rel. Min. Celso de Mello, j. em 10-10-2002, *DJ* de 16-10-2002, p. 24).

Na realidade, o tema pertinente à vedação ao anonimato deriva da necessidade ético-jurídica de investigar as condutas funcionais lesivas ao interesse público, justamente para obrigar o sujeito a assumir a autoria do pensamento manifestado.

> **Abusos na liberdade de pensamento:** "O veto constitucional ao anonimato, como se sabe, busca impedir a consumação de abusos no exercício da liberdade de manifestação do pensamento, pois, ao exigir-se a identificação de quem se vale dessa extraordinária prerrogativa político-jurídica, essencial à própria configuração do Estado democrático de direito, visa-se, em última análise, a possibilitar que eventuais excessos, derivados da prática do direito à livre expressão, sejam tornados passíveis de responsabilização, *a posteriori*, tanto na esfera civil, quanto no âmbito penal" (STF, MS 24.369/DF, Rel. Min. Celso de Mello, j. em 10-10-2002, *DJ* de 16-10-2002, p. 24).

Claro que a proibição ao anonimato sujeita-se a um exame jurisdicional valorativo em caso de possível colisão com outros bens tutelados constitucionalmente.

> **Ponderação de bens e interesses:** "A superação dos antagonismos existentes entre princípios constitucionais há de resultar da utilização, pelo Supremo Tribunal Federal, de critérios que lhe permitam ponderar e avaliar, *hic et nunc*, em função de determinado contexto e sob uma perspectiva axiológica concreta, qual deva ser o direito a preponderar no caso, considerada a situação de conflito ocorrente, desde que, no entanto, a utilização do método da ponderação de bens e interesses não importe em esvaziamento do conteúdo essencial dos direitos fundamentais" (STF, MS 24.369/DF, Rel. Min. Celso de Mello, j. em 10-10-2002, *DJ* de 16-10-2002, p. 24).

Veja-se que o Código Penal considera delito a denunciação caluniosa ou a comunicação falsa de crime (arts. 339 e 340). Isso implica a exclusão do anonimato na *notitia criminis*. Nada impede, contudo, a prática de atos iniciais de investigação pela autoridade policial, quando a delação anônima lhe chegar às mãos.

> **Entendimento do STJ sobre a delação anônima:** o Superior Tribunal de Justiça, ao apreciar a questão da delação anônima, em face do art. 5º, IV, da Constituição de 1988, já se pronunciou no sentido de considerá-la juridicamente possível, desde que o Estado, ao agir em função dessa comunicação não identificada, atue com cautela, em ordem a evitar a consumação de situações que possam ferir, injustamente, direitos de terceiros (STJ, RHC 7.329/GO, Rel. Min. Fernando Gonçalves; STJ, RMS 4.435/MT, Rel. Min. Adhemar Maciel).

Cumpre-lhe, nesse caso, "assumir a responsabilidade da abertura das investigações, como se o escrito anônimo não existisse, tudo se passando como se tivesse havido *notitia criminis* inqualificada" (STF, MS 24.369/DF, Rel. Min. Celso de Mello, j. em 10-10-2002, *DJ* de 16-10-2002, p. 24).

◆ Cap. 13 ◆ DIREITOS E GARANTIAS FUNDAMENTAIS

439

✦ 21. DIREITO DE RESPOSTA (ART. 5º, V)

O direito de resposta ou de réplica proporcional ao agravo é assegurado pela Constituição e reconhecido pela doutrina e pela jurisprudência. Seu objetivo é resguardar os valores éticos e sociais do homem e da família. Equivalem, pois, a exigências deontológicas norteadoras da atividade dos meios de comunicação e de todos quantos dela participem. Esse direito, que pode acarretar indenização por dano material, moral ou à imagem, é amplo, indo muito além do âmbito das infrações penais. Mas não serve de escudo para a salvaguarda de atividades ilícitas. O ofendido não pode, valendo-se do direito de resposta, fazer calúnias, difamações, injúrias, bravatas etc.; se assim agir, passará de ofendido a ofensor.

Por outro lado, a retratação espontânea não exime veículo de comunicação de garantir direito de resposta, porque ela pode não ter o mesmo ímpeto da matéria ofensiva ou não resgatar plenamente a verdade. O instituto do direito de resposta é um contraponto à vedação da censura prévia. Não se pode retirar do ofendido a autonomia de veicular a resposta de acordo com a sua avaliação do dano, com a proporcionalidade que caberá ao juiz determinar (STF, ADIs 5415, 5418 e 5436, Rel. Min. Dias Toffoli, j. 11-3-2021).

Portanto, quem se sentir ofendido por notícia capciosa, inverídica, incorreta, atentatória à dignidade humana, mediante a imputação de fatos que lhe forem prejudiciais, poderá invocar o art. 5°, V, da *Lex Mater*. Sua finalidade é evitar que a honra e a imagem fiquem comprometidas, entendimento antigo no Supremo Tribunal Federal (STF, 2ª T., RE 64.333/PR, Rel. Min. Aliomar Baleeiro, *DJ*, 1, de 27-12-1968). Não raro, os meios de comunicação veiculam matérias consideradas ofensivas e, até, equivocadas. Insurge daí o direito de resposta, como uma garantia inviolável, possibilitando à pessoa física ou jurídica, pública ou privada, apresentar a sua versão dos fatos, corrigindo equívocos e desfazendo dúvidas quanto à sua imagem social.

O direito de resposta deverá ser proporcional ao agravo, o que significa que o órgão, setor, pessoa física ou jurídica, responsável pela informação, tem o dever de dar-lhe destaque idêntico, reservando um espaço ao ofendido para manifestar-se a respeito da notícia ou informação que originou o incidente, direito que não lhe pode ser recusado nem lhe impor ônus. E, se o órgão que noticiou o fato, negar-se a abrir espaço para o ofendido exercer o direito de resposta, restará ao Poder Judiciário assegurar ao ofendido o mesmo destaque, duração ou tamanho da matéria veiculada no meio de comunicação, responsabilizando a empresa jornalística, televisiva ou radiofônica pelos obstáculos impostos ao exercício do direito de resposta. Sem dúvida, a responsabilidade pela divulgação do direito de resposta pertence à direção do meio de comunicação, e não ao ofensor.

> **Lei de imprensa, direito de resposta e *astreinte*** — "O art. 5º, inciso V, da Constituição brasileira, ao prever o direito de resposta, qualifica-se como regra impregnada de suficiente densidade normativa, revestida, por isso mesmo, de aplicabilidade imediata, a tornar desnecessária, para efeito de sua pronta incidência, a *interpositio legislatoris*, o que dispensa, por tal razão, ainda que não se lhe vede, a intervenção concretizadora do legislador comum. Isso significa que a ausência de regulação legislativa, motivada por transitória situação de vácuo normativo, não se revela obstáculo ao exercício da prerrogativa fundada em referido preceito constitucional, que possui densidade normativa suficiente para atribuir, a quem se sentir prejudicado por publicação inverídica ou incorreta, direito, pretensão e ação cuja titularidade bastará para viabilizar, em cada situação ocorrente, a prática concreta da resposta e/ou da retificação (...). A ausência, momentânea ou não, de regramento legislativo não autoriza nem exonera o Juiz, sob pena de transgressão ao princípio da indeclinabilidade da jurisdição, do dever de julgar o pedido de resposta, quando formulado por quem se sentir ofendido ou, então, prejudicado por publicação ofensiva ou inverídica. Não se pode desconhecer que é ínsito, à atividade do Juiz, o dever de julgar conforme os postulados da razoabilidade, proporcionalidade e igualdade (...). A meu ver, portanto, o direito de resposta deve ser visto como um instrumento de mídia colaborativa ('collaborative media') em que o público é convidado a colaborar com suas próprias versões de fatos e a apresentar seus próprios pontos de vista. A autonomia editorial, a seu turno, seria preservada desde que seja consignado que a versão ou comentário é de autoria de um terceiro e não representa a opinião do veículo de comunicação (...). É primordial que se abandone a concepção do direito de resposta que o configura, apenas, como uma ação de reparação de dano, ou como um instituto afim à legítima defesa. Ele é tudo isso, mas deve ser mais que isso. Ele deve ser deslocado do particular, ofendido pessoalmente, titular de um direito à indenização, para a sociedade, credora de uma informação

verdadeira, imparcial, autêntica. Aceita a concepção, forçoso é admitir que o direito de resposta, integrante do direito de informação, é também um direito difuso, que pode ser exercido por qualquer legitimado com o fim de preservar a verdade de um fato. Não mais vigerá a estreita via da indenização e da legitimação exclusiva do lesado para opor-se à matéria inexata (...). Vale destacar, por sua vez, um outro aspecto que se me afigura relevante. Refiro-me ao fato de que a justa preocupação da comunidade internacional com a preservação do direito de resposta tem representado, no plano do sistema interamericano e em tema de proteção aos direitos de personalidade, um tópico sensível e delicado da agenda dos organismos internacionais em âmbito regional, como o evidencia o Pacto de São José da Costa Rica (artigo 14), que constitui instrumento que reconhece, a qualquer pessoa que se considere afetada por meio de informação inexata ou ofensiva veiculada pela imprensa, o direito de resposta e de retificação (...). Confirmadas as informações inexatas ou ofensivas, e alegado o prejuízo à honra ou à reputação, o juiz deverá ordenar ao meio de difusão passiva a publicação de resposta ou de retificação que satisfaça ao ofendido. O primeiro elemento de equidade que aparece é o de que a publicação deverá apresentar a imediatidade que o meio impõe. O segundo elemento é o de que a publicação deverá apresentar o mesmo grau de importância jornalística e informativa que a publicação a que se responde ou que se retifica. O terceiro elemento é o de que a publicação deverá ajustar-se ao respondido ou retificado, sem poder apresentar considerações de outro tipo nem, por óbvio, apresentar expressões ofensivas ou injuriosas. O meio jornalístico deverá publicar nessas condições a resposta ou a retificação. Sendo uma obrigação de fazer, poderão ser impostas multas ao meio de imprensa negligente no cumprimento de sua obrigação constitucional (...). Devo registrar, finalmente, que se reveste de plena legitimidade jurídica a imposição de multa cominatória (*astreinte*) como instrumento de coerção processual destinado a compelir o devedor, mesmo que se cuide de pessoa jurídica de direito público, a adimplir obrigação de fazer, como aquela que determinou, à parte ora requerente, a publicação de sentença, na linha de orientação que tem sido acolhida pelo Supremo Tribunal Federal" (STF, MC em Ação Cautelar 2.695/RS, Rel. Min. Celso de Mello, j. em 25-11-2010).

✦ 22. INVIOLABILIDADE DA INTIMIDADE, VIDA PRIVADA, HONRA E IMAGEM (ART. 5º, X)

O art. 5º, X, do Texto de 1988 consagra a inviolabilidade da intimidade, vida privada, honra e imagem.

De início, enfatize-se que a *intimidade* e a *privacidade* são direitos inerentes ao ser humano, à pessoa física.

Já o *direito à honra* pertence tanto às pessoas físicas como às jurídicas.

> **Posição do STJ:** o Superior Tribunal de Justiça reconhece que as pessoas jurídicas desfrutam do direito à honra, assegurando que "a honra objetiva da pessoa jurídica pode ser ofendida pelo protesto indevido de título cambial, cabendo indenização pelo dano extrapatrimonial daí decorrente" (STJ, 4ª T., REsp 60.033/MG, Rel. Min. Ruy Rosado de Aguiar Júnior, *DJ*, 1, de 27-11-1995, p. 40893).

Os direitos à vida privada, intimidade, honra e imagem funcionam como limites às intromissões abusivas e ilícitas da imprensa escrita e falada. Acarretam indenização pelos danos morais e materiais causados, além do direito de resposta, proporcional ao agravo (art. 5º, V). Esse é o entendimento pacífico da jurisprudência pátria.

> **Precedentes:** várias decisões reconhecem a inviolabilidade dos direitos assegurados no art. 5º, V e X (cf.: Luiz Antonio Rizzatto Nunes e Mirella D'Angelo Caldeira, *O dano moral e sua interpretação jurisprudencial*, p. 16 e s.).

Tristeza, equívocos, desavenças conjugais, rompimento de namoro ou de noivado, falecimento, crises financeiras não servem de pano de fundo para a veiculação de notícias maldosas. Embora a Carta de 1988 permita o acesso à informação (art. 5º, XIV), isso não significa que possam ser divulgadas fotos, imagens, documentários injuriosos, insinuações capiciosas ou mentirosas, que enxudiam a dignidade humana (art. 1º, III) e ferem o sentimento alheio.

◆ Cap. 13 ◆ DIREITOS E GARANTIAS FUNDAMENTAIS

✧ 22.1. Vida privada e intimidade

A *vida privada* e a *intimidade* são os outros nomes do *direito de estar só*, porque salvaguardam a esfera de reserva do ser humano, insuscetível de intromissões externas (aquilo que os italianos chamam de *rizervatezza* e os americanos, *privacy*).

> **Posição do STF:** "Não ofende a garantia constitucional da intimidade (CF, art. 5º, X) a gravação realizada por ocupante de imóvel residencial que instala, em sua própria vaga de garagem, equipamento de filmagem com o objetivo de identificar autor de danos criminosos provocados em seu automóvel" (STF, 2ª T., HC 84.203/RS, Rel. Min. Celso de Mello, j. em 19-10-2004).

Mas, afinal, há diferenças entre *privacidade* e *intimidade*?

De modo muito tênue, quase imperceptível, sim, pois, em rigor, ambas refletem o repositório das particularidades do ser humano.

Amiúde, a ideia de *vida privada* é mais ampla do que a de *intimidade*:

- **vida privada (ou privacidade)** — envolve todos os relacionamentos do indivíduo, tais como suas relações comerciais, de trabalho, de estudo, de convívio diário; e
- **intimidade** — diz respeito às relações íntimas e pessoais do indivíduo, seus amigos, familiares, companheiros que participam de sua vida pessoal.

Na esfera familiar, a inviolabilidade da *intimidade* e da *vida privada* adquire especial relevo. Quaisquer atos para a obtenção de provas foram vedados pelo constituinte. Por isso, qualquer intromissão é indevida; está fora de toda espécie de abuso externo. A vida conjugal e familiar coloca-se distante de restrições e investidas dos Poderes Públicos e dos particulares. Pouco importa o motivo. O "lar do homem é o seu castelo", diziam os ingleses.

Já nas áreas política e artística, a amplitude da inviolabilidade desses direitos é reduzida pela própria natureza das atribuições desempenhadas. Aqui não se pode fomentar a "indústria da fama", indenizando-se caprichos ou intolerâncias do povo e da mídia. Óbvio que deputados, senadores, prefeitos, vereadores, artistas, cantores, modelos etc. são alvo de uma exposição muito maior, se comparada à daqueles que vivem no anonimato. Isso não significa que as pessoas públicas estejam destituídas de amparo. Ofensas desproporcionais e inescrupulosas devem ser reparadas. O que a Constituição Federal não tutela são as vaidades.

Entende o Pretório Excelso, por exemplo, que discussões políticas, ocorridas no calor de campanhas eleitorais, não podem ser separadas de juízos subjetivos, formulados para avaliar as virtudes e os defeitos dos homens públicos. Mas a própria Corte Suprema reconhece que a liberdade de crítica possui limites. Não pode ser exercida de modo desarrazoado, migrando para a esfera da criminalidade.

> **Precedentes:** STF, Pleno, Inq. 503/RJ (questão de ordem), Rel. Min. Sepúlveda Pertence, *DJ*, 1, de 26-3-1993, p. 5001; STF, Pleno, Inq. 496/DF, Rel. Min. Ilmar Galvão, v. u., *DJ*, 1, de 12-11-1993, p. 24022. No mesmo sentido: STJ, CComp 22/PR, Rel. Min. José de Jesus, *Ementário de Jurisprudência* n. 1, p. 267.

✧ 22.2. Honra

A honra é um bem imaterial de pessoas físicas e jurídicas protegida pela Carta de 1988.

Traduz-se pelo sentimento de dignidade própria (*honra interna ou subjetiva*), pelo apreço social, reputação e boa fama (*honra exterior ou objetiva*) (Víctor Cathrein, *Moralphilosophie*, p. 65; Arthur von Schopenhauer, *Aphorismen zur Lebensweisheit*, p. 68).

A tutela constitucional à honra tem como pressuposto a reputação, o comportamento zeloso e o cumprimento de deveres socialmente úteis pelas pessoas físicas e jurídicas decentes.

✧ 22.3. Imagem

A Constituição protegeu três tipos de imagem:

- **Imagem social (art. 5º, V)** — são os atributos exteriores da pessoa física ou jurídica, com base naquilo que ela própria transmite na vida em sociedade. É, portanto, uma imagem *quase*

442 ◆ Uadi Lammêgo Bulos ◆

publicitária, sujeita a alterações em qualquer tempo. Danos cometidos contra a imagem social podem ser indenizados. Normalmente, os agentes causadores desses danos às pessoas físicas ou jurídicas são os meios de comunicação em massa (televisão, rádio, *internet*, jornais, revistas, boletins etc.). A jurisprudência é tranquila quanto ao reconhecimento da tutela à imagem social (TJAC, AC 97.000093-6, Rel. Des. Jersey Nunes, v. u., decisão de 23-9-1997).

* **Imagem-retrato (art. 5º, X)** — é a imagem física do indivíduo, quer dizer, fisionomia, partes do corpo, gestos, expressões, atitudes, traços fisionômicos, sorrisos, aura, fama etc., captada pelos recursos tecnológicos e artificiais (fotografia, filmagem, pintura, gravura, escultura, desenho, caricatura, manequins, máscaras etc.). Apenas o ser humano a titulariza. Investidas contra a imagem-retrato acarretam indenização pelo dano material ou moral daí decorrente. Cumpre ao Judiciário, quando provocado, exercer o seu poder acautelatório. É que a reprodução da imagem--retrato, se procedida de modo tardio, pode gerar menos prejuízos que a sua exibição irregular. Reitere-se que as pessoas jurídicas apresentam imagem social, e não imagem-retrato, encontrando proteção no inciso V da *Lex Mater*. Desde o ordenamento jurídico passado, o Supremo Tribunal Federal reconhece a imagem-retrato.

> **Tutela da imagem-retrato:** "Direito à proteção da própria imagem, diante da utilização de fotografia em anúncio com fim lucrativo, sem a devida autorização da pessoa correspondente. Indenização pelo uso indevido da imagem. Tutela jurídica resultante do alcance do direito positivo" (STF, 2ª T., RE 91.328/SP, Rel. Min. Djaci Falcão, *DJ*, 1, de 11-12-1981, p. 12605. Também nesse sentido: STF, 1ª T., RE 95.872/RJ, Rel. Min. Rafael Mayer, *DJ*, 1, de 1º-10-1982, p. 9830).

* **Imagem autoral (art. 5º, XXVIII)** — é a imagem do autor que participa, de modo direto, em obras coletivas. O requisito é a participação ativa do indivíduo (não de pessoas jurídicas). Não poderá ser alegada tutela da imagem autoral pela simples participação secundária ou indireta do sujeito. É o caso de uma sessão de fotografias publicitárias que retrata alguém, indiretamente, veiculando sua imagem de cidadão comum, sem qualquer compromisso dele com a atividade em si. Ao invés, se o sujeito tiver a sua participação integral na sessão de fotografias publicitárias, caracterizar-se-á a hipótese de proteção à sua imagem autoral, porque o requisito de sua presença efetiva configurou-se. A jurisprudência assim se posiciona.

> **Precedente:** TJRJ, 4ª Câm. Cív., AC 32.994, Rel. Des. Francisco Faria, v. u., *Ementário de Jurisprudência do Tribunal de Justiça do Rio de Janeiro*, 7:96.

✦ 23. INDENIZAÇÃO POR DANO MATERIAL, MORAL, ESTÉTICO E À IMAGEM (ART. 5º, V E X)

A Constituição Federal previu indenização por dano material, moral, estético e à imagem (art. 5º, V e X).

O recebimento de certa soma em dinheiro por parte do ofensor é o mínimo para atenuar o aborrecimento, os desgostos, dentre outros prejuízos, em rigor, irreparáveis, pois não têm preço.

> **Biografias podem, sim, ser publicadas sem autorização prévia:** a Constituição Federal previu, nos casos de violação da privacidade, da intimidade, da honra e da imagem, a reparação indenizatória. Partindo dessa premissa, o Plenário da Corte Suprema, por unanimidade de votos, conferiu interpretação conforme à Constituição aos arts. 20 e 21 do Código Civil, harmonizando-os com as liberdades de expressão intelectual, artística, científica e de comunicação. Portanto, não há que se falar mais em autorização para alguém ser biografado (STF, ADIn 4815, Rel. Min. Cármen Lúcia, j. 9-6-2015).

✧ 23.1. Dano material

Proporciona a diminuição do patrimônio do lesado, causando-lhe prejuízo econômico. Apresenta-se sob dupla face:

◆ Cap. 13 ◆ **DIREITOS E GARANTIAS FUNDAMENTAIS**   **443**

- **danos emergentes (*damnum emergens*)** — geram *déficit* real no patrimônio; propiciam a efetiva diminuição dos bens materiais do lesado; e
- **lucros cessantes (*lucrum cessans*)** — frustração de um ganho esperado, de um acréscimo patrimonial que o lesado teria caso não ocorresse a ação do lesante.

> **Cálculo dos lucros cessantes:** os *lucros cessantes* podem ser calculados pela comprovação de renda do lesado. Só assim será lícito deduzir, com certa segurança, uma situação patrimonial legítima. A dúvida não deverá persistir, porque na apreciação dos danos materiais, invocados a título de lucros cessantes, o juiz há de ter em conta a extrema plausibilidade e a total certeza dos fatos e das consequências imediatas da lesão, para decidir com segurança, em matéria que por si só é fonte de dúvidas e incertezas. A mera possibilidade não basta para se computar o lucro cessante.

Conforme a Súmula 37 do STJ, "são cumuláveis as indenizações por dano material e dano moral oriundos do mesmo fato".

> **Posição do STF:** a Corte Excelsa reconhece essa cumulatividade. Numa assentada, decidiu que "o fato de a Convenção de Varsóvia revelar, como regra, a indenização tarifada por danos materiais não exclui a relativa aos danos morais. Configurados esses pelo sentimento de desconforto, de constrangimento, aborrecimento e humilhação decorrentes do extravio de mala, cumpre observar a Carta Política da República — incisos V e X do artigo 5º, no que se sobrepõe a tratados e convenções ratificados pelo Brasil" (STF, RE 172.720, Rel. Min. Marco Aurélio, *DJ* de 21-2-1997).

✧ 23.2. Dano moral

Detectado pela mágoa profunda ou constrangimento de toda espécie, que deprecia o ser humano, gerando-lhe lesões extrapatrimoniais (STF, AgI 196.379-AgRg, Rel. Min. Marco Aurélio, *DJ* de 24-4-1998).

Pouco importa o tamanho do aborrecimento. Havendo nexo de causalidade entre a ofensa perpetrada e o sentimento ferido está caracterizado o dano moral (STF, RE 215.984, Rel. Min. Carlos Velloso, *DJ* de 28-6-2002).

O dano moral indenizável é o que atinge a esfera íntima da vítima, agredindo seus valores, humilhando e causando dor, embora não seja todo e qualquer aborrecimento que acarrete dano moral. A perda de uma frasqueira com objetos pessoais, por exemplo, "não produz dano moral indenizável" (STF, RE 387.014-AgRg, Rel. Min. Carlos Velloso, *DJ* de 25-6-2004). O que enseja a indenização é a prática do ato ilícito, que causa perturbações psíquicas, afetando os sentimentos e a tranquilidade das pessoas (STJ, 4ª T., REsp 8.768-0/SP, Rel. Min. Barros Monteiro, *Ementário de Jurisprudência* n. 5, p. 122). Ilustrando, a mera reprodução de notícia pela imprensa não configura dano moral, pois, neste caso, inexiste qualquer abuso de direito (STF, RE 208.685, Rel. Min. Ellen Gracie, *DJ* de 22-8-2003).

O dano moral também recai sobre pessoa jurídica, como uma empresa de renome que se acha ofendida por notícia inverídica, capciosa ou por propaganda publicitária solerte. Daí a Súmula 227 do STJ: "A pessoa jurídica pode sofrer dano moral".

E os danos morais coletivo e difuso podem ser indenizados?

Jurisprudência e doutrina entendem que sim.

> **Jurisprudência:** TJRJ, 2ª Câm. Cív., AC 5.943/94, Rel. Des. Sérgio Cavalieri Filho, *Ementário de Jurisprudência do Tribunal de Justiça do Rio de Janeiro, 26:225*. **Doutrina:** Rubens Limongi França, Reparação do dano moral, *RT, 631:31*.

Quando se fala nesses danos morais que afetam categorias de interesses, "está-se fazendo menção ao fato de que o patrimônio valorativo de uma certa comunidade (maior ou menor), idealmente considerado, foi agredido de maneira absolutamente injustificável do ponto de vista jurídico" (Carlos Alberto Bittar, Do dano moral coletivo no atual contexto jurídico brasileiro, *Revista de Direito do Consumidor, 12:32*).

Do ponto de vista legislativo, a reparação dos danos morais coletivo e difuso está prevista na Lei da Ação Civil Pública (art. 1º, I a IV), no Código de Defesa do Consumidor (art. 6º, VI e VII) e no Estatuto da Criança e do Adolescente (arts. 3º, 5º e 17, c/c o art. 201, V, VIII e IX).

Em São Paulo, o Conselho Superior do Ministério Público criou a Súmula 3, cujo teor é o seguinte: "O Ministério Público tem legitimidade para ajuizar ação civil pública visando à contrapropaganda e à responsabilidade por danos morais difusos".

A providência afigurou-se acertada, porque a *contrapropaganda* constitui uma das medidas colocadas ao dispor dos legitimados para a defesa dos interesses difusos, previstos no Código de Defesa do Consumidor (art. 60). Soma-se a isso a legitimidade para promover a responsabilização dos eventuais causadores de danos morais difusos (CDC, arts. 6º, IV e VI; 37; 38; 82, I).

E o dano moral por ricochete? Pode ser indenizado?

O dano moral por ricochete, também chamado de dano moral reflexo, indireto ou oblíquo, tem sido objeto de estudo por parte das doutrinas francesa e alemã. No Brasil, julgados do Superior Tribunal de Justiça têm reconhecido essa teoria. Merece destaque o REsp 160.125, relatado, em 1999, pelo Ministro Sálvio de Figueiredo Teixeira. Este foi o *decisum* pioneiro, no seio do STJ, sobre o tema. Além dos casos de morte, a teoria do dano moral por ricochete também é invocada quando o ente querido sobrevive ao efeito danoso, como ocorreu no REsp 876.448, julgado pelo STJ, em 2010. Aplicando a Súmula 279 do STF, segundo a qual "Para simples reexame de prova não cabe Recurso Extraordinário", a 2ª Turma da Corte desproveu agravo regimental. Discutiu-se, no caso, a responsabilidade civil do Estado do Rio de Janeiro por conduta omissiva da segurança pública, em decorrência do episódio conhecido como "Massacre da Candelária", ocorrido há cerca de 18 anos. Na ação originária, proposta pelo irmão de uma das vítimas, em interesse próprio, alegou-se a ocorrência do denominado dano moral por ricochete — prejuízo indireto à dignidade do autor em razão do falecimento de parente querido. O acórdão recorrido considerou que a omissão estatal, fundamentada no art. 144 da Carta de 1988, não caracterizou a responsabilidade do Poder Público, pois esse dispositivo, em virtude de sua natureza meramente programática, impôs ao Estado apenas um dever genérico e progressivo de agir. Logo, aplicar-se-ia ao caso a teoria do dano moral por ricochete, cuja sistemática encontra-se na legislação infraconstitucional, não ensejando o seu exame na via eleita. O caráter excepcional da categoria do dano, ora tratado, inviabilizou, no recurso extraordinário, a prova da ocorrência do prejuízo, visto ser fundamental a efetiva demonstração do vínculo de afeto entre a vítima e o demandante. Portanto, não houve presunção relativa oponível à Fazenda Pública, cuja atuação em juízo encontra-se direcionada à proteção do interesse público em caráter indisponível. E, ante a ausência de suporte probatório acerca desse vínculo, a reforma do acórdão nesta esfera foi reputada inexequível (AI 400.336 AgR/RJ, Rel. Min. Joaquim Barbosa, 24-5-2011).

✧ 23.3. Dano estético

É a lesão *permanente* que atinge a beleza do ser humano, comprometendo a harmonia das suas formas externas, enfeiando-lhe e causando-lhe humilhação, vergonha, desgosto, mal-estar e tristeza. Equipara-se ao dano moral para fins de indenização.

Realmente, o dano estético é o sofrimento moral oriundo de ofensas endereçadas à integridade física do ser humano.

Implícito no art. 5º, V e X, da Carta Maior, o reconhecimento do dano estético não ofende o princípio da legalidade.

Casuística:
- **Posição do STF** — "Não afronta o princípio da legalidade a reparação de lesões deformantes, a título de dano moral" (STF, RE 116.447, Rel. Min. Célio Borja, *DJ* de 7-8-1992).
- **Posição do STJ** — "A indenização relativa ao dano moral abrangerá o dano estético, ressalvadas eventuais repercussões econômicas" (STF, 3ª T., REsp 42.492-0/RJ, Rel. Min. Eduardo Ribeiro, *Ementário de Jurisprudência* n. 10, p. 157).

Para o dano estético configurar-se é preciso que a lesão sofrida pelo ser humano seja duradoura, algo que não se confunde com o mero dano passageiro, suscetível de reparação mediante a clássica ação de perdas e danos.

Sobre o tema: Teresa Ancona Lopez, *O dano estético*: responsabilidade civil, p. 40.

◆ Cap. 13 ◆ DIREITOS E GARANTIAS FUNDAMENTAIS

Como o dano estético é, em última análise, um dano moral, e, na maioria das vezes, um dano material, sua reparabilidade encontra respaldo no art. 5º, X, da Constituição, preceptivo que tutela os *direitos da personalidade*.

Logo, o dano estético — autêntica lesão a um *direito da personalidade* — é suscetível de reparação integral, que poderá ser cumulada com danos materiais.

✧ 23.4. Dano à imagem

É toda investida, proveniente dos Poderes Públicos, pessoas físicas ou jurídicas, que atenta contra a expressão sensível da personalidade.

A jurisprudência assegura a plena reparabilidade do dano à imagem social, à imagem-retrato e à imagem autoral, acima estudadas (art. 5º, V, X e XXVIII).

O essencial, nessa seara, é comprovar a ocorrência de efetiva violação. Juízes e tribunais são enfáticos em asseverar que meras suposições, destituídas de qualquer amparo, não configuram danos à imagem.

> **Compulsar:** José Antonio Remédio, José Fernando Seifarth de Freitas e José Júlio Lozano Júnior, *Dano moral:* doutrina, jurisprudência e legislação, p. 39 e s.

✦ 24. LIBERDADE DE CONSCIÊNCIA, DE RELIGIÃO E DE CONVICÇÃO (ART. 5º, VI E VIII)

São invioláveis as liberdades de consciência, de religião (crença e culto) e de convicção político-filosófica, cumprindo à lei proteger os locais onde as liturgias religiosas se realizam (CF, art. 5º, VI e VIII).

Vejamos o significado de cada uma delas:

- **Liberdade de consciência** — é a liberdade de foro íntimo do ser humano, que impede alguém de submeter outrem a seus próprios pensamentos. Cada qual segue a diretriz de vida que lhe for conveniente, desde que não cometa ilicitudes. A liberdade de consciência é o pressuposto para o exercício das demais liberdades do pensamento. Sem ela, as liberdades de religião (crença e culto) e de convicção político-filosófica não se concretizam.

- **Liberdade religiosa** — abarca as liberdades de crença e de culto. Elas são tão importantes que o Supremo, desde a Constituição passada, considerou inconstitucional sentença judicial que proibia beneficiário de *sursis* desenvolver culto religioso no ambiente doméstico. Também decidiu que os passes de *medium*, em centros espíritas, não caracterizavam o delito de curandeirismo, mas mera exteriorização religiosa.

> **Culto doméstico:** STF, *RT, 307*:565; **Manifestação religiosa:** STF, *RTJ, 100*:329.

- **Liberdade de crença** é a liberdade de acreditar ou não em algo. Ninguém pode compelir outrem a seguir determinada religião, credo, teoria, seita etc. A liberdade de crença engloba o direito de escolher a própria religião (aspecto positivo) e o direito de não seguir religião alguma, de ser agnóstico ou ateu (aspecto negativo). O limite à liberdade de crença situa-se no campo do respeito mútuo, não podendo prejudicar outros direitos. Isso porque o Brasil é um Estado leigo, laico ou não confessional, isto é, não tem religião certa. Apenas durante a vigência da Carta de 1824 que o credo Católico Apostólico Romano foi oficializado (art. 5º). Do Texto de 1891 até a Carta de 1988, o Estado separou-se da Igreja, vigorando a liberdade de crença religiosa, de que deriva a liberdade de culto e suas liturgias.

> **Posição do STJ:** o Superior Tribunal de Justiça reconheceu que a Constituição Federal, ao garantir a inviolabilidade de crença religiosa, assegurou plena proteção à liberdade de culto e a suas liturgias (STJ, 6ª T., HC 1.498/RJ, Rel. Min. Luiz Vicente Cernicchiaro, *DJ*, 1, de 16-8-1993, p. 15994).

446 ♦ Uadi Lammêgo Bulos ♦

— **Liberdade de culto** é o modo como as religiões exercitam suas liturgias, ritos, cerimônias, manifestações, hábitos, tradições etc., que são invioláveis. No Brasil, todas as religiões podem exercê-la, sem quaisquer intervenções arbitrárias. Cumpre à lei estabelecer os locais mais apropriados para o exercício de práticas religiosas, aferindo, também, normas de proteção aos templos. Mas a liberdade de culto não é ilimitada. Seu exercício é legítimo desde que não perturbe a ordem, a paz, a tranquilidade e o sossego público, devendo respeitar a lei e os bons costumes, sob pena de responsabilização civil e criminal. Reuniões de cura e pregações religiosas, por exemplo, não podem acobertar a prática de atos ilícitos.

Nesse sentido: STJ, *RT*, 699:376.

• **Liberdade de convicção político-filosófica** — é um dos pontos culminantes da orografia constitucional das liberdades públicas do Texto de 1988. Por seu intermédio, os indivíduos podem seguir a corrente de pensamento político ou filosófico que melhor lhes aprouver, sem quaisquer impedimentos à livre circulação das ideias. A liberdade de convicção político-filosófica é, na realidade, uma *liberdade de comunicação nas democracias*.

Posição do STF: aplicando o princípio da liberdade de convicção político-filosófica, o Supremo Tribunal Federal decidiu que "o simples fato de ser comunista não constitui crime" (STF, *RF*, 158:322-323).

As liberdades religiosa e de convicção político-filosófica podem, porém, sofrer privações em duas hipóteses: descumprimento de obrigação legal a todos imposta e descumprimento de prestação alternativa fixada em lei (CF, art. 5º, VIII). É o que estudaremos a seguir.

• **Constitucionalidade da vacinação compulsória contra a Covid-19** – o Supremo Tribunal Federal, em sua composição plenária, decidiu que o Estado pode determinar aos cidadãos que se submetam, compulsoriamente, à vacinação contra a Covid-19, prevista na Lei n. 13.979/2020. Sobre o tema a Corte firmou teses. Eis a tese de repercussão geral fixada no ARE 1267879: "É constitucional a obrigatoriedade de imunização por meio de vacina que, registrada em órgão de vigilância sanitária, tenha sido incluída no plano nacional de imunizações; ou tenha sua aplicação obrigatória decretada em lei; ou seja objeto de determinação da União, dos estados, do Distrito Federal ou dos municípios com base em consenso médico-científico. Em tais casos, não se caracteriza violação à liberdade de consciência e de convicção filosófica dos pais ou responsáveis, nem tampouco ao poder familiar" (STF, ARE 1267879, Rel. Min. Roberto Barroso, j. 17-12-2020). Demais disso, o Supremo, em sede de ADIs, também fixou a seguinte tese: "(I) A vacinação compulsória não significa vacinação forçada, facultada a recusa do usuário, podendo, contudo, ser implementada por meio de medidas indiretas, as quais compreendem, dentre outras, a restrição ao exercício de certas atividades ou à frequência de determinados lugares, desde que previstas em lei, ou dela decorrentes, e tenham como base evidências científicas e análises estratégicas pertinentes, venham acompanhadas de ampla informação sobre a eficácia, segurança e contraindicações dos imunizantes, respeitem a dignidade humana e os direitos fundamentais das pessoas; atendam aos critérios de razoabilidade e proporcionalidade; e sejam as vacinas distribuídas universal e gratuitamente. (II) Tais medidas, com as limitações expostas, podem ser implementadas tanto pela União como pelos estados, pelo Distrito Federal e pelos municípios, respeitadas as respectivas esferas de competência" (STF, ADIs 6586 e 6587, Rel. Min. Ricardo Lewandowski, j. 17-12-2020).

✧ 24.1. Escusa de consciência

Escusa de consciência é o direito, constitucionalmente assegurado, de os indivíduos negarem-se a prestar serviço ou imposição contrária às suas convicções religiosas, políticas e filosóficas (CF, art. 5º, VIII).

Sinonímia: a escusa de consciência também é chamada de *imperativo de consciência* ou, ainda, *objeção de consciência*.

Cap. 13 ◆ DIREITOS E GARANTIAS FUNDAMENTAIS

A escusa de consciência pode ser exercida com relação a quaisquer obrigações coletivas que conflitem com as crenças pessoais do indivíduo; não constitui, todavia, anteparo para a preguiça, o ócio ou a rebeldia daqueles que, descumprindo a lei, almejam livrar-se das obrigações impostas a todos.

Por isso, cumpre à lei impor prestações alternativas para compensar o ato de escusa, prestações que devem ser compatíveis com as objeções do interessado, para que suas convicções sejam preservadas.

Vejamos os principais casos em que a escusa de consciência pode ser alegada:

- **Etapas de concurso público em virtude de crença religiosa** — em sua composição plenária, o Supremo Tribunal Federal, por maioria de votos, decidiu que é possível mudar datas e horários de etapas de concurso público para candidato que invoca a impossibilidade de comparecimento por razões de natureza religiosa. Demais disso, a Administração Pública, durante o período de estágio probatório, poderá estabelecer critérios alternativos para o exercício dos deveres funcionais ao servidor público em avaliação. O entendimento prevalecente foi no sentido de que a proteção judicial à liberdade religiosa, fixada na *Lex Mater*, bem como o vetor da escusa de consciência, deve levar em conta o princípio da razoabilidade. Ao término do julgamento, eis as teses, com repercussão geral, fixadas pela Corte Suprema: Tese no RE 611874: "Nos termos do artigo 5º, inciso VIII, da Constituição Federal, é possível a realização de etapas de concurso público em datas e horários distintos dos previstos em edital, por candidato que invoca escusa de consciência por motivos de crença religiosa, desde que presente a razoabilidade da alteração, a preservação da igualdade entre todos os candidatos e que não acarreta ônus desproporcional à administração pública, que deverá decidir de maneira fundamentada" (STF, RE 611874, Rel. Min. Dias Toffoli, j. 26-11-2020). Tese no ARE 1099099: "Nos termos do artigo 5º, VIII, da Constituição Federal, é possível à administração pública, inclusive durante o estágio probatório, estabelecer critérios alternativos para o regular exercício dos deveres funcionais inerentes aos cargos públicos, em face de servidores que invocam escusa de consciência por motivos de crença religiosa, desde que, presente a razoabilidade da alteração, não se caracterize o desvirtuamento no exercício de suas funções e não acarrete ônus desproporcional à administração pública, que deverá decidir de maneira fundamentada" (STF, ARE 1099099, Rel. Min. Edson Facchin, j. 26-11-2020).

- **Alistamento eleitoral e dever de voto** — os maiores de 18 anos têm o dever de se alistar e de votar. E o voto também é obrigatório para os menores de 70 anos de idade. Nada obstante, o interessado, alegando objeções de consciência, poderá deixar de cumprir esses deveres. Em contrapartida, deverá justificar a falta ou pagar multa pecuniária, prestações alternativas impostas pelo Código Eleitoral (arts. 7º e 8º).

- **Comparecimento ao júri** — quanto à obrigatoriedade do serviço do júri, a despeito de inexistir lei formal para disciplinar a prestação alternativa, é possível alegar *escusa de consciência* se o comparecimento do indivíduo conflitar com suas convicções religiosas, políticas ou filosóficas. Nesse caso, ele deve encaminhar requerimento à autoridade competente, que não poderá negar o seu pedido de escusa nem impor-lhe serviços alternativos, encargo reservado à lei (CF, art. 5º, VIII).

- **Serviço militar obrigatório** — no Brasil, o serviço militar é obrigatório. A escusa de consciência, por sua vez, foi regulamentada pelo legislador, que disciplinou as prestações alternativas dos serviços militares obrigatórios. Desse modo, compete ao Estado Maior das Forças Armadas, nos termos da lei e em parceria com o Ministério da Defesa e os comandos militares, atribuir serviços alternativos àqueles que alegarem imperativo de consciência. A prestação alternativa envolve serviços administrativos, filantrópicos, assistenciais ou produtivos. Esses serviços serão prestados em órgãos militares, órgãos de formação de reservas das Forças Armadas e, até, em órgãos subordinados aos ministérios civis, mediante convênios firmados entre eles e o Ministério da Defesa, observando-se, aí, o interesse recíproco e as aptidões do convocado. Satisfeitas as prestações alternativas, é conferido certificado de cumprimento do serviço militar obrigatório, que valerá como se carteira de reservista fosse. A recusa ou cumprimento parcial do serviço alternativo, sob qualquer pretexto, acarretará o não fornecimento do certificado pelo prazo de dois anos. Findo o biênio, o certificado somente será emitido depois da decretação, pela autoridade competente, da suspensão dos direitos políticos do inadimplente (CF, art. 15, IV), que poderá, a qualquer tempo, regularizar sua situação, cumprindo as prestações alternativas.

448 ◆ Uadi Lammêgo Bulos ◆

Legislação:

- **Serviço militar obrigatório na CF** — art. 143, §§ 1º e 2º.
- **Lei do Serviço Militar** — Lei n. 4.375, de 17-8-1964, regulamentada pelo Decreto n. 57.654, de 20-1-1966.
- **Lei n. 8.239, de 4-10-1991** — regulamentou o § 1º do art. 143 da CF.
- **Portaria n. 2.681-COSEMI, de 28-7-1992** — aprovou o Regulamento da Lei de Prestação do Serviço Alternativo ao Serviço Militar Obrigatório.

✧ 24.2. Intolerância religiosa

A temática da intolerância religiosa, no ordenamento brasileiro, abarca múltiplos aspectos, cuja análise requer o entendimento das concepções de *razoabilidade* e *alteridade*.

> **Razoabilidade e alteridade:** os princípios da razoabilidade e da alteridade são implícitos e decorrem da lógica do ordenamento, respectivamente, da cláusula do devido processo legal material (CF, art. 5º, LIV) e da isonomia (CF, art. 5º, *caput*). Enquanto o *bom senso* é a pedra de toque da razoabilidade, que se encontra embutida no aspecto substantivo do *due process*, a *empatia* é o signo da *igualdade*, porque temos de nos colocar em posição de isonomia em relação ao nosso semelhante para sentirmos as suas dores, os seus anseios, as suas buscas e inquietações mais profundas.

Pelo ângulo da *razoabilidade*, o temário da intolerância religiosa deve ser enfrentado com *bom senso*, a partir de um exame frio, sem entrar no mérito de crenças ou descrenças. Aliás, *ter, não ter* ou *deixar de ter* uma religião não é, necessariamente, corolário para a prática, em si, do ato de intolerar. Estatísticas mostram que assassinatos, deteriorações do patrimônio, execração pública de pessoas, ocorrem todos os dias, e são praticados por muitos que o fazem por antipatia, preconceito, ódio, raiva. No Rio de Janeiro, houve episódio que ilustra a necessidade de ter *bom senso*. Um juiz sentenciou que as crenças afrodescendentes não eram religião e, por isso, não poderiam ser alvo de intolerância religiosa. Após ser pressionado, voltou atrás e reviu o seu veredito inicial.

> **Notícia do Portal G1:** "O juiz federal titular da 17ª Vara Federal do Rio de Janeiro, Eugênio Rosa de Araújo, reconheceu nesta terça-feira (20) que as manifestações religiosas afro-brasileiras constituem, de fato, uma religião. O magistrado foi criticado após dizer que os cultos como candomblé e umbanda não seriam religiões. A frase foi usada na justificativa para indeferir um pedido do Ministério Público Federal (MPF) para a retirada, por motivos de preconceito religioso, de vídeos" (http://g1.globo.com/rio-de-janeiro/noticia/2014/05/juiz-federal-volta-atras-e-afirma-que-cultos--afro-brasileiros-sao-religioes.html).

Já pela concepção de *alteridade*, colocamo-nos no lugar daqueles que sofreram atos de intolerância religiosa, num exercício de *empatia*.

Empatia, no jargão dos dicionaristas, é a faculdade de projetarmos a personalidade de alguém num objeto, de forma que este pareça como que impregnado dela.

> **Referências:** Aurélio Buarque de Holanda Ferreira, *Novo dicionário Aurélio da língua portuguesa*, *passim*; Evaldo Heckler et alii, *Dicionário morfológico da língua portuguesa*, *passim*; Caldas Aulete, *Dicionário contemporâneo da língua portuguesa*, *passim*; Rodrigo Fontinha, *Novo dicionário etimológico da língua portuguesa*, *passim*.

Para sabermos como a *empatia* se aplica em tema de intolerância religiosa, façamos algumas perguntas, retiradas de casos reais, descritos na *internet*.

> **Fontes:** www.acaoeducativa.org.br/; www.guiadedireitos.org (Projeto NEV Cidadão, do Núcleo de Estudos da Violência da Universidade de São Paulo); http://g1.globo.com/rio-de-janeiro/noticia/2015/08/rj-registra-mil-casos-de-intolerancia-religiosa-em-2-anos-e-meio.html; e Disque 100, da Secretaria Especial de Direitos Humanos da Presidência da República.

◆ Cap. 13 ◆ **DIREITOS E GARANTIAS FUNDAMENTAIS** **449**

Afigura-se admissível alguém ser ameaçado de morte pelo modo de trajar-se? É aceitável se publicar notícia capciosa contra uma pessoa, haja vista o templo no qual ela congrega? E se fizerem chacotas com crianças na escola devido à diretriz religiosa que a família adotou? Que tal determinado indivíduo apresentar currículo profissional impecável e ter a oportunidade de trabalho negada por ser agnóstico? Suponhamos que alguém deixe de participar de um grupo de preces e, em virtude disto, receba um golpe no rosto. E uma pedrada na cabeça por carregar uma Bíblia? Algum ser humano gostaria que isso fosse consigo?

A resposta a todos esses questionamentos nos fornece a verdadeira amplitude de um problema que, se, num primeiro súbito de vista, não tem como ser eliminado por completo, não resta dúvida de que precisa de uma legislação rigorosa e contundente para, ao menos, ser enfrentado com galhardia.

a) Intolerância religiosa como conduta de ódio

Intolerância religiosa é a conduta de ódio, por meio da qual pessoas físicas ou jurídicas agem, violentamente, contra a crença alheia, praticando atos criminosos, brutais, terroristas, fanáticos e imorais, que podem levar ao extermínio da própria vida.

Intolerante é aquele que demonstra falta de habilidade em reconhecer opinião ou ponto de vista diferente do seu.

Daí a etimologia da palavra "intolerância", que vem do latim *intolerantia*, computando ideia de impaciência ou incapacidade de alguém suportar outrem.

A intolerância ultrapassa as barreiras da simples discordância respeitosa, comum na vida social. Revela uma atitude hostil em relação ao modo de pensar alheio. Pode partir de um preconceito, de um comportamento discriminatório, terminando em briga, racismo, desentendimento, crime e morte. Nesse contexto que estamos estudando pode surgir o terrorismo, que é a intolerância em sua milionésima potência.

> **Sobre terrorismo:** Georges Levasseur, *Terrorisme international, passim*; Pedro Salvetti Netto, Terrorismo — I, in *Enciclopédia Saraiva do Direito*, v. 72, *passim*; C. Lobão Ferreira, Terrorismo — II, in *Enciclopédia Saraiva do Direito*, v. 72, *passim*; Jean Servier, *Le terrorisme, passim*; Roland Gaher, *Les terroristes, passim*; Sottile, *Le terrorisme international, passim*; José Gotovich, *Quelques réflexions historiques à propos de terrorisme, passim*.

Desse modo, perseguições, cabalmente provadas e comprovadas, prisões ilícitas, espancamentos, torturas, assassinatos, confisco de bens, *bullying*, destruição do patrimônio, incitamento ao ódio, divulgação de notícia maledicente, cerceamentos ao exercício de liberdades públicas, dentre outros atos de enorme crueldade, integram o fulcro daquilo que se convencionou chamar *intolerância religiosa*.

Incontáveis são os casos de intolerância religiosa ao longo da História Universal.

Sem a pretensão de esgotar tão vasta casuística, recordemos os crimes cometidos contra o modo de crer dos Afrodescendentes, Judeus, Pentecostais, Maçons, Protestantes, Católicos, Budistas, Xintoístas, Ecumênicos, Esoteristas, Livres Pensadores, Mórmons, Cabalistas, Hinduístas, Ateus, Adventistas, Testemunhas de Jeová, Espíritas etc. Nesse sentido, significativa foi a perseguição de Saulo de Tarso àqueles que invocavam o nome do Senhor Jesus (Atos dos Apóstolos, 9:21), culminando com o apedrejamento do Mártir Estêvão, que clamava em alta voz a Deus para não imputar ao seu próprio algoz, Saulo, o ato de intolerância que estava sofrendo (Atos dos Apóstolos, 7:60).

Decerto, a problemática da intolerância religiosa nos remete à Madame Roland, a célebre jacobina guilhotinada, quando, em 17 de março de 1794, nos portais de sua passagem para a vida eterna, verberou: "Liberdade, liberdade, quantos crimes se cometem em teu nome!". Então, brademos: religiões, religiões, quanta intolerância, e quantas vidas ceifadas em seu nome!

Que o diga a malfadada Inquisição, que começou no século XII, na França, com o objetivo de combater a propagação do sectarismo religioso, em especial em relação aos cátaros e valdenses.

Registrem-se, ainda, as vítimas do Holocausto, a caça às bruxas dos séculos XV a XVIII, bem como situações individuais vividas por Jean Calas, Jean-François de la Barre, Dreyfus e Leopold Engleitner.

Em 25 de julho de 2016, colhemos a informação, em diversos *sites* de notícias, de que a Arábia Saudita decretou pena de morte para quem andasse com a Bíblia. Assim o fez por meio da "Lei Charia", que, a despeito de regulamentar a veiculação de material literário, permitiu a pena capital para quem

450 ◆ Uadi Lammêgo Bulos ◆

levasse Bíblias para dentro da Arábia. O que antes era tido como contrabando chegou ao extremo. Nesse país, andar com a Escritura Sagrada equivale a portar cocaína ou heroína, por exemplo.

> **Lei Charia:** é o corpo da lei religiosa islâmica, que regulamenta as condutas públicas e privadas dos seguidores do Islamismo. Ao pé da letra, a palavra *charia* significa "caminho que leva à fonte de água". A Lei Charia traz os princípios jurisprudenciais islâmicos, disciplinando aspectos da política, da economia, dos bancos, dos negócios, dos costumes, dos contratos, da família, da sexualidade, da higiene etc. Sobre o assunto: Daniel W. Brown, *Rethinking traditions in modern Islamic thought, passim*; Mawil Izzi Dien, *Islamic Law: from historical foundations to contemporary practice, passim*.

No Brasil, são incontáveis os casos de perseguições, preconceitos, discriminações que acabam se transformando em verdadeiros atentados.

É impossível enumerar o grande volume de atos de intolerância que atingem, mundialmente, o cotidiano de pessoas de todas as religiões, seitas, credos, crenças e descrenças. Uma pesquisa realizada no biênio 2009/2010, nos Estados Unidos da América, pelo Instituto *Pew Research Center*, mostrou que 5,2 bilhões de pessoas em todo o mundo vivem em lugares que têm forte intolerância religiosa. Entre os países com as maiores restrições foram apontados: Egito, Indonésia, Arábia Saudita, Afeganistão, China e Rússia. O Brasil apareceu junto com Austrália, Japão e Argentina.

A intolerância é uma obscenidade, porque solapa a paz, tão necessária ao soerguimento do mundo, que nos últimos milênios tem sido palco de tantos atos de violência e desamor.

Esta é a hora de recorrermos ao magistério de François-Marie Arouet, que adotou o nome Voltaire (Paris, 21-1-1694 a 30-5-1778).

Ele denunciou a intolerância religiosa, irmã gêmea do fanatismo, concebendo-a como algo pernicioso, maligno, que, já no seu tempo, levava milhares de pessoas à fogueira, aos garrotes, às forcas, às galés imundas.

Voltaire não se conformava. Para ele, o intolerante é um assassino, que, no fundo, não passa de um grande fanático. No afã de impor a terceiros suas convicções, não hesita em condenar ao suplício quem pensa diferente dele.

> **Oração de Voltaire:** "Não é mais aos homens a que me dirijo, é a Ti, Deus de todos os seres, de todos os mundos e de todos os tempos. Se é permitido a frágeis criaturas perdidas na imensidão e imperceptíveis ao resto do Universo ousar Te pedir alguma coisa, a Ti que tudo criaste, a Ti cujos decretos são imutáveis e eternos, digna-Te olhar com piedade os erros decorrentes de nossa natureza. Que esses erros não venham a ser nossas calamidades. Não nos deste um coração para nos odiarmos e mãos para nos matarmos. Faz com que nos ajudemos, mutuamente, a suportar o fardo de uma vida difícil e passageira; que as pequenas diferenças entre as roupas que cobrem nossos corpos diminutos, entre nossas linguagens insuficientes, entre nossos costumes ridículos, entre nossas leis imperfeitas, entre nossas opiniões insensatas, entre nossas condições tão desproporcionadas a nossos olhos e tão iguais diante de Ti; que todas essas pequenas *nuances* que distinguem os átomos chamados homens não sejam sinais de ódio e perseguição; que os que acendem velas em pleno meio-dia para Te celebrar suportem os que se contentam com a luz do Teu sol; que os que cobrem suas vestes com linho branco para dizer que devemos Te amar não detestem os que dizem a mesma coisa sob um manto de lã negra. Que seja igual Te adorar num jargão formado de uma antiga língua, ou num jargão mais novo; que aqueles cuja roupa é tingida de vermelho ou de violeta, que dominam sobre uma pequena porção de um montículo de lama deste mundo e que possuem alguns fragmentos arredondados de certo metal, usufruam, sem orgulho, o que chamam de grandeza e riqueza, e que os outros não os invejem, pois Sabes que não há nessas vaidades nem o que invejar, nem do que se orgulhar. Possam todos os homens lembrar-se de que são irmãos! Que abominem a tirania exercida sobre as almas, assim como execrem o banditismo que toma pela força o fruto do trabalho e da indústria pacífica! Se os flagelos da guerra são inevitáveis, não nos odiemos, não nos dilaceremos uns aos outros em tempo de paz e empreguemos o instante de nossa existência para abençoar igualmente em mil línguas diversas, do Sião à Califórnia, Tua bondade que nos deu esse instante" (*Tratado sobre a tolerância:* por ocasião da morte de João Calas, p. 198).

Não há crime mais revoltante do que disseminar a violência, o aviltamento moral, a raiva, a divisão, o conflito, a desarmonia, por meio do uso *indevido* da religião.

Indevido, porque não é a religião, em si, que enseja a intolerância, mas a mentalidade de alguns que a utilizam como pano de fundo para intolerar-se mutuamente.

♦ Cap. 13 ♦ DIREITOS E GARANTIAS FUNDAMENTAIS **451**

Acontece, porém, que o art. 1º, *caput*, da Carta da República afirma que o Estado brasileiro é democrático.

Democracia só com espírito de tolerância, do contrário não é democracia. Desrespeita a Constituição quem prega o ódio usando o nome de Deus. Isto é *fraude constitucional*, porque pontos de vista antagônicos não justificam quaisquer atos de intolerância.

Ninguém pode impor a quem quer que seja determinado credo, porque, em nosso País, a Lei Maior, a Lei Suprema, a *Lex Mater*, não fomentou o exclusivismo religioso. O constituinte originário de 1988 foi corretíssimo, mesmo porque Deus, o Absoluto Incriado, não tem religião.

O Brasil é um Estado laico ou secular. Logo, não se justifica conduta intolerante por motivo de crença ou descrença. Aqui não há credo oficial. Cada qual acredita, ou não acredita, no que quiser. Não há óbice para alguém ter, não ter ou deixar de ter religião.

Mas Estado laico não é, necessariamente, Estado ateu ou agnóstico. Tanto que o Preâmbulo da Carta de 1988 afirma que ela foi elaborada sob a proteção de Deus, sem fazer acepção de pessoas, credos, ritos, seitas ou religiões.

E faz sentido, porque, em nossa Pátria, todos devem receber tratamento igualitário (CF, art. 5º, *caput*). Não importa aquilo que alguém professe ou deixe de professar. O Estado brasileiro não é teocrático. Nas teocracias é que existem religiões oficiais. No Vaticano, por exemplo, é o Catolicismo, e, no Irã, o Islamismo. Aqui não há religião única. Crer, ou descrer, é algo personalíssimo. Como dizia Mahatma Gandhi, em seus pronunciamentos, "divergência de opinião não deve ser jamais motivo para hostilidade".

> **Para aprofundamento:** Mohandas Karamchand Gandhi, *A roca e o calmo pensar, passim*; Mohandas Karamchand Gandhi, *As palavras de Gandhi, passim*; Mohandas Karamchand Gandhi, *Autobiografia: minha vida e minhas experiências com a verdade, passim*; Mohandas Karamchand Gandhi, *Minha vida e minhas experiências com a verdade, passim*.

b) Intolerância religiosa subjetiva e objetiva

Mas estamos caminhando muito depressa em nossa lição.

Gizemos, *a priori*, qual o campo constitucional de onde viceja a árdua problemática da *intolerância religiosa*.

Há dois tipos execráveis e distintos de intolerância: a subjetiva e a objetiva.

Do ponto de vista subjetivo, a intolerância religiosa deflui da própria condição humana. Suas causas são perdidas no tempo. Derivam de fatores psíquicos e espirituais, responsáveis pelo ódio, raiva, desarmonia. Na vertente subjetiva, a intolerância religiosa não tem como ser sopesada, provada, sequer criminalizada pelo legislador, muito menos aquilatada em normas constitucionais que a repudiam, porque ela existe em estado latente, manifestando-se, de modo tácito, no mais profundo do ser. Ora, quem, de ordinário, penetrará os escaninhos do pensamento de homem algum? Ele é um mistério. Não há como medi-lo. É insondável. O intolerante guarda para si os seus conflitos, as suas invejas, as suas vaidades, os seus pontos de vista cristalizados, as suas mágoas, raivas e justificativas mais íntimas, que o levam a intolerar. Subjetivamente, pois, só o intolerante sabe o que ele mesmo pensa e mais ninguém. Não externa o seu sentimento, não havendo, pois, como aferir a sua intolerância, afinal ninguém sabe o que se passa em sua mente. Portanto, em situações notadamente subjetivas, preceitos da Constituição brasileira não incidem, porque a *intolerância religiosa* não tem como ser aquilatada.

Já no campo objetivo, normas constitucionais incidem, sim, com inolvidável força, porque a situação fática que lhes subjaz pode ser mensurada, vinculando condutas e comportamentos ostensivos. A intolerância religiosa objetiva reveste-se de iniludível caráter doloso e, a depender da situação, até culposo. Nesse enquadramento, o agente, que exercita a sua intolerância, o faz de modo livre e espontâneo, ferindo bens materiais e imateriais de ateus, religiosos, componentes de seitas e de credos dos mais variados matizes. Não raro, condutas eivadas de imprudência, negligência e imperícia também podem dar azo à patológica e abominável intolerância religiosa. Aqui, diferentemente do ângulo subjetivo, tudo é facilmente provado e, por isso, é passível de ser combatido. Numa palavra, é da vertente objetiva que emerge a *vedação constitucional à intolerância religiosa*.

c) Vedação constitucional à intolerância religiosa

Vedação constitucional à intolerância religiosa é o conjunto de normas proibitórias da conduta de pessoas físicas ou jurídicas que agem, objetivamente, contra crenças ou descrenças alheias.

Frise-se que o Texto Maior não vedou o direito de crítica construtiva, de opinião, de discordância sadia. Isto não é intolerância.

Quando falamos em proibir atos de intolerância, não estamos nos referindo a uma pessoa exercitar o direito de criticar, de tecer comentários respeitosos, de escolher, ou não escolher, a religião que deseja para si.

O que o ordenamento constitucional proíbe são atos de ódio e violência física e moral, que atingem bens materiais e imateriais das pessoas.

Claro que criticar não é vilipendiar com palavras, gestos e afirmações. Criticar é dizer o que se pensa, mas com respeito, equilíbrio e, sobretudo, acatamento a opiniões divergentes. Ninguém, na ordem jurídica pátria, é obrigado a concordar com aquilo que os outros dizem e pensam. Em contrapartida, não é lícito causar danos materiais, morais, estéticos e à imagem, pois isto enseja indenização (CF, art. 5º, V e X).

Numa palavra, todos podem criticar, mas não malsinar a opção religiosa de terceiros, muito menos atentar-lhes contra o corpo físico, a honra, a moral, os sentimentos mais profundos, enfim.

Essa é a lógica que preside a exegese da Constituição Federal.

Uma mera opinião, uma assertiva qualquer, uma frase lançada no ar, uma palavra incompreendida, pronunciada, de passagem (*obter dictum*), no calor de um debate, ou até mesmo de um embate, não caracteriza intolerância.

Algumas vezes, por exemplo, numa entrevista ou roda de conversa, presencial ou virtual, alguém emite um pensamento antagônico ao raciocínio do interlocutor. Isto não é suficiente para que se almeje propulsionar todo um aparato formal a fim de combater-lhe, almejando indenização ou punição.

Todos têm o direito de se manifestar e falar sobre o que pensam, até porque o constituinte originário vedou o anonimato (CF, art. 5º, IV). Aliás, o Supremo Tribunal Federal, por maioria de votos, determinou o trancamento de ação penal, prevalecendo o entendimento de que não cabe ao Poder Judiciário, por razões metajurídicas, censurar manifestações de pensamento. Declarações infelizes sobre crenças de terceiros fogem ao espectro de atuação do Estado-juiz. "Liberdade de religião é a liberdade de acreditar e de fazer proselitismo em um ou outro sentido", afirmou o Relator, Min. Edson Fachin. Preponderou a tese de que o tipo penal previsto no art. 20 da Lei n. 7.716/89, que pune a prática, indução ou incitação à "discriminação ou preconceito de raça, cor, etnia, religião ou procedência nacional", não incide nos casos em que o agente opina de modo genérico, sem se dirigir a uma pessoa específica e determinada. Ainda que certos comentários possam sinalizar animosidade, não se verificou, neste caso específico, a intenção de escravizar, explorar, subjugar ou eliminar pessoas de outras religiões. Para Fachin, "Apesar de as afirmações serem indiscutivelmente intolerantes, pedantes e prepotentes, entendo que elas encontram guarida na liberdade de expressão religiosa e, em tal dimensão, ainda que reprováveis do ponto de vista moral e ético, não preenchem o âmbito proibitivo da norma penal incriminadora" (STF, 1ª Turma, RHC 134.682/BA, Rel. Min. Edson Fachin, j. 29-11-2016).

Na Carta de 1988, eis as normas que constituem, exemplificativamente, o cerne da *vedação constitucional à intolerância religiosa*:

- **art. 1º, *caput*** — o Brasil é um Estado Democrático. Pois bem. A prática de intolerância religiosa constitui violação a esse princípio elementar de nossa República, que tem como objetivo construir uma sociedade livre, justa e solidária;
- **art. 1º, III** — a dignidade da pessoa humana é, por sua natureza mesma, incompatível com atos intolerantes, porque não se coaduna com a atitude de alguém submeter o semelhante a impropérios de todo jaez somente porque discorda de determinada orientação filosófica ou de pensamento. Como a dignidade é um dos pilares da República, o intolerante conspurca princípio comezinho no qual se assenta todo o arcabouço jurídico do Estado brasileiro;
- **art. 4º, VIII** — o princípio constitucional que aprega o repúdio ao terrorismo e ao racismo, proveniente da Carta de 1988, aplica-se aos casos de intolerância religiosa. Sob o signo de que, do ponto de vista étnico, todos são iguais, sem qualquer distinção (CF, art. 5º, *caput*), a prática do racismo constitui crime inafiançável e imprescritível, sujeito à pena de reclusão (art. 5º, XLII), enquanto o terrorismo é tido como crime inafiançável e insuscetível de graça ou anistia, por ele respondendo os mandantes, os executores e os que, podendo evitá-lo, se omitirem (CF, art. 5º, XLIII);

◆ Cap. 13 ◆ DIREITOS E GARANTIAS FUNDAMENTAIS
453

- **art. 5º, VI e VIII** — aqui reside o núcleo, o coração mesmo, de toda a estrutura normativa da proibição à intolerância religiosa, porque a Constituição Federal tem como sacrossanto o exercício das liberdades de consciência, de religião (crença e culto) e de convicção político-filosófica;
- **art. 5º, IX** — tendo em vista que "é livre a expressão da atividade intelectual, artística, científica e de comunicação, independentemente de censura ou licença", não é lícito impor obstáculos à liberdade de crença e de culto dos outros, sob pena de cercear a manifestação do pensamento em todas as suas vertentes, inclusive a religiosa;
- **art. 5º, § 2º** — como os direitos e garantias expressos na Constituição de 1988 não excluem outros decorrentes do regime e dos princípios por ela adotados, ou dos tratados internacionais em que a República pátria participar, diplomas normativos internacionais podem, em nosso País, ser invocados, e aplicados, no combate à intolerância religiosa. Exemplo: aplicando-se o art. XVIII da Declaração Universal dos Direitos Humanos, é proibido cercear a liberdade de escolha religiosa; e
- **art. 19, I** — é proibido à União, aos Estados, ao Distrito Federal e aos Municípios "estabelecer cultos religiosos ou igrejas, subvencioná-los, embaraçar-lhes o funcionamento ou manter com eles ou seus representantes relações de dependência ou aliança, ressalvada, na forma da lei, a colaboração de interesse público". Esse enunciado normativo dirige-se às entidades federativas, que não podem, nem mesmo de modo indireto, escamoteado ou oblíquo, estimular determinados segmentos em detrimento dos demais. O inciso I do art. 19 é, na realidade, desdobramento lógico do caráter laico do Estado brasileiro.

Para fins de *vedação constitucional à intolerância religiosa*, todas essas normas aí exemplificadas convêm ser interpretadas em harmonia umas com as outras, porque elas se postam na ordem jurídica pátria como verdadeiros *fractais*.

Fractal, do latim *fractus*, computa a ideia de algo quebrado ou fracionado. Tal palavra foi proposta, em 1975, por Benoît Mandelbrot.

> **Benoît Mandelbrot:** foi um matemático francês de origem judaico-polonesa. Nasceu em Varsóvia, em 20-11-1924, falecendo em Cambridge, no dia 14-10-2010. Exerceu, com grande primor, o *munus* de matemático, tornando-se conhecido mundialmente por seu contributo no campo da geometria fractal. Orientado pelo Professor Paul Pierre Lévy, apresentou, em 1952, a tese *Contribution à la théorie mathématique des communications*.

Então, se imprimirmos sentido harmônico e unitário aos *fractais* dispostos nos arts. 1º, *caput* e inciso III; 4º, VIII; 5º, VI, VIII, IX e § 2º; e 19, I, da Constituição Federal, veremos que, em nosso País, a prática da intolerância religiosa é, terminantemente, proibida.

Ora, se a exegese isolada, fragmentada, quebrada, de cada um desses preceptivos pode deixar dúvidas quanto à existência, no Brasil, de normas constitucionais proibitórias da intolerância religiosa, a exegese sistemática desses *fractais* demonstra, justamente, o contrário. Resultado: a Carta Política não admite, nem aceita, atos dolosos ou culposos que venham a prejudicar o exercício legítimo da liberdade de crença religiosa.

Aliás, é mundial a praxe de os textos constitucionais consagrarem normas vedatórias à intolerância religiosa.

Mencionemos, a título ilustrativo, as Constituições dos *Estados Unidos da América* (Primeira Emenda Constitucional, art. 4), da *Alemanha* (Lei Fundamental, art. 4), da *Irlanda* (art. 44.2.1), da *Estônia* (art. 40), da *Turquia* (art. 24), de *Portugal* (art. 13, inciso 2), da *França* (art. 1), do *Canadá* (art. 15) e do *Egito* (art. 40), que consagram, em maior ou menor extensão, normas vedatórias à intolerância.

Evidente que os Diplomas Constitucionais aí colacionados não ensejaram o término da problemática em seus respectivos endereços de origem. Representaram, todavia, o estabelecimento daquilo que poderíamos rubricar de *estatuto constitucional proibitório da intolerância religiosa*, restando ao legislador ordinário o glorioso encargo de tipificar os crimes oriundos desse contexto.

Observemos que a Constituição de 1988 trouxe proibições materiais à intolerância. Mas o procedimento, o rito, o enquadramento das condutas criminosas, o *quantum* sancionatório, o estabelecimento de punições e penas, enfim, é tarefa do legislador ordinário, a quem compete tipificar e destrinchar a matéria.

Enquanto o constituinte originário estabeleceu normas constitucionais que vedam a intolerância, assim o fazendo por meio da previsão de juízos de *dever ser* genéricos, amplos, de conteúdo aberto, resta ao legislador comum consagrar disposições legais específicas, detalhadas, minuciosas, de sorte que não pairem dúvidas de que o intolerante comete crime, e, por isso, convém ser punido, e não apenas pagar multas, prestar serviços à comunidade (Lei n. 7.716/89, art. 4º, § 2º) ou sofrer pena de um a três anos de reclusão (Código Penal, art. 140, § 3º).

d) Legislação sobre intolerância religiosa

O Brasil tem leis que não têm servido, verdadeiramente, para punir atos de intolerância religiosa.

A legislação existente, contudo, fez algo positivo, que foi detalhar o conteúdo das próprias disposições constitucionais que vedam atos intolerantes. Isso foi salutar, mas não suficiente para o combate efetivo à intolerância religiosa, pois não bastou estipular pena de reclusão e multa para extirpar a problemática.

Exemplificativamente, eis alguns corpos normativos sobre o tema:

- **Decreto-lei n. 2.848, de 7-12-1940 (Código Penal)** — pelo art. 140, § 3º, do Código Penal, com os acréscimos das Leis n. 9.459/97 e 10.741/2003, comete crime de injúria quem ofende a dignidade ou o decoro alheio utilizando-se de elementos referentes à raça, cor, etnia, religião, origem ou à condição de pessoa idosa ou portadora de deficiência. Pena: reclusão, de um a três anos, e multa;

- **Lei n. 7.716, de 5-1-1989** — alterada pela Lei n. 9.459, de 15-5-1997, considerou crime a prática de discriminação ou preconceito contra religiões. Ela estipulou penas, as quais não têm servido de fator inibitivo para a luta contra a intolerância religiosa. Teve, contudo, o mérito de criminalizar os seguintes comportamentos: **(i)** "Impedir ou obstar o acesso de alguém, devidamente habilitado, a qualquer cargo da Administração Direta ou Indireta, bem como das concessionárias de serviços públicos" (art. 3º); **(ii)** "Negar ou obstar emprego em empresa privada"(art. 4º); **(iii)** "Recusar ou impedir acesso a estabelecimento comercial, negando-se a servir, atender ou receber cliente ou comprador" (art. 5º); **(iv)** "Recusar, negar ou impedir a inscrição ou ingresso de aluno em estabelecimento de ensino público ou privado de qualquer grau" (art. 6º); **(v)** "Impedir o acesso ou recusar hospedagem em hotel, pensão, estalagem, ou qualquer estabelecimento similar" (art. 7º); **(vi)** "Impedir o acesso ou recusar atendimento em restaurantes, bares, confeitarias, ou locais semelhantes abertos ao público" (art. 8º); **(vii)** "Impedir o acesso ou recusar atendimento em estabelecimentos esportivos, casas de diversões, ou clubes sociais abertos ao público"; **(viii)** "Impedir o acesso ou recusar atendimento em salões de cabeleireiros, barbearias, termas ou casas de massagem ou estabelecimento com as mesmas finalidades" (art. 10); **(ix)** "Impedir o acesso às entradas sociais em edifícios públicos ou residenciais e elevadores ou escada de acesso aos mesmos" (art. 11); **(x)** "Impedir o acesso ou uso de transportes públicos, como aviões, navios barcas, barcos, ônibus, trens, metrô ou qualquer outro meio de transporte concedido" (art. 12); **(xi)** "Impedir ou obstar o acesso de alguém ao serviço em qualquer ramo das Forças Armadas" (art. 13); **(xii)** "Impedir ou obstar, por qualquer meio ou forma, o casamento ou convivência familiar e social" (art. 14); **(xiii)** "Praticar, induzir ou incitar a discriminação ou preconceito de raça, cor, etnia, religião ou procedência nacional" (art. 20); e **(xiv)** "Fabricar, comercializar, distribuir ou veicular símbolos, emblemas, ornamentos, distintivos ou propaganda que utilizem a cruz suástica ou gamada, para fins de divulgação do nazismo" (art. 20,§ 1º);

- **Lei n. 9.459, de 13-5-1997** — alterou os arts. 1º e 20 da Lei n. 7.716, de 5-1-1989, que definiu os crimes resultantes de preconceito de raça ou de cor, acrescentando parágrafo ao art. 140 do Decreto-lei n. 2.848, de 7-12-1940;

- **Lei n. 11.635, de 27-12-2007** — instituiu 21 de janeiro como o Dia Nacional de Combate à Intolerância Religiosa, a ser comemorado, anualmente, em todo o território nacional. A estipulação dessa data foi uma homenagem a Gildásia dos Santos, a Mãe Gilda, do terreiro de Candomblé Axé Abassá de Ogum (Salvador — Bahia). A religiosa foi acometida de enfarte quando viu sua foto estampada em jornal, trazendo a manchete: "Macumbeiros charlatões lesam o bolso e a vida dos clientes"; e

◆ Cap. 13 ◆ DIREITOS E GARANTIAS FUNDAMENTAIS **455**

- **Lei n. 12.288, de 20-7-2010** — trata-se do Estatuto da Igualdade Racial. Ponto digno de nota foi a proteção que buscou conferir aos cultos religiosos de matriz africana, que têm sido alvo de discriminações no Brasil. No seu art. 24, prescreveu que o "direito à liberdade de consciência e de crença e ao livre exercício dos cultos religiosos de matriz africana compreende: I — a prática de cultos, a celebração de reuniões relacionadas à religiosidade e a fundação e manutenção, por iniciativa privada, de lugares reservados para tais fins; II — a celebração de festividades e cerimônias de acordo com preceitos das respectivas religiões; III — a fundação e a manutenção, por iniciativa privada, de instituições beneficentes ligadas às respectivas convicções religiosas; IV — a produção, a comercialização, a aquisição e o uso de artigos e materiais religiosos adequados aos costumes e às práticas fundadas na respectiva religiosidade, ressalvadas as condutas vedadas por legislação específica; V — a produção e a divulgação de publicações relacionadas ao exercício e à difusão das religiões de matriz africana; VI — a coleta de contribuições financeiras de pessoas naturais e jurídicas de natureza privada para a manutenção das atividades religiosas e sociais das respectivas religiões; VII — o acesso aos órgãos e aos meios de comunicação para divulgação das respectivas religiões; VIII — a comunicação ao Ministério Público para abertura de ação penal em face de atitudes e práticas de intolerância religiosa nos meios de comunicação e em quaisquer outros locais". Demais disso, estatuiu no art. 26 que o Poder Público "adotará as medidas necessárias para o combate à intolerância com as religiões de matrizes africanas e à discriminação de seus seguidores, especialmente com o objetivo de: I — coibir a utilização dos meios de comunicação social para a difusão de proposições, imagens ou abordagens que exponham pessoa ou grupo ao ódio ou ao desprezo por motivos fundados na religiosidade de matrizes africanas; II — inventariar, restaurar e proteger os documentos, obras e outros bens de valor artístico e cultural, os monumentos, mananciais, flora e sítios arqueológicos vinculados às religiões de matrizes africanas; III — assegurar a participação proporcional de representantes das religiões de matrizes africanas, ao lado da representação das demais religiões, em comissões, conselhos, órgãos e outras instâncias de deliberação vinculadas ao poder público". Aplica-se aqui a mesma observação que acima tecemos quanto à Lei n. 7.716, de 5-1-1989, ou seja, não trouxe punições merecedoras de aplausos, sem dar um contributo efetivo para o extermínio de um dos problemas mais delicados em nosso planeta: a intolerância religiosa.

e) Por uma nova legislação de combate à intolerância religiosa

Esforços dignos de nota têm sido envidados para a criação de uma lei de combate à intolerância religiosa.

A seguir, destacaremos alguns projetos legislativos, em tramitação no Congresso Nacional, que, pelo simples fato de existirem, já tiveram o mérito de trazer ao debate assunto que precisa ser equacionado.

Ei-los:

- **Projeto da Deputada Laura Carneiro** — apresentado em 2015, estabeleceu diretrizes para o enfrentamento da intolerância religiosa, propondo o fomento à cultura de paz;
- **Projeto do Deputado Leonardo Quintão** — também elaborado no ano de 2015, pretendeu implantar o Estatuto Jurídico da Liberdade Religiosa, enfatizando, em sua justificativa, Documentos de Direito Internacional como pilares da liberdade religiosa; e
- **Projeto da Deputada Érica Kokay** — trata-se do PL 4.371/2016, apensado ao PL 1.089/2015. Ele foi apresentado em 16-2-2016, dispondo sobre a responsabilidade civil de organizações religiosas por atos de intolerância religiosa praticados por fiéis.

Não nos interessa analisar, aqui, qualquer um desses projetos de lei, até porque só existe uma maneira de a intolerância religiosa ser totalmente extirpada do Planeta: os humanos amarem-se uns aos outros. Como essa proposta desafiadora, lançada há mais de dois mil anos, não foi concretizada, resta-nos buscar paliativos, dentre os quais o estabelecimento de pautas jurídicas de conduta.

Daí a notória importância de regulamentar a matéria, afinal o cancro persiste e, até o momento, não recebeu tratamento legislativo condigno à gravidade que representa.

Para fins de punição pela prática do crime de intolerância religiosa, afigura-se insuficiente sujeitar o infrator à pena de multa e de prestação de serviços à comunidade (Lei n. 7.716/89, art. 4º, § 2º).

456 ◆ Uadi Lammêgo Bulos ◆

Até mesmo a penalidade de um a três anos de reclusão não logrou o efeito almejado (Código Penal, art. 140, § 3º).

A legislação brasileira sobre intolerância religiosa em vigor não conseguiu debelar agressões físicas, vinditas morais, ofensas pela *internet*, ameaças, depredação de casas e de comunidades.

Esperamos que providências legislativas sejam tomadas, porque "Tudo tem o seu tempo determinado, e há tempo para todo propósito" (Eclesiastes, 3:1).

✦ 25. ASSISTÊNCIA RELIGIOSA (ART. 5º, VII)

Assistência religiosa é o direito subjetivo conferido àqueles que se encontram internos em estabelecimentos coletivos.

Trata-se de uma liberdade fundamental, de cunho pedagógico, inscrita na Constituição da República, em norma de eficácia contida, mas que possui respaldo legislativo, a qual assegura às entidades civis e militares de internação coletiva a prestação de assistência religiosa.

> **Legislação:**
> • **Lei n. 9.982, de 14-7-2000** — cuida da prestação de assistência religiosa nas entidades hospitalares públicas e privadas, bem como nos estabelecimentos prisionais civis e militares.
> • **Lei n. 6.923, de 29-6-1981** — dispõe sobre o serviço de assistência religiosa nas Forças Armadas.
> • **Lei n. 7.210, de 11-7-1984** (Lei de Execução Penal) — estatui que "a assistência religiosa, com liberdade de culto, será prestada aos presos e aos internados, permitindo-se-lhes a participação nos serviços organizados no estabelecimento penal, bem como a posse de livros de instrução religiosa" (art. 24, *caput*). Prevê, ainda, que "no estabelecimento haverá local apropriado para os cultos religiosos" (art. 24, § 1º) e que "nenhum preso ou internado poderá ser obrigado a participar de atividade religiosa" (art. 24, § 2º).

Assim, é garantida a prestação de assistência religiosa:
• às entidades hospitalares públicas e privadas;
• aos estabelecimentos prisionais civis e militares; e
• às Forças Armadas.

Esse amparo religioso, consagrado no art. 5º, VII, é pertinente, pois existem seres humanos que necessitam de uma palavra de fé, de um lenitivo espiritual, para enfrentar as turbulências da vida e reavaliar os erros cometidos.

Em face da liberdade religiosa que vigora no Brasil (CF, art. 5º, VI), claro que não se pode obrigar os internos de estabelecimentos coletivos a aceitar a assistência religiosa, que é um direito subjetivo, e não um dever.

A assistência religiosa em nada atrita com o fato de o Estado brasileiro não adotar religião oficial. O Brasil é leigo ou laico, mas não é ateu.

Logo, inexiste incompatibilidade entre a assistência religiosa, prevista no art. 5º, VII, do Texto de 1988, e o caráter não confessional da República pátria.

Aliás, a prestação de assistência religiosa não vem de agora. As Cartas de 1934 (art. 113, n. 6), de 1946 (art. 141, § 9º) e de 1967 (art. 153, § 7º) já a previam. Foi o Texto alemão de 1919 (art. 140) que inspirou o constituinte brasileiro a consagrar essa importante liberdade pública.

✦ 26. LIBERDADE DE EXPRESSÃO (ART. 5º, IX)

A liberdade de expressar o pensamento, pelo exercício de atividade intelectual, artística, científica ou de comunicação, é própria do Estado Democrático de Direito, não se sujeitando a qualquer tipo de censura ou licença prévia (CF, art. 5º, IX).

Censura é o expediente contrário ao regime das liberdades públicas. Reveste-se numa ordem, num comando, proveniente do detentor do poder, o qual deseja impedir a circulação de ideias e ideais que se entrechocam com dogmas imutáveis.

Licença, por sua vez, é a autorização para veiculação de notícias, comunicados, CDs, DVDs, livros, periódicos, revistas especializadas, jornais, boletins, folhetos, opúsculos etc.

♦ Cap. 13 ♦ DIREITOS E GARANTIAS FUNDAMENTAIS   457

Ambas são proibidas pelo constituinte brasileiro, sendo livre o ato de alguém exteriorizar pensamentos científicos, morais, literários, políticos, religiosos, jornalísticos, artísticos etc.

A proibição à censura e à licença é genérica. Aplica-se ao Estado, aos poderes sociais, às entidades privadas e aos meios de comunicação de massa.

Igrejas, clubes fechados, partidos políticos, sindicatos, entidades de classe, associações legalmente constituídas, agremiações profissionais etc. estão impedidos, constitucionalmente, de estipular censura prévia.

O Poder Público, em seus diversos níveis, por exemplo, não pode desautorizar a exibição de espetáculos, impedir publicações, apreender revistas, periódicos, jornais etc.

✧ 26.1. Limites à liberdade de expressão

A liberdade de expressão intelectual, artística, científica e de comunicação não é um direito absoluto. Tanto é assim que o art. 5º, X, garante a inviolabilidade da vida privada, intimidade, honra e imagem das pessoas, cujo desrespeito acarreta indenização por danos materiais e morais. Daí o Supremo Tribunal Federal ter decidido que a liberdade de expressão ou de livre manifestação do pensamento não é reduto para a prática de ofensas morais (STF, ARE 891647, Rel. Min. Celso de Mello, j. 3-9-2015).

Se, por um lado, é proibida a censura e a licença prévia, por outro, cumpre ao Estado zelar pela dignidade do povo e pelo mínimo de moralidade, proibindo a divulgação de notícias injuriosas, mentirosas e difamantes.

É comum jornalistas levantarem "suposições", "probabilidades" e "possibilidades" com base no que denominam "provas", não raro fictícias e, no geral, deturpadas. Alguns se arvoram de juristas. Outros agem como se fossem o "quarto poder". Citam leis e preceitos incriminadores, enquadrando pessoas físicas e jurídicas, autoridades e representações, mobilizando a opinião pública. Não olham a quem ofendem. Insinuam, desestabilizam, praticam o mal, atormentam a paz, matam a dignidade, no afã de "dar a notícia". E dizem: "procuramos Fulano, mas não o encontramos para oferecer a sua versão". Quando a vítima exerce seu direito de resposta, vêm as contumeliosas "notas da redação", confundindo ainda mais o leitor desavisado. Ora, publicações ou transmissões falsas não têm o amparo da ordem jurídica; devem ser execradas e repelidas. Não há liberdade de imprensa sem respeito à intimidade, à vida privada, à honra e à imagem das pessoas. O arbítrio implacável dos meios de comunicação pode gerar danos irreparáveis, porque o desmentido nunca tem a força do mentido. A liberdade de imprensa é o corolário máximo da liberdade de comunicação nas democracias. Exercida nos lindes do bom senso, equivale a uma das mais relevantes franquias constitucionais, irmanando-se com a liberdade de manifestação do pensamento, que, como já decidiu o Supremo Tribunal Federal, "representa um dos fundamentos em que se apoia a própria noção de Estado democrático de direito" (STF, RCL 15.243/RJ, Rel. Min. Celso de Mello, j. 25-3-2013).

Mas a própria Carta Magna estabeleceu critérios para o exercício da liberdade de expressão.

Em primeiro lugar, a proibição à censura não constitui salvaguarda para a prática de atos ilícitos. Um depoimento de agente formador de opinião, por exemplo, concitando o crime de racismo, deve ter a sua exibição proibida, pois a liberdade de expressão tem de conviver em harmonia com as demais garantias constitucionais, dentre elas a proibição do preconceito (CF, art. 5º, XLII).

> **Precedentes:** STF, *Ementário de Jurisprudência* n. 1.804-11; TRF, 1ª Região, 2ª T., AC 89.01.24071-8/MG, Rel. Juiz Hércules Quasímodo, decisão de 12-6-1990, p. 16611.

Em segundo, compete à lei federal:
- "regular as diversões e espetáculos públicos, cabendo ao Poder Público informar sobre a natureza deles, as faixas etárias a que não se recomendem, locais e horários em que sua apresentação se mostre inadequada" (CF, art. 220, § 3º, I); e
- "estabelecer os meios legais que garantam à pessoa e à família a possibilidade de se defenderem de programas ou programações de rádio e televisão que contrariem o disposto no art. 221, bem como da propaganda de produtos, práticas e serviços que possam ser nocivos à saúde e ao meio ambiente" (CF, art. 220, § 3º, II).

458 ◆ Uadi Lammêgo Bulos ◆

A liberdade de expressão, quando exercida nos parâmetros constitucionais, representa uma salvaguarda para o regime democrático. É o caso do direito de crítica jornalística, que está imune a todo tipo de restrição, inclusive por parte dos Poderes Públicos. O Judiciário, por exemplo, não pode impor, segundo convicções próprias do magistrado, cerceamentos a comentários jornalísticos de natureza política, sociológica, filosófica, ideológica ou confessional, nem estabelecer padrões de conduta cuja observância implique restrição aos meios de divulgação do pensamento. Isso porque, como notou o Ministro Celso de Mello, o "exercício regular do direito de crítica, que configura direta emanação da liberdade constitucional de manifestação do pensamento, ainda que exteriorizado em entrevista jornalística, não importando o conteúdo ácido das opiniões nela externadas, não se reduz à dimensão do abuso da liberdade de expressão, qualificando-se, ao contrário, como verdadeira excludente anímica, que atua, em tal contexto, como fator de descaracterização do intuito doloso de ofender. Precedentes do Supremo Tribunal Federal. Jurisprudência comparada (Corte Europeia de Direitos Humanos e Tribunal Constitucional Espanhol)" (STF, Ag. Reg. no AI 675.276/RJ, Rel. Min. Celso de Mello, *Clipping* do *DJ* de 11 a 15-4-2011).

✦ 27. INVIOLABILIDADE DE DOMICÍLIO (ART. 5º, XI)

A casa é asilo inviolável do indivíduo. Para alguém nela penetrar, precisa do consentimento do morador ou ordem do juiz (expedida durante o dia), salvo em caso de flagrante delito, desastre ou para prestar socorro (CF, art. 5º, XI).

Tradicional no Direito inglês, e consagrada em todo o mundo, a garantia da inviolabilidade de domicílio vigora, entre nós, desde o Império.

> **Previsão em nossas Constituições:** Constituição de 1824 (art. 179, n. 7); Constituição de 1891 (art. 72, § 11); Constituição de 1934 (art. 113, n. 16); Constituição de 1937 (art. 122, n. 6); Constituição de 1946 (art. 141, § 15); Constituição de 1967 (art. 150, § 10); Emenda Constitucional n. 1/69 (art. 153, § 10).

A ideia de *casa*, contudo, na seara constitucional, tem amplitude muito maior do que no direito privado. Não é apenas a residência, a habitação com intenção definitiva de estabelecimento, mas todo local, determinado e separado, que alguém ocupa com exclusividade, a qualquer título, inclusive profissionalmente, pois nessa relação entre pessoa e espaço preserva-se, mediatamente, a vida privada do sujeito, concluiu o Supremo Tribunal Federal.

> **Noção jurídico-constitucional de *casa*:** "O amplo sentido conceitual da noção jurídica de 'casa' revela-se plenamente consentâneo com a exigência constitucional de proteção à esfera de liberdade individual e de privacidade pessoal (*RT*, *214*:409, *467*:385 e *637*:341). É por essa razão que a doutrina — ao destacar o caráter abrangente desse conceito jurídico — adverte que o princípio da inviolabilidade estende-se ao espaço em que alguém exerce, com exclusão de terceiros, qualquer atividade de índole profissional" (STF, AP 370-3/DF, Rel. Min. Celso de Mello, *RTJ*, *162*:249-250). Nesse sentido: STF, *RTJ*, *74*:88 e *84*:302; STF, *RT*, *670*:273; TJSP, *RT*, *688*:293.

Portanto, a garantia constitucional da inviolabilidade de domicílio abrange:
- consultórios;

> **Amplitude da noção de *casa*, na forma do art. 5º, XI:** "Impõe-se destacar, por necessário, que o conceito de 'casa', para os fins da proteção jurídico-constitucional a que se refere o art. 5º, XI, da Lei Fundamental, reveste-se de caráter amplo, pois compreende, na abrangência de sua designação tutelar, (a) qualquer compartimento habitado, (b) qualquer aposento ocupado de habitação coletiva e (c) qualquer compartimento privado onde alguém exerce profissão ou atividade. Esse amplo sentido conceitual da noção jurídica de 'casa' — que abrange e se estende aos consultórios profissionais dos cirurgiões-dentistas — revela-se plenamente consentâneo com a exigência constitucional de proteção à esfera de liberdade individual e de privacidade pessoal" (STF, RE 251.445, Rel. Min. Celso de Mello, *DJ* de 3-8-2000). **Doutrina:** o conceito de *casa*, do art. 150, § 4º, do Código Penal, está em harmonia com as liberdades públicas da Carta de 1988, em particular, com o art. 5º, XI (Dinorá Adelaide Musetti Grotti, *Inviolabilidade do domicílio na constituição*, p. 70).

♦ Cap. 13 ♦ **DIREITOS E GARANTIAS FUNDAMENTAIS** **459**

- pousadas, hotéis e motéis;
- casas de veraneio,
- complementos de uma moradia (pátios, jardins, quintais, quadras esportivas, garagens, adegas, caramanchóes); e
- escritórios de empresas comerciais etc.

> **Precedente:** STF, RE 331.303-AgRg/PR, Rel. Min. Sepúlveda Pertence, j. em 10-2-2004.

Em contrapartida, um bar, uma lancha de serviço ou passeio, um restaurante, uma boate, um ônibus ou outros lugares abertos ao público em geral não participam do conceito constitucional de *casa*, porque em tais hipóteses inexiste vínculo de *particularidade* ligando o indivíduo à coisa.

> **Precedente:** "A lancha de serviço ou passeio não pode ser conceituada como 'domicílio' para fins do inciso XI do art. 5º da Constituição. Daí não ser exigido mandado" (TRF, 1ª Região, 3ª T., HC 91.01.09461-0/AM, Rel. Juiz Adhemar Maciel, decisão de 4-9-1991, *DJ*, 2, de 23-9-1991, p. 23103).

A inviolabilidade de domicílio objetiva proporcionar a segurança familiar, a paz e a privacidade do ser humano. Por isso, não pode ser transformada em reduto de impunidade, para acobertar a prática de crimes que em seu interior se realizam.

> **Nesse sentido:** STF, *RT*, 670:273. **Posição do TJSP:** "A casa é o asilo inviolável do cidadão enquanto respeitada sua finalidade precípua de recesso do lar. Isso porque o direito constitucional de inviolabilidade domiciliar não se estende a lares desvirtuados, tais como locais ou pontos clandestinos de drogas" (TJSP, 1ª Câm. Crim., ACrim 130.489-3/Porto Ferreira, Rel. Des. Andrade Cavalcante, decisão de 1º-2-1993, *JTJ/SP, Lex, 141*:394).

Com efeito, alguém só pode penetrar numa *casa* se o morador deixar. Essa é a regra. Mas o próprio art. 5º, XI, a *excepciona*.

Daí a violação domiciliar **sem o consentimento do morador** ser permitida, **durante o dia**, somente nas seguintes hipóteses:

- flagrante delito;

> **Posição do STF:** "Invasão de domicílio para realização do flagrante (...). Legitimidade do flagrante. Infração permanente. Estado de flagrância caracterizado, o que afasta a exigência de mandado judicial" (STF, HC 70.909, Rel. Min. Paulo Brossard, *DJ* de 25-11-1994).

- desastre ou para prestar socorro;

> **Posição do STF:** "Conforme o art. 5º, XI, da Constituição — afora as exceções nele taxativamente previstas ('em caso de flagrante delito ou desastre, ou para prestar socorro') só a 'determinação judicial' autoriza, e durante o dia, a entrada de alguém — autoridade ou não — no domicílio de outrem, sem o consentimento do morador" (STF, RE 331.303-AgRg, Rel. Min. Sepúlveda Pertence, *DJ* de 12-3-2004).

- por sentença judicial.

> **Posição do STF:** "A imprescindibilidade da exibição de mandado judicial revelar-se-á providência inafastável, sempre que houver necessidade, durante o período diurno, de proceder-se, no interior do consultório odontológico, a qualquer tipo de perícia ou à apreensão de quaisquer objetos que possam interessar ao Poder Público, sob pena de absoluta ineficácia jurídica da diligência probatória que vier a ser executada em tal local" (STF, RE 24.877-1/GO, Rel. Min. Celso de Mello, j. em 21-6-2000, *DJU* de 3-8-2000, p. 68).

Note-se que as comissões parlamentares de inquérito não podem, por autoridade própria, sem ordem do juiz, determinar a violação de domicílio, haja vista o princípio da reserva de jurisdição (*v.* item 24.3).

460   ◆ Uadi Lammêgo Bulos ◆

Já a violação domiciliar **sem o consentimento do morador** é permitida, **durante a noite**, apenas nas seguintes hipóteses:

- flagrante delito;

> **Posição do STF:** "Cuidando-se de crime de natureza permanente, a prisão do traficante, em sua residência, durante o período noturno, não constitui prova ilícita" (STF, HC 84.772, Rel. Min. Ellen Gracie, *DJ* de 12-11-2004).

- desastre ou para prestar socorro.

Todas essas exceções constitucionais têm justificativa.

Havendo flagrantes, incêndios, inundações, desabamentos, incidentes graves ou, ainda, na falta de meios próprios de autossocorro, a intromissão domiciliar afigura-se útil, pois visa proteger o maior de todos os bens: a vida.

✧ 27.1. Dia e noite para fins de inviolabilidade domiciliar

Quaisquer ordens judiciais determinando a violação de domicílio devem ser cumpridas apenas *durante o dia* (CF, art. 5º, XI).

> **Como era no passado:** antes da Carta de 1988, alguns mandados de busca e apreensão eram expedidos à noite. Agora, qualquer ordem judicial permitindo violação de domicílio deverá necessariamente ser *durante o dia*.

Mas, afinal, que é *dia* e que é *noite* para fins de cumprimento de sentenças judiciais autorizando a ruptura da inviolabilidade domiciliar?

Dia é o período que vai das **6 às 18 horas**, seja no *horário normal*, seja no *horário brasileiro de verão*.

> **Conceito físico-astronômico:** para José Celso de Mello Filho, *dia* é o intervalo de tempo situado entre a aurora e o crepúsculo (*Constituição Federal anotada*, p. 442). Esse *conceito físico-astronômico* gera inseguranças, pois nele não há especificação de horário. Os dias de inverno, por exemplo, podem ser escuros, e as noites de verão, claras. Quer dizer, a *aurora* (período antes do nascer do sol, quando este já ilumina a parte da superfície terrestre ainda na sombra) funde-se com o *crepúsculo* (luminosidade decrescente ao cair da tarde, tendo por limite os instantes do pôr-do-sol, que, embora escondido, está próximo do horizonte).

Noite é o período que vai das **18 às 6 horas** do dia seguinte, seja no *horário normal*, seja no *horário brasileiro de verão*.

Pelo art. 212, *caput*, do Código de Processo Civil de 2015, "os atos processuais serão realizados em dias úteis, das 6 (seis) às 20 (vinte) horas".

> **Realização de atos processuais — Jurisprudência:** "Para a realização de atos processuais externos, o sábado é considerado dia útil. Apenas é tido como dia não útil para efeito de contagem de prazo, uma vez que nele, normalmente, não há expediente forense" (STJ, *RSTJ*, 106:326).

Esse dispositivo está em perfeita consonância com o princípio constitucional da inviolabilidade domiciliar, pois ele se dirige, apenas, aos atos processuais.

Assim, mandados judiciários autorizando a violação domiciliar devem ser cumpridos das 6 às 18 horas (CF, art. 5º, XI), e não das 6 às 20 horas (CPC de 2015, art. 212).

Aliás, o próprio § 2º do aludido art. 212 determina que a citação e a penhora, embora possam realizar-se fora do horário das 6 às 20, devem observar o disposto no art. 5º, XI, da Constituição Federal.

◆ Cap. 13 ◆ DIREITOS E GARANTIAS FUNDAMENTAIS

✧ 27.2. Inviolabilidade domiciliar e Fisco

Os poderes de investigação do Fisco não abarcam a prerrogativa de determinar a ruptura do domicílio legal, algo restrito à competência exclusiva dos membros do Poder Judiciário.

A Corte Excelsa assim se posicionou, pois nem a Polícia Judiciária nem a administração tributária titularizam o *princípio da reserva de jurisdição*, que estudaremos a seguir.

> **Entendimento do STF:** "Sendo assim, nem a Polícia Judiciária e nem a administração tributária podem," afrontando direitos assegurados pela Constituição da República, invadir domicílio alheio com o objetivo de apreender, durante o período diurno, e sem ordem judicial, quaisquer objetos que possam interessar ao Poder Público. A Constituição Federal prescreve, no art. 145, § 1º, que a administração tributária está sujeita, na efetivação das medidas e na adoção de providências que repute necessárias, ao respeito incondicional aos direitos individuais, dentre os quais avulta, por sua indiscutível importância, o direito à inviolabilidade domiciliar" (STF, AP 370-3/DF, Rel. Min. Celso de Mello, *RTJ*, 162:249-250).

✧ 27.3. Inviolabilidade domiciliar e princípio da reserva de jurisdição

Pelo *princípio da reserva de jurisdição*, somente magistrados podem praticar atos inerentes à função judicante, pois há assuntos que devem ser submetidos à esfera única de apreciação dos juízes.

Terceiros não podem interferir em matérias que a Carta Política, explicitamente, deixou a cargo do Poder Judiciário. Nem mesmo as comissões parlamentares de inquérito, que têm poderes de investigação próprios das autoridades judiciais (CF, art. 58, § 3º), podem praticar atos inerentes à jurisdição, a exemplo da inviolabilidade domiciliar (art. 5º, XI).

> **Posicionamento pacífico do STF:** "As Comissões Parlamentares de Inquérito não podem determinar a busca e apreensão domiciliar, por se tratar de ato sujeito ao princípio constitucional da reserva de jurisdição, ou seja, ato cuja prática a Constituição Federal atribuiu com exclusividade aos membros do Poder Judiciário" (STF, Pleno, MS 23.642/DF, Rel. Min. Néri da Silveira, decisão de 29-11-2000).

Como ensinou o Ministro Celso de Mello, "o princípio da reserva de jurisdição — mais do que simples formulação de ordem doutrinária — representa, na concreção do seu alcance, um expressivo instrumento de proteção das pessoas em geral contra as ações eventualmente arbitrárias do Poder Público, qualquer que seja a dimensão institucional em que se projete a atividade estatal" (STF, Pleno, MS 23.452-1/RJ, Rel. Min. Celso de Mello, decisão de 16-9-1999).

> **Precedente citado:** STF, MS 23.454, de 19-8-1999. Nesse julgado, a *cláusula constitucional da reserva de jurisdição* foi reconhecida por cinco Ministros do Supremo — Celso de Mello (Relator), Marco Aurélio, Sepúlveda Pertence, Néri da Silveira e Carlos Velloso (Presidente). Os demais integrantes da Corte não chegaram a tecer considerações sobre a matéria.

Assim, a inviolabilidade domiciliar condiciona-se à *reserva de jurisdição* (CF, art. 5º, XI).

> **Nesse sentido:** STF, Pleno, MS 23.452-1/RJ, Rel. Min. Celso de Mello, decisão de 16-9-1999. Precedente citado: STF, MS 23.454, de 19-8-1999; STF, Pleno, MS 23.642/DF, Rel. Min. Néri da Silveira, decisão de 29-11-2000.

Buscas e apreensões, por exemplo, só podem ser obtidas mediante mandado judicial.

> **Posicionamento pacífico do STF:** "A essencialidade da ordem judicial para efeito de realização das medidas de busca e apreensão domiciliar nada mais representa, dentro do novo contexto normativo emergente da Carta Política de 1988, senão a plena concretização da garantia constitucional pertinente à inviolabilidade do domicílio" (STF, AP 307-3/DF, Rel. Min. Celso de Mello, *DJU* de 13-10-1995).

O domicílio, portanto, só pode ser rompido por determinação expressa dos membros do Poder Judiciário, jamais por autoridades administrativas ou parlamentares.

462 ◆ Uadi Lammêgo Bulos ◆

Nesse sentido: "Nem a Polícia Judiciária, nem o Ministério Público, nem a administração tributária, nem a Comissão Parlamentar de Inquérito ou seus representantes, agindo por autoridade própria, podem invadir domicílio alheio com o objetivo de apreender, durante o período diurno, e sem ordem judicial, quaisquer objetos que possam interessar ao Poder Público. Esse comportamento estatal representará inaceitável afronta a um direito essencial assegurado a qualquer pessoa, no âmbito de seu espaço privado, pela Constituição da República" (STF, Pleno, MS 23.452-1/RJ, Rel. Min. Celso de Mello, j. em 16-9-1999. Precedente citado: STF, MS 23.454, de 19-8-1999).

✦ 28. DIREITO AO SIGILO (ART. 5º, XII)

A Constituição de 1988 garantiu a inviolabilidade do direito ao sigilo:

Art. 5º, XII: "é inviolável o sigilo da correspondência e das comunicações telegráficas, de dados e das comunicações telefônicas, salvo, no último caso, por ordem judicial, nas hipóteses e na forma que a lei estabelecer para fins de investigação criminal ou instrução processual penal".

Direito Constitucional Comparado: guardadas as devidas proporções, o art. 5º, XII, da Constituição brasileira assemelha-se ao art. 15 da Carta italiana de 1948, pelo qual "a liberdade e o sigilo de correspondência, bem como o de qualquer outra forma de comunicação, são invioláveis. Só se podem impor limitações através de ato motivado da autoridade judiciária e com as garantias estabelecidas pela lei". No panorama das constituições mundiais, o direito ao sigilo também está previsto. Exemplos: Constituição do Reino da Dinamarca de 1953 (art. 72); Constituição portuguesa de 1976 (art. 34, 4); Constituição espanhola de 1978 (art. 18); Lei Constitucional da Finlândia de 1984 (art. 12) etc.

Assim, são invioláveis:

- o sigilo de correspondência;
- o sigilo das comunicações telegráficas;
- o sigilo das comunicações de dados (bancário e fiscal);
- o sigilo das comunicações telefônicas; e
- o sigilo das comunicações telemáticas.

Como *direitos individuais*, todas essas modalidades de sigilo não podem ser alvo de emendas tendentes a alterá-los substancialmente, muito menos aboli-los. Integram, pois, o cerne imodificável da Constituição (art. 60, § 4º, IV).

A inviolabilidade do sigilo decorre do direito à vida privada (CF, art. 5º, X), regendo-se pelo *princípio da exclusividade*, mediante o qual o Poder Público não pode adentrar a esfera íntima do indivíduo, devassando suas particularidades.

Quando a Carta Magna protege o sigilo está, na realidade, resguardando a privacidade do homem em suas relações familiares e domésticas, proibindo todo tipo de investida contra a sua integridade física, psíquica, intelectual e moral. O direito ao sigilo procura, pois, evitar afrontas à honra, à reputação, ao bom nome, à imagem física e social das pessoas, deixando-as a salvo de informações comprometedoras da sua intimidade.

A ninguém interessa o conteúdo de carta remetida a seu destinatário. Aquilo que um profissional liberal revela ao cliente concerne, tão só, a ambos. Os dados de pessoas físicas ou jurídicas, armazenados em instituições financeiras, Receita Federal ou organismos congêneres, são privativos. Faturas vencidas de cartões de crédito, atrasos no pagamento de contas ou duplicatas vencidas, saldos bancários negativos também não se submetem aos desígnios de órgãos fazendários, porque o direito constitucional à vida privada e ao sigilo assim proíbe (art. 5º, X e XII).

Mas as liberdades públicas não são absolutas.

Daí o Supremo Tribunal Federal assegurar a possibilidade da quebra do sigilo da correspondência e das comunicações telegráficas, de dados (bancários e fiscais), telefônicas e telemáticas, sempre que estiverem sendo utilizadas como instrumento de práticas ilícitas.

Precedente: STF, CR 7.323-2, Rel. Min. Celso de Mello, *DJ*, 1, de 11-6-1999, p. 40. **Falsa impressão:** o art. 5º, XII, da Carta de Outubro transmite a falsa impressão de que somente pode haver

◆ Cap. 13 ◆ DIREITOS E GARANTIAS FUNDAMENTAIS 463

quebra do sigilo telefônico. O posicionamento da Corte Excelsa, por si só, já é bastante para desfazer tal equívoco.

Todavia, vale observar:

* mediante **ordem judicial** todas as formas de sigilo podem ser quebradas (CF, art. 5º, XII); e
* mediante requisição de **comissões parlamentares de inquérito** só podem ser rompidos os segredos bancário, fiscal e de registros telefônicos (ligações pretéritas armazenadas nas companhias telefônicas). Embora tenham poderes de investigação próprios das autoridades judiciais (CF, art. 58, § 3º), elas não possuem competência para ordenar, *ex propria auctoritate*, a quebra dos sigilos epistolar, telegráfico, profissional e telemático, já que incide, nessa seara, o princípio da reserva de jurisdição.

✧ 28.1. Sigilo de correspondência

Correspondência é toda mensagem verbal realizada pelos instrumentos da comunicação escrita (cartas, missivas, postagens diversas, fax, *e-mail* etc.).

> **O que é carta para o STF:** interpretando o art. 47, da Lei n. 6.538/78, concluiu o Supremo que, no conceito de carta, estão incluídas as correspondências, com ou sem envoltório, sob a forma de comunicação escrita, de natureza administrativa, social, comercial, ou qualquer outra, que contenha informação de interesse específico do destinatário. A corrente que prevaleceu, na votação ocorrida no Plenário da Corte, foi sustentada pelos Ministros Eros Grau, Ellen Gracie, Cármen Lúcia, Joaquim Barbosa, Cezar Peluso e Carlos Britto. Os que haviam votado pela quebra do monopólio dos Correios em encomendas, mas também em cartas comerciais, foram os Ministros Celso de Mello, Gilmar Mendes e Ricardo Lewandowski. Já o Relator, Min. Marco Aurélio, votou pela completa quebra do monopólio dos Correios. Vale destacar a posição do Min. Carlos Britto. Para ele, o conceito de carta não é reducionista, pois abrange as correspondências comerciais, por exemplo. Para ele, está excluída do conceito de serviço postal a entrega de impressos, como periódicos, e de encomendas. Esses itens, segundo Britto, ficariam fora do privilégio dos Correios (STF, Pleno, ADPF 46/DF, Rel. Originário Min. Marco Aurélio, Rel. p./ ac. Min. Eros Grau, j. 5-8-2009).

As pessoas físicas e jurídicas têm amparo constitucional e legal para preservar o sigilo de correspondência.

> **Legislação:**
> * **Código Penal** — violação de correspondência, arts. 151 e 152.
> * **Lei n. 6.538, de 22-6-1978** — estabelece normas sobre serviços postais. **Monopólio dos Correios para correspondências pessoais:** por seis votos a quatro, a Corte declarou que a Lei n. 6.538/78, relacionada ao monopólio dos Correios, foi recepcionada pela Carta de 1988. Resultado: cartas pessoais, cartas comerciais, cartões-postais e correspondências agrupadas em malotes, só podem ser transportados e entregues por empresa pública. Todavia, não cometem crime as transportadoras privadas que venham a entregar outros tipos de correspondências e encomendas. É que, segundo o Supremo, o crime previsto no art. 42, da Lei n. 6.538/1978 só se concretiza se o objeto transportado for de distribuição exclusiva dos Correios. O próprio art. 9º da referida Lei restringe o monopólio da empresa pública ao recebimento, transporte e entrega, no território nacional, e a expedição, para o exterior, de carta, cartão-postal e de correspondência agrupada, além da fabricação, emissão de selos e de outras fórmulas de franqueamento postal (STF, Pleno, ADPF 46/DF, Rel. Originário Min. Marco Aurélio, Rel. p./ ac. Min. Eros Grau, j. 5-8-2009).

A amplitude do segredo epistolar, e de sua respectiva inviolabilidade, engloba as cartas enviadas pelas instituições bancárias (extratos, saldos, contas a pagar, comprovante de depósitos, minutas de empréstimos etc.) e os dados fiscais das pessoas físicas ou jurídicas (avisos de restituição de imposto de renda ou comunicados de saldo devedor ao Fisco).

Não se justifica, todavia, o sigilo de correspondência em toda e qualquer situação. Há momentos em que o juiz, e somente ele, pode ordenar a sua quebra, para evitar cometimentos ilícitos, desordem, caos, subversão à ordem pública etc.

464 ◆ Uadi Lammêgo Bulos ◆

O Supremo Tribunal Federal, por exemplo, proclamou a possibilidade de interceptar carta de presidiário, com base no princípio de que a inviolabilidade do sigilo epistolar não pode salvaguardar práticas ilícitas.

> **Precedente do STF:** "A administração penitenciária, com fundamento em razões de segurança pública, de disciplina prisional ou de preservação da ordem jurídica, pode, sempre excepcionalmente, e desde que respeitada a norma inscrita no art. 41, parágrafo único, da Lei n. 7.210/84, proceder à interceptação da correspondência remetida pelos sentenciados, eis que a cláusula tutelar da inviolabilidade do sigilo epistolar não pode constituir instrumento de salvaguarda de práticas ilícitas" (STF, HC 70.814-5/SP, 1ª T., Rel. Min. Celso de Mello, *DJ*, 1, de 24-6-1994, p. 16650).

A inviolabilidade de correspondência pode sofrer restrições durante o estado de defesa (CF, art. 136, § 1º, I, *b*) e o estado de sítio (CF, art. 139, III).

Embora as comissões parlamentares de inquérito tenham poderes de investigação próprios das autoridades judiciais (CF, art. 58, § 3º), não podem determinar, sem ordem do juiz, a interceptação de correspondências, tendo em vista o princípio da reserva de jurisdição.

Mesmo que fosse criada uma lei específica para reger as hipóteses de quebra do sigilo de correspondência pelas comissões parlamentares de inquérito, tal providência legislativa só seria constitucional se respeitasse a reserva de jurisdição, pois a ruptura do segredo é juridicamente admissível apenas por meio de ordem do magistrado.

É ilegal prova obtida com abertura de correspondência sem autorização judicial.

Nesse sentido, o Supremo Tribunal Federal fixou a seguinte tese de repercussão geral: "Sem autorização judicial ou fora das hipóteses legais, é ilícita a prova obtida mediante abertura de carta, telegrama, pacote ou meio análogo" (STF, RE 1116949, Rel. Min. Marco Aurélio, j. 24-8-2020).

✧ 28.2. Sigilo das comunicações telegráficas

Comunicação telegráfica é a que se realiza por meio de telegramas (mensagem escrita, transmitida por telegrafia, para ser entregue ao destinatário) ou por *telex* (modalidade de serviço telegráfico por meio de teleimpressoras).

As comunicações telegráficas também são invioláveis, exceto por ordem judicial, nas hipóteses e na forma que a lei estabelecer para fins de investigação criminal ou instrução processual penal.

Assim, as comunicações telegráficas não são absolutas. Em nome do princípio da legalidade, podem ser rompidas.

> **Precedente:** STF, 1ª T., HC 70.814-5/SP, Rel. Min. Celso de Mello, *DJ*, 1, de 24-6-1994, p. 16650.

Comissões parlamentares de inquérito não podem, por autoridade própria, quebrar o segredo telegráfico, algo possível apenas por decisão judicial. Aqui também vigora o princípio da reserva de jurisdição (CF, art. 5º, XII).

✧ 28.3. Sigilo das comunicações de dados

As *comunicações de dados* compreendem todas as informações confidenciais sobre pessoas físicas e jurídicas, presentes nos bancos; nas instituições financeiras, creditícias e fazendárias; nos fichários, pastas, arquivos e cadastros dos órgãos dos Poderes Públicos e dos organismos privados.

Em princípio, os dados devem permanecer em segredo, para não violar o direito à privacidade (CF, art. 5º, X).

Aliás, o sigilo de dados entrecruza-se com o segredo das comunicações telefônicas. Isso reforça a tutela à intimidade. Não interessa a terceiros a data da chamada, o número discado, o horário das ligações, o custo da tarifa etc. Tais dados são personalíssimos, estando a salvo de espionagens. Como havia decidido em 1994 o Supremo Tribunal Federal, somente poderíam ser divulgados por ordem judicial, em virtude do princípio da legalidade, (STF, 1ª T., HC 70.814-5/SP, Rel. Min. Celso de Mello, DJ, 1,

◆ Cap. 13 ◆ DIREITOS E GARANTIAS FUNDAMENTAIS   465

de 24-6-1994, p. 16650), entendimento este que, desde 2019, não mais vigora. Os dados bancários e fiscais podem ser acessados e compartilhados sem necessidade de ordem judicial.

> **Compartilhamento de dados bancários e fiscais com Ministério Público e autoridades policiais sem ordem judicial:** por maioria de votos e com repercussão geral reconhecida, o Plenário do Supremo Tribunal Federal reconheceu a possibilidade de ocorrer o compartilhamento com o Ministério Público e com as autoridades policiais, para fins de investigação criminal, da integralidade dos dados bancários e fiscais do contribuinte obtidos pela Receita Federal e pela Unidade de Inteligência Financeira (UIF), sem a necessidade de autorização prévia do Poder Judiciário. Vencidos, no julgamento, os Ministros Marco Aurélio e Celso de Mello, os quais não admitiam que se compartilhassem dados sem autorização judicial (STF, RE 1055941/SP, Rel. Min. Dias Toffoli, j. 28-11-2019).
> **Inconstitucionalidade de lei estadual que obriga operadoras a fornecerem dados de localização de celulares roubados** — o Supremo Tribunal Federal, por maioria de votos, invalidou lei estadual que obrigava as operadoras de telefonia móvel a fornecerem aos órgãos de Segurança Pública, sem prévia autorização judicial, dados necessários para a localização de telefones celulares furtados, roubados ou utilizados em atividades criminosas. É que compete à União dispor sobre a matéria (CF, arts. 21, XI, e 22, I e IV) (STF, ADI 5040, Rel. Min. Rosa Weber, j. 9-11-2020).

A constitucionalização do segredo de dados foi uma novidade trazida pela Carta de 1988, abarcando os sigilos bancário e fiscal.

Ambos são direitos relativos, como reconhece o Supremo Tribunal Federal, há muito tempo, e o Superior Tribunal de Justiça, sendo possível a ruptura deles pelas Justiças cível e criminal.

> **Precedente do STF:** STF, 1ª T., MS 2.172, Rel. Nélson Hungria, *DJ* de 7-6-1954, p. 1805. **Posição do STJ:** "Os sigilos bancário e fiscal são direitos individuais não absolutos, podendo ser quebrados, em casos excepcionais, por decisão fundamentada, desde que presentes circunstâncias que denotem a existência de interesse público relevante ou de elementos aptos a indicar a possibilidade de prática delituosa. Precedentes do STJ. 2. A decisão judicial suficientemente fundamentada, na qual se justifique a necessidade da medida para fins de investigação criminal ou instrução processual criminal, não afronta o art. 5º, incisos X, XII e LV, da CF" (STJ, 5ª T., RMS 15.599/SP, Rel. Min. Arnaldo Esteves Lima, decisão de 8-3-2005, *DJ* de 18-4-2005, p. 352).

As comissões parlamentares de inquérito também podem quebrá-los, por autoridade própria, sem necessidade de ordem judicial. Aqui não vigora o primado da reserva de jurisdição, pois a tutela constitucional do sigilo bancário e fiscal não deve resguardar os detentores de negócios escusos.

> **Jurisprudência:** assim concluiu o extinto 1º Tribunal de Alçada Cível do Estado de São Paulo, cujo teor da decisão continua atual em nossos dias (3ª Câm., AgI 596.655, Rel. Juiz Aloísio Toledo, *JTA*, Lex, *151*:39). Segundo o Superior Tribunal de Justiça, o mandado de segurança, e não o *habeas corpus*, é a ação constitucional cabível para garantir o direito líquido de não se quebrarem os sigilos telefônico, bancário e fiscal, salvo em hipóteses excepcionais (STJ, 6ª T., RMS 0002265-92/PB, *DJ* de 12-4-1993, p. 608).

Para alguns, até o Ministério Público pode requisitar a quebra dos sigilos de dados, com base no que determina a Carta Maior e a legislação, tese controvertida, como veremos.

Registre-se, desde já, que a quebra dos sigilos bancário e fiscal não constitui afronta ao direito à vida privada (CF, art. 5º, X) nem à reserva de jurisdição (CF, art. 5º, XII), desde que estejam presentes os pressupostos a seguir destacados.

a) Sigilo bancário

O sigilo bancário é, em um primeiro momento, intocável.

Os agentes de instituições bancárias devem levar em conta o segredo das operações daí emanadas, sob pena de acarretar a responsabilidade civil e a penal decorrentes de sua violação.

> **Impossibilidade de quebra de sigilo bancário por requisição do TCU:** o Tribunal de Contas da União não possui legitimidade para requisitar diretamente informações que importem quebra de sigilo bancário. Reafirmado o entendimento prospectado no MS 22.801/DF (*DJE* de 14-3-2008), a 2ª Turma do Supremo Tribunal Federal concedeu mandado de segurança, para cassar decisão

do TCU que havia determinado a instituição bancária e ao seu Presidente a apresentação de demonstrativos e registros contábeis relativos a aplicações em depósitos interfinanceiros. Entendeu o Supremo que, por mais relevantes que sejam as funções institucionais do TCU, ele não se inclui no rol dos que poderiam ordenar a quebra de sigilo bancário (Lei n. 4.595/64, art. 38, e LC n. 105/2001, art. 13), sob pena de se restringir direito fundamental (CF, art. 5º, X) (STF, MS 22.934/ DF, rel. Min. Joaquim Barbosa, j. 17-4-2012).

Mas o sigilo bancário não é absoluto, sofrendo flexibilização na hipótese da preponderância do interesse público sobre o particular.

Sigilo bancário não protege operações de crédito entre BNDES e empresa particular: o envio de informações ao TCU relativas a operações de crédito, originárias de recursos públicos, não é coberto pelo sigilo bancário. Empresas privadas que contratam com o BNDES devem saber que estão se relacionando com uma instituição pública, e não um banco privado (STF, MS 33340, 1ª Turma, Rel. Min. Luiz Fux, j. 26-5-2015).

Só é possível a sua devassa se existirem fundados elementos reveladores do cometimento de um crime ou, ainda, *causa provável* justificadora do inadimplemento de obrigação principal (débitos financeiros, tributários, trabalhistas etc.).

Assim, a ruptura do sigilo bancário — que é a exceção — vem sendo admitida pela jurisprudência, com base no seguinte:

- **A autorização judicial da quebra deve ser em caráter excepcional** — a quebra do sigilo bancário, observados os princípios constitucionais e legais, não fere o art. 5º, X e XII, da Constituição Federal. Nesse caso, a ordem do juiz ou a determinação das CPIs devem ser em caráter de absoluta excepcionalidade, para demonstrar a existência de fortes indícios, reveladores da possível autoria ou materialidade do delito, de modo a viabilizar a individualização do investigado e o objeto da investigação. Esse é o entendimento do Supremo Tribunal Federal e do Superior Tribunal de Justiça, os quais também exigem que a sentença judicial esteja fundamentada.

  Precedente do STF: STF, Inq. 899-1/DF, Rel. Min. Celso de Mello, *DJ* de 23-9-1994, p. 25341.
  Precedente do STJ: "A ordem jurídica autoriza a quebra de sigilo bancário, em situações excepcionais. Implicando, entretanto, na restrição do direito à privacidade do cidadão, garantida pelo princípio constitucional, é imprescindível demonstrar a necessidade das informações solicitadas, com o estrito cumprimento das condições legais autorizadoras" (STJ, 2ª T., REsp 124.272-0/RO, Rel. Min. Hélio Mosimann, *DJ*, 1, de 2-2-1998).

- **Segundo o RE 1055941/SP nem sempre é preciso ordem judicial** — é possível o compartilhamento com o Ministério Público e com as autoridades policiais, para fins de investigação criminal, da integralidade dos dados bancários e fiscais do contribuinte obtidos pela Receita Federal e pela Unidade de Inteligência Financeira (UIF). Para tanto, concluiu o Pretório Excelso, que é desnecessária ordem judicial (STF, RE 1055941/SP, Rel. Min. Dias Toffoli, j. 28-11-2019).

- **A quebra não pode ferir a privacidade de pessoas estranhas** — os dados bancários somente podem ser usados para os fins da investigação que lhes deu causa, de modo a evitar devassas na privacidade alheia, sendo obrigatória a manutenção do segredo quanto às pessoas estranhas à causa.

  Nesse sentido: STF, Inq. 923/DF, Rel. Min. Moreira Alves, j. em 18-4-1996.

- **A quebra pode ser sem a oitiva do investigado** — para o Pretório Excelso o princípio do contraditório não prevalece na fase inquisitorial, sendo possível a quebra do sigilo bancário sem a oitiva do investigado.

  Precedentes: STF, HC 55.447 e 69.372; RE 136.239; STF, Pleno, AgRg em Inq. 897, Rel. Min. Francisco Rezek, *DJ* de 24-3-1995, p. 6806.

◆ Cap. 13 ◆ DIREITOS E GARANTIAS FUNDAMENTAIS 467

- **As normas tributárias e cíveis não são absolutas** — o Código Tributário Nacional e o Código Civil não prescrevem normas absolutas sobre o sigilo bancário, cuja ruptura, embora seja a exceção, afigura-se possível. O Pretório Excelso assim entende desde o ordenamento constitucional passado.

  Precedente: STF, 1ª T., RE 71.640/BA, Rel. Min. Djaci Falcão, *DJ* de 12-11-1971.

- **As Justiças federal e comum são competentes para ordenar a quebra** — não foi fixada, como critério de competência, a natureza do estabelecimento que deverá fornecer os dados bancários, pois o pedido não se reveste, em relação a estes, de caráter contencioso, não se enquadrando nas hipóteses previstas no art. 109 da Constituição Federal. Desse modo, tanto será competente a Justiça federal, como a Justiça comum.

  Nesse sentido: STJ, CComp 3.923-92/MG, Rel. Min. Peçanha Martins, *DJ* de 15-8-1994, p. 20272.

- **Prevalece o princípio do juiz natural** — o vetor do juiz natural incide em matéria de quebra de sigilo bancário, fiscal e telefônico. Somente a autoridade judiciária competente poderá decretá--la. Segundo o Pretório Excelso, Tribunal Regional Eleitoral não pode autorizar a quebra de sigilo bancário de parlamentar em investigação criminal, pois essa competência originária é sua.

  Precedente: STF, Recl 511-9, Rel. Min. Celso de Mello, decisão de 9-2-1995, *DJU*, 1, de 15-9-1995, p. 29506.

- **O juiz pode recorrer à analogia** — como inexiste norma específica para regular a quebra do sigilo bancário, o juiz pode aplicar por analogia a Lei n. 4.595/64, recepcionada, em parte, pela Constituição (art. 192, *caput*). Sempre entendemos que a Lei Complementar n. 105, de 10 de janeiro de 2001, por ser inconstitucional, não revogou, nesse ponto, a referida Lei n. 4.595/64 (art. 38, §§ 1º a 7º). Mas, como veremos mais abaixo, para a maioria dos juízes do Supremo Tribunal Federal a Lei Complementar n. 105 é constitucional, posicionamento com o qual não concordamos.

Registre-se, por fim, a existência de decisões no sentido de que a Lei n. 4.595/64 foi recepcionada pela Carta de 1988, vigorando com força de lei complementar, só podendo ser alterada por preceito de idêntico teor (STJ, *RSTJ*, *60*:119; *RT*, *710*:184; TJSP, *RT*, *719*:97; TJRS, *RT*, *716*:261).

> **Lei n. 4.595/64, art. 38:** conforme esse dispositivo, é possível a quebra do sigilo bancário por decisão judicial, senão vejamos:
> "Art. 38. As instituições financeiras conservarão sigilo em suas operações ativas e passivas e serviços prestados.
> § 1º As informações e esclarecimentos ordenados pelo Poder Judiciário, prestados pelo Banco Central do Brasil ou pelas instituições financeiras, e a exibição de livros e documentos em juízo, se revestirão sempre do mesmo caráter sigiloso, só podendo a eles ter acesso as partes legítimas na causa, que deles não poderão servir-se para fins estranhos à mesma.
> § 2º O Banco Central do Brasil e as instituições financeiras públicas prestarão informações ao Poder Legislativo, podendo, havendo motivos, solicitar sejam mantidas em reserva ou sigilo.
> § 3º As Comissões Parlamentares de Inquérito, no exercício da competência constitucional e legal de ampla investigação (art. 53 da Constituição Federal — equivale ao art. 58, § 3º, da Carta de 1988 — e Lei n. 1.579, de 18 de março de 1952), obterão as informações que necessitarem das instituições financeiras, inclusive através do Banco Central do Brasil.
> § 4º Os pedidos de informação a que se referem os §§ 2º e 3º deste artigo deverão ser aprovados pelo plenário da Câmara dos Deputados ou do Senado Federal e, quando se tratar de Comissão Parlamentar de Inquérito, pela maioria absoluta de seus membros.
> § 5º Os agentes fiscais tributários do Ministério da Fazenda e dos Estados somente poderão proceder a exames de documentos, livros e registros de contas de depósitos, quando houver processo instaurado e os mesmos forem considerados indispensáveis pela autoridade competente.
> § 6º O disposto no parágrafo anterior se aplica igualmente à prestação de esclarecimentos e informes pelas instituições financeiras às autoridades fiscais, devendo sempre estas e os exames ser conservados em sigilo, não podendo ser utilizados senão reservadamente.

§ 7º A quebra de sigilo de que trata este artigo constitui crime e sujeita os responsáveis à pena de reclusão, de 1 (um) a 4 (quatro) anos, aplicando-se, no que couber, o Código Penal e o Código de Processo Penal, sem prejuízo de outras sanções cabíveis".

b) Sigilo fiscal

Em princípio, o segredo fiscal é inviolável, sendo que, mesmo sem ordem judicial, o Supremo Tribunal Federal admite o compartilhamento de dados fiscais com o Ministério Público e com as autoridades policiais, para fins de investigação criminal (STF, RE 1055941/SP, Rel. Min. Dias Toffoli, j. 28-11-2019).

Mesmo assim, os órgãos do Poder Público não podem divulgar, de modo aleatório e desarrazoado, as declarações de rendas anuais enviadas por pessoas físicas e jurídicas à Receita Federal. Deve haver justa causa e fundamentação comprobatória de tal necessidade. A devassa só se justifica em casos extremos e não como instrumento de perseguição aleatória de quem quer que seja.

Declarações prestadas para fins de imposto de renda, em regra, têm caráter sigiloso (CTN, art. 198).

Art. 198 do CTN: "Sem prejuízo do disposto na legislação criminal, é vedada a divulgação, por parte da Fazenda Pública ou de seus servidores, de informação obtida em razão do ofício sobre a situação econômica ou financeira do sujeito passivo ou de terceiros e sobre a natureza e o estado de seus negócios ou atividades".

Apenas por motivos excepcionais, nos estritos parâmetros da lei, terceiros podem acessá-las, mas para satisfazer o interesse da Justiça. Este é o entendimento pacífico do Supremo Tribunal Federal, do Superior Tribunal de Justiça e do extinto Tribunal Federal de Recursos.

STF: 2ª T., RE 92.377-2/SP, Rel. Min. Moreira Alves, *DJ*, 1, 1º-7-1984, p. 8729. STJ: 4ª T., REsp 196.181/SP, Rel. Min. Aldir Passarinho Júnior, j. em 5-10-1999, *DJ* de 22-11-1999, p. 161; STJ, 2ª T., REsp 204.329/MG, Rel. Min. Franciulli Netto, j. em 9-5-2000, *DJ* de 19-6-2000, p. 131. TFR (extinto pela CF de 1988): Agl 59.766/SP, Rel. Min. Ilmar Galvão, *DJ* de 29-5-1986, p. 9161; TFR, Agl 49.479/SP, Rel. Min. Eduardo Ribeiro, *DJ* de 21-10-1986, p. 14442.

Portanto, o sigilo fiscal só poderá ser quebrado em situações especialíssimas, à luz do princípio da legalidade (CF, art. 5º, II).

Precedente do STJ: o "sigilo bancário está expressamente resguardado por lei (Lei n. 4.595, de 31-12-1964, art. 38) e a sua quebra é medida excepcional, que depende da presença de relevantes motivos, não devidamente especificados na hipótese, a que se adita dispor a Fazenda Pública de seu próprio cadastro de contribuintes. Ademais, não possui o Banco Central cadastro com a movimentação financeira dos correntistas de todos os bancos do país, razão pela qual não faz sentido transferir-lhe providências de interesse da exequente. Não é atribuição do Poder Judiciário promover diligências que, precipuamente, cabem às partes litigantes" (STJ, 2ª T., AgRg no REsp 609.068/RS, Rel. Min. Franciulli Netto, decisão de 17-2-2005, *DJ* de 1º-7-2005, p. 472).

A ruptura do sigilo fiscal pressupõe:
*   **a fundamentação do ato do juiz ou da CPI** determinando a quebra (CF, art. 93, IX e X);

Precedentes: STJ, 5ª T., HC 40.229/PE, Rel. Min. Felix Fischer, v. u., *DJ* de 23-5-2005, p. 319; STJ, 5ª T., HC 2.019-7/RJ, Rel. Min. Fláquer Scartezzini, decisão de 13-4-1994; STJ, 1ª T., REsp 37.566-5/RS, Rel. Min. Demócrito Reinaldo, decisão de 2-2-1994; TJSP, Pleno, MS 21.933-0/1, Rel. Des. Viseu Júnior, decisão de 22-3-1995; TJRS, 1ª Câm., Agl 594.11906-7, Rel. Des. Araken de Assis, decisão de 1º-11-1994.

*   **o caráter excepcional da medida**, pois, mesmo nas hipóteses de assistência mútua entre as Fazendas Públicas da União, dos Estados, do Distrito Federal e dos Municípios, é imprescindível *justa causa* para autorizar a quebra; no Superior Tribunal de Justiça, por exemplo, predominou o entendimento de que não se deve permitir adentrar a vida bancária e fiscal do contribuinte pelo exame da extinta CPMF;

♦ Cap. 13 ♦ **DIREITOS E GARANTIAS FUNDAMENTAIS** **469**

Nesse sentido: STJ, 1ª T., AgRg no AgI 621.238/SC, Rel. Min. José Delgado, v. u., *DJ* de 21-3-2005, p. 246. **Contra a possibilidade de bancos fornecerem à Receita Federal dados relativos à extinta CPMF:** STJ, *RSTJ 134*:191, *122*:128, *104*:235, *98*:258, *94*:101, *111*:57, *160*:127. **A favor do cruzamento de dados referentes à arrecadação da extinta CPMF:** STJ, 1ª T., REsp 685.708/ES, Rel. Min. Luiz Fux, decisão de 12-5-2005, *DJ* de 20-6-2005, p. 157. Entendiam esses julgados, numa linha liberal de exegese, que as instituições financeiras, responsáveis pela retenção da CPMF, estariam obrigadas a prestar à Secretaria da Receita Federal informações a respeito da identificação dos contribuintes e os valores globais de suas operações bancárias.

- **o respeito ao princípio da individualização do investigado e do objeto da investigação**, afinal os dados reveladores da autoria de práticas criminosas não podem prejudicar pessoas físicas ou jurídicas alheias ao problema; e

    Precedente: STF, Inq. 899-1/DF, Rel. Min. Celso de Mello, *DJ*, 1, de 23-9-1994, p. 25341.

- **a preservação da intimidade do investigado** (CF, art. 5º, X). Só os responsáveis pela investigação devem saber os pormenores da vida contábil do sujeito. Daí o Supremo Tribunal Federal ter indeferido pedido de autoridade fiscal que pretendia conseguir cópia de extrato bancário, tido como essencial à fiscalização tributária, por entender que os dados fiscais devem ser usados de modo restrito, somente para a investigação que lhes deu causa.

    Precedente: STF, Inq. 923/DF, Rel. Min. Moreira Alves, j. em 18-4-1996.

c) *Quebra dos sigilos bancário e fiscal pelas CPIs*

Já dissemos que as comissões parlamentares de inquérito não têm competência para ordenar, por autoridade própria, a quebra dos sigilos epistolar, telegráfico, profissional e telemático, pois incide, nesse campo, o princípio da reserva de jurisdição.

Todavia as CPIs podem, sem necessidade de ordem judicial, determinar a ruptura dos segredos bancário, fiscal e de registros telefônicos de pessoas físicas ou jurídicas investigadas.

Para tanto, cumpre observar:

- **A quebra do sigilo de dados deve ser fundamentada** — a quebra dos segredos bancário ou fiscal por CPIs deve ser motivada. Isso porque tais comissões se sujeitam aos mesmos limites constitucionais que incidem sobre os membros da Magistratura, dentre os quais o dever de fundamentar as suas decisões (CF, art. 93, IX e X). A fundamentação da quebra, contudo, há de ser contemporânea ao ato que a decretou. Trata-se "de um pressuposto de validade jurídica da própria deliberação emanada desse órgão de investigação legislativa, não podendo ser por este suprida, em momento ulterior", concluiu o Supremo Tribunal Federal.

    Nesse sentido: STF, MS 23.452/RJ, Rel. Min. Celso de Mello, decisão de 16-9-1999. Precedente citado: STF, MS 23.454, de 19-8-1999. **No mesmo sentido:** STF, MS 23.971/DF (medida cautelar), Rel. Min. Celso de Mello, decisão de 28-5-2001, *DJ* de 5-6-2001, p. 37; STF, MS 23.964/DF (medida cautelar), Rel. Min. Celso de Mello, decisão de 14-5-2001, *DJ* de 18-5-2001, p. 456.

- **É necessário demonstrar a *causa provável* da prática ilícita** — meras suposições, destituídas de suporte fático idôneo e indícios concretos, invalidam o ato parlamentar que determinou a quebra. Assim, o Poder Público e seus agentes não podem empreender a ruptura da esfera da intimidade de pessoas físicas ou jurídicas sem uma *causa provável*, sob pena de cometer atentado ao modelo previsto na Constituição da República. Do contrário, a quebra do segredo de dados converter-se-ia em instrumento de arbítrio estatal. Esse, aliás, é o entendimento pacífico do Supremo Tribunal Federal.

    Precedentes: STF, Pleno, MS 23.851/DF, Rel. Min. Celso de Mello, v. u., decisão de 26-9-2001, *DJ* de 21-6-2002, p. 98; STF, MS 23.971/DF (medida cautelar), Rel. Min. Celso de Mello, decisão de 28-5-2001, *DJ* de 5-6-2001, p. 37; STF, MS 23.964/DF (medida cautelar), Rel. Min. Celso de Mello, decisão de 14-5-2001, *DJ* de 18-5-2001, p. 456.

- **CPI de assembleia legislativa estadual pode determinar a quebra** — o Pretório Excelso, por maioria de votos entendeu ser possível as CPIs estaduais determinarem a quebra do sigilo bancário, pois essa tarefa enquadra-se no bojo das competências dos Estados-membros.

> **Precedente:** STF, ACO 730/RJ, Rel. Min. Joaquim Barbosa, *DJ* 11-11-2005. Nesse *leading case*, votaram com o Relator — Ministro Joaquim Barbosa — os Ministros Celso de Mello, Sepúlveda Pertence, Gilmar Mendes, Marco Aurélio e Carlos Britto. O Ministro Eros Grau divergiu, alegando a necessidade de autorização judicial para a quebra de sigilo bancário por parte das assembleias estaduais. Acompanharam a divergência os Ministros Cezar Peluso, Ellen Gracie, Carlos Velloso e Nelson Jobim.

d) Quebra dos sigilos bancário e fiscal pela Receita Federal

Com o advento da Lei Complementar n. 105, de 10 de janeiro de 2001, e, mais particularmente, do Decreto n. 3.724, de 10 de janeiro de 2001, que dispôs sobre a requisição, acesso e uso, pela Secretaria da Receita Federal e seus agentes, de informações referentes a operações e serviços das instituições financeiras e das entidades a elas equiparadas, algumas observações vêm à tona.

Se algum estudioso resolvesse analisar a vida institucional pátria, tomando como ponto de partida a produção legislativa brasileira dos últimos anos, detectaria aquilo que os alemães chamam de *quebramento constitucional*.

Nossos legisladores, não raro, têm renegado todo um comando de normas supremas, alicerçadas na Constituição, corroendo as vigas-mestras que sustentam o arcabouço jurídico do Estado.

Pela Carta de 1988, a quebra do sigilo de dados (bancário e fiscal) é da alçada exclusiva do Poder Judiciário e das CPIs (CF, arts. 5º, XII, e 58, § 3º). Isso porque, a partir do momento que as constituições distribuem competências entre os órgãos governamentais, buscam a eliminação do arbítrio.

Nosso entendimento, portanto, segue a linha do voto vencido do Min. Celso de Mello, proferido no julgamento do RE 1055941/SP, em 28-11-2019.

> **Tópicos do voto do Min. Celso de Mello no RE 1055941/SP:** "Os aspectos que venho de salientar neste voto, Senhor Presidente, presente o que se contém na Constituição da República, nas convenções internacionais e na legislação interna brasileira, estão sintetizados nas conclusões a seguir expostas: (1) a expansão unilateral do objeto da demanda, com inobservância das normas regentes da sistemática da repercussão geral (CF, art. 102, § 3º e RISTF, arts. 322 e ss.), afronta os postulados constitucionais do devido processo, do contraditório e da reserva de Plenário; (2) a decisão plenária do Supremo Tribunal Federal no RE 601.314-RG/SP, Rel. Min. Edson Fachin, entendeu constitucional a norma inscrita no art. 6º da Lei Complementar nº 105/2001, em ordem a viabilizar o Poder Público a proceder, com finalidade eminentemente fiscal, à regular constituição do crédito tributário; (3) a quebra do sigilo bancário — ato que se reveste de extrema gravidade jurídica e que se submete, por isso mesmo, ao postulado da reserva de jurisdição — só deve ser decretada, e sempre em caráter de absoluta excepcionalidade, quando existentes fundados elementos que a justifiquem, a partir de um critério essencialmente apoiado na prevalência do interesse público (a serem valorados pelo Poder Judiciário e não pela própria Administração Tributária). (...); (4) a tutela do valor pertinente ao sigilo bancário não significa qualquer restrição ao poder de investigar e/ou de fiscalizar do Estado, eis que o Ministério Público, as corporações policiais e os órgãos incumbidos da Administração Tributária e previdenciária do Poder Público sempre poderão requerer aos juízes e Tribunais que ordenem às instituições financeiras o fornecimento das informações reputadas essenciais à apuração dos fatos; (5) a exigência constitucional de reserva de jurisdição, em tema de quebra de sigilo bancário e/ou fiscal, certamente inibirá o Poder Público de ultrapassar os limites juridicamente estabelecidos que lhe restringem, sob a égide do regime democrático, a atividade probatória, pois desestimulará aventuras irresponsáveis e atitudes temerárias dos órgãos e agentes fiscais, do Ministério Público e da Polícia Judiciária, impedindo-os de proceder, caso dispensada fosse a existência de ordem judicial escrita, específica e fundamentada, a verdadeiras e lesivas `fishing expeditions`, medidas essas que se traduzem em ilícitas investigações meramente especulativas e randômicas, de caráter exploratório, também conhecidas como diligências de prospecção, simplesmente vedadas pelo ordenamento jurídico brasileiro, como resulta não só da doutrina, mas, também, da jurisprudência do Superior Tribunal de Justiça e desta própria Suprema Corte; (6) o Supremo Tribunal Federal reconhece na denominada "representação fiscal para fins penais" a condição de simples

◆ Cap. 13 ◆ DIREITOS E GARANTIAS FUNDAMENTAIS

comunicação formal de suposta prática delituosa (...); (7) diante da garantia constitucional de proteção ao sigilo bancário e fiscal, devem constar da mencionada `representação fiscal para fins penais`, instruindo-a, unicamente a descrição objetiva do fato alegadamente delituoso, além de outros dados informativos referentes ao contribuinte a quem se atribui o cometimento de delitos contra a ordem tributária ou de crimes contra a Previdência Social. Não se revela possível, contudo, em referida representação, a remessa — aos órgãos incumbidos da persecução penal — de peças documentais protegidas pela cláusula constitucional do sigilo, tais como extratos bancários, declarações de imposto de renda, livros contábeis, p. ex.; (8) o papel institucional da Unidade de Inteligência Financeira do Brasil compreende — considerado o arcabouço normativo que lhe conferiu identidade e finalidade próprias (Lei n. 9.613/98, MPv n. 893/2019 e Dec. n. 9.663/2019) —, o desempenho de funções de inteligência e de gestão de informações voltadas a dar efetividade, no território brasileiro, à política global antilavagem (9) a atuação institucional da Unidade de Inteligência Financeira do Brasil qualifica-se, quanto à natureza, por sua relativa passividade, uma vez que se limita a receber, monitorar e sistematizar informações oriundas, especialmente, de instituições financeiras e a promover, em momento subsequente, o intercâmbio desses dados sensíveis não apenas com os órgãos responsáveis, no plano interno, pela persecução penal, mas, também, com Unidades de Inteligência Financeira de outros países (Lei n. 9.613/98, art. 14, 2º c/c o Decreto nº 9.963/2019, arts. 9º, XI e 11, VI), tudo com o propósito de aperfeiçoar, por meio de ações de inteligência e de gerenciamento de dados, a política de prevenção e de repressão aos crimes de lavagem de dinheiro e de financiamento ao terrorismo, dentre outros ilícitos penais; (10) é incompatível com as próprias funções institucionais das Unidades de Inteligência Financeira, tal como concebidas e estruturadas tanto pelo GAFI, no plano global, quanto pela OEA, no âmbito regional, a pretensão de fazer incidir, quanto a elas (UIFs), a cláusula inscrita no § 2º do art. 5º da Lei Complementar n. 105/2001, sob pena de o Brasil incorrer na prática de um ilícito internacional e dar ensejo, em consequência, à instauração, no plano do Direito das Gentes, de um conflito de igual natureza; (11) a estrutura de normatividade que conforma, no plano doméstico, o exercício da missão pública e do papel institucional atribuídos, no âmbito internacional, à Unidade de Inteligência Financeira do Brasil (antigo COAF), não se ressente de qualquer eiva de inconstitucionalidade senão que apenas reflete, como precedentemente assinalado, o fiel cumprimento de obrigações assumidas pelo Estado brasileiro, seja no domínio global, seja na esfera regional (na qual se projeta a atuação da Organização dos Estados Americanos — OEA)."

Como não é o Estado-Administração que *diz o direito*, que *garante* as liberdades públicas, a *tutela* dos direitos do homem, aqui amplamente tomada, é missão conferida ao *Estado-Juiz*, ainda mais no que tange ao controle dos atos ligados à privacidade.

Entregar a vida bancária e fiscal dos outros aos desígnios da Receita Federal, permitindo o livre acesso às contas dos contribuintes, cruzamentos de movimentações bancárias, e até a reabertura de processos já encerrados, é consagrar o retorno dos tribunais inquisitórios, que investigavam, acusavam, julgavam e condenavam ao mesmo tempo.

Ora, como ficam o vetor da proporcionalidade, a inafastabilidade do controle jurisdicional e o princípio do juiz natural, entre outras liberdades públicas do Texto de 1988?

Alguns poderiam dizer que esse posicionamento peca pelo formalismo.

O respeito à privacidade humana, porém, está acima de qualquer rótulo. No momento que o legislador possibilita a quebra dos sigilos bancário ou fiscal sem o devido controle judiciário, está, na realidade, *quebrando* as garantias fundamentais do cidadão, *matando*, em última análise, o direito à privacidade, que não tolera ingerências de órgãos governamentais.

Não estamos defendendo a total impossibilidade de quebra dos sigilos bancário e fiscal, mesmo porque nenhuma liberdade pública é absoluta. Tanto é assim que a Constituição brasileira em nada impede o combate à sonegação fiscal. Apenas impõe critérios para a devassa do segredo: necessidade de autorização judicial (art. 5º, XII) ou determinação proveniente de comissão parlamentar de inquérito (art. 58, § 3º), vedando normas com efeitos retroativos (art. 5º, XXXVI).

De outra parte, se é certo que o segredo de dados pode e deve ser quebrado, desde que esteja configurada a *justa causa* para o seu rompimento, mais exato ainda é que existe um *devido processo legal* a ser observado para a tomada de quaisquer providências.

Precedentes: STF, HC 83.722/SP, Rel. Min. Ellen Gracie, decisão de 20-4-2004; STF, ADIn 1.570/DF, Rel. Min. Maurício Corrêa, decisão de 12-2-2004.

Mas a inconstitucionalidade formal e material do Decreto n. 3.724/2001, que permite a agentes da Receita amplo acesso às informações bancárias ou fiscais de investigados, envolve múltiplos questionamentos de natureza fática. Será que evoluímos democraticamente a ponto de admitir a quebra do sigilo de dados por aqueles que não integram o Poder Judiciário? Que segurança (jurídica) e certeza nas relações teremos a partir de agora? Qual o grau de imparcialidade das decisões emanadas de autoridades administrativas?

Deixemos essas questões para a meditação de todos, nada obstante o entendimento prevalecente na jurisprudência do Supremo Tribunal Federal no sentido de que é possível a Receita Federal e a Unidade de Inteligência Financeira (UIF) compartilharem com o Ministério Público e com as autoridades policiais, para fins de investigação criminal, a integralidade dos dados bancários e fiscais sem a necessidade de ordem judicial (STF, RE 1055941/SP, Rel. Min. Dias Toffoli, j. 28-11-2019).

Seja como for, não resta dúvida: os corifeus do "direito globalizado" estão fulminando a Constituição. É o caso do Decreto n. 3.724/2001, que, ao regulamentar preceito da Lei Complementar n. 105/2001, conferiu à Receita Federal o poder de requisitar informações sobre movimentação financeira **(i)** ao presidente do Banco Central do Brasil; **(ii)** ao presidente da Comissão de Valores Mobiliários ou a seu preposto; **(iii)** ao presidente de instituição financeira, ou entidade a ela equiparada, ou a seu preposto; e **(iv)** a gerente de agência (art. 4º, § 1º).

Quer dizer, um ato normativo primário, inerente à competência exclusiva do Congresso Nacional, não sujeito a sanção nem a veto, discutido por maioria simples, passou por cima da Carta Magna, ferindo prerrogativas comezinhas de pessoas físicas e jurídicas, a exemplo da dignidade (CF, art. 1º, III) e da privacidade (CF, art. 5º, X).

d.1) Primeiro estágio da jurisprudência do STF: quebra de sigilo só com ordem judicial

No RE 389.808, o Supremo Tribunal Federal havia concluído que a quebra de sigilo bancário só poderia ocorrer mediante ordem judicial.

Com efeito, a Corte, em sua composição plenária e por maioria de votos, deu provimento ao mencionado recurso extraordinário, no qual uma empresa questionava o acesso da Receita Federal a suas informações fiscais sem fundamentação, nem decisão do Poder Judiciário (STF, Pleno, RE 389.808/PR, Rel. Min. Marco Aurélio, j. em 15-12-2010).

Por cinco votos a quatro, os ministros entenderam que tais dados só poderiam ser obtidos via ordem expressa do Poder Judiciário, e não mediante mero procedimento fiscal.

Ficaram vencidos os Ministros Dias Toffoli, Cármen Lúcia, Ayres Britto e Ellen Gracie. O caso concreto foi o seguinte: o Banco Santander comunicou à empresa que a Delegacia da Receita Federal do Brasil, com base na Lei Complementar n. 105/2001, determinou que lhe fossem entregues todos os dados bancários da correntista.

Após recorrer, sem êxito, ao Tribunal Regional Federal da 4ª Região, que permitiu "o acesso da autoridade fiscal a dados relativos à movimentação financeira dos contribuintes, no bojo do procedimento fiscal regularmente instaurado", a empresa bateu às portas do Supremo Tribunal Federal. Argumentou, com propriedade, que registros sigilosos foram devassados, sem a mínima fundamentação, obrigando ao Santander, sem sentença judicial, a apresentar seus extratos bancários. Demonstrou, de modo acertado, que a Lei n. 10.174/2001, a Lei Complementar n. 105/2001 e o Decreto n. 3.724/2001 não possuem qualquer respaldo constitucional.

O Ministro Marco Aurélio, relator, ao votar pelo provimento do recurso, no que foi acompanhado pelos Ministros Celso de Mello, Ricardo Lewandowski, Gilmar Mendes e Cezar Peluso, ensinou que o princípio da dignidade da pessoa humana deveria ser levado em conta (CF, art. 1º, III). Isso porque a vida em sociedade pressupõe segurança e estabilidade, e não a surpresa. E, para garantir isso, é necessário o respeito à inviolabilidade das informações do cidadão e à privacidade. A exceção, para mitigar essa regra, só pode vir por ordem judicial, resguardando-se pessoas físicas e jurídicas de atos extravagantes que possam, de alguma forma, ferir a sua dignidade.

◆ Cap. 13 ◆ DIREITOS E GARANTIAS FUNDAMENTAIS **473**

Explicou o Ministro Marco Aurélio que a quebra do sigilo por procedimento fiscal banaliza a Constituição da República, que tutela o direito à privacidade. Logo, só se afigura possível quebrar o sigilo bancário de pessoas naturais e jurídicas por intermédio de sentença judicial. O Ministro Gilmar Mendes, por sua vez, invocou o princípio da reserva de jurisdição, algo que o Ministro Celso de Mello demonstrou em seu substancioso voto (STF, Pleno, RE 389.808/PR, Rel. Min. Marco Aurélio, j. em 15-12-2010).

Convém abrir um parêntese em nosso estudo para lembrar que o Supremo Tribunal Federal já tinha enfrentado a problemática do **compartilhamento de dados sigilosos a órgãos administrativos fiscais**.

Em sua composição plenária, a Corte desproveu agravo regimental, interposto contra decisão monocrática do Ministro Ricardo Lewandowski, que havia indeferido pedido de compartilhamento com a Receita Federal de informações obtidas por meio de quebra de sigilo bancário do investigado.

Nesse julgado, merecem destaque as seguintes teses: (**i**) dados fiscais devem permanecer adstritos ao objeto da investigação, ainda mais quando se tratar de persecução penal; (**ii**) a apuração de possíveis ilícitos penais tributários, supostamente praticados por investigados, devem guardar conexão com o objeto do inquérito; e (**iii**) o compartilhamento de informações para compor a instrução de procedimento administrativo fiscal fere a cláusula constitucional do devido processo legal, ensejando nulidade de eventual crédito tributário que venha a ser constituído (STF, Inq. 2.593-AgR/DF, Rel. Min. Ricardo Lewandowski, j. em 9-12-2010).

d.2) Segundo estágio da jurisprudência do STF: quebra de sigilo sem ordem judicial

Modificando a diretriz pretoriana que vinha trilhando, o Supremo Tribunal Federal, em sua composição plenária, julgou, conjuntamente, ações diretas de inconstitucionalidade que discutiam a possibilidade de agentes tributários determinarem a quebra dos sigilos bancário e fiscal sem ordem judicial (LC n. 104/2001, art. 1º; LC n. 105/2001, arts. 1º, §§ 3º e 4º; 3º, §§ 3º, 5º e 6º; Decreto n. 3.724/2001; Decreto n. 4.489/2002; e Decreto n. 4.545/2002).

O relator, Min. Dias Toffoli, julgou improcedentes os pedidos formulados nas ações diretas. Foi acompanhado pelos Ministros Edson Fachin, Teori Zavascki, Rosa Weber, Cármen Lúcia e, em parte, por Luís Roberto Barroso (STF, ADI 2.390/DF, ADI 2.386/DF e ADI 2.397/DF, Rel. Min. Dias Toffoli, j. 24-2-2016).

Vejamos, ponto a ponto, o sumo das teses defendidas pelo relator.

Alegação de inconstitucionalidade da expressão "do inquérito ou" (§ 4º do art. 1º da LC n. 105/2001): esta norma não cuidou da transferência de informações bancárias ao Fisco e apenas diz respeito à investigação criminal no campo do inquérito policial, seara na qual se admite a quebra de sigilo bancário, quando presentes indícios de prática criminosa. Precedentes: STF, AC 3.872 AgR/DF, *DJe* de 13-11-2015; HC 125.585 AgR/PE, *DJe* de 19-12-2014; Inq 897 AgR/DF, *DJU* de 24-3-1995 (STF, ADI 2.390/DF, ADI 2.386/DF e ADI 2.397/DF, Rel. Min. Dias Toffoli, j. 24-2-2016).

Arts. 5º e 6º da LC n. 105/2001: esses preceitos em nada ferem direitos fundamentais, notadamente o direito à intimidade, sendo constitucionais. É clara a confluência entre os deveres do contribuinte de pagar tributos e os deveres do Fisco de bem tributar e fiscalizar. Existem compromissos internacionais assumidos pelo Brasil. E, para falar em "quebra de sigilo bancário" pelos preceitos impugnados, necessário seria vislumbrar, em seus comandos, autorização para a exposição das informações bancárias obtidas pelo Fisco. Só que a previsão de circulação dos dados bancários não se aplica aos dispositivos questionados, que consagram, expressamente, a permanência no sigilo das informações obtidas com base em seus comandos. Neste caso, não há, propriamente, quebra de sigilo, mas transferência de sigilo dos bancos ao Fisco. Nessa transmutação, inexiste qualquer diferença entre uma e outra espécie de sigilo que possa apontar para uma menor seriedade do sigilo fiscal em face do bancário. Ao contrário, os segredos impostos às instituições financeiras, muitas das quais de natureza privada, mantêm-se, com ainda mais razão, com relação aos órgãos fiscais integrantes da Administração Pública, submetidos à mais estrita legalidade (STF, ADI 2.390/DF, ADI 2.386/DF e ADI 2.397/DF, Rel. Min. Dias Toffoli, j. 24-2-2016).

A LC n. 105/2001 possibilita o acesso a dados bancários pelo Fisco: a LC n. 105/2001 permite a identificação, com maior precisão, por meio de legítima atividade fiscalizatória, do patrimônio, dos rendimentos e das atividades econômicas do contribuinte. Não permite, contudo, a divulgação dessas informações, resguardando-se a intimidade e a vida íntima do correntista. E esse resguardo se torna evidente com a leitura sistemática da lei em questão. Esta seria, em verdade, bastante protetiva na ponderação entre o acesso aos dados bancários do contribuinte e o exercício da atividade fiscalizatória pelo Fisco. Além de consistir em medida fiscalizatória sigilosa e pontual, o acesso amplo a dados bancários pelo Fisco requer a existência de processo administrativo — ou procedimento fiscal. Isso, por si, já atrai para o contribuinte todas as garantias da Lei n. 9.784/99, dentre as quais a observância dos princípios da finalidade, da motivação, da proporcionalidade e do interesse público, a permitir extensa possibilidade de controle sobre os atos da Administração Fiscal. De todo modo, por se tratar de mero compartilhamento de informações sigilosas, seria mais adequado situar as previsões legais combatidas na categoria de elementos concretizadores dos deveres dos cidadãos e do Fisco na implementação da justiça social, a qual teria, como um de seus mais poderosos instrumentos, a tributação. O dever fundamental de pagar tributos, pois, está fincado na ideia de solidariedade social. Assim, dado que o pagamento de tributos, no Brasil, é um dever fundamental, representando o contributo de cada cidadão para a manutenção e o desenvolvimento de um Estado que promove direitos fundamentais, urge que se adotem mecanismos efetivos de combate à sonegação fiscal (STF, ADI 2.390/DF, ADI 2.386/DF e ADI 2.397/DF, Rel. Min. Dias Toffoli, j. 24-2-2016).

Art. 1º da LC n. 104/2001; art. 198, §§ 1º, inciso II, e 2º, do Código Tributário Nacional: tais preceitos reportam-se ao sigilo imposto à Receita Federal quando essa detivesse informações sobre a situação econômica e financeira do contribuinte. Esses dispositivos autorizam o compartilhamento de tais informações com autoridades administrativas, no interesse da Administração Pública, desde que comprovada a instauração de processo administrativo, no órgão ou entidade a que pertence a autoridade solicitante, destinado a investigar, pela prática de infração administrativa, o sujeito passivo. Neste ponto, o legislador criou mecanismos impeditivos da circulação ou do extravasamento das informações relativas ao contribuinte. Diante das cautelas fixadas na lei, não há, propriamente, quebra de sigilo, mas transferência de informações sigilosas no âmbito da Administração Pública (STF, ADI 2.390/DF, ADI 2.386/DF e ADI 2.397/DF, Rel. Min. Dias Toffoli, j. 24-2-2016).

Art. 3º, § 3º, da LC n. 105/2001: é prática corrente se determinar ao Banco Central do Brasil (Bacen) e à Comissão de Valores Mobiliários (CVM) que forneçam à Advocacia-Geral da União (AGU) "as informações e documentos necessários à defesa da União nas ações em que seja parte". Isso ocorre porque os órgãos de defesa da União solicitam aos órgãos federais envolvidos em determinada lide informações destinadas a subsidiar a elaboração de contestações, recursos e outros atos processuais. E de nada adianta a possibilidade de acesso aos dados bancários pelo Fisco se não for possível que essa utilização legítima seja objeto de defesa em juízo por meio do órgão por isso responsável, a AGU (STF, ADI 2.390/DF, ADI 2.386/DF e ADI 2.397/DF, Rel. Min. Dias Toffoli, j. 24-2-2016).

Votos vencidos: ficaram vencidos, nesse julgamento, os Ministros Marco Aurélio e Celso de Mello, que conferiam interpretação conforme aos dispositivos legais atacados, de modo a afastar a possibilidade de acesso direto aos dados bancários pelos órgãos públicos, vedado inclusive o compartilhamento de informações. Este só seria possível, consideradas as finalidades previstas na cláusula final do inciso XII do art. 5º da CF, para fins de investigação criminal ou instrução criminal. Nesse sentido, a decretação da quebra do sigilo bancário, ressalvada a competência extraordinária das CPIs (CF, art. 58, § 3º), pressuporia, sempre, a existência de ordem judicial, sem o que não se imporia à instituição financeira o dever de fornecer à Administração Tributária, ao Ministério Público, à Polícia Judiciária ou, ainda, ao TCU as informações que lhes tivessem sido solicitadas (STF, ADI 2.390/DF, ADI 2.386/DF e ADI 2.397/DF, Rel. Min. Dias Toffoli, j. 24-2-2016).

Portanto, antes mesmo de julgar o RE 1055941/SP, o Supremo Tribunal Federal já admitia a quebra do sigilo sem ordem judicial, embora somente nesta assentada tenha ficado insuscetível de dúvidas o seu posicionamento de que a Receita Federal e a Unidade de Inteligência Financeira (UIF) podem, sim, compartilhar com o Ministério Público e com as autoridades policiais, para fins de investigação criminal, a integralidade dos dados bancários e fiscais (STF, RE 1055941/SP, Rel. Min. Dias Toffoli, j. 28-11-2019).

Vale lembrar que, em sede de recurso extraordinário, o Supremo fixado o seu entendimento majoritário de que não é preciso decisão judicial para as autoridades tributárias acessarem dados sigilosos. Referimo-nos ao RE 601.314/SP, julgado em 24-2-2016.

Nesse recurso, a Corte, em sua composição plenária e também por maioria de votos, entendeu que o art. 6º da LC n. 105/2001 não ofende o direito ao sigilo bancário, porque realiza a **igualdade em relação aos cidadãos,** por meio do princípio da capacidade contributiva, bem como estabelece requisitos objetivos e o translado do dever de sigilo da esfera bancária para a fiscal. Por sua vez, a Lei n. 10.174/2001 **não atrai a aplicação do princípio da irretroatividade das leis tributárias,** haja vista o caráter instrumental da norma, nos termos do art. 144, § 1º, do Código Tributário Nacional. No caso concreto, discutia-se a constitucionalidade do acesso aos dados bancários, por parte de autoridades e agentes fiscais tributários da União, dos Estados, do Distrito Federal e dos Municípios, sem autorização judicial, nos termos da LC n. 105/2001. Prevaleceu o entendimento de que o direito à privacidade, ou mesmo à

♦ Cap. 13 ♦ **DIREITOS E GARANTIAS FUNDAMENTAIS** **475**

intimidade, possuem base fática e forte conteúdo jurídico. Portanto, são direitos passíveis de conformação. Não se trataria, segundo a maioria dos Ministros do Supremo, de pura condição restritiva, mas a própria lei poderia estabelecer determinadas delimitações. A quebra de sigilo bancário sem autorização judicial, visando à Administração Tributária, não padece de nenhuma ilegalidade. Por outro lado, o art. 144, § 1º, do Código Tributário Nacional impõe que qualquer método de apuração tributária entre em vigor imediatamente, o que afasta a alegação de retroatividade. **Na verdade, não há que se falar em quebra de sigilo, mas em transferência de sigilo para finalidades de natureza eminentemente fiscal,** decidiram os juízes da Corte. A legislação aplicável garante que se preserve a confidencialidade dos dados, vedado seu repasse a terceiros, estranhos ao próprio Estado, sob pena de responsabilização dos agentes que, eventualmente, praticassem essa infração. Assim, dados sigilosos de interesse fiscal somente podem ser acessados depois da instauração de competente processo administrativo, por ato devidamente motivado, nos moldes hoje preconizados pelo Decreto n. 3.724/2002, compreendidos os três níveis político-administrativos da Federação. É plenamente garantida ao contribuinte sua imediata notificação, sendo-lhe assegurado o acesso aos autos e o direito à extração de cópias de quaisquer documentos ou decisões, para que possa exercer, a todo tempo, o controle jurisdicional dos atos administrativos, nos termos da Lei n. 9.784/99. Vencidos os Ministros Marco Aurélio e Celso de Mello, que davam provimento ao recurso, com base na mesma linha argumentativa que lançaram nas ADIs 2.390/DF, 2.386/DF e 2.397/DF (STF, RE 601.314/SP, Rel. Min. Edson Fachin, j. 24-2-2016).

e) *Quebra dos sigilos bancário e fiscal pelo Ministério Público*

A quebra do sigilo de dados pelo Ministério Público é polêmica, inclusive na jurisprudência do Supremo Tribunal Federal.

Para alguns, a possibilidade de quebra dos sigilos bancário e fiscal pelo Ministério Público da União e Ministérios Públicos dos Estados está consubstanciada no art. 129, VI, da Constituição e na Lei Complementar n. 75/93 (art. 8º, II, IV, VIII, e § 2º), combinada com a Lei n. 8.625/93 (art. 80).

> **Íntegra dos preceitos mencionados:**
> * **Art. 129, VI, da CF** — preceitua que entre as funções institucionais do Ministério Público insere-se a prerrogativa de "expedir notificações nos procedimentos administrativos de sua competência, requisitando informações e documentos para instruí-los, na forma da lei complementar respectiva".
> * **Lei Complementar n. 75, de 20-5-1993** — estabelece a organização, as atribuições e o Estatuto do Ministério Público da União. **Art. 8º,** *caput* —"Para o exercício de suas atribuições, o Ministério Público da União poderá, nos procedimentos de sua competência: (...) **II** — requisitar informações, exames, perícias e documentos de autoridades da Administração Pública direta ou indireta; (...) **IV** — requisitar informações e documentos a entidades privadas; (...) **VIII** — ter acesso incondicional a qualquer banco de dados de caráter público ou relativo a serviço de relevância pública; (...) **§ 2º** Nenhuma autoridade poderá opor ao Ministério Público, sob qualquer pretexto, a exceção de sigilo, sem prejuízo da subsistência do caráter sigiloso da informação, do registro, do dado ou do documento que lhe seja fornecido".
> * **Lei n. 8.625, de 12-2-1993** — consagra a Lei Orgânica Nacional do Ministério Público. **Art. 80** — "Aplicam-se aos Ministérios Públicos dos Estados, subsidiariamente, as normas da Lei Orgânica do Ministério Público da União".

Os defensores da quebra do sigilo de dados pelo *Parquet* afirmam que a Lei Complementar n. 75/93 e a Lei n. 8.625/93, ao atenderem ao disposto no art. 129, VI, da Carta Maior, garantiram aos Ministérios Públicos da União e dos Estados a possibilidade de requisitarem informações bancárias e fiscais, com vistas a instruir procedimentos administrativos na esfera de suas atribuições, sem que isso possa ser tido como ofensa ao direito à privacidade, cujo caráter é relativo, e não absoluto. Por isso, a requisição não poderia ser negada, em nenhuma hipótese, pois seu desatendimento implica crime de prevaricação ou desobediência, conforme for o caso.

> **Conferir:** *RT, 499*:304. Precedentes: STJ, 1ª T., REsp 37.566-5/RS, Rel. Min. Demócrito Reinaldo, v. u., decisão de 2-2-1994 (alicerçado na revogada Lei Complementar n. 40/81, decidiu pela impossibilidade de quebra do sigilo por requisição do Ministério Público, nada obstante a data do julgamento, época em que já existia a atual Lei Orgânica do *Parquet* — Lei n. 8.625/93); TRF, 1ª Região, 4ª T., AMS 92.01.20115-0/RO, Rel. Juíza Eliana Calmon, v. u., decisão de 18-12-1995 (determinou

que o Ministério Público tem o direito de pedir a quebra do sigilo bancário quando o indiciado ou réu estiver sendo acusado de apropriação de bens públicos); TRF, 2ª Região, 1ª T., HC 96.02.98460-9/ RJ, Rel. Des. Chalu Barbosa, *DJ*, 2, de 19-6-1997, p. 45735 (concluiu que o "art. 8º, §§ 1º e 2º, da Lei Complementar n. 75/93 confere ao Ministério Público o acesso a informes bancários, atribuindo--lhes, porém, o dever legal de utilizar os dados obtidos apenas para os fins a que se destinam. Assim, não há que se falar em violação à intimidade e à vida privada, posto que está resguardando o caráter sigiloso das informações, garantindo-se, inclusive, a responsabilização civil e penal, do órgão do Ministério Público, no caso de uso indevido das informações requeridas").

Para nós, o Ministério Público da União e os dos Estados não têm competência para determinar, sem ordem judicial, a ruptura do sigilo de dados (bancário e fiscal), assim como as demais formas de segredo previstas no art. 5º, XII, do Texto Maior (sigilo telegráfico, telefônico e telemático). Embora tenha alcançado posição sobranceira com o advento da Carta de 1988, isso não basta para que exerça atribuições exclusivas do Poder Judiciário. A natureza *administrativa* das funções ministeriais impede que seus membros atuem como se magistrados fossem. Incide, nessa seara, o princípio da reserva de jurisdição, pelo qual é imprescindível mandado do juiz para o rompimento do sigilo.

Nem mesmo a publicidade dos atos governamentais (CF, art. 37, *caput*) ou a prerrogativa institucional de requisitar informações e documentos (CF, art. 129, VI) autorizam a quebra do segredo pelo *Parquet*. Apenas sentença judicial permite a ruptura.

Também não há invocar o princípio da proporcionalidade nessa seara.

Se é certo que as liberdades públicas não são absolutas, e sim maleáveis, aderindo à contingência do fato social cambiante, mais exato ainda é que a quebra do sigilo é da alçada exclusiva do Judiciário. Nenhum outro órgão da República poderá desempenhar idêntica tarefa. O monopólio da *primeira* e da *última palavra*, nessa hipótese, pertence aos juízes. Por isso, autoridades que exercem funções administrativas, a exemplo dos integrantes do Ministério Público, estão proibidas de praticar, *ex propria auctoritate*, atos inerentes à esfera de competência material da judicatura.

Mas, como dito, nem o Supremo Tribunal Federal é unânime a respeito do tema. Ao apreciar mandado de segurança impetrado por instituição bancária contra requisição de informações sobre empréstimos concedidos a usineiros, decidiu, por seis votos a cinco, que o Ministério Público poderia requisitar diretamente informações às instituições financeiras quando se tratasse de envolvimento de dinheiro ou verbas públicas, com base no seu poder de requisição (CF, art. 129, VI) e na publicidade dos atos governamentais (CF, art. 37, *caput*).

> **Precedente do STF:** considerando possível a quebra do sigilo bancário pelo *Parquet*, decidiu o Ministro Sepúlveda Pertence que "o sigilo bancário só existe no Direito brasileiro por força de lei ordinária. Não entendo que se cuide de garantia com *status* constitucional. (...). Da minha leitura, no inciso XII da Lei Fundamental, o que se protege, e de modo absoluto, até em relação ao Poder Judiciário, é a comunicação 'de dados' e não os 'dados', o que tornaria impossível qualquer investigação administrativa, fosse qual fosse. Em princípio, por isso, admitiria que a lei autorizasse autoridades administrativas, com função investigatória e sobretudo o Ministério Público, a obter dados relativos a operações bancárias" (STF, MS 21.729-4/DF, Rel. Min. Sepúlveda Pertence (presidente), v. u., *DJ* de 16-10-1995, p. 34571).

Há decisão no sentido de que inexiste previsão do sigilo bancário no art. 5º, isto é, entre as liberdades públicas da Carta de 1988. Logo, não haveria qualquer impedimento constitucional à sua quebra pelo Ministério Público.

> **Nesse sentido:** STF, MS 21.729/DF, Rel. orig. Min. Marco Aurélio; Rel. p/ acórdão Min. Francisco Rezek, decisão majoritária de 5-10-1995, *RTJ*, 179:225.

Nem todos os componentes do Supremo Tribunal, porém, assim entendem. Os Ministros Marco Aurélio, Maurício Corrêa, Ilmar Galvão e Celso de Mello tiveram oportunidade de considerar inviolável o sigilo bancário, argumentando que só poderia ser rompido mediante decisão judicial, e não por ato do Ministério Público. A maioria dos juízes da Corte, contudo, votaram pela possibilidade de o *Parquet* requisitar informações aos bancos sem ordem judicial (Ministros Sepúlveda Pertence, Néri da Silveira, Moreira Alves, Octavio Gallotti, Sydney Sanches, Carlos Velloso, Francisco Rezek).

◆ Cap. 13 ◆ DIREITOS E GARANTIAS FUNDAMENTAIS

Registro: STF, MS 21.729-4/DF, Rel. Min. Sepúlveda Pertence (presidente), v. m., *DJ* de 16-10-1995, p. 34571. **Impetrante:** Banco do Brasil S/A (arguiu como ato de constrangimento o ofício da Procuradoria-Geral da República requisitando-lhe lista dos beneficiários da liberação de recursos emergenciais do setor sucro-alcooleiro e eventuais débitos para com o banco. Embasou sua argumentação no art. 38 da Lei n. 4.595/64, alegando o seu dever de guardar o sigilo das operações ativas e passivas. Argumentou, ainda, que o art. 8º, § 2º, da LC n. 75/93 não derrogou o dever do sigilo das operações financeiras, já que tal preceito se reporta às autoridades, e não a gestores, como o Banco do Brasil, cuja personalidade jurídica é de direito privado). **Impetrado:** Procurador-Geral da República (embasou sua argumentação no art. 8º, § 2º, da LC n. 75/93).

Em 1999, a 2ª Turma do Supremo Tribunal Federal retomou o assunto. Por unanimidade, decidiu que o Ministério Público não tem legitimidade para requisitar, sem ordem judicial, a quebra do sigilo bancário. Com esse entendimento, manteve acórdão que deferiu *habeas corpus* em favor de gerente de instituição financeira que se negara a fornecer movimentações bancárias de seus clientes à Procuradoria da República.

Decisão do STF: "A norma inscrita no inc. VIII, do art. 129, da CF, não autoriza ao Ministério Público, sem a interferência da autoridade judiciária, quebrar o sigilo bancário de alguém. Se se tem presente que o sigilo bancário é espécie de direito à privacidade, que a CF consagra, art. 5º, X, somente autorização expressa da Constituição legitimaria o Ministério Público a promover, diretamente e sem a intervenção da autoridade judiciária, a quebra do sigilo bancário de qualquer pessoa" (STF, 2ª T., RE 215.301/CE, Rel. Min. Carlos Velloso, v. u., decisão de 13-4-1999, *DJ* de 28-5-1999, p. 24, *RTJ*, 169-2:700).

¤ 28.3.1. *Emenda Constitucional n. 115/2022 e a proteção de dados digitais*

A Emenda Constitucional n. 115, de 10-2-2022, alterou a Constituição Federal a fim de incluir a proteção de dados pessoais entre os direitos e garantias fundamentais. Nesse passo, fixou a competência privativa da União para legislar sobre proteção e tratamento de dados pessoais.

Desse modo, acresceu ao *caput* do art. 5º da Constituição de 1988 o inciso LXXIX, cujo teor é o seguinte: "é assegurado, nos termos da lei, o direito à proteção dos dados pessoais, inclusive nos meios digitais".

A lei ordinária que há de regulamentar a matéria é da competência administrativa da União. Tanto que a própria EC n. 115/2022 acresceu ao art. 21 da *Lex Mater* o inciso XXVI, precisamente para deixar sob os cuidados desse ente federativo a missão de "organizar e fiscalizar a proteção e o tratamento de dados pessoais, nos termos da lei".

Enfatize-se que a EC n. 115/2022 também aditou o inciso XXX ao art. 22 da CF, para que não houvesse qualquer dúvida de que compete privativamente à União legislar sobre "proteção e tratamento de dados pessoais".

Portanto, Estados, Distrito Federal e Municípios não possuem competência para dispor sobre matéria tão sensível à vida de relações. Seu alcance é, sobremodo, significativo. Como tal, apenas uma pessoa política de direito público interno com maior espectro na orografia da distribuição de competências constitucionais, a exemplo da União, está autorizada a regulamentá-la. Deixe-se bem claro: isso não equivale a qualquer desdouro aos demais entes federativos, muito menos exclusão destes. Exclusões geram descompensações em todos os planos da existência, inclusive no campo político-administrativo dos Estados. Mas não se trata disso na espécie.

✧ 28.4. Sigilo das comunicações telefônicas

Comunicação telefônica é a transmissão, emissão, receptação e decodificação de sinais linguísticos, caracteres escritos, imagens, sons, símbolos de qualquer natureza, veiculados pelo telefone estático ou móvel (celular).

O segredo das comunicações telefônicas ou, simplesmente, sigilo telefônico, é um prolongamento do direito à privacidade e à intimidade (CF, art. 5º, X).

Não se compactua com quaisquer *manipulações probatórias*, realizadas por meio de gravações mutiladas por sofisticados meios eletrônicos e computadorizados, que suprimem diálogos, montam conversas, distorcem padrões vocais etc.

O sigilo telefônico pode ser rompido por ordem judicial. Aliás, o sigilo telefônico não se confunde com o sigilo dos *registros telefônicos*. Estes, que não se sujeitam ao princípio da reserva de jurisdição (CF, art. 5º, XII), equivalem às ligações armazenadas e documentadas nas companhias telefônicas. Numa palavra, designam telefonemas feitos no passado, os quais se encontram registrados nos bancos de dados dessas companhias.

Segundo a jurisprudência pacífica do Pretório Excelso, as CPIs, por autoridade própria e sem ordem judicial, também podem quebrar os *registros telefônicos*, que não estão inseridos na reserva absoluta de jurisdição, embora não possam romper o segredo das comunicações telefônicas (sigilo telefônico), o qual só pode ser devassado por ordem judicial (CF, art. 5º, XII)(STF, Pleno, MS 23.452-1/RJ, Rel. Min. Celso de Mello, j. em 16-9-1999; STF, MS 23.454, de 19-8-1999).

Óbvio que o sigilo das comunicações telefônicas não constitui manto protetor, para acobertar práticas ilícitas e, também, imorais e aviltantes da dignidade humana. Em casos de trotes telefônicos, chacotas, maledicências, *bullying*, praxes preconceituosas, discriminatórias, humilhantes, dentre outras aberrações indescritíveis, não há que se cogitar em direito à privacidade do ofensor, muito menos em preservação de seu sigilo telefônico, até porque a Constituição Federal proíbe o anonimato (CF, art. 5º, IV). Portanto, o envio de dados objetivos para a identificação do proprietário da linha, como RG, CPF e endereço, depois de lavrado o auto de infração, em nada fere o sigilo das comunicações telefônicas. Não há que se cogitar de ordem judicial nesses casos, porquanto não incide o mandamento inscrito no art. 5º, XII, da Carta de Outubro.

> **Trote, em serviços de emergência, não é acobertado pelo sigilo telefônico:** em sua composição plenária, o Supremo Tribunal Federal, por unanimidade de votos, julgou válida lei estadual que obrigou as prestadoras de serviços de telecomunicações informarem os dados dos proprietários de linhas telefônicas que passam trotes telefônicos, para acionarem serviços de atendimento de emergência. Prevaleceu a tese de que o diploma legislativo do Estado-membro era, sim, compatível com a Constituição de 1988, pois ele proveio da competência legislativa que compete as unidades jurídicas parciais exercerem. Por outro lado, não é possível que alguém cometa um ilícito se escudando no direito fundamental à privacidade, a fim de se manter no anonimato e fugir da punição. Demais disso, a competência privativa da União não há que ser invocada em tais casos, porque ela concerne à feitura de normas gerais das concessões, e não a leis estaduais as quais devem se sujeitar as empresas (STF, ADI 4924, Rel. Min. Gilmar Mendes, j. 4-11-2021).

a) *Interceptação telefônica*

Interceptação telefônica é a captação feita por terceiro de uma comunicação telefônica, sem o conhecimento dos comunicadores.

Embora submetidas ao regime da Lei n. 9.296/96, a *interceptação* não se confunde com a *escuta telefônica*:

- *interceptação telefônica* — os comunicadores não têm conhecimento de que a conversa deles está sendo captada; e
- *escuta telefônica* — um dos comunicadores sabe que a conversa está sendo captada.

A *interceptação telefônica* apenas pode ser autorizada:

- por sentença judicial (CF, art. 5º, XII);
- nas hipóteses estatuídas pela Lei n. 9.296/96 (CF, art. 5º, XII); e
- para fins de investigação criminal ou instrução processual penal, o que já descarta, por completo, as investigações parlamentares, realizadas por CPIs (CF, art. 5º, XII, c/c a Lei n. 9.296/96, art. 1º, *caput*).

Realmente, as comissões parlamentares de inquérito, embora possam determinar a quebra do sigilo telefônico (= *registros telefônicos*), não detêm competência para ordenar a realização de interceptações telefônicas, modalidade sujeita à reserva absoluta de jurisdição. O mesmo se diga quanto às escutas e gravações telefônicas, também adstritas à ordem judicial (CF, art. 5º, XII).

◆ Cap. 13 ◆ DIREITOS E GARANTIAS FUNDAMENTAIS **479**

a.1) Considerações sobre a Lei n. 9.296/96 (interceptações telefônicas)

A Lei n. 9.296, de 24 de julho de 1996, foi editada para regulamentar o inciso XII, parte final, do art. 5º da Carta de 1988.

> **Fim da polêmica sobre o art. 57 da Lei n. 4.117/62:** com a edição da Lei n. 9.296/96, a parte final do inciso XII do art. 5º recebeu a complementação que necessitava para ter eficácia plena e aplicabilidade imediata. Acabou, pois, a polêmica em torno do art. 57 do Código Brasileiro de Telecomunicações (Lei n. 4.117/62), isto é, se ele foi, ou não, recepcionado pela Carta de 1988, ou se haveria necessidade de norma específica para regular as interceptações telefônicas. Resultado, todos os veredictos do Supremo Tribunal Federal inadmitindo a interceptação telefônica por falta de lei perderam a razão de ser, haja vista o advento da Lei n. 9.296/96. Eis os referidos julgados: STF, HC 69.912-0/RS, Rel. Min. Sepúlveda Pertence; STF, HC 72.588/PB, Rel. Min. Maurício Corrêa; STF, HC 73.351/SP, Rel. Min. Ilmar Galvão; e STF, HC 73.461/SP, Rel. Min. Octavio Gallotti.

Esse verdadeiro *Estatuto jurídico das interceptações telefônicas* possui doze artigos. Vejamos, de modo sintético, o seu conteúdo e significado.

Em primeiro lugar, a interceptação de comunicações telefônicas, de qualquer natureza (incluindo as *escutas telefônicas*), para prova em investigação criminal e em instrução processual penal, dependerá de ordem do juiz competente da ação principal, sob segredo de justiça (Lei n. 9.296/96, art. 1º, *caput*).

> **Interceptação telefônica: exigência de autorização do juiz competente da ação principal (Lei n. 9.296/96, art. 1º):** "Se se cuida de obter a autorização para a interceptação telefônica no curso de processo penal, não suscita dúvidas a regra de competência do art. 1º da Lei n. 9.296/96: só ao juiz da ação penal condenatória — e que dirige toda a instrução —, caberá deferir a medida cautelar incidente. Quando, no entanto, a interceptação telefônica constituir medida cautelar preventiva, ainda no curso das investigações criminais, a mesma norma de competência há de ser entendida e aplicada com temperamentos, para não resultar em absurdos patentes: aí, o ponto de partida à determinação da competência para a ordem judicial de interceptação — não podendo ser o fato imputado, que só a denúncia, eventual e futura, precisará —, haverá de ser o fato suspeitado, objeto dos procedimentos investigatórios em curso. Não induz à ilicitude da prova resultante da interceptação telefônica que a autorização provenha de Juiz Federal — aparentemente competente, à vista do objeto das investigações policiais em curso, ao tempo da decisão — que, posteriormente, se haja declarado incompetente, à vista do andamento delas" (STF, HC 81.260, Rel. Min. Sepúlveda Pertence, *DJ* de 19-4-2002).

Findaram-se, pois, os debates a respeito da possibilidade da interceptação ou da escuta telefônica serem utilizadas como meio de prova e, consequentemente, sobre sua licitude ou ilicitude. A única exigência é que a Lei n. 9.296/96 não seja aplicada retroativamente, isto é, aos casos ocorridos antes da data de sua publicação (*DOU* de 25-7-1996). Esse é o entendimento pacífico do Supremo Tribunal Federal.

> **Precedente:** "É ilícita a prova induzida mediante escuta telefônica autorizada por magistrado, antes do advento da Lei n. 9.296, de 24-7-96, que regulamentou o art. 5º, inc. XII, da Constituição Federal; são igualmente ilícitas, por contaminação, as dela decorrentes: aplicação da doutrina norte-americana dos frutos da árvore venenosa" (STF, 2ª T., HC 74.116/SP, Rel. Min. Néri da Silveira, *DJ*, 1, de 14-3-1997, p. 6903). Em idêntico entendimento: STF, HC 73.250-0/SP, Rel. Min. Marco Aurélio, *DJ*, 1, de 17-10-1997, p. 52490; STF, HC 81.154, Rel. Min. Maurício Corrêa, *DJ* de 19-12-2001.

O disposto na Lei n. 9.296/96 também se aplica à interceptação do fluxo de comunicações em sistemas de informática e telemática (art. 1º, parágrafo único). A Corte Excelsa, com muito acerto, considerou esse preceito *constitucional*, negando medida liminar em sede de ação direta de inconstitucionalidade que pretendia invalidar o art. 1º do diploma normativo em análise, sob o argumento de que a informática e a telemática não estariam inclusas no bojo do art. 5º, XII, da *Lex Mater*.

> **Nesse sentido:** STF, Pleno, ADIn 1.488-9-MC/DF, Rel. Min. Néri da Silveira, *DJ*, 1, de 26-11-1999, p. 63. **Doutrina:** duas correntes se formaram para debater a constitucionalidade do art. 1º, parágrafo

único, da Lei n. 9.296/96. A primeira assegura ser o dispositivo *inconstitucional*, sob o argumento de que a Carta de 1988 somente permitiu a quebra do sigilo telefônico (nesse sentido: Vicente Greco Filho, *Interceptação telefônica*, p. 11-13). A outra corrente, à qual nos filiamos, sustenta ser o preceito *constitucional*, porque as comunicações informática e telemática são espécies do gênero comunicação telefônica (por todos: Damásio E. de Jesus, Interceptação de comunicações telefônicas: notas à Lei n. 9.296, de 24-7-1996, *RT, 735*:458-473).

Mas, pela Lei n. 9.296/96, as interceptações telefônicas só podem ocorrer desde que haja a observância conjunta de três requisitos:

- **Se existirem indícios razoáveis da autoria ou participação em infração penal (art. 2º, I)** — a interceptação telefônica é medida cautelar preparatória (na fase policial) ou medida cautelar incidental (durante a instrução). Como toda providência cautelar, ela deve ter a aparência de um bom direito (*fumus boni juris*), cuja demora em seu exercício compromete a salvaguarda de um direito ou interesse (*periculum in mora*). Por isso, a interceptação telefônica somente pode ser admitida se houver suspeita fundada, lógica, razoável e coerente da responsabilidade criminal da pessoa em face do fato punível. Meras conjecturas das autoridades policiais não autorizam o ato interceptatório. É preciso que venham embasadas "de mais dados, de provas, de indícios outros já existentes, que possibilitem o Juiz valorar a racionalidade da sua decisão em função do princípio da proporcionalidade" (Raúl Cervini e Luiz Flávio Gomes, *Interceptação telefônica: Lei n. 9.296, de 24-7-1996*, p. 180).
- **Se a prova não puder ser obtida por outros meios disponíveis (art. 2º, II)** — evidente que se puderem ser usados outros meios probatórios, como a prova testemunhal ou pericial, não se deve determinar a interceptação, forma drástica e devassadora de esclarecimento da prática delitiva. Aqui vigora o *princípio da proibição do excesso* (*subsidiariedade, intervenção mínima* ou *alternativa menos gravosa*). Outros meios disponíveis "não são os que, materialmente, a autoridade policial tenha à sua disposição, mas sim os meios legais processuais. Caso contrário, a alegação da polícia de que não tem outro meio disponível (p. ex.: falta de peritos etc.) já será bastante para o deferimento da escuta, o que, convenhamos, viria a solapar a lei e a Constituição" (Lênio Luiz Streck, A escuta telefônica e os direitos fundamentais: as necessárias cautelas, p. 4).
- **Se o fato investigado não constituir infração penal punida, no máximo, com pena de detenção (art. 2º, III)** — apenas é possível a interceptação em crime punido com *reclusão*. Ficam excluídas as contravenções penais, que são punidas com prisão simples, e os delitos apenados com detenção. Contudo, se a interceptação telefônica foi executada de maneira lícita e legítima, é possível ser utilizada nas investigações de crimes punidos com reclusão, conexos com os delitos apenados com detenção. Esse é o entendimento do Supremo Tribunal Federal.

Nesse sentido: STF, Pleno, HC 83.515, Rel. Min. Nelson Jobim, decisão de 16-9-2004.

Além desses requisitos, deve-se descrever o objeto que está sendo investigado, apontando os envolvidos e a qualificação deles. Se isso não puder ser feito, resta justificar a falta de dados (Lei n. 9.296/96, art. 2º, parágrafo único).

A interceptação telefônica poderá ser determinada pelo juiz de ofício ou a requerimento da autoridade policial, na investigação criminal e do representante do Ministério Público, tanto na investigação criminal como na instrução processual penal (Lei n. 9.296/96, art. 3º, I e II).

Realizado o pedido de interceptação, que deverá demonstrar a sua necessidade e os meios a serem empregados, o juiz terá o prazo máximo de vinte e quatro horas para decidir sobre ele (Lei n. 9.296/96, art. 4º, §§ 1º e 2º).

A decisão judicial deverá ser fundamentada, sob pena de nulidade. Nesse particular, cumpre ao magistrado indicar a forma de execução da diligência, que não poderá exceder o prazo de quinze dias, renovável por igual período, desde que se comprove a indispensabilidade do meio de prova (Lei n. 9.296/96, art. 5º). Entretanto, a jurisprudência do Supremo Tribunal Federal entendeu que pode haver renovações sucessivas desse prazo, e não apenas uma única renovação da medida, pois há situações extremas que assim exigem.

◆ Cap. 13 ◆ DIREITOS E GARANTIAS FUNDAMENTAIS 481

Renovações sucessivas do prazo quinzenal: o art. 5º da Lei n. 9.296/96 permitiu renovações sucessivas do prazo quinzenal para a interceptação. Todavia, não exigiu que o pedido de renovação fosse precedido da transcrição completa das conversas já interceptadas, o que poderia tornar inexequível a própria investigação. Exigiu, contudo, a elaboração de relatório circunstanciado da polícia com a explicação do teor das conversas interceptadas e, havendo pedido de renovação, da necessidade da continuidade das investigações com o uso desse procedimento (STF, HC 83.515/RS, Rel. Min. Nelson Jobim, j. em 16-9-2004). Nessa linha de raciocínio, a Corte já decidiu que a quebra do sigilo telefônico, e suas respectivas prorrogações, efetuadas com autorização judicial e em casos de grande complexidade, envolvendo organizações criminosas, pode ser prorrogado por mais de 15 dias. Tratava-se de quadrilha composta, na maioria, por policiais civis os quais, resguardados na função pública que ocupavam, praticavam tortura e extorsões. Facilitavam, ainda, a exploração de jogos de azar e o desmanche de veículos furtados, mediante o recebimento de propinas. Ademais, agenciavam serviços advocatícios no distrito policial, para, desse modo, auferirem parte dos honorários do defensor (STF, HC 106.129/MS, Rel. Min. Dias Toffoli, *DJE* de 23-11-2010). **Em sentido contrário:** no julgamento do HC 83.515, entendeu o Min. Marco Aurélio que o prazo legal razoável para conclusão das investigações por meio da interceptação é de quinze dias, renovável, quando demonstrada a imprescindibilidade da medida, por mais quinze dias apenas. Em 2013, a 1ª Turma da Corte Excelsa, por unanimidade, negou pedido para que fosse determinada a transcrição de 40 mil horas de interceptação telefônica, sob o argumento de que foi ultrapassado o prazo legal de 15 dias, prorrogável por idêntico período (STF, HC 117000/RJ, Rel. Min. Marco Aurélio, j. 13-8-2013). **Inconstitucionalidade de norma proibitiva de prorrogação de interceptações telefônicas durante plantão judiciário** – em sua composição plenária, o Supremo Tribunal Federal declarou, por maioria de votos, a inconstitucionalidade de preceito da Resolução 59/2008 do Conselho Nacional de Justiça, que proibia a prorrogação de interceptação telefônicas durante o plantão judiciário, incluindo-se aí recessos e feriados longos, exceto em caso de risco à integridade ou à vida de terceiros (STF, ADI 4.145, Rel. Min. Edson Fachin, j. 26-4-2018).

Deferido o pedido, a autoridade policial conduzirá os procedimentos de interceptação, dando ciência ao Ministério Público, que poderá acompanhar a sua realização (Lei n. 9.296/96, art. 6º, *caput*). No caso de a diligência possibilitar a gravação da comunicação interceptada, será determinada a sua transcrição (Lei n. 9.296/96, art. 6º, § 1º). E, cumprida a diligência, a autoridade policial deverá encaminhar o resultado da interceptação ao juiz, acompanhado de auto circunstanciado, contendo o resumo das operações realizadas (Lei n. 9.296/96, art. 6º, § 2º).

Constitucionalidade de resolução sobre uso de interceptações telefônicas por membros do MP – o Supremo Tribunal Federal, em sua composição plenária e por seis votos a cinco, declarou a constitucionalidade da Resolução 36/2009, do Conselho Nacional do Ministério Público, a qual dispõe sobre o pedido e a utilização das interceptações telefônicas pelos membros do Ministério Público, nos termos da Lei n. 9.296/1996 (Lei das Interceptações Telefônicas). Prevaleceu o raciocínio de que o ato resolutivo se baseia na lei e, portanto, o CNMP não exorbitou do poder regulamentador que lhe foi conferido pelo Texto Magno (STF, ADI 4.263, Rel. Min. Roberto Barroso, j. 25-4-2018).

Em suas diligências, a autoridade policial poderá requisitar o auxílio de serviços e técnicos especializados às concessionárias de serviços públicos (Lei n. 9.296/96, art. 7º). Como o Ministério Público é o fiscal da lei, convém ser comunicado, e, se achar conveniente, poderá acompanhar as diligências.

As provas colhidas permanecerão em segredo de Justiça (Lei n. 9.296/96, art. 8º, *caput*). Se ajuizada a ação penal, os defensores poderão acessá-las, haja vista os princípios do contraditório e da ampla defesa.

Aliás, as interceptações telefônicas, que correm em autos apartados, em nada violam o devido processo legal, o contraditório, a ampla defesa, o juiz natural e a inafastabilidade do advogado. É que se o sujeito soubesse que estaria sendo interceptado não mostraria sua verdadeira conduta. Mas, após as investigações, seus advogados têm o direito constitucional de impugnar as provas obtidas e até apresentar contraprovas.

Entendimento doutrinário: "Devem ser mantidas em sigilo as diligências, gravações e transmissões (art. 8º, *caput*). Isso não significa impossibilidade de acesso do Ministério Público, do indiciado, suspeito, pessoalmente ou por seu advogado, ao material obtido com a operação" (Antônio Scarance Fernandes, *Processo penal constitucional*, p. 96).

A gravação que não interessar à prova será inutilizada por decisão judicial, durante o inquérito, a instrução processual ou após esta, em virtude de requerimento do Ministério Público ou da parte interessada (Lei n. 9.296/96, art. 9º, *caput*). O incidente de inutilização deverá ser assistido pelo Ministério Público, permitida a presença do acusado ou do seu representante legal (Lei n. 9.296/96, art. 9º, parágrafo único).

Finalmente, é crime realizar interceptações telefônicas, informáticas ou telemáticas sem mandado judicial ou com base em objetivos não autorizados pelo legislador. O mesmo se diga quanto à quebra do segredo de Justiça que deve presidir os trabalhos de investigação (Lei n. 9.296/96, art. 10).

b) Interceptação telefônica em face do sigilo profissional

O sigilo profissional impede a interceptação de comunicações entre o acusado e o seu defensor. Trata-se de uma garantia decorrente do devido processo legal (CF, art. 5º, LIV), garantia, contudo, que não se aplica quando o profissional estiver envolvido na prática de crimes. Nesse caso, não estará atuando no exercício lícito e legítimo do seu *munus*, mas sim agindo como partícipe de atividade delituosa.

Nesse sentido: STF, Pleno, AgRg no HC 83.966, Rel. Min. Celso de Mello, decisão de 23-6-2004.

Os profissionais sabem dos negócios, das desavenças, das mazelas e alegrias da vida de seus consulentes, que lhes confidenciam tanto as fraquezas como os momentos de glória.

Regulamentação do sigilo profissional: o ordenamento brasileiro é pródigo quanto ao dever do sigilo profissional. Diversos diplomas normativos, a começar pela Constituição da República (art. 5º, XIV), garantem a sua obrigatoriedade. Nesse particular, citem-se, apenas, o Código Civil (art. 229, I), o Código de Processo Civil de 2015 (arts. 388, II; 404, IV; 448, II), o Código Penal (art. 154) e o Código de Processo Penal (art. 207). A consagração dessas normas levou em conta que todo profissional cumpridor dos seus deveres tem muito do sacerdote quando ouve a confissão de seu cliente sobre fatos íntimos ou atos praticados (Santo Agostinho, *Confissões*, p. 218).

Se um advogado, por exemplo, estiver envolvido em atividades criminosas, devidamente comprovadas (não meras suspeitas de seu envolvimento ou conjecturas abstratas), a interceptação poderá ocorrer, mas somente mediante decisão judicial fundamentada e com fiel observância aos ditames da Lei n. 9.296/96.

Precedente: STF, Pleno, Extr. 855/República do Chile, Rel. Min. Celso de Mello, decisão de 26-8-2004.

Comissões parlamentares de inquérito não detêm essa competência.

Precedente: em sua composição plenária, o Pretório Excelso confirmou que a convocação de advogado para prestar depoimento a comissão parlamentar de inquérito não representa violência ao disposto no art. 133 da Constituição. Porém, se for o caso, o causídico "invocará, perante a CPI, sempre com possibilidade de ser requerido o controle judicial, os direitos decorrentes do seu *status* profissional, sujeitos os que se excederem ao crime de abuso de autoridade" (STF, Pleno, HC 71.231/RJ, Rel. Min. Carlos Velloso).

O Supremo Tribunal Federal assim tem decidido, pois a cláusula de reserva que protege as relações advogado/cliente, quaisquer que sejam os meios amparados pelo estatuto do sigilo e pela nota da confidencialidade, deve ser respeitada *in totum*.

Nesse sentido: STF, Pleno, MS 23.452-1/RJ, Rel. Min. Celso de Mello, j. em 16-9-1999. Precedente citado: STF, MS 23.454, de 19-8-1999.

◆ Cap. 13 ◆ DIREITOS E GARANTIAS FUNDAMENTAIS

c) *Gravação clandestina*

Gravação clandestina é a captação de conversa pessoal, telefônica ou ambiental.

> **Gravação ambiental clandestina:** é aquela em que se capta, de modo sub-reptício, a conversa travada entre pessoas, sem que estas saibam, sendo efetuada por um dos presentes dentro do ambiente onde se situam os interlocutores. Trata-se de praxe inadmissível no regime das liberdades públicas. Deve ser repelida, venha de onde vier, porque pisoteia os mais comezinhos princípios estruturantes do Estado Democrático de Direito.

É captada no exato momento da realização do diálogo por um dos interlocutores, ou por terceira pessoa, com seu consentimento, mas sem que os demais sujeitos, envolvidos na conversa, saibam.

Também chamada de *gravação fraudulenta* ou *sub-reptícia*, ela se realiza mediante o uso de aparelhos eletrônicos ocultos, e não se confunde com a *interceptação telefônica*.

Enquanto a *gravação clandestina* fere o disposto no inciso X, a *interceptação telefônica* sem ordem judicial afronta o inciso XII, ambos do art. 5º da Carta Magna.

Interessante observar que a Lei n. 9.296/96, relativa às *interceptações telefônicas*, não se aplica, por analogia, à *gravação clandestina*.

Aliás, inexiste diploma normativo regulando o assunto no Brasil.

> **Direito Comparado:** não há notícia, no Direito Comparado, de regulamentação legislativa para as gravações clandestinas. Em nosso país, o Projeto de Lei n. 3.514/89 considerou-as lícitas apenas como meio probatório de direito ameaçado ou violado do interlocutor que gravou a conversa.

Para nós, qualquer preceito autorizativo de *gravações clandestinas* é, flagrantemente, inconstitucional, porque o regime democrático, a legalidade, a dignidade humana, a presunção de inocência, a honra, a privacidade, a intimidade e a imagem das pessoas são invioláveis.

As *gravações clandestinas* são provas ilícitas. Se divulgadas, constituem crime. Devem ser execradas, em nome da moral, do bom senso e dos ideais que corporificam o Estado de Direito (CF, art. 1º, *caput*). Divulgá-las, à luz de meras suposições, constitui crime (CP, art. 153).

Nelas, um dos interlocutores desconhece que a sua voz ou imagem estão sendo registradas por gravadores, microfilmadoras, máquinas fotográficas, ou outros equipamentos tecnológicos. Se alguém carrega gravador na bolsa para registrar diálogo, supondo ser vítima de algo, e, em seguida, corta trechos da conversa que não interessam ao patrocínio de seus interesses sórdidos, está praticando *gravação clandestina*. Também a realiza o sujeito que distorce padrões vocais ou altera sons e imagens. Em ambos os exemplos estamos diante de *provas ilícitas*, inadmissíveis no processo (CF, art. 5º, LVI), e que ensejam ação de indenização por danos materiais e morais (CF, art. 5º, V e X).

Como não existe supedâneo legislativo para embasar as *gravações clandestinas*, elas não valem como prova, principalmente se utilizadas para fins incriminatórios.

A única ressalva que poderia ser feita é o seu uso para inocentar o acusado de um crime que não cometeu. Aqui, sim, existe uma *justa causa*: a prova da inocência de alguém.

> **Conferir:** Metello Scaparone, Intercettazione di conversazioni tra presenti, *Rivista Italiana di Diritto e Procedura Penale*, 20 (2), 1977.

No geral, a *gravação clandestina* malsina a dignidade humana (CF, art. 1º, III). Também vulnera o princípio da legalidade (CF, art. 5º, II), e não o da ampla defesa (CF, art. 5º, LV), pois quaisquer restrições às liberdades públicas somente podem ser feitas mediante lei em sentido formal.

Ademais, o ato de gravar, clandestinamente, constitui uma ilicitude que, no mínimo, fere a vida privada e a intimidade (CF, art. 5º, X), corrompendo o *direito à reserva* — espaço íntimo da pessoa, que deve ficar a salvo de quaisquer divulgações.

> **Sobre o tema:** Luiz Francisco Torquato Avolio, *Provas ilícitas:* interceptações telefônicas e gravações clandestinas, p. 101-102.

No Supremo Tribunal Federal, o tema divide opiniões.

484 ♦ Uadi Lammêgo Bulos ♦

Há julgados proclamando a licitude da gravação telefônica feita por um dos interlocutores da conversa, sem o conhecimento do outro, sob o argumento de que "o sistema brasileiro é similar ao italiano, onde a tutela do sigilo das comunicações não abrange a gravação" (STF, HC 74.678-1/SP, Rel. Min. Moreira Alves, *DJ*, 1, 15-8-1997, *Ementário de Jurisprudência* n. 1878-2).

Em sua composição plenária, a Corte Excelsa chegou a indeferir, por maioria (vencidos os Ministros Celso de Mello e Marco Aurélio), pedido de *habeas corpus* em que se pretendia o trancamento de ação penal contra magistrado denunciado por crime de exploração de prestígio, com base em conversa telefônica, gravada em secretária eletrônica pela própria pessoa, objeto da proposta. Prevaleceu a tese de que não houve afronta ao art. 5º, XII, da Carta Maior, sob o argumento de que a garantia aí contida se refere à interceptação de conversa telefônica feita por terceiros. Entende a Corte, pois, ser lícita a gravação telefônica feita por um dos interlocutores da conversa, sem o conhecimento do outro. Só haveria violação à lei se a gravação partisse de terceiros.

> **Precedente:** STF, HC 75.338-RJ, Rel. Min. Nelson Jobim, j. em 11-3-1998. **No mesmo sentido decidiu o Tribunal de Justiça de São Paulo:** "Não representa gravação clandestina, de modo a qualificar-se como prova obtida por meio ilícito, a gravação de conversa entre os próprios interlocutores, ainda que a pessoa que se encontra do outro lado da linha não tenha conhecimento de que a conversa estaria sendo gravada" (TJSP, 8ª Câm. Cív., Ag. 187942-1/SP, Rel. Des. Fonseca Tavares, decisão de 3-2-1993, *JTJ*, Lex, *143*:199).

Até mesmo a *gravação ambiental clandestina* já foi admitida pelo Supremo, que considerou *lícito* o uso, no processo criminal, de fita cassete contendo diálogo gravado sem conhecimento de um dos interlocutores.

> **Precedentes:** STF, 2ª T., HC 75.338/RJ, Rel. Min. Nelson Jobim, *DJ* de 25-9-1998, p. 11; STF, RE 232.001/SC, Rel. Min. Carlos Velloso, j. em 3-2-1999, *DJ* de 5-3-1999, p. 43. **Inquérito — gravação ambiental e licitude da prova:** o Ministro Marco Aurélio determinou trancamento de inquérito por entender que sua instauração teve origem em prova obtida por meio ilícito (CF, art. 5º, LVI), qual seja, gravação ambiental, em fita magnética, de diálogo realizada por terceiro sem conhecimento dos interlocutores nem esclarecimento da forma como foi obtida. Em divergência, o Ministro Eros Grau, acompanhado pelos Ministros Carlos Velloso, Ellen Gracie e Carlos Britto, admitiu o processamento do inquérito, ao fundamento de que inexiste a ilicitude apontada, e, ainda que houvesse, ela não teria o condão de contaminar as provas subsequentes (STF, Inq. 2.116-QO/RR, Rel. Min. Marco Aurélio, j. em 1º-8-2005).

E, se não bastasse, a Corte também assegurou a licitude de gravação de conversa telefônica por uma das partes envolvidas.

> **Precedentes:** STF, RE 271.707/RJ, Rel. Min. Sydney Sanches, j. em 20-11-2000, *DJ* de 6-12-2000, p. 51; STF, 1ª T., HC 80.949/RJ, Rel. Min. Sepúlveda Pertence, v. u., j. em 30-10-2001, *DJ* de 14-12-2001, p. 26; STF, RE 226.644/SP, Rel. Min. Ellen Gracie, j. em 13-6-2002, *DJ* de 8-8-2002, p. 68; STF, RE 345.568/PE, Rel. Min. Nelson Jobim, j. em 1º-8-2002, *DJ* de 19-8-2002, p. 62; STF, RE 271.707/RJ, Rel. Min. Sydney Sanches, j. em 20-11-2000, *DJ* de 6-12-2000, p. 51.

Mas existem decisões do Supremo Tribunal Federal, e também do Superior Tribunal de Justiça, que, numa linha assecuratória das liberdades públicas, confirmaram a inadmissibilidade das gravações clandestinas.

> **Precedentes:** STF, *RT*, *603*:178; *RTJ*, *122*:47; STF, HC 63.834-1, Rel. Min. Aldir Passarinho, *DJU* de 5-6-1987, p. 11112; STF, RE 100.094-5, Rel. Min. Rafael Mayer, *RTJ*, *110*:798; STJ, 6ª T., RMS 5.352/60, Rel. p/ acórdão Min. Adhemar Maciel, *DJ*, 1, 25-11-1996, p. 46227; STJ, 4ª T., REsp 2.194-01/RJ, Rel. Min. Fontes de Alencar, *DJ*, 1, de 1º-7-1996.

Num julgado, o Pretório Excelso não admitiu prova de adultério obtida mediante gravação clandestina em fita magnética, numa antiga ação de desquite.

> **Precedente:** STF, *RTJ*, *84*:609.

◆ Cap. 13 ◆ DIREITOS E GARANTIAS FUNDAMENTAIS

485

Noutro, impossibilitou o uso, como meio de prova, de registros contidos na memória de microcomputador e de laudos de degravação telefônica. Por maioria de votos, decidiu que a gravação clandestina, feita por um dos interlocutores sem conhecimento do outro, violou o princípio do contraditório (CF, art. 5º, LV) e o direito à privacidade (CF, art. 5º, X).

> **Nesse sentido:** STF, AP 307-3/DF, Rel. Min. Ilmar Galvão, *DJ*, 1, de 13-10-1995, *Ementário de Jurisprudência* n. 1804-11 (vencidos os Ministros Carlos Velloso, Sepúlveda Pertence e Néri da Silveira). No mesmo sentido: STF, 1ª T., HC 69.818-2/SP, Rel. Min. Sepúlveda Pertence, v. u., *DJ* de 27-11-1992, p. 22302.

Na Ação Penal n. 307-3/DF, explicou o Ministro Celso de Mello o porquê da impossibilidade jurídica do uso de *gravações clandestinas* como meio de prova: "a gravação de conversação com terceiros, feita através de fita magnética, sem o conhecimento de um dos sujeitos da relação dialógica, não pode ser contra este utilizada pelo Estado em juízo, uma vez que esse procedimento — precisamente por realizar-se de modo sub-reptício — envolve quebra evidente de privacidade, sendo, em consequência, nula a eficácia jurídica de prova coligida por esse meio. O fato de um dos interlocutores desconhecer a circunstância de que a conversação que mantém com outrem está sendo objeto de gravação atua, em juízo, como causa obstativa desse meio de prova. O reconhecimento constitucional do direito à privacidade (art. 5º, X) desautoriza o valor probante do conteúdo de fita magnética que registra, de forma clandestina, o diálogo mantido com alguém que venha a sofrer a persecução penal do Estado. A gravação de diálogos privados, quando executada com total desconhecimento de um dos seus partícipes, apresenta-se eivada de absoluta desvalia, especialmente quando o órgão da acusação penal postula, com base nela, a prolação de um decreto condenatório" (STF, voto na AP 307-3/DF, Rel. Min. Ilmar Galvão, *DJ*, 1, de 13-10-1995, *Ementário de Jurisprudência* n. 1804-11)).

> **Também nesse sentido:** "A prova obtida mediante a escuta gravada por terceiro de conversa telefônica alheia é patentemente ilícita em relação ao interlocutor insciente da intromissão indevida, não importando o conteúdo do diálogo assim captado" (STF, HC 80.949, Rel. Min. Sepúlveda Pertence, *DJ* de 14-12-2001).

c.1) Absurdo que deve ser combatido

No Brasil, grava-se a conversa alheia para "fazer prova", deixando-se à míngua o sentimento de respeito ao próximo. Quase todos os dias vemos conjecturas, probabilidades, possibilidades e suposições serem levantadas contra homens e instituições, com base em gravações clandestinas e "grampos de encomenda".

Quando alguém se aproxima de outrem com gravador, ou recurso tecnológico semelhante, uma câmara de filmar escondida, por exemplo, já o faz duvidando do caráter alheio. O primado constitucional de que ninguém é culpado até o trânsito em julgado da sentença condenatória transmuta-se para a absurda parêmia "todo mundo é culpado até que se prove o contrário". Nesse ínterim, a presunção de inocência é olvidada de modo peremptório, nada obstante o fato de consignar robusta garantia constitucional (CF, art. 5º, LVII).

Daí o perigo do entendimento esposado naqueles julgados do Supremo Tribunal, que podem dar margem a generalizações de toda monta. Abrem-se brechas para o uso de expedientes torpes e inescrupulosos, ainda que as diversas decisões proferidas pela Corte tenham sido em situações específicas, possivelmente justificáveis na particularidade das matérias que engendravam.

> **Força dos precedentes:** as decisões do Supremo Tribunal Federal servem de paradigma. Possuem o condão de firmar precedentes, que podem, inclusive, estimular práticas repugnantes ao senso comum. É o caso das *gravações clandestinas*, sujeitas ao inescrupuloso mote: "grava-se porque o Supremo permite e o inciso XII do art. 5º não prevê a hipótese". E nem estamos argumentando com a devassa da privacidade e da intimidade, elementos por si sós justificáveis para se banirem as gravações ambientais. Do mesmo modo que nenhuma liberdade pública é absoluta, o direito não tolera praxes contumeliosas, no mínimo amorais e antiéticas. Um erro não justifica outro.

486 ◆ Uadi Lammêgo Bulos ◆

Quantas vezes suposições e dúvidas são levantadas a respeito de pessoas físicas e jurídicas somente porque "alguém gravou a conversa"?

Deturpam as palavras, vergam-lhes o conteúdo, para adequá-las ao patrocínio de teses maledicentes.

> **Ponderações:** "Será legítimo ao marido gravar conversa íntima com sua mulher e utilizá-la no processo de separação? Será legítimo o advogado de uma das partes juntar aos autos transcrição de conversa telefônica com o advogado da outra parte, na qual este último admitiu algum fato gravoso a seu cliente? Será legítimo ao representante do Ministério Público, sem a ciência dos demais presentes, gravar a audiência e depois utilizar a fita magnética como prova, no recurso, procurando infirmar algum dado constante da ata? A gravação clandestina é um mal e não deve ser estimulada. A privacidade, a confiabilidade no próximo, a ética das relações sociais são valores que merecem preservação" (Luís Roberto Barroso, *Interpretação e aplicação da Constituição*, p. 208-209).

c.2) Quando uma gravação como meio de prova é válida

Uma gravação, como meio de prova, apenas será válida se:

* **for lícita** — não são clandestinas as *gravações feitas com o conhecimento dos interlocutores*. É o caso do aluno que registra, em fita magnética, a aula do seu professor, com o consentimento dele. Também são válidas as gravações, procedidas às claras, de depoimentos, palestras, narrativas, diálogos etc. Nesses casos, a voz, som ou imagem foram captados em obediência a ordem jurídica;

> **Distinções: (i) interceptações feitas por terceiros é crime** — se um terceiro gravar ou interceptar uma conversa entre duas outras pessoas, mesmo de um parente, de um amigo, de um companheiro bem próximo ou de um familiar íntimo, cometerá crime. Trata-se de ato ilícito, que pode sujeitar o seu autor a uma pena de reclusão de dois a quatro anos (Lei n. 9.296/96, art. 10); **(ii) gravação por autoridade policial só com ordem do juiz** — durante a investigação, a autoridade policial poderá gravar conversas telefônicas entre duas ou mais pessoas, desde que esteja previamente munida de ordem *motivada* do juiz. Mas se a polícia gravar conversas telefônicas sem ordem judicial, cometerá ato ilícito; e **(iii) pessoas jurídicas podem gravar conversas autorizadas** — empresas, escritórios comerciais etc. podem gravar os telefonemas de seus funcionários, desde que eles sejam devidamente comunicados desse procedimento, formalizando, por escrito, o ato de aceitação.

* **estiver embasada numa ordem judicial** — é lícita a gravação feita por uma das pessoas que estiver conversando com outro interlocutor para obter a prova de um crime, desde que haja ordem judicial determinando a medida. Sem mandado judicial, avaliando as minudências do caso concreto, as conversas ou encontros gravados, como instrumentos probatórios, estarão despojados de eficácia normativa. Quando a gravação é precedida de ordem judicial ela é *lícita*. Daí o equívoco em dizer que, excepcionalmente, a "gravação clandestina" é permitida. Ora, não há clandestinidade no fato de alguém registrar uma conversação alicerçada numa sentença judicial devidamente fundamentada (CF, art. 93, IX e X). Também não é preciso haver lei ordinária para regular a hipótese, pois incide, nesse particular, o primado constitucional da reserva de jurisdição (CF, art. 5º, XII); e

> **Precedente:** é com base nessas observações que se deve conceber o seguinte julgado: "Gravação magnética de conversação mantida entre vítima e réu. Ilegalidade inexistente. Realização, ademais, com autorização judicial". "(...) descabe cogitar da exigência da interposição de qualquer outro provimento legislativo regulamentador" (STF, HC 74.678-1/SP, Rel. Min. Moreira Alves, *DJ*, 1, de 15-8-1997, *Ementário de Jurisprudência* n. 1878-2).

* **houver *causa provável* da prática delitiva** — somente casos relevantes, avaliados com *racionalidade*, permitem o uso da gravação como meio de prova. Se a gravação servir de apanágio para que seja produzida prova "arranjada" no processo, com base em meras suposições ou possibilidade de suspeitas, a gravação será ilícita, e, portanto, nula. Deve-se respeitar, na verificação da *causa provável*, o direito à honra, à dignidade humana, o direito à privacidade e, até, o princípio da motivação das decisões judiciais (CF, art. 93, IX e X).

◆ Cap. 13 ◆ DIREITOS E GARANTIAS FUNDAMENTAIS

✧ 28.5. Sigilo das comunicações telemáticas

Comunicações telemáticas são as que associam os meios de comunicação à informática.

Surgimento da telemática: a telemática — ciência que estuda a comunicação jungida à informática — surgiu em 1968. Seu crescimento se deu a partir de 1974, com os sistemas telefônicos inteligentes unidos aos microprocessadores (comunicação *modem by modem*, que depois progrediu para o *fax modem*). Hoje, é do conhecimento geral que a informática e a radiofonia estão cada vez mais próximas.

No ordenamento constitucional brasileiro, as comunicações telemáticas são invioláveis (art. 5º, XII), aplicando-se-lhes o disposto na Lei n. 9.296/96.

Em qualquer uma das suas formas de manifestação, as comunicações telemáticas devem permanecer sob sigilo. Sua quebra só será possível por ordem judicial, na forma da Lei n. 9.296/96, para fins de investigação criminal ou instrução processual penal, conforme vimos.

Nem as comissões parlamentares de inquérito podem rompê-las, por força da reserva constitucional de jurisdição, afinal o segredo das comunicações telemáticas somente pode ser revelado por ordem judicial.

Com efeito, as comunicações telemáticas, via *internet*, sujeitam-se ao império do art. 5º, XII, e da Lei n. 9.296/96 (art. 1º, parágrafo único), porque nada mais são que comunicações realizadas via ligação telefônica.

Interpretar as normas constitucionais e legais, aplicáveis à espécie, de outra forma seria desconhecer que muitas empresas de grande porte trabalham com redes independentes, valendo-se de cabos, fios, fibras óticas, satélites, antenas parabólicas, sistema infravermelho etc.

Esses meios de comunicação moderníssimos podem ser interceptados do mesmo modo que os convencionais. Daí o problema da interceptação e uso de *e-mail* como prova.

A sigla *e-mail* é a abreviatura de *electronic mail*, isto é, correio eletrônico. Permite que sejam efetuadas as comunicações em qualquer parte do mundo, por meio do envio de mensagens.

Como o *e-mail* pode ser transmitido para uma malha de servidores até o seu destino, via senha "secreta", ocorrem casos de violação do seu conteúdo, depositado nas caixas postais, colocando em risco o sigilo das comunicações (CF, art. 5º, XII).

Algumas discussões jurídicas vêm sendo debatidas em nível de Tribunais Superiores, tais como a natureza jurídica do *e-mail*, a legalidade de sua interceptação, o regime jurídico a que está sujeito etc.

Sem embargo, sendo o *e-mail*, repita-se, uma comunicação telefônica interagida com a informática, certo é que está sujeito à garantia insculpida no art. 5º, XII. Para que sirva como meio de prova é necessário, em primeiro lugar, verificar o modo de sua interceptação. Só assim é possível perquirir a verdade real ou judiciária.

Anote-se que a autoridade judicial está autorizada, pelo art. 5º, XII, a determinar a interceptação de *e-mail*. O próprio provedor detém esse dado. Para tanto, há de observar os requisitos da Lei n. 9.296/96 (arts. 1º, parágrafo único, 2º e 10).

Só assim o *e-mail* servirá como meio de prova cível, criminal, eleitoral, autoral, administrativa etc. Mediante autorização judicial, poderá haver essa quebra, sem que se coloquem em risco direitos e garantias fundamentais.

A interceptação de *e-mail* é possível no momento em que ele está sendo enviado ou quando já estiver na caixa postal do usuário. Neste último caso, ele se revestirá na forma de uma correspondência, sendo possível a sua quebra apenas por sentença judicial.

> **Uso de *e-mails* como prova:** "Não se pode violar à toa a intimidade de cada cidadão, nem ofender sua dignidade, daí porque é ilícita qualquer prova obtida no campo dessa exceção, sem a devida autorização judicial" (Lourival de Jesus Serejo Sousa, Interceptação e uso de *e-mails* como prova, *Informativo Del Rey*, 6:15).

490 ◆ Uadi Lammêgo Bulos ◆

- **Pessoas jurídicas em face do direito de associação** — conforme o Supremo Tribunal Federal, a liberdade de associação é uma garantia constitucional de duvidosa extensão às pessoas jurídicas.

  Nesse sentido: STF, ADIn 2.054, Rel. Min. Sepúlveda Pertence, *DJ* de 17-10-2003. **Entendimento de Pontes de Miranda:** o direito de associação não alcança "a pessoa jurídica que se proponha a associar-se a outras pessoas jurídicas, ou a pessoas físicas; nem a que deseje aderir ao negócio jurídico de associação" (*Comentários à Constituição de 1967 com a Emenda n. 1, de 1969*, v. 5, p. 608).

- **Restrições** — "é plena a liberdade de associação para fins lícitos, vedada a de caráter paramilitar" (CF, art. 5º, XVII). Assim, vedam-se as associações ilegais e de caráter paramilitar. Elas só se justificam dentro da lei. Ademais, não podem fugir da organização militar do Estado, que não comporta espaço para agremiações bélicas, corpos armados de justiceiros, terroristas etc.

  Organizações paramilitares: corporações privadas de cidadãos ou estrangeiros que se apresentam armados, fardados e até adestrados, embora não integrem os quadros do Exército, nem da polícia de um país. Treinam os seus componentes, possuidores ou não de armamentos particulares, para manusearem armas de fogo ou armas brancas, em operações bélicas ou de extermínio de pessoas. As entidades que se revestem desse caráter logram destinação específica e nem sempre são formadas por militares, policiais ou membros do Exército. No mais, compõem-se de civis, que se associam, ilicitamente. Incluem-se aí os ajuntamentos fardados, que impõem noções de hierarquia, procurando assemelhar-se aos traços característicos dos militares. Não devem ser confundidas com as *associações de militares*. Estas, diferentemente das paramilitares, são lícitas e legítimas, e visam representar a classe. No Império, tivemos a Guarda Nacional, exemplo de organização paramilitar.

- **Dissolução** — "As associações só poderão ser compulsoriamente dissolvidas ou ter suas atividades suspensas por decisão judicial, exigindo-se, no primeiro caso, o trânsito em julgado" (CF, art. 5º, XIX). Somente sentença dos membros do Poder Judiciário pode dissolver o vínculo associativo e em hipóteses extremas. É o caso de se comprovar a prática de atos ilícitos, imorais, contrários à segurança, à ordem pública ou social (Lei de Registros Públicos, art. 115). O processo adotado para dissolver compulsoriamente uma sociedade civil, portadora de personalidade jurídica, que promova atividade imoral ou ilícita, pode ser de iniciativa popular ou do Ministério Público (CPC, art. 1.218, VII). Também é facultado ao Presidente da República suspender, a título precário e temporário, as associações ilícitas ou que tenham conseguido seus registros constitutivos por meio de declarações falsas (Lei n. 9.085/46; Dec.-Lei n. 8/66).

  Recordemos que, pelo Código de Processo Civil de 1973, o processo adotado para dissolver, compulsoriamente, uma sociedade civil, portadora de personalidade jurídica, que promovesse atividade imoral ou ilícita, poderia ser de iniciativa popular ou do Ministério Público (CPC, art. 1.218, VII). O Código de Processo Civil de 2015 não consagrou preceito de idêntico jaez.

- **Liberdade de associação** — "ninguém poderá ser compelido a associar-se ou a permanecer associado" (CF, art. 5º, XX). Eis a *liberdade negativa de associação*. Computa a ideia de que ninguém está obrigado a ingressar em associações, cooperativas, entidades, contra a sua vontade, nem a manter vínculo de permanência. Isso se aplica, incondicionalmente, às pessoas de direito privado, que, por simples ato unilateral de vontade, podem romper os laços da *affectio societatis*. Quanto às pessoas jurídicas de direito público, há certa obrigatoriedade, a exemplo dos conselhos profissionais, órgãos e entidades de classe. A OAB — pessoa jurídica de direito público interno, ligada à Administração indireta — ilustra a hipótese. Em tais instituições de direito público, incide o princípio da solidariedade social, derivado da democracia participativa.

  Casuística do STF:
  - **Liberdade negativa de associação** — a Corte Excelsa reconheceu "sua existência, nos textos constitucionais anteriores, como corolário da liberdade positiva de associação" (STF, ADIn 2.054, Rel. Min. Sepúlveda Pertence, *DJ* de 17-10-2003. Precedente: STF, ADIn 1.416, Rel. Min. Gilmar Mendes, *DJ* de 14-11-2002).

◆ Cap. 13 ◆ DIREITOS E GARANTIAS FUNDAMENTAIS

- **Liberdade de associação e sindicato** — "Não se há de confundir a liberdade de associação, prevista de forma geral no inciso XVII do rol das garantias constitucionais, com a criação, em si, de sindicato" (STF, RE 207.858, Rel. Min. Marco Aurélio, *DJ* de 14-5-1999).
- **Liberdade de associação e confederações sindicais** — "Confederações como a presente são meros organismos de coordenação de entidades sindicais ou não (...), que não integram a hierarquia das entidades sindicais, e que têm sido admitidas em nosso sistema jurídico tão só pelo princípio da liberdade de associação" (STF, ADIn 444, Rel. Min. Moreira Alves, *DJ* de 25-10-1991).

- **Representação dos associados** — "As entidades associativas, quando expressamente autorizadas, têm legitimidade para representar seus filiados judicial ou extrajudicialmente" (CF, art. 5º, XXI). Eis aí o instituto da *representação processual*. O representante não é parte, apenas age em nome do representado. Por isso, a *representação processual* não se confunde com a *substituição processual*. Esta consiste na autorização da lei para que alguém defenda, em nome próprio, na qualidade de autor ou réu, direito alheio em processo judicial. O substituto processual é parte; age em nome próprio, e não em nome do substituído. Seja como for, a representação processual, consagrada no art. 5º, XXI, permite o ingresso em juízo de partidos políticos, sindicatos, confederações, ordens e organizações, para agirem, munidos de *autorização expressa*, em nome dos seus filiados. Essa autorização, a nosso ver, deve ser específica, provindo de cada associado, de nada valendo previsões estatutárias genéricas ou dispositivos da própria lei que criou a entidade. Na jurisprudência do Supremo Tribunal Federal, o assunto é controvertido. Muito se debateu sobre a necessidade, ou não, de expressa e específica autorização para as entidades associativas representarem, judicial ou extrajudicialmente, seus filiados.

  Casuística do STF:
  - **A favor da autorização expressa** — "A autorização para que as entidades associativas tenham legitimidade para representar seus filiados judicialmente tem que ser expressa (CF, art. 5º, XXI), sendo necessário a juntada de instrumento de mandato ou de ata da assembleia geral com poderes específicos, não bastando previsão genérica constante em seu estatuto" (STF, RE 233.297, Rel. Min. Octavio Gallotti, *DJ* de 4-6-1999). No mesmo sentido: STF, RE 225.965-AgRg, Rel. Min. Carlos Velloso, *DJ* de 5-3-1999; STF, AO 152, Rel. Min. Carlos Velloso, *DJ* de 3-3-2000.
  - **Contra a autorização expressa** — "A representação prevista no inciso XXI do artigo 5º da Constituição Federal surge regular quando autorizada a entidade associativa a agir judicial ou extrajudicialmente mediante deliberação em assembleia. Descabe exigir instrumentos de mandatos subscritos pelos associados" (STF, RE 192.305, Rel. Min. Marco Aurélio, *DJ* de 21-5-1999). No mesmo sentido: STF, MS 23.879, *DJ* de 16-11-2001.

- **Criação de associações e cooperativas** — "A criação de associações e, na forma da lei, a de cooperativas independem de autorização, sendo vedada a interferência estatal em seu funcionamento" (CF, art. 5º, XVIII). Aí está a prerrogativa de auto-organização das associações e cooperativas. Elas são autônomas; podem elaborar os seus próprios atos constitutivos, sem ingerências externas.

✦ 31. DIREITO DE PROPRIEDADE (ART. 5º, XXII)

O *direito de propriedade* é a expressão jurídica da *propriedade*. Revela o poder atribuído pela Constituição para o indivíduo usar, gozar e dispor da coisa.

Pelo tratamento constitucional dispensado ao direito de propriedade sentiremos a anatomia do Estado, os princípios básicos que o regem. Saberemos, por exemplo, se é socialista ou capitalista, com todos os pormenores jurídicos, econômicos, políticos e sociais daí evidenciados.

Trata-se, pois, de um direito nodular à fisiologia do Estado e, consequentemente, de toda a base jurídica da sociedade. Daí o seu *status* constitucional, porque ele não é mero direito individual, de natureza privada, e sim uma instituição jurídica que encontra amparo num complexo de normas constitucionais relativas à propriedade.

Por certo, muito já se disse sobre o direito de propriedade, sobretudo no campo civilístico. A influência do Direito Romano impregnou o assunto, prosperando a concepção de que ele não passava de um atributo da personalidade do indivíduo, um direito natural, pois, ligado à ideia de *liberdade*.

Mas, como notou Henri de Page, o *direito de propriedade* foi, aos poucos, distanciando-se de suas bases remotas, consubstanciadas no modelo romanista. Fatores econômicos, políticos, históricos e sociais

492 ◆ Uadi Lammêgo Bulos ◆

repercutiram na sua estrutura e na sua função, concorrendo para desagregar o poder do proprietário, que se fincava na tríade *indivíduo/propriedade/liberdade* (*Porquoi la propriété*, p. 126).

Certamente, a instituição jurídica *propriedade* sofreu mudanças consideráveis, ao longo dos tempos. A multiplicação das transferências coativas, a tutela dos interesses coletivos, difusos e individuais homogêneos fizeram com que o seu exercício fosse relativizado.

> **Caráter relativo do direito de propriedade:** "O direito de propriedade não se reveste de caráter absoluto, eis que, sobre ele, pesa grave hipoteca social, a significar que, descumprida a função social que lhe é inerente (CF, art. 5º, XXIII), legitimar-se-á a intervenção estatal na esfera dominial privada, observados, contudo, para esse efeito, os limites, as formas e os procedimentos fixados na própria Constituição da República. O acesso à terra, a solução dos conflitos sociais, o aproveitamento racional e adequado do imóvel rural, a utilização apropriada dos recursos naturais disponíveis e a preservação do meio ambiente constituem elementos de realização da função social da propriedade" (STF, ADIn 2.213-MC, Rel. Min. Celso de Mello, *DJ* de 23-4-2004).

Daí os limites ao gozo do direito de propriedade, para se evitarem abusos em sua prática.

> **Casuística:**
> - **Reforma agrária** — "O processo de reforma agrária, em uma sociedade estruturada em bases democráticas, não pode ser implementado pelo uso arbitrário da força e pela prática de atos ilícitos de violação possessória, ainda que se cuide de imóveis alegadamente improdutivos" (STF, ADIn 2.213-MC, Rel. Min. Celso de Mello, *DJ* de 23-4-2004).
> - **Criação de reservas florestais** — "A circunstância de o Estado dispor de competência para criar reservas florestais não lhe confere, só por si — considerando-se os princípios que tutelam, em nosso sistema normativo, o direito de propriedade —, a prerrogativa de subtrair-se ao pagamento de indenização compensatória ao particular, quando a atividade pública, decorrente do exercício de atribuições em tema de direito florestal, impedir ou afetar a válida exploração econômica do imóvel por seu proprietário" (STF, RE 134.297, Rel. Min. Celso de Mello, *DJ* de 22-9-1995).
> - **Criação de parques** — "O direito de instituir parques nacionais, estaduais ou municipais há de respeitar o direito de propriedade, assegurado na Constituição Federal. Da queda do muro de Berlim e do desmantelamento do Império Comunista Russo sopram ventos liberais em todo o mundo. O Estado todo poderoso e proprietário de todos os bens e que preserva apenas o interesse coletivo, em detrimento dos direitos e interesses individuais, perde a sobrevivência" (STJ, 1ª T., REsp 32.222/PR, Rel. Min. Garcia Vieira, decisão de 17-5-1993, *DJ*, 1, de 21-6-1993, p. 12351).
> - **Edificação** — "O proprietário do prédio vizinho não ostenta o direito de impedir que se realize edificação capaz de tolher a vista desfrutada a partir de seu imóvel, fundando-se, para isso, no direito de propriedade" (STF, RE 145.023, Rel. Min. Ilmar Galvão, *DJ* de 18-12-1992).
> - **Retenção de dinheiro** — "Independentemente da natureza jurídica que se atribua à retenção, sem autorização judicial, de cruzados novos pelo Banco Central do Brasil, o diploma legal que a determinou (Lei 8.024/90), violou os preceitos constitucionais atinentes ao direito de propriedade" (TRF, 1ª Região, 1ª T., MS 94.01.30312-6/MG, Rel. Juiz Catão Alves, decisão de 27-6-1995, *DJ*, 2, de 18-12-1995, p. 87817). Nesse sentido: TRF, 2ª Região, 1ª T., MS 92.02.12565/RJ, Rel. Juiz Frederico Gueiros, decisão de 14-9-1992, *DJ*, 2, de 1º-12-1992, p. 40326; TRF, 5ª Região, 2ª T., MS 92.05.12772, Rel. Juiz Araken Mariz, decisão de 13-10-1992, *DJ*, 2, de 22-10-1993, p. 1043.

✦ 32. FUNÇÃO SOCIAL DA PROPRIEDADE (ARTS. 5º, XXIII; 170; 182, § 2º; E 186, *CAPUT*)

Função social da propriedade é a destinação economicamente útil da propriedade, em nome do interesse público.

Seu objetivo é otimizar o uso da propriedade, de sorte que não possa ser utilizada em detrimento do progresso e da satisfação da comunidade.

> **Preservação do meio ambiente:** "A própria Constituição da República, ao impor ao poder público dever de fazer respeitar a integridade do patrimônio ambiental, não o inibe, quando necessária a intervenção estatal na esfera dominial privada, de promover a desapropriação de imóveis rurais para fins de reforma agrária, especialmente porque um dos instrumentos de realização da função social da propriedade consiste, precisamente, na submissão do domínio à necessidade de o seu

◆ Cap. 13 ◆ **DIREITOS E GARANTIAS FUNDAMENTAIS** **493**

titular utilizar adequadamente os recursos naturais disponíveis e de fazer preservar o equilíbrio do meio ambiente" (STF, MS 22.164, Rel. Min. Celso de Mello, *DJ* de 17-11-1995).

Foi com base nessa ideia que a Constituição de 1988 assegurou que "a propriedade atenderá a sua função social" (art. 5º, XXII).

Tradição constitucional brasileira: com exceção da Carta de 1937, as constituições brasileiras consagraram a função social da propriedade. Carta Imperial de 1824 (art. 179, n. 22); Constituição de 1891 (art. 72, § 17); Texto de 1934 (art. 113, n. 17); Constituição de 1946 (arts. 141, § 16, e 147); Carta de 1967 (art. 157, III); EC n. 1/69 (art. 160, III).

A propósito, o constituinte mencionou quatro vezes a locução "função social da propriedade" (arts. 5º, XXIII; 170; 182, § 2º; e 186, *caput*).

Pretendeu enfatizar que a propriedade não é mero direito privado, e sim uma instituição voltada ao cumprimento de uma função social.

Casuística do STF:
* **Direito de edificar** — "O direito de edificar é relativo, dado que condicionado à função social da propriedade" (STF, RE 178.836, Rel. Min. Carlos Velloso, *DJ* de 20-8-1999).
* **Função social da propriedade urbana** — "A única hipótese na qual a Constituição admite a progressividade das alíquotas do IPTU é a do art. 182, § 4º, II, destinada a assegurar o cumprimento da função social da propriedade urbana" (STF, AgI 456.513, Rel. Min. Sepúlveda Pertence, *DJ* de 14-11-2003). Nesse sentido: STF, RE 192.737, Rel. Min. Moreira Alves, *DJ* de 5-9-1997.
* **Direito de vizinhança** — "A garantia da função social da propriedade (art. 5º, XXIII, da Constituição) não afeta as normas de composição de conflito de vizinhança insertas no Código Civil, para impor gratuitamente, ao proprietário, a ingerência de outro particular em seu poder de uso, pela circunstância de exercer este último atividade reconhecida como de utilidade pública" (STF, RE 211.385, Rel. Min. Octavio Gallotti, *DJ* de 24-9-1999).

A propriedade que não estiver desempenhando função social deverá ser desapropriada, "mediante prévia e justa indenização em títulos da dívida agrária, com cláusula de preservação do valor real, resgatáveis no prazo de até vinte anos, a partir do segundo ano de sua emissão, e cuja definição será definida em lei" (CF, art. 184, *caput*).

✦ 33. DESAPROPRIAÇÃO (ART. 5º, XXIV)

Desapropriação, ou expropriação, é a transferência compulsória de bens privados para o domínio público.

Trata-se de um procedimento administrativo que engendra, em sua tessitura, um conjunto de atos coordenados à consecução de um fim, englobando as seguintes fases:
* **inicial (ou deflagratória)** — etapa em que há uma declaração de utilidade, necessidade pública e interesse social, para que fique afastada a hipótese de esbulho da propriedade particular (desapropriação indireta, de fato ou ilícita).

Casuística do STF:
* **Súmula 618** — "Na desapropriação, direta ou indireta, a taxa dos juros compensatórios é de 12% (doze por cento) ao ano".
* **Ação de desapropriação indireta e julgamento *extra petita*** — "Não ocorre julgamento *extra petita* se dos fatos alegados e discutidos na ação de desapropriação indireta sobreveio o reconhecimento do direito aos juros compensatórios para integralização do preço, de modo a realizar-se a exigência constitucional de indenização justa e prévia (CF, artigo 5º, XXIV)" (STF, AgI 212.070-AgRg, Rel. Min. Maurício Corrêa, *DJ* de 7-5-1999).
* **Ofensa a justa e prévia indenização** — "De há muito, a jurisprudência desta Corte afirmou que a ação de desapropriação tem caráter real e não pessoal, traduzindo-se numa verdadeira expropriação às avessas, tendo o direito à indenização que daí nasce o mesmo fundamento da garantia constitucional da justa indenização nos casos de desapropriação regular. Não tendo o dispositivo ora impugnado sequer criado uma modalidade de usucapião por ato ilícito com o prazo de cinco anos para, através dele, transcorrido esse prazo, atribuir o direito de propriedade ao Poder

Público sobre a coisa de que ele se apossou administrativamente, é relevante o fundamento jurídico da presente arguição de inconstitucionalidade no sentido de que a prescrição extintiva, ora criada, da ação de indenização por desapropriação indireta fere a garantia constitucional da justa e prévia indenização, a qual se aplica tanto à desapropriação direta como à indireta" (STF, ADIn 2.260-MC, Rel. Min. Moreira Alves, *DJ* de 2-8-2002).

- **final** — etapa em que ocorre a ablação do direito de propriedade, pela série encadeada de atos essenciais, levando ao ato final, que é a adjudicação do bem ao Poder Público ou a seus delegados.

A desapropriação, portanto, constitui um limite ao caráter *perpétuo* do direito de propriedade.

Perpétuo, porque vai além da própria vida do proprietário, transmitindo a seus sucessores e conservando-se independentemente do seu uso.

Outros limites ao direito de propriedade:
- **restrições administrativas** — impedem o proprietário de usar, gozar e dispor da coisa, para satisfazer o interesse público; e
- **servidões administrativas** — cerceiam o caráter *exclusivo* da propriedade, relativizando o princípio constitucional de que somente o proprietário pode titularizá-la.

Como forma drástica de manifestação da soberania interna do Estado Federal, a desapropriação é o expediente discricionário que se efetiva dentro das balizas constitucionais.

Desapropriação × confisco: a desapropriação — filha do Estado Democrático de Direito — surge em sentido contrário ao confisco, instrumento arbitrário dos déspotas e monarcas, que se apropriavam das terras sem qualquer justificativa, muito menos indenização. Nesse sentido: M. Seabra Fagundes, *O controle dos atos administrativos pelo Poder Judiciário*, p. 333.

Na busca pelo bem-estar da coletividade, tem como objetivos:
- contribuir para a execução de obras e serviços públicos;
- implantar e organizar planos de urbanização;
- preservar o meio ambiente contra a poluição e a devastação; e
- indenizar o patrimônio do proprietário, na forma da lei, pois a prática abusiva de atos expropriatórios acarreta o uso de medidas judiciais, tais como o mandado de segurança e a ação popular.

Precedentes: *RTJ*, *34*:12, *35*:11, *77*:48 e *87*:542. **Legislação:** Decreto-lei n. 3.365, de 21-6-1941; Lei n. 4.132, de 10-9-1962; Lei n. 6.602, de 7-12-1978; Decreto-lei n. 1.075, de 22-1-1970; Lei n. 4.593, de 29-12-1964; Lei n. 8.629, de 25-2-1993; Lei Complementar n. 76, de 6-7-1993; Lei n. 9.785, de 29-1-1999; e Lei n. 10.406, de 10-1-2002, art. 1.228, § 3º.

Assim, cabe ao legislador estabelecer "o procedimento para desapropriação por necessidade ou utilidade pública, ou por interesse social, mediante justa e prévia indenização em dinheiro, ressalvados os casos previstos nesta Constituição" (CF, art. 5º, XXIV).

Notícia histórica: no Brasil, a desapropriação antecedeu a Carta Imperial de 1824. Referimo-nos a um decreto de 21-5-1821 que proibia "tomar-se a qualquer, cousa alguma contra a sua vontade, e sem indemnisação" (Brasil, Leis, Decretos etc. *Collecção das Leis do Brazil — 1821*, Rio de Janeiro, Imprensa Nacional, 1889, p. 87-88).

Desse preceito, extrai-se o seguinte:
- **Necessidade pública** — a Administração se depara com problemas inadiáveis e prementes, envolvendo situações que não podem ser procrastinadas, devido à emergência que logram. A única saída viável é transferir para o domínio estatal o bem particular. Exemplo: hipótese legal prevista no art. 1.228, § 3º, do Código Civil.
- **Utilidade pública** — não exige a transferência urgente de bens para o domínio estatal. Exemplo: casos enumerados no Decreto-lei n. 3.365/41.

Casuística do STF:
- **Súmula 652** — "Não contraria a Constituição o art. 15, § 1º, do Decreto-lei 3.365/1941 (Lei da desapropriação por utilidade pública)".

◆ Cap. 13 ◆ DIREITOS E GARANTIAS FUNDAMENTAIS **495**

- **Imóvel urbano — desapropriação por utilidade pública** — "Acórdão que declarou a sua ilegalidade, por ausência de plano diretor e de notificação prévia ao proprietário para que promovesse seu adequado aproveitamento, na forma do art. 182 e parágrafos da Constituição. Descabimento, entretanto, dessas exigências, se não se está diante da desapropriação-sanção prevista no art. 182, § 4º, III, da Constituição de 1988, mas de ato embasado no art. 5º, XXIV, da mesma Carta, para o qual se acha perfeitamente legitimada a Municipalidade" (STF, RE 161.552, Rel. Min. Ilmar Galvão, *DJ* de 6-2-1998).

- **Interesse social (CF, art. 184 e §§ 1º a 5º)** — recai naquelas situações em que o ato expropriatório objetiva trazer melhoria de vida às classes mais pobres, distribuir de modo equitativo a riqueza, para atenuar as desigualdades sociais. Exemplo: casos listados na Lei n. 4.132/62.

  Desapropriação, por interesse social, de imóvel rural: "Encontra ressonância na doutrina e na jurisprudência a competência dos demais entes da Federação para proceder à desapropriação, por interesse social, de imóvel rural, com pagamento de prévia e justa indenização em dinheiro. Aqui não se cogita se a propriedade é produtiva, se é latifúndio ou não. Não se trata de sanção pelo mau uso da propriedade. Na realidade, o ente estatal, para desenvolver políticas públicas relacionadas com interesse social específico, expropria e paga a devida indenização ao expropriado, como no caso, sem que com isso invada competência própria da União Federal" (STF, SS 2.217, Rel. Min. Maurício Corrêa, *DJ* de 9-9-2003).

- **Indenização justa** — reflete o valor real do bem expropriado, nem para o mínimo, nem para o máximo. Envolve os danos emergentes, os lucros cessantes, os juros compensatórios e moratórios, despesas judiciais, honorários advocatícios e correção monetária.

  Precedentes: STF, 1ª T., AgRg 161.487/SP, Rel. Min. Ilmar Galvão, decisão de 4-10-1994; STF, 1ª T., AgRg 171.381-1/SP, Rel. Min. Sydney Sanches, decisão de 18-12-1995; STF, 1ª T., REsp 50.584/SP, Rel. Min. Milton Luiz Pereira, decisão de 30-8-1995.

- **Indenização prévia** — o expropriante, antes mesmo de ocupar o imóvel, deverá pagar ou depositar a quantia em moeda corrente, sob pena de violação ao mandamento constitucional.

  Precedente: TJSP, AgI 200.819-2/Guarulhos, Rel. Des. Renan Lotufo, decisão de 15-2-1995.

- **Indenização em dinheiro** — o expropriante deverá pagar o expropriado em moeda corrente, ressalvados os casos previstos na Constituição.

  Imissão provisória na posse: "Subsiste, no regime da Constituição Federal de 1988 (art. 5º, XXIV), a jurisprudência firmada pelo Supremo Tribunal sob a égide das Cartas anteriores, ao assentar que só a perda da propriedade, no final da ação de desapropriação — e não a imissão provisória na posse do imóvel — está compreendida na garantia da justa e prévia indenização" (STF, RE 195.586, Rel. Min. Octavio Gallotti, *DJ* de 26-4-1996). No mesmo sentido: STF, RE 141.795, *DJ* de 29-9-1995; STF, RE 184.069, *DJ* de 8-3-2002; STF, RE 176.108, *DJ* de 26-2-1999.

- **Exceções constitucionais** — em regra, o ato expropriatório será indenizado em dinheiro. Porém, na *desapropriação-sanção* o pagamento será mediante títulos da dívida pública (CF, art. 182, § 4º, III) e na *desapropriação para fins de reforma agrária*, em títulos da dívida agrária (CF, art. 184, *caput*).

  Desapropriação-sanção: "Caracterizado que a propriedade é produtiva, não se opera a desapropriação-sanção — por interesse social para os fins de reforma agrária —, em virtude de imperativo constitucional (CF, art. 185, II) que excepciona, para a reforma agrária, a atuação estatal, passando o processo de indenização, em princípio, a submeter-se às regras constantes do inciso XXIV, do artigo 5º, da Constituição Federal, mediante justa e prévia indenização" (STF, MS 22.193, Rel. Min. Maurício Corrêa, *DJ* de 29-11-1996).

496 ◆ Uadi Lammêgo Bulos ◆

✦ 34. DIREITO DE REQUISIÇÃO (ART. 5º, XXV)

Direito de requisição é a prerrogativa constitucional das autoridades competentes usarem, em caso de iminente perigo público, a propriedade particular, indenizando-se o proprietário, posteriormente, se houver dano.

> **Requisições de bens e serviços durante pandemias** — o Supremo Tribunal Federal decidiu, por unanimidade de votos, que requisições administrativas de bens e serviços realizadas por Estados, municípios e Distrito Federal para o combate ao coronavírus não dependem de prévia análise nem de autorização do Ministério da Saúde, pois são medidas urgentes. Precisam, todavia, apresentar evidências científicas e serem devidamente motivadas. Ao dispor sobre medidas de enfrentamento ao coronavírus, a lei se refere a uma autoridade plural, não discriminando se é municipal, estadual ou federal. Não deve haver primazia no poder de requisição, mas uma cooperação necessária entre os entes e uma responsabilidade comum. O federalismo cooperativo fortalece a democracia, porque permite o acesso do cidadão ao governante mais próximo e, nesse sentido, os municípios são os primeiros a reagir numa situação de pandemia. O papel da União é prover, amparar e auxiliar os demais entes federados, e não substituí-los em sua competência derivada prevista na Constituição Federal. Os entes, por sua vez, devem agir de acordo com os princípios da razoabilidade e da proporcionalidade que norteiam todos os atos administrativos (STF, ADI 6362, Rel. Min. Ricardo Lewandowski, j. 2-9-2020).

Instituto de origem bélica, mas que se transformou num importante instrumento administrativo, serve como meio de intervenção do Estado na propriedade privada, possibilitando o uso do bem particular pela autoridade competente.

> **Doutrina:** J. Suel, *Évolution du droit de réquisition*, p. 37 e s.; Georges Vedel, *Les réquisitions*, p. 5 e s.

Não se trata de transferência de domínio, mas de mera utilização do bem pelo Poder Público, que apenas o requisita para uma situação contingente e efêmera.

Por isso, o direito de requisição é excepcional. Convém ser interpretado restritivamente, nos estritos casos e nas condições previstas no art. 5º, XXV, da *Lex Mater*.

Será inconstitucional qualquer lei que pretender ampliá-lo, possibilitando o uso desmensurado da propriedade privada, sem considerar as balizas fixadas na Constituição. Aliás, as leis já existentes são sobremodo equilibradas quanto à disciplina da matéria.

> **Legislação:**
> - As requisições civis e militares, em tempo de guerra, foram regulamentadas pelo **Decreto-lei n. 4.812, de 8-10-1942**, revigorado pelo Decreto-lei n. 8.158, de 3-11-1945, que indica os bens requisitáveis e disciplina o poder de requisitar, conferido a presidentes da República, ministros de Estado, governadores estaduais e comandos militares.
> - O **Decreto-lei n. 315-A, de 20-2-1945**, prescreveu que as ações judiciais propostas por quem alegue domínio ou posse de imóveis desapropriados ou requisitados para fins de defesa nacional deverão ser ajuizadas contra a União e, consequentemente, perante a Justiça Federal.
> - A **Lei delegada n. 4, de 26-9-1962**, regulamentada pelo Decreto n. 51.644-A, de 26-9-1962, autoriza a requisição administrativa de serviços, em tempo de paz, como instrumento de intervenção no domínio econômico, de competência exclusiva da União.
> - O **Decreto-lei n. 2, de 14-1-1966**, regulamentado pelo Decreto n. 57.844, de 18-2-1966, faculta, em tempo de paz, a requisição de bens ou serviços essenciais ao abastecimento da população.
> - A **Lei n. 6.439, de 1º-9-1977**, autoriza requisições em caso de calamidade pública, perigo público iminente ou ameaça de paralisação das atividades de interesse da população, a cargo de entidades da Previdência e Assistência Social (art. 25).

De início, a requisição independe de intervenção prévia do Poder Judiciário para que seja executada, pois é um ato de urgência e de império. Mas, num segundo momento, requer sentença judicial para fixar o *quantum* indenizatório.

Para ficar constatada hipótese de requisição é preciso que o perigo seja *iminente*.

◆ Cap. 13 ◆ DIREITOS E GARANTIAS FUNDAMENTAIS 497

Iminente perigo público é aquele que impossibilita o funcionamento normal das instituições, gerando caos nos serviços e atividades usuais à população. Tufões, terremotos, enchentes, inundações ou outras ocorrências do gênero, marcadas pelas notas de imprevisibilidade e inevitabilidade, exemplificam-no. Todo procedimento requisitório deverá estar imune aos abusos de poder.

Se, por um lado, a matéria liga-se à discricionariedade, por outro existem vinculações legais que adstringem a competência do requisitante, ao qual compete avaliar, com prudência e senso de lógica, o que pode ser tido ou não como iminente perigo público. Possíveis abusos propiciam um sério e rígido controle judicial dos atos administrativos.

Pela Carta Maior, o ato requisitório deve ser exercido pela autoridade competente. A fixação dessa competência depende do que a lei dispuser, cabendo a ela organizar a administração e as atribuições de seus agentes. Enfatize-se a competência privativa da União para legislar sobre requisições civis e militares em caso de iminente perigo (CF, art. 22, III).

Quanto aos danos causados ao bem particular, trata-se do dano material, embora não fique descartada a hipótese de ocorrência do dano moral, restando ao particular comprovar as suas alegações.

Frise-se, ante o exposto, que inexiste obrigação de as autoridades públicas pagarem pelo simples uso do bem. A exigência do ressarcimento cinge-se, unicamente, às avarias que trouxeram prejuízos ao proprietário. Aí sim competirá ao Poder Público indenizar as lesões cometidas contra o patrimônio particular.

Também não devemos confundir a **desapropriação** com a **requisição**:

* a **desapropriação** reporta-se a bens; a **requisição**, a bens e a serviços;
* a **desapropriação** dirige-se à aquisição da propriedade; a **requisição**, ao uso da propriedade;
* a **desapropriação** é deflagrada em situações permanentes, que encerram necessidades comuns do cotidiano; a **requisição**, ao invés, ocorre em momentos passageiros, diante de necessidades prementes, graves e extraordinárias; e
* a **desapropriação** é sempre indenizável previamente, salvo nas hipóteses dos arts. 182, § 4º, III, e 184, da Carta Maior; a **requisição** nem sempre, e, quando o é, dá-se *a posteriori*.

A problemática do direito de requisição chegou às barras do Supremo Tribunal Federal. O Ministro Relator Joaquim Barbosa ressaltou a possibilidade de a requisição incidir sobre bens públicos, sem a necessidade da decretação do estado de defesa, por ser ela instituto que visa fornecer alternativas à administração para solução de problemas em casos de *iminente perigo público*.

> **Resumo do caso:** a Corte Excelsa concedeu mandado de segurança contra o Decreto presidencial n. 5.392/2005, que havia declarado estado de calamidade pública do setor hospitalar do Sistema Único de Saúde do Rio de Janeiro, e, dentre outras determinações, autorizou, nos termos do inciso XIII do art. 15 da Lei n. 8.080/90, a requisição, pelo Ministro da Saúde, dos bens, serviços e servidores afetos a hospitais daquele Município ou sob sua gestão. O Ministro Carlos Britto, por sua vez, divergiu em parte do Relator. Considerou tratar-se, na espécie, não de *requisição*, mas de *intervenção federal* em Município, algo inadmitido pela Carta de 1988, com apossamento de bens, serviços, servidores e recursos públicos municipais, pela União, fora dos parâmetros do estado de defesa e do estado de sítio (CF, arts. 136 e 137). Para ele, o Município foi excluído de serviço que lhe é próprio, por destinação constitucional, já que a saúde pública é área de atuação de toda pessoa federada, correspondendo a um condomínio funcional, nos termos do art. 196 da Constituição Federal (STF, MS 25.295/DF, Rel. Min. Joaquim Barbosa, decisão de 20-4-2005).

✦ 35. GARANTIA À PEQUENA PROPRIEDADE RURAL (ART. 5º, XXVI)

A *pequena propriedade rural*, desde que trabalhada pela família, não será objeto de penhora para pagamento de débitos decorrentes de sua atividade produtiva, cumprindo à lei prever as formas de financiar o seu desenvolvimento (CF, art. 5º, XXVI).

O significado do que seja *pequena propriedade rural* consta no Estatuto da Terra (Lei n. 4.504/64), microssistema normativo, plenamente recepcionado pela Constituição de 1988, como reconheceu o Supremo Tribunal Federal.

Impenhorabilidade de pequena propriedade rural — o Supremo Tribunal Federal decidiu, com base no art. 5º, XXVI, da Carta Magna, que pequenas propriedades rurais, desde que trabalhadas pela família, não podem ser penhoradas para pagamento de dívidas decorrentes da atividade produtiva. Sobre o tema a Corte fixou a seguinte tese com repercussão geral: "É impenhorável a pequena propriedade rural familiar constituída de mais de 01 (um) terreno, desde que contínuos e com área total inferior a 04 (quatro) módulos fiscais do município de localização" (STF, ARE 1038507, Rel. Min. Edson Facchin, j. 29-12-2020).

✦ 36. PROTEÇÃO AOS DIREITOS AUTORAIS (ART. 5º, XXVII E XXVIII, *A* E *B*)

A propriedade intelectual ou imaterial foi protegida pela Carta de 1988.

Logo, o trabalho do autor criar suas obras literárias, artísticas e científicas integra o catálogo das liberdades públicas de nossa Constituição.

Assim, "aos autores pertence o direito exclusivo de utilização, publicação ou reprodução de suas obras, transmissível aos herdeiros pelo tempo que a lei fixar" (CF, art. 5º, XXVII).

> **Legislação:**
> - **Lei de Direitos Autorais** — Lei n. 9.610, de 19-2-1998, e Lei n. 5.988, de 14-12-1973 (art. 17, §§ 1º e 2º).
> - **Lei de Proteção de Cultivares** — Lei n. 9.456, de 25-4-1997, regulamentada pelo Decreto n. 2.366, de 5-11-1997.
> - **Lei de Proteção da Propriedade Intelectual de Programas de Computador** — Lei n. 9.609, de 19-2-1998.

Os direitos autorais englobam:

- **direitos conexos** — conferidos aos divulgadores da obra intelectual, quais sejam, os artistas, intérpretes, locutores, apresentadores de televisão e produtores de fonogramas; e

> **Casuística do STF:**
> - **Súmula 386** — "Pela execução de obra musical por artistas remunerados é devido direito autoral, não exigível quando a orquestra for de amadores".
> - **Reconhecimento da autoria** — o art. 5º, XXVII, que assegura os direitos do autor, tem como pressuposto de fato o reconhecimento da autoria reclamada (STF, 1ª T., AgRg 137.422/SP, Rel. Min. Sepúlveda Pertence, decisão de 21-5-1991, *Ementário de Jurisprudência* n. 1625-1, p. 229, *DJ* de 21-6-1991, p. 8429).

- **direitos do autor** — compreendem os *direitos morais*, intransmissíveis — v. g., à paternidade da obra, ao ineditismo de sua feitura —, e os *direitos patrimoniais*. Estes são transmissíveis. Sua transferência é facultada aos herdeiros pela Constituição, ao tempo previsto na lei. Duram toda a vida, transmitindo-se, *mortis causa*, aos filhos, pais, cônjuges e herdeiros. O restante dos sucessores, a título universal, gozarão dos direitos transmitidos pelo prazo de sessenta anos. Esse prazo inicia a contagem no dia 1º de janeiro do ano subsequente ao da morte do autor. Ultrapassado o prazo legal, a obra intelectual cai no domínio público, dependendo do Conselho Nacional de Direito Autoral, que deverá perscrutar as diversas normas e sanções que disciplinam a matéria, sobretudo a Lei federal n. 5.988/73.

> **Divulgação de último capítulo da novela:** o Superior Tribunal de Justiça concluiu, por sua vez, que "a divulgação (publicação) em revista de cenas do último capítulo de novela, com transcrição integral e literal de significativa parte do respectivo *script*, realizada sem autorização do autor e cerca de uma semana antes do referido capítulo ser transmitido pela televisão, é procedimento que encerra ofensa aos direitos autorais, tanto de ordem patrimonial como moral, não estando albergado ou amparado pelo direito de citação, tampouco pelo de informação. Conclusão que se impõe não só em face dos ditames da Lei 5.988/73, mas também à luz do princípio que repudia o enriquecimento sem causa. A fixação do *quantum* indenizatório há de fazer-se, em casos tais, segundo o disposto no art. 122 da lei dos direitos autorais, que além de contemplar a reparação devida, contém ainda ingrediente de caráter sancionatório, inibidor da prática de novos comportamentos transgressivos" (STJ, 4ª T., REsp 23.746/SP, Rel. Min. Sálvio de Figueiredo Teixeira, decisão de 28-3-1995, *DJ*, 1, de 2-10-1995, p. 32364).

◆ Cap. 13 ◆ **DIREITOS E GARANTIAS FUNDAMENTAIS**   **499**

Completando a tutela da propriedade intelectual, o Texto de Outubro (art. 5º, XXVIII, *a* e *b*) deixou sob os cuidados da lei:

- a proteção às participações individuais em obras coletivas (direito de arena) e à reprodução da imagem e voz humanas, inclusive nas atividades desportivas (vozes dos apresentadores, locutores, radialistas e todos aqueles que trabalham em atividades desportivas);
- a garantia do direito de fiscalização do aproveitamento econômico das obras que criarem ou de que participarem aos criadores, aos intérpretes e às respectivas representações sindicais e associativas.

✦ 37. PROTEÇÃO À PROPRIEDADE INDUSTRIAL (ART. 5º, XXIX)

A *propriedade industrial* é o conjunto de direitos que recaem sobre invenções destinadas à exploração econômica.

Cumpre à lei assegurar aos autores de inventos industriais o privilégio temporário de seu uso, bem como a proteção das criações industriais, da propriedade das marcas, dos nomes de empresas, tendo em vista o interesse social e o desenvolvimento tecnológico e econômico do Brasil (CF, art. 5º, XXIX).

> **Propriedade industrial:** Lei n. 9.279, de 14-5-1996, e Decreto n. 2.553, de 16-4-1998.

A tutela da propriedade industrial possui sentido. Inúmeras vezes, as descobertas científicas e até as realizações industriais não trazem qualquer recompensa para seus autores. Quantos cientistas e inventores ficam desamparados juridicamente devido às deficiências da legislação? Daí o mínimo que pode ser feito: tutelar, juridicamente, as novidades reveladas ao mundo, outrora ignoradas, e que enriquecem o acervo espiritual do homem, trazendo-lhe benefícios.

> **Proteção ao nome**: "Se cabe à lei assegurar a proteção ao nome das empresas para se saber se a proteção por ela assegurada foi, ou não, violada, é mister que se examine previamente a legislação infraconstitucional para que se verifique se a proteção por lei conferida aos nomes das empresas foi, ou não, ofendida, o que implica dizer que alegada violação ao art. 5º, XXIX, da Constituição Federal é reflexa ou indireta, não dando margem, assim, a recurso extraordinário (STF, 1ª T., RE 144.893-8, Rel. Min. Moreira Alves, decisão de 13-6-1995, *DJ*, 1, de 16-2-1996, p. 3000-3001).

✦ 38. DIREITO DE HERANÇA (ART. 5º, XXX)

Em termos constitucionais positivos, a *herança* consiste em alguém ser chamado para substituir o falecido em todos os seus direitos e obrigações. Sua ideia associa-se, pois, ao patrimônio do falecido, que se transmite aos herdeiros legítimos ou aos herdeiros testamentários, excluindo-se os que forem personalíssimos ou inerentes à pessoa do *de cujus*.

Nada consta nas constituições brasileiras sobre a garantia do direito de herança.

Tem sido comum, entretanto, textos constitucionais contemporâneos consagrarem essa determinação. É o caso da Itália, China, Alemanha, Espanha e de Portugal.

Claro que existem Estados que deixam o tratamento da matéria à legislação infraconstitucional. Todavia, a preocupação de constitucionalizar o assunto é importante, ainda mais se levarmos em conta o caráter patrimonial que o envolve.

Daí o objetivo desse inciso: evitar que o Estado se aproprie dos bens do *de cujus*.

✦ 39. SUCESSÃO DE BENS DE ESTRANGEIROS SITUADOS NO BRASIL (ART. 5º, XXXI)

Cumpre à lei brasileira regular a sucessão de bens de estrangeiros, situados no País, em benefício do cônjuge ou dos filhos brasileiros, sempre que não lhes seja mais favorável a lei pessoal do *de cujus*.

> **Legislação:**
> - **Lei de Introdução às Normas do Direito Brasileiro — "Art. 10.** A sucessão por morte ou por ausência obedece à lei do país em que domiciliado o defunto ou o desaparecido, qualquer que seja a natureza

e a situação dos bens. **§ 1º** A sucessão de bens de estrangeiros, situados no País, será regulada pela lei brasileira em benefício do cônjuge ou dos filhos brasileiros, ou de quem os represente, sempre que não lhes seja mais favorável a lei pessoal do *de cujus*. **§ 2º** A lei do domicílio do herdeiro ou legatário regula a capacidade para suceder".

- **Código de Processo Civil de 2015 — "Art. 376.** A parte que alegar direito municipal, estadual, estrangeiro ou consuetudinário provar-lhe-á o teor e a vigência, se assim o juiz determinar".

A constitucionalização do assunto em destaque irmana-se com uma das preocupações do Direito Internacional Privado: oferecer critério para dirimir litígios oriundos da aplicação de leis de países diferentes.

Nesse particular, o constituinte priorizou a livre escolha do cônjuge ou dos seus filhos brasileiros, permitindo-lhes buscar a solução que melhor lhes convier.

Para tanto, três requisitos devem ser considerados:

- os bens móveis ou imóveis se encontrarem no território brasileiro;
- o *de cujus* ser estrangeiro, não importando saber o seu domicílio, residência ou moradia; e
- o falecido ter cônjuge ou filho brasileiro, não repercutindo a qualificação jurídica da filiação, se legítima ou adulterina, natural ou incestuosa.

Assim, o critério principal de sucessão de estrangeiro domiciliado no Brasil é regulado pela lei nacional (*jus domicilii*).

Mas, caso a lei nacional do estrangeiro falecido, domiciliado no Brasil, seja mais favorável ao cônjuge supérstite ou aos filhos brasileiros, será aplicada a lei estrangeira (*jus patriae*).

E se o *de cujus* for estrangeiro domiciliado no País, não possuindo o seu estatuto pessoal mais favorável ao cônjuge sobrevivente ou aos filhos brasileiros, incumbirá ao ordenamento jurídico pátrio disciplinar a sucessão dos seus bens (*forum rei sitae*).

Dessa forma, resolvem-se os conflitos da lei no espaço, aplicando-se dois critérios: um de natureza real (*forum rei sitae*) e outro de índole pessoal (*jus patriae, jus domicilii*).

✦ 40. DEFESA DO CONSUMIDOR (ARTS. 5º, XXXII, E 170, V)

A defesa do consumidor é um direito humano fundamental da Constituição de 1988 (art. 5º, XXXII), bem como um dos princípios gerais da atividade econômica (art. 170, V).

Ambos os preceitos citados fornecem suporte normativo para a tutela desejada.

É que o constituinte foi abeberar-se na experiência da Constituição espanhola de 1978 e na posição de vanguarda da Constituição portuguesa de 1976, primeiro diploma constitucional a acolher normas de proteção do consumidor, numa linhagem progressista.

Com o advento do Código de Defesa do Consumidor, implementou-se o desígnio constitucional de se extirparem os danos causados aos consumidores.

A vida moderna das sociedades de massas, nas quais o *ter* substitui, quase sempre, o *ser*, em que a preocupação preponderante é o lucro, a riqueza, o aumento do patrimônio, as relações consumeristas tinham de ter condigna tutela legislativa, como, aliás, obteve.

Legislação:
- **Lei n. 8.884, de 11-6-1994** — dispõe sobre a prevenção e repressão às infrações contra a ordem econômica.
- **Lei n. 8.078, de 11-9-1990** — dispõe sobre a proteção do consumidor (Código de Proteção e Defesa do Consumidor).
- **Decreto n. 2.181, de 20-3-1997** — dispõe sobre a organização do Sistema Nacional de Defesa do Consumidor — SNDC, estabelece as normas gerais de aplicação das sanções administrativas previstas na Lei n. 8.078, de 11-9-1990, revoga o Decreto n. 861, de 9-7-1993, e dá outras providências.
- **Portarias n. 4, de 13-3-1998, e n. 3, de 19-3-1999, da Secretaria de Direito Econômico** — ampliaram o rol de cláusulas abusivas consideradas nulas de pleno direito.

◆ Cap. 13 ◆ DIREITOS E GARANTIAS FUNDAMENTAIS **501**

✦ 41. LIBERDADE DE INFORMAÇÃO (ART. 5º, XIV E XXXIII)

Na Carta de 1988, a liberdade de informação abarca:
* o acesso à informação, resguardando-se o sigilo da fonte, quando imprescindível ao exercício profissional; e
* o direito de receber informações dos órgãos públicos.

◇ 41.1. Liberdade de acesso à informação (art. 5º, XIV)

A liberdade de acesso à informação é o direito fundamental de informar e ser informado.

Todos, sem quaisquer discriminações, têm direito de acessar informações que lhes sejam pertinentes, resguardando-se o sigilo da fonte, quando necessário ao exercício profissional.

a) Sigilo da fonte

O sigilo da fonte é uma *longa manus* do segredo profissional e do direito à privacidade. Trata-se de uma exigência mínima endereçada àqueles que desempenham uma profissão regulamentada.

Daí a Constituição exigir do profissional o respeito das confidências que lhe foram reveladas.

Liberar o segredo acarreta-lhe sanções civis e criminais, porque a esfera íntima do indivíduo faz parte do seu direito à privacidade.

b) O jornalista e a proteção do sigilo da fonte

A legislação brasileira, desde o regime constitucional passado, determinava que nenhum jornalista poderia ser obrigado a indicar o nome de seu informante ou a fonte de suas informações. Era o que dizia a Lei de Imprensa — Lei n. 5.250, de 9-2-1967, art. 71— revogada, totalmente, pelo Supremo Tribunal Federal, em virtude de sua incompatibilidade com a Carta de 1988 (STF, ADPF 130/DF, rel. Min. Carlos Britto, 30-4-2009).

Com o advento da Carta de Outubro, essa exigência, contida na revogada Lei de Imprensa, permaneceu, ou melhor, intensificou-se, porque, a partir de 1988, galgou o posto de direito fundamental (art. 5º, XIV).

Ao proteger esse aspecto sobremodo sensível da liberdade de pensamento, o constituinte procurou fortalecer a garantia do acesso à informação.

Daí ter consagrado, no art. 5º, XIV, a indevassabilidade da fonte, elevando-a ao especial posto de prerrogativa profissional.

Foi ampla a dimensão que o constituinte atribuiu ao sigilo da fonte no Texto Maior. Basta ver que, se um jornalista, comentarista, apresentador ou radialista for interpelado criminalmente, não estará obrigado a indicar o nome do informante ou mesmo o local onde conseguiu a notícia.

Mas o que a Constituição resguarda é o silêncio do divulgador, jamais o abuso de notícias capciosas, mentirosas e duvidosas. Se é certo que o silêncio da fonte isenta o jornalista ou o profissional de comunicação de sofrer quaisquer sanções, muito mais exato ainda é que a informação maledicente e unilateral, ainda que revestida sob o pálio de *pseudoverdades*, enseja a aplicação rigorosa de sanções civis, administrativas e criminais.

É que a garantia insculpida no art. 5º, XIV, da Constituição Federal não serve de apanágio para o arbítrio dos que se acham titulares de um "quarto poder".

A temática do sigilo da fonte chegou às barras do Supremo Tribunal Federal, cujo magistério do Ministro Celso de Mello convém ser rememorado: "garantia de ordem jurídica, que, outorgada a *qualquer* jornalista em decorrência de sua atividade profissional, o sigilo da fonte destina-se, em última análise, a viabilizar, *em favor da própria coletividade*, a ampla pesquisa de fatos ou eventos cuja revelação se impõe como consequência ditada por razões de estrito interesse público (...). Isso claramente significa que a *prerrogativa concernente ao sigilo da fonte*, longe de qualificar-se como mero privilégio de ordem pessoal ou estamental, configura, na realidade, meio essencial de concretização do *direito constitucional de informar*, revelando-se oponível, em consequência, a *quaisquer* órgãos ou autoridades do Poder Público, *não importando* a esfera em que se situe a atuação institucional dos agentes estatais interessados (...). Em suma: a

502 ◆ Uadi Lammêgo Bulos ◆

proteção constitucional que confere ao jornalista o *direito* de não proceder à *disclosure* da fonte de informação ou de não revelar a pessoa de seu informante *desautoriza* qualquer medida tendente a pressionar ou a constranger o profissional da Imprensa a indicar a origem das informações a que teve acesso, eis que — *não custa insistir* — os jornalistas, *em tema de sigilo da fonte*, não se expõem ao poder de indagação do Estado ou de seus agentes e *não podem sofrer*, por isso mesmo, em função do exercício dessa *legítima* prerrogativa constitucional, a imposição de *qualquer* sanção penal, civil ou administrativa" (STF, Inq. 870-02/RJ, Rel. Min. Celso de Mello, j. em 8-4-1996, *DJU* de 15-4-1996).

✧ 41.2. Direito de receber informações dos órgãos públicos (art. 5º, XXXIII)

Conforme a Carta de 1988, "todos têm direito a receber dos órgãos públicos informações de seu interesse particular, ou de interesse coletivo ou geral, que serão prestadas no prazo da lei, sob pena de responsabilidade, ressalvadas aquelas cujo sigilo seja imprescindível à segurança da sociedade e do Estado" (art. 5º, XXXIII).

Este preceptivo contém matéria das mais polêmicas de nossa Constituição.

É bem certo que a primeira parte da norma é de entendimento tranquilo. Prevê, sem maiores delongas, o direito de os brasileiros, ou estrangeiros, receberem informações.

Todavia, a ressalva contida na última parte do dispositivo tem sido alvo de controvérsias.

Afinal, que matérias podem ser consideradas imprescindíveis à segurança do Estado e da sociedade? Até onde vai o direito de receber dos órgãos públicos informações? Por que manter em segredo dados da *própria pessoa*, a exemplo daqueles contidos em arquivos da ditadura ou nas famosas listas de desaparecidos do regime militar?

As respostas a essas perguntas até hoje não foram respondidas, mesmo diante das inúmeras tentativas de regulamentar o assunto.

Nesse ínterim, merecem destaque o Decreto n. 5.301/2004, o Decreto n. 5.584/2005 e a Lei n. 12.527/2011, cujo art. 46 revogou, expressamente, a Lei n. 11.111/2005.

a) Decreto n. 5.301/2004

O Decreto n. 5.301, de 9 de dezembro de 2004, regulou a Medida Provisória n. 228, de 9 de dezembro de 2004, instituindo a Comissão de Averiguação e Análise de Informações Sigilosas, que funciona no âmbito da Casa Civil da Presidência da República, cujo papel é definir quais as informações imprescindíveis à segurança da sociedade e do Estado que devem ficar em segredo.

> **Entenda os principais pontos do Decreto n. 5.301/2004:**
> - **Documentos públicos (art. 3º, parágrafo único)** — constituem qualquer base de conhecimento, pertencente à Administração Pública e às entidades privadas prestadoras de serviços públicos, fixada materialmente e disposta de modo que se possa utilizar para informação, consulta, estudo ou prova, incluindo áreas, bens e dados.
> - **Comissão de Averiguação e Análise de Informações Sigilosas (art. 4º)** — é composta pelos seguintes membros: Ministro de Estado Chefe da Casa Civil da Presidência da República, que a coordenará; Ministro de Estado Chefe do Gabinete de Segurança Institucional da Presidência da República; Ministro de Estado da Justiça; Ministro de Estado da Defesa; Ministro de Estado das Relações Exteriores; Advogado-Geral da União; e Secretário Especial dos Direitos Humanos da Presidência da República.
> - **Prazo e classificação dos documentos (arts. 5º a 7º)** — a autoridade competente para classificar o documento público no mais alto grau de sigilo poderá, após vencido o prazo ou sua prorrogação, previstos no § 2º do art. 23 da Lei n. 8.159, de 8-1-1991, provocar, de modo justificado, a manifestação da Comissão de Averiguação e Análise de Informações Sigilosas para que avalie, previamente a qualquer divulgação, se o acesso ao documento acarretará dano à segurança da sociedade e do Estado. A decisão de ressalva de acesso a documento público classificado no mais alto grau de sigilo poderá ser revista, a qualquer tempo, pela Comissão de Averiguação e Análise de Informações Sigilosas, após provocação de pessoa que demonstre possuir efetivo interesse no acesso à informação nele contida. O interessado deverá especificar, de modo claro e objetivo, que informação pretende conhecer e qual forma de acesso requer, dentre as seguintes: vista de documentos, reprodução de documentos por qualquer meio para tanto adequado, ou pedido de certidão, a ser expedida pelo órgão consultado. O interessado não é obrigado a aduzir razões no requerimento de informações,

◆ Cap. 13 ◆ **DIREITOS E GARANTIAS FUNDAMENTAIS** **503**

salvo a comprovação de seu efetivo interesse na obtenção da informação. Os prazos de duração da classificação a que se refere o Decreto vigoram a partir da data de produção do dado ou informação, e são os seguintes: ultrassecreto: máximo de trinta anos; secreto: máximo de vinte anos; confidencial: máximo de dez anos; e reservado: máximo de cinco anos. Os prazos de classificação poderão ser prorrogados uma vez, por igual período, pela autoridade responsável pela classificação ou autoridade hierarquicamente superior competente para dispor sobre a matéria.

Sem dúvida, o Decreto n. 5.301/2004, a despeito de regular a parte final do art. 5º, XXXIII, violou o *espírito democrático* da Carta de 1988.

Em Portugal, por exemplo, cuja Constituição prevê "o segredo de dados e o segredo de justiça" (art. 35º, n. 1), há limites constitucionais a essa ressalva. Significa dizer que o cidadão não pode ficar sem obter informações que lhe digam respeito.

Ainda quando existam diferenças entre a realidade lusitana e a nossa, parece-nos que o mesmo entendimento deve vigorar no Brasil, em nome da transparência, da proporcionalidade, da dignidade humana, da moralidade, do respeito à vida privada e familiar, da legalidade e do bom senso.

b) Decreto n. 5.584/2005

Desde 31 de dezembro de 2005 os documentos secretos produzidos durante a ditadura militar e mantidos em sigilo pela Agência Brasileira de Inteligência (Abin) ficaram ao dispor da população no Arquivo Nacional do Rio de Janeiro.

Tal possibilidade adveio do Decreto n. 5.584, de 18 de novembro de 2005, que criou grupos técnicos, formados por profissionais da Abin e do Arquivo Nacional, para organizar e classificar as informações produzidas durante a ditadura pela Comissão Geral de Investigações (CGI), pelo Conselho de Segurança Nacional (CSN) e pelo Serviço Nacional de Informação (SNI), órgãos da Administração federal já extintos.

Um terceiro grupo, formado por funcionários da Casa Civil, do Ministério da Justiça, Ministério da Defesa, Gabinete de Segurança Institucional da Presidência da República, da Secretaria-Geral da Presidência da República e da Advocacia-Geral da União (AGU), supervisionará os trabalhos.

Os documentos considerados "ultrassecretos", porém, que possam trazer risco para a sociedade e para o Estado, e aqueles que causem danos à imagem das pessoas continuarão sob sigilo, nos termos da Lei n. 8.159, de 8 de janeiro de 1991, que regula a política nacional de arquivos públicos e privados. Ela estabelece que tais documentos "são originariamente sigilosos".

c) Lei n. 12.527/2011

A Lei n. 12.527, de 18-11-2011:

* regulamentou o acesso a informação, previsto na Carta de Outubro (arts. 5º, XXXIII; 37, § 3º, II; e 216, § 2º);
* modificou a Lei n. 8.112, de 11-12-1990; e
* revogou a Lei n. 11.111, de 5-5-2005, bem como dispositivos da Lei n. 8.159, de 8-1-1991.

Subordinam-se ao regime da Lei n. 12.527/2011: **(i)** os órgãos públicos integrantes da administração direta dos Poderes Executivo, Legislativo, incluindo as Cortes de Contas, e Judiciário e do Ministério Público; e **(ii)** as autarquias, as fundações públicas, as empresas públicas, as sociedades de economia mista e demais entidades controladas direta ou indiretamente pela União, Estados, Distrito Federal e Municípios.

Além de consagrar disposições gerais, a Lei n. 12.527/2011 prevê: **(i)** o acesso a informações e sobre sua divulgação; **(ii)** o procedimento de acesso às informações; **(iii)** as restrições de acesso às informações; **(iv)** as responsabilidades pelas condutas ilícitas na seara das informações; **(v)** a existência de uma Comissão Mista de Reavaliação de Informações, dentre outras providências gerais e transitórias.

504   ◆ Uadi Lammêgo Bulos ◆

✦ 42. INAFASTABILIDADE DA JURISDIÇÃO (ART. 5º, XXXV)

Pelo *princípio da inafastabilidade do controle judicial*, a lei não excluirá da apreciação do Poder Judiciário lesão ou ameaça a direito (CF, art. 5º, XXXV).

Também chamado de *princípio da inafastabilidade da jurisdição*, *princípio do acesso à Justiça* ou, ainda, *princípio do direito de ação*, ele é uma decorrência do vetor da legalidade (CF, art. 5º, II).

Por seu intermédio, nenhuma das espécies normativas do art. 59 da Carta de 1988 pode inviabilizar a tutela jurisdicional, preventiva ou repressiva, de direito individual, coletivo, difuso ou individual homogêneo.

É que a palavra *lei*, constante no art. 5º, XXXV, deve ser compreendida no sentido material e formal, precisamente para englobar todas as pautas jurídicas de comportamento que, porventura, pretendam obstaculizar o acesso à Justiça, e não, apenas, aquelas produzidas pelo Poder Legislativo. Assim, emendas constitucionais, decretos legislativos, resoluções, leis complementares, ordinárias e delegadas não podem ser objeto de propostas tendentes a impedir, direta ou indiretamente, a apreciação do Poder Judiciário de lesão ou ameaça a direito.

O *princípio da inafastabilidade do controle judicial* posta-se como uma liberdade pública subjetiva, genérica, cívica, abstrata e incondicionada, conferida às pessoas físicas e jurídicas, nacionais e estrangeiras, sem distinções ou retaliações de nenhuma espécie.

Desse modo, juízes e tribunais são chamados a decidir o caso concreto, acolhendo ou rejeitando a pretensão formulada. Se o pedido for plausível, os membros do Poder Judiciário não poderão furtar-se ao exame da lide, pois a prestação jurisdicional é indeclinável.

> **Casuística do STF:**
> - **Indeclinabilidade da prestação jurisdicional** — trata-se de um dos princípios regentes da própria jurisdição (STF, *RTJ*, 99:790).
> - **Negativa de prestação jurisdicional** — "Não há confundir negativa de prestação jurisdicional com decisão jurisdicional contrária à pretensão da parte" (STF, AgI 135.850-AgRg, Rel. Min. Carlos Velloso, *DJ* de 24-5-1991).
> - **Dever de entrega da prestação jurisdicional** — "A garantia constitucional alusiva ao acesso ao Judiciário engloba a entrega da prestação jurisdicional de forma completa, emitindo o Estado-juiz entendimento explícito sobre as matérias de defesa veiculadas pelas partes" (STF, RE 172.084, Rel. Min. Marco Aurélio, *DJ* de 3-3-1995).
> - **Bens de devedores da Fazenda Pública não podem ser indisponíveis, mas podem ser averbados** — por maioria de votos, o Plenário do Supremo Tribunal decidiu que a Fazenda Nacional não pode, administrativamente, indisponibilizar bens de devedores, embora eles possam ser averbados para induzir o pagamento da dívida, bem como proteger terceiros de boa-fé. Assim, a Corte admitiu a averbação da certidão de dívida ativa nos órgãos de registro de bens e direitos sujeitos a arresto e penhora. Contudo, o princípio da reserva de jurisdição há de ser observado, pois a intervenção drástica sobre o direito de propriedade requer a intervenção do Judiciário, motivo pelo qual a via administrativa não é idônea para tornar indisponíveis bens de devedores fazendários (STF, ADIs 5881, 5886, 5890, 5925, 5931 e 5932, Rel. Min. Marco Aurélio, Rel. para acórdão Min. Roberto Barroso, j. 9-12-2020).

Vejamos o sumo da *inafastabilidade do controle judicial*:

- **Surgimento no Brasil** — proveio da Carta de 1946. Sua ausência, no passado, deu lugar a que numerosas situações do homem, individualmente tomado, ficassem desamparadas de toda proteção judicial, quando contra ele se projetava o arbítrio das razões de Estado. A injustiça, defluindo da atitude de omissão dos tribunais, em presença do conflito entre certas franquias constitucionais e a chamada *questão política*, era, então, um fato corriqueiro. Cometiam-se atos brutais. Presidentes da República prendiam pessoas durante o estado de sítio, sem observância das formalidades do processo. Cidadãos eram desterrados para lugares inóspitos. Não raro, demitia-se alguém de uma função vitalícia sem maiores delongas.
- **Objetivo** — difundir a mensagem de que todo homem, independentemente de raça, credo, condição econômica, posição política ou social, tem o direito de ser ouvido por um tribunal independente e imparcial, na defesa de seu patrimônio ou liberdade. No plano internacional, existem pactos e convenções que corroboram o escopo do princípio em estudo, a exemplo da *Declaração Universal dos Direitos Humanos* (art. 10), da *Convenção Europeia para a Salvaguarda*

Cap. 13 ♦ DIREITOS E GARANTIAS FUNDAMENTAIS

505

dos Direitos do Homem e das Liberdades Fundamentais (art. 6º, 1), do *Pacto Internacional de Direitos Civis e Políticos* (art. 14, 1) e da *Convenção Americana sobre Direitos Humanos de São José da Costa Rica* (art. 8º, 1).

- **Amplitude** — a *inafastabilidade do controle judicial* é a expressão máxima de reivindicação de direitos, numa ordem jurídica democrática, cujo lema é a justiça social, em que todos têm o privilégio de reconhecer suas prerrogativas, podendo defendê-las adequadamente.

  Casuística do STF:
  - **Amplitude do acesso à Justiça** — "A ordem jurídico-constitucional assegura aos cidadãos o acesso ao Judiciário em concepção maior. Engloba a entrega da prestação jurisdicional da forma mais completa e convincente possível. Omisso o provimento judicial e, em que pese a interposição de embargos declaratórios, persistindo o vício na arte de proceder, forçoso é assentar a configuração da nulidade" (STF, RE 158.655, Rel. Min. Marco Aurélio, *DJ* de 2-5-1997).
  - **Exame de candidato com base em critérios subjetivos** — "Ilegitimidade do ato, que atenta contra o princípio da inafastabilidade do conhecimento do Poder Judiciário de lesão ou ameaça a direito. É que, se a lesão é praticada com base em critérios subjetivos, ou em critérios não revelados, fica o Judiciário impossibilitado de prestar a tutela jurisdicional, porque não terá como verificar o acerto ou o desacerto de tais critérios. Por via oblíqua, estaria sendo afastada da apreciação do Judiciário lesão a direito" (STF, RE 125.556, Rel. Min. Carlos Velloso, *DJ* de 15-5-1992). No mesmo sentido: STF, AgI 179.583-AgRg, Rel. Min. Maurício Corrêa, *DJ* de 1º-7-1996.
  - **Prestação judicial errônea** — "Esta Corte já firmou o entendimento de que a prestação jurisdicional, ainda que realmente seja errônea, não deixa de ser prestação jurisdicional, inexistindo, assim, ofensa ao artigo 5º, XXXV, da Constituição Federal" (STF, AgI 157.933-AgRg, Rel. Min. Moreira Alves, *DJ* de 18-8-1995).
  - **Controle judicial do *impeachment*** — possibilidade, desde que se alegue lesão ou ameaça a direito (STF, MS 21.689, Rel. Min. Carlos Velloso, *DJ* de 7-4-1995).

- **Limites** — a garantia de acesso ao Judiciário não pode ser exercida de modo abusivo, nem representa certeza de que a sua mera invocação é o bastante para satisfazer o interesse das partes.

  Casuística do STF:
  - **Acesso indiscriminado ao Judiciário** — "O art. 5º, inc. XXXV, da Constituição não assegura o acesso indiscriminado ao Poder Judiciário" (STF, RE 145.023, Rel. Min. Ilmar Galvão, *DJ* de 18-12-1992).
  - **Conveniência das partes** — "A garantia de acesso ao Judiciário não pode ser tida como certeza de que as teses serão apreciadas de acordo com a conveniência das partes" (STF, RE 113.958, Rel. Min. Ilmar Galvão, *DJ* de 7-2-1997).
  - **Caráter relativo do acesso à Justiça** — "Os princípios constitucionais que garantem o livre acesso ao Poder Judiciário, o contraditório e a ampla defesa, não são absolutos e hão de ser exercidos, pelos jurisdicionados, por meio das normas processuais que regem a matéria, não se constituindo negativa de prestação jurisdicional e cerceamento de defesa a inadmissão de recursos quando não observados os procedimentos estatuídos nas normas instrumentais" (STF, AgI 152.676-AgRg, Rel. Min. Maurício Corrêa, *DJ* de 3-11-1995).

- **Inexistência de jurisdição condicionada (ou instância administrativa de curso forçado)** — o acesso ao Judiciário não está condicionado ao prévio esgotamento da instância administrativa. O sistema da Carta de 1988 difere do regime constitucional passado, pois baniu a "jurisdição condicionada" ou "instância administrativa de curso forçado".

  Casuística do STF:
  - **Inexigibilidade de exaurimento das vias administrativas** — o livre acesso ao Poder Judiciário independe do esgotamento da instância administrativa (STF, *RP*, 60:224).
  - **Inexistência de recurso** — o Supremo Tribunal Federal afastou qualquer inconstitucionalidade das decisões em que não haja recurso para nenhum tribunal. Demonstrou que "isto nada tem de inaudito. Da decisão do STF nas infrações penais comuns em que figure como acusado o Presidente da República (bem como o Vice-presidente, os membros do Congresso, os seus próprios Ministros e o Procurador-Geral da República), art. 102, I, *a*, da CF, também não há recurso algum, nem para outro tribunal, nem para o Senado" (STF, Pleno, MS 21.689-1, Rel. Min. Carlos Velloso, *DJ*, 1, de 7-4-1995, p. 18871).

- **Constitucionalidade do juízo arbitral** — a Lei n. 9.307, de 23 de setembro de 1996, que instituiu a arbitragem, em nada fere o princípio do acesso à Justiça. Esse, aliás, foi o posicionamento do Pretório Excelso. Discutindo incidentalmente a matéria, a Corte, na sua composição anterior à atual e por maioria de votos, decidiu, em sede de agravo regimental de sentença estrangeira, pela constitucionalidade da Lei n. 9.307/96. Concluiu que a manifestação de vontade da parte na cláusula compromissória no momento da celebração do contrato e a permissão dada ao juiz para que substitua a vontade da parte recalcitrante em firmar compromisso não ofendem o art. 5º, XXXV, da Carta Maior (STF, SE 5.206-AgRg/Espanha, Rel. Min. Sepúlveda Pertence, decisão de 12-12-2001, *DJ*, 1, de 30-4-2004).

- **Arbitragem não é órgão jurisdicional** — os órgãos jurisdicionais não podem se vincular, nem mesmo por ato normativo, à arbitragem, que se caracteriza como uma atividade essencialmente privada e extrajudicial de solução de conflitos, não submetida à interferência do Poder Judiciário quanto aos procedimentos, organização e nomeação de árbitros. Ao apreciar um ato do Tribunal de Justiça de Goiás, que foi desconstituído pelo CNJ, concluiu a Corte Suprema: "A vinculação entre o Judiciário e entidades de classe constitui um conjunto de normas dotado de tamanha ambiguidade intrínseca que poderá levar o jurisdicionado 'de bom aviso' a acreditar que se está diante de uma estrutura interna do Poder Judiciário de Goiás" (STF, MS 30.893/GO, Rel. Min. Joaquim Barbosa, *DJE* de 14-10-2011).

    Posição do STF: para os Ministros Nelson Jobim, Ilmar Galvão, Ellen Gracie, Maurício Corrêa, Marco Aurélio, Celso de Mello e Carlos Velloso, são constitucionais os arts. 6º, parágrafo único, 7º e 41 a 44 da Lei da Arbitragem. Em sentido contrário posicionaram-se os Ministros Sepúlveda Pertence, Moreira Alves, Sydney Sanches e Néri da Silveira, que consideraram ditos preceitos inconstitucionais. Argumentaram que a prévia manifestação de vontade da parte na cláusula compromissória e a possibilidade de a outra parte, havendo resistência quanto à instituição da arbitragem, recorrer ao Poder Judiciário, para compelir a parte recalcitrante a firmar o compromisso, violariam o princípio do livre acesso ao Poder Judiciário (STF, SE 5.206-AgRg/Espanha, Rel. Min. Sepúlveda Pertence, decisão de 12-12-2001, *DJ*, 1, de 30-4-2004).

- **Súmula 667 do STF** — "Viola a garantia constitucional de acesso à jurisdição a taxa judiciária calculada sem limite sobre o valor da causa".

    Taxa judiciária e custas: "Necessidade da existência de limite que estabeleça a equivalência entre o valor da taxa e o custo real dos serviços, ou do proveito do contribuinte. Valores excessivos: possibilidade de inviabilização do acesso de muitos à Justiça, com ofensa ao princípio da inafastabilidade do controle judicial de lesão ou ameaça a direito" (STF, ADIn 1.772-MC, Rel. Min. Carlos Velloso, *DJ* de 8-9-2000).

- **Não obrigatoriedade do duplo grau de jurisdição** — veremos, mais à frente, que o duplo grau de jurisdição, no âmbito da recorribilidade ordinária, não consubstancia garantia constitucional, posicionamento esse adotado pelo Supremo Tribunal Federal.

    Nesse sentido: STF, 2ª T., AgRg em AgI 209.954-1/SP, Rel. Min. Marco Aurélio, *DJ*, 1, de 4-12-1998, p. 15.

- **Justiça desportiva** — é permitido, pela Constituição, o prévio acesso às instâncias da Justiça desportiva, nos casos de ações relativas à disciplina e às competições reguladas em lei (art. 217, § 1º). O constituinte considerou a especificidade desse campo, prevendo, assim, um organismo, não integrado ao Poder Judiciário, para resolver pendências relativas ao setor. A Justiça desportiva terá o prazo máximo de sessenta dias, contados da instauração do processo, para proferir sua decisão final (art. 217, § 2º), pois a lentidão poderá acirrar o ânimo das torcidas organizadas, gerando caos e baderna. E se esse prazo for ultrapassado, caberá recurso ao Poder Judiciário.

    Entendimento do TJSP: "Competência. Futebol. Questão relativa a participação em campeonato. Necessidade do esgotamento da instância desportiva. Art. 217, § 1º, da Constituição da República. Incompetência da Justiça Comum. Carência de ação. Recurso provido" (TJSP, 11ª Câm. Civ., AC 212.895-2/Franca, Rel. Des. Gildo dos Santos, decisão de 18-11-1993, *JTJ*, Lex, *150*:21).

◆ Cap. 13 ◆ DIREITOS E GARANTIAS FUNDAMENTAIS **507**

✦ 43. GARANTIA DA ESTABILIDADE DAS RELAÇÕES JURÍDICAS (ART. 5º, XXXVI)

A Constituição proclamou: "a lei não prejudicará o direito adquirido, o ato jurídico perfeito e a coisa julgada" (art. 5º, XXXVI).

Desse preceito, extraem-se:

- **Significado do termo *lei* —** o vocábulo *lei*, aí empregado, está nos sentidos formal e material. No sentido formal, *lei* é o produto do Poder Legislativo; é o ato oriundo do procedimento técnico, constitucionalmente previsto, para a sua elaboração. Na acepção material, *lei* é todo e qualquer ato normativo que, independentemente de procedimento técnico-constitucional, ostente o conteúdo de norma jurídica. Então, pelo inciso XXXVI, emendas à constituição, leis complementares, leis ordinárias, leis delegadas, medidas provisórias, decretos legislativos e resoluções não poderão voltar no tempo, prejudicando direitos adquiridos, atos jurídicos perfeitos e coisas julgadas, porque todas essas modalidades normativas integram o significado amplo do signo *lei.*

  > **Entendimento do STF:** "Quando a Constituição emite o discurso de que 'a lei não prejudicará o direito adquirido, o ato jurídico perfeito e a coisa julgada' (art. 5º, XXXVI), ela está dizendo direito/lei, qualquer ato da ordem normativa constante no art. 59 da Constituição" (STF, Pleno, ADIn 3.105-8/DF, Rel. orig. Min. Ellen Gracie, Rel. p/ acórdão Min. Cezar Peluso, voto do Min. Carlos Britto, decisão de 18-8-2004).

- **A expressão *não prejudicará* —** quando a norma em epígrafe usou o verbo no futuro do presente simples, pretendeu deixar a salvo certas situações imperturbáveis, as quais não poderão ser molestadas por leis novas. Logo, emendas à constituição, leis complementares, leis ordinárias, leis delegadas, medidas provisórias, decretos legislativos e resoluções, recém-editados, disciplinarão o que estará por vir, jamais alterando direitos consolidados sob a égide da ordem jurídica antiga. Um decreto contendo preceitos previdenciários, por exemplo, editado após a promulgação da Constituição de 1988, não logrará o poder de causar danos materiais àqueles sujeitos que já gozavam benefícios consagrados à luz da lei velha. O contrário disso seria conspurcar o princípio republicano, insuscetível de supressão (CF, art. 60, § 4º), bem como o vetor da legalidade, mola-mestra do Estado Democrático brasileiro (CF, art. 1º c/c o art. 5º, II).

✧ 43.1. Direito adquirido

Direito adquirido é aquele que já se incorporou ao patrimônio e à personalidade de seu titular, de modo que nem norma nem fato posterior possam alterar situação jurídica já consolidada sob sua égide.

> **Cronologia constitucional:** a Carta Imperial de 1824 não disciplinou a garantia dos direitos adquiridos, que foi introduzida entre nós pela Constituição de 1934. O Texto de 1937 as omitiu. Restaurados na *Lex Mater* de 1946, perduram até hoje. O constituinte de 1988 optou, claramente, pela doutrina subjetivista da escola italiana, preconizada por Gabba, do mesmo modo que a Lei de Introdução às Normas do Direito Brasileiro de 1942 (art. 6º, § 2º).

Do ponto de vista normativo, é o legislador quem delimita as situações jurídicas definitivamente consolidadas, como o fez a Lei de Introdução às Normas do Direito Brasileiro:

> **Entendimento do STF:** "Embora a Constituição mencione a garantia do direito adquirido, o conceito da expressão é regulado pela Lei de Introdução ao Código Civil" (STF, AgI 135.632-4, Rel. Min. Celso de Mello, *DJ*, 1, de 24-5-1995, p. 14753). Outro julgado: "A verificação, no caso concreto, da existência, ou não, do direito adquirido, situa-se no campo infraconstitucional" (STF, RE 273.910-AgRg, Rel. Min. Carlos Velloso, *DJ* de 7-5-2004).

"Consideram-se adquiridos assim os direitos que o seu titular, ou alguém por ele, possa exercer, como aqueles cujo começo do exercício tenha termo prefixo, ou condição preestabelecida inalterável, a arbítrio de outrem" (art. 6º, § 2º).

A escravidão foi um direito adquirido no Brasil?: nem mesmo de modo genérico, a nossa Constituição do Império previu a categoria dos direitos adquiridos. Por isso, a escravidão jamais poderia ser considerada um direito adquirido dos senhores de engenho. Embora a Carta de 1824 garantisse o direito de propriedade, não enquadrava, nesse bojo, o trabalho escravo, que nem foi previsto em termos constitucionais explícitos. O constituinte apenas disse que somente eram eleitores os "libertos". Nisso deixou para o legislador ordinário a tarefa de disciplinar os critérios para se aferir o *status* de "liberto". Como só era constitucional aquilo que dissesse respeito à separação de Poderes e aos direitos e garantias fundamentais, automaticamente a escravidão estava fora desse contexto, pois não integrava o catálogo das liberdades públicas do Texto de 1824. Tanto que ficou sob os auspícios da legislação comum, que a aboliu em definitivo no Brasil.

a) *Como funciona a garantia do direito adquirido*

O direito adquirido funciona como elemento estabilizador para proteger prerrogativas incorporadas e sedimentadas no patrimônio de seus titulares, almejando o ideário da *segurança jurídica*.

No Brasil, ainda que de modo implícito, o princípio da segurança jurídica possui assento constitucional, como um desdobramento do pórtico do Estado Democrático de Direito (art. 1º, *caput*). Aliás, o ditame da segurança jurídica vem disciplinado, parcialmente, no plano federal, pela Lei n. 9.784, de 29 de janeiro de 1999 (art. 2º).

Posicionamento do STF: "Em verdade, a segurança jurídica, como subprincípio do Estado de Direito, assume valor ímpar no sistema jurídico, cabendo-lhe papel diferenciado na realização da própria ideia de justiça material" (STF, MC 2.900/RS, Rel. Min. Gilmar Mendes, j. em 8-4-2003).

A garantia dos direitos adquiridos incide quando é deflagrado o processo de criação de novas leis ou de reforma daquelas já existentes, servindo para resguardar benefícios oriundos de situações jurídicas vantajosas para o sujeito, as quais foram consolidadas antes da entrada em vigor de novas disposições legais.

Sendo assim, o direito adquirido funciona como *cláusula de bloqueio*, impedindo que situações integradas, em definitivo, ao patrimônio do seu titular possam ser alcançadas pela lei nova. Seu papel é manter, no tempo e no espaço, os efeitos jurídicos de preceitos que sofreram mudanças ou supressões.

Na realidade, nem mesmo o direito pode molestar o passado das pessoas. O que ele pode é prover para o presente e o futuro delas, jamais violando o que já se constituiu sob o amparo da ordem jurídica. Por isso, não há direito adquirido contra a constituição, mas direito adquirido *com a constituição* e em razão dela.

Precedentes: "A supremacia jurídica das normas inscritas na Carta Federal não permite, ressalvadas as eventuais exceções proclamadas no próprio texto constitucional, que contra elas seja invocado o direito adquirido" (STF, ADIn 248, Rel. Min. Celso de Mello, *DJ* de 8-4-1994). Nesse sentido: STF, *RTJ*, *99*:890, *68*:09, *95*:51; *RDA*, *24*:57, *34*:205, *54*:215 e *108*:65.

b) *Consequências processuais advindas do direito adquirido*

No plano concreto de produção dos efeitos das normas jurídicas, consequências processuais decorrem do direito adquirido, como vem reconhecendo o Supremo Tribunal Federal:

*   **retroatividade benéfica** — "O princípio insculpido no inciso XXXVI do art. 5º da Constituição (garantia do direito adquirido) não impede a edição, pelo Estado, de norma retroativa (lei ou decreto) em benefício do particular" (STF, RE 184.099, Rel. Min. Octavio Gallotti, *DJ* de 18-4-1997);

*   **impossibilidade de controle abstrato** — "A violação de direito adquirido não é susceptível de deslinde na via do controle abstrato, exceto quando a própria lei determina sua incidência sobre situações anteriores" (STF, ADIn 493, Rel. Min. Moreira Alves, j. em 7-5-1991, *RTJ*, *142*:52);

    No mesmo sentido: STF, *RTJ*, *131*:498.

*   **ocupação do solo** — "Não fere direito adquirido decisão que, no curso de processamento de pedido de licença de construção em projeto de loteamento, estabelece novas regras de ocupação do solo" (STF, RE 212.780, Rel. Min. Ilmar Galvão, *DJ* de 25-6-1999); e

◆ Cap. 13 ◆ DIREITOS E GARANTIAS FUNDAMENTAIS **509**

- **impenhorabilidade legal do bem de família (Lei n. 8.009/90)** — "Aplicação aos processos em curso, desconstituindo penhoras anteriores, sem ofensa de direito adquirido ou ato jurídico perfeito: precedentes" (STF, RE 224.659, Rel. Min. Sepúlveda Pertence, *DJ* de 8-5-1998. No mesmo sentido: STF, RE 136.753, *DJ* de 25-4-1997).

c) Direito adquirido e regime jurídico de instituto de direito

O Supremo Tribunal Federal firmou o entendimento de que não há direito adquirido a regime jurídico de instituto de direito, concluindo que os direitos adquiridos podem ser alterados ao arbítrio do legislador.

É sólida a jurisprudência do Supremo no sentido de que inexiste direito adquirido a regime jurídico instituído por lei. Merece destaque: STF, RE 563965/RN, Rel. Min. Cármen Lúcia, *DJE* de 19-2-2009.

> **Outros precedentes:** ADIn 255/DF, Rel. Min. Ellen Gracie, *DJ* de 2-5-2003; STF, RE 368.715/MS, Rel. Min. Ellen Gracie, *DJ* de 22-8-2003; STF, RE 340.896/SC, Rel. Min. Moreira Alves, *DJ* de 19-12-2002; STF, RE 346.655/PR, Rel. Min. Moreira Alves, *DJ* de 8-11-2002; STF, *RTJ*, *104*:269, *115*:379, *118*:709, *183*:323, *143*:293, *116*:1065 etc.

Esse entendimento, aplicado pela Corte Excelsa em tema de aposentadoria, FGTS, servidores públicos etc., fulmina, na realidade, a garantia constitucional do direito adquirido (art. 5º, XXXVI), insuprimível pela manifestação constituinte originária de 1988 (art. 60, § 4º, IV).

> **Casuística do STF:**
> - **Vencimentos, proventos de aposentadoria e pensões** — "Sujeição à incidência de contribuição previdenciária. Ofensa a direito adquirido no ato de aposentadoria. Não ocorrência. Contribuição social. Exigência patrimonial de natureza tributária. Inexistência de norma de imunidade tributária absoluta" (STF, ADIn 3.105, Rel. Min. Cezar Peluso, *DJ* de 18-2-2005).
> - **FGTS** — "O Fundo de Garantia por Tempo de Serviço (FGTS), ao contrário do que sucede com as cadernetas de poupança, não tem natureza contratual, mas, sim, estatutária, por decorrer da Lei e por ela ser disciplinado. Assim, é de aplicar-se a ele a firme jurisprudência desta Corte no sentido de que não há direito adquirido a regime jurídico" (STF, RE 226.855, Rel. Min. Moreira Alves, *DJ* de 13-10-2000).
> - **Servidores** — "A Administração Pública, observados os limites ditados pela Constituição Federal, atua de modo discricionário ao instituir o regime jurídico de seus agentes e ao elaborar novos Planos de Carreira, não podendo o servidor a ela estatutariamente vinculado invocar direito adquirido para reivindicar enquadramento diverso daquele determinado pelo Poder Público, com fundamento em norma de caráter legal" (STF, RE 116.683, Rel. Min. Celso de Mello, *DJ* de 13-3-1992);

Nada obstante, tornou-se comum no Brasil o advento de emendas inconstitucionais, contrárias à garantia dos direitos adquiridos, a exemplo da Emenda Constitucional n. 41/2003.

> **EC n. 41, de 19-12-2003:** modificou os arts. 37, 40, 42, 48, 96, 149 e 201 da Constituição Federal, revogando o inciso IX do § 3º do seu art. 142 e dispositivos da EC n. 20, de 15-12-1998, entre outras providências.

Sem dúvida, regimes de institutos jurídicos, tipologias de situações objetivas (legais, gerais, regulamentares, institucionais ou estatutárias) ou subjetivas (particulares, contratuais ou individuais) não afastam a incidência do preceito constitucional inscrito no art. 5º, XXXVI, da Carta de 1988.

No julgamento da contribuição de inativos, porém, foi invocado antigo precedente da Corte, no sentido de que aposentados e pensionistas são titulares de direito adquirido a perceber aposentadorias e pensões, mas não ao regime jurídico de umas e outras.

> **Antigo precedente do STF:** STF, RE 92.232-6, Rel. Min. Moreira Alves, *DJ* de 9-5-1980.

Por esse raciocínio, não se haveria de invocar o art. 5º, XXXVI, da *Lex Mater*, porquanto a situação dos aposentados e pensionistas seria institucional, e não subjetiva, motivo que permitiria alterar, via

510 ◆ Uadi Lammêgo Bulos ◆

emenda à Constituição, no caso a Emenda Constitucional n. 41/2003, instituto jurídico, sem que isso representasse qualquer violação a direitos adquiridos.

> **Precedente:** STF, Pleno, ADIn 3.105-8/DF, Rel. orig. Min. Ellen Gracie, Rel. p/ acórdão Min. Cezar Peluso, voto do Min. Eros Grau, decisão de 18-8-2004.

Certamente, o pensamento pretoriano destruiu a garantia do direito adquirido, relativizando conquistas alcançadas e incorporadas, em definitivo, ao patrimônio do povo brasileiro.

d) Direito consumado, expectativa de direito e simples faculdades legais

Direito adquirido não se confunde com *direito consumado, expectativa de direito* e *simples faculdades legais.* Vejamos:

- **direito adquirido** — consequência de fato aquisitivo realizado por inteiro;
- **direito consumado** — já produziu todos os seus efeitos concretos;
- **expectativa de direito** — mera esperança, resultante do fato aquisitivo incompleto; e

> **Súmula 654 do STF:** "A garantia da irretroatividade da lei, prevista no art. 5º, XXXVI, da Constituição da República, não é invocável pela entidade estatal que a tenha editado". Com base nesse entendimento, a Corte Suprema tem decidido que é possível a lei consagrar novas regras e, ao mesmo tempo, preservar a *mera expectativa de direito* dos cidadãos.

- **simples faculdades legais** — poderes concedidos aos indivíduos, dos quais eles não fazem nenhum uso.

Segundo a jurisprudência do Supremo Tribunal Federal, se a lei nova mudar regime jurídico de instituto de direito, alicerçado num *direito consumado*, numa *expectativa de direito* ou numa *simples faculdade legal*, essa alteração se aplicará imediatamente. Não há direito adquirido nesses casos.

> **Ciclos de formação:** "A questão pertinente ao reconhecimento, ou não, da consolidação de situações jurídicas definitivas há de ser examinada em face dos ciclos de formação a que esteja eventualmente sujeito o processo de aquisição de determinado direito. Isso significa que a superveniência de ato legislativo em tempo oportuno — vale dizer, enquanto ainda não concluído o ciclo de formação e constituição do direito vindicado — constitui fator capaz de impedir que se complete, legitimamente, o próprio processo de aquisição do direito, inviabilizando, desse modo, ante a existência de mera *spes juris*, a possibilidade de útil invocação da cláusula pertinente ao direito adquirido" (STF, 2ª T., AgRg no RE 322.348-AgRg/SC, Rel. Min. Celso de Mello, v. u., decisão de 12-11-2002, *DJ* de 6-12-2002, p. 74). Precedentes: STF, 1ª T., AgRg no AgI 186.557-AgRg/DF, Rel. Min. Celso de Mello, v. u., decisão de 12-11-1996, *DJ* de 28-2-2003, p. 11; STF, *RTJ, 134:*1112, *153:*82, *155:*621, *162:*442 etc.

✧ 43.2. Ato jurídico perfeito

Ato jurídico perfeito é o que já se consumou.

Em virtude de sua efetividade, encontra-se apto a produzir efeitos concretos.

A sua garantia é uma forma de assegurar o próprio direito adquirido pela proteção que se concede ao seu elemento gerador.

Ora, se a lei nova considerasse inexistente, ou inadequado, ato já consumado, sob o amparo da norma que a precedeu, o direito adquirido desapareceria por falta de fundamento.

> **Casuística do STF:**
> - **Lei nova e ato jurídico perfeito** — a 1ª Turma do Supremo Tribunal Federal conheceu e deu provimento a recurso extraordinário para julgar improcedente ação movida por ex-pensionista que buscava restabelecer pensão de dependente. O Pretório Excelso entendeu que o acórdão recorrido, ao ressuscitar benefício previdenciário, já extinto com base na lei vigente à época, violou o princípio da intangibilidade do ato jurídico perfeito, dado que a lei nova não pode retroagir, alcançando atos consumados na vigência de lei anterior (STF, RE 218.467/MG, Rel. Min. Ilmar Galvão, decisão de 14-9-1999).

♦ Cap. 13 ♦ DIREITOS E GARANTIAS FUNDAMENTAIS

- **Retroatividade mínima** — "Se a lei alcançar os efeitos futuros de contratos celebrados anteriormente a ela, será essa lei retroativa (retroatividade mínima) porque vai interferir na causa, que é um ato ou fato ocorrido no passado" (STF, ADIn 493, Rel. Min. Moreira Alves, *DJ* de 4-9-1992).

Haveria destruição de direitos subjetivos, formados sob o amparo do antigo preceito legal, prejudicando interesses legítimos dos seus titulares e causando desarmonia na sociedade. Daí o Supremo Tribunal Federal ter concluído que o princípio constitucional do ato jurídico perfeito se aplica às leis de ordem pública.

> **Precedentes:** a "liberdade de o legislador dispor sobre a sorte dos negócios jurídicos, de índole contratual, neles intervindo, com modificações decorrentes de disposições legais novas, não pode ser visualizada, com idêntica desenvoltura, quando o sistema jurídico prevê, em norma de hierarquia constitucional, limite à ação do legislador, de referência aos atos jurídicos perfeitos" (STF, RE 198.993-9/RS, Rel. Min. Néri da Silveira, *DJ*, 1, de 22-8-1996, p. 29102). **No mesmo sentido:** STF, 2ª T., AgRg em RE 193.569/4, 194.098-1, 198.294-3, 199.335-0, 199.370-8, 199.409-7, 199.636-7, Rel. Min. Maurício Corrêa, decisão de 10-6-1996; STF, 2ª T., RE 193.789-1, 195.985-1, 198.985-8, 199.015-5, 199.185-2, 199.249-2, 201.017-1, Rel. Min. Carlos Velloso, decisão de 18-6-1996; STF, 1ª T., AgI 147.924-9, Rel. Min. Ilmar Galvão, decisão de 27-9-1994; STF, RE 202.584, Rel. Min. Moreira Alves, *DJ* de 14-11-1996.

Vale lembrar que o Supremo editou a **Súmula vinculante n. 1**: "Ofende a garantia constitucional do ato jurídico perfeito a decisão que, sem ponderar as circunstâncias do caso concreto, desconsidera a validez e a eficácia de acordo constante de termo de adesão instituído pela Lei Complementar n. 110/2001". Resultado: todos os negócios feitos com base nessa Lei Complementar n. 110 permanecem intactos, ou seja, não se pode presumir que os acordos trabalhistas, firmados com a Caixa Econômica Federal, encontram-se viciados quanto aos expurgos inflacionários do FGTS, sob pena se desrespeitar o princípio constitucional do ato jurídico perfeito.

♦ 43.3. Coisa julgada

A coisa julgada é uma qualidade dos efeitos do julgamento.

Consiste no fenômeno processual da imutabilidade e indiscutibilidade da sentença, colocada em abrigo dos recursos definitivamente preclusos e dos efeitos produzidos pela decisão judicial.

Em tese, a coisa julgada impossibilita a interposição de recursos, porque o *decisum* galga o *status* de definitivo. Trata-se da soberania da coisa julgada, admitida pela jurisprudência do Pretório Excelso (STF, RE 594.350/RS, Rel. Min. Celso de Mello, j. em 25-5-2010).

Há a presunção absoluta de que o direito foi aplicado corretamente ao caso *sub judice*.

> **Casuística do STF:**
> - **Súmula 239** — "Decisão que declara indevida a cobrança do imposto em determinado exercício não faz coisa julgada em relação aos posteriores". "O entendimento desta Corte é firme no sentido de que a coisa julgada em matéria fiscal, inclusive quanto ao ICM, fica delimitada à relação jurídico-material em que debatida, não podendo, portanto, ser invocada em exercícios posteriores, a teor da Súmula 239 do STF" (STF, AgI 189.787-AgRg, voto do Min. Ilmar Galvão, *DJ* de 4-4-1997).
> - **Limites objetivos da coisa julgada** — examinando os limites objetivos da coisa julgada, o Supremo Tribunal Federal concluiu que o problema se situa no âmbito infraconstitucional, mas implica, também, ofensa reflexa ou indireta à Constituição. Isso, contudo, não enseja a interposição de recurso extraordinário (STF, RE 254.948-BA, Rel. Min. Sepúlveda Pertence, decisão de 15-9-1999. Precedentes citados: STF, *RTJ*, *133*:1317, *158*:327 e *159*:682).
> - **Ofensa à coisa julgada e erro conspícuo** — somente erro conspícuo dá margem a cabimento de recurso extraordinário sob o fundamento de ofensa ao princípio constitucional da coisa julgada (STF, RE 214.117/MG, Rel. Min. Marco Aurélio, j. em 17-10-2000; RE 118.282/SP, *RTJ*, *133*:317).
> - **Coisa julgada material e arquivamento de inquérito policial** — "A decisão que determina o arquivamento do inquérito policial, a pedido do Ministério Público, quando o fato nele apurado não constituir crime, produz, mais que preclusão, coisa julgada material, impedindo ulterior instauração de processo que tenha por objeto o mesmo episódio, ainda que a denúncia se baseie em novos elementos de prova" (STF, HC 83.346, Rel. Min. Sepúlveda Pertence, *DJ* de 19-8-2005).

- **Competência absoluta** — "Em se tratando de competência absoluta, mostra-se equivocado o entendimento segundo o qual decisão judicial com trânsito em julgado não pode ser reapreciada, especialmente quando caracterizar nulidade absoluta" (STF, RE 429.171, Rel. Min. Carlos Britto, *DJ* de 11-2-2005).
- **Efeito translativo do recurso** — "Sob pena de ofensa à garantia constitucional da coisa julgada, não pode tribunal eleitoral, sob invocação do chamado efeito translativo do recurso, no âmbito de cognição do que foi interposto apenas pelo prefeito, cujo diploma foi cassado, por captação ilegal de sufrágio, cassar de ofício o diploma do vice-prefeito absolvido por capítulo decisório da sentença que, não impugnado por ninguém, transitou em julgado" (STF, AC 112, Rel. Min. Cezar Peluso, *DJ* de 4-2-2005).
- **Coisa julgada administrativa** — "A coisa julgada a que se refere o artigo 5º, XXXVI, da Carta Magna é, como conceitua o § 3º do artigo 6º da Lei de Introdução do Código Civil, a decisão judicial de que já não caiba recurso, e não a denominada coisa julgada administrativa" (STF, RE 144.996, Rel. Min. Moreira Alves, *DJ* de 12-9-1997).

✧ 43.4. Preservação de situações de fato

Em nome da segurança jurídica, o Supremo Tribunal Federal proferiu interessante decisão, precisamente para resguardar uma situação de fato. O assunto envolvia o tema da alienação de terras.

Com efeito, por maioria de votos, o Supremo Tribunal Federal, em sua composição plenária, julgou improcedente a ação mais antiga que tramitava na Corte, protocolada em 17 de junho de 1959. Trata-se de uma ação cível originária na qual o Supremo convalidou a concessão do domínio de uma área de 200 mil hectares pelo Estado do Mato Grosso a 20 empresas colonizadoras. Eis os argumentos prevalecentes: **1)** deve ser aplicado, ao caso, o princípio da segurança jurídica para manter a validade da operação, em caráter excepcionalíssimo, pois, formalmente falando, a operação foi ilegal, sim, afinal perpetrou ofensa ao § 2º do art. 156 da Constituição de 1946, em vigor à época do fato, o qual condicionava à prévia autorização do Senado a alienação ou concessão de terras públicas com mais de 10 mil hectares. Segundo o art. 188, § 1º, da Constituição de 1988, a área sujeita à prévia autorização foi reduzida para 2,5 mil hectares, porém também a Câmara, além do Senado, deve pronunciar-se; **2)** mesmo sendo inconstitucional a alienação das terras, pela via de concessão de domínio, sem prévia autorização legislativa, é inegável a ocorrência de uma situação de fato, naquela área, que se tornou irreversível. Referida área, em nossos dias, encontra-se ocupada por cidades, casas, estradas, propriedades rurais, indústrias, estabelecimentos comerciais e de serviços, abrigando dezenas de milhares de pessoas. Daí justificar-se o ato convalidatório da operação, haja vista o princípio da segurança jurídica, até porque as terras foram repassadas pelo Estado aos colonos, os quais a adquiriram de boa-fé; **3)** mas esse ato convalidatório não equivale, de modo algum, à legalização de áreas de proteção ambiental, muito menos à posse de terras indígenas, pois estas são de propriedade da União. Resultado: o veredito do Supremo Tribunal Federal não atinge outros pleitos, a exemplo daqueles formulados nas Ações Cíveis Originárias 362, 365 e 366, que envolvem terras indígenas; e **4)** os latifúndios improdutivos, da mesma forma que as áreas indígenas, são regulamentados por legislação própria, podendo ser invocada pelos governos em situações específicas, porquanto a decisão proferida pela Corte não interfere nelas (STF, ACO 79, Rel. Min. Pres. Cezar Peluso, j. 15-3-2012).

✦ 44. TRIBUNAL DO JÚRI (ART. 5º, XXXVIII)

A Constituição reconhece a instituição do júri, com a organização que lhe der a lei, assegurando a plenitude de defesa, o sigilo de votações, a soberania dos veredictos e a competência para o julgamento dos crimes dolosos contra a vida. Sua magnitude é tremenda e os assentos do Tribunal do Júri não podem ser alterados. Aliás, este tema é objeto da ADI 4768, interposta pelo Conselho Federal da OAB. Segundo o Min. Joaquim Barbosa, a Relatora, Min. Cármen Lúcia, decidiu julgar a ação diretamente no mérito, sem examinar o pedido de liminar, haja vista tratar-se de "prática secular baseada não apenas no costume, mas também na legislação" (STF, SL 787/RS, Rel. Min. Joaquim Barbosa, *DJE* de 20-6-2014).

Sobre o júri, devemos saber:
- **Origem** — Inglaterra.
- **Significado** — tribunal popular, formado de um juiz togado, que o preside, e vinte e cinco jurados, os quais são sorteados dentre cidadãos existentes no alistamento eleitoral do Município, sendo que sete deles integram o Conselho de Sentença (Lei n. 11.689, de 9-6-2008). Enquanto

♦ Cap. 13 ♦ **DIREITOS E GARANTIAS FUNDAMENTAIS** **513**

os jurados desempenham a tarefa de apreciar a matéria fática e as provas que envolvem o delito, o juiz-presidente cuida dos aspectos jurídicos.

* **Presença no Brasil** — instituído por lei de 18 de junho de 1822, com a competência restrita aos crimes de imprensa, depois ampliada pelo Código de Processo Criminal de 1832 e mantida pela Constituição de 1891. Apenas a Carta de 1937 silenciou a seu respeito. As demais Constituições consagraram-no.

* **Críticas à sua manutenção** — "Elitista na origem, falso na premissa de julgamento do delinquente pelos seus iguais, exigindo organização dispendiosa numa justiça que vive a reclamar da falta de meios, de destinação restritíssima (só para crimes dolosos contra a vida), com benefício estatístico absolutório para os que podem defender-se, e destino menos feliz para os desprovidos de meios, é, a meu ver, uma inutilidade, que só teria justificação ética se estendida, pelo menos, a todos os procedimentos penais" (Walter Ceneviva, *Direito constitucional brasileiro*, p. 63).

* **Súmula 156 do STF** — "É absoluta a nulidade do julgamento, pelo júri, por falta de quesito obrigatório".

* **Súmula 162 do STF** — "É absoluta a nulidade do julgamento pelo júri, quando os quesitos da defesa não precedem aos das circunstâncias agravantes".

✧ 44.1. Plenitude de defesa (art. 5º, XXXVIII, *a*)

A *plenitude de defesa* é a possibilidade de o acusado se opor àquilo que se afirma contra ele.

Trata-se de uma variante do princípio da ampla defesa e do contraditório (art. 5º, LV), o qual projeta sua força sobre as normas de processo penal.

Certamente, é imprescindível a defesa técnica do réu, ainda que revel (art. 261 do CPP), para que se verifique a realização efetiva do primado da ampla defesa. Aliás, o próprio Código de Processo Penal determina que seja dado defensor ao réu quando o magistrado o considerar indefeso (art. 497, V).

E se a defesa for desidiosa, insuficiente, tendenciosa, incorreta tecnicamente, o feito deve ser anulado e nomeado outro defensor, sob pena de violação à *plenitude de defesa*, assegurada pela Carta de 1988.

Como se vê, o princípio constitucional da *plenitude de defesa* liga-se ao vetor genérico da ampla defesa, repercutindo, sensivelmente, na situação jurídica vivida pelo acusado.

> **Legítima defesa da honra em crimes de feminicídio: impossibilidade** – por unanimidade de votos, o Supremo Tribunal Federal, em sua composição plenária, derrubou a vergonhosa tese da defesa da honra em crimes de feminicídio. Trata-se de contundente fraude aos princípios constitucionais da dignidade da pessoa humana, da proteção à vida e da igualdade de gênero. A Corte, com grande acerto, conferiu interpretação conforme à Constituição a dispositivos do Código Penal e do Código de Processo Penal, de modo a excluir a legítima defesa da honra do âmbito do instituto da legítima defesa. A defesa, a acusação, a autoridade policial e o juízo não podem utilizar, direta ou indiretamente, o argumento da legítima defesa da honra, ou qualquer argumento que induza à tese, nas fases pré-processual ou processual penais nem durante julgamento perante o Tribunal do Júri, sob pena de nulidade do ato e do julgamento. Além de "atécnico e extrajurídico", no dizer do Min. Dias Toffoli, a infeliz tese é um "estratagema cruel, subversivo da dignidade da pessoa humana e dos direitos à igualdade e à vida" e totalmente discriminatório contra a mulher. Trata-se de uma ferramenta argumentativa e retórica odiosa, desumana e cruel, utilizada pelas defesas de acusados de feminicídio ou agressões contra mulher para imputar às vítimas a causa de suas próprias mortes ou lesões, contribuindo para a naturalização e a perpetuação da cultura de violência contra as mulheres no Brasil (STF, ADPF 779, Rel. Min. Dias Toffoli, j. 15-3-2021).

Essa vastidão da *plenitude de defesa* inclui o fato de serem os jurados escolhidos de todas as classes sociais, para que haja livre convencimento e sólida responsabilidade dos votos emitidos.

A *plenitude de defesa*, com todos os meios a ela inerentes, inclusive no tocante ao direito de ser informado, engloba a bilateralidade da audiência (contraditório), e também o direito à prova legitimamente obtida ou produzida.

E a defesa deve ser plena porque é dado ao acusado o direito de expor suas razões com real igualdade, sejam quais forem elas.

A concretização do princípio da *plenitude de defesa* pressupõe que os argumentos do autor ou do réu tenham idêntica importância, de sorte que inexistam prioridades dentro da relação processual penal.

Há, nesse particular, uma identidade entre o princípio da *plenitude de defesa* e o ditame da *igualdade de armas* dos alemães.

Ou seja, em decorrência da paridade dos sujeitos da relação processual, as oportunidades e os instrumentos processuais, para o réu se defender em juízo, devem ter o mesmo peso daqueloutros usados pelo autor.

Assim, o réu poderá pleitear direitos, deduzir respostas, requerer e realizar provas, recorrer a sentenças judiciais, exercitar, enfim, o contraditório.

44.2. Sigilo das votações (art. 5º, XXXVIII, b)

Pelo *sigilo das votações* a opinião dos jurados fica imune a interferências externas.

Mesmo os jurados formulando perguntas, nos momentos devidos, indagando sobre dúvidas, surgidas na leitura dos autos ou na exposição dos fatos pela defesa técnica, a proteção ao segredo da votação não se desfigura.

Na sala secreta, quando da distribuição de cédulas para coletar os votos, o vetor constitucional processual penal do *sigilo das votações* é alvo de observância rigorosa, a fim de resguardar a decisão dos jurados.

44.3. Soberania dos veredictos e recorribilidade da decisão (art. 5º, XXXVIII, c)

O júri é soberano em decorrência da impossibilidade de os juízes togados se substituírem aos jurados na decisão da causa.

A justificativa para o princípio constitucional da *soberania dos veredictos* é evitar que a decisão dos jurados seja subtraída, e até substituída, por uma sentença judicial.

Sem soberania o júri se torna um corpo sem alma, uma instituição ridícula e cafona, que somente serve de motivo para exibicionismos oratórios e verbiagens irritantes.

Mas a *soberania dos veredictos* não é um princípio absoluto, haja vista a recorribilidade das decisões do júri.

Nada impede, pois, que uma instância superior determine que o júri se pronuncie novamente, desde que constatadas as hipóteses de *error in procedendo* ou *error in judicando* (CPP, art. 593, III, e parágrafos).

Esse é o posicionamento pacífico do Supremo Tribunal Federal, nas mais diversas situações submetidas ao seu exame.

Casuística:
- **Revisão criminal** — é juridicamente possível a revisão criminal da decisão do júri, ainda mais se for em benefício do condenado (STF, *RT, 488*:330; *475*:352).
- **Retorno dos autos ao júri** — o Supremo Tribunal Federal afirmou que a garantia constitucional da soberania dos veredictos não exclui a recorribilidade de suas decisões. Por isso, é possível o retorno dos autos ao Tribunal do Júri para novo julgamento (STF, 2ª T., HC 71.617-2, Rel. Min. Francisco Rezek, *DJU*, 1, de 19-5-1995, p. 13995; STF, 1ª T., RE 176.726-0, Rel. Min. Ilmar Galvão, *DJU*, 1, de 26-5-1995, p. 15165).
- **Protesto por novo júri** — a soberania dos veredictos também não impede o protesto por novo júri (*RT, 510*:461; STJ, REsp 136.109/DF, Rel. Min. José Dantas, *DJ*, 1, de 3-11-1997, p. 56357).
- **Princípio da proporcionalidade** — pelo princípio da proporcionalidade, prevalece a presunção de inocência em relação à soberania dos veredictos. Portanto, é plenamente possível a revisão criminal para rescindir uma condenação imposta pelo Conselho de Sentença (STF, *RT, 548*:330, *677*:341).
- **Preservação da soberania do júri** — "A decisão do Tribunal de Justiça do Estado do Rio de Janeiro, submetendo os pacientes a novo Júri, não o vincula à condenação daqueles, pois não impede que conclua novamente pela absolvição, se assim lhe parecer, ficando, desta forma, preservada sua soberania" (STF, HC 82.103, Rel. Min. Sydney Sanches, *DJ* de 19-12-2002).

◆ Cap. 13 ◆ DIREITOS E GARANTIAS FUNDAMENTAIS 515

- **Decisões arbitrárias** — "A decisão do Tribunal do Júri não pode ser arbitrária, desvinculada das teses da acusação e da defesa nem ser manifestamente contrária à prova dos autos" (STF, HC 69.552, Rel. Min. Paulo Brossard, *DJ* de 11-12-1992).
- **Decisão de segundo grau** — "Decisão de segundo grau que invalida a que fora proferida pelo Tribunal Popular não ofende, só por isso, o art. 5º, XXXVII, *c*, da Carta da República (STF, 2ª T., HC 73.085-0/SP, Rel. Min. Francisco Rezek, decisão de 12-12-1995).
- **Apelação contra julgamento perante júri** — "Mesmo após o advento da Constituição de 1988, o STF, em reiterada jurisprudência, tem considerado subsistente a norma do art. 593, III, *d*, do Código de Processo Penal, segundo a qual cabe apelação contra o julgamento perante o júri, quando a decisão dos jurados for manifestamente contrária à prova dos autos. Precedentes" (STF, 1ª T., HC 73686-6/SP, Rel. Min. Sydney Sanches, decisão de 7-5-1996, *DJ*, 1, de 14-6-1996, p. 21076).
- **Interpretação dos fatos pelo júri** — "Desde que a decisão do Tribunal do Júri se ampare em alguns elementos de prova e se fundamente numa das várias versões que razoavelmente se poderiam formar a partir do conteúdo do processo, não há como cassar a decisão. A jurisprudência do STF, embora não admita versão inverossímil ou arbitrária, sem apoio em elementos de convicção idôneos, assegura ao Tribunal Popular a opção por uma das linhas plausíveis de interpretação para o fato. Precedentes: STF, HC 68.047, STF, RE 71.879, STF, RE 99.344, STF, HC 59.287, STF, RE 104.938, STF, RE 113.789, STF, RE 104.061. Razoabilidade da versão adotada pelo júri, que se viu diante de fatos conflitantes, de teses opostas e de uma prova duvidosa, opinando por uma solução com a independência que lhe deve ser reconhecida" (STF, 2ª T., HC 70.129/RJ, Rel. Min. Paulo Brossard, decisão de 26-4-1994).

✧ 44.4. Competência do júri quanto aos crimes dolosos contra a vida (art. 5º, XXXVIII, *d*)

Compete ao Tribunal do Júri julgar os crimes dolosos contra a vida, consumados ou tentados, isto é, homicídio, infanticídio, instigação, induzimento ou prestação de auxílio ao suicídio e aborto.

Apenas se incluem, na competência do júri, os crimes *dolosos contra a vida*, definidos em lei. O latrocínio, por exemplo, não foi considerado pelo legislador um delito doloso contra a vida. Logo, não se enquadra na competência do júri. Daí a **Súmula 603 do STF:** "A competência para o processo e julgamento de latrocínio é do juiz singular e não do Tribunal do Júri".

> **Precedente:** STF, *RT 585*:409. Pelo art. 74, § 1º, do Código de Processo Penal, compete ao Tribunal do Júri julgar os crimes, consumados ou tentados, previstos nos arts. 121, §§ 1º e 2º, e 122 a 127 do Código Penal.

E a lei ordinária pode ampliar a competência do Tribunal do Júri?

Sim, em virtude do caráter exemplificativo, e não taxativo, do art. 5º, XXXVIII, *d*, da Carta Maior, que definiu, apenas, a competência mínima do júri, em nada impedindo que o legislador inclua outros delitos na sua esfera de atribuições.

Assim, outras infrações, com características diferentes dos crimes dolosos contra a vida, podem ser submetidas à instituição, mediante lei ordinária.

✧ 44.5. Competências especiais por prerrogativa de função

Existem hipóteses excepcionais em que os crimes dolosos contra a vida não são julgados pelo Tribunal do Júri; afinal, o art. 5º, XXXVII, *d*, do Texto de Outubro, não consagra mandamento absoluto.

A dignidade de certos cargos e a importância deles para o Estado fazem com que a própria Carta da República excepcione, de modo expresso, a regra contemplada no art. 5º, XXXVII, *d*.

> **Nesse sentido:** STF, 2ª T., HC 70.581/AL, *RTJ, 150*:832.

Referimo-nos às *competências especiais por prerrogativa de função*, em que as normas, de mesma hierarquia, que regulam *situações específicas* prevalecem sobre os preceitos que disciplinam *situações gerais*.

516 ◆ Uadi Lammêgo Bulos ◆

Assim, as **normas especiais** dos arts. 29, VIII e X; 96, III; 102, I, *b* e *c*; 105, I, *a*; 108, I, *a*, **prevalecem sobre** a **norma geral** do art. 5º, XXXVIII, da CF.

Vejamos, ponto a ponto, as *situações específicas* em que as autoridades com foro de processo e julgamento não podem ir a júri popular pela prática de *infrações penais comuns*, gênero que abarca os *crimes dolosos contra a vida*:

- **Plano federal** — Presidente da República, Vice-Presidente, membros do Congresso Nacional, Ministros do Supremo Tribunal Federal, Procurador-Geral da República, Ministros de Estado, Comandantes da Marinha, Exército e Aeronáutica, membros dos Tribunais Superiores, do Tribunal de Contas da União e chefes de missão diplomática de caráter permanente (CF, art. 102, I, *b* e *c*).

    Crimes comuns — jurisprudência pacífica do STF: concluiu a Corte Excelsa que a terminologia *crimes comuns*, disposta no art. 102, I, *b* e *c*, da Carta Magna, abrange todas as espécies de infrações penais, inclusive os *crimes dolosos contra a vida*, processados e julgados pelos seus Ministros (HC 69.344/RJ, Rel. Min. Néri da Silveira, *RTJ*, *33*:590).

- **Plano estadual** — governadores de Estados e Distrito Federal, desembargadores dos Tribunais de Justiça dos Estados e do Distrito Federal, membros do Tribunal de Contas dos Estados, do Distrito Federal, dos Tribunais Regionais Federais, dos Tribunais Regionais Eleitorais e do Trabalho, dos Conselhos ou Tribunais de Contas dos Municípios e do Ministério Público da União que oficiem perante tribunais, que sempre serão processados e julgados pelo Superior Tribunal de Justiça (CF, art. 105, I, *a*).

    Nesse sentido: STF, Pleno, CJ 7.000-4/PE, Rel. Min. Néri da Silveira, *DJU* de 7-8-1992, p. 11779.

- **Plano municipal** — nos crimes dolosos contra a vida, praticados por prefeitos municipais, compete ao Tribunal de Justiça do Estado processá-los e julgá-los (CF, art. 29, X).

    Precedente: STJ, 5ª T., HC 2.259-9/MT, Rel. Min. Jesus Costa Lima, v. u., j. em 2-2-1994, *DJU* de 28-2-1994, p. 2900.

- **Membros do Judiciário e do Ministério Público** — o processo e julgamento dos crimes dolosos contra a vida praticados por membros do Judiciário e do Ministério Público, em razão de determinação do foro competente por norma direta da Constituição Federal, não serão julgados pelo Tribunal do Júri, mas sim pelo tribunal competente, por prevalência da norma de caráter especial.

    Crime doloso contra a vida praticado por promotor de justiça: segundo o Supremo Tribunal Federal, a competência do Tribunal de Justiça para o julgamento de crime praticado por promotor de justiça, no exercício do cargo, mesmo ocorrido antes do surgimento da Constituição de 1988, tratando-se de foro especial por prerrogativa de função, instituído pelo art. 96, III, da Carta Maior, norma que, além de sua índole constitucional e processual, contempla não o ocupante do cargo, mas a dignidade da função, é de aplicação imediata (STF, 1ª T., HC 71.654-7, Rel. Min. Ilmar Galvão, *DJ*, 1, de 30-8-1996, p. 30605). No mesmo sentido: STF, 1ª T., HC 68.935-3/RJ, Rel. Min. Ilmar Galvão, *DJ*, 1, de 25-10-1991, *RTJ*, *172*:134; STF, 1ª T., HC 73.112-1/MG, Rel. Min. Ilmar Galvão, *DJ*, 1, de 31-5-1996, p. 18801.

- **Militar contra civil** — a partir da Lei n. 9.299, de 1996, os crimes dolosos contra a vida praticados por militar contra civil passaram a ser julgados pelo Tribunal do Júri, e não mais pela Justiça Militar. Como decidiu o Superior Tribunal de Justiça, essa regra é de aplicabilidade imediata, nos termos do art. 2º do Código de Processo Penal.

    Precedente: STJ, RHC 5.660/SP, Rel. Min. William Patterson, *DJ*, 1, de 23-9-1996, p. 35156.

- **Corréus** — o Supremo Tribunal Federal assegurou que o "envolvimento de corréus em crime doloso contra a vida, havendo em relação a um deles a prerrogativa de foro como tal definida

◆ Cap. 13 ◆ **DIREITOS E GARANTIAS FUNDAMENTAIS**   **517**

constitucionalmente, não afasta, quanto ao outro, o juiz natural revelado pela alínea do inciso XXXVIII do art. 5º da Carta Federal. A continência, porque disciplinada mediante normas de índole instrumental comum, não é conducente, no caso, à reunião dos processos. A atuação de órgãos diversos integrantes do Judiciário, com duplicidade de julgamento, decorre do próprio texto constitucional, isto por não se lhe poder sobrepor preceito de natureza estritamente legal" (STF, 2ª T., HC 70.581/AL, *RTJ*, *150*:832-3).

> **No mesmo sentido:** STF, Pleno, HC 69.325-3/GO, Rel. Min. Néri da Silveira, *DJU* de 4-12-1992, p. 23058; STF, HC 73.235, Rel. Min. Néri da Silveira, *DJ* de 18-10-1996.

• **Deputados estaduais e secretários de Estado** — desde que expressamente previsto na Constituição Estadual, os deputados estaduais e secretários de Estado serão processados e julgados nos crimes dolosos contra a vida pelo Tribunal de Justiça de seu respectivo Estado.

> **Nesse sentido:** STF, HC 65.132, *DJ*, 1, de 4-9-1987, p. 18286.

Quanto aos **procuradores do Estado e defensores públicos**, hão de ser processados e julgados pelo júri. Somente norma constitucional expressa, prevendo foro especial por prerrogativa de função para as autoridades estaduais, nos crimes comuns e nos de responsabilidade, não se submetem à competência do júri (CF, art. 5º, XXXVIII, *d*). Essa é a tese prevalecente no Supremo Tribunal Federal.

> **Prerrogativa de foro de autoridade estadual:** "Embora seja permitido à Constituição de Estado-membro instituir foro especial por prerrogativa de função (CF, art. 125, § 1º), ela não pode excluir a competência constitucional do Tribunal do Júri para o julgamento de crimes dolosos contra a vida (CF, art. 5º, XXXVIII, *d*), a não ser em relação aos agentes políticos correspondentes àqueles que a Constituição Federal outorga tal privilégio" (STF, HC 78.168/PB, Rel. Min. Néri da Silveira, decisão de 18-11-1998). No mesmo sentido: STF, ADIn 469/DF, Rel. Min. Marco Aurélio, j. em 5-4-2001.

Mas o próprio Supremo Tribunal concluiu que as constituições dos Estados, no exercício do poder constituinte derivado decorrente, podem estabelecer normas sobre o processo e julgamento de todos os crimes, inclusive os dolosos contra a vida, praticados por agentes políticos estaduais.

> **Precedente:** STF, *RTJ*, *102*:54.

Esse raciocínio possui fundamento, em virtude do *poder de auto-organização dos Estados-membros*, da *autonomia dos entes federativos* (CF, art. 18) e da prevalência do *princípio da simetria*. Quer dizer, os crimes dolosos contra a vida praticados pelas autoridades estaduais podem ser apreciados pelos Tribunais de Justiça, da mesma forma que as infrações penais cometidas pelas autoridades federais são processadas e julgadas pelo Supremo Tribunal Federal (CF, art. 102, I, *b* e *c*).

E as constituições dos Estados-membros poderão suprimir a competência constitucional do Tribunal do Júri?

Evidente que não, pois o art. 5º, XXXVII, *d*, é o paradigma a ser seguido pelas ordens jurídicas estaduais.

Daí o advento da **Súmula 721 do STF:** "A competência constitucional do tribunal do júri prevalece sobre o foro por prerrogativa de função estabelecido exclusivamente pela Constituição estadual".

✦ 45. GARANTIAS CONSTITUCIONAIS CRIMINAIS

Sob o rótulo *garantias constitucionais criminais* iremos estudar o conteúdo dos dispositivos da Carta de 1988 que regulam, especificamente, a pena, as prerrogativas dos presos, a tipificação de crimes, os requisitos para se efetuarem prisões, os princípios, enfim, que devem nortear a atividade persecutória do Estado.

518 ◆ Uadi Lammêgo Bulos ◆

✧ 45.1. Legalidade e anterioridade da lei penal incriminadora (art. 5º, XXXIX)

Não há crime sem lei anterior que o defina, nem pena sem prévia cominação legal.

> **Notícia histórica:** mandamento nuclear do Direito Penal, o princípio formulado por Anselm von Feuerbach, *nullum crimen, nulla poena sine lege*, constitucionalizou-se, em tempos remotos, desde a *Magna Charta Libertatum*, de 1215. No Iluminismo está a sua origem próxima, pois foi a partir do século XVIII que ele se consolidou com vigor e intensidade, espargindo a sua força para todo o mundo civilizado, a começar pelas constituições revolucionárias francesas de 1791 e 1793. Com a Declaração dos Direitos do Homem, na Revolução Francesa, de 28-8-1789, o ditame encampou fórmula precisa: "Ninguém pode ser punido senão em virtude de uma lei estabelecida e promulgada anteriormente ao delito e legalmente aplicada". No Brasil, as nossas constituições, unanimemente, inseriram-no em seus textos, com ligeiras variações. Foi assim que a Carta de 1824 inaugurou o princípio constitucional penal de que "ninguém será sentenciado senão por autoridade competente e em virtude de lei anterior e na forma por ela prescrita" (art. 179, II).

Assim, além de engendrar o princípio da legalidade (ou da reserva legal) no inciso XXXIX do art. 5º, o constituinte, ao mesmo tempo, consolidou o princípio da anterioridade, ao vaticinar que "não há crime sem lei anterior que o defina".

Para haver delito é necessário que o fato delituoso seja cometido após a entrada em vigor da lei incriminadora. Será essa lei a responsável pela definição da conduta infratora.

> **Casuística do STF:**
> • **Princípio da reserva legal** — "Ofende o princípio da reserva legal — 'não há crime sem lei anterior que o defina, nem pena sem prévia cominação legal' (art. 5º, XXXIX, da CF) — a construção jurisprudencial castrense baseada na aplicação subsidiária da forma contida no § 2º do art. 190 do CPM, concluindo que 'não obstante o dispositivo repressivo referido não expressar reprimenda para os desertores que retornem em lapso de tempo superior a dez dias, deve-se considerar que, para chegar ao somatório superior ao decênio, o militar faltoso teve que ultrapassar os dez dias de ausência previsto no tipo penal incursionado'" (STF, 2ª T., HC 73257-7/RJ, Rel. Min. Maurício Corrêa, decisão de 22-2-1996, *DJ*, 1, de 3-5-1996, p. 13902).
> • **Tipicidade do crime de tortura** — "A norma inscrita no art. 233 da Lei n. 8.069/90, ao definir o crime de tortura contra a criança e o adolescente, ajusta-se, com extrema fidelidade, ao princípio constitucional da tipicidade dos delitos (CF, art. 5º, XXXIX)" (STF, HC 70.389, Rel. Min. Celso de Mello, *DJ* de 10-8-2001).

O princípio constitucional penal da legalidade tem contornos bastante definidos. Corrobora uma garantia basilar dos direitos humanos, integrando o rol das liberdades públicas na Constituição de 1988. Impede que a conduta individual extrapole as balizas legais, pois só à lei cabe determinar os limites que separam o comportamento delituoso do comportamento permitido. É a lei penal, portanto, o pressuposto imediato dos crimes e das sanções.

✧ 45.2. Retroatividade da lei penal (art. 5º, XL)

A lei penal não retroagirá, salvo para beneficiar o réu.

Eis o princípio da retroatividade da lei penal mais branda, a *lex mitior*, a *la loi plus douce* dos juristas franceses. Significa que a norma retrocederá, excluindo a antijuridicidade do fato imputado como criminoso.

> **Retroatividade da lei penal mais benéfica ao réu (CF, art. 5º, XLV)** — o Plenário do Supremo Tribunal Federal, por maioria de votos afastou causa de aumento, por emprego de violência, aplicada na fixação da pena de um homem condenado pela prática dos crimes de estupro e atentado violento ao pudor. Nada obstante a gravidade da conduta criminosa do agente, a Carta Magna assegura a retroatividade da lei penal mais benéfica ao réu. O aumento da pena do art. 224 do Código Penal foi revogado pela Lei de Crimes Sexuais (Lei 12.015/2009), a qual passou a tipificar ambos os crimes como estupro (STF, HC 100181/RS, Rel. Min. Marco Aurélio, j. 15-8-2019).

♦ Cap. 13 ♦ **DIREITOS E GARANTIAS FUNDAMENTAIS** **519**

Nesse ínterim, cessam os efeitos condenatórios da sentença criminal. A coisa julgada cede em nome da medida de índole humanitária, pois seria atentado à condição humana punir alguém por conduta que deixou de ser considerada criminosa. Até mesmo diante do trânsito em julgado a decisão judicial é passível de modificação; trata-se da *abolitio criminis* (CP, art. 2º, *caput*). Acrescente-se também que ficam alcançados os efeitos penais da condenação ainda em curso por meio da extinção da punibilidade (CP, art. 107, III).

Casuística do STF:
- **Súmula 611** — "Transitada em julgado a sentença condenatória, compete ao juízo das execuções a aplicação de lei mais benigna".
- **Violação do painel do Senado** — "A obtenção do extrato de votação secreta, mediante alteração nos programas de informática, não se amolda ao tipo penal previsto no art. 305 do CP, mas caracteriza o crime previsto no art. 313-B da Lei 9.983, de 14-7-2000. Impossibilidade de retroação da norma penal a fatos ocorridos anteriormente a sua vigência (CF, art. 5º, XL). Extinção da punibilidade em relação ao crime de violação de sigilo funcional (CP, art. 325). Denúncia rejeitada por atipicidade de conduta" (STF, Inq. 1.879, Rel. Min. Ellen Gracie, *DJ* de 7-5-2004).
- **Tributo — pagamento após o recebimento da denúncia** — "Extinção da punibilidade. Decretação. HC concedido de ofício para tal efeito. Aplicação retroativa do art. 9º da Lei federal n. 10.684/03, c/c art. 5º, XL, da CF, e art. 61 do CPP. O pagamento do tributo, a qualquer tempo, ainda que após o recebimento da denúncia, extingue a punibilidade do crime tributário" (STF, HC 81.929, Rel. Min. Cezar Peluzo, *DJ* de 27-2-2004).

O princípio constitucional penal da retroatividade não desampara o réu. Sua função é voltar no tempo, visando a obtenção de benefícios outrora não considerados. É o império da lei mais benigna, em sentido contrário às leis *ex post facto* nitidamente inconstitucionais.

Extraem-se do princípio constitucional penal da retroatividade as seguintes previsões:
- a irretroatividade aplica-se tão somente à lei penal mais severa; e

> **Progressão para o regime semiaberto:** "A vedação da progressão do regime penal nos crimes hediondos constitui *lex gravior*, que não pode ser aplicada aos fatos anteriores à sua edição. Precedentes: HC 71009 e HC 68416. A norma que trata do modo de execução da pena é de direito material e não processual penal. Aplicabilidade dos princípios *tempus delicti commissi regit actum* e da irretroatividade da lei mais gravosa" (STF, 2ª T., HC 71.363/MG, Rel. Min. Paulo Brossard, decisão de 21-6-1994, *Ementário de Jurisprudência* n. 1758-3, p. 513, *DJ*, 1, de 16-9-1994, p. 24279).

- tratando-se da lei penal mais doce, o parâmetro a ser seguido é o da retroatividade da lei favorável. Isso pode ocorrer de duas formas: o fato não mais é considerado crime pela nova lei (*abolitio criminis*) ou a lei nova, de algum modo, beneficia o agente (*lex mitior*). Logo, em caso de *lei mais doce*, há retroatividade, quando ela for posterior ao fato, ou ultra-atividade, se for anterior ao fato.

> **Lex mitior e normas que se conflitam no tempo:** "O princípio da retroatividade da *lex mitior*, que alberga o princípio da irretroatividade de lei mais grave, aplica-se ao processo de execução penal e, por consequência, ao livramento condicional, art. 5º, XL, da Constituição Federal, e parágrafo único do art. 2º do Código Penal (Lei 7.209/84). Os princípios da *ultra* e da retroatividade da *lex mitior* não autorizam a combinação de duas normas que se conflitam no tempo para se extrair uma terceira que mais beneficie o réu" (STF, 2ª T., HC 68.416/DF, Rel. Min. Paulo Brossard, decisão de 8-9-1992, *RTJ*, 142(02):564, *Ementário de Jurisprudência* n. 1682-2, p. 288, *DJ*, 1, de 30-10-1992, p. 19515).

✧ 45.3. Discriminação a direitos e liberdades fundamentais (art. 5º, XLI)

Serão punidas pela lei quaisquer discriminações atentatórias a direitos e liberdades fundamentais.

Atenção: o art. 5º, XLI, consagra enunciado abrangente. Dessa forma, é proibido diferençar quando a distinção for de encontro à Carta Magna. Ao invés, se a diferenciação sedimentar-se no interesse maior da coletividade, ou voltar-se para proteção de determinado indivíduo, aí inexistirá advertência.

> **Discricionariedade judicial e perícia médica:** "O magistrado, sempre que entender essencial, ao deferimento do livramento condicional, a constatação de condições pessoais que façam presumir que

520 ◆ Uadi Lammêgo Bulos ◆

o sentenciado não voltará a delinquir, poderá, para efeito de formação do seu próprio convencimento, ordenar a perícia médico-psiquiátrica. O Supremo Tribunal Federal, muito embora acentue em seus pronunciamentos jurisprudenciais que o art. 83, parágrafo único, do Código Penal não torna compulsória a perícia médica, adverte que esta não se acha vedada pela norma legal, submetendo-se, quanto à sua realização, à apreciação discricionária — e sempre motivada — do juiz" (STF, 1ª T., HC 69.740/SP, Rel. Min. Celso de Mello, decisão de 18-5-1993, *Ementário de Jurisprudência* n. 1708-3, p. 443, *DJ*, 1, de 18-6-1993, p. 12112).

✧ 45.4. Prática de racismo (art. 5º, XLII)

Racismo é todo e qualquer tratamento discriminador da condição humana em que o agente dilacera a autoestima e o patrimônio moral de uma pessoa ou de um grupo de pessoas, tomando como critérios raça ou cor da pele, sexo, condição econômica, origem etc.

Pela Carta de 1988, a prática do racismo constitui crime inafiançável e imprescritível, sujeito à pena de reclusão, nos termos da Lei n. 9.459, de 13-5-1997.

> **Injúria racial é crime imprescritível** – o STF, em sua composição plenária e por maioria de votos, decidiu que o crime de injúria racial configura um dos tipos penais de racismo sendo imprescritível. Prevaleceu a tese de que com a alteração legal, que tornou pública condicionada a ação penal para processar e julgar os delitos de injúria racial, esse delito equiparou-se ao racismo (CF, art. 5º, LXII) (STF, HC 154248, Rel. Min. Edson Facchin, j. 28-10-2021).

Sobre o crime de racismo, o Supremo Tribunal Federal, por maioria de votos, indeferiu *habeas corpus*, impetrado com lastro no art. 20 da Lei n. 7.716/89 (redação dada pela Lei n. 9.459/97). Concluiu que a divisão dos seres humanos em raças resulta de um processo de conteúdo meramente político-social. Desse pressuposto origina-se o racismo, que, por sua vez, gera a discriminação e o preconceito segregacionista.

> **Racismo — Abrangência:** "Compatibilização dos conceitos etimológicos, etnológicos, sociológicos, antropológicos ou biológicos, de modo a construir a definição jurídico-constitucional do termo. Interpretação teleológica e sistêmica da Constituição Federal, conjugando fatores e circunstâncias históricas, políticas e sociais que regeram sua formação e aplicação, a fim de obter-se o real sentido e alcance da norma" (STF, HC 82.424/RS, Rel. p/ acórdão Min. Maurício Corrêa, *Clipping* do *DJ* de 19-3-2004).

Em 2019, o Plenário do Supremo Tribunal Federal, por maioria de votos, decidiu: "1. Até que sobrevenha lei emanada do Congresso Nacional destinada a implementar os mandados de criminalização definidos nos incisos XLI e XLII do art. 5º da Constituição da República, as condutas homofóbicas e transfóbicas, reais ou supostas, que envolvem aversão odiosa à orientação sexual ou à identidade de gênero de alguém, por traduzirem expressões de racismo, compreendido este em sua dimensão social, ajustam-se, por identidade de razão e mediante adequação típica, aos preceitos primários de incriminação definidos na Lei nº 7.716, de 08/01/1989, constituindo, também, na hipótese de homicídio doloso, circunstância que o qualifica, por configurar motivo torpe (Código Penal, art. 121, § 2º, I, "in fine"); 2. A repressão penal à prática da homotransfobia não alcança nem restringe ou limita o exercício da liberdade religiosa, qualquer que seja a denominação confessional professada, a cujos fiéis e ministros (sacerdotes, pastores, rabinos, mulás ou clérigos muçulmanos e líderes ou celebrantes das religiões afro-brasileiras, entre outros) é assegurado o direito de pregar e de divulgar, livremente, pela palavra, pela imagem ou por qualquer outro meio, o seu pensamento e de externar suas convicções de acordo com o que se contiver em seus livros e códigos sagrados, bem assim o de ensinar segundo sua orientação doutrinária e/ou teológica, podendo buscar e conquistar prosélitos e praticar os atos de culto e respectiva liturgia, independentemente do espaço, público ou privado, de sua atuação individual ou coletiva, desde que tais manifestações não configurem discurso de ódio, assim entendidas aquelas exteriorizações que incitem a discriminação, a hostilidade ou a violência contra pessoas em razão de sua orientação sexual ou de sua identidade de gênero; 3. O conceito de racismo, compreendido em sua dimensão social, projeta-se para além de aspectos estritamente biológicos ou fenotípicos, pois resulta, enquanto manifestação de poder, de uma construção de índole histórico-cultural motivada pelo objetivo de justificar a desigualdade e destinada ao controle

♦ Cap. 13 ♦ DIREITOS E GARANTIAS FUNDAMENTAIS **521**

ideológico, à dominação política, à subjugação social e à negação da alteridade, da dignidade e da humanidade daqueles que, por integrarem grupo vulnerável (LGBTI+) e por não pertencerem ao estamento que detém posição de hegemonia em uma dada estrutura social, são considerados estranhos e diferentes, degradados à condição de marginais do ordenamento jurídico, expostos, em consequência de odiosa inferiorização e de perversa estigmatização, a uma injusta e lesiva situação de exclusão do sistema geral de proteção do direito" (STF, ADO 26/DF, Rel. Min. Celso de Mello, j. 13-6-2019; MI 4733/DF, Rel. Min. Edson Fachin, j. 13-6-2019).

✧ 45.5. Crimes inafiançáveis e insuscetíveis de graça ou anistia (art. 5º, XLIII)

Conforme o Texto de 1988, "a lei considerará crimes inafiançáveis e insuscetíveis de graça ou anistia a prática da tortura, o tráfico ilícito de entorpecentes e drogas afins, o terrorismo e os definidos como crimes hediondos, por eles respondendo os mandantes, os executores e os que, podendo evitá-los, se omitirem" (art. 5º, XLIII).

Legislação:
* **Lei de Drogas** — Lei n. 11.343, de 23-8-2006, que revoga a Lei n. 6.368, de 21-10-1976, e a Lei n. 10.409, de 11-1-2002.
* **Lei n. 8.072, de 25-7-1990,** com alterações introduzidas pelas **Leis n. 8.930, de 6-9-1994, 9.695, de 20-8-1998, e 11.464, de 28-3-2007** — dispõe sobre os crimes hediondos, nos termos do art. 5º, XLIII, da Constituição Federal.
* **Lei n. 9.455, de 7-4-1998** — define os crimes de tortura e dá outras providências.
* **Lei n. 12.015, de 07-8-2009** — altera os incisos V e VI do art. 1º.
* **Lei n. 12.978, de 21-5-2014** — acresce o inciso VIII ao art. 1º.
* **Lei n. 13.104, de 09-3-2015** — altera o inciso I do art. 1º.
* **Lei n. 13.142, de 06-7-2015** — altera os incisos I e I-A do art. 1º.
* **Lei n. 13.497, de 26-10-2017** — altera o art. 1º.

Do preceito mencionado, extraem-se as seguintes noções:
* **Graça** — é uma medida de clemência ou indulgência específica. Ocorre por inciativa do condenado, daí ser concedida *intuitu personae*. Não se confunde com a anistia nem com o indulto, porque tais figuras ocorrem mediante provocação do Poder Público, em prol de toda uma classe ou pluralidade de indivíduos. O pedido de graça é submetido à apreciação do Conselho Penitenciário (LEP, art. 189), e é ela concedida pelo Presidente da República, nos termos da Constituição (art. 84, XII). A Lei de Execução Penal chama a graça de indulto individual, que "poderá ser provocado por petição do condenado, por iniciativa do Ministério Público, do Conselho Penitenciário, ou da autoridade administrativa" (art. 188).

    Casuística do STF:
    * **Graça e indulto** — "É constitucional o art. 2º, I, da Lei 8.072/90, porque, nele, a menção ao indulto é meramente expletiva da proibição de graça aos condenados por crimes hediondos ditada pelo art. 5º, XLIII, da Constituição. Na Constituição, a graça individual e o indulto coletivo — que ambos, tanto podem ser totais ou parciais, substantivando, nessa última hipótese, a comutação de pena — são modalidades do poder de graça do Presidente da República (art. 84, XII) — que, no entanto, sofre a restrição do art. 5º, XLIII, para excluir a possibilidade de sua concessão, quando se trata de condenação por crime hediondo. Proibida a comutação de pena, na hipótese do crime hediondo, pela Constituição, é irrelevante que a vedação tenha sido omitida no Decreto 3.226/99" (STF, HC 84.312, Rel. Min. Sepúlveda Pertence, *DJ* de 25-6-2004). No mesmo sentido: HC 81.407, *DJ* de 22-2-2002; STF, HC 77.528, *DJ* de 22-10-1999.
    * **Concessão de indulto** — "A concessão de indulto aos condenados a penas privativas de liberdade insere-se no exercício do poder discricionário do Presidente da República, limitado à vedação prevista no inciso XLIII do artigo 5º da Carta da República. A outorga do benefício, precedido das cautelas devidas, não pode ser obstado por hipotética alegação de ameaça à segurança social, que tem como parâmetro simplesmente o montante da pena aplicada. (...). Interpretação conforme a Constituição dada ao § 2º do artigo 7º do Decreto 4.495/02 para fixar os limites de sua aplicação, assegurando-se legitimidade à *indulgencia principis*" (STF, ADIn 2.795-MC, Rel. Min. Maurício Corrêa, *DJ* de 20-6-2003).
    * **Indulto natalino e comutação de penas concedidos por ato presidencial** — "O decreto de indulto não pode esvaziar a política criminal estabelecida pelo legislador, tornando os requisitos para a

extinção da punibilidade consideravelmente mais brandos do que aqueles exigidos para o cumprimento adequado da pena" (STF — ADI 5.874 MC/DF — Rel. Min. Roberto Barroso, j. 12-3-2018).

- **Impossibilidade de indulto nos crimes hediondos** — "Revela-se inconstitucional a possibilidade de que o indulto seja concedido aos condenados por crimes hediondos, de tortura, terrorismo ou tráfico ilícito de entorpecentes e drogas afins, independentemente do lapso temporal da condenação" (STF, ADIn 2.795-MC, Rel. Min. Maurício Corrêa, *DJ* de 20-6-2003).

- **Anistia** — é o ato de clemência soberana, por meio do qual são esquecidos os atos ilícitos cometidos pelo agente. Vem prevista em lei, com o objetivo de promover o arquivamento dos processos pendentes, além de suspender a execução das penas em curso, eliminando os efeitos das penalidades que já foram cumpridas. A anistia é lei penal de efeito retroativo. Por isso, revoga parcialmente a lei anterior, haja vista que se opera *ex tunc*, isto é, para o passado, apagando o crime e até rescindindo a sentença penal condenatória irrecorrível, porquanto nem a coisa julgada barra os seus efeitos. A anistia, porém, não faz desaparecer os efeitos da sentença condenatória para reparação de danos civis. O efeito civil do dever de reparar o dano persiste, podendo a sentença ser executada (CPP, art. 63). Ela faz cessar, unicamente, os efeitos penais da sentença condenatória com trânsito em julgado. O instituto da anistia pode ser concedido pelo Poder Legislativo, antes da sentença final ou depois da condenação irrecorrível, alcançando, também, a pena de multa, além dos crimes políticos. Não se confunde com a *abolitio criminis*, pois nesta última figura extingue-se a tipicidade. Na anistia sobreexiste o tipo penal incriminador. Apaga-se, tão só, o fato cometido. E, extinta a punibilidade pela anistia, não se impõe nem se executa medida de segurança (CP, art. 96, parágrafo único).

    STF foi contra revisão da Lei da Anistia por 7 votos a 2 — a Lei 6.683/79 é compatível com a Carta de 1988. A anistia por ela concedida foi ampla e geral, alcançando os crimes de qualquer natureza praticados pelos agentes da repressão no período compreendido entre 2-9-1961 e 15-8-1979 (STF, Pleno, ADPF 153/DF, Rel. Min. Eros Grau, j. em 29-4-2010).

- **Tortura** — inflição de castigo corporal ou psicológico violento, por meio de expedientes mecânicos ou manuais, praticados por agentes no exercício de funções públicas ou privadas, com o intuito de compelir alguém a admitir ou omitir fato lícito ou ilícito, seja ou não responsável por ele. Daí ser inafiançável e insuscetível de graça ou anistia.

    Cumprimento da pena nos crimes de tortura: "A Lei n. 9.455, de 7-4-1997, que define os crimes de tortura e dá outras providências, no § 7º do art. 1º, esclarece: 'o condenado por crime previsto nesta Lei, salvo a hipótese do § 2º, iniciará o cumprimento da pena em regime fechado'. Vale dizer, já não exige que, no crime de tortura, a pena seja cumprida integralmente em regime fechado, mas apenas no início. Foi, então, mais benigna a lei com o crime de tortura, pois não estendeu tal regime aos demais crimes hediondos, nem ao tráfico de entorpecentes, nem ao terrorismo" (STF, HC 76.543, Rel. Min. Sydney Sanches, *DJ* de 17-4-1998).

- **Entorpecentes e drogas afins** — os medicamentos médico-hospitalares e os produtos farmacêuticos lícitos não integram o rol de entorpecentes e drogas afins, contrários ao ordenamento jurídico e, portanto, insuscetíveis de qualquer proteção constitucional.
- **Terrorismo** — prática de ato violento, proveniente da pessoa ou de grupos minoritários de pessoas que pretendem combater formas ou organismos de poder, inclusive movimentos religiosos.
- **Crimes hediondos** — o latrocínio, a extorsão qualificada pela morte ou mediante sequestro, o estupro, o atentado violento ao pudor, a epidemia com resultado morte, o envenenamento de água potável ou de substância alimentícia ou medicinal, qualificado pela morte, o genocídio são hipóteses insuscetíveis de graça ou anistia, porque constituem casos horrendos, repelentes, repulsivos. De fato, a hediondez exterioriza o total desprezo pela condição humana. O criminoso permanece insensível diante do grave sofrimento físico e da dor moral vivida pela vítima. O crime hediondo é, portanto, delito de especial gravidade. Recebe, por isso mesmo, um tratamento normativo rigoroso por parte do constituinte, porque traz, em si, requintes de perversidade.

◆ Cap. 13 ◆ DIREITOS E GARANTIAS FUNDAMENTAIS **523**

Casuística do STF:

- **Súmula 698** — "Não se estende aos demais crimes hediondos a admissibilidade de progressão no regime de execução da pena aplicada ao crime de tortura".

- **Inconstitucionalidade da proibição da progressão de regime de cumprimento de pena** — O Supremo Tribunal, por maioria, deferiu pedido de *habeas corpus* e declarou, *incidenter tantum*, a inconstitucionalidade do § 1º do art. 2º da Lei n. 8.072/90, que veda a possibilidade de progressão do regime de cumprimento da pena nos crimes hediondos definidos no art. 1º do mesmo diploma legal. A Corte, em primeiro lugar, restringiu a análise da matéria à progressão de regime, tendo em conta o pedido formulado. Entendeu que a vedação de progressão de regime prevista na norma impugnada afronta o direito à individualização da pena (CF, art. 5º, LXVI), já que, ao não permitir que se considerem as particularidades de cada pessoa, a sua capacidade de reintegração social e os esforços aplicados com vistas à ressocialização, acaba tornando inócua a garantia constitucional. Ressaltou--se, também, que o dispositivo impugnado apresenta incoerência, porquanto impede a progressividade mas admite o livramento condicional após o cumprimento de 2/3 da pena (Lei n. 8.072/90, art. 5º). Vencidos os Ministros Carlos Velloso, Joaquim Barbosa, Ellen Gracie, Celso de Mello e Nelson Jobim, que indeferiam a ordem, mantendo a orientação até então fixada pela Corte no sentido da constitucionalidade da norma atacada. Mas, por unanimidade, o Supremo explicitou que a declaração incidental de inconstitucionalidade do preceito legal em questão não gerará consequências jurídicas com relação às penas já extintas nesta data, pois a decisão plenária envolve, unicamente, o afastamento do óbice representado pela norma ora declarada inconstitucional, sem prejuízo da apreciação, caso a caso, pelo magistrado competente, dos demais requisitos pertinentes ao reconhecimento da possibilidade de progressão (STF, HC 82.959/SP, Rel. Min. Marco Aurélio, decisão de 23-2-2006).

- **Lei 8.072/90 e julgamento monocrático:** o Supremo deferiu *habeas corpus* impetrado em favor de condenada pela prática, em concurso de agentes, de tráfico ilícito de entorpecentes (Lei n. 6.368/76, arts. 12 e 18, III) para fixar o regime inicialmente fechado de cumprimento da reprimenda imposta à paciente, com a ressalva de que a efetivação da pretendida progressão dependerá do preenchimento dos requisitos objetivos e subjetivos que a referida lei prevê, cujo exame cabe ao juízo da execução. Aplicou-se, ao caso, a orientação firmada pelo Plenário no julgamento do HC 82.959/SP, no sentido da inconstitucionalidade do art. 2º, § 1º, da Lei n. 8.072/90, que veda a possibilidade de progressão do regime de cumprimento da pena nos crimes hediondos definidos no art. 1º da mesma Lei. Em questão de ordem suscitada pelo Ministro Cezar Peluso, decidiu-se, ainda, que, em casos similares, quando se cuidar exclusivamente da declaração de inconstitucionalidade do § 1º do art. 2º da aludida Lei n. 8.072/90, a concessão da ordem poderá fazer-se por decisão individual do relator. Vencido, no ponto, o Ministro Marco Aurélio, por entender incabível a utilização analógica do art. 557 do CPC em *habeas corpus* (STF, HC 86.224/DF, Rel. Min. Carlos Britto, decisão de 7-3-2006).

- **Cumprimento de pena nos crimes hediondos** — "A pena por crime previsto no art. 2º, § 1º, da Lei n. 8.072/90 (crime hediondo) deverá ser cumprida em regime fechado. Inocorrência de inconstitucionalidade. CF, art. 5º, XLIII" (STF, HC 85.379, Rel. Min. Carlos Velloso, *DJ* de 13-5-2005).

- **Tráfico ilícito de entorpecentes** — "A Lei 8.072/90, que dispõe sobre os crimes hediondos, atendeu ao comando constitucional. Considerou o tráfico ilícito de entorpecentes como insuscetível dos benefícios da anistia, graça e indulto (art. 2º, I). E, ainda, não possibilitou a concessão de fiança ou liberdade provisória (art. 2º, II). A jurisprudência do Tribunal reconhece a constitucionalidade desse artigo" (STF, HC 80.886, Rel. Min. Nelson Jobim, *DJ* de 14-6-2002).

- **Estupro e atentado violento ao pudor** — "Os delitos de estupro e de atentado violento ao pudor, ainda que em sua forma simples, configuram modalidades de crime hediondo, sendo irrelevante — para efeito de incidência das restrições fundadas na Constituição da República (art. 5º, XLIII) e na Lei n. 8.072/90 (art. 2º) — que a prática de qualquer desses ilícitos penais tenha causado, ou não, lesões corporais de natureza grave ou morte, que traduzem, nesse contexto, resultados qualificadores do tipo penal, não constituindo, por isso mesmo, elementos essenciais e necessários ao reconhecimento do caráter hediondo de tais infrações delituosas" (STF, HC 82.235, Rel. Min. Celso de Mello, *DJ* de 28-2-2003). No mesmo sentido: STF, HC 81.277, *DJ* de 21-6-2002; STF, HC 81.408, *DJ* de 22-3-2002.

- **Concessão de *sursis*** — "É incabível a concessão do *sursis* em favor daquele que foi condenado pelo delito de atentado violento ao pudor, ainda que satisfeitos os pressupostos subjetivos e objetivos fixados pelo art. 77 do Código Penal, pois, tratando-se de crime hediondo, a sanção privativa de liberdade deve ser cumprida integralmente em regime fechado" (STF, HC 72.697, Rel. Min. Celso de Mello, *DJ* de 21-5-1999).

524 ◆ Uadi Lammêgo Bulos ◆

✧ 45.6. Ação de grupos armados, civis e militares (art. 5º, XLIV)

Também constitui crime inafiançável e imprescritível a ação de grupos armados, civis ou militares, praticada contra a ordem constitucional e o Estado Democrático.

> **Severidade repressiva:** "Certo, a Constituição reservou a determinados crimes particular severidade repressiva (art. 5º, XLIII e XLIV). Mas, como observa Magalhães Gomes Filho, por sua natureza, as restrições que estabelecem são taxativas: delas, não se podem inferir, portanto, exceções à garantia constitucional — qual, a da vedação da prova ilícita —, estabelecida sem limitações em função da gravidade do crime investigado" (STF, HC 80.949, voto do Min. Sepúlveda Pertence, DJ de 14-12-2001).

✧ 45.7. Intransmissibilidade das penas (art. 5º, XLV)

Pelo princípio constitucional da intransmissibilidade das penas, nenhuma pena passará da pessoa do condenado, podendo a obrigação de reparar o dano e a decretação do perdimento de bens ser, nos termos da lei, estendidas aos sucessores e contra eles executadas, até o limite do valor do patrimônio transferido.

> **Casuística:**
> - **Prestação de serviços à comunidade** — "A intransmissibilidade da pena traduz postulados de ordem constitucional. A sanção penal não passará da pessoa do delinquente. Vulnera o princípio da incontagiabilidade da pena a decisão judicial que permite ao condenado fazer-se substituir, por terceiro absolutamente estranho ao ilícito penal, na prestação de serviço à comunidade" (STF, 1ª T., HC 68.309/DF, Rel. Min. Celso de Mello, decisão de 27-11-1990, Ementário de Jurisprudência n. 1.610-2, p. 2202).
> - **Responsabilidade penal de pessoa jurídica** — "Cabe aos sócios responderem por crime que em nome da pessoa jurídica praticarem ou determinarem sejam cometidos. Nenhuma pena passará da pessoa do condenado (art. 5º, XLV, da CF). Erro na capitulação normativa não conduz à nulidade" (STJ, 6ª T., RHC 4.213/SP, Rel. Min. Pedro Acioli, decisão de 13-3-1995, DJ, 1, de 8-5-1995, p. 12427).

✧ 45.8. Individualização das penas (art. 5º, XLVI)

Pelo princípio constitucional criminal da individualização punitiva, a pena deve ser adaptada ao condenado, consideradas as características do sujeito ativo e do crime.

> **Casuística do STF:**
> - **Recepção do instituto penal da reincidência pela Carta de 1988** — é constitucional a aplicação da reincidência como agravante da pena em processos criminais (CP, art. 61, I). O instituto não enseja *bis in idem* nem constitui ofensa aos princípios da proporcionalidade e da individualização da pena. A jurisprudência predominante do Supremo filia-se à corrente doutrinária segundo a qual o instituto da reincidência encontra fundamento constitucional, porquanto atende, sim, ao princípio da individualização da pena. Aliás, não se pode, a partir da exacerbação do garantismo penal, desmantelar o sistema no ponto consagrador da cabível distinção, ao se tratar os desiguais de forma igual. A regência da matéria, harmônica com a Constituição, denota razoável política normativa criminal (STF, HC 94.361/RS, Rel. Min. Gilmar Mendes, j. 4-4-2013).
> - **Princípio da unidade do crime** — "A norma consubstanciada no art. 29 do CP, que contém atenuações ao princípio da unidade do crime, não impede que o magistrado, ao proferir a sentença penal condenatória, imponha penas desiguais ao autor e ao coautor da prática delituosa. A possibilidade jurídica desse tratamento penal diferenciado justifica-se, quer em face do próprio princípio constitucional da individualização das penas, quer em função da cláusula legal que, inscrita no art. 29, *caput, in fine*, do CP, destina-se a 'minorar os excessos da equiparação global dos coautores...'" (STF, HC 70.022, Rel. Min. Celso de Mello, DJ de 14-5-1993).
> - **Motivação da individualização da pena** — "A exigência de motivação da individualização da pena — hoje, garantia constitucional do condenado (CF, arts. 5º, XLVI, e 93, IX) — não se satisfaz com a existência na sentença de frases ou palavras quaisquer, a pretexto de cumpri-la: a fundamentação há de explicitar a sua base empírica; essa, de sua vez, há de guardar relação de pertinência,

◆ Cap. 13 ◆ DIREITOS E GARANTIAS FUNDAMENTAIS **525**

legalmente adequada, com a exasperação da sanção penal, que visou a justificar" (STF, HC 69.419, Rel. Min. Sepúlveda Pertence, *DJ* de 28-8-1992).

Tal vetor compactua-se com o ditame da personalidade, ou seja, imputa-se o crime, apenas, ao seu autor, sendo ele o único elemento suscetível de sofrer a sanção.

Ao consagrar dito princípio, o constituinte levou em conta a dignidade da pessoa humana, tão enfatizado pela Carta das Nações Unidas, pela Declaração Universal dos Direitos Humanos, pelo Pacto Internacional sobre Direitos Civis e Políticos, pela Carta da Organização dos Estados Americanos, pela Declaração Americana dos Direitos e Deveres do Homem, entre outros que erigiram a pessoa física à própria razão de ser da sociedade.

Mas o art. 5º, XLVI, também especificou os tipos de pena que devem vigorar no Brasil: privação ou restrição da liberdade; perda de bens; multa; prestação social alternativa; e suspensão ou interdição de direitos.

> **Prestação de serviços à comunidade:** "A prestação de serviços à comunidade constitui sanção jurídica revestida de caráter penal. Trata-se de medida alternativa ou substitutiva da pena privativa de liberdade. Submete-se, em consequência, ao regime jurídico-constitucional das penas e sofre todas as limitações impostas pelos princípios tutelares da liberdade individual. A exigência judicial de doação de sangue não se ajusta aos parâmetros conceituais, fixados pelo ordenamento positivo, pertinentes à própria inteligência da expressão legal 'prestação de serviços à comunidade', cujo sentido, claro e inequívoco, veicula a ideia de realização, pelo próprio condenado, de encargos de caráter exclusivamente laboral. Tratando-se de exigência conflitante com o modelo jurídico--legal peculiar ao sistema de penas alternativas ou substitutivas, não há como prestigiá-la e nem mantê-la" (STF, HC 68.309, Rel. Min. Celso de Mello, *DJ* de 8-3-1991).

Em contrapartida, proibiu as penas de morte (salvo em caso de guerra declarada), de caráter perpétuo, de trabalhos forçados, de banimento e cruéis (CF, art. 5º, XLVII).

> **Casuística do STF:**
> - **Pena de morte e entrega de extraditando** — "O ordenamento positivo brasileiro, nas hipóteses em que se delineia a possibilidade de imposição do *supplicium extremum*, impede a entrega do extraditando ao Estado requerente, a menos que este, previamente, assuma o compromisso formal de comutar, em pena privativa de liberdade, a pena de morte, ressalvadas, quanto a esta, as situações em que a lei brasileira — fundada na Constituição Federal — permitir a sua aplicação, caso em que se tornará dispensável a exigência de comutação" (STF, Extr. 633, Rel. Min. Celso de Mello, *DJ* de 6-4-2001).
> - **Impossibilidade de prisão perpétua** — "A garantia constitucional que afasta a possibilidade de ter-se prisão perpétua se aplica à custódia implementada sob o ângulo de medida de segurança, tendo em conta, ainda, o limite máximo do tempo de cumprimento das penas privativas de liberdade a que alude o art. 75 do CP, e o que estabelece o art. 183 da LEP, que delimita o período da medida de segurança ao prever que esta ocorre em substituição da pena, não podendo, dessa forma, ser mais gravosa do que a própria pena" (STF, HC 84.219, Rel. Min. Marco Aurélio, *DJ* de 26-10-2005).
> - **Impossibilidade de inabilitação permanente** — "Pena de inabilitação permanente para o exercício de cargos de administração ou gerência de instituições financeiras. Inadmissibilidade" (STF, RE 154.134, Rel. Min. Sydney Sanches, *DJ* de 29-10-1999).
> - **Possibilidade de extradição para cumprimento de prisão perpétua** — "O Plenário do Supremo Tribunal Federal firmou jurisprudência no sentido de admitir, sem qualquer restrição, a possibilidade de o Governo brasileiro extraditar o súdito estrangeiro reclamado, ainda que seja ele passível da pena de prisão perpétua no Estado requerente" (STF, Extr. 669, Rel. Min. Celso de Mello, *DJ* de 29-3-1996).

✧ 45.9. Cumprimento das penas (art. 5º, XLVIII)

O cumprimento da pena deve ser em estabelecimentos distintos, de acordo com a natureza do delito, a idade, o sexo do apenado (CF, art. 5º, XLVIII).

526 ◆ Uadi Lammêgo Bulos ◆

> **Advogado — condenação penal recorrível:** "Direito a prisão especial — prerrogativa de ordem profissional" (STF, HC 72.465, Rel. Min. Celso de Mello, *DJ* de 24-11-1995).
> **Penas extintas há mais de cinco anos: maus antecedentes em nova condenação** — o Supremo Tribunal Federal decidiu que condenações criminais extintas há mais de cinco anos podem ser consideradas como maus antecedentes para a fixação da pena-base em novo processo criminal. Eis a tese com repercussão geral reconhecida sobre o tema: "Não se aplica para o reconhecimento dos maus antecedentes o prazo quinquenal de prescrição da reincidência, previsto no art. 64, I, do Código Penal" (STF, RE 593818, Rel. Min. Roberto Barroso, j. 21-8-2020).

◇ 45.10. Prerrogativas dos presos (art. 5º, XLIX, L, LXII a LXVI, LXXV)

A Carta de 1988 assegurou aos presos:
* respeito à integridade física e moral;

> **Casuística do STF:**
> * **Apenado idoso acometido de doença grave** — "O fato de o paciente estar condenado por delito tipificado como hediondo não enseja, por si só, uma proibição objetiva incondicional à concessão de prisão domiciliar, pois a dignidade da pessoa humana, especialmente a dos idosos, sempre será preponderante, dada a sua condição de princípio fundamental da República (art. 1º, inciso III, da CF/88). Por outro lado, incontroverso que essa mesma dignidade se encontrará ameaçada nas hipóteses excepcionalíssimas em que o apenado idoso estiver acometido de doença grave que exija cuidados especiais, os quais não podem ser fornecidos no local da custódia ou em estabelecimento hospitalar adequado" (STF, HC 83.358, Rel. Min. Carlos Britto, *DJ* de 4-6-2004).
> * **Detento assassinado por outro preso** — a responsabilidade civil é do Estado, que deve zelar pela integridade física do preso (STF, RE 372.472, Rel. Min. Carlos Velloso, *DJ* de 28-11-2003). No mesmo sentido: STF, RE 215.981, *DJ* de 31-5-2002.
> * **Construção de presídios** — entendeu o Supremo Tribunal Federal, por unanimidade de votos, que "É lícito ao Judiciário impor à Administração Pública obrigação de fazer, consistente na promoção de medidas ou na execução de obras emergenciais em estabelecimentos prisionais para dar efetividade ao postulado da dignidade da pessoa humana e assegurar aos detentos o respeito à sua integridade física e moral, nos termos do que preceitua o art. 5º, XLIX, da Constituição Federal, não sendo oponível à decisão o argumento da reserva do possível nem o princípio da separação dos Poderes" (STF, RE 592581, com repercussão geral, Rel. Min. Ricardo Lewandowski, j. 13-8-2015).

* condições para que as presidiárias possam permanecer com seus filhos durante o período de amamentação;
* comunicação imediata da prisão, e o local onde o preso se encontre, ao juiz competente, à família ou à pessoa por ele indicada;

> **Casuística do STF:**
> * **Descumprimento do art. 5º, LXII, da CF** — "Circunstância que não compromete a materialidade dos delitos e sua autoria, nem autoriza o trancamento da ação penal, podendo ensejar a responsabilidade das autoridades envolvidas" (STF, HC 68.503, Rel. Min. Célio Borja, *DJ* de 29-5-1992).
> * **Não aviso, pela própria pessoa, de sua prisão** — "Não ocorre descumprimento do inciso LXII do art. 5º da Constituição Federal, quando o preso, voluntariamente, não indica pessoa a ser comunicada da sua prisão. Encontrando-se o paciente cumprindo pena por condenação definitiva, é irrelevante eventual nulidade formal que tenha ocorrido no auto de prisão em flagrante, eis que se encontra preso por outro título" (STF, HC 69.630, Rel. Min. Paulo Brossard, *DJ* de 4-12-1992).

* informação sobre seus direitos, entre os quais o de permanecer calado, sendo-lhe assegurada a assistência da família e de advogado;
* identificação dos responsáveis pela prisão ou interrogatório policial;
* direito ao relaxamento imediato da prisão ilegal pelo juiz;

> **Casuística do STF:**
> * **Súmula 697** — "A proibição de liberdade provisória nos processos por crimes hediondos não veda o relaxamento da prisão processual por excesso de prazo".
> * **Cumprimento de ordem ilegal** — "Ninguém é obrigado a cumprir ordem ilegal, ou a ela se submeter, ainda que emanada de autoridade judicial. Mais: é dever de cidadania opor-se à ordem ilegal; caso contrário, nega-se o Estado de Direito" (STF, HC 73.454, Rel. Min. Maurício Corrêa, *DJ* de 7-6-1996).

◆ Cap. 13 ◆ DIREITOS E GARANTIAS FUNDAMENTAIS

527

- direito de não ser levado à prisão ou nela mantido, na hipótese legal de liberdade provisória, com ou sem fiança; e
- indenização pelo Estado de erro judiciário ou prisão que extrapolou o tempo fixado na sentença condenatória.

> **Responsabilidade do Estado sobre morte de detento:** por unanimidade de votos, o Supremo Tribunal Federal, em sua composição plenária, fixou a tese, com repercussão geral, de que a morte de detento em estabelecimento penitenciário gera responsabilidade civil do Estado quando houver inobservância do seu dever específico de proteção, nos termos do art. 5º, XLIX, da Carta Magna. Há diversos precedentes da Corte a esse respeito. Até mesmo o suicídio de presos propicia a responsabilidade civil do Estado, tanto por ação como por omissão (STF, RE 841.526/RS, Rel. Min. Luiz Fux, j. 30-3-2016).

ESPÉCIES DE PRISÃO NA ORDEM CONSTITUCIONAL BRASILEIRA

- **Prisão temporária:** é a modalidade de prisão cautelar utilizada para assegurar o sucesso da atividade investigatória. A princípio, seu prazo de duração é de 5 dias, prorrogáveis por igual período em caso de extrema e comprovada necessidade. Em se tratando de crime hediondo, a prisão poderá ter duração de 30 dias, também prorrogáveis por igual período (Lei n. 8.072/90, art. 2º, § 4º). Pela Lei n. 7.960/89, a prisão temporária será cabível: **(i)** quando imprescindível às investigações do inquérito policial; **(ii)** quando o indiciado não tiver residência fixa ou não fornecer elementos necessários ao esclarecimento de sua identidade; **(iii)** quando houver fundadas razões de autoria ou participação do indiciado nos crimes de homicídio, sequestro, roubo, estupro, tráfico de drogas, crimes contra o sistema financeiro etc.

- **Prisão preventiva:** é a modalidade de prisão cautelar que pode ser decretada durante as investigações e, também, no curso da ação penal, nas hipóteses previstas no art. 312, e seu parágrafo único, do Código de Processo Penal, com redação dada pela Lei n. 12.403, de 11-5-2011, a saber: **(i)** garantia da ordem pública e da ordem econômica (impedir que o réu continue praticando crimes); **(ii)** conveniência da instrução criminal (evitar que o réu atrapalhe o andamento da instrução processual, ameaçando testemunhas ou destruindo provas); **(iii)** assegurar a aplicação da lei penal, quando houver prova da existência do crime e indício suficiente de autoria (impossibilitar a fuga do réu, garantindo que eventual pena a ser imposta por sentença seja cumprida); e **(iv)** em caso de descumprimento de quaisquer das obrigações impostas por força de outras medidas cautelares.

- **Prisão em flagrante:** é a modalidade de prisão cautelar que pode ser decretada por qualquer do povo que presenciar o cometimento de um crime. As autoridades policiais, por sua vez, têm a obrigação de prender quem estiver em "flagrante delito". Deve ser revogada se ausentes os requisitos para decretação da prisão preventiva.

- **Prisão por pronúncia:** pode ser decretada se estiverem presentes os requisitos da prisão preventiva, delineados no art. 312 do Código de Processo Penal. A prisão por pronúncia é considerada, por muitos, um odioso resquício de épocas menos liberais do Direito Penal. Tal prisão é espécie do gênero prisão preventiva e quem a regulamenta é a Lei 11.689, de 9-6-2008 (art. 413, §§ 1º a 3º).

- **Prisão preventiva para fins de extradição:** é a modalidade de prisão cautelar que visa efetivar o processo extradicional. Trata-se, pois, de uma condição para se iniciar a extradição. O pedido desse tipo de prisão pode ser tanto na via diplomática como diretamente de governo a governo. O Ministério das Relações Exteriores remete o pedido ao Ministério da Justiça, que o encaminha ao Supremo. Depois disso, o Ministro Relator ordena a prisão do extraditando, colocando-o ao dispor da Corte. Excepcionalmente, o Supremo Tribunal tem autorizado que estrangeiros com pedido de extradição em curso possam aguardá-lo em liberdade.

- **Prisão civil do não pagador de pensão alimentícia:** essa é a única modalidade de prisão civil aceita atualmente pelo Supremo Tribunal Federal, que não admite mais a prisão civil do depositário infiel. A prisão civil do não pagador de pensão alimentícia objetiva fazer com que o pai ou a mãe, ou outro responsável, cumpra o dever de prestar alimentos ao seu filho. Muito se discute sobre a possibilidade de os filhos prestarem alimentos aos pais pobres, que estejam passando por necessidades. A nosso ver, os filhos têm o dever de ajudar os seus pais, sendo admissível, portanto, a decretação da prisão civil no caso de inadimplemento de obrigação dessa natureza.

- **Prisão para execução da pena:** objetiva o início da aplicação de uma pena decorrente de sentença penal condenatória transitada em julgado. É regulada pela Lei de Execuções Penais (Lei n. 7.210/84). A prisão para a execução da pena foi discutida no Plenário do STF. A Corte entendeu que ela só pode ser iniciada quando forem julgados todos os recursos cabíveis a serem interpostos, inclusive recursos especiais, no STJ, e recursos extraordinários, no próprio STF. Tal entendimento estende-se, também, aos condenados que responderam ao processo em liberdade, haja vista não existirem contra eles fundamentos para a decretação da prisão preventiva. Se aparecerem novos fatos que justifiquem a prisão preventiva, aí sim eles podem ser recolhidos antes do julgamento dos recursos. Em síntese, o entendimento atual da jurisprudência é no sentido de que, por se tratar de medida excepcional, a segregação do agente antes do trânsito em julgado da sentença penal condenatória deverá dar-se, exclusivamente, pela presença de um dos elementos que enseje a custódia cautelar, sendo que a superveniência de sentença penal condenatória ou sua confirmação pelos tribunais de apelação não constitui, por si só, motivo para decretação da prisão.

- **Prisão por transgressão disciplinar militar:** decorre da rigidez e da rigorosa observância à hierarquia e disciplina, impostas pela natureza do serviço e os fins a que se destinam as Forças Armadas. Pelo art. 142, § 2º, da Carta Magna, "não caberá *habeas corpus* em relação a punições disciplinares militares".

- **Prisão da Lei Maria da Penha (Lei n. 11.340, de 7-8-2006)** — tem por objetivo coibir a violência doméstica e familiar contra a mulher. Além de prever uma série de medidas a serem tomadas contra os agressores, dispõe a Lei Maria da Penha que, em "qualquer fase do inquérito policial ou da instrução criminal, caberá a prisão preventiva do agressor, decretada pelo juiz, de ofício, a requerimento do Ministério Público ou mediante representação da autoridade policial (Lei 11.340/2006, art. 20). Sem embargo, o "juiz poderá revogar a prisão preventiva se, no curso do processo, verificar a falta de motivo para que subsista, bem como de novo decretá--la, se sobrevierem razões que a justifiquem" (Lei n. 11.340/2006, art. 20, parágrafo único). Recordemos que o Plenário do Supremo Tribunal Federal, por unanimidade de votos, reconheceu a constitucionalidade do art. 41 da Lei Maria da Penha (STF, HC 106.212/MS, Rel. Min. Marco Aurélio, j. em 24-3-2011).

a) *Análise da prisão preventiva na ordem constitucional brasileira*

A prisão preventiva na ordem constitucional brasileira tem sido alvo de deturpações.

Sentenças judiciais têm desvirtuado os seus verdadeiros propósitos, infringindo o princípio da presunção de inocência, pelo qual "ninguém será considerado culpado até o trânsito em julgado de sentença penal condenatória" (CF, art. 5º, LVII).

Tais conclusões estribam-se na constatação de que o art. 312 do Código de Processo Penal não é norma isolada no ordenamento. Se aplicado em consonância com o regime constitucional das liberdades públicas, não haverá arbítrio nem abuso de autoridade, porque quaisquer restrições ao *jus libertatis* devem ser concretizadas à luz do bom senso, da razoabilidade e do princípio do Estado Democrático de Direito (CF, art. 1º, *caput*).

O Supremo Tribunal Federal proferiu inúmeras decisões nessa matéria.

Em dezembro de 2009, por exemplo, Marcio Thomaz Bastos e outros impetraram *habeas corpus*, com pedido de liminar, em favor de Roger Abdelmassih, contra ato da 5ª Turma do Superior Tribunal de Justiça, consistente em, por maioria de votos, denegar o *writ* lá ajuizado sob o n. 148.988/SP. A impetração denegada pelo STJ objetivava revogar a prisão preventiva do paciente, mantida pela 6ª Câmara Criminal do Tribunal de Justiça de São Paulo, que, também por maioria, denegou a ordem lá interposta em face do decreto do juízo de direito da 16ª Vara Criminal de São Paulo. Ao examinar a matéria, o Min. Gilmar Mendes, no exercício das atribuições previstas no art. 13, VIII, do Regimento Interno do STF, concedeu o pedido de *habeas corpus*, determinando a soltura do paciente (STF, HC 102.098/SP, Medida Cautelar, Rel. Min. Presidente Gilmar Mendes, j. em 23-12-2009).

Sobre a prisão preventiva na ordem constitucional brasileira devemos ter em mente:

- sem a demonstração de fatos concretos que, cabalmente, demonstrem a prática delituosa, em momento posterior à deflagração do procedimento investigatório, a prisão preventiva revela-se, na verdade, um mero intento de antecipação de pena, algo repudiado em nosso ordenamento,

◆ Cap. 13 ◆ DIREITOS E GARANTIAS FUNDAMENTAIS   529

que não admite nem tolera violações veladas ou abertas ao princípio da presunção de inocência (CF, art. 5º, LVII); e

- nada obstante a ilicitude e a inconstitucionalidade das famosas "gravações" em nosso sistema de direito positivo, as quais têm servido de base para a expedição de decretos prisionais, o certo é que nenhum juiz ou Tribunal poderiam vilipendiar o disposto no art. 312 do Código de Processo Penal. Este preceito, cuja exegese tem sido deturpada, *pari passu* com a absurda admissibilidade de provas obtidas por meios ilícitos, contempla, de modo taxativo, os requisitos da prisão preventiva. Só que não basta ao juízo invocar a presença de algumas dessas condições do art. 312 para, de inopino, determinar prisões preventivas. Deverá — muito além disso — identificar a situação concreta que demonstre a imprescindibilidade da medida extrema. Acontece, porém, que, no Brasil, o que tem ocorrido em relação a diversos decretos de prisão preventiva é o uso de argumentos puramente especulativos, expondo simples convicção íntima do magistrado, o qual externa sua crença na necessidade de garantia da ordem pública com base na gravidade dos mesmos supostos fatos delituosos atribuídos aos cidadãos, não raro tratados como monstros e "condenados", antecipadamente, pelos meios de comunicação, mesmo sem existir sentença penal condenatória.

O Supremo Tribunal Federal, em várias assentadas, também tem protestado contra prisões preventivas feitas sem qualquer supedâneo técnico-formal, determinadas por juízes que querem "punir a qualquer custo".

Mas, como ensinou o Min. Celso de Mello, rememorando vários precedentes doutrinários e jurisprudenciais do próprio Supremo, a "privação cautelar da liberdade individual — por revestir-se de caráter excepcional — somente deve ser decretada em situações de absoluta necessidade. A prisão preventiva, para legitimar-se em face do sistema jurídico, impõe — além da satisfação dos pressupostos a que se refere o art. 312 do CPP (prova da existência do crime e indício suficiente de autoria) — que se evidenciam, com fundamento em base empírica idônea, razões justificadoras da imprescindibilidade da adoção, pelo Estado, dessa extraordinária medida cautelar de privação da liberdade do indiciado ou do réu" (STF, 1ª Turma, HC 74.666/RS, Rel. Min. Celso de Mello, *DJ* de 11-10-2002).

Por ocasião do julgamento do **HC 91.386/BA**, o Min. Gilmar Mendes explicou em seu voto: "Na linha da jurisprudência deste Tribunal, porém, não basta a mera explicitação textual dos requisitos previstos pelo art. 312 do CPP. De fato, a tarefa de interpretação constitucional para a análise de excepcional situação jurídica de constrição da liberdade dos cidadãos exige que a alusão a esses aspectos estejam lastreados em elementos concretos" (STF, 2ª Turma, HC 91.386/BA, Rel. Min. Gilmar Mendes, *DJE* de 16-5-2008, votação unânime).

E, em tema de garantia da ordem pública, o Min. Gilmar Mendes teve a oportunidade de demonstrar nos **HC 88.537/BA, 89.090/GO, 89.525/GO** e **102.098/SP** que tal requisito do art. 312 do Código de Processo Penal envolve, em linhas gerais e sem qualquer pretensão de exaurir todas as possibilidades normativas de sua aplicação judicial, as seguintes circunstâncias principais:

- é necessário resguardar a integridade física ou psíquica do paciente ou de terceiros;
- o objetivo de impedir a reiteração das práticas criminosas é salutar, desde quando lastreado em elementos concretos expostos fundamentadamente no decreto de custódia cautelar; e
- a credibilidade das instituições públicas, em especial do Poder Judiciário, recomenda que a adoção tempestiva de medidas vexatórias à liberdade de locomoção realize-se de maneira adequada, eficaz e fundamentada quanto à visibilidade e transparência da implementação de políticas públicas de persecução criminal.

Ao decretar a prisão preventiva, o juízo da origem deve indicar elementos certos e individualizados, capazes de justificar, solidamente, a necessidade de constrição à liberdade ambulatória. Sem dúvida, a prisão cautelar é medida excepcionalíssima, que se deve apoiar em fatos concretos, com fundamentos claros e robustos, jamais em hipóteses ou possibilidades não demonstradas nos autos (STF, 2ª Turma, HC 91.386/BA, Min. Gilmar Mendes, j. em 19-2-2008, decisão unânime).

Daí a jurisprudência do Supremo Tribunal Federal ter consolidado, em linha de princípio, a orientação de que a liberdade de um indivíduo suspeito da prática de atos criminosos só pode sofrer restrições

530

se existir sentença judicial devidamente fundamentada, embasada em fatos concretos sólidos e cabais, e não apenas em hipóteses, suposições, "achismos" ou meras conjecturas (STF, 1ª Turma, HC 87.041/ PA, Rel. Min. Cezar Peluso, *DJ* de 24-11-2006).

O clamor social e a credibilidade das instituições, por si sós, também não autorizam a conclusão de que a garantia da ordem pública está ameaçada, a ponto de legitimar a decretação e manutenção da prisão cautelar de quem quer que seja (STF, 1ª Turma, HC 84.662/BA, Rel. Min. Eros Grau, *DJ* de 22-10-2004, votação unânime).

É que a **legitimidade de prisão cautelar** apenas se concretizará se ficar comprovada a ocorrência de fatos que justifiquem sua real necessidade.

Daí o Min. Celso de Mello ter advertido que a privação cautelar da liberdade do indiciado ou do réu só se legitima se estiverem presentes os motivos excepcionais que permitem a sua decretação ou subsistência. "Discursos de caráter autoritário não podem jamais subjugar o princípio da liberdade" (STF, HC 80.719, Rel. Min. Celso de Mello, *DJ* de 28-9-2001. No mesmo sentido: STF, HC 80.379, Rel. Min. Celso de Mello, *DJ* de 25-5-2001).

Mas **a Constituição de 1988 também inadmite prisões cautelares com duração excessiva**, as quais representam constrangimento ilegal.

A esse respeito e seguindo a linha pacífica de sua jurisprudência, onde existem vários precedentes, o Supremo Tribunal Federal decidiu: o "exame dos elementos trazidos aos autos, considerada a sequência cronológica dos dados juridicamente relevantes, permite reconhecer a efetiva ocorrência, na espécie, de superação irrazoável dos prazos processuais, pois o ora paciente — consoante informação existente nestes autos, emanada do ilustre magistrado processante — 'encontra-se recolhido no estabelecimento prisional desde 20 de dezembro de 2003 (...)' (fls. 17), há, portanto, quase seis (6) anos!!! Em consequência de tal situação (que é abusiva e inaceitável), o ora paciente permanece, na prisão, por período superior àquele que a jurisprudência dos Tribunais tolera, dando ensejo, assim, à situação de injusto constrangimento a que alude o ordenamento positivo (CPP, art. 648, II). Nem se diga, de outro lado, como parece sugerir o ilustre magistrado de primeira instância (fls. 17), que o excesso de prazo na duração da prisão cautelar ora questionada justificar-se-ia pelos sucessivos recursos penais interpostos pelo ora paciente. Tal objeção, porque de todo improcedente, não se sustenta juridicamente, eis que a prática regular de uma faculdade processual jamais poderá ser invocada, por órgãos do Estado, para tentar justificar o excesso (inaceitável) na duração (abusiva) da prisão cautelar de qualquer acusado!!! O fato inquestionável, neste caso, é um só: o paciente não deu causa a qualquer procrastinação no andamento do processo penal contra ele instaurado, limitando-se, ao contrário, a exercer, regularmente, os direitos que derivam da cláusula constitucional do *due process*, notadamente o direito de recorrer, cuja prática — repita-se — não pode ser invocada, pelo Estado, para legitimar a subsistência de medida cautelar de privação da liberdade do réu por tempo superior ao tolerado por esta Suprema Corte, segundo os padrões ordinários de razoabilidade que ela própria estabeleceu (...). O excesso de prazo, portanto, tratando-se, ou não, de crime hediondo, deve ser repelido pelo Poder Judiciário, pois é intolerável admitir que persista, no tempo, sem razão legítima, a duração da prisão cautelar do réu, em cujo benefício — é sempre importante relembrar — milita a presunção constitucional, ainda que *juris tantum*, de inocência" (STF, HC 100574 MC/MG, Rel. Min. Celso de Mello, *DJE* de 26-9-2009).

✧ 45.11. Identificação criminal (art. 5º, LVIII)

Em regra, o civilmente identificado não será submetido a identificação criminal, exceto nas hipóteses previstas em lei.

> **Legislação:**
> • **Lei n. 9.453, de 20-3-1997** — acrescenta parágrafo ao art. 2º da Lei n. 5.553, de 6-12-1968 — dispõe sobre a apresentação e uso de documentos de identificação pessoal.
> • **Lei n. 12.037, de 1º-10-2009** — dispõe sobre a identificação criminal do civilmente identificado, regulamentando o art. 5º, LVIII, da Constituição Federal.

O escopo da identificação civil é certificar a identidade do indivíduo acusado de transgredir a lei penal.

◆ Cap. 13 ◆ DIREITOS E GARANTIAS FUNDAMENTAIS

Com base nesse entendimento, dois temas foram apreciados pelo Supremo Tribunal Federal, antes do advento da Lei n. 12.037/2009:

- **apresentação da identidade civil** — a "identificação criminal não será feita se apresentada, ante a autoridade policial, a identidade civil da indiciada" (STF, RHC 66.180, Rel. Min. Francisco Rezek, *DJ* de 10-3-1989); e
- **exigência de identificação criminal** — não "se evidencia ser ilegal, por falta de comprovação de haver sido o paciente civilmente identificado" (STF, RHC 67.066, Rel. Min. Octavio Gallotti, *DJ* de 10-2-1989).

A disciplina constitucional da identificação datiloscópica foi uma das novidades da Carta de 1988, pois as constituições passadas não trataram do assunto. Buscou-se, assim, encerrar profunda controvérsia doutrinária e jurisprudencial em torno da questão.

Deveras, muitos diziam — com acerto — que a identificação de pessoas já identificadas civilmente contrariava a dignidade humana. O Supremo Tribunal Federal, ao posicionar-se sobre o problema, condensou seu entendimento na Súmula 568: "A identificação criminal não constitui constrangimento ilegal, ainda que o indiciado já tenha sido identificado civilmente". Com o advento do Texto de 1988, essa construção pretoriana foi desfeita. Desde então, consagrou-se a regra: o civilmente identificado não poderá ser submetido a exame datiloscópico. Acreditamos que essa máxima perdura em nossos dias. E, para evitar possíveis constrangimentos decorrentes da inobservância do mandamento constitucional, ter-se-á o *habeas corpus* como meio idôneo para assegurar a garantia em apreço.

Antes de 1988, o art. 6º, VIII, do Código de Processo Penal determinava que a autoridade policial, sempre que tomasse conhecimento da ocorrência de um crime, deveria ordenar a identificação do indiciado mediante processo datiloscópico. Embora a menção legislativa fosse à datiloscopia, os Tribunais entendiam que as fotografias estavam aí inclusas. Desse modo, eram aceitas como processos de identificação penal as impressões digitais e as fotos (STF, 1ª T., RE 94.491, Rel. Min. Néri da Silveira, *DJ* de 25-4-1983).

a) Advento da Lei n. 12.037/2009

Transcorrido o primeiro decênio de promulgação da Carta de 1988, o inciso LVIII do art. 5º foi regulamentado pela Lei n. 10.054, de 7-2-2000 (*DOU* de 8-12-2000). Muitos foram os apelos para que este diploma normativo viesse à baila.

Dizia-se que a *anomia* do inciso LVIII do art. 5º gerava dificuldades para a persecução criminal, impedindo a identificação dos investigados (Nesse sentido: STF, 2ª T., RHC 66.624-8/ES, Rel. Min. Célio Borja, j. em 21-4-1989, *RT, 647*:350).

Porém, a Lei n. 10.054/2000 ensejou inúmeras críticas. Além de mal formulada, padecia do vício de inconstitucionalidade material e formal, pois, em seu art. 3º, I, estatuiu parâmetro que humilhava o identificado civilmente, burlando, de uma só vez, os princípios da dignidade humana (CF, art. 1º, III) e da isonomia (CF, art. 5º, *caput*).

Para findar a polêmica, foi editada a Lei n. 12.037, de 1º-10-2009, que dispõe sobre a identificação criminal do civilmente identificado, regulamentando o art. 5º, LVIII, da Constituição Federal.

A seguir, analisaremos a Lei n. 12.037/2009.

b) Os não identificados civilmente

Logo no art. 1º, a Lei n. 12.037/2009 prescreve: "O civilmente identificado não será submetido a identificação criminal, salvo nos casos previstos nesta Lei".

E que casos seriam esses?

São aqueles delimitados no art. 3º, I a VI, da mencionada lei.

Segundo esse preceito, mesmo se for apresentado título de identidade, poderá ocorrer identificação criminal quando:

- o documento apresentar rasura ou tiver indício de falsificação;
- o documento apresentado for insuficiente para identificar cabalmente o indiciado;
- o indiciado portar documentos de identidade distintos, com informações conflitantes entre si;
- a identificação criminal for essencial às investigações policiais, segundo despacho da autoridade judiciária competente, que decidirá de ofício ou mediante representação da autoridade policial, do Ministério Público ou da defesa;

532 ◆ Uadi Lammêgo Bulos ◆

- constar de registros policiais o uso de outros nomes ou diferentes qualificações;
- o estado de conservação ou a distância temporal ou da localidade da expedição do documento apresentado impossibilite a completa identificação dos caracteres essenciais.

As cópias dos documentos apresentados deverão ser juntadas aos autos do inquérito, ou outra forma de investigação, ainda que consideradas insuficientes para identificar o indiciado (Lei n. 12.037/2009, art. 3º, Parágrafo único).

c) Como atestar a identificação civil

De acordo com o art. 2º, I a VI, da Lei n. 12.037/2009, a identificação civil é atestada por qualquer dos seguintes documentos:
- carteira de identidade;
- carteira de trabalho;
- carteira profissional;
- passaporte;
- carteira de identificação funcional;
- outro documento público que permita a identificação do indiciado.

Equiparam-se aos documentos de identificação civis os documentos de identificação militares (Lei n. 12.037/2009, art. 2º, parágrafo único).

E, quando houver necessidade de identificação criminal, a autoridade encarregada tomará as providências necessárias para evitar o constrangimento do identificado (Lei n. 12.037/2009, art. 4º).

Também é vedado mencionar a identificação criminal do indiciado em atestados de antecedentes ou em informações não destinadas ao juízo criminal, antes do trânsito em julgado da sentença condenatória (Lei n. 12.037/2009, art. 6º).

d) O que se inclui na identificação criminal

A identificação criminal incluirá o processo datiloscópico e o fotográfico, que serão juntados aos autos da comunicação da prisão em flagrante, ou do inquérito policial ou outra forma de investigação (Lei n. 12.037/2009, art. 5º).

e) Direito de requerer a retirada da identificação fotográfica do inquérito ou processo

Pelo art. 7º da Lei n. 12.037/2009, no caso de não oferecimento da denúncia, ou sua rejeição, ou absolvição, é permitido ao indiciado ou ao réu, após o arquivamento definitivo do inquérito, ou trânsito em julgado da sentença, requerer a retirada da identificação fotográfica do inquérito ou processo, desde que apresente provas de sua identificação civil.

f) Revogação da Lei n. 10.054, de 7-12-2000

Ao entrar em vigor na data de sua publicação, isto é, em 2-10-2009, a Lei n. 12.037 revogou, totalmente, a Lei n. 10.054/2000, que, como defendemos nas edições anteriores deste *Curso*, padecia do vício de inconstitucionalidade *formal* e *material*. Na *forma*, conspurcava o princípio da isonomia, o vetor da razoabilidade (proporcionalidade ou proibição de excesso) e, principalmente, o ditame da dignidade da pessoa humana. Na *substância*, feria o devido processo legal material (CF, art. 5º, LIV), malsinando a *ideia de direito* inerente à constitucionalização do inciso LVIII do art. 5º.

Portanto, merece aplausos a revogação da Lei n. 10.054/2000, que deixava impune a alta criminalidade, a qual ficava isenta de identificação.

"Tocar piano" ou "levar placa no peito para tirar fotografia" era apenas para homicidas dolosos, ladrões, receptadores, estupradores e falsificadores de documentos. Os criminosos de colarinho branco, os delinquentes tributários, os praticantes de corrupção, concussão etc. ficavam de fora do espectro normativo da Lei n. 10.054, erigida com base num critério elitista e seletivo.

♦ Cap. 13 ♦ DIREITOS E GARANTIAS FUNDAMENTAIS **533**

◇ 45.12. Ação penal privada subsidiária (art. 5º, LIX)

Desde que intentada no prazo legal, a Carta Maior admite ação privada nos crimes de ação pública.

Ao possibilitar o ajuizamento de ação privada nos delitos de ação pública, promoveu-se a constitucionalização da *ação penal privada subsidiária*.

Na realidade, a *ação penal privada subsidiária*, prevista no art. 5º, LIX, é um *contrabalanceamento* do princípio insculpido no art. 129, I, da Carta Magna, pelo qual compete ao Ministério Público promover, privativamente, a ação penal pública, na forma da lei.

Significa dizer que o constituinte de 1988 consagrou, na extensa lista das liberdades públicas do Texto Maior, um mecanismo limitativo de um dos *atos de soberania* do Ministério Público: deflagrar processo criminal, mediante denúncia ou queixa, pelo ajuizamento da ação penal pública (CF, art. 129, I).

> **Legislação criminal:** no âmbito da legislação criminal, os crimes de ação privada são puníveis mediante *queixas*. Nesse ínterim, a titularidade da ação penal pública passa a ser exercida pelos particulares, nas hipóteses previstas pela legislação penal (CP, art. 102). Conforme o Código Penal, reputam-se crimes de ação privada a calúnia, a difamação, a injúria (exceto nos casos previstos nos arts. 140, § 2º, e 141, I e II), a introdução ou abandono de animais em propriedade alheia, o exercício arbitrário das próprias razões, o estupro, o atentado ao pudor, a fraude à execução etc.

Acontece, porém, que, em certos crimes, como os ligados à honra, a dignidade humana é o bem supremo a ser tutelado, sendo justo deferir à própria vítima o direito de expressar a sua preferência. Poderá, por exemplo, manter segredo do fato que a prejudicou, deixando, se quiser, de mover a ação penal. Em sentido oposto, ajuizará a citada ação, arcando com o ônus da publicidade daí decorrente.

Do inciso LIX do art. 5º fica claro que a *ação privada subsidiária* poderá ser aforada no caso em que o Ministério Público não intentar a ação pública no prazo legal. Trata-se da primazia do direito de ação penal ao Estado.

No âmbito jurisprudencial, o Pretório Excelso enfrentou os seguintes aspectos do tema:

- **Pressuposto da ação penal privada subsidiária** — a admissibilidade da ação penal privada subsidiária da pública pressupõe, nos termos do art. 5º, LIX, a inércia do Ministério Público em adotar, no prazo legal (CPP, art. 46), uma das seguintes providências: oferecer denúncia, requerer arquivamento do inquérito policial ou requisitar novas diligências. Assim, se o Ministério Público requereu o arquivamento no prazo legal, descabe ação penal privada subsidiária ou a título originário (CPP, art. 29).

  > **Precedentes:** STF, HC 67.502, Rel. Min. Paulo Brossard, *DJ* de 9-2-1990; STF, HC 68.540/DF, Rel. Min. Octavio Gallotti, *DJU* de 28-6-1991; STF, HC 74.276, Rel. Min. Celso de Mello, *DJ* de 3-9-1996; STF, RE 274.115-AgRg, Rel. Min. Ellen Gracie, *DJ* de 19-3-2003.

- **Insubsistência de portaria ou auto de prisão em flagrante** — não subsistem a portaria ou o auto de prisão em flagrante como procedimentos instauradores da ação penal. Além da inércia do Ministério Público (CF, art. 5º, LIX), a propositura da ação penal privada subsidiária deve acatar os princípios do contraditório, da ampla defesa e do devido processo legal, dadas as repercussões que a sentença poderá acarretar, *secundum eventum litis*, para interesses próprios do ofendido ou de seus sucessores.

  > **Nesse sentido:** STF, HC 68.413, Rel. Min. Sepúlveda Pertence, *DJ* de 18-10-1991.

- **Procedimentos especiais por crime de deserção** — são incompatíveis com o art. 129, I, da Carta Suprema, no ponto em que prescindirem de denúncia (CPP, arts. 451 e s.). Logo, tais procedimentos não foram recepcionados pelo ordenamento constitucional em vigor, uma vez que a presença do Ministério Público é necessária para o ajuizamento de ações penais públicas. Idêntico raciocínio se aplica aos crimes de abuso de autoridade, ou seja, quando inexistir denúncia, promoção de arquivamento ou requisição de diligências pelo *Parquet* (Lei n. 4.898/65, art. 16).

Precedentes: STF, HC 67.931/RS, Rel. Min. Moreira Alves, *DJ*, 1, de 31-8-1990; STF, HC 71.282-7, Rel. Min. Carlos Velloso, *DJ*, 1, de 18-11-1994.

- **Ação penal privada subsidiária da pública e crimes militares** — o "monopólio constitucional da ação penal pública deferido ao *Parquet* — que comportava várias exceções no regime anterior — sofre, presentemente, uma só derrogação, prevista no art. 5º, inciso LIX, do texto constitucional, que assim dispõe: 'será admitida ação privada nos crimes de ação pública, se esta não for intentada no prazo legal'. Vê-se, desse modo, que, não obstante o monopólio constitucional em questão, a própria Constituição da República permite, embora em caráter excepcional, a utilização da ação penal subsidiária, se o representante do *Parquet*, no prazo legal, não fizer instaurar, em juízo, a concernente *persecutio criminis* ou, então, se não requisitar as diligências necessárias à obtenção de dados informativos que aperfeiçoem o acervo que contém a *informatio delicti* ou, ainda, se não propuser ou determinar o arquivamento das peças de informação ou do inquérito policial. Cabe verificar, de outro lado, se se revelaria viável — tratando-se de crimes militares (como na espécie) — a possibilidade jurídica de ajuizar-se ação penal privada subsidiária da pública, em ocorrendo qualquer das hipóteses precedentemente referidas. A regra inscrita no art. 5º, inciso LIX, da Constituição não deixa margem a qualquer dúvida, pois torna admissível — considerada a estrita literalidade de seu conteúdo normativo, que não faz nem estabelece distinção alguma quanto à natureza dos delitos suscetíveis de perseguibilidade mediante ação pública — a utilização (sempre excepcional) da queixa subsidiária. Esse entendimento — que sustenta ser ajuizável a ação penal privada subsidiária da pública em crimes militares — tem o beneplácito de autorizado magistério doutrinário. Em suma: torna-se lícito concluir, considerados o magistério da doutrina e a diretriz jurisprudencial prevalecente na matéria, que o ajuizamento da ação penal privada subsidiária da pública, mesmo em sede de crimes militares, pressupõe a completa inércia do Ministério Público, que se se abstém, sem justa causa, no prazo legal, (a) de oferecer denúncia, ou (b) de adotar medidas que viabilizem o arquivamento do inquérito policial ou das peças de informação, ou, ainda, (c) de requisitar novas (e indispensáveis) diligências investigatórias à autoridade policial ou a quaisquer outros órgãos ou agentes do Estado" (STF, Pet. 4281/DF, Rel. Min. Celso de Mello, *DJE* de 17-8-2009).

❖ 45.13. Regra da não prisão (art. 5º, LXI)

A regra é a não prisão, exceto nas seguintes hipóteses:
- flagrante delito (CPP, arts. 301 e s.);

> **Natureza do flagrante delito:** não é apenas uma medida cautelar pessoal, de privação da liberdade; desempenha um papel de documentação processual, quase que à moda da produção antecipada da prova cível. Além das autoridades policiais, qualquer do povo pode realizar a prisão em flagrante (CPP, art. 301), salvo as exceções previstas, como no caso dos representantes diplomáticos (Convenção de Viena sobre relações diplomáticas — Dec. Legislativo n. 103, de 1964; Convenção de Viena sobre relações consulares — Dec. Legislativo n. 6, de 1967), juízes de direito (Lei Orgânica da Magistratura Nacional — Lei Complementar n. 35/79), membros do Ministério Público (Lei Orgânica Nacional do Ministério Público — Lei n. 8.625/93), mandatários de cargos políticos (CF, art. 27, § 1º, c/c o art. 53, § 1º), cuja prisão em flagrante é disciplinada por legislação própria.

- emissão de ordem judicial, escrita e fundamentada; e

> **Ordem judicial:** apenas o membro do Poder Judiciário, investido na função judicante, poderá expedir ordem de prisão, escrita e fundamentada, explicando os motivos que a ensejaram. Não encontram respaldo jurídico as chamadas *prisões de encomenda*, outrora realizadas por autoridades policiais inescrupulosas, que efetuavam prisões para averiguação sem nenhuma observância à legislação. Com inteira propriedade, o Judiciário, antes mesmo do Texto de 1988, combatia essas práticas arbitrárias. **Precedentes:** *RT*, 425:352, 454:456, 457:442 e 457:447.

- transgressão militar ou crime propriamente militar, definidos em lei.

E a *prisão administrativa* pode ser decretada no Brasil?

◆ Cap. 13 ◆ DIREITOS E GARANTIAS FUNDAMENTAIS 535

Entendemos que não. Com o advento da Carta de 1988, a autoridade competente para decretá-la é o membro do Poder Judiciário, e não administradores, que, no passado, a determinavam por ato próprio.

O Supremo Tribunal Federal, na ordem pregressa, chegou a admiti-la. Mas não tinha caráter penal. Servia, apenas, de meio coercitivo para pressionar alguém a cumprir obrigação que lhe havia sido imposta. Deveria ser requerida ao juiz contra servidores públicos ou contra quem estivesse desempenhando atividade relacionada à fiscalização e aplicação de valores pertencentes ao Estado.

Precedentes: STF, *RTJ, 59:727; RDA, 63:206; RT, 297:76.*

✧ 45.14. Prisão civil por dívida (art. 5º, LXVII)

Pela letra do art. 5º, LXVII, da Carta Magna, a prisão civil por dívida só poderá ser decretada pelo juiz competente em duas hipóteses:

* inadimplemento voluntário e inescusável de obrigação alimentícia; e
* infidelidade depositária.

Mas, afinal, qual a natureza do art. 5º, LXVII?

Trata-se de **norma de eficácia contida**, porque abre a possibilidade de o legislador ordinário instituir a prisão civil em duas hipóteses excepcionais: a do responsável pelo inadimplemento voluntário e inescusável de obrigação alimentícia e a do depositário infiel. Logo, sem lei formal a prisão civil não pode ser aferida. É preciso que o Poder Legislativo discipline seus requisitos, o prazo de duração e o rito.

Mas o art. 5º, LXVII, em nenhum momento consagrou um dever de ofício, uma obrigação impostergável para o legislador ordinário regular o instituto da prisão civil. Apenas facultou, permitiu, possibilitou que tal medida coercitiva viesse a ser implementada. É o caso do depositário infiel. A Carta de 1988 não obriga prendê-lo, mas, simplesmente, existir um diploma normativo para reger o ato constritivo de sua liberdade. Assim, o art. 5º, LXVII, consagra **mera faculdade legal**, que, espera-se, jamais venha a ser implementada, como, até hoje, não o foi. De qualquer modo, é plenamente legítimo, no âmbito da lei ordinária, o Congresso Nacional restringir ou, até mesmo, suprimir a decretabilidade da prisão civil em nosso ordenamento.

Transcorridos os primeiros vinte anos de vigência da Carta de 1988, o Supremo Tribunal Federal parece ter chegado ao raciocínio aqui desenvolvido.

Verificando o alcance do art. 5º, LXVII, decidiu que **somente pode ser preso, civilmente, o inadimplente de pensão alimentícia**, pois não mais subsiste, no plano legislativo ordinário da ordem jurídica brasileira, a prisão civil do depositário infiel, haja vista o que dispõem a Convenção Americana sobre Direitos Humanos/Pacto de São José da Costa Rica (art. 7º, § 7º) e o Pacto Internacional sobre Direitos Civis e Políticos (art. 11) (STF, Pleno, **RE 466.343**, Rel. Min. Cezar Peluso, j. em 3-12-2008; STF, Pleno, **RE 349.703**, Rel. Min. Carlos Britto, j. em 3-12-2008).

Assim, a jurisprudência da Corte evoluiu no sentido de que a prisão civil por dívida é aplicável apenas ao responsável pelo **inadimplemento voluntário e inescusável de obrigação alimentícia**, concluindo que a segunda parte do inciso LXVII do art. 5º é de aplicação facultativa quanto ao devedor, exceto o inadimplente com alimentos.

Essa tese foi forjada nos **REs 466.343** e **349.703**, quando os Bancos Itaú e Bradesco questionaram decisões afirmando que o contrato de alienação fiduciária em garantia seria insuscetível de ser equiparado ao contrato de depósito de bem alheio (depositário infiel) para efeito de prisão civil.

O mesmo tema estava em discussão no **HC 87.585-8**, no qual o paciente alegava que, se fosse mantida a decisão que decretou sua prisão, ele responderia "pela dívida através de sua liberdade, o que não pode ser aceito no moderno Estado Democrático de Direito, não havendo razoabilidade e utilidade da pena de prisão para os fins do processo". Fundamentou o seu pedido na impossibilidade de decretação da prisão de depositário infiel, à luz da redação trazida pela Emenda Constitucional n. 45/2004 (reforma do Judiciário), que equiparou os tratados e convenções internacionais sobre direitos humanos à norma constitucional, cuja aplicação é imediata, referindo-se ao Pacto de São José da Costa Rica, do qual o Brasil é signatário (STF, HC 87.585-8/TO, Pleno, Rel. Min. Marco Aurélio, j. em 3-12-2008).

No julgamento do **HC 87.585-8**, o Supremo, por maioria de votos, **revogou a Súmula 619 do STF**, pela qual "a prisão do depositário judicial pode ser decretada no próprio processo em que se constituiu o encargo, independentemente da propositura de ação de depósito".

Recorde-se que, no passado, o Supremo decidiu que a prisão civil do devedor fiduciário, nos termos do Decreto-Lei n. 911/69, revestia-se de plena legitimidade constitucional, em nada transgredindo a Convenção Americana sobre Direitos Humanos, conhecida como Pacto de São José da Costa Rica (STF, HC 81.319/GO, Rel. Min. Celso de Mello, *Clipping* do *DJ* de 19-8-2005).

Agora, a Corte não segue tais ideias:

"A prisão civil do depositário infiel não mais se compatibiliza com os valores supremos assegurados pelo Estado Constitucional, que não está mais voltado apenas para si mesmo, mas compartilha com as demais entidades soberanas, em contextos internacionais e supranacionais, o dever de efetiva proteção dos direitos humanos" (STF, HC 87.585-8/TO, Pleno, voto-vista do Ministro Celso de Mello, em 12-3-2008).

Segundo a **nova diretriz jurisprudencial do Supremo**, não se pode admitir a prisão civil do depositário infiel pelos seguintes argumentos:

- **cobrar dívida sobre o corpo humano é um retrocesso** — a liberdade é um direito humano fundamental, priorizado pela Constituição de 1988. Por isso sua privação apenas pode ocorrer em casos excepcionalíssimos. **Argumentou o Ministro Cezar Peluso**: "O corpo humano, em qualquer hipótese (de dívida) é o mesmo. O valor e a tutela jurídica que ele merece são os mesmos. A modalidade do depósito é irrelevante. A estratégia jurídica para cobrar dívida sobre o corpo humano é um retrocesso ao tempo em que o corpo humano era o *corpus vilis* (corpo vil), sujeito a qualquer coisa" (STF, Pleno, **RE 466.343**, Rel. Min. Cezar Peluso, j. em 3-12-2008);
- **respeito aos direitos humanos** — para a **Ministra Ellen Gracie**, "o respeito aos direitos humanos é virtuoso, no mundo globalizado. Só temos a lucrar com sua difusão e seu respeito por todas as nações". **Concluiu o Ministro Menezes Direito**: "Há uma força teórica para legitimar-se como fonte protetora dos direitos humanos, inspirada na ética, de convivência entre os Estados com respeito aos direitos humanos" (STF, Pleno, **RE 466.343**, Rel. Min. Cezar Peluso, j. em 3-12-2008);
- **tratados e convenções proíbem a prisão por dívida** — lembrou **o Ministro Celso de Mello** que o art. 7º, § 7º, do **Pacto de São José da Costa Rica**, ratificado pelo Brasil em 1992, proíbe a prisão civil por dívida, excetuado o devedor voluntário de pensão alimentícia. Soma-se a esse contexto o art. 11 do **Pacto Internacional sobre Direitos Civis e Políticos**, patrocinado em 1966 pela Organização das Nações Unidas, ao qual o Brasil aderiu em 1990. Até a **Declaração Americana dos Direitos da Pessoa Humana**, firmada em 1948, em Bogotá (Colômbia), com a participação do Brasil, já previa essa proibição, enquanto a Carta de 1988 recepcionou as leis antigas sobre o assunto. Ademais, a **Conferência Mundial sobre Direitos Humanos**, realizada em Viena (Áustria), em 1993, com participação ativa da delegação brasileira, então chefiada pelo ex-Ministro da Justiça e Ministro aposentado do STF, Maurício Corrêa, defendeu o fim da prisão civil por dívida. Nesse evento, ficou bem marcada a interdependência entre a democracia e o respeito dos direitos da pessoa humana, tendência que se vem consolidando em todo o mundo (STF, HC 87.585-8/TO, Pleno, voto-vista do Ministro Celso de Mello, em 12-3-2008);
- **direitos humanos e gradação dos tratados internacionais** — no **HC 97.251**, após citar precedentes da Corte, o **Ministro Gilmar Mendes** enfatizou que, salvo o inadimplemento voluntário e inescusável de obrigação alimentícia, não cabe mais a prisão civil do depositário infiel, porque os tratados e convenções internacionais que cuidam de direitos humanos, dos quais o Brasil é signatário e que foram por ele ratificados, têm caráter supralegal. Conforme estudaremos mais adiante, isso significa que tais acordos e tratados têm *status* superior ao das leis ordinárias (infraconstitucionais), porém abaixo dos dispositivos contidos na própria Constituição da República, exceto se ratificados em votação semelhante à que são submetidas as

◆ Cap. 13 ◆ DIREITOS E GARANTIAS FUNDAMENTAIS 537

propostas de emenda constitucional. Entre tais tratados, encontramos o Pacto Internacional dos Direitos Civis e Políticos e a Convenção Americana sobre Direitos Humanos, mais conhecida como Pacto de São José da Costa Rica, ambos de 1992, os quais não admitem mais a prisão civil do depositário infiel. E, nada obstante o fato de a prisão civil do depositário infiel encontrar--se prevista no art. 5º, LXVII, da Carta de 1988, o Supremo adotou esse entendimento. Nesse julgado, explicou o Relator, **Ministro Menezes Direito**: "Diante do inequívoco caráter especial dos tratados internacionais que cuidam da proteção dos direitos humanos, a sua internacionalização no ordenamento jurídico, por meio do procedimento de ratificação previsto na Constituição Federal, tem o condão de paralisar a eficácia jurídica de toda e qualquer disciplina normativa infraconstitucional com ela conflitante". E, como o Brasil assinou os dois tratados sem nenhuma reserva, "não há mais base legal para prisão civil do depositário infiel, pois o caráter especial desses diplomas internacionais sobre direitos humanos lhes reserva lugar específico no ordenamento jurídico, estando abaixo da Constituição, porém acima da legislação interna". Em face de tal constatação, foram suspensos os efeitos da ordem de prisão, com a tomada imediata de providências tendentes à soltura do acusado, recolhendo-se o mandado de prisão contra ele expedido (STF, HC 97.251/SP, Rel. Min. Menezes Direito, j. em 22-12-2008).

Todos esses argumentos, somados a diversos precedentes da Corte, culminaram com o advento da Súmula Vinculante n. 25: "É ilícita a prisão civil de depositário infiel, qualquer que seja modalidade do depósito".

Tenhamos sempre em mente a advertência do **Ministro Francisco Rezek**:

> "Há de se presumir equilíbrio e senso das proporções em todo legislador, sobretudo no constituinte quando trabalha nas condições em que trabalhou o constituinte brasileiro de 1988. Ele prestigia uma tradição constitucional brasileira: **não há, nesta República, prisão por dívida**; não se prendem pessoas porque devem dinheiro. Mas abre duas exceções. E o que vamos presumir em nome do equilíbrio? Que essas duas exceções têm peso mais ou menos equivalente. No caso do omisso em prestar alimentos, a linguagem constitucional é firme: inadimplemento voluntário e inescusável da obrigação. E, ao lado disso, o que mais excepciona a regra da proibição da prisão por dívida? O depositário infiel. **Mas nunca se há de entender que essa expressão é ampla, e que o legislador ordinário pode fazer dela, mediante manipulação, o que quiser**. O depositário infiel há de enquadrar-se numa situação de gravidade bastante para rivalizar, na avaliação do constituinte, com o omisso em prestar alimentos de modo voluntário e inescusável. Esse é o depositário infiel cuja prisão o constituinte brasileiro, embora avesso à prisão por dívida, tolera. Mas, por cima de tudo isso, ainda vem o Pacto de São José da Costa Rica. Esta convenção vai além, depura melhor as coisas, e quer que em hipótese alguma, senão a do inadimplemento voluntário e inescusável de obrigação alimentícia, se possa prender alguém por dívida" (STF, *RTJ, 166*:963).

Por fim, o Supremo Tribunal Federal, na **Seção Plenária de 12-2-2009**, decidiu que os seus Ministros podem julgar individualmente o mérito de *habeas corpus* que tratem sobre três matérias analisadas pela Corte: **(i)** prisão civil por dívida; **(ii)** execução provisória da pena; e **(iii)** acesso de advogado a inquérito. Nesses três casos, a posição da maioria dos Ministros é sempre pela concessão do *habeas corpus*. Trata-se, a nosso ver, de verdadeira *delegação de poder*, que homenageou o **princípio da celeridade processual**, permitindo aos membros da Corte julgar, individualmente, casos em massa, sem a necessidade de terem de levar processos pacificados pelo Supremo à análise das Turmas ou mesmo do Plenário.

a) Descumprimento de obrigação alimentar

O descumprimento de obrigação alimentar enseja a prisão civil do devedor, tanto nos casos de *alimentos definitivos* como nas hipóteses de *alimentos provisórios* (ou *provisionais*).

Precedentes: *RT*, 477:115; *RTJ*, 86:126 e 87:1025.

Quanto aos *alimentos definitivos*, a prisão civil não poderá ultrapassar o prazo de sessenta dias, nos termos do art. 19 da Lei n. 5.478/68.

Precedentes: *RTJ*, 86:67; *RTJSP*, 63:303 e 66:327.

538 ◆ Uadi Lammêgo Bulos ◆

Em se falando de *alimentos provisionais*, o prazo da prisão civil varia de um a três meses (CPC de 2015, arts. 528 e 911).

Novas prisões civis podem ser decretadas, desde que ocorra reincidência do devedor no descumprimento da obrigação alimentar (*RTJ*, *79*:448; *RJTJSP*, *54*:191).

b) Prisão civil e prestação alimentícia em atraso

Segundo o Supremo Tribunal Federal, "A Constituição — art. 5º, LXVII — e a lei processual — CPC [de 1973], art. 733, § 1º — autorizam a prisão civil do responsável pelo inadimplemento de obrigação alimentícia, certo que as prestações devidas, que autorizam a prisão, como forma de forçar o cumprimento da obrigação, são as prestações não pagas, assim pretéritas, indispensáveis à subsistência do alimentando" (STF, HC 68.724, Rel. Min. Carlos Velloso, *DJ* de 10-8-2000).

> **Registro:** a 1ª Turma do Supremo Tribunal Federal, quando julgou o *Habeas Corpus* n. 75.180-6/ MG, em 10-6-1997, entendeu que a prisão civil não pode ser meio de coação para forçar o pagamento das parcelas em atraso, acumuladas por longo tempo, pois perderam, na verdade, o caráter alimentar, sendo, agora, mero ressarcimento de despesas efetuadas. Noutra assentada, decidiu que "inexiste ilegalidade no decreto de prisão civil da paciente, dado que, além de expressamente autorizada pela Constituição (art. 5º, LXVII), não decorre ela da totalidade das parcelas em atraso, mas tão somente dos três meses anteriores ao ajuizamento da ação, mais as subsequentes" (STF, HC 82.839, Rel. Min. Carlos Velloso, *DJ* de 22-8-2003).

O Tribunal de Justiça de São Paulo, por sua vez, inadmitiu a prisão civil por falta de pagamento de prestação alimentícia decorrente de ação de responsabilidade *ex delito*, em virtude da ausência de natureza eminentemente alimentar da dívida.

> **Precedente:** TJSP, 1ª Câm., HC 239.844-3-3/Novo Horizonte, Rel. Des. Luís Macedo, v. u., decisão de 27-9-1994.

c) Prisão civil do devedor fiduciário

Poderá o Poder Judiciário decretar a prisão de depositários infiéis em alienações fiduciárias (Dec.-lei n. 911/69), com base no art. 5º, LXVI, da Carta Federal?

Não.

Aplicam-se aqui os mesmos argumentos lançados pelo Supremo Tribunal Federal para defender a tese de que apenas pode ser preso, civilmente, o inadimplente de pensão alimentícia, entendimento que originou a **Súmula Vinculante n. 26**.

Lembramos que o Superior Tribunal de Justiça, depois de muita controvérsia, inclusive dentro de suas próprias turmas de julgamento, uniformizou jurisprudência no sentido de inadmitir a prisão civil do depositário infiel em alienação fiduciária. Foram concedidas ordens de *habeas corpus* para afastar a pena de prisão cominada.

> **Descabimento de prisão civil do devedor que descumpre contrato garantido por alienação fiduciária:** STJ, RHC 4.329-6, Rel. Min. Luiz Vicente Cernicchiaro, *DJ* de 5-6-1995 (vencido o Min. Anselmo Santiago); STJ, 4ª T., RHC 8.462/SP, Rel. Min. Sálvio de Figueiredo Teixeira, v. u., *DJ* de 21-6-1999; STJ, 4ª T., RHC 8.439/MG, Rel. Min. Ruy Rosado de Aguiar, v. u., *DJ* de 1º-7-1999; STJ, 3ª T., HC 24.736/SP, Rel. Min. Castro Filho, *DJ*, 1, de 1º-9-2003 etc.

✦ 46. EXTRADIÇÃO (ART. 5º, LI E LII)

Extradição é o ato pelo qual um Estado entrega a outro, e a rogo deste, criminoso para ser julgado.

Sua finalidade é transferir, de modo compulsório, o delinquente para que ele responda a processo ou cumpra pena no país em que cometeu o crime.

A extradição possui a natureza de *ação especial*, "de caráter constitutivo, que objetiva a formação de título jurídico apto a legitimar o Poder Executivo da União a efetivar, com fundamento em tratado internacional ou em compromisso de reciprocidade, a entrega do súdito reclamado" (STF, Extr. 667-3/

◆ Cap. 13 ◆ DIREITOS E GARANTIAS FUNDAMENTAIS

República Italiana, Rel. Min. Celso de Mello, decisão de 25-9-1995, *DJU* de 29-9-1995, p. 31998-31999).

Em virtude da natureza especial do processo extradicional, existem limites materiais ao direito de defesa do extraditando, que apenas poderá suscitar questões temáticas associadas à ilegalidade da extradição, à identidade da pessoa reclamada e ao defeito de forma dos documentos apresentados.

> **Precedentes:** STF, Pleno, Extr. 542-1/DF, Rel. Min. Celso de Mello, *DJ*, 1, de 20-3-1992, p. 3320.

Há dois tipos de extradição:

* **ativa** — se for requerida pela República brasileira a outros Estados soberanos; e
* **passiva** — se for requerida por Estados soberanos ao Brasil.

> **Casuística do STF:**
> * **Natureza da extradição passiva** — "Ostenta, em nosso sistema jurídico, o caráter de processo documental, pois ao Estado requerente é exigível a obrigação de produzir, dentre outros elementos, aqueles que constituem os documentos indispensáveis à própria instauração do juízo extradicional" (STF, Extr. 667-3-República Italiana, Rel. Min. Celso de Mello, decisão de 25-9-1995, *DJU* de 29-9-1995, p. 31998-9. Precedente: *RTJ*, *147*: 894).
> * ***Indictment* e extradição passiva** — "O *indictment* — que o Supremo Tribunal Federal já equiparou ao instituto processual da pronúncia — constitui título jurídico hábil que legitima, nos pedidos extradicionais instrutórios, o ajuizamento da ação de extradição passiva" (STF, Extr. 542, Rel. Min. Celso de Mello, *DJ* de 20-3-1992. Precedente citado: STF, Extr. 280/EUA, *RTJ*, *50*:299).
> * **Extradição passiva e asilo político** — "Não há incompatibilidade absoluta entre o instituto do asilo político e o da extradição passiva, na exata medida em que o Supremo Tribunal Federal não está vinculado ao juízo formulado pelo Poder Executivo na concessão administrativa daquele benefício regido pelo Direito das gentes. Disso decorre que a condição jurídica de asilado político não suprime, só por si, a possibilidade de o Estado brasileiro conceder, presentes e satisfeitas as condições constitucionais e legais que a autorizam, a extradição que lhe haja sido requerida" (STF, Pleno, Extr. 524/DF, Rel. Min. Celso de Mello, decisão de 31-10-1990, *Ementário de Jurisprudência* n. 1160-1, p. 58, *DJ*, 1, de 8-3-1991, p. 2200).
> * **Preservação das liberdades públicas na extradição passiva** — "O sistema de contenciosidade limitada não inibe, nem exonera o Supremo Tribunal Federal do dever ético-jurídico de velar pelo efetivo respeito aos direitos básicos da pessoa humana, sempre passíveis, mesmo em sede extradicional, da máxima proteção jurisdicional, a ser constitucionalmente dispensada por esta Suprema Corte. Precedente: *RTJ* 177/485-488 (...) As restrições de ordem temática, estabelecidas no Estatuto do Estrangeiro (art. 85, § 1º) — cuja incidência delimita, nas ações de extradição passiva, o âmbito material do exercício do direito de defesa —, não são inconstitucionais, nem ofendem a garantia da plenitude de defesa, em face da natureza mesma de que se reveste o processo extradicional no direito brasileiro. Precedentes" (STF, Extr. 866/República Portuguesa, Rel. Min. Celso de Mello).

A Carta de 1988 previu a extradição em dois dispositivos:

* **art. 5º, LI** — "nenhum brasileiro será extraditado, salvo o naturalizado, em caso de crime comum, praticado antes da naturalização, ou de comprovado envolvimento em tráfico ilícito de entorpecentes e drogas afins, na forma da lei"; e
* **art. 5º, LII** — "não será concedida extradição de estrangeiro por crime político ou de opinião".

> **Princípio da preponderância:** o Supremo, por maioria de votos, indeferiu pedido extradicional, com base no *princípio da preponderância*, outrora previsto na Lei n. 6.815/80 (art. 77). Para tanto, aplicou o art. 5º, LII, que veda a extradição por crime político ou de opinião, uma vez que a exposição dos fatos delituosos imputados ao extraditando, não obstante pudessem configurar práticas criminosas comuns, revestiam-se de conotação política, porquanto demonstrada, no contexto em que ocorridos, a conexão de tais crimes com as atividades de um grupo de ação política que visava à alteração da ordem econômico-social do Estado estrangeiro. Ressaltou-se, ainda, a ausência da prática do delito de terrorismo, pois embora os crimes tivessem sido cometidos por meio do uso de armas de fogo e elementos explosivos, nas sentenças condenatórias juntadas aos autos não se demonstrara que a prática de tais atos pudesse ocasionar, concretamente, riscos generalizados à população. Vencida a Ministra Ellen Gracie, que concedia a ordem por considerar que os atos praticados pelo extraditando, tais como piquetes violentos, sabotagens de instalações, atuação de bando armado, importação ilegal de armas e explosivos, consubstanciariam atos terroristas, e que a proteção que a Carta Magna confere ao crime

540 ♦ Uadi Lammêgo Bulos ♦

político não se estenderia a autores de delitos dessa qualidade (STF, Pleno, Extr. 994/República Italiana, Rel. Min. Marco Aurélio, decisão de 14-12-2005).

✧ 46.1. Regras constitucionais para a extradição

Dessumindo-se os incisos LI e LII do art. 5º, encontramos quatro regras constitucionais aplicáveis à extradição:

*   **Inextraditabilidade de brasileiros natos** — jamais podem ser extraditados. Aqui a regra é absoluta. Não há exceções ao princípio da inextraditabilidade de brasileiros natos.

    > **Caráter absoluto da inextraditabilidade de brasileiros natos:** "O brasileiro nato, quaisquer que sejam as circunstâncias e a natureza do delito, não pode ser extraditado, pelo Brasil, a pedido de Governo estrangeiro, pois a Constituição da República, em cláusula que não comporta exceção, impede, em caráter absoluto, a efetivação da entrega extradicional daquele que é titular, seja pelo critério do *jus soli*, seja pelo critério do *jus sanguinis*, de nacionalidade brasileira primária ou originária. Esse privilégio constitucional, que beneficia, sem exceção, o brasileiro nato, não se descaracteriza pelo fato de o Estado estrangeiro, por lei própria, haver-lhe reconhecido a condição de titular de nacionalidade originária pertinente a esse mesmo Estado. Se a extradição não puder ser concedida, por inadmissível, em face de a pessoa reclamada ostentar a condição de brasileira nata, legitimar-se-á a possibilidade de o Estado brasileiro, mediante aplicação extraterritorial de sua própria lei penal — e considerando, ainda, o que dispõe o Tratado de Extradição Brasil/Portugal —, fazer instaurar, perante órgão judiciário nacional competente, a concernente *persecutio criminis*, em ordem a impedir, por razões de caráter ético-jurídico, que práticas delituosas, supostamente cometidas, no exterior, por brasileiros (natos ou naturalizados), fiquem impunes" (STF, HC 83.113-QO, Rel. Min. Celso de Mello, *DJ* de 29-8-2003).

*   **Extraditabilidade de brasileiros naturalizados** — podem ser extraditados somente em duas hipóteses:
*   **(i) prática de crime comum**, cometido antes da naturalização — *crime comum* é aquele que lesa bem jurídico do cidadão, da família ou da sociedade; e
*   **(ii) tráfico ilícito de drogas e entorpecentes**, na forma da lei. Pouco importa o momento da prática do crime, se antes ou após a naturalização. Se a participação delitiva for devidamente comprovada, os brasileiros naturalizados podem ser extraditados. É a única hipótese que independe do período do cometimento ilícito para o brasileiro naturalizado sofrer extradição.

    > **Casuística do STF:**
    > *   **Exceções ao princípio da inextraditabilidade** — "Ao princípio geral de inextraditabilidade do brasileiro, incluído o naturalizado, a Constituição admitiu, no art. 5º, LI, duas exceções: a primeira, de eficácia plena e aplicabilidade imediata, se a naturalização é posterior ao crime comum pelo qual procurado; a segunda, no caso de naturalização anterior ao fato, se se cuida de tráfico de entorpecentes: aí, porém, admitida, não como a de qualquer estrangeiro, mas, sim, 'na forma da lei', e por 'comprovado envolvimento' no crime: a essas exigências de caráter excepcional não basta a concorrência dos requisitos formais de toda extradição, quais sejam, a dúplice incriminação do fato imputado e o juízo estrangeiro sobre a seriedade da suspeita" (STF, Extr. 541, Rel. Min. Celso de Mello, *DJ* de 18-12-1992). No mesmo sentido: STF, Extr. 934-QO, Rel. Min. Eros Grau, *DJ* de 12-11-2004.
    > *   **Brasileiro naturalizado. Certificado de naturalização expedido. Tráfico ilícito de entorpecentes. Ausência de provas. Inextraditabilidade** — a Corte Excelsa "firmou entendimento no sentido de impossibilitar o pleito de extradição após a solene entrega do certificado de naturalização pelo Juiz, salvo comprovado envolvimento em tráfico ilícito de entorpecentes e drogas afins, na forma da lei. A norma inserta no artigo 5º, LI, da Constituição do Brasil não é regra de eficácia plena, nem de aplicabilidade imediata. Afigura-se imprescindível a implementação de legislação ordinária regulamentar. Precedente. Ausência de prova cabal de que o extraditando esteja envolvido em tráfico ilícito de entorpecentes e drogas afins. Possibilidade de renovação, no futuro, do pedido de extradição, com base em sentença definitiva, se apurado e comprovado o efetivo envolvimento na prática do referido delito. Questão de ordem resolvida no sentido de indeferir o pedido de extradição" (STF, Extr. 934-QO, Rel. Min. Eros Grau, *DJ* de 12-11-2004).
    > *   **Extradição e dupla nacionalidade** — "O processo remete ao complexo problema da extradição no caso da dupla nacionalidade, questão examinada pela Corte Internacional de Justiça no célebre

◆ Cap. 13 ◆ DIREITOS E GARANTIAS FUNDAMENTAIS 541

caso *Nottebohm*. Naquele caso a Corte sustentou que na hipótese de dupla nacionalidade haveria uma prevalecente — a nacionalidade real e efetiva — identificada a partir de laços fáticos fortes entre a pessoa e o Estado. A falta de elementos concretos no presente processo inviabiliza qualquer solução sob esse enfoque" (STF, HC 83.450, Rel. Min. Nelson Jobim, *DJ* de 4-3-2005).

• **Extraditabilidade de portugueses equiparados** — sujeitam-se, reciprocamente, às mesmas regras aplicadas ao brasileiro naturalizado (CF, art. 12, § 1º). Por força do Decreto Legislativo n. 70.391/72, somente podem ser extraditados para Portugal.

• **Extraditabilidade de estrangeiros** — não poderão ser extraditados pela prática de *crimes políticos* ou de *opinião*. Nos demais delitos, sim, observados os requisitos legais que norteiam a extradição.

> **Inextraditabilidade de estrangeiros por delitos políticos ou de opinião:** "Reflete, em nosso sistema jurídico, uma tradição constitucional republicana. Dela emerge, em favor dos súditos estrangeiros, um direito público subjetivo oponível ao próprio Estado e de cogência inquestionável. Há, no preceito normativo que consagra esse *favor constitutions*, uma insuperável limitação jurídica ao poder de extraditar do Estado brasileiro" (STF, Pleno, Extr. 524/DF, Rel. Min. Celso de Mello, decisão de 31-10-1990, *Ementário de Jurisprudência* n. 1160-1, p. 58, *DJ*, 1, de 8-3-1991, p. 2200).

Crime político, denominado vulgarmente *crime de lesa-majestade*, é todo cometimento ilícito motivado por razões de natureza pública, as quais violam o bem-estar social. É o caso das ofensas, ameaças, ações subversivas, diretas ou indiretas, determinadas ou anônimas, contra a ordem política vigente no Estado. Cabe ao Supremo Tribunal Federal avaliar quais as condutas que podem ser enquadradas no núcleo conceitual do que seja delito político, levando em conta, inclusive, a sistemática da Lei n. 13.445, de 24-5-2017, que dispôs sobre os direitos e os deveres do migrante e do visitante, regulando a sua entrada e estada no País, além de estabelecer princípios e diretrizes para as políticas públicas para o emigrante.

> **Casuística do STF:**
> • **Recurso ordinário para o STF** — na vigência da Carta de 1891, os *crimes políticos* eram da competência dos juízes federais. Deles cabia recurso ordinário para o Supremo Tribunal Federal. Promulgada a Constituição de 1946, os juízes estaduais passaram a apreciar esses delitos, mantendo-se a competência do Pretório Excelso para o julgamento do recurso ordinário. Pelo Texto de 1988, os *crimes políticos* voltaram a ser julgados pela Justiça Federal, deles cabendo recurso ordinário para o STF.
> • **Cumpre ao STF definir os crimes políticos** — "Não havendo a Constituição definido o crime político, ao Supremo cabe, em face da conceituação da legislação ordinária vigente, dizer se os delitos pelos quais se pede a extradição, constituem infração de natureza política ou não, tendo em vista o sistema da principalidade ou da preponderância" (STF, Extr. 615, Rel. Min. Celso de Mello, *DJ* de 5-12-1994).
> • **Caracterização dos crimes políticos** — jamais podem ser considerados *crimes políticos* delitos que não atentarem, efetiva ou potencialmente, contra a soberania nacional e a estrutura política do Estado brasileiro (STF, 2ª T., HC 73.452/RJ, Rel. Min. Maurício Corrêa, *DJ*, 1, de 27-6-1997, p. 30226).
> • **Crime político puro** — conceito que compreende tanto os delitos cometidos contra a segurança interna como os praticados contra a segurança externa do Estado (STF, Extr. 700-QO, Rel. Min. Octavio Gallotti, *DJ* de 5-11-1999).

Crime de opinião, por sua vez, é aquele em que o agente extrapola os limites mínimos da liberdade de manifestação do pensamento, ofendendo, atacando desmotivadamente pessoas e órgãos, deturpando fatos e comprometendo a dignidade alheia, através da palavra, do rádio, da televisão, da informática, da imprensa, ou de qualquer outro meio de telecomunicação.

> **Extradição política disfarçada — posição do STF:** "O estrangeiro asilado no Brasil só não será passível de extradição quando o fato encenador do pedido assumir a qualificação de crime político ou de opinião ou as circunstâncias subjacentes à ação do estado requerente demonstrarem a configuração de inaceitável extradição política disfarçada" (STF, Extr. 524, Rel. Min. Celso de Mello, *DJ* de 8-3-1991).

542 ◆ Uadi Lammêgo Bulos ◆

✧ 46.2. Requisitos legais para a extradição

Os requisitos legais para a extradição vêm consubstanciados na Lei de Migração (Lei n. 13.445, de 24-5-2017, arts. 81 e s.), no Regimento Interno do STF (arts. 207 a 214), na Lei federal n. 6.964/81 e no art. 100 do Decreto n. 86.715/81 (Conselho Nacional de Imigração). Aliás, como prescreve o art. 2º da própria Lei n. 13.445, "Esta Lei não prejudica a aplicação de normas internas e internacionais específicas sobre refugiados, asilados, agentes e pessoal diplomático ou consular, funcionários de organização internacional e seus familiares".

> **Competência legislativa:** compete ao legislador ordinário consagrar os requisitos formais para a concessão do pedido extradicional (CF, art. 22, XV).

Apenas pelo preenchimento desses requisitos legais que o rogo extraditório deve ser deferido. Nem mesmo a aquiescência do sujeito em ser extraditado supre tal exigência. Numa palavra, é imprescindível o exame da legalidade do pedido.

> **Lei de Migração e liberdade de extraditando** — o Supremo Tribunal Federal aplicou a Lei n. 13.445/2017, a chamada Lei de Migração, que estabelece que o extraditando será solto caso ele não seja retirado do território nacional, pelo país que solicitou a extradição, no prazo de 60 dias da comunicação. O Relator, Min. Marco Aurélio, afastou a prisão preventiva para extradição imposta contra o extraditando, expedindo o alvará de soltura (STF, Extradição 1.517, Rel. Min. Marco Aurélio, j. 30-4-2018).

Os Estados estrangeiros que desejarem formular, no Brasil, pedidos extradicionais, devem levar em conta:

- A existência de sentença condenatória ou ordem de prisão do juiz, tribunal ou autoridade competente do Estado estrangeiro para o pedido extradicional ser examinado.
- O delito não se encontrar prescrito nas legislações brasileira e estrangeira.
- A inocorrência de crime político ou de opinião, atribuídos ao extraditando.
- A fundamentação do pedido extradicional pelo Estado estrangeiro requerente, tomando como base tratado internacional, ou, se inexistente este, promessa de reciprocidade de tratamento ao Brasil.

> **Promessa de reciprocidade:** "Fundando-se o pedido de promessa de reciprocidade de tratamento para casos analógicos, está assim atendido o requisito autorizativo da medida, previsto no art. 76 da Lei n. 6.815/80, alterada pela Lei n. 6.964/81" (STF, *RTJ, 162*:452). No mesmo sentido: STF, *RTJ, 97*:1. Conforme o Ministro Sepúlveda Pertence, "A validade e a consequente eficácia da promessa de reciprocidade ao Estado requerido, em que fundado o pedido de extradição, pressupõem que, invertidos os papéis, o ordenamento do Estado requerente lhe permita honrá-la: não é o caso da Itália, quando se cuida de extraditando brasileiro, pois o art. 26 da Constituição italiana só admite a extradição de nacional italiano quando expressamente prevista pelas convenções internacionais, o que não ocorre na espécie" (STF, Pleno, Extr. 541-3/DF, Rel. Min. Sepúlveda Pertence, decisão de 10-10-1991, *DJ*, 1, de 18-12-1992, p. 24374).

- O *princípio da dupla tipicidade*, ou seja, os fatos delitivos, atribuídos ao extraditando, devem ser igualmente puníveis, tanto pelo ordenamento jurídico doméstico quanto pelo sistema de direito positivo do Estado requerente. É o caso do crime de burla, previsto no art. 313º do Código Penal português, que corresponde ao delito de estelionato, definido no art. 171 do Código Penal brasileiro.

> **Casuística do STF:**
> - **Dupla tipicidade** — o Supremo Tribunal Federal deferiu, por maioria de votos, a extradição de presidente de banco do Paraguai, a pedido do governo desse país, onde ele havia sido condenado pelos crimes de "estafa" e "estafa al estado", ambos previstos no atual Código Penal do Paraguai, de 1997. No Brasil, tais crimes estão tipificados nos arts. 1º e 2º da Lei n. 8.137/90, que consagra os delitos contra a ordem tributária, econômica e relações de consumo, e na Lei n. 7.492/86, arts. 3º a 6º; 10 e 17, que prevê infrações contra o sistema financeiro (STF, Extr. 925, Rel. Min. Carlos Britto, decisão de 10-8-2005). Precedentes: STF, Pleno, Extr. 530/MT, Rel. Min. Carlos Velloso,

◆ Cap. 13 ◆ **DIREITOS E GARANTIAS FUNDAMENTAIS** **543**

decisão de 4-9-1991, *RTJ, 137*:03, p. 1090, *Ementário de Jurisprudência* n. 1640-1, p. 53, *DJ*, 1, de 1º-11-1991, p. 15598; *RTJ, 133*:1075; STF, Extr. 667-3/República Italiana, Rel. Min. Celso de Mello, decisão de 25-9-1995, *DJU* de 29-9-1995, p. 31998-31999.

- **Prescrição penal e dupla tipicidade** — "Consumada a prescrição penal, seja em face da legislação do Estado requerente, seja à luz do ordenamento positivo brasileiro, impõe-se o indeferimento do pedido extradicional, porque desatendido, em tal hipótese, o princípio da dupla punibilidade. Ocorrência, na espécie, de prescrição penal, fundada na legislação brasileira, referente a um dos delitos motivadores do pedido de extradição (crime de abuso de confiança fiscal)" (STF, Extr. 866/República Portuguesa, Rel. Min. Celso de Mello).

- A impossibilidade de concessão da extradição se o fato, apesar de ser tido como crime no ordenamento estrangeiro, for tipificado como contravenção no Brasil. Também não ensejará extradição se a lei brasileira cominar, ao crime, pena igual ou inferior a um ano de prisão.

   Nesse sentido: STF, Pleno, Extr. 753-0/Estados Unidos da América, Rel. Min. Moreira Alves, *DJ*, 1, de 26-11-1999, p. 83.

- A não submissão do extraditando ao *duplo risco* (*bis in idem* ou *double jeopardy*). Entende o Pretório Excelso que a "extradição não será concedida se, pelo mesmo fato em que se fundar o pedido extradicional, o súdito reclamado estiver sendo submetido a procedimento penal no Brasil, ou já houver sido condenado ou absolvido pelas autoridades judiciárias brasileiras. Ninguém pode expor-se, em tema de liberdade individual, à situação de duplo risco. Essa é a razão pela qual a existência de situação configuradora de *double jeopardy* atua como insuperável causa obstativa do atendimento do pedido extradicional. Trata-se de garantia que tem por objetivo conferir efetividade ao postulado que veda o *bis in idem*" (STF, Extr. 688, Rel. Min. Celso de Mello, *DJ* de 22-8-1997).

- A indicação pelo Estado estrangeiro, em síntese objetiva e articulada, dos fatos subjacentes à extradição, limitando o âmbito temático do pedido.

   Síntese descritiva dos fatos: "A síntese descritiva dos fatos incide sobre o Estado requerente, não se justificando que este, mediante sumária nota verbal, transfira o encargo em causa a esta Suprema Corte, que se veria na contingência de extrair, das peças documentais, com inadmissível substituição da atividade processual que compete, inicialmente, ao autor da ação de extradição passiva, os elementos à própria delimitação material da presente extradição. O dever de expor, ainda que sucintamente, mas sempre de modo claro e objetivo, os episódios motivadores da postulação extradicional pertence ao Estado requerente, até mesmo em função da exigência legal que impõe, em sede de extradição, a observância do princípio da dupla tipicidade" (STF, Extr. 667-3/República Italiana, Rel. Min. Celso de Mello, decisão de 25-9-1995, *DJU* de 29-9-1995 p. 31998-9). Também nesse sentido: STF, Pleno, Extr. 524/DF, Rel. Min. Celso de Mello, decisão de 31-10-1990, *Ementário de Jurisprudência* n. 1160-1, p. 58, *DJ*, 1, e 8-3-1991, p. 2200.

✧ 46.3. Competência para processar e julgar o extraditando

A competência para processar e julgar o extraditando não pertence à Justiça brasileira, ao Supremo Tribunal Federal, pois, mas sim ao próprio Estado estrangeiro, requerente da extradição.

✧ 46.4. Deveres do Estado requerente da extradição

O Estado requerente da extradição deve comprometer-se, formalmente, com a República Federativa do Brasil a:

- realizar a detração penal, computando o tempo em que o extraditando ficou preso no Brasil (Lei n. 13.445, de 24-5-2017, art. 96, II);
- não comutar eventual pena de prisão com trabalhos forçados, dentre outras penalidades proibidas pela Carta de 1988 (art. 5º, XLVII, *a, b, c, d, e*);

   Nesse sentido: STF, *RTJ, 132*:1083.

544 ◆ Uadi Lammêgo Bulos ◆

- converter a pena de morte em pena privativa de liberdade, exceto em caso de guerra declarada (CF, arts. 5º, XLVII, *a*; 84, XIX, c/c a Lei n. 13.445, de 24-5-2017, art. 96, III);
- substituir a pena de prisão perpétua por pena privativa de liberdade com prazo máximo — nesse ponto, houve uma mudança de rumos na jurisprudência do Supremo; num primeiro momento, a Corte entendia ser desnecessária a conversão da pena de prisão perpétua em pena privativa de liberdade com prazo máximo de cumprimento; num segundo estágio, contudo, os Ministros, por maioria de votos, alteraram esse ponto de vista, condicionando "a entrega do extraditando à comutação das penas de prisão perpétua em pena de prisão temporária de no máximo 30 anos";

> **Precedente:** STF, Pleno, Extr. 855-2/DF, Rel. Min. Celso de Mello, *DJ*, 1, de 3-9-2004, p. 9.

- não entregar o extraditando ao outro Estado sem o consentimento do Brasil (proibição ao instituto da reextradição — Lei n. 13.445, de 24-5-2017, art. 96, IV);
- não agravar a situação ou a pena do sentenciado por motivos políticos (Lei n. 13.445, de 24-5-2017, art. 96, V); e
- não submeter o extraditando a juízos ou tribunais de exceção.

> **Tribunal de exceção e pedido extradicional:** "A noção de tribunal de exceção admite, para esse efeito, configuração conceitual mais ampla. Além de abranger órgãos estatais criados *ex post facto* especialmente instituídos para o julgamento de determinadas pessoas ou de certas infrações penais, com evidente ofensa ao princípio da naturalidade do juízo, também compreende os tribunais regulares, desde que caracterizada, em tal hipótese, a supressão, em desfavor do réu, de qualquer das garantias inerentes ao devido processo legal. A possibilidade de privação, em juízo penal, do *due process of law*, nos múltiplos contornos em que se desenvolve esse princípio assegurador dos direitos e da própria liberdade do acusado — garantia de ampla defesa, garantia do contraditório, igualdade entre as partes perante o juiz natural e garantia de imparcialidade do magistrado processante — impede o válido deferimento do pedido extradicional" (STF, Pleno, Extr. 524/DF, Rel. Min. Celso de Mello, decisão de 31-10-1990, *Ementário de Jurisprudência* n. 1160-1, p. 58, *DJ*, 1, de 8-3-1991, p. 2200).

✧ 46.5. Pedido de extensão: entendimento do STF

Pelo *princípio da especialidade*, o extraditando apenas poderá ser entregue ao Estado requerente se este assumir o compromisso de não o prender ou processar por fatos anteriores ao pedido extradicional (Lei n. 13.445, de 24-5-2017, art. 96, I).

Nada obstante, o Supremo Tribunal Federal permite o *pedido de extensão*, que consiste na permissão, solicitada pelo país estrangeiro, de processar pessoa já extraditada por qualquer delito praticado antes da extradição e diverso daquele que motivou o pedido extradicional. É necessário que o Estado requerido expressamente o autorize. Nesses casos, deverá ser realizado, igualmente, o estrito controle jurisdicional da legalidade, mesmo já se encontrando o indivíduo sob domínio territorial de um país soberano.

> **Nesse sentido:** STF, Extr. 571-5/Confederação Helvética, Rel. Min. Celso de Mello, *DJ*, 1, de 1º-8-1994, p. 18504.

✧ 46.6. Papel do Supremo Tribunal Federal na extradição

O sistema extradicional vigente no Brasil é o da *contenciosidade limitada*, fundado no Estatuto do Estrangeiro (Lei n. 13.445, de 24-5-2017, art. 91, § 1º), que, nesse aspecto, filiou-se ao modelo belga.

> **Precedentes:** STF, *RTJ*, 105/4-5, 160/433-434, 161/409-411, 183/42-43 etc.

Isso possibilita ao Supremo Tribunal Federal fiscalizar a legalidade extrínseca do pedido de extradição, requerido pelo Estado estrangeiro à República brasileira. O que ele não pode fazer é adentrar no mérito do pedido formulado pelo Estado requerente, ou seja, no âmago do problema que motivou a extradição, exceto para analisar a ocorrência de prescrição penal, de dupla tipicidade ou, ainda, se o delito imputado ao extraditando foi político ou de opinião.

◆ Cap. 13 ◆ **DIREITOS E GARANTIAS FUNDAMENTAIS**　　　　　**545**

> **Nesse sentido:** STF, Pleno, Extr. 541-3/DF, Rel. Min. Sepúlveda Pertence, decisão de 10-10-1991, *DJ*, 1, de 18-12-1992, p. 24374; STF, Pleno, Extr. 703-3, Rel. Min. Sepúlveda Pertence, *DJ*, 1, de 20-2-1998, p. 14.

E o pedido extradicional poderá ser renovado?

Não. O modelo brasileiro proíbe atos renovatórios de ações de extradição passivas, promovidas no Supremo Tribunal Federal. Veda, pois, que se reapreciem os litígios penais que lhes deram causa. Também não permite que se efetive "o reexame do quadro probatório ou a discussão sobre o mérito da acusação ou da condenação emanadas de órgão competente do Estado estrangeiro" (STF, Extr. 866/República Portuguesa, Rel. Min. Celso de Mello).

Na realidade, como ensinou o Ministro Celso de Mello, são "limitados, juridicamente, os poderes do Supremo Tribunal Federal na esfera da demanda extradicional, eis que esta Corte, ao efetuar o controle de legalidade do pedido, não aprecia o mérito da condenação penal nem re-examina a existência de eventuais defeitos que hajam inquinado de nulidade a persecução penal instaurada no âmbito do Estado requerente. A necessidade de respeitar a soberania do pronunciamento jurisdicional emanado do Estado requerente impõe ao Brasil, nas extradições passivas, a indeclinável observância desse dever jurídico" (STF, Pleno, Extr. 524/DF, Rel. Min. Celso de Mello, decisão de 31-10-1990, *Ementário de Jurisprudência* n. 1160-1, p. 58, *DJ*, 1, de 8-3-1991, p. 2200).

✧ 46.7. Pedido extradicional: procedimento

O pedido de extradição deverá ser formulado pelo governo do Estado estrangeiro soberano ao Presidente da República (art. 84, VII).

Depois de feito o pedido ao Presidente da República, ele é encaminhado ao Supremo Tribunal Federal. Essa exigência é obrigatória. Sem o pronunciamento da Corte Excelsa sobre a legalidade do pedido extraditório, ele não poderá ir em frente. Óbvio que o extraditando deverá estar preso e ao dispor do Supremo. Sem isso o tribunal não poderá deliberar sobre a matéria (CF, art. 102, I, *g*, c/c o RISTF, art. 207).

Vale observar que "o extraditando não poderá renunciar ao procedimento extradicional. Até mesmo sua concordância em retornar a seu país não dispensa o controle da legalidade do pedido" (STF, Pleno, Extr. 643-6/República da Áustria, Rel. Min. Francisco Rezek, decisão de 19-12-1994, *DJU*, 1, de 10-8-1995, p. 23554).

> **No mesmo sentido:** STF, Extr. 509-0, Rel. Min. Celso de Mello, *DJ*, 1, de 1º-6-1990; Extr. 639-8, Rel. Min. Marco Aurélio, v. u., *DJU*, 1, de 15-9-1995, p. 29507; Pleno, Extr. 643/6-República da Áustria, Rel. Min. Francisco Rezek, *DJ*, 1, de 10-8-1995, p. 23554.

Em contrapartida, o Estado estrangeiro, requerente da extradição, poderá desistir, de modo expresso ou tácito, do pedido extradicional, demonstrando, assim, o seu desinteresse em retirar o extraditando do território brasileiro.

> **Nesse sentido:** STF, Pleno, ADIn 2.453-1/PR, Rel. Min. Maurício Corrêa, *DJ*, 1, de 24-8-2001, p. 42.

Pela Lei n. 13.445, de 24-5-2017, a via diplomática é caminho a ser utilizado para realizar o pedido extradicional (art. 81, § 1º).

Assim, o Estado estrangeiro — requerente da extradição — tem o dever de produzir os documentos indispensáveis à própria instauração do juízo extradicional. Essa exigência somente se tem por satisfeita se trouxer a indicação precisa e minuciosa de todos os dados, porque a "extradição é a medida de cooperação internacional entre o Estado brasileiro e outro Estado pela qual se concede ou solicita a entrega de pessoa sobre quem recaia condenação criminal definitiva ou para fins de instrução de processo penal em curso" (Lei n. 13.445, de 24-5-2017, art. 81, *caput*). Esse, aliás, é o entendimento pacífico do Supremo Tribunal Federal

O instrumento, consagrado pela tradição brasileira e internacional, para a via diplomática se concretizar é a *nota verbal*, escrita e autenticada.

> **Precedentes:** STF, Pleno, HC 72.998-3/SP, Rel. Min. Sydney Sanches, *DJ*, 1, de 16-2-2001, p. 90; STF, *RTJ*, *64*:22, STF, *RTJ*, *99*:1003.

No processo extradicional não se admite dilação probatória, dada a sua natureza especial, pois é o Estado estrangeiro que fica encarregado de apresentar ao governo brasileiro os documentos instrutórios exigidos pela Lei n. 6.815/80 (art. 80, *caput*).

Concluso o procedimento do pedido extradicional, vem a lume o *decisum* do Supremo Tribunal Federal. Duas consequências advêm desse contexto:

- **A Corte Excelsa nega a extradição** — se o Supremo negar o pedido extradicional, após examinar os seus requisitos constitucionais e legais, o Presidente da República estará obrigado a acatar a decisão pretoriana. Resultado: inexistirá extradição. Aqui a matéria não se submete aos desígnios da discricionariedade presidencial. Não é ato de soberania; cinge-se, apenas, ao exame, formal e material, da constitucionalidade e legalidade do pedido extradicional.
- **A Corte Excelsa admite a extradição** — nesse caso, o Presidente da República não fica vinculado ao veredito do Supremo. Poderá agir discricionariamente, determinando ou não a extradição. Pouco importa se o pedido extradicional foi, do ponto de vista jurídico, correto ou incorreto, justo ou injusto. Prevalece, nessa hipótese, a soberania do Estado brasileiro, representada pelo chefe do Executivo: o Presidente da República.

> **Precedente:** STF, *RF*, *221*:275.

✧ 46.8. Prisão no procedimento extradicional

Vimos que o pré-requisito para a Corte Excelsa examinar o pedido de extradição é o extraditando encontrar-se preso e ao seu dispor. Do contrário, o procedimento extradicional não se inicia.

No passado, vigorava a *prisão administrativa*, decretada pelo Ministro da Justiça. Com o advento do Texto de 1988, ela foi revogada.

Em compensação, a hipótese da prisão do extraditando permaneceu em nosso ordenamento jurídico, sob a denominação de *prisão preventiva para extradição*, a qual é decretada, no âmbito da Corte Excelsa, pelo Ministro Relator sorteado, que ficará prevento para conduzir o procedimento extradicional.

> **Precedentes:** STF, Pleno, Extr. 478, Rel. Min. Moreira Alves, *RT*, *638*:335; STF, Pleno, Extr. 870/Itália, Rel. Min. Joaquim Barbosa, decisão unânime de 27-5-2004, *DJ* de 19-11-2004, p. 27.

Sobre a *prisão preventiva para extradição*, devemos saber:

- **Lei n. 13.445, de 24-5-2017, art. 91, § 1º** — ao disciplinar a prisão do extraditando, prescreveu que "Em caso de urgência, o Estado interessado na extradição poderá, previamente ou conjuntamente com a formalização do pedido extradicional, requerer, por via diplomática ou por meio de autoridade central do Poder Executivo, prisão cautelar com o objetivo de assegurar a executoriedade da medida de extradição que, após exame da presença dos pressupostos formais de admissibilidade exigidos nesta Lei ou em tratado, deverá representar à autoridade judicial competente, ouvido previamente o Ministério Público Federal" (art. 84, *caput*).

> **Precedente:** STF, HC 73.552-5/SP, Rel. Min. Celso de Mello, *DJ*, 1, de 14-2-1995, p. 2730.

- **Súmula 2 do STF** — mediante essa súmula, "concede-se liberdade vigiada ao extraditando que estiver preso por prazo superior a sessenta dias". Acontece, porém, que esse enunciado perdeu a razão de ser em virtude da revogação, pelo Decreto-lei n. 941/69 (art. 95, § 1º), do art. 9º do Decreto-lei n. 394/38.

> **Nesse sentido:** STF, Extr. 332, Rel. Min. Thompson Flores, *DJ*, 1, de 17-6-1975, p. 4251.

◆ Cap. 13 ◆ DIREITOS E GARANTIAS FUNDAMENTAIS 547

- **Eficácia temporal limitada** — a prisão cautelar do extraditando não poderá exceder o prazo de noventa dias (Lei n. 13.445, de 24-5-2017, art. 84, §§ 4º e 5º), "ressalvada disposição convencional em contrário, dada a existência de tratado, regulando a extradição, quando em conflito com a lei, que sobre ela prevalece, porque contém normas específicas", decidiu a Corte antes do surgimento da Lei de Migração (STF, HC 73.552-5/SP, Rel. Min. Celso de Mello, *DJ*, 1, de 14-2-1995, p. 2730).

- **Excesso de prazo** — antes do advento da Lei n. 13.445, de 24-5-2017, decidiu o Supremo Tribunal: "Atraso no julgamento do processo da extradição em decorrência de diligências requeridas pela defesa (Lei 6.815/80, art. 85, § 2º). Pode o Relator do pedido de extradição determinar a realização de diligência considerada imprescindível para a decisão da causa, pelo prazo improrrogável de sessenta dias, findos os quais, com ou sem o atendimento da diligência, deve trazer o processo a julgamento. Não pode deferir, apenas porque a defesa o peça, diligências que lhe pareçam inúteis, prorrogando a custódia do extraditando" (STF, Pleno, HC 83.326/Itália, Rel. Min. Marco Aurélio, decisão por maioria de 22-10-2003, *DJ* de 1º-10-2004).

- **Novação do decreto prisional** — ressalve-se, contudo, que "com a instauração do processo extradicional, opera-se a novação do título jurídico legitimador da prisão do extraditando, descaracterizando-se, em consequência, eventual excesso de prazo, pois é da natureza da ação de extradição passiva a preservação da anterior custódia que tenha sido cautelarmente decretada contra o extraditando" (STF, HC 73.552-5/SP, Rel. Min. Celso de Mello, *DJ*, 1, de 14-2-1995, p. 2730).

No mesmo sentido: STF, Pleno, HC 71.402-RJ, Rel. Min. Celso de Mello, *RTJ, 118*:126.

◇ 46.9. Legalidade do ato concessivo de refúgio e natureza dos crimes imputados ao extraditando: o "caso Cesare Battisti"

Em 2009, o Supremo Tribunal Federal deparou-se com a temática da **legalidade do ato concessivo de refúgio e a natureza dos crimes imputados ao extraditando**.

Referimo-nos ao **julgamento de extradição executória**, formulado pelo Governo da Itália, contra o nacional italiano **Cesare Battisti**, condenado à pena de prisão perpétua pela prática de quatro homicídios naquele país entre 1977 e 1979.

A **Extradição 1.085** foi finalmente julgada pelo Supremo Tribunal Federal em 18-11-2009, depois de três dias de calorosos debates.

O resultado foi o seguinte: por **cinco votos a quatro** — vencidos os Ministros Cármen Lúcia, Joaquim Barbosa, Carlos Ayres Britto e Marco Aurélio — o Supremo Tribunal Federal autorizou a extradição de Cesare Battisti para a Itália (STF, Extr. 1.085/Governo da Itália, Rel. Min. Cezar Peluso, j. em 18-11-2009). Não participaram da sessão de julgamento os Ministros Celso de Mello e Dias Toffoli, que se declararam suspeitos.

Em 18-11-2009, os Ministros analisaram, ainda, se o Presidente da República estaria obrigado a cumprir a decisão do Supremo e entregar Battisti ao governo italiano, ou se, como chefe de Estado, teria algum poder discricionário para decidir a matéria (STF, Extr. 1.085/Governo da Itália, Rel. Min. Cezar Peluso, j. em 18-11-2009).

Por cinco votos a quatro, os Ministros entenderam que o **Presidente da República, com base no juízo de conveniência e oportunidade, tem, sim, o poder discricionário para decidir se extradita, ou não, o extraditando**, no caso Cesare Battisti. Nesta votação, ficaram vencidos os Ministros Cezar Peluso, Gilmar Mendes, Ricardo Lewandowski e Ellen Gracie (STF, Extr. 1.085/Governo da Itália, Rel. Min. Cezar Peluso, j. em 18-11-2009).

Vejamos os argumentos lançados, no início da noite de 18-11-2009 (quarta-feira), pelos juízes do STF, ao julgarem a **Extradição 1.085**:

- **Cezar Peluso** — Para o Relator, Min. Cezar Peluso, o Presidente da República está obrigado a respeitar a decisão do Supremo. A seu ver, não há, no Brasil, norma que confira ao Chefe do Executivo o poder discricionário de decidir sobre extradições deferidas pelo Supremo Tribunal Federal. Argumentou que cabe à Corte Suprema emitir a última palavra em tema de extradição.

Logo, se o Presidente da República submete ao STF o pedido extradicional feito pelo país requerente, ele já externou a sua opção de respeitar as leis e os tratados internacionais. Ao Supremo cabe, então, analisar a regularidade do pedido, para garantir ao Presidente da República a execução do ato extradicional, isto é, que ele está em perfeita consonância com a Constituição Federal. No entendimento de Peluso, o descumprimento da decisão do Supremo pelo Chefe do Executivo traz duas consequências desastrosas: (i) transforma o trabalho do STF em "pura perda de tempo, comparável à gratuidade de uma atividade de brincadeira infantil"; e (ii) torna injustificável e irremediável a privação da liberdade do extraditando por largo tempo, convertendo a prisão preventiva para fins de extradição num "ato puro de crueldade estatal", haja vista o absurdo de se "manter um cidadão preso por título nenhum". Argumentou, por fim, que a recusa do Presidente da República em entregar Cesare Battisti para o Governo italiano, frustraria os esforços do Brasil em tentar obter uma cadeira no Conselho de Segurança da ONU;

- **Gilmar Mendes** — por força do tratado de extradição de 1989, firmado entre Brasil e Itália, e pelo art. 86 do Estatuto dos Estrangeiros (Lei n. 6.815/80), à época vigente e hoje revogada pela Lei n. 13.445, de 24-5-2017, o Chefe do Executivo Federal teria a obrigação de entregar o nacional italiano. Portanto, não tem poder discricionário de decidir pela não entrega. Havendo tratado, todo o processo de extradição deve obedecer suas normas. A única discricionariedade que o presidente teria para não efetuar a extradição ocorre em caso bem específico, previsto no art. 91 da Lei n. 6.815/80, que é quando o país requerente não oferece condições de fazer o extraditado cumprir a pena dentro do que estabelece a legislação brasileira. Fora isso, o Presidente da República somente teria discricionariedade quanto à entrega imediata ou não do extraditando. Um retardamento pode acontecer se este sofrer de doença grave que coloque em risco sua vida, atestada por laudo médico (Lei n. 6.815/80, art. 89, parágrafo único), ou se ele estiver respondendo a processo no Brasil. Neste caso, o Presidente da República pode permitir que se conclua esse processo, ou desprezar esta circunstância e efetuar a extradição. Segundo o Min. Gilmar Mendes, é um absurdo dizer-se que agora, uma vez decidida a extradição, o presidente da República está livre para não cumpri-la. O Min. Gilmar Mendes, impende rememorar, votou a favor da extradição do ativista Cesare Battisti ao governo italiano, considerando que os crimes a ele imputados não tiveram conotação política, e não foram alcançados pela prescrição;

- **Eros Grau** — os crimes atribuídos ao extraditando são de natureza política, motivo pelo qual não se poderia conceder a extradição. Quanto aos efeitos do julgamento de mérito, o Min. Eros Grau manifestou-se pela não vinculação do Presidente da República à decisão do STF. A seu ver o Chefe do Executivo não está obrigado a proceder a extradição, já que o veredito do Supremo é meramente autorizativo. "Nos termos do tratado, o presidente da República deferirá, ou não, a extradição autorizada pelo STF, sem que com isso esteja a desafiar a decisão do Tribunal. Este ponto é muito importante, porque o tratado é que abre a possibilidade de a extradição ser recusada, sem que isso represente, da parte do presidente da República, qualquer desafio à nossa decisão", disse o Min. Eros Grau;

- **Cármen Lúcia** — a competência para a entrega de Cesare Battisti é do Presidente da República, que tem o poder discricionário de não consumar a extradição mesmo que já aprovada pelo Supremo Tribunal, nos termos dos arts. 84, VII, e 90 da Carta de 1988;

- **Ricardo Lewandowski** — o Presidente da República está limitado não apenas à decisão do STF, mas também ao tratado que a República Federativa do Brasil celebrou com a Itália. Incide, no caso, a obrigatoriedade de observância dos tratados, pois o Brasil é signatário da Convenção de Viena, cujo art. 26 estabelece que todo tratado em vigor é vinculante entre as partes e deve ser executado de boa-fé. Portanto, o Brasil deve se sujeitar aos vínculos obrigacionais firmados em tratados com outros países;

- **Ellen Gracie** — seguindo o mesmo entendimento do Relator, a Min. Ellen Gracie registrou que, em toda a existência do Supremo Tribunal, nunca houve desacordo do Presidente da República quanto à decisão da Corte em extradições. É certo que o Poder Executivo não pode extraditar uma pessoa sem ouvir o Supremo, embora o Presidente da República encontre restrições para atuar. Como a lei não se interpreta por tiras, nem o tratado, ao Judiciário cabe decidir se o pedido de extradição está apto e ao Presidente da República cumpre executá-lo;

◆ Cap. 13 ◆ DIREITOS E GARANTIAS FUNDAMENTAIS

549

- **Marco Aurélio** — em seu voto-vista, proferido em 12-11-2009, o Min. Marco Aurélio já havia se posicionado sobre o assunto. Concluiu que o Presidente da República tem o direito de dar a última palavra sobre as extradições autorizadas pelo Supremo. Quanto aos crimes praticados por Cesare Battisti, eles teriam a natureza política, incidindo, no caso, o disposto no inciso LII do art. 5º da Carta de Outubro ("não será concedida extradição de estrangeiro por crime político ou de opinião") e o art. 3º, item 1, alínea *e*, do Tratado de Extradição entre a República Federativa do Brasil e a República Italiana;
- **Carlos Britto** — o processo extradicional começa e termina no Poder Executivo. "O Poder Judiciário é um rito de passagem necessário, mas apenas rito de passagem que faz um exame de legalidade extrínseca, portanto não entra no mérito", concluiu o Min. Carlos Britto. A seu ver, o exame do Poder Judiciário é delibatório, não podendo obrigar o Presidente da República a extraditar, ou não, um estrangeiro; e
- **Joaquim Barbosa** — também reconheceu o poder discricionário do Presidente da República em decidir sobre a conveniência e a oportunidade do ato extraditório.

Findando a cronologia de julgamentos do "caso Cesare Battisti", o Supremo Tribunal Federal, em sua composição plenária, retificou, em 16-12-2009, a proclamação do resultado do julgamento do dia 18-11-2009, esclarecendo que o Presidente da República deveria, ao se manifestar sobre a matéria, observar o disposto no Tratado firmado entre o Brasil e a Itália.

Expliquemos.

O governo italiano levantou uma questão de ordem quanto à proclamação do resultado da votação de 18-11-2009.

Referida proclamação dizia que, por maioria de votos — 5 a 4 —, o Supremo autorizou a extradição.

Ao mesmo tempo, afirmava que também por maioria — 5 a 4 — caberia ao Presidente da República decidir, discricionariamente, sobre a entrega, ou não, de Cesare Battisti.

Para eliminar qualquer dúvida a esse respeito, retirou-se da proclamação do resultado a discricionariedade do Presidente da República para efetuar a extradição.

Quer dizer, ao retificar o resultado do julgamento ocorrido em 18-11-2009, o Supremo Tribunal Federal concluiu que a execução de sua sentença não é um ato discricionário do Presidente da República, sujeitando-se ao direito convencional, que, no "caso Cesare Battisti", concerne ao tratado de extradição entre Brasil e Itália, firmado em 17-10-1989.

Observado o disposto no Tratado Brasil-Itália, o Presidente da República poderá autorizar, ou não, o ato extraditório de Battisti.

⌑ *46.9.1. Reflexões sobre o "caso Cesare Battisti"*

O "caso Cesare Battisti" suscita reflexões.

Em primeiro lugar, não pode ser tomado como paradigma para outros julgamentos, até porque dois ministros da Corte não estavam presentes à sessão do dia 18-11-2009.

Em segundo, ao contrário do que muitos afirmaram, o Supremo Tribunal Federal jamais se deparou com um caso exatamente idêntico a esse, cuja peculiaridade residiu não no problema jurídico-formal em si, mas na repercussão política que a matéria alcançou, cujas consequências poderiam variar a depender do modo como a Corte decidisse.

Deixemos bem claro: não estamos falando de precedentes formais. Estes existem. Basta citar a Extradição 1.114, envolvendo o Chile, com o qual o Brasil tem tratado de extradição, do mesmo modo que tem com a Itália, sem falar do inestimável contributo do Min. Victor Nunes Leal sobre a matéria.

Aliás, na **Extradição 1.114**, o Supremo reconheceu, por unanimidade de votos, e na trilha de sua jurisprudência tradicional, que, após o Tribunal autorizar o ato extraditório, resta ao Presidente da República decidir se entrega, ou não, o estrangeiro.

> **Precedente (anterior ao aparecimento da Lei n. 13.445, de 24-5-2017):** "O Supremo Tribunal limita-se a analisar a legalidade e a procedência do pedido de extradição (Regimento Interno do Supremo Tribunal Federal, art. 207; Constituição da República, art. 102, I, *g*; e Lei n. 6.815/80,

art. 83): indeferido o pedido, deixa-se de constituir o título jurídico sem o qual o Presidente da República não pode efetivar a extradição; se deferida, a entrega do súdito ao Estado requerente fica a critério discricionário do Presidente da República" (STF, Extr. 1.114-Chile, Rel. Min. Cármen Lúcia, *DJE* de 21-8-2008).

Logo, há precedentes formais. O que não há são situações perfeitamente idênticas à vivida por Cesare Battisti, cujo caso, além de muito complexo, é sobremodo atípico, com fundas consequências e repercussões.

Sem embargo, o Plenário da Corte Excelsa deferiu a extradição de Battisti, e, depois, examinando questão de ordem a partir do voto da Min. Cármen Lúcia, concluiu pela discricionariedade do Presidente da República, posicionamento retificado em 16-12-2009, para excluir o caráter discricionário do ato presidencial da proclamação do resultado do julgamento.

Seja como for, na Extradição 1.085 ("caso Cesare Battisti"), o Supremo, na linha de sua jurisprudência tradicional, deixou para o Chefe do Executivo a tarefa de efetivar, ou não, o ato extraditório.

O que ensejou a questão de ordem foi a discussão sobre a obrigatoriedade da entrega do extraditando, haja vista a sua condição de refugiado, que acabou sendo anulada pelo próprio Supremo.

Aliás, vale ressaltar que questões de ordem, levantadas em processos extradicionais, são discutidas pelos Ministros da Corte informalmente, isto é, de passagem (*obter dictum*), motivo pelo qual não há precedentes formais sobre elas, afinal os Presidentes da República sempre cumpriram as decisões do Supremo Tribunal em matéria de extradição, nunca existindo polêmicas a esse respeito.

Notemos que, ao longo de sua história, o Supremo sempre decidiu pedidos de extradição e jamais foi preciso se definir o alcance do ato presidencial.

Acontece, porém, que o "caso Cesare Batistti" foi completamente heterodoxo, específico, e, sobretudo, com forte conotação política, residindo aí a sua singularidade.

Em primeiro lugar, houve o pedido de extradição. Em segundo, o decreto de prisão. E, em terceiro, o pedido de refúgio.

Quanto ao pedido de refúgio, ele também ocorreu no "caso Glória Trevi". Todavia, o Conare — órgão competente para apreciar tais pedidos — negou o refúgio.

Como avaliar a posição do Supremo no "caso Cesare Battisti"?

Ele converteu o Tribunal em um mero órgão consultivo, renegando o seu papel decisório?

Será que 18-11-2009 pode entrar para a história como o dia em que a maioria dos juízes do Supremo Tribunal Federal, presentes à sessão de julgamento, transferiu para o Presidente da República competência que, a rigor, lhes caberia desempenhar?

Para nós, a sentença do Supremo Tribunal Federal, na **Extradição 1.085** ("caso Cesare Battisti"), foi acertada, pelos seguintes motivos:

- o *quid* do processo extradicional está em verificar o cumprimento das normas constitucionais, legais e convencionais, se existir tratado de extradição com o país requerente. Este papel é desempenhado pelo STF, que apenas exerce o controle sobre a legalidade e a procedência do pedido;

  Extradição 509: "O controle jurisdicional, pelo Excelso Pretório, do pedido de extradição deduzido por Estado estrangeiro, traduz indeclinável exigência de ordem constitucional e poderosa garantia — de que nem mesmo o extraditando pode dispor — contra ações eventualmente arbitrárias do próprio Estado" (STF, Extr. 509, Rel. Min. Celso de Mello, *DJU* de 1º-6-1990). Precedentes: STF, Extr. 314, Rel. Min. Bilac Pinto, *RTJ*, 64:22; STF, HC 52.251, Rel. Min. Luiz Gallotti, *DJU* de 23-8-1974.

- se a extradição for indeferida pela Corte Suprema, o extraditando não poderá ser entregue ao Estado estrangeiro. Mas, se a extradição for deferida, a decisão política acerca de sua execução é do Presidente da República e de mais ninguém;

- compete, privativamente, ao Presidente da República decidir se entrega, ou não, o extraditando ao Estado requerente. É que a Constituição Federal outorgou ao Presidente da República a competência privativa em matéria de relações internacionais (art. 84, VII e VIII); e

- a avaliação que cabe ao Presidente da República é diferente daquela empreendida pelo Supremo Tribunal Federal em tema de extradição. Ora, não cabe ao Presidente proceder a uma

♦ Cap. 13 ♦ DIREITOS E GARANTIAS FUNDAMENTAIS **551**

verificação técnica acerca dos requisitos positivos e negativos, exigidos pela legislação, para se conceder ato extraditório. Quem faz isto é o Supremo Tribunal Federal, no âmbito do controle judiciário do pedido de extradição deduzido por Estado estrangeiro. Insta ao Presidente, tão só, avaliar, politicamente, os fatos, sopesando o grau de perseguição que o estrangeiro irá sofrer, ou não. Esta atividade funda-se, pois, num magistério de índole política, que não cumpre ao Supremo Tribunal Federal desempenhar, sob pena de haver uma burla ao princípio da separação de funções estatais (CF, art. 2º).

✧ 46.10. Expulsão

A *expulsão* não se confunde com a *extradição* nem com a *deportação*:

- **expulsão** — retira-se o estrangeiro, perigoso ou nocivo a um Estado, do território nacional, através de ato espontâneo dele;

    Decreto n. 98.961/90: dispõe sobre a expulsão de estrangeiro condenado por tráfico de entorpecentes.

    Lei n. 13.445, de 24-5-2017: regulamentada pelo Decreto n. 9.199, de 20 de novembro de 2017, instituiu a lei de migração, dispondo, no seu Capítulo V, sobre as medidas de retirada compulsória, dentre as quais a expulsão (arts. 54 a 60).

- **extradição** — incide nos casos em que o agente comete delito no seu território e refugia-se em outro, onde é capturado; e
- **deportação** — o estrangeiro que entrou irregularmente no País, ou nele permaneceu ilegalmente, é convidado a sair, sob pena de ser deportado coativamente. Interessante observar que é a permanência irregular no território brasileiro que motiva o ato deportatório (CF, art. 5º, XV). A deportação normalmente é feita para o país de origem ou de procedência do deportado, ou, ainda, para outro que deseje recebê-lo. Havendo comprovados riscos de permanência do estrangeiro, em virtude de seu alto grau de periculosidade, ele poderá ser expulso.

Curioso observar também que, pela Constituição de 1988, não pode haver deportação nem expulsão de brasileiros, algo que equivaleria à pena de banimento, vedada expressamente (art. 5º, XLVII, *d*).

O dever de respeito à estrita legalidade no decreto de expulsão poderá ser controlado por meio de *habeas corpus*, impetrado perante o Supremo Tribunal Federal.

Nesse sentido: STF, HC 73.940-7-ML/SP, Rel. Min. Maurício Corrêa, *DJ*, 1, de 5-5-2001, p. 4321.

Nesse caso, prepondera a discricionariedade mitigada do Presidente da República. Embora a expulsão seja ato discricionário do Poder Executivo, não se admite ofensa à lei nem falta de fundamentação.

Precedente: STF, HC 72.082-0/RJ, Rel. Min. Francisco Rezek, *DJ*, 1, de 1º-3-1996, p. 5010.

Contra o ato expulsório é possível recurso administrativo, por pedido de reconsideração. Também se admite apelo ao Poder Judiciário. Nesse caso, a intervenção é muito estreita, porque o órgão jurisdicional se limitará ao exame da conformidade do ato com a legislação vigente. Não adentra na conveniência e na oportunidade do ato, circunscrevendo-se à análise de preceitos constitucionais e legais.

Precedentes: STF, *RTJ*, 98:1045; STF, *RTJ*, 110:650.

Sendo a expulsão medida de caráter político-administrativo, está sujeita à avaliação discricionária do Presidente da República.

Precedentes: STF, *RTJ*, 34:438; STF, *RTJ*, 78:362 e STF, *RTJ*, 110:650.

Mesmo assim, o Chefe do Executivo não detém total discricionariedade na edição do ato expulsório, que estará sempre sujeito ao controle jurisdicional para efeito de verificação de sua regularidade formal e de aferição de sua legitimidade jurídico-constitucional.

Nesse sentido: STF, *RTJ*, 95:589.

A expulsão, de acordo com o art. 54, § 1º, I e II, da Lei n. 13.445, de 24-5-2017, poderá ocorrer em virtude de condenação com sentença transitada em julgado relativa à prática de: **(i)** crime de genocídio, crime contra a humanidade, crime de guerra ou crime de agressão, nos termos definidos pelo Estatuto de Roma do Tribunal Penal Internacional, de 1998, promulgado pelo Decreto n. 4.388, de 25 de setembro de 2002; ou **(ii)** crime comum doloso passível de pena privativa de liberdade, consideradas a gravidade e as possibilidades de ressocialização em território nacional. Nesse caso, só o Presidente da República poderá precipitar a efetivação da medida.

Precedente: STF, *RTJ, 107*:169.

O estrangeiro que tenha filho brasileiro, cujo reconhecimento da paternidade foi superveniente ao fato que motivou a expulsão, não está impedido legalmente de efetivá-la.

Precedente: STF, HC 72.726-3, Rel. Min. Ilmar Galvão, *DJ*, 1, de 16-8-1996, p. 28108; STF, HC 74.244-1/SP, Rel. Min. Celso de Mello, *DJ* de 2-8-1986, p. 25802-25803.

Esse reconhecimento também não é motivo legal para revogação da expulsão, que depende sempre do juízo de conveniência do Presidente da República.

Nesse sentido: STF, *RTJ, 138*:785.

Para que o casamento seja requisito de inexpulsabilidade, é necessário que se qualifique como ato revestido de eficácia civil (CF, art. 226, §§ 1º e 2º).

Precedente: STF, HC 74.244-1/SP, Rel. Min. Celso de Mello, *DJ*, 1, de 2-8-1986, p. 25802-25803.

Pela Lei n. 13.445, de 24-5-2017, art.55, I e II, *a, b, c,* não se procederá à expulsão quando: **(i)** a medida configurar extradição inadmitida pela legislação brasileira; e **(ii)** o expulsando: a) tiver filho brasileiro que esteja sob sua guarda ou dependência econômica ou socioafetiva ou tiver pessoa brasileira sob sua tutela; b) tiver cônjuge ou companheiro residente no Brasil, sem discriminação alguma, reconhecido judicial ou legalmente; c) tiver ingressado no Brasil até os 12 (doze) anos de idade, residindo desde então no País; d) for pessoa com mais de 70 (setenta) anos que resida no País há mais de 10 (dez) anos, considerados a gravidade e o fundamento da expulsão.

✧ 46.11. Extradição e expulsão de estrangeiro com cônjuge e filhos brasileiros

Conforme a **Súmula 421 do STF**, "não impede a extradição a circunstância de ser o extraditando casado com brasileira ou ter filho brasileiro".

Casuística (anterior ao advento da Lei n. 13.445, de 24-5-2017):
- **Validade da Súmula 421 do STF** — "Não impede a extradição o fato de o súdito estrangeiro ser casado ou viver em união estável com pessoa de nacionalidade brasileira, ainda que com esta possua filho brasileiro. A Súmula n. 421 do STF revela-se compatível com a vigente Constituição da República, pois, em tema de cooperação internacional na repressão a atos de criminalidade comum, a existência de vínculos conjugais e/ou familiares com pessoas de nacionalidade brasileira não se qualifica como causa obstativa da extradição" (STF, Extr. 839/República Italiana, Rel. Min. Celso de Mello, *Clipping* do *DJ* de 19-3-2004). **No mesmo sentido:** STF, Extr. 560-0/Bélgica, Rel. Min. Moreira Alves, *DJ*, 1, de 17-5-1996, p. 16319; *RTJ, 162*:452, *112*:493, *129*:30 etc.
- **Domicílio no Brasil** — "O fato do extraditando possuir domicílio no Brasil não é causa impeditiva da extradição — Lei n. 6.815/80, art. 77 (STF, Extr. 766, Rel. Min. Nelson Jobim, *DJ* de 10-8-2000).

Quanto à expulsão, não se realizará se o estrangeiro possuir cônjuge brasileiro, cujo matrimônio tenha sido celebrado há mais de cinco anos, sem que tenha havido divórcio ou separação, de fato ou de direito.

Expulsão e interpretação consentânea com o fim visado: "O fato de o nascimento do filho haver ocorrido após os que alicerçaram a expulsão é inidôneo a fulminá-la, quando não comprovada a existência do convívio familiar em data pretérita e o citado nascimento exsurge como resultado

Cap. 13 ◆ DIREITOS E GARANTIAS FUNDAMENTAIS

de busca à criação de obstáculo suficiente à expulsão" (STF, Pleno, HC 71.568-1, Rel. Min. Marco Aurélio, v. u., *DJU* n. 40, de 24-2-1995, p. 3676).

Ademais, não se procederá à expulsão se o estrangeiro tiver filho brasileiro que, comprovadamente, esteja sob sua guarda e dele dependa economicamente. Esse fato impeditivo resultará da comprovação da dependência e efetiva assistência proporcionada pelo estrangeiro à prole brasileira, pois a proteção é dada à família do expulsando e não a ele.

> **Precedentes:** STF, HC 72.082-0/RJ, Rel. Min. Francisco Rezek, *DJ*, 1, de 1º-3-1996, p. 5010; STF, *RTJ*, *160*:921.

✦ 47. DEVIDO PROCESSO LEGAL (ART. 5º, LIV)

Devido processo legal é o reservatório de princípios constitucionais, expressos e implícitos, que limitam a ação dos Poderes Públicos.

> **Definição complexa:** os estudiosos são unânimes em destacar a dificuldade de definir o que seja *devido processo legal*, sob pena de se restringir a pujança de seu alcance. O mais apropriado seria extrair o significado da cláusula a partir de seu uso. Foi o que fizeram os autores americanos, motivo pelo qual não encontramos um esquema definitório de todas as suas potencialidades nos manuais estadunidenses sobre a matéria. **Conferir:** Steven L. Emanuel, *Constitutional law*, p. 148 e s.; Rodney L. Mott, *Due process of law*, 1926; Eduardo Couture, El "debido proceso" como tutela de los derechos humanos, 1956.

Mais do que um princípio, o *devido processo legal* é um *sobreprincípio*, ou seja, fundamento sobre o qual todos os demais direitos fundamentais repousam.

Por seu intermédio, a toda pessoa deverá ser concedido o que lhe é devido.

Daí a Constituição brasileira estatuir que "ninguém será privado da liberdade ou de seus bens sem o devido processo legal" (art. 5º, LIV).

> **Novidade da Constituição de 1988:** o art. 5º, LIV, proveio da Comissão Provisória de Estudos Constitucionais — a "Comissão Afonso Arinos" — por uma proposta do Deputado Vivaldo Barbosa (PDT-RJ). Pouco difundido no Brasil e aplicado no Direito anglo-saxão há séculos, o princípio do *due process of law*, ou do *justo processo*, só a partir da Carta de 1988 veio a consagrar-se explicitamente no Brasil. As constituições passadas trataram da matéria de modo implícito, sem qualquer referência direta à cláusula.

A *ideia*, não a terminologia *devido processo legal*, encontra suas origens no Direito inglês, notadamente na Magna Carta inglesa de 1215, que a rubricou sob o rótulo *lei da terra* (art. 39).

> **Notícia histórica:** pela *lei da terra*, os direitos dos barões e proprietários de glebas, relativos à vida, à propriedade e à liberdade, só poderiam sofrer supressão à luz do *jus consuetudinarium* da época. Era uma forma de o baronato proteger as suas terras contra os abusos da Coroa inglesa. De fato, embora a *Magna Charta Libertatum* do Rei João "Sem Terra", no limiar do século XIII, não tivesse utilizado a locução *due process of law*, o certo é que ela foi empregada no sentido de *law of the land*. E, durante o reinado de Eduardo III, no ano de 1354, o Parlamento inglês editou o *Statute of Westminster of the Liberties of London*, substituindo a expressão *per legem terrae* por *due process of law*. Não se sabe, até hoje, quem propôs a substituição.

Mais tarde, os constitucionalistas estadunidenses usaram a expressão *due process of law*, que se irradiou por todo o mundo.

> **No Brasil:** Adhemar Ferreira Maciel, Due process of law, 1994; Carlos Roberto Siqueira Castro, *O devido processo legal e a razoabilidade das leis na nova Constituição do Brasil*, 1989; Paulo Fernando Silveira, *Devido processo legal*, 1996; Rogério Lauria Tucci e José Rogério Cruz e Tucci, *Devido processo legal e tutela jurisdicional*, 1993; Maria Rosynete Oliveira Lima, *Devido processo legal*, 1999; Danielle Anne Pamplona, *Devido processo legal:* aspecto material, 2004.

554 ◆ Uadi Lammêgo Bulos ◆

✧ 47.1. Funcionamento e importância do devido processo legal

O *devido processo legal* funciona como meio de manutenção dos direitos fundamentais.

Sua importância é enorme, porque impede que as liberdades públicas fiquem ao arbítrio das autoridades executivas, legislativas e judiciais.

Somente no final do século XX os juristas despertaram para a grande importância do *devido processo*. A magistratura, de modo geral, desconhecia-lhe a amplitude, deixando de aplicá-lo, em muitos casos. Não raro, leis ou atos normativos inconstitucionais vigoravam em nítida afronta às liberdades públicas, sem que nada fosse feito para combater tal praxe.

Em nossos dias, o funcionamento do *devido processo legal* pode ser facilmente percebido no confronto entre o interesse privado e o interesse público. Nesse contexto, é dado a qualquer indivíduo invocar a cláusula para tutelar suas prerrogativas.

✧ 47.2. Qual a amplitude do devido processo legal?

Nos Estados Unidos da América, o clássico Thomas Cooley disse que a amplitude do *devido processo legal* abrange a *vida*, a *liberdade* e a *propriedade*, as quais estariam a salvo de toda legislação opressiva ou não razoável. Desse modo, o indivíduo poderia fazer o que quisesse com os seus pertences, mas sem ferir direitos alheios (*The general principles of constitutional law in the United States of America*, p. 279).

Com o advento das Emendas V e XIV à Carta estadunidense de 1787, a Suprema Corte passou a interpretar o *due process of law* com larga visão de sentido, ultrapassando o trinômio *vida*, *liberdade*, *propriedade*.

> **Texto das Emendas V e XIV:**
> * **Emenda V** — "Nenhuma pessoa será privada da vida, liberdade ou propriedade, sem o devido processo legal".
> * **Emenda XIV** — "Nenhum Estado privará qualquer pessoa da vida, liberdade ou propriedade, sem o devido processo legal" (ratificada em 9-7-1868).

No Brasil, além da *vida, liberdade, propriedade*, o devido processo abarca a inviolabilidade à vida, a privacidade, o direito de locomoção, a legalidade, os bens corpóreos e incorpóreos etc.

Embora o constituinte só tenha mencionado, no art. 5º, LIV, a *liberdade* e a *propriedade*, a cláusula em estudo é bem mais ampla, porque os direitos e garantias da Carta de 1988 "não excluem outros decorrentes do regime e dos princípios por ela adotados, ou dos tratados internacionais em que a República Federativa do Brasil seja parte" (CF, art. 5º, § 2º).

O nosso Supremo Tribunal Federal, do mesmo modo que a Corte norte-americana, tem interpretado à cláusula do *devido processo* na sua inteireza, reconhecendo a grandiosidade que lhe é imanente, nos diversos quadrantes da ordem jurídica.

> **Casuística do STF:**
> * **Súmula 70** — "É inadmissível a interdição de estabelecimento como meio coercitivo para cobrança de tributo".
> * **Súmula 323** — "É inadmissível a apreensão de mercadorias como meio coercitivo para pagamento de tributos".
> * **Súmula 547** — "Ao contribuinte em débito, não é lícito à autoridade proibir que adquira estampilhas, despache mercadorias nas alfândegas e exerça suas atividades profissionais".
> * **Súmula 704** — "Não viola as garantias do juiz natural, da ampla defesa e do devido processo legal a atração por continência ou conexão do processo do corréu ao foro por prerrogativa de função de um dos denunciados".
> * **Paridade de armas e devido processo legal** — o Supremo Tribunal Federal concluiu que o tratamento igualitário das partes é a medula do devido processo legal, descabendo, na via interpretativa, afastá-lo, haja vista o princípio da paridade de armas (STF, HC 83.255/SP, Rel. Min. Marco Aurélio, decisão de 5-11-2003, *DJ* de 20-8-2004).
> * **Sanções políticas no Direito Tributário** — "Inadmissibilidade da utilização, pelo poder público, de meios gravosos e indiretos de coerção estatal destinados a compelir o contribuinte inadimplente a pagar o tributo (Súmulas 70, 323 e 547 do STF). Restrições estatais que, fundadas em exigências que transgridem os postulados da razoabilidade e da proporcionalidade em sentido estrito, culminam

◆ Cap. 13 ◆ DIREITOS E GARANTIAS FUNDAMENTAIS   **555**

> por inviabilizar, sem justo fundamento, o exercício, pelo sujeito passivo da obrigação tributária, de atividade econômica ou profissional lícita. Limitações arbitrárias que não podem ser impostas pelo estado ao contribuinte em débito, sob pena de ofensa ao *substantive due process of law*" (STF, RE 374.981, Rel. Min. Celso de Mello, *DJ* de 8-4-2005).
> - **Notificação prévia ao decreto expropriatório** — "É nulo o decreto expropriatório de imóvel rural para fim de reforma agrária, quando o proprietário não tenha sido notificado antes do início dos trabalhos de vistoria, senão no dia em que esses tiveram início, ou quando a notificação, posto que prévia, não lhe haja sido entregue pessoalmente, nem a preposto ou representante seu" (STF, MS 24.417, Rel. Min. Cezar Peluso, *DJ* de 28-10-2004). No mesmo sentido: STF, MS 22.164, *DJ* de 17-11-1995.
> - **Cooperativa. Exclusão de associado. Caráter punitivo** — "Na hipótese de exclusão de associado decorrente de conduta contrária aos estatutos, impõe-se a observância ao devido processo legal, viabilizado o exercício amplo da defesa. Simples desafio do associado à assembleia geral, no que toca à exclusão, não é de molde a atrair adoção de processo sumário" (STF, RE 158.215, Rel. Min. Marco Aurélio, *DJ* de 7-6-1996).
> - **Inconstitucionalidade do cancelamento automático de registro em conselho profissional por inadimplência** — o Plenário do Supremo Tribunal Federal, por unanimidade de votos, declarou a inconstitucionalidade do art. 64 da Lei 5.194/1966, que prevê o cancelamento automático , em razão da inadimplência da anuidade por dois anos consecutivos, do registro nos Conselhos Federal e Regionais de Engenharia, Arquitetura e Agronomia sem prévia manifestação do profissional ou da pessoa jurídica. Tal dispositivo violou os incisos XIII , LIV e LV do art. 5º da Constituição Federal, que tratam, respectivamente, do livre exercício profissional, do devido processo legal, do contraditório e da ampla defesa. Desse modo, a Corte fixou a seguinte tese com repercussão geral: "É inconstitucional o artigo 64 da Lei 5.194/1966, considerada a previsão de cancelamento automático, ante a inadimplência da anuidade por dois anos consecutivos, do registro em conselho profissional, sem prévia manifestação do profissional ou da pessoa jurídica, por violar o devido processo legal" (STF, RE 808424, Rel. Min. Marco Aurélio, j. 19-12-2019).

Na realidade, quem desejar sentir a abrangência do *devido processo* deve perquirir suas faces *material* e *formal*. Ei-las:

- **Devido processo legal material** (*substantive due process of law*) — na vertente substancial, a cláusula em estudo manifesta-se em todos os ramos do Direito, constituindo farto manancial de inspiração para interpretar as liberdades fundamentais. No Direito Privado, por exemplo, é visível sua presença nas relações civis e comerciais. Basta lembrar do princípio da autonomia da vontade, do qual defluem a liberdade de contratar e a de praticar atos jurídicos, observadas as normas de ordem pública e dos bons costumes. Já no Direito Público ele está presente na tutela dos administrados, no controle dos atos administrativos pelo Judiciário, no poder de polícia, no vetor da legalidade etc. Aqui se incluem as garantias constitucionais penais, acima estudadas, em que o devido processo substancial se manifesta de modo eloquente (art. 5º, LVII, LVIII, LXI, LXII, LXIV, LXV, LXVI, LXVII).

- **Devido processo legal formal** (*procedural due process of law*) — equivale, basicamente, ao acesso à Justiça (CF, art. 5º, XXXV). Aqui o *devido processo* é a expressão máxima de o cidadão reivindicar, no Poder Judiciário, seus direitos, de ter aquilo que os americanos chamam de *his day in Court*. Nesse sentido, a cláusula compreende: (**i**) o direito de ingressar em juízo para tomar conhecimento do teor de uma acusação; (**ii**) o exame imparcial de litígios pelo Judiciário; (**iii**) o direito de sustentação oral nos tribunais; (**iv**) a certeza da aplicação do contraditório e da igualdade das partes; (**v**) o direito de notificação prévia nos procedimentos administrativos e judiciais; (**vi**) a proibição de medidas abusivas e ilegais, contrárias às liberdades públicas; (**vii**) o privilégio contra a autoincriminação; e (**viii**) a preservação de todas as garantias que instrumentalizam direitos, a exemplo do mandado de segurança, *habeas corpus*, ação popular, ação civil pública, *habeas data*, mandado de injunção e ações coletivas.

✧ 47.3. Princípios constitucionais derivados do devido processo legal

Há um fundo de verdade na assertiva de que o *devido processo legal* é uma *garantia inominada*, pois o seu conteúdo é amplo, abarcando uma plêiade de princípios a ele conexos.

558 ◆ Uadi Lammêgo Bulos ◆

taxativamente na Constituição, e só a emenda constitucional poderia ampliar" (STF, Pleno, RHC 79785/RJ, Rel. Min. Sepúlveda Pertence).

Também não há motivos para exageros interpretativos, a ponto de se vislumbrar inconstitucionalidades em certas leis que restringem o cabimento de recursos sob a tese de que se estaria violando o duplo grau de jurisdição.

Evidente que existem medidas legislativas que devem ser vistas com moderação, porque fazem parte de uma necessidade social, algo que suplanta o formalismo exacerbado.

É o caso da Lei n. 9.099/95, que trata dos Juizados Especiais Cíveis e Criminais. Inexiste qualquer violação ao pórtico do duplo grau pelo fato de o legislador não falar em "apelação" para o segundo grau de jurisdição (art. 41). Tal medida de celeridade processual em nada vulnera a Carta de Outubro. Também não há qualquer inconstitucionalidade quanto à Lei de Execução Fiscal, que não admite "apelação" quando o valor da causa for inferior a 50 OTNs (art. 34, *caput*).

Na realidade, o duplo grau pode ser invocado com prudência e moderação, observadas as particularidades do caso *sub judice*.

Exemplo: se a sentença concessiva de mandado de segurança for provisória, o *writ* ficará sujeito ao duplo grau de jurisdição (Lei n. 12.016/2009, art.14, § 1º).

Outro exemplo: se for cassada a decisão do júri, também incidirá o duplo grau de jurisdição.

> **Precedentes:** STF, HC 68.219-7/MG, *DJU* de 18-10-1990, p. 11487; STJ, *JSTJ*, 7:211; STF, *RT, 636*: 279 e STF, *RT, 644*:353.

b) Princípio da razoabilidade

O *princípio da razoabilidade, proporcionalidade* ou *proibição de excesso* é o vetor por meio do qual o intérprete busca a adequação, a racionalidade, a idoneidade, a logicidade, o bom senso, a prudência e a moderação no ato de compreender os textos normativos, eliminando o arbítrio e o abuso de poder.

> **Terminologia:** os americanos usam o qualificativo *razoabilidade*; os alemães, *proporcionalidade*; os europeus, *proibição de excesso*. Todos esses termos são apropriados, pois computam ideia de *prudência, sensatez, bom senso, equilíbrio*. Isso é o que interessa.

Trata-se de um mecanismo de controle da discricionariedade administrativa e legislativa, permitindo ao Judiciário invalidar as ações abusivas ou destemperadas dos administradores e dos legisladores.

O princípio implícito da razoabilidade integra o Direito Constitucional brasileiro, dessumindo-se do devido processo legal material (art. 5º, LIV) e do vetor que assegura o Estado Democrático de Direito (art. 1º, *caput*).

> **Tentativas para explicitar a razoabilidade:** durante os trabalhos da Assembleia Nacional Constituinte, o princípio da razoabilidade chegou a constar em diferentes projetos, notadamente aquele aprovado pela Comissão de Sistematização: "Art. 44. A administração pública, direta ou indireta, de qualquer dos Poderes, obedecerá aos princípios da legalidade, impessoalidade, moralidade e publicidade, exigindo-se, como condição de validade dos atos administrativos, a motivação suficiente e, como requisito de sua legitimidade, a razoabilidade". Quando da redação definitiva do Texto de 1988, os constituintes excluíram a alusão expressa à diretriz da razoabilidade. Contudo, juízes e tribunais a têm invocado. Registre-se que a Carta do Estado de São Paulo a previu expressamente (art. 11). A Lei n. 9.784, de 29-1-1999, também a consagrou (art. 2º, parágrafo único, VI). Em Portugal a *proibição de excesso* é mandamento constitucional explícito (art. 18º, 2).

O princípio da razoabilidade permite ao Judiciário invalidar atos legislativos ou administrativos, desde que se observe o seguinte:

- **adequabilidade dos meios aos fins** — o juiz deve verificar se os atos praticados pelo Poder Público foram capazes de atingir os objetivos pretendidos, dentro das balizas constitucionais, legais e morais;
- **proibição de excessos** — o juiz também deve perquirir se as condutas públicas afiguraram-se gravosas ou benéficas aos direitos humanos fundamentais, evitando, pois, excessos ou exageros que descambem para o arbítrio;

♦ Cap. 13 ♦ DIREITOS E GARANTIAS FUNDAMENTAIS **559**

- **proporcionalidade em sentido estrito** — o juiz deve ponderar o ônus imposto e o benefício resultante dos atos praticados pelo Poder Público; só assim será possível adentrar nas áreas ligadas às liberdades públicas, que, em regra, não são absolutas, mas relativas, devendo ser interpretadas à luz das exigências do fato social; e
- **necessidade de graduação normativa** — o juiz deve sopesar os bens jurídicos conflitantes, envolvidos na disputa de interesses, de modo a dar preponderância à norma que melhor produzir o resultado justo e desejado para as partes.

Como se pode observar, a aplicabilidade do princípio da razoabilidade jamais significa um abandono aos limites impostos pelo ordenamento jurídico. Apenas permite ao Poder Judiciário invalidar exigências injustificadas, mediante uma exegese aberta e construtiva da lei, proporcionando às partes o melhor resultado possível.

É nesse sentido que a jurisprudência do Supremo Tribunal Federal tem aplicado o princípio nos mais diversos quadrantes da experiência jurídica, liberando o excessivo apego ao dogmatismo para ceder lugar ao equilíbrio e à ponderação, empreendendo, assim, o controle judicial da discricionariedade dos atos do Poder Público.

> **Precedentes:** STF, Pleno, ADIn 1.976/DF, Rel. Min. Moreira Alves, ainda não publicado (**devido processo legislativo**); STF, Pleno, ADIn 1.407-MC/DF, Rel. Min. Celso de Mello, j. em 7-3-1996, *DJ* de 24-11-2000 (**matéria eleitoral**); STF, Pleno, ADIn 1.076/DF, Rel. Min. Sepúlveda Pertence (**contribuições de entidades de classe**); STF, 2ª T., RE 140.889/MS, Rel. p/ acórdão Min. Maurício Corrêa, j. em 30-5-2000, *DJ* de 15-12-2000 (**concurso público**); STF, 1ª T., AgRg 189.765/SP, Rel. Min. Sydney Sanches, j. em 29-9-1998, *DJ* de 4-6-1999 (**processos civil e trabalhista**); STF, Pleno, ADIn 2.280-MC/RS, Rel. Min. Moreira Alves, j. em 28-9-2000, *DJ* de 12-12-2000 (**processo cautelar**).

A primeira vez que a *razoabilidade* foi mencionada no Pretório Excelso foi em 1953, quando o Ministro Orozimbo Nonato, ao relatar matéria pertinente ao direito de propriedade, consignou-a em termos válidos ainda hoje.

> **Precedente:** STF, RE 18.331, Rel. Min. Orozimbo Nonato, *RF*, *145*:164, 1953.

Na vigência da Constituição de 1988, o uso do princípio da razoabilidade intensificou-se.

Além do Supremo Tribunal Federal, juízes e tribunais passaram a invocá-lo, pois, como concluiu o Superior Tribunal de Justiça, "o Poder Judiciário não se poderia furtar à declaração de nulidade de absurdos evidentes" (STJ, REsp 21.923-5/MG, Rel. Min. Humberto Gomes de Barros).

c) *Princípios do juiz e do promotor natural (art. 5º, XXXVII e LIII)*

Ao proclamar que inexiste juízo ou tribunal de exceção (art. 5º, XXXVII) e que ninguém será processado nem sentenciado senão pela autoridade competente (art. 5º, LIII), o constituinte consagrou os princípios do juiz e do promotor natural.

Tais princípios são aplicáveis aos processos civil, penal e administrativo, porque objetivam armar o cidadão contra o arbítrio das autoridades investidas de poder decisório.

Vejamos, em primeiro lugar, o **princípio do juiz natural**.

Também chamado de *princípio do juiz legal, juiz constitucional* ou *juiz competente*, é aquele que assegura a todo cidadão uma autoridade jurisdicional para apreciar suas controvérsias.

> **Inconstitucionalidade do "juiz sem rosto":** é inconstitucional qualquer proposta de emenda tendente a instituir, no Brasil, a figura do *juiz sem rosto*, pela qual não se pode identificar a pessoa ou o órgão julgador. Aliás, a Corte Internacional de Direitos Humanos rechaçou a iniciativa do governo peruano em consagrá-la. O essencial é dar ao magistrado as condições para exercer o seu *munus* com liberdade, independência e imparcialidade. Nada justifica omitir nomes de membros do Judiciário ao longo da tramitação dos processos, sob pena de converter o primado do juiz natural em um ditame sem qualquer efetividade.

560 ◆ Uadi Lammêgo Bulos ◆

Trata-se, pois, do juiz *pré-constituído* por lei, ou seja, constituído antes de o fato ser julgado, para garantir a imparcialidade do magistrado, que não deve saber, de antemão, a causa que lhe será afeta.

> **Projeção político-jurídica do juiz natural:** "O postulado do juiz natural, em sua projeção político--jurídica, reveste-se de dupla função instrumental, pois, enquanto garantia indisponível, tem, por titular, qualquer pessoa exposta, em juízo criminal, à ação persecutória do Estado, e, enquanto limitação insuperável, representa fator de restrição que incide sobre os órgãos do poder estatal incumbidos de promover, judicialmente, a repressão criminal" (STF, HC 81.963, Rel. Min. Celso de Mello, *DJ* de 28-10-2004). **No mesmo sentido:** STF, HC 79.865, *DJ* de 6-4-2001.

Graças ao princípio do juiz natural, vedam-se juízos ou tribunais de exceção, porque tal primado é consectário: **(i)** do devido processo legal; **(ii)** da legalidade; **(iii)** do Estado Democrático de Direito; **(iv)** da igualdade; e **(v)** do acesso à Justiça.

> **Câmara de tribunal de justiça composta por juízes de 1º grau:** por maioria de votos, a Primeira Turma do STF decidiu que não viola o princípio do juiz natural o julgamento de apelação por órgão colegiado presidido por desembargador, sendo os demais integrantes juízes convocados (STF, HC 101.473/SP, rel. orig. Min. Marco Aurélio, red. p/ o acórdão Min. Roberto Barroso, j. 16-2-2016).

Assim, a proibição desses tribunais é um dos objetivos do princípio em epígrafe. Significa que o cidadão tem o direito de ser julgado por um órgão autenticamente jurisdicional, observando-se, ainda, o seguinte:

* **preservação das garantias da magistratura** — independência político-econômica, vitaliciedade, inamovibilidade, irredutibilidade de subsídios; e

> **Substituição de juízes:** "O princípio da naturalidade do Juízo, que traduz significativa conquista do processo penal liberal, essencialmente fundado em bases democráticas, atua como fator de limitação dos poderes persecutórios do Estado e representa importante garantia de imparcialidade dos juízes e tribunais. Nesse contexto, o mecanismo das substituições dos juízes traduz aspecto dos mais delicados nas relações entre o Estado, no exercício de sua atividade persecutória, e o indivíduo, na sua condição de imputado nos processos penais condenatórios" (STF, HC 69.601, Rel. Min. Celso de Mello, *DJ* de 18-12-1992).

* **proibição dos julgamentos de encomenda** — vedam-se julgamentos realizados por tribunais extraordinários, constituídos após os fatos, que exorbitam da competência que a Constituição reservou para os membros do Poder Judiciário.

> **Casuística do STF:**
> * **Vedação a juízos *ad hoc*** — "O postulado do juiz natural, por encerrar uma expressiva garantia de ordem constitucional, limita, de modo subordinante, os poderes do Estado — que fica, assim, impossibilitado de instituir juízos *ad hoc* ou de criar tribunais de exceção, ao mesmo tempo em que assegura, ao acusado, o direito ao processo perante autoridade competente abstratamente designada na forma da lei anterior, vedados, em consequência, os juízos *ex post facto*" (STF, AgI 177.313-AgRg, Rel. Min. Celso de Mello, *DJ* de 17-5-1996).
> * **Procedimentos penais-persecutórios** — "Qualquer tentativa de submeter os réus civis a procedimentos penais-persecutórios instaurados perante órgãos da Justiça Militar estadual representa, no contexto de nosso sistema jurídico, clara violação ao princípio constitucional do juiz natural (CF, art. 5º, LIII)" (STF, HC 70.604, Rel. Min. Celso de Mello, *DJ* de 1º-7-1994).

O princípio do juiz natural também se aplica aos órgãos que exercem o poder de julgar, mesmo postando-se fora do Judiciário, como é o caso do Senado Federal, nos casos de *impeachment* do Presidente da República.

Em contrapartida, não ofendem o primado em estudo:

* a Justiça especializada e os tribunais de ética, cujas decisões podem ser revistas pelo Poder Judiciário;

♦ Cap. 13 ♦ DIREITOS E GARANTIAS FUNDAMENTAIS **561**

Juiz natural e Tribunal do Júri: "Não são incompatíveis com a Constituição anterior, nem com a de 1988, e também não ensejam a formação de um tribunal de exceção" (STF, HC 67.851, Rel. Min. Sydney Sanches, *DJ* de 18-5-1990).

* a prerrogativa de foro prevista no ordenamento (exemplos: CF, art. 52, I; CPC de 2015, art. 53, I e II);

    Súmula 704 do STF: "Não viola as garantias do juiz natural, da ampla defesa e do devido processo legal a atração por continência ou conexão do processo do corréu ao foro por prerrogativa de função de um dos denunciados".

* o foro de eleição (foros constituídos mediante pactos de vontade em matéria de competência relativa); e

    Recebimento, por magistrado de primeira instância, de denúncia contra deputado federal: "Usurpação da competência penal originária do Supremo Tribunal Federal — nulidade — reclamação que se julga procedente. O respeito ao princípio do juiz natural — que se impõe à observância dos órgãos do Poder Judiciário — traduz indisponível garantia constitucional outorgada a qualquer acusado, em sede penal" (STF, Recl. 1.861, Rel. Min. Celso de Mello, *DJ* de 21-6-2002).

* o juízo arbitral (Lei n. 9.307/96).

Estudaremos, agora, o **princípio do promotor natural**, amplamente reconhecido pelo Supremo Tribunal Federal e pelo Superior Tribunal de Justiça.

    Reconhecimento jurisprudencial:
    * STF — a Corte Excelsa reconheceu, expressamente, o princípio do promotor natural na ordem jurídica brasileira, nada obstante as seguintes divergências: necessidade da *interpositio legislatoris* para efeito da atuação do princípio (Min. Celso de Mello); incidência do postulado sem necessidade de lei (Mins. Sepúlveda Pertence, Marco Aurélio e Carlos Velloso), instituição do vetor só mediante lei (Min. Sydney Sanches); rejeição à existência do princípio (Mins. Moreira Alves, Octavio Gallotti, Néri da Silveira e Paulo Brossard). Não votaram os Ministros Francisco Rezek e Ilmar Galvão (STF, HC 67.759, Rel. Min. Celso de Mello, j. em 6-8-1992, *DJU* de 1º-7-1993, p. 13143).
    * STJ — admitiu a existência expressa do princípio do promotor natural no Brasil. Registre-se, contudo, a posição contrária do Ministro Adhemar Ferreira Maciel, que enfatizou a necessidade de lei formal para regulamentá-lo (STJ, *RSTJ*, 39:461).

Pelo princípio do promotor natural é a lei que deve estabelecer, previamente, as atribuições do Ministério Público.

Não mais são admissíveis os cargos genéricos; todos eles devem ser fixos, com a esfera de competência prevista na legislação.

    Avanço da Carta de Outubro: o constituinte de 1988 foi abrangente ao disciplinar o *princípio do promotor natural* (art. 5º, XXXVII e LIII). Nas constituições passadas, o pórtico resumia-se em vedar foros privilegiados e tribunais de exceção.

Busca-se, assim, propiciar ao acusado o direito de ter o seu caso examinado por um órgão livre e independente, à luz da legalidade (CF, art. 5º, II).

Disso deflui o objetivo do promotor natural: abolir os procedimentos de ofício, eliminando a acusação privada e extirpando o *acusador público de encomenda*, escolhido pelo procurador-geral de justiça.

Realmente, o princípio do promotor natural execra as designações casuísticas e violadoras das liberdades públicas, realizadas pelo procurador-geral de justiça.

Procura-se, com esse princípio, repelir a figura do *acusador de exceção*, protegendo o cidadão, e, ao mesmo tempo, garantir aos membros do Ministério Público o exercício independente e imparcial de suas funções, de sorte que não cedam a pressões políticas.

A base constitucional do princípio do promotor natural sedimenta-se, pois, nas cláusulas de independência funcional e inamovibilidade dos membros do Ministério Público, impedindo que o chefe da Instituição encarne o seu papel como um déspota, dotado de poder incontrastável.

São pressupostos para a aferição do princípio do promotor natural:

- investidura no cargo de membro do Ministério Público;
- existência de órgão de execução;
- lotação por titularidade e inamovibilidade do membro do Ministério Público no órgão de execução, ressalvadas as hipóteses legais de substituição e remoção; e
- definição em lei das atribuições do órgão (Lei n. 8.625/93).

d) Princípios do contraditório e da ampla defesa (art. 5º, LV)

Preceitua o art. 5º, LV, da Carta Magna: "aos litigantes, em processo judicial ou administrativo, e aos acusados em geral são assegurados o contraditório e ampla defesa, com os meios e recursos a ela inerentes".

Eis a consagração explícita dos princípios do contraditório e da ampla defesa, os quais se dirigem, indistintamente, aos **acusados em geral**.

> **Acusados em geral — abrangência:** embora o art. 5º, LV, fale em *acusados em geral*, não podemos entender a expressão restritivamente, de sorte que só abarque os *réus (imputados)*. A exegese do preceptivo deve abranger, também, os *indiciados* e as *testemunhas*. **Nesse sentido:** STF, HC 77.135/SP, Rel. Min. Ilmar Galvão, j. em 8-9-1998; STF, HC 75.244-8/DF, Rel. Min. Sepúlveda Pertence, j. em 26-4-1999; STF, HC 75.527, Rel. Min. Moreira Alves, j. em 17-6-1997; STF, HC 68.929, Rel. Min. Celso de Mello, j. em 22-10-1991.

Contraditório — ensinou Joaquim Canuto Mendes de Almeida — é "a ciência bilateral dos atos e termos processuais e a possibilidade de contrariá-los" (*Princípios fundamentais de processo penal*, p. 81).

> **Direito Comparado:** os autores estrangeiros também aderem a essa linha de raciocínio. Sergio La China, aí incluído, vislumbra no contraditório, de um lado, a necessária informação às partes e, de outro, a possível reação aos atos desfavoráveis (*L'esecuzione forzata e le disposizioni generali del Codice di Procedura Civile*, p. 394).

Dois são os elementos da noção universal de *contraditório*:

- bilateralidade; e
- possibilidade de reação.

O conteúdo do princípio constitucional do contraditório é sobejamente claro: garantir aos litigantes o direito de ação e o direito de defesa, respeitando-se a igualdade das partes. Por isso, todos aqueles que tiverem alguma pretensão a ser deduzida em juízo podem invocá-lo em seu favor, seja pessoa física, seja pessoa jurídica.

Autores, réus, litisdenunciados, oponentes, chamados ao processo, assistentes litisconsorciais ou simples, Ministério Público também poderão valer-se do vetor enunciado pela Constituição.

A grandiosidade do princípio do contraditório na Carta de 1988 visa satisfazer, de um lado, a necessidade de levar aos interessados o conhecimento da existência do processo, e, de outro, ensejar a possibilidade de as partes defenderem-se daquilo que lhes for desfavorável.

> - **Interrogatório judicial como meio de defesa. Essência do princípio do contraditório. Último ato da instrução processual penal (CPP, art. 400)** — "Em sede de persecução penal, o interrogatório judicial — notadamente após o advento da Lei n. 10.792/2003 — qualifica-se como ato de defesa do réu, que, além de não ser obrigado a responder a qualquer indagação feita pelo magistrado processante, também não pode sofrer qualquer restrição em sua esfera jurídica em virtude do exercício, sempre legítimo, dessa especial prerrogativa. A norma inscrita no art. 400 do CPP — que define o interrogatório judicial do réu como o último ato da instrução processual penal — aplica-se aos procedimentos penais em geral, inclusive àqueles disciplinados por legislação especial (como, p. ex., a Lei de Drogas). Doutrina. Precedentes. — A estrita observância das formas processuais — que exprimem, no plano do processo penal condenatório, a fórmula de salvaguarda da liberdade individual — representa, no contexto do ordenamento positivo brasileiro, a certeza de respeito aos direitos, prerrogativas e garantias que o

♦ Cap. 13 ♦ DIREITOS E GARANTIAS FUNDAMENTAIS 563

sistema normativo confere a qualquer pessoa sob persecução criminal. — A submissão de uma pessoa à jurisdição penal do Estado coloca em evidência a relação de polaridade conflitante que se estabelece entre a pretensão punitiva do Poder Público e o resguardo da intangibilidade do *jus libertatis* titularizado pelo réu. — O processo penal condenatório não é um instrumento de arbítrio do Estado. Ele representa, antes, um poderoso meio de contenção e de delimitação dos poderes de que dispõem os órgãos incumbidos da persecução penal. Ao delinear um círculo de proteção em torno da pessoa do réu — que jamais se presume culpado, até que sobrevenha irrecorrível sentença condenatória –, o processo penal revela-se instrumento que inibe a opressão judicial e que, condicionado por parâmetros ético-jurídicos, impõe ao órgão acusador o ônus integral da prova quanto ao fato constitutivo do pedido, ao mesmo tempo em que faculta ao acusado, que jamais necessita demonstrar a sua inocência, o direito de defender-se e de questionar, criticamente, sob a égide do contraditório, todos os elementos probatórios produzidos pelo Ministério Público. — O processo penal constitui instrumento de salvaguarda e de preservação da liberdade jurídica daquele contra quem se instaurou a persecução criminal, cuja prática somente se legitima — considerado o princípio da liberdade — dentro de um círculo intransponível e predeterminado que delimita os poderes do Estado e que traduz emanação direta do próprio texto da Constituição da República"(STF, HC n. 162.650/SP, Rel. Min. Celso de Mello, j. 21-11-2019).

Curioso observar que, nos textos constitucionais pregressos, o princípio do contraditório não alcançava, de modo expresso, os processos civil e administrativo. Apenas em relação ao processo penal a garantia vinha prevista. A partir de 1988, a inovação foi profunda e muito significativa, porque ampliou a abrangência do contraditório. Agora ele abarca, além do processo penal, o civil e o administrativo.

Processo administrativo — Nulidade de citação por edital: por ofensa ao art. 5º, LV, da CF/88, o Supremo anulou processo administrativo disciplinar, afastando a validade da citação feita por edital. A Corte não aceitou as alegações de que o recorrente tomara ciência do processo disciplinar no momento em que se submetera ao exame médico, pouco importando as tentativas de notificá-lo no local de trabalho. Entendeu o Supremo que a Administração não diligenciara na citação pessoal do recorrente, cujo domicílio era conhecido, não tendo sido assegurado ao mesmo o exercício da ampla defesa, nem mesmo a oportunidade para demonstrar a inexistência do *animus abandonandi*, que seria desenvolvido na fase probatória do procedimento disciplinar (STF, RE 266.397/PR, Rel. Min. Sepúlveda Pertence, j. 9-3-2004. No mesmo sentido: STF, MS 22.100/RJ; STF, RE 171.664/SP; STF, RE 170.905/MG; STF, RMS 14.661/PR).

E o que é **princípio da ampla defesa**?

Princípio da ampla defesa é o que fornece aos *acusados em geral* o amparo necessário para que levem ao processo civil, criminal ou administrativo os argumentos necessários para esclarecer a verdade, ou, se for o caso, faculta-lhes calar-se, não produzindo provas contra si mesmos.

Casuística do STF:

- **Ninguém pode ser constrangido a confessar delitos** — "Qualquer indivíduo que figure como objeto de procedimentos investigatórios policiais ou que ostente, em juízo penal, a condição jurídica de imputado, tem, dentre as várias prerrogativas que lhe são constitucionalmente asseguradas, o direito de permanecer calado. *Nemo tenetur se detegere.* O direito de permanecer em silêncio insere-se no alcance concreto da cláusula constitucional do devido processo legal. E nesse direito ao silêncio inclui-se, até mesmo por implicitude, a prerrogativa processual de o acusado negar, ainda que falsamente, perante a autoridade policial ou judicial, a prática da infração penal" (STF, 1ª T., HC 68.929/SP, Rel. Min. Celso de Mello, decisão de 22-10-1991, *RTJ, 141(2)*:512, *Ementário de Jurisprudência* n. 1672-2, p. 270, *DJ*, 1, de 28-8-1992, p. 13453).

- **Autoaplicabilidade da ampla defesa** — "A garantia constitucional da ampla defesa (CF, art. 5º, LV) tem, por força direta da Constituição, um conteúdo mínimo essencial, que independe da interpretação da lei ordinária que a discipline (STF, 1ª T., RE 255.397, Rel. Min. Sepúlveda Pertence, *DJ* de 7-5-2004). No mesmo sentido: STF, RE 427.339/GO, Rel. Min. Sepúlveda Pertence, *Clipping do DJ* de 12-8-2005).

- **Jurisprudência do STF sobre presença de réu em audiência** — por força da ampla defesa, o acusado, mesmo preso, tem o direito de comparecer, de assistir e de presenciar, sob pena de nulidade absoluta, todos os atos processuais (STF, HC 111.728/SP, Rel. Min. Cármen Lúcia, j. 19-2-2013).

- **É constitucional a suspensão imediata do direito de dirigir por excesso de velocidade superior a 50%** — o Supremo Tribunal Federal, por maioria de votos, e em sua composição plenária, declarou a constitucionalidade do trecho do art. 218, inciso III, do Código de Trânsito Brasileiro, que contempla a suspensão imediata do direito de dirigir e a apreensão do documento de habilitação do motorista flagrado em velocidade superior em mais de 50% da máxima permitida para a via. Tal medida em nada fere o contraditório e nem a ampla defesa. Trata-se de providência salutar ao direito à vida, sendo que tais medidas têm evidente natureza acautelatória. São providências administrativas que visam assegurar a eficiência da fiscalização de trânsito em casos de flagrante de prática de ato classificado como de gravíssimo risco para a segurança pública (STF, ADI 3951, Rel. Min. Marco Aurélio, j. 29-5-2020).

Trata-se de um corolário do *contraditório*. Um existe em função do outro. Do mesmo modo que não podemos segregar os dedos das mãos, a ampla defesa não pode ser separada do contraditório, e vice-versa.

> **Sobre o tema:** Odete Medauar, *A processualidade no direito administrativo*, p. 97; Antonio Scarance Fernandes, *Processo penal constitucional*, p. 248-251; Luigi Paolo Comoglio, *La garanzia costituzionale dell'azione ed il processo civile*, p. 140.

Essa regra, contudo, nem sempre é absoluta.

No campo do inquérito parlamentar, a ampla defesa pode existir sem o contraditório, como decorrência da própria natureza *sui generis* das comissões parlamentares de inquérito.

> **Para maiores esclarecimentos:** Uadi Lammêgo Bulos, *Comissão parlamentar de inquérito:* técnica e prática, p. 257-261.

Seja como for, insere-se no princípio constitucional da ampla defesa a chamada *defesa técnica* — aquela exercida pela atuação profissional de um advogado.

Chama-se *defesa técnica* a defesa necessária, indeclinável, plena e efetiva.

> **Defesa temerária — nulidade do processo:** "Ante a evidência da responsabilidade do acusado, a postulação no vazio da absolvição pode configurar temeridade tática da defesa, da qual será lícito ao defensor furtar-se, de modo a resguardar a credibilidade da pretensão de uma penalidade menos rigorosa. Essa opção tática do defensor não ultrapassa os limites de sua discricionariedade no exercício do mister e não basta à caracterização de ausência de defesa, de modo a viciar de nulidade o processo" (STF, RE 205.260, Rel. Min. Sepúlveda Pertence, *DJ* de 4-2-2005).

Além de ser um direito, a *defesa técnica* é, também, uma garantia, porque tem por escopo atingir uma solução justa.

A *defesa técnica* deve estar presente durante todo o desenrolar da *informatio delicti*.

> **Casuística do STF:**
> - **Súmula 523** — "No processo penal, a falta da defesa constitui nulidade absoluta, mas a sua deficiência só o anulará se houver prova de prejuízo para o réu".
> - **Direito de presença do réu na audiência e ampla defesa** — "Assiste, ao réu preso, sob pena de nulidade absoluta, o direito de comparecer, mediante requisição do Poder Judiciário, à audiência de instrução processual em que serão inquiridas testemunhas arroladas pelo Ministério Público. Esse entendimento, embora minoritário neste Tribunal, tem por suporte o reconhecimento — fundado na natureza dialógica do processo penal acusatório, impregnado, em sua estrutura formal, de caráter essencialmente democrático (...). O direito de audiência, de um lado, e o direito de presença do réu, de outro, esteja ele preso ou não, traduzem prerrogativas jurídicas que derivam da garantia constitucional do *due process of law* e que asseguram, por isso mesmo, ao acusado, o direito de comparecer aos atos processuais a serem realizados perante o juízo processante, ainda que situado este em local diverso daquele em que esteja custodiado o réu (...). Não constitui demasia assinalar, neste ponto, analisada a função defensiva sob uma perspectiva global, que o direito de presença do réu na audiência de instrução penal, especialmente quando preso, além de traduzir expressão concreta do direito de defesa (mais especificamente da prerrogativa de autodefesa), também encontra suporte legitimador em convenções internacionais que proclamam a essencialidade dessa franquia processual" (STF, HC 86.634-MC/RJ, Rel. Min. Celso de Mello, decisão de 12-9-2005).

Não se trata de simples assistência passiva, pois essa prerrogativa está lastreada na própria Constituição da República, quando considera o advogado indispensável à administração da Justiça (art. 133).

Porém, se a *defesa técnica* for insuficiente, incorreta, desidiosa por parte do advogado, deve-se anular o feito e nomear outro defensor.

♦ Cap. 13 ♦ DIREITOS E GARANTIAS FUNDAMENTAIS

565

Indispensabilidade de defesa técnica: Vittorio Grevi relata-nos um interessante episódio ocorrido na Itália. Conta que um terrorista recusou defesa técnica, levando os juristas italianos a repudiar sua atitude, dada a *indispensabilidade* do instituto. Grevi menciona, também, que no Direito norte-americano existe a possibilidade de tal defesa ser dispensada em certas circunstâncias, como no caso de a inteligência e a maturidade do acusado não terem comprometido a *fairness* do processo (Rifiuto del difensore e inviolabilità della difesa, in *Il problema dell'autodifesa nel processo penale*, p. 1-38).

Por fim, o Supremo Tribunal Federal editou a **Súmula vinculante n. 5**: "A falta de defesa técnica por advogado no processo administrativo disciplinar não ofende a Constituição".

d.1) Interrogatório por videoconferência

O Supremo considerou **inconstitucional o interrogatório *on line*, feito por videoconferência ou teleaudiência em *real time*** (STF, HC 88.914, Rel. Min. Cezar Peluso, *DJ* de 5-10-2007), enquanto o Superior Tribunal de Justiça reconheceu, na espécie, **cerceamento de defesa** (STJ, RHC 15.558, Rel. Min. José Arnaldo da Fonseca, *DJ* de 11-10-2004).

E, ao votar, no **HC 88.914**, advertiu o Ministro Peluso:

> "Não fujo à realidade para reconhecer que, por política criminal, diversos países — Itália, França, Espanha, só para citar alguns — adotam o uso da videoconferência — sistema de comunicação interativo que transmite simultaneamente imagem, som e dados, em tempo real, permitindo que um mesmo ato seja realizado em lugares distintos — na práxis judicial. É certo, todavia, que, aí, o uso desse meio é previsto em lei, segundo circunstâncias limitadas e decisão devidamente fundamentada, em cujas razões não entra a comodidade do juízo. Ainda assim, o uso da videoconferência é considerado 'mal necessário', devendo ser empregado com extrema cautela e rigorosa análise dos requisitos legais que o autorizam".

No julgamento do **HC 90.900**, o Supremo, por maioria de votos, concedeu o remédio heroico e declarou incidentalmente a **inconstitucionalidade formal da Lei paulista n. 11.819/2005**, vencidos, parcialmente, os Ministros Marco Aurélio e Carlos Britto, que vislumbravam, também, a inconstitucionalidade material da referida lei (STF, HC 90.900/SP, Rel. p/acórdão Min. Menezes Direito, j. em 30-10-2008).

Mas o Supremo não entrou no mérito do assunto, ou seja, se o interrogatório por videoconferência é, por si só, inconstitucional.

Em síntese, duas foram as teses levantadas no julgamento do **HC 90.900**:

- **tese da constitucionalidade da lei estadual** — foi a **tese perdedora**, defendida pela Ministra Ellen Gracie. Para Sua Excelência, seria possível a realização de interrogatório por videoconferência, pois o tema, a seu ver, envolve procedimento, e não processo penal. Logo, não teria óbice para o Estado de São Paulo legislar sobre o assunto, nos termos do art. 24, XI, da Carta Magna. Também não haveria, no seu entendimento, qualquer inconstitucionalidade material, tendo em vista que o procedimento instituído pela norma paulista preservou todos os direitos e garantias fundamentais, inclusive a ampla defesa e o devido processo legal; e
- **tese da inconstitucionalidade da lei estadual** — foi a **tese vitoriosa**, sustentada pelo Ministro Menezes Direito. A seu ver, a lei estadual violou, flagrantemente, a disciplina do art. 22, I, da Constituição da República. Trata-se, na espécie, de processo, e não de procedimento. Basta ver que o art. 185 do Código de Processo Penal o regulamenta. Sendo matéria processual, compete à União legislar sobre ela, e não o legislador estadual. Portanto, apenas o Congresso Nacional, e mais ninguém, pode editar normatividade sobre interrogatório por videoconferência.

Uma semana depois do julgamento do **HC 90.900**, o Supremo Tribunal, **por unanimidade de votos**, reafirmou a inconstitucionalidade formal dos interrogatórios por videoconferência e deferiu pedido de *habeas corpus*, expedindo, de imediato, o alvará de soltura. Segundo o relator, Ministro Carlos Britto, o uso de videoconferência, para ouvir réu, afronta várias garantias constitucionais, como a ampla

566 ◆ Uadi Lammêgo Bulos ◆

defesa e o contraditório. O interrogatório é um momento máximo da autodefesa, é a oportunidade que o réu tem "para sair em socorro de si mesmo" (STF, 1ª Turma, HC 91.859/SP, Rel. Min. Carlos Britto, j. em 4-11-2008).

Em seguida à decisão do Supremo, veio a lume a Lei federal n. 11.900, de 8 de janeiro de 2009, que alterou dispositivos do Decreto-Lei n. 3.689, de 3 de outubro de 1941 (Código de Processo Penal), para permitir a realização de interrogatório e outros atos processuais por sistema de videoconferência.

PONTOS PRINCIPAIS DA LEI N. 11.900/2009 (art. 1º, §§ 1º a 6º)

- **Interrogatório do réu preso** — deve ser realizado, em sala própria, no estabelecimento em que o réu estiver recolhido, desde que estejam garantidas a segurança do juiz, do membro do Ministério Público e dos auxiliares, bem como a presença do defensor e a publicidade do ato.

- **Finalidades do interrogatório por videoconferência** — excepcionalmente, o juiz, por decisão fundamentada, de ofício ou a requerimento das partes, poderá realizar o interrogatório do réu preso por sistema de videoconferência ou outro recurso tecnológico de transmissão de sons e imagens em tempo real, desde que a medida seja necessária para atender a uma das seguintes finalidades: **(i)** prevenir risco à segurança pública, quando exista fundada suspeita de que o preso integre organização criminosa ou de que, por outra razão, possa fugir durante o deslocamento; **(ii)** viabilizar a participação do réu no referido ato processual, quando haja relevante dificuldade para seu comparecimento em juízo, por enfermidade ou outra circunstância pessoal; **(iii)** impedir a influência do réu no ânimo de testemunha ou da vítima, desde que não seja possível colher o depoimento destas por videoconferência, nos termos do art. 217 do Código de Processo Penal; e **(iv)** responder a gravíssima questão de ordem pública.

- **Prazo para intimação** — da decisão que determinar a realização de interrogatório por videoconferência, as partes serão intimadas com dez dias de antecedência.

- **Prerrogativa do preso** — antes do interrogatório por videoconferência, o preso poderá acompanhar, pelo mesmo sistema tecnológico, a realização de todos os atos da audiência única de instrução e julgamento de que tratam os arts. 400, 411 e 531 do Código de Processo Penal.

- **Direito de entrevista prévia e reservada do réu com o seu defensor** — em qualquer modalidade de interrogatório, o juiz garantirá ao réu o direito de entrevista prévia e reservada com o seu defensor; se realizado por videoconferência, fica também garantido o acesso a canais telefônicos reservados para comunicação entre o defensor que esteja no presídio e o advogado presente na sala de audiência do Fórum, e entre este e o preso.

- **Fiscalização do sistema de videoconferência** — a sala reservada no estabelecimento prisional para a realização de atos processuais por sistema de videoconferência será fiscalizada pelos corregedores e pelo juiz de cada causa, como também pelo Ministério Público e pela Ordem dos Advogados do Brasil.

---

e) *Princípio da proibição da prova ilícita (art. 5º, LVI)*

Conforme o *princípio da proibição da prova ilícita*, é inadmissível, nos processos civil, penal e administrativo, o uso de meios probatórios contrários aos requisitos formais e materiais de validade das normas jurídicas.

> **Consagração explícita (CF, art. 5º, LVI):** somente a partir de 1988 as provas ilícitas foram vedadas, expressamente, pela Constituição. Na vigência da EC n. 1/69, o Supremo Tribunal Federal invocava o art. 153, § 9º, que prescrevia a inviolabilidade do sigilo de correspondência, das comunicações telegráficas e telefônicas, para rechaçar a produção, em juízo, de provas ilegais ou moralmente ilegítimas. **Precedentes:** STF, RE 100.094-5, Rel. Min. Rafael Mayer, decisão de 28-6-1984, *RTJ, 110*:798; STF, HC 63.834, Rel. Min. Aldir Passarinho, decisão de 18-12-1986, *RTJ, 122*:47.

No Brasil, a exemplo da Itália, as provas ilícitas são *provas vedadas*.

> **Nesse sentido:** Pietro Nuvolone, Le prove vitale nel processo penale nei paesi di diritto latino, 1966.

◆ Cap. 13 ◆ **DIREITOS E GARANTIAS FUNDAMENTAIS** **567**

Isso porque elas constituem uma projeção do devido processo legal, como demarcou o Pretório Excelso.

> **Limites ético-jurídicos para a obtenção de provas:** "O réu tem o direito de não ser denunciado, de não ser processado e de não ser condenado com apoio em elementos probatórios obtidos ou produzidos de forma incompatível com os limites ético-jurídicos que restringem a atuação do Estado em sede de persecução penal" (STF, RE 251.445-4/GO, Rel. Min. Celso de Mello, decisão de 21-6-2000, *DJU* de 3-8-2000, p. 68).

As provas ilícitas não se confundem com as *provas ilegítimas*. Estas são específicas da seara processual, porquanto obtidas ao arrepio dos códigos de processo, a exemplo da vedação de depoimentos comprometedores do sigilo profissional (CPP, art. 207).

> **Provas ilegítimas e decreto não fundamentado:** "As provas obtidas mediante decreto não fundamentado de quebra dos sigilos bancário e fiscal constituem provas ilegítimas e, em consequência, podem ser reproduzidas desde que observada a formalidade processual que deu causa à anulação do ato" (STF, 1ª T., HC 80.724/SP, Rel. Min. Ellen Gracie, decisão unânime de 20-3-2001, *DJ* de 18-5-2001, p. 65, *Ementário de Jurisprudência* n. 2030-3, p. 542).

Mas tanto as provas *ilícitas* como as *ilegítimas* são provas *ilegais*, afinal contrariam o ordenamento normativo e, por isso, devem ser repudiadas.

> **Posição do STF:** a jurisprudência do Supremo Tribunal Federal repudia as provas obtidas por meios ilícitos, por mais relevantes que sejam os fatos por elas apurados, uma vez que se subsumem ao conceito de inconstitucionalidade. Numa palavra, inidôneas, imprestáveis, e, por isso, destituídas de qualquer aptidão jurídico-material (STF, Pleno — excerto do voto do Ministro Celso de Mello, na AP 307-3/DF, Rel. Min. Ilmar Galvão, *DJU* de 13-10-1995; *RTJ*, *162*:03-340).

Em suma, pelo art. 5º, LVI, da Carta de 1988, encontram-se vedadas:

- **as provas formalmente ilícitas** — obtidas, no seu momento introdutório, por um procedimento ilegal, ainda que se afigurem lícitas na origem; e

> **A justiça penal não se realiza a qualquer preço:** "É indubitável que a prova ilícita, entre nós, não se reveste da necessária idoneidade jurídica como meio de formação do convencimento do julgador, razão pela qual deve ser desprezada, ainda que em prejuízo da apuração da verdade, no prol do ideal maior de um processo justo, condizente com o respeito devido a direitos e garantias fundamentais da pessoa humana, valor que se sobreleva, em muito, ao que é representado pelo interesse que tem a sociedade numa eficaz repressão aos delitos" (STF, Pleno, AP 307-3/DF, Rel. Min. Ilmar Galvão, *DJU* de 13-10-1995; *RTJ*, *162*:03-340).

- **as provas materialmente ilícitas** — conseguidas pela infringência de normas substanciais. Exemplos: invasão domiciliar, violação de segredo epistolar, inobservância dos preceitos legais que autorizam a interceptação telefônica, ruptura do sigilo profissional, subtração de documentos etc.

> **Casuística:**
> - **Apreensão de documentos em escritório** — "Alegação de ilicitude da prova obtida mediante apreensão de documentos por agentes fiscais, em escritório de empresa — compreendido no alcance da garantia constitucional da inviolabilidade do domicílio — e de contaminação das provas daquela derivadas: tese substancialmente correta, prejudicada no caso, entretanto, pela ausência de demonstração concreta de que os fiscais não estavam autorizados a entrar ou permanecer no escritório da empresa, o que não se extrai do acórdão recorrido" (STF, RE 331.303-AgRg, Rel. Min. Sepúlveda Pertence, *DJ* de 12-3-2004).
> - **Ponderação de interesses constitucionais** — "A ponderação de quaisquer interesses constitucionais oponíveis à inviolabilidade do domicílio não compete a *posteriori* ao juiz do processo em que se pretenda introduzir ou valorizar a prova obtida na invasão ilícita, mas sim àquele a quem incumbe autorizar previamente a diligência" (STF, HC 79.512, Rel. Min. Sepúlveda Pertence, *DJ* de 16-5-2003).

568 ◆ Uadi Lammêgo Bulos ◆

* **Nulidade de prova mediante tortura físico-psíquica** — "Não produzem efeito confissão e testemunho resultantes de tortura física e psicológica. Decorre nulidade" (STJ, 6ª T., RHC 2.132/BA, Rel. Min. Luiz Vicente Cernicchiaro, decisão de 31-8-1992, *DJ*, 1, de 21-9-1992, p. 15706).

Portanto, a regra geral do art. 5º, LVI, da *Lex Legum* é a inadmissibilidade das provas obtidas por meios ilícitos, priorizando-se, desse modo, as liberdades públicas, o respeito à dignidade humana e a seriedade da atividade persecutória do Estado.

> **Absolvição de condenada com base em prova ilícita:** a 2ª Turma do STF, acolhendo pedido de *Habeas Corpus* formulado pela Defensoria Pública da União, absolveu mulher condenada a dois anos de prisão por estelionato com base em provas obtidas ilicitamente. A paciente havia sido condenada pela Justiça Militar por ter sacado a pensão de sua avó já falecida. O crime teria ocorrido nos cinco meses posteriores à morte da pensionista e foi provado por meio de extratos bancários juntados ao processo **sem prévia autorização judicial**. Os Ministros da Corte reconheceram a ilicitude dessas provas. Segundo o Min. Cezar Peluso, "O caso é muito simples. O Superior Tribunal Militar reconheceu expressamente que o delegado de polícia quebrou o sigilo bancário da denunciada sem autorização judicial". A acusada havia confessado o crime, porque foi defrontada com os extratos bancários obtidos sem autorização judicial. "A confissão aí, na verdade, decorre da ilicitude da prova. Foi o meio que o delegado usou para obter a confissão", explicou o Ministro Peluso (STF, HC 90.298/RS, Rel. Min. Cezar Peluso, j. em 8-9-2009).

e.1) Uso excepcional das provas ilícitas e princípio da proporcionalidade

Entende o Supremo Tribunal Federal que, excepcionalmente, nos casos de notória e extrema gravidade, as provas ilícitas podem ser admitidas em juízo, por força do princípio da proporcionalidade (razoabilidade ou proibição de excesso).

Exemplo: excepcionalmente, o Supremo admitiu provas obtidas por meio de escutas telefônicas e escutas ambientais em escritórios de investigados. Ao votar pela legalidade da **prorrogação das escutas telefônicas durante o inquérito**, os Ministros ressaltaram que isso somente pode ser feito pelo juiz de forma motivada. Somente o Ministro Marco Aurélio divergiu. Os Ministros Joaquim Barbosa e Carlos Alberto Menezes Direito não participaram do julgamento por razões de foro íntimo. A Lei de Interceptação Telefônica — Lei n. 9.296/1996 determina que a realização da escuta deve ocorrer por meio de decisão judicial fundamentada, sob pena de nulidade, devendo indicar a forma de execução da diligência, que não poderá exceder o prazo de quinze dias, renovável por igual tempo, uma vez comprovada a indispensabilidade desse meio de prova. Segundo o Ministro Cezar Peluso, em investigações extremamente complexas, com vários desdobramentos, e não em uma investigação pontual de fato que se exauria no tempo, é possível admitir tal prorrogação, de modo proporcional às necessidades. Ele citou o **HC 83.515** — precedente no sentido de que são válidas e legais renovações sucessivas de escutas telefônicas se isso ocorrer por meio de decisões judiciais fundamentadas. Frisou, ainda, que o prazo máximo de trinta dias para a manutenção da interceptação da comunicação não pode ser injustificadamente alargado, mas pode o magistrado, com outro motivo, e diversa motivação, determinar nova interceptação do mesmo telefone. Repeliu, também, o argumento de que o princípio do juiz natural foi agredido, por ter o relator determinado, durante o recesso, que as interceptações até então autorizadas não fossem interrompidas. Não se vislumbrou, ademais, na determinação das interceptações, qualquer ofensa ao art. 2º, II, da Lei n. 9.296/96, ao fundamento de que todas as medidas tomadas para apuração dos fatos narrados na denúncia foram sancionadas pela subsidiariedade desse meio para obtenção de prova, sendo óbvio que o envolvimento de magistrados, membros de tribunais, um deles de Tribunal Superior, implicava a necessidade de se apurarem os fatos com rigor perceptivo, de modo que a singularidade e a especificidade da situação demandavam um meio excepcional de prova. Enfatizou-se que, sem essas provas, sem indícios mais consistentes, sempre se poderia arguir que se imputava aos ora acusados a mera prática do chamado crime de hermenêutica. Rejeitou a preliminar de ilicitude da prova de escuta ambiental, por ausência de procedimento previsto em lei, concluindo pela sua licitude, haja vista embasar-se em sentença judicial. Finalmente, reputou desnecessária a transcrição do conteúdo integral das degravações realizadas nos autos do inquérito, algo que geraria uma quantidade tal de papel que só tornaria a sua leitura mais dificultosa do que a análise dos documentos gravados em mídia eletrônica, num

◆ Cap. 13 ◆ DIREITOS E GARANTIAS FUNDAMENTAIS

569

trabalho que levaria anos, o que poderia ensejar, inclusive, a prescrição da pretensão punitiva de todos os crimes teóricos (STF, Inq. 2.424/RJ (Segredo de Justiça), Rel. Min. Cezar Peluso, decisão de 19-11-2008).

Desse modo, partindo do princípio de que nenhuma liberdade pública é absoluta, a Corte Excelsa, em alguns julgados, atenuou a vedação inserta no art. 5º, LVI, do Texto Maior.

Tal providência, porém, é excepcional; não deve ser generalizada em todas as situações. Aliás, quando o Supremo aplica o primado da proporcionalidade, excepcionando a regra do art. 5º, LV, para admitir o uso de provas ilícitas, tem como pressuposto o seguinte:

- apenas é possível invocar o princípio da proporcionalidade *pro reo* como uma causa excludente de ilicitude, pois ninguém pode ser considerado culpado até o trânsito em julgado de sentença penal condenatória (CF, art. 5º, LVII — *princípio da presunção de inocência*);

  Nesse sentido: STF, 1ª T., HC 74.678/DF, Rel. Min. Moreira Alves, decisão de 10-6-1997.

- afigura-se impertinente "apelar ao princípio da proporcionalidade — à luz de teorias estrangeiras inadequadas à ordem constitucional brasileira — para sobrepor, à vedação constitucional da admissão da prova ilícita, considerações sobre a gravidade da infração penal objeto da investigação ou da imputação" (STF, HC 80.949, Rel. Min. Sepúlveda Pertence, *DJ* de 14-12-2001); e
- "Tratando-se de prova ilícita, especialmente daquela cuja produção derivar de ofensa a cláusulas de ordem constitucional — não se revelará aceitável, para efeito de sua admissibilidade, a invocação do critério de razoabilidade do direito norte-americano, que corresponde ao princípio da proporcionalidade do direito germânico, mostrando-se indiferente a indagação sobre quem praticou o ato ilícito de que se originou o dado probatório questionado" (STF, RE 251.445-4/GO, Rel. Min. Celso de Mello, decisão de 21-6-2000, *DJU* de 3-8-2000, p. 68).

e.2) Convalidação das provas ilícitas em nome da legítima defesa

Em se tratando de sequestros, extorsões, estelionatos, chantagens, crimes verdadeiramente consumados, a convalidação das provas ilícitas é admitida, para assegurar a *legítima defesa* da vítima.

Vale observar que, nessa seara delicadíssima, o ato de alguém se autodefender de crimes em nada ofende o art. 5º, LVI, da Carta Maior, isso porque a legítima defesa de direitos humanos fundamentais desconstitui a ilicitude da prova, colhida em casos de notório cometimento delituoso.

Por exemplo, a esposa que filma os espancamentos diários por ela sofridos, os quais lhe causam lesões corporais, ou a apresentação de uma correspondência em que alguém revela o local do cativeiro do sequestrado em nada maculam o ordenamento jurídico. A ilicitude da prova e o modo como ela foi obtida são dados menores, nessas situações de iniludível criminalidade, em que a vida humana é o bem maior a ser preservado.

Se é certo que as liberdades públicas não podem ser invocadas para a salvaguarda de práticas ilícitas, e que o intérprete deve levar em conta o princípio da proporcionalidade em matéria de prova ilícita, mais exato ainda é que atos criminosos, praticados por chantagistas, sequestradores, estelionatários, achacadores em geral, não podem ficar impunes, pois a legítima defesa prepondera nesse campo.

Esse é o entendimento do Supremo Tribunal Federal, aplicado, principalmente, em matéria de *gravações ambientais* e *telefônicas*.

> **Casuística do STF:**
> - **Gravação ambiental de vítima de concussão** — "Captação, por meio de fita magnética, de conversa entre presentes, ou seja, a chamada gravação ambiental, autorizada por um dos interlocutores, vítima de concussão, sem o conhecimento dos demais. Ilicitude da prova excluída por caracterizar-se o exercício de legítima defesa de quem a produziu" (STF, 1ª T., RE 212.081-2/RO, Rel. Min. Octavio Gallotti, *DJ* de 27-3-1998, p. 23). No mesmo sentido: STF, 1ª T., HC 75.621, Rel. Min. Moreira Alves, *DJ* de 27-3-1998, p. 4.
> - **Gravação de conversa telefônica em investida criminosa** — "É lícita a gravação de conversa telefônica feita por um dos interlocutores, ou com sua autorização, sem ciência do outro, quando há investida criminosa deste último. É inconsciente e fere o senso comum falar-se em violação do direito à privacidade quando o interlocutor grava diálogo com sequestradores, estelionatários ou qualquer tipo de chantagista" (STF, HC 75.338/RJ, Rel. Min. Nelson Jobim, decisão de 11-3-1998).

570 ◆ Uadi Lammêgo Bulos ◆

- **Gravação de diálogo com criminoso** — "Utilização de gravação de conversa telefônica feita por terceiro com a autorização de um dos interlocutores sem o conhecimento do outro quando há, para essa utilização, excludente da antijuridicidade. Afastada a ilicitude de tal conduta — a de, por legítima defesa, fazer gravar e divulgar conversa telefônica ainda que não haja o conhecimento do terceiro que está praticando crime —, é ela, por via de consequência, lícita e, também consequentemente, essa gravação não pode ser tida como prova ilícita, para invocar-se o artigo 5º, LVI, da Constituição com fundamento em que houve violação da intimidade (art. 5º, X, da Carta Magna)" (STF, 1ª T., HC 74.678-1/SP, Rel. Min. Moreira Alves, v. u., *DJ*, 1, de 15-8-1997, *Ementário de Jurisprudência* n. 1878-2). **No mesmo sentido:** STF, 1ª T., HC 74.678/SP, Rel. Min. Moreira Alves, *DJ* de 3-10-1997, p. 231; STF, 2ª T., HC 75.611/SP, Rel. Min. Carlos Velloso, *DJ* de 17-4-1998, p. 3.

Esclareça-se, desde já, porém, que não é toda e qualquer gravação que pode ser convalidada. Do contrário, o princípio constitucional da proibição das provas ilícitas seria, frontalmente, desrespeitado.

Assim, não basta simplesmente "gravar a conversa", "filmar o suspeito", "grampear a linha telefônica", para que a ilicitude desses atos, obtidos de modo escamoteado e ilícito, possa ter validade jurídica.

Do mesmo modo, alegações genéricas, amparadas em degravação de conversa ambiental feita por um dos interlocutores sem o conhecimento do outro, com base em suspeitas, ilações ou prováveis atos criminosos, mas sem qualquer prova cabal de que foram, verdadeiramente, executados, não podem ser usadas no âmbito dos processos civil, criminal ou administrativo.

Aliás, os casos em que a jurisprudência do Supremo Tribunal Federal admitiu a convalidação de provas ilícitas foram de sequestro, estelionato, chantagem, ou seja, delitos que se consumaram, e não simples conjecturas ou dúvidas quanto à probidade alheia.

As *gravações clandestinas*, vale frisar, são provas ilícitas, e, se divulgadas, constituem crime, exceto se forem usadas como prova da inocência de alguém (*v.* n. 25, n. 4, *c*).

Tanto é assim que a Corte Suprema, resolvendo questão de ordem, determinou trancamento de inquérito por entender que a sua instauração se originou de uma gravação ambiental, em fita magnética, de diálogo realizado por terceiro, sem conhecimento do outro e sem esclarecer a forma como foi obtida.

Precedente: STF, Inq. 2.116-QORR, Rel. Min. Marco Aurélio, j. em 1º-8-2005.

e.3) Provas ilícitas por derivação: frutos da árvore envenenada

Provas ilícitas por derivação são aquelas que, embora obtidas de forma lícita, são extraídas de uma prova conseguida ilicitamente.

Exemplo: apreensão regular de veículo roubado (prática lícita), mediante confissão obtida sob tortura (prática ilícita).

Quer dizer, são formalmente lícitas, embora advenham de provas materialmente ilícitas.

Daí também serem conhecidas como *provas derivadas das provas ilícitas*.

Seria admissível o uso, nos processos civil, penal e administrativo, de *provas derivadas de provas ilícitas*?

Segundo a jurisprudência pacífica do Supremo Tribunal Federal, embasada em sólido magistério doutrinário, não.

As provas ilícitas, e as que delas derivarem, são constitucionalmente inadmissíveis. Cumpre serem desentranhadas do processo. Em contrapartida, as que forem *lícitas* e *autônomas*, que não adviream de ilicitudes, permanecem válidas.

Precedentes: STF, 2ª T., RHC 74.807-4/MT, Rel. Min. Maurício Corrêa, *DJ*, 1, de 20-6-1997, p. 28507; STF, 2ª T., HC 76.171-1/SP, Rel. Min. Nelson Jobim, *DJ*, 1, de 27-2-1998, p. 3; STF, 2ª T., HC 75.611-5/SP, Rel. Min. Carlos Velloso, *DJ*, 1, de 17-4-1998; STF, AgI 503.617-AgRg, Rel. Min. Carlos Velloso, *DJ* de 4-3-2005.

Portanto, os meios probatórios lícitos, que não tenham qualquer vínculo com as provas ilícitas, são perfeitamente admissíveis de uso em juízo, motivo pelo qual descabe "concluir pela nulidade do processo quando o decreto condenatório repousa em outras provas que exsurgem independentes, ou

◆ Cap. 13 ◆ **DIREITOS E GARANTIAS FUNDAMENTAIS** **571**

seja, não vinculadas à que se aponta como ilícita" (STF, 2ª T., HC 75.892-6/RJ, Rel. Min. Marco Aurélio, *DJ*, 1, de 17-4-1998).

> **No mesmo sentido:** STF, AgI 503.617-AgRg, Rel. Min. Carlos Velloso, *DJ* de 4-3-2005; STF, HC 84.316, *DJ* de 24-8-2004; STF, HC 77.015, *DJ* de 13-11-1998; STF, HC 76.231, *DJ* de 16-10-1998; STF, RHC 74.807, *DJ* de 20-6-1997; STF, HC 73.461, *DJ* de 13-12-1996; STF, HC 75.497, *DJ* de 9-5-1993.

Esse é o posicionamento tranquilo do Supremo Tribunal Federal, que, em linha de princípio, tem asseverado que a existência, nos autos, de prova obtida ilicitamente, como no caso de escuta telefônica autorizada pelo juiz antes do advento da Lei n. 9.296/96, não basta para invalidar o processo, se existirem outras provas consideradas autônomas (colhidas sem necessidade dos elementos informativos revelados pela prova ilícita).

> **Precedente:** STF, 2ª T., HC 76.231/RJ, Rel. Min. Nelson Jobim, decisão de 16-6-1998. **Provas autônomas produzidas em juízo:** "Eventuais vícios do inquérito policial não contaminam a ação penal (...). Inaplicabilidade da teoria da árvore dos frutos envenenados (*fruits of the poisonous tree*). Sentença condenatória embasada em provas autônomas produzidas em juízo" (STF, HC 83.921, Rel. Min. Eros Grau, *DJ* de 27-8-2004). **Escuta telefônica que não deflagra ação penal:** "Não é causa de contaminação do processo. Não há violação ao direito à privacidade quando ocorre apreensão de droga e prisão em flagrante de traficante. Interpretação restritiva do princípio da árvore dos frutos proibidos" (STF, HC 76.203, Rel. Min. Marco Aurélio, *DJ* de 17-11-2000).

É importante lembrar, contudo, que o entendimento do Pretório Excelso sobre a inadmissibilidade das provas ilícitas por derivação adveio de longos e calorosos debates.

Num primeiro momento, a Corte, por maioria apertada de votos (6 × 5), chegou a *admitir a validade de provas derivadas das provas ilícitas*, sob o argumento de que o art. 5º, LVI, não afirma serem nulos os processos contendo provas obtidas ilicitamente.

> **Precedente:** STF, Pleno, HC 69.912-0/RS, Rel. Min. Sepúlveda Pertence, decisão de 16-12-1993, *DJU* de 25-3-1994. **Resumo do julgado:** o Ministro relator, acolhendo a doutrina dos *frutos da árvore envenenada*, que estudaremos logo abaixo, vedou a possibilidade de se trazerem ao processo degravações de conversas telefônicas, no que foi seguido pelos Ministros Celso de Mello, Francisco Rezek, Ilmar Galvão e Marco Aurélio. Mas a tese da inadmissibilidade das provas ilícitas por derivação não foi aceita pelos Ministros Sydney Sanches, Moreira Alves, Octavio Gallotti, Néri da Silveira, Paulo Brossard e Carlos Velloso.

Esse pensamento, todavia, veio a ser posteriormente mudado. O Supremo passou a entender que a prova ilícita originária contamina as demais provas dela oriundas.

> **Novo posicionamento do STF:** "As provas obtidas por meios ilícitos contaminam as que são exclusivamente delas decorrentes; tornam-se inadmissíveis no processo e não podem ensejar a investigação criminal e, com mais razão, a denúncia, a instrução e o julgamento (CF, art. 5º, LVI), ainda que tenha restado sobejamente comprovado, por meio delas, que o Juiz foi vítima das contumélias do paciente" (STF, HC 72.588/PB, Rel. Min. Maurício Corrêa, decisão de 12-6-1996, *DJ* de 4-8-2000. Vencidos os Ministros Carlos Velloso, Octavio Gallotti, Sydney Sanches, Néri da Silveira e Moreira Alves, que indeferiram o *habeas corpus* sob o fundamento de que apenas a prova ilícita deveria ser desprezada). **No mesmo sentido:** STF, HC 81.993, *DJ* de 2-8-2002.

Em nossos dias, a vedação das provas derivadas de provas ilícitas é ponto consolidado na jurisprudência da Corte Colenda.

> **Nesse sentido:** STF, HC 78.937, Rel. Min. Maurício Corrêa, *DJ* de 29-8-2003; STF, RE 251.445-4/GO, Rel. Min. Celso de Mello, decisão de 21-6-2000, *DJU* de 3-8-2000, p. 68.

572 ◆ Uadi Lammêgo Bulos ◆

Isso se deve à aplicação da *fruits of the poisonous tree doctrine*, invocada pela Suprema Corte dos Estados Unidos.

> **Surgimento da doutrina dos *frutos da árvore envenenada*:** foi em 1920, no *case* "Silverthorne Lunder Co. *versus* United States", que a Suprema Corte dos Estados Unidos inadmitiu, pela primeira vez, o uso, no processo, de prova ilícita por derivação. Mas a referência expressa à terminologia *fruits of the poisonous tree doctrine* deu-se, apenas, em 1939, em "Nardone *versus* United States", em que existiam provas obtidas mediante gravação de conversa telefônica do acusado realizada sem ordem judicial.

De acordo com a doutrina dos *frutos da árvore envenenada*, o vício da planta transmite-se a todos os seus frutos.

Em nossos dias, o Supremo Tribunal Federal, em diversas assentadas, tem aplicado essa doutrina, a única capaz de dar eficácia à garantia constitucional da proibição das provas ilícitas por derivação, ainda que o Texto de 1988 tenha deixado esse tópico em aberto, sob os auspícios da doutrina e, sobretudo, da jurisprudência.

> **Conversa telefônica contaminada pela ilicitude da prova originária:** "O Tribunal, por maioria de votos, aplicando a doutrina dos 'frutos da árvore envenenada', concedeu *habeas corpus* impetrado em favor de advogado do crime de exploração do prestígio (CP, art. 357, parágrafo único), por haver solicitado a seu cliente (preso em penitenciária) determinada importância em dinheiro, a pretexto de entregá-la ao juiz de sua causa. Entendeu-se que o testemunho do cliente ao qual se chegara exclusivamente em razão de escuta —, confirmando a solicitação feita pelo advogado na conversa telefônica, estaria contaminado pela ilicitude da prova originária. Vencidos os Ministros Carlos Velloso, Octavio Gallotti, Sydney Sanches, Néri da Silveira e Moreira Alves, que indeferiam o *habeas corpus*, ao fundamento de que somente a prova ilícita — no caso, a escuta — deveria ser desprezada" (STF, HC 72.588/PB, Rel. Min. Maurício Corrêa, decisão de 12-6-1996). **No mesmo sentido:** STF, HC 73.304/SP, Rel. Min. Ilmar Galvão, v. m., decisão de 9-5-1996; STF, HC 73-461/SP, Rel. Min. Octavio Gallotti, decisão de 11-6-1996; STF, HC 73.510-0/SP, Rel. Min. Marco Aurélio, *DJ*, 1, de 12-12-1997, p. 65565.

f) Princípio da motivação das decisões (art. 93, IX e X)

Pelo *princípio da motivação das decisões*, as autoridades judiciais e administrativas têm o dever de explicar as razões, de fato e de direito, pelas quais o pedido foi considerado procedente ou improcedente.

> **Estágio atual do princípio da motivação:** houve época em que o princípio da motivação das decisões judiciais era tratado como uma garantia técnica do processo. Modernamente, o pórtico constitui uma *garantia de ordem política* e, simultaneamente, uma *garantia da própria jurisdição*. Num Estado Democrático de Direito, é mediante sentenças fundamentadas e descomprometidas com interesses espúrios que se avalia a atividade jurisdicional. As partes averiguam se as suas razões foram respeitadas, sendo examinadas, pela autoridade jurisdicional, com imparcialidade e senso de justiça.

Trata-se de uma garantia contra possíveis excessos do Estado-juiz.

> **Posição do STF:** "A exigência de fundamentação das decisões judiciais, mais do que expressiva imposição consagrada e positivada pela nova ordem constitucional (art. 93, IX), reflete uma poderosa garantia contra eventuais excessos do Estado-Juiz, pois, ao torná-la elemento imprescindível e essencial dos atos sentenciais, quis o ordenamento jurídico erigi-la como fator de limitação dos poderes deferidos aos magistrados e Tribunais" (STF, HC 68.202, Rel. Min. Celso de Mello, *DJ* de 15-3-1991).

Até mesmo as decisões administrativas dos tribunais devem ser motivadas.

> **Ato administrativo de tribunal:** quando motivado, atende satisfatoriamente ao art. 93, X, da Constituição. A ampla defesa e o contraditório aplicam-se apenas aos casos de remoção, disponibilidade e aposentadoria por interesse público. Não se aplicam a ato não punitivo, de rotina administrativa e em obediência a comando legal (STF, 2ª T., RMS 21.950/DF, Rel. Min. Paulo

Cap. 13 ◆ DIREITOS E GARANTIAS FUNDAMENTAIS

> Brossard, decisão de 9-8-1994, *Ementário de Jurisprudência* n. 1764-1, p. 77; *DJ*, 1, de 27-10-1994, p. 29165).

O ministro, o desembargador ou o juiz têm, necessariamente, de explicar o *porquê* do seu posicionamento. Não basta que a autoridade jurisdicional escreva: "denego a liminar" ou "ausentes os pressupostos legais, revogo a liminar".

Do mesmo modo, relatores de processos administrativos devem fundamentar suas conclusões, e não, simplesmente, decidir de modo aleatório, superficial ou desconcatenado.

Para que o princípio em estudo se concretize, não basta a menção pura e simples aos documentos da causa, às testemunhas ou à transcrição dos argumentos dos advogados.

Também pouco importa o mérito da fundamentação, se certa ou errada. Entende o Pretório Excelso que declinadas no julgado as premissas corretamente assentadas ou não, mas coerentes com o dispositivo do acórdão, está satisfeita a exigência constitucional.

> **Nesse sentido:** STF, RE 222.368/PE, Rel. Min. Celso de Mello, *DJ* de 8-3-2002; STF, AgI 351.384-AgRg, Rel. Min. Néri da Silveira, *DJ* de 22-3-2002; STF, HC 83.073, Rel. Min. Nelson Jobim, *DJ* de 20-2-2004.

O princípio constitucional só será satisfeito se existir análise concreta de todos os elementos e demais provas dos autos, exaurindo-lhes a substância e verificando-lhes a forma.

> **Posição do STF:** "Satisfaz integralmente a exigência constitucional de motivação dos atos decisórios a condenação penal que, ao optar pelo limite máximo das penas impostas, expõe os elementos de fato em que se apoiou o juízo de especial exacerbação da pena" (STF, HC 72.992, Rel. Min. Celso de Mello, *DJ* de 14-11-1996).

Só assim se aferirá a higidez do *decisum*.

> **Motivação suficiente e adequada:** "Satisfaz, integralmente, a exigência constitucional de motivação dos atos decisórios, a condenação penal que, ao fixar a *sanctio juris*, o faz mediante fundamentação suficiente e adequada, discorrendo sobre a atividade criminosa do acusado e analisando, de forma minuciosa, ampla e precisa, o conjunto probatório existente nos autos" (STF, HC 70.231/SP, Rel. Min. Celso de Mello, *Clipping* do *DJ* de 12-8-2005).

Não raro, autoridades judiciais e administrativas incorrem no mau vezo de não fundamentar suas decisões, ensejando a nulificação dos atos praticados por infringência direta à Carta de Outubro.

> **Tautologia na ausência de motivação:** "Sentença condenatória: o acórdão que improvê apelação: motivação necessária. A apelação devolve integralmente ao Tribunal a decisão da causa, de cujos motivos o teor do acórdão há de dar conta total: não o faz o que — sem sequer transcrever a sentença — limita-se a afirmar, para refutar apelação arrazoada com minúcia, que 'no mérito, não têm os apelantes qualquer parcela de razão', somando-se ao vazio dessa afirmação a tautologia de que 'a prova é tranquila em desfavor dos réus': a melhor prova da ausência de motivação válida de uma decisão judicial — que deve ser a demonstração da adequação do dispositivo a um caso concreto e singular — é que ela sirva a qualquer julgado, o que vale por dizer que não serve a nenhum" (STF, HC 78.013/RJ, Rel. Min. Sepúlveda Pertence, *DJ* de 19-3-1999).

Acontece, porém, que o princípio da motivação das decisões é um consectário lógico da cláusula do devido processo legal. Mesmo que não viesse inscrito no art. 93, IX e X, da Constituição, a obrigatoriedade de sua observância decorreria da exegese do art. 5º, LIV.

Por isso que as decisões devem ser motivadas, sob pena de nulidade, porque em um Estado Democrático de Direito não se admite que os atos do Poder Público sejam expedidos em desapreço às garantias constitucionais, dentre elas a imparcialidade e a livre convicção.

A motivação das decisões judiciais e administrativas corrobora um princípio tão sério e magnânimo que o legislador constituinte prescreveu, no inciso IX do art. 93, uma *norma sancionatória*. Não se comportou no sentido tradicional de simplesmente estabelecer direitos e deveres. Foi além: considerou

574 ◆ Uadi Lammêgo Bulos ◆

írritas e ineficazes aquelas decisões albergadas em conhecidos chavões do tipo "indefiro o pedido por falta de fundamento legal".

> **Nulidade do ato decisório:** "Reveste-se de nulidade o ato decisório que, descumprindo o mandamento constitucional que impõe a qualquer Juiz ou Tribunal o dever de motivar a sentença ou o acórdão, deixa de examinar, com sensível prejuízo para o réu, fundamento relevante em que se apoia a defesa técnica do acusado" (STF, HC 74.073, Rel. Min. Celso de Mello, *DJ* de 27-6-1997).

Curioso observar que o princípio em estudo inadmite a chamada *motivação implícita* — aquela em que o julgado não evidencia um raciocínio lógico, direto, explicativo, robusto e convincente da postura adotada.

Mas o Supremo Tribunal Federal admite a chamada *fundamentação concisa*.

> **Fundamentação concisa:** "A fundamentação concisa atende à exigência do artigo 93, IX, da Constituição Federal, não implicando a invalidação da decisão que a utiliza" (STF, AgI em AgRg 310.272/RJ, Rel. Min. Maurício Corrêa, *DJ* de 28-6-2002). Há uma série de argumentos que procuram justificar esse posicionamento jurisprudencial, que vão desde o excesso de trabalho atribuído aos juízes, chegando ao art. 557, *caput*, e § 1º, do CPC, que aceita a fundamentação de determinadas decisões pela simples referência às súmulas.

Evidente que a *fundamentação concisa* não pode ser utilizada em toda e qualquer hipótese, principalmente quando se torna absolutamente indispensável que o juiz exponha, de modo analítico e destrinchado, o teor das razões que culminaram com a sua sentença.

Consideram-se motivadas aquelas decisões que se reportam a pareceres jurídicos constantes nos autos. É o caso do magistrado que adota as razões expendidas no parecer do Ministério Público. Desde que o entendimento do *Parquet* esteja fundamentado, exteriorizando argumentos técnicos, alicerçados na dimensão objetiva dos fatos, nada obsta que o juiz se baseie nesses arrazoados para decidir a questão.

> **Posição do STF:** "A adoção pelo acórdão, como razão de decidir, de parecer do Ministério Público, atuando como fiscal da lei, não ofende o disposto no art. 93, IX, da CF" (STF, HC 75.385, Rel. Min. Nelson Jobim, *DJ* de 28-11-1997).

Nos despachos de mero expediente não incide o princípio da motivação, porque, nesses casos, não há conteúdo decisório.

> **Despachos que recebem denúncia ou queixa:** "O despacho que recebe a denúncia ou a queixa, embora tenha também conteúdo decisório, não se encarta no conceito de 'decisão', como previsto no art. 93, IX, da Constituição, não sendo exigida a sua fundamentação (art. 394 do CPP); a fundamentação é exigida, apenas, quando o juiz rejeita a denúncia ou a queixa (art. 516 do CPP), aliás, único caso em que cabe recurso (art. 581, I, do CPP)" (STF, HC 72.286, Rel. Min. Maurício Corrêa, *DJ* de 16-2-1996).

Também não reclama qualquer fundamentação o juízo positivo de admissibilidade da acusação penal.

> **Precedente:** STF, HC 70.763, Rel. Min. Celso de Mello, *DJ* de 23-9-1994.

No mais, toda decisão judicial ou administrativa exige motivação. Até mesmo as que extinguem o processo sem julgamento do mérito, matéria disciplinada no CPC de 2015, arts. 485 e 486.

> **Amplitude do princípio da motivação:** o dever de observância do princípio da motivação não é apenas do Poder Judiciário e das autoridades administrativas. Incumbe aos Poderes Públicos em geral a obrigação de fundamentar os seus atos. O Tribunal de Contas, por exemplo, ao emitir parecer prévio, tem essa obrigação. Uma comissão parlamentar de inquérito também deve motivar suas decisões (STF, MS 23.452-1/RJ, Rel. Min. Celso de Mello, decisão de 16-9-1999; STF, MS 23.480, Rel. Min. Sepúlveda Pertence, *DJ* de 15-9-2000; STF, MS 23.466, Rel. Min. Sepúlveda Pertence, *DJ* de 6-4-2001; STF, MS

◆ Cap. 13 ◆ DIREITOS E GARANTIAS FUNDAMENTAIS

23.716, Rel. Min. Marco Aurélio, *DJ* de 18-5-2001; STF, MS 24.749, Rel. Min. Marco Aurélio, *DJ* de 5-11-2004).

g) *Princípio da publicidade (arts. 5º, LX, e 93, IX)*

Pelo *princípio da publicidade*, todos os atos públicos devem ser do conhecimento de todos, de sorte que possam ser fiscalizados pela sociedade.

> **Publicidade e sustentação oral nos tribunais:** "A realização dos julgamentos pelo Poder Judiciário, além da exigência constitucional de sua publicidade (CF, art. 93, IX), supõe, para efeito de sua válida efetivação, a observância do postulado que assegura ao réu a garantia da ampla defesa. A sustentação oral constitui ato essencial à defesa. A injusta frustração dessa prerrogativa qualifica--se como ato hostil ao ordenamento constitucional. O desrespeito estatal ao direito do réu à sustentação oral atua como causa geradora da própria invalidação formal dos julgamentos realizados pelos Tribunais" (STF, HC 71.551, Rel. Min. Celso de Mello, *DJ* de 6-12-1996).

A Constituição de 1988 o consagrou na seguinte perspectiva:

- Restrições à publicidade dos atos processuais somente podem advir da lei, em sentido formal, e nos casos em que estiverem em risco a intimidade e o interesse social (CF, art. 5º, LX). Não precisa dizer que as medidas provisórias colocam-se fora desse contexto.
- Todos os julgamentos dos órgãos do Poder Judiciário serão públicos, sob pena de nulidade. Em certas situações, o legislador poderá limitar a presença das partes e de seus advogados, ou somente destes, visando preservar o *direito à intimidade*, sem, contudo, prejudicar o *direito à informação* (CF, art. 93, IX). Eis uma novidade oriunda da reforma do Judiciário (EC n. 45/2004), que requer contrabalanceamento dos valores em disputa (intimidade × informação), de sorte que o magistrado possa escolher qual deles deve preponderar no caso concreto.

No Brasil, a Carta de 1988 foi a primeira a constitucionalizar o princípio da publicidade.

A partir daí, findaram-se as sessões secretas previstas no Regimento Interno do Supremo Tribunal Federal (arts. 124, *caput*, 151 a 153).

Mas o princípio da publicidade não é absoluto, jamais se postando como um instrumento de salvaguarda para práticas ilícitas.

Assim, sua aplicabilidade pressupõe comedimento e moderação, pois há momentos em que o sigilo é imprescindível para não comprometer diversas liberdades públicas, como a honra, a imagem, a intimidade, a vida privada etc.

Um presidente de CPI, por exemplo, poderá vedar a publicidade das audiências, evitando a divulgação de fatos não comprovados e prejudiciais, tanto às investigações como à ordem pública.

> **CPIs — divulgação de dados sigilosos:** "Constitui comportamento altamente censurável — com todas as consequências de ordem penal que dele possam resultar — a transgressão, por membros de uma Comissão Parlamentar de Inquérito, do dever jurídico de respeito e de preservação do sigilo concernente aos dados a ela transmitidos. É claro que, havendo justa causa — e achando-se configurada a necessidade de revelar os dados sigilosos, seja no relatório final dos trabalhos da Comissão Parlamentar de Inquérito (como razão justificadora da adoção de medidas a serem implementadas pelo Poder Público), seja para efeito das comunicações destinadas ao Ministério Público ou a outros órgãos do Poder Público, para os fins a que se refere o art. 58, § 3º, da Constituição, seja, ainda, por razões imperiosas ditadas pelo interesse social —, a divulgação do segredo, precisamente porque legitimada pelos fins que a motivaram, não configurará situação de ilicitude, muito embora traduza providência revestida de absoluto grau de excepcionalidade" (STF, Pleno, MS 23.452-1/RJ, Rel. Min. Celso de Mello, j. em 16-9-1999. Precedente citado: STF, MS 23.454, de 19-8-1999).

O mesmo vale para o Ministério Público. Em muitos casos, seu mister deve ser exercido em segredo. Desse modo, evitam-se que suposições se convertam em certezas e inocentes se transformem em culpados, ao arrepio da presunção de inocência (CF, art. 5º, LVII).

Constitucionalidade de sessão secreta: o Supremo Tribunal Federal reconheceu a constitucionalidade do art. 434 do Código de Processo Penal Militar, que prevê sessão secreta para os julgamentos do Conselho de Justiça, desde que assegurada a presença das partes e de seus advogados (STF, 1ª T., HC 69.968-5, Rel. Min. Ilmar Galvão, decisão de 18-5-1993, *DJ*, 1, de 1º-7-1993, p. 131440).

g.1) Mudança de voto depois de proclamado o resultado do julgamento

O Supremo Tribunal Federal, por maioria de votos, decidiu ser possível ao julgador, mesmo após a proclamação do resultado do julgamento, alterar o seu voto, desde que o faça ainda no curso da mesma sessão.

> **Precedente:** STF, Pleno, ADIn 903/MG, Rel. Min. Celso de Mello, decisão de 14-10-1993, *RTJ*, *166*:406. Nesse julgado, foram votos vencidos os Ministros Celso de Mello e Marco Aurélio.

Esse entendimento *contra legem* — como se estivéssemos vivendo num sistema *common law* às avessas — é antigo na jurisprudência da Corte Excelsa, surpreendendo as partes e atentando contra as garantias constitucionais do processo.

> **Velho entendimento do STF:** a admissibilidade da mudança de voto após a proclamação do julgamento remonta a 24-4-1940, num *habeas corpus* relatado pelo Ministro Carlos Maximiliano, para quem, "em todos os pretórios do mundo sempre se admitiu que os juízes retificassem os seus votos antes de encerrada a sessão". Antes de 1940, há vestígios de que o Supremo, pela pena do Ministro Carvalho Mourão, adotou esse entendimento. O equívoco da Corte, portanto, vem de longe, repetindo-se, inclusive, num julgado de 1969. Curioso observar que, no Direito Comparado, os tribunais aceitam a retificação do voto, porque, ao contrário do Brasil, os julgamentos são secretos. Na Itália, por exemplo, a decisão só se torna pública quando entregue nas mãos do escrivão.

Na doutrina, os autores não admitem a retificação do voto depois de proclamado o veredito.

> **Nesse sentido:** Miguel Seabra Fagundes, *Dos recursos ordinários em matéria civil*, p. 228; José Carlos Barbosa Moreira, *Comentários ao Código de Processo Civil*, p. 635.

Certamente, proclamada a decisão, o juiz acaba o seu ofício, só podendo alterar o julgado para corrigir inexatidões materiais ou erros de cálculo, por meio de embargos de declaração (CPC de 2015, art. 494, I e II). Do contrário, vicejará a insegurança, sem falar que tanto as leis processuais como o Regimento Interno do Supremo Tribunal Federal não preveem a possibilidade de mudança de voto após a proclamação do resultado do julgamento.

Ora, como explicou o Ministro Carlos Velloso — posicionamento vencido nessa matéria —, estamos no campo do Direito Público, em que apenas "o expressamente autorizado é permitido, ao contrário do direito privado, onde o que não é proibido é permitido. A distinção, aliás, de agente público e ente privado, na doutrina kelseniana, está justamente nisto: enquanto o ente privado pode fazer tudo o que não está proibido, o agente público só pode fazer aquilo que a lei expressamente autoriza. Ora, o juiz é agente político, espécie de agente público. Como tal, exercitando a função jurisdicional, no processo, somente poderá fazer o que está previsto na lei processual. Por mais isto, Sr. Presidente, penso que não é possível a retificação do voto após proclamada a decisão" (STF, Pleno, ADIn 903/MG, decisão de 14-10-1993, *RTJ*, *166*:406).

O problema da mudança do voto após a proclamação do resultado do julgamento não se confunde com a circunstância de o resultado proclamado não coincidir com a conclusão do acórdão.

Nesse caso, como decidiu o Superior Tribunal de Justiça, é "perfeitamente lícito ao julgador proceder à retificação da proclamação, inclusive no bojo dos embargos de declaração manifestados" (STJ, 4ª T., Rel. Min. Sálvio de Figueiredo Teixeira, v. u., decisão de 25-6-1991, *DJU* de 12-8-1991, p. 10559).

Por outro lado, enquanto não proclamado o resultado do julgamento, qualquer dos juízes poderá alterar o seu voto.

◆ Cap. 13 ◆ DIREITOS E GARANTIAS FUNDAMENTAIS 577

h) Princípio da razoável duração do processo (art. 5º, LXXVIII)

Pelo *princípio da razoável duração do processo*, as autoridades jurisdicionais (processo judicial) e administrativas (processo administrativo) devem exercer suas atribuições com rapidez, presteza e segurança, sem tecnicismos exagerados, ou demoras injustificáveis, viabilizando, a curto prazo, a solução dos conflitos.

> **Lei n. 11.419, de 19-12-2006:** dispõe sobre a informatização do processo judicial, que muito contribuiu para a efetividade do vetor da razoável duração do processo.

Daí o Texto de 1988 preconizar que "a todos, no âmbito judicial e administrativo, são assegurados a razoável duração do processo e os meios que garantam a celeridade de sua tramitação" (art. 5º, LXXVIII).

> **Aplicabilidade do princípio da razoável duração do processo na seara administrativa** — por unanimidade, decidiu a Suprema Corte que a garantia constitucional à duração razoável do processo também deve ser assegurada no âmbito administrativo. Aplica-se, portanto, o art. 5º, inciso LXXVIII, da Constituição, a processos que estão parados no âmbito da Administração (STF, 2ª Turma, RMS 28172, Rel. Min. Cármen Lúcia, j. 24-11-2015).

Esse preceito, de eficácia plena e aplicabilidade imediata, proveniente da EC n. 45/2004 (reforma do Judiciário), almeja impedir que a justiça tardia não se converta em injustiça.

> **Complementaridade legislativa:** o fato de o art. 5º, LXXVIII, ser autoaplicável não dispensa a necessidade de que sejam elaboradas leis para implementar as aspirações nele previstas, até porque a reforma do Judiciário previu poucos mecanismos de celeridade processual. Sem embargo, a própria EC n. 45/2004, proclamou: "O Congresso Nacional instalará, imediatamente após a promulgação desta Emenda Constitucional, comissão especial mista, destinada a elaborar, em cento e oitenta dias, os projetos de lei necessários à regulamentação da matéria nela tratada, bem como promover alterações na legislação federal objetivando tornar mais amplo o acesso à Justiça e mais célere a prestação jurisdicional" (art. 7º).

Embora a *razoável duração do processo* e a *celeridade processual* já estejam embutidas na cláusula do *due process of law* (art. 5º, LIV), e no princípio da eficiência (art. 37, *caput*), o constituinte seguiu a tendência mundial de consagrar, explicitamente, os reclamos por uma Justiça rápida, ágil, objetiva, transparente e de qualidade.

> **"Prazo razoável" no Direito das gentes:** diversos diplomas internacionais disciplinam *prazo razoável* para duração dos processos, tais como a Convenção Europeia para Salvaguarda dos Direitos do Homem e das Liberdades Fundamentais, de 1959 (art. 6º, I), a Convenção Americana de Direitos Humanos — Pacto de São José da Costa Rica, de 1969 (art. 8º) e a Carta dos Direitos Fundamentais da União Europeia, de 2000 (art. 47). Quanto à Convenção Americana de Direitos Humanos, em vigor desde 1978 e incorporada à ordem jurídica brasileira em 1992 (Dec. n. 678, de 6-11-1992), não passou de uma promessa, no que tange aos reclamos de celeridade processual.

Adiantou alguma coisa a constitucionalização do princípio em epígrafe?

A princípio, não. O fato de um assunto vir consignado em termos constitucionais explícitos não significa, necessariamente, que o veremos concretizado.

Se é certo que a atuação do Conselho Nacional de Justiça pode colaborar, até certo ponto, para reduzir a malfadada morosidade, pelo controle administrativo dos "deveres funcionais dos juízes" (CF, art. 103-B, § 4º), mais exato ainda é que o problema, presente em todo o mundo, não se resolve de uma hora para outra.

> **Representação por excesso de prazo:** quando alguém sente que o seu processo está demorando muito mais do que o normal, poderá formular, perante o Conselho Nacional de Justiça, *representação por excesso de prazo*. Nesse caso, deverá demonstrar os motivos da demora e os fatores que justificam a não razoabilidade, por assim dizer, da lentidão do julgamento.

578 ◆ Uadi Lammêgo Bulos ◆

Basta ver que nunca tivemos, no Brasil, uma verdadeira reforma das leis processuais, capaz de fulminar expedientes procrastinatórios, acabando, de uma vez por todas, com a pletora incomensurável de recursos, que alimentam a chicana, a preguiça e a burocracia judiciária.

De qualquer modo, não podemos negar o caráter pedagógico do *princípio constitucional da razoável duração do processo*, pois, em virtude de revestir-se sob a roupagem de preceito expresso, poderá ser "lembrado", em certas situações.

Daí o Supremo Tribunal Federal ter concluído que o julgamento de causas sem demora excessiva ou dilações indevidas é uma prerrogativa a ser preservada, porque o inciso LXXVIII do art. 5º, com redação dada pela Emenda Constitucional n. 45/2004, reflete um *pacto de Estado*, para se ter um Poder Judiciário mais rápido e republicano. Logo, o direito individual a julgamentos céleres deve ser mantido, pois constitui uma projeção do devido processo legal (art. 5º, LIV).

Nesse sentido: STF, MI 715/DF, Rel. Min. Celso de Mello, decisão de 25-2-2005.

Assim, não é de todo despiciendo o princípio constitucional da razoável duração do processo. Tanto que o Supremo Tribunal Federal, aos poucos, o tem reconhecido em diferentes situações, tais como:

- direito a julgamento sem dilações indevidas;

   Precedente: STF, HC 92.226-MC/SP, Rel. Min. Gilmar Mendes, *DJ* de 12-9-2007, p. 30.

- exame de mérito em *habeas corpus*;

   Precedentes: STF, HC 91.476/RJ, Rel. Min. Gilmar Mendes, *DJ* de 13-8-2007, p. 24; STF, HC 91.119/RJ, Rel. Min. Gilmar Mendes, *DJ* de 24-2-2007, p. 24; STF, HC 90.978/SP, Rel. Min. Gilmar Mendes, *DJ* de 13-4-2007, p. 121; STF, HC 90.815/RJ, Rel. Min. Gilmar Mendes, *DJ* de 20-3-2007, p. 26; STF, HC 89.847-MC/BA, Rel. Min. Gilmar Mendes, *DJ* de 18-12-2006, p. 53; STF, HC 90.078/PR, Rel. Min. Gilmar Mendes, *DJ* de 18-12-2006, p. 54; STF, HC 88.050-MC/SP, Rel. Min. Gilmar Mendes, *DJ* de 17-3-2006, p. 49.

- economia processual e instrumentalidade das formas;

   Precedentes: STF, AC 1.350-MC/RJ, Rel. Min. Carlos Britto, *DJ* de 19-9-2006, p. 30; STF, Pet. 3.637-MC/RJ, Rel. Min. Carlos Britto, *DJ* de 18-4-2006, p. 40; STF, AC 1.131-MC/RJ, Rel. Min. Carlos Britto, *DJ* de 21-3-2006, p. 3; STF, Pet. 3.597-MC/RJ, Rel. Min. Carlos Britto, *DJ* de 15-2-2006, p. 87.

- omissão do juízo *a quo*;

   Precedentes: STF, CComp 7.424/AM, Rel. Min. Eros Grau, *DJ* de 1º-2-2007, p. 89; STF, CComp 7.406/AM, Rel. Min. Cármen Lúcia, *DJ* de 11-5-2007, p. 123; STF, CComp 7.409/AM, Rel. Min. Eros Grau, *DJ* de 17-11-2006, p. 69; STF, CComp 7.370/AM, Rel. Min. Joaquim Barbosa, *DJ* de 14-8-2006, p. 28; STF, CComp 7.219/AM, Rel. Min. Joaquim Barbosa, *DJ* de 17-3-2006, p. 45; STF, CComp 7.246/AM, Rel. Min. Carlos Velloso, *DJ* de 2-2-2006, p. 31; STF, CComp 7.257/AM, Rel. Min. Carlos Velloso, *DJ* de 17-11-2005, p. 3.

- excesso de prazo e desfecho do processo;

   Precedentes: STF, HC 87.550/BA, Rel. Min. Marco Aurélio, *DJ* de 7-3-2006, p. 6; STF, HC 87.102/SE, Rel. Min. Marco Aurélio, *DJ* de 11-11-2005, p. 53.

- pronunciamento definitivo do Tribunal de Contas da União;

   Precedente: STF, MS 25.591-MC/DF, Rel. Min. Gilmar Mendes, *DJ* de 25-11-2005, p. 37.

- princípio da causa madura; e

   Precedente: STF, RE 321.292/SP, Rel. Min. Carlos Velloso, *DJ* de 31-8-2005, p. 78.

- prisão cautelar excedente do prazo.

   Precedentes: STF, HC 85.988-MC/PA, Rel. Min. Celso de Mello, *DJ* de 10-6-2005, p. 65; STF, 2ª Turma, HC 86.915/SP, Rel. Min. Gilmar Mendes, *DJ* de 16-6-2006, p. 28, v. u.; STF, Pleno, HC

◆ Cap. 13 ◆ DIREITOS E GARANTIAS FUNDAMENTAIS **579**

85.237/DF, Rel. Min. Celso de Mello, *DJ* de 29-4-2005, p. 8, v. u.; STF, 2ª Turma, HC 80.379/SP, Rel. Min. Celso de Mello, *DJ* de 25-5-2001, p. 11, v. u.; STF, HC 92.226-MC/SP, Rel. Min. Gilmar Mendes, *DJ* de 12-9-2007, p. 30.

O mesmo pode ser dito quanto às seguintes medidas de celeridade e desburocratização judicial, trazidas pela Emenda Constitucional n. 45/2004:

*   fim de férias coletivas nos juízos e tribunais de segundo grau;
*   número de juízes proporcional à demanda de litígios e à respectiva população;
*   distribuição imediata dos processos em todos os graus de jurisdição;
*   delegação aos serventuários da Justiça da prática de atos administrativos e de mero expediente, sem caráter decisório;
*   necessidade de demonstração prévia da repercussão geral das questões constitu-cionais para o conhecimento do recurso extraordinário (CPC de 2015, arts. 1.035 e 1.036);
*   instalação da Justiça itinerante; e
*   súmulas vinculantes aprovadas pelo Supremo Tribunal Federal, nos termos do art. 103-A da Carta Magna, e da Lei n. 11.417, de 19-12-2006, que previu a disciplina, a edição, a revisão e o cancelamento de enunciado de súmula vinculante pelo Supremo Tribunal Federal, dando outras providências.

i) Princípio da presunção de inocência (art. 5º, LVII)

Pelo *princípio da presunção de inocência*, ninguém pode ser considerado culpado até o trânsito em julgado de sentença penal condenatória.

> **Amplitude do princípio:** embora o art. 5º, LVII, refira-se aos processos penais condenatórios, incluem-se no âmbito da presunção de inocência os processos cíveis e administrativos.

Se esse enunciado fosse respeitado, na grandiosidade de sua formulação constitucional, estaria li-quidada, no Brasil, a contumeliosa prática do "denuncismo", inadmitida, inclusive, pela jurisprudência do Supremo Tribunal Federal, o qual reconhece que a técnica da denúncia deve respeitar os postulados básicos do Estado de Direito e a dignidade da pessoa humana, haja vista os danos que a mera existência de uma ação penal impõe ao indivíduo (Nesse sentido: STF, HC 84.409/SP, Rel. p/ acórdão Min. Gilmar Mendes, *Clipping* do *DJ* de 19-8-2005; STF, HC 98.212/RJ, Rel. Min. Eros Grau, *DJE* de 19-2-2010).

A propósito, lembre-se que a *presunção de inocência* foi uma novidade da Carta de 1988. No passado, ela era extraída do contraditório e da ampla defesa, pois não vinha prevista taxativamente.

Agora, todos são inocentes, exceto se for provado o contrário.

Como nenhuma liberdade pública é absoluta, óbvio que o vetor da presunção de inocência não é escudo para o cometimento de atos ilícitos. Criminosos de "colarinho branco", agentes da alta crimi-nalidade, saqueadores do erário, costumam invocar o princípio em comento para ficarem livres de prisões. Tornou-se praxe, no Brasil, a subversão do art. 5º, LVII, da *Lex Mater*, para beneficiar corruptos e corruptores, sem falar da ocorrência de prescrições no curso da marcha processual.

Mas não é isso que significa presunção de inocência, não é esta a mensagem prescrita na *verba constitutionem*.

Quando se diz que até o trânsito em julgado da sentença condenatória, o réu tem o *direito público subjetivo* de não ostentar o *status* de condenado, é dentro dos lindes do *bom senso*, nunca para acobertar delitos provados e comprovados.

> **Dispensa de trânsito em julgado em virtude de falta grave por crime doloso durante a execução** — sobre esse tema o Supremo consagrou a seguinte tese com repercussão geral: "O reconhecimento de falta grave consistente na prática de fato definido como crime doloso no curso da execução penal dispensa o trânsito em julgado da condenação criminal no juízo do conhecimento, desde que a apu-ração do ilícito disciplinar ocorra com observância do devido processo legal, do contraditório e da ampla defesa, podendo a instrução em sede executiva ser suprida por sentença criminal condenatória que verse sobre a materialidade, a autoria e as circunstâncias do crime correspondente à falta grave" (STF, RE 776823, Rel. Min. Edson Facchin, j. 7-12-2020).

Decerto, a presunção de inocência é uma *longa manus* dos princípios do devido processo legal, da dignidade da pessoa humana, do Estado Democrático de Direito, do contraditório, da ampla defesa, do *favor libertatis*, do *in dubio pro reu* e da *nulla poena sine culpa*.

Somente quando a situação originária do processo for, definitivamente, resolvida é que se poderá inscrever, ou não, o indivíduo no rol dos culpados, porque existe a presunção relativa, ou *juris tantum*, da não culpabilidade daqueles que figuram como réus nos processos penais condenatórios (TJSP, 2ª Câm. Crim., RCrim 146.359-3/Adamantina, Rel. Des. Ângelo Galluci, decisão de 27-9-1993, *JTJ*, Lex, *149*:261).

> **Anatomia do princípio da presunção de inocência** — "nenhuma acusação penal presume-se provada. Com a superveniência da Constituição de 1988, proclamou-se, explicitamente (art. 5º, LVII), um princípio que sempre existira, de modo imanente, em nosso ordenamento positivo: o princípio da não culpabilidade (ou do estado de inocência) das pessoas sujeitas a procedimentos persecutórios. Esse postulado — cujo domínio de incidência mais expressivo é o da disciplina da prova — impede que se atribuam à denúncia penal consequências jurídicas apenas compatíveis com decretos judiciais de condenação definitiva. Esse princípio tutelar da liberdade individual repudia presunções contrárias ao imputado, que não deverá sofrer punições antecipadas nem ser reduzido, em sua pessoal dimensão jurídica, ao *status poenalis* de condenado. De outro lado, faz recair sobre o órgão da acusação, agora de modo muito mais intenso, o ônus substancial da prova, fixando diretriz a ser indeclinavelmente observada pelo magistrado e pelo legislador. No âmbito de uma formação social organizada sob a égide do regime democrático, não se justifica, sem base probatória idônea, a formulação possível de qualquer juízo condenatório, que deve sempre assentar-se — para que se qualifique como ato revestido de validade ético-jurídica — em elementos de certeza, os quais, ao dissiparem ambiguidades, ao esclarecerem situações equívocas e ao desfazerem dados eivados de obscuridade, revelem-se capazes de informar e de subsidiar, com objetividade, o órgão judiciário competente, afastando, desse modo, dúvidas razoáveis, sérias e fundadas, cuja ocorrência só pode conduzir a um decreto de absolvição penal. Não se pode — considerada a presunção constitucional de inocência dos réus — atribuir relevo e eficácia a juízos meramente conjecturais, para, com fundamento neles, apoiar um inadmissível decreto condenatório. Não custa enfatizar que, no sistema jurídico brasileiro, não existe qualquer possibilidade de o Poder Judiciário, por simples presunção ou com fundamento em meras suspeitas, reconhecer, em sede penal, a culpa de alguém. Cumpre ter presente, bem por isso, neste ponto, em face de sua permanente atualidade, a advertência feita por Ruy Barbosa: 'Quanto mais abominável é o crime, tanto mais imperiosa, para os guardas da ordem social, a obrigação de não aventurar inferências, de não revelar prevenções, de não se extraviar em conjecturas' (*Novos Discursos e Conferências*, São Paulo, Saraiva, 1933, p. 75)" (STF, AP 869/AL, 2ª Turma, Rel. Min. Celso de Mello, j. 29-9-2015).

Antes do trânsito em julgado, todos são inocentes.

Nessa linha de raciocínio, o Supremo Tribunal Federal decidiu que "a regra da não culpabilidade — não obstante o seu relevo — não afetou nem suprimiu a decretabilidade das diversas espécies que assume a prisão cautelar em nosso direito positivo. O instituto da tutela cautelar penal, que não veicula qualquer ideia de sanção, revela-se compatível com o princípio da não culpabilidade" (STF, 1ª T., HC 67.707-0/RS, Rel. Min. Celso de Mello, decisão de 7-11-1989, *DJ*, 1, de 14-8-1992, p. 12225; STF, HC 81.468, Rel. Min. Carlos Velloso, *DJ* de 1-8-2003).

Encontra-se em perfeita consonância com o princípio da presunção de inocência a prisão *cautelar*, também chamada de *processual* ou *provisória*.

> **Efeito da prisão provisória:** "A prisão provisória constitui efeito jurídico-processual que decorre, ordinariamente, da sentença de pronúncia. A concessão de liberdade provisória ao réu pronunciado traduz mera faculdade legal reconhecida ao juiz (CPP, art. 408, § 2º). Pronunciado o réu, que já se encontrava preso preventivamente, não se nulifica a sua custódia provisória, desde que subsistam os motivos que justificaram a decretação daquela prisão cautelar. São irrelevantes, para esse efeito, a primariedade e os bons antecedentes do acusado, que nenhum direito tem, nesse contexto, à obtenção da liberdade provisória" (STF, 1ª T., HC 67.707-0/RS, Rel. Min. Celso de Mello, decisão de 7-11-1989, *DJ*, 1, de 14-8-1992, p. 12225).

◆ Cap. 13 ◆ DIREITOS E GARANTIAS FUNDAMENTAIS — **581**

Em suma, em nada agridem a presunção de inocência as seguintes espécies de prisão cautelar:
- prisão temporária (Leis n. 7.960, de 21-12-1989, e 8.072, de 25-7-1990, art. 2º, § 3º) (Nesse sentido: STJ, 5ª T., RHC 11.576/SC, Rel. Min. José Dantas, v.u., *DJ* de 9-3-1992, p. 2588);
- prisão para apelar (Lei n. 11.243/2006 e Lei n. 8.072/90, art. 2º, § 2º);

> **Prisão para apelar por tráfico de entorpecentes:** "A prisão para apelar só se legitima quando se evidencia a sua necessidade cautelar, não cabendo inferi-la exclusivamente da gravidade em abstrato do delito imputado; é possível, contudo, extrair do contexto do fato concreto — que revela a existência de complexa organização criminosa de dimensões internacionais — base empírica para afirmação do risco de fuga dos condenados, fundamento idôneo para a cautelar da prisão provisória imposta" (STF, 1ª T., HC 69.714/SP, Rel. Min. Sepúlveda Pertence, decisão de 13-10-1992, *Ementário de Jurisprudência* n. 1716-01, p. 172; *DJ*, 1, de 10-9-1993, p. 18376).

- prisão em flagrante (CPP, arts. 301 a 310) (Precedente: TJSP, *RT*, *649*:275);
- prisão preventiva (CPP, arts. 311 a 316) (Precedente: TJSP, *RJTJSP*, *121*:352);
- prisão por pronúncia (CPP, art. 413, §§ 1º a 3º, com redação dada pela Lei n. 11.689, de 9-6-2008)(Precedentes: STF, Pleno, HC 69.696/SP, Rel. Min. Celso de Mello, *RTJ*, *148*:741; STF, 1ª T., HC 69.026-2/DF, Rel. Min. Celso de Mello, decisão por maioria, *DJ* de 4-9-1992, p. 14091); e
- prisão condenatória recorrível (CPP, art. 393, I).

Também se encontram em conformidade com o primado da presunção de inocência:
- a prisão civil, decretada em casos de devedor de alimentos e de depositário infiel (CF, art. 5º, LXVII); e
- a prisão disciplinar, nos casos de transgressões militares e crimes propriamente militares (CF, arts. 5º, LXI, e 142, § 2º).

Entende o Supremo Tribunal Federal que a existência de recurso especial, perante o Superior Tribunal de Justiça, ou de recurso extraordinário, na própria Corte Excelsa, ainda pendentes de julgamento, não assegura ao condenado o direito de aguardar em liberdade a decisão de qualquer dessas modalidades de impugnação recursal, as quais se encontram despojadas de eficácia suspensiva (Lei n. 8.038/90, art. 27, § 2º) (Precedentes: STF, 1ª T., HC 71.933-3, Rel. Min. Celso de Mello, decisão de 8-11-1994, v.u., *DJU* de 28-4-1995, p. 11135; STF, HC 74.382-0 (medida liminar), Rel. Min. Ilmar Galvão, decisão de 21-8-1996, *DJU* de 2-9-1996, p. 30993).

Finalmente, cumpre enfatizar que o Tribunal de Contas da União é incompetente para rever decisão judicial transitada em julgado, como concluiu o próprio Supremo Tribunal Federal: "O Tribunal de Contas da União não dispõe, constitucionalmente, de poder para rever decisão judicial transitada em julgado (RTJ 193/556-557) nem para determinar a suspensão de benefícios garantidos por **sentença revestida da autoridade da coisa julgada** (RTJ 194/594), ainda que o direito reconhecido pelo Poder Judiciário não tenha o beneplácito da jurisprudência prevalecente no âmbito do Supremo Tribunal Federal, pois a 'res judicata' em matéria civil só pode ser legitimamente desconstituída mediante ação rescisória. Precedentes. Os postulados da **segurança jurídica**, da **boa-fé objetiva** e da **proteção da confiança**, enquanto expressões do **Estado Democrático de Direito**, mostram-se impregnados de elevado conteúdo ético, social e jurídico, projetando-se sobre as relações jurídicas, mesmo as de direito público (RTJ 191/922, Rel. p/ o acórdão Min. Gilmar Mendes), em ordem a viabilizar a incidência desses mesmos princípios sobre comportamentos de qualquer dos Poderes ou órgãos do Estado (os Tribunais de Contas, inclusive), para que se preservem, desse modo, **situações administrativas já consolidadas no passado**. A fluência de longo período de tempo — percepção, no caso, há mais de 16 (dezesseis) anos, de vantagem pecuniária garantida por decisão transitada em julgado — culmina por consolidar justas expectativas no espírito do administrado e, também, por incutir, nele, a confiança da plena regularidade dos atos estatais praticados, não se justificando — ante a aparência de direito que legitimamente resulta de tais circunstâncias — a ruptura abrupta da situação de estabilidade em que se mantinham, até então, as relações de direito público entre o agente estatal, de um lado, e o Poder Público, de outro. Doutrina. Precedentes" (STF, MS 28150/DF, Rel. Min. Celso de Mello, *DJE* de 17-9-2009).

i.1) HC 126.292/SP do STF: pena pode ser cumprida após decisão de segunda instância

Por maioria de votos, o Supremo Tribunal Federal, em sua composição plenária, decidiu, nos idos de 2016, que a execução provisória de acórdão penal condenatório, proferido em julgamento de apelação, ainda quando sujeito a recurso especial no STJ, ou extraordinário no STF, não comprometeria o princípio constitucional da presunção de inocência (STF, HC 126.292/SP, Rel. Min. Teori Zavascki, j. 17-2-2016).

Na época, esse entendimento, sepultado em virtude do julgamento das ADCs 43, 44 e 54, representou uma mudança drástica do entendimento da Corte, que, desde 2009, no julgamento do HC 84.078, condicionava a execução da pena ao trânsito em julgado da sentença condenatória, ressalvada a possibilidade de prisão preventiva.

Recordemos que, no HC 85.886, ficou assentado que "em país nenhum do mundo, depois de observado o duplo grau de jurisdição, a execução de uma condenação fica suspensa aguardando referendo da Suprema Corte" (STF, HC 126.292/SP, Rel. Min. Teori Zavascki, j. 17-2-2016).

No caso concreto, impetraram *habeas corpus*, para desconstituir acórdão, o qual, em sede de apelação, determinara a imediata prisão do paciente por força de sentença condenatória de primeiro grau.

Ao decidir esse caso concreto, a Corte Suprema afirmou que o tema relacionado à execução provisória de sentenças penais condenatórias envolveria duas reflexões concomitantes: 1ª) alcance do princípio da presunção de inocência; e 2ª) equilíbrio entre esse princípio e a efetividade da função jurisdicional penal. Tal equilíbrio deveria atender a valores caros não apenas aos acusados, mas também à sociedade, diante da realidade do intrincado e complexo sistema de justiça criminal brasileiro. A possibilidade da execução provisória da pena privativa de liberdade seria orientação a prevalecer na jurisprudência da Corte, mesmo na vigência da Carta de 1988 (STF, HC 68.726/DF, *DJU* de 20-11-1992; STF, HC 74.983/RS, *DJU* de 29-8-1997). Somam-se a isso a **Súmula 716 do STF** ("Admite-se a progressão de regime de cumprimento da pena ou a aplicação imediata de regime menos severo nela determinada, antes do trânsito em julgado da sentença condenatória") e a **Súmula 717 do STF** ("Não impede a progressão de regime de execução da pena, fixada em sentença não transitada em julgado, o fato de o réu se encontrar em prisão especial") (STF, HC 126.292/SP, Rel. Min. Teori Zavascki, j. 17-2-2016).

Princípios garantidores da liberdade, previstos em nossa legislação, dizia o Min. Teori Zavascki, revelam quão distante se estaria da fórmula inversa, em que ao acusado incumbiria demonstrar sua inocência, fazendo prova negativa das faltas que lhe fossem imputadas. Tais princípios são o devido processo legal, a ampla defesa, o contraditório, o juiz natural, a inadmissibilidade de obtenção de provas por meios ilícitos, a não autoincriminação, com todos os seus desdobramentos de ordem prática, o direito de igualdade entre as partes, o direito à defesa técnica plena e efetiva, o direito de presença, o direito ao silêncio, o direito ao prévio conhecimento da acusação e das provas produzidas, a possibilidade de contraditá-las, o consequente reconhecimento da ilegitimidade de condenação que não esteja devidamente fundamentada e assentada em provas produzidas sob o crivo do contraditório. Com efeito, antes de prolatada a sentença penal, há de se manter reservas de dúvida acerca do comportamento contrário à ordem jurídica, o que levaria a atribuir ao acusado, para todos os efeitos, mas sobretudo no que se refere ao ônus da prova da incriminação, a presunção de inocência (STF, HC 126.292/SP, Rel. Min. Teori Zavascki, j. 17-2-2016).

A eventual condenação representaria juízo de culpabilidade, que deveria decorrer da logicidade extraída dos elementos de prova produzidos em regime de contraditório no curso da ação penal. Para o sentenciante de primeiro grau, ficaria superada a presunção de inocência por um juízo de culpa, pressuposto inafastável para condenação, embora não definitivo, já que sujeito, se houver recurso, à revisão por tribunal de hierarquia imediatamente superior. Nesse juízo de apelação, de ordinário, fica definitivamente exaurido o exame sobre os fatos e provas da causa, com a fixação, se for o caso, da responsabilidade penal do acusado. Então, ali se concretiza, em seu sentido genuíno, o duplo grau de jurisdição, destinado ao reexame de decisão judicial em sua inteireza, mediante ampla devolutividade da matéria deduzida na ação penal, tenha ela sido apreciada, ou não, pelo juízo *a quo* (STF, HC 126.292/SP, Rel. Min. Teori Zavascki, j. 17-2-2016).

Ao réu fica assegurado o direito de acesso, em liberdade, a esse juízo de segundo grau, respeitadas as prisões cautelares porventura decretadas. Desse modo, ressalvada a estreita via da revisão criminal, é,

◆ Cap. 13 ◆ DIREITOS E GARANTIAS FUNDAMENTAIS **583**

portanto, no âmbito das instâncias ordinárias que se exaure a possibilidade de exame de fatos e provas e, sob esse aspecto, a própria fixação da responsabilidade criminal do acusado. Portanto, os recursos de natureza extraordinária não configuram desdobramentos do duplo grau de jurisdição, porquanto não são recursos de ampla devolutividade, já que não se prestam ao debate da matéria fática e probatória. Noutras palavras, com o julgamento implementado pelo tribunal de apelação, ocorre uma espécie de preclusão da matéria envolvendo os fatos da causa. Os recursos ainda cabíveis para instâncias extraordinárias do STJ e do STF — recursos especial e extraordinário — têm âmbito de cognição estrito à matéria de direito. Nessas circunstâncias, tendo havido, em segundo grau, juízo de incriminação do acusado, fundado em fatos e provas insuscetíveis de reexame pela instância extraordinária, entendeu a maioria dos Ministros do Supremo, no HC 126.292/SP, ser inteiramente justificável a relativização, e até mesmo a própria inversão, para a situação concreta, do princípio da presunção de inocência até então observado (STF, HC 126.292/SP, Rel. Min. Teori Zavascki, j. 17-2-2016).

Na visão da maior parte dos juízes que integravam a Corte naquela época, faria sentido negar-se efeito suspensivo aos recursos extraordinários, a exemplo do art. 637 do CPP, motivo pelo qual a previsão constitucional da presunção de não culpabilidade deveria submeter-se a determinados limites. Assim, a execução da pena, na pendência de recursos de natureza extraordinária, não compromete o núcleo essencial do pressuposto da não culpabilidade, na medida em que o acusado tenha sido tratado como inocente no curso de todo o processo ordinário criminal, observados os direitos e as garantias a ele inerentes, bem como respeitadas as regras probatórias e o modelo acusatório atual. Nessa linha raciocínio, a própria Lei Complementar n. 135/2010 (Lei da Ficha Limpa) serviria de exemplo, uma vez que, em seu art. 1º, I, expressamente consagra como causa de inelegibilidade a existência de sentença condenatória por crimes nela relacionados, quando proferida por órgão colegiado (STF, HC 126.292/SP, Rel. Min. Teori Zavascki, j. 17-2-2016).

A presunção de inocência não impede que, mesmo antes do trânsito em julgado, o acórdão condenatório produza efeitos contra o acusado. De todo modo, não se pode desconhecer que a jurisprudência que assegura, em grau absoluto, o princípio da presunção da inocência, a ponto de negar executividade a qualquer condenação enquanto não esgotado definitivamente o julgamento de todos os recursos, ordinários e extraordinários, tem permitido, e incentivado, a indevida e sucessiva interposição de recursos da mais variada espécie, com indisfarçados propósitos protelatórios. Isto ensejou, em muitos casos, a prescrição da pretensão punitiva ou executória. Cumpre ao Poder Judiciário e, sobretudo, ao Supremo Tribunal garantir que o processo, único meio de efetivação do *jus puniendi* estatal, resgate sua inafastável função institucional. A retomada da tradicional jurisprudência de atribuir efeito apenas devolutivo aos recursos especial e extraordinário, como previsto em textos normativos, seria, sob esse aspecto, mecanismo legítimo para harmonizar o princípio da presunção de inocência com o vetor da efetividade da função jurisdicional (STF, HC 126.292/SP, Rel. Min. Teori Zavascki, j. 17-2-2016).

Não raro, podem ocorrer equívocos tanto nos juízos condenatórios proferidos pelas instâncias ordinárias quanto em relação às instâncias extraordinárias. Mas para essas eventualidades sempre há outros mecanismos aptos a inibir consequências danosas ao condenado, suspendendo, se necessário, a execução provisória da pena. Assim sendo, medidas cautelares de outorga de efeito suspensivo ao recurso extraordinário ou especial são instrumentos inteiramente adequados e eficazes para controlar situações de injustiça ou excessos em juízos condenatórios recorridos. Soma-se a isso a ação constitucional do *habeas corpus*, que compõe o conjunto de vias processuais com inegável aptidão para controlar eventuais atentados aos direitos fundamentais decorrentes da condenação do acusado. Portanto, mesmo que exequível provisoriamente a sentença penal contra si proferida, o acusado não está desamparado da tutela jurisdicional em casos de flagrante violação de direitos. E, depois da entrada em vigor da Emenda Constitucional n. 45/2004, os recursos extraordinários só podem ser conhecidos e julgados pelo STF se, além de tratarem de matéria eminentemente constitucional, apresentarem repercussão geral, extrapolando os interesses das partes. Esse foi o entendimento da maioria dos juízes do Supremo Tribunal Federal quando do julgamento do HC 126.292/SP, quando ficaram vencidos os Senhores Ministros Marco Aurélio, Rosa Weber, Celso de Mello e Ricardo Lewandowski (Presidente). Para eles, deveria prevalecer a jurisprudência firmada a partir do julgamento do HC 84.078/MG (*DJE* de 26-2-2010), no sentido de que a prisão antes do trânsito em julgado da condenação só poderia ser decretada a título cautelar. Ademais, a ampla defesa não poderia ser visualizada restritivamente, porque engloba todas as fases processuais,

584 ◆ Uadi Lammêgo Bulos ◆

inclusive as recursais de natureza extraordinária (STF, HC 126.292/SP, Rel. Min. Teori Zavascki, j. 17-2-2016).

i.2.) ADCs 43, 44 e 54: início do cumprimento da pena só após o trânsito em julgado

O entendimento do HC 126.292/SP, que admitiu o cumprimento da pena logo após a decisão de segunda instância, foi alterado pelo Supremo Tribunal Federal (STF, ADC 43/DF, Rel. Min. Marco Aurélio, j. 7-11-2019; ADC 44/DF, Rel. Min. Marco Aurélio, j. 7-11-2019; e ADC 54/DF, Rel. Min. Marco Aurélio, j. 7-11-2019).

Agora, o réu somente poderá ser preso após esgotados todos os recursos a que faz *jus* na quarta instância do Judiciário brasileiro, o Supremo Tribunal Federal, salvo se estiverem presentes os requisitos para se concretizarem aqueles instrumentos de tutela cautelar penal, a exemplo da prisão temporária, da prisão preventiva, da prisão decorrente de condenação criminal recorrível. Nestas estritas hipóteses de índole cautelar, disciplinadas, de modo taxativo, no ordenamento, não incide o pórtico da presunção de inocência (CF, art. 5º, LVII).

Em sua composição plenária, e por maioria de votos, a Corte julgou procedentes três ações declaratórias de constitucionalidade, para firmar a constitucionalidade do art. 283 do Código de Processo Penal (STF, ADC 43/DF, Rel. Min. Marco Aurélio, j. 7-11-2019; ADC 44/DF, Rel. Min. Marco Aurélio, j. 7-11-2019; e ADC 54/DF, Rel. Min. Marco Aurélio, j. 7-11-2019).

> **CPP, art. 283:** "Ninguém poderá ser preso senão em flagrante delito ou por ordem escrita e fundamentada da autoridade judiciária competente, em decorrência de sentença condenatória transitada em julgado ou, no curso da investigação ou do processo, em virtude de prisão temporária ou prisão preventiva".

Prevaleceu o entendimento do Relator, Min. Marco Aurélio, acompanhado por Rosa Weber, Ricardo Lewandowski, Gilmar Mendes, Celso de Mello e Dias Toffoli, vencidos os demais integrantes do Supremo que admitiam a execução da pena após decisão em segundo grau de jurisdição, ainda que sujeita a recurso especial ou extraordinário (STF, ADC 43/DF, Rel. Min. Marco Aurélio, j. 7-11-2019; ADC 44/DF, Rel. Min. Marco Aurélio, j. 7-11-2019; e ADC 54/DF, Rel. Min. Marco Aurélio, j. 7-11-2019).

Eis o sumo das teses vitoriosas, lançadas no julgamento de 7-11-2019, que promoveram a viragem jurisprudencial da matéria:

(i) O art. 283 do CPP é constitucional. Logo, o início do cumprimento da pena condiciona-se ao trânsito em julgado do título condenatório, nos termos do art. 5º, LVII, da Carta Maior. A literalidade desse preceito é clara e não abre campo a controvérsias semânticas: a culpa é pressuposto da sanção. A regra é apurar para, em virtude de título judicial condenatório precluso na via da recorribilidade, prender, em execução da pena, que não admite a forma provisória.

(ii) Existem situações individualizadas, nas quais incide o art. 312 do CPP, e, portanto, cabe prisão preventiva, antes mesmo de esgotadas todas as instâncias recursais.

> **CPP, art. 312:** "A prisão preventiva poderá ser decretada como garantia da ordem pública, da ordem econômica, por conveniência da instrução criminal, ou para assegurar a aplicação da lei penal, quando houver prova da existência do crime e indício suficiente de autoria".

(iii) O art. 5º, LVII, da Constituição, tem sentido unívoco e a Lei 12.403/2011 limitou-se a concretizá-lo, no campo processual, seguindo, inclusive, o próprio *decisum* do STF, no julgamento do HC 84.078, quando ficou assentado que "a prisão antes do trânsito em julgado da condenação somente pode ser decretada a título cautelar".

(iv) Não merece guarida a distinção entre as situações de inocência e não culpa. A execução da pena fixada por meio da sentença condenatória pressupõe a configuração do crime, ou seja, a verificação da tipicidade, antijuridicidade e culpabilidade. Portanto, o implemento da sanção não deve ocorrer enquanto não assentada a prática do delito. Raciocínio em sentido contrário implicaria em negar os avanços do constitucionalismo próprio do Estado Democrático de Direito.

◆ Cap. 13 ◆ DIREITOS E GARANTIAS FUNDAMENTAIS   **585**

(v) O art. 283 do CPP não comporta questionamentos, até porque ele reproduz cláusula pétrea cujo núcleo essencial nem mesmo o poder constituinte derivado está autorizado a restringir.

(vi) Em cenário de profundo desrespeito ao princípio da não culpabilidade, sobretudo quando autorizada normativamente a prisão cautelar, não cabe antecipar, com contornos definitivos a execução da pena, suprimindo-se a liberdade. Os arts. 312 e 319 do CPP devem ser aplicados, nesse contexto, face ao que prescreve o inciso LXVI, do art. 5º, do Texto Magno: "ninguém será levado à prisão ou nela mantido, quando a lei admitir a liberdade provisória, com ou sem fiança".

(vii) A execução provisória da pena nem mesmo deve operar-se face ao julgamento de recurso especial pelo Superior Tribunal de Justiça, do contrário tal Corte seria uma espécie de "Supremo Tribunal de Justiça", nivelando-se, ao arrepio da ordem constitucional, ao verdadeiro e único Supremo Tribunal Federal.

(viii) Não se justifica invocar, de modo análogo, elementos de Direito Comparado para se defender o cabimento da prisão antes do trânsito em julgado da sentença penal condenatória, por mais merecedores de admiração que sejam. De outra parte, ainda que se pretendesse relativizar a densidade normativa do art. 5º, LVII, da Constituição, despindo-o da sua literalidade, não seria possível identificar, no art. 283 do CPP, qualquer ofensa a este ou a qualquer outro preceito constitucional.

(ix) Não se mostra possível superar a taxatividade do inciso LVII do art. 5º do Texto Maior, salvo em situações de cautelaridade, por tratar-se de comando constitucional absolutamente imperativo, categórico, com relação ao qual não cabe qualquer tergiversação. O referido inciso LVII, além de ser claríssimo, jamais poderia ser objeto de uma inflexão jurisprudencial para interpretá-lo *in malam partem*, ou seja, em prejuízo dos acusados em geral. Demais disso, a Declaração Universal dos Direitos do Homem de 1948, elaborada sob os auspícios da Organização das Nações Unidas e subscrita pelo Brasil, de observância obrigatória por todos os Estados que a assinaram, consagrou, em seu art. 30, o princípio da proibição do retrocesso em matéria de direitos e garantias fundamentais, plenamente aplicável à espécie.

(x) Ainda que existam graves disfuncionalidades no sistema processual penal, que levam à prescrição e à não aplicação da pena, elas não legitimam a prática de medidas abusivas por parte do Poder Judiciário, como prisões processuais infundadas ou baseadas na manutenção da ordem pública e na gravidade do delito, como a denominada "prisão provisória de caráter permanente". A problemática da prescrição, ademais, pode ser solucionada de maneira mais satisfatória a depender de medidas administrativas tomadas pelo Judiciário. Desse modo, é preciso tornar o sistema mais eficiente, e não promover a ablação de uma norma constitucional.

(xi) O Min. Celso de Mello lançou os seguintes argumentos que, a seu ver, justificam a impossibilidade de prisão antes do trânsito em julgado: a) a presunção de inocência qualifica-se como direito público subjetivo, de caráter fundamental, expressamente contemplado na CF (art. 5º, LVII); b) o estado de inocência, que sempre se presume, cessa com a superveniência do efetivo e real trânsito em julgado da condenação criminal, não se admitindo, por incompatível com a cláusula constitucional que o prevê, a antecipação ficta do momento formativo da coisa julgada penal; c) a presunção de inocência não se reveste de caráter absoluto, em razão de constituir presunção *juris tantum*, de índole meramente relativa; d) a presunção de inocência não se esvazia progressivamente, à medida em que se sucedem os graus de jurisdição, pois só deixa de subsistir quando resultar configurado o trânsito em julgado da sentença penal condenatória; e) o postulado do estado de inocência não impede que o Poder Judiciário utilize, quando presentes os requisitos que os legitimem, os instrumentos de tutela cautelar penal, como as diversas modalidades de prisão cautelar (entre as quais, p. ex., a prisão temporária, a prisão preventiva ou a prisão decorrente de condenação criminal recorrível) ou, então, quaisquer outras providências de índole cautelar diversas da prisão (CPP, art. 319); f) a Assembleia Constituinte brasileira, embora lhe fosse possível adotar critério diverso (como o do duplo grau de jurisdição), optou, conscientemente, de modo soberano, com apoio em escolha política inteiramente legítima, pelo critério técnico do trânsito em julgado; g) a exigência de trânsito em julgado da condenação criminal, que atua como limite inultrapassável à subsistência da presunção de inocência, não traduz singularidade do constitucionalismo brasileiro, pois foi também adotada pelas vigentes Constituições democráticas da República Italiana de 1947 (art. 27) e da República Portuguesa de 1976 (art. 32, n. 2); h) a execução provisória (ou antecipada) da sentença penal condenatória recorrível, por fundamentar-se, artificiosamente, em uma antecipação ficta do trânsito em julgado, culmina por fazer prevalecer, de modo indevido, um prematuro juízo de culpabilidade, frontalmente contrário ao que prescreve o art. 5º, LVII, da CF; i) o reconhecimento da possibilidade de execução provisória da condenação criminal recorrível, além de inconstitucional, também transgride e ofende a legislação ordinária, que somente admite a efetivação executória da pena após o trânsito em julgado da sentença que a impôs (LEP, arts. 105 e 147; CPPM, arts. 592, 594 e 604), ainda que se trate de simples multa criminal (CP, art. 50; LEP, art. 164); j) as convenções e as declarações internacionais de direitos humanos, embora reconheçam a presunção de inocência como direito fundamental de qualquer indivíduo, não estabelecem, quanto a ela, a exigência do trânsito em julgado, o que torna aplicável, configurada situação de antinomia entre referidos atos de direito internacional público e o ordenamento interno brasileiro e em ordem a viabilizar o diálogo harmonioso entre as fontes internacionais e aquelas de origem doméstica, o critério da norma mais favorável (Pacto de São José da Costa Rica, art. 29), pois a CF, ao proclamar o estado de inocência em favor das pessoas em geral, estabeleceu o requisito adicional do trânsito em julgado, circunstância essa que torna consequentemente mais intensa a proteção jurídica dispensada àqueles que sofrem persecução criminal; k) a exigência do trânsito em julgado vincula--se à importância constitucional e político-social da coisa julgada penal, que traduz fator de certeza e de segurança jurídica (*res judicata pro veritate habetur*); e l) a soberania dos veredictos do júri, que se reveste de caráter meramente relativo, não autoriza nem legitima, por si só, a execução antecipada (ou provisória) de condenação ainda recorrível emanada do Conselho de Sentença.

i.3) Delação premiada

A delação premiada está prevista na Lei n. 12.850/2013. Como mantém pontos de contato com o estudo do princípio constitucional da presunção de inocência, pedimos licença para examiná-la aqui.

Chama-se delação, contribuição, acordo ou colaboração premiada o instrumento pelo qual se buscam obter provas, mediante a colheita de documentos, oitiva de depoimentos e testemunhos que, segundo o seu resultado, poderão servir, ou não, como meio probatório.

Não é possível ao coautor ou partícipe dos crimes praticados pelo colaborador questionar os termos do acordo celebrado com base na Lei n. 12.850/2013.

O acordo premiado não interfere diretamente na esfera jurídica do delatado, e, pelo art. 4º, § 16, da Lei n. 12.850/2013, nenhuma sentença condenatória será proferida com fundamento apenas em declarações de agentes colaboradores.

A eventual validade de uma delação premiada por fatos supervenientes tem que ser avaliada pelo Ministério Público e pelo juiz. Deve-se sempre buscar a utilidade do acordo e o resultado de sua realização.

Recordemos que a importância da delação premiada não reside na pessoa do delator. Pouco importa se ele é íntegro ou não, se é marginal ou não, se é boa ou má pessoa. O que interessa é o fornecimento de informações verídicas para municiar a persecução penal. De nada interessam, para fins de delação premiada, os traços de sua personalidade. Isto só diz respeito, apenas, à esfera jurídica particular do delator, e não da delação em si. E, diga-se de passagem, que o Supremo Tribunal Federal reconheceu que os delatados têm direito para apresentarem alegações finais após os delatores, pois a ampla defesa, jungida ao contraditório, é princípio merecedor de acatamento nessa seara (STF, HC 166373/PR, Rel. Min. Edson Fachin, j. 2-10-2019).

Quanto à quebra de compromisso assumido pelo colaborador, o Supremo Tribunal Federal já decidiu que isto não gera contaminação entre os processos-crimes. E muito antes do surgimento da Lei n. 12.850/2013, a jurisprudência da Corte já negava a legitimidade de qualquer condenação penal imposta, unicamente, com base no depoimento de agentes colaboradores (STF, HC 127483, Rel. Min. Dias Toffoli, j. 27-8-2015).

Na realidade, toda delação premiada é, sobremodo, relativa, porque tal ato colaborativo não se posta acima do *princípio constitucional da presunção de inocência*.

Basta ver que o próprio Supremo Tribunal Federal tem admitido, sim, o uso do instituto da colaboração ou delação premiada, mas ressalvando, bem antes do advento da Lei n. 12.850/2013 (art. 4º, § 16), que nenhuma condenação penal poderá ter por único fundamento as declarações do agente colaborador.

Como ensinou o Min. Celso de Mello, na Petição 5.700/DF, o legislador brasileiro procurou neutralizar, em favor de quem sofre a imputação emanada de agente colaborador, os mesmos efeitos

♦ Cap. 13 ♦ DIREITOS E GARANTIAS FUNDAMENTAIS 587

perversos da denunciação caluniosa revelados, na experiência italiana, pelo Caso "Enzo Tortora", nos anos oitenta, que resultou num clamoroso erro judiciário, porque se tratava de pessoa inocente, injustamente delatada por membros de uma organização criminosa napolitana, a chamada *Nuova Camorra Organizzata*. Essa organização, a pretexto de cooperar com a Justiça (e de, assim, obter os benefícios legais correspondentes), falsamente incriminou Enzo Tortora, então conhecido apresentador de programa de sucesso na RAI (*Portobello*) (STF, Petição 5.700/DF, Rel. Min. Celso de Mello, j. 22-9-2015).

Havendo suspeita de crime, juntamente com elementos idôneos de informação que autorizem a investigação penal do episódio delituoso, é essencial proceder à ampla apuração dos fatos, satisfazendo-se, desse modo, com a legítima instauração do pertinente inquérito, a um imperativo inafastável fundado na necessidade ético-jurídica de sempre se promover a busca da verdade real (STF, Petição 5.700/DF, Rel. Min. Celso de Mello, j. 22-9-2015).

Evidente que a "mera instauração de inquérito, tanto quanto a abertura de processo penal em juízo, não afetam a presunção constitucional de inocência, eis que qualquer pessoa, sem exceção, presume-se inocente, independentemente da natureza e da gravidade dos crimes cuja prática lhe tenha sido imputada, subsistindo essa presunção de inocência, que tem fundamento na própria Constituição da República (CF, art. 5º, LVII), até que sobrevenha o trânsito em julgado de sentença penal condenatória".

Também é garantido àquele que "sofre persecução penal — ainda que submetida esta ao regime de sigilo — o direito de conhecer os elementos de informação já existentes nos autos e cujo teor possa ser, eventualmente, de seu interesse, quer para efeito de exercício da autodefesa, quer para desempenho da defesa técnica (...). É que a prova penal, uma vez regularmente introduzida no procedimento persecutório, não pertence a ninguém, mas integra os autos do respectivo inquérito ou processo, constituindo, desse modo, acervo plenamente acessível a todos quantos sofram, em referido procedimento sigiloso, atos de persecução penal por parte do Estado" (STF, Petição 5.700/DF, Rel. Min. Celso de Mello, j. 22-9-2015).

Outro ponto que merece destaque é o acesso à delação premiada.

Sobre esse aspecto, a Corte Excelsa, na Reclamação 21861, estendeu a ex-governador os efeitos de liminar deferida a ex-deputado, permitindo acesso ao conteúdo integral dos procedimentos de delação premiada. Conforme os autos, o ex-governador é réu em ação penal que teve origem a partir de acordo firmado entre o delator, o Ministério Público Federal e o Ministério Público do Distrito Federal e Territórios. Ao constatar a identidade jurídica dos casos, por envolverem os mesmos acordos de delação premiada, o Min. Marco Aurélio acolheu o pedido de extensão formulado pela defesa do ex-governador, garantindo-lhe acesso ao conteúdo integral de procedimentos relativos aos fatos narrados na denúncia, inclusive com obtenção de cópia. O relator também determinou a suspensão do ato que designou audiência de instrução e julgamento na ação penal em questão, até que seja cumprida a providência, e determinou que fosse dada ciência da decisão ao juízo Criminal da Circunscrição Judiciária de Brasília (STF, Reclamação 21861, Rel. Min. Marco Aurélio, j. 23-9-2015).

> **Garantia de acesso a declarações de colaboradores em investigação contra ex-governador** — o Supremo Tribunal Federal assegurou a ex-governador o acesso a declarações prestadas por colaboradores em processo no qual ele é investigado. Tal acesso foi quanto a declarações já documentadas. O *decisum* da Corte não abrangeu as diligências em andamento, para que as mesmas não fossem prejudicadas. Garantiu-se, no caso, a efetividade da Súmula Vinculante 14, que assegura o acesso aos advogados ao conjunto de elementos imprescindíveis ao pleno exercício do direito de defesa e do contraditório. Desse modo, o Supremo permitiu à defesa do ex-governador acessar todos os termos de colaboração premiada que mencionavam e incriminavam o ex-chefe do Executivo estadual (STF, Rcl. 39281, Rel. Min. Gilmar Mendes, j. 20-2-2020).

✦ 48. TRATADOS INTERNACIONAIS E DIREITOS FUNDAMENTAIS (ART. 5º, § 2º)

O catálogo de liberdades públicas do Texto de 1988 inclui *outros direitos*, de envergadura constitucional, decorrentes do regime e dos princípios por ele adotados.

> **Pioneirismo e fonte de inspiração do art. 5º, § 2º, da CF:** a Constituição de 1988 foi a primeira, no Brasil, a consagrar, de modo explícito, a possibilidade de *outros direitos* ingressarem no

ordenamento, via tratados internacionais. Nesse assunto, trilhou os passos do Texto português de 1976 (art. 16º, I), da Emenda IX, de 1791, à Constituição norte-americana de 1787 e, indiretamente, da Carta francesa de 1958 (art. 54).

Que *outros direitos* seriam esses?

São os que derivam dos atos, tratados, pactos, cartas, convênios, convenções, protocolos, entre outros negócios jurídicos que se revestem de terminologias variadas, mas que objetivam produzir efeitos jurídicos potencialmente concretos.

O conteúdo desses *direitos* deverá espelhar a substância dos princípios e normas previstos na Constituição de 1988, a exemplo daqueles arrolados no art. 4º da *Lex Mater* (independência nacional, prevalência dos direitos humanos, autodeterminação dos povos, não intervenção, igualdade entre os Estados, defesa da paz, solução pacífica dos conflitos, repúdio ao terrorismo e ao racismo, cooperação entre os povos e concessão de asilo político).

⟡ 48.1. Princípio da não tipicidade constitucional

O art. 5º, § 2º, do Texto de 1988 consagrou o *princípio da não tipicidade constitucional*, isto é, as liberdades públicas logram uma abertura material, sendo enunciadas a título exemplificativo, e não taxativo.

Significa dizer que os direitos e garantias fundamentais da Constituição Federal não se encontram enclausurados, formalmente, no art.5º, indo além das fronteiras dos seus incisos e parágrafos (STF, Pleno, ADIn 939-7/DF, Rel. Min. Sydney Sanches, *Ementário de Jurisprudência* n. 1730-10).

Na realidade, o § 2º do art. 5º constitui um *portal* que propicia o ingresso, no ordenamento jurídico, de **normas materialmente constitucionais** — constatação extraída de uma exegese sistemática da Carta de 1988, que procura conceber os direitos fundamentais de mãos dadas com o **princípio da dignidade humana** (CF, art. 1º, III).

Assim, o § 2º do art. 5º é um cânone de exegese para **otimizar** tratados internacionais de direitos humanos, incorporados à ordem jurídica brasileira, numa perspectiva material, consentânea ao **bloco de constitucionalidade** da Carta de 1988.

Mas, afinal, qual a natureza do multicitado art. 5º, § 2º, do Texto Maior?

Trata-se de uma **norma de competência** cuja missão é fomentar o nascimento de um **ordenamento jurídico supraconstitucional**, que pouco a pouco está surgindo e, muito em breve, se expandirá, como tem ocorrido em diversos países europeus, notadamente pela influência da União Europeia.

⟡ 48.2. Incorporação dos tratados internacionais na ordem jurídica brasileira

Pela Constituição brasileira de 1988, os atos, tratados, pactos, cartas, convênios, convenções, protocolos, entre outras figuras do Direito Internacional, incorporam-se à ordem jurídica como verdadeiras normas constitucionais (art. 5º, §§ 2º e 3º).

Mas o tema é complexo.

Por isso, desde o surgimento da Carta de 1988, formaram-se quatro correntes para tentar explicar o modo pelo qual os tratados e convenções internacionais de direitos humanos se incorporam à ordem jurídica brasileira:

- **corrente do *status* supraconstitucional dos tratados e convenções internacionais de direitos humanos** — os tratados de direitos humanos apresentam hierarquia supraconstitucional, em virtude da superioridade da ordem externa sobre a interna. Os corifeus dessa tese sustentam a existência de uma **supremacia supranacional**, de natureza jurídica, normativa, coativa e imperativa, que equivaleria ao **normativismo supranacional**. Recordemos que o Supremo, em diversos precedentes, atribuiu, nos anos de 1940 e de 1950, superioridade aos tratados e convenções internacionais em face da legislação interna do Brasil (**Apelações Cíveis 7.872/RS e 9.587/DF**), entendimento completamente alterado a partir de 1977, quando o Tribunal passou a equiparar os tratados às leis ordinárias. Na doutrina, aderiram à corrente do *status* da

◆ Cap. 13 ◆ **DIREITOS E GARANTIAS FUNDAMENTAIS** **589**

supraconstitucionalidade Agustín Gordillo, André Gonçalves Pereira e Fausto de Quadros. Na jurisprudência do Supremo, os Ministros Laudo de Camargo e Lafayette de Andrada;

• **corrente do *status* supralegal dos tratados e convenções internacionais de direitos humanos** — aqui os tratados internacionais sobre direitos humanos são tidos como estatutos situados em posição intermediária entre as leis internas que regem o País e a Constituição. Galgam uma estatura superior à das leis internas em geral, subordinando-se, todavia, à autoridade das normas constitucionais. Os defensores dessa corrente acreditam que os tratados sobre direitos humanos, embora apresentem, num primeiro súbito de vista, a roupagem de atos infraconstitucionais, são, na verdade, dotados de um caráter supralegal. Encontram-se abaixo da carta magna, sujeitando-se à supremacia de suas normas. De outra banda, ocupam posto de destaque no ordenamento jurídico, por isso não podem ser equiparados a uma lei ordinária, o que representaria um menoscabo à importância que logram no sistema de proteção internacional dos direitos humanos. Nesse contexto, devemos distinguir as **convenções internacionais sobre direitos humanos**, que estão acima das leis, dos **tratados internacionais sobre as demais matérias**, que se equiparam às próprias leis ordinárias. Na doutrina, seguem essa teoria Inocêncio Mártires Coelho e Paulo Gustavo Gonet Branco. Na jurisprudência do STF, os Ministros Gilmar Mendes, Marco Aurélio, Ricardo Lewandowski, Cármen Lúcia e Carlos Alberto Menezes Direito;

• **corrente do *status* de lei ordinária dos tratados e convenções internacionais de direitos humanos** — os tratados internacionais de direitos humanos e as leis ordinárias federais têm a mesma hierarquia jurídica, submetendo-se ao princípio *lei posterior revoga lei anterior que seja com ela incompatível*. Essa concepção remonta ao **RE 80.004**, de relatoria do Ministro Xavier de Albuquerque, publicado no *DJ* de 29-12-1977, quando o Supremo firmou a **tese da paridade hierárquica entre os tratados de direitos humanos e a lei federal**. Nesse julgado, o plenário do Supremo decidiu, por maioria de votos, que, ante a realidade do conflito entre tratado e lei posterior, esta, porque expressão última da vontade do legislador republicano, deve ter sua prevalência garantida pela Justiça, nada obstante as consequências do descumprimento do tratado, no plano internacional. A despeito desse posicionamento ter surgido sob a égide da Emenda Constitucional n. 1/69, o certo é que, mesmo com o advento da Carta de 1988, ele prevaleceu. Nesse sentido, recorde-se do **HC 72.131**, julgado em 22-11-1995, em que se discutiu a prisão civil por dívida do depositário infiel. O Supremo, em votação majoritária, vencidos os Ministros Marco Aurélio, Carlos Velloso e Sepúlveda Pertence, entendeu que inexistia, "na perspectiva do modelo constitucional vigente no Brasil, qualquer precedência ou primazia hierárquico-normativa dos tratados ou convenções internacionais sobre o direito positivo interno, sobretudo em face das cláusulas inscritas no texto da Constituição da República, eis que a ordem normativa externa não se superpõe, em hipótese alguma, ao que prescreve a Lei Fundamental da República". Esse trecho, extraído do voto do Ministro Celso de Mello, foi posteriormente confirmado noutros julgamentos, a exemplo do **RE 206.482**, do **HC 76.561** e do **RE 243.613**. Hoje, o Supremo não pensa mais assim. O próprio Ministro Celso de Mello, ao filiar-se à corrente que atribui *status* de norma constitucional aos tratados de direitos humanos, proclamou: "Como precedentemente salientei neste voto, e após detida reflexão em torno dos fundamentos e critérios que me orientaram em julgamentos anteriores (*RTJ, 179*:493), evoluo, Senhora Presidente, no sentido de atribuir, aos tratados internacionais em matéria de direitos humanos, superioridade jurídica em face da generalidade das leis internas brasileiras, reconhecendo, a referidas convenções internacionais, nos termos que venho de expor, qualificação constitucional" (STF, HC 87.585-8/TO, Pleno, voto-vista do Ministro Celso de Mello, j. em 12-3-2008); e

• **corrente do *status* constitucional dos tratados e convenções internacionais de direitos humanos** — os tratados internacionais de direitos humanos assumem, na ordem positiva interna brasileira, qualificação constitucional, sendo que as convenções internacionais em matéria de direitos humanos, celebradas pelo Brasil antes do surgimento da Emenda Constitucional 45/2004, a exemplo do Pacto de São José da Costa Rica, revestem-se de **caráter materialmente constitucional**, compondo, sob tal perspectiva, a noção conceitual de **bloco de constitucionalidade**. Sem dúvida, essa é a concepção mais bem elaborada e que se mostra mais convincente. Os tratados internacionais de direitos humanos não são meras leis ordinárias, pois sua hierarquia advém do art. 5º, § 2º, preceito que promove a integração da ordem jurídica interna com a ordem jurídica internacional. Consequências desse entendimento: **(i)** o princípio da dignidade humana é valor supremo a ser observado no exame do tema (CF, art. 1º, III); **(ii)** os tratados sobre direitos humanos apresentam superioridade no plano internacional, pois integram o *jus cogens* (direito cogente e inderrogável); **(iii)** se os tratados internacionais em geral têm força hierárquica infraconstitucional, seguindo o regime do art. 102, III, *b*, da Carta de 1988, os tratados internacionais de proteção dos direitos humanos possuem a natureza de norma constitucional, apresentando um caráter especialíssimo, diferente daquele atribuído aos tratados internacionais comuns; e **(iv)** enquanto os tratados comuns visam o equilíbrio e a reciprocidade de relações entre Estados-partes, os tratados sobre direitos humanos transcendem os meros compromissos recíprocos entre os Estados pactuantes, pois objetivam a salvaguarda de direitos humanos, e não de prerrogativas estatais. Na doutrina, seguem essa teoria, a qual nos parece satisfatória, Antônio Augusto Cançado Trindade, Celso Lafer, Flávia Piovesan e Valério de Oliveira Mazzuoli. No STF, os Ministros Celso de Mello, Cezar Peluso, Eros Grau e Ellen Gracie.

a) Regime jurídico do art. 5º, § 2º, da CF: o novo entendimento do STF

De 1977 a 2008 predominou na Corte Excelsa o entendimento majoritário de que os tratados e convenções internacionais sobre direitos humanos incorporaravam-se à ordem jurídica brasileira na qualidade de *atos normativos infraconstitucionais*, isto é, como leis ordinárias (STF, *RTJ*, *83*:809).

A partir de dezembro de 2008, a Corte alterou, completamente, a sua posição sobre o assunto.

Hoje, a tese majoritária, predominante no Plenário do Supremo, é a seguinte: **os tratados e convenções internacionais têm** *status* **supralegal, pois estão acima da legislação ordinária, situando-se, contudo, abaixo da Constituição da República** (STF, HC 87.585-8/TO, Pleno, Rel. Min. Marco Aurélio, j. em 3-12-2008; STF, Pleno, RE 466.343/SP, Rel. Min. Cezar Peluso, j. em 3-12-2008; STF, Pleno, RE 349.703/RS, Rel. Min. Carlos Britto, j. em 3-12-2008).

Desse modo, prevalece, no Pretório Excelso, a tese defendida pelo Ministro Gilmar Mendes, para quem os tratados e convenções internacionais sobre direitos humanos, aos quais o Brasil aderiu, logram *status* supralegal. Mas esse entendimento não eleva os atos de direito das gentes ao posto de normas constitucionais, pois, como explicou o Ministro Gilmar, seria um **risco para a segurança jurídica** equiparar os textos dos tratados e convenções internacionais às normas da Carta Magna. A favor desse raciocínio se manifestaram os Ministros Marco Aurélio, Ricardo Lewandowski, Cármen Lúcia e Carlos Alberto Menezes Direito. Foram votos vencidos parcialmente, defendendo o *status* constitucional dos tratados de direitos humanos, os Ministros Celso de Mello, Cezar Peluso, Eros Grau e Ellen Gracie.

Dentre os integrantes da corrente minoritária, por assim dizer, vale destacar o posicionamento do Ministro Celso de Mello. Para ele, os tratados e convenções internacionais sobre direitos humanos, inclusive aqueles firmados antes do advento da Constituição de 1988, **têm o mesmo** *status* **dos dispositivos inscritos na Constituição Federal**, não podendo, todavia, contrariá-la, mas, tão só, completá-la, afinal os direitos e garantias nela expressos "não excluem outros decorrentes do regime e dos princípios por ela adotados, ou dos tratados internacionais em que a República Federativa do Brasil seja parte" (CF, art. 5º, § 2º). Em seu douto voto, reconheceu o caráter de "supralegalidade" dos atos de direito internacional, atribuindo-lhes, entretanto, hierarquia constitucional. Reviu, assim, o seu velho entendimento, lavrado na **ADI 1.480**, que conferia aos tratados internacionais em geral, qualquer que fosse a matéria neles veiculada, posição juridicamente equivalente à das leis ordinárias (STF, HC 87.585-8/TO, Pleno, voto-vista do Ministro Celso de Mello, em 12-3-2008).

Assim, após refletir detidamente sobre o tema, o Ministro Celso de Mello mudou seu antigo posicionamento, inclinando-se a acolher outra orientação, à luz de três situações distintas: **(i)** tratados internacionais de direitos humanos celebrados pelo Brasil (ou aos quais o País aderiu), e regularmente incorporados à ordem interna, em momento anterior ao da promulgação da Constituição de 1988 (tais convenções internacionais revestem-se de índole constitucional, porque formalmente recebidas, nessa condição, pelo § 2º do art. 5º da Constituição); **(ii)** tratados internacionais de direitos humanos que venham a ser celebrados pelo Brasil (ou aos quais o País venha a aderir) em data posterior à da promulgação da Emenda Constitucional n. 45/2004 (essas convenções internacionais, para se impregnarem de

◆ Cap. 13 ◆ **DIREITOS E GARANTIAS FUNDAMENTAIS** **591**

natureza constitucional, deverão observar o *iter* procedimental estabelecido pelo § 3º do art. 5º da Constituição); e **(iii)** tratados internacionais de direitos humanos celebrados pelo Brasil (ou aos quais o País aderiu) entre a promulgação da Constituição de 1988 e a superveniência da EC n. 45/2004 (referidos tratados assumem caráter materialmente constitucional, porque essa qualificada hierarquia jurídica lhes é transmitida por efeito de sua inclusão no bloco de constitucionalidade) (STF, HC 87.585-8/TO, Pleno, voto-vista do Ministro Celso de Mello, em 12-3-2008).

De nossa parte, também modificamos o modo de pensar, não na linha preconizada pelo Ministro Gilmar Mendes, mas na vertente capitaneada pelo Ministro Celso de Mello e seguida pela minoria dos Ministros da Corte, no sentido de atribuir aos tratados e convenções sobre direitos humanos o *status* constitucional.

Até a 8ª edição da nossa *Constituição Federal anotada* e 3ª edição deste *Curso de direito constitucional*, entendíamos que os tratados de proteção dos direitos humanos se incorporavam à ordem jurídica como leis ordinárias. Dita incorporação seria um ato complexo, oriundo da soma da vontade do Congresso Nacional (CF, art. 49, I) com a vontade do Presidente da República (CF, art. 84, VIII).

Agora já não entendemos assim. Evoluímos o modo de pensar, chegando à conclusão de que a **corrente do *status* constitucional dos tratados e convenções internacionais de direitos humanos**, acima descrita, e compartilhada, minoritariamente, pelos juízes do Supremo, é a única capaz de assegurar:

* a visão concatenada e sistêmica dos §§ 2º e 3º do art. 5º da Carta de 1988, de modo a se atribuir aos tratados e convenções sobre direitos humanos **máxima efetividade**, em benefício do ser humano, dos valores nobres que devem, necessariamente, nortear a conturbada e passageira vida terrena, em nome de um **constitucionalismo cristão**, que tem como pano de fundo a máxima **amar ao próximo como a si mesmo**;

* o predomínio do princípio da dignidade da pessoa humana em sua inteireza (CF, art. 1º, III), **valor constitucional supremo** a ser observado e seguido no âmbito do sistema internacional de proteção dos direitos humanos fundamentais;

* a prevalência da Constituição de 1988 sobre os tratados de direitos humanos, os quais não se superpõem à sua supremacia, motivo pelo qual sujeitam-se aos controles difuso e concentrado de normas;

* a **segurança das relações jurídicas**, pois a equiparação dos tratados e convenções de direitos humanos às normas constitucionais, ao contrário dos que propalam os seguidores da corrente do *status* supralegal dos tratados e convenções internacionais de direitos humanos, não geram estados de insegurança que podem beirar o caos;

* a preservação do campo reservado às espécies normativas, pois os tratados internacionais celebrados pelo Brasil, equivalentes às emendas constitucionais, pelo regime do § 3º do art. 5º, não invadem a esfera de domínio material das modalidades dispostas no art. 59 da Carta Magna;

* a concretização do princípio da boa-fé, pelo qual cabe ao Estado cumprir as disposições do tratado, que livremente consentiu, respeitando, inclusive, o disposto no art. 27 da Convenção de Viena sobre o Direito dos Tratados. Desse modo assegura-se a real efetividade dos tratados internacionais de direitos humanos, em face dos tratados internacionais comuns, na linha proposta pela **Corte Interamericana de Direitos Humanos**, em sua **Opinião Consultiva n. 2, de setembro de 1982**: "Ao aprovar estes tratados sobre direitos humanos, os Estados se submetem a uma ordem legal dentro da qual eles, em prol do bem comum, assumem várias obrigações, não em relação a outros Estados, mas em relação aos indivíduos que estão sob sua jurisdição"; e

* a constatação de que os tratados de direitos humanos fundamentais assumem caráter materialmente constitucional, em virtude de se inserirem no bloco de constitucionalidade, **premissa decorrente da lógica do sistema**, independentemente de seguirmos esta ou aquela diretriz doutrinária ou jurisprudencial.

Desse modo, o § 2º do art. 5º funciona como **cláusula geral de recepção**, porque confere aos tratados e convenções de direitos humanos hierarquia constitucional, viabilizando, portanto, a incorporação, ao catálogo das liberdades públicas da Carta de 1988, outras prerrogativas fundamentais, as quais subsumem-se à noção do bloco de constitucionalidade.

b) Regime jurídico do art. 5º, § 3º, da CF: equivalência com as emendas constitucionais

Pelo § 3º do art. 5º, "os tratados e convenções internacionais sobre direitos humanos que forem aprovados, em cada Casa do Congresso Nacional, em dois turnos, por três quintos dos votos dos respectivos membros, serão equivalentes às emendas constitucionais".

Esse dispositivo foi acrescido à Carta de 1988 pela Emenda Constitucional n. 45/2004, cujo panorama geral é o seguinte:

- **regime dos atos internacionais equivalente ao das emendas constitucionais** — as normas previstas nos tratados, atos, pactos ou convenções internacionais não ingressam no ordenamento brasileiro na qualidade de leis ordinárias, e sim como emendas constitucionais. Desse modo, o legislador comum não poderá revogar os atos de direito das gentes relativos a direitos humanos, que têm **perfil constitucional particularizado,** pois não equivalem a simples leis federais. Observada essa advertência, os tratados e convenções trilham o mesmo processo legislativo especial das emendas à Constituição, a começar pelo quórum de aprovação (3/5 dos votos dos Deputados e Senadores), culminando com a irreformabilidade deles (CF, art. 60, § 4º, I a IV);

- **iniciativa legislativa** — é o Presidente da República que submete a matéria ao Congresso, à semelhança do que ocorre com as emendas constitucionais (CF, art. 60, II). **As votações começam na Câmara dos Deputados, pois o Senado é a Casa iniciadora somente quando a proposta partir dos próprios senadores**. Como acontece com as emendas, está descartada a sanção do Presidente da República, restando às Mesas da Câmara dos Deputados e do Senado, com o respectivo número de ordem, promulgar o ato internacional;

- **necessidade de ratificação pelo Parlamento** — os tratados e as convenções internacionais só se incorporam à ordem jurídica brasileira se aprovados em dois turnos e por três quintos dos votos dos membros do Congresso Nacional. E se o Congresso, no exame discricionário do ato (CF, art. 49, I), vier a desaprová-los, eles **não poderão ser internalizados** em nosso ordenamento; e

- **supremacia das normas constitucionais sobre os atos internacionais** — a aplicação de tratados ou convenções internacionais, na ordem jurídica brasileira, presume que eles sejam compatíveis com a Carta Magna, sob pena de serem **inconstitucionais**. Logo, os atos de direito das gentes somente estarão em plena vigência, vigorando na ordem jurídica interna, à semelhança das emendas constitucionais, se estiverem subordinados à magnitude do Texto de 1988. Do contrário, encontram-se desprovidos de eficácia normativa.

Na realidade, o art. 5º, § 3º, proveniente da Emenda Constitucional n. 45/2004, alçou os tratados e convenções internacionais sobre direitos humanos a uma **posição privilegiada e especial no ordenamento jurídico**, porque os equiparou às emendas constitucionais, e não às leis federais.

O constituinte reformador atribuiu aos tratados e convenções um perfil diferenciado, principalmente no que tange à sua **posição hierárquica** em nosso sistema de Direito Positivo.

Que **posição hierárquica** seria essa?

Posição hierárquica de **norma constitucional**.

Diferentemente da Constituição argentina de 1853, com a Reforma de 1994, que proclamou a hierarquia constitucional dos tratados de direitos humanos (art. 75, n. 22), a Emenda Constitucional n. 45/2004 foi bastante tímida nesse aspecto, não dizendo, na letra do § 3º do art. 5º, que os tratados e convenções sobre direitos humanos têm hierarquia formalmente constitucional.

Essa tarefa ficou para o intérprete, que, sem sobra de dúvida, há de vislumbrar a **hierarquia constitucional dos tratados e convenções sobre direitos humanos**, ratificados pelo Brasil, com base no **regime estabelecido no § 3º do art. 5º.**

Expliquemos.

Cap. 13 ◆ DIREITOS E GARANTIAS FUNDAMENTAIS

Se, consoante o § 2º do art. 5º, os tratados e convenções de direitos humanos são normas **materialmente** constitucionais, integrantes do bloco de constitucionalidade da Carta de 1988, conforme o § 3º do referido art. 5º, eles possuem a natureza **material e formalmente** constitucional.

Assim, temos:

- **regime jurídico do art. 5º, § 2º, da CF** — confere aos tratados e convenções de direitos humanos a índole de normas **materialmente constitucionais**, integrantes do **bloco de constitucionalidade** da Carta Maior; e

- **regime jurídico do art. 5º, § 3º, da CF** — consagra a **natureza formal e materialmente constitucional** dos tratados e convenções de direitos humanos, que, ao serem equiparados às emendas à Constituição, adquirem o *status* de autênticas **normas constitucionais**, participantes do **bloco de constitucionalidade** do Texto de 1988.

A consequência prática desse entendimento é a seguinte: todos os tratados e convenções de direitos humanos, ratificados pelo Brasil, não equivalem a leis federais, e sim a verdadeiras normas constitucionais.

Daí a exigência procedimental do quórum qualificado de três quintos, que propiciou a **constitucionalização formal** dos tratados de direitos humanos no âmbito jurídico interno.

Interessante observar que os depositários da Emenda Constitucional n. 45/2004 seguiram a tendência contemporânea, presente em várias constituições estrangeiras, no sentido de atribuir aos tratados e convenções de direitos humanos o *status* de norma constitucional.

Essa tendência, portanto, influenciou o Congresso Nacional brasileiro, que, em 2004, promulgou a Emenda Constitucional n. 45/2004, a qual introduziu, em nosso ordenamento, a **cláusula de equivalência ou equiparação dos tratados e convenções internacionais de direitos humanos às emendas constitucionais**.

E, para tais tratados e convenções equivalerem às emendas constitucionais, é preciso observar o seguinte trâmite:

- celebração pelo Presidente da República (CF, art. 84, VIII);
- aprovação pelo Congresso Nacional, em dois turnos, em cada Casa, por três quintos dos votos dos Deputados e Senadores, com a edição do correspondente decreto legislativo (CF, art. 5º, § 3º, c/c o art. 49, I);
- ratificação;
- promulgação; e
- publicação mediante decreto do Presidente da República.

Só assim os tratados e convenções de direitos humanos incorporam-se à ordem constitucional pátria, vigendo com *status* de emenda constitucional.

Mas os tratados equiparados à emenda constitucional com ela não se confundem, até porque não correspond em a uma nova modalidade normativa, além daquelas que já se encontram previstas no art. 59 da Carta Magna, como dissemos acima.

Quando a Emenda Constitucional n. 45/2004, no § 3º do art. 5º, equiparou-os às emendas, foi para dizer que eles correspondem a legítimas normas constitucionais.

Resultado:

- os tratados e convenções de direitos humanos, se conflitarem com a lei, prevalecem, por se equipararem às emendas constitucionais;
- os tratados e as convenções internacionais em geral, que não se refiram a direitos humanos, se conflitarem com a Constituição brasileira, ensejam a irrestrita precedência hierárquica das normas constitucionais;
- os tratados e convenções de direitos humanos integram o bloco de constitucionalidade, servindo de parâmetro constitucional para o controle das leis e atos normativos; e
- os tratados e convenções de direitos humanos estão livres de denúncia do Presidente da República, até porque sujeitam-se aos mesmos limites das emendas constitucionais, a exemplo das cláusulas pétreas (CF, art. 60, § 4º, I a IV).

A respeito do assunto, concluiu o Ministro Celso de Mello:

"A superveniência, em dezembro de 2004, da EC n. 45 introduziu um dado juridicamente relevante, apto a viabilizar a reelaboração, por esta Suprema Corte, de sua visão em torno da posição jurídica que os tratados e convenções internacionais sobre direitos humanos assumem no plano do ordenamento positivo doméstico do Brasil. Vale dizer, essa nova percepção crítica, legitimada pelo advento da EC n. 45/2004 — que introduziu um novo paradigma no cenário nacional — estimula novas reflexões, por parte do Supremo Tribunal Federal, em torno das relações da ordem jurídica interna brasileira com o direito internacional em matéria de direitos humanos. A referida Emenda refletiu clara tendência que já se registrava no plano do direito comparado no sentido de os ordenamentos constitucionais dos diversos países conferirem primazia jurídica aos tratados e atos internacionais sobre as leis internas, notadamente quando se tratasse de convenções internacionais sobre direitos humanos, às quais se atribuiu hierarquia constitucional. É o que ocorre, por exemplo, na Argentina (Constituição de 1853, com a Reforma de 1994, Art. 75, n. 22), na Holanda (Constituição de 1983, Art. 94), na Federação Russa (Constituição de 1993, Art. 15, n. 4), no Paraguai (Constituição de 1992, Arts. 137 e 141), na França (Constituição de 1958, Art. 55) e na Venezuela (Constituição de 2000, Art. 23)" (STF, HC 87.585-8/TO, Pleno, voto-vista do Ministro Celso de Mello, em 12-3-2008).

Conclusão: todos os atos de direito das gentes, na linha desse pensamento, são substancialmente constitucionais, e os §§ 2º e 3º do art. 5º são peças de uma mesma engrenagem e devem, por isso, ser interpretados em conjunto.

Na esteira desse pensamento, a única novidade que a Emenda Constitucional n. 45/2004 trouxe foi o reconhecimento formal de uma realidade que já existia antes de seu próprio advento: **a natureza materialmente constitucional dos tratados e convenções de direitos humanos, contemplada no § 2º do art. 5º.**

Quer dizer, o § 3º do art. 5º, proveniente da Emenda Constitucional n. 45/2004, reforçou a existência de um **regime jurídico misto**, que distingue os tratados tradicionais de natureza comercial dos tratados de direitos humanos.

✦ 49. TRIBUNAL PENAL INTERNACIONAL (ART. 5º, § 4º)

Para dar maior efetividade aos direitos humanos fundamentais, o Brasil se submete à jurisdição de Tribunal Penal Internacional a cuja criação tenha manifestado adesão.

Trata-se de uma novidade oriunda da Emenda Constitucional n. 45/2004, sem precedentes na historiologia das constituições brasileiras, embora presente em diversos ordenamentos constitucionais de nossos dias, a começar pelo Estatuto de Roma de 1998, do qual o Brasil é signatário (Dec. Legislativo n. 112, de 2002, e Dec. presidencial n. 4.388, de 25-9-2002).

> **Países submetidos ao Tribunal Penal Internacional:** Portugal (Lei Constitucional n. 1, de 2001, art. 7º, § 7º), Alemanha (reforma constitucional de 2000) e França (Lei Constitucional n. 99-568, de 1999, art. 53-2).

A existência de um Tribunal Penal Internacional em nada fere o princípio da soberania do Estado brasileiro (CF, arts. 1º, I, e 4º, I), pois a convivência pacífica entre os povos, no constitucionalismo globalizado, é uma decorrência da ideia de *complementaridade*, pela qual o Tribunal Penal Internacional existe para completar as jurisdições penais nacionais.

Tanto é assim que o Tribunal Penal Internacional só pode ser acionado em duas hipóteses:

* para apreciar e julgar crimes de genocídio, de guerra ou de agressão, os quais são imprescritíveis (Estatuto de Roma, arts. 5º e 29); e
* em virtude de colapso total ou substancial da respectiva administração da Justiça onde ocorreu o delito ou de onde seja proveniente o agente criminoso (Estatuto de Roma, art. 17, § 3º).

◆ Cap. 13 ◆ DIREITOS E GARANTIAS FUNDAMENTAIS

◇ 49.1. Estatuto de Roma e prisão de chefe de Estado estrangeiro

O Estatuto de Roma, celebrado em 17-7-1998, que instituiu o Tribunal Penal Internacional, acha-se formalmente incorporado ao ordenamento brasileiro desde a sua promulgação, por força do Decreto n. 4.388, de 25-9-2002.

Pelo art. 89 do Estatuto de Roma, o Tribunal Penal Internacional, sediado em Haia, tem legitimidade para dirigir, "a qualquer Estado", pedido de detenção e entrega de uma pessoa a quem se haja imputado a suposta prática dos delitos incluídos na esfera de competência de referido Tribunal, que são aqueles "de maior gravidade com alcance internacional", expressamente referidos no art. 5º dessa convenção multilateral, quais sejam **crime de genocídio**, **crimes contra a humanidade**, **crimes de guerra** e **crime de agressão**.

Sem embargo, essa matéria foi submetida ao crivo do Supremo Tribunal Federal, mediante pedido de "cooperação internacional e auxílio judiciário", formulado pelo Tribunal Penal Internacional (STF, Pet. 4.625/República do Sudão, Rel. Orig. Min. Ellen Gracie, Rel. p/ ac. Min. Celso de Mello, *DJE* de 4-8-2009).

É que compete ao Supremo Tribunal examinar pedido de cooperação judiciária, visando a detenção e posterior entrega, ao Tribunal Penal Internacional, de Chefes de Estados estrangeiros, que estiverem exercendo as funções de Presidente da República.

Eis as conclusões do Min. Celso de Mello, ao relatar a **Petição 4.625**:

- **Tribunal Penal Internacional** — "constitui organismo judiciário de caráter permanente, investido de jurisdição penal que lhe confere poder para processar e julgar aqueles que hajam praticado (ou tentado praticar) delitos impregnados de extrema gravidade, com repercussão e transcendência internacionais, como o são os crimes de genocídio, de guerra, de agressão e contra a humanidade. Essa Alta Corte judiciária, dotada de independência e de personalidade jurídica internacional (o que lhe permite celebrar acordos e assumir direitos e obrigações com quaisquer outros sujeitos de direito internacional público, mesmo com aqueles que não sejam partes do Estatuto de Roma), qualifica-se como tribunal revestido de caráter supraestatal, cuja competência penal — vinculada, materialmente, aos crimes referidos no Artigo 5º desse mesmo Estatuto — só pode ser legitimamente exercida, considerada a jurisdição doméstica dos Estados nacionais, com estrita observância do postulado da complementaridade (ou da subsidiariedade). Impende acentuar, ainda, tendo-se presente a perspectiva da autoria dos crimes submetidos à competência jurisdicional do Tribunal Penal Internacional, que o Estatuto de Roma submete, à jurisdição dessa Alta Corte judiciária, qualquer pessoa que haja incidido na prática de crimes de genocídio, de guerra, contra a humanidade ou de agressão, independentemente de sua qualidade oficial (Artigo 27)" (STF, Pet. 4.625/República do Sudão, Rel. Orig. Min. Ellen Gracie, Rel. p/ ac. Min. Celso de Mello, *DJE* de 4-8-2009);

- **absoluta irrelevância da qualidade do autor dos crimes submetidos ao crivo do Tribunal Penal Internacional** — "... em face do que estabelece o Estatuto de Roma em seu Artigo 27, que a condição política de Chefe de Estado, como sucede no caso em exame, não se qualifica como causa excludente da responsabilidade penal do agente nem fator que legitime a redução da pena cominada aos crimes de genocídio, contra a humanidade, de guerra e de agressão" (STF, Pet. 4.625/República do Sudão, Rel. Orig. Min. Ellen Gracie, Rel. p/ac. Min. Celso de Mello, *DJE* de 4-8-2009);

- **diferença entre entrega (*surrender/remise*) e extradição** — o "Estatuto de Roma estabelece, em seu texto, clara distinção entre os referidos institutos — o da entrega ('surrender'/ 'remise') e o da extradição —, fazendo-o, de modo preciso, nos seguintes termos: 'Artigo 102. a) Por 'entrega', entende-se a entrega de uma pessoa por um Estado ao Tribunal, nos termos do presente Estatuto. b) Por 'extradição', entende-se a entrega de uma pessoa por um Estado a outro Estado, conforme previsto em um tratado, em uma convenção ou no direito interno'. Vê-se, daí, que, embora a entrega de determinada pessoa constitua resultado comum a ambos os institutos, considerado o contexto da cooperação internacional na repressão aos delitos, há, dentre outros, um elemento de relevo que os diferencia no plano conceitual, eis que a extradição somente pode ter por autor um Estado soberano, e não organismos internacionais, ainda que revestidos de personalidade jurídica de direito internacional público, como o Tribunal Penal Internacional

(Estatuto de Roma, Artigo 4º, n. 1). Não custa ressaltar, neste ponto, na linha da diretriz jurisprudencial firmada por esta Corte, que o processo de extradição faz instaurar uma relação de caráter necessariamente intergovernamental, o que afasta a possibilidade de terceiros, desvestidos de estatalidade, formularem pleitos de natureza extradicional. Por serem institutos distintos (o da extradição e o da entrega ou 'surrender'), inconfundíveis até mesmo em face do próprio Estatuto de Roma (Artigo 102, 'a' e 'b'), inviável seria a autuação, na espécie, como Extradição, deste pedido de cooperação internacional e auxílio judiciário, justificando-se, em consequência, a classificação processual como Petição, prevista, em caráter residual, no art. 55, inciso XVIII, c/c o art. 56, inciso IX, ambos do RISTF" (STF, Pet. 4.625/República do Sudão, Rel. Orig. Min. Ellen Gracie, Rel. p/ ac. Min. Celso de Mello, *DJE* de 4-8-2009); e

- **recepção do Estatuto de Roma pelo § 4º do art. 5º da CF** — "cabe assinalar que se registram algumas dúvidas em torno da suficiência, ou não, da cláusula inscrita no § 4º do art. 5º da Constituição, para efeito de se considerarem integralmente recebidas, por nosso sistema constitucional, todas as disposições constantes do Estatuto de Roma, especialmente se se examinarem tais dispositivos convencionais em face das cláusulas que impõem limitações materiais ao poder reformador do Congresso Nacional (CF, art. 60, § 4º). É importante enfatizar, neste ponto, que as dúvidas concernentes às relações entre o Estatuto de Roma, de um lado, e as regras da Constituição da República protegidas pelas cláusulas pétreas, de outro, são explicitamente reconhecidas e apontadas por diversos autores, não obstante alguns desses ilustres doutrinadores busquem soluções compatibilizadoras que viabilizem a aplicação, no plano doméstico, dessa convenção multilateral" (STF, Pet. 4.625/República do Sudão, Rel. Orig. Min. Ellen Gracie, Rel. p/ ac. Min. Celso de Mello, *DJE* de 4-8-2009).

Quanto ao último ponto aí destacado, perguntamos: seria preciso o Congresso Nacional elaborar uma emenda à Carta de 1988 para o Estatuto de Roma ser incorporado, em sua integralidade, à ordem jurídica brasileira?

A um primeiro momento, não seria preciso se fazer uma emenda constitucional para regular o assunto. Mediante o estabelecimento de critérios exegéticos que venham a harmonizar o Estatuto de Roma e os preceitos da Constituição brasileira de 1988, evitar-se-ia o desencadeamento do procedimento legislativo especial de reforma da Carta Magna pátria.

Quer dizer, o encargo de os membros do Congresso Nacional mudarem o Texto de Outubro seria substituído pelo emprego de soluções compatibilizadoras entre o Estatuto de Roma e o ordenamento constitucional brasileiro.

Os argumentos lançados para se justificar a necessidade de se mudar, formalmente, os textos constitucionais, a fim de harmonizá-los ao Estatuto de Roma, são os seguintes:

- **é preciso existir uma cláusula geral de recepção do Estatuto de Roma** — trata-se de uma **cláusula de remissão global**, indispensável para se constitucionalizar, formalmente, as soluções consagradas no Estatuto de Roma, eliminando as discrepâncias e divergências de cada ordenamento jurídico. Tal cláusula de remissão global é uma **cláusula constitucional aberta**, porque faz uma ponte entre as normas constitucionais internas e o Estatuto de Roma;
- **é imprescindível estabelecer um de complementariedade e subsidiariedade** — sem a reforma da constituição fica difícil, senão impossível, existir as condições necessárias para haver uma conexão dos tribunais nacionais com o Tribunal Penal Internacional. Trata-se de uma garantia de complementariedade ou subsidiariedade, que possibilita o intercâmbio entre os preceitos constitucionais domésticos e os dispositivos do Estatuto de Roma. Desse modo, é possível manter o respeito aos limites materiais do poder reformador (cláusulas pétreas), sem desrespeitar situações já constituídas, protegidas pelo manto do direito adquirido, ato jurídico perfeito e coisa julgada. Lembremos que o **princípio da complementariedade ou subsidiariedade** está consagrado no Estatuto de Roma (art. 17º-1/a). Por seu intermédio, o Tribunal Penal Internacional tem uma intervenção subsidiária, pois só atuam quando os Estados não se sentirem capazes de tomar, por si próprios, medidas de caráter persecutório; e
- **é imperioso que os Estados introduzam mecanismos de cooperação** — as normas constitucionais internas de cada Estado devem prever mecanismos de cooperação. Se estes inexistirem,

◆ Cap. 13 ◆ DIREITOS E GARANTIAS FUNDAMENTAIS **597**

faz-se necessário reformular as respectivas constituições, para que sejam implantados. Mediante tais mecanismos, torna-se possível concretizar uma justiça internacional, e não apenas nacional, capaz de se amoldar à jurisdição do Tribunal Penal Internacional. A detenção e entrega de pessoas, a realização de diligências investigatórias, a execução das penas de prisão, dentre tantos outros temas, só se podem materializar se existirem normas constitucionais internas, que consagrem *obrigações de cooperação*. Estas obrigações equivalem ao dever de os Estados introduzirem em suas respectivas constituições mecanismos possibilitadores da referida cooperação.

Por tais motivos, alguns países reformularam suas constituições, adaptando-as ao Estatuto de Roma. Na França, o Conselho Constitucional Francês chegou a declarar a inconstitucionalidade parcial do Estatuto de Roma, alegando que o mesmo violava normas constitucionais relativas à legislação nacional sobre a prescrição e a anistia, à imunidade do Presidente da República e à preservação da soberania nacional (Decisão 98-408, de 22-1-1999). Para resolver tal incompatibilidade, reformularam a Constituição Francesa, acrescentando-lhe o art. 53-2. A partir daí, o Tribunal Penal Internacional passou a ser reconhecido (Lei Constitucional n. 99-568, de 8-7-1999).

A Bélgica, por meio do seu Conselho de Estado, também vislumbrou incompatibilidades entre o Estatuto de Roma e a sua Constituição. Em 21 de abril de 1999, os Conselheiros decidiram que o Estatuto desrespeitava a imunidade do Rei e de outras autoridades governamentais, restringindo, de modo indevido, os efeitos de exercício do direito de graça. Embora alguns especialistas tivessem sugerido uma revisão constitucional para eliminar conflitos, as autoridades belgas não aceitaram a sugestão. Resultado: o Poder Legislativo ratificou o Estatuto de Roma, alegando que eventuais inconstitucionalidades poderiam ser sanadas depois.

Já a Alemanha optou pela reforma constitucional antes mesmo de se cogitar a existência de qualquer paradoxo entre a sua Constituição e o Estatuto de Roma. Em outubro de 2000, o poder reformador flexibilizou a regra da impossibilidade absoluta de extradição de pessoas de nacionalidade alemã, permitindo que a lei autorizasse a extradição, depois de pedido de um Estado-membro da União europeia ou de um tribunal internacional, desde que fossem respeitadas as garantias processuais próprias de um Estado de direito (art. 16, 2 da Lei Fundamental).

Caminho idêntico trilhou o Grão-Ducado de Luxemburgo, que, pela Lei Constitucional de 8 de agosto de 2002, revisou o art. 118 da Constituição de 1868, para admitir a jurisdição do Tribunal Penal Internacional.

Em Portugal, a revisão extraordinária de 2001 acresceu à Carta lusitana o inciso 7 ao art. 7º: "Portugal pode, tendo em vista a realização de uma justiça internacional que promova o respeito pelos direitos da pessoa humana e dos povos, aceitar a jurisdição do Tribunal Penal Internacional, nas condições de complementariedade e demais termos estabelecidos no Estatuto de Roma". Esse dispositivo eliminou conflitos entre o Estatuto de Roma e a Constituição da República Portuguesa. Exemplo: fim das contradições entre preceitos regentes do Tribunal Penal Internacional e o princípio da reserva de jurisdição dos tribunais portugueses (CRP, arts. 11º, 205º a 209º).

✦ 50. PACTO DE SAN JOSÉ DA COSTA RICA EM FACE DA CONSTITUIÇÃO BRASILEIRA

A Convenção Americana de Direitos Humanos completou 40 anos em 22-11-2009.

Assinada em 22-11-1969, na cidade de San José, na Costa Rica, também é chamada de *Pacto de San José da Costa Rica*.

No Brasil, foi ratificada em 25-10-1992, sendo enorme a sua importância em nosso ordenamento constitucional.

a) Finalidades do Pacto de San José da Costa Rica
As finalidades do Pacto de San José da Costa Rica foram as seguintes:
• consolidar um regime de liberdade pessoal e de justiça social entre os países americanos;

598 ◆ Uadi Lammêgo Bulos ◆

- proclamar o respeito aos direitos humanos, independentemente do país onde a pessoa se encontre;
- retomar o ideário da Declaração Universal dos Direitos Humanos, que se fundou na liberdade do homem, em oposição ao medo, ao arbítrio, ao abuso de autoridade, à miséria, à pobreza, à fome;
- permitir ao ser humano o gozo incondicional dos direitos econômicos, sociais e culturais;
- fomentar os direitos civis e políticos.

b) Pontos de interseção entre o Pacto de San José da Costa Rica e a Constituição brasileira

Embora tenha nascido no ano de 1969, é incrível como o Pacto de San José da Costa Rica se associa aos objetivos da Constituição brasileira de 1988.

Os seus 81 artigos, incluindo as disposições transitórias, que estabelecem direitos fundamentais da pessoa humana, como o direito à vida, à liberdade, à dignidade, à integridade pessoal e moral, à educação, entre outros, irmana-se em gênero, número e grau com a sistemática da Constituição da República Federativa do Brasil.

Veja-se, por exemplo, que tanto a Constituição brasileira como o Pacto de San José proíbem o preconceito, a discriminação, a escravidão e a servidão dos homens, mulheres e crianças.

Ambas contemplam garantias judiciais. Também protegem a família e as liberdades de consciência, de religião, de pensamento, de expressão e de associação.

Com efeito, se estabelecermos um paralelo entre o Pacto de San José da Costa Rica e a Constituição brasileira de 1988 veremos inúmeras semelhanças.

É como se os fundamentos de uma correspondesse aos fundamentos da outra, senão vejamos:

- **art. 1º do Pacto e art. 3º, IV, da Constituição brasileira** — tanto o art. 1º do Pacto como o art. 3º, IV, da Carta de 1988 proíbem a discriminação por motivo de raça, cor, sexo, idioma, religião, opiniões políticas ou de qualquer outra natureza, origem nacional ou social, posição econômica, nascimento ou qualquer outra condição social;
- **art. 2º do Pacto e art. 5º, *caput*, da Constituição brasileira** — enquanto o art. 2º do Pacto contempla a adoção de medidas legislativas, ou de outra natureza, necessárias para efetivar direitos e liberdades nelas previstos, o art. 5º, *caput*, da Constituição de 1988 assegura aos brasileiros e aos estrangeiros residentes no País a inviolabilidade do direito à vida, à liberdade, à igualdade, à segurança e à propriedade, os quais podem ser tutelados pelo *habeas corpus*, mandado de segurança, ação popular etc.;
- **art. 3º do Pacto e art. 5º, LXXVI, *a*, da Constituição brasileira** — o art. 3º do Pacto garante o direito ao reconhecimento da personalidade jurídica. Já o art. 5º, LXXVI, *a*, da Carta de 1988, prescreveu a gratuidade do registro civil de nascimento;
- **art. 4º do Pacto e art. 5º, XLVII, *a*, da Constituição brasileira** — o art. 4º do Pacto estatuiu o direito à vida, inclusive impondo restrições à aplicação da pena de morte naqueles países que a previam antes do pacto, ao passo que o art. 5º, XLVII, *a*, da Constituição brasileira veda a aplicação de pena de morte, salvo em caso de guerra declarada;
- **art. 5º do Pacto e art. 5º, XLIX, da Constituição brasileira** — o art. 5º do Pacto consagra o direito à integridade pessoal, enquanto o art. 5º, XLIX, da Constituição brasileira, garante aos presos o respeito à integridade física e moral;
- **art. 6º do Pacto e art. 5º, XLVII, *c*, da Constituição brasileira** — o art. 6º do Pacto dispõe que ninguém será constrangido a executar trabalho forçado ou obrigatório. A Constituição brasileira, por sua vez, proibiu, em seu art. 5º, XLVII, *c*, a aplicação da pena de trabalhos forçados; e
- **arts. 7º e 8º do Pacto e art. 5º, LIII, LIV, LV e LVII, da Constituição brasileira** — enquanto os arts. 7º e 8º do Pacto consagram direitos e garantias fundamentais, o art. 5º, LIII, LIV, LV e LVII, da Constituição brasileira, proclama os princípios do juiz natural, do devido processo legal, do contraditório, da ampla defesa e da presunção de inocência.

◆ Cap. 13 ◆ DIREITOS E GARANTIAS FUNDAMENTAIS 599

Interessante observar ainda que, desde o advento da Reforma do Judiciário, realizada por meio da EC n. 45/2004, as ligações entre o Pacto de San José da Costa Rica e as normas da Constituição brasileira intensificaram-se mais ainda. Isto porque, os tratados relativos aos direitos humanos foram equiparados a preceitos constitucionais. Aliás, frise-se que a Convenção sobre os Direitos das Pessoas com Deficiência foi concebida com esse *status* constitucional.

c) Temas decididos pelo STF com base no Pacto de San José da Costa Rica

Percebendo a estreita vinculação entre o Pacto de San José da Costa Rica e a Carta de 1988, o Supremo Tribunal tem decidido diversos temas, tais como:

- **depositário infiel** — em 2008, a Corte Excelsa concedeu 27 *habeas corpus* por inconstitucionalidade da prisão civil do depositário infiel. E, até 31-10-2009, foram concedidos 36 *habeas corpus*, sendo um terço deles sob a relatoria do Min. Cezar Peluso. Como estudamos acima, o Supremo reformulou sua jurisprudência no sentido de que a prisão civil se aplica somente para os casos de não pagamento voluntário da pensão alimentícia, e não ao depositário infiel. Em consequência dessa mudança de entendimento, a Corte revogou a sua Súmula 619. Em contrapartida, editou a **Súmula Vinculante n. 25:** "É ilícita a prisão civil de depositário infiel, qualquer que seja a modalidade do depósito". Vale lembrar que essa nova diretriz jurisprudencial adaptou-se, também, ao Pacto Internacional sobre Direitos Civis e Políticos da ONU e a Declaração Americana dos Direitos da Pessoa Humana de 1948, firmada em Bogotá, Colômbia;
- **privilégio contra a autoincriminação (direito ao silêncio)** — com base no Pacto de San José e na Constituição Federal, os Ministros da Segunda Turma do Supremo concederam *habeas corpus* em favor de um acusado que não queria ser submetido a teste de perícia de voz. Entenderam os Ministros que deveria prevalecer o disposto no art. 8º, II, *g*, do Pacto San José, que garante o direito ao silêncio, ao proclamar que ninguém será obrigado a depor, fazer prova contra si mesmo ou se autoincriminar (STF, HC 83.096/RJ, Rel. Min. Ellen Gracie, j. em 18-11-2003);
- **duplo grau de jurisdição** — ao se incorporar ao Direito brasileiro, o Pacto de San José trouxe consequências. Umas delas decorre do seu art. 8º, II, *h*. Este preceptivo contempla o princípio do duplo grau de jurisdição, que, em sua acepção mais própria, equivale ao direito de toda pessoa, acusada da prática de um delito, recorrer da sentença perante juiz ou Tribunal Superior, durante o processo (STF, RHC 79785/RJ, Rel. Min. Sepúlveda Pertence, *DJ* de 23-5-2003); e
- **uso de algemas** — como é sabido, o Supremo Tribunal Federal editou a Súmula Vinculante 11, para deixar claro que o uso de algemas só deve ocorrer em casos excepcionalíssimos. Pois bem, este enunciado sumular tem como base o princípio da dignidade humana, referido pelo art. 5º do Pacto de San José da Costa Rica. Assim, "Toda pessoa tem direito a que se respeite sua integridade física, psíquica e moral", pois "Ninguém deve ser submetido a torturas, nem a penas ou tratos cruéis, desumanos ou degradantes. Toda pessoa privada da liberdade deve ser tratada com o respeito devido à dignidade inerente ao ser humano".

CAPÍTULO 14

INSTRUMENTOS DE TUTELA DAS LIBERDADES

✦ 1. QUE SÃO INSTRUMENTOS DE TUTELA DAS LIBERDADES?

Instrumentos de tutela das liberdades são meios constitucionais postos ao dispor dos indivíduos e das coletividades para provocar a intervenção das autoridades competentes, com vistas à defesa de um direito lesado ou ameaçado de lesão por ilegalidade ou abuso de poder.

> **Outras denominações para designar os *instrumentos de tutela das liberdades*:**
> - **remédios constitucionais** — no sentido de que corrigem atos viciados, impugnando-os, se for o caso, de sorte a restaurar a saúde da liberdade pública lesionada ou ameaçada de lesão;
> - **garantias constitucionais** — com base na ideia de que visam assegurar o gozo de direitos violados ou em vias de violação, limitando os atos públicos e privados;
> - **ações constitucionais** — enquanto meios de provocar a atuação do Poder Judiciário. A terminologia *ações constitucionais* reveste-se de notável amplitude. Não abrange, somente, os instrumentos clássicos de tutela das liberdades, que estudaremos neste Capítulo, quais sejam o direito de petição, o direito de certidão, o *habeas corpus*, o mandado de segurança individual e coletivo, o mandado de injunção, o *habeas data* e a ação popular. A expressão *ações constitucionais* englobam, por exemplo, a ação de impugnação de mandato eletivo (CF, art. 14, § 11), a ação direta de inconstitucionalidade interventiva (CF, art. 34, VII), a ação direta de inconstitucionalidade genérica (CF, art. 102, I, *a*, 1ª parte), a ação declaratória de constitucionalidade (CF, art. 102, I, *a*, 2ª parte), a arguição de descumprimento de preceito fundamental (CF, art. 102, § 1º), a ação direta de inconstitucionalidade por omissão (CF, art. 103, § 2º) e a representação de inconstitucionalidade de leis ou atos normativos estaduais ou municipais em face da Constituição Estadual (CF, art. 125, § 2º); ou
> - ***writs* constitucionais** — na acepção de que consagram ordens a serem cumpridas pelos Poderes Públicos.

A Constituição de 1988 consagrou os seguintes instrumentos de tutela das liberdades públicas:
- direito de petição (art. 5º, XXXIV, *a*);
- direito de certidão (art. 5º, XXXIV, *b*);
- *habeas corpus* (art. 5º, LXVIII);
- mandado de segurança (art. 5º, LXIX);
- mandado de segurança coletivo (art. 5º, LXX);
- mandado de injunção (art. 5º, LXXI);
- *habeas data* (art. 5º, LXXII); e
- ação popular (art. 5º, LXXIII).

✦ 2. DIREITO DE PETIÇÃO (ART. 5º, XXXIV, A)

O *direito de petição* qualifica-se como prerrogativa de extração constitucional, Direito Público subjetivo de índole essencialmente democrática, assegurado à generalidade das pessoas pela Carta Política.

◆ Cap. 14 ◆ **INSTRUMENTOS DE TUTELA DAS LIBERDADES** **601**

Esse é o entendimento do Supremo Tribunal Federal.

Precedentes: STF, AR 1.354-AgRg, Rel. Min. Celso de Mello, *DJ* de 6-6-1997; STF, MS 21.651-AgRg, *DJ* de 19-8-1994; STF, Pet. 762-AgRg, *DJ* de 8-4-1994.

Daí a Constituição de 1988 garantir a todos, independentemente do pagamento de taxas, o direito de peticionar aos Poderes Públicos — Executivo, Legislativo ou Judiciário — para defender direitos (art. 5º, XXXIV, *a*).

Nesse sentido: STF, RE 357.311, Rel. Min. Moreira Alves, *DJ* de 21-2-2003.

Por seu intermédio, *pessoas físicas* ou *jurídicas, nacionais* ou *estrangeiras* podem dirigir-se à autoridade competente para solicitar providências em prol de interesses individuais ou coletivos, próprios ou de terceiros, contra atos ilegais ou contaminados pelo abuso de poder.

Abuso de autoridade: a Lei n. 4.898/65 previu, em seu art. 1º, "o direito de representação e o processo de responsabilidade administrativa civil e penal, contra as autoridades que, no exercício de suas funções, cometerem abusos".

Para Claude-Albert Colliard trata-se de um direito que possibilita à pessoa "invocar a atenção dos Poderes Públicos sobre uma questão ou uma situação" (*Libertés publiques*, p. 131).

Sobre o *direito de petição* devemos saber:

* **Origem** — o direito de petição (*right of petition*) remonta à Inglaterra, em plena Idade Média, sendo fruto das Revoluções inglesas de 1628, embora já tivesse sido anunciado na Magna Carta de 1215, conquistada pelos barões em oposição ao Rei João Sem Terra, que, a contragosto, a concedeu. Sua instauração definitiva ocorreu com a Revolução de 1689, que culminou no *bill of rights* — instrumento pelo qual se solicitava ao rei sancionar leis. Também foi previsto na Declaração de Direitos da Pensilvânia, de 1776 (art. 16).

  Notícia histórica: o *direito de petição*, instituto existente desde os tempos pré-constitucionais, era o meio pelo qual o súdito se dirigia, humildemente, ao ministro ou ao monarca, assinala Jean Rivero (*Les libertés publiques: les droits de l'homme*, v. 1, p. 244).

* **Consagração constitucional** — o direito de petição consagrou-se nas Constituições francesas de 1791 (Título I, § 3º) e de 1793 (art. 32 da Declaração de Direitos), propagando-se, a partir daí, em todo o mundo.

* **Surgimento no Brasil** — inicialmente, a categoria veio expressa sob o rótulo *direito de representação*, que é sinônimo de *direito de petição*, nos Textos de 1937 (art. 122, § 7º), de 1967 e na Emenda Constitucional n. 1/69 (art. 153, § 30).

  Reconhecimento do STF: "O direito de petição, presente em todas as Constituições brasileiras, qualifica-se como importante prerrogativa de caráter democrático. Trata-se de instrumento jurídico-constitucional posto a disposição de qualquer interessado — mesmo daqueles destituídos de personalidade jurídica —, com a explícita finalidade de viabilizar a defesa, perante as instituições estatais, de direitos ou valores revestidos tanto de natureza pessoal quanto de significação coletiva. Entidade sindical que pede ao Procurador-Geral da República o ajuizamento de ação direta perante o STF. *Provocatio ad agendum*. Pleito que traduz o exercício concreto do direito de petição. Legitimidade desse comportamento" (STF, ADIn 1.247-MC, Rel. Min. Celso de Mello, *DJ* de 8-9-1995).

* **Natureza jurídica** — trata-se de um direito essencialmente informal, sendo uma prerrogativa de índole democrática. Por isso, a petição, caso endereçada a autoridades incompetentes, não se afigura nula, cumprindo a tais autoridades enviá-las para o lugar certo.

  Reclamação e direito de petição: "A natureza jurídica da reclamação não é a de um recurso, de uma ação e nem de um incidente processual. Situa-se ela no âmbito do direito constitucional de petição previsto no artigo 5º, inciso XXXIV da Constituição Federal" (STF, ADIn 2.212, Rel. Min. Ellen Gracie, *DJ* de 14-11-2003).

602 ◆ Uadi Lammêgo Bulos ◆

- **Finalidade** — comunicar ao Poder Público a prática de atos ilícitos ou abusivos, para que sejam tomadas as providências cabíveis. Em virtude do seu nítido colorido democrático, serve como meio de fiscalização dos negócios do Estado, desde que se fundamente em fato concreto e plausível.

  > **Entendimento do STF:** "O direito de petição, fundado no art. 5º, XXXIV, *a*, da Constituição não pode ser invocado, genericamente, para exonerar qualquer dos sujeitos processuais do dever de observar as exigências que condicionam o exercício do direito de ação, pois, tratando-se de controvérsia judicial, cumpre respeitar os pressupostos e os requisitos fixados pela legislação processual comum. A mera invocação do direito de petição, por si só, não basta para assegurar à parte interessada o acolhimento da pretensão que deduziu em sede recursal" (STF, AgI 258.867-AgRg, Rel. Min. Celso de Mello, *DJ* de 2-2-2001). No mesmo sentido: STF, RE 258.088-AgRg, *DJ* de 30-6-2000.

- **Exercício** — o direito de petição pode ser exercido individual ou coletivamente, mediante queixas, reclamações, representações, recursos não contenciosos, informações derivadas da liberdade de pensamento, aspirações dirigidas a autoridades, rogos, pedidos, súplicas, pedidos de correção de abusos e erros, pretensões, sugestões etc. Seu exercício independe da comprovação de qualquer lesão nos interesses particulares do peticionário, porque tem como meta a defesa da ordem constitucional e do interesse público. Aliás, o direito de petição nada tem que ver com o *direito de ação* (CF, art. 5º, XXXV). No direito de petição não é necessário que o peticionário tenha sofrido gravame pessoal ou lesão a um bem juridicamente tutelado. Já o *direito de ação* é a prerrogativa pessoal de invocar, no Poder Judiciário, a defesa de interesses processuais.

  > **Posição do STF:** "Não se opõem os princípios a que, à parte interessada no cumprimento de ordem ou decisão judiciária, se faculte provocar o Tribunal competente a requisitar a intervenção estadual ou federal, conforme o caso: mas a iniciativa do interessado nesse caso não é exercício do direito de ação, sim, de petição (CF, art. 5º, XXXIV): não há jurisdição — e, logo, não há causa, pressuposto de cabimento de recurso extraordinário — onde não haja ação ou, pelo menos, requerimento de interessado, na jurisdição voluntária: dessa inércia que lhe é essencial, resulta que não há jurisdição, quando, embora provocado pelo interessado, a deliberação requerida ao órgão judiciário poderia ser tomada independentemente da iniciativa de terceiro" (STF, Pet. 1.256, Rel. Min. Sepúlveda Pertence, *DJ* de 4-5-2001).

- **Limites** — o direito de petição é relativo. Não serve de sucedâneo para a propositura de ações penais, de sorte a subtrair a competência do Ministério Público, mediante a sua apresentação direta ao juízo criminal. A única forma de exercício de ação penal privada subsidiária da pública, pelo seu não ajuizamento no prazo legal, é aquela prevista no art. 5º, LIX, da *Lex Mater*. Essa é a diretriz encampada pela Corte Suprema, para a qual ele não pode ser invocado quando se cuidar de postulação de natureza jurisdicional.

  > **Precedentes:** STF, Pleno, AgRg em MS 21.651/BA, Rel. Min. Néri da Silveira, decisão de 5-5-1994, *DJ*, 1, de 19-8-1994, p. 20895; STF, Inq. 1.111-8/BA, Rel. Min. Ilmar Galvão, *DJ*, 1, de 15-8-1996, p. 27941; STF, Inq. 929-6/MG, Rel. Min. Sydney Sanches, *DJ*, 1, de 21-5-1996, p. 16877; STF, Inq. 1.158-4/DF, Rel. Octavio Gallotti, *DJ*, 1, de 5-3-1996, p. 5554.

- **Legitimidade** — cabe a qualquer pessoa usar o direito de petição. Pessoas físicas, jurídicas, nacionais, estrangeiras, sindicatos, associações, grupos e coletividades podem lançar mão do instrumento, reportando-se a qualquer autoridade legislativa, executiva ou jurisdicional. Apenas as Forças Armadas, enquanto instituição, não lograrão legitimidade para valer-se do direito de petição, mas os seus membros individualizados sim, observadas as normas de hierarquia e disciplina dirigidas à corporação.

- **Procedimento** — como direito autônomo ou pessoal, o direito de petição deve ser postulado por meio de petição escrita, encaminhada à autoridade competente. Não caberá petição contra sentença transitada em julgado, tampouco para exigir suspensão de processo judicial em trâmite. A autoridade que receber a petição poderá verificar a autenticidade de suas formas, a licitude e a exposição dos argumentos. Assim, as petições devem primar pelo respeito. Não devem ser redigidas com termos ofensivos ou impróprios.

◆ Cap. 14 ◆ **INSTRUMENTOS DE TUTELA DAS LIBERDADES** **603**

Casuística do STF:
- **Direito de petição e capacidade postulatória** — "O direito de petição, contudo, não assegura, por si só, a possibilidade de o interessado — que não dispõe de capacidade postulatória — ingressar em juízo, para, independentemente de Advogado, litigar em nome próprio ou como representante de terceiros" (STF, AR 1.354-AgRg, Rel. Min. Celso de Mello, *DJ* de 6-6-1997. Precedentes citados: STF, MS 21.651-AgRg, *DJ* de 19-8-1994; STF, Pet. 762-AgRg, *DJ* de 8-4-1994).
- **Direito de petição e recurso extraordinário** — "O direito de petição e a apreciação judicial regem-se por normas processuais de hierarquia ordinária, cuja interpretação não dá margem ao cabimento do recurso extraordinário" (STF, RE 258.910-AgRg, Rel. Min. Octavio Gallotti, *DJ* de 18-8-2000).

- **Efetividade** — a Carta de 1988 não previu qualquer sanção para o alijamento do direito de petição. Daí a praxe de as autoridades silenciarem a seu respeito, negando resposta ao pedido formulado. O único caminho para sanar esse "silêncio" é o mandado de segurança, obrigando a autoridade a se manifestar, quer para acolher quer para rejeitar o rogo, com a devida justificação de motivos. Na Colômbia, na Venezuela e no Equador foi assegurado o dever de a autoridade responder sobre a petição que lhe for dirigida.

✦ 3. DIREITO DE CERTIDÃO (ART. 5º, XXXIV, *B*)

Independentemente do pagamento de taxas, a Carta de 1988 assegurou, a qualquer pessoa, o direito líquido e certo de obter certidões para a defesa de direitos ou esclarecimento de interesse pessoal (art. 5º, XXXIV, *b*).

Legislação e jurisprudência:
- **Lei n. 9.051, de 18-5-1995** — nos arts. 1º e 2º disciplina a expedição de certidões para a defesa de direitos e esclarecimento de situações.
- **Gratuidade do direito de certidão** — "Entrega de certidões de atos e contratos administrativos condicionada ao recolhimento de taxa. Inadmissibilidade. Incidência do inciso XXXIV, *b*, e não do XXXIII do art. 5º da Constituição da República. Segurança concedida. Recurso provido" (TJSP, 5ª Câm. Civ., AC 222.880-1/Moji das Cruzes, Rel. Des. Marcus Andrade, decisão de 10-2-1995, *JTJ* (SP), Lex, *176*:93).

Três são os requisitos para o exercício do direito de certidão:
- **Existência de legítimo interesse** — nos requerimentos, formulados pelo indivíduo ou pela coletividade, devem constar os motivos que justificam o pedido de certidão. Daí a Lei n. 9.051/95 preconizar: "Nos requerimentos que objetivam a obtenção das certidões a que se refere esta Lei, deverão os interessados fazer constar esclarecimentos relativos aos fins e razões do pedido" (art. 2º).

Casuística:
- **Necessidade de demonstrar legítimo interesse** — STF, *RTJ*, *109*:1200.
- **Recusa de autoridade em fornecer certidão** — "A pretensão em obter todo o processo administrativo, de forma genérica, constitui exagero a que a Administração não pode submeter-se, devendo o interessado discriminar com clareza de qual ou quais atos deseja certidão, ou de que peças do processo administrativo tem interesse para o fim previsto na alínea *b* do inciso XXXIV do art. 5º da Constituição Federal — recusa da autoridade administrativa em fornecer a certidão na forma pretendida pelo impetrante não consubstancia violação a direito líquido e certo a ser protegido pelo *writ*, inclusive quando já fornecida certidão de súmula do processo administrativo — há de se declarar na hipótese a carência da ação" (TRF, 2ª Região, 1ª T., AMS 93.02.17752/RJ, Rel. Juiz Frederico Guerreiros, decisão de 5-12-1994, *DJ*, 2, de 11-5-1995, p. 28148).

- **Ausência de sigilo** — o sigilo administrativo pode barrar a expedição de certidões, porque tal direito, em regra, não é absoluto. Embora os atos administrativos tenham como corolário a publicidade, hão de se observar as condições e casos previstos na legislação para a divulgação de

- *Habeas corpus* **no Brasil-Império** — o remédio heroico surgiu no Brasil de modo pálido, antes mesmo da Carta de 1824. Foi o Código Criminal do Império, de 1830, que o previu pela primeira vez (arts. 183 a 188), sendo reforçado, de modo vigoroso, no Código de Processo Criminal, de 29-11-1832 (art. 341). Em seguida, a Lei n. 2.033, de 20-9-1871, estendeu-o aos estrangeiros (art. 18, § 1º).
- *Habeas corpus* **no Brasil-República** — proclamada a República, sagrou-se, em definitivo, com disciplina expressa no Texto de 1891 (art. 179, § 8º).
- **Teoria brasileira do *habeas corpus*** — também conhecida como *teoria do direito-escopo*, surgiu na vigência da Constituição de 1891, fortemente influenciada pelas ideias de Ruy Barbosa e Pedro Lessa. Ruy sustentou que o *habeas corpus* era meio apto à defesa de qualquer direito líquido e certo, objeto de coação por ilegalidade ou abuso de poder (naquela época inexistia o mandado de segurança, que só surgiu com a Carta de 1934). Para ele o instituto serviria para tutelar a posse de direitos pessoais. Até certo ponto o Supremo Tribunal Federal aceitou a tese de Ruy (STF, *RF*, *34*:505, *22*:306, *38*:213, *36*:192 e *45*:183), embora nunca a tivesse acolhido integralmente. Com a reforma constitucional de 1926, o campo de incidência da garantia foi diminuído, algo secundado pela Emenda de 7-7-1926 (deu nova redação ao art. 72, § 22, da Carta de 1891).

✧ 4.1. Perfil do *habeas corpus*

O *habeas corpus* possui uma configuração constitucional precisa. Seu perfil doutrinário e jurisprudencial pode ser assim sintetizado:

- **Pessoas jurídicas não podem utilizá-lo** — pessoa jurídica não pode ser beneficiária de *habeas corpus*, porquanto não tem liberdade de locomoção a ser protegida. A medida é privativa do ser humano. O pronome indefinido *alguém*, empregado no bojo do art. 5º, LXVIII, em nada mudou o entendimento de que o instituto só serve para tutelar a liberdade humana (defesa do *jus manendi, ambulandi, eundi ultro citroque*). Embora não seja beneficiária do remédio heroico, nada obsta que a pessoa jurídica o impetre para a pessoa física. Nesse sentido, "não há dúvida de que a pessoa jurídica pode impetrar *habeas corpus*, mas aquele que a representa legalmente deve, de plano ou no prazo assinado, comprovar isto. Se o signatário da inicial não comprova a condição invocada, de rigor o não reconhecimento do *writ*" (TJSP, *RT*, *655*:288. No mesmo sentido: STJ, 5ª T., RHC 3.716-41/PR, Rel. Min. Jesus da Costa Lima, *RT*, *598*:322; *RJTJSP*, *126*:519; *RF*, *232*:353). Outros, contudo, negam a possibilidade de pessoa jurídica impetrar *habeas corpus* (STF, *RT*, *591*:369; STF, *RTJ*, *104*:1060).
- **Representante legal de pessoa jurídica também não pode utilizá-lo** — o Supremo Tribunal Federal, por maioria de votos, negou provimento a agravo regimental interposto contra decisão que não conhecera *habeas corpus*, por ausência de interesse processual. Concluiu a Corte Excelsa que, pelo ordenamento brasileiro e, de acordo com a sistemática da Carta de 1988, não existe a possibilidade de pessoa jurídica, que se encontre no polo passivo de ação penal, valer-se de *habeas corpus*, porque o bem jurídico, tutelado pelo remédio heroico, é a liberdade corporal, própria das pessoas naturais (STF, HC 88747Agr/ES, Rel. Min. Carlos Britto, j. em 15-9-2009).
- **Natureza do *habeas corpus*** — trata-se de uma ação penal popular, de berço constitucional e procedimento sumário. Ora assume o posto de ação cautelar, declaratória ou constitutiva (CPP, art. 648, I a V), ora de ação rescisória constitutiva negativa (CPP, art. 648, VI e VII). Não é em todo e qualquer caso que o remédio heroico pode ser usado, visto que somente serve para tutelar a liberdade ambulatória.

  Casos de descabimento do *habeas corpus* na jurisprudência do STF e do STJ:
  - **Súmula 395 do STF** — "Não se conhece de recurso de *habeas corpus* cujo objeto seja resolver sobre o ônus das custas, por não estar mais em causa a liberdade de locomoção".
  - **Súmula 692 do STF** — "Não se conhece de *habeas corpus* contra omissão de relator de extradição, se fundado em fato ou direito estrangeiro cuja prova não constava dos autos, nem foi ele provocado a respeito".

Cap. 14 ◆ INSTRUMENTOS DE TUTELA DAS LIBERDADES 607

- **Súmula 693 do STF** — "Não cabe *habeas corpus* contra decisão condenatória a pena de multa, ou relativo a processo em curso por infração penal a que a pena pecuniária seja a única cominada".
- **Súmula 694 do STF** — "Não cabe *habeas corpus* contra a imposição da pena de exclusão de militar ou de perda de patente ou de função pública".
- **HC: descabimento em sede de processo administrativo** — *habeas corpus* não é o instrumento adequado para trancar processos administrativos, os quais não colocam em jogo a liberdade de ir e vir (CF, art. 5º, LXVIII) (STF, HC 100.664/DF, Rel. Min. Marco Aurélio, j. em 2-12-2010).
- **Liberdade de locomoção em *sites*** — a liberdade de locomoção pelos sítios informativos — acesso a *sites* — existentes no universo virtual não comporta *habeas corpus*, garantia existente para tutelar a liberdade de locomoção física, de todo inconfundível com a liberdade de locomoção irrestrita em *sites*. Esse é o entendimento do Supremo Tribunal Federal, cujo magistério do Min. Celso de Mello é claro a esse respeito: "A ação de *habeas corpus*, portanto, enquanto remédio jurídico-constitucional revestido de finalidade específica, não pode ser utilizada como sucedâneo de outras ações judiciais, notadamente naquelas hipóteses em que o direito-fim (ou direito-escopo, na expressão feliz de Pedro Lessa) não se identifica — tal como neste caso ocorre — com a própria liberdade de locomoção física. É que entendimento diverso — fundado na alegação de que 'O Paciente deseja, apenas, a sua liberdade de locomoção pelos sítios informativos, sem nenhuma restrição (...)' — conduziria, necessariamente, à descaracterização desse instrumento tutelar da liberdade de locomoção. Não se pode desconhecer que, com a cessação da doutrina brasileira do *habeas corpus*, motivada pela Reforma Constitucional de 1926, restaurou-se, em nosso sistema jurídico, a função clássica desse remédio heroico. Por tal razão, não se revela suscetível de conhecimento a ação de *habeas corpus*, quando promovida contra ato estatal de que não resulte, de modo imediato, ofensa, atual ou iminente, à liberdade de locomoção física" (STF, HC 100.3231 MC/DF, Rel. Min. Celso de Mello, j. em 7-8-2009).
- **Defesa de qualquer direito** — "O *habeas corpus* visa a proteger a liberdade de locomoção — liberdade de ir, vir e ficar — por ilegalidade ou abuso de poder, não podendo ser utilizado para proteção de direitos outros" (STF, HC 82.812, Rel. Min. Carlos Velloso, *DJ* de 27-6-2003). No mesmo sentido: STF, HC 82.880-AgRg, *DJ* de 16-5-2003.
- **Dilação probatória** — o *habeas corpus* não serve como meio de dilação probatória, para reparar erro judiciário, devido à sua índole sumaríssima (STF, 1ª T., HC 68.397-5/DF, Rel. Min. Celso de Mello, *DJ*, 1, de 26-6-1992, p. 10105).
- **Impossibilidade de se exigir autorização para membros do Ministério Público se ausentarem de suas comarcas** — o Supremo Tribunal Federal, em sua composição plenária e por unanimidade de votos, declarou inconstitucional dispositivo de Lei Orgânica do Ministério Público do Acre que obrigava seus membros a comunicarem ao corregedor-geral do órgão, com antecedência e por escrito, o afastamento da comarca a que exerciam suas atividades, solicitando prévia autorização ao procurador-geral de Justiça quando tiverem de sair daquela unidade federada. Prevaleceu o entendimento de que tal medida seria desarrazoada, representando restrição indevida à liberdade de locomoção (STF, ADI 6845, Rel. Min. Cármen Lúcia, j. 25-10-2021).
- **Afastamento de prefeito** — "Não é cabível o *habeas corpus* para atacar decreto de afastamento do Prefeito, ainda que em ação penal, porquanto este não implica, por si só, restrição à liberdade de ir e de vir" (STF, HC 75.068, Rel. Min. Moreira Alves, *DJ* de 27-6-1997). Isso porque, "Não há como se configurar restrição à liberdade de locomoção física em decisão que apenas determina afastamento do paciente do cargo que ocupa em virtude de recebimento de denúncia" (STF, HC 83.263, Rel. Min. Nelson Jobim, *DJ* de 16-4-2004).
- **Reexame probatório ou reapreciação do fato** — "A ação de *habeas corpus* constitui remédio processual inadequado, quando ajuizada com objetivo de promover a análise da prova penal, de efetuar o reexame do conjunto probatório regularmente produzido, de provocar a reapreciação da matéria de fato e de proceder à revalorização dos elementos instrutórios coligidos no processo penal de conhecimento" (STF, HC 69.780, Rel. Min. Celso de Mello, *DJ* de 17-6-2005). No mesmo sentido: STF, Pleno, HC 68.987-6/SP, Rel. Min. Marco Aurélio, v. u., *DJ*, 1, de 13-3-1992, p. 2924; STF, 2ª T., HC 69.534/SP, Rel. Min. Néri da Silveira, v. u., *DJ*, 1, de

2-10-1992, p. 16845; STJ, 6ª T., RHC 2.315-0/DF, Rel. Min. Pedro Acioli, v. u., *DJ*, 1, de 23-11-1992, p. 21902; STJ, 5ª T., RHC 1.767-0/SP, Rel. Min. Edson Vidigal, v. u., *DJ*, 1, de 5-10-1992, p. 17111; STJ, 5ª T., RHC 1.987-0/MG, Rel. Min. Assis Toledo, *DJ*, 1, de 29-6-1992, p. 10331; STJ, 5ª T., HC 1619-0/SP, Rel. Min. Costa Leite, v. u., decisão de 12-12-1992, *DJ*, 1, de 15-2-1993, p. 1690.

- **Revisão criminal** — o *habeas corpus* não pode ser usado como sucedâneo da revisão criminal, anulando, por exemplo, sentença com trânsito em julgado (STJ, 5ª T., HC 936/SP, Rel. Min. Vicente Cernicchiaro, *DJ*, 1, de 9-3-1992, p. 2587). Em sentido contrário, excepcionalmente, o *habeas corpus* pode ser concedido em caráter substitutivo à revisão criminal. Assim decidiu a Corte Suprema, por unanimidade de votos, para restaurar o regime aberto imposto a uma condenada à pena de dois anos e seis meses por tráfico de drogas, com substituição por pena restritiva de direitos. Mesmo diante do trânsito em julgado da condenação, as particularidades do caso autorizaram o deferimento do pedido de *habeas corpus*, como sucedâneo da revisão criminal. Para tanto, urge que o remédio heroico esteja aparelhado de provas pré-constituídas, lastreando-se em fatos incontroversos, "líquidos e certos", sem qualquer dúvida objetiva sobre sua realidade (STF, HC 139.741, 2ª Turma, Rel. Min. Dias Toffoli, j. 6-3-2018).
- **Impetração com base em argumentação repetida** — não se conhece, em regra, de *habeas corpus* indeferido, cujos fundamentos sejam mera repetição das razões utilizadas em impetração anterior (STJ, 6ª T., RHC 98.235-6/MG, Rel. Min. Carlos Thibau, v. u., *DJ*, 1, de 6-4-1992, p. 4506). Porém o Superior Tribunal de Justiça, em caráter excepcional, concedeu liminar negada em outro *habeas corpus* quando o ato coator apresentou manifesta ilegalidade, com efeitos danosos irreparáveis (STJ, 5ª T., HC 1.507-0/PB, Rel. Min. Assis Toledo, *DJ*, 1, de 16-11-1992, p. 21151).
- **Punibilidade extinta** — "Não cabe *habeas corpus* quando já extinta a punibilidade pelo cumprimento da obrigação assumida em transação penal" (STF, RHC 84.413, Rel. Min. Carlos Velloso, *DJ* de 20-8-2004). "Se o paciente já cumpriu a pena imposta na condenação, não cabe *habeas corpus* por lhe faltar o objeto específico de sua tutela: a 'liberdade de locomoção' — atual ou ameaçada" (STF, HC 68.715, Rel. Min. Paulo Brossard, *DJ* de 14-2-1992). No mesmo sentido: STF, HC 80.648, *DJ* de 21-6-2002.
- **Análise de excludentes anímicas** — "A via jurisdicional do *habeas corpus*, necessariamente estreita em função de seu caráter sumaríssimo, não se revela hábil para a análise das excludentes anímicas, *animus jocandi, animus defendendi, animus consulendi, animus corrigendi, animus narrandi*, cuja efetiva ocorrência descaracterizaria a intenção de injuriar" (STF, HC 68.242, Rel. Min. Celso de Mello, *DJ* de 15-3-1991).
- **Provas desencontradas** — "Não cabe o *habeas corpus* para solver controvérsia de fato dependente da ponderação de provas desencontradas; cabe, entretanto, para aferir a idoneidade jurídica ou não das provas onde se fundou a decisão condenatória" (STF, HC 85.457, Rel. Min. Sepúlveda Pertence, *DJ* de 15-4-2005).

- **Finalidade do *habeas corpus*** — evitar ou fazer cessar a violência ou coação à liberdade ambulatória, pela prática de ato ilegal ou por abuso de poder. Concretiza-se mediante ordem dada pelo juiz ou tribunal ao coator, assegurando ao indivíduo o direito de ir, vir e ficar. A "impetração do *habeas corpus*, com desvio de sua finalidade jurídico-constitucional, objetivando satisfazer, ainda que por via reflexa, porém de modo ilegítimo, os interesses da acusação, descaracteriza a essência desse instrumento exclusivamente vocacionado na proteção da liberdade individual", decidiu a Corte Excelsa (STF, HC 75.347-8/MG, Rel. Min. Carlos Velloso, *DJ*, 1, de 5-11-1997).

> No mesmo sentido: STF, *RTJ, 147*:233, *161*:475. **Casos de cabimento do *habeas corpus* na jurisprudência do STF e STJ:** existem julgados que concedem ordem de *habeas corpus* e expedem salvo-conduto, quando gerente bancário é constrangido a liberar quantias bloqueadas através de ofício judicial (*RT, 677*:401), ou quando prostituta é detida, mais de uma vez, e se acha ameaçada de nova detenção (*RT, 645*:364). Excepcionalmente, também existem ordens de *habeas corpus* trancando inquéritos policiais, quando estiverem envolvidos fatos atípicos (*RT, 660*:315 e *649*:267), ou ação penal, por prescrição (*RT, 658*:390). Lança-se mão do *habeas corpus* até para anular pena imposta em segundo grau, mediante recurso exclusivo do réu, implicando *reformatio in pejus* (*RT, 616*:381). Os casos são numerosíssimos. Vejamos alguns.

◆ Cap. 14 ◆ INSTRUMENTOS DE TUTELA DAS LIBERDADES ◆ 609

- **Decreto primitivo de prisão cautelar** — "*Habeas corpus*: não o prejudica que impugne decreto primitivo de prisão cautelar, se decorre a prisão do paciente da remissão, contida na sentença condenatória, aos fundamentos do decreto da prisão processual anterior" (STF, HC 84.778, Rel. Min. Sepúlveda Pertence, *DJ* de 4-3-2005).
- **Superveniência de sentença condenatória** — "O entendimento do Tribunal é no sentido de que a superveniência de sentença condenatória após a impetração do *writ* não gera a perda de objeto do *habeas corpus* (conforme HC 70.290, rel. Min. Sepúlveda Pertence)" (STF, HC 83.266, Rel. Min. Joaquim Barbosa, *DJ* de 7-10-2003).
- **Suspensão condicional do processo** — "É cabível pedido de *habeas corpus* em favor de beneficiado com a suspensão condicional do processo (Lei 9.099/95, art. 89), porquanto tal medida pode ameaçar a liberdade de locomoção do paciente. Com base nesse entendimento, a Turma deferiu *habeas corpus* impetrado contra acórdão do STJ que denegara igual medida por entender que o paciente, ao aceitar proposta de *sursis* formulada pelo Ministério Público, renunciara ao interesse de agir, na aludida via mandamental, para requerer, por ausência de justa causa, o trancamento de ação penal contra ele instaurada pela suposta prática de crime ambiental (Lei 9.605/98, art. 40, § 1º). HC deferido para, mantida a liminar, determinar que o STJ proceda ao exame da impetração como entender de direito" (STF, HC 85.747, Rel. Min. Marco Aurélio, *DJE* de 14-10-2005).
- **Tempestividade recursal** — "É possível discutir a tempestividade de recurso mediante *habeas corpus* porque, de forma indireta, poderá ser atingida a liberdade de ir e vir do paciente" (STF, HC 79.356, Rel. Min. Sydney Sanches, *DJ* de 4-4-2000).
- **Inadequabilidade do efeito suspensivo** — "Desde a reforma constitucional de 1925/1926, o *habeas corpus* voltou ao seu leito histórico: proteger o 'indivíduo que sofrer ou se achar ameaçado de sofrer violência ou coação em sua liberdade de locomoção, por ilegalidade ou abuso de poder'" (STJ, 6ª T., HC 3.000/MG, Rel. Min. Adhemar Maciel, decisão de 13-2-1995, *DJ*, 1, de 20-3-1995, p. 6144).
- **Extensão a corréus** — a ordem de *habeas corpus* pode ser estendida a corréus, com base no que determina o art. 580 do Código de Processo Penal (STJ, 6ª T., HC 1.005/RJ, Rel. Min. Costa Leite, v. u., *DJ*, 1, de 9-3-1992, p. 2592).
- **Erro na fixação da pena** — excepcionalmente, o *habeas corpus* pode corrigir erro manifesto da sentença na fixação da pena (STJ, 5ª T., RHC 1.712/MG, Rel. Min. Costa Lima, *DJ*, 1, de 9-3-1992, p. 21151).
- **Sustentação oral de credor fiduciário** — o Supremo Tribunal Federal, por votação majoritária, resolvendo questão preliminar, entendeu legítima a intervenção na ação penal de *habeas corpus*, inclusive para fazer sustentação oral do credor fiduciário, autor da ação civil de depósito (STF, HC 72.131-1/RJ, Rel. Min. Marco Aurélio, *DJ*, 1, de 28-11-1995, p. 41010).
- **Excesso de prazo** — o *habeas corpus* é meio processual adequado para cessar constrangimento ilegal à liberdade de locomoção do acusado preso, decorrente de abusivo excesso de prazo para o encerramento da instrução processual penal (STJ, 5ª T., HC 3.833/PE, Rel. Min. Edson Vidigal, decisão de 13-12-1995).

- **Gratuidade do *habeas corpus* (CF, art. 5º, LXXVII)** — o constituinte de 1988, inovando a ordem jurídica brasileira, isentou o remédio heroico do pagamento de custas judiciais e do ônus da sucumbência.

  Isenção de custas e gratuidade dos atos de cidadania:
  - **Amplitude da isenção de custas** — o benefício da gratuidade foi estendido, apenas, para o *habeas corpus* e o *habeas data* (CF, art. 5º, LXXVII). As demais ações constitucionais também deveriam gozar do privilégio.
  - **Gratuidade dos atos relativos à cidadania. Posição do STF** — "Os atos relativos ao nascimento e ao óbito relacionam-se com a cidadania e com seu exercício e são gratuitos na forma da Lei. Portanto, não há direito constitucional à percepção de emolumentos por todos os atos que delegado do poder público pratica; não há obrigação constitucional do Estado de instituir emolumentos para todos esses serviços; os serventuários têm direito de perceber, de forma integral, a totalidade dos emolumentos relativos aos serviços para os quais tenham sido fixados" (ADIn 1.800-MC, Rel. Min. Nelson Jobim, *DJ* de 6-4-1998). **Legislação** — a gratuidade dos

610 ◆ Uadi Lammêgo Bulos ◆

atos necessários ao exercício da cidadania foi regulamentada pelas Leis n. 9.265, de 12-2-1996, e 9.534, de 10-12-1997.

- **Extensão do *habeas corpus*** — com o advento do mandado de segurança, introduzido pela Carta de 1934, o *habeas corpus* ficou para garantir a liberdade de ir, vir e ficar, amparando, exclusivamente, a liberdade de locomoção (*RT, 423*:327).
- ***Habeas corpus* não deve se limitar à tutela do direito imediato de ir e vir** — a 2ª Turma do Supremo reiterou uma tendência jurisprudencial, que se prenunciou, na Corte, desde o advento de nossa primeira Constituição Republicana de 1891, qual seja a de que o *habeas corpus* não é cabível, apenas, para proteger a liberdade de locomoção em caso de ameaças diretas ao direito de ir e vir. Vale lembrar que a tendência de se conceber o *habeas corpus*, na grandiosidade de seu papel constitucional, permaneceu intacta mesmo depois do advento do mandado de segurança, nos idos de 1934. Assim, o velho e bom *habeas* também pode ser impetrado quando o direito de se locomover estiver sofrendo investidas indiretas, oblíquas, reflexas e, até, bastante remotas. A tendência pela ampliação do espectro dessa garantia fundamental de feição individual possui justificativa. É que a liberdade de ir e vir não deve ser colocada em risco nem mesmo remotamente. No HC 112.851/DF, por exemplo, embora não tivesse ocorrido ameaça imediata à liberdade de ir e vir, tal ameaça ficou subjacente quando se validou um mandado de busca e apreensão sem justa causa e ao arrepio do princípio do juiz natural. Como o paciente estava sujeito a ato restritivo do Poder estatal, ainda que remotamente, o Supremo concedeu a ordem de *habeas corpus*, de sorte a não comprometer, mediante exegese restritiva, o alcance desse instrumento constitucional de tutela das liberdades (STF, HC 112.851/DF, Rel. Min. Gilmar Mendes, j. 5-3-2013).

  > **Precedentes:** TRF, 4ª Região, 3ª T., RHC 91.04.16041/PR, Rel. Juiz Sílvio Dobrowolski, decisão de 24-9-1991, *DJ*, 2, de 1º-4-1992, p. 7695; *RT, 423*:327, *338*:99; *RF, 213*:390, *230*:280, *222*:336, *207*:329.

- ***Habeas corpus* de ofício** — a jurisprudência da Corte Excelsa tem admitido que se conceda *habeas corpus* de ofício ainda que o pedido original não possa ser conhecido. Nisso o Poder Judiciário pode atuar no tocante à extensão da ordem, deferindo-a aquém ou além do pedido.

  > **Precedentes:** STF, *RT, 650*:331; 2ª T., STF, HC 69.172-2/RJ, Rel. Min. Marco Aurélio, *DJ*, 1, de 21-8-1992, p. 12784-12785; STF, 2ª T., HC 69.421/SP, Rel. Min. Marco Aurélio, *DJ*, 1, de 28-8-1992, p. 13455.

- ***Habeas corpus* repressivo (ou liberatório)** — faz cessar o desrespeito à liberdade de locomoção do paciente.
- ***Habeas corpus* preventivo (ou salvo-conduto)** — impede a provável prisão ou detenção do paciente, que se encontra ameaçado de sofrer violência ou coação na sua liberdade ambulatória, por ato ilegal ou abuso de poder.

  > **Nesse sentido:** STJ, 6ª T., HC 1.288-3/PB, Rel. Min. José Cândido, v. u., *DJ*, 1, de 16-11-1992, p. 21163.

- **Desvinculação à causa de pedir e aos pedidos formulados** — entende o Supremo Tribunal Federal que, ao apreciar *habeas corpus*, o órgão competente para seu julgamento não está vinculado à causa de pedir nem aos pedidos formulados. Desde que se forme a convicção sobre a existência de ato ilegal não veiculado pelo impetrante, cumpre-lhe afastá-lo, mesmo que isso implicar concessão de ordem em sentido diverso do pleiteado (CPP, art. 654, § 2º).

  > **Precedente:** STF, 2ª T., HC 69.421/SP, Rel. Min. Marco Aurélio, v. u., *DJ*, 1, de 28-8-1992, p. 13455.

- ***Habeas corpus* e medidas de emergência** — excepcionalmente, quando o País encontrar-se mergulhado no estado de defesa (CF, art. 136) ou no estado de sítio (CF, art. 139), o âmbito de incidência do *habeas corpus* poderá ser diminuído, porém jamais suprimido.
- ***Habeas corpus* e assistência** — o Supremo Tribunal Federal, por maioria de votos, admitiu a intervenção do assistente no processo de *habeas corpus*.

Cap. 14 ♦ INSTRUMENTOS DE TUTELA DAS LIBERDADES 611

> **Precedente:** STF, HC 72.131-1/RJ, Rel. Min. Marco Aurélio, *DJ*, 1, de 28-11-1995, p. 41010. **Contra a intervenção assistencial na ação de *habeas corpus*:** STJ, 5ª T., REsp 17.039-0/GO, Rel. Min. José Adalto Duarte, v. u., *DJ*, 1, de 16-11-1992, p. 21153/4.

- ***Habeas corpus* e decisão de Tribunal *a quo*** — o remédio heroico não serve para fazer subir recurso interposto de decisão de tribunal *a quo* quando ainda não publicado o acórdão recorrido. Nessa ocasião, é possível o processamento do recurso e a viabilidade de seu recebimento.

  > **Precedente:** STJ, 5ª T., HC 1.388-7/DF, Rel. Min. Flaquer Scartezzini, v. u., *DJ*, 1, de 31-8-1992, p.13651.

- **Sobrestamento do exame de *habeas corpus*** — "Não se justifica o sobrestamento, pela Turma, que é órgão fracionário, do exame de *habeas corpus* impetrado com fundamento em tese que, pendente de revisão, ainda constitui expressão da jurisprudência plenária do Supremo Tribunal Federal. O réu — que foi condenado pela prática de crimes hediondos ou de infrações penais a estes equiparadas — não tem o direito de cumprir a pena em regime de execução progressiva, pois a sanção penal imposta a tais delitos deverá ser cumprida em regime integralmente fechado, por efeito de norma legal (Lei n. 8.072/90, art. 2º, § 1º), cuja constitucionalidade foi confirmada pelo Supremo Tribunal Federal. Precedentes" (STF, HC 85.692/RJ, Rel. Min. Celso de Mello, *DJ* de 2-9-2005).

- ***Habeas corpus* e pena de multa** — não comporta *habeas corpus* a condenação exclusiva em pena de multa (STF, HC 75.253-5/GO, Rel. Min. Maurício Corrêa, *DJ* de 15-8-1997).

- **Impossibilidade de supressão do *habeas corpus*** — como direito individual básico, o remédio heroico não pode ser alvo de reformas constitucionais que o suprimam, no todo ou em parte (CF, art. 60, § 4º, IV).

- **Abrandamento da Súmula 691 do STF** — conforme essa Súmula, "não compete ao Supremo Tribunal Federal conhecer de *habeas corpus* impetrado contra decisão do Relator que, em *habeas corpus* requerido a tribunal superior, indefere a liminar". Entendeu a Corte Excelsa, por maioria de votos, vencidos os Ministros Eros Grau, Joaquim Barbosa e Carlos Britto, que, diante de flagrante violação à liberdade ambulatória, não pode o Supremo "fechar os olhos". Se o réu tem residência no distrito da culpa e profissão certa, não havendo procrastinado o julgamento, apresentando-se à prisão imediatamente após a sua decretação, não existem motivos para se interpretar a Súmula 691 do STF ao pé da letra.

  > **Precedente:** STF, Pleno, HC 86.864, Rel. Min. Carlos Velloso, decisão de 20-10-2005.

♦ 4.2. Pressupostos constitucionais de impetração

Pressupostos constitucionais de impetração do *habeas corpus* são diretrizes de observância obrigatória, sem as quais a ação não preencherá as condições exigidas para o seu cabimento.

Assim, o uso do remédio heroico deve levar em conta os dois requisitos apregoados pelo art. 5º, LXVIII, da *Lex Mater*:

- **Violência ou coação à liberdade de se locomover** — *violência* é o uso da força física, que contraria ou domina o exercício regular de um direito. Já a *coação* é o constrangimento, direto ou indireto, à liberdade de ir, vir ou ficar. Qualquer um deles enseja o cabimento do *habeas corpus*.

  Violência ou coação na jurisprudência do STF e STJ:
  - **Inexistência de ameaça ao *jus libertatis*** — "O pressuposto do *habeas corpus* é o risco ou a atualidade de uma coação sobre liberdade ambulatória da pessoa, sobre sua liberdade física (artigo 5º, LXVIII, da CF). Não se conhece do pedido se não há sequer ameaça de ilegítimo cerceamento a tal liberdade" (STF, HC 71.464, Rel. Min. Francisco Rezek, *DJ* de 7-12-2000).
  - **Coação indireta à liberdade** — "Não é somente a coação ou ameaça direta à liberdade de locomoção que autoriza a impetração do *habeas corpus*. Também a coação ou a ameaça in-

612 ◆ Uadi Lammêgo Bulos ◆

direta à liberdade individual justifica a impetração da garantia constitucional" (STF, HC 83.162, Rel. Min. Carlos Velloso, *DJ* de 26-9-2003).

- **Correção de qualquer inidoneidade** — o *habeas corpus* não poderá ser utilizado para a correção de qualquer inidoneidade. Deve pressupor coação ou iminência direta de coação à liberdade de ir e vir (STF, 1ª T., HC 69.419-5/MS, Rel. Min. Sepúlveda Pertence, v. u., *DJ*, 1, de 28-8-1992, p. 13455; STF, 2ª T., HC 69.185-4/PR, Rel. Min. Célio Borja, v. u., *DJ*, 1, de 8-5-1992, p. 6267).

- **Não constitui constrangimento ilegal, sanável por *habeas corpus*** — (i) o razoável excesso de prazo ocorrido na instrução processual penal, por exigência da própria defesa em arrolar testemunhas residentes em comarcas diversas (STJ, 5ª T., RHC 2.434-7/PB, Rel. Min. Flaquer Scartezzini, v. u., decisão de 16-12-1992, *DJ*, 1, de 15-2-1993, p. 1693-1694); (ii) a existência de grande número de acusados (STJ, 5ª T., HC 736/RJ, Rel. Min. Edson Vidigal, *DJ*, 1, de 1º-7-1991, p. 9203); (iii) quando a instrução teve curso regular (STF, HC 71.371-8/PE, Rel. Min. Néri da Silveira, *DJ*, 1, de 8-3-1996, p. 6239; STJ, 6ª T., RHC 2.364-1/PR, Rel. Min. José Cândido, decisão de 1º-12-1992, *DJ*, 1, de 1º-2-1993, p. 476); (iv) se a dúvida sobre a competência para o processo e julgamento do acusado já houver sido dirimida (STJ, 5ª T., RHC 2.424- 4/RJ, Rel. Min. Costa Lima, v. u., decisão de 9-12-1992, *DJ*, 1, de 1º-2-1993, p. 470); (v) em relação à greve de serventuários da justiça. Nesse caso, os prazos recomeçam a fluir na data em que é publicado o ato pelo qual o tribunal comunica às partes e aos procuradores a cessação da situação de anormalidade e a retomada do andamento dos processos (STJ, 4ª T., REsp 17.649/SP, Rel. Min. Athos Carneiro, *DJ*, 1, de 13-4-1992, p. 5002).

- **Ilegalidade ou abuso de poder** — *ilegal* é o ato comissivo ou omissivo contrário ao direito. Verificamo-lo sempre que: **(i)** houver lei rechaçando a sua prática; **(ii)** ele próprio extrapolar os limites legais, contrariando lei expressa, regulamento ou princípio constitucional; **(iii)** usurpar funções, mediante vícios de competência ou invasão de atribuições. O abuso de poder, por sua vez, consiste na prática de atos autoritários, imoderados, desproporcionais, arbitrários, violentos, desviados do seu fim. Por isso, recai num ato ilícito, quer pelo excesso de sua utilização, quer pelo desvio de seu objetivo. Sempre que a pessoa física se achar ameaçada, ou prestes a sofrer ameaça, proveniente de ilegalidade ou abuso de poder, o *habeas corpus* servirá para livrá-la da prisão, assim como da detenção. Para tanto, os atos deverão ser ilegais e abusivos. Aí, sim, poder-se-á fazer cessar a violência ou coação, eliminando situação não querida e prejudicial ao *jus libertatis*.

✧ 4.3. Legitimidade ativa no *habeas corpus*

O *habeas corpus* pode ser impetrado por qualquer pessoa física ou jurídica, nacional ou estrangeira, analfabeta, menor ou incapaz, bem como pelo Ministério Público, sem a necessidade de habilitação legal ou representação de advogado.

Trata-se de uma verdadeira **ação penal popular com legitimidade universal**. Por isso, seu ajuizamento se legitima por quem quer que seja (CPP, art. 654, *caput*), seja qual for a instância judiciária competente. "Vê-se, portanto, que a legitimidade ativa para o ajuizamento da ação de *habeas corpus* reveste-se de caráter universal o que torna prescindível, até mesmo, a outorga de mandato judicial que autorize o impetrante a agir em favor de quem estaria sujeito, alegadamente, a situação de injusto constrangimento em sua liberdade de locomoção física" (STF, HC 100.000-MC/SP, Rel. Min. Celso de Mello, *DJE* de 5-8-2009).

Casuística:

- **Lei de Proteção aos Animais:** durante a ditadura militar, o notável advogado Heráclito Fontoura Sobral Pinto — defendendo o alemão Harry Berger, que participou do levante de 1935, preso embaixo de um vão de escada e sem poder dormir por vários dias, sendo tratado como "bicho" — requereu ao governo brasileiro a aplicação dos benefícios do art. 14 da Lei de Proteção aos Animais ao prisioneiro. Berger só foi libertado ao fim do Estado Novo, em 1945, e morreu louco, na Alemanha. Seria esse o momento de parafrasear Madame Roland — a

◆ Cap. 14 ◆ INSTRUMENTOS DE TUTELA DAS LIBERDADES   613

célebre jacobina guilhotinada — quando, antes de morrer, exclamou: "liberdade, liberdade, quantos crimes se cometem em teu nome"!

- **Dispensa de procuração** — "Quem tem legitimação para propor *habeas corpus* tem também legitimação para dele recorrer. Nas hipóteses de denegação do *writ* no tribunal de origem, aceita-se a interposição, pelo impetrante — independentemente de habilitação legal ou de representação — de recurso ordinário constitucional" (STF, HC 73.455, Rel. Min. Francisco Rezek, *DJ* de 7-3-1997).

- **Dispensa de linguagem técnico-jurídica** — "A ação de *habeas corpus* pode ser ajuizada por qualquer pessoa, independente de sua qualificação profissional (CF, art. 5º, LXVIII e LXXIII, c/c CPP, art. 654). Não é exigível linguagem técnico-jurídica. Entretanto, o *habeas corpus* não pode servir de instrumento para ataques às instituições. Nem para assaques de ofensas a seus membros. O emprego de expressões de baixo calão, num linguajar chulo e deselegante, não pode ser tolerado" (STF, HC 80.744, Rel. Min. Nelson Jobim, *DJ* de 28-6-2002).

- **Impetração por estrangeiro** — "Inquestionável o direito de súditos estrangeiros ajuizarem, em causa própria, a ação de *habeas corpus*, eis que esse remédio constitucional — por qualificar--se como verdadeira ação popular — pode ser utilizado por qualquer pessoa, independentemente da condição jurídica resultante de sua origem nacional. A petição com que impetrado o *habeas corpus* deve ser redigida em português, sob pena de não conhecimento do *writ* constitucional" (STF, Pleno, HC 72.391-QO, Rel. Min. Celso de Mello, *DJ* de 17-3-1995, p. 5791).

- **Impetração pela parte ou terceiro a seu favor** — a impetração de *habeas corpus*, pela própria parte, em seu favor ou de terceiro (STF, *RT*, *631*:389), não ofende o art. 133 da Constituição de 1988. Esse dispositivo não obriga o patrocínio judicial por advogado. Sua interposição há de ser feita à luz do princípio do direito de defesa assegurado constitucionalmente (art. 5º, LX), que engloba o direito à autodefesa (STJ, 5ª T., RHC 1.701/CE, Rel. Min. Cid Flaquer Scartezzini, v. u., *DJ*, 1, de 4-5-1992, p. 5895). Assim, uma pessoa pode impetrar em benefício de outra e o próprio órgão jurisdicional concedê-lo de ofício. Aliás, diz o art. 654 do Código de Processo Penal: "O *habeas corpus* poderá ser impetrado por qualquer pessoa, em seu favor ou de outrem, bem como pelo Ministério Público". Em suma, possui legitimidade ativa para se valer do remédio heroico qualquer pessoa, independentemente de idade, sexo, posição social, profissão ou nacionalidade.

- **Impetração por analfabeto** — até o analfabeto poderá ajuizar a ação, desde que alguém assine por ele (CPP, art. 654, § 1º, c), pois a impressão digital não é exigida (*RT*, *583*:420).

- **Impetração pelo Ministério Público** — o "Ministério Público estadual é parte legítima para impetrar *habeas corpus*" (STJ, 5ª T., RHC 4.620/RS, Rel. Min. Edson Vidigal, *DJ*, 1, de 6-10-1997, p. 50010). Nesse sentido: STJ, *RT*, *603*:432; TJSP, *RT*, *608*:301. Contra: TJSP, *RT*, *608*:301. A Lei Orgânica Nacional do Ministério Público permite (Lei n. 8.625/93, art. 32, I).

- **Impetração via *fax*** — o Supremo Tribunal Federal admite a impetração do *habeas corpus* via *fax*. Seu conhecimento, entretanto, ficará condicionado ao prazo concedido pelo Ministro--relator (STF, HC 74.504-1/RS, Rel. Min. Celso de Mello, *DJ*, 1, de 10-10-1996, p. 38293. Precedentes: *RTJ*, *117*:1084, *150*:765; STF, HC 71.217/MG, Rel. Min. Néri da Silveira). Mas o Superior Tribunal de Justiça, lastreado em sua orientação predominante, editou a Resolução n. 43, de 23-10-1991, do Tribunal Pleno (*DJ* de 24-10-1991), autorizando a recusa do peticionamento formulado através de *fax*, sem a devida autenticação dos originais.

- **Impetração por juiz** — como integrantes do Poder Judiciário, magistrados não podem impetrar o remédio heróico, até porque a jurisdição é inerte (*RT*, *262*:60 e *527*:455).

- **Impetração por delegado de polícia** — segundo alguns julgados, mesmo que o delegado se apresentar como cidadão, ele estará impedido de impetrar o remédio heroico, pois se trata de um policial (*RT*, *541*:425). Parece-nos que, como cidadão (CPP, art. 654), os delegados detêm essa competência, exceto nos processos em que estiverem atuando.

O inadmissível é a impetração apócrifa do *habeas corpus*, ou seja, aquela não assinada pelo impetrante e sem qualquer autenticação.

Em contrapartida, a desistência do *habeas corpus* é plenamente aceita pelo Supremo Tribunal Federal e pelo Superior Tribunal de Justiça, salvo se maléfica ao paciente.

614 ◆ Uadi Lammêgo Bulos ◆

Precedentes: STF, *RTJ*, 5:183; STJ, 6ª T., HC 3.287/RJ, Rel. Min. Luiz Vicente Cernicchiaro, decisão de 18-4-1995, *DJ*, 1, de 19-6-1995, p. 18747.

✧ 4.4. Legitimidade passiva no *habeas corpus*

A legitimidade passiva no *habeas corpus* pertence aos delegados de polícia, promotores, juízes de direito, tribunais, particulares etc.

Quer dizer, o remédio heroico dirige-se contra a autoridade coatora, que é aquela sob as ordens de quem se encontra preso o paciente ou que determinou a restrição à liberdade ambulatória.

Questão complexa surge quando promotores e juízes figuram como autoridades coatoras e, ao mesmo tempo, requisitam abertura de inquérito policial. Nesses casos, a jurisprudência assim tem entendido:

- se o magistrado determina a abertura do inquérito policial, passa a ser autoridade coatora, ficando a competência para o respectivo Tribunal Superior;

    Precedentes: STF, *RT*, 658:376, 639:294, 627:361 e 612:319.

- se o magistrado determina a abertura de inquérito por pedido do promotor, prática que não deve ocorrer, pois cabe ao próprio promotor requisitá-la diretamente, competente para apreciar a ação de *habeas corpus* será o tribunal de segundo grau;

    Precedentes: STF, *RT*, 637:343, 627:361 e 616:363.

- caso o magistrado simplesmente despache, concedendo prazo ou comunicando a ocorrência do delito, ele não será autoridade coatora, porque ocorreu, apenas, mero despacho de expediente; e

    Precedentes: STF, *RT*, 654:295, 630:311, 613:317 e 606:357.

- se for contra ato de desembargador, competente para apreciar o pedido será o próprio Tribunal de Justiça.

    Nesse sentido: STF, *RT*, 651:359.

✧ 4.5. Ato de particular

O *habeas corpus* também pode ser impetrado contra ato de particular sempre que houver constrição à liberdade ambulatória.

> ***Habeas corpus* — Cabimento contra ato de particular:** "Desde que a Constituição da República não faz distinção entre coação exercida por autoridade pública e por particular, não será lícito fazê-lo jurisprudencialmente, sob pena de restrição indevida a direito e garantia fundamental do cidadão" (TJSP, 3ª Câm. Crim., RHC 137.873-3/Votuporanga, Rel. Des. Luiz Pantaleão, decisão de 1º-3-1993, *JTJ* (SP), Lex, *142:375*). **No mesmo sentido:** TJSP, *RF*, 167:269; *RT*, 63:649 e 88:477.

Exemplo clássico de *habeas corpus* contra ato de particular é o constrangimento praticado por hospitais que negam alta a seus pacientes em virtude do não pagamento de despesas.

> **Posição do TJSP:** o Tribunal de Justiça de São Paulo, unanimemente, entendeu que "o particular pode, em casos especiais, praticar ato ilegal, sanável pelo remédio heroico do *habeas corpus*. É o caso de constrangimento ilegal (art. 146) e do cárcere privado (art. 148), ambos do CP" (TJSP, *RT*, 548:339).

O remédio heroico impetrado contra ato privado, porém, não será cabível para "dirimir controvérsia de ordem constitucional puramente civil, sem qualquer conotação criminal, qual a cláusula condominial obstativa da locação residencial a pessoas solteiras, regra essa assim posta pelo síndico à desejada posse do apartamento pela locatária" (STJ, 5ª T., *Lex*, 5:183).

◆ Cap. 14 ◆ **INSTRUMENTOS DE TUTELA DAS LIBERDADES** **615**

◇ 4.6. Ato de Tribunais Regionais Federais ou Tribunais estaduais

Compete ao Superior Tribunal de Justiça processar e julgar originariamente os *habeas corpus* impetrados contra ato único ou ato colegiado de Tribunais Regionais Federais ou de Tribunais estaduais, sendo cabível recurso ordinário constitucional para o STF, se a decisão for denegatória (CF, art. 102, II, *a*). Trata-se de uma novidade oriunda da Emenda Constitucional n. 22, de 18 de março de 1999 (*DOU* de 19-3-1999), que deu nova redação aos arts. 102, I, *i*, e 105, I, *c*, da Carta de 1988.

Desdobramento do assunto:

- **Como era ANTES da EC n. 22/99** — a competência para julgar o remédio heroico, em se tratando de ato de colegiado, ou do próprio Plenário de Tribunal Regional Federal ou Tribunais estaduais, era do Supremo Tribunal Federal. Em contrapartida, competia ao Superior Tribunal de Justiça julgar *habeas corpus* impetrado contra decisão do relator, ato único de Desembargador ou Juiz de Alçada (cargo extinto pela EC n. 45/2004), em Tribunal local, ou de juiz do Tribunal Regional Federal. Assim, o Supremo processava e julgava, tão só, os *habeas corpus* dirigidos contra ato de colegiado. Era esse o entendimento prevalecente na Corte Excelsa, mas sempre por maioria apertada de votos (6 × 5), inexistindo unanimidade.

  Detalhamento:

  - **O que estava incluso na competência do STF** — ainda na feição originária da Carta de 1988, a jurisprudência entendia que era o Pretório Excelso o encarregado de julgar *habeas corpus* de ato de órgão colegiado ou do próprio Plenário de Tribunal Regional Federal ou Tribunais estaduais. Tal entendimento defluía da interpretação pretoriana da redação original do art. 102, I, *i*, da Carta Maior (STJ, HC 4.580/SP, Rel. Min. Luiz Vicente Cernicchiaro, *DJ*, 1, de 15-8-1996, p. 28044; STJ, HC 4.588/RS, Rel. Min. Luiz Vicente Cernicchiaro, *DJ*, 1, de 15-8-1996, p. 28044). Esse mesmo raciocínio estendia a competência do Supremo Tribunal Federal para o julgamento de *habeas corpus* contra decisão que o presidente da câmara do Tribunal de Justiça houvesse tomado em nome do órgão colegiado por ele presidido (STF, HC 73.968/RS, Rel. Min. Sydney Sanches, j. em 14-5-1996). **Matéria polêmica no STF:** a tese de que o Supremo processava e julgava, apenas, os *habeas corpus* dirigidos contra ato de colegiado nunca foi unânime entre os Ministros da Corte, prevalecendo por maioria apertada de votos (6 × 5) (STF, 2ª T., HC 71.605-9, Rel. Min. Marco Aurélio, *DJ*, 1, de 9-2-1996, p. 2074; STF, *RTJ*, *152*:889; *RT*, *648*:355, *651*:370, *652*:373).
  - **O que estava incluso na competência do STJ** — antes da Emenda Constitucional n. 22/99, competia ao Superior Tribunal de Justiça conhecer, originariamente, de *habeas corpus* quando o coator ou paciente fosse desembargador do Tribunal de Justiça ou juiz de Tribunal Regional Federal (STF, 2ª T., HC 69.473/RS, Rel. Min. Néri da Silveira, *DJ*, 1, de 28-8-1992, p. 13455; *RSTJ*, *3*:787). Note-se que os juízes dos Tribunais de Alçada, extintos pela EC n. 45/2004, estavam aí incluídos, embora inexistisse norma expressa para prever a hipótese, afinal o art. 105, I, *a*, silenciava a esse respeito. Mesmo assim, era o Superior Tribunal de Justiça o órgão competente para processar e julgar os *habeas corpus* contra atos monocráticos dessas autoridades (STF, HC 71.017-4, Rel. Min. Moreira Alves, *DJ*, 1, de 10-6-1994, p. 14766; STF, HC 71.050-6, Rel. Min. Moreira Alves, *DJ*, 1, de 10-6-1994, p. 14766).

- **Como ficou DEPOIS da EC n. 22/99** — com o advento da Emenda Constitucional n. 22/99, houve uma mudança de rumo no que tange à exegese dos arts. 102, I, *i* e 105, I, *c*. É que o constituinte reformador unificou a competência do Superior Tribunal de Justiça para processar e julgar originariamente o *habeas corpus* contra ato ou decisão dos Tribunais Regionais Federais ou dos Tribunais estaduais independentemente de se tratar de atos únicos ou de atos colegiados. Resultado: não mais compete ao Pretório Excelso processar e julgar originariamente os *habeas corpus* dirigidos contra os atos colegiados dos Tribunais Regionais Federais ou dos Tribunais estaduais. Tal atribuição, em virtude da Emenda Constitucional n. 22/99, pertence agora ao Superior Tribunal de Justiça.

  Detalhamento:

  - **O STF continua julgando pedidos de extensão** — ressalve-se, com a 1ª Turma do Pretório Excelso, que, em se tratando "de pedido de extensão de *habeas corpus* concedido pelo STF

616 ◆ Uadi Lammêgo Bulos ◆

antes da promulgação da EC n. 22/99, esta Corte continua competente para examinar tal pedido" (STF, HC 77.760-QO/SP, Rel. Min. Octavio Gallotti, decisão de 23-3-1999).

• **O STF continua julgando *habeas corpus* contra atos de Tribunais Superiores** — a EC n. 22/99 manteve a competência originária do Supremo Tribunal Federal para processar e julgar os *habeas corpus* ajuizados em face dos Tribunais Superiores. Assim, "o Supremo Tribunal Federal é competente para processar e julgar, originariamente, o *habeas corpus* quando o ato de coação emana de decisão colegiada de Tribunal Superior (art. 102, I, *i*, da Constituição, com a redação dada pelo art. 2º da Emenda Constitucional n. 22, de 1999). O Superior Tribunal de Justiça é competente para processar e julgar, originariamente, o *habeas corpus* quando o ato de coação emana de decisão colegiada dos demais tribunais do País, ressalvada a competência do Tribunal Superior Eleitoral (art. 105, I, *c*, da Constituição, com a redação dada pelo art. 3º da Emenda Constitucional n. 22, de 1999) e a do Superior Tribunal Militar (art. 124, parágrafo único, da Constituição). Questão de ordem resolvida no sentido de proclamar a eficácia imediata das normas que dispõem sobre a competência (Emenda Constitucional n. 22, de 1999) e declarar, em consequência, a incompetência superveniente do Supremo Tribunal Federal, visto que passou a ser competente o Superior Tribunal de Justiça, determinando-se a remessa dos autos" (STF, 2ª T., HC 78.418-QO/RJ, Rel. Min. Maurício Corrêa, decisão de 22-3-1999. Em sentido idêntico, os *Habeas Corpus*, todos da 2ª Turma, publicados no *DJ*, 1, de 29-3-1999, p. 21, de n. 72.3829/PB; 77.573-5/SP; 78.321-0/SP; 78.335-1/RS; 78.421-4/RO; 78.745-4/DF; 78.774-6/RS; 78.795-9/MG; 78.817-3/SP; 78.993-5/SP; 79.031-3/RJ; 79.060-7/SP; 79.113-1/SP; 77.823-1/GO; 78.111-5/ES; 78.395-37/PB; 78.104-9/SC; 78.291-3/SP; 78.592-3/SP; 78.974-9/RS; 79.079-8/MG). **No mesmo sentido:** "A EC 22, de 18-3-99, deu nova redação aos arts. 102, I, *i*, e 105, I, *c*, da Constituição, de modo a transferir, do Supremo Tribunal para o Superior Tribunal de Justiça, a competência originária para conhecer de *habeas corpus* contra coação imputada aos tribunais de segundo grau sujeitos à sua jurisdição. Essa espécie, e sendo a emenda constitucional de aplicabilidade imediata aos processos em curso, declino da competência do STF para o Superior Tribunal de Justiça, ao qual se remeterão os autos" (STF, 1ª T., HC 78.756-6/SP, Rel. Min. Sepúlveda Pertence, *DJ*, 1, de 29-3-1999, p. 21). O *DJ*, 1, de 30-3-1999, p. 5, publicou outras tantas decisões da 1ª Turma trilhando esse caminho.

⬦ 4.7. Ato ilegal imputado a promotor de justiça

Compete ao Tribunal de Justiça, em *razão da pessoa* e com base nos arts. 96, III, e 125, § 1º, da Carta Magna, processar e julgar *habeas corpus* contra ato ilegal imputado a promotor de justiça, posicionamento tranquilo na jurisprudência do Pretório Excelso.

Precedentes: STF, 1ª T., RE 141.209-7, Rel. Min. Sepúlveda Pertence, *DJ*, 1, de 20-3-1992; STF, 2ª T., RE 141.311-5/SP, Rel. Min. Marco Aurélio, v. u., *DJ*, 1, de 11-12-1992, p. 23665; STF, 2ª T., RE 141.211-9/SP, Rel. Min. Néri da Silveira, *DJ*, 1, de 28-8-1992, p. 13456; STF, 2ª T., RE 187.725-1/RJ, Rel. Min. Néri da Silveira, *DJ*, 1, de 17-10-1997, p. 52506.

No Superior Tribunal de Justiça, há julgados seguindo esse entendimento, que nos parece o mais apropriado, afinal "a competência originária para julgar *habeas corpus*, em sendo a autoridade coatora Promotor Público, é do Tribunal de Justiça estadual" (STJ, 5ª T., REsp 78.864/SP, Rel. Min. Cid Flaquer Scartezzini, *DJ*, 1, de 22-9-1997, p. 46514).

No mesmo sentido: STJ, 5ª T., REsp 67.757/PR, Rel. Min. Cid Flaquer Scartezzini, *DJ*, 1, de 22-9-1997, p. 46514.

Há, porém, no próprio Superior Tribunal de Justiça, entendimento de que o *habeas corpus* impetrado contra ato de promotor de justiça deve ser distribuído em *razão da matéria*, não sendo, necessariamente, o Tribunal de Justiça do Estado o órgão competente para examiná-lo.

Nesse sentido: STJ, 5ª T., RHC 2.444-0/SP, Rel. Min. Jesus Costa Lima, v. u., *DJU* de 15-2-1993, p. 1694.

◆ Cap. 14 ◆ INSTRUMENTOS DE TUTELA DAS LIBERDADES 617

◇ 4.8. Ato de membro do Ministério Público Federal

Se a coação for de membro do Ministério Público Federal que atue perante a primeira instância da Justiça Federal, a competência para o processo e julgamento do *habeas corpus* será do Tribunal Regional Federal.

Precedente: STJ, 5ª T., HC 5.750/RJ, Rel. Min. Cid Flaquer Scartezzini, *DJ*, 1, de 29-9-1997, p. 48231.

◇ 4.9. Ato de Turma Recursal de Juizados Especiais Criminais

A competência para julgar ato de turma recursal de Juizados Especiais Criminais pertence ao Tribunal de Justiça do Estado, segundo entendimento do Supremo Tribunal Federal no **HC 86.834/SP**, que cancelou a sua Súmula 680.

Vejamos a evolução jurisprudencial da matéria.

Pela Emenda Constitucional n. 22/99, que alterou os arts. 102, I, *i*, e 105, I, *c*, da Constituição, o órgão competente para julgar *habeas corpus* contra ato de Turma Recursal de Juizados Especiais Criminais é o Superior Tribunal de Justiça.

Mas o Supremo Tribunal Federal conferiu ao assunto outra interpretação, decidindo que a competência, nessa seara, pertence-lhe, seguindo a jurisprudência que firmou antes do advento da EC n. 22/99 (STF, Pleno, HC 71.713-6, Rel. Min. Sepúlveda Pertence, v. m., *DJ* de 4-11-1994, p. 29827; STF, 1ª T., HC 72.582-1, Rel. Min. Ilmar Galvão, *DJ* de 20-10-1995, p. 35258).

Segundo o Ministro Octavio Gallotti, "mesmo com a nova redação da EC n. 22/99, permaneceu o silêncio da Constituição Federal a respeito do *habeas corpus* contra ato das turmas recursais, subsistindo, portanto, o entendimento proferido pelo STF no julgamento do HC 71.713/PB (julgado em 26-10-1994), em que se decidiu que a brevidade dos juizados especiais não dispensa o controle de constitucionalidade de normas, estando as decisões das turmas recursais exclusivamente sujeitas à jurisdição do STF" (STF, 1ª T., HC 78.317/RJ, Rel. Min. Octavio Gallotti, decisão de 21-5-1999). E, para pacificar o assunto, a Corte Excelsa editou a Súmula 690: "Compete originariamente ao Supremo Tribunal Federal o julgamento de *habeas corpus* contra decisão de turma recursal de juizados especiais criminais".

Porém, o Supremo reavaliou seu ponto de vista inicial. Concluiu, por maioria de votos, que a competência originária para processar e julgar *habeas corpus* impetrado contra decisão de turma recursal de juizados especiais criminais é do Tribunal de Justiça local, e não sua. Neste julgamento, foram vencidos os Ministros Sepúlveda Pertence (aposentado), Cármen Lúcia e Celso de Mello, que reconheciam a competência originária do STF para julgar o feito. Eles reafirmaram a orientação fixada pela Corte, citando vários precedentes, no sentido de que, na determinação da competência dos tribunais para conhecer de *habeas corpus* contra coação imputada a órgãos do Poder Judiciário, quando silente a Constituição, o critério decisivo não é o da superposição administrativa ou o da competência penal originária para julgar o magistrado coator ou integrante do colegiado respectivo, e sim o da hierarquia jurisdicional. Mas esse raciocínio não prevaleceu, ficando superada a Súmula 690 do STF (STF, HC 86.834/SP, Rel. Min. Marco Aurélio, j. em 23-8-2006, *DJU* de 9-3-2007. No mesmo sentido: HC-AgR 90.905-1/SP, Rel. Min. Sepúlveda Pertence, j. em 10-4-2007, *DJ* de 11-5-2007).

Eis os principais pontos firmados no julgamento do **HC 86.834/SP** que cancelou o entendimento do STF fixado na Súmula 690:

- a competência originária para processar e julgar ato de Turma Recursal de Juizado Especial Criminal é do Tribunal de Justiça do Estado;
- por competir aos tribunais de justiça o processo e julgamento dos juízes estaduais nos crimes comuns e de responsabilidade, ressalvada a competência da Justiça Eleitoral (CF, art. 96, III), a eles deve caber o julgamento de *habeas corpus* impetrado contra ato de turma recursal de juizado especial criminal;
- a competência originária e recursal do Supremo está prevista na própria Constituição da República, que não trouxe qualquer dispositivo que conduza à tese firmada na Súmula 690;
- a EC n. 22/99 explicitou, relativamente à alínea *i* do inciso I do art. 102 da Carta Maior, que compete ao Supremo julgar os *habeas corpus* quando o coator for Tribunal Superior. Logo, é,

618 ◆ Uadi Lammêgo Bulos ◆

no mínimo, contraditório estender tal competência quanto a ato de turma recursal criminal, cujos integrantes nem sequer compõem Tribunal Superior.

De nossa parte, entendemos que as turmas recursais desses juizados funcionam como uma segunda instância recursal, sendo, na realidade, órgãos colegiados de primeiro grau. Por isso, compete ao Tribunal de Justiça rever as decisões de tais turmas, e não ao Supremo, nada obstante as mudanças encetadas pela EC n. 22/99, que alterou os arts. 102, I, *i*, e 105, I, *c*, da Constituição Federal. Esse entendimento, aliás, compactua-se com os propósitos dos arts. 41, § 1º, e 82 da Lei n. 9.099/95.

✧ 4.10. Ato de juiz especial nos Juizados Especiais Criminais

Compete ao Tribunal de Justiça dos Estados processar e julgar os *habeas corpus* contra ato judicial, nos Juizados Especiais Criminais, pois a Carta Magna disciplina o julgamento de recursos por turmas de juízes de primeiro grau (art. 98, I).

Já aos Tribunais Regionais Federais competirão o processo e o julgamento dos *habeas corpus* contra atos de magistrados federais (CF, art. 108, I, *d*) que atuem nos Juizados Especiais, isso porque a Constituição, ao prever tais Juizados na órbita federal, não vedou essa possibilidade, limitando-se a proclamar que a lei federal deverá dispor sobre a criação deles (art. 98, § 1º).

Daí o advento da Lei n. 10.259, de 12 de julho de 2001, que dispôs sobre a instituição dos Juizados Especiais Cíveis e Criminais no âmbito da Justiça Federal.

✧ 4.11. Punições disciplinares militares

Não cabe *habeas corpus* em relação às punições disciplinares militares (CF, art. 142, § 2º).

Significa dizer que o mérito, os motivos de fato que ensejaram as decisões proferidas em sede de transgressão militar não comportam o remédio heróico quanto às punições disciplinares aplicadas aos militares dos Estados, Distrito Federal e Territórios.

> **EC n. 18, de 5-2-1998:** dispõe sobre o regime constitucional dos militares.

O Texto de 1988, contudo, não impediu o exame pelo Poder Judiciário dos pressupostos de legalidade, conexos à hierarquia, ao poder disciplinar, ao ato ligado à função e à pena suscetível de ser aplicada disciplinarmente.

Quanto a esses requisitos formais, entendem o STF e o STJ que cabe o *habeas corpus*.

> **Precedentes:** STF, HC 70.648-7/RJ, *DJ* de 4-3-1994, p. 3289; STJ, *Lex, 15*:216, v. u., *DJ* de 18-4-1990 (o STJ admitiu a concessão de *habeas corpus* em caso de prisão disciplinar de bombeiro, por 30 dias, imposta pelo Conselho de Disciplina, à luz do que dispõe o Regulamento Disciplinar do Corpo de Bombeiros do Estado do Rio de Janeiro).

✧ 4.12. Coação ilegal atribuída à Turma do STF

É pacífica a tese da insuscetibilidade de apreciação, pelo plenário do Supremo Tribunal Federal, de *habeas corpus* impetrado contra ato ou decisão de uma de suas Turmas, pois a Turma é o Tribunal e os atos decisórios, dela emanados, são decisões provenientes da própria Corte Suprema. Logo, pouco importa se a decisão proveio, ou não, do órgão fracionário. O *writ* afigura-se incabível (STF, HC 74.507-5/MG, Rel. Min. Celso de Mello, *DJ*, 1, de 14-10-1996, p. 38881; STF, *RTJ, 88*:477, *62*:47 e *63*:649).

> **Habeas corpus contra decisão monocrática:** o Supremo Tribunal Federal, por maioria de votos, reafirmou sua jurisprudência, no sentido de que não cabe *habeas corpus* impetrado contra decisão monocrática de ministro da Corte (STF, HC 105.959/DF, rel. orig. Min. Marco Aurélio, red. p/ o acórdão Min. Edson Fachin, j. 17-2-2016).

◆ Cap. 14 ◆ INSTRUMENTOS DE TUTELA DAS LIBERDADES

✧ 4.13. Liminar em *habeas corpus*

A liminar no *habeas corpus* será expedida para repelir possível constrangimento à liberdade de locomoção. Sujeita-se aos parâmetros da medida cautelar excepcional, quais sejam, o *periculum in mora* — probabilidade de dano irreparável — e o *fumus boni juris* — indica a ilegalidade no constrangimento.

> **Precedentes:** STF, *RTJ, 33*:590 e *RT, 548*:417; STJ, *RSTJ, 64*:69.

✧ 4.14. Empate no *habeas corpus*: favorecimento ao paciente

Havendo empate no julgamento do remédio heroico, prevalece a decisão mais favorável ao paciente, seja em sede de ação ordinária, seja em recurso ordinário constitucional, recurso especial ou recurso extraordinário.

> **Nesse sentido:** STF, 1ª T., HC 72.445-1/DF, Rel. Min. Marco Aurélio, *DJ*, 1, de 22-9-1995, p. 30592; STF, 2ª T., HC 74.750-7/PB, Rel. Min. Marco Aurélio, *DJ*, 1, de 26-11-1999, p. 84.

✧ 4.15. *Habeas corpus* e recurso ordinário: ajuizamento simultâneo

Ainda que articulem os mesmos fatos e busquem a mesma situação jurídica, são plenamente conciliáveis a impetração de *habeas corpus* e a interposição do respectivo recurso ordinário, referentes ao mesmo ato. É que essa providência não é vedada pelo legislador ordinário e, tampouco, pelas normas constitucionais. Ao invés, a liberdade de locomoção é uma garantia fundamental. Por isso, ambos podem ser apreciados. Eventualmente, um julgamento pode repercutir no outro.

> **Nesse sentido:** STJ, 6ª T., HC 1.527-6/RS, Rel. Min. Vicente Cernicchiaro, v. u., decisão de 27-10-1992, *DJ*, 1, de 5-4-1993, p. 5859.

A concomitância do *habeas corpus* com qualquer recurso é admitida pela jurisprudência. Nada obsta que medidas sejam tomadas para prevenir ou fazer cessar a violência ou coação.

> **Precedentes:** STJ, 6ª T., HC 1.053/PE, Rel. Min. Vicente Cernicchiaro, v. u., *DJ*, 1, de 9-3-1992, p. 2592; STJ, 5ª T., RHC 1.951-0/SP, Rel. Min. Costa Lima, *DJ*, 1, de 29-6-1992, p. 10331.

É lícito ao tribunal remeter o exame da pretensão para o julgamento do recurso, de maior abrangência, quando o deslinde da matéria depender do exame de fatos ou do conjunto probatório.

> **Precedentes:** STJ, 5ª T., HC 1.938-8/RJ, Rel. Min. Assis Toledo, *DJ*, 1, de 29-6-1992, p. 10331; STJ, 5ª T., HC 1.811/RJ, Rel. Min. Assis Toledo, *DJ*, 1, de 6-4-1992, p. 4505.

O que a jurisprudência inadmite é o impetrante usar o *habeas corpus* como meio para fazer subir recurso interposto de decisão de tribunal *a quo*, se o acórdão recorrido ainda não foi publicado, quando é permitido o processamento do recurso e a viabilidade de seu cabimento.

> **Nesse sentido:** STJ, 5ª T., HC 1.388-7/DF, Rel. Min. Cid Flaquer Scartezzini, v. u., *DJ*, 1, de 31-8-1992, p. 13651.

✧ 4.16. *Habeas corpus* e substituição de recurso ordinário constitucional

Pela Carta de 1988, é possível a substituição do recurso ordinário constitucional contra a decisão denegatória do *habeas corpus*, dada em única ou última instância pelos Tribunais Regionais Federais ou pelos Tribunais estaduais, pelo *habeas corpus* originário, perante o Superior Tribunal de Justiça. Todavia, a análise de eventual recurso apresentado fica prejudicada.

> **Nesse sentido:** STJ, 5ª T., RHC 1.729/SP, Rel. Min. Costa Lima, v. u., *DJ*, 1, de 9-3-1992, p. 2589-2590.

620 ◆ Uadi Lammêgo Bulos ◆

Diferentemente da ordem constitucional pregressa, o constituinte de 1988 não proibiu o conhecimento do pedido originário de *habeas corpus*, mesmo formulado em substituição do recurso ordinário contra decisão denegatória do remédio heroico.

Precedente: STJ, *RSTJ*, 3:810.

Registre-se, ainda, a possibilidade, em tese, do pedido de *habeas corpus* contra acórdão do Superior Tribunal de Justiça denegatório de outro *habeas corpus*. Nessa hipótese, compete originariamente ao Supremo Tribunal Federal processá-lo e julgá-lo (CF, art. 102, I, *i*). Nada impede, contudo, a interposição de recurso ordinário para o próprio Supremo Tribunal Federal contra a denegação do remédio heroico (CF, art. 102, II, *a*). Decerto que sua mera interposição não enseja, de imediato, a tutela ao direito de locomoção.

Nesse sentido: STF, 1ª T., HC 73.605-0, Rel. Min. Néri da Silveira, v. u., *DJ*, 1, de 21-6-1996, p. 22293.

✦ 5. MANDADO DE SEGURANÇA (ART. 5º, LXIX)

Mandado de segurança é o instrumento processual constitucional, colocado ao dispor de toda pessoa física ou jurídica, para proteger direito líquido e certo, não tutelado por *habeas corpus* ou *habeas data*, lesado ou prestes a sofrer ameaça de lesão por ato ilegal ou abusivo, comissivo ou omissivo, proveniente de autoridade pública ou de seus delegados, sejam quais forem as funções que desempenhem.

O *mandamus* é uma criação brasileira. Proveio da Carta de 1934 (art. 113, n. 33). Omitido pelo Texto de 1937, a sua regulamentação ficou restrita à lei ordinária, voltando ao patamar constitucional só com a Lei Maior de 1946, perdurando até hoje.

> **Fonte de inspiração:** a fonte de inspiração imediata do mandado de segurança foi a teoria brasileira do *habeas corpus*, juntamente com os interditos possessórios e a ação anulatória de atos da administração (Lei n. 221/1894). Indiretamente, guarda similitude com institutos congêneres em vários *writs* do Direito anglo-americano (*mandamus, prohibition, certionari, quo warrant, injunction, declaratory judgements*) e no *juicio de amparo* mexicano (Constituição de 1917), hondurenho e de El Salvador. Durante as Ordenações do Reino, tivemos institutos jurídicos parecidos com o mandado de segurança. Nas Ordenações Afonsinas, por exemplo, existiu a apelação extrajudicial, muito próxima do nosso *writ*. O mesmo se diga em relação às Ordenações Manuelinas. As Ordenações Filipinas, de 1603, que duraram cerca de duzentos anos em Portugal e influenciaram diretamente o Código Civil brasileiro, registraram a carta testemunhável, que deveria ser apresentada no prazo de trinta dias.

A garantia não nasceu de uma hora para outra. Foi fruto de ingente trabalho doutrinário e jurisprudencial, num período em que o jurisdicionado começava a sentir o sabor da liberdade de locomoção física e os meios de defender-se contra o arbítrio do Poder Público.

> **De Alberto Torres a João Mangabeira:** o mais remoto brado para criar o mandado de segurança proveio de Alberto Torres, no seu livro combativo *A organização nacional*, de 1914. A obra reclamava a adoção do *mandado de garantia*, para proteger direitos lesados pelo Poder Público. Mas foi João Mangabeira quem criou o termo *mandado de segurança*, cunhado, pela primeira vez, no *Diário Oficial da União* de 4-2-1933, à p. 2246, alusiva à sessão de 27 de janeiro precedente, da Comissão do Anteprojeto Constitucional, conhecida por Comissão do Itamarati, porque nesse Palácio se reunia. A redação inicial sugerida por Mangabeira recebeu enxugamento, convertendo-se no art. 113, n. 33, da Carta de 1934.

O *brasileiríssimo* mandado de segurança tem sido alvo de atenção em todo o mundo. Legisladores e juristas reconhecem a sua importância, vislumbrando-o como um magnífico instrumento de tutela das liberdades.

> **Lei uruguaia n. 16.011/88:** inspirou-se na nossa Lei n. 1.533/51, hoje completamente revogada pela Lei n. 12.016/2009 (art. 29). **Doutrina estrangeira:** Héctor Fix Zamudio, *Ensayos sobre el derecho del amparo*, 1993; Alberto Vega, *Ley de amparo*, 1993; Nestor Ivan Osuna Patino, *Tutela y amparo: derechos protegidos*, 1998.

◆ Cap. 14 ◆ INSTRUMENTOS DE TUTELA DAS LIBERDADES 621

✧ 5.1. Perfil do mandado de segurança

A Constituição de 1988 proclamou: "conceder-se-á mandado de segurança para proteger direito líquido e certo, não amparado por *habeas corpus* ou *habeas data*, quando o responsável pela ilegalidade ou abuso de poder for autoridade pública ou agente de pessoa jurídica no exercício de atribuições do Poder Público" (art. 5º, LXIX).

Desse enunciado emerge o seguinte perfil do mandado de segurança:

- **Natureza jurídica** — o *mandamus* é, a um só tempo, *garantia constitucional* e *instrumento processual*. Como *garantia*, vem positivado na Carta Maior, que consagra os seus pressupostos de impetração, fixando, até, o foro e o juízo competente para o seu julgamento quando a União for interessada (art. 109, I e VIII). Enquanto *instrumento processual*, trata-se de mecanismo de jurisdição contenciosa, verdadeira ação civil de rito sumário especial, usada para invalidar atos de autoridade, suprir omissões administrativas, evitando lesões a direitos líquidos e certos. No posto de ação especial, processa-se no juízo competente, pouco importando a índole do ato impugnado: penal, administrativo, judicial, cível, policial, militar, eleitoral, previdenciário, trabalhista, tributário, urbanístico etc.

   > **Mandado de segurança em matéria penal**: a natureza civil da ação de segurança não impede o seu ajuizamento no âmbito criminal. Nesse sentido, decidiu o Pretório Excelso: o "Mandado de segurança é ação civil, ainda quando impetrado contra ato de juiz criminal, praticado em processo penal. Aplica-se, em consequência, ao recurso extraordinário interposto da decisão que o julga, o prazo estabelecido no Código de Processo Civil" (STF, *RTJ*, *83*:255). No mesmo sentido: *RT 505*:287.

- **Finalidade** — instrumentalizar o Poder Judiciário na luta contra a ilegalidade ou o abuso de poder, cometidos por autoridades públicas ou agente de pessoa jurídica, no exercício de suas atribuições.

   > **Casuística:**
   > - **Súmula 101 do STF:** "O mandado de segurança não substitui a ação popular". **Posição do STJ:** "O mandado de segurança, que não é sucedâneo da ação popular, não pode ser impetrado apenas com a finalidade de declarar a existência ou inexistência de uma relação jurídica ou mesmo a invalidade do ato coator. Daí ser imprescindível que nele se peça a desconstituição do ato ou se obstaculize a sua prática" (STJ, MS 3.752-8/DF, Rel. Min. Demócrito Reinaldo, *DJU* de 8-5-1995, p. 12273).
   > - **Mandado de segurança não substitui a ação declaratória:** "Não é o mandado de segurança, que também não constitui via substitutiva da ação declaratória, meio adequado para discutir natureza e atribuições de cargos, em ordem a verificar se são iguais ou assemelhados. Ilíquidos os fatos, ilíquido o direito e, assim, não amparável em mandado de segurança. Súmula 270" (STF, RE 122.568, Rel. Min. Néri da Silveira, *DJ* de 1º-10-1993).

- **Campo residual de aplicação** — o âmbito de incidência do *mandamus* é delimitado residualmente, pois ele só se aplica na defesa de direitos líquidos e certos, não amparados por *habeas corpus* (tutela à liberdade ambulatória) ou *habeas data* (garante o direito à informação). Mas o direito de obter certidão sobre situações relativas ao próprio solicitante comporta mandado de segurança (CF, art. 5º, XXXIV, *b*). Apenas os dados armazenados em entidades governamentais ou de caráter público, bem como a retificação de dados, é que podem ser obtidos por *habeas data* (CF, art. 5º, LXXII, *a* e *b*), pois, nesse caso, inexiste liquidez e certeza do direito, requisito indispensável ao cabimento do mandado de segurança.

   > **Negativa estatal ao fornecimento de informações:** "Mandado de segurança. *Habeas data*. CF, art. 5º, LXIX e LXXII. Lei 9.507/97, art. 7º, I. O *habeas data* tem finalidade específica: assegurar o conhecimento de informações relativas à pessoa do impetrante, constantes de registros ou bancos de dados de entidades governamentais ou de caráter público, ou para a retificação de dados, quando não se prefira fazê-lo por processo sigiloso, judicial ou administrativo (CF, art. 5º, LXXII, *a* e *b*). No caso, visa a segurança ao fornecimento ao impetrante da identidade dos autores de agressões e denúncias que lhe foram feitas. A segurança, em tal caso, é meio adequado" (STF, RMS 24.617, Rel. Min. Carlos Velloso, *DJ* de 10-6-2005. Precedente citado: STF, MS 24.405/DF, Rel. Min. Carlos Velloso, *DJ* de 23-4-2004. No mesmo sentido: STF, *RTJ*, *18*:77). **Posição do STJ:** a negativa ao fornecimento de informações pelo Poder Público configura desrespeito a um direito líquido e certo, por ilegalidade ou abuso de poder,

622 ◆ Uadi Lammêgo Bulos ◆

sendo passível de correção por meio de mandado de segurança (STJ, *Ementário de Jurisprudência* n. 1, p. 30; n. 5, p. 35 e 272; n. 9, p. 13; n. 15, p. 203 etc.).

- **Abrangência na Carta de 1988** — o Texto de Outubro ampliou-lhe, consideravelmente, o campo de incidência, ao tornar expressa a possibilidade de seu ajuizamento quando o ato coator derivar de agente de pessoa jurídica, no exercício de atribuições do Poder Público, desde que não se trate de atos de simples gestão, destituídos do cunho de autoridade.

✧ 5.2. Cabimento do mandado de segurança

O mandado de segurança é, do ponto de vista processual, uma *ação*, e, como tal, sujeita-se aos seguintes *requisitos*, indispensáveis ao seu cabimento: possibilidade jurídica do pedido, interesse de agir e legitimidade ativa.

Mas o *writ*, além de *ação*, também é uma *garantia constitucional* (CF, art. 5º, LXIX).

Por isso, é na Carta Magna que iremos encontrar os pressupostos constitucionais para o seu cabimento, a saber:

- **Direito líquido e certo** — é aquele que se prova, documentalmente, logo na petição inicial. Uma pesquisa na jurisprudência do STF mostra que a terminologia está ligada à prova pré-constituída, a fatos documentalmente provados na exordial. Não importa se a questão jurídica é difícil, complexa ou intrincada. Isso não configura empecilho para a concessão da segurança (Súmula 625 do STF: "Controvérsia sobre matéria de direito não impede concessão de mandado de segurança"). O que se exige é o fato apresentar-se claro e induvidoso, pois o direito é certo se o fato que lhe corresponder também o for. Mas, se os fatos forem controversos, será descabido o *writ*, pois inexistirá a convicção de sua extrema plausibilidade. Portanto, meras conjecturas, suposições infundadas, argumentos que dependam de comprovação, não dão suporte ao mandado de segurança.

  > **Processo de documentos:** desde a década de cinquenta que o Supremo Tribunal Federal entende que líquido e certo é o direito provado documentalmente (STF, RMS 1.548, Rel. Min. Mário Guimarães, *DJU* de 19-5-1952, p. 2276; STF, MS 8.584/DF, Rel. Min. Pedro Chaves, *DJU* de 17-12-1963, p. 4432). Na vigência da Carta de 1988: STF, RMS 21.567/DF, Rel. Min. Moreira Alves, *DJU* de 30-10-1992, p. 19515; STF, MS 21.971/PE, Rel. Min. Moreira Alves, *DJU* de 16-6-1995, p. 18214. **Posição do STJ:** "A essência do processo do mandado de segurança está em ser ele um 'processo de documentos' (*Urkundenprozess*), exigindo prova pré-constituída. Quem não prova de modo insofismável com documentos o que deduz na inicial não tem como chegar ao mérito do pedido e deve extinguir o processo por carência de ação" (STJ, RMS 4.358-8, Rel. Min. Adhemar Ferreira Maciel, *DJU* de 19-12-1994, p. 35332). No mesmo sentido: STJ, RMS 528/BA, Rel. Min. Sálvio de Figueiredo Teixeira, *DJU* de 29-10-1990, p. 12147; STJ, RMS 713/SP, Rel. Min. Cláudio Santos, *DJU* de 11-3-1991, p. 2391; STJ, RMS 929/SE, Rel. Min. José de Jesus, *DJU* de 24-6-1991, p. 8623.

- **Prática de ato comissivo ou omissivo** — a autoridade pública (titular do poder decisório) ou a pessoa jurídica no exercício de atribuições do Poder Público (União, Estados, Distrito Federal, Municípios, autarquias), podem praticar ato comissivo ou omissivo, ensejando a impetração do mandado de segurança quando: **(i)** inexistir balizamento legal para sua consecução; **(ii)** contrariar lei expressa, regulamento ou princípios constitucionais positivos; **(iii)** usurpar ou invadir funções; **(iv)** calcar-se em desvios de competência, forma, objeto, motivo e finalidade; e **(v)** manter-se em desconformidade com norma legal ou em conformidade com norma ilegal ou inconstitucional.

  > **Atos de autoridade:** emanam de autoridades públicas, de administradores, de representantes de autarquias, de entidades paraestatais, de pessoas naturais ou jurídicas com funções delegadas, a exemplo dos concessionários de serviços públicos. Mas "praticado o ato por autoridade no exercício de competência delegada, contra ela cabe o mandado de segurança ou a medida judicial" (Súmula 510 do STF). Também se equiparam a atos de autoridade as omissões administrativas das quais possa resultar lesão a direito subjetivo da parte. Aqui o *mandamus* mostra-se cabível para compelir a Administração a se pronunciar, não correndo o prazo de decadência da impetração (STF, *RTJ*, 74:833).

♦ Cap. 14 ♦ INSTRUMENTOS DE TUTELA DAS LIBERDADES

- **Ilegalidade ou abuso de poder** — *ilegal* é o ato que não se submete à lei (*lato sensu*) e aos princípios cardeais do ordenamento. O abuso de poder, por sua vez, contém-se na ideia de ilegalidade. Basta que a autoridade, no exercício de suas atribuições, transcenda ou distorça os limites de sua competência, alegando agir com fundamento nela, para configurar a hipótese.
- **Lesão ou ameaça de lesão** — *lesão* é o dano concretizado a um bem, comportando mandado de segurança *repressivo*. *Ameaça de lesão*, por sua vez, é a possibilidade de consumação do dano, ensejando mandado de segurança *preventivo*. Nesta hipótese, a liquidez e certeza do direito deve ser comprovada, demonstrando-se o *justo receio*, os *indícios razoáveis* de que ele se encontra prestes a ser lesionado.

Pelo § 2º do art. 1º da Lei n. 12.016/2009, "Não cabe mandado de segurança contra os atos de gestão comercial praticados pelos administradores de empresas públicas, de sociedade de economia mista e de concessionárias de serviço público".

Esse dispositivo é inédito na ordem jurídica brasileira, porque não nutre similitude com qualquer outro das leis, já revogadas, que disciplinavam a matéria.

Interessante observar que o referido § 2º diminuiu o campo de abrangência do *writ*, contrariando, inclusive, o disposto na Súmula 333 do STJ: "Cabe mandado de segurança contra ato praticado em licitação promovida por sociedade de economia mista ou empresa pública".

Ora, a realização de procedimento licitatório por sociedades de economia mista e empresas públicas envolve a prática de ato administrativo, plenamente passível de mandado de segurança.

ADI 4.296: para a Ordem dos Advogados do Brasil, o § 2º, aí transcrito, desrespeitou a Carta de 1988, porque previu o não cabimento do *writ* contra atos de gestão comercial praticados pelos administradores de empresas públicas, de sociedade de economia mista e de concessionárias de serviço público. Ao dispor assim, retirou do Poder Judiciário a competência para apreciar e julgar atos de gestão comercial, interferindo na harmonia e independência dos Poderes (STF, ADI 4.296/DF, Rel. Min. Marco Aurélio — pendente de julgamento).

Noutro lado, segundo o art. 5º da Lei n. 12.016/2009, não se concederá mandado de segurança quando se tratar:
- **(i) de ato do qual caiba recurso administrativo com efeito suspensivo, independentemente de caução** — conforme a Súmula 429 do STF, "A existência de recurso administrativo com efeito suspensivo não impede o uso do mandado de segurança contra omissão da autoridade";
- **(ii) de decisão judicial da qual caiba recurso com efeito suspensivo** — de acordo com a Súmula 267 do STF, "Não cabe mandado de segurança contra ato judicial passível de recurso ou correição"; e
- **(iii) de decisão judicial transitada em julgado** — segundo a Súmula 268 do STF, "Não cabe mandado de segurança contra decisão judicial com trânsito em julgado".

A particularidade do art. 5º da Lei n. 12.016/2009 é permitir o ajuizamento do mandado de segurança contra ato disciplinar e ato judicial recorrível por outro meio.

É que, consoante a Lei n. 1.533/51, expressamente revogada pelo art. 29 da Lei n. 12.016/2009, não cabia mandado de segurança contra "ato disciplinar, salvo quando praticado por autoridade incompetente ou com inobservância de formalidade essencial".

A nova Lei regulamentadora do *mandamus* não repetiu essa proibição, sendo possível o uso do mandado de segurança contra ato disciplinar, como já entendiam a doutrina e a jurisprudência.

Deveras, antes mesmo do advento da Lei n. 12.016/2009, predominava a tese de que o particular não precisava esgotar a via administrativa para defender direito líquido e certo, haja vista o princípio da inafastabilidade do controle judicial (art. 5º, XXXV). Se o recurso administrativo, mesmo com efeito suspensivo, não fosse suficiente para combater afrontas à liquidez e certeza do direito, claro que o *mandamus* poderia ser impetrado, na linha preconizada pela Súmula 429 do STF: "A existência de recurso administrativo com efeito suspensivo não impede o uso do mandado de segurança contra omissão da autoridade".

Agora, algo já assentado no magistério doutrinário e jurisprudencial, ganhou força legislativa. Logo, quaisquer atos administrativo-disciplinares contrários ao direito líquido e certo devem ser atacados pelo mandado de segurança, comportando, assim, discussões quanto ao arcabouço e mérito dos seus elementos (sujeito, objeto, forma, motivo e finalidade).

Eis alguns temas julgados pelo Supremo Tribunal, antes do advento da Lei n. 12.016/2009, que, a nosso sentir, encontram-se atuais, ensejando **cabimento do mandado de segurança**:

- **recurso judicial que não sana ilegalidade ou abuso de poder** — caberá mandado de segurança se o recurso judicial interposto não produzir efeito suspensivo apto a sanar a ilegalidade ou abuso de poder (STF, 2ª T., Pet. 764/RJ, Rel. Min. Paulo Brossard, *RTJ, 149*:413);
- **nulidade de processo administrativo** — "Se o ato impugnado em mandado de segurança decorre de fatos apurados em processo administrativo, a competência do Poder Judiciário circunscreve-se ao exame da legalidade do ato coator, dos possíveis vícios de caráter formal ou dos que atentem contra os postulados constitucionais da ampla defesa e do *due process of law*" (STF, RMS 24.347, Rel. Min. Maurício Corrêa, *DJ* de 4-4-2003);
- **abrandamento da Súmula 267** — "É certo que esta Corte, abrandando a rigidez da Súmula 267 ['Não cabe mandado de segurança contra ato judicial passível de recurso ou correição'], tem admitido Mandado de Segurança quando, do ato impugnado, puder resultar dano irreparável, desde logo cabalmente demonstrado" (STF, MS 22.623-AgRg, Rel. Min. Sydney Sanches, *DJ* de 7-3-1997);
- **atos judiciais não transitados em julgado** — "Hipótese excepcional em que se conhece de mandado de segurança impetrado contra ato jurisdicional da Presidência que, revogando despacho concessivo anterior, recusou a suspensão de segurança pleiteada" (STF, MS 24.159-QO, Rel. Min. Ellen Gracie, *DJ* de 26-6-2002); e
- **ato parlamentar** — é pacífico que atos praticados por parlamentares na feitura de leis, na votação de proposições ou na própria administração do Legislativo fazem parte do conceito *ato de autoridade*. Por isso, desde que violem a Constituição, as leis e demais normas regimentais, que norteiam a instituição que integram, é viável a impetração de mandado de segurança. Assim, "O parlamentar tem legitimidade ativa para impetrar mandado de segurança com a finalidade de coibir atos praticados no processo de aprovação de leis e emendas constitucionais que não se compatibilizam com o processo legislativo constitucional. Legitimidade ativa do parlamentar, apenas. Precedentes do STF: MS 20.257/DF, Min. Moreira Alves (*leading case*), RTJ 99/1031; MS 21.642/DF, Min. Celso de Mello, RDA 191/200; MS 21.303-AgR/DF, Min. Octavio Gallotti, RTJ 139/783; MS 24.356/DF, Min. Carlos Velloso, *DJ* 12/09/2003" (STF, MS 24.642, Rel. Min. Carlos Velloso, *DJ* de 18-6-2004).

De outro lado, vejamos alguns assuntos que **não comportam mandado de segurança**, os quais foram decididos pelo Supremo Tribunal Federal e Superior Tribunal de Justiça antes do surgimento da Lei n. 12.016/2009, e, mesmo assim, compatibilizam-se com a nova regulamentação do instituto:

- **ato estribado em mero interesse legítimo** — é imprescindível para a impetração do *writ* a ocorrência de direito subjetivo individual a ser amparado, e não mero interesse legítimo (STF, MS 22.800, Rel. Min. Carlos Velloso, *DJ* de 11-10-2002);
- **atos inerentes à revisão criminal** — o *mandamus* "não tem cabimento quando utilizado com o objetivo de desconstituir a autoridade da coisa julgada penal; o ordenamento jurídico brasileiro contempla, para esse efeito, um meio processual específico: a revisão criminal" (STF, RMS 21.597, Rel. Min. Celso de Mello, *DJ* de 30-9-1994);
- **atos da Lei n. 3.780/60** — conforme a Súmula 270 do STF, "não cabe mandado de segurança para impugnar enquadramento da Lei n. 3.780, de 12-7-1960, que envolva exame de prova ou de situação funcional complexa";
- **atos de simples gestão** — destituídos do cunho de autoridade, esses atos não comportam mandado de segurança (STJ, CComp 10.567-6, Rel. Min. César Rocha, *DJU* de 10-10-1994, p. 27059);
- **ato judicial com trânsito em julgado** — segundo a Súmula 268 do STF, "não cabe mandado de segurança contra decisão judicial com trânsito em julgado"; tal hipótese só se viabiliza mediante ação rescisória, meio idôneo para esse fim;

◆ Cap. 14 ◆ **INSTRUMENTOS DE TUTELA DAS LIBERDADES** **625**

- **ato normativo ou lei em tese** — pela Súmula 266 do STF, "não cabe mandado de segurança contra lei em tese"; mas esta proibição não atinge norma que veicule autênticos atos administrativos, os quais estejam produzindo efeitos concretos individualizados (STJ, 1ª T., REsp 17.295-0/CE, Rel. Min. Humberto Gomes de Barros, *DJ* de 10-5-1993); e
- **atos com efeitos patrimoniais pretéritos** — proclama a Súmula 271 do STF: a "concessão de mandado de segurança não produz efeitos patrimoniais em relação a período pretérito, os quais devem ser reclamados administrativamente ou pela via judicial própria".

✧ 5.3. Legitimidade ativa no mandado de segurança (impetrante)

Possui legitimidade ativa ou *ad causam* para interpor mandado de segurança o titular do direito líquido e certo que esteja sob a jurisdição brasileira.

Referimo-nos ao *impetrante*, que deve dispor de capacidade processual para ingressar em juízo com a ação de segurança, nas hipóteses constitucionais de ilegalidade ou abuso de poder.

A legitimidade para ingressar com a ação de segurança é ampla, pois o constituinte não impôs maiores limites. Por isso, podem ajuizá-la:

- pessoa física;

> **Defesa de prerrogativas institucionais** — "Não tem legitimidade ativa *ad causam* para impetrar mandado de segurança o parlamentar que pretende defender prerrogativa do Congresso Nacional, visto que direito individual, para fins de mandado de segurança, é o que pertence a quem o invoca e não apenas à sua categoria, corporação ou associação de classe" (STF, MS 23.914-AgRg, Rel. Min. Maurício Corrêa, *DJ* de 24-8-2001).

- pessoa jurídica;
- nacionais ou estrangeiros, domiciliados, ou não, no Brasil;
- órgãos públicos despersonalizados com capacidade processual (Presidências dos Tribunais; Chefias do Poder Executivo, do Ministério Público e do Tribunal de Contas; Mesas do Congresso, do Senado, da Câmara de Deputados; Mesas das Assembleias Legislativas dos Estados e Distrito Federal e da Câmara de Vereadores);

> **Casuística:**
> - **Tribunal de Contas:** "Mandado de Segurança. Ato do Tribunal de Contas da União. Imposição de valor a ser ressarcido aos cofres públicos e previsão de desconto, considerado o que percebido pelo servidor, geram a legitimidade do Tribunal de Contas da União para figurar no mandado de segurança como órgão coator" (STF, MS 24.544, Rel. Min. Marco Aurélio, *DJ* de 4-3-2005).
> - **Mesa do Congresso Nacional — Substituição do presidente** — "Mandado de segurança. Legitimidade ativa de membro da Câmara dos Deputados em face da garantia do devido processo legislativo" (STF, MS 24.041, Rel. Min. Nelson Jobim, *DJ* de 11-4-2003).

- universalidades reconhecidas por lei (espólio, massa falida e herança jacente); e
- Ministério Público, que é parte na relação jurídico-processual em sede de mandado de segurança, figurando de modo autônomo, originário, e, em alguns casos, até substitutivo. Os promotores de justiça de primeiro grau de jurisdição, por exemplo, podem ajuizar o *writ* perante os Tribunais locais, desde que o ato de autoridade advenha do juízo de primeira instância e nos processos em que estiverem atuando (Lei n. 8.625/93, art. 32 — Lei Orgânica Nacional do MP). Esse é o pensamento do Supremo Tribunal Federal e do Superior Tribunal de Justiça, que reconheceram a legitimidade do promotor de justiça para impetrar *mandamus* contra ato de juiz de primeira instância.

> **Nesse sentido:** STF, HC 69.802-6, Rel. Min. Paulo Brossard, *DJ*, 1, de 2-4-1993; STJ, RMS 5.370-9, Rel. Min. Barros Monteiro, *DJ*, 1, de 29-5-1995. **Essencialidade da intervenção ministerial:** "O mandado de segurança é remédio constitucional para a defesa dos direitos dos cidadãos de procedimento célere e impossível de sofrer postergações, sob pena de desafeiçoamento do seu objetivo precípuo, que é a presteza, senão a imediatidade da prestação, por via dele, pleiteada (...). A lei de regência fixa

expressamente o prazo de cinco dias para que o Ministério Público ofereça seu pronunciamento, no mandado de segurança. Se, 'intimado pessoalmente', o *Parquet* não oferece o seu parecer, na dilação que a lei definiu, fica o juiz autorizado a proferir sentença (...). A essencialidade da atuação do Ministério na ação de segurança não significa elevá-lo a uma situação de privilégio — com autorização para inobservar prazo — quebrando o 'equilíbrio' e até a 'isonomia' entre os demais intervenientes no processo, que decorre de princípios constitucionais e norteia o sistema jurídico-processual brasileiro (...). A indispensabilidade da intervenção do Ministério Público, no *mandamus*, está condicionada ao que dispõe a lei e aos lindes que, nela (a lei), se traça; não tem sentido 'absoluto', nem impõe o desrespeito aos prazos e às demais regras do processo" (STJ, REsp 26.709-6 e 26.707-2, Rel. Min. Demócrito Reinaldo, *DJU* de 13-6-1994, p. 1580).

✧ 5.4. Legitimidade passiva no mandado de segurança (impetrado)

A legitimidade passiva no mandado de segurança pertence àqueles que irão suportar os ônus e os incômodos decorrentes da concessão da ordem.

Assim, o sujeito passivo ou impetrado, no *mandamus*, é a pessoa de Direito Público ou, eventualmente, Privado, que deverá arcar com as consequências advindas da responsabilidade extracontratual do Estado se concedida a ação de segurança.

> **Doutrina:** Sérgio Ferraz, *Mandado de segurança (individual e coletivo)*, p. 52; Lúcia Valle Figueiredo, *A autoridade coatora e o sujeito passivo do mandado de segurança*, p. 33; Celso Ribeiro Bastos, *Do mandado de segurança*, p. 36.

Esse magistério doutrinário discrepa, portanto, daquele entendimento jurisprudencial ortodoxo de que o sujeito passivo é a própria autoridade coatora do mandado de segurança.

> **Julgado do STJ:** "Em sede de mandado de segurança, deve figurar no polo passivo a autoridade que, por ação ou omissão, deu causa à lesão jurídica denunciada e é detentora de atribuições funcionais próprias para fazer cessar a ilegalidade" (STJ, MS 3.864-6/DF, Rel. Min. Vicente Leal, *DJ*, 1, de 22-9-1997, p. 46321).

A jurisprudência brasileira entende que podem ser sujeitos passivos no mandado de segurança:
* pessoa de direito público integrante dos Poderes da República (União, Estados, Distrito Federal e Municípios);

> **Casuística:**
> * **Legitimidade passiva do Tribunal de Contas da União** — "O Tribunal de Contas da União é parte legítima para figurar no polo passivo do mandado de segurança, quando a decisão impugnada revestir-se de caráter impositivo. Precedentes" (STF, MS 24.001, Rel. Min. Maurício Corrêa, *DJ* de 20-9-2002).
> * **Legitimidade passiva do *mandamus* impetrado contra ato do Promotor de Justiça** — a jurisprudência predominante entende que essa *legitimatio* pertence ao juízo monocrático, e não ao Tribunal de Justiça, posicionamento que nos parece satisfatório (STJ, CComp 0012282-0/DF, Rel. Min. Antonio Torreão Braz, v. u., *DJ*, 1, de 8-5-1995, p. 12281).

* membros de autarquias, empresas públicas e sociedades de economia mista; e
* pessoas físicas ou jurídicas de direito privado com funções delegadas do Poder Público, a exemplo das concessionárias de serviços de utilidade pública.

> **Legitimidade passiva da Caixa Econômica Federal:** nada impede ao legislador conferir às pessoas jurídicas de direito privado atribuições típicas do Poder Público, como ocorreu com a Caixa Econômica Federal, que, por força da CLT, passou a desempenhar a tarefa de arrecadação e distribuição de contribuição sindical. Resultado: "Agindo como Poder Público, a CEF é parte passiva legítima no mandado de segurança" (STJ, REsp 63.580/DF, Rel. Min. César Asfor Rocha, *DJ*, 1, de 6-10-1997, p. 49879).

Cap. 14 ◆ INSTRUMENTOS DE TUTELA DAS LIBERDADES 627

✧ 5.5. Autoridade coatora no mandado de segurança (coator)

Ponto importante é a correta indicação da autoridade coatora, sob pena de acarretar a extinção do processo, sem julgamento do mérito, por carência de ação, isto é, legitimidade para a causa (STJ, REsp 55.947-2/DF, Rel. Min. Milton Luiz Pereira, v. u., j. em 30-8-1995.).

> **Lei 12.016/2009 e atuação de advogado:** o Plenário do Supremo Tribunal Federal, em sessão virtual de julgamento, decidiu que o art. 14, § 2º, da Lei 12.016/2009 (Lei do Mandado de Segurança) não afasta a atuação do advogado para apresentação de recurso pela autoridade coatora contra sentença em mandado de segurança. O Conselho Federal da OAB pretendia que o dispositivo fosse declarado inconstitucional, sob o argumento de que qualquer pessoa física, sem formação jurídica e inscrição nos quadros da Ordem, interpusesse, por conta própria, recurso contra decisão proferida em mandado de segurança, em desrespeito ao art. 133 da Carta Política. Todavia, prevaleceu o entendimento de que o referido o art. 14, § 2º, regulamentou, apenas, a legitimidade da autoridade coatora para recorrer da sentença, sem dispensar a necessidade de a parte estar representada por advogado. O relator salientou que a dispensa do advogado deve estar expressamente prevista em lei, como ocorreu com as Leis dos Juizados Especiais, ou seja, a Lei 9.099/1995 (STF, ADI 4403/DF, Rel. Min. Edson Fachin, j. 22-8-2019).

No mandado de segurança o sujeito passivo é quem irá suportar os ônus, os incômodos decorrentes da concessão da ordem, não a autoridade coatora, pois esta é mera informante. Isso porque o coator não é parte, no sentido material do termo, mas, apenas, na acepção processual. Parte, substancialmente falando, é somente a pessoa jurídica de direito público, e de direito privado, se for delegada ou concessionária de serviço público. Por isso, enquanto a autoridade coatora tem o dever de dizer a verdade nas informações que presta, a parte não tem tal obrigação. Esse tem sido o entendimento do Supremo Tribunal Federal e da melhor doutrina.

> **Parte passiva não se confunde com *autoridade coatora*:** "a) Parte passiva é a pessoa de direito público (que, como tal, deve ser citada); b) O coator é mero informante; por não ser parte, e por ser agente administrativo, está jungido ao dever da veracidade; c) Como informante, pode postular sua permanência no feito, eis que legítima, em tese, sua pretensão de sustentação do ato que cometeu ou omitiu; d) Como *não* é parte, o coator não tem, diretamente (como tal se entendendo a legitimação recursal que decorre do fato de ser litigante sucumbente), legitimação recursal, a não ser que intervenha, também como terceiro, numa das modalidades legalmente admissíveis; e) Como parte é a pessoa jurídica, ela é a que *diretamente* se legitima para interpor ou impugnar recursos" (Sérgio Ferraz, *Mandado de segurança (individual e coletivo)*, p. 54).

Para saber quem é a autoridade coatora no mandado de segurança basta delimitar o agente público, ou seja, descobrir quem pratica atos capazes de lesar o administrado.

> **Exemplos:** Presidente da República, governador, ministros, secretários de Estados e Municípios, senadores, deputados, vereadores, contratados pelo Poder Público sob regime trabalhista, delegados de serviços públicos, prestadores de serviços públicos, concessionários, permissionários, requisitados e gestores de negócios públicos, diretores de faculdades exercentes de atividades delegadas do serviço público etc.

A autoridade coatora, portanto, é quem pratica efetivamente o ato ou a omissão, causando constrangimento ilegal, e, por isso, é chamada ao processo para prestar informações.

> **Litisconsorte passivo necessário:** segundo o Supremo Tribunal Federal, é obrigatória a citação do réu, na condição de litisconsorte passivo necessário, porque "o mandado de segurança não pode ser uma via transversa para afastar as garantias constitucionais da ampla defesa, do contraditório e do devido processo legal" (STF, 1ª T., HC 75.025-7/SP, Rel. Min. Sepúlveda Pertence, *DJ*, 1, de 5-12-1997, p. 63904).

Tais informações devem ser prestadas diretamente pela autoridade coatora, e não por advogado, no prazo improrrogável de dez dias (Lei n. 12.016/2009, art. 7º, I). Esse prazo de dez dias remonta à revogada Lei n. 4.348/1964 (art. 1º, *a*). Também esteve presente na extinta Lei n. 1.533/51 (art. 7º, I).

Antigo precedente: antes mesmo do advento da Carta de 1988 assim decidiu o extinto Tribunal Federal de Recursos: "A autoridade inquinada de coatora não pode delegar poderes para que outrem preste as informações em seu nome, pois o mandado de segurança é ação mandamental para prestação *in natura*" (TFR, AMS 96.308, Rel. Min. Washington Bolívar, *DJU* de 8-11-1984, p. 18813).

Sendo o próprio agente administrativo o informante, haverá uma presunção relativa de veracidade. Justamente por isso, é dever do coator dizer a verdade, não podendo delegar tal atribuição a ninguém, pois o ato de constrição é de responsabilidade pessoal e intransferível.

Precedentes: "As informações se constituem em ato da responsabilidade pessoal e intransferível do coator perante a Justiça, muito embora possam ser redigidas por profissional habilitado, advogado ou procurador, mas sempre com a chamada do coator" (TFR, AMS 101.120, Rel. Min. Gueiros Leite, *DJU* de 28-8-1984, p. 13384). No mesmo sentido: TRF, 1ª Região, AMS 93.01.20892-0, *DJU* de 20-6-1994, p. 32278; TRF, 1ª Região, AMS 90.0105733, Rel. Juiz Tourinho Neto, *DJU* de 6-8-1990, p. 16637.

A ausência de informações por parte da autoridade coatora não significa confissão ficta.

Controvérsia jurisprudencial: "Incogitável pensar em confissão, quando a questão deduzida nos autos versa, exclusivamente, sobre matéria de direito. Maior, ainda, é o equívoco de agitar tal tópico em sede de mandado de segurança, que visa a proteger direito líquido e certo" (TRF, 4ª Região, AMS 92.04.15587-6, *DJU* de 1º-12-1993, p. 52013). Em sentido contrário: "A ausência de informações da impetrada faz presumir a veracidade da assertiva do impetrante quanto à incorreção da convocação para a matrícula em 2ª chamada, por efetuada de modo distinto daquele previsto no concurso vestibular, com a agravante de que o prazo concedido foi de apenas um único dia" (TRF, 1ª Região, REO em MS 93.01.01144-1, Rel. Juiz Aldir Passarinho, *DJU* de 5-12-1994, p. 70845).

✧ 5.6. Procedimento

O procedimento do mandado de segurança rege-se pelo disposto na Lei n. 12.016, de 7 de agosto de 2009.

Nada melhor do que **ler a própria Lei**, para sabermos como ficou a nova regulamentação do assunto.

É o que faremos a seguir, tecendo breves considerações sobre cada dispositivo.

Para maior aprofundamento: Cassio Scarpinella Bueno, *A nova lei do mandado de segurança*, 240 p.

a) Petição inicial

Art. 6º A petição inicial, que deverá preencher os requisitos estabelecidos pela lei processual, será apresentada em 2 (duas) vias com os documentos que instruírem a primeira reproduzidos na segunda e indicará, além da autoridade coatora, a pessoa jurídica que esta integra, à qual se acha vinculada ou da qual exerce atribuições.

- **Objetivo do preceito:** exigir a indicação do órgão ao qual a autoridade coatora se vincula. Com efeito, a petição inicial deverá ser apresentada em duas vias, e os documentos que instruem a primeira serão reproduzidos por cópia na segunda.

- **Observância de todas as normas processuais civis:** a nova Lei do mandado de segurança ampliou a necessidade de se observar todas as normas da lei processual civil para a elaboração da petição inicial, diferentemente da revogada Lei n. 1.533/51, que se reportava, apenas, aos arts. 158 e 159 do Código de Processo Civil de 1939.

- **Requisitos a serem observados na feitura da exordial:** é necessário indicar a pessoa jurídica que a autoridade coatora integra, se acha vinculada ou exerce atribuições. No mais, a exordial seguirá os requisitos previstos no art. 319 do Código de Processo Civil de 2015, indicando, e. g., o juiz ou tribunal, os nomes, prenomes, estado civil, profissão, domicílio e residência do autor e do réu, o fato e os fundamentos jurídicos do pedido (este devidamente especificado), o valor da causa, as provas com as quais o autor pretende demonstrar a verdade dos fatos alegados e o requerimento para a citação do réu.

♦ Cap. 14 ♦ INSTRUMENTOS DE TUTELA DAS LIBERDADES **629**

§ 1º No caso em que o documento necessário à prova do alegado se ache em repartição ou estabelecimento público ou em poder de autoridade que se recuse a fornecê-lo por certidão ou de terceiro, o juiz ordenará, preliminarmente, por ofício, a exibição desse documento em original ou em cópia autêntica e marcará, para o cumprimento da ordem, o prazo de 10 (dez) dias. O escrivão extrairá cópias do documento para juntá-las à segunda via da petição.

- **Aperfeiçoamento redacional:** enquanto a Lei n. 1.533/51 mencionava a terminologia "se acha", a nova Lei usa a voz "se ache".
- **Documento necessário à prova do alegado:** é possível, pela nova Lei, que se exiba documento necessário à prova do alegado que estiver em posse de terceiro.

§ 2º Se a autoridade que tiver procedido dessa maneira for a própria coatora, a ordem far-se-á no próprio instrumento da notificação.

- **Registro:** preceito correspondente à última parte do parágrafo único do art. 6º da revogada Lei n. 1.533/51.

(...)

§ 5º Denega-se o mandado de segurança nos casos previstos pelo art. 267 da Lei n. 5.869, de 11 de janeiro de 1973 — Código de Processo Civil.

- **Extinção do processo sem julgamento do mérito:** a Lei n. 12.016/2009, elaborada sob a égide do Código de Processo Civil de 1973, já revogado, estabeleceu a denegação do mandado de segurança nos casos de extinção do processo sem julgamento do mérito. Incide, aqui, o art. 485 do Código de Processo Civil de 2015.

§ 6º O pedido de mandado de segurança poderá ser renovado dentro do prazo decadencial, se a decisão denegatória não lhe houver apreciado o mérito.

- **Renovação do MS denegado sem análise do mérito:** a Lei n. 12.016/2009 estatuiu que a renovação do mandado de segurança denegado sem análise do mérito poderá ocorrer, apenas, dentro do prazo decadencial de cento e vinte dias.

Art. 7º Ao despachar a inicial, o juiz ordenará:

- **Texto sem modificações substanciais:** aqui não há maiores novidades quanto ao regime revogado.
- **Objetivo da norma:** ordenar a intimação do órgão, autorizando o juiz a exigir contracautela para concessão de liminar, proibindo liminares para pagamentos de qualquer natureza.

I — que se notifique o coator do conteúdo da petição inicial, enviando-lhe a segunda via apresentada com as cópias dos documentos, a fim de que, no prazo de 10 (dez) dias, preste as informações;

- **Lei n. 4.348/1964:** não houve alteração substantiva no enunciado aí transcrito da Lei n. 12.016/2009, porque o prazo de dez dias remonta a revogada Lei n. 4.348/1964 (art. 1º, *a*).

II — que se dê ciência do feito ao órgão de representação judicial da pessoa jurídica interessada, enviando-lhe cópia da inicial sem documentos, para que, querendo, ingresse no feito;

- **Cientificação do feito:** pela Lei n. 12.016/2009, deve-se cientificar o feito ao "órgão de representação judicial" da pessoa jurídica interessada, enviando-lhe cópia da exordial.

III — que se suspenda o ato que deu motivo ao pedido, quando houver fundamento relevante e do ato impugnado puder resultar a ineficácia da medida, caso seja finalmente deferida, sendo

630 ◆ Uadi Lammêgo Bulos ◆

facultado exigir do impetrante caução, fiança ou depósito, com o objetivo de assegurar o ressarcimento à pessoa jurídica.

- **Mudança de redação:** merece destaque a alteração redacional da Lei n. 12.016/2009, que substituiu a frase "houver fundamento relevante" por "for relevante o fundamento".
- **Exigência de caução, fiança ou depósito:** a Lei n. 12.016/2009 permitiu ao juiz determinar, no que tange à concessão de liminares, caução, fiança ou depósito, destinado a assegurar eventual ressarcimento à pessoa jurídica. Tal medida procurou reduzir a possibilidade de concessão de liminares em mandado de segurança.
- **Flexibilização do art. 7°, III, da Lei n. 12.016/2009:** a Justiça brasileira vem flexibilizando a rigidez da regra em epígrafe. O juiz da 2ª Vara de Novo Hamburgo, Rio Grande do Sul, por exemplo, considerou inconstitucional a proibição da Lei n. 12.016/2009, no tocante à concessão de liminares para questões relacionadas à importação de mercadorias. O magistrado atendeu pedido da mantenedora da Pontifícia Universidade Católica do Rio Grande do Sul, liberando equipamentos importados pela entidade, direcionados à pesquisa científica. Na realidade, a flexibilização deve existir, porque trata-se de uma questão de bom senso. Isto porque, as empresas podem ficar ao arbítrio da fiscalização, com suas mercadorias retidas por períodos longos, principalmente em razão de possíveis divergências relacionadas à tributação ou documentos a serem apresentados. Como a Constituição da República é superior à nova Lei do mandado de segurança, não pode haver quaisquer restrições a direitos e garantias fundamentais, a exemplo do devido processo legal, ampla defesa, acesso ao Judiciário, contraditório, dentre outras. Lembremos que a vedação para se concederem liminares já existia na Lei n. 2.770/1956 (art. 1º), sendo, na maioria dos casos, relativizada, quando não aplicada, por juízes e Tribunais, porque existem situações que exigem a concessão de medidas liminares, para se evitar o perecimento de um bem juridicamente tutelado.

Art. 10. A inicial será desde logo indeferida, por decisão motivada, quando não for o caso de mandado de segurança ou lhe faltar algum dos requisitos legais ou quando decorrido o prazo legal para a impetração.

- **Objetivo da norma:** determinou o indeferimento da petição inicial se houver desatendimento de requisitos específicos do mandado de segurança, bem como o decurso do prazo decadencial para sua impetração.
- **Necessidade de motivação:** a decisão que indefere a segurança deve acatar o princípio constitucional da motivação.

§ 1º Do indeferimento da inicial pelo juiz de primeiro grau caberá apelação e, quando a competência para o julgamento do mandado de segurança couber originariamente a um dos tribunais, do ato do relator caberá agravo para o órgão competente do tribunal que integre.

- **Novidade:** pela Lei n. 1.533/51, se a exordial fosse indeferida caberia apelação. Agora, também cabe agravo para o órgão competente do próprio tribunal.

✧ 5.7. Prazo para impetração

O prazo para o ajuizamento do mandado de segurança foi regulamentado pela Lei n. 12.016/2009.

Assim, o "direito de requerer mandado de segurança extinguir-se-á decorridos 120 (cento e vinte) dias, contados da ciência, pelo interessado, do ato impugnado".

O objetivo dessa norma foi reiterar o prazo de cento e vinte dias para impetração do *mandamus*, consagrando, assim, entendimento jurisprudencial prevalecente.

Sem embargo, o termo inicial do prazo decadencial para impetração do *writ* tem início com a publicação do ato impugnado no *Diário Oficial* (STF, Pleno, RO em MS 24.602-6/DF, Rel. Min. Joaquim Barbosa, *DJ*, 1, de 27-2-2004, p. 27).

Significa dizer que o prazo começa a correr a partir do dia em que o ato se torna operante e exequível, quando estiver apto a produzir a lesão. Computa-se excluindo o dia do começo e incluindo o

◆ Cap. 14 ◆ INSTRUMENTOS DE TUTELA DAS LIBERDADES

dia do vencimento, devendo os dias inicial e final coincidirem com dias úteis (CPC de 2015, art. 224, §§ 1º e 2º).

> **Cessação do prazo decadencial:** "Enquanto há omissão continuada da Administração Pública, não corre o prazo de decadência para a impetração do mandado de segurança, sendo certo, porém, que essa omissão cessa no momento em que há situação jurídica de que decorre inequivocamente a recusa, por parte da administração pública, do pretendido direito, fluindo a partir daí o prazo de 120 (cento e vinte) dias para a impetração da segurança contra essa recusa" (STF, RMS 23.987, Rel. Min. Moreira Alves, *DJ* de 2-5-2003).

Quanto à aplicação do prazo de cento e vinte dias ao *writ* preventivo, registre-se que, antes do advento da Lei n. 12.016/2009, alguns entendiam que o prazo decadencial de 120 dias, à época regulamentado pelo art. 18 da Lei n. 1.533/51, não se aplicava ao mandado de segurança preventivo (STJ, 2ª T., AgRg no AgI 104-566/SC, Rel. Min. Antônio de Pádua Ribeiro, v. u., *DJ*, 1, de 25-11-1996, p. 46195).

De nossa parte, não se deve fazer distinções. O mandado de segurança, tanto impetrado de modo preventivo, como de maneira repressiva, sujeita-se ao prazo de cento e vinte dias, porque a Lei n. 12.016/2009 não demarcou qualquer diferenciação nesse sentido, precisamente para não converter o *writ* numa garantia *ad eternum*. Assim, pouco importa se o seu ajuizamento se deu preventiva ou repressivamente. O prazo é de cento e vinte dias.

Para a OAB o art. 23 da Lei n. 12.016/2009 é inconstitucional, pois estabelece o prazo máximo de cento e vinte dias para a propositura do mandado de segurança contra atos da Administração Pública (STF, ADI 4296/DF, Rel. Min. Marco Aurélio — pendente de julgamento).

Acreditamos que o art. 23 em nada fere a Carta de 1988. Para nós, o enunciado na Súmula 632 do STF deve ser mantido: "É constitucional lei que fixa prazo de decadência para impetração de mandado de segurança". A propósito, lembremos do seguinte julgado, atualíssimo após o advento da Lei n. 12.016/2009: "Muito embora a Constituição Federal não estabeleça prazo para impetração do *writ*, nada impede que a legislação ordinária o faça. Por isso o art. 18 da Lei n. 1.533 foi recepcionado pela nova Carta. Portanto, ocorre a decadência quando a propositura da ação mandamental ultrapassar o prazo limite de 120 dias estabelecido na norma infraconstitucional" (STJ, 2ª T., RMS 710-0/RS, Rel. Min. Américo Luz, j. em 18-8-1993, *DJ*, 1, de 20-9-1993. No mesmo sentido: STF, MS 22.460-6/DF (medida liminar), Rel. Min. Celso de Mello, j. em 4-3-1996).

✧ 5.8. Competência

Com a determinação da autoridade coatora, que praticou ou ameaçou praticar ato lesivo ao titular do direito, cumpre individualizar, de modo inequívoco, o sujeito passivo, definindo a competência dos juízes e tribunais, os quais haverão de conhecer a ação de segurança.

Esse entendimento, aliado às regras jurisprudenciais que norteiam a delimitação da esfera de competência do mandado de segurança, adapta-se à sistemática da Lei n. 12.016/2009.

Com efeito, há duas **regras jurisprudenciais de competência** para processar e julgar o mandado de segurança:

- **regra da autoridade legitimada a praticar a conduta:** a competência se define em função da hierarquia da autoridade legitimada a praticar a conduta, comissiva ou omissiva, que possa resultar em lesão ao direito subjetivo da parte (STF, MS 22.606-4/RJ, Rel. Min. Ilmar Galvão, *DJ*, 1, de 20-10-1996, p. 36757); e
- **regra da elevação funcional da autoridade:** a posterior elevação funcional da autoridade legitimada não altera a hierarquia (STJ, 3ª Seção, MS 3.244/DF, Rel. orig. Min. Vicente Leal, Rel. p/ acórdão Min. José Dantas, *DJ*, 1, de 23-9-1996, p. 35046).

a) Competência do Supremo Tribunal Federal

Compete ao Supremo Tribunal Federal processar e julgar originariamente *mandamus* impetrado contra atos de seus Ministros, de Presidente da República, das Mesas da Câmara dos Deputados e do

632 ◆ Uadi Lammêgo Bulos ◆

Senado Federal, do Tribunal de Contas da União e do Procurador-Geral da República (CF, art. 102, I, *d*). Mas são os próprios Tribunais que devem processar e julgar mandados de segurança impetrados contra seus próprios atos e omissões.

> **Assuntos que, a um primeiro momento, estão fora da competência do STF, mas que, a depender da especificidade do caso concreto, podem, sim, ser apreciados pela Corte Excelsa:**
>
> - **Atos de Tribunais Superiores** — o Tribunal Superior Eleitoral, o Tribunal Superior do Trabalho, o Superior Tribunal de Justiça, o Superior Tribunal Militar, os Tribunais de Justiça dos Estados e os Tribunais Regionais Federais é que devem examinar suas próprias deliberações, atacadas em sede de mandado de segurança.
> - **Atos de Tribunais de Justiça** — "O Supremo Tribunal Federal não é competente para conhecer de mandado de segurança contra atos dos Tribunais de Justiça dos Estados" (Súmula 330 do STF).
> - **Ato ou omissão de qualquer tribunal judiciário** — a Corte não detém competência originária para processar e julgar mandado de segurança impetrado contra qualquer ato ou omissão de tribunal judiciário. O art. 21, VI, da LOMAN foi inteiramente recepcionado pela Carta de 1988. São os próprios tribunais que possuem competência para processar e julgar mandados de segurança impetrados contra seus atos e omissões (STF, *RTJ*, *70*:645, *78*:87, *117*:65, *120*:73, *128*:101, *129*:1070, *132*:706, *132*:738, *141*:1025 e *151*:482 etc.).
> - **Atos das Turmas do STF** — o Pretório Excelso também não é competente para julgar mandados de segurança ajuizados contra decisão de suas Turmas, porque elas, ao decidirem determinada matéria, já representam o próprio Supremo (*RTJ*, *160*:480).
> - **Atos do Plenário do STF** — atos de conteúdo jurisdicional, oriundos do Plenário do STF, não comportam a impetração do mandado de segurança, haja vista a via da ação rescisória para esse fim (*RTJ*, *53*:345, *61*:308, *90*:27).
> - **Julgamento de ações contra CNJ e CNMP: competência exclusiva do STF** — sobre esse tema o Supremo Tribunal Federal fixou a seguinte tese com repercussão geral: "Nos termos do artigo 102, inciso I, alínea 'r', da Constituição Federal, é competência exclusiva do Supremo Tribunal Federal processar e julgar originariamente todas as decisões do Conselho Nacional de Justiça e do Conselho Nacional do Ministério Público proferidas nos exercício de suas competências constitucionais respectivamente previstas nos artigos 103-B, parágrafo 4º, e 130-A, parágrafo 2º, da Constituição Federal" (STF, ADI 4412, Rel. Min. Gilmar Mendes, j. 18-11-2020; Pet 4770, Rel. Min. Roberto Barroso, j. 18-11-2020; e Rcl. 33459, Rel. Min. Rosa Weber, j. 18-11-2020).

a.1) Excepcionalmente, compete ao STF julgar *mandamus* contra ato da própria Corte

A princípio, não compete ao Supremo Tribunal Federal apreciar e julgar mandado de segurança, impetrado contra ato jurisdicional da própria Corte Excelsa.

> **Nesse sentido:** STF, Pleno, MS 25.413-AgRg, Rel. Min. Gilmar Mendes, *DJ* 14-6-2007; STF, Pleno, MS 22.515-AgRg, Rel. Min. Sydney Sanches, *DJ* 4-4-1997; STF, MS 22.626-AgRg, Rel. Min. Celso de Mello, *DJ* 22-11-1996; STF, MS 21.734-AgRg, Rel. Min. Ilmar Galvão, *DJ* 15-10-1993.

Mas, em hipóteses excepcionais, o próprio Supremo Tribunal flexibiliza esse seu entendimento, admitindo a impetração de mandado de segurança contra atos jurisdicionais irrecorríveis e exarados monocraticamente por seus Ministros.

> **Precedentes:** STF, Pleno, MS 24.159-QO, Rel. Min. Ellen Gracie, Pleno, *DJ* 31-10-2003; STF, MC em MS 28.524/DF, Rel. Min. Presidente Gilmar Mendes, j. em 22-12-2009.

O fato de o Supremo atenuar o rigorismo de sua velha e aturada tese de que é inconcebível se ajuizarem mandados de segurança contra atos praticados pelos próprios membros do Tribunal possui justificativa, sendo um indicativo de que a Corte não produz uma jurisprudência estática e morta, diante do pulsar da realidade social.

Há hipóteses em que para se evitarem danos irreparáveis, riscos de lesão a direitos, litigâncias de má-fé, injustiças evidentes, absurdos inconfessáveis, deve a Corte, no posto de guardiã da *Lex Mater*, conhecer *mandamus* impetrado contra ato jurisdicional, exercido pelos seus pares.

◆ Cap. 14 ◆ INSTRUMENTOS DE TUTELA DAS LIBERDADES **633**

Portanto, existem controvérsias que, sem sombra de dúvida, reúnem condições excepcionalíssimas, as quais justificam, plenamente, o cabimento do mandado de segurança contra ato praticado pelo próprio Supremo Tribunal.

Logo, se o ato impugnado for irrecorrível e não houver remédio expedito para superar a situação de grave dano à impetrante, claro que cabe mandado de segurança, ajuizado no Supremo Tribunal Federal, contra ato praticado por seus próprios Ministros, sob pena de se deixar à míngua direitos constitucionais, situações consolidadas, prerrogativas comezinhas de cidadãos inermes.

b) Competência do Superior Tribunal de Justiça

Compete ao Superior Tribunal de Justiça processar e julgar originariamente *writ* contra ato de Ministro de Estado ou do próprio tribunal, por determinação de norma constitucional (CF, art. 105, I, *b*), bem como julgar recurso ordinário em mandado de segurança decidido em única instância pelos Tribunais Regionais Federais ou pelos Tribunais dos Estados e do Distrito Federal, quando a decisão for denegatória (CF, art. 105, II, *b*).

Mas o Superior Tribunal de Justiça "não tem competência para processar e julgar, originariamente, mandado de segurança contra atos de outros tribunais ou dos respectivos órgãos" (Súmula 41 do STJ).

c) Competência dos Tribunais Regionais Federais

Aos Tribunais Regionais Federais competem processar e julgar originariamente mandado de segurança contra ato do próprio tribunal ou de juiz federal (CF, art. 108, I, *c*).

d) Competência dos juízes federais

Compete aos juízes federais processar e julgar mandado de segurança contra ato de autoridade federal, ressalvados os casos de competência dos Tribunais Regionais Federais (CF, art. 109, VIII).

e) Competência dos Juizados Especiais

Quanto aos Juizados Especiais, compete às próprias Turmas Recursais processar e julgar mandado de segurança impetrado contra seus atos.

> **Nesse sentido:** STF, Pleno, MS 24.691, Rel. p/ acórdão Min. Sepúlveda Pertence, j. em 4-12-2003.

⬦ 5.9. Liminar em mandado de segurança

A concessão de liminar em mandado de segurança é uma decorrência lógica de sua disciplina constitucional.

Presentes os requisitos necessários à sua concessão, os seus efeitos não podem ser obstados (STJ, 1ª T., REsp 52.881/RJ, Rel. Min. Milton Luiz Pereira, decisão de 9-8-1995, v. u., *DJ*, 1, de 25-9-1995, p. 31077).

Tanto é assim que o Supremo Tribunal Federal, em sua composição plenária, demonstrou que a proibição à concessão de liminares "obstrui o serviço da Justiça, criando obstáculos à obtenção da prestação jurisdicional e atentando contra a separação dos poderes, porque sujeita o Judiciário ao Poder Executivo" (STF, Pleno, ADIn 975-3-ML, Rel. Min. Carlos Velloso, *DJ*, 1, de 20-6-1997, p. 28467).

Cumpre, todavia, ao juiz analisar, em sede de controle difuso, quais os casos que comportam, ou não, a concessão de liminares em mandado de segurança, pois atos normativos ordinários, a exemplo daqueles gizados no art. 59 da Carta Política, subordinam-se à discricionariedade judicial.

> **Posição do STF:** a Corte Excelsa, na ADIn 223-6/DF, entendeu, por maioria de votos, que as medidas cautelares servem ao processo, e não ao direito da parte, pois visam dar eficácia e utilidade ao instrumento que o Estado engendrou para solucionar conflitos de interesses dos cidadãos, motivo pelo qual integram a seara do controle difuso (Min. Sepúlveda Pertence). Nessa oportunidade discutiu-se o teor da Medida Provisória n. 173, que proibia a concessão de liminares em ações contra o Plano Econômico Collor I. Na ocasião, os Ministros Celso de Mello e Paulo Brossard vislumbraram-na como inconstitucional, uma vez que não se pode impedir a concessão de cautelares no *mandamus*, algo

que retira a sua força da própria *Lex Mater*. Mais tarde, essa posição veio a ser confirmada (STF, Pleno, ADIn 975-3-ML, Rel. Min. Carlos Velloso, *DJ*, 1, de 20-6-1997, p. 28467).

Entendemos que a concessão, em si, de providências cautelares não é apenas um direito constitucional, mas também uma garantia legal, que deve submeter-se, em sede de controle difuso, ao crivo do magistrado da causa, a quem incumbe analisar as peculiaridades do problema *sub judice*.

Por isso, há que se observar, além dos dispositivos constitucionais, o disposto na Lei n. 12.016/2009, a qual deve ser interpretada em seu conjunto, numa exegese ampla e concatenada de seus preceitos.

> **Simetria legislativa:** "Completa reformulação da legislação, quanto à suspensão das liminares nos diversos processos, até mesmo na ação civil pública e na ação popular. Disciplina assimétrica na legislação do mandado de segurança. Recorribilidade, tão somente, da decisão que nega o pedido de suspensão em mandado de segurança" (STF, SS 1.945, Rel. Min. Gilmar Mendes, *DJ* de 1º-8-2003).

a) Disciplina da medida liminar na Lei n. 12.016/2009

A Lei n. 12.016, de 7 de agosto de 2009, conferiu uma disciplina *inovadora* e *polêmica* ao instituto das medidas liminares em mandado de segurança.

Inovadora, porquanto dedicou à matéria regulamentação sem precedentes, legislativamente falando.

Polêmica, pois suscitou debates a respeito de sua constitucionalidade, ensejando a interposição de ação direta de inconstitucionalidade no Supremo Tribunal Federal (STF, ADI 4296, Rel. Min. Marco Aurélio, j. 9-6-2021).

Destaquemos cada um dos dispositivos sobre o tema.

Art. 7º (...)

§ 1º Da decisão do juiz de primeiro grau que conceder ou denegar a liminar caberá agravo de instrumento, observado o disposto na Lei n. 5.869, de 11 de janeiro de 1973 — Código de Processo Civil.

- **Regulamentação do recurso cabível contra decisão liminar em mandado de segurança:** o preceito deve ser compreendido à luz do Código de Processo Civil de 2015, que disciplinou o agravo de instrumento (arts. 1.015 a 1.020).
- **Cabimento de agravo regimental e revisão da Súmula 622 do STF:** "Inicialmente, consigno que, antes mesmo da nova disciplina do mandado de segurança, vinha sustentando que todo pronunciamento judicial com carga decisória, praticado no campo monocrático, praticado por órgão como porta-voz do Colegiado, desafia recurso. O ato mediante o qual se defere ou se indefere medida liminar consubstancia decisão interlocutória. Já agora, levando até mesmo à revisão do Verbete n. 622, que integra a Súmula desta Corte, tem-se a letra expressa do § 1º do artigo 7º da Lei n. 12.016, de 7 de agosto de 2008, que revela caber agravo de instrumento da decisão do juiz de primeiro grau que concede ou denega a liminar. O trato da matéria não pode ser diverso, presente a harmonia do sistema, quando o ato é praticado no âmbito de Tribunal, ainda que o seja por integrante do Supremo. Por isso, tenho como adequado o agravo regimental interposto, valendo notar a observância dos demais pressupostos de recorribilidade, a oportuna protocolação e a circunstância de estar subscrito por profissional da advocacia, juntamente com o presidente da Câmara dos Deputados" (STF, Ag. Reg. na MC no MS 28.177-4/DF, Rel. Min. Marco Aurélio, *DJE* de 23-9-2009).

§ 2º Não será concedida medida liminar que tenha por objeto a compensação de créditos tributários, a entrega de mercadorias e bens provenientes do exterior, a reclassificação ou equiparação de servidores públicos e a concessão de aumento ou a extensão de vantagens ou pagamento de qualquer natureza.

- **Inconstitucionalidade de dispositivos da Lei do Mandado de Segurança (Lei n. 12.016/2009):** o Supremo Tribunal Federal, por maioria de votos, declarou a inconstitucionalidade dos seguintes preceitos da Lei do Mandado de Segurança: (i) art. 7º, § 2º, que proíbe, expressamente, a concessão de liminar para compensação de créditos tributários, entrega de mercadorias e bens provenientes do exterior, reclassificação ou equiparação de servidores públicos e concessão de aumento ou

◆ Cap. 14 ◆ INSTRUMENTOS DE TUTELA DAS LIBERDADES 635

extensão de vantagens ou pagamento de qualquer natureza; e (**ii**) art. 22, § 2º, que disciplina a exigência de oitiva prévia do representante da pessoa jurídica de direito público como condição para a concessão de liminar em *writ* coletivo, pois não se pode restringir o poder geral de cautela do magistrado (STF, ADI 4296, Rel. Min. Marco Aurélio, j. 9-6-2021).

§ 3º Os efeitos da medida liminar, salvo se revogada ou cassada, persistirão até a prolação da sentença.

- **Perda de validade da medida liminar:** a liminar concedida apenas perderá a validade se for revogada, pelo próprio juiz, ou cassada, por instância superior.

§ 4º Deferida a medida liminar, o processo terá prioridade para julgamento.

- **Prioridade de julgamento:** decisões provisórias não podem tornar-se definitivas sem a apreciação do mérito. Para tanto, o mandado de segurança, cuja medida liminar foi deferida, terá, segundo a nova Lei, prioridade de julgamento.

§ 5º As vedações relacionadas com a concessão de liminares previstas neste artigo se estendem à tutela antecipada a que se referem os arts. 273 e 461 da Lei n. 5.869, de 11 janeiro de 1973 — Código de Processo Civil.

- **Critério igualitário:** o legislador equiparou as proibições de concessão de liminares aos casos de concessão de tutela antecipada. Aplicam-se a esse contexto as disposições gerais, relativas à disciplina da tutela de urgência, do Código de Processo Civil de 2015 (arts. 294 e s.). Não estão mais em vigor os preceitos do Código de Processo Civil de 1973 aí referidos, contemporâneos à época de feitura da Lei n. 12.016/2009, que estamos estudando.

Art. 8º Será decretada a perempção ou caducidade da medida liminar *ex officio* ou a requerimento do Ministério Público quando, concedida a medida, o impetrante criar obstáculo ao normal andamento do processo ou deixar de promover, por mais de 3 (três) dias úteis, os atos e as diligências que lhe cumprirem.

- **Objetivo da norma:** procurou atender aos reclamos de celeridade. Determinou a caducidade ou perempção da liminar, se o próprio impetrante obstaculizar o andamento do processo após a concessão da medida.

Art. 9º As autoridades administrativas, no prazo de 48 (quarenta e oito) horas da notificação da medida liminar, remeterão ao Ministério ou órgão a que se acham subordinadas e ao Advogado--Geral da União ou a quem tiver a representação judicial da União, do Estado, do Município ou da entidade apontada como coatora cópia autenticada do mandado notificatório, assim como indicações e elementos outros necessários às providências a serem tomadas para a eventual suspensão da medida e defesa do ato apontado como ilegal ou abusivo de poder.

- **Objetivo da norma:** obrigou a autoridade administrativa que receber a notificação da liminar a informar o seu chefe ou a autoridade coatora, dentro do prazo de 48 horas.
- **Necessidade de relativização:** a regra deve ser vista *cum granum salis*, porque há de se levar em conta a estrutura administrativa de cada ente federado. Do contrário, somos levados a crer que o art. 9º reveste-se de iniludível inconstitucionalidade, porque pretende impor aquilo que nem a Constituição da República obriga a quem quer que seja, afinal o Estado brasileiro é democrático de direito, com particularidades e realidades econômicas, completamente distintas, que variam de Estado para Estado, de Município para Município, de lugar para lugar.

✦ 6. DESISTÊNCIA DA AÇÃO DE SEGURANÇA

Proferido o *decisum* definitivo no mandado de segurança, o impetrante não poderá mais desistir do *writ*, porque, nesta hipótese, a sentença adquire o *status* de coisa julgada.

Mas o nosso ponto de vista não é unânime. Existem nos acervos de jurisprudência, inclusive na casuística do próprio Supremo Tribunal Federal, decisões admitindo a plena possibilidade de o recorrente, de modo unilateral, exercitar, a qualquer tempo, o seu suposto direito potestativo de rescindir o *decisum* de mérito, desistindo da ação de segurança. É o caso de um precedente do Supremo, qual seja, o MS 20.476, que tem servido de paradigma para muitos outros julgados da Corte (STF, MS 20.476, Rel. Min. Néri da Silveira, j. 18-12-1984).

Em 2013, contudo, surgiu uma luz no seio da Corte Excelsa. O Min. Luiz Fux abriu caminho para se realizar o exame da matéria com maior apuro técnico (STF, RE 669.367/RJ, Rel. Orig. Min. Luiz Fux, *DJE* de 13-5-2013). Eis as considerações do Min. Fux:

- o precedente firmado no MS 20.476 não versou sobre a desistência requerida após a prolação de decisão de mérito. Analisando o inteiro teor do voto do relator, Min. Néri da Silveira, Fux concluiu que o pedido de desistência do *mandamus* ocorreu **antes da prolação de qualquer tipo de decisão**, seja liminar, seja definitiva. Deveras, o lapso temporal é fator determinante em todo esse contexto, devendo ser observado com prudência;

- a despeito de jamais ter havido um debate profundo no seio do Supremo Tribunal Federal sobre o assunto, é inadmissível, no entender do Min. Luiz Fux, e no nosso também, de se fazer desaparecer uma sentença do mundo jurídico por ato de vontade do autor da demanda. Daí a necessidade de o Plenário da Corte enfrentar o tema com profundidade, evitando que injustiças sejam realizadas em virtude de má-fé perpetrada contra o Estado;

- aquele que figura no polo passivo da impetração, uma vez proferida decisão de mérito que lhe favoreça, possui o direito constitucional à imutabilidade de tal decisão acaso o impetrante demonstre não ter interesse em impugná-la. O Min. Luiz Fux não vê como poderia uma construção jurisprudencial, sem qualquer base legal ou mesmo doutrinária, invocando, singelamente, a natureza constitucional do mandado de segurança, afetar o direito à coisa julgada, de índole igualmente constitucional (CF, art. 5º, XXXVI). Fux está correto. Como estudamos no Capítulo 7 deste *Curso*, ao analisarmos a temática da mutação constitucional, a *construction* não converte o Supremo Tribunal Federal numa "constituinte permanente", afinal a incumbência de legislar é do Legislativo, e não do Judiciário;

- não há que se falar em burla ao princípio constitucional da isonomia se o Supremo Tribunal deixar de aplicar a casos novos entendimentos lavrados em velhos precedentes, a exemplo daquele inserido no multicitado MS 20.476. Argumenta Luiz Fux que antigos julgados não produzem, a exemplo da decisão que lhe deferiu a desistência em caso similar, o que a doutrina chama de efeitos panprocessuais, de modo a vincular os órgãos judiciários a decidir da mesma forma em outros processos. "A pretensão sustentada nas razões do Recurso Extraordinário equivale a entender que aquela decisão produziu uma verdadeira coisa julgada da tese jurídica nela encampada, o que, por óbvio, não se sustenta" (STF, RE 669.367/RJ, Rel. Orig. Min. Luiz Fux, *DJE* de 13-5-2013).

Esperamos que o Supremo Tribunal Federal analise, com *olhos de ver*, o tema, porque as sentenças lavradas sobre o assunto jamais encetaram uma reflexão mais demorada a seu respeito. Apenas invocaram, de modo automático e pouco refletido, o MS 20.476, cujos argumentos de apoio foram lançados em meados da década de oitenta. Mas tudo passa, inclusive as formas de pensamento que deram azo às concepções jurídicas de uma outra era. As nuances do mandado de segurança não fogem ao influxo do tempo. Como os juízes, os legisladores, os juristas não são deuses, pois também passam, é preciso atualizar aquilo que proclamaram outrora, de sorte que situações líquidas e certas não fiquem à mercê de uma época que já se foi. Como dizem os espanhóis, *adelante*!

◆ Cap. 14 ◆ INSTRUMENTOS DE TUTELA DAS LIBERDADES **637**

✦ 7. MANDADO DE SEGURANÇA COLETIVO (ART. 5º, LXX)

Criado pela Carta de 1988, o mandado de segurança coletivo é o instrumento processual constitucional destinado a tutelar interesses ou direitos coletivos e individuais homogêneos.

O mandado de segurança coletivo é espécie do gênero mandado de segurança, sendo idênticos os pressupostos constitucionais para a impetração de ambos.

> Os requisitos para a impetração do *mandamus* coletivo (art. 5º, LXX) são os mesmos do *writ* individual (art. 5º, LXIX): (i) proteger direito líquido e certo; (ii) não amparado por *habeas corpus* ou *habeas data*; (iii) contra ato ou omissão, marcado por ilegalidade ou abuso de poder; (iv) praticado por autoridade pública ou agente de pessoa jurídica no exercício de atribuições do Poder Público.

✧ 7.1. Regime jurídico

Como se observa, o mandado de segurança coletivo (art. 5º, LXX) possui regime jurídico *vinculado*, pois, de acordo com a sistemática adotada pelo Texto Magno, ele não se distanciou das bases constitucionais do *writ* individual ou singular (art. 5º, LXIX).

> Posição do STF: "Os princípios básicos que regem o mandado de segurança individual informam e condicionam, no plano jurídico-processual, a utilização do *writ* mandamental coletivo" (STF, Pleno, MS 21.618-8/RJ, Rel. Min. Celso de Mello, *DJ*, 1, de 13-3-1998, p. 4).

O constituinte, portanto, não criou um instituto independente e isolado do tradicional *mandamus*. Apenas ampliou a legitimidade ativa dos impetrantes:

"LXX — o mandado de segurança coletivo pode ser impetrado por:

a) partido político com representação no Congresso Nacional;

b) organização sindical, entidade de classe ou associação legalmente constituída e em funcionamento há pelo menos um ano, em defesa dos interesses de seus membros ou associados".

Desse preceptivo constitucional extraem-se os elementos nucleares do instituto:

* **impetrantes** — partidos políticos (apenas os que têm representação no Congresso Nacional), sindicatos, entidades de classe e associações (estas legalmente constituídas e em funcionamento há pelo menos 1 ano);
* **impetrados** — autoridade pública ou agente de pessoa jurídica no exercício de atribuições do Poder Público;
* **base para a impetração** — direito líquido e certo, não amparado por *habeas corpus* ou *habeas data*; e
* **causa para a impetração** — ilegalidade ou abuso de poder.

✧ 7.2. Natureza

Possuindo regime jurídico *vinculado*, porquanto subordinada aos mesmos requisitos constitucionais de impetração do mandado singular, a segurança coletiva é ação de rito sumário especial.

Distingue-se do mandado individual pela especificidade de seu objeto, que se pauta na defesa dos interesses coletivos, como o seu próprio *nomen juris* sugere, e dos interesses individuais homogêneos.

Esse foi o magistério doutrinário adotado pela Lei n. 12.016/2009, que consagrou normas específicas sobre o *writ* coletivo.

Antes do advento desse diploma legal, o instituto era aplicado com base na legislação que regia o tradicional mandado de segurança, a ação civil pública (Lei n. 7.347, de 24-7-1985) e os direitos dos consumidores (Lei n. 8.078, de 11-9-1990).

638 ◆ Uadi Lammêgo Bulos ◆

✧ 7.3. Finalidade: defender direitos coletivos e individuais homogêneos

Que o mandado de segurança coletivo, como o próprio nome diz, tutela *interesses coletivos*, não há dúvida.

Os *interesses coletivos* são comuns a uma coletividade de pessoas determinadas e nem sempre têm a mesma origem. Exemplos: interesses de categorias profissionais, de confederações sindicais, de sociedades comerciais, de condomínios etc.

Também comportam mandado de segurança coletivo os *interesses individuais homogêneos* — feixes de direitos subjetivos que têm a mesma origem. Exemplo: direitos dos aposentados da Previdência Social.

> **Interesses *acidentalmente* coletivos:** os *individuais homogêneos* são interesses *acidentalmente coletivos*. O rótulo *individual homogêneo* visa permitir que situações comuns, derivadas de gênese idêntica, recebam o devido amparo legal, tornando viável a defesa conjunta de vários interesses singulares. Interesses de *origem comum* são aqueles que possuem identidade com a *causa petendi*. Logo, as causas de pedir de tais interesses são precisamente as mesmas ou, ao menos, similares. Mas origem comum não significa que o fato gerador seja o único, e o mesmo, para todos os direitos individuais. O preponderante é que sejam situações juridicamente iguais, ainda que os fatos se diferenciem no plano empírico.

E o *writ* coletivo pode tutelar interesses difusos?

Entendemos que não, isso pode ser obtido por outros meios processuais, a exemplo da ação civil pública (Lei n. 7.347/85).

> **Ponto controvertido:** inúmeros autores defenderam que os interesses difusos podem ser amparados pelo *mandamus* coletivo, e. g., Ada Pellegrini Grinover, Kazuo Watanabe, Celso Agrícola Barbi, Édis Milaré, Nelson Neri Junior, Luiz Guilherme Marinoni et al. Na jurisprudência firmada antes do advento da nova Lei do mandado de segurança — Lei n. 12.016/2009, a questão era tormentosa. Havia julgados favoráveis e outros contra. Para a Ministra Ellen Gracie, do Supremo Tribunal Federal, o *writ* coletivo poderia tutelar interesses difusos (STF, RE 196.184/AM, v. m., *Clipping* do *DJ* de 3-12-2004). **Sobre o assunto:** Uadi Lammêgo Bulos, *Mandado de segurança coletivo*, p. 64 e s.

É que o *writ* coletivo só pode ser impetrado nos casos de ofensa a direito líquido e certo. Sua índole sumária exige a observância de prova documental, algo que os interesses difusos — espalhados, fluidos e amorfos — não ensejam de modo inconcusso.

Deveras, chamam-se de *difusos* os interesses metaindividuais, de índole indivisível, de que sejam titulares pessoas indeterminadas, ligadas por circunstâncias variáveis, contingentes, momentâneas. Promanam de fatores extremamente genéricos, acidentais e mutáveis. Neles inexiste relação-base bem definida, pois envolvem bens insuscetíveis de repartição. Exemplos: defesa do consumidor, meio ambiente, fauna e flora, segurança de acesso às fontes de informação, bens históricos, paisagísticos, religiosos, filosóficos, artísticos e culturais etc.

Essa foi a diretriz consagrada pela Lei n. 12.016, de 7 de agosto de 2009.

Em seu art. 23, parágrafo único, estatuiu que os direitos protegidos pelo *writ* coletivo podem ser: **(i) coletivos**, assim entendidos os transindividuais, de natureza indivisível, de que seja titular grupo ou categoria de pessoas ligadas entre si ou com a parte contrária por uma relação jurídica básica; e **(ii) individuais homogêneos**, assim entendidos, para efeito desta Lei, os decorrentes de origem comum e da atividade ou situação específica da totalidade ou de parte dos associados ou membros do impetrante.

Como se pode observar, o preceptivo seguiu a trilha da Lei da ação civil pública e do Código de Defesa do Consumidor, para definir os direitos coletivos e individuais homogêneos, os quais podem ser objeto do *writ* coletivo. Os direitos difusos, como sempre defendemos, não podem ser alvo da segurança coletiva, afinal, por serem amorfos e fluidos, encontram obstáculos para se apurar a sua liquidez e certeza.

◆ Cap. 14 ◆ INSTRUMENTOS DE TUTELA DAS LIBERDADES **639**

✧ 7.4. Objeto: não se exige que o direito seja peculiar à classe

O Supremo Tribunal Federal firmou, em linha de princípio, que o objeto do mandado de segurança coletivo "será um direito dos associados, independentemente de guardar vínculo com os fins próprios da entidade impetrante do *writ*, exigindo-se, entretanto, que o direito esteja compreendido nas atividades exercidas pelos associados, mas não se exigindo que o direito seja peculiar, próprio, da classe" (STF, MS 22.132, Rel. Min. Carlos Velloso, *DJ* de 18-11-1996).

> **Precedente:** STF, Pleno, RE 181.438-1/SP, Rel. Min. Carlos Velloso, decisão de 28-6-1996.

Na realidade, o que foge ao objeto da segurança coletiva é a defesa de interesses privados, convertidos, de uma hora para outra, em interesses de grupo.

> **Defesa de interesse particular de associado:** "O *mandamus* coletivo não se presta a tutelar direito incompatível com os objetivos institucionais nucleares do sindicato impetrante" (STJ, MS 2.016-7/DF, Rel. Min. César Rocha, v. u., *DJU*, 1, de 11-10-1993).

Decerto, o *writ* coletivo é um instrumento voltado para a tutela de prerrogativas plúrimas, condizentes com os direitos da categoria, ou de parte dela, como reconheceu a Lei n. 12.016/2009, cujos incisos I e II do parágrafo único do art. 23, devem ser interpretados conjuntamente.

> **Súmula 630 do STF:** "A entidade de classe tem legitimação para o mandado de segurança ainda quando a pretensão veiculada interesse apenas a uma parte da respectiva categoria".

Significa dizer que o instituto não foi criado para resguardar interesses de agremiações esporádicas, formadas, de uma hora para outra, no afã de enxudiar o Judiciário com demandas e mais demandas, autointituladas de "coletivas", quando, na realidade, não passam de meros pleitos singulares, disfarçados sob a roupagem da metaindividualidade.

Por isso, cumpre aos juízes e tribunais enquadrar, cuidadosamente, a natureza do interesse pleiteado, impedindo a deturpação do mandado coletivo.

Daí o Supremo Tribunal Federal exigir, para a propositura da segurança coletiva, que se aponte o elo de *pertinência temática* entre os direitos subjetivos comuns dos integrantes da categoria e os fins institucionais dos sindicatos e associações legitimadas.

> **Precedentes:** STF, Pleno, RE 181.438-1/SP, Rel. Min. Carlos Velloso, decisão de 28-6-1996; STF, *RTJ*, 142:446, 142:456.

Detectada a *pertinência temática*, nem precisam as associações obter autorização dos seus associados para impetrar o *writ* coletivo; basta o ato autorizativo genérico constante em seus próprios estatutos sociais.

> **Desnecessidade de autorização em assembleia geral:** "A associação regularmente constituída e em funcionamento, pode postular em favor de seus membros ou associados, não carecendo de autorização especial em assembleia geral, bastando a constante do estatuto. Mas como é próprio de toda substituição processual, a legitimação para agir está condicionada à defesa dos direitos ou interesses jurídicos da categoria que representa" (STF, RE 141.733, Rel. Min. Ilmar Galvão, *DJ* de 1º-9-1995). Em idêntico sentido: STF, ROMS 21.514-3/DF, Rel. Min. Marco Aurélio, *DJ*, 1, de 18-6-1993, p. 12111; STF, 1ªT., RE 223.151-9, Rel. Min. Moreira Alves, *DJ*, 1, de 6-8-1999, p. 49; STF, 2ªT., RE 182.543/SP, Rel. Min. Carlos Velloso, *DJ*, 1, de 7-4-1995.

Este posicionamento pacífico na jurisprudência do Pretório Excelso converteu-se na **Súmula 629:** "A impetração de mandado de segurança coletivo por entidade de classe em favor dos associados independe da autorização destes".

✧ 7.5. Impetração simultânea do *writ* coletivo e individual: possibilidade

A impetração do mandado coletivo não impede o uso, simultâneo, do *writ* individual.

Esse particular aspecto da matéria reveste-se de iniludível importância, porque se estiverem presentes os requisitos constitucionais de impetração nada obsta que a segurança singular seja utilizada, *pari passu*, com o *writ* coletivo.

Para tanto, é necessário que a impetração esteja dentro do prazo decadencial de 120 dias.

Assim, o indivíduo, que tenha impetrado junto com outras pessoas *mandamus* coletivo, pode ajuizar o seu *writ* individual. Saindo, primeiro, a sentença deste último, seu resultado prevalecerá sobre a impetração coletiva, anteriormente efetuada, que perderá o objeto. Também é facultado ao sujeito pedir a suspensão do processo até o outro ser julgado.

✧ 7.6. Legitimidade ativa (impetrantes)

O mandado coletivo goza de legitimidade ativa específica, podendo ser impetrado pelos:

- partidos políticos representados no Congresso Nacional; e
- sindicatos, entidades de classe e associações.

Essa *legitimatio* é extraordinária, efetivando-se em regime de substituição processual (os legitimados defendem em nome próprio interesses alheios).

> **Casuística do STF:**
> - **Legitimidade extraordinária** — "A legitimidade das organizações sindicais, entidades de classe ou associações, para a segurança coletiva, é extraordinária, ocorrendo, em tal caso, substituição processual (CF, art. 5º, LXX). Não se exige, tratando-se de segurança coletiva, a autorização expressa aludida no inciso XXI do art. 5º da Constituição, que contempla hipótese de representação" (STF, 2ª T., RE 182.543/SP, Rel. Min. Carlos Velloso, v. u., *DJU* de 7-4-1995, p. 8900).
> - **Substituição processual** — "Em se tratando de mandado de segurança coletivo, esta Corte já firmou o entendimento de que, em tal caso, a entidade de classe ou a associação é parte legítima para impetrá-lo, ocorrendo, nesse caso, substituição processual. Na substituição processual, distingue-se o substituto como parte em sentido formal e os substituídos como partes em sentido material, por serem estes, embora não integrando a relação processual, titulares do direito que, em nome próprio, é defendido pelo substituto" (STF, Recl. 1.097-AgRg, Rel. Min. Moreira Alves, *DJ* de 12-11-1999).

Resultado: partidos políticos, sindicatos, entidades e associações podem impetrar mandado coletivo, em regime de legitimação direta, não intermediada (substituição processual), para tutelar direito líquido e certo (art. 5º, LXX).

Nenhum desses legitimados precisa de autorização expressa para impetrar a segurança coletiva, pois não se lhes aplica o instituto da representação processual (art. 5º, XXI), e sim o da substituição (art. 5º, LXX). Esse é o entendimento pacífico do Pretório Excelso.

> **Entendimento do STF:**
> - **Inteligência e alcance do art. 5º, XXI, da CF** — com base nesse preceito, a "autorização tem de ser dada expressamente pelos associados para o caso concreto, e a norma se justifica porque por ela basta uma autorização expressa individual ou coletiva, inclusive, quanto a esta, por meio de assembleia geral, sem necessidade, portanto, de instrumento de procuração outorgada individual ou coletivamente, nem que se trate de interesse ou direitos ligados a seus fins associativos" (STF, RE 223.151-9/DF, Rel. Min. Moreira Alves, *DJ*, 1, de 6-8-1999, p. 49).
> - **Desnecessidade de autorização expressa** — "Não se exige, tratando-se de segurança coletiva, a autorização expressa aludida no inciso XXI do art. 5º da Constituição, que contempla hipótese de representação" (STF, RE 182.543, Rel. Min. Carlos Velloso, *DJ* de 7-4-1995).
> - **Dispensa de juntada de documento** — "Tratando-se de mandado de segurança coletivo, dispensável é a juntada de documento comprovando a autorização para a impetração dos titulares do direito substancial em jogo. Distingue-se a substituição processual do inciso LXX da representação prevista no inciso XXI, ambos do art. 5º da Constituição Federal" (STF, RE 219.873-3/PB, Rel. Min. Marco Aurélio, *DJ*, 1, de 4-6-1999, p. 20).

◆ Cap. 14 ◆ INSTRUMENTOS DE TUTELA DAS LIBERDADES 641

Tudo que acabamos de dizer foi regulamentado pela Lei n. 12.016, de 7 de agosto de 2009, cujo art. 23 proclamou: "O mandado de segurança coletivo pode ser impetrado por partido político com representação no Congresso Nacional, na defesa de seus interesses legítimos relativos a seus integrantes ou à finalidade partidária, ou por organização sindical, entidade de classe ou associação legalmente constituída e em funcionamento há, pelo menos, 1 (um) ano, em defesa de direitos líquidos e certos da totalidade, ou de parte, dos seus membros ou associados, na forma dos seus estatutos e desde que pertinentes às suas finalidades, dispensada, para tanto, autorização especial". O objetivo desse preceito, portanto, foi fixar a legitimidade ativa do *writ* coletivo para partidos políticos, sindicatos, entidades de classe e associações, acompanhando o enunciado geral do art. 5º, LXX, da Carta de 1988.

a) *Partidos políticos com representação no Congresso Nacional*

Os partidos políticos, como sujeitos de direito, têm legitimidade *ad causam* para ajuizar a segurança coletiva, desde que possuam *representação no Congresso Nacional*.

Ter *representação no Congresso Nacional* é possuir, no mínimo, um deputado ou senador filiado a partido político.

Mas, afinal, os partidos, nacionalmente representados no Congresso, podem defender, mediante mandado coletivo, todo e qualquer direito dos cidadãos ou somente os direitos de seus filiados?

No Supremo Tribunal Federal há o entendimento majoritário, mas não unânime, de que essa legitimidade é ampla. Resultado: os partidos podem impetrar *writ* coletivo para proteger direitos difusos de toda a sociedade, e não apenas as prerrogativas de seus filiados. Tudo que foi dito sobre a legitimidade dos partidos na ação direta de inconstitucionalidade valeria, segundo esse raciocínio, para o mandado coletivo.

> **Tese jurisprudencial da legitimidade IRRESTRITA dos partidos políticos:** "A previsão do art. 5º, LXX, da Constituição objetiva aumentar os mecanismos de atuação dos Partidos Políticos no exercício de seu mister, não podendo, portanto, ter esse campo restrito à defesa de direitos políticos, e sim de todos aqueles interesses difusos e coletivos que afetam a sociedade. A defesa da ordem constitucional pelos Partidos Políticos não pode ficar adstrita somente ao uso do controle abstrato das normas. A Carta de 1988 consagra uma série de direitos que exigem a atuação dessas instituições, mesmo em sede de controle concreto. À agremiação partidária não pode ser vedado o uso do mandado de segurança coletivo em hipóteses concretas em que estejam em risco, por exemplo, o patrimônio histórico, cultural ou ambiental de determinada comunidade. Assim, se o partido político entender que determinado direito difuso se encontra ameaçado ou lesado por qualquer ato da administração, poderá fazer uso do mandado de segurança coletivo, que não se restringirá apenas aos assuntos relativos a direitos políticos e nem a seus integrantes. Não se está a excluir a necessidade do atendimento dos requisitos formais previstos nos estatutos dos partidos, tampouco afastando a necessidade de respeito aos pressupostos de cabimento de mandado de segurança. A hipótese dos autos, todavia, não trata de direito coletivo ou interesse difuso, mas da majoração de um tributo, o que, conforme já decidido pelo Plenário desta Corte (STF-RE 213.631, Rel. Min. Ilmar Galvão, *DJ*, Seção 1, de 7-4-2000), configura um direito individualizável ou divisível. Se o Partido Político pode atuar na defesa do interesse de várias pessoas, independente de filiação, não pode, contudo, substituir todos os cidadãos na defesa de interesses individuais a serem postulados em juízo por meio de ações próprias. Por estes motivos, entendo que o Partido Político pode impetrar mandado de segurança coletivo na defesa de qualquer interesse difuso, abrangendo, inclusive, pessoas não filiadas a ele, não estando, porém, autorizado a se valer desta via para impugnar uma exigência tributária" (STF, RE 196.184/AM, Rel. Min. Ellen Gracie, v. m., *Clipping* do *DJ* de 3-12-2004).

Porém, no Superior Tribunal de Justiça, durante os primeiros anos de vigência da Carta de 1988, predominou o entendimento de que os partidos políticos só poderiam impetrar *writ* coletivo para a defesa dos interesses de seus filiados, e não da sociedade como um todo.

> **Tese jurisprudencial da legitimidade RESTRITA dos partidos políticos:** "Quando a Constituição autoriza um partido político a impetrar mandado de segurança coletivo, só pode ser no sentido de defender os seus filiados e em questões políticas, ainda assim, quando por lei ou pelo estatuto. Impossibilidade de dar a um partido político legitimidade para vir a juízo defender 50 milhões de aposentados, que não são, em sua totalidade, filiados ao partido e que não autorizaram o mesmo a impetrar mandado de segurança em nome deles" (STJ, 1ª Seção, MS 197/DF, Rel. Min. Garcia Vieira, decisão de 8-5-1990, *RSTJ, 12*:215, *DJ*, 1, de 20-8-1990, p. 7950). **Ao julgar embargos de declaração, o Superior Tribunal de Justiça concluiu:** "A exemplo dos sindicatos e das associações, também os partidos políticos só

podem impetrar mandado de segurança coletivo em assuntos integrantes de seus fins sociais em nome de filiados seus, quando devidamente autorizados pela lei ou por seus estatutos. Não pode ele vir a juízo defender direitos subjetivos de cidadãos a ele não filiados ou interesses difusos e, sim, direito de natureza política, como, por exemplo, os previstos nos arts. 14 a 16 da Constituição Federal" (EDecl. em MS 197, Rel. Min. Garcia Vieira, *DJU* de 15-10-1990). **No mesmo sentido:** STJ, 6ª T., RMS 2.423/ PR, Rel. Min. Luiz Vicente Cernicchiaro, *DJ* de 22-11-1993, p. 24974; STJ, MS 1.252/DF, Rel. Min. Humberto Gomes de Barros, Rel. p/acórdão Min. Américo Luz, *DJ* de 13-4-1992, p. 4968.

Mas esse posicionamento do Superior Tribunal de Justiça, embora prevalecente ainda hoje, nunca chegou a ser pacífico.

> **Correntes jurisprudenciais minoritárias:** quando foi julgado o MS 197/DF, ponderou o Ministro José de Jesus Filho, voto vencido, que os partidos políticos poderiam, sim, defender direitos de toda a sociedade, mediante *writ* coletivo, haja vista a finalidade constitucional a que foram destinados e o fortalecimento que granjearam numa Constituição "marcadamente parlamentarista". Seguindo uma linha ampliativa da garantia, há quem defenda a tese de que o *writ* coletivo pode ser impetrado em nome do interesse público (STJ, 2ª T., RMS 15.311/PR, Rel. Min. Eliana Calmon, *DJ*, 1, de 14-4-2003, p. 205).

De nossa parte, entendemos que o uso do *writ* coletivo deve proceder de acordo com aquela diretriz insculpida no pórtico da Lei n. 9.096, de 19 de setembro de 1995:

"Art. 1º O partido político, pessoa jurídica de direito privado, destina-se a assegurar, no interesse do regime democrático, a autenticidade do sistema representativo e a defender os direitos fundamentais definidos na Constituição Federal".

Tudo que estiver relacionado ao regime democrático, à tutela dos direitos humanos fundamentais, à autenticidade do regime representativo comporta *writ* coletivo.

Satisfeitos tais requisitos, o partido possuirá legitimidade ativa para defender interesses coletivos ou individuais homogêneos. Pouco importa se de seus filiados ou de cidadãos.

O importante é ampliar a garantia, e não subvertê-la mediante exegese restritiva de suas potencialidades. Impende observar todo o comando de normas do Texto de Outubro, a exemplo dos preceitos que asseguram a representação popular (art. 1º, parágrafo único) e o pluralismo político (art. 1º, V), os quais demonstram que os *mandatários do povo* são representantes de toda a sociedade, e não archotes das agremiações políticas de que fazem parte.

b) Sindicatos, entidades de classe e associações

Os sindicatos, as entidades de classe e as associações podem impetrar mandado de segurança coletivo, observando-se as seguintes peculiaridades de cada espécie:

- **Impetração por sindicato** — para as organizações sindicais impetrarem *mandamus* coletivo basta haver uma conexão entre os interesses dos seus integrantes e os interesses defendidos por ela. O *writ* será rejeitado se pretender tutelar interesses diversos dos da categoria. É desnecessária a apresentação da relação nominal dos sindicalizados para impetrar a segurança coletiva. Também não é preciso que o sindicato (ou a entidade de classe) esteja em funcionamento há mais de um ano para usar o instituto. Tal exigência só se aplica às associações, como deflui da simples leitura da parte final da alínea *b* do inciso LXX do art. 5º.

> **Exigência de um ano de funcionamento:** "Tratando-se de mandado de segurança coletivo impetrado por sindicato, é indevida a exigência de um ano de constituição e funcionamento, porquanto esta restrição destina-se apenas às associações" (STF, RE 198.919, Rel. Min. Ilmar Galvão, *DJ* de 24-9-1999).

- **Impetração por entidade de classe** — a reunião esporádica, eventual, momentânea de pessoas não enseja a impetração da segurança coletiva pelas entidades de classe, pois o que se pretendeu no inciso LXX, *b*, do art. 5º foi a defesa de todo o grupo. Para a tutela específica de direitos individuais, ter-se-á o *mandamus* singular (art. 5º, LXIX), via legitimidade ordinária (art. 5º, XXI — representação processual).

> **Casuística do STF:**
> - **Legitimidade ativa das entidades de classe** — "As entidades de classe representativas da defesa de seus associados credenciam-se para figurarem no polo ativo da relação processual, legitiman-

◆ Cap. 14 ◆ INSTRUMENTOS DE TUTELA DAS LIBERDADES 643

do-se para a utilização da via mandamental coletiva, se os seus atos constitutivos revestem-se das formalidades legais" (STF, MS 22.451, Rel. Min. Maurício Corrêa, *DJ* de 15-8-1997).

- **Entidade de classe. Abrangência** — "Na disciplina constitucional do mandado de segurança coletivo, inconfundível com a relativa à ação direta de inconstitucionalidade, não se tem, quanto à legitimação ativa, a exigência de tratar-se de entidade de classe que congregue categoria única. Constatada a abrangência, a ponto de alcançar os titulares do direito substancial em questão, mister é concluir pela configuração de hipótese ensejadora da substituição processual que distingue a espécie de mandado de segurança que é o coletivo" (STF, RMS 21.514, Rel. Min. Marco Aurélio, *DJ* de 18-6-1993).

- **Legitimidade ativa da OAB** — "Presente a Ordem dos Advogados do Brasil, autarquia federal de regime especial, no polo ativo de mandado de segurança coletivo impetrado em favor de seus membros, a competência para julgá-lo é da Justiça Federal, a despeito de a autora não postular direito próprio" (STF, RE 266.689-AgRg, Rel. Min. Ellen Gracie, *DJ* de 3-9-2004).

- **Impetração por associação** — para uma associação impetrar mandado coletivo deverá estar legalmente constituída há mais de um ano. Essa exigência evita a ocorrência de reuniões esporádicas, mercê das quais se pretende defender, no pálio de casuísmos injustificáveis, direitos particulares e secundários, totalmente diversos do objeto da segurança coletiva. Nada obsta, contudo, que os entes associativos proponham mandado singular, em regime de representação processual, defendendo, em nome de terceiros, direito alheio (CF, art. 5º, XXI). Assim, mediante mandado comum (CF, art. 5º, LXIX), um só impetrante, ou vários litisconsorciados em um *writ* plúrimo, podem pleitear direitos. Mas no caso do *writ* coletivo, o alvo deve ser o interesse de todos, e não direitos particulares que se transformam, eventualmente, em interesses do grupo.

✧ 7.7. Legitimidade passiva

A legitimidade passiva do mandado coletivo é idêntica à do *writ* singular.

No mandado coletivo é necessário que se aponte a autoridade responsável pela prática do ato ilegal ou abusivo. Trata-se daquele que representa em juízo a entidade legitimada passivamente para a causa.

✧ 7.8. *Writ* coletivo e litisconsórcio

O mandado coletivo não equivale a um litisconsórcio formado por vários impetrantes de *writs* individuais. Por isso, não é preciso que se declinem na petição inicial os nomes de todos os beneficiários. Quando da execução da sentença o *status* de cada associado ou filiado virá à tona, cumprindo à autoridade impetrada exigir deles a comprovação do vínculo associativo.

Mesmo não se confundindo com a assistência litisconsorcial, nada impede ao titular do direito reclamado ingressar em juízo como assistente da entidade autora (CPC de 2015, art. 124).

Deveras, o direito discutido no mandado coletivo pode reportar-se ao assistente, existindo a possibilidade de ocorrer litisconsórcio de sindicatos com partidos políticos, associações com entidades de classe, e assim por diante.

✧ 7.9. Coisa julgada

A Lei n. 12.016, de 7 de agosto de 2009, ouvindo inúmeros apelos doutrinários e jurisprudenciais, regulamentou a coisa julgada em mandado de segurança coletivo.

Não era preciso tê-lo feito. Bastava aplicar, subsidiariamente, o Código de Defesa do Consumidor (arts. 103 e 104).

Examinaremos, a seguir, os dispositivos sobre o tema.

Art. 22. No mandado de segurança coletivo, a sentença fará coisa julgada limitadamente aos membros do grupo ou categoria substituídos pelo impetrante.

644 ♦ Uadi Lammêgo Bulos ♦

- **Objetivo da norma:** limitou a coisa julgada aos participantes do *writ* coletivo, permitindo a desistência da impetração individual em nome do ajuizamento coletivo do instituto.

§ 1º O mandado de segurança coletivo não induz litispendência para as ações individuais, mas os efeitos da coisa julgada não beneficiarão o impetrante a título individual se não requerer a desistência de seu mandado de segurança no prazo de 30 (trinta) dias a contar da ciência comprovada da impetração da segurança coletiva.

- **Sistemática idêntica a das ações coletivas:** seguindo a mesma sistemática atribuída às ações coletivas, o parágrafo disciplinou as relações entre o *writ* coletivo e o individual, no tocante à litispendência e coisa julgada.

⌕ 7.10. Liminar em *writ* coletivo

Conforme o § 2º do art. 22 da Lei n. 12.016/2009, "No mandado de segurança coletivo, a liminar só poderá ser concedida após a audiência do representante judicial da pessoa jurídica de direito público, que deverá se pronunciar no prazo de 72 (setenta e duas) horas".

Como se pode observar, a Lei n. 12.016/2009 seguiu o disposto no art. 2º da Lei n. 8.437/92: "Art. 2º No mandado de segurança coletivo e na ação civil pública, a liminar será concedida, quando cabível, após a audiência do representante judicial da pessoa jurídica de direito público, que deverá se pronunciar no prazo de setenta e duas horas".

> **ADI 4.296:** na visão da OAB, o parágrafo em estudo é inconstitucional, pois exigiu a oitiva prévia do representante da pessoa jurídica de direito público como *conditio sine qua non* para a concessão de liminares em *writ* coletivo (STF, ADI 4.296/DF, Rel. Min. Marco Aurélio — pendente de julgamento).

✦ 8. MANDADO DE INJUNÇÃO (ART. 5º, LXXI)

Criado pela Carta de 1988, e regulamentado pela Lei n. 13.300, de 23-6-2016, o mandado de injunção é o meio processual constitucional de que dispõem pessoas físicas e jurídicas para exercerem prerrogativas, direitos e liberdades constitucionais inerentes à nacionalidade, à soberania e à cidadania, impedidos de exercício por falta de norma regulamentadora.

Daí o seu objetivo: tornar as normas constitucionais autoaplicáveis, aptas a garantir o gozo de qualquer direito privado, coletivo, difuso, individual homogêneo, político, econômico, social etc.

Transcorridos vários anos de vigência da Carta de 1988, o mandado de injunção frustrou as inúmeras expectativas criadas ao seu derredor.

Num primeiro momento, o Supremo Tribunal Federal restringiu-lhe o conteúdo, cerceando o seu alcance, nada obstante alguns poucos avanços na marcha do seu delineamento pretoriano.

Mas, num segundo momento, antes mesmo do advento da Lei n. 13.300/2016, o próprio Supremo chegou a conferir uma arrojada diretriz interpretativa para o instituto. Nesse particular, merece registro a lúcida posição do Ministro Celso de Mello. Desde o MI 164/SP (*DJU* de 24-10-1989), do qual foi relator, demonstrou que o mandado de injunção desempenha, sim, o relevantíssimo papel instrumental de superar, de modo concreto, os efeitos lesivos da inércia do Poder Legislativo da União.

> **Viragem jurisprudencial:** o Ministro Marco Aurélio suplantou a tradicional jurisprudência da Corte Excelsa no sentido de considerar o mandado de injunção um simples instrumento para exortar o legislador a criar lei em sentido formal, extirpando, assim, a mora legislativa. Nesse ínterim, salientou o caráter mandamental, e não simplesmente declaratório, do mandado de injunção, asseverando cumprir ao Poder Judiciário, com base no art. 5º, LXXI, e § 1º, da Carta Magna, regular os direitos fundamentais, as prerrogativas inerentes à nacionalidade, à soberania e à cidadania, a fim de viabilizar, no caso concreto, o exercício das liberdades públicas, para, desse modo, afastar as consequências oriundas da inércia do legislador (STF, MI 721/DF, Rel. Min. Marco Aurélio, decisão de 27-9-2006). No MI 670, o Min. Gilmar Mendes, em voto-vista, reconheceu que o Poder Judiciário pode intervir,

◆ Cap. 14 ◆ INSTRUMENTOS DE TUTELA DAS LIBERDADES **645**

de forma mais decisiva, para afastar a inoperância de suas decisões em mandado de injunção, atuando nos casos de omissão do Poder Legislativo (STF, MI 670/ES, Rel. Min. Maurício Corrêa, decisão de 7-6-2006). Ao concluir pela aplicabilidade da lei de greve do setor privado aos servidores públicos, o Ministro Celso de Mello, após demonstrar o equívoco da jurisprudência que se formou no Supremo Tribunal, a partir do julgamento do MI 107/DF, Rel. Min. Moreira Alves (*RTJ, 133*:11), ensinou que o entendimento restritivo da categoria não mais pode prevalecer, sob pena de se esterilizar a importantíssima função político-jurídica para a qual foi concebido. Portanto, o mandado de injunção "deve ser visto e qualificado como instrumento de concretização das cláusulas constitucionais frustradas, em sua eficácia, pela inaceitável omissão do Congresso Nacional, impedindo-se, desse modo, que se degrade a Constituição à inadmissível condição subalterna de um estatuto subordinado à vontade ordinária do legislador comum" (STF, MI 708-0/DF, Pleno, Rel. Min. Gilmar Mendes, voto do Min. Celso de Mello, decisão de 19-9-2007).

A seguir, estudaremos as linhas mestras do mandado de injunção. Assim o faremos com energia nova, haja vista o advento da Lei n. 13.300/2016. Temos a esperança de que esse novo diploma legal retire o mandado de injunção do papel inglório que ele desempenhou nos últimos decênios, nada obstante o passo à frente dado pelo Supremo Tribunal no julgamento do MI 708-0/DF. Esperamos, também, que a novel regulamentação do instituto contribua para limitar a arrogância discricionária dos órgãos normativos, minorando o cancro das lacunas e das pressões político-jurídicas que acrisolam direitos de cidadãos inermes. Quem sabe a Lei n. 13.300/2016 não venha a servir de mecanismo para se destruir o rochedo de bronze da prepotência e do silêncio inconstitucional? Torçamos para que, nos anos vindouros, a Lei n. 13.300/2016 não venha a se tornar letra morta e o mandado de injunção não caia, novamente, em desuso, retornando aquele clima de enorme descrédito que granjeou em torno de si.

✧ 8.1. Antecedentes

Os antecedentes remotos do mandado de injunção estão na Inglaterra, quando, em pleno século XIV, constituía um dos mais importantes institutos da *Equity*. Surgiu, pois, com o juízo de equidade, cuja aplicação no sistema *common law* se dava naqueles casos em que inexistia norma legal (*statutes*) para regular o direito, a liberdade ou a prerrogativa pleiteada no caso *sub judice*.

No antigo Direito português existiam instrumentos análogos, que visavam combater o indesejado estado de inércia legislativa.

Sua fonte mais próxima está no *writ of injuction* dos norte-americanos, instrumento destinado a tutelar direitos fundamentais, comprometidos pela falta de norma legal para concretizá-los.

✧ 8.2. Natureza jurídica

O mandado de injunção tem a natureza de uma ação civil, de caráter essencialmente mandamental e procedimento específico, destinado a combater a *síndrome de inefetividade das constituições*.

> **Caráter essencialmente mandamental da ação injuncional:** STF, Pleno, MI 284/DF, Rel. Min. Celso de Mello, decisão por maioria de 22-11-1991.

✧ 8.3. Mandado de injunção e ADIn por omissão

A Constituição de 1988 criou dois mecanismos distintos para combater as omissões inconstitucionais: o mandado de injunção e a ADIn por omissão.

Satisfez, assim, inúmeros reclamos da sociedade organizada, que pretendia ver as normas constitucionais, efetivamente, cumpridas.

Mas o mandado de injunção não se confunde com a ação de inconstitucionalidade por omissão, embora ambos cuidem do mesmo assunto: a inércia inconstitucional.

646 ◆ Uadi Lammêgo Bulos ◆

Diferenças entre mandado de injunção e ADIn por omissão

Mandado de injunção (CF, art. 5º, LXXI)	ADIn por omissão (CF, art. 103, § 2º)
• **Identidade:** instrumento de defesa difusa da Constituição, empreendido para tutelar direitos subjetivos constitucionais no caso concreto; • **Efeitos da sentença:** *inter partes*, prospectivos (*pro futuro*) e expansivos (*ultra partes*); • **Competência:** STF, STJ e TJs dos Estados; • **Legitimidade ativa:** qualquer pessoa física ou jurídica, grupos, partidos, sindicatos, associações etc.; • **Legitimidade passiva:** pertence ao sujeito inibidor do exercício do direito; • **Finalidade:** defender exercício de direito, liberdade ou prerrogativa constitucional.	• **Identidade:** instrumento de defesa abstrata da Constituição, empreendido em processo objetivo; • **Efeitos da sentença:** *erga omnes*; • **Competência:** privativa do STF; • **Legitimidade ativa:** apenas os sujeitos enumerados no art. 103 da *Lex Legum*; • **Legitimidade passiva:** recai sobre o ente estatal competente para elaborar a norma; • **Finalidade:** cientificar o Poder Legislativo para editar normatividade suficiente à regulamentação de norma constitucional.

✧ 8.4. Requisitos

Dois são os requisitos para o cabimento do mandado de injunção:
- falta de norma regulamentadora para efetivar direitos, liberdades ou prerrogativas ligadas à nacionalidade, à soberania e à cidadania;

> **O que é norma regulamentadora:** é a providência legislativa por meio da qual os preceitos constitucionais tornam-se totalmente exequíveis, sem precisar de qualquer normatividade posterior para concretizar direitos, liberdades e prerrogativas neles inseridos.

- inviabilidade do exercício de direito, liberdade ou prerrogativa em virtude da falta de normatividade.

> **Lei n. 13.300/2016, art. 2º:** "Conceder-se-á mandado de injunção sempre que a falta total ou parcial de norma regulamentadora torne inviável o exercício dos direitos e liberdades constitucionais e das prerrogativas inerentes à nacionalidade, à soberania e à cidadania. Parágrafo único. Considera-se parcial a regulamentação quando forem insuficientes as normas editadas pelo órgão legislador competente".

Esses dois pressupostos de impetração extraem-se da própria Carta Magna.

> **Art. 5º, LXXI:** "Conceder-se-á mandado de injunção sempre que a falta de norma regulamentadora torne inviável o exercício dos direitos e liberdades constitucionais e das prerrogativas inerentes à nacionalidade, à soberania e à cidadania".

✧ 8.5. Objeto

O objeto do mandado de injunção vincula-se à existência de lacunas constitucionais.

> **Precedente:** STJ (Corte Especial), MI 15/DF, Rel. Min. Pedro Acioli, *DJ*, 1, de 4-9-1989, p. 14029.

Nesse contexto, a omissão que constitui objeto do *writ* injuncional poderá ser norma regulamentadora de qualquer grau hierárquico (lei complementar, lei ordinária, regulamento, resolução, portaria, decisões administrativas etc.).

> **Cabe mandado de injunção para pleitear direito previsto em Constituição estadual** — a tese de repercussão geral fixada sobre esse tema pelo Supremo Tribunal Federal foi a seguinte: "I — A Constituição Federal não prevê adicional noturno aos Militares Estaduais ou Distritais. II — Mandado de

Cap. 14 ◆ INSTRUMENTOS DE TUTELA DAS LIBERDADES

Injunção será cabível para que se apliquem, aos militares estaduais, as normas que regulamentam o adicional noturno dos servidores públicos civis, desde que o direito a tal parcela remuneratória esteja expressamente previsto na Constituição Estadual ou na Lei Orgânica do Distrito Federal" (STF, RE 970823, Rel. Min. Marco Aurélio, j. 19-8-2020).

Com base nessa premissa, o Supremo Tribunal Federal entende que cabe mandado de injunção para exortar a elaboração de leis regulamentadoras:

* das normas constitucionais de eficácia limitada por princípio institutivo, impositivas ou facultativas; exemplos: CF, arts. 20, § 2º (impositiva); CF, art. 22, parágrafo único (facultativa ou permissiva); e

  Posição do STF: examinando o § 3º do art. 192 da Carta Maior, revogado pela Emenda Constitucional n. 40, de 29-5-2003, que previa a taxa de juros reais, a Corte concedeu mandado de injunção exortando a elaboração, pelo Poder Legislativo, de lei complementar. Desde essa época, a Corte firmou o entendimento de que, em virtude do seu caráter mandamental, o *writ* em estudo não pode estipular prazo para o Poder competente suprir a mora legislativa (STF, MI 107-QO, Rel. Min. Moreira Alves, *RTJ*, *133*:11; STF, MI 372-6, Rel. Min. Celso de Mello, *DJ*, 1, de 23-9-1994, p. 25325; STF, MI 362-9/ RJ, Rel. Min. Francisco Rezek, *DJ*, 1, de 3-5-1996, p. 13897; STF, MI 361, Rel. Min. Sepúlveda Pertence, *DJ* de 17-6-1994; STF, MI 715, Rel. Min. Sepúlveda Pertence, *DJ* de 4-3-2005.

* das normas constitucionais de eficácia limitada por princípio programático; exemplos: CF, arts. 21, IX, e 173, § 4º.

  Em contrapartida, não cabe mandado de injunção:

* para compelir a prática de ato administrativo;

  Declaração judicial de vacância de cargo: "Não se presta o mandado de injunção a declaração judicial de vacância de cargo, nem a compelir o Presidente da República a praticar ato administrativo, concreto e determinado, consistente na indicação, ao Senado Federal, de nome de membro do Ministério Público Federal, para ser investido no cargo de Procurador-Geral da República" (STF, MI 14-QO, Rel. Min. Sydney Sanches, *DJ* de 18-11-1988).

* cujo parâmetro de impetração seja norma constitucional de eficácia plena ou autoaplicável;

  Entendimento do STF: "À exceção do preceito do § 3º, o teor do artigo 8º do Ato das Disposições Transitórias da Lei Fundamental veio à balha com eficácia plena, sendo imprópria a impetração de mandado de injunção para alcançar-se o exercício de direito dele decorrente" (STF, MI 626, Rel. Min. Marco Aurélio, *DJ* de 18-6-2001). Precedentes: STF, MI 74-3/SP, *RT*, *646*:173, 1989; STF, MI 363-7/ RJ, *DJU* de 8-1-1991.

* como meio de alterar lei ou ato normativo existente, supostamente inconstitucional;

  Casuística do STF:
  * **Inidoneidade da ação injuncional para fins de controle concentrado** — "O mandado de injunção não é o meio próprio a lograr-se o controle concentrado de constitucionalidade de certa norma" (STF, MI 575-AgRg, Rel. Min. Marco Aurélio, *DJ* de 26-2-1999). Precedente: STF, MI 79-4/DF, Rel. Min. Octavio Gallotti, *DJ*, 1, de 24-3-1995, p. 6802.
  * **Inidoneidade da ação injuncional para fins de controle difuso** — "Não é o mandado de injunção a sede adequada para controle de constitucionalidade, sequer *incidenter tantum*. Até porque, sendo a ausência de norma seu pressuposto maior, nem mesmo se pode cogitar dessa indagação" (STF, MI 81-6/DF, Rel. Min. Celso de Mello, *DJU* de 30-3-1990, p. 2342).
  * **Perda de objeto do mandado de injunção** — "Uma vez editada a lei em relação à qual restou apontada omissão, tem-se a perda de objeto do mandado de injunção" (STF, MI 575-AgRg, Rel. Min. Marco Aurélio, *DJ* de 26-2-1999).

* para compelir o Congresso Nacional a sanar omissões legislativas detectadas em tratados ou convenções internacionais de direitos humanos;

  Posição do STF: "O Supremo Tribunal Federal — por entender que o mandado de injunção não se destina a viabilizar suposta prerrogativa decorrente de convenção internacional — negou trânsito a

648 ◆ Uadi Lammêgo Bulos ◆

esse *writ* constitucional, havendo ainda enfatizado que a norma inscrita no art. 7º do ADCT/88 não reclama, para efeito de sua incidência, a edição de qualquer norma reguladora de direito interno (MI 527/RJ, Rel. Min. Octavio Gallotti)" (STF, MS 22.438-5/DF, Rel. Min. Celso de Mello, *DJ*, 1, de 9-4-1996).

● como sucedâneo da ação declaratória de inconstitucionalidade por omissão;

Entendimento do STF: "O mandado de injunção não é o meio próprio a ver-se declarada inconstitucionalidade por omissão, considerado ato administrativo do Presidente da República criando determinado conselho e deixando de contemplar participação, possivelmente assegurada, a entidade sindical, pelo texto constitucional" (STF, MI 498, Rel. Min. Marco Aurélio, *DJ* de 4-4-1997).

● como forma de conseguir interpretação "generosa" ou "mais justa" de lei ou ato normativo.

Precedentes: STF, MI 152-AgRg, Rel. Min. Célio Borja, *DJ* de 20-4-1990; STJ, MI 3/RJ, Rel. Min. Geraldo Sobral, *DJ*, 1, de 28-8-1989, p. 13671.

✧ 8.6. Legitimidade ativa

Qualquer pessoa, física (natural) ou jurídica, que estiver impedida de exercer direito, liberdade ou prerrogativa, devido à falta de regulamentação de preceito da Carta Maior, pode impetrar mandado de injunção.

Conforme o art. 3º da Lei n. 13.300/2016, são legitimadas para impetrar mandado de injunção as pessoas naturais ou jurídicas que se afirmam titulares dos direitos, das liberdades ou das prerrogativas inerentes à nacionalidade, à soberania e à cidadania.

Casuística do STF:

● **Legitimidade *ad causam* —** "Esta Corte, recentemente, ao julgar o Mandado de Injunção 188, decidiu por unanimidade que só tem *legitimatio ad causam*, em se tratando de mandado de injunção, quem pertença a categoria a que a Constituição Federal haja outorgado abstratamente um direito, cujo exercício esteja obstado por omissão com mora na regulamentação daquele. Em se tratando, como se trata, de servidores públicos militares, não lhes concedeu a Constituição Federal direito a estabilidade, cujo exercício dependa de regulamentação desse direito, mas, ao contrário, determinou que a lei disponha sobre a estabilidade dos servidores públicos militares, estabelecendo quais os requisitos que estes devem preencher para que adquiram tal direito" (STF, MI 107, Rel. Min. Moreira Alves, *DJ* de 2-8-1991).

● **Carência de legitimidade ativa —** "Carece, pois, de legitimação *ad causam*, no mandado de injunção, aquele a quem, ainda que aceita provisoriamente a situação de fato alegada, a Constituição não outorgou o direito subjetivo cujo exercício se diz inviabilizado pela omissão de norma regulamentadora" (STF, MI 188, Rel. Min. Sepúlveda Pertence, *DJ* de 22-2-1991).

Mas, como decidiu o Pretório Excelso, tem legitimidade ativa para ajuizar a ação injuncional o próprio titular do direito, liberdade constitucional ou prerrogativa inerente à nacionalidade, à soberania e à cidadania, cujo exercício esteja inviabilizado pela ausência da norma infraconstitucional regulamentadora. Significa dizer que é o próprio impetrante o beneficiário imediato do instituto.

Nesse sentido: STF, MI 595-AgRg, Rel. Min. Carlos Velloso, *DJ* de 23-4-1999.

a) *Mandado de injunção coletivo*

O mandado de injunção poderá ser ajuizado coletivamente, em caso de falta de norma regulamentadora que torne inviável o exercício de direitos, liberdades ou prerrogativas constitucionais.

A finalidade de se lançar mão desse instrumento, em sua feição coletiva, é determinar ao Congresso que elabore a lei regulamentadora do dispositivo constitucional.

Devemos ter em mente que o mandado de injunção coletivo é o mesmo mandado de injunção, e, como tal, deve respeitar seus pressupostos gerais de cabimento, os quais foram sobejamente analisados

◆ Cap. 14 ◆ INSTRUMENTOS DE TUTELA DAS LIBERDADES 649

pela Corte Excelsa (STF, Pleno, MI 374-2/DF, Rel. Min. Sydney Sanches, *DJ*, 1, de 10-5-1996, p. 15130; STF, MI 342-4/SP, Rel. Min. Moreira Alves, *RT*, 713:240).

Embora inexista previsão taxativa na Carta de 1988 explicitando a impetração coletiva do *writ* injuncional, a Lei n. 13.300/2016, com grande acerto, contemplou a possibilidade. Assim o fez para indicar os titulares de legitimação ativa, traçando-lhes o âmbito de atuação.

Sem dúvida, o mandado de injunção coletivo é instrumento hábil para a tutela plúrima de interesses. Sua efetividade é indiscutível, principalmente em situações de enorme litigiosidade. Desse modo, a Lei n. 13.300/2016 teve em mira a tutela de direitos, liberdades e prerrogativas inerentes a uma quantidade indeterminada de pessoas ou determinada por grupo, classe ou categoria.

Antes do aparecimento da Lei n. 13.300/2016, a jurisprudência da Corte Suprema já admitia a aplicação analógica do art. 5º, LXX, da *Lex Mater* a esse contexto. Assim, por analogia, os mesmos legitimados do art. 5º, LXX, da Carta Magna, para impetrar mandado de segurança coletivo, isto é, partidos políticos representados no Congresso, sindicatos, associações e entidades de classe, podiam ajuizar, em regime de substituição processual, o mandado de injunção coletivo (nesse sentido: STF, MI 361, Rel. Min. Sepúlveda Pertence, *DJ* de 17-6-1994).

Pelo art. 12, incisos I a IV, da Lei n. 13.300/2016, podem promover o mandado de injunção coletivo:

*   **Ministério Público** — o *Parquet* somente poderá impetrar a injunção coletiva quando a tutela por ele requerida for especialmente relevante para a defesa da ordem jurídica, do regime democrático ou dos interesses sociais ou individuais indisponíveis. Aliás, desde a 1ª edição desta obra, defendemos a faculdade de o Ministério Público impetrar mandado de injunção coletivo para a tutela de interesses difusos e coletivos. A própria Lei Complementar n. 75/93 (art. 6º, VIII), somada ao magistério jurisprudencial, sinalizam nesse sentido. Agora a Lei n. 13.300/2016 consagrou, expressamente, essa possibilidade.

*   **Partido político** — apenas partidos políticos com representação no Congresso Nacional podem impetrar mandado de injunção coletivo. Assim o devem fazer para assegurar o exercício de direitos, liberdades e prerrogativas de seus integrantes ou relacionados com a finalidade partidária.

*   **Sindicato, entidade de classe ou associação legalmente constituída e em funcionamento há pelo menos 1 (um) ano** — a Lei n. 13.300/2016 acolheu sólida diretriz jurisprudencial que admitia, antes mesmo de seu surgimento, a impetração da injunção coletiva por organizações (STF, MI 472, Rel. Min. Celso de Mello, *DJ*, 1, de 2-3-2001; STF, MI 102, Rel. Min. Carlos Velloso, *DJ* de 25-10-2002; STF, MI 3.322/DF, Rel. Min. Celso de Mello, j. em 2-6-2011). Assim, entes sindicais, associativos e de classe podem instaurar, em favor de seus membros ou associados, mandado de injunção coletivo. Eles dispõem de legitimidade ativa para impetrá-lo. Tal impetração constitui instrumento de atuação processual destinado a viabilizar, em favor da totalidade ou de parte de seus membros, o exercício de liberdades, prerrogativas e direitos assegurados pelo ordenamento constitucional. A impetração, por força da Lei n. 13.300/2016, deve, necessariamente, observar as finalidades das agremiações, bem como as normas estatutárias que lhes regem a conduta. Não é preciso autorização especial, desde que se levem em conta os estatutos dessas organizações.

*   **Defensoria Pública** — defensores públicos têm a nobre tarefa de primar pela grandiosidade da missão constitucional que lhes foi confiada. Por isso, podem, e devem, ajuizar mandado de injunção coletivo, quando a tutela por eles requerida for especialmente relevante para a promoção dos direitos humanos e a defesa dos direitos individuais e coletivos dos necessitados (CF, art. 5º, LXXIV).

A Lei n. 13.300/2016 deixou bastante claro, no parágrafo único do art. 12, que os "direitos, as liberdades e as prerrogativas protegidos por mandado de injunção coletivo são os pertencentes, indistintamente, a uma coletividade indeterminada de pessoas ou determinada por grupo, classe ou categoria". Desse modo, não se pode banalizar o instituto, sem que exista, de fato, a necessidade de seu uso. Em contrapartida, não se pode cercear o seu alcance e importância, restringindo-lhe a esfera de atuação.

No mandado de injunção coletivo, a sentença fará coisa julgada limitadamente às pessoas integrantes da coletividade, do grupo, da classe ou da categoria substituídos pelo impetrante (Lei n. 13.300/2016, art. 13).

De outro prisma, "o mandado de injunção coletivo não induz litispendência em relação aos individuais, mas os efeitos da coisa julgada não beneficiarão o impetrante que não requerer a desistência da demanda individual no prazo de 30 (trinta) dias a contar da ciência comprovada da impetração coletiva" (Lei n. 13.300/2016, art. 13, parágrafo único).

✧ 8.7. Legitimidade passiva

Apenas a pessoa estatal é o sujeito passivo, impetrado ou demandado na ação injuncional, jamais o particular, que não tem qualquer dever de regulamentar o Texto Maior, tarefa afeta ao Poder Público e, em especial, ao Poder Legislativo (STF, MI 369/DF, Rel. Min. Néri da Silveira, *RTJ, 114*:397; STF, MI 288-6/DF, Rel. Min. Celso de Mello, *DJU*, 1, de 3-5-1995, p. 11629; STF, MI 502-8, Rel. Min. Maurício Corrêa, *DJ*, 1, de 8-12-1996, p. 12211).

De acordo com o art. 3º da Lei n. 13.300/2016, apresenta-se como impetrado (sujeito passivo), para fins de ajuizamento do mandado de injunção, o Poder, o órgão ou a autoridade com atribuição para editar a norma regulamentadora.

Assim, se a omissão for do Poder Legislativo Federal, a injunção deverá ser ajuizada em face do Congresso Nacional. Mas, se a iniciativa de lei pertencer, privativamente, ao Presidente da República (CF, art. 61, § 1º), o *writ* deverá ser impetrado contra ele, porque o Congresso não é o sujeito passivo da relação processual.

> **Posição do STF:** o Pretório Excelso concluiu que nos casos de iniciativa privativa do Presidente da República (CF, art. 61, § 1º) o Congresso Nacional não é o sujeito passivo da ação injuncional (STF, MI 142-1/SP, Rel. Min. Moreira Alves, *DJU*, 1, de 14-3-1990, p. 1778). **No mesmo sentido:** STF, Pleno, MI 153-7/DF-AgRg, Rel. Min. Paulo Brossard, *DJ*, 1, de 30-3-1990, p. 2339.

Nessa linha de pensamento, "o réu em mandado de injunção é o Poder, órgão ou autoridades omissas quanto ao dever de legislar" (STF, MI 369/DF, voto do Min. Moreira Alves, Rel. Min. Néri da Silveira, *RTJ, 114*:405).

A legitimidade passiva recai, apenas, sobre a autoridade ou órgão omisso, ficando de fora desse contexto a parte privada ou pública (STF, MI 323-8/DF, Rel. Min. Moreira Alves, *DJU*, 1, de 14-2-1992, p. 1164).

Realmente, só as pessoas estatais é que podem figurar no polo passivo da relação processual instaurada em sede de mandado de injunção. É aos entes públicos — e não aos particulares — que se imputa o dever jurídico de elaborar provimentos normativos para regulamentar a norma constitucional (STF, MI 335-1-AgRg, Rel. Min. Celso de Mello, *DJ*, 1, de 17-6-1994, p. 15720).

Logo, não se permite a formação de litisconsórcio passivo, necessário ou facultativo, no mandado de injunção, seja entre particulares, seja entre pessoas estatais. A própria natureza jurídica, objeto e formação do *writ* assim determinam (STF, MI 323-8/DF, Rel. Min. Moreira Alves, *DJU*, 1, de 14-2-1992, p. 1164; STF, MI 335-1-AgRg, Rel. Min. Celso de Mello, *DJ*, 1, de 17-6-1994, p. 15720; STF, MI 288-6/DF, Rel. Min. Celso de Mello, *DJU*, 1, de 3-5-1995, p. 11629).

Mas essa primeira corrente, embora majoritária no Supremo Tribunal, deu margem a discussões.

Há uma segunda corrente, retratada pelo Ministro Carlos Velloso, no seguinte trecho de seu voto vencido: "O mandado de injunção deve ser requerido contra a pessoa física ou jurídica, pública ou privada, que deva suportar os efeitos da sentença, que atuará em litisconsórcio com a autoridade ou entidade incumbida da elaboração da norma regulamentadora, fixando esta a competência do órgão julgador" (STF, MI 176-6/PE (questão de ordem), voto vista do Min. Carlos Velloso, decisão de 9-4-1992).

> **Nesse sentido:** muitos estudiosos e alguns juízes entendem que o sujeito passivo do mandado de injunção é a pessoa física ou jurídica, pública ou privada. **Doutrina:** Hely Lopes Meirelles, *Mandado de segurança, ação popular, ação civil pública, mandado de injunção, "habeas data"*, p. 140; Sérgio

◆ Cap. 14 ◆ **INSTRUMENTOS DE TUTELA DAS LIBERDADES** **651**

Bermudes, O mandado de injunção, *RT*, 642:24; Carlos Augusto Alcântara Machado, *Mandado de injunção:* um instrumento de efetividade da Constituição, p. 99. **Jurisprudência:** TJRJ, MI 6/90, Rel. Des. José Carlos Barbosa Moreira, decisão de 22-2-1991.

Existe, ainda, uma terceira corrente: sujeito passivo na injunção é a parte à qual incumbe implementar o direito disciplinado na sentença. Há, inclusive, um entendimento jurisprudencial que se aproxima desse ponto de vista. O Ministro Marco Aurélio, em mandado de injunção em que se discutia a cobrança de juros extorsivos, incluiu, no polo passivo, além do Congresso Nacional, os bancos (STF, MI 305-5/DF, Rel. Min. Marco Aurélio, *DJU*, 1, de 30-4-1991, p. 5335).

Adepto dessa terceira corrente: Carlos Ari Sundfeld, Mandado de injunção, *RDP*, 94:149.

✧ 8.8. Procedimento: Lei n. 13.300/2016

A Lei n. 13.300, de 23-6-2016, disciplinou o processo e o julgamento dos mandados de injunção individual e coletivo, nos termos do inciso LXXI do art. 5º da Constituição Federal.

Autoaplicabilidade do mandado de injunção: bem antes do advento da Lei n. 13.300/2016, o Supremo Tribunal Federal, ao apreciar o primeiro mandado de injunção que chegou às suas barras, decidiu, por unanimidade, que o art. 5º, LXXI, da Carta Magna é autoaplicável, independendo de lei para regulamentá-lo, pois as normas definidoras de liberdades públicas têm aplicabilidade imediata (CF, art. 5º, § 1º) (STF, MI 107, Rel. Min. Moreira Alves, *DJ*, 1, de 21-9-1990, p. 9782).

Segundo o art. 14 da Lei n. 13.300/2016, aplicam-se "subsidiariamente ao mandado de injunção as normas do mandado de segurança, disciplinado pela Lei n. 12.016, de 7 de agosto de 2009, e do Código de Processo Civil, instituído pela Lei n. 5.869, de 11 de janeiro de 1973, e pela Lei n. 13.105, de 16 de março de 2015, observado o disposto em seus arts. 1.045 e 1.046".

⌗ *8.8.1. Petição inicial*

No procedimento do mandado de injunção, a Lei n. 13.300/2016 encarregou-se de traçar os contornos da petição inicial.

A exordial "deverá preencher os requisitos estabelecidos pela lei processual e indicará, além do órgão impetrado, a pessoa jurídica que ele integra ou aquela a que está vinculado" (Lei n. 13.300/2016, art. 4º).

"Quando não for transmitida por meio eletrônico, a petição inicial e os documentos que a instruem serão acompanhados de tantas vias quantos forem os impetrados" (Lei n. 13.300/2016, art. 4º, § 1º).

Se o documento necessário à prova do alegado estiver "em repartição ou estabelecimento público, em poder de autoridade ou de terceiro, havendo recusa em fornecê-lo por certidão, no original, ou em cópia autêntica, será ordenada, a pedido do impetrante, a exibição do documento no prazo de 10 (dez) dias, devendo, nesse caso, ser juntada cópia à segunda via da petição" (Lei n. 13.300/2016, art. 4º, § 2º).

Caso a recusa em fornecer o documento seja "do impetrado, a ordem será feita no próprio instrumento da notificação" (Lei n. 13.300/2016, art. 4º, § 3º).

Recebida a petição inicial, será ordenada: (**i**) a notificação do impetrado sobre o conteúdo da petição inicial, devendo-lhe ser enviada a segunda via apresentada com as cópias dos documentos, a fim de que, no prazo de 10 (dez) dias, preste informações; e (**ii**) a ciência do ajuizamento da ação ao órgão de representação judicial da pessoa jurídica interessada, devendo-lhe ser enviada cópia da petição inicial, para que, querendo, ingresse no feito (Lei n. 13.300/2016, art. 5º, I e II).

A petição inicial "será desde logo indeferida quando a impetração for manifestamente incabível ou manifestamente improcedente" (Lei n. 13.300/2016, art. 6º).

Da "decisão de relator que indeferir a petição inicial, caberá agravo, em 5 (cinco) dias, para o órgão colegiado competente para o julgamento da impetração" (Lei n. 13.300/2016, art. 6º, parágrafo único).

652 ◆ Uadi Lammêgo Bulos ◆

⌑ 8.8.2. *Oitiva do Ministério Público*

Terminado "o prazo para apresentação das informações, será ouvido o Ministério Público, que opinará em 10 (dez) dias, após o que, com ou sem parecer, os autos serão conclusos para decisão" (Lei n. 13.300/2016, art. 7º).

✧ 8.9. Medida liminar

Segundo a jurisprudência pacífica da Corte Excelsa, o *writ* injuncional não comporta concessão de medida liminar, em virtude da natureza jurídica que ostenta (STF, MI 342/SP, Rel. Min. Celso de Mello, *DJ*, 1, de 1º-8-1991; STF, MI 530-3/SP, Rel. Min. Maurício Corrêa, *DJ*, 1, de 8-3-1996; STF, MI 535-4/SP, Rel. Min. Ilmar Galvão, *DJ*, 1, de 14-3-1996; STF, MI 536-2/MG, Rel. Min. Ilmar Galvão, *DJ*, 1, de 17-4-1996).

Até a 9ª edição deste *Curso*, entendíamos que, presentes o *perigo da mora* e a *fumaça do bom direito*, seria plenamente viável, no caso concreto, a concessão de cautelares. Mudamos o ponto de vista. Decerto, a ação injuncional não comporta providência cautelar. Pela natureza mesma e o objetivo final que se pretende lograr mediante esse instrumento de garantia, não se recomenda a adoção de providência liminar, precária e momentânea, cujo mérito somente será examinado em etapa futura. Assim, não se pode conceder, *initio litis*, liminar em sede de *writ* injuncional, haja vista a índole mesma da sentença em mandado de injunção. Do contrário, poder-se-ia desbordar os limites em que se deve conter o pronunciamento final do órgão judiciário.

✧ 8.10. Competência

A competência para processar e julgar, originariamente, o mandado de injunção foi assim distribuída pela Carta de 1988:

*   **Competência do Supremo Tribunal Federal** — compete ao STF processar e julgar o *writ* injuncional "quando a elaboração da norma regulamentadora for atribuição do Presidente da República, do Congresso Nacional, da Câmara dos Deputados, do Senado Federal, das Mesas de uma dessas Casas Legislativas, do Tribunal de Contas da União, de um dos Tribunais Superiores, ou do próprio Supremo Tribunal Federal" (art. 102, I, *q*). Lembre-se que também cabe à Corte Colenda processar e julgar, em sede de recurso ordinário, mandado de injunção decidido em única e última instância pelos Tribunais Superiores, se denegatória a decisão (art. 102, II, *a*).
*   **Competência do Superior Tribunal de Justiça** — compete ao STJ processar e julgar o *writ* injuncional "quando a elaboração da norma regulamentadora for atribuição de órgão, entidade ou autoridade federal, da administração direta ou indireta, excetuados os casos de competência do Supremo Tribunal Federal e dos órgãos da Justiça Militar, da Justiça Eleitoral, da Justiça do Trabalho e da Justiça Federal" (art. 105, I, *h*).

    > **Substituição da autoridade impetrada:** "É inviável substituir, no polo passivo da relação processual, quer do mandado de injunção, quer do mandado de segurança, a autoridade impetrada que o requerente indicou na inicial. Se se entender a hipótese como mandado de segurança, diante dos termos em que se deduz a inicial, ainda aí a competência seria do STJ (CF, art. 105, I, *h*). Não conhecimento do pedido pelo STF, determinando-se a remessa dos autos ao Superior Tribunal de Justiça" (STF, Pleno, MI 414-5/SC, Rel. Min. Néri da Silveira, *DJ*, 1, de 6-5-1994, p. 10468).

*   **Competência do Tribunal Superior Eleitoral** — compete ao TSE, em grau de recurso, processar e julgar o *writ* injuncional denegado pelos Tribunais Regionais Eleitorais (art. 121, § 4º, V).
*   **Competência dos Tribunais de Justiça** — cabe às constituições dos Estados firmar a competência dos Tribunais de Justiça (art. 125, § 1º), inclusive em tema de mandado de injunção. A Carta do Estado de São Paulo, por exemplo, previu a competência originária do Tribunal de Justiça para processar e julgar ações injuncionais (art. 74, V). Aliás, todas as Cartas dos Estados

♦ Cap. 14 ♦ INSTRUMENTOS DE TUTELA DAS LIBERDADES

membros de nosso país previram mandado de injunção no plano estadual, cuja competência pertence aos Tribunais de Justiça.

* **Competência dos juízes de primeiro grau** — os juízes de primeiro grau são competentes para apreciar *writs* injuncionais quando a omissão reportar-se a normas municipais. Mas, na prática, pouquíssimos serão os casos, porque as lacunas relativas ao âmbito local, e até mesmo estadual, circunscrevem-se à órbita das leis federais, praticamente exaustivas quanto aos direitos tutelados pelo mandado de injunção.

O intuito do constituinte foi claro: concentrar nas mãos dos tribunais o poder decisório, com vistas a uniformizar critérios para colmatar lacunas, evitando decisões conflitantes em mandados de injunção.

Deveras, como o instituto se destina a sanar, no caso concreto, a omissão inconstitucional, seria uma temeridade dispersar o poder decisório outorgando-o à unanimidade dos membros do Poder Judiciário.

Entende o Supremo Tribunal Federal que essa competência é *em razão da pessoa*, tese capitaneada pelo Ministro Moreira Alves, para quem, "na falta de regulamentação a que se refere o art. 5º, LXXI, a competência para o processamento e julgamento originários do mandado de injunção é fixada *ratione personae*, ou seja, em razão da condição dos Poderes, órgãos, entidades ou autoridades a que seja imputada a omissão regulamentadora, o que, segundo a técnica processual, se dá quando essas pessoas estão em causa, participando, portanto, da relação jurídica processual, na defesa de interesse jurídico" (STF, MI 107 (questão de ordem), Rel. Min. Moreira Alves, *RTJ, 133*:11, 1990).

> **Contra:** para Jorge Hage, a competência para processar e julgar mandado de injunção não é em razão da pessoa (*ratione personae*), mas em razão da matéria (*ratione materiae*). Segundo ele, "é a importância e a natureza da matéria em jogo, que por isso mesmo deveria ser regulamentada por órgãos de alta estatura político-administrativa (Presidente da República, Congresso etc.) que faz com que se defina o STF (e não outro) como sendo o órgão do Judiciário apto a suprir-lhe a falta, concedendo a ordem (mandado) para o exercício do correspondente direito, no caso concreto" (*Omissão inconstitucional e direito subjetivo*, p. 137).

✧ 8.11. Decisão

A decisão proferida em mandado de injunção não é ato legislativo, mas judicial. Sujeita-se à garantia do art. 5º, XXXVI, do Texto Maior ("a lei não prejudicará o direito adquirido, o ato jurídico perfeito e a coisa julgada").

O Judiciário poderá revê-la, por meio da ferramenta processual que a Lei n. 13.300/2016 chamou de **ação de revisão**.

Desse modo, "Sem prejuízo dos efeitos já produzidos, a decisão poderá ser revista, a pedido de qualquer interessado, quando sobrevierem relevantes modificações das circunstâncias de fato ou de direito" (Lei n. 13.300/2016, art. 10).

"A ação de revisão observará, no que couber, o procedimento estabelecido nesta Lei" (Lei n. 13.300/2016, art. 10, parágrafo único).

✧ 8.12. Efeitos do mandado de injunção

O ponto culminante no estudo do mandado de injunção concerne aos efeitos por ele produzidos.

Reunindo as diversas correntes doutrinárias e jurisprudenciais, nascidas antes do surgimento da Lei n. 13.300/2016, chegamos às seguintes teses:

* **tese não concretista** — a sentença do Supremo apenas reconhece, formalmente, a existência da mora legislativa. E a única coisa que a Corte pode fazer é exortar o Congresso Nacional a legislar;

654 ◆ Uadi Lammêgo Bulos ◆

- **tese concretista individual direta** — logo que o Supremo julga procedente o mandado de injunção, ele implementa a eficácia da norma constitucional. E, após o preenchimento do vazio normativo, não há solução de continuidade, porque a decisão da Corte apenas produz efeitos entre as partes;
- **tese concretista individual intermediária** — julgado procedente o mandado de injunção, o Poder Judiciário estabelece prazo para o Congresso Nacional elaborar a norma regulamentadora. Se, após o término desse prazo, o Legislativo não tomar nenhuma providência, permanecendo a *inércia inconstitucional*, o impetrante do *writ* passa a ter assegurado o seu direito; e
- **tese concretista geral** — a sentença, proferida na injunção, é *erga omnes*, tem eficácia ampla, abrangendo a todos, pois o Judiciário implementa o exercício do direito, mediante uma deliberação irrestrita, que vigorará até o dia em que o Poder Legislativo sanar o estado de *inércia inconstitucional*. Aqui o Supremo Tribunal pode legislar no caso concreto, ou seja, pode proferir sentença substituindo aquilo que deveria constar na lei.

Vejamos a evolução da matéria na jurisprudência do Supremo Tribunal Federal.

1º estágio: predomínio da tese não concretista

O Supremo Tribunal Federal, em sua antiga composição, entendeu que a sua sentença apenas poderia exortar o Poder Legislativo a fazer a norma para reger o caso concreto. A Corte não poderia *legislar*, para suprir a mora do Congresso Nacional, sob pena de violar a cláusula da separação de Poderes (STF, Pleno, MI 107/DF, Rel. Min. Moreira Alves, *DJU*, 1, de 21-9-1990).

> **Comentário:** o mandado de injunção, nos primeiros vinte anos de vigência da Carta de 1988, cumpriu, de modo inglório, o seu papel. Não conseguiu limitar a arrogância discricionária dos órgãos normativos, muito menos minorou o cancro das lacunas e das pressões político-jurídicas, que fulminam direitos fundamentais. Nessa quadra de sua evolução jurisprudencial, não destruiu o *rochedo de bronze* da prepotência e do *silêncio inconstitucional*. Granjeou em torno de si enorme descrédito.

2º estágio: aplicação, em alguns casos, da tese concretista individual intermediária

A Corte aplicou em alguns casos a *tese concretista individual intermediária*. Nesse particular, registre-se o posicionamento do Ministro Néri da Silveira, hoje aposentado, para quem, "se o Congresso Nacional não fizer a lei, em certo prazo que se estabeleça na decisão, o Supremo Tribunal Federal pode tomar conhecimento de reclamação da parte, quanto ao prosseguimento da omissão, e, a seguir, dispor a respeito do direito *in concreto*. É, por isso mesmo, uma posição que concilia a prerrogativa do Poder Legislativo de fazer a lei, como o órgão competente para a criação da norma, e a possibilidade de o Poder Judiciário garantir aos cidadãos, assim como quer a Constituição, o efetivo exercício de direito" (STF, Ata da 7ª Sessão Extraordinária, *DJ*, 1, de 4-4-1995).

> **Comentário:** antes do surgimento da Lei n. 13.300/2016, era, a nosso ver, a melhor solução. Ao mesmo tempo que mantinha intacto o princípio da separação de Poderes (CF, art. 2º), conferia utilidade ao mandado de injunção, assegurando o controle judicial (CF, art. 5º, XXXV). Permitia, também, que os cidadãos exercessem a plenitude dos seus direitos constitucionais, obstaculizados pela *inércia inconstitucional* do Legislativo.

3º estágio: adoção da tese concretista geral

Aqui o Supremo, noutra composição, fez o que o legislador não fez, conferindo, acertadamente, exequibilidade às normas constitucionais. Esse modo de pensar impregnou o ato de feitura da Lei n. 13.300/2016.

> **Comentário:** antes aplicar a tese concretista geral do que seguir a tese não concretista. Decorrido *in albis* o prazo fixado pela Corte para o Congresso Nacional legislar, resta-lhe *implementar* o direito pleiteado. Esta foi, inclusive, a diretriz encampada pela Lei n. 13.300/2016.

◆ Cap. 14 ◆ INSTRUMENTOS DE TUTELA DAS LIBERDADES   **655**

Assim, abandonando a linha fixada no **MI 107**, o Supremo avançou na marcha do delineamento pretoriano do mandado de injunção:

- **MI 164/SP** — o Ministro Celso de Mello demonstrou que o mandado de injunção desempenha o relevantíssimo papel instrumental de superar, de modo concreto, os efeitos lesivos da inércia do Poder Legislativo da União;
- **MI 670/ES** — o Ministro Gilmar Mendes, em voto-vista, reconheceu que o Poder Judiciário pode intervir, de forma mais decisiva, para afastar a inoperância de suas decisões em mandado de injunção, atuando nos casos de omissão do Poder Legislativo;
- **MI 708/DF** — o Ministro Celso de Mello, ao proferir seu voto nesse MI relatado pelo Ministro Gilmar Mendes, concluiu pela aplicabilidade da lei de greve do setor privado aos servidores públicos, mostrando o equívoco da jurisprudência que se formou no Supremo a partir do julgamento do MI 107/DF. Ensinou que o entendimento restritivo da categoria não pode mais prevalecer, sob pena de se esterilizar a importantíssima função político-jurídica para a qual foi concebido;
- **MI 712/PA** — o Ministro Eros Grau conheceu o mandado de injunção e propôs a solução para a omissão legislativa, aplicando ao setor público, no que couber, a lei de greve vigente no setor privado — Lei n. 7.783, de 28-6-1989. Aqui a sentença do Supremo não se restringiu aos impetrantes do *writ* injuncional, pois atingiu todo o funcionalismo público; e
- **MI 758/DF** — na linha da "nova" orientação jurisprudencial fixada no julgamento do MI 721/DF, o Ministro Marco Aurélio, do mesmo modo que procedeu no **MI 721/DF**, julgou procedente pedido formulado em mandado de injunção para, de forma mandamental, assentar o direito do impetrante à contagem diferenciada do tempo de serviço em decorrência de atividade em trabalho insalubre (CF, art. 40, § 4º), adotando como parâmetro o sistema do regime geral de previdência social, que dispõe sobre a aposentadoria especial na iniciativa privada (Lei n. 8.213/91, art. 57). Tratava-se, na espécie, de *writ* impetrado por servidor público federal, lotado na função de tecnologista, na Fundação Oswaldo Cruz, que pleiteava o suprimento da lacuna normativa constante no § 4º do art. 40, assentando-se o seu direito à aposentadoria especial, em razão de trabalho, por vinte e cinco anos, em atividade considerada insalubre, em que mantinha contato com agentes nocivos, portadores de moléstias humanas, e com materiais e objetos contaminados. Determinou-se, por fim, a comunicação ao Congresso Nacional para que suprisse a omissão legislativa.

a) Efeitos do mandado de injunção na Lei n. 13.300/2016

O "novo" entendimento do Supremo Tribunal Federal sepultou, de vez, aquela diretriz preconizada no **MI 107**, influenciando a concepção que norteou a feitura da Lei n. 13.300, de 23-6-2016.

Em vez de simplesmente imputar comportamento moroso ao Congresso Nacional, o Supremo deu um passo à frente, viabilizando o exercício de direitos tornados inoperantes em virtude da falta de norma que os regulamentasse.

Embora o Supremo tenha declarado a mora do Poder Legislativo em diversas matérias, o certo é que muitas ficaram pendentes de regulamentação. Apenas para ilustrar, registremos as seguintes **decisões declaratórias da inércia legislativa: MI 670** (Rel. Min. Maurício Corrêa, j. em 25-10-2007), **MI 695** (Rel. Min. Sepúlveda Pertence, j. em 1º-3-2007), **MI 708** (Rel. Min. Gilmar Mendes, j. em 25-10-2007), **MI 712** (Rel. Min. Eros Grau, j. em 25-10-2007), **MI 721** (Rel. Min. Marco Aurélio, j. em 30-8-2007) e **MI 758** (Rel. Min. Marco Aurélio, j. em 1º-7-2008).

Nada obstante o progresso obtido em diversas decisões pretorianas, o certo é que a Corte Suprema não conseguiu extirpar, por completo, o cancro da inércia legislativa inconstitucional.

Nesse contexto, surgiu a Lei n. 13.300, de 23-6-2016, que, para resolver a problemática em estudo, atribuiu três tipos distintos de efeitos para as **especialíssimas sentenças injuncionais**:

- **eficácia *inter partes*** — a decisão lavrada em sede de mandado de injunção apresentará efeitos subjetivos, limitados às partes, até quando o Poder Legislativo venha a criar norma regulamentadora;
- **eficácia prospectiva** — o órgão jurisdicional poderá emitir sentenças com efeitos *pro futuro*, se necessárias para reger situações que estarão por vir; e

- **eficácia *erga omnes*** — também podem ser proferidas decisões com efeitos expansivos ou *ultra partes*, isto é, que transcendem o interesse específico das partes.

O enquadramento eficacial da sentença do mandado de injunção depende da avaliação dos prejuízos a serem causados pela falta de norma regulamentadora de um direito, liberdade ou prerrogativa, bem como o número de pessoas a serem atingidas pelo *decisum*. Ao prolatar sentenças em mandado de injunção, resta ao magistrado avaliar se o exercício do direito assegurado ao demandante da injunção encontra-se atrelado, ou não, ao interesse de terceiros. Em certos casos, haverá, sim, a vinculação de terceiros, algo que irá compelir o Poder Judiciário a emitir uma sentença normativa de maior espectro, algo *sui generis*, até injustificável para alguns, mas que é preciso ser assim, sob pena de se vilipendiar o gozo de prerrogativas comezinhas, cristalizadas, *ipsis litteris*, na Carta Política de 1988.

Sendo, assim, podemos classificar a **anomia legislativa** em sede de mandado de injunção em três níveis distintos:

- **anomia *inter partes*** — aqui a ausência de norma regulamentadora afeta apenas o direito, a liberdade ou a prerrogativa das partes, individualmente tomadas. A decisão a ser proferida deverá lograr eficácia *inter partes*. Esta foi a regra geral trazida pela Lei n. 13.300/2016 (art. 9º);

- **anomia prospectiva** — nesta hipótese a falta de norma regulamentadora afeta situações do porvir, comprometendo direitos, liberdades ou prerrogativas a serem exercitadas numa etapa futura. O *decisum* a ser lavrado deverá apresentar eficácia *pro futuro*. Por isso, a Lei n. 13.300/2016 determinou: "A norma regulamentadora superveniente produzirá efeitos *ex nunc* em relação aos beneficiados por decisão transitada em julgado, salvo se a aplicação da norma editada lhes for mais favorável" (art. 11). Demais disso, "Estará prejudicada a impetração se a norma regulamentadora for editada antes da decisão, caso em que o processo será extinto sem resolução de mérito" (Lei n. 13.300/2016, art. 11, parágrafo único); e

- **anomia *erga omnes*** — a inércia legislativa é de tal intensidade que a falta de norma regulamentadora compromete o exercício de direitos, liberdades ou prerrogativas de uma pluralidade de pessoas físicas e até jurídicas. A sentença deverá ter eficácia *ultra partes*. Daí a Lei n. 13.300/2016 prescrever: "Poderá ser conferida eficácia *ultra partes* ou *erga omnes* à decisão, quando isso for inerente ou indispensável ao exercício do direito, da liberdade ou da prerrogativa objeto da impetração" (art. 9º, § 1º). Se não bastasse, "Transitada em julgado a decisão, seus efeitos poderão ser estendidos aos casos análogos por decisão monocrática do relator" (art. 9º, § 2º). Mais ainda, o "indeferimento do pedido por insuficiência de prova não impede a renovação da impetração fundada em outros elementos probatórios" (Lei n. 13.300/2016, art. 9º, § 3º).

> Evidente que toda e qualquer decisão injuncional terá **eficácia temporal limitada**. Seus efeitos cessam, automaticamente, depois de o Poder Legislativo editar a norma regulamentadora. Simples assim.
> Seja como for, é inegável que a Lei n. 13.300/2016 conferiu à sentença injuncional atributos **especialíssimos**.
> Isto porque não são corriqueiras decisões proferidas com lastro em caracteres **especialíssimos**.

Não é comum uma sentença se projetar para o futuro. Decisões, em geral, não têm efeitos prospectivos.

Também não vemos todos os dias sentenças que possam, se necessário, ser ajustadas depois de proferidas, precisamente para se amoldar a fatos supervenientes, oriundos de alterações do estado de fato ou de direito, as quais não existiam quando de sua emissão originária.

De igual modo, é notadamente incomum um *decisum* que pode se expandir em relação a situações análogas, embora isto seja plenamente aceito e justificável mediante a observância do princípio da igualdade (CF, art. 5º), que esparge a sua influência em todos os quadrantes da experiência jurídica.

Por tudo isso, os efeitos da sentença do mandado de injunção, oriundos da Lei n. 13.330/2016, revestem-se de indiscutível **especialidade**.

Recordemos, nesse particular, a decisão lavrada pelo Supremo Tribunal Federal no **MI 712**. Seus efeitos, produzidos em tema de direito de greve dos servidores públicos, foram paradigmáticos. Atingiram pessoas físicas e jurídicas que nem estavam, formalmente falando, na relação processual que lhe deu causa. Conclusão: o **MI 712** alcançou gente que nem sabia de sua propositura!

Assim, a realidade pulsante da vida venceu a ortodoxia.

♦ Cap. 14 ♦ INSTRUMENTOS DE TUTELA DAS LIBERDADES — **657**

Se a Lei n. 13.300/2016 pode parecer, num primeiro súbito de vista, ilógica quanto aos efeitos conferidos à sentença injuncional, não há dúvidas de que ela regulamentou fatos que emergiram do cotidiano de nossa sociedade de massa.

O Brasil de hoje não é mais aquele de 5-10-1988, data de promulgação da Constituição Federal. Os artífices da Lei n. 13.300/2016 procuraram vivificar um instituto "faz de conta", ilusório mesmo. Por isso, não devemos conceber o referido diploma legal de modo pejorativo, procurando-lhe mazelas, sem aproveitar os benefícios que exsudam de suas normas.

Não fiquemos perplexos com os efeitos da sentença injuncional, veiculados na Lei n. 13.300/2016.

A ampliação subjetiva dos efeitos de uma sentença judicial à esfera de terceiros decorre de uma necessidade natural. Se a coisa julgada torna o *decisum* imutável, vinculando apenas as partes, algo diametralmente oposto pode ocorrer com a eficácia sentencial. Esta última, a depender do caso concreto deduzido em juízo, poderá ser *ultra partes*, atingindo terceiros, os quais, caso se sintam lesados, poderão ingressar em juízo com ação própria, afinal não estarão submetidos ao caráter da imutabilidade, ínsito à coisa julgada.

Portanto, eventuais sentenças em mandado de injunção, dotadas de eficácia *erga omnes* ou prospectiva, não são algo esdrúxulo, como se pode afigurar num primeiro exame, porquanto derivam do fato social cambiante, com necessidades sempre novas. Não podemos confundir coisa julgada com eficácia da decisão. Aliás, pela simples leitura da Lei n. 13.300/2016, descobrimos que o referido diploma legal fala em eficácia da decisão e não em coisa julgada.

> **Sobre coisa julgada e eficácia da decisão:** Lacoste, *De la chose jugée en matière civile, criminelle, disciplinaire et administrative,* 1904; Ugo Rocco, *L'autorità della cosa giudicata e i suoi limiti soggettivi,* 1917; Ernesto Heinitz, *I limiti oggetivi della cosa giudicata,* 1937; Mario Vellani, *Naturaleza de la cosa juzgada,* 1963; Enrico Tullio Liebman, *Eficácia e autoridade da sentença e outros escritos sobre a coisa julgada,* 1984.

✧ 8.13. Análise da Lei n. 13.300/2016

O procedimento do mandado de injunção, consagrado pela Lei n. 13.300, de 23-6-2016, foi fruto de um clamor de setores organizados da sociedade.

Ao disciplinar o processo e o julgamento dos mandados de injunção individual e coletivo, dando outras providências, a Lei n. 13.300/2016 satisfez inúmeros apelos.

Trata-se, do ponto de vista formal, de um diploma normativo que espelhou a virtude de contemplar técnicas processuais modernas e ágeis.

Do ponto de vista material, a Lei n. 13.300/2016 atuará no ardiloso e delicado equacionamento das atividades legislativa e jurisdicional.

A origem da Lei n. 13.300/2016 está no "II Pacto Republicano de Estado por um sistema de justiça mais acessível, ágil e efetivo", assinado em 19 de abril de 2009.

O anteprojeto foi elaborado por um grupo de representantes do Poder Judiciário, coordenado pelo Min. Gilmar Mendes. Merece destaque o contributo do Min. Teori Zavascki. Somam-se a isso diversas colaborações de outros representantes, inclusive do próprio Poder Legislativo, que opinaram sobre o perfil da Lei n. 13.300/2016.

Certamente, o procedimento traçado pelo diploma legal em comento permite ao Poder Judiciário reconhecer o estado de mora legislativa. E, se a lacuna persistir, poderá, a título provisório, colmatá-la.

Eis o ponto dos pontos, a chave das chaves, da Lei n. 13.300/2016. Ela conferiu ao órgão jurisdicional o poder-dever de suprir domínios sensíveis das relações socioinstitucionais.

A díade Poder Legislativo e Poder Judiciário deverá harmonizar-se. Os titulares do *munus* legiferante têm de compreender que, em situações especialíssimas, podem ser substituídos por aqueles que têm o encargo de *dizer o direito*.

Sim. A inércia legislativa não deve matar direitos fundamentais. É preciso que juízes assumam, raramente, o papel provisório e temporário de regulamentar episódios, que carecem de pautas jurídicas de comportamento para regê-los.

658 ♦ Uadi Lammêgo Bulos ♦

Esse papel importante a ser desempenhado pela magistratura em nada compromete, muito menos limita, o caráter primário da função legislativa.

O grande avanço da Lei n. 13.300/2016 foi permitir que juízes possam, em casos esporádicos, legislar. Com isso, buscou-se evitar que o gozo de direitos e prerrogativas constitucionais possa ficar comprometido pela demora excessiva da falta de regulamentação por parte dos membros do Poder Legislativo.

Prescritivamente falando, não há dúvidas: o procedimento oriundo da Lei n. 13.300/2016 previu soluções de enorme importância prática, a saber:

- **consagração da sumariedade do rito da ação injuncional** — a exemplo do que ocorre com o mandado de segurança. Diga-se, de passagem, isso não enseja qualquer empecilho ao alcance de resultados satisfatórios às pretensões a serem alcançadas via mandado de injunção. Trata-se, na realidade, de um reflexo da jurisprudência da Corte Suprema, que, ao longo dos anos de vigência da Constituição de 1988, procurou atribuir novos ares à natureza e aos efeitos da sentença injuncional;

- **alargamento do campo de incidência do mandado de injunção** — a Lei n. 13.300/2016 seguiu a jurisprudência do Supremo Tribunal. A Corte, mudando seu entendimento inicial, concluiu, em importantes decisões, que o instrumento injuncional não se restringe, simplesmente, a recomendar ou a provocar a ação do legislador. Se preciso for, a Corte deve, sim, ir adiante, sob pena de deixar à míngua o exercício, e, em muitos casos, a própria satisfação de direitos, liberdades e prerrogativas constitucionais; e

- **perfil normativo-concretizador** — quando estudamos, no Capítulo 7 desta obra, o tópico das mutações constitucionais, vimos que, mediante o expediente supletivo da **construção constitucional** (*construction*), o Poder Judiciário pode elaborar e, até, recompor o direito a ser aplicado no caso concreto. Isto se aplica ao perfil normativo-concretizador que a Lei n. 13.300/2016 irrogou ao mandado de injunção. Em face da multiplicidade de casos e de situações que precisam de tutela judicial, o Supremo Tribunal tem o dever, a missão sacrossanta, de ir além quando necessário. Esse mister legiferante, embora atípico, é um elixir para uma das doenças que assolam as constituições: a inércia legislativa. Celeumas à parte, o que a Lei n. 13.300/2016 fez foi consagrar, no campo constitucional processual, a existência de uma decisão especial e com efeitos próprios em se tratando de mandado de injunção, como estudamos acima.

✦ 9. *HABEAS DATA* (ART. 5º, LXXII)

Habeas data é o instrumento constitucional colocado ao dispor das pessoas físicas ou jurídicas, brasileiras e estrangeiras, para que solicitem ao Poder Judiciário a exibição ou a retificação de dados constantes em registros públicos ou privados.

> **Registros ou bancos de caráter público:** consoante o art. 1º, parágrafo único, da Lei n. 9.507/97, é de caráter público "todo registro ou banco de dados contendo informações que sejam ou que podem ser transmitidas a terceiros ou que não sejam de uso privativo do órgão ou entidade produtora ou depositária das informações".

Trata-se de uma novidade da Constituição de 1988.

Na vigência do Texto de 1967, o Poder Judiciário, por meio do mandado de segurança, já garantia os direitos hoje defendidos pelo *habeas data*, mas de modo bastante tímido, para não ferir as determinações do regime militar.

Vale lembrar que a tutela propiciada pelo *habeas data* não se confunde com aqueloutra inerente aos direitos de informação (CF, art. 5º, XXXIII) e de certidão (CF, art. 5º, XXXIV, *b*).

Enquanto o *habeas data* resguarda o direito de obter informações sobre a pessoa do impetrante ou retificação de dados (CF, art. 5º, LXXI), os direitos de informação e de certidão são protegidos pelo mandado de segurança (CF, art. 5º, LXIX).

◆ Cap. 14 ◆ INSTRUMENTOS DE TUTELA DAS LIBERDADES

◇ 9.1. Antecedentes

As origens remotas do *habeas data* prendem-se ao *Freedom of Information Act* de 1974, modificado pelo *Freedom of Information Act* de 1978, que conferia aos particulares o direito de obterem informações constantes em bancos de dados públicos ou privados.

O constituinte brasileiro, ao criar o instituto, inspirou-se na Carta portuguesa de 1976 (arts. 26º, 1 a 3, e 35º, 1 a 6).

As Constituições da Espanha de 1978 (arts. 18, 4, e 105, *b*) e da Holanda de 1983 (art. 12) também previram institutos congêneres.

◇ 9.2. Natureza jurídica

O *habeas data* possui natureza jurídica *mista* ou *ambivalente*. Ao mesmo tempo que apresenta a face de uma autêntica *ação mandamental* (concede ao impetrante o direito líquido e certo de obter informações), logra a *índole constitutiva* (possibilita a retificação de dados).

Em decorrência da sua natureza jurídica, o *habeas data* qualifica-se como ação constitucional, de conteúdo cível e rito sumário, destinada a defender: **(i)** o direito de obter informações relativas ao impetrante, inseridas em repartições públicas ou privadas; **(ii)** o direito de reconhecer os responsáveis pelos registros armazenados; **(iii)** o direito de contestar dados inverídicos e eliminá-los, tomando as providências judiciais cabíveis; e **(iv)** o direito de atualizar os dados ultrapassados.

> **Entendimento do STF:** "O *habeas data* configura remédio jurídico-processual, de natureza constitucional, que se destina a garantir, em favor da pessoa interessada, o exercício de pretensão jurídica discernível em seu tríplice aspecto: (a) direito de acesso aos registros existentes; (b) direito de retificação dos registros errôneos e (c) direito de complementação dos registros insuficientes ou incompletos. Trata-se de relevante instrumento de ativação da jurisdição constitucional das liberdades, que representa, no plano institucional, a mais expressiva reação jurídica do Estado às situações que lesem, efetiva ou potencialmente, os direitos fundamentais da pessoa, quaisquer que sejam as dimensões em que estes se projetem" (STF, HD 75/DF, Rel. Min. Celso de Mello, *DJU* de 19-10-2006).

◇ 9.3. Finalidades

A Lei n. 9.507/97 (art. 7º, I a III), seguindo a trilha do art. 5º, LXXVII, da Carta Magna, estipulou as seguintes finalidades para o *habeas data*:

- assegurar o conhecimento de informações relativas à pessoa do impetrante, constantes no registro ou banco de dados das entidades governamentais ou de caráter público;
- corrigir dados, quando não se prefira fazê-lo por processo sigiloso, judicial ou administrativo; e
- propiciar a anotação nos assentamentos do interessado, de contestação ou explicação sobre dado verdadeiro, mas justificável, e que esteja sob pendência judicial ou amigável.

No tocante à última finalidade, veja-se que, mediante *habeas data*, é possível evitar, ou ao menos amenizar, possíveis humilhações dirigidas a indivíduos sobre os quais pesem dados verdadeiros que os coloquem em situação vexatória perante a comunidade. Ora, até que se prove o contrário, ninguém pode ser culpado por antecipação. Determinados acontecimentos podem ser interpretados sob várias perspectivas. Por isso, é assegurado, a quem quer que seja, o direito de se explicar e esclarecer fatos distorcidos e, até, inverídicos.

◇ 9.4. Cabimento

Os requisitos, as condições ou os pressupostos para a concessão do *habeas data* vêm insculpidos na Constituição Federal, art. 5º, LXXII, secundada pela Lei n. 9.507/97.

660 ◆ Uadi Lammêgo Bulos ◆

Não é todo e qualquer assunto que comporta o instituto. Por exemplo, não poderá ser usado para se obter acesso a autos de processos administrativos, como aqueles que tramitam no Tribunal de Contas da União (STF, HD 90/DF, Rel. Min. Ellen Gracie, j. em 18-2-2010). Em contrapartida, o *habeas data* é meio adequado para contribuintes obterem informações suas em poder dos órgãos de arrecadação federal ou local (STF, RE 673707, com repercussão geral, Rel. Min. Luiz Fux, j. 17-6-2015).

a) Imprescindibilidade do interesse de agir

Como toda e qualquer ação, o *habeas data* sujeita-se a três requisitos: *possibilidade jurídica do pedido, interesse de agir* e *legitimidade para a causa*.

Dos três, o *interesse de agir* logra importância destacada.

> **Posição do STF:** "O acesso ao remédio constitucional do *habeas data* pressupõe, dentre outras condições de admissibilidade, a existência do interesse de agir (Lei n. 9.507/97, art. 8º, parágrafo único, I). Ausente o interesse legitimador da ação, torna-se inviável o exercício desse remédio constitucional. A prova do anterior indeferimento do pedido de informação de dados pessoais, ou da omissão em atendê-lo, constitui requisito indispensável à concretização do interesse de agir em sede de *habeas data*. Sem que se configure situação prévia de pretensão resistida, há carência da ação constitucional do *habeas data*. Precedentes" (STF, HD 75/DF, Rel. Min. Celso de Mello, *DJU* de 19-10-2006).

É que o cabimento do *writ* pressupõe a recusa por parte dos bancos de dados públicos ou privados de prestar informações.

> **Súmula 2 do STJ:** "Não cabe o *habeas data* (CF, art. 5º, LXXII, a) se não houve recusa de informações por parte da autoridade administrativa". Acolhendo esse enunciado: STJ, 1ª Seção, HD 18/DF, Rel. Min. Garcia Vieira, decisão de 16-6-1992, *DJ*, 1, de 24-8-1992, p. 12968.

Só assim poderemos aferir o *interesse de agir* na impetração do *habeas data*, que se configura, processualmente, pela resistência oferecida por entidade governamental ou de caráter público, detentora dos dados.

> **Precedentes**: STJ, HD 2/DF, Rel. Min. Pedro Acioli, *RSTJ*, 3:901; STJ, 3ª Seção, HD 25-5/DF, Rel. Min. Anselmo Santiago, v. u., decisão de 1º-12-1994.

Se inexistir solicitação administrativa, haverá carência de ação por falta de interesse de agir. O exercício judicial do direito postulativo pressupõe a prova de ter o impetrante requerido, administrativamente, as informações desejadas.

> **Precedentes:** STJ, HD 5/DF, Rel. Min. Américo Luz, *DJ*, 1, de 28-8-1989, p. 13672; STJ, HD 4/DF, Rel. Min. Vicente Cernicchiaro, *RSTJ*, 2:463.

Esse é o entendimento pacífico do Supremo Tribunal Federal e do Superior Tribunal de Justiça, que exigem o prévio esgotamento da via administrativa para que o instrumento em estudo possa ser impetrado.

Acreditamos que esse ponto de vista se afigura correto porque evita a banalização do instituto, assoberbando o Poder Judiciário de pedidos e mais pedidos de *habeas data* sem que se pleiteiem, administrativamente, as informações desejadas.

E não nos parece que o prévio exaurimento das instâncias administrativas configure uma "interpretação restritiva" do instituto, mas sim uma exegese *razoável* dele, de modo a evitar que todo e qualquer rogo de informações somente possa ser atendido batendo-se às portas da Justiça.

Ora, todos sabemos que a palavra de ordem no momento presente é a solução extrajudicial de conflitos, deixando o Poder Judiciário como o reduto derradeiro de tutela das liberdades.

A Lei n. 9.507/97 encampou esse raciocínio, estabelecendo critérios para se formular pedidos de *habeas data* (art. 8º, parágrafo único). Assim, a petição inicial deve ser instruída (**i**) com a prova da recusa do acesso às informações almejadas; ou (**ii**) com o decurso de mais de dez dias sem decisão quanto ao pedido; ou (**iii**) com a recusa em fazer a retificação ou anotação; ou (**iv**) com o decurso de mais de quinze dias sem decisão quando se pleiteia retificação ou anotação.

◆ Cap. 14 ◆ INSTRUMENTOS DE TUTELA DAS LIBERDADES

b) Habeas data e dados sigilosos da sociedade e do Estado

Muito se discute a respeito da amplitude do *habeas data*.

Para alguns, o seu cabimento não se afigura possível quanto aos dados e registros imprescindíveis à segurança do Estado e da sociedade. Os que assim entendem invocam o art. 5º, XXXIII, da *Lex Mater*, de sorte que o instituto não poderia ser utilizado para se obterem informações que coloquem em risco a defesa nacional (*v.* Cap. 13, n. 38.2).

> **Precedente:** afirmando a impossibilidade de se impetrar *habeas data* em matéria afeta à segurança do Estado e da sociedade, concluiu o antigo Tribunal Federal de Recursos que "as disposições contidas no parágrafo único, art. 4º, do Decreto n. 96.876/88 — Regulamento do SNI — quando aplicadas sem justificação objetiva, apenas com o sopro do subjetivismo da prevenção ideológico-política, condensará ato desafiador à ordem constitucional atraindo a conveniente reparação pelo Judiciário. Nesse caso, o juiz examinará o limite da atuação administrativa, defrontada com o princípio da exigibilidade do acesso às informações, quando for o caso, fazendo recuar os abusos e desvios da autoridade (*compeling power justice*)" (TFR, HD 1, Rel. Min. Milton Pereira, *DJ*, 1, de 2-5-1989).

De outro lado, existem os que vislumbram o *habeas data* como uma garantia ampla, não se sujeitando à restrição contida no art. 5º, XXXIII, da Carta de Outubro. Argumentam que informações relacionadas ao próprio interessado não se submetem a qualquer sigilo, porquanto lhe são *personalíssimas*. Logo, não haveria de se alegarem motivos de defesa nacional, muito menos ressalvas atinentes à segurança do Estado e da sociedade, para negar ao impetrante o acesso, ou a retificação, de dados pessoais. Qualquer outro entendimento da matéria descambaria para o arbítrio, cerceando o campo de incidência do *habeas data*. Seguimos esse ponto de vista.

> **Precedente:** no citado HD 1, do extinto Tribunal Federal de Recursos, entendeu o Ministro Ilmar Galvão, voto vencido, que não se aplicaria ao *habeas data* o disposto no art. 5º, XXXIII, do Texto de 1988. Argumentou que a Carta Magna não imprimiu qualquer restrição à garantia constitucional prevista no art. 5º, LXXII, "residindo o mal-entendido no fato de haver a Consultoria-geral da República conjugado o mencionado dispositivo com o inc. XXXIII, que não trata de informes pessoais, mas de dados objetivos, acerca de outros assuntos porventura de interesse particular ou de interesse coletivo, coisa inteiramente diversa" (Rel. Min. Milton Pereira, *DJ*, 1, de 2-5-1989).

Na realidade, o sigilo das informações, imprescindíveis à segurança da sociedade e do Estado (CF, art. 5º, XXXIII), dirigem-se a terceiros, e não aos próprios titulares dos dados. Do contrário, tornar-se-á inoperante o *habeas data*. Ora, pela sistemática da Carta de Outubro, não se pode negar a ninguém a obtenção de dados que lhe sejam *particulares*. A parte final do art. 5º, XXXIII, somente pode ser interpretada em cotejo com o restante das normas que compõem o Texto Maior, sob pena de se cercear o direito subjetivo do impetrante acessar informações *pessoais*, algo que em nada agride as instituições.

✧ 9.5. Legitimidade ativa

Podem impetrar *habeas data* todos aqueles que têm direito à correta identificação no mundo social, tais como pessoas físicas e jurídicas, nacionais e estrangeiras.

> **Convenção Europeia de Direitos Humanos:** o art. 25, 1, da Convenção Europeia de Direitos Humanos, de 4-1-1950, celebrada em Roma, ao garantir o direito de dirigir petições ao Secretário-Geral do Conselho da Europa a qualquer pessoa física, organização não governamental ou qualquer grupo de particulares, os quais aleguem terem sido vítimas de uma violação, dá margem ao ajuizamento do *habeas data*, o que demonstra o largo campo de legitimidade para a sua propositura.

a) Impetração em nome de terceiros

Em princípio, o *habeas data* é personalíssimo, porque o autor só pode ir a juízo para pleitear informações, ou corrigir dados, a seu respeito, e não de terceiros.

Mas, em casos excepcionalíssimos, essa regra sofre exceções.

Os herdeiros do morto ou de seu cônjuge, por exemplo, podem ajuizá-lo, para preservar a memória do falecido, como concluiu, acertadamente, o extinto Tribunal Federal de Recursos.

Precedente do TFR: o extinto Tribunal Federal de Recursos admitiu, em sessão plenária, a legitimidade para a propositura da ação por parte dos herdeiros de um falecido, bem como seu cônjuge supérstite. Abandonando o entendimento meramente gramatical da Constituição, decidiu que "não seria razoável que se continuasse a fazer uso ilegítimo e indevido dos dados do morto, afrontando sua memória, sem que houvesse meio de corrigenda adequada" (TFR, HD 1, Rel. Min. Milton Pereira, *DJ*, 1, de 2-5-1989).

b) Habeas data *coletivo*

Os filiados de partidos políticos, sindicatos, entidades de classe ou associações podem autorizar essas agremiações a impetrar *habeas data* coletivo a fim de obter dados ou corrigir informações a seu respeito?

Podem, mas em regime de representação processual (CF, art. 5º, XXI), quando os filiados desses entes autorizam, de modo expresso, mediante procuração, que eles impetrem a medida em seu nome. Desse modo, atenua-se o caráter personalíssimo do instituto, afinal foi o próprio interessado que abriu mão do seu sigilo e da sua intimidade, permitindo que terceiros tomassem conhecimento de seus dados.

O que não se afigura possível é a impetração de *habeas data* coletivo em regime de substituição processual (CF, art. 5º, LXX) quando aquelas agremiações atuam, em juízo, diretamente, sem a necessidade de autorização expressa de seus associados. Aqui, sim, haveria uma investida contra o caráter sigiloso e personalíssimo das informações contidas nos bancos de dados, pois o ingresso em juízo far-se-ia sem a devida permissão de seus respectivos titulares.

✧ 9.6. Legitimidade passiva

São sujeitos passivos do *habeas data* aqueles que detiverem dados referentes a pessoas físicas ou jurídicas, nacionais ou estrangeiras, tais como:

- entidades governamentais da Administração Pública direta e indireta — exemplo: serviços de atendimento aos consumidores (SACs);

  Banco do Brasil: "*Habeas Data*. Ilegitimidade passiva do Banco do Brasil S.A. para a revelação, a ex-empregada, do conteúdo da ficha de pessoal, por não se tratar, no caso, de registro de caráter público, nem atuar o impetrado na condição de entidade governamental" (STF, RE 165.304, Rel. Min. Octavio Gallotti, *DJ* de 15-12-2000).

- instituições, entidades e pessoas jurídicas privadas prestadoras de serviços públicos — exemplo: empresas particulares de serviço de proteção ao crédito (SPC); e

  Serviços de proteção ao crédito: pelo art. 43, § 4º, do Código de Defesa do Consumidor (Lei n. 8.078/90), "os bancos de dados e cadastros relativos a consumidores, os serviços de proteção ao crédito e congêneres são considerados entidades de caráter público".

- autoridades previstas nos arts. 102, I, *d*, e 105, I, *b* — exemplos: Presidente da República, das Mesas da Câmara e do Senado, do Tribunal de Contas da União, do Procurador-Geral da República, do Supremo Tribunal Federal, Ministros de Estado, Comandantes da Marinha, Exército e Aeronáutica.

Todos aqueles que possuem registros ou dados íntimos de alguém devem justificar o porquê os mantêm armazenados, sob pena de sofrerem ação de reparação política, administrativa, civil ou penal. Isso porque o *direito à intimidade* é uma das garantias do Estado Democrático de Direito, que não se compactua com a devassa indevida ou desarrazoada dos dados personalíssimos das pessoas.

✧ 9.7. Competência

A competência para processar e julgar, originariamente, o *habeas data* foi assim distribuída pela Carta de 1988, seguida pela Lei n. 9.507/97:

◆ Cap. 14 ◆ INSTRUMENTOS DE TUTELA DAS LIBERDADES **663**

- **Competência do Supremo Tribunal Federal** — compete ao Supremo processar e julgar, originariamente, *habeas data* contra atos do Presidente da República, das Mesas da Câmara dos Deputados e do Senado Federal, do Tribunal de Contas da União, do Procurador-Geral da República e do próprio Supremo Tribunal Federal (CF, art. 102, I, *d*; Lei n. 9.507/97, art. 20, I, *a*). Também compete à Corte Colenda julgar, em sede de recurso ordinário, o *habeas data* em única instância pelos Tribunais Superiores, se denegatória a decisão (CF, art. 102, II, *a*; Lei n. 9.507/97, art. 20, II, *a*). Finalmente, compete ao Supremo processar e julgar *habeas data* ajuizado em face dos Conselhos Nacionais de Justiça e do Ministério Público (CF, art. 102, I, *r* — inciso acrescentado pela EC n. 45/2004).

  > **Reforma do Judiciário:** a Lei n. 9.507/97, anterior à EC n. 45/2004, não previu a competência para o STF processar e julgar *habeas data* relativo aos Conselhos Nacionais de Justiça e do Ministério Público. **Incompetência absoluta do STF para processar e julgar *habeas data* impetrado contra Tribunais Superiores da União:** entende o Ministro Celso de Mello que o Pretório Excelso não detém competência para processar e julgar *habeas data* contra ato do Tribunal Superior Eleitoral (STF, HD 75/DF, Rel. Min. Celso de Mello, *DJU* de 19-10-2006).

- **Competência do Superior Tribunal de Justiça** — compete ao STJ processar e julgar, originariamente, *habeas data* contra ato de Ministro de Estado, dos Comandantes da Marinha, Exército e Aeronáutica, ou do próprio Tribunal (CF, art. 105, I, *b* — redação dada pela EC n. 23/99; Lei n. 9.507/97, art. 20, I, *b*). Em grau de recurso ordinário, compete ao STJ julgar *habeas data* quando a decisão for proferida em única instância pelos Tribunais Regionais Federais (Lei n. 9.507/97, art. 20, II, *b*).

  > **Precedente:** "Tendo em vista o disposto no art. 105, I, letra *b*, da nova Carta Política, a competência para julgar *habeas data* requerido contra o Serviço Nacional de Informações, cujo titular possui o *status* de Ministro de Estado e contra o Ministro da Marinha é do Superior Tribunal de Justiça" (STF, HD 18-QO, Rel. Min. Aldir Passarinho, *DJ* de 9-6-1989).

- **Competência do Tribunal Superior Eleitoral** — compete ao TSE julgar, em grau de recurso ordinário, *habeas data* denegado pelos Tribunais Regionais Eleitorais (CF, art. 121, § 4º, V).
- **Competência dos Tribunais Regionais Federais** — compete aos TRFs processar e julgar, originariamente, *habeas data* contra ato do próprio Tribunal ou do juiz federal (CF, art. 108, I, *c*; Lei n. 9.507/97, art. 20, I, *c*). Em grau de recurso, compete aos TRFs julgar *habeas data* quando a decisão for proferida por juiz federal (Lei n. 9.507/97, art. 20, II, *c*).
- **Competência dos juízes federais** — compete aos juízes federais processar e julgar *habeas data* contra atos de autoridade federal, excetuados os casos de competência dos Tribunais Federais (CF, art. 109, VIII; Lei n. 9.507/97, art. 20, I, *d*).
- **Competência da Justiça do Trabalho** — compete à Justiça laboral processar e julgar *habeas data* quando o ato questionado envolver matéria sujeita à sua jurisdição (CF, art. 114, IV — inciso acrescido pela EC n. 45/2004).

  > **Reforma do Judiciário:** a Lei n. 9.507/97, anterior à EC n. 45/2004, não previu a competência para a Justiça do Trabalho processar e julgar *habeas data* relativo a ato sujeito à sua jurisdição.

- **Competência da Justiça estadual** — cabe às constituições dos Estados-membros regular a competência da Justiça Estadual, no que tange ao processo e julgamento do *habeas data* (CF, art. 125, § 1º; Lei n. 9.507/97, art. 20, I, *e*). Foi o que fizeram os Textos de São Paulo (art. 74, III), Santa Catarina (art. 83, XI, *c*), Bahia (art. 123, I, *f*), Ceará (art. 108, VII, *b*), Goiás (art. 46, VIII, *b*), Tocantins (art. 48, VII — redação dada pela EC n. 4, de 27-2-1992) etc. Ainda em grau de recurso, compete aos Tribunais estaduais e ao do Distrito Federal e Territórios, processar e julgar *habeas data*, conforme dispuserem a respectiva Constituição e a lei que organizar a Justiça do Distrito Federal (Lei n. 9.507/97, art. 20, II, *d*).
- **Competência dos Juízes estaduais** — compete aos juízes estaduais processar e julgar *habeas data* nos casos em que todas as demais instâncias judiciárias não forem competentes (Lei n. 9.507/97, art. 20, I, *f*).

9.8. Procedimento (Lei n. 9.507/97)

O rito do *habeas data*, criado pela Carta de 1988 como meio de defesa da invulnerabilidade dos dados pessoais por via jurisdicional, foi regulado pela Lei n. 9.507/97.

> **Advento da Lei n. 9.507/97:** a Lei n. 9.507, de 12-11-1997, regulamentou o direito de acesso a informações, disciplinando o rito processual do *habeas data*. Guarda certa similitude com a Lei do Mandado de Segurança (Lei n. 1.533/51). De autoria do Senador Nelson Carneiro, acolheu os princípios gerais proclamados em sede de construção pretoriana. **Nesse sentido:** STF, RHD 24, Rel. Min. Maurício Corrêa, *DJ* de 13-2-1998.

Eis o procedimento do instituto, conforme a Lei n. 9.507/97:

- **Requerimento** — apresentado ao órgão ou entidade depositária do registro ou banco de dados e será deferido ou indeferido no prazo de quarenta e oito horas (Lei n. 9.507/97, art. 2º, *caput*). Porém, a decisão será comunicada ao requerente em vinte e quatro horas (Lei n. 9.507/97, art. 2º, parágrafo único).
- **Conhecimento das informações** — ao deferir o pedido, o depositário do registro ou do banco de dados marcará dia e hora para que o requerente tome conhecimento das informações (Lei n. 9.507/97, art. 3º).
- **Direito de retificação** — constatada a inexatidão de qualquer dado a seu respeito, o interessado, em petição acompanhada de documentos comprobatórios, poderá requerer sua retificação (Lei n. 9.507/97, art. 4º, *caput*). Feita a retificação em, no máximo, dez dias após a entrada do requerimento, a entidade ou órgão depositário do registro ou da informação dará ciência ao interessado (Lei n. 9.507/97, art. 4º, § 1º). Ainda que não se constate a inexatidão do dado, se o interessado apresentar explicação ou contestação sobre o mesmo, justificando possível pendência sobre o fato objeto do dado, tal explicação será anotada no cadastro do interessado (Lei n. 9.507/97, art. 4º, § 2º).
- **Petição inicial** — deverá preencher os requisitos do Código de Processo Civil de 2015 (arts. 319 a 321). Apresentada em duas vias, os documentos que instruírem a primeira serão reproduzidos por cópia na segunda (Lei n. 9.507/97, art. 8º, *caput*). Ao despachar a inicial, o juiz ordenará que se notifique o coator do conteúdo da petição, entregando-lhe a segunda via apresentada pelo impetrante, com as cópias dos documentos, a fim de que, no prazo de dez dias, preste as informações que julgar necessárias (Lei n. 9.507/97, art. 9º). A inicial será desde logo indeferida, quando não for o caso de *habeas data*, ou se lhe faltar algum dos requisitos legais (Lei n. 9.507/97, art. 10). Do despacho de indeferimento caberá apelação (Lei n. 9.507/97, art. 10, parágrafo único). Findo o prazo de dez dias, e ouvido o representante do Ministério Público dentro de cinco dias, os autos serão conclusos ao juiz para decisão, a ser proferida em cinco dias (Lei n. 9.507/97, art. 12).
- **Notificação** — feita a notificação, o serventuário, em cujo cartório corra o feito, juntará aos autos cópia autêntica do ofício endereçado ao coator, bem como a prova da sua entrega a este ou da recusa, seja de recebê-lo, seja de dar recibo (Lei n. 9.507/97, art. 11).
- **Instrução do processo** — nos casos de competência do Supremo Tribunal Federal e dos demais tribunais caberá ao relator a instrução do processo (Lei n. 9.507/97, art. 17).
- **Decisão** — na decisão, se julgar procedente o pedido, o juiz marcará data e horário para que o coator apresente ao impetrante as informações a seu respeito, constantes de registros ou bancos de dados, ou apresente em juízo a prova da retificação, ou da anotação feita nos assentamentos do impetrante (Lei n. 9.507/97, art. 13). A decisão será comunicada ao coator, por correio, com aviso de recebimento, ou por telegrama, radiograma ou telefonema, conforme o requerer o impetrante (Lei n. 9.507/97, art. 14). Os originais, no caso de transmissão telegráfica, radiofônica ou telefônica, deverão ser apresentados à agência expedidora, com a firma do juiz devidamente reconhecida (Lei n. 9.507/97, art. 14, parágrafo único).
- **Renovação do pedido** — o pedido de *habeas data* poderá ser renovado se a decisão denegatória não lhe houver apreciado o mérito (Lei n. 9.507/97, art. 18).
- **Recurso de apelação** — da sentença que conceder ou negar *habeas data* caberá recurso de apelação. Embora a Lei n. 9.507/97 não tenha consagrado o duplo grau de jurisdição,

◆ Cap. 14 ◆ INSTRUMENTOS DE TUTELA DAS LIBERDADES **665**

entendemos que é possível, sim, o reexame necessário, porque incide, nessa seara, a cláusula do *substantive due process* (CF, art. 5º, LIV). Podem interpor recurso de apelação o próprio impetrante, o Ministério Público, o coator, as entidades governamentais e as pessoas jurídicas de natureza privada, observados os prazos recursais.

* **Suspensão dos efeitos do *habeas data*** — quando a sentença conceder o *habeas data*, o recurso terá efeito meramente devolutivo (Lei n. 9.507/97, art. 15). A execução da sentença, pois, será imediata. Contudo, o Presidente do Tribunal de Justiça, mediante despacho motivado, poderá suspender os efeitos do *habeas data*, cabendo, nesse contexto, agravo para o Tribunal (Lei n. 9.507/97, art. 16 — preceito similar ao art. 14 da Lei n. 12.016/2009). Exceto o despacho do Presidente do Tribunal, nenhum outro recurso ou ação genérica poderá suspender a execução provisória da sentença concessiva do *habeas data*.

* **Isenção de custas e despesas judiciais** — o constituinte isentou de custas e despesas judiciais o processo de *habeas data*. A justificativa para essa diretriz finca-se no pórtico da soberania popular e no princípio do Estado Democrático de Direito (art. 5º, LXXVII, c/c o art. 1º, *caput*, I, e o art. 21 da Lei n. 9.507/97).

* **Prioridade processual** — os processos de *habeas data* têm prioridade sobre todos os atos judiciais, exceto *habeas corpus* e mandado de segurança. Na instância superior, devem ser levados a julgamento na primeira sessão que se seguir à data em que, feita a distribuição, forem conclusos ao relator (Lei n. 9.507/97, art. 19, *caput*). O prazo para a conclusão não poderá exceder de vinte e quatro horas, a contar da distribuição (Lei n. 9.507/97, art. 19).

✦ 10. AÇÃO POPULAR (ART. 5º, LXXIII)

Ação popular é o instrumento constitucional colocado ao dispor de qualquer cidadão, no pleno gozo de seus direitos políticos, para invalidar atos ou contratos administrativos ilegais ou lesivos ao patrimônio da União, Estados, Distrito Federal e Municípios.

Trata-se de um mecanismo que permite a qualquer cidadão, no pleno gozo de seus direitos políticos, invocar a tutela jurisdicional de interesses *difusos*.

O que caracteriza a *ação popular* é a sua impessoalidade, pois visa resguardar a *coisa pública*, a *coisa do povo*; não pode ser usada em nome do interesse particular, inerente ao cidadão individualmente tomado.

✧ 10.1. Origem

A origem da ação popular está ligada à história do Direito romano. Como disse o jurisconsulto Paulo, ela assim foi cognominada para garantir direito próprio do povo: "denominamos ação popular aquela que ampara direito próprio do povo" (*eam popularem actionem dicimus, quae suun jus populi tenetur*).

Desde Roma, a *actio populare* já era usada para a proteção dos interesses transindividuais, particularmente os difusos, como aqueles ligados ao culto à divindade, à liberdade de expressão e, também, ao meio ambiente.

As ações populares eram aceitas porque através delas o cidadão perseguia fins altruístas, colimando defender bens e valores supremos das *gens*. A maioria delas lograva a natureza penal. Muitas intentavam realizar uma atividade de polícia, com vistas a instaurar um procedimento que hoje poderia ser visto como de índole contravencional. Outras, porém, se pareciam com as modernas ações cominatórias e com os interditos proibitórios.

No Brasil, a ação popular veio prevista, inicialmente, na Carta de 1824. Nesse documento supremo, ela foi disciplinada em sentido amplo, pois não constituía um instrumento de participação política. Funcionava como *ação penal popular*, incidindo nos casos de suborno, peita, peculato ou concussão (art. 157).

A Constituição de 1891 nem a mencionou. Ela só voltou ao cenário político-constitucional brasileiro na Carta de 1934 (art. 113, n. 38).

Supressa pela Carta de 1937, retornou com a Constituição de 1946 (art. 141, § 38).

Prevista no Texto de 1967 (CF, art. 150, § 31), perdura até hoje.

Com efeito, a Constituição de 1988 ampliou o campo da ação popular. Além do patrimônio histórico e cultural, ela passou a defender a moralidade administrativa e o meio ambiente.

✧ 10.2. Perfil constitucional

Pelo Texto de 1988, "qualquer cidadão é parte legítima para propor ação popular que vise a anular ato lesivo ao patrimônio público ou de entidade de que o Estado participe, à moralidade administrativa, ao meio ambiente e ao patrimônio histórico e cultural, ficando o autor, salvo comprovada má-fé, isento de custas judiciais e do ônus da sucumbência" (art. 5º, LXXIII).

Assim, a ação popular é um instrumento de participação política, verdadeiro reflexo da diretriz que consagra a soberania popular (art. 1º, parágrafo único).

> **Outras formas de exercício da soberania popular:** o povo também poderá exercer a função fisca-lizatória do Poder Público, pleiteando a legalidade dos atos administrativos e a defesa da *coisa pública* (*res publica*), mediante: **(i)** sufrágio; **(ii)** voto em eleições, plebiscitos e referendos; **(iii)** iniciativa popular de lei; e **(iv)** direito de organização e participação em partidos políticos.

Isso significa que a garantia constitucional enseja a interferência do cidadão na vida pública, sob dupla perspectiva:

- como meio de fiscalização dos negócios do Estado, no tocante à proteção da moralidade administrativa; e
- como ação judicial, corretiva de atos lesivos ao patrimônio público, ao meio ambiente, ao patrimônio histórico e cultural.

✧ 10.3. Finalidade: defender interesses difusos

A ação popular busca proteger interesses difusos. Sua finalidade, pois, é invalidar atos ilegais e lesivos ao patrimônio histórico ou cultural da União, dos Estados, do Distrito Federal ou dos Municípios, bem como salvaguardar o princípio da moralidade administrativa e o meio ambiente.

Pode ser usada de forma *preventiva* (ajuizada antes de os efeitos lesivos serem consumados) ou *repressiva* (ajuizada para ressarcir o dano causado), inclusive em sede de medida liminar, desde que estejam presentes o *perigo da mora* e a *fumaça do bom direito*.

E, para ser ajuizada, nem é preciso se esgotarem todos os meios jurídicos e administrativos de prevenção ou repressão dos atos lesivos ao patrimônio público.

> **Posição do STF:** "A Ação Popular, como regulada pela Lei n. 4.717, de 29-6-1965, visa à declaração de nulidade ou à anulação de atos administrativos, quando lesivos ao patrimônio público, como dispõem seus artigos 1º, 2º e 4º. Mas não é preciso esperar que os atos lesivos ocorram e produzam todos os seus efeitos, para que, só então, ela seja proposta. No caso presente, a Ação Popular, como proposta, tem índole preventiva e repressiva ou corretiva, ao mesmo tempo. Com ela se pretende a sustação dos pagamentos futuros (caráter preventivo) e a restituição das quantias que tiverem sido pagas, nos últimos cinco anos, em face do prazo prescricional previsto no art. 21 da Lei da Ação Popular (caráter repressivo)" (STF, AO 506-QO, Rel. Min. Sydney Sanches, *DJ* de 4-12-1998).

✧ 10.4. Objeto: combater atos lesivos e ilegais

O objeto da ação popular é a impugnação de atos lesivos e ilegais, praticados contra:

- entes estatais e seus órgãos paraestatais e autarquias;

> **Autarquia:** "O SEBRAE não corresponde à noção constitucional de autarquia, que, para começar, há de ser criada por lei específica (CF, art. 37, XIX) e não na forma de sociedade civil, com

♦ Cap. 14 ♦ **INSTRUMENTOS DE TUTELA DAS LIBERDADES** **667**

personalidade de direito privado, como é o caso do recorrido. Por isso, o disposto no art. 20, *f*, da Lei 4.717/65, para não se chocar com a Constituição, há de ter o seu alcance reduzido: não transforma em autarquia as entidades de direito privado que recebam e apliquem contribuições parafiscais, mas, simplesmente, as inclui no rol daquelas — como todas as enumeradas no art. 1º da Lei 4.717/65 — à proteção de cujo patrimônio se predispõe a ação popular. Dada a patente similitude da natureza jurídica do SESI e congêneres à do SEBRAE, seja no tocante à arrecadação e aplicação de contribuições parafiscais, seja, em consequência, quanto à sujeição à fiscalização do Tribunal de Contas, aplica-se ao caso a fundamentação subjacente à Súmula 516/STF: O Serviço Social da Indústria — SESI — está sujeito à jurisdição da Justiça estadual" (STF, RE 366.168, Rel. Min. Sepúlveda Pertence, *DJ* de 14-5-2004).

- pessoas jurídicas, subvencionadas com dinheiros públicos;
- patrimônio público, histórico e cultural;

   Objeto da ação popular: "Anular ato lesivo ao patrimônio público e à moralidade administrativa, bem como obter satisfação dos gravames correlatos" (TJSP, 2ª Câm. Civ., AC 212.721-1/Guarulhos, Rel. Des. Cezar Peluso, decisão de 7-3-1995, *JTJ* (SP), *Lex*, *173*:9-10).

- meio ambiente; e
- moralidade administrativa.

   Desrespeito à moralidade administrativa: "Fixando os Vereadores a sua própria remuneração, vale dizer, fixando essa remuneração para viger na própria legislatura, pratica ato inconstitucional lesivo não só ao patrimônio material do Poder Público, como à moralidade administrativa, que constitui patrimônio moral da sociedade" (STF, RE 206.889, Rel. Min. Carlos Velloso, *DJ* de 13-6-1997).

A ação direta de inconstitucionalidade não é sucedâneo da ação popular.

   Posição do STF: "A ação direta de inconstitucionalidade não constitui sucedâneo da ação popular constitucional, destinada, esta sim, a preservar, em função de seu amplo espectro de atuação jurídico-processual, a intangibilidade do patrimônio público e a integridade do princípio da moralidade administrativa (CF, art. 5º, LXXIII)" (STF, ADIn 769-MC, Rel. Min. Celso de Mello, *DJ* de 8-4-1994).

E a ação popular não serve para tutelar direito líquido e certo, fazendo as vezes do mandado de segurança.

   Súmula 101 do STF: "O mandado de segurança não substitui a ação popular".

Em contrapartida, atos imorais, comissivos, omissivos, viciados, desmotivados, defeituosos, ilícitos quanto ao objeto, exercidos por autoridades incompetentes, podem ser atacados via ação popular (Lei n. 4.717/65, art. 1º).

   Precedente do STF: qualquer do povo pode impetrar ação popular, com a finalidade de desconstituir ato lesivo à moralidade administrativa (STF, RE 167.137, Rel. Min. Paulo Brossard, *DJ* de 25-11-1994).

Presente a lesividade ou, apenas, a ilegalidade, já é possível ajuizá-la.

   Precedentes: STF, *RTJ*, *95*:1121 e 96:1370; *RT*, *503*:65.

Aliás, a mera presunção de ilegalidade ou lesividade do ato já enseja a sua propositura (Lei n. 4.717/65, art. 4º).

   Lesividade decorrente da ilegalidade: "Na maioria das vezes, a lesividade ao erário público decorre da própria ilegalidade do ato praticado. Assim prestados por servidores, sem a feitura de licitação e sem que o ato administrativo tenha sido precedido da necessária justificativa" (STF, 2ª T., RE 160.381/ SP, Rel. Min. Marco Aurélio, decisão de 29-3-1994, *Ementário de Jurisprudência* n. 1753-3, p. 479, *DJ*, 2, de 12-8-1994, p. 20052).

668

O essencial é que o ato ilícito ou lesivo afetem, obrigatoriamente, o patrimônio público. Do contrário, não será possível o seu cabimento.

Precedentes: STF, *RDA, 63:237, 110:260, 112:299; RTJ, 96:1370, 95:*1121.

A jurisprudência também é pacífica no sentido de que descabe ação popular contra lei em tese, pois o seu objeto só se materializa por meio de atos concretos de execução.

Precedente: STF, *RDA, 38:256.*

Os atos jurisdicionais — sujeitos a recursos específicos e à ação rescisória — não podem ser atacados via ação popular, a qual não constitui meio apropriado para esse fim, e tampouco foi criada com esse intuito.

Posição do STF: "Os atos de conteúdo jurisdicional — precisamente por não se revestirem de caráter administrativo — estão excluídos do âmbito de incidência da ação popular, notadamente porque se acham sujeitos a um sistema específico de impugnação, quer por via recursal, quer mediante utilização de ação rescisória. (...) Tratando-se de ato de índole jurisdicional, cumpre considerar que este, ou ainda não se tornou definitivo — podendo, em tal situação, ser contestado mediante utilização dos recursos previstos na legislação processual —, ou, então, já transitou em julgado, hipótese em que, havendo decisão sobre o mérito da causa, expor-se-á à possibilidade de rescisão" (STF, Pet. 2.018-AgRg, Rel. Min. Celso de Mello, *DJ* de 16-2-2001). **No mesmo sentido:** STF, RMS 23.657, *DJ* de 1º-8-2000.

O Poder Judiciário, a nosso ver, não pode examinar o *mérito*, a *matéria de fundo*, que subjaz as ações populares intentadas contra atos administrativos dos Poderes do Estado, sob pena de adentrar na esfera de deliberações *interna corporis* dos mesmos.

A favor desse entendimento: *RT, 403:*156. **Contra:** *RDA, 32:*272.

✧ 10.5. Legitimidade ativa

Apenas o cidadão, seja brasileiro nato, seja naturalizado, no pleno gozo de seus direitos políticos, tem legitimidade ativa para propor a ação popular.

Consideram-se cidadãos, para fins de legitimidade ativa em sede de ação popular:

- os brasileiros natos ou naturalizados, inclusive os que estão na faixa etária dos 16 aos 18 anos, sem qualquer necessidade de assistência para eles; afere-se a legitimidade ativa dos brasileiros natos ou naturalizados, comprovando-se o *status* de cidadão, pela juntada da petição inicial ao título de eleitor; e

  Precedente: *RT, 416:*131.

- os portugueses equiparados, no pleno exercício de seus direitos políticos. Estes, para lograr legitimidade ativa, precisam apresentar o certificado de equiparação e exercício dos direitos civis e políticos com o título de eleitor, nos termos da *Convenção sobre Igualdade de Direitos Civis e Políticos entre o Brasil e Portugal.*

Em contrapartida, não podem interpor ação popular:

- pessoas jurídicas;

  Súmula 365 do STF: "Pessoa jurídica não tem legitimidade para propor ação popular".

- brasileiros natos ou naturalizados, sem alistamento eleitoral;

  Precedente: *RT, 186:*648. **Domicílio eleitoral:** no posto de substituto processual, o autor popular poderá ajuizar a ação até em Município onde não tenha domicílio eleitoral (*RJTJSP, 84:*148).

◆ Cap. 14 ◆ INSTRUMENTOS DE TUTELA DAS LIBERDADES 669

- brasileiros, natos ou naturalizados, que tiveram suspensos ou declarados perdidos seus direitos políticos (CF, art. 15); aqui uma ressalva: se o ato privativo dos direitos políticos for posterior ao ajuizamento da ação popular, esta prossegue normalmente, sem qualquer obstáculo ou impedimento; e

    Precedente: *RT, 416*:131.

- membros do Ministério Público. Institucionalmente, eles não possuem legitimidade para ingressar em juízo com ação popular, embora estejam legitimados para propor ação civil pública, na defesa de interesses metaindividuais ou transindividuais. Todavia, o *Parquet*, na qualidade de parte pública autônoma, de fiscal da lei (*custos legis*), deve primar pela regularidade do processo, promovendo a produção de provas. Nesse aspecto, poderá responsabilizar, civil ou criminalmente, o agente que praticou o ato lesivo à moralidade administrativa, ao meio ambiente, ao patrimônio histórico e cultural, com máxima independência e segurança (CF, art. 127, § 1º). Também lhe incumbe prosseguir no curso da ação popular, desde que o seu autor inicial desista de intentá-la ou dê ensejo à extinção do processo sem julgamento de mérito, por abandono de causa ou negligência.

O autor popular deve possuir legitimidade processual para ingressar em juízo.

> **Capacidade postulatória:** é outro requisito a ser observado, pois, para o ajuizamento da ação popular, deve inexistir impedimento ou incompatibilidade para advogar (*RTJ, 89*:240).

Mas qual a natureza dessa *legitimatio*? É ela ordinária ou extraordinária?

Para alguns, ordinária, pois ninguém atua em nome de outrem nas demandas envolvendo ação popular. Asseveram que o Texto Maior, ao consagrar o instituto, produz um alargamento da legitimidade para estar em juízo, em nome do pórtico da soberania popular (CF, arts. 1º e 14), em que o cidadão age em nome próprio, sempre tendo em vista a coletividade, participando, assim, da vida política do Estado e gerenciando o patrimônio público.

> **Nesse sentido:** José Afonso da Silva (*Ação popular constitucional*, p. 195); Rogério Lauria Tucci e José Rogério Cruz e Tucci (*Constituição de 1988 e processo:* regramentos constitucionais do processo, p. 185); Rodolfo de Camargo Mancuso (*Ação popular*, p. 109) e outros.

Doutrina e jurisprudência predominantes, porém, verberam que o cidadão, ao propor a ação popular, o faz na qualidade de substituto processual, defendendo, em nome próprio, interesse alheio. Essa tese parece-nos correta. Como ensinou Hely Lopes Meirelles, mediante ação popular, "não se amparam direitos individuais próprios, mas sim *interesses da comunidade*. O beneficiário direto e imediato dessa ação não é o autor; é o povo, titular do direito subjetivo ao governo honesto. O cidadão a promove em nome da coletividade, no uso de uma prerrogativa cívica que a Constituição Federal lhe outorga" (*Estudos e pareceres de direito público*, p. 369).

✧ 10.6. Legitimidade passiva

Sujeito passivo na ação popular é o agente que praticou o ato, a entidade lesada e os beneficiários do ato ou contrato lesivo ao patrimônio público (Lei n. 4.717/65, art. 6º, § 2º).

Assim, podem ocupar o polo passivo na ação popular:

- titulares das pessoas jurídicas da Administração direta e indireta, das empresas públicas ou privadas, das sociedades de economia mista; e
- autoridades, funcionários, administradores, agentes que autorizaram, aprovaram, ratificaram e até praticaram atos comissivos ou omissivos, lesivos ao patrimônio público.

670 ◆ Uadi Lammêgo Bulos ◆

❖ 10.7. Competência

A competência para o processo e o julgamento da ação popular pode ser aferida mediante três critérios distintos, depreendidos de normas constitucionais e legais:

- **Critério *ratione personae*** — a competência para processar e julgar ação popular, contra ato de qualquer autoridade, é do juiz de primeiro grau de jurisdição, algo que está fora da esfera de atribuições originárias do Supremo Tribunal Federal. Assim, a Lei Maior de 1988, acolhendo a tradição implantada desde o Texto de 1934, não incluiu, nos rígidos limites fixados em *numerus clausus* em seu art. 102, I, a competência para o Pretório Excelso processar e julgar ações populares. O mesmo se diga quanto ao Superior Tribunal de Justiça e ao Tribunal Superior Eleitoral, que também não possuem competência originária (CF, art. 105, I; Código Eleitoral, arts. 22 e 23).

  Casuística do STF:
  - **Competência do juízo de primeiro grau** — "A competência para julgar ação popular contra ato de qualquer autoridade, até mesmo do Presidente da República, é, via de regra, do juízo competente de primeiro grau. Precedentes. Julgado o feito na primeira instância, se ficar configurado o impedimento de mais da metade dos desembargadores para apreciar o recurso voluntário ou a remessa obrigatória, ocorrerá a competência do Supremo Tribunal Federal, com base na letra *n* do inciso I, segunda parte, do artigo 102 da Constituição Federal" (STF, AO 859-QO, Rel. Min. Ellen Gracie, *DJ* de 1º-8-2003).
  - **Falta de competência originária do STF** — "O Supremo Tribunal Federal — por ausência de previsão constitucional — não dispõe de competência originária para processar e julgar ação popular promovida contra qualquer órgão ou autoridade da República, mesmo que o ato cuja invalidação se pleiteie tenha emanado do Presidente da República, das Mesas da Câmara dos Deputados ou do Senado Federal, ou, ainda, de qualquer dos Tribunais Superiores da União" (STF, Pet. 2.018-AgRg, Rel. Min. Celso de Mello, *DJ* de 16-2-2001). Precedentes: STF, *RTJ*, *43*:129, *44*:563, *50*:72, *53*:776, *159*:28, *141*:344 etc.
  - **Falta de competência originária do TSE** — "Não dispõe de competência originária para processar e julgar qualquer ação popular, fundada no art. 5º, LXXIII, da Constituição da República, como falece, por igual, competência, a magistrado federal de primeira instância, para fazer instaurar a investigação judicial eleitoral a que se refere a Lei Complementar n. 64/90 (art. 22). Impende registrar, por necessário, que, ainda que a ação popular — ora em tramitação perante o Juízo suscitante — pudesse ser incluída na competência da Justiça Eleitoral, mesmo assim não estaria ela compreendida na esfera de competência originária do Tribunal Superior Eleitoral, considerada a regra de direito estrito, que, constante do Código Eleitoral (arts. 22 e 23) e da legislação que lhe é correlata, define, em caráter taxativo, as hipóteses que se inserem no âmbito das atribuições jurisdicionais exercidas, em sede originária, por essa Alta Corte judiciária. Torna-se relevante observar, neste ponto, que, mesmo nos casos em que se tem por inquestionável, *ratione materiae*, a competência da Justiça Eleitoral, ainda assim caberá, a órgão judiciário eleitoral de primeira instância (não, porém, ao TSE), a atribuição para processar e julgar ação popular constitucional, não se incluindo, na realidade, a apreciação de tal causa, na esfera de competência de qualquer dos Tribunais Regionais Eleitorais" (TSE, CComp 7.123/DF, Rel. Min. Celso de Mello, j. em 14-5-2002, *DJ* de 20-5-2002, p. 35).

- **Critério territorial** — fixada a competência da Justiça Federal, a seção judiciária competente será aquela "onde houver ocorrido o ato ou fato" ou, ainda, "onde esteja situada a coisa" (CF, art. 109, § 2º, c/c o art. 53, IV, *a* e *b*, do CPC de 2015).

  Precedente do TRF da 3ª Região: "O Texto Constitucional concedeu a opção de eleição do foro para a propositura de ação intentada contra a União Federal, proporcionando, assim, maior possibilidade de acesso ao Judiciário, intensificando o princípio insculpido no inciso XXXV, do art. 5º, da Constituição Federal" (TRF, 3ª Região, Rel. Juiz Milton Pereira, decisão de 14-8-1991, *Revista do TRF da 3ª Região*, *8*:35).

- **Critério funcional** — ficam estabelecidos os foros ou juízos específicos, com reflexos nas instâncias superiores. É o caso, por exemplo, da sentença prolatada por juiz federal em ação popular. Ela será reapreciada pelo Tribunal Regional Federal a que pertença a seção judiciária originária.

◆ Cap. 14 ◆ INSTRUMENTOS DE TUTELA DAS LIBERDADES

Seguirá, a partir daí, para o Superior Tribunal de Justiça ou mesmo para o Supremo Tribunal Federal, conforme a índole da causa, se federal ou constitucional. O *critério funcional* em nada muda o entendimento de que a competência para processar e julgar ação popular contra ato de qualquer autoridade, inclusive de tribunais, é do juízo competente de primeiro grau de jurisdição. Exemplo: em matéria estritamente eleitoral, a atribuição para processar e julgar ações populares será do juízo eleitoral de primeiro grau a que for ela distribuída.

> **Precedente:** STF, CComp 7.123/DF, Rel. Min. Celso de Mello, *DJ* de 20-5-2002, p. 35.

✧ 10.8. Sentença e coisa julgada

A sentença proferida em ação popular é *desconstitutiva* (anula o ato lesivo) e, também, *condenatória* (condena os responsáveis e beneficiários por perdas e danos).

Quanto à coisa julgada, ela opera *secundum eventum litis*.

Se for *procedente*, invalida o ato impugnado, enseja a condenação por perdas e danos, faz os réus arcarem com as despesas processuais e honorários advocatícios, atingindo a todos (coisa julgada oponível *erga omnes*). Portanto, apresenta duplo efeito — devolutivo e suspensivo (Lei n. 4.717/65, art. 19).

Se for *improcedente*, pela falta de fundamento da demanda, e depois de passar pelo duplo grau de jurisdição, o ato continua válido e com eficácia *erga omnes*.

Porém, se a sentença for improcedente, em virtude de deficiência de provas, os efeitos não atingem a todos. Haverá, apenas, coisa julgada formal. Qualquer cidadão poderá impetrá-la novamente, com idêntico fundamento, valendo-se, inclusive, de nova prova (Lei n. 4.717/65, art. 18). Do contrário, a lesividade, a ilegalidade e a imoralidade de determinados atos não poderiam ser combatidas.

✧ 10.9. Isenção de custas e ônus da sucumbência

A ação popular está isenta de custas judiciais e do ônus da sucumbência, salvo se comprovada má-fé.

> **Precedentes:** *RDA*, *107*:180, *113*:213 e *129*:290; *RTJ*, *57*:878, *73*:913 e *78*:540; *RT*, *349*:453 e *448*:90.

Busca-se, pois, evitar que, nas campanhas políticas, a ação popular sirva de ferramenta demagógica, em que o candidato acusa o seu adversário despropositadamente, na intenção de desmoralizá-lo.

Logo, a má-fé comprovada gera o ônus da sucumbência.

> **Ação rescisória e má-fé:** "Tratando-se de rescisória ajuizada contra acórdão proferido em ação popular julgada procedente, descabe a condenação dos autores desta e réus na rescisória ao pagamento dos honorários advocatícios, a menos que exsurja a iniciativa em propô-la, como configuradora de procedimento de má-fé" (STF, AgRg 1.178, Rel. Min. Marco Aurélio, *DJ* de 30-8-1996).

CAPÍTULO 15

DIREITOS SOCIAIS

✦ 1. DIREITOS SOCIAIS: NOÇÃO E FUNCIONAMENTO

Direitos sociais são as liberdades públicas que tutelam os menos favorecidos, proporcionando-lhes condições de vida mais decentes e condignas com o primado da igualdade real.

Funcionam como lídimas prestações *positivas*, de segunda geração, vertidas em normas de cunho constitucional, cuja observância é obrigatória pelos Poderes Públicos.

Tais prestações qualificam-se como *positivas* porque revelam um *fazer* por parte dos órgãos do Estado, que têm a incumbência de realizar serviços para concretizar os direitos sociais. Exemplos: serviços escolares, médico-hospitalares, assistenciais, previdenciários, desportivos etc.

Daí o Capítulo II do Título I da Carta de 1988 inaugurar-se com a locução *direitos sociais*, precisamente para enfatizar a proteção endereçada aos idosos, desempregados, portadores de deficiências, crianças e adolescentes.

✦ 2. FINALIDADE DOS DIREITOS SOCIAIS

A finalidade dos direitos sociais é beneficiar os hipossuficientes, assegurando-lhes situação de vantagem, direta ou indireta, a partir da realização da igualdade real.

Partem do princípio de que incumbe aos Poderes Públicos melhorar a vida humana, evitando tiranias, arbítrios, injustiças e abusos de poder.

Visam, também, garantir a qualidade de vida, a educação, a saúde, a alimentação, o trabalho, o lazer, a moradia, a segurança, a previdência social, a proteção à maternidade, à infância e a assistência aos desamparados.

Por isso, servem de substrato para o exercício de incontáveis direitos humanos fundamentais (arts. 5º e 7º).

✦ 3. NATUREZA DOS DIREITOS SOCIAIS

Os direitos sociais são *direitos de crédito*, pois envolvem *poderes de exigir*, por meio de prestações positivas do Estado.

Nesse sentido: Jean Rivero, *Les libertés publiques*, p. 100 e s.

Existem, entretanto, direitos sociais que, num primeiro momento, pressupõem *poderes de agir*. É o caso do direito ao lazer. Mesmo assim, quando as constituições os mencionam, fazem-no encarando-os pelo prisma do dever do Estado, ou seja, como poderes de exigir prestação concreta por parte dos Poderes Públicos. Foi nesse sentido que o constituinte dedicou uma seção ao desporto (art. 217, § 3º), atribuindo ao Estado a missão de fomentá-lo (art. 217, *caput*).

4. SUJEITO PASSIVO DOS DIREITOS SOCIAIS

A quem incumbe assegurar os direitos sociais?
Ao Estado, porque ele é o sujeito passivo dos direitos sociais.
É dever do Estado propiciar proteção à saúde (art. 196), promover a educação (art. 205), incentivar a cultura (art. 215) etc., atuando em parceria com a família e com a sociedade (art. 195).

5. CLASSIFICAÇÃO DOS DIREITOS SOCIAIS

Com base nos arts. 6º a 11 da Carta de Outubro, os direitos sociais classificam-se em:

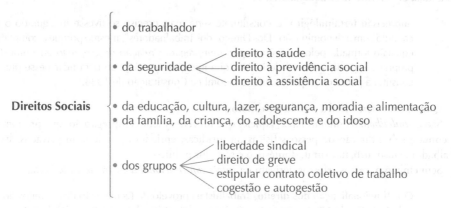

6. EFETIVIDADE E PROTEÇÃO DOS DIREITOS SOCIAIS

Aqui reside o nó górdio do assunto.
Que fazer para os direitos sociais saírem do papel?
A resposta é desanimadora. Embora o constituinte de 1988 tenha trazido mecanismos que, teoricamente, pudessem servir à proteção judicial dos direitos sociais, tais recursos mostraram-se ineficazes por inúmeros motivos. Vejam-se a ação direta de inconstitucionalidade por omissão (art. 103, § 2º) e o mandado de injunção (art. 5º, LXXI), que em nada contribuíram, de maneira sólida, até o momento.
O Estado, ao instituir os serviços públicos, com o intuito de tornar operativas as disposições definidoras de direitos sociais, oferece, apenas, uma garantia de índole institucional. Isso não é o suficiente. Só mediante profunda mudança de mentalidade para a eficácia social de tais dispositivos se realizar. Urge que nossos legisladores saiam do período da programaticidade e ingressem na fase da efetividade dos comandos constitucionais positivados. Nada adiantam promessas, programas de ação futura, normas de eficácia contida ou limitada, se os Poderes Públicos não as cumprirem plenamente, criando, para tanto, as condições necessárias. Resta, pois, que todos os segmentos da sociedade, sem distinções, cobrem a execução concreta dos preceitos constitucionais, principalmente num país de significativa inflação legislativa e de reformas inoportunas e despropositadas como o Brasil, onde tudo é nivelado por baixo e o respeito ao homem é quase inexistente.
Surge então a importância de repensar o papel que a normatividade das constituições contemporâneas representa diante do caráter jurídico das normas dependentes de regulamentação legislativa, bem como a efetividade delas no cenário constitucional dos Estados. Isso tem que ver com os direitos sociais, nem sempre cumpridos, em razão do caráter *restritivo*, e até *limitado*, presente em sua configuração.
Daí o ponto nodal de toda a discussão, isto é, se uma constituição deve incluir em seu articulado normas sobre as relações de trabalho ou se convém tratar desse tema em nível de legislação ordinária. Normas sobre prescrição, salário-maternidade, jornada de trabalho, garantia de emprego, licença-paternidade precisariam vir depositadas em textos constitucionais?

674   ◆ Uadi Lammêgo Bulos ◆

Sem dúvida, nem toda matéria deveria ser constitucionalizada.

Se é certo que não se pode determinar, *a priori*, o que deva ser o conteúdo de uma constituição, também é correto que suas normas devam obedecer a critérios seguros para a regulação concreta dos problemas e exigências sociais, precisamente para não caírem no vazio, como tem sucedido ao longo dos anos de vigência da Carta de Outubro.

✦ 7. DIREITOS SOCIAIS E DIREITOS DOS TRABALHADORES

A rubrica "Dos direitos sociais", que nomina o Capítulo II do Título I da Carta Magna, entrelaça-se com a ideia de direitos dos *trabalhadores*.

> **Imprecisão terminológica:** o constituinte seria mais preciso se tivesse inaugurado o presente capítulo com a denominação "Dos Direitos dos Trabalhadores", mesmo porque a complicadíssima equação formada pelo tripé *empregado/empregador/relação de emprego* encontra disciplina própria e específica no rol de incisos que integram o art. 7º, só para ficar nesse preceito que constitui a pedra de toque do direito laboral na Constituição de 1988.

Que *trabalhadores* desfrutam desses direitos?

São os *trabalhadores subordinados*, aqueles que nutrem vínculo empregatício, que prestam serviços por conta e sob a direção de pessoas físicas ou jurídicas, entidades públicas ou privadas. Exemplos: trabalhador avulso, urbano, rural, doméstico e servidor público.

Sem embargo, certos reflexos derivam da *tutela constitucional dos direitos trabalhistas*.

> **Constitucionalização dos direitos trabalhistas:** proveio da Declaração dos Direitos do Homem e do Cidadão de 1789, com forte influência da doutrina do contrato social (Jean-Jacques Rousseau). Logrou expressão na Carta francesa de 1848 (art. 2º, n. 13), no Manifesto Comunista (1848) e na Carta Encíclica *Rerum Novarum,* de Leão XIII (1891), documentos ideológicos de notória influência e importância. Mas foi no século XX que alcançou força, com o advento das Constituições do México (1917), da ex-União Soviética (1918) e da Alemanha de Weimar (1919). Nos nossos dias, o desfile da maioria das constituições mundiais dos últimos decênios atesta-nos que quase todas elas trazem dispositivos referentes ao trabalhador. **Exemplos:** Textos da Polônia, Lituânia, Grécia, Argentina, República Dominicana, Espanha, Equador, Portugal, Peru, Colômbia, Venezuela, China, Irlanda, Romênia, França, Rússia, Suíça etc.

Em primeiro lugar, os *direitos trabalhistas* interligam-se com os *direitos sociais*.

> **Relação entre direitos trabalhistas e direitos sociais:** integrantes dos direitos fundamentais de segunda geração, os direitos dos trabalhadores mereceram de Themístocles Brandão Cavalcanti a seguinte análise: "O começo do nosso século viu a inclusão de uma nova categoria de direitos nas declarações e, ainda mais recentemente, nos princípios garantidores da liberdade das nações e das normas da convivência internacional. Entre os direitos chamados sociais, incluem-se aqueles relacionados com o trabalho, o seguro social, a subsistência, o amparo à doença, à velhice etc." (*Princípios gerais de direito público*, p. 202). Fica, portanto, evidente a ligação entre os *direitos sociais* e os *direitos trabalhistas*. Ambos nutrem uma relação imediata, a ponto de forte e considerável parcela de estudiosos propor um *tertium genus* na divisão do *jus positum*, para incluir a denominação "Direito Social" (cf.: A. F. Cesarino Júnior e Marly A. Cardone, *Direito social*, p. 17-106).

Em segundo, a Constituição de 1988 deixou sob os auspícios do legislador a tarefa de disciplinar certas situações em que o trabalhador deve, ou não, ser beneficiário dos direitos sociais constitucionais.

Em terceiro, as normas assecuratórias de direitos sociais e trabalhistas são de ordem pública, imperativas e invioláveis. Vinculam as partes contratantes, inseridas na relação laboral, norteando a interpretação dos contratos de trabalho.

◆ Cap. 15 ◆ DIREITOS SOCIAIS 675

> ## EVOLUÇÃO DOS DIREITOS TRABALHISTAS EM NOSSAS CONSTITUIÇÕES
>
> - **Constituição de 1824** — nada previu sobre o assunto.
> - **Constituição de 1891** — assegurou, palidamente, o direito de reunião e a liberdade de exercício profissional (art. 72, §§ 8º e 24).
> - **Constituição de 1934** — inscreveu o Título IV, reservado à ordem econômica e social, sob a influência da Constituição alemã de Weimar de 1919. A partir de então, consagraram-se, no Brasil, os fundamentos constitucionais dos direitos sociais, que tiveram início com a pioneira Constituição mexicana de 1917.
> - **Constituição de 1937** — representou um retrocesso na trajetória brasileira de constitucionalização dos direitos dos trabalhadores. Afastou a Justiça do Trabalho do quadro do Poder Judiciário (art. 139), estigmatizou o direito de greve e o *lock out* (art. 139, última parte) e tolheu a atividade sindical (art. 138).
> - **Constituição de 1946** — reintegrou a Justiça do Trabalho nos quadros do Poder Judiciário (arts. 94, 122 e 123), criou o Ministério Público do Trabalho (art. 125), reconheceu o direito de greve (art. 158) e as convenções coletivas (art. 157, XIII).
> - **Constituição de 1967 (com a EC n. 1/69)** — repetiu, basicamente, o Texto de 1946, conservando o Título "Da Ordem Econômica e Social". Trouxe duas inovações polêmicas: o reconhecimento da alternatividade dos regimes jurídicos do FGTS e da estabilidade com indenização (art. 165, XIII) e o privilégio de foro da União, suas autarquias e empresas públicas nos dissídios trabalhistas (art. 110).
> - **Constituição de 1988** — a mais ambiciosa de todas. Inovou em diversos pontos. Desafiou a díade efetividade *versus* aplicabilidade. O único problema: prometeu demais, sem estipular *deveres*!

✦ 8. PREVISÃO CONSTITUCIONAL DOS DIREITOS SOCIAIS (ART. 6º)

Conforme o art. 6º da Carta de Outubro, são direitos sociais:
- a educação;
- a saúde;
- a alimentação;
- o trabalho;
- a moradia;

Inclusão da moradia: ela foi inclusa no bojo do art. 6º da *Lex Mater* pela EC n. 26/2000.

- o lazer;
- a segurança;
- a previdência social;
- a proteção à maternidade e à infância; e
- a assistência aos desamparados.

Todos esses direitos desdobram-se em outras prescrições constitucionais. **Exemplos:** arts. 196 a 203, *caput*, I e II; 205 a 214; 227 a 229 etc.

Do rol aí enunciado, merecem destaque: o *trabalho*, a *moradia*, o *lazer* e a *assistência aos desamparados*.

Trabalho, à luz do que estabelece a linguagem prescritiva do legislador constituinte, significa meio de ganhar a vida licitamente, pelo desempenho de uma atividade produtiva remunerada. Engloba o emprego.

Súmulas do STF:
- **Súmula 196** — "Ainda que exerça atividade rural, o empregado de empresa industrial ou comercial é classificado de acordo com a categoria do empregador".
- **Súmula 312** — "Músico integrante de orquestra da empresa, com atuação permanente e vínculo de subordinação, está sujeito a legislação geral do trabalho, e não à especial dos artistas".
- **Súmula 612** — "Ao trabalhador rural não se aplicam, por analogia, os benefícios previstos na Lei n. 6.367, de 19-10-1976".

A *moradia* foi inclusa entre os direitos sociais básicos pela Emenda Constitucional n. 26/2000. Pode até parecer mais uma "filigrana dos nossos legisladores", para tornar o texto da Carta Política mais parnasiano do que ele já é. Todavia, o acréscimo procurou levar em conta o fato de que poucos brasileiros têm casa própria. Mas não basta alçar o tema a nível constitucional se providências concretas não forem tomadas para efetivá-la. O importante é cumprir a *promessa*, normalmente esquecida depois de cada eleição.

Impenhorabilidade e penhorabilidade do bem de família. Posição do STF:

- **Imóvel residencial. Impenhorabilidade** — "Constitucional. Civil. Fiador: bem de família: imóvel residencial do casal ou de entidade familiar: impenhorabilidade. Lei n. 8.009/90, arts. 1º e 3º. Lei n. 8.245, de 1991, que acrescentou o inciso VII ao art. 3º, ressalvando a penhora 'por obrigação decorrente de fiança concedida em contrato de locação': sua não recepção pelo art. 6º, CF, com a redação da EC 26/2000. Aplicabilidade do princípio isonômico e do princípio de hermenêutica: *ubi eadem ratio, ibi eadem legis dispositio*: onde existe a mesma razão fundamental, prevalece a mesma regra de Direito" (STF, RE 352.940, Rel. Min. Carlos Velloso, *DJ* de 9-5-2005).

- **Fiador em contrato de locação e penhorabilidade do bem de família** — para o Supremo Tribunal Federal pode ser penhorado o bem de família pertencente a fiador em contrato de locação. Com base nesse entendimento, a Corte, por maioria de votos, negou provimento a recurso extraordinário interposto contra acórdão que desprovera agravo de instrumento do recorrente no qual impugnava decisão que, com base no art. 3º, VII, da Lei n. 8.009/90, indeferira a liberação de seu imóvel residencial, objeto de constrição em processo executivo. Entendeu-se que a penhora do bem de família do recorrente não viola o disposto no art. 6º da Carta Federal, com redação dada pela EC n. 26/2000, mas com ele se coaduna, já que é modalidade de viabilização do *direito à moradia* — o qual não deve ser traduzido, necessariamente, como o direito à propriedade imobiliária ou o direito de ser proprietário de imóvel —, porquanto, atendendo à própria *ratio legis* da exceção prevista no art. 3º, VII, da Lei n. 8.009/90, facilita e estimula o acesso à habitação arrendada, constituindo reforço das garantias contratuais dos locadores, e afastando, por conseguinte, a necessidade de garantias mais onerosas, tais como a fiança bancária. Vencidos os Ministros Eros Grau, Carlos Britto e Celso de Mello, que davam provimento ao recurso ao fundamento de que a exceção à regra da impenhorabilidade do bem de família não teria sido recepcionada pela Constituição de 1988. O Ministro Marco Aurélio fez consignar que entendia necessária a oitiva da Procuradoria-Geral da República, haja vista tratar-se de questão constitucional (STF, Pleno, RE 407.688/SP, Rel. Min. Cezar Peluso, decisão de 8-2-2006).

O *lazer* também veio inscrito como um dos direitos sociais básicos. Trata-se de outra novidade, inexistente nas Cartas brasileiras pregressas. O direito de distrair-se, de usar o tempo não reservado ao trabalho para o prazer do corpo e do espírito não vem, geralmente, expresso em ordenamentos constitucionais. Tanto é assim que não se tem notícia de sua presença no Direito Comparado. Ressalte-se, a propósito, que o direito ao lazer não se confunde com o direito ao descanso ou repouso, porque ele, diversamente dos últimos, não envolve a recuperação de forças exauridas no labor diário.

A *assistência aos desamparados* é outro direito social que ainda não foi efetivado. No plano legislativo, é bem certo, ocorreram tentativas nesse sentido. A Emenda Constitucional n. 31/2000, por exemplo, buscando combater a miséria, a marginalidade, as desigualdades sociais e regionais, instituiu o Fundo de Combate e Erradicação da Pobreza, cujo prazo de vigência foi prorrogado por tempo indeterminado pela Emenda Constitucional n. 67, de 22 de dezembro de 2010, para propiciar a todos os brasileiros acesso a níveis dignos de subsistência. Seus recursos devem direcionar-se às ações suplementares de nutrição, habitação, saúde, reforço da renda familiar, dentre outros programas de interesse social, voltados para a melhoria da qualidade de vida.

Com o advento da Emenda Constitucional n. 114, de 16-12-2021, adveio o parágrafo único do art. 6º da Carta Magna, cuja redação é clara e cristalina: "Todo brasileiro em situação de vulnerabilidade social terá direito a uma renda básica familiar, garantida pelo poder público em programa permanente de transferência de renda, cujas normas e requisitos de acesso serão determinados em lei, observada a legislação fiscal e orçamentária".

◆ Cap. 15 ◆ DIREITOS SOCIAIS   **677**

A lei aí referida no preceptivo citado é a *ordinária*, a qual também deve ser compatível com a legislação fiscal e orçamentária, atinente à matéria.

✧ 8.1. Alimentação e transporte como direitos sociais básicos: a Emenda Constitucional n. 64/2010

A Emenda Constitucional n. 64, de 4 de fevereiro de 2010, promulgada pelas Mesas da Câmara dos Deputados e do Senado, alterou o art. 6º da Constituição Federal, para incluir a **alimentação** entre os direitos sociais básicos.

Já a Emenda Constitucional n. 90, de 15 de setembro de 2015, inseriu no art. 6º o **transporte**, como direito social básico. A primeira propositora desta inserção constitucional foi a Deputada Luíza Erundina (PSB-SP), cujo objetivo foi homenagear a mobilidade urbana, haja vista a importância da locomoção nas cidades brasileiras.

Eis o teor do art. 6º: "São direitos sociais a educação, a saúde, a alimentação, o trabalho, a moradia, o transporte, o lazer, a segurança, a previdência social, a proteção à maternidade e à infância, a assistência aos desamparados, na forma desta Constituição".

Quanto à alimentação, ela passou a ser direito social, previsto na *Lex Mater*, por força da PEC 21/2001, de autoria do Senador Antônio Carlos Valadares (PSB-SE).

Certamente, o direito à alimentação, para se tornar efetivo, enfrentará os mesmos problemas que os demais direitos sociais do art. 6º da *nominal* Carta de 1988.

A rigor, nem precisaria vir enunciado, pois dessume-se de alguns preceitos constitucionais, a exemplo dos arts. 1º, III (dignidade da pessoa humana), 3º, III (erradicação da pobreza), 5º, *caput* (direito à vida), 170, *caput* (existência digna, conforme ditames de justiça social) etc.

Mas, do ponto de vista pedagógico, foi salutar incluir a alimentação na lista dos direitos sociais básicos do art. 6º, mesmo sabendo que isto não acabará com a fome no Brasil.

E, numa sociedade que se reputa civilizada, na qual alguém morre de fome, o respeito à dignidade humana, prestigiado, na forma, pelo constituinte de 1988 (art. 1º, III), desaparece por completo, pois **o mínimo direito que tem o "cidadão" é o de se alimentar**.

Paradoxalmente, "armazéns e silos espalhados pelo mundo inteiro estão abarrotados de grãos, aguardando a aceleração e alta de preços, muitos deles produzindo elevadas despesas enquanto parte das suas reservas apodrecem ou são devoradas pelas pragas, estimulando as multidões esfaimadas para apelarem para o saque, para a desordem, para a violência alucinada, em algumas circunstâncias e lugares estimulados por outros interesses, igualmente sórdidos, face à ultrajante medida dos governantes que não tomam providências preventivas nem organizam frentes de trabalho, abrindo poços e açudes para reverter a situação na primeira oportunidade, pagando condignamente o esforço rude dos trabalhadores com salários justos e através desses alimentos esquecidos" (Otávio Mangabeira, *Injustiça social e fome*, p. 1).

Que a consagração constitucional do direito de se alimentar sirva, pelo menos, como um brado contra uma das chagas remanescentes da involução e do primitivismo: a fome.

✦ 9. DIREITOS DOS TRABALHADORES URBANOS E RURAIS (ART. 7º)

Além dos direitos fundamentais gerais, previstos, difusamente, ao longo do articulado constitucional, notadamente no art. 5º, os trabalhadores urbanos e rurais encontram amparo no art. 7º da Carta de Outubro.

É engano, contudo, pensar que a extensa enumeração de direitos do mencionado art. 7º é exemplificativa, como já decidiu o Supremo Tribunal Federal.

Precedente: "Concluiu-se que o rol de garantias do art. 7º da CF não esgota a proteção aos direitos sociais" (STF, ADIn 639, Rel. Min. Joaquim Barbosa, *DJ* de 10-11-2005).

678 ♦ Uadi Lammêgo Bulos ♦

Os direitos dos trabalhadores urbanos e rurais (art. 7º), do mesmo modo que os direitos sociais (art. 6º), seguem o sistema de enumeração taxativa (*numerus clausus*).

Do contrário, abriríamos uma gama infindável de direitos, estimulando o casuísmo.

Também é inconveniente aumentar, via emenda constitucional, o leque de direitos do art. 7º, alargando, mais ainda, o que já é, notadamente, amplo.

A consagração de direitos, "sem menção expressa aos deveres", ainda quando estes se encontrem, logicamente, implícitos, fomenta crises institucionais, acarretando desemprego, fome, marginalidade e miséria, ainda mais em países, como o Brasil, de escassa formação política e educacional.

Acionar o poder reformador, em tal hipótese, afigura-se medida eivada de imprudência e demagogia, porque o catálogo de direitos trabalhistas da Carta Maior já se apresenta sobremodo farto. Não convém, pois, ser ampliado via emendas à Constituição.

O excesso de matérias constitucionalizadas apenas contribui para o declínio da atividade interpretativa, comprometendo o *sentimento constitucional.*

A seguir, transcreveremos o catálogo de direitos dos trabalhadores urbanos e rurais, previstos na Constituição de 1988 (art. 7º, I a XXXIV e parágrafo único).

I — relação de emprego protegida contra despedida arbitrária ou sem justa causa, nos termos de lei complementar, que preverá indenização compensatória, dentre outros direitos;

> **Informações adicionais:**
> * A locução *dentre outros direitos* — aspecto linguístico-formal que merece atenção é o emprego da terminologia *dentre outros direitos*. Pensamos que ela contém o seguinte significado: "além de outros direitos" ou "no meio de outros direitos". A locução foi utilizada para esclarecer que a lei complementar poderá criar, ao lado da indenização compensatória, outros direitos, desde que estejam relacionados à proteção das relações de emprego. Evidente que a criação desses direitos resume-se à seara da despedida arbitrária ou sem justa causa. Do contrário, estaríamos expandindo o alcance do inciso I, em epígrafe, que deve ser interpretado restritivamente, pois os incisos do art. 7º integram um sistema taxativo, e não exemplificativo.
> * **Convenção 158 da OIT** — muito se discutiu sobre a constitucionalidade da Convenção 158 da Organização Internacional do Trabalho (OIT). Mas o Pleno do Supremo Tribunal Federal, por maioria de votos, concluiu que uma convenção internacional não pode suprir a ausência de lei complementar, prevista na Constituição (art. 7º, I). Deferiram, parcialmente, o pedido de medida cautelar, para, em interpretação conforme à Constituição sem redução do texto, e até o final do julgamento da ação direta, afastar qualquer exegese, que, divorciando-se dos fundamentos jurídicos do voto do Relator (Ministro Celso de Mello), e desconsiderando o caráter meramente programático das normas da Convenção 158 da OIT, venha a tê-las como autoaplicáveis, desrespeitando as regras constitucionais e infraconstitucionais que disciplinam, no vigente sistema normativo brasileiro, a despedida arbitrária ou sem justa causa dos trabalhadores (STF, ADIn 1.480/DF (medida liminar), Rel. Min. Celso de Mello, decisão de 4-9-1997).
> * **Súmula 225 do STF** — "Não é absoluto o valor probatório das anotações da carteira profissional".
> * **Súmula 459 do STF** — "No cálculo da indenização por despedida injusta, incluem-se os adicionais, ou gratificações, que, pela habitualidade, se tenham incorporado ao salário".
> * **Súmula 462 do STF** — "No cálculo da indenização por despedida injusta inclui-se, quando devido, o repouso semanal remunerado".
> * **Acidente de trabalho e estabilidade** — "O Tribunal, por maioria, julgou improcedente pedido formulado em ação direta ajuizada pela Confederação Nacional da Indústria — CNI contra o *caput* do art. 118 da Lei 8.213/91, que garante a manutenção do contrato de trabalho, em caso de acidente de trabalho, pelo prazo mínimo de doze meses, após a cessação do auxílio-doença, independentemente de percepção de auxílio-acidente. Entendeu-se que o dispositivo impugnado fixa os limites de uma garantia trabalhista vinculada à ocorrência de acidente de trabalho, e não versa sobre o regime de estabilidade, razão pela qual não afronta o inciso I do art. 7º da CF, que exige lei complementar para disciplinar a proteção contra a despedida arbitrária ou sem justa causa. Ressaltou-se, também, que o acidente de trabalho é regulado, em última análise, para assegurar a dignidade do trabalhador no momento em que não possui capacidade efetiva de trabalho. Concluiu-se que o rol de garantias do art. 7º da CF não

◆ Cap. 15 ◆ DIREITOS SOCIAIS   **679**

esgota a proteção aos direitos sociais, e que o art. 188 não cria novo direito, mas apenas especifica o que a Constituição já prevê ao tratar das garantias referentes ao acidente de trabalho" (STF, ADIn 639, Rel. Min. Joaquim Barbosa, *DJ* de 10-11-2005).

- **Constitucionalidade do contrato de parceria entre salões e profissionais de beleza** — sobre esse tema, o STF fixou a seguinte tese com repercussão geral: "É constitucional a celebração de contrato civil de parceria entre salões de beleza e profissionais do setor, nos termos da Lei n. 13.352/2016. É nulo o contrato civil de parceria referido quando utilizado para dissimular relação de emprego de fato existente, a ser reconhecida sempre que se fizer presente seus elementos caracterizadores" (STF, ADI 5625, Rel. Min. Edson Fachin, Rel. para acórdão Min. Nunes Marques, j. 28-10-2021).

II — seguro-desemprego, em caso de desemprego involuntário;

Informações adicionais:
- **Noção** — seguro-desemprego é o benefício previdenciário conferido à classe trabalhadora urbana e rural em caso de desemprego involuntário, sendo financiado pelo Programa de Integração Social e pelo Programa de Formação do Patrimônio do Servidor Público — PIS/PASEP (CF, art. 239).
- **Finalidade** — garantir a assistência financeira temporária ao desempregado, matéria esta que deve observar o disposto na Lei n. 13.467, de 13-7-2017, em especial os arts. 443 e 484-A. Trata-se da "reforma trabalhista", que alterou a Consolidação das Leis do Trabalho (CLT), para adequar a legislação às novas relações laborais. Seu requerimento tramita na Caixa Econômica Federal, no Ministério do Trabalho ou no Sistema Nacional de Emprego (SINE), em formulário próprio, no prazo de sete a cento e vinte dias, observada a data de dispensa do trabalhador.
- **A quem se concede o seguro-desemprego** — a quem tiver sido dispensado sem justa causa; quem tiver trabalhado pelo menos seis meses nos últimos trinta e seis meses; quem não possuir renda própria para o seu sustento e da sua família; quem não tiver qualquer outro benefício previdenciário, exceto abono de permanência no serviço, pensão por morte ou auxílio-acidente.
- **Desemprego involuntário** — é aquele que independe da vontade, direta ou indireta, do empregado. Verifica-se na hipótese de inexistir pedido de demissão ou aposentadoria voluntária. É, portanto, uma declaração unilateral e receptícia de vontade, com vistas a fazer cessar o contrato de trabalho. Nele inexiste manifestação volitiva do empregado de deixar a atividade que exerce. O ordenamento condiciona a obtenção do seguro-desemprego à existência do desemprego voluntário, para impedir o empregador de dispensar o empregado (ou mitigar os prejuízos por este sofridos) através de hipóteses inadmitidas pelas fontes formais do direito trabalhista.

III — fundo de garantia do tempo de serviço;

Informações adicionais:
- **Noção de FGTS** — é o pecúlio acumulado, espécie de reserva do trabalhador, poupança particular, com o fito de suprir despesas excepcionais não acobertadas pelo salário (doenças graves, aquisição de casa própria etc.). É, em si mesmo, uma massa de recursos, sem lograr personalidade própria. Envolve um complexo de depósitos em contas bancárias de que são titulares os empregados, cuja responsabilidade fica a cargo dos empregadores. Brota das relações individuais de emprego, as quais clamam pela existência de um patrimônio retributivo da energia investida em favor da empresa, para assegurar a compensação do tempo de serviço prestado pelo trabalhador a uma ou mais empresas. Em última análise, visa propiciar recursos à Caixa Econômica Federal para a realização da política habitacional do governo.
- **Súmula 215 do STF** — "Conta-se a favor de empregado readmitido o tempo de serviço anterior, salvo se houver sido despedido por falta grave ou tiver recebido a indenização legal".
- **Natureza estatutária do FGTS** — "O Fundo de Garantia por Tempo de Serviço (FGTS), ao contrário do que sucede com as cadernetas de poupança, não tem natureza contratual, mas, sim, estatutária, por decorrer da Lei e por ela ser disciplinado. Assim, é de aplicar-se a ele a firme jurisprudência desta Corte no sentido de que não há direito adquirido a regime jurídico" (STF, RE 226.855, Rel. Min. Moreira Alves, *DJ* de 13-10-2000).
- **Súmula 210 do STJ** — "A ação de cobrança das contribuições para o FGTS prescreve em 30 (trinta) anos".

680

- **Súmula 362 do TST** — "É trintenária a prescrição do direito de reclamar contra o não recolhimento da contribuição para o FGTS, observado o prazo de dois anos após o término do contrato de trabalho" (redação dada pela Resolução TST n. 121, de 28-10-2003).

IV — salário mínimo, fixado em lei, nacionalmente unificado, capaz de atender a suas necessidades vitais básicas e às de sua família com moradia, alimentação, educação, saúde, lazer, vestuário, higiene, transporte e previdência social, com reajustes periódicos que lhe preservem o poder aquisitivo, sendo vedada sua vinculação para qualquer fim;

> **Informações adicionais:**
>
> - **Fixação salarial só por lei** — não há outra fonte do direito apta para fixar o salário mínimo senão a lei. Ela é o veículo normativo, com vigência em todo o território nacional, que encerra a participação do Congresso na definição do montante devido à contraprestação de um serviço.
> - **Unificação nacional** — o Texto de 1988 inovou nesse particular, e inovou mal, ao firmar que o salário mínimo deve ser nacionalmente unificado. Antes não era assim, pois se levava em conta a realidade de cada região (EC n. 1/69, art. 165, I). E estava correto, pois o custo de vida varia de região para região.
> - **Reajuste periódico** — visa melhorar o poder aquisitivo do trabalhador em face do processo inflacionário.
> - **Distinção entre salário mínimo regional e piso salarial** — o salário mínimo, nos termos do art. 7º, IV, da CF, tem valor único, já que as necessidades vitais básicas do trabalhador e de sua família não variam de acordo com a região do país, não sendo possível, assim, que cada Estado-membro o fixe por lei própria. Já o piso salarial, do inciso V do mesmo art. 7º, ao se referir à respectiva extensão e complexidade, agasalha a consideração do próprio trabalho desenvolvido. Daí a União, partindo dessa premissa, ter editado a Lei Complementar n. 103/2000, autorizando os Estados e o Distrito Federal a instituírem, por meio de lei de iniciativa do Poder Executivo, piso salarial para os empregados que não o tivessem definido em lei federal, convenção ou acordo coletivo de trabalho (ADPF 151 MC/DF, Rel. orig. Min. Joaquim Barbosa, red. p/ o acórdão Min. Gilmar Mendes, j. em 2-2-2011).
> - **Súmula 203 do STF** — "Não está sujeita à vacância de 60 (sessenta) dias a vigência de novos níveis de salário mínimo".
> - **Súmula 204 do STF** — "Tem direito o trabalhador substituto, ou de reserva, ao salário mínimo no dia em que fica à disposição do empregador sem ser aproveitado na função específica; se aproveitado, recebe o salário contratual".
> - **Súmula 207 do STF** — "As gratificações habituais, inclusive a de natal, consideram-se tacitamente convencionadas, integrando o salário".
> - **Súmula 465 do STF** — "O regime de manutenção de salário, aplicável ao (IAPM) e ao (IAPETC), exclui a indenização tarifada na lei de acidentes do trabalho, mas não o benefício previdenciário".
> - **Salário mínimo e vinculação proibida** — "A razão de ser da parte final do inciso IV, do artigo 7º, da Carta Federal ('vedada a vinculação para qualquer fim') é evitar que interesses estranhos aos versados na norma constitucional venham a ter influência na fixação do valor mínimo a ser observado" (STF, RE 197.072, Rel. Min. Marco Aurélio, *DJ* de 8-6-2001). No mesmo sentido: STF, RE 426.063/SC, *DJU* de 6-8-2004; STF, RE 433.248/SC, *DJU* de 9-3-2005.
> - **Indenização vinculada a salário mínimo** — "O que a Constituição veda, art. 7º, IV, é a fixação do *quantum* da indenização em múltiplo de salários mínimos. Precedente: STF — RE 225.488/PR, Moreira Alves. A indenização pode ser fixada, entretanto, em salários mínimos, observado o valor deste na data do julgamento. A partir daí, esse *quantum* será corrigido por índice oficial" (STF, RE 409.427-AgRg, Rel. Min. Carlos Velloso, *DJ* de 2-4-2004).
> - **Adicional de insalubridade vinculado a salário mínimo** — o adicional de insalubridade não pode ser vinculado ao salário mínimo, algo que contraria o disposto no art. 7º, IV, da Constituição. Esse é o posicionamento do STF em várias assentadas (STF, AgI 499.211-AgRg, Rel. Min. Sepúlveda Pertence, *DJ* de 6-8-2004; STF, AgI 339.054-AgRg, *DJ* de 4-4-2003).

◆ Cap. 15 ◆ **DIREITOS SOCIAIS** **681**

- **Multa administrativa vinculada a salário mínimo** — é inconstitucional tal vinculação, porque fere a parte final do inciso IV do art. 7º do Texto Maior (STF, RE 237.965, Rel. Min. Moreira Alves, *DJ* de 31-3-2000).
- **Dano moral e vinculação a salário mínimo** — é inconstitucional fixar o valor da indenização por danos morais tomando como base o salário mínimo (STF, RE 225.488, Rel. Min. Moreira Alves, *DJ* de 16-6-2000).
- **Insuficiência do valor do salário mínimo** — "A insuficiência do valor correspondente ao salário mínimo — definido em importância que se revele incapaz de atender as necessidades vitais básicas do trabalhador e dos membros de sua família — configura um claro descumprimento, ainda que parcial, da Constituição da República" (STF, ADIn 1.442, Rel. Min. Celso de Mello, *DJ* de 29-4-2005).

V — piso salarial proporcional à extensão e à complexidade do trabalho;

Informações adicionais:
- **O que é piso salarial** — é o valor mínimo garantido ao trabalhador, fixado por lei, convenção coletiva ou sentença normativa. Trata-se de instituto integrante do sistema de proteção ao salário das categorias profissionais e das profissões regulamentadas (médicos, engenheiros, advogados etc.).
- **Pioneirismo da Carta de Outubro** — a Constituição de 1988 foi a primeira que consagrou o piso salarial. Ao inovar sobremaneira o ordenamento constitucional positivo, teve em vista as negociações salariais de inúmeras categorias ou atividades profissionais organizadas.
- **Lei Complementar n. 103, de 14-7-2000** — autoriza os Estados e o Distrito Federal a instituir o piso salarial a que se refere este inciso, por aplicação do disposto no parágrafo único do art. 22 da Constituição Federal.
- **ADI e piso salarial estadual** — Lei estadual não detém competência para usurpar a esfera de atribuições constitucionais privativas da União, para legislar sobre Direito do Trabalho (CF, art. 22, I e parágrafo único). Com base nesse entendimento, o Plenário do Supremo Tribunal Federal, em apreciação conjunta de duas ações diretas, julgou, por maioria, procedente, em parte, pedido formulado pela Confederação Nacional do Comércio de Bens, Serviços e Turismo — CNC e pela Confederação Nacional da Indústria — CNI (STF, ADI 4.375/RJ e ADI 4.391/RJ, Rel. Min. Dias Toffoli, j. em 2-3-2011).
- **Piso salarial estadual e liberdade sindical** — o Supremo Tribunal Federal reconheceu ofensa ao princípio constitucional da liberdade sindical (CF, art. 8º, I), declarando a inconstitucionalidade da expressão "com a participação do Governo do Estado de Santa Catarina", contida no parágrafo único do art. 2º da Lei Complementar n. 459/2009. A norma impugnada prescrevia que a atualização dos pisos salariais seria objeto de negociação coletiva entre as entidades sindicais dos trabalhadores e empregadores, com a participação do governo estadual (STF, ADI 4.364/SC, Rel. Min. Dias Toffoli, j. em 2-3-2011).

VI — irredutibilidade do salário, salvo o disposto em convenção ou acordo coletivo;

Informações adicionais:
- **Princípio da irredutibilidade salarial** — novidade proveniente da Carta de 1988, tal princípio busca proteger o valor nominal do salário. É que o valor real sempre sofre diminuições pelo processo inflacionário. Daí o Poder Judiciário, predominantemente, não acatar a tese da recomposição automática dos salários.
- **Exceção ao princípio** — o princípio da irredutibilidade do salário pode ser excepcionado pelas convenções ou acordos coletivos. Quando dispuserem sobre redução salarial, inclusive como forma de administrar crises, viabilizando a própria garantia do emprego, serão perfeitamente admitidas pela ordem constitucional. Essas convenções revestem-se na forma consensual, pois estimulam a livre participação das classes representativas dos interesses trabalhistas.
- **Possibilidade de redução de salários por acordo individual em virtude de pandemia** — o Plenário do Supremo Tribunal Federal, por maioria de votos, manteve a eficácia da Medida Provisória n. 936/2020, que autorizou a redução da jornada de trabalho e do salário ou a suspensão temporária do contrato de trabalho por meio de acordos individuais em razão do coronavírus. Não é preciso qualquer anuência dos sindicatos da categoria (STF, ADI 6363, Rel. Min. Ricardo Lewandowski, j. 17-4-2020).

682 ♦ Uadi Lammêgo Bulos ♦

VII — garantia de salário, nunca inferior ao mínimo, para os que percebem remuneração variável;

Informações adicionais:

- **Não é obrigatório pagar gorjetas** — "A gorjeta, porque recebida de terceiros, não constitui espécie de remuneração variável de que cogita o art. VII, da Carta Magna, e tampouco a Lei 8.716 de 1993 a ela contempla" (TST, 3ª T., RR 118.543/MG, Rel. Min. Roberto Della Manna, *DJ*, 1, de 23-6-1995, p. 19739).

- **Impossibilidade de desconto em salários de professores públicos** — dias parados em virtude de greve realizada por professores da rede pública de ensino não são suscetíveis de desconto, mesmo porque este serviço poderá ser prestado futuramente, por meio de reposição das aulas. Salário é verba alimentar, cujo pagamento é garantia constitucional (CF, arts. 7º, VII, e 39, § 3º) (STF, RCL — medida liminar 21040/SP, Rel. Min. Ricardo Lewandowski, j. 1º-7-2015).

VIII — décimo terceiro salário com base na remuneração integral ou no valor da aposentadoria;

Informações adicionais:

- **Novidade no plano constitucional** — no passado, o décimo terceiro salário só vinha previsto na legislação ordinária. Inovando, o Texto de 1988 o elevou a nível constitucional, colocando--o na base da remuneração integral, para o trabalhador na ativa, e do valor da aposentadoria, para o aposentado.

- **Amplitude da garantia** — o décimo terceiro salário é garantido ao empregado, ao avulso, ao doméstico e ao aposentado. Tem como base de cálculo a remuneração integral ou o valor da aposentadoria.

- **Súmula 207 do STF** — "As gratificações habituais, inclusive a de Natal, consideram-se tacitamente convencionadas, integrando o salário".

IX — remuneração do trabalho noturno superior à do diurno;

Informações adicionais:

- **Constitucionalização do trabalho noturno** — justifica-se pelos efeitos que ele pode causar à vida do empregado. Daí a Constituição determinar que a remuneração do labor noturno deve ser superior ao diurno, pois até a vida familiar do indivíduo fica prejudicada em decorrência dos efeitos nocivos que esse tipo de atividade normalmente enseja.

- **Espécie de indenização pelo serviço prestado** — a garantia constitucional em causa nada tem que ver com aumento salarial, mas sim uma espécie de indenização pelo serviço prestado em condições prejudiciais ao trabalhador.

- **Art. 73, § 1º, da CLT** — o art. 7º, IX, da Carta Maior, não revogou o art. 73, § 1º, da CLT, que estabelece a hora de trabalho noturno em cinquenta e dois minutos e trinta segundos. **Nesse sentido:** TST, 3ª T., RR 161.685/PR, Rel. Min. Roberto Della Manna, decisão de 6-12-1995, *DJ*, 1, de 23-2-1996, p. 3759.

- **Súmula 213 do STF** — "É devido o adicional de serviço noturno, ainda que sujeito o empregado ao regime de revezamento".

- **Súmula 214 do STF** — "A duração legal da hora de serviço noturno (52 minutos e 30 segundos) constitui vantagem suplementar que não dispensa o salário adicional".

- **Súmula 313 do STF** — "Provada a identidade entre o trabalho diurno e o noturno, é devido o adicional, quanto a este, sem a limitação do art. 73, § 3º, da Consolidação das Leis do Trabalho, independentemente da natureza da atividade do empregador".

- **Súmula 402 do STF** — "Vigia noturno tem direito a salário adicional".

X — proteção do salário na forma da lei, constituindo crime sua retenção dolosa;

Informações adicionais:

- **O que é retenção dolosa do salário** — é o ato pelo qual o devedor deixa de pagar ao trabalhador a importância que lhe é devida. Trata-se de uma manifestação livre da vontade, pela qual ocorre o inadimplemento de uma obrigação que é devida ao seu respectivo titular.

◆ Cap. 15 ◆ DIREITOS SOCIAIS   **683**

- **Pioneirismo do Texto de 1988** — antes a criminalização da retenção dolosa do salário não vinha regulamentada em nível constitucional.
- **Descontos a seguro de vida** — "No popular, assiste razão à recorrente, pois esta egrégia Turma tem entendimento de que os descontos a seguro de vida em grupo, em face das disposições contidas no art. 462 da CLT, não devem ser efetuados, ante a ausência de previsão legal e em face da intangibilidade dos salários assegurados pela atual Constituição Federal, que, no art. 7º, X, capitula como sendo passível de punição criminal a retenção do salário do trabalhador" (TST, 3ª T., RR 36.514/SC, Rel. Min. José Calixto Ramos, decisão de 18-5-1992, *DJ*, 1, de 26-6-1992, p. 10224).
- **Normas recepcionadas pelo art. 7º, X** — arts. 487, § 2º, e 767 da CLT, bem como a Lei n. 4.749/65. Assim a retenção ou compensação, previstas na legislação, continuam em vigor, porque: **(i)** a Constituição não proíbe a retenção justa e legal; apenas deixa a cargo da lei ordinária a missão de estipular os fundamentos auferidores da retenção criminosa, que, aliás, coincide com a apropriação indébita (CP, art. 168); **(ii)** todas as formas de retenção legalmente permitidas são válidas até quando for criada lei ordinária para tipificar quais são as hipóteses em que as retenções devem ser tidas como delituosas.

XI — participação nos lucros, ou resultados, desvinculada da remuneração, e, excepcionalmente, participação na gestão da empresa, conforme definido em lei;

Informações adicionais:
- **Participação nos lucros** — é o método remuneratório que assegura ao beneficiário um percentual da parcela fixada dos lucros obtidos nos empreendimentos econômicos da empresa.
- **Cogestão** — é a mera participação de trabalhadores externos à empresa, por intermédio de delegados, comissões ou representações. É típica do capitalista.
- **Autogestão** — os trabalhadores estão inseridos na empresa. Trata-se de instituição própria do socialismo, que detém o controle da atividade econômica e dos meios de produção.
- **Ressalva constitucional** — a participação do trabalhador na gestão da empresa só ocorrerá em casos excepcionais. Isso significa que caberá à lei ordinária qualificar as hipóteses concretas que deverão ser tidas como excepcionais. O fato é, mais uma vez, desanimador, porque, de um lado, o constituinte remete a disciplina da matéria a uma suposta normação ulterior; de outro, o legislador infraconstitucional se demite de seu dever específico de legislar sobre assunto de relevante alcance social. Lembre-se que a Lei n. 10.101, de 19-12-2000, não definiu esses casos excepcionais.
- **Súmula 209 do STF** — "O salário-produção, como outras modalidades de salário-prêmio, é devido, desde que verificada a condição a que estiver subordinado, e não pode ser suprimido unilateralmente, pelo empregador, quando pago com habitualidade".
- **Participação dos empregados na gestão da empresa** — "Admitida, com base no art. 7º, XI, CF, parece que, na eleição do representante, o sufrágio deve ser concedido apenas aos empregados em atividade, não aos inativos" (STF, ADIn 2.296-MC, Rel. Min. Sepúlveda Pertence, *DJ* de 23-2-2001).

XII — salário-família pago em razão do dependente do trabalhador de baixa renda nos termos da lei;

Informações adicionais:
- **Redação da EC n. 20/98** — o inciso XII, cuja eficácia é contida, apenas trazia a frase — "salário-família para os seus dependentes". A redação dada pela EC n. 20/98 esclareceu pontos omissos, pois, pela sistemática constitucional, o salário-família corrobora uma espécie de remuneração para atender às necessidades básicas da família do trabalhador, complementando o salário mínimo. Possui índole previdenciária, servindo para ajudar os encargos familiares do empregado, uma vez que o doméstico e o avulso não gozam desse benefício.
- **Utilidade do salário-família. Polêmica doutrinária** — alguns propugnam que o benefício já vem incluído no próprio salário mínimo, insurgindo daí o caráter redundante e despiciendo de sua constitucionalização, pois teríamos uma duplicidade de obrigações para o mesmo objetivo (Octavio Bueno Magano, *As novas tendências do direito do trabalho*, p. 42). Outros nem consideram o salário-família um autêntico salário, no sentido legal do termo, porque ele

684   ◆ Uadi Lammêgo Bulos ◆

não se identifica com nenhuma das características inerentes aos pagamentos de natureza salarial, contraprestativos ou não, vinculados ao contrato individual de trabalho (Amauri Mascaro Nascimento, *Direito do trabalho na Constituição de 1988*, p. 194).

XIII — duração do trabalho normal não superior a oito horas diárias e quarenta e quatro semanais, facultada a compensação de horários e a redução da jornada, mediante acordo ou convenção coletiva de trabalho;

Informações adicionais:
* **Compensação de jornadas** — esse tema foi profundamente modificado com o deslocamento para a área da negociação coletiva. Passou a ser quadrimestral, com autorização da Lei n. 9.601/98, para a instalação do *banco de horas*.
* **Lei n. 9.601, de 21-1-1998** — dispõe sobre o contrato de trabalho por prazo determinado e dá outras providências.
* **Apuração do salário-hora** — "A apuração do salário-hora, para efeito de cálculo da hora extraordinária, há de ser feita, no caso do trabalhador mensalista, mediante a divisão do salário por 220, e não por 240" (STF, RE 325.550, Rel. Min. Sepúlveda Pertence, *DJ* de 5-4-2002).
* **Pagamento de horas excedentes** — "Se a lei faculta a compensação de horário e a redução da jornada, mediante acordo — art. 7º, XIII, da Constituição Federal —, não cabe o pagamento das horas excedentes da oitava diária, desde que não desrespeitado o limite de quarenta e quatro horas semanais, como na presente hipótese" (TST, 5ª T., RR 168.498/SC, Rel. Min. Antonio Maria Thaumaturgo, decisão de 19-12-1995, *DJ*, 1, de 15-3-1996, p. 7421).

XIV — jornada de seis horas para o trabalho realizado em turnos ininterruptos de revezamento, salvo negociação coletiva;

Informações adicionais:
* **Turnos ininterruptos de revezamento** — "A nova Carta Política, através de seu art. 7º, XIV, estabelece uma jornada especial de seis horas a todos os trabalhadores submetidos ao sistema de turnos ininterruptos de revezamento, sem qualquer sujeição do setor profissional onde atuam, assegurando a continuidade destes, independentemente da forma de repouso — dia fixo ou alternado —, sem exigir os quinze minutos de intervalos, mas apenas fixando quatro turnos de vinte e quatro horas diárias. Assim sendo, a existência de um intervalo mínimo interjornada para alimentação e repouso, bem como o fato de o descanso semanal remunerado recair sobre um dia fixo, não descaracterizam a jornada especial suprarreferida. Entender contrariamente seria uma incongruência, porque os únicos turnos sem interrupção para refeição e repouso são exatamente os de seis horas previstos no art. 71, § 1º, da CLT, aos quais foi garantido um intervalo de quinze minutos" (TST, 5ª T., RR 165.875/MG, Rel. Min. Armando de Brito, decisão de 19-12-1995, *DJ*, 1, de 22-3-1996, p. 8508). **Posição do STF** — "A expressão 'ininterrupto' aplica-se a turnos, pois são eles que podem ser ininterruptos. Intraturno não há interrupção, mas suspensão ou, como nominado pela CLT, intervalo. A ininterrupção do texto constitucional diz com turnos entre si. Nada com as suspensões ou intervalos intraturnos. São os turnos que devem ser ininterruptos e não o trabalho da empresa. Circunscreve-se a expressão 'turno' aos segmentos das 24 horas, pelo que se tem como irrelevante a paralisação coletiva do trabalho aos domingos (...). Não é a duração do intervalo, se de 15 minutos, de uma ou de duas horas, que determina a duração da jornada. É o inverso. É a duração da jornada que determina o tamanho do intervalo: se de 15 minutos, de uma hora ou mais" (STF, RE 205.815, Rel. Min. Nelson Jobim, *DJ* de 2-10-1998).
* **Súmula 213 do STF** — "É devido o adicional de serviço noturno, ainda que sujeito o empregado ao regime de revezamento".
* **Súmula 675 do STF** — "Os intervalos fixados para descanso e alimentação durante a jornada de seis horas não descaracterizam o sistema de turnos ininterruptos de revezamento para o efeito do art. 7º, XIV, da Constituição".

XV — repouso semanal remunerado, preferencialmente aos domingos;

Informações adicionais:
* **Repouso hebdomadário** — é o repouso semanal remunerado, de vinte e quatro horas, preferencialmente aos domingos. Já estava previsto na Carta de 1946 (art. 157, VI). Supresso pelo Texto de 1967, retorna em 1988. Tem origem religiosa, estendendo-se nos feriados.

◆ Cap. 15 ◆ DIREITOS SOCIAIS 685

- **Repouso semanal** — Lei n. 605, de 5-1-1949; Decreto n. 27.048, de 12-8-1949; CLT (arts. 67 a 70).
- **Súmula 201 do STF** — "O vendedor-pracista, remunerado mediante comissão, não tem direito ao repouso semanal remunerado".
- **Súmula 461 do STF** — "É duplo, e não triplo, o pagamento do salário nos dias destinados a descanso".
- **Súmula 146 do TST** — "O trabalho prestado em domingos e feriados, não compensado, deve ser pago em dobro, sem prejuízo da remuneração relativa ao repouso semanal" (redação dada pela Resolução TST n. 121, de 28-10-2003).
- **Súmula 462 do STF** — "No cálculo da indenização por despedida injusta inclui-se, quando devido, o repouso semanal remunerado".
- **Súmula 464 do STF** — "No cálculo da indenização por acidente do trabalho inclui-se, quando devido, o repouso semanal remunerado".
- **O repouso aos domingos é *preferencial*** — "A Constituição não faz absoluta a opção pelo repouso aos domingos, que só impôs 'preferentemente'; a relatividade daí decorrente não pode, contudo, esvaziar a norma constitucional de preferência, em relação à qual as exceções, sujeitas à razoabilidade e objetividade dos seus critérios, não pode converter-se em regra, a arbítrio unicamente de empregador" (STF, ADIn 1.675-MC, Rel. Min. Sepúlveda Pertence, *DJ* de 19-9-2003).
- **Jornada de seis horas** — "É obrigatória a jornada de seis horas, no caso de o empregado trabalhar em turnos ininterruptos de revezamento e a atividade da empresa ser contínua, cumprindo os trabalhadores horários em turnos diversos e escalonados" (TST, 4ª T., RR 48.396/MG, Rel. Min. Almir Pazzianotto Pinto, decisão de 14-12-1992, *DJ*, 1, de 12-3-1993, p. 3683).

XVI — remuneração do serviço extraordinário superior, no mínimo, em cinquenta por cento à do normal;

Informações adicionais:
- **Flexibilização e desregulamentação do direito do trabalho** — a Constituição de 1988, com esse inciso XVI, trouxe à baila um dos pontos mais tormentosos e sensíveis da relação individual de emprego. Ao fazê-lo esboçou uma nova linha programática, abrindo ensanchas para discussão de grande amplitude, qual seja, a tendência mundial para a flexibilização do direito do trabalho e a sua consequente desregulamentação. Dados os limites objetivos dessas anotações, não nos compete aqui adentrar nesse particular. Porém, cumpre dizer que a presença do trabalho extraordinário (não as horas extras que dele resultam) entrou em nosso Direito Constitucional Positivo com a Carta de 1934 (art. 121, § 1º), mantendo-se nas Constituições subsequentes de 1937 (art. 137, *i*), 1946 (art. 157, V) e 1967 (art. 158), com a sua Emenda Constitucional n. 1/69 (art. 165).
- **Horas extras e salário-produção** — "O direito à remuneração do trabalho extraordinário é compatível com o sistema de trabalho por produção, conferindo-se ao empregado as horas excedentes como extras (art. 7º, XVI, da CF/88)" (TST, 2ª T., RR 149.250/SP, Rel. Min. João Tezza, decisão de 4-10-1995, *DJ*, 1, de 1º-12-1995, p. 41916).

XVII — gozo de férias anuais remuneradas com, pelo menos, um terço a mais do que o salário normal;

Informações adicionais:
- **Férias anuais remuneradas** — a constitucionalização dessa matéria adveio da praxe de algumas empresas pagarem aos seus empregados um acréscimo na remuneração de férias. José Augusto Rodrigues Pinto, seguindo o entendimento jurisprudencial, considera "devido esse acréscimo, proporcionalmente, quando o empregado deixar de completar período aquisitivo por ato imotivado do empregador. Do mesmo modo será devido em dobro para as férias não concedidas no período reservado ao empregador" (*Curso de direito individual do trabalho*, p. 414).
- **Férias não gozadas — Pretensão de recebimento. Posição do STF** — "O direito introduzido na Constituição de receber férias acrescidas de um terço (art. 7º, XVII) veio a ser positivado somente a partir de 5 de outubro de 1988, não podendo alcançar situações que se consideram em data anterior à sua vigência, quando inexistia norma jurídica que o impusesse, sob pena

686 ◆ Uadi Lammêgo Bulos ◆

de emprestar-lhe efeito retroativo. Os preceitos de uma nova Constituição, salvo situações excepcionais expressamente previstas no texto da Lei Fundamental, aplicam-se, imediatamente, com eficácia *ex nunc*" (STF, 1ª T., AgRg 152.578/SP, Rel. Min. Ilmar Galvão, decisão de 16-8-1994, *DJ*, 1, de 24-3-1995, p. 6809).

- **Férias coletivas ou licença remunerada** — "O fato de haver licença remunerada de trinta dias ou a concessão de férias coletivas, afastando o direito do empregado ao gozo de férias posteriores, não afasta o direito ao recebimento do adicional de um terço previsto na atual Constituição Federal" (TST, 2ª T., RR 96.339/SP, Rel. Min. Vantuil Abdala, decisão de 2-2-1995, *DJ*, 1, de 10-3-1995, p. 5088).
- **Servidor público aposentado. Férias. Acréscimo de um terço** — "Servidor público aposentado não tem direito, obviamente, ao gozo de férias" (STF, ADIn 2.579, Rel. Min. Carlos Velloso, *DJ* de 26-9-2003).
- **Súmula 198** — "As ausências motivadas por acidente do trabalho não são descontáveis do período aquisitivo das férias".
- **Súmula 199** — "O salário das férias do empregado horista corresponde à média do período aquisitivo, não podendo ser inferior ao mínimo".
- **Súmula 200** — "Não é inconstitucional a Lei n. 1.530, de 26-12-1951, que manda incluir na indenização por despedida injusta parcela correspondente a férias proporcionais".

XVIII — licença à gestante, sem prejuízo do emprego e do salário, com a duração de cento e vinte dias;

- **Tutela constitucional dos direitos da gestante** — com a Carta de 1934 (art. 121, § 1º, *h*), inaugurou-se no Brasil a *tutela constitucional dos direitos da gestante*, possibilitando o afastamento das obrigações oriundas do contrato de trabalho, com total garantia de remuneração, proibindo prejuízos ao emprego, dentro de prazo previamente estipulado.
- **Duração do descanso remunerado** — o descanso remunerado da gestante possui duração de cento e vinte dias. No regime anterior era de noventa dias.
- **Salário-maternidade** — concede-se o salário-maternidade à empregada, à trabalhadora avulsa e à doméstica, antes e depois do parto, estando vedada a despedida arbitrária ou sem justa causa.
- **Autoaplicabilidade do art. 7º, XVIII. Precedente** — TST, 2ª T., RR 40.528/SP, Rel. Min. Francisco Leocadio, decisão de 27-11-1992, *DJ*, 1, de 18-12-1992, p. 24610.
- **Temporariedade do contrato** — "À duração por prazo certo do contrato sobrevém gravidez que a Constituição protege com licença por 120 dias — CF, art. 7º, VIII — que não protege a mulher-trabalhadora, mas ao nascituro e ao infante. Por isso, a temporariedade do contrato não prejudica a percepção da licença à gestante, se os últimos 120 dias da gestação têm início ainda na vigência do contrato" (STF, RE 287.905, Voto vista do Min. Carlos Velloso em 27-6-2005).
- **Lei n. 11.770, de 9-9-2008** — criou o Programa Empresa Cidadã, destinado à prorrogação da licença-maternidade mediante concessão de incentivo fiscal, alterando a Lei n. 8.212, de 24-7-1991, e seu regulamento, **Decreto n. 7.052**, de 23-12-2009.

XIX — licença-paternidade, nos termos fixados em lei;

- **Fundamento da licença-paternidade** — sem similar no Direito estrangeiro, a licença-paternidade constitui uma forma de proteger a maternidade. Funciona, portanto, como direito-meio, com vistas a alcançar o direito-fim, qual seja, o de permitir que o pai do nascido se afaste do serviço por alguns dias, para ajudar a mulher nos cuidados com o novo filho e nas tarefas do lar, cuja normalidade sofre alterações com o nascimento da criança.
- **Prazo de cinco dias para concessão** — a licença-paternidade, que não estava prevista nas constituições passadas, até hoje não foi regulamentada. Logo, continua vigorando o mandamento previsto no art. 10, § 1º, do Ato das Disposições Constitucionais Transitórias, que fixou o prazo de cinco dias para a concessão do benefício, o qual equipara os trabalhos masculino e feminino, rompendo os grilhões da discriminação e aproximando os custos provenientes do aumento da família.

♦ Cap. 15 ♦ DIREITOS SOCIAIS **687**

XX — proteção do mercado de trabalho da mulher, mediante incentivos específicos, nos termos da lei;

Informações adicionais:

- **Objetivo do preceito** — com esse inciso, de eficácia contida, o constituinte de 1988 pretendeu vincular o legislador infraconstitucional, compelindo-o a emitir comandos normativos para regular as formas de proteção ao mercado de trabalho da mulher, através, v. g., de incentivos fiscais, facilitando o acesso e a garantia de emprego.

XXI — aviso prévio proporcional ao tempo de serviço, sendo no mínimo de trinta dias, nos termos da lei;

Informações adicionais:

- **Aviso prévio** — é o lapso temporal que vai da comunicação do término do vínculo empregatício até a sua concretização.
- **Condições de aplicabilidade** — o inciso XXI possui eficácia contida no que concerne à proporcionalidade ao tempo de serviço. Porém, no tocante ao prazo mínimo de trinta dias, o preceito está apto para surtir efeitos plenos. Por esse raciocínio, encontra-se derrogado o prazo de oito dias, disposto no art. 487, I, da CLT, para os empregados que recebem remuneração semanal ou de periodicidade inferior. Vale lembrar que o preceito em comento foi regulado pela Lei n. 12.506, de 11 de outubro de 2011, publicada no *Diário Oficial da União* de 13 de outubro de 2011, que dispôs sobre o aviso prévio, dando outras providências.
- **Aplicabilidade da lei do aviso prévio ao mandado de injunção em trâmite no STF** — por unanimidade de votos, o Supremo Tribunal Federal concluiu que a regra que disciplina o pagamento de aviso prévio, estatuída na Lei n. 12.506, de 11 de outubro de 2011, deve ser aplicada a outros casos em andamento na Corte. Disposto no art. 7º, XXI, da Constituição Federal, o valor do aviso prévio encontrava-se pendente de regulamentação até a edição da Lei n. 12.506/2011. Durante esse período, vários mandados de injunção foram ajuizados no Supremo para discutir a mora legislativa. O certo é que prevaleceu o entendimento da aplicabilidade da Lei n. 12.506/2011 aos mandados de injunção ajuizados antes de sua edição e cujos julgamentos, muito embora iniciados, foram suspensos. Em seu voto, o Relator, Min. Gilmar Mendes, invocou o princípio da segurança jurídica. Resultado: disputas anteriores ao advento da Lei n. 12.506/2011 não se sujeitam a esse entendimento. Desse modo, não é possível exigir-se a aplicação dos parâmetros trazidos pela Lei n. 12.506/2011 para todas as situações jurídicas que se consolidaram entre a promulgação do Texto de 1988 e a edição da Lei n. 12.506/2011. Isto porque, a mora legislativa pressupõe certo lapso temporal de inação, que não estaria configurado tão logo promulgada a Carta de Outubro. Ademais, inúmeras situações se consolidaram, encontrando-se amparadas pela garantia do ato jurídico perfeito e, em muitos casos, da coisa julgada (STF, Pleno, MI 943/DF, Rel. Min. Gilmar Mendes, j. 6-2-2013).

XXII — redução dos riscos inerentes ao trabalho, por meio de normas de saúde, higiene e segurança;

Informações adicionais:

- **Redução de riscos** — é o ato de prevenir, preservar e assegurar a higidez do trabalhador contra doenças, epidemias, dentre outros males físicos, psíquicos e patológicos.
- **Regime de compensação** — "Trata o art. 60 da CLT de uma norma de segurança e medicina do trabalho, que se coaduna perfeitamente com o inciso XXII do art. 7º da Constituição Federal, não havendo, portanto, de se falar em incompatibilidade entre os mencionados dispositivos" (TST, 4ª T., RR 107.872/RS, Rel. Min. Leonardo Silva, decisão de 22-9-1994, *DJ*, 1, de 11-11-1994, p. 30812).

688 ◆ Uadi Lammêgo Bulos ◆

- **Súmula 736 do STF** — "Compete à Justiça do Trabalho julgar as ações que tenham como causa de pedir o descumprimento de normas trabalhistas relativas à segurança, higiene e saúde dos trabalhadores".

XXIII — adicional de remuneração para as atividades penosas, insalubres ou perigosas, na forma da lei;

Informações adicionais:

- **Adicionais de remuneração** — objetivam compensar o trabalho pelos riscos, perigos, desgastes, tempo e lugar onde o serviço foi prestado.
- **Atividades "penosas"** — trazem esgotamento, cansaço, desgaste, fadiga, demanda excessiva de força física e mental. Geram para o obreiro o direito de perceber os cognominados adicionais de "penosidade". A despeito do sentido chulo da palavra "penosa", o constituinte pretendeu aduzir a vasta área situada entre o terreno da *insalubridade* e o da *periculosidade*, para legitimar indenizações aos trabalhadores que se expõem a riscos enormes, passando por sofrimentos e incômodos profundos.
- **Atividades insalubres** — insalubres são aquelas atividades que prejudicam a saúde do trabalhador, ensejando os adicionais de insalubridade, que se destinam a compensar o trabalho realizado em condições comprometedoras da saúde humana, tais como envolvimento com ruídos sonoros altos, com produtos químicos ou biológicos etc. Segundo o Tribunal Superior do Trabalho, "a base de incidência do percentual relativo ao adicional de insalubridade, mesmo após a Carta Política de 1988, continua a ser o salário mínimo legal, sendo que, na vigência do Decreto-Lei 2.351, de 1987, deve ser utilizado o piso nacional de salário" (TST, 5ª T., RR 132.656/MG, Rel. Min. Nestor Fernando Hein, decisão de 5-4-1995, *DJ*, 1, de 5-5-1995, p. 12204).
- **Atividades perigosas** — põem o trabalhador em contato direto com inflamáveis, combustíveis, ligações elétricas, direção de automóveis, obras em andaimes elevados, vigilâncias de alto risco. Criam verdadeiro estado de risco e de gravidade, gerando a indenização retributiva, revestida no adicional de periculosidade. Este, por seu turno, consigna a parcela compensatória a que faz jus o trabalhador, por ter executado serviço em condições de risco, contactando, permanentemente, com inflamáveis, explosivos, energia elétrica.
- **Fantasia constitucional** — o Texto de 1988 deixou a cargo do legislador ordinário a tarefa de regulamentar a matéria em exame. Por isso, o inciso em epígrafe não passa de mera *fantasia constitucional*, sucumbindo ao tempo e permanecendo à espera da "boa vontade" do Legislativo para vir à tona.

XXIV — aposentadoria;

Informações adicionais:

- **Aposentadoria** — rendimento para a manutenção de vida daqueles que estejam impossibilitados de trabalhar, como ocorre com os doentes.
- **Súmula 217 do STF** — "Tem direito de retornar ao emprego, ou ser indenizado em caso de recusa do empregador, o aposentado que recupera a capacidade de trabalho dentro de cinco anos, a contar da aposentadoria, que se torna definitiva após esse prazo".
- **Súmula 243 do STF** — "Em caso de dupla aposentadoria, os proventos a cargo do IAPFESP não são equiparáveis aos pagos pelo Tesouro Nacional, mas calculados à base da média salarial nos últimos doze meses de serviço".
- **Súmula 359 do STF** — "Ressalvada a revisão prevista em lei, os proventos da inatividade regulam-se pela lei vigente ao tempo em que o militar, ou o servidor civil, reuniu os requisitos necessários". No julgamento dos RE 72.509 embargos (*RTJ*, 64:408) o Tribunal Pleno, resolvendo questão de ordem, alterou a Súmula 359 "Ressalvada a revisão prevista em lei, os proventos da inatividade regulam-se pela lei vigente ao tempo em que o militar, ou o servidor civil, reuniu os requisitos necessários, inclusive a apresentação do requerimento, quando a inatividade for voluntária", suprimindo-se as palavras "inclusive a apresentação do requerimento, quando a inatividade for voluntária".
- **Súmula 726 do STF** — "Para efeito de aposentadoria especial de professores, não se computa o tempo de serviço prestado fora da sala de aula".

♦ Cap. 15 ♦ DIREITOS SOCIAIS

689

XXV — **assistência gratuita aos filhos e dependentes desde o nascimento até cinco anos de idade em creches e pré-escolas;**

Informações adicionais:

- **EC n. 53/2006** — o inciso em epígrafe encontra-se à luz da redação que lhe foi conferida pela EC n. 53/2006, que diminuiu para cinco anos a idade para assistência gratuita, que antes era de seis anos. O art. 7º, XXV, é autoaplicável, sendo uma novidade do Texto de 1988.
- **Encargo legislativo** — cumprirá à lei ordinária vivificar o programa constitucional aí proposto.

XXVI — **reconhecimento das convenções e acordos coletivos de trabalho;**

Informações adicionais:

- **Fontes formais do direito trabalhista** — autênticas fontes formais do direito laboral, as convenções e os acordos coletivos não se confundem. As convenções constituem pactos normativos, celebrados entre dois ou mais sindicatos representativos das categorias econômicas e profissionais, que estabelecem os requisitos norteadores das relações individuais de trabalho. Já os acordos coletivos abarcam uma dimensão mais estreita, pois atingem trabalhadores pertencentes a uma dada categoria ou grupo de trabalhadores, seu patrão ou patrões.
- **Velhas conhecidas** — o reconhecimento das convenções de trabalho é matéria já cristalizada no nosso ordenamento jurídico (CF de 1934, art. 121, § 1º, j; CF de 1937, art. 137, b; CF de 1946, art. 157, XIII; CF de 1967, acompanhada da EC n. 1/69, art. 165, XIV).
- **Inovação da CF de 1988** — a Carta de Outubro inovou ao elevar ao nível constitucional os acordos coletivos de trabalho. A constitucionalização do assunto advém da importância do princípio da autonomia da vontade, em que as partes firmam relações trabalhistas.
- **Legislação estadual e convenções coletivas de trabalho** — "Não é possível, no âmbito da legislação estadual, assegurar aos funcionários públicos 'reconhecimento das convenções e acordos coletivos do trabalho', por se tratar de direito reservado aos trabalhadores privados que a Constituição Federal não quis, de expresso, incluir no rol dos aplicáveis aos funcionários públicos civis da União, Estados, Distrito Federal e Municípios, nos termos do parágrafo 2º do art. 39 da Lei Maior" (STF, ADIn 112, Rel. Min. Néri da Silveira, *DJ* de 9-2-1996).

XXVII — **proteção em face da automação, na forma da lei;**

Informações adicionais:

- **Norma inédita** — esse inciso, de eficácia contida, não nutre correspondência com as constituições passadas. Cumprirá ao legislador ordinário disciplinar as regras para a automação, resguardando o mercado e o próprio ambiente de trabalho.
- **Avanço tecnológico** — a matéria aí disciplinada prenuncia o extraordinário avanço tecnológico. A robótica, a cibernética, as transformações no campo da informática certamente geram problemas nas relações econômicas e sociais. Basta ver a LER — lesão por esforço repetitivo —, doença inerente à automação e que deve ser observada pelos empregadores em geral, a fim de minorar os efeitos negativos do fenômeno.

XXVIII — **seguro contra acidentes de trabalho, a cargo do empregador, sem excluir a indenização a que este está obrigado, quando incorrer em dolo ou culpa;**

Informações adicionais:

- **Indenização por dolo ou culpa** — ingressou no ordenamento constitucional pátrio só a partir de 5-10-1988. Caso fique comprovada aquela manifestação livre de vontade, pela qual o agente produz o resultado ou assume o risco de produzi-lo (dolo) ou negligência, imprudência ou imperícia (culpa), o seguro contra acidentes não exime o patrão do dever de indenizar.
- **Súmula 35 do STF** — "Em caso de acidente do trabalho ou de transporte, a concubina tem direito de ser indenizada pela morte do amásio, se entre eles não havia impedimento para o matrimônio".
- **Súmula 229 do STF** — "A indenização acidentária não exclui a do direito comum, em caso de dolo ou culpa grave do empregador".

690 ◆ Uadi Lammêgo Bulos ◆

- **Súmula 230 do STF** — "A prescrição da ação de acidente do trabalho conta-se do exame pericial que comprovar a enfermidade ou verificar a natureza da incapacidade".
- **Súmula 232 do STF** — "Em caso de acidente do trabalho, são devidas diárias até doze meses, as quais não se confundem com a indenização acidentária nem com o auxílio-enfermidade".
- **Súmula 234 do STF** — "São devidos honorários de advogado em ação de acidente do trabalho julgada procedente".
- **Súmula 235 do STF** — "É competente para a ação de acidente do trabalho a Justiça Cível comum, inclusive em segunda instância, ainda que seja parte autarquia seguradora".
- **Súmula 236 do STF** — "Em ação de acidente do trabalho, a autarquia seguradora não tem isenção de custas".
- **Súmula 238 do STF** — "Em caso de acidente do trabalho, a multa pelo retardamento da liquidação é exigível do segurador sub-rogado, ainda que autarquia".
- **Súmula 240 do STF** — "O depósito para recorrer, em ação de acidente do trabalho, é exigível do segurador sub-rogado, ainda que autarquia".
- **Súmula 311 do STF** — "No típico acidente do trabalho, a existência de ação judicial não exclui a multa pelo retardamento da liquidação".
- **Súmula 314 do STF** — "Na composição do dano por acidente do trabalho, ou de transporte, não é contrário à lei tomar para base da indenização o salário do tempo da perícia ou da sentença".
- **Súmula 337 do STF** — "A controvérsia entre o empregador e o segurador não suspende o pagamento devido ao empregado por acidente do trabalho".
- **Súmula 434 do STF** — "A controvérsia entre seguradores indicados pelo empregador na ação de acidente do trabalho não suspende o pagamento devido ao acidentado".
- **Súmula 464 do STF** — "No cálculo da indenização por acidente do trabalho inclui-se, quando devido, o repouso semanal remunerado".
- **Súmula 465 do STF** — "O regime de manutenção de salário, aplicável ao (IAPM) e ao (IAPETC), exclui a indenização tarifada na lei de acidentes do trabalho, mas não o benefício previdenciário".
- **Súmula 501 do STF** — "Compete à Justiça Ordinária Estadual o processo e o julgamento, em ambas as instâncias, das causas de acidente do trabalho, ainda que promovidas contra a União, suas autarquias, empresas públicas ou sociedades de economia mista".
- **Súmula 529 do STF** — "Subsiste a responsabilidade do empregador pela indenização decorrente de acidente do trabalho, quando o segurador, por haver entrado em liquidação, ou por outro motivo, não se encontrar em condições financeiras de efetuar, na forma da lei, o pagamento que o seguro obrigatório visava garantir".

XXIX — ação, quanto aos créditos resultantes das relações de trabalho, com prazo prescricional de cinco anos para os trabalhadores urbanos e rurais, até o limite de dois anos após a extinção do contrato de trabalho;

Informações adicionais:
- **EC n. 28/2000** — o preceito encontra-se com a redação proveniente da Emenda Constitucional n. 28, de 25-5-2000, publicada em 26-5-2000 (*DOU* n. 101-E), e retificada em 29-5-2000 (*DOU* n. 102-E).
- **Uniformização de tratamento** — a EC n. 28/2000 uniformizou o tratamento conferido aos trabalhadores urbanos e rurais, pois, pela redação originária do preceito, criou-se uma espécie de privilégio para a classe rurícola, em detrimento dos empregadores rurais, os quais reagiram diante da rigorosa disciplina prescricional dos vínculos laborais.
- **Problemática da prescrição total ou parcial** — o art. 7º, XXIX, da Carta Magna não disciplina a questão de ser a prescrição total ou parcial. O problema continua a ser resolvido perante o Direito infraconstitucional e nos parâmetros do litígio, não havendo razão para falar em ofensas à Constituição. **Nesse sentido:** STF, RE 202.842.8/RJ, Rel. Min. Moreira Alves.
- **Condições de aplicabilidade** — o inciso XXIX do art. 7º tem eficácia plena e aplicabilidade imediata às controvérsias surgidas após 25-5-2000, data de promulgação da Emenda Constitucional n. 28/2000, não afetando prescrições consumadas antes da edição da mencionada emenda. Esse entendimento, aliás, remonta à época em que a Carta de Outubro foi

◆ Cap. 15 ◆ DIREITOS SOCIAIS   691

promulgada, quando os tribunais se manifestaram nesse sentido (TST, 4ª T., RR 21.800/91.7, Rel. Min. Almir Pazzianotto Pinto), sumulando a matéria (**Súmula 308 do TST**). Com efeito, chegou-se ao entendimento de que a norma constitucional que ampliou a prescrição da ação trabalhista para cinco anos era de aplicação direta, não atingindo pretensões já alcançadas pela prescrição bienal, quando da promulgação do Texto de 1988.

- **Prazo prescricional de cinco anos** — reporta-se às datas da lesão e do ajuizamento da ação, e não à data da extinção do contrato de trabalho (TST, 5ª T., RR 288.529/96.0, Rel. Min. Gelson de Azevedo).

- **Súmula 349 do STF** — "A prescrição atinge somente as prestações de mais de dois anos, reclamadas com fundamento em decisão normativa da Justiça do Trabalho, ou em Convenção Coletiva de Trabalho, quando não estiver em causa a própria validade de tais atos".

- **Conversão de regime celetista para estatutário** — "Com a conversão do regime de trabalho do servidor, de celetista em estatutário, não obstante tenha resultado sem solução de continuidade o vínculo existente entre as mesmas partes, é de ter-se por extinto o contrato de trabalho e, consequentemente, iniciado, a partir de então, o curso do biênio estabelecido pela Carta Magna no dispositivo sob referência. Acórdão que se limitou a aplicar o referido prazo aos recorrentes enquanto ex-empregados, não havendo que se falar em ofensa ao art. 39, § 3º, da Constituição, nem ao princípio do direito adquirido" (STF, RE 317.660, Rel. Min. Ilmar Galvão, *DJ* de 26-9-2003).

XXX — proibição de diferença de salários, de exercício de funções e de critério de admissão por motivo de sexo, idade, cor ou estado civil;

Informações adicionais:

- **Objetivo do preceito** — coibir discriminações à atividade laboral.

- **Súmula 202 do STF** — "Na equiparação de salário, em caso de trabalho igual, toma-se em conta o tempo de serviço na função, e não no emprego".

- **Súmula 531 do STF** — "É inconstitucional o Decreto n. 51.668, de 17-1-1963, que estabeleceu salário profissional para trabalhadores de transportes marítimos, fluviais e lacustres".

- **Súmula 683 do STF** — "O limite de idade para a inscrição em concurso público só se legitima em face do art. 7º, XXX, da Constituição, quando possa ser justificado pela natureza das atribuições do cargo a ser preenchido".

XXXI — proibição de qualquer discriminação no tocante a salário e critérios de admissão do trabalhador portador de deficiência;

Informações adicionais:

- **Trabalhador portador de deficiência** — apresenta uma desvantagem no seu padrão de desenvolvimento físico, psíquico e emocional. Assim, só estará acobertado pelo dispositivo o obreiro que estiver habilitado para a tarefa à qual tem condições de desempenhar. Ilustrando, uma pessoa detentora de deficiência visual não preencherá os requisitos para exercer o labor de motorista.

XXXII — proibição de distinção entre trabalho manual, técnico e intelectual ou entre os profissionais respectivos;

Informações adicionais:

- **Norma regulamentar de caráter geral** — "Pode o empregador — no caso ente autárquico — estabelecer, por norma regulamentar de caráter geral, diferentes efeitos para o tempo de serviço de seu pessoal, em relação a cada categoria funcional, a que têm livre acesso todos os integrantes do quadro, desde que satisfaçam os requisitos exigidos para cada uma delas. O que viola o princípio da isonomia é tratar iguais como desiguais e, consequentemente, desiguais como iguais" (TST, 3ª T., RR 30.120/RS, Rel. Min. Manoel Mendes de Freitas, decisão de 15-10-1992, *DJ*, 1, de 13-11-1992, p. 20995).

692
◆ Uadi Lammêgo Bulos ◆

XXXIII — proibição de trabalho noturno, perigoso ou insalubre a menores de dezoito e de qualquer trabalho a menores de dezesseis anos, salvo na condição de aprendiz, a partir de quatorze anos;

Informações adicionais:

- **Redação dada pela EC n. 20/98** — a nova redação do preceito elevou para 16 anos a idade mínima abaixo da qual não podem os menores ser admitidos no mercado de trabalho. Mas o inciso ressalvou que, a partir de 14 anos, eles podem trabalhar na condição de aprendizes. Assim, os menores de 18 anos estão proibidos de exercer trabalho noturno, perigoso ou insalubre. Já os menores de 16 anos não podem desempenhar qualquer labor. Contudo, a partir de 14 anos, é-lhes facultado exercer o mister laboral na condição de aprendizes. *Aprendiz* é o adolescente que recebe orientação, inclusive por parte de entidades como o SENAC, o SENAI, o SENAR.
- **Dispositivo anterior à EC n. 20/98** — "XXXIII — proibição de trabalho noturno, perigoso ou insalubre aos menores de dezoito e de qualquer trabalho a menores de quatorze anos, salvo na condição de aprendiz".
- **Súmula 205 do STF** — "Tem direito a salário integral o menor não sujeito a aprendizagem metódica".
- **Trabalhador rural menor de 14 anos. Tempo de serviço** — "Art. 11, VII, da Lei n. 8.213. Possibilidade. Precedentes. Alegação de violação aos arts. 5º, XXXVI; e 97 da CF/88. Improcedente. Impossibilidade de declaração de efeitos retroativos para o caso de declaração de nulidade de contratos trabalhistas. Tratamento similar na doutrina do direito comparado: México, Alemanha, França e Itália. Norma de garantia do trabalhador que não se interpreta em seu detrimento. Acórdão do STJ em conformidade com a jurisprudência desta Corte" (STF, AgI 529.694, Rel. Min. Gilmar Mendes, *DJ* de 11-3-2005).

XXXIV — igualdade de direitos entre o trabalhador com vínculo empregatício permanente e o trabalhador avulso.

Informações adicionais:

- **Trabalhador avulso** — mesmo não possuindo vínculo empregatício, estando ou não sindicalizado, percebe direitos trabalhistas, oriundos de uma respectiva entidade de classe, como o estivador, o conferente ou assemelhados. O constituinte estendeu-lhe os benefícios dos empregados.
- **Condições de aplicabilidade** — a aplicação do inciso XXXIV do art. 7º pressupõe o prévio exame da compatibilidade, ou não, do direito previsto em lei para o trabalho contínuo do empregado e a natureza descontínua do serviço prestado pelo avulso.
- **Súmula 195 do STF** — "Contrato de trabalho para obra certa, ou de prazo determinado, transforma-se em contrato de prazo indeterminado, quando prorrogado por mais de quatro anos".

Parágrafo único. São assegurados à categoria dos trabalhadores domésticos os direitos previstos nos incisos IV, VI, VIII, XV, XVII, XVIII, XIX, XXI e XXIV, bem como a sua integração à previdência social.

Informações adicionais:

- **Direitos dos trabalhadores domésticos** — salário mínimo, irredutibilidade do salário, décimo terceiro salário, repouso semanal remunerado, férias anuais, licença à gestante, licença-paternidade, aviso prévio e aposentadoria.
- **Enumeração taxativa** — o preceito em destaque é novo na ordem constitucional brasileira, não encontrando similar nas constituições passadas. Evidente que a enumeração foi taxativa. Não há falar noutros direitos, ou benefícios, além desses que foram previstos para a classe doméstica. Nem mesmo o legislador poderá ampliar o catálogo do preceito em tela, muito menos o Poder Judiciário mediante ato interpretativo, nem o Poder Executivo, por meio de medidas provisórias. Qualquer alargamento da mensagem prescritiva aí gizada será *inconstitucional*.

◆ Cap. 15 ◆ DIREITOS SOCIAIS

◇ 9.1. Direitos dos trabalhadores domésticos: a Emenda Constitucional n. 72, de 2-4-2013

A Emenda Constitucional n. 72, de 2-4-2013, alterou a redação do parágrafo único do art. 7º da Constituição Federal para estabelecer a igualdade de direitos trabalhistas entre os trabalhadores domésticos e os demais trabalhadores urbanos e rurais.

Assim, o indigitado parágrafo único do art. 7º passou a vigorar com a seguinte redação: "São assegurados à categoria dos trabalhadores domésticos os direitos previstos nos incisos IV, VI, VII, VIII, X, XIII, XV, XVI, XVII, XVIII, XIX, XXI, XXII, XXIV, XXVI, XXX, XXXI e XXXIII e, atendidas as condições estabelecidas em lei e observada a simplificação do cumprimento das obrigações tributárias, principais e acessórias, decorrentes da relação de trabalho e suas peculiaridades, os previstos nos incisos I, II, III, IX, XII, XXV e XXVIII, bem como a sua integração à previdência social".

Como se pode perceber, mediante simples leitura do enunciado normativo aí transcrito, a EC n. 72/2013 manteve a plenitude e eficácia imediata de todos os direitos assegurados pela manifestação constituinte originária de 1988, que já estavam previstos no primitivo parágrafo único do art. 7º, a saber: garantia do salário mínimo (inciso IV); irredutibilidade salarial (inciso VI); décimo terceiro salário (inciso VIII); repouso semanal remunerado, preferencialmente aos domingos (inciso XV); férias anuais com adicional de 1/3 (inciso XVII); licença à gestante (inciso XVIII); licença-paternidade (inciso XIX); aviso prévio proporcional ao tempo de serviço, no mínimo de 30 dias (inciso XXI); aposentadoria (inciso XXIV); e integração à Previdência Social.

A novidade ficou por conta da ampliação do rol de direitos dos trabalhadores domésticos. Alguns desses direitos são imediatos e outros dependem, para lograrem efetividade (eficácia social), de providência legislativa ulterior.

Têm aplicabilidade imediata, desde a publicação da EC n. 72/2013, os seguintes direitos dos trabalhadores domésticos, previstos no art.7º: proteção ao salário, constituindo crime a retenção dolosa (inciso X); jornada máxima diária de 8 horas e de 44 horas semanais, facultada a compensação de horários e a redução de jornada, mediante acordo ou convenção coletiva de trabalho (inciso XIII); adicional mínimo de 50% para as horas extraordinárias de trabalho (inciso XVI); redução dos riscos inerentes ao trabalho (inciso XXII); reconhecimento das convenções e acordos coletivos de trabalho (inciso XXVI); proibição de diferença de salários, de exercício de funções e de critérios de admissão por motivos discriminatórios — sexo, idade, cor ou estado civil (inciso XXX); proibição de trabalho noturno, perigoso ou insalubre a menores de 18 anos e de qualquer trabalho a menores de 16 anos, salvo, a partir de 14 anos, como aprendizes (inciso XXXIII).

De outro ângulo, são direitos dos trabalhadores domésticos que dependem de edição de lei formal para se efetivarem, nos termos do art. 7º: seguro-desemprego em caso de desemprego involuntário (inciso II); FGTS (inciso III); remuneração de trabalho noturno superior ao trabalho diurno (inciso IX); salário-família aos dependentes, sendo o trabalhador de baixa renda (inciso XII); assistência gratuita aos filhos e dependentes desde o nascimento até 5 anos de idade em creches e pré-escolas (inciso XXV); seguro contra acidente de trabalho, a cargo do empregador, para permitir o benefício previdenciário correspondente, sem prejuízo da indenização patronal quando o patrão incorrer em culpa ou dolo (inciso XXVIII).

Também deve ser elaborada lei ordinária, em sentido formal, para estatuir o regime da simplificação do cumprimento de obrigações tributárias, principais e acessórias. Não se trata de preciosismo jurídico, mas de bom senso, esta recomendação. A feitura de diploma normativo para reger esta hipótese pode evitar que a "simplificação" converta-se em uma forma velada de "complicação", tanto para o empregador, como para o empregado doméstico.

Óbvio que o disposto no parágrafo único do art. 7º, com redação dada pela Emenda Constitucional n. 72, de 2-4-2013, não é da alçada jurisdicional. Os membros do Poder Judiciário, a exemplo dos Ministros da Corte Excelsa, não têm competência para dispor sobre tal matéria. Não lhes é facultado, por exemplo, lançarem mão de máxima da experiência, *construction*, equidade etc. O monopólio do *juris dicere* não converte os membros da Magistratura em legisladores escamoteados ("ativistas judiciais"). Vigora, nessa seara, o princípio da reserva de lei em sentido formal, que não tolera, muito menos admite, práticas que excluam o *munus* legiferante do Parlamento brasileiro.

694 ◆ Uadi Lammêgo Bulos ◆

✦ 10. LIBERDADE DE ASSOCIAÇÃO PROFISSIONAL E SINDICAL (ART. 8º)

A liberdade de associação é um princípio jurídico fundamental, porque sem o direito de ser livre, de se interagir, de se relacionar, o homem vale muito pouco na sociedade contemporânea, não canalizando o seu potencial em benefício do próximo.

Por isso, a Carta Magna garantiu a liberdade de associação profissional e sindical (art. 8º, *caput*).

> **Evolução da matéria no Brasil:** de simples proibição na Carta imperial de 1824 (art. 179, § 25), passando pelo omisso Texto de 1891 e chegando à Constituição de 1934 — a primeira a considerar lícita a existência de associações profissionais (art. 120, parágrafo único) —, o que se nota é a crescente importância que a temática tem alcançado na trajetória constitucional brasileira. Basta ver que as Constituições de 1937 (art. 138), de 1946 (art. 159), de 1967 (art. 159), com sua Emenda Constitucional n. 1/69 (art. 166) seguiram o mesmo desiderato, respeitadas as diferenças de estilo e de forma. O Texto de 1988 foi o mais avançado de todos.

Embora o constituinte de 1988 tenha empregado, no *caput* do art. 8º, o conectivo *ou*, para separar a *associação profissional* da *associação sindical*, ambas não se confundem:

- **Associação profissional** — atua organizando conclaves, seminários, cursos, congressos e simpósios. Circunscreve-se aos estreitos limites de defesa e coordenação dos interesses financeiros, econômicos e profissionais de seus associados.
- **Associação sindical (ou sindicato)** — tem representatividade, poder de regulamentação, configuração política, gerenciamento financeiro e capacidade assistencial.

NÃO CONFUNDIR:

- **Representatividade** — capacidade ativa para atuar em questões judiciais e administrativas, defendendo os interesses plúrimos ou particulares da categoria.
- **Poder de regulamentação** — celebra convenções e acordos coletivos.
- **Configuração política** — elege seus representantes.
- **Gerenciamento financeiro** — impõe contribuições aos partícipes das categorias representadas.
- **Capacidade assistencial** — beneficia seus associados mediante atendimento médico, ambulatorial, jurídico etc.

✧ 10.1. Princípios constitucionais da liberdade associativa (art. 8º, I a VIII)

O exercício da liberdade de associação não se concretiza aleatoriamente.

Existem princípios constitucionais a serem observados, sob pena de se instaurar a balbúrdia, a ilicitude e a má-fé.

Daí a Carta de 1988 consagrar os seguintes ditames:

- **Princípio da não interferência estatal (art. 8º, I)** — o legislador ordinário não pode exigir autorização do Estado para que os sindicatos ou entes associativos sejam constituídos. Após registrados no órgão competente, o Poder Público não pode intervir ou interferir neles. Daí ser livre a associação profissional ou sindical.

> **Casuística do STF:**
> - **Natureza jurídica do registro sindical** — "O registro sindical qualifica-se como ato administrativo essencialmente vinculado, devendo ser praticado pelo Ministro do Trabalho, mediante resolução fundamentada, sempre que, respeitado o postulado da unicidade sindical e observada a exigência de regularidade, autenticidade e representação, a entidade sindical interessada preencher, integralmente, os requisitos fixados pelo ordenamento positivo e por este considerados como necessários à formação dos organismos sindicais" (STF, ADIn 1.121-MC, Rel. Min. Celso de Mello, *DJ* de 6-10-1995).

◆ Cap. 15 ◆ **DIREITOS SOCIAIS** **695**

- **Exigência de registro sindical no Ministério do Trabalho** — "A jurisprudência do Supremo Tribunal Federal, ao interpretar a norma inscrita no art. 8º, I, da Carta Política e tendo presentes as várias posições assumidas pelo magistério doutrinário (uma, que sustenta a suficiência do registro da entidade sindical no Registro Civil das pessoas jurídicas; outra, que se satisfaz com o registro personificador no Ministério do Trabalho, e a última, que exige o duplo registro: no Registro Civil das pessoas jurídicas, para efeito de aquisição da personalidade meramente civil, e no Ministério do Trabalho, para obtenção da personalidade sindical), firmou orientação no sentido de que não ofende o texto da Constituição a exigência de registro sindical no Ministério do Trabalho, órgão este que, sem prejuízo de regime diverso passível de instituição pelo legislador comum, ainda continua a ser o órgão estatal incumbido de atribuição normativa para proceder a efetivação do ato registral" (STF, ADIn 1.121-MC, Rel. Min. Celso de Mello, *DJ* de 6-10-1995). **No mesmo sentido:** STF, MI 144, Rel. Min. Sepúlveda Pertence, *DJ* de 28-5-1993; STF, RE 222.285, Rel. Min. Carlos Velloso, *DJ* de 22-3-2002.
- **Art. 522 da CLT** — foi recepcionado pela Carta de Outubro (STF, RE 193.345, Rel. Min. Carlos Velloso, *DJ* de 28-5-1999).

- **Princípio da unicidade (art. 8º, II)** — é proibida a criação de mais de um sindicato ou associação, em qualquer grau, representativo de categoria profissional ou econômica, na mesma base territorial, que será definida pelos trabalhadores ou empregadores interessados, não podendo ser inferior à área de um Município.

    Casuística do STF:
    - **Unicidade sindical mitigada** — "Não se há de confundir a liberdade de associação, prevista de forma geral no inciso XVII do rol das garantias constitucionais, com a criação, em si, de sindicato. O critério da especificidade direciona à observação do disposto no inciso II do artigo 8º da Constituição Federal, no que agasalhada a unicidade sindical de forma mitigada, ou seja, considerada a área de atuação, nunca inferior a de um município" (STF, RE 207.858, Rel. Min. Marco Aurélio, *DJ* de 14-5-1999).
    - **Alcance da unicidade e autonomia sindicais** — "Os princípios da unicidade e da autonomia sindical não obstam a definição, pela categoria respectiva, e o consequente desmembramento de área com a criação de novo sindicato, independentemente de aquiescência do anteriormente instituído, desde que não resulte, para algum deles, espaço inferior ao território de um Município" (STF, RE 227.642, Rel. Min. Octavio Gallotti, *DJ* de 30-4-1999).
    - **Categoria dos servidores públicos e unicidade sindical** — "A existência, na mesma base territorial, de entidades sindicais que representem estratos diversos da vasta categoria dos servidores públicos, funcionários públicos pertencentes à Administração direta, de um lado, e empregados públicos vinculados a entidades paraestatais, de outro, cada qual com regime jurídico próprio, não ofende o princípio da unicidade sindical" (STF, RE 159.228, Rel. Min. Celso de Mello, *DJ* de 27-10-1994).
    - **Desrespeito ao princípio da unicidade** — "Mostra-se contrária ao princípio da unicidade sindical a criação de ente que implique desdobramento de categoria disciplinada em lei como única. Em vista da existência do Sindicato Nacional dos Aeronautas, a criação do Sindicato Nacional dos Pilotos da Aviação Civil não subsiste, em face da ilicitude do objeto" (STF, RMS 21.305, Rel. Min. Marco Aurélio, *DJ* de 29-11-1991).
    - **Súmula 677** — "Até que lei venha a dispor a respeito, incumbe ao Ministério do Trabalho proceder ao registro das entidades sindicais e zelar pela observância do princípio da unicidade".
    - **Identidade de bases territoriais. Princípio da anterioridade** — "Havendo identidade entre categoria de trabalhadores representados pelo autor e pelo réu e sendo idênticas também as bases territoriais de atuação de um e de outro sindicato, deve prevalecer o primeiro deles, dada a sua constituição anterior" (STF, RE 199.142, Rel. Min. Nelson Jobim, *DJ* de 14-12-2001). Precedente: STF, RE 209.993, Rel. Min. Ilmar Galvão, *DJ* de 22-10-1999).
    - **Fiscalização do Estado em base territorial. Possibilidade** — "O ato de fiscalização estatal se restringe à observância da norma constitucional no que diz respeito à vedação da sobreposição, na mesma base territorial, de organização sindical do mesmo grau. Interferência estatal na liberdade de organização sindical. Inexistência. O Poder Público, tendo em vista o preceito

696 ◆ Uadi Lammêgo Bulos ◆

constitucional proibitivo, exerce mera fiscalização" (STF, RE 157.940, Rel. Min. Maurício Corrêa, *DJ* de 27-3-1998).

- **Desmembramento da confederação nacional do comércio** — não ofende o princípio da unicidade. Trata-se de categoria específica, até então congregada por entes de natureza eclética. Seu desmembramento é uma decorrência natural da liberdade sindical (STF, RE 241.935-AgRg, Rel. Min. Ilmar Galvão, *DJ* de 27-10-2000). **No mesmo sentido:** STF, RMS 24.069, *DJ* de 24-6-2005.
- **Cisão de federações. Licitude** — STF, RE 217.328, Rel. Min. Octavio Gallotti, *DJ* de 9-6-2000.
- **Frentistas de postos de combustíveis** — "Organização em entidade própria, desmembrada da representativa da categoria dos trabalhadores no comércio de minérios e derivados de petróleo. Alegada ofensa ao princípio da unicidade sindical. Improcedência da alegação, posto que a novel entidade representa categoria específica que, até então, se achava englobada pela dos empregados congregados nos sindicatos filiados à Federação Nacional dos Trabalhadores no Comércio de Minérios e Derivados de Petróleo, hipótese em que o desmembramento, contrariamente ao sustentado no acórdão recorrido, constituía a vocação natural de cada classe de empregados" (STF, RE 202.097, Rel. Min. Ilmar Galvão, *DJ* de 4-8-2000).
- **Criação de novo sindicato por desmembramento** — "Questão regulada em normas infraconstitucionais. Reexame da matéria fática atinente a regularidade ou não da tomada de decisão por parte dos trabalhadores: impossibilidade em sede extraordinária" (STF, AgI 169.383-AgRg, Rel. Min. Carlos Velloso, *DJ* de 23-2-1996).
- **Âmbito de representatividade e base territorial** — "Nem o princípio da unicidade sindical, nem o sistema confederativo, mantidos pela Constituição, impõem que os sindicatos se filiem a federação que pretenda abranger-lhe a categoria-base; por isso, nenhuma federação pode arrogar-se âmbito de representatividade maior que o resultante da soma das categorias e respectivas bases territoriais dos sindicatos que a ela se filiem" (STF, MS 21.549, Rel. Min. Sepúlveda Pertence, *DJ* de 6-10-1995).

- **Princípio da defesa judicial ou administrativa (art. 8º, III)** — ao sindicato, e também à associação, cabe a defesa dos direitos e interesses coletivos ou individuais da categoria, inclusive em questões judiciais ou administrativas.

  Súmula 223 do STF: "Concedida isenção de custas ao empregado, por elas não responde o sindicato que o representa em juízo".

- **Princípio da cobrança de contribuições (art. 8º, IV)** — a assembleia geral fixará a contribuição que, em se tratando de categoria profissional, será descontada em folha, para custeio do sistema confederativo da representação sindical respectiva, independentemente da contribuição prevista em lei (*v.*, abaixo, n. 10.2).
- **Princípio da liberdade de filiação (art. 8º, V)** — ninguém será obrigado a filiar-se ou a manter-se filiado a sindicato.

  Dever de contribuição: "Facultada a formação de sindicatos de servidores públicos, não cabe excluí-los do regime da contribuição legal compulsória exigível dos membros da categoria" (STF, RMS 21.758, Rel. Min. Sepúlveda Pertence, *DJ* de 4-11-1994).

- **Princípio do dever de participação negocial (art. 8º, VI)** — é obrigatória a participação dos sindicatos nas negociações coletivas de trabalho.
- **Princípio da participação política (art. 8º, VII)** — o aposentado filiado tem direito a votar e ser votado nas organizações sindicais.
- **Princípio da estabilidade sindical (art. 8º, VIII)** — é vedada a dispensa do empregado sindicalizado a partir do registro da candidatura a cargo de direção ou representação sindical e, se eleito, ainda que suplente, até um ano após o final do mandato, salvo se cometer falta grave nos termos da lei.

  Casuística do STF:
  - **Súmula 197** — "O empregado com representação sindical só pode ser despedido mediante inquérito em que se apure falta grave".

♦ Cap. 15 ♦ DIREITOS SOCIAIS **697**

- **Exegese restritiva do inciso VIII do art. 8º da CF. Impossibilidade** — "Inexistência de norma legal ou constitucional que estabeleça distinção entre o dirigente sindical patronal e o dos trabalhadores. Não perde a condição de empregado o trabalhador que, malgrado ocupe cargo de confiança na empresa empregadora, exerça mandato sindical como representante da categoria econômica. Representante sindical patronal. Dispensa no curso do mandato. Indenização e consectários legais devidos desde a data da despedida até um ano após o final do mandato" (STF, RE 217.355, Rel. Min. Maurício Corrêa, *DJ* de 2-2-2001).
- **Estágio probatório e estabilidade sindical** — "A condição de dirigente ou representante sindical não impede a exoneração do servidor público estatutário, regularmente reprovado em estágio probatório" (STF, RE 204.625, Rel. Min. Octavio Gallotti, *DJ* de 12-5-2000). "A Constituição, conquanto haja estendido ao servidor público o exercício de prerrogativas próprias do empregado regido pelo direito comum do trabalho, cuidou de estabelecer limitações indispensáveis a que o exercício de tais direitos não entre em choque com as vigas mestras do regime administrativo que preside as relações funcionais, entre essas, a relativa à estabilidade sindical do art. 8º, VIII, que importaria a supressão do estágio probatório, a que estão sujeitos todos os servidores" (STF, RE 208.436, Rel. Min. Ilmar Galvão, *DJ* de 26-3-1999).
- **Estabilidade sindical provisória** — "Não alcança o servidor público, regido por regime especial, ocupante de cargo em comissão e, concomitantemente, de cargo de direção no sindicato da categoria" (STF, RE 183.884, Rel. Min. Sepúlveda Pertence, *DJ* de 13-8-1999).
- **Ciência do empregador da candidatura do empregado (CLT, art. 543, § 5º)** — "É compatível com o inciso VIII do art. 8º da Constituição, por força do princípio da razoabilidade" (STF, RE 224.667, Rel. Min. Marco Aurélio, *DJ* de 4-6-1999).

✧ 10.2. Contribuições confederativa e sindical

Não se confundem as contribuições confederativa e sindical.
Vejamos as diferenças.
Contribuição confederativa (ou assistencial):
- **Natureza** — não tem caráter tributário, mas tão somente assistencial.

  Posição pacífica do STF: "Contribuição confederativa. Trata-se de encargo que, despido de caráter tributário, não sujeita senão os filiados da entidade de representação profissional. Interpretação que, de resto, está em consonância com o princípio da liberdade sindical consagrado na Carta da República" (STF, RE 173.869, Rel. Min. Ilmar Galvão, *DJ* de 19-9-1997). **No mesmo sentido:** STF, RE 189.443, *DJ* de 11-4-1997.

- **Previsão** — primeira parte do inciso IV do art. 8º da Carta Magna, que é autoaplicável ("a assembleia geral fixará a contribuição que, em se tratando de categoria profissional, será descontada em folha, para custeio do sistema confederativo da representação sindical respectiva").

  Entendimento do STF: segundo a Corte Excelsa, a primeira parte do art. 8º, IV, constitui norma de eficácia plena e aplicabilidade imediata. **Nesse sentido:** STF, 1ª T., RE 191.022-4/SP, Rel. Min. Ilmar Galvão, *DJU* de 14-2-1997, p. 1989; STF, RE 199.019, Rel. Min. Octavio Gallotti, *DJ* de 16-10-1998; STF, RE 161.547, Rel. Min. Sepúlveda Pertence, *DJ* de 8-5-1998 etc.

- **Pagamento facultativo pelos não filiados** — os não sindicalizados jamais estão obrigados a pagá-la. Assim, trabalhadores ou empregados que não estejam filiados ao ente sindical optam pela sua cobrança, dizendo se querem, ou não, fazer o pagamento. Esse é o posicionamento pacífico do Supremo Tribunal Federal.

  Casuística do STF:
  - **Súmula 666** — "A contribuição confederativa de que trata o art. 8º, IV, da Constituição, só é exigível dos filiados ao sindicato respectivo".
  - **Isenção de contribuição sindical patronal para as empresas inscritas no SIMPLES** — "Contra a relevância da proteção constitucional e contra a autonomia e a liberdade sindical de

empregados e empregadores opõe-se a tutela concedida às empresas de pequeno porte (artigo 170, IX). É absolutamente impossível dar rendimento à norma constitucional que concede tratamento favorecido às empresas de pequeno porte sem que seja ferida a literalidade do princípio da isonomia" (STF, ADIn 2.006-MC, Rel. Min. Maurício Corrêa, *DJ* de 24-9-1999).

- **Desconto automático em folha. Impossibilidade** — "Questão pacificada nesta Corte, no sentido de que o cancelamento do desconto, em folha, da contribuição sindical de servidor público do Poder Judiciário, salvo se expressamente autorizado, encerra orientação que, *prima facie*, se revela incompatível com o princípio da liberdade de associação sindical, que garante aos sindicatos o desconto automático daquela parcela, tão logo haja a filiação e sua comunicação ao órgão responsável pelo pagamento dos vencimentos" (STF, ADIn 962-MC, Rel. Min. Ilmar Galvão, *DJ* de 11-2-1994).

- **Possibilidade de controle judicial** — como a lei não pode excluir da apreciação do Poder Judiciário lesão ou ameaça a direito (CF, art. 5º, XXXV), é admissível o controle judicial da legalidade das contribuições confederativas, que não podem ser *impostas* aos sindicalizados, haja vista o princípio da liberdade sindical (CF, art. 8º, I).

  Precedente: STF, 1ª T., AgRg 974-7/SP, Rel. Min. Sydney Sanches, *DJ* de 17-5-1996, p. 16329.

Contribuição sindical:
- **Natureza** — tem caráter tributário. É compulsória, sendo uma autêntica contribuição parafiscal. Trata-se do antigo imposto sindical.

  Posição do STF: "A contribuição confederativa, instituída pela assembleia geral, distingue-se da contribuição sindical, instituída por lei, com caráter tributário, assim compulsória. A primeira é compulsória apenas para os filiados do sindicato" (STF, RE 198.092, Rel. Min. Carlos Velloso, *DJ* de 11-10-1996). **No mesmo sentido:** STF, ADIn 1.076-MC, Rel. Min. Sepúlveda Pertence, *DJ* de 7-12-2000; STF, RE 224.885-AgRg, Rel. Min. Ellen Gracie, *DJ* de 6-8-2004.

- **Previsão** — segunda parte do inciso IV do art. 8º da Carta Magna, que também é autoaplicável ("independentemente da contribuição prevista em lei").
- **Pagamento opcional** — com o advento da Lei n. 13.467, de 13-7-2017, que alterou a Consolidação das Leis do Trabalho (CLT), o trabalhador paga o imposto sindical se desejar. Se optar pela contribuição, deve informar ao empregador que autoriza expressamente a cobrança sobre sua folha de pagamento. A empresa, por sua vez, apenas poderá fazer o desconto com a permissão do funcionário. O mesmo vale para o empregador, pois a contribuição também passou a ser facultativa para as pessoas jurídicas. Antes da Lei n. 13.467, era obrigatório o pagamento da contribuição sindical independentemente de filiação. Pouco importava se o trabalhador ou empregado era filiado, ou não, ao sindicato. Recordemos que o Supremo Tribunal Federal reconheceu a constitucionalidade do término da contribuição sindical obrigatória. Por maioria de votos, 6 a 3, prevaleceu a tese segundo a qual a contribuição sindical é facultativa e não se pode admitir que ela seja imposta a trabalhadores e empregadores. Portanto, é constitucional o art. 1º, da Lei n. 13.467/2017 (Reforma Trabalhista), que deu nova redação aos arts. 545, 578, 579, 582, 583, 587 e 602 da Consolidação das Leis do Trabalho (STF, ADI 5.794, Rel. Min. Edson Fachin, j. 29-6-2018).

✦ 11. DIREITO DE GREVE (ART. 9º)

Greve é o direito social coletivo que permite a paralisação temporária da prestação de serviço subordinado, com o fito da melhoria das condições salariais ou de trabalho. Revestida numa abstenção generalizada, é o instrumento posto ao dispor dos trabalhadores para que estes, em hipóteses *excepcionais, legítimas e legais*, reivindiquem seus direitos e interesses.

◆ Cap. 15 ◆ DIREITOS SOCIAIS **699**

Foi numa praça de Paris, a *Place de Grève*, que a palavra *greve* surgiu. Os trabalhadores se reuniam para reivindicar seus direitos, abstendo-se coletiva e simultaneamente do exercício do trabalho.

Além do direito de não trabalhar, a greve envolve uma série de outras medidas, como os piquetes pacíficos, os abaixo-assinados, as passeatas, as propagandas etc.

Pelo art. 9º da Constituição, é assegurado o direito de greve, competindo aos trabalhadores decidir quanto à oportunidade de seu exercício e sobre os interesses que devam por meio dele defender.

> **Casuística do STF:**
> - **Súmula 316** — "A simples adesão à greve não constitui falta grave".
> - **Cabimento de recurso extraordinário** — "Saber se houve simples adesão à greve ou participação efetiva dos empregados no movimento paredista, capaz de sustentar a rescisão unilateral do contrato de trabalho, implica revolvimento da matéria fático-probatória, inadmissível no extraordinário" (STF, RE 252.876-AgRg, Rel. Min. Maurício Corrêa, *DJ* de 19-5-2000).

O direito de greve, na Carta de 1988, pode ser exercido tanto pelos empregados de empresas públicas como pelos de empresas privadas, a exemplo das sociedades de economia mista.

Todos os tipos de greve são aceitos, desde que exercidos em clima de paz. Greves reivindicatórias, de protesto, de solidariedade, por exemplo, podem ser levadas a cabo. O que a Carta de 1988 não suflagrou foi a balbúrdia, o desrespeito ao patrimônio alheio, o menoscabo da moral, da ética e do respeito ao próximo.

> **Abusividade do direito de greve** — "O reconhecimento judicial da abusividade do direito de greve e a interpretação do alcance da Lei n. 7.783/89 qualificam-se como matérias revestidas de caráter simplesmente ordinário, podendo traduzir, quando muito, situação configuradora de ofensa meramente reflexa ao texto da Constituição, o que basta, por si só, para inviabilizar o conhecimento do recurso extraordinário. Precedentes" (STF, AgI 282.682-AgRg, Rel. Min. Celso de Mello, *DJ* de 21-6-2002).

No Brasil, eis o perfil do direito de greve:
- trata-se de um direito relativo, e não absoluto, até mesmo quanto às atividades essenciais (CF, art. 9º, § 1º);

> **Entendimento do STF:** "O direito à greve não é absoluto, devendo a categoria observar os parâmetros legais de regência. Descabe falar em transgressão à Carta da República quando o indeferimento da garantia de emprego decorre do fato de se haver enquadrado a greve como ilegal" (STF, RE 184.083, Rel. Min. Marco Aurélio, *DJ* de 18-5-2001).

- pode ser exercido por meio de *lock-out* (locaute), quando os empregadores fecham as portas de seus estabelecimentos, impedindo a prestação regular de seus serviços pelos empregados, para pressionar a própria classe operária a atender suas reivindicações;
- é um direito autoaplicável, porque independe de regulamentação legislativa, algo que não descarta a possibilidade de disciplina do seu procedimento; contudo, não pode ser cerceado, limitado ou impedido;
- os servidores públicos podem exercê-lo, e nas atividades públicas ele não vigora de imediato; é preciso lei ordinária específica para disciplinar seus detalhes (CF, art. 37, VII — redação dada pela EC n. 19/98);

> **Posição do STF:** mesmo antes do advento da EC n. 19/98 (reforma administrativa), o Pretório Excelso já entendia que o direito de greve não era autoaplicável quanto aos serviços públicos (STF, 2ª T., RE 208.278-3/RS, Rel. Min. Carlos Velloso, *DJ*, 1, de 13-10-1997, p. 51487). Decisão após a EC n. 19/98: "A relevância da matéria, ao que penso, está na medida em que temos presente a regra do art. 37, VII, da Constituição, a dizer que 'o direito de greve será exercido nos termos e nos limites definidos em lei complementar'. Ora, esta não poderá, em princípio, ignorar o que estabelece a Constituição, no § 1º do art. 9º — definição de serviços ou atividades essenciais e atendimento das necessidades inadiáveis da comunidade — e o § 2º do mesmo artigo, a sujeitar

os responsáveis pelos abusos cometidos às penas da lei" (STF, ADIn 380, Rel. Min. Carlos Velloso, *DJ* de 7-6-2002).

- é um direito coletivo, titularizado por um grupo de trabalhadores, e irrenunciável em sede de contrato individual de trabalho;
- é um direito pacífico, embora se estribe num procedimento de pressão, que consiste na abstenção coletiva e simultânea do trabalho.

CAPÍTULO 16

DIREITO DE NACIONALIDADE

✦ 1. SIGNIFICADO

Direito de nacionalidade é a expressão jurídica da nacionalidade.

A *nacionalidade*, por sua vez, é o "vínculo jurídico-político de direito público interno, que faz da pessoa um dos elementos componentes da dimensão pessoal do Estado" (Pontes de Miranda, *Comentários à Constituição de 1967 com a Emenda n. 1, de 1969*, p. 352).

Firmada a *nacionalidade*, o indivíduo passa a integrar o povo de determinado Estado.

É aí que surge o *direito de nacionalidade*, consagrando prerrogativas, mas também deveres.

Foi com base nessa ideia que o art. 12 da Constituição Federal, seguindo a tradição iniciada no Império, enunciou a rubrica "Da Nacionalidade", enaltecendo o elemento humano, integrante da noção de Estado: *o povo*.

> **Previsão da nacionalidade em nossas Constituições:** Carta do Império de 1824 (arts. 6º e 7º), as Constituições de 1891 (arts. 69 e 71), de 1934 (arts. 106 e 107), de 1937 (arts. 115 e 116), de 1946 (arts. 129 e 130) e de 1967 (arts. 140 e 141), com sua EC n. 1/69 (arts. 145 e 146).

Resultado: a nacionalidade, nos moldes da Carta de Outubro, corrobora um direito público, material e formalmente constitucional, ainda quando venha estatuído em diplomas infraconstitucionais, alguns até de natureza privada (v. g., Código Civil, Estatuto do Estrangeiro etc.).

Mas o vocábulo *nacionalidade* não é unívoco. Engloba uma multiplicidade de sentidos. Daí Aluísio Dardeau de Carvalho afirmar que a palavra não é exclusiva da órbita jurídica, reconhecendo, contudo, que está presente em diversos países (*Nacionalidade e cidadania*, p. 11).

No Brasil, ao mencionar a voz *nacionalidade*, o constituinte prestigiou o *status* jurídico-político dos indivíduos.

É que a Carta de 1988 não empregou a palavra na acepção sociológica, e sim na jurídica.

Desse modo, os costumes, o ambiente cultural, os objetivos e as aspirações futuras da vida dos indivíduos não se inserem na noção constitucional positiva de nacionalidade.

✦ 2. NOÇÕES CORRELATAS À NACIONALIDADE

Os termos *povo, população, nação* e *cidadania* relacionam-se com o signo *nacionalidade*, embora sejam inconfundíveis:

- **Povo** — conjunto de indivíduos que participam do Estado, unindo-se a ele pelo vínculo jurídico-político da nacionalidade.

  > **Doutrina:** Hans Kelsen, *Teoria pura do direito*, p. 386; Jorge Miranda, Sobre a noção de povo em direito constitucional, p. 43; Friedrich Müller, *Quem é o povo?*: a questão fundamental da democracia, p. 4 e s.

- **População** — conjunto de indivíduos que habitam um Município, um Estado-membro, um território ou região de um país. Esse conceito alcança significado muito mais amplo do que o de povo porque engloba os *nacionais* (brasileiros natos ou naturalizados, que se vincularam pelo nascimento ou naturalização ao território pátrio), os *estrangeiros* (indivíduos que não são naturais do lugar onde moram ou se encontram) e os *apátridas* (pessoas que não têm nacionalidade alguma).
- **Nação** — grupo de seres humanos nascidos num mesmo território, ligados e reunidos por afinidades materiais, espirituais, econômicas, culturais, raciais, linguísticas, que mantêm os mesmos costumes e tradições dos seus antepassados. Abarca os brasileiros natos e naturalizados, e não os estrangeiros e os apátridas.
- **Cidadania** — *status* que qualifica o nacional para gozar direitos políticos ativos (votar) e passivos (ser votado), permitindo-lhe participar da vida do Estado. Os estrangeiros e apátridas não são cidadãos. Apenas os brasileiros natos e naturalizados é que podem sê-lo. Veja-se que a nacionalidade é pressuposto para a concessão da cidadania, pois somente o nacional é que pode votar e ser votado.

✦ 3. BRASILEIROS NATOS E NATURALIZADOS

O Texto Maior, no seu art. 12, reconheceu dois tipos de brasileiros: os natos e os naturalizados. Tal reconhecimento repercute no grau de participação política dos indivíduos.

Pela técnica redacional do art. 12, o vocábulo *brasileiro*, sem qualquer adjetivação, refere-se aos brasileiros natos e aos naturalizados, indistintamente.

Mas nas hipóteses em que expressou a fórmula *brasileiro nato*, pretendeu não incluir no âmbito da mensagem constitucional positivada a expressão *brasileiros naturalizados*.

Isso faz sentido porque a condição do *brasileiro nato* leva algumas vantagens em relação ao *naturalizado*, algo que em nada fere o vetor da igualdade (art. 5º, *caput*) e os deveres impostos, indistintamente, a todos.

As diferenças entre os *brasileiros natos* e *naturalizados* são apenas aquelas explicitadas pelo discurso constitucional.

a) Brasileiro nato
É o que adquire a nacionalidade pelo nascimento.

Quem nasce na República Federativa do Brasil, portanto, é brasileiro nato, não podendo ser extraditado.

> **Nesse sentido:** STF, HC 83.113-QO, Rel. Min. Celso de Mello, *DJ* de 29-8-2003.

Tal noção é correlata à de nacionalidade originária, resultante do nascimento.

b) Brasileiro naturalizado
São os que detêm a nacionalidade secundária, voluntária ou adquirida, pela qual o interessado manifesta o seu querer a fim de conseguir a nacionalidade brasileira.

Por isso, os apátridas ou *heimatlos*, precisamente por não terem o *status* de nacional, valem-se desse recurso derivado, que independe do nascimento para ser conferido a alguém.

Os estrangeiros, que são detentores de outra nacionalidade e querem adquirir a brasileira, também podem lançar mão de tal expediente, observados os critérios legais e constitucionais.

Os naturalizados, por exemplo, não podem ascender à plenitude da cidadania, ocupando determinados cargos que a Constituição reservou, apenas, para brasileiros natos, e podem ser extraditados, em caso de crime comum, praticado antes da naturalização, ou de comprovado envolvimento em tráfico ilícito de entorpecentes e drogas afins, nos termos da lei (CF, art. 5º, LI).

◆ Cap. 16 ◆ DIREITO DE NACIONALIDADE   **703**

✦ 4. TIPOS DE NACIONALIDADE: ORIGINÁRIA E SECUNDÁRIA

A Constituição brasileira previu dois tipos de nacionalidade:

* **Nacionalidade originária (involuntária, nata, primária, de origem ou de primeiro grau)** — inerente ao brasileiro nato, deriva do nascimento, sendo aferida mediante a observância de laços sanguíneos, territoriais, ou de ambos ao mesmo tempo. É unilateral, pois é o Estado que estabelece os critérios para a sua outorga. Pouco importa o desejo humano de adquiri-la.
* **Nacionalidade secundária (voluntária, derivada, adquirida ou de segundo grau)** — típica do brasileiro naturalizado, advém de um ato de vontade, pelo qual o indivíduo opta pela naturalização. Ocorre, portanto, após o nascimento. Os estrangeiros e apátridas podem pleiteá-la.

Ambas as espécies constituem autêntica projeção da soberania do Estado brasileiro, como reconheceu o Supremo Tribunal Federal.

> **Entendimento do STF:** "As hipóteses de outorga da nacionalidade brasileira, quer se trate de nacionalidade primária ou originária (da qual emana a condição de brasileiro nato), quer se cuide de nacionalidade secundária ou derivada (da qual resulta o *status* de brasileiro naturalizado), decorrem, exclusivamente, em função de sua natureza mesma, do Texto Constitucional, pois a questão da nacionalidade traduz matéria que se sujeita, unicamente, quanto à sua definição, ao poder soberano do Estado brasileiro" (STF, HC 83.113-QO, Rel. Min. Celso de Mello, *DJ* de 29-8-2003).

✧ 4.1. Aquisição da nacionalidade originária

Dois são os critérios para se adquirir a nacionalidade originária:

* **Critério sanguíneo ou da consanguinidade (*ius sanguinis*)** — considera-se *nacional* o indivíduo que for descendente de outro nacional. Aqui o que se leva em conta é o vínculo de sangue. Em nada interessa o local onde o indivíduo nasceu. Esse critério é comum na Europa, nos *países de emigração*, onde prepondera o costume de nutrir os laços familiares.
* **Critério territorial ou da territorialidade (*ius solis* ou *ius loci*)** — leva-se em conta a origem. Nacional é aquele que nasce no território do Estado brasileiro, independentemente de sua ascendência. Tal critério é próprio dos *países de imigração*, onde os descendentes dos imigrantes pretendem manter a nacionalidade no novo Estado em que se encontram, sem a necessidade de invocar relações de consanguinidade.

No Brasil, a Carta de 1988 não adotou o *ius sanguinis* em absoluto; mesclou-o com o *jus solis*.

Vigora, entre nós, o *critério misto*, que obtempera as técnicas *ius solis* e *ius sanguinis* de aquisição da nacionalidade originária.

> **Como era antes:** até o Texto de 1946, os modos de aquisição da nacionalidade vinham previstos numa só sequência. Inexistia maior preocupação pedagógica. A Lei Maior de 1988, por sua vez, ao esboçar os modos de aquisição das nacionalidades originária e adquirida, seguiu a técnica adotada pela Carta de 1967, modificada pela EC n. 1/69.

Se não bastasse, o Texto Supremo estipulou quem pode ser considerado, de pleno direito, brasileiro nato, estabelecendo os pressupostos para se obter a nacionalidade originária (art. 12, I, *a, b* e *c*).

Examinemos essas regras consagradas pelo constituinte de 1988, mediante as quais alguém pode ser considerado *brasileiro nato*.

a) Regra do ius solis ou ius loci (art. 12, I, a)

Pela regra do *ius solis*, considera-se brasileiro nato o indivíduo que nascer na República Federativa do Brasil, ainda que de pais estrangeiros, desde que estes não estejam a serviço de seu país.

Não estar a serviço do país significa que os genitores não deverão estar exercendo atividade ligada aos seus respectivos Estados originários. Se estiverem, os seus filhos não lograrão a nacionalidade brasileira, pois os laços de sangue (*ius sanguinis*) prevalecerão sobre o local do nascimento (*ius loci*), aplicando-se as regras da *nacionalidade potestativa*, que estudaremos abaixo.

Observada tal advertência, são detentores da nacionalidade primária os nascidos no território pátrio, ou seja, nas terras fronteiriças, que compreendem lagos, rios, baías, golfos, ilhas, mares, espaço aéreo, navios mercantes brasileiros em alto-mar ou de passagem em mar territorial estrangeiro, navios e aeronaves bélicos brasileiros, aeronaves civis brasileiras que estiverem sobrevoando espaços aéreos alienígenas.

Há, contudo, uma ressalva à regra geral do *ius solis*. Trata-se da advertência contida no art. 12, I, *a*, última parte: "desde que estes não estejam a serviço de seu país". O constituinte, portanto, abriu campo para a adoção mitigada do critério do *ius sanguinis*, ou seja, atribui-se ao indivíduo o *status* de nacional de acordo com a nacionalidade do genitor ou da genitora. Todavia, não se trata de aplicação pura e simples do critério consanguíneo para que alguém esteja excluído da nacionalidade brasileira. É mister que se conjuguem os seguintes fatores para que o *discrimen* constitucional se efetive:

* que ambos os genitores sejam estrangeiros; e
* que pelo menos um deles esteja no Brasil a serviço de seu país de origem.

Por isso, para que o filho de estrangeiros seja considerado brasileiro é necessário que os seus pais não estejam a serviço do seu país. *Não estar a serviço do país* significa que os genitores não deverão estar exercendo atividade ligada aos seus respectivos Estados originários. Se estiverem, os seus filhos não lograrão a nacionalidade brasileira, pois os seus laços de sangue (*ius sanguinis*) prevalecerão sobre o local do nascimento (*ius loci*).

b) Regra do ius sanguinis + critério funcional (art. 12, I, b)

São brasileiros natos os nascidos no estrangeiro, de pai brasileiro ou mãe brasileira, desde que qualquer deles esteja a serviço da República Federativa do Brasil.

Eis aí o *ius sanguinis* aditado ao critério *funcional*.

Portanto, além do vínculo de sangue, é necessário que os pais brasileiros — sejam eles natos ou naturalizados — estejam cumprindo missão oficial em nome do Brasil.

Estar a serviço do Brasil é o mesmo que exercer atividade relacionada à Administração direta ou indireta, ao Poder Público federal, estadual ou municipal. Amiúde, insere-se aí a atividade diplomática, consular, os serviços prestados por órgãos da Administração centralizada, por órgãos da Administração descentralizada da União, dos Estados, dos Municípios, do Distrito Federal e dos Territórios, v. g., autarquias, sociedades de economia mista e empresas públicas.

c) Regra da nacionalidade potestativa: ius sanguinis + critério residencial + opção confirmativa (art. 12, I, c)

Também podem ser considerados brasileiros natos "os nascidos no estrangeiro de pai brasileiro ou de mãe brasileira, desde que sejam registrados em repartição brasileira competente ou venham a residir na República Federativa do Brasil e optem, em qualquer tempo, depois de atingida a maioridade, pela nacionalidade brasileira" (CF, art. 12, I, *c*, com redação dada pela EC n. 54/2007).

> **Redação anterior:** "os nascidos no estrangeiro, de pai brasileiro ou de mãe brasileira, desde que venham a residir na República Federativa do Brasil e optem, em qualquer tempo, pela nacionalidade brasileira" (CF, art. 12, I, *c*, com redação dada pela ECR n. 3/94).

Trata-se, pois, de uma hipótese de aquisição da nacionalidade originária. Passemos, ponto a ponto, ao seu estudo.

c.1) Nacionalidade potestativa e opção

Nacionalidade potestativa é aquela em que o interessado, a qualquer tempo, por vontade livre e espontânea, *opta* pelo vínculo que o tornará componente da dimensão pessoal do Estado.

Potestativo vem da forma latina *potestade, potestas*, significando *poder*. Quando o termo é colocado para adjetivar o vocábulo *nacionalidade* traduz a mensagem de *poder da vontade*, ou seja, *opção*.

♦ Cap. 16 ♦ DIREITO DE NACIONALIDADE

A *opção*, por sua vez, qualifica-se como ato personalíssimo ou unilateral de vontade, em que o sujeito *confirma* seu desejo de conservar a nacionalidade brasileira originária.

É interessante analisar o significado do que seja *opção*, tal como prevista no art. 12, I, *c*, do Texto de 1988, com suas emendas e remendos, incluindo-se aí as modificações encetadas pela Emenda Constitucional n. 54/2007.

Quando a Carta de Outubro foi promulgada, homenageando a *opção* como a pedra de toque da nacionalidade potestativa, exigia-se o ingresso numa repartição brasileira competente para se registrar um filho. Tal exigência foi supressa pela Emenda Constitucional n. 3/93, retornando com a Emenda Constitucional n. 54/2007.

Veja-se que inexiste prazo para a opção ser exercida. Enquanto ela não for concretizada, seus efeitos ficam suspensos até o dia de sua confirmação.

> **Como era no passado:** na vigência da Carta de 1967, enquanto o sujeito não atingisse o prazo de quatro anos, depois da maioridade, ele era tido, para todos os efeitos, brasileiro nato. Podia, até, requerer abertura de assento de nascimento provisório. Mas, caso a opção pela nacionalidade brasileira não respeitasse o referido prazo, o assento seria cancelado (Lei n. 6.015/73, art. 32, §§ 2º a 5º). Em contrapartida, realizada a opção, era mantido o *status* de brasileiro nato.

Evidente que o legislador ordinário não poderá criar novas hipóteses para a obtenção da nacionalidade originária além das que já foram consagradas pelo art. 12, I, *a*, *b* e *c*, da Carta de Outubro.

> **Memória constitucional:** o art. 2º da Lei n. 818/49, elaborada sob a égide da Constituição de 1946 e posteriormente revogada pela Lei n. 13.445/2015, criou hipótese de aquisição da nacionalidade originária, nada obstante o fato de o constituinte de 1967 ter eliminado o direito de optar pela nacionalidade pátria. Contudo, os estudiosos assinalaram que o referido art. 2º da Lei n. 818/49 não havia sido recepcionado pela Carta de 1967, e a hipótese de nacionalidade originária só poderia ser instituída por norma constitucional, não por atos normativos primários.

Com o aparecimento da Emenda Constitucional n. 54/2007, a Lei dos Registros Públicos — Lei n. 6.015, de 31 de dezembro de 1973, arts. 29 e 32, foi recepcionada pela ordem constitucional em vigor, no ponto em que considera o registro como fator aquisitivo da nacionalidade originária.

c.2) Nacionalidade potestativa antes da Carta de 1988

Na vigência da Emenda Constitucional n. 1/69 (art. 145, *c*), que alterou, profundamente, a Carta de 1967, estes eram os requisitos para obter a nacionalidade potestativa:

* ser nascido de pai ou mãe brasileiros;
* que tais genitores estivessem a serviço do Brasil;
* registro na repartição competente;
* fixação da residência antes da maioridade; e
* realização da opção até quatro anos após a aquisição da maioridade.

c.3) Nacionalidade potestativa depois da Carta de 1988

Em sua feição originária, o Texto de Outubro manteve os mesmos requisitos do regime constitucional anterior.

A única novidade ficou por conta da não previsão de prazo para exercer o ato optativo.

> **Redação originária do art. 12, I, c, da CF/88:** são brasileiros natos "os nascidos no estrangeiro, de pai brasileiro ou mãe brasileira, desde que sejam registrados em repartição brasileira competente, ou venham a residir na República Federativa do Brasil antes da maioridade e, alcançada esta, optem em qualquer tempo pela nacionalidade brasileira".

c.4) ECR n. 3/94: supressão do critério *ius sanguinis* + registro

Com o advento da Emenda Constitucional de Revisão n. 3/94, consagrou-se a desnecessidade de o recém-nascido ter registro em repartição pública competente (embaixada ou consulado).

Suprimiram o critério *ius sanguinis* (filho de brasileiros) somado ao requisito específico do registro (o agente consular lavrava o assento de nascimento no exterior, que passava a ter a mesma eficácia jurídica dos atos praticados pelos oficiais do Registro Civil das pessoas naturais do Brasil).

A redação primitiva do art. 12, I, *c*, da *Lex Mater* de 1988 consagrava a aquisição da nacionalidade primária aos nascidos no estrangeiro, de pai brasileiro ou mãe brasileira, desde que fossem registrados em repartição brasileira competente.

Com a Emenda Constitucional de Revisão n. 3/94, esse modo de adquirir a nacionalidade originária foi eliminado da nossa ordem jurídica.

Caso pretendessem obter a nacionalidade pátria, os filhos de brasileiros nascidos no exterior não deveriam ser registrados nas repartições brasileiras competentes, mas sim fixar residência no País, realizando a opção.

A partir da Emenda Constitucional de Revisão n. 3/94, a concessão da *nacionalidade potestativa* atrelou-se aos seguintes requisitos:

*   nascimento no estrangeiro;
*   ser nascido de pais brasileiros, natos ou naturalizados;
*   fixação de residência a qualquer tempo; e
*   opção, também a qualquer tempo, pela nacionalidade brasileira.

Esses elementos demonstram que, a partir do advento da Emenda Constitucional de Revisão n. 3/94, chegando aos nossos dias, em que vigora a Emenda Constitucional n. 54/2007, existe, no Brasil, um *sistema híbrido* de aquisição da nacionalidade originária, em que se combinam os critérios *ius sanguinis* (laços de sangue), *ius solis* (vínculo territorial), com livre manifestação de vontade do sujeito, misturando técnicas de aquisição da nacionalidade primária (para brasileiro nato) e secundária (relativa a brasileiro naturalizado).

c.5) EC n. 54/2007: registro em repartição competente e maioridade (18 anos completos)

A Emenda Constitucional n. 54/2007 trouxe, apenas, duas novidades:

*   **1ª novidade** — registro em repartição pública brasileira competente como requisito para adquirir a nacionalidade originária. Essa exigência foi consagrada na primeira redação do art. 12, I, c — época em que o Texto Maior foi promulgado (5-10-1988). Com o advento da Emenda Constitucional de Revisão n. 3/94, retiraram-na da Constituição; e
*   **2ª novidade** — necessidade de atingir a maioridade (18 anos completos) para exercer, em qualquer tempo, o ato de opção. Nesse ponto, os depositários do poder de emenda constitucional nada mais fizeram que seguir orientação firmada pelo Supremo. Para a Corte Excelsa, a opção pela nacionalidade só pode ser exercida pelo titular do direito quando atingir a maioridade. Aqui não é possível o menor de 18 anos ser representado ou assistido pelos pais para exercer a opção, porque esse ato é personalíssimo.

> **Posição do STF:** "Vindo o nascido no estrangeiro, de pai brasileiro ou de mãe brasileira, a residir no Brasil, ainda menor, passa a ser considerado brasileiro nato, sujeita essa nacionalidade a manifestação da vontade do interessado, mediante a opção, depois de atingida a maioridade. Atingida a maioridade, enquanto não manifestada a opção, esta passa a constituir-se em condição suspensiva da nacionalidade brasileira" (STF, RE 418.096, Rel. Min. Carlos Velloso, *DJ* de 22-4-2005). No mesmo sentido: STF, Pleno, AC 70-QO/RS, Rel. Min. Sepúlveda Pertence, *DJ* de 12-3-2004.

Em nossos dias, o simples registro em repartição pública competente já é o bastante para obter a nacionalidade potestativa. Nem é preciso ingressar em juízo para que assim seja. Isso porque a fixação de residência no Brasil não é mais o único fato gerador da nacionalidade, porque o art. 12, I, *c*, oriundo da Emenda Constitucional n. 54/2007, utilizou o conectivo "ou". Quer dizer, alternou a necessidade de registro com o ato de residir na República pátria, eliminando o critério de exclusividade. A exegese aqui é a lógica-razoável, ainda quando tomemos como suporte a dicção gramatical do preceito. Ora bem; não se há de complicar a vida de filhos de pais brasileiros nascidos no exterior impedindo-os, por

◆ Cap. 16 ◆ DIREITO DE NACIONALIDADE

meio de imposições descabidas e desarrazoadas, de adquirir a nacionalidade primária assim que registrados na repartição consular. As normas constitucionais, nos Estados democráticos, existem para beneficiar a vida humana, e não para colocar pedra de tropeço no caminho dos outros.

Na vigência da Emenda Constitucional de Revisão n. 3/94, o fato gerador da nacionalidade era a fixação de residência no Brasil, somada à opção confirmativa. Não bastava, por exemplo, que o filho de brasileiros, nascido no exterior, fosse registrado em repartições competentes, com o fito de tornar-se nato. Para que alguém viesse a adquirir o título da nacionalidade brasileira deveria, necessariamente, fixar residência no País. Só depois poderia realizar a opção, perante a Justiça Federal.

Competência da Justiça Federal:

- **CF, art. 109, X** — compete aos juízes federais processar e julgar, dentre outros, "os crimes de ingresso ou permanência irregular de estrangeiro, a execução de carta rogatória, após o *exequatur*, e de sentença estrangeira, após a homologação, as causas referentes à nacionalidade, inclusive a respectiva opção, e à naturalização".
- **Posição do STJ anterior à EC n. 54/2007** — "Compete à Justiça Federal a apreciação do pedido de transcrição do termo de nascimento de menor nascida no estrangeiro, filha de mãe brasileira que não estava a serviço do Brasil, por consubstanciar opção provisória de nacionalidade a ser ratificada após alcançada a maioridade (CF, arts. 12, I, *c*, e 109, X)" (STJ, CComp 18.074/DF, Rel. Min. César Rocha, *DJ*, 1, de 20-4-1997, p. 59399).

A Emenda Constitucional n. 54/2007 mudou essa diretriz. Agora, desde que tenha registro solene em repartição diplomática ou consular brasileira competente, ou, ainda, em ofício de registro, localizado em território pátrio, o sujeito já pode ser considerado brasileiro nato, sem que precise fixar residência no Brasil, nem ir ao juiz.

Entendimento do STF antes da EC n. 54/2007:
a opção pela nacionalidade, embora potestativa, não é de forma livre: há de fazer-se em juízo, em processo de jurisdição voluntária, que finda com a sentença que homologa a opção e lhe determina a transcrição, uma vez acertados os requisitos objetivos e subjetivos dela. Antes que se complete o processo de opção, não há, pois, como considerá-lo brasileiro nato. Pendente a nacionalidade brasileira do extraditando da homologação judicial *ex tunc* da opção já manifestada, suspende-se o processo extradicional (CPC, art. 265, IV, *a*) (STF, AC 70-QO/RS, Rel. Min. Sepúlveda Pertence, *DJ* de 12-3-2004).

Desse modo, a Emenda Constitucional n. 54/2007 buscou assegurar ao nacional maiores facilidades para obter a nacionalidade originária. Deslocar-se de outro País para o Brasil é, muitas vezes, obstáculo difícil de ser vencido. Daí a referida emenda não exigir a residência como pressuposto para alguém ser considerado brasileiro nato. O sujeito pode vir a residir no Brasil a qualquer tempo, mesmo depois de completar 18 anos, que será tido, automaticamente, como nacional, sem a necessidade da chancela judicial.

E, pelo art. 95 do ADCT, com redação dada pela Emenda Constitucional n. 54/2007, os nascidos no estrangeiro entre 7-6-1994 e 20-9-2007, filhos de pai brasileiro ou mãe brasileira, podem ser registrados em repartição diplomática ou consular brasileira competente ou em ofício de registro, se vierem a residir na República brasileira.

Em sede de nacionalidade potestativa, os efeitos do ato confirmatório da opção passam a ser plenos, atingindo até mesmo situações pregressas (eficácia retroativa em benefício do titular).

Logo, permanece atual aquele entendimento do Pretório Excelso de que filho de pais brasileiros, que não estejam a serviço do Brasil, nascido no estrangeiro, não poderá ser extraditado.

Precedentes:
STF, Pleno, 778-5/República Argentina, Rel. Min. Néri da Silveira, v. u., *DJ*, 1, de 20-4-2001; STF, AC 70-QO/RS, Rel. Min. Sepúlveda Pertence, *DJ* de 12-3-2004; STF, Extr. 880-QO, Rel. Min. Sepúlveda Pertence, *DJ* de 16-4-2004.

Evidente que o legislador ordinário não poderá criar novas hipóteses para a obtenção da nacionalidade originária, além das que já foram consagradas pelo art. 12, I, *a*, *b* e *c*, da Carta de Outubro. **Exemplo:** a Lei dos Registros Públicos — Lei n. 6.015, de 31 de dezembro de 1973, arts. 29 e 32, não

708

♦ Uadi Lammêgo Bulos ♦

foi recepcionada pela ordem constitucional em vigor no ponto em que considera o registro como fator aquisitivo da nacionalidade originária.

> **A história se repete:** na vigência da Carta de 1967 tivemos uma situação idêntica à que acabamos de narrar. O art. 2º da Lei n. 818/49, elaborada sob a égide da Constituição de 1946, criou hipótese de aquisição da nacionalidade originária, nada obstante o fato de o constituinte de 1967 ter eliminado o direito de optar pela nacionalidade pátria. Contudo, os estudiosos assinalaram que o referido art. 2º da Lei n. 818/49 não havia sido recepcionado pela Carta de 1967, e a hipótese de nacionalidade originária só pode ser instituída por norma constitucional, não por atos normativos primários.

✧ 4.2. Aquisição da nacionalidade secundária

A nacionalidade secundária é adquirida por meio da naturalização, que pode ser requerida tanto pelo apátrida (*Heimatlos*) como pelo estrangeiro.

Portanto, a aquisição da nacionalidade secundária enseja a condição de *brasileiro naturalizado*. Sua ocorrência não se dá pelo fato natural do nascimento, mas sim por um ato voluntário: a naturalização.

Assim, a única via para adquirir a nacionalidade secundária é a naturalização.

A naturalização, por sua vez, não é um direito público subjetivo, mas um ato discricionário, praticado, exclusivamente, pelo Chefe do Poder Executivo. Sua outorga é uma *longa manus* da soberania nacional. Um apátrida ou um estrangeiro, por exemplo, podem até satisfazer os requisitos legais e constitucionais para a sua obtenção. Isso, contudo, não basta. É imprescindível que o Executivo delibere sobre a matéria, dentro da esfera discricionária que lhe é afeta por excelência.

> **Constitucionalidade das leis que conferem a discricionariedade do Poder Executivo:** "Não há inconstitucionalidade no preceito que atribui exclusivamente ao Poder Executivo a faculdade de conceder a naturalização" (STF, *RDA*, *20*:13).

☐ 4.2.1. Polipátridas e apátridas (ou Heimatlos)

O estudo da nacionalidade secundária leva-nos a duas categorias distintas:

* os polipátridas; e
* os apátridas (ou *Heimatlos*).

a) Polipátridas e os conflitos positivos de nacionalidade

Polipátridas são aqueles que possuem mais de uma nacionalidade (multinacionalidade).

A existência dessa especial figura do Direito das Gentes enseja um *conflito positivo de nacionalidade*, pois dois ou mais Estados reconhecem uma só pessoa como seu nacional.

Esse conflito não é prejudicial, e sim benéfico, pois propicia ao indivíduo ter dupla nacionalidade. Exemplo: filho de italiano (critério sanguíneo), nascido no Brasil (critério territorial).

Como vemos, o polipátrida vincula-se a dois requisitos de aquisição da nacionalidade primária, no caso, aí ilustrado, o *ius sanguinis* e o *ius loci*.

Ademais, o *polipatridarismo* ainda se conecta com a questão da *dupla nacionalidade*, consagrada no Texto de 1988, nos seguintes dispositivos:

* **art. 12, § 4º, II, *a*** (criado pela ECR n. 3/93) — não se perde a nacionalidade brasileira no caso de reconhecimento de nacionalidade originária pela lei estrangeira; por isso, os filhos de italianos, nascidos no Brasil, têm dupla nacionalidade; e
* **art. 12, § 4º, II, *b*** (criado pela ECR n. 3/93) — quando norma de outro Estado impõe a naturalização ao brasileiro nele residente, como condição de permanência em seu território ou do exercício de direitos civis, concretiza-se a dupla nacionalidade.

◆ Cap. 16 ◆ DIREITO DE NACIONALIDADE   **709**

Dupla nacionalidade. Precedente do STF: "O processo remete ao complexo problema da extradição no caso da dupla nacionalidade, questão examinada pela Corte Internacional de Justiça no célebre caso *Nottebohm*. Naquele caso a Corte sustentou que na hipótese de dupla nacionalidade haveria uma prevalecente — a nacionalidade real e efetiva — identificada a partir de laços fáticos fortes entre a pessoa e o Estado. A falta de elementos concretos no presente processo inviabiliza qualquer solução sob esse enfoque" (STF, HC 83.450, Rel. Min. Nelson Jobim, *DJ* de 4-3-2005).

Perda de nacionalidade de brasileira naturalizada norte-americana: por maioria de votos, a Primeira Turma do Supremo Tribunal Federal negou mandado de segurança no qual uma brasileira nata e naturalizada norte-americana pedia a revogação de ato do Ministro da Justiça que decretou a perda da cidadania brasileira por ter adquirido outra nacionalidade. Ela tinha se mudado em 1990 para os Estados Unidos, onde se casou e obteve visto de permanência (*green card*). Em 1999, requereu nacionalidade norte-americana e, seguindo a lei local, declarou renunciar e abjurar fidelidade a qualquer outro Estado ou soberania. Em 2007, ela voltou para o Brasil e, dias depois de sua partida, o marido, nacional norte-americano, foi encontrado morto, a tiros, na residência do casal. O governo dos Estados Unidos indiciou a impetrante por homicídio e requereu a extradição para que ela respondesse ao processo naquele país. Analisando o art. 12, § 4º, II, da Constituição Federal, entendeu o Ministro Relator que o ato do Ministro da Justiça era legítimo, sim. Apenas nos casos de reconhecimento de nacionalidade originária pela lei estrangeira é que não se aplica a perda a quem adquira outra nacionalidade. A aquisição da cidadania americana ocorreu por livre e espontânea vontade da impetrante, pois ela já tinha o *green card*, que lhe assegurava pleno direito de moradia e trabalho legal (STF, MS 33.864/DF, Rel. Min. Roberto Barroso, j. 19-4-2016).

b) Apátridas e os conflitos negativos de nacionalidade

Os *apátridas* ou, no alemão, *Heimatlos*, são pessoas sem pátria, porque não se enquadraram em nenhum critério aferidor da nacionalidade originária, em virtude da circunstância do seu nascimento.

Propiciam *conflitos negativos de nacionalidade*, intoleráveis e maléficos ao indivíduo, porquanto geram o apatridarismo, criando obstáculos para os "sem nacionalidade".

Por circunstâncias alheias à vontade humana, os indivíduos são submetidos a certas restrições jurídicas no Estado em que vivem. É o caso da criança nascida na Itália, filha de pais brasileiros que não estavam a serviço da República brasileira. Ela não é italiana, pois nesse país, onde vigora o *ius sanguinis*, ninguém é nacional só porque nasceu em seu território. Mas a criança também não será brasileira, pois, num primeiro momento, a República pátria adere ao critério *ius solis*.

Os conflitos negativos de nacionalidade são inaceitáveis. Daí a Declaração Universal dos Direitos do Homem inadmitir os *Heimatlos*, afirmando que "toda pessoa tem direito a uma nacionalidade e ninguém será arbitrariamente privado de sua nacionalidade, nem do direito de mudar de nacionalidade" (art. 15).

Para combater o *apatridarismo* os ordenamentos democráticos oferecem soluções, como as inscritas no art. 12, I, *b* e *c*, da Carta de 1988, acima estudadas. Recordêmo-las:

* **art. 12, I, *b*** — são brasileiros natos os nascidos no estrangeiro, de pai brasileiro ou mãe brasileira, desde que qualquer deles esteja a serviço da República Federativa do Brasil; e

* **art. 12, I, *c*** — são brasileiros natos os nascidos no estrangeiro, de pai brasileiro ou mãe brasileira, desde que venham a residir na República Federativa do Brasil e optem, em qualquer tempo, pela nacionalidade brasileira.

⌑ 4.2.2. Tipos de naturalização

Vimos que a única forma de aquisição da nacionalidade secundária é a naturalização. Ela depende tanto da vontade do interessado como da aquiescência do Chefe do Poder Executivo em atender, ou não, o rogo do estrangeiro ou apátrida.

Para facilitar o seu estudo, os especialistas classificam a naturalização em:

* tácita (ou grande naturalização); e
* expressa (ordinária e extraordinária).

710 ◆ Uadi Lammêgo Bulos ◆

a) Naturalização tácita (ou grande naturalização)

O Texto de 1988 eliminou a chamada *naturalização tácita* ou *grande naturalização*, prevista inicialmente na Carta de 1891(art. 69, § 4º).

> **Constituição de 1891, art. 69, § 4º:** "São cidadãos brasileiros: os estrangeiros que, achando-se no Brasil aos 15 de novembro de 1889, não declararem, dentro de seis meses depois de entrar em vigor a Constituição, o ânimo de conservar a nacionalidade de origem".

Findou-se, assim, a tradição inaugurada com a primeira Constituição republicana e mantida nas cartas brasileiras posteriores, mediante a qual era concedida *naturalização tácita* aos estrangeiros que, se achando no Brasil em 15 de novembro de 1889, não declarassem, no prazo de seis meses, a vontade de conservar a nacionalidade de origem.

Tal preceito caducou. Há muito tempo não mais existe qualquer beneficiário da garantia nele estatuída. No passado, até os filhos menores que estivessem em companhia dos pais eram, *tácita e automaticamente*, naturalizados.

Por isso, agiu com acerto o constituinte de 1988 ao eliminar a *grande naturalização* da Carta de Outubro.

b) Naturalização expressa (explícita ou taxativa)

É a que precisa de requerimento do interessado — no qual ele manifesta sua vontade de adquirir a nacionalidade brasileira — para se realizar.

Admitida pela nossa Constituição, pode ser de dois tipos:

* ordinária (ou comum); e
* extraordinária (ou quinzenária).

b.1) Naturalização ordinária (ou comum)

Pela naturalização expressa ordinária, são brasileiros naturalizados "os que, na forma da lei, adquiram a nacionalidade brasileira, exigidas aos originários de países de língua portuguesa apenas residência por um ano ininterrupto e idoneidade moral" (CF, art. 12, II, *a*).

Para a naturalização ordinária ser concedida ao estrangeiro exige-se um requisito implícito e três expressos. Examinemo-los.

* **Requisito implícito (subentendido no art. 12, II, *a*):** aquiescência do Chefe do Poder Executivo em aceitar o rogo do interessado. Recordemos que esse ato é discricionário. Pode ser concedido, ou não. Advém da soberania do Estado brasileiro. Assim, não basta que o sujeito satisfaça os requisitos expressos, a seguir mencionados; é indispensável a anuência do Executivo para que possa obter a naturalização ordinária.
* **Requisitos expressos (demarcados no art. 12, II, *a*):**
  (i) preencher as condições da Lei de Migração – Lei n. 13.445, de 24-5-2017;

  > **Eis as condições da Lei de Migração:**
  > "I — ter capacidade civil, segundo a lei brasileira;
  > II — ter residência em território nacional, pelo prazo mínimo de 4 (quatro) anos;
  > III — comunicar-se em língua portuguesa, consideradas as condições do naturalizando; e
  > IV — não possuir condenação penal ou estiver reabilitado, nos termos da lei".

  (ii) ser estrangeiro originário de Portugal, Angola, Moçambique, Guiné Bissau, Açores, Cabo Verde, Príncipe, Goa, Gamão, Dio, Macau e Timor Leste; e
  (iii) residir no Brasil por um ano ininterrupto, ter bom procedimento comprovado e conduta ilibada.

O processo de naturalização ordinária tramita no Ministério da Justiça, sujeitando-se à discricionariedade do Presidente da República.

Somente após a entrega do certificado de naturalização ao estrangeiro, que pretende naturalizar-se brasileiro, é que ele adquire a nacionalidade pátria. É o ato certificatório que complementa todo o procedimento. A partir daí são produzidos todos os efeitos jurídicos decorrentes do *status* de *nacional*.

◆ Cap. 16 ◆ DIREITO DE NACIONALIDADE   **711**

Esse é o entendimento do Pretório Excelso desde a ordem jurídica pregressa, mantendo-se na vigência da Carta de 1988. Como explicou o Ministro Rafael Mayer, o certificado de naturalização ordinária "deve ser entregue pelo magistrado competente. Enquanto não ocorrer tal entrega, o estrangeiro ainda não é brasileiro, podendo, inclusive, ser excluído do território nacional" (STF, Pleno, HC 62.795-1/SP, Rel. Min. Rafael Mayer, v. u., *DJU* de 22-3-1985, p. 3623).

Em compensação, após adquirida a nacionalidade ordinária torna-se juridicamente impossível realizar extradição, uma vez que o indivíduo passou a integrar o elemento humano do Estado brasileiro.

> **Precedente:** STF, HC 83.113-QO, Rel. Min. Celso de Mello, *DJ* de 29-8-2003.

b.1.1) Quase nacionalidade

No âmbito da naturalização expressa ordinária, a Carta de 1988 dedicou especial tratamento aos portugueses com residência permanente no Brasil (CF, art. 12, § 1º).

Referimo-nos ao instituto da *quase nacionalidade*, também chamado de *cláusula "ut des"*, *cláusula de admissão de reciprocidade*, ou, simplesmente, *elo de reciprocidade*.

> **Quase nacionalidade. Reconhecimento do STF:** "A norma inscrita no art. 12, § 1º, da Constituição da República — que contempla, em seu texto, hipótese excepcional de quase nacionalidade — não opera de modo imediato, seja quanto ao seu conteúdo eficacial, seja no que se refere a todas as consequências jurídicas que dela derivam, pois, para incidir, além de supor o pronunciamento aquiescente do Estado brasileiro, fundado em sua própria soberania, depende, ainda, de requerimento do súdito português interessado, a quem se impõe, para tal efeito, a obrigação de preencher os requisitos estipulados pela Convenção sobre Igualdade de Direitos e Deveres entre brasileiros e portugueses" (STF, Extr. 890, Rel. Min. Celso de Mello, *DJ* de 28-10-2004).

Do ponto de vista constitucional positivo, o assunto foi disposto no art. 12, § 1º, do Texto Maior. Notemos sua evolução:

* **antes da ECR n. 3/94** — em sua feição primeira, antes, portanto, da Emenda Constitucional de Revisão n. 3/94, referido preceito estava assim redigido: "§ 1º Aos portugueses com residência permanente no País, se houver reciprocidade em favor de brasileiros, serão atribuídos os direitos inerentes ao brasileiro nato, salvo os casos previstos nesta Constituição".
* **depois da ECR n. 3/94** — com o advento da Emenda n. 3/94, o § 1º do art. 12 recebeu a seguinte redação: "Aos portugueses com residência permanente no País, se houver reciprocidade em favor de brasileiros, serão atribuídos os direitos inerentes ao brasileiro, salvo os casos previstos nesta Constituição".

Pela simples leitura do dispositivo em epígrafe, vemos que a única novidade da Emenda Constitucional de Revisão n. 3/94 foi a supressão do adjetivo *nato*. E faz sentido. O nome *brasileiro nato* só se justifica nos casos em que a própria Constituição exige tal rótulo. E o constituinte revisor poderia ter ido além. Melhor seria se tivesse dito brasileiro *naturalizado*. Ora, a própria emenda de revisão equiparou a condição do português no Brasil à do brasileiro *naturalizado*. Buscou, assim, coibir que o estrangeiro exerça cargos, funções ou atividades conferidas, exclusivamente, aos brasileiros *natos*. De qualquer sorte, o qualificativo *naturalizado* ficou implícito no § 1º do art. 12.

Seja como for, dois são os requisitos para português exercer direitos no Brasil:

* ter residência permanente no País; e

> **Português com residência permanente no Brasil. Direito à inscrição em concurso público:** "O art. 12, § 1º, da CF esclarece que os portugueses com residência permanente no País, desde que haja reciprocidade em favor dos brasileiros, terão os mesmos direitos inerentes ao brasileiro nato, salvo os casos previstos na Constituição. É certo que há necessidade de prova quanto à reciprocidade de direitos em favor dos brasileiros em Portugal; entretanto, considerando que o atendimento aos preceitos legais para acesso ao cargo público pode ser verificado no decorrer do concurso, há de se conhecer a segurança nos termos pretendidos" (TRF, 2ª Região, 3ª T., Ap. em MS 90.02.11346/RJ, Rel. Juiz Celso Passos, *DJ*, 2, de 6-4-1993).

- existir reciprocidade entre os ordenamentos brasileiro e lusitano.

Compete ao Ministério da Justiça reconhecer a reciprocidade de direitos e deveres entre portugueses equiparados e brasileiros naturalizados. E quem desejar exercer direitos políticos deve requerer à Justiça Eleitoral. Antes disso precisa residir no Brasil, pelo menos, cinco anos.

Mediante a reciprocidade, o português tem os mesmos direitos inerentes ao brasileiro naturalizado, excetuados os casos previstos na Constituição; e o brasileiro, radicado em Portugal, também goza os direitos dos portugueses naturalizados.

Resultado: o brasileiro detentor da *quase nacionalidade* portuguesa pode trafegar por toda a Europa, trabalhar, ter uma vida normal, fazer cursos, aprimorar-se, educar seus filhos em estabelecimentos de ensino, ter acesso à justiça, obter informações, receber tratamento condigno, sem discriminação de qualquer espécie, observadas as reservas legais e constitucionais de direitos dos detentores da nacionalidade primária portuguesa. Por exemplo, o art. 14º do Código Civil português equipara estrangeiros e portugueses quanto ao gozo de direitos civis, mas não reconhece aos estrangeiros certos direitos, atribuídos em determinadas circunstâncias.

A *quase nacionalidade* nada tem que ver com dupla cidadania ou multinacionalidade.

Por seu intermédio, não se estabelece uma cidadania simultânea luso-brasileira.

Quem é de Portugal, e está no Brasil, continua português.

Quem é do Brasil, e está em Portugal, continua brasileiro.

O que existe, apenas, é uma relação de cortesia e camaradagem, devido ao elo firmado entre ambas as nações. A partir daí equiparam-se direitos que, em rigor, só poderiam ser conferidos aos próprios cidadãos de cada país.

Vejamos o que diz a Constituição portuguesa de 1976, no art. 15º, n. 3 (que corresponde ao nosso art. 12, § 1º), sobre a *quase nacionalidade*:

"Aos cidadãos dos países de língua portuguesa podem ser atribuídos, mediante convenção internacional e em condições de reciprocidade, direitos não conferidos a estrangeiros, salvo o acesso à titularidade dos órgãos de soberania e dos órgãos de governo próprio das regiões autônomas, o serviço das forças armadas e a carreira diplomática".

A fonte desse preceito está no art. 7º, § 3º, da Constituição portuguesa de 1933. Foi introduzido pela Comissão de Redação. Teve em vista corroborar a Convenção de Brasília sobre Igualdade de Direitos e Deveres entre Portugueses e Brasileiros, primando pelos laços especiais de amizade que nutrem os países de língua portuguesa.

Todavia, o art. 13º, n. 3, da Carta lusitana de 1976 é, sem sombra de dúvida, bem mais tímido do que o § 1º do art. 12 do Texto brasileiro. Vejamos:

- o constituinte português condicionou o exercício de *direitos* à existência de uma convenção, enquanto, no Brasil, a Constituição outorgou-lhes, de modo direto e integral, sem fazer qualquer exigência de convenção ou qualquer outro instrumento internacional;

- o brasileiro radicado em Portugal não terá acesso aos cargos de Presidente, Deputado, Primeiro-Ministro, Ministro, Secretário ou Subsecretário de Estado (Constituição da República Portuguesa, arts. 153º e 186º). Em contrapartida, se existir reciprocidade, a Constituição brasileira não impede o português, aqui residente, ser Ministro de Estado, Senador, Deputado Federal e Estadual, Governador de Estado, Secretário de Estado, Prefeito ou Vereador.

Assim, cotejando ambos os ordenamentos, concluímos que os direitos dos brasileiros residentes em Portugal são os mesmos dos portugueses que aqui estejam. Inexistindo vantagens mútuas, também inexistem benefícios comuns.

Esse, aliás, é o espírito da Convenção sobre Igualdade de Direitos e Deveres entre Brasileiros e Portugueses, de 7 de julho de 1971, que prevê a interação entre esses povos, visando a equiparação de benefícios e vantagens.

◆ Cap. 16 ◆ DIREITO DE NACIONALIDADE **713**

Brasil e Portugal ratificaram a Convenção de 1971: a Convenção sobre Igualdade de Direitos e Deveres entre Brasileiros e Portugueses, assinada em 7-7-1971 e ratificada no Brasil pelo Decreto Legislativo n. 82, de 24-11-1971, foi promulgada pelo Decreto n. 70.391, de 12-4-1972. Portugal, por sua vez, ratificou tal Convenção pelo Decreto Legislativo n. 126/72.

Interessante observar que a Carta brasileira de 1988 levantou a bandeira da igualdade de direitos entre portugueses natos e naturalizados. O Texto lusitano de 1976, por sua vez, consagrou preceito similar, mas sem a contundência do constituinte brasileiro:

- **Art. 12, § 2º, da Constituição brasileira de 1988** — "A lei não poderá estabelecer distinção entre brasileiros natos e naturalizados, salvo nos casos previstos nesta Constituição".

   Comentário: a lei ordinária não pode criar outras distinções, além das quatro já especificadas pela Carta brasileira: cargos (art. 12, § 3º), função (art. 89, VII), extradição (art. 5º, LI) e propriedade de empresa jornalística, radiodifusão sonora, sons e imagens (art. 222).

- **Art. 15º, n. 1, da Constituição portuguesa de 1976** — "Os estrangeiros e apátridas que se encontrem ou residam em Portugal gozam dos direitos e estão sujeitos aos deveres dos cidadãos portugueses". Exceptuam-se dessa regra, segundo o constituinte português, "os direitos políticos, o exercício das funções públicas que não tenham caráter predominantemente técnico e os direitos e deveres reservados pela Constituição e pela lei exclusivamente aos cidadãos portugueses" (art. 15º, n. 2).

   Comentário: é antiga a tradição lusitana em estender aos estrangeiros certos direitos conferidos aos portugueses. Mas a Constituição de 1976 foi longe, se comparada às anteriores, porque, numa perspectiva universalista, acompanhou a tendência preconizada pela Declaração Universal dos Direitos do Homem, para a qual todos os homens nascem livres e iguais em dignidade e direitos (art. 1º). Também influenciaram o constituinte português a Convenção de 1951, relativa ao Estatuto dos Refugiados, e o Protocolo n. 4, de 1963, à Convenção dos Direitos do Homem, ratificado por Portugal em 1978. Este último propala que "qualquer pessoa que se encontre em situação regular no território de um Estado tem o direito de nele circular livremente e de nele escolher livremente residência" (art. 2º, n. 1). E dentro do espaço mais homogêneo da Comunidade Europeia, vigora o princípio da não discriminação entre cidadãos dos Estados-membros, em especial no tocante à liberdade de trabalho e de livre estabelecimento (arts. 48º e 52º do Tratado de Roma).

b.2) Naturalização extraordinária (ou quinzenária)

Naturalização extraordinária ou *quinzenária* é o direito público subjetivo que permite aos estrangeiros de qualquer nacionalidade, residentes na República Federativa do Brasil há mais de quinze anos ininterruptos e sem condenação penal, requererem a nacionalidade brasileira.

Foi instituída, em nosso ordenamento, pela Emenda Constitucional de Revisão n. 3/94, que alterou o art. 12, II, *b*, da Carta de 1988.

Na feição originária do art. 12, II, *b*, o estrangeiro somente poderia naturalizar-se brasileiro se residisse no País há mais de trinta anos (prazo trintenário).

A diminuição, pela referida Emenda n. 3/94, do prazo trintenário (30 anos) para o quinzenário (15 anos) foi lógica e coerente. Não tinha sentido o estrangeiro, honesto e de boa conduta, que vive no Brasil há mais de quinze anos ininterruptos, sem qualquer condenação criminal, ficar sem o benefício.

Eis, portanto, os requisitos constitucionais para a obtenção da *naturalização extraordinária*, os quais não podem ser ampliados nem reduzidos pelo legislador ordinário:

- residência fixa no Brasil há mais de quinze anos;

   Ausência temporária do estrangeiro: conforme o Supremo Tribunal Federal, a ausência temporária do estrangeiro não significa que a residência não foi contínua, pois há que distinguir entre residência contínua e permanência contínua (STF, Pleno, Ag. 32.074/DF, Rel. Min. Hermes Lima, decisão de 4-2-1965).

714 ◆ Uadi Lammêgo Bulos ◆

- ausência de condenação criminal; e
- requerimento do interessado.

E o Poder Executivo poderá negar o requerimento do interessado?

Não, porque a *naturalização extraordinária* é um direito público subjetivo, intransferível, que se incorpora, automaticamente, ao patrimônio do interessado em obtê-la. O Poder Executivo encontra-se *vinculado* ao requerimento que lhe chegou às mãos. Satisfeitos todos os seus pressupostos, a autoridade administrativa não pode negá-la, pois aqui não viceja o poder discricionário do Estado.

Como se pode observar, a *naturalização extraordinária*, nova figura instituída pela Emenda Constitucional de Revisão n. 3/94, segue um regime jurídico completamente distinto daquele aplicado à *naturalização ordinária*.

Finalmente, o Supremo Tribunal Federal reconheceu que o "requerimento de aquisição da nacionalidade brasileira, fundado no art. 12, II, *b*, da CF, possui caráter meramente declaratório, cujos efeitos retroagem à data da solicitação. Dessa forma concluiu a Turma para negar provimento a recurso extraordinário e manter acórdão do Tribunal de Justiça de Tocantins que, em mandado de segurança, anulara ato que invalidara a posse de chilena no cargo público de enfermeira. Considerou-se que, a despeito de a portaria de formal reconhecimento da naturalização ter sido publicada em data posterior à investidura da recorrida no aludido cargo, o requerimento da interessada antecedera à posse, restando atendidos todos os requisitos necessários à naturalização" (STF, RE 264.848, Rel. Min. Carlos Britto, *DJ* de 14-10-2005).

VAMOS ASSIMILAR O CERNE DO ASSUNTO

- A naturalização extraordinária foi consagrada pela ECR n. 3/94 como um direito subjetivo público.
- O requerente que satisfizer as exigências do art. 12, II, *b*, da Carta de 1988 logra o posto de *naturalizado*. As autoridades competentes não podem negar o requerimento.
- O indivíduo, contudo, deve comprovar sua residência ininterrupta por mais de quinze anos, bem como seu comportamento probo e isento de punições criminais.
- O direito à naturalização incorpora-se automaticamente ao patrimônio individual do sujeito, sem qualquer outro requisito formal ou burocrático.

⌗ 4.2.3. Radicação precoce e conclusão de curso superior

A Constituição brasileira de 1967, reformulada pela Emenda Constitucional n. 1/69, previa ainda dois requisitos para se adquirir a nacionalidade secundária (art. 145, II, *b*, 1 e 2):

- **Radicação precoce** — eram considerados brasileiros naturalizados os nascidos no estrangeiro, que tivessem sido admitidos no Brasil durante os primeiros cinco anos de vida, estabelecidos definitivamente no território pátrio. Para preservar a nacionalidade brasileira deveriam manifestar--se por ela, inequivocamente, até dois anos depois de alcançar a maioridade.
- **Conclusão de curso superior** — também eram tidos como brasileiros naturalizados os nascidos no estrangeiro que, vindo a residir no País antes de atingida a maioridade, fizessem curso superior em estabelecimento nacional e requeressem a nacionalidade até um ano após a formatura.

A Carta de Outubro desconstitucionalizou ambos os pressupostos de aquisição da nacionalidade secundária, porque pareceu-lhe mais sensato deixar tal minudência a cargo do legislador ordinário (algo que deveria ter feito com inúmeros outros assuntos).

Desse modo, merecem destaque dois dispositivos, que trazem *cláusulas de reserva de lei*:

- **art. 12, II, *a*** — "são brasileiros naturalizados os que **na forma da lei**"; e
- **art. 22, XIII** — "compete privativamente à União **legislar** sobre nacionalidade, cidadania e naturalização".

Cap. 16 ◆ DIREITO DE NACIONALIDADE

Como o Estatuto do Estrangeiro foi recepcionado, nesse particular, pelo Texto de 1988, a radicação precoce e a conclusão de curso superior continuam com plena eficácia, pouco importando o fato de virem explicitadas na linguagem prescritiva do Texto Supremo.

Com o advento da Lei n. 13.445/2017 (Lei de Migração), que revogou a Lei n. 6.815/80, a radicação precoce e a conclusão de curso superior merecem alguns comentários.

A radicação precoce dessume-se de uma pletora de preceitos, os quais merecem exegese conjunta.

Em primeiro lugar, o "filho de pai ou de mãe brasileiro nascido no exterior e que não tenha sido registrado em repartição consular poderá, a qualquer tempo, promover ação de opção de nacionalidade" (Lei n. 13.445/2017, art. 63, *caput*).

Em segundo lugar, o "órgão de registro deve informar periodicamente à autoridade competente os dados relativos à opção de nacionalidade, conforme regulamento" (Lei n. 13.445/2017, art. 63, parágrafo único).

Demais disso, frisemos que a "naturalização provisória poderá ser concedida ao migrante criança ou adolescente que tenha fixado residência em território nacional antes de completar 10 (dez) anos de idade e deverá ser requerida por intermédio de seu representante legal" (Lei n. 13.445/2017, art. 70-A, *caput*).

Tal naturalização "será convertida em definitiva se o naturalizando expressamente assim o requerer no prazo de 2 (dois) anos após atingir a maioridade" (Lei n. 13.445/2017, art. 70-A, parágrafo único).

Já a conclusão de curso superior, tal como prevista naquela perspectiva gizada pela Carta de 1967, com a sua Emenda Constitucional n. 1/69, recebeu significativo aprimoramento.

Nesse particular, os depositários da Lei n. 13.445/2017, valorizaram a cultura, o estudo, o preparo e o respeito pela vida acadêmica.

Tanto foi assim que garantiu o visto temporário para o imigrante que venha ao Brasil com o intuito de estabelecer residência por tempo determinado, buscando a pesquisa, o ensino, a extensão acadêmica e o estudo (Lei n. 13.445/2017, art. 14, I, *a* e *d*).

E, no § 5º do referido art. 14 a Lei 13.445/2017, prescreveu: "observadas as hipóteses previstas em regulamento, o visto temporário para trabalho poderá ser concedido ao imigrante que venha exercer atividade laboral, com ou sem vínculo empregatício no Brasil, desde que comprove oferta de trabalho formalizada por pessoa jurídica em atividade no País, dispensada esta exigência se o imigrante comprovar titulação em curso de ensino superior ou equivalente".

Quer dizer, a conclusão de curso superior, enquanto requisito para se adquirir a nacionalidade secundária, não é mais como era antes, refletindo o alvorecer de um novo tempo.

Tanto é assim que a Lei n. 13.445/2017 determina que a residência poderá ser autorizada, mediante registro, ao imigrante, ao residente fronteiriço ou ao visitante que estiverem na área de pesquisa, ensino, extensão acadêmica ou estudo (Lei n. 13.445/2017, art. 30, I, *a* e *d*).

Portanto, a conclusão de curso superior não é mais requisito como antes, pois tal exigência para se adquirir a naturalização secundária tomou novos rumos.

No mais, recordemos que a Lei de Migração foi expressa ao determinar: "Os direitos e as garantias previstos nesta Lei serão exercidos em observância ao disposto na Constituição Federal, independentemente da situação migratória, observado o disposto no § 4º deste artigo, e não excluem outros decorrentes de tratado de que o Brasil seja parte" (art. 4º, § 1º).

✦ 5. A LEI NÃO PODE DISTINGUIR BRASILEIROS NATOS E NATURALIZADOS

A lei não poderá estabelecer distinção entre brasileiros natos e naturalizados, salvo nos casos previstos na própria Carta Magna (art. 12, § 2º).

Na realidade, a equiparação entre brasileiro nato e naturalizado é uma decorrência lógica do princípio da igualdade (CF, art. 5º, *caput*).

No § 2º do art. 222, o Texto Maior deixou a responsabilidade editorial e as atividades de seleção e direção da programação veiculada como "privativas de brasileiros natos ou naturalizados há mais de dez anos, em qualquer meio de comunicação social".

Finalmente, no § 3º do multicitado art. 222, priorizou a participação de profissionais brasileiros (natos e naturalizados) na execução de produções nacionais.

✦ 6. PERDA DA NACIONALIDADE

A perda da nacionalidade segue uma ordem taxativa (*numerus clausus*), pois só pode ocorrer nas hipóteses definidas pela Constituição Federal (art. 12, § 4º, I e II, com redação dada pela EC n.131/2023).

Resultado: o legislador ordinário não poderá ampliar, restringir ou modificar o rol inscrito no Texto Maior.

> **Posição pacífica do STF:** "A perda da nacionalidade brasileira somente pode ocorrer nas hipóteses taxativamente definidas na Constituição da República, não se revelando lícito, ao Estado brasileiro, seja mediante simples regramento legislativo, seja mediante tratados ou convenções internacionais, inovar nesse tema, quer para ampliar, quer para restringir, quer, ainda, para modificar os casos autorizadores da privação — sempre excepcional — da condição político-jurídica de nacional do Brasil" (STF, HC 83.113-QO, Rel. Min. Celso de Mello, *DJ* de 29-8-2003).

Assim, os pressupostos para a declaração da perda da nacionalidade brasileira são:
* cancelamento da naturalização, por sentença judicial, em virtude de fraude relacionada ao processo de naturalização ou de atentado contra a ordem constitucional e o Estado Democrático (CF, art. 12, § 4º, I, com redação dada pela EC n.131, de 3-10-2023); ou
* pedido expresso de perda da nacionalidade brasileira perante autoridade brasileira competente, ressalvadas situações que acarretem apatridia (CF, art. 12, § 4º, II, com redação dada pela EC n.131, de 3-10-2023).

✧ 6.1. Ação de cancelamento de naturalização (perda-punição)

A primeira hipótese de perda da nacionalidade brasileira concerne à ação de *cancelamento de naturalização*, também chamada de *perda-punição* (CF, art. 12, § 4º, I, com redação dada pela EC n.131, de 3-10-2023).

> **Lei n. 13.445, de 24-5-2017 (Lei de Migração):** "Art. 75. O naturalizado perderá a nacionalidade em razão de condenação transitada em julgado por atividade nociva ao interesse nacional, nos termos do inciso I do § 4º do art. 12 da Constituição Federal. Parágrafo único. O risco de geração de situação de apatridia será levado em consideração antes da efetivação da perda da nacionalidade".

O cancelamento se dirige, apenas, ao brasileiro naturalizado e tem por objetivo:
* retirar os direitos do naturalizado que exerce ou exerceu atividade prejudicial e grave ao interesse da nação brasileira; e
* propiciar, a depender do caso, a aplicação de sanções políticas e criminais aos infratores.

A *perda-punição* leva em conta dois requisitos para o brasileiro naturalizado perder a nacionalidade:
* cancelamento da naturalização, por sentença judicial, em virtude de fraude relacionada ao processo de naturalização; ou
* atentado contra a ordem constitucional e o Estado Democrático.

Ambas podem ser aplicadas ao mesmo tempo. Não há *bis in idem*, nada obstante o fato de a EC n. 131/2023 consagrar a conjunção "ou", na dicção do art.12, § 4º.

◆ Cap. 16 ◆ DIREITO DE NACIONALIDADE

719

A *ação de cancelamento de naturalização* é proposta pelo Ministério Público Federal.

Tanto o *Parquet* Federal, na etapa da propositura da *ação*, quanto o Judiciário, quando for julgá-la, devem examinar o grau de nocividade supostamente atribuído ao interesse nacional. A matéria é sobremodo subjetiva, pois, até hoje, não elaboraram lei para definir o assunto.

A sentença judicial que decreta a perda da nacionalidade não retroage, dada a sua eficácia *ex nunc*. Seus efeitos são para o futuro, produzindo-se depois do seu trânsito em julgado. Resultado: o indivíduo apenas perde a naturalização a partir da sentença.

✧ 6.2. Naturalização voluntária (perda-mudança)

A segunda hipótese de perda da nacionalidade é a *naturalização voluntária* ou *perda-mudança*, aplicável tanto a brasileiros natos como a naturalizados (CF, art. 12, § 4º, II, com redação dada pela EC n. 131/2023).

Três são os requisitos para a naturalização voluntária ocasionar a perda da nacionalidade:

- **manifestação livre da vontade** — o brasileiro nato ou naturalizado deve exteriorizar o seu querer no sentido de adquirir outra nacionalidade. O pedido deve ser expresso, no sentido de querer perder a nacionalidade brasileira;
- **capacidade civil** — o brasileiro nato ou naturalizado deve estar apto para a prática dos atos da vida civil. Deve formular o seu pedido de perda da nacionalidade perante autoridade brasileira competente, ressalvadas situações que acarretem apatridia; e
- **efetiva aquisição da nacionalidade estrangeira** — não basta a simples formulação de pedido ao Estado estrangeiro para a naturalização voluntária se concretizar; é preciso a real e efetiva chancela do rogo de naturalização. Não é necessário processo judicial para ensejar a perda da nacionalidade, mas simples procedimento administrativo, que tramita no Ministério da Justiça. A perda da nacionalidade, portanto, é decretada via ato administrativo, assegurando-se o direito à ampla defesa.

É oficializada com a publicação de decreto do Presidente da República, cujos efeitos não retroagem (*ex tunc*), projetando-se para o futuro (*ex nunc*).

A comunicação da perda da nacionalidade deve ser levada à Justiça Eleitoral, para que se formalize a cessação dos direitos políticos ativos e passivos.

> **Precedente:** TSE, Pleno, Proc. DP 2.410-01/DF, Rel. Min. Garcia Vieira, *DJ*, 1, de 10-10-2001, p. 65.

Antes do advento da EC n. 131/2023, a Carta de 1988 consagrava duas *ressalvas* à regra da naturalização voluntária, a saber:

- reconhecimento de nacionalidade originária pela lei estrangeira (CF, art. 12, § 4º, II, *a*); e
- imposição de naturalização, pela norma estrangeira, ao brasileiro residente em Estado estrangeiro, como condição para permanência em seu território ou para o exercício de direitos civis (CF, art. 12, § 4º, II, *b*).
- A EC n. 131/2023 revogou as alíneas *a* e *b*, do inciso II, do § 4º, do art.12, da Carta Magna.

Ambas as exceções, que não vigoram mais, tinham sido trazidas pela Emenda Constitucional de Revisão n. 3/94, que, na realidade, havia disciplinado o instituto da *dupla nacionalidade*.

Significa dizer o brasileiro nato ou naturalizado não perderia a nacionalidade brasileira caso incidisse qualquer uma dessas *ressalvas constitucionais*.

Recordemos que, segundo o § 5º , do art. 12, da Carta Magna, oriundo da EC n. 131/2023, "A renúncia da nacionalidade, nos termos do inciso II do § 4º deste artigo, não impede o interessado de readquirir sua nacionalidade brasileira originária, nos termos da lei".

720 ♦ Uadi Lammêgo Bulos ♦

◇ 6.3. Nacionalidade adquirida com fraude à lei

Embora não prevista na Carta de 1988 (art. 12, § 4º, I e II), a *nacionalidade adquirida com fraude à lei* também enseja a sua perda.

O constituinte de 1988 não consagrou essa hipótese porque preferiu deixá-la sob os auspícios das leis civis ordinárias, posicionamento que nos parece correto, sob pena de toda e qualquer fraude merecer o desagravo constitucional. Ora, as constituições não devem albergar o casuísmo.

Evidente que os vícios de consentimento dos atos jurídicos devem ficar na seara da legislação civil, incluindo-se aí a nacionalidade obtida *contra legem*.

◇ 6.4. Exclusão de hipótese da Carta de 1967

Na vigência da Carta de 1967, com a Emenda Constitucional n. 1/69, havia outra hipótese de perda do direito de nacionalidade.

Se o brasileiro aceitasse comissão, emprego ou pensão de governo estrangeiro, sem a licença do Presidente da República, perderia a nacionalidade pátria (art. 146, II).

O constituinte de 1988 excluiu essa hipótese.

Como tal requisito não mais constitui causa de perda da nacionalidade, aqueles que perderam o *status* de nacional sob a égide do ordenamento pregresso podem readquiri-lo, à luz do *princípio constitucional da retroatividade benéfica* (a Carta de 1988 retroage para desconstituir situações prejudiciais ao indivíduo, firmadas sob a égide da ordem jurídica revogada).

✦ 7. REAQUISIÇÃO DA NACIONALIDADE BRASILEIRA PERDIDA

Perdida a nacionalidade brasileira, há como recuperá-la?

Sim.

Em se tratando de *cancelamento da naturalização* (CF, art. 12, § 4º, I), é possível readquiri-la por ação rescisória. Nenhum outro caminho poderá ser trilhado, sob pena de infringir a Constituição da República.

Porém, se a hipótese for aquisição de outra nacionalidade (CF, art. 12, § 4º, II), aplica-se o art. 76 da Lei n. 13.445, de 24-5-2017, pelo qual o "brasileiro que, em razão do previsto no inciso II do § 4º do art. 12 da Constituição Federal, houver perdido a nacionalidade, uma vez cessada a causa, poderá readquiri-la ou ter o ato que declarou a perda revogado, na forma definida pelo órgão competente do Poder Executivo". Nesse particular aspecto, os efeitos do ato executivo restabelecerão o *status quo ante*. Se o indivíduo era brasileiro nato, voltará a sê-lo; se era brasileiro naturalizado, também retornará a tal condição.

> **Nesse sentido:** Ilmar Penna Marinho, *Tratado do estrangeiro no Brasil*, p. 867; Haroldo Valladão, *Direito internacional privado*, p. 160.

Registre-se, contudo, uma segunda corrente, para a qual o brasileiro nato ou naturalizado, que perde tal *status* em virtude da *aquisição de outra nacionalidade* (CF, art. 12, § 4º, II), apenas pode reavê-la mediante procedimentos específicos de naturalização.

> **Por todos:** Aluísio Dardeau de Carvalho, *Nacionalidade e cidadania*, p. 288; Pontes de Miranda, *Comentários à Constituição de 1967 com a Emenda n. 1, de 1969*, p. 541.

Para os defensores desse posicionamento, a que não aderimos, o indivíduo readquirirá a nacionalidade derivada, retornando à condição de brasileiro naturalizado, mas não a nacionalidade originária (brasileiro nato).

CAPÍTULO 17

DIREITOS POLÍTICOS

✦ 1. QUE SÃO DIREITOS POLÍTICOS

Direitos políticos são prerrogativas jurídico-constitucionais, verdadeiros *direitos públicos subjetivos*, que traduzem o *grau de participação* dos cidadãos no cenário governamental do Estado.

Esse *grau de participação* confere ao cidadão seu *status activae civitatis*.

Os direitos políticos constituem o reflexo do conjunto de normas que disciplinam os problemas eleitorais e prescrevem o modo de atuação da soberania popular.

✦ 2. COMO SE CLASSIFICAM OS DIREITOS POLÍTICOS

Do ponto de vista da participação no processo eleitoral, os direitos políticos classificam-se em dois grandes grupos: direitos políticos positivos e direitos políticos negativos.

Essa foi a tipologia adotada pelo constituinte de 1988, e o seu desdobramento constitui o objeto deste capítulo.

✦ 3. DIREITOS POLÍTICOS POSITIVOS

Direitos políticos positivos são o conjunto de normas jurídicas que asseguram a participação do povo no cenário eleitoral do Estado.

São direitos cívicos — *jus civitatis* — na medida em que permitem ao cidadão participar, direta ou indiretamente, do processo político.

Consignam por isso um desdobramento do princípio da representatividade ou da soberania popular (CF, art. 1º, parágrafo único), englobando:

- o direito de sufrágio em seus aspectos *ativo* (direito de votar em eleições, plebiscitos e referendos = alistabilidade) e *passivo* (direito de ser votado = elegibilidade);
- os sistemas eleitorais; e
- o procedimento eleitoral.

Embora o direito de propor ações populares (CF, art. 5º, LXXIII) e o direito de organizar e participar de partidos políticos (CF, art. 17, *caput*) sejam formas genuínas e eloquentes de manifestação da soberania popular, eles não integram o cerne dos *direitos políticos positivos*, ainda que tenham pontos de contato com o tema.

A essência dos *direitos políticos positivos* apenas compreende o direito de sufrágio, os sistemas eleitorais e o procedimento eleitoral.

Direitos Políticos Positivos:
Direito de sufrágio + Sistemas eleitorais + Procedimento eleitoral

---

✧ 3.1. Direito de sufrágio

É o Direito Público subjetivo democrático de votar (eleger) e de ser votado (eleito).

a) Natureza jurídica do sufrágio

O *sufrágio* é um Direito Público subjetivo, de natureza democrática e política, que encontra seu fundamento na soberania popular e no princípio representativo.

Etimologicamente, *sufrágio* — do latim *suffragium* — significa escolha, apoio ou aprovação.

Realmente, por seu intermédio os cidadãos escolhem seus representantes ou, até mesmo, candidatam-se a postos eletivos.

Daí ele ser considerado o núcleo, o cerne, a pedra de toque dos direitos políticos. Basta ver que a Carta de 1988, o vislumbrou como o modo, por excelência, de exercício da soberania popular (art. 14, *caput*).

Trata-se, pois, do veículo de implementação do princípio representativo, por meio do qual todo poder emana do povo, que o exerce por meio de representantes eleitos ou diretamente, nos termos da Carta Magna (CF, art. 1º, parágrafo único).

O exame da natureza jurídica do *sufrágio* demonstra que ele não se confunde com as seguintes categorias:

- **direito de voto** = espécie do gênero *direito de sufrágio* — retrata, apenas, o direito de votar ou de manifestar a vontade em eleições, plebiscitos e referendos (exercício da capacidade eleitoral ativa); equivale, portanto, a uma expressão restrita, que significa, somente, o exercício do direito de sufrágio em seu aspecto ativo (votar); e
- **escrutínio** = palavra que possui um sentido restrito e outro amplo — do ponto de vista restrito, *escrutínio* é o ato de contagem dos votos, donde insurge a figura do *escrutinador*, isto é, aquele que conta, verifica e confere o número de votos. Mas, na acepção ampla, *escrutínio* é uma das fases do procedimento eleitoral, englobando a apuração, a abertura, o depósito, o recolhimento e a contagem dos votos. Finalmente, o termo *escrutínio* também é usado para designar o *modo de exercício do voto*. Exemplo: voto secreto (coberto ou fechado) ou voto aberto (a descoberto ou público).

b) Espécies de sufrágio

Existem espécies diferentes de sufrágio, que podem ser assim classificadas:

Assim, quanto à *amplitude*, o *sufrágio* pode ser:

- **Universal** — o direito de votar (capacidade eleitoral ativa) e de ser votado (capacidade eleitoral passiva) é amplo e irrestrito. Nisso consiste a universalidade do *direito de sufrágio*, concedido a todos os *nacionais*, independentemente do nascimento, nome de família, grau de cultura, *status* econômico, raça, sexo, religião ou qualquer outra capacidade específica ou condição especial discriminatória. No Brasil, o sufrágio é *universal* (CF, art. 14, *caput*), observados certos *requisitos de forma* (necessidade de alistamento eleitoral) e *de fundo* (nacionalidade, idade e capacidade), nos termos do art. 14, §§ 1º a 3º, da nossa *Lex Mater*. O caráter *universal* do direito de sufrágio é o ponto culminante da democracia política, da identidade entre governantes e governados, da representatividade popular, da luta contra a opressão e o preconceito.
- **Restritivo (censitário ou capacitário)** — sufrágio *restritivo, restrito* ou *qualificado* é aquele em que o direito de votar ou de ser votado é conferido, apenas, aos ricos, bem nascidos ou detentores de capacidades especiais. Trata-se de modalidade discriminatória e antidemocrática, que cerceia a liberdade de participação política em nome do preconceito e do egoísmo. O sufrágio *restritivo* pode ser *censitário*, baseado na posse de bens móveis e imóveis, no montante dos impostos pagos e na aferição da renda, ou *capacitário*, alicerçado em atributos intelectuais (só vota quem tem certo grau de instrução). No Brasil, vigorou o sufrágio *censitário* na vigência da Carta de 1824. Só podia votar para deputado e senador do Império quem tivesse renda líquida anual de 200 mil-réis por bem de raiz, indústria, comércio ou emprego (art. 94, I). Para ser deputado era preciso ter, no mínimo, 400 mil--réis (art. 95, I). Os Textos de 1891 (art. 70, § 1º, 1) e de 1934 (art. 108, parágrafo único, *c*) mantiveram o sufrágio *censitário*. Ambos determinavam que mendigo não podia votar nem ser votado. Quanto ao sufrágio *capacitário*, vigorou, entre nós, até a Emenda Constitucional n. 1/69. Foi supresso pela Emenda Constitucional n. 25, de 15 de maio de 1985, que deu direito de voto ao analfabeto (capacidade eleitoral ativa), não lhe permitindo, contudo, disputar eleições (capacidade eleitoral passiva).

> **Voto unitário residencial — Caráter censitário. Posição do STF:** "Inconstitucionalidade das normas da Constituição do Estado do Rio de Janeiro (atual art. 183, § 4º, *b* e *c*), que subordinam a nomeação dos Delegados de Polícia à escolha, entre os delegados de carreira, ao 'voto unitário residencial' da população do município dado o seu caráter censitário, a questionada eleição da autoridade policial é só aparentemente democrática: a redução do corpo eleitoral aos contribuintes do IPTU, proprietários ou locatários formais de imóveis regulares, dele tenderia a subtrair precisamente os sujeitos passivos da endêmica violência policial urbana, a população das áreas periféricas das grandes cidades, nascidas, na normalidade dos casos, dos loteamentos clandestinos ainda não alcançados pelo cadastramento imobiliário municipal" (STF, ADIn 244, Rel. Min. Sepúlveda Pertence, *DJ* de 31-10-2002).
>
> **Inconstitucionalidade da impressão do voto eletrônico** — por unanimidade, o Supremo Tribunal Federal, em sua composição plenária, decidiu que é inconstitucional a impressão do voto eletrônico por colocar em risco o sigilo e a liberdade do voto. As urnas atuais não imprimem votos.

Para ligar uma impressora à urna, colocar-se-ia em risco a segurança nas votações (STF, ADI 5889, Rel. Min. Gilmar Mendes, 22-9-2020).

Do ponto de vista da *igualdade*, o *sufrágio* classifica-se em:

- **Igual** — o sufrágio é um direito reconhecido a todos, com os mesmos pesos e medidas. A nenhum eleitor é atribuído um voto que valha mais do que o de outro. A cada homem corresponde um voto. Homens e mulheres, por exemplo, votam em condições idênticas, desde o Código Eleitoral de 1932, que consagrou, no Brasil, o voto feminino. O sufrágio igual é a modalidade consagrada pela Carta de 1988, que também o reconhece no que tange à capacidade eleitoral passiva. Decerto, a igualdade de ser votado é a outra face do mesmo princípio, porque não se podem estabelecer requisitos legais discriminatórios para alguém concorrer a cargos eletivos, sob pena de fraude direta à sistemática do Texto de 1988.

- **Desigual (múltiplo, plural ou familiar)** — também chamado de *inigualitário*, o sufrágio desigual é aquele em que uma mesma pessoa vota mais de uma vez, e o seu voto tem maior valor do que o dos outros. Típico dos regimes antidemocráticos e elitistas, baseia-se no contumelioso argumento de que nem todo homem está preparado para votar, somente os "escolhidos", os "superiores", os "melhores" é que devem escolher os governantes e participar do governo. Essa modalidade foi adotada na Inglaterra, até 1948. Ela pode ser *múltipla* (vota-se, mais de uma vez, em várias circunscrições, zonas ou distritos eleitorais), *plural* (vota-se, mais de uma vez, numa só circunscrição) ou *familiar* (o pai vota pelo número de membros de sua família).

c) *Direito de sufrágio e as capacidades eleitorais ativa e passiva*

O direito de sufrágio reúne, a um só tempo, as capacidades eleitorais *ativa* (direito de votar = alistabilidade) e *passiva* (direito de ser votado = elegibilidade).

Portanto, dois aspectos integram o *direito de sufrágio*:

- **Direitos políticos ativos** — dizem respeito ao direito de votar em eleições, plebiscitos e referendos. Revela, pois, a *capacidade eleitoral ativa*, que é o grau de participação do cidadão na democracia representativa (CF, art. 1º, parágrafo único). O *alistamento* é um pressuposto da elegibilidade. Para concretizar-se, o nacional deve tomar a iniciativa de obter o seu título de eleitor, pois, no Brasil, o juiz eleitoral não tem competência para inscrever eleitores *ex officio*. Sem o *alistamento*, portanto, ninguém pode votar. Assim como o voto, ele é obrigatório para os maiores de 18 e menores de 70 anos de idade, e facultativo para analfabetos, maiores de 70 anos, maiores de 16 e menores de 18 anos. Os estrangeiros não podem alistar-se como eleitores, bem como, durante o período do serviço militar obrigatório, o *conscrito*. Vale recordar que *conscrito* é o convocado, o recrutado para o serviço militar obrigatório. Quem se encontra engajado no serviço militar permanente não é *conscrito*. Assim, soldados, cabos, sargentos, suboficiais, oficiais das Forças Armadas e policiais militares são obrigados a se alistar como eleitores. Em resumo, os *direitos políticos ativos* exterioram-se pelo voto. Seus titulares são os eleitores inscritos no órgão da Justiça Eleitoral, mediante o *alistamento*, que é um procedimento administrativo instaurado para aferir os requisitos constitucionais e legais concessivos do título de eleitor.

  Na prática, o título de eleitor foi extinto pelo STF — o Supremo, por oito votos a dois, decidiu que, para votar, o eleitor deve apresentar, somente, documento oficial com fotografia, isto é, carteira de identidade, carteira de motorista, carteira de trabalho, carteira funcional ou outro documento qualquer equivalente. Tal *decisum* foi proferido em sede de ADI, ajuizada pelo PT contra a obrigatoriedade de o eleitor portar dois documentos para votar, nos termos do art. 91-A da Lei n. 9.504/97. Embora essa decisão majoritária tenha, informalmente, decretado a extinção do título de eleitor, como bem observou o Min. Cezar Peluso, tal documento, do ponto de vista formal, ainda continua vigente. Todavia, sem título eleitoral é possível votar, desde quando se apresente documento com foto. A recíproca não é verdadeira, pois se o eleitor comparecer à seção eleitoral, apenas, com o título de eleitor, ele não exercitará o direito fundamental ao voto (STF, ADI 4.467/DF, Rel. Min. Ellen Gracie, j. em 30-9-2010).

◆ Cap. 17 ◆ DIREITOS POLÍTICOS   **725**

> **Direitos Políticos Ativos:**
> **Capacidade eleitoral ativa = Alistabilidade = Direito de votar**

- **Direitos políticos passivos** — traduzem o direito de ser votado, ou seja, a capacidade eleitoral passiva dos cidadãos. Seus titulares são aqueles que preenchem as condições legais e constitucionais para serem elegíveis ou eleitos.

> **Direitos Políticos Passivos:**
> **Capacidade eleitoral passiva = Direito de candidatura = Elegibilidade**

c.1) Elegibilidade

Elegibilidade é a possibilidade de o cidadão *ser votado* em pleitos eleitorais, observadas as condições exigidas para o gozo dessa *capacidade eleitoral passiva* (CF, art. 14, § 3º).

> **Elegibilidade = Capacidade eleitoral passiva = Ser votado nas eleições**

c.2) Condições de elegibilidade (CF, art. 14, § 3º)

Condições de elegibilidade são requisitos legais e constitucionais que tornam o cidadão apto a pleitear mandatos políticos.

> **Aplicação das condições de elegibilidade. Posição do STF:** "As condições de elegibilidade (CF, art. 14, § 3º) e as hipóteses de inelegibilidade (CF, art. 14, §§ 4º a 8º), inclusive aquelas decorrentes de legislação complementar (CF, art. 14, § 9º), aplicam-se de pleno direito, independentemente de sua expressa previsão na lei local, à eleição indireta para Governador e Vice-Governador do Estado, realizada pela Assembleia Legislativa em caso de dupla vacância desses cargos executivos no último biênio do período de governo" (STF, ADIn 1.057-MC, Rel. Min. Celso de Mello, *DJ* de 6-4-2001).

Pela Carta de 1988, são condições de elegibilidade, na forma da lei:

- **Nacionalidade brasileira (art. 14, § 3º, I)** — apenas os que têm a nacionalidade brasileira e os portugueses equiparados podem concorrer a eleições. Lembremos que certos cargos são privativos de brasileiros natos (CF, art. 12, § 3º).
- **Pleno exercício dos direitos políticos (art. 14, § 3º, II)** — não pode ser votado quem teve suspenso ou perdeu seus direitos políticos.

> **Indeferimento de candidatura e exercício de direitos políticos:** "O indeferimento de registro de candidato por deficiência de documentação exigida por lei não implica suspensão de direitos políticos: a titularidade plena dos direitos políticos não o dispensava do registro de sua candidatura por partido ou coligação e esse, da prova documentada dos pressupostos de elegibilidade, entre eles, o pleno exercício dos mesmos direitos políticos (CF, art. 14, § 3º, II): negar o registro por falta de prova oportuna desse pressuposto não equivale obviamente a negar-lhe a realidade, mas apenas a afirmá-la não comprovada" (STF, AgI 231.917-AgRg, Rel. Min. Sepúlveda Pertence, *DJ* de 5-2-1999).

- **Alistamento eleitoral (art. 14, § 3º, III)** — só pode concorrer em pleitos eleitorais quem apresentar seu título de eleitor, comprovando, assim, que é inscrito nos quadros da Justiça Eleitoral.
- **Domicílio eleitoral na circunscrição (art. 14, § 3º, IV)** — o candidato deve encontrar-se domiciliado no lugar onde irá concorrer ao cargo eletivo. Desde a Emenda Constitucional n. 14/65, o domicílio eleitoral é uma exigência na ordem jurídica brasileira. Busca-se, desse modo,

726 ◆ Uadi Lammêgo Bulos ◆

a *autenticidade* da representação popular, pois os eleitores devem escolher os seus conterrâneos e não pessoas alheias aos interesses e aspirações da comunidade.

> **Disciplina por lei ordinária. Posição do STF:** "O domicílio eleitoral na circunscrição e a filiação partidária, constituindo condições de elegibilidade (CF, art. 14, § 3º), revelam-se passíveis de válida disciplinação mediante simples lei ordinária (...) Os requisitos de elegibilidade não se confundem, no plano jurídico-conceitual, com as hipóteses de inelegibilidade, cuja definição, além das situações já previstas diretamente pelo próprio texto constitucional (CF, art. 14, §§ 5º a 8º), só pode derivar de norma inscrita em lei complementar (CF, art. 14, § 9º)" (STF, ADIn 1.063-MC, Rel. Min. Celso de Mello, *DJ* de 27-4-2001).

- **Filiação partidária (art. 14, § 3º, V)** — ninguém pode candidatar-se a cargos eletivos sem partido político. Em Portugal, a Constituição permite *candidaturas avulsas* para a Presidência da República, facultando aos candidatos dirigirem-se diretamente aos eleitores, sem a necessidade de filiação partidária (art. 127). No Brasil é diferente. O ato de concorrer a postos eletivos liga-se à intermediação de agremiações políticas, cujo acesso é livre, sem quaisquer discriminações ou cerceamentos (CF, art. 17). Cumpre à lei ordinária estatuir, antes das eleições, o prazo de filiação partidária. Mas a filiação aí enunciada é aferida de acordo com as convicções do candidato, que, por sua vez, deverá seguir o conteúdo programático fixado pelo partido de sua escolha.
- **Impossibilidade de candidatura avulsa** — o Min. Celso de Mello julgou inviável a tramitação de mandado de injunção no qual um cidadão buscava ser candidato a deputado federal, mas sem estar filiado a partido político. A orientação seguida por Celso de Mello teve, como lastro, os seguintes argumentos: **(i)** inexiste "em nosso ordenamento positivo, qualquer norma de índole constitucional que imponha ao Estado o dever de assegurar, em sede legal, ao cidadão o direito de disputar mandatos eletivos, quer pelo sistema majoritário, quer pelo sistema proporcional, sem que, para tanto, tenha necessidade de submeter-se à exigência de filiação partidária"; **(ii)** o art. 14, § 3º, V, da Carta Maior estabeleceu a filiação partidária como requisito de elegibilidade; a Lei n. 4.737/1965, que veiculou o Código Eleitoral, estatuiu que somente podem concorrer às eleições candidatos registrados por partidos. Já a Lei n. 9.504/1997, conhecida como "Lei das Eleições", proíbe o registro de candidatura avulsa, mesmo se o requerente tiver filiação partidária; e **(iii)** o Pacto de São José da Costa Rica, trazido à colação pelo impetrante que argumentou que ele permitiria a candidatura avulsa, não se aplica à espécie, porque a jurisprudência da Corte Suprema é no sentido de que as convenções desse tipo são de natureza infraconstitucional, não consignando parâmetro para se admitir o acolhimento da pretensão deduzida no mandado de injunção ajuizado (STF, MI 6.977, Rel. Min. Celso de Mello, j. 5-10-2018).
- **Idade mínima (art. 14, § 3º, VI, *a, b, c* e *d*)** — 35 anos para Presidente da República, Vice-Presidente da República e senador; 30 para governador e vice-governador de Estado e do Distrito Federal; 21 para prefeito, vice-prefeito, juiz de paz, deputado federal, deputado estadual ou distrital; e 18 para vereador. Conforme o art. 10, § 2º, da Resolução n. 22.156, do Tribunal Superior Eleitoral, "A idade mínima constitucionalmente estabelecida como condição de elegibilidade é verificada tendo por referência a data da posse" (Lei n. 9.504/97, art. 11, § 2º).

Todos esses requisitos são *taxativos*. Só o legislador constituinte possui competência para dispor sobre as condições de elegibilidade, determinando as hipóteses em que a legislação federal pode atuar (CF, art. 22, I e XIII).

Logo, não possui qualquer respaldo constitucional aquelas normas de constituições dos Estados ou de leis orgânicas dos Municípios que pretendam "inovar" o assunto, criando "outras" condições de elegibilidade.

d) Exercício do sufrágio: o direito de voto

O *direito de voto* é o instrumento de exercício do *sufrágio*.

Nas democracias representativas, como a nossa, o direito de voto manifesta-se:

- nas eleições, para a escolha de governantes;
- nas consultas populares, quando são acionados mecanismos da democracia semidireta (plebiscitos e referendos); e

◆ Cap. 17 ◆ DIREITOS POLÍTICOS   727

- nas assembleias legislativas, em que os representantes, no exercício do mandato político, aprovam leis, cumprindo atos inerentes à capacidade eleitoral passiva, da qual foram investidos.

Votação pública nas casas legislativas. Posição do STF: "Ação direta de inconstitucionalidade. Lei n. 6.571/94, do Estado da Bahia. Dupla vacância dos cargos de Governador e de Vice-Governador do Estado. Eleição pela Assembleia Legislativa para o exercício do mandato residual. A cláusula tutelar inscrita no art. 14, *caput*, da Constituição tem por destinatário específico e exclusivo o eleitor comum, no exercício das prerrogativas inerentes ao *status activae civitatis*. Essa norma de garantia não se aplica, contudo, ao membro do Poder Legislativo nos procedimentos de votação parlamentar, em cujo âmbito prevalece, como regra, o postulado da deliberação ostensiva ou aberta. As deliberações parlamentares regem-se, ordinariamente, pelo princípio da publicidade, que traduz dogma do regime constitucional democrático. A votação pública e ostensiva nas Casas Legislativas constitui um dos instrumentos mais significativos de controle do poder estatal pela sociedade civil" (STF, ADIn 1.057-MC, Rel. Min. Celso de Mello, *DJ* de 6-4-2001).

Quanto aos votos proferidos em colegiados, tribunais e conselhos, eles não se inserem no âmbito do direito de sufrágio, pois não constituem atos governamentais, de natureza estritamente representativa ou política.

Assim, nos órgãos formados por nomeação, designação ou cooptação não há falar em direito de voto, com base na sistemática do art. 14 da Carta Suprema.

d.1) Natureza do voto

O voto é, ao mesmo tempo, um **direito público subjetivo**, que decorre da soberania popular, e um **dever sociopolítico**, no qual os eleitores, maiores de 18 e menores de 70 anos de idade, têm a obrigação de escolher os governantes (CF, art. 14, § 1º, I).

d.2) Características do voto

Emergem da Constituição da República as seguintes características do voto:

- **Direto (art. 14, *caput*)** — o voto, como instrumento de exercício do direito de sufrágio, é direto. Deve ser emitido pela escolha própria e independente do eleitor, sem participações externas. Na sua prática não podem influir governantes, representantes, intermediários ou terceiros interessados. Mas a Carta de 1988 excepciona a regra do voto direto no seu art. 81, § 1º, quando consagra a possibilidade de o Congresso Nacional, na forma da lei, eleger o Presidente e o Vice--Presidente da República, no prazo de trinta dias, em caso de vacância desses cargos, nos últimos dois anos do período presidencial. Tal *exceção constitucional* justifica-se em virtude da notória excepcionalidade da hipótese aí retratada. Desse modo, em nada desvirtua a regra do voto direto. O mesmo se diga quanto à escolha pela Assembleia Legislativa, em eleição indireta e aberta, do governador e vice-governador, em caso de dupla vacância desses cargos, algo que não fere os princípios do voto direto e da anualidade ou anterioridade da lei eleitoral (STF, ADI 4.309/ TO, Rel. Min. Cezar Peluso, j. em 7-10-2009).
- **Pessoal (implícito art. 14, *caput*)** — ninguém pode outorgar procuração a outrem para votar, pois o exercício do direito de sufrágio é direto, personalíssimo e intransferível. Daí exigir-se o título de eleitor para aferir se foi a própria pessoa que compareceu nas cabines de votação.
- **Secreto (art. 14, *caput*)** — o voto deve ser emitido em sigilo, porque nem o seu autor nem terceiros devem revelá-lo de modo fraudulento. Busca-se, assim, evitar intimidações e subornos. O Código Eleitoral, para garantir a indevassabilidade do voto, adota, no art. 103, as seguintes providências: **(i)** uso de cédulas oficiais; **(ii)** isolamento do eleitor em cabine indevassável; **(iii)** verificação da autenticidade da cédula oficial; **(iv)** uso de urnas que assegurem a inviolabilidade do sufrágio. Aplicam-se às urnas eletrônicas o princípio do sigilo das votações. Tanto é assim que o Tribunal Superior Eleitoral desenvolveu, com grande êxito, programas computadorizados para garantir o segredo do voto. Finalmente, a Carta Maior de 1946 foi a primeira de nossas Constituições a garantir o voto secreto (art. 134).

Sufrágio universal e sigilo do voto. Posição do STF: "O princípio do sufrágio universal vem conjugado, no art. 14 da Constituição, à exigência do sigilo do voto: não o ofende, portanto, a decisão que entende nula a cédula assinalada de modo a poder identificar o eleitor" (STF, AgI 133.468-AgRg, Rel. Min. Sepúlveda Pertence, *DJ* de 9-3-1990).

- **Igual (art. 14, *caput*)** — o voto é igual para todos, porque cada cidadão tem a mesma importância política. Tanto é assim que ninguém pode votar duas vezes ou mais em diversas circunscrições eleitorais, praticando o voto múltiplo, plural ou familiar. Nessa matéria, o constituinte de 1988 inspirou-se no princípio norte-americano one man, one vote ("um homem, um voto"). Adotou, assim, o voto igualitário, típico reflexo do ditame da isonomia (CF, art. 5º, *caput*).

  Princípio da igualdade de voto. Posição do STF: "O art. 3º, § 4º, da Lei Complementar n. 59/90, do Estado do Rio de Janeiro, ao exigir a observância do quórum de comparecimento em cada um dos distritos envolvidos num único processo de emancipação, não ofendeu o princípio da igualdade de voto, consagrado no art. 14 da Carta Federal, que nada tem a ver com valor proporcional de cada voto, cuidando, ao revés, de simples aplicação, no campo do direito político, do princípio da igualdade de todos perante a lei, de molde a assegurar que o voto de cada cidadão tenha o mesmo peso político e a mesma influência, qualquer que seja sua idade, suas qualidades, sua instrução e seu papel na sociedade" (STF, RE 163.727, Rel. Min. Ilmar Galvão, *DJ* de 20-4-2001).

- **Obrigatório (art. 14, § 1º, I)** — em regra, o voto é obrigatório para os maiores de 18 e menores de 70 anos de idade. Todos têm de comparecer nos postos eleitorais para assinar a lista de presença e votar, sob pena de sofrer sanções legais (v. g., multa). Até mesmo aqueles que estão fora do seu domicílio eleitoral devem justificar a ausência.
- **Livre (implícito no art. 14, § 1º, I)** — o ato de votar é livre. A escolha por um candidato, dentre vários, só diz respeito ao eleitor. Até mesmo o voto nulo ou branco faz parte dessa liberdade. As urnas eletrônicas, por exemplo, oferecem ao eleitor a opção de votar em branco ou anular o voto. É nesse sentido que devemos entender a obrigatoriedade de votar, que nada tem em comum com o ato de coagir eleitores, de sorte a compeli-los a escolher alguém. Infelizmente, há muitos modos de deformar a vontade popular no dia das eleições, nada obstante as inúmeras tentativas infrutíferas, por parte das leis, de coibir essas praxes.
- **Facultativo (art. 14, § 1º, II, *a*, *b* e *c*)** — o voto é facultativo para analfabetos, maiores de 70, maiores de 16 e menores de 18 anos de idade.
- **Periódico (art. 60, § 4º, II)** — o voto é periódico, porque o exercício do direito de sufrágio baseia-se na temporariedade dos mandatos eletivos, os quais têm prazo determinado para se extinguir. Trata-se de decorrência do princípio republicano e da democracia representativa, que não toleram o continuísmo e a permanência no poder, ainda quando, na prática, alguns mandatários do povo insistam em prosseguir na vida pública, perpetrando-se no poder.
- **Eletrônico** — o voto é eletrônico, porque seu exercício, em nosso país, dá-se em urnas eletrônicas. Daí o Supremo Tribunal Federal ter declarado, por unanimidade de votos, a inconstitucionalidade do voto impresso, previsto no art. 5º da Lei n. 12.034/2009. O Plenário da Corte entendeu que o voto impresso, além de ser um retrocesso à praxe brasileira da urna eletrônica, seguida e aplaudida em todo o mundo, compromete o segredo e a inviolabilidade do ato de votar (CF, art. 14). O voto secreto é uma grande conquista, sendo que a sua impressão vulnera cláusula pétrea de nosso Texto Maior (art. 60, § 4º). Há um espaço de liberdade do cidadão que não pode ser vulnerado. Daí o reconhecimento mundial da urna eletrônica, usada no Brasil, pois permite que o resultado das eleições seja transmitido às centrais sem a identificação do cidadão, com alteração sequencial dos eleitores de cada seção, assegurando o segredo do voto (STF, Pleno, ADI 4.543/DF, Rel. Min. Cármen Lúcia, j. 6-11-2013).

◆ Cap. 17 ◆ DIREITOS POLÍTICOS   **729**

d.3) Plebiscito e referendo: formas de exercer o direito de voto

Para reforçar o princípio da participação coletiva organizada, o Texto de 1988 previu três instrumentos da democracia semidireta, para proporcionar vasta discussão em assuntos de enorme alcance: o plebiscito, o referendo e a iniciativa popular.

> **Lei n. 9.707, de 18-11-1998:** regulamenta a execução do plebiscito, do referendo e da iniciativa popular, previstos no art. 14, I, II e III, da Constituição Federal.

Merecem exame particularizado o plebiscito e o referendo, duas formas de exercício do direito de voto, o que a iniciativa popular não é.

> **Que é iniciativa popular (CF, art. 14, III):** é uma modalidade que não se efetiva pelo exercício do voto. Por seu intermédio, o povo apresenta projetos de lei ao Poder Legislativo. Para tanto, é necessário haver um número razoável de eleitores, pois o projeto precisa ser subscrito por, no mínimo, 800.000 eleitores, aproximadamente, ou seja, 1% do eleitorado nacional, distribuídos pelo menos em 5 Estados, com não menos de 0,3% dos eleitores de cada um deles (CF, art. 61, § 2º). No âmbito do processo legislativo estadual, a lei deverá dispor sobre a iniciativa popular. Quanto aos Municípios, cumpre à Lei Orgânica Municipal regular o instituto, adequando-o ao interesse específico da municipalidade, cidade ou bairro, pela manifestação de, pelo menos, 5% do eleitorado.

Vejamos, pois, ambos os institutos que permitem auscultar a vontade do povo, autêntico destinatário das decisões governamentais:

- **Plebiscito (CF, art. 14, I)** — é uma consulta prévia aos eleitores sobre assuntos políticos ou institucionais, antes de a lei ser elaborada. As perguntas são diretas e o povo responde, apenas, sim ou não. Cumpre ao Congresso Nacional formular os questionamentos (CF, art. 49, XV).

PRECEITOS CONSTITUCIONAIS RELATIVOS AO PLEBISCITO

- **Competência privativa do Congresso Nacional:** compete, privativamente, ao Congresso Nacional autorizar referendos e convocar plebiscitos (art. 49, XV).
- **Plebiscito do art. 2º do ADCT:** realizou-se em 21-4-1993, quando se optou pela forma republicana e o sistema presidencialista de governo.
- **Plebiscito do art. 18, § 3º, da CF:** "Os Estados podem incorporar-se entre si, subdividir-se ou desmembrar-se para se anexarem a outros, ou formarem novos Estados ou Territórios Federais, mediante aprovação da população diretamente interessada, através de plebiscito, e do Congresso Nacional, por lei complementar".
- **Plebiscito do art. 18, § 4º, da CF:** "A criação, a incorporação, a fusão e o desmembramento de Municípios, far-se-ão por lei estadual, dentro do período determinado por lei complementar federal, e dependerão de consulta prévia, mediante plebiscito, às populações dos Municípios envolvidos, após divulgação dos Estudos de Viabilidade Municipal, apresentados e publicados na forma da lei".
- **Criação de Município *ad referendum*:** "Não parece compatível com a Constituição Federal o diploma legislativo que cria município *ad referendum* de consulta plebiscitária" (STF, ADIn 1.373-MC, Rel. Min. Francisco Rezek, *DJ* de 31-5-1996).
- **Referendo (CF, art. 14, II)** — é uma confirmação de assunto já transformado em lei. Faz-se uma consulta ao povo para que ele ratifique ou rejeite determinado ato legislativo. Desse modo, os eleitores respondem sim ou não, decidindo sobre a matéria, previamente aprovada pelo Congresso Nacional. O referendo pode ser a pedido do Chefe do Executivo, de certo número de eleitores ou parlamentares. Somente o Congresso Nacional pode autorizá-lo (art. 49, XV). Como a Carta de 1988 foi omissa quanto ao modo do seu exercício, até mesmo matéria constitucional pode ser referendada, inclusive emendas constitucionais.

Diferenças entre plebiscito e referendo

PLEBISCITO	REFERENDO
• **Significado:** consulta feita ao eleitorado **antes** de a lei ou o ato administrativo serem elaborados. Versa sobre assuntos que, posteriormente, serão discutidos pelo Congresso Nacional ou pelo Poder Executivo. • **Exemplo:** plebiscito para saber se o povo quer, ou não, uma nova Constituição para o Brasil. • **Que diz a lei:** "O plebiscito é convocado com anterioridade a ato legislativo ou administrativo, cabendo ao povo, pelo voto, aprovar ou denegar o que lhe tenha sido submetido" (Lei n. 9.709/98, art. 2º, § 1º).	• **Significado:** consulta feita ao eleitorado **depois** de a lei ou o ato administrativo serem elaborados, para que os confirmem ou rejeitem. • **Exemplo:** referendo sobre o desarmamento, previsto pela Lei n. 10.826/2003 — Estatuto do Desarmamento (§ 1º do art. 35), realizado em 23-10-2005, quando a população brasileira optou pela não proibição da comercialização de arma de fogo. • **Que diz a lei:** "O referendo é convocado com posterioridade a ato legislativo ou administrativo, cumprindo ao povo a respectiva ratificação ou rejeição" (Lei n. 9.709/98, art. 2º, § 2º).

e) Eleitorado

Eleitorado é o conjunto dos cidadãos que exercitam o direito de sufrágio. Distribui-se em:

• **Zonas eleitorais** — unidades territoriais que ficam sob a titularidade do juiz eleitoral.

• **Sessões eleitorais** — organizam o exercício do voto, propiciando ao eleitor a comodidade no momento de votar. Tais sessões não podem ter mais de 400 eleitores nas capitais e de 300 nos outros lugares, nem menos de 50, exceto se o Tribunal Regional Eleitoral autorizar (Código Eleitoral, art. 117).

• **Circunscrições eleitorais** — distribuem os eleitores no território nacional (Código Eleitoral, art. 86). Assim, nas eleições presidenciais, a circunscrição será o País; nas federais e estaduais, o Estado; nas distritais, o Distrito Federal; nas municipais, o Município.

e.1) Impossibilidade de "corpos eleitorais"

No Brasil, a organização do eleitorado em zonas, sessões e circunscrições nada mais é que uma técnica de distribuição territorial dos eleitores.

Aqui não há lugar para os chamados "corpos eleitorais", ou seja, organismos centralizadores das eleições, inseridos na estrutura do próprio Estado. Previstos na Carta francesa de 1958, tinham cunho autoritário e antidemocrático.

Deveras, o simples fato de vivermos num Estado Democrático de Direito (CF, art. 1º, *caput*) já é o bastante para reconhecermos a impossibilidade da existência de "corpos eleitorais" em nosso país.

É imperioso, ademais, lembrar que vigora, na República brasileira, o primado da democracia representativa (CF, art. 1º, parágrafo único), motivo pelo qual não se podem erigir mecanismos institucionais, escamoteadores da vontade livre e soberana do eleitorado.

✧ 3.2. Sistemas eleitorais

Sistema eleitoral é o conjunto de técnicas aplicadas à *eleição*.

Eleição, por sua vez, é o procedimento técnico de escolha de pessoas para um cargo. Nas democracias representativas, como a nossa, é o ato formal de decisão, em que o povo *legitima* aqueles que devem representá-lo nos atos da vida governamental. Exemplos: membros do Poder Executivo, do Congresso Nacional, das Assembleias Legislativas, da Câmara de Vereadores etc.

Seja como for, o sistema eleitoral visa organizar a representação do eleitor no território nacional. Pode ser de três tipos: *majoritário, proporcional* e *misto*.

◆ Cap. 17 ◆ DIREITOS POLÍTICOS   **731**

a) Sistema majoritário

É o sistema eleitoral em que os candidatos que obtiverem a maioria absoluta ou relativa dos votos válidos representam o povo na circunscrição ou no distrito eleitoral.

No Brasil, o sistema majoritário aplica-se:

- **por maioria absoluta** — para a eleição de Presidente e Vice-Presidente da República (CF, art. 77); governador e vice-governador de Estado (CF, art. 28); prefeito e vice-prefeito municipal (CF, art. 29, II);
- **por maioria relativa** — para a eleição de senadores da República (CF, art. 46, *caput*) e juízes de paz (CF, art. 98, II). Nada impede à lei exigir maioria absoluta para a eleição do juiz de paz, nada obstante ser desnecessário largo apoio popular para o preenchimento desse cargo, que, aliás, nem é político. Logo, recomenda-se que a maioria seja *relativa*, pois a eleição para juízes de paz é mero ato *pro forma*, isto é, apenas serve de instrumento de investidura, num cargo tipicamente *singular*.

> **Juiz de paz — Eleição e investidura:** "A obrigatoriedade de filiação partidária para os candidatos a juiz de paz [art. 14, § 3º, da CB/88] decorre do sistema eleitoral constitucionalmente definido. A fixação por lei estadual de condições de elegibilidade em relação aos candidatos a juiz de paz, além das constitucionalmente previstas no art. 14, § 3º, invade a competência da União para legislar sobre direito eleitoral, definida no art. 22, I, da Constituição do Brasil" (STF, ADIn 2.938/MG, Rel. Min. Eros Grau, *Clipping* do *DJ* de 9-12-2005).

b) Sistema proporcional

Sistema proporcional é aquele que objetiva garantir a participação dos diversos partidos políticos no Parlamento. Por isso, só é compatível com as circunscrições eleitorais amplas, que buscam eleger inúmeros candidatos.

A Carta de 1988 o chama de *sistema de representação proporcional* (art. 58, §§ 1º e 4º).

> **Sistema de representação de opiniões:** Marcel Prélot prefere denominá-lo *sistema de representação de opiniões*. Argumenta que seu objetivo é "assegurar as diversas opiniões, entre as quais se repartem os eleitores, em um número de lugares proporcional às suas respectivas forças" (*Institutions politiques et droit constitutionnel*, p. 71).

E faz sentido, porque o adjetivo *proporcional* computa a ideia de que o número de representantes de cada circunscrição é dividido pelo número de habitantes, e não de eleitores, resultando numa "proporção".

Com base nisso são distribuídos os mandatos legislativos.

Desde a Carta de 1934 (art. 181), o sistema proporcional vigora entre nós, não se restringindo ao âmbito federal. Desse modo, aplica-se nas eleições para:

- deputados federais (CF, art. 45);
- deputados estaduais e distritais; e
- vereadores.

O maior problema do sistema proporcional é saber quem será o eleito e qual o número de eleitos por partido.

Para resolver a problemática, a ordem jurídica prevê seis critérios distintos para chegar a uma solução satisfatória:

- **Votos válidos** — os votos dados ao nome do partido (legenda partidária) e os votos de todos os candidatos reputar-se-ão válidos. Não logram qualquer validade os votos nulos. Os votos brancos, pela Carta Magna, não devem ser computados (art. 77, § 2º), estando revogado parcialmente o parágrafo único do art. 106 do Código Eleitoral, que manda contá-los como válidos. Isso, contudo, só se aplica às eleições para Presidente da República (CF, art. 77, § 2º).
- **Quociente eleitoral ou número uniforme** — a proporcionalidade é ampla, porque assegura aos partidos políticos uma representação correspondente à sua *força numérica*. É a medida exata que simboliza essa *força numérica* que se chama *quociente eleitoral* ou *número uniforme*. Para o

obtermos basta dividir o número de votos válidos pelo número de lugares a preencher, desprezando a fração igual ou inferior a meio e arredondando para a fração superior a meio. Assim é que se determina o *número uniforme* de deputados federais, deputados estaduais e vereadores.

- **Quociente partidário** — número de lugares que cada partido possui para representar o povo. Resulta da divisão do número de votos válidos pelo quociente eleitoral, desprezado a fração.
- **Distribuição de restos (sobras)** — eis um ponto controvertido, que pode mudar o resultado de uma eleição. Em princípio, determinados o número de votos válidos e os quocientes eleitoral e partidário, já se sabe quem são os eleitos de cada partido. Porém, é possível sobrarem lugares, pois os votos atribuídos a uma dada legenda não foram suficientes para eleger seu candidato. Daí surge o problema de saber qual o partido que terá as sobras eleitorais, para preencher as cadeiras restantes. O Código Eleitoral brasileiro adotou a técnica da maior média (art. 109): adiciona-se mais um lugar aos que foram obtidos por cada partido; toma-se, em seguida, o número de votos válidos atribuídos a cada partido, dividindo-os por aquela soma. O primeiro lugar a preencher será do partido que obtiver a maior média. Idêntica operação deverá ser repetida tantas vezes quantos forem os lugares restantes a serem preenchidos, até sua completa distribuição entre os diversos partidos.
- **Definição dos eleitos** — considerar-se-ão eleitos os candidatos que obtiverem o maior número de votos em cada legenda. O preenchimento de lugares, com que cada partido for contemplado, obedecerá à ordem de votação dos seus respectivos candidatos (Código Eleitoral, art. 109, § 1º). Havendo empate, a prioridade será do candidato mais votado, independentemente da idade.

> **Art. 110 do Código Eleitoral:** "Art. 110. Em caso de empate, haver-se-á por eleito o candidato mais idoso" (revogado pelo princípio constitucional da igualdade — CF, art. 5º, *caput*).

- **Inexistência de quociente eleitoral** — pode ocorrer a falta de quociente eleitoral, quando um dado partido não consiga obtê-lo. Nesse caso, a eleição deverá ser anulada para se realizar outra. E o art. 111 do Código Eleitoral? Acreditamos que não foi recepcionado pela Carta de 1988, que consagrou o princípio majoritário para as eleições senatoriais (CF, art. 46, *caput*).

> **Art. 111 do Código Eleitoral:** "Art. 111. Se nenhum Partido ou coligação alcançar o quociente eleitoral, considerar-se-ão eleitos, até serem preenchidos todos os lugares, os candidatos mais votados".

c) Sistema misto

Mescla o sistema majoritário com o proporcional, não adotando, com exclusividade, nenhum dos dois.

O sistema misto, que não vigora no Brasil, apresenta-se de várias maneiras, dentre as quais destacam-se:

- **Sistema distrital misto** — é o modelo alemão, também chamado de *sistema misto de eleição proporcional personalizado*, que combina elementos da eleição majoritária com técnicas representativas do sistema proporcional. Propõe que cada voto seja dividido em duas partes, computadas separadamente. Metade dos deputados são eleitos por circunscrições eleitorais e a outra metade, em função das listas de cada Estado. Assim, os partidos apresentam um candidato para cada distrito e uma lista partidária para todo o Estado. O eleitor primeiro vota em um dos candidatos do distrito (voto distrital) e, em seguida, numa das listas partidárias (voto de legenda). Depois se verifica quantos candidatos foram eleitos pelos distritos e quantos foram eleitos pela legenda. Muitos são os apelos para implantar o *sistema distrital misto* em nosso país, alegando as notórias deficiências do sistema proporcional puro que vigora atualmente. Tentativas não faltaram ao longo da Assembleia Nacional Constituinte e do processo revisional de 1994.
- **Sistema misto com predomínio da maioria** — é o modelo mexicano, pelo qual dos 500 deputados do Congresso da União mexicana, 300 são eleitos pelo sistema de maioria relativa dos distritos, e 200 pelo sistema de representação proporcional. Veja-se que há um nítido predomínio do sistema da maioria, embora nenhum partido possa ter mais de 350 deputados. No Brasil, a Emenda Constitucional n. 22/82 intentou, na forma da lei, implantar um *sistema misto majoritário e proporcional por distrito*, que não prosperou, não sendo mantido pelo constituinte de 1988.

◆ Cap. 17 ◆ DIREITOS POLÍTICOS   **733**

✧ 3.3. Procedimento eleitoral

Procedimento eleitoral é a sucessão de atos que permitem detectar os eleitos.
Desenvolve-se, basicamente, em três etapas:

- **apresentação de candidaturas** — designa os candidatos de cada partido, o registro das candidaturas na Justiça Eleitoral (Código Eleitoral, arts. 87 a 102), a propaganda eleitoral (Código Eleitoral, arts. 240 a 256), o programa e as propostas políticas;
- **escrutínio** — engloba a apuração, a abertura, o depósito, o recolhimento e a contagem dos votos (Código Eleitoral, arts. 135 a 157; 158 a 233); e
- **contencioso eleitoral** — envolve os conflitos de interesses eleitorais, sendo dirimidos pela Justiça Eleitoral, órgão jurisdicional incumbido de primar pela lisura dos pleitos.

✦ 4. DIREITOS POLÍTICOS NEGATIVOS

Direitos políticos negativos são o conjunto de normas constitucionais que impedem o cidadão de exercer atividade político-partidária.

Qualificam-se de *negativos*, pois *negam* o direito de votar (= incapacidade eleitoral ativa) ou de ser votado (= incapacidade eleitoral passiva).

> - **Incapacidade eleitoral ativa** — o cidadão não pode votar.
> - **Incapacidade eleitoral passiva** — o cidadão não pode candidatar-se, concorrendo a eleições.

Desse modo, impedem os cidadãos de participarem do processo eleitoral, restringindo o acesso aos órgãos governamentais.

Os *direitos políticos negativos* veiculam preceitos sobre:

- inelegibilidade; e
- privação dos direitos políticos (perda definitiva ou suspensão temporária da elegibilidade).

A regra, contudo, é o gozo dos *direitos políticos positivos*.

As inelegibilidades e a privação dos direitos políticos constituem exceções.

Resultado: prevalece o princípio da plenitude do direito de votar e de ser votado, como reconheceu a Declaração Universal dos Direitos Humanos de 1948: "Toda pessoa tem direito de participar no Governo de seu país, diretamente ou por meio de representantes livremente escolhidos".

> **Prevalência dos direitos políticos positivos:** a regra da plenitude do direito de sufrágio (votar e ser votado) já estava presente na Declaração de Direitos da Virgínia de 1776 (art. 6º) e na Declaração dos Direitos do Homem e do Cidadão de 1789 (art. 6º).

Por isso, as disposições constitucionais e legais restritivas ou privativas das capacidades eleitorais ativa e passiva devem ser interpretadas estritamente, nos exatos limites de sua configuração verbal.

> **Direitos Políticos Negativos:**
> **Inelegibilidades — Perda de direitos políticos — Suspensão de direitos políticos**

✧ 4.1. Inelegibilidades

Inelegibilidades são impedimentos ao direito de ser votado.

Aliás, não devemos confundir as seguintes noções:

- **inelegibilidade** — obsta a elegibilidade (capacidade eleitoral passiva);

- **inalistabilidade** — impede o direito de votar (capacidade eleitoral ativa); e
- **incompatibilidade** — impossibilita o eleito de exercer o mandato.

Como se observa, o instituto da *inelegibilidade* parte do pressuposto de que o candidato a cargos eletivos não deve ter impedimentos à sua capacidade eleitoral passiva, pois só poderá concorrer a eleições se for *elegível*.

É nesse ponto que entra a *inelegibilidade*, precisamente para impor obstáculos à própria *elegibilidade*, impedindo o exercício passivo da cidadania e impossibilitando o cidadão de se candidatar.

As *inelegibilidades* possuem justificativa de ordem ética. Buscam proteger a probidade administrativa, a normalidade e a legitimidade das eleições, levando em conta a vida pregressa do candidato.

Daí a Constituição Federal proibir o uso, nos pleitos eleitorais, da influência do poder econômico, do exercício abusivo de função, cargo ou emprego da Administração direta ou indireta, precisamente para salvaguardar a moralidade no exercício do mandato (art. 14, § 9º).

4.1.1. Panorama das inelegibilidades na Constituição de 1988

O Texto de 1988 estatuiu as hipóteses de inelegibilidades, consagrando-as em preceitos autoaplicáveis (art. 14, §§ 4º a 9º), cujo panorama é o seguinte:

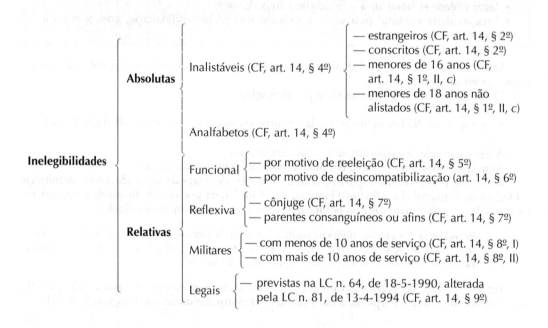

a) Inelegibilidades absolutas

Inelegibilidades absolutas são impedimentos totais para pleitear qualquer cargo eletivo, ou seja, quem se achar em situação de *inelegibilidade absoluta* não pode concorrer a eleição alguma. Trata-se, contudo, de medida excepcional. Tanto é assim que só o constituinte, e não o legislador comum, pode estabelecê-la, como o fez o de 1988, ao considerar absolutamente inelegíveis:

- **os inalistáveis** — quem não tiver título de eleitor não pode votar, pois a elegibilidade pressupõe a alistabilidade; assim, pela Carta Maior, são absolutamente inelegíveis os estrangeiros (art. 14, § 2º), os conscritos (art. 14, § 2º), os menores de 16 anos (art. 14, § 1º, II, *c*) e os menores de 18 anos não alistados (art. 14, § 1º, II, *c*); e

◆ Cap. 17 ◆ DIREITOS POLÍTICOS

735

- **os analfabetos** — o analfabeto, embora possa alistar-se (ter título de eleitor) e exercer o direito de voto (capacidade eleitoral ativa), não pode ser eleito, pois não tem capacidade eleitoral passiva, porque a Constituição o impede de concorrer a pleitos eleitorais (art. 14, § 4º).

Observe-se que a *inelegibilidade absoluta* é uma característica da pessoa, e não do cargo ou eleição, propriamente ditos.

Embora inexista prazo determinado para cessar, nem toda *inelegibilidade absoluta* dura para sempre. Ocorrendo o término da causa que a gerou, automaticamente dá-se a sua cessação. Exemplo: analfabeto que se alfabetiza, passando a ser *letrado*. O impedimento que o caracterizava como inelegível chega ao fim.

Em rigor, *absoluta* é, apenas, a inelegibilidade oriunda da perda definitiva dos direitos políticos, com o trânsito em julgado de sentença judicial condenatória, quando não será mais possível readquiri-los.

b) Inelegibilidades relativas

Inelegibilidades relativas são restrições específicas a certos tipos de cargos ou funções eletivas.

Aqui, ao contrário da inelegibilidade absoluta, os impedimentos reportam-se ao cargo ou pleito eleitoral, particularmente tomados, e não às características pessoais do candidato. Ele continua titular da *elegibilidade genérica*, só não pode pleitear determinados mandatos, em virtude da situação esporádica que está vivendo.

Deveras, o cidadão é relativamente inelegível em dado momento. Vínculos funcionais, de parentesco ou até de domicílio inviabilizam a sua candidatura. Passado aquele instante, sua capacidade eleitoral passiva exsurge com todo vigor e pujança, sem quaisquer empecilhos.

> **Decisão do STF:** "Domicílio eleitoral. Transferência. Relevância jurídica da arguição de inconstitucionalidade de restrição constante do dispositivo de lei publicada em 2 de outubro de 1995 (§ 2º do art. 73 da Lei n. 9.100), que erigiu o dia imediato (3-10-95) como termo final para a renúncia do Prefeito, do vice ou do Vereador, pretendentes a transferência do domicílio. Artigos 5º (*caput*), 14, § 6º, e 15 da Constituição. Manifesta oportunidade do requerimento liminar deferido pelo Supremo Tribunal" (STF, ADIn 1.382-MC, Rel. Min. Octavio Gallotti, *DJ* de 22-3-1996).

O Texto de 1988 desdobrou a *inelegibilidade relativa* nos seguintes tópicos:
- inelegibilidade funcional por motivo de reeleição (art. 14, § 5º);
- inelegibilidade funcional por motivo de desincompatibilização (art. 14, § 6º);
- inelegibilidade reflexiva — casamento, parentesco ou afinidade (art. 14, § 7º);
- inelegibilidades militares (art. 14, § 8º); e
- inelegibilidades legais (art. 14, § 9º).

b.1) Inelegibilidade funcional por motivo de reeleição (art. 14, § 5º)

A *inelegibilidade relativa funcional por motivo de reeleição* foi introduzida no Brasil pela Emenda Constitucional n. 16/97, que, modificando completamente o § 5º do art. 14, assim dispôs:

"§ 5º O Presidente da República, os Governadores de Estado e do Distrito Federal, os Prefeitos e quem os houver sucedido ou substituído no curso dos mandatos poderão ser reeleitos para um único período subsequente".

> **Redação originária do dispositivo (antes da EC n. 16/97 — a "emenda da reeleição"):** "§ 5º São inelegíveis para os mesmos cargos, no período subsequente, o Presidente da República, os Governadores de Estado e do Distrito Federal, os Prefeitos e quem os houver sucedido, ou substituído nos seis meses anteriores ao pleito".

Essa verdadeira *inelegibilidade por motivo funcional para o mesmo cargo* não possui precedentes imediatos no Direito Comparado, embora guarde certa similitude com preceitos de algumas constituições da atualidade, a exemplo das de Portugal, China e Argentina.

Reeleição em alguns ordenamentos constitucionais:

- **Constituição dos Estados Unidos da América de 14-9-1787 (art. II, seção 1, item 1)** — consagrou, sem quaisquer limites, a possibilidade de reeleição para Presidente e Vice-Presidente da República, prestigiando a existência de mandatos sucessivos. Porém, a partir da EC n. 22, de 1951, passou a vigorar a *regra da alternância do poder*, pela qual ninguém pode ser eleito mais de duas vezes para o cargo de Presidente. Tal regra se aplica, indistintamente, a mandatos sucessivos ou não. Resultado: não guarda semelhança com o modelo brasileiro, implantado pela EC n. 16/97, que alterou o § 5º do art. 14 da Constituição de 1988.
- **Constituição austríaca de 1º-10-1920, com a Lei Constitucional federal n. 491, de 27-11-1984 (art. 60, 5)** — aceita, apenas, uma reeleição para o período presidencial seguinte.
- **Constituição portuguesa de 2-4-1976 (art. 126)** — admite a *reeleição* para um segundo mandato consecutivo, mas não a admite para um terceiro mandato consecutivo, nem durante os cinco anos imediatamente subsequentes ao término do segundo mandato consecutivo. Se o Presidente da República renunciar ao cargo, não poderá candidatar-se nas eleições imediatas nem nas que se realizem no quinquênio imediatamente subsequente à renúncia. Interessante observar que a vedação para um terceiro mandato consecutivo busca evitar a permanência notadamente longa no cargo, evitando o centralismo e a concentração de poder.
- **Constituição chinesa de 4-12-1982 (art. 79)** — determina que o Presidente e o Vice-Presidente não podem ocupar mais de dois mandatos consecutivos.
- **Constituição argentina, com a reforma de 10-1-1995 (art. 90)** — prevê a reeleição por um só período consecutivo. Porém, transcorrido o intervalo de um período, admite-a para um terceiro mandato presidencial. Ou seja, o Texto argentino prevê, por expresso, a possibilidade de um *terceiro mandato não sucessivo*, ponto sobre o qual as Constituições do Brasil, de Portugal e da China silenciaram. Realmente, nesses países não há qualquer proibição expressa para impedir um *terceiro mandato não consecutivo*.

Registre-se, ainda, que no Anteprojeto Constitucional da Comissão Provisória de Estudos Constitucionais (Comissão Afonso Arinos ou Comissão dos Notáveis), entregue ao Presidente da República em 18 de setembro de 1986, a reeleição era proibida.

> **Art. 221 do Anteprojeto da Comissão Afonso Arinos:** "O mandato do Presidente e do Vice-presidente da República é de seis anos, vedada a reeleição".

Aliás, muitos textos constitucionais estrangeiros, a exemplo do Anteprojeto da Comissão Afonso Arinos, proíbem a *reeleição* para cargos executivos.

> **Países cujas constituições são contrárias à reeleição para cargos executivos:** Coreia, de 12-6-1948 (art. 70); Filipinas, de 15-10-1986 (art. VII, seção 4); Chile, com redação dada pela Lei de Reforma Constitucional n. 19.295, de 4-3-1994 (art. 25) etc.

Reeleição é a possibilidade de o titular do mandato eletivo pleitear nova eleição para o próprio cargo que estava ocupando. É também chamada de *recandidatura*, pois o candidato à *reeleição* candidata-se, sucessivamente, à função que já exerce.

Aplicam-se à *reeleição* as mesmas regras e princípios de uma eleição qualquer.

Antes da Emenda Constitucional n. 16/97 preponderavam, no Brasil, duas tendências distintas:

- admitir a reeleição nos cargos legislativos (senadores, deputados e vereadores); e
- proibir a reeleição nos cargos executivos (presidentes, governadores e prefeitos).

Mas a Emenda Constitucional n. 16/97, alterando o art. 14, § 5º, da Carta Maior, admitiu a reeleição para mandatos executivos, maculando a história constitucional brasileira, que nunca aceitou o continuísmo, o privilégio, a postergação no poder, ainda que por um único período subsequente.

Numa palavra, nossas Constituições — inclusive a de 1988 em seu texto originário — jamais aceitaram a *reeleição* para cargos executivos.

◆ Cap. 17 ◆ **DIREITOS POLÍTICOS**   **737**

Cronologia constitucional: Constituições brasileiras de 1891 (art. 43), de 1934 (art. 52), de 1937 (arts. 82 e s.), de 1946 (art. 139, I, a), de 1967 (art. 146, I, a, equivalente ao art. 151, parágrafo único, da EC n. 1/69, transformado no art. 151, § 1º, a, da EC n. 19/81) e de 1988 (art. 14, § 5º).

O motivo é simples: o Brasil é uma república — forma de governo que prima pela *alternância no poder*. A reeleição, ainda que por um período, abre as portas para a malfadada perpetuidade no gozo da soberania, burlando o princípio republicano, que apregoa a limitação, *rigorosamente temporária*, de mandatos eletivos. No momento que funções efêmeras se convertem em permanentes, o uso da máquina administrativa do Estado pode vir à tona, ainda que se envidem esforços para coibir fraudes, aparelhando melhor a Justiça Eleitoral e o Ministério Público. Não raro, os que buscam reeleger-se não medem esforços para alcançar seu intento. Alegam que só estão começando a trabalhar e que o tempo em que estiveram no cargo foi curto para realizar tudo que pretendiam. Porém, a contingência acidental de certos fatos sociais não autoriza que se convertam governantes em monarcas. Estes, sim, governavam por toda a vida, sepultando-se, apenas, com a morte, que a todos iguala. Nesse sentido, registre-se que, em boa hora, o Supremo Tribunal Federal, por maioria de votos, decidiu pela impossibilidade de um terceiro mandato consecutivo de prefeito municipal, pondo-se fim à execrável figura que a jurisprudência do Tribunal Superior Eleitoral rotulou de "prefeito itinerante" ou "prefeito profissional" (STF, RE 637.485/RJ, Rel. Min. Gilmar Mendes, j. 1º-8-2012).

O outro lado da moeda — Opiniões favoráveis à reeleição:
- A possibilidade de reeleição, por um período, para presidente, governadores e prefeitos privilegia "o princípio da participação popular, porque confere ao povo a possibilidade de um duplo julgamento: o do programa partidário e do agente executor desse programa (chefe do Poder Executivo). Talvez por essa razão o sistema jurídico norte-americano autorize a reeleição. E ninguém pode dizer que ali não se pratica a democracia" (Michel Temer, *Constituição e política*, p. 27).
- "O instituto da reeleição é prática constante na maioria dos países democráticos, tais como os Estados Unidos e França, sendo uma prova da crença na maturidade da vontade da maioria, quando esta decide pela manutenção de uma administração bem-sucedida" (Nelson Jobim, Congresso Revisor — Relatoria da Revisão Constitucional, Pareceres produzidos (histórico), p. 58, t. 1).

Seja como for, o certo é que desde a Emenda Constitucional n. 16/97 vigora, no Brasil, a regra da *inelegibilidade relativa funcional por motivo de reeleição*, o que veda a possibilidade de presidentes, governadores e prefeitos, bem como seus sucessores ou substitutos, candidatarem-se a um terceiro mandato sucessivo, limitando-lhes, pois, a elegibilidade (*capacidade eleitoral passiva*).

Mas, afinal, qual a inteligência do art. 14, § 5º, com a redação dada pela Emenda Constitucional n. 16/97?

Essa norma, que consagra uma autêntica *inelegibilidade por motivo funcional para o mesmo cargo*, deve ser interpretada com *isenção de ânimo*. Embora sejamos, particularmente, contrários à *reeleição*, vamos estudá-la tal como prevista na Carta Magna, evitando que nossa opinião desfavorável influencie no entendimento de sua disciplina constitucional.

Analisando o art. 14, § 5º, veremos o que ele **PERMITIU** e o que **PROIBIU**.
- **PERMITIU: a reeleição para cargos executivos** — Presidente da República, governadores e prefeitos, bem como seus substitutos ou sucessores, podem concorrer à reeleição.
- **PROIBIU: a renúncia do segundo mandato sucessivo, antes do término deste, para permitir a reeleição** — Presidente da República, governador ou prefeito, no exercício do segundo mandato sucessivo, que renunciarem, não podem concorrer à reeleição. O ato de renúncia, embora seja um direito subjetivo do mandatário, e, por isso, um ato válido, não serve de instrumento para reconduzi-lo a um terceiro mandato consecutivo, algo que violaria o art. 14, § 5º, da Carta de Outubro.

Resolução do TSE proibindo três mandatos sucessivos: "O titular do mandato executivo que renuncia, se eleito para o mesmo cargo, vindo assim a exercê-lo no período imediatamente subsequente, não poderá, entretanto, ao término desse novo mandato, pleitear a reeleição, porque,

738 ◆ Uadi Lammêgo Bulos ◆

do contrário, seria admitir-se, contra a letra do art. 14, § 5º, da Constituição, o exercício do cargo de três períodos consecutivos" (TSE, Res. n. 20.114, de 10-3-1998, Consulta n. 366, Classe 5ª/DF, Rel. Min. Néri da Silveira, *DJ*, 1, de 3-6-1998, p. 63).

- **PERMITIU: a candidatura à reeleição do vice que, apenas, substituiu o titular** — o vice-presidente da República, o vice-governador ou o vice-prefeito que tenham somente substituído o titular podem candidatar-se à chefia do Poder Executivo, para um único período subsequente. Nessa hipótese, o vice não exerceu o cargo de modo efetivo e definitivo, apenas assumiu a *coliderança*. Isso não lhe retira o direito de disputar, no mandato seguinte, o posto de Chefe do Executivo. A função constitucional de substituir o Presidente, no caso de impedimento, ou sucedê-lo, no de vacância (art. 79), não é uma punição, uma camisa-de-força, um cerceamento às aspirações políticas do vice, e sim uma nobilitante tarefa de natureza institucional. Por isso, os vices podem candidatar-se à chefia do Executivo, e, se eleitos, é-lhes facultado disputar a reeleição. Esse é o entendimento do Tribunal Superior Eleitoral.

    Resolução do TSE: "1. Vice-presidente da República, vice-governador de Estado ou do Distrito Federal ou vice-prefeito, reeleito ou não, pode se candidatar ao cargo do titular, mesmo tendo substituído aquele no curso do mandato. 2. Se a substituição ocorrer nos seis meses anteriores ao pleito, o vice, caso eleito para o cargo do titular, não poderá concorrer à reeleição. 3. O mesmo ocorrerá se houver sucessão, em qualquer tempo do mandato. 4. Na hipótese de o vice disputar outro cargo que não o do titular, incidirá a regra do art. 1º, § 2º, da Lei Complementar n. 64, de 1990. 5. Caso o sucessor postule concorrer a cargo diverso, deverá obedecer ao disposto no art. 14, § 6º, da Constituição da República" (TSE, Res. n. 20.889, Consulta n. 689/DF, Classe 5ª, Rel. Min. Fernando Neves, *DJ*, 1, de 14-12-2001, p. 205). **No mesmo sentido:** TSE, Consulta n. 749/DF, Classe 5ª, Rel. Min. Fernando Neves, *DJ*, 1, de 22-3-2002, p. 157; TSE, Consulta n. 707/DF, Classe 5ª, Rel. Min. Ellen Gracie, *DJ*, 1, de 7-2-2003, p. 133.

- **PROIBIU: o vice, que se tornou efetivo em face da vacância definitiva do cargo, concorrer a uma segunda reeleição, exercendo três mandatos sucessivos** — o vice que assume, efetivamente, a titularidade do Executivo, em virtude da vacância definitiva do cargo, passa ao posto de Chefe. Logo, só poderá candidatar-se à reeleição por um único período subsequente. Pouco importa o tempo em que exerceu, como titular, o primeiro mandato. Nessa hipótese, se for eleito para o mandato seguinte, não poderá disputar sua própria reeleição, pois o Texto Maior proíbe o exercício de três mandatos sucessivos, sem que haja qualquer intervalo.

- **PERMITIU: a reeleição só *para um único período subsequente*** — Presidente da República, governador ou prefeito não podem cumprir mais de dois mandatos consecutivos. Raciocínio idêntico se aplica aos vices, que apenas podem candidatar-se *para um único período subsequente*.

    Nesse sentido: TSE, Res. n. 19.952, de 2-9-1997, Consulta n. 327/DF, Rel. Min. Néri da Silveira, *DJ*, 1, de 21-10-1997, p. 53428.

- **PROIBIU: a candidatura à vice-chefia no período subsequente ao segundo mandato** — Presidente da República, governador ou prefeito, que exerceram o cargo por dois mandatos sucessivos, não podem candidatar-se à vice-chefia porque o art. 79 da Carta Magna não contempla a hipótese. Segundo esse preceito, o vice-presidente substituirá o presidente em caso de impedimento ou o sucederá se o cargo ficar vago. Essa regra se aplica a todos os níveis de governo (federal, estadual, distrital e municipal). O exercício sucessivo de três mandatos executivos fere a Constituição brasileira, porque "cria" um novo caso de elegibilidade, não contemplado pelo art. 14, § 5º.

- **PERMITIU: a reeleição para um *terceiro mandato não sucessivo*** — vimos que a nossa Constituição, do mesmo modo que as Cartas de Portugal e da China, silenciou a respeito da possibilidade de um *terceiro mandato não sucessivo* para os cargos executivos. Parece-nos, contudo, que presidentes, governadores ou prefeitos, juntamente com seus sucessores ou substitutos, podem candidatar-se para *um terceiro mandato não sucessivo* desde que respeitem o intervalo de um período. Esse raciocínio promana da frase "poderão ser reeleitos para um único período

◆ Cap. 17 ◆ DIREITOS POLÍTICOS 739

subsequente" (CF, art. 14, § 5º). A palavra *subsequente* significa *que vem depois, que subsegue no tempo ou no lugar, ulterior, seguinte*. Quer dizer, o art. 14, § 5º, não impediu que uma mesma pessoa exerça mais de dois mandatos executivos; apenas exigiu que se dê uma pausa, uma parada, um intervalo, para evitar a continuidade administrativa. Assim, após exercerem dois mandatos consecutivos, os chefes do Poder Executivo, e os seus sucessores ou substitutos, podem candidatar--se para um terceiro pleito eleitoral, observado o interregno de um período, contado a partir do dia em que saíram do cargo até a data da nova candidatura.

* **PROIBIU: a reeleição para um terceiro mandato sucessivo** — o chefe do Executivo, de todas as esferas de poder, não poderá candidatar-se para um terceiro mandato sucessivo, vedação que também se aplica aos seus sucessores e substitutos, pois, como vimos, o Texto de 1988 só admite a reeleição para um único período *subsequente* (art. 14, § 5º).

* **PROIBIU: a candidatura do titular de dois mandatos executivos sucessivos à eleição prevista no art. 81 do Texto de 1988** — Presidente da República, governador ou prefeito que exerceram o cargo por dois mandatos sucessivos também não podem candidatar-se para o período imediatamente seguinte à eleição prevista no art. 81 do Texto de 1988. Conforme esse dispositivo, vagando os cargos de presidente e vice-presidente da República, far-se-á eleição direta noventa dias depois de aberta a última vaga, ou eleição indireta, pelo Congresso Nacional, trinta dias após aberta a última vaga, se a vacância ocorrer nos últimos dois anos do mandato presidencial. A justificativa para tal proibição já foi mencionada: evitar que uma mesma pessoa exerça a chefia do Executivo por três vezes seguidas, sem se afastar do cargo por um período. Mas os depositários da Emenda Constitucional n. 16/97 poderiam ter ido além. Perderam excelente oportunidade para incluir na Carta de Outubro norma semelhante ao art. 126º da Constituição portuguesa, que, como dissemos acima, veda a reeleição para um terceiro mandato consecutivo.

b.2) Inelegibilidade funcional por motivo de desincompatibilização (art. 14, § 6º)

O instituto da *desincompatibilização* permite que o candidato se desvencilhe das causas de inelegibilidade a tempo de concorrer às eleições. Por seu intermédio, os pretendentes de mandatos eletivos desembaraçam-se de certa situação, que os impede de tornarem-se *elegíveis*.

É nesse contexto que surge a *inelegibilidade relativa funcional por motivo de desincompatibilização*.

Por seu intermédio, presidentes da República, governadores e prefeitos, para que possam candidatar--se a *outros cargos*, devem renunciar, definitivamente, aos seus postos, até seis meses antes do pleito (CF, art. 14, § 6º).

> **Precedentes do TSE:** Res. n. 18.019, Consulta n. 12.499/DF, Classe 5ª, Rel. Min. Sepúlveda Pertence, *DJ*, 1, de 9-4-1992; Res. n. 21.053, Consulta n. 771/DF, Classe 5ª, Rel. Min. Barros Monteiro, *DJ*, 1, de 26-4-2002.

Caso não renunciem, não podem candidatar-se, pois incidirá sobre eles a regra da *inelegibilidade por desincompatibilização*.

> **Precedente do STF:** "Presidente da Câmara Municipal que substitui ou sucede o Prefeito nos seis meses anteriores ao pleito é inelegível para o cargo de vereador" (STF, RE 345.822, Rel. Min. Carlos Velloso, *DJ* de 12-12-2003).

Até mesmo os suplentes têm de desincompatibilizar-se, por meio da renúncia.

> **Posição do TSE:** "Ementa — Inelegibilidade. Prefeito candidato a suplente de Senador. É inelegível para suplente de Senador o prefeito que não tiver renunciado ao mandato 'seis meses antes do pleito'. Aplicação do disposto no art. 14, § 6º, da Constituição e do art. 1º, § 1º, da Lei Complementar n. 64/90" (TSE, Consulta n. 364/DF, Classe 5ª, Rel. Min. Nilson Naves, *DJ*, 1, de 4-3-1998, p. 26).

E os vices, precisam renunciar para concorrer a outros cargos?

Se não tiverem sucedido ou substituído o titular, não. Nessa hipótese, o vice-presidente da República, o vice-governador de Estado ou do Distrito Federal e o vice-prefeito não precisam renunciar aos seus respectivos mandatos, até seis meses antes do pleito, para concorrer a outros cargos.

740 ◆ Uadi Lammêgo Bulos ◆

Resolução do TSE: Res. n. 19.491, de 28-3-1996, Consulta n. 112/DF, Rel. Min. Ilmar Galvão, *DJ*, 1, de 26-4-1996, p. 13170. **No mesmo sentido:** "Ementa. Consulta. Vice-presidente da República, Vice-governador de Estado e do Distrito Federal e Vice-prefeitos municipais podem candidatar-se a outros cargos estando no pleno exercício de seus mandatos, desde que não venham a substituir ou suceder os titulares nos seis meses anteriores ao pleito" (TSE, Consulta n. 397/DF, Classe 5ª, Rel. Min. Eduardo Alckmin, *DJ*, 1, de 9-4-1998, p. 4).

Porém, se o vice sucedeu ou substituiu o titular, aí sim deverá renunciar seis meses antes do pleito, do contrário tornar-se-á *inelegível por motivo de desincompatibilização* (CF, art. 14, § 6º).

Casuística:
- **Renúncia seis meses antes. Entendimento do TSE** — ex-prefeito de *município-mãe*, que renunciou ao cargo seis meses antes das eleições, pode candidatar-se a prefeito do *município desmembrado* (TSE, Consulta n. 899/DF, Rel. Min. Humberto Gomes de Barros, *DJ*, 1, de 5-6-2004, p. 1). Precedente do STF: *RTJ, 112*:791.
- **Resolução do TSE** — "O Vice-prefeito que não substituiu o Prefeito nos seis meses anteriores ao pleito pode candidatar-se a Prefeito sem perda do mandato exercido. Se o sucedeu, em qualquer tempo, é inelegível para o mesmo cargo" (TSE, Res. n. 19.507, de 16-4-1996, Consulta n. 115/DF, Rel. Min. Ilmar Galvão, *DJ*, 1, de 10-5-1996, p. 15167).

Sobre a posição do vice, quanto à *desincompatibilização*, existem duas situações distintas:
- **Sucessão definitiva do vice ao cargo de titular** — ao assumir a chefia, em virtude de vacância do cargo, o vice ascende ao posto de titular, com todas as consequências daí oriundas. Desse modo, aplica-se-lhe as mesmas normas de inelegibilidade destinadas aos chefes do Executivo. Exemplos: CF, art. 14, §§ 5º (*inelegibilidade por motivo de reeleição*) e 7º (*inelegibilidade reflexiva*).

Casuística do TSE:
- **O vice perante a inelegibilidade por motivo de *reeleição* (CF, art. 14, § 5º)** — "O vice que substituiu o titular dentro dos seis meses anteriores ao pleito poderá concorrer ao cargo deste, sendo-lhe facultada, ainda, a reeleição, por um único período. Na hipótese de havê-lo substituído, o vice poderá concorrer ao cargo do titular, vedada a reeleição e a possibilidade de concorrer ao cargo de vice" (TSE, Consulta n. 1.058/DF, Rel. Min. Humberto Gomes de Barros, *DJ*, 1, de 5-7-2004, p. 1).
- **O vice perante a inelegibilidade *reflexiva* (CF, art. 14, § 5º)** — "É inelegível o filho de vice-governador que substituiu o titular nos seis meses anteriores ao pleito (CF, art. 14, § 7º). Não há que se falar em impedimento àquele eleito, mas ainda não empossado, para assumir o cargo de prefeito, caso seu genitor assuma a titularidade do governo nesse período" (TSE, Consulta n. 1.053/DF, Rel. Min. Fernando Neves, *DJ*, 1, de 21-6-2004, p. 90).

- **Substituição temporária do vice no cargo do titular** — havendo afastamento provisório do presidente, governador ou prefeito, com a respectiva substituição temporária dos vices, eles poderão candidatar-se à chefia do cargo, ou, se preferirem, continuar no posto de vice-chefes do Executivo. Para tanto, não precisam desincompatibilizar-se desde que concorram a reeleição por uma só vez, pois, como vimos, a Carta de 1988 proíbe o exercício de um terceiro mandato consecutivo.

Posição do TSE: "1. É admitido que o vice-prefeito, que substituiu o prefeito no exercício do primeiro mandato, sendo reeleito para o mesmo cargo de vice-prefeito e vindo a assumir definitivamente a chefia desse Poder Executivo no exercício do segundo mandato, candidate-se ao cargo de prefeito do pleito subsequente. 2. A candidatura somente lhe é vedada para o próprio cargo de vice-prefeito, por caracterizar um terceiro mandato consecutivo, o que é vedado pelo art. 14, § 5º, da Constituição Federal" (TSE, Consulta n. 1.047/DF, Rel. Min. Fernando Neves, *DJ*, 1, de 21-6-2004, p. 90).

◆ Cap. 17 ◆ DIREITOS POLÍTICOS   **741**

A *desincompatibilização* (art. 14, § 6º) não constitui motivo que enseja a *inelegibilidade funcional por motivo de reeleição* (art. 14, § 5º).

> **Para se reeleger o candidato não precisa desincompatibilizar-se.**

Certamente por isso os artífices da Emenda Constitucional n. 16/97 não alteraram a regra insculpida no art. 14, § 6º, da Lei Magna, para exigir que o candidato se desincompatibilize, afaste-se ou renuncie ao cargo antes de concorrer a sua própria reeleição.

A *renúncia* ao cargo, portanto, é desnecessária, e se porventura vier a ocorrer, não torna o candidato inelegível. É que a Constituição de 1988 não previu como causa de inelegibilidade a renúncia ao mandato executivo.

> **Resolução do TSE:** "A renúncia do Presidente da República, dos Governadores de Estado ou do Distrito Federal e dos Prefeitos, ao respectivo mandato, seis meses antes do pleito, não os torna inelegíveis ao mesmo cargo, para o período imediatamente subsequente. A Constituição Federal não prevê como causa de inelegibilidade a renúncia do mandato executivo" (TSE, Res. n. 20.114, de 10-3-1998, Consulta n. 366/DF, Classe 5ª, Rel. Min. Néri da Silveira, *DJ*, 1, de 3-6-1998, p. 63).

Essa foi a diretriz da Emenda Constitucional n. 16/97, que considerou desnecessária a renúncia prévia do candidato para concorrer a reeleições. Segundo o então Deputado Federal Nelson Jobim, qualquer exigência nesse sentido "poderia originar uma perturbação desnecessária na continuidade administrativa" [Congresso Revisor, Relatoria da Revisão Constitucional, Pareceres produzidos (histórico), p. 57, t. 1].

Pela Carta de 1988, pois, a *desincompatibilização* (art. 14, § 6º) não é pressuposto da reeleição (art. 14, § 5º), pois, para se reeleger, o candidato não precisa desincompatibilizar-se, renunciar, tampouco sair, temporariamente, do cargo que está ocupando. Esse é o entendimento do Supremo Tribunal Federal e do Tribunal Superior Eleitoral.

> **Casuística:**
> * **Posição do STF** — "A Emenda Constitucional n. 16/1997 não alterou a norma do § 6º do art. 14 da Constituição. Na aplicação do § 5º do art. 14 da Lei Maior, na redação atual, não cabe, entretanto, estender o disposto no § 6º do mesmo artigo, que cuida de hipótese distinta. A exegese conferida ao § 5º do art. 14 da Constituição, na redação da Emenda Constitucional n. 16/1997, ao não exigir desincompatibilização do titular para concorrer à reeleição, não ofende o art. 60, § 4º, IV, da Constituição, como pretende a inicial, com expressa referência ao art. 5º, § 2º, da Lei Maior. Não são invocáveis, na espécie, os princípios da proporcionalidade e razoabilidade, da isonomia ou do pluripartidarismo, para criar, por via exegética, cláusula restritiva da elegibilidade prevista no § 5º do art. 14 da Constituição, na redação da Emenda Constitucional n. 16/1997, com a exigência de renúncia seis meses antes do pleito, não adotada pelo constituinte derivado" (STF, Pleno, ADIn 1.805-MC, Rel. Min. Néri da Silveira, decisão de 26-3-1998, *DJ* de 14-11-2003).
> * **Resolução do TSE** — "Não se tratando, no § 5º do art. 14 da Constituição, na redação da Emenda Constitucional n. 16/1997, de caso de inelegibilidade, mas, sim, de hipótese em que se garante a elegibilidade dos Chefes dos Poderes Executivos federal, estadual, distrital, municipal e dos que os hajam sucedido ou substituído no curso dos mandatos, para o mesmo cargo, para um período subsequente, bem de entender é que não cabe exigir-lhe desincompatibilização para concorrer ao segundo mandato, assim constitucionalmente autorizado. Cuidando-se de caso de elegibilidade, somente a Constituição poderia, de expresso, estabelecer o afastamento no prazo por ela estipulado, como condição para concorrer à reeleição prevista no § 5º do art. 14 da Lei Magna, na relação atual (...). Consulta que se responde, negativamente, quanto à necessidade de desincompatibilização dos titulares dos Poderes Executivos federal, estadual,

742
◆ Uadi Lammêgo Bulos ◆

distrital ou municipal, para disputarem a reeleição, solução que se estende aos Vice-presidente da República, Vice-governador de Estado e do Distrito Federal e Vice-prefeito" (TSE, Res. n. 19.952, de 2-9-1997, Consulta n. 327/DF, Rel. Min. Néri da Silveira, *DJ*, 1, de 21-10-1997, p. 53428).

Desse modo, a regra da *inelegibilidade funcional por motivo de desincompatibilização* (art. 14, § 6º) apenas se aplica ao Chefe do Poder Executivo que pretenda candidatar-se a outros cargos, mas não a reeleições.

E a lei complementar, a que alude o art. 14, § 9º, da Constituição, poderia exigir renúncia, afastamento ou desincompatibilização para o candidato se reeleger?

Pela sistemática do art. 14, e seus desdobramentos, parece-nos que não, porque o art. 14, § 9º, permite que a lei complementar estabeleça *outros casos de inelegibilidade*, mas não interferir nas hipóteses já constitucionalizadas. Do contrário, o *princípio da supremacia* restaria liquidado, pois um ato legislativo *infraconstitucional* mudaria uma norma constitucional. A criatura (lei complementar) rebelar-se-ia contra o criador (Constituição da República), alijando o primado da hierarquia normativa. Assim, lei complementar **não é o veículo apropriado** para dispor sobre esse tema, pois o âmbito temático do art. 14, § 9º, não comporta qualquer exegese no sentido de fundir a *inelegibilidade funcional por motivo de reeleição* (art. 14, § 5º) em *inelegibilidade funcional por motivo de desincompatibilização* (art. 14, § 6º), malsinando o regime de atribuições legislativas da Carta de 1988. Esse assunto só poderia ser rediscutido em sede de emenda à Constituição, na seara da competência reformadora (CF, art. 60), e não por lei complementar (CF, art. 61).

> **Posição do STF e do TSE** — não é possível interpretar a Constituição, criando cláusula restritiva de direitos políticos, que ela nem previu (STF, Pleno, ADIn 1.805-MC, Rel. Min. Néri da Silveira, decisão de 26-3-1998, *DJ* de 14-11-2003; TSE, Res. n. 19.952, de 2-9-1997, Consulta n. 327/DF, Rel. Min. Néri da Silveira, *DJ*, 1, de 21-10-1997, p. 53428).

b.3) Inelegibilidade reflexiva — casamento, parentesco ou afinidade (art. 14, § 7º)

Inelegibilidade relativa reflexa ou reflexiva é aquela em que o impedimento para concorrer às eleições recai sobre determinadas pessoas por motivo de casamento, parentesco ou afinidade.

> **O art. 14, § 7º, não foi alterado pela EC n. 16/97:** as inelegibilidades reflexas não foram modificadas pela EC n. 16/97 ("emenda da reeleição"). **Nesse sentido:** TSE, Pleno, Consultas ns. 341/DF e 347/DF, Rel. Min. Costa Leite, *DJ*, 1, de 23-10-1997, p. 53880; TSE, Pleno, Consulta n. 398/DF, Rel. Min. Costa Porto, *DJ*, 1, de 4-5-1998, p. 66.

Prevista no art. 14, § 7º, da Carta Magna, a *inelegibilidade reflexiva* torna inelegíveis, no território de jurisdição do titular:

* o cônjuge; e
* os parentes consanguíneos ou afins, até o segundo grau ou por adoção, do Presidente da República, de governador de Estado ou Território, do Distrito Federal, de prefeito ou de quem os haja substituído dentro dos seis meses anteriores ao pleito, salvo se já titular de mandato eletivo e candidato à reeleição.

> **Aplicabilidade do prazo de seis meses para desincompatibilização em eleições suplementares** — o Plenário do Supremo Tribunal Federal, por unanimidade, decidiu que as hipóteses de inelegibilidade previstas no art. 14, § 7º, da Carta Maior, inclusive quanto ao prazo de desincompatibilização de seis meses, são aplicáveis às eleições suplementares (STF, RE 843455, com repercussão geral reconhecida, Rel. Min. Teori Zavascki, j. 7-10-2015).

Na realidade, o art. 14, § 7º, consagrou outra hipótese de *inelegibilidade funcional*, já existente na ordem constitucional passada. Seu escopo é evitar o nepotismo e a perpetuação do poder hereditário.

> **Casuística do STF:**
> * **O porquê das inelegibilidades reflexivas** — "As inspirações da irreelegibilidade dos titulares serviram de explicação legitimadora da inelegibilidade de seus familiares próximos, de modo

◆ Cap. 17 ◆ DIREITOS POLÍTICOS

a obviar que, por meio da eleição deles, se pudesse conduzir ao continuísmo familiar. Com essa tradição uniforme do constitucionalismo republicano, rompeu, entretanto, a EC n. 16/97, que, com a norma permissiva do § 5º do art. 14 CF, explicitou a viabilidade de uma reeleição imediata para os Chefes do Executivo. Subsistiu, no entanto, a letra do § 7º, atinente a inelegibilidade dos cônjuges e parentes, consanguíneos ou afins, dos titulares tornados reelegíveis, que, interpretado no absolutismo da sua literalidade, conduz a disparidade ilógica de tratamento e gera perplexidades invencíveis. Mas, é lugar comum que o ordenamento jurídico e a Constituição, sobretudo, não são aglomerados caóticos de normas; presumem-se um conjunto harmônico de regras e de princípios: por isso, é impossível negar o impacto da Emenda Constitucional n. 16 sobre o § 7º do art. 14 da Constituição, sob pena de consagrar-se o paradoxo de impor-se ao cônjuge ou parente do causante da inelegibilidade o que a este não se negou: permanecer todo o tempo do mandato, se candidato à reeleição, ou afastar-se seis meses, para concorrer a qualquer outro mandato eletivo. Nesse sentido, a evolução da jurisprudência do TSE, que o STF endossa, abandonando o seu entendimento anterior" (STF, RE 344.882, Rel. Min. Sepúlveda Pertence, *DJ* de 6-8-2004).

- **Exegese construtiva da *inelegibilidade reflexiva*** — "O regime jurídico das inelegibilidades comporta interpretação construtiva dos preceitos que lhe compõem a estrutura normativa. Disso resulta a plena validade da exegese que, sorteada por parâmetros axiológicos consagrados pela própria Constituição, visa a impedir que se formem grupos hegemônicos nas instâncias políticas locais. O primado da ideia republicana — cujo fundamento ético-político repousa no exercício do regime democrático e no postulado da igualdade — rejeita qualquer prática que possa monopolizar o acesso aos mandatos eletivos e patrimonializar o poder governamental, comprometendo, desse modo, a legitimidade do processo eleitoral" (STF, 1ª T., RE 158.314-2/PR, Rel. Min. Celso de Mello, *DJ*, 1, de 12-2-1993).

Interessante observar que o preceito utiliza a palavra *jurisdição*. Melhor seria tivesse empregado *circunscrição*, termo muito mais adequado, pois transmite a verdadeira ideia que o constituinte de 1988 pretendeu expressar, qual seja, *vínculo político-eleitoral que liga o titular do mandato aos seus parentes consanguíneos ou afins, até o segundo grau ou por adoção.*

De qualquer sorte, a terminologia *território da jurisdição* (leia-se: *circunscrição*), do art. 14, § 7º, contempla um *impedimento geral*, que incide em três hipóteses distintas:

- **Casamento, parentesco ou afinidade com Presidente da República** — cônjuge, parentes consanguíneos ou afins, até o segundo grau ou por adoção, do Presidente da República, não podem candidatar-se a qualquer cargo no País. Aquele que substituiu o Presidente dentro dos seis meses antes das eleições sujeita-se à mesma regra.
- **Casamento, parentesco ou afinidade com governador** — cônjuge, parentes consanguíneos ou afins, até o segundo grau ou por adoção, do governador não podem, dentro do Estado, candidatar-se a cargo de governador, prefeito, vereador, deputado estadual, deputado federal ou senador. Aquele que substituiu o governador dentro dos seis meses antes das eleições sujeita-se à mesma regra.

Casuística:
- **Resolução do TSE** — "Em se tratando de eleição para deputado federal ou senador, cada Estado e o Distrito Federal constituem uma circunscrição eleitoral" (TSE, Res. n. 19.970, de 18-9-1997, Consulta n. 346/DF, Rel. Min. Costa Porto, Relator designado; Min. Néri da Silveira, *DJ*, 1, de 21-10-1997, p. 53430).
- **Inelegibilidade de cunhado de governador** — "Condição a ser objetivamente verificada, sem caber a indagação subjetiva, acerca da filiação partidária das pessoas envolvidas, da animosidade ou rivalidade política entre elas prevalecente, bem como dos motivos que haveriam inspirado casamento gerador da afinidade causadora da inelegibilidade" (STF, RE 236.948, Rel. Min. Octavio Gallotti, *DJ* de 31-8-2001).
- **Alcance da inelegibilidade reflexa quanto à cunhada de governador** — "A causa de inelegibilidade prevista no art. 14, § 7º, da Constituição alcança a cunhada de Governador quando concorre a cargo eletivo de município situado no mesmo Estado" (STF, RE 171.061, Rel. Min. Francisco Rezek, *DJ* de 25-8-1995).

744 ◆ Uadi Lammêgo Bulos ◆

- **Casamento, parentesco ou afinidade com prefeito** — cônjuge, parentes consanguíneos ou afins, até o segundo grau ou por adoção, do prefeito não podem, dentro do Município, candidatar-se ao cargo de prefeito ou vereador. Aquele que substituiu o prefeito dentro dos seis meses antes das eleições sujeita-se à mesma regra. E, pela Súmula 6 do TSE, "São inelegíveis, para o cargo de prefeito, o cônjuge e os parentes indicados no § 7º do art. 14 da Constituição, do titular do mandato, ainda que este haja renunciado ao cargo há mais de seis meses do pleito".

  Casuística:
  - **Inelegibilidade reflexa em Municípios desmembrados** — irmão de prefeito do *Município-mãe* não pode candidatar-se à chefia do Executivo de *Município-desmembrado* (CF, art. 18, § 4º), haja vista a *inelegibilidade reflexa* do art. 14, § 7º, da Carta Maior (STF, 1ª T., RE 158.314-2/PR, Rel. Min. Celso de Mello, *DJ*, 1, de 12-2-1993). Em idêntico sentido: TSE, Pleno, Consulta n. 997/DF, Rel. Min. Carlos Velloso, *DJ*, 1, de 26-3-2004, p. 119. **Súmula 12 do TSE:** "São inelegíveis, no município desmembrado, e ainda não instalado, o cônjuge e os parentes consanguíneos ou afins, até o segundo grau ou por adoção, do prefeito do município-mãe, ou de quem o tenha substituído, dentro dos seis meses anteriores ao pleito, salvo se já titular de mandato eletivo".
  - **Inelegibilidade do filho de prefeito** — "É inelegível o filho do Prefeito titular que haja exercido por qualquer tempo o mandato no período imediatamente anterior, Constituição, art. 14, § 7º, sem que se possa considerar modificado esse preceito ante a redação dada ao § 5º do mesmo art. 14, pela Emenda n. 16, de 1997" (STF, RE 247.416, Rel. Min. Octavio Gallotti, *DJ* de 31-3-2000).
  - **Parentesco por afinidade** — "A Turma concluiu julgamento de recurso extraordinário interposto contra acórdão do TSE que mantivera decisão que declarara a inelegibilidade do recorrente, em virtude do seu grau de parentesco por afinidade com o então prefeito, seu sogro, cassando, em consequência, o registro de sua candidatura ao cargo de prefeito. Em votação majoritária, deu-se provimento ao recurso para se afastar a cláusula de inelegibilidade. Adotou-se interpretação teleológica do art. 14, § 7º, da CF (...), tendo em conta a peculiaridade de que restara comprovada, na sentença que decretara o divórcio, a separação de fato do casal antes do início do mandato do sogro do recorrente. Afirmou-se, ainda, que a regra estabelecida no aludido dispositivo constitucional visa impedir o monopólio do poder político por grupos hegemônicos ligados por laços familiares. Neste ponto, rejeitou-se suposta argumentação no sentido de desfazimento fraudulento do vínculo conjugal com o objetivo de manter a família no poder, já que, no caso, concorreram somente o recorrente e o seu sogro e a vitória daquele não ensejaria a impugnação da candidatura por parte da coligação pela qual disputara o sogro. Vencido o Min. Carlos Velloso que negava provimento ao recurso, por entender que a separação de fato não afasta a inelegibilidade e, na espécie, em algum momento do mandato do sogro existira a sociedade conjugal" (STF, RE 446.999, Rel. Min. Ellen Gracie, *DJ* de 18-11-2005).

Vale observar que a *inelegibilidade reflexa* não recai sobre os auxiliares de presidente, governador ou prefeito, mas apenas sobre os cônjuges, parentes e afins. Logo, ministros, secretários de Estado ou do Município não se sujeitam ao art. 14, § 7º, da Constituição.

> **Precedente do TSE:** a norma constitucional não inclui a inelegibilidade dos parentes consanguíneos ou afins, até o segundo grau ou por adoção, de ministros de Estado (TSE, Consulta n. 393/ Distrito Federal (Brasília), Classe 5ª, Rel. Min. Maurício Corrêa, *DJ*, 1, de 4-3-1998, p. 26).

Noutro prisma, a companheira, que vive ou convive maritalmente com o Chefe do Executivo, a concubina ou, até mesmo, a mulher que coabita com o seu irmão, sujeitam-se à *inelegibilidade reflexa*, pois, além dos laços de parentesco de segundo grau ou afinidade, aplica-se, nesse contexto, o conceito amplo de *entidade familiar* (CF, art. 226, § 3º).

> **Precedente:** TSE, Consulta n. 12.626/DF, Classe 10ª, Rel. Min. Marco Aurélio, *DJ*, 1, de 26-3-2004, p. 119.

O casamento eclesiástico ou religioso também é outra causa de *inelegibilidade reflexiva*, pois envolve "circunstâncias especiais, com características de matrimônio de fato, no campo das relações pessoais e,

◆ Cap. 17 ◆ DIREITOS POLÍTICOS 745

às vezes, patrimoniais, que têm relevância da esfera da ordem política, a justificar a incidência da inelegibilidade" (STF, *RTJ*, *148*:844-845).

> **Confira-se a seguinte decisão:** "Inelegibilidade da candidata eleita vereadora, por ser casada religiosamente com o então titular do cargo de prefeito. Precedentes do Supremo Tribunal Federal: RE 98.935-8-PI e RE 98.968-PB. No casamento eclesiástico há circunstâncias especiais, com características de matrimônio de fato, no campo das relações pessoais e, às vezes, patrimoniais, que têm relevância na esfera da ordem política, a justificar a incidência da inelegibilidade. 'Inexistência do parentesco afim resultante do vínculo religioso, em relação ao prefeito eleito — pai da vereadora inelegível —, por sua união canônica com o ex-prefeito'. Não se deve esquecer que os casos de inelegibilidade importam, sem dúvida, em restrição ao direito político dos cidadãos. Assim sendo, não vejo como admitir a inelegibilidade do prefeito eleito, a vista do alegado vínculo de afinidade entre ele e o titular do cargo por ser aquele pai da esposa eclesiástica, deste. Inexiste parentesco por afinidade resultante do vínculo religioso, em relação ao prefeito eleito" (STF, RE 106.043, Rel. Min. Octavio Gallotti, *DJ* de 4-6-1993).

Quanto à viúva do Chefe do Poder Executivo, o Tribunal Superior Eleitoral mudou seu posicionamento.

De início, a Corte decidiu que a inelegibilidade reflexa não se aplicava à viúva do Chefe do Poder Executivo, pois, com a sua morte, dissolver-se-ia o casamento, e a cônjuge não poderia mais ser considerada viúva.

> **Precedentes:** TSE, Rec. 9.747/ES, Classe 4ª, Rel. Min. Américo Luz, *DJ*, 1, de 21-9-1992; TSE, Rec. 10.245/AL, Classe 4ª, Rel. Min. Américo Luz, *DJ*, 1, de 15-2-1993.

Mas o Tribunal Superior Eleitoral passou a entender que "se em algum momento do mandato houve a relação de parentesco (art. 14, § 7º, CF), haverá necessidade de desincompatibilização do Chefe do Executivo seis meses antes do pleito" (TSE, Consulta n. 924/DF, Rel. Min. Carlos Velloso, *DJ*, 1, de 20-4-2004, p. 122).

> **Precedente:** antes desse julgado, a Corte Eleitoral já havia decidido: "Prefeito falecido durante o exercício do segundo mandato. Inelegibilidade de seu cônjuge e demais parentes mencionados no § 7º do art. 14 da Constituição Federal" (TSE, Res. n. 21.495, Consulta n. 939/DF, Classe 5ª, Rel. Min. Fernando Neves, decisão de 9-9-2003).

Sem embargo das considerações até aqui expendidas, importantíssimo observar que o art. 14, § 7º, além de contemplar um *impedimento geral*, também veicula uma *permissão*.

Reportamo-nos à possibilidade de o cônjuge, parente ou afim já possuírem mandato eletivo. Nessa hipótese, eles serão *reelegíveis* e na mesma circunscrição eleitoral do Chefe do Poder Executivo. Podem concorrer ao mesmo cargo, mediante *reeleição*, pois não incidirá a regra da *inelegibilidade reflexiva*. Evidente que estamos referindo ao ato de se *reeleger*, e não ao de concorrer a uma nova e primeira eleição. Aqui a inelegibilidade reflexiva entra em cena. Do contrário, burlar-se-ia, por via transversa, o art. 14, § 7º, da Lei Maior. Bastava o candidato transferir o seu domicílio eleitoral para a circunscrição do cônjuge, parente ou afim até segundo grau e concorrer às eleições, praxe, obviamente, contrária à Carta de Outubro. Esse é o posicionamento do Tribunal Superior Eleitoral.

> **Precedente do TSE:** "O conceito de reeleição de Deputado Federal ou de Senador implica renovação do mandato para o mesmo cargo, por mais um período subsequente, no mesmo Estado ou no Distrito Federal, por onde se elegeu. Se o parlamentar federal transferir o domicílio eleitoral para outra Unidade da Federação e, aí, concorrer, não cabe falar em reeleição, que pressupõe pronunciamento do corpo de eleitores da mesma circunscrição, na qual, no pleito imediatamente anterior, se elegeu. Se o parlamentar federal, detentor de mandato por uma Unidade Federativa, transferir o domicílio eleitoral para Estado diverso ou para o Distrito Federal, onde cônjuge ou parente, consanguíneo ou afim, até o segundo grau, ou por adoção, seja Governador, torna-se inelegível, no território da respectiva jurisdição, por não se encontrar, nessas circunstâncias, em

746 ◆ Uadi Lammêgo Bulos ◆

situação jurídica de reeleição, embora titular de mandato" (TSE, Consulta n. 346/DF, Rel. Min. Costa Porto, Rel. designado Min. Néri da Silveira, *DJ*, 1, de 21-10-1997, p. 53430).

E a renúncia do detentor do mandato executivo cessa a *inelegibilidade reflexiva*?

Segundo o Tribunal Superior Eleitoral, se o presidente, governador ou prefeito renunciaram aos seus postos seis meses antes das eleições, o cônjuge, parentes e afins até segundo grau poderão candidatar--se a *qualquer cargo eletivo.*

> **Precedentes:** TSE, Pleno, Consulta n. 916/DF, Rel. Min. Carlos Madeira, *DJ*, 1, de 2-9-2003, p. 59; TSE, Pleno, Consulta n. 918/DF, Rel. Min. Carlos Velloso, *DJ*, 1, de 2-9-2003, p. 60.

A princípio, o Tribunal Superior Eleitoral entendia diferentemente, ou seja, que a renúncia do detentor do mandato não cessava a inelegibilidade reflexa. Por isso, cônjuges, parentes e afins não poderiam concorrer ao cargo de Chefe do Executivo, embora pudessem pleitear outros postos.

> **Nesse sentido:** TSE, Res. n. 20.114, de 10-3-1998, Consulta n. 366/DF, Classe 5ª, Rel. Min. Néri da Silveira, *DJ*, 1, de 3-6-1998, p. 63; TSE, RO 192/TO, Classe 27ª, Rel. Min. Edson Vidigal, decisão de 3-9-1998.

Tal posição baseava-se na Súmula 6 da própria Corte, *que deixou de ser aplicada* em virtude do novo entendimento do Tribunal Superior Eleitoral.

> **Súmula 6 do TSE:** "É inelegível para o cargo de prefeito, o cônjuge e os parentes indicados no § 7º do art. 14 da Constituição, do titular do mandato, ainda que este haja renunciado ao cargo há mais de seis meses do pleito".

Agora, cônjuges, parentes e afins até segundo grau podem, além de quaisquer outros cargos, concorrer à própria chefia do Executivo, desde que o titular se afaste seis meses antes do pleito.

> **Precedentes do TSE:** "Elegibilidade. Cônjuge. Chefe do Poder Executivo. Art. 14, § 7º, da Constituição. O cônjuge do Chefe do Poder Executivo é elegível para o mesmo cargo do titular, quando este for elegível e tiver renunciado seis meses antes do pleito" (TSE, Ac. 19.442, Rel. Min. Fernando Neves, decisão de 21-8-2001). Noutra assentada, decidiu: "Somente com o afastamento do titular do cargo eletivo do Poder Executivo, seis meses antes do pleito, ficam elegíveis o cônjuge e os parentes, consanguíneos ou afins" (TSE, Consulta n. 428/DF, Classe 5ª, Rel. Min. Néri da Silveira, *DJ*, 1, de 24-12-1998).

Desse modo, irmão de governador poderá candidatar-se a deputado federal, senador ou prefeito, porque o Chefe do Executivo renunciou seis meses antes do pleito, como determinam diversas resoluções do Tribunal Superior Eleitoral.

> **Resoluções do TSE:** ns. 15.120/89, 15.284/89, 14.130/94, 18.804/92, 19.492/96.

Advirta-se, contudo, que a renúncia do Chefe do Executivo não terá qualquer efeito caso ele esteja no exercício do segundo mandato consecutivo (*reeleição*). Nesse caso, o cônjuge e os parentes, consanguíneos ou afins, sujeitar-se-ão à inelegibilidade reflexa se pretenderem disputar o posto da chefia executiva. Procurou-se, assim, evitar a perpetuação de presidente, governador ou prefeito no cargo, ainda que por via oblíqua.

> **Precedentes do TSE:** "O cônjuge e os parentes, consanguíneos ou afins, até o segundo grau, são elegíveis no território de jurisdição do titular, desde que este não esteja no exercício do mandato fruto de reeleição" (TSE, Consulta n. 990/DF, Rel. Min. Humberto Gomes de Barros, *DJ*, 1, de 5-6-2004, p. 1). *Vide*: TSE, Consulta n. 920/DF, Rel. Min. Fernando Neves, *DJ*, 1, de 2-9-2003, p. 59; TSE, Consulta n. 922/DF, Rel. Min. Carlos Madeira, *DJ*, 1, de 2-9-2003, p. 60; TSE, Consulta n. 1.035/DF, Rel. Min. Carlos Madeira, *DJ*, 1, de 21-6-2004, p. 904.

♦ Cap. 17 ♦ DIREITOS POLÍTICOS **747**

E se, ao longo do segundo mandato, o presidente, governador ou prefeito vier a separar-se judicialmente: "será inelegível, no território de jurisdição do titular, o ex-cônjuge do chefe do Executivo reeleito, visto que em algum momento do mandato existiu parentesco, podendo comprometer a lisura eleitoral" (TSE, Res. n. 21.441, Consulta n. 923/DF, Classe 5ª, Rel. Min. Carlos Velloso, decisão de 12-8-2003).

O mesmo se diga quanto ao divórcio.

> **Precedente:** TSE, Res. n. 21.567, Classe 5ª, Rel. Min. Fernando Neves, decisão de 20-11-2003.

Evidente que, ocorrendo separação judicial no exercício do primeiro mandato, inexistindo reeleição, não incide a inelegibilidade reflexa.

Porém, em se tratando de candidato reeleito, aí sim surgirá o impedimento, que atingirá, inclusive, o cargo de vice-chefe do Executivo.

> **Precedentes:** TSE, Res. n. 21.475, Consulta n. 923/DF, Classe 5ª, Rel. Min. Barros Monteiro, decisão de 26-8-2003; TSE, Consulta n. 1006/DF, Rel. Min. Ellen Gracie, *DJ*, 1, de 16-3-2004.

b.4) Inelegibilidades militares (art. 14, § 8º)

Inelegibilidades relativas a militares são impedimentos ao direito de os membros das Forças Armadas e os militares dos Estados, Distrito Federal e Territórios serem votados.

A Carta Federal, que, nesse ponto, também não foi alterada pela Emenda Constitucional n. 16/97 ("emenda da reeleição"), estabeleceu que o militar alistável é elegível, atendidas as seguintes condições (CF, art. 14, § 8º, I e II):

- se contar **menos** de dez anos de serviço, deverá afastar-se da atividade; e
- se contar **mais** de dez anos de serviço, será agregado pela autoridade superior. Nessa particular hipótese, se o militar for eleito, passará automaticamente, logo no ato da diplomação, para a inatividade.

> **Direito à licença remunerada:** "Longe fica de contrariar o inciso II, do § 8º, do art. 14, da Constituição Federal, provimento que implique reconhecer ao militar candidato o direito a licença remunerada, quando conte mais de dez anos de serviço" (STF, AgI 189.907-AgRg, Rel. Min. Marco Aurélio, *DJ* de 21-11-1997).

Ao longo dos anos de vigência da Constituição, surgiu um problema interpretativo ligado à matéria que estamos estudando.

É que os membros das Forças Armadas e os militares dos Estados, Distrito Federal e Territórios, *na ativa*, encontram-se proibidos de se filiar a partidos políticos (CF, art. 142, § 3º, V, c/c o art. 42, § 1º, ambos com redação dada pela EC n. 18/98).

Mas a própria Carta de 1988 exige a *filiação partidária* como requisito para concorrer a pleitos eleitorais (art. 14, § 3º, V).

Aí surge o impasse: enquanto o art. 14, § 8º, diz que o militar alistável é *elegível*, os arts. 142, § 3º, e 42, § 1º, vedam-lhe a referida filiação.

O Tribunal Superior Eleitoral, examinando a problemática, elucidou o ponto. Concluiu que "a filiação partidária contida no art. 14, § 3º, V, da Constituição Federal não é exigível ao militar na ativa que pretenda concorrer a cargo eletivo, bastando o pedido de registro de candidatura após prévia escolha em convenção partidária" (TSE, Consulta n. 1.014/DF, Rel. Min. Humberto Gomes de Barros, *DJ*, 1, de 5-7-2004, p. 1).

> **Precedente:** TSE, Ac. 11.314.

Esse entendimento de que o registro da candidatura, apresentada pelo partido e autorizada pelo candidato, supre a exigência do art. 14, § 3º, V, não surgiu de uma hora para outra. Foi fruto de longos e acirrados debates. Tanto é assim que o Supremo Tribunal Federal, antes mesmo do advento da Emenda

748 ◆ Uadi Lammêgo Bulos ◆

Constitucional n. 18/98, já havia decidido que, do registro da candidatura até a diplomação, ou regresso ao seu posto de origem, o candidato fica como *agregado*.

> **Posição do STF:** "Se o militar da ativa é alistável, é ele elegível. Porque não pode ele filiar-se a partido político, a filiação partidária não lhe é exigível como condição de elegibilidade, certo que somente a partir do registro da candidatura é que será agregado (Código Eleitoral, art. 5º, parágrafo único; Lei n. 6.880, de 1980, art. 82, XIV, parágrafo 4º)" (STF, AgI 135.452, Rel. Min. Carlos Velloso, *DJ* de 14-6-1991). No mesmo sentido: TSE, Res. n. 17.904, de 10-3-1992, Rel. Min. Américo Luz.

b.5) Inelegibilidades legais (art. 14, § 9º)

Sob a terminologia *inelegibilidades legais* referimo-nos a *outros casos* de impedimentos *relativos* à capacidade eleitoral passiva, consagrados, apenas, por lei complementar (exemplos: Leis Complementares n. 64/90 e 81/94).

É nesse sentido que a Carta da República prescreve, no art. 14, § 9º: "Lei complementar estabelecerá outros casos de inelegibilidade e os prazos de sua cessação, a fim de proteger a probidade administrativa, a moralidade para o exercício do mandato, considerada a vida pregressa do candidato, e a normalidade e legitimidade das eleições contra a influência do poder econômico ou o abuso do exercício de função, cargo ou emprego na administração direta ou indireta".

Esse parágrafo proveio da Emenda Constitucional de Revisão n. 4, de 7 de junho de 1994.

> **Redação originária do art. 14, § 9º:** "Lei complementar estabelecerá outros casos de inelegibilidade e os prazos de sua cessação, a fim de proteger a normalidade e legitimidade das eleições contra a influência do poder econômico ou o abuso do exercício de função, cargo ou emprego na administração direta ou indireta".

Eis as principais dúvidas surgidas em sua interpretação:

- Leis ordinárias, medidas provisórias, regulamentos, portarias, regimentos, resoluções, ou quaisquer outros veículos normativos, podem dispor sobre inelegibilidades relativas? — Não. Apenas leis complementares disciplinam esse assunto. O art. 14, § 9º, previu uma *reserva de lei complementar*. Nenhum outro tipo normativo, seja qual for, poderá estabelecer *outros casos* de *inelegibilidade relativa*. Do contrário, haverá invasão constitucional de competência. Aliás, o constituinte deixou sob os auspícios da União Federal, e de mais ninguém, o encargo de dispor sobre esse tema (CF, art. 22, I).

> **Resolução do TSE:** "Legislar sobre matéria de inelegibilidade é da competência privativa da União Federal e somente pode ser regulada por lei complementar federal (CF, art. 14, § 9º c/c o art. 22, I)" (TSE, Res. n. 20.144, Consulta n. 397/DF, Classe 5ª, Rel. Min. Eduardo Alckmin, *DJ*, 1, de 9-4-1993, p. 4).

- Com base no art. 14, § 9º, é possível criar outros casos de inelegibilidades absolutas? — Não. Essa norma constitucional dirige-se, apenas, às inelegibilidades relativas. As inelegibilidades absolutas seguem uma ordem *numerus clausus*. Logo, limitam-se às hipóteses taxativas, demarcadas, textualmente, na Constituição (art. 14, § 4º). Vale lembrar que as sanções de cassação de registro ou de diploma, previstas por diversos dispositivos da Lei Eleitoral, não constituem novas hipóteses de inelegibilidade, entendimento pacífico na jurisprudência do Tribunal Superior Eleitoral e, também, do Supremo Tribunal Federal.

> **Por todos:** "Ação direta de inconstitucionalidade. Art. 41-A da Lei n. 9.504/97. Captação de sufrágio. 2. As sanções de cassação do registro ou do diploma previstas pelo art. 41-A da Lei n. 9.504/97 não constituem novas hipóteses de inelegibilidade. 3. A captação ilícita de sufrágio é apurada por meio de representação processada de acordo com o art. 22, incisos I a XIII, da Lei Complementar n. 64/90, que não se confunde com a ação de investigação judicial eleitoral, nem com a ação de impugnação de mandato eletivo, pois não implica a declaração de inelegibilidade,

♦ Cap. 17 ♦ DIREITOS POLÍTICOS

749

mas apenas a cassação do registro ou do diploma. 4. A representação para apurar a conduta prevista no art. 41-A da Lei n. 9.504/97 tem o objetivo de resguardar um bem jurídico específico: a vontade do eleitor. 5. Ação direta de inconstitucionalidade julgada improcedente" (STF, ADIn 3.592/DF, Rel. Min. Gilmar Mendes, *Clipping* do *DJ* de 10-11-2006).

• É autoaplicável o art. 14, § 9º, com redação dada pela Emenda Constitucional de Revisão n. 4/94? — pela Súmula 13 do Tribunal Superior Eleitoral, "não é autoaplicável o § 9º do art. 14 da Constituição, com a redação da Emenda Constitucional de Revisão n. 4/94". Não pensamos assim. O preceptivo em tela possui todos os elementos que o credenciam a produzir efeitos plenos e aplicabilidade imediata. Daí o acerto do Supremo Tribunal Federal ao adotar esse ponto de vista.

> **Precedentes do STF:**
> • **Aplicação de pleno direito do art. 14, § 9º** — "As condições de elegibilidade (CF, art. 14, § 3º) e as hipóteses de inelegibilidade (CF, art. 14, §§ 4º a 8º), inclusive aquelas decorrentes de legislação complementar (CF, art. 14, § 9º), aplicam-se de pleno direito, independentemente de sua expressa previsão na lei local, à eleição indireta para Governador e Vice-Governador do Estado, realizada pela Assembleia Legislativa, em caso de dupla vacância desses cargos executivos no último biênio do período de governo" (STF, ADIn 1.057-MC, Rel. Min. Celso de Mello, *DJ* de 6-4-2001).
> • **Vigência imediata do art. 14, § 9º** — "Cuidando-se de diploma exigido pelo art. 14, § 9º, da Carta Magna, para complementar o regime constitucional de inelegibilidades, à sua vigência imediata não se pode opor o art. 16 da mesma Constituição" (STF, RE 129.392, Rel. Min. Se-púlveda Pertence, *DJ* de 16-4-1993).

• O § 9º do art. 14, com redação dada pela Emenda Constitucional de Revisão n. 4/94, pode ensejar a impugnação de candidaturas? — Sim. A inscrição do candidato pode-rá sofrer impugnação caso haja desrespeito à *moralidade administrativa*. É imprescindível que a sua conduta seja proba, íntegra e honesta. Daí o parágrafo, em comento, exigir a *normalidade* e a *legitimidade* dos pleitos eleitorais, que devem ocorrer em ambiente de lisura, longe de abalos e escândalos. O uso da riqueza, para fins político-eleitorais, também foi proibido. Igualmente ocorre com a *influência*, os abusos de cargo, função ou emprego público. A propósito, veja-se que o constituinte, para evitar dúvidas, mencionou, expressamente, a administração direta e a indireta como locais de onde podem resultar inelegibilidades.

• E os candidatos a cargos eletivos que estão respondendo a processos na Justiça? Eles, por se encontrarem em tal situação, podem ser considerados inelegíveis? — ao examinar a problemática da **inelegibilidade em face da vida pregressa dos candidatos**, o Supremo Tribunal, por maioria de votos, concluiu que eles **não podem ser considerados inelegíveis** devido ao fato de estarem respondendo a processos na Justiça (STF, ADPF 144/DF, Rel. Min. Celso de Mello, j. em 6-8-2008).

> **Casuística do STF:**
> • **Lei da "Ficha Limpa" (LC 135/2010), inelegibilidade e renúncia** — o Supremo examinou recursos interpostos, com base no art. 102, III, *a*, da Carta Magna, contra acórdão do Tribunal Superior Eleitoral, que, ao conferir aplicabilidade imediata das alterações introduzidas pela Lei Complementar n. 135/2010 (art. 1º, I, *k*), concluíra pela inelegibilidade do candidato Joaquim Roriz ao cargo de Governador do Distrito Federal. Prevaleceu o argumento de que a LC 135/2010, por sua nova alínea, poderia considerar, como causa de inelegibilidade para os fins que erigira, a renúncia, a qual teria como único propósito impedir a abertura de processo político-administrativo por falta de decoro parlamentar. Por conseguinte, valores como o da probidade administrativa e o da moralidade para o exercício do mandato — concretizados por norma de expressa requisição constitucional — não comportariam procrastinação ou "quarentena". Quanto ao princípio constitucional da presunção de inocência, concluiu que essa regra geral conviveria com normas específicas, como a do § 9º do art. 14 da Carta Magna. E, para a perda ou suspensão de direito político, é preciso o trânsito em julgado de sentença

penal condenatória, sendo este, entretanto, desnecessário para a configuração de inelegibilidade. Finalmente, entendeu que o legislador estaria submetido ao exame de seus atos sobre os parâmetros da razoabilidade e da proporcionalidade (devido processo legal substantivo) e que a alínea *k* não ofenderia esses critérios. Divergindo do entendimento do Relator, o Min. Dias Toffoli proveu os recursos, exclusivamente no que se refere à afronta ao art. 16 da Constituição. Para ele, quaisquer embaraços ao direito à elegibilidade deveriam ser compreendidos sob perspectiva histórica, especialmente quando razões de natureza moral poderiam ser invocadas para fins de exclusão política de segmentos incômodos ao regime. Aduziu que o princípio da anterioridade das leis eleitorais não distinguiria as espécies de leis nem o conteúdo dos seus dispositivos, sendo, pois, genérico, direto e explícito. Lembrou que a jurisprudência da Corte incluiu o art. 16 da Carta Maior no rol de garantias individuais da segurança jurídica e do devido processo legal, e que tal postulado seria dirigido ao cidadão-eleitor. Ademais, o dispositivo constitucional visaria evitar a quebra da previsibilidade das condições subjetivo-políticas dos candidatos e que, relativamente ao desrespeito aos limites temporais desse preceito, o que importaria seria a quebra da anterioridade e não o período no ano em que ela ocorrera, dado que a diferença estaria apenas no grau de intensidade do prejuízo. Assinalou que a anualidade eleitoral também teria por fundamento a igualdade e defesa das minorias, cuja participação no processo político não deveria ficar submetida ao alvedrio das forças majoritárias. Por tudo isso, não se poderia distinguir o conteúdo da norma eleitoral selecionadora de novas hipóteses de inelegibilidade, porquanto seria ele alcançável pelo art. 16 do Texto Maior por afetar, alterar, interferir, modificar e perturbar o processo eleitoral em curso. Assim, reputou que, se admitida a eficácia imediata da LC 135/2010, no que concerne exclusivamente à situação dos autos, abrir-se-iam as portas para mudanças outras, de efeitos imprevisíveis e resultados desastrosos para o concerto político nacional. Os Ministros Gilmar Mendes, Marco Aurélio, Celso de Mello e Cezar Peluso acompanharam a divergência, mas proveram os recursos extraordinários em maior extensão por também considerarem que a situação advinda com a renúncia do primeiro recorrente ao cargo de parlamentar, devidamente constituída segundo a legislação da época, não poderia ser alcançada pela LC 135/2010. E, face ao empate na votação, deliberou-se sobre a solução a ser dada para a proclamação do resultado do julgamento. De início, ficou afastada a proposta de se aguardar a indicação de novo Ministro para compor a Corte, bem como a de se convocar Ministro do Superior Tribunal de Justiça. Citaram, também, dispositivos do Regimento Interno do Supremo, o art. 97 da Carta Maior e a Súmula Vinculante n. 10. Não se chegou a um consenso quanto ao dispositivo que se aplicaria em face da vacância. E, depois de tudo, o julgamento foi suspenso. Uma semana depois, o candidato Joaquim Roriz desistiu de sua candidatura. A Corte extinguiu o processo principal por perda superveniente de objeto (STF, RE 630.147/DF, Rel. Min. Ayres Britto, j. em 23-9-2010).

- **Lei da "Ficha Limpa" (LC 135/2010) e critério de desempate** — o Min. Celso de Mello expôs os seguintes critérios de desempate, na votação da aplicabilidade, ou não, da Lei da Ficha Limpa nas eleições de 2010, em particular ao candidato ao Senado Jader Barbalho: (**i**) aguardar a indicação do décimo primeiro Ministro pelo presidente da República; (**ii**) voto de qualidade do presidente do STF (RISTF, art. 13, IX, *b*); (**iii**) convocação de Ministro do Superior Tribunal de Justiça (tida inconstitucional, pois Ministros do STJ não foram investidos na função de Ministro do Supremo); (**iv**) adotar solução contrária à pretendida (RISTF, art.146, *caput*, com redação dada pela EC 35/09; e (**v**) prevalência da decisão do Tribunal Superior Eleitoral, que indeferiu o registro de candidatura de Jader Barbalho para o cargo de Senador da República. A sugestão acolhida foi esta última. Os Ministros, por 7 votos a 3, decidiram aplicar regra do Regimento Interno do STF, segundo a qual, em caso de empate, o ato contestado permanece válido. O Min. Celso de Mello sugeriu que fosse aplicado ao caso, por analogia, o art. 205, parágrafo único, II, do RISTF (prevalência do ato questionado), "considerada a própria presunção de legitimidade que qualifica como atributo essencial os atos estatais". Segundo Celso de Mello, esse mesmo critério fora adotado no julgamento da ADPF n. 46, ocasião em que, devido a um empate em relação à não recepção de uma lei, o Supremo decidiu mantê-la válida. Quanto ao desempate, a maioria foi formada pelos Ministros Celso de Mello, Joaquim Barbosa, Cármen Lúcia Antunes Rocha, Ricardo Lewandowski, Ayres Britto, Ellen Gracie e Cezar Peluso. Ficaram vencidos, neste ponto, os Ministros Dias Toffoli, Gilmar Mendes e Marco Aurélio, por entenderem que ao impasse deveria ser aplicado o critério do voto de qualidade do Presidente

◆ Cap. 17 ◆ DIREITOS POLÍTICOS   **751**

da Corte. Assim, frente ao empate na votação, o Supremo manteve acórdão do TSE, no sentido de conferir aplicabilidade imediata das alterações introduzidas pela LC 135/2010, proclamando, ainda, a inelegibilidade de candidato a cargo de Senador da República (STF, Pleno, RE 631.102/PA, Rel. Min. Joaquim Barbosa, j. em 27-10-2010).

*   **Lei da Ficha Limpa não se aplica às Eleições 2010** — numa votação apertada (6x5), o Supremo Tribunal Federal, em sua composição plenária, concluiu, por maioria de votos, que a Lei da Ficha Limpa — Lei Complementar n. 135/2010 — não deveria ser aplicada às eleições realizadas em 2010. Isso porque o art. 16 da Constituição Federal consagrou o princípio da anterioridade ou anualidade da lei eleitoral. Destaquemos que a corrente minoritária, formada por cinco Ministros, votou a favor da aplicação da Lei da Ficha Limpa à eleições de 2010, provendo o *RE 633.703*: Cármen Lúcia Antunes Rocha, Ricardo Lewandowski, Ellen Gracie, Joaquim Barbosa e Carlos Britto. Os argumentos por eles lançados foram os seguintes: **(i)** a LC n. 135/2010 não criou desigualdade entre candidatos, pois todos foram para as convenções, em junho de 2010, já sabendo as regras estabelecidas na Lei da Ficha Limpa (Cármen Lúcia); **(ii)** a Lei da Ficha Limpa objetivou proteger a probidade administrativa e a legitimidade das eleições, tendo criado novas causas de inelegibilidade mediante critérios objetivos. Foi editada antes do registro dos candidatos, época em que tudo poderia ser mudado. Portanto, não houve alteração do processo eleitoral, inexistindo o rompimento da igualdade entre os candidatos (Lewandowski); **(iii)** a Lei da Ficha Limpa em nada ofendeu o art. 16 da Constituição, pois inelegibilidade não é nem ato nem fato do processo eleitoral, mesmo em seu sentido mais amplo. Assim, o sistema de inelegibilidade de que trata a Lei da Ficha Limpa estaria fora do princípio da anterioridade eleitoral (Ellen Gracie); **(iv)** desde a Segunda Guerra Mundial, muitas Cortes Supremas fizeram opções por mudanças. No caso concreto, problemas ligados à vida pregressa de candidatos devem falar mais alto (Joaquim Barbosa); e **(v)** a Lei Complementar n. 135/2010 é constitucional e decorre da previsão do § 9º do art. 14 da Carta Maior, preceito que integra o elenco de direitos e garantias individuais do cidadão ter representantes limpos. "Quem não tiver vida pregressa limpa, não pode ter a ousadia de pedir registro de sua candidatura" (Carlos Britto). Nenhuma dessas assertivas prevaleceu. O entendimento vitorioso foi o do Relator, Ministro Gilmar Mendes, para quem a Lei Complementar n. 135/2010 não deveria ser aplicada às eleições gerais do ano de 2010, porquanto o princípio da anterioridade de um ano para lei que alterar o processo eleitoral vigorar, previsto no art. 16, da *Lex Mater*, é uma *cláusula pétrea eleitoral* que não pode ser mudada, nem por lei complementar, muito menos por emenda constitucional. Vale registrar a advertência do Ministro Cezar Peluso. Ao se manifestar sobre o tema, ressaltou que todos querem uma sociedade regida pela probidade e pela moralização e que o Supremo Tribunal é a favor da moralização dos costumes políticos. Todavia, num Estado Democrático de Direito, como o brasileiro, o progresso ético da vida pública tem de ser feito com observância estrita da Constituição. "Um tribunal constitucional que, para atender anseios legítimos do povo, o faça ao arrepio da Constituição é um tribunal em que o povo não pode ter confiança", alertou Cezar Peluso. Por fim, a Corte reconheceu, por unanimidade, a repercussão geral da questão, autorizando que os ministros aplicassem, monocraticamente, o entendimento adotado no julgamento de hoje aos demais casos semelhantes (STF, RE 633.703/MG, Rel. Min. Gilmar Mendes, j. em 23-3-2011).

⌑ 4.1.2. *Emenda Constitucional n. 111, de 28-9-2021*

A EC n. 111/2021 alterou a Constituição Federal para disciplinar a realização de consultas populares concomitantes às eleições municipais.

Ao fazê-lo, dispôs sobre o instituto da fidelidade partidária, alterando a data de posse de Governadores e do Presidente da República.

Estabeleceu, ainda, normas transitórias sobre distribuição entre os partidos políticos dos recursos do fundo partidário e do Fundo Especial de Financiamento de Campanha (FEFC), bem como para o funcionamento dos partidos políticos.

Eis o sumo da EC n. 111/2021:

- **Realização de consultas populares** – serão realizadas concomitantemente às eleições municipais as consultas populares sobre questões locais aprovadas pelas Câmaras Municipais e encaminhadas à Justiça Eleitoral até 90 (noventa) dias antes da data das eleições, observados os limites operacionais relativos ao número de quesitos. As manifestações favoráveis e contrárias às questões submetidas às consultas populares ocorrerão durante as campanhas eleitorais, sem o uso de propaganda gratuita no rádio e na televisão (CF, art. 14, §§ 12 e 13, com redação dada pela EC n. 111/2021).

- **Fidelidade partidária** – os "Deputados Federais, os Deputados Estaduais, os Deputados Distritais e os Vereadores que se desligarem do partido pelo qual tenham sido eleitos perderão o mandato, salvo nos casos de anuência do partido ou de outras hipóteses de justa causa estabelecidas em lei, não computada, em qualquer caso, a migração de partido para fins de distribuição de recursos do fundo partidário ou de outros fundos públicos e de acesso gratuito ao rádio e à televisão" (CF, art.17, § 6º, com redação dada pela EC n. 111/2021).

- **Eleição do Governador e do Vice-Governador de Estado** – a "eleição do Governador e do Vice-Governador de Estado, para mandato de 4 (quatro) anos, realizar-se-á no primeiro domingo de outubro, em primeiro turno, e no último domingo de outubro, em segundo turno, se houver, do ano anterior ao do término do mandato de seus antecessores, e a posse ocorrerá em 6 de janeiro do ano subsequente, observado, quanto ao mais, o disposto no art. 77 desta Constituição" (CF, art. 28, com redação dada pela EC n. 111/2021).

- **Duração e data de início do mandato do Presidente da República** – o "mandato do Presidente da República é de 4 (quatro) anos e terá início em 5 de janeiro do ano seguinte ao de sua eleição" (CF, art.82, com redação dada pela EC n. 111/2021).

- **Advertência do art. 5º da EC n. 111/2021** – pelo art. 5º da EC n. 111/2021, as "alterações efetuadas nos arts. 28 e 82 da Constituição Federal constantes do art. 1º desta Emenda Constitucional, relativas às datas de posse de Governadores, de Vice-Governadores, do Presidente e do Vice-Presidente da República, serão aplicadas somente a partir das eleições de 2026".

- **Recursos do fundo partidário** – "Para fins de distribuição entre os partidos políticos dos recursos do fundo partidário e do Fundo Especial de Financiamento de Campanha (FEFC), os votos dados a candidatas mulheres ou a candidatos negros para a Câmara dos Deputados nas eleições realizadas de 2022 a 2030 serão contados em dobro" (art. 2º da Emenda Constitucional n. 111/2021).

- **Até que entre em vigor lei que disciplinar os temas da EC n. 111/2021** – pelo art. 3º, I e II, da EC n. 111/2021, até que entre em vigor lei ordinária para disciplinar cada uma das matérias por ela reguladas, observar-se-ão os seguintes procedimentos: (**i**) nos processos de incorporação de partidos políticos, as sanções eventualmente aplicadas aos órgãos partidários regionais e municipais do partido incorporado, inclusive as decorrentes de prestações de contas, bem como as de responsabilização de seus antigos dirigentes, não serão aplicadas ao partido incorporador nem aos seus novos dirigentes, exceto aos que já integravam o partido incorporado; e (**ii**) nas anotações relativas às alterações dos estatutos dos partidos políticos, serão objeto de análise pelo Tribunal Superior Eleitoral apenas os dispositivos objeto de alteração.

- **Posse do Presidente da República e Governadores** – segundo o art. 4º da EC n. 111/2021, o "Presidente da República e os Governadores de Estado e do Distrito Federal eleitos em 2022 tomarão posse em 1º de janeiro de 2023, e seus mandatos durarão até a posse de seus sucessores, em 5 e 6 de janeiro de 2027, respectivamente".

✧ 4.2. Privação dos direitos políticos

Excepcionalmente, os ordenamentos constitucionais admitem que os cidadãos sejam *privados* do exercício de seus direitos políticos.

Em algumas situações, perdem definitivamente a cidadania política (perda). Noutras, deixam de exercê-la por certo tempo (suspensão).

Num ou noutro caso, estamos diante da *privação dos direitos políticos*, que pode ser definida como a perda *definitiva* ou a suspensão *temporária* da elegibilidade.

◆ Cap. 17 ◆ DIREITOS POLÍTICOS   **753**

No Brasil, a Carta de 1988 determinou, no art. 15, I a V, as hipóteses em que pode ocorrer a perda ou a suspensão dos direitos políticos. Outras, como veremos, irmanam-se a essas, pois derivam da lógica do sistema constitucional, a exemplo da hipótese prescrita no art. 12, § 4º, II (aquisição de outra nacionalidade por naturalização voluntária).

Mas o constituinte não disse, explicitamente, quais os casos de *perda* e quais os de *suspensão*. Deixou a tarefa para a doutrina, secundada pela força dos precedentes judiciais.

Sem embargo, interpretando, de modo sistemático, a Carta de 1988, temos:

Casos de perda {
- cancelamento da naturalização por sentença transitada em julgado (CF, art. 15, I)
- escusa de consciência (CF, art.15, IV)
- aquisição de outra nacionalidade por naturalização voluntária (CF, art. 12, § 4º, II)
- vício de consentimento no ato jurídico (erro, dolo, coação, fraude ou simulação)

Casos de suspensão {
- incapacidade civil absoluta (CF, art. 15, I)
- improbidade administrativa (CF, art. 15, V)
- condenação criminal transitada em julgado (CF, art. 15, III)

Ocorrendo qualquer uma dessas hipóteses, com a devida comunicação ao juiz eleitoral, o nome do candidato é incluso no sistema de dados, não figurando nos registros das urnas eletrônicas nem nas folhas de votação.

Autoridade competente para apreciar os casos de perda e de suspensão: embora o Texto de 1988 não tenha determinado qual a autoridade competente para decretar a perda ou a suspensão dos direitos políticos, é de concluir que tal missão fica a cargo do Poder Judiciário.

Significa dizer que a privação dos direitos políticos, seja definitiva, seja temporária, gera a perda do mandato eletivo.

Precedentes: STF, Pet. 177.313/MG, Rel. Min. Celso de Mello, *DJ*, 1, de 5-11-1996, p. 44488; STF, RE 225.019/GO, Rel. Min. Nelson Jobim, decisão de 8-8-1999.

A título de lembrança, a Carta de 1988 regulou a perda do mandato de deputados federais e senadores (art. 55, § 3º). Mas essa hipótese não se aplica quando se tratar de condenação criminal transitada em julgado (art. 15, III — caso de suspensão).

Perda de mandato parlamentar e trânsito em julgado: a declaração a que se refere o § 3º do art. 55 da CF independe do trânsito em julgado da decretação, pela Justiça Eleitoral, da perda de mandato parlamentar por prática de captação ilícita de sufrágio. Com base nesse entendimento, e ressaltando a pacífica jurisprudência do TSE no sentido de que a decisão, fundada no art. 41-A da Lei n. 9.504/97, deve ter cumprimento imediato, o Supremo Tribunal, por maioria, concedeu mandado de segurança para determinar que a Mesa da Câmara dos Deputados proceda à declaração da perda do mandato de deputado federal e da consequente posse pelo impetrante, primeiro suplente do parlamentar. Vencidos os Ministros Marco Aurélio e Eros Grau, que, fazendo distinção entre as hipóteses de cassação do registro e do diploma a que alude o art. 41-A da Lei n. 9.504/97, e, tendo em conta os arts. 15 e 22, XV, da Lei Complementar n. 64/90, que estabelecem, respectivamente, que a declaração de insubsistência do diploma ocorre somente com o trânsito em julgado da declaração de inelegibilidade do candidato, e que, se a representação for julgada procedente após a eleição do candidato, serão remetidas cópias do processo ao Ministério Público Eleitoral para os fins previstos no art. 14, §§ 10 e 11, da CF, e no art. 22, IV, do Código Eleitoral (ação de impugnação de mandato), denegavam a ordem por considerar incongruente conferir à Lei n. 9.504/97 alcance mais rigoroso do que o previsto na citada Lei Complementar (STF, Pleno, MS 25.458/DF, Rel. orig. Min. Marco Aurélio, Rel. p/ acórdão Min. Carlos Velloso, decisão de 7-12-2005).

Passemos, pois, ao detalhamento da matéria, advertindo, desde já, que é possível readquirir os direitos políticos. Findada a causa que ocasionou a perda ou a suspensão, aqueles que tiveram canceladas as suas inscrições podem regularizá-las na Justiça Eleitoral.

Resolução do TSE: dispôs sobre essa matéria a Resolução n. 19.875, de 12-6-1997, alterada pela Resolução n. 19.975, de 23-9-1997, do Tribunal Superior Eleitoral.

⌑ 4.2.1. *Perda dos direitos políticos*

Diz-se *perda* a privação definitiva dos direitos políticos, retirando do cidadão o seu *status* de eleitor e impedindo-o de concorrer às eleições.

Evidente que devemos conceber o assunto dentro da *lógica da relatividade*, pois, em rigor, não existem direitos políticos que não possam ser readquiridos. Cessada a hipótese de perda, o cidadão retorna ao seu *status quo ante*.

Com efeito, ensejam a *perda* dos direitos políticos:

- **Cancelamento da naturalização por sentença transitada em julgado (CF, art. 15, I)** — cancelada a naturalização, o indivíduo retorna à condição de estrangeiro. Não poderá alistar-se como eleitor (CF, art. 12, § 2º) nem pleitear postos eletivos (CF, art. 14, § 3º, I). É a Justiça Federal quem decreta a *perda* nessa hipótese (CF, art. 109, X);
- **Escusa de consciência (CF, art. 15, IV)** — o descumprimento de obrigação a todos imposta ou a recusa à realização de uma prestação alternativa fixada em lei (CF, art. 5º, VIII) geram a perda dos direitos políticos. É o Poder Judiciário, e mais ninguém, que deve decretá-la. Na Carta de 1967, com a Emenda n. 1/69, essa tarefa pertencia ao Presidente da República (art. 144, § 2º). O Texto de 1988, num *silêncio eloquente*, retirou do Chefe do Executivo Federal tal missão, pois vislumbrou, nos membros do Poder Judiciário, a imparcialidade necessária para cuidar do assunto. Nem mesmo o seu art. 22, XIII, pode ser invocado para conferir ao legislador federal o encargo de disciplinar o procedimento de decretação da perda dos direitos políticos por escusa de consciência, pois vigora, nesse campo, o *primado da reserva de jurisdição*. Também é óbvio que a hipótese de *perda da nacionalidade por naturalização voluntária* (CF, art. 12, § 4º, II), decretada pela autoridade administrativa, nada tem que ver com o ponto em comento (CF, art. 15, IV). São diferentes e não devem ser confundidas. Veja-se, ainda, que a Lei n. 8.239, de 4 de outubro de 1991, cujo regulamento foi aprovado pela Portaria n. 2.681, de 28 de julho de 1992, previu a possibilidade de se reaverem os direitos políticos a qualquer tempo, desde que haja o cumprimento das obrigações devidas. Essa possibilidade de reaquisição não desqualifica a escusa de consciência como uma hipótese de perda. É certo que a Lei n. 8.239/91, ao regulamentar o § 1º do art. 143 da Carta Magna, referiu-se à *suspensão*. Porém, não estipulou prazo para ela cessar. Resultado: o termo foi utilizado de modo atécnico, pois, na verdade, o contexto no qual foi empregado irmana-se com a ideia de *perda*, e não de suspensão. O que caracteriza esta última é a *temporariedade*, já que o legislador deve indicar o momento em que a perda dos direitos políticos cessa. Na vigência das Constituições pregressas esse foi o entendimento que prosperou, visto que a escusa de consciência era considerada caso de perda, e não de suspensão dos direitos políticos.

  Entendimento do TSE: "O nominado eximiu-se de prestar o serviço militar obrigatório em razão de convicção religiosa, pelo que a regularização de sua situação eleitoral somente poderá ser deferida após ser promovida a quitação de suas obrigações para com o serviço militar e requerida ao Ministério da Justiça a reaquisição de seus direitos políticos" (TSE, Pleno, Proc. n. 2.420/01-CGE/RJ, Rel. Min. Garcia Vieira, *DJ*, 1, de 10-10-2001, p. 95).

- **Aquisição de outra nacionalidade por naturalização voluntária (CF, art. 12, § 4º, II)** — sendo a nacionalidade brasileira pressuposto para a aquisição de direitos políticos, aquele que a

◆ Cap. 17 ◆ DIREITOS POLÍTICOS 755

perde, por decisão administrativa, adquirindo outra por vontade própria, passa a ser *estrangeiro*. Como o *estrangeiro* é inalistável, não pode votar, muito menos ser votado. Logo, os que adquirem outra nacionalidade por naturalização voluntária perdem os direitos políticos.

> **Precedentes:** TSE, Pleno, Proc. n. 2.410/01-CGE/DF, Rel. Min. Garcia Vieira, *DJ*, 1, de 10-10-2001, p. 95; TSE, Pleno, Proc. n. 2.420/01-CGE/RJ, Rel. Min. Garcia Vieira, *DJ*, 1, de 10-10-2001, p. 95.

• **Vício de consentimento no ato jurídico (erro, dolo, coação, fraude ou simulação)** — sendo anulado judicialmente o procedimento de naturalização, por erro, dolo, coação, fraude ou simulação, o indivíduo volta a ser considerado *estrangeiro*, perdendo os direitos políticos ativos e passivos. Essa hipótese de perda não consta no art. 15 da Carta Magna, mesmo assim encontra-se implícita no sistema constitucional.

⌗ 4.2.2. Suspensão dos direitos políticos

Suspensão é a privação temporária dos direitos políticos ativos (votar) e passivo (ser votado). Configura-se nas seguintes hipóteses:
• **Incapacidade civil absoluta (CF, art. 15, I)** — quem não responde pelos atos da vida civil demonstra incapacidade para participar do governo de um país. É o caso do interditado. A sentença judicial que decreta sua interdição suspende seus direitos políticos. Cessado o interdito, retornam as capacidades de votar e ser votado.
• **Improbidade administrativa (CF, art. 15, V)** — a improbidade administrativa, como causa de suspensão de direitos políticos, foi uma novidade da Carta de 1988. Desse modo, cumpre ao Poder Judiciário decidir a respeito dos atos ímprobos, que, além da suspensão da cidadania política do agente, também acarretam a perda da função pública, a indisponibilidade dos bens e o ressarcimento ao erário, na forma e gradação previstas em lei, sem prejuízo da ação penal cabível (CF, art. 37, § 4º). Importante frisar que o Texto Maior não consagrou foro privilegiado para o ajuizamento de ações por improbidade administrativa.
• **Condenação criminal transitada em julgado (CF, art. 15, III)** — enquanto durarem os seus efeitos, a condenação criminal transitada em julgado constitui uma das causas de suspensão dos direitos políticos. E, conforme a Súmula 9 do Tribunal Superior Eleitoral, "a suspensão dos direitos políticos decorrente de condenação criminal transitada em julgado cessa com o cumprimento ou a extinção da pena, independendo de reabilitação ou de prova de reparação de danos".

a) Condenação criminal transitada em julgado (CF, art. 15, III): conclusões do STF e do TSE

Vejamos as principais conclusões a que chegaram o Supremo Tribunal Federal e o Tribunal Superior Eleitoral sobre a *condenação criminal transitada em julgado* como causa de suspensão dos direitos políticos:

Conclusão do STF: o art.15, III, da CF é autoaplicável.

> **Nesse sentido:** "A norma inscrita no art. 15, III, da Constituição reveste-se de autoaplicabilidade, independendo, para efeito de sua imediata incidência, de qualquer ato de intermediação legislativa" (STF, Pleno, RMS 22.470-AgRg, Rel. Min. Celso de Mello, *DJ* de 27-9-1996). **Precedente:** STF, Pleno, RE 179.502/SP, Rel. Min. Moreira Alves, *DJ*, 1, de 8-9-1995, p. 28389.

Conclusão do TSE: a condenação criminal transitada em julgado suspende os direitos políticos enquanto durarem os seus efeitos, pouco importando estar em curso ação de revisão criminal.

Nesse sentido: TSE, Pleno, Resposta n. 0001368/PB, Rel. Min. Eduardo Ribeiro, decisão de 1º-10-1996.

Conclusão do STF e do TSE: enquanto durarem as sanções impostas ao condenado, a suspensão dos direitos políticos persistirá, incidindo durante o período de livramento condicional e nas hipóteses de prisão-albergue e domiciliar. Apenas a execução da pena afasta a referida suspensão.

Precedentes: STF, Pleno, Rec. n. 10.797/RS, Rel. Min. Carlos Velloso, decisão de 1º-10-1992; TSE, Pleno, Rec. n. 9.760/PI, Rel. Min. Eduardo Alckmin, decisão de 29-9-1992.

Conclusão do STF e do TSE: com referência ao condenado por sentença criminal transitada em julgado, pelo art. 15, III, da Carta Magna, a suspensão dos direitos políticos se dará quando estiver em curso o período da suspensão condicional da pena (*sursis*). Desse modo, na vigência do período de prova do *sursis* o sentenciado ficará privado, temporariamente, de seus direitos políticos.

Precedentes: STF, Pleno, RE 179.502/SP, Rel. Min. Moreira Alves, *DJ*, 1, de 8-9-1995, p. 28389; STF, Pleno, RMS 22.470-AgRg, Rel. Min. Celso de Mello, *DJ* de 27-9-1996; TSE, Pleno, REsp Eleitoral 14.231, Rel. Min. Eduardo Ribeiro, decisão de 1º-10-1996.

Conclusão do STF: a inelegibilidade somente se configura com o trânsito em julgado. Enquanto esta condição não ocorrer, o candidato pode obter o registro, eis que a regra insculpida no art. 15, III, da Carta Maior, ainda não incidirá.

Precedente: STF, Pleno, RE 225.019/GO, Rel. Min. Nelson Jobim, decisão de 8-8-1999.

Conclusão do STF e do TSE: a terminologia "condenação criminal transitada em julgado", presente no art. 15, III, não faz distinções quanto ao tipo do crime cometido. Abrange, ao mesmo tempo, os delitos dolosos e culposos, bem como as contravenções penais, independentemente da aplicação, ou não, de pena privativa de liberdade. O que prepondera aqui é o sentido ético na aplicação da norma constitucional, isto é, o princípio de que os cargos públicos devem ser ocupados por cidadãos insuspeitos, de bons antecedentes e moral ilibada.

Precedentes: STF, Pleno, RE 179.502-6/SP, Rel. Min. Moreira Alves, *DJ* de 8-9-1995, p. 28389; TSE, Pleno, MS 2.471/PR, Rel. Min. Eduardo Ribeiro, decisão de 11-9-1996; TSE, Pleno, Rec. 9.900/RS, Rel. Min. Sepúlveda Pertence, decisão de 24-9-1992; TSE, Pleno, Resp. 0013293/MG, Rel. Min. Eduardo Ribeiro, decisão de 7-11-1996.

Conclusão do STF: não é preciso que a decisão condenatória faça alusão expressa à condenação criminal transitada em julgado. Daí o descabimento de embargos de declaração.

Precedente do STF: "A reiteração de embargos de declaração, sem que se registre qualquer dos pressupostos legais de embargabilidade, reveste-se de caráter abusivo e evidencia o intuito pro-telatório que anima a conduta processual da parte recorrente. O propósito revelado pelo embargante, de impedir a consumação do trânsito em julgado de decisão penal condenatória, valendo-se, para esse efeito, da utilização sucessiva e procrastinatória de embargos declaratórios incabíveis, constitui fim ilícito que desqualifica o comportamento processual da parte recorrente e que autoriza, em consequência, o imediato cumprimento do acórdão emanado do Tribunal *a quo*, viabilizando, desde logo, tanto a execução da pena privativa de liberdade quanto a privação temporária dos direitos políticos do sentenciado (CF, art. 15, III), inclusive a perda do mandato eletivo por este titularizado. Precedentes" (STF, AgI 177.313-AgRg, Rel. Min. Celso de Mello, *DJ* de 14-11-1996).

Conclusão do STF: a incidência do art. 15, III, da Constituição sobre os condenados na sua vigência, não permite que se invoque a garantia da irretroatividade da lei penal mais severa.

◆ Cap. 17 ◆ DIREITOS POLÍTICOS   757

Nesse sentido: "Cuidando-se de norma originária da Constituição, obviamente não lhe são oponíveis as limitações materiais que nela se impuseram ao poder de reforma constitucional. Da suspensão de direitos políticos, efeito da condenação criminal transitada em julgado, ressalvada a hipótese excepcional do art. 55, § 2º, da Constituição, resulta por si mesma a perda do mandato eletivo ou do cargo do agente político" (STF, RE 418.876, Rel. Min. Sepúlveda Pertence, *DJ* de 4-6-2004).

Conclusão do STF: suspensão dos direitos políticos, como consequência de condenação criminal transitada em julgado (CF, art. 15, III), não enseja o cabimento de *habeas corpus*, instrumento que se volta, unicamente, para a salvaguarda da liberdade ambulatória.

Precedentes: STF, HC 81.003, Rel. Min. Maurício Corrêa, *DJ* de 19-10-2001; STF, HC 74.272, Rel. Min. Néri da Silveira, *DJ* de 3-9-1996.

Conclusão do STF: Câmara de Vereadores não tem competência para iniciar e decidir sobre perda de mandato do prefeito eleito. E a única conduta que cabe ao seu Presidente é declarar extinto o mandato.

Nesse sentido: "Basta uma comunicação à Câmara de Vereadores, extraída nos autos do processo criminal. Recebida a comunicação, o Presidente da Câmara de Vereadores, de imediato, declarará a extinção do mandato do Prefeito, assumindo o cargo o Vice-Prefeito, salvo se, por outro motivo, não possa exercer a função. Não cabe ao Presidente da Câmara de Vereadores outra conduta senão a declaração da extinção do mandato" (STF, RE 225.019, Rel. Min. Nelson Jobim, *DJ* de 22-11-1999).

b) *Condenação criminal transitada em julgado e perda do mandato de parlamentares federais*

Parlamentares federais, condenados criminalmente em sentenças transitadas em julgado, não têm os seus mandatos suspensos de modo automático. Aqui a regra *genérica* do art. 15, III, cede em face do preceito *especial* e *excepcional* do art. 55, VI, e § 2º, da Carta Magna. Significa dizer que, em nome dos princípios da *unidade da Constituição* e da *máxima efetividade de seus preceitos*, elimina-se qualquer margem de conflito entre ambos, priorizando-se o *critério da especialidade*, inserto no art. 55, VI, e § 2º, em face do *critério da generalidade*, subjacente ao art. 15, III.

Vejamos, pois, o âmbito de abrangência normativa de cada um dos artigos mencionados:

* **Art. 15, III, regra geral (critério da generalidade)** — aqueles que tiveram suspensos os seus direitos políticos, inclusive enquanto durarem os efeitos da condenação criminal transitada em julgado, perdem o mandato eletivo, que cessa automaticamente. Ademais, o alistamento e a filiação partidária dos condenados são cancelados por igual período ao da pena aplicada, incluindo aí o período de prova do *sursis*.

   Precedentes: STF, EDecl. 177.313/MG, Rel. Min. Celso de Mello, *DJ*, 1, de 5-11-1996, p. 44488; TSE, Pleno, AgRg 33-MC/RO, Rel. Min. Marco Aurélio, decisão de 26-8-1996.

* **Art. 55, VI, e § 2º, preceito especial e excepcional (critério da especialidade)** — deputados federais e senadores da República condenados criminalmente não perdem, de imediato, os seus mandatos, embora não possam concorrer a pleitos eleitorais enquanto durarem os efeitos da sentença penal condenatória. A finalidade dessa exceção à regra do art. 15, III, é garantir a independência do Parlamento perante os demais Poderes do Estado. Daí a perda do mandato ser decidida não pelo Judiciário mas pela Câmara dos Deputados ou pelo Senado Federal, em votação secreta e por maioria absoluta dos votos, mediante provocação da respectiva Mesa ou de partido político devidamente representado no Congresso, preservada a ampla defesa.

   Precedentes:
   * **Aplicação do critério da especialidade. Posição do STF** — "Tem-se que, por esse critério da especialidade — sem retirar a eficácia de qualquer das normas em choque, o que só se faz em último caso, pelo princípio dominante do direito moderno, de que se deve dar a máxima

758 ◆ Uadi Lammêgo Bulos ◆

efetividade possível às normas constitucionais —, o problema se resolve excepcionando-se da abrangência da generalidade do art. 15, III, os parlamentares referidos no art. 55, para os quais, enquanto no exercício do mandato, a condenação criminal por si só, e ainda quando transitada em julgado, não implica a suspensão dos direitos políticos, só ocorrendo tal se a perda do mandato vier a ser decretada pela Casa a que ele pertencer" (STF, Pleno, RE 179.502-6/SP, Rel. Min. Moreira Alves, *DJ* de 8-9-1995, p. 28389).

- **Impedimento para concorrer a eleições. Posição do TSE** — "É inelegível o candidato que à época do pedido de sua candidatura encontrava-se com seus direitos políticos suspensos, não importando que a causa da inelegibilidade tenha cessado antes da realização das eleições" (TSE, Pleno, REsp Eleitoral 13.324, Rel. Min. Ilmar Galvão, decisão de 11-3-1997).

Como se pode observar, o congressista somente perderá o mandato mediante *ato político-discricionário* da respectiva Casa Legislativa a que pertencer, e não por ato judicial transitado em julgado. Esse é o posicionamento pacífico do Supremo Tribunal Federal.

> **Parlamentares federais — Perda do mandato — Ato político-discricionário:** "A perda do mandato, por condenação criminal, não é automática: depende de um juízo político do plenário da casa parlamentar. A Constituição outorga ao Parlamento a possibilidade da emissão de um juízo político de conveniência sobre a perda do mandato. Desta forma, a rigor, a condenação criminal, transitada em julgado, não causará a suspensão dos direitos políticos, tudo porque a perda do mandato depende de uma decisão da Casa parlamentar respectiva e não da condenação criminal" (STF, Pleno, RE 225.019/GO, Rel. Min. Nelson Jobim, decisão de 8-8-1999).

Pelo *princípio da simetria*, o mesmo raciocínio se aplica aos deputados estaduais e distritais, visto que a Constituição da República determina a incidência, nesse campo, das mesmas regras referentes à perda de mandato dos deputados federais.

Já presidentes, governadores, prefeitos e vereadores aí não se enquadram, aplicando-se-lhes o art. 15, III, da Constituição, que, nesse particular, não excepcionou a regra geral. Logo, transitada em julgado a sentença penal condenatória, a cessação do exercício do mandato é imediata. Aqui, a perda do mandato não depende de um ato político-discricionário — deliberações de casas legislativas — para os direitos políticos serem suspensos. Esse, também, é o posicionamento prevalecente no Supremo Tribunal Federal.

> **Casuística do STF:**
> - **Vereador. Perda automática do mandato** — "Condição de elegibilidade. Cassação de diploma de candidato eleito vereador, porque fora ele condenado, com trânsito em julgado, por crime eleitoral contra a honra, estando em curso a suspensão condicional da pena. Interpretação do art.15, III, da Constituição Federal" (STF, Pleno, RE 179.502-6/SP, Rel. Min. Moreira Alves, *DJ* de 8-9-1995, p. 28389).
> - **Prefeito. Perda automática do mandato** — "O ato declaratório é obrigatório. Constitui-se em mera formalização da extinção do mandato e da vacância do cargo. Não cabe ao Presidente da Câmara de Vereadores outra conduta senão a declaração da extinção do mandato" (STF, Pleno, RE 225.019/GO, Rel. Min. Nelson Jobim, decisão de 8-8-1999).

c) *Condenação criminal transitada em julgado e a Lei Complementar n. 64/90 (art. 1º, I, e)*

A condenação criminal transitada em julgado, prevista no art. 15, III, da Carta Magna, não se confunde com a hipótese do art. 1º, I, *e*, da Lei Complementar n. 64/90.

Enquanto a primeira é uma *causa de suspensão dos direitos políticos*, a segunda constitui um caso de *inelegibilidade legal*:

- **Art. 15, III** = *causa de suspensão dos direitos políticos.*
- **Art. 1º, I, e, da Lei Complementar n. 64/90** = *hipótese de inelegibilidade legal.*

Mas, afinal, o que prescreve o art. 1º, I, *e*, da Lei Complementar n. 64/90?

Prescreve que são inelegíveis por três anos, para qualquer cargo, os que forem condenados criminalmente, com sentenças transitadas em julgado, pela prática de crimes eleitorais, tráfico de entorpecentes,

◆ Cap. 17 ◆ DIREITOS POLÍTICOS   759

delitos contra a economia popular, a fé pública, a Administração Pública, o patrimônio público e o mercado financeiro.

A *inelegibilidade legal* do art. 1º, I, *e*, irmana-se com o disposto no art. 14, § 9º, e não com o art. 15, III, da *Lex Mater*.

Por isso, só engloba os casos de inelegibilidade posteriores ao término da suspensão dos direitos políticos e que dizem respeito à prática daqueles crimes (eleitorais, tráfico de entorpecentes, contra a economia popular, a fé pública, a Administração Pública, o patrimônio público e o mercado financeiro).

Esse, aliás, é o entendimento do Tribunal Superior Eleitoral, para quem "extinta a pena, não cabe cogitar de subsistência da suspensão dos direitos políticos decorrentes da condenação criminal e, por outro lado, não incide o art. 1º, I, *e*, da LC n. 64/90, se a condenação não foi baseada em qualquer dos crimes nela enumerados taxativamente" (TSE, Pleno, Rec. 9.900/RS, Rel. Min. Sepúlveda Pertence, decisão de 24-9-1992).

✦ 5. REAQUISIÇÃO DOS DIREITOS POLÍTICOS

O constituinte de 1988 nada previu sobre a reaquisição dos direitos políticos perdidos ou suspensos, algo que em nada impede sejam recuperados.

A regra geral é: cessados os motivos que ensejaram a perda ou a suspensão, reabilitam-se os direitos políticos.

✧ 5.1. Reaquisição dos direitos políticos perdidos

Além da regra geral, a reaquisição dos direitos políticos perdidos encontra supedâneo legislativo no tocante à escusa de consciência.

No seu art. 40, prevê a reaquisição de tais direitos quanto à escusa de consciência. Assim, os brasileiros que se tornaram inelegíveis em virtude do descumprimento de prestação alternativa fixada em lei podem reaver a sua elegibilidade, desde que declarem perante o Ministério da Justiça que se encontram aptos para suportar o ônus. Daí a Lei n. 8.239/91 estatuir que o inadimplente "poderá, a qualquer tempo, regularizar sua situação mediante o cumprimento das obrigações devidas" (art. 4º, § 2º).

Quanto aos direitos políticos perdidos por cancelamento da naturalização, a única forma de serem readquiridos é mediante o ajuizamento de ação rescisória. Rescindida a sentença, é preciso, ainda, que haja novo alistamento eleitoral, de sorte que o indivíduo readquira a sua cidadania política. Nos demais casos, aplica-se a regra geral.

✧ 5.2. Reaquisição dos direitos políticos suspensos

A reaquisição dos direitos políticos suspensos não encontra base normativa para se realizar.

Como não há norma expressa para regular a matéria, incide, apenas, a regra geral: cessados os motivos que ensejaram a suspensão, que é temporária, reabilitam-se os direitos políticos.

O mesmo se diga quanto à improbidade administrativa. Ressarcido o erário e cumpridas as condições estabelecidas judicialmente, retorna a elegibilidade.

✦ 6. PRINCÍPIO DA ANUALIDADE ELEITORAL

Pelo *princípio da anualidade ou anterioridade da lei eleitoral*, busca-se evitar mudanças de última hora no processo de escolha dos representantes populares.

Mediante sua observância, as normas reguladoras de eleições só lograrão efetividade um ano após a data de sua vigência, como decidiu o Supremo Tribunal Federal.

Precedente do STF: "A norma inscrita no art. 16 da Carta Federal, consubstanciadora do princípio da anterioridade eleitoral, foi enunciada pelo constituinte com o declarado propósito de impedir a deformação do processo eleitoral mediante alterações casuisticamente nele introduzidas, aptas a romper a igualdade de participação dos que nele atuem como protagonistas principais: as agremiações partidárias e os próprios candidatos" (STF, Pleno, ADIn 353-MC/DF, Rel. Min. Celso de Mello, *DJ*, 1, de 12-2-1993, p. 1450).

O objetivo do *princípio* é impedir o casuísmo e o privilégio injustificado de grupos políticos.

Proibição de showmícios em campanhas e liberação de eventos arrecadatórios: por maioria de votos, o Supremo Tribunal Federal manteve a proibição de showmícios e a possibilidade da participação não remunerada de artistas em eventos de arrecadação de recursos para campanhas eleitorais, não se aplicando o princípio da anualidade eleitoral, que proíbe a aplicação da nova norma antes do prazo de um ano (STF, ADI 5970, Rel. Min. Dias Toffoli, j. 7-10-2021).

Daí a exigência da *vacatio legis* constitucional de doze meses para os atos normativos que modificarem processos eleitorais.

No Brasil, muito mais que uma norma, a anualidade eleitoral é um *princípio*, consagrado no art. 16 da *Lex Mater*:

"A lei que alterar o processo eleitoral entrará em vigor na data de sua publicação, não se aplicando à eleição que ocorra até 1 (um) ano da data de sua vigência".

Redação dada pela EC n. 4/93: originariamente, o princípio era assim redigido: "Art. 16. A lei que alterar o processo eleitoral só entrará em vigor um ano após sua promulgação".

O termo *lei*, que abre o preceptivo em epígrafe, foi empregado no sentido *lato*, abarcando as espécies normativas do art. 59 da Constituição. Emendas constitucionais, por exemplo, que mudarem disposições eleitorais só entram em vigor doze meses após a data de sua publicação. Do contrário, afigurar-se-ão *inconstitucionais* e, portanto, nulas de pleno direito, posicionamento adotado pelo Supremo Tribunal Federal na Ação direta de inconstitucionalidade n. 3.685/DF.

Aplicação do *princípio da anualidade eleitoral* pelo Supremo Tribunal Federal: a Corte Excelsa, por maioria de votos, julgou procedente pedido formulado em ação direta ajuizada pelo Conselho Federal da Ordem dos Advogados do Brasil para declarar a inconstitucionalidade do art. 2º da Emenda Constitucional n. 52/2006, que alterou a redação do art. 17, § 1º, da Carta Maior, para inserir em seu texto, no que se refere à disciplina relativa às coligações partidárias eleitorais, a regra da não obrigatoriedade de vinculação entre as candidaturas em âmbito nacional, estadual, distrital ou municipal, e determinou a aplicação dos efeitos da referida Emenda às *eleições que ocorreram no ano 2000*. Considerando que a requerente demonstrara de forma suficiente como a inovação impugnada violaria a Carta da República, a Corte afastou a preliminar da Advocacia--Geral da União quanto à ausência de fundamentação da pretensão exposta na inicial. Rejeitou-se, da mesma maneira, a alegação de que a regra inscrita no art. 2º da EC n. 52/2006 teria por objeto as eleições realizadas em 2002, pois, se essa fosse a finalidade da norma, certamente dela constaria a forma verbal pretérita. Também não se acolheu o argumento de que a aludida referência às eleições consumadas em 2002 serviria para contornar a imposição do princípio da anualidade eleitoral, visto que, se a alteração tivesse valido nas eleições passadas, não haveria razão para analisar a ocorrência do lapso de um ano entre a data da vigência dessa inovação normativa e as próximas eleições. Quanto ao mérito, afirmou-se, de início, que o princípio da anterioridade eleitoral, extraído da norma inscrita no art. 16 da CF, consubstancia garantia individual do cidadão--eleitor — detentor originário do poder exercido por seus representantes eleitos (CF, art. 1º, parágrafo único) — com vistas a proteger o processo eleitoral. Esse princípio traz elementos que o caracterizam como uma garantia fundamental oponível inclusive à atividade do legislador constituinte derivado (CF, arts. 5º, § 2º, e 60, § 4º, IV). Por isso, entendeu o Supremo Tribunal que sua transgressão viola os direitos individuais da segurança jurídica (CF, art. 5º, *caput*) e do devido processo legal (CF, art. 5º, LIV). Desse modo, a temática das coligações está ligada ao processo eleitoral. A mudança a ela concernente interfere na correlação das forças políticas e no equilíbrio das posições de partidos e candidatos e, portanto, da própria competição. A Corte Excelsa, à luz

Cap. 17 ◆ DIREITOS POLÍTICOS

de tudo isso, deu interpretação conforme à Constituição, no sentido de que o § 1º do art. 17 da Carta de Outubro, com a redação dada pela EC n. 52/2006, não se aplicasse às eleições de 2006, remanescendo aplicável a estas a redação original do mesmo artigo (STF, ADIn 3.685/DF, Rel. Min. Ellen Gracie, decisão de 22-3-2006).

Aí está a força e o sentido do *princípio da anualidade eleitoral,* que não se compatibiliza com o oportunismo, muito menos com o imediatismo. Sua palavra de ordem é a lisura dos pleitos eleitorais e a igualdade de todos os protagonistas do processo de escolha dos representantes populares.

Quanto à locução *processo eleitoral,* o seu significado também é *amplo,* compreendendo a apresentação de candidaturas, a organização e realização do escrutínio e o contencioso eleitoral. Abarca, portanto, uma sucessão de atos e operações encadeadas, e não, apenas, o voto propriamente dito.

a) Exceção ao princípio da anualidade eleitoral: hipótese de eleição indireta

Como vimos acima, pode existir, excepcionalmente, eleição indireta, embora a regra seja a escolha, pelo voto direto, dos representantes populares, nos termos do art.14, *caput,* da Carta Magna.

Mas, havendo eleição indireta, nos termos do art. 81, § 2º, da Constituição, ou quando a Assembleia Legislativa, pelo voto dos Deputados Estaduais, preenche a vacância dos cargos de governador e vice-governador, a lei que vier a regulamentar tais situações excepcionalíssimas não se submete ao prazo de um ano, apregoado pelo princípio da anualidade eleitoral.

Na realidade, a exceção ao princípio da anualidade eleitoral na hipótese de eleição indireta, tanto para o cargo de Presidente, como de governador, justifica-se pela primazia do **princípio da razoabilidade** e do bom senso.

Seria irrazoável, para não dizer ilógico, deixar uma determinada unidade federativa ou, até, a República como um todo, sem chefe do Executivo durante um ano, somente para satisfazer o princípio da anualidade, que, por mais importante que seja, não pode contribuir para o caos administrativo, representado pela falta de dirigentes para ocupar cargos de relevo na federação.

✧ 6.1. Criação de Município em ano eleitoral: impossibilidade

O Supremo Tribunal Federal inadmitiu a criação de Município em ano de eleição, concluindo que nem mediante plebiscito o legislador poderá dividir Estados para criar, incorporar, fundir ou desmembrar Municípios.

> **Precedente:** STF, ADIn 733/MG, *RTJ, 158*:34.

E faz sentido, porque o art. 16 da Carta Magna impossibilita a criação de Municípios em ano de eleições.

> **Nesse sentido:** STF, Pleno, ADIn 718/MA, Rel. Min. Sepúlveda Pertence, decisão de 18-12-1998.

Aliás, a impossibilidade de Estados legislarem sobre a criação de seus Municípios em tempos de eleição já havia sido apontada pelo Pretório Excelso na vigência da Constituição de 1967, com a Emenda Constitucional n. 1/69.

> **Precedente:** STF, Pleno, Representação de Inconstitucionalidade n. 1.360/PE, Rel. Min. Moreira Alves, decisão de 5-8-1973.

✦ 7. CASSAÇÃO DOS DIREITOS POLÍTICOS

A cassação dos direitos políticos é vedada pela Constituição (art. 15).

Prevalece, pois, a plenitude dos direitos de votar e ser votado, cuja perda ou suspensão apenas se dá em caráter excepcional (CF, art. 15, I, II, III).

Cassação de mandato e controle jurisdicional — "desvios jurídico-constitucionais eventualmente praticados pelas Casas legislativas, mesmo quando surgidos no contexto de processos políticos, não se mostram imunes à fiscalização judicial desta Suprema Corte, como se a autoridade e a força normativa da Constituição e das leis da República pudessem, absurdamente, ser neutralizadas por estatutos meramente regimentais ou pelo suposto caráter *interna corporis* do ato transgressor de direitos e garantias assegurados pela própria Lei Fundamental do Estado. Irrecusável, desse modo, que a índole política dos atos parlamentares não basta, só por si, para subtraí-los à esfera de controle jurisdicional, eis que sempre caberá a esta Suprema Corte, mediante formal provocação da parte lesada, o exercício da jurisdição constitucional, que lhe é inerente, nos casos em que se alegue ofensa, atual ou iminente, a um direito individual, pois nenhum Poder da República tem legitimidade para desrespeitar a Constituição ou para ferir direitos públicos e privados de seus cidadãos (...). Devo assinalar, no ponto, que o Supremo Tribunal Federal, em casos assemelhados ao que ora se analisa, não tem conhecido das ações mandamentais, por entender que os atos emanados dos órgãos de direção das Casas e das Comissões do Congresso Nacional, quando praticados nos estritos limites da competência da autoridade apontada como coatora e desde que apoiados em fundamentos exclusivamente regimentais, sem qualquer conotação de índole jurídico-constitucional, revelam-se imunes ao *judicial review*, pois — não custa enfatizar — a interpretação incidente sobre normas de índole meramente regimental, por qualificar-se como típica matéria *interna corporis*, suscita questão que se deve resolver, exclusivamente, no âmbito do Poder Legislativo, sendo vedada sua apreciação pelo Judiciário (RTJ 102/27 — RTJ 112/598 — RTJ 168/443-444)" (STF, MS 34.064 MC/DF, Rel. Min. Celso de Mello, *DJE* de 18-3-2016).

✧ 7.1. Cumprimento imediato das decisões da Justiça Eleitoral

É interessante observar que **o cumprimento imediato de decisões da justiça eleitoral é ponto pacífico** em matéria de cassação dos direitos políticos.

O mesmo se diga quanto a outro assunto, qual seja, a temática das **cassações parlamentares**.

Nesse particular, o Supremo Tribunal Federal, por maioria de votos, concedeu mandado de segurança para determinar à Mesa do Senado da República que cumprisse, de imediato, a decisão da Justiça Eleitoral, dando posse ao impetrante na vaga de Senador. No caso concreto, a Justiça Eleitoral cassou o diploma do parlamentar, e de seus respectivos suplentes, com base no art. 41-A da Lei n. 9.504/97. Nada obstante, a Mesa do Senado recusou-se em cumprir o veredito, argumentando que aguardaria o trânsito em julgado do processo para declarar a perda do mandato.

Ao examinar a matéria, a Corte Excelsa concluiu: **(i)** a recusa da Mesa do Senado em cumprir a aludida decisão contraria o princípio da separação dos Poderes. Neste particular, a atribuição da Mesa da Casa, a que pertence o parlamentar que incorrera nas hipóteses sancionatórias previstas nos incisos III e V do art. 55 da Carta Magna, circunscreve-se a declarar a perda do mandato, dando posse, por conseguinte, a quem deva ocupar o cargo vago, pois o registro do parlamentar havia sido cassado pela Justiça Eleitoral não podendo subsistir, dessa forma, o mandato eletivo; **(ii)** a ampla defesa referida no § 3º do art. 55 da Constituição Federal não atribui à Mesa da Casa Legislativa a competência para aferir o acerto, ou desacerto, das decisões da Justiça Eleitoral nem, tampouco, a atribuição de fixar o momento adequado para cumprir decisões judiciais; **(iii)** o ato da Mesa do Senado ou da Câmara que dispõe sobre a perda do mandato parlamentar, a que alude o art. 55, V, do Texto de 1988, tem natureza meramente declaratória, motivo pelo qual todas as decisões emanadas do Poder Judiciário, devem ser cumpridas de imediato; **(iv)** a **ADI 3.592/DF** superou o entendimento da Corte, fixado na **AC 509 MC/AP**, no sentido de que a decisão da Justiça Eleitoral, declarando a perda do mandato, teria efeito suspensivo (STF, MS 27613/DF, Rel. Min. Ricardo Lewandowski, j. em 28-10-2009).

◆ Cap. 17 ◆ DIREITOS POLÍTICOS

✦ 8. IMPUGNAÇÃO DE MANDATO ELETIVO

Assim preceitua o art. 14, § 10, da Carta Magna: "O mandato eletivo poderá ser impugnado ante a Justiça Eleitoral no prazo de quinze dias contados da diplomação, instruída a ação com provas de abuso do poder econômico, corrupção ou fraude".

Dispositivo de índole material inédito na ordem constitucional brasileira, que se complementa com o parágrafo seguinte do mesmo preceito, o qual constitucionalizou a *ação de impugnação de mandato eletivo*, prevista embrionariamente na legislação ordinária.

O art. 14, § 10, da Carta Maior permite a impugnação do mandato eletivo se existirem *provas* de abuso do poder econômico, corrupção ou fraude.

Tais *provas* não precisam ser pré-constituídas para a propositura da ação de impugnação prevista no § 11 do art. 14.

O que se exige é o seguinte: o autor, logo na exordial, deve apresentar provas documentais, indicativas do *fumus boni juris*, mostrando a viabilidade daquilo que se está pleiteando em juízo, de modo que fique eliminada a arguição de temeridade ou má-fé.

Deveras, numa demanda desse jaez a petição inicial não pode vir despida do menor caráter probatório, porque não se vai ao Judiciário para a defesa de interesses "egoísticos" e meramente "eleitoreiros".

O que se busca é a garantia da moralidade nos pleitos eleitorais, protegendo a probidade administrativa e o Direito Público subjetivo a um governo honesto.

As noções de abuso do poder econômico, corrupção ou fraude devem ser entendidas no sentido mais amplo possível:

- *abuso do poder econômico* — utilizar recursos materiais de toda e qualquer espécie, extrapolando os limites legais, em qualquer fase do processo eleitoral;
- *fraude* — alterar os resultados da eleição, burlando o que foi decidido pela vontade popular, valendo-se, para tanto, do engodo, da prática de ardil, do abuso de confiança etc.; e
- *corrupção* — ação de subornar pessoas físicas envolvidas no processo eleitoral, v. g., mesários, fiscais, vigilantes, com o intuito de comprar votos, violar urnas, dar "presentes" ou agrados de qualquer espécie.

✧ 8.1. Ação de impugnação de mandato eletivo

Completando o § 10 do art. 14 o constituinte previu a *ação de impugnação de mandato eletivo*, já prevista nas Leis ns. 7.493, de 17 de junho de 1986, e 7.664, de 29 de junho de 1988.

"A ação de impugnação de mandato tramitará em segredo de justiça, respondendo o autor, na forma da lei, se temerária ou de manifesta má-fé" (CF, art. 14, § 11).

O constituinte, contudo, não disciplinou o procedimento específico para o ajuizamento da ação de impugnação de mandato eletivo. Pode até parecer que ela "inexiste" no ordenamento jurídico brasileiro, pois as disposições constantes nos §§ 10 e 11 do art. 14 foram insuficientes, não indicando as partes legítimas para a causa, tampouco o juiz ou tribunal competente para processá-la e julgá-la.

Porém, ainda que não tenha sido editada lei complementar específica para estipular os detalhes mencionados, nada impede a aplicação analógica das normas enfeixadas na Lei Complementar n. 64, de 18 de maio de 1990, combinadas, obviamente, com as disposições previstas no Código de Processo Civil, naquilo que for pertinente.

De resto, lembremos sempre que as decisões dos juízes devem estar em consonância com a consciência jurídica geral. Mais importante que existir uma disposição normativa específica para prescrever determinado caso *sub judice*, é o magistrado recorrer ao espírito do ordenamento jurídico, que é mais rico de conteúdo do que o preceito normativo.

Dessa forma, valorizar-se-ão as ideias jurídicas concretas ou fáticas, que, se não encontram sucedâneo em diploma legal particularizado, conformam-se no preparo intelectual do julgador, nas máximas da experiência, na analogia, nos usos e costumes, nos princípios gerais do direito e na equidade (art. 5º da LINDB). O juiz não é uma máquina. Seu desempenho profissional não é meramente mecânico, a ponto

764 ◆ Uadi Lammêgo Bulos ◆

de condicionar sua atividade técnica a pretensos "institutos inexistentes" ou "vazios normativos" que impedem o processo e o julgamento de ações judiciais.

Note-se que a ação de impugnação de mandato eletivo deverá tramitar em segredo de justiça. Assim, as partes figurantes na relação processual deverão silenciar a respeito da *res in iudicium deducta*, abstendo-se de trazer a público os fatos suscitados na demanda.

Na prática, o discrímen constitucional tem-se mostrado despiciendo. Tem sido comum, em feitos dessa envergadura, a curiosidade alheia disseminar-se no seio da sociedade, abrindo brechas para a existência de todo tipo de especulação, muitas das quais fictícias e inverídicas.

De qualquer forma, a aplicação correta do dispositivo constitucional pode ensejar o uso de medidas processuais enérgicas, para preservar os debates deflagrados nos autos.

O litigante de má-fé sofrerá os encargos da lei caso interponha ação temerária, destituída de fundamentos fáticos e jurídicos, exercitada, somente, por capricho ou iniquidade.

A impugnação do mandato eletivo é medida de ordem pública, não devendo ficar à mercê da cizânia e mesquinhez oriundas de paixões menores daqueles que desejam incomodar o recém-diplomado, levantando dúvidas infundadas e acionando, inutilmente, a máquina judiciária do Estado para servir a vinditas e suscetibilidades pessoais.

✦ 9. PRINCÍPIO DA FIDELIDADE PARTIDÁRIA

A Carta de 1988 não previu, *ipsis litteris*, a hipótese de perda de mandato eletivo por infidelidade partidária. Não reproduziu a sanção da Emenda n. 1, de 1969, que previa a infidelidade partidária como hipótese explícita de perda do mandato de deputados e senadores (art. 35, V), que acabou sendo revogada pela Emenda Constitucional n. 25/1985 (art. 8º).

Na realidade, não precisa o Texto Maior enunciar, por escrito, o natural dever de fidelidade do parlamentar para com a agremiação política da qual participa.

A obrigação de lealdade extrai-se do **princípio da democracia representativa**, consagrado, em nosso sistema de Direito Positivo (CF, art. 1º, parágrafo único).

Daí o acerto da tese da perda do mandato eletivo por infidelidade partidária, preconizada pelo Supremo Tribunal Federal e pelo Tribunal Superior Eleitoral, os quais, *vivificando* a Carta de Outubro, num **autêntico exercício de construção constitucional**, sacou das entrelinhas constitucionais a referida hipótese, cujo resultado culminou com o advento da **Resolução n. 22.610 do TSE**, de 25 de outubro de 2007.

Tal ato resolutivo tem passado, ao longo dos anos, por exegeses pretorianas.

Basta recordar que o Supremo Tribunal Federal, em sua composição plenária, decidiu que os cargos sujeitos ao sistema majoritário, isto é, prefeito, governador, senador e presidente da República, não se submetem à regra da perda do mandato em favor do partido por infidelidade partidária, como ocorre com os cargos do sistema proporcional (vereadores, deputados estaduais, distritais e federais) (STF, ADIn 5.081, Rel. Min. Luís Roberto Barroso, j. 27-5-2015).

Eis os argumentos que embasaram a tese de que a perda do mandato em razão da mudança de partido não se aplica aos candidatos eleitos pelo sistema majoritário, sob pena de violação da soberania popular e das escolhas feitas pelo eleitor:

(i) os arts. 10 e 13 da Resolução n. 22.610/2007, ao igualarem os sistemas proporcional e majoritário para fins de fidelidade partidária, violaram as características essenciais dos sistemas eleitorais dispostos na Constituição, extrapolando indevidamente os fundamentos das decisões proferidas pela Corte Suprema nos Mandados de Segurança ns. 26.602, 26.603 e 26.604 e, sobretudo, afrontaram a soberania popular (STF, ADIn 5.081, Rel. Min. Luís Roberto Barroso, j. 27-5-2015);

(ii) o termo *suplente*, constante do art. 10, deve submeter-se à interpretação conforme à Constituição, para excluir do seu alcance os cargos do sistema majoritário (STF, ADIn 5.081, Rel. Min. Luís Roberto Barroso, j. 27-5-2015);

(iii) são distintos os sistemas de eleição majoritário e proporcional. Nas eleições pelo sistema proporcional (vereadores, deputados estaduais, distritais e federais), é possível votar tanto no candidato quanto no partido. Os votos do partido, e de outros candidatos do mesmo partido ou coligação,

◆ Cap. 17 ◆ DIREITOS POLÍTICOS

765

aproveitam aos demais candidatos. Há, pois, razões lógicas para que o mandato pertença ao partido. Ocorre diferentemente com os cargos do sistema majoritário de eleição (prefeito, governador, senador e presidente da República). Aqui o eleitor identifica claramente em quem vota (STF, ADIn 5.081, Rel. Min. Luís Roberto Barroso, j. 27-5-2015); e

(iv) em tema de infidelidade partidária para cargos do sistema majoritário, inexiste previsão explícita na Constituição Federal para regular a perda do mandato. Ora, só se pode impor a perda do mandato em virtude de preceito constitucional explícito. É o caso do sistema proporcional. Nele há fundamento constitucional sólido para se decretar a perda de mandato. Nesta hipótese, mudar de partido depois de eleito é uma forma de frustrar a soberania popular. Já no sistema majoritário, a fidelidade partidária não é medida necessária à preservação da vontade do eleitor, mesmo porque a perda do mandato não é um corolário da soberania popular. Exemplificando, se um governador mudar de partido depois da eleição, assume o cargo o vice, que, em muitos casos, é de outro partido. Veja-se que a substituição de candidato respaldado por ampla legitimidade democrática por um vice com poucos votos em nada influencia a aplicabilidade do princípio da soberania popular, porque em nada protegerá o partido prejudicado com a migração do chefe do Executivo;

(v) "Se a soberania popular integra o núcleo essencial do princípio democrático, não se afigura legítimo estender a regra da fidelidade partidária ao sistema majoritário, por implicar desvirtuamento da vontade popular vocalizada nas eleições. Tal medida, sob a justificativa de contribuir para o fortalecimento dos partidos brasileiros, além de não ser necessariamente idônea a esse fim, viola a soberania popular ao retirar os mandatos de candidatos escolhidos legitimamente por votação majoritária dos eleitores" (STF, ADIn 5.081, Rel. Min. Luís Roberto Barroso, j. 27-5-2015).

Resultado: a fidelidade partidária é princípio constitucional obrigatório. Detentores de mandatos pelo sistema proporcional, que mudarem de partido, transferindo de legenda, e sem justificativa plausível, perdem o cargo eletivo.

Vale lembrar que a **Resolução n. 22.610 do TSE** não serve de base para perseguições, até porque nem todo caso é igual a outro. Embora existam mudanças nem sempre justificadas, que surpreendem o eleitor, fraudando a soberania popular, há casos justificados, como **mudança de orientação programática do partido**, ou **comprovada perseguição do eleito dentro da agremiação**. Em ambas as hipóteses, a Resolução n. 22.610 não serve de apanágio para se obstaculizar o parlamentar de apresentar as suas razões, bem como aos partidos colocarem pontos de vista quanto a seus filiados (STF, Pleno, ADIns 3.999/DF e 4.086/DF, Rel. Min. Joaquim Barbosa, j. 12-11-2008).

A mudança de partido não configura, em todo e qualquer caso, infidelidade. É preciso que se coteje a situação vivida pelo respectivo parlamentar com os preceitos atinentes à espécie para se saber o porquê da troca.

É que não ficará caracterizada a infidelidade se o parlamentar trocar de partido em virtude de **mudança de orientação programática** ou **perseguição**. Nessas duas hipóteses, não se aplica a Resolução n. 22.610 do TSE.

As consequências de vivermos sob a égide do **princípio da fidelidade partidária** são fundadas no bom senso, extraído da lógica geral que preside a ordem jurídica.

É inadmissível, por exemplo, a chamada **dupla filiação**, como reconheceu o próprio Supremo, antes mesmo do advento da Resolução n. 22.610 do TSE (STF, ADIn 1.465, Rel. Min. Joaquim Barbosa, *DJ* de 6-5-2005).

✦ 10. RENÚNCIA A MANDATO PARLAMENTAR E COLIGAÇÃO

Por maioria de votos, o Supremo deferiu medida liminar em mandado de segurança impetrado pela Comissão Executiva Nacional do PMDB. Determinou, pois, que a Mesa Diretora da Câmara dos Deputados, por ato de seu Presidente, empossasse, de imediato, no cargo de Deputado Federal deixado vago pela renúncia de ex-parlamentar, do 1º suplente ou sucessor do PMDB, na ordem obtida nas eleições gerais de 2006.

Os argumentos que embasaram essa decisão foram os seguintes: **(i)** a jurisprudência do TSE e do STF é no sentido de que o mandato parlamentar, no sistema proporcional, pertence ao partido político

(Resolução TSE n. 22.610/2007); **(ii)** como o mandato pertence ao partido, as coligações partidárias constituem pessoas jurídicas *pro tempore*, cuja formação e existência ocorrerem apenas em virtude de determinada eleição, desfazendo-se logo que encerrado o pleito. Assim, a pessoa jurídica da coligação partidária não se confunde com as pessoas jurídicas dos partidos que a compõem, como já demonstrou o STF em certos precedentes (MS 26.602/DF; MS 26.603/DF; e MS 26.604/DF); e **(iii)** no julgamento do MS 27.938/DF, o Supremo firmou o entendimento de que o reconhecimento de *justa causa* para a desfiliação partidária tem o condão de afastar, apenas, a pecha da infidelidade partidária, permitindo a continuidade do exercício do mandato, mas não de transferir ao novo partido o direito à manutenção da vaga (STF, Pleno, MS 29.988-MC/DF, Rel. Min. Gilmar Mendes, j. em 9-12-2010).

CAPÍTULO 18

PARTIDOS POLÍTICOS

✦ 1. QUE SÃO PARTIDOS POLÍTICOS?

Partidos políticos são associações de pessoas, unidas por uma ideologia ou interesses comuns, que, organizadas estavelmente, influenciam a opinião popular e a orientação política do país.

Vide: Pietro Virga, *Diritto costituzionale*, p. 243; Liphart, *Las democracías contemporáneas*, p. 35 e s.

✦ 2. ORIGEM DOS PARTIDOS POLÍTICOS

Os *partidos políticos* — instrumentos importantes para a preservação do regime democrático — originam-se da junção de grupos parlamentares e comitês eleitorais, os quais se ligam, de modo permanente, em nome de uma ideologia político-administrativa.

Sobre o assunto: Maurice Duverger, *Partidos políticos*, p. 20.

✦ 3. PARTIDOS POLÍTICOS NA CONSTITUIÇÃO DE 1988

A disciplina dos partidos políticos na Constituição vigente seguiu o modelo da anterior, que, por sua vez, inspirou-se na experiência difundida pela Lei Fundamental de Bonn de 1949.

Nesse ínterim, o constituinte de 1988 consagrou um autêntico *estatuto constitucional dos partidos políticos*, calcando-se na liberdade partidária, no vetor da soberania nacional, no regime democrático, no pluripartidarismo, nos direitos fundamentais da pessoa humana, na legalidade, na igualdade e na moralidade pública. Também prestigiou o caráter nacional dos partidos, a sua desvinculação com o estrangeiro, a fiscalização financeira, o funcionamento parlamentar, a fidelidade e a disciplina partidárias, o fundo partidário, o acesso gratuito ao rádio e à televisão, além de vedar o uso pelos partidos políticos de organizações paramilitares.

Nada obstante, muitas críticas têm sido endereçadas ao sistema partidário brasileiro. A principal é a falta de legitimidade dos partidos que não conseguiram alcançar autêntico caráter nacional, degradando a representatividade partidária no Brasil.

Segundo Paulo Bonavides, da promulgação do Texto de 1988 à edição da Lei Orgânica dos Partidos Políticos, em 1995, "mais de trinta agremiações entraram a ocupar espaço na competição política formal, deixando assim uma impressão geral de desalento. Houve, por conseguinte, excessivo parcelamento das correntes participativas, cuja ineficácia decorria de sua presença fragmentada ou da concreta desorientação de rumos tocante ao interesse comum de governo, enquanto órgãos interpretativos da vontade social. Disso há resultado o quebrantamento da unidade representativa incorporada na instituição governamental, com debilidade subsequente na formação da *volonté générale*, cada vez mais diluída numa espécie de *volonté de tous* da feliz imagem conceitual e terminológica de Rousseau" (A decadência dos partidos políticos e o caminho para a democracia direta, p. 36).

4. CRIAÇÃO, FUSÃO, INCORPORAÇÃO E EXTINÇÃO DE PARTIDOS POLÍTICOS

Segundo o Texto de 1988, é livre a criação, fusão, incorporação ou extinção dos partidos políticos, resguardados a soberania nacional, o regime democrático, o pluripartidarismo e os direitos fundamentais da pessoa humana (art. 17, *caput*).

Como vemos, o constituinte consagrou o *princípio da liberdade partidária*, pelo qual nenhuma estrutura de poder pode influenciar, muito menos interferir, na criação, fusão, incorporação e extinção dos partidos políticos.

> **Constitucionalidade de regras para criação e fusão de partidos políticos** — o Supremo Tribunal Federal, por maioria de votos e em sua composição plenária, decidiu, ao julgar improcedente a ADI 5311, ajuizada pelo Partido Republicano da Ordem Social, contra alterações oriundas da Lei n. 13.107/2015, que é constitucional a norma que proíbe a contabilização de assinatura de eleitores filiados a outras legendas e impede a fusão ou a incorporação de partidos com menos de cinco anos. Prevaleceu o entendimento de que a Constituição da República assegura, sim, a livre criação, fusão e incorporação de partidos políticos, desde quando respeitados os princípios do sistema democrático-representativo e do pluripartidarismo. As regras para criação e fusão de partidos objetivam evitar o estelionato eleitoral. Embora os cidadãos sejam livres para ter as suas opções políticas, eles não são civicamente irresponsáveis, tampouco descomprometidos, com as escolhas formalizadas (STF, ADI 5311, Rel. Min. Cármen Lúcia, j. 4-3-2020).

Mas o *princípio da liberdade partidária* não é ilimitado ou irrestrito, porque se condiciona à preservação da soberania nacional (CF, art. 1º, I), do regime democrático (CF, Preâmbulo e art. 1º, parágrafo único), do pluripartidarismo (CF, art. 1º, III) e dos direitos fundamentais da pessoa humana (CF, art. 5º).

Por tudo isso, não se pode, no Brasil, criar partido antidemocrático ou do tipo centralizador. Aliás, a Carta de 1946 era textual a esse respeito, vedando, *ipsis litteris*, a existência de partidos contrários à democracia (art. 141, § 13). O Texto de 1988 preferiu deixar tal proibição como decorrência do princípio do Estado Democrático de Direito (art. 1º, *caput*).

Ao se constituírem, terão seus estatutos registrados, adquirindo personalidade jurídica, nos termos do art. 45 do Código Civil.

Como sujeitos de direito, têm legitimidade para atuar em juízo, e, se tiverem representação no Congresso Nacional, podem ajuizar mandado de segurança coletivo (CF, art. 5º, LXX).

> **Legitimidade das Casas Legislativas para impetrar *writ* coletivo:** "1. A legitimidade *ad causam* de Partido Político para a impetração do mandado de segurança coletivo, *ex vi* do art. 5º, LXX, alínea *a*, é satisfeita com representação em qualquer das Casas Legislativas, sob pena de frustrar a teleologia subjacente à norma Constitucional" (STF, MS 32.077/DF, Rel. Min. Luiz Fux, *DJE* de 3-6-2013).

O art. 17, I a IV, ainda determina que sejam observados os seguintes preceitos:

* **Caráter nacional** — pelo *caráter nacional*, somente será reconhecido como partido político aquele que tiver repercussão no Brasil inteiro, e não num determinado lugar ou região, especificamente tomada. O objetivo da exigência constitucional é evitar que certos interesses de grupos minoritários e isolados, que não representam a sociedade como um todo, tenham legitimidade. Logo, é vedada a criação de partido político que represente apenas a vontade local ou estadual, deixando à míngua as aspirações da sociedade política brasileira, porque o constituinte exigiu que o partido tenha identificação programática com os atributos da nacionalidade. O constituinte, pois, excluiu do ordenamento a chamada *cláusula de umbral, barreira ou bloqueio*. Por isso, é inadmissível negar representação popular ao partido que não conseguir alcançar certo número de votos. No passado, tal espécie de agressão era comum. Lembre-se, apenas, a Lei n. 8.835, de 24 de janeiro de 1946 (art. 5º), o Código Eleitoral de 1950 (art. 148, parágrafo único) e a Emenda Constitucional n. 11/85, que vedavam representação ao partido com votação inferior a 5% do eleitorado, distribuído, pelo menos, por nove Estados, com o mínimo de 3% em cada um deles.

◆ Cap. 18 ◆ PARTIDOS POLÍTICOS

- **Projeto de lei e criação de novos partidos políticos** — o Supremo Tribunal Federal, em sua composição plenária e por maioria de votos, negou mandado de segurança, impetrado por Senador da República, que questionava o projeto de lei que restringiu a criação de novos partidos políticos (PL n. 4.470/2012), aprovado pela Câmara de Deputados e recebido no Senado Federal como PLC n. 14/2013. O objetivo do projeto foi estabelecer novas regras para a distribuição de recursos do fundo partidário e de horário de propaganda eleitoral no rádio e na televisão, nas hipóteses de migração partidária. Com efeito, o Pleno da Corte cassou liminar deferida pelo relator do processo, Min. Gilmar Mendes, que havia determinado a suspensão do trâmite do referido projeto de lei (STF, Pleno, MS 32.033/DF, Rel. Min. Gilmar Mendes, j. 5-6-2013).
- **Proibição de recebimento de recursos financeiros de entidade ou governo estrangeiros ou de subordinação a estes** — a vedação, que reflete autêntico controle financeiro, embasa-se no pórtico da soberania nacional. Procura evitar que os interesses da República Federativa do Brasil fiquem subordinados ao capital estrangeiro. E o partido político que receber tais recursos terá o seu registro cassado.

  > **Conferir:** Jorge Mario García Languardia (org.), *Partidos políticos y democracia en Iberoamérica*, p. 8 e s.

- **Prestação de contas à Justiça Eleitoral** — se esse preceito fosse levado às últimas consequências inexistiriam, no Brasil, "caixas dois" ou "recursos não contabilizados" nos pleitos eleitorais. É que, pela Carta de 1988, os partidos políticos devem sujeitar-se a uma fiscalização financeira, que se justifica em nome do princípio da moralidade pública.

  > **Constituição dos órgãos de direção e os nomes dos respectivos integrantes:** Lei n. 9.259, de 9-1-1996, art. 1º.

- **Funcionamento parlamentar de acordo com a lei** — é a lei que define os critérios aferidores do *status* de "nacional" dos partidos políticos.

  > **Funcionamento dos partidos políticos:** "Mostra-se harmônico com a Carta da República preceito de lei federal, artigo 12 da Lei n. 9.096, de 19 de setembro de 1995, revelador do funcionamento do partido político nas Casas Legislativas, por intermédio de uma bancada que deve constituir lideranças de acordo com o estatuto do partido, as disposições regimentais das respectivas Casas e as normas estabelecidas na referida lei. Autonomia partidária e das Casas Legislativas incólumes, não se podendo falar em transgressão a preceitos que lhes asseguram competência privativa para dispor sobre o regimento interno e os serviços administrativos" (STF, ADIn 1.363, Rel. Min. Marco Aurélio, *DJ* de 19-9-2003).
  >
  > **Lei n. 12.875, de 30-10-2013:** este diploma normativo alterou, em pontos específicos, as Leis n. 9.096, de 19-9-1995, e 9.504, de 30-9-1997. Dentre as mudanças tópicas, merece destaque o § 6º do art. 29 da Lei n. 9.096/95: "Havendo fusão ou incorporação, devem ser somados exclusivamente os votos dos partidos fundidos ou incorporados obtidos na última eleição geral para a Câmara dos Deputados, para efeito da distribuição dos recursos do Fundo Partidário e do acesso gratuito ao rádio e à televisão".

✦ 5. AUTONOMIA PARTIDÁRIA

A Carta Magna assegurou aos partidos políticos "autonomia para definir sua estrutura interna e estabelecer regras sobre escolha, formação e duração de seus órgãos permanentes e provisórios e sobre sua organização e funcionamento e para adotar os critérios de escolha e o regime de suas coligações nas eleições majoritárias, vedada a sua celebração nas eleições proporcionais, sem obrigatoriedade de vinculação entre as candidaturas em âmbito nacional, estadual, distrital ou municipal, devendo seus estatutos estabelecer normas de disciplina e fidelidade partidária" (CF, art. 27, § 1º, com redação dada pela EC n. 97, de 4-10-2017).

770 ◆ Uadi Lammêgo Bulos ◆

Esse *mandamento* é muito importante, pois consagra, explicitamente, o *princípio da autonomia partidária*, amplamente reconhecido pela jurisprudência do Supremo Tribunal Federal.

Casuística do STF:

- **Significado do princípio da autonomia partidária** — esse princípio, "além de repelir qualquer possibilidade de controle ideológico do Estado sobre os partidos políticos cria, em favor desses corpos intermediários, sempre que se tratar da definição de sua estrutura, de sua organização ou de seu interno funcionamento, uma área de reserva estatutária absolutamente indevassável pela ação normativa do Poder Público, vedando, nesse domínio jurídico, qualquer ensaio de ingerência legislativa do aparelho estatal. Ofende o princípio consagrado pelo art. 17, § 1º, da Constituição a regra legal que, interferindo na esfera de autonomia partidária, estabelece, mediante específica designação, o órgão do Partido Político competente para recusar as candidaturas parlamentares natas" (STF, ADIn 1.063-MC, Rel. Min. Celso de Mello, *DJ* de 27-4-2001).
- **Âmbito do princípio da autonomia partidária** — "O princípio da autonomia partidária, considerada a estrita delimitação temática de sua abrangência conceitual, não se qualifica como elemento de restrição ao poder normativo do Congresso Nacional, a quem assiste, mediante lei, a competência indisponível para disciplinar o processo eleitoral e, também, para prescrever regras gerais que os atores do processo eleitoral, para efeito de disputa do poder político, deverão observar, em suas relações externas, na celebração das coligações partidárias" (STF, ADIn 1.407-MC, Rel. Min. Celso de Mello, *DJ* de 24-11-2000).

Assim, os partidos políticos podem estabelecer as normas sobre seu funcionamento, escolha de seus candidatos, critérios de filiação e militância e duração do mandato de seus dirigentes.

O legislador, portanto, não pode interferir na estrutura interna, organização e funcionamento dos partidos. Estes é que *devem* prescrever seus estatutos e as normas internas, observadas as disposições constitucionais e o bom senso. Mas isso não significa que os partidos são agremiações *ilimitadas*. Ao contrário, submetem-se, normativamente, às diretrizes legais do processo eleitoral. A autonomia que ostentam não os torna oponíveis ao Estado, nem infensos e imunes à necessária observância dos preceitos legais que disciplinam o processo eleitoral em todas as suas fases.

> **Submissão normativa dos partidos políticos às diretrizes legais do processo eleitoral:** "Os Partidos Políticos estão sujeitos, no que se refere à regência normativa de todas as fases do processo eleitoral, ao ordenamento jurídico positivado pelo Poder Público em sede legislativa. Temas associados à disciplinação das coligações partidárias subsumem-se à noção de processo eleitoral, submetendo-se, em consequência, ao princípio da reserva constitucional de competência legislativa do Congresso Nacional" (STF, ADIn 1.407-MC, Rel. Min. Celso de Mello, *DJ* de 24-11-2000).

De qualquer sorte, os estatutos partidários devem seguir os ditames do regime democrático, trazendo normas sobre organização interna e disciplina de seus membros, que vai da simples advertência à exclusão do partido.

O princípio da fidelidade partidária também está incluso na mensagem do art. 17, § 1º, da Constituição.

- **Condição de suplente** — "Em que pese o princípio da representação proporcional e a representação parlamentar federal por intermédio dos partidos políticos, não perde a condição de suplente o candidato diplomado pela Justiça Eleitoral que, posteriormente, se desvincula do partido ou aliança partidária pelo qual se elegeu. A inaplicabilidade do princípio da fidelidade partidária aos parlamentares empossados se estende, no silêncio da Constituição e da lei, aos respectivos suplentes" (STF, MS 20.927, Rel. Min. Moreira Alves, *DJ* de 15-4-1994).

Recorde-se que a Carta de 1988, quando regulamentou a *privação dos direitos políticos* (art. 15, I a V), não incluiu a perda do mandato por infidelidade partidária.

Desse modo, embora a fidelidade partidária seja um vetor reconhecido pela Carta Suprema, ninguém perde o mandato por ser infiel aos objetivos dos partidos políticos.

> **Posição do STF:** "Possibilidade de perda de mandato parlamentar. Princípio da fidelidade partidária. Inaplicabilidade. Hipótese não colocada entre as causas de perda de mandado a que alude

◆ Cap. 18 ◆ PARTIDOS POLÍTICOS   771

o art. 55 da Constituição. Controvérsia que se refere à legislatura encerrada. Perda de objeto. Mandado de Segurança julgado prejudicado" (STF, MS 23.405, Rel. Min. Gilmar Mendes, *DJ* de 23-4-2004).

Vale lembrar que, no sistema proporcional, o mandato não é um direito pessoal do candidato. Demais disso, o reconhecimento de justa causa para a desfiliação partidária permite que o parlamentar desfiliado continue no exercício do mandato, mas não transfere ao novo partido o direito de sucessão à vaga na hipótese de vacância, como já decidiu o Supremo Tribunal Federal.

> **Troca de partidos não é submetida ao crivo do eleitor:** "presumir que a *justa causa* permite a manutenção do mandato não implica dizer que a Constituição autoriza a transferência da vaga ao novo partido. Como a troca de partidos não é submetida ao crivo do eleitor, o novo vínculo de fidelidade partidária não recebe legitimidade democrática inequívoca para a sua perpetuação e, assim, não há a transferência da vaga à nova sigla" (STF, MS 27.938/DF, Rel. Min. Joaquim Barbosa, j. em 11-3-2010).

✦ 6. REGISTRO PARTIDÁRIO

Os partidos políticos, após adquirirem personalidade jurídica, na forma da lei civil, registrarão seus estatutos no Tribunal Superior Eleitoral (CF, art. 17, § 2º).

No regime constitucional passado, o partido político, para adquirir personalidade jurídica, deveria registrar seus estatutos na Justiça Eleitoral.

A partir da Carta de 1988, a personalidade jurídica dos partidos passou a ser aferida no registro civil das pessoas jurídicas.

> **Natureza do registro partidário. Posição do STF:** "O procedimento de registro partidário, embora formalmente instaurado perante órgão do Poder Judiciário (Tribunal Superior Eleitoral), reveste-se de natureza materialmente administrativa. Destina-se a permitir ao TSE a verificação dos requisitos constitucionais e legais que, atendidos pelo Partido Político, legitimarão a outorga de plena capacidade jurídico-eleitoral a agremiação partidária interessada. A natureza jurídico-administrativa do procedimento de registro partidário impede que este se qualifique como causa para efeito de impugnação, pela via recursal extraordinária, da decisão nele proferida" (STF, RE 164.458-AgRg, Rel. Min. Celso de Mello, *DJ* de 2-6-1995).

✦ 7. RECURSOS DO FUNDO PARTIDÁRIO E PROPAGANDA ELEITORAL

A Emenda Constitucional n. 97, de 4-10-2017, imprimiu novos contornos à matéria em epígrafe.

Essa mudança formal à Carta de 1988 disciplinou as coligações partidárias nas eleições proporcionais.

Estabeleceu, também, normas referentes ao acesso dos partidos políticos aos recursos do fundo partidário.

Dispôs, inclusive, sobre o tempo de propaganda gratuita no rádio e na televisão.

Assim, os partidos políticos têm direito a recursos do fundo partidário e acesso gratuito ao rádio e à televisão, na forma da lei.

Mas, pelo art. 17, § 3º, com redação dada pela EC n. 97, de 4-10-2017, somente "terão direito a recursos do fundo partidário e acesso gratuito ao rádio e à televisão, na forma da lei, os partidos políticos que alternativamente: I — obtiverem, nas eleições para a Câmara dos Deputados, no mínimo, 3% (três por cento) dos votos válidos, distribuídos em pelo menos um terço das unidades da Federação, com um mínimo de 2% (dois por cento) dos votos válidos em cada uma delas; ou II — tiverem elegido pelo menos quinze Deputados Federais distribuídos em pelo menos um terço das unidades da Federação".

Ao eleito por partido que não preencher tais requisitos "é assegurado o mandato e facultada a filiação, sem perda do mandato, a outro partido que os tenha atingido, não sendo essa filiação considerada para fins de distribuição dos recursos do fundo partidário e de acesso gratuito ao tempo de rádio e de televisão" (CF, art. 17, § 5º, com redação dada pela EC n. 97, de 4-10-2017).

Os depositários do poder de reforma constitucional deixaram a aplicabilidade da regra de acesso dos partidos políticos aos recursos do fundo partidário e à propaganda gratuita no rádio e na televisão para 2030 (EC n. 97, de 4-10-2017, art. 3º).

E, no parágrafo único, do mencionado art. 3º, determinou que terão "acesso aos recursos do fundo partidário e à propaganda gratuita no rádio e na televisão os partidos políticos que: I — na legislatura seguinte às eleições de 2018: a) obtiverem, nas eleições para a Câmara dos Deputados, no mínimo, 1,5% (um e meio por cento) dos votos válidos, distribuídos em pelo menos um terço das unidades da Federação, com um mínimo de 1% (um por cento) dos votos válidos em cada uma delas; ou b) tiverem elegido pelo menos nove Deputados Federais distribuídos em pelo menos um terço das unidades da Federação; II — na legislatura seguinte às eleições de 2022: a) obtiverem, nas eleições para a Câmara dos Deputados, no mínimo, 2% (dois por cento) dos votos válidos, distribuídos em pelo menos um terço das unidades da Federação, com um mínimo de 1% (um por cento) dos votos válidos em cada uma delas; ou b) tiverem elegido pelo menos onze Deputados Federais distribuídos em pelo menos um terço das unidades da Federação; III — na legislatura seguinte às eleições de 2026: a) obtiverem, nas eleições para a Câmara dos Deputados, no mínimo, 2,5% (dois e meio por cento) dos votos válidos, distribuídos em pelo menos um terço das unidades da Federação, com um mínimo de 1,5% (um e meio por cento) dos votos válidos em cada uma delas; ou b) tiverem elegido pelo menos treze Deputados Federais distribuídos em pelo menos um terço das unidades da Federação".

Recordemos que, segundo a jurisprudência do Supremo, a propaganda eleitoral partidária deve destinar-se a difundir princípios ideológicos, atividades e programas dos partidos políticos. Caracteriza-se desvio de finalidade da propaganda partidária a participação de pessoas de outro partido no evento em que estiver veiculando (STF, ADIn 2.677-MC, Rel. Min. Maurício Corrêa, *DJ* de 7-11-2003).

Cumpre ao Tribunal Superior Eleitoral distribuir os recursos do Fundo Partidário aos órgãos nacionais dos partidos (Lei n. 9.096/95, art. 41, II).

O objetivo do fundo partidário é viabilizar verbas para financiar as atividades dos partidos. Tal matéria é muito complexa, porque envolve inúmeras discussões, as quais, quase sempre, levam ao debate sobre a real destinação desses recursos que, em tese, serviriam para custear as tarefas desenvolvidas pelas agremiações.

Conforme o Pretório Excelso, "qualquer partido, grande ou pequeno, desde que habilitado perante a Justiça Eleitoral, pode participar da disputa eleitoral, em igualdade de condições, ressalvados o rateio dos recursos do fundo partidário e a utilização do horário gratuito de rádio e televisão, o chamado 'direito de antena', ressalvas essas que o comando constitucional inscrito no artigo 17, § 3º, também reserva à legislação ordinária a sua regulamentação" (STF, ADIn 1.354-MC, Rel. Min. Maurício Corrêa, *DJ* de 25-5-2001. No mesmo sentido: STF, ADIn 1.408-MC, Rel. Min. Ilmar Galvão, *DJ* de 24-10-1997).

Pela Emenda Constitucional n. 91, de 18-2-2016, a Carta Magna foi alterada para estabelecer a possibilidade, excepcional e em período determinado, de desfiliação partidária, sem prejuízo do mandato. Desse modo, prescreveu o art. 1º da referida Emenda: "É facultado ao detentor de mandato eletivo desligar-se do partido pelo qual foi eleito nos 30 (trinta) dias seguintes à promulgação desta Emenda Constitucional, sem prejuízo do mandato, não sendo essa desfiliação considerada para fins de distribuição dos recursos do Fundo Partidário e de acesso gratuito ao tempo de rádio e televisão".

⬦ 7.1. Emenda Constitucional n. 133, de 22 de agosto de 2024

Com o advento da Emenda Constitucional n. 133/2024, os partidos políticos passaram a ter o dever de aplicarem recursos financeiros para candidaturas de pessoas pretas e pardas.

Desse modo, os despositários da competência reformadora estabeleceram parâmetros e condições para regularização e refinanciamento de débitos de partidos políticos.

A referida Emenda Constitucional n. 133/2024 reforçou a imunidade tributária dos partidos políticos.

◆ Cap. 18 ◆ PARTIDOS POLÍTICOS   773

Para tanto, acresceu o § 9º ao art. 17 da Carta Magna, para estatuir que, dos "recursos oriundos do Fundo Especial de Financiamento de Campanha e do fundo partidário destinados às campanhas eleitorais, os partidos políticos devem, obrigatoriamente, aplicar 30% (trinta por cento) em candidaturas de pessoas pretas e pardas, nas circunscrições que melhor atendam aos interesses e às estratégias partidárias".

✦ 8. PARTIDOS POLÍTICOS E ORGANIZAÇÕES PARAMILITARES

A Carta de 1988 vedou o uso pelos partidos políticos de organização paramilitar (art. 17, § 4º).

Proibiu-se, assim, a existência de corporações privadas de cidadãos ou estrangeiros, armados ou desarmados, fardados e até adestrados, para servirem a partidos políticos (CF, art. 5º, XVII).

✦ 9. INCONSTITUCIONALIDADE DA CLÁUSULA DE BARREIRA

O Supremo Tribunal Federal decidiu pela inconstitucionalidade da *cláusula de barreira*, prevista em dispositivos da Lei n. 9.096/95 (Lei dos Partidos Políticos).

Essa cláusula restringia o direito ao funcionamento parlamentar, ou seja, cerceava o acesso ao horário gratuito de rádio e televisão, limitando, ainda, a distribuição de recursos do Fundo Partidário (STF, ADIns 1.351/DF e 1.354/DF, Rel. Min. Marco Aurélio, j. em 7-12-2006).

Nas ADIns **1.351** e **1.354**, a Corte concluiu o seguinte:

* são inconstitucionais o art. 13, art. 41, *caput* (expressão "obedecendo aos seguintes critérios"), os incisos I e II do art. 41, o art. 48, o art. 49, *caput* (expressão "que atenda ao disposto no art. 13"), e o art. 57, II (expressão "no art. 13"), da Lei n. 9.096/1995;
* todos esses dispositivos condicionavam o funcionamento parlamentar a determinado desempenho eleitoral, conferindo aos partidos diferentes proporções de participação no Fundo Partidário e de tempo disponível para a propaganda partidária, o chamado direito de antena, conforme alcançados, ou não, os patamares de desempenho impostos para o funcionamento parlamentar;
* a *cláusula de barreira* fere os seguintes preceitos da Constituição Federal: o art. 1º, V (pluralismo político), o art. 17 (liberdade partidária), e o art. 58, § 1º (garantia da representação proporcional);
* se não bastasse, a *cláusula de barreira* acaba com as bancadas dos partidos minoritários, impedindo os respectivos deputados de comporem a Mesa Diretiva e as comissões;
* não é razoável aceitar os patamares de desempenho e a forma de rateio, concernente à participação no Fundo Partidário e ao tempo disponível para a propaganda partidária, adotados pela Lei n. 9.096/95; e
* o Brasil é um Estado Democrático de Direito. Por isso, as minorias partidárias não podem ser preteridas em favor das maiorias. Os direitos e liberdades fundamentais são para todos. Logo, as minorias têm o direito de se expressar, de se organizar, de denunciar, de discordar, de participar ativamente da vida pública nacional, de se fazer, enfim, representar nas decisões que influenciem nos destinos da sociedade como um todo.

✦ 10. DO PRINCÍPIO DA VERTICALIZAÇÃO DAS COLIGAÇÕES PARTIDÁRIAS À REGRA DA NÃO OBRIGATORIEDADE DE VINCULAÇÃO ENTRE AS CANDIDATURAS (CF, ART. 17, § 1º)

Pode um partido político celebrar coligação, para eleição de Presidente da República, com outros partidos e, ao mesmo tempo, celebrar coligação com terceiros partidos que também possuem candidato à Presidência da República, visando a eleição de governador de Estado?

Nos idos de 2002, o Tribunal Superior Eleitoral, por maioria de votos, respondeu negativamente a essa pergunta, entendendo que as coligações entre os partidos políticos devem ser as mesmas no plano federal e no estadual (TSE, Corte Especial, Consulta 715/DF, Rel. Min. Garcia Vieira, j. em 26-2-2002).

O questionamento foi formulado ao Tribunal Superior Eleitoral, em virtude de supostas dificuldades de exegese do art. 6º, *caput*, da Lei n. 9.504, de 30 de setembro de 1997, que preceitua: "É facultado aos partidos políticos, dentro da mesma circunscrição, celebrar coligações para eleição majoritária, proporcional, ou para ambas, podendo, neste último caso, formar-se mais de uma coligação para a eleição proporcional dentre os partidos que integram a coligação para o pleito majoritário".

O resultado da Consulta 715/DF ensejou a **Resolução n. 21.002 do TSE**, de 26 de fevereiro de 2002, cuja ementa foi a seguinte:

"Os partidos políticos que ajustarem coligação para eleição de presidente da República não poderão formar coligações para eleição de governador de Estado ou do Distrito Federal, senador, deputado federal e deputado estadual ou distrital com outros partidos políticos que tenham, isoladamente ou em aliança diversa, lançado candidato à eleição presidencial. Consulta respondida negativamente".

A **Resolução n. 21.002 do TSE**, que determinou a **verticalização das coligações partidárias** para as eleições de 2002, foi tomada com base nos seguintes argumentos:

- aplica-se à matéria a **teoria dos conjuntos**, que se concretiza por meio do **princípio da simetria entre candidaturas majoritárias e proporcionais**. Desse modo, a **circunscrição maior** (federal — candidatos à Presidência da República) abarca a **circunscrição menor** (estadual — candidatos a Governador, Senador, Deputado federal, estadual e distrital);
- a não verticalização das coligações partidárias gera situações de **bicefalia** ou **esquizofrenia partidária** no nível estadual, ensejando **dissidências regionais em relação aos partidos**, que, segundo a Carta Magna, têm caráter nacional (CF, art. 17, I);
- o caráter nacional dos partidos políticos reclama a existência de coerência partidária e consistência ideológica das agremiações e alianças. Somente assim torna-se possível o **aperfeiçoamento do sistema político-partidário**; e
- **não se aplica às eleições municipais** o princípio da verticalização das coligações partidárias, porque elas ocorrem separadamente dos outros pleitos eleitorais.

Recorde-se que, respondendo inúmeras consultas, o Tribunal Superior Eleitoral editou a **Resolução 21.048**, para flexibilizar o princípio da verticalização, permitindo alianças entre partidos que não apresentem candidatos à Presidência da República:

"Consulta — Partido que não lançou candidato à eleição presidencial, isoladamente ou em coligação — Coligações — Possibilidades. 1. Partido político que não esteja disputando a eleição presidencial, isoladamente ou em coligação, pode, em Estados diversos e no Distrito Federal, celebrar coligações para as eleições majoritárias estaduais, com diferentes partidos que estejam disputando a eleição presidencial, com diferentes candidatos. 2. A coligação formada para disputar a eleição presidencial pode ser dividida e os partidos que a componham disputar, em grupos ou isoladamente, a eleição para governador. 3. Os partidos ou coligações não estão obrigados a lançar candidatos a todos os cargos em disputa".

Foram tomadas, sem êxito, as seguintes providências contra a **verticalização das coligações partidárias**:

- **propositura das ADIns 2.628-3 e 2.626-7 no STF** — ambas não foram conhecidas. A Corte concluiu que a Resolução do TSE consagrando o princípio da verticalização não viola diretamente o Texto da República, mas apenas de modo oblíquo, algo que descarta, por si só, o ajuizamento de ações diretas de inconstitucionalidade. A única coisa que o ato resolutivo fez foi dar interpretação ao art. 6º da Lei n. 9.504/97, sendo, portanto, um **ato normativo secundário de natureza interpretativa**, de modo que os eventuais excessos do poder regulamentar da Resolução em face da Lei n. 9.504/97 não revelariam inconstitucionalidade, mas sim eventual ilegalidade, insuscetível de controle abstrato de normas (STF, ADIns 2.626/DF e 2.628/DF, Rel. orig. Min. Sydney Sanches, Rel. p/acórdão Min. Ellen Gracie, j. em 18-4-2002); e
- **elaboração de projeto de decreto legislativo** — o projeto de decreto legislativo, que almejava acabar com a verticalização das coligações partidárias, foi considerado inconstitucional, ficando prejudicado.

◆ Cap. 18 ◆ PARTIDOS POLÍTICOS

Mas as tentativas para pôr fim à verticalização das coligações partidárias foram vitoriosas, conseguindo eliminar o princípio da obrigatoriedade de vinculação entre as candidaturas em âmbito nacional, estadual, distrital ou municipal.

Referimo-nos ao surgimento da Emenda Constitucional n. 52, de 8 de março de 2006, que deu nova redação ao § 1º do art. 17 da Constituição Federal, para disciplinar as coligações eleitorais.

Com efeito, a Emenda Constitucional n. 52/2006 acabou, de uma vez por todas, com a obrigatoriedade de vinculação entre as candidaturas em âmbito nacional, estadual, distrital ou municipal, fulminando, em definitivo, aquele entendimento preconizado pelo Tribunal Superior Eleitoral por meio da **Resolução n. 21.002**.

O Conselho Federal da Ordem dos Advogados do Brasil ajuizou, em 9 de março de 2006, a **ADIn 3.685**, no Supremo, argumentando que a Emenda Constitucional n. 52/2006 não se aplicaria às eleições de 2006, sob pena de ferir o **princípio da anualidade eleitoral** (CF, art. 16).

Por 9 votos a 2, o Supremo, fazendo valer o disposto no art. 16 da Constituição, concluiu que a nova regra não poderia ser aplicada às eleições de 2006, sob pena de desrespeito ao princípio da anualidade (STF, ADIn 3.685/DF, Rel. Min. Ellen Gracie, j. em 22-3-2006).

Eis os pontos principais da decisão proferida na **ADIn 3.685**:

- **inconstitucionalidade do art. 1º da EC n. 52/2006** — a Corte declarou a inconstitucionalidade do art. 1º da EC n. 52/2006, que alterou a redação do art. 17, § 1º, da Carta Maior, para inserir em seu texto, no que tange à disciplina relativa às coligações partidárias eleitorais, a regra da não obrigatoriedade de vinculação entre as candidaturas em âmbito nacional, estadual, distrital ou municipal;

- **garantia do princípio da anualidade eleitoral** — no mérito, afirmou-se, de início, que o princípio da anualidade ou anterioridade eleitoral, extraído do art. 16 da Carta de Outubro, consubstancia garantia individual do cidadão-eleitor, detentor originário do poder exercido por seus representantes eleitos (art. 1º, parágrafo único), protegendo, assim, o processo eleitoral. Tal princípio contém elementos que o caracterizam como uma garantia fundamental oponível inclusive à atividade do legislador constituinte derivado (CF, arts. 5º, § 2º, e 60, § 4º, IV). Portanto, sua transgressão viola os direitos individuais da segurança jurídica (CF, art. 5º, *caput*) e do devido processo legal (CF, art. 5º, LIV);

- **a temática das coligações está ligada ao processo eleitoral** — qualquer alteração em tema de coligação partidária interfere na correlação das forças políticas e no equilíbrio das posições de partidos e candidatos e, portanto, da própria competição, motivo pelo qual o art. 1º da EC n. 52/2006 fere o art. 60, § 4º, IV, c/c o art. 5º, LIV, e § 2º, da Carta Maior; e

- **interpretação conforme da parte remanescente da EC n. 52/2006** — foi dada interpretação conforme à Constituição, no sentido de que o § 1º do art. 17 da Constituição, com a redação dada pela EC n. 52/2006, não fosse aplicado às eleições de 2006, remanescendo aplicável a estas a redação original do mesmo artigo.

Em nossos dias, a regra do § 1º do art. 17 da Carta Maior encontra-se em pleno vigor, não havendo mais a obrigatoriedade de vinculação entre candidaturas.

Numa palavra, não mais vigora, no Brasil, o princípio da verticalização das coligações partidárias, e sim a **regra da não obrigatoriedade de vinculação entre as candidaturas**, cuja **aplicabilidade é imediata**.

CAPÍTULO 19

ORGANIZAÇÃO DO ESTADO BRASILEIRO

✦ 1. ORGANIZAÇÃO POLÍTICO-ADMINISTRATIVA E DIVISÃO ESPACIAL DO PODER

A Carta de 1988 qualificou a *organização do Estado brasileiro* como *político-administrativa*.

Significa que as *entidades* integrantes da República Federativa do Brasil — União, Estados, Distrito Federal e Municípios — encontram supedâneo em diretrizes e normas constitucionais de observância compulsória pelos Poderes Legislativo, Executivo e Judiciário.

Tais *entidades* integram a *federação brasileira*, que se organiza com base no princípio de que as pessoas políticas de Direito Público Interno devem conviver equilibradamente, sem conflito de atribuições.

Recordemos que a doutrina clássica estuda a *organização espacial* ou *territorial* do poder do Estado sob tríplice perspectiva:
- **forma de governo** — monarquia ou república;
- **sistema de governo** — presidencialista ou parlamentarista; e
- **forma de Estado** — federação, confederação ou Estado unitário.

O Brasil adotou a *república*, como *forma de governo*, o *presidencialismo*, como *sistema de governo*, e a *federação*, como *forma de Estado*.

Desses elementos, merece destaque a *federação*, temática correlata à *organização político-administrativa do Estado brasileiro*, que estudaremos nas páginas seguintes.

✦ 2. FEDERAÇÃO

Federação, do latim *foedus, foederis*, significa pacto, interação, aliança, elo entre Estados-membros.

Trata-se de uma *unidade* dentro da *diversidade*. A *unidade* é ela, a *federação*, enquanto a *diversidade* é inerente às partes que a compõem, isto é, os *Estados*, com seus caracteres próprios.

A federação, portanto, é um *pluribus in unum*, ou seja, uma *pluralidade* de Estados dentro da *unidade* que é o Estado Federal.

Quem a concebeu foi o constituinte norte-americano de 1787.

Mas, nos Estados Unidos, a formação do modelo federativo deu-se de *fora para dentro*, num movimento *centrípeto*, pois os Estados soberanos cederam parcela de sua autonomia para o estabelecimento do *pactum foederis*.

Sobre o assunto: Alexander Hamilton, John Jay e James Madison, *O federalista*, p. 7 e s.

A importância do *federalismo* é tão grande que Pierre Duclos o vislumbrou como uma realidade imanente e aplicável a todas as relações sociais (*L'evolution des rapports politiques depuis de 1750*, p. 223).

As características comuns das *federações* são as seguintes:

◆ Cap. 19 ◆ ORGANIZAÇÃO DO ESTADO BRASILEIRO

- **pacto entre unidades autônomas** — a federação é uma aliança ou associação de Estados-membros *autônomos*, os quais integram o Estado Federal *soberano*;
- **impossibilidade de secessão** — uma vez criada, a federação não pode ser desfeita, mediante a retirada das unidades autônomas de poder que a integram, em virtude da *indissolubilidade do vínculo federativo*;
- **extrai sua força da Constituição** — o *todo*, o *Estado Federal*, e as suas *partes indissociáveis*, os *Estados*, retiram sua força da constituição, fonte primária de todas as competências administrativas, legislativas e tributárias, exercidas pelos governos locais;
- **descentralização político-administrativa** — na federação encontramos a primazia da descentralização político-administrativa, pois o poder central do *Estado Federal* é compartilhado com as *entidades federadas*, que exercem poderes autônomos;
- **participação dos Estados no Poder Legislativo Federal** — isto se dá por meio de deputados eleitos para elaborar leis de interesse nacional;
- **órgão representativo dos Estados-membros** — previsão, na Carta Magna, do Senado Federal, para representar as ordens jurídicas parciais, ou seja, os Estados federados;
- **repartição de competências entre os entes federados** — as entidades federativas podem gerenciar negócios (*competência administrativa*), ter renda própria (*competência tributária*) e criar comandos gerais e abstratos para reger suas relações (*competência legislativa*);
- **possibilidade de intervenção federal** — o objetivo dessa faculdade é preservar o equilíbrio federativo, nas hipóteses rigorosamente previstas na constituição;
- **formação de Estados-membros** — no modelo federativo existe a possibilidade de criação de novos Estados ou modificação dos já existentes, à luz das regras estabelecidas na constituição; e
- **previsão de um órgão de cúpula do Poder Judiciário** — é o caso do nosso Supremo Tribunal Federal, cuja tarefa precípua é guardar o Texto de 1988.

É a *federação*, portanto, uma genuína *técnica de distribuição do poder*, destinada a coordenar competências constitucionais das pessoas políticas de Direito Público Interno, que, no Brasil, equivalem à União, Estados, Distrito Federal e Municípios (CF, arts. 1º e 18).

A federação, que em sentido clássico é uma associação de Estados-membros, não se confunde com outras figuras político-institucionais que traduzem técnicas de distribuição e exercício do poder político, a saber:

- **Estado unitário** — apresenta-se em três modalidades distintas: **(i)** *Estado unitário puro* — o poder político é fortemente centralizado. Aqui as atribuições político-administrativas do Estado centralizam-se num só centro produtor de decisões, onde as coletividades territoriais menores usufruem de uma autonomia delegada; **(ii)** *Estado unitário descentralizado administrativamente* — o governo nacional transfere encargos e serviços para pessoas descentralizadas; e **(iii)** *Estado unitário descentralizado administrativa e politicamente* — as decisões são tomadas de forma compartilhada entre o governo central, que as concebe, e o povo, que as executa perante o comando central. Muito comum nos países europeus, é a espécie mais comum na atualidade.
- **Estado regional** — desdobramento do próprio Estado unitário, sujeito a um processo renovatório das estruturas estatais, de modo a ampliar o grau de descentralização política, para alcançar formas mais avançadas de *regionalismo*. Na Carta italiana de 1947 e na Constituição da Espanha monárquica de 1978 encontramos o *Estado unitário com descentralização regional*. Esse verdadeiro *Estado regional*, por assim dizer, é um tipo intermediário, localizado nas fronteiras do Estado unitário e do Estado Federal.

> **Compulsar:** Paulo Lopo Saraiva, *Federalismo regional*, 1992.

- **Confederação** — união de Estados soberanos, regidos por um tratado, que seguem a política comum de segurança interna e de defesa externa. Exemplos: Confederação dos Países Baixos, de 1579, e Confederação do Reno, de 1806. Atualmente a confederação é uma referência histórica, mas que deixou marcas positivas no plano organizatório dos Estados, passando por experiências positivas, como ocorreu na Alemanha, na Suíça e nos Estados Unidos. Segundo Norberto Bobbio e Nicola Matteucci, no modelo confederativo inexiste limites à soberania absoluta dos Estados (*Dicionário de política*, p. 481).

> **Conferir:** Claude Sophie Douin, *Le fédéralisme autrichien*, 1977; José Roberto Dromi, *Federalismo y diálogo institucional*, 1981.

Na atualidade, não se pode falar em federação, mas em *federações*, oriundas da aliança entre entes *autônomos*, jamais soberanos.

Soberano só o é o próprio *Estado Federal*, e mais nenhuma outra pessoa política de Direito Público.

Decerto, quando mencionamos a voz *Estado Federal*, surge em nossa mente a ideia de pacto entre entes públicos autônomos.

Autonomia é a capacidade das ordens jurídicas parciais gerirem negócios próprios dentro de uma esfera pré-traçada pelo Estado Federal, que é *soberano*.

Na realidade, a *federação* tornou-se uma figura estatal bastante complexa, variando à luz das peculiaridades de cada Estado. Nisso, transcende o seu perfil clássico, idealizado pelos constituintes da Filadélfia, que o previram na Carta americana de 1787.

Em nossos dias, inexiste *federalismo puro*, algo impossível de concretizar-se, afinal é uma aliança e as alianças, como disse José Roberto Dromi, *não perduram* (*Federalismo y diálogo institucional*, p. 20).

Exemplo do que estamos dizendo foi a inserção dos Municípios no pacto federativo brasileiro, ao lado da União, dos Estados e do Distrito Federal (CF, arts. 1º e 18). Como veremos abaixo, criou-se uma *federação de Municípios*, algo sem precedentes.

✧ 2.1. O Estado Federal brasileiro

A federação brasileira formou-se de *dentro para fora*, num movimento *centrífugo*, pois tínhamos um Estado unitário que se descentralizou para formar unidades autônomas de poder.

> **Federação brasileira** — formada de *dentro para fora* — **movimento centrífugo.**

Se, na federação americana, os Estados independentes se despojaram da soberania para formar o Estado Federal, no Brasil ocorreu o inverso. Aqui a federação nasceu por meio de *segregação*. O Estado unitário, que era o Império, descentralizou-se em unidades federadas autônomas. As antigas províncias foram convertidas em ordens jurídicas parciais, por força do art. 2º da Carta de 1891.

> **Federação americana** — formada de *fora para dentro* — **movimento centrípeto.**

Provisoriamente, a federação pátria foi instituída pelo Decreto n. 1, de 15 de novembro de 1889, com a forma republicana de governo. Por influência de Ruy Barbosa, incorporou-se no Texto de 1891, mantendo-se até hoje.

Assim, o Estado brasileiro organiza-se com base no *modelo federativo*, que não pode ser alvo de propostas de emendas constitucionais tendentes a aboli-lo (CF, art. 60, § 4º, I).

Vigora, no Brasil, pois, uma *repartição regional de poderes autônomos*, do contrário não teríamos um *Estado Federal*, mas sim um *Estado unitário*, a exemplo do que ocorre no Paraguai, no Chile, no Uruguai etc.

◆ Cap. 19 ◆ ORGANIZAÇÃO DO ESTADO BRASILEIRO

✧ 2.2. Princípio da indissolubilidade do pacto federativo (CF, arts. 1º, *caput*, e 18, *caput*)

Pelo *princípio da indissolubilidade do pacto ou vínculo federativo* União, Estados, Distrito Federal e Municípios não podem ser separados do Estado Federal, abrindo mão de suas respectivas autonomias para formar centros independentes de poder. Ao contrário, devem coexistir de modo harmônico, solidário e pacífico, sob pena de intervenção federal (CF, arts. 34 e s.).

É que o vetor da *indissolubilidade* é um consectário do princípio federativo, que inadmite "Estados Federais" dentro da mesma federação.

Reiteremos que o Texto de 1988, a exemplo da Carta republicana de 1891 (art. 1º), pioneira nesse assunto, vedou o chamado *direito de secessão*, impedindo a União, os Estados, o Distrito Federal e os Municípios de sofrerem atos segregatórios (*v.* Capítulo 12, n. 2).

✧ 2.3. Princípio implícito da simetria federativa

Convém abrirmos um parêntese no nosso estudo para tecermos algumas considerações a respeito do princípio da simetria federativa.

Por meio da simetria federativa, a União, os Estados, o Distrito Federal e os Municípios procuram seguir o modelo traçado na Constituição da República, evitando, assim, lacunas, discrepâncias e, sobretudo, antagonismos.

O princípio da simetria é implícito, porque não se encontra grafado no texto das constituições. Dessume-se de vários princípios explícitos, tais como a legalidade, a isonomia, o devido processo legal, e, também, de inúmeros ditames implícitos, a exemplo da supremacia constitucional, da presunção de constitucionalidade dos atos normativos, da boa-fé, da razoabilidade (proporcionalidade ou proibição de excesso) etc.

Mas, afinal, o que é *simetria*, adjetivo que qualifica o princípio em análise?

Essa palavra vem do grego *symmetría*, significando, ao pé da letra, "justa proporção". Trata-se de um substantivo feminino, que denota ideia de correspondência, em grandeza, forma e posição relativa, de partes situadas em lados opostos de uma linha ou plano médio, ou, ainda, que se acham distribuídas em volta de um centro ou eixo.

A etimologia do vocábulo muito tem que ver com o significado do princípio implícito da simetria federativa, por intermédio do qual as entidades federativas procuram seguir o padrão, o modelo, a forma pré-traçada na Carta Magna.

Daí se falar em norma de reprodução obrigatória, padrão de observância compulsória, dentre outras expressões, que, na realidade, buscam computar aquela ideia de "justa proporção".

Na prática, encontramos o princípio implícito da simetria federativa em diversos julgados, muitos dos quais proferidos pelo nosso Supremo Tribunal Federal.

Aliás, o princípio da simetria aparece na jurisprudência da Corte Excelsa de dois modos diferentes:

- **de modo direto** — muitos são os julgados do Supremo Tribunal que invocam, diretamente, o primado da simetria federativa, bastando citar, a título exemplificativo, a **ADI 4.309**, em que se discutiu a problemática da dupla vacância dos cargos de governador e vice-governador de Estado-membro da federação. Concluiu o Relator, Min. Cezar Peluso, que, no caso, não haveria que se cogitar a presença do princípio da simetria, que não é produto de uma decisão arbitrária ou imotivada do intérprete (STF, ADI 4.309/TO, Rel. Min. Cezar Peluso, j. em 7-10-2009); e

- **de modo indireto** — inúmeros são os veredito do Supremo Tribunal Federal em que encontramos, nas entrelinhas de seus julgados, a concepção de simetria federativa. Como exemplo, vale recordar o **HC 89.837**, onde, indiretamente, encontramos a presença da simetria. Em seu paradigmático voto, o Min. Celso de Mello demonstrou, dentre outros aspectos, que deveriam ser preservadas as liberdades públicas dos investigados, porque a atuação dos órgãos públicos deve pautar-se na Constituição Federal, **documento de observância compulsória por parte de todos**, inclusive daqueles que detêm o *dominus litis*. Assim, o Ministério Público — do mesmo modo que todos os que se encontrem submetidos à supremacia das normas constitucionais — está permanentemente sujeito ao controle jurisdicional dos atos que pratique no âmbito das investigações penais que promova *ex propria auctoritate* (STF, 2ª Turma, HC 89.837/DF e 85.419/RJ, Rel. Min. Celso de Mello, j. em 20-10-2009).

◇ 2.4. Federalismo assimétrico (CF, arts. 23; 43; 151, I; 155, I, *b*, § 2º, VI e XII, *g*)

Diz-se *federalismo assimétrico* a busca do equilíbrio, da cooperação, do entendimento entre as ordens jurídicas parciais perante o poder central, dentro de uma realidade naturalmente contraditória e nebulosa, em que o interesse de uns sobrepõe-se às necessidades de muitos. Por isso, são depositadas nas constituições normas destinadas a minorar essas diferenças.

O *federalismo assimétrico* está presente no Brasil, em diversos preceitos constitucionais, inclusive aqueles de natureza tributária (CF, arts. 23; 43; 151, I; 155, I, *b*, § 2º, VI e XII, *g*).

Não se trata de uma modalidade nova na Teoria Geral das Federações, e sim de um método para estudar uma característica intrínseca do fenômeno federativo: a desconformidade.

É esse caractere que preside a ideia nuclear que anima a própria existência do *pactum foederis*, no sentido de que os Estados-membros, com os seus diversos graus de autonomia e de poder, apresentam traços próprios, peculiaridades culturais, sociais, econômicas e políticas, as quais convergem para a autoridade federal.

A *assimetria* é um caractere imanente a toda e qualquer federação, porque no atual estágio evolutivo da humanidade o esquema de configurações institucionais do processo governamental encontra-se pejado de desequilíbrios diversos.

> **Sobre federalismo assimétrico:** Daniel J. Elazar, *The American Partnership*: intergovernmental Cooperation in the 19th Century United States, 1962; Paul T. David, *Cooperativism and conflict*, 1969.

No âmbito do Estado Federal, em que a *unidade* convive com a *diversidade*, verifica-se a acentuada primazia de disparidades políticas e sociais, somadas a crises financeiras, em que os recursos destinados à consecução de tarefas públicas perdem-se no jogo distorcido de interesses sórdidos e ilusões momentâneas.

Muitos podem dizer que essa análise não seria propriamente jurídica, porquanto toma de empréstimo formulações metanormativas. Então passam a conceber a *assimetria* como uma distorção do próprio modelo federativo.

Os que advogam essa tese, contudo, caem numa *contraditio in terminis*, pois a simetria é um ideal intangível de alcançar. Até mesmo no Canadá, onde viceja o *federalismo operacionalizado*, existem conflitos culturais profundos, diferenças étnicas, políticas, econômicas e sociais, demonstrando que inexiste perfeição nessa seara.

> **Nesse sentido:** Richard Simeon, *Federal-Provincial Diplomacy*: the making of recent policy in Canada, p. 9.

Se existem, assim, fontes de permanente tensão, inclusive no Canadá, não há por que falar em simetria. Isso, obviamente, não empana nem enfraquece aquela concepção dinâmica do federalismo canadense, se comparada a outras federações.

Sem dúvida, temos de reconhecer que o modelo canadense coloca-se à parte do arquétipo tradicional de federação. Daí a sua especificidade, desconhecida nos demais países do mundo.

Curioso anotar que a ideia de *assimetria* não é una, porquanto existem várias assimetrias, a depender do ângulo que se pretenda examinar.

> **Nesse sentido:** Dircêo Torrecillas Ramos, *O federalismo assimétrico*, p. 63 e s.

✦ 3. ENTIDADES COMPONENTES DA FEDERAÇÃO BRASILEIRA

As *entidades componentes da federação brasileira* são as pessoas políticas de Direito Público Interno, que integram a estrutura político-administrativa da República pátria.

◆ Cap. 19 ◆ ORGANIZAÇÃO DO ESTADO BRASILEIRO **781**

Correspondem à União, Estados, Distrito Federal e Municípios, todos dotados de *autonomia*, nos termos da Constituição (art. 18, *caput*).

Adiante-se, desde já, que a *autonomia* dos entes federados está dentro da própria *soberania* do Estado Federal, exteriorizando-se pelas capacidades de **auto-organização** (ter constituição ou lei orgânica própria), **autolegislação** (criar normas gerais e abstratas), **autoadministração** (prestar e manter serviços próprios) e **autogoverno** (gerir negócios).

Esses quatro atributos estão presentes na autonomia de todos os entes federativos, sem exceção.

✦ 4. UNIÃO

União — escrita com maiúscula — é a pessoa jurídico-política de Direito Público Interno e Externo, que integra o Estado Federal brasileiro.

Atua, pois, em duas dimensões completamente distintas:

- **União na acepção interna ou nacional** — legisla, executa e gerencia serviços públicos federais. Coopera para a feitura de leis federais, realizando obras e serviços públicos no âmbito de suas atribuições. Afigura-se sujeito de direitos e deveres, integrando os polos ativo e passivo de relações jurídicas, de modo a suportar os encargos decorrentes de sua conduta. Por meio de órgãos e agentes, pode assumir o posto de autora, ou de ré, em demandas judiciais. Como qualquer outro litigante, responsabiliza-se judicialmente pela prática de ações ou omissões. Seu domicílio é em Brasília (CF, art. 18, § 1º), sujeitando-se a normas constitucionais de competência (CF, art. 109, §§ 1º a 4º).

- **União na acepção externa ou internacional** — representa a República Federativa do Brasil nas suas relações exteriores, embora não seja uma pessoa jurídica de Direito Internacional, coisa que só o Estado brasileiro o é. Apenas detém a competência exclusiva para representar o Brasil em matéria de soberania, afinal Estados-membros, Distrito Federal e Municípios não atuam nessa seara. Mesmo em sentido externo, é entidade componente da nossa federação, não se confundindo com ela. Daí a impropriedade da terminologia "União federal", que gera o equívoco de que ela é o próprio Estado Federal.

A União é autônoma em relação aos Estados, Distrito Federal e Municípios, não se confundindo com a República Federativa do Brasil.

Enquanto a República brasileira é o próprio Estado Federal, equivalendo à ordem jurídica total, a *União* é entidade integrante do todo, sendo uma *ordem jurídica parcial*, até mesmo em sua acepção externa.

> **Cronologia constitucional:** os contornos constitucionais da entidade político-administrativa *União* vêm desde os Textos de 1934 (art. 5º), 1937 (art. 36), 1946 (art. 34) e 1967 (art. 4º), passando este último pelo crivo da Emenda Constitucional n. 1/69 (art. 4º).

O espaço físico da União, portanto, é menor do que o da República Federativa do Brasil, que engloba os territórios das demais entidades federativas.

✧ 4.1. Bens da União (CF, art. 20, I a XI)

Bens da União são valores materiais ou imateriais suscetíveis de serem objeto de relações jurídicas.

Compreendem todas as coisas dotadas de valor econômico, sejam corpóreas, sejam incorpóreas, móveis, imóveis ou semoventes, além de créditos, direitos e ações pertencentes aos entes estatais, autárquicos e paraestatais, estes últimos formados pelas empresas públicas, sociedades de economia mista, fundações governamentais e serviços autônomos.

A União, como pessoa jurídica de Direito Público *Interno*, poderá titularizar direitos reais e pessoais, inclusive simultaneamente, pois a Carta de 1988 não trouxe impedimentos nesse sentido.

Com efeito, são bens da União:

- os que atualmente lhe pertencem e os que lhe vierem a ser atribuídos;

> **Súmula 650 do STF:** "Os incisos I e XI do art. 20 da CF não alcançam terras de aldeamentos extintos, ainda que ocupadas por indígenas em passado remoto".

- as terras devolutas indispensáveis à defesa das fronteiras, das fortificações e construções militares, das vias federais de comunicação e à preservação ambiental, definidas em lei;

> **Súmula 477 do STF:** "As concessões de terras devolutas situadas na faixa de fronteira, feitas pelos Estados, autorizam apenas o uso, permanecendo o domínio com a União, ainda que se mantenha inerte ou tolerante, em relação aos possuidores".

- os lagos, rios e quaisquer correntes de água em terrenos de seu domínio, ou que banhem mais de um Estado, sirvam de limites com outros países, ou se estendam a território estrangeiro ou dele provenham, bem como os terrenos marginais e as praias fluviais;
- as ilhas fluviais e lacustres nas zonas limítrofes com outros países, as praias marítimas, as ilhas oceânicas e as costeiras, excluindo-se: **(i)** as que contenham a sede de Municípios; **(ii)** as áreas afetadas ao serviço público e à unidade ambiental federal; e **(iii)** as áreas, ilhas oceânicas e costeiras de domínio dos Estados-membros (redação dada pela EC n. 46/2005);

> **Ilhas — Usucapião — Domínio Insular da União:** "Ilhas marítimas (ilhas costeiras ou continentais e ilhas oceânicas ou pelágicas). Santa Catarina. Ilha costeira. Usucapião de áreas de terceiros nela existentes. Domínio insular da União Federal (CF, art. 20, IV). Possibilidade jurídico-constitucional de existirem, nas ilhas marítimas, áreas sujeitas à titularidade dominial de terceiros (CF, art. 26, II, *in fine*). A questão das terras devolutas. Inexistência de presunção *juris tantum* do caráter devoluto dos imóveis pelo só fato de não se acharem inscritos no registro imobiliário. Insuficiência da mera alegação estatal de tratar-se de imóvel pertencente ao domínio público. Afirmação que não obsta a posse *ad usucapionem*. Necessidade de efetiva comprovação, pelo poder público, de seu domínio" (STF, RE 285.615, Rel. Min. Celso de Mello, *DJ* de 23-2-2005).

- os recursos naturais da plataforma continental e da zona econômica exclusiva;
- o mar territorial;
- os terrenos de marinha e seus acrescidos;
- os potenciais de energia hidráulica;
- os recursos minerais, inclusive os do subsolo;
- as cavidades naturais subterrâneas e os sítios arqueológicos e pré-históricos;
- as terras tradicionalmente ocupadas pelos índios.
  - **Demarcação de terrenos de marinha e notificação de interessados** — o Plenário do Supremo Tribunal, por maioria de votos, declarou a inconstitucionalidade do art. 11 do Decreto-lei n. 9.760/46, com redação dada pelo art. 5º da Lei n. 11.481/2007, que autorizava o Serviço de Patrimônio da União a notificar, por edital, os interessados no procedimento de demarcação dos terrenos de marinha, "para que no prazo de 60 (sessenta) dias ofereçam a estudo plantas, documentos e outros esclarecimentos concernentes aos terrenos compreendidos no trecho demarcando". Concluíram os Ministros que se tratava de remarcação, e não de simples demarcação de área de marinha. E, nos dias de hoje, tais terrenos constituiriam instituto obsoleto, sendo muito difícil, sobretudo nas cidades litorâneas, existir terreno de marinha ainda não demarcado. Logo, é preciso haver chamamento, por notificação pessoal, dos interessados certos, os quais teriam seus nomes inscritos nos registros do Patrimônio da União, porque seriam foreiros e pagariam o laudêmio a cada ano. Ademais, o tema seria complexo, de difícil equacionamento, à luz da urbanização crescente da sociedade brasileira e que essa permanência dos terrenos de marinha poderia significar retardo no processo de desenvolvimento, ao encarecer imóveis. Observou-se que a primeira fase do aludido procedimento levaria à arrecadação dos imóveis, em desconstituição de ato jurídico perfeito, o que reforçaria a imprescindibilidade dessa notificação pessoal e que não seria possível flexibilizar o direito de defesa. Ao se destacar que a norma originária estivera em vigor há mais de 60 anos, consignou-se que nessas áreas — em que viveriam muitas pessoas com

Cap. 19 ◆ ORGANIZAÇÃO DO ESTADO BRASILEIRO   783

baixa escolaridade as quais não acompanhariam a publicação de editais — ter-se-iam situações constituídas com conhecimento da Administração de quem seriam os titulares desses terrenos. E, em sede de procedimento administrativo, faz-se necessária a ciência real, não presumida, não ficta, da instauração de procedimentos que pudessem atingir o direito de proprietários certos. Evidenciou-se que o dispositivo impugnado frustraria o contraditório, de modo a afetar o direito de defesa e comprometer a situação jurídica de proprietários, que passariam a ser considerados detentores precários da área, com inegáveis prejuízos. Vencidos os Ministros Ricardo Lewandowski, Relator, Cármen Lúcia, Joaquim Barbosa e Ellen Gracie (STF, ADI 4.264 MC/PE, Rel. Min. Ricardo Lewandowski, j. em 16-3-2011).

✧ 4.2. Participação em recursos minerais (CF, art. 20, § 1º)

É assegurada, nos termos da lei ordinária, "à União, aos Estados, ao Distrito Federal e aos Municípios a participação no resultado da exploração de petróleo ou gás natural, de recursos hídricos para fins de geração de energia elétrica e de outros recursos minerais no respectivo território, plataforma continental, mar territorial ou zona econômica exclusiva, ou compensação financeira por essa exploração" (CF, art. 20, § 1º com redação dada pela EC n. 102, de 6 de setembro de 2019).

> **ADI contra distribuição de royalties de petróleo a municípios - improcedência:** "o Plenário do Supremo Tribunal Federal, por maioria de votos, julgou improcedente a ADI 4846, que questionava o art. 9º da Lei federal 7.990/1989. Prevaleceram as seguintes teses: (i) o art. 20, da Constituição Federal, assegura à União, aos Estados e aos Municípios a compensação financeira pela exploração de petróleo ou gás natural, de recursos hídricos para fins de geração de energia elétrica e de outros recursos minerais no respectivo território; (ii) o qualificativo "produtor" refere-se ao royalties terrestres, o que não seria o caso da ADI 4846; (iii) as receitas de royalties são originárias da União, haja vista a propriedade federal dos recursos minerais. Devem, pois, ser transferidas a Estados e Municípios." (STF, ADI 4846, Rel. Min. Edson Facchin, j. 9-10-2019).

As constituições brasileiras passadas não se preocuparam com essa matéria. Por isso não distinguiam *participação* de *compensação*.

Pelo Texto de 1988, a *participação* produz benefícios, provenientes da exploração de petróleo ou gás natural, de recursos hídricos para fins de geração de energia elétrica e de outros recursos minerais no respectivo território, plataforma continental, mar territorial ou zona econômica exclusiva.

Já a *compensação* ocorre nas hipóteses de prejuízos advindos da exploração, sendo compreensível, nesses casos, que a entidade federativa não sofra investidas dentro do seu próprio território, razão pela qual deve ser compensada financeiramente.

Lembre-se que, antes mesmo do advento da EC n. 102/2019, os Estados, o Distrito Federal e os Municípios já gozavam da *compensação financeira* prevista no art. 20, § 1º, da Carta Maior. Tanto foi assim que a Lei n. 7.990, de 28 de dezembro de 1989, estabeleceu percentuais de distribuição, os quais foram definidos pela Lei n. 8.001, de 13 de março de 1990.

> **Constitucionalidade da Lei n. 7.990/89:** "A obrigação instituída na Lei 7.990/89, sob o título de compensação financeira pela exploração de recursos minerais (CFEM) não corresponde ao modelo constitucional respectivo, que não comportaria, como tal, a sua incidência sobre o faturamento da empresa; não obstante, é constitucional, por amoldar-se à alternativa de participação no produto da exploração dos aludidos recursos minerais, igualmente prevista no art. 20, § 1º, da Constituição" (STF, RE 228.800, Rel. Min. Sepúlveda Pertence, *DJ* de 16-11-2001).

✧ 4.3. Faixa de fronteira (CF, art. 20, § 2º)

A previsão da faixa de fronteira é uma novidade do Texto de 1988. Na Carta de 1967 só eram previstas as "áreas indispensáveis à segurança nacional" (art. 89, III), sem qualquer especificação quanto à zona fronteiriça.

784 ◆ Uadi Lammêgo Bulos ◆

Desse modo, a faixa de até 150 quilômetros de largura, ao longo das fronteiras terrestres, designada como faixa de fronteira, é considerada fundamental para a defesa do território nacional, e sua ocupação e utilização serão reguladas em lei.

> **Lei n. 6.634, de 2-5-1979:** regulamentada pelo Decreto n. 85.064, de 26-8-1980, dispõe sobre a faixa de fronteira.

✧ 4.4. Regiões administrativas ou de desenvolvimento (CF, art. 43, §§ 1º a 4º)

Para efeitos administrativos, a União poderá articular sua ação em um mesmo complexo geoeconômico e social, visando o seu desenvolvimento e a redução das desigualdades regionais (art. 43, *caput*).

Eis as *regiões administrativas* ou *regiões de desenvolvimento*.

Afinal, o que significam?

As *regiões administrativas* são organismos regionais ou unidades geográficas, com composição populacional própria, desligadas dos Estados-membros, mas que se encontram submetidas à égide do princípio federativo (CF, art. 1º, *caput*).

No Brasil, elas não logram qualquer capacidade política no âmbito jurídico-formal. Designam, apenas, meros instrumentos de articulação da União. Tanto é assim que são criadas por ela, estando impossibilitadas de legislar.

Vale registrar que a Constituição de 1988 foi a primeira que elevou as *regiões administrativas* ao nível constitucional positivo. Intentou conferir maior dignidade a certas plagas, procurando dotá-las de maior representatividade política para pleitearem ao Poder Público melhoria das condições econômicas daqueles recantos menos desenvolvidos do País.

Aliás, desde o Texto de 1946 que foram implantadas formas jurídicas capazes de contribuir para o fortalecimento das *regiões*. Quer sob a forma de *autarquias*, quer por meio de *sociedades de economia mista*, a política federal recebia autorização para interferir no âmbito regional, a exemplo da Superintendência do Plano de Valorização Econômica da Amazônia (SUDAM) e do Departamento Nacional de Obras Contra as Secas (DNOCS).

De outra parte, Estados estrangeiros — a exemplo de Portugal, Espanha e Itália — têm reconhecido as *regiões* em parâmetros diversos do brasileiro, enquadrando-as entre os entes dotados de descentralização política, e, em última análise, de capacidade legislativa própria.

Nesse contexto, paira a celeuma doutrinária se elas seriam imanentes ao Estado unitário ou configurariam uma realidade jurídica independente.

> **Sobre a controvérsia:** Juan Ferrando Badía, *El Estado unitario, el federal y el Estado autonómico*, 1986.

É inegável que, nos termos da Carta de 1988, as *regiões administrativas* apresentam particularidades. Do modo como foram positivadas pelo nosso constituinte, não encontram correspondência plena no Direito Constitucional Comparado. Por isso, entre nós, não se recomenda o uso das terminologias *Estado regional* ou *federalismo de regiões*.

Mas também é inegável que o instituto se reveste em providência típica do Estado unitário, irmanando-se, de certa forma, com aspirações regionalistas.

O fenômeno federativo, contudo, é notadamente dinâmico.

Desde o início do século XX, as tendências do moderno federalismo vêm insculpindo o quadro constitucional dos Estados.

Existe, de certa forma, uma tendência de centralizar os poderes governamentais, pela ampliação da esfera de competências.

Não se deve supor, porém, que essa constatação, aparentemente anômala, indique o esfacelamento da forma federativa de Estado; trata-se de um reforço aos poderes governamentais centrais, sem a necessidade de abandonar a nota da descentralização política e administrativa, imperativo do governo livre e eficiente.

◆ Cap. 19 ◆ ORGANIZAÇÃO DO ESTADO BRASILEIRO   **785**

Esse foi o sentido que o constituinte atribuiu ao art. 43 da *Lex Mater*, permitindo à União atuar num mesmo complexo geoeconômico e social, visando o desenvolvimento e a redução das desigualdades regionais.

O caminho ficou aberto para que sejam criados *órgãos de auxílio* ao ambicioso programa constitucional, os quais desempenharão tarefas administrativas, jamais normativas.

Por outro lado, as *regiões administrativas*, como criaturas da União, devem, além de obedecer às suas leis, respeitar o espaço territorial em cujo campo predomina uma estrutura geoeconômica e social.

No que tange à obediência às leis da União, o constituinte foi enfático ao determinar o *campo de incidência da lei complementar*, prescrevendo que ela disporá sobre (art. 43, § 1º):

- as condições para integração de regiões em desenvolvimento; e
- a composição dos organismos regionais que executarão, na forma da lei, os planos regionais, integrantes dos planos nacionais de desenvolvimento econômico e social, aprovados juntamente com estes.

> **Legislação:**
> - **Composição da Superintendência da Zona Franca de Manaus (SUFRAMA)** — Lei Complementar n. 68, de 13-6-1991.
> - **Agência de Desenvolvimento do Nordeste (ADENE)** — Decreto n. 4.253, de 31-5-2002.
> - **Agência de Desenvolvimento da Amazônia (ADA)** — Decreto n. 4.254, de 31-5-2002.
> - **Lei Complementar n. 129, de 8-1-2009** — publicada no *Diário Oficial da União* de 9-1-2009, "Institui, na forma do art. 43 da Constituição Federal, a Superintendência do Desenvolvimento do Centro-Oeste — SUDECO, estabelece sua missão institucional, natureza jurídica, objetivos, área de atuação, instrumentos de ação, altera a Lei n. 7.827, de 27 de setembro de 1989, e dá outras providências".

Quanto aos *incentivos regionais*, compreendem, além de outros previstos em lei ordinária (CF, art. 43, § 2º):

- a igualdade de tarifas, fretes, seguros e outros itens de custos e preços de responsabilidade do Poder Público;
- os juros favorecidos para financiamento de atividades prioritárias;
- as isenções, reduções ou diferimento temporário de tributos federais devidos por pessoas físicas ou jurídicas; e
- a prioridade para o aproveitamento econômico e social dos rios e das massas de água represadas ou represáveis nas regiões de baixa renda, sujeitas a secas periódicas.

Finalmente, o § 4º, do art. 43, da Carta Magna, com redação dada pela Emenda Constitucional n. 132, de 20-12-2023, "Sempre que possível, a concessão dos incentivos regionais a que se refere o § 2º, III, considerará critérios de sustentabilidade ambiental e redução das emissões de carbono".

✦ 5. ESTADOS

Os *Estados federados*, *Estados-membros* ou *Estados* constituem ordenações jurídicas parciais, que atuam como núcleos autônomos de poder, com legislação, governo e jurisdição próprios. Muito além de meras partes conformadoras da *federação*, têm personalidade jurídica de Direito Público Interno. Não se restringem, por isso, ao simples exercício de atribuições legislativas, executivas ou jurisdicionais, participando ativamente na concretização de políticas públicas.

Inseridos na estrutura do Estado Federal — o único dotado de soberania — os Estados-membros nutrem com ele um liame de supremacia jurídico-política.

Tal superioridade do Estado Federal sobre os Estados-membros reflete-se, por exemplo, na técnica de distribuição de competências, no direito de intervenção, na relação entre Poderes, na resolução de pendências judiciais, no controle de constitucionalidade das leis e atos normativos etc.

786 ♦ Uadi Lammêgo Bulos ♦

Numa palavra, os Estados-membros estão para o Estado Federal assim como os filhos estão para os pais. Há uma espécie de vínculo hierárquico, e, ao mesmo tempo, capacidade de ação e vontade própria.

É nesse contexto que a disciplina dos Estados federados foi prevista no Texto de Outubro.

O constituinte procurou transmitir a mensagem de que os Estados têm muito a oferecer dentro da dualidade de poder que notabiliza a federação brasileira, é dizer, do bicameralismo ou técnica legislativa dual.

Esses Estados tomam parte no processo de elaboração da vontade política, interferindo com voz ativa nas deliberações de conjunto. Noutro prisma, é-lhes assegurado estatuir ordem constitucional própria, dentro das diretrizes traçadas pelo poder constituinte originário.

Daí os dois aspectos indecomponíveis e indissociáveis que notabilizam a posição dos Estados no arcabouço federativo brasileiro:

* **participação** — os Estados influem de modo ativo, tomam decisões e solicitam mudanças; e
* **autonomia** — os Estados exercem capacidade de ação e vontade própria, dentro de um círculo preestabelecido pela Constituição Federal.

No Brasil, a fonte de criação originária do Estado-membro foi a Constituição de 1891, que implantou a República federativa, através de um processo jurídico-normativo (art. 1º c/c o art. 2º).

> **Formação do Estado Federal:** o Estado Federal "é formado por uma associação de Estados e essa associação tanto poderá decorrer de aglutinação histórica e real, quando Estados preexistentes criam o Estado Federal, como de imputação normativa, mediante a criação jurídica dos Estados no documento de fundação do Estado Federal" (Raul Machado Horta, *Estudos de direito constitucional*, p. 377).

Não é da tradição constitucional brasileira designar nominalmente cada Estado federado. Desde a Constituição republicana de 1891 que é assim.

Aliás, a Carta de 1824 fazia alusão genérica às Províncias em que se dividia territorialmente o Império do Brasil, silenciando a respeito de denominações particulares (art. 2º).

O Texto de 1988 não inovou. Manteve a fórmula difusa, deixando a denominação de cada Estado sob os auspícios dos poderes reservados, quando da feitura das Cartas estaduais, em 1989.

✧ 5.1. Autonomia estadual (CF, art. 25)

Autonomia, do grego *autos* (próprio) e *nomos* (norma), é a capacidade de editar normas próprias dentro de um círculo preestabelecido pela Constituição Federal.

Segundo Costantino Mortati, é a "liberdade de determinação consentida a um sujeito, resultando no poder de dar a si mesmo a lei reguladora da própria conduta, ou, mais compreensivamente, o poder de prover ao atendimento dos próprios interesses e, portanto, de gozar e de dispor dos meios necessários para obter uma satisfação harmônica e coordenada dos referidos interesses" (*Istituzione di diritto pubblico*, p. 694).

Paul Laband ensinou que a *autonomia* pressupõe o poder de Direito Público não soberano, em virtude de direito próprio e não de uma delegação, para estabelecer normas jurídicas obrigatórias (*Le droit public de l'Empire Allemand*, p. 178).

O certo é que sem *autonomia* não se pode falar em Estado-membro, pois ela configura o seu elemento essencial.

Daí o destaque que as nossas constituições deram à matéria.

> **Cronologia constitucional:** as constituições brasileiras sempre consagraram o poder de auto-organização dos Estados. Assim foi nas Cartas de 1891 (art. 63); 1934 (art. 7º, I); 1937 (art. 21, I); 1946 (art. 18) e 1967 (art. 13, inclusive na redação dada pela EC n. 1/69).

◆ Cap. 19 ◆ ORGANIZAÇÃO DO ESTADO BRASILEIRO   **787**

O constituinte de 1988, por sua vez, seguindo a tradição, erigiu o art. 25 como a pedra de toque da autonomia dos Estados federados na Carta de Outubro, além de estatuir outros preceitos ligados ao tema (arts. 18, 25, § 1º, 27, 28 e 125).

Desse contexto, sobressaem duas observações:

- a autonomia dos Estados-membros não se confunde com mera delegação de poderes. Há um poder de organização própria, que possibilita a edição de normatividade geral, impessoal, cogente e abstrata, diversamente das regiões, comunidades autônomas, Estados unitários ou entidades territoriais privadas; e
- a autonomia dos Estados-membros é algo diverso da soberania do Estado Federal. A *autonomia* insere-se na própria *soberania*. Esta última, por seu turno, é a qualidade máxima do poder, que não aceita concorrências, nem gradações a ponto de aceitar outra força que lhe seja superior. A *soberania*, nesse particular, é a *potência* — a *puissance* de que nos fala Raymond Carré de Malberg (*Contribution à la théorie générale de l'État*, p. 70).

Pela Carta de 1988, portanto, a autonomia dos Estados atua nos parâmetros circunscritos pelo poder soberano do Estado Federal.

A *soberania* é a *potência*, a *autonomia*, a *competência*, que encontra limites constitucionais.

Claro está, pois, que os Estados-membros estão livres para agir e emitir normas consentâneas com suas peculiaridades em uma órbita circunscrita pela Constituição da República.

Mas, como dissemos, a *autonomia* dos entes federativos exterioriza-se mediante quatro *capacidades* diferentes.

Na órbita estadual, apresentam-se do seguinte modo:

- **Capacidade de auto-organização** — é a capacidade de o Estado federado estabelecer constituição própria (CF, art. 25, *caput*). Nesse particular, remetemos o leitor às considerações expendidas no Capítulo 7, onde estudamos a etapa de criação e reforma das cartas estaduais, analisando os princípios constitucionais *sensíveis* (ou *enumerados*), *organizatórios* (ou *estabelecidos*) e *extensíveis*.
- **Capacidade de autolegislação** — é a capacidade de o Estado federado estatuir legislação peculiar, num âmbito territorial delimitado. Nesse ínterim, o art. 25, *caput*, determina que os Estados devem reger-se pelas leis que adotarem. Trata-se da capacidade de normatização própria, mediante a obra dos deputados estaduais eleitos pelo voto direto, secreto, universal e periódico.
- **Capacidade de autoadministração** — é a capacidade de gerir negócios próprios, pela ação administrativa do governador, com base nas competências administrativas, legislativas e tributárias, previstas na Carta Maior (CF, art. 25, § 1º). Merece destaque a competência tributária, porque é evidente que deve ser repassado aos Estados-membros o mínimo de recursos necessários para a satisfação de suas necessidades básicas; e
- **Capacidade de autogoverno** — é a capacidade de o Estado-membro organizar o seu governo, mediante a eleição de representantes, seja no âmbito executivo, seja no campo legislativo, bem como o seu Poder Judiciário (CF, arts. 27, 28 e 125). Pela sua amplitude, estudêmo-la, a seguir, em separado.

⌘ 5.1.1. Organização dos governos estaduais (CF, arts. 27, 28 e 125)

A *organização dos governos estaduais*, ou melhor, as normas de funcionamento dos Poderes Legislativo, Executivo e Judiciário, encontram-se nos arts. 27, 28 e 125 da Carta Magna.

Todos esse preceitos têm como pressuposto o *fato* de que a *autonomia estadual* é fruto da manifestação do eleitorado, que, ao escolher diretamente o governador e os deputados estaduais, impede a União de adentrar a esfera de atribuições do Estado-membro.

Eis a suma das normas de organização dos governos estaduais:

- **Composição do Poder Legislativo Estadual (CF, art. 27, § 1º)** — as Assembleias Legislativas dos Estados compõem-se de deputados estaduais, para mandatos de quatro anos,

788 ◆ Uadi Lammêgo Bulos ◆

aplicando-se-lhes regras constitucionais sobre sistema eleitoral, inviolabilidade, imunidades, remuneração, perda de mandato, licença, impedimentos e incorporação às Forças Armadas.

Casuística do STF:

- **Emenda constitucional estadual. Perda de mandato de parlamentar estadual mediante voto aberto** — "Inconstitucionalidade. Violação de limitação expressa ao poder constituinte decorrente dos Estados-membros (CF, art. 27, § 1º c/c o art. 55, § 2º). Ação direta de inconstitucionalidade julgada procedente, por maioria" (STF, ADIn 2.461, Rel. Min. Gilmar Mendes, *DJ* de 7-10-2005). **No mesmo sentido:** STF, ADIn 3.208, Rel. Min. Gilmar Mendes, *DJ* de 7-10-2005.

- **Reeleição dos membros da Mesa** — "Emenda constitucional estadual n. 20/96. Altera dispositivo para assegurar a reeleição dos membros da mesa da Assembleia Legislativa. Ausência do *'periculum in mora'*. Hipótese em que não se enquadra no art. 27, § 1º, da CF. Essa não veda a hipótese da EC 20/96. Incidência do art. 57, § 4º, da CF. Há precedentes. Liminar indeferida" (STF, ADIn 2.262-MC, Rel. Min. Nelson Jobim, *DJ* de 1º-8-2003).

- **Número de deputados estaduais — Regra (CF, art. 27,** *caput***, 1ª parte)** — o número de deputados estaduais deve corresponder ao triplo da representação do Estado na Câmara dos Deputados. A Constituição, portanto, estabeleceu a seguinte regra:

> **nº de deputados estaduais = 3 × nº de deputados federais**
> (eleitos pelo sistema proporcional, nos termos da lei complementar — CF, art. 45, § 1º).

- **Número de deputados estaduais — Exceção (CF, art. 27,** *caput***, 2ª parte)** — se for atingido, excepcionalmente, o número de 36 deputados estaduais, será acrescido de tantos quantos forem os deputados federais acima de 12. É o caso do Estado de São Paulo. Ele tem 36 deputados estaduais e 70 deputados federais. Somando 36 com 70, obteremos o total de 106 deputados. Diminuindo 12 de 106, chegaremos à composição máxima da Assembleia Legislativa Paulista, isto é, 94 deputados estaduais. Assim, o Texto Maior previu a seguinte exceção:

> **nº de deputados estaduais + nº de deputados federais — 12**

- **Remuneração dos deputados estaduais (CF, art. 27, § 2º — redação dada pela EC n. 19/98)** — o subsídio dos deputados estaduais deve ser fixado por lei de iniciativa da Assembleia Legislativa do Estado. Antes da reforma administrativa (EC n. 19/98) tais vencimentos eram instituídos por meio de decreto legislativo. Agora o teto máximo remuneratório deverá obedecer ao limite máximo de 75% daquele estabelecido, em espécie, para os deputados federais, observado o que dispõem os arts. 39, § 4º, 57, § 7º, 150, II, 153, III, e 153, § 2º, I, da Carta Magna. Certamente, a principal novidade implantada pela Emenda Constitucional n. 19/98, nesse assunto, foi a necessidade da aprovação de lei ordinária, cuja iniciativa será da Mesa da Assembleia Legislativa. Tal aprovação exige a maioria simples dos deputados estaduais, e, ainda, a participação do governador do Estado no processo legislativo, precisamente nas fases de sanção ou veto. Quanto à fixação do teto, não houve qualquer novidade em relação àquilo que constava antes no parágrafo, redigido pela Emenda Constitucional n. 1/92. Enfatize-se que o limite máximo remuneratório do art. 37, XI (com redação dada pela EC n. 31/2003), é de observância obrigatória. Assim, os subsídios dos deputados estaduais serão o limite remuneratório do Poder Legislativo dos Estados.

Casuística do STF:

- **Teto e subteto no âmbito do Executivo estadual** — "Não se revela aplicável, desde logo, em virtude da ausência da lei formal a que se refere o art. 48, XV, da Constituição da República,

Cap. 19 ◆ ORGANIZAÇÃO DO ESTADO BRASILEIRO

a norma inscrita no art. 29 da EC 19/98, pois a imediata adequação ao novo teto depende, essencialmente, da fixação do subsídio devido aos Ministros do Supremo Tribunal Federal. Precedentes. A questão do subteto no âmbito do Poder Executivo dos Estados-Membros e dos Municípios — hipótese em que se revela constitucionalmente possível a fixação desse limite em valor inferior ao previsto no art. 37, XI, da Constituição — ressalva quanto às hipóteses em que a própria Constituição estipula tetos específicos (CF, art. 27, § 2º, e 93, V)" (STF, ADIn 2.075-MC, Rel. Min. Celso de Mello, *DJ* de 27-6-2003).

- **Teto da reforma administrativa (EC n. 19/98)** — "No primitivo art. 37, XI, CF, anterior à EC 19/99, eram previstos dois limites máximos a considerar na implementação do sistema: o primeiro, já predeterminado pela Constituição, para cada Poder; o segundo, a ser fixado por lei da União e de cada unidade federada, contido, porém, pela observância do primeiro, mas ao qual poderá ser inferior, excetuadas apenas as hipóteses de teto diverso estabelecida na própria Constituição da República (arts. 27, § 2º, e 93, V). Teto: exclusão, no regime do primitivo art. 37, XI, CF, das vantagens de caráter pessoal, entre as quais se incluem, no caso, os quinquênios e a sexta parte 'atinentes ao tempo de serviço do servidor' e a gratificação de gabinete incorporada, mas não a verba honorária e a produtividade fiscal, vantagens gerais percebidas em razão do exercício do cargo" (STF, RE 255.236, Rel. Min. Sepúlveda Pertence, *DJ* de 3-3-2000).

- **Normas de ordenação *interna corporis* (CF, art. 27, § 3º)** — compete às Assembleias Legislativas, sem quaisquer ingerências externas, dispor sobre seu regimento interno, polícia e serviços administrativos de sua secretaria, e prover os respectivos cargos. Aí está a autonomia administrativa do Parlamento estadual, consectária da *independência funcional dos Poderes* (CF, art. 2º). Violá-la é vergar a Constituição da República em suas previsões mais comezinhas.
- **Processo legislativo estadual (CF, art. 27, § 4º)** — lei federal deverá dispor sobre a iniciativa popular no processo legislativo estadual. Significa dizer que as Assembleias Legislativas não possuem, por autoridade própria, competência para dispor sobre a iniciativa popular, porque a amplitude desse assunto excede o campo do Estado-membro, albergado à órbita federal.
- **Eleição do Poder Executivo estadual (CF, art. 28, *caput* — redação dada pela EC n. 16/97)** — a eleição do governador e do vice-governador de Estado, para mandato de quatro anos, realizar-se-á no primeiro domingo de outubro, em primeiro turno, e no último domingo de outubro, em segundo turno, se houver, do ano anterior ao do término do mandato de seus antecessores, e a posse ocorrerá em 1º de janeiro do ano subsequente, observando-se as regras para a eleição e posse do Presidente da República (CF, art. 77).

    Casuística do STF:
    - **Votos brancos. Validade** — "Os votos brancos também representam manifestação da vontade política do eleitor. São eles computados em eleições majoritárias em face de norma expressa (arts. 28; 29, II; e 77, § 2º, da CF) configuradora de exceção alusiva às eleições majoritárias, não podendo por isso ser tomada como princípio geral" (STF, RE 140.460, Rel. Min. Ilmar Galvão, *DJ* de 4-5-2001).
    - **Hipótese de dupla vacância** — "O Estado-Membro dispõe de competência para disciplinar o processo de escolha, por sua Assembleia Legislativa, do Governador e do Vice-Governador do Estado, nas hipóteses em que se verificar a dupla vacância desses cargos nos últimos dois anos do período governamental. Essa competência legislativa do Estado-membro decorre da capacidade de autogoverno que lhe outorgou a própria Constituição da República. As condições de elegibilidade (CF, art. 14, § 3º) e as hipóteses de inelegibilidade (CF, art. 14, §§ 4º a 8º), inclusive aquelas decorrentes de legislação complementar (CF, art. 14, § 9º), aplicam-se de pleno direito, independentemente de sua expressa previsão na lei local, à eleição indireta para Governador e Vice-Governador do Estado, realizada pela Assembleia Legislativa em caso de dupla vacância desses cargos executivos no último biênio do período de governo" (STF, ADIn 1.057-MC, Rel. Min. Celso de Mello, *DJ* de 6-4-2001).

- **Perda do mandato executivo estadual (CF, art. 28, § 1º — renumerado pela EC n. 19/98)** — perderá o mandato o governador que assumir outro cargo ou função na Administração Pública

790 ◆ Uadi Lammêgo Bulos ◆

direta ou indireta, ressalvada a posse em virtude de concurso público, observado o disposto no art. 38, I, IV e V, da Constituição.

- **Remuneração do Poder Executivo estadual (CF, art. 28, § 2º — acrescentado pela EC n. 19/98)** — os subsídios do governador, do vice-governador e dos secretários de Estado serão fixados por lei de iniciativa da Assembleia Legislativa, observado o que dispõem os arts. 37, XI; 39, § 4º; 150, II; 153, III; e 153, § 2º, I, da *Lex Mater*. A reforma administrativa corrigiu o silêncio do constituinte originário, que não ofereceu qualquer parâmetro para a remuneração de governadores, vice-governadores e secretários de Estado. Todavia, é necessária a edição de lei ordinária estadual para discriminar os subsídios daqueles agentes públicos. Tal iniciativa ficará por conta da Assembleia Legislativa dos Estados. Enfatize-se que o teto remuneratório do art. 37, XI (com redação dada pela EC n. 41/2003), deverá servir de base para o estabelecimento do *quantum* salarial. Assim, governadores, vice-governadores e secretários de Estado não poderão perceber, em espécie, subsídio mensal superior àqueles pagos aos Ministros do Supremo Tribunal Federal. Demais disso, o subsídio mensal do governador servirá de parâmetro máximo para todo o Poder Executivo do Estado, exceto para os procuradores e defensores públicos, cujo teto é o mesmo dos magistrados e membros do Ministério Público, quer dizer, 90,25%, do subsídio de Ministro do Supremo Tribunal Federal.

> **Fixação de subsídios do governador, do vice-governador, dos secretários de Estado e do procurador-geral do Estado:** "Procede a alegação de inconstitucionalidade formal por afronta ao disposto no § 2º do art. 28 da Constituição Federal, acrescentado pela Emenda Constitucional n. 19/98, uma vez que este dispositivo exige lei em sentido formal para tal fixação. A determinação de lei implica, nos termos do figurino estabelecido nos arts. 61 a 69 da Constituição Federal, a participação do Poder Executivo no processo legislativo, por meio das figuras da sanção e do veto (art. 66 e parágrafos)" (STF, ADIn 2.585, Rel. Min. Ellen Gracie, *DJ* de 6-6-2003).

- **Organização das Justiças estaduais (CF, art. 125)** — trataremos desse ponto no Capítulo 21. Adiante-se, desde já, que os Estados-membros devem organizar seu Poder Judiciário com base nos princípios previstos na Carta de Outubro, sob pena de incorrerem no seriíssimo vício da inconstitucionalidade.

✧ 5.2. Bens dos Estados (CF, art. 26, I a IV)

Incluem-se no patrimônio dos Estados os seguintes bens:
- as águas superficiais ou subterrâneas, fluentes, emergentes e em depósito, ressalvadas, neste caso, na forma da lei, as decorrentes de obras da União;
- as áreas, nas ilhas oceânicas e costeiras, que estiverem no seu domínio, excluídas aquelas sob domínio da União, Municípios ou terceiros;
- as ilhas fluviais e lacustres não pertencentes à União;
- as terras devolutas não compreendidas entre as da União.

✧ 5.3. Formação de Estados (CF, art. 18, § 3º)

Os Estados-membros são partes autônomas que formam o Estado Federal.

Acontece, porém, que essas partes autônomas, que constituem a divisão político-administrativa da República Federativa do Brasil, podem ser alteradas, porque a estrutura que engendram não é imutável.

Daí o Texto de 1988 ter prescrito que "os Estados podem incorporar-se entre si, subdividir-se ou desmembrar-se para se anexarem a outros, ou formarem novos Estados ou Territórios Federais, mediante aprovação da população diretamente interessada, através de plebiscito, e do Congresso Nacional, por lei complementar" (art. 18, § 3º).

◆ Cap. 19 ◆ ORGANIZAÇÃO DO ESTADO BRASILEIRO 791

Significa dizer que o constituinte previu quatro modalidades distintas de alteração dos Estados-membros:

- **Fusão (ou incorporação)** — dois, três, quatro, ou mais Estados se unem com outro nome. Nesse caso, eles perdem a sua personalidade originária, incorporando-a no novo Estado que surgiu pela reunião de todos eles.
- **Subdivisão** — um dado Estado se divide em vários outros Estados, desaparecendo por completo, e dando origem a unidades novas, com personalidades diversas e totalmente independentes entre si.
- **Desmembramento por anexação** — o Estado-membro originário, sem perder a sua personalidade primitiva, separa-se em uma ou mais partes, formando, assim, novos Estados. Ele continua existindo juridicamente, embora tenha perdido parte do seu território e parcela da sua população, que foi transferida para o novo ente federado. Como a parte desmembrada pode anexar-se a outro Estado-membro, diz-se que o desmembramento foi por *anexação*. Nesse caso, não teremos uma nova entidade federativa, mas simples ajuste de limites territoriais.
- **Desmembramento por formação** — a parte desmembrada do Estado-membro originário pode constituir um novo Estado, ou, ainda, formar um Território Federal. Foi o que aconteceu com o Estado do Tocantins.

    Novo Estado do Tocantins (CF, art. 13, §§ 1º a 7º, do ADCT):
    - **Criação por desmembramento** — o Estado do Tocantins surgiu por desmembramento da área descrita no art. 13 do ADCT. Desse modo, ele integra a Região Norte e limita-se com o Estado de Goiás pelas divisas norte dos Municípios de São Miguel do Araguaia, Porangatu, Formoso, Minaçu, Cavalcante, Monte Alegre de Goiás e Campos Belos, conservando a leste, norte e oeste as divisas atuais de Goiás com os Estados da Bahia, Piauí, Maranhão, Pará e Mato Grosso.
    - **Instalação tardia** — o Estado do Tocantins foi criado em 5-10-1988, data da promulgação da Carta Suprema em vigor. Sua instalação, contudo, é que se postergou no tempo. Só se efetivou dez anos depois, por força da Lei Complementar n. 17, de 16-11-1998, levando o Supremo Tribunal Federal a concluir que ele não mais estava obrigado a observar as regras básicas inscritas no art. 235 da Carta Maior, tal como exigido pelo art. 13, § 6º, do ADCT (STF, ADIn 1.921, Rel. Min. Carlos Velloso, *DJ* de 20-8-2004).
    - **Convalidação de atos administrativos praticados no Estado do Tocantins entre 1º de janeiro de 1989 e 31 de dezembro de 1994** — a Emenda Constitucional n. 110, de 15-3-2021, acrescentou ao ADCT da Carta de 1988 o art. 18-A, cujo teor é o seguinte: "Art. 18-A. Os atos administrativos praticados no Estado do Tocantins, decorrentes de sua instalação, entre 1º de janeiro de 1989 e 31 de dezembro de 1994, eivados de qualquer vício jurídico e dos quais decorram efeitos favoráveis para os destinatários ficam convalidados após 5 (cinco) anos, contados da data em que foram praticados, salvo comprovada má-fé".

Para quaisquer dessas hipóteses se concretizar é preciso:
- a realização *prévia* de consulta plebiscitária, organizada pelos respectivos Tribunais Regionais Eleitorais dos Estados, nos termos da Lei n. 9.709, de 18 de novembro de 1998 (art. 4º). Se o resultado do plebiscito for desfavorável, somente resta encerrar as discussões, pondo fim a quaisquer pretensões de alterabilidade interna do território pátrio. Isso porque a *prévia* consulta plebiscitária é requisito de procedibilidade do processo legislativo da lei complementar, sendo fundamental para se tomar qualquer providência. Mas, se a consulta plebiscitária for favorável à incorporação, subdivisão ou desmembramento, o processo será enviado às respectivas Assembleias estaduais competentes para opinarem pela sua aprovação ou rejeição. Saliente-se que as Assembleias poderão, caso prefiram, abster-se, não emitindo qualquer pronunciamento. A partir daí, a matéria será remetida para o Congresso Nacional, ficando a lei complementar encarregada de delinear os critérios norteadores da decisão final (CF, art. 69). Contudo, ao discutir o projeto da lei complementar o Congresso poderá, em nome do interesse da República Federativa do Brasil, e não das populações diretamente interessadas, insurgir-se contra as propostas de alteração. Finalmente, não é compatível com o Texto de 1988 a feitura posterior de consulta das populações

792 ◆ Uadi Lammêgo Bulos ◆

diretamente interessadas, mediante referendo, ainda quando haja previsão expressa na Carta do Estado-membro (STF, ADIn 1.373, Rel. Min. Francisco Rezek, *DJ* de 31-5-1996).

Abrangência da consulta plebiscitária — o Supremo Tribunal Federal, em sua composição plenária e por unanimidade de votos, decidiu que plebiscito para o desmembramento de um Estado--membro deve envolver não somente a população do respectivo território a ser desmembrado, mas também a população de todo o território estadual. No Brasil, a divisão territorial segue regras rígidas. Daí a Emenda Constitucional n. 15/96 frear a criação aleatória de municípios, entendimento que também se aplica aos Estados federados, pois a criação de uma nova unidade afeta o pacto federativo como um todo (STF, ADI 2.650/GO, Rel. Min. Dias Toffoli, j. em 24-8-2011).

- a edição de lei complementar federal para aprovar a fusão, a subdivisão ou o desmembramento; e
- a oitiva das Assembleias Legislativas dos Estados interessados, algo que não é meramente simbólico ou *pro forma*, mas relevante tarefa opinativa, correlata à representação popular no Parlamento (CF, art. 48, VI).

✧ 5.4. Regiões metropolitanas, aglomerações urbanas e microrregiões (CF, art. 25, § 3º)

Os Estados poderão, mediante lei complementar, instituir regiões metropolitanas, aglomerações urbanas e microrregiões, constituídas por agrupamento de Municípios limítrofes, para integrar a organização, o planejamento e a execução de funções públicas de interesse comum.

A criação de regiões metropolitanas, aglomerações urbanas e microrregiões é matéria integrante da competência exclusiva do Estado-membro, permitindo-lhe otimizar o seu território, além de oferecer respostas para certas questões específicas.

Regiões metropolitanas são o conjunto de Municípios limítrofes, reunidos em torno do Município-mãe.

- **Criação de região metropolitana** — o Plenário do Supremo Tribunal julgou parcialmente procedente a ADI 1.842. Desse modo, declarou a inconstitucionalidade da expressão "a ser submetido à Assembleia Legislativa" constante no inciso I do art. 5º; a inconstitucionalidade do art. 4º, do § 1º do art. 5º; dos incisos I, II, IV e V do art. 6º; do art. 7º; do art. 10; e do § 2º do art. 11 da Lei Complementar n. 87, de 1997, do Estado do Rio de Janeiro; e dos arts. 11 a 21 da Lei n. 2.869, de 1997. O cerne da discussão girou em torno da legitimidade das disposições normativas que instituíram região metropolitana no Rio de Janeiro e a microrregião dos Lagos, transferindo do âmbito municipal para o âmbito estadual competências administrativas e normativas próprias dos municípios, concernentes a serviços de saneamento básico. A maioria dos ministros votou pela modulação da decisão a fim de que seus efeitos passem a valer 24 meses depois do julgamento da ADI, de sorte que os municípios possam se adequar à solução. Este mesmo entendimento foi aplicado às ADI's 1.826, 1.843 e 1.906, as quais tratavam do mesmo tema (STF, ADI 1.842, Rel. Min. Maurício Corrêa (*in memoriam*), j. 28-2-2013).

Aglomerações urbanas são áreas urbanas de Municípios limítrofes, destituídas de sede, com elevada densidade demográfica e continuidade urbana.

Microrregiões são o conjunto de Municípios limítrofes que não mantêm qualquer continuidade urbana, embora apresentem problemas comuns.

✦ 6. MUNICÍPIOS

Municípios são unidades geográficas divisionárias dos Estados-membros, dotados de personalidade jurídica de Direito Público Interno, possuindo governo próprio, para administrar, descentralizadamente, serviços de interesse local.

◆ Cap. 19 ◆ ORGANIZAÇÃO DO ESTADO BRASILEIRO · 793

Do mesmo modo que não há corpo sem células, não existe Estado sem municipalidades, pois é impossível imaginar a existência de Nação, a existência de povo constituído, a existência de Estado, sem vida municipal.

O Município, portanto, é a célula *mater* da pacto federativo, pois nele brotam as relações político-primárias.

No Brasil, a valorização do Município é crescente. De simples lembrança na Carta Imperial de 1824 (art. 169) ao poder de auto-organizar-se conferido pela Constituição de 1988 (art. 29), ele vem obtendo lugar de destaque.

A disciplina normativa que o Texto de Outubro lhe conferiu é bastante inovadora, não possuindo similar nas constituições passadas, nem nos ordenamentos constitucionais de outros países. Nem mesmo o *federalismo de duplo grau*, terminologia usada por Charles Durant para caracterizar a federação soviética, instituída sob a égide das Constituições de 1936 e 1977, serve de precedente. Segundo Durant, as Repúblicas Federadas tinham de conter os *Territórios* e as *Regiões Autônomas*, por meio de textos constitucionais próprios, que previam competências mínimas (*El Estado Federal en el derecho positivo*, p. 193).

Mas isso não se compara à realidade brasileira. Aqui o constituinte disciplinou os entes municipais de modo completamente diferente do *federalismo de duplo grau*. Basta ler os arts. 29 a 31 para constar isso.

Sem desmerecer a grande importância dos Municípios, parece-nos que o Texto de 1988 exagerou ao incluí-los no enlace federativo, alijando o modelo lógico-jurídico de federação e deturpando a Teoria Geral do Federalismo, que sempre previu uma *federação de Estados*, e não uma *federação de Municípios*.

Nesse ínterim, o desenho traçado pelo Texto de 1988 demonstra *peculiaridade* e *anomalia*.

A *peculiaridade* é o Município participar, em termos jurídico-positivos, do elo federativo, algo desconhecido em todas as épocas da humanidade, divergindo, inclusive, da matriz norte-americana, precursora dessa forma de Estado. Prevaleceu, porém, no Texto de 1988 a tese de que os Municípios detêm as mesmas características dos Estados-membros.

Já a *anomalia* reside no fato de o Município não possuir representatividade no poder central, porque o nosso sistema é o *bicameralista*, ou seja, a Câmara dos Deputados, formada pelos eleitos proporcionalmente, representa o povo, ficando o Senado incumbido de representar os Estados e o Distrito Federal. O Município, portanto, não logra tal representação, ainda que, para alguns, o ato representativo se afigure implícito.

Discordâncias à parte, o certo é que, pela Carta de Outubro, os Municípios participam da estrutura político-administrativa do Estado brasileiro, do mesmo modo que a União, Estados e Distrito Federal, encontrando-se protegidos pelo *princípio da indissolubilidade do pacto federativo*.

✧ 6.1. Autonomia municipal (CF, arts. 1º, *caput*; 18, *caput*; 29; 30 e 34, VII, *c*)

A Carta de 1988 conferiu aos Municípios o *status* de entidades componentes da República Federativa do Brasil, fomentando-lhes a *autonomia política* (arts. 1º, *caput*; 18, *caput*; 29; 30 e 34, VII, *c*).

Ao lado das capacidades de *autogoverno, autoadministração* e *autolegislação* que já possuíam, o constituinte de 1988 conferiu-lhes capacidade de *auto-organização*, a saber:

- **Capacidade de autogoverno** — revela a *autonomia governamental ou política*, pela qual ocorre a eletividade de prefeitos, vice-prefeitos e vereadores.
- **Capacidade de autoadministração** — evidencia a *autonomia administrativa ou gerencial*, que se delineia mediante a prestação e manutenção de serviços locais, bem como o controle do orçamento municipal, para equilibrar as receitas e as despesas. Aqui temos o exercício das competências administrativas e tributárias do Município. Mas esse verdadeiro *poder de gerir negócios próprios* encontra limites pré-traçados na Constituição Federal. Como já dissemos, *autonomia* não é *soberania*.
- **Capacidade de autolegislação** — concerne à *autonomia legislativa*, que consiste na edição de normas gerais, cogentes, impessoais e abstratas, pelo desempenho da competência legislativa municipal. Por isso, a *autonomia legislativa* é uma espécie de *autonomia normativa*. Aqui se abre um espaço reservado para o Município possuir regras próprias, sem a intromissão indevida de

794 ◆ Uadi Lammêgo Bulos ◆

outros diplomas legislativos, a exemplo das constituições estaduais, que não detêm competência para invadir a esfera que o constituinte de 1988 lhes reservou.

> **Constituição estadual não pode impor comparecimento de prefeito à Câmara de Vereadores:** "A Constituição estadual não pode impor, ao Prefeito Municipal, o dever de comparecimento perante a Câmara de Vereadores, pois semelhante prescrição normativa — além de provocar estado de submissão institucional do Chefe do Executivo ao Poder Legislativo municipal (sem qualquer correspondência com o modelo positivado na Constituição da República), transgredindo, desse modo, o postulado da separação de Poderes — também ofende a autonomia municipal, que se qualifica como pedra angular da organização político-jurídica da Federação brasileira. Precedentes" (STF, ADIn 687/PA, Rel. Min. Celso de Mello, *Clipping* do *DJ* de 10-2-2006).

- **Capacidade de auto-organização** — resulta na *autonomia organizatória*, que é o poder de criar lei orgânica própria, observado o modelo federal, insculpido na Carta Magna. A autonomia organizatória é uma *autonomia normativa*. Sem embargo, a grande mensagem que a *autonomia organizatória* incute em nossa mente é a seguinte: os Estados-membros, ao contrário do regime passado, não têm ingerência sobre os Municípios. Eles podem organizar, estabelecer competências ou ditar suas estruturas, sem a chancela dos governos estaduais. Trata-se, pois, do reflexo da *capacidade organizatória* do Município. Ela limitou a ação estadual, que só pode influir em assuntos estritamente específicos, como nas hipóteses de criação, incorporação, fusão e desmembramento de Municípios (CF, art. 18, § 4º) e intervenção (CF, arts. 35 e 36). Note-se que em ambos os exemplos há preceitos taxativos para autorizar a ingerência, do contrário seriam inaceitáveis. É que a *autonomia organizatória* pôs fim à velha prática de se remeter aos Estados a missão de criar e organizar os seus Municípios, conferindo-lhes, apenas, as capacidades de autogoverno, autoadministração e autolegislação, sem dar-lhes, no entanto, o poder de organizarem-se por si próprios.

> **Poder de auto-organização do Município:** "Dar alcance irrestrito à alusão, no art. 29, *caput*, CF, à observância devida pelas leis orgânicas municipais aos princípios estabelecidos na Constituição do Estado, traduz condenável misoneísmo constitucional, que faz abstração de dois dados novos e incontornáveis do trato do Município da Lei fundamental de 1988: explicitar o seu caráter de 'entidade infraestatal rígida' e, em consequência, outorgar-lhe o poder de auto-organização, substantivado, no art. 29, pelo de votar a própria lei orgânica. É mais que bastante ao juízo liminar sobre o pedido cautelar a aparente evidência de que em tudo quanto, nos diversos incisos do art. 29, a Constituição da República fixou ela mesma os parâmetros limitadores do poder de auto-organização dos Municípios e excetuados apenas aqueles que contêm remissão expressa ao direito estadual (art. 29, VI, IX e X) — a Constituição do Estado não os poderá abrandar nem agravar. Emenda constitucional estadual e direito intertemporal. Impõem-se, em princípio, à emenda constitucional estadual os princípios de direito intertemporal da Constituição da República, entre os quais as garantias do direito adquirido e da irredutibilidade de vencimentos" (STF, ADIn 2.112-MC, Rel. Min. Sepúlveda Pertence, *DJ* de 18-5-2001).

❖ 6.2. Lei orgânica municipal (CF, art. 29)

A lei orgânica é o mais alto diploma normativo do Município. Quando os vereadores a elaboram estão obrigados a respeitar os princípios estabelecidos nas Constituições da República e do respectivo Estado-membro, sob pena de fazer uma lei inconstitucional.

Todo Município deve reger-se por lei orgânica própria, votada em dois turnos, com o interstício mínimo de dez dias.

A Constituição de 1988 exigiu para a aprovação da lei orgânica a presença de 2/3 dos vereadores. Somente com a observância desse pressuposto a Câmara Municipal poderá promulgá-la.

Quanto ao conteúdo, as leis orgânicas municipais devem trazer:

- a organização administrativa do Município;
- normas de convivência harmônica entre os órgãos executivo e judiciário;

♦ Cap. 19 ♦ ORGANIZAÇÃO DO ESTADO BRASILEIRO

795

- as competências legislativa, comum e suplementar da municipalidade;
- as regras do processo legislativo municipal;
- a disciplina contábil, financeira e orçamentária do Município; e
- assuntos de interesse local, desde que não confrontem com normas constitucionais federais e estaduais.

Além desses temas, o art. 29, *caput*, da Carta de 1988 *determina* que sejam observadas as matérias contidas nos seus incisos I a XIV, relativas à *organização do governo municipal*.

Com o advento da Emenda Constitucional n. 25/2000, que entrou em vigor a partir de 1º de janeiro de 2001, foi acrescido ao Texto Maior o art. 29-A, também relacionado ao tópico em análise. Tal artigo foi modificado pela Emenda Constitucional n. 58/2009, sofrendo, em seguida, nova mudança formal, advinda da Emenda Constitucional n. 109/2021.

Por fim, uma palavra sobre *sucessão e substituição do prefeito e do vice-prefeito*.

O assunto é da alçada da lei orgânica municipal, sendo que juízes de direito não detêm, na ordem jurídica brasileira, competência para substituir, eventualmente, o alcaide. A justificativa para tudo isso é simples. Os Municípios são autônomos e o princípio da separação de Poderes vigora em seu espaço territorial. Nem mesmo as constituições dos Estados-membros podem dispor sobre essa matéria, sob pena de fraudarem a Constituição da República, como já decidiu o Supremo Tribunal Federal.

> **Sucessão e substituição do prefeito e do vice-prefeito:** "Não cabe, ao Estado-membro, sob pena de frontal transgressão à autonomia constitucional do Município, disciplinar, ainda que no âmbito da própria Carta Política estadual, a ordem de vocação das autoridades municipais, quando configuradas situações de vacância ou de impedimento cuja ocorrência justifique a sucessão ou a substituição nos cargos de Prefeito e/ou de Vice-Prefeito do Município. A matéria pertinente à sucessão e à substituição do Prefeito e do Vice-Prefeito inclui-se, por efeito de sua natureza mesma, no domínio normativo da Lei Orgânica promulgada pelo próprio Município. Não se reveste de validade jurídico-constitucional, por ofensiva aos postulados da autonomia do Município (CF, arts. 29 e 30) e da separação de Poderes (CF, art. 2º c/c o art. 95, parágrafo único, I), a norma, que, embora inscrita na Constituição do Estado-membro, atribui, indevidamente, ao Juiz de Direito da comarca, que é autoridade estadual, a condição de substituto eventual do Prefeito Municipal" (STF, ADIn 687/PA, Rel. Min. Celso de Mello, *Clipping* do *DJ* de 10-2-2006).

✧ 6.3. Organização dos governos municipais (CF, arts. 29 e 29-A)

A seguir, estudaremos as normas constitucionais organizatórias dos governos municipais, que as leis orgânicas devem acatar.

a) *Eleição e posse de prefeitos, vice-prefeitos e vereadores (CF, art. 29, I a III)*

A eleição de prefeito, vice-prefeito e vereador é para um mandato de quatro anos.

Com a edição da Emenda Constitucional n. 16/97, passou-se a admitir a reeleição do prefeito para um único período subsequente.

O pleito é direto e simultâneo em todo o País, sendo realizado no primeiro domingo de outubro do ano anterior ao término do mandato dos que devam suceder.

Aos Municípios com mais de 200 mil eleitores, aplicam-se as regras do art. 77 do Texto Magno.

A posse do prefeito e do vice-prefeito é no dia 1º de janeiro do ano subsequente ao da eleição.

Recordemos que a Emenda Constitucional n. 107, de 2-7-2020, publicada no *DOU* de 7-5-2020, adiou, devido à pandemia da Covid-19 (Coronavírus), as eleições municipais de outubro de 2020 e os respectivos prazos eleitorais.

b) *Remuneração de prefeitos, vice-prefeitos e secretários municipais (CF, art. 29, V)*

Os subsídios do prefeito, do vice-prefeito e dos secretários municipais devem ser fixados por lei ordinária de iniciativa da Câmara Municipal.

Vice-prefeito titular de emprego remunerado em empresa pública: "Não pode o Vice-Prefeito acumular a remuneração decorrente de emprego em empresa pública estadual com a representação estabelecida para o exercício do mandato eletivo (CF, art. 29, V). O que a Constituição excepcionou, no art. 38, III, no âmbito municipal, foi apenas a situação do Vereador, ao possibilitar--lhe, se servidor público, no exercício do mandato, perceber as vantagens de seu cargo, emprego ou função, sem prejuízo da remuneração do cargo eletivo, quando houver compatibilidade de horários; se não se comprovar a compatibilidade de horários, será aplicada a norma relativa ao Prefeito (CF, art. 38, II)" (STF, RE 140.269, Rel. Min. Néri da Silveira, *DJ* de 9-5-1997).

Essa regra foi introduzida pela Emenda Constitucional n. 19/98, que também exigiu o acatamento:

- do teto geral remuneratório dos agentes públicos (CF, art. 37, XI);
- do pagamento do subsídio em parcela única (CF, art. 39, § 4º);
- do princípio da isonomia tributária (CF, art. 150, II); e
- do desconto do imposto sobre renda e proventos de qualquer natureza (CF, art. 153, III), conforme os critérios da generalidade, universalidade e progressividade, na forma da lei (CF, art. 153, § 2º, I).

Com a nova redação dada pela Emenda Constitucional n. 41/2003, a regra remuneratória do art. 29, V, da *Lex Mater* tornou-se autoaplicável, não precisando de lei ordinária de iniciativa conjunta dos Presidentes da República, da Câmara de Deputados, do Senado e do Supremo Tribunal Federal para fixar o subsídio dos agentes públicos municipais. É que a Emenda Constitucional n. 41/2003 revogou, nesse ponto, a Emenda Constitucional n. 19/98, extinguindo, ainda, a exigência de *iniciativa conjunta* dos Poderes da República, com a nova redação dada ao art. 48, XV, da Carta Maior.

Desse modo, todas as teses que defendiam a não incidência imediata do teto remuneratório dos agentes públicos e, em especial, dos agentes municipais, deixaram de vigorar com o surgimento da Emenda Constitucional n. 41/2003.

Entendimento do TCSP sem validade: o Tribunal de Contas do Estado de São Paulo, antes do advento da EC n. 41/2003, havia deliberado que "a modificação da sistemática remuneratória de agentes políticos municipais só será possível a contar da vigência da lei prevista no inciso XV, do art. 48, da Constituição Federal, tendo em conta que as vinculações decorrentes dependerão da prévia fixação do subsídio considerado teto salarial" (TCSP, Deliberação n. 23.423-026, *Diário Oficial do Estado de São Paulo*, Poder Executivo, Seção I, São Paulo, 15-8-1998, p. 31).

c) Prefeito — perda do mandato (CF, art. 29, XIV)

Perderá o mandato o prefeito que assumir outro cargo ou função na Administração Pública direta ou indireta, ressalvada a posse em virtude de concurso público de provas e títulos.

Nessa hipótese, incidem as seguintes regras (CF, art. 38, I, IV e V):

- tratando-se de mandato eletivo federal, estadual ou distrital, o prefeito ficará afastado de seu cargo, emprego ou função;
- em qualquer caso que exija afastamento para o exercício de mandato eletivo, seu tempo de serviço será contado para todos os efeitos legais, exceto para promoção por merecimento; e
- na hipótese de o prefeito ser segurado de regime próprio de previdência social, permanecerá filiado a esse regime, no ente federativo de origem. Eis o que prescreveu o inciso V, do art. 38, da *Lex Mater*, com redação dada pela EC n. 103, de 12-11-2019. Antes do advento da referida emenda, para efeito de benefício previdenciário, no caso de afastamento, os valores eram determinados como se o alcaide no exercício estivesse.

d) Julgamento do prefeito — foro especial por prerrogativa de função (CF, art. 29, X)

A Carta de 1988 conferiu *foro privilegiado* para o processo e julgamento dos prefeitos municipais.

Esse *foro privilegiado* é o *Tribunal de Justiça do Estado*, tanto em sua composição plenária como em seu órgão especial ou fracionário competente, nos termos do *regimento interno*.

Cap. 19 ◆ ORGANIZAÇÃO DO ESTADO BRASILEIRO

Deliberação exclusiva do Regimento Interno do Tribunal de Justiça: "Cabe, exclusivamente, ao Regimento Interno do Tribunal de Justiça atribuir competência ao Pleno, ou ao Órgão Especial, ou a órgão fracionário, para processar e julgar Prefeitos Municipais (CF, art. 29, X, e art. 96, I, a)" (STF, HC 73.232, Rel. Min. Maurício Corrêa, *DJ* de 3-5-1996). **No mesmo sentido:** "A Constituição, ao estabelecer, no inciso X do art. 29, que o julgamento do Prefeito se fará perante o Tribunal de Justiça, impõe que o julgamento se faça pelo Tribunal de Justiça, mas não necessariamente por seu Plenário ou por seu órgão especial, podendo, pois, o regimento interno da Corte designar um órgão fracionário dela para proceder a esse julgamento. E nada há de irregular pelo fato de esse regimento estabelecer que uma de suas Câmaras Criminais tenha competência preferencial para julgamento de ação penal contra Prefeito Municipal" (STF, 1ª T., HC 71.381-5/RS, Rel. Min. Moreira Alves, *DJ* de 1º-3-1996, p. 5009). **Julgamento por câmara criminal:** "Não fere o princípio da *equal protection of the laws* a lei que atribui ao Pleno o julgamento de Juiz e a órgão fracionário (Câmara Criminal), o julgamento do Prefeito. Trata-se de opção política. Ademais, o julgamento de um Juiz por seus pares é sempre mais delicado, daí exigir *quorum* maior" (STJ, 6ª T., HC 2.487/MS, Rel. Min. Adhemar Maciel, *DJ* de 23-5-1994, p. 12628).

A Carta Maior, portanto, foi bastante inovadora ao prever referido *foro especial por prerrogativa de função* como norma de eficácia plena e aplicabilidade imediata (art. 29, X).

Nesse sentido: STF, 2ª T., RE 149.544/MA, Rel. Min. Carlos Velloso, *DJ* de 30-6-1995, p. 20418; STF, RHC 80.919, Rel. Min. Nelson Jobim, *DJ* de 14-9-2001.

Vale advertir que o art. 29, X, apresenta uma eficácia prospectiva ou *ex nunc*, porque alcança todos os processos penais que já estavam em curso quando da promulgação do Texto de 1988, como reconheceu o Supremo Tribunal Federal.

Precedentes: STF, Pleno, HC 67.480/RS, Rel. Min. Octavio Gallotti, *RTJ, 129*:257; STF, 1ª T., Agr. 139.647/SP, Rel. Min. Celso de Mello, *DJU* de 11-6-1993.

Mas o constituinte deixou para a jurisprudência a tarefa de especificar a natureza do delito a ser enquadrado na competência do Tribunal de Justiça.

Reunindo as diversas manifestações jurisprudenciais a respeito do assunto, podemos aferir as seguintes *regras de competência* aplicáveis a cada tipo de crime, senão vejamos.

d.1) Competência dos Tribunais de Justiça

Compete aos Tribunais de Justiça processar e julgar, originariamente:

- **Infrações penais comuns** — a "competência do Tribunal de Justiça para julgar prefeitos restringe--se aos crimes de competência da Justiça comum estadual; nos demais casos, a competência originária caberá ao respectivo tribunal de segundo grau" (**Súmula 702 do STF**). Advirta-se que essa competência inadmite qualquer alargamento interpretativo. Logo, ações populares, ações civis públicas e ações de natureza cível não se enquadram nesse contexto. Ademais, o *foro privilegiado* do art. 29, X, da Carta Maior diz respeito a ações criminais ajuizadas contra o prefeito, e não a atos relativos à sua responsabilidade civil, ainda quando praticados no exercício do cargo.

  Precedentes: STF, AgI 177.313-8/MG, Rel. Min. Celso de Mello, *DJ* de 5-2-1996, p. 1283; STF, Pet. 2-2/RJ, Rel. Min. Sepúlveda Pertence, *DJ* de 3-9-1997, p. 41343. **Infrações penais comuns cometidas por prefeitos — processo e julgamento:** "O Tribunal de Justiça do Estado, ressalvadas as hipóteses que se incluem na esfera de atribuições jurisdicionais da Justiça Federal comum, da Justiça Militar da União e da Justiça Eleitoral, dispõe de competência originária para processar e julgar os Prefeitos Municipais nas infrações penais comuns" (STF, ADIn 687/PA, Rel. Min. Celso de Mello, *Clipping* do *DJ* de 10-2-2006).

- **Desvio de verbas federais** — o juízo natural para processar e julgar a má aplicação de verbas federais, repassadas ao patrimônio da municipalidade, desviadas ou usadas irregularmente, é, também, o Tribunal de Justiça. Isso porque o crime é cometido contra o próprio Município.

Foi nele que ocorreu a transferência de recursos, incorporados ao seu respectivo patrimônio, inclusive mediante convênio com a União Federal ou autarquia dessa natureza (**Súmula 209 do STJ:** "Compete à Justiça estadual processar e julgar prefeito por desvio de verba transferida e incorporada ao patrimônio municipal"). A verba, embora proveniente de entidade federal, integra o patrimônio municipal. Logo, o prejuízo proveniente de sua malversação pesou sobre o Município, e não sobre a União ou autarquia federal. Por isso, não se aplica o art. 109, IV, da Carta Suprema. Porém, se a verba desviada pelo prefeito estiver sujeita à prestação de contas perante órgão federal, aí sim a competência será da Justiça Federal, já que se encontra em jogo o interesse da União, e não da municipalidade (**Súmula 208 do STJ:** "Compete à Justiça Federal processar e julgar prefeito municipal por desvio de verba sujeita a prestação de contas perante órgão federal").

> **Emenda Constitucional n. 109/2021:** pelo art. 168, §§ 1º e 2º, da Constituição da República, oriundos da EC n. 109, de 15-3-2021, é proibida a transferência a fundos de recursos financeiros oriundos de repasses duodecimais. Quanto ao saldo financeiro decorrente dos recursos entregues na forma do *caput* do art. 168, deve ser restituído ao caixa único do Tesouro do ente federativo, ou terá seu valor deduzido das primeiras parcelas duodecimais do exercício seguinte.

- **Crimes dolosos contra a vida** — em virtude da especialidade que engendram, devem ser processados e julgados perante o **Tribunal de Justiça do Estado**, e não pelo Tribunal do Júri.

> **Nesse sentido:** STJ, 5ª T., HC 2.259-9/MT, Rel. Min. Jesus Costa Lima, v. u., *DJU* de 28-2-1994, p. 2900.

- **Crimes de responsabilidade impróprios** — esses verdadeiros delitos penais *comuns*, previstos no art. 1º do Decreto-Lei n. 201/67, devem ser processados e julgados pelos Tribunais de Justiça, independentemente de pronunciamento prévio da Câmara de Vereadores. Qualificam-se como crimes de ação pública, sendo punidos com reclusão ou detenção. Seguem, em geral, o rito comum, do Código de Processo Penal.

Interessante observar que as ações penais contra prefeitos, pela prática de crimes comuns, tipificadas no art. 1º do Decreto-Lei n. 201/67, podem ser instauradas mesmo depois de extinto o mandato, entendimento pacífico do Supremo Tribunal Federal e do Superior Tribunal de Justiça, que sumularam a matéria.

> **Súmulas:**
> - **Súmula 703 do STF** — "A extinção do mandato do prefeito não impede a instauração de processo pela prática dos crimes previstos no art. 1º do Decreto-Lei n. 201/67".
> - **Súmula 164 do STJ** — "O prefeito municipal, após a extinção do mandato, continua sujeito a processo por crime previsto no art. 1º do Decreto-Lei n. 201, de 27-2-1967".

Mas se a denúncia contra o prefeito for recebida no curso do exercício do mandato, o Tribunal de Justiça, em sua composição plena ou fracionária, decidirá pelo seu afastamento temporário ou pela continuidade no cargo, durante a instrução processual penal.

> **Nesse sentido:** STF, 1ª T., HC 71.429-3/SC, Rel. Min. Celso de Mello, *DJ* de 14-9-1995, p. 29364; STF, 1ª T., HC 73.429-4/RO, Rel. Min. Sydney Sanches, *DJ* de 13-9-1996, p. 33232.

d.2) Competência das Câmaras de Vereadores

Compete às Câmaras de Vereadores julgar os *crimes de responsabilidade próprios*, cometidos por prefeitos.

Os *crimes de responsabilidade próprios* ou *propriamente ditos* são autênticas *infrações político-administrativas* que acarretam a perda do mandato executivo e a suspensão dos direitos políticos, nos termos do art. 4º do Decreto-Lei n. 201/67.

◆ Cap. 19 ◆ ORGANIZAÇÃO DO ESTADO BRASILEIRO **799**

Infrações político-administrativas praticadas pelo prefeito — Processo e julgamento: "Compete, exclusivamente, à Câmara de Vereadores, processar e julgar o Prefeito Municipal nas infrações político-administrativas, assim definidas em legislação emanada da União Federal, podendo impor, ao Chefe do Executivo local, observada a garantia constitucional do *due process of law*, a sanção de cassação de seu mandato eletivo. Precedentes" (STF, ADIn 687/PA, Rel. Min. Celso de Mello, *Clipping* do *DJ* de 10-2-2006).

A justificativa para essa competência sedimenta-se no *princípio da simetria* (CF, art. 86, § 1º), ensejando o julgamento do prefeito pela prática de *infrações político-administrativas*. Há, até mesmo, a possibilidade de ele ser afastado do cargo por noventa dias, quando recebida a denúncia pela Câmara Municipal, nos termos do Decreto-Lei n. 201/67 (art. 4º), exceto os crimes comuns previstos no art. 1º desse Decreto-Lei, cuja competência é do Tribunal de Justiça.

Nesse sentido: STF, 1ª T., HC 71.991-1/MG, Rel. Min. Sydney Sanches, *DJ* de 2-3-1995, p. 4022; STF, Pleno, RE 192.527/PR, Rel. Min. Marco Aurélio, decisão de 25-4-2001.

Desse modo, a responsabilidade política do Chefe do Executivo local submete-se, exclusivamente, ao crivo das atividades de fiscalização e controle das Câmaras Municipais, assunto que se encontra fora da esfera de competência das constituições estaduais.

Infrações político-administrativas e incompetência legislativa do Estado-membro: "O Estado-membro não dispõe de competência para instituir, mesmo em sua própria Constituição, cláusulas tipificadoras de ilícitos político-administrativos, ainda mais se as normas estaduais definidoras de tais infrações tiverem por finalidade viabilizar a responsabilização política de agentes e autoridades municipais. Precedentes" (STF, ADIn 687/PA, Rel. Min. Celso de Mello, *Clipping* do *DJ* de 10-2-2006).

d.3) Competência dos Tribunais Regionais Eleitorais

Os crimes eleitorais são da competência originária dos Tribunais Regionais Eleitorais.

Nesse sentido: STF, 2ª T., RE 149.544/MA, Rel. Min. Carlos Velloso, *DJ* de 30-6-1995, p. 20418 (Precedente citado: STF, 2ª T., HC 59.503, Rel. Min. Néri da Silveira); STJ, CComp 6.812-6/AM, Rel. Min. Pedro Acioli, v. u., *DJU* de 25-4-1994, p. 9191.

d.4) Competência dos Tribunais Regionais Federais

Compete aos Tribunais Regionais Federais processar e julgar, originariamente, os delitos federais praticados pelo prefeito em detrimento de bens, serviços ou interesse da União Federal, empresas públicas e autarquias federais (CF, art. 109, IV).

Precedentes: STF, 2ª T., RE 149.544/MA, Rel. Min. Carlos Velloso, *DJ* de 30-6-1995, p. 20418; STF, Pleno, HC 68.967-1/PR, Rel. Min. Ilmar Galvão; STF, 2ª T., HC 69.649-0/DF, Rel. Min. Carlos Mário Velloso.

d.5) Competência dos juízes de direito

Como a Constituição de 1988 não previu foro privilegiado para o ajuizamento de ações por improbidade administrativa, interpostas contra prefeitos, a matéria ficou sob os auspícios dos juízes de direito, ocupantes do primeiro grau de jurisdição.

Ora, o art. 29, X, reporta-se à responsabilidade penal dos prefeitos, e não a ações de natureza cível.

Nesse sentido: TJSP, 5ª Câm. Cív., AC n. 179.369.119, Rel. Des. Márcio Bonilha, *RT*, 694:88.

Tanto é assim que o Supremo Tribunal Federal se declarou incompetente para processar e julgar ação civil por ato de improbidade administrativa contra ex-prefeito municipal, considerando a primeira instância da Justiça comum o foro competente (STF, Inq. 1.202-5/CE, Rel. Min. Carlos Velloso, *DJ* de 4-3-1997, p. 4800).

Em 2012, o Supremo Tribunal Federal, por maioria de votos, e em sua composição plenária, decidiu que a supressão do direito de ex-ocupantes de cargos públicos e ex-detentores de mandatos eletivos a foro por prerrogativa de função é válida desde 15 de setembro de 2005, quando a Suprema Corte julgou inconstitucional a Lei n. 10.628/2002, que acrescentou os §§ 1º e 2º ao art. 84 do Código de Processo Penal, prevendo esse benefício. Contudo, há que se preservar a validade de todos os atos processuais, eventualmente praticados em processos de improbidade administrativa e ações penais, contra ex-detentores de cargos públicos e de mandatos eletivos, julgados anteriormente, ao abrigo dos referidos §§ 1º e 2º (STF, ADI 2.797 ED/DF, Rel. orig. Min. Menezes Direito, red. p/ o acórdão Min. Ayres Britto, j. 17-5-2012). No mesmo sentido: STF, RCLs 13.998/RJ, Rel. Min. Cármen Lúcia, *DJE* de 19-3-2014.

Interessante observar que somente o constituinte reformador, mediante emenda constitucional aditiva, poderia acrescer, no Texto de 1988, regra de competência para o processo e julgamento de atos de improbidade administrativa cometidos por prefeitos municipais.

Leis infraconstitucionais, constituições de Estados-membros e leis orgânicas de Municípios não detêm essa atribuição, encontrando-se impedidas de alterar o art. 29, X, da Carta Suprema.

Daí a notória *inconstitucionalidade* da Lei n. 10.628, de 24 de dezembro de 2002, que, modificando o art. 84 do Código de Processo Penal, estatuiu, no seu § 2º, que as ações de improbidade devem ser propostas perante o Tribunal competente para processar e julgar criminalmente o funcionário ou autoridade na hipótese de prerrogativa de foro em razão do exercício de função pública.

Certamente, a Lei n. 10.628/2002 alargou o âmbito do art. 29, X, da Carta Magna, realizando uma teratológica *reforma infraconstitucional de preceito constitucional*.

E, para reforçar a pecha de *inconstitucionalidade*, revigorou a *regra da contemporaneidade fato x mandato*, prevista na Súmula 394 do STF. Desse modo, admitiu a competência especial por prerrogativa de foro ainda quando o inquérito ou a ação judicial se iniciem depois de findado o exercício da função pública.

Evidente que essa verdadeira perpetuação de competência é *inconstitucional*, indo de encontro com o entendimento da Corte Excelsa, que cancelou a sua Súmula 394.

> **Cancelamento da Súmula 394 do STF:** "O Supremo Tribunal, em 25-8-1999, no Inquérito 687, cancelou a Súmula 394, preservada, contudo, a validade de atos praticados e decisões proferidas com base na orientação nela anteriormente consagrada. À aplicação ao caso de nova orientação do Tribunal, não importa que a Súmula 394 não incluísse entre as suas referências normativas o art. 29, X, da Constituição, mas — conforme o ordenamento vigente ao tempo de sua edição — os preceitos da Carta Magna de 1946 e de leis ordinárias que então continham regras de outorga de competência penal originária por prerrogativa de função: a Súmula 394 jamais pretendeu interpretação literal das referidas normas de competência, que todas elas tinham por objeto o processamento e julgamento dos titulares dos cargos ou mandatos aludidos; a extensão ao ex--titular do foro por prerrogativa da função já exercida, quando no exercício dela praticado o crime, sempre se justificou, na vigência mais que centenária da jurisprudência nela afirmada, à base de uma interpretação teleológica dos preceitos, correspondente. Por isso, promulgada a Constituição de 1988 — que conferiu ao Tribunal de Justiça dos Estados a competência originária para julgar os Prefeitos (art. 27, X, originariamente, 27, VIII) — nada mais foi necessário a que se estendesse a orientação da Súmula 394 aos ex-Prefeitos, desde que o objeto da imputação fosse crime praticado no curso do mandato. Se a Súmula 394, enquanto durou — e em razão da identidade dos fundamentos dos precedentes em que alicerçada — se aplicou à hipótese dos ex--Prefeitos, alcança-os igualmente o seu cancelamento, assim como a qualquer outro ex-titular de cargo ou mandato a que correspondesse o foro especial" (STF, RE 289.847, Rel. Min. Sepúlveda Pertence, *DJ* de 2-2-2001).

e) Crime de responsabilidade do prefeito (CF, art. 29-A, § 2º)

Vimos, acima, que compete à *Câmara de Vereadores* julgar os *crimes de responsabilidade próprios*, enquanto o *Tribunal de Justiça* é o foro competente para processar e julgar os *delitos de responsabilidade impróprios*.

◆ Cap. 19 ◆ ORGANIZAÇÃO DO ESTADO BRASILEIRO **801**

Pelo art. 29-A da Carta Maior, modificado pela Emenda Constitucional n. 58/2009, constituem *crimes de responsabilidade próprios* do prefeito municipal:
- efetuar repasse que supere os limites definidos no art. 29-A, I a VII;
- não enviar o repasse até o dia 20 de cada mês; ou
- enviá-lo a menor em relação à proporção fixada na lei orçamentária.

Evidente que essa enunciação é meramente exemplificativa, não esgotando a lista dos *delitos de responsabilidade propriamente ditos*, afinal a matéria sujeita-se ao princípio da anterioridade, pelo qual *não há crime sem lei anterior que o defina* (CF, art. 5º, XXXIX).

Por isso, é necessária a existência de lei federal para definir o campo dos ilícitos político-administrativos, pois, como reconheceu o Pretório Excelso, a definição formal dos crimes de responsabilidade enquadra-se, por sua natureza mesma, no bojo da competência exclusiva da União.

Precedente: STF, Pleno, ADIn 834-0/MT, Rel. Min. Sepúlveda Pertence, *DJ* de 9-4-1999, p. 2.

A previsão constitucional dos temas inseridos no art. 29-A da *Lex Mater* é tão importante que o prefeito municipal incorrerá em delito de responsabilidade caso desrespeite o limite de 70% de sua receita com folha de pagamento, incluído o gasto com o subsídio dos vereadores (CF, art. 29-A, § 3º).

No plano infraconstitucional, a Lei Complementar n. 101, de 4 de maio de 2000, consagrou preceitos sobre finanças públicas voltados para a responsabilidade na gestão fiscal.

Dentre outras providências, contribuiu para implementar as hipóteses constitucionais de crime de responsabilidade.

Desse modo, as prefeituras municipais devem pautar-se na Lei Complementar n. 101/2000, sob pena de comprometer a lisura orçamentária.

Os atos do Executivo local devem pressupor ações planejadas e transparentes, prevenindo riscos e evitando desvios capazes de afetar o equilíbrio das contas públicas.

A palavra de ordem, portanto, é equacionar as operações de crédito, concessões de garantia e inscrições em restos a pagar, bem como o controle da destinação de recursos públicos para o setor privado.

Saliente-se que a Lei Complementar n. 101/2000 tem a aplicabilidade condicionada à data de publicação da Lei n. 10.028, ou seja, 19 de outubro de 2000.

Lei n. 10.028, de 19-10-2000: alterou o Decreto-Lei n. 2.848, de 7-12-1940 (Código Penal), a Lei n. 1.079, de 10-4-1950, e o Decreto-Lei n. 201, de 27-2-1967.

Apenas as hipóteses ocorridas a partir dessa data estão abrangidas pela normatividade complementar, por força da irretroatividade da lei penal (CF, art. 5º, XL).

Assim, delitos praticados antes de 19 de outubro de 2000 (quinta-feira) encontram-se fora do âmbito de incidência da Lei Complementar n. 101/2000.

f) Número de vereadores por Município (CF, art. 29, IV)

A partir do advento da Emenda Constitucional n. 58/2009, que modificou o inciso IV do art. 29 da Constituição Federal, o número de vereadores por Município passou a ser o seguinte:

Tabela do número de vereadores por Município após o advento da EC n. 58/09

Nº de habitantes do Município	Nº de vereadores
até 15.000	09 (nove)
mais de 15.000 até 30.000	11 (onze)
mais de 30.000 e de até 50.000	13 (treze)
mais de 50.000 e de até 80.000	15 (quinze)
mais de 80.000 e de até 120.000	17 (dezessete)

mais de 120.000 e de até 160.000	19 (dezenove)
mais de 160.000 e de até 300.000	21 (vinte e um)
mais de 300.000 e de até 450.000	23 (vinte e três)
mais de 450.000 e de até 600.000	25 (vinte e cinco)
mais de 600.000 e de até 750.000	27 (vinte e sete)
mais de 750.000 e de até 900.000	29 (vinte e nove)
mais de 900.000 e de até 1.050.000	31 (trinta e um)
mais de 1.050.000 e de até 1.200.000	33 (trinta e três)
mais de 1.200.000 e de até 1.350.000	35 (trinta e cinco)
mais de 1.350.000 até 1.500.000	37 (trinta e sete)
mais de 1.500.000 e de até 1.800.000	39 (trinta e nove)
mais de 1.800.000 e de até 2.400.000	41 (quarenta e um)
mais de 2.400.000 e de até 3.000.000	43 (quarenta e três)
mais de 3.000.000 e de até 4.000.000	45 (quarenta e cinco)
mais de 4.000.000 e de até 5.000.000	47 (quarenta e sete)
mais de 5.000.000 e de até 6.000.000	49 (quarenta e nove)
mais de 6.000.000 e de até 7.000.000	51 (cinquenta e um)
mais de 7.000.000 e de até 8.000.000	53 (cinquenta e três)
mais de 8.000.000	55 (cinquenta e cinco)

Interessante observar que o número de vereadores por Município, regulamentado no art. 29, IV, da Constituição de 1988, foi alvo de duas redações, completamente distintas: uma, quando elaboraram a Carta Magna, e outra, por força da Emenda Constitucional n. 58/2009.

Constitucionalidade da redução de número de vereadores — é constitucional emenda à Lei Orgânica municipal, que reduziu número de vereadores, decidiu o Supremo Tribunal por unanimidade de votos (STF, RE 881422, Rel. Min. Dias Toffoli, j. 8-11-2017).

f.1) Primeira redação do art. 29, IV, advinda da manifestação constituinte originária de 1988

A primeira redação do art. 29, IV, proveio do Poder Constituinte Originário, que, ao fazer a Carta de 5 de outubro de 1988, inspirou-se no art. 15, § 4º, da Emenda Constitucional n. 1/69.

Desse modo, o primitivo art. 29, IV, que não mais vigora em nossos dias, pois foi totalmente revogado pela Emenda Constitucional n. 58/2009, determinava que o número de vereadores deveria ser proporcional à população do Município, observados os seguintes limites:

- mínimo de 9 e máximo de 21, nos Municípios de até 1 milhão de habitantes;
- mínimo de 33 e máximo de 41, nos Municípios de mais de 1 milhão e menos de cinco milhões de habitantes; e
- mínimo de 42 e máximo de 55, nos Municípios de mais de 5 milhões de habitantes.

Esses critérios de *proporcionalidade*, consagrados na redação primeira do inciso IV do art. 29, agora revogado pela Emenda Constitucional n. 58/2009, não foram suficientes para conter as diversidades estatísticas dos Municípios brasileiros.

O número de vereadores era estipulado aleatoriamente pelas Câmaras Municipais, que apenas observavam os limites máximos e mínimos do art. 29, IV, da Carta Magna, tornando sem sentido a ideia de *proporcionalidade*. Municípios menos populosos tinham mais vereadores que outros com um número de habitantes várias vezes maior.

Percebendo o descompasso entre a realidade e o teor do art. 29, IV, criado pelo constituinte originário de 1988, o Supremo Tribunal concluiu, em 2004, que a falta de um parâmetro matemático rígido para delimitar a ação das Câmaras Legislativas municipais implicava evidente afronta ao postulado da isonomia. Isso fez com que a própria Corte, num exercício de construção constitucional (e não de ativismo judicial), estabelecesse o número de vereadores por Município (STF, Pleno, RE 197.917, Rel. Min. Maurício Corrêa, *DJ* de 7-5-2004).

◆ Cap. 19 ◆ ORGANIZAÇÃO DO ESTADO BRASILEIRO — 803

Decisão do STF no RE 197.917/SP: "1. O art. 29, inciso IV, da Constituição Federal exige que o número de Vereadores seja proporcional à população dos Municípios, observados os limites mínimos e máximos fixados pelas alíneas *a*, *b* e *c*. 2. Deixar a critério do legislador municipal o estabelecimento da composição das Câmaras Municipais, com observância apenas dos limites máximos e mínimos do preceito (CF, art. 29) é tornar sem sentido a previsão constitucional expressa da proporcionalidade. 3. Situação real e contemporânea em que Municípios menos populosos têm mais Vereadores do que outros com um número de habitantes várias vezes maior. Casos em que a falta de um parâmetro matemático rígido que delimite a ação dos legislativos municipais implica evidente afronta ao postulado da isonomia. 4. Princípio da razoabilidade. Restrição legislativa. A aprovação de norma municipal que estabelece a composição da Câmara de Vereadores sem observância da relação cogente de proporção com a respectiva população configura excesso do poder de legislar, não encontrando eco no sistema constitucional vigente. 5. Parâmetro aritmético que atende ao comando expresso na Constituição Federal, sem que a proporcionalidade reclamada traduza qualquer afronta aos demais princípios constitucionais nem resultem formas estranhas e distantes da realidade dos Municípios brasileiros. Atendimento aos postulados da moralidade, impessoalidade e economicidade dos atos administrativos (CF, art. 37). 6. Fronteiras da autonomia municipal impostas pela própria Carta da República, que admite a proporcionalidade da representação política em face do número de habitantes. Orientação que se confirma e se reitera segundo o modelo de composição da Câmara dos Deputados e das Assembleias Legislativas (CF, arts. 27 e 45, § 1º). 7. Inconstitucionalidade, *incidenter tantum*, da lei local que fixou em 11 (onze) o número de Vereadores, dado que sua população de pouco mais de 2.600 habitantes somente comporta 09 representantes. 8. Efeitos. Princípio da segurança jurídica. Situação excepcional em que a declaração da nulidade, com seus normais efeitos *ex tunc*, resultaria grave ameaça a todo o sistema legislativo vigente. Prevalência do interesse público para assegurar, em caráter de exceção, efeitos *pro futuro* à declaração incidental de inconstitucionalidade. Recurso extraordinário conhecido e em parte provido" (STF, Pleno, Rel. Min. Maurício Corrêa, *DJ* de 7-5-2004).

Nesse contexto, o próprio Supremo Tribunal Federal elaborou uma tabela que, após o surgimento da Emenda Constitucional n. 58/2009, não mais vigora.

Essa tabela foi adotada, como parâmetro, pelo Tribunal Superior Eleitoral, que editou a Resolução n. 21.702/2004, declarada constitucional pelo Supremo Tribunal Federal.

À época, os Ministros do Supremo, por maioria de votos, julgaram improcedentes as Ações Diretas de Inconstitucionalidade n. 3.345 e 3.365, ambas relatadas pelo Ministro Celso de Mello, ajuizadas contra a Resolução n. 21.702/2004 do TSE.

Decidiram que o referido ato resolutivo em nada havia ferido os princípios da reserva de lei, separação de Poderes, anterioridade da lei eleitoral ou autonomia municipal. Chegaram à conclusão que a Resolução surgiu para concretizar o próprio julgamento do Pleno, no RE 197.917/SP, no qual a própria Corte Excelsa dera interpretação definitiva à *cláusula de proporcionalidade*, inscrita no art. 29, IV, do Texto Maior.

f.2) Segunda redação do art. 29, IV, proveniente da Emenda Constitucional n. 58/2009

Nada obstante, os esforços do Supremo Tribunal Federal e do Tribunal Superior Eleitoral, no sentido de estabelecerem parâmetros para se aferir o número de vereadores por número de habitantes dos municípios, com base em critérios objetivos extraídos da própria Constituição de 1988, o Congresso Nacional, acolhendo apelos da classe política, e, em especial, dos suplentes de vereadores de todo o País, editou a Emenda Constitucional n. 58, de 23 de setembro de 2009.

A referida Emenda possui três artigos. Eis o sumo de cada um:

- **Art. 1º** — alterou o art. 29, IV, da Constituição. O objetivo foi estipular o limite máximo de vereadores por município, tomando como base o número de habitantes (*vide* tabela acima);
- **Art. 2º** — modificou o percentual de gastos do art. 29-A, da Carta de Outubro. Recordemos que o art. 29-A proveio da Emenda Constitucional n. 25/2000, que objetivou complementar a mensagem do art. 29, VI, da Constituição. Já a Emenda Constitucional n. 58/2009, em virtude de ter aumentado o número de vereadores, previu novos critérios a serem observados para a remuneração da edilidade; e

804 ◆ Uadi Lammêgo Bulos ◆

• **Art. 3º, *caput*, incisos I e II** — estabeleceu cláusula de vigência. Pelo *caput*, a Emenda entra em vigor na data de sua promulgação, qual seja 23 de setembro de 2009. De acordo com o inciso I, a Emenda volta no tempo para alcançar o processo eleitoral de 2008, de modo a permitir que os suplentes de vereadores possam ser empossados no cargo, imediatamente. E, conforme o inciso II, apenas a partir de 1º de janeiro de 2010 que as Câmaras Municipais devem pagar o subsídio da vereança com base no percentual aludido no art. 29-A.

f.2.1) Inconstitucionalidade do art. 3º, I, da Emenda Constitucional n. 58/2009

O advento da Emenda Constitucional n. 58/2009 foi comemorado por suplentes de vereadores de todo o País.

Cantando o Hino Nacional e "Parabéns para Você", muitos deles aplaudiram, nas galerias do Senado da República, em 23 de setembro de 2009, o nascimento da "Emenda dos vereadores", publicada no dia seguinte (*DOU* de 24-9-2009).

A nova Emenda, em suas linhas gerais, não suscitou alegações de inconstitucionalidade. Os seus arts. 1º, 2º e 3º, II, formalmente falando, em nada atritaram a Carta de Outubro, embora suscitem debates de fundo, pois o aumento do número de vereadores é matéria suscetível de vigorosas refutações.

Acontece, porém, que o inciso I do art. 3º da referida Emenda violou a Constituição da República ao permitir a posse imediata de mais de 7.000 suplentes de vereadores em todo o País, como reconheceu o próprio Supremo Tribunal Federal.

Sem embargo, o aumento do número de vereadores dentro da própria legislatura altera, de modo inconstitucional, o resultado de eleições já realizadas, sendo uma seriíssima afronta aos princípios do **Estado Democrático de Direito** (CF, art. 1º, *caput*), da **representação popular** ou representatividade (CF, art. 1º, parágrafo único), do **ato jurídico perfeito** (CF, art. 5º, XXXVI) e da **soberania popular** (CF, art. 14, *caput*).

Os vetores constitucionais da **segurança jurídica**, verdadeiro subprincípio do Estado de Direito (CF, art. 1º, *caput*), e da **irretroatividade dos atos legislativos** (CF, art. 5º, XXXVI) também foram desrespeitados, porque a representação e a composição política municipais ficaram afetadas, para satisfazer reclamos de empreguismo, vaidade e casuísmo.

Todas essas excrecências devem ser repudiadas, sob pena de se comprometer a própria ideia de justiça material, que deve nortear o equilíbrio e a paz das instituições que se reputam livres.

Soma-se a isso o enorme desrespeito ao princípio da **proporcionalidade das eleições**, lídima projeção da soberania popular (CF, art. 1º, parágrafo único), que não admite, nem tolera, mudanças sub-reptícias da vontade do povo, que encontra no voto direto, secreto, universal e periódico, a sua razão de ser (CF, art. 14, *caput*), como já decidiu o Supremo Tribunal Federal.

> **Precedente:** "é inconstitucional a lei que dispõe sobre convocação de suplentes para completar vagas na mesma legislatura, posto que implica em alterar diretamente a composição política do Município, com abstração do sufrágio direto e universal" (STF, Repr. 1.091/PA, Rel. Min. Rafael Mayer, *RTJ 100*:1003).

Ora, quando o povo, bem ou mal, certo ou errado, consciente ou inconsciente, vota e elege seu representante na Câmara Municipal, essa vontade, exteriorizada por meio do exercício de uma liberdade falada que é o voto, tem de ser levada às suas últimas consequências.

Daí o despautério de se criar "vaga", "cadeira", "assento", ou qualquer outro nome que se queira utilizar, para permitir a investidura política de suplentes, que são meros substitutos do vereador efetivo, só podendo ocupar a cadeira, que é do titular e já existe na Câmara Municipal.

O suplente não é eleito vereador efetivo nas eleições (Código Eleitoral, art. 112).

Logo, não se pode criar nova vaga para ele ocupar, porque, no ordenamento brasileiro, o suplente é mero substituto do titular, e mais nada.

Aliás, nem consta, no texto da Constituição Federal, qualquer referência à figura do "suplente de vereador".

E faz sentido.

◆ Cap. 19 ◆ ORGANIZAÇÃO DO ESTADO BRASILEIRO

805

Suplente é aquele que não foi escolhido pelo povo. Trata-se do não eleito, motivo pelo qual não há, no sistema de direito positivo brasileiro, uma forma lícita para se compatibilizar a sua não eleição com a sua posse, que, diga-se, não decorrente da manifestação ou da palavra livre dos cidadãos eleitores.

Ora, nos Estados de Direito democráticos, como o Brasil, não vigoram excrecências do tipo "eleição de gabinete" ou "eleição por ato legislativo".

Quer dizer, os membros do Congresso Nacional, investidos na laboriosa tarefa de legislarem, não têm competência para eleger aqueles que não foram votados.

Esse é o motivo pelo qual os suplentes — substitutos não eleitos pelo povo — não podem ser diplomados como se fossem os próprios titulares, ainda mais quando se trata de uma Emenda Constitucional, que, de modo inusitado no panorama do constitucionalismo de todos os tempos, consagrou dispositivo com eficácia retroativa, precisamente para viabilizar algo inconstitucional, totalmente contrário às regras eleitorais e à democracia representativa.

Ou seja, de uma só vez, os titulares da competência reformadora da Constituição de 1988 feriram o **princípio da anualidade ou anterioridade da lei eleitoral**, que, por representar uma liberdade fundamental dos eleitores, não se irmana com a insegurança, muito menos com quaisquer ações casuísticas (CF, art. 16).

Por tudo isso, somos levados a crer que dispositivos da qualidade do inciso I do art. 3º da Emenda Constitucional n. 58/2009, que não podem voltar no tempo, alcançando processos eleitorais já consumados, devem ser banidos da ordem jurídica brasileira.

Sem sombra de dúvida, eles maculam o **devido processo eleitoral**, lídima projeção da soberania popular (CF, art. 1º, I e parágrafo único), do *due process of law* (CF, art. 5º, LIV) e da liberdade de o eleitorado escolher os seus representantes, sem cerceamentos, manobras ou deformações traumatizantes (CF, art. 14).

A seguir, veremos como o Poder Judiciário examinou o assunto, valendo recordar que, em tais situações, o Supremo Tribunal Federal não tem aceitado burlas à supremacia das normas constitucionais, extirpando, no exercício de sua jurisdição constitucional, privilégios injustificados e desejos inconfessáveis, sedimentados em normas retroativas, visivelmente inconstitucionais.

> **Precedente:** "esse aumento do número de vereadores durante a própria legislatura importa em alterar diretamente a representação política do Município, atentando, de forma flagrante, contra a sua autonomia. Se a Constituição Federal prescreve que os representantes políticos dos Municípios sejam escolhidos mediante eleição direta, em sufrágio universal e voto secreto, torna-se evidente, que, uma vez definido o resultado das eleições e tendo início a legislatura, nenhuma lei pode alterar o número de vereadores, ainda que a pretexto de atribuir investidura política aos suplentes" (STF, Repr. 1.209/SC, Rel. Min. Oscar Corrêa, *RTJ*, 113:488).

f.2.1.1) Decisão do Tribunal Regional Eleitoral do Estado de Goiás

A primeira decisão, no Brasil, sobre o inciso I do art. 3º, da Emenda Constitucional n. 58/2009, foi do Tribunal Regional Eleitoral do Estado de Goiás.

O Judiciário goiano foi provocado por meio de uma Ação Civil Pública, com pedido de liminar de suspensão do ato de posse dos suplentes a vereadores, interposta, em argumentação bem urdida, pela Promotoria de Justiça de Bela Vista de Goiás.

Acolhendo a linha de raciocínio do Promotor Carlos Vinícius Alves Ribeiro, o Juiz Nivaldo Mendes Pereira concluiu: "Se admitida a aplicação retroativa do aumento do número de cargos de vereador, seria obrigatório novo cálculo de quociente eleitoral e nova proclamação de resultados, podendo, inclusive, outros, que não os suplentes, serem os eleitos para a ocupação das novas cadeiras". Sem maiores delongas, Sua Excelência suspendeu o ato de posse dos vereadores (TRE/GO, Ação Civil Pública no Processo 1.512, Rel. Juiz Nivaldo Mendes Pereira, j. em 29-9-2009).

f.2.1.2) ADIns no Supremo Tribunal Federal

Duas **ADIns**, de n. **4.307** e **4.310**, com pedido de liminar, foram propostas, no Supremo Tribunal Federal, contra a "PEC dos Vereadores".

A Relatora de ambas — Min. Cármen Lúcia — deferiu as cautelares pleiteadas, suspendendo, em decisão monocrática, a posse, retroativa às eleições de 2008, de suplentes de vereadores de todo o País.

Concedeu, em 2-10-2009, a medida liminar, requerida com efeitos *ex tunc* (art. 11, § 1º, da Lei n. 9868/1999), submetendo-a ao referendo do Plenário da Corte, para sustar os efeitos do inciso I do art. 3º da Emenda Constitucional n. 58/2009.

* **Confirmação da medida cautelar:** em 11 de abril de 2013, o Plenário do Supremo Tribunal Federal, por unanimidade, confirmou a liminar deferida em 2009 (STF, ADI 4.307, Rel. Min. Cármen Lúcia, j. 11-4-2013).

Ao deferir o pedido cautelar, Cármen Lúcia justificou a urgência em se conceder a medida, tendo em vista a possibilidade de diversos municípios brasileiros promoverem a recomposição de seus quadros com fundamento no referido inciso I do art. 3º, a exemplo do que ocorrera em Bela Vista de Goiás, onde dois vereadores suplentes foram empossados com base na Emenda, sem falar que a Câmara Municipal de Conselheiro Pena, no Estado de Minas Gerais, chegou a empossar dois novos vereadores.

Destacou, em seu veredito, que, se a retroatividade, permitida pela Emenda, viesse a ser considerada inconstitucional pelo Plenário do Supremo, as posses dos suplentes seriam de "desfazimento dificultoso".

Em sua decisão, a Ministra lembrou que a determinação de se aplicar de maneira retroativa a Emenda fere o art. 16 da Carta Magna, afinal o inciso I do art. 3º da Emenda Constitucional n. 58/2009, não poderia mudar um processo eleitoral já concluído, contrariando, além do devido processo eleitoral, o princípio da segurança jurídica.

O sistema de representação proporcional foi outro ponto destacado pela Min. Cármen Lúcia, pois, na realidade, a mudança do número de vagas em disputa para vereadores repercute, sim, nessa esfera.

> **Merece destaque a seguinte passagem do voto de Sua Excelência:** "A eleição é processo político aperfeiçoado segundo as normas jurídicas vigentes em sua preparação e em sua realização. As eleições de 2008 constituem, assim, processo político juridicamente perfeito. Guarda, pois, inteira coerência com a garantia de segurança jurídica que resguarda o ato jurídico perfeito, de modo expresso e imodificável até mesmo pela atuação do constituinte reformador (art. 5º, inc. XXVI, da Constituição). E, note-se, que nem mesmo Emenda Constitucional pode sequer tender a abolir tal garantia (inc. IV do § 4º do art. 60 da Constituição do Brasil). Os eleitos, diplomados e empossados vereadores, no número definido pela legislação eleitoral vigente segundo a previsão do art. 16 da Constituição do Brasil, compõem os órgãos legislativos municipais e estão em pleno exercício de suas atribuições. (...) A norma questionada apresenta densa plausibilidade, feita, insista-se, em exame preambular, como é próprio destas análises, de negar frontalmente a regra do art. 16 da Constituição. Definir-se que uma regra fixada no presente pode impor modificação de um processo passado e acabado e para o qual a Constituição impõe que se respeite definição legislativa vigente pelo menos um ano antes do pleito parece não apenas contrariar um dispositivo constitucional: descortina-se a possibilidade de haver descumprimento de todo o sistema jurídico, cuja lógica se guarda pela integração de todas as normas que o compõem. O que se tem na espécie é, como anotado pelo Procurador-Geral da República, aplicação a um processo passado, realizado, acabado, aperfeiçoado, segundo as normas vigentes desde pelo menos um ano antes das eleições regramento que se constitui para situações a ocorrerem daqui para a frente. Se nem certeza do passado o brasileiro pode ter, de que poderia ele se sentir seguro no Direito? Se nem ao menos a sua liberdade política, exercida pelo voto conferido há um ano, pode ser mudado por uma Emenda Constitucional, cujo texto não lhe foi dado previamente a conhecer e cujo contexto também não, de que segurança jurídica se estaria a cogitar verdadeiramente nesta nossa Pátria? Já se disse que o Brasil vive incerteza quanto ao futuro (o que é da vida), mas tem também insegurança quanto ao presente (o que precisa ser depurado para que as pessoas vivam com o conforto da certeza das coisas). O que é, entretanto, pior e incomum, parece que é ter como regular ter-se a incerteza quanto ao passado. A expressão normativa questionada põe em ênfase este dado: não seria dever do Estado, acatando a Constituição, que tem na segurança jurídica e no respeito incontornável e imodificável ao ato jurídico perfeito, garantir a certeza, pelo menos quanto ao passado e acabado, como é o processo eleitoral de 2008?" (STF, ADI 4.307/DF, Rel. Min. Cármen Lúcia, j. em 2-10-2009).

◆ Cap. 19 ◆ ORGANIZAÇÃO DO ESTADO BRASILEIRO   **807**

Na sessão de 11-11-2009, o Plenário do Supremo referendou, por maioria de votos, as liminares concedidas pela Min. Cármen Lúcia.

Ficou vencido, apenas, o Min. Eros Grau, que se posicionou em sentido contrário ao entendimento dos demais ministros da Corte.

> **Posição do Min. Eros Grau:** foi o único a divergir. Baseou o seu voto nas ADIns 3.104, 3.685 e 3.741, concluindo: "Não vejo no caso nem violação ao processo eleitoral nem ao princípio da segurança jurídica. Eu diria mesmo que não me permitiria interpretar a Constituição e nem mesmo emenda constitucional à luz da lei ordinária. Lembro-me aqui e agora da ADI 3104 em que se afirmou que não há direito adquirido contra emenda constitucional, com relação à aplicação imediata da regra nova que não afronte o artigo 16 da Constituição. E aqui não há afronta a esse dispositivo".

As justificativas apresentadas pelo Supremo Tribunal Federal para referendar as liminares concedidas nas **ADIns 4.307** e **4.310** foram as seguintes:

* o reconhecimento de vigência e eficácia imediatas à PEC dos Vereadores violaria, a um só tempo, o princípio da anualidade e o princípio do devido processo eleitoral. Certamente, o art. 16 da Constituição de 1988, que dispõe sobre a necessidade da anterioridade de um ano de norma que altere o processo eleitoral, contém elementos mínimos de segurança jurídica para balizar o processo eleitoral. "Mesmo que não se aplique o dispositivo em toda sua extensão — porque a Emenda 58/09 não trata do processo eleitoral em si — é necessário que se respeite alguns elementos mínimos do que o Ministro aposentado Sepúlveda Pertence chama do *devido processo legal eleitoral*", concluiu o Min. Gilmar Mendes, explicando que a EC n. 58/2009 não pode retroagir para alcançar pleito concluso desde 2008;
* o TSE, na **Consulta 1.421**, formulada pelo Deputado Federal Gonzaga Patriota (PSB-PE) quando começou a tramitação da PEC 58, entendeu, unanimemente, que a emenda só teria aplicação imediata se fosse publicada antes de terminar o prazo das correspondentes convenções partidárias, ou seja, antes de 30 de junho de 2008. Na época, os Ministros Marco Aurélio, Cezar Peluso e Carlos Britto estavam presentes à sessão de julgamento;
* o inciso I do art. 3º da Emenda Constitucional n. 58/2009 reveste-se de indiscutível casuísmo, porque buscou alterar o resultado de um processo eleitoral já exaurido, criando a figura da eleição via emenda constitucional, algo inadmissível no ordenamento brasileiro; e
* a representação política tem como fonte normal e indeclinável o sufrágio universal, não sendo admissível a escolha para o cargo eletivo por outra forma que não seja pelo voto. Trata-se, no magistério do Min. Celso de Mello, de algo preocupante, pois o "mandato tem como substancial a sua origem na vontade dos eleitores, que é protegida por uma cláusula magna de nossa Constituição, que consiste no postulado da soberania popular. Nós estamos em face de tais suplentes como se fossem 'os representantes dos representantes do povo', uma vez que se optou aqui por uma fórmula esdrúxula, extravagante, além de frontalmente incompatível com o nosso modelo constitucional de se investir alguém no exercício de mandato representativo por meio de emenda à Constituição".

Vejamos, a seguir, os fundamentos expendidos pelos proponentes das **ADIns 4.307** e **4.310**, aceitos pelo Supremo Tribunal Federal, que referendou a medida liminar concedida pela Min. Cármen Lúcia.

ARGUMENTOS LANÇADOS PELO PROPONENTE DA ADIn 4.307:

Na ADIn 4.307, a Procuradoria-Geral da República pediu a suspensão cautelar da eficácia do inciso I do art. 3º da Emenda Constitucional n. 58/2009.

No mérito, solicitou que seu pedido fosse julgado procedente, para declarar a inconstitucionalidade do mencionado dispositivo.

Os argumentos lançados contra o inciso I do art. 3º da Emenda Constitucional n. 58/2009, e que foram aceitos pelo Supremo, foram os seguintes:

* violação a atos jurídicos perfeitos, "regidos todos por normas previamente conhecidas, que agora são substituídas, após terem sido integradas à regência dos fatos jurídicos em curso";

808 ◆ Uadi Lammêgo Bulos ◆

- desrespeito aos arts. 1º, parágrafo único; 5º, XXXVI e LIV; 14; 16 e 60, § 4º, II e IV, da Carta de 1988;
- ofensa à proporcionalidade. É que, no julgamento do **RE 19.7917**, o Plenário do Supremo decidiu que o número de vereadores deve ser proporcional à população dos municípios, observados os limites mínimos e máximos. Ora, a Emenda Constitucional n. 58/2009 indicou, apenas, o número máximo de vereadores;
- o inciso I do art. 3º permitiu a retroatividade da nova regra, de modo a alcançar as eleições, já encerradas, de 2008, afetando legislaturas em curso. Resultado: todos os municípios do País, pelo que está na Emenda n. 58/2009, teriam de refazer os cálculos dos quocientes eleitoral e partidário, gerando instabilidade institucional "absolutamente conflitante com os compromissos democráticos assumidos na Constituição da República"; e
- afronta ao art. 16 da Carta Magna.

ARGUMENTOS LANÇADOS PELO PROPONENTE DA ADIn 4.310:

A Ordem dos Advogados do Brasil também questionou a constitucionalidade do inciso I do art. 3º, da Emenda Constitucional n. 58/2009, que, ao disciplinar a possibilidade de retroação de seus efeitos para fins de recomposição das câmaras municipais a partir do processo eleitoral de 2008, não observou o ato jurídico perfeito, a anualidade da lei eleitoral e a segurança jurídica.

Para a OAB, "As regras para a eleição de 2008 foram estabelecidas antes do pleito e não podem ser alteradas agora, por manifesta inconstitucionalidade aos artigos 5º, 36, além de afrontar o artigo 60, § 4º, IV, da Constituição Federal".

A entidade pediu, ainda, a suspensão da eficácia do referido preceito, e, no mérito, pleiteou a declaração de sua inconstitucionalidade, de modo que os efeitos da Emenda n. 58/2009 somente se concretizem a partir das eleições de 2012, no que foi atendida pelo Supremo Tribunal Federal, que referendou a liminar concedida pela Min. Cármen Lúcia, como vimos acima.

g) Remuneração de vereadores (CF, art. 29, VI e VII)

A remuneração dos vereadores foi fruto de emendas e remendos constitucionais.

Primeiro foi a Emenda Constitucional n. 1/92, que a colocou no Texto de 1988.

Depois veio a Emenda Constitucional n. 19/98, que suprimiu a *regra da legislatura*, possibilitando à Câmara de Vereadores aumentar seus subsídios na próxima legislatura, algo absurdo, que contrariava o princípio da moralidade administrativa.

Em seguida, criaram a Emenda Constitucional n. 25/2000, para reintroduzir a *regra da legislatura*, pela qual o subsídio dos vereadores somente pode ser fixado pelas Câmaras Municipais na legislatura subsequente.

Atualmente, encontra-se em vigor a *regra da legislatura*, cuja autoaplicabilidade é indiscutível. E, como dispõe o art. 8º da Emenda Constitucional n. 41/2003, até que seja fixado o teto remuneratório geral a que alude o art. 37, XI, da Constituição, aplica-se, como limite máximo para a remuneração de vereadores, o subsídio atual dos prefeitos municipais.

A *regra da legislatura*, consubstanciada no art. 29, VI, *a, b, c, d, e, f,* exige, por parte das Câmaras Municipais, a observância dos seguintes *tetos remuneratórios*:

- em Municípios de até 10.000 habitantes, o subsídio máximo dos vereadores corresponderá a 20% do subsídio dos deputados estaduais;
- em Municípios de 10.001 a 50.000 habitantes, o subsídio máximo dos vereadores corresponderá a 30% do subsídio dos deputados estaduais;
- em Municípios de 50.001 a 100.000 habitantes, o subsídio máximo dos vereadores corresponderá a 40% do subsídio dos deputados estaduais;
- em Municípios de 100.001 a 300.000 habitantes, o subsídio máximo dos vereadores corresponderá a 50% do subsídio dos deputados estaduais;
- em Municípios de 300.001 a 500.000 habitantes, o subsídio máximo dos vereadores corresponderá a 70% do subsídio dos deputados estaduais; e
- em Municípios de mais de 500.000 habitantes, o subsídio máximo dos vereadores corresponderá a 75% do subsídio dos deputados estaduais.

◆ Cap. 19 ◆ ORGANIZAÇÃO DO ESTADO BRASILEIRO

809

Como vemos, os depositários da Emenda Constitucional n. 25/2000, além de reintroduzir a *regra da legislatura*, previram critérios objetivos para aferi-la.

É que a Emenda Constitucional n. 19/98 — reforma administrativa — não teve êxito nessa tarefa, gerando disparidades e casuísmos. Simplesmente disse que os subsídios da vereança deveriam ser fixados por lei de iniciativa da Câmara Municipal, na razão de, no máximo, 75% daquele estabelecido, em espécie, para os deputados estaduais.

Agora, as percentagens máximas dos subsídios a serem pagos aos vereadores estão claras. Não há necessidade de lei para acrescer ou diminuir nada. Qualquer diploma normativo que elevar o teto remuneratório da edilidade será inconstitucional. É a partir dessa ressalva que se deve interpretar a frase "observados os critérios estabelecidos na respectiva Lei Orgânica", prevista no art. 29, VI, da Carta Magna.

Realmente, as leis orgânicas municipais não podem aferir requisitos discrepantes daqueles consagrados no Texto de 1988, nem estatuir normas que ampliem os limites remuneratórios acima listados.

Nesse particular, lembre-se que a Emenda Constitucional n. 25/2000 acompanhou a tendência pretoriana, encabeçada pelo Pretório Excelso e implantada antes mesmo da Emenda n. 19/98, segundo a qual "a remuneração dos vereadores está sujeita ao teto, considerada a do prefeito".

> **Precedentes:** STF, Pleno, RE 181.715, Rel. Min. Marco Aurélio, *DJ*, 1, de 7-2-1997; STF, 2ª T., RE 220.006-8/SP, Rel. Min. Néri da Silveira, *DJ*, 1, de 2-4-1998, p. 27.

Deveras, antes mesmo da Emenda Constitucional n. 19/98, o Supremo Tribunal considerava ato imoral e lesivo ao patrimônio público a fixação, pelos próprios vereadores, de sua remuneração numa mesma legislatura, tese seguida pela Emenda n. 25/2000.

Assim, prossegue intacta a *regra da legislatura*, afinal a remuneração dos *edis* deve ser fixada pela Câmara Municipal para a legislatura subsequente.

Dispor sobre subsídios numa mesma legislatura é "ato lesivo não só ao patrimônio material do Poder Público, como à moralidade administrativa, patrimônio moral da sociedade" (STF, 2ª T., RE 172.212-6/SP, Rel. Min. Maurício Corrêa, *DJ*, 1, de 27-3-1998, p. 19).

O total da despesa com a remuneração dos vereadores não pode exceder o montante de 5% da receita do Município.

É o que diz o art. 29, VII, incluso na Carta de 1988 pela Emenda Constitucional n. 1/92, na tentativa de evitar despesas excessivas no orçamento municipal.

Mas o intento dos depositários da Emenda Constitucional n. 1/92 mostrou-se, com o tempo, insuficiente para coibir o déficit orçamentário, surgindo, então, a Emenda Constitucional n. 25/2000, em vigor a partir de 1º de janeiro de 2001, que consagrou limites às despesas das Câmaras Municipais (CF, art. 29-A, I a IV, e § 1º).

Depois veio a Emenda Constitucional n. 58/2009, que procurou adaptar o art. 29-A ao aumento do número de vereadores nas Câmaras Municipais brasileiras. Em seguida, veio a Emenda Constitucional n. 109/2021. Assim, o "total da despesa do Poder Legislativo Municipal, incluídos os subsídios dos Vereadores e os demais gastos com pessoal inativo e pensionistas, não poderá ultrapassar os seguintes percentuais, relativos ao somatório da receita tributária e das transferências previstas no § 5º do art. 153 e nos arts. 158 e 159 desta Constituição, efetivamente realizado no exercício anterior":

- 7% (sete por cento) para Municípios com população de até 100.000 (cem mil) habitantes;
- 6% (seis por cento) para Municípios com população entre 100.000 (cem mil) e 300.000 (trezentos mil) habitantes;
- 5% (cinco por cento) para Municípios com população entre 300.001 (trezentos mil e um) e 500.000 (quinhentos mil) habitantes;
- 4,5% (quatro inteiros e cinco décimos por cento) para Municípios com população entre 500.001 (quinhentos mil e um) e 3.000.000 (três milhões) de habitantes;
- 4% (quatro por cento) para Municípios com população entre 3.000.001 (três milhões e um) e 8.000.000 (oito milhões) de habitantes; e
- 3,5% (três inteiros e cinco décimos por cento) para Municípios com população acima de 8.000.001 (oito milhões e um) habitantes.

Desse modo, a Emenda Constitucional n. 58/2009, secundada pela Emenda Constitucional n. 109/2021, completaram a mensagem prescritiva originária do art. 29, VII, da Carta Magna.

Também vale lembrar que, pelo § 1º do art. 29-A, inserido na Carta Magna pela Emenda Constitucional n. 25/2000, a Câmara Municipal não gastará mais de 70% de sua receita com folha de pagamento, incluído o gasto com o subsídio de seus vereadores.

Cometerá crime de responsabilidade o presidente da Câmara de Vereadores que deliberar em sentido contrário.

h) Imunidade material dos vereadores (CF, art. 29, VIII)

A *inviolabilidade* dos vereadores, como toda e qualquer imunidade substancial parlamentar, engloba as responsabilidades civil, penal, disciplinar e política, porquanto diz respeito a uma *cláusula de irresponsabilidade geral de Direito Constitucional material*.

> **Sobre as responsabilidades civil, penal, disciplinar e política:** STF, Pleno, RE 210.907/RJ, Rel. Min. Sepúlveda Pertence, decisão de 12-8-1998.

Foi nesse sentido que a Emenda Constitucional n. 1/92 previu a *inviolabilidade* ou *imunidade material* dos vereadores no exercício do mandato, isentando-os da incidência da norma penal incriminadora no território do Município.

Como se configura essa *inviolabilidade*?

Configura-se pelo aferimento do *nexo de causalidade* entre as opiniões, palavras e votos, expendidos no exercício do mandato, e os *limites da circunscrição municipal* — terminologia que abrange os atos da edilidade praticados, *em razão do ofício*, dentro ou fora do recinto da Câmara de Vereadores, pouco importando o local de sua manifestação.

> **Nesse sentido:** "A proteção constitucional inscrita no art. 29, VIII, da Carta Política estende-se — observados os limites da circunscrição territorial do Município — aos atos do Vereador praticados *ratione offici*, qualquer que tenha sido o local de sua manifestação (dentro ou fora do recinto da Câmara Municipal)" (STF, HC 74.201, Rel. Min. Celso de Mello, *DJ* de 13-12-1996).

É o caso do vereador que divulga nota à imprensa defendendo-se, energicamente, dos vitupérios desferidos contra a sua honra e imagem.

Esse, aliás, é o entendimento do Supremo Tribunal Federal.

> **Precedente do STF:** "O texto da atual Constituição, relativamente aos Vereadores, refere à inviolabilidade no exercício do mandato e na circunscrição do Município. Há necessidade, portanto, de se verificar a existência do nexo entre o mandato e as manifestações que ele faça na Câmara Municipal, ou fora dela, observados os limites do Município. No caso, esses requisitos foram atendidos. As manifestações do paciente visavam proteger o mandato parlamentar e a sua própria honra. Utilizou-se, para tanto, de instrumentos condizentes com o tipo de acusação e denunciação que lhe foram feitas pelo Delegado de Polícia. Ficou evidenciado que as referidas acusações e ameaças só ocorreram porque o paciente é Vereador. A nota por ele publicada no jornal, bem como a manifestação através do rádio, estão absolutamente ligadas ao exercício parlamentar. Caracterizado o nexo entre o exercício do mandato e as manifestações do paciente Vereador, prepondera a inviolabilidade. *Habeas corpus* deferido" (STF, HC 81.730, Rel. Min. Nelson Jobim, *DJ* de 1º-8-2003).

Na realidade, quando a Carta da República trouxe o *estatuto político-jurídico da edilidade*, atribuiu aos vereadores a prerrogativa da imunidade parlamentar em sentido material, assegurando-lhes a indisponibilidade de suas opiniões, palavras e votos, no exercício do mandato e na circunscrição do Município.

Essa garantia constitucional *substancial* qualifica-se como requisito de independência do Poder Legislativo Municipal, propiciando uma esfera de proteção criminal cuja intangibilidade destina-se a tutelar a *atuação institucional* dos vereadores.

◆ Cap. 19 ◆ ORGANIZAÇÃO DO ESTADO BRASILEIRO

811

Desse modo, os *edis* não cometem *crime de opinião*, não podendo ser processados por suas opiniões, palavras e votos, proclamados dentro ou fora do recinto parlamentar.

> **Precedente do STJ:** "Tratando-se de expressões consideradas ofensivas, porém pronunciadas no recinto da Câmara Municipal, forçoso é reconhecer que o Edil goza da prerrogativa da imunidade parlamentar (CF, art. 29, VI), não podendo ser processado" (STF, 6ª T., RHC 6.688/SP, Rel. Min. William Patterson, *DJ* de 2-2-1998, p. 132).

Porém, se cometerem delitos que extrapolem o *nexo de causalidade*, acima referido, sujeitar-se-ão a processo criminal, independentemente de autorização da Câmara de Vereadores.

É que o Texto Magno não previu a imunidade processual dos *edis*, a exemplo do que fez com os deputados federais.

> **Imunidade processual dos deputados federais e inviolabilidade dos vereadores:** "A imunidade processual de que desfruta o Deputado Federal não se confunde com a inviolabilidade assegurada ao Vereador, por seus votos, opiniões e palavras, quando manifestados dentro da circunscrição municipal e no exercício do mandato" (STJ, 5ª T., RHC 3.490/MT, Rel. Min. Jesus Costa Lima, *DJ* de 30-5-1994, p. 13493).

Não é da tradição constitucional brasileira consagrar, para os vereadores, a garantia da imunidade formal ou processual, como reconheceu o próprio Supremo Tribunal Federal há muitos anos.

> **Antigos precedentes:** STF, 2ª T., RHC 31.647, Rel. Min. Orozimbo Nonato, *DJ* de 20-6-1953, p. 1723; STF, 1ª T., RHC 31.472, Rel. Min. José Linhares, *DJ* de 23-2-1953, p. 665; STF, Pleno, ACrim 11.494, Rel. Min. Luiz Gallotti, *DJ* de 27-6-1969, p. 877; STF, 1ª T., RHC 62.303, Rel. Min. Oscar Corrêa, *DJ* de 1º-2-1985, p. 10471.

Por isso, descabe qualquer exegese sistemática ou ampliativa do assunto, sob pena de se desvirtuar a regra da inviolabilidade dos vereadores por suas opiniões, palavras e votos.

A propósito, constituições estaduais e leis orgânicas de Municípios não detêm competência para prever a imunidade formal em seus articulados. Daí o Supremo Tribunal Federal ter declarado a inconstitucionalidade de diversos textos estaduais que pretenderam tornar a vereança processualmente imune.

> **Precedentes:** STF, Pleno, ADIn 371-MC/SE, Rel. Min. Paulo Brossard, *DJ* de 19-2-1993, p. 2030; STF, Pleno, ADIn 685-MC/PA, Rel. Min. Célio Borja, *DJ* de 8-5-1992, p. 6265; STF, Pleno, ADIn 558-MC/RJ, Rel. Min. Sepúlveda Pertence, *DJ* de 26-3-1993, p. 5001.

Assinale-se, ainda, que as constituições estaduais e as leis orgânicas também não podem ampliar, ou restringir, a imunidade material dos vereadores, tendo em vista a competência privativa da União para legislar sobre Direito Civil, Penal e Processual (CF, art. 22, I).

> **Nesse sentido:** STF, Pleno, HC 70.352/SP, Rel. Min. Celso de Mello, *DJ* de 3-12-1993, p. 23357.

Em contrapartida, é possível as constituições estaduais estatuírem foro privilegiado para o processo e julgamento da vereança, haja vista o disposto no art. 125, § 1º, da Carta de Outubro.

Desse modo, pode-se outorgar ao Tribunal de Justiça a competência para processar e julgar vereadores pela prática de crimes comuns, como reconheceu o Supremo Tribunal Federal, que decidiu pela constitucionalidade do art. 123, III, *d*, da Constituição do Estado do Piauí, que prevê foro privilegiado para a edilidade (STF, 2ª T., HC 74.125-8/PI, Rel. Min. Francisco Rezek, j. 3-9-1996).

> **Inconstitucionalidade de normas estaduais sobre foro por prerrogativa de função:** por unanimidade, o Supremo Tribunal Federal invalidou dispositivos constitucionais estaduais que atribuíram foro por prerrogativa de função a autoridades que não tinham similares listados na Constituição da República. Ao imprimir efeitos retroativos, a Corte considerou inconstitucionais as normas das Cartas estaduais dantes promulgadas. Prevaleceu o entendimento segundo o qual incide, na espécie, o princípio da simetria. Segundo o art. 25 da Carta Magna, os Estados se organizam e

se regem pelas constituições e leis que adotarem, observados os princípios do modelo federal. Os Estados só podem conferir foro por prerrogativa de função a autoridades cujos similares na esfera federal também o detenham, em respeito ao pórtico da simetria, observando-se o art. 125, § 1º, do Texto Magno (STF, ADIs 6512 e 6513, Rel. Min. Edson Fachin, j. 13-01-2021).

i) Proibições e incompatibilidades dos vereadores (CF, art. 29, IX)

Devem constar nas leis orgânicas municipais as proibições e incompatibilidades, no exercício da vereança, similares, no que couber, ao disposto na Carta Magna para os deputados federais e senadores e, na Constituição do respectivo Estado, para os deputados estaduais.

Daí aplicar-se similarmente aos vereadores o art. 54 do Texto Maior, dentre outros dispositivos que contemplem proibições e incompatibilidades.

O art. 29, IX, portanto, equipara os *edis* aos deputados federais e senadores. O mesmo se diga com relação aos deputados estaduais. Daí aplicarem-se à vereança aquelas normas constitucionais dos Estados-membros sobre o assunto.

> **Trancamento de ação penal:** "Não é o *habeas corpus* o meio processual adequado, quando o reconhecimento da imunidade constitucional do Vereador (art. 29, IX, CF) envolve exame de matéria de fato controvertida para saber se houve excesso punível, ou não" (STJ, 5ª T., RHC 4.855/GO, Rel. Min. Assis Toledo, *DJ* de 20-11-1995, p. 39611).

j) Crime de responsabilidade do Presidente da Câmara de Vereadores (CF, art. 29-A, § 3º)

Se o Presidente da Câmara Municipal permitir que os gastos ultrapassem um valor superior a 70% da receita da folha de pagamentos, incluindo-se aí os subsídios pagos à vereança, cometerá *crime de responsabilidade*.

k) Funções legislativas e fiscalizatórias da Câmara Municipal (CF, art. 29, XI)

A lei orgânica deverá dispor sobre o processo legislativo municipal, organizando, ainda, atividades de natureza fiscalizatória.

> **Lei n. 9.452, de 20-3-1997:** determina que as Câmaras de Vereadores sejam obrigatoriamente notificadas da liberação de recursos federais para os respectivos Municípios.

l) Cooperação no planejamento do Município (CF, art. 29, XII)

Cumpre à lei orgânica prescrever os critérios de cooperação das associações representativas no planejamento municipal.

m) Iniciativa popular de projetos de lei (CF, art. 29, XIII)

A participação do povo no processo legislativo municipal integra a iniciativa popular de projetos de lei de interesse específico do Município, da cidade ou de bairros, mediante a manifestação de, pelo menos, 5% do eleitorado.

✧ 6.4. Fiscalização do Município (CF, art. 31, §§ 1º a 4º)

A fiscalização do Município é exercida mediante:

- **Controle externo** — realizado pela Câmara de Vereadores, com auxílio dos Tribunais de Contas estaduais e municipais, ou, ainda, dos Conselhos ou Tribunais de Contas dos Municípios, onde houver; e

> **Casuística do STF:**
> - **Controle externo pela Câmara de Vereadores** — "O controle externo das contas municipais, especialmente daquelas pertinentes ao Chefe do Poder Executivo local, representa uma das

◆ Cap. 19 ◆ ORGANIZAÇÃO DO ESTADO BRASILEIRO

mais expressivas prerrogativas institucionais da Câmara de Vereadores, que o exercerá com o auxílio do Tribunal de Contas (CF, art. 31). Essa fiscalização institucional não pode ser exercida, de modo abusivo e arbitrário, pela Câmara de Vereadores, eis que — devendo efetivar-se no contexto de procedimento revestido de caráter político-administrativo — está subordinada à necessária observância, pelo Poder Legislativo local, dos postulados constitucionais que asseguram, ao Prefeito Municipal, a prerrogativa da plenitude de defesa e do contraditório. A deliberação da Câmara de Vereadores sobre as contas do Chefe do Poder Executivo local, além de supor o indeclinável respeito ao princípio do devido processo legal, há de ser fundamentada, sob pena de a resolução legislativa importar em transgressão ao sistema de garantias consagrado pela Constituição da República" (STF, Pleno, RE 235.593/MG, Rel. Min. Celso de Mello, *DJ* de 22-4-2004).

- **Conselhos ou Tribunais de Contas dos Municípios** — "A Constituição da República impede que os Municípios criem os seus próprios Tribunais, Conselhos ou órgãos de contas municipais (CF, art. 31, § 4º), mas permite que os Estados-membros, mediante autônoma deliberação, instituam órgão estadual denominado Conselho ou Tribunal de Contas dos Municípios (RTJ 135:457, Rel. Min. Octavio Gallotti; ADI 445/DF, Rel. Min. Néri da Silveira), incumbido de auxiliar as Câmaras Municipais no exercício de seu poder de controle externo (CF, art. 31, § 1º). Esses Conselhos ou Tribunais de Contas dos Municípios — embora qualificados como órgãos estaduais (CF, art. 31, § 1º) — atuam, onde tenham sido instituídos, como órgãos auxiliares e de cooperação técnica das Câmaras de Vereadores. A prestação de contas desses Tribunais de Contas dos Municípios, que são órgãos estaduais (CF, art. 31, § 1º), há de se fazer, por isso mesmo, perante o Tribunal de Contas do próprio Estado, e não perante a Assembleia Legislativa do Estado-membro. Prevalência, na espécie, da competência genérica do Tribunal de Contas do Estado (CF, art. 71, II, c/c o art. 75)" (STF, ADIn 687/PA, Rel. Min. Celso de Mello, *Clipping* do *DJ* de 10-2-2006).

- **Criação de Tribunal de Contas para fiscalizar orçamento municipal** — "O STF já reconheceu a possibilidade de Estado-membro, com base no art. 31, § 1º, da Constituição, criar Tribunal de Contas destinado à fiscalização contábil, financeira e orçamentária dos municípios que o integram, tal como ocorre em Unidades da Federação, onde Corte de Contas, órgão estadual especial, realiza essas atividades" (STF, Pleno, ADIn 445/DF, Rel. Min. Néri da Silveira, *DJ* de 25-3-1994).

- **Aprovação de contas e responsabilidade penal** — "A aprovação pela Câmara Municipal de contas de Prefeito não elide a responsabilidade deste por atos de gestão" (STF, Inq. 1.070, Rel. Min. Sepúlveda Pertence, *DJ* de 1º-7-2005).

- **controle interno** — desempenhado pelo Poder Executivo Municipal, na forma da lei ordinária.

O parecer prévio, emitido pelo órgão competente sobre as contas que o prefeito deve anualmente prestar, só deixará de prevalecer por decisão de 2/3 dos vereadores. A exigência desse *quorum* já existia na Emenda Constitucional n. 1/69 (art. 16, § 2º).

> **Julgamento de contas do ex-prefeito municipal:** "Sendo o julgamento das contas do recorrente, como ex-Chefe do Executivo Municipal, realizado pela Câmara de Vereadores mediante parecer prévio do Tribunal de Contas, que poderá deixar de prevalecer por decisão de dois terços dos membros da Casa Legislativa (arts. 31, § 1º, e 71 c/c o 75 da CF), é fora de dúvida que, no presente caso, em que o parecer foi pela rejeição das contas, não poderia ele, em face da norma constitucional sob referência, ter sido aprovado, sem que se houvesse propiciado ao interessado a oportunidade de opor-se ao referido pronunciamento técnico, de maneira ampla, perante o órgão legislativo, com vista a sua almejada reversão" (STF, RE 261.885, Rel. Min. Ilmar Galvão, *DJ* de 16-3-2001).

Por outro lado, as contas municipais devem ficar por sessenta dias, anualmente, ao dispor de qualquer contribuinte, que poderá questionar-lhes a legitimidade. Trata-se de providência inédita na ordem jurídica pátria. Seu objetivo é resguardar a moralidade administrativa, primando pela transparência

814 ◆ Uadi Lammêgo Bulos ◆

dos negócios públicos. O problema é que essa faculdade, prevista no art. 31, § 3º, da *Lex Mater*, depende de lei ordinária para se efetivar.

O Texto de 1988 proibiu a criação de Tribunais, Conselhos ou órgãos de Contas Municipais. Desde a Emenda Constitucional n. 1/69 que essa vedação existia (art. 191). À época, foram extintos os Tribunais de Contas, exceto o de São Paulo. Agora, as contas dos administradores municipais devem passar pelo crivo do órgão estadual.

⬦ 6.5. Formação de Municípios (CF, art. 18, § 4º — redação dada pela EC n. 16/96)

A criação, incorporação, fusão e desmembramento de Municípios far-se-ão por *lei ordinária estadual*, desde que se observem as seguintes *exigências constitucionais*:

> **Lei ordinária estadual:** "É inconstitucional lei que cria município, antes de realizado o plebiscito; no entanto a revogação dessa lei prematura faz convalescer os atos praticados no sentido de preparar-se a fundação da nova comuna" (STJ, RMS 8.292/PR, Rel. Min. Humberto Gomes de Barros, *DJ*, 1, de 13-10-1997, p. 51520).

- **Imprescindibilidade de lei complementar federal** — quem deve regular, genericamente, o *período* para que Municípios sejam criados, incorporados, fundidos e desmembrados, é, apenas, a *lei complementar federal*. Tal exigência procura banir o *casuísmo*, de sorte que o interesse local não se sobreponha ao interesse federal. Como o art. 18, § 4º, é norma de eficácia limitada, dependendo de *complementação infraconstitucional*, a lei ordinária estadual só logrará efetividade se, e somente se, vier a lume a *lei complementar federal*. Sem isso, não há cogitar em criação, incorporação, fusão ou desmembramento de Município. Veja-se que o art. 18, § 4º, independentemente de qualquer medida legislativa integradora de sua *eficácia social*, apresenta, em linha de princípio, uma *imediata eficácia negativa*. Logo, todas as normas preexistentes à Emenda Constitucional n. 15/96 encontram-se automaticamente revogadas. Enquanto não for criada a *lei complementar federal*, não podem ser instaurados, nem conclusos, os processos de emancipação que estejam em curso. Dessa *eficácia imediata* só se subtraem os processos já concluídos. Todas essas considerações encontram-se sobejamente cristalizadas na jurisprudência do Supremo Tribunal Federal, que admitiu, inclusive, o ajuizamento de ação direta de inconstitucionalidade genérica, para preservar a supremacia do art. 18, § 4º, com redação dada pela Emenda Constitucional n. 15/96.

> **Precedentes do STF:** STF, ADIn 2.381-MC, Rel. Min. Sepúlveda Pertence, *DJ* de 14-12-2001; STF, ADIn 2.702, Rel. Min. Maurício Corrêa, *DJ* de 6-2-2004; STF, ADIn 733, Rel. Min. Sepúlveda Pertence, *DJ* de 30-6-1995; STF, ADIn 458, Rel. Min. Sydney Sanches, *DJ* de 11-9-1998. **Precedente do TSE:** TSE, MS 2.812/BA, Rel. Min. Edson Vidigal, *DJ*, 1, de 23-3-2000, p. 43.

- **Necessidade de "Estudos de Viabilidade Municipal"** — o art. 18, § 4º, da Carta Maior exige a apresentação e a publicação desses "Estudos" (o constituinte usou letra maiúscula). Mas quem deve disciplinar a forma de veiculação deles é a *lei ordinária federal*.
- **Indispensabilidade de plebiscito** — sem consulta prévia, por meio de plebiscito, às populações dos Municípios envolvidos, não há falar em criação, incorporação, fusão ou desmembramento de Município. Nada substitui a prévia consulta plebiscitária. Pesquisas de opinião, abaixo-assinados ou declarações de organizações comunitárias, mesmo favoráveis à criação, à incorporação, à fusão ou ao desmembramento de Município, não suprem a exigência do plebiscito. O desrespeito a esse postulado do art. 18, § 4º, da *Lex Legum* levou o Supremo Tribunal Federal, em inúmeras assentadas, a declarar a inconstitucionalidade de leis estaduais *redefinidoras* dos limites territoriais municipais, elaboradas *ad referendum* da consulta plebiscitária. Pouco importa a modalidade de desmembramento proposta. Em qualquer das técnicas de formação dos Municípios, a exigência de prévio plebiscito é intransponível. E, uma vez efetivado o *processo formatório*

◆ Cap. 19 ◆ ORGANIZAÇÃO DO ESTADO BRASILEIRO   **815**

de certa área municipal, criando-se nova unidade, descabe, mediante lei, a revogação do ato normativo que o formalizou. A competência para administrar a consulta plebiscitária, apurar e proclamar o seu resultado, positivo ou negativo, pertence ao Tribunal Regional Eleitoral do respectivo Estado-membro. Proclamado o resultado, positivo ou negativo, da consulta prévia às populações dos Municípios envolvidos, a decisão, preclusa no âmbito da Justiça Eleitoral, tem eficácia definitiva e vinculante da Assembleia Legislativa, impedindo a criação, incorporação, fusão ou desmembramento, sob pena de inconstitucionalidade por usurpação da competência judiciária.

> **Precedentes do STF:** STF, ADIn 2.812, Rel. Min. Carlos Velloso, decisão de 9-10-2003; STF, ADIn 2.702, Rel. Min. Maurício Corrêa, decisão de 5-11-2003; STF, ADIn 2.632-MC, Rel. Min. Sepúlveda Pertence, *DJ* de 29-8-2003; STF, ADIn 2.381-MC, Rel. Min. Sepúlveda Pertence, *DJ* de 14-12-2001; STF, ADIn 3.013, Rel. Min. Ellen Gracie, *DJ* de 4-6-2004; STF, ADIn 2.967, Rel. Min. Sepúlveda Pertence, *DJ* de 19-3-2004; STF, ADIn 1.034, Rel. Min. Marco Aurélio, *DJ* de 25-2-2000; STF, ADIn 1.881-MC, Rel. Min. Marco Aurélio, *DJ* de 11-2-2000; STF, ADIn 1.262, Rel. Min. Sydney Sanches, *DJ* de 12-12-1997. **Lei n. 10.521, de 18-7-2002:** assegura a instalação de Municípios cujo processo de criação teve início antes da EC n. 15/1996, desde que o resultado do plebiscito tenha sido favorável e as leis de criação tenham obedecido à legislação anterior.

Veja-se que no art. 18, § 4º, com redação dada pela Emenda Constitucional n. 15/96, o constituinte reformador empregou a frase "populações dos Municípios envolvidos". O objetivo foi o seguinte: permitir que toda a população do Município, e não somente os eleitores inscritos no distrito emancipado, pudesse votar no plebiscito organizado pelo Tribunal Regional Eleitoral do respectivo Estado a que pertencer a municipalidade. Agora, já não se aplica o antigo entendimento do Tribunal Superior Eleitoral, segundo o qual só os eleitores inscritos poderiam votar, e não todos os munícipes. Aliás, a própria Corte se adaptou à mudança introduzida pela Emenda Constitucional n. 15/96, reconhecendo sua imediata vigência e plena aplicabilidade, inclusive quanto aos processos de desmembramento de Municípios ainda não conclusos.

> **Nesse sentido:** TSE, Pleno, MS 2.664/RJ, Classe 14ª — Rel. Min. Nilson Naves, *DJ*, 1, de 24-4-1998, p. 57; TSE, AgRg no MS n. 2.812/BA, Rel. Min. Edson Vidigal, *DJ*, 1, de 23-3-2000, p. 43.

A Lei n. 9.709, de 18 de novembro de 1998, também determinou que deve opinar no plebiscito a população do território municipal que se pretende desmembrar, bem como a população da nova área a ser criada (art. 7º).

¤ 6.5.1. *Emenda Constitucional n. 57/2008*

Com o intuito de **convalidar atos de criação, fusão, incorporação e desmembramento de Municípios**, veio a lume a Emenda Constitucional n. 57, de 18 de dezembro de 2008, que acrescentou o art. 96 ao Ato das Disposições Transitórias da Carta de 1988, a saber:

"Art. 96. Ficam convalidados os atos de criação, fusão, incorporação e desmembramento de Municípios, cuja lei tenha sido publicada até 31 de dezembro de 2006, atendidos os requisitos estabelecidos na legislação do respectivo Estado à época de sua criação".

O Supremo Tribunal Federal, na **ADI por omissão 3.682**, condenou a demora legislativa do Congresso Nacional em não elaborar a lei complementar federal, exigida pelo art. 18, § 4º, com redação dada pela EC n. 15/96. Resultado: para evitar que **56 Municípios brasileiros**, criados a partir de 1996, sumissem do mapa, pelo simples fato de o Congresso Nacional não ter feito a lei complementar federal necessária para regularizá-los, o Supremo fez **apelo ao legislador** a fim de que ele elaborasse a lei no prazo razoável de **18 meses** (STF, ADIn por omissão 3.682/MT, Rel. Min. Gilmar Mendes, *DJ* de 6-9-2007).

Mas, em vez de editar a lei complementar federal, a EC n. 57/2008, num único dispositivo, convalidou o estado de inércia legislativa, algo que, **formalmente falando**, não poderia ser feito, porque

816 ◆ Uadi Lammêgo Bulos ◆

não é dado a emendas constitucionais a atribuição de invadirem o **campo reservado às leis comple-mentares**. Do ponto de vista técnico, pois, há uma **reserva de lei complementar**, consagrada no art. 18, § 4º, da Carta Magna, que, em rigor, não pode ser preenchida por nenhuma outra espécie normativa, inclusive emenda à Constituição.

Nada obstante isso, a EC n. 57/2008 validou as leis estaduais, antes declaradas inconstitucionais pelo Supremo, a exemplo da Lei do Estado da Bahia n. 7.619, de 30 de março de 2000, que criou o Município de Luís Eduardo Magalhães, em vez de cumprir o art. 18, § 4º, da Carta Magna. Entendeu o constituinte reformador que o recurso à emenda constitucional seria o melhor caminho para regularizar, de uma vez por todas, a situação dos **56 Municípios**, distribuídos no Rio Grande do Sul, Mato Grosso, Goiás, Piauí, Alagoas, Rio de Janeiro, Rio Grande do Norte e Bahia, cuja criação, por meio de lei esta-dual, foi contestada no Supremo (**ADI 2.240-7/BA; ADI 3.316/MT; ADI 3.489/SC; ADI 3.689/PA**).

Interessante observar a data inserida no texto do art. 96 do ADCT, proveniente da EC n. 57/2008: **31-12-2006**. Essa foi a maneira encontrada pelos depositários do poder reformador da Constituição para impedir que novos Municípios fossem criados, algo que iria de encontro com os interesses do Poder Executivo.

A EC n. 57/2008 teve a virtude de impedir que **56 Municípios** fossem extintos, algo que ocasio-naria prejuízos irreparáveis para as comunidades formadas ao seu derredor.

✦ 7. DISTRITO FEDERAL

Distrito federal é a entidade político-administrativa, dotada de autonomia *parcialmente tutelada* pela União, integrante da federação brasileira.

No federalismo, a técnica de constitucionalizar *distritos* remonta ao ano de 1800.

É que, aprovada a Constituição americana, nasceu o *Distrito de Colúmbia*, que se baseou na política do *governo próprio*.

O Brasil, inspirando-se nesse modelo, criou o *município neutro*, pelo Decreto n. 1, de 15 de no-vembro de 1889 (art. 10), que passou a ser a sede da Corte e a Capital do Império.

Com a primeira Constituição republicana, de 1891 (art. 2º), surge o Distrito Federal da transfor-mação do antigo *município neutro*, servindo de Capital da União.

Atualmente, o Distrito não é mais a Capital Federal, mas sim *Brasília*, situada dentro do seu próprio território (CF, art. 18, § 1º).

✧ 7.1. Natureza

O *Distrito Federal*, nos termos da Carta de 1988, é uma instituição *sui generis*. Mesmo hospedando em seu território a Capital Federal (CF, art. 18, § 1º), não é, apenas, a sede do governo, sendo também entidade integrante da República Federativa do Brasil (CF, arts. 1º e 18).

Embora possua traços de similitude com os Estados, os Municípios e as autarquias, com eles não se confunde, visto que possui *autonomia constitucional*.

Ou seja, não é Estado, não é Município, nem autarquia territorial.

Em algumas hipóteses, é mais do que os Estados e os Municípios, pois exercita competências es-pecíficas, que não são estendidas a eles (arts. 32, § 1º, e 147).

Noutras situações, porém, é menos do que os Estados e os Municípios, em virtude de sua *autonomia parcialmente tutelada*, como veremos logo abaixo.

✧ 7.2. Brasília — Capital Federal

Brasília é a Capital da União, servindo de sede do governo federal (CF, art. 18, § 1º).

♦ Cap. 19 ♦ ORGANIZAÇÃO DO ESTADO BRASILEIRO   **817**

Trata-se de uma cidade planejada, centro de decisões políticas fundamentais que se irradiam para todo o País.

Não se enquadra no conceito tradicional de cidade, porque não é sede de Município algum, mas sede da República Federativa do Brasil, de um lado, e sede do governo do Distrito Federal, de outro.

Na realidade, Brasília é *civitas* e *polis*. É *civitas*, porque revela um *modo de habitar*, uma *maneira de viver* daqueles que lá se encontram; é *polis*, porque dela partem as deliberações decisivas e mais graves para a vida do País.

Brasília e *Distrito Federal* são noções correlatas, porém *inconfundíveis*. Tanto que o constituinte de 1988 inovou ao dizer que Brasília, e não o *Distrito Federal*, é a Capital da República.

> **Nas Constituições passadas, a Capital da União era o Distrito Federal:** CF de 1937 (art. 7º); CF de 1946 (art. 1º, § 2º); CF de 1967 (art. 2º); EC n. 1/69 (art. 2º).

Deveras, a Capital da União — *Brasília* — situa-se dentro do ente federativo *Distrito Federal*, que, por sua vez, não pode ser dividido em Municípios.

Realmente, a Carta de Outubro vedou a divisão do Distrito Federal em Municípios (art. 32, *caput*), ao contrário do que acontece com os Estados e os Territórios (arts. 18, § 3º, e 33, § 4º). Lembre-se que os Municípios podem ser desmembrados (art. 18, § 4º).

> **Impossibilidade de divisão do Distrito Federal em Municípios:** "Lei do Distrito Federal vetada pelo Governador e promulgada pela Câmara Distrital. Permite a partição do Plano Piloto em prefeituras com características de Municípios. Discussão quanto à natureza da norma: se municipal ou estadual. Natureza complexa do Distrito Federal que compreende Estado e Município. Vedação constitucional quanto à divisão (art. 32). Aparente criação de Municípios" (STF, ADIn 1.706-MC, Rel. Min. Nelson Jobim, *DJ* de 1º-8-2003). **No mesmo sentido:** STF, ADIn 880-MC, Rel. Min. Sepúlveda Pertence, *DJ* de 4-2-1994.

Assim, temos:

- *Brasília* — Capital da União; e
- *Distrito Federal* — circunscrição territorial ou pessoa política de Direito Público Interno, cujo território hospeda *Brasília*.

✧ 7.3. Autonomia

A evolução da *autonomia* do Distrito Federal, em nossas constituições, apresenta avanços e retrocessos.

Prevista como ato transitório na Carta de 1934 (art. 4º do ADCT), supressa pelo Texto de 1937 (art. 8º), restaurada pela Constituição de 1946 (art. 26), eliminada, mais uma vez, pela Lei Maior de 1967, e aperfeiçoada pelo Texto de 1988, o que se constata é a sua ascensão no Brasil.

Certamente, a Constituição de 1988 foi o documento supremo que melhor reconheceu a autonomia do Distrito Federal. Tanto que o equiparou, praticamente, aos Estados-membros, aferindo-lhe a capacidade de estabelecer lei orgânica própria, eleger governador, vice-governador e deputados distritais, além de permitir a sua representação na Câmara dos Deputados e no Senado (CF, arts. 45, § 1º, e 46, § 1º).

Mas, como dissemos, a *autonomia* do Distrito Federal é *parcialmente tutelada*.

Essa constatação deriva de dois aspectos:

- **Interferência na capacidade de autogoverno** — quem regula as instituições fundamentais do Distrito — Poder Judiciário, Ministério Público, Defensoria Pública e Polícia — é a União (CF, arts. 21, XIII e XIV; 22, XVII). Daí a **Súmula 647 do STF**: "Compete privativamente à União legislar sobre vencimentos dos membros das polícias civil e militar do Distrito Federal". Mencione-se, ainda, a Lei n. 10.633, de 27 de dezembro de 2002, que instituiu o **Fundo Constitucional do Distrito Federal**, cuja finalidade é prover as polícias civil e militar, bem como o corpo de bombeiros, assistindo, financeiramente, os serviços públicos de saúde e educação.

818 ◆ Uadi Lammêgo Bulos ◆

- **Reserva de lei federal** — o veículo normativo apropriado para regulamentar o uso, pelo governo do Distrito, das polícias civil, militar e do corpo de bombeiros militar é a lei federal, e não a distrital (CF, art. 32, § 4º, c/c o art. 144, § 6º).

> **Posição do STF:** "É inconstitucional lei distrital que, de iniciativa parlamentar, concede, em caráter geral, aos integrantes da polícia militar e do corpo de bombeiros militar, matriculados em estabelecimento de formação e aperfeiçoamento, vantagem funcional pecuniária" (STF, ADIn 2.988, Rel. Min. Cezar Peluso, *DJ* de 26-3-2004).

Tal *autonomia parcialmente tutelada*, porém, não retira o grau de independência do Distrito Federal perante as demais entidades componentes da República brasileira.

Do mesmo modo que a União, os Estados e os Municípios, a *autonomia* do Distrito Federal exterioriza as seguintes *capacidades*:

- *Capacidade de auto-organização* — atributo que permite ao Distrito Federal elaborar sua própria lei orgânica. Esta, por sua vez, deve ser votada em dois turnos, com interstício mínimo de dez dias. Será aprovada por 2/3 da Câmara Legislativa, que a promulgará, atendidos os princípios estabelecidos na Constituição (CF, art. 32, *caput*). Veja-se que "lei orgânica" é o mesmo que *constituição distrital*. Trata-se de mera nomenclatura, porque a disciplina que se lhe irrogou, nesse aspecto, assemelha-se à que foi conferida aos Estados (art. 25, *caput*) e aos Municípios (art. 29, *caput*), que também possuem documentos constitutivos de sua organização interna.

- *Capacidade de autolegislação* — atributo que possibilita ao Distrito Federal reger-se por leis distritais próprias, feitas pelo Poder Legislativo Distrital, no exercício de sua competência normativa (CF, art. 32, § 1º). No regime constitucional anterior, inexistia essa capacidade, pois quem legislava para o Distrito era o Senado da República.

> **Iniciativa de lei do governador distrital:** "Ainda que assim não fosse, é de se considerar que a Constituição Federal, no art. 61, § 1º, LI, *b*, estabelece competir privativamente ao Presidente da República a iniciativa de lei que disponha sobre a organização administrativa Federal, prerrogativa que cabe ao Governador do Distrito Federal, quando se trate dessa unidade da federação (CF, arts. 32, § 1º, e 25)" (STF, ADIn 1.509-MC, Rel. Min. Sydney Sanches, *DJ* de 11-4-1997). **No mesmo sentido:** STF, ADIn 665, Rel. Min. Sepúlveda Pertence, *DJ* de 27-10-1995.

- *Capacidade de autoadministração* — atributo que credencia o Distrito Federal a prestar e manter serviços próprios, no desempenho regular de suas competências administrativas, legislativas e tributárias, sem quaisquer ingerências da União (CF, art. 25, § 1º).

> **Incumbe ao Distrito Federal organizar seus próprios serviços:** "Se é certo que, pelo art. 21, XIV, da Constituição, à União compete organizar e manter a polícia militar e o corpo de bombeiros militares do Distrito Federal, sendo Federal a lei que fixa vencimentos desses servidores militares, não é menos exato que, com base no art. 32, § 1º, da Lei Magna, incumbe ao Distrito Federal organizar seus serviços, aí compreendidos, a evidência e notadamente, os referentes ao gabinete do Governador, competindo-lhe estabelecer gratificações, em lei distrital, pelo exercício de funções de confiança ou de cargos em comissão. Lei que assim disponha não invade a esfera de competência legislativa da União Federal" (STF, ADIn 677, Rel. Min. Néri da Silveira, *DJ* de 21-5-1993).

- *Capacidade de autogoverno* — atributo consubstanciado no poder-dever de o Distrito Federal eleger o governador e o vice-governador distritais, mediante o voto de seu povo, respeitadas as regras do art. 77 da Carta Magna (CF, art. 32, § 2º). Vale recordar que a primeira investidura do Poder Executivo Distrital seguiu o disposto no art. 16, *caput*, do ADCT. Desse modo, coube ao Presidente da República, com a aprovação do Senado, indicar o governador e o vice-governador distritais.

♦ Cap. 19 ♦ ORGANIZAÇÃO DO ESTADO BRASILEIRO **819**

✧ 7.4. Governo do Distrito Federal

O governo do Distrito Federal é regido pelos seguintes órgãos:

- **Poder Legislativo** — corresponde à Câmara Legislativa Distrital, formada de vinte e quatro deputados distritais, que representam o povo dessa unidade federada, eleitos pelo sistema proporcional, para um mandato de quatro anos, aplicando-se-lhes, por simetria, o disposto nos arts. 53, 54 e 55 da Carta Magna, relativos à inviolabilidade, imunidades, remuneração, perda de mandato, licença, impedimentos e incorporação às Forças Armadas (CF, art. 32, § 3º, c/c o art. 27);

  Informações adicionais:
  - **Aos deputados distritais e à Câmara Legislativa aplica-se o disposto no art. 27 da CF** — "Resolução n. 24/91, da Câmara Legislativa do Distrito Federal, que dispõe sobre a remuneração de deputados e servidores pelas sessões extraordinárias. Inconstitucionalidade manifesta do mencionado ato: no que tange aos parlamentares, em face da norma do art. 27, § 2º, da Carta de 1988, que veda a alteração da remuneração de deputados estaduais no curso da própria legislatura" (STF, ADIn 548, Rel. Min. Ilmar Galvão, *DJ* de 20-11-1992).
  - **Competência legislativa residual** — o art. 16, § 1º, do ADCT estipulou que a competência da Câmara Legislativa do Distrito Federal, até que se instale, será exercida pelo Senado Federal. Em virtude desse comando transitório, o Senado Federal desempenhou funções legislativas, desde a Constituição até a instalação da Casa Legislativa distrital.
  - **Fiscalização de contas do Distrito Federal** — o art. 16, § 2º, do ADCT estatuiu que, enquanto não fosse instalada a Câmara Legislativa, a fiscalização contábil, financeira, orçamentária, operacional e patrimonial do Distrito Federal deveria ser exercida pelo Senado, mediante controle externo, com o auxílio do Tribunal de Contas do Distrito Federal, observado o disposto no art. 72 da Carta de 1988.
  - **Bens do Distrito Federal** — o art. 16, § 3º, do ADCT previu que se incluem entre os bens do Distrito Federal aqueles que lhe vierem a ser atribuídos pela União na forma da lei ordinária federal.

- **Poder Executivo** — exercido pelo governador, eleito na mesma época que os governadores estaduais, para um mandato de quatro anos, cuja eleição se realiza, em primeiro turno, no primeiro domingo de outubro e, em segundo turno, se houver, no último domingo de outubro, do ano anterior ao término do mandato do que deva suceder. A posse será em 1º de janeiro do ano subsequente, obedecendo a regra da maioria absoluta, com base no art. 77 do Texto Magno.

  Quem pode substituir ou suceder o governador distrital?
  - **Vice-governador** — eleito junto com o próprio governador, é o **substituto**, em face de certos impedimentos ocasionais, e o **sucessor** natural, em caso de vacância do cargo.
  - **Presidente da Câmara Legislativa Distrital** — na falta do vice-governador, cumpre à Lei Orgânica do Distrito Federal, e não à Carta da República, definir quem assumirá o cargo, em se tratando de impedimento ou de vacância. Logicamente, cumpre ao Presidente da Câmara Legislativa Distrital ocupar o posto, até que se realizem novas eleições para provimento do cargo vago.
  - **Presidente do Tribunal de Justiça** — poderá substituir o governador, caso o Presidente da Câmara Legislativa Distrital esteja impossibilitado de fazê-lo. Mas para os que entendem que o Distrito Federal não tem Poder Judiciário próprio, posição defendida por José Afonso da Silva (A cidade-capital: função do Estado moderno, integração nacional e relações internacionais, *Revista Trimestral de Jurisprudência dos Estados*, n. 43, p. 5 e s.), à qual não aderimos, o Presidente do Tribunal de Justiça distrital não poderá substituir o governador, muito menos o vice--governador, sob o argumento de que o órgão a que pertence não integra a estrutura governamental do Distrito.

- **Poder Judiciário** — o fato de a União organizar e manter o Poder Judiciário do Distrito Federal não nos permite acreditar que essa unidade federada se encontra destituída de sua própria Justiça. É um enorme contrassenso desconhecer a capacidade auto-organizatória de uma pessoa política de Direito Público Interno só porque ela tem, *em parte*, a sua autonomia tutelada por outra. Ora, pouco importa que o Distrito Federal tenha decréscimos em seu poder de auto-organização, pois o propósito do art. 21, XIII, da Carta Magna não foi transferir para a União o domínio do Judiciário distrital, mas, apenas, a incumbência de organizá-lo e mantê-lo, algo que *jamais significa transferência de domínio*. Do contrário, a Justiça do Distrito Federal existiria para julgar as causas de interesse da União, coisa que inocorre, pois seu papel é decidir sobre os conflitos que lhe dizem respeito. O mesmo se diga quanto aos juizados especiais e à justiça de paz. Mesmo criados pela União, pertencem ao Distrito Federal (CF, art. 98). Se não bastasse, o Poder Judiciário distrital, formado por juízes de primeiro grau e Tribunal de Justiça, goza das mesmas prerrogativas, garantias e vedações comuns à magistratura (CF, arts. 93 a 99; 105, I, *a*).

- **Funções essenciais à Justiça** — equivalem ao Ministério Público, à Defensoria Pública e à Procuradoria-Geral. Embora mantidos pela União (CF, art. 21, XIII), à qual compete organizá--los, legislativamente (CF, art. 22, XVII), pertencem ao Distrito Federal, não sendo instituições estranhas a ele. Em síntese, o Ministério Público distrital insere-se no Ministério Público da União (CF, art. 128); a Defensoria Pública foi delineada pela Lei Complementar federal n. 80/94 (CF, art. 134, parágrafo único); e os procuradores distritais, organizados em carreira e concursados, exercem a representação judicial e a consultoria jurídica do Distrito Federal (CF, art. 132).

✦ 8. VEDAÇÕES CONSTITUCIONAIS DE NATUREZA FEDERATIVA

É vedado à União, aos Estados, ao Distrito Federal e aos Municípios:

- **Estabelecimento, subvenção ou embaraços a cultos religiosos (CF, art. 19, I)** — estabelecer cultos religiosos ou igrejas, subvencioná-los, embaraçar-lhes o funcionamento ou manter com eles ou seus representantes relações de dependência ou aliança, ressalvada, na forma da lei, a colaboração de interesse público. Essa proibição decorre da natureza laica do Estado brasileiro, nos termos do Preâmbulo da Carta de 1988, impedindo a União, os Estados, o Distrito Federal e os Municípios de estabelecerem cultos religiosos ou *subvenções*. *Subvencionar* significa ajudar, auxiliar, amparar ou fornecer. Saliente-se que a vedação retoma o enunciado geral da liberdade religiosa e de culto, proibindo embaraços e alianças nocivas ao interesse comum da sociedade. Por outro lado, mantém forte ligação com a imunidade tributária de templos de qualquer culto (CF, art. 150, VI, *b*, e § 4º).

  > **Imunidade tributária de templos de qualquer culto**: "Vedação de instituição de impostos sobre o patrimônio, renda e serviços relacionados com as finalidades essenciais das entidades. Artigo 150, VI, *b* e § 4º, da Constituição. Instituição religiosa. IPTU sobre imóveis de sua propriedade que se encontram alugados. A imunidade prevista no art. 150, VI, *b*, CF, deve abranger não somente os prédios destinados ao culto, mas, também, o patrimônio, a renda e os serviços 'relacionados com as finalidades essenciais das entidades nelas mencionadas'. O § 4º do dispositivo constitucional serve de vetor interpretativo das alíneas *b* e *c* do inciso VI do art. 150 da Constituição Federal. Equiparação entre as hipóteses das alíneas referidas" (STF, RE 325.822, Rel. Min. Gilmar Mendes, *DJ* de 14-5-2004).

- **Recusar fé aos documentos públicos (CF, art. 19, II)** — essa vedação proveio do Texto de 1891. *Recusar fé* é o mesmo que duvidar da idoneidade dos *instrumentos oficiais*, emitidos pelas entidades públicas, os quais logram a natureza administrativa, legislativa ou judiciária. São esses *instrumentos oficiais* que recebem a nomenclatura de *documentos públicos*. O objetivo do art. 19, II, da Carta de 1988 é fazer com que os documentos, expedidos por uma pessoa jurídica de Direito Público Interno, tenham efeito e valor para quem for examiná-los. Ou seja, normas constitucionais que proíbem as entidades federativas de recusarem fé aos documentos públicos servem para consultar "o cômodo dos povos e os interesses de justiça", dizia João Barbalho (*Constituição Federal brasileira*: comentários, p. 369).

- **Criar distinções entre brasileiros ou preferências entre si (CF, art. 19, III)** — a vedação em tela é uma decorrência do *princípio da isonomia federativa*, verdadeiro cânone do pórtico geral

◆ Cap. 19 ◆ ORGANIZAÇÃO DO ESTADO BRASILEIRO **821**

da igualdade (CF, art. 5º, *caput*). Daí proibir-se a União, os Estados, o Distrito Federal e os Municípios de criarem preferências entre si. Exemplo disso é a *regra da imunidade recíproca*, pela qual esses entes federativos não podem instituir impostos sobre patrimônio, renda ou serviços, uns dos outros (CF, art. 150, VI, *a*). Realmente, sem *solidariedade* não existe pacto federativo, cujo pressuposto é a igualdade, a concórdia, o respeito mútuo entre os entes que o integram. A *regra da imunidade recíproca* é um corolário da vedação constitucional de natureza federativa, consubstanciada no art. 19, III, do Texto de Outubro. Reforça a ideia de que a nossa federação se baseia na separação de Poderes, na distribuição equânime de competências, na autonomia da União, Estados, Distrito Federal e Municípios, sendo, por tudo isso, um dos princípios cardeais da estrutura federativa do Estado brasileiro, insuscetível de propostas de emendas tendentes a suprimi-la (CF, art. 60, § 4º, I). Esse, portanto, é o fundamento da imunidade constitucional recíproca.

Nesse sentido: STF, RE 198.973-4/DF, Rel. Min. Marco Aurélio, *DJ* de 6-3-1996, p. 5756; STF, Agl 180.133-6/PR, Rel. Min. Néri da Silveira, *DJ* de 20-11-1996, p. 45277.

✦ 9. TERRITÓRIOS FEDERAIS

Territórios Federais são circunscrições administrativas, integrantes de parcela do território nacional, que não pertencem aos Estados, ao Distrito Federal, nem aos Municípios, sendo gerenciados e administrados pela União.

✧ 9.1. Natureza autárquica

É certo que os Territórios Federais possuem personalidade jurídica, contudo não logram *autonomia política*.

São meras *descentralizações administrativo-territoriais* da União, sendo geridos por ela (CF, art. 18, § 2º).

Possuem a natureza jurídica de verdadeiras *autarquias*, sem qualquer capacidade de auto-organização, autolegislação, autoadministração e autogoverno.

Registre-se o equívoco de nossas Constituições anteriores que enquadravam os Territórios Federais no bojo do pacto federativo.

A Carta de 1988 não cometeu o mesmo erro, dando-lhes o posicionamento correto, qual seja, o de simples *autarquias* ou *descentralizações administrativas* da União.

Realmente, os Territórios Federais não fazem parte da federação brasileira, pois a extinção dos mesmos não elimina o *vinculum foederis*.

Assim, a existência do pacto federativo independe dos Territórios Federais. Se estes inexistirem, a federação permanece intacta, inabalável, pois o espaço geográfico ou físico que aquelas autarquias ocupam não modifica em nada a estrutura do Estado Federal.

✧ 9.2. Como surgiram os Territórios Federais

O primeiro Território Federal que tivemos foi o Acre, adquirido nos idos de 1903, por imposição do *Tratado de Petrópolis*, que outorgou à União o encargo de administrá-lo.

Como a Constituição vigente na época — a de 1891 — nada trazia sobre a matéria, veio a lume a Lei n. 1.181, de 1904.

Apenas com o advento da Carta de 1934 os Territórios ganharam *status* constitucional, mantendo-se até hoje.

Lembre-se de que, na última fase do governo de Getúlio Vargas, foram criados, por motivos de segurança nacional, os seguintes territórios:

822   ◆ Uadi Lammêgo Bulos ◆

- Guaporé (atual Estado de Rondônia, instituído na vigência da EC n. 1/69, com base na Lei Complementar n. 41, de 22-12-1981);
- Amapá;
- Roraima (antigo Rio Branco); e
- Fernando de Noronha.

⬧ 9.3. Não mais existem Territórios Federais no Brasil

Promulgada a Carta de 1988, os Territórios Federais, até então existentes, foram eliminados da ordem jurídica brasileira, surgindo novos Estados.

Assim, os três Territórios que ainda existiam passaram a ser:
- **Território de Roraima — convertido** no Estado de Roraima (art. 14 do ADCT);
- **Território do Amapá — convertido** no Estado do Amapá (art. 14 do ADCT); e
- **Território de Fernando de Noronha — extinto**, sendo sua área reincorporada ao Estado de Pernambuco (art. 15 do ADCT).

a) Os novos Estados de Roraima e Amapá

Os novos Estados de Roraima e Amapá continuaram com os mesmos limites geográficos da época em que eram Territórios.

Aplicam-se-lhes as seguintes regras (CF, art. 14, §§ 1º a 4º):
- **instalação** — foram instalados em 1990, com a posse dos governadores eleitos dos demais Estados. Para tanto, seguiram as mesmas normas e critérios de criação do Estado de Rondônia, que se encontram na Lei Complementar n. 41, de 22 de dezembro de 1981;

> **Implantação dos novos Estados**: "1. O aperfeiçoamento da conversão de um território federal em Estado-Membro, na plenitude do seu *status* constitucional, não é um fato instantâneo. É o resultado de um processo mais ou menos complexo, que se inicia com o ato de criação, mas somente se exaure quando o novo Estado puder exercer por órgãos próprios a plenitude dos poderes que lhe confere a Constituição da República, no que se traduz a plena e efetiva assunção de sua autonomia. 2. Plausível, pois, é o fundamento da ação popular, segundo o qual, a teor do art. 31 da LC 41/81, para o efeito de fazer cessar a jurisdição residual da justiça do Distrito Federal e Territórios, só se reputará 'instalada a Justiça própria do novo Estado', quando dispuser não apenas do seu órgão de cúpula, o Tribunal de Justiça, mas também de juízes de primeiro grau, providos na forma devida (CF, art. 235, VII). Esse, aliás, é o entendimento que prevaleceu no processo de implantação da Justiça do Amapá. 3. Claramente inadmissível, ao contrário, o alvitre que, à falta de juízes próprios, adotou o Tribunal de Justiça de Roraima, de delegar a jurisdição de primeiro grau, no novo Estado, a magistrados cedidos *ad hoc* pelos tribunais de outras unidades federativas. 4. Deferimento da medida liminar para restabelecer, provisoriamente, em Roraima, a plena jurisdição, em ambos os graus, da Justiça do Distrito Federal" (STF, AO 97-MC, Rel. Min. Sepúlveda Pertence, *DJ* de 2-4-1993).

- **nomeação presidencial dos governadores** — o Presidente da República submeteu, no prazo de quarenta e cinco dias após o advento da Carta de 1988, à apreciação do Senado os nomes dos governadores que deveriam exercer o Poder Executivo de Roraima e do Amapá até a instalação desses novos Estados em 1990;

> **Lei Complementar n. 41, de 22-12-1981:** "Aplicabilidade das normas e critérios seguidos na criação do Estado de Rondônia, que estão na Lei Complementar n. 41, de 22-12-1981, *ex vi* do art. 14, § 2º, do ADCT, da CF/88. Demissibilidade *ad nutum* do Governador nomeado. Lei Complementar n. 41, de 22-12-1981, art. 4º, § 1º. A disposição inscrita no § 3º do art. 14 do ADCT da CF/88 fixa, apenas, o termo final do exercício dos cargos e não um mandato a termo, pelo que não representa vedação imposta ao Presidente da República de não demitir o Governador nomeado" (STF, MS 21.100-AgRg, Rel. Min. Carlos Velloso, *DJ* de 10-9-1993).

◆ Cap. 19 ◆ ORGANIZAÇÃO DO ESTADO BRASILEIRO **823**

- **benefícios tributários** — enquanto não concretizada a transformação dos Territórios Federais de Roraima e do Amapá em Estados, eles serão beneficiados com a transferência de recursos previstos no art. 159, I, *a*, da parte permanente da Constituição, e no art. 34, § 2º, II, do Ato das Disposições Transitórias;

> **Emenda Constitucional n. 79, de 27-5-2014** — alterou o art. 31 da Emenda Constitucional n. 19, de 4-6-1998, para prever a inclusão, em quadro em extinção da Administração Federal, de servidores e policiais militares admitidos pelos Estados do Amapá e de Roraima, na fase de instalação dessas unidades federadas, e dá outras providências.

b) Fernando de Noronha: Distrito do Estado de Pernambuco

O art. 15 do ADCT apenas determina a reincorporação do Território Federal de Fernando de Noronha ao Estado de Pernambuco.

Desse modo, deixou para a Constituição pernambucana o encargo de desdobrar o assunto.

Recorrendo, portanto, à Carta do Estado de Pernambuco, encontramos as seguintes informações (art. 96, §§ 1º a 3º):

- **significado** — Fernando de Noronha é um *arquipélago*, uma região geoeconômica, social e cultural, um Distrito do Estado de Pernambuco, embora o próprio constituinte estadual tenha previsto a possibilidade de ele transformar-se em Município, desde que preencha as exigências mínimas, a serem estipuladas em lei complementar estadual;
- **natureza** — como *distrito estadual*, Fernando de Noronha possui estatuto próprio, com autonomia administrativa e financeira;

> **Lei do Estado de Pernambuco n. 11.304, de 28-12-1995:** considera o Distrito Federal de Fernando de Noronha uma autarquia integrante do Poder Executivo Estadual, que exerce sobre toda a extensão territorial do Arquipélago jurisdição plena atribuída às competências estadual e municipal, bem como poderes administrativos e de polícia próprios de ente público (art. 1º, parágrafo único).

- **sede e foro** — sua *sede* é o Palácio São Miguel, situado na Vila dos Remédios, dentro do próprio Arquipélago de Fernando de Noronha, tem como *foro* a Comarca do Recife;
- **competência** — prover o interesse e o bem-estar da população insular;
- **administração-geral** — o *Distrito Estadual* de Fernando de Noronha deve ser gerido por um administrador-geral, escolhido pelo voto direto e secreto dos cidadãos residentes no Arquipélago, no mesmo dia em que se realiza a eleição para o governador do Estado; e
- **Conselho Distrital** — sete conselheiros são escolhidos, mediante eleição direta, para compor o Conselho Distrital, que deve exercer funções consultivas e fiscalizatórias, na forma da lei.

✧ 9.4. Podem ser criados novos Territórios Federais no Brasil

É possível serem criados novos Territórios Federais no Brasil (CF, art. 18, § 2º).

E mais: após criados, também podem ser convertidos em novos Estados ou, até, reintegrados ao Estado de origem (CF, art. 18, § 2º).

Para que a *criação, transformação* ou *reintegração* de Territórios se viabilizem é preciso a observância simultânea das seguintes regras:

- **Previsão em lei complementar federal (CF, art. 18, § 2º, c/c o art. 33, *caput*)** — *criar, transformar* ou *reintegrar* Territórios Federais em Estados é algo muito delicado, que não pode ficar ao sabor de mera lei ordinária. É imprescindível a existência de lei complementar federal, elaborada pelo Congresso Nacional, para dispor sobre a organização administrativa e judiciária dessas *autarquias*.

Comissão de Estudos Territoriais: o art. 12, *caput*, e § 1º, do ADCT, cuja eficácia já se esgotou, previu a criação, dentro de 90 dias da promulgação da Carta de 1988, de uma *Comissão de Estudos Territoriais*, com 10 membros indicados pelo Congresso Nacional e 5 pelo Poder Executivo, com a finalidade de apresentar estudos sobre o território nacional e anteprojetos relativos a novas unidades territoriais, notadamente na Amazônia Legal e em áreas pendentes de solução. No prazo de 1 ano, a Comissão deveria submeter ao Congresso Nacional os resultados de seus estudos para, nos termos do Texto Supremo, serem apreciados nos 12 meses subsequentes, extinguindo-se logo após. Evidente que, nos moldes do extinto art. 12 do ADCT, não há por que instituir Comissão alguma para avaliar a criação, transformação ou reintegração de novos Territórios.

- **Necessidade de plebiscito (CF, art. 18, § 3º)** — apenas com a aprovação da população diretamente interessada, mediante consulta plebiscitária, é que os Territórios Federais podem ser criados, transformados ou reintegrados.
- **Possibilidade de divisão em Municípios (CF, art. 33, § 1º)** — ao contrário do Distrito Federal, os Territórios que vierem a surgir podem ser divididos em Municípios, aplicando-se-lhes o disposto nos arts. 29 a 31 da Constituição.
- **Poder Executivo (CF, art. 84, XIV)** — os novos Territórios serão administrados por governadores territoriais. Quem os nomeia é o Presidente da República, depois da aprovação prévia, por voto secreto e arguição pública, do Senado Federal (CF, art. 52, III, *c*).
- **Poder Judiciário (CF, art. 33, § 3º)** — nos Territórios Federais com mais de 100.000 habitantes, haverá órgãos judiciários de primeira e segunda instância. A jurisdição e as atribuições da Justiça Federal comum, formada por juízes federais, caberão aos magistrados da Justiça local, na forma da lei ordinária federal (CF, art. 110, parágrafo único).
- **Poder Legislativo (CF, art. 33, § 3º)** — a Câmara Territorial será composta de deputados territoriais, cuja eleição far-se-à nos termos da lei ordinária federal, que deverá estatuir a sua competência deliberativa.
- **Funções essenciais à Justiça (CF, art. 33, § 3º)** — nos Territórios Federais com mais de 100.000 habitantes, haverá membros do Ministério Público e defensores públicos federais, organizados e mantidos pela União (CF, art. 21, XIII).
- **Controle de contas (CF, art. 33, § 2º)** — as contas do governo territorial serão submetidas ao Congresso Nacional, com parecer prévio do Tribunal de Contas da União.
- **Polícias e Corpo de Bombeiros (CF, art. 21, XIV)** — a polícia civil, militar e o corpo de bombeiros militar dos Territórios Federais que vierem a ser criados devem ser organizados e mantidos pelo Distrito Federal. Trata-se de uma mudança no art. 21, XIV, da Carta Maior, proveniente da Emenda Constitucional n. 19/98 (reforma administrativa), que deslocou a competência da União para o Distrito Federal. Lembre-se que a Emenda Constitucional n. 38/2002 determinou a incorporação dos policiais militares do extinto Território Federal de Rondônia aos quadros da União, desde que, comprovadamente, se encontrassem no exercício regular de suas atividades, prestando serviços àquele ex-Território na data em que foi convertido em Estado.
- **Sistema de ensino (CF, art. 211, § 1º)** — o sistema de ensino dos Territórios Federais deve ser organizado e financiado pela União.

✦ 10. COMPETÊNCIAS FEDERATIVAS

Competências federativas são parcelas de poder atribuídas, pela soberania do Estado Federal, aos entes políticos, permitindo-lhes tomar decisões, no exercício regular de suas atividades, dentro do círculo pré-traçado pela Constituição da República.

Veja que estamos falando em *competências*, no plural, porque cada entidade política desempenha tarefas distintas, agrupadas em diversas classes.

Daí, as *competências* exclusiva, privativa, comum, concorrente, suplementar etc.

Assim, a União, os Estados, o Distrito Federal e os Municípios atuam na área determinada pelo constituinte originário, exercendo *atribuições* legislativas, administrativas e tributárias.

◆ Cap. 19 ◆ ORGANIZAÇÃO DO ESTADO BRASILEIRO 825

O exercício harmônico dessas *atribuições* é responsável pela manutenção do pacto federativo, pois uma entidade não pode adentrar o campo reservado à outra, praticando *invasão de competências*.

Precisamente para evitar *invasão de competências*, a Constituição da República determina quais as matérias inerentes a cada uma das entidades federativas. Ora *centraliza o poder* na União e nos Estados, ora no Distrito Federal e nos Municípios, *repartindo* as competências federativas entre eles.

✧ 10.1. Repartição de competências federativas

Repartição ou *divisão de competências* é a técnica pela qual o constituinte distribui, com base na natureza e no tipo histórico de federação, os encargos de cada unidade federada, preservando-lhes a *autonomia política* no âmbito do Estado Federal.

Mas como dividir as competências federativas equanimemente?

Aplicando o *princípio da predominância do interesse*.

a) Princípio da predominância do interesse

O *princípio da predominância do interesse* objetiva nortear a repartição de competências das entidades políticas, tomando como base a natureza do *interesse* afeto a cada uma delas.

No Brasil, por exemplo, o *princípio* concretiza-se da seguinte forma:

- à **União** competem as matérias de **interesse geral ou nacional (CF, art. 21)**;
- aos **Estados-membros** competem os temas de **interesse regional (CF, art. 25, § 1º)**;
- aos **Municípios** competem os assuntos de **interesse local (CF, art. 30, I)**; e
- ao **Distrito Federal** compete a temática de **interesse regional** e **local (CF, art. 32, § 1º)**.

> **Exceção à regra:** em virtude da sua *autonomia parcialmente tutelada*, o Distrito Federal não organiza a sua Justiça e as suas funções institucionais, encargo atribuído à União (CF, art. 22, XVII).

Acontece, porém, que certos assuntos não dizem respeito, apenas, à União, sendo de interesse também dos Estados. Noutros casos, temas de interesse local, repercutem no País inteiro, como é a problemática da devastação da Floresta Amazônica, da transposição do Rio São Francisco, da seca do Nordeste, e assim por diante.

Resultado: o *princípio da predominância do interesse*, embora seja uma excelente regra para nortear a repartição de competências federativas, não consegue resolver a unanimidade das situações submetidas ao seu crivo.

Daí as *técnicas de repartição de competências*, que procuram contribuir para o equacionamento do grave problema da distribuição de competências federativas nos Estados contemporâneos.

b) Técnicas de repartição de competências

Tendo em vista as deficiências naturais do *princípio da predominância do interesse*, os estudiosos propuseram, ao longo do tempo, a adoção de determinadas *técnicas de repartição de competências*.

Tais *técnicas* variam de lugar para lugar, inexistindo uniformidade de tratamento da matéria nas constituições mundiais.

Nos Estados Unidos, Suíça, Argentina, Iugoslávia, México e Austrália, por exemplo, prevalece a técnica da enumeração dos poderes da União, reservando-se aos Estados os poderes remanescentes.

Já no Canadá ocorre o inverso: aos Estados compete o exercício dos poderes enumerados, enquanto a União exerce os poderes remanescentes.

Há, também, países, como Índia e Venezuela, que utilizam a técnica da enumeração exaustiva de competências.

No Brasil, a Carta de 1988 consagrou um sistema bastante complexo, que muito se assemelha àquele previsto na Constituição da República Federal da Alemanha (arts. 70 a 75).

Ao mesmo tempo que adota o *princípio da predominância do interesse*, alia a técnica da enumeração dos poderes da União (CF, arts. 21 e 22) à técnica dos poderes remanescentes dos Estados (CF, art. 25,

§ 1º), indicando, ainda, a esfera de atribuições do Distrito Federal (CF, art. 32, § 1º) e dos Municípios (CF, art. 30).

Se não bastasse, deu margem à delegação legislativa (CF, art. 22, parágrafo único); à existência de áreas comuns de atuação paralela ou simultânea dos entes federativos (CF, art. 23); à previsão de concorrência de atribuições entre a União, os Estados e o Distrito Federal (CF, art. 24); ao exercício da competência exclusiva (CF, art. 30, I) e suplementar pelos Municípios (CF, art. 30, II).

E, para findar a miscelânea de normas constitucionais sobre o assunto, enumerou, de maneira exaustiva, as atribuições das entidades federadas, inclusive em tema de repartição de receitas tributárias, distribuindo, residualmente, competência para a União (CF, arts. 145 a 162).

TÉCNICAS DE REPARTIÇÃO DE COMPETÊNCIAS FEDERATIVAS NA CF DE 1988:

- **técnica dos poderes enumerados** — aplicada à União (arts. 21 e 22) e aos Municípios (art. 30);
- **técnica dos poderes remanescentes** — aplicada aos Estados (art. 25, § 1º);
- **técnica da reserva especial de competência** — aplicada ao Distrito Federal (art. 32, § 1º);
- **técnica da delegação legislativa** — lei complementar federal pode autorizar os Estados a legislar sobre assuntos correlatos à competência privativa da União (art. 22, parágrafo único);
- **técnica da atuação administrativa paralela** — aplicada, simultaneamente, a todos os entes federativos (art. 23);
- **técnica da atuação legislativa concorrente** — aplicada à União, aos Estados e ao Distrito Federal (art. 24);
- **técnica da atuação exclusiva** — aplicada ao Município (art. 30, I);
- **técnica da atuação suplementar** — aplicada ao Município (art. 30, II); e
- **técnica da atuação residual** — aplicada à União (arts. 145 a 162).

✧ 10.2. Panorama das competências federativas na Constituição de 1988

Tanto o *princípio da predominância do interesse* como as *técnicas de repartição de competências*, que acabamos de estudar, constam na Carta de 1988.

Desse modo, o constituinte dividiu as competências em dois grandes grupos:

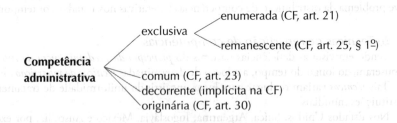

SIGNIFICADO DE CADA COMPETÊNCIA ADMINISTRATIVA:

- **O que é competência administrativa** — é a capacidade do ente político gerir, organizar, manter e executar negócios e encargos próprios, dentro dos limites previstos na Constituição Federal.
- **Competência exclusiva** — é *indelegável*, pois não admite que uma entidade transfira poder para outra. Apenas pode ser exercida pelo ente federado que a Constituição especificou, e mais ninguém. **Exemplo:** CF, art. 21. Na Carta de 1988, a sua noção é bastante fluida. Recomenda-se rigor mental na aferição dessa competência, pois, algumas vezes, o próprio

constituinte dificulta sua identificação. **Exemplo:** os arts. 51 e 52 referem-se à competência privativa da Câmara e do Senado. Ora, tal competência é *exclusiva*, e não privativa como foi enunciado, porque as tarefas discriminadas são indelegáveis. Só podem ser executadas pelos deputados e senadores da República.
- **Competência enumerada (ou expressa)** — é aquela prevista taxativamente na Constituição. **Exemplo:** art. 21. No Texto de 1988, as competências *exclusiva* e *privativa* são *enumeradas*.
- **Competência remanescente (ou reservada)** — é a competência que sobra a uma entidade, após o constituinte enumerar a competência de outra. **Exemplo:** CF, art. 25, § 1º. Coube ao Texto de 1891, por influência do modelo norte-americano, instituir, pela primeira vez, essa competência no Brasil. Desde então, incorporou-se entre nós a técnica de enumerar os poderes da União, deixando aos Estados os poderes reservados (ou remanescentes). *Poderes remanescentes* são aqueles que sobram, que restam.
- **Competência comum (cumulativa ou paralela)** — conferida, ao mesmo tempo, a todas as entidades político-administrativas, permitindo à União, aos Estados, ao Distrito Federal e aos Municípios cooperarem na execução de tarefas e objetivos que lhes são correlatos. **Exemplo:** CF, art. 23. A terminologia *competência comum* não é das melhores, pois gera confusões e equívocos. Devido à falta de outra que expresse o fenômeno com maior precisão, nada obsta de a utilizarmos, sem falar que ela já se incorporou ao vernáculo constitucional. O que justifica a *competência comum* é a descentralização de encargos em assuntos de enorme relevo para a vida do Estado federal. São matérias imprescindíveis ao funcionamento das instituições, motivo pelo qual se justifica a convocação dos entes federativos para, numa ação conjunta e unânime, arcar, zelar, proteger e resguardar as responsabilidades recíprocas de todos. A finalidade primordial da competência comum é evitar que não prevaleça uma entidade sobre outra. Abre-se mão da hierarquia em nome da *cooperação*, tendo em vista o bem-estar da sociedade.
- **Competência decorrente (resultante, implícita ou inerente)** — é a que vem inserida nas entrelinhas da Constituição, decorrendo de uma competência expressa. **Exemplo:** o Supremo Tribunal Federal detém competência para fiscalizar, em abstrato, a constitucionalidade de emendas constitucionais tendentes a abolir o princípio republicano, nada obstante o fato de a Carta Magna referir-se, apenas, à forma federativa de Estado (art. 60, § 4º, I).
- **Competência originária** — desde o ato de criação constitucional, é instituída a favor de determinado ente federativo. **Exemplo:** CF, art. 30. Pode ser desempenhada de modo exclusivo, se for indelegável, ou de maneira privativa, se admitir delegação.

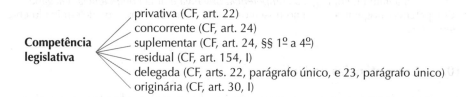

Competência legislativa
- privativa (CF, art. 22)
- concorrente (CF, art. 24)
- suplementar (CF, art. 24, §§ 1º a 4º)
- residual (CF, art. 154, I)
- delegada (CF, arts. 22, parágrafo único, e 23, parágrafo único)
- originária (CF, art. 30, I)

SIGNIFICADO DE CADA COMPETÊNCIA LEGISLATIVA:

- **Que é competência legislativa** — é a capacidade do ente político estabelecer normas imperativas, gerais e abstratas, com base nos limites estatuídos na Constituição Federal.
- **Competência privativa** — contém a nota da *delegabilidade*. Por seu intermédio, o ente político que a titulariza transfere, no todo ou em parte, determinada parcela de poder para a execução de tarefas de outra entidade federativa. **Exemplo:** CF, art. 22, parágrafo único. Não devemos confundir as competências exclusiva e privativa. A *competência exclusiva* não admite suplementaridade, muito menos transferência de poder de um ente para outro. Já a *competência privativa* aceita suplementação e delegação, permitindo transferência de poder. **Exemplo:** o art. 84, parágrafo único, da CF, contém a nota da *delegabilidade*, pois consagra típica hipótese de *competência privativa*.
- **Competência concorrente** — é aquela em que mais de um ente federativo exerce o poder de legislar sobre certa matéria, ficando para a União a tarefa de fixar *normas gerais*. Daí

828 ◆ Uadi Lammêgo Bulos ◆

ser adjetivada de *concorrente*, pois as entidades político-administrativas juntam-se para exercer ação comum, no intuito de contribuir e cooperar no *trabalho legislativo*. **Exemplos:** CF, arts. 21, XX e XXI; 22, IX, XXI, XXIV, XXVII; 24; 61, § 1º, *d*; 146, IV; e 236, parágrafo único. A *competência legislativa concorrente* pode ser classificada sob os mais diversos pontos de vista: **(i)** *cumulativa* e *não cumulativa*; **(ii)** *clássica* e *limitada*; **(iii)** *primária* e *secundária* etc. Merece destaque o primeiro esboço classificatório, já que foi adotado pela Carta de 1988. Temos a competência *cumulativa* quando inexistir limites para o exercício de uma parcela de poder pela União, Estados e Distrito Federal. Havendo conflito de atribuições, prevalece a vontade da União, que se expressa em normas jurídicas federais. Por outro lado, a competência *não cumulativa*, também chamada de *vertical*, é aquela que se reparte verticalmente, reservando um grau mais elevado para a União fixar os princípios e normas gerais, deixando ao Estado-membro a tarefa de completar o mister legiferante.

- **Competência suplementar** — é aquela em que os Estados e o Distrito Federal suprem vazios, adicionam, esclarecem e aperfeiçoam, legislativamente, matérias de interesse regional. Na realidade, constitui uma projeção da competência *não cumulativa* ou *vertical*. **Exemplo:** CF, art. 24, § 2º. Mas os Estados e o Distrito Federal não podem editar *normas gerais*, encargo exclusivo da União. Demais disso, o exercício da competência suplementar não lhes autoriza a realizar inovações inusitadas e ilógicas, porque o constituinte de 1988 não lhes outorgou o poder de inovar. O desempenho dessa especial atribuição de natureza federativa adstringe-se ao esquema traçado pelas *normas gerais*. O respeito ao plano federal, em sede de suplementaridade, é incondicional à preservação das vigas-mestras da Carta Magna. Finalmente, a *competência suplementar* foi uma novidade do Texto de 1988, que inovou na nomenclatura. Trata-se de uma categoria autônoma na orografia do Estado Federal brasileiro, apresentando-se em duas modalidades distintas: **(i)** *competência complementar* — exercida mediante a edição de lei federal de interesse dos Estados e do Distrito Federal; e **(ii)** *competência supletiva* — decorre da inércia da União que não elabora a lei federal pleiteada pelos Estados e Distrito Federal. Então esses dois entes federativos passam a ter competência legislativa plena, podendo estabelecer normas gerais e específicas, enquanto não advier a normatividade federal almejada, regulando situações específicas, detalhes e minúcias (CF, art. 24, §§ 3º e 4º).
- **Competência residual** — é aquela que sobra depois de o constituinte distribuir todas as competências para os entes federativos. **Exemplo:** CF, art. 154, I. Vale observar que a *competência reservada*, também conhecida como *remanescente*, é uma espécie de *competência residual*. **Exemplo:** CF, art. 32, § 1º.
- **Competência delegada** — é a que se transfere de uma entidade para outra. **Exemplo:** CF, art. 22, parágrafo único. Logo, a *competência privativa* é uma *competência delegada*.
- **Competência originária** — como dissemos acima, é criada a favor de determinado ente federativo.

✧ 10.3. Competências da União

Estudemos, de modo específico, as competências administrativas e legislativas da União.

a) Competências administrativas da União (CF, art. 21, I a XXVI)

Compete, administrativamente, à União:
- manter relações com Estados estrangeiros e participar de organizações internacionais;
- declarar a guerra e celebrar a paz;
- assegurar a defesa nacional;
- permitir, nos casos previstos em lei complementar, que forças estrangeiras transitem pelo território nacional ou nele permaneçam temporariamente;
- decretar o estado de sítio, o estado de defesa e a intervenção federal;
- autorizar e fiscalizar a produção e o comércio de material bélico;

    Casuística do STF:
    - **Competência da União para legislar sobre material bélico** — "A competência exclusiva da União para legislar sobre material bélico, complementada pela competência para autorizar e

◆ Cap. 19 ◆ ORGANIZAÇÃO DO ESTADO BRASILEIRO ◆ 829

fiscalizar a produção de material bélico, abrange a disciplina sobre a destinação de armas apreendidas e em situação irregular" (STF, ADIn 3.258, Rel. Min. Joaquim Barbosa, *DJ* de 9-9-2005).

• **Proibição, por lei estadual, da comercialização de armas de fogo** — "Relevância da fundamentação jurídica do pedido, perante os artigos 21, VI e 24, V, e parágrafos, todos da Constituição Federal" (STF, ADIn 2.035-MC, Rel. Min. Octavio Gallotti, *DJ* de 4-8-2000).

• **Alcance do art. 21, VI, da CF** — "O inciso VI do artigo 21 da Constituição Federal há de ter alcance perquirido em vista do objetivo visado: ao preceituar competir à União autorizar e fiscalizar a produção e o comércio de material bélico, envolve o gênero, exsurgindo, como espécies, as armas de fogo e munições. Já o artigo 30 e incisos I e II, também do Diploma Básico, revelam a competência dos municípios, mediante atuação do órgão próprio (Câmara de Vereadores), para legislar sobre assuntos de interesse local, prevendo o inciso II a atuação suplementar às legislações federal e estadual, sempre no que couber. Não creio que a problemática concernente à fabricação de armas de fogo e de munição restrinja-se ao Rio de Janeiro; tampouco a abrangência maior da 'ordem' oriunda do Chefe do Poder Executivo Municipal esteja compreendida no que se entende como suplementação de normas federais e estaduais. A vida gregária pressupõe o respeito à ordem jurídica-constitucional. Em Direito, o meio justifica o fim, mas não este aquele. A situação de intranquilidade do Município do Rio de Janeiro, considerada a segurança pública, às vezes potencializada no campo do sensacionalismo, isto é, tomada com algum exagero, não é de molde a encampar-se a colocação em plano secundário da organicidade constitucional normativa" (STF, AgI 189.433-AgRg, Rel. Min. Marco Aurélio, *DJ* de 6-11-1997).

• emitir moeda;
• administrar as reservas cambiais do País e fiscalizar as operações de natureza financeira, especialmente as de crédito, câmbio e capitalização, bem como as de seguros e de previdência privada;
• elaborar e executar planos nacionais e regionais de ordenação do território e de desenvolvimento econômico e social;
• manter o serviço postal e o correio aéreo nacional;

> **Competência privativa da União para legislar sobre serviço postal:** "É pacífico o entendimento deste Supremo Tribunal quanto à inconstitucionalidade de normas estaduais que tenham como objeto matérias de competência legislativa privativa da União. Precedentes: ADIns n. 2.815, Sepúlveda Pertence (propaganda comercial), n. 2.796-MC, Gilmar Mendes (trânsito), n. 1.918, Maurício Corrêa (propriedade e intervenção no domínio econômico), n. 1.704, Carlos Velloso (trânsito), n. 953, Ellen Gracie (relações de trabalho), n. 2.336, Nelson Jobim (direito processual), n. 2.064, Maurício Corrêa (trânsito) e n. 329, Ellen Gracie (atividades nucleares). O serviço postal está no rol das matérias cuja normatização é de competência privativa da União (CF, art. 22, V). É a União, ainda, por força do art. 21, X da Constituição, o ente da Federação responsável pela manutenção desta modalidade de serviço público" (STF, ADIn 3.080, Rel. Min. Ellen Gracie, *DJ* de 27-8-2004).

• explorar, diretamente ou mediante autorização, concessão ou permissão, os serviços de telecomunicações, nos termos da lei, que disporá sobre a organização dos serviços, a criação de um órgão regulador e outros aspectos institucionais;

> **Projeto de lei estadual de origem parlamentar — Veto total:** "Promulgação da lei pela assembleia. Norma que disciplina forma e condições de cobrança pelas empresas de telecomunicações. Matéria privativa da União" (STF, ADIn 2.615-MC, Rel. Min. Nelson Jobim, *DJ* de 6-12-2002).

• explorar, diretamente ou mediante autorização, concessão ou permissão: **(i)** os serviços de radiodifusão sonora, e de sons e imagens; **(ii)** os serviços e instalações de energia elétrica e o aproveitamento energético dos cursos de água, em articulação com os Estados onde se situam os potenciais hidroenergéticos; **(iii)** a navegação aérea, aeroespacial e a infraestrutura aeroportuária; **(iv)** os serviços de transporte ferroviário e aquaviário entre portos brasileiros e fronteiras

830

◆ Uadi Lammêgo Bulos ◆

nacionais, ou que transponham os limites de Estado ou Território; **(v)** os serviços de transporte rodoviário interestadual e internacional de passageiros; **(vi)** os portos marítimos, fluviais e lacustres;

Casuística do STF:

- **ICMS sobre serviços de comunicação** — "O art. 132, I, *b*, da Lei Orgânica do Distrito Federal, ao admitir a incidência do ICMS apenas sobre os serviços de comunicação, referidos no inciso XI do art. 21 da CF, vedou sua incidência sobre os serviços de radiodifusão sonora e de sons e imagens (art. 21, XII, *a*, da CF, com redação dada pela EC n. 8/1995). Com isso, estabeleceu, no Distrito Federal, tratamento diferenciado dessa questão, em face do que ocorre nas demais unidades da Federação e do disposto no art. 155, LI, pelos quais o ICMS pode incidir sobre todo e qualquer serviço de comunicação. Assim, ainda que indiretamente, concedeu imunidade, quanto ao ICMS, aos prestadores de serviços de radiodifusão sonora e de sons e de imagens, sem que essa imunidade estivesse prevista na Constituição Federal (art. 155, II), que, ademais, não admite que os Estados e o Distrito Federal concedam, com relação ao ICMS, nem mesmo simples isenções, incentivos e benefícios fiscais, senão com observância da lei complementar a que aludem o art. 155, § 2º, XII, *g*" (STF, ADIn 1.467, Rel. Min. Sydney Sanches, *DJ* de 11-4-2003).

- **Invasão, pelo Estado-membro, da esfera de competência da União e dos Municípios** — "Os Estados-Membros — que não podem interferir na esfera das relações jurídico-contratuais estabelecidas entre o poder concedente (quando este for a União Federal ou o Município) e as empresas concessionárias — também não dispõem de competência para modificar ou alterar as condições, que, previstas na licitação, acham-se formalmente estipuladas no contrato de concessão celebrado pela União (energia elétrica — CF, art. 21, XII, *b*) e pelo Município (fornecimento de água — CF, art. 30, I e V), de um lado, com as concessionárias, de outro, notadamente se essa ingerência normativa, ao determinar a suspensão temporária do pagamento das tarifas devidas pela prestação dos serviços concedidos (serviços de energia elétrica, sob regime de concessão federal, e serviços de esgoto e abastecimento de água, sob regime de concessão municipal), afetar o equilíbrio financeiro resultante dessa relação jurídico-contratual de direito administrativo" (STF, ADIn 2.337-MC, Rel. Min. Celso de Mello, *DJ* de 21-6-2002).

- **Transporte rodoviário interestadual de passageiros** — "Não pode ser dispensada, a título de proteção da livre-iniciativa, a regular autorização, concessão ou permissão da União, para a sua exploração por empresa particular. Recurso extraordinário provido por contrariedade ao disposto no art. 21, XII, *e*, da Constituição Federal" (STF, RE 214.382, Rel. Min. Octavio Gallotti, *DJ* de 19-11-1999).

- **Exploração de portos marítimos, fluviais e lacustres** — "Competindo à União, e só a ela, explorar diretamente ou mediante autorização, concessão ou permissão, os portos marítimos, fluviais e lacustres, art. 21, XII, *f*, da CF, está caracterizada a natureza pública do serviço de docas. A Companhia Docas do Rio de Janeiro, sociedade de economia mista federal, incumbida de explorar o serviço portuário em regime de exclusividade, não pode ter bem desapropriado pelo Estado. Inexistência, no caso, de autorização legislativa" (STF, RE 172.816, Rel. Min. Paulo Brossard, *DJ* de 13-5-1994).

- organizar e manter o Poder Judiciário, o Ministério Público do Distrito Federal e dos Territórios e a Defensoria Pública dos Territórios (Redação dada pela EC n. 69/2012);

- organizar e manter a polícia civil, a polícia penal, a polícia militar e o corpo de bombeiros militar do Distrito Federal, bem como prestar assistência financeira ao Distrito Federal para a execução de serviços públicos, por meio de fundo próprio. Tal competência administrativa da União foi fruto de redação dada ao inciso XIV, do art.21, da *Lex Mater*, pela Emenda Constitucional n. 104, de 4-12-2019, cujo objetivo foi criar a "polícia penal", para substituir a categoria dos agentes penitenciários. Assim, referida mudança formal à Carta Magna foi para consagrar a "polícia penal" em nosso ordenamento jurídico;

   Distrito Federal — Serviços locais de segurança pública (polícia militar, polícia civil e corpo de bombeiros): "Competência privativa da União para organizar e manter os organismos de segurança pública do Distrito Federal, que envolve a de legislar com exclusividade sobre a sua estrutura

◆ Cap. 19 ◆ ORGANIZAÇÃO DO ESTADO BRASILEIRO   **831**

administrativa e o regime jurídico do seu pessoal. Jurisprudência do STF consolidada no RE 241.494" (STF, ADIn 2.102-MC, Rel. Min. Sepúlveda Pertence, *DJ* de 7-4-2000). No mesmo sentido: STF, RE 207440, *DJ* de 17-10-1997; STF, ADIn 1.359, *DJ* de 11-10-2002; STF, ADIn 2.705, *DJ* de 31-10-2003; STF, ADIn 2.988, *DJ* de 26-3-2004).

- organizar e manter os serviços oficiais de estatística, geografia, geologia e cartografia de âmbito nacional;
- exercer a classificação, para efeito indicativo, de diversões públicas e de programas de rádio e televisão;
- conceder anistia;
- planejar e promover a defesa permanente contra as calamidades públicas, especialmente as secas e as inundações;
- instituir sistema nacional de gerenciamento de recursos hídricos e definir critérios de outorga de direitos de seu uso;
- instituir diretrizes para o desenvolvimento urbano, inclusive habitação, saneamento básico e transportes urbanos;
- estabelecer princípios e diretrizes para o sistema nacional de viação;
- executar os serviços de polícia marítima, aeroportuária e de fronteiras;
- explorar os serviços e instalações nucleares de qualquer natureza e exercer monopólio estatal sobre a pesquisa, a lavra, o enriquecimento e reprocessamento, a industrialização e o comércio de minérios nucleares e seus derivados, atendidos os seguintes princípios e condições: **(i)** toda atividade nuclear em território nacional somente será admitida para fins pacíficos e mediante aprovação do Congresso Nacional; **(ii)** sob regime de permissão, são autorizadas a comercialização e a utilização de radioisótopos para a pesquisa e usos médicos, agrícolas e industriais (redação dada pela EC n. 49/2006); **(iii)** sob regime de permissão, são autorizadas a produção, comercialização e utilização de radioisótopos de meia-vida igual ou inferior a duas horas (acrescido pela EC n. 49/2006); **(iv)** a responsabilidade civil por danos nucleares independe da existência de culpa (renumerado pela EC n. 49/2006);
- organizar, manter e executar a inspeção do trabalho;
- estabelecer as áreas e as condições para o exercício da atividade de garimpagem, em forma associativa;
- organizar e fiscalizar a proteção e o tratamento de dados pessoais, nos termos da lei.

a.1) Emenda Constitucional n. 69, de 29 de março de 2012

A EC n. 69, de 20 de março de 2012, originou-se da PEC n. 7/2008 de iniciativa do Senador Gim Argello (PTB-DF).

Tal emenda modificou o inciso XIII do art. 21, bem como os arts. 22, XVII, e 48, IX, da Carta de 1988. Seu objetivo foi transferir da União para o Distrito Federal as atribuições de organizar e manter a Defensoria Pública da capital do Brasil.

Além das mudanças operadas nos preceitos aí referidos, eis o teor das demais prescrições da EC n. 69/2012: **1)** "Sem prejuízo dos preceitos estabelecidos na Lei Orgânica do Distrito Federal, aplicam-se à Defensoria Pública do Distrito Federal os mesmos princípios e regras que, nos termos da Constituição Federal, regem as Defensorias Públicas dos Estados" (art. 2º); **2)** "O Congresso Nacional e a Câmara Legislativa do Distrito Federal, imediatamente após a promulgação desta Emenda Constitucional e de acordo com suas competências, instalarão comissões especiais destinadas a elaborar, em 60 (sessenta) dias, os projetos de lei necessários à adequação da legislação infraconstitucional à matéria nela tratada" (art. 3º); e **3)** a EC n. 69/2012 "entra em vigor na data de sua publicação, produzindo efeitos quanto ao disposto no art. 1º após decorridos 120 (cento e vinte) dias de sua publicação oficial" (art. 4º).

a.2) Emenda Constitucional n. 118, de 26 de abril de 2022

A Emenda Constitucional n. 118, de 26-4-2022, deu nova redação às alíneas *b* e *c* do inciso XXIII do *caput* do art. 21 da Constituição Federal.

832

Seu escopo foi autorizar a produção, a comercialização e o uso de *radioisótopos* para pesquisa e uso médicos.

Radioisótopos são elementos químicos de configuração atômica instável, pois, ao buscarem um rearranjo em suas partículas, emitem radiatividade específica, a exemplo da radiação gama. Nisto, podem ser amplamente usados no campo agrícola e industrial, bem como na feitura de imagens para diagnósticos médicos.

Daí a importância das alíneas *b* e *c* do inciso XXIII do art. 21, que permitem à União explorar serviços e instalações: (i) sob regime de permissão, autorizando o comércio e o uso de radioisótopos para pesquisa e uso agrícolas e industriais; (ii) sob regime de permissão, autorizando a produção, a comercialização e a utilização de radioisótopos para pesquisa e uso médicos.

Óbvio que ambos os preceitos constitucionais aí gizados devem ser invocados com *bom senso* e *razoabilidade*, para não se instituírem situações teratológicas e de difícil preservação do bem maior: a vida.

b) Competências legislativas da União (CF, art. 22, I a XXX)

No que tange ao poder de legislar, o constituinte de 1988 concentrou nas mãos da União um extenso catálogo de atribuições, além daqueloutras previstas nos arts. 48, 149, 164, 178 e 184.

Referimo-nos à competência legislativa privativa, que admite *delegação*.

Realmente, os preceitos declaratórios do art. 22, I a XXIV, da *Lex Mater* não são exclusivos da União. Por isso, a lei complementar pode autorizar os Estados a legislar sobre questões específicas (CF, art. 22, parágrafo único).

Por outro lado, merece destaque a *competência legislativa residual da União*, pela qual ela poderá instituir, mediante lei complementar federal, impostos não previstos no art. 153 da *Lex Legum*, desde que não cumulativos e não tenham fato gerador ou base de cálculo dos impostos discriminados pelo constituinte (CF, art. 154, I).

Enfim, compete privativamente à União legislar sobre:

- Direito civil, comercial, penal, processual, eleitoral, agrário, marítimo, aeronáutico, espacial e do trabalho.

> **Casuística do STF:**
> - **Súmula 722** — "São da competência legislativa da União a definição dos crimes de responsabilidade e o estabelecimento das respectivas normas de processo e julgamento".
> - **Simulador de urna eletrônica** — o Supremo Tribunal Federal, por maioria de votos, julgou procedente, em parte, pedidos formulados em duas ações diretas para declarar a inconstitucionalidade da expressão *ficando o infrator sujeito ao disposto no art. 347 do Código Eleitoral*, constante em resoluções de Tribunais Regionais Eleitorais que proibiam o uso de simuladores de urnas eletrônicas como veículo de propaganda eleitoral. Reportando-se à ADI 2267/AM, a Corte considerou que, ante a possibilidade de indução fraudulenta de eleitores, seria legítima a atuação da Justiça especializada, de molde a garantir a higidez do processo eleitoral, assegurando a observância dos princípios da isonomia e da liberdade do voto. Por outro lado, a norma impugnada, ao prever cominação penal ao infrator da mencionada proibição, violou a *competência privativa da União* para legislar sobre direito penal (CF, art. 22, I). Vencidos os Ministros Marco Aurélio e Cezar Peluso que julgavam os pedidos integralmente procedentes, ao fundamento de ser incabível a vedação por mera conjectura de fraude, e o Min. Eros Grau que os julgava integralmente improcedentes, por considerar constitucional a previsão da sanção penal (STF, ADIn 2.283/RJ, Rel. Min. Gilmar Mendes, decisão de 15-2-2006). No mesmo sentido: STF, ADIn 2.269/RN, Rel. Min. Eros Grau, decisão de 15-2-2006.
> - **Competência privativa da União para legislar sobre Direito Civil** — "Embora os serviços de educação possam ser prestados pelo setor privado independentemente de concessão, permissão ou autorização, não se cuida de relação de consumo, a ensejar a competência concorrente do Estado para legislar sobre a matéria, haja vista que a relação contratual, na espécie, é firmada entre o prestador de serviço e o usuário do serviço público, isto é, um cidadão e não um mero consumidor" (STF, ADIn 1.007, Rel. Min. Eros Grau, *Clipping* do *DJ* de 24-2-2006).
> - **Fiscalização do valor da causa no ato da distribuição** — Na vigência do Código de Processo Civil de 1973, o Supremo Tribunal decidiu que o valor da causa é matéria atinente ao Direito Processual (CPC de 1973, arts. 258 a 261) e o ajustamento desse valor deve ser discutido em

◆ Cap. 19 ◆ ORGANIZAÇÃO DO ESTADO BRASILEIRO

sede de processo instaurado, sendo inadmissível que a petição a ser protocolizada sofra juízo de admissibilidade extrajudicial (STF, ADIn 2.052, Rel. Min. Eros Grau, DJ de 2-12-2005). Precedentes: STF, ADIn 2.052-MC, Rel. Min. Nelson Jobim, DJ de 13-10-2000; STF, ADIn 2.655, Rel. Min. Ellen Gracie, DJ de 26-3-2004. No Código de Processo Civil de 2015, a matéria relativa ao valor da causa está disciplinada nos arts. 291 a 293.

- **Multas de trânsito** — a competência para legislar sobre trânsito é privativa da União, encontrando-se fora da esfera dos Estados e Municípios (STF, ADIn 2.374, Rel. Min. Gilmar Mendes, DJ de 5-3-2007).
- **Prerrogativa de Foro. Procuradores estaduais** — "De início, não se mostra ofensivo à Carta preceito de Constituição estadual que contempla os Procuradores do Estado com a prerrogativa de foro, isto ao atribuir ao Tribunal de Justiça a competência para processá-los e julgá-los nos crimes comuns e de responsabilidade. Se de um lado compete à União legislar sobre Direito Processual, art. 22, I, de outro cabe às Constituições dos Estados a fixação das competências dos respectivos Tribunais, art. 125, § 1º, ambos da Constituição Federal" (STF, ADIn 541-MC, Rel. Min. Marco Aurélio, DJ de 14-2-1992).

- Desapropriação.
- Requisições civis e militares, em caso de iminente perigo e em tempo de guerra.
- Águas, energia, informática, telecomunicações e radiodifusão.

    Gás liquefeito de petróleo: "Lei estadual que determina a pesagem de botijões entregues ou recebidos para substituição à vista do consumidor, com pagamento imediato de eventual diferença a menor: arguição de inconstitucionalidade fundada nos arts. 22, IV e VI (energia e metrologia), 24 e §§, 25, § 2º, 238, além de violação ao princípio da proporcionalidade e razoabilidade das leis restritivas de direitos: plausibilidade jurídica da arguição que aconselha a suspensão cautelar da lei impugnada, a fim de evitar danos irreparáveis à economia do setor, no caso de vir a declarar-se a inconstitucionalidade" (STF, ADIn 855-MC, Rel. Min. Sepúlveda Pertence, DJ de 1º-10-1993).

    Inconstitucionalidade de lei distrital sobre contas telefônicas — o Supremo declarou a inconstitucionalidade da Lei Distrital n. 3.426, que em 2004 obrigou concessionárias de telefonia fixa a individualizarem, na fatura emitida ao consumidor, cada ligação local efetuada, bem como destacar a quantidade de pulsos registrados no mês e a média dos últimos 6 (seis) meses. Por unanimidade, prevaleceu o entendimento de que o referido diploma legislativo distrital feriu competência privativa da União, uma vez que dispõe sobre serviço de telecomunicação (CF, art. 22, IV) (STF, ADI 3.322/DF, Rel. Min. Gilmar Mendes, j. em 2-12-2010).

- Serviço postal.

    Competência privativa da União: "O serviço postal está no rol das matérias cuja normatização é de competência privativa da União" (STF, ADIn 3.080, Rel. Min. Ellen Gracie, DJ de 27-8-2004).

- Sistema monetário e de medidas, títulos e garantias dos metais.

    Direito monetário: "Competência legislativa privativa da União (CF, art. 22, VI): critérios de conversão em URV dos valores fixados em Cruzeiro Real: aplicação compulsória a Estados e Municípios, inclusive aos vencimentos dos respectivos servidores, que impede a incidência de diferente legislação local a respeito" (STF, AgI 392.227-AgRg, Rel. Min. Sepúlveda Pertence, DJ de 11-4-2003). No mesmo sentido: STF, RE 358.810-AgRg, Rel. Min. Celso de Mello, DJ de 28-3-2003).

- Política de crédito, câmbio, seguros e transferência de valores.
- Comércio exterior e interestadual.
- Diretrizes da política nacional de transportes. Observe-se que a competência para legislar sobre transporte intermunicipal é do Estado-membro e não da União ou Município. Tal atribuição insere-se no poder remanescente dos Estados (CF, art. 25, § 1º). Compete-lhes, pois, gerir, administrar, autorizar e se responsabilizar por quaisquer das modalidades de transportes coletivos

834 ◆ Uadi Lammêgo Bulos ◆

intermunicipais. Tal constatação advém da exegese sistemática dos arts. 21, XII, *e*; 22, IX e XI, da Carta de Outubro. Evidente que isso não confere aos Estados a competência para impor limites de tráfego a pessoas ou mercadorias, mediante tributos intermunicipais. Por outro lado, ao Município apenas cabe a organização e prestação do transporte local, sob pena de invadirem a esfera de competências reservadas aos Estados-membros. Numa palavra, o poder da municipalidade, nessa seara, resume-se à hipótese gizada no art. 30, V, da *Lex Mater*, haja vista o princípio da predominância do interesse local (CF, art. 30, I). Em suma, à União cabe o transporte interestadual (ou federal); aos Estados, o transporte intermunicipal (ou estadual); e aos Municípios, o transporte local (ou municipal).

Nesse sentido: STF, Pleno, ADIn 280/MT, Rel. Min. Francisco Rezek, *RTJ*, *154*:381. **Como era no ordenamento jurídico passado:** na Carta de 1967, acompanhada pela EC n. 1/69, a União, no desempenho da competência concorrente, podia legislar sobre tráfego e trânsito nas vias terrestres (art. 8º, XVII, *n*, e parágrafo único). Nesse contexto, o STF chegou a admitir a possibilidade de o Estado-membro, supletivamente, legislar sobre transporte intermunicipal de passageiros. Para tanto, a Corte invocava o art. 8º, parágrafo único, do Texto de 1967 (STF, 2ª T., RE 94.582/PR, Rel. Min. Aldir Passarinho, *RTJ*, *108*:234).

* Regime dos portos, navegação lacustre, fluvial, marítima, aérea e aeroespacial.
* Trânsito e transporte. Aqui houve uma mudança de tratamento da matéria. Na vigência da Carta de 1967, com redação dada pela Emenda Constitucional n. 1/69, o assunto pertencia à esfera da competência concorrente da União e dos Estados (art. 8º, XVII, c/c o seu parágrafo único). Com o advento do Texto de 1988, a atribuição de legislar sobre trânsito e transporte passou para a esfera da competência privativa da União. Assim, os Estados-membros, no exercício das competências comum e concorrente, não podem editar normas nesse campo, já que o tema não integra a lista exaustiva do art. 22 da Constituição de 1988. A única possibilidade de os Estados legislarem sobre trânsito e transporte é mediante delegação da própria União, nos termos da lei complementar (CF/88, art. 22, parágrafo único). Essa é a diretriz interpretativa, seguida pelo Supremo Tribunal Federal.

Casuística do STF:
* **Idade mínima para conduzir veículo automotor** — matéria de competência privativa da União. Inconstitucionalidade de legislação estadual a respeito (STF, ADIn 476, Rel. Min. Sepúlveda Pertence, *DJ* de 9-4-1999).
* **Fixação de valor máximo para pagamento de multas aplicadas em decorrência do cometimento de infrações de trânsito** — "Invasão da competência legislativa da União prevista no art. 22, XI da Constituição Federal. Apenas a União tem competência para estabelecer multas de trânsito. A fixação de um teto para o respectivo valor não está previsto no Código de Trânsito Brasileiro, sendo descabido que os Estados venham a estabelecê-lo. Ausência de lei complementar federal que autorize os Estados a legislar, em pontos específicos, sobre trânsito e transporte, conforme prevê o art. 22, parágrafo único da CF" (STF, ADIn 2.644, Rel. Min. Ellen Gracie, *DJ* de 29-8-2003).
* **Isenção de multa** — "Legislação sobre trânsito: competência privativa federal: CF, art. 22, XI. Lei 11.387, de 03/5/2000, do Estado de Santa Catarina, que isenta do pagamento de multas de trânsito nas hipóteses que menciona: sua inconstitucionalidade, porque trata-se de matéria que diz respeito ao trânsito" (STF, ADIn 2.814, Rel. Min. Carlos Velloso, *DJ* de 5-12-2003).
* **Colocação de barreiras eletrônicas** — "Lei 11.824, de 14-8-2002, do Estado do Rio Grande do Sul. Inconstitucionalidade. O disciplinamento da colocação de barreiras eletrônicas para aferir a velocidade de veículos, por inserir-se na matéria trânsito, é de competência exclusiva da União (art. 22, XI, da CF/1988)" (STF, ADIn 2.718, Rel. Min. Joaquim Barbosa, *DJ* de 24-6-2005).
* **Fiscalização eletrônica** — "É da competência exclusiva da União legislar sobre trânsito e transporte, sendo necessária expressa autorização em lei complementar para que a unidade federada possa exercer tal atribuição (CF, artigo 22, inciso XI e parágrafo único). Não tem competência o Estado para legislar ou restringir o alcance de lei que somente a União pode editar (CF, artigo 22, XI). Ação direta de inconstitucionalidade julgada procedente" (STF, ADIn

◆ Cap. 19 ◆ ORGANIZAÇÃO DO ESTADO BRASILEIRO 835

2.328, Rel. Min. Maurício Corrêa, *DJ* de 16-4-2004). No mesmo sentido: STF, ADIn 3.196-MC, *DJ* de 22-4-2005.

• **Limites de velocidade em rodovias estaduais** — "Competência legislativa privativa da União: inconstitucionalidade da lei estadual que fixa limites de velocidade nas rodovias do Estado--Membro ou sob sua administração" (STF, ADIn 2.582, Rel. Min. Sepúlveda Pertence, *DJ* de 6-6-2003).

• **Uso de película de filme solar nos vidros dos veículos** — competência privativa federal, sendo inconstitucionais leis de Estados-membros dispondo sobre o tema (STF, ADIn 1.704, Rel. Min. Carlos Velloso, *DJ* de 20-9-2002).

• **Repressão ao transporte clandestino de passageiros** — "Lei 3.756/2002, do Estado do Rio de Janeiro, que autoriza o Poder Executivo a apreender e desemplacar veículos de transporte coletivo de passageiros encontrados em situação irregular: constitucionalidade, porque a norma legal insere-se no poder de polícia do Estado" (STF, ADIn 2.751/RJ, Rel. Min. Carlos Velloso, *Clipping* do *DJ* de 24-2-2006).

• **Fretamento de ônibus para turismo no Estado** — "Transporte ocasional de turistas, que reclama regramento por parte do Estado-membro, com base no seu poder de polícia administrativa, com vistas à proteção dos turistas e do próprio turismo. CF, art. 25, § 1º. Inocorrência de ofensa à competência privativa da União para legislar sobre trânsito e transporte (CF, art. 22, XI)" (STF, RE 201.865, Rel. Min. Carlos Velloso, *DJ* de 4-2-2005).

• **Término da vigência da Carteira Nacional de Habilitação e notificação a cada portador pelo Detran** — matéria da competência privativa da União, e não do legislador estadual (STF, ADIn 2.372-MC, Rel. Min. Sydney Sanches, *DJ* de 28-11-2003).

• **Licenciamento de motocicletas destinadas ao transporte remunerado de passageiros** — competência legislativa privativa da União (STF, ADIn 2.606, Rel. Min. Maurício Corrêa, *DJ* de 7-2-2003).

• **Obrigatoriedade de identificação telefônica na carroceria de veículos de transporte de carga e de passageiros** — "Imposição de penalidade restritiva, na forma de bloqueio do licenciamento pela autoridade de trânsito local (art. 3º). Relevância jurídica da alegação de invasão de competência da União para legislar sobre trânsito e transporte (art. 22, XI da CF)" (STF, ADIn 2.407-MC, Rel. Min. Ellen Gracie, *DJ* de 18-10-2002).

• **Cinto de segurança em veículos de transporte coletivo** — o Plenário, por maioria, julgou procedente pedido formulado em ação direta ajuizada pela Confederação Nacional do Transporte para declarar a inconstitucionalidade da Lei n. 6.457/93, do Estado da Bahia, que determinou a instalação de cinto de segurança em veículos de transporte coletivo de passageiros. Na espécie, houve desrespeito ao art. 22, XI, da Carta Maior (ADI 874/BA, Rel. Min. Gilmar Mendes, 3-2-2011).

• **Envio simultâneo, aos infratores, de multa e foto no momento da infração** — "Os Estados--membros detêm competência para a edição de leis sobre procedimentos administrativos. É inconstitucional a interpretação que obriga a instalação do sistema fotossensor em todo o território estadual. Pedido de declaração de inconstitucionalidade julgado parcialmente procedente" (STF, ADIn 2.816/SC, Rel. Min. Eros Grau, *Clipping* do *DJ* de 24-2-2006).

• Jazidas, minas, outros recursos minerais e metalurgia.
• Nacionalidade, cidadania e naturalização.
• Populações indígenas.
• Emigração e imigração, entrada, extradição e expulsão de estrangeiros.
• Organização do sistema nacional de emprego e condições para o exercício de profissões.
• Organização judiciária, do Ministério Público do Distrito Federal e dos Territórios e da Defensoria Pública dos Territórios, bem como a organização administrativa destes (Redação dada pela EC n. 69/2012).
• Sistema estatístico, sistema cartográfico e de geologia nacionais.
• Sistemas de poupança, captação e garantia da poupança popular.
• Sistemas de consórcios e sorteios.

Loteria, consórcios e sorteios: "Ao mencionar *sorteios* o texto da Constituição do Brasil está a aludir ao conceito de *loteria*. Precedente. Lei estadual que disponha sobre espécies de sorteios

836   ◆ Uadi Lammêgo Bulos ◆

usurpa competência exclusiva da União. Flagrante incompatibilidade entre a lei paraense e o preceito veiculado pelo artigo 22, X, da CF de 1888. A exploração de loterias constitui ilícito penal. A isenção à regra que define a ilicitude penal da exploração da atividade vinculada às loterias também consubstancia matéria de Direito Penal. Compete privativamente à União legislar sobre Direito Penal — artigo 22, I, CF de 1988. Pedido de declaração de inconstitucionalidade procedente" (STF, ADIn 3.259/PA, Rel. Min. Eros Grau, *Clipping* do *DJ* de 24-2-2006). Precedente: STF, ADIn 2.948, Rel. Min. Eros Grau, *DJ* de 13-5-2005.

- Normas gerais de organização, efetivos, material bélico, garantias, convocação, mobilização, inatividades e pensões das polícias militares e dos corpos de bombeiros militares. Aí está o conteúdo do inciso XXI, do art. 22, da CF, com redação dada pela EC n. 103, de 12-11-2019. O objetivo dessa mudança foi incluir a terminologia "inatividades e pensões", dantes inexiste no preceptivo constitucional.
- Competência da polícia federal e das polícias rodoviária e ferroviária federais.
- Seguridade social.
- Diretrizes e bases da educação nacional.

  Casuística do STF:
  - **Lei de Diretrizes e Bases da Educação Nacional** — "Competência privativa da União para legislar sobre diretrizes e bases da educação nacional. Legislação estadual. Magistério. Educação artística" (STF, ADIn 1.399, Rel. Min. Maurício Corrêa, *DJ* de 11-6-2004).
  - **Usurpação de competência da União** — "Lei distrital que dispõe sobre a emissão de certificado de conclusão do curso e que autoriza o fornecimento de histórico escolar para alunos da terceira série do ensino médio que comprovarem aprovação em vestibular para ingresso em curso de nível superior. Lei distrital que usurpa competência legislativa outorgada à União Federal pela Constituição da República. Atividade legislativa exercida com desvio de poder, plausibilidade jurídica do pedido, deferimento da medida cautelar com eficácia *ex tunc*. Os Estados-Membros e o Distrito Federal não podem, mediante legislação autônoma, agindo *ultra vires*, transgredir a legislação fundamental ou de princípios que a União Federal fez editar no desempenho legítimo de sua competência constitucional e de cujo exercício deriva o poder de fixar, validamente, diretrizes e bases gerais pertinentes a determinada matéria (educação e ensino, na espécie)" (STF, ADIn 2.667-MC, Rel. Min. Celso de Mello, *DJ* de 12-3-2004).

- Registros públicos.

  Casuística do STF:
  - **Instituição do selo de controle dos serviços notariais** — competência privativa da União (STF, ADIn 3.151, Rel. Min. Carlos Britto, *DJ* de 26-6-2006).
  - **Alcance do art. 22, XXV, da CF** — "Lei estadual que obriga os ofícios do registro civil a enviar cópias das certidões de óbito (1) ao Tribunal Regional Eleitoral e (2) ao órgão responsável pela emissão da carteira de identidade. Ação direta de inconstitucionalidade por alegada usurpação da competência privativa da União para legislar sobre registros públicos (CF, art. 22, XXV). Medida cautelar indeferida por falta de plausibilidade dos fundamentos, quanto à segunda parte da norma impugnada, por unanimidade de votos — pois impõe cooperação de um órgão da Administração estadual a outro; e, quanto à primeira parte, por maioria — por entender-se compreendida a hipótese na esfera constitucionalmente admitida do federalismo de cooperação" (STF, ADIn 2.254-MC, Rel. Min. Sepúlveda Pertence, *DJ* de 26-9-2003).
  - **Notariado e registros públicos** — "Razoabilidade da alegação da reserva à competência legislativa da União para dispor a respeito (CF, arts. 22, XXV, e 236, § 1º); privatização de serventias anteriormente oficializadas: difícil conciliação com o art. 32 ADCT (ADIn 126, Gallotti, *Lex* 169/48); caráter público dos serviços notariais e de registro, persistente sob o art. 236 CF (RE 141.347, Pertence, *Lex* 168/344)" (STF, ADIn 1.047-MC, Rel. Min. Sepúlveda Pertence, *DJ* de 6-5-1994).

- Atividades nucleares de qualquer natureza.

  Energia nuclear: "Arguição de inconstitucionalidade de preceito de Constituição estadual, que subordina a construção, no respectivo território, de instalações industriais para produção de

◆ Cap. 19 ◆ ORGANIZAÇÃO DO ESTADO BRASILEIRO

837

energia nuclear à autorização da Assembleia Legislativa, ratificada por plebiscito. Alegação de ofensa à competência privativa da União (CF, art. 21, XXIII). Mantida a competência exclusiva da União para legislar sobre atividades nucleares de qualquer natureza (CF, art. 22, XXVI), aplicáveis ao caso os precedentes da Corte produzidos sob a égide da Constituição Federal de 1967. Ao estabelecer a prévia aprovação da Assembleia Legislativa estadual, ratificada por plebiscito, como requisito para a implantação de instalações industriais para produção de energia nuclear no Estado, invade a Constituição catarinense a competência legislativa privativa da União" (STF, ADIn 329, Rel. Min. Ellen Gracie, *DJ* de 28-5-2004).

* Normas gerais de licitação e contratação, em todas as modalidades, para as Administrações Públicas diretas, autárquicas e fundacionais da União, Estados, Distrito Federal e Municípios, bem como empresas públicas e sociedades de economia mista, observado o disposto nos arts. 37, XXI, e 173, § 1º, III, da Carta Magna.

Uso de *softwares* livres: "Impugnação da Lei n. 11.871/02, do Estado do Rio Grande do Sul, que instituiu, no âmbito da administração pública sul-rio-grandense, a preferencial utilização de *softwares* livres ou sem restrições proprietárias. Plausibilidade jurídica da tese do autor que aponta invasão da competência legiferante reservada à União para produzir normas gerais em tema de licitação, bem como usurpação competencial violadora do pétreo princípio constitucional da separação dos poderes" (STF, ADIn 3.059-MC, Rel. Min. Carlos Britto, *DJ* de 20-8-2004).

* Defesa territorial, defesa aeroespacial, defesa marítima, defesa civil e mobilização nacional.
* Propaganda comercial.
* Proteção e tratamento de dados pessoais.

✧ 10.4. Competências dos Estados

Vejamos, agora, as competências administrativas e legislativas dos Estados-membros.

a) Competência remanescente ou reservada (CF, art. 25, § 1º)

No plano de suas atribuições administrativas e legislativas, os Estados federados exercem competências que o constituinte originário lhes *reservou*.

Tarefas que não forem da União (CF, art. 21), que não pertencerem, em comum, a todos os entes federativos (art. 23), ou que não se enquadrarem na órbita dos Municípios (art. 30), inserem-se na competência remanescente ou reservada dos Estados.

Exemplo: só os Estados podem legislar sobre normas de trânsito e transporte intermunicipal, algo que a União e os Municípios não foram autorizados pela Carta Magna a fazê-lo, sob pena de invadirem a esfera de competência estadual.

Nesse sentido: STF, Pleno, ADIn 1.191-0-MC/PI, Rel. Min. Ilmar Galvão, *DJ*, 1, de 26-5-1995, p. 15154; STF, Pleno, ADIn 860-MC/AP, Rel. Min. Francisco Rezek, *RTJ, 147*:85.

Assim, os Estados podem administrar, e até legislar, em todos os temas que não lhes sejam vedados, explícita ou implicitamente, pela Carta Magna (CF, art. 25, § 1º).

As *vedações explícitas* impõem proibições à competência dos Estados-membros, limitando-lhes o poder de legislar e de se auto-organizar. Equivalem aos princípios constitucionais sensíveis, organizatórios e extensíveis.

Também há *vedações implícitas* à competência estadual, como aquelas atribuições legislativas reservadas pela Carta de 1988 à União (art. 22) e aos Municípios (art. 30).

b) Competência enumerada (CF, arts. 18, § 4º, e 25, §§ 2º e 3º)

Excepcionalmente, o constituinte de 1988 enumerou as seguintes competências para os Estados:
* criar, incorporar, fundir e desmembrar Municípios (CF, art. 18, § 4º);

838 ◆ Uadi Lammêgo Bulos ◆

- explorar, de modo direto, ou por concessão, os serviços de gás canalizado, na forma da lei, vedada a edição de medida provisória para a sua regulamentação (CF, art. 25, § 2º); e
- instituir, mediante lei complementar estadual, regiões metropolitanas, aglomerados urbanos e microrregiões (CF, art. 25, § 3º).

c) Competência delegada (CF, art. 22, parágrafo único)

A União Federal, dentro do seu juízo *discricionário*, pode delegar, por meio de lei complementar, assuntos de sua competência legislativa privativa aos Estados-membros.

Para tanto, deve-se observar o seguinte:

- **formalização do ato delegatório (requisito de forma)** — a delegação deverá ser formalizada por meio de lei complementar federal, devidamente votada no Congresso Nacional e aprovada pela maioria absoluta dos seus deputados e senadores; e

  Precedente do STF: "O Plenário desta Corte, ao julgar a Ação Direta de Inconstitucionalidade n. 2.101, declarou a inconstitucionalidade de Lei estadual que tornava obrigatória a notificação pessoal dos motoristas pela não utilização de cinto de segurança, por cuidar ela de matéria específica de trânsito, invadindo competência exclusiva da União, salientando, ainda, que, enquanto não editada a lei complementar prevista no parágrafo único do artigo 22 da Carta Federal, não pode o Estado legislar sobre trânsito. Em sentido análogo, o julgamento da ADI 874-MC" (STF, RE 215.325, Rel. Min. Moreira Alves, *DJ* de 9-8-2002).

- **objeto do ato delegatório (requisito de conteúdo)** — a lei complementar só pode autorizar os Estados a legislar sobre *questões específicas* das matérias relacionadas nos incisos do art. 22. Quer dizer, o interesse estadual deve mirar um só ponto, e não vários, pois a delegação é tópica. A generalidade escapa à órbita da competência em estudo. Ademais, o art. 19 da Carta Suprema é consectário do princípio da igualdade (art. 5º, *caput*). Logo, a escolha do ponto específico a ser delegado não pode beneficiar um ente federativo em detrimento do outro, uma vez que a prerrogativa insculpida no art. 22, parágrafo único, é incompatível com privilégios ou benefícios injustificados.

  Precedente do STF: "Parcelamento do pagamento de multas de trânsito, sem correção. Incompetência do Estado-Membro para dispor sobre a matéria que está prevista no Código de Trânsito Brasileiro. Ausência de lei complementar, art. 22, parágrafo único da CF. Inconstitucionalidade formal, vício de competência" (STF, ADIn 2.432-MC, Rel. Min. Nelson Jobim, *DJ* de 21-9-2001).

d) Competência concorrente (CF, art. 24, I a XVI)

Os Estados podem *complementar* o rol de matérias do art. 24, I a XVI, da Constituição, de modo a adequá-las às suas particularidades regionais.

Competência concorrente dos entes federados no combate à Covid-19 — em sessão realizada por videoconferência, o Plenário do Supremo Tribunal Federal, por unanimidade de votos, confirmou o entendimento de que as providências adotadas pelo Governo Federal, na Medida Provisória n. 926/2020, criada para enfrentar o coronavírus, não afastam a competência concorrente nem a tomada de providências normativas e administrativas pelos Estados, Distrito Federal e Municípios. Competem, concorrentemente, a esses entes federativos legislarem sobre saúde pública (CF, art. 23, II) (STF, ADI 6341, Rel. Min. Marco Aurélio, j. 15-4-2020).

Inconstitucionalidade de Lei municipal que proíbe ensino sobre questões de gênero — o Plenário do Supremo Tribunal Federal, por unanimidade de votos, declarou inconstitucional a Lei n. 1.516/2015 do Município de Novo Gama, Goiás, que proibia o uso em escolas públicas municipais de material didático que contivesse o que se convencionou chamar "ideologia de gênero". Prevaleceu o entendimento de que compete à União editar normas que tratem de currículos, conteúdos programáticos, metodologia de ensino ou modo de exercício da atividade docente. A jurisprudência do Supremo é no sentido de que a União tem competência privativa para editar

◆ Cap. 19 ◆ ORGANIZAÇÃO DO ESTADO BRASILEIRO

normas gerais em matéria de educação. Já os Estados possuem competência concorrente para complementar a legislação federal. O Município, por sua vez, poderá suplementar a legislação federal, para regular o interesse local (CF, art. 30, I e II). No caso concreto, a proibição de conteúdo pedagógico não correspondente às diretrizes fixadas na Lei de Diretrizes e Bases da Educação Nacional, Lei n. 9.394/96, não encontra justificativa. Em suma, a norma municipal feriu os princípios da promoção do bem de todos (CF, art. 3º, IV) e da isonomia (CF, art. 5º, *caput*) (STF, ADPF 457, Rel. Min. Alexandre de Moraes, j. 29-4-2020).

e) Competência suplementar (CF, art. 24, §§ 1º a 4º)

Os Estados também podem *suprir* o rol de matérias do art. 24, I a XVI, da Constituição, colmatando possíveis vazios normativos, muitos dos quais oriundos da inércia do legislador.

> **Inteligência do art. 24, §§ 1º a 4º, da CF:** "O art. 24 da CF compreende competência estadual concorrente não cumulativa ou suplementar (art. 24, § 2º) e competência estadual concorrente cumulativa (art. 24, § 3º). Na primeira hipótese, existente a lei federal de normas gerais (art. 24, § 1º), poderão os Estados e o DF, no uso da competência suplementar, preencher os vazios da lei federal de normas gerais, a fim de afeiçoá-la às peculiaridades locais (art. 24, § 2º); na segunda hipótese, poderão os Estados e o DF, inexistente a lei federal de normas gerais, exercer a competência legislativa plena *para atender a suas peculiaridades* (art. 24, § 3º). Sobrevindo a lei federal de normas gerais, suspende esta a eficácia da lei estadual, no que lhe for contrário (art. 24, § 4º)" (STF, ADIn 3.098/SP, Rel. Min. Carlos Velloso, *Clipping* do *DJ* de 10-3-2006).

✧ 10.5. Competências do Distrito Federal

O Distrito Federal também exercita atribuições administrativas e legislativas.

É que o Texto de 1988 incluiu, no catálogo de competências comuns dos entes federativos, o Distrito Federal (art. 23).

Como o Distrito é um misto de Estado e Município, a sua esfera de atuação é aferida pela somatória de competências estaduais e municipais (CF, art. 32, § 1º).

Desse modo, atribuem-se-lhe as competências legislativas reservadas aos Estados e Municípios, exceto a competência para a organização de sua Justiça, do Ministério Público e da Defensoria Pública, encargo conferido à União (CF, art. 22, XVII).

Compete, pois, à Câmara Legislativa do Distrito Federal:

- editar sua própria lei orgânica (CF, art. 32, *caput*);
- desempenhar a atividade legislativa que a União lhe delegar (CF, art. 22, parágrafo único);
- exercer o poder remanescente dos Estados-membros (CF, art. 25, § 1º);
- exercitar as competências concorrente e suplementar dos Estados-membros (CF, art. 24); e
- exercer as competências enumerada e suplementar dos Municípios (CF, art. 30, I a IX). Lembremos aqui que o Distrito Federal, assim como as municipalidades, podem instituir contribuição para custeio da iluminação pública, respeitado o art. 150, I e III, como determina a Emenda Constitucional n. 39/2002.

Compete à lei federal dispor "sobre a utilização, pelo Governo do Distrito Federal, da polícia civil, da polícia penal, da polícia militar e do corpo de bombeiros militar" (CF, art. 32, § 4º, com redação dada pela EC n. 104, de 4-12-2019).

✧ 10.6. Competências dos Municípios

Compete aos Municípios exercer as seguintes tarefas administrativas e legislativas (CF, art. 30, I a IX):

- Legislar sobre assuntos de interesse local. Aqui estamos diante da competência genérica dos Municípios, ancorada no *princípio da predominância do interesse local*. Controvérsias à parte, interesse local é aquele que diz respeito às necessidades básicas e imediatas do Município. A

840 ◆ Uadi Lammêgo Bulos ◆

expedição de alvarás ou licenças para funcionamento de empresas comerciais, por exemplo, é matéria de interesse local. Também o é a fixação do horário de funcionamento do comércio local (farmácias, drogarias, postos de atendimento médico-hospitalares, lojas, *shopping centers* etc.).

Casuística:

- **Súmula 645 do STF** — "É competente o Município para fixar o horário de funcionamento de estabelecimento comercial".
- **Horário de funcionamento dos bancos** — é da competência exclusiva da União, e não dos Municípios, porque esse assunto transcende o interesse local, ainda quando se projete na vida da municipalidade. **Súmula 19 do STJ** — "A fixação do horário bancário, para atendimento ao público, é da competência da União". No mesmo sentido: STF, RE 130.202-0/SP, Rel. Min. Sepúlveda Pertence, *DJ* de 25-8-1995, p. 26026; STF, RE 121.623-9, Rel. Min. Carlos Velloso, *DJ* de 27-2-1998, p. 24280.
- **Alcance da competência municipal** — "A competência constitucional dos Municípios de legislar sobre interesse local não tem o alcance de estabelecer normas que a própria Constituição, na repartição das competências, atribui à União ou aos Estados" (STF, RE 313.060/SP, Rel. Min. Ellen Gracie, *Clipping* do *DJ* de 24-2-2006).
- **Atendimento ao público e tempo máximo de espera na fila** — "Matéria que não se confunde com a atinente às atividades-fim das instituições bancárias. Matéria de interesse local e de proteção ao consumidor. Competência legislativa do Município" (STF, RE 432.789, Rel. Min. Eros Grau, *DJ* de 7-10-2005).
- **Competência do Município para estabelecer horário de funcionamento de estabelecimentos comerciais** — "CF, art. 30, I. Inocorrência de ofensa aos artigos 5º, *caput*, XIII e XXXII, art. 170, IV, V e VIII, da CF" (STF, RE 82.976, Rel. Min. Carlos Velloso, *DJ* de 27-2-1998). No mesmo sentido: STF, AgI 482.886-AgRg, *DJ* de 1º-4-2005.
- **Competência do Município para proibir o estacionamento de veículos sobre calçadas, meios- -fios, passeios, canteiros e áreas ajardinadas, impondo multas aos infratores** — "CF/88, art. 30, I, que reflete exercício do poder de polícia do Município" (STF, RE 191.363-AgRg, Rel. Min. Carlos Velloso, *DJ* de 11-12-1998).
- **Lei municipal que proíbe a instalação de nova farmácia a menos de 500 m de estabelecimento da mesma natureza** — "Extremo a que não pode levar a competência municipal para o zoneamento da cidade, por redundar em reserva de mercado, ainda que relativa, e, consequentemente, em afronta aos princípios da livre concorrência, da defesa do consumidor e da liberdade do exercício das atividades econômicas, que informam o modelo de ordem econômica consagrado pela Carta da República (art. 170 e parágrafo, da CF)" (STF, RE 203.909, Rel. Min. Ilmar Galvão, *DJ* de 6-2-1998).
- **Fabricação e comércio de armas de fogo e munição** — "Longe fica de vulnerar a autonomia municipal, considerado o decreto do Chefe do Poder Executivo, decisão mediante a qual se glosa ato proibindo, em todo o território do município, a fabricação e comercialização de armas de fogo e munição" (STF, AgI 189.433-AgRg, Rel. Min. Marco Aurélio, *DJ* de 21-11-1997).

- Suplementar a legislação federal e a estadual no que couber.
    - **Proibição de questões de gênero em escolas por lei municipal** — "1. Violação à competência privativa da União para legislar sobre diretrizes e bases da educação nacional (CF/88, art. 22, XXIV), bem como à competência deste mesmo ente para estabelecer normas gerais em matéria de educação (CF/88, art. 24, IX). Inobservância dos limites da competência normativa suplementar municipal (CF/88, art. 30, II). 2. Supressão de domínio do saber do universo escolar. Desrespeito ao direito à educação com o alcance pleno e emancipatório que lhe confere a Constituição. Dever do Estado de assegurar um ensino plural, que prepare os indivíduos para a vida em sociedade. Violação à liberdade de ensinar e de aprender (CF/88, arts. 205, art. 206, II, III, V e art. 214). 3. Comprometimento do papel transformador da educação. Violação do direito de todos os indivíduos à igual consideração e respeito e perpetuação de estigmas (CF/88, art. 1º, III, e art. 5º). 4. Desrespeito ao princípio da proteção integral. Importância da educação para crianças, adolescentes e jovens, indivíduos especialmente vulneráveis, que podem desenvolver identidades de gênero divergentes do padrão culturalmente naturalizado. Dever do estado de mantê-los a salvo de toda forma de discriminação e opressão. (CF/88, art. 227). 5.

◆ Cap. 19 ◆ ORGANIZAÇÃO DO ESTADO BRASILEIRO

841

Plausibilidade do direito alegado e perigo na demora demonstrados. Cautelar deferida" (STF, ADPF 600/PR, Rel. Min. Roberto Barroso, j. 12-12-2019).

- Instituir e arrecadar os tributos de sua competência, bem como aplicar suas rendas, sem prejuízo da obrigatoriedade de prestar contas e publicar balancetes nos prazos fixados em lei.
- Criar, organizar e suprimir distritos, observada a legislação estadual.
- Organizar e prestar, diretamente ou sob regime de concessão ou permissão, os serviços públicos de interesse local, incluído o de transporte coletivo, que tem caráter essencial. Por força da Emenda Constitucional n. 39/2002, os Municípios podem instituir contribuição para custeio da iluminação pública. E, se respeitarem o disposto no art. 150, I e III, podem cobrar dita contribuição na fatura de consumo de energia elétrica.

> **Serviços funerários:** "Os serviços funerários constituem serviços municipais, dado que dizem respeito com necessidades imediatas do Município" (STF, ADIn 1.221, Rel. Min. Carlos Velloso, *DJ* de 31-10-2003).

- Manter, com a cooperação técnica e financeira da União e do Estado, programas de educação infantil e de ensino fundamental, nos termos da EC n. 53/2006, que mudou a terminologia *pré-escolar* pela expressão *infantil*, inserida no art. 30, VI, da Carta Maior.
- Prestar, com a cooperação técnica e financeira da União e do Estado, serviços de atendimento à saúde da população.
- Promover, no que couber, adequado ordenamento territorial, mediante planejamento e controle do uso, do parcelamento e da ocupação do solo urbano.

> **Alcance do art. 30, VIII, da CF:** "A criação, a organização e a supressão de distritos, da competência dos Municípios, faz-se com observância da legislação estadual (CF, art. 30, IV). Também a competência municipal, para promover, no que couber, adequado ordenamento territorial, mediante planejamento e controle do uso, do parcelamento e da ocupação do solo urbano — CF, art. 30, VIII — por relacionar-se com o direito urbanístico, está sujeita a normas federais e estaduais (CF, art. 24, I). As normas das entidades políticas diversas — União e Estado-membro — deverão, entretanto, ser gerais, em forma de diretrizes, sob pena de tornarem inócua a competência municipal, que constitui exercício de sua autonomia constitucional" (STF, ADIn 478, Rel. Min. Carlos Velloso, *DJ* de 28-2-1997).

- Promover a proteção do patrimônio histórico-cultural local, observada a legislação e a ação fiscalizadora federal e estadual.

Além dessas atribuições, também compete aos Municípios (CF, arts. 144, § 8º, e 182, § 1º):
- Manter, facultativamente, guardas municipais com vistas à proteção das instalações e dos serviços da municipalidade. Essa competência federativa, disposta no art. 144, § 8º, da Carta Magna, ampara-se no *princípio da predominância do interesse local.*
- Estabelecer um plano diretor. Aí está outra especial competência dos Municípios, disposta no art. 182, § 1º, do Texto de Outubro. Sua importância é considerável, pois a propriedade urbana cumpre sua função social na medida em que satisfaz as exigências de ordenação da cidade, contidas no plano diretor. Tal plano é obrigatório para as cidades com mais de vinte mil habitantes. A esse respeito, o Supremo Tribunal Federal concluiu, com base no princípio da autonomia municipal, que o art. 182 da Constituição não pode ser mudado pelas cartas estaduais, obrigando os Municípios com menos de vinte mil habitantes a terem plano diretor (STF, Pleno, ADIn 826-9/AP, Rel. Min. Sydney Sanches, *DJ*, 1, de 12-3-1999, p. 2. Nessa decisão, a Corte Excelsa considerou inconstitucional o art. 195, *caput*, da Carta do Estado do Amapá, que obrigava Municípios com mais de cinco mil habitantes a elaborar Plano Diretor).

842 ◆ Uadi Lammêgo Bulos ◆

◇ 10.7. Competência comum da União, Estados, Distrito Federal e Municípios

A competência comum dos entes políticos insere-se na técnica do *federalismo cooperativo*, pela qual cumpre às *leis complementares*, no plural, fixar normas para a cooperação entre a União e os Estados, o Distrito Federal e os Municípios, tendo em vista o equilíbrio do desenvolvimento e do bem-estar em âmbito nacional (CF, art. 23, parágrafo único, com redação dada pela EC n. 53/2006).

Com efeito, compete, paralelamente, à União, aos Estados, ao Distrito Federal e aos Municípios (CF, art. 23, I a XII):

- zelar pela guarda da Constituição, das leis e das instituições democráticas e conservar o patrimônio público;
- cuidar da saúde e assistência pública, da proteção e garantia das pessoas portadoras de deficiência;

> **Justiça Federal — Competência:** "Julgamento de agente público municipal por desvio de verbas repassadas pela União para realizar incumbência privativa da União — a eles delegada mediante convênio ou não — ou de interesse comum da União e da respectiva unidade federada, como ocorre em recursos destinados à assistência social (CF, art. 23, II e X)" (STF, RE 232.093, Rel. Min. Sepúlveda Pertence, *DJ* de 28-4-2000).

- proteger os documentos, as obras e outros bens de valor histórico, artístico e cultural, os monumentos, as paisagens naturais notáveis e os sítios arqueológicos;

> **Federação — Competência comum:** "Proteção do patrimônio comum, incluído o dos sítios de valor arqueológico (CF, arts. 23, III, e 216, V): encargo que não comporta demissão unilateral. Lei estadual que confere aos municípios em que se localizam a proteção, a guarda e a responsabilidade pelos sítios arqueológicos e seus acervos, no Estado, o que vale por excluir, a propósito de tais bens do patrimônio cultural brasileiro (CF, art. 216, V), o dever de proteção e guarda e a consequente responsabilidade não apenas do Estado, mas também da própria União, incluídas na competência comum dos entes da Federação, a qual substantivam incumbência de natureza qualificadamente irrenunciável" (STF, ADIn 2.544-MC, Rel. Min. Sepúlveda Pertence, *DJ* de 8-11-2002).

- impedir a evasão, a destruição e a descaracterização de obras de arte e de outros bens de valor histórico, artístico ou cultural;
- proporcionar os meios de acesso à cultura, à educação, à ciência, à tecnologia, à pesquisa e à inovação (Redação dada ao inciso V, do art. 23, da Constituição Federal, pela EC n. 85, de 26-2-2015);
- proteger o meio ambiente e combater a poluição em qualquer de suas formas;
- preservar as florestas, a fauna e a flora;
- fomentar a produção agropecuária e organizar o abastecimento alimentar;
- promover programas de construção de moradias e a melhoria das condições habitacionais e de saneamento básico;
- combater as causas da pobreza e os fatores de marginalização, promovendo a integração social dos setores desfavorecidos;
- registrar, acompanhar e fiscalizar as concessões de direitos de pesquisa e exploração de recursos hídricos e minerais em seus territórios;
- estabelecer e implantar política de educação para a segurança do trânsito.

> **Barreiras eletrônicas:** "A barreira eletrônica do tipo I (barreira destinada à redução de velocidade) é, sem dúvida, um dos meios de sinalização do trânsito, e, por isso, está contida na previsão, sobre barreiras, dos arts. 64, VII, e 75 do Regulamento do Código Nacional de Trânsito ainda em vigor, e, pelo seu sistema diverso das barreiras na forma de lombadas, serve subsidiariamente para complementar a atividade fiscalizadora dos agentes da autoridade do trânsito. Já a barreira eletrônica do tipo II (barreira eletrônica que não se destina à redução de velocidade, mas à fiscalização desta) visa apenas à fiscalização da velocidade estabelecida para a via pública onde ela está instalada, e é exclusivamente meio complementar da atividade fiscalizadora dos agentes da autoridade de

♦ Cap. 19 ♦ ORGANIZAÇÃO DO ESTADO BRASILEIRO **843**

trânsito; embora se prenda apenas ao exercício do poder de polícia — que nos Estados-Membros e no Distrito Federal compete às suas polícias —, sua disciplina, como meio de prova admissível para a autuação por infringência da legislação de trânsito, pelo menos num exame compatível com o da concessão de liminar, não é dos Estados-Membros ou do Distrito Federal, mas da União, razão por que o projeto do novo Código Nacional de Trânsito, submetido à sanção presidencial, dispôs, em seu artigo 280, § 2º (que se encontra na seção 'Da autuação' subordinada ao capítulo relativo ao processo administrativo): 'A infração deverá ser comprovada por declaração da autoridade ou do agente da autoridade de trânsito, por aparelho eletrônico ou por equipamento audiovisual, reações químicas ou qualquer outro meio tecnologicamente disponível, previamente regulamentado pelo CONTRAN'. Note-se, ademais, que norma dessa natureza não se enquadra, por sua finalidade de fiscalização repressiva, na competência comum da União, dos Estados, do Distrito Federal e dos Municípios para estabelecer e implantar política de educação para a segurança do trânsito (CF, art. 23, XII)" (STF, ADIn 1.592, Rel. Min. Moreira Alves, *DJ* de 9-5-2003).

Registre-se que a lista de atribuições cumulativas do art. 23 da Carta de 1988 é taxativa, e não exemplificativa.

Exemplo: diversões e espetáculos públicos devem ser regulamentados por lei federal (CF, art. 220, § 3º, I), pois não se incluem no rol de competências comuns da União, dos Estados, do Distrito Federal e dos Municípios.

Nesse sentido: STF, RE 169.247, Rel. Min. Néri da Silveira, *DJ* de 1º-8-2003.

✧ 10.8. Competência concorrente da União, Estados e Distrito Federal

Trilhando o caminho percorrido em 1919 pela Constituição de Weimar (art. 10), a nossa Carta Maior previu a competência legislativa concorrente para a União, os Estados e o Distrito Federal.

Assim, compete à União fixar *normas gerais*, cabendo aos Estados e ao Distrito Federal especificá-las à luz de suas peculiaridades.

Nesse sentido: "A Constituição do Brasil contemplou a técnica da competência legislativa concorrente entre a União, os Estados-membros e o Distrito Federal, cabendo à União estabelecer normas gerais e aos Estados-membros especificá-las. É inconstitucional lei estadual que amplia definição estabelecida por texto federal, em matéria de competência concorrente" (STF, ADIn 1.245, Rel. Min. Eros Grau, *DJ* de 26-8-2005).

Quer dizer, enquanto a União, no âmbito da competência concorrente, limita-se a estabelecer normas gerais (CF, art. 24, § 1º), os Estados e o Distrito elaboram leis específicas, voltadas para satisfazer os seus interesses regionais.

Precedente: STF, AgI 0149742-0/040/RJ, Rel. Min. Néri da Silveira, decisão de 20-3-1996.

Enfatize-se que a competência da União para editar normas gerais deve circunscrever-se a essa tarefa, sob pena de malsinar a Carta de 1988.

O mesmo se diga quanto aos Estados e ao Distrito Federal; ambos devem, apenas, particularizar os comandos oriundos das normas gerais, amoldando-os à realidade regional, mas sem subverter a ordem taxativa do art. 24 do Texto de 1988.

Aliás, a União não detém competência para delegar aos Estados e ao Distrito Federal as matérias delineadas no referido art. 24, visto que *novas atribuições* não podem ser criadas, sob pena de se burlar o ato constituinte originário.

Foi com base em tais premissas que o constituinte de 1988 estatuiu que compete à União, aos Estados e ao Distrito Federal legislar, concorrentemente, sobre:

* direito tributário, financeiro, penitenciário, econômico e urbanístico;

Matéria de índole financeira em constituições estaduais — Impossibilidade: "O inciso I inserido no art. 189, da Constituição de Rondônia, rege tema de índole financeira, matéria que está

844 ◆ Uadi Lammêgo Bulos ◆

reservada à legislação federal. Relevante a *quaestio juris* de inconstitucionalidade do dispositivo em face do art. 24, I e § 1º, da Constituição" (ADIn 2.124-MC, Rel. Min. Néri da Silveira, *DJ* de 31-10-2003).

- orçamento;
- juntas comerciais;

> **Juntas comerciais:** "Natureza própria ou delegada da competência dos Estados e do Distrito Federal para criar, organizar e manter juntas comerciais: jurisprudência anterior e inovação da CF 88 na disciplina da competência concorrente. Distrito Federal: competência constitucional: alteração" (STF, ADIn 804-MC, Rel. Min. Sepúlveda Pertence, *DJ* de 5-2-1993).

- custas dos serviços forenses;

> **Competência para legislar sobre custas e emolumentos:** "À União, ao Estado-Membro e ao Distrito Federal é conferida competência para legislar concorrentemente sobre custas dos serviços forenses, restringindo-se a competência da União, no âmbito dessa legislação concorrente, ao estabelecimento de normas gerais, certo que, inexistindo tais normas gerais, os Estados exercerão a competência legislativa plena, para atender a suas peculiaridades (CF, art. 24, IV, §§ 1º e 3º)" (STF, ADIn 1.624, Rel. Min. Carlos Velloso, *DJ* de 13-6-2003).

- produção e consumo;

> **Casuística do STF:**
> - **Normas gerais sobre produção e consumo** — a União detém competência legislativa concorrente para editar normas gerais referentes à produção e consumo, à proteção do meio ambiente e controle da poluição e defesa da saúde, nos termos do art. 24, V, VI e XII e §§ 1º e 2º da Constituição (STF, ADIn 2.396, Rel. Min. Ellen Gracie, *DJ* de 1º-8-2003).
> - **Lacres eletrônicos nos tanques dos postos de combustíveis** — "Competência concorrente que permite ao Estado regular de forma específica aquilo que a União houver regulado de forma geral" (STF, ADIn 2.334, Rel. Min. Gilmar Mendes, *DJ* de 30-5-2003).

- florestas, caça, pesca, fauna, conservação da natureza, defesa do solo e dos recursos naturais, proteção do meio ambiente e controle da poluição;

> **Casuística do STF:**
> - **Atividade potencialmente lesiva ao meio ambiente** — "Estudo prévio de impacto ambiental. Diante dos amplos termos do inc. IV do § 1º do art. 225 da Carta Federal, revela-se juridicamente relevante a tese de inconstitucionalidade da norma estadual que dispensa o estudo prévio de impacto ambiental no caso de áreas de florestamento ou reflorestamento para fins empresariais. Mesmo que se admitisse a possibilidade de tal restrição, a lei que poderia viabilizá-la estaria inserida na competência do legislador federal, já que a este cabe disciplinar, através de normas gerais, a conservação da natureza e a proteção do meio ambiente, não sendo possível, ademais, cogitar-se da competência legislativa a que se refere o § 3º do art. 24 da Carta Federal, já que esta busca suprir lacunas normativas para atender a peculiaridades locais, ausentes na espécie" (STF, ADIn 1.086-MC, Rel. Min. Ilmar Galvão, *DJ* de 16-9-1994).
> - **Proteção ambiental e controle de poluição** — "Legislação concorrente — União, Estados, Distrito Federal" (STF, AgI 147.111-AgRg, Rel. Min. Carlos Velloso, *DJ* de 13-8-1993).

- proteção ao patrimônio histórico, cultural, artístico, turístico e paisagístico;
- responsabilidade por dano ao meio ambiente, ao consumidor, a bens e direitos de valor artístico, estético, histórico, turístico e paisagístico;

> **Proteção do consumidor:** o Supremo Tribunal, por maioria, julgou improcedente pedido formulado em ação direta de inconstitucionalidade proposta pelo Governador do Distrito Federal contra lei distrital que tornava obrigatória a inclusão dos nomes e registros dos autores e responsáveis técnicos nas propagandas pertinentes à edificação e à comercialização de imóveis, realizados,

◆ Cap. 19 ◆ ORGANIZAÇÃO DO ESTADO BRASILEIRO 845

ou a realizar, no âmbito do Distrito Federal. Entendeu-se que a norma em questão visa o resguardo dos direitos dos consumidores, matéria de competência concorrente (CF, art. 24, VIII). Vencidos os Ministros Eros Grau e Joaquim Barbosa, que davam pela procedência do pedido, por vislumbrarem ofensa à competência privativa da União para legislar sobre condições para o exercício de profissões e propaganda comercial (CF, art. 22, XVI e XXIX) (STF, ADIn 3.590/DF, Rel. orig. Min. Eros Grau, Rel. p/ acórdão Min. Marco Aurélio, decisão de 15-2-2006).

- educação, cultura, ensino, desporto, ciência, tecnologia, pesquisa, desenvolvimento e inovação (Redação dada ao inciso IX, do art. 24, da Constituição Federal, pela EC n. 85, de 26-2-2015);

  Usurpação de competência legislativa da União Federal: "Os Estados-Membros e o Distrito Federal não podem, mediante legislação autônoma, agindo *ultra vires*, transgredir a legislação fundamental ou de princípios que a União Federal fez editar no desempenho legítimo de sua competência constitucional e de cujo exercício deriva o poder de fixar, validamente, diretrizes e bases gerais pertinentes a determinada matéria (educação e ensino, na espécie)" (STF, ADIn 2.667-MC, Rel. Min. Celso de Mello, *DJ* de 12-3-2004).

- criação, funcionamento e processo do juizado de pequenas causas;

  Amplitude do art. 24, X, da CF: "Dada a distinção conceitual entre os juizados especiais e os juizados de pequenas causas (STF, ADIn 1.127-MC, Rel. Min. Paulo Brossard, decisão de 28-9-1994) aos primeiros não se aplica o art. 24, X, da Constituição, que outorga competência concorrente ao Estado-Membro para legislar sobre o processo perante os últimos. Consequente inconstitucionalidade da lei estadual que, na ausência de lei federal a respeito, outorga competência penal a juizados especiais e lhe demarca o âmbito material" (STF, HC 75.308, Rel. Min. Sydney Sanches, *DJ* de 1º-6-2001).

- procedimentos em matéria processual;

  Casuística do STF:
  - **Inquérito civil é procedimento pré-processual** — "O inquérito civil é procedimento pré-processual que se insere na esfera do direito processual civil como procedimento, à semelhança do que sucede com relação ao inquérito policial em face do direito processual penal. Daí, a competência concorrente prevista no artigo 24, XI, da Constituição Federal. A independência funcional a que alude o artigo 127, § 1º, da Constituição Federal é do Ministério Público como instituição, e não dos Conselhos que a integram, em cada um dos quais, evidentemente, a legislação competente pode atribuir funções e competência, delimitando, assim, sua esfera de atuação" (STF, ADIn 1.285-MC, Rel. Min. Moreira Alves, *DJ* de 23-3-2001).
  - **Competência legislativa. Procedimento e processo** — "Descabe confundir a competência concorrente da União, Estados e Distrito Federal para legislar sobre procedimentos em matéria processual; artigo 24, inciso XI, com a privativa para legislar sobre direito processual, prevista no artigo 22, inciso I, ambos da Constituição Federal. Os Estados não têm competência para a criação de recurso, como é o de embargos de divergência contra decisão de turma recursal" (STF, AgI 253.518-AgRg, Rel. Min. Marco Aurélio, *DJ* de 30-10-1998).

- previdência social, proteção e defesa da saúde;
- assistência jurídica e defensoria pública;
- proteção e integração social das pessoas portadoras de deficiência;

  Casuística do STF:
  - **Transporte coletivo intermunicipal. Exigência de adaptação dos veículos** — "Matéria sujeita ao domínio da legislação concorrente. Possibilidade de o Estado-Membro exercer competência legislativa plena. Medida cautelar deferida por despacho. Referendo recusado pelo Plenário" (STF, ADIn 903-MC, Rel. Min. Celso de Mello, *DJ* de 24-10-1997).

846

- **Isenção fiscal beneficiando o restrito universo dos portadores de deficiência física** — "Prejuízo que não seria irreparável, quer por seu vulto, quer pela impossibilidade de futura recuperação" (STF, ADIn 429-MC, Rel. Min. Célio Borja, *DJ* de 19-2-1993).

- proteção à infância e à juventude;
- organização, garantias, direitos e deveres das polícias civis.

✧ 10.9. Competência suplementar dos Estados, do Distrito Federal e dos Municípios

A competência suplementar é um corolário da *repartição vertical de competências*. Por seu intermédio estabelece-se um *condomínio legislativo* entre a União, os Estados, o Distrito Federal e os Municípios.

Mediante esse *condomínio legislativo*, cumpre à União estabelecer *normas gerais*, aqui concebidas como *diretrizes essenciais de comportamento*, responsáveis pela convivência harmônica das entidades federativas. São as *rahmengesetz*, dos alemães; as *normas generales*, dos espanhóis; a *legge-cornice*, dos italianos; a *loi de cadre*, dos franceses. Recaem sobre as matérias que o constituinte considera imprescindíveis à federação. E, caso apresentem claros, vazios, cumpre aos Estados, ao Distrito Federal e aos Municípios supri-las, a fim de satisfazer suas peculiaridades e exigências locais.

As *normas gerais*, portanto, advêm da *técnica da legislação federal fundamental*.

Assim, caso a União não regulamente, por meio de *normas gerais*, as matérias do art. 24 do Texto Maior, os Estados, o Distrito Federal e os Municípios podem suprir tal inércia legislativa.

É que esses entes políticos receberam do constituinte *capacidade legislativa plena*, enquanto perdurar a ausência da lei federal reclamada para realizar seus interesses.

Mas a plenitude desse verdadeiro *poder supletivo*, capaz de colmatar vazios e cochilos do legislador federal, é *pro tempore*.

No momento que a União legisla, editando normas gerais, a capacidade legislativa *temporária* cessa imediatamente.

E, pelo Texto de 1988, a superveniência da lei federal sobre normas gerais suspende a eficácia da lei estadual, no que lhe for contrária (art. 24, § 4º).

Assim temos:

- **Competência suplementar dos Estados e do Distrito Federal** — a competência da União para legislar sobre normas gerais não exclui a competência suplementar dos Estados e, também, do Distrito Federal (CF, art. 24, § 2º). Dessa forma, na ausência de normatividade, eles podem exercer competência legislativa plena, para atender a suas peculiaridades (CF, art. 24, § 3º). Havendo *indeterminabilidade legislativa*, a própria Carta de 1988 admite que os Estados e o Distrito Federal legislem em causa própria, enquanto não sobrevier a legislação de caráter nacional. Existe, assim, um espaço aberto à livre atuação normativa dessas pessoas políticas de Direito Público Interno.

  Casuística do STF:
  - **Poder normativo temporário dos Estados-membros** — "A existência desse *vacum legis* não confere aos Estados-membros a possibilidade de exercerem, com base nas regras inscritas no art. 24, § 3º, da Constituição e no art. 34, § 3º, do ADCT/88, competência legislativa plena, eis que as recíprocas interferências que se estabelecerão, obrigatoriamente, entre o imposto de renda, sujeito a competência legislativa da União, e o adicional ao imposto de renda, incluído na esfera de competência impositiva dos Estados-Membros, reclamam a edição de lei complementar nacional que indique soluções normativas necessárias à superação de possíveis conflitos de competência entre essas entidades políticas" (STF, RE 149.955, Rel. Min. Celso de Mello, *DJ* de 3-9-1993).
  - **Custas dos serviços forenses** — "Matéria de competência concorrente da União e dos Estados (CF, art. 24, IV), donde restringir-se o âmbito da legislação federal ao estabelecimento de normas gerais, cuja omissão não inibe os Estados, enquanto perdure, de exercer competência plena a respeito (CF, art. 24, §§ 3º e 4º)" (STF, ADIn 1.926-MC, Rel. Min. Sepúlveda Pertence, *DJ* de

◆ Cap. 19 ◆ ORGANIZAÇÃO DO ESTADO BRASILEIRO **847**

10-9-1999). No mesmo sentido: STF, Pleno, ADIn 903-6-MC/MG, Rel. Min. Celso de Mello, *DJ*, 1, de 24-10-1997, p. 54155; STF, AgI 167.777, Rel. Min. Marco Aurélio, *DJ* de 9-5-1997.

* **Lei estadual que dispõe sobre adoção de material escolar e livros didáticos pelos estabelecimentos particulares de ensino** — "Os serviços de educação, seja os prestados pelo Estado, seja os prestados por particulares, configuram serviço público não privativo, podendo ser prestados pelo setor privado independentemente de concessão, permissão ou autorização. Tratando-se de serviço público, incumbe às entidades educacionais particulares, na sua prestação, rigorosamente acatar as normas gerais de educação nacional e as dispostas pelo Estado-Membro, no exercício de competência legislativa suplementar (CF, art. 24, § 2º)" (STF, ADIn 1.266, Rel. Min. Eros Grau, *DJ* de 23-9-2005).

* **Competência suplementar dos Municípios** — cabe aos Municípios suplementar a legislação federal e estadual, no que couber (CF, art. 30, II). Trata-se de uma novidade proveniente da Carta de 1988, inexistente na ordem jurídica pregressa. Agora, a municipalidade poderá suprir os vazios e omissões dos legisladores federal e estadual, inclusive quanto aos assuntos dispostos no art. 24. Dois são os requisitos para o exercício dessa especial tarefa de índole federativa: **(i)** acatamento aos modelos *federal* (Constituição da República) e *estadual* (textos constitucionais dos Estados-membros); **(ii)** rigorosa obediência ao princípio da predominância do interesse local. Deveras, apenas as necessidades imediatas do Município (*interesses locais*) sujeitam-se ao crivo da competência suplementar, ainda que a satisfação delas se projete nos planos dos Estados-membros (*interesse regional*) e até da União (*interesse federal*). Ora, o poder supletivo, conferido pela Carta de 1988 às municipalidades, não serve de reduto para desvios de competência ou invasões inconstitucionais de atribuições. Possui um destino certo e incontestável: impedir que a inércia legislativa da União prejudique a vida do Município, paralisando serviços imprescindíveis, tais como transporte coletivo, polícia das edificações, vigilância sanitária de restaurantes e similares, coleta de lixo, ordenação e uso do solo urbano, dentre outros temas que dizem respeito ao interesse *local*.

✦ 11. INTERVENÇÃO

Intervenção é a cessação excepcional da autonomia política dos Estados, Distrito Federal ou Municípios, com vistas ao restabelecimento do equilíbrio federativo.

Os traços capitais desse importante instituto da *Teoria Geral do Federalismo* são os seguintes:

* **Surgimento** — sua origem está na aprovação da Lei Hamilton, de 1791, pelo Congresso dos Estados Unidos. À época estabeleceram um imposto sobre o *whisky*, gerando revoltas e motins nas unidades federadas que tinham nessa bebida sua principal fonte de renda. Foi aí que o Legislativo Federal americano aprovou uma lei permitindo ao Presidente, apoiado pelo governo central, convocar milícias diante do caos que se havia instaurado para intervir nos Estados. A partir de então o instituto disseminou-se pelo mundo.

* **Previsão no Brasil** — entre nós, ela foi acolhida, primeiro, pela Constituição republicana de 1891 (art. 6º), mantendo-se nos demais textos constitucionais, nada obstante o tratamento parcimonioso que recebeu do constituinte de 1937 (art. 9º).

* **Natureza** — trata-se de medida excepcional, temporária, de natureza política, vertida num *punctum dolens*. Os atos interventivos, enquanto providências extremas, não podem ser praticados de modo aleatório, cerceando, de modo injustificado, as capacidades de auto-organização, autogoverno, autoadministração e autolegislação das entidades federadas. Como providência esporádica, de cunho acentuadamente político e assento constitucional, em seu seio alicerça-se um ato de governo, pelo qual ocorre a incursão da entidade interventora nos negócios da entidade que a suporta. A regra, pois, é a *não intervenção*.

* **Objetivos** — a *intervenção* objetiva: **(i)** proteger a estrutura federativa contra os abusos e os atos de prepotência dos Estados-membros, do Distrito Federal e dos Municípios, com vistas à estabilidade da ordem constitucional; **(ii)** preservar a unidade e a soberania do Estado Federal, visando

848

♦ Uadi Lammêgo Bulos ♦

a salvaguarda da autonomia dos entes políticos; e **(iii)** garantir o primado da rigidez constitucional.

> **Lição do Ministro Celso de Mello:** "O mecanismo de intervenção constitui instrumento essencial à viabilização do próprio sistema federativo, e, não obstante o *caráter excepcional de sua utilização — necessariamente limitada às hipóteses taxativamente definidas na Carta Política —*, mostra-se impregnado de múltiplas funções de ordem político-jurídica, destinadas: (a) a tornar efetiva a intangibilidade do vínculo federativo; (b) a fazer respeitar a integridade territorial das unidades federadas; (c) a promover a unidade do Estado Federal; e (d) a preservar a incolumidade dos princípios fundamentais proclamados pela Constituição da República" (STF, IF 591-9/BA, Rel. Min. (Presidente) Celso de Mello, *DJ*, 1, de 16-9-1998, p. 42).

- **Disciplina constitucional** — arts. 34 a 36 da Carta de 1988. A *intervenção* é um antídoto contra a ilegalidade, o *arbítrio*, a *autossuficiência* e o *abuso de poder* dos Estados, do Distrito Federal e dos Municípios. Seria inconcebível determinado Estado-membro, por ação ou omissão, comprometer a unidade nacional, invadindo, pelo uso da *vis compulsiva*, outra unidade componente do *vinculum foederis*, desfigurando-lhe a integridade nacional e embaraçando o livre exercício de qualquer dos Poderes federativos. Esse é o motivo de sua previsão constitucional, pois se ela busca resguardar o pacto federativo, afastando por certo tempo as prerrogativas totais ou parciais das pessoas políticas de Direito Público Interno, somente nas hipóteses taxativamente previstas no Texto Constitucional é que se viabiliza sua decretação. Apenas fatos de iniludível gravidade justificam essa medida extrema, que funciona como uma espécie de *camisa de força*, supressora, por certo período, do exercício incondicionado da autonomia das entidades federadas.

- **Modalidades** — a intervenção pode ser *federal* (se a União intervir nos Estados ou no Distrito Federal) e *estadual* (se os Estados-membros intervierem nos Municípios). Assim, vigoram duas regras: **(i)** *regra da intervenção federal* — só a União pode intervir nos Estados e no Distrito Federal, por meio de decreto do Presidente da República (CF, art. 84, X); e **(ii)** *regra da intervenção estadual* — apenas os Estados podem intervir nos Municípios, mediante ato do governador estadual. Assim, não compete à União intervir diretamente nos Municípios, pois o único legitimado para assim proceder é o Estado-membro, como reconheceu o Supremo Tribunal Federal. Em qualquer uma dessas modalidades, a *intervenção* sempre será um ato político, exclusivo, e, a depender da hipótese, discricionário ou vinculado, praticado pelo Chefe do Poder Executivo Federal (Presidente da República) ou estadual (governador do Estado). E, como medida de cunho *excepcional*, somente pode ser decretada com base nos arts. 34 a 35 da Constituição de 1988, preceitos que permitem, respectivamente, a intervenção do ente administrativo de *maior amplitude* no ente de menor espectro (União, nos Estados e Distrito Federal; e Estados, nos Municípios).

> **Nesse sentido:** "Impossibilidade de decretação de intervenção federal em Município localizado em Estado-membro. Os Municípios situados no âmbito dos Estados-Membros não se expõem à possibilidade constitucional de sofrerem intervenção decretada pela União Federal, eis que, relativamente a esses entes municipais, a única pessoa política ativamente legitimada a neles intervir é o Estado-membro. Magistério da doutrina. Por isso mesmo, no sistema constitucional brasileiro, falece legitimidade ativa à União Federal para intervir em quaisquer Municípios, ressalvados, unicamente, os Municípios 'localizados em território federal' (CF, art. 35, *caput*)" (STF, IF 590-QO, Rel. Min. Celso de Mello, *DJ* de 9-10-1998).

- **Municípios em Territórios Federais** — caso venham a ser criados Territórios Federais, que atualmente inexistem no Brasil, os Municípios neles inseridos só podem sofrer intervenção *federal*, por parte da União. Cumpre ao Presidente da República expedir o decreto interventivo, submetendo-o à apreciação do Congresso Nacional, no prazo de vinte e quatro horas, devendo ser convocado, extraordinariamente, em igual prazo, se estiver em recesso. Se for o caso, o decreto executivo deverá nomear um *interventor*, que deverá prestar contas de sua administração ao Presidente da República e ao Tribunal de Contas da União.

♦ Cap. 19 ♦ ORGANIZAÇÃO DO ESTADO BRASILEIRO **849**

✧ 11.1. Intervenção da União nos Estados, no Distrito Federal ou nos Municípios situados em Territórios Federais

Temos a *intervenção federal* quando a União intervém nos Estados, no Distrito Federal ou nos Municípios situados em Territórios Federais (CF, arts. 34 e 35).

Nessa hipótese, a intervenção federal pode ser:

* **Intervenção federal espontânea** — o Presidente da República age de ofício, decretando o ato interventivo para proteger a *unidade nacional,* a *ordem pública* e as *finanças* dos Estados, do Distrito Federal ou dos Municípios localizados em Territórios Federais (CF, art. 34, I, II, III e V). Na *intervenção espontânea,* o Presidente da República somente verifica os pressupostos para a sua decretação (CF, art. 34, I, II, III e V), ouve os Conselhos da República e de Defesa Nacional (CF, arts. 90, I, e 91, § 1º, II), podendo decretá-la, de modo *discricionário.*

* **Intervenção federal provocada por solicitação** — é decretada para garantir o livre exercício das funções executiva e legislativa, quando coação ou impedimento recaírem sobre elas. Nesse caso, para o Presidente da República decretar a intervenção, é necessário que os Poderes Executivo e Legislativo coactos ou impedidos a *solicitem* (CF, art. 34, IV, c/c o art. 36, I, 1ª parte). Cumpre asseverar que, na *intervenção federal provocada por solicitação,* o Presidente da República é o árbitro da conveniência e oportunidade de decretar o ato interventivo. Ele não está obrigado a intervir, pois age *discricionariamente.*

  > **Precedente do STF:** "O Presidente da República, nesse particular contexto, ao lançar mão da extraordinária prerrogativa que lhe defere a ordem constitucional, age mediante estrita avaliação discricionária da situação que se lhe apresenta, que se submete ao seu exclusivo juízo político, e que se revela, por isso mesmo, insuscetível de subordinação à vontade do Poder Judiciário, ou de qualquer outra instituição estatal. Inexistindo, desse modo, direito do Estado impetrante à decretação, pelo chefe do Poder Executivo da União, de intervenção federal, não se pode inferir, da abstenção presidencial quanto à concretização dessa medida, qualquer situação de lesão jurídica passível de correção pela via do mandado de segurança" (STF, MS 21.041, Rel. Min. Celso de Mello, *DJ* de 13-3-1992).

* **Intervenção federal provocada por requisição** — é decretada pelo Presidente da República, que se limita a suspender a execução do ato impugnado, estabelecendo a duração e os parâmetros da medida interventiva. Essa espécie de *intervenção* inadmite controle político por parte do Congresso Nacional, podendo ser requisitada: **(i)** pelo STF, nas hipóteses de garantia do próprio Poder Judiciário (CF, art. 34, IV, c/c o art. 36, I, 2ª parte); ou **(ii)** pelo STF, STJ ou TSE, para preservar a autoridade das ordens e decisões judiciais (CF, art. 34, VI, 2ª parte, c/c o art. 36, II). Na *intervenção por requisição,* o Presidente da República age de modo *vinculado,* ou seja, deverá, necessariamente, decretar o ato interventivo, exceto se for caso de suspensão da executoriedade do ato impugnado (CF, art. 36, § 3º). Desse modo, o Presidente da República simplesmente acata o resultado do veredito da Corte Excelsa, autorizando o ato interventivo.

* **Intervenção federal por provimento de representação** — havendo recusa à execução de lei federal, o Procurador-Geral da República poderá formular representação, no Supremo Tribunal Federal, pleiteando o ato interventivo (CF, art. 34, VI, 1ª parte, c/c o art. 36, III, com redação dada pela EC n. 45/2004). Mas o Procurador-Geral da República também pode ajuizar ação direta de inconstitucionalidade interventiva, perante o Supremo Tribunal Federal, com o objetivo de assegurar a primazia dos princípios sensíveis da Constituição (CF, art. 34, VII, c/c o art. 36, III, com redação dada pela EC n. 45/2004).

a) Pressupostos materiais da intervenção federal (CF, art. 34, I a VII)

Os *pressupostos materiais, substanciais, de fundo* ou *de conteúdo* para a decretação da intervenção federal encontram-se taxativamente previstos no art. 34 da Carta de Outubro.

Conforme esse dispositivo, a União, excepcionalmente, só poderá intervir nos Estados e no Distrito Federal para:

850 ◆ Uadi Lammêgo Bulos ◆

- **Manter a integridade nacional** — no Brasil, é vedado o direito de secessão, haja vista a indissolubilidade do vínculo federativo (CF, art. 1º, *caput*). Logo, o Presidente da República poderá decretar a intervenção *ex jure proprio*, por meio de ato discricionário (art. 84, XIII). Sua omissão gera crime de responsabilidade (art. 85, I).
- **Repelir invasão estrangeira ou de uma unidade da federação em outra** — competirá ao Presidente da República tomar a iniciativa de praticar atos interventivos, se ocorrer: **(i)** invasão estrangeira; ou **(ii)** invasão de uma unidade em outra. Tais medidas não têm caráter punitivo. Buscam, apenas, repelir fatos que coloquem em risco o equilíbrio da federação. Na primeira hipótese, cumpre ao Chefe do Executivo *intervir*. Aqui não se exige que a entidade invadida solicite a *intervenção*, mesmo porque se trata de uma tarefa que diz respeito ao Estado Federal como um todo, cumprindo ao comandante supremo das Forças Armadas — o Presidente da República — defender o território nacional contra forças militares hostis. A segunda situação, por sua vez, procura findar a agressão praticada por uma entidade política em outra. Tudo que se disse em relação à hipótese anterior aplica-se a esta. Enfatize-se que cabe intervenção federal tanto no ente invasor como no invadido, desde que tal prática colime assegurar a unidade nacional. Na vigência da Constituição de 1946 não era possível devido à restrição contida no art. 9º, § 2º. O constituinte de 1988, contudo, não trouxe qualquer objeção a esse respeito.

  > **Preservação do pacto federativo:** "A ofensa à esfera de autonomia jurídica de qualquer Estado-Membro, por outra unidade regional da federação, vulnera a harmonia que necessariamente deve imperar nas relações político-institucionais entre as pessoas estatais integrantes do pacto Federal. A gravidade desse quadro assume tamanha magnitude que se revela apta a justificar, até mesmo, a própria decretação de intervenção federal, para o efeito de preservar a intangibilidade do vínculo federativo e de manter incólumes a unidade do Estado Federal e a integridade territorial das unidades federadas" (STF, Pet. 584-MC, Rel. Min. Celso de Mello, *DJ* de 5-6-1992).

- **Pôr termo a grave comprometimento da ordem pública** — sujeitam-se a ato interventivo as ações comprometedoras da paz e da legalidade, em que os cidadãos desobedecem, sem constrangimento, o poder exercido pelas autoridades competentes.
- **Garantir o livre exercício dos Poderes Executivo, Legislativo e Judiciário** — aqui a ação do Presidente da República condiciona-se a uma deliberação do Poder Executivo ou do Poder Legislativo coacto ou impedido, ou à requisição do Supremo Tribunal Federal, se a obstrução for exercida contra o Judiciário.
- **Reorganizar as finanças da unidade da federação que: (i)** suspender o pagamento da dívida fundada por mais de dois anos consecutivos, salvo motivo de força maior; ou **(ii)** deixar de entregar aos Municípios receitas tributárias fixadas na Constituição, dentro dos prazos estabelecidos em lei. Eis a controvertida *dívida fundada*, requisito material de intervenção que vigora entre nós desde a Reforma de 1926 à Carta de 1891. Mas que é *dívida fundada*? Pelo art. 98 da Lei n. 4.320/67, é a que "compreende os compromissos de exigibilidade superior a doze meses, contraídos para atender a desequilíbrio orçamentário ou financeiro de obras e serviços públicos". Esse conceito é insatisfatório. Não é o prazo de doze meses que qualifica a dívida como *fundada*. Uma operação de crédito por antecipação da receita, típica hipótese de *dívida flutuante*, pode eventualmente ultrapassar o prazo de doze meses, sem se caracterizar *dívida fundada*. Em contrapartida, qualquer obrigação, seja qual for o prazo, desde que não constituída para atender a insuficiências de caixa, é *dívida fundada*. Na verdade, *dívida fundada* é a que corresponde a um investimento de capital, a um incremento do patrimônio público, trazendo saldo positivo para o Estado, ou, pelo menos, equilibrando a quantia que fica o Estado devendo e o benefício que ela produz ou propicia.
- **Prover a execução de lei federal, ordem ou decisão judicial** — desde a Assembleia Constituinte de 1946 que se chegou à conclusão de que a intervenção, para a execução de lei federal, só é válida quando não couber solução judiciária para o caso. Se o governo estadual ou distrital descumprir ordem ou decisão judicial, configurar-se-á o pressuposto material em tela. A justificativa para isso prende-se a um princípio fundamental do Estado Democrático de Direito: o primado do Poder Judiciário na solução de litígios.

◆ Cap. 19 ◆ ORGANIZAÇÃO DO ESTADO BRASILEIRO   851

Casuística do STF:

- **Natureza do procedimento relativo ao descumprimento de ordem judicial** — "O procedimento destinado a viabilizar, nas hipóteses de descumprimento de ordem ou de sentenças judiciais (CF, art. 34, VI e art. 35, IV), a efetivação do ato de intervenção — trate-se de intervenção federal nos Estados-membros, cuide-se de intervenção estadual nos Municípios — reveste-se de caráter político-administrativo, muito embora instaurado perante órgão competente do Poder Judiciário (CF, art. 36, II e art. 35, IV)" (STF, AgI 343.461-AgRg, Rel. Min. Celso de Mello, *DJ* de 29-11-2002). No mesmo sentido: STF, Pet. 1.256, Rel. Min. Sepúlveda Pertence, *DJ* de 4-5-2001).

- **Precatórios judiciais e senso de proporcionalidade** — "Não configuração de atuação dolosa e deliberada do Estado de São Paulo com finalidade de não pagamento. Estado sujeito a quadro de múltiplas obrigações de idêntica hierarquia. Necessidade de garantir eficácia a outras normas constitucionais, como, por exemplo, a continuidade de prestação de serviços públicos. A intervenção, como medida extrema, deve atender à máxima da proporcionalidade. Adoção da chamada relação de precedência condicionada entre princípios constitucionais concorrentes" (STF, IF 298, Rel. Min. Gilmar Mendes, *DJ* de 27-2-2004).

- **Intervenção. Precatório. Inobservância. Dificuldades financeiras** — "Possíveis dificuldades financeiras não são de molde a afastar a intervenção decorrente do descumprimento de ordem judicial" (STF, AgI 246.272-AgRg, Rel. Min. Marco Aurélio, *DJ* de 4-8-2000).

- **Dever de cumprimento de ordens judiciais:** "O dever de cumprir as decisões emanadas do Poder Judiciário, notadamente nos casos em que a condenação judicial tem por destinatário o próprio poder público, muito mais do que simples incumbência de ordem processual, representa uma incontornável obrigação institucional a que não se pode subtrair o aparelho de Estado, sob pena de grave comprometimento dos princípios consagrados no texto da Constituição da República. A desobediência a ordem ou a decisão judicial pode gerar, em nosso sistema jurídico, gravíssimas consequências, quer no plano penal, quer no âmbito político-administrativo (possibilidade de *impeachment*), quer, ainda, na esfera institucional (decretabilidade de intervenção federal nos Estados-Membros ou em Municípios situados em território Federal, ou de intervenção estadual nos Municípios)" (STF, IF 590-QO, Rel. Min. Celso de Mello, *DJ* de 9-10-1998).

- **Assegurar a observância dos princípios constitucionais sensíveis** — tais princípios equivalem: **(i)** à forma republicana, sistema representativo e regime democrático; **(ii)** aos direitos da pessoa humana; **(iii)** à autonomia municipal; **(iv)** à prestação de contas da Administração Pública, direta e indireta; e **(v)** à aplicação do mínimo exigido da receita resultante de impostos estaduais, compreendida a proveniente de transferências, na manutenção e desenvolvimento do ensino e nas ações e serviços públicos de saúde.

    Precedente do STF: "Representação do Procurador-Geral da República pleiteando intervenção federal no Estado de Mato Grosso, para assegurar a observância dos *direitos da pessoa humana*, em face de fato criminoso praticado com extrema crueldade a indicar a inexistência de *condição mínima*, no Estado, *para assegurar o respeito ao primordial direito da pessoa humana, que é o direito à vida*. Representação que merece conhecida, por seu fundamento: alegação de inobservância pelo Estado-Membro do princípio constitucional sensível previsto no art. 34, VII, *b*, da Constituição de 1988, quanto aos *direitos da pessoa humana*. Hipótese em que estão em causa *direitos da pessoa humana*, em sua compreensão mais ampla, revelando-se impotentes as autoridades policiais locais para manter a segurança de três presos que acabaram subtraídos de sua proteção, por populares revoltados pelo crime que lhes era imputado, sendo mortos com requintes de crueldade. Intervenção federal e restrição à autonomia do Estado-Membro. Princípio federativo. Excepcionalidade da medida interventiva. No caso concreto, o Estado de Mato Grosso, segundo as informações, está procedendo à apuração do crime. Instaurou-se, de imediato, inquérito policial, cujos autos foram encaminhados à autoridade judiciária estadual competente que os devolveu, a pedido do delegado de polícia, para o prosseguimento das diligências e averiguações. Embora a extrema gravidade dos fatos e o repúdio que sempre merecem atos de violência e crueldade, não se trata, porém, de situação concreta que, por si só, possa configurar causa bastante a decretar-se intervenção federal no Estado, tendo em conta, também, as providências já adotadas pelas autoridades locais para a apuração do ilícito. Hipótese em que não é, por igual, de

852 ◆ Uadi Lammêgo Bulos ◆

determinar-se intervenha a polícia Federal, na apuração dos fatos, em substituição à polícia civil de Mato Grosso. Autonomia do Estado-Membro na organização dos serviços de Justiça e segurança, de sua competência (CF, arts. 25, § 1º; 125 e 144, § 4º)" (STF, IF 114, Rel. Min. Néri da Silveira, *DJ* de 27-9-1996).

b) Pressupostos formais da intervenção federal (CF, art. 36, I a III)
A decretação da intervenção federal deve satisfazer os seguintes pressupostos formais:

- **no caso do art. 34, IV** — para o ato interventivo ser decretado com base nesse preceptivo é preciso que haja solicitação do Poder Legislativo ou do Poder Executivo coacto ou impedido, ou requisição do Supremo Tribunal Federal, se a coação for exercida contra o Poder Judiciário;

  Precedente do STF: "Intervenção federal, por suposto descumprimento de decisão de Tribunal de Justiça. Não se pode ter, como invasiva da competência do Supremo Tribunal, a decisão de Corte estadual, que, no exercício de sua exclusiva atribuição, indefere o encaminhamento do pedido de intervenção" (STF, Recl. 464, Rel. Min. Octavio Gallotti, *DJ* de 24-2-1995).

- **no caso de desobediência a ordem ou decisão judiciária** — para o ato interventivo ser decretado nessa hipótese deve haver requisição do Supremo Tribunal Federal, do Superior Tribunal de Justiça ou do Tribunal Superior Eleitoral; e

  Casuística do STF:
  - **Alcance do art. 36, II, da CF** — "Artigo 36, II, da Constituição Federal. Define-se a competência pela matéria, cumprindo ao Supremo Tribunal Federal o julgamento quando o ato inobservado lastreia-se na Constituição Federal; ao Superior Tribunal de Justiça quando envolvida matéria legal e ao Tribunal Superior Eleitoral em se tratando de matéria de índole eleitoral" (STF, IF 2.792, Rel. Min. Marco Aurélio, *DJ* de 1º-8-2003).
  - **Intervenção federal. Legitimidade ativa para o pedido** — "Interpretação do inciso II do art. 36 da Constituição Federal de 1988, e dos artigos 19, II e III, da Lei n. 8.038, de 28-05-1990, e 350, II e III, do RISTF. A parte interessada na causa somente pode se dirigir ao Supremo Tribunal Federal, com pedido de intervenção federal, para prover a execução de decisão da própria Corte. Quando se trate de decisão de Tribunal de Justiça, o requerimento de intervenção deve ser dirigido ao respectivo Presidente, a quem incumbe, se for o caso, encaminhá-lo ao Supremo Tribunal Federal. Pedido não conhecido, por ilegitimidade ativa dos requerentes" (STF, IF 105-QO, Rel. Min. Sydney Sanches, *DJ* de 4-9-1992).

- **em caso de provimento pelo Supremo Tribunal Federal** — a Corte Excelsa acolhe representação do Procurador-Geral da República, na hipótese do art. 34, VII, e no caso de recusa à execução de lei federal, autorizando o ato interventivo. Registre-se, nesse item, a presença da Emenda Constitucional n. 45/2004 (reforma do Judiciário). Ela permitiu que o provimento do Pretório Excelso englobasse o caso de recusa à executoriedade de lei federal. Antes, tal competência pertencia ao Superior Tribunal de Justiça.

c) Procedimento da intervenção federal
O procedimento para a União intervir na autonomia política dos Estados ou Distrito Federal engloba as seguintes fases: **(i)** inicial; **(ii)** judicial; **(iii)** decretação interventiva; e **(iv)** controle político e jurisdicional.

c.1) Fase inicial
Na etapa introdutória do procedimento interventivo, entram em cena os legitimados para deflagrar a intervenção federal.
São eles:
- **Presidente da República (CF, art. 34, I, II, III e V)** — o Chefe do Executivo pode tomar a iniciativa, de ofício, para decretar a intervenção da União nos Estados ou no Distrito Federal.

◆ Cap. 19 ◆ ORGANIZAÇÃO DO ESTADO BRASILEIRO **853**

- **Poderes Públicos locais (CF, art. 34, IV)** — os Poderes Legislativo, Executivo e Judiciário locais podem solicitar a decretação do ato interventivo. No âmbito legislativo, os Estados, pela Assembleia Legislativa, e o Distrito Federal, por meio da Câmara Legislativa, podem pleitear ao Presidente da República intervenção para assegurar o exercício regular de suas atividades. Na esfera executiva, o governador do Estado ou do Distrito Federal também detêm competência para fazer esse pedido. Já no campo do Judiciário local, a solicitação deverá partir do Tribunal de Justiça, que a encaminhará ao Supremo Tribunal Federal. Este, se entender necessário, requisitará a participação do Presidente da República. Cumpre observar que apenas o Tribunal de Justiça é parte legítima para enviar ao Supremo o pedido de intervenção pelo descumprimento de suas próprias decisões locais. Assim, o requerimento interventivo com base no desrespeito às sentenças do Tribunal de Justiça deve ser remetido ao respectivo Presidente da Corte local, a quem incumbe, se for o caso, encaminhar ao Supremo Tribunal Federal o pedido de intervenção. Esse encaminhamento deve ser, necessariamente, fundamentado, do contrário afigurar-se-á nulo.

  > **Precedente do STF:** "O pedido de requisição de intervenção dirigida pelo Presidente do Tribunal ao STF há de ter motivação quanto à procedência e também com a necessidade da intervenção" (STF, IF 230, Rel. Min. Sepúlveda Pertence, *DJ* de 1º-7-1996).

- **STF, STJ ou TSE (CF, art. 34, VI, 2ª parte)** — havendo desobediência a ordem ou decisão judiciária, compete, exclusivamente, ao Supremo Tribunal Federal requisitar intervenção da União nos Estados ou no Distrito Federal para garantir a execução de sentenças das Justiças Federal, Estadual, do Trabalho ou Militar, mesmo que se fundarem em Direito Infraconstitucional. O Superior Tribunal de Justiça e o Tribunal Superior Eleitoral também podem requisitar, diretamente, ao Presidente da República, a concretização de ato interventivo para assegurar o respeito de suas próprias decisões.

- **Procurador-Geral da República (CF, art. 34, VI e VII)** — incumbe ao Procurador- -Geral da República ajuizar a *ação de executoriedade de lei federal* e a *ação direta de inconstitucionalidade interventiva*. Ambas devem ser dirigidas ao Supremo Tribunal Federal.

c.2) Fase judicial

Na fase judicial, o Supremo Tribunal Federal se manifesta a respeito da *ação de executoriedade de lei federal* ou da *ação direta de inconstitucionalidade interventiva*, que o Procurador-Geral da República lhe enviou para processo e julgamento.

Assim, a fase judicial apenas incide nas hipóteses prescritas no art. 34, VI e VII, da Carta Maior.

Se o Supremo julgar quaisquer dessas *ações* procedentes, a matéria é remetida ao Presidente da República, para elaboração do *decreto interventivo*.

c.3) Fase do decreto interventivo

Na etapa do *decreto interventivo* formaliza-se, definitivamente, a intervenção.

Uma vez publicado, sua eficácia é imediata, legitimando, assim, a medida interventiva (CF, art. 84, X).

Sobre essa fase, devemos saber:

- **Competência para decretar e executar a intervenção** — por ser indelegável, a competência para decretar e executar a intervenção é *exclusiva* do Presidente da República. Registre-se, a propósito, o equívoco da Carta de 1988, que incluiu tal atribuição na lista de atividades privativas do Chefe do Executivo Federal (art. 84, X).

- **Abrangência do decreto interventivo** — o Texto Magno apenas disse que o decreto interventivo deve estipular a amplitude, o prazo e as condições de sua execução (art. 36, § 1º). Na realidade, é impossível mensurar a sua abrangência, pois ele se reveste de uma providência excepcional, política e temporária. Sujeita-se à contingência do fato social cambiante, que varia ao sabor de cada momento histórico. Sua amplitude só pode ser avaliada pelo exame das lesões institucionais sofridas pelo Estado Federal.

- **A figura do interventor** — o decreto interventivo poderá nomear um *interventor*, cujo nome há de ser submetido à apreciação do Congresso Nacional ou da Assembleia Legislativa, no prazo de vinte e quatro horas, afastando as autoridades envolvidas. Caso as Casas Parlamentares não estejam funcionando, far-se-á convocação extraordinária, também no período de vinte e quatro horas (CF, art. 36, §§ 1º e 2º). Escolhido pelo Presidente da República, o *interventor* nada mais é do que um elevado servidor público federal, cujas funções *federais* devem constar no *decreto interventivo*. Incumbe-lhe praticar atos de governo, seguindo as instruções que receber da autoridade interventora. No exercício de suas tarefas, deve dar continuidade à administração da unidade federativa intervinda. Caso prejudique terceiros, a responsabilidade civil pelos danos causados será da União, se ele estiver no exercício de atividade *federal* (CF, art. 37, § 6º), ou do Estado ou Distrito Federal, caso esteja desempenhando atribuição regular da Administração estadual ou distrital.
- **Cessação do decreto interventivo** — concluída a intervenção, uma vez que cessados os motivos por que foi decretada, findam-se os efeitos do decreto interventivo, com o restabelecimento da normalidade constitucional. As autoridades afastadas de seus cargos a eles voltarão, salvo se estiverem impedidas de voltar às suas funções. Incluem-se aí os casos de término de mandato, de perda ou suspensão de direitos políticos, de morte do titular, quando devem reassumir seus respectivos sucessores, a exemplo de vice-governadores ou presidentes de Assembleias Legislativas (CF, art. 36, § 4º).

c.4) Fase do controle político e jurisdicional

Vimos que a intervenção federal é um ato político, temporário e excepcional.

E, para garantir a sua excepcionalidade, a Carta de 1988 permitiu ao Congresso Nacional, mediante seus deputados e senadores, exercer o *controle político do decreto interventivo*, no prazo de vinte e quatro horas.

Assim, os congressistas, por meio de decreto legislativo, podem aprovar ou rejeitar a medida extrema (CF, art. 49, IV).

Rejeitando-a, resta ao Presidente da República cessar a ordem de intervenção, sob pena de crime de responsabilidade (CF, art. 85, II).

Como vemos, a regra geral é o Congresso Nacional realizar o controle político do decreto de intervenção. Excepcionalmente, contudo, dispensa-se a apreciação do Congresso Nacional nas intervenções decretadas para:

- prover a execução de lei federal, ordem ou decisão judicial (CF, art. 34, VI);
- garantir a primazia dos princípios sensíveis (CF, art. 34, VII); ou
- preservar vetores constitucionais dos Estados e do Distrito Federal (CF, art. 35, IV).

O controle do decreto interventivo, contudo, só pode ser dispensado se for suficiente para suspender a executoriedade do ato impugnado, restabelecendo a normalidade constitucional (CF, art. 36, § 3º).

O controle político da intervenção federal é uma garantia para o Estado Democrático de Direito.

Se, por um lado, o Congresso Nacional deve respeitar o princípio da separação de Poderes, por outro cumpre-lhe, no exercício da competência exclusiva que o art. 49, IV, lhe outorgou, rechaçar eventuais desvios de finalidade no ato decretatório de intervenções federais, suspendendo-o a qualquer tempo.

E o Poder Judiciário, em especial o Supremo Tribunal Federal, poderá exercitar controle jurisdicional de decretos presidenciais interventivos?

Depende.

Em se tratando da *conveniência* ou *inconveniência*, da *oportunidade* ou *inoportunidade* da decretação do ato interventivo, parece-nos que o Judiciário, principalmente o Pretório Excelso, não pode realizar a fiscalização da medida extrema. Trata-se de providência política, e, por isso, submetida ao respeito recíproco que emana do sistema de freios e contrapesos constitucionais (CF, art. 2º).

◆ Cap. 19 ◆ ORGANIZAÇÃO DO ESTADO BRASILEIRO   855

Porém, havendo infringência à Carta de 1988, com nítido desrespeito às suas balizas-mestras, evidente que será *indispensável* o controle jurisdicional da intervenção, destacando-se, nesse particular, o papel proeminente do Supremo Tribunal Federal.

Exemplo: intervenções que dependam de solicitação do poder coacto ou de requisição dos tribunais somente podem ser decretadas com base nos pressupostos materiais e formais, previstos no Texto de 1988, sob pena de ferir o Texto Maior, dando azo ao controle do Supremo Tribunal Federal.

Outro exemplo: atos praticados por interventores, em nítido desrespeito à Constituição da República, também se submetem à fiscalização jurisdicional.

✧ 11.2. Intervenção estadual nos Municípios

Quando os Estados-membros intervêm nos Municípios, estamos diante da ***intervenção estadual*** (CF, art. 35).

> **Súmula 637 do STF:** "Não cabe recurso extraordinário contra acórdão de Tribunal de Justiça que defere pedido de intervenção estadual em Município".

Tudo que acabamos de dizer sobre a intervenção federal da União nos Estados-membros, no Distrito Federal e nos Municípios situados em Territórios Federais aplica-se, *mutatis mutandis*, aqui.

Logo, a intervenção estadual nos Municípios é um ato *excepcionalíssimo*, *político* e *temporário*, que afasta a autonomia do Município, para restabelecer a normalidade constitucional.

> **Direito à ampla defesa e intervenção do Estado no Município:** "Não se trata de imposição de pena em sentido próprio ao Prefeito. Privado do exercício das funções de Prefeito, esse afastamento, embora provisório, há de ser precedido da garantia de defesa ao prefeito, acusado de irregularidades" (STF, RE 106.293, Rel. Min. Néri da Silveira, *DJ* de 28-2-1992).

É decretada com base nas hipóteses taxativamente previstas na Constituição da República (art. 35, I a IV), sendo inadmissível qualquer alargamento desses pressupostos por parte do legislador constituinte estadual.

> **Nesse sentido:** STF, Pleno, ADIn 558/RJ, Rel. Min. Sepúlveda Pertence, *DJ*, 1, de 26-3-1993, p. 5001. **Incompetência do Tribunal de Contas para decretar intervenção estadual:** "É inconstitucional a atribuição conferida, pela Constituição do Pará, art. 85, I, ao Tribunal de Contas dos Municípios, para requerer ao Governador do Estado a intervenção em Município. Caso em que o Tribunal de Contas age como auxiliar do legislativo municipal, a este cabendo formular a representação, se não rejeitar, por decisão de dois terços dos seus membros, o parecer prévio emitido pelo Tribunal (CF, art. 31, § 2º)" (STF, ADIn 2.631, Rel. Min. Carlos Velloso, *DJ* de 8-8-2003). No mesmo sentido: STF, ADIn 614-MC, Rel. Min. Ilmar Galvão, *DJ* de 18-5-2001; STF, ADIn 1.000-MC, Rel. Min. Moreira Alves, *DJ* de 22-4-1994.

Como ato de natureza política, apenas pode ser decretada pelo governador, e, na hipótese do art. 35, IV, depende que o Tribunal de Justiça a julgue procedente.

Cumpre ao governador especificar a amplitude, o prazo e as condições para o ato interventivo ser executado, e, quando couber, nomeará *interventor*, afastando as autoridades envolvidas.

O *interventor* substituirá o prefeito. Cumpre-lhe, durante o período que vigorar o ato interventivo, administrar o Município, prestando contas ao governador e ao Tribunal de Contas do Estado. Responderá administrativa, civil ou criminalmente pelos atos que praticar.

A intervenção estadual submete-se ao controle político, por parte da Assembleia Legislativa, que deverá, no prazo de vinte e quatro horas, apreciar o decreto interventivo do governador.

Mas o controle político pode ser dispensado quando o Tribunal de Justiça der provimento à *representação* para assegurar a observância dos princípios constitucionais estaduais ou prover execução de lei, ordem ou decisão judicial (CF, art. 35, IV).

Órgão público é um rótulo, uma abstração, que serve para designar o liame estabelecido entre o *agente público* e o *círculo de poder*.

Do ponto de vista *objetivo*, incumbe-lhe desempenhar papel de natureza *institucional*, mediante o exercício de competências, atribuições, missões técnicas, informativas ou coativas, atribuídas aos titulares de cargos ou empregos. Nesse enfoque é que se diz que o *órgão público* funciona como *círculo de poder*, delimitado por preceitos constitucionais e, também, legais.

Da ótica *subjetiva*, o *órgão público* representa a vontade da União, dos Estados, do Distrito Federal e dos Municípios, por meio de seus *agentes públicos*.

> **Concepção subjetiva de orgãos públicos:** Marcello Caetano estava certo quando disse que *órgão público* é "o elemento da pessoa coletiva que consiste num centro institucionalizado de poderes funcionais a ser exercido pelo indivíduo ou pelo colégio de indivíduos que nele estiverem providos, com o objetivo de exprimir a vontade juridicamente imputável a essa pessoa coletiva" (*Manual de direito administrativo*, p. 154).

Pois bem.

Quando o Texto de 1988 proclamou a voz *Administração Pública* designou a estruturação desses *órgãos*, permitindo-lhes concretizar tarefas políticas, institucionais, materiais, financeiras, sociais e humanas. Desse modo, previu o complexo de operações propulsoras da *função de administrar* o Estado, ou seja, a *arte* de governar e gerir a *coisa pública*.

É precisamente a *função de administrar* o corolário do *regime administrativo*, desempenhado por um poder político-jurídico, qual seja, o Poder Executivo do Estado, que se situa entre a lei e o juiz. Cumpre-lhe, assim, governar, aplicando as leis em todos os procedimentos que não sejam contenciosos. E, como ensinou Maurice Hauriou, se for necessário, impende que o Executivo imponha aos cidadãos "a execução das leis por meio de uma regulamentação própria, pela organização de serviços públicos e por decisões executórias particulares" (*Principios de derecho público y constitucional*, p. 141).

Mas exercer a *função administrativa* é tarefa para homens honestos, dignos, probos, de formação humanística e humanitária, atributos que não se presumem, pois têm de ser, *concretamente*, demonstrados.

O *munus* administrativo, público ou particular, é *missão* de quem não é dono, de quem abre mão de suas ambições e vaidades pessoais para pensar no próximo.

Administrar é *cuidar* do interesse alheio, e não do interesse próprio do agente público, muito menos do órgão que, porventura, esteja representando. Trata-se de atividade dos que *não são proprietários nem dispõem da coisa ou do negócio* que se administra, dizia Ruy Cirne Lima (*Princípios de direito administrativo*, p. 22).

Essa é a ideia subjacente à manifestação constituinte originária de 1988, que conferiu tratamento sistemático às provisões constitucionais administrativas.

Nesse particular, inovou quanto à Carta de 1967 e sua Emenda n. 1/69, que apenas previam normas destinadas aos servidores civis e militares, sem descer às minúcias da matéria.

✦ 2. DECRETO-LEI N. 200/67

O Decreto-Lei n. 200, de 25 de fevereiro de 1967, implantou o cognominado "Estatuto da Reforma Administrativa de 1967", classificando, organicamente, a Administração Pública em *direta* (ou centralizada) e *indireta* (ou descentralizada).

Alguns consideraram a dicotomia imprópria, reconhecendo, todavia, o seu caráter didático.

> **Nesse sentido:** Hely Lopes Meirelles, *Direito administrativo brasileiro*, p. 636.

O Decreto-Lei n. 200/67 sofreu alterações posteriores, no tocante à Administração indireta (Dec.-Lei n. 900/69, Dec.-Lei n. 2.299/86 e Lei n. 7.596/87), sem falar da *inconstitucional* Medida Provisória n. 1.549-28, de 1997, convertida na Lei n. 9.649, de 27 de maio de 1998.

♦ Cap. 20 ♦ ADMINISTRAÇÃO PÚBLICA   859

✧ 2.1. Administração direta

Administração direta é o conjunto de órgãos ligados à estrutura do Poder Executivo de cada uma das esferas governamentais autônomas que formam a *Administração centralizada*.

No âmbito federal a Administração direta compõe-se basicamente da Presidência da República e dos Ministérios.

Na primeira incluem-se os órgãos de assessoramento imediato do Presidente da República, é dizer, o Conselho de Governo, a Advocacia-Geral da União, o Alto Comando das Forças Armadas, o Estado-Maior das Forças Armadas, além de outros órgãos, tais como a Casa Civil, a Casa Militar, a Secretaria-Geral, a Secretaria de Comunicação Social, a Secretaria de Assuntos Estratégicos, acrescendo-se a essa lista os órgãos de consulta do Presidente, ou seja, o Conselho da República e o Conselho de Defesa Nacional.

Já nos Ministérios, além dos órgãos específicos, existem os órgãos comuns, a saber: Secretaria Executiva, exceto no Ministério das Relações Exteriores; Gabinete do Ministro; Consultoria Jurídica, salvo o Ministério da Fazenda, onde existe a Procuradoria-Geral da Fazenda Nacional para desempenhar tais atividades; Subsecretaria de Planejamento e Orçamento; Subsecretaria de Assuntos Administrativos. Lembre-se de que a estrutura básica dos Ministérios Militares foi prevista no Decreto-Lei n. 200/67 (arts. 54 a 67).

Na esfera estadual a *Administração direta* é formada da Governadoria e das Secretarias de Estado. Incumbe às constituições estaduais prever a estrutura fundamental da Administração dos Estados-membros, deixando às leis a tarefa de minudenciar a conformação dos seus órgãos específicos.

No campo municipal, a *Administração direta* encontra na figura do prefeito e dos seus secretários municipais a sua composição, a qual se desdobra em vários órgãos, a exemplo dos departamentos, divisões, setores, coordenadorias, seções, assessorias etc.

No âmbito do Distrito Federal, a *Administração direta* fica a cargo da chefia do Executivo, exercida pelo governador, a quem incumbe exercer a direção geral da Administração, auxiliado por secretários. Cada secretaria possui sua estrutura escalonada hierarquicamente.

✧ 2.2. Administração indireta

Administração indireta é o conjunto de órgãos integrados nas entidades personalizadas de prestação de serviços ou exploração de atividades econômicas, vinculadas ao Poder Executivo federal (União), estadual (Estados-membros), municipal (Municípios) e distrital (Distrito Federal), que formam a *Administração descentralizada*.

Pela Constituição de 1988, são entidades da Administração indireta:

* as autarquias;
* as empresas públicas;
* as sociedades de economia mista; e
* as fundações públicas.

Quanto às fundações públicas, não há dúvida de que integram a Administração indireta. Nesse sentido, é de lembrar Oswaldo Aranha Bandeira de Mello, para quem as fundações públicas são verdadeiras autarquias, pois possuem regimes jurídicos idênticos (*Princípios gerais de direito administrativo*, v. 2, p. 204-205).

Esse posicionamento, todavia, induz a outra indagação: se as fundações públicas são meras autarquias, por que a Constituição utilizou tais expressões em paralelismo nos arts. 22, XXVII; 37, XI, XVII, XIX; 38, *caput*; 71, II e III? E por que, noutras oportunidades, bipartiu a Administração em direta e indireta, como nos arts. 49, X, e 70, *caput*, sem incluir as fundações públicas?

A Constituição referiu-se, paralelamente, às fundações públicas e às autarquias como se fossem institutos distintos porque se apegou à tradição brasileira de usar nomes diversos para rotular pessoas jurídicas estatais.

Rigorosamente, não compete ao legislador constituinte definir termos, resolvendo problemas de cunho terminológico, encargo atribuído à doutrina. Por isso, encontramos nas constituições palavras desnecessárias, e, não raro, despropositadas, pois a linguagem do legislador não é a mesma do cientista do Direito. Logo, são empregados signos eivados de impropriedades técnicas, sob a justificativa de que são cunhados no intuito de banir controvérsias inócuas e interpretações deturpadoras de seu conteúdo, acabando por deixar à míngua situações concretas que realmente pretendiam tutelar.

No caso específico, existe outra peculiaridade quanto à atuação do constituinte de 1988, em cujo regaço se justificam os jargões "inclusive às fundações" ou "à Administração fundacional", bem como as vozes "fundações mantidas pelo Poder Público", "Fundações instituídas e mantidas pelo Poder Público" e "Fundação Pública", presentes em vários dispositivos constitucionais, no intento de explicarem o uso ambivalente dos termos em estudo.

Houve época em que as fundações públicas foram retiradas do âmbito da Administração indireta. Isso se deu com o Decreto-Lei n. 900/69, o qual previa: "Não constituem entidades da administração indireta as fundações instituídas na lei federal"(art. 3º, 1ª parte).

A partir daí, as fundações saíram da Administração indireta, ficando sem inserção organizacional, situação que só veio a ser modificada com o Decreto-Lei n. 2.299/86, o qual as reintegrou ao posto de origem, implantado pelo Decreto-Lei n. 200/67, que as equiparava às empresas públicas (art. 4º, § 2º).

Precisamente para que não ficassem lembranças dessa época, o constituinte de 1988 mencionou várias vezes tais entes, sob diversas terminologias, e. g., arts. 150, § 2º; 165, § 5º, I e III; 19 e 64 do Ato das Disposições Transitórias etc.

De fato, tanto as fundações públicas como as autarquias não são figuras jurídicas distintas, nada obstante o equívoco do Decreto-Lei n. 200/67, alterado pela Lei n. 7.596, de 10 de abril de 1987, que considera as primeiras como entidades dotadas de personalidade jurídica de Direito Privado. Ora, tanto a fundação pública como a autarquia são pessoas de Direito Público. Basta perquirir-lhes o regime jurídico para constatá-las como titulares de interesses públicos, diversamente das empresas públicas e sociedades de economia mista, as quais, como pessoas de Direito Privado, recebem meras qualificações para o exercício de tarefas públicas, embora jamais os titularizem.

Para o Decreto-Lei n. 200/67, com redação dada pelo Decreto-Lei n. 900/69, a empresa pública e a sociedade de economia mista possuem personalidade jurídica de Direito Privado. Isso alcança uma importância enorme.

Lembremos, enfim, da indução que o constituinte proporciona em nosso espírito ao bifurcar, nos arts. 49, X, e 70, *caput*, a Administração Pública em direta e indireta, sem mencionar as fundações.

A um primeiro momento pode até parecer que o constituinte as retirou do âmbito da Administração indireta para formarem outra espécie: a Administração fundacional.

Numa análise mais detida do problema, todavia, não se trata de nova modalidade, porque as fundações se inserem no bojo da Administração indireta. Se fosse assim, o constituinte estaria excluindo as fundações públicas do controle parlamentar (art. 49, X), assim como as estaria isentando da fiscalização financeira, contábil e orçamentária, exercida pelo Congresso Nacional, algo completamente despropositado.

✦ 3. PRINCÍPIOS CONSTITUCIONAIS DA ADMINISTRAÇÃO PÚBLICA

Os princípios constitucionais da Administração Pública são vetores de observância obrigatória pela União, Estados, Distrito Federal e Municípios.

Nesse sentido: STF, Pleno, ADIn 248-1/RJ, Rel. Min. Celso de Mello, *DJ* de 8-4-1994.

Funcionam como *parâmetros de comportamento* para os Poderes Executivo, Legislativo e Judiciário balizarem, administrativamente, seus respectivos atos.

E as pessoas físicas ou organismos de Direito Privado submetem-se aos princípios constitucionais administrativos?

Sim, mas não na mesma intensidade que os Poderes Públicos.

◆ Cap. 20 ◆ ADMINISTRAÇÃO PÚBLICA

861

Se, por um lado, os princípios constitucionais administrativos incidem de modo amplo, pois a ninguém é dado desrespeitar a Constituição, por outro, só o administrador público sujeita-se à força inexorável de seus comandos. Exemplo: os particulares podem realizar tudo que não for proibido. Os agentes administrativos, não. Eles apenas fazem aquilo que a lei determinar, sob pena de cometerem abusos de poder e arbitrariedades.

Observe-se que a previsão constitucional dos princípios jurídico-administrativos varia em cada lugar.

Em Portugal, por exemplo, vigoram os ditames da *legalidade*, da *prossecução do interesse público*, do *respeito pelos direitos e interesses legalmente protegidos dos cidadãos*, da *igualdade*, da *proporcionalidade*, da *justiça*, da *imparcialidade*, da *boa administração* e do *mérito* (Constituição da República Portuguesa, arts. 268º, 4; 266º, 1; 266º, 2 e 13; 272º).

No Brasil, a Carta de 1988 explicitou os seguintes (CF, art. 37, *caput*): *princípio da legalidade administrativa*; *princípio da impessoalidade administrativa*; *princípio da moralidade administrativa*; *princípio da publicidade administrativa*; e *princípio da eficiência administrativa*.

Além desses vetores, outros se dessumem do sistema da Constituição positiva:

• *Princípio da finalidade administrativa* — não está escrito no art. 37, *caput*, da Carta Maior. Mesmo assim, constitui uma projeção dos pórticos da impessoalidade, e, principalmente, da legalidade. Isso porque o ato administrativo só será válido se atender à finalidade da lei, se estiver *vinculado* a ela. O administrador público, no exercício de suas atividades, deverá observar a *finalidade do interesse público*, que, por sua vez, sujeita-se às leis do País.

• *Princípio da probidade administrativa* — também não foi discriminado no art. 37, *caput*, mas decorre da moralidade administrativa. Levam-se em conta a honestidade, a lisura e o caráter do agente público, que, no exercício de suas tarefas, não poderá aproveitar das facilidades que o cargo propicia, beneficiando a si ou a outrem. Tanto que a Constituição pune atos ímprobos, prevendo, inclusive, a suspensão de direitos políticos (art. 37, § 4º). Realmente, a improbidade é forma qualificada de imoralidade, porque causa danos ao erário, gerando benefícios e vantagens injustificadas.

• *Princípio da prestação de contas da Administração* — prestará contas qualquer pessoa física ou jurídica, pública ou privada, que utilize, arrecade, guarde, gerencie ou administre dinheiros, bens e valores públicos (CF, art. 70, parágrafo único, com redação dada pela EC n. 19/98).

• *Princípio da eficácia administrativa* — extrai-se do art. 74, II, pelo qual os Poderes Legislativo, Executivo e Judiciário manterão, de forma integrada, sistema de controle interno com a finalidade de comprovar a legalidade e avaliar os resultados, quanto à eficácia e eficiência, da gestão orçamentária, financeira e patrimonial nos órgãos e entidades da Administração Federal, bem como da aplicação de recursos públicos por entidades de Direito Privado.

• *Princípio do devido processo administrativo* — consectário da cláusula do devido processo legal material (CF, art. 5º, LIV), irmanando-se, também, com a ideia de proporcionalidade dos meios aos fins a atingir da ação administrativa dos agentes públicos.

• *Princípio da igualdade dos administrados* — o administrador público não poderá estabelecer discriminações inconstitucionais, privilegiando situações ou indivíduos em detrimento do pórtico geral da isonomia (CF, art. 5º, *caput*).

✧ 3.1. Princípio da legalidade administrativa

Pelo princípio da legalidade administrativa, o administrador público só pode agir com base naquilo que estiver expresso na lei formal e material, o que vale dizer, com base nas espécies normativas do art. 59 da Constituição (emendas constitucionais, leis complementares, leis ordinárias, leis delegadas, medidas provisórias, decretos legislativos e resoluções).

Qual a diferença entre o pórtico geral da legalidade e o princípio da legalidade administrativa (art. 37, *caput*)?

Não existem diferenças, porque a *legalidade administrativa* se insere na previsão geral da *legalidade*, autêntico *suporte* do Estado Democrático de Direito.

862 ◆ Uadi Lammêgo Bulos ◆

A única especificidade, mas não diferença, é quanto à destinação de ambos:

- **princípio geral da legalidade (CF, art. 5º, II)** — seu espectro é bastante amplo, pois tudo aquilo que não for proibido ao particular, ele poderá fazer. O elemento subjetivo da vontade viceja nesse campo; e
- **princípio da legalidade administrativa (art. 37, *caput*)** — destina-se, apenas, ao administrador público, que só age em conformidade com a lei, ao contrário do particular, que pratica todos os atos não vedados pelo ordenamento jurídico. Aqui o executor da função administrativa não pode externar o seu *querer*. A *finalidade* de suas ações respalda-se na lei, e não no elemento subjetivo da vontade.

O princípio da legalidade administrativa apresenta força vinculante. Por isso, a Administração Pública somente pode impor aquilo que a lei autorizar. Trata-se de uma projeção das *liberdades públicas*, que dirige o regime administrativo dos órgãos governamentais, evitando o arbítrio e o abuso de poder.

✧ 3.2. Princípio da impessoalidade administrativa

O *princípio da impessoalidade*, consectário natural do *princípio da finalidade*, impõe que o ato administrativo seja praticado de acordo com os escopos da lei, precisamente para evitar autopromoções de agentes públicos.

Sua palavra de ordem é: banir favoritismos, extravios de conduta, perseguições governamentais, execrando a vetusta hipótese da ilegalidade e do abuso de poder.

A *impessoalidade* visa, pois, coibir o desvio de finalidade de ato comissivo ou omissivo na Administração Pública, impedindo que o administrador pratique ação ou omissão para beneficiar a si próprio ou a terceiros.

O vetor da impessoalidade recai, também, sobre a figura do administrado.

Assim, os atos e provimentos administrativos não são imputados unicamente aos órgãos ou entidades administrativas em nome dos quais os agentes públicos agem. Imputam-se, também, aos administrados, que devem ser tratados sem discriminações nem favoritismos.

Nesse aspecto, a impessoalidade constitui um desdobramento do pórtico geral da igualdade (art. 5º, *caput*), espraiando sua força centrípeta sobre outras normas constitucionais, a exemplo daquelas insculpidas nos arts. 37, II e XXI, e 175 da Carta de 1988.

✧ 3.3. Princípio da moralidade administrativa

Pelo *princípio da moralidade administrativa*, o administrador público deve exercer sua missão à luz da ética, da razoabilidade, do respeito ao próximo, da justiça e, sobretudo, da *honestidade*.

A moralidade administrativa envolve, além da *moral comum*, a *moral jurídica*, isto é, aquela que se extrai das *regras de conduta do interior da Administração (*Maurice Hauriou, *Précis de droit administratif et de droit public*, p. 424).

Note-se que a face *jurídica* da moralidade administrativa não exclui o *dever de ser honesto* de todo e qualquer agente público. Isso porque, muito mais que princípio reitor da atuação dos governos, ela é uma *qualidade* intrínseca do modo de proceder dos agentes públicos.

Essa *qualidade* não se presume. Deve ser provada e comprovada por aqueles que se encontram na vida pública ou resolvem nela ingressar.

> **Nesse sentido:** "O agente público não só tem que ser honesto e probo, mas tem que mostrar que possui tal qualidade. Como a mulher de César" (STF, 2ª T., RE 160.381/SP, v. u., *RTJ, 153*:1030.)

A moralidade, em seu sentido mais profundo, nada tem que ver com a *intenção* da prática do ato administrativo. Um administrador público, por exemplo, pode até contrair despesas lícitas, previstas, formalmente, nos diplomas normativos. Mas sua conduta somente estará de acordo com a ordem

♦ Cap. 20 ♦ ADMINISTRAÇÃO PÚBLICA   **863**

jurídica se tais despesas acatarem o *sentido moral* que a Carta Magna exige. Gastos com propagandas publicitárias, mordomias, nepotismos, e tantas outras chagas, por exemplo, malsinam o senso de honestidade, o caráter humano, o respeito ao próximo, a retidão, a boa-fé, o trabalho prestado com amor, a ética das instituições.

É que a ideia de moralidade atrela-se ao princípio da proporcionalidade ou da razoabilidade entre os meios e os fins perseguidos pelo administrador. As autoridades públicas, para concretizar o vetor do art. 37, *caput*, da Carta Suprema, devem sopesar as vantagens que usufruem (carro com motorista, celular gratuito, apartamento funcional, dentre tantas outras benesses) com a realidade vivida pela maioria dos cidadãos (falta de transporte, de escolas, de hospitais, de casa própria, de comida etc.).

Quer dizer, moralidade e imoralidade são figuras antagônicas, mas que podem facilmente ser percebidas pelo exame da proporcionalidade entre os meios e os fins a atingir pela Administração Pública.

O *quid* caracterizador da moralidade administrativa, por certo, está na aplicação *justa*, *honesta* e *razoável* da lei. Não basta, apenas, aplicá-la formalmente; é mister que se avalie o fato circundante, porque o cumprimento imoral de uma norma jurídica equivale ao seu próprio descumprimento. Daí se dizer que a *moral jurídica* é bilateral, imperativa, geral, sendo um corolário da aplicação equânime da lei.

O *princípio da moralidade administrativa* é a pauta jurídica mais importante dos Estados constitucionais que elegem a democracia como corolário fundamental da vida em sociedade.

Se esse princípio fosse levado às suas últimas consequências, metade do que está escrito na Constituição de 1988 não precisaria vir nela consignado. Exemplificando, a prática do nepotismo, em todas as esferas de poder, seria, de pronto, extirpada, sem maiores esforços políticos, muito menos legislativos. Nem haveria a necessidade de ser editada a **Súmula Vinculante n. 13 do STF**, que proibiu as práticas nepotistas.

Certamente, o princípio da moralidade administrativa é *obrigatório*. Não contempla mera recomendação ou lembrete. É pauta jurídica de conduta; possui alvo determinado: os Poderes Legislativo, Executivo e Judiciário.

Portanto, o controle jurídico do comportamento ético não é apenas do Poder Executivo, encarregado de exercer a função administrativa, mas, também, dos Poderes Legislativo e Judiciário.

Note-se que, ao incluir a moralidade administrativa entre os princípios cardeais da Administração Pública, o constituinte a prescreveu em linguagem lacônica, justamente porque o primado varia em *fundamento, grau, densidade* e *expansão*:

- **fundamento** — a moralidade administrativa equivale ao conjunto de preceitos tirados da estrutura interna da Administração, os quais têm em vista a moral profissional, isto é, a conduta honesta, proba e honrada do "bom administrador";
- **grau** — a moralidade administrativa evidencia o comportamento zeloso, sério, dedicado, isento dos vícios e das mazelas humanas, as quais comprometem o espírito público do mandatário de uma coletividade;
- **densidade** — a moralidade administrativa, estritamente tomada, é algo que equivale à boa-fé e à lealdade, não como categorias que se confundam com ela, mas em oposição à astúcia, à malícia e à dissimulação; e
- **expansão** — o administrador público é aquele que equaciona a receita e a despesa, tratando com lisura e decência as finanças públicas, sem desvirtuar os dinheiros do Estado, zelando pelo erário, em vez de causar-lhe danos, pela prática de atos eivados de improbidade.

A jurisprudência tem aplicado o princípio da moralidade com base:

- **Na proibição de ir contra atos próprios (ou *venire contra factum proprium*)** — a moralidade administrativa preserva as obrigações contraídas pelo sujeito de direito nas suas relações jurídicas subsequentes. Baseia-se no fato de que seria um despautério alguém firmar compromisso com terceiros que lhe depositaram confiança, manifestando, mais tarde, conduta contrária àquela que havia apresentado inicialmente, sem demonstrar qualquer justificativa palpável para o comportamento contraditório. O Supremo Tribunal Federal, por exemplo, tem invocado essa doutrina nos casos de mudança sub-reptícia na interpretação de preceitos tributários pelos agentes fazendários, que tributam certas categorias de produtos com base em critérios totalmente diversos e conflitivos entre si. Mas a *proibição de ir contra atos próprios* também é invocada pela jurisprudência para, por exemplo, obrigar a Caixa Econômica Federal a respeitar contratos de financiamento de compra de apartamentos, divulgados em campanha publicitária, embora neles não constassem cláusulas referindo-se às promessas enunciadas nos cartazes de propaganda. Procura-se, assim, restringir atos de inopino, contraditórios entre si, em nome da previsibilidade das decisões administrativas.

Precedente: STF, *RDP*, *10*:184-185.

- **Na caducidade (retardamento desleal ou retardação)** — aqui a moralidade administrativa procura evitar que a omissão prejudicial ao exercício de um direito, ou o transcurso do tempo, ou, ainda, a proibição do gozo de uma prerrogativa que permaneceu inerte ao longo dos anos, não se extinga por um ato de deslealdade.

    Casuística:
    - **Súmulas 346 e 473 do STF** — ambas essas súmulas têm provocado frutíferos debates naquilo que interceptam com a doutrina da caducidade. **Súmula 346**: "A administração pública pode declarar a nulidade dos seus próprios atos". **Súmula 473**: "A administração pode anular seus próprios atos quando eivados de vícios que os tornem ilegais, porque deles não se originam direitos; ou revogá-los, por motivo de conveniência ou oportunidade, respeitados os direitos adquiridos e ressalvada, em todos os casos, a apreciação judicial".
    - **Teoria dos atos nulos no Direito Público** — o Supremo Tribunal Federal aplicou a *doutrina da caducidade* quanto à teoria dos atos nulos no Direito Público (STF, *RTJ*, *37*:248, *45*:589).
    - **Estabilidade das relações jurídicas** — o Superior Tribunal de Justiça, na esteira do raciocínio em tela, tem decidido que "na avaliação da nulidade do ato administrativo é necessário temperar a rigidez do princípio da legalidade, para que ele se coloque em harmonia com os princípios da estabilidade das relações jurídicas, da boa-fé e outros valores essenciais à perpetuação do Estado de Direito" (Rel. Min. Gomes de Barros, *RDA*, *184*:134).

Evidente que a moralidade administrativa é passível de controle judicial, sem falar que a violação dos administradores públicos a tal princípio qualifica-se como *ato de improbidade*, punido, pela Carta da República, com sanções políticas, administrativas e penais.

Resta, pois, ao Poder Judiciário examinar, além da legalidade do ato administrativo, a sua conformação moral, inclusive quanto ao aspecto da probidade, dever de todo administrador público.

> **Limites de atuação do Judiciário:** "Os atos administrativos que envolvem a aplicação de 'conceitos indeterminados' estão sujeitos ao exame e controle do Poder Judiciário. O controle jurisdicional pode e deve incidir sobre os elementos do ato, à luz dos princípios que regem a atuação da Administração (...). A capitulação do ilícito administrativo não pode ser aberta a ponto de impossibilitar o direito de defesa (...) Ato de improbidade: a aplicação das penalidades previstas na Lei n. 8.429/1992 não incumbe à Administração, eis que privativa do Poder Judiciário. Verificada a prática de atos de improbidade no âmbito administrativo, caberia representação ao Ministério Público para ajuizamento da competente ação, não a aplicação da pena de demissão" (STF, RMS 24.699, Rel. Min. Eros Grau, *DJ* de 1º-7-2005).

Realmente, quando os administradores praticam atos de improbidade violam o pórtico da moralidade, o que lhes acarreta, como consequência de tal ignomínia, a suspensão dos direitos políticos, a perda da função pública, a indisponibilidade dos bens e o ressarcimento ao erário, na forma e gradação previstas em lei, sem prejuízo da ação penal cabível (CF, art. 37, § 4º).

> **Ação de ressarcimento ao erário. Tribunal de Contas. Prescritibilidade** — sobre esse tema, o Plenário do Supremo Tribunal Federal fixou a seguinte tese de repercussão geral: "É prescritível a pretensão de ressarcimento ao erário fundada em decisão de Tribunal de Contas" (STF, RE 636886, Rel. Min. Alexandre de Moraes, j. 24-4-2020).

Nesse ínterim, compete ao Ministério Público propor ação civil pública por ato de improbidade, com base na Lei n. 8.429, de 2 de junho de 1992, permitindo ao Poder Judiciário exercer o controle judicial da moralidade administrativa. Vale lembrar que essa lei foi considerada constitucional pela Corte

◆ Cap. 20 ◆ ADMINISTRAÇÃO PÚBLICA

Excelsa, não havendo vício de procedimento quando foi criada, conforme alguns alegavam (STF, ADI 2.182/DF, Pleno, Rel. Min. Marco Aurélio, Rel. p/ ac. Min. Cármen Lúcia, j. em 12-5-2010).

> **Natureza da ação de improbidade administrativa:** a ação de improbidade administrativa é de natureza civil, conforme o art. 37, § 4º, da Carta de 1988. O Supremo Tribunal jamais entendeu ser competente para o conhecimento de ações civis, por ato de ofício, ajuizadas contra as autoridades para cujo processo penal o seria (STF, ADIns 2.797 e 2.860, Rel. Min. Sepúlveda Pertence, *DJE* de 6-5-2009).

Retomemos os princípios jurídico-administrativos contemplados pela Carta de 1988.

✧ 3.4. Princípio da publicidade administrativa

O *princípio da publicidade administrativa* tem por escopo manter a total transparência na prática dos atos da Administração Pública, que não poderá ocultar do administrado o conhecimento de assuntos que o interessam direta ou indiretamente.

A concretização da *publicidade* dá-se no momento que vem a lume o Diário Oficial, ou os editais ou outros documentos encarregados de divulgar os atos públicos, cuja produção dos efeitos apenas se inicia com a publicação.

Excepcionada a hipótese expressa no art. 5º, XXXIII, que só admite o segredo se for "imprescindível à segurança da sociedade e do Estado", os sujeitos individualmente afetados por alguma medida da esfera administrativa terão assegurados os direitos de informação (art. 5º, XXXIII) e de certidão (art. 5º, XXXIV, *b*), bem como a garantia do *habeas data* (art. 5º, LXXII). São projeções do princípio da publicidade, que também encontra justificativa na máxima "Todo o poder emana do povo, que o exerce por meio de representantes eleitos ou diretamente" (CF, art. 1º, parágrafo único).

- **Constitucionalidade de divulgação de dados financeiros do Estado** — por maioria de votos, o Plenário do Supremo julgou improcedente a ADI 2.198, ajuizada pelo governo da Paraíba contra a Lei n. 9.755/98. A norma dispõe sobre a criação de um sítio eletrônico pelo Tribunal de Contas da União para a divulgação de informações sobre finanças públicas com dados fornecidos por todos os entes da federação. Prevaleceu a tese de que o sítio eletrônico, gerenciado pelo TCU, tem o objetivo de reunir informações tributárias e financeiras dos diversos entes da federação em um único portal, a fim de facilitar o acesso dessas informações pelo público. Com efeito, a edição da norma não representa nenhum desrespeito ao princípio federativo, tendo sido inspirada no princípio da publicidade, que é a vertente mais específica na transparência dos atos do poder público, enquadrando-se, portanto, no contexto do aprimoramento da necessária transparência das atividades administrativas reafirmando-se e cumprindo-se assim o princípio constitucional da publicidade (CF, art. 37, *caput*) (STF, ADI 2.198/PB, Rel. Min. Dias Toffoli, j. 11-4-2013).

✧ 3.5. Princípio da eficiência administrativa

Pelo *princípio da eficiência* busca-se a presteza, o rendimento funcional, a responsabilidade no cumprimento de deveres impostos a todo e qualquer agente público.

Seu objetivo é claro: obter resultados positivos no exercício dos serviços públicos, satisfazendo as necessidades básicas dos administrados.

Princípio moderno da função administrativa, a *eficiência* é um reclamo contra a burocracia estatal.

Sua finalidade é combater a malversação dos recursos públicos, a falta de planejamento, os erros repetidos mediante práticas gravosas.

O *princípio da eficiência*, tão estudado pelos autores italianos, foi expresso em nosso ordenamento constitucional por força da Emenda Constitucional n. 19/98 (reforma administrativa), que o incorporou ao texto primitivo da Constituição de 1988 (art. 37, *caput*).

A inserção da *eficiência*, ao lado dos vetores da *legalidade*, *impessoalidade*, *moralidade* e *publicidade*, calcou-se no argumento de que o aparelho estatal deve revelar-se apto para gerar benefícios, prestando serviços à sociedade e respeitando o cidadão contribuinte.

Ele já constava na legislação infraconstitucional, a exemplo do Decreto-Lei n. 200/67 (arts. 13 e 25, V), da Lei de Concessões e Permissões (Lei n. 8.987/95, arts. 6º e 7º) e do Código de Defesa do Consumidor (Lei n. 8.078/90, arts. 4º, VII, 6º, X, e 22).

Vinha previsto, também, nas Constituições estaduais do Tocantins (art. 9º) e de Rondônia (art. 19).

No âmbito jurisprudencial, o Superior Tribunal de Justiça o reconhecia ao lado dos demais ditames regentes da Administração Pública.

> **Nesse sentido:** STJ, 6ª T., RMS 5.590/95/DF, Rel. Min. Vicente Cernicchiaro, *DJ*, 1, de 10-6-1996, p. 20395.

Aliás, esse Tribunal — antes mesmo da incorporação do princípio em estudo na Carta de 1988 — havia concluído que cabe ao Estado exercer o poder indeclinável de regular e controlar os serviços públicos, exigindo sempre sua atualização e eficiência, em respeito ao público.

> **Precedente:** STJ, 1ª T., RMS 7.730/96/RS, Rel. Min. José Delgado, *DJ*, 1, de 27-10-1997, p. 54720.

No Direito Constitucional Comparado, encontramo-lo explícito nas Constituições da Espanha de 1978 (art. 103), da República das Filipinas de 1986 (art. IX, *b*, seção 3) e da República do Suriname de 1987 (art. 122).

Mas como devemos interpretar o pórtico da eficiência na Carta de 1988?

Devemos concebê-lo em sentido amplo, de modo a abranger as condutas *burocrática* e *tecnocrática*:

- *conduta burocrática* — a que se insurge contra as leis, os procedimentos corretos, evitando controles, porque é avessa a todas as formas imediatas e rápidas de resolver problemas; e
- *conduta tecnocrática* — volta-se contra a qualidade final dos serviços que podem ser prestados, deixando o usuário insatisfeito.

Quem desejar conhecer as características nucleares do *princípio da eficiência*, basta que lance mão dos *Sete Princípios da Vida Pública*, apresentados, em maio de 1995, pelo Primeiro-Ministro britânico, no Relatório Nolan, cujos pontos nucleares são os seguintes:

- **interesse público** — finalidade básica da Administração, mas que também dá espaço ao setor público não estatal, abrindo oportunidade à proliferação de entes intermédios (agências executivas, agências reguladoras e organizações sociais de colaboração);
- **integridade** — retrata a independência funcional dos titulares dos cargos públicos, de não cederem a pressões que possam comprometer a execução de seus deveres;
- **objetividade** — traduz a busca de resultados positivos para o administrado, perseguindo o alto padrão de qualidade dos serviços públicos;

> **Decreto-Lei n. 200/67:** no Brasil, o Decreto-Lei n. 200/67 já enunciava, no seu art. 14, que "o trabalho administrativo será racionalizado mediante simplificação de processos e supressão de controles que se evidenciarem puramente formais ou cujo custo seja evidentemente superior ao risco".

- **responsabilidade (*accountability*)** — envolve a submissão de entidades sociais, órgãos e agentes públicos na fiscalização da moralidade administrativa;
- **transparência** — é a lisura e neutralidade na tomada de decisões, no acesso às informações, na motivação dos atos administrativos, na política de gerenciamento do Estado, na desburocratização da *res publica*;
- **honestidade** — diz respeito à conduta proba e imparcial dos agentes públicos, isenta de vícios ilegais e imorais; e
- **liderança** — importa no exemplo daqueles que se destacam pela seriedade, competência e rendimento funcional.

Cap. 20 ◆ ADMINISTRAÇÃO PÚBLICA

Não devemos confundir *eficiência* com *eficácia*:

- *princípio da eficiência* — visa resolver problemas, pelo cumprimento de deveres, voltados a reduzir custos; e
- *princípio da eficácia* — busca a produção de alternativas racionais e criativas, para obter lucros e resultados positivos.

Ambos, contudo, são *instrumentos de gerenciamento de crises* e podem servir para implantar governos empreendedores, que geram receitas e diminuem despesas.

Sobre o tema: José Roberto Dromi, *Licitación pública*, p. 499.

O *vetor da eficiência* é de aplicação imediata. Seus efeitos são plenos, porque não há necessidade de norma infraconstitucional para implementá-la.

Sua aplicação pode gerar mudanças no comportamento funcional da Administração a depender da mentalidade dos administradores e dos próprios administrados. Exemplo disso são os contratos administrativos e as licitações públicas, nos quais a diretriz da eficiência pode afigurar-se útil na apuração de responsabilidades quanto à prática de atos ilícitos, imorais e inconstitucionais.

Nesse sentido: Agustín Gordillo, *Tratado de derecho administrativo*, t. 1, p. 16.

O *princípio da eficiência* também serve para atenuar o formalismo exacerbado, evitando excessos. Nesse ponto, conecta-se com os ditames da proporcionalidade e da moralidade, servindo, assim, para balizar a conduta dos Poderes Públicos.

Note-se que a *eficiência*, embora não se sobreponha aos princípios tradicionais da Administração, é uma diretriz autônoma, não se colocando como subprincípio de nenhum outro primado, nem, muito menos, contrapondo-se ao ditame da legalidade, fundamentalíssimo para a Administração, a qual não pode conviver com vínculos jurídicos formados ilicitamente.

Quando se diz que a eficiência nutre relação com a proporcionalidade, é no sentido da busca de resultados, servindo de controle para certas medidas legislativas, de cunho burocrático e formalista, as quais acabam recaindo num legalismo estéril que percorre os diversos níveis da Administração Pública, sem trazer qualquer benefício a ela e aos administrados.

Nessa perspectiva, o princípio constitucional da eficiência poderá contribuir, ainda, para o fortalecimento da teoria da convalidação do ato administrativo, que procura justificar o saneamento da invalidade de um ato, legitimando seus efeitos pretéritos.

Conferir: Miguel Reale, *Revogação e anulação do ato administrativo*, 1968; Antônio Carlos Cintra do Amaral, *Motivo e motivação do ato administrativo*, 1979; Odete Medauar, *Da retroatividade do ato administrativo*, 1986; Weida Zancaner, *Da convalidação e da invalidação dos atos administrativos*, 1993.

Como norma constitucional, o princípio da eficiência desempenha força vinculante sobre toda a legislação ordinária. Por isso, serve de substrato para a declaração de inconstitucionalidade de lei ou ato normativo contrário à plenitude de seus efeitos.

A diretriz da eficiência abre a possibilidade de o Ministério Público zelar pelo cumprimento dos serviços públicos indispensáveis à população (CF, art. 129, II).

Permite, ainda, que o Poder Judiciário encontre um substrato a mais para garantir direitos fundamentais dos administrados (CF, art. 5º, XXXV).

✦ 4. PRECEITOS CONSTITUCIONAIS DA ADMINISTRAÇÃO PÚBLICA

Além dos princípios constitucionais administrativos que acabamos de ver, o art. 37 consagrou um conjunto de normas de observância obrigatória para os entes federativos pautarem as suas respectivas condutas.

868 ◆ Uadi Lammêgo Bulos ◆

Significa dizer que a Administração Pública direta, indireta e fundacional de qualquer dos Poderes da União, dos Estados, do Distrito Federal e dos Municípios devem acatar as provisões constitucionais do art. 37, I a XII, e §§ 1º a 12.

Vejamos o conteúdo desses preceitos, deixando os que dizem respeito ao *sistema remuneratório dos agentes públicos* para serem analisados, de modo específico, mais à frente.

Quem desejar um estudo pormenorizado, poderá ler os quadros explicativos, onde a matéria foi desdobrada.

Recomendamos paciência na leitura do assunto, pois existem vários detalhes, doutrinários, legislativos e jurisprudenciais, que convém serem entendidos, e não apenas decorados.

Assim, temos:

- **Acesso às atividades públicas** — os cargos, empregos e funções públicas são acessíveis aos brasileiros que preencham os requisitos estabelecidos em lei, assim como aos estrangeiros, na forma da lei (CF, art. 37, I, com redação dada pela EC n. 19/98).

  Desdobramento da matéria:
  - **Cargos, empregos e funções públicas na CF/88** — o Texto Maior distinguiu os servidores titulares de *cargos*, os ocupantes de *empregos* e os detentores de *funções públicas*. Ressalte-se, desde já, que todos eles são *públicos*, pois suas competências legais distribuem-se em três níveis distintos: *pessoas jurídicas de direito público interno* (União, Estados, Distrito Federal e Municípios); *órgãos governamentais* (Ministérios, Secretarias, subdivisões administrativas etc.); e *agentes públicos* (titulares dos cargos, empregos e funções). Com efeito, temos: **(i) Cargos públicos** — são centros unitários de competência, que se exprimem por um agente, em número certo e designação particular. Ora são criados pelo legislador, ora através de resolução da Câmara ou do Senado, a depender das necessidades de tais Casas. Os servidores nele investidos nutrem uma relação de natureza estatutária ou institucional com o Poder Público, porque inexiste contrato. Para o Supremo Tribunal Federal, a modificação de atribuições de cargo público só pode ocorrer por intermédio de lei formal. Portanto, é preciso que o Poder Legislativo edite lei para se criar, extinguir ou modificar cargo público. Aqui está um tema de repercussão geral, pois, como salientou o Min. Gilmar Mendes, tornou-se praxe comum a mudança de atribuições por portaria na Administração Pública (STF, MS 26.955/DF, Rel. Min. Cármen Lúcia, j. em 1º-12-2010); **(ii) Empregos públicos** — são núcleos de *trabalho*, preenchidos por agentes contratados em regime trabalhista. Os servidores, titulares da relação empregatícia, são contratados, aplicando-se-lhes as disposições contidas na Consolidação das Leis do Trabalho. Nesse caso, o regime é o celetista, existindo vínculo contratual. **(iii) Função pública** — no enfoque *constitucional* é o mesmo que atividade ou atribuição, pois o constituinte a empregou na acepção *residual*. Logo, as atividades ou atribuições públicas que não correspondam a um cargo ou a um emprego são consideradas *funções públicas*. Em suma, dois são os sentidos em que a terminologia *função pública* vem grafada no Texto de 1988: o primeiro abrange os contratados temporariamente para servir à Administração, os quais nutrem com ela uma relação passageira; o segundo designa aqueles que desempenham atividades de confiança, sem se submeter a concurso público.
  - **Lei n. 8.730, de 10-11-1993** — estabelece a obrigatoriedade da declaração de bens e rendas para o exercício de cargos, empregos e funções nos Poderes Executivo, Legislativo e Judiciário.
  - **Admissão de estrangeiros pelas universidades públicas** — a partir da EC n. 11/95, as universidades puderam admitir professores, técnicos e cientistas estrangeiros, nos termos da lei (CF, art. 207, § 1º).
  - **Acessibilidade de estrangeiros** — a partir da EC n. 19/98, o princípio constitucional da acessibilidade dirigiu-se, também, aos estrangeiros, medida merecedora de aplausos, afinal a liberdade de trabalho inadmite desequiparações (CF, art. 5º, XIII). Lembre-se que as Cartas de 1946 e de 1967 não traziam qualquer proibição absoluta de estrangeiros exercerem atividades públicas, embora predominasse o entendimento de que eles não poderiam titularizar cargos públicos, mas tão somente ser *contratados* pela Administração Pública. Em suma, os cargos, empregos e funções públicas são acessíveis: **(i) aos brasileiros natos; (ii) aos brasileiros naturalizados e portugueses equiparados**, exceto os cargos previstos nos arts. 12, § 3º, e 89, VII (Presidente e Vice-presidente da República, Presidente da Câmara e do Senado, Ministro do

◆ Cap. 20 ◆ ADMINISTRAÇÃO PÚBLICA   **869**

STF, Diplomata, oficial das Forças Armadas, Ministro de Estado da Defesa e Conselheiro da República); e **(iii)** aos **estrangeiros**, na forma da lei. Essa lei não poderá estabelecer privilégios de qualquer tipo, muito menos desequiparações arbitrárias e abusivas, de sorte a beneficiar pessoas de acordo com a raça, cor, origem, *status* social, condição econômica etc. Lembre-se, também, que tanto os estrangeiros residentes como os não residentes têm livre acesso aos cargos públicos, desde que observem os parâmetros legais. É o caso das repartições públicas no exterior, dos consulados e embaixadas, que podem admitir, mesmo fora do território pátrio, mão de obra estrangeira, desde que esta seja posta a serviço da República Federativa do Brasil, como nas funções de tradutor oficial, motorista, contínuo, recepcionista etc. Evidente que o estrangeiro, assim como o brasileiro, para ocupar cargo ou emprego público, precisa fazer concurso de provas ou de provas e títulos, ressalvadas as nomeações para cargos em comissão, declarados em lei, de livre nomeação e exoneração.

- **Proibição de discriminações abusivas** — quaisquer discriminações atentatórias ao princípio da igualdade de todos perante a lei será inconstitucional. **Nesse sentido:** STF, Pleno, RE 141.864-8/ RS, Rel. Min. Sepúlveda Pertence, *DJ* de 23-3-1995; STF, Pleno, RE 157.863-7/DF, Rel. Min. Moreira Alves, *DJ* de 1º-10-1993; STF, 2ª T., RE 120.305-6/RS, Rel. Min. Marco Aurélio, *DJ* de 21-9-1995.

- **Investidura em cargo ou emprego público** — depende de aprovação prévia em concurso público de provas ou de provas e títulos, de acordo com a natureza e a complexidade do cargo ou emprego, na forma prevista em lei, ressalvadas as nomeações para cargo em comissão declarado em lei de livre nomeação e exoneração (CF, art. 37, II, com redação dada pela EC n. 19/98). Os destinatários do *princípio constitucional da exigibilidade de concurso público* são os Poderes Executivo, Legislativo e Judiciário, da União, dos Estados, do Distrito Federal e dos Municípios. As autarquias, empresas públicas, sociedades de economia mista, inclusive as que se destinam a explorar atividade econômica (CF, art. 173, § 1º), também se enquadram na obrigatoriedade de certames públicos. Apenas nas funções de confiança abre-se mão do princípio, nos termos da lei, e, mesmo assim, nada obsta que se realizem concursos para avaliar o mérito e o preparo dos ocupantes da atividade pública. Evidente que será inconstitucional o provimento de cargos diversos daqueles para os quais o servidor prestou concurso público, pouco importando se houver transformação de postos ou transferência de servidores.

  Desdobramento da matéria:
  - **Natureza ou complexidade do cargo ou emprego** — a EC n. 19/98 trouxe a ressalva de que o concurso público de provas ou de provas e títulos deverá considerar a natureza e a complexidade do cargo ou emprego, na forma da lei. Assim, pôs tal determinação numa norma dependente de regulamentação legislativa. E referida lei superveniente, embora possa estipular técnicas avançadas de apuração do conhecimento nos processos seletivos, deverá respeitar o sistema de méritos, implantado pelo constituinte de 1988. A competência para a sua expedição ficará a cargo dos entes políticos, que, pelo dispositivo constitucional, não têm prazo delimitado para fazê-lo.
  - **Obrigatoriedade de concurso público** — a voz "de acordo com a natureza e a complexidade do cargo ou emprego" não pode servir de apanágio para a quebra da obrigatoriedade do concurso público de provas ou de provas e títulos. Logo, será inconstitucional a lei que flexibilizar o ritual dos concursos, independentemente da natureza, simples ou complexa, de determinado encargo. Poderá, no máximo, adaptar os métodos de avaliação ao perfil específico dos conhecimentos exigidos para cada cargo ou emprego, mas sem agredir o critério de escolha dos melhores e mais competentes, que demonstraram maior aptidão para o exercício de um dado mister. Qualquer investidura no serviço público depende de concurso. Nem mesmo a lei, mediante agrupamento de carreiras, pode determinar o contrário. Até os titulares de serventias judiciais e os exercentes de atividade notarial e de registro sujeitam-se ao ditame constitucional. O mesmo vale para os Estados, o Distrito Federal e os Municípios, que, ao contratar servidores sob o regime das leis trabalhistas, devem adotar os reajustes salariais estabelecidos pela União. No sentido de que concurso público é obrigatório: STF, RCL 8347/ES, Rel. Min. Gilmar Mendes, j. 2-6-2014 (afastamento de defensores públicos admitidos sem

concurso) e STF, ADI 4876/MG, Rel. Min. Dias Toffoli, *DJE* de 1º-7-2014 (inconstitucionalidade de lei que efetivou professores sem concurso).

- **Súmula 685 do STF** — "É inconstitucional toda modalidade de provimento que propicie ao servidor investir-se, sem prévia aprovação em concurso público destinado ao seu provimento, em cargo que não integra a carreira na qual anteriormente investido".
- **Súmula 221 do TCU** — continua em pleno vigor, haja vista a prevalência do princípio constitucional da obrigatoriedade de aprovação prévia em concurso público de provas ou de provas e títulos, aplicável às paraestatais. Aliás, o Supremo Tribunal Federal tem alertado para o cumprimento do sistema de méritos, norteador de toda a Administração Pública brasileira, inclusive as paraestatais (MS 21.322, *DJ* de 23-4-1993, p. 6921). O mesmo se diga em relação à jurisprudência firmada no sentido da aludida obrigatoriedade, bem como outros aspectos inerentes à matéria, e que continuam totalmente atuais perante a EC n. 19/98 (STF, *RTJ*, *155*:178, *156*:777, *154*:45, *152*:79, *146*:139, *149*:663, *156*:793; *RDA*, *190*:150, *181*:102, *187*:176, *197*:127 etc.).
- **Legislação** — o Decreto n. 2.373, de 10-11-1997, estabelece limites para o provimento de cargos públicos efetivos no âmbito dos Órgãos e Entidades do Poder Executivo. A Lei n. 8.112, de 11-12- 1990, dispõe sobre o Regime Jurídico dos Servidores Públicos Civis da União, das autarquias e das fundações públicas federais. A Lei n. 9.527, de 10-12-1997, altera dispositivos das Leis n. 8.112/90, 8.460, de 17-9-1992, e 2.180, de 5-2-1954, e dá outras providências.
- **Servidores admitidos sem concurso público** — é inconstitucional preceito de Carta do Estado-membro, acrescido por emenda constitucional, que efetiva, em quadros em extinção, servidores contratados sem concurso público (STF, ADI 3.609/AC, Rel. Min. Dias Toffoli, j. 15 e 16-5-2013).
- **Impossibilidade de remarcação de prova física em concurso público** — não é possível remarcar prova de aptidão física para data diversa da estabelecida em edital de concurso público (STF, RE 630.733/DF, Rel. Min. Gilmar Mendes, j. 15-5-2013).
- **Obrigatoriedade de concurso para conselhos de odontologia** — os conselhos de odontologia têm, sim, o dever de seguirem o art. 37, II, da Constituição da República para a contratação de servidores. Há vários precedentes do Supremo Tribunal nesse sentido (STF, MS 32912/BA, Rel. Min. Luiz Fux, *DJE* de 6-5-2014).

- **Prazo de validade do concurso público** — o prazo de validade do concurso público será de até dois anos, prorrogável uma vez, por igual período (CF, art. 37, III).

    Desdobramento da matéria:
    - **Súmula 15 do STF** — "Dentro do prazo de validade do concurso, o candidato aprovado tem direito à nomeação, quando o cargo for preenchido sem observância da classificação".
    - **O êxito no concurso, por si só, não implica direito líquido e certo à nomeação no prazo de dois anos** — é a preterição comprovada do candidato aprovado, em detrimento da ordem de classificação, que lhe faculta socorrer-se do mandado de segurança para fazer valer o seu direito à nomeação. Assim, o candidato aprovado em concurso público não tem direito adquirido a ser nomeado, gerando a sua aprovação, durante o prazo de validade do certame, mera expectativa de direito à nomeação. **Nesse sentido:** STF, MS 21.870, Rel. Min. Carlos Velloso, *DJ* de 19-12-1994; STF, AgI 452.831, Rel. Min. Carlos Velloso, *DJ* de 11-3-2005; STJ, 2ª T., ROMS 1.173/SP, Rel. Min. Peçanha Martins, *DJ* de 29-6-1992, p. 10297; STJ, 1ª T., ROMS 1.659/PI, Rel. Min. Demócrito Reinaldo, decisão de 16-8-1993, *DJ*, 1, de 13-9-1993, p. 18542.
    - **Impossibilidade de prorrogar a validade do concurso quando já expirado o seu prazo inicial** — "Uma vez expirado o prazo de validade do concurso, desfez-se a expectativa de direito dos impetrantes" (STF, MS 20.864, Rel. Min. Carlos Madeira, *DJ* de 4-8-1989). No mesmo sentido: STF, AgI 452.641-AgRg, Rel. Min. Nelson Jobim, *DJ* de 5-12-2003.
    - **Término do prazo de prorrogação do concurso** — "Ato do Poder Público que, após ultrapassado o primeiro biênio de validade de concurso público, institui novo período de dois anos de eficácia do certame ofende o art. 37, III da CF/88. Nulidade das nomeações realizadas com fundamento em tal ato, que pode ser declarada pela Administração sem a necessidade de prévio processo administrativo, em homenagem à Súmula 473 do STF" (STF, RE 352.258, Rel. Min. Ellen Gracie, *DJ* de 14-5-2004). **Precedente:** "Exaurido o prazo de validade do concurso, e não tendo ele sido prorrogado, os incisos III e IV do artigo 37 da Constituição e o princípio

◆ Cap. 20 ◆ ADMINISTRAÇÃO PÚBLICA

871

consagrado na Súmula 15 desta Corte não impedem que a Administração abra posteriormente outros concursos para o preenchimento de vagas dessa natureza, sem ter que convocar os candidatos daquele concurso que não obtiveram classificação nele. Improcedência da aplicação ao caso da denominada *teoria do fato consumado*" (STF, RMS 23.793, Rel. Min. Moreira Alves, *DJ* de 14-12-2001).

- **Pretensão de candidato a ser nomeado, após o prazo de validade do concurso público** — "A partir de quatro anos da homologação do resultado, cessa a eficácia do concurso público, não mais podendo ser nomeados os candidatos remanescentes, à vista da ordem de classificação" (STF, MS 21.422, Rel. Min. Néri da Silveira, *DJ* de 2-4-1993).
- **Nomeação parcial de candidatos** — "O princípio da razoabilidade é conducente a presumir-se, como objeto do concurso, o preenchimento das vagas existentes. Exsurge configurador de desvio de poder ato da Administração Pública que implique nomeação parcial de candidatos, indeferimento da prorrogação do prazo do concurso sem justificativa socialmente aceitável e publicação de novo edital com idêntica finalidade" (STF, RE 192.568, Rel. Min. Marco Aurélio, *DJ* de 13-9-1996). No mesmo sentido: STF, RE 419.013, Rel. Min. Carlos Velloso, *DJ* de 25-6-2004.

- **Prioridade de convocação dos aprovados em concursos públicos** — durante o prazo improrrogável previsto no edital de convocação, aquele aprovado em concurso público de provas ou de provas e títulos será convocado com prioridade sobre novos concursados para assumir cargo ou emprego, na carreira (CF, art. 37, IV).

    Prioridade na convocação dos aprovados: "A Constituição Federal assegura, durante o prazo previsto no edital do concurso, prioridade na convocação dos aprovados, isso em relação a novos concursados. Insubsistência de ato da Administração Pública que, relegando a plano secundário a situação jurídica de concursados aprovados na primeira etapa de certo concurso, deixa de convocá-los à segunda e, em vigor o prazo inserido no edital, imprime procedimento visando à realização de novo certame" (STF, AgI 188.196-AgRg, Rel. Min. Marco Aurélio, *DJ* de 14-2-1997).

- **Exercício das funções de confiança** — as funções de confiança, exercidas exclusivamente por servidores ocupantes de cargo efetivo, e os cargos em comissão, a serem preenchidos por servidores de carreira nos casos, condições e percentuais mínimos previstos em lei, destinam-se apenas às atribuições de direção, chefia e assessoramento (CF, art. 37, V, com redação dada pela EC n. 19/98).

    Desdobramento da matéria:
    - **Funções de confiança** — na redação originária do art. 37, V, *funções de confiança* eram o mesmo que *atividades gratificadas*. A terminologia havia sido constitucionalizada para justificar os baixos salários, como é o caso dos datilógrafos e dos antigos "extranumerários", que não ocupavam cargos de provimento efetivo nem cargos de provimento em comissão. Mas a EC n. 19/98 pressupôs que, a partir de 4-6-1998, data de sua promulgação, as *funções de confiança* fossem exercidas "exclusivamente por servidores ocupantes de cargo efetivo", ou seja, pelos concursados. A ressalva abrangeu também aqueles que desempenhavam, antes mesmo da edição da EC n. 19/98, *funções de confiança* (atividades gratificadas), como as inúmeras chefias de divisão em hierarquia de carreira, e que ingressaram no serviço público nos moldes do sistema passado, sem ocupar cargos de provimento efetivo nem cargos de provimento em comissão. Quanto aos titulares de funções de confiança, não há falar em direito adquirido, porquanto tais sujeitos não possuem estabilidade — garantia constitucional que enseja a permanência do concursado nos quadros administrativos do Estado. O *status* de estável só pode ser conferido a quem faz concurso público de provas ou de provas e títulos (CF, art. 37, II), exigindo-se, ainda, como condição de sua aquisição, a avaliação especial de desempenho por comissão instituída para esse fim (CF, art. 41, § 4º). Como os detentores de funções de confiança não ingressaram no serviço público mediante concurso, jamais serão estáveis.
    - **Cargo efetivo** — é aquele que traz a marca da *continuidade* e da *fixidez* do seu ocupante, observado o período de três anos exigido para o estágio probatório, sendo providos por concurso público de provas ou de provas e títulos. A *fixidez* é uma característica do cargo de provimento efetivo, não do seu ocupante. Este poderá, aliás, ser transferido de ofício para outro cargo de igual posição funcional e remuneração.

872 ◆ Uadi Lammêgo Bulos ◆

- **Cargos em comissão** — são aqueles providos por livre nomeação, sendo, também, exoneráveis *ad nutum*. Trazem a marca da transitoriedade, porque são ocupados em caráter passageiro por pessoa de confiança da autoridade competente, prescindindo de concurso público de provas ou de provas e títulos. Nada obstante o fato de serem de livre nomeação e de livre exoneração, não poderão ser criados aleatoriamente, sem a necessidade administrativa para justificar a respectiva criação, cumprindo ao Judiciário averiguar a legalidade de tal ato (art. 5º, XXXV).
- **Percentuais mínimos previstos em lei. Novidade da reforma administrativa** — a EC n. 19/98 sistematizou a disciplina dos cargos em comissão, tendo em vista os excessos e os abusos, tão comuns à Administração brasileira. Basta citar o elevado número de cargos em comissão de direção superior, de recrutamento amplo. Tal prática acaba deteriorando o verdadeiro sentido da carreira e da profissionalização. Ao designar os "percentuais mínimos previstos em lei" para a ocupação de cargos em comissão por servidores de carreira, o legislador reformador eliminou a regra de que os cargos de comissão e funções de confiança deveriam ser exercidos *preferencialmente* por esses servidores. A novidade foi positiva por "tirar da Constituição uma palavrota hedionda, 'preferencialmente', que atrapalha a vida do Brasil, impedindo que tenhamos um serviço público profissional e sério. Com efeito, no artigo em que se declara que todos os cargos em comissão e as funções de confiança serão exercidos por servidores de carreira, admitidos por concurso, aquela palavrota permite a senadores, governadores e outras eminências nomear quem bem queiram. Isso só se faz no Itamaraty, no Banco do Brasil e no Tribunal de Contas da União. Por isso, têm serviços públicos mais limpos e eficazes" (Darcy Ribeiro, *Jornal do Brasil*, set. 1996).

- **Liberdade de associação sindical** — é garantido ao servidor público civil o direito à livre associação sindical (CF, art. 37, VI).
- **Direito de greve** — será exercido nos termos e nos limites definidos em lei específica (CF, art. 37, VII, com redação dada pela EC n. 19/98).

  Desdobramento da matéria:
  - **Lei ordinária para regular o direito de greve** — a EC n. 19/98 propôs que a regulamentação do direito de greve fosse feita através de lei específica, ou seja, lei ordinária determinada para tal fim, e não lei complementar, como estava na redação originária do inciso em epígrafe. O objetivo foi combater a inércia do legislador, que, desde a promulgação do Texto de 1988, não editou a lei complementar em causa. Parece-nos, entretanto, que a letargia legislativa não será sanada a curto prazo, porque, mesmo sendo matéria imprescindível ao regime democrático, não existe o interesse de se expedir tal regulamentação, sob o argumento de que existe a Lei n. 7.783/89, que já dispõe sobre o exercício da greve em atividades essenciais.
  - **Posição do STF após o advento da EC n. 19, de 4-6-1998** — "Se de um lado considera-se o inciso VII do art. 37 da Constituição Federal como de eficácia limitada (Mandado de Injunção n. 20-4/DF, Pleno, Relator Ministro Celso de Mello, *DJ* de 22-11-1996), de outro descabe ver transgressão ao aludido preceito constitucional, no que veio a ser concedida a segurança, para pagamento de vencimentos, em face de a própria Administração Pública haver autorizado a paralisação, uma vez tomadas medidas para a continuidade do serviço" (STF, RE 185.944, Rel. Min. Marco Aurélio, *DJ* de 7-8-1998).
  - **Aplicação da lei de greve dos trabalhadores privados aos servidores públicos** — ao decidir os Mandados de Injunção n. 670, 708-0 e 712, a Corte Excelsa, em sua composição plenária e por unanimidade de votos, declarou a omissão legislativa do Congresso Nacional, que, olvidando o art. 37, VII, da *Lex Mater*, não regulamentou o exercício do direito de greve dos servidores públicos. Por maioria de votos, o Supremo aplicou ao setor público, no que couber, a lei de greve vigente no setor privado — Lei n. 7.783, de 28 de junho de 1989. Ao analisar o tema, o Ministro Celso de Mello ensinou que "não mais se pode tolerar, sob pena de fraudar-se a vontade da Constituição, esse estado de continuada, inaceitável, irrazoável e abusiva inércia do Congresso Nacional, cuja omissão, além de lesiva ao direito dos servidores públicos civis — a quem se vem negando, arbitrariamente, o exercício do direito de greve, já assegurado pelo texto constitucional —, traduz um incompreensível sentimento de desapreço pela autoridade, pelo valor e pelo alto significado de que se reveste a Constituição da República" (STF, MI 708-0/DF, Pleno, Voto do Ministro Celso de Mello, decisão de 19-9-2007). O *decisum* da Corte

Cap. 20 ◆ ADMINISTRAÇÃO PÚBLICA 873

Excelsa afigurou-se correto. Decorridas duas décadas de promulgação da Carta de Outubro e o Congresso Nacional não regulamentou o art. 37, VII, deixando de disciplinar o direito de greve dos servidores públicos, nada obstante o próprio Ministro Celso de Mello ter reconhecido o estado de mora inconstitucional do Poder Legislativo da União, em 19 de maio de 1994, ao julgar o MI 20/DF.

* **Lei n. 7.783, de 28-6-1989** — dispõe sobre o exercício de greve em atividades essenciais.
* **Paralisações dos serviços públicos federais** — Decreto n. 1.480, de 3-5-1995.

* **Reserva de cargos e empregos públicos para deficientes** — a lei reservará percentual dos cargos e empregos públicos para as pessoas portadoras de deficiência e definirá os critérios de sua admissão (CF, art. 37, VIII).

   Desdobramento da matéria:
   * **Reserva de vagas para portadores de deficiência em concursos públicos** — eis as exigências jurisprudenciais a serem observadas para a reserva de vagas a portadores de deficiência em concursos públicos: (i) a jurisprudência do STF é firme no sentido de que a destinação de vagas em concursos públicos às pessoas com deficiência física obedece o disposto no art. 37, VIII, da Carta Maior; (ii) é preciso levar em conta, necessariamente, as atribuições inerentes aos cargos postos em disputa; (iii) não é possível se admitir, abstrata e aprioristicamente, que qualquer tipo de deficiência impede o exercício das funções inerentes aos cargos oferecidos nesses concursos, embora eles não possam ser desempenhados por pessoas com limitação física ou psicológica, as quais não disponham de condições necessárias ao pleno desempenho das atividades para as quais concorrem; (iv) a depender da natureza e da intensidade da limitação apresentada pelo pretenso candidato, poderá haver prejuízo, sim, ou comprometimento das atividades a serem desempenhadas, próprias do cargo, o que impede que ele possa ser admitido ou aprovado na seleção pública; (v) o interesse público sempre deve estar em primeiro lugar; (vi) as bancas examinadoras, responsáveis pelos certames, podem, sim, declararem a inaptidão de candidatos inscritos e cujas necessidades especiais os impossibilitem do exercício das atribuições inerentes ao cargo para o qual estiverem concorrendo (STF, RE 676.335, Rel. Min. Cármen Lúcia, j. 1º-4-2013).
   * **Inconstitucionalidade de lei estadual que limitava o acesso de pessoas com deficiência auditiva ao serviço público** — em sua composição plenária, o Supremo Tribunal Federal decidiu, por unanimidade de votos, que constitui ofensa ao princípio da isonomia e da dignidade da pessoa humana leis estaduais que restringem o acesso de deficientes auditivos ao serviço público. É inconstitucional a exclusão de deficientes auditivos que podem ter a deficiência corrigida por próteses, aparelhos auditivos ou tratamentos clínicos ou cirúrgicos. Incide nesse particular o art. 24, XIV, da Carta Magna, que consagra a competência concorrente entre a União e os Estados. Como o assunto já foi disposto na Lei Federal n. 7.853/89, regulamentada pelo Decreto n. 3.298/99, que dispõe sobre a Política Nacional para a Integração da Pessoa Portadora de Deficiência, o legislador estadual não pode fazer concorrência à lei federal. Demais disso, a temática é regida, também, pela Convenção Internacional sobre os Direitos das Pessoas com Deficiência, já incorporada à Carta Maior (STF, ADI 4388, Rel. Min. Rosa Weber, j. 25-3-2020).

* **Contratação por tempo determinado** — a lei federal, estadual, distrital ou municipal, inclusive medidas provisórias com força de lei, podem estabelecer os casos de contratação por tempo determinado para atender a necessidade temporária de excepcional interesse público (CF, art. 37, IX). Aqui, exsurge uma observação. Esse dispositivo previu a dispensa de concurso público em três hipóteses: **(i)** excepcional interesse público; **(ii)** contratação temporária; e **(iii)** situações discriminadas em lei. Parece-nos que todas essas exceções, que merecem a nossa repugnância, devem ser interpretadas restritivamente, porque podem gerar privilégios absurdos. Ora, democracia que se preza presume o mérito, o esforço, o trabalho de quem quer subir na vida. Erigir *válvulas de escape*, de modo a driblar o princípio constitucional dos concursos públicos, de acordo com a natureza e a complexidade do cargo, é algo inadmissível nos Estados de Direito. Por isso, cremos que a contratação de pessoal por tempo determinado não dispensa o concurso público, desde que essa necessidade venha prevista com a antecedência necessária para a regular

874 ◆ Uadi Lammêgo Bulos ◆

realização do certame. Tal assertiva também vale para a realização de procedimento seletivo simplificado. Aliás, o Supremo Tribunal Federal tem sido rigoroso com relação ao postulado do concurso público, inadmitindo retaliações, inclusive no que tange ao contumelioso expediente de se transferir servidores públicos para cargos diversos daqueles para os quais foram, originariamente, admitidos. A Corte, é bem certo, não desconhece as exceções constitucionais ao princípio dos certames públicos. Em contrapartida, tem sido criteriosa quanto a incidência dos mesmos (STF, Pleno, MS 21.322-1/DF, Rel. Min. Paulo Brossard, decisão de 3-12-1992; STF, SS 1.081-6/ES, Rel. Min. Presidente Sepúlveda, *DJ* de 3-9-1996; STF, ADIn 1.329-7/AL, Rel. Min. Celso de Mello, *DJ* de 20-9-1996).

Desdobramento da matéria:
- **Súmula 195 do STF** — "Contrato de trabalho para obra certa, ou de prazo determinado, transforma-se em contrato de prazo indeterminado, quando prorrogado por mais de 4 (quatro) anos".
- **Contratação com base em medida provisória** — o Supremo Tribunal Federal admitiu a possibilidade, sob o argumento de que a medida provisória tem força de lei (STF, ADIn 1.567-2/DF (medida liminar), Rel. Min. Sydney Sanches, *DJ* de 7-11-1997, p. 57231).
- **Lei n. 8.745, de 9-12-1993** — dispõe sobre a contratação por tempo determinado para atender a necessidade temporária de excepcional interesse público.

- **Acumulação remunerada** — é vedada a acumulação remunerada de cargos públicos, exceto quando houver compatibilidade de horários, observado em qualquer caso o disposto no art. 37, XI: **(i)** a de dois cargos de professor (CF, art. 37, XVI, *a*, com redação dada pela EC n. 19/98); **(ii)** a de um cargo de professor com outro, técnico ou científico (CF, art. 37, XVI, *b*, com redação dada pela EC n. 19/98); **(iii)** a de dois cargos ou empregos privativos de profissionais de saúde, com profissões regulamentadas (CF, art. 37, XVI, *c*, com redação dada pela EC n. 34/2001). Segundo o art. 37, § 10, acrescentado à Carta Magna pela EC n. 20/98 (1ª reforma da Previdência), é vedada a percepção simultânea de proventos de aposentadoria decorrentes do art. 40 ou dos arts. 42 e 142 com a remuneração de cargo, emprego ou função pública, ressalvados os cargos acumuláveis, os cargos eletivos e os cargos em comissão declarados em lei de livre nomeação e exoneração. Mas a própria EC n. 20/98, no seu art. 11, ressalvou que essa proibição "não se aplica aos membros de poder e aos inativos, servidores e militares, que, até a publicação desta Emenda, tenham ingressado novamente no serviço público por concurso público de provas ou de provas e títulos, e pelas demais formas previstas na Constituição Federal, sendo-lhes proibida a percepção de mais de uma aposentadoria pelo regime de previdência a que se refere o art. 40 da Constituição Federal, aplicando-se-lhes, em qualquer hipótese, o limite de que trata o § 11 deste mesmo artigo".

Desdobramento da matéria:
- **Acúmulo de proventos com vencimentos** — não há no Texto de 1988 qualquer proibição, expressa ou implícita, no sentido de vedar a acumulação de proventos da inatividade com vencimentos oriundos de cargos, funções ou empregos públicos. Ora, se a manifestação constituinte originária foi silente a esse respeito, não se subsume da leitura do seu articulado vedações inexistentes, até porque as exceções convêm serem interpretadas de modo restrito. Nesse sentido: STF, ADIn 1.328, Rel. Min. Ellen Gracie, *DJ* de 18-6-2004. Por isso, nada obsta que o aposentado perceba os seus proventos cumulados com os subsídios ou vencimentos de cargo, função ou emprego público, respeitado o teto máximo, implantado pela EC n. 19/98. O Supremo Tribunal Federal, por sua vez, decidiu que a acumulação de proventos e vencimentos só é permitida quando se trata de cargos, funções ou empregos acumuláveis na atividade, à luz do que preconizam o art. 37, XVI e XVII, da Carta Maior (STF, RE 282.258-AgRg, Rel. Min. Carlos Velloso, *DJ* de 26-3-2004; STF, ADIn 1.328-MC, Rel. Min. Octavio Gallotti, *DJ* de 24-11-1995; STF, ADIn 1.691-MC, Rel. Min. Moreira Alves, *DJ* de 12-12-1997). Segundo a Corte, a acumulação de proventos com vencimentos não é admissível se os cargos, funções ou empregos não podem ser acumulados na atividade. Argumenta-se que tanto os proventos quanto os vencimentos encontram suporte fático no exercício, atual ou passado, de cargos públicos,

◆ Cap. 20 ◆ ADMINISTRAÇÃO PÚBLICA

875

com o que não vinga a afirmação de que o aposentado não ocupa cargo público (STF, RE 141.376, Rel. Min. Néri da Silveira, *DJ* de 22-2-2002; STF, AgI 419.426-AgRg, Rel. Min. Carlos Velloso, *DJ* de 7-5-2004; STF, RMS 24.737, Rel. Min. Carlos Britto, *DJ* de 3-9-2004).

- **Acúmulo de dois cargos de professor** — "É possível a acumulação de um cargo de professor com um emprego (celetista) de professor. Interpretação harmônica dos incisos XVI e XVII do art. 37 da Constituição Federal" (STF, RE 169.807, Rel. Min. Carlos Velloso, *DJ* de 8-11-1996).
- **Acúmulo de um cargo de professor com outro técnico ou científico** — "Acumulação de emprego de atendente de telecomunicações de sociedade de economia mista, com cargo público de magistério. Quando viável, em recurso extraordinário, o reexame das atribuições daquele emprego (atividade de telefonista), correto, ainda assim, o acórdão recorrido, no sentido de se revestirem elas de 'características simples e repetitivas', de modo a afastar-se a incidência do permissivo do art. 37, XVI, *b*, da Constituição" (STF, AgI 192.918-AgRg, Rel. Min. Octavio Gallotti, *DJ* de 12-9-1997).
- **Acúmulo de dois cargos ou empregos privativos de profissionais de saúde, com profissões regulamentadas** — "Tem-se, no caso, portanto, norma especial, específica, relativamente à jornada de trabalho diária dos médicos. Não importa que normas gerais posteriores hajam disposto a respeito da remuneração dos servidores públicos, de forma geral, sem especificar a respeito da jornada de trabalho dos médicos. É que é princípio de hermenêutica que a norma especial afasta a norma geral no que diz respeito à questão específica, na linha do velho brocardo: *lex speciali derogat generali*. A questão específica, pois, da jornada de trabalho do médico continua sendo regida pela norma específica, por isso que, vale repetir, a norma geral não revoga nem modifica a norma especial ou, noutras palavras, a norma especial afasta a norma geral. Bem por isso, presente a regra de hermenêutica mencionada, a Lei 8.112, de 11/12/1990, publicação consolidada determinada pelo art. 13 da Lei 9.527, de 10/12/1997, deixou expresso, no § 2º do art. 19, que 'o disposto neste artigo não se aplica a duração de trabalho estabelecida em leis especiais'. O art. 19, *caput*, referido no citado § 1º, estabelece que *os servidores cumprirão jornada de trabalho fixada em razão das atribuições pertinentes aos respectivos cargos, respeitada a duração máxima do trabalho semanal de quarenta horas e observados os limites mínimo e máximo de seis horas e oito horas diárias, respectivamente*" (STF, MS 25.027, Rel. Min. Carlos Velloso, *DJ* de 1º-7-2005).

- **Extensão da proibição de acumular** — a proibição de acumular estende-se a empregos e funções e abrange autarquias, fundações, empresas públicas, sociedades de economia mista, suas subsidiárias, e sociedades controladas, direta ou indiretamente, pelo Poder Público (CF, art. 37, XVII, com redação dada pela EC n. 19/98).

    Caracterização das sociedades de economia mista: "Para efeitos do disposto no art. 37, XVII, da Constituição são sociedades de economia mista aquelas — anônimas ou não — sob o controle da União, dos Estados-Membros, do Distrito Federal ou dos Municípios, independentemente da circunstância de terem sido 'criadas por lei'. Configura-se a má-fé do servidor que acumula cargos públicos de forma ilegal quando, embora devidamente notificado para optar por um dos cargos, não o faz, consubstanciando, sua omissão, disposição de persistir na prática do ilícito" (STF, RMS 24.249, Rel. Min. Eros Grau, *DJ* de 3-6-2005).

- **Administração fazendária** — a administração fazendária e seus servidores fiscais terão, dentro de suas áreas de competência e jurisdição, precedência sobre os demais setores administrativos, na forma da lei (CF, art. 37, XVIII).
- **Criação de autarquia** — somente por lei específica poderá ser criada autarquia e autorizada a instituição de empresa pública, de sociedade de economia mista e de fundação, cabendo à lei complementar, neste último caso, definir as áreas de sua atuação (CF, art. 37, XIX, com redação dada pela EC n. 19/98).

    Desdobramento da matéria:
    - **Privatização da Casa da Moeda: autorização por lei específica** — o Supremo Tribunal Federal, em sua composição plenária, decidiu que, para a privatização ou a extinção de empresas estatais, basta a autorização genérica determinada em lei que veicule programa de

desestatização. Preponderou a tese de que, para a criação de sociedades de economia mista e empresas públicas, há necessidade de autorização em lei específica, conforme o inciso XIX do art. 37 da Carta Maior. Ademais, a titularidade da competência para decisões de intervenção estatal na economia, nesses casos, é do Poder Legislativo, embora a Constituição não seja explícita quanto à forma legislativa a ser adotada no desempenho da competência para a desestatização (STF, ADI 6241, Rel. Min. Cármen Lúcia, j. 8-2-2021).

- **Criação de subsidiárias** — depende de autorização legislativa, em cada caso, a criação de subsidiárias, assim como a participação de qualquer delas em empresa privada (CF, art. 37, XX).

   Autorização à Petrobras para constituir subsidiárias — "Ofensa aos arts. 2º e 37, XIX e XX, da Constituição Federal. Inexistência. Alegação improcedente. A Lei 9.478/1997 não autorizou a instituição de empresa de economia mista, mas sim a criação de subsidiárias distintas da sociedade--matriz, em consonância com o inciso XX, e não com o XIX do art. 37 da Constituição Federal. É dispensável a autorização legislativa para a criação de empresas subsidiárias, desde que haja previsão para esse fim na própria lei que instituiu a empresa de economia mista matriz, tendo em vista que a lei criadora é a própria medida autorizadora" (STF, ADIn 1.649, Rel. Min. Maurício Corrêa, *DJ* de 28-5-2004).

- **Exigência de licitação pública** — ressalvados os casos especificados na legislação, as obras, serviços, compras e alienações serão contratados mediante processo de licitação pública que assegure igualdade de condições a todos os concorrentes, com cláusulas que estabeleçam obrigações de pagamento, mantidas as condições efetivas da proposta, nos termos da lei, o qual somente permitirá as exigências de qualificação técnica e econômica indispensáveis à garantia do cumprimento das obrigações (CF, art. 37, XXI).

   Desdobramento da matéria:
   - **Por que a Constituição exige licitação pública** — a Carta Magna consagrou o *princípio da licitação pública* para salvaguardar a legalidade, a impessoalidade, a moralidade, a igualdade e, até mesmo, a eficiência administrativa (CF, art. 37, XXI). Sua *obrigatoriedade* é uma garantia do *próprio administrado*, pois quem paga tributos tem o direito de aferir a lisura dos negócios governamentais. Ou seja, a licitação é um mecanismo destinado a *livrar* a *coisa pública* do arbítrio, da fraude, da corrupção, do apadrinhamento, do favorecimento ilícito. Enquanto nas relações privadas prevalece a liberdade de contratar, nos negócios públicos predomina a exigência de procedimento administrativo para escolher as propostas de execução de obras, serviços, compras ou alienações, que melhor atendam o interesse público. Aqui as contratações, para serem válidas, devem trazer vantagem para a Administração Pública. Daí ser necessário estabelecer, de acordo com a lei, um rigoroso critério seletivo de escolha de quem irá atender o erário. Por tudo isso foi que a Constituição de 1988 previu a exigência de licitação, precisamente para banir, da vida democrática, conluios inaceitáveis entre governantes e terceiros interessados, evitando, pois, o enriquecimento ilícito, a má-fé, as perseguições políticas e pessoais. Enfim, a licitação, enquanto vetor constitucional nodular ao regime democrático, posta-se como um *princípio instrumental* à medida que possibilita a concretização dos ditames insculpidos no art. 37, *caput*, da *Lex Mater*. Este é, em linha de princípio, o correto entendimento firmado pelo Supremo Tribunal Federal: "Os princípios constitucionais que regem a administração pública exigem que a concessão de serviços públicos seja precedida de licitação pública. Contraria os arts. 37 e 175 da Constituição Federal decisão judicial que, fundada em conceito genérico de interesse público, sequer fundamentada em fatos e a pretexto de suprir omissão do órgão administrativo competente, reconhece ao particular o direito de exploração de serviço público sem a observância do procedimento de licitação" (STF, RE 264.621, Rel. Min. Joaquim Barbosa, *DJ* de 8-4-2005). No mesmo sentido: STF, ADIn 651-MC, Rel. Min. Ilmar Galvão, *DJ* de 28-8-1992; MS 22.509, Rel. Min. Maurício Corrêa, *DJ* de 4-12-1996; STF, ADIn 1.824-MC, Rel. Min. Néri da Silveira, *DJ* de 29-11-2002.
   - **Por que o procedimento licitatório é vinculado?** — a licitação é um procedimento *vinculado*, porque deve seguir o primado da legalidade, realizando-se do modo mais abrangente possível, de modo a assegurar a igualdade de disputa entre os concorrentes do certame licitatório.

◆ Cap. 20 ◆ ADMINISTRAÇÃO PÚBLICA 877

Vencerá aquele que apresentar a proposta mais vantajosa para a Administração Pública. Desse modo, compete à União regular, formalmente, o procedimento licitatório (CF, art. 22, XXVII). Já os Estados, o Distrito Federal e os Municípios legislam, suplementarmente, sobre a matéria, tomando como parâmetro as necessidades específicas de suas administrações. **Precedente do STF:** "Os Estados-Membros — que não podem interferir na esfera das relações jurídico-contratuais estabelecidas entre o poder concedente (quando este for a União Federal ou o Município) e as empresas concessionárias — também não dispõem de competência para modificar ou alterar as condições, que, previstas na licitação, acham-se formalmente estipuladas no contrato de concessão celebrado pela União (energia elétrica — CF, art. 21, XII, *b*) e pelo Município (fornecimento de água — CF, art. 30, I e V), de um lado, com as concessionárias, de outro, notadamente se essa ingerência normativa, ao determinar a suspensão temporária do pagamento das tarifas devidas pela prestação dos serviços concedidos, afetar o equilíbrio financeiro resultante dessa relação jurídico-contratual de direito administrativo" (STF, ADIn 2.337-MC, Rel. Min. Celso de Mello, *DJ* de 21-6-2002).

- **Quais as exceções à regra da obrigatoriedade de licitação** — quem determina tais exceções é a própria Carta da República, quando deixa sob os auspícios do legislador ordinário o encargo de definir quais os casos em que o certame licitatório poderá ser afastado. Evidente que as hipóteses excepcionais de dispensa e inexigibilidade de licitação, onde a Administração Pública pode realizar contratações diretas, devem ser interpretadas restritiva e taxativamente, de modo a evitar escapatórias ao princípio geral da obrigatoriedade encampado no art. 37, XXI, da Lei Maior. Numa palavra, afigura-se inconstitucional a exegese que ampliar as hipóteses excepcionais de ausência de licitação. Logo, o procedimento licitatório só pode deixar de ser realizado em duas hipóteses distintas: **(i) dispensa de licitação** — o legislador ordinário, bem como juízes e Tribunais, não podem, ao arrepio da Constituição, conferir entendimento *irrazoável* às previsões legais que tratam da dispensa de licitação, de sorte a driblar a exigência prevista no art. 37, XXI, do Texto Supremo. Numa palavra, a regra é a realização do procedimento licitatório. Nesse sentido: STF, RE 327.635, Rel. Min. Sepúlveda Pertence, *DJ* de 21-2-2003; ADIn 651, Rel. Min. Ilmar Galvão, *DJ* de 20-9-2002; e **(ii) inexigibilidade de licitação** — exsurgem diante da impossibilidade jurídica de competição entre os diversos contratantes, seja pela natureza específica da matéria, seja pelos objetivos visados pela Administração Pública.

- **Por que a Petrobras sujeita-se ao regime de licitação simplificada:** a submissão legal da Petrobras a um regime diferenciado de licitação justifica-se pelo fato de que, com a relativização do monopólio do petróleo trazida pela Emenda Constitucional n. 9/95, a empresa passou a exercer a atividade econômica de exploração de petróleo em regime de livre competição com as empresas privadas concessionárias da atividade, que não se encontram submetidas aos mandamentos da Lei n. 8.666/93. Com base nesse pensamento, o Min. Eros Grau concedeu liminar em mandado de segurança para suspender os efeitos de acórdão do Tribunal de Contas da União, quanto à aplicação da Lei de Licitações pela Petrobras (Lei n. 8.666/93). Segundo a Petrobras, ela contratou empresas pelo Procedimento Licitatório Simplificado, aprovado pelo Decreto n. 2.745/98, que regulamentou o disposto no art. 67 da Lei n. 9.478/97. O acórdão do TCU, por sua vez, era no sentido de que, até a edição de lei dispondo sobre licitações e contratos das estatais e sociedades de economia mista, tais entidades deveriam observar o disposto na Lei 8.666/93. Acontece, porém, que vincular os procedimentos licitatórios da Petrobras à Lei n. 8.666/93 era o mesmo que retirar da companhia os mecanismos que lhe permitem sobreviver em ambiente constitucional e infraconstitucional de livre concorrência e regido em função das condições de mercado, o que seria uma nítida afronta ao princípio da razoabilidade, assim como da eficiência, previsto na Carta de 1988 (art. 37, *caput*). O Min. Eros Grau, ao examinar a matéria, recorreu a um precedente do Supremo, qual seja o MS 25.888, relatado pelo Min. Gilmar Mendes, lembrando, ainda, a existência de outras decisões monocráticas no mesmo sentido (MS 26410, 25986 e 27232) (STF, MS 28252/DF, Rel. Min. Eros Grau, *DJE* de 29-9-2009).

- **Impugnação de lei estadual que instituiu a preferencial utilização de *softwares* livres ou sem restrições proprietárias** — "Plausibilidade jurídica da tese do autor que aponta invasão da competência legiferante reservada à União para produzir normas gerais em tema de licitação, bem como usurpação competencial violadora do pétreo princípio constitucional da separação dos poderes. Reconhece-se, ainda, que o ato normativo impugnado estreita, contra a natureza

878 ◆ Uadi Lammêgo Bulos ◆

dos produtos que lhes servem de objeto normativo (bens informáticos), o âmbito de competição dos interessados em se vincular contratualmente ao estado-administração" (STF, ADIn 3.059-MC, Rel. Min. Carlos Britto, *DJ* de 20-8-2004).

- **É constitucional o art. 71, § 1º, da Lei n. 8.666/93** — o Supremo Tribunal Federal, em sua composição plenária e por maioria de votos, declarou a constitucionalidade do art. 71, § 1º, da Lei n. 8.666/93, que prescreve: "Art. 71. O contratado é responsável pelos encargos trabalhistas, previdenciários, fiscais e comerciais resultantes da execução do contrato. § 1º. A inadimplência do contratado, com referência aos encargos trabalhistas, fiscais e comerciais não transfere à Administração Pública a responsabilidade por seu pagamento, nem poderá onerar o objeto do contrato ou restringir a regularização e o uso das obras e edificações, inclusive perante o Registro de Imóveis". Preliminarmente, a Corte conheceu a ADC, impetrada pelo Governador do Distrito Federal, pois ela demonstrou a existência de controvérsia jurisprudencial acerca da constitucionalidade, ou não, do art. 71, § 1º, da Lei n. 8.666/93. Assim, fez-se necessário o pronunciamento do Supremo sobre o tema. Embora, na petição inicial, as referências aos julgados tenham sido feitas de forma muito breve, até precária, o fato é que o Enunciado 331 do TST ensejara não apenas nos Tribunais Regionais do Trabalho, mas também no Supremo, enorme controvérsia. Isso porque, depois do surgimento do referido verbete sumular, os próprios Tribunais Regionais do Trabalho consideraram inconstitucional o § 1º do art. 71 da Lei n. 8.666/93. Agora, o Supremo pacificou a questão (STF, PLeno, ADC 16/DF, Rel. Min. Cezar Peluso, j. em 24-11-2010).

- **Administrações tributárias dos entes federativos** — as administrações tributárias da União, dos Estados, do Distrito Federal e dos Municípios, atividades essenciais ao funcionamento do Estado, exercidas por servidores de carreiras específicas, terão recursos prioritários para a realização de suas atividades e atuarão de forma integrada, inclusive com o compartilhamento de cadastros e de informações fiscais, na forma da lei ou convênio (CF, art. 37, XXII, acrescentado pela EC n. 42/2003).

- **Vedação à propaganda pessoal de agentes públicos** — a publicidade dos atos, programas, obras, serviços e campanhas dos órgãos públicos deverá ter caráter educativo, informativo ou de orientação social, dela não podendo constar nomes, símbolos ou imagens que caracterizem promoção pessoal de autoridades ou servidores públicos (CF, art. 37, § 1º).

    Desdobramento da matéria:
    - **Novidade da Carta de 1988** — a vedação à propaganda pessoal de agentes públicos, prevista no art. 37, § 1º, é uma inovação trazida pelo constituinte de 1988. As constituições passadas não se preocuparam com o fim educativo, informativo ou de orientação social que deve nortear a conduta das autoridades e servidores públicos.
    - **Objetivos do art. 37, § 1º, da CF** — três foram os objetivos do referido preceito: **(i) moralizar,** evitando a divulgação dos atos do Poder Público, mediante publicidade pessoal dos Chefes dos Poderes Executivo, Legislativo e Judiciário, da União, Estados, Distrito Federal e Municípios; **(ii) economizar**, banindo publicidades realizadas à custa do erário. Mas o art. 37, § 1º, em nada impede a divulgação dos atos administrativos que tenham caráter educativo, informativo ou de orientação social, até porque o princípio administrativo da publicidade, cristalizado no art. 37, *caput*, é um dos vetores da ação administrativa do Estado; e **(iii) despersonificar**, pois o princípio da impessoalidade administrativa (CF, art. 37, *caput*) coíbe a propaganda particular de autoridades que fazem constar seus nomes, símbolos e imagens na *coisa pública*. Ora, a Constituição de 1988 não tutela vaidades pagas a expensas dos cofres do Estado.
    - **Promoção pessoal com dinheiro público é ato de improbidade administrativa** — cumpre ao Ministério Público tomar as providências cabíveis (CF, art. 129, II e III), de modo a fiscalizar o cumprimento das exigências contidas no art. 37, §§ 1º e 4º, da Constituição, que veda o *marketing* pessoal de autoridades e servidores públicos, pois tal praxe, além de atentar contra os princípios da moralidade e impessoalidade, fere a probidade administrativa. Muito mais que ajuizar ação popular, com vistas à anulação do ato lesivo às finanças públicas, cumpre ao *Parquet* primar pela observância da **Lei n. 8.429, de 2-6-1992**. Esse diploma legal, que rechaça atos ímprobos, inadmite promoção pessoal de autoridades a custa do erário. Assim o faz nos **arts. 9º** ("Constitui ato de improbidade administrativa importando enriquecimento ilícito auferir

◆ Cap. 20 ◆ **ADMINISTRAÇÃO PÚBLICA** **879**

qualquer tipo de vantagem patrimonial indevida em razão do exercício de cargo, mandato, função, emprego ou atividade nas entidades mencionadas no art. 1º desta Lei") e **11, I** ("Constitui ato de improbidade administrativa que atenta contra os princípios da administração pública qualquer ação ou omissão que viole os deveres da honestidade, imparcialidade, legalidade, e lealdade às instituições, e notadamente: I — praticar ato visando fim proibido em lei ou regulamento ou diverso daquele previsto na regra de competência").

• **Publicidade de caráter autopromocional do governador e de seus correligionários** — afigura-se inadmissível publicidade contendo nomes, símbolos e imagens, realizada a custa do erário, haja vista o disposto na segunda parte do art. 37, § 1º, da Constituição (STF, RE 217.025, Rel. Min. Maurício Corrêa, *DJ* de 5-6-1998).

• **Publicação custeada pela Prefeitura de São Paulo** — "Ausência de conteúdo educativo, informativo ou orientação social que tivesse como alvo a utilidade da população, de modo a não se ter o acórdão recorrido como ofensivo ao disposto no § 1º do art. 37 da Constituição Federal. Recurso extraordinário de que, em consequência, por maioria, não se conhece" (STF, RE 208.114, Rel. Min. Octavio Gallotti, *DJ* de 25-8-2000).

• **Publicidade dos atos e obras realizados pelo Poder Executivo** — "Iniciativa Parlamentar. Norma de reprodução de dispositivo constitucional, que se aplica genericamente à Administração Pública, podendo obrigar apenas um dos Poderes do Estado sem implicação de dispensa dos demais. Preceito que veda 'toda e qualquer publicação, por qualquer meio de divulgação, de matéria que possa constituir propaganda direta ou subliminar de atividades ou propósito de governo, bem como de matéria que esteja tramitando no Poder Legislativo' (art. 1º, § 2º), capaz de gerar perplexidade na sua aplicação prática. Relevância da suspensão de sua vigência" (STF, ADIn 2.472-MC, Rel. Min. Marco Aurélio, *DJ* de 22-11-2004).

• **Participação do usuário na Administração Pública** — a lei disciplinará as formas de participação do usuário na Administração Pública direta e indireta, regulando especialmente: **(i)** as reclamações relativas à prestação dos serviços públicos em geral, asseguradas a manutenção de serviço de atendimento ao usuário e a avaliação periódica, externa e interna, da qualidade dos serviços; **(ii)** o acesso dos usuários a registros administrativos e a informações sobre atos de governo, observado o disposto no art. 5º, X e XXXIII; **(iii)** a disciplina da representação contra o exercício negligente ou abusivo de cargo, emprego ou função na Administração Pública (CF, art. 37, § 3º, com redação dada pela EC n. 19/98).

• **Improbidade administrativa** — a prática de atos ímprobos acarreta: **(i)** suspensão dos direitos políticos; **(ii)** perda da função pública; **(iii)** indisponibilidade de bens; e **(iv)** ressarcimento ao erário. A gradação dessas sanções, previstas na Lei n. 8.429, de 2 de junho de 1992, não exime o ajuizamento de ação penal (CF, art. 37, § 4º).

Desdobramento da matéria:

• **Improbidade administrativa** — é a espécie qualificada de imoralidade que equivale a um reclamo contra a ineficiência, a corrupção, a desonestidade, o desrespeito à coisa pública, o enriquecimento ilícito, a má-fé, que descredibilizam as instituições governamentais do Estado.

• **Amplitude da improbidade** — subjetivamente, os atos ímprobos conspurcam a moralidade, a honestidade, a lisura dos negócios públicos, o desempenho lícito, legítimo e reto do comportamento humano. Objetivamente, violam um dever previsto na Constituição de 1988 e, em particular, na Lei n. 8.429, de 2-6-1992, que dispõe sobre as sanções aplicáveis aos agentes públicos nos casos de enriquecimento ilícito no exercício de mandato, cargo, emprego ou função na Administração Pública direta, indireta e fundacional. **Conferir:** STF, ADIn 463, Rel. Min. Carlos Velloso, *DJ* de 31-10-2003; STF, RE 129.392, Rel. Min. Sepúlveda Pertence, *DJ* de 16-4-1993; STF, Pet. 3.270, Rel. Min. Celso de Mello, j. em 25-11-2004.

• **Conteúdo da improbidade** — engloba a conduta do *administrador* amplamente considerado, compatibilizando-se com as figuras do enriquecimento ilícito, do prejuízo ao erário e da imoralidade administrativa.

• **Moralidade, probidade e boa-fé** — o princípio da moralidade é de maior amplitude se comparado à probidade e à boa-fé. A probidade volta-se para um particular aspecto da moralidade. Já a boa-fé liga-se mais ao item confiança. Enquanto vetor regente da relação administrador/administrado, reporta-se à tutela de um bem, de um valor ético-social, exteriorizado este último pela *confiabilidade*. A quebra do elemento confiança acarreta ruptura da boa-fé. Note-se que as noções de probidade e boa-fé estão implícitas, ou melhor, contidas, na própria concepção de moralidade. Ora, sendo assim, haveria alguma utilidade em procurarmos diferençá-las categoricamente? Na realidade, é excesso pretender extrair de figuras complementares resultados diversos. É despiciendo, por exemplo, saber se um agente público agrediu a moralidade administrativa sem incorrer em improbidade ou se pela quebra do elemento confiança conspurcou a boa-fé. O imprescindível é a apuração de atos violadores da honestidade, da lisura dos negócios públicos, do desempenho lícito, legítimo e reto da conduta, que agridem um dever previsto na constituição e nas leis.

- **Ação de improbidade administrativa** — a ação de improbidade administrativa é de natureza civil, nos termos do art. 37, § 4º, da Carta Maior. O Supremo Tribunal jamais entendeu ser competente para o conhecimento de ações civis, por ato de ofício, ajuizadas contra as autoridades para cujo processo penal o seria. Nesse sentido: STF, Recl. 2.381-AgRg, Rel. Min. Carlos Britto, *DJ* de 2-4-2004.
- **Competência para processar e julgar ação de improbidade administrativa** — a ação de improbidade deverá ser proposta perante o tribunal competente para processar e julgar criminalmente o funcionário ou autoridade no caso de prerrogativa de foro em razão do exercício de função pública. Nesse sentido: STF, Recl. 2.645-MC, Rel. Min. Cezar Peluso, *DJ* de 26-5-2004.
- **Ação civil pública por ato de improbidade** — compete ao Ministério Público, no bojo de suas funções institucionais, ajuizar ação civil pública para reparar dano causado ao patrimônio por ato de improbidade, prejudicial aos interesses metaindividuais da sociedade (CF, art. 129, III), inclusive no que tange à defesa do patrimônio público municipal (STF, RE 225.777/MG, Rel. orig. Min. Eros Grau, red. p/ o acórdão Min. Dias Toffoli, j. em 24-2-2011). Há uma plêiade de normas legais que reforçam esse encargo de índole institucional do *Parquet*, tais como a Lei n. 7.347/85 (art. 1º, IV, e 21), a Lei n. 8.429/92 (arts. 17 e 21) e a Lei n. 8.078/90 (art. 83). Desse modo, é a ação civil pública o instrumento acertado para a repressão dos atos ímprobos, em virtude da lesividade, ilegalidade e imoralidade que os circundam. Enquanto a Lei n. 7.347/85, que disciplina a ação civil pública, logra a natureza tipicamente *processual*, as Leis n. 8.429/92 e 8.078/90 apresentam a índole *material*, porque servem de substrato para o Ministério Público aquilatar a substância dos interesses metaindividuais feridos pelo Poder Público. Esse é o entendimento pacífico da jurisprudência brasileira. Por todos: STJ, 5ª T., REsp 98.648/MG, Rel. Min. José Arnaldo da Fonseca, *DJ* de 28-4-1997, p. 13; STJ, 2ª T., RMS 6.182/95/DF, Rel. Min. Adhemar Maciel, *DJ* de 1º-12-1997, p. 62700; STJ, 1ª T., REsp 142.707/SP, Rel. Min. Garcia Vieira, *DJ* de 27-4-1998, p. 85.
- **Limites de atuação Judiciário nos atos de improbidade administrativa** — "Servidor do DNER demitido por ato de improbidade administrativa e por se valer do cargo para obter proveito pessoal de outrem, em detrimento da dignidade da função pública, com base no art. 11, *caput*, e inciso I, da Lei n. 8.429/92 e art. 117, IX, da Lei n. 8.112/90. A autoridade administrativa está autorizada a praticar atos discricionários apenas quando norma jurídica válida expressamente a ela atribuir essa livre atuação. Os atos administrativos que envolvem a aplicação de 'conceitos indeterminados' estão sujeitos ao exame e controle do Poder Judiciário. O controle jurisdicional pode e deve incidir sobre os elementos do ato, à luz dos princípios que regem a atuação da Administração. Processo disciplinar, no qual se discutiu a ocorrência de desídia — art. 117, inciso XV da Lei n. 8.112/90. Aplicação da penalidade, com fundamento em preceito diverso do indicado pela comissão de inquérito. A capitulação do ilícito administrativo não pode ser aberta a ponto de impossibilitar o direito de defesa. De outra parte, o motivo apresentado afigurou-se inválido em face das provas coligidas aos autos. Ato de improbidade: a aplicação das penalidades previstas na Lei n. 8.429/92 não incumbe à Administração, eis que privativa do Poder Judiciário. Verificada a prática de atos de improbidade no âmbito administrativo, caberia representação ao Ministério Público para ajuizamento da competente ação, não a aplicação da pena de demissão. Recurso ordinário provido" (STF, RMS 24.699, Rel. Min. Eros Grau, *DJ* de 1º-7-2005).

- **Prescrição dos atos contra o erário** — a lei estabelecerá os prazos de prescrição para ilícitos praticados por qualquer agente, servidor ou não, que causem prejuízos ao erário, ressalvadas as respectivas ações de ressarcimento (CF, art. 37, § 5º).

◆ Cap. 20 ◆ ADMINISTRAÇÃO PÚBLICA

881

- **Responsabilidade civil objetiva do Poder Público** — as pessoas jurídicas de Direito Público e as de Direito Privado prestadoras de serviços públicos responderão pelos danos que seus agentes, nessa qualidade, causarem a terceiros, assegurado o direito de regresso contra o responsável nos casos de dolo ou culpa (CF, art. 37, § 6º).

Desdobramento da matéria:

- **Súmula 39 do STJ** — "Prescreve em vinte anos a ação para haver indenização, por responsabilidade civil, de sociedade de economia mista".
- **Disciplina genérica do assunto nas Constituições pregressas** — 1824 (art. 179, n. 29); 1891 (art. 82); 1934 (art. 171); 1946 (art. 194); 1967 (art. 105) e na sua Emenda Constitucional n. 1/69 (art. 107). A responsabilidade objetiva do Estado por danos causados a particulares, no exercício de suas atribuições públicas, proveio da Constituição de 1946 (art. 194). De lá para cá a matéria vem evoluindo paulatinamente, abarcando, inclusive, indenizações por danos morais.
- **Responsabilidade civil objetiva** — o Texto Constitucional consagrou a responsabilidade sem culpa, isto é, *objetiva*, do Poder Público, consagrando a *teoria do risco administrativo* (STF, *RDA, 55*:261 e *58*:319; *RT, 202*:163, *255*:328, *382*:138, *449*:104, *273*:700 e *330*:270).
- **Extensão da responsabilidade civil objetiva** — a responsabilidade dos prestadores de serviços públicos foi estendida a todos os particulares, desde que estejam no exercício de suas atribuições. Para se configurar a responsabilidade objetiva do Estado, o art. 37, § 6º, da Carta Magna exige que a ação causadora do dano a terceiro tenha sido praticada por agente público, nessa qualidade, não podendo o Estado ser responsabilizado senão quando o agente estiver a exercer seu ofício ou função, ou a proceder como se estivesse a exercê-la (STF, RE 363.423/SP, Rel. Min. Carlos Britto, decisão de 16-11-2004). Desse modo, a "responsabilidade civil das pessoas jurídicas de direito privado prestadoras de serviço público é objetiva relativamente aos usuários do serviço, não se estendendo a pessoas outras que não ostentem a condição de usuário" (STF, RE 262.651/SP, Rel. Min. Carlos Velloso, *Clipping* do *DJ* de 19-11-2004).
- **Responsabilidade civil objetiva da pessoa jurídica de direito público** — é possível reduzir ou excluir a responsabilidade objetiva da pessoa jurídica de direito público, desde quando se comprove a culpa concorrente do particular ou a sua culpa exclusiva (STF, *RDA, 150*:263).
- **Responsabilidade civil objetiva das entidades paraestatais** — a responsabilidade civil das empresas públicas e das sociedades de economia mista, por atos danosos cometidos na execução de serviços públicos, enquadra-se no preceito em tela. Por isso, é objetiva. E, havendo insolvência dos entes paraestatais, o Poder Público responderá subsidiariamente, reparando o dano de modo integral. Essa posição, contudo, desde a Constituição anterior, não é pacífica na jurisprudência. Há entendimentos jurisprudenciais divergentes deste (*RT, 535*:199).
- **Responsabilidade civil objetiva por ato jurisdicional** — Esse assunto mereceria passar por uma mudança de rumos na jurisprudência do Supremo Tribunal Federal. Desde a Constituição anterior prospera o entendimento equivocado de que "O Estado não é civilmente responsável pelos atos do Poder Judiciário, senão nos casos expressamente declarados em lei" (STF, *RDA, 50*:239, *114*:298, *105*:217, *59*:335; *RT, 150*:363; *RTJ, 64*:689; STF, RE 429.518/SC, Rel. Min. Carlos Velloso, decisão de 17-8-2004; STF, 2ª T., RE 228.977/SP, Rel. Min. Néri da Silveira, *DJ* de 12-4-2002; STF, 1ª T., RE 111.609/AM, Rel. Min. Moreira Alves, *DJ* de 19-3-1993; STF, 1ª T., RE 219.117/PR, Rel. Min. Ilmar Galvão, *DJ* de 29-10-1999; STF, RE 216.020/SP, Rel. Min. Carlos Velloso, *DJ* de 8-10-2002). Na vigência da Constituição de 1988, juízes e tribunais têm seguido a corrente da irreparabilidade do prejuízo causado por ato jurisdicional danoso, na esteira dos julgados do Pretório Excelso (STF, *RTJ, 39*:190, *56*:273, *59*:782, *94*:423 e *145*:268). Prevalece na jurisprudência pátria, portanto, o entendimento segundo o qual o Estado, em virtude dos atos praticados pelos membros do Poder Judiciário, apenas responde civilmente nas hipóteses previstas na Lei Complementar n. 35/79 (art. 49), no CPC de 2015 (art. 143) e no Código de Processo Penal (art. 630). Nas demais hipóteses, predomina o que erigiram como "regra da imunidade do Poder Público em face dos atos jurisdicionais", à semelhança da superada máxima *The King can do not wrong*. Registre-se a posição lúcida e isolada do Ministro Aliomar Baleeiro, do Supremo Tribunal Federal, que defendia, na década de sessenta, a possibilidade da reparação dos danos provocados por atos jurisdicionais (STF, RE 32.518, Rel. p/ acórdão Min. Hermes Lima, decisão de 21-6-1966). Nesse julgado não houve unanimidade; saiu vencedora a tese do relator para o acórdão, Ministro Hermes Lima, que sustentou a

impossibilidade de atos jurisdicionais serem passíveis de responsabilização, vencidos os Ministros Aliomar Baleeiro e Adalício Nogueira. Salvo algumas decisões isoladas, os tribunais profligam que qualquer postura no sentido de aceitar a obrigação de indenizar por atos dos juízes fere a soberania do Poder Judiciário e o princípio da autoridade da coisa julgada. Sustentam, ainda, que tal medida equivaleria ao fim da liberdade de proferir sentenças descomprometidas e imparciais, porque o magistrado ficaria temeroso. Mas essa posição jurisprudencial é contraditória, pois, enquanto se admite a responsabilização pelo erro judiciário (art. 5º, LXXV), nega-se a reparabilidade de enganos decorrentes da prática judiciária danosa, sob o argumento de que inexiste base legislativa para tanto, como se a Constituição — a Lei das Leis — não bastasse (art. 37, § 6º). À luz disso, fortes apelos doutrinários vêm sendo emitidos no sentido de se adotar outra postura no tratamento da responsabilidade por ato jurisdicional. Pode-se até dizer que muito raramente vamos encontrar um autor nacional ou estrangeiro defendendo a irresponsabilidade do Estado por atos jurisdicionais. Registre-se que algumas constituições estrangeiras já reconhecem a responsabilidade do Estado-Juiz, a exemplo da Carta espanhola de 1978 (art. 121). Outras, embora não prevejam disposição taxativa a esse respeito, garantem a indenização por atos jurisdicionais. É o caso da Itália, onde a Corte Constitucional determinou a aplicabilidade do art. 28 da Constituição de 1947 nesse assunto. É que a obrigação de indenizar, nos termos do § 6º do art. 37, independe de elementos subjetivos, e o magistrado enquadra-se na noção de agente público. Desde que se prove o nexo de causalidade entre o ato comissivo e o dano, está consagrada a possibilidade jurídica de se pleitear a reparação dos prejuízos sofridos por atos dos juízes. Não podemos esquecer que a "responsabilidade do Estado por atos jurisdicionais" é espécie do gênero "responsabilidade do Estado por atos decorrentes do serviço público". Logo, o magistrado, que é um agente público, quando está no exercício do múnus judicante, desempenha serviço público, sendo seus atos atraídos no bojo do enunciado geral da responsabilidade objetiva do Estado (CF, art. 37, § 6º).

- **Responsabilidade civil do Estado. Policial militar. Arma pertencente à Corporação** — "A situação de fato que gerou o trágico evento narrado neste processo — a morte acidental de um jovem inocente causada por disparo efetuado com arma de fogo pertencente à Polícia Militar do Estado de São Paulo e manejada por integrante dessa corporação, embora em seu período de folga — põe em evidência a configuração, no caso, de todos os pressupostos primários determinadores do reconhecimento da responsabilidade civil objetiva da entidade estatal ora recorrente. Sabemos que a teoria do risco administrativo, consagrada em sucessivos documentos constitucionais brasileiros, desde a Carta Política de 1946, revela-se fundamento de ordem doutrinária subjacente à norma de direito positivo que instituiu, em nosso sistema jurídico, a responsabilidade civil objetiva do Poder Público, pelos danos que seus agentes, nessa qualidade, causarem a terceiros, por ação ou por omissão (CF, art. 37, § 6º). Essa concepção teórica — que informa o princípio constitucional da responsabilidade civil objetiva do Poder Público — faz emergir, da mera ocorrência de lesão causada à vítima pelo Estado, o dever de indenizá-la pelo dano pessoal e/ou patrimonial sofrido, independentemente de caracterização de culpa dos agentes estatais ou de demonstração de falta do serviço público, consoante enfatiza o magistério da doutrina. É certo, no entanto, que o princípio da responsabilidade objetiva não se reveste de caráter absoluto, eis que admite abrandamento e, até mesmo, exclusão da própria responsabilidade civil do Estado nas hipóteses excepcionais configuradoras de situações liberatórias — como o caso fortuito e a força maior — ou evidenciadoras de ocorrência de culpa atribuível à própria vítima (RDA 137/233 — RTJ 55/50 — RTJ 163/1107-1109, v.g.). Impõe-se destacar, neste ponto, na linha da jurisprudência prevalecente no Supremo Tribunal Federal (RTJ 163/1107-1109, Rel. Min. Celso de Mello, v. g.), que os elementos que compõem a estrutura e delineiam o perfil da responsabilidade civil objetiva do Poder Público compreendem (a) a alteridade do dano, (b) a causalidade material entre o 'eventus damni' e o comportamento positivo (ação) ou negativo (omissão) do agente público, (c) a oficialidade da atividade causal e lesiva imputável a agente do Poder Público, que, nessa condição funcional, tenha incidido em conduta comissiva ou omissiva, independentemente da licitude, ou não, do seu comportamento funcional (RTJ 140/636) e (d) a ausência de causa excludente da responsabilidade estatal (RTJ 55/503 — RTJ 71/99 — RTJ 91/377 — RTJ 99/1155 — RTJ 131/417). É por isso que a ausência de qualquer dos pressupostos legitimadores da incidência da regra inscrita no art. 37, § 6º, da Carta Política basta para descaracterizar a responsabilidade civil objetiva do Estado,

◆ Cap. 20 ◆ ADMINISTRAÇÃO PÚBLICA

883

especialmente quando ocorre circunstância que rompe o nexo de causalidade material entre o comportamento do agente público e a consumação do dano pessoal ou patrimonial infligido ao ofendido" (STF, RE 291035/SP, Rel. Min. Celso de Mello, decisão de 28-3-2006).

- **Prestadora de serviço público tem responsabilidade objetiva em relação a terceiros não usuários:** há responsabilidade civil objetiva, isto é, o dever de indenizar danos causados independentemente de culpa, das empresas que prestam serviço público mesmo em relação a terceiros, ou seja, aos não usuários. A responsabilidade é a regra e a irresponsabilidade é a exceção. O Texto Maior estabeleceu no art. 37, § 6º, que a responsabilidade civil do Estado e da pessoa jurídica de direto privado prestadora de serviço público é objetiva em relação a terceiros. Tanto a força maior como a culpa exclusiva da vítima podem ser excludentes de responsabilidade do Estado quando o nexo causal entre a atividade administrativa e o dano dela resultante não fica evidenciado. Ademais, a Constituição Federal não faz qualquer distinção sobre a qualificação do sujeito passivo do dano, ou seja, não exige que a pessoa atingida pela lesão ostente a condição de usuário do serviço. Logo, onde a lei não distingue, não cabe ao intérprete distinguir. Desse modo, a locução "terceiros", abrigada no art. 37, § 6º, da Constituição Federal, alcança também aquela pessoa que não se utiliza do serviço público. Certamente, não se pode interpretar restritivamente o alcance do referido art. 37, § 6º, sobretudo porque a Constituição, interpretada à luz do princípio da isonomia, não permite que se faça qualquer distinção entre os chamados "terceiros", isto é, entre usuários e não usuários do serviço público, uma vez que todos eles, de igual modo, podem sofrer dano em razão da ação administrativa do Estado, seja ela realizada diretamente, seja por meio de pessoa jurídica de direito privado (STF, RE 591.874/MS, Rel. Min. Ricardo Lewandowski, *DJE* de 14-9-2009).

- **Constitucionalidade de lei que responsabilizou Estado por danos causados a pessoas presas na ditadura** — o Supremo Tribunal Federal, em sua composição plenária e por maioria de votos, declarou a constitucionalidade de norma estadual que dispôs sobre a indenização e pensão especial de vítimas do regime militar. Desse modo, manteve a validade da Lei estadual n. 5.751/98, do Espírito Santo, que considerou o Estado como responsável pelos danos físicos e psicológicos causados a pessoas presas na ditadura militar, prevendo normas para que fossem indenizadas. Prevaleceu a tese de que a indigitada lei estadual está em harmonia com o art. 37, § 6º, da *Lex Mater*, pelo qual as pessoas jurídicas de direito público e as de direito privado prestadoras de serviços públicos responderão pelos danos causados por seus agentes a terceiros (STF, ADI 3738, Rel. Min. Marco Aurélio, j. 6-11-2020).

- **Acesso a informações privilegiadas** — a lei disporá sobre os requisitos e as restrições ao ocupante de cargo ou emprego da Administração Pública que tenham acesso a informações privilegiadas (CF, art. 37, § 7º, acrescentado pela EC n. 19/98).

  Desdobramento da matéria:
  - **Fundamento da novidade constitucional** — evitar o favorecimento de particulares mediante informações privilegiadas. Deveras, tornou-se praxe entre nós a conhecida situação em que ocupantes de cargos e empregos da Administração direta e indireta, ou ex-ocupantes, após exonerarem-se ou desligarem-se do exercício regular de suas funções, transmitiam para a iniciativa privada dados privilegiados do Estado, em flagrante desrespeito ao pórtico da igualdade, tendo em vista, pois, o princípio de que as informações da Administração Pública devem ser levadas a quem quer que seja, indistintamente, sem preferências de nenhuma espécie. Contudo, a medida ética de garantir a todos o acesso isonômico de dados deve respeitar o sigilo de informações, quando este for imprescindível à segurança da sociedade e do Estado.
  - **Norma dependente de regulamentação** — o tema em estudo não é autoaplicável, remetendo ao legislador ordinário a tarefa de disciplinar os requisitos e as restrições da garantia constitucional. Nesse sentido, valerá como exemplo o art. 30 da Lei federal n. 9.472/97, que dispõe sobre a organização dos serviços de telecomunicações: "Até um ano após deixar o cargo, é vedado ao ex-conselheiro representar qualquer pessoa ou interesse perante a Agência".

- **Contrato de gestão** — a autonomia gerencial, orçamentária e financeira dos órgãos e entidades da Administração direta e indireta poderá ser ampliada mediante contrato, a ser firmado entre seus administradores e o Poder Público, que tenha por objeto a fixação de metas de desempenho

884 ◆ Uadi Lammêgo Bulos ◆

para o órgão ou entidade, cabendo à lei dispor sobre: **(i)** o prazo de duração do contrato; **(ii)** os controles e critérios de avaliação de desempenho, direitos, obrigações e responsabilidade dos dirigentes; **(iii)** a remuneração do pessoal (CF, art. 37, § 8º, acrescentado pela EC n. 19/98).

Desdobramento da matéria:

- **Contrato de gestão (acordo de programa)** — o dispositivo de eficácia contida, aí transcrito, trouxe o *contrato de gestão*, terminologia constitucional imprecisa. Não se trata de um pacto em que há prestações recíprocas, no sentido clássico de envolver interesses antagônicos entre o administrador e o Poder Público. O que ocorre é, apenas, mero *acordo de programa*, em que dois ou mais sujeitos públicos dispõem livremente sobre normas de competência. Quando o dispositivo usou o signo *contrato*, foi com base no raciocínio de que essa palavra serviria para transmitir a ideia de instrumento dotado dos traços nucleares da consensualidade e da autoridade de seus termos, concebido para compor, pacificamente, os interesses comuns dos contratantes. Não imaginou, contudo, que utilizando a palavra *acordo* o mesmo objetivo seria alcançado, mas com a vantagem de externar, precisamente, o ideário da gestão associada de serviços públicos. As relações entre o Estado e a organização social não são contratuais, no sentido tradicional que conhecemos. Assim, o *contrato de gestão* não é realmente um contrato, no sentido exato da palavra. Quanto à natureza do seu vínculo com os entes que estão surgindo para desincumbir-se de atividades estatais, isto é, as agências reguladoras, as agências executivas e as organizações sociais de colaboração, só o tempo responderá, pois a experiência é mais rica do que meras suposições.

- **Conteúdo do contrato de gestão (acordo de programa)** — poderá ser estabelecido temporariamente, seguindo a tendência da Constituição (art. 37, IX) e da legislação infraconstitucional (Lei n. 8.745/93). Caberá ao legislador ordinário atentar para esse fato, dispondo sobre o prazo de sua duração. Ademais, incumbir-lhe-á prever controles e critérios de avaliação de desempenho, sem ferir direitos nem renegar as obrigações e responsabilidades dos dirigentes. O critério para aferir a remuneração do pessoal também deverá ficar aos cuidados da lei ordinária.

- **Agências reguladoras** — inseridas no ordenamento jurídico brasileiro sob inspiração das *administrative agencies* dos norte-americanos, quando criaram, em 1887, o *Interstate Commerce Commission* — modelo disseminado pela política do *New Deal* de Roosevelt. O título jurídico que as notabiliza sedimenta-se no fato de serem autarquias de regime especial, não se confundindo com as autarquias comuns. Configuram pessoas jurídicas de Direito Público Interno, criadas por lei e dotadas de autonomia gerencial, administrativa e financeira. Se atenderem aos objetivos a que se destinam, afigurar-se-ão úteis, pois visam coordenar a intervenção do Estado em setores da economia, mantendo o espírito competitivo entre particulares e fiscalizando a execução de serviços públicos desempenhados pela iniciativa privada. Por cumularem funções regulativas, fiscalizadoras, sancionatórias e contenciosas, possuem poder decisório, sendo-lhes dado tomar decisões em clima de racionalidade e transparência. Podem contribuir, em última análise, para derrubar o vezo burocrático que vem pautando a conduta da Administração Pública brasileira desde a Carta Política do Império, de 1824.

- **Agência executiva** — é um qualificativo atribuído às autarquias e fundações públicas para que exerçam atividades e serviços exclusivos do Estado. Tal qualificação é concedida mediante decreto presidencial. Não se trata de uma nova figura jurídica da Administração Pública, mas sim de um meio encontrado para legitimar a candidatura de órgãos e entidades que pretendam desempenhar atribuições próprias da esfera estatal. Ademais, como dispõe a Lei n. 9.649/98, para que uma instituição seja considerada agência executiva, é necessário ter um plano estratégico de reestruturação e desenvolvimento institucional em andamento, bem como um contrato de gestão firmado com o Ministério Supervisor. Este, por sua vez, será o veículo mediante o qual ocorrerá a concessão de autonomias, cumprindo-lhe estabelecer escopos estratégicos e metas a serem alcançadas pela instituição, em certo lapso de tempo. Numa palavra, o contrato de gestão deverá indicar os requisitos que irão mensurar o desempenho da agência executiva, no que tange à consecução dos compromissos firmados. É válido lembrar, as autarquias e fundações, que recebem a roupagem de agências executivas, distinguem-se das demais pelo grau de autonomia gerencial ou de gestão que se lhes irrogam.

- **Organização social de colaboração** — é uma espécie de fundação privada ou associação sem fins lucrativos, subentendendo a ideia de *pessoa jurídica de direito privado*. Não visa o lucro.

◆ Cap. 20 ◆ ADMINISTRAÇÃO PÚBLICA

Colima, apenas, exercer serviços públicos relevantes em prol da sociedade. Daí prescindir de ato concessivo ou permissivo do Poder Público, embora seja fiscalizada e fomentada por ele. Nasce da iniciativa de particulares, sujeitando-se ao império da legalidade, pois, para formar parceria com o Estado, deve aderir ao modelo legal. Daí resultar de um ato formal e discricionário de reconhecimento, assemelhando-se àquelas instituições particulares que recebem o *status* de utilidade pública. Distingue-se destas pelo conteúdo dos seus estatutos, os quais devem dispor, inclusive, sobre a previsão orçamentária, trespassando bens e recursos que se condicionam à assinatura de contratos de gestão com os órgãos da Administração Pública Federal.

✦ 5. AGENTES PÚBLICOS NA CONSTITUIÇÃO

Agente público é toda pessoa física, investida numa função de Estado, incumbida de prestar serviços ao Poder Público.

Detectá-lo é muito importante, possibilitando-nos descobrir, por exemplo, a responsabilidade subsidiária do Estado por atos lesivos a um bem jurídico pertencente a terceiro ou, até, determinar o sujeito passivo do mandado de segurança.

Por meio dos *agentes públicos*, o Estado encontra quem exprima a sua vontade.

Como observou Renato Alessi, o Estado não é um ser personificado, a ponto de praticar ações por si mesmo, tomando decisões próprias. Como organismo lógico que é, precisa de seres físicos para vivificar o seu querer e o seu agir (*Sistema istituzionale del diritto amministrativo*, p. 80).

Por isso que, para fins de interpretação constitucional, devemos sempre utilizar a expressão *agentes públicos* ampla e genericamente, pois, desse modo, designamos todas as espécies de seres humanos que servem o Poder Público, mesmo esporadicamente.

Logo, são agentes públicos: Presidente da República, governadores, prefeitos, ministros, secretários de Estado e de Município, senadores, deputados, vereadores, servidores das autarquias, das fundações governamentais, das empresas públicas e sociedades de economia mista, em todos os níveis de governo, os concessionários e permissionários de serviço público, os delegados de função pública, os requisitados, os contratados sob locação civil de serviços e os gestores de negócios públicos.

Toda vez que desejarmos saber se alguém é um *agente público* basta ver se existe lastro entre a pessoa física e a Administração Pública, independentemente de integrar ou não o aparelho estatal.

Esse foi o motivo pelo qual Celso Antônio Bandeira de Mello observou, em termos válidos ainda hoje: "O que possuem em comum o Governador de um Estado, um diretor de repartição pública, o superintendente de uma autarquia, um tabelião, o diretor de uma faculdade particular reconhecida e o cidadão convocado, em tempo de guerra, para comandar uma unidade militar? Alguns dentre os mencionados não são integrantes do aparelho administrativo estatal, outros, pelo contrário, enquadram-se em sua estrutura burocrática. O traço que os radicaliza, relacionando-os, é o fato de todos eles serem, embora muitas vezes apenas em alguns aspectos um poder estatal, munidos de uma autoridade que só podem exercer por lhes haver o Estado emprestado sua força jurídica, exigindo ou consentindo-lhes o uso para satisfação de fins públicos" (*Apontamentos sobre agentes e órgãos públicos*, p. 3-4).

Como categoria-gênero que é, existem espécies distintas de *agentes públicos*: agentes políticos; particulares em regime de colaboração com o Poder Público; e servidores públicos.

✧ 5.1. Agentes políticos

São aqueles que integram a estrutura fundamental do poder.

Aí se enquadram: o Presidente da República, os governadores, os prefeitos, os vices correlativos a tais postos, os ministros e secretários das diversas pastas, os senadores, os deputados federais, os deputados estaduais e os vereadores.

Esses *agentes políticos* vinculam-se ao Estado por meio de uma relação estatutária ou institucional.

Seus direitos e deveres promanam da Constituição e das leis, e não de um contrato celebrado com o Poder Público.

Desse modo, não nutrem qualquer vínculo de natureza profissional com o Estado. Exercem, tão só, uma função política, titularizando o múnus *público*, que é o atributo de cidadãos aptos a reger os desígnios e os negócios do Estado.

✧ 5.2. Particulares em regime de colaboração com o Poder Público

São as pessoas físicas que, embora sejam particulares, exercem função pública, ainda que de caráter efêmero.

Essa categoria compõe-se dos seguintes agentes alheios aos quadros administrativos do Estado:

- *requisitados* — jurados, membros das mesas receptoras ou apuradoras de eleições, convocados para o serviço militar obrigatório etc.;
- *voluntários* — os que por vontade ou deliberação própria tornam-se gestores de negócios públicos, diante de situações extraordinárias, anormais ou prementes;
- *contratados* — os que celebram contrato para a locação de serviços profissionais;
- *concessionários ou permissionários de serviços públicos, delegados de função ou ofício público* — é o exemplo dos notários (CF, art. 236).

✧ 5.3. Servidores públicos

Servidores públicos são os que mantêm com o Estado relações de natureza profissional, sob vínculo de dependência.

Abrangem as seguintes classes:

- *Servidores públicos civis* — são os funcionários públicos, que titularizam cargos, em quaisquer dos Três Poderes, na Administração direta, nas autarquias e fundações de direito público, da União, dos Estados, do Distrito Federal e dos Municípios. Aqui estão os servidores públicos em sentido estrito, aqueles admitidos em funções públicas.
- *Servidores contratados por tempo determinado* — são os prestacionistas de serviço público temporário.
- *Empregados das entidades administrativas* — são os admitidos no serviço público mediante vínculo empregatício, como os serventes, motoristas, jardineiros, garagistas etc. Contratados nos termos do art. 37, IX, da Carta Federal, servem aos Três Poderes, à Administração direta, às autarquias e fundações de direito público, à União, aos Estados, ao Distrito Federal e aos Municípios.
- *Empregados sob regime trabalhista* — são os que servem às empresas públicas, sociedades de economia mista e fundações de direito privado instituídas pelo Poder Público.

O Texto de 1988 abre a Seção II do Capítulo VII do Título III com a rubrica "Dos Servidores Públicos".

Trata-se de uma mudança operada pela Emenda Constitucional n. 18/98, para substituir a terminologia "Dos Servidores Públicos Civis".

Desse modo, findou a dicotomia *servidores públicos civis/servidores públicos militares*.

Agora, todos que mantêm laços de trabalho profissional com entes governamentais são *servidores públicos*.

⌑ 5.3.1. *Servidores públicos no exercício de mandato eletivo*

O servidor público da Administração direta, autárquica e fundacional que estiver exercendo mandato eletivo sujeita-se às seguintes disposições (CF, art. 38):

◆ Cap. 20 ◆ ADMINISTRAÇÃO PÚBLICA 887

- **Tratando-se de mandato eletivo federal, estadual ou distrital, ficará afastado de seu cargo, emprego ou função (inciso I)** — o afastamento alcança: **(i)** o servidor não exonerável *ad nutum*, o qual deverá deixar suas atividades enquanto estiver exercendo o mandato, apenas retornando no término da legislatura (CF, arts. 54, I, *b*, e 55, I); e **(ii)** o servidor exonerável *ad nutum*, que não pode ocupar nem exercer cargo, função ou emprego, desde o início da legislatura. Concluso o mandato eletivo, não terá cargo, função ou emprego a reassumir (CF, arts. 54, II, *b*, e 55, I).
- **Investido no mandato de prefeito, será afastado do cargo, emprego ou função, sendo-lhe facultado optar pela sua remuneração (inciso II)** — a mesma distinção que se acaba de fazer é válida para prefeitos municipais.

  Casuística do STF:
  - **Servidor público investido no mandato de vice-prefeito** — "Aplicam-se-lhe, por analogia, as disposições contidas no inciso II do art. 38 da Constituição Federal" (STF, ADIn 199, Rel. Min. Maurício Corrêa, *DJ* de 7-8-1998).
  - **Vice-prefeito como titular de emprego remunerado em empresa pública** — "Não pode o Vice-Prefeito acumular a remuneração decorrente de emprego em empresa pública estadual com a representação estabelecida para o exercício do mandato eletivo" (STF, RE 140.269, Rel. Min. Néri da Silveira, *DJ* de 9-5-1997).

- **Investido no mandato de vereador, havendo compatibilidade de horários, perceberá as vantagens de seu cargo, emprego ou função, sem prejuízo da remuneração do cargo eletivo, e, não havendo compatibilidade, será aplicada a norma do inciso anterior (inciso III)** — eis aí a cumulatividade de remunerações para o servidor investido no mandato de vereador. Note-se que a Constituição dispôs sobre a *compatibilidade de horários*.

  Casuística do STF:
  - **Teor do art. 38, III, da CF** — "O que a Constituição excepcionou, no art. 38, III, no âmbito municipal, foi apenas a situação do Vereador, ao possibilitar-lhe, se servidor público, no exercício do mandato, perceber as vantagens de seu cargo, emprego ou função, sem prejuízo da remuneração do cargo eletivo, quando houver compatibilidade de horários; se não se comprovar a compatibilidade de horários, será aplicada a norma relativa ao Prefeito (CF, art. 38, II)" (STF, RE 140.269, Rel. Min. Néri da Silveira, *DJ* de 9-5-1997).
  - **Restrição do exercício funcional ao domicílio eleitoral** — "Impossibilidade. A Constituição Federal prevê tão somente a hipótese do desempenho simultâneo das funções públicas, observada a compatibilidade de horários" (ADIn 199, Rel. Min. Maurício Corrêa, *DJ* de 7-8-1998).
  - **Extensão ao suplente de vereador** — "Ao suplente de Vereador não se pode validamente estabelecer nenhuma limitação ao exercício do cargo, emprego ou função, por não ser titular de mandato eletivo" (STF, ADIn 199, Rel. Min. Maurício Corrêa, *DJ* de 7-8-1998).

- **Em qualquer caso que exija o afastamento para o exercício de mandato eletivo, seu tempo de serviço será contado para todos os efeitos legais, exceto para promoção por merecimento (inciso IV)** — essa contagem de tempo provém da Emenda Constitucional n. 6 à Carta de 1967. Daí o mandato eletivo ser um serviço público, sujeitando-se à contagem do tempo para todos os efeitos, e proibindo-a, apenas, nas hipóteses de promoção por merecimento.
- **Para efeito de benefício previdenciário, no caso de afastamento, os valores serão determinados como se no exercício estivesse (inciso V, do art.38, com redação dada pela EC n. 103, de 12-11-2019)** — significa dizer que o benefício previdenciário não mais deve ser calculado com base nos vencimentos do cargo do qual o servidor se afastou para exercer o mandato, como era antes do advento da EC n. 103/2019.

⌑ 5.3.2. *Direitos sociais dos servidores públicos civis*

Os servidores públicos civis, além do direito à livre associação sindical e do direito de greve, gozam das prerrogativas insculpidas no art. 39, § 3º (acrescentado pela EC n. 19/98).

888 ◆ Uadi Lammêgo Bulos ◆

Assim, aplica-se aos servidores ocupantes de cargo público o disposto no art. 7º, IV (*salário mínimo*), VII (*garantia de salário*), VIII (*13º salário*), IX (*remuneração superior do trabalho noturno*), XII (*salário--família*), XIII (*limites da jornada de trabalho*), XV (*repouso semanal remunerado*), XVI (*remuneração superior do serviço extraordinário*), XVII (*férias anuais*), XVIII (*licença à gestante*), XIX (*licença-paternidade*), XX (*proteção do mercado de trabalho feminino*), XXII (*redução de riscos no trabalho*) e XXX (*proibição de diferença salarial*), da Constituição, podendo a lei estabelecer requisitos diferenciados de admissão quando a natureza do cargo o exigir.

> **Jornada diária de trabalho do médico servidor público é de 4 horas:** Decreto-Lei n. 1.445/76, art. 14; Lei n. 9.436/97, art. 1º. Normas gerais que hajam disposto a respeito da remuneração dos servidores públicos, sem especificar a respeito da jornada de trabalho dos médicos, não revogam a norma especial, por isso que a norma especial afasta a norma geral, ou a norma geral não revoga nem modifica a norma especial" (STF, MS 25.027, Rel. Min. Carlos Velloso, *DJ* de 1º-7-2005).

Na redação originária do art. 39 (anterior à EC n. 19/98), o rol dos direitos sociais dos servidores públicos civis englobava a *irredutibilidade do salário* (art. 7º, VI) e o *adicional de remuneração* (art. 7º, XXIII). A primeira foi transferida para o art. 37, XV, com uma nova roupagem para aderir aos reclamos da reforma administrativa. Já o segundo — adicional de remuneração — foi solapado pelo legislador reformador, que, atentando contra cláusula pétrea da Carta de Outubro, malsinou, numa só tacada, típico direito individual (CF, art. 60, § 4º, IV), que muito bem mereceria uma seriíssima reprimenda do guardião da Constituição — o Supremo Tribunal Federal.

Interessante observar que o constituinte mencionou, de modo genérico, os ocupantes de cargo público sem fazer qualquer distinção quanto ao regime remuneratório. Logo, a aplicação de uma parcela única não impede o direito a certas vantagens, inclusive aquelas de natureza indenizatória, como as diárias e as ajudas de custo, que visam compensar o servidor pelas despesas decorrentes no exercício do cargo.

> **Súmula 679 do STF:** "A fixação de vencimentos dos servidores públicos não pode ser objeto de convenção coletiva".

Veja-se que a lei pode *estabelecer requisitos diferenciados de admissão quando a natureza do cargo o exigir*.

Desse modo, os editais de concursos públicos podem estabelecer especificações de idade, sexo, altura mínima etc., essenciais à atividade a ser desempenhada.

Até a Emenda Constitucional n. 19/98, concursandos ingressavam no Judiciário, com base no art. 7º, XXX, da Constituição, para questionar a legalidade de alguns editais de certames que estabeleciam determinados requisitos tidos como discriminatórios.

Agora a diferenciação de critérios para cada cargo ou carreira põe fim à dúvida de sua possibilidade.

¤ 5.3.3. *Formação e aperfeiçoamento de servidores públicos*

A União, os Estados e o Distrito Federal podem manter escolas de governo para a formação e o aperfeiçoamento de servidores públicos, constituindo a participação nos cursos um dos requisitos para a promoção na carreira, facultada, para isso, a celebração de convênios ou contratos entre os entes federados (CF, art. 39, § 2º, com redação dada pela EC n. 19/98).

Foi positiva a previsão de escolas de governo para aperfeiçoamento de servidores, até porque não são necessários maiores gastos para viabilizar tal projeto constitucional.

¤ 5.3.4. *Prêmio de produtividade dos servidores públicos*

Lei da União, dos Estados, do Distrito Federal e dos Municípios poderá disciplinar a aplicação de recursos orçamentários provenientes da economia com despesas correntes em cada órgão, autarquia e

♦ Cap. 20 ♦ ADMINISTRAÇÃO PÚBLICA **889**

fundação, para aplicação no desenvolvimento de programas de qualidade e produtividade, treinamento e desenvolvimento, modernização, reaparelhamento e racionalização do serviço público, inclusive sob a forma de adicional ou prêmio de produtividade (CF, art. 39, § 7º, acrescido pela EC n. 19/98).

Aí está outra tentativa para estimular os entes políticos a diminuírem os seus gastos, recompensando os agentes públicos com adicional ou prêmio de produtividade.

Cumpre recordar que o 39, § 9º, acrescido ao texto da Carta Magna pela EC n. 103/2019, proibiu "a incorporação de vantagens de caráter temporário ou vinculadas ao exercício de função de confiança ou de cargo em comissão à remuneração do cargo efetivo".

◻ *5.3.5. Estabilidade e efetividade dos servidores públicos civis*

A *estabilidade* e a *efetividade* dos servidores públicos civis dessume-se do art. 41, com redação dada pela EC n. 19/98.

> **Não se aplica a empregado regido pela CLT o art. 41 da CF:** "Decisão agravada está em conformidade com entendimento firmado por ambas as Turmas desta Corte, no sentido de que não se aplica a empregado de sociedade de economia mista, regido pela CLT, o disposto no art. 41 da Constituição Federal, o qual somente disciplina a estabilidade dos servidores públicos civis. Ademais, não há ofensa aos princípios de direito administrativo previstos no art. 37 da Carta Magna, porquanto a pretendida estabilidade não encontra respaldo na legislação pertinente, em face do art. 173, § 1º, da Constituição, que estabelece que os empregados de sociedade de economia mista estão sujeitos ao regime jurídico próprio das empresas privadas, inclusive quanto às obrigações trabalhistas" (STF, AgI 465780-AgRg, Rel. Min. Ellen Gracie, *DJ* de 18-2-2005). No mesmo sentido: STF, AgI 387.498, Rel. Min. Sepúlveda Pertence, *DJ* de 16-4-2004.

Estabilidade é a garantia constitucional que enseja a permanência do concursado nos quadros administrativos do Estado. O *status* de *estável* só pode ser conferido a quem presta concurso público de provas ou de provas e títulos (CF, art. 37, II), exigindo-se, ainda, como requisito para sua aquisição, a avaliação especial de desempenho por comissão instituída para esse fim (CF, art. 41, § 4º).

> **Estabilidade excepcional:** "O preceito do art. 19 do ADCT-CF/88 deferiu a estabilidade aos servidores que não foram admitidos no serviço público na forma do art. 37, II, da Carta Federal, mas a estabilidade somente se adquire se observado o lapso temporal de 5 (cinco) anos continuados de prestação de serviço público" (STF, AgI 465.746-AgRg, Rel. Min. Eros Grau, *DJ* de 26-11-2004).

A *estabilidade* é definitiva, visto que deriva do *estágio probatório*, verdadeira garantia da própria Administração, antes mesmo de configurar uma garantia do agente público, até porque este poderá ser afastado da função que estiver ocupando se infringir as leis e a Constituição. Ou seja, o descumprimento de deveres ou o exercício abusivo de direitos enseja o término da *estabilidade*, uma vez que a sua concessão não se presta para gerar locupletamentos nem desmandos administrativos.

Já a *efetividade* é precária, pois qualquer servidor público civil efetivo é exonerável *ad nutum*, pouco importando seu tempo de serviço no cargo. Quer dizer, enquanto servir bem à Administração o servidor é mantido, sendo a recíproca verdadeira. Todavia, só mediante apuração judicial ou administrativa, com direito ao contraditório e ampla defesa, é que se legitima a desinvestidura do servidor efetivo. Nesse caso, a decisão, devidamente *fundamentada*, deve declinar, por expresso, os motivos *legais* ensejadores da dispensa, sob pena de se afigurar nula.

Desse modo, a *efetividade* não se confunde com a *estabilidade*, como reconheceu o Supremo Tribunal Federal.

> **Efetividade e estabilidade:** "Não há que confundir efetividade com estabilidade. Aquela é atributo do cargo, designando o funcionário desde o instante da nomeação; a estabilidade é aderência, é integração no serviço público, depois de preenchidas determinadas condições fixadas em lei, e adquirida pelo decurso de tempo. A vigente Constituição estipulou duas modalidades de

890 ◆ Uadi Lammêgo Bulos ◆

estabilidade no serviço público: a primeira, prevista no art. 41, é pressuposto inarredável à efetividade. A nomeação em caráter efetivo constitui-se em condição primordial para a aquisição da estabilidade, que é conferida ao funcionário público investido em cargo, para o qual foi nomeado em virtude de concurso público" (STF, RE 167.635, Rel. Min. Maurício Corrêa, *DJ* de 7-2-1997).

⌑ 5.3.6. *Estágio probatório dos servidores públicos civis*

Estágio probatório é o lapso temporal em que a Administração Pública irá avaliar se convém, ou não, certo agente público permanecer no exercício de uma função.

> **Estágio probatório em nossas constituições:** desde a Constituição de 1934 (art. 169), passando pelos Textos de 1937 (art. 156, *c*), de 1946 (art. 188), de 1967, com a sua Emenda Constitucional n. 1/69 (art. 100), que o *plazo de prueba*, dos espanhóis, o *alunnato*, dos italianos, ou o *estage probatorie*, dos franceses, foi previsto em nossa normativa constitucional.

Probatório, termo que qualifica o estágio, origina-se da forma latina *probatoriu*, designando prova, que contém prova, que serve de prova.

No âmbito da Administração, o instituto do *estágio probatório* remonta à sua etimologia, porque alguém terá de provar aptidão, disciplina, assiduidade, dentre outros atributos indispensáveis ao funcionamento da máquina administrativa do Estado.

Como o próprio nome está a indicar, o estágio é *probatório*, ou seja, serão apuradas e avaliadas todas as condições legais que permitem a um agente público tornar-se estável.

Para tanto, leva-se em conta a probidade, a idoneidade moral, a coragem, a vontade de trabalhar, o caráter, a aptidão, a disciplina, a assiduidade, a presteza, a dedicação ao serviço, a eficiência etc.

O *estágio probatório* proporciona ao agente público *estabilidade*, a qual somente é adquirida por concurso público.

> **Precedente do STF:** "O direito de o servidor, aprovado em concurso público, estável, que presta novo concurso e, aprovado, é nomeado para cargo outro, retornar ao cargo anterior ocorre enquanto estiver sendo submetido ao estágio probatório no novo cargo: Lei 8.112/90, art. 20, § 2º. É que, enquanto não confirmado no estágio do novo cargo, não estará extinta a situação anterior" (STF, MS 24.543, Rel. Min. Carlos Velloso, *DJ* de 12-9-2003). No mesmo sentido: STF, MS 23.577, Rel. Min. Sepúlveda Pertence, *DJ* de 14-6-2002.

Daí o art. 41, *caput*, com redação dada pela Emenda Constitucional n. 19/98, estatuir que "são estáveis após três anos de efetivo exercício os servidores nomeados para cargo de provimento efetivo em virtude de concurso público".

Assim, só os concursados podem ter *estabilidade*, afinal os cargos de provimento efetivo qualificam-se como definitivos, pois logram o traço da *fixidez*. Constituem-se, pois, na maioria dos cargos públicos, sendo providos à luz do que determina o art. 37, II, da Constituição.

O período do *estágio probatório* é de três anos. Aí está uma novidade da Emenda Constitucional n. 19/98, que revogou o prazo de dois anos da Lei n. 8.112/90 (arts. 20, *caput*, e 21), também previsto na redação primeira do art. 41, *caput*, da Constituição.

Para fins de estágio probatório só se computa o tempo de nomeação efetiva na mesma Administração. Não se leva em conta o tempo de serviço em outra entidade do Estado, nem o período de exercício de função pública a título provisório. A propósito, o Tribunal de Justiça de São Paulo entendeu que motivos de doença não são computados para o estágio, em se falando de tempo de exercício efetivo da função.

> **Nesse sentido:** TJSP, *RJTJSP, 129*:373.

Noutro prisma, o *estágio probatório* inicia-se na data do exercício da função, findando-se com o término do prazo de três anos. Portanto, não é a data da posse do agente público que se considera para contar o início do estágio. A posse configura, unicamente, a aceitação do cargo pelo seu provável ocupante. É o exercício efetivo da atividade que marcará o verdadeiro começo da relação jurídica travada entre o Estado e o agente público.

◆ Cap. 20 ◆ ADMINISTRAÇÃO PÚBLICA												891

O servidor em *estágio probatório* não está impedido de exercer cargos de provimento em comissão ou funções de direção, chefia ou assessoramento no órgão ou entidade de lotação. Porém, somente poderá ser cedido a outro órgão ou entidade para ocupar cargos especiais, cargos de provimento em comissão do Grupo-Direção e Assessoramento Superiores — DAS, de níveis 6, 5 e 4, ou equivalentes (Lei n. 8.112/90, art. 20, § 3º, acrescentado pela Lei n. 9.527/97).

Perfil do estágio probatório na CF/1988:

- **Requisitos** — são de duas ordens: **(i)** *constitucional* — CF, art. 41; e **(ii)** *legal* — Lei n. 8.112/90 (art. 20, principalmente). Os princípios constitucionais administrativos também balizam o estágio probatório (CF, art. 37, *caput*), bem como as normas definidoras de direitos fundamentais do art. 5º da CF (ampla defesa, devido processo legal, razoabilidade, contraditório, juiz natural etc.).

- **Finalidade** — avaliar a assiduidade, a disciplina, a capacidade de iniciativa, a produtividade e a responsabilidade do agente público (Lei n. 8.112/90, art. 20, I a V). Tais requisitos servem para a avaliação periódica de desempenho, enquanto não advier a Lei Complementar referida no art. 41, § 1º, III, da CF. Com a reforma administrativa a avaliação passou a ser um imperativo constitucional (CF, art. 41, §§ 1º, III, e 4º).

- **Procedimento** — obtendo êxito no concurso público de provas ou de provas e títulos, o agente público estará apto para entrar no período de estágio probatório. A partir de então será avaliado o seu desempenho, o qual deverá ser periódico. Estamos, pois, diante da etapa em que se estabelecerá o procedimento formal para a apuração do estágio probatório. Entrando em exercício, o agente público nomeado para cargo de provimento efetivo deverá cumprir o período de três anos de estágio probatório. Sua aptidão e capacidade serão alvo de avaliação (Lei n. 8.112/90, art. 20, *caput*, I a V). Nesse ínterim, vigora o prazo de quatro meses antes de findo o período do estágio probatório, época em que a avaliação do desempenho do agente será submetida à homologação da autoridade competente (Lei n. 8.112/90, art. 20, § 1º). Dentre os problemas mais comuns ligados ao estágio probatório está o desrespeito ao devido processo legal, com os seus conaturais desdobramentos, principalmente o contraditório e a ampla defesa.

- **Direito à ampla defesa** — Súmula 20 do STF: "É necessário processo administrativo com ampla defesa para demissão de funcionário admitido por concurso". Decisões do Pretório Excelso têm reforçado o teor dessa súmula: "No inquérito administrativo, destinado a apurar a falta de funcionário e aplicação de pena de demissão, deve ser-lhe assegurada ampla defesa" (STF, *RDA, 47*:108). No mesmo sentido: "É nula a demissão de funcionário com base em processo administrativo, no qual não lhe foi assegurada ampla defesa" (STF, *RDA, 73*:136).

- **Consequências da decisão superior** — findo o período de estágio probatório, emergirá a decisão do órgão superior, concluindo pela confirmação ou exoneração do agente público (Lei n. 8.112/90, art. 20, § 2º, 1ª parte). Se houver *confirmação*, a decisão superior será no sentido favorável à estabilidade do agente, pois ele confirmou, na prática, aquelas condições teóricas de capacidade demonstradas durante o concurso. A partir daí, o sujeito não pode mais ser exonerável de ofício. O objetivo do estágio probatório foi alcançado positivamente, ocorrendo a conjugação dos requisitos teóricos de eficiência com as condições concretas de aptidão prática para o serviço público. Mas, se o agente público não satisfez as exigências legais e constitucionais, descumprindo os desígnios da Administração, poderá ser exonerado justificadamente, sem necessidade de processo ou inquérito. Tal ato exoneratório não configura penalidade nem, tampouco, demissão. Trata-se de mera dispensa, pois aquele agente revelou-se inapto para desenvolver o mister que havia pretendido desempenhar. Na fase experimental que perpassou não demonstrou condições para o exercício do serviço, e ficou comprovada, administrativamente, sua incapacidade ou inadequação para o cargo. A exoneração, contudo, deverá ser motivada, fundamentada, justificada, baseando-se em fatos verídicos e indubitáveis, os quais comprovam a inaptidão, incapacidade ou desídia do agente público. Nesse sentido a Súmula 21 do STF: "Funcionário em estágio probatório não pode ser exonerado nem demitido sem inquérito ou sem as formalidades legais de apuração de sua capacidade". São dadas ao exonerando as garantias constitucionais do contraditório e da ampla defesa. Assim, a exoneração pressupõe o direito à defesa. Esse é o posicionamento do Supremo Tribunal Federal: "Observadas as formalidades legais de verificação de sua incapacidade, em processo regular, e garantida a defesa, pode a Administração exonerar o funcionário" (STF, *RDA, 159*:38).

892 ◆ Uadi Lammêgo Bulos ◆

- **Servidor estadual em estágio probatório** — "Exoneração não precedida de procedimento específico, com observância do direito à ampla defesa e ao contraditório, como impõe a Súmula 21-STF: nulidade. Nulidade da exoneração: efeitos. Reconhecida a nulidade da exoneração deve o servidor retornar à situação em que se encontrava antes do ato questionado, inclusive no que se refere ao tempo faltante para a complementação e avaliação regular do estágio probatório, fazendo jus ao pagamento da remuneração como se houvesse continuado no exercício do cargo; ressalva de entendimento pessoal do relator manifestado no julgamento do RE 247.349" (STF, RE 222.532, Rel. Min. Sepúlveda Pertence, *DJ* de 1º-9-2000). No mesmo sentido: STF, RE 457.616, Rel. Min. Carlos Velloso, *DJ* de 30-9-2005.
- **Exoneração não é demissão** — não se confundem a exoneração e a demissão. Esta nada tem que ver com o estágio probatório. A demissão é uma penalidade administrativa aplicada em qualquer fase ao estável ou instável, desde quando haja o cometimento de infração disciplinar ou delito funcional, ocorrendo, a partir daí, processo administrativo ou judicial. Ademais, se extinto o cargo durante o período do estágio probatório, o estagiário poderá ser exonerado de ofício, porque ele ainda não tem a estabilidade, não gozando da prerrogativa constitucional da disponibilidade (CF, art. 41, §§ 2º e 3º). Súmula 22 do STF: "O estágio probatório não protege o funcionário contra a extinção do cargo".
- **Estágio probatório e aposentadoria voluntária** — o servidor público não tem direito à aposentadoria voluntária no cargo em que esteja submetido a estágio probatório, ainda que tenha completado o tempo de serviço exigido pela Carta Maior antes do advento da EC n. 20/98. Isso porque o estágio probatório é etapa final do processo seletivo para aperfeiçoamento da titularidade do cargo público (STF, MS 24.744/DF, Rel. Min. Carlos Velloso, decisão de 19-5-2004).

⌗ 5.3.7. Perda do cargo do servidor público estável

O servidor público estável só perderá o cargo (CF, art. 41, § 1º, com redação dada pela EC n. 19/98):

- em virtude de sentença judicial transitada em julgado;

Casuística do STF:
- **Ausência de decisão judicial com trânsito em julgado** — "A ausência de decisão judicial com trânsito em julgado não torna nulo o ato demissório aplicado com base em processo administrativo em que foi assegurada ampla defesa, pois a aplicação da pena disciplinar ou administrativa independe da conclusão dos processos civil e penal, eventualmente instaurados em razão dos mesmos fatos. Interpretação dos artigos 125 da Lei n. 8.112/90 e 20 da Lei n. 8.429/92 em face do artigo 41, § 1º, da Constituição" (STF, MS 22.362, Rel. Min. Maurício Corrêa, *DJ* de 18-6-1999).
- **Gozo de licença especial** — "Não é obstáculo à aplicação da pena de demissão a circunstância de achar-se o servidor em gozo de licença especial" (STF, MS 23.034, Rel. Min. Octavio Gallotti, *DJ* de 18-6-1999).

- mediante processo administrativo em que lhe seja assegurada ampla defesa; e

Casuística do STF:
- **Súmula 18** — "Pela falta residual, não compreendida na absolvição pelo juízo criminal, é admissível a punição administrativa do servidor público".
- **Súmula 19** — "É inadmissível segunda punição de servidor público, baseada no mesmo processo em que se fundou a primeira".
- **Ausência de processo administrativo para a apuração da culpa ou dolo do servidor** — "Princípio do contraditório e da ampla defesa. Inobservância. Recurso provido. À demissão do servidor público, com ou sem estabilidade no cargo, deve preceder processo administrativo para a apuração da culpa, assegurando-lhe a ampla defesa e o contraditório" (STF, RE 217.579-AgRg, Rel. Min. Cezar Peluso, *DJ* de 4-3-2005). No mesmo sentido: STF, RE 223.904, Rel. Min. Ellen Gracie, *DJ* de 6-8-2004).

◆ Cap. 20 ◆ ADMINISTRAÇÃO PÚBLICA

893

- **Licenciamento de policial militar sem estabilidade** — "Pode resultar de procedimento administrativo mais simplificado, desde que respeitado o contraditório e a ampla defesa. Verificação da ocorrência do contraditório e da ampla defesa é discussão que demanda reexame de fatos e provas — vedação da Súmula 279" (STF, AgI 504.869, Rel. Min. Joaquim Barbosa, *DJ* de 18-2-2005).

- mediante procedimento de *avaliação periódica de desempenho*, na forma de lei complementar, assegurada ampla defesa. Tal avaliação não consiste em uma medida de arbítrio, e sim em corolário do princípio da eficiência (CF, art. 37, *caput*). Complementa-se pela exigência da *avaliação especial de desempenho*, realizada por comissão destinada a esse fim. Sem isso, o servidor não se torna estável (CF, art. 41, § 4º, acrescentado pela EC n. 19/98).

Interessante observar que a Emenda Constitucional n. 19/98, no seu art. 33, não considerou estáveis, para os fins do art. 169, § 3º, II, da Carta Magna, os servidores admitidos no serviço público sem concurso, após 5 de outubro de 1983. Resultado: esses servidores não estáveis podem ser exonerados.

Todavia, invalidada por sentença judicial a demissão do servidor estável, será ele reintegrado, e o eventual ocupante da vaga, se estável, reconduzido ao cargo de origem, sem direito a indenização, aproveitado em outro cargo ou posto em disponibilidade com remuneração proporcional ao tempo de serviço (CF, art. 41, § 2º, com redação dada pela EC n. 19/98).

> **Precedente do STF:** "Dispositivo que se ressente de inconstitucionalidade material por haver instituído hipótese de disponibilidade do servidor civil e efeito do exercício, por este, de mandato eletivo, que não se acham previstos na Carta da República (arts. 38 e 41, §§ 2º e 3º), nesse ponto, de observância imperiosa para os Estados" (STF, ADIn 1.255, Rel. Min. Ilmar Galvão, *DJ* de 6-9-2001).

✦ 6. SISTEMA REMUNERATÓRIO DOS AGENTES PÚBLICOS

Sistema remuneratório dos agentes públicos é o conjunto harmônico de normas constitucionais e legais que dispõem sobre a *remuneração* dos ocupantes de atividades do Estado.

A *remuneração*, por sua vez, abrange todo e qualquer tipo de retribuição do servidor público. Engloba os valores percebidos mensalmente pelo servidor, em pecúnia ou não, em virtude do seu trabalho. Envolve, a um só tempo, os vencimentos, as quotas e outras vantagens que variam em função da produtividade. No sentido da Carta de 1988, é o mesmo que *vencimentos*. Por isso é que a fixação dos padrões de vencimento e dos demais componentes do sistema remuneratório deve observar (CF, art. 39, § 1º, com redação dada pela EC n. 19/98):

- a natureza, o grau de responsabilidade e a complexidade dos cargos componentes de cada carreira;
- os requisitos para a investidura; e
- as peculiaridades dos cargos.

Vejamos, então, o desdobramento do assunto.

◇ 6.1. Regime jurídico único

O Supremo Tribunal Federal, em liminar parcialmente concedida em 2 de agosto de 2007, na Ação Direta de Inconstitucionalidade n. 2.135-4, suspendeu a eficácia do *caput* do art. 39, com redação dada pela EC n. 19/98 (reforma administrativa). Desse modo, voltou a vigorar a redação originária do preceito, a saber: "A União, os Estados, o Distrito Federal e os Municípios instituirão, no âmbito de sua competência, regime jurídico único e planos de carreira para os servidores da administração pública direta, das autarquias e das fundações públicas". A Corte Suprema atribuiu à sua decisão efeitos futuros (*ex nunc*), subsistindo a legislação editada nos termos da referida EC n. 19/98, pelo menos até quando for apreciado o mérito da matéria (ADI 2.135-MC, Rel. p/ o ac. Min. Ellen Gracie, j. em: 2-8-2007, Plenário, *DJE* de 7-3-2008).

Recordemos que o objetivo da Emenda Constitucional n. 19/98 era acabar com a fórmula imperativa e geral do regime jurídico único, substituindo-a pelo *conselho de política de administração e remuneração de pessoal.*

Tal conselho seria integrado por servidores designados pelos respectivos Poderes. Deveria, obrigatoriamente, ser instituído pela União, Estados, Distrito Federal e Municípios, para coordenar a remuneração de pessoal do serviço público (CF, art. 39, *caput*, com redação dada pela EC n. 19/98).

Pelo pensamento dos depositários da EC n. 19/98, seria importante acabar com o regime jurídico único. Eles o consideraram como utópico e mal implementado, sob o argumento de que alimentava o ideal de se tratar isonomicamente todos os servidores públicos no âmbito de cada ente, em nome de uma "unidade administrativa" para todas as pessoas jurídicas de direito público. Daí proporem o retorno do regime celetista para as entidades políticas, autarquias e fundações, tal como era na Constituição de 1967.

O que a reforma administrativa pretendia era alargar a tendência de fomento à execução indireta ou terceirização de atividades, em parceria com as organizações sociais (Lei n. 9.637/98). Para tanto, propôs a ideia de administração colegiada, com a previsão de um *conselho de política de administração e remuneração de pessoal.*

- **Terceirização** — a terceirização é lícita em todas as etapas do processo produtivo, tanto para as atividades-meio como para as atividades-fim (STF, ADPF 324, Rel. Min. Roberto Barroso, j. 22-8-2018; RE 958.252, Rel. Min. Luiz Fux, j. 30-8-2018).

Óbvio que esse *conselho* deveria acatar os princípios administrativos, de sorte a não burlar o art. 37, *caput*, da Carta de Outubro, bem como as demais previsões constitucionais e legais que norteiam a conduta de todo e qualquer administrador público. Exemplo disso é o respeito ao ditame da isonomia, pois o *conselho* em causa não poderia estabelecer discriminações quanto aos padrões de vencimento do funcionalismo com base em critério de raça, sexo, origem, *status* social, convicções pessoais etc. Aqui incide, muito mais do que o pórtico da igualdade administrativa (CF, art. 37, *caput*), o vetor geral da isonomia de todos perante a lei, corolário dos Estados de Direito que se reputam democráticos (CF, art. 5º, *caput*, c/c o art. 1º, *caput*).

✧ 6.2. Subsídios

Na Emenda Constitucional n. 1/69 à Carta de 1967, os *subsídios* vinham previstos nos arts. 33 e 44, VII. Eram dirigidos aos deputados, senadores e ao Presidente da República.

A Lei Complementar n. 25/75 estendeu-os aos vereadores.

Com a promulgação do Texto de 1988, a categoria foi eliminada da nossa normativa constitucional, não mais consistindo critério aferidor da remuneração dos agentes públicos. A reforma administrativa, contudo, ressuscitou os subsídios.

O equívoco foi lamentável, pois os *subsídios* tinham sido banidos do nosso ordenamento jurídico pela manifestação constituinte originária de 1988, no intuito de dar um novo regramento aos estipêndios parlamentares.

Etimologicamente, *subsídio* significa simples auxílio, subvenção, sem caráter remuneratório, pelo desempenho de função pública relevante.

Com o tempo, ele passou a assumir caráter remuneratório, dado que o *eleito* sobrevivia com a quantia angariada a título de subsídio enquanto estivesse exercendo o mandato.

Ao eliminá-lo na redação originária da Constituição de 1988, o constituinte pretendeu acabar com o sentido de mero achego, socorro, ajuda, que a expressão suscita, pois *subsídio*, do latim *subsidium*, remonta à ideia de quantia subscrita, gente que vem em socorro, tropa auxiliar.

Acontece, porém, que nenhum agente público quer ver a importância percebida pelos serviços que presta como mero auxílio, ajuda, socorro, amparo.

Claro que a Emenda Constitucional n. 19/98 usou o termo não no seu sentido originário de ajuda, socorro, auxílio. Pretendeu, na realidade, enfatizar o caráter retributivo e alimentar do instituto. Daí ter

◆ Cap. 20 ◆ ADMINISTRAÇÃO PÚBLICA

substituído, em certas passagens do articulado constitucional, as palavras *remuneração* e *vencimentos* por *subsídios* no intuito de reforçar a ideia de que a importância paga, em parcela única pelo Estado, a certas categorias de agentes públicos, não poderá exceder a quantia mensal percebida, em espécie, por um ministro do Supremo Tribunal Federal.

Como, em rigor, a Emenda Constitucional n. 19/98 só atinge uma parte dos agentes públicos, persistirão, simultaneamente, o regime de subsídios e o regime de remuneração ou vencimentos implantados desde o advento do Texto de 1988.

É nesse sentido que o art. 37, XI (com redação dada pela EC n. 41/2003) prescreve:

"A remuneração e o subsídio dos ocupantes de cargos, funções e empregos públicos da administração direta, autárquica e fundacional, dos membros de qualquer dos Poderes da União, dos Estados, do Distrito Federal e dos Municípios, dos detentores de mandato eletivo e dos demais agentes políticos e os proventos, pensões ou outra espécie remuneratória, percebidos cumulativamente ou não, incluídas as vantagens pessoais ou de qualquer outra natureza, não poderão exceder o subsídio mensal, em espécie, dos Ministros do Supremo Tribunal Federal, aplicando-se como limite, nos Municípios, o subsídio do Prefeito, e nos Estados e no Distrito Federal, o subsídio mensal do Governador no âmbito do Poder Executivo, o subsídio dos Deputados Estaduais e Distritais no âmbito do Poder Legislativo e o subsídio dos Desembargadores do Tribunal de Justiça, limitado a noventa inteiros e vinte e cinco centésimos por cento do subsídio mensal, em espécie, dos Ministros do Supremo Tribunal Federal, no âmbito do Poder Judiciário, aplicável este limite aos membros do Ministério Público, aos Procuradores e aos Defensores Públicos".

Com o advento da Emenda Constitucional n. 41/2003, esse dispositivo tornou-se autoaplicável. Não é mais necessária a edição de lei para regulá-lo. Logo, a política remuneratória dos servidores públicos independerá de lei específica. Do modo como foi disciplinada pela Emenda Constitucional n. 19/98, a matéria sujeitava-se ao princípio da reserva legal, e nenhuma lei chegou a ser editada durante o período de vigência do inciso IX do art. 37, com redação dada pela reforma administrativa.

> **Deliberação administrativa do STF:** recorde-se que o Supremo Tribunal Federal, na 3ª sessão administrativa, realizada em 24-6-1998, deliberou, por 7 votos a 4, que não eram autoaplicáveis as normas dos arts. 37, XI, e 39, § 4º, da Constituição, com a redação que a EC n. 19/98 lhes havia atribuído, vencidos os Ministros Sepúlveda Pertence, Carlos Velloso, Marco Aurélio e Ilmar Galvão. Entendeu a maioria dos ministros do Pretório Excelso que a fixação do subsídio mensal em espécie dependia de lei formal, de iniciativa conjunta dos Presidentes da República, da Câmara dos Deputados, do Senado Federal e do Supremo Tribunal Federal. Sendo a definição de subsídio mensal matéria expressamente sujeita à reserva constitucional de lei em sentido formal, não assistiria competência àquela Colenda Corte de Justiça para, mediante ato declaratório próprio, dispor sobre essa matéria específica. E, até que se editasse a lei definidora de subsídio mensal a ser pago a ministro do Supremo Tribunal Federal, prevaleceriam os limites máximos (tetos) estabelecidos para os Três Poderes da República, nos termos da redação originária do art. 37, XI, da Constituição.

Para complementar o *regime de subsídios*, o constituinte reformador erigiu três regras:
* tal regime aplica-se às empresas públicas e às sociedades de economia mista, e suas subsidiárias, que receberem recursos da União, dos Estados, do Distrito Federal ou dos Municípios para pagamento de despesas de pessoal ou de custeio em geral (CF, art. 37, § 9º, acrescentado pela EC n. 19/98);
* "não serão computadas, para efeito dos limites remuneratórios de que trata o inciso XI do *caput* deste artigo, as parcelas de caráter indenizatório expressamente previstas em lei ordinária, aprovada pelo Congresso Nacional, de caráter nacional, aplicada a todos os Poderes e órgãos constitucionalmente autônomos" (CF, art. 37, § 11, com redação dada pela EC n. 153, de 20-12-2024)); e
* para fins do disposto no art. 37, XI, é facultado aos Estados e ao Distrito Federal fixar, em seu âmbito, "mediante emenda às respectivas Constituições e Lei Orgânica, como limite único, o subsídio mensal dos Desembargadores do respectivo Tribunal de Justiça, limitado a noventa inteiros e vinte e cinco centésimos por cento do subsídio mensal dos Ministros do Supremo Tribunal Federal, não se aplicando o disposto neste parágrafo aos subsídios dos Deputados

de Estado; **(ii)** Poder Legislativo — o limite máximo ou teto correspondia à remuneração paga aos membros do Congresso Nacional; e **(iii)** Poder Judiciário — o limite máximo correspondia à remuneração paga a ministro do Supremo Tribunal Federal. Desse modo, antes da EC n. 41/2003, prevalecia a redação primitiva do art. 37, XI. Isso porque o regime de subsídios, estatuído pela EC n. 19/98, dependia da edição de lei para regulamentá-lo. Como a medida legislativa nunca veio a lume, as anomalias persistiram. Somou-se a isso veredito do Pretório Excelso, segundo o qual, enquanto não fosse promulgada a lei de fixação de subsídio de ministro do STF, vigoraria o art. 37, XI, em sua redação primitiva, permitindo que os Estados e Municípios fixassem subtetos locais desde que em limites inferiores ao estabelecido na Carta Magna. Por tudo isso, a EC n. 41/2003 eliminou a exigência de lei de iniciativa conjunta para a fixação do subsídio a ser considerado como teto nacional (subsídio de ministro do STF) (STF, ADIn 2.116-MC/AM, Rel. Min. Marco Aurélio, j. em 16-2-2000).

* **Teto remuneratório depois da EC n. 41/2003** — com o advento da Emenda n. 41/2003, foi instituído o regime de *subtetos*. *Subteto* é o regime remuneratório dos agentes públicos dos Estados, Distrito Federal e Municípios. Ao pé da letra, *subteto* significa quantia remuneratória dos agentes públicos, inferior ao subsídio mensal pago a ministro do Supremo Tribunal Federal. Em resumo, pela sistemática da EC n. 41/2003, sujeitam-se ao regime do teto e subteto, não podendo exceder o subsídio mensal, em espécie, dos ministros do Supremo Tribunal Federal: **(i)** os proventos, pensões ou outra espécie remuneratória, percebidos cumulativamente ou não; e **(ii)** as vantagens pessoais ou de qualquer outra natureza. O objetivo é impedir formas de remuneração que excedam o limite máximo permitido, que é a quantia percebida por um ministro do Supremo Tribunal Federal. Assim, a expressão "incluídas as vantagens pessoais ou de qualquer outra natureza" busca evitar que o teto sofra variações. Ele deve ser igual para todos os servidores, em todos os níveis de governo. Logo, as vantagens pessoais incluem-se no limite máximo de remuneração, dentre outras "adições salariais". A abrangência do teto estende-se aos servidores da Administração direta, autárquica e fundacional. No tocante às empresas públicas, sociedades de economia mista e subsidiárias, o teto somente as alcança se elas receberem recursos da União, dos Estados, do Distrito Federal e dos Municípios para pagar despesas de pessoal ou de custeio (art. 37, § 9º).

> **Casuística do STF (depois da EC n. 41/2003):**
> * **Incidência do teto constitucional em cargos em que é permitida a acumulação** — "Nos casos autorizados, constitucionalmente, de acumulação de cargos, empregos e funções, a incidência do artigo 37, inciso XI, da Constituição Federal, pressupõe consideração de cada um dos vínculos formalizados, afastada a observância do teto remuneratório quanto ao somatório dos ganhos do agente público" (STF, REs 602043 e 612975, Rel. Min. Marco Aurélio, j. 27-4-2017).
> * **Vantagens pessoais recebidas antes da EC n. 41/2003 submetem-se ao teto constitucional** — "Computam-se para efeito de observância do teto remuneratório do artigo 37, XI, da Constituição da República, também os valores percebidos anteriormente à vigência da EC n. 41/2003 a título de vantagens pessoais pelo servidor público, dispensada a restituição de valores eventualmente recebidos em excesso e de boa-fé até o dia 18-11-2015" (STF, RE 606358, com repercussão geral, Rel. Min. Rosa Weber, j. 18-11-2015).

⌗ 6.3.1. *Emenda Constitucional n. 95/2016: limite de despesas públicas*

Vamos abrir um parêntese em nossa exposição para tecer brevíssimas considerações a respeito da Emenda Constitucional n. 95, de 15-12-2016, pois ela se interliga com a problemática do teto remuneratório, que estamos estudando.

A EC n. 95/2016 alterou o Ato das Disposições Transitórias da Carta de 1988, para instituir novo regime no âmbito dos Orçamentos Fiscal e da Seguridade Social da União, que vigorará por vinte exercícios financeiros.

Sobre a EC n. 95/2016, que levantou imensa polêmica, destacamos:

◆ Cap. 20 ◆ ADMINISTRAÇÃO PÚBLICA

899

a) origem e finalidade — a referida Emenda foi encaminhada pelo governo de Michel Temer ao Poder Legislativo. Seu escopo foi equilibrar as contas públicas. Para tanto, consagrou um rígido mecanismo de controle de gastos;

b) correção de 7,2% — em 2017 verificar-se-á a despesa primária, paga em 2016, incluídos os restos a pagar. A correção será de 7,2% sobre a inflação apurada no ano de 2016. A partir de 2018, os gastos federais só aumentarão com base na inflação acumulada, levando em conta o Índice Nacional de Preços ao Consumidor Amplo (IPCA). O cálculo da inflação para aferir os gastos deverá basear-se no acúmulo de 12 meses até junho do ano anterior. Exemplo: em 2019, a inflação deverá ser medida entre julho de 2017 e junho de 2018;

c) limites — dentro de um mesmo Poder, haverá limites individualizados por órgão, a exemplo dos tribunais, Conselho Nacional de Justiça, Senado, Câmara, Tribunal de Contas da União, Ministério Público da União, Conselho Nacional do Ministério Público, Defensoria Pública da União etc. Caso determinado órgão ultrapasse o seu teto, ficará impedido de, no ano seguinte, dar aumento salarial, contratar pessoal, criar novas despesas ou conceder incentivos fiscais. A partir do décimo ano, o Presidente da República poderá rever tais limitações, enviando um projeto de lei complementar ao Congresso Nacional;

d) despesas excepcionais — algumas despesas, de natureza excepcional, não se sujeitarão ao teto, como é o caso das transferências de recursos da União para Estados e Municípios, dos gastos para a realização de eleições e das verbas para o Fundo de Manutenção e Desenvolvimento da Educação Básica e Valorização do Profissionais da Educação Básica (Fundeb);

e) tratamento diferenciado — a saúde e a educação terão tratamento diferenciado. Para 2017, a saúde terá 15% da Receita Corrente Líquida, que é o somatório arrecadado pelo Governo, deduzido das transferências obrigatórias previstas na Carta Magna. Já a educação ficará com 18% da arrecadação de impostos. A partir de 2018, as duas áreas passarão a seguir o IPCA; e

f) críticas — ao longo dos trabalhos de elaboração da EC n. 95/2016, existiram manifestações por todo o Brasil. Muitos defenderam a tese de que a referida Emenda impedirá investimentos públicos, servindo para agravar a recessão e prejudicar os mais pobres. Para outros, foi importante diminuir recursos, inclusive nas áreas de educação e saúde. Defendem a ideia de que a mudança constitucional foi importante para garantir o reequilíbrio das contas públicas, pois o novo regime fiscal permitirá a redução da taxa de juros e a retomada do crescimento econômico.

✧ 6.4. Regras remuneratórias no âmbito estadual, distrital e municipal

No âmbito dos Estados e do Distrito Federal, vigoram três regras remuneratórias:

- no âmbito do Poder Executivo, o teto equivale à remuneração paga ao governador;
- na órbita do Poder Legislativo, prevalece o teto remuneratório dos deputados estaduais e distritais; e
- na esfera do Poder Judiciário, o teto prevalecente é o subsídio dos desembargadores do Tribunal de Justiça, limitado a 90,25% do subsídio mensal, em espécie, dos ministros do Supremo Tribunal Federal. Os membros do Ministério Público, procuradores e defensores públicos sujeitam-se ao teto dos desembargadores.

> **Remuneração de desembargador como limite remuneratório:** "Assentou-se, todavia, a teor do art. 37, XI, da Constituição Federal, a observância da remuneração do Desembargador para a fixação do limite remuneratório dos servidores do Judiciário e não os vencimentos de Secretário de Estado, como determina a lei estadual em análise" (STF, RE 301.841, Rel. Min. Ellen Gracie, *DJ* de 14-5-2004).

> **O teto remuneratório de procuradores municipais é o subsídio de desembargador** — decidiu o Supremo Tribunal Federal, em sua composição plenária e por maioria de votos, que, por se tratar de função essencial à Justiça, o teto remuneratório dos procuradores municipais é o subsídio dos desembargadores dos Tribunais de Justiça. Eis a seguinte tese com repercussão geral, aprovada pela Corte: "A expressão 'procuradores' contida na parte final do inciso XI do artigo 37 da Constituição da República compreende os procuradores municipais, uma vez que estes se inserem

nas funções essenciais à Justiça, estando, portanto, submetidos ao teto de 90,75% do subsídio mensal em espécie dos ministros do Supremo Tribunal Federal" (STF, RE 663696/MG, Rel. Min. Luiz Fux, 28-2-2019).

Já na órbita municipal, a regra é: tanto no Executivo como no Legislativo o subteto equivale à remuneração paga ao prefeito.

Observe-se que o inciso XI do art. 37 não especificou se os membros do Poder Legislativo se submetem ao teto salarial do prefeito. Mesmo assim, numa exegese ampla da mensagem normada, afigura-se induvidosa tal inclusão.

Do contrário estar-se-ia estimulando o locupletamento ilícito.

Ora, seria um inusitado absurdo admitir a figura dos "vereadores marajás". O pórtico da moralidade administrativa veda incursões nesse sentido (CF, art. 37, *caput*), até porque a democracia representativa é contrária ao enriquecimento sem causa (CF, art. 1º, parágrafo único).

✧ 6.5. Regras transitórias da EC n. 41/2003

Três foram as regras transitórias contempladas pela Emenda Constitucional n. 41/2003:

- **Regra dos proventos de aposentadoria e pensões** — "Art. 7º Observado o disposto no art. 37, XI, da Constituição Federal, os proventos de aposentadoria dos servidores públicos titulares de cargo efetivo e as pensões dos seus dependentes pagos pela União, Estados, Distrito Federal e Municípios, incluídas suas autarquias e fundações, em fruição na data de publicação desta Emenda, bem como os proventos de aposentadoria dos servidores e as pensões dos dependentes abrangidos pelo art. 3º desta Emenda, serão revistos na mesma proporção e na mesma data, sempre que se modificar a remuneração dos servidores em atividade, sendo também estendidos aos aposentados e pensionistas quaisquer benefícios ou vantagens posteriormente concedidos aos servidores em atividade, inclusive quando decorrentes da transformação ou reclassificação do cargo ou função em que se deu a aposentadoria ou que serviu de referência para a concessão da pensão, na forma da lei".
- **Regra da fixação do valor do subsídio** — "Art. 8º Até que seja fixado o valor do subsídio de que trata o art. 37, XI, da Constituição Federal, será considerado, para os fins do limite fixado naquele inciso, o valor da maior remuneração atribuída por lei na data de publicação desta Emenda a Ministro do Supremo Tribunal Federal, a título de vencimento, de representação mensal e da parcela recebida em razão de tempo de serviço, aplicando-se como limite, nos Municípios, o subsídio do Prefeito, e nos Estados e no Distrito Federal, o subsídio mensal do Governador no âmbito do Poder Executivo, o subsídio dos Deputados Estaduais e Distritais no âmbito do Poder Legislativo e o subsídio dos Desembargadores do Tribunal de Justiça, limitado a noventa inteiros e vinte e cinco centésimos por cento da maior remuneração mensal de Ministro do Supremo Tribunal Federal a que se refere este artigo, no âmbito do Poder Judiciário, aplicável este limite aos membros do Ministério Público, aos Procuradores e aos Defensores Públicos".
- **Regra da impossibilidade de percepção de excesso** — "Art. 9º Aplica-se o disposto no art. 17 do Ato das Disposições Constitucionais Transitórias aos vencimentos, remunerações e subsídios dos ocupantes de cargos, funções e empregos públicos da administração direta, autárquica e fundacional, dos membros de qualquer dos Poderes da União, dos Estados, do Distrito Federal e dos Municípios, dos detentores de mandato eletivo e dos demais agentes políticos e os proventos, pensões ou outra espécie remuneratória percebidos cumulativamente ou não, incluídas as vantagens pessoais ou de qualquer outra natureza".

✧ 6.6. Princípio da periodicidade

A remuneração dos servidores públicos e o subsídio de que trata o art. 39, § 4º, da Carta de Outubro somente podem ser fixados ou alterados por lei específica, observada a iniciativa privativa em cada

◆ Cap. 20 ◆ ADMINISTRAÇÃO PÚBLICA **901**

caso, assegurada revisão geral anual, sempre na mesma data e sem distinção de índices (redação dada pela EC n. 19/98).

Aí está o *princípio da periodicidade*, uma conquista advinda da reforma administrativa.

Por seu intermédio, os servidores públicos têm, anualmente, direito a uma *revisão remuneratória*.

Todavia, advertiu o Supremo Tribunal Federal: "A Emenda Constitucional n. 19/98, que deu nova redação ao inciso X do art. 37 da Constituição da República, excluiu, é certo, a obrigatoriedade de que a revisão geral da remuneração dos servidores civis e militares fosse feita sem distinção de índices nem de datas, mas tal inovação não pode eliminar da remuneração a diferença que uma vez considerada devida por força da redação originária do aludido artigo da Constituição, a título de revisão geral, passa a ser assegurada nos termos da irredutibilidade prevista no texto constitucional" (STF, AgI 551.746, Rel. Min. Cezar Peluso, *DJ* de 23-9-2005).

> **No mesmo sentido:** STF, RE 448.641, Rel. Min. Joaquim Barbosa, *DJ* de 11-5-2005; STF, RE 439.129, Rel. Min. Carlos Britto, *DJ* de 4-3-2005.

Na realidade, a Emenda Constitucional n. 19/98 suprimiu a determinação geral da remuneração dos servidores públicos civis e militares na mesma data.

Na redação original do art. 37, X, foi usado o termo *remuneração* para abranger todos os valores integrantes da retribuição dos civis e militares, de sorte que nenhuma parcela ficasse de fora da identidade dos índices.

> **Obrigatoriedade do envio de projeto de lei anual:** na redação primitiva do art. 37, X, da Carta Maior, o Presidente da República não era obrigado a enviar projeto de lei aumentando a remuneração dos servidores públicos, porque inexistia o princípio da periodicidade. Este foi o entendimento da Corte Suprema: "A lei que instituiu a data-base (Lei 7.707/1988) e as outras que a repetem, não são normas autoaplicáveis no sentido de que obriguem o Chefe do Executivo Federal a expedir proposta legislativa de revisão de vencimentos, face ao princípio constitucional que lhe reserva a privatividade da iniciativa (CF, art. 61, § 1º, II, a)" (STF, MS 22.468-1, Rel. Min. Maurício Corrêa, *DJ* de 31-10-1996). Com a edição da EC n. 19/98, todavia, cumpre ao Presidente da República enviar, pelo menos uma vez por ano, projeto de lei, revisando a remuneração do funcionalismo público. Assim proclamou o Supremo Tribunal Federal (STF, Pleno, Ação direta de inconstitucionalidade por omissão n. 2.061-7/DF, Rel. Min. Ilmar Galvão, *DJ* de 29-6-2001, p. 33).

Isso gerava distorções porque dava margem a vantagens inexplicáveis. Agora, tanto a *remuneração* como o *subsídio* só podem ser fixados ou alterados por lei ordinária determinada para esse fim. Excluem--se, pois, a possibilidade do uso de medidas provisórias bem como a adoção de resoluções administrativas.

✧ 6.7. Vinculação e equiparação de espécies remuneratórias

É vedada a vinculação ou a equiparação de quaisquer espécies remuneratórias para o efeito de remuneração de pessoal do serviço público (CF, art. 37, XIII, com redação dada pela EC n. 19/98).

> **Vedação à equiparação ou vinculação de vencimentos:** por afronta a esse princípio, o Supremo Tribunal julgou procedente pedido formulado em ação direta, declararando a inconstitucionalidade de lei estadual que estabelecia gratificação de representação de função, devida a policial militar pelo exercício de função privativa de coronel, sendo que a indenização de representação seria calculada com base em percentuais incidentes sobre o valor respectivo, devido ao Comandante-Geral da Polícia Militar (STF, ADIn 752/GO, Rel. Min. Gilmar Mendes, decisão de 4-3-2004).

Diante desse enunciado prescritivo, devemos distinguir:

• **Vinculação** — relação de comparação vertical, que liga um cargo de menores atribuições e menor complexidade a cargo superior, a fim de manter a diferença remuneratória entre ambos. Como consequência disso, o aumento ou a redução dos vencimentos do cargo paradigma acarreta, automaticamente, a majoração ou diminuição dos vencimentos do cargo de escalão inferior.

- **Equiparação** — instituto que postula tratamento idêntico para aqueles que estão em situação de desigualdade. Propõe situar os cargos de níveis diferentes e atribuições diversas num mesmo patamar, para fins de remuneração.
- **Subteto remuneratório e vinculação** — por vislumbrar ofensa ao disposto no inciso XIII do art. 37 da CF, que veda a vinculação ou a equiparação de quaisquer espécies remuneratórias para o efeito de remuneração de pessoal do serviço público, o Tribunal deu provimento a recurso extraordinário interposto pelo Estado de Santa Catarina contra acórdão do tribunal de justiça local que, ao determinar a observância do subteto remuneratório de 80% da remuneração do Secretário de Estado (Lei Complementar estadual n. 43/92) para as pensões especiais concedidas a viúvas de ex-magistrados (Lei estadual n. 1.982/59), considerara a remuneração de Secretário Estadual como equivalente ao subsídio de Deputado Estadual, vinculado, por sua vez, à remuneração de Deputado Federal. Estabeleceu-se que a remuneração do Secretário de Estado de Santa Catarina, para fins de fixação do teto das pensões especiais, é aquela aprovada periodicamente pela Assembleia Legislativa, e não resultado de vinculação automática aos vencimentos dos Deputados Estaduais. O Min. Gilmar Mendes, Presidente, em voto-vista, ressaltou, inicialmente, que a controvérsia se cingiria à questão da vinculação da remuneração de Secretário de Estado ao subsídio de Deputado Estadual para fins de aplicação do limite para concessão de pensões especiais nos termos da Lei Complementar estadual n. 43/92, declarada constitucional pelo Supremo (RE 228.080/SC, *DJU* de 21-8-1998). Asseverou que a vinculação entre os subsídios de Deputado Estadual, e Deputado Federal, prevista na Resolução n. 61/90 da Assembleia Legislativa catarinense, não mais subsistiria, haja vista a revogação dessa resolução pelo Decreto Legislativo n. 16.379/94. Aduziu que a Emenda Constitucional n. 19/98, ao alterar o art. 39, § 1º, da Constituição Federal, suprimiu a isonomia como critério de remuneração no serviço público e que, por essa razão, o Supremo tem reconhecido a inconstitucionalidade das normas que estabelecem a paridade de vencimentos entre servidores públicos ocupantes de cargos de natureza distinta. Afirmou, por fim, que não haveria se falar, ademais, que a vinculação da remuneração dos Secretários de Estado à dos Deputados Estaduais configuraria direito adquirido, tendo em conta a jurisprudência consolidada da Corte no sentido de não haver direito adquirido a regime jurídico (STF, RE 171.241/SC, Rel. Orig. Min. Ilmar Galvão, red. p/ o ac. Min. Gilmar Mendes, j. em 19-8-2009).

✧ 6.8. Proibição do "efeito repicão"

Efeito repicão, também chamado de *efeito repique* ou *efeito cascata*, é o ato de computar uma vantagem pecuniária sobre outra. A proibição alcança, inclusive, os proventos da aposentadoria.

> **Nesse sentido:** STF, RE 232.331, Rel. Min. Ilmar Galvão, *DJ* de 18-5-2001; STJ, 2ª T., RMS 771/BA, Rel. Min. Antonio de Pádua Ribeiro, *DJ*, 1, de 21-10-1991.

O Supremo Tribunal Federal inadmite tal efeito, até porque a Emenda Constitucional n. 19/98 ampliou o campo de vedação do art. 37, XIV, quanto aos acréscimos pecuniários percebidos por servidores. Para tanto eliminou a expressão "sob o mesmo título ou idêntico fundamento", dantes demarcada na redação originária do inciso.

> **Posição do STF:** "O pressuposto para a aplicação do art. 17, *caput*, ADCT/1988, isto é, para a redução do vencimento, remuneração, vantagem e adicional, bem como de provento, é que estes estejam em desacordo com a Constituição de 1988. Ora, a Constituição de 1988 não estabeleceu limites ao critério do cálculo do adicional por tempo de serviço, em termos de percentuais. O que a Constituição vedou no art. 37, XIV, é o denominado repique, ou o cálculo de vantagens pessoais uma sobre a outra, assim em cascata" (STF, MS 22.891, Rel. Min. Carlos Velloso, *DJ* de 7-11-2003).

◆ Cap. 20 ◆ ADMINISTRAÇÃO PÚBLICA **903**

Assim, os acréscimos pecuniários percebidos por servidor público não serão computados nem acumulados para fim de concessão de acréscimos ulteriores (redação dada pela EC n. 19/98).

Casuística do STF:
- **Amplitude do efeito repicão** — "A Constituição da República veda a acumulação de acréscimos pecuniários para fins de cálculo de acréscimos ulteriores, sob o mesmo fundamento" (STF, AgI 392.954-AgRg, Rel. Min. Cezar Peluso, *DJ* de 5-3-2004). No mesmo sentido: STF, RE 206.117, Rel. Min. Sepúlveda Pertence, *DJ* de 28-4-2000; STF, RE 217.422, Rel. Min. Ilmar Galvão, *DJ* de 5-11-1999; STF, RE 168.937, Rel. Min. Ilmar Galvão, *DJ* de 7-2-1997.
- **Alteração da forma de cálculo das vantagens funcionais** — "Vedação de incidência recíproca de adicionais. Configuração de ofensa ao princípio da irredutibilidade de vencimentos (CF, art. 37, XIV)" (STF, RE 231.361-AgRg, Rel. Min. Ellen Gracie, *DJ* de 12-12-2003).
- **Servidor público federal e gratificação bienal** — "Impossibilidade da sua cumulação com adicional por tempo de serviço, por decorrerem de idêntico fundamento" (STF, RMS 23.319, Rel. Min. Nelson Jobim, *DJ* de 19-12-2002). No mesmo sentido: STF, RMS 23.458, Rel. Min. Marco Aurélio, *DJ* de 3-5-2002; STF, RE 288.304, Rel. Min. Ilmar Galvão, *DJ* de 11-10-2001; STF, RE 206.269, Rel. Min. Maurício Corrêa, *DJ* de 24-8-2001.
- **Gratificação de tempo integral, dedicação exclusiva e incorporação ao vencimento básico** — "Manifesta contrariedade ao art. 37, XIV, da Carta da República, que veda o cômputo dos acréscimos pecuniários ao padrão de vencimentos dos servidores, para fins de concessão de acréscimos posteriores" (STF, RE 167.416, Rel. Min. Ilmar Galvão, *DJ* de 2-6-1995).

✧ 6.9. Disponibilidade remunerada

Extinto o cargo ou declarada sua desnecessidade, o servidor estável ficará em disponibilidade, com remuneração proporcional ao tempo de serviço, até seu adequado aproveitamento em outro cargo (CF, art. 41, § 3º, com redação dada pela EC n. 19/98).

Casuística do STF:
- **Súmula 11** — "A vitaliciedade não impede a extinção do cargo, ficando o funcionário em disponibilidade, com todos os vencimentos".
- **Súmula 39** — "À falta de lei, funcionário em disponibilidade não pode exigir, judicialmente, o seu aproveitamento; que fica subordinado ao critério de conveniência da Administração".
- **Controle judicial dos atos administrativos** — "A regra segundo a qual o Poder Judiciário não pode sindicar o mérito, além de atualmente não ostentar a rigidez do passado, segurados entendimentos jurisprudenciais recentes, nunca afastou a possibilidade de verificação da legalidade deste, ainda que se trate de ato discricionário, onde se caracteriza a oportunidade e conveniência da Administração Pública. Ainda que aparentemente objetivo, o critério para a colocação de servidores em disponibilidade é ilegal quando escolhidos apenas os que respondem procedimento administrativo o que, por si só, demonstra a punição antecipada dos mesmos, sem o devido processo legal. Ademais, embora declarada a extinção do cargo, o fato de o Estado contratar novos servidores para as mesmas funções torna ainda mais evidente o caráter punitivo da medida. A finalidade real do ato foi mascarada e a notoriedade concedida ao administrado muito além da esfera do serviço público, atingindo de maneira inegável a honra subjetiva dos servidores envolvidos, pelo que é devida a verba compensatória, fixada com observância do princípio da razoabilidade" (STF, AgI 544.415, Rel. Min. Cezar Peluso, *DJ* de 27-5-2005).

Aí está a *disponibilidade remunerada*, introduzida na Carta de 1988 pela reforma administrativa, mas que remonta, originariamente, ao art. 100 da Emenda Constitucional n. 1/69, atrelando-se ao juízo de conveniência e oportunidade da Administração Pública.

> **Precedente do STJ:** "A extinção de cargo e a declaração de sua desnecessidade decorrem de juízo de conveniência e oportunidade formulado pela Administração Pública, prescindindo da edição de lei ordinária que as discipline" (*RTJ, 149*:796).

das seguintes expressões da Lei n. 9.783/99: "e inativo, e dos pensionistas" e "do provento ou da pensão" (art. 1º, *caput*) (STF, ADIn 2.010-MC/DF, Rel. Min. Celso de Mello, decisão de 29-9-1999).

Aliás, desde o julgamento em que o Supremo Tribunal Federal concedeu medida liminar, em caso de desconto da contribuição da Lei n. 9.783/99, que essa tendência tinha sido enunciada (STF, MS 23.411-3/DF, Rel. Min. Carlos Velloso, decisão de 15-4-1999).

✧ 7.1. Contribuição de inativos e pensionistas

Desde a Emenda Constitucional n. 41/2003, passando pela casuística do STF sobre o tema, que se considerou legítima a cobrança de contribuição de inativos e pensionistas.

Rememoremos que a Corte Excelsa julgou ações diretas de inconstitucionalidade, ajuizadas pela Associação Nacional dos Membros do Ministério Público e pela Associação Nacional dos Procuradores da República, contra o art. 4º da EC n. 41/2003. Por maioria de votos, afastou as ofensas alegadas pelos requerentes, concluindo que a cobrança da contribuição é constitucional (STF, ADIn 3.105/DF e ADIn 3.128/DF, Rel. orig. Min. Ellen Gracie, rel. p/ acórdão Min. Cezar Peluso, decisão de 18-8-2004).

✧ 7.2. Espécies de aposentadoria

A Constituição enumera três tipos de aposentadoria, que não podem ser acumuladas numa mesma relação de emprego (art. 40, § 1º, I a III):
* aposentadoria por incapacidade permanente;
* aposentadoria compulsória; e
* aposentadoria voluntária.

a) Aposentadoria por incapacidade permanente

Aposentadoria por incapacidade permanente é a que se baseia, para a sua concessão, na impossibilidade de o indivíduo trabalhar.

A Emenda Constitucional n.103/2019 deu nova redação ao art. 40, § 1º, I, da Carta Magna.

Nesse aspecto, devemos observar:
* o servidor abrangido por regime próprio de previdência social será aposentado por incapacidade permanente para o trabalho, no cargo em que estiver investido, quando insuscetível de readaptação;
* será obrigatória, nessa hipótese, a realização de avaliações periódicas para verificação da continuidade das condições que ensejaram a concessão da aposentadoria;
* caberá à lei ordinária do respectivo ente federativo regular as minúcias e particularidades da matéria.

Interessante frisar que, antes da Emenda Constitucional n. 103/2019, o art. 40, § 1º, I, com a redação da EC n. 41/2003, determinava que os proventos deveriam ser proporcionais ao tempo de contribuição, exceto se adviesse de acidente em serviço, moléstia profissional, doença grave, contagiosa ou incurável, na forma da lei.

Pela Emenda Constitucional n.103/2019, caberá à lei ordinária detalhar a matéria, regulamentando as suas especificidades, excetuados problemas a serem resolvidos via ato interpretativo.

Numa palavra, a lei ordinária deverá estatuir um regime próprio de previdência social, analisando cada situação, para se evitar quaisquer distorções.

Lembremos que, quando do advento da Emenda Constitucional n. 20/98, exigia-se o cômputo do tempo de serviço para fins de concessão de proventos proporcionais.

Como os proventos deveriam ser proporcionais ao tempo de contribuição, foram eliminados os proventos integrais, outrora concedidos ao aposentado sem a necessidade de contar o tempo em que ele contribuiu.

Assim, a aferição da aposentadoria por invalidez permanente, antes mesmo da Emenda Constitucional n. 103/2019, condicionava-se ao tempo de contribuição, salvo aqueles casos de tuberculose, mal

◆ Cap. 20 ◆ **ADMINISTRAÇÃO PÚBLICA**   **907**

de Parkinson, alienação mental, esclerose múltipla, neoplasia maligna, cegueira posterior ao ingresso no serviço público, hanseníase, cardiopatia grave, AIDS, dentre outras doenças indicadas na legislação — todas respaldadas na medicina científica —, as quais não se enquadravam na regra geral da contribuição pelo tempo de serviço.

É ilógico exigir de pessoas doentes, e impossibilitadas de trabalhar, o tempo de contribuição como requisito concessivo do benefício.

Por isso, a última parte do art. 40, § 1º, I (com redação dada pela EC n. 41/2003), que agora já não mais vigora, ter mencionado "acidente em serviço, moléstia profissional ou doença grave, contagiosa ou incurável".

Enfatize-se que a Lei n. 8.112/90 definiu as doenças graves, contagiosas ou incuráveis (art. 186, § 1º), possibilitando licença para tratamento de saúde, nos casos de aposentadoria por invalidez (art. 188, §§ 1º a 3º).

Vale recordar que antes da Emenda Constitucional n. 20/98, a sistemática adotada pela Constituição de 1988 era a seguinte: tinham proventos integrais aqueles que se aposentassem por invalidez permanente; aqueles que contassem com trinta e cinco anos de serviço, se fossem homens, ou trinta, se mulheres; aqueles que tivessem trinta anos de serviço, se professores, e vinte e cinco, se professoras.

Nos demais casos, aplicava-se a figura dos proventos proporcionais, hoje alçados ao posto de carro-chefe do art. 40 da Carta de 1988.

Tais proventos proporcionais eram compreendidos por exclusão, isto é, nos casos em que inexistisse integralidade, conferiam-se ao aposentado os estipêndios correspondentes à proporção do tempo de serviço que prestou.

Caso o servidor se aposentasse compulsoriamente, com menos tempo de serviço do que o exigido para a aposentadoria voluntária, ou incidisse nos casos do antigo art. 40, III, c e d, receberia proventos proporcionais.

Mas é interessante observar que a reforma constitucional da Previdência — veiculada em sua primeira versão pela Emenda Constitucional n. 20/98 — preocupou-se em preservar situações adrede constituídas.

Ficou assegurada a concessão de aposentadoria e pensão, a qualquer tempo, aos servidores públicos e aos segurados do regime geral de previdência social, bem como aos seus dependentes que, até a data da publicação da Emenda Constitucional n. 20/98, tenham cumprido os requisitos para a obtenção dos benefícios, com base nos critérios da legislação então vigente (EC n. 20/98, art. 3º, *caput*).

Ademais, o servidor que tivesse completado as exigências para aposentadoria integral e que optasse por permanecer em atividade faria jus à isenção da contribuição previdenciária até completar as exigências para aposentadoria contidas no art. 40, § 1º, III, a, da Constituição Federal (EC n. 20/98, art. 3º, § 1º).

Por outro lado, os proventos da aposentadoria a ser concedida aos servidores públicos, em termos integrais ou proporcionais ao tempo de serviço já exercido até a data de publicação da aludida Emenda Constitucional n. 20/98, juntamente com as pensões de seus dependentes, eram calculados de acordo com a legislação em vigor à época em que foram atendidas as prescrições nela estabelecidas para a concessão desses benefícios ou nas condições da legislação em vigor (EC n. 20/98, art. 3º, § 2º).

a.1) Emenda Constitucional n. 70, de 29 de março de 2012

A EC n. 70, de 29 de março de 2012, originou-se da PEC n. 5/2012, de iniciativa da Deputada Federal Andréa Zito (PSDB-RJ).

Existe uma particularidade a ser observada no estudo técnico da EC n. 70/2012. É que ela possui a natureza *sui generis*. Isso porque, em vez de atuar sobre o texto da Constituição da República, atuou na esfera de outra emenda constitucional. Caracteriza-se, pois, como uma *emenda feita para emendar outra emenda, sem, contudo, emendar o texto da Constituição propriamente dito*. Há justificativa para ter sido assim, qual seja aprimorar as normas já existentes sem, contudo, prejudicar as garantias já alcançadas.

O caráter atípico da EC n. 70/2012 não diminuiu em nada a sua importância. Tratou-se, à época, de providência louvável, a qual se ombreia com o ideário da justiça material. Buscou satisfazer os reclamos de servidores, que tinham os seus proventos de aposentadoria por invalidez reduzidos, de forma drástica, ao se aposentarem. Esperamos que tal providência saia do papel, pois o Estado brasileiro deve satisfações

908 ◆ Uadi Lammêgo Bulos ◆

a todos aqueles servidores públicos que se aposentaram por invalidez e jamais perceberam a integralidade de seus vencimentos.

Sem modificar, formalmente, a Carta de 1988, a EC n. 70/2012 acresceu o art. 6º-A à EC n. 41, de 19 de dezembro de 2003, cuja redação é a seguinte: "O servidor da União, dos Estados, do Distrito Federal e dos Municípios, incluídas suas autarquias e fundações, que tenha ingressado no serviço público até a data de publicação desta Emenda Constitucional e que tenha se aposentado ou venha a se aposentar por invalidez permanente, com fundamento no inciso I do § 1º do art. 40 da Constituição Federal, tem direito a proventos de aposentadoria calculados com base na remuneração do cargo efetivo em que se der a aposentadoria, na forma da lei, não sendo aplicáveis as disposições constantes dos §§ 3º, 8º e 17 do art. 40 da Constituição Federal".

O que a EC n. 70/2012 almejou foi estabelecer critérios para o cálculo e a correção dos proventos da aposentadoria por invalidez dos servidores públicos que ingressaram no serviço público até a data da publicação da EC n. 41/2003.

Pelo art. 2º da EC n. 70/2012, "A União, os Estados, o Distrito Federal e os Municípios, assim como as respectivas autarquias e fundações, procederão, no prazo de 180 (cento e oitenta) dias da entrada em vigor desta Emenda Constitucional, à revisão das aposentadorias, e das pensões delas decorrentes, concedidas a partir de 1º de janeiro de 2004, com base na redação dada ao § 1º do art. 40 da Constituição Federal pela Emenda Constitucional n. 20, de 15 de dezembro de 1998, com efeitos financeiros a partir da data de promulgação desta Emenda Constitucional".

A lógica da EC n. 70/2012 foi assegurar a paridade e a integralidade, permitindo a vinculação permanente entre os proventos de aposentadoria e a remuneração da atividade, com extensão aos inativos de todas as vantagens concedidas aos ativos. Neste contexto, também se inseriram as pensões oriundas dessas aposentadorias.

Os beneficiários da EC n. 70/2012 são os servidores federais, estaduais, municipais e do Distrito Federal, que entraram no serviço público até 19 de dezembro de 2003, data de publicação da EC n. 41/2003 (2ª reforma da Previdência), e se aposentaram em tal circunstância.

b) Aposentadoria compulsória

Aposentadoria compulsória é a que independe do querer do sujeito, sendo-lhe imposta com base em critério de idade.

Baseia-se numa presunção *juris et de jure*, lastreada no argumento de que, ao atingir certa idade, o corpo físico precisa do descanso necessário ao equilíbrio do espírito.

Está prevista no art. 40, § 1º, inciso II, da Carta Maior, preceito que não foi modificado pela Emenda Constitucional n. 103, de 12-11-2019.

A nosso ver, afigura-se equivocada. É a partir da maturidade que se descobre quem é o ser humano. Se for igual ao vinho, quanto mais velho, melhor. Se igual ao vinagre, azeda. Desse modo, a aposentadoria compulsória é uma verdadeira *expulsória*. Já passou da hora de ser extinta, porque impede a soma da energia dadivosa dos mais moços com a longanimidade dos mais vividos.

Com o surgimento da Emenda Constitucional n. 88, de 7-5-2015, que deu nova redação ao art. 40, § 1º, II, da *Lex Mater*, preceito este que havia sido incorporado na Carta Magna pela Emenda Constitucional n. 20, de 15-12-1998, o quadro melhorou um pouco. Servidores passaram a se aposentar, compulsoriamente, com proventos proporcionais ao tempo de contribuição, aos 70 (setenta) anos de idade, ou aos 75 (setenta e cinco) anos de idade, na forma de lei complementar.

> **Impossibilidade de nova sabatina para ministros permanecerem no cargo após os 70 anos:** por maioria de votos, os ministros do Supremo Tribunal Federal concederam liminar, em ação direta de inconstitucionalidade, suspendendo a aplicação da frase "nas condições do artigo 52 da Constituição Federal", inserida no final do art. 100 do ADCT, proveniente da Emenda Constitucional n. 88/2015. Desse modo, é inconstitucional fazer nova sabatina no Senado Federal para a permanência no cargo de ministros do Supremo, dos Tribunais Superiores e do Tribunal de Contas da União, após os 70 anos de idade. Tal exigência viola o núcleo essencial do princípio da separação de Poderes, que é uma cláusula pétrea (CF, art. 60, § 4º, III), consistindo numa interferência política imprópria, porque coloca em risco a liberdade e a independência dos magistrados. Quanto à parte remanescente da emenda, o Plenário assentou que o art. 100 do ADCT, oriundo da Emenda Constitucional n. 88/2015, não pode ser estendido a outros agentes públicos,

◆ Cap. 20 ◆ ADMINISTRAÇÃO PÚBLICA

909

até que seja editada a lei complementar nacional a que se refere o art. 40, § 1º, II, da Carta Maior. E, quanto à magistratura, a lei complementar a ser criada é de iniciativa do Supremo Tribunal (CF, art. 93). Logo, lei complementar estadual não pode tratar do tema. Neste julgamento, foi suspensa a tramitação de todos os processos que envolvam a aplicação da nova idade para aposentadoria compulsória a magistrados, até o julgamento definitivo desta ADIn. O Plenário declarou sem efeito todo e qualquer pronunciamento judicial e administrativo que tenha interpretado a emenda para assegurar a qualquer outro agente público o exercício das funções relativas a cargo efetivo após os 70 anos de idade (STF, ADIn 5.316, Rel. Min. Luiz Fux, j. 21-5-2015).

Aposentadoria de magistrados aos 75 anos: em sua sessão administrativa de 7 de outubro de 2015, concluiu o Supremo Tribunal Federal que a aposentadoria compulsória dos magistrados aos 75 anos já está devidamente regulamentada pelo Projeto de Lei n. 274/2015, aprovado pelo Congresso Nacional. Mas a Presidência da República o vetou. Na noite de 1º-12-2015, o Plenário do Congresso derrubou o veto total do aludido PLS 274/2015, de autoria do Senador José Serra (PSDB-SP). O Poder Executivo alegou que essa matéria seria de sua alçada privativa. Seja como for, o conteúdo desse tema é claro. A aposentadoria dos magistrados aos 75 anos decorre do próprio sistema que rege a matéria no plano constitucional. Assim, a aposentadoria compulsória deve ser aos 75 anos, com vencimentos proporcionais.

c) Aposentadoria voluntária

Aposentadoria voluntária é a que depende da vontade do servidor, estabelecendo-se, a depender de cada situação, proventos integrais ou proporcionais.

Desse modo, os servidores serão aposentados, voluntariamente, desde que cumpram as exigências do ordenamento jurídico.

Para a concessão da aposentadoria voluntária vigoram os seguintes requisitos:

- no âmbito da União, aos 62 (sessenta e dois) anos de idade, se mulher, e aos 65 (sessenta e cinco) anos de idade, se homem (CF, art. 40, § 1º, III, 1ª parte, com redação dada pela EC n. 103/2019);
- no âmbito dos Estados, do Distrito Federal e dos Municípios, na idade mínima estabelecida mediante emenda às respectivas Constituições e Leis Orgânicas, observados o tempo de contribuição e os demais requisitos estabelecidos em lei complementar do respectivo ente federativo (CF, art. 40, § 1º, III, 2ª parte, com redação dada pela EC n. 103/2019).

> **Comentário:** a aposentadoria voluntária era considerada um prêmio ao servidor dedicado. Por isso, o seu provimento era integral. Com a EC n. 20/98 passou-se a exigir contribuição, porque a sua inclusão no Texto de 1988 era, sobremodo, polêmica, sob o argumento de que elevaria as despesas da Previdência Social com a obrigação de pagar proventos em razão do tempo de serviço a homens e mulheres aptos para o trabalho.

De acordo, com a Emenda Constitucional n. 103/2019 (art. 4º, I a V), o servidor público federal que tiver ingressado no serviço público em cargo efetivo até 13 de novembro de 2019 poderá aposentar-se, voluntariamente, quando preencher, ao mesmo tempo, os seguintes requisitos:

- 56 (cinquenta e seis) anos de idade, se mulher, e 61 (sessenta e um) anos de idade, se homem, observado o disposto no § 1º, do art. 4º, da EC n.103/2019, que assim dispõe: "A partir de 1º de janeiro de 2022, a idade mínima a que se refere o inciso I do *caput* será de 57 (cinquenta e sete) anos de idade, se mulher, e 62 (sessenta e dois) anos de idade, se homem";
- 30 (trinta) anos de contribuição, se mulher, e 35 (trinta e cinco) anos de contribuição, se homem;
- 20 (vinte) anos de efetivo exercício no serviço público;
- 5 (cinco) anos no cargo efetivo em que se der a aposentadoria; e
- somatório da idade e do tempo de contribuição, incluídas as frações, equivalente a 86 (oitenta e seis) pontos, se mulher, e 96 (noventa e seis) pontos, se homem, observado o disposto nos §§ 2º e 3º, do referido art.4º.

> **Emenda Constitucional n.103, de 12-11-2019, art.4º, §§ 1º e 2º:**
>
> - § 2º A partir de 1º de janeiro de 2020, a pontuação a que se refere o inciso V do *caput* será acrescida a cada ano de 1 (um) ponto, até atingir o limite de 100 (cem) pontos, se mulher, e de 105 (cento e cinco) pontos, se homem.

- § 3º A idade e o tempo de contribuição serão apurados em dias para o cálculo do somatório de pontos a que se referem o inciso V do *caput* e o § 2º.

A Emenda Constitucional n. 103/2019, previu, em seu art. 8º, a seguinte regra de transição, que merece ser destacada: "Até que entre em vigor lei federal de que trata o § 19 do art. 40 da Constituição Federal, o servidor público federal que cumprir as exigências para a concessão da aposentadoria voluntária nos termos do disposto nos arts. 4º, 5º, 20, 21 e 22 e que optar por permanecer em atividade fará jus a um abono de permanência equivalente ao valor da sua contribuição previdenciária, até completar a idade para aposentadoria compulsória".

✧ 7.3. Regras para a aposentadoria

Segundo a Constituição Federal, devem ser observadas as seguintes regras para a obtenção da aposentadoria:

- **Regra limitativa das aposentadorias e pensões (art. 40, § 2º, com redação da EC n. 103/2019)** — os proventos de aposentadoria não poderão ser inferiores ao valor mínimo a que se refere o § 2º do art. 201, da Constituição, ou superiores ao limite máximo estabelecido para o Regime Geral de Previdência Social, observado o disposto nos §§ 14 a 16, do seu art. 40.
- **Regra da remissão à lei ordinária (art. 40, § 3º, com redação dada pela EC n. 103/2019)** — as regras para cálculo de proventos de aposentadoria serão disciplinadas em lei do respectivo ente federativo.
- **Regra da proibição de desequiparações (art. 40, § 4º, 4º A, 4º B e 4º C, com redação da EC n. 103/2019)** — a adoção de requisitos ou critérios diferenciados para concessão de benefícios em regime próprio de previdência social, observadas as seguintes ressalvas: **(i)** poderão ser estabelecidos por lei complementar do respectivo ente federativo idade e tempo de contribuição diferenciados para aposentadoria de servidores com deficiência, previamente submetidos a avaliação biopsicossocial realizada por equipe multiprofissional e interdisciplinar; **(ii)** poderão ser estabelecidos por lei complementar do respectivo ente federativo idade e tempo de contribuição diferenciados para aposentadoria de ocupantes do cargo de agente penitenciário, de agente socioeducativo ou de policial dos órgãos de que tratam o inciso IV do *caput* do art. 51, o inciso XIII do *caput* do art. 52 e os incisos I a IV do *caput* do art. 144, da Lei Magna; e **(iii)** poderão ser estabelecidos por lei complementar do respectivo ente federativo idade e tempo de contribuição diferenciados para aposentadoria de servidores cujas atividades sejam exercidas com efetiva exposição a agentes químicos, físicos e biológicos prejudiciais à saúde, ou associação desses agentes, vedada a caracterização por categoria profissional ou ocupação.
- **Regra para a aposentadoria de professores (art. 40, § 5º, com redação da EC n. 103/2019)** — os ocupantes do cargo de professor terão idade mínima reduzida em 5 (cinco) anos em relação às idades decorrentes da aplicação do disposto no inciso III do § 1º, do art. 40, desde que comprovem tempo de efetivo exercício das funções de magistério na educação infantil e no ensino fundamental e médio fixado em lei complementar do respectivo ente federativo.

  > **Casuística do STF anterior ao advento da EC n. 103/2019:**
  > - **Súmula 726** — "Para efeito de aposentadoria especial de professores, não se computa o tempo de serviço prestado fora da sala de aula".
  > - **Extensão da aposentadoria de professor** — é materialmente inconstitucional estender a aposentadoria especial de professor a outros servidores que, mesmo integrando a classe do magistério, estão ligados a atividades administrativas, estranhas às salas de aula, como inspetor escolar e administrador educacional (STF, ADIn 2.253, Rel. Min. Maurício Corrêa, *DJ* de 7-5-2004; STF, RE 199.160-AgRg, Rel. Min. Carlos Velloso, *DJ* de 11-3-2005).
  > - **Cômputo para a aposentadoria de professor** — inadmite-se o cômputo para a aposentadoria especial de professores, do tempo em que estes exerciam funções administrativas em estabelecimentos de ensino (STF, *RTJ*, *152*:228).

Cap. 20 ◆ ADMINISTRAÇÃO PÚBLICA 911

- **Regra da proibição de excessos (CF, art. 40, § 6º, com redação da EC n. 103/2019)** — ressalvadas as aposentadorias decorrentes dos cargos acumuláveis na forma desta Constituição, é vedada a percepção de mais de uma aposentadoria à conta de regime próprio de previdência social, aplicando-se outras vedações, regras e condições para a acumulação de benefícios previdenciários estabelecidas no Regime Geral de Previdência Social.
- **Regra da pensão por morte de servidor público (CF, art. 40, § 7º, com redação dada pela EC n. 103/2019)** — observado o disposto no § 2º do art. 201, da Carta Maior, quando se tratar da única fonte de renda formal auferida pelo dependente, o benefício de pensão por morte será concedido nos termos de lei do respectivo ente federativo, a qual tratará de forma diferenciada a hipótese de morte dos servidores de que trata o § 4º-B decorrente de agressão sofrida no exercício ou em razão da função.
- **Regra da garantia de reajuste (CF, art. 40, § 8º, com redação dada pela EC n. 41/2003)** — é assegurado o reajustamento dos benefícios para preservar-lhes, em caráter permanente, o valor real, conforme critérios estabelecidos em lei. A atualização dos benefícios previdenciários é disposição cogente na ordem constitucional brasileira. Por isso, não mais vigora o artifício astuto de se reverem vencimentos de servidores pela transformação ou reclassificação de sua escala de referências numéricas, alijando-se os aposentados e os pensionistas. Agora, ativos e inativos sofrem o mesmo tratamento, inexistindo qualquer base constitucional para desequiparações injustificadas. O preceito disciplinou a extensão de benefícios e vantagens. Inexistia determinação desse jaez na Constituição de 1967, o que dava margens a distorções, beneficiando-se os servidores em atividade e deixando à míngua os inativos. A Emenda Constitucional n. 20/98 manteve a regra, aplicando-a aos aposentados e aos pensionistas.

    Servidor inativo, vantagem pecuniária e ofensa à razoabilidade: antes mesmo da EC n. 20/98, o Supremo Tribunal Federal prospectou o entendimento de que norma legal que concede a servidor inativo vantagem pecuniária, cuja razão de ser revela-se absolutamente destituída de causa — gratificação de férias correspondente a 1/3 do valor da remuneração mensal —, fere o princípio da razoabilidade, que atua, enquanto projeção caracterizadora da cláusula do *substantive due process of law*, como insuperável limitação ao poder normativo do Estado (STF, *RDA, 200*:242).

- **Regra do tempo de contribuição (art. 40, § 9º, com redação da EC n. 103/2019)** — o tempo de contribuição federal, estadual, distrital ou municipal será contado para fins de aposentadoria, observado o disposto nos §§ 9º e 9º-A do art. 201, da Carta Suprema, e o tempo de serviço correspondente será contado para fins de disponibilidade.

    Antigo precedente do STF: "Pela lei vigente à época de sua prestação, qualifica-se o tempo de serviço do funcionário público, sem a aplicação retroativa de norma ulterior que nesse sentido não haja disposto" (STF, RE 174.150, Rel. Min. Octavio Gallotti, *DJ* de 18-8-2000).

- **Regra da contagem de tempo (art. 40, § 10, resultante da EC n. 20/98)** — a lei não poderá estabelecer qualquer forma de contagem de tempo de contribuição fictício. Pelo art. 4º da EC n. 20/98, "Observado o disposto no art. 40, § 10, da Constituição Federal, o tempo de serviço considerado pela legislação vigente para efeito de aposentadoria, cumprido até que a lei discipline a matéria, será contado como tempo de contribuição".
- **Regra do teto previdenciário (art. 40, § 11, acrescido pela EC n. 20/98)** — aplica-se o limite fixado no art. 37, XI, da Carta Magna à soma total dos proventos de inatividade, inclusive quando decorrentes da acumulação de cargos ou empregos públicos, bem como de outras atividades sujeitas a contribuição para o regime geral de previdência social, e ao montante resultante da adição de proventos de inatividade com remuneração de cargo acumulável na forma desta Constituição, cargo em comissão declarado em lei de livre nomeação e exoneração, e de cargo eletivo.
- **Regra do regime geral previdenciário (art. 40, §§ 12 e 13, com redação dada pela EC n. 103/2019)** — o regime de previdência dos servidores públicos titulares de cargo efetivo observará, no que couber, os requisitos e critérios fixados para o regime geral de previdência social. Desse modo, ao servidor ocupante, exclusivamente, de cargo em comissão declarado em lei de

livre nomeação e exoneração, bem como de outro cargo temporário ou de emprego público, aplica-se o regime geral de previdência social.

- **Regra do somatório da idade e do tempo de contribuição** — o somatório da idade e do tempo de contribuição, incluídas as frações, será de 81 (oitenta e um) pontos, se mulher, e 91 (noventa e um) pontos, se homem, aos quais serão acrescidos, a partir de 1º de janeiro de 2020, 1 (um) ponto a cada ano, até atingir o limite de 92 (noventa e dois) pontos, se mulher, e de 100 (cem) pontos, se homem (CF, art. 4º, § 5º , proveniente da EC n. 103/2019).
- **Regra do regime de previdência complementar (art. 40, §§ 14 e 15, advindos da EC n. 103/2019, e 16, proveniente da EC n. 20/1998)** — a União, os Estados, o Distrito Federal e os Municípios instituirão, por lei de iniciativa do respectivo Poder Executivo, regime de previdência complementar para servidores públicos ocupantes de cargo efetivo, observado o limite máximo dos benefícios do Regime Geral de Previdência Social para o valor das aposentadorias e das pensões em regime próprio de previdência social. Referido regime de previdência complementar oferecerá plano de benefícios somente na modalidade contribuição definida, observará o disposto no art. 202, da Carta Magna, e será efetivado por intermédio de entidade fechada de previdência complementar ou de entidade aberta de previdência complementar. Finalmente, esse regime complementar só é obrigatório para o servidor concursado que ingressar no serviço público depois da data de publicação do ato de sua instituição. Quanto aos servidores efetivos que já estavam no serviço público nessa data, têm o direito de optar, ou não, pelo novo sistema.
- **Regra de cálculo do benefício (art. 40, § 17, acrescido pela EC n. 41/2003)** — todos os valores de remuneração considerados para o cálculo do benefício previsto no § 3º do art. 40 do Texto Maior serão devidamente atualizados, na forma da lei.
- **Regra da contribuição sobre os proventos de aposentadorias e pensões (art. 40, § 18, oriundo da EC n. 41/2003)** — incidirá contribuição sobre os proventos de aposentadorias e pensões concedidas pelo regime de que trata este artigo que superem o limite máximo estabelecido para os benefícios do regime geral de previdência social de que trata o art. 201 da Constituição, com percentual igual ao estabelecido para os servidores titulares de cargos efetivos.

Casuística do STF antes da EC n. 103/2019:
- **Cobrança de contribuição à assistência à saúde** — "A controvérsia em debate — possibilidade de cobrança de contribuição à assistência à saúde, espécie que é da seguridade social a incidir sobre proventos e pensões — há de ser analisada em dois momentos: antes e depois da vigência da Emenda Constitucional 20/98. Para o período anterior ao surgimento da mencionada norma constitucional derivada, esta Suprema Corte admitia o custeio da previdência pública com recursos dos próprios proventos e pensões percebidos, respectivamente, pelos servidores públicos inativos e pensionistas. Essa posição foi adotada, por maioria, no julgamento da cautelar na ADI 1.441, Rel. Min. Octavio Gallotti, *DJ* 18/10/1996. Com a superveniência da Emenda Constitucional 20/98, foi estabelecido um novo regime de previdência de caráter contributivo, que definiu como contribuintes unicamente os 'servidores titulares de cargos efetivos'. Assim, foi alterada a orientação deste Supremo Tribunal sobre a matéria, tendo o Plenário, no julgamento da ADI 2.010-MC, rel. Min. Celso de Mello, unânime no ponto em questão, *DJ* de 12/04/02, assentado que a contribuição para o custeio da previdência social dos servidores públicos não deve incidir sobre os proventos ou as pensões dos aposentados e pensionistas. Tal entendimento se aplica aos servidores da União, bem como aos dos Estados e Municípios, que, portanto, estão impedidos de exigir, de seus pensionistas, o correspondente pagamento da seguridade social, a partir da alteração da CF/88, conforme decidido na ADI 2.188-MC, rel. Min. Néri da Silveira, Plenário, unânime, *DJ* de 09/03/2001, e na ADI 2.158-MC, rel. Min. Sepúlveda Pertence, Plenário, unânime, *DJ* de 1º/09/2000, entre outros julgados. (...) Importante ressaltar que essa orientação aplica-se até o advento da Emenda Constitucional 41/03, cujo art. 4º, *caput* — considerado constitucional por esta Suprema Corte no julgamento das ADI 3.105 e 3.128 —, permitiu a cobrança de contribuição previdenciária dos servidores inativos e pensionistas" (STF, RE 457.877, Rel. Min. Ellen Gracie, *DJ* de 16-9-2005).
- **Regime de caráter contributivo** — "A Lei n. 9.783/99, ao dispor sobre a contribuição de seguridade social relativamente a pensionistas e a servidores inativos da União, regulou, indevidamente, matéria não autorizada pelo texto da Carta Política, eis que, não obstante as

◆ Cap. 20 ◆ ADMINISTRAÇÃO PÚBLICA 913

substanciais modificações introduzidas pela EC n. 20/98 no regime de previdência dos servidores públicos, o Congresso Nacional absteve-se, conscientemente, no contexto da reforma do modelo previdenciário, de fixar a necessária matriz constitucional, cuja instituição se revelava indispensável para legitimar, em bases válidas, a criação e a incidência dessa exação tributária sobre o valor das aposentadorias e das pensões. O regime de previdência de caráter contributivo, a que se refere o art. 40, *caput*, da Constituição, na redação dada pela EC n. 20/98, foi instituído, unicamente, em relação 'aos servidores titulares de cargos efetivos (...)', inexistindo, desse modo, qualquer possibilidade jurídico-constitucional de se atribuir, a inativos e a pensionistas da União, a condição de contribuintes da exação prevista na Lei n. 9.783/99. Interpretação do art. 40, §§ 8º e 12, c/c o art. 195, II, da Constituição, todos com a redação que lhes deu a EC n. 20/98" (STF, ADIn 2.010-MC, Rel. Min. Celso de Mello, *DJ* de 12-4-2002).

- **Regra da opção pela atividade (art. 40, § 19, com redação da EC n. 103/2019)** — observados critérios a serem estabelecidos em lei do respectivo ente federativo, o servidor titular de cargo efetivo que tenha completado as exigências para a aposentadoria voluntária e que opte por permanecer em atividade poderá fazer *jus* a um abono de permanência equivalente, no máximo, ao valor da sua contribuição previdenciária, até completar a idade para aposentadoria compulsória.

- **Regra da proibição da simultaneidade de regimes previdenciários (art. 40, §§ 20 e 22, com redação da EC n. 103/2019)** — é vedada a existência de mais de um regime próprio de previdência social e de mais de um órgão ou entidade gestora desse regime em cada ente federativo, abrangidos todos os poderes, órgãos e entidades autárquicas e fundacionais, que serão responsáveis pelo seu financiamento, observados os critérios, os parâmetros e a natureza jurídica definidos em lei complementar. Também é proibida a instituição de novos regimes próprios de previdência social, lei complementar federal estabelecerá, para os que já existam, normas gerais de organização, de funcionamento e de responsabilidade em sua gestão, dispondo, entre outros aspectos, sobre: a) requisitos para sua extinção e consequente migração para o Regime Geral de Previdência Social; b) modelo de arrecadação, de aplicação e de utilização dos recursos; c) fiscalização pela União e controle externo e social; d) definição de equilíbrio financeiro e atuarial; e) condições para instituição do fundo com finalidade previdenciária e para vinculação a ele dos recursos provenientes de contribuições e dos bens, direitos e ativos de qualquer natureza; VI - mecanismos de equacionamento do *deficit* atuarial; f) estruturação do órgão ou entidade gestora do regime, observados os princípios relacionados com governança, controle interno e transparência; g) condições e hipóteses para responsabilização daqueles que desempenhem atribuições relacionadas, direta ou indiretamente, com a gestão do regime; h) condições para adesão a consórcio público; e i) parâmetros para apuração da base de cálculo e definição de alíquota de contribuições ordinárias e extraordinárias.

- **Regra da a (art. 40, §§ 20 e 22, com redação da EC n. 103/2019)** — Regras da aposentadoria de militares: o "policial civil do órgão a que se refere o inciso XIV do *caput* do art. 21 da Constituição Federal, o policial dos órgãos a que se referem o inciso IV do *caput* do art. 51, o inciso XIII do *caput* do art. 52 e os incisos I a III do *caput* do art. 144 da Constituição Federal e o ocupante de cargo de agente federal penitenciário ou socioeducativo que tenham ingressado na respectiva carreira até a data de entrada em vigor desta Emenda Constitucional poderão aposentar-se, na forma da Lei Complementar nº 51, de 20 de dezembro de 1985, observada a idade mínima de 55 (cinquenta e cinco) anos para ambos os sexos ou o disposto no § 3º" (EC n.103/2019, art. 5º, *caput*). "Serão considerados tempo de exercício em cargo de natureza estritamente policial, para os fins do inciso II do art. 1º da Lei Complementar nº 51, de 20 de dezembro de 1985, o tempo de atividade militar nas Forças Armadas, nas polícias militares e nos corpos de bombeiros militares e o tempo de atividade como agente penitenciário ou socioeducativo" (EC n.103/2019, art. 5º, § 1º). "Aplicam-se às aposentadorias dos servidores dos Estados de que trata o § 4º-B do art. 40 da Constituição Federal as normas constitucionais e infraconstitucionais anteriores à data de entrada em vigor desta Emenda Constitucional, enquanto não promovidas alterações na legislação interna relacionada ao respectivo regime próprio de previdência social" (EC n.103/2019, art. 5º, § 2º). "Os servidores de que trata o *caput* poderão

914 ◆ Uadi Lammêgo Bulos ◆

aposentar-se aos 52 (cinquenta e dois) anos de idade, se mulher, e aos 53 (cinquenta e três) anos de idade, se homem, desde que cumprido período adicional de contribuição correspondente ao tempo que, na data de entrada em vigor desta Emenda Constitucional, faltaria para atingir o tempo de contribuição previsto na Lei Complementar nº 51, de 20 de dezembro de 1985" (EC n.103/2019, art. 5º, § 3º).

✦ 8. MILITARES DOS ESTADOS, DO DISTRITO FEDERAL E DOS TERRITÓRIOS

A Emenda Constitucional n. 18/98 denominou a Seção III do Capítulo VII do Título III da Carta Maior "Dos Militares dos Estados, do Distrito Federal e dos Territórios".

Originariamente, a Seção III intitulava-se "Dos Servidores Públicos Militares".

O intuito da EC n. 18/98 foi eliminar a dicotomia servidor público *civil* — servidor público *militar*.

Agora só existem *servidores públicos*, sem os qualificativos *civil* e *militar*, dantes contemplados.

Ao extingui-los, o legislador reformador retirou os militares da categoria dos servidores públicos.

Por isso, os *militares* não são mais espécies do gênero *servidor público*, embora tal critério classificatório não modifique em nada os seus direitos e garantias, conforme estabelece o art. 42, §§ 1º e 2º, c/c o art. 142, § 3º, I a X, do Texto Supremo.

A EC n. 18/98, levando em conta que a Constituição de 1988 já tinha o Capítulo II do Título IV dedicado às Forças Armadas, deslocou os parágrafos do art. 42 para o art. 132, que foi acrescido do § 3º e incisos.

Nesse ínterim, imprimiu modificações localizadas no tocante ao regime constitucional dos militares, reclassificando a posição deles nos diversos níveis federativos do seguinte modo:

- **organização** — os membros das Polícias Militares e Corpos de Bombeiros Militares, instituições organizadas com base na hierarquia e disciplina, são militares dos Estados, do Distrito Federal e dos Territórios (CF, art. 42, *caput*, com redação dada pela EC n. 18/98);

   Hierarquia e disciplina: os membros das Polícias Militares e Corpos de Bombeiros Militares dos Estados, do Distrito Federal e dos Territórios estão sujeitos à *hierarquia* e à *disciplina*. Hierarquia é relação de subordinação escalonada, pela qual se afere a graduação superior ou inferior. *Disciplina* é o poder que tem o superior hierárquico de impor ao subordinado comportamentos, mediante ordens e mandamentos. Ambos os termos se correlacionam, pois, como notou Miguel Seabra Fagundes, "Onde há hierarquia, com superposição de vontades, há, correlativamente, uma relação de sujeição objetiva, que se traduz na disciplina, isto é, no rigoroso acatamento, pelos elementos dos graus inferiores da pirâmide hierárquica, às ordens, normativas ou individuais, emanadas dos órgãos superiores. A disciplina é, assim, um corolário de toda organização hierárquica" (*As Forças Armadas na Constituição*, p. 23).

- **regulamentação** — aplicam-se aos militares dos Estados, do Distrito Federal e dos Territórios, além do que vier a ser fixado em lei, as disposições do art. 14, § 8º; do art. 40, § 9º; e do art. 142, §§ 2º e 3º, cabendo a lei estadual específica dispor sobre as matérias do art. 142, § 3º, X, sendo as patentes dos oficiais conferidas pelos respectivos governadores (CF, art. 42, § 1º, com redação dada pela EC n. 20/98); e

   Significado do art. 42, § 1º, da CF: esse parágrafo proveio da EC n. 20/98. A sua redação anterior, fruto da EC n. 18/98, era a seguinte: "§ 1º Aplicam-se aos militares dos Estados, do Distrito Federal e dos Territórios, além do que vier a ser fixado em lei, as disposições do art. 14, § 8º; do art. 40, § 3º; e do art. 142, §§ 2º e 3º, cabendo à lei estadual específica dispor sobre as matérias do art. 142, § 3º, X, sendo as patentes dos oficiais conferidas pelos respectivos Governadores". Agora, o preceito abriu a possibilidade de lei ordinária regular matérias relacionadas ao regime jurídico dos militares dos Estados, do Distrito Federal e dos Territórios. Vale observar que a segunda parte do parágrafo deve ser interpretada restritivamente, pois a lei estadual específica referida deverá dispor, apenas, sobre os assuntos referidos no art. 142, § 3º, X, da Carta Magna, não abarcando os demais casos previstos no dispositivo.

◆ Cap. 20 ◆ ADMINISTRAÇÃO PÚBLICA

915

- **reserva de lei específica** — aos pensionistas dos militares dos Estados, do Distrito Federal e dos Territórios aplica-se o que for fixado em lei específica do respectivo ente estatal (CF, art. 42, § 2º, com redação dada pela EC n. 41/2003).

Com o advento da Emenda Constitucional n. 101, de 3 de julho de 2019, foi acrescido ao art. 42, do Texto Maior, o § 3º.

O objetivo do constituinte reformador foi estender aos militares dos Estados, do Distrito Federal e dos Territórios o direito à acumulação de cargos públicos prevista no art. 37, inciso XVI, da *Lex Mater*.

> **Acumulação de cargos e compatibilidade de horários** — sobre esse tema, correlato ao art. 37, XVI, da Carta Maior, o plenário do Supremo Tribunal Federal fixou a seguinte tese com repercussão geral: "As hipóteses excepcionais autorizadoras de acumulação de cargos públicos previstas na Constituição Federal sujeitam-se, unicamente, a existência de compatibilidade de horários, verificada no caso concreto, ainda que haja norma infraconstitucional que limite a jornada semanal" (STF, Recurso Extraordinário com Agravo 1246685, Rel. Min. Dias Toffoli, j. 25-3-2020).

Desse modo, aplicam-se aos militares dos Estados, do Distrito Federal e dos Territórios a vedação e, também, os benefícios constantes no art. 37, inciso XVI, da Carta Maior, com "prevalência" da atividade militar.

CAPÍTULO 21

ORGANIZAÇÃO DOS PODERES

✦ 1. ORGANIZAÇÃO CONSTITUCIONAL DE PODERES

O desdobramento do princípio da divisão funcional do Poder (art. 2º) — chave de abóbada da República brasileira — encontrou sistematização no Título IV da Constituição Federal.

No constitucionalismo clássico, o Poder Legislativo sempre obteve lugar de destaque.

Na Inglaterra, por exemplo, De Lolme chegou a dizer que o Parlamento britânico tudo podia, "menos transformar a mulher em um homem, e o homem em uma mulher" (*Constitution de l'Angleterre*, p. 8).

Embora os textos constitucionais ponham o Legislativo em pé de igualdade com os demais órgãos verticais do Poder, certamente cumpre a ele a difícil tarefa de elaborar normas jurídicas para o Executivo e o Judiciário aplicarem. Ao primeiro cabe a aplicação de ofício; ao segundo, a aplicação contenciosa, no caso litigioso concreto.

Essa é a visão tradicional, que vislumbra a função legislativa como a mais nobre, a mais elevada e a mais expressiva de todas as funções públicas.

Na França, e. g., desde o pós-guerra, todas as disputas políticas gizaram em torno da magnitude do Poder Legislativo.

Quanto à organização dos Poderes no Texto brasileiro de 1988, devemos observar:
- a proeminência do Poder Legislativo não é regra, pois, a partir da Carta de Outubro, o Executivo passou a expedir medidas provisórias com força de lei; e
- criou-se a *ilusão* de que elaborar leis é providência capaz de sanar a maioria dos problemas nacionais. Disso promana a *inflação legislativa*. No receituário legal existe remédio para todos os males. Do constituinte originário ao legislador comum formou-se uma espécie de *positivismo exacerbado*, vertido numa pletora de mais de quarenta e cinco mil leis em vigor, só para ficar nos atos formalmente legislativos, cujo teor a Lei de Introdução às Normas do Direito Brasileiro presume que seja do conhecimento de todos (art. 3º).

> **A lição de Justiniano:** Lá pelo ano 500, existia um pedaço do Império Romano que não havia sido destruído pelos Bárbaros, que eram os donos de tudo, mas não sabiam ler, não sabiam escrever. Só sabiam lutar. Tal pedaço do Império Romano era Constantinopla, que tinha como Imperador Justiniano. Ele notou que havia leis demais, leis que estavam atrapalhando, pois uma mandava fazer uma coisa e outra mandava o contrário. Era preciso harmonizar aquilo. Então Justiniano chamou vários jurisconsultos e mandou que botassem em ordem as leis, de modo a não brigarem umas com as outras. Foi aí que surgiram os Códigos — conjunto de disposições legais sobre certo assunto.

Didier Maus, perscrutando a abundância de leis em França, sugeriu dois motivos para explicar o fenômeno da *inflação legislativa*:
- abertura de novos domínios para o direito pelo Estado, acelerando o processo legislativo; e
- proliferação dos artífices do processo legislativo, incluindo-se Presidentes da República.

> **Nesse sentido:** Didier Maus, *Inflation juridique et développement des normes*, p. 357-358.

A essas duas razões acrescemos outra: a partir de 1919, com a Constituição alemã de Weimar, os textos supremos passaram a ser analíticos, deixando a regulamentação de toda e qualquer matéria a cargo

♦ Cap. 21 ♦ ORGANIZAÇÃO DOS PODERES

do legislador ordinário. Assim, predominaram normas de eficácia contida e limitada, que, para se tornarem plenamente exequíveis, reclamam a feitura de leis posteriores.

Quanto ao Poder Judiciário, não está preparado para atender ao imenso número de casos, até porque, no Brasil, estima-se a média aproximada de um juiz para cada vinte e nove mil habitantes, enquanto a estatística internacional está avaliada em sete mil habitantes por magistrado.

Além disso, as nossas leis processuais são excessivamente formalistas. As reformas do Código de Processo não melhoram nada, não resolvem patologias crônicas do sistema, a exemplo da irracional quantidade de recursos. Soma-se a isso o quadro econômico do País, com sucessivos planos de estabilização monetária gerando corrida, sem precedentes, aos pretórios.

Quanto ao Supremo Tribunal Federal, a Carta de 1988 atribuiu-lhe prerrogativas que, em rigor, não deveriam ser suas, impedindo seus juízes de se dedicarem, em tempo integral, ao exame de questões constitucionais.

Decerto que o problema mais grave da Justiça brasileira é a lentidão, que quase sempre leva à insuficiência da prestação jurisdicional, repercutindo até mesmo no Produto Interno Bruto. Um relatório do Banco Mundial, em 1997, apontou que, embora a Justiça brasileira seja confiável, sua morosidade reflete no mercado internacional, levando o investidor a fugir dos negócios. É preciso reconhecer, ainda, que o apoio administrativo aos juízes de primeira instância é deficiente. A forma de recrutamento deles é inadequada.

Aí está o panorama — crítico, é bem verdade — da organização dos Poderes na Constituição de 1988, que nem sempre segue à risca a tipologia clássica de Aristóteles, no livro *Política*, desenvolvida por John Locke em seu *Segundo tratado do governo civil*, e, finalmente, aprimorada por Montesquieu no clássico *O espírito das leis*, sem falar dos estudos de Hobbes, Bacon, Maquiavel, Rousseau, Políbio, Hume e tantos outros.

Significa dizer que a doutrina clássica da separação de Poderes, que distingue a *legislação*, a *administração* e a *jurisdição*, atribuídas a órgãos distintos e independentes entre si, e que impregnou a Declaração dos Direitos do Homem e do Cidadão de 1789 (art. 16) e a nossa Carta de 1988 (art. 2º), deve ser vista, no Brasil, na ótica da relatividade.

O Poder Legislativo, na República pátria, por exemplo, não é a mais transcendental das funções estatais. As crises políticas nem sempre se dão a seu derredor, a exemplo da história constitucional inglesa, em que a vida do Parlamento se confundia com a magnitude do próprio ato de legislar. *Impeachments*, comissões parlamentares de inquérito, atos de corrupção, condutas de improbidade administrativa parecem sugerir um novo perfil do poder político em nosso país, que nem sempre segue o sofisticado mecanismo dos *checks and balances*, tendente a realizar o célebre postulado de que o *poder deve conter o poder*.

Assim, o delicado equacionamento de forças entre Poderes, no Brasil, não poderá seguir, à risca, a proposta dos autores clássicos, notadamente Montesquieu.

Já passou da hora de reavaliar o critério tradicional que propõe separar, *in extremis*, as atividades legislativa, executiva e jurisdicional.

Hoje em dia, cada uma dessas funções não é, em absoluto, estanque uma da outra.

É necessário atinar para o caráter atípico que as tem notabilizado, nada obstante a preservação de seus *traços próprios e intrínsecos* por natureza.

Esses *traços próprios e intrínsecos* das atividades legislativa, executiva e judiciária é responsável pela harmonia e cooperação entre Poderes, evitando guerrilhas institucionais, impedindo que atritos ou querelas pessoais repercutam no plano institucional.

Os órgãos do Estado devem respeitar-se mutuamente, renunciando praxes abusivas, retaliações gratuitas ou grosserias de todo gênero.

✦ 2. PODERES DO ESTADO E DEFESA DAS LIBERDADES PÚBLICAS

A incondicional preservação das liberdades públicas é outro ponto inerente à *conformação jurídica* dos Poderes do Estado.

O Legislativo — na sua função de criar comandos imperativos, gerais e abstratos — não poderá *legislar* em desacordo com os direitos e garantias fundamentais.

O Executivo — no *munus* da função administrativa — deve acatar a magnitude das liberdades públicas.

O Judiciário — na sacrossanta tarefa de *dizer o direito* — também deve preservar os direitos humanos.

Quando a Constituição confere imunidades e garantias aos membros desses Poderes não está consagrando um benefício inusitado, sem a devida contrapartida. Os agentes políticos, sem exceção, têm o dever de preservar os princípios fundamentais e imprescindíveis ao convívio social pacífico, tais como a igualdade, a legalidade, a dignidade da pessoa humana etc.

Quem detém o *munus* de qualquer das atividades soberanas do Estado encontra-se compelido a defender o regime democrático, o Estado de Direito, combatendo o abuso de poder, o arbítrio, a ditadura, as desequiparações odiosas e ilícitas.

Não é apenas o Poder Judiciário o protagonista da *justiça constitucional das liberdades*, mas também os membros dos Poderes Legislativo e Executivo. Todos, sem exceção, devem obediência à autoridade superior da Constituição, que, em nosso sistema de Direito Positivo, elevou as funções estatais, e até mesmo o Ministério Público, ao posto de *oráculos do Estado Democrático de Direito*, e, em último plano, das liberdades públicas.

✦ 3. PODER LEGISLATIVO

O Poder Legislativo é o primeiro dos Poderes do Estado, na classificação de Montesquieu (*De l'esprit de lois*, p. 3 e s.).

Cumpre-lhe exercer a função típica de criar leis. Pouco importa se o produto legislado é fruto de um momento, quiçá de uma aspiração passageira ou ocasional, erigida para satisfazer meros anseios da sociedade de consumo.

O certo é que ao Poder Legislativo incumbe produzir a lei, com suas características universais, tanto *intrínsecas* como *extrínsecas*.

Mas o Poder Legislativo, do ponto de vista atípico, também administra e julga:

- **administra** — quando dá provimento a cargos, promove seus servidores, organiza e operacionaliza sua estrutura interna; e
- **julga** — quando avalia atos de improbidade do Presidente da República por crime de responsabilidade.

Tais exemplos demonstram que inexiste exclusividade absoluta de atribuições.

Dentro da predominância da função legiferante, também são desempenhadas tarefas secundárias de grande magnitude, donde defluem consequências jurídicas relevantes.

Pela Constituição de 1988, também compete ao Legislativo a fiscalização contábil, financeira, orçamentária, operacional e patrimonial do Poder Executivo (art. 70, *caput*).

✧ 3.1. Congresso Nacional

O Poder Legislativo é exercido pelo Congresso Nacional, que se compõe de duas Casas legislativas: a Câmara dos Deputados e o Senado da República.

Evidente que estamos falando do Poder Legislativo Federal, referido no art. 44, *caput*, da Carta Magna, porque também existe o Poder Legislativo dos Estados (Assembleias Legislativas Estaduais), do Distrito Federal (Câmara Legislativa Distrital) e dos Municípios (Câmaras Legislativas Municipais ou de Vereadores).

Assim, o Poder Legislativo Federal é exercido por um órgão composto: o Congresso Nacional, formado pela Câmara dos Deputados e pelo Senado, integrados, respectivamente, por deputados federais e senadores da República.

◆ Cap. 21 ◆ ORGANIZAÇÃO DOS PODERES

Decerto, quando a Constituição menciona os dois ramos do Legislativo, utiliza a terminologia *Congresso Nacional*. O motivo disso é que o termo *congresso*, a exemplo dos EUA, é usado nos países presidencialistas.

> **No Brasil, Congresso é o mesmo que Parlamento:** o termo *parlamento* é peculiar aos Estados que fazem do Poder Executivo uma delegação do Legislativo. Sua aplicação é bem mais antiga do que *congresso*. Aliás, a primeira vez que se usou nos Estados Unidos da América o signo *congresso*, com o fito de rubricar uma assembleia política, foi na união dos comissários de algumas colônias americanas, levada a cabo na cidade de New York, nos idos de 1765, com o escopo de fazer resistência contra dada lei fiscal da época. Lá por volta do ano 1774, já em pleno movimento da Independência, a primeira assembleia da Filadélfia foi rotulada de *congresso*. A partir daí o termo tornou-se o preferido dos países em que o Executivo é independente da assembleia política. Por outro lado, na França, desde o século XV, a palavra *parlamento* era empregada para designar as famosas "Cortes de Justiça". Apenas no século XIX passou a se correlacionar às assembleias políticas, surgidas pouco antes da Grande Revolução. *Parlamento*, pois, é nome peculiar do Poder Legislativo na grande maioria dos países de governo parlamentarista. Sua origem vem do baixo latim *parlamentum*, sugerindo ideia de decisão após a discussão travada entre oradores. Ao falar em *Parlamento* não podemos perder de vista uma plêiade de fenômenos políticos que se desenvolveram a partir da Revolução Francesa, chegando aos nossos dias. Aliás, todos os países europeus possuíam instituições genericamente rotuladas de *Parlamentos*, embora também fossem conhecidas como Estados Gerais, Cortes, Estamentos etc. Esse signo linguístico, na realidade, possui substância muito diversa, variando de caso para caso. No Brasil, por exemplo, temos *Parlamento*, uma vez que o próprio *Congresso Nacional* consigna uma assembleia baseada num princípio representativo, incumbido de exercer um conjunto de opções políticas, correspondentes à vontade popular.

Vigora, entre nós, portanto, o modelo *bicameralista*, e não o *unicameralista*.

Ressalvadas as Constituições brasileiras de 1934 e de 1937, que adotaram o *unicameralismo*, o constituinte de 1988 manteve a tradição, que vem do Império, consagrando no referido art. 44 o *bicameralismo* ou *pluricameralismo*.

Discute-se muito a respeito das vantagens de um e de outro sistema, conquanto a dogmática constitucional norte-americana, erigida com base na promulgação da Carta dos Estados Unidos da América de 17 de setembro de 1787, recusar-se a aceitar o *unicameralismo* nas Federações.

John W. Burgess entende que o Senado é insuprimível, porque se trata da Casa representativa dos Estados federados, sendo indispensável a sua previsão ao lado da Câmara Baixa (*Political science and comparative constitutional law*, p. 67).

Esse raciocínio, porém, não pode ser levado às últimas consequências. Na prática, nada impediria a existência de bicameralismo nos Estados unitários, embora tal situação seja atípica.

Outro caso anômalo, mas possível de ocorrer na experiência dos Estados, é existir *Federação unicameral*, do mesmo modo que, no Brasil, os Municípios integram o pacto federativo — um contrassenso, um absurdo, mas que existe do ângulo constitucional positivo (CF, arts. 1º e 18).

Tudo é uma questão de *conveniência política*.

Claro que do prisma lógico-jurídico uma *Federação monocameral* seria algo ilógico. Mas o jurista não pode olvidar a realidade. Muitas vezes, os fatos atropelam a eloquência da técnica, suplantando os códigos, que passam a admitir o extravagante e o esdrúxulo como conquistas de um momento social.

Para alguns, a existência de uma única câmara seria mais conveniente, como comprovam as Constituições da Dinamarca de 1953 e da Suécia de 1975, que adotaram o *unicameralismo* ou *monocameralismo*. A França também adotou esse modelo. Lá a representação dos três estamentos compunha uma só Casa.

Comparando o *unicameralismo* e o *bicameralismo*, temos:

Unicameralismo	Bicameralismo
• No unicameralismo ou monocameralismo, o processo legislativo teria maior celeridade. • O caráter unitário do Parlamento melhoraria a representação política. • A existência de uma só Casa legislativa congregaria, com maior resultado, as relações travadas entre o Parlamento e o governo. • A adoção do unicameralismo seria menos dispendiosa, pois a duplicidade de Casas legislativas oneraria, consideravelmente, os cofres públicos. • O unicameralismo favoreceria os avanços democráticos, porque exprimiria melhor os anseios da soberania popular, diferentemente do bicameralismo, tendente ao conservadorismo.	• O bicameralismo ou pluricameralismo sempre teve maior número de adeptos. Segundo os defensores do sistema dual, ele é mais vantajoso que o unicameralismo. Na Inglaterra, a existência de uma segunda Casa acompanhou as exigências do fato social. A Câmara dos Lordes Ingleses controlava os excessos e os impulsos da Câmara Baixa. • O bicameralismo proporciona um desdobramento maior da atividade legislativa, dividindo-a em duas etapas: uma na Câmara Baixa, composta por deputados, outra, na Câmara Alta, formada por senadores. Assim, a elaboração da lei seria mais racional, porque haveria a participação do Senado — Câmara Alta mais conservadora e madura. • O bicameralismo valoriza melhor as autonomias territoriais, porque uma das Câmaras representa o povo, enquanto outra representa as unidades federadas.

Na realidade, como ensinou Orlando — o grande criador da escola italiana de Direito Público — "a dualidade de câmaras serve para reprimir a tendência ao abuso, própria de quem se sente único depositário de um grande poder" (*Principii di diritto costituzionale*, p. 184).

Existe, ainda, o *bicameralismo desigual*, de tipo alemão, já que foi adotado na República Federal da Alemanha. Nele a Câmara Alta não funciona em todas as matérias cuja competência for atribuída à Câmara Baixa. Assim, senadores e deputados atuam em assuntos específicos de suas respectivas alçadas.

A Constituição brasileira de 1988, por sua vez, adotou o *bicameralismo igual*, do tipo clássico (art. 44, *caput*).

Significa que a lei, para ser aprovada, deve passar pelo crivo de ambas as Casas do Congresso Nacional, que só funcionam, separadamente, em casos muito especiais.

O fato de certas tarefas ou funções serem exercidas privativamente por cada uma das Casas congressuais não desvirtua o modelo bicameralista. Tanto é assim que nem o Senado nem a Câmara dos Deputados têm competência individual para editar leis. Praticam, é bem certo, atos que lhes são próprios, mas isso não chega a invadir a esfera de competência do Congresso Nacional.

No Brasil, inexiste predomínio de uma Casa legislativa sobre a outra. Do ponto de vista formal, porém, a Constituição atribui certa primazia à Câmara dos Deputados, no que concerne à iniciativa de propor leis.

Realmente, perante a Câmara dos Deputados o Presidente da República, o Supremo Tribunal Federal, o Superior Tribunal de Justiça e os cidadãos promovem a iniciativa do processo de criação das leis (arts. 61, § 2º, e 64, *caput*).

Saliente-se, contudo, que o Poder Legislativo Estadual, Distrital e Municipal é unicameral, como atestam os arts. 27, 29 e 32 da Constituição da República.

Não se trata de distorção, mas de mera técnica de distribuição de competências, pois não tem sentido existirem duas Casas legislativas para representar unidades jurídicas parciais, sendo que elas já possuem representação no nível federal.

Pode-se até dizer que o fato de existir uma só Câmara nos Estados, no Distrito Federal e nos Municípios reforça mais ainda o *bicameralismo igual*.

◆ Cap. 21 ◆ ORGANIZAÇÃO DOS PODERES

a) Atribuições do Congresso Nacional

A Carta de 1988 discriminou as matérias de competência legislativa do Congresso Nacional, ensejando a volta das atribuições que lhe haviam sido retiradas durante o vintênio de autoritarismo.

Portanto, quem desejar aferir a fonte imediata do Direito Parlamentar no Brasil deve recorrer à interpretação harmônica dos preceitos constitucionais e das disposições oriundas dos regimentos internos das Casas legislativas e do Congresso Nacional.

Quanto ao Congresso Nacional, ele tem o *poder-dever* de criar suas leis internas, sem ingerência tácita ou explícita de quaisquer órgãos governamentais, muito menos internacionais.

Cumpre-lhe, à luz da Constituição, exercer missões internas básicas, prioritárias ao seu funcionamento, tais como organizar Mesas, Comissões, Polícia e serviços administrativos.

Cada uma de suas Casas possui órgãos internos para organizar seus respectivos trabalhos.

Tanto a Câmara dos Deputados como o Senado Federal elaboram regimentos internos, dispõem sobre sua administração, criando, transformando e extinguindo cargos, empregos e funções. Nos termos da lei orçamentária, fixam a respectiva remuneração.

As atribuições do Congresso Nacional — órgão legislativo da União — distribuem-se em cinco grupos, os quais evidenciam atividades distintas e bastante delimitadas:

- **atividades legislativas** — desenvolvidas com base no processo legislativo (CF, arts. 61 a 69), criam leis sobre matérias de competência da União (CF, art. 48);
- **atividades deliberativas** — desempenhadas via decreto legislativo ou resoluções, nos termos de sua competência exclusiva e de seu regimento interno, colimam praticar atos concretos, resoluções referendárias, autorizações, aprovações, sustações etc. (CF, art. 49);
- **atividades fiscalizatórias** — exteriorizam-se mediante pedidos de informações (CF, art. 50, § 2º), comissões parlamentares de inquérito (CF, art. 58, § 3º), julgamento de contas (CF, arts. 49, X, 71 e 72, 166, § 1º), controle de atos do Executivo (CF, art. 49, X) e tomada de contas (CF, arts. 51, II, 84, XXIV);
- **atividades de julgamento e controle da moralidade** — têm em vista o julgamento de autoridades por crimes de responsabilidade (CF, arts. 51, I, 52, I e II, e 86); e
- **atividades constituintes de segundo grau** — objetivam expedir emendas à Constituição, através do processo solene para empreender mudanças formais (CF, art. 60).

a.1) Competência legislativa do Congresso Nacional (CF, art. 48, I a XV)

O art. 48 da Constituição prevê a competência legislativa do Congresso Nacional.

> **No art. 48 da CF, a enumeração é meramente exemplificativa:** o art. 48 é meramente exemplificativo. Os assuntos, inseridos nos seus incisos, não esgotam o rol de suas atribuições. Em rigor, poderiam até ser dispensados, porque não é a consulta a seu elenco que irá definir se uma matéria é ou não objeto de lei. A própria sintaxe construtiva do art. 48, *caput*, mostra isso. Basta ler a frase "todas as matérias de competência da União". Ademais, "ninguém será obrigado a fazer ou deixar de fazer alguma coisa senão em virtude de lei" (CF, art. 5º, II). Portanto, todo e qualquer assunto poderá receber regulamentação legal, e, excepcionalmente, não. Saliente-se que a Constituição retira do âmbito legislativo certas matérias (arts. 49, 52, IV), reservando-lhe, por outro lado, certa primazia (art. 68, § 1º). Afigura-se-nos que o constituinte de 1988 perdeu uma grande oportunidade para disciplinar as exceções, em vez de simplesmente ter enumerado incisos veiculadores de atribuições congressuais. Isso porque, numa primeira análise, o domínio da lei é ilimitado, podendo dispor sobre a unanimidade dos temas que tocam a competência da União, respeitadas as exceções constitucionais. Por isso, o catálogo abaixo deve ser concebido mediante pesquisa das exceções às regras que os incisos contemplam, para, a partir daí, saber se uma matéria pode ou não ser regulada por lei.

Tal *competência* é desempenhada com base:
- na exigência de ato sancionatório do Presidente da República; e
- na observância do procedimento técnico para a elaboração de lei ordinária (CF, arts. 59, III, e 65).

922 ◆ Uadi Lammêgo Bulos ◆

Assim, compete ao Congresso Nacional, com a sanção do Presidente da República, não exigida esta para o especificado nos arts. 49, 51 e 52 da Carta de Outubro, dispor sobre todas as matérias de competência da União, especialmente sobre:

- sistema tributário, arrecadação e distribuição de rendas;
- plano plurianual, diretrizes orçamentárias, orçamento anual, operações de crédito, dívida pública e emissões de curso forçado;

> **Precatórios judiciais incluídos no orçamento anual:** "Os precatórios judiciais, apresentados até 1º de julho, e nesta data atualizados, devem ser incluídos na proposta orçamentária que, submetida ao crivo do Poder Legislativo (CF, arts. 48, II, e 166), transformar-se-á na lei orçamentária do exercício seguinte. Somente se nela estiverem previstas dotações orçamentárias para tal fim é que os requisitórios poderão ser pagos; pois é vedada a realização de qualquer despesa sem que haja previsão no orçamento (CF, art. 167, II)" (STF, ADIn 225, Rel. Min. Paulo Brossard, *DJ* de 25-5-2001).

- fixação e modificação do efetivo das Forças Armadas;
- planos e programas nacionais, regionais e setoriais de desenvolvimento;
- limites do território nacional, espaço aéreo e marítimo e bens do domínio da União;
- incorporação, subdivisão ou desmembramento de áreas de Territórios ou Estados, ouvidas as respectivas Assembleias Legislativas;
- transferência temporária da sede do Governo Federal;
- concessão de anistia;
- organização administrativa, judiciária, do Ministério Público e da Defensoria Pública da União e dos Territórios e organização judiciária e do Ministério Público do Distrito Federal (Redação dada pela EC n. 69/2012);
- criação, transformação e extinção de cargos, empregos e funções públicas, observado o que estabelece o art. 84, VI, *b* (redação dada pela EC n. 32/2001);

> **Ressalva da EC n. 32/2001:** a ressalva proveniente da EC n. 32/2001 — "observado o que estabelece o art. 84, VI, *b*" — buscou atribuir ao Presidente da República a competência privativa para disciplinar, via decreto, matéria relativa à extinção de funções ou cargos públicos, quando estes se encontrem vagos. Note-se que a EC n. 32/2001, ao conferir nova grafia ao inciso X do art. 48, respeitou a tradição de nosso Direito Constitucional no sentido de deixar a matéria aí prescrita sob os domínios da legalidade, excetuada a EC n. 1/69, que permitia ao decreto-lei, em vez de lei, criar cargos e estipular vencimentos (art. 43, V). Seja como for, a EC n. 32/2001 impediu, tecnicamente, medidas provisórias de regularem o assunto em comento. Significa dizer que o Presidente da República não poderá, por ato unilateral de vontade, dispor sobre a criação, transformação e extinção de cargos, empregos e funções públicas. Somente por decreto — jamais medidas provisórias — tais assuntos poderão passar pelo crivo presidencial. **Precedente do STF:** "Transformação de cargos de Assistente Jurídico da Advocacia-Geral da União em cargos de Advogado da União. É que a análise do regime normativo das carreiras da AGU em exame apontam para uma racionalização, no âmbito da AGU, do desempenho de seu papel constitucional por meio de uma completa identidade substancial entre os cargos em exame, verificada a compatibilidade funcional e remuneratória, além da equivalência dos requisitos exigidos em concurso. Precedente: ADIn 1.591, Rel. Min. Octavio Gallotti" (STF, ADIn 2.713, Rel. Min. Ellen Gracie, *DJ* de 7-3-2003).

- criação e extinção de ministérios e órgãos da administração pública (redação dada pela EC n. 32/2001);

> **Precedente do STF:** "Não se tratando da criação de novos cargos públicos, possuem os tribunais de justiça estaduais competência para delegar, acumular e desmembrar serviços auxiliares dos juízos, ainda que prestado por particulares, como os desempenhados pelas serventias extrajudiciais" (STF, ADIn 2.415-MC, Rel. Min. Ilmar Galvão, *DJ* de 20-2-2004).

- telecomunicações e radiodifusão;
- matéria financeira, cambial e monetária, instituições financeiras e suas operações;
- moeda, seus limites de emissão, e montante da dívida mobiliária federal;

◆ Cap. 21 ◆ ORGANIZAÇÃO DOS PODERES   **923**

• fixação do subsídio dos Ministros do Supremo Tribunal Federal, observado o que dispõem os arts. 39, § 4º; 150, II; 153, III; e 153, § 2º, I, do Texto Magno (redação dada pela EC n. 41/2003).

a.2) Competência exclusiva do Congresso Nacional (CF, art. 49, I a XVIII)

O Congresso Nacional detém competência exclusiva nas matérias listadas no art. 49 do Texto Maior.

Ambas as Casas congressuais — Câmara e Senado — devem exercer tais atribuições livremente, sem qualquer intervenção do Executivo, muito menos do Judiciário.

As deliberações tomadas terão caráter definitivo, porque, nesse campo, não há falar em sanção ou veto presidencial.

Nas matérias inseridas no art. 49 da *Lex Legum* não incide lei, mas apenas decreto legislativo. Desse modo, compete, exclusivamente, ao Congresso Nacional:

• resolver definitivamente sobre tratados, acordos ou atos internacionais que acarretem encargos ou compromissos gravosos ao patrimônio nacional;

> **Casuística do STF:**
> • **Carta Rogatória. Penhora. Inviabilidade de execução. Mercosul. Parâmetros subjetivos** — "A regra direciona à necessidade de homologação da sentença estrangeira, para que surta efeitos no Brasil. A exceção corre à conta de rogatória originária de país com o qual haja instrumento de cooperação, o que não ocorre relativamente à Bolívia, ante o fato de não estar integrada ao Mercosul e de ainda não haver sido aprovado, pelo Congresso Nacional, o Acordo de Cooperação e Assistência Jurisdicional em Matéria Civil, Comercial, Trabalhista e Administrativa entre os Estados Partes do Mercosul e as Repúblicas da Bolívia e do Chile, nos termos do artigo 49, inciso I, da Carta da República" (STF, CR 10.479-AgRg, Rel. Min. Marco Aurélio, *DJ* de 23-5-2003).
> • **Execução e incorporação de tratados internacionais** — "O exame da vigente Constituição Federal permite constatar que a execução dos tratados internacionais e a sua incorporação à ordem jurídica interna decorrem, no sistema adotado pelo Brasil, de um ato subjetivamente complexo, resultante da conjugação de duas vontades homogêneas: a do Congresso Nacional, que resolve, definitivamente, mediante decreto legislativo, sobre tratados, acordos ou atos internacionais (CF, art. 49, I) e a do Presidente da República, que, além de poder celebrar esses atos de direito internacional (CF, art. 84, VIII), também dispõe — enquanto Chefe de Estado que é — da competência para promulgá-los mediante decreto. O *iter* procedimental de incorporação dos tratados internacionais — superadas as fases prévias da celebração da convenção internacional" (STF, ADIn 1.480-MC, Rel. Min. Celso de Mello, *DJ* de 18-5-2001).
> • **Recepção de tratados e acordos no âmbito do Mercosul** — "A recepção dos tratados internacionais em geral e dos acordos celebrados pelo Brasil no âmbito do Mercosul depende, para efeito de sua ulterior execução no plano interno, de uma sucessão causal e ordenada de atos revestidos de caráter político-jurídico, assim definidos: (a) aprovação, pelo Congresso Nacional, mediante decreto legislativo, de tais convenções; (b) ratificação desses atos internacionais, pelo Chefe de Estado, mediante depósito do respectivo instrumento; (c) promulgação de tais acordos ou tratados, pelo Presidente da República, mediante decreto, em ordem a viabilizar a produção dos seguintes efeitos básicos, essenciais à sua vigência doméstica: (1) publicação oficial do texto do tratado e (2) executoriedade do ato de direito internacional público, que passa, então — e somente então — a vincular e a obrigar no plano do direito positivo interno. Precedentes. O sistema constitucional brasileiro não consagra o princípio do efeito direto e nem o postulado da aplicabilidade imediata dos tratados ou convenções internacionais" (STF, CR 8.279-AgRg, Rel. Min. Celso de Mello, *DJ* de 10-8-2000).

• autorizar o Presidente da República a declarar guerra, a celebrar a paz, a permitir que forças estrangeiras transitem pelo território nacional ou nele permaneçam temporariamente, ressalvados os casos previstos em lei complementar;
• autorizar o Presidente e o Vice-Presidente da República a se ausentarem do País, quando a ausência exceder a quinze dias;

924 ◆ Uadi Lammêgo Bulos ◆

> **Precedente do STF:** "Este Supremo Tribunal já julgou procedentes ações diretas que contestaram a ausência de previsão, nas Constituições Estaduais, de um prazo razoável no qual o Governador pudesse se ausentar do território nacional sem a necessidade de autorização do Poder Legislativo local (ADI 678-MC, Rel. Min. Marco Aurélio, ADI 738-MC, Rel. Min. Paulo Brossard, vencido, ADI 2.453-MC, Rel. Min. Maurício Corrêa e, em julgamento definitivo, as ADIns 703 e 743, ambas de minha relatoria). No presente caso, observa-se que, ao contrário do alegado, o disposto no *caput* do art. 96 da Lei Orgânica do Distrito Federal harmoniza-se perfeitamente com o modelo federal, concedendo ao Governador um prazo para as ausências ocasionais dos limites do DF, sem que careça da prévia autorização da Câmara Legislativa. Existência de conformação entre o princípio da liberdade de locomoção do cidadão com a prerrogativa institucional do Poder Legislativo em fiscalizar os atos e os comportamentos dos governantes. Precedente: ADI 678-MC, Rel. Min. Marco Aurélio" (STF, ADIn 1.172, Rel. Min. Ellen Gracie, *DJ* de 25-4-2003).

- aprovar o estado de defesa e a intervenção federal, autorizar o estado de sítio, ou suspender qualquer uma dessas medidas;
- sustar os atos normativos do Poder Executivo que exorbitem do poder regulamentar ou dos limites de delegação legislativa;
- mudar temporariamente sua sede;
- fixar idêntico subsídio para os Deputados Federais e os Senadores, observado o que dispõem os arts. 37, XI, 39, § 4º, 150, II, 153, III, e 153, § 2º, I (redação dada pela EC n. 19/98);

> **Precedente do STF:** "A fixação de subsídios parlamentares, em cada legislatura para a seguinte, não é matéria de lei, mas objeto de resolução, de competência exclusiva do Congresso Nacional ou da Assembleia Legislativa (CF, art. 29, § 2º)" (STF, ADIn 898-MC, Rel. Min. Sepúlveda Pertence, *DJ* de 4-3-1994).

- fixar os subsídios do Presidente e do Vice-Presidente da República e dos Ministros de Estado, observado o que dispõem os arts. 37, XI, 39, § 4º, 150, II, 153, III, e 153, § 2º, I (redação dada pela EC n. 19/98);
- julgar anualmente as contas prestadas pelo Presidente da República e apreciar os relatórios sobre a execução dos planos de governo;
- fiscalizar e controlar, diretamente, ou por qualquer de suas Casas, os atos do Poder Executivo, incluídos os da administração indireta;

> **Poder de fiscalização legislativa:** "Do relevo primacial dos 'pesos e contrapesos' no paradigma de divisão dos poderes, segue-se que à norma infraconstitucional — aí incluída, em relação à Federal, a Constituição dos Estados-Membros — não é dado criar novas interferências de um Poder na órbita de outro que não derive explícita ou implicitamente de regra ou princípio da Lei Fundamental da República. O poder de fiscalização legislativa da ação administrativa do Poder Executivo é outorgado aos órgãos coletivos de cada Câmara do Congresso Nacional, no plano federal, e da Assembleia Legislativa, no dos Estados; nunca, aos seus membros individualmente, salvo, é claro, quando atuem em representação (ou presentação) de sua Casa ou comissão" (STF, ADIn 3.046, Rel. Min. Sepúlveda Pertence, *DJ* de 28-5-2004).

- zelar pela preservação de sua competência legislativa em face da atribuição normativa dos outros Poderes;

> **Precedente do STF:** "É a Constituição mesma que resguarda o 'funcionamento parlamentar' dos partidos, 'de acordo com a lei' (inciso IV do art. 17), e assim mais intensamente participando das experiências do Parlamento — sobretudo no altaneiro plano da produção das leis e na vigília dos atos normativos dos demais poderes (inciso XI do art. 49 da CF — é que essas pessoas jurídico--eleitorais que são os partidos políticos desfrutam de habilitação processual para o ajuizamento das Ações Diretas de Inconstitucionalidade" (STF, ADIn 3.059-MC, Rel. Min. Carlos Britto, *DJ* de 20-8-2004).

- apreciar os atos de concessão e renovação de concessão de emissoras de rádio e televisão;

> **Supremacia do interesse público:** entendeu o Supremo Tribunal Federal que, tendo em vista a supremacia do interesse público sobre o privado em tema de concessão e renovação de emissoras,

◆ Cap. 21 ◆ ORGANIZAÇÃO DOS PODERES 925

o agente público pode, no exercício de suas atribuições e a bem do interesse público, deixar de executar ato de natureza precária, como é a autorização, desde que expostos os motivos. O administrado não pode obrigar a Administração a conceder-lhe direito que tem como pressuposto de validade o preenchimento de requisitos objetivos (capacidade técnica) e subjetivos (conveniência e oportunidade) (STF, RMS 22.665, Rel. Min. Marco Aurélio, Rel. p./ ac. Min. Nelson Jobim, *DJ* de 4-8-2006).

- escolher dois terços dos membros do Tribunal de Contas da União;
- autorizar referendo e convocar plebiscito;

Desdobramento da matéria:

- **Pioneirismo da CF de 1988** — a Constituição de 1988 foi a primeira a prever o instituto do referendo, cujo procedimento deve seguir todas as formalidades consagradas nos seus arts. 61 a 69. O referendo é um dos mecanismos da democracia semidireta, ao lado do plebiscito, da iniciativa popular, do direito de revogação (*recall* e *abberufungsrecht*) e do veto. Este último nada tem que ver com o veto presidencial do art. 66, § 1º e s.

- **Direito de revogação e veto** — quanto ao *direito de revogação* e ao *veto*, esses institutos não foram previstos pela Constituição, que apenas menciona o plebiscito, o referendo e a iniciativa popular (art. 14, I, II e III). Em certos sistemas constitucionais, eles foram consagrados, a exemplo da Suíça e dos Estados Unidos. Muito raramente, encontramos a expressão *referendo consultivo*, como na Constituição espanhola de 1978 (art. 92, 1), para designar o plebiscito, o que não procede, porque o uso indiscriminado dessas palavras pode levar a uma confusão terminológica generalizada. De outro lado, Maurice Duverger prefere chamar o veto de *referendum facultativo* (*Droit constitutionnel et institutions politiques*, p. 22), terminologia que se nos afigura inadequada, pelo mesmo motivo anterior.

- **Referendo** — *referendo* é o instrumento pelo qual o povo sanciona leis, apreciando atos normativos gerais, v. g., emendas à Constituição, leis ordinárias etc. A adoção do *referendo*, para tornar-se juridicamente perfeita e obrigatória, deve submeter-se ao sufrágio popular, porque são os cidadãos que votarão pelo sim ou pelo não, por sua aceitação ou por sua rejeição (Joseph Barthélemy e Paul Duez, *Traité de droit constitutionnel*, p. 125). No *referendo*, o Congresso Nacional elabora uma lei ou uma emenda à Constituição e depois a submete ao eleitorado. Os eleitores dizem sim ou não. Se pronunciarem sim, a nova legislação passará a vigorar. Se disserem não, os atos legislativos deixam de ter qualquer validade. Enquanto no *referendo* os eleitores optam a respeito de matéria já aprovada pelo Congresso, no *plebiscito* eles irão manifestar-se sobre assunto que não foi deliberado previamente.

- **Autorizar e convocar** — o Congresso Nacional exerce a prerrogativa de autorizar referendo e convocar plebiscito. *Autorizar* significa conferir autoridade ou poder; *convocar*, por sua vez, exprime ideia de convite, chamamento para algo.

- autorizar, em terras indígenas, a exploração e o aproveitamento de recursos hídricos e a pesquisa e lavra de riquezas minerais;

Precedente do STF: "É do Congresso Nacional a competência exclusiva para autorizar a pesquisa e a lavra das riquezas minerais em terras indígenas (CF, art. 49, XVI, e 231, § 3º), mediante decreto legislativo, que não é dado substituir por medida provisória. Não a usurpa, contudo, a medida provisória que — visando resolver o problema criado com a existência, em poder de dada comunidade indígena, do produto de lavra de diamantes já realizada, disciplina-lhe a arrecadação, a venda e a entrega aos indígenas da renda líquida resultante de sua alienação" (STF, ADIn 3.352-MC, Rel. Min. Sepúlveda Pertence, *DJ* de 15-4-2005).

- aprovar, previamente, a alienação ou concessão de terras públicas com área superior a dois mil e quinhentos hectares;
- decretar o estado de calamidade pública de âmbito nacional previsto nos arts. 167-B, 167-C, 167-D, 167-E, 167-F e 167-G desta Constituição (inciso XVIII do art. 49 da Carta Magna, incluso pela Emenda Constitucional n. 109/2021).

b) Convocação e comparecimento de Ministros de Estado (CF, art. 50, §§ 1º e 2º)

A Câmara dos Deputados e o Senado Federal, ou qualquer de suas Comissões, podem convocar Ministro de Estado ou quaisquer titulares de órgãos diretamente subordinados à Presidência da República para prestarem, pessoalmente, informações sobre assunto previamente determinado, importando em crime de responsabilidade a ausência sem justificação adequada (art. 50, *caput* — com redação dada pela ECR n. 2/94).

> **Convocação de governador:** "Dispositivo da Constituição do Estado da Bahia que prevê a convocação, pela Assembleia Legislativa, do Governador do Estado, para prestar pessoalmente informações sobre assunto determinado, importando em crime de responsabilidade a ausência sem justificação adequada. *Fumus boni iuris* que se demonstra com a afronta ao princípio de separação e harmonia dos Poderes, consagrado na Constituição Federal. *Periculum in mora* evidenciado no justo receio do conflito entre poderes, em face de injunções políticas. Medida cautelar concedida" (STF, ADIn 111-MC, Rel. Min. Carlos Madeira, *DJ* de 24-11-1989).

Por força da Emenda Constitucional de Revisão n. 2/94, consagrou-se a possibilidade de se convocarem chefes de órgãos diretamente vinculados à Presidência da República. O argumento é que essas autoridades, embora não tenham o mesmo *status* dos Ministros de Estado, possuem importância assemelhada a eles.

Como na democracia a *res publica* é outro nome da *transparência*, afigura-se justificável a convocação desses titulares para prestarem, pessoalmente, informações sobre assunto previamente determinado.

Aliás, o comparecimento obrigatório de Ministros de Estado vigora entre nós desde a Carta de 1934 (art. 37). Só que nessa Constituição a obrigatoriedade era de comparecer, apenas, à Câmara de Deputados. Foi o Texto Supremo de 1946 que estendeu tal dever ao Senado Federal ou a qualquer Comissão de uma das Casas congressuais (art. 54). O constituinte de 1988 seguiu a mesma linha.

Mas a Carta de Outubro não exigiu qualquer deliberação pelo Plenário da Casa.

Logo, qualquer Comissão poderá decidir sobre o comparecimento, ou não, de um Ministro de Estado ou titular de órgão subordinado à Presidência, sem a necessidade da anuência do Plenário.

A exigência de Ministros de Estado comparecerem, pessoalmente, para prestar informações não constitui qualquer afronta ao sistema presidencial, e sim uma homenagem ao princípio da moralidade administrativa. Tanto é assim que o art. 50, § 2º, considera crimes de responsabilidade o não comparecimento imotivado e a prestação de informações falsas. A ausência só poderá ocorrer com justificação fundamentada e documentada.

A Constituição também autoriza a Câmara dos Deputados a encaminhar o processo ao Supremo Tribunal Federal, a quem competirá julgá-lo (arts. 51, I, e 102, I, *c*).

De outra parte, Ministros de Estado podem comparecer ao Senado Federal, à Câmara dos Deputados, ou a qualquer de suas Comissões, por iniciativa própria e mediante entendimentos com a Mesa respectiva, para expor assunto de relevância de seu Ministério (CF, art. 50, § 1º).

Essa *faculdade* pressupõe a observância do seguinte:
* o Ministro de Estado poderá, *sponte propria*, comparecer a qualquer das Casas do Congresso para discutir assuntos relacionados ao seu Ministério;
* essa prerrogativa não se estende às autoridades que chefiarem órgãos diretamente subordinados à Presidência da República, mas, tão somente, aos Ministros de Estado; e
* os assuntos a serem abordados pelo Ministro de Estado que quiser comparecer ao Senado Federal, à Câmara dos Deputados ou a qualquer de suas Comissões deverão restringir-se à alçada de sua pasta, para os temas relacionados, especificamente, ao Ministério que dirige. Pode ter a palavra suspensa, caso se manifeste a respeito de assunto de outro setor ou sobre questões de política geral. A Constituição foi taxativa: "expor assunto de relevância de seu Ministério".

As Mesas da Câmara dos Deputados e do Senado Federal podem encaminhar pedidos escritos de informação a Ministros de Estado ou a qualquer das pessoas referidas no *caput* do art. 50, importando em crime de responsabilidade a recusa, ou o não atendimento, no prazo de trinta dias, bem como a prestação de informações falsas (CF, art. 50, § 2º, com redação dada pela ECR n. 2/94).

◆ Cap. 21 ◆ ORGANIZAÇÃO DOS PODERES **927**

Assim, os chefes de órgãos desempenham funções semelhantes às exercidas por Ministros de Estado. É o caso das Secretarias da Presidência com responsabilidades ministeriais, cujos titulares devem satisfação pelos seus atos.

Os pedidos escritos de informação constituem uma novidade trazida pela Carta de 1988.

Agora deputados e senadores poderão pedir, por escrito, que Ministros de Estado, bem como titulares de órgãos da Presidência da República, forneçam-lhes informações sobre assunto determinado, nos estritos limites de suas pastas. É importante perceber que o pedido será feito por intermédio da Mesa a que pertencer o parlamentar.

Buscou-se, assim, controlar o teor das perguntas endereçadas à autoridade. Esta, por sua vez, terá o prazo de trinta dias para respondê-las, sob pena de incorrer em crime de responsabilidade.

A prestação de informações inverídicas, além de ensejar delito de responsabilidade, pode, também, ser tipificada como crime de falsidade ideológica.

Desse modo, a autoridade não está isenta de ser sancionada por cometimento de ilícito comum.

c) Funcionamento do Congresso Nacional

O funcionamento do Congresso Nacional também mereceu a atenção do constituinte de 1988, como veremos a seguir.

c.1) Legislatura: significado e período de duração

Legislatura é o período de funcionamento do Congresso.

Possui enorme importância, pois marca o tempo em que cada Casa Legislativa irá desempenhar suas atividades, e. g., fixar a remuneração dos congressistas (CF, art. 49, VII), compor as comissões permanentes, extinguir, à luz do regimento interno, as comissões temporárias etc.

Cada *legislatura* terá a duração de quatro anos (CF, art. 44, parágrafo único).

O constituinte tomou como base o tempo de duração do mandato dos membros da Câmara dos Deputados. Isso porque o Senado é contínuo, renovando-se, parcialmente, a cada quatro anos (CF, art. 46, § 2º).

O prazo de quatro anos vai do início do mandato dos deputados até o seu término. Sua contagem inicia-se no dia 1º de fevereiro seguinte à eleição, findando em 31 de janeiro do quarto ano subsequente.

c.2) Sessões legislativas

Além da legislatura, o Congresso Nacional desenvolve seus trabalhos por meio de *sessões legislativas*.

Sessão legislativa é o espaço de tempo que dura a reunião parlamentar.

Apresenta-se sob as seguintes modalidades:

*   **Sessão legislativa preparatória** — ocorre no início de cada legislatura, com o objetivo de organizar o Congresso e as suas Casas. Cada uma delas reunir-se-á em sessões preparatórias, a partir de 1º de fevereiro, no primeiro ano da legislatura, para a posse de seus membros e eleição das respectivas Mesas, para mandato de dois anos, vedada a recondução para o mesmo cargo na eleição imediatamente subsequente (CF, art. 57, § 4º, com redação dada pela EC n. 50/2006). Mas é possível a recondução para membro da Mesa, desde que seja para outro cargo diverso do que o parlamentar ocupava. Isso era proibido na ordem constitucional pretérita. A Constituição atual permitiu.

    > **Casuística do STF:** o Pretório Excelso decidiu pela impossibilidade de recondução para o mesmo cargo de eleição imediatamente subsequente (*RTJ, 119*:964 e *163*:52). Também entendeu que "A norma do § 4º, do art. 57, da CF, que, cuidando da eleição das Mesas das Casas Legislativas federais, veda a recondução para o mesmo cargo na eleição imediatamente subsequente, não é de reprodução obrigatória nas Constituições dos Estados-membros, porque não se constitui num princípio constitucional estabelecido" (*RTJ, 163*:52). Reconheceu, ainda, que as Leis Orgânicas do Distrito Federal e dos Municípios podem dispor sobre a composição, eleição e possibilidade de reeleição de suas respectivas Mesas diretoras (*RTJ, 119*:964 e *153*:105).

928 ◆ Uadi Lammêgo Bulos ◆

- **Sessão legislativa ordinária** — é o período anual em que o Congresso Nacional se reúne, em Brasília, para o desempenho de tarefas legislativas. Vai de 2 de fevereiro a 17 de julho e de 1º de agosto a 22 de dezembro, sendo esta a data de seu encerramento (CF, art. 57, *caput* — com redação dada pela EC n. 50/2006). Tal sessão não deve ser interrompida sem que seja aprovado o projeto de lei de diretrizes orçamentárias (CF, art. 57, § 2º). É também chamada de *reunião ordinária*, quando os parlamentares se reúnem nos dias úteis (segunda a sexta-feira), para realizar o seu trabalho. Quem deve disciplinar os expedientes dessas sessões são os regimentos internos das Casas congressuais, e nenhum outro veículo normativo, sob pena de se invadir área de atuação *exclusiva* do Parlamento.

- **Sessão legislativa extraordinária** — a convocação extraordinária do Congresso Nacional far-se-á: **(i)** pelo Presidente do Senado Federal, em caso de decretação de estado de defesa ou de intervenção federal, de pedido de autorização para a decretação de estado de sítio e para o compromisso e a posse do Presidente e do Vice-Presidente da República (CF, art. 57, § 6º, I); ou **(ii)** pelo Presidente da República, pelos Presidentes da Câmara dos Deputados e do Senado Federal ou a requerimento da maioria dos membros de ambas as Casas, em caso de urgência ou interesse público relevante, em todas as hipóteses, com a aprovação da maioria absoluta de cada uma das Casas do Congresso Nacional (CF, art. 57, § 6º, I, com redação dada pela EC n. 50/2006). Na sessão legislativa extraordinária, o Congresso Nacional somente deliberará sobre a matéria para a qual foi convocado, ressalvada a hipótese do § 8º do art. 57, vedado o pagamento de parcela indenizatória em razão da convocação (CF, art. 57, § 7º, com redação dada pela EC n. 50/2006). Finalmente, havendo medidas provisórias em vigor na data de convocação extraordinária do Congresso Nacional, serão elas automaticamente incluídas na pauta da convocação (CF, art. 57, § 8º, acrescido pela EC n. 32/2001).

  As diversas espécies de convocação:
  - **Convocação do Presidente da República** — o Presidente da República pode convocar o Congresso Nacional, desde que os parlamentares de cada uma das Casas do Congresso Nacional aprovem a convocação pelo voto da maioria absoluta de seus membros. Aí está a novidade introduzida pela EC n. 50/2006. Antes a matéria sujeitava-se, apenas, à discricionariedade presidencial. Agora, é necessário o aval dos deputados e senadores.
  - **Convocação dos Presidentes da Câmara e do Senado** — a convocação conjunta do Congresso Nacional pelos Presidentes da Câmara e do Senado Federal é uma novidade em nossa normativa constitucional. Trata-se de um ato composto e discricionário, inexistente na Constituição passada.
  - **Convocação da maioria absoluta dos membros de ambas as Casas** — essa convocação só poderá ocorrer em caso de urgência ou interesse público relevante. Claro que o conteúdo semântico desses termos é amplíssimo. Por isso, só o exame da hipótese concreta é que irá determiná-lo. Lembre-se, apenas, que nem todo interesse público (aquele que repercute na vida de toda a população, sem distinções) é relevante, ou seja, imprescindível, impostergável. Caso de urgência é aquele que envolve situações irremediáveis, que não podem perecer por omissão ou desvelo das autoridades competentes.
  - **Dupla convocação extraordinária** — é possível haver dupla convocação extraordinária para o mesmo período, a fim de tratar de assuntos diversos? Parece-nos que sim. Isso porque a conjunção "ou" sugere ideia de alternância. Se o constituinte de 1988 a tivesse colocado entre o Presidente da República e os da Câmara e do Senado, ela seria excludente. Como não a pôs, só pode ser alternativa. Por outro lado, a hipótese de convocação é discricionária, devendo partir de um ato composto, pouco importando se do Presidente da República e, ao mesmo tempo, dos Presidentes da Câmara e do Senado. Desde que a convocação seja para discutir assunto necessário ou conveniente à Nação, não se há de dificultar o processo, mesmo porque a Carta Suprema não impede a dupla convocação.
  - **Convocação por medida provisória** — estando o Congresso Nacional em recesso, a convocação extraordinária poderá proceder por medida provisória. Quem deverá expedir o ato convocativo é o próprio Presidente da República, observados os prazos da providência de urgência.

- **Sessão legislativa solene** — comemoram-se datas ou feitos históricos, em que se reverencia a memória de homens ilustres ou de personalidades nacionais ou estrangeiras.

◆ Cap. 21 ◆ ORGANIZAÇÃO DOS PODERES 929

- **Sessão legislativa conjunta** — a Câmara dos Deputados e o Senado da República reúnem-se, em sessão conjunta, para: **(i)** inaugurar a sessão legislativa; **(ii)** elaborar o regimento comum e regular a criação de serviços comuns às duas Casas; **(iii)** receber o compromisso do Presidente e do Vice-Presidente da República; e **(iv)** conhecer do veto e sobre ele deliberar (CF, art. 57, § 3º, I a IV). Nessa hipótese, a direção dos trabalhos fica a cargo da Mesa do Congresso Nacional, presidida pelo Presidente do Senado Federal, e os demais cargos deverão ser exercidos, alternadamente, pelos ocupantes de cargos equivalentes na Câmara dos Deputados e no Senado Federal (CF, art. 57, § 5º). Interessante observar que o § 3º do art. 57 menciona a existência de *outros casos de sessão conjunta previstos na Constituição*. Que casos seriam esses? Ninguém conseguirá encontrá-los, pelo simples fato de inexistirem. Até mesmo a feitura das leis financeiras e orçamentárias, que poderiam levantar alguma dúvida, devem ser apreciadas pelas duas Casas do Congresso Nacional, na forma do regimento comum, sujeitando-se a parecer de uma comissão mista de deputados e senadores (CF, art. 166). Como a matéria é regimental, poderá ou não ser discutida em sessão conjunta, mas isso é uma deliberação *interna corporis* do Parlamento, sujeita ao seu juízo de conveniência e oportunidade.

c.3) Recesso parlamentar

Recesso parlamentar é o espaço de tempo em que o Congresso Nacional não funciona, exceto se for convocada sessão legislativa extraordinária.

Pelo art. 57, *caput*, da Constituição, com redação dada pela Emenda Constitucional n. 50/2006, o *recesso parlamentar* vai de 23 de dezembro a 1º de fevereiro.

Desde a origem dos Parlamentos, o *recesso parlamentar* permite aos congressistas afastarem-se das reuniões, a fim de regressarem às suas respectivas bases eleitorais para tratar de assuntos diversos.

c.4) Deliberações parlamentares

Salvo disposição constitucional em contrário, as deliberações de cada Casa e de suas Comissões serão tomadas por maioria dos votos, presente a maioria absoluta de seus membros (CF, art. 47).

Eis a exigência constitucional de se estabelecer o mínimo de parlamentares para deliberar sobre uma dada matéria, a fim de que ela seja válida.

O tema já estava consagrado nas Constituições brasileiras de 1824 (art. 25), 1934 (art. 27), 1937 (art. 40), 1946 (art. 42), 1967 (art. 33) e na Emenda Constitucional n. 1/69 (art. 31).

c.4.1) Quórum

"Quórum" é o número de membros de um órgão colegiado, exigido por lei, para que sejam tomadas certas decisões de conjunto.

Pelo art. 47 da Carta de 1988, inexistindo a maioria absoluta dos congressistas falta quórum.

O constituinte de 1988 foi abrangente ao utilizar a expressão "deliberações de cada Casa e de suas Comissões".

Sufragrou, assim, o entendimento do Supremo Tribunal Federal, formado sob a égide da Carta de 1967, pelo qual a exigência do quórum não repercute, apenas, no processo legislativo, mas também em todas as deliberações legislativas, inclusive em eleições de membros de Mesas das respectivas Casas a que pertencem, respeitada a presença da maioria absoluta dos parlamentares (STF, *RTJ, 102*:378-433).

c.4.2) Técnica de positivação constitucional das maiorias

A técnica de positivação constitucional das maiorias, adotada pelo constituinte de 1988, desdobra-se nas seguintes modalidades: simples, qualificada e absoluta.

Maioria simples, também denominada maioria *eventual, relativa* ou *ocasional*, é aquela em que o cálculo para a sua obtenção baseia-se no número de parlamentares presentes no ato da votação.

Maioria qualificada é a obtida em decorrência da totalidade dos parlamentares pertencentes à Casa legislativa. Para o seu cálculo não se levam em conta os parlamentares que estejam ocasionalmente presentes no ato de votação.

Os textos constitucionais, tomando como parâmetro esse conceito, especificam a *maioria qualificada* em frações. A Carta de 1988, por exemplo, consagrou as seguintes:

- *maioria qualificada de 1/3* — para proposta de emenda à Constituição (art. 60, I);
- *maioria qualificada de 2/3* — para aprovação de lei orgânica municipal (art. 29, *caput*), ou para apreciação de contas anuais apresentadas por prefeitos à Câmara de Vereadores (art. 31, § 2º); e
- *maioria qualificada de 3/5* — para discussão de propostas a emendas constitucionais (art. 60, § 2º).

Maioria absoluta é o primeiro número inteiro superior à metade.

Para apurar a *maioria absoluta* não se deve levar em conta o número dos presentes, mas sim o número total dos integrantes da respectiva Casa legislativa. Exemplo: a maioria absoluta na Câmara dos Deputados, composta de 513 membros, será de 257 deputados, e no Senado Federal, formado de oitenta e um integrantes, será de quarenta e um senadores, independentemente do número de parlamentares presentes na sessão.

É equívoco dizer que *maioria absoluta* é metade mais um, pois seria impossível determiná-la se a composição do Parlamento fosse ímpar. Exemplificando: o Supremo Tribunal Federal, em sua composição constitucional, tem onze ministros, numeração ímpar, pois. A maioria absoluta será seis votos.

> **Precedentes do STF:** *RT, 286*:686; *RTJ, 53*:765. Nesse sentido: "Ementa: Maioria Absoluta. Sua definição, como significando metade mais um, serve perfeitamente quando o total é número par. Fora daí temos que recorrer à verdadeira definição, a qual, como advertem Scialoja e outros, deve ser esta, que serve seja par ou ímpar o total: maioria absoluta é o número inteiro imediatamente superior à metade" (STF, RE 68.419, Rel. Min. Luiz Gallotti, *RF, 235*:72).

d) Voto de liderança e princípio da colegialidade

Desde a Constituição anterior que os estudiosos vêm ressaltando o caráter meramente simbólico do voto de liderança, que possibilita, apenas, a mera substituição de opiniões de líderes partidários pelas manifestações dos parlamentares liderados. Entretanto, essa prática *contra constitutionem* não se sobrepõe ao poder-dever, pessoal e indelegável, de votar dos congressistas.

> **Nesse sentido:** José Celso de Mello Filho, *Constituição Federal anotada*, p. 154.

O voto de liderança, cuja previsão é muito comum em disposições regimentais de Casas legislativas, é inconstitucional porque fere — além da própria *técnica de positivação constitucional das maiorias* — os princípios da colegialidade e da representação popular, que encontram na pessoalidade do voto sua expressão máxima.

Pelo princípio da colegialidade, a discussão e votação de qualquer matéria sujeitam-se às regras da *deliberação majoritária* e da *proporcionalidade partidária*.

Deliberação majoritária, no sentido de que sempre deve prevalecer a vontade da maioria, *proporcionalidade partidária*, na acepção de que o direito das minorias parlamentares é plenamente assegurado pela representação proporcional dos partidos no Legislativo. Dessa forma, as minorias podem exercitar a prerrogativa de requerer e ser ouvidas sobre diligências propostas ou efetuadas.

Contribuem oferecendo soluções para os problemas ligados ao interesse público. Assim, o objetivo do princípio da colegialidade é estabelecer a primazia da vontade predominante no Parlamento. Significa que um dado assunto posto em pauta não pode ser fruto da deliberação de vozes isoladas, porque esse mister não pertence ao parlamentar, individualmente tomado, mas sim ao corpo legislativo como um todo.

Ao mesmo tempo, as correntes minoritárias também têm o direito de se manifestar, de modo que a vontade da maioria não seja a única prevalecente.

Busca-se, assim, o equilíbrio de forças, em nome da representatividade popular.

✧ 3.2. Câmara dos Deputados

A Câmara dos Deputados compõe-se de representantes do povo, eleitos, pelo sistema proporcional, em cada Estado, em cada Território e no Distrito Federal (CF, art. 45, *caput*).

◆ Cap. 21 ◆ ORGANIZAÇÃO DOS PODERES   **931**

Composta de 513 deputados federais, a Câmara de Deputados é o ramo popular do Poder Legislativo Federal que representa o povo.

Povo = brasileiros natos + brasileiros naturalizados.

Quanto ao número total de deputados, bem como à representação por Estado e pelo Distrito Federal, a que alude o art. 45, § 1º, da Carta Magna, foi estabelecido pela **Lei Complementar n. 78, de 30 de dezembro de 1993** (arts. 1º a 3º), nos seguintes termos:

* **número máximo de deputados** — proporcional à população dos Estados e do Distrito Federal, o número de deputados federais não ultrapassará 513 representantes;
* **número mínimo de deputados** — nenhum dos Estados-membros terá menos de oito deputados federais;
* **número de deputados em territórios federais** — quando vierem a ser criados, deverão ser representados por quatro deputados federais; e
* **número de deputados em Estado mais populoso** — o Estado mais populoso será representado por setenta deputados federais.

Em qualquer dessas hipóteses, incumbe a cada deputado federal, em particular, representar todo o povo brasileiro, eleitor ou não eleitor, e não apenas o seu eleitorado.

Nesse sentido ensinou Raymond Carré de Malberg: "os deputados representam a nação inteira, não apenas o seu colégio eleitoral" (*Contribution* à *la théorie générale de l'État*, p. 222, t. 2. **No mesmo sentido:** João Barbalho, *Constituição Federal brasileira*: comentários, p. 113).

> **Inconstitucionalidade de normas sobre número de deputados** — por maioria de votos, o Plenário do Supremo Tribunal Federal decidiu pela inconstitucionalidade da Resolução TSE 23.389/2013, que havia estipulado o tamanho das bancadas dos Estados e do Distrito Federal na Câmara dos Deputados para as eleições de 2014, e a Lei Complementar n. 78/1993, que autorizou o TSE a definir os quantitativos. A tese prevalecente foi a levantada pela Min. Rosa Weber, no sentido da inconstitucionalidade das normas, julgando procedente todas as ADIs. Quanto à improcedência da ADC 33, a decisão foi unânime. A corrente majoritária, por assim dizer, capitaneada por Weber, posicionou-se no sentido de que a resolução do TSE invadiu, sim, a competência do Congresso Nacional. O art. 45, § 1º, da Constituição Federal prescreveu que o número de deputados e as representações dos Estados e do DF serão estabelecidos por lei complementar, enquanto o art. 68, § 1º, vedou a delegação de matéria reservada à lei complementar. Para a maioria dos Ministros da Corte, a Lei Complementar n. 78/1993 não fixou critérios de cálculo, nem delegou sua fixação ao TSE, que usou critérios próprios para determinar o quantitativo dessas representações, introduzindo inovações legislativas para as quais não tem competência. E não compete ao TSE legislar, e sim promover a normatização da legislação eleitoral. Aliás, o Código Eleitoral conferiu, expressamente, ao TSE poder para expedir instruções e tomar outras providências que julgar convenientes para execução da legislação eleitoral. Contudo, não se pode inferir da Lei Complementar n. 78 qualquer possibilidade de delegação a legitimar, nos moldes da Constituição Federal e do Código Eleitoral, a edição da Resolução 23.389/2013. Resultado: caso se repute indispensável a intervenção do Poder Judiciário para regular, de modo provisório, o comando constitucional que determina a proporcionalidade das bancadas, quem detém competência para fazer isso é o Supremo Tribunal Federal, e não o TSE. Daí a possibilidade de ajuizamento de mandado de injunção, caso a matéria não venha a ser regulada pelo Congresso Nacional. Assim, uma competência constitucional é insuscetível de mudança, somente para tratar de definição do número de deputados. A Carta Magna não delegou esse poder normativo ao TSE. Quer dizer, a resolução do TSE, com claros contornos políticos, foi de encontro com aquilo que está previsto no Texto Maior, o qual foi claro a respeito do número total de deputados, bem como a representação por Estado, deixando o assunto sob os cuidados da lei complementar. Com efeito, todos estes argumentos, os quais foram seguidos pela maioria dos Ministros do Supremo, foram confirmados no Plenário da Corte, na sessão de 25 de junho de 2014. O Supremo, na tarde deste dia, estabeleceu o resultado definitivo quanto ao mérito do julgamento conjunto das ADIs 4947, 4963, 4965, 5020, 5028 e 5130. Devido à ausência do número mínimo de oito votos (Lei n. 9.868/1999, art.27),

não houve a modulação dos efeitos da decisão no julgamento conjunto das referidas ADIs. Mesmo não atingido o referido quórum, a maioria dos Ministros, com base no princípio da segurança jurídica e da anualidade, seguiram a proposta da Min. Rosa Weber. Ela, após entender que houve um vácuo jurídico diante da falta de quórum para modular os efeitos da declaração de inconstitucionalidade, propôs tal declaração de inconstitucionalidade operasse sem a pronúncia de nulidade, adotando-se os critérios estabelecidos na Resolução n. 23.389/2013, do TSE, enquanto não for editada nova lei complementar. Nesse sentido, fazendo ressalvas pontuais, votaram os ministros Gilmar Mendes, Dias Toffoli, Luís Roberto Barroso, Cármen Lúcia, Celso de Mello e Ricardo Lewandowski. O Min. Joaquim Barbosa uniu-se aos Ministros Marco Aurélio, Teori Zavascki e Luiz Fux, para os quais a decisão de mérito do Supremo nas ações não promoveu nenhum vácuo jurídico. Desse modo, entenderam que, nas eleições de outubro, devem ser adotados os mesmos critérios aplicados nas eleições de 2010 (STF, ADIs 4947/DF, 5020/DF, 5028/DF e 5130 MC/DF, Rel. Min. Gilmar Mendes, j. 18-6-2014; ADIs 4963/PB e 4965/PB, Rel. Min. Rosa Weber, j. 18-6-2014; ADC 33/DF, Rel. Min. Gilmar Mendes, j. 18-6-2014).

Mas nada impede ao deputado federal satisfazer as reivindicações específicas daqueles que o elegeram. O que o art. 45 da *Lex Mater* inadmite é o parlamentar desvirtuar o bem geral, a coisa pública, deixando de ser o porta-voz das aspirações dos brasileiros natos e dos naturalizados.

Inaceitável, contudo, é alongar a ideia de *povo* de tal forma que possa ser confundido com a noção de *população*, da qual ele é uma espécie.

População = povo + estrangeiros + apátridas.

Evidente que os deputados federais não representam os estrangeiros nem os apátridas, mas somente o povo — um dos componentes da noção de população.

a) Eleição de deputados federais no Distrito Federal

O Texto Constitucional de 1967 e a sua Emenda Constitucional n. 1/69 não admitiam a eleição de deputados no Distrito Federal. Baseavam-se na experiência norte-americana. É que o Distrito de Colúmbia, sede do governo dos EUA, não escolhia deputados, mas nem por isso deixava de possuir representação na Câmara Baixa.

A Emenda Constitucional n. 25/85 corrigiu a situação. Previu a existência de oito deputados federais para representar o povo do Distrito Federal. Com o devido respeito ao modelo dos norte-americanos, na realidade não havia motivo para excluir os eleitores distritais da escolha de representantes.

O constituinte de 1988, por sua vez, mostrou-se favorável à tese da livre participação dos eleitores do Distrito Federal, incluindo-os no preceito em estudo, ao lado dos Estados e Territórios.

b) Sistema proporcional

Sistema de representação proporcional é o que objetiva garantir a participação dos diversos partidos políticos no Parlamento.

É adjetivado de *proporcional* porque o número de representantes de cada circunscrição eleitoral é dividido pelo número de habitantes (não de eleitores), resultando numa "proporção". Com base nisso são distribuídos os mandatos legislativos.

> **Sistema de representação de opiniões:** Marcel Prélot preferiu denominá-lo *sistema de representação de opiniões*, cujo objetivo seria "assegurar às diversas opiniões, entre as quais se repartem os eleitores, um número de lugares proporcional às suas respectivas forças (*Institutions politiques et droit constitutionnel*, p. 71).

O *sistema proporcional* — instituído no Brasil pela Carta de 1934 (art. 181) — não se restringe ao âmbito federal. Estende-se, também, às eleições para as Assembleias Legislativas dos Estados-membros e para as Câmaras de Vereadores.

Estados, Territórios e Distrito Federal elegem deputados pelo sistema proporcional. É também chamado no Brasil de *sistema de representação proporcional* (CF, art. 58, §§ 1º e 4º).

O *sistema proporcional* só é compatível com as circunscrições eleitorais amplas, que buscam eleger inúmeros candidatos. Seu maior problema é saber quem será o eleito e qual o número de eleitos por partido.

♦ Cap. 21 ♦ ORGANIZAÇÃO DOS PODERES   **933**

Sem embargo, é possível extrair do ordenamento jurídico os seguintes critérios, pelos quais se pode chegar a uma solução satisfatória para o aludido problema:

* **Número de votos válidos para a determinação do quociente eleitoral** — os votos dados ao nome do partido (legenda partidária) bem como os votos de todos os candidatos reputar-se-ão válidos. Não logram qualquer validade os votos nulos. Os votos brancos, pela Constituição, não devem ser computados (art. 77, § 2º), estando revogado, parcialmente, o parágrafo único do art. 106 do Código Eleitoral, que manda contá-los como válidos. Isso, contudo, só se aplica às eleições para Presidente da República.
* **Quociente eleitoral ou número uniforme** — a representação proporcional tem ampla finalidade. Não visa somente representar este ou aquele segmento da sociedade. Colima assegurar aos partidos políticos uma representação correspondente à sua força numérica. É precisamente a medida exata que simboliza essa força numérica que se chama quociente eleitoral ou número uniforme. Para obter o quociente eleitoral basta dividir o número de votos válidos pelo número de lugares a preencher, desprezando-se a fração igual ou inferior a meio e arredondando-se para um a fração superior a meio. Assim é que se determina o número uniforme de deputados federais, deputados estaduais ou vereadores.
* **Quociente partidário** — é o número de lugares que cada partido possui para representar o povo. Para obter o quociente partidário cumpre dividir o número de votos válidos pelo quociente eleitoral, desprezando-se a fração.
* **Distribuição de restos ou sobras** — eis um ponto controvertido, que pode mudar o resultado de uma eleição. Após a determinação do número de votos válidos e dos quocientes eleitoral e partidário, já se saberá quais os candidatos eleitos de cada partido. Acontece, porém, que há casos em que sobram lugares que estão vagos, pois os votos atribuídos a uma dada legenda não foram suficientes para eleger seu candidato. Daí surge o problema de saber qual o partido que terá as sobras eleitorais para preencher as cadeiras restantes. O Código Eleitoral brasileiro adotou a técnica da maior média (art. 109), isto é, adiciona-se mais um lugar aos que foram obtidos por cada partido, tomando-se, em seguida, o número de votos válidos atribuídos a cada partido, e divide-se por aquela soma. O primeiro lugar a preencher será do partido que obtiver a maior média. A mesma operação deverá ser repetida tantas vezes quantos forem os lugares restantes a serem preenchidos, até sua completa distribuição entre os diversos partidos.
* **Definição dos eleitos** — considerar-se-ão eleitos os candidatos que obtiverem o maior número de votos em cada legenda. O preenchimento de lugares, com que cada partido for contemplado, obedecerá à ordem de votação dos seus respectivos candidatos (Código Eleitoral, art. 109, § 1º). Havendo empate, a prioridade será do candidato mais votado, independentemente da idade. Não é preciso dizer que, nesse caso, o art. 110 do Código Eleitoral foi revogado, de modo expresso, pelo art. 5º, *caput*, da Constituição.
* **Inexistência de quociente eleitoral** — pode ocorrer a falta de quociente eleitoral, quando um dado partido não consiga obtê-lo. Nesse caso, a eleição deverá ser anulada e realizada outra. E o art. 111 do Código Eleitoral? Parece-nos que esse preceito não foi recepcionado pela Constituição, porque ele remonta ao princípio majoritário, cuja aplicação se restringe às eleições senatoriais (CF, art. 46, *caput*).

c) Competência privativa da Câmara dos Deputados

O art. 51, *caput*, da Carta de 1988 enumera as matérias de competência privativa da Câmara dos Deputados.

Trata-se, na realidade, de competências *exclusivas*, e não privativas, porque a Câmara Baixa as exerce sem qualquer interferência ou participação indireta de qualquer outro segmento. Se não bastasse, elas afiguram-se indelegáveis, porque só os deputados federais, e mais ninguém, podem desempenhá-las.

Feita essa observação, compete à Câmara dos Deputados (CF, art. 51, I a V):

* autorizar, por dois terços de seus membros, a instauração de processo contra o Presidente e o Vice-Presidente da República e os Ministros de Estado;

> **Casuística do STF:**
> * **Atos *in officio* ou *propter officium*** — "Tratando-se, no entanto, de atos praticados *in officio* ou *propter officium*, e desde que possuam qualificação penal, tornar-se-á constitucionalmente

934

Uadi Lammêgo Bulos

lícito instaurar, contra o Presidente da República, mesmo na vigência de seu mandato, a pertinente persecução penal, uma vez exercido, positivamente, pela Câmara dos Deputados, o controle prévio de admissibilidade da acusação penal (CF, art. 86, *caput*, c/c o art. 51, I)" (STF, Inq. 1.418, Rel. Min. Celso de Mello, *DJ* de 8-11-2001).

- **Persecução penal contra governador** — "A jurisprudência firmada pelo Supremo Tribunal Federal, atenta ao princípio da Federação, impõe que a instauração de persecução penal, perante o Superior Tribunal de Justiça, contra Governador de Estado, por supostas práticas delituosas perseguíveis mediante ação penal de iniciativa pública ou de iniciativa privada, seja necessariamente precedida de autorização legislativa, dada pelo Poder Legislativo local, a quem incumbe, com fundamento em juízo de caráter eminentemente discricionário, exercer verdadeiro controle político prévio de qualquer acusação penal deduzida contra o Chefe do Poder Executivo do Estado-Membro, compreendidas, na locução constitucional 'crimes comuns', todas as infrações penais (RTJ 33/590 — RTJ 166/785-786), inclusive as de caráter eleitoral (RTJ 63/1 — RTJ 148/689 — RTJ 150/688-689), e, até mesmo, as de natureza meramente contravencional (RTJ 91/423). Essa orientação — que submete, à Assembleia Legislativa local, a avaliação política sobre a conveniência de autorizar-se, ou não, o processamento de acusação penal contra o Governador do Estado — funda-se na circunstância de que, recebida a denúncia ou a queixa-crime pelo Superior Tribunal de Justiça, dar-se-á a suspensão funcional do Chefe do Poder Executivo estadual, que ficará afastado, temporariamente, do exercício do mandato que lhe foi conferido por voto popular, daí resultando verdadeira 'destituição indireta de suas funções', com grave comprometimento da própria autonomia político-institucional da unidade federada que dirige" (STF, HC 80.511, Rel. Min. Celso de Mello, *DJ* de 14-9-2001).

- proceder à tomada de contas do Presidente da República, quando não apresentadas ao Congresso Nacional dentro de sessenta dias após a abertura da sessão legislativa;
- elaborar seu regimento interno;

  Súmula 397 do STF: "O poder de polícia da Câmara dos Deputados e do Senado Federal, em caso de crime cometido nas suas dependências, compreende, consoante o Regimento, a prisão em flagrante do acusado e a realização do inquérito".

- dispor sobre sua organização, funcionamento, polícia, criação, transformação ou extinção dos cargos, empregos e funções de seus serviços, e a iniciativa de lei para fixação da respectiva remuneração, observados os parâmetros estabelecidos na lei de diretrizes orçamentárias (redação dada pela EC n. 19/98); e

  Casuística do STF:
  - **Nova redação da EC n. 19/98** — "Por expressa previsão constitucional, apenas as Casas do Congresso gozavam da prerrogativa de aumentar os vencimentos de seus servidores por ato interno de suas Mesas Diretoras (artigos 51, IV, e 52, XIII, na redação original), o que não ocorre com o Tribunal de Contas da União que, a teor do artigo 73, exerce, no que couber, as atribuições previstas no art. 96, relativas aos Tribunais. A nova redação dada aos artigos 51, IV, e 52, XIII, pelos artigos 9º e 10 da Emenda Constitucional n. 19/98 não alterou esta situação, porque as Resoluções do Senado e da Câmara foram recepcionadas como lei. A isonomia de vencimentos assegurada aos servidores da administração direta só pode ser concedida por lei. Precedentes. Incidência da Súmula 339: Não cabe ao Poder Judiciário, que não tem função legislativa, aumentar vencimentos de servidores públicos, sob fundamento de isonomia" (STF, ADIn 1.782, Rel. Min. Maurício Corrêa, *DJ* de 15-10-1999).
  - **Resoluções da Câmara Legislativa do Distrito Federal que dispõem sobre o reajuste da remuneração de seus servidores** — "Violação dos arts. 37, X (princípio da reserva de lei); 51, IV; e 52, XIII, da Constituição Federal. Superveniência de Lei Distrital que convalida as resoluções atacadas. Fato que não caracteriza o prejuízo da presente ação. Medida cautelar deferida, suspendendo-se, com eficácia *ex tunc*, os atos normativos impugnados" (STF, ADIn 3.306-MC, Rel. Min. Gilmar Mendes, *DJ* de 28-4-2006). No mesmo sentido: STF, ADIn 3.369-MC, Rel. Min. Carlos Velloso, *DJ* de 18-2-2005.

- eleger membros do Conselho da República, nos termos do art. 89, VII, da Carta Maior.

♦ Cap. 21 ♦ ORGANIZAÇÃO DOS PODERES 935

✧ 3.3. Senado Federal

O Senado Federal é a segunda Casa do Poder Legislativo Federal.

Compõe-se de oitenta e um Senadores da República, eleitos pelo sistema majoritário, cuja missão é, ao menos teoricamente, representar os Estados-membros e o Distrito Federal (CF, art. 46, *caput*).

A tarefa do Senado Federal é frear os impulsos da Câmara de Deputados, o que não significa que uma Casa tenha mais importância que outra. Ambas têm igual peso no cumprimento de seus respectivos papéis constitucionais. Isso, na realidade, em nada discrepa do bicameralismo britânico, de tipo clássico, até porque as técnicas de distribuição do poder nunca foram, e jamais serão, quimicamente puras.

Na prática, o Senado em quase nada representa os Estados-membros; simplesmente funciona como uma espécie de segunda Câmara de representação popular.

Eleitos por via de partidos, os senadores dificilmente respondem pelos interesses dos governos estaduais. É que a criação do Senado Federal brasileiro seguiu o modelo norte-americano. Nos EUA disseminou-se a ideia inicial de que as ordenações jurídicas parciais seriam representadas por delegados, os quais permitiram a participação dos Estados-membros nas decisões de âmbito federal. Tal concepção não prosperou. No Brasil, muito menos.

Os senadores são eleitos por partidos políticos, igualmente aos deputados. A representação, pois, é partidária. Tanto é assim que nada impede um candidato ao Senado ser de partido adverso ao do governador do Estado. Aliás, a experiência mostra que os eleitos, em inúmeros casos, fazem oposição aos próprios governos estaduais.

A existência do Senado Federal, no Brasil, serve para garantir o espírito de equilíbrio e prudência, qualidades comumente encontradas nos homens mais vividos e experimentados: os senadores.

Até a etimologia da palavra *senado*, que remonta a *senectude*, demonstra isso. Exprime ideia de experiência, ponderação e respeito.

Por isso, afigura-se necessário haver uma Câmara para contrabalançar o jogo de interesses e as paixões da vida pública.

a) Sistema majoritário

É da tradição republicana eleger senadores com base no *sistema majoritário*, ou seja, diretamente pelo voto popular. Registre-se, contudo, que na vigência da Emenda Constitucional n. 8/77 foram eleitos senadores pelo voto indireto, situação extinta pela Emenda Constitucional n. 15/80.

Historicamente o *sistema majoritário* é o mais antigo, consistindo na repartição do território eleitoral em circunscrições.

O número de circunscrições eleitorais dependerá de quantos sejam os lugares ou mandatos a preencher. Cada Estado e o Distrito Federal elegerão três Senadores, com mandato de oito anos (CF, art. 46, § 1º).

O período de oito anos já constava no ordenamento constitucional passado, enquanto a previsão de três senadores existia desde a Constituição de 1946, a qual se inspirou na primeira Carta republicana, de 1891.

A representação de cada Estado e do Distrito Federal será renovada de quatro em quatro anos, alternadamente, por um e dois terços (CF, art. 46, § 2º). Significa dizer que o Texto Maior exigiu a renovação parcial do Senado, conciliando o espírito moderador da instituição com as exigências de modernidade social.

Cada senador será eleito com dois suplentes (CF, art. 46, § 3º), determinação originária da Emenda Constitucional n. 8/77, que previa a existência de dois suplentes para cada senador.

b) Competência privativa do Senado Federal

Igualmente à Câmara dos Deputados, o Senado Federal exerce competências privativas, que, na realidade, são *exclusivas*, porquanto lhes são imanentes e indelegáveis.

Assim, compete privativamente ao Senado (CF, art. 52, I a XV):

* processar e julgar o Presidente e o Vice-Presidente da República nos crimes de responsabilidade, bem como os Ministros de Estado e os Comandantes da Marinha, do Exército e da Aeronáutica nos crimes da mesma natureza conexos com aqueles (redação dada pela EC n. 23/99);

936 ◆ Uadi Lammêgo Bulos ◆

- processar e julgar os Ministros do Supremo Tribunal Federal, os membros do Conselho Nacional de Justiça e do Conselho Nacional do Ministério Público, o Procurador-Geral da República e o Advogado-Geral da União nos crimes de responsabilidade (redação dada pela EC n. 45/2004);

   Reforma do Judiciário — a EC n. 45/2004 incluiu, na competência privativa do Senado, o processo e julgamento dos membros do Conselho Nacional de Justiça e do Conselho Nacional do Ministério Público pela prática dos crimes de responsabilidade.

- aprovar previamente, por voto secreto, após arguição pública, a escolha de: **(i)** Ministro do Supremo Tribunal Federal (CF, art. 101, parágrafo único), Ministro do Superior Tribunal de Justiça (CF, art. 104, parágrafo único), Ministro do Tribunal Superior do Trabalho (CF, art. 111, § 1º) e Ministro do Superior Tribunal Militar (CF, art. 123); **(ii)** Ministros do Tribunal de Contas da União indicados pelo Presidente da República; **(iii)** Governador de Território; **(iv)** presidente e diretores do Banco Central; **(v)** Procurador-Geral da República; **(vi)** titulares de outros cargos que a lei determinar;

   Desdobramento da matéria:
   - **Cronologia constitucional** — nos Textos de 1824 e 1891, a competência privativa do Senado não abarcava a temática em epígrafe. Foi o Texto de 1934 que a inaugurou entre nós (art. 90, *a*). A Carta de 1937, no capítulo que tratava do "Conselho Federal", também a consagrou (art. 55, *a*). Já a Constituição de 1946 a inseriu na competência privativa do Senado (art. 63, I). Finalmente, a *Lex Mater* de 1967 constitucionalizou a matéria (art. 45, I), sendo acompanhada pela EC n. 1/69 (art. 42, III).
   - **Sabatina no Senado** — a Constituição consagrou a *sabatina* no Senado, que é uma arguição pública, antecedente à aprovação dos pretendentes aos postos enunciados no art. 52, III, do Texto Magno. Trata-se de uma exigência que encontra sua justificativa no princípio federativo, pois a participação dos representantes das ordens jurídicas parciais é elementar para a aprovação dos futuros nomes que deverão ocupar elevados cargos da República. Tal *sabatina* corrobora um ato exclusivo da Câmara Alta. Não pode ser exercida por nenhum outro órgão público, sob pena de invasão de atribuições constitucionais. Para que alguém ocupe os cargos listados no preceptivo em epígrafe, não basta o Presidente da República indicar o seu nome. É imprescindível que ele seja referendado pelo Senado.
   - **O Senado já rejeitou nomes para ocupar o antigo Supremo Tribunal de Justiça** — o Senado, no exercício de sua atribuição constitucional, poderá vetar o nome indicado pelo Presidente da República. A história constitucional brasileira é pródiga de exemplos nesse sentido. Os Generais Inocêncio Galvão de Queiroz e Antônio Seve Navarro foram indicados para o Supremo Tribunal de Justiça, atualmente o Supremo Tribunal Federal (decreto de 19-9-1894). Todavia não tomaram posse. Seus nomes foram rejeitados na sabatina do Senado da República, na sessão secreta de 1º-10-1894. Igualmente os Generais Raymundo Ewerton Quadros e Demosthenes da Silveira Lobo tiveram os seus nomes sugeridos para ocupar o posto de Ministros do Supremo Tribunal de Justiça (decreto de 15-10-1895), porém obtiveram a rejeição dos senadores, em sabatina realizada no Senado da República, na sessão secreta de 17-11-1895. Advirta-se, contudo, que, embora tenhamos exemplificado casos de rejeição de nomes para ocupar cargos do Poder Judiciário, evidente que a repulsa senatorial também pode atingir Ministros do Tribunal de Contas da União indicados pelo Presidente da República, governador de Território, presidente e diretores do Banco Central, Procurador-Geral da República, titulares de outros cargos que a lei determinar e chefes de missão diplomática de caráter permanente.
   - **Aprovação por voto secreto, arguição pública e maioria absoluta** — o ato senatorial, discricionário e privativo, que aprova ou rejeita os nomes sugeridos, consuma-se mediante votação secreta, numa arguição pública, prevalecendo a vontade externada pela maioria absoluta dos senadores. A votação é *secreta* para evitar incompatibilidades e insuscetibilidades de toda monta. Busca-se, com tal medida, dar uma liberdade maior aos senadores, mesmo porque o ato privativo do qual dependerá o provimento de elevados cargos da República merece uma análise sobremodo detida, principalmente no que diz respeito às condições da pessoa proposta. A arguição é *pública*, porque se tem em vista a satisfação do Parlamento aos seus mandatários. Mas ressalve-se que há casos em que a própria Constituição exige que a sabatina seja de portas fechadas, como nas hipóteses de escolha dos chefes de missão diplomática de caráter

◆ Cap. 21 ◆ ORGANIZAÇÃO DOS PODERES 937

permanente (art. 52, IV). Finalmente, a maioria será *absoluta* quando a Constituição assim especificar. Nos demais casos, perante o silêncio constitucional, presume-se que a maioria seja relativa. Parece-nos que essa é a diretriz mais acertada para interpretar as mais diversas situações que a vida pública pode ensejar. Ilustrando: enquanto o art. 101, parágrafo único, explicita a maioria absoluta como critério de observância indispensável para a escolha de Ministros do Supremo Tribunal Federal, o art. 104, parágrafo único, nada diz a respeito do quórum qualificador da maioria senatorial. Esse silêncio — a bem da verdade eloquente — demonstra que a maioria é a *relativa* para a aprovação dos nomes que irão compor o Superior Tribunal de Justiça. O mesmo se diga para a escolha de Ministro do Tribunal Superior do Trabalho (art. 111, § 1º) e Ministro do Superior Tribunal Militar (art. 123). Por esse raciocínio, veja-se que a regra do art. 47 da Constituição não se aplica nesses casos, pois não há disposição constitucional aduzindo que a maioria para a composição de tais postos deve ser a absoluta. Em contrapartida, quando a *Lex Mater* especifica, a maioria será a absoluta. Exemplo: aprovar, por maioria absoluta e por voto secreto, a exoneração, de ofício, do Procurador-Geral da República antes do término de seu mandato (art. 52, XI).

- **Validade de normas locais** — "À vista da cláusula final de abertura do art. 52, III, *f,* da Constituição Federal, consolidou-se a jurisprudência do STF no sentido da validade de normas locais que subordinam a nomeação dos dirigentes de autarquias ou fundações públicas à prévia aprovação da Assembleia Legislativa" (STF, ADIn 2.225-MC, Rel. Min. Sepúlveda Pertence, *DJ* de 29-9-2000). No mesmo sentido: STF, ADIn 1.949-MC, Rel. Min. Sepúlveda Pertence, *DJ* de 25-11-2005.

- aprovar previamente, por voto secreto, após arguição em sessão secreta, a escolha dos chefes de missão diplomática de caráter permanente;
- autorizar operações externas de natureza financeira, de interesse da União, dos Estados, do Distrito Federal, dos Territórios e dos Municípios;
- fixar, por proposta do Presidente da República, limites globais para o montante da dívida consolidada da União, dos Estados, do Distrito Federal e dos Municípios;

> **Precedente do STF:** "Lei n. 8.388/91, que estabelece diretrizes para que a União possa realizar a consolidação e o reescalonamento de dívidas das administrações direta e indireta dos entes federados. Alegada ofensa aos arts. 52, VI a IX, e 163 da Constituição Federal. Ausência de plausibilidade do fundamento do pedido declaratório, tendo em vista que se trata de lei que cogita da consolidação e do reescalonamento de dívidas dos Estados e Municípios junto a órgãos e entidades controladas pela União, isto é, débitos já existentes, e não de contratações que resultem em aumento da dívida pública de tais entes, essas, sim, sujeitas ao controle do Senado Federal e a disciplina por meio de lei complementar. Diploma normativo que, de resto, pendendo de regulamentação por meio de decreto e, também, de diploma legislativo, se mostra insuscetível de causar, de imediato, dano de natureza irreparável" (STF, ADIn 686-MC, Rel. Min. Ilmar Galvão, *DJ* de 6-4-2001).

- dispor sobre limites globais e condições para as operações de crédito externo e interno da União, dos Estados, do Distrito Federal e dos Municípios, de suas autarquias e demais entidades controladas pelo Poder Público federal;

> **Precedente do STF:** examinando o art. 60 da Lei de Responsabilidade Fiscal ("Lei estadual ou municipal poderá fixar limites inferiores àqueles previstos nesta Lei Complementar para as dívidas consolidada e mobiliária, operações de crédito e concessão de garantias"), o Supremo indeferiu o pedido de medida liminar por entender que o dispositivo impugnado não viola a competência privativa do Senado para dispor sobre limites globais e condições para as operações de crédito externo e interno da União, dos Estados, do Distrito Federal e dos Municípios, bem como estabelecer limites globais e condições para o montante da dívida mobiliária desses mesmos entes federativos, pois a competência desse órgão é a de fixar limites máximos, e não mínimos (STF, ADIn 2.238-MC, Rel. Min. Ilmar Galvão, *DJ* de 6-10-2000).

- dispor sobre limites e condições para a concessão de garantia da União em operações de crédito externo e interno;

- estabelecer limites globais e condições para o montante da dívida mobiliária dos Estados, do Distrito Federal e dos Municípios;
- suspender a execução, no todo ou em parte, de lei declarada inconstitucional por decisão definitiva do Supremo Tribunal Federal;
- aprovar, por maioria absoluta e por voto secreto, a exoneração, de ofício, do Procurador-Geral da República antes do término de seu mandato;
- elaborar seu regimento interno;
- dispor sobre sua organização, funcionamento, polícia, criação, transformação ou extinção dos cargos, empregos e funções de seus serviços, e a iniciativa de lei para fixação da respectiva remuneração, observados os parâmetros estabelecidos na lei de diretrizes orçamentárias (redação dada pela EC n. 19/98);

> **Gratificação:** "Também não colhe a alegação de que a Câmara dos Deputados e Senado Federal concederam a mesma gratificação a seus servidores, sem lei. É que tais Casas estão expressamente autorizadas, pela Constituição, a fazê-lo, mediante simples Resolução (artigos 51, IV, e 52, XIII)" (STF, ADIn 1.777-MC, Rel. Min. Sydney Sanches, *DJ* de 26-5-2000).

- eleger membros do Conselho da República, nos termos do art. 89, VII;
- avaliar periodicamente a funcionalidade do Sistema Tributário Nacional, em sua estrutura e seus componentes, e o desempenho das administrações tributárias da União, dos Estados e do Distrito Federal e dos Municípios (acrescido pela EC n. 42/2003).

Interessante observar que o parágrafo único do art. 52 da Constituição estabelece, nos dois primeiros casos que aí listamos, que funcionará como Presidente o do Supremo Tribunal Federal, limitando-se a condenação, que somente será proferida por dois terços dos votos do Senado Federal, à perda do cargo, com inabilitação, por oito anos, para o exercício de função pública, sem prejuízo das demais sanções judiciais cabíveis.

Algumas considerações defluem desse comando constitucional.

Em primeiro lugar, a condenação pela prática de crimes de responsabilidade enseja duas sanções:
- **sanção principal** — perda do cargo; e
- **sanção acessória** — inabilitação pelo prazo de oito anos para o exercício de atividades públicas, principalmente as eletivas.

Em segundo, veja-se que o Senado, ao processar e julgar delitos de responsabilidade, atua como Tribunal Político.

Pelo quórum de dois terços de seus membros, poderá condenar o acusado a uma decisão incontrastável, irrecorrível, irreversível e definitiva.

Segundo Joseph Story, a justificativa para isso reside no fato de que muitas das infrações suscetíveis de julgamento pela Câmara Alta, mercê de *impeachment*, não estão sujeitas à competência dos juízes e tribunais por serem matérias eminentemente políticas, e não judiciárias (*Comentários à Constituição dos Estados Unidos*, p. 749).

Certamente, o Senado, presidido pelo Presidente do Supremo Tribunal Federal, transforma-se numa corte de natureza especial, que não exerce a jurisdição no seu sentido técnico-jurídico.

O Presidente do Supremo Tribunal Federal é chamado a presidir o Senado, pois presume-se que o seu notório saber jurídico e a sua reputação ilibada sirvam para inspirar confiança a acusadores e acusados, algo que a Câmara Alta não poderia satisfazer, em virtude de não lograr o necessário tirocínio judicial.

A presença da autoridade, representada pela toga que enverga, proporciona maior acatamento popular a uma decisão que é definitiva e irreversível. Aliás, quanto à irreversibilidade do *decisum* proferido na Câmara Alta, convém lembrar o posicionamento do Supremo Tribunal Federal a esse respeito.

No Mandado de Segurança n. 21.689-1, impetrado pelo ex-Presidente Fernando Collor de Mello, alegando que a renúncia extinguiria o procedimento de *impeachment*, a Corte Excelsa, por maioria de votos, ao indeferir o *writ*, concluiu ser impossível o Poder Judiciário alterar a decisão do Senado Federal, posicionamento correto e que serve de diretriz para qualquer outro caso semelhante que venha a ocorrer na República brasileira.

◆ Cap. 21 ◆ **ORGANIZAÇÃO DOS PODERES** **939**

Posicionamento do STF: "Embora o processo seja marcadamente político, a sanção política, as infrações políticas, isto não importa em associar-se o *impeachment* às questões meramente, puramente ou exclusivamente políticas, segundo o sentido que essas expressões têm na linguagem do Direito Constitucional (...). Esse entendimento funda-se no fato de a Constituição haver reservado ao Senado toda a jurisdição a respeito da matéria, e excluído, por conseguinte, a interferência do Poder Judiciário. Não fora assim e a última palavra, direta ou indiretamente, seria dada pelo STF e não pelo Senado (...). Não cabe ao Poder Judiciário emitir juízo a respeito do acerto ou desacerto da Câmara Alta, porque sua decisão é soberana, incontrastável, irrecorrível. Não é dado ao Supremo Tribunal Federal interferir no mérito do julgamento senatorial, haja vista o princípio da separação de Poderes (art. 2º) e o fato de que o processo de *impeachment* desenvolve-se no próprio âmbito do Parlamento, por determinação constitucional expressa. Por mais eminentes que sejam as atribuições do STF, e o são, ele não é curador do Senado e sobre ele não exerce curatela. No particular, a Constituição traçou, com nitidez matemática, as atribuições privativas do Senado e do Poder Judiciário. Aliás, penso não ser inoportuno lembrar que o Senado, e só o Senado, pode processar e julgar os Ministros do STF nos delitos de responsabilidade, o Procurador--Geral da República e o Advogado-Geral da União, art. 52, II, da CF (...) Logo, quando o Senado decide, não importa se o seu veredito pautou-se numa corrente doutrinária minoritária ou num raciocínio eminentemente político. O certo é que o *decisum* da Câmara Alta é prolatado no exercício de sua competência exclusiva, a qual lhe permite julgar em última instância. Nesse aspecto, vale assinalar que o Senado desempenha missão atípica, pois deixa de funcionar como órgão legislativo para exercer tarefa jurisdicional, prevista na Constituição, e de cujas decisões não cabem recursos para nenhum tribunal. Isto nada tem de inaudito. Da decisão do STF nas infrações penais comuns em que figure como acusado o Presidente da República (bem como o Vice-Presidente, os membros do Congresso Nacional, os seus próprios Ministros e o Procurador--Geral da República), art. 102, I, *a*, da CF, também não há recurso algum, nem para outro tribunal, nem para o Senado (...). Note-se, outrossim, que não perdura o disposto no art. 3º da Lei n. 27/1892, segundo o qual o processo de que trata esta lei só poderá ser intentado durante o período presidencial e cessará quando o Presidente, por qualquer motivo, deixar definitivamente o exercício do cargo. Quer dizer, a lei brasileira de então consagrou o entendimento de certa corrente de opinião, numerosa e ilustre, que nos Estados Unidos assim pensava. De maneira diferente, no entanto, veio a dispor o art. 15 da Lei n. 1.079/50: a denúncia só poderá ser recebida enquanto o denunciado não tiver, por qualquer motivo, deixado definitivamente o cargo. O Senado não trateou nenhuma lei; terá adotado a doutrina menos defensável? Não sei; o que sei é que consagrou um entendimento, que não é o meu, mas que tem o sufrágio de autores ilustres. Cuido que a doutrina vitoriosa no Senado não seja a melhor; isto não me autoriza, porém, a deferir o mandado de segurança pleiteado pelo ex-Presidente. Em outras palavras, não posso reformar a decisão do Senado prolatada em matéria de sua exclusiva competência e no exercício de sua original e conclusiva jurisdição. Em verdade, as leis não concebem recurso algum da decisão do Senado para qualquer outra Corte, nem mesmo para o próprio Senado; nem a rescisória é admitida; o Judiciário, originariamente ou em grau de recurso, não pode conhecer a matéria, dado que a Constituição, bem ou mal, reservou para o Senado, e, exclusivamente, para ele, conhecer e decidir acerca do assunto" (STF, MS 21.689-1, Rel. Min. Paulo Brossard, *DJU* de 7-4-1995, p. 18871).

Mas a exegese do art. 52, parágrafo único, da Constituição Federal também suscitou debates quanto ao significado da terminologia *função pública*.

Para nós, *função pública*, tal como empregada no referido preceptivo constitucional, significa *atividade política* ou *eletiva*.

É engano pensar que mandatos eletivos estejam fora do seu alcance. Sem dúvida, a terminologia foi incorporada ao Texto de 1988 na acepção lata, precisamente para englobar toda e qualquer atividade que tenha como pré-requisito o exercício de direitos políticos, que correspondem, em *ultima ratio*, às condições de elegibilidade (art. 14, § 3º, II).

Reitere-se que a inabilitação pelo prazo de oito anos para o exercício de *função pública* compreende os cargos de natureza política. Não se há de buscar uma interpretação *contra constitutionem* da terminologia.

Função pública, nos termos do parágrafo único do art. 52, é aquela que deriva do *munus* político. Daí os cargos eletivos estarem insertos em seu campo semântico.

940 ◆ Uadi Lammêgo Bulos ◆

A esse respeito, o Supremo Tribunal Federal, mantendo acórdão do Tribunal Superior Eleitoral que julgou procedente a impugnação ao pedido de registro de candidatura do ex-Presidente Fernando Collor de Mello, mostrou que a inabilitação para o exercício de função pública, decorrente da perda do cargo de Presidente da República por crime de responsabilidade, compreende o exercício do cargo ou mandato eletivo (CF, art. 52, parágrafo único) (STF, RE 234.223/DF, Rel. Min. Octavio Gallotti, decisão de 1º-9-1998).

✧ 3.4. Estatuto dos Congressistas

A Carta da República, no seu Título IV, Capítulo I, Seção V, estabelece um conjunto de normas instituidoras de imunidades e vedações parlamentares (arts. 53 a 56).

Aí está o *Estatuto dos Congressistas*.

O *Estatuto dos Congressistas* contempla o regime jurídico dos membros do Congresso Nacional, disciplinando seus direitos, deveres, prerrogativas e incompatibilidades.

Na Constituição de 1988, o *Estatuto dos Congressistas* traz normas sobre:
- imunidade material ou inviolabilidade (art. 53, *caput*);
- imunidade formal ou processual (art. 53, §§ 1º a 5º);
- isenção do dever de testemunhar (art. 53, § 6º);
- incorporação às Forças Armadas (art. 53, § 7º, c/c o art. 143);
- imunidades durante estado de sítio (art. 53, § 8º);
- incompatibilidades (art. 54);
- perda do mandato parlamentar (art. 55, §§ 1º a 3º);
- renúncia do mandato parlamentar (art. 55, § 4º);
- afastamento do congressista (art. 56, I e II); e
- suplência parlamentar (art. 56, §§ 1º e 2º).

✧ 3.5. Origem e crise das imunidades parlamentares

As imunidades parlamentares originaram-se na Inglaterra, no século XVII, para permitir aos políticos discursar sem o arbítrio monárquico. A partir de então o instituto disseminou-se em todas as nações democráticas do mundo, como decorrência de dois corolários do Direito Constitucional inglês: o *freedom of speach* (liberdade de palavra) e o *freedom from arrest* (liberdade à prisão arbitrária).

Ambos foram incluídos no *Bill of Rights* de 1688, transmitindo a mensagem de que a liberdade de expressão e o debate de opiniões no Parlamento são *invioláveis*.

Aliás, os romanos já diziam que as imunidades dos tribunos, edis e auxiliares eram intangíveis — *sacrosancta* —, incidindo pena de morte sobre aqueles que desrespeitassem essa *lex sacrata*.

Mais tarde, as imunidades parlamentares foram inscritas na Constituição dos Estados Unidos da América de 1787 (art. 1º, seção 6). Nesse país, se um congressista cometer crime fora do exercício de sua atividade recebe o mesmo tratamento de qualquer cidadão comum, sendo investigado, indiciado, processado e julgado, porque a inviolabilidade só alcança os estritos limites do cargo. Fora da função parlamentar, todos são iguais.

Nos países latinos, o instituto vem sendo alvo de distorções.

Enquanto na Inglaterra, nos Estados Unidos, no Canadá e na Alemanha a imunidade processual restringe-se ao âmbito de atuação política, no Brasil, na Itália, na Espanha, na Argentina, tem servido de refúgio criminoso, protegendo parlamentares nos delitos comuns.

Os nossos constituintes de 1824 foram influenciados pela Carta francesa de 1795, a qual estendia a imunidade aos crimes comuns, aos delitos políticos e aos de opinião. É que, nessa época, o poder concentrava-se nas mãos do governo, que transferiu para o Parlamento francês a prerrogativa de conceder, ou não, a licença para processar parlamentares.

Assim, a partir da nossa Constituição de 1824 consagrou-se, entre nós, uma regulamentação *anfíbia* das imunidades parlamentares, nada obstante os avanços oriundos da Emenda Constitucional n. 35/2001.

◆ Cap. 21 ◆ ORGANIZAÇÃO DOS PODERES

Agora, para deputados e senadores serem processados, não é preciso licença prévia de suas Casas legislativas. Trata-se de uma maneira de driblar o *espírito corporativo*, que acabava impedindo a concessão de licenças.

Mas a técnica de regulamentação constitucional das imunidades parlamentares, principalmente as processuais, muito tem de aperfeiçoar-se.

O desafio é banir a existência dos redutos de impunidade, onde aqueles que cometem crimes comuns ficam livres de qualquer condenação, pois as Casas legislativas, sob os mais variados argumentos, não expedem licenças para que sejam submetidos ao crivo do Poder Judiciário.

Diante disso, pode-se dizer que as imunidades parlamentares vivem um eterno dilema. Se, de um lado, representam elemento preponderante para a independência do Poder Legislativo, fortalecendo a democracia e garantindo o livre desempenho da atividade parlamentar, de outro, funcionam como fonte de privilégios, escudos ou armas defensivas dos envolvidos em delitos de toda ordem, ainda quando existam tentativas salutares, a exemplo do advento da Emenda Constitucional n. 35/2001.

Contudo, as imunidades parlamentares devem ser preservadas, embora precisem passar por profunda *mudança de rumos*, acabando com a impunidade, que vem de longe. A dificuldade está em definir os termos dessa evolução.

As tendências simplificadoras, mesmo quando revestidas de fórmulas aparentemente bem estruturadas, podem vulnerar o próprio exercício do mandato.

De qualquer sorte, não convém restringir a imunidade ao seu aspecto material, nem extinguir a sua face processual.

Pronunciamentos, artigos, entrevistas, palestras, comícios, mesmo fora das Casas legislativas, são inerentes ao exercício da atividade parlamentar.

A vida pública de um homem está inexoravelmente conexa à dimensão privada de sua existência. Não há como segregar um plano de outro.

Mas, nesse ponto, a matéria é polêmica.

Para os *ultracorporativistas*, os benefícios devem ser mantidos, visto que são imprescindíveis.

Já os *extremistas* defendem a completa extinção da imunidade parlamentar material e processual, pois só assim privilégios inaceitáveis poderiam ser completamente eliminados.

Os *moderados*, por assim serem chamados, seguem posicionamento intermediário. Reconhecem que o principal empecilho aos processos parlamentares está no comportamento corporativista de engavetar pedidos de afastamento do cargo eletivo.

Quando houver a estipulação de prazos rígidos para que sejam apreciados os pedidos de licença, findos os quais, se não houver deliberação, eles sejam dados por aprovados, Câmara e Senado, certamente, terão de mudar o velho hábito.

A sugestão não é original. Desde a Carta de 1967 que viceja entre nós. Nessa época, ambas as Casas congressuais tinham aprovado a ideia. O surgimento da Emenda Constitucional n. 35/2001 enquadra-se nesse contexto, pois consistiu no primeiro passo para a tão esperada *mudança de rumos*.

Na prática, muito se tem a fazer, a começar pela inclusão do direito de o congressista abrir mão da própria imunidade, quando sua conduta estiver em xeque. Os que dominam a tribuna terão uma ótima oportunidade para brilhar, desfazendo mal-entendidos ou deturpações maliciosas e sensacionalistas.

Enfim, as imunidades parlamentares devem ser mantidas e são importantes, pois servem para:

- tornar o Poder Legislativo independente e equidistante às pressões de momento;
- preservar a democracia; e
- garantir a liberdade de palavra e pensamento no *munus* parlamentar.

✧ 3.6. Disciplina constitucional das imunidades parlamentares

Na orografia dos elementos que compõem o *Estatuto dos Congressistas*, as imunidades parlamentares alcançam posição sobranceira.

Decerto, os membros do Poder Legislativo devem atuar com ampla independência no desempenho de suas atribuições constitucionais. É aí que surge a importância das imunidades parlamentares, até mesmo para preservar a independência entre os Poderes (CF, art. 2º).

942 ◆ Uadi Lammêgo Bulos ◆

A imunidade parlamentar apresenta dupla configuração:

- **imunidade material (substancial ou de conteúdo)** — também chamada de inviolabilidade, visa garantir a liberdade de opinião, palavras e votos dos membros do Poder Legislativo; e
- **imunidade formal (processual, instrumental ou de rito)** — evita prisões arbitrárias, oriundas de processos temerários, de duvidosa ilegalidade.

Ambas não existem para proteger o parlamentar em suas relações privadas, porque não corroboram privilégios pessoais, muito menos redutos para práticas *contra legem*. São estabelecidas, na realidade, muito mais em favor do Poder Legislativo que do deputado ou senador, propriamente ditos.

Como decidiu o Supremo Tribunal Federal, em tema de imunidade parlamentar, a "República aborrece privilégios e abomina a formação de castas" (ADIn 1.828-MC, Rel. Min. Sepúlveda Pertence, *DJ* de 7-8-1998).

✧ 3.7. Imunidade material (CF, art. 53, *caput*)

Imunidade material é o instituto de Direito Constitucional que proporciona a exclusão de cometimento ilícito por parte de parlamentares, ou seja, deputados federais e senadores da República (CF, art. 53, *caput*, com redação dada pela EC n. 35/2001).

Aí está a *imunidade material, substancial* ou *de conteúdo*, também chamada de *inviolabilidade parlamentar*.

> **Presença no Brasil:** a inviolabilidade existe entre nós desde a Carta do Império, de 1824 (art. 26). Apenas o Texto de 1937 lhe deu uma redação mais restritiva (art. 43).

Inviolabilidade significa, ao pé da letra, *intocabilidade, intangibilidade* quanto ao cometimento de crime ou contravenção, pois o seu objetivo é proteger a própria *função parlamentar*, em nome da representatividade do povo (CF, art. 1º, parágrafo único). Serve para que os parlamentares, no exercício do mandato legislativo (prática *in officio*) ou em razão dele (prática *propter officium*), opinem, discursem e votem com inteira liberdade, sem pressões nem constrangimentos. Esse entendimento doutrinário vem sendo adotado, em diversas assentadas, pelo Pretório Excelso.

> **Precedente:** STF, Inq. 617/RR, Rel. Min. Celso de Mello, *DJ* de 28-6-2002, p. 144.

Sua finalidade, portanto, é garantir o pleno exercício da atividade política, mas sem propiciar um injustificável privilégio pessoal.

Pela *imunidade material* o que era crime deixa de sê-lo, porque a norma constitucional exclui a antijuridicidade da conduta delituosa, afastando a incidência do preceito incriminador. Nos crimes contra a honra objetiva, isto é, calúnia e difamação, ou contra a honra subjetiva, caso de injúria, cometidos no exercício do mandato parlamentar ou em razão dele, por exemplo, tais comportamentos não são punidos.

> **Nesse sentido:** STF, Inq. 2282/DF, Rel. p/ acórdão Min. Sepúlveda Pertence, decisão de 30-6-2006.

Disso decorre a natureza jurídica da imunidade material, que se assenta em tríplice aspecto:
- como causa excludente da ilicitude da conduta típica;
- como causa excludente da própria criminalidade; e
- como simples causa de isenção da pena.

A doutrina, por sua vez, considera a imunidade material: causa excludente do delito (Pontes de Miranda e Nélson Hungria); causa oposta à formação do crime (Basileu Garcia); causa pessoal ou funcional de isenção da pena (Aníbal Bruno); causa pessoal de exclusão da pena (Heleno Cláudio Fragoso); causa de irresponsabilidade (Magalhães Noronha); e causa de incapacidade penal por motivos políticos (José Frederico Marques).

◆ Cap. 21 ◆ ORGANIZAÇÃO DOS PODERES

943

Seja qual for a posição adotada, a *inviolabilidade* protege até mesmo os relatórios e trabalhos das Comissões do Poder Legislativo, a exemplo daqueles previstos no art. 58, §§ 1º a 4º, de nossa Carta Magna. Constitui uma garantia de ordem pública, porque as palavras, teses ou denúncias sustentadas pelas práticas *in officio* ou *propter officium* do mandato legislativo ficam isentas de ações repressivas ou condenatórias. E, mesmo depois do exercício do mandato, seus efeitos perduram. Portanto, no lídimo exercício do mandato, não fora dele, nenhum parlamentar poderá responder pelo que falou, denunciou, condenou, criticou. Daí o caráter imunizante da inviolabilidade, livrando o político, ou ex-político, de qualquer responsabilização penal, civil ou administrativa.

a) Como funciona a imunidade material
A *imunidade material* exclui a responsabilidade penal, civil, disciplinar e política do congressista, ou ex-congressista, por suas opiniões, palavras e votos.

No exercício do mandato (prática *in officio*), ou em razão dele (prática *propter officium*), o deputado ou senador ficam imunes quanto aos *crimes da palavra*, isto é, delitos que, por extensão, recaem nos crimes contra a honra, incitamento ou apologia a fato criminoso, vilipêndio oral etc.

É que a imunidade material subtrai a responsabilidade do fato típico, descriminalizando o comportamento, a um primeiro momento, delituoso; por isso, obsta a propositura da ação cível ou penal contra o parlamentar, por motivo de sua atuação.

Evidente que a inviolabilidade não constitui um anteparo para a prática de ilicitudes, muito menos uma benesse do congressista, posicionamento seguido pelo Supremo Tribunal Federal.

> **Precedente do STF:** "Na interpretação do art. 53 da Constituição — que suprimiu a cláusula restritiva do âmbito material da garantia —, o STF tem seguido linha intermediária que, de um lado, se recusa a fazer da imunidade material um privilégio pessoal do político que detenha um mandato, mas, de outro, atende às justas ponderações daqueles que, já sob os regimes anteriores, realçavam como a restrição da inviolabilidade aos atos de estrito e formal exercício do mandato deixava ao desabrigo da garantia manifestações que o contexto do século dominado pela comunicação de massas tornou um prolongamento necessário da atividade parlamentar" (STF, RE 210.917, Rel. Min. Sepúlveda Pertence, *DJ* de 18-6-2001).

b) Imunidade material após o advento da EC n. 35/2001
Pelo art. 53, *caput* (com redação dada pela EC n. 35/2001), "os Deputados e Senadores são invioláveis, civil e penalmente, por quaisquer de suas opiniões, palavras e votos".

Em sua feição originária, o art. 53, *caput*, estava assim redigido: "Os Deputados e Senadores são invioláveis por suas opiniões, palavras e votos".

Como se vê, a nova redação do preceito consagrou a expressão "civil e penalmente", além da palavra "quaisquer".

Resultado: agora, a imunidade material também exclui a responsabilidade civil do congressista, uma vez que a exclusão da responsabilidade penal e administrativa já estava inserida nesse contexto.

> **Exclusão da responsabilidade civil:** "A garantia constitucional da imunidade parlamentar em sentido material (CF, art. 53, *caput*) exclui a responsabilidade civil do membro do Poder Legislativo, por danos eventualmente resultantes de manifestações, orais ou escritas, desde que motivadas pelo desempenho do mandato (prática *in officio*) ou externadas em razão deste (prática *propter officium*), qualquer que seja o âmbito espacial (*locus*) em que se haja exercido a liberdade de opinião, ainda que fora do recinto da própria Casa legislativa. A EC 35/2001, ao dar nova fórmula redacional ao art. 53, *caput*, da Constituição da República, consagrou diretriz, que, firmada anteriormente pelo Supremo Tribunal Federal, já reconhecia, em favor do membro do Poder Legislativo, a exclusão de sua responsabilidade civil, como decorrência da garantia fundada na imunidade parlamentar material, desde que satisfeitos determinados pressupostos legitimadores da incidência dessa excepcional prerrogativa jurídica" (STF, AgI 473.092, Rel. Min. Celso de Mello, *DJ* de 28-3-2005). Precedente: STF, Pleno, RE 210.907/RJ, Rel. Min. Sepúlveda Pertence, decisão de 12-8-1998.

No mais, a Emenda Constitucional n. 35/2001 em nada ampliou a área de abrangência tutelar da cláusula de inviolabilidade. Os titulares do poder reformador apenas frisaram o conteúdo da imunidade material. Se antes não havia dúvida acerca dessa dimensão, agora muito menos.

Quaisquer opiniões, palavras e votos estão abrangidos pela imunidade, inclusive nos campos administrativo, cível e penal, desde que tenham sido expendidas no fiel cumprimento do exercício do mandato (prática *in officio*) ou em razão dele (prática *propter officium*).

> **A inviolabilidade não tutela candidaturas:** "A garantia constitucional da imunidade parlamentar em sentido material (CF, art. 53, *caput*) — destinada a viabilizar a prática independente, pelo membro do Congresso Nacional, do mandato legislativo de que é titular — não se estende ao congressista, quando, na condição de candidato a qualquer cargo eletivo, vem a ofender, moralmente, a honra de terceira pessoa, inclusive a de outros candidatos, em pronunciamento motivado por finalidade exclusivamente eleitoral, que não guarda qualquer conexão com o exercício das funções congressuais" (STF, Inq. 1.400-QO, Rel. Min. Celso de Mello, *DJ* de 10-10-2002).

Sem a comprovada confirmação do nexo de causalidade entre as manifestações políticas e o exercício do mandato legislativo, não há falar na incidência concreta da cláusula que assegura a imunidade parlamentar em seu sentido substancial.

> **A imunidade não cobre ofensas perpetradas fora do exercício do mandato parlamentar:** "Malgrado a inviolabilidade alcance hoje 'quaisquer opiniões, palavras e votos' do congressista, ainda quando proferidas fora do exercício formal do mandato, não cobre as ofensas que, ademais, pelo conteúdo e o contexto em que perpetradas, sejam de todo alheias à condição de Deputado ou Senador do agente. Não cobre, pois, a inviolabilidade parlamentar a divulgação de imprensa por um dirigente de clube de futebol de suspeita difamatória contra a empresa patrocinadora de outro e relativa a suborno da arbitragem de jogo programado entre as respectivas equipes, nada importando seja o agente, também, um Deputado Federal" (STF, Inq. 1.344, Rel. Min. Sepúlveda Pertence, *DJ* de 1º-8-2003).

Assim, *exclusão da responsabilidade civil* foi o ponto de destaque da Emenda Constitucional n. 35/2001. Se o membro do Poder Legislativo, não obstante amparado pela imunidade material, incidir em abuso dessa prerrogativa constitucional, sujeitar-se-á às normas disciplinares da própria Casa legislativa a que pertencer (CF, art. 55, § 1º).

> **Nesse sentido:** STF, Agl 473.092/AC, Rel. Min. Celso de Mello, decisão de 7-3-2005.

c) Extensão da imunidade material

A *imunidade material* abrange opiniões, palavras e votos, excluindo a ilicitude da conduta parlamentar. Isso porque se trata de cláusula genérica de irresponsabilidade substancial.

> **Súmula 245 do STF:** "A imunidade parlamentar não se estende ao corréu sem essa prerrogativa".

Logo, não há falar em responsabilidade por perdas e danos, nem em processo, porque não há crime. O motivo é simples: o *caput* do art. 53 da Carta Maior contém uma garantia geral, de índole constitucional substancial, que consagra a irresponsabilidade penal, civil, administrativa (ou disciplinar) e política. Assim, a *imunidade material* elimina:

- **a responsabilidade criminal do parlamentar** — não constituem crime os seus atos;

> **Precedente:** STF, Inq. 617/RR, Rel. Min. Celso de Mello, *DJ* de 28-6-2002, p. 144.

- **a responsabilidade civil do parlamentar** — não poderá ser responsabilizado por perdas e danos;

> **Discurso proferido por deputado da tribuna da Casa legislativa e entrevista jornalística de conteúdo idêntico ao do discurso parlamentar:** "Impossibilidade de responsabilização civil do membro do Poder Legislativo. Pressupostos de incidência da garantia constitucional da imunidade

Cap. 21 ◆ ORGANIZAÇÃO DOS PODERES   945

parlamentar. Prática *in officio* e prática *propter officium*" (STF, AgI 473.092, Rel. Min. Celso de Mello, *DJ* de 28-3-2005).

*   **a responsabilidade administrativa do parlamentar** — não sofrerá sanções disciplinares;
*   **a responsabilidade política do parlamentar** — não poderá ser destituído pelos eleitores ou pelo partido que o elegeu.

Precedente: STF, *RTJ, 161*:777.

d) Imunidade material na jurisprudência do STF

O Supremo Tribunal Federal tem-se posicionado sobre a imunidade material nas mais diversas situações da vida parlamentar. Vejamos.

d.1) Irrenunciabilidade das imunidades

O instituto da imunidade material é garantia de independência do Poder Legislativo, porque não se reconhece ao congressista a faculdade de a ela renunciar.

Nesse sentido: STF, *RDA, 203*:221.

Esse entendimento do Pretório Excelso remonta à lição de Ruy Barbosa, para quem "tanto não são do Senador, ou do Deputado, as immunidades, que dellas não é lícito abrir mão. Da representação poderá despir-se, demittindo-se do seu logar no Congresso. Mas, emquanto o occupar, a garantia da sua liberdade adherirá inseparavelmente ao representante, como a sombra ao corpo, como a epiderme ao tecido cellular" (*Commentarios à Constituição Federal brasileira*, t. 2, p. 42).

d.2) Licenciamento para exercício de cargo no Poder Executivo

Como fica a situação de um Ministro de Estado, governador ou, até mesmo, de um secretário estadual que se licencia do exercício de seu respectivo mandato para ocupar cargo no Poder Executivo? Continuarão gozando da proteção das imunidades parlamentares?

Se o afastamento do cargo de origem se deu voluntariamente, o agente público não continuará gozando da imunidade parlamentar. Não há invocar, nessa hipótese, a tutela da imunidade material, muito menos da formal.

Daí o Pretório Excelso concluir, em linha de princípio, que o congressista, no exercício do cargo de Ministro de Estado, não goza de imunidade parlamentar.

Precedente: STF, *RDA, 203*:221.

Segundo a Corte, "o Deputado que exerce a função de Ministro de Estado não perde o mandato, porém não pode invocar a prerrogativa da imunidade, material e processual, pelo cometimento de crime no exercício da nova função" (STF, Pleno, Inq. 105/DF, Rel. Min. Néri da Silveira, *RTJ, 99*:487-491).

No mesmo sentido: STF, Inq. 104-0/RS, *DJ* de 8-9-1981, p. 8605.

A postura do Supremo Tribunal Federal ensejou o cancelamento expresso da sua Súmula 4 pelo art. 102 do seu Regimento Interno. O verbete revogado dizia o seguinte: "Não perde a imunidade parlamentar o congressista nomeado Ministro de Estado".

Agora, perde a imunidade o deputado ou senador que for Ministro de Estado.

d.3) Crimes contra a honra

O art. 53 da Carta Magna não recepcionou aquela ressalva contida no art. 32 da Emenda Constitucional n. 1/69, que excluía os crimes contra a honra do princípio da inviolabilidade no exercício do mandato.

Nesse sentido: "O art. 53 da Constituição Federal, com a redação da Emenda n. 35, não reeditou a ressalva quanto aos crimes contra a honra, prevista no art. 32 da Emenda Constitucional nº 1, de

946 ◆ Uadi Lammêgo Bulos ◆

1969. Assim, é de se distinguir as situações em que as supostas ofensas são proferidas dentro e fora do Parlamento. Somente nessas últimas ofensas irrogadas fora do Parlamento é de se perquirir da chamada 'conexão com o exercício do mandato ou com a condição parlamentar' (Inq. 390 e 1.710). Para os pronunciamentos feitos no interior das Casas Legislativas não cabe indagar sobre o conteúdo das ofensas ou a conexão com o mandato, dado que acobertadas com o manto da inviolabilidade. Em tal seara, caberá à própria Casa a que pertencer o parlamentar coibir eventuais excessos no desempenho dessa prerrogativa. No caso, o discurso se deu no plenário da Assembleia Legislativa, estando, portanto, abarcado pela inviolabilidade. Por outro lado, as entrevistas concedidas à imprensa pelo acusado restringiram-se a resumir e comentar a citada manifestação da tribuna, consistindo, por isso, em mera extensão da imunidade material" (STF, Inq. 1.958, Rel. Min. Carlos Britto, *DJ* de 18-2-2005). **Precedente:** STF, Inq. 803, Rel. Min. Octavio Gallotti, *DJ* de 13-10-1995.

d.4) Proteção no exercício do mandato ou em razão dele

A imunidade parlamentar material só protege o congressista nos atos, palavras, opiniões e votos proferidos no exercício do ofício congressual, sendo passíveis dessa tutela jurídica apenas os comportamentos parlamentares cuja prática possa ser imputável ao exercício do mandato legislativo.

> **Nesse sentido:** STF, Inq. 1.024-QO, Rel. Min. Celso de Mello, *DJ* de 4-3-2005. **Precedentes:** STF, *RDA*, *183*:107, *182*:275.

Embora a Constituição não se tenha referido à cláusula "no exercício do mandato", o certo é que a inviolabilidade em nada protege o congressista por atos desvinculados de sua função parlamentar. A prerrogativa compreende, todavia, atos praticados fora do Congresso, inclusive pela imprensa, desde que vinculados ao exercício do mandato.

> **Nesse sentido:** STF, *RDA*, *181*:275.

Mas a garantia da inviolabilidade estende-se ao desempenho das funções de representante do Poder Legislativo, qualquer que seja o âmbito dessa atuação — parlamentar ou extraparlamentar — e desde que exercida em virtude do cargo (*ratione muneris*).

> **Nesse sentido:** "O instituto da imunidade parlamentar atua, no contexto normativo delineado por nossa Constituição, como condição e garantia de independência do Poder Legislativo, seu real destinatário, em face dos outros poderes do Estado. Estende-se ao congressista, embora não constitua uma prerrogativa de ordem subjetiva deste. Trata-se de prerrogativa de caráter institucional, inerente ao Poder Legislativo, que só é conferida ao parlamentar *ratione muneris*, em função do cargo e do mandato que exerce. É por essa razão que não se reconhece ao congressista, em tema de imunidade parlamentar, a faculdade de a ela renunciar. Trata-se de garantia institucional deferida ao Congresso Nacional. O congressista, isoladamente considerado, não tem, sobre ela, qualquer poder de disposição. (...) A imunidade parlamentar material só protege o congressista nos atos, palavras, opiniões e votos proferidos no exercício do ofício congressual. São passíveis dessa tutela jurídico-constitucional apenas os comportamentos parlamentares cuja prática seja imputável ao exercício do mandato legislativo. A garantia da imunidade material estende-se ao desempenho das funções de representante do Poder Legislativo, qualquer que seja o âmbito, parlamentar ou extraparlamentar, dessa atuação, desde que exercida *ratione muneris*" (STF, Inq. 510, Rel. Min. Celso de Mello, *DJ* de 19-4-1991).

A maior extensão da imunidade material na Carta de 1988, que omitiu a referência ao exercício do mandato, não dispensa, em cada caso, a verificação de um nexo de implicação recíproca entre a manifestação de pensamento do congressista, ainda que fora do exercício do mandato, e sua condição de deputado ou senador.

> **Nesse sentido:** STF, *RT*, *648*:318.

O Pretório Excelso tem admitido que a prerrogativa constitucional da imunidade material protege o parlamentar em todas as manifestações que mantenham vínculo com o exercício do mandato, mesmo

◆ Cap. 21 ◆ ORGANIZAÇÃO DOS PODERES 947

que produzidas fora do recinto da própria Casa legislativa, ou, com maior razão, quando exteriorizadas no âmbito do Congresso Nacional.

Precedentes: STF, *RTJ, 131*:1039, *133*:90, *135*:509, *155*:396, *648*:318.

Como se vê, a garantia da inviolabilidade está adstrita ao exercício do mandato ou da prática de ato dele decorrente. Opiniões, palavras e votos que se distanciem das funções parlamentares não estão amparados pelo art. 53, *caput*, da Constituição Federal. Isso não significa que as teses, denúncias, discursos, homenagens etc. devam, necessariamente, ser praticados no interior das Casas do Congresso Nacional. É cediço nos pretórios, inclusive na Corte Suprema, que, mesmo se as manifestações políticas forem feitas fora do recinto do Parlamento, mas em virtude do exercício do mandato, elas estarão abrangidas pela imunidade material.

Precedente: STF, *RTJ, 149*:692.

A justificativa para tudo isso pode ser explicada facilmente. A Constituição presume que a imunidade material deve reportar-se aos atos funcionais, ou seja, aqueles praticados por parlamentares em decorrência do exercício do mandato.

> **Calúnia — Informativo eletrônico — Divulgação de carta anônima:** "A divulgação, em informativo eletrônico gerado em gabinete de Deputado Federal, na Câmara dos Deputados, de fatos que, em tese, configuram crimes contra a administração pública, não pode ser tida como desvinculada do exercício parlamentar, principalmente quando tais fatos ocorrem no Estado que o parlamentar representa no Congresso Nacional" (STF, Inq. 2.130, Rel. Min. Ellen Gracie, *DJ* de 11-2-2005).

Com efeito, a inviolabilidade representa importante prerrogativa de ordem institucional, e a Carta da República "somente legitima a sua invocação, quando o membro do Congresso Nacional, no exercício do mandato — ou em razão deste — proferir palavras ou expender opiniões que possam assumir qualificação jurídico-penal no plano dos denominados *delitos de opinião*. Impõe-se registrar, desse modo, presente esse contexto, que o exercício do mandato atua como verdadeiro suposto constitucional, apto a legitimar a invocação dessa especial prerrogativa jurídica, destinada a proteger, por suas *opiniões, palavras e votos*, o membro do Congresso Nacional, independentemente do *locus* em que proferidas as expressões eventualmente contumeliosas. É por essa razão que a jurisprudência constitucional do Supremo Tribunal Federal tem destacado o caráter essencial do exercício do mandato parlamentar, para o efeito de legitimar-se a invocação da prerrogativa institucional assegurada, em favor dos membros do Poder Legislativo da União, pelo art. 53, *caput*, da Carta Política, sempre enfatizando, nas várias decisões que proferiu — quer antes, quer depois da promulgação da EC n. 35/2001 —, que a proteção resultante da garantia da imunidade em sentido material somente alcança o congressista (deputado federal ou senador da República) nas hipóteses em que as palavras e opiniões por ele expendidas o tenham sido no exercício do mandato ou em razão dele (Inq. 1.775-AgR/PR, rel. Min. Nelson Jobim, Pleno), de tal modo que cessará essa especial tutela de caráter político-jurídico, sempre que deixar de existir, entre as declarações moralmente ofensivas, de um lado, e a prática inerente ao ofício legislativo, de outro, o necessário nexo de causalidade" (STF, Inq. 1.024/PR, Rel. Min. Celso de Mello, *DJ* de 7-11-2002).

O raciocínio aí transcrito encontra inúmeros precedentes. A tese de que a imunidade material só incide quando o delito tenha sido cometido no exercício do mandato legislativo (prática *in officio*) ou em razão dele (prática *propter officium*) é plenamente aplicável à fórmula redacional do art. 53, *caput*, da Constituição, atribuída pela Emenda Constitucional n. 35/2001.

A superveniente promulgação dessa emenda não alterou a diretriz seguida na compreensão dos meandros da imunidade material. É que, para fins penais, a Emenda Constitucional n. 35/2001 em nada ampliou o campo de abrangência tutelar da cláusula de inviolabilidade.

Logo, permanece o entendimento de que a imunidade material é um instrumento vital para viabilizar o exercício independente do mandato representativo. Sem ela o deputado federal ou senador não poderá exercer a liberdade de opinião. Mas a inviolabilidade não é um privilégio pessoal. Por isso mesmo, não se estende às palavras proferidas pelo congressista em atos dissociados do exercício do mandato legislativo ou em razão dele.

948   ◆ Uadi Lammêgo Bulos ◆

Daí se exigir o elo ou nexo de implicação recíproca entre as declarações moralmente ofensivas, de um lado, e a prática inerente ao ofício congressional, de outro. Finalmente, a nova redação dada ao *caput* do art. 53 da *Lex Mater* não consagrou uma garantia absoluta, mesmo porque no panorama das liberdades públicas a ideia de relatividade do sistema normativo faz-se presente. Resultado: a inviolabilidade parlamentar só protege o deputado federal ou senador da República em suas manifestações vinculadas ao exercício do mandato legislativo ou formuladas em razão dele.

Já sob a égide da Emenda Constitucional n. 35/2001, o Supremo Tribunal teve o ensejo de advertir que a imunidade material continua a restringir-se, mesmo no que se refere aos aspectos penais, às manifestações do pensamento exteriorizadas, pelo parlamentar, no contexto do exercício do mandato legislativo, ou em razão dele. Em contrapartida, tal inviolabilidade em nada protege o deputado ou senador nos casos em que as imputações moralmente ofensivas se apresentarem completamente desvinculadas do desempenho de qualquer das atribuições inerentes ao ofício congressual.

Nesse sentido: STF, Inq. 1.024/PR, Rel. Min. Celso de Mello, j. 28-10-2002, *DJ* de 7-11-2002, p. 72.

d.5) Efeitos temporais da imunidade material
A imunidade material produz efeitos que se prolongam no tempo.

Mesmo após o término da legislatura, o deputado ou senador não poderá sofrer qualquer investigação, incriminação, tampouco responsabilização penal, civil, disciplinar ou política pelas opiniões, palavras e votos que proferiu no estrito exercício de sua atuação funcional.

d.6) Depoimento prestado em CPI
O depoimento prestado por membro do Congresso Nacional em Comissão Parlamentar de Inquérito está protegido pela imunidade material.

Nesse sentido: STF, Inq. 68-QO, Rel. Min. Celso de Mello, *DJ* de 22-4-1994; STF, Inq. 655, Rel. Min. Maurício Corrêa, *DJ* de 29-8-2003.

Decerto, a imunidade material protege o deputado federal ou senador da República no desempenho do mandato, especialmente quando a narração dos fatos, ainda que veiculadora de supostas ofensas, guarde íntima conexão com o exercício da atividade legislativa e com a necessidade de esclarecer os episódios envolvidos na investigação parlamentar.

Nesse sentido: STF, *RTJ, 133*:90; *155*:396.

Sob o ângulo da responsabilidade civil, lembre-se que a inviolabilidade ou imunidade material abrange os discursos pronunciados, em sessões ou nas comissões, inclusive as de inquérito, bem como os relatórios lidos ou publicados, e assim os votos proferidos pelos deputados ou senadores. Essa é a orientação seguida pelo Supremo Tribunal Federal, em inúmeros julgados.

Precedentes: STF, Inq. 1.955, Rel. Min. Joaquim Barbosa, *DJ* de 26-9-2003; STF, Inq. 1.739, Rel. Min. Ellen Gracie, *DJ* de 9-5-2003; STF, Inq. 655, Rel. Min. Maurício Corrêa, *DJ* de 29-8-2003; STF, AgI 473.092, Rel. Min. Celso de Mello, *DJ* de 28-3-2005.

d.7) Propaganda eleitoral
Ainda quando se admita, em casos excepcionais, que o congressista, mesmo licenciado, continue protegido pela imunidade material contra a incriminação de declarações relativas ao exercício do mandato, a garantia não exclui a criminalidade de ofensas a terceiro, em atos de propaganda eleitoral, fora do exercício da função e sem conexão com ela.

Precedente: STF, Inq. 503-QO, Rel. Min. Sepúlveda Pertence, *DJ* de 26-3-1993.

d.8) Declaração em jornais e insuficiência de provas
Sobre esse tema decidiu o Supremo Tribunal Federal: "Ação penal por crime contra a honra, atribuído a então Deputado Federal, e consubstanciado em declarações prestadas a jornal, sem relação com

◆ Cap. 21 ◆ ORGANIZAÇÃO DOS PODERES 949

exercício do mandato. Rejeitada a alegação de imunidade material, suscitada oralmente pela defesa com base no art. 53, *caput*, da Constituição de 1988, absolve-se o réu, por insuficiência de provas (art. 386, VI, do Código de Processo Penal)" (STF, Pleno, AP 292/DF, Rel. Min. Octavio Gallotti, *DJ*, 1, de 1º-11-1991, p. 15568).

✧ 3.8. Imunidade processual (CF, art. 53, §§ 1º a 5º)

A imunidade processual, ou propriamente dita, é aquela em que o deputado ou senador não podem ser processados desde a *expedição do diploma*.

Assim, desde a expedição do diploma, os membros do Congresso Nacional não poderão ser presos, salvo em flagrante de crime inafiançável. Nesse caso, os autos serão remetidos dentro de vinte e quatro horas à Casa respectiva, para que, pelo voto da maioria de seus membros, resolva sobre a prisão (CF, art. 53, § 2º, com redação dada pela EC n. 35/2001).

> **Aplicação de medidas cautelares do CPP a parlamentares** — Por maioria de votos, o Plenário do Supremo Tribunal decidiu que compete ao Poder Judiciário impor a parlamentares as medidas cautelares do art. 319 do Código de Processo Penal. Apenas no caso da imposição de medida que dificulte ou impeça, direta ou indiretamente, o exercício regular do mandato, a decisão judicial deve ser remetida, em 24 horas, à respectiva Casa Legislativa para deliberação, nos termos do art. 53, § 2º, da Carta Federal (STF, ADI 5526, Rel. Min. Edson Fachin, j. 11-10-2017).

Expedição do diploma é a relação jurídica entre o parlamentar e o seu eleitorado. Corresponde ao título de nomeação do agente público.

O termo inicial (*a quo*) da imunidade começa a contar da data de diplomação. Nada tem que ver com a posse; afinal, a diplomação pressupõe que o parlamentar se encontra validamente eleito.

> **TSE é competente para julgar recurso contra diplomação** — o Supremo Tribunal Federal consagrou a seguinte tese: "O Tribunal Superior Eleitoral é o órgão competente para julgar recursos contra expedição de diploma nas eleições presidenciais e gerais (federais e estaduais)" (STF, ADPF 167, Rel. Min. Luiz Fux, j. 7-3-2018).

A partir daí, dá-se o começo da tutela constitucional, que veda a sua prisão e o seu processo, motivo pelo qual a Emenda Constitucional n. 35/2001 empregou, no art. 53, §§ 1º e 2º, da Carta Suprema, a frase "desde a expedição do diploma".

a) Conteúdo da imunidade processual

O fulcro da disciplina das imunidades formais na Constituição de 1988 encontra-se no art. 53, § 2º, da *Lex Mater*, juntamente com os §§ 2º a 5º, seus corolários.

Mas, de modo específico, é no § 2º do art. 53 que encontramos a essência da imunidade propriamente dita, de cunho formal, processual ou instrumental, *malversada* em nossas constituições, desde a Carta do Império, de 1824 (art. 27).

Malversada porque sua técnica redacional condicionava o processo parlamentar a uma prévia licença, dando margem a engavetamentos de pedidos de cassação.

Dessuminindo o conteúdo da imunidade processual na Carta de 1988, temos:

* deputados e senadores, a partir do dia em que forem diplomados, podem ser processados sem prévia licença da Casa a que pertencem; frise-se bem: o que vale é o ato da expedição do diploma, e não o do empossamento; e

> **Parlamentar distrital — Imunidade formal — Superação da Súmula 3 do STF:** "Com o advento da Constituição de 1988 (art. 27, § 1º), que tornou aplicáveis, sem restrições, aos membros das Assembleias Legislativas dos Estados e do Distrito Federal, as normas sobre imunidades parlamentares dos integrantes do Congresso Nacional, ficou superada a Súmula n. 3 do STF — 'A imunidade concedida a Deputados Estaduais é restrita à Justiça do Estado' —, que tem por suporte necessário que o reconhecimento aos deputados estaduais das imunidades dos congressistas não derivava

950 ♦ Uadi Lammêgo Bulos ♦

necessariamente da Constituição Federal, mas decorreria de decisão autônoma do constituinte local" (STF, RE 456.679/DF, Rel. Min. Sepúlveda Pertence, *Clipping* do *DJ* de 7-4-2006).

- parlamentares podem ser presos se houver flagrante pela prática de crime inafiançável. Nessa hipótese, os autos serão remetidos dentro de vinte e quatro horas à Casa respectiva, para que, pela maioria absoluta dos parlamentares, delibere-se sobre a prisão. No mais, os deputados e senadores estão submetidos às leis que regem todo e qualquer brasileiro (CF, art. 5º, *caput*).

b) Abrangência da imunidade processual

A imunidade processual na Constituição de 1988 é abrangente, impedindo a prisão penal e a civil. Significa que o parlamentar não poderá sofrer nenhum ato privativo da sua liberdade, exceto em flagrante de crime inafiançável.

Mas a garantia jurídico-institucional da imunidade parlamentar formal em nada obsta a execução de pena privativa de liberdade definitivamente imposta ao membro do Congresso Nacional.

Nesse sentido: STF, *RDA, 183*:107.

Com o advento da Emenda Constitucional n. 35/2001, a prisão civil do deputado ou senador, nas hipóteses constitucionalmente permitidas, isto é, dever alimentar ou infidelidade depositária, poderá ser decretada sem a necessidade do consentimento de sua respectiva Casa legislativa.

Prepondera a seguinte regra: o congressista, independentemente de licença prévia, poderá sofrer qualquer espécie de prisão penal, seja provisória (temporária, em flagrante por crime afiançável, preventiva, por pronúncia, por sentença condenatória recorrível), seja definitiva (prisão por sentença condenatória transitada em julgado), ou de prisão civil, para compeli-lo à restituição de objetos ou à satisfação de alimentos.

De outro prisma, o Supremo Tribunal Federal tem sido favorável à prisão do parlamentar em virtude de sentença judicial transitada em julgado, pois "a garantia jurídico-institucional da imunidade parlamentar formal não obsta, observado o *due process of law*, a execução de penas privativas de liberdade definitivamente impostas aos membros do Congresso Nacional" (STF, *RTJ, 70*:607).

No mesmo sentido: STF, *RTJ, 135*:509.

c) Extensão no tempo da imunidade processual

Diferentemente da inviolabilidade, a extensão da imunidade processual no tempo logra dimensão limitada, porque protege o deputado ou senador somente no período de exercício do mandato parlamentar.

Aliás, o § 2º do art. 53 fixou, apenas, o termo *a quo* da imunidade formal, que se inicia a partir da expedição do diploma; não estabeleceu o termo *ad quem*, ou seja, o exato momento em que o mandato termina.

Ao se deparar com o problema, o Supremo Tribunal Federal concluiu que ex-congressista, devido ao fato de não mais exercer seu mandato, não goza de qualquer imunidade, concluindo que o termo *ad quem* equivale ao início da próxima legislatura.

Nesse sentido: STF, *RTJ, 107*:911-912.

d) Imunidade processual na jurisprudência do STF

Mesmo antes da Emenda Constitucional n. 35/2001, a Corte Suprema, quanto aos procedimentos administrativos e de investigação policial, acolhia a tese de que a imunidade processual não impedia a instauração de inquérito policial contra membro do Poder Legislativo.

Precedente: STF, *RDA, 201*:190.

Assim, o congressista, independentemente de qualquer licença, estaria sujeito aos atos de investigação criminal promovidos pela Polícia Judiciária, desde que tais medidas pré-processuais de persecução

◆ Cap. 21 ◆ ORGANIZAÇÃO DOS PODERES

951

penal fossem tomadas no âmbito do procedimento investigatório em curso perante o próprio Supremo Tribunal Federal.

> **Precedente:** STF, Recl. 511/PB, Rel. Min. Celso de Mello, *DJU* de 15-2-1995.

Com o advento da referida emenda, o Supremo concluiu: "A EC n. 35/2001, ao introduzir modificações no art. 53 da Carta da República, suprimiu, para efeito de prosseguimento da *persecutio criminis*, a necessidade de licença parlamentar, distinguindo, ainda, entre delitos ocorridos antes e após a diplomação, para admitir, somente quanto a estes últimos, a possibilidade de suspensão do curso da ação penal (CF, art. 53, §§ 3º a 5º). Vê-se, portanto, *de jure constituto*, que já não mais se exige licença da Casa legislativa a que pertence o congressista acusado, eis que — com a supressão constitucional desse requisito de procedibilidade — viabilizou-se, agora, de modo pleno, sem qualquer condição prévia, a tramitação judicial da persecução penal, como o reconhece autorizado magistério doutrinário, em lição que acentua não mais depender, o processo penal condenatório contra membro do Congresso Nacional, da concessão de licença parlamentar" (STF, Inq. 1.599/RJ, Rel. Min. Celso de Mello, *DJ* de 7-8-2002).

Conforme o Supremo Tribunal, inexiste contraditório nos inquéritos policiais instaurados contra parlamentares, que, diga-se de passagem, nem podem ser considerados acusados.

> **Precedentes:** STF, *RT*, *522*:396; *RTJ*, *143*:306.

Isso não constitui qualquer violação ao princípio constitucional do contraditório, porque a fase investigatória serve para preparar a acusação. Trata-se de mero procedimento administrativo, de caráter investigatório, destinado a subsidiar a atuação do Ministério Público.

O Superior Tribunal de Justiça, na trilha das decisões do Supremo Tribunal Federal, pacificou esse pensamento, concluindo que não cabe o amplo contraditório em nome do direito de defesa no inquérito policial, porquanto há mero levantamento de indícios, os quais poderão instruir ou não a denúncia formal, inexistindo estrita obrigação de o magistrado recebê-los.

> **Precedentes:** STJ, 5ª T., HC 3.456, Rel. Min. Edson Vidigal, *DJU* de 24-10-1994, p. 28768; 6ª T., RHC 2.098, Rel. Min. Pedro Accioli, *DJU* de 18-4-1994, p. 8525; HC 1.345, Rel. Min. Anselmo Santiago, *DJU* de 5-6-1995, p. 16688.

Pelo art. 201 do Regimento Interno do Supremo Tribunal Federal, terminadas as investigações, desde que as medidas pré-processuais de persecução penal tenham sido tomadas no bojo do procedimento investigatório em curso perante o próprio Supremo, o relator abrirá vistas ao Procurador-Geral da República.

Nos casos de ação penal pública, para que seja oferecida a denúncia ou queixa-crime, cumpre observar o prazo de quinze dias. Se o indiciado estiver preso, esse prazo será de cinco dias.

E, segundo o art. 232 do Regimento Interno do Supremo Tribunal Federal, se a ação penal for de iniciativa privada, o relator determinará que se espere o ofendido manifestar-se ou, então, quem possuir autorização legal para oferecer a queixa.

d.1) Prerrogativa de foro em razão da função

A *prerrogativa de foro em razão da função* é um corolário da imunidade propriamente dita, ensejando o monopólio de jurisdição da Corte Suprema.

> **Monopólio de jurisdição do STF:** "O Supremo Tribunal Federal, sendo o juiz natural dos membros do Congresso Nacional nos processos penais condenatórios, é o único órgão judiciário competente para ordenar, no que se refere à apuração de supostos crimes eleitorais atribuídos a parlamentares federais, toda e qualquer providência necessária à obtenção de dados probatórios essenciais à demonstração de alegada prática delituosa, inclusive a decretação da quebra de sigilo bancário dos congressistas" (STF, Recl. 511, Rel. Min. Celso de Mello, *DJ* de 15-9-1995).

952 ◆ Uadi Lammêgo Bulos ◆

Assim, deputados e senadores, desde a expedição do diploma, só podem ser submetidos a julgamento no Supremo Tribunal Federal (CF, art. 53, § 1º, com redação dada pela EC n. 35/2001, cuja novidade ficou por conta da frase "desde a expedição do diploma").

> **Prerrogativa de foro. Ação de Improbidade Administrativa. Inexistência** — o Supremo negou pedido de medida liminar, formulado por Deputado Federal, o qual contestava a tramitação, no Juízo de primeiro grau, de ação civil por ato de improbidade administrativa a que responde, ajuizada pelo Ministério Público. Prevaleceu o entendimento firmado na ADI 2.797, quando o Plenário do Supremo declarou a inconstitucionalidade da Lei n. 10.628/2002, que equiparava a ação por improbidade administrativa, de natureza cível, à ação penal, e estendia aos casos daquela espécie de ação o foro por prerrogativa de função (STF, Rcl 1.582.521/SE, Rel. Min. Cármen Lúcia, j. 20-6-2013).

Evidente que o dispositivo se reporta ao processo e julgamento, pelo Supremo, das infrações penais comuns, cometidas pelos parlamentares.

> **Foro competente para julgamento de ex-parlamentar:** "Com base no decidido na questão de ordem referente ao Inquérito 571, e tendo em vista que o acusado não foi reeleito Deputado Federal, tornou-se este Tribunal incompetente para julgar a apelação que foi apresentada perante o Juízo da primeira vara criminal da comarca de Campinas (SP), razão por que se resolve esta questão de ordem determinando-se a devolução dos autos ao referido Juízo, para que ele proceda como de direito" (STF, Inq. 967-QO, Rel. Min. Moreira Alves, *DJ* de 18-6-1999).

Para tanto, não é necessária licença prévia da Casa legislativa a que pertencer o deputado ou senador.

> **Perpetuatio jurisdictionis:** "A *perpetuatio jurisdictionis*, embora aplicável ao processo penal, não é absoluta: assim, v. g., é indiscutível que a diplomação do acusado, eleito Deputado Federal, no curso do processo, em que já adviera sentença condenatória pendente de apelação, acarretou a imediata cessação da competência da justiça local e seu deslocamento para o Supremo Tribunal. Daí não se segue, contudo, a derrogação do princípio *tempus regit actum*, do qual resulta, no caso, que a validade dos atos antecedentes a alteração da competência inicial, por força da intercorrente diplomação do réu, há de ser aferida, segundo o estado de coisas anterior ao fato determinante do seu deslocamento. Não resistem à crítica os fundamentos da jurisprudência em contrário, que se vinha firmando no STF: a) O art. 567 CPP faz nulos os atos decisórios do juiz incompetente, mas não explica a suposta eficácia *ex tunc* da incompetência superveniente a decisão; b) A pretensa ilegitimidade superveniente do autor da denúncia afronta, além do postulado *tempus regit actum*, o princípio da indisponibilidade da ação penal. Enquanto prerrogativa da função do congressista, o início da competência originária do Supremo Tribunal há de coincidir com o diploma, mas nada impõe que se empreste força retroativa a esse fato novo que o determina. Desse modo, no caso, competiria ao STF apenas o julgamento da apelação pendente contra a sentença condenatória, se, para tanto, a Câmara dos Deputados concedesse a necessária licença. A intercorrência da perda do mandato de congressista do acusado, porém, fez cessar integralmente a competência do Tribunal, dado que o fato objeto do processo é anterior à diplomação" (STF, Inq. 571-QO, Rel. Min. Sepúlveda Pertence, *DJ* de 5-3-1993).

d.2) Prerrogativa de foro nas infrações penais comuns

Desde a expedição do diploma, deputados e senadores serão submetidos a julgamento, perante o Supremo Tribunal Federal, pela prática de crimes comuns, por força do que dispõe o art. 53, § 1º, da *Lex Mater*.

As infrações penais comuns abrangem, conforme a jurisprudência do Supremo Tribunal Federal, todas as modalidades de cometimentos ilícitos (*RTJ*, 33:590). Estendem-se, também, aos delitos eleitorais, alcançando até os crimes contra a vida e as próprias contravenções penais (STF, *RTJ*, 63:1, 91:423).

Quanto à **restrição do alcance do foro privilegiado para parlamentares federais**, decidiu o Supremo Tribunal Federal, por maioria de votos, que o foro por prerrogativa de função conferido aos deputados federais e senadores aplica-se somente a crimes cometidos no exercício do cargo e em razão

◆ Cap. 21 ◆ ORGANIZAÇÃO DOS PODERES 953

das funções a ele relacionadas. Desse modo, o foro por prerrogativa de função dos parlamentares federais na Corte Suprema ficou restrito aos casos de crimes comuns cometidos após a diplomação e relacionados ao cargo. Tal entendimento foi aplicado aos processos em curso, resguardando-se, contudo, os atos e as decisões judiciais, proferidas com base na jurisprudência anterior. Depois desse *decisum*, os ministros da Corte declinaram a competência para julgar ações penais e inquéritos contra parlamentares federais que estavam sob suas respectivas relatorias. Determinaram baixas em processos às instâncias competentes após o final da sessão plenária do dia 3-5-2018, quando foi concluído o julgamento de questão de ordem na AP 937 (STF, AP 937, Rel. Min. Roberto Barroso, j. 3-5-2018).

d.3) Arquivamento da denúncia

O Supremo Tribunal Federal entende que, se a Procuradoria-Geral da República não vê nos autos elementos para oferecer denúncia contra deputado federal e requer seu arquivamento, ao Supremo Tribunal Federal só resta determiná-lo.

> **Precedente:** STF, *RT*, 672:384.

d.4) Cancelamento da Súmula 394 do STF

A Súmula 394 do Supremo, aprovada em 8 de maio de 1964, foi cancelada, em 25 de agosto de 1999, pela própria Corte.

Ex-detentores de funções eletivas não mais gozam de foro especial, inclusive os que não conseguiram se reeleger para novo mandato. Se não bastasse, o art. 53, § 1º, da Carta Magna, que assegura o privilégio de foro perante o Supremo Tribunal, não se lhes aplica.

Findou-se, assim, velho tributo do Império, pois a prerrogativa de foro pressupõe o exercício do cargo ou mandato.

Dizia a Súmula 394 do STF: "cometido o crime durante o exercício funcional do mandato parlamentar, prevalece a competência especial por prerrogativa de função, ainda que o inquérito ou a ação penal sejam iniciados após a cessação daquele exercício".

Com o seu cancelamento, ex-presidentes da República, ex-ministros de Estado, ex-senadores, ex-governadores, ex-deputados estaduais e federais, ex-prefeitos, que cometeram delitos, durante o exercício do cargo, serão processados e julgados pela Justiça comum. Não mais caberá ao Supremo Tribunal Federal apreciar e decidir matéria envolvendo crime político praticado por ex-parlamentar.

> **Súmula 394 do STF e o princípio *tempus regit actum*:** o Supremo Tribunal Federal indeferiu *habeas corpus* em que se pretendia a nulidade do processo criminal pelo qual ex-prefeita fora condenada pela prática do crime de corrupção ativa (CP, art. 333, *caput*). No caso concreto, Procurador de Justiça oferecera denúncia perante o Tribunal de Justiça local. No entanto, o então desembargador relator, diante do posterior cancelamento do Enunciado da Súmula 394 do STF, declarara-se incompetente e remetera os autos ao juízo de primeiro grau. Alegava-se violação ao princípio do promotor natural, consistente no fato de o juízo de primeiro grau ter recebido a denúncia formulada por procurador de justiça atuante em segundo grau, quando o promotor natural da causa seria o promotor de justiça da comarca de origem. A Corte Excelsa entendeu que incide, no caso, o princípio *tempus regit actum*, do qual resulta a validade dos atos antecedentes à alteração da competência inicial, considerando-se que, na espécie, a denúncia fora oferecida em data anterior à do cancelamento da Súmula 394 (STF, Pleno, HC 87.656/SP, Rel. Min. Sepúlveda Pertence, decisão de 14-3-2006).

O fim desse privilégio de foro foi salutar, porque o princípio constitucional da isonomia não se compactuava com a Súmula 394.

Na República, todos devem estar sujeitos a um mesmo juiz. Os norte-americanos, que sempre foram República, desconhecem benesses.

Agora ex-administradores, ex-congressistas ou ex-políticos que cometeram crime serão julgados pela Justiça comum, e não pelo Supremo Tribunal Federal.

Como explicou o Ministro Sydney Sanches, que propôs o cancelamento da Súmula 394, "não se pode deixar de admitir que a prerrogativa de foro visa garantir o exercício do cargo ou do mandato e não proteger quem o exerce; menos ainda, quem deixa de exercê-lo" (STF, Pleno, Inq. 687-QO/SP, Rel. Min. Sydney Sanches, *DJU* de 9-9-1999).

Dessa forma, concluiu o Pretório Excelso que o privilégio de foro "não encontra amparo no regime democrático, porque a prerrogativa de função não é de caráter pessoal, mas sim em razão do exercício do cargo" (STF, Pleno, Inq. 687-QO/SP, Rel. Min. Sydney Sanches, *DJU* de 9-9-1999).

Na realidade, o cancelamento da Súmula 394 revelou uma tendência que, aos poucos, ia se implantando na Corte Suprema. Houve caso em que o Supremo Tribunal Federal decidiu pela remessa dos autos à Justiça competente, a fim de "prosseguir como entender de direito, eis que, não mais detendo o indiciado a condição de parlamentar federal e sendo os fatos anteriores à diplomação como Deputado Federal, cessou a competência do STF para o processo e julgamento do feito" (STF, Pleno, Inq. 1.084-7/PA, Rel. Min. Néri da Silveira, *DJ*, 1, de 4-3-1999, p. 7).

Com o cancelamento da Súmula 394, não mais há falar em competência originária para o processo e julgamento de crimes cometidos por ex-detentores de mandatos eletivos.

d.5) Atualidade do mandato e competência do STF

Ocorrendo eleição do investigado ou do réu durante o inquérito policial ou a ação penal, juntamente com a sua diplomação, os autos serão remetidos ao Supremo Tribunal Federal.

Nesse sentido: STF, Inq. 159/SC, Rel. Min. Sydney Sanches, *DJ* de 25-11-1988, p. 31056.

Em virtude da Emenda Constitucional n. 35/2001, não mais será necessário solicitar licença prévia às Casas legislativas.

Se o cometimento ilícito tiver sido praticado pelo deputado ou senador antes da diplomação e, cessado o mandato parlamentar, o processo ainda não tiver chegado ao seu fim, os autos deverão retornar ao juízo de origem, porque não cabe ao Supremo Tribunal Federal ocupar-se com tema que se desligou da sua esfera de atribuição. A competência do Pretório Excelso persiste enquanto persistir o mandato. Findo este, termina também a missão da colenda Corte de Justiça.

Precedentes: STF, *RTJ*, *121*:423, *124*:19, *624*:413.

d.6) Desnecessidade de licença prévia para o processo de parlamentares

A Constituição de 1988, em sua feição originária, alcançou os mesmos resultados obtidos na ordem constitucional pregressa no que se refere à licença prévia para processo e julgamento de parlamentares, embora não tenha seguido, ao pé da letra, a tendência da Carta de 1967, com sua Emenda Constitucional n. 1/69.

O certo é que um parlamentar poderia ser processado. Porém, para a ação penal prosseguir, seria necessária a licença de seus pares. Claro que o espírito corporativo não permitia que o licenciamento fosse dado.

No passado, criaram a Emenda Constitucional n. 22/82. Ela tentou mudar esse quadro. Extinguiu a licença da Câmara ou do Senado para eventual continuação do procedimento criminal. Em compensação, determinou que nos crimes comuns imputáveis a parlamentares a Casa respectiva, por maioria absoluta, poderia, mediante iniciativa da Mesa, sustar o processo a qualquer tempo. Novamente o corporativismo veio à baila, porque o mero sobrestamento das ações penais acabou tendo o mesmo efeito interruptivo das licenças. Conclusão: o instituto da imunidade parlamentar continuava sendo uma figura de retórica, sem nenhuma utilidade prática.

Quanto à Constituição de 1988, é inegável que inovou ao consagrar a dupla imunidade formal: uma, em relação à prisão; outra, no que tange à instauração do processo.

Isso, entretanto, não bastou para acabar com a velha praxe de outrora. Desde o primeiro decênio de vigência da Carta de Outubro, o espírito corporativo das agremiações falou mais alto, impedindo que parlamentares fossem processados pela prática de atos delituosos.

◆ Cap. 21 ◆ ORGANIZAÇÃO DOS PODERES

955

É nesse contexto que devemos conceber a promulgação da Emenda Constitucional n. 35, de 20 de dezembro de 2001. Trata-se de uma tentativa de eliminar a exigência de licença prévia do Congresso Nacional para parlamentares serem processados.

Agora, já não se exige a existência de ato vinculado e unilateral para que a Câmara ou o Senado possibilitem que o parlamentar seja indiciado ou processado criminalmente. E, havendo flagrante de crime inafiançável, os autos serão remetidos dentro de vinte e quatro horas à respectiva Casa legislativa. Pelo voto da maioria absoluta de seus membros, deliberar-se-á sobre a prisão.

> **Entendimento do STF:** "Ao contrário da inviolabilidade ou imunidade material que elide a criminalidade do fato ou, pelo menos, a responsabilidade do agente — e, substantiva, por isso, instituto de Direito Penal —, a 'licença prévia' antes exigida caracterizava mera condição de procedibilidade, a qual — até que deferida ou enquanto durasse a investidura parlamentar do acusado — configurava empecilho temporário ao exercício da jurisdição, impedindo a instauração ou o curso do processo. Do que resulta induvidoso — independentemente de qualquer indagação sobre a eficácia temporal de emenda à Constituição — a aplicabilidade imediata aos casos pendentes da norma constitucional que fez desnecessária a licença prévia da Câmara. Cuidando a hipótese de instituto de alcance puramente processual, não é de aplicar-se à abolição da licença prévia o entendimento — já endossado pelo Tribunal — da incidência da garantia constitucional de ultra-atividade da lei penal mais favorável à alteração superveniente de normas que, embora de caráter processual, tenham reflexos mediatos ou imediatos sobre o fato delituoso anterior à sua vigência" (STF, Inq. 1.344, Rel. Min. Sepúlveda Pertence, *DJ* de 1º-8-2003).

d.7) Deliberação do pedido de processo parlamentar à Casa legislativa

Recebida a denúncia contra o Senador ou Deputado, por crime ocorrido após a diplomação, o Supremo Tribunal Federal dará ciência à Casa respectiva, que, por iniciativa de partido político nela representado e pelo voto da maioria (absoluta) de seus membros, poderá, até a decisão final, sustar o andamento da ação (CF, art. 53, § 3º — com redação dada pela EC n. 35/2001).

Aí está a possibilidade de sustar o andamento da ação.

> **Crimes ocorridos após a diplomação de mandatos pretéritos:** "Constitucional. Imunidade processual. CF, art. 53, § 3º, na redação da EC 35/2001. Deputado estadual. Mandatos sucessivos. Efeito suspensivo a recurso extraordinário. Liminar indeferida. Agravo regimental. O Supremo Tribunal Federal, em várias oportunidades, firmou o entendimento de que a Emenda Constitucional n. 35, publicada em 21-12-2001, tem aplicabilidade imediata, por referir-se a imunidade processual, apta a alcançar as situações em curso. Referida emenda 'suprimiu, para efeito de prosseguimento da *persecutio criminis*, a necessidade de licença parlamentar, distinguindo, ainda, entre delitos ocorridos antes e após a diplomação, para admitir, somente quanto a estes últimos, a possibilidade de suspensão do curso da ação penal' (Inq. 1.637, Ministro Celso de Mello). Em face desta orientação, carece de plausibilidade jurídica, para o fim de atribuir-se efeito suspensivo a recurso extraordinário, a tese de que a norma inscrita no atual § 3º do art. 53 da Magna Carta se aplica também a crimes ocorridos após a diplomação de mandatos pretéritos" (STF, AC 700-AgRg, Rel. Min. Carlos Britto, *DJ* de 7-10-2005).

d.8) Superveniência da EC n. 35/2001

Conexa à deliberação do pedido de processo parlamentar à Casa legislativa, surge a problemática da superveniência da Emenda Constitucional n. 35/2001.

O Supremo Tribunal Federal manifestou-se nos seguintes pontos:

* **amplitude das normas constitucionais supervenientes;**

> **Precedente:** "As normas constitucionais supervenientes, ressalvado o que dispuserem em sentido contrário, alcançam, desde logo, situações em curso, legitimando-se, em consequência, a sua pronta aplicabilidade, eis que prevalece, em tal matéria, como diretriz de regência, o postulado da incidência normativa imediata. Doutrina. Precedentes. A instauração do processo penal condenatório, contra membro do Congresso Nacional, já não mais depende da prévia concessão de licença, por parte da Casa legislativa a que pertence o parlamentar, eis que a superveniência da

956 ◆ Uadi Lammêgo Bulos ◆

EC n. 35/2001 importou em supressão desse requisito constitucional de procedibilidade, ainda que se trate de infrações penais cometidas em momento anterior ao da promulgação dessa emenda à Constituição. Por tal motivo, e vigente a nova disciplina constitucional (EC n. 35/2001), há que se considerar prejudicada a solicitação judicial de licença, quando, sobre esta, ainda não se houver pronunciado a Casa legislativa competente. De outro lado, reputar-se-á destituída de eficácia jurídica eventual denegação da licença, ainda que manifestada sob a égide do anterior ordenamento constitucional, que regia, de modo mais abrangente, antes do advento da EC n. 35/2001, o instituto da imunidade parlamentar em sentido processual. Precedente" (STF, Inq. 1.517-GO, Rel. Min. Celso de Mello, *DJ* de 8-4-2002).

- **surgimento da EC n. 35/2001;**

  Precedente: "Não houve, no caso ora em exame, o encaminhamento, pelo Supremo Tribunal Federal, à Casa legislativa a que pertence o congressista ora denunciado, do pedido de licença a que se referia o art. 53, § 1º, *in fine*, da Constituição da República, na redação anterior ao advento da EC n. 35/2001. Essa providência de ordem formal, contudo, não mais se justifica, considerada a nova disciplina constitucional que agora rege a prerrogativa da imunidade parlamentar em sentido processual. Com efeito, a EC n. 35/2001, ao introduzir modificações no art. 53 da Carta da República, suprimiu, para efeito de prosseguimento da *persecutio criminis*, a necessidade de licença parlamentar, distinguindo, ainda, entre delitos ocorridos antes e após a diplomação, para admitir, somente quanto a estes últimos, a possibilidade de suspensão do curso da ação penal (CF, art. 53, §§ 3º a 5º)" (Inq. 1.517/GO, Rel. Min. Celso de Mello, j. 2-4-2002, *DJ* de 8-4-2002, p. 4)."Da natureza meramente processual do instituto, resulta que a abolição pela EC 35/01 de tal condicionamento da instauração ou do curso do processo é de aplicabilidade imediata, independentemente da indagação sobre a eficácia temporal das emendas à Constituição: em consequência, desde a publicação da EC 35/01, tornou-se prejudicado o pedido de licença pendente de apreciação pela Câmara competente ou sem efeito a sua denegação, se já deliberada, devendo prosseguir o feito do ponto em que paralisado" (STF, Inq. 1.517/GO, Rel. Min. Celso de Mello, j. em 2-4-2002, *DJ* de 8-4-2002, p. 4). **No mesmo sentido:** STF, Pleno, Inq. 1.566-QO/AC, Rel. Min. Sepúlveda Pertence, *DJ* de 4-9-2002, p. 7.

- **princípio da imediatidade eficacial das normas constitucionais;**

  Precedente: considerando o princípio da incidência imediata das normas constitucionais, concluiu que elas, "salvo disposição em sentido contrário, alcançam, desde logo, situações em curso (STF, *RTJ, 143*:306-307, Rel. Min. Celso de Mello), o que legitima a pronta aplicabilidade da EC n. 35/2001, inclusive no que se refere à desnecessidade da solicitação, por parte do Supremo Tribunal Federal, de prévia licença, ainda que se cuide de fatos delituosos ocorridos anteriormente à promulgação da referida emenda constitucional, pois, conforme tem salientado a jurisprudência desta Suprema Corte, a aplicação de qualquer nova regra de direito constitucional positivo rege-se pelo postulado da imediatidade eficacial: 'A nova Constituição tem incidência imediata. Os preceitos que lhe compõem a estrutura normativa revestem-se, ordinariamente, de eficácia *ex nunc*. O princípio da imediatidade eficacial somente não incidirá naquelas estritas hipóteses que, legitimadas por expressa ressalva constitucional, autorizarem a projeção retroativa da nova Carta Política ou diferirem no tempo o início da eficácia das normas que a integram' (STF, *RTJ, 169*:271, Rel. Min. Celso de Mello). Foi por essa razão que o Plenário do Supremo Tribunal Federal, ao julgar questão de ordem suscitada no Inquérito n. 1.566-AC, Rel. Min. Sepúlveda Pertence, firmou orientação no sentido de reconhecer como prejudicado o pedido de licença ainda não apreciado pela respectiva Câmara, ou, então, de considerar como ineficaz eventual denegação desse mesmo pleito, reputando legítimo, em consequência, o regular e imediato prosseguimento da ação penal, considerada a supressão, pela EC n. 35/2001, do instituto da licença, que se qualificava, até então, como requisito constitucional de procedibilidade: 'Da natureza meramente processual do instituto, resulta que a abolição pela EC n. 35/01 de tal condicionamento da instauração ou do curso do processo é de aplicabilidade imediata, independentemente da indagação sobre a eficácia temporal das emendas à Constituição: em consequência, desde a publicação da EC 35/01, tornou-se prejudicado o pedido de licença pendente de apreciação pela Câmara competente ou sem efeito a sua denegação, se já deliberada, devendo prosseguir o feito do ponto em que paralisado' (Inq.

♦ Cap. 21 ♦ ORGANIZAÇÃO DOS PODERES **957**

1.566-AC (Questão de Ordem), Rel. Min. Sepúlveda Pertence, Pleno)" (STF, Inq. 1.599/RJ, Rel. Min. Celso de Mello, *DJ* de 7-8-2002).

• **recebimento de peça acusatória;**

Precedente: "Justificada, assim, a desnecessidade de prévia solicitação de licença à Câmara dos Deputados, ante a superveniência da nova disciplina constitucional pertinente à imunidade parlamentar em sentido formal (Inq. 1.637-SP, Rel. Min. Celso de Mello), impõe-se verificar, no caso, se se revela dispensável, ou não, renovar o ato de recebimento da acusação penal deduzida contra o ora denunciado, pois esta já foi recebida por órgão judiciário que dispunha, na época, de plena competência para a prática desse ato processual. O órgão judiciário que recebeu a denúncia contra o ora acusado — que era, então, Prefeito Municipal — qualificava-se, à época do ato em causa, como o juiz natural do réu (CF, art. 29, X, na redação dada pela EC n. 1/92), revestindo-se, portanto, de inquestionável validade jurídica o recebimento da peça acusatória, não obstante a superveniente investidura de Paulo César Baltazar da Nóbrega como Deputado Federal, fato este ocorrido em 01/02/1999" (STF, Inq. 1.599/RJ, Rel. Min. Celso de Mello, *DJ* de 7-8-2002).

• **oitiva do Ministério Público;**

Precedente: "Desse modo, e tendo em vista a possibilidade de aplicação das medidas despenalizadoras definidas na Lei n. 9.099/95, cabíveis em sede penal originária, mesmo perante o Supremo Tribunal Federal (Inq. 1.055-AM (Questão de Ordem), Rel. Min. Celso de Mello, Pleno, *RTJ, 162*:483 e ss.), entendo relevante ouvir-se, previamente, o eminente Procurador-Geral da República, pois é do Ministério Público a legitimidade para oferecer, ou não, a proposta de suspensão condicional do processo penal (Lei n. 9.099/95, art. 89, *caput*). Sendo assim, e para os fins mencionados, encaminhem-se os presentes autos à douta Procuradoria-Geral da República" (STF, Inq. 1.599/RJ, Rel. Min. Celso de Mello, *DJ* de 7-8-2002).

e) Pedido de sustação e prescrição suspensa (CF, art. 53, §§ 4º e 5º)

O pedido de sustação será apreciado pela Casa respectiva no prazo improrrogável de quarenta e cinco dias do seu recebimento pela Mesa Diretora (CF, art. 53, § 4º — com redação dada pela EC n. 35/2001).

Eficácia da EC n. 35/2001: "Descabe emprestar à Emenda Constitucional n. 35/2001 eficácia retroativa a ponto de se ter como afastado do mundo jurídico o fenômeno da suspensão da prescrição decorrente da redação primitiva do artigo 53 da Carta Federal de 1988" (STF, AP 361/AgRg, Rel. Min. Marco Aurélio, *DJ* de 5-5-2006).

A sustação do processo suspende a prescrição, enquanto durar o mandato (CF, art. 53, § 5º, com redação dada pela EC n. 35/2001).

Prescrição — Extinção da punibilidade — EC n. 35/2001: o Supremo Tribunal Federal negou provimento a agravo regimental em ação penal na qual se pretendia o reconhecimento da extinção da punibilidade pela prescrição em decorrência do advento da EC n. 35/2001. Sustentava-se que a aludida Emenda, ao alterar o art. 53 da CF, abolira a suspensão do prazo prescricional disposta anteriormente no § 2º desse mesmo artigo, na redação original. Desse modo, deveria retroagir porquanto mais benéfica ao réu (CF, art. 5º, XL, c/c o CP, art. 2º). Aduziu-se que a referida EC n. 35/2001 em momento algum tratou da questão referente ao termo inicial da prescrição, mas sim da desnecessidade de licença prévia relativamente a deputados e senadores. Por conseguinte, a suspensão prevista no regime anterior consumara-se, tornando-se imutável ante o novo texto constitucional (STF, AP 361-AgRg/SC, Rel. Min. Marco Aurélio, decisão de 30-3-2006).

Originariamente, essa mensagem vinha disciplinada no extinto § 2º, a saber: "O indeferimento do pedido de licença ou a ausência de deliberação suspende a prescrição enquanto durar o mandato".

Com a mudança constitucional, a licença não mais consigna condição para a instauração de processo-crime.

958 ◆ Uadi Lammêgo Bulos ◆

Antes da Emenda Constitucional n. 35/2001, o indeferimento da licença gerava duplo efeito: um de natureza formal (a sustação do procedimento penal em juízo) e outro de caráter material (a suspensão da prescrição penal). Esse era o posicionamento da Corte Excelsa.

Precedentes: STF, *RDA, 181:247; RT, 659:340, 654:374, 647:345.*

Assim, até o surgimento da Emenda Constitucional n. 35/2001, considerava-se suspenso o curso da prescrição da pretensão punitiva desde a data do despacho do Ministro Relator solicitando licença para instauração de ação penal contra membro do Congresso Nacional.

Nesse sentido: STF, Inq. 1.326, Rel. Min. Cezar Peluso, *DJ* de 3-2-2006.

Depois da publicação da Emenda Constitucional n. 35/2001, tornou-se prejudicado "o pedido de licença pendente de apreciação pela Câmara competente ou sem efeito a sua denegação, se já deliberada, devendo prosseguir o feito do ponto em que paralisado. Da remoção do empecilho à instauração ou à sequência do processo contra o membro do Congresso Nacional, decorre retomar o seu curso, desde a publicação da EC 35/01, a prescrição anteriormente suspensa" (STF, Inq. 1.566-QO, Rel. Min. Sepúlveda Pertence, *DJ* de 22-3-2002).

❖ 3.9. Isenção do dever de testemunhar (CF, art. 53, § 6º)

Os Deputados e Senadores não serão obrigados a testemunhar sobre informações recebidas ou prestadas em razão do exercício do mandato, nem sobre as pessoas que lhes confiaram ou deles receberam informações (CF, art. 53, § 6º — com redação dada pela EC n. 35/2001).

A isenção ou limitação ao dever de testemunhar foi uma das inovações advindas da Constituição de 1988. Deve ser compreendida em consonância com o art. 5º, X e XXXIII.

Aliás, é inegável que o parlamentar tem o dever de testemunhar em juízo, declarando fatos e atos que sejam do seu conhecimento. Contudo, deve ser tratado com a distinção devida à função que desempenha. Se é certo que suas informações podem ser imprescindíveis ao deslinde e instrução do processo penal e civil, também é seguro que a autoridade judicial tem o dever de tratá-lo com a lhaneza que merece um membro do Poder Legislativo. Daí a norma constitucional em tela embutir o enunciado implícito de que não pode ser conduzido "debaixo de vara", como qualquer outra testemunha. Tal postura não viola o pórtico da isonomia (CF, art. 5º, *caput*). Visa, simplesmente, preservar a harmonia entre os Poderes (CF, art. 2º).

Por outro lado, a Constituição não determina o lugar em que o deputado ou senador devem testemunhar, não lhes facultando o privilégio de serem ouvidos onde designarem. A praxe recomenda que seja no próprio juízo, com hora e dia marcados de antecedência, dentro do período de funcionamento do órgão jurisdicional.

❖ 3.10. Incorporação às Forças Armadas (CF, art. 53, § 7º, c/c o art. 143)

Dependerá de prévia licença da Casa respectiva a incorporação às Forças Armadas de Deputados e Senadores, embora militares e ainda que em tempo de guerra (CF, art. 53, § 7º — com redação dada pela EC n. 35/2001).

A exigência de prévia licença da Casa legislativa para que o parlamentar se incorpore às Forças Armadas — à luz daquela tendência prevista na Carta de 1946 (art. 46) — foi mantida pelo constituinte de 1988. Trata-se de autêntica imunidade, porque o parlamentar fica isento de uma obrigação constitucionalmente imposta (CF, art. 143).

Vale lembrar que, se o deputado ou senador desejar incorporar-se às Forças Armadas, não poderá fazê-lo *sponte propria*, exceto se renunciar ao mandato.

O Supremo Tribunal Federal, desde a ordem constitucional pretérita, firmou o entendimento de que "as imunidades parlamentares... constituem garantia necessária ao exercício do mandato

◆ Cap. 21 ◆ ORGANIZAÇÃO DOS PODERES **959**

representativo. A proteção constitucional somente alcança os atos praticados pelo parlamentar no exercício do mandato. Por isso, quando o deputado ou senador é incorporado às Forças Armadas, ou desempenha função temporária de caráter diplomático ou cultural, cessam as imunidades" (STF, Inq. 104, Rel. Min. Djaci Falcão, decisão de 28-8-1981, *RTJ, 99*:477 e *148*:85).

✧ 3.11. Imunidade parlamentar durante o estado de sítio (CF, art. 53, § 8º)

As imunidades material e processual de Deputados ou Senadores subsistirão durante o estado de sítio, só podendo ser suspensas mediante o voto de dois terços dos membros da Casa respectiva, nos casos de atos praticados fora do recinto do Congresso Nacional, que sejam incompatíveis com a execução da medida (CF, art. 53, § 8º — acrescentado pela EC n. 35/2001).

A Constituição restringiu a suspensão das imunidades no caso de estado de sítio (art. 137).

Não há falar em suspensão das imunidades no estado de defesa (CF, art. 136), porque o art. 53, § 8º, é sobremodo claro nesse particular, reportando-se, apenas, ao estado de sítio. Afigura-se descabida qualquer exegese ampliativa da mensagem prescritiva do referido preceito.

✧ 3.12. Incompatibilidades (CF, art. 54)

Incompatibilidades são impedimentos ou restrições relacionados ao exercício da atividade política.

Não servem para interditar candidaturas nem anular eleições.

> **Suplência — Senador — Prefeito Municipal:** "As restrições constitucionais inerentes ao exercício do mandato parlamentar não se estendem ao suplente. A eleição e o exercício do mandato de prefeito não acarretam a perda da condição jurídica de suplente, podendo ser legitimamente convocado para substituir o titular, desde que renuncie ao mandato eletivo municipal. Mandado de segurança denegado" (STF, Pleno, MS 21.266/DF, Rel. Min. Célio Borja, *DJ*, 1, de 22-10-1993, p. 22253).

Os preceitos constitucionais que consagram imunidades, a exemplo do art. 54, I e II, de nossa Constituição Federal, buscam preservar a independência do Poder Legislativo.

Por isso, são autênticas *regras de incompatibilidade*, que impedem o parlamentar de exercer determinadas ocupações ou praticar atos que se cumulem com o seu mandato.

Na Carta de 1988, as incompatibilidades classificam-se em:

- **Incompatibilidades contratuais ou negociais (art. 54, I, *a*)** — os deputados e senadores não poderão desde a expedição do diploma firmar ou manter contrato com pessoa jurídica de direito público, autarquia, empresa pública, sociedade de economia mista ou empresa concessionária de serviço público, salvo quando o contrato obedecer a cláusulas uniformes.
- **Incompatibilidades funcionais (art. 54, I, *b*, e II, *b*)** — os deputados e senadores não poderão desde a expedição do diploma aceitar ou exercer cargo, função ou emprego remunerado, inclusive os de que sejam demissíveis *ad nutum*, nas entidades constantes da alínea anterior. Também não poderão ocupar cargo ou função de que sejam demissíveis *ad nutum* em pessoa jurídica de direito público, autarquia, empresa pública, sociedade de economia mista ou empresa concessionária de serviço público.
- **Incompatibilidades profissionais (art. 54, II, *a*, e II, *c*)** — os deputados e senadores não poderão desde a posse ser proprietários, controladores ou diretores de empresa que goze de favor decorrente de contrato com pessoa jurídica de direito público, ou nela exercer função remunerada. De igual modo, não poderão patrocinar causa em que seja interessada pessoa jurídica de direito público, autarquia, empresa pública, sociedade de economia mista ou empresa concessionária de serviço público.

960 ◆ Uadi Lammêgo Bulos ◆

- **Incompatibilidades políticas (art. 54, II, d)** — os Deputados e Senadores não poderão desde a posse ser titulares de mais de um cargo ou mandato público eletivo.

  Precedente do STF: "As restrições constitucionais inerentes ao exercício do mandato parlamentar não se estendem ao suplente. A eleição e o exercício do mandato de prefeito não acarretam a perda da condição jurídica de suplente, podendo ser legitimamente convocado para substituir o titular, desde que renuncie ao mandato eletivo municipal" (STF, MS 21.266, Rel. Min. Célio Borja, *DJ* de 22-10-1993).

✧ 3.13. Perda do mandato parlamentar (CF, art. 55, §§ 1º a 3º)

A perda do mandato pode ser por *cassação* ou por *extinção*.

Cassação é o ato que decreta a perda do mandato pelo cometimento de uma falta funcional, tipificada em lei e sancionada por ela. Essa medida depende de decisão da Câmara ou do Senado, por voto aberto da maioria absoluta de seus membros, mediante provocação da respectiva Mesa ou de partido político com representação no Congresso Nacional. Ela assegura ampla defesa ao acusado, compactuando com a instauração de um processo político para apurar as causas que justificam a perda do mandato. Enseja, não raro, uma *decisão constitutiva*.

Extinção é o ato ou fato que acarreta a perda do mandato, tornando a investidura inexistente, v. g., morte, renúncia, descomparecimento em sessões parlamentares, perda ou suspensão de direitos políticos. Nesse caso, a *decisão é meramente declaratória*, porque visa, apenas, reconhecer uma situação óbvia que pereceu por alguns dos motivos constitucionalmente previstos.

A Constituição de 1988 previu as hipóteses em que os parlamentares ficam sujeitos à perda do mandato, as quais não podem ser diminuídas nem ampliadas por ato legislativo.

Assim, perderá o mandato o Deputado ou Senador (CF, art. 55, I a VI):

- **que infringir qualquer das proibições estabelecidas no art. 54 da Constituição** — hipótese de cassação do mandato parlamentar;

  Princípio da unidade de legislatura: "O princípio da unidade de legislatura não impede a instauração de procedimento de cassação de mandato legislativo, ainda que por atos atentatórios ao decoro parlamentar cometidos, por titular de mandato legislativo, na legislatura anterior. Cumpre insistir na asserção de que a prática de atos atentatórios ao decoro parlamentar, mais do que ferir a dignidade individual do próprio titular do mandato legislativo, projeta-se, de maneira altamente lesiva, contra a honorabilidade, a respeitabilidade, o prestígio e a integridade político-institucional do Parlamento, vulnerando, de modo extremamente grave, valores constitucionais que atribuem, ao Poder Legislativo, a sua indisputável e eminente condição de órgão da própria soberania nacional. Conquanto o deputado ou senador tenha todas as condições para continuar em seu cargo, a própria Câmara ajuíza que ele é indesejável ou intolerável, surgindo a cassação como uma medida disciplinar. A desqualificação do parlamentar não impede que ele venha a candidatar--se novamente. Eventualmente pode reeleger-se. Mas sobra, ainda, à Câmara, o exercício do seu poder para cassar novamente o mandato do dito membro" (STF, MS 24.458-MC, Rel. Min. Celso de Mello, *DJ* de 21-2-2003). **No mesmo sentido:** STF, MS 23.388, Rel. Min. Néri da Silveira, *DJ* de 20-4-2001.

- **cujo procedimento for declarado incompatível com o decoro parlamentar** — hipótese de cassação do mandato parlamentar. Essa competência privativa da Câmara de Deputados e do Senado da República não se submete ao crivo jurisdicional. Trata-se de atribuição *interna corporis* do Parlamento, insuscetível de revisão pelo Poder Judiciário. Do contrário, violar-se-ia a independência e harmonia entre os Poderes (CF, art. 2º). Aqui não incide o primado da reserva de jurisdição (CF, art. 5º, XXXV), pois o monopólio da *primeira* e da *última palavra* a respeito do assunto pertence aos próprios parlamentares.

O fato de a imputação constituir crime, sujeita o parlamentar à incidência do inciso VI do art. 55, mas não impede a aplicação da sanção disciplinar antes da condenação criminal. Pelo art. 55, § 1º, da

◆ Cap. 21 ◆ ORGANIZAÇÃO DOS PODERES **961**

Carta Maior, é "incompatível com o decoro parlamentar, além dos casos definidos no regimento interno, o abuso das prerrogativas asseguradas a membro do Congresso Nacional ou a percepção de vantagens indevidas". *Vantagens indevidas* é o mesmo que "vantagens indevidas ou imorais", como previa a Emenda Constitucional n. 1/69 (art. 35, § 1º);

> **Cassação de mandato — Ato *interna corporis* do Parlamento:** "Ato disciplinar da competência privativa da Câmara respectiva, situado em instância distinta da Judiciária e dotado de natureza diversa da sanção penal, mesmo quando a conduta imputada ao Deputado coincida com tipo estabelecido no Código Penal. Pedido indeferido" (STF, Pleno, MS 21.443/DF, Rel. Min. Octavio Gallotti, *DJ*, 1, de 21-8-1992, p. 12783). **No mesmo sentido:** STF, MS 21.861, Rel. Min. Néri da Silveira, *DJ* de 21-9-2001; STF, MS 23.388, Rel. Min. Néri da Silveira, *DJ* de 20-4-2001; STF, MS 23.529, Rel. Min. Octavio Gallotti, *DJ* de 23-3-2001.

- **que deixar de comparecer, em cada sessão legislativa, à terça parte das sessões ordinárias da Casa a que pertencer, salvo licença ou missão por esta autorizada** — hipótese de extinção do mandato parlamentar;

> **Perda de mandato por não comparecimento às sessões da Câmara:** "Perda de mandato declarada de ofício pela Mesa dos Deputados, tendo sido observado o requisito da ampla defesa (CF, art. 55, III, § 3º). Mandado de segurança indeferido" (STF, Pleno, MS 20.992/DF, Rel. Min. Carlos Velloso, *DJ*, 1, de 23-4-1993, p. 6920).

- **que perder ou tiver suspensos os direitos políticos** — hipótese de extinção do mandato;
- **quando o decretar a Justiça Eleitoral, nos casos previstos nesta Constituição** — hipótese de extinção do mandato;
- **que sofrer condenação criminal em sentença transitada em julgado** — hipótese de cassação do mandato.

> **Condição de inelegibilidade:** "Cassação de diploma de candidato eleito Vereador, porque fora ele condenado, com trânsito em julgado, por crime eleitoral contra a honra, estando em curso a suspensão condicional da pena. Interpretação do art. 15, III, da Constituição Federal. Em face do disposto no art. 15, III, da Constituição Federal, a suspensão dos direitos políticos se dá ainda quando, com referência ao condenado por sentença criminal transitada em julgado, esteja em curso o período da suspensão condicional da pena" (STF, Pleno, RE 179.502/SP, Rel. Min. Moreira Alves, *DJ*, 1, de 8-9-1995, p. 28389).

Conforme o art. 55, § 2º, da Carta Maior, com redação dada pela Emenda Constitucional n. 76, de 28-11-2013, "nos casos dos incisos I, II, VI, a perda do mandato será decidida pela Câmara dos Deputados ou pelo Senado Federal, por maioria absoluta, mediante provocação da respectiva Mesa ou de partido político representado no Congresso Nacional, assegurada ampla defesa". Antes da referida EC n. 76/2013, a votação era secreta. A partir de 29-11-2013, data em que esta emenda foi publicada no *Diário Oficial da União*, todas as votações em matéria de perda de mandato de Deputado ou Senador deverão ser abertas. O segredo da votação foi extirpado da ordem jurídica pátria. Não vigora mais. E todas aquelas normas de regimentos internos que previam o voto secreto encontram-se, automaticamente, revogadas. Não têm qualquer eficácia jurídica, muito menos sociológica (efetividade), sob pena de preceptivos regimentais serem superiores à Constituição da República e o Estado de Direito deixar de ser "de Direito".

> **Perda de mandato de parlamentar estadual mediante voto aberto:** por força da Emenda Constitucional n. 76, de 28-11-2013, entendemos que não mais vigora aquele entendimento do Supremo Tribunal Federal, no sentido de que a votação aberta para perda do mandato parlamentar estadual consigne fraude a limite expresso do poder constituinte decorrente dos Estados-membros (STF, ADIn 2.461, Rel. Min. Gilmar Mendes, *DJ* de 7-10-2005; e STF, ADIn 3.208, Rel. Min. Gilmar Mendes, *DJ* de 7-10-2005). É que as Cartas Estaduais devem, necessariamente, seguir o modelo federal, plasmado no Texto da República, cujo art. 55, § 2º, eliminou o sigilo das votações. Assim,

no exame do tema, há que se respeitar aquela ideia de correspondência ou simetria entre o criador, a *Lex Mater*, e a criatura, o Documento Maior do Estado federado.

Para o Supremo Tribunal Federal, "a expressão 'ampla defesa' contida no § 2º do art. 55 da Constituição Federal não encerra, necessariamente, a representação do parlamentar por profissional de advocacia, a ponto de impor, a qualquer das Casas do Legislativo, a admissão deste na Tribuna. O processo de perda de mandato não é administrativo nem judicial, mas político, sendo regido por normas *interna corporis*. Mesmo no campo jurisdicional, em que se tem o advogado como indispensável à administração da justiça — art. 133, Capítulo III — do Poder Judiciário — da Constituição Federal, é possível encontrar recursos que não ensejam a sustentação da Tribuna, sem que, com isso, a norma restritiva possa ser tida como merecedora da pecha de inconstitucional. Tanto quanto possível, deve ser preservada a disciplina do funcionamento dos órgãos dos Poderes da União, buscando-se, dessa forma, a eficácia da cláusula constitucional que lhes é inerente — da harmonia e independência. A solução emprestada ao processo político de perda de mandato não obstaculiza o acesso ao Judiciário, cuja atuação se faz, sob o ângulo da legalidade, com a inestimável colaboração do profissional da advocacia" (STF, Pleno, MS 21.360/DF, Rel. Min. Marco Aurélio, decisão de 12-3-1992).

E, conforme o art. 55, § 3º, da Constituição da República, nos "casos previstos nos incisos III a V, a perda será declarada pela Mesa da Casa respectiva, de ofício ou mediante provocação de qualquer de seus membros, ou de partido político representado no Congresso Nacional, assegurada ampla defesa". A particularidade desse preceito está em que a deliberação aí enunciada é da Mesa da respectiva Casa legislativa.

Casuística do STF:

- **Trânsito em julgado da decretação da perda do mandato** — a declaração mencionada no art. 55, § 3º, da Carta de 1988 independe do trânsito em julgado da decretação, pela Justiça Eleitoral, da perda de mandato parlamentar por prática de captação ilícita de sufrágio. Este posicionamento é seguido pelo Supremo Tribunal Federal, encontrando-se pacificado na jurisprudência do Tribunal Superior Eleitoral. Com base nessa tese, a Corte Excelsa concluiu que a decisão, fundada no art. 41-A da Lei n. 9.504/97, deveria ser cumprida de imediato. Desse modo, concedeu mandado de segurança para determinar que a Mesa da Câmara dos Deputados declarasse a perda do mandato de deputado federal e da consequente posse pelo impetrante, primeiro suplente do parlamentar" (STF, MS 25.458, Rel. Min. Marco Aurélio, Rel. p. ac. Min. Joaquim Barbosa, *DJ* de 9-3-2007).

- **Garantia do direito de defesa** — "Quer se trate da perda do mandato, presentes os incisos I, II e VI, quer verse a situação a extinção ante as previsões dos incisos III a V, tem-se como autores dos atos, respectivamente, o Plenário da Casa e a Mesa, assegurada, em ambas as situações, a ampla defesa. As discussões travadas no Senado Federal revelam o afastamento do impetrante sem que observados os ditames constitucionais, sem que observada a Lei Fundamental da República, que a todos, indistintamente, submete, considerado o devido processo legal. Frise--se, por oportuno, que à época da cassação do registro e diploma, o impetrante já estava no exercício do mandato de Senador, não cabendo conferir à parte final do inciso V do artigo 55 da Carta Federal — '... nos casos previstos nesta Constituição' — interpretação gramatical, simplesmente verbal, sob pena de se chegar a verdadeiro paradoxo. Estando o pronunciamento judicial calcado nesta última, de envergadura maior, ter-se-ia a incidência do preceito do § 3º do citado artigo, enquanto a fundamentação em norma estritamente legal dispensaria o atendimento às formalidades estabelecidas. A óptica não se sustenta. Concedo a liminar pleiteada para afastar os efeitos do ato atacado. Com isso, restabeleço a situação jurídica anterior, viabilizando ao impetrante, ainda na qualidade de Senador da República, o exercício do direito de defesa" (STF, MS 25.623, Rel. Min. Marco Aurélio, *DJ* de 9-11-2005).

✧ 3.14. Renúncia do mandato parlamentar (CF, art. 55, § 4º)

A renúncia de parlamentar submetido a processo que vise ou possa levar à perda do mandato, nos termos do art. 55 da Constituição, terá seus efeitos suspensos até as deliberações finais de que tratam os §§ 2º e 3º desse dispositivo (CF, art. 55, § 4º — acrescido pela ECR n. 6/94).

O § 4º do art. 55 procurou evitar a impunidade. Por seu intermédio, a renúncia do mandato parlamentar não eliminará o processo ao qual o deputado ou senador está submetido. Incluem-se, nesse contexto, todos os casos de crimes previstos no art. 55 da Carta Suprema, pois este preceito não se resumiu aos seus incisos I e II; foi mais além, fazendo remissão aos §§ 2º e 3º, e englobando, assim, tanto os processos de cassação como os de extinção do mandato. Esse caráter amplo do § 4º, contudo, não autoriza a interpretação de que todos os casos geram inelegibilidades. Apenas as hipóteses de infringência às vedações do art. 54 ou de atentado ao decoro parlamentar é que autorizam essa conclusão. Devemos observar, também, o disposto na lei de inelegibilidades (Lei Complementar n. 64, de 18-5-1990, alterada pela Lei Complementar n. 81, de 13-4-1994). Finalmente, recordemos do Decreto Legislativo n. 16, de 24 de março de 1994, que dispôs sobre a renúncia de parlamentar sujeito à investigação por qualquer órgão do Poder Legislativo, ou que tenha contra si procedimento já instaurado ou protocolado junto à Mesa da respectiva Casa.

⌑ *3.14.1. Renúncia de parlamentar extingue a competência do STF*

Desde 1999, o entendimento reiterado do Supremo Tribunal Federal é no sentido de que, havendo a renúncia, a qualquer tempo e por qualquer razão, a competência para julgar ex-parlamentar passa a ser das instâncias inferiores. É bem certo que houve uma exceção a essa jurisprudência na AP 396, na qual se constatou abuso de direito e fraude processual. Foi o "caso Natan Donadon", que renunciou ao cargo após o processo ter sido incluído na pauta para julgamento do Plenário da Corte. Neste *case*, o Supremo entendeu que a renúncia do mandato é ato legítimo, porém não serve para deslocar competência. Isso porque não cabe ao réu escolher por qual instância deverá ser julgado.

A regra geral, portanto, é que, no âmbito do Processo Penal, o ex-deputado deve ser julgado pelas instâncias inferiores da Justiça. Tal paradigma não convém ser mudado de uma hora para outra, sob pena de se gerar insegurança jurídica e fraude ao devido processo legal. Na AP 536, por exemplo, o Supremo Tribunal entendeu que o ex-Deputado Federal Eduardo Azeredo deveria ser submetido à regra geral, pois a sua renúncia ocorreu no momento em que se encontrava aberto o prazo para a apresentação das razões finais pela defesa. Assim, a instrução processual foi encerrada alguns dias após a renúncia. Até aí, não tinham sido preparados os votos do relator, do revisor, muito menos se tinha pedido dia para julgamento da matéria no Plenário da Corte.

Vejamos que a situação subjacente à AP 536 ("caso Eduardo Azeredo") não se equipara àquela constatada na AP 396 ("caso Natan Donadon"). Neste último, o ato de renúncia do parlamentar ocorreu na véspera do julgamento sem que houvesse risco de prescrição da pena *in abstrato*. No "caso Eduardo Azeredo", o processo foi remetido para o juiz de primeiro grau da Justiça Mineira, que, ao receber os autos, poderá, em tese, sentenciar de imediato. Portanto, a regra geral, consolidada na Corte, ficou preservada.

No julgamento da AP 536, foram apresentadas quatro propostas para se estabelecer uma regra definitiva, e bem mais amadurecida, para nortear o tema, a saber: **(i)** o recebimento da denúncia deve ser o marco temporal para a continuidade de ação penal contra parlamentar que renuncie ao cargo, utilizando-se como fundamento o art. 55, § 4º, da Constituição Federal. Isto porque o ato de o parlamentar renunciar, depois do próprio recebimento da denúncia, não retira a competência da Corte (Min. Roberto Barroso); **(ii)** o encerramento da instrução processual é o marco para a renúncia afastar a competência do STF (Min. Rosa Weber); **(iii)** os autos não devem ser enviados às instâncias inferiores quando o relator já tiver concluído seu voto e liberado o processo para o revisor (Min. Dias Toffoli); **(iv)** não deve ser estipulada uma regra geral, única e abstrata, porque cada caso é único. É a particularidade de cada situação que deve nortear a tomada de decisão pela Suprema Corte (Min. Celso de Mello). Nenhuma dessas quatro propostas foi deliberada pelo Plenário da Corte, deixando-se para

964 ◆ Uadi Lammêgo Bulos ◆

outra oportunidade a deliberação da ação (STF, AP 536/MG, Rel. Min. Luís Roberto Barroso, *DJE* de 7-4-2014).

✧ 3.15. Afastamento do congressista (CF, art. 56, I e II)

A Constituição de 1988 explicitou as hipóteses de afastamento do congressista (art. 56).

Portanto, não perderá o mandato o Deputado ou Senador:

- investido no cargo de Ministro de Estado, Governador de Território, Secretário de Estado, do Distrito Federal, de Território, de Prefeitura de Capital ou chefe de missão diplomática temporária.

Nessa hipótese, o deputado ou senador poderá optar pela remuneração do mandato. Tal direito de opção é uma novidade da Carta de 1988 (art. 56, § 3º);

> **Precedente do STF:** o Supremo Tribunal, por maioria de votos, indeferiu pedido de liminar formulado em mandado de segurança impetrado por Deputado Federal pelo qual se pretendia a suspensão de processo disciplinar contra ele instaurado na Câmara dos Deputados. A representação foi formulada pelo Partido Trabalhista Brasileiro, na qual o impetrante é acusado de quebra de decoro parlamentar por fatos praticados em período em que ocupava cargo de Ministro de Estado. Prosseguindo no julgamento, o Plenário da Corte aderiu à divergência iniciada pelo Min. Joaquim Barbosa, que considerou estar a representação formulada contra o impetrante juridicamente vinculada à sua condição de parlamentar, isto é, a sua influência política, e não a fatos qualificados como inerentes ao exercício da função de Ministro de Estado, tais como os disciplinados no art. 87 da Carta Magna. O Min. Carlos Britto, ao indeferir a liminar, entendeu que o parlamentar, investido temporária e precariamente no cargo de Ministro de Estado, por não ter perdido a condição de parlamentar, sujeita--se a processo disciplinar perante sua respectiva Casa legislativa (STF, MS 25.579-MC, Rel. Min. Menezes Direito, Rel. p/ ac. Min. Joaquim Barbosa, *DJ* de 16-11-2005).

- licenciado pela respectiva Casa por motivo de doença, ou para tratar, sem remuneração, de interesse particular, desde que, neste caso, o afastamento não ultrapasse cento e vinte dias por sessão legislativa.

Assim, o parlamentar, mesmo afastado, não perde o seu mandato.

✧ 3.16. Suplência parlamentar (CF, art. 56, §§ 1º e 2º)

O suplente de deputado ou senador, embora não pertença a qualquer das Casas Congressuais, será convocado nos casos de vaga, de investidura em funções previstas neste artigo ou de licença superior a cento e vinte dias (CF, art. 56, § 1º). Lembremos que ele não tem prerrogativa de foro perante o Supremo Tribunal Federal (Inq. 3.341/DF, Rel. Min. Celso de Mello, *DJE* de 3-5-2012).

> **Ministro do Tribunal de Contas da União — Eletividade:** "Sob a égide da Constituição Federal anterior, os Ministros do Tribunal de Contas da União tinham as mesmas garantias, prerrogativas, vencimentos e impedimentos dos Ministros do Tribunal Federal de Recursos, sendo que, até a Emenda Constitucional 25/85, vigorou a fidelidade partidária. Daí a perda da qualificação suplente de Senador pela assunção do cargo de Ministro do Tribunal de Contas da União" (STF, Pleno, MS 21.102/DF, Rel. Min. Marco Aurélio, *DJ*, 1, de 26-11-1993, p. 22532).

Ocorrendo vaga, contudo, e não havendo suplente, far-se-á eleição para preenchê-la se faltarem mais de quinze meses para o término do mandato (CF, art. 56, § 2º).

Sobre a suplência e a permanência de partido, decidiu o Supremo Tribunal Federal: "em que pese o princípio da representação proporcional e a representação parlamentar federal por intermédio dos partidos políticos, não perde a condição de suplente o candidato diplomado pela justiça eleitoral que,

◆ Cap. 21 ◆ ORGANIZAÇÃO DOS PODERES

965

posteriormente, se desvincula do partido ou aliança partidária pelo qual se elegeu. A inaplicabilidade do princípio da fidelidade partidária aos parlamentares empossados se estende, no silêncio da Constituição e da lei, aos respectivos suplentes" (STF, Pleno, MS 20.927/DF, Rel. Min. Moreira Alves, *DJ*, 1, de 15-4-1994, p. 8061. No mesmo sentido: STF, Pleno, MS 20.916/DF, Rel. Min. Sepúlveda Pertence, *DJ*, 1, de 26-3-1993, p. 5002).

- **Coligações Partidárias e Suplência** — "Não se desconhece que o Plenário do Supremo Tribunal Federal, no julgamento do MS 26.602/DF, Rel. Min. Eros Grau, do MS 26.603/DF, Rel. Min. Celso de Mello, e do MS 26.604/DF, Rel. Min. Cármen Lúcia, firmou orientação no sentido de que o mandato eletivo vincula-se ao partido político sob cuja legenda o candidato disputou o processo eleitoral, motivo pelo qual se reconheceu que as agremiações partidárias têm o direito de preservar a vaga obtida pelo sistema proporcional, em casos de infidelidade partidária" (STF, MS 30.380-MC/DF, Rel. Min. Celso de Mello, *DJE* de 4-4-2011).

- **Vaga de parlamentar pertence a suplente da coligação** — por 10 votos a 1, o Supremo Tribunal Federal decidiu que a vaga decorrente do licenciamento de titulares de mandato parlamentar deve ser ocupada pelos suplentes das coligações, e não dos partidos (STF, MS 30.260 e 30.272, Rel. Min. Cármen Lúcia, j. em 27-4-2011).

✧ 3.17. Vencimentos dos parlamentares: competência para fixar subsídios

A competência exclusiva para fixar subsídio de deputados federais e senadores da República pertence ao Congresso Nacional, devendo-se observar o seguinte (CF, art. 49, VII):

- os subsídios pagos a título de remuneração aos Deputados Federais e Senadores devem ser idênticos (CF, art. 49, VII, 1ª parte);

- aplica-se-lhes o teto geral remuneratório, que tem como limite o subsídio mensal, em espécie, dos Ministros do Supremo Tribunal Federal (CF, art. 37, XI);

- o membro de Poder, o detentor de mandato eletivo, os Ministros de Estado e os Secretários Estaduais e Municipais serão remunerados exclusivamente por subsídio fixado em parcela única, vedado o acréscimo de qualquer gratificação, adicional, abono, prêmio, verba de representação ou outra espécie remuneratória, obedecido, em qualquer caso, o disposto no art. 37, X e XI, da Carta Maior (CF, art. 39, § 4º, acrescido pela EC n. 19/98);

Casuística do STF:

- **Remuneração dos magistrados na vigência da EC n. 19/98** — "Regência do § 4º do artigo 39, com remissão ao artigo 37, X e XI, da Constituição Federal: parcela única em forma de subsídio, exigência de lei específica e teto correspondente ao valor devido aos Ministros do STF. A nova estrutura judiciária nacional (CF, artigo 93, V) criou ampla vinculação, embora indireta, entre toda a magistratura, independentemente do nível organizacional, se federal ou estadual. Antinomia apenas aparente, em face da autonomia dos Estados-membros, por força do constituinte derivado. O sistema de subsídio instaurado pela EC 19/98 somente terá eficácia após a edição da lei de iniciativa dos Presidentes da República, do Senado, da Câmara dos Deputados e do Supremo Tribunal Federal (CF, artigo 48, XI). Enquanto não editada a lei de iniciativa quádrupla, prevalece a regra geral que veda a vinculação de vencimentos, exceção feita apenas aos limites da própria carreira, que, no nível federal, se encerra nos Tribunais Regionais e, no estadual, nos Tribunais de Justiça. Qualquer reajuste administrativo da remuneração dos magistrados viola a Constituição, quer no regime anterior, quer após a EC 19/98" (STF, AO 584, Rel. Min. Maurício Corrêa, *DJ* de 27-6-2003).

- **Vantagens pessoais** — "Hipótese em que o acórdão recorrido se encontra em consonância com a jurisprudência desta Corte segundo a qual as vantagens de caráter pessoal não devem ser computadas para fim de observância do teto previsto no inc. XI do art. 37 da Constituição Federal. (...) De qualquer sorte, o Plenário desta Corte, ao apreciar a ADI 2.116-MC, Rel. Min. Marco Aurélio, entendeu que, por não serem autoaplicáveis as normas dos art. 37, XI, e 39, § 4º, da CF (redação dada pela EC 19/98) — até que seja promulgada a lei de fixação do subsídio de Ministro do STF —, as vantagens pessoais continuam excluídas do teto de remuneração" (STF, AgI 339.636-AgRg, Rel. Min. Ilmar Galvão, *DJ* de 14-12-2001).

- é proibido conceder tratamento privilegiado a deputados federais e senadores, beneficiando-lhes em relação aos demais contribuintes (CF, art. 150, II);
- deputados federais e senadores também devem pagar imposto de renda e proventos de qualquer natureza (CF, art. 150, III); e
- prevalecem os critérios da generalidade, universalidade e progressividade tributárias (CF, art. 153, § 2º, I).

❖ 3.18. Comissões parlamentares

As comissões parlamentares são órgãos colegiados, nascidos na Câmara ou no Senado, com número certo de integrantes, incumbidos de analisar as proposições legislativas, a fim de emitir pareceres a respeito delas.

Constituem um reflexo da proporcionalidade partidária, pois, na constituição das Mesas e de cada Comissão, é assegurada, tanto quanto possível, a representação proporcional dos partidos ou dos blocos parlamentares que participam da respectiva Casa (CF, art. 58, § 1º).

Além dessa regra, proveniente da Carta de 1934 (art. 26), compete às comissões parlamentares (CF, art. 58, § 2º, I a VI):

- **Discutir e votar projeto de lei que dispensar, na forma do regimento, a competência do Plenário, salvo se houver recurso de um décimo dos membros da Casa** — essa atribuição dirige-se, exclusivamente, às comissões permanentes, e não às temporárias. No Brasil, norma dessa qualidade foi prevista pela primeira vez na Emenda Constitucional n. 17/65 à Constituição de 1946. A Emenda Constitucional n. 1/69 a previu no seu art. 53. O constituinte de 1988, a sua vez, consagrou uma norma de delegação *interna corporis*, dirigida, de modo exclusivo, às comissões permanentes. A razão é simples: apenas essas é que tratam de matérias especializadas, possuindo seus contornos gizados no regimento interno — instrumento hábil para traçar as competências das comissões permanentes. Aliás, seria inconveniente para a democracia (art. 1º, *caput*) atribuir a uma comissão temporária, de cunho esporádico, poderes para discutir e votar projetos de lei. Isso poderia dar ensejo à existência de comissões *ad hoc*, criadas de encomenda para satisfazer interesses de grupos minoritários. A fonte inspiradora do preceito em destaque está no art. 72 da Constituição italiana de 1947, a qual permitiu que o exercício da função legislativa plena seja cometido, inclusive, por uma comissão *ad hoc*. Constantino Mortati teceu severas reprimendas a esse tipo de regulamentação constitucional. Para ele, trata-se de "grave anormalidade, porquanto confia a grupos limitados de deputados a decisão sobre medidas que interessam a todos os cidadãos, subtraindo-as à publicidade que só é possível através do plenário e à contribuição do pensamento e do voto de todos os membros da Câmara". Nada obstante as inúmeras reticências que podem ser apontadas nesse inciso, cuja redação não é muito clara, o certo é que ele possibilita, ao regimento interno da Câmara ou do Senado, habilitar comissões permanentes com vistas à discussão e votação do projeto de lei. Nesse ínterim, exsurge uma decisão terminativa, exceto se houver manifestação do Plenário por um décimo dos membros da Casa (*Istituzioni di diritto pubblico*, p. 282).
- **Realizar audiências públicas com entidades da sociedade civil** — regra endereçada, ao mesmo tempo, às comissões permanentes e às temporárias. Na ordem constitucional anterior a matéria em tela não estava permitida, mas também não se encontrava proibida. A determinação, advinda da Carta de 1988, poderá afigurar-se útil, a depender da importância que se lhe atribua. O descrédito de uma norma constitucional é o declínio da Constituição.
- **Convocar Ministros de Estado para prestar informações sobre assuntos inerentes a suas atribuições** — determinação dirigida, simultaneamente, às comissões permanentes e às temporárias, em reforço ao art. 50 da Constituição.

◆ Cap. 21 ◆ ORGANIZAÇÃO DOS PODERES

- **Receber petições, reclamações, representações ou queixas de qualquer pessoa contra atos ou omissões das autoridades ou entidades públicas** — eis aí a competência *ratione materiae* das comissões permanentes, mas também das comissões temporárias. Uma Comissão Parlamentar de Inquérito, por exemplo, poderá receber petições, reclamações, representações ou queixas de qualquer pessoa contra atos ou omissões de autoridades ou entidades públicas. Embora a Emenda Constitucional n. 1/69 não se reportasse a esse assunto, o certo é que o recebimento de petições era uma prática muito comum. O constituinte de 1988, admitindo o fato, converteu em norma constitucional um costume há muito reconhecido.
- **Solicitar depoimento de qualquer autoridade ou cidadão** — tal preceito reporta-se tanto às comissões permanentes como às temporárias. *Solicitar depoimento* significa pedir, convidar, obrigar, exigir. A Constituição passada nem previa essa faculdade, embora certas autoridades aceitassem o convite para prestar informações. *Qualquer autoridade* é termo amplo, podendo dar margem a distorções interpretativas. Se for levado ao pé da letra, pode até incluir a solicitação do depoimento do Presidente da República, do presidente do Supremo Tribunal Federal, do presidente da Câmara e do presidente do Senado. Evidente que a norma em destaque cumpre ser interpretada à luz de uma *optimização de princípios*. Significa que a mera solicitação de depor — não obrigação — deve levar em conta as regras de cortesia e harmonia, inerentes ao sistema presidencial e à separação dos Poderes. Por isso, o Presidente da República, o presidente do Supremo Tribunal Federal, o presidente da Câmara e o presidente do Senado não podem ser convidados para depor, porque não estão compreendidos no núcleo de abrangência semântica do art. 58, V, da *Lex Legum*.
- **Apreciar programas de obras, planos nacionais, regionais e setoriais de desenvolvimento e sobre eles emitir parecer** — inciso dirigido, simultaneamente, às comissões permanentes e às temporárias. Tal previsão de um controle político inexistia no ordenamento constitucional pregresso, salvo quando o plano ou programa tivesse sido elaborado mediante projetos de lei, decorrendo daí a exigência de parecer sobre o seu conteúdo. As comissões parlamentares poderão valer-se desse instrumento para o controle de atos da Administração Pública, relativos aos programas de obras, planos nacionais, regionais e setoriais de desenvolvimento, porque, nesse caso, trata-se de matéria da alçada do Poder Executivo.

✧ 3.19. Comissões permanentes

O art. 58, *caput*, da Constituição prevê dois tipos de comissões parlamentares: as *permanentes* e as *temporárias*.

Comissões parlamentares permanentes são as que se organizam em função da matéria. Por isso, visam apreciar projetos de lei, dentre outros assuntos afeitos ao exame da Casa legislativa. Seu parecer pode equivaler a uma deliberação de Plenário, e as suas atribuições devem ser fixadas no regimento interno.

O Regimento Interno do Senado Federal dispõe, no art. 72, acerca das seguintes comissões permanentes:
- assuntos econômicos;
- assuntos sociais;
- constituição, justiça e cidadania;
- educação;
- relações exteriores e defesa nacional;
- serviços de infraestrutura; e
- fiscalização e controle (criada pela Resolução n. 46/93).

Já o Regimento Interno da Câmara dos Deputados disciplinou, no art. 32, as seguintes comissões permanentes:
- agricultura e política rural;
- ciência, tecnologia, comunicação e informática;
- constituição, justiça e redação;

- defesa do consumidor, meio ambiente e minorias;
- defesa nacional;
- economia, indústria e comércio;
- educação, cultura e desporto;
- finanças e tributação;
- minas e energia;
- relações exteriores;
- seguridade social e família;
- trabalho, administração e serviço público;
- viação e transportes; e
- desenvolvimento urbano e interior.

3.20. Comissões temporárias ou especiais

As *comissões parlamentares temporárias* ou *especiais* são as que apresentam o traço da efemeridade, extinguindo-se com o término da legislatura. Suas atribuições fixam-se no ato de sua instituição.

Há situações, porém, em que a comissão temporária é extinta antes de findar a legislatura. Assim ocorre, por exemplo, quando emite opinião sobre determinado problema, alcançando seu objetivo.

As comissões parlamentares de inquérito constituem a mais importante dessas comissões especiais.

3.21. Comissões mistas

As comissões *permanentes* e *temporárias* podem ser *mistas*.

Diz-se *comissão mista* aquela formada por deputados e senadores, com o objetivo de examinar matérias expressamente fixadas, inclusive aquelas que exijam uma decisão do Congresso Nacional, pela sessão conjunta de suas Casas.

Exemplos: comissão parlamentar mista de inquérito, que deflui do art. 58, § 3º, e comissão mista permanente, prevista no art. 166, § 1º, da Carta Magna — a maior comissão do Congresso Nacional.

3.22. Comissões parlamentares de inquérito

Comissão parlamentar de inquérito é o órgão colegiado, que constitui uma projeção orgânica do Poder Legislativo, destinado, nos parâmetros da constituição e das leis, a investigar fatos determinados que impliquem atos de improbidade.

> **Terminologia:** *comissão parlamentar de inquérito, comissão de inquérito, comissão legislativa de inquérito, comissão de inquérito parlamentar, inquérito parlamentar* ou, simplesmente, *investigação parlamentar* são denominações utilizadas para cognominar o instituto. Quando empreendidas nos planos estadual, distrital e municipal recebem o rótulo de *comissões especiais de inquérito*, ou, respectivamente, *comissão parlamentar estadual de inquérito, comissão parlamentar distrital de inquérito* e *comissão parlamentar municipal de inquérito*.

Surgiram na Inglaterra, no seio da Câmara dos Comuns.

No Brasil, foram consagradas pelo Texto de 1934 (art. 36), mantendo-se com o advento da Carta de 1988 (art. 58, § 3º).

A seguir, vamos estudar os principais pontos das comissões parlamentares de inquérito.

> **Para uma análise aprofundada:** Uadi Lammêgo Bulos, *Comissão Parlamentar de Inquérito*: técnica e prática, São Paulo, Saraiva, 2001, 340 p.

Antes, porém, vejamos o que diz o art. 58, § 3º, *locus* das CPIs na Constituição brasileira:

"As comissões parlamentares de inquérito, que terão poderes de investigação próprios das autoridades judiciais, além de outros previstos nos regimentos das respectivas Casas, serão criadas pela Câmara

◆ Cap. 21 ◆ ORGANIZAÇÃO DOS PODERES   **969**

dos Deputados e pelo Senado Federal, em conjunto ou separadamente, mediante requerimento de um terço de seus membros, para a apuração de fato determinado e por prazo certo, sendo suas conclusões, se for o caso, encaminhadas ao Ministério Público, para que promova a responsabilidade civil ou criminal dos infratores".

As comissões parlamentares de inquérito também podem ocorrer nos planos estadual, distrital e municipal, quando recebem a nomenclatura de *comissões especiais de inquérito*.

Casuística do STF:

- **CPI estadual e separação de Poderes** — "Observância obrigatória, pelos Estados-Membros, de aspectos fundamentais decorrentes do princípio da separação de poderes previsto na Constituição Federal de 1988. Função fiscalizadora exercida pelo Poder Legislativo. Mecanismo essencial do sistema de *checks-and-counterchecks* adotado pela Constituição Federal de 1988. Vedação da utilização desse mecanismo de controle pelos órgãos legislativos dos Estados--Membros. Impossibilidade. Violação do equilíbrio federativo e da separação de Poderes. Poderes de CPI estadual: ainda que seja omissa a Lei Complementar 105/2001, podem essas comissões estaduais requerer quebra de sigilo de dados bancários, com base no art. 58, § 3º, da Constituição" (STF, ACO 730, Rel. Min. Joaquim Barbosa, *DJ* de 11-11-2005).

- **CPI estadual e competência do STF** — "Comissão Parlamentar de Inquérito da Assembleia Legislativa do Estado do Rio de Janeiro. Mandado de segurança impetrado pela Assembleia Legislativa do Estado do Rio de Janeiro contra a recusa, pelo Banco Central do Brasil, em atender pedido de dados protegidos por sigilo bancário. Impetração dirigida ao Supremo Tribunal Federal e autuada como ação cível originária, com fundamento no art. 102, *f*, da Constituição Federal. Questão de ordem resolvida para declarar competente o STF para julgar a impetração" (STF, ACO 730-QO, Rel. Min. Joaquim Barbosa, *DJ* de 1º-10-2004).

- **CPI estadual. Interceptação telefônica. Prorrogação do prazo** — "É possível a prorrogação do prazo de autorização para a interceptação telefônica, mesmo que sucessivas, especialmente quando o fato é complexo a exigir investigação diferenciada e contínua. Não configuração de desrespeito ao art. 5º, *caput*, da Lei 9.296/1996. A interceptação telefônica foi decretada após longa e minuciosa apuração dos fatos por CPI estadual, na qual houve coleta de documentos, oitiva de testemunhas e audiências, além do procedimento investigatório normal da polícia. Ademais, a interceptação telefônica é perfeitamente viável sempre que somente por meio dela se puder investigar determinados fatos ou circunstâncias que envolverem os denunciados. Para fundamentar o pedido de interceptação, a lei apenas exige relatório circunstanciado da polícia com a explicação das conversas e da necessidade da continuação das investigações. Não é exigida a transcrição total dessas conversas, o que, em alguns casos, poderia prejudicar a celeridade da investigação e a obtenção das provas necessárias (Lei n. 9.296/96, art. 6º, § 2º). Na linha do art. 6º, *caput*, da Lei n. 9.296/96, a obrigação de cientificar o Ministério Público das diligências efetuadas é prioritariamente da polícia" (HC 83.515, Rel. Min. Nelson Jobim, *DJ* de 4-3-2005).

- **CPI distrital** — "A Câmara do Distrito Federal ombreia, sob o ângulo da atuação, com as Assembleias Legislativas, tendo-se, em linhas gerais, simples distinção de nomenclaturas" (STF, ACO 796-MC, Rel. Min. Marco Aurélio, *DJ* de 26-8-2005).

- **CPI municipal** — "Constitucionalidade do art. 12 da Constituição gaúcha, que assegura às câmaras municipais, no exercício de suas funções legislativas e fiscalizadoras, a prerrogativa de solicitarem informações aos órgãos da administração direta e indireta, situados no respectivo município" (STF, ADIn 1.001, Rel. Min. Carlos Velloso, *DJ* de 21-2-2003).

a) Para que servem as CPIs

As CPIs servem para:

- **Investigar *fatos determinados* que impliquem *atos de improbidade*** — *fato determinado* é o acontecimento pelo qual se torna possível a realização de investigações relacionadas a pessoas ou entidades envolvidas na consumação daquilo que provavelmente aconteceu. A determinabilidade fática é o ponto culminante da consagração constitucional das CPIs, que não têm poderes ilimitados de investigação. Trata-se de um requisito formal imprescindível para a realização de inquéritos parlamentares. Outros fatos, inicialmente imprevistos, também podem ser

970 ◆ Uadi Lammêgo Bulos ◆

aditados aos objetivos da comissão de inquérito, já em ação ou andamento, desde que sejam certos, inconcussos, indiscutíveis, de evidente constatação.

> **Observância do fato determinado:** "O inquérito parlamentar, realizado por qualquer CPI, qualifica-se como procedimento jurídico-constitucional revestido de autonomia e dotado de finalidade própria, circunstância esta que permite à comissão legislativa — sempre respeitados os limites inerentes à competência material do Poder Legislativo e observados os fatos determinados que ditaram a sua constituição — promover a pertinente investigação, ainda que os atos investigatórios possam incidir, eventualmente, sobre aspectos referentes a acontecimentos sujeitos a inquéritos policiais ou a processos judiciais que guardem conexão com o evento principal objeto da apuração congressual" (STF, MS 23.652, Rel. Min. Celso de Mello, *DJ* de 16-2-2001).

• **Sugerir novas leis ou a eliminação das que forem desnecessárias** — cumpre às CPIs conhecer situações que possam ou devam ser disciplinadas em lei, ou ainda verificar os efeitos de determinada legislação, sua excelência, inocuidade ou nocividade.

Portanto, as comissões parlamentares de inquérito existem, em primeiro lugar, para investigar *fatos determinados* que, supostamente, feriram o *dever de agir honestamente*, tal como exigido pela Constituição da República e pelas leis do País.

Qual a amplitude do fato determinado? Qual o seu cerne? Como podemos, na prática, aferi-lo? Como saber se a determinabilidade fática implicou atos de improbidade, podendo ser alvo da investigação parlamentar?

Essas questões são sobremodo subjetivas, dependendo do caso concreto. Porém, há uma maneira de as respondermos: analisando o alcance dos poderes investigatórios das CPIs.

b) Quórum de criação das CPIs

As comissões parlamentares de inquérito só podem ser criadas mediante requerimento de um terço dos deputados federais ou senadores da República. Essa fração corresponde ao número mínimo de 171 subscritores na Câmara dos Deputados e vinte e sete no Senado.

Trata-se de uma exigência formal, albergada, inclusive, no parágrafo único do art. 1º da Lei n. 1.579/52, recepcionado pela Carta Maior.

> **Observância do quórum regimental:** "A observância do *quorum* previsto regimentalmente para deliberação — maioria absoluta dos membros que integram a comissão — é formalidade essencial à valia das decisões, presente ato de constrição a alcançar terceiro" (STF, MS 25.005, Rel. Min. Marco Aurélio, *DJ* de 18-2-2005).

O aludido preceito ordinário, segundo o qual a criação de CPIs depende de deliberação plenária, caso não seja determinada pelo terço da totalidade dos membros das Casas legislativas, é plenamente compatível com a manifestação constituinte originária de 1988.

Parece-nos que o parágrafo único do art. 1º da Lei n. 1.579/52, além de ter sido recepcionado pela *Lex Mater*, constitui inestimável reforço à própria dicção constitucional. Imaginemos se o quórum de um terço não for preenchido. Que fazer? Descarta-se, por completo, a possibilidade de criação de CPIs?

Assim, a deliberação plenária de uma das Casas do Congresso Nacional mostra-se útil, resolvendo o impasse, até porque, nessa hipótese excepcional, o quórum mínimo de parlamentares será de um terço.

> **CPI, nomeação de membros e direito das minorias:** o Supremo Tribunal, por maioria de votos, concedeu mandados de segurança, para garantir o direito à efetiva composição de comissão parlamentar de inquérito, visto que a Mesa do Senado Federal, representada pelo seu presidente, recusou-se em indicar os membros para instaurar a chamada "CPI dos Bingos". Determinou, assim, que o presidente do Senado, com base na Constituição e mediante aplicação analógica do art. 28, § 1º c/c o art. 85, *caput*, respectivamente, do Regimento Interno da Câmara dos Deputados e o do Senado Federal, designasse os nomes faltantes dos senadores, os quais deveriam compor a CPI. A Corte afastou a premissa de que a criação de CPI se dá com o requerimento de 1/3 dos membros da referida Casa legislativa e se extingue ao término do respectivo prazo de

◆ Cap. 21 ◆ ORGANIZAÇÃO DOS PODERES

duração, a teor do disposto nos arts. 76, II, e § 3º; 145, *caput* e §§ 1º e 2º, do Regimento Interno do Senado Federal, que dava pela prejudicialidade da impetração, tendo em vista que, no caso, o prazo de duração previsto no Requerimento 245/2004 se encerrara em 2-7-2004. Entendeu-se que o prazo fixado sequer iniciara, uma vez que sua fluência estaria condicionada à situação de absoluta normalidade, não observada no caso, já que, constituída a CPI, sua instalação sequer ocorrera em razão do indevido obstáculo criado pelo presidente do Senado. No mérito, salientando ter havido, na espécie, o preenchimento dos requisitos do § 3º do art. 58 da Carta Maior, concluiu-se pela afronta ao direito público subjetivo, nesse dispositivo assegurado às minorias legislativas, de ver instaurado o inquérito parlamentar, com apoio no direito de oposição, legítimo consectário do princípio democrático. Ressaltou-se, ademais, que a ocorrência da lacuna normativa no texto do Regimento Interno do Senado Federal não seria óbice a que o Supremo, valendo-se dos meios de integração, sobretudo por força do disposto no art. 412, VI e VII, daquele diploma legal — o qual estabelece a competência da Mesa para decidir, nos casos omissos, de acordo com a analogia, bem como preserva os direitos das minorias —, suprisse essa omissão por aplicação analógica de prescrições existentes no âmbito do próprio Legislativo da União, que preveem solução normativa para situações em que os líderes partidários deixem de indicar representantes de suas próprias agremiações para compor comissões (STF, MS 24.831, Rel. Min. Celso de Mello, decisão de 22-6-2005).

Suponhamos que essa deliberação plenária seja tomada por 170 deputados ou vinte e seis senadores. Nesse caso, não poderá ser criada a CPI, pois faltará o quórum exigido constitucionalmente.

E essa exigência tem sentido. Presente no ordenamento jurídico brasileiro desde a Carta de 1934, seu telos é impedir que investigações parlamentares fiquem sujeitas aos caprichos da maioria, geralmente desinteressada em apurar certos fatos que possam colocar em risco a reputação e os interesses que representa.

Em contrapartida, se inexistisse o quórum de um terço, os grupos minoritários de deputados e senadores ficariam sem voz, pois a "proporcionalidade partidária" ficaria renegada e, consequentemente, o próprio princípio da colegialidade, que estudamos acima.

A inobservância do quórum de um terço acarreta o indeferimento dos pedidos de criação das CPIs, embora seja facultado ao interessado interpor recurso no prazo de cinco sessões, ouvida a Comissão de Constituição, Justiça e Redação (art. 35, § 2º, do Regimento Interno da Câmara dos Deputados).

Registre-se que o § 3º do art. 58 da Constituição refere-se aos inquéritos parlamentares realizados no plano federal.

E os Estados e Municípios estariam compelidos a seguir o modelo federal, em suas constituições e leis orgânicas, adotando o quórum de um terço para criar comissões especiais de inquérito?

Embora a Carta Suprema se tenha reportado ao plano federal, o certo é que esse critério também deverá servir de molde para as comissões especiais de inquérito realizadas nos Estados e Municípios.

Aliás, as constituições dos Estados-membros, promulgadas após o advento da Carta Federal de 1988, respeitaram essa particularidade, exigindo que a criação de comissões especiais de inquérito sigam o quórum de um terço dos membros das Assembleias Legislativas.

O que se mostra inadmissível é as constituições dos Estados e as leis orgânicas dos Municípios e do Distrito Federal adotarem quórum diverso daquele consagrado na Constituição Federal.

Tanto as Assembleias Estaduais como as Câmaras Distritais e Municipais não podem dispor livremente sobre essa matéria, estabelecendo o número de assinaturas que desejarem para a criação de comissões especiais de inquérito. Isso porque as constituições dos Estados e do Distrito Federal devem obediência à manifestação constituinte de primeiro grau, que serve de modelo obrigatório para os legisladores das ordens jurídicas parciais e locais.

Assim, o molde estruturador dos planos estadual e municipal encontra abrigo na supremacia da Constituição da República. O quórum previsto no § 3º do art. 58 constitui padrão normativo de compulsório atendimento pelas ordenações jurídicas parciais e locais, sob pena de ferir frontalmente a supremacia da *Lex Legum*.

c) Poderes investigatórios das CPIs

É certo que as câmaras legislativas desempenham poderes investigatórios, possuindo os meios instrumentais para torná-los efetivos.

Esses poderes investigatórios são conaturais ao *munus* legislativo. Nem precisariam vir mencionados na constituição ou nas leis para existir.

Numa palavra, o poder de investigar de uma CPI é imanente ao próprio poder de legislar e de fiscalizar. Do contrário, o Legislativo paralisaria o exercício regular de suas tarefas.

Ora, as comissões parlamentares de inquérito existem por uma questão de funcionalidade. Sem elas, o Congresso Nacional estaria podado numa das mais expressivas tarefas que lhe incumbe praticar: o mister de fiscalização e controle dos atos eivados de improbidade.

> **Posição do STF:** "O poder investigatório é auxiliar necessário do poder de legislar; *conditio sine qua non* de seu exercício regular. Podem ser objeto de investigação todos os assuntos que estejam na competência legislativa ou fiscalizatória do Congresso. Se os poderes da comissão parlamentar de inquérito são dimensionados pelos poderes da entidade matriz, os poderes desta delimitam a competência da comissão. Ela não terá poderes maiores do que os de sua matriz. De outro lado, o poder da comissão parlamentar de inquérito é coextensivo ao da Câmara dos Deputados, do Senado Federal ou do Congresso Nacional. São amplos os poderes da comissão parlamentar de inquérito, pois são os necessários e úteis para o cabal desempenho de suas atribuições. Contudo, não são ilimitados. Toda autoridade, seja ela qual for, está sujeita à Constituição. O Poder Legislativo também, e com ele as suas comissões. (...) O poder de investigar não é um fim em si mesmo, mas um poder instrumental ou ancilar relacionado com as atribuições do Poder Legislativo. Quem quer o fim dá os meios (...). Se a comissão parlamentar de inquérito não tivesse meios compulsórios para o desempenho de suas atribuições, ela não teria como levar a termo os seus trabalhos, pois ficaria à mercê da boa vontade ou, quiçá, da complacência de pessoas das quais dependesse em seu trabalho. Esses poderes são inerentes à comissão parlamentar de inquérito e são implícitos em sua constitucional existência. Não fora assim e ela não poderia funcionar senão amparada nas muletas que lhe fornecesse outro Poder, o que contraria a lógica das instituições" (HC 71.039, Rel. Min. Paulo Brossard, *DJ* de 14-4-1994).

Em suma, as comissões de inquérito, na investigação de fatos determinados, têm poderes imanentes ao natural exercício de suas competências, como colher depoimentos, ouvir indiciados, inquirir testemunhas, notificando-as a comparecer perante elas e a depor, requisitar documentos à luz de todos os meios de prova legalmente admitidos. Em princípio, nada obsta que, mediante ato fundamentado, determinem buscas e apreensões. E, ocorrendo *desacato*, as medidas cabíveis devem ser tomadas, com o oportuno envio das peças respectivas ou do ato correspondente ao Ministério Público para a instauração do processo criminal. Por outro lado, não se pode deixar de comparecer à comissão parlamentar de inquérito para depor. Mas a testemunha pode escusar-se a prestar depoimento se este colidir com o dever de guardar sigilo em qualquer juízo, cível, criminal, administrativo ou parlamentar.

Evidente que os poderes investigatórios das CPIs devem ser exercidos à luz da legalidade, princípio de iniludível importância, tanto como instrumento de preservação das liberdades públicas como do exercício da própria atividade dessas comissões factuais. É que o poder-dever de investigar o fato determinado sujeita-se ao império da lei, parâmetro a ser seguido por quem investiga e por quem está sendo investigado.

> **Nesse sentido:** STF, MS 25.908, Rel. Min. Eros Grau, *DJ* de 31-3-2006.

Respeitados os lindes da legalidade, não resta dúvida que qualquer comissão parlamentar de inquérito pode estender seus trabalhos a fatos que, no curso do procedimento investigatório, se relacionem a fatos ilícitos ou irregulares, desde que conexos a causa determinante de sua criação.

> **Precedentes:** STF, MS 25.721-MC, Rel. Min. Sepúlveda Pertence, decisão de 19-12-2005; STF, MS 25.717-MC, Rel. Min. Celso de Mello, decisão de 16-12-2005; STF, MS 25.725-MC, Rel. Min. Marco Aurélio, decisão de 12-12-2005; STF, MS 25.716-MC, Rel. Min. Cezar Peluso, *DJ* de 16-12-2005; STF, MS 25.733, Rel. Min. Carlos Britto, *DJ* de 1º-2-2006.

◆ Cap. 21 ◆ ORGANIZAÇÃO DOS PODERES **973**

Nesse contexto, os fatos conexos aos inicialmente apurados podem passar a constituir alvo de investigação parlamentar. Mas, para que isso aconteça, é necessária a aprovação de aditamento.

Precedente: STF, HC 86.431-MC, Rel. Min. Carlos Britto, *DJ* de 19-8-2005.

Advirta-se que o escopo das comissões parlamentares de inquérito não é julgar quem quer que seja, como se Poder Judiciário fosse, punindo delitos e sentenciando. Sua competência é investigatória, e não jurisdicional. Se, no curso de uma investigação, deparar-se com fato criminoso, dele dará ciência ao Ministério Público, para os fins de direito, como qualquer autoridade, e mesmo como qualquer do povo.

CPIs e Administração Pública: "A articulação sobre o fato de atividades das comissões parlamentares de inquérito serem desenvolvidas apenas no tocante à Administração Pública — direta ou indireta — discrepa do que previsto, com amplitude, no § 3º do artigo 58 da Constituição Federal. As comissões parlamentares de inquérito têm poderes de investigação 'para a apuração de fato determinado e por prazo certo', descabendo cogitar do limite referido na inicial" (STF, MS 25.725, Rel. Min. Marco Aurélio, *DJ* de 3-2-2006).

Também é certo que o poder de investigação parlamentar não possui o condão de inverter, subverter ou deturpar o fato determinado, seu objeto formal.

Fugirá de suas finalidades se investigar fatos outros que não o determinado, porque isso fulmina os verdadeiros propósitos de sua elevada função fiscalizatória. Daí o Supremo Tribunal ter decidido que nenhum "parlamentar pode, sem descumprimento de dever de ofício, consentir no desvirtuamento do propósito que haja norteado a criação de CPI e na consequente ineficácia de suas atividades" (STF, MS 25.885-MC, Rel. Min. Cezar Peluso, *DJ* de 24-3-2006).

Por outro lado, o poder investigatório só pode ser exercido pelas próprias CPIs, e não por quaisquer outras comissões do Poder Legislativo.

Impossibilidade de condução coercitiva de intimado para depor em CPI — é pacífica a jurisprudência do Supremo Tribunal Federal, no sentido de que a condução coercitiva para interrogatório, prevista no art. 260 do Código de Processo Penal, é incompatível com a Constituição Federal. Desse modo, não vigora, no ordenamento brasileiro, a condução coercitiva. Ninguém pode ser obrigado a comparecer, de modo compulsório, em CPI's, muito menos sofrer ameaça de responsabilização penal, nos termos já decididos pelo STF. "Se o investigado não é obrigado a falar, não faz qualquer sentido que seja obrigado a comparecer ao ato, a menos que a finalidade seja de registrar as perguntas que, de antemão, todos já sabem que não serão respondidas, apenas como instrumento de constrangimento e intimidação", explicou o Min. Gilmar Mendes, relator da matéria. Em virtude da ilegalidade da condução coercitiva, tal comparecimento é facultativo, não ocasionando qualquer punição a quem não quiser comparecer (STF, RCL 39449, Rel. Min. Gilmar Mendes, j. 3-3-2020).

c.1) Poderes de investigação próprios das autoridades judiciais

Francisco Campos dizia que "uma cláusula constitucional não é uma caixinha de segredos, de que os prestidigitadores extraem os mais heterogêneos objetos" (Comissão parlamentar de inquérito — poderes do Congresso — direitos e garantias individuais — exibição de papéis privados, *RDA*, 67:341).

A *cláusula constitucional* "poderes de investigação próprios das autoridades judiciais", inscrita no art. 58, § 3º, da Constituição Federal, tem sido uma *caixinha de segredos*, de onde se têm extraído os sentidos mais *díspares possíveis*.

Há quem sustente, juridicamente, que isso significa uma *elevação de competência ao plano jurisdicional* (Miguel Reale), o que alguns preferem chamar de *atribuição judicialiforme das CPIs* (Hely Lopes Meirelles), terminologia sobremodo dúbia, porque pode gerar uma correlação injustificada entre as funções investigatória e jurisdicional, que são inconfundíveis. A primeira perquire o fato determinado; não julga nem aplica o direito. A segunda, por sua vez, exprime a manifestação jurisdicional do Estado, no caso concreto, sendo essencial à sociedade, porque sem ela decairia o próprio ordenamento, que só é jurídico enquanto pode (e deve) ser afirmado (Salvatore Satta).

Referências: Miguel Reale, *Poderes das comissões parlamentares de inquérito*, p. 102; Hely Lopes Meirelles, *Comissão parlamentar de inquérito*, p. 370 e 371; Salvatore Satta, *Giurisdizione*, p. 224.

A despeito de constituir uma novidade no ordenamento brasileiro, porquanto não veio consagrada em nenhuma de nossas constituições pregressas, a cláusula "poderes de investigação próprios das autoridades judiciais" ainda não foi suficientemente examinada pela doutrina.

Esses poderes seriam os mesmos conferidos, pela ordem jurídica, aos magistrados nos processos penais? Eles permitem a realização de sequestro, de busca e apreensão, de prisão preventiva, de inspeção, de exibição de documentos? Como conciliar tais poderes com o estatuto constitucional das liberdades públicas?

Em primeiro lugar, é importante salientar que essa máxima constitucional não é uma criação do legislador brasileiro; ela já existia na Constituição italiana de 1948 (art. 82).

Aliás, as constituições costumam positivar preceitos dessa qualidade. Cite-se, apenas, a Carta portuguesa de 1976 (art. 178º, 5), fonte de inspiração imediata do constituinte brasileiro.

Em Portugal: a numeração do art. 178º, 5, da Constituição de Portugal derivou da 4ª Revisão Constitucional, de 1997. Antes o preceito equivalia ao art. 181º, 5, oriundo da Revisão Constitucional de 1982.

Mas no Direito Comparado "poderes de investigação próprios das autoridades judiciais" não significa mecanismo apto a empreender invasão constitucional de atribuições.

Na Itália, Fulvio Fenucci explica que a exegese atribuída ao art. 82 da Carta peninsular é no sentido de preservar a independência dos órgãos constitucionais, assegurando a autonomia dos indivíduos. A ideia de "poderes de investigação próprios das autoridades judiciais", naquele país, liga-se à produção de provas, à tomada de depoimentos, à realização de perícias e à requisição de documentos, jamais atentando contra o direito preconstituído e constitucionalmente garantido às pessoas físicas e jurídicas (*Il limite dell'inchiesta parlamentare*, p. 310 e 311).

A última parte do art. 82 da Constituição da República italiana de 1948 possui a seguinte redação: "La commissione d'inchiesta procede alle indagini e agli esami con gli stessi poteri e le stessi limitazioni dell'autorità giudiziaria".

Entre os espanhóis, existe até a possibilidade de se convocar pessoas para depor sob pena de o não comparecimento acarretar-lhes o delito de desobediência. Mas essa prática é excepcional. Ela deve estar prevista em lei específica e com expressa ressalva dos poderes dos tribunais, dando o exemplo da Lei Orgânica espanhola n. 5/1994. Veja-se, pois, a primazia que o ordenamento jurídico espanhol confere ao "principio de independencia del Poder Judicial", sob o argumento de que as comissões parlamentares de inquérito não gozam das mesmas prerrogativas da magistratura.

Nesse sentido: Francisco Fernandez Segado, *El sistema constitucional español*, p. 656 e 657.

Em Portugal — fonte inspiradora do constituinte brasileiro de 1988 — a interpretação do preceptivo constitucional, inserto no art. 178º, 5, que menciona, de modo expresso, os "poderes de investigação próprios das autoridades judiciais", não abre a mínima possibilidade de CPIs decretarem prisões, por exemplo. Sublinha Gomes Canotilho que "as comissões de inquérito não podem incidir sobre a esfera privada do cidadão: a proteção dos direitos fundamentais constitucionais consagrada vale perante os inquéritos parlamentares" (*Direito constitucional*, p. 752).

Nos países onde as constituições utilizaram a terminologia "poderes de investigação próprios das autoridades judiciais", não se tem notícia desta ou daquela exegese doutrinária conferindo às CPIs a prerrogativa de praticarem atos de *brutalidade política* contrários à Constituição.

No Brasil, a interpretação que se deve dar à máxima contida no § 3º do art. 58 não discrepa dessa realidade.

Sob pena de ferir frontalmente a manifestação constituinte originária de 1988, o Parlamento, no exercício do seu mister fiscalizatório, não pode fazer as vezes do Poder Judiciário.

♦ Cap. 21 ♦ ORGANIZAÇÃO DOS PODERES   **975**

"Poderes de investigação próprios das autoridades judiciais" não consigna uma cláusula sujeita a interpretações drásticas, muito menos apanágio para a retirada de bens e valores, direitos e garantias, do crivo jurisdicional.

Quando a ordem jurídica irroga o *munus* judicante ao Poder Judiciário, é precisamente para deixar o patrimônio e a liberdade dos indivíduos livres dos vereditos de natureza política, mesclados pelo sabor das paixões de momento, dos súbitos e das oscilações comportamentais, inerentes à vida parlamentar.

Para que serve, então, a assertiva de que as CPIs têm "poderes de investigação próprios das autoridades judiciais", se tal cláusula, à luz do que estamos dizendo, é *limitadíssima*?

Serve para veicular a ideia de que as comissões parlamentares de inquérito não foram investidas de todos os poderes das autoridades judiciais, mas apenas daqueles de investigação. Quer dizer, à semelhança dos juízes de instrução, as CPIs detêm *poderes instrutórios*, não lhes cabendo julgar, decidir, aplicar o direito no caso concreto. Daí as suas conclusões serem encaminhadas ao *Parquet*, para que este tome as medidas cabíveis.

Essa ideia fica bastante evidente no exame da ligação desses *poderes instrutórios* das comissões de inquérito com as medidas assecuratórias da eficácia de eventual sentença condenatória e as medidas de cautela que recaem sobre a prova.

No que tange às medidas assecuratórias da eficácia de eventual sentença condenatória, como o sequestro, o arresto e a hipoteca, disciplinadas no Código de Processo Penal (arts. 125 e s.), assim como a decretação da indisponibilidade de bens de uma pessoa, não se enquadram no campo de incidência do inquérito parlamentar.

> **Indisponibilidade de bens — Posicionamento do STF:** a Corte Excelsa, em sede de agravo regimental, verberou que "só como medida cautelar se poderia qualificar a indisponibilidade total de bens de alguma pessoa", algo que as comissões parlamentares de inquérito não possuem competência para fazer (MS 23.466, Rel. Min. Sepúlveda Pertence, *DJU* de 1º-6-1999, p. 18). O mérito desse MS 23.466 foi julgado pelo Pretório Excelso em 18-8-1999. Por votação unânime deferiu-se a ordem para tornar sem qualquer efeito o ato que decretara a indisponibilidade dos bens dos impetrantes. Esse entendimento se repetiu em diversos casos. Na sessão realizada em 10-11-1999, foram julgados os Mandados de Segurança 23.469, 23.435 e 23.471, todos relatados pelo Senhor Ministro Octavio Gallotti, seguindo a tese de que CPIs não podem determinar a indisponibilidade de bens. No mesmo sentido: "Se assim é, desde logo, o decreto de indisponibilidade dos bens de determinada pessoa posta sob a suspeita da CPI, qual o impetrante, mostra-se de todo excedente à mais larga interpretação da autoridade das CPIs: indisponibilidade de bens ou medida similar — qual o arresto, o sequestro ou a hipoteca judiciária — são provimentos cautelares de sentença definitiva de condenação, os quais obviamente não se confundem com os poderes instrutórios, ou de cautela sobre a prova, que se possam admitir extensíveis aos órgãos parlamentares de investigação" (STF, MS 23.466, Rel. Min. Sepúlveda Pertence, *DJU* de 1º-6-1999, p. 18).

A cláusula "poderes de investigação próprios das autoridades judiciais" não tem o condão de transformar CPIs em organismos jurisdicionais.

Só ao Poder Judiciário compete determinar medidas assecuratórias, as quais se inserem no poder geral de cautela dos juízes. Sequestro, arresto, hipoteca, indisponibilidade de bens consignam atos tipicamente jurisdicionais, ínsitos ao exercício da jurisdição cautelar.

Portanto, os poderes instrutórios e investigatórios das comissões parlamentares de inquérito não se destinam a assegurar a eficácia de eventual sentença condenatória, providência conferida somente ao órgão jurisdicional.

Quanto às medidas de cautela que recaem sobre a prova, resta-nos lembrar que as comissões parlamentares de inquérito estão impedidas, pela reserva constitucional de jurisdição, de expedir, por autoridade própria, ordens de busca e apreensão domiciliar e pessoal.

Isso não significa que as comissões parlamentares de inquérito não possam requisitar informações e documentos. Na verdade, todos os instrumentos e objetos vinculados ao fato que está sendo investigado podem ser solicitados, *ex vi* do art. 2º da Lei n. 1.579/52, com o objetivo de impedir o desaparecimento das provas. Porém as medidas de cautela que recaem sobre a prova só poderão ser obtidas por meio de decisão jurisdicional. Nem a inteligência mais larga do art. 58, § 3º, da Constituição permitiria compreender nos "poderes de investigação próprios das autoridades judiciais" quaisquer medidas assecuratórias, sob pena de se malsinar a supremacia da *Lex Legum*, elevando providências instrutórias e investigatórias ao patamar da jurisdição cautelar, convertendo-as — contrariamente ao ordenamento jurídico — em provimentos assecuratórios.

Na realidade, ao se valer da expressão "poderes de investigação próprios das autoridades judiciais", o constituinte procurou encontrar a fórmula ideal para evitar algo muito comum nos regimes constitucionais passados: as comissões parlamentares de inquérito não podiam obrigar as testemunhas faltosas a comparecer, pois a prática de atos de coerção era-lhes vedada.

Conseguiu?

Cremos que não. Nem poderia. O emprego da voz "poderes de investigação próprios das autoridades judiciais", no Texto de 1988, não mudou em nada aquele entendimento, construído sob a égide da Carta de 1946, quando o Supremo Tribunal Federal havia se manifestado no sentido da impossibilidade de CPIs determinarem, por sua própria autoridade, o comparecimento forçado de testemunhas.

> **Precedente histórico:** "Comissões parlamentares de inquérito. Liberdade de inquirição das testemunhas. Sanção contra os que recusam dizer a verdade. Compete ao Supremo Tribunal Federal, e não a juízes singulares, conhecer, originariamente, do pedido de *habeas corpus* em que se aponte como autoridade coatora qualquer das câmaras legislativas ou suas Comissões Parlamentares. São tais comissões o próprio Poder Legislativo e, por motivos de economia e eficiência de trabalho, funcionam com reduzido número de membros. No encargo que lhe está afeto, a comissão de inquérito é tão prestigiosa como o Congresso. Tão soberana como este, dentro dos preceitos constitucionais. Extremadas ficaram, pela Lei n. 1.579, de 18 de março de 1952, atribuições da comissão e competência dos juízes. Determinar diligências, requerer convocação de ministros de Estado, tomar o depoimento de quaisquer autoridades federais, estaduais ou municipais, ouvir os indiciados, inquirir testemunhas sob compromisso, requisitar de repartições públicas e autárquicas informações e documentos, tudo isso, pelo art. 2º da Lei n. 1.579, é cometido à comissão. Obrigar as testemunhas faltosas a comparecer, cominar-lhes a pena devida, processá-las e puni-las, se houverem omitido a verdade, é da alçada do Judiciário" (STF, RHC 32.678, Rel. Min. Mário Guimarães, decisão unânime de 5-8-1953).

Em nossos dias, assim como antes, o inquérito parlamentar não constitui meio hábil para compelir quem quer que seja a comparecer forçadamente ao recinto das comissões parlamentares de inquérito.

> **Posicionamento do STF:** "Não importa que na CPI — que tem poderes de instrução, mas nenhum poder de processar e julgar — a rigor não haja acusados. A garantia contra a autoincriminação não tem limites especiais nem procedimentais: estende-se a qualquer indagação por autoridade pública de cuja resposta possam advir subsídios à imputação ao declarante da prática do crime (...). No entanto, sua recusa (...) é indiscriminada, compreendendo, sem ressalva, 'as perguntas que acaso lhe forem feitas', ou seja, todas. Nesses termos, não lhe posso deferir a ordem liminar, individual e unilateralmente, contrapondo-me à orientação unânime do Plenário do Tribunal no caso assimilável. Por isso, defiro em parte a liminar para que, retornando à CPI e prestando-lhe depoimento sobre os fatos compreendidos no objeto de sua criação, não seja o paciente preso ou ameaçado de prisão pela recusa de responder a perguntas cujas respostas entenda possam incriminá-lo. No ponto, não cabe traçar fronteiras rígidas à invocação do direito ao silêncio, mas sim recordar o acórdão lavrado por Waren en Emspack vs. Estados Unidos, quando se assentou que o direito ao silêncio 'seria de pouca valia se a testemunha que o invocasse ficasse obrigada a desvendar com precisão os riscos que tem' (in: A. D. Weimberger, *Liberdade e garantias*, Rio de Janeiro, Forense, 1965, p. 62)" (STF, HC 75.244-8/DF, Rel. Min. Sepúlveda Pertence, decisão de 26-4-1999).

Dessa forma, os detentores dos "poderes de investigação próprios das autoridades judiciais" não ganharam, com a constitucionalização dessa assertiva, atribuições de autoexecutoriedade. A Carta de 1988 não conferiu ao inquérito parlamentar a prerrogativa de executar certas deliberações, as quais devem sempre obedecer ao limite da reserva constitucional de jurisdição.

Caso as convocações provenientes da comissão de inquérito sejam desobedecidas, resta-lhe recorrer ao Poder Judiciário, pois o § 3º do art. 58 tem caráter *substancial*. Quer dizer, a comissão poderá impor

◆ Cap. 21 ◆ ORGANIZAÇÃO DOS PODERES

exigências, embora não possa executá-las, porque não dispõe de prerrogativas processuais. Não lhe é dado, *ex propria auctoritate*, realizar atos afetos à competência do Poder Judiciário.

Se as CPIs, por um lado, gozam do poder de dar às suas deliberações o caráter de imperatividade, por outro, o modo de instrumentalizar essa faculdade só se concretiza pela via jurisdicional.

> **Entendimento do STF:** "Se, conforme o art. 58, § 3º, da Constituição, as comissões parlamentares de inquérito detêm o poder instrutório das autoridades judiciais — e não maior que o dessas —, a elas se poderão opor os mesmos limites formais e substanciais oponíveis aos juízes" (STF, HC 79.244, Rel. Min. Sepúlveda Pertence, *DJ* de 24-3-2000).

A terminologia "poderes de investigação próprios das autoridades judiciais" serve para consignar a ideia de que as deliberações oriundas das comissões parlamentares de inquérito são *imperativas*, como sendo um direito que lhes assiste. É somente nesse aspecto que os seus poderes se assemelham aos dos juízes. E só. No mais, os seus atos não trazem a marca da autoexecutoriedade. Por isso, suas intimações, requisições, dentre outros atos praticados pelos seus membros, caso sejam descumpridos, só se tornarão *cogentes* por ordem do juiz. Apenas as decisões jurisdicionais é que se executam por si mesmas.

Muitos confundem "poderes de investigação próprios das autoridades judiciais" com poder geral de cautela dos juízes. Ledo engano. Uma CPI não poderá praticar medidas assecuratórias reais ou restritivas da liberdade alheia, como se possuísse o poder de cautela outorgado aos membros do Judiciário. Se fosse diferente, poderia tomar medidas afetas àqueles que exercem a jurisdição.

Como os membros da CPI não podem proceder como se juízes fossem, não lhes é dado prender pessoas, salvo na hipótese de flagrante delito, ordenar busca e apreensão, sequestro ou indisponibilidade de bens, muito menos proibir que o investigado se afaste do País.

Na realidade, a expressão "poderes de investigação próprios das autoridades judiciais" não é das melhores. Gera confusões e dúvidas, ainda que sejam envidados esforços no sentido de esclarecê-la. A locução "autoridades judiciais" é notadamente forte para qualificar a esfera de atribuições de comissões *limitadas, políticas, factuais*. Basta ver que as conclusões das CPIs não consubstanciam uma *sentença*, mas mero relatório, cujo destino será o encaminhamento ao Ministério Público, à guisa de recomendação. É o *Parquet* que deverá promover a responsabilidade civil ou criminal dos infratores, e não as comissões parlamentares de inquérito.

Nada mais salutar do que a simplificação de dispositivos constitucionais. Quanto mais enxutos, escritos em poucas linhas, de forma sintética, melhor para serem entendidos. Ao contrário disso, o uso de terminologias estrangeiras, construções sintáticas largas, expressões dúbias e bizantinas só faz dificultar, quando não emperrar, o próprio entendimento e operacionalidade de um instituto.

Melhor seria que a terminologia fosse "poderes de investigação", sem o complemento "das autoridades judiciais". Evitaria algo muito comum nos dias correntes: a formação de comissões parlamentares *pretensiosamente* alicerçadas numa *injustificada* "competência jurisdicional", praticando atos como se fossem investidas nas mesmas funções do Poder Judiciário.

Para que a cláusula constitucional difundida, *in fine*, no § 3º do art. 58 não seja uma *caixinha de segredos*, de onde os prestímanos possam extrair *os mais heterogêneos objetos*, enfatize-se que a missão de investigar do Parlamento está atrelada a diretrizes de cunho ético-jurídico e ao arcabouço dos direitos e garantias fundamentais, que informam o Estado Democrático de Direito como um todo (CF, art. 1º, *caput*). A salvaguarda das prerrogativas das pessoas físicas e jurídicas não se compactua com o exercício abusivo de comissões constituídas no seio do Congresso ou em alguma de suas Casas.

Se é certo que, com o advento da Constituição de 1988, as comissões parlamentares de inquérito passaram a ter *poderes instrutórios*, mais correto ainda é que a tarefa investigatória do Parlamento não pode renegar os valores da cidadania, da pessoa humana e da livre-iniciativa, por exemplo.

Tanto é assim que o Supremo Tribunal Federal já decidiu que a Constituição, ao outorgar às CPIs *poderes instrutórios*, convertidos na máxima "poderes de investigação próprios das autoridades judiciais", delimitou claramente "a natureza de suas atribuições institucionais, *restringindo-as*, unicamente, ao campo de *indagação probatória*, com absoluta *exclusão* de *quaisquer* outras prerrogativas que se incluem, ordinariamente, na esfera de competência dos magistrados e Tribunais, inclusive aquelas que decorrem do *poder geral de cautela* conferido aos juízes, como o poder de decretar a *indisponibilidade* dos bens

978 ◆ Uadi Lammêgo Bulos ◆

pertencentes a pessoas sujeitas à investigação parlamentar" (grifos do original) (STF, MS 23.452-1/RJ, Rel. Min. Celso de Mello, j. em 16-9-1999).

Precedente: MS 23.454, de 19-8-1999.

O exercício dos *poderes instrutórios* pela comissão parlamentar de inquérito sujeita os seus membros às mesmas normas e limitações que incidem sobre os magistrados em geral.

Significa dizer: no regime constitucional das liberdades públicas as CPIs não são órgãos superiores, a ponto de deixarem de se submeter aos mesmos rigorismos que a Constituição e as leis da República impõem aos juízes.

Nesse sentido: STF, MS 23.576-4-ML/DF, Rel. Min. Celso de Mello, decisão de 29-11-1999.

d) CPIs podem ordenar prisões?

Comissão parlamentar de inquérito não tem o poder de ordenar a prisão de investigado, porque essa seara extrapola sua competência.

> **CPI não tem o poder de ordenar prisão:** "Têm as Comissões Parlamentares de Inquérito 'poderes de investigação próprios das autoridades judiciais' (CF, art. 58, § 3º). No exercício desses poderes, tais comissões devem respeitar os mesmos limites formais a que estão submetidos os membros do Poder Judiciário, quando da instrução de processo criminal. Leio, na Constituição Federal: 'Art. 5º (...) LXI — ninguém será preso senão em flagrante delito ou por ordem escrita e fundamentada de autoridade judiciária competente, salvo nos casos de transgressão militar ou crime propriamente militar, definidos em lei'. Assim, somente em duas situações é admitida a prisão: (a) flagrante delito; e (b) ordem judicial. A única exceção admitida é a relativa à 'transgressão militar ou crime propriamente militar, definidos em lei'. CPI não tem o poder de prisão. O Tribunal, em Sessão Plenária, já decidiu ser exclusiva de membros do Poder Judiciário, salvo o estado de flagrância, a decretação de prisão" (STF, HC 79.790, Rel. Min. Nelson Jobim, *DJ* de 26-11-1999).

Em linha de princípio, esse é o entendimento do Supremo Tribunal Federal.

> **Precedente:** "A Constituição da República, ao outorgar às comissões parlamentares de inquérito 'poderes de investigação próprios das autoridades judiciais' (art. 58, § 3º), claramente delimitou a natureza de suas atribuições institucionais, restringindo-as, unicamente, ao campo da indagação probatória, com absoluta exclusão de quaisquer outras prerrogativas que se incluem, ordinariamente, na esfera de competência dos magistrados e Tribunais, inclusive aquelas que decorrem do poder geral de cautela conferido aos juízes, como o poder de decretar a indisponibilidade dos bens pertencentes a pessoas sujeitas à investigação parlamentar. A circunstância de os poderes investigatórios de uma CPI serem essencialmente limitados levou a jurisprudência constitucional do Supremo Tribunal Federal a advertir que as comissões parlamentares de inquérito não podem formular acusações e nem punir delitos (*RDA*, 199/205, Rel. Min. Paulo Brossard), nem desrespeitar o privilégio contra a autoincriminação que assiste a qualquer indiciado ou testemunha (*RDA*, 196/197, Rel. Min. Celso de Mello — HC 79.244-DF, Rel. Min. Sepúlveda Pertence), nem decretar a prisão de qualquer pessoa, exceto nas hipóteses de flagrância (*RDA*, 196/195, Rel. Min. Celso de Mello — *RDA*, 199/205, Rel. Min. Paulo Brossard)" (STF, MS 23.452, Rel. Min. Celso de Mello, *DJ* de 12-5-2000).

Deveras, na ordem constitucional brasileira, os casos de privação da liberdade individual somente podem derivar de situação de flagrância ou de ordem emanada de autoridade judiciária competente (CF, art. 5º, LXI), ressalvada a hipótese excepcional de "prisão por crime contra o Estado, determinada pelo executor da medida" (CF, art. 136, § 3º, I), durante a vigência do estado de defesa decretado pelo Presidente da República.

Assim, é possível a prisão em flagrante delito por crime de falso testemunho, decretada por comissão parlamentar de inquérito, como já decidiu, corretamente, o Supremo Tribunal Federal (STF, HC 75.287-0-ML, Rel. Min. Maurício Corrêa, *DJ*, 1, de 30-4-1997, p. 16302).

◆ Cap. 21 ◆ ORGANIZAÇÃO DOS PODERES **979**

Prisão preventiva: "A preservação da respeitabilidade de órgão do Legislativo — Comissão Parlamentar de Inquérito — prescinde de medidas extremas, como é a prisão preventiva do acusado da prática criminosa" (STF, HC 85.646, Rel. Min. Marco Aurélio, *DJ* de 14-10-2005).

Se as testemunhas fizerem *afirmações falsas*, mentindo durante o depoimento que estão prestando nos recintos da CPI, elas podem ser presas em flagrante delito. Cumpre ao Presidente da Mesa diretora dos trabalhos decretar a voz de prisão, chamando a polícia legislativa para tomar as providências cabíveis. Nesse caso, concretiza-se o núcleo do art. 342 do Código Penal, que tipifica o delito de *falso testemunho*. O mesmo vale para o perito, o tradutor ou o intérprete que prestarem depoimento perante a comissão parlamentar de inquérito (Lei n. 1.579/52, art. 4º, II).

Evidente que a prisão em flagrante delito por falso testemunho não se afigura algo simples de comprovar, motivo pelo qual os membros das CPIs devem agir com extrema cautela, a fim de evitar sensacionalismos e abuso de autoridade.

- **Crime de desobediência:** "Têm-se que o tipo do crime de desobediência é formado pelo núcleo *desobedecer* e pelos elementos *ordem legal* e *funcionário público*. Desobedecer significa não acatar, desatender, não cumprir ordem legal de funcionário público, situação ausente na hipótese ora examinada. A segunda decisão prolatada monocraticamente pelo Relator afirmou a legalidade da convocação, nos termos em que esta se deu, por ter justificativa diversa da primeira, e assim, firmou-se no sentido de que o paciente deveria comparecer a esta segunda convocação. Isto posto, não havia nada que desobrigasse o paciente a comparecer ao depoimento marcado, tampouco a convocação descumpriu ordem do Supremo Tribunal Federal. Assim, não vislumbrando a prática de ilícito penal pelos parlamentares representados, manifesto-me pelo arquivamento dos autos. A manifestação do titular da ação penal é irrecusável" (STF, Pet. 3.550, Rel. Min. Marco Aurélio, *DJ* de 3-5-2006).

e) Limites constitucionais às CPIs

As comissões parlamentares de inquérito não são órgãos intocáveis, pois seus poderes são limitados pelo ordenamento jurídico.

Pela sistemática da Constituição Federal, classificam-se em dois grandes grupos as vedações a que estão sujeitas as CPIs:

- **Limites constitucionais formais** — são limites específicos, porque vêm regulamentados na própria letra do dispositivo que os positivou. Cingem-se ao procedimento a ser observado para a instauração de CPIs. Equivalem, assim, aos próprios fundamentos constitucionais que regem a investigação parlamentar. Configuram limitações desse jaez: a impossibilidade de investigar fato indeterminado, a impossibilidade de renegar o quórum constitucional, a impossibilidade de olvidar os regimentos internos, a impossibilidade de exceder prazo certo e a impossibilidade de desvirtuamento do âmbito funcional do inquérito parlamentar.

- **Limites constitucionais materiais** — são limites genéricos. Trazem proibições de conteúdo e vêm consignados em dispositivos constitucionais esparsos, consubstanciando certas matérias que devem ser objeto de respeito e acatamento pelos depositários do poder de inquérito parlamentar. Embora algumas não se dirijam, particularizadamente, às comissões parlamentares de inquérito, engendram uma mensagem prescritiva que se lhes amolda (CF, arts. 1º, 2º, 5º etc.). Com efeito, as limitações substanciais à investigação parlamentar dizem respeito: à separação dos Poderes, à reserva de jurisdição, aos direitos e garantias fundamentais e ao princípio republicano.

Publicidade dos atos da CPI — Possibilidade: "Entendo não competir, ao Poder Judiciário, sob pena de ofensa ao postulado da separação de Poderes, substituir-se, indevidamente, à CPMI/Correios na formulação de um juízo — que pertence, exclusivamente, à própria Comissão Parlamentar de Inquérito — consistente em restringir a publicidade da sessão a ser por ela realizada, em ordem a vedar o acesso, a tal sessão, de pessoas estranhas à mencionada CPMI, estendendo-se essa mesma proibição a jornalistas, inclusive. Na realidade, a postulação em causa, se admitida, representaria claro (e inaceitável) ato de censura judicial à publicidade e divulgação das sessões dos órgãos legislativos em geral, inclusive das Comissões Parlamentares de Inquérito. Não cabe, ao Supremo Tribunal Federal, interditar o acesso dos cidadãos às sessões dos órgãos que compõem o Poder Legislativo, muito menos privá-los do conhecimento dos atos do Congresso Nacional e de suas Comissões de Inquérito, pois, nesse domínio, há de preponderar um valor maior, representado pela exposição, ao escrutínio público, dos processos decisórios e investigatórios em curso no Parlamento. Não foi por outra razão que o Plenário do Supremo Tribunal Federal — apoiando-se em valioso precedente histórico firmado, por esta Corte, em 5-6-1914, no julgamento do HC 3.536, Rel. Min. Oliveira Ribeiro (*Revista Forense*, vol. 22/301-304) — não referendou, em data mais recente (18-3-2004), decisão liminar, que, proferida no MS 24.832-MC/DF, havia impedido o acesso de câmeras de televisão e de particulares em geral a uma determinada sessão de CPI, em que tal órgão parlamentar procederia à inquirição de certa pessoa, por entender que a liberdade de informação (que compreende tanto a prerrogativa do cidadão de receber informação quanto o direito do profissional de imprensa de buscar e de transmitir essa mesma informação) deveria preponderar no contexto então em exame" (STF, MS 25.832-MC, Rel. Min. Celso de Mello, *DJ* de 20-2-2006).

Interessante observar que, por motivos de ordem funcional, as CPIs não detêm poderes universais de investigação; suas atribuições são limitadas, restringindo-se a fatos determinados, bem como aos parâmetros estipulados na Constituição e nas leis da República.

Padrão de observância compulsória: "É irrecusável que as atividades desenvolvidas por qualquer comissão parlamentar de inquérito estão necessariamente sujeitas à observância do ordenamento jurídico. Não se pode presumir, contudo, que esse órgão estatal vá transgredir os estatutos da República, eis que milita, em favor do Poder Público, a presunção *juris tantum* de legitimidade e de regularidade dos atos que pratique" (STF, MS 24.118-MC, Rel. Min. Celso de Mello, *DJ* de 6-11-2001).

Todavia, não há limites à sua criação. Podem existir tantas comissões quantas forem necessárias para realizar investigações recomendáveis, respeitados os preceitos regimentais atinentes ao tema.

Limitação ao número de CPIs: "A restrição estabelecida no § 4º do artigo 35 do Regimento Interno da Câmara dos Deputados, que limita em cinco o número de CPIs em funcionamento simultâneo, está em consonância com os incisos III e IV do artigo 51 da Constituição Federal, que conferem a essa Casa Legislativa a prerrogativa de elaborar o seu regimento interno e dispor sobre sua organização. Tais competências são um poder-dever que permite regular o exercício de suas atividades constitucionais" (STF, ADIn 1.635, Rel. Min. Maurício Corrêa, *DJ* de 5-3-2004).

Enfim, "o respeito incondicional aos valores e aos princípios sobre os quais se estrutura, constitucionalmente, a organização do Estado, longe de comprometer a eficácia das investigações parlamentares, configura fator de irrecusável legitimação de todas as ações lícitas desenvolvidas pelas comissões legislativas. A autoridade da Constituição e a força das leis não se detêm no limiar das comissões parlamentares de inquérito, como se estas, subvertendo as concepções que dão significado democrático ao Estado de Direito, pudessem constituir um universo diferenciado, paradoxalmente imune ao poder do Direito e infenso à supremacia da Lei Fundamental da República. Se é certo que não há direitos absolutos, também é inquestionável que não existem poderes ilimitados em qualquer estrutura institucional fundada em bases democráticas. A investigação parlamentar, por mais graves que sejam os fatos pesquisados pela Comissão legislativa, não pode desviar-se dos limites traçados pela Constituição nem transgredir as garantias que, decorrentes do sistema normativo, foram atribuídas à generalidade das pessoas. Não se pode tergiversar na defesa dos postulados do Estado Democrático de Direito e na sustentação da autoridade normativa da Constituição da República, eis que nada pode justificar o desprezo pelos princípios que regem, em nosso sistema político, as relações entre o poder do Estado e os direitos do cidadão — de qualquer cidadão" (STF, MS 23.576-DF (pedido de reconsideração), Rel. Min. Celso de Mello, *DJ* de 6-10-2000).

Cap. 21 ◆ ORGANIZAÇÃO DOS PODERES

f) Controle judicial das CPIs

Os atos das comissões parlamentares de inquérito, que venham a ser constituídas no âmbito do Poder Legislativo da União, são suscetíveis de controle jurisdicional sempre que de seu eventual exercício abusivo derivarem injustas lesões ao regime tutelar das liberdades públicas.

> **Entendimento do STF:** "As alegações constantes da presente impetração sugerem algumas reflexões em torno da extensão e dos limites que restringem o exercício, por qualquer comissão parlamentar de inquérito, dos poderes que lhe foram outorgados pelo ordenamento positivo. Não custa enfatizar, neste ponto, que o inquérito parlamentar — que traduz expressivo instrumento de atuação legislativa — não autoriza, embora caracterizado pela nota da unilateralidade, o descumprimento da Constituição e das leis da República, por parte do órgão incumbido de sua realização. Isso significa, portanto, que os atos de investigação promovidos por qualquer Comissão Parlamentar de Inquérito não podem — e não devem — ser praticados à margem do sistema consagrado na Constituição e nas leis, sob pena de o procedimento instaurado pelo Poder Legislativo deslegitimar--se, política e juridicamente. Se, no entanto, por alguma razão, os limites que restringem, juridicamente, o exercício das prerrogativas congressionais de investigação forem indevidamente ultrapassados, daí decorrendo lesão a direitos subjetivos, estar-se-á em face de típica controvérsia de ordem jurídica, restando afastada, em consequência, qualquer possibilidade de reconhecimento, no caso, de simples questão *interna corporis*. Em uma palavra: o abuso de poderes, o descumprimento da Constituição e o desrespeito aos estatutos da República excedem os limites da controvérsia meramente interna e expõem-se, por isso mesmo, ao controle jurisdicional pleno, eis que o princípio da separação de poderes não deve constituir impedimento à intervenção do Poder Judiciário, quando em perspectiva a questão da tutela dos direitos e garantias fundamentais dos cidadãos" (STF, MS 23.595-MC, Rel. Min. Celso de Mello, *DJ* de 1º-2-2000).

O controle dos atos praticados por CPIs, nas hipóteses de lesão, atual ou iminente, a direitos subjetivos amparados pelo ordenamento jurídico do Estado, não configura intervenção ilegítima dos juízes e tribunais na esfera de atuação do Poder Legislativo, em nada ferindo o princípio da separação de Poderes (CF, art. 2º).

> **Precedentes:** STF, MS 23.452, Rel. Min. Celso de Mello, *DJ* de 12-5-2000; MS 24.458-MC, Rel. Min. Celso de Mello, *DJ* de 21-2-2003. **CPI e conflito institucional entre Poderes:** "Eventuais divergências na interpretação do ordenamento positivo não traduzem nem configuram situação de conflito institucional, especialmente porque, acima de qualquer dissídio, situa-se a autoridade da Constituição e das leis da República. Isso significa, na fórmula política do regime democrático, que nenhum dos Poderes da República está acima da Constituição e das leis. Nenhum órgão do Estado — situe-se ele no Poder Judiciário, ou no Poder Executivo, ou no Poder Legislativo — é imune à força da Constituição e ao império das leis. Uma decisão judicial — que restaura a integridade da ordem jurídica e que torna efetivos os direitos assegurados pelas leis — não pode ser considerada um ato de interferência na esfera do Poder Legislativo" (STF, MS 25.617-MC, Rel. Min. Celso de Mello, *DJ* de 3-11-2005).

Mas o controle judicial do inquérito parlamentar não possui o condão de empreender fiscalização drástica, ilegítima, ilícita ou desarrazoada dos trabalhos regulares dessas comissões, como tem proclamado o próprio Supremo Tribunal Federal, que inadmite interferência paralisante do Judiciário sobre o funcionamento de órgão do Legislativo — e não de ato concreto violador de direito subjetivo determinado — a ponto de ensejar grave lesão à ordem constitucional, que é prisma eminentíssimo da ordem pública.

> **Precedente:** STF, SS 773, Rel. Min. Sepúlveda Pertence, *DJ* de 4-8-1995. **Outro julgado:** "Pedido não conhecido quanto ao fundamento regimental de ofensa ao § 1º do art. 145 do RISTF (indicação, no requerimento, do limite das despesas a serem realizadas pela CPI), por se tratar de matéria *interna corporis* do Poder Legislativo, não sujeita à apreciação pelo Poder Judiciário" (STF, MS 22.494, Rel. Min. Maurício Corrêa, *DJ* de 27-6-1997).

982 ◆ Uadi Lammêgo Bulos ◆

g) Medidas processuais contra atos das CPIs

Ao Supremo Tribunal Federal compete exercer, originariamente, o controle jurisdicional sobre atos de comissão parlamentar de inquérito que envolvam ilegalidade ou ofensa a direito individual.

Casuística do STF:

- **Direito de petição em CPIs** — "O direito de petição, o direito de obter informações consubstanciam garantias constitucionais e nenhuma autoridade pode, sem desrespeito à Carta da República, arvorar-se em detentora do odioso privilégio de menosprezá-los. Defiro a liminar, compelindo, com isso, sob o ângulo da prevalência do ordenamento jurídico, a Comissão Parlamentar de Inquérito do Narcotráfico a expedir certidão sobre o envolvimento, na citada Comissão, do Impetrante, assentando os dados de fato coligidos e formalizados em documentos — atas e relatórios — que lhe digam respeito" (STF, MS 23.674-MC, Rel. Min. Marco Aurélio, *DJ* de 5-6-2000).
- **Habeas data em CPIs** — "Ora, a simples menção de pessoas em depoimento prestado perante autoridades, judicial, administrativa ou política, não caracteriza a informação protegida pelo remédio jurídico-processual, de natureza constitucional, destinado a garantir, a favor da pessoa interessada, o exercício do direito de acesso aos registros ou bancos de dados de entidades governamentais ou de caráter público, bem como a sua retificação ou complementação. Entender de forma diversa possibilitaria que qualquer indivíduo referido em depoimento tenha acesso aos autos de processo sigiloso, o que resultaria na mitigação desse qualificativo. É certo, entretanto, que, advindo qualquer prejuízo no uso dessas informações, estará a pessoa legitimada a requerer o que de direito pelos meios cabíveis" (STF, HD 71, Rel. Min. Sepúlveda Pertence, decisão monocrática, j. em 6-12-2005, *DJ* de 15-12-2005).
- **Reclamação** — "A reclamação, de que cuidam os artigos 102, I, l, da CF, 13 da Lei n. 8.038, de 28/05/1990 e 156 do RISTF, pressupõe a existência de processo judicial, no qual um órgão do Poder Judiciário esteja usurpando competência do Supremo Tribunal Federal ou desrespeitando a autoridade de suas decisões. Não é o caso de atos praticados por comissão parlamentar de inquérito, sujeitos a outra forma de controle jurisdicional" (STF, Recl. 2.066-QO, Rel. Min. Sydney Sanches, *DJ* de 27-9-2002).

Nisso, compete ao Supremo processar e julgar *habeas corpus* e mandado de segurança contra atos das Mesas da Câmara dos Deputados e do Senado Federal (CF, art. 102, I, *d* e *i*), pois a comissão parlamentar de inquérito procede como se fora a Câmara dos Deputados, o Senado Federal ou o Congresso Nacional.

Casuística do STF:

- **Competência originária do STF** — "Compete ao Supremo Tribunal Federal processar e julgar, em sede originária, mandados de segurança e *habeas corpus* impetrados contra Comissões Parlamentares de Inquérito constituídas no âmbito do Congresso Nacional ou no de qualquer de suas Casas. É que a comissão parlamentar de inquérito, enquanto projeção orgânica do Poder Legislativo da União, nada mais é senão a *longa manus* do próprio Congresso Nacional ou das Casas que o compõem, sujeitando-se, em consequência, em tema de mandado de segurança ou de *habeas corpus*, ao controle jurisdicional originário do Supremo Tribunal Federal (CF, art. 102, I, *d* e *i*)" (MS 23.452, Rel. Min. Celso de Mello, *DJ* de 12-5-2000). **Precedente:** STF, HC 71.039, Rel. Min. Paulo Brossard, *DJ* de 6-12-1996. **Outro julgado:** "STF: competência originária: *habeas corpus* contra ameaça imputada a Senador ou Deputado Federal (CF, art. 102, I, *i* e *c*), incluída a que decorra de ato praticado pelo congressista na qualidade de Presidente de Comissão Parlamentar de Inquérito" (STF, HC 71.261, Rel. Min. Sepúlveda Pertence, *DJ* de 24-6-1994). **No mesmo sentido:** STF, HC 71.193, Rel. Min. Sepúlveda Pertence, *DJ* de 23-3-2001.
- **Precedente histórico em mandado de segurança** — "Mandado de segurança requerido pelo Sindicato dos Bancos do Rio de Janeiro. Desde que se recorre ao Judiciário alegando que um direito individual foi lesado por ato de outro Poder, cabe-lhe examinar se esse direito existe e foi lesado. Eximir-se com a excusa de tratar-se de ato político seria fugir ao dever que a Constituição lhe impõe, máxime após ter ela inscrito entre as garantias fundamentais, como nenhuma outra antes fizera, o princípio de que nem a lei poderá excluir da apreciação do Poder Judiciário

◆ Cap. 21 ◆ ORGANIZAÇÃO DOS PODERES   **983**

qualquer lesão de direito individual (art. 141, § 4º). Se compete ao Supremo Tribunal conhecer do mandado de segurança contra ato da Mesa de uma Câmara Legislativa, competente também há de ser, por mais forte razão, já que outro tribunal superior a ele não existe, para conhecer do pedido quando o ato impugnado é da própria Câmara. O pretendido direito a um segredo já quebrado não pode ser contraposto ao direito que tem a Câmara de publicar no seu órgão oficial um inquérito realizado no Banco do Brasil, cuja divulgação a maioria dos representantes do povo deliberou como conveniente aos interesses da Nação. Indeferimento da segurança" (STF, MS 1.959, Rel. Min. Luiz Gallotti, decisão de 23-1-1953).

• **Legitimidade passiva em mandado de segurança** — "A Mesa do Senado Federal, não sendo responsável pela quebra do sigilo, não tem legitimidade para compor o polo passivo do *writ*" (MS 23.957, Rel. Min. Maurício Corrêa, *DJ* de 14-12-2001). **No mesmo sentido:** "Excluo da relação processual a Mesa do Senado Federal. Autoridade coatora, no caso, é a comissão parlamentar de inquérito, representada pelo seu presidente" (MS 23.954, Rel. Min. Carlos Velloso, *DJ* de 21-8-2001). **Precedente:** STF, MS 23.444, Rel. Min. Maurício Corrêa, *DJ* de 2-6-1999. Outro julgado: "A superveniência da ilegitimidade passiva do presidente da CPI não tem o condão de cessar a eficácia dos atos por ele praticados à época do exercício da sua competência. Ao juiz não cabe agir de ofício para apontar a autoridade coatora ou determinar, mediante emenda à inicial, a substituição no polo passivo da relação processual, pois sua correta indicação pela parte, em mandado de segurança, é requisito imprescindível até para fixar a competência do órgão julgador. **Precedente:** RMS 21.362, Celso de Mello, in RTJ 141/478. Ocorrendo equívoco quanto à indicação, no polo passivo da relação processual, do presidente de CPI já extinta, inexiste óbice à impetração de outro mandado de segurança em que seja apontada a autoridade responsável pela garantia do sigilo dos dados obtidos durante a investigação" (STF, MS 23.709-AgRg, Rel. Min. Maurício Corrêa, *DJ* de 29-9-2000).

• **Mandado de segurança preventivo** — "O mandado de segurança preventivo afigura-se adequado, considerada a circunstância de se tratar de atuação de comissão parlamentar de inquérito, ou seja, do envolvimento de eventual prática de ato que não diz respeito, em si, à atividade precípua, à economia interna do Legislativo. Em jogo faz-se, repita-se, atuação de comissão tendo em conta poderes de investigação próprios das autoridades judiciais. Tal como acontece em relação a estas últimas, mostra-se possível a impetração preventiva" (STF, MS 25.635, Rel. Min. Marco Aurélio, *DJ* de 23-11-2005).

• **Mandado de segurança contra relatório final de CPI** — "Com efeito, a circunstância de o nome do impetrante figurar no relatório final da CPI mencionada, com 'recomendação' dirigida ao Ministério Público, quanto a eventuais procedimentos, por si só, não implica, em princípio, ilegalidade ou abuso de poder, reparável na via do mandado de segurança. Conforme referido pelos próprios impetrantes, 'o Ministério Público não é obrigado a obedecer a 'recomendação' da CPI'. É exato, antes de tudo, na espécie, ter presente a presunção de realizar o Ministério Público exame das conclusões do relatório da CPI, com a independência e autonomia institucionais, que a ordem constitucional lhe confere, procedendo, assim, como entender de direito e justiça, diante das informações e documentos do relatório recebido, sem sujeição a quem quer que seja. De outra parte, não cabe, aqui, análise, originariamente, em mandado de segurança, dos fatos que se apontam na inicial, bem assim da procedência ou não das conclusões a que chegou a CPI, em seu relatório. Somente na hipótese de o Ministério Público mover procedimento de natureza criminal ou civil contra o impetrante, com base no que restou apurado, pelo órgão parlamentar de inquérito, haverá espaço, nas instâncias competentes do Poder Judiciário, para este formular juízos de valor sobre as conclusões ora impugnadas na inicial deste feito" (STF, MS 24.198, Rel. Min. Néri da Silveira, *DJ* de 8-3-2002). **No mesmo sentido:** STF, MS 25.820-MC, Rel. Min. Carlos Britto, *DJ* de 29-3-2006.

• **Impetração preventiva de *habeas corpus*** — "Cabe perceber, em primeiro lugar, a origem da convocação verificada. Partiu de Comissão Parlamentar de Inquérito. Indispensável é que se leve em conta o princípio da razoabilidade, da racionalidade, não se podendo supor a prática de atos arbitrários, distanciados da ordem jurídica em vigor. Presume-se o que normalmente acontece e não o excepcional, o extravagante. Em dias passados, ante a existência de diversas Comissões Parlamentares de Inquérito, ocorreu a sinalização do Supremo relativamente ao alcance dos parâmetros constitucionais, das garantias decorrentes da Constituição Federal, das quais são beneficiários os cidadãos. Surge impróprio empolgar impetração para, à mercê do excepcional, chegar a ato precoce atinente à atividade a ser desenvolvida pelo Parlamento. Daí não haver campo para assegurar ao paciente — em caráter precário e efêmero, porque via atuação do relator e não do Colegiado — o não comparecimento à Comissão. Os cidadãos em geral devem colaborar com as autoridades constituídas na elucidação de fatos. No caso, não há como imaginar que a Comissão venha a atuar de forma simultânea ao ato já formalizado pelo Ministério Público — a denúncia contra o paciente. Igual raciocínio, considerado o princípio que pode ser resumido na razão, serve ao indeferimento do pleito de estabelecer a matéria sobre a qual possa, ou não, ser inquirido o paciente. A independência da Comissão Parlamentar de Inquérito é condição ínsita ao bom desenvolvimento dos trabalhos. Episódios anteriores e o crivo já exercido pelo Supremo direcionam a concluir que não há risco maior a justificar decisão judicial visando a garantir a presença dos advogados do paciente e, até mesmo, o direito deste último de permanecer em silêncio caso se sinta, como registrado na inicial, envolvido em situação passível de revelar a prática de crime ou crimes. Vale repetir que não se pode raciocinar a partir do extravagante e este estará configurado caso venha esta ou aquela autoridade a desprezar, nos trabalhos a serem desenvolvidos, o que já sedimentado pelo Supremo. A impetração preventiva há de ficar reservada a quadros que, de início, sugiram a possibilidade de o cidadão ser atingido pela prática de atos ilegais, o que, no tocante às atividades das Comissões Parlamentares de Inquérito e em decorrência dos pronunciamentos do Supremo, não se pode presumir" (STF, HC 88.826, Rel. Min. Marco Aurélio, *DJ* de 26-5-2006).

- **Constrangimento ilegal e *habeas corpus*** — "A sugestão do indiciamento em questão tem por base os trabalhos da referida CPMI, e consiste, na verdade, na conclusão mencionada no § 3º do artigo 58 da Constituição Federal, não gerando, de imediato, constrangimento ilegal a ser sanado pela via do *habeas corpus*. Ademais, a jurisprudência desta Corte é no sentido de que o mero indiciamento em inquérito policial não gera constrangimento ilegal a ser sanado por *habeas corpus* (cf. HC 85.491, 1ª Turma, Rel. Min. Eros Grau, *DJ* de 9-9-05, HC n. 81.648, 1ª Turma, Relator o Ministro Moreira Alves, *DJ* de 23-8-02, e os RHC 65.322, 2ª Turma, Relator o Ministro Francisco Rezek, *DJ* de 20-5-88, e 66.180, 2ª Turma, Relator o Ministro Francisco Rezek, *DJ* de 10-3-89). O que se admite, e isso somente em hipóteses excepcionais, é o trancamento do inquérito policial em face de flagrante atipicidade de conduta, o que não é possível de se averiguar no presente caso, por demandar incursão probatória inadequada à via eleita" (STF, HC 88.680-MC, Rel. Min. Joaquim Barbosa, *DJ* de 12-5-2006).

- **Ameaça ao direito de locomoção** — "Não há indicação de ato concreto e específico, por parte do órgão tido por coator, a evidenciar a prática de comportamento abusivo ou ilegal, ou ameaça à liberdade de ir e vir dos pacientes, o que não se há de ter como caracterizado pela só circunstância de convocação para depor na CPI" (STF, HC 80.584, Rel. Min. Néri da Silveira, *DJ* de 6-4-2001). **No mesmo sentido:** STF, HC 80.853-MC, Rel. Min. Néri da Silveira, *DJ* de 16-4-2001; HC 83.357, Rel. Min. Nelson Jobim, *DJ* de 26-3-2004.

- **Prejudicialidade de *writs* constitucionais e extinção de CPIs** — "A jurisprudência do Supremo Tribunal Federal entende prejudicadas as ações de mandado de segurança e de *habeas corpus*, sempre que — impetrados tais *writs* constitucionais contra comissões parlamentares de inquérito — vierem estas a extinguir-se, em virtude da conclusão de seus trabalhos investigatórios, independentemente da aprovação, ou não, de seu relatório final" (STF, MS 23.852-QO, Rel. Min. Celso de Mello, *DJ* de 24-8-2001). **No mesmo sentido:** STF, MS 23.491, Rel. Min. Celso de Mello, *DJ* de 19-9-2000.

- **Autoridade coatora para fins de *habeas corpus* em CPI** — "A Câmara dos Deputados não é autoridade coatora, para fins de *habeas corpus* tirado de autos de processo-crime em curso perante a primeira instância, por atos praticados por comissão parlamentar de inquérito já extinta, porque o relatório final e seus anexos não implicam em restrição ao direito de locomoção do paciente" (STF, HC 79.171-AgRg, Rel. Min. Maurício Corrêa, *DJ* de 19-11-1999).

h) Intimação para depor em CPI

O dever de comparecer ao recinto da comissão parlamentar de inquérito é impostergável, porque ninguém pode escusar-se de comparecer a ela para depor, sob pena de condução coercitiva, ressalvado, sempre, o exercício do privilégio constitucional contra a autoincriminação.

◆ Cap. 21 ◆ ORGANIZAÇÃO DOS PODERES

985

Condução coercitiva de testemunhas: "Não emerge, do nosso ordenamento jurídico, a impossibilidade de a comissão parlamentar de inquérito, regularmente constituída, convocar cidadãos, sob pena de condução coercitiva, para prestarem esclarecimentos a respeito de fato diretamente relacionado com a matéria objeto da investigação. E, exatamente para legitimar tal atuação, dotou o constituinte as comissões parlamentares de inquérito de *poderes de investigação próprios das autoridades judiciais*. Decerto que a falta de esclarecimento às comissões parlamentares de inquérito cerceia a atividade fiscalizadora que exerce o Poder Legislativo sobre os negócios que digam respeito à gestão da coisa pública, como é o caso da atividade que gira em torno de certas modalidades de jogos de azar, excepcionalmente admitidos pelo nosso ordenamento jurídico" (TJSP, Pleno, AgRg 48.640-0/3-01, Rel. Des. Dirceu de Mello, decisão de 29-4-1998).

Aqui não há cogitar da impetração de *habeas corpus* preventivo, pleiteando o direito de ir e vir, porque o esclarecimento do fato determinado é requisito indispensável ao regular exercício do *munus* investigatório do Parlamento, que se reveste de indiscutível fundamentalidade na ordem democrática do Estado.

O fato de alguém ser intimado para depor numa CPI não revela, de antemão, a existência de complôs ou ciladas prévias, até porque os atos do inquérito parlamentar, para serem válidos, devem ser desenvolvidos com base na licitude de propósitos, própria do ordenamento jurídico. Por isso, a suposição de abusos estatais ou de práticas arbitrárias não é bastante para concretizar pedidos liminares de suspensão dos trabalhos dessas comissões factuais, exceto se o impetrante do *habeas corpus* indicar, mediante ato específico e sobejamente cristalino, que houve, por parte da autoridade apontada como coatora, a prática de comportamento abusivo e *contra legem*, que, induvidosamente, resultou no injusto constrangimento do *status libertatis* do paciente.

Nesse sentido: "É irrecusável que as atividades desenvolvidas por qualquer comissão parlamentar de inquérito estão necessariamente sujeitas à observância do ordenamento jurídico. Não se pode presumir, contudo, que esse órgão estatal vá transgredir os estatutos da República, eis que milita, em favor do Poder Público, salvo demonstração em contrário, a presunção *juris tantum* de legitimidade e de regularidade dos atos que pratica. Por isso mesmo, mera suposição de abuso estatal ou de prática arbitrária, quando destituída de base empírica, não pode justificar a concessão de medida judicial que suspenda, liminarmente, o regular exercício, por parte de uma comissão parlamentar de inquérito, da competência investigatória de que se acha investida" (STF, HC 80.427-MC, Rel. Min. Celso de Mello, *DJ* de 13-9-2000).

Esse tem sido o posicionamento do Supremo Tribunal Federal, que, em diversas assentadas, reconhece a importância dos depoimentos colhidos no âmbito das comissões parlamentares de inquérito.

Precedentes: STF, HC 71.039, Rel. Min. Paulo Brossard, *DJ* de 6-12-1996; STF, HC 71.193, Rel. Min. Sepúlveda Pertence, *DJ* de 23-3-2001; STF, HC 88.189-MC, Rel. Min. Celso de Mello, *DJ* de 14-3-2006.

Certamente, a intimação — verdadeiro meio formal de convocação a comissão parlamentar de inquérito — não é, nunca foi e jamais será um ato concretizador de ilegalidade ou abuso de poder.

Nem mesmo a falta de condição financeira para o depoente ir à CPI é argumento capaz de impedir o seu comparecimento, exceto se o Parlamento não custear a viagem, a hospedagem e as despesas de deslocamento sua e do seu advogado. Nesse caso, inexiste a obrigação de depor, como decidiu o Supremo Tribunal Federal.

Falta de condições financeiras para se deslocar à CPI: "No que concerne à alegação de que o paciente não dispõe de condições financeiras para se deslocar até a CPI, verifico a presença do *fumus boni iuris*. É que não me parece, em princípio, lícito que o paciente seja obrigado a arcar com as despesas de viagem, suas e do advogado, quando o art. 222 do Código de Processo Penal lhe garante o direito de ser ouvido na comarca do seu domicílio. Aliás, o teor do art. 2º da Lei 1.579/1952 é no sentido de que, se necessário, são os membros da CPI que poderão transportar-se aos lugares onde se fizer mister a sua presença, e não o contrário. Penso, porém, que a regra do art. 222 do Código de Processo Penal não é absoluta, desde que existam fundadas razões para o deslocamento da testemunha até o local onde deva depor. Os custos de tal deslocamento, contudo, devem correr por conta do órgão que a convocou. (...) No presente caso, além de ter sido descumprido o procedimento do art. 222 do Código de Processo Penal, sem a necessária justificativa, não foram oferecidos ao paciente e seu defensor os meios necessários ao atendimento da convocação, sendo certo que a condução coercitiva prevista no art. 218 do Código de Processo Penal pressupõe a regular intimação da testemunha (no caso, nos termos do art. 222), o que não ocorreu. (...) Do exposto, defiro parcialmente a liminar, para permitir ao paciente que deixe de atender à convocação da CPI do Tráfico de Armas, da forma como consta do Ofício 779/05-P, facultada à CPI a renovação da intimação, desde que obedecidos os ditames legais" (STF, HC 87.230-MC, Rel. Min. Joaquim Barbosa, *DJ* de 28-11-2005).

Como o Código de Processo Penal assegura à testemunha o direito de ser inquirida pelo juiz do lugar de sua residência, a inquirição, em caso de aquela residir em outra localidade, deve ser feita por carta precatória, mediante intimação das partes (art. 222). Para tanto, o juiz deve fixar um prazo razoável para o cumprimento da precatória. Lembremos sempre que as comissões parlamentares de inquérito têm "poderes de investigação próprios das autoridades judiciais" (CF, art. 58, § 3º). Tais poderes exercer-se-ão nos moldes dos procedimentos a que se submetem os juízes. É garantia constitucional (CF, art. 5º, LIV), como decidiu, acertadamente, o Pretório Excelso.

Precedente: STF, HC 80.152-MC, Rel. Min. Nelson Jobim, *DJ* de 8-5-2000.

E os índios têm obrigação de depor em CPIs?

Entendeu o Supremo Tribunal Federal que os índios sujeitam-se a um regime constitucional específico, motivo pelo qual há de se respeitar o seu direito de opção; não deve o ato de depor representar-lhe uma imposição.

Intimação de indígena para prestar depoimento na condição de testemunha, fora do seu *habitat*: "Violação às normas constitucionais que conferem proteção específica aos povos indígenas (CF, arts. 215, 216 e 231). A convocação de um índio para prestar depoimento em local diverso de suas terras constrange a sua liberdade de locomoção, na medida em que é vedada pela Constituição da República a remoção dos grupos indígenas de suas terras, salvo exceções nela previstas (CF/88, artigo 231, § 5º). A tutela constitucional do grupo indígena, que visa a proteger, além da posse e do usufruto das terras originariamente dos índios, a respectiva identidade cultural, estende-se ao indivíduo que o compõe, quanto à remoção de suas terras, que é sempre ato de opção, de vontade própria, não podendo se apresentar como imposição, salvo hipóteses excepcionais. Ademais, o depoimento do índio, que não incorporou ou compreende as práticas e modos de existência comuns ao 'homem branco' pode ocasionar o cometimento pelo silvícola de ato ilícito, passível de comprometimento do seu *status libertatis*. Donde a necessidade de adoção de cautelas tendentes a assegurar que não haja agressão aos seus usos, costumes e tradições" (STF, HC 80.240, Rel. Min. Sepúlveda Pertence, *DJ* de 14-10-2005).

Aos membros dos Tribunais de Contas aplicam-se as regras processuais, que lhes asseguram o direito de serem inquiridos, como testemunhas, em local, dia e hora previamente ajustados.

Oitiva de auditores de Tribunais de Contas estaduais: STF, Inq. 1.504/DF, Rel. Min. Celso de Mello, *DJ* de 28-6-1999; STF, HC 80.153-MC, Rel. Min. Maurício Corrêa, *DJ* de 9-5-2000.

Quanto à intimação de advogados para prestarem depoimentos às CPIs, esse ato em nada fere o disposto no art. 133 da Constituição, tampouco os arts. 87 e 89 da Lei n. 4.215, de 1963, 448 do Código de Processo Civil de 2015, 154 do Código Penal e 207 do Código de Processo Penal. Se for o caso, o intimado poderá invocar perante a CPI os direitos decorrentes do seu *status* profissional, com o correspectivo controle judicial das condutas parlamentares, tipificadas no crime de abuso de autoridade.

Nesse sentido: STF, HC 71.231, Rel. Min. Carlos Velloso, *DJ* de 31-10-1996; STF, MS 24.567-MC, Rel. Min. Carlos Velloso, *DJ* de 26-6-2003.

◆ Cap. 21 ◆ ORGANIZAÇÃO DOS PODERES **987**

E os magistrados podem comparecer perante CPIs?

Por força do princípio da separação de Poderes, que atua como verdadeiro limite material às atividades das comissões parlamentares de inquérito, o Legislativo não poderá adentrar no mérito dos julgamentos, no acerto ou no desacerto das decisões judiciais, a ponto de intimar membros do Judiciário para prestarem depoimento sobre esta ou aquela sentença proferida. O próprio Regimento Interno do Senado Federal inadmite CPI sobre matéria pertinente às atribuições do Poder Judiciário (art. l46, II).

> **Nesse sentido:** STF, HC 80.089, Rel. Min. Nelson Jobim, *DJ* de 29-9-2000; STF, HC 79.441, Rel. Min. Octavio Gallotti, *DJ* de 6-10-2000; STF, HC 80.539, Rel. Min. Maurício Corrêa, *DJ* de 1º-8-2003; STF, HC 86.581, Rel. Min. Ellen Gracie, *DJ* de 19-5-2006.

O que é perfeitamente admissível é o comparecimento do membro do Poder Judiciário à CPI, não para investigar suas decisões, e sim para esclarecer fatos ligados ao objeto do inquérito parlamentar. A só convocação para depor não caracteriza ofensa à independência dos Poderes. Evidente que o inquirido poderá permanecer em silêncio sobre suas decisões ou decisões de outros juízes.

> **Nesse sentido:** STF, HC 83.438-MC, Rel. Min. Nelson Jobim, *DJ* de 28-8-2003. Precedente citado: STF, HC 80.584, Rel. Min. Néri da Silveira.

i) Duração do inquérito parlamentar e prorrogação do prazo

A Constituição exige que os trabalhos das comissões parlamentares de inquérito obedeçam a um *prazo certo*, para que não se prolonguem indefinidamente no tempo, prejudicando a apuração dos fatos e causando tormento às investigações.

Esse dever de observância possui razão de ser. Não se pode imaginar que os inquéritos parlamentares se posterguem no tempo, mediante o alargamento de prazos descomensurados, desperdiçando todo o labor do Poder Legislativo no que tange à colheita de provas, além de retardar a conclusão do relatório final.

Noutro prisma, a fixação do prazo é um *direito público subjetivo* dos investigados, os quais devem saber, de antemão, o espaço temporal em que os trabalhos investigatórios serão realizados. Evitam-se, assim, chantagens políticas, ameaças veladas, pressões psicológicas no sentido de prolongar indefinidamente a CPI, expondo, ainda mais, os nomes de pessoas e entidades perante a opinião pública.

Em face disso, o requerimento de criação da comissão parlamentar de inquérito deverá indicar o prazo previsto para a conclusão dos trabalhos investigatórios.

O Regimento Interno da Câmara dos Deputados previu essa temporariedade das CPIs. Afirma que a investigação parlamentar não tem duração indefinida, devendo concluir os seus trabalhos no prazo de cento e vinte dias (art. 35, § 3º).

Já o Regimento Interno do Senado Federal silenciou sobre a questão. Sendo o autor da proposta de criação da CPI membro da Câmara Alta, ele não poderá deixar de prever o prazo certo, por se tratar de uma exigência constitucional. Todavia, fica ao seu alvedrio a demarcação do lapso temporal dos inquéritos parlamentares, que não será necessariamente de cento e vinte dias, como ocorre na Câmara dos Deputados.

E o *prazo certo* pode ser prorrogado?

A Constituição nada diz a esse respeito, e também não determina proibições nesse sentido. Apenas exige que o prazo para a duração dos trabalhos investigatórios seja *certo*.

O Regimento Interno da Câmara do Deputados prevê a prorrogação do prazo em sessenta dias, mediante deliberação do Plenário (art. 35, § 3º).

> **Entendimento do STF:** "Consequente inoponibilidade pelo particular, intimado a depor pela CPI, da alegada contrariedade ao art. 35, § 3º, do Regimento da Câmara dos Deputados pela decisão plenária que, dentro da legislação, lhe concedeu segunda prorrogação de 60 dias ao prazo de funcionamento inicialmente fixado em 120 dias" (STF, Pleno, HC 71.261-4/RJ, Rel. Min. Sepúlveda Pertence, *DJ*, 1, de 24-6-1994). **No mesmo sentido:** STF, HC 71.193, Rel. Min. Sepúlveda Pertence, *DJ* de 23-3-2001.

Por sua vez, o Regimento Interno do Senado Federal, no art. 152, aduz que o prazo da comissão poderá prorrogar-se, automaticamente, a requerimento de um terço dos senadores, comunicado por

escrito à Mesa, lido em plenário e publicado no *Diário do Senado*, consoante o disposto no art. 76, §
4º. Este último preceptivo assegura que o prazo de uma CPI não pode, em hipótese alguma, ultrapassar
o período da legislatura em que foi criada.

Todas essas peculiaridades regimentais devem ser ponderadas à luz do § 3º do art. 58 da Constituição Federal, para que a exigência do *prazo certo* não se torne uma determinação inócua. Significa
dizer que a ampliação de prazo é possível desde que o requerimento de criação da comissão preveja, com
antecedência, essa possibilidade.

Não basta os membros de uma CPI ficarem apoiados em dispositivos regimentais para que a duração
das investigações parlamentares seja prorrogada. Veja-se que os Regimentos Internos da Câmara dos
Deputados (art. 35, § 3º) e do Senado Federal (art. 152) asseguram, cada um a seu modo, a possibilidade
de ampliar o prazo de funcionamento das comissões parlamentares de inquérito. Sem embargo, essa
constatação não é cabal, dispensando, por completo, a previsão dessa faculdade no ato mesmo de requerimento da CPI.

A exigência de *prazo certo* deve ficar livre de possíveis prolongamentos oblíquos ou *alargamentos
temporais de encomenda*, sem falar das acumulações de prorrogações dos prazos, tão comuns por aí.
Mediante essas práticas subversivas da supremacia constitucional, busca-se recuperar prazos vencidos
ou exauridos, transformando o inquérito parlamentar, que é temporário, em eterno mecanismo
fiscalizador.

Em tema de comissão parlamentar de inquérito é possível existir apenas uma prorrogação, que
deve estar adrede prevista no requerimento que pleiteia a implantação da CPI.

Demais disso, não se prorroga prazo vencido ou exaurido. Do contrário, é melhor "rasgar a Constituição", pois a previsão de aumento do lapso temporal há de ser feita antes de vencido o prazo estipulado
no próprio ato de requerimento parlamentar. É que um dos limites constitucionais formais do poder
de inquérito parlamentar é a *impossibilidade de exceder prazo certo.*

Logo, a existência de normas regimentais sobre a matéria não é o bastante para dar ensejo à prorrogação das CPIs. Impende cotejar as disposições contidas nos Regimentos Internos da Câmara e do
Senado com o requisito *prazo certo*. Só assim o § 3º do art. 58 estará satisfeito.

Embora nos tenhamos referido às comissões parlamentares de inquérito realizadas em separado
por cada Casa legislativa, o mesmo critério vale para as CPIs mistas.

Questão a ser posta em relevo é a da prorrogação de prazo do inquérito parlamentar quando termina
a legislatura. Sobre esse problema dispõe o § 2º do art. 5º da Lei n. 1.579/52: "A incumbência da Comissão Parlamentar de Inquérito termina com a sessão legislativa em que tiver sido outorgada, salvo
deliberação da respectiva Câmara, prorrogando-a dentro da legislatura em curso".

Estaria esse dispositivo recepcionado pela Constituição de 1988?

O Supremo Tribunal Federal dividiu-se a esse respeito. Houve quem dissesse que a locução *prazo
certo*, do § 3º do art. 58 da Constituição, não impede prorrogações sucessivas dentro da legislatura, nos
parâmetros da Lei n. 1.579/52 (art. 5º, § 2º).

> **Nesse sentido:** STF, Pleno, HC 71.231/RJ, Rel. Min. Carlos Velloso, *DJ*, 1, de 31-10-1996.

De outra parte, também se defendeu a não recepção do § 2º do art. 5º da Lei n. 1.579/52 pela
Carta de 1988.

> **Respeito à noção vernacular de *prazo certo*:** "Não posso emprestar ao que se contém no § 3º,
> do art. 58, da Constituição Federal alcance que exceda a noção vernacular de *prazo certo*. Não
> posso desprezar que o alcance do Texto Constitucional é tornar extremo de dúvidas que a Comissão funcionará durante um certo período, conhecido e formalizado no próprio ato que a tenha
> criado. Senhor Presidente, peço a licença para concluir que, diante do teor do § 3º, do art. 58,
> da Constituição Federal, não houve a recepção da norma da Lei 1.579/52, posto que essa norma — repito — não alude a um prazo; não fixa, em si, um prazo, apenas, um limite para o
> funcionamento da Comissão" (STF, HC 71.193/SP, Rel. Min. Marco Aurélio, *RDA*, *197*:212).

Na realidade, a expressão *prazo certo*, contida no § 3º do art. 58 da Carta Magna, tornou o § 2º
do art. 5º da Lei n. 1.579/52 sem qualquer eficácia normativa. E não poderia ser diferente. Prorrogações
de comissões parlamentares de inquérito só podem ocorrer naquelas hipóteses excepcionais a que

◆ Cap. 21 ◆ ORGANIZAÇÃO DOS PODERES   **989**

aludimos acima. Fora delas, não há falar em ampliação de lapsos temporais, muito menos em deliberações de Casas legislativas, prorrogando CPIs no curso de legislatura que ainda não findou.

> **Posicionamento do STF:** "A duração do inquérito parlamentar — com o poder coercivo sobre particulares, inerentes à sua atividade instrutória e à exposição da honra e da imagem das pessoas a desconfianças e conjecturas injuriosas — é um dos pontos de tensão dialética entre a CPI e os direitos individuais, cuja solução, pela limitação temporal do funcionamento do órgão, antes se deve entender matéria apropriada à lei do que aos regimentos: donde, a recepção do art. 5º, § 2º, da Lei 1.579/52, que situa, no termo final de legislatura em que constituída, o limite intransponível de duração, ao qual, com ou sem prorrogação do prazo inicialmente fixado, se há de restringir a atividade de qualquer Comissão Parlamentar de Inquérito. A disciplina da mesma matéria pelo regimento interno diz apenas com as conveniências de administração parlamentar, das quais cada câmara é o juiz exclusivo, e da qual, por isso — desde que respeitando o limite máximo fixado em lei, o fim da legislatura em curso —, não decorrem direitos para terceiros, nem a legitimação para questionar o juízo sobre a interpretação que lhe dê a Casa do Congresso Nacional" (STF, Pleno, HC 71.261-4/RJ, Rel. Min. Sepúlveda Pertence, *DJ*, 1, de 24-4-1994). **No mesmo sentido:** STF, HC 71.193, Rel. Min. Sepúlveda Pertence, *DJ* de 23-3-2001.

Repita-se, de novo, que o *prazo certo* constitui um limite constitucional formal ao poder de inquérito parlamentar. Essa limitação logra, pois, a índole temporal. Assim, excetuadas as raras hipóteses admitidas constitucionalmente, a regra é a não prorrogação dos trabalhos das comissões parlamentares de inquérito.

j) Direito ao silêncio e privilégio contra a autoincriminação

O direito ao silêncio nos depoimentos prestados em comissões parlamentares de inquérito é um corolário da *prerrogativa ou privilégio contra a autoincriminação*, que impede, inclusive, as CPIs de obrigarem o depoente a assinar *termos de compromisso*.

> **Termo de compromisso na condição de testemunha:** "Sendo assim, tendo em consideração as razões expostas, e sem dispensar o ora paciente da obrigação de comparecer perante a 'CPMI dos Correios', defiro o pedido de medida liminar, nos precisos termos expostos nesta decisão, em ordem a assegurar, cautelarmente, a esse mesmo paciente, (a) o direito de ser assistido por seu advogado e de com este comunicar-se durante o curso de seu depoimento perante a referida Comissão Parlamentar de Inquérito e (b) o direito de exercer o privilégio constitucional contra a autoincriminação, sem que se possa adotar, contra o paciente em questão, como consequência do regular exercício dessa especial prerrogativa jurídica, qualquer medida restritiva de direitos ou privativa de liberdade, não podendo, ainda, tal paciente, ser obrigado a assinar *Termo de Compromisso na condição de testemunha*" (STF, HC 88.015-MC, Rel. Min. Celso de Mello, *DJ* de 21-2-2006). **Precedente:** "A circunstância de o convocado para depor perante a Comissão Parlamentar de Inquérito ser alvo da própria investigação desobriga-o da assinatura do termo de compromisso, não subsistindo, ante a contrariedade à ordem natural das coisas, de força insuplantável, a ressalva de que não estará compelido a manifestar-se a ponto de incriminar-se" (STF, HC 83.703, Rel. Min. Marco Aurélio, *DJ* de 23-4-2004).

Esse privilégio — até o nome já diz — retrata o princípio de que ninguém pode ser obrigado a produzir prova contra si mesmo, descriminalizando a figura típica do delito de falso testemunho.

> **Posição do STF:** "Não configura o crime de falso testemunho, quando a pessoa, depondo como testemunha, ainda que compromissada, deixa de revelar fatos que possam incriminá-la" (STF, HC 73.035, Rel. Min. Carlos Velloso, *DJ* de 19-12-1996).

Trata-se de matéria consubstanciada em convenções ratificadas pelo Brasil e em normas constitucionais.

> **Decreto n. 678, de 6-11-1992:** "Toda pessoa tem o direito de não ser obrigada a depor contra si mesma, nem a declarar-se culpada" (art. 8º, § 2º, *g*).

Com efeito, o privilégio contra a autoincriminação — *nemo tenetur se detegere* — é uma manifestação eloquente:

* da dignidade da pessoa humana (CF, art. 1º, III);

> **Nesse sentido:** "O direito ao silêncio, que assegura a não produção de prova contra si mesmo, constitui pedra angular do sistema de proteção dos direitos individuais e materializa uma das expressões do princípio da dignidade da pessoa humana. Como se sabe, na sua acepção originária, este princípio proíbe a utilização ou transformação do homem em objeto dos processos e ações estatais. O Estado está vinculado ao dever de respeito e proteção do indivíduo contra exposição a ofensas ou humilhações (...). A premissa acima é suficiente a fazer incidir, automaticamente, a essência dos direitos arguidos na impetração. E se há justo receio de serem eles infringidos, deve-se deferir aos pacientes o necessário salvo-conduto que evite possível constrangimento: não se trata de afirmar que ele ocorrerá, ou ocorreria — até porque, como ressaltado pelo Min. Celso de Mello na decisão liminar do MS n. 25.617, é de pressupor que o conhecimento e a consciência próprias à formação jurídica dos parlamentares que compõem a direção dos trabalhos da CPMI não 'permitiria que se consumassem abusos e que se perpetrassem transgressões' aos direitos dos depoentes ou às prerrogativas profissionais dos seus defensores técnicos —, mas, infelizmente, eventos de passado recente, e de público conhecimento, indicam a oportunidade e a necessidade de acautelar qualquer ocorrência" (STF, HC 87.971-MC, Rel. Min. Gilmar Mendes, *DJ* de 21-2-2006). **No mesmo sentido:** STF, HC 88.553-MC, Rel. Min. Gilmar Mendes, *DJ* de 25-5-2006; STF, MS 25.812-MC, Rel. Min. Cezar Peluso, *DJ* de 23-2-2006; STF, MS 25.966-MC, Rel. Min. Cezar Peluso, *DJ* de 22-5-2006.

* da cláusula da ampla defesa (CF, art. 5º, LV);
* do direito de permanecer calado (CF, art. 5º, LXIII); e
* da presunção de inocência (CF, art. 5º, LVII).

Projeção da *ampla defesa*, o *nemo tenetur se detegere* possibilita ao *réu*, ao *indiciado* e à *testemunha* não se autoincriminarem. Significa que eles podem recusar-se a produzir provas que lhes sejam desfavoráveis, sem que isso constitua crime de desobediência (CP, art. 330). É o que tem declarado, em diversas assentadas, o Supremo Tribunal Federal, pois não se pode obrigar acusados, suspeitos ou testemunhas a fornecerem base probatória para caracterizar sua própria culpa.

> **Precedentes:** STF, HC 77.135/SP, Rel. Min. Ilmar Galvão, j. em 8-9-1998; STF, HC 75.527, Rel. Min. Moreira Alves, j. em 17-6-1997; STF, HC 68.929, Rel. Min. Celso de Mello, j. em 22-10-1991.

Como decorrência do *direito de permanecer calado*, o privilégio contra a autoincriminação traduz o direito público subjetivo assegurado a qualquer indiciado, imputado ou testemunha, pouco importando a qualificação daquele que foi intimado a prestar esclarecimentos perante a CPI.

> **Posicionamento pacífico no STF:** "Não obstante a possível dúvida a respeito do teor da convocação do paciente, se lhe formaliza ou não a condição de investigado, pode-se inferir que é esta a condição que lhe advém das notícias veiculadas pela imprensa. Além disso, não menos aturada e firme a jurisprudência deste Tribunal no sentido de que a garantia constitucional contra autoincriminação se estende a todas as pessoas sujeitas aos poderes instrutórios das Comissões Parlamentares de Inquérito, assim aos indiciados mesmos, ou envolvidos, investigados, ou suspeitos, como às que ostentem a só qualidade de testemunhas" (STF, HC 88.703-MC, Rel. Min. Cezar Peluso, *DJ* de 12-5-2006). **No mesmo sentido:** HC 79.244, Rel. Min. Sepúlveda Pertence, *RTJ*, *172*:929-930; STF, HC 84.214-MC, Rel. Min. Cezar Peluso, *DJ* de 29-4-2004; STF, HC 86.232-MC, Rel. Min. Ellen Gracie, *DJ* de 22-8-2005.

Embora o inciso LXIII do art. 5º da Constituição fale em *preso*, a exegese do preceito constitucional deve ser no sentido de que a garantia alcança toda e qualquer pessoa, pois, diante da *presunção de inocência*, que também constitui garantia fundamental do cidadão, a prova da culpabilidade incumbe exclusivamente à acusação.

♦ Cap. 21 ♦ ORGANIZAÇÃO DOS PODERES **991**

Nesse sentido: STF, HC 75.244-8/DF, Rel. Min. Sepúlveda Pertence, j. em 26-4-1999; STF, HC 83.703, voto do Min. Marco Aurélio, *DJ* de 23-4-2004. **Doutrina:** Antonio Magalhães Gomes Filho, *Direito à prova no processo penal*, p. 113; Antonio Scarance Fernandes, *Processo penal constitucional*, p. 262.

Decerto, no posto de consectário da *presunção de inocência*, o privilégio contra a autoincriminação irmana-se com o *favor libertatis*. Em situação de dúvida, todos são inocentes até prova em contrário.

Amplitude do privilégio contra a autoincriminação: "Não importa que na CPI — que tem poderes de instrução, mas nenhum poder de processar e julgar — a rigor não haja acusados. A garantia contra autoincriminação não tem limites especiais nem procedimentais: estende-se a qualquer indagação por autoridade pública de cuja resposta possam advir subsídios à imputação ao declarante da prática do crime (...). No entanto, sua recusa (...) é indiscriminada, compreendendo, sem ressalva, 'as perguntas que acaso lhe forem feitas', ou seja, todas. Nesses termos, não lhe posso deferir a ordem liminar, individual e unilateralmente, contrapondo-me à orientação unânime do Plenário do Tribunal no caso assimilável. Por isso, defiro em parte a liminar para que, retornando à CPI e prestando-lhe depoimento sobre os fatos compreendidos no objeto de sua criação, não seja o paciente preso ou ameaçado de prisão pela recusa de responder a perguntas cujas respostas entenda possam incriminá-lo" (STF, HC 75.244-8/DF, Rel. Min. Sepúlveda Pertence, decisão de 26-4-1999).

Antes do trânsito em julgado da sentença condenatória o réu, o indiciado ou a testemunha terão o direito público subjetivo de não ostentar o *status* de condenado. Trata-se de uma projeção do Estado Democrático de Direito, que se conecta com outros corolários, tais como o devido processo legal, a ampla defesa, o *in dubio pro reu* e o *nulla poena sine culpa*.

Tudo isso se aplica no âmbito do inquérito parlamentar.

O privilégio contra a autoincriminação é dado a qualquer pessoa que deva prestar depoimento em comissões parlamentares de inquérito, pois o exercício do direito de permanecer em silêncio, de não responder a perguntas comprometedoras do *status libertatis*, não autoriza o órgão legislativo a tomar providências que possam restringir a esfera jurídica do ser humano. Do contrário, os *sujeitos de direito* seriam condenados por antecipação e a prerrogativa de permanecerem calados converter-se-ia num atestado de culpa.

Precedentes: STF, HC 79.812, Rel. Min. Celso de Mello, *DJ* de 16-2-2001; STF, HC 79.589, Rel. Min. Octavio Gallotti, *DJ* de 6-10-2000; STF, HC 86.355-MC, Rel. Min. Carlos Velloso, *DJ* de 2-8-2005; STF, HC 88.163-MC, Rel. Min. Carlos Britto, *DJ* de 14-3-2006.

A partir da promulgação da Constituição de 1988 o princípio constitucional da não culpabilidade passou a impedir que o arbítrio fosse uma prática corriqueira, pois ninguém pode ser tratado como culpado por antecipação. Tanto é assim que incide o vetor da colegialidade nas deliberações das CPIs, para que nenhuma decisão seja tomada, isoladamente, por apenas um de seus membros.

Princípio da colegialidade: "O princípio da colegialidade traduz diretriz de fundamental importância na regência das deliberações tomadas por qualquer comissão parlamentar de inquérito, notadamente quando esta, no desempenho de sua competência investigatória, ordena a adoção de medidas restritivas de direitos, como aquela que importa na revelação das operações financeiras ativas e passivas de qualquer pessoa. O necessário respeito ao postulado da colegialidade qualifica-se como pressuposto de validade e de legitimidade das deliberações parlamentares, especialmente quando estas — adotadas no âmbito de comissão parlamentar de inquérito — implicam ruptura, sempre excepcional, da esfera de intimidade das pessoas. A quebra do sigilo bancário, que compreende a ruptura da esfera de intimidade financeira da pessoa, quando determinada por ato de qualquer comissão parlamentar de inquérito, depende, para revestir-se de validade jurídica, da aprovação da maioria absoluta dos membros que compõem o órgão de investigação legislativa (Lei n. 4.595/64, art. 38, § 4º)" (STF, MS 23.669-MC, Rel. Min. Celso de Mello, *DJ* de 17-4-2000). **No mesmo sentido:** STF, MS 24.817-MC, Rel. Min. Celso de Mello, *DJ* de 14-4-2004.

Não importa a natureza do ilícito penal que lhe possa ser atribuído, sem que exista decisão judicial condenatória transitada em julgado. Por isso, a jurisprudência da Corte Suprema é unânime em proclamar que o Poder Público não pode agir, quanto ao suspeito, à testemunha ou ao réu, como se estes já tivessem sido condenados definitivamente por sentença do Poder Judiciário.

Nesse sentido: STF, HC 79.812/SP, Rel. Min. Celso de Mello.

Dessa forma, as comissões parlamentares de inquérito — órgãos que não são superiores aos demais — devem comportar-se do mesmo modo que os outros. Se nenhuma autoridade pública pode constranger qualquer pessoa a depor sobre fatos que lhe possam acarretar prejuízos, óbvio que as CPIs não detêm competência para obrigar alguém a agir contra si mesmo.

Não importa o domínio institucional a que pertença o órgão do Poder Público. O certo é que ele jamais poderá expor a pessoa ao risco de se autoincriminar. Incluem-se aí as comissões parlamentares de inquérito, limitadas que são pela ordem jurídica.

Aliás, vale reiterar, essas comissões, muitas vezes, qualificam formalmente como testemunha quem, na verdade, logra o posto de investigado, e vice-versa. Isso não muda nada. Seja qual for o procedimento adotado pelas CPIs, o princípio em estudo prevalece sempre.

Tanto é assim que o plenário do Supremo Tribunal Federal reconheceu o privilégio contra a autoincriminação também em favor das testemunhas, advertindo que "não configura o crime de falso testemunho, quando a pessoa, depondo como testemunha, ainda que compromissada, deixa de revelar fatos que possam incriminá-la" (STF, *RTJ*, *163*:626, Rel. Min. Carlos Velloso).

> **Precedente:** "Se o poder que detém a CPI é o das autoridades judiciais — e não maior do que o dessas — segue-se que a ela poderão opor os mesmos limites formais e substanciais oponíveis ao Poder Judiciário. Entre tais restrições, duas geram delicados pontos de tensão com a obrigação de falar a verdade: o dever de sigilo, a que esteja sujeita por lei a testemunha, e a garantia constitucional contra a autoincriminação — *nemo tenetur se detegere* — que tem sua manifestação mais eloquente no direito ao silêncio" (STF, HC 75.244-8/DF, Rel. Min. Sepúlveda Pertence, j. em 26-4-1999).

Tal direito ao silêncio referido no *decisum* constitui prerrogativa individual imodificável (CF, art. 60, § 4º, IV), insuscetível de transgressão por comissões parlamentares de inquérito, pois ninguém pode ser constrangido a confessar a prática de um ato ilícito.

> **Precedentes:** STF, Pedido de Reconsideração no MS 23.576/DF, Rel. Min. Celso de Mello, *DJU* de 3-2-2000; STF, HC 83.357, Rel. Min. Nelson Jobim, *DJ* de 26-3-2004; STF, HC 80.584, Rel. Min. Néri da Silveira, *DJ* de 6-4-2001; STF, HC 80.530-MC, Rel. Min. Celso de Mello, *DJ* de 14-11-2000; STF, HC 80.868-MC, Rel. Min. Sepúlveda Pertence, *DJ* de 20-4-2001.

Como decorrência do princípio de que ninguém pode ser obrigado a se autoincriminar, as CPIs não têm a prerrogativa de agir com truculência, deboche, tratando com brutalidade os seus interrogados, mesmo porque ninguém, na ordem jurídica brasileira, pode ser submetido a tratamento desumano ou degradante (CF, art. 5º, III).

Casuística do STF:

- **Proteção contra tratamento desumano ou degradante** — a Constituição Federal "proíbe que se inflija a quem quer que seja tratamento desumano ou degradante (além da tortura, naturalmente), conforme se lê do inciso III do art. 5º. O que já significa a vedação de se submeter eventual testemunha, investigado ou pessoa acusada a situações de menosprezo. Quero dizer, situações desrespeitosas, humilhantes ou, por qualquer forma, atentatórias da integridade física, psicológica e moral de qualquer depoente. Acresce que tais direitos e garantias individuais tanto podem ser exigidos pelos sujeitos jurídicos (...) quanto por seus eventuais advogados. Sem distinção entre uma sala de audiências judiciais e uma sessão de comissão parlamentar de inquérito" (STF, HC 88.163-MC, Rel. Min. Carlos Britto, *DJ* de 14-3-2006). **No mesmo sentido:** STF, HC 87.976-MC, Rel. Min. Carlos Britto, *DJ* de 14-2-2006.

♦ Cap. 21 ♦ ORGANIZAÇÃO DOS PODERES   **993**

- **Indenização por danos morais ou materiais** — "Estará agindo no mínimo autoritariamente quem, participando de uma CPI, negar o direito ao silêncio à pessoa que possa ser responsabilizada ao final da investigação. Em seu interrogatório, o indiciado terá que ser tratado sem agressividade, truculência ou deboche, por quem o interroga diante da imprensa e sob holofotes, já que a exorbitância da função de interrogar está coibida pelo art. 5º, III, da Constituição Federal, que prevê que 'ninguém será submetido a tortura nem a tratamento desumano ou degradante'. Aquele que, numa CPI, ao ser interrogado, for injustamente atingido em sua honra ou imagem, poderá pleitear judicialmente indenização por danos morais ou materiais, neste último caso, se tiver sofrido prejuízo financeiro em decorrência de sua exposição pública, tudo com suporte no disposto na Constituição Federal, em seu art. 5º, X" (STF, MS 25.617-MC, Rel. Min. Celso de Mello, *DJ* de 3-11-2005).

Lembre-se, ainda, que é dado ao indiciado ou à testemunha o direito de ser assistido por advogado, garantindo-se a esse profissional as prerrogativas da Lei n. 8.906/94. Nisso residirá a importância da presença do causídico no recinto das comissões parlamentares de inquérito. Ele deverá verificar, no interrogatório de indiciados ou testemunhas, se o privilégio contra a autoincriminação está sendo respeitado pelos membros da CPI.

> **Presença do advogado:** "A presença do Advogado, nesse contexto, reveste-se de alta significação, pois, no desempenho de seu ministério privado, incumbe-lhe promover a intransigente defesa da ordem jurídica sobre a qual se estrutura o Estado democrático de direito" (STF, Pedido de Reconsideração no MS 23.576/DF, Rel. Min. Celso de Mello, *DJU* de 3-2-2000).

Mas convém fazer um alerta.

As diversas decisões liminares proferidas pelo Supremo Tribunal Federal, em sede de *habeas corpus*, conferindo aos impetrantes, preventivamente, o direito ao silêncio nos depoimentos prestados perante CPIs, não permitem que, sob o amparo da ordem concedida, testemunhas se eximam de seu dever legal de prestar esclarecimentos. Aliás, a mera expedição do salvo-conduto não é o bastante para o exercício do privilégio contra a autoincriminação. Tanto que essa garantia pode ser invocada a qualquer momento, independentemente de ordem judicial. Há, inclusive, entendimento do Pretório Excelso nesse sentido.

> **Precedente:** "Ressalto (...) que o Supremo Tribunal Federal vem concedendo liminares em *habeas corpus* para afirmar a garantia contra a autoincriminação. Ciente do entendimento da Corte, tenho registrado minha posição, no sentido de que a expedição de salvo-conduto não é requisito único para o exercício da garantia constitucional contra a autoincriminação. Essa garantia pode ser invocada a qualquer momento, sem que se exija do cidadão qualquer título judicial" (STF, HC 88.182, Rel. Min. Joaquim Barbosa, decisão monocrática, j. em 7-3-2006, *DJ* de 13-3-2006). Julgado citado: STF, HC 80.868, Rel. Min. Sepúlveda Pertence, *DJ* de 20-4-2001.

Por outro lado, não há limite de perguntas a serem formuladas por CPIs, como também entendeu o Supremo Tribunal Federal.

> **Precedente do STF:** "Invoca agora o impetrante, para afetar risco largo e fundado de violação de direito subjetivo líquido e certo, que não estaria obrigado a responder, no depoimento, a perguntas que, a seu juízo, desbordem dos limites do domínio dos fatos objeto das investigações da Comissão Parlamentar de Inquérito, pois outra coisa lhe importaria grave constrangimento pessoal. (...) E, no que concerne ao outro âmbito de tutela, não encontro nem descubro nenhum direito subjetivo pessoal do impetrante a furtar-se a responder a perguntas dos membros da Comissão Parlamentar de Inquérito, sob pretexto de elevada probabilidade de que incursionem pela área de fatos diversos dos que lhe ditaram a criação. É verdade que, em princípio, não pode nenhuma comissão parlamentar de inquérito, porque não o permite a Constituição da República (art. 58, § 3º), apurar fatos diversos dos que, certos, lhe justificaram a formação. Mas à transposição caracterizada desse limite constitucional não corresponde ofensa a direito subjetivo de pessoa convocada para depor, senão apenas hipotética invalidez dos resultados da investigação e atipicidade penal de eventual silêncio invocado pelo depoente. E não corresponde por duas boas e autônomas razões. A

primeira, porque, como já assentou o Plenário desta Corte, não está comissão parlamentar de inquérito impedida de estender seus trabalhos a fatos outros que, no curso das investigações, despontem como irregulares, ilícitos, ou passíveis de interesse ou estima do Parlamento, desde que conexos com a causa determinante da criação da CPI, nem de aditar ao seu objetivo original outros fatos inicialmente imprevistos. Donde não está *a priori* impedida de formular perguntas destinadas a esclarecer fatos conexos com o principal ou outros suscetíveis de serem aditados ao seu programa temático, desde que relevantes para a vida política, econômica ou social do País. Não há aí direito subjetivo capaz de se lhe opor, nesses termos, como limitação a indagações. E a segunda, é porque, ainda quando, *ad argumentandum tantum*, fora superado esse obstáculo intransponível, seria, na prática, inviável predefinir limites para perguntas em torno de fato ou fatos certos, porque, como é óbvio, uma pergunta pode, à primeira vista, não ter com o fato relação que só se revelará na sequência e no desdobramento das respostas e da inquirição. É simplesmente impossível preestabelecer o roteiro e o campo de pertinência das perguntas, sob pena de aniquilar o poder de investigação. É absurdo que escusa argumentos adicionais. Tampouco há, neste passo, direito oponível de antemão à CPI" (STF, MS 25.663-MC, Rel. Min. Cezar Peluso, *DJ* de 22-11-2005).

k) Direito ao sigilo e decisão parlamentar fundamentada

Em regra, as CPIs têm o dever de preservar o sigilo colhido dos seus investigados, direito fundamental de todo e qualquer cidadão.

CPI e sigilo de informações na visão do STF:
- **Acesso geral ao sigilo. Impossibilidade** — "É manifesto que se devassa o sigilo bancário, fiscal e de comunicações, em caráter excepcional, apenas para a autoridade requerente e para todos os demais parlamentares jurídica e diretamente responsáveis pela investigação, nos estritos limites da necessidade e da proporcionalidade, donde o específico e correlato dever de o guardarem todos eles quanto a terceiros, enfim ao público. Noutras palavras, somente têm direito de acesso aos dados sigilosos recolhidos pela Comissão Parlamentar de Inquérito, neste caso, a autoridade, os senhores parlamentares membros da Comissão, o ora impetrante e seu defensor, tocando àqueles o inarredável dever jurídico-constitucional de a todo custo preservar--lhes o sigilo relativamente a outras pessoas" (MS 25.721-MC, Rel. Min. Sepúlveda Pertence, *DJ* de 2-2-2006). No mesmo sentido: STF, MS 24.882-MC, Rel. Min. Cezar Peluso, *DJ* de 30-4-2004; STF, MS 23.880-MC, Rel. Min. Carlos Velloso, *DJ* de 7-2-2001; STF, MS 23.836-MC, Rel. Min. Marco Aurélio, *DJ* de 18-12-2000; STF, MS 25.005, Rel. Min. Marco Aurélio, *DJ* de 10-8-2004; STF, MS 24.807-MC, Rel. Min. Celso de Mello, *DJ* de 15-4-2004; STF, MS 24.813-MC, Rel. Min. Cezar Peluso, *DJ* de 1º-4-2004; STF, MS 25.081, Rel. Min. Joaquim Barbosa, *DJ* de 6-6-2004; STF, MS 25.750, Rel. Min. Marco Aurélio, *DJ* de 10-4-2006.
- **Confidencialidade de dados** — "Cabe à CPMI, no exercício de sua atribuição constitucional, zelar pela confidencialidade dos dados obtidos, somente deles fazendo uso em relatórios e atos internos, excepcionalmente, e sempre em razão do interesse público" (MS 25.720-MC, Rel. Min. Joaquim Barbosa, *DJ* de 2-2-2006).
- **Possibilidade excepcional da divulgação de dados** — "Havendo *justa causa* — e achando-se configurada a necessidade de revelar os dados sigilosos, seja no relatório final dos trabalhos da Comissão Parlamentar de Inquérito (como razão justificadora da adoção de medidas a serem implementadas pelo Poder Público), seja para efeito das comunicações destinadas ao Ministério Público ou a outros órgãos do Poder Público, para os fins a que se refere o art. 58, § 3º, da Constituição, seja, ainda, por razões imperiosas ditadas pelo interesse social — a divulgação do segredo, precisamente porque legitimada pelos fins que a motivaram, não configurará situação de ilicitude, muito embora traduza providência revestida de absoluto grau de excepcionalidade" (STF, MS 25.717-MC, Rel. Min. Celso de Mello, *DJ* de 1º-2-2006). No mesmo sentido: STF, MS 23.452, Rel. Min. Celso de Mello, *DJ* de 12-5-2000; STF, MS 25.361-MC, Rel. Min. Gilmar Mendes, *DJ* de 2-6-2005.
- **Acesso de documentos sigilosos de CPI** — "1. Mandado de segurança impetrado por Senador da República contra ato do Presidente da Comissão Parlamentar de Inquérito da Pandemia que teria limitado o acesso dos membros da CPI aos documentos sigilosos obtidos no curso da investigação parlamentar. 2. Os elementos constantes dos autos não evidenciam, em juízo de

◆ Cap. 21 ◆ ORGANIZAÇÃO DOS PODERES 995

cognição sumária, que tenha havido a imposição de obstáculos irrazoáveis ao acesso, por senadores e seus assessores, de documentos colhidos pela CPI no curso das investigações. A exigência de cadastramento individual que garanta o controle de acesso a dados sensíveis e, inclusive, a identificação dos responsáveis por eventuais vazamentos está em consonância com o dever de preservação da confidencialidade dos documentos sigilosos e, em linha de princípio, não impõe prejuízo à atuação dos membros da Comissão. 3. Ainda que se exija a formulação de pedido fundamentado para o acesso a documentos vinculados a requerimento de outro senador, essa condição não parece constituir empecilho relevante para a efetiva visualização dos dados. Ao menos nessa análise inicial, entendo que não cabe ao Poder Judiciário definir a forma pela qual serão compatibilizadas a garantia de acesso aos resultados da investigação pelos senadores e a preservação da confidencialidade dos dados sigilosos. 4. Pedido liminar indeferido" (STF, MS 38181 MC-DF, Rel. Min. Roberto Barroso, j. 13-10-2021).

- **CPI: transferência dos sigilos telefônico, fiscal, bancário e telemático de empresário e sociedade supostamente envolvidos na prática de ilícitos** — "2. Os requerimentos de providências investigativas direcionados a Comissões Parlamentares de Inquérito devem ser fundamentados adequadamente, de modo a: (**i**) individualizar as condutas a serem apuradas; (**ii**) apresentar os indícios de autoria; (**iii**) explicitar a utilidade das medidas para a caracterização das infrações; e (**iv**) delimitar os dados e informações buscados. 3. Em cognição sumária, tais exigências parecem ter sido cumpridas por meio da justificação apresentada, que aponta suspeita de existência de relação comercial e financeira, inclusive referente à intermediação de vacinas, entre os impetrantes e outras pessoas naturais e jurídicas investigadas pela CPI. 4. Embora tenha havido, à primeira vista, adequada delimitação do conteúdo que se pretende obter, os requerimentos impugnados indicam como intervalo temporal de interesse o período de 2018 ou 2019 até o presente. Considerando que o objeto da CPI consiste na apuração de 'ações e omissões do Governo Federal no enfrentamento da pandemia de Covid-19' e que esse evento sanitário teve início, no Brasil, em 2020, as informações a serem acessadas pela Comissão devem se restringir ao período de abril de 2020 em diante. 5. Medida liminar deferida exclusivamente para restringir o intervalo temporal dos dados fiscais e bancários da impetrante a serem transferidos, de abril de 2020 até o presente" (STF, MS 38242 MC-DF, Rel. Min. Roberto Barroso, j. 13-10-2021).

Desde que presente a justa causa para o rompimento do segredo, as comissões parlamentares de inquérito têm o poder de quebrar sigilo bancário, fiscal e telefônico de qualquer pessoa; afinal, nenhuma liberdade pública é absoluta.

Casuística do STF:

- **Quebra de sigilo com base em notícia jornalística** — "É vedada a quebra de sigilos bancário e fiscal com base em matéria jornalística" (STF, MS 24.982-MC, Rel. Min. Joaquim Barbosa, *DJ* de 2-8-2004). **No mesmo sentido:** STF, MS 25.812-MC, Rel. Min. Cezar Peluso, *DJ* de 6-2-2006.

- **Quebra do sigilo bancário e direito à intimidade** — "O direito à intimidade — que representa importante manifestação dos direitos da personalidade — qualifica-se como expressiva prerrogativa de ordem jurídica que consiste em reconhecer, em favor da pessoa, a existência de um espaço indevassável destinado a protegê-la contra indevidas interferências de terceiros na esfera de sua vida privada. A transposição arbitrária, para o domínio público, de questões meramente pessoais, sem qualquer reflexo no plano dos interesses sociais, tem o significado de grave transgressão ao postulado constitucional que protege o direito à intimidade, pois este, na abrangência de seu alcance, representa o 'direito de excluir, do conhecimento de terceiros, aquilo que diz respeito ao modo de ser da vida privada' (Hanna Arendt). O direito ao sigilo bancário — que também não tem caráter absoluto — constitui expressão da garantia da intimidade. O sigilo bancário reflete expressiva projeção da garantia fundamental da intimidade das pessoas, não se expondo, em consequência, enquanto valor constitucional que é, a intervenções de terceiros ou a intrusões do Poder Público desvestidas de causa provável ou destituídas de base jurídica idônea. O sigilo bancário não tem caráter absoluto, deixando de prevalecer, por isso mesmo, em casos excepcionais, diante da exigência imposta pelo interesse público" (STF, MS 23.669-MC, Rel. Min. Celso de Mello, *DJ* de 17-4-2000). **No mesmo sentido:** STF,

MS 24.135, Rel. Min. Nelson Jobim, *DJ* de 6-6-2003; MS 24.960-MC, Rel. Min. Celso de Mello, *DJ* de 23-8-2004.

Para tanto, é necessário que haja decisão fundamentada e *explícita*, provando a existência de *causa provável* que indique a necessidade da ruptura do segredo.

> **Posicionamento pacífico do STF:** "Alega-se ainda que a fundamentação se conteria no próprio requerimento de criação da CPI ou nas sessões públicas: aí, *data venia*, na melhor das hipóteses, se está a confundir a motivação — que é a expressa indicação dos motivos determinantes da decisão — com a existência deles. São conceitos de todo distintos" (STF, MS 23.466-AgRg, Rel. Min. Sepúlveda Pertence, *DJ* de 6-4-2001). **Precedentes:** STF, Pleno, MS 23.452/RJ, Rel. Min. Celso de Mello, decisão unânime: 16-9-1999; STF, MS 23.971-MC/DF, Rel. Min. Celso de Mello, *DJ* de 5-6-2001; STF, MS 23.851, Rel. Min. Celso de Mello, *DJ* de 21-6-2002; STF, MS 25.668, Rel. Min. Celso de Mello, decisão de 23-3-2006.

Esse mesmo raciocínio aplica-se às CPIs realizadas no plano municipal, distrital, e, segundo o Pretório Excelso, estadual.

> **Quebra de sigilo bancário pelas CPIs estaduais:** "A quebra de sigilo bancário por parte das comissões parlamentares de inquérito constitui instrumento inerente ao exercício da função fiscalizadora ínsita aos órgãos legislativos e, como tal, dela também podem fazer uso as CPIs instituídas pelas Assembleias Legislativas, desde que observados os requisitos e as cautelas preconizadas em inúmeras decisões desta Corte sobre o tema. O contrário, ou seja, retirar aos legislativos estaduais a possibilidade de utilizar-se desse instrumento, equivale a criar um elemento adicional de apoucamento das já institucionalmente fragilizadas unidades integrantes da nossa Federação. Sobre esse tópico, concluo, portanto, que em termos gerais, ressalvadas diferenças orgânicas entre o Legislativo federal e os estaduais, o art. 58, § 3º, da Constituição pressupõe inegável semelhança entre as comissões parlamentares de inquérito federais e estaduais, do que resulta a impossibilidade de os estados-membros as vedarem. Dessa primeira conclusão decorre a impossibilidade de a legislação federal limitar ou estabelecer proibições desproporcionais aos Legislativos estaduais e locais. Tanto seria assim que acredito que a expressa exclusão das CPIs estaduais e municipais da redação original do projeto de lei complementar (emenda apresentada pelo Senador Vilson Kleinübing na Comissão de Assuntos Econômicos do Senado Federal, no projeto de lei do Senado 219/1995, parecer 58/1998) não tem resultado prático, pois não tem o condão de negar a aplicação natural da Constituição Federal sobre os poderes das CPIs. É que a possibilidade de as CPIs estaduais determinarem a quebra de sigilo permanece, ainda que sem tratamento legal específico, por aplicação direta da Constituição Federal e das normas estaduais aplicáveis" (STF, ACO 730/RJ, Rel. Min. Joaquim Barbosa, *DJU* de 11-11-2005). **Obs.:** votaram com o Relator, Ministro Joaquim Barbosa, os Ministros Celso de Mello, Sepúlveda Pertence, Gilmar Mendes, Marco Aurélio e Carlos Britto. O Ministro Eros Grau divergiu, alegando a necessidade de autorização judicial para a quebra de sigilo bancário por parte das assembleias estaduais. Acompanharam a divergência os Ministros Cezar Peluso, Ellen Gracie, Carlos Velloso e Nelson Jobim.

A justificativa para esse entendimento finca-se no argumento de que, ao exercerem a competência investigatória prevista no art. 58, § 3º, da Constituição Federal, as comissões parlamentares de inquérito sujeitam-se aos mesmos limites constitucionais a que se submetem os juízes e tribunais, devendo, dessa forma, fundamentar as suas decisões, com base no que determina o art. 93, IX, do Texto Maior.

> **Nesse sentido:** "Esta Corte, em julgamentos relativos a mandados de segurança contra a quebra de sigilo bancário e fiscal determinada por comissão de inquérito parlamentar, já firmou o entendimento de que tais comissões têm competência para isso desde que essa quebra tenha fundamentação adequada, que não só há de ser contemporânea ao ato que a ordena, mas também que se baseie em fatos idôneos, para que não seja ela utilizada como instrumento de devassa indiscriminada sem que situações concretas contra alguém das quais possa resultar suspeitas fundadas de suposto envolvimento em atos irregulares praticados na gestão da entidade em causa" (STF, MS 23.843, Rel. Min. Moreira Alves, *DJ* de 1º-8-2003). **Precedentes:** STF, MS 23.964-MC/

◆ Cap. 21 ◆ ORGANIZAÇÃO DOS PODERES — 997

DF, Rel. Min. Celso de Mello, *DJ* de 18-5-2001; STF, Pleno, MS 23.851/DF, Rel. Min. Celso de Mello, *DJ* de 21-6-2002.

A Lei Complementar n. 105, de 10 de janeiro de 2001, em seu art. 4º, reportou-se aos trabalhos de investigação parlamentar. Certamente, a exegese desse preceito enquadra-se na linha de raciocínio que inspirou o § 3º do art. 58 da Carta Magna, pois as comissões parlamentares de inquérito podem obter informações sobre a conta bancária dos investigados desde que especifiquem a *causa provável* justificadora da ilicitude do fato. Tal solicitação deverá ser motivada, sujeitando-se, pela Lei Complementar n. 105/2001, a prévio exame de admissibilidade — se assim podemos chamar — das Casas legislativas ou do plenário de suas respectivas comissões de inquérito.

> **Precedentes:** STF, MS 23.556, Rel. Min. Octavio Gallotti, *DJ* de 7-12-2000; STF, MS 24.749, Rel. Min. Marco Aurélio, *DJ* de 5-11-2004; STF, MS 25.281-MC, Rel. Min. Sepúlveda Pertence, *DJ* de 15-3-2005; STF, MS 25.966-MC, Rel. Min. Cezar Peluso, *DJ* de 22-5-2006.

LEGISLAÇÃO DAS CPIs

- **Lei n. 1.579, de 18-3-1952** — dispõe sobre as comissões parlamentares de inquérito. Foi recepcionada, em suas *linhas gerais*, pela Constituição de 1988. Dissemos em suas *linhas gerais* porque nem todos os dispositivos que consagra compatibilizam-se com a Carta Maior, a exemplo do § 2º do seu art. 5º, que permite a prorrogação das investigações parlamentares dentro da legislatura em curso. Porém, a expressão *prazo certo*, contida no § 3º do art. 58 da *Lex Mater*, tornou o § 2º do art. 5º da Lei n. 1.579/52 sem qualquer eficácia normativa. Em regra, não há falar em ampliação de lapsos temporais, muito menos em deliberações de Casas legislativas, prorrogando comissões parlamentares de inquérito no curso de legislatura que ainda não findou. Deveras, a exigência de prazo certo deve ficar livre de possíveis prolongamentos oblíquos ou alargamentos temporais de encomenda, sem falar das acumulações de prorrogações dos prazos, tão comuns por aí. Mediante essas práticas subversivas da supremacia constitucional, busca-se recuperar prazos vencidos ou exauridos, transformando o inquérito parlamentar que é temporário em eterno mecanismo fiscalizador.
- **Lei n. 10.001, de 4-9-2000** — "Dispõe sobre a prioridade nos procedimentos a serem adotados pelo Ministério Público e por outros órgãos a respeito das conclusões das Comissões Parlamentares de Inquérito". Seus artigos principais são os seguintes: "Art. 1º Os Presidentes da Câmara dos Deputados, do Senado Federal ou do Congresso Nacional encaminharão o relatório da Comissão Parlamentar de Inquérito respectiva, e a resolução que o aprovar, aos chefes do Ministério Público da União ou dos Estados, ou ainda às autoridades administrativas ou judiciais com poder de decisão, conforme o caso, para a prática de atos de sua competência. Art. 2º A autoridade a quem for encaminhada a resolução informará ao remetente, no prazo de trinta dias, as providências adotadas ou a justificativa pela omissão. Parágrafo único. A autoridade que presidir processo ou procedimento, administrativo ou judicial, instaurado em decorrência de conclusões de Comissão Parlamentar de Inquérito, comunicará, semestralmente, a fase em que se encontra, até a sua conclusão. Art. 3º O processo ou procedimento referido no art. 2º terá prioridade sobre qualquer outro, exceto sobre aquele relativo a pedido de *habeas corpus*, *habeas data* e mandado de segurança. Art. 4º O descumprimento das normas desta Lei sujeita a autoridade a sanções administrativas, civis e penais".
- **Inconstitucionalidade do art. 4º da Lei n. 10.001/2000** — este diploma legal desconsidera uma série de comandos constitucionais, a começar pelo princípio da independência funcional do Ministério Público (CF, art. 127, § 1º), culminando numa agressão reflexa ao próprio esquema constitucional de distribuições de Poderes, em que uma esfera de poder deve respeitar o campo de competência da outra (CF, art. 2º). Se fôssemos mais adiante colheríamos uma série de argumentos sobre a inconstitucionalidade do referido preceito, que, embora proclame, não diz o teor das sanções administrativas, civis e penais a serem aplicadas. Até aqui há incongruência, porquanto *nullum crimen nulla poena sine praevia lege* (CF, art. 5º, XXXIX).
- **Lei Complementar n. 105, de 10-1-2001** — dispôs sobre o sigilo das operações de instituições financeiras, dando outras providências. No que diz respeito à seara do inquérito parlamentar,

destaque-se o seguinte preceito: "Art. 4º O Banco Central do Brasil e a Comissão de Valores Mobiliários, nas áreas de suas atribuições, e as instituições financeiras fornecerão ao Poder Legislativo Federal as informações e os documentos sigilosos que, fundamentadamente, se fizerem necessários ao exercício de suas respectivas competências constitucionais e legais. § 1º As comissões parlamentares de inquérito, no exercício de sua competência constitucional e legal de ampla investigação, obterão as informações e documentos sigilosos de que necessitarem, diretamente das instituições financeiras, ou por intermédio do Banco Central do Brasil ou da Comissão de Valores Mobiliários. § 2º As solicitações de que trata este artigo deverão ser previamente aprovadas pelo Plenário da Câmara dos Deputados, do Senado Federal, ou do plenário de suas respectivas comissões parlamentares de inquérito".

l) Prerrogativas profissionais do advogado

O exercício da advocacia perante as comissões parlamentares de inquérito estriba-se na Lei n. 8.906/94, notadamente o seu art. 7º, como entendeu o Supremo Tribunal Federal.

> **Posicionamento do STF:** "Conforme se decidiu em precedente citado na impetração, 'o exercício do poder de fiscalizar eventuais abusos cometidos por comissão parlamentar de inquérito contra aquele que por ela foi convocado para depor — ou para submeter-se ao procedimento da acareação — traduz prerrogativa indisponível do advogado no desempenho de sua atividade profissional, não podendo, por isso mesmo, ser cerceado, injustamente, na prática legítima de atos que visem a neutralizar situações configuradoras de arbítrio estatal ou de desrespeito aos direitos daquele que lhe outorgou o pertinente mandato' (STF — MS 25.617-MC, Rel. Min. Celso de Mello, *DJ* de 3-11-2005). Assim, defiro o pedido de medida liminar para sejam resguardados os direitos previstos no artigo 7º da Lei 8.906/94, observada a suspensão da eficácia da expressão 'ou desacato' — constante no § 2º da norma referida —, de acordo com o que decidido no julgamento da ADIn 1.127-MC (STF — Pleno — Rel. Min. Paulo Brossard, *RTJ*, *178*:67)" (STF, MS 25.923-MC, Rel. Min. Sepúlveda Pertence, *DJ* de 7-4-2006).

É que, segundo a Corte Excelsa, o depoente tem o direito de ser assistido por seu advogado e com este comunicar-se durante o curso de seu depoimento perante qualquer comissão parlamentar de inquérito, resguardado o sigilo profissional.

> **Sigilo profissional:** "Consubstancia direito do advogado recusar-se a depor, como testemunha, em processo no qual haja funcionado ou deva funcionar ou sobre fato relacionado com pessoa de quem seja ou foi advogado, mesmo quando autorizado ou solicitado pelo constituinte, bem como sobre fato que caracterize sigilo profissional. A partir da premissa constante, repita-se, da justificativa do requerimento de convocação — o paciente atuou como advogado, na prestação de serviços a certo cliente —, não se tem como placitar o ato da Comissão Parlamentar de Inquérito. Defiro a liminar pleiteada, desobrigando o paciente, ante a convocação, tal como formalizada, de comparecer à Comissão Parlamentar de Inquérito aludida para ser ouvido" (STF, HC 86.429, Rel. Min. Marco Aurélio, *DJ* de 16-8-2005).

Nisso, cabe ao advogado a prerrogativa, que lhe é dada por força e autoridade da lei, de velar pela intangibilidade dos direitos daquele que o constituiu como patrono de sua defesa técnica, competindo-lhe, por isso mesmo, para o fiel desempenho do *munus* de que se acha incumbido, o exercício dos meios legais vocacionados à plena realização de seu legítimo mandato profissional.

> **Entendimento do STF:** "O advogado — ao cumprir o dever de prestar assistência técnica àquele que o constituiu, dispensando-lhe orientação jurídica perante qualquer órgão do Estado — converte a sua atividade profissional, quando exercida com independência e sem indevidas restrições, em prática inestimável de liberdade. Qualquer que seja o espaço institucional de sua atuação (Poder Legislativo, Poder Executivo ou Poder Judiciário), ao advogado incumbe neutralizar os abusos, fazer cessar o arbítrio, exigir respeito ao ordenamento jurídico e velar pela integridade das garantias jurídicas — legais ou constitucionais — outorgadas àquele que lhe confiou a proteção de sua liberdade e de seus direitos, dentre os quais avultam, por sua inquestionável importância, a prerrogativa contra a autoincriminação e o direito de não ser tratado, pelas autoridades

◆ Cap. 21 ◆ ORGANIZAÇÃO DOS PODERES

999

públicas, como se culpado fosse, observando-se, desse modo, as diretrizes, previamente referidas, consagradas na jurisprudência do Supremo Tribunal Federal. Se, não obstante essa realidade normativa que emerge do sistema jurídico brasileiro, a Comissão Parlamentar de Inquérito — ou qualquer outro órgão posicionado na estrutura institucional do Estado — desrespeitar tais direitos que assistem à generalidade das pessoas, justificar-se-á, em tal específica situação, a intervenção, sempre legítima, do advogado, para fazer cessar o ato arbitrário ou, então, para impedir que aquele que o constituiu culmine por autoincriminar-se. O exercício do poder de fiscalizar eventuais abusos cometidos por comissão parlamentar de inquérito contra aquele que por ela foi convocado para depor traduz prerrogativa indisponível do advogado no desempenho de sua atividade profissional, não podendo, por isso mesmo, ser cerceado, injustamente, na prática legítima de atos que visem a neutralizar situações configuradoras de arbítrio estatal ou de desrespeito aos direitos daquele que lhe outorgou o pertinente mandato" (STF, HC 88.015-MC, Rel. Min. Celso de Mello, *DJ* de 21-2-2006).

Quaisquer restrições injustas ao legítimo e lícito exercício da advocacia enseja a impetração do mandado de segurança, inclusive em sua feição coletiva, impedindo que o art. 7º da Lei n. 8.906/94 seja desrespeitado por episódios lamentáveis, os quais denigrem a imagem sacrossanta daqueles que se acham investidos na nobilitante tarefa de defender seres humanos. Esse, também, é o posicionamento do Supremo Tribunal Federal, que, em linha de princípio, tem proclamado o dever de respeito às prerrogativas profissionais dos advogados.

> **Nesse sentido:** STF, MS 25.617-MC, Rel. Min. Celso de Mello, *DJ* de 3-11-2005. **Precedente:** "O fato irrecusável é um só: assiste plena legitimidade jurídico-legal ao advogado, quando pretende seja-lhe garantido o exercício das prerrogativas jurídicas asseguradas pelo Estatuto da Advocacia (Lei n. 8.906/94), notadamente aquelas que outorgam, a esse profissional, determinados direitos, tais como o de 'reclamar, verbalmente ou por escrito, perante qualquer (...) autoridade, contra a inobservância de preceito de lei, regulamento ou regimento' (art. 7º, XI), ou o de 'falar, sentado ou em pé, em (...) órgão (...) do Poder Legislativo' (art. 7º, XII), ou o de comunicar-se, pessoal e diretamente, com o seu cliente (sem, no entanto, poder substituí-lo, como é óbvio, no depoimento, que constitui ato personalíssimo), para adverti-lo de que lhe assiste o direito de permanecer em silêncio, fundado no privilégio jurídico contra a autoincriminação, ou o de opor-se a qualquer ato arbitrário ou abusivo cometido, contra o seu cliente, por membros da CPI, inclusive naquelas hipóteses em que, no curso do depoimento, venha a ser eventualmente exibida prova de origem ilícita. A presença do advogado, nesse contexto, reveste-se de alta significação, pois, no desempenho de seu ministério privado, incumbe-lhe promover a intransigente defesa da ordem jurídica sobre a qual se estrutura o Estado democrático de direito" (STF, MS 24.118-MC, Rel. Min. Celso de Mello, *DJ* de 6-11-2001).

É importante reconhecer que as CPIs, com os seus *poderes de investigação próprios das autoridades judiciais* (CF, art. 58, § 3º), sujeitam-se aos mesmos limites a que se submetem os membros do Poder Judiciário, dentre os quais o acatamento, incondicional, à cláusula do devido processo legal, que, na concreção de seu alcance, constitui manto protetor das prerrogativas elementares do exercício da advocacia, outorgadas aos profissionais do foro em prol da defesa dos direitos de seus constituintes.

Por isso, o Supremo Tribunal Federal tem assegurado, em sede de mandado de segurança com pedido de liminar, o exercício regular do direito à palavra nas CPIs, nos termos do art. 7º, X e XI, da Lei n. 8.906/94 (STF, MS 23.684-MC, Rel. Min. Sepúlveda Pertence, *DJ* de 10-5-2000).

> **Precedente:** "A Comissão Parlamentar de Inquérito, como qualquer outro órgão do Estado, não pode, sob pena de grave transgressão à Constituição e às leis da República, impedir, dificultar ou frustrar o exercício, pelo advogado, das prerrogativas de ordem profissional que lhe foram outorgadas pela Lei n. 8.906/94. O desrespeito às prerrogativas — que asseguram, ao advogado, o exercício livre e independente de sua atividade profissional — constitui inaceitável ofensa ao estatuto jurídico da advocacia, pois representa, na perspectiva de nosso sistema normativo, um ato de inadmissível afronta ao próprio texto constitucional e ao regime das liberdades públicas nele consagrado. Medida liminar deferida" (STF, MS 23.576-MC, Rel. Min. Celso de Mello, *DJ*

Entendimento do STF: buscas e apreensões domiciliares só podem ocorrer mediante ordem judicial, haja vista a prevalência da inviolabilidade de domicílio (AP 307-3/DF, Rel. Min. Celso de Mello, *DJU* de 13-10-1995). **No mesmo sentido:** STF, MS 23.652, Rel. Min. Celso de Mello, *DJ* de 16-2-2001; MS 23.639, Rel. Min. Celso de Mello, *DJ* de 16-2-2001. **Precedente:** "Com relação à busca e apreensão de documentos, este Tribunal tem admitido que a CPI 'pode requisitar documentos e buscar todos os meios de prova legalmente admitidos' e, 'em princípio, determinar buscas e apreensões, sem o que essas medidas poderiam tornar-se inócuas e, quando, viessem a ser executadas, cairiam no vazio' (HC n. 71.039-RJ, Plenário, unânime, Rel. Min. Paulo Brossard, in *DJ* de 6-12-96). Entretanto, o caso tem a particularidade de o impetrante ser advogado militante e, assim, portador de informações protegidas pelo sigilo profissional (artigo 133 da Constituição e artigo 7º, II, da Lei n. 8.906/94). Ante o exposto, concedo em parte a liminar requerida, para que a Comissão Parlamentar de Inquérito limite a quebra dos sigilos e a busca e apreensão de documentos às relações do impetrante com a *Teletrust* de Recebíveis S/A, da qual é sócio e conselheiro" (STF, MS 23.444, Rel. Min. Maurício Corrêa, *DJ* de 28-3-2000).

- determinar a quebra do sigilo das comunicações telefônicas, porquanto se trata de ato exclusivo dos juízes, nas hipóteses e na forma que a lei estabelecer para fins de investigação criminal ou instrução processual penal (CF, art. 5º, XII). **Atenção:** o que as CPIs não podem é romper o segredo das comunicações telefônicas, algo apenas possível mediante sentença judicial (Lei n. 9.296/96). A ruptura do sigilo de registros telefônicos, ou seja, de ligações pretéritas, armazenadas e documentadas nas companhias telefônicas, é plenamente possível. Aqui não incide a reserva de jurisdição, princípio que só se aplica ao segredo das comunicações telefônicas (CF, art. 5º, XII), não a telefonemas efetuados no passado;

    Casuística do STF:
    - **Necessidade de ordem judicial** — "A quebra do sigilo das correspondências, da comunicação telegráfica, de dados e das comunicações telefônicas afigura-se como exceção que, voltada para o êxito de investigação criminal ou instrução processual penal, há de ser implementada a partir de ordem judicial, sendo certo que as comissões parlamentares de inquérito detêm poderes de investigação próprios das autoridades judiciais — artigos 5º, inciso XII, e 58, § 3º, do Diploma Maior. Nesse contexto, conclui-se que os dados aludidos possuem destinação única e, por isso mesmo, devem ser mantidos sob reserva, não cabendo divulgá-los. A Lei Complementar n. 105/2001 surge no campo simplesmente pedagógico, no campo pertinente à explicitação do que já decorre da Lei Fundamental. O sigilo é afastável, sim, em situações excepcionais, casos em que os dados assim obtidos ficam restritos ao processo investigatório em curso" (STF, MS 25.686, Rel. Min. Marco Aurélio, *DJ* de 2-12-2005).
    - **Garantia fundamental da intimidade** — "É preciso advertir que a quebra de sigilo não se pode converter em instrumento de devassa indiscriminada dos dados — bancários, fiscais e/ou telefônicos — postos sob a esfera de proteção da cláusula constitucional que resguarda a intimidade, inclusive aquela de caráter financeiro, que se mostra inerente às pessoas em geral. Não se pode desconsiderar, no exame dessa questão, que a cláusula de sigilo que protege os registros bancários, fiscais e telefônicos reflete uma expressiva projeção da garantia fundamental da intimidade — da intimidade financeira das pessoas, em particular —, que não deve ser exposta, enquanto valor constitucional que é, a intervenções estatais ou a intrusões do Poder Público, quando desvestidas de causa provável ou destituídas de base jurídica idônea" (STF, MS 25.668-MC, Rel. Min. Celso de Mello, *DJ* de 24-11-2005).

- determinar a apreensão e o bloqueio de bens de pessoas físicas ou jurídicas;

    Posição pacífica no STF: "Entendimento do STF segundo o qual as CPIs não podem decretar bloqueios de bens, prisões preventivas e buscas e apreensões de documentos de pessoas físicas ou jurídicas, sem ordem judicial" (STF, MS 23.455, Rel. Min. Néri da Silveira, *DJ* de 7-12-2000). **No mesmo sentido:** STF, MS 23.446, Rel. Min. Ilmar Galvão, *DJ* de 23-6-1999; MS 23.480, Rel. Min. Sepúlveda Pertence, *DJ* de 15-9-2000; STF, MS 23.471, Rel. Min. Octavio Gallotti, *DJ* de 10-8-2000.

◆ Cap. 21 ◆ ORGANIZAÇÃO DOS PODERES

1003

- decretar prisão, salvo em flagrante delito ou por ordem escrita e fundamentada da autoridade judiciária competente (CF, art. 5º, LXI); e
- formular acusações ou punir delitos.

Todos esses temas esbarram no postulado da reserva constitucional de jurisdição, pois as comissões parlamentares de inquérito, é bem certo, movem-se num vasto domínio. São amplos seus poderes. Todavia, não são ilimitados. Têm como limite um círculo de extenso diâmetro, que é a Constituição Federal. Enquanto não transpõem essa periferia, postam-se dentro da legalidade e do Estado Democrático de Direito. Quando exorbitam aquele círculo, adrede estipulado pelo constituinte, os seus atos estão sujeitos ao julgamento do Poder Judiciário, que, declarando-os inaplicáveis por ofensivos a direitos, subtrai-lhes os efeitos jurídicos.

E, pela reserva de jurisdição, os atos propriamente jurisdicionais estão submetidos, por expressa determinação constitucional, à *primeira* e à *última palavra dos juízes*.

> **Monopólio da palavra judicial:** ocorre o monopólio da *primeira palavra*, monopólio do juiz ou reserva absoluta de jurisdição, quando, em certos litígios, compete ao juiz não só a última e decisiva palavra mas também a primeira palavra referente à definição do direito aplicável a certas relações jurídicas. Sobre o monopólio da última palavra ou monopólio dos tribunais disse Canotilho: "significa, em termos gerais, o direito de qualquer indivíduo a uma garantia de justiça, igual, efectiva e assegurada através de 'processo justo' para defesa das suas posições jurídico-subjectivas. Esta garantia de justiça tanto pode ser reclamada em casos de lesão ou violação de direitos e interesses dos particulares por medidas e decisões de outros poderes e autoridades públicas (monopólio da última palavra contra actos do Estado) como em casos de litígios entre particulares e, por isso, carecidos de uma decisão definitiva e imparcial juridicamente vinculativa (monopólio da última palavra em litígios jurídico-privados)" (J. J. Gomes Canotilho, *Direito constitucional e teoria da Constituição*, p. 584). **Sobre o tema:** Paulo Castro Rangel, *Reserva de jurisdição*: sentido dogmático e sentido jurisprudencial, 1997.

O *juris dicere*, nesses assuntos específicos, pertence, exclusivamente, ao Judiciário. Nenhum outro Poder da República poderá desempenhar idênticas atribuições, porque existem assuntos em que os tribunais têm de ter não somente a última palavra, mas logo a primeira palavra. Eis aí o monopólio do juiz, que impede que autoridades administrativas, legislativas, bem como aquelas que têm "poderes de investigação próprios das autoridades judiciais", pratiquem atos afetos à esfera de competência material da magistratura.

o) Relatório

Ao apresentar o seu relatório, a comissão parlamentar de inquérito conclui os seus trabalhos. A publicação do relatório far-se-á no *Diário da Câmara dos Deputados*.

A partir daí as conclusões, contidas no relatório da CPI, são encaminhadas, segundo o art. 37 do Regimento Interno da Câmara baixa:

- à Mesa, para que providências sejam tomadas por ela ou pelo Plenário, oferecendo, se for o caso, projeto de lei, de decreto legislativo, de resolução ou de indicação, que será incluída na ordem do dia, dentro de cinco sessões;
- ao Ministério Público ou à Advocacia-Geral da União, com cópia de todos os documentos levantados, a fim de que seja promovida a responsabilidade civil ou criminal dos infratores, adotando-se outras medidas decorrentes de suas respectivas funções institucionais;
- ao Poder Executivo, para adotar providências de caráter disciplinar e administrativo (CF, art. 37, §§ 2º a 6º), assinalando prazo hábil para seu cumprimento;
- à comissão permanente que tenha maior pertinência com a matéria investigada, a fim de que esta conheça formalmente o teor das investigações, e, conforme o caso, fiscalize a tomada de providências de caráter disciplinar e administrativo;
- à Comissão Mista Permanente (CF, art. 166, § 1º); e
- ao Tribunal de Contas (CF, arts. 71 e s.).

O relatório deve ser circunstanciado e subscrito por todos os membros da CPI, sendo acompanhado das conclusões das investigações. A partir daí, é finalizado por meio de resolução (Lei n. 1.579/52, art. 5º, *caput*).

Saliente-se que o relatório deve conter todas as minúcias daquilo que foi pesquisado, e não apenas a generalidade das informações colhidas. A Lei n. 1.579/52 é clara a esse respeito, exigindo ainda que, se a comissão tiver investigado vários fatos, deverá individualizá-los em apartado, abordando cada um deles separadamente (art. 5º, § 1º).

Essa mesma determinação foi adotada pelo Regimento Interno do Senado Federal (art. 150, § 2º).

O Regimento Interno da Câmara dos Deputados, por sua vez, aduz que a comissão parlamentar de inquérito poderá, se forem diversos os fatos inter-relacionados objeto do inquérito, dizer em separado sobre cada um, mesmo antes de conclusa a investigação dos demais (art. 36, VI).

Nada obsta às comissões de oferecerem relatórios parciais conforme investigam determinado fato, possibilitando a adoção de medidas pertinentes ao saneamento das irregularidades, sejam civis, sejam criminais, conforme o teor das investigações, algo que não configura constrangimento ilegal, sanável por meio de *habeas corpus*.

Nesse sentido: STF, HC 88.680-MC, Rel. Min. Joaquim Barbosa, *DJ* de 12-5-2006.

Mas no que tange ao encaminhamento do relatório ao Ministério Público e à Advocacia-Geral da União, convém enfatizar que apenas o relatório conclusivo dos trabalhos da CPI — e não os relatórios parciais — é que serve para promover a responsabilidade civil ou criminal por infrações definitivamente apuradas, nos termos do art. 37 do Regimento Interno da Câmara dos Deputados.

Nesse sentido: STF, MS 25.707, Rel. Min. Gilmar Mendes, *DJ* de 13-12-2005.

Feita essa ressalva, é desnecessário esgotar a pesquisa de todos os fatos determinados, para só depois disso apresentar o relatório com a conclusão daqueloutros que já haviam sido perquiridos inicialmente.

Apresentação de relatórios parciais — Possibilidade: "A produção de relatórios parciais constitui prática que não traduz nem se qualifica como ato abusivo das comissões parlamentares de inquérito, cujos trabalhos — porque voltados ao esclarecimento de ocorrências anômalas que afetam, gravemente, o interesse geral da sociedade e do Estado — devem estar sujeitos a permanente escrutínio público, representando, por isso mesmo, forma legítima de apresentação de resultados, ainda que setoriais, das atividades desenvolvidas ao longo do inquérito legislativo, assim permitindo que a coletividade exerça, sobre tais órgãos de investigação, a necessária fiscalização social. Na realidade, a divulgação de relatórios parciais traduz a legítima expressão do necessário diálogo democrático que se estabelece entre a comissão parlamentar de inquérito e os cidadãos da República, que têm direito público subjetivo à prestação de informações por parte dos órgãos parlamentares de representação popular, notadamente nos casos em que se registra — considerada a gravidade dos fatos sob investigação legislativa — direta repercussão sobre o interesse público. O que esta Suprema Corte tem censurado — e desautorizado — é a divulgação indevida, desnecessária, imotivada ou sem justa causa dos registros sigilosos, pelo fato de inexistir, em tal contexto, qualquer razão idônea ou fundada no interesse público, cuja constatação, uma vez demonstrada, revela-se capaz de justificar, só por si, o ato excepcional de pública exposição, à coletividade, das informações legitimamente obtidas pela comissão parlamentar de inquérito" (STF, MS 25.717-MC, Rel. Min. Celso de Mello, *DJ* de 1º-2-2006).

p) Responsabilidade civil ou criminal dos infratores

Ao concluir suas investigações, as CPIs devem encaminhar ao Ministério Público os elementos para a responsabilização civil ou criminal dos infratores, porque o órgão ministerial é o guardião da ordem jurídica. Cumpre-lhe zelar pelo efetivo respeito dos Poderes Públicos e dos serviços de relevância pública, bem como salvaguardar os direitos assegurados na Constituição e nas leis.

Ciência ao Ministério Público: "A Constituição Federal, no § 3º do seu artigo 58, dispõe que as conclusões da CPI, 'se for o caso', serão encaminhadas ao Ministério Público para que promova a responsabilidade civil e criminal dos infratores. Ora, somente a comissão poderá decidir se se

Cap. 21 ◆ ORGANIZAÇÃO DOS PODERES

1005

verifica, ou não, a hipótese do referido encaminhamento das conclusões, o que não implica, necessariamente, que sejam elas acompanhadas dos documentos sigilosos" (STF, MS 23.970-MC, Rel. Min. Maurício Corrêa, *DJ* de 5-6-2001). **Precedente:** STF, HC 71.039, Rel. Min. Paulo Brossard, *DJ* de 6-12-1996).

Mas a atribuição conferida ao órgão ministerial, pelo art. 58, § 3º, do Texto Supremo, não elide a existência de investigações policiais que surjam no curso das investigações parlamentares.

Sem embargo, as comissões parlamentares de inquérito não podem responsabilizar quem quer que seja. Falta-lhes poder conclusivo, aquele *final enforcing power* dos constitucionalistas estadunidenses. Logo, a determinação da responsabilidade dos infratores refoge do campo de incidência dessas comissões factuais, sendo deferida pela Constituição ao Ministério Público.

Quais as providências civis e penais a serem tomadas pelo Ministério Público, com base nos resultados apresentados pelas comissões parlamentares de inquérito?

No campo criminal, faculta-se-lhe exercer a titularidade privativa da ação penal pública (art. 129, I, da CF c/c o art. 25, III, da Lei n. 8.625/93).

Também poderá ser admitida a ação privada nos crimes de ação pública, se esta não for intentada no prazo legal (art. 5º, LIX, da CF c/c o art. 29 do CPP).

Perante essas hipóteses, o *Parquet* poderá compulsar as normas contidas no Código Penal, dentre outros diplomas legais que contenham preceitos suscetíveis de aplicação em cada caso específico.

Como instrumento de atuação na esfera cível, a Lei Orgânica do Ministério Público prevê, além do inquérito civil e da ação civil pública, a ação de responsabilidade, que permite ao órgão ministerial ingressar em juízo, de ofício, para responsabilizar os gestores do dinheiro público condenados por tribunais e conselhos de contas, inclusive aqueles que foram investigados por comissões parlamentares de inquérito (Lei n. 8.625/93, art. 25, IV, *a* e *b*; e VIII; art. 26, I, *a*, *b* e *c*, II a VIII, e §§ 1º a 5º).

Acresça-se a esse contexto que o Ministério Público, lastreado na Lei n. 8.429, de 2 de junho de 1992, que dispõe sobre as sanções aplicáveis aos agentes públicos nas hipóteses de improbidade administrativa, poderá, *ex officio*, formular representação endereçada ao órgão administrativo a que o investigado pertença.

Em tal situação, o *Parquet* deverá escudar-se nas conclusões apresentadas pela comissão parlamentar de inquérito. Se considerá-las insuficientes, é-lhe possível, inclusive, requisitar a abertura de inquérito policial, desde que a conduta descrita enseje o enquadramento de crime de ação pública (Lei n. 8.429/92, arts. 14, *caput*, e § 1º; 17 e 22).

◇ 3.23. Comissão parlamentar representativa

Durante o recesso, haverá uma comissão representativa do Congresso Nacional, eleita por suas Casas na última sessão ordinária do período legislativo, com atribuições definidas no regimento comum, cuja composição reproduzirá, quanto possível, a proporcionalidade da representação partidária (CF, art. 58, § 4º).

Aí está a *comissão parlamentar representativa* do Congresso Nacional. Trata-se de uma comissão peculiar, se comparada às anteriores.

Enquanto as comissões permanentes e temporárias possuem o traço técnico, com vistas ao estudo e à investigação de problemas que lhes são levados, a *comissão representativa* destina-se a representar o Congresso Nacional durante o período de recesso parlamentar.

Tal novidade da Constituição de 1988 produziu significativa alteração do regime constitucional dantes contemplado. Basta ver que, na vigência da Carta de 1934, no recesso do Poder Legislativo, "a metade do Senado Federal, constituída na forma que o Regimento Interno indicar, com representação igual dos Estados e do Distrito Federal, funcionará como Seção Permanente" (art. 92, § 1º).

Veja-se que o Texto de 1988 determinou a existência de apenas uma *comissão representativa* para o recesso, que será de 1º a 31 de julho, e de 16 de dezembro a 14 de fevereiro do ano seguinte, exceto se este for o primeiro da legislatura, quando o recesso termina no dia 1º de fevereiro.

Incumbe ao regimento do Congresso Nacional estabelecer as atribuições da *comissão representativa*, que reproduzirá, na medida do possível, a regra de composição prevista para as demais comissões parlamentares.

✧ 3.24. Processo legislativo

Processo legislativo é o conjunto de *atos preordenados* que permitem a feitura, a mudança e a substituição de espécies normativas (CF, art. 59).

Esses atos preordenados são: **(i)** iniciativa legislativa; **(ii)** emendas; **(iii)** votação; **(iv)** sanção e veto; e **(v)** promulgação e publicação.

Em rigor, a promulgação e a publicação não integram o processo legislativo, porque não são atos oriundos do trabalho de deputados e senadores, no exercício do *munus* legiferante. Por motivos estritamente didáticos, as estudaremos aqui.

Na realidade, o objetivo de estudar o processo legislativo é aferir o trâmite correto dos atos jurídico--normativos, evitando inconstitucionalidades.

Com efeito, o processo legislativo pode ser de três tipos:

- **processo legislativo sociológico** — é o conjunto de fatores reais do poder que inspiram o legislador a realizar a sua atividade; nessa perspectiva, estuda-se: **(i)** o surgimento e a marcha dos projetos de lei; **(ii)** a força da opinião pública; **(iii)** as crises sociais e as pressões de grupos organizados; **(iv)** a força dos *lobbies*; **(v)** os acordos partidários; **(vi)** as compensações políticas; **(vii)** o jogo de favores, a troca de votos e de partidos etc.;

- **processo legislativo internacional** — é o gênero que compreende o *processo administrativo internacional*; cumpre-lhe estabelecer normas para a produção de atos administrativos de órgãos e entidades de direito das gentes, como os Secretariados da ONU, da OEA, da OTAN etc.;

- **processo legislativo jurídico-normativo ou propriamente constitucional** — é a modalidade adotada no Brasil (CF, arts. 59 a 69). Designa o conjunto coordenado de atos que disciplinam a criação de normas, gerais ou individualizadas, pelos órgãos competentes. Preferimos denominá--lo *processo legislativo propriamente constitucional*, pois sua fonte está na Constituição da República. Sobre ele se debruçam as grandes questões de repercussão prática, os litígios parlamentares, os problemas levados à apreciação dos juízes e tribunais. A seguir o estudaremos detalhadamente, pois, desse modo.

⌑ 3.24.1. Processo legislativo na Constituição de 1988

A Constituição brasileira consagrou o processo legislativo *jurídico-normativo* ou *propriamente constitucional* (arts. 59 a 69). Em linhas gerais, o constituinte de 1988 manteve a disciplina do *processo legislativo* em termos semelhantes à Carta de 1967. Inovou, contudo, em alguns pontos, para acompanhar certas tendências contemporâneas, experimentadas noutros países. É o caso da substituição do decreto--lei pela medida provisória e da eliminação do *decurso de prazo*, verdadeira excrescência legislativa do regime constitucional passado.

> **Decurso de prazo:** permitia a aprovação de projetos de lei, ou de decretos-lei, sem qualquer apreciação do Congresso Nacional (CF de 1967, arts. 51, §§ 1º a 3º, e 55). Tratava-se, pois, de figura teratológica, que depreciava a magnitude do Poder Legislativo brasileiro.

As consequências de o constituinte de 1988 ter previsto um processo legislativo *jurídico* ou *propriamente constitucional* são profundas na ordem jurídica.

Em primeiro lugar, o processo legislativo posta-se como um conjunto coordenado de atos formais ou instrumentais que dirigem a atividade de elaboração normativa.

Esses *atos*, como vimos, são a *iniciativa legislativa*, as *emendas*, a *votação*, a *sanção* e o *veto*, a *promulgação* e a *publicação*. Buscam realizar o processo de criação das espécies normativas do art. 59 — emendas

◆ Cap. 21 ◆ ORGANIZAÇÃO DOS PODERES 1007

constitucionais, leis complementares, leis ordinárias, leis delegadas, medidas provisórias, decretos legislativos e resoluções.

De outro lado, é indiscutível e pacífico que o processo legislativo deve realizar-se à luz do *due process of law* e do princípio constitucional da legalidade.

É que o desdobramento da cláusula inscrita no art. 5º, LIV, da Constituição enseja a existência de um *devido processo legislativo*. Este, juntamente com o pórtico da legalidade (art. 5º, II), fornece ao legislador a medida exata do exercício de suas atividades.

Assim, ninguém é obrigado a fazer ou deixar de fazer alguma coisa sem a existência de um comando normativo, feito à luz do *processo legislativo propriamente constitucional*, nem submetido a juiz ou tribunal sem as garantias instrumentais, previstas na Constituição e nas leis da República.

O desrespeito a tudo isso, conforme decidiu o Pretório Excelso, propicia a arguição de inconstitucionalidade formal de lei ou ato normativo, bem como o controle de constitucionalidade pelo Poder Judiciário, tanto na via de defesa ou exceção (método difuso) como na via de ação (método concentrado). E os parlamentares têm direito público subjetivo de impetrar mandado de segurança se as normas constitucionais disciplinadoras do processo legislativo, consubstanciadas nos arts. 59 a 69 do Texto Maior, forem violadas.

> **Precedente:** STF, Pleno, MS 22.503-3/DF, Rel. p/ acórdão Min. Maurício Corrêa, *DJ*, 1, de 6-6-1997.

Até as constituições dos Estados-membros devem obediência às normas do processo legislativo, as quais servem de modelo de observância obrigatória para os legisladores dessas ordens jurídicas parciais.

> **Processo legislativo dos Estados-membros:** "Absorção compulsória das linhas básicas do modelo constitucional federal, entre elas as decorrentes das normas de reserva de iniciativa das leis, dada a implicação com o princípio fundamental da separação e independência dos Poderes: jurisprudência consolidada do Supremo Tribunal" (STF, ADIn 637, Rel. Min. Sepúlveda Pertence, *DJ* de 1º-10-2004). **Precedentes:** STF, *RTJ*, *150*:482, *138*:76, *141*:355, *140*:457.

Resultado: o molde estruturador dos atos de elaboração legislativa, tal como delineado em seus aspectos fundamentais pela Constituição Federal, impõe-se, enquanto padrão normativo, de compulsório atendimento à observância incondicional dos Estados-membros.

> **Processo legislativo federal — Regras de absorção compulsória:** "As regras básicas do processo legislativo federal são de absorção compulsória pelos Estados-Membros em tudo aquilo que diga respeito — como ocorre às que enumeram casos de iniciativa legislativa reservada — ao princípio fundamental de independência e harmonia dos poderes, como delineado na Constituição da República. Essa orientação — malgrado circunscrita em princípio ao regime dos poderes constituídos do Estado-Membro — é de aplicar-se em termos ao poder constituinte local, quando seu trato, na Constituição estadual traduza fraude ou obstrução antecipada ao jogo, na legislação ordinária, das regras básicas do processo legislativo, a exemplo da área de iniciativa reservada ao Executivo ou ao Judiciário: é o que se dá quando se eleva ao nível constitucional do Estado-Membro assuntos miúdos do regime jurídico dos servidores públicos, sem correspondência no modelo constitucional federal, como sucede, na espécie, com a equiparação em vencimentos e vantagens dos membros de uma carreira — a dos Procuradores Autárquicos — aos de outra — a dos Procuradores do Estado: é matéria atinente ao regime jurídico de servidores públicos, a ser tratada por lei de iniciativa reservada ao Chefe do Poder Executivo (CF, art. 61, § 1º, II, c). O princípio da irredutibilidade de vencimentos não inibe a declaração de inconstitucionalidade da norma de equiparação questionada, cuja invalidade, de resto, não alcança por si só a identidade da remuneração das carreiras consideradas, na medida em que, como se afirma, decorre ela de leis válidas anteriores que a ambas hajam atribuído os mesmos vencimentos" (STF, ADIn 1.434, Rel. Min. Sepúlveda Pertence, *DJ* de 25-2-2000). **Precedente:** STF, Pleno, ADIn 1.254-1-ML/RJ, Rel. Min. Celso de Mello, *DJ*, 1, de 18-8-1995.

1008 ◆ Uadi Lammêgo Bulos ◆

⌑ **3.24.2. Classificação do processo legislativo**

O *processo legislativo propriamente constitucional* classifica-se:
* **quanto às formas de organização política do Estado** — essa classificação analisa o próprio ato de legislar, estudando os processos legislativos *autocrático*, *direto*, *indireto* e *semidireto*; e

> **Processos legislativos *autocrático, direto, indireto* e *semidireto*:**
> * **Autocrático** — é o processo legislativo das constituições *outorgadas*. Nele, o governante centraliza para si a função legiferante, excluindo a participação popular ou representativa da competência de editar leis ou atos normativos. É ínsito às ditaduras, às monarquias e aos governos de fato. O exemplo clássico do *processo legislativo autocrático* é o Código de Hamurabi, que vigorou no início do segundo milênio antes de Jesus Cristo.
> * **Direto** — é aquele discutido e votado pelo próprio povo. Na Roma antiga, principalmente no período áureo da República, vemo-lo difundido com grande vigor, exsurgindo daí a conhecida definição de Gaio para a lei: "lei é o que o povo ordena e estabelece" (*lex est quod populus iubet atque constituit*).
> * **Indireto (ou representativo)** — nele o povo escolhe os legisladores, os quais decidem sobre assuntos de sua competência constitucional. É o modelo da Constituição de 1988. Sobre o processo legislativo indireto advertiu Nelson de Sousa Sampaio: "Na Colônia, só conhecemos o processo legislativo autocrático, se ressalvarmos o limitado regime representativo dos municípios, que possuía escassa significação legislativa, uma vez que as atribuições de nossas Câmaras de Vereadores eram predominantemente administrativas e, em pequena escala, judiciais. Com a independência, a regra passou a ser o processo representativo, interrompido apenas pelo processo autocrático, nos interregnos do governo de fato: de 7 de setembro de 1822 a 3 de maio de 1823 (data da instalação da Assembleia Geral Constituinte e Legislativa do Império do Brasil); de 12 de novembro de 1823 (dissolução da Constituinte) a 6 de maio de 1826, quando se instalou a primeira legislatura monárquica; de 15 de novembro de 1889 a 24 de fevereiro de 1891; de 24 de outubro de 1930 a 16 de julho de 1934; de 10 de novembro de 1937 a 18 de setembro de 1946" (*O processo legislativo*, p. 56).
> * **Semidireto** — concretiza-se por meio de referendo popular. Trata-se de modalidade bastante complexa, pois, para elaborar a lei, é preciso a conjugação de vontades do órgão representativo e do eleitorado. Foi a Suíça terreno fértil para a germinação do processo legislativo semidireto, que também se proliferou em vários Estados-membros da federação norte-americana.

* **quanto às fases de elaboração ou desenvolvimento das leis e atos normativos** — essa classificação estuda o *iter*, o caminho, o percurso de nascimento da norma jurídica. É aquilo que os especialistas chamam de *procedimento legislativo*, que pode ser *ordinário* (ou *comum*), *sumário* e *especial*. Vejamos.

> **Processo e procedimento legislativo:** o procedimento legislativo revela o modo pelo qual os atos de elaboração das leis se realizam. Nada obstante a confusão entre *processo* e *procedimento*, é adequado falar em *procedimentos legislativos*. É que os *procedimentos legislativos* são os *sinais* que formam o *processo legislativo*. Equivalem ao *modus faciendi*, à forma por que se movem os atos de elaboração normativa.

⌑ **3.24.3. Fases de elaboração das leis e atos normativos**

As fases de elaboração das leis e atos normativos correspondem aos procedimentos legislativos: *ordinário* ou *comum*; *sumário*; e *especial*.

a) Procedimento legislativo ordinário (ou comum)

O *procedimento legislativo ordinário* ou *comum* destina-se a elaborar as leis ordinárias e complementares. Tem bastante amplitude, sendo o mais demorado e complexo, porque envolve a análise e a discussão de projetos legislativos. Desdobra-se em três fases: *introdutória*; *constitutiva*; e *complementar*.

FASES DO PROCEDIMENTO LEGISLATIVO ORDINÁRIO

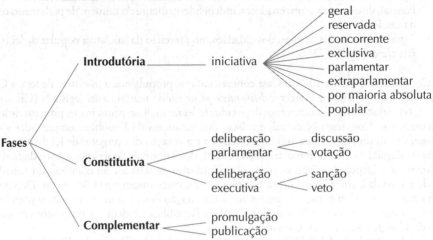

a.1) Fase introdutória do procedimento legislativo ordinário: a iniciativa de lei

A fase introdutória do procedimento legislativo ordinário corresponde à *iniciativa de lei*, também chamada de *iniciativa legislativa*.

Iniciativa de lei é o ato propulsor do processo legislativo, aplicando-se tanto às leis complementares quanto às ordinárias, como determina o art. 61, *caput*, da Carta Magna.

Por seu intermédio, dá-se o primeiro passo para que seja desencadeada a manifestação de vontade que cria *direito novo*.

Esse ato propulsor deve desenvolver-se à luz do *devido projeto legislativo*, escrito e articulado.

A iniciativa das leis complementares e ordinárias pode ser:

- *Geral* — se couber a qualquer membro ou comissão da Câmara dos Deputados, do Senado Federal ou do Congresso Nacional, ao Presidente da República, ao Supremo Tribunal Federal, aos Tribunais Superiores, ao Procurador-Geral da República e aos cidadãos, na forma e nos casos previstos na Constituição (CF, art. 61, *caput*).
- *Reservada* — se partir de órgãos específicos, tais como Presidência da República (CF, art. 61, § 1º), Câmara dos Deputados (CF, art. 51, IV), Senado Federal (CF, art. 52, XIII), Supremo Tribunal Federal (CF, 96, II, *b*) e Procuradoria-Geral da República (CF, arts. 127, § 2º, e 128, § 5º).
- *Concorrente* — se partir de vários legitimados ao mesmo tempo. É o caso da concorrência de iniciativa legislativa entre o Presidente da República e o Procurador-Geral da República, quanto à elaboração de lei complementar, destinada a organizar o Ministério Público da União, do Distrito Federal e dos Territórios (CF, art. 61, § 1º, II, *d*, c/c o art. 128, § 5º).
- *Exclusiva* — se pertencer, apenas, a determinado cargo ou órgão, a exemplo da Presidência da República (CF, art. 61, § 1º). O constituinte originário rotulou essa iniciativa de *privativa*. Equivocou-se, porque a esfera dessa competência legislativa é *indelegável*. Só o Magistrado Supremo da República — o Presidente — detém esse *munus*, e mais ninguém. Portanto, o qualificativo *exclusiva* é bem mais apropriado que privativa. Na jurisprudência inexiste maior rigor terminológico, prevalecendo o uso da voz *privativa*, tal como grafada na Constituição.
- *Parlamentar* — se partir de membros do Congresso Nacional, isto é, deputados federais e senadores da República (CF, art. 61, *caput*).
- *Extraparlamentar* — se partir de indivíduos ou órgãos alheios ao Poder Legislativo, a exemplo do Presidente da República (CF, art. 61, § 1º), Poder Judiciário (CF, art. 96, II, c/c o art. 48, XV), Ministério Público (CF, arts. 61, § 1º, II, *d*, 127, § 2º, e 128, § 5º) e cidadãos (CF, art. 14, III, c/c o art. 61, § 2º).
- *Por maioria absoluta* — se partir da maioria absoluta dos membros de qualquer das Casas do Congresso Nacional, hipótese em que o projeto de lei poderá ser reapresentado na mesma sessão

1010 ♦ Uadi Lammêgo Bulos ♦

legislativa (CF, art. 67). A maioria absoluta na Câmara é de 257 deputados federais, e, no Senado Federal, de quarenta e um senadores, independentemente do número de parlamentares presentes na sessão.

- *Popular* — se partir, apenas, dos cidadãos, no exercício da iniciativa popular de lei (CF, art. 14, III, c/c o art. 61, § 2º).

Conforme a Carta de 1988, a Casa congressual que propulsiona a iniciativa de lei é a Câmara dos Deputados, à qual incumbe exercer a *deliberação principal* da matéria a ser legislada (CF, art. 61, § 2º, c/c o art. 64, *caput*). Mas, se cumpre aos deputados federais analisar, primeiro, os projetos de lei ordinária apresentados ao Congresso Nacional, é missão dos senadores da República empreender a *deliberação revisional* de tais projetos. Desse modo, a discussão e a votação dos projetos de lei de iniciativa do Presidente da República, do Supremo Tribunal Federal, dos Tribunais Superiores e dos cidadãos iniciam-se na Câmara dos Deputados. Mas os projetos de iniciativa de senador ou comissão do Senado fogem à regra do art. 64 da Carta Maior, porque não têm sua discussão iniciada na Câmara dos Deputados. Frise- -se, também, que a Constituição é indiferente à tramitação dos projetos de iniciativa popular e àqueles cuja propositura compete ao Procurador-Geral da República. Podem ser propostos em qualquer das Casas do Congresso Nacional, Câmara ou Senado.

- **Advertência do STF:** "Não precisa ser reapreciada pela Câmara dos Deputados expressão su- primida pelo Senado Federal em texto de projeto que, na redação remanescente, aprovada de ambas as Casas do Congresso, não perdeu sentido normativo" (STF, ADIn 3.367/DF, Rel. Min. Cezar Peluso, *Clipping* do *DJ* de 17-3-2006).

a.1.1) Iniciativa do Presidente da República (CF, art. 61, § 1º)

A iniciativa do Presidente da República, na apresentação de projetos de lei, deflui do art. 61, § 1º, I e II, *a, b, c, d, e, f,* da Constituição de 1988.

Significa dizer que, quanto aos temas que a Carta Magna conferiu ao Chefe do Executivo Federal, apenas ele, e mais ninguém, poderá deliberar, sob pena de violar os princípios da separação de Poderes e da reserva absoluta de lei.

> **Princípio da reserva absoluta de lei:** "O tema concernente à disciplina jurídica da remuneração funcional submete-se ao postulado constitucional da reserva absoluta de lei, vedando-se, em consequência, a intervenção de outros atos estatais revestidos de menor positividade jurídica, emanados de fontes normativas que se revelem estranhas, quanto à sua origem institucional, ao âmbito de atuação do Poder Legislativo, notadamente quando se tratar de imposições restritivas ou de fixação de limitações quantitativas ao estipêndio devido aos agentes públicos em geral. O princípio constitucional da reserva de lei formal traduz limitação ao exercício das atividades administrativas e jurisdicionais do Estado. A reserva de lei — analisada sob tal perspectiva — constitui postulado revestido de função excludente, de caráter negativo, pois veda, nas matérias a ela sujeitas, quaisquer intervenções normativas, a título primário, de órgãos estatais não legis- lativos. Essa cláusula constitucional, por sua vez, projeta-se em uma dimensão positiva, eis que a sua incidência reforça o princípio, que, fundado na autoridade da Constituição, impõe, à ad- ministração e à jurisdição, a necessária submissão aos comandos estatais emanados, exclusiva- mente, do legislador. Não cabe, ao Poder Executivo, em tema regido pelo postulado da reserva de lei, atuar na anômala (e inconstitucional) condição de legislador, para, em assim agindo, proceder à imposição de seus próprios critérios, afastando, desse modo, os fatores que, no âmbito de nosso sistema constitucional, só podem ser legitimamente definidos pelo Parlamento. É que, se tal fosse possível, o Poder Executivo passaria a desempenhar atribuição que lhe é institucio- nalmente estranha (a de legislador), usurpando, desse modo, no contexto de um sistema de poderes essencialmente limitados, competência que não lhe pertence, com evidente transgressão ao princípio constitucional da separação de Poderes" (STF, ADIn 2.075-MC, Rel. Min. Celso de Mello, *DJ* de 27-6-2003). **No mesmo sentido:** STF, MS 22.439, Rel. Min. Maurício Corrêa, *DJ* de 11-4-2003; STF, ADIn 1.249, Rel. Min. Maurício Corrêa, *DJ* de 20-2-1998; STF, MS 22.451, Rel. Min. Maurício Corrêa, *DJ* de 15-8-1997.

Assim, são de iniciativa exclusiva do Presidente da República as leis que:
- fixem ou modifiquem os efetivos das Forças Armadas; e

◆ Cap. 21 ◆ ORGANIZAÇÃO DOS PODERES **1011**

* disponham sobre:
(i) criação de cargos, funções ou empregos públicos na administração direta e autárquica ou aumento de sua remuneração;

Isonomia salarial: "A jurisprudência do Supremo Tribunal Federal, tomada num rol de casos, é no sentido de que a Constituição não concedeu isonomia direta às carreiras jurídicas. Essa isonomia deve ser viabilizada mediante lei, lei específica, de iniciativa do Chefe do Executivo, por isso que a isonomia salarial ocasiona aumento de remuneração (CF, art. 61, § 1º, II, *a*)" (STF, RE 257.169, Rel. Min. Carlos Velloso, *DJ* de 9-12-2005).

(ii) organização administrativa e judiciária, matéria tributária e orçamentária, serviços públicos e pessoal da administração dos Territórios;

Casuística do STF:
* **Obediência às regras da iniciativa legislativa** — "Por tratar-se de evidente matéria de organização administrativa, a iniciativa do processo legislativo está reservada ao Chefe do Poder Executivo local. Os Estados-Membros e o Distrito Federal devem obediência às regras de iniciativa legislativa reservada, fixadas constitucionalmente, sob pena de violação do modelo de harmônica tripartição de poderes, consagrado pelo constituinte originário. Precedentes" (STF, ADIn 1.182, Rel. Min. Eros Grau, *DJ* de 10-3-2006). **No mesmo sentido:** STF, ADIn 645, Rel. Min. Ilmar Galvão, *DJ* de 13-12-1996; STF, ADIn 1.470, Rel. Min. Carlos Velloso, *DJ* de 10-3-2006.
* **Iniciativa em matéria tributária** — "A Constituição de 1988 admite a iniciativa parlamentar na instauração do processo legislativo em tema de direito tributário. A iniciativa reservada, por constituir matéria de direito estrito, não se presume e nem comporta interpretação ampliativa, na medida em que, por implicar limitação ao poder de instauração do processo legislativo, deve necessariamente derivar de norma constitucional explícita e inequívoca. O ato de legislar sobre direito tributário, ainda que para conceder benefícios jurídicos de ordem fiscal, não se equipara, especialmente para os fins de instauração do respectivo processo legislativo, ao ato de legislar sobre o orçamento do Estado" (STF, ADIn 724-MC, Rel. Min. Sepúlveda Pertence, *DJ* de 27-4-2001). **No mesmo sentido:** "O disposto no art. 61, § 1º, II, *b*, da Constituição Federal diz respeito exclusivamente aos Territórios Federais" (STF, ADIn 2.392-MC, Rel. Min. Moreira Alves, *DJ* de 1º-8-2003; STF, ADIn 2.474, Rel. Min. Moreira Alves, *DJ* de 25-4-2003).
* **Iniciativa em matéria financeira-orçamentária** — "Competência exclusiva do Poder Executivo iniciar o processo legislativo das matérias pertinentes ao Plano Plurianual, às Diretrizes Orçamentárias e aos Orçamentos Anuais. Precedentes: ADIn 103 e ADIn 550" (STF, ADIn 1.759-MC, Rel. Min. Gilmar Mendes, *DJ* de 6-4-2001).

(iii) servidores públicos da União e Territórios, seu regime jurídico, provimento de cargos, estabilidade e aposentadoria (redação da EC n. 18/98);

Iniciativa de lei — Servidor Público — Direitos e obrigações: "A iniciativa é do Poder Executivo, conforme dispõe a alínea *c* do inciso II do § 1º do artigo 61 da Constituição Federal" (STF, ADIn 2.887, Rel. Min. Marco Aurélio, *DJ* de 6-8-2004).

(iv) organização do Ministério Público e da Defensoria Pública da União, bem como normas gerais para a organização do Ministério Público e da Defensoria Pública dos Estados, do Distrito Federal e dos Territórios;

Casuística do STF:
* **Ministérios Públicos dos Estados e do Distrito Federal e Territórios** — "Problemas constitucionais de sua organização infraconstitucional. Ministério Público do Distrito Federal e Territórios: LC 75, art. 149 e L. 8.625/93, art. 25, IX: inteligência: ilegitimidade para interpor recurso extraordinário de acórdão do Superior Tribunal de Justiça. Tanto o Ministério Público dos Estados quanto o do Distrito Federal são igualmente legitimados para a interposição dos recursos da competência do Superior Tribunal de Justiça (v. g., o REsp, o RHC ou o RMS), mas a legitimação de ambos, ou, pelo menos, a do MPDFT, para recorrer ao Supremo Tribunal é adstrita ao recurso

1012 ◆ Uadi Lammêgo Bulos ◆

extraordinário das decisões de primeiro ou segundo grau das respectivas Justiças locais, não para interpor recurso ordinário ou extraordinário de decisões do STJ para o Supremo Tribunal" (STF, RE 262.178, Rel. Min. Sepúlveda Pertence, *DJ* de 24-11-2000).

- **Competência para fixar vencimentos** — "No julgamento da ADIn n. 126-4-RO, Relator o Sr. Ministro Octavio Gallotti, o Supremo Tribunal Federal decidiu que a competência do Ministério Público para propor a fixação de vencimentos decorre do poder que lhe confere a Constituição de iniciativa para a criação de cargos (CF, art. 127, § 2º)" (STF, ADIn 595-MC, Rel. Min. Carlos Velloso, *DJ* de 13-12-1991).

(v) criação e extinção de Ministérios e órgãos da administração pública, observado o disposto no art. 84, VI (redação da EC n. 32/2001);

Casuística do STF:
- **Iniciativa ao Poder Executivo (CF, art. 61, § 1º, e)** — "Regra de absorção compulsória pelos Estados-Membros, violada por lei local de iniciativa parlamentar que criou órgão da administração pública (Conselho de Transporte da Região Metropolitana de São Paulo — CTM): inconstitucionalidade" (STF, ADIn 1.391, Rel. Min. Sepúlveda Pertence, *DJ* de 7-6-2002).
- **Indispensabilidade da iniciativa do Chefe do Executivo** — "É indispensável a iniciativa do Chefe do Poder Executivo (mediante projeto de lei ou mesmo, após a EC 32/01, por meio de decreto) na elaboração de normas que de alguma forma remodelem as atribuições de órgão pertencente à estrutura administrativa de determinada unidade da Federação" (STF, ADIn 3.254, Rel. Min. Ellen Gracie, *DJ* de 2-12-2005).
- **Processo legislativo que envolva órgão da Administração Pública** — "Há o sinal do bom direito e o risco de manter-se com plena eficácia o quadro quando o diploma atacado resultou de iniciativa parlamentar e veio a disciplinar programa de desenvolvimento estadual, submetendo-o à Secretaria de Estado, a dispor sobre a estrutura funcional pertinente. Segundo a Carta da República, incumbe ao chefe do Poder Executivo deflagrar o processo legislativo que envolva órgão da Administração Pública, alínea *e* do § 1º do artigo 61 da Constituição Federal" (STF, ADIn 2.799-MC, Rel. Min. Marco Aurélio, *DJ* de 21-5-2004).
- **Unificação da central de atendimento telefônico para serviços estaduais e municipais** — "Lei estadual que disciplina, concomitantemente, atendimento telefônico de serviços estaduais e municipais. Relevância jurídica na arguição de incompetência do Estado para legislar sobre a matéria. Compete privativamente ao Poder Executivo (CF, art. 61, II, *e*) a iniciativa de projeto de lei que confere atribuição a órgãos subordinados ao Governador do Estado" (STF, ADIn 2.443-MC, Rel. Min. Maurício Corrêa, *DJ* de 29-8-2003).
- **Publicidade do Estado** — "Lei disciplinadora de atos de publicidade do Estado, que independem de reserva de iniciativa do Chefe do Poder Executivo estadual, visto que não versam sobre criação, estruturação e atribuições dos órgãos da Administração Pública. Não incidência de vedação constitucional (CF, artigo 61, § 1º, II, *e*)" (STF, ADIn 2.472-MC, Rel. Min. Marco Aurélio, *DJ* de 22-11-2004).

(vi) militares das Forças Armadas, seu regime jurídico, provimento de cargos, promoções, estabilidade, remuneração, reforma e transferência para a reserva (acrescentado pela EC n. 18/98).

Militares. Regime jurídico. Iniciativa do Poder Executivo — "Emenda Constitucional 29/2002, do Estado de Rondônia. Inconstitucionalidade. À luz do princípio da simetria, é de iniciativa privativa do chefe do Poder Executivo estadual as leis que disciplinem o regime jurídico dos militares (CF, art. 61, § 1º, II). Matéria restrita à iniciativa do Poder Executivo não pode ser regulada por emenda constitucional de origem parlamentar" (STF, ADIn 2.966, Rel. Min. Joaquim Barbosa, *DJ* de 6-5-2005).

Sem embargo, a jurisprudência do Supremo Tribunal Federal é pacífica no sentido da observância compulsória pelos Estados-membros das regras básicas do processo legislativo federal, por exemplo, daquelas que dizem respeito à iniciativa exclusiva (CF, art. 61, § 1º) e com os limites do poder de emenda parlamentar (CF, art. 63).

♦ Cap. 21 ♦ ORGANIZAÇÃO DOS PODERES **1013**

Nesse sentido: STF, ADIn 1.470/ES, Rel. Min. Carlos Velloso, *Clipping* do *DJ* de 10-3-2006. **Precedentes:** STF, ADIn 822, Rel. Min. Sepúlveda Pertence; STF, ADIn 774, Rel. Min. Celso de Mello; STF, ADIn 582/SP, Rel. Min. Néri da Silveira; STF, ADIn 152/MG, Rel. Min. Ilmar Galvão.

Demais disso, a Corte tem declarado inconstitucional o desrespeito às matérias de iniciativa do Poder Executivo, porque, nesse campo, incide o princípio da separação de Poderes.

Processo legislativo federal e harmonia entre Poderes: "As regras básicas do processo legislativo federal, por sua correlação direta com o princípio da harmonia entre os poderes, devem ser obrigatoriamente observadas pelos Estados-membros. Padece de inconstitucionalidade formal o texto normativo não contemplado em projeto de lei deflagrado pelo Poder Executivo, porque resultante de emendas parlamentares, que dispõe sobre vencimentos de funcionários públicos e aumenta a remuneração de servidores. Violação do artigo 61, § 1º, inciso II, alínea a, da Constituição do Brasil" (STF, ADIn 2.619/RS, Rel. Min. Eros Grau, *Clipping* do *DJ* de 5-5-2006). **No mesmo sentido:** STF, ADIn 700, Rel. Min. Maurício Corrêa, *DJ* de 24-8-2001; STF, ADIn 2.420, Rel. Min. Ellen Gracie, *DJ* de 25-4-2005; STF, RE 274.383, Rel. Min. Ellen Gracie, *DJ* de 22-4-2005.

É o caso da iniciativa de leis que versem sobre regime jurídico dos servidores públicos. Somente o Chefe do Poder Executivo atua nessa seara. Por isso, será formalmente inconstitucional preceito de constituição do Estado-membro que, interferindo nesse domínio, delibera sobre provimento de cargos da estrutura administrativa do Poder Executivo Municipal.

Nesse sentido: "No mérito, já se firmou o entendimento desta Corte no sentido de que, também em face da atual Constituição, as normas básicas da Carta Magna Federal sobre processo legislativo, como as referentes às hipóteses de iniciativa reservada, devem ser observadas pelos Estados--Membros. Assim, não partindo a lei estadual ora atacada da iniciativa do Governador, e dizendo ela respeito a regime jurídico dos servidores públicos civis, foi ofendido o artigo 61, § 1º, II, c, da Carta Magna" (STF, ADIn 1.201, Rel. Min. Moreira Alves, *DJ* de 19-2-2002). **Precedentes:** STF, 248-1/RJ, Rel. Min. Celso de Mello, *DJ*, 1, de 8-4-1994; STF, ADIn 1.434, Rel. Min. Sepúlveda Pertence, *DJ* de 25-2-2000.

Emendas parlamentares podem aumentar a despesa em projeto de iniciativa exclusiva do Presidente da República?

Em regra, as normas constitucionais que consagram o processo legislativo não impedem que se modifiquem, por meio de emendas parlamentares, projetos de lei enviados pelo Chefe do Poder Executivo, no exercício de sua iniciativa exclusiva. Todavia, há duas limitações, de natureza formal, ao Poder Legislativo brasileiro:

- impossibilidade de o Parlamento veicular matérias diferentes das versadas no projeto de lei, a ponto de desfigurá-lo, contrariando o princípio da independência e harmonia entre Poderes (CF, art. 2º); e
- impossibilidade de as emendas parlamentares aos projetos de lei de iniciativa do Presidente da República ensejarem aumento de despesa pública (CF, art. 63, I), ressalvada a matéria orçamentária. É que o art. 166, §§ 3º e 4º, da Carta de 1988, permite a apresentação de emendas para aumentar despesas, no projeto de lei do orçamento anual ou projetos que o alterem, desde que estejam em sintonia com o plano plurianual, com a lei de diretrizes orçamentárias, indicando os recursos necessários para o aumento das despesas.

Esse tem sido, em linha de princípio, o entendimento do Supremo Tribunal Federal.

Precedente: STF, ADIn 3.114, Rel. Min. Carlos Britto, *DJ* de 7-4-2006.

Desse modo, os projetos de lei, enviados pelo Presidente da República à Câmara dos Deputados, podem ser alterados por meio de emendas parlamentares, desde que não acarretem aumento de despesa.

Processo legislativo — Iniciativa do Poder Executivo — Emenda pelo Poder Legislativo — Aumento de despesa: "Norma municipal que confere aos servidores inativos o recebimento de proventos integrais correspondente ao vencimento de seu cargo. Lei posterior que condiciona o recebimento deste benefício, pelos ocupantes de cargo em comissão, ao exercício do serviço público por, no mínimo, 12 anos. Norma que rege o regime jurídico de servidor público. Iniciativa privativa do Chefe do Executivo. Alegação de inconstitucionalidade desta regra, ante a emenda da Câmara de Vereadores, que reduziu o tempo mínimo de exercício de 15 para 12 anos. Entendimento consolidado desta Corte no sentido de ser permitido a Parlamentares apresentar emendas a projeto de iniciativa privativa do Executivo, desde que não causem aumento de despesas (CF, art. 61, § 1º, *a* e *c*, c/c o art. 63, I). Inaplicabilidade ao caso concreto" (STF, RE 274.383, Rel. Min. Ellen Gracie, *DJ* de 22-4-2005).

Assim, incorre em vício de inconstitucionalidade formal (CF, arts. 61, § 1º, II, *a* e *c*, e 63, I) a norma jurídica decorrente de emenda parlamentar em projeto de lei de iniciativa do Chefe do Poder Executivo de que resulte aumento de despesa. Até mesmo os Estados-membros da Federação devem obediência a esse verdadeiro parâmetro de observância cogente, que promana do princípio da simetria.

Nesse sentido: STF, ADIn 2.079, Rel. Min. Maurício Corrêa, *DJ* de 18-6-2004.

Como o poder do Parlamento brasileiro não é ilimitado, ele não se estende a emendas que não guardem estreita pertinência com o objeto do projeto encaminhado ao Legislativo pelo Executivo e que digam respeito a matéria que também é da iniciativa exclusiva daquela autoridade.

Precedentes: STF, ADIn 2.393-MC, Rel. Min. Sydney Sanches, *DJ* de 21-6-2002; STF, ADIn 3.051, Rel. Min. Carlos Britto, *DJ* de 28-10-2005.

Em se tratando de projeto de lei de iniciativa privativa do Chefe do Executivo, não pode o Legislativo assinar-lhe prazo para o exercício dessa prerrogativa, decidiu o Supremo Tribunal Federal.

Nesse sentido: STF, ADIn 546, Rel. Min. Moreira Alves, *DJ* de 14-4-2000.

E a sanção do Presidente da República supre o vício de iniciativa na apresentação do projeto de lei?

A sanção presidencial não supre o vício de iniciativa na apresentação do projeto de lei, conforme a sistemática da Carta de 1988. Durante a vigência da Carta de 1946, era possível. Vigorava, à época, a Súmula 5 do STF, que dizia: "A sanção do projeto supre a falta de iniciativa do Poder Executivo". Evidente que hoje esse enunciado perdeu a razão de ser. O próprio Supremo Tribunal a abandonou, desde o julgamento da Representação n. 890/GB, no ano de 1974.

Precedente: "A sanção não supre a falta de iniciativa *ex vi* do disposto no art. 57, parágrafo único, da Constituição, que alterou o direito anterior" (STF, *RTJ, 69*:629). A Constituição aí referida é a de 1967, modificada pela EC n. 1/69. **No mesmo sentido:** STF, *RTJ, 157*:460.

Com a edição da Constituição de 1988, a Corte Suprema permaneceu fiel a esse entendimento, inadmitindo, assim, que a sanção presidencial venha a suprir o vício de iniciativa na apresentação do projeto de lei.

Nesse sentido: STF, Pleno, ADIn 1.201-1-ML/RO, Rel. Min. Moreira Alves, *DJ,* 1, de 9-6-1995.

Na realidade, afigura-se ilógico o vício de iniciativa ser suprido. Admitir qualquer convalidação é fomentar o cancro da inconstitucionalidade, atribuindo uma regularidade que o vício original não possui, quando todos sabem que a sanção presidencial não tem a virtude de fazer isso.

a.1.2) Iniciativa de lei do Poder Judiciário

Compete, privativamente, ao Supremo Tribunal Federal, aos Tribunais Superiores e aos Tribunais de Justiça propor ao Poder Legislativo respectivo, observado o disposto no art. 169, a criação e a extinção de cargos, a remuneração dos seus serviços auxiliares e dos juízes que lhes forem vinculados, bem como

◆ Cap. 21 ◆ ORGANIZAÇÃO DOS PODERES   **1015**

a fixação do subsídio de seus membros e dos juízes, inclusive dos tribunais inferiores, onde houver (CF, art. 96, II, *b* — redação dada pela EC n. 41/2003).

No cálculo da remuneração da magistratura, a *verba de representação* incide, apenas, sobre o vencimento básico. Logo, decisão administrativa de tribunal não pode ampliar a base de cálculo da *verba de representação*, sob pena de produzir um indisfarçável aumento salarial a membros do Poder Judiciário, em detrimento da exigência prevista no art. 96, II, *b*, da Carta Magna.

> **Nesse sentido:** STF, ADIn 965, Rel. Min. Maurício Corrêa, *DJ* de 8-9-2000; STF, ADIn 2.107, Rel. Min. Ilmar Galvão, *DJ* de 14-12-2001; STF, AOs 679, 707 e 724, Rel. Min. Ilmar Galvão, *DJ* de 2-8-2002; STF, ADIn 2.093, Rel. Min. Carlos Velloso, *DJ* de 18-6-2004; STF, ADIn 2.103, Rel. Min. Ellen Gracie, *DJ* de 8-10-2004.

Incidirão em vício de inconstitucionalidade formal quaisquer mudanças em dispositivos relacionados à remuneração, oriundos de emendas parlamentares ao projeto original, de iniciativa dos tribunais. Além de ferirem os arts. 2º e 96, II, *b*, do Texto de 1988, ensejando injustificável aumento de despesa (CF, art. 169), violam, ainda, o princípio da autonomia administrativa e financeira do Poder Judiciário.

> **Precedentes:** STF, Pleno, ADIn 1.054-4/SC, Rel. Min. Maurício Corrêa, *DJ* de 13-10-1995; STF, ADIn 1.781-MC, Rel. Min. Néri da Silveira, *DJ* de 22-10-1999.

Por fim, será inconstitucional norma de constituição de Estado-membro que determinar o aumento do número de desembargadores, sem que haja qualquer proposta do Tribunal de Justiça. Certamente, as constituições estaduais, do mesmo modo que o legislador ordinário, devem obediência ao modelo plasmado na Carta da República, que não admite usurpação da regra encampada no seu art. 96, II, *b* e *d*. O princípio da independência e harmonia entre Poderes também viceja nessa seara, inaceitando *fraudes constitucionais*.

> **Nesse sentido:** STF, Pleno, ADIn 274-1/PE, Rel. Min. Octavio Gallotti, *DJ* de 5-5-1995.

a.1.3) Iniciativa de lei para fixação do teto salarial

Pertence ao Presidente do Supremo Tribunal Federal a iniciativa de lei ordinária, para fixar subsídios dos Ministros da Corte (CF, arts. 48, XV, e 96, II, *b*, com redação dada pela EC n. 41/2003).

Sendo o subsídio mensal, em espécie, dos Ministros do Supremo o paradigma máximo a ser seguido para a remuneração do funcionalismo público, ele corresponde ao *teto salarial* (CF, art. 37, XI, com redação dada pela EC n. 41/2003).

Interessante observar que a Emenda Constitucional n. 41/2003 revogou a exigência, que havia sido implantada pela Emenda n. 19/98 (reforma administrativa), no sentido de elaborar lei de *iniciativa conjunta* dos Presidentes da República, da Câmara de Deputados, do Senado e do Supremo, para fixação do subsídio dos Ministros da Corte Excelsa.

Agora, não é mais preciso *iniciativa conjunta*. Basta que o Presidente do Supremo apresente projeto de *lei federal ordinária* para que o Congresso Nacional fixe o teto remuneratório dos agentes públicos.

Apenas o Presidente do Supremo Tribunal Federal pode exercer essa *iniciativa de lei reservada*, afigurando-se formalmente inconstitucional qualquer deliberação em sentido contrário ao art. 37, XI, da Carta Maior (com redação dada pela EC n. 41/2003).

Evidente que o veículo normativo para a fixação do teto salarial é a *lei federal ordinária*, e não decretos presidenciais, medidas provisórias, muito menos resoluções administrativas, legislativas ou judiciais.

É que esse tema adstringe-se à *reserva absoluta de lei em sentido formal*, a ser elaborada pelo Congresso Nacional (CF, art. 48, XV).

Recordemos, ainda, que o art. 37, XI, oriundo da Emenda Constitucional n. 41/2003, é autoaplicável, diferentemente da redação dada pela de n. 19/98, que exigia a feitura de lei para regulamentá-lo.

E, segundo o art. 8º da Emenda Constitucional n. 41/2003, até que seja fixado o valor do subsídio referido no art. 37, XI, da Constituição Federal, será considerado, para os fins do limite fixado naquele inciso, o valor da maior remuneração atribuída por lei na data da publicação da aludida emenda

1016 ◆ Uadi Lammêgo Bulos ◆

constitucional, isto é, 31 de dezembro de 2003, a Ministro do Supremo Tribunal Federal, a título de vencimento, de representação mensal e da parcela recebida em razão do tempo de serviço.

Redução dos proventos de aposentadoria e teto constitucional: esse assunto chegou ao Pretório Excelso mediante mandado de segurança, impetrado por Ministros do Supremo aposentados, contra atos do Presidente da Corte e do próprio STF, consubstanciados na determinação da redução dos proventos da aposentadoria dos impetrantes ao teto constitucional (CF, art. 37, XI — redação dada pela EC n. 41/2003). Os impetrantes alegaram a inconstitucionalidade da expressão "pessoais ou", contida no referido dispositivo, e da expressão "e da parcela recebida em razão de tempo de serviço", prevista no art. 8º da EC n. 41/2003, para garantir-lhes o direito de continuarem a receber o adicional máximo de 35% por tempo de serviço e o acréscimo de 20%, por haverem se aposentado no exercício de cargo isolado no qual permaneceram por mais de 3 anos (Lei n. 1.711/52, art. 184, e Lei n. 8.112/90, art. 250). A Corte Excelsa, por maioria de votos, deferiu, em parte, o *writ*, garantindo aos impetrantes o direito de continuarem a receber a referida vantagem legal, até que seu montante seja absorvido pelo subsídio fixado em lei para o Ministro do STF. Quanto ao adicional por tempo de serviço (ATS), entendeu-se que, no tocante à magistratura, a extinção da referida vantagem, decorrente da instituição do subsídio em "parcela única", não acarretou indevido prejuízo financeiro a nenhum magistrado, já que, por força do art. 65, VIII, da LOMAN, desde sua edição, o ATS estava limitado a 35% calculados sobre o vencimento e a representação mensal. Ademais, em razão do teto constitucional primitivo estabelecido para todos os membros do Judiciário, nenhum deles poderia receber, a título de ATS, montante superior ao que percebido por Ministro do STF, com o mesmo tempo de serviço. Neste ponto, a jurisprudência da Corte é firme no sentido da impossibilidade de o agente público opor, sob alegação de direito adquirido, a pretensão de manter determinada fórmula de composição de sua remuneração total, se, da alteração, não decorre a redução dela. Por outro lado, a Corte explicou, com relação ao adicional por tempo de serviço (ATS), que inexiste ofensa ao princípio da isonomia, já que, para seu acolhimento, a arguição pressuporia que a própria Constituição tivesse erigido o maior ou menor tempo de serviço público em fator compulsório do tratamento remuneratório dos servidores, o que não se deu, por ser o ATS vantagem remuneratória de origem infraconstitucional (STF, MS 24.875/DF, Rel. Min. Sepúlveda Pertence, decisão de 11-5-2006).

a.1.4) Iniciativa de lei do Ministério Público

A iniciativa de lei do Ministério Público decorre do posicionamento institucional que a Carta de 1988 lhe conferiu. É que a instituição recebeu um reforço à sua capacidade de autodeterminação, ou seja, competência para gerir seus negócios próprios. Assim, é-lhe facultado propulsionar o processo legislativo, podendo, observado o disposto no art. 169 da Carta Magna, propor ao Poder Legislativo a criação e extinção de seus cargos e serviços auxiliares (CF, art. 127, § 2º).

De outro lado, o Ministério Público também possui dotação orçamentária própria, devendo receber, todo mês, parte dos recursos angariados no orçamento (CF, arts. 127, § 3º, e 168).

Impende registrar, ainda, que, na apresentação de projeto de lei federal relativo à organização do Ministério Público da União, do Distrito Federal e dos Territórios, a Carta de 1988 previu a possibilidade de existir *iniciativa legislativa concorrente* (art. 61, § 1º, II, *d*, c/c o art. 128, § 5º). Assim, é possível haver concorrência de iniciativa legislativa entre o Presidente da República e o Procurador-Geral da República, quanto à elaboração de lei complementar destinada a organizar o Ministério Público da União, do Distrito Federal e dos Territórios.

O Supremo Tribunal Federal reconheceu que o constituinte de 1988 previu essa possibilidade.

Precedente: STF, RE 262.178, Rel. Min. Sepúlveda Pertence, *DJ* de 24-11-2000.

Mas, como advertiu o Ministro Sepúlveda Pertence, "a iniciativa da criação por lei de cargos do Ministério Público é predicado explícito da sua autonomia (CF, art. 127, § 2º) e, por isso, iniludivelmente privativa dos seus próprios órgãos diretivos, em particular, do seu chefe" (STF, MS 21.239, *RTJ*, *147*:126).

◆ Cap. 21 ◆ ORGANIZAÇÃO DOS PODERES

1017

Os Procuradores-Gerais de Justiça, por sua vez, detêm o poder de iniciativa de leis complementares da União e dos Estados, quanto à organização, atribuições e estatuto de cada Ministério Público (CF, art. 127, § 5º).

Evidente que o Chefe do Poder Executivo estadual não poderá adentrar nessa seara, a qual é *exclusiva* dos Procuradores-Gerais de Justiça.

> **Nesse sentido:** STF, ADIn 1.138-MC, Rel. Min. Ilmar Galvão, *DJ* de 16-2-1996; ADIn 852, Rel. Min. Ilmar Galvão, *DJ* de 18-10-2002.

a.1.5) Iniciativa popular de lei

A Constituição de 1988 consagrou a *iniciativa popular de lei*, que tem como pano de fundo o exercício da soberania do povo (art. 1º, parágrafo único).

Prevista no art. 14, III, da Constituição e regulamentada pela Lei n. 9.707, de 18 de novembro de 1998, a *iniciativa popular* é o instrumento da democracia semidireta que permite ao povo apresentar projetos de lei ao Poder Legislativo.

> **Posição do STF:** a Corte Excelsa reconheceu a *iniciativa popular de lei* como uma modalidade explícita de democracia direta (STF, ADIn 244, Rel. Min. Sepúlveda Pertence, *DJ* de 31-10-2002).

Para tanto, é necessário haver um número razoável de eleitores, pois o projeto precisa ser subscrito por, no mínimo, 800.000 eleitores, aproximadamente, ou seja, 1% do eleitorado nacional, distribuídos pelo menos em cinco Estados, com não menos de 0,3% dos eleitores de cada um deles (CF, art. 61, § 2º).

No âmbito do processo legislativo estadual, a lei disporá sobre a iniciativa popular (CF, art. 27, § 4º). Nesse ponto, registre-se que as constituições dos Estados-membros da nossa Federação, promulgadas em 1989, disciplinaram o assunto.

Quanto aos Municípios, cumpre à Lei Orgânica Municipal regular o instituto, adequando-o ao interesse específico da municipalidade, cidade ou bairro, pela manifestação de, pelo menos, 5% do eleitorado (CF, art. 29, XIII). Por simetria, esse preceito se aplica ao Distrito Federal.

a.2) Fase constitutiva do procedimento legislativo ordinário: as deliberações

Na fase constitutiva do procedimento legislativo ordinário, ocorrem dois tipos de *deliberações*: a parlamentar e a executiva.

a.2.1) Deliberação parlamentar

Deliberação parlamentar é aquela em que o projeto de lei passa por ampla *discussão* e *votação* na Câmara de Deputados e no Senado Federal, com o objetivo de ser aprovado ou rejeitado (arquivado).

Assim, o projeto de lei é instruído na Comissão de Constituição e Justiça, que avaliará a sua constitucionalidade, e nas Comissões Temáticas, que analisarão o seu mérito.

Na Câmara dos Deputados, o exame da constitucionalidade do projeto de lei fica a cargo de sua Comissão de Constituição, Justiça e de Redação (Regimento Interno, art. 32, III).

No Senado da República, tal análise é encargo da Comissão de Constituição, Justiça e Cidadania (Regimento Interno, art. 101).

Ambas as Casas legislativas devem verificar, além da constitucionalidade do projeto de lei, os seus aspectos legais, jurídicos, regimentais e técnicos. O mesmo vale para as emendas, os substitutivos e as emendas à Constituição da República.

Às Comissões Temáticas é dada a incumbência de perscrutar o mérito dos projetos de lei, sendo possível a apresentação de emendas por parte dos deputados federais e senadores.

Por força do art. 58, § 2º, I, do Texto Supremo, cabe às comissões, em razão da matéria de sua competência, discutir e votar projeto de lei que dispensar, na forma do regimento, a competência do Plenário, salvo se houver recurso de um décimo dos membros da Casa.

1018 ◆ Uadi Lammêgo Bulos ◆

Eis aí o *princípio geral da reserva de plenário*, verdadeiro cânone disciplinador do processo de formação das leis e atos normativos.

O *princípio geral da reserva de plenário* é, na concreção de seu alcance, uma regra de observância obrigatória, inadmitindo quaisquer subversões por parte dos órgãos públicos em geral, principalmente pelo Poder Legislativo.

Esse princípio, cuja presença *sempre se presume no ato de elaboração das leis*, somente pode ser derrogado em situação de absoluta excepcionalidade, ditada, *ipsis litteris*, pelo próprio legislador constituinte.

Foi o que fez o art. 58, § 2º, I, da *Lex Mater*, que previu "a possibilidade de se afastar a incidência desse princípio sempre que, na forma do regimento — e não de qualquer outro ato normativo —, se outorgar às Comissões das Casas Legislativas, em razão da matéria de sua competência, a prerrogativa de discutir, votar e decidir as proposições legislativas" (STF, ADIn 652-MC, Rel. Min. Celso de Mello, *DJ* de 2-4-1993).

Registre-se que o quórum para a deliberação parlamentar dos projetos de lei ordinária segue o disposto no art. 47 da Constituição: "Salvo disposição constitucional em contrário, as deliberações de cada Casa e de suas Comissões serão tomadas por maioria dos votos, presente a maioria absoluta de seus membros".

> **Constituições passadas:** a exigência constitucional de estabelecer o mínimo de parlamentares que deverão deliberar sobre uma dada matéria, para que ela seja válida, já existia nas nossas Constituições passadas: 1824 (art. 25); 1934 (art. 27); 1937 (art. 40); 1946 (art. 42); 1967, alterada pela EC n. 1/69 (art. 31).

A mensagem desse preceito é a seguinte: as deliberações parlamentares devem ser tomadas por maioria simples de votos, pois a maioria absoluta é exigida apenas para a instalação da sessão. Assim, devemos distinguir:

- **quórum para aprovação dos projetos de lei ordinária** — é a maioria simples de votos dos membros da Casa legislativa em que o projeto está tramitando, exigido para a aprovação de lei ordinária; aqui, o número de parlamentares pode variar, a depender de quantos deles estejam presentes à sessão; e
- **quórum mínimo para a instalação da sessão** — é a maioria absoluta dos membros da respectiva Casa legislativa, exigido para a instalação da sessão em que o projeto será votado.

Conforme a Carta Maior, o projeto de lei aprovado por uma Casa será revisto pela outra, em um só turno de discussão e votação, e enviado à sanção ou promulgação, se a Casa revisora o aprovar, ou arquivado, se o rejeitar (CF, art. 65, *caput*).

Na Casa revisora, cumpre às comissões analisar os projetos, discuti-los e votá-los.

Caso sejam aprovados à luz do que deliberou a Casa legislativa de origem, seguirão para o Presidente da República (CF, art. 66, *caput*).

Se rejeitados, a matéria neles constante só pode constituir objeto de novo projeto na próxima sessão legislativa, mediante proposta da maioria absoluta dos membros de qualquer das Casas do Congresso Nacional (CF, art. 67).

Eis aí o *princípio da irrepetibilidade dos projetos rejeitados na mesma sessão legislativa*. Por seu intermédio, o Supremo Tribunal Federal vislumbrou a possibilidade de o Presidente da República submeter à apreciação do Congresso Nacional, reunido em convocação extraordinária (CF, art. 57, § 6º, II), projeto de lei versando, total ou parcialmente, a mesma matéria que constitui objeto de medida provisória rejeitada pelo Parlamento, em sessão legislativa realizada no ano anterior. Mas a Corte advertiu que o Presidente da República, sob pena de ofender o princípio da separação de Poderes e de transgredir a integridade da ordem democrática, não pode valer-se de medida provisória para disciplinar matéria que já tenha sido objeto de projeto de lei anteriormente rejeitado na mesma sessão legislativa. Pelos mesmos motivos, o Chefe do Poder Executivo Federal não pode reeditar medida provisória que veicule matéria constante de outra medida provisória anteriormente rejeitada pelo Congresso Nacional.

◆ Cap. 21 ◆ ORGANIZAÇÃO DOS PODERES **1019**

Nesse sentido: STF, ADIn 2.010-MC, Rel. Min. Celso de Mello, *DJ* de 28-3-2004; *RTJ, 146*:707-708, Rel. Min. Celso de Mello; *RTJ, 166*:890, Rel. Min. Octavio Gallotti. **Precedente:** "A exigência de iniciativa da maioria dos votos dos membros de qualquer das Casas do Congresso Nacional, inscrita no art. 67 da Constituição, inibe, em tese, e por força de compreensão, a utilização do processo de medida provisória para o trato da matéria que já tenha sido objeto de rejeição na mesma sessão legislativa. Não em sessão legislativa antecedente, seja ordinária ou extraordinária" (STF, ADIn 1.441-MC, voto do Rel. Min. Octavio Gallotti, *DJ* de 18-10-1996).

E se os projetos forem aprovados com alterações? Nessa hipótese, a Constituição determina que os projetos emendados voltem à Casa iniciadora (art. 65, parágrafo único). A análise e a votação serão em um só turno. Porém, se as alterações não modificarem, substancialmente, o sentido do texto dos projetos, inexistirá necessidade de retorno à Casa inicial, não se aplicando o art. 65, parágrafo único, da Constituição.

Precedentes: STF, ADIn 2.666-6/DF, Rel. Min. Ellen Gracie, *DJ* de 6-12-2002; STF, ADIn 2.238-5, Rel. Min. Ilmar Galvão, *DJ* de 21-5-2002.

Ao retornar à Casa inicial, as alterações aos projetos de lei submetem-se, novamente, ao crivo da Comissão de Constituição e Justiça, para, só depois, ir à votação.

Como decidiu o Supremo Tribunal Federal, após serem aprovadas na Casa inicial, não poderá haver novas mudanças, por meio de *subemenda*, ou seja, emenda à emenda.

Entendimento do STF: "Projeto de lei aprovado na Casa Iniciadora (CD) e remetido à Casa Revisora (SF), na qual foi aprovado substitutivo, seguindo-se sua volta à Câmara. A aprovação de substitutivo pelo Senado não equivale à rejeição do projeto, visto que 'emenda substitutiva é a apresentada à parte de outra proposição, denominando-se Substitutivo quando a alterar, substancial ou formalmente, em seu conjunto' (Regimento Interno da Câmara dos Deputados, art. 118, § 4º); substitutivo, pois, nada mais é do que uma ampla emenda ao projeto inicial. A rejeição do substitutivo pela Câmara, aprovando apenas alguns dispositivos dele destacados (Regimento Interno da Câmara dos Deputados, art. 190), implica a remessa do projeto à sanção presidencial, e não na sua devolução ao Senado, porque já concluído o processo legislativo; caso contrário, dar-se-ia interminável repetição de idas e vindas de uma Casa Legislativa a outra, o que tornaria sem fim o processo legislativo" (STF, ADIn 2.182-MC, Rel. Min. Maurício Corrêa, *DJ* de 19-3-2004).

Após aprovado o projeto de lei pelo Congresso Nacional, ele seguirá para o *autógrafo*.

O *autógrafo* é "o instrumento formal consubstanciador do texto definitivamente aprovado pelo Poder Legislativo". Deve "refletir, com fidelidade, em seu conteúdo intrínseco, o resultado da deliberação parlamentar. Na realidade, o autógrafo equivale à verdadeira cópia da aprovação parlamentar do projeto de lei, devendo refletir todas as transformações introduzidas, mediante emenda, na proposição legislativa. Vê-se, desse modo, que o exercício do poder de sanção/veto, pelo Chefe do Executivo, incide sobre o texto formalmente consubstanciado no autógrafo, que não pode, e nem deve, divergir do resultado final da manifestação parlamentar". Logo, "o Presidente da República não pode sancionar texto de projeto de lei cujo autógrafo contenha, indevidamente, cláusulas que foram expressamente suprimidas pelo Congresso Nacional, na fase da deliberação parlamentar" (STF, ADIn 1.393, Rel. Min. Celso de Mello, *DJ* de 11-10-1996).

a.2.1.1) Emenda parlamentar

Emenda parlamentar é a proposição modificativa dos projetos de lei apresentados, originalmente, pelos deputados e senadores.

Não se confunde com *emenda à Constituição* (CF, arts. 59, I, e 60, §§ 1º a 5º) — espécie normativa correspondente ao exercício do poder de reforma constitucional.

Funciona como providência acessória, pois acompanha o projeto principal de feitura de qualquer das modalidades normativas inscritas no art. 59 de nossa Constituição.

A emenda parlamentar aos projetos legislativos pode ser:

- **aditiva** — acrescenta matéria nova à proposição original dos projetos de lei;
- **aglutinativa** — propicia a fusão de emendas parlamentares; também permite fundir essas emendas a projetos de lei;
- **redacional (ou de redação)** — sana vícios de linguagem, problemas vernaculares, incorreções técnicas, lapsos manifestos no projeto de lei original;
- **supressiva** — elimina impropérios, enganos, erros, dúvidas de qualquer parte da proposição principal do projeto de lei;
- **modificativa** — muda a forma do projeto de lei, sem, contudo, alterar-lhe a substância; e
- **substitutiva** — modifica a forma e a substância do projeto de lei. Quando apresentada como sucedâneo de outra proposição legislativa recebe o nome de *substitutivo*. Ao incidir sobre a forma do projeto de lei, tem em vista o seu aperfeiçoamento técnico-legislativo. E, ao modificar a substância dele, almeja mudar o seu conteúdo.

Como o próprio nome já diz, a emenda é *parlamentar*. Logo, só pode ser apresentada, exclusivamente, pelos membros do Parlamento, isto é, por deputados federais e senadores da República.

O nosso ordenamento jurídico não admite que os titulares da iniciativa extraparlamentar apresentem emendas parlamentares a projetos legislativos. Somente os detentores do mandato parlamentar é que retêm essa atribuição de natureza exclusiva e, portanto, *indelegável*. Do contrário, o pórtico da democracia representativa, inserido no art. 1º, parágrafo único, da Constituição Federal, ficaria sem sentido. Se o povo conferiu aos seus representantes o poder de praticar atos inerentes à função eletiva, não há motivos para atribuir a não parlamentares o encargo de alterar o projeto que remeteram.

No máximo, a única coisa que os titulares da iniciativa extraparlamentar podem fazer, e nada mais, é acrescentar dispositivos na propositura original, pois, nessa hipótese, o *princípio da reserva de modificação legislativa*, que confere aos deputados e senadores a exclusividade de alteração dos projetos de lei já encaminhados, não impede novos aditamentos.

a.2.1.2) Votação
Votação é o ato coletivo em que as Casas legislativas decidem determinada matéria (CF, arts. 65 e 66), mediante a maioria absoluta (CF, art. 69), a maioria relativa (CF, art. 47) ou a maioria de 3/5 dos votos dos deputados ou senadores (CF, art. 60, § 2º).

Normalmente, a votação é precedida de estudos e pareceres das Comissões, bem como de debates, travados em plenário.

a.2.1.3) Prazo para deliberação parlamentar
A Constituição de 1988 não consagrou prazo para o Poder Legislativo desempenhar a sua função típica e primária — fazer leis —, exceto nos casos de *regime de urgência*, que estudaremos logo abaixo. Na realidade, o constituinte deixou a estipulação dos prazos sob o talante da *discricionariedade parlamentar*.

Assim, qualquer uma das Casas legislativas, se reputar necessário, poderá fixar prazo, em seu próprio regimento interno, algo que em nada fere a Constituição da República, porque esse tema adstringe-se às deliberações *interna corporis* do Parlamento, que, por motivos de organização funcional, pode estabelecer normas próprias.

a.2.2) Deliberação executiva
Deliberação executiva é o ato em que o Presidente da República analisa o projeto de lei, aprovado pelo Congresso Nacional, para vetá-lo ou sancioná-lo. Realiza-se no texto formalmente consubstanciado no *autógrafo*, que, como vimos, deve retratar, com fidelidade, o projeto de lei aprovado pelo Congresso Nacional.

Nesse sentido: STF, ADIn 1.393, Rel. Min. Celso de Mello, *DJ* de 11-10-1996.

A existência da *deliberação executiva* é uma manifestação da cláusula da independência e harmonia entre Poderes (CF, art. 2º).

◆ Cap. 21 ◆ ORGANIZAÇÃO DOS PODERES

1021

No momento que se submete um projeto de lei, já aprovado pelo Congresso Nacional, ao crivo do Presidente da República, permite-se um contrabalanço no processo de formação dos atos normativos. Deflagra-se, então, um *controle recíproco*.

Como, no Presidencialismo, o Presidente não pode dissolver a Câmara, tal qual ocorre no Parlamentarismo, o poder de veto, que a Constituição lhe confere, equilibra tensões, freando impulsos.

a.2.2.1) Sanção

Sanção é a concordância do Presidente da República com o teor do projeto de lei, aprovado pelo Congresso Nacional.

Assim, a Casa na qual tenha sido concluída a votação enviará o projeto de lei ao Presidente da República, que, aquiescendo, o sancionará (CF, art. 60, *caput*).

Mas a sanção a projeto de lei não tem o condão de sanar o vício de inconstitucionalidade formal. A mera vontade do Chefe do Executivo é juridicamente insuficiente para convalidar chagas provenientes do descumprimento da Constituição.

> **Nesse sentido:** "Inconstitucionalidade formal reconhecida em face do vício de iniciativa da Lei impugnada, de origem parlamentar, que não é convalidado nem mesmo pela sanção do Chefe do Poder Executivo" (STF, ADIn 1.963-MC, Rel. Min. Maurício Corrêa, *DJ* de 7-5-1999). **Precedente:** STF, ADIn 1.070-MC, Rel. Min. Celso de Mello, *DJ* de 15-9-1995.

A *sanção* pode ser:

- **expressa (ou explícita)** — o Presidente da República manifesta-se favoravelmente ao projeto de lei, aprovado pelo Congresso Nacional, no prazo máximo de quinze dias úteis. Assim o faz de modo taxativo, expresso, explícito;
- **tácita (ou silenciosa)** — o Presidente da República silencia sobre o projeto de lei durante o prazo de quinze dias úteis; o silêncio presidencial é "eloquente" e indica que o projeto sofreu *sanção tácita* (CF, art. 66, § 3º);
- **total (ou ampla)** — o Presidente da República concorda, no todo, na sua totalidade, com a íntegra do projeto de lei, aprovado no Congresso Nacional; e
- **parcial (ou localizada)** — o Presidente da República concorda com apenas uma parte do projeto de lei, isto é, com parcela do artigo, parágrafo, inciso ou alínea.

a.2.2.2) Veto presidencial

Simétrico à sanção é o instituto do *veto presidencial* (CF, art. 66, §§ 1º a 6º).

Veto presidencial é a discordância do Chefe do Executivo da União com o projeto legislativo, aprovado pelo Poder Legislativo.

No prazo de quinze dias úteis, vetado o projeto, o Presidente da República comunicará, dentro de quarenta e oito horas, ao Presidente do Senado os motivos do veto (CF, art. 66, § 1º). A contagem do prazo quinzenal começa no dia do recebimento do projeto pelo Presidente. Mas o dia inicial fica fora da contagem. Em contrapartida, inclui-se o último dia. Lembremos que, diante do silêncio presidencial, o projeto é sancionado tacitamente (CF, art. 66, § 3º).

> **Processo legislativo — Veto mantido pelo Legislativo:** "Decreto legislativo que, anos depois, sob fundamento de ter sido o veto intempestivo, desconstitui a deliberação que o mantivera, e declara tacitamente sancionada a parte vetada do projeto de lei: inconstitucionalidade formal do decreto legislativo, independentemente da indagação acerca da validade material ou não da norma por ele considerada sancionada: aplicação ao processo legislativo — que é verdadeiro processo — da regra da preclusão — que, como impede a retratação do veto, também obsta a que se retrate o Legislativo de sua rejeição ou manutenção: preclusão, no entanto, que, não se confundindo com a coisa julgada — esta, sim, peculiar do processo jurisdicional —, não inibe o controle judicial da eventual intempestividade do veto" (STF, ADIn 1.254, Rel. Min. Sepúlveda Pertence, *DJ* de 17-3-2000).

O *veto presidencial* é irretratável. Depois de comunicar as suas razões ao Poder Legislativo, o Presidente da República não pode voltar atrás, alterando o seu posicionamento.

Ponto controvertido é a natureza do *veto presidencial*.

> **Sobre a polêmica:** Carleton Kemp Allen, *Law in the making*; Raymond Carré de Malberg, *La loi, expression de la volonté générale*; Georges Burdeau, *Essai sur l'évolution de la notion de loi en droit français*; Oswaldo Trigueiro, *Os poderes do presidente da república*: estudos sobre a Constituição brasileira; Luiz Navarro de Britto, *O veto legislativo*: estudo comparado; Rômulo Paes Barreto, O veto nas Repúblicas presidencialistas, *RIL, 103*:47; Ernesto Rodrigues, *O veto no direito comparado*.

Para uns, é um *direito*; para outros, um *dever*. Há quem diga ser um *poder*.

> **Nesse sentido:** STF, MS 24.675-8-MC/DF, Rel. Min. Cezar Peluso, *DJ* de 18-3-2004.

E há, ainda, os que afirmam tratar-se de um *poder-dever*, corrente intermediária, ou mista, à qual nos filiamos.

O veto é um *poder*, porque o Presidente da República não está obrigado a acatar o projeto de lei, podendo reputá-lo *inconstitucional* ou *contrário ao interesse público*.

É, ao mesmo tempo, um *dever*, pois o Presidente tem a missão de se manifestar sobre a matéria legislada que lhe foi submetida, do contrário o projeto de lei será, tacitamente, sancionado (CF, art. 66, § 3º).

Quando o projeto é rejeitado sob o argumento de sua *inconstitucionalidade*, temos o exercício do veto em sentido *formal*. É o *veto jurídico* propriamente dito.

Se o projeto de lei for tido como adverso ao *interesse público*, o exercício do veto foi na acepção *material*. É o *veto político*.

Por fim, se o veto justificar-se, ao mesmo tempo, pela *inconstitucionalidade* e pelo menoscabo ao *interesse público*, detectados no projeto de lei, temos o *veto jurídico-político*, cujo sentido é o *formal-material*.

O *veto presidencial* pode ser:

* *Expresso (ou explícito)* — o Presidente da República manifesta, explicitamente, a sua vontade de não aquiescer ao projeto de lei.
* *Motivado (ou formalizado)* — o Presidente da República declina, por escrito, as razões de fato e de direito que o levaram a discordar do projeto de lei. Assim, o Poder Legislativo passa a saber os motivos do *veto*, podendo tentar derrubá-lo, ou não. Mas, se o Presidente não formalizar o veto, deixando de explicar os motivos de seu ato, estaremos diante do *veto sem motivação expressa*. Essa verdadeira inexistência de veto produz os mesmos efeitos da *sanção tácita*. Desse modo, o projeto de lei reputar-se-á sancionado, diante do silêncio do Chefe do Executivo Federal (CF, art. 66, § 3º).
* *Relativo (ou superável)* — o Presidente da República, ao vetar o projeto de lei, não elimina a possibilidade de o mesmo ser superado pelo Poder Legislativo. Assim, o veto presidencial é, na realidade, *relativo* ou *superável*, porque, como proclamou a Carta de 1988, ele é apreciado em sessão conjunta, dentro de trinta dias a contar de seu recebimento, podendo ser rejeitado pelo voto da maioria absoluta dos deputados e senadores, em escrutínio aberto (CF, art. 66, § 4º). Quer dizer, o que o veto impede, de imediato, é a pronta conversão do projeto legislativo em lei. Mas isso não significa que ele perdurará, afinal os parlamentares, analisando-o posteriormente, podem rejeitá-lo, permitindo a consumação do processo formal de feitura da espécie normativa.
* *Total (ou amplo)* — o Presidente da República não aquiesce ao projeto de lei *por completo*, na íntegra, em sua totalidade, por considerá-lo inconstitucional ou contrário ao interesse público (CF, art. 66, § 1º).
* *Parcial (ou localizado)* — o Presidente da República discorda de parte do projeto de lei, vetando somente o texto integral de artigo, de parágrafo, de inciso ou de alínea. Durante os trabalhos da Assembleia Nacional Constituinte, muito se debateu a respeito da sua real amplitude. Chegou-se à conclusão de que ele não serve para atingir termos, frases ou expressões isoladas do projeto

♦ Cap. 21 ♦ ORGANIZAÇÃO DOS PODERES **1023**

de lei. E foi esse o sentido que o art. 66, § 2º, da Carta de 1988, lhe atribuiu. Permitir que o veto parcial incida sobre qualquer parte do projeto de lei é o mesmo que atribuir ao Presidente da República a função legislativa. Na realidade, o veto parcial serve para expurgar acréscimos impróprios, desconexos com as linhas-mestras do projeto de lei. Seu objetivo é limpar pontos localizados, evitando que se tenha de vetar o projeto por inteiro só porque ele apresenta pontos infecciosos — os *riders* ou *causas legais* dos norte-americanos.

Nesse sentido: John W. Burgess, *Political science and comparative constitutional law*, 1890, v. 1; Kermit L. Hall, *The Oxford companion to the Supreme Court of the United States*, 1992.

* ***Supressivo (ou impeditivo de aditamentos)*** — o Presidente da República não poderá, por meio do veto, fazer aditamentos ao produto legislado, mas apenas suprimir, no todo ou em parte, os projetos de lei inconstitucionais ou contrários ao interesse público.

Vejamos, agora, a síntese do modo de *tramitação do veto* (CF, art. 66, §§ 4º a 6º).

Após o Presidente vetar o projeto de lei, ele retorna ao Congresso Nacional, para ser apreciado em sessão conjunta, dentro de trinta dias a contar de seu recebimento.

Esgotado sem deliberação o prazo de trinta dias, "o veto será colocado na ordem do dia da sessão imediata, sobrestadas as demais proposições, até sua votação final" (CF, art. 66, § 6º, com redação da EC n. 19/98).

Mas o veto só poderá ser rejeitado pelo voto da maioria absoluta dos deputados e senadores, em escrutínio aberto. Nesse sentido, vale transcrever o disposto no art. 66, § 4º, com redação dada pela Emenda Constitucional n. 76, de 28-11-2013, que aboliu a votação secreta na apreciação do veto: "O veto será apreciado em sessão conjunta, dentro de trinta dias a contar de seu recebimento, só podendo ser rejeitado pelo voto da maioria absoluta dos Deputados e Senadores".

Até as Assembleias Legislativas dos Estados-membros devem respeito a todas essas regras, contempladas na Constituição Federal. Elas são de observância cogente no processo de formação dos atos normativos estaduais.

Nesse sentido: "Se para a apreciação do veto é exigido o voto da maioria absoluta (CF, artigo 66, § 4º) e o seu exame ocorreu na vigência da atual ordem constitucional, não poderia a Assembleia Legislativa valer-se daquele fixado na anterior Carta Estadual para determiná-lo como sendo o de dois terços. O modelo federal é de observância cogente pelos Estados-membros desde a data da promulgação da Carta de 1988. Precedente" (STF, Recl 1.206, Rel. Min. Maurício Corrêa, *DJ* de 18-10-2002).

Se o veto for superado, o projeto de lei segue ao Presidente da República para promulgação (CF, art. 66, § 5º). Mantido o veto, o projeto de lei é arquivado, definitivamente. Aqui o Poder Legislativo não poderá analisar, novamente, as razões do veto, pois a confirmação parlamentar das suas razões extingue o processo legislativo, cujas fases procedimentais não poderão ser reabertas.

Precedente: STF, ADIn 1.254-1/RJ, Rel. Min. Celso de Mello, *DJ* de 18-8-1995.

Depois de sancionado, o projeto de lei passa à *fase complementar*.

a.3) Fase complementar do procedimento legislativo ordinário: a certificação e a comunicação

Fase complementar do procedimento legislativo ordinário é a que engloba a certificação (*promulgação*) e a comunicação (*publicação*) da lei.

a.3.1) Promulgação

A *promulgação* é o atestado de que a lei nasceu, de que existe para ser aplicada e executada.

Como a promulgação é o certificado do nascimento da lei, ela gera a *presunção* de que é válida e potencialmente obrigatória. Assim, promulgada a lei, tem-se a certeza da sua autenticidade, porque é

1024 ◆ Uadi Lammêgo Bulos ◆

gerada uma *presunção relativa* ou *juris tantum* de sua constitucionalidade.

Mas a promulgação, em si, não põe a lei em vigor, algo que só ocorre depois da sua *publicação*.

O que se promulga é a lei ou o projeto de lei?

A promulgação é da lei, e não do projeto de lei, ponto pacífico hoje em dia. Realmente, quando se chega à etapa da promulgação, a matéria legislativa não é mais projeto, e sim o produto final: a lei.

Pela Constituição brasileira, o exato momento em que o projeto de lei se converte em lei é na fase da sanção presidencial ou derrubada do veto pelo voto da maioria absoluta dos deputados e senadores (CF, art. 66, § 4º). Tanto que o art. 66, § 7º, refere-se à promulgação da lei, e não do seu projeto.

Pela *regra geral*, quem promulga a lei é o Presidente da República, mesmo se o seu veto for derrubado pelo Congresso Nacional.

Todavia, se dentro de quarenta e oito horas, o Presidente não a promulgar, nos casos de sanção tácita (art. 66, § 3º) ou derrubada do veto (CF, art. 66, § 5º), a lei será promulgada pelo Presidente do Senado. Se este não o fizer em igual prazo, caberá ao Vice-Presidente do Senado fazê-lo (CF, art. 66, § 7º).

a.3.2) Publicação

A *publicação* é o momento no qual a lei passa a ser obrigatória e exigível. Por isso, é a etapa do processo legislativo em que se insere o texto da lei nova no órgão de imprensa oficial para torná-la pública. Se a lei não sair no *Diário Oficial*, os seus destinatários não saberão que ela existe. Trata-se, pois, de um requisito de eficácia do novel diploma normativo.

Publicada, a lei entra em vigor, dirigindo-se a todos, porque a ninguém é dado o seu desconhecimento (LINDB, art. 3º). No silêncio do texto, a lei começará a vigorar em quarenta e cinco dias em todo o País, e três meses após o ato em que foi publicada, no estrangeiro, durante o período da *vacatio legis* (LINDB, art. 1º).

Vacatio legis é o período que vai da publicação da lei à sua vigência. Todavia, a urgência da lei será indicada de modo expresso, a fim de contemplar período razoável ao seu devido conhecimento, reservada a cláusula "entra em vigor na data de sua publicação" para as leis de menor alcance (Lei Complementar n. 95/98, art. 8º).

> **Lei Complementar n. 95, de 26-2-1998:** regulamentada pelo Decreto n. 4.176, de 28-3-2002, dispõe sobre a elaboração, a redação, a alteração e a consolidação das leis, conforme determina o parágrafo único do art. 59 da Carta Magna, e estabelece critérios para a consolidação dos atos normativos.

Ressalte-se, enfim, que a Carta de 1988 prevê duas exceções à regra geral de que a lei entra em vigor na data de sua publicação:

- **art. 150, III, *b*** — princípio da anterioridade tributária; e
- **art. 195, § 6º** — princípio da anterioridade nonagesimal.

b) Procedimento legislativo sumário

Procedimento legislativo sumário é aquele que demarca prazo para o Congresso Nacional deliberar projetos de lei. Encontra-se previsto no art. 64, §§ 1º a 4º, da Carta Maior. É também conhecido como *regime de urgência constitucional* ou *procedimento abreviado*.

> **Procedimento abreviado:** o procedimento legislativo sumário também é chamado de *procedimento abreviado*, que vigorou, entre nós, por força do Ato Institucional de 9-4-1964.

Incide em duas hipóteses:

- **art. 223, § 1º, da CF** — disciplina o *regime de urgência* para os projetos legislativos de outorga, renovação de concessão, permissão ou autorização dos serviços de radiofusão sonora, de sons e imagens, com base nos prazos estabelecidos no art. 64, §§ 2º e 4º; e
- **art. 64, § 1º, da CF** — contempla *regime de urgência* para os projetos legislativos de iniciativa exclusiva ou concorrente do Presidente da República, que pode solicitar agilidade na tramitação deles ao Congresso Nacional.

◆ Cap. 21 ◆ ORGANIZAÇÃO DOS PODERES **1025**

Sem embargo, feita a solicitação presidencial em *regime de urgência*, a Câmara dos Deputados realiza a deliberação principal, enquanto o Senado, a deliberação revisional.

> **Regime de urgência nos regimentos internos das Casas legislativas:** o Regimento Interno da Câmara dos Deputados disciplina o *regime de urgência* no seu art. 152, enquanto o Regimento Interno do Senado o prevê no art. 336.

A Câmara dos Deputados e o Senado Federal têm o prazo de quarenta e cinco dias para apreciar o projeto de lei. Se sofrer emenda no Senado, sua apreciação pela Câmara deverá ocorrer dentro de dez dias, vedada qualquer subemenda.

Logo, o *procedimento legislativo sumário* dura, no máximo, 100 dias: 45 dias em cada Casa + 10 dias (se houver emenda no Senado a ser apreciada pela Câmara).

Se não se manifestarem sobre a proposição dentro de quarenta e cinco dias, sobrestar-se-ão todas as demais deliberações legislativas da respectiva Casa, com exceção das que tenham prazo constitucional determinado, como as medidas provisórias, cujo prazo máximo para serem apreciadas é de cento e vinte dias (CF, art. 62, § 3º).

Esse *sobrestamento*, previsto no art. 64, § 3º, da Carta Magna, originou-se com a Emenda Constitucional n. 32/2001, que inovou no seguinte ponto: se o Presidente da República solicitar urgência na apreciação de projetos de sua iniciativa e a Câmara e o Senado silenciarem, dentro do prazo de quarenta e cinco dias, todas as demais deliberações legislativas da respectiva Casa pararão, não prosseguindo nos seus trâmites normais, retardando o processo legislativo até que se realize definitivamente a votação. Não se sujeitam a essa regra aquelas proposições legislativas que tenham prazo constitucional determinado.

Portanto, se, no prazo de quarenta e cinco dias, as medidas provisórias não forem apreciadas pela Casa legislativa onde estejam tramitando, entrarão em regime de urgência, ficando paradas todas as demais deliberações legislativas da respectiva Casa até que se conclua, em definitivo, o procedimento de votação.

Observe-se que a Emenda Constitucional n. 32/2001 manteve o prazo de quarenta e cinco dias para a deliberação do *procedimento abreviado*, como já era previsto na Emenda Constitucional n. 1/69 (art. 51, *caput*).

> **Medida provisória — Edição na pendência, em regime de urgência, de projeto de lei sobre matéria de iniciativa presidencial:** "A circunstância de a MP 296/91 ter sido baixada no curso do processo legislativo, em regime de urgência, sobre projeto de iniciativa presidencial abrangendo a matéria por ela regulada, não ilide, por si só, a possibilidade constitucional da sua edição" (STF, ADIn 525-MC, Rel. Min. Sepúlveda Pertence, *DJ* de 2-4-2004).

Já a apreciação das emendas do Senado Federal pela Câmara dos Deputados far-se-á no prazo de dez dias (CF, art. 64, § 3º).

Durante os períodos de recesso do Congresso Nacional, o *processo legislativo sumário* não corre, nem mesmo para a apreciação dos projetos de código (CF, art. 64, § 4º).

c) Procedimento legislativo especial

Procedimento legislativo especial é aquele usado para a elaboração de:

- emendas constitucionais;
- leis complementares, delegadas, plurianuais, orçamentárias, decorrentes das constituições dos Estados-membros;
- lei orgânica municipal;
- lei orgânica do Distrito Federal;
- medidas provisórias;
- decretos legislativos; e
- resoluções.

1026 ◆ Uadi Lammêgo Bulos ◆

✧ 3.25. Espécies normativas

Espécies normativas, também chamadas de *degraus normativos*, *modalidades normativas* ou *tipos normativos*, são pautas de conduta, gerais e obrigatórias, elaboradas pelo Poder Legislativo, para reger a vida em sociedade. Possuem a natureza de *atos jurídico-primários*, porquanto retiram o seu fundamento de validade da Constituição Federal — berço originário de todas elas (art. 59, I a VII).

Realmente, o constituinte proclamou que o processo legislativo compreende a elaboração de:
- emendas constitucionais;
- leis complementares;
- leis ordinárias;
- leis delegadas;
- medidas provisórias;
- decretos legislativos; e
- resoluções.

a) Hierarquia entre as espécies normativas

Há hierarquia entre as espécies jurídicas primárias?

Em estado de *latência constitucional*, sem estarem lançadas no mundo jurídico, não há hierarquia entre as modalidades normativas do art. 59, pois o que existe, nesse particular, é a previsão abstrata delas. Porém, se saírem do papel, concretizando-se na ordem jurídica, evidente que existe hierarquia, porque o constituinte elege quais os temas que devem ser regulados por uma ou outra espécie.

Assuntos complexos, pois, são regulados por tipos jurídico-primários de procedimento legislativo difícil e demorado.

A recíproca é verdadeira.

Temas corriqueiros, seguem rito de feitura normativa mais simples, porque não têm a mesma repercussão das questões graves e complexas da vida nacional.

Certamente, toda constituição é uma *unidade dividida*. Contém normas que trazem, ao mesmo tempo, significados complementares (*normas em conexão de sentido*) e significados independentes (*normas com identidade própria*).

Dentro dessa *unidade*, que convive com a *diversidade*, há um elemento de calibragem, que evita conflitos ou contradições internas. Esse elemento é a *severa diferenciação de atribuições*.

Por isso, cada uma das espécies normativas do art. 59 atua em campos próprios de competência, possuindo quóruns diferentes de aprovação e procedimentos legislativos diferenciados.

Uma emenda constitucional, por exemplo, sujeita-se aos limites do art. 60, §§ 1º a 5º, da Constituição, algo que não é exigido para a feitura das demais modalidades do art. 59.

Evidente que uma emenda que se incorporou ao texto originário da Carta Magna é, hierarquicamente, superior a todas elas, porque segue um procedimento solene, demorado, complexo, em virtude de sua importância institucional.

Veja-se que a emenda constitucional, em seu *estado de latência*, situa-se no mesmo patamar das demais categorias normativas.

Ademais, não devemos confundir *proposta de emenda à constituição* — PEC — com *emenda já incorporada à constituição*. Esta última integra o texto maior, como qualquer outra norma constitucional, logrando os atributos decorrentes da rigidez e da supremacia da *Lex Mater*. Aí sim haverá superioridade entre a nova norma constitucional, oriunda do poder constituinte secundário, e as leis ordinárias, por exemplo, em decorrência do *princípio da unidade hierárquico-normativa da constituição*.

Na realidade, o próprio constituinte determina quem prevalece sobre outrem. Assim o faz por meio da *técnica de positivação constitucional das maiorias*, que estudamos acima.

Lei complementar, por exemplo, precisa do voto da maioria absoluta dos parlamentares para ser aprovada (CF, art. 69), enquanto lei ordinária, a maioria simples (CF, art. 47).

Se inexistisse hierarquia entre as espécies normativas do art. 59, uma resolução desempenharia o mesmo papel de uma medida provisória; uma emenda à Constituição penetraria na esfera residual das leis complementares; leis ordinárias interfeririam na seara das leis delegadas, e assim por diante.

Por isso, a lei ordinária, a lei delegada, a medida provisória, o decreto legislativo e a resolução

◆ Cap. 21 ◆ ORGANIZAÇÃO DOS PODERES   **1027**

submetem-se ao império da lei complementar, sob pena de serem inválidas caso se insurjam contra a sua força centrípeta.

> **Usurpação de competência — Inconstitucionalidade:** "A lei ordinária que dispõe a respeito da matéria reservada à lei complementar usurpa competência fixada na Constituição Federal, incidindo no vício de inconstitucionalidade" (STJ, 2ª T., REsp 92.508/DF, Rel. Min. Ari Pargendler, *DJ*, 1, de 25-8-1997, p. 39377).

As leis complementares, por vez, são hierarquicamente inferiores às emendas já incorporadas ao texto primitivo da Carta Suprema.

b) Atributos das espécies normativas

Emendas constitucionais, leis complementares, leis ordinárias, leis delegadas, medidas provisórias, decretos legislativos e resoluções apresentam atributos ou caracteres *intrínsecos* e *extrínsecos*.

Caracteres intrínsecos:

* **imperatividade** — as espécies normativas prescrevem sempre, de modo explícito ou implícito, o que deve ser a conduta dos indivíduos, das autoridades, dos órgãos públicos, das pessoas jurídicas e de todas as demais instituições sociais; elas são *imperativas* porque prescrevem os comportamentos devidos e os proibidos; e
* **autorização** — as espécies normativas autorizam o lesado a exigir o cumprimento delas, quer para reparar o dano causado, quer para exigir a reposição do estado anterior à lesão do bem jurídico. A autorização é o *eidos*, a essência delas. É mediante esse atributo que as emendas constitucionais, leis complementares, leis ordinárias, leis delegadas, medidas provisórias, decretos legislativos e resoluções se distinguem das normas morais, biológicas, religiosas etc.

Por outro prisma, as espécies normativas possuem os seguintes *caracteres extrínsecos*:

* **coatividade** — atributo que revela a impositividade, a possibilidade de usar a coação ou a força para tornar possível exigir o cumprimento da norma; esse traço das espécies normativas é decorrência lógica da própria *autorização*, que integra o *eidos* ou a essência de todas as formas jurídicas ordenatórias do comportamento humano;
* **abstração** — elas não se dirigem a um sujeito determinado, porque são impessoais;
* **generalidade** — emendas constitucionais, leis complementares, leis ordinárias, leis delegadas, medidas provisórias, decretos legislativos e resoluções, mesmo disciplinando temas específicos do cotidiano dos homens e das instituições, visam regular a conduta de todos, sem discriminação;
* **heteronomia** — são aplicadas independentemente da vontade de seus destinatários; e
* **bilateralidade** — pedra angular do edifício jurídico, em virtude da qual um sujeito se obriga a satisfazer a pretensão do outro, a bilateralidade é inerente às espécies normativas do art. 59 da *Lex Mater*.

⌑ 3.25.1. Emendas à Constituição

Estudamos, no Capítulo 7, que as emendas à Constituição são espécies do gênero reforma constitucional. Vimos, ali, a sua natureza, caracteres e limites.

Tecnicamente, as emendas constitucionais existem para empreender mudanças localizadas, de menor abrangência, no Texto Supremo.

No Brasil, contudo, são usadas de modo aleatório e equivocado, servindo de *instrumento de retaliação constitucional*, ensejando alterações profundas na Carta de 1988 e deformando-lhe a essência.

> **Emendas emendando emendas:** no ordenamento constitucional pátrio temos emenda emendando emendas constitucionais. É a emenda da emenda. Exemplo: a Emenda Constitucional n. 121, de 10-5-2022, modificou o inciso IV do § 2º do art. 4º da Emenda Constitucional n. 109, de 15-3-2021, a saber: "IV — relativos ao regime especial estabelecido nos termos do art. 40 do Ato das Disposições Constitucionais Transitórias, às áreas de livre comércio e zonas francas e à política

1028 ◆ Uadi Lammêgo Bulos ◆

industrial para o setor de tecnologias da informação e comunicação e para o setor de semicondutores, na forma da lei".

A inserção das emendas à Constituição dentre as espécies normativas do art. 59 possui efeito pedagógico, pois serve para fortificar o caráter rígido do Texto de 1988.

Aliás, todas as nossas constituições republicanas foram rígidas, exceto a Carta Imperial de 1824 (art. 178), caraterizada pela semirrigidez, e o Texto de 1937, modelo "anfíbio", simultaneamente flexível, quando o projeto de reforma era do Presidente da República (art. 64), e rígido, quando a iniciativa pertencia à Câmara dos Deputados (art. 66, § 3º).

As *emendas à Constituição* existem em estado de *latência constitucional* (CF, art. 59, I, c/c o art. 60, §§ 1º a 5º).

Enquanto categoria normativa prevista, em abstrato, dentre as espécies normativas do art. 59 da Carta de 1988, não possui o mesmo *status* de uma norma constitucional já incorporada ao Texto Magno.

Se não for publicada no *Diário Oficial*, não passa de mero degrau normativo. Logo, não ingressa, oficialmente, no ordenamento jurídico nem desempenha eficácia sociológica. **A sua simples previsão constitucional, nos arts. 59 e 60, §§ 1º a 5º, não lhe confere nenhuma efetividade.**

Depois de sua publicação, a emenda constitucional passa a produzir efeitos concretos.

Daí em diante deixa de ser ato abstrato para **alcançar o posto de norma constitucional**, de igual nível e hierarquia daqueloutras elaboradas pelo poder constituinte originário (se for nova constituição) ou pelo poder constituinte secundário (em caso de reforma constitucional).

Para tanto, deve satisfazer os requisitos técnicos do procedimento legislativo especial a que está sujeita (CF, art. 60, I, II e III, e §§ 2º, 3º e 5º).

a) Procedimento legislativo especial das emendas à Constituição

Dissemos no Capítulo 7 que as emendas constitucionais, como espécies do gênero reforma constitucional, submetem-se a limites *formais, procedimentais* ou *de rito*.

Vejamos, agora, como essas típicas *vedações expressas* funcionam dentro do *procedimento legislativo especial de formação das emendas constitucionais*.

O procedimento de criação das emendas segue um *rito especial*, diferente daquele usado para fazer as leis ordinárias.

Esse *rito especial* é que garante a rigidez da Carta de 1988, encontrando-se disciplinado no art. 60, I, II e III, e §§ 2º, 3º e 5º. Desenvolve-se nas seguintes fases: introdutória, constitutiva e complementar.

a.1) Fase introdutória do procedimento legislativo especial de emenda

Nessa fase, delineia-se a iniciativa de proposta de emenda constitucional, cuja lista de proponentes é bem mais restrita do que aquela exigida para a elaboração das leis comuns.

Desse modo, apenas podem apresentar proposta de emenda constitucional (CF, art. 60, I, II, III):

* um terço, no mínimo, dos membros da Câmara dos Deputados ou do Senado Federal;

> **Iniciativa de ambas as Casas legislativas:** "O início da tramitação da proposta de emenda no Senado Federal está em harmonia com o disposto no art. 60, inciso I da Constituição Federal, que confere poder de iniciativa a ambas as Casas Legislativas" (STF, ADIn 2.031, Rel. Min. Ellen Gracie, *DJ* de 17-10-2003).

* o Presidente da República; e
* mais da metade das Assembleias Legislativas das unidades da Federação, manifestando-se, cada uma delas, pela maioria relativa de seus membros.

a.2) Fase constitutiva do procedimento legislativo especial de emenda

Essa fase compreende, apenas, a *deliberação parlamentar*. Nela, inexiste *deliberação executiva*, pois o Presidente da República não participa desse contexto, onde não há sanção nem veto. Apenas o Poder Legislativo, no exercício da competência reformadora, aí atua.

◆ Cap. 21 ◆ ORGANIZAÇÃO DOS PODERES · 1029

Mediante *deliberação parlamentar*, a proposta de emenda constitucional é discutida e votada em cada Casa do Congresso Nacional, em dois turnos, considerando-se aprovada se obtiver, em ambos, 3/5 dos votos dos respectivos membros (CF, art. 60, § 2º).

> **Mudança substancial no sentido do texto:** "Proposta de emenda que, votada e aprovada na Câmara dos Deputados, sofreu alteração no Senado Federal, tendo sido promulgada sem que tivesse retornado à Casa iniciadora para nova votação quanto à parte objeto de modificação. Inexistência de ofensa ao art. 60, § 2º da Constituição Federal no tocante à supressão, no Senado Federal, da expressão 'observado o disposto no § 6º do art. 195 da Constituição Federal', que constava do texto aprovado pela Câmara dos Deputados em 2 (dois) turnos de votação, tendo em vista que essa alteração não importou em mudança substancial do sentido do texto" (STF, ADIn 2.666, Rel. Min. Ellen Gracie, *DJ* de 6-12-2002).

Portanto, na *deliberação parlamentar*, exige-se:
- quórum diferenciado para a aprovação da proposta de emenda constitucional; e

> **Conselho Nacional do Ministério Público — Composição inicial (EC n. 45/2004, art. 5º, § 1º):** "Densa plausibilidade da arguição de inconstitucionalidade de norma atributiva de competência transitória para a hipótese de não se efetivarem a tempo, na forma do texto permanente, as indicações ou escolhas dos membros do Conselho Nacional do Ministério Público, por inobservância do processo legislativo previsto no § 2º do art. 60 da Constituição da República, dada a patente subversão do conteúdo da proposição aprovada pela Câmara dos Deputados, por força de emenda que lhe impôs o Senado, e afinal se enxertou no texto promulgado" (STF, ADIn 3.472-MC, Rel. Min. Sepúlveda Pertence, *DJ* de 24-6-2005).

- dupla votação em cada Casa legislativa.

> **Poder Judiciário — Conselho Nacional de Justiça — Competência:** "Magistratura. Magistrado vitalício. Cargo. Perda mediante decisão administrativa. Previsão em texto aprovado pela Câmara dos Deputados e constante do Projeto que resultou na Emenda Constitucional n. 45/2004. Supressão pelo Senado Federal. Reapreciação pela Câmara. Desnecessidade. Subsistência do sentido normativo do texto residual aprovado e promulgado (art. 103-B, § 4º, III). Expressão que, ademais, ofenderia o disposto no art. 95, I, parte final, da CF. Ofensa ao art. 60, § 2º, da CF. Não ocorrência. Arguição repelida. Precedentes. Não precisa ser reapreciada pela Câmara dos Deputados expressão suprimida pelo Senado Federal em texto de projeto que, na redação remanescente, aprovada de ambas as Casas do Congresso, não perdeu sentido normativo" (STF, ADIn 3.367, Rel. Min. Cezar Peluso, *DJ* de 17-3-2006).

Após a emenda constitucional ser aprovada por ambas as Casas do Congresso Nacional, ela segue para a *fase complementar*, para ser promulgada e publicada.

a.3) Fase complementar do procedimento legislativo especial de emenda

Na fase complementar, a emenda constitucional é promulgada, conjuntamente, pelas Mesas da Câmara dos Deputados e do Senado Federal, com o respectivo número de ordem (CF, art. 60, § 3º).

Quanto à sua publicação, compete ao Congresso Nacional realizá-la, porque essa competência encontra-se implícita na própria lógica do art. 60, § 3º, da Carta Suprema.

Lembremos que a matéria constante de proposta de emenda rejeitada ou havida por prejudicada não pode ser objeto de nova proposta na mesma sessão legislativa (CF, art. 60, § 5º).

Esse limite procedimental à competência reformadora da Constituição foi reconhecido pelo Supremo Tribunal Federal, que assegurou aos congressistas o direito público subjetivo de não serem obrigados a votar propostas de emenda constitucional contrárias ao art. 60, § 5º, da Lei Magna.

> **Nesse sentido:** STF, Pleno, MS 22.503-3, Rel. p/ acórdão Min. Maurício Corrêa, *DJ* de 6-6-1997.

Mas o Supremo Tribunal também concluiu que não contraria o art. 60, § 5º, o fato de o Presidente da Câmara dos Deputados aplicar dispositivo regimental adequado, para declarar prejudicada a proposição que tiver substitutivo aprovado, e não rejeitado, ressalvados os destaques.

> **Precedente:** "É de ver-se, pois, que tendo a Câmara dos Deputados apenas rejeitado o substitutivo, e não o projeto que veio por mensagem do Poder Executivo, não se cuida de aplicar a norma do art. 60, § 5º, da Constituição. Por isso mesmo, afastada a rejeição do substitutivo, nada impede que se prossiga na votação do projeto originário. O que não pode ser votado na mesma sessão legislativa é a emenda rejeitada ou havida por prejudicada, e não o substitutivo que é uma subespécie do projeto originariamente proposto" (STF, MS 22.503, Rel. orig. p/ acórdão Min. Marco Aurélio, *DJ* de 6-6-1997).

¤ 3.25.2. Leis complementares

Leis complementares são as que vêm explicitadas no Texto Constitucional, equivalendo a um terceiro gênero de leis (*tertium genus* normativo).

De um lado, não comportam a rigidez de uma emenda constitucional; de outro, não se submetem ao processo de feitura das leis ordinárias, pelo que não perdem sua vigência com a simples edição de leis comuns supervenientes (revogação).

> **Recepção de lei ordinária como complementar:** "A recepção de lei ordinária como lei complementar pela Constituição posterior a ela só ocorre com relação aos seus dispositivos em vigor quando da promulgação desta, não havendo que se pretender a ocorrência de efeito repristinatório, porque o nosso sistema jurídico, salvo disposição em contrário, não admite a repristinação (Lei de Introdução ao Código Civil, art. 2º, § 3º)" (STF, AgI 235.800-AgRg, Rel. Min. Moreira Alves, *DJ* de 25-6-1999).

a) Natureza das leis complementares

As leis complementares são *atos normativos infraconstitucionais*.

Em virtude de postarem-se, na ordem jurídica, como um *tertium genus*, podem ser modificadas sem os rigores de uma emenda constitucional; não comportam, porém, modificações constantes, a exemplo das leis comuns, submetidas ao procedimento legislativo ordinário.

Quer dizer, as leis complementares procuram equacionar a díade *alterabilidade* × *volubilidade*, pois, ao mesmo tempo que podem sofrer modificações, não comportam mudanças volúveis, inconsequentes ou desarrazoadas.

Daí a exigência do voto da maioria absoluta dos congressistas para serem aprovadas, à luz do procedimento legislativo diferenciado a que são submetidas (CF, art. 69).

No Brasil, a natureza das leis complementares sempre foi delicada. Ao mesmo tempo que os nossos constituintes se preocuparam em resguardá-las de alterações volúveis e periódicas, a exemplo do que se dá com as leis ordinárias, não lhes conferiram doses de rigidez, a ponto de as tornarem alvo de um processo de elaboração cerimonioso, solene e demorado, como ocorre com as emendas à Constituição. Ao mesmo tempo que lhes possibilitou sofrer modificações, desde que necessárias, vedou-lhes alterações a toque de caixa, ao sabor do processo legislativo comum.

b) Surgimento das leis complementares no Brasil

Foi a Emenda Constitucional n. 4, de 2 de setembro de 1961, que instituiu o ato adicional do sistema parlamentarista de governo, o primeiro diploma normativo a falar em leis complementares no Brasil (art. 22).

Revogada a Emenda Constitucional n. 4, as leis complementares reapareceram com a edição da Emenda Constitucional n. 17, de 26 de novembro de 1965, que deixou a sua regulamentação sob os auspícios de regimentos internos e resoluções especiais.

A Carta de 1967 manteve a modalidade normativa (art. 50), prevendo-a em diversos preceitos, enquanto o Texto de 1988 atribuiu-lhe posição de destaque.

◆ Cap. 21 ◆ ORGANIZAÇÃO DOS PODERES   **1031**

c) Diferenças entre leis complementares e leis ordinárias

A diferença entre as *leis complementares* e as *leis comuns* ou *ordinárias* assenta-se em dúplice aspecto: um *formal*, outro *material* (ou *substancial*).

Da ótica *formal*, a distinção entre ambas está na fase de votação. Enquanto o quórum para a lei ordinária ser aprovada é por maioria simples (CF, art. 47), o quórum para a aprovação da lei complementar é por maioria absoluta (CF, art. 69).

Do ângulo *material*, a diferença entre tais espécies normativas é facilmente percebida. A lei complementar caracteriza-se pelo fato de que somente ela poderá dispor sobre um dado assunto. Nesse caso, o constituinte faz-lhe menção expressa.

Havendo, porém, silêncio do constituinte, a lei será ordinária, porque inexistirá qualquer exigência ou especificidade para certa matéria ser regulamentada pela legislação comum.

Esse é o entendimento do Supremo Tribunal Federal.

> **Posição pacífica do STF:** "De há muito se firmou a jurisprudência desta Corte no sentido de que só é exigível lei complementar quando a Constituição expressamente a ela faz alusão com referência a determinada matéria, o que implica dizer que quando a Carta Magna alude genericamente a 'lei' para estabelecer princípio de reserva legal, essa expressão compreende tanto a legislação ordinária, nas suas diferentes modalidades, quanto a legislação complementar" (ADIn 2.010-MC, Rel. Min. Celso de Mello, *DJ* de 28-3-2004). **Precedentes:** STF, ADIn 2.028-MC, Rel. Min. Moreira Alves, *DJ* de 16-6-2000; STF, ADIn 2.621-MC/DF, Rel. Min. Celso de Mello, *DJ* de 8-8-2002.

Ressalvadas algumas opiniões doutrinárias em sentido contrário, a maioria dos especialistas concorda que *complementares* são as leis que o constituinte mencionou expressamente.

> **Sobre o assunto:** Geraldo Ataliba, *Lei complementar na Constituição*; Celso Ribeiro Bastos, *Lei complementar:* teoria e comentários; Hugo de Brito Machado, Posição hierárquica da lei complementar, *Revista Themis*, 1:103-107; Dagoberto Liberato Cantizano, *O processo legislativo nas Constituições brasileiras e no direito comparado*.

d) Há hierarquia entre leis complementares e leis ordinárias?

Vimos que, em estado de *latência constitucional*, não há hierarquia entre as espécies normativas do art. 59 da Constituição Federal. Contudo, depois de lançadas no mundo jurídico, há hierarquia.

É o caso das leis complementares, hierarquicamente superiores às leis ordinárias, leis delegadas, medidas provisórias, decretos legislativos e resoluções.

Quando se diz que as leis complementares se sobrepõem às leis ordinárias, é no sentido de que cada degrau normativo incide em campos reservados de competência.

Aceitar uma lei ordinária atuando no campo residual de uma lei complementar é a mesma coisa que admitir uma medida provisória regulando matéria reservada às emendas constitucionais. Estaríamos diante de uma agressão à superioridade da atividade constituinte de primeiro grau, colocando em risco a ordem constitucional instituída.

Não são apenas esses argumentos que demonstram o condicionamento das leis comuns às leis complementares. É de sustentar, também, que ambas se sujeitam, como dissemos, a quóruns diferentes de aprovação.

> **Nesse sentido:** STF, Pleno, ADIn 1.570/DF, Rel. Min. Maurício Corrêa, decisão de 12-2-2004.

E deve ser assim, pois o critério da maioria absoluta, conferido à votação de leis complementares, e a exigência de maioria simples, para votar leis ordinárias, exteriorizam a representatividade do Parlamento.

Quando uma matéria é de maior envergadura, só pode ser aprovada mediante maioria qualificada, para que possa ser discutida e debatida com maior solenidade, de sorte que não prevaleça a opinião da minoria. Por isso, decisões ocasionais não participam do processo elaborativo de leis complementares, porque o que se busca é a ponderação do legislador diante de assuntos complexos, polêmicos, de difícil consenso.

1034 ◆ Uadi Lammêgo Bulos ◆

⌘ 3.25.4. Leis delegadas

Lei delegada é a espécie normativa feita e editada pelo Presidente da República, após prévia autorização do Poder Legislativo.

Nela ocorre uma *delegação externa da atividade legiferante*, porque os membros do Congresso Nacional transferem o poder de criar leis para alguém que está fora do ambiente parlamentar, no caso o Chefe do Executivo da União.

a) Justificativa das leis delegadas

Quais as razões que justificam a inserção das leis delegadas no âmbito do processo legislativo constitucional?

No ano de 1932, ocorreu na Grã-Bretanha o *Committee on Ministers Powers*, que, no final de seus trabalhos, publicou um relatório contendo os seguintes motivos justificadores das leis delegadas:

- Elas conferem maior eficiência ao Estado, minorando a falta de tempo do Poder Legislativo, que nem sempre tem condições de atender a todas as situações que dependem de regulamentação normativa. Como o andamento e a produção de atos normativos, imprescindíveis ao Estado, não podem parar, delegam-se atribuições legislativas ao Presidente da República, desde que sejam respeitados certos limites, impostos constitucionalmente.
- Existem determinados assuntos da alçada do Poder Executivo que, por motivos de ordem técnica, devem ser normatizados por ele mesmo, mediante delegação legislativa.
- A imprevisibilidade de certas matérias, envoltas em situações de emergência, exigem a interferência direta do Presidente da República, por meio da edição de leis delegadas.
- Vários temas exigem flexibilidade na sua regulamentação, problema que as leis delegadas podem resolver. São assuntos específicos, alicerçados em situações de notória gravidade, que requerem a participação do Chefe do Poder Executivo Federal.

> **Sobre o assunto:** David Prescott Barrows, The Constitution as an element of stability in american life, 1936; W. Brooke Graves, *American State Government*.

b) Natureza das leis delegadas

As *leis delegadas* apresentam a natureza de *atos normativos primários*, porquanto retiram seu fundamento de validade da Carta Magna, do mesmo modo que as demais espécies normativas.

Para serem aprovadas, é preciso que o Congresso Nacional as autorize por meio de resolução. Cumprida essa formalidade, o Presidente da República poderá editá-las, ensejando-lhes o ingresso na ordem jurídica, como *atos normativos primários*, extraídos, diretamente, da Carta Magna, à semelhança das outras categorias do art. 59.

c) Surgimento no Brasil

As leis delegadas existem no Brasil desde a Constituição de 1891, existência que era implícita, pois não havia base normativa expressa que a admitisse. Por força de uma velha praxe, bem ou mal disfarçada, o Executivo recebia autorização legislativa para operar reformas de maior ou menor profundidade nas leis e nas instituições.

Explicitamente, contudo, as leis delegadas apenas surgiram, em nosso país, com a Emenda Constitucional n. 4/61 (art. 22, parágrafo único), que instituiu o parlamentarismo, mediante ato adicional.

Revogada a Emenda Constitucional n. 4/61, as leis delegadas somente retornaram com a Carta de 1967 (art. 55), mantendo-se até hoje.

d) Procedimento legislativo especial das leis delegadas

O *procedimento legislativo especial da lei delegada* encontra-se rigorosamente demarcado na Constituição da República, cujas normas são de observância obrigatória na feitura dessa espécie normativa primária (art. 68, §§ 1º a 3º).

> **Nesse sentido:** STF, ADIn 425, Rel. Min. Maurício Corrêa, *DJ* de 19-12-2003.

◆ Cap. 21 ◆ ORGANIZAÇÃO DOS PODERES

1035

Inicia-se por meio da chamada *iniciativa solicitadora*, pela qual o Presidente da República solicita a delegação ao Congresso Nacional (CF, art. 68, *caput*).

A *iniciativa solicitadora* é um ato exclusivo e discricionário do Chefe do Poder Executivo; nenhuma outra autoridade, ou órgão do Estado poderá exercê-la, sob pena de ferir a Constituição.

Somente o Presidente da República é que deverá indicar o assunto a ser regulamentado por lei delegada.

Aliás, não é toda e qualquer matéria que pode ser objeto de lei delegada, porque vigoram, nesse campo, os princípios da separação de Poderes e da reserva constitucional de competência legislativa.

Daí o art. 68, § 1º, I a III, do Texto Maior estabelecer um catálogo de *proibições materiais* à edição de leis delegadas.

Assim, não serão objeto de delegação:

- os atos de competência exclusiva do Congresso Nacional;

> **Matéria tributária e delegação legislativa:** "A outorga de qualquer subsídio, isenção ou crédito presumido, a redução da base de cálculo e a concessão de anistia ou remissão em matéria tributária só podem ser deferidas mediante lei específica, sendo vedado ao Poder Legislativo conferir ao Chefe do Executivo a prerrogativa extraordinária de dispor, normativamente, sobre tais categorias temáticas, sob pena de ofensa ao postulado nuclear da separação de poderes e de transgressão ao princípio da reserva constitucional de competência legislativa" (STF, ADIn 1.247-MC, Rel. Min. Celso de Mello, *DJ* de 8-9-1995). **No mesmo sentido:** STF, ADIn 1.296-MC, Rel. Min. Celso de Mello, *DJ* de 10-8-1995.

- os atos de competência privativa da Câmara dos Deputados ou do Senado Federal;
- a matéria reservada à lei complementar; e
- a matéria relativa à legislação sobre: **(i)** organização do Poder Judiciário e do Ministério Público, a carreira e a garantia de seus membros; **(ii)** nacionalidade, cidadania, direitos individuais, políticos e eleitorais; e **(iii)** planos plurianuais, diretrizes orçamentárias e orçamentos.

Esse rol de *vedações substanciais* à feitura de leis delegadas é *taxativo*. Não comporta exegese ampliativa, sob pena de se esvaziar o sentido dessa espécie normativa.

Com efeito, após o Congresso Nacional receber do Presidente da República a solicitação para fazer a lei delegada, a matéria é posta em votação. A sessão que irá deliberá-la deverá ser bicameral, conjunta ou separada. Se obtiver a maioria simples de votos, a matéria é aprovada.

A partir daí, a delegação ao Presidente da República terá a forma de resolução do Congresso Nacional, que especificará seu conteúdo e os termos de seu exercício (CF, art. 68, § 2º).

Depois de o ato resolutivo vir a lume, ele retorna ao Presidente da República, que, a partir daí, estará autorizado a fazer a lei delegada, promulgando-a e determinando sua publicação.

Diga-se de passagem que o Presidente da República não está compelido a editar a lei delegada, que lhe foi autorizada, mediante ato resolutivo, porque a *delegação legislativa externa* não apresenta efeito vinculante.

É possível o Presidente da República editar mais de uma lei delegada dentro do prazo fixado na resolução congressual?

Sim, desde que haja, na própria resolução, permissão expressa para editar mais de uma lei delegada.

Inexistindo determinação resolutiva, contudo, não há falar em pluralidade de leis delegadas, dentro do mesmo prazo, porque tal espécie normativa reveste-se de iniludível excepcionalidade, só podendo ser concedida de modo expresso e temporário.

Por esse motivo, o silêncio do Congresso Nacional implica a proibição de fazer várias leis delegadas, sucessivamente.

Vale ressaltar que a partir do momento que o Presidente da República promulga e manda publicar a lei delegada, esgota-se a autorização resolutiva do Congresso Nacional, cessando, de imediato, essa sua competência de caráter excepcional. Eis o que a doutrina chama de *delegação típica* ou *própria*, pela qual não se exige confirmação do ato delegatório ao Legislativo, esgotando-se o procedimento legislativo especial da lei delegada dentro do próprio Executivo.

1036 ◆ Uadi Lammêgo Bulos ◆

Também pode haver a *delegação atípica* ou *imprópria*. Nela, os próprios parlamentares estabelecem, no ato resolutivo que concedeu a delegação, o retorno do projeto da lei delegada ao Congresso Nacional. Nessa hipótese, a apreciação se fará em votação única, vedada qualquer emenda (CF, art. 68, § 3º). Aqui, se o projeto for aprovado em sua completude, o Presidente poderá promulgar e determinar a publicação da lei delegada. Porém, rejeitado por completo, o projeto será arquivado, embora possa ser reapresentado na próxima sessão legislativa (CF, art. 67).

O Congresso Nacional poderá limitar o âmbito da delegação legislativa, pois, como o próprio nome aduz, a lei é *delegada*. Ou seja, deputados federais e senadores podem limitar a edição dessas leis estabelecendo, por exemplo, *termo de caducidade da habilitação, período de vigência, amplitude e caracteres genéricos da lei* etc.

A *delegação legislativa externa* é um ato excepcional e efêmero, não podendo ultrapassar a legislatura, sob pena de a missão típica do Poder Legislativo — *criar leis* — perder o sentido.

Por isso, a edição de leis delegadas condiciona-se ao *princípio da irrenunciabilidade da atividade parlamentar*, que confere ao Poder Legislativo a primazia e o dever indeclinável de elaborar normas jurídicas.

E, pelo *princípio da irrenunciabilidade*, o Congresso Nacional, mesmo durante o prazo concedido ao Presidente da República para editar a lei delegada, poderá, por meio de lei ordinária, disciplinar o assunto que ainda será objeto de delegação.

Aliás, nada impede o Congresso, antes de vencido o prazo concessivo da *delegação legislativa externa*, de desfazer o ato resolutivo, cancelando-a.

E a resolução, concedente da delegação, pode ser substituída por lei ordinária?

Não, porque a resolução, além de indispensável, é insubstituível por lei comum, como decidiu o Supremo Tribunal Federal.

> **Precedente:** "A nova Constituição da República revelou-se extremamente fiel ao postulado da separação de Poderes, disciplinando, mediante regime de direito estrito, a possibilidade, sempre excepcional, de o Parlamento proceder a delegação legislativa externa em favor do Poder Executivo. A delegação legislativa externa, nos casos em que se apresente possível, só pode ser veiculada mediante resolução, que constitui o meio formalmente idôneo para consubstanciar, em nosso sistema constitucional, o ato de outorga parlamentar de funções normativas ao Poder Executivo. A resolução não pode ser validamente substituída, em tema de delegação legislativa, por lei comum, cujo processo de formação não se ajusta a disciplina ritual fixada pelo art. 68 da Constituição. A vontade do legislador, que substitui arbitrariamente a lei delegada pela figura da lei ordinária, objetivando, com esse procedimento, transferir ao Poder Executivo o exercício de competência normativa primária, revela-se írrita e desvestida de qualquer eficácia jurídica no plano constitucional. O Executivo não pode, fundando-se em mera permissão legislativa constante de lei comum, valer-se do regulamento delegado ou autorizado como sucedâneo da lei delegada para o efeito de disciplinar, normativamente, temas sujeitos a reserva constitucional de lei. Não basta, para que se legitime a atividade estatal, que o Poder Público tenha promulgado um ato legislativo. Impõe-se, antes de mais nada, que o legislador, abstendo-se de agir *ultra vires*, não haja excedido os limites que condicionam, no plano constitucional, o exercício de sua indisponível prerrogativa de fazer instaurar, em caráter inaugural, a ordem jurídico-normativa. Isso significa dizer que o legislador não pode abdicar de sua competência institucional para permitir que outros órgãos do Estado — como o Poder Executivo — produzam a norma que, por efeito de expressa reserva constitucional, só pode derivar de fonte parlamentar" (STF, ADIn 1.296-MC, Rel. Min. Celso de Mello, *DJ* de 10-8-1995).

e) Poder congressual de sustar leis delegadas

No Brasil, o Congresso Nacional poderá sustar os atos normativos do Poder Executivo que exorbitem a esfera do poder regulamentar ou os limites da delegação legislativa (CF, art. 49, V).

O poder congressual para sustar leis delegadas, consagrado na Carta de 1988, configura matéria ínsita à competência exclusiva do Congresso Nacional.

◆ Cap. 21 ◆ ORGANIZAÇÃO DOS PODERES

1037

Sempre que o Presidente da República extrapolar os limites fixados na resolução, concedente da lei delegada, o Congresso Nacional poderá sustá-la via decreto legislativo, paralisando, a partir daí, todos os seus efeitos.

O ato que susta a lei delegada possui eficácia *ex nunc*, pois não produz efeitos retroativos, operando--se a partir da publicação do decreto legislativo. Nesse caso, inexiste declaração de nulidade da lei delegada, mas simples sustação de seus efeitos.

Por outro lado, o dispositivo em estudo consagra uma espécie de controle legislativo que não obstaculiza nem, tampouco, suplanta a declaração de inconstitucionalidade pelo Poder Judiciário.

> **Possibilidade de fiscalização normativa abstrata:** "O decreto legislativo, editado com fundamento no art. 49, V, da Constituição Federal, não se desveste dos atributos tipificadores da normatividade pelo fato de limitar-se, materialmente, à suspensão de eficácia de ato oriundo do Poder Executivo. Também realiza função normativa o ato estatal que exclui, extingue ou suspende a validade ou a eficácia de uma outra norma jurídica. A eficácia derrogatória ou inibitória das consequências jurídicas dos atos estatais constitui um dos momentos concretizadores do processo normativo" (STF, ADIn 784-MC, Rel. Min. Celso de Mello, *DJ* de 6-11-1992).

Assim, havendo violação dos requisitos formais do art. 68 do Texto Maior, tal declaração poderá ser acionada.

Nesse caso, o ato de sustação produzirá efeitos *ex tunc*, isto é, desde a edição da espécie normativa, desempenhando efeitos retroativos. Isso porque a eventual declaração de inconstitucionalidade de lei delegada, por parte do Supremo Tribunal Federal, difere daqueloutra empreendida pelo Congresso Nacional.

⋈ 3.25.5. Medidas provisórias

Medida provisória é o ato monocrático do Presidente da República com força de lei, editada em caso de relevância e urgência, que deve ser imediatamente submetida à apreciação do Congresso Nacional (CF, art. 62, *caput*, com redação dada pela EC n. 32/2001).

A justificativa para o Presidente da República editar medidas provisórias, com força de lei, é a existência de um *estado de necessidade*, que impõe ao Poder Público a adoção imediata de providências, de caráter legislativo, inalcançáveis segundo as regras ordinárias de legiferação, em face do próprio *periculum in mora* que fatalmente decorreria do atraso na concretização da prestação legislativa.

> **Nesse sentido:** STF, ADIn 221-MC, Rel. Min. Celso de Mello, *DJ* de 22-10-1993.

As medidas provisórias são, portanto, instrumentos de uso excepcionalíssimo, uma vez que propiciam o afastamento *pro tempore* do princípio da separação de Poderes (CF, art. 2º).

Traduzem, na esfera de organização política do Estado e no âmbito das relações institucionais entre os Poderes Executivo e Legislativo, um mecanismo delicado que, se desbordar as raias da Carta Magna, submete-se ao crivo do controle jurisdicional de constitucionalidade.

> **Controle jurisdicional das medidas provisórias:** "A possibilidade de controle jurisdicional, mesmo sendo excepcional, apoia-se na necessidade de impedir que o Presidente da República, ao editar medidas provisórias, incida em excesso de poder ou em situação de manifesto abuso institucional, pois o sistema de limitação de poderes não permite que práticas governamentais abusivas venham a prevalecer sobre os postulados constitucionais que informam a concepção democrática de Poder e de Estado, especialmente naquelas hipóteses em que se registrar o exercício anômalo e arbitrário das funções estatais" (STF, ADIn 2.213-MC, Rel. Min. Celso de Mello, *DJ* de 23-4-2004).

a) De onde vieram as medidas provisórias?

Com o advento da Lei Maior de 1988, extinguiu-se o decreto-lei, criado pela Carta de 1937, eliminado do Texto de 1946 e reimplantado pela Constituição de 1967.

1038 ◆ Uadi Lammêgo Bulos ◆

Para substituí-lo, introduziram, no Texto de Outubro, medidas provisórias, com força de lei, permitindo ao Presidente da República utilizá-las nos casos de urgência e relevância.

Na realidade, as medidas provisórias vieram da Constituição italiana, de 27 de dezembro de 1947, que previu os *decreti-legge in casi straordinari di necessità e d'urgenza* (art. 77). O constituinte peninsular inspirou-se na *Lei Rocco* (Lei n. 100, de 31-1-1926), cujo escopo era disciplinar a edição do *decreti-legge*, em casos de urgência de medidas financeiras, tributárias, e até em questões bélicas.

Em rigor, as medidas provisórias não deveriam incluir-se entre as espécies normativas do art. 59, porque o ritual para sua formação não ocorre pelo processo legislativo clássico, e sim por um ato monocrático do Poder Executivo, que nada mais faz do que mero *procedimento elaborativo especial*, de cunho *sui generis*. Tanto é assim que para criá-las não se requer iniciativa, votação, sanção ou veto.

Ora, então por que a inseriram no inciso V do art. 59? Por uma necessidade de sistematização? Para aumentar o âmbito de abrangência dos decretos-lei, disfarçando-os com o nome *medidas provisórias*?

Seja qual for o motivo, não interessa para o intérprete da Constituição perseguir a *vontade do constituinte*, algo inócuo e pouco nobilitante.

Lembre-se, apenas, que, assinada a redação final da Lei Maior pelos constituintes, mais precisamente no dia 22 de setembro de 1988, as medidas provisórias não integravam a redação primitiva do art. 59.

Ao encaminhar o texto para o *Diário Oficial*, em Brasília, resolveram, ainda de madrugada, acrescentá-las ao inciso V do art. 59, no texto que ainda seria publicado em 5 de outubro de 1988.

Resultado: as medidas provisórias nasceram com uma abrangência notável, muito maior do que a do decreto-lei.

No curso da Assembleia Nacional Constituinte, dizia-se que as medidas provisórias substituiriam, para melhor, os decretos-lei, dando maior celeridade e eficiência à prestação legislativa do Estado, além de eliminarem o arbítrio, o despotismo e a centralização. Afirmavam que elas possuíam conteúdo mais democrático, porquanto se originavam do *provvedimenti provvisori* da Constituição italiana de 1947 (art. 77, §§ 1º e 2º).

Não disseram, contudo, que a realidade italiana era completamente diferente da brasileira.

Na Itália, o sistema de governo é o parlamentar. Quando ocorrem crises legislativas, o modo de solucioná-las é dissolver a Câmara dos Deputados ou promover a queda do gabinete. Nesse país, tais crises são desencadeadas pelo impasse entre o Executivo e o Legislativo, motivando rejeições, como aquela que provocou a derrocada de um dos gabinetes do Primeiro-Ministro Fanfani.

Daí a medida provisória ajustar-se às conveniências do Parlamentarismo, jamais ao sistema presidencial. Nos países de estrutura parlamentar, como a Alemanha, a França e a própria Itália, a espécie normativa participa de um contexto político-constitucional diverso do brasileiro.

Quando os constituintes de 1988 anteviram na medida provisória o substitutivo ideal para o decreto-lei, usado de modo indiscriminado e até abusivo pelo governo militar, não imaginaram o desacerto dessas aspirações.

Promulgada a Constituição de 1988, incontáveis foram as medidas provisórias editadas em dissonância com aqueles ideais, gerando perplexidade.

Foram elas, não raro, emanadas em excesso e até mesmo em sentido contrário ao articulado constitucional, gerando a censura da opinião pública e, também, do Supremo Tribunal Federal.

> **Uso excessivo de medidas provisórias. Posição do STF:** "A crescente apropriação institucional do poder de legislar, por parte dos sucessivos Presidentes da República, tem despertado graves preocupações de ordem jurídica, em razão do fato de a utilização excessiva das medidas provisórias causar profundas distorções que se projetam no plano das relações políticas entre os Poderes Executivo e Legislativo. Nada pode justificar a utilização abusiva de Medidas Provisórias, sob pena de o Executivo, quando ausentes razões constitucionais de urgência, necessidade e relevância material, investir-se, ilegitimamente, na mais relevante função institucional que pertence ao Congresso Nacional, vindo a converter-se, no âmbito da comunidade estatal, em instância hegemônica de poder, afetando, desse modo, com grave prejuízo para o regime das liberdades públicas e sérios reflexos sobre o sistema de *checks and balances*, a relação de equilíbrio que necessariamente deve existir entre os Poderes da República. Cabe, ao Poder Judiciário, no

◆ Cap. 21 ◆ ORGANIZAÇÃO DOS PODERES — **1039**

desempenho das funções que lhe são inerentes, impedir que o exercício compulsivo da competência extraordinária de editar medida provisória culmine por introduzir, no processo institucional brasileiro, em matéria legislativa, verdadeiro cesarismo governamental, provocando, assim, graves distorções no modelo político e gerando sérias disfunções comprometedoras da integridade do princípio constitucional da separação de Poderes" (STF, ADIn 2.213-MC, Rel. Min. Celso de Mello, *DJ* de 23-4-2004).

Só no primeiro governo do Presidente Fernando Henrique Cardoso foram editadas e reeditadas cerca de duas mil, setecentas e sessenta e sete vezes, conforme dados fornecidos pela Subsecretaria de Informações do Senado Federal (*Levantamento e reedições de medidas provisórias:* dados atualizados em 28 de fevereiro de 1999, p. 283).

Ultrapassado o primeiro decênio da Carta de 1988, veio a lume a Emenda Constitucional n. 32, de 11 de setembro de 2001, com o objetivo de frear a excessiva discricionariedade presidencial. Para tanto, consagrou limites materiais às medidas provisórias, vedando-lhes as reedições sucessivas e abusivas. Não só alterou o prazo de vigência delas, como também modificou a redação primitiva do art. 62 e seus desdobramentos.

b) Medida provisória e decreto-lei: diferenças

Comparando as medidas provisórias e os decretos-lei encontramos diferenças marcantes.

QUADRO COMPARATIVO

Medidas provisórias	Decretos-lei
• para serem editadas, devem estar presentes ambos os seus pressupostos de admissibilidade — "relevância e urgência"; • podem dispor sobre certas matérias, exceto aquelas previstas no art. 62, I a IV, da CF; • dependem de aprovação do Congresso Nacional para serem convertidas em lei; • se não forem convertidas em lei, perdem todos os efeitos que produziram; • podem ser objeto de emendas.	• alternavam, para ser editados, os requisitos "urgência ou interesse público relevante"; • subordinavam-se ao aumento de despesa, cingindo-se a um rol de matérias predeterminadas; • não precisavam do aval do Poder Legislativo para ser aprovados; sujeitavam-se ao *decurso de prazo*, que permitia a aprovação definitiva do decreto-lei, independentemente da manifestação do Congresso Nacional; • mesmo rejeitados, mantinham os efeitos produzidos durante sua vigência; • não podiam ser objeto de emendas; eram, apenas, aprovados ou rejeitados.

c) Questões suscitadas das medidas provisórias

Como se pode observar, a posição da medida provisória, na ordem constitucional brasileira, é bastante complexa, suscitando, dentre outras, questões de:

- relacionamento entre os três Poderes;
- alcance da relevância e urgência para sua edição (CF, art. 62);
- necessidade, ou não, de legislação específica para regulá-las;
- limites da discricionariedade presidencial;
- enquadramento hierárquico da categoria em face das leis ordinárias;
- perda da eficácia em razão do decurso do prazo constitucional; e
- convalidação dos atos praticados com fundamento em medida provisória não convertida em lei.

d) Natureza das medidas provisórias

As medidas provisórias configuram espécies normativas de natureza infraconstitucional, dotadas de força e eficácia legais, embora não sejam *leis*, no sentido exato da terminologia, pois nascem de um ato presidencial, e não do labor legiferante, propriamente dito.

Entendimento do STF: "A teor do disposto no artigo 62 da Constituição Federal, a medida provisória, embora não seja lei, quer no sentido estritamente material, quer no sentido formal e material, possui força de lei (...). A título de preservar a atuação parlamentar, o impetrante volta-se contra instrumento com força de lei, olvidando, assim, sedimentada jurisprudência, já alçada a verbete de súmula: 'Não cabe mandado de segurança contra lei em tese'" (STF, MS 22.989, Rel. Min. Marco Aurélio, *DJ* de 25-11-1997). **No mesmo sentido:** STF, MS 22.649, Rel. Min. Moreira Alves, *DJ* de 20-11-1996; STF, ADIn 1.567-MC, Rel. Min. Sydney Sanches, *DJ* de 7-11-1997.

A cláusula *com força de lei*, consagrada no art. 62, *caput*, do Texto Maior, põem-nas em estado de equivalência constitucional com as leis, apenas transitoriamente, como decidiu o Supremo Tribunal Federal.

> **Precedente:** STF, ADIn 221-MC, Rel. Min. Celso de Mello, *DJ* de 22-10-1993.

e) Efeitos imediatos das medidas provisórias

As medidas provisórias apresentam os seguintes efeitos imediatos:

- **efeito normativo** — o primeiro efeito é de ordem normativa, pois a medida provisória, que possui vigência e eficácia imediatas, inova, em caráter inaugural, a ordem jurídica; e
- **efeito procedimental** — o segundo efeito é de natureza *ritual* ou *procedimental*, porque a sua publicação atua como verdadeira *provocatio ad agendum*, estimulando o Congresso Nacional a instaurar o adequado procedimento de conversão em lei. É o que dispõe o art. 62, § 3º, da Constituição, pelo qual "as medidas provisórias, ressalvado o disposto nos §§ 11 e 12 perderão eficácia, desde a edição, se não forem convertidas em lei no prazo de sessenta dias, prorrogável, nos termos do § 7º, uma vez por igual período, devendo o Congresso Nacional disciplinar, por decreto legislativo, as relações jurídicas delas decorrentes" (acrescentado pela EC n. 32/2001). Quer dizer, não sendo a medida provisória apreciada, no máximo, dentro de 120 dias, ela perde a eficácia, desde a edição, operando efeitos *ex tunc*.

Ambos os efeitos foram reconhecidos pela jurisprudência do Supremo Tribunal Federal.

> **Nesse sentido:** STF, ADIn 293-MC, Rel. Min. Celso de Mello, *DJ* de 16-4-1993.

f) Características das medidas provisórias

As medidas provisórias são atos *excepcionais, efêmeros, precários* e *condicionados*. Por isso, distinguem-se, profundamente, das leis.

f.1) Excepcionalidade

As medidas provisórias constituem atos excepcionais porque não nascem do Poder Legislativo, não são leis, não derivam de uma representação popular, e sim de um ato monocrático e unipessoal do Presidente da República.

Possuem força de lei, criando direitos e deveres. A excepcionalidade é justamente esta: não são leis mas têm os atributos destas.

> **Uso subsidiário de medidas provisórias:** "A exigência de prévia autorização legislativa para a criação de fundos, prevista no art. 167, IX, da Constituição, é suprida pela edição de Medida Provisória, que tem força de lei, nos termos do seu art. 62. O argumento de que medida provisória não se presta à criação de fundos fica combalido com a sua conversão em lei, pois, bem ou mal, o Congresso Nacional entendeu supridos os critérios da relevância e da urgência" (STF, ADIn 1.726-MC, Rel. Min. Maurício Corrêa, *DJ* de 30-4-2004).

Emanam de um ato unilateral de vontade, configurando lídima exceção permitida pelo constituinte, que autoriza outro órgão, que não seja o Legislativo, a emitir atos cogentes.

É engano pensar que as medidas provisórias se distinguem das leis apenas pela origem. Claro que ambas as modalidades são procriadas por procedimentos diversos, só que existem outros traços que as tornam inconfundíveis, quais sejam, a efemeridade, a precariedade e o condicionamento.

◆ Cap. 21 ◆ ORGANIZAÇÃO DOS PODERES

1041

f.2) Efemeridade

As medidas provisórias são efêmeras, passageiras, transitórias, motivo pelo qual não comportam reedições abusivas e incessantes, criando uma ordem jurídica teratológica, cujas providências de urgência se convertem em definitivas, por artifício de ato monocrático.

Têm um prazo de vida curtíssimo; duram, no máximo, cento e vinte dias (CF, art. 62, § 3º).

Diferem, substancialmente, das leis, as quais se pretendem indeterminadas, ainda que, por motivos diversos, possam deixar de vigorar.

O certo é que não é comum preestabelecer prazo de duração para as leis. No geral, elas não são passageiras como as medidas provisórias.

Óbvio que há disposições de eficácia exaurida, a exemplo do Ato das Disposições Constitucionais Transitórias da Carta de 1988. Mas isso não serve para descaracterizar o cunho efêmero das medidas provisórias, que devem satisfazer o lapso temporal, adrede demarcado, para terem validade.

f.3) Precariedade

As medidas provisórias são precárias. Podem ser infirmadas a qualquer momento pelo Congresso Nacional, ao serem apreciadas por ele dentro do prazo legal. Tanto é assim que se não forem transformadas em lei perdem sua eficácia.

Em contrapartida, as leis não possuem o atributo da *precariedade*, nem dependem de conversão. Ao ser editadas, passam a existir, e, se revogadas, cessam seus efeitos futuros (*ex nunc*).

Por isso, a medida provisória não é promulgada ou proferida como a lei; é, tão somente, *editada*, *expedida* ou *adotada*.

f.4) Condicionamento

A existência das medidas provisórias condiciona-se à satisfação de dois pressupostos simultâneos: a *relevância* e a *urgência*. Ambos incidem ao mesmo tempo, e não alternativamente.

O item *relevância* não é *conditio sine qua non* para que atos legislativos existam no mundo jurídico. As leis é que dizem o que é *relevante*.

Demais disso, para uma lei ser produzida, não se exige o pressuposto da *urgência*.

g) Pressupostos constitucionais de admissibilidade

A edição de medidas provisórias consubstancia-se, por imposição constitucional, aos critérios positivados pelo constituinte, cuja inobservância conjunta de ambos deslegitima a condição de validade do ato unilateral do Presidente da República.

> **Entendimento do STF:** "A edição de medidas provisórias, pelo Presidente da República, para legitimar-se juridicamente, depende, dentre outros requisitos, da estrita observância dos pressupostos constitucionais da *urgência* e da *relevância*" (STF, ADIn 2.213-MC, Rel. Min. Celso de Mello, *DJ* de 23-4-2004).

Nesse contexto, que significam as palavras *relevância* e *urgência* para fins de expedição de medidas provisórias (CF, art. 62, *caput*)?

Tais signos participam de uma *zona de penumbra*, não encontrando base semântica sólida que lhes propicie a explicação do exato sentido.

Por esse motivo são vagos, fluidos, imprecisos, consubstanciados em bases de índole axiológica, envolvendo juízos de valor. Como as palavras têm vida, o significado de um vocábulo pode alcançar uma dimensão variável no tempo e no espaço. Esse é um dos motivos que serve para explicar a imensa deturpação que o art. 62 vem sofrendo desde o advento da Carta de 1988.

Mas não é porque uma palavra é vaga, fluida, imprecisa, que ela deixa de ter uma carga de densidade semântica significativa.

> **Nesse sentido:** "Os pressupostos da *urgência* e da *relevância*, embora conceitos jurídicos relativamente indeterminados e fluidos, mesmo expondo-se, inicialmente, à avaliação discricionária do Presidente da República, estão sujeitos, ainda que excepcionalmente, ao controle do Poder Judiciário, porque compõem a própria estrutura constitucional que disciplina as medidas

provisórias, qualificando-se como requisitos legitimadores e juridicamente condicionantes do exercício, pelo Chefe do Poder Executivo, da competência normativa primária que lhe foi outorgada, extraordinariamente, pela Constituição da República" (STF, ADIn 2.213-MC, Rel. Min. Celso de Mello, *DJ* de 23-4-2004).

Ao invés, um vocábulo emite sons, vozes, sentimentos, significados, sinais de comunicação, ainda que se resvalem em expressões ocas, vazias, ininteligíveis, destituídas, num primeiro súbito de vista, de um conteúdo preciso.

Quando ouvimos a voz *relevância*, o primeiro sinal que os nossos órgãos sensoriais captam é *importância*. Portanto, medidas provisórias só podem ser editadas ante situações graves, de notória importância, perante interesses invulgarmente importantes. Não é todo e qualquer assunto que exige a expedição delas. Só se justificam em casos excepcionais, muito graves, que demandem providência imediata, sem a qual o interesse social legítimo pode perecer. Servem para suprir ou amenizar — momentaneamente — situações de enorme risco e gravidade reconhecida.

O pressuposto *relevância* é de cumprimento obrigatório, sendo inerente à própria fragilidade que consubstancia essas medidas, as quais são *provisórias* porque se revestem de roupagem atípica, anômala, para atender não a qualquer espécie de interesse que lhes sirva de justificativa, mas somente àqueles que recebem uma qualificação especial. Nesse sentido, a *provisoriedade* se coloca muito mais como um dos pressupostos da medida do que como mero qualificativo seu.

Assim, essa qualificação especial do interesse se traduz pela *relevância*, isto é, por aquilo que se põe como essencial, fundamental, importante, em dada circunstância, em certo momento que exige um cuidado normativo excepcional. Como não é suficiente para o cabimento das medidas provisórias que o interesse seja apenas *relevante*, sob pena de a sociedade expor-se a sérios riscos, o art. 62 da Constituição preconiza o segundo requisito para elas serem admitidas: a *urgência*.

O som *urgência* toca os nossos órgãos sensoriais noutro plano, distinto da voz relevância, porque *urgente* é algo *irremediável*. Decerto que o interesse motivador de medidas provisórias é aquele que não pode ficar para depois, não pode aguardar o decurso do tempo, ou então a disciplina normativa a ser lançada no mundo jurídico perde-se pela inércia ou inação, prejudicando direitos, prerrogativas, além de obstaculizar deveres e encargos.

Medidas provisórias servem para sanar males irremediáveis que estejam dependendo de providências imediatas, caso contrário haverá danos insuportáveis, cujos efeitos são desastrosos. Daí cobrar-se o requisito *urgência* não no sentido comum da palavra, veiculada nos léxicos, mas na acepção de algo imprescindível, palpitante para a resolução de um problema concreto, *ipso facto*, de difícil reparação.

A *urgência*, enquanto pressuposto de medidas provisórias, não se confunde com aquela exigida no procedimento legislativo sumário do art. 64, § 1º, da *Lex Mater*. Quer-se expressar por seu intermédio outra coisa, qual seja, apressar a regulamentação de matérias que urge serem prescritas de imediato, sob pena de inviabilizarem ou causarem danos irreparáveis à sociedade.

Da análise desses dois requisitos constitucionais exsurge uma conclusão implacável: editar medidas provisórias é a exceção; a regra é não editá-las, muito menos reeditá-las.

No entanto, o caráter indeterminado das noções de relevância e urgência pode gerar situações duvidosas, que bloqueiam o sentido preciso da previsão abstrata do art. 62 ou não.

A par disso, o que fazer?

Parece-nos que a única saída para o problema é explorar a *certeza positiva* e a *certeza negativa* dos pressupostos que autorizam a edição de medidas provisórias. Dessa forma, penetraremos na *zona de penumbra*, em que as expressões *urgente* e *relevante* se encontram.

Cumpre ao intérprete catalogar quais são os casos induvidosos de incidência, apurando a *certeza positiva*. Em contrapartida, deve estabelecer as situações em que as medidas provisórias extrapolem os pressupostos que as autorizariam para determinar a *certeza negativa*.

Jamais terá *relevância*, por exemplo, o interesse concernente ao governo, aos partidos políticos, aos grupos de pressão, ou algo equiparado a isso, mesmo se erigidos em base séria e bem fundamentada. Todavia, se houver necessidade social imperiosa, que demande imediata resposta, para que situações concretas não pereçam, a competência excepcional do Chefe do Executivo estará configurada de modo irretorquível.

◆ Cap. 21 ◆ ORGANIZAÇÃO DOS PODERES   **1043**

Estipulando a *certeza positiva* e a *certeza negativa*, o exegeta poderá constatar que existem casos *urgentes*, não, contudo, *relevantes*, assim como situações de enorme *relevância*, mas destituídas de *urgência*.

Ilustrando, se uma matéria, que precise de regulamentação, puder aguardar o prazo para a tramitação *urgente* de um projeto de lei, fixado em quarenta e cinco dias, inexistirá supedâneo constitucional para editar medida provisória, pois inexistirá, nesse caso, a excepcionalidade caracterizadora do ato de *urgência*.

Para o Supremo Tribunal Federal, resta aos Poderes Executivo e Legislativo avaliar, subjetivamente, os pressupostos constitucionais de admissibilidade das medidas provisórias, porque os requisitos *urgência* e *relevância* apresentam caráter político, escapando à órbita jurisdicional.

> **Nesse sentido:** "No que concerne à alegada falta dos requisitos da relevância e da urgência da Medida Provisória (que deu origem à Lei em questão), exigidos no art. 62 da Constituição, o Supremo Tribunal Federal somente a tem por caracterizada quando reste objetivamente evidenciada. E não quando dependa de uma avaliação subjetiva, estritamente política, mediante critérios de oportunidade e conveniência, esta confiada aos Poderes Executivo e Legislativo, que têm melhores condições que o Judiciário para uma conclusão a respeito" (STF, ADIn 1.717-MC, Rel. Min. Sydney Sanches, *DJ* de 25-2-2000).

Mas a falta flagrante de *urgência e relevância* pode ser objetivamente avaliada pelo Poder Judiciário, ainda mais quando determinado assunto requer lei, e não medidas provisórias para regulá-lo, deixando de ser submetido ao crivo dos representantes do povo — deputados federais — e dos representantes dos Estados — senadores da República.

> **Precedente:** STF, ADIn 3.467-MC, Rel. Min. Marco Aurélio, *DJ* de 28-3-2005.

Na realidade, o Executivo e o Legislativo não podem olvidar os requisitos de admissibilidade das medidas provisórias, sob pena de se atritarem competências constitucionais, inovando, sem qualquer parâmetro, o cenário jurídico nacional.

Nos termos da Carta de 1988, as medidas provisórias adquiriram uma dimensão muito maior que a dos decretos-lei, os quais somente versavam sobre matérias determinadas, como segurança nacional, criação de cargos públicos, fixação de vencimentos, finanças públicas e normas tributárias.

Como as medidas provisórias sujeitam-se ao controle abstrato de constitucionalidade, o Supremo Tribunal Federal, em sede de liminar, tem suspendido a eficácia delas, ressalvando-lhes a validade enquanto proposições legislativas suscetíveis, ou não, de converterem-se em leis.

> **Precedentes:** STF, ADIn 295-3/DF, Rel. Min. Paulo Brossard, decisão de 22-6-1990; ADIn 293, Rel. Min. Celso de Mello, *DJ* de 16-3-1993; ADIn 427, Rel. Min. Sepúlveda Pertence, *DJ* de 1º-2-1991; ADIn 1.753-1/DF, Rel. Min. Sepúlveda Pertence, *DJ* de 12-6-1998.

Nesse contexto, convém registrar o posicionamento do Ministro Celso de Mello, que tem alertado para a gravidade do uso imoderado do poder excepcional de editar medidas provisórias.

> **Nesse sentido:** STF, RE 239.286, Rel. Min. Celso de Mello, *DJ* de 18-11-1999.

h) Procedimento elaborativo especial das medidas provisórias

Dissemos acima que as medidas provisórias não seguem o processo legislativo tradicional de elaboração normativa. Em seu procedimento de feitura, não existe iniciativa, votação, sanção ou veto.

Nascem da vontade do Presidente da República, por meio de um procedimento elaborativo especial, de natureza *sui generis*.

Por que a natureza desse procedimento é *sui generis*?

Porque as medidas provisórias não derivam da função legislativa do Estado, mas de um ato monocrático de vontade do Presidente da República. Nisso, derrogam, momentaneamente, o princípio constitucional da separação de Poderes, possibilitando a outra entidade, que não o Congresso Nacional, elaborar atos com força de lei.

O procedimento elaborativo especial das medidas provisórias encontra-se previsto em duas fontes normativas complementares:

1044

◆ Uadi Lammêgo Bulos ◆

- **Constituição da República** — no seu art. 62, §§ 1º a 12, com redação da EC n. 32/2001, consagra a legitimidade ativa para propô-la, seus pressupostos de admissibilidade, o prazo de duração, a eficácia, o regime de urgência constitucional a que se submete e, até, a proibição de serem reeditadas; e
- **Resolução congressual n. 1, de 8-5-2002** — dispõe sobre a apreciação, pelo Congresso Nacional, de medidas provisórias. Antes da EC n. 32/2001, o procedimento especial de feitura das medidas provisórias era regulado pelas Resoluções do Congresso Nacional de n. 1 e 2, de 1989.

Perscrutemos, então, o *iter* das medidas provisórias, com base nas disposições constitucionais e resolutivas que as disciplinam.

Quem possui legitimidade exclusiva para editá-las é o Presidente da República, pela conjugação de ambos os seus pressupostos constitucionais de admissibilidade: *relevância* e *urgência* (CF, art. 62, *caput*, e § 5º).

A competência presidencial é indelegável (CF, art. 84, XXVI), embora, como veremos à frente, nada obste que os Chefes dos Executivos estadual, distrital e municipal as editem.

Depois de editadas pelo Presidente da República, permanecem em vigor pelo prazo de sessenta dias, prorrogável uma vez por igual período, devendo submeter-se, de imediato, à apreciação do Congresso Nacional (CF, art. 62, §§ 3º e 7º).

Desse modo, é possível prorrogar o prazo da medida provisória por novos sessenta dias. Quer dizer, depois de editadas pelo Presidente, elas produzem efeitos por sessenta dias. Findo esse prazo inicial, contado da sua publicação e não tendo encerrada a votação nas duas Casas congressuais, tal prazo é prorrogado por novos sessenta dias, uma só vez, perfazendo o total de 120 dias.

Assim, temos os seguintes prazos para a conversão da medida provisória em lei:

- **prazo inicial (originário ou hábil)** — 60 dias;
- **prazo extraordinário (ou suplementar)** — 60 dias (prorrogado só uma vez); e
- **prazo máximo (ou total)** — 120 dias.

O prazo de sessenta dias, contado a partir da data de publicação da medida provisória no *Diário Oficial da União*, fica suspenso durante os períodos de recesso congressual.

Com o advento da Emenda Constitucional n. 32/2001, já não é preciso, como antes, convocar extraordinariamente o Congresso para reunir-se no prazo de cinco dias e deliberar sobre a matéria. Na prática, essa emenda espichou o prazo de vigência da medida provisória, que poderá exceder os sessenta dias, desde que seja editada antes do recesso parlamentar (CF, art. 62, § 4º).

E se houver convocação extraordinária?

Nesse caso, o Congresso estará em funcionamento, não ficando suspenso o prazo constitucional das medidas provisórias, que devem ser inclusas, automaticamente, na pauta de votação (CF, art. 57, § 8º).

h.1) Aprovação integral de medidas provisórias

Aprovação integral de medidas provisórias é a concordância irrestrita do Congresso Nacional com os seus fundamentos fáticos e jurídicos.

Também chamada de *aprovação sem alteração*, ela foi disciplinada pela Resolução n. 1/2002, cujo art. 12 dispõe: "Aprovada a medida provisória, sem alteração de mérito, será o seu texto promulgado pelo Presidente da Mesa do Congresso Nacional para publicação, no Diário Oficial da União".

Examinemos, pois, o procedimento de *aprovação integral de medidas provisórias*.

Chegando ao Congresso Nacional, a medida provisória é encaminhada a uma comissão mista de deputados e senadores, que apresentará parecer aprovando-a ou não (Resolução n. 1/2002 do Congresso Nacional).

A deliberação de cada uma das Casas do Congresso Nacional sobre o mérito das medidas provisórias dependerá de juízo prévio sobre o atendimento de seus pressupostos constitucionais (CF, art. 62, § 5º).

> **Medida provisória — Excepcionalidade da censura jurisdicional da ausência dos pressupostos de relevância e urgência à sua edição:** "Raia, no entanto, pela irrisão a afirmação de urgência para as alterações questionadas à disciplina legal da ação rescisória, quando, segundo a doutrina e a jurisprudência, sua aplicação à rescisão de sentenças já transitadas em julgado, quanto a uma

◆ Cap. 21 ◆ ORGANIZAÇÃO DOS PODERES

1045

delas, a criação de novo caso de rescindibilidade, é pacificamente inadmissível e quanto à outra, a ampliação do prazo de decadência, é pelo menos duvidosa: razões da medida cautelar na ADI 1.753, que persistem na presente" (STF, ADIn 1.910-MC, Rel. Min. Sepúlveda Pertence, *DJ* de 27-2-2004).

No parecer, são observados:

- os aspectos constitucionais da medida provisória, incluindo-se a *relevância* e a *urgência* para a sua edição;
- a adequação financeira orçamentária da medida provisória; nesse ponto, o art. 8º da Resolução n. 1/2002, alterando o disposto na Resolução n. 1/89, determinou que o Plenário de cada uma das Casas legislativas decidirá, em apreciação preliminar, o atendimento, ou não, dos requisitos *relevância* e *urgência*, bem como a adequação financeiro-orçamentária da medida, antes do exame de mérito, sem a necessidade de interposição de recurso;
- o cumprimento do dever do Presidente da República de enviar o texto da medida provisória, logo no dia de sua publicação no *Diário Oficial da União*, acompanhado da respectiva mensagem e da exposição de motivos, devidamente fundamentada (Resolução n. 1/2002, art. 2º, § 1º); e
- o mérito da medida provisória.

Depois de a Comissão mista analisar a medida provisória, ela irá para a Câmara dos Deputados, para a deliberação principal e a primeira votação (CF, art. 62, § 8º).

Quanto ao processo de votação, será em sessão separada. A Emenda Constitucional n. 32/2001 baniu a exigência de a matéria ser deliberada em sessão conjunta. Seguiu, pois, a regra geral do processo legislativo ordinário para os projetos de lei de iniciativa do Presidente da República, que devem ser votados, primeiro, na Câmara dos Deputados, e, depois, no Senado (CF, art. 64, *caput*).

Desse modo, caberá à comissão mista de deputados e senadores examinar as medidas provisórias e sobre elas emitir parecer, antes de serem apreciadas, em sessão separada, pelo Plenário de cada uma das Casas do Congresso Nacional (CF, art. 62, § 9º).

Aprovada pela Câmara dos Deputados, por maioria simples de votos, a medida vai para o Senado Federal, que a revisará.

Nesta revisão, os senadores devem verificar a presença, ou não, dos pressupostos constitucionais de admissibilidade da medida provisória, antes de analisar o seu mérito e, se for o caso, aprová-la por maioria simples.

A medida provisória aprovada integralmente será convertida em lei, cabendo ao Presidente do Senado Federal promulgá-la, como de praxe, remetendo ao Presidente da República, que a publicará como ato normativo primário.

Embora o prazo inicial de validade das medidas provisórias seja de sessenta dias, se ela não for apreciada dentro de quarenta e cinco dias, contados de sua publicação, entrará em *regime de urgência constitucional* (CF, art. 62, § 6º, acrescentado pela EC n. 32/2001).

Pelo *regime de urgência constitucional*, a Câmara e o Senado têm, sucessivamente, o prazo de quinze dias para examinar o teor da medida provisória.

> **Eficácia limitada no tempo:** o Supremo Tribunal Federal, por maioria de votos, julgou improcedente pedido formulado em ação direta de inconstitucionalidade contra a Lei n. 10.828/2003, que alterou a legislação tributária federal. Alegou-se, na espécie, ofensa ao inciso LIV do art. 5º, e ao § 6º do art. 62, ambos da Carta de 1988, haja vista que o projeto de lei que resultara na norma impugnada teria sido apreciado antes das Medidas Provisórias n. 132, 133 e 134, todas de 2003, apesar de já recebidas da Câmara pelo protocolo do Senado. Inicialmente, o Tribunal, por maioria, rejeitou questão de ordem suscitada pelo Min. Joaquim Barbosa, relator, e acolhida pelo Min. Ricardo Lewandowski, no sentido de não conhecer do pedido quanto ao art. 1º da lei impugnada, tendo em conta a eficácia limitada no tempo do referido dispositivo (até 31-12-2005). Neste particular, demarcou-se a singularidade do caso, pois, apesar de se tratar de lei temporária, houvera impugnação tempestiva, a qual, por razões de funcionamento do próprio Supremo, não fora apreciada em tempo oportuno. Quanto aos demais artigos impugnados, a Corte conheceu da ação, para examinar a alegação de ofensa ao art. 62, § 6º, da Constituição. No mérito, entendeu-se não estar caracterizada, no caso, nenhuma manipulação do processo legislativo, afinal, entre

1046 ◆ Uadi Lammêgo Bulos ◆

o recebimento das medidas provisórias e sua leitura e votação, transcorreram dois dias, tendo sido as mesmas apreciadas no dia em que votado o projeto de lei que originara a norma atacada (STF, ADIn 3.146, Rel. Min. Joaquim Barbosa, *DJ* de 12-2-2007).

Sendo insatisfatório o prazo de quinze dias, o *regime de urgência* poderá ser prolongado?

Excepcionalmente, pode estender-se por setenta e cinco dias, haja vista a possibilidade de prorrogação por novos sessenta dias, a que alude o art. 62, § 7º, da Carta Maior, permitindo-se, assim, concluir sua votação.

Durante o *regime de urgência constitucional*, sobrestar-se-ão todas as matérias que estiverem sendo apreciadas pela Casa legislativa em que se encontrar a medida provisória, até se concluir a votação.

> **Medida provisória no curso do processo legislativo:** "A circunstância de a MP 296/91 ter sido baixada no curso do processo legislativo, em regime de urgência (CF, art. 64 e §§), sobre projeto de iniciativa presidencial abrangendo a matéria por ela regulada, não ilide, por si só, a possibilidade constitucional da sua edição" (STF, ADIn 525-MC, Rel. Min. Sepúlveda Pertence, *DJ* de 2-4-2004).

Se rejeitada, a medida provisória será arquivada, devendo o Presidente do Congresso Nacional baixar ato declarando-a insubsistente, para depois, então, comunicar ao Chefe do Poder Executivo.

Cumpre à comissão mista elaborar projeto de decreto legislativo para disciplinar as relações jurídicas decorrentes da vigência da medida, cuja tramitação começará na Câmara dos Deputados.

Não editado o decreto legislativo até sessenta dias após a rejeição ou perda de eficácia de medida provisória, as relações jurídicas constituídas e decorrentes de atos praticados durante sua vigência conservar-se-ão por ela regidas (CF, art. 62, § 11).

> **Prazo de sessenta dias para editar o decreto legislativo:** o Supremo Tribunal Federal proveu agravo regimental interposto contra decisão em que o Min. Sepúlveda Pertence havia negado seguimento à arguição de descumprimento de preceito fundamental interposta contra a Medida Provisória n. 242/2005. Para o arguente, mesmo que a Medida Provisória tenha sido rejeitada, as relações jurídicas constituídas e decorrentes de atos praticados durante sua vigência, entre 28-3-2005 e 30-6-2005, teriam continuado a ser por ela regidas, pois não fora editado, no prazo de sessenta dias, o decreto legislativo a que se refere o art. 62, §§ 3º e 11, da Carta Magna. Entendeu a Corte que a ação deveria ser admitida, porque nela se debatia o alcance do § 11 do art. 62, isto é, se o preceito regularia somente as relações no período de sua vigência ou se também disciplinaria relações futuras (STF, ADPF 84-AgRg, Rel. Min. Sepúlveda Pertence, *DJ* de 8-6-2006).

Porém, durante o prazo ordinário de sessenta dias ou extraordinário de 120 dias, três situações distintas podem ocorrer: aprovação da medida provisória com modificações pelo Congresso Nacional; rejeição expressa da medida provisória pelo Congresso Nacional; ou rejeição tácita ou não aprovação da medida provisória pelo Congresso Nacional.

h.2) Aprovação da medida provisória com modificações pelo Congresso Nacional

Aprovação com modificações pelo Congresso Nacional é aquela em que a medida provisória é aprovada à luz das mudanças produzidas por emendas em seu texto original.

Quem regula a propositura de tais emendas é a Resolução n. 1/89, alterada parcialmente pela Resolução n. 2/89, ambas do Congresso Nacional, cujas regras foram mantidas pela Resolução n. 1/2002.

Todas essas resoluções encontram-se recepcionadas pelo art. 62, §§ 1º e 12, da Constituição (com redação dada pela EC n. 32/2001), sendo desnecessário o Congresso Nacional regular a forma de apresentação de emendas às medidas provisórias.

Com efeito, a apresentação de emendas ao texto original das medidas provisórias deve ser entregue à secretária da comissão mista, nos cinco dias que se seguirem à publicação delas no *Diário Oficial da União*.

É vedada a apresentação de emendas que propuserem a inclusão de assunto estranho ao deliberado pelo texto do Poder Executivo.

♦ Cap. 21 ♦ ORGANIZAÇÃO DOS PODERES 1047

Aliás, o Supremo Tribunal Federal, antes mesmo do advento da Emenda Constitucional n. 32/2001, admitiu a possibilidade de o Congresso Nacional glosar certos dispositivos da medida provisória, algo que não prejudica a sua eficácia temporal (STF, 2ª T., RE 177.375-8, Rel. Min. Marco Aurélio, v. u., *DJ*, 1, de 2-3-1995).

O que é inadmissível é o alargamento do procedimento legislativo especial das medidas provisórias, enxertando assunto novo, completamente distinto daquele versado pelo Presidente da República.

> **Contrabando Legislativo:** o Supremo Tribunal Federal reafirmou a impossibilidade de se incluir emenda em projeto de conversão de medida provisória em lei com tema diverso do objeto originário da medida provisória, fato conhecido como *contrabando legislativo* (STF, MS 33889, Rel. Min. Roberto Barroso, j. 20-11-2015).

Os parlamentares que apresentarem emendas às medidas provisórias deverão, ao mesmo tempo, elaborar texto regulando as relações jurídicas decorrentes de possível mudança do artigo, inciso ou alínea modificados.

Quando a comissão mista for favorável à aprovação de medida provisória com emendas, mediante parecer fundamentado, ela deverá apresentar o projeto de conversão da medida em lei, para, em seguida, remetê-lo ao Presidente da República (Resolução n. 1/89, art. 7º, § 1º, II).

A partir daí, o Chefe do Executivo, mediante exame discricionário, irá sancionar ou vetar o aludido projeto, verificando a conveniência e a oportunidade da conversão da medida provisória em lei.

No caso de o Presidente da República sancionar o projeto de conversão, ele próprio o promulgará, determinando sua publicação.

h.3) Rejeição expressa da medida provisória pelo Congresso Nacional

Rejeição expressa é aquela em que a medida provisória é rejeitada na totalidade de seus aspectos pelo Congresso Nacional.

Se a medida provisória sofrer rejeição expressa ou explícita, ela retroagirá, perdendo todos os efeitos que produziu, à semelhança do que ocorre na Itália, por força da sua Constituição de 1947 (art. 77).

Demarque-se, desde já, que a perda retroativa dos efeitos da medida provisória também pode ser por meio de rejeição tácita ou implícita, e não apenas de modo expresso.

> **Nesse sentido:** STF, Pleno, ADIn 293/DF, Rel. Min. Celso de Mello, *DJ* de 16-4-1993.

Em ambas as hipóteses, caberá ao Poder Legislativo disciplinar as relações jurídicas dela decorrentes, mediante decreto legislativo (CF, art. 62, § 3º, acrescentado pela EC n. 32/2001).

> **Atualidade do magistério doutrinário anterior ao advento da EC n. 32/2001:** antes do advento da EC n. 32/2001, parcela de especialistas entendia que o Congresso Nacional deveria disciplinar as relações oriundas das medidas provisórias não por decreto legislativo, mas por lei ordinária, permitindo a apreciação do Chefe do Poder Executivo. **Nesse sentido:** Clèmerson Merlin Clève, *As medidas provisórias e a Constituição Federal de 1988*, p. 72. Esse ponto de vista, registrado em livros publicados antes do surgimento da EC n. 32/2001, prossegue intacto nos dias atuais, nada obstante o equívoco da referida emenda, que consagrou tese em sentido diverso. Evidente que, da ótica *jus positiva*, vale o que está na Constituição, e não aquilo que os doutores escreveram, mesmo acertadamente.

E a medida provisória rejeitada, de maneira explícita, pode ser reeditada?

Na jurisprudência do Supremo Tribunal Federal encontra-se consagrada a tese da impossibilidade de reedição de medida provisória expressamente rejeitada pelo Congresso Nacional.

> **Posicionamento do STF:** "A rejeição parlamentar de medida provisória — ou de seu projeto de conversão —, além de desconstituir-lhe *ex tunc* a eficácia jurídica, opera uma outra relevante consequência de ordem político-institucional, que consiste na impossibilidade de o Presidente da República renovar esse ato quase legislativo, de natureza cautelar. Modificações secundárias de texto, que em nada afetam os aspectos essenciais e intrínsecos da medida provisória expressamente repudiada pelo Congresso Nacional, constituem expedientes incapazes de descaracterizar

1048 ◆ Uadi Lammêgo Bulos ◆

a identidade temática que existe entre o ato não convertido em lei e a nova medida provisória editada" (STF, Pleno, ADIn 293/DF, Rel. Min. Celso de Mello, *DJ* de 16-4-1993). **Precedentes:** STF, Pleno, ADIn 293-7/600-ML/DF, Rel. Min. Sepúlveda Pertence; STF, Pleno, ADIn 295-3-ML/DF, Rel. Min. Paulo Brossard.

Vale lembrar que o desrespeito à decisão do Supremo Tribunal Federal, no sentido de se reeditar medida provisória rejeitada expressamente pelo Congresso, configura crime de responsabilidade (CF, art. 85, II). Tanto que a Emenda Constitucional n. 32/2001, acolhendo o entendimento do Pretório Excelso, vedou a reedição, na mesma sessão legislativa, de medida provisória que tenha sido rejeitada ou que tenha perdido sua eficácia por decurso de prazo (CF, art. 62, § 10).

h.4) Rejeição tácita da medida provisória pelo Congresso Nacional

Rejeição tácita ou implícita da medida provisória é a reprovação silenciosa do Congresso Nacional, que a deixa de examinar dentro do prazo previsto na Carta Magna.

Se o Congresso Nacional não apreciar a medida provisória no prazo total de 120 dias, ela será tacitamente rejeitada (CF, art. 62, §§ 3º e 7º, provenientes da EC n. 32/2001).

No passado, vigorava o *decurso do prazo constitucional*, extinto pela Carta de 1988. Esse expediente, previsto na ordem jurídica pregressa, possibilitava que os decretos-lei se eternizassem, como se fossem *tipos normativos perpétuos*, que nem precisavam submeter-se ao crivo do Congresso Nacional para ter validade.

A não aprovação da medida provisória pelo Congresso Nacional apresenta um detalhe. É que ela permite uma só prorrogação de sua vigência por novos sessenta dias (CF, art. 62, §§ 3º e 7º). Exaurido esse prazo, a rejeição tácita se torna definitiva, impedindo a edição de medida provisória na mesma sessão legislativa (CF, art. 62, § 10).

Logo, a Constituição proíbe a reedição de medida provisória que tenha sido apreciada pelo Congresso Nacional no prazo total de 120 dias.

E se não for editado o decreto legislativo para regular as relações jurídicas decorrentes da medida provisória que perdeu eficácia por ausência de apreciação?

Nesse caso, continuam em vigor as regras da medida provisória extinta. Trata-se do preceito consubstanciado no art. 62, § 11, da Constituição (oriundo da EC n. 32/2001). Sua preocupação foi evitar que o "cochilo legislativo" enseje vazios normativos, prejudiciais às relações jurídicas.

Quer dizer, se o Congresso não disciplinar, por meio de decreto legislativo, essas relações jurídicas, a medida provisória continuará regendo as relações jurídicas constituídas durante a sua vigência (CF, art. 62, § 11).

Os efeitos da medida provisória prolongam-se no tempo, continuando a abranger as relações jurídicas decorrentes dos atos praticados sob sua égide. E, aprovado projeto de lei de conversão alterando o texto original da medida provisória, esta manter-se-á integralmente em vigor até que seja sancionado ou vetado o projeto (CF, art. 62, § 12).

Contudo, essa verdadeira eficácia *ex nunc* das medidas provisórias, rejeitadas de modo *tácito* [e *expresso* também], e não reguladas mediante decreto legislativo, é excepcional e limitada. Trata-se de uma exceção, permitida pelo Texto de 1988, e que, na realidade, rememora o extinto decreto-lei. Este também apresentava eficácia *ex nunc*, fazendo com que a vontade do Presidente da República se prolongasse no tempo.

De outra parte, não mais vigora o entendimento do Pretório Excelso, formulado antes do advento da Emenda Constitucional n. 32/2001, de que, nos casos de rejeição tácita, as medidas provisórias poderiam ser reeditadas sucessivamente, para não perderem seu conteúdo.

Precedente: STF, ADIn 1250-9/DF, Rel. Min. Moreira Alves, *DJ* de 6-9-1995.

Agora, a reedição de medida provisória, rejeitada tacitamente pelo Congresso Nacional, constitui afronta direta à Constituição da República.

◆ Cap. 21 ◆ ORGANIZAÇÃO DOS PODERES **1049**

Súmula 651 do STF: "A medida provisória não apreciada pelo Congresso Nacional podia, até a EC 32/2001, ser reeditada dentro do seu prazo de eficácia de trinta dias, mantidos os efeitos de lei desde a primeira edição".

i) Medida provisória já editada: obrigatoriedade de apreciação do Congresso Nacional

O Presidente da República não poderá voltar atrás, tentando retirar da apreciação do Congresso Nacional medida provisória que ele próprio editou com força de lei e eficácia imediata, sob pena de violar a competência excepcional que a Constituição lhe conferiu, além de subtrair um dever imposto ao Poder Legislativo. Mas poderá ab-rogar a medida provisória, editando outra para substituí-la, suspendendo, assim, os "efeitos da primeira, efeitos esses que, todavia, o Congresso poderá restabelecer, mediante rejeição da medida ab-rogatória" (STF, ADIn 1.315-7-ML/DF, Rel. Min. Ilmar Galvão, *DJ* de 22-9-1995).

No mesmo sentido: "Porque possui força de lei e eficácia imediata a partir de sua publicação, a Medida Provisória não pode ser 'retirada' pelo Presidente da República à apreciação do Congresso Nacional. Precedentes. Como qualquer outro ato legislativo, a Medida Provisória é passível de ab-rogação mediante diploma de igual ou superior hierarquia" (STF, ADIn 2.984-MC, Rel. Min. Ellen Gracie, *DJ* de 14-5-2004). **Precedente:** STF, *RTJ, 157*:856.

Com base nas decisões do Pretório Excelso, quando o Presidente da República ab-roga uma medida provisória, editando uma segunda, o Congresso Nacional poderá seguir três caminhos distintos:
- aprovar a segunda medida provisória, convertendo-a em lei, e revogando a primeira em definitivo;

Revogação de uma medida provisória por outra: "A revogação da MP por outra MP apenas suspende a eficácia da norma ab-rogada, que voltará a vigorar pelo tempo que lhe reste para apreciação, caso caduque ou seja rejeitada a MP ab-rogante. Consequentemente, o ato revocatório não subtrai ao Congresso Nacional o exame da matéria contida na MP revogada" (STF, ADIn 2.984-MC, Rel. Min. Ellen Gracie, *DJ* de 14-5-2004). **Precedente:** STF, ADIn 221-MC, Rel. Min. Moreira Alves, *DJ* de 22-10-1993.

- rejeitar a segunda medida provisória e aprovar a primeira que estava temporariamente suspensa, transformando-a em lei e restaurando-lhe os efeitos; e

Medida provisória pendente de apreciação revogada por outra: "Já se firmou a jurisprudência desta Corte (assim, nas ADIMCs 1.204, 1.370 e 1.636) no sentido de que, quando Medida Provisória ainda pendente de apreciação pelo Congresso Nacional é revogada por outra, fica suspensa a eficácia da que foi objeto de revogação até que haja pronunciamento do Poder Legislativo sobre a Medida Provisória revogadora, a qual, se convertida em lei, tornará definitiva a revogação; se não o for, retomará os seus efeitos a Medida Provisória revogada pelo período que ainda lhe restava para vigorar" (STF, ADIn 1.665-MC, Rel. Min. Moreira Alves, *DJ* de 8-5-1998).

- rejeitar as duas medidas provisórias, regulamentando, através de decreto legislativo, as relações jurídicas pendentes.

Nesse sentido: STF, *RTJ, 151*:331.

j) Medidas provisórias editadas antes da publicação da EC n. 32/2001

Qual o destino das medidas provisórias editadas antes de 12 de setembro de 2001, data da publicação no *Diário Oficial da União* da Emenda Constitucional n. 32/2001?

As medidas provisórias editadas antes de 12 de setembro de 2001 continuam em vigor até que medida provisória ulterior as revogue explicitamente ou até deliberação definitiva do Congresso Nacional, conforme determina o art. 2º da Emenda Constitucional n. 32/2001, que toma como parâmetro a sua data de publicação, e não a data da promulgação.

Promulgação e publicação da EC n. 32/2001: esta emenda foi promulgada em 11-9-2001 e publicada, no *Diário Oficial da União*, em 12-9-2001.

Significa dizer que todas as medidas provisórias anteriores à publicação da Emenda Constitucional n. 32/2001, se não forem derrubadas no Congresso, ou o Poder Executivo não as revogar de modo expresso e tácito, permanecerão em vigor.

Em verdade, a Emenda Constitucional n. 32/2001 deixou uma válvula de escape para se implantar um estado de vigência indeterminado das medidas provisórias, assim como ocorria com o controvertido *decurso do prazo* dos decretos-lei.

Na prática, a brecha deixada pelos titulares do poder de emenda à Constituição tem sido muito criticada, inclusive por membros do Congresso Nacional, pelo simples fato de que é impossível apreciar todas as medidas provisórias, obstruindo a tramitação de projetos de lei importantíssimos.

Quer dizer, a Emenda Constitucional n. 32/2001 encontrou uma maneira para eternizar medidas, originariamente *transitórias*, que pretendem ser *definitivas*.

> **Medidas provisórias não convertidas em lei — Advertência do STF:** embora proferido antes da publicação da EC n. 32/2001 rememoremos a advertência do Ministro Celso de Mello, quando demonstrou que "os atos regulamentares de Medidas Provisórias não convertidas em lei não subsistem autonomamente, eis que nelas reside, de modo direto e imediato, o seu próprio fundamento de validade e de eficácia. A ausência de conversão legislativa opera efeitos extintivos radicais e genéricos, de modo a afetar todos os atos que estejam, de qualquer modo, causalmente vinculados à Medida Provisória rejeitada ou não transformada em lei, especialmente aqueles que, editados pelo próprio Poder Público, com ela mantinham, ou deveriam manter, estrita relação de dependência normativa e de acessoriedade jurídica, tais como as instruções normativas" (STF, ADIn 365-AgRg, Rel. Min. Celso de Mello, *DJ* de 15-3-1991).

k) Medida provisória e lei anterior a ela

A edição de uma medida provisória paralisa a produção de leis, anteriores a ela, que versavam sobre o mesmo assunto. Essa regra, contudo, comporta desdobramentos, a seguir exemplificados:

* se a medida provisória for convertida em lei, ela convalidará os efeitos da normatividade anterior que lhe era compatível;
* se a normatividade anterior for incompatível com a medida provisória convertida em lei, restará revogada;
* se a medida provisória for rejeitada, expressa ou tacitamente, a eficácia da lei que lhe era anterior será restaurada, porque nesse caso o ato que a gerou não produzirá qualquer efeito em relação à normatividade que já era prevalecente antes mesmo de sua existência; e
* direitos adquiridos, firmados na vigência da lei antiga, prevalecem sempre, pois medidas provisórias não podem extrapolar esse campo (CF, art. 5º, XXXVI).

l) Consequências da conversão de medida provisória em lei

Convertida em lei, encontra-se superada a discussão se a medida provisória foi, ou não, editada com base nos requisitos de *urgência* e *relevância*.

> **Nesse sentido:** STF, ADIn 1.417, Rel. Min. Octavio Gallotti, *DJ* de 23-3-2001.

Mas, se o Congresso Nacional não se manifestar e a medida provisória vier a ser reeditada, ou se ele manifestar-se, convertendo-a em lei, será necessário que o autor adite o *pedido de extensão* da ação direta proposta à nova medida ou à lei de conversão. O objetivo dessa exigência é permitir que a inconstitucionalidade arguida possa ser apreciada, até mesmo no que concerne à medida liminar requerida. Decerto que a ação direta de inconstitucionalidade perde seu objeto se o ato normativo impugnado deixa de vigorar. Não é diferente com a medida provisória. Para esta não perder a sua eficácia temporária, desconstituída *ex tunc*, é preciso que a sua substância seja objeto de nova medida provisória ou de lei de conversão.

◆ Cap. 21 ◆ ORGANIZAÇÃO DOS PODERES **1051**

Precedente: STF, Pleno, ADIn 1.250-9/DF, Rel. Min. Moreira Alves, *DJ*, 1, de 6-9-1995. **No mesmo sentido:** "No caso de reedição da Medida Provisória, ou no caso de sua conversão em lei, poderá o autor da ação direta pedir a extensão da ação à Medida Provisória reeditada ou à lei de conversão, para que a inconstitucionalidade arguida venha a ser apreciada pelo STF, inclusive no que toca à liminar pleiteada" (STF, Pleno, ADIn 1.125-1-ML, Rel. Min. Carlos Velloso, *DJ*, 1, de 31-3-1995).

Com efeito, "não prejudica a ação direta de inconstitucionalidade material de medida provisória a sua intercorrente conversão em lei sem alterações, dado que a sua aprovação e promulgação integrais apenas lhe tornam definitiva a vigência, com eficácia *ex tunc* e sem solução de continuidade, preservada a identidade originária do seu conteúdo normativo, objeto de arguição de invalidade" (STF, ADIn 691, Rel. Min. Sepúlveda Pertence, *DJ* de 19-6-1992).

Conversão em lei de medidas provisórias, sem alteração substancial do seu texto: "Ratificação do ato normativo editado pelo Presidente da República. Sanção do Chefe do Poder Executivo. Inexigível. Medida Provisória alterada pelo Congresso Nacional, com supressão ou acréscimo de dispositivos. Obrigatoriedade da remessa do projeto de lei de conversão ao Presidente da República para sanção ou veto, de modo a prevalecer a comunhão de vontade do Poder Executivo e do Legislativo" (STF, RE 217.194, Rel. Min. Maurício Corrêa, *DJ* de 1º-6-2001).

Na jurisprudência do Supremo Tribunal Federal também é cediço o entendimento de que, se a medida provisória for rejeitada, de modo expresso, ou decorrido, *in albis*, o prazo constitucional para a sua apreciação pelo Congresso Nacional, a ação direta de inconstitucionalidade ficará prejudicada.

Nesse sentido: STF, ADIn 525, Rel. Min. Sepúlveda Pertence, *DJ* de 4-9-1991; STF, ADIn 529, Rel. Min. Sepúlveda Pertence, *DJ* de 4-9-1991; STF, ADIn 298, Rel. Min. Celso de Mello, *DJ* de 21-11-1990; STF, ADIn 292, Rel. Min. Paulo Brossard, *DJ* de 16-4-1993; STF, ADIn 991-MC, Rel. Min. Ilmar Galvão, *DJ* de 9-9-1994.

Ressalte-se, ainda, como decidido pelo Pretório Excelso, que, "uma vez convertida a medida provisória em lei, no prazo previsto no parágrafo único do art. 62 da Carta Política da República, conta-se a partir da veiculação da primeira o período de noventa dias de que cogita o § 6º do art. 195, também da Constituição Federal" (STF, RE 168.421-6, Rel. Min. Marco Aurélio, *DJ* de 27-3-1998).

m) Governadores e prefeitos podem expedir medidas provisórias?

Governadores de Estado e do Distrito Federal, bem como prefeitos municipais, podem editar medidas provisórias, desde que haja previsão expressa nas constituições estaduais e nas leis orgânicas dos Municípios e do Distrito Federal, à luz do modelo plasmado na Constituição da República, com os acréscimos encetados pela Emenda Constitucional n. 32/2001 (art. 62, §§ 1º a 12).

Em sentido contrário: respeitável corrente doutrinária não aceita a possibilidade de governadores e prefeitos adotarem medidas provisórias. Argumentam que essas autoridades estariam impedidas de editá-las, pois tais providências constituem uma exceção ao princípio segundo o qual legislar é tarefa típica do Poder Legislativo, e, como toda exceção, deve ser interpretada restritivamente. **Nesse sentido:** Ricardo Cunha Chimenti, A primeira leitura da Emenda Constitucional n. 32 quanto às medidas provisórias, p. 1; Michel Temer, *Elementos de direito constitucional*, p. 152. No acervo do Tribunal de Justiça do Estado de São Paulo, encontramos o seguinte julgado: "A excepcionalidade da medida conduz à restrição relativamente ao seu agente, ou seja, só o Presidente da República poderá editá-la, não o Governador do Estado, ou o Município (...). Seria temerário que se pudesse deixar a arbítrio de alcaides a edição de medidas provisórias nos Municípios, mesmo que houvesse autorização legislativa federal, estadual ou municipal" (TJSP, ADIn 11.643-0/0/SP, Rel. Des. Carlos Ortiz, decisão de 24-4-1991).

Incide, nessa seara, o *princípio da simetria*, pelo qual os entes federativos devem tomar como molde a Constituição Federal, espelhando-se nela, numa relação de rígida observância às suas normas de hierarquia suprema. Numa palavra, é mister que se respeitem os princípios e limites estatuídos na Carta Maior.

> **Edição de medidas provisórias por Estados-membros:** "Podem os Estados-Membros editar medidas provisórias em face do princípio da simetria, obedecidas as regras básicas do processo legislativo no âmbito da União (CF, art. 62)" (STF, ADIn 425/TO, Rel. Min. Maurício Corrêa, *DJ* de 19-2-2003). **No mesmo sentido:** STF, ADIn 812-MC, Rel. Min. Moreira Alves, *DJ* de 14-5-1993; STF, ADIn 1.181-2/TO, Rel. Min. Maurício Corrêa, *DJ*, 1, de 18-6-1997; STF, ADIn 2.391/SC, Rel. Min. Ellen Gracie, decisão de 16-8-2006.

E se um prefeito municipal, por exemplo, editar medidas provisórias sem que exista respaldo normativo na lei orgânica de sua municipalidade, cometerá crime de prevaricação?

O Superior Tribunal de Justiça asseverou, nesse ponto, e com acerto, que o alcaide que edita medida provisória ilegalmente não pratica delito de prevaricação, porque, apesar de ter ferido os princípios da legalidade e moralidade administrativas, o fato será atípico por ausência do ato de ofício, caracterizador da espécie.

> **Precedente:** STJ, 6ª T., REsp 78.425/RS, Rel. Min. Vicente Cernicchiaro, *DJ*, 1, de 8-9-1997, p. 42611.

O mesmo raciocínio se aplica aos Chefes do Poder Executivo dos Estados e do Distrito Federal. Na realidade, os Chefes do Executivo estadual, distrital e municipal podem expedir medidas provisórias, pelo seguinte:

- A Carta de 1988 não trouxe qualquer proibição. Na ordem constitucional pregressa, os Estados-membros estavam proibidos, taxativamente, de editar decretos-lei. E com o advento da Emenda Constitucional n. 32/2001, a matéria continuou em aberto, pois o constituinte reformador nada disse a respeito da possibilidade ou impossibilidade de os constituintes estadual, distrital e municipal consagrarem medidas provisórias, como reconheceu o próprio Supremo Tribunal Federal;

  > **Precedente:** a Corte, por maioria de votos, considerando a superveniência da EC n. 32/2001, que deu nova redação ao art. 62 da Constituição, alterando o padrão de confronto, conheceu da ADIn apenas em relação ao *caput* do art. 51, por considerar que não houve alteração substancial na Constituição da questão nuclear posta na ação direta, relativa à possibilidade ou não da adoção de medidas provisórias por Estado-Membro (STF, ADIn 2.391, Rel. Min. Ellen Gracie, *DJ* de 30-3-2007).

- Todas as diretrizes básicas da Constituição Federal que norteiam o processo de formação das leis servem de modelos obrigatórios às Cartas estaduais, às leis orgânicas municipal e distrital. Assim, as ordens jurídicas dos Estados, Distrito Federal e Municípios podem, respeitada a participação das Câmaras de Deputados e de Vereadores, prever em suas constituições e leis orgânicas medidas provisórias, à luz do molde estabelecido na Carta de 1988 (STF, Pleno, ADIn 822/RS, Rel. Min. Sepúlveda Pertence, *DJ* de 5-9-1997).

Recorde-se que as Constituições dos Estados do Tocantins (art. 27, §§ 3º e 4º), do Acre (art. 52, V) e de Santa Catarina (art. 51, §§ 1º, 2º e 3º) preveem medidas provisórias em seus textos.

> **Particularidade da Constituição de Santa Catarina:** o constituinte catarinense inovou em dois pontos: **(i)** ao vedar a edição de medida provisória sobre assunto que não possa ser objeto de lei delegada (art. 51, § 2º); e **(ii)** ao proibir a reedição, na mesma sessão legislativa, de medida provisória não deliberada ou rejeitada pela Assembleia Legislativa (art. 51, § 3º). Com base nessas inovações, o Supremo Tribunal Federal examinou, em sede de recurso extraordinário e de agravo de instrumento, a constitucionalidade de certas medidas provisórias expedidas pelo governador catarinense. **Conferir:** STF, RE 211.414-0/SC, Rel. Min. Marco Aurélio, *DJ* de 15-4-1998; STF, AgI 210.979-3/SC, Rel. Min. Marco Aurélio, *DJ* de 16-4-1998; STF, AgI 210.879-9/SC, Rel. Min. Marco Aurélio, *DJ* de 16-4-1998.

◆ Cap. 21 ◆ ORGANIZAÇÃO DOS PODERES **1053**

n) Proibições materiais constitucionais à edição de medidas provisórias

Proibições materiais constitucionais às medidas provisórias são impedimentos de natureza substancial à edição delas.

Podemos dizer que o ponto culminante da orografia das medidas provisórias na Constituição de 1988 cinge-se ao tema da limitabilidade. Isso porque, desde o advento da Carta de 1988, chegando aos nossos dias, muito se tem discutido até onde vão os limites da competência presidencial para editá-las, qual a substância que devem conter, quais as matérias que podem, ou não, ser alvo de tais atos monocráticos do Poder Executivo.

Tentativas não faltaram para se imporem limites à edição das medidas provisórias no Brasil, extraindo-se as seguintes da Constituição Federal:

* **proibição no campo das resoluções e decretos legislativos** — medida provisória não atua no campo reservado às resoluções e decretos legislativos, mas somente no das Casas legislativas ou no próprio Congresso Nacional;
* **proibição do art. 25, § 2º, da CF** — medida provisória não pode dispor sobre concessão de serviços locais de gás canalizado;
* **proibição do art. 73 do ADCT** — medida provisória não pode disciplinar o Fundo Social de Emergência, instituído pela Emenda Constitucional de Revisão n. 1/94, no art. 73 das Disposições Transitórias, cuja eficácia já se esgotou;
* **proibição do art. 2º da EC n. 8/95** — medida provisória não pode dispor sobre o assunto previsto no art. 21, XI, da Constituição; e
* **proibição do art. 3º da EC n. 9/95** — medidas provisórias não podem regular o disposto no art. 177, §§ 1º e 2º, I a IV, da Constituição.

Com o surgimento da Emenda Constitucional n. 32/2001, outras proibições materiais constitucionais à edição de medidas provisórias juntaram-se às que já existiam.

n.1) Proibição do art. 246 da Carta de 1988

As Emendas Constitucionais de n. 6 e 7, datadas de 15 de agosto de 1995, acresceram ao texto originário da Carta de Outubro o art. 246.

Buscaram, assim, proibir a edição de medida provisória na regulamentação de preceito constitucional cuja redação tivesse sido modificada por meio de emenda promulgada a partir de 1995.

O Supremo Tribunal Federal, examinando o novo preceito constitucional, concluiu que ele não se aplicava a todo e qualquer assunto, a exemplo da progressão funcional de servidores públicos e da legislação relativa ao salário-educação (STF, ADIn 1.975-MC, Rel. Min. Sepúlveda Pertence, *DJ* de 14-12-2001; STF, ADIn 1.518-MC, Rel. Min. Octavio Gallotti, *DJ* de 25-4-1997).

Por força da Emenda Constitucional n. 32/2001, o referido art. 246 foi alterado, para estabelecer termo final para a proibição que ele continha inicialmente. Desse modo, o prazo derradeiro para proibir a adoção de medida provisória passou a ser 11 de setembro de 2001, como reconheceu o próprio Supremo Tribunal Federal (STF, Pleno, ADIn 3.090-6-ML/DF, Rel. Min. Gilmar Mendes, *DJ* de 12-2-2004).

Resultado, o Chefe do Poder Executivo Federal pode regular preceito da Carta Suprema alterado por emenda constitucional promulgada após 11 de setembro de 2001.

Antes dessa data, portanto, não há falar em adoção de medida provisória para regular preceito oriundo de emenda constitucional. É aí que reside o limite do art. 246, com redação dada pela Emenda Constitucional n. 32/2001.

n.2) Proibição em matéria reservada à lei delegada

As mesmas limitações materiais relativas à lei delegada (CF, art. 68, § 1º, I a III) aplicam-se às medidas provisórias (CF, art. 62, § 1º, *a, c, d,* oriundos da EC n. 32/2001).

Assim, o Presidente da República não poderá editar medidas provisórias sobre matéria relativa a:

* nacionalidade, cidadania, direitos políticos, partidos políticos e direito eleitoral;
* organização do Poder Judiciário e do Ministério Público, a carreira e a garantia de seus membros; e

1054

- planos plurianuais, diretrizes orçamentárias, orçamento e créditos adicionais e suplementares, ressalvado o previsto no art. 167, § 3º, da Constituição.

n.3) Proibição do art. 62, § 1º, II, da Carta de 1988

A Emenda Constitucional n. 32/2001 inseriu no art. 62, § 1º, II, a proibição de o Presidente da República adotar medidas provisórias que visem a detenção ou sequestro de bens, de poupança popular ou qualquer outro ativo financeiro. Agora, o Chefe do Poder Executivo encontra-se impossibilitado de editar medida provisória como aquela que instituiu o Plano Collor (MP n. 168, de 15-3-1990).

n.4) Proibição em matéria reservada à lei complementar

Presidentes da República não podem editar medidas provisórias em matéria reservada à lei complementar (CF, art. 62, § 1º, III, advindo da EC n. 32/2001).

Dois são os motivos dessa reserva de competência à edição de medidas provisórias, consagrada pela Emenda Constitucional n. 32/2001:

- a fraseologia do art. 62 da Carta Magna consagra o termo *lei*, sem qualificá-lo; significa que a conversão da medida provisória é em lei *ordinária* e não em lei complementar; e

  Nesse sentido: "Embora válido o argumento de que Medida Provisória não pode tratar de matéria submetida pela Constituição Federal à Lei Complementar, é de se considerar que, no caso, a Constituição Federal não exige Lei Complementar para alterações no Código Florestal, ao menos as concernentes à Floresta Amazônica" (STF, ADIn 1.516-MC, Rel. Min. Sydney Sanches, *DJ* de 13-8-1999).

- o quórum de deliberação das leis complementares é aferido pelo voto da maioria absoluta dos membros da Câmara de Deputados e do Senado Federal, e não pela vontade unipessoal do Presidente da República, como ocorre com as medidas provisórias.

n.5) Proibição do art. 62, § 1º, IV, da Carta de 1988

É vedada a edição de medidas provisórias sobre matéria já disciplinada em projeto de lei aprovado pelo Congresso Nacional e pendente de sanção ou veto do Presidente da República.

Esse limite material constitucional à edição de medidas provisórias, inserido na Carta de Outubro pela Emenda Constitucional n. 32/2001, justifica-se em nome do princípio da separação de Poderes (CF, art. 2º).

n.6) Proibição em matéria tributária

A Emenda Constitucional n. 32/2001 admitiu a possibilidade de o Presidente da República adotar medida provisória que implique instituição ou majoração de impostos, desde que se observe o *princípio da anterioridade tributária* (CF, art. 62, § 2º).

Segundo a referida emenda, apenas os impostos previstos nos arts. 153, I, II, IV, V, e 154, II, da Constituição não podem ser objeto de medidas provisórias. Então, pelo que está na Carta de Outubro, o único freio para a expedição, no campo tributário, de medida provisória é o *princípio da anterioridade.*

Resultado: medida provisória só produz efeitos no exercício financeiro seguinte se tiver sido convertida em lei até o último dia daquele em que foi editada.

Esse entendimento adotado pelos depositários da Emenda Constitucional n. 32/2001 inspirou-se em diversos precedentes do Supremo Tribunal Federal, que, em sua composição anterior à atual, pacificou a tese da possibilidade de medida provisória disciplinar matéria tributária (STF, Pleno, ADIn 1.667-9/DF, Rel. Min. Ilmar Galvão, *DJ* de 21-11-1997).

O argumento do Supremo foi, basicamente, o seguinte: a medida provisória tem força de lei. Logo, é meio hábil para instituir tributos e contribuições sociais, a exemplo do que já sucedia com os decretos-lei do regime pregresso, como a Corte sempre entendeu. Todavia, é inegável a primazia, nesse campo, do princípio da anterioridade, consagrado no art. 150, III, *a*, da Carta Magna (STF, Pleno, ADIn 1.417-0-ML/DF, Rel. Min. Octavio Gallotti, *Ementário de Jurisprudência* n. 1.829-01).

◆ Cap. 21 ◆ ORGANIZAÇÃO DOS PODERES

1055

Assim, a Corte Suprema concedeu liminares admitindo a edição de medidas provisórias no campo tributário. Determinou, por exemplo, a extensão da incidência de contribuição para o custeio da Previdência Social aos proventos de servidores públicos inativos, observado o prazo de noventa dias do art. 195, § 6º, da Constituição.

> **Nesse sentido:** STF, Pleno, ADIn 1.441-2-ML/DF, Rel. Min. Octavio Gallotti, *DJ*, 1, de 18-10-1996; MS 22654-4-ML, Rel. Min. Maurício Corrêa, *DJ*, 1, de 26-11-1996, p. 46421; STF, RE 168.421-6, Rel. Min. Marco Aurélio, *DJ* de 27-3-1998.

Em decisão definitiva de mérito, o Plenário do Supremo enfatizou que, embora seja possível medida provisória instituir tributo, seria necessário observar o princípio da anterioridade tributária (STF, Pleno, ADIn 1.135-9/DF, Rel. p/ acórdão Min. Sepúlveda Pertence, *DJ*, 1, de 5-12-1997, p. 63903).

Na esteira de todos esses posicionamentos pretorianos, os artífices da Emenda Constitucional n. 32/2001 acrescentaram à Constituição de 1988 o § 2º do art. 62, para prever a possibilidade de o Presidente da República editar medida provisória em sede tributária, respeitado o princípio da anterioridade.

A particularidade da citada emenda foi a seguinte: se, para o Supremo Tribunal, o princípio da anterioridade estaria satisfeito desde que a medida provisória tivesse sido editada no exercício financeiro anterior, para os titulares da competência reformadora é preciso que a medida provisória seja convertida em lei até o último dia do exercício financeiro anterior, para, só depois disso, produzir efeitos (CF, art. 62, § 2º).

Quer dizer, a exigência da lei de conversão é o ponto nuclear da regulamentação oriunda da Emenda n. 32/2001, somada à exigência de observância ao princípio da anterioridade do Direito Tributário.

Vamos, agora, dar uma opinião.

Certamente, os incontáveis apelos doutrinários de que medidas provisórias estão impossibilitadas de regular assuntos tributários, por força dos princípios da *estrita legalidade*, da *segurança jurídica* e da *não surpresa dos contribuintes*, não foram atendidos pela Emenda Constitucional n. 32/2001, nem considerados pelos Ministros do Pretório Excelso.

Seguiu-se o infeliz raciocínio de que é plenamente possível medida provisória disciplinar matéria tributária, pois, mesmo não sendo lei, tem força de lei.

Ora, por mais que se diga que medida provisória tem força de lei, ela não é ato nascido do Poder Legislativo.

> **Precedente do Tribunal de Justiça de São Paulo:** "O art. 150, inciso I, da Constituição Federal, veda com força de garantia dada ao contribuinte, 'à União, aos Estados, ao Distrito Federal e aos Municípios exigir ou aumentar tributo sem lei anterior que o estabeleça' e, no inciso III, veda a cobrança de tributos, item a, 'em relação aos fatos geradores ocorridos antes do início da vigência da lei que os houver instituído ou aumentado'. Não se dispensa, pois, ao tributo a reserva legal, o princípio da legalidade, que não poderia abranger a medida provisória, que não é lei, ainda que se equipare à mesma, até pela diversidade quanto ao âmbito de iniciativa e de processo legislativo" (TJSP, ADIn 1.643-0/0).

Como a instituição ou o aumento de impostos é matéria submetida aos desígnios da lei, em sentido formal, produzida pelo Parlamento brasileiro, não é possível criar subterfúgios, a exemplo do que fez a Emenda Constitucional n. 32/2001, para burlar o primado da legalidade, em uma de suas manifestações mais comezinhas, qual seja, a submissão de todo e qualquer tributo ao império da lei, e não de medidas provisórias.

O motivo de tudo isso é facilmente explicado: o ato de instituir ou majorar tributos é missão da lei ordinária, e, em alguns poucos casos, da lei complementar.

Medidas provisórias são atos monocráticos, que nascem no silêncio dos gabinetes, da vontade de um só. E a história tem mostrado que ações unilaterais quase sempre ensejam situações irreversíveis.

Quanto à referência ao princípio da anterioridade tributária, introduzida pela Emenda Constitucional n. 32/2001 no § 2º do art. 62, todos sabem que isso não foi o bastante para remover um obstáculo intransponível no exame do tema: a total incompatibilidade de medidas provisórias com a esfera tributária.

1056 ♦ Uadi Lammêgo Bulos ♦

Não basta encartar um princípio no texto da Constituição. É preciso, antes de tudo, saber se ele se amolda à essência da situação que se lhe subjaz, porque os assuntos constitucionais têm de ser discernidos constitucionalmente. Incluir o primado da anterioridade apenas para justificar o desejo de expedir medidas provisórias em temas tributários, é subverter o seu real propósito. É o mesmo que misturar, de maneira forçada, a água com o óleo, numa inversão drástica.

n.7) Proibição em matéria penal

A Emenda Constitucional n. 32/2001 vedou, de modo explícito, medida provisória em matéria penal (CF, art. 62, § 1º, I, *b*).

Na realidade, o Presidente da República não pode editar medida provisória em matéria penal, porque nesse campo incide:

* o **princípio da reserva de lei em sentido formal** — só a lei feita pelo Poder Legislativo do Estado pode tipificar crimes e cominar penas (CF, art. 5º, XXXIX); e
* o **princípio da separação de Poderes** — inadmite usurpações de competência (CF, art. 2º).

Desse modo, atos monocráticos, geradores de medidas provisórias, não podem tipificar novas entidades delituosas, muito menos cominar penas ao *status libertatis* dos cidadãos.

A privação da liberdade do homem, mesmo cautelar, é da alçada, indelegável, das Casas legislativas.

Nada obstante tais considerações, recorde-se da Medida Provisória n. 10, de 21 de outubro de 1988, expedida pelo então Presidente da República em exercício, Deputado Ulysses Guimarães, que previa tipo penal em sua íntegra (art. 8º), convertendo-se, mais tarde, na Lei n. 7.679, de 23 de novembro de 1988.

O Supremo Tribunal Federal, antes do advento da Emenda Constitucional n. 32/2001, não chegou a examinar, em definitivo, a matéria. Em sua composição plenária e por maioria de votos, vencidos os Ministros Celso de Mello e Sepúlveda Pertence, a Corte indeferiu medida cautelar que impugnava a criação de tipo penal por medida provisória. Naquela oportunidade, estava em exame a Medida Provisória n. 111/89. Como ela não foi convertida em lei, nem reeditada no ponto impugnado, ficou prejudicada a ação direta de inconstitucionalidade, e o Supremo Tribunal Federal não se manifestou sobre o mérito do problema.

> **Nesse sentido:** STF, Pleno, ADIn 162-1/DF, Rel. Min. Moreira Alves, *DJ*, 1, de 19-9-1997, p. 45582. De outra feita, o Procurador-geral da República arguiu a inconstitucionalidade das Medidas Provisórias n. 153 e 156, de 15-3-1990, sob o argumento de que elas veiculavam matéria penal. Nesse ínterim, a Medida Provisória n. 175, de 27-3-1990, desconstituiu os efeitos das anteriores. Mais uma vez a ação direta de inconstitucionalidade perdeu seu objeto (STF, Pleno, ADIn 221-0/DF, Rel. Min. Moreira Alves, j. em 22-10-1993, *Ementário de Jurisprudência* n. 1.722-1).

Na atualidade, a polêmica perdeu o sentido, pois a Emenda Constitucional n. 32/2001 pacificou a questão, ao proibir, expressamente, medida provisória em matéria relativa a direito penal (CF, art. 62, § 1º, I, *b*).

o) *O § 6º do art. 62 da CF aplica-se, apenas, aos projetos de lei ordinária*

A Carta de 1988 não vedou a possibilidade de análise de matérias mesmo quando a pauta da Câmara de Deputados estiver trancada por medidas provisórias.

Desse modo, o Min. Celso de Mello manteve a decisão do presidente da Câmara, Deputado Michel Temer, no sentido de permitir a análise de matérias mesmo quando a pauta da Casa Legislativa estiver trancada por Medidas Provisórias. Resultado: o **sobrestamento das deliberações legislativas, previsto no § 6º do art. 62 da Carta de 1988 aplica-se, somente, aos projetos de lei ordinária**, não incidindo sobre propostas de emenda à Constituição, projetos de lei complementar, decretos legislativos e resoluções (STF, MS 27.931-1/DF (medida cautelar), Rel. Min. Celso de Mello, j. em 27-3-2009).

Quer dizer, medidas provisórias somente sobrestam as sessões deliberativas ordinárias da Câmara dos Deputados, sem trancarem a pauta das sessões extraordinárias. Ao indeferir a liminar pleiteada pelos líderes da oposição, em sede de Mandado de Segurança preventivo, contrários a este raciocínio, explicou

Cap. 21 ◆ ORGANIZAÇÃO DOS PODERES

o Min. Celso de Mello que a decisão de Temer está "apoiada em estrita construção de ordem jurídica, cujos fundamentos repousam no postulado da separação de Poderes", apresentando "a virtude de fazer instaurar, no âmbito da Câmara dos Deputados, verdadeira práxis libertadora do desempenho da função primária que, histórica e institucionalmente, sempre lhe pertenceu: a função de legislar". Concluiu, também, que a solução encontrada pelo Presidente da Câmara dos Deputados "reflete, aparentemente, a justa preocupação com o processo de progressivo (e perigoso) esvaziamento das funções legislativas", haja vista os perigos decorrentes de "interpretações regalistas da Constituição", ou seja, aquelas que produzem "exegeses servilmente ajustadas à visão e à conveniência exclusiva dos governantes e de estamentos dominantes no aparelho social". Para Michel Temer, os deputados estariam livres para votar matérias como propostas de emenda à Constituição, resoluções e leis complementares em sessões extraordinárias da Casa, tendo em vista que não são leis ordinárias, cuja matéria pode ser objeto de medidas provisórias. Estas seriam analisadas pelos deputados nas sessões ordinárias, que ocorrem de terça a quinta-feira no plenário. Em seu voto, o Min. Celso de Mello lembrou que, desde 1990, vem demonstrando sua preocupação com o excesso de medidas provisórias editadas pelos sucessivos presidentes da República, "transformando a prática extraordinária dessa competência normativa primária em exercício ordinário do poder de legislar, com grave comprometimento do postulado constitucional da separação dos Poderes" (STF, MS 27.931-1/DF (medida cautelar), Rel. Min. Celso de Mello, j. em 27-3-2009).

Na realidade, a tese sustentada por Michel Temer, e acolhida no **MS 27.931-1**, está corretíssima, porque fundou-se em pressupostos de ordem **política** e **jurídica**. Do ponto de vista político, é inegável que o excesso de medidas provisórias gera o trancamento da pauta legislativa, paralisando as votações. Juridicamente falando, a única exegese compatível com a inteligência do § 6º do art. 62 da Carta Magna é a sistemática ou sistêmica. Por seu intermédio, preservamos os princípios do Estado de Direito Democrático (art. 1º, *caput*), da igualdade absoluta entre os Poderes do Estado (art. 5º, *caput*) e da separação das funções estatais (art. 2º). A interpretação rasteira, pedestre, literal, pequena e contraprodutiva do referido § 6º pode gerar situações caóticas, as quais foram reconhecidas pelo Min. Celso de Mello, a saber: **(i)** legitimação de práticas de cesarismo governamental; **(ii)** inibição do exercício, pelo Congresso Nacional, de sua função típica e primária de legislar; e **(iii)** esvaziamento da própria atividade legislativa do Parlamento brasileiro (STF, MS 27.931-1/DF (medida cautelar), Rel. Min. Celso de Mello, j. em 27-3-2009).

⌘ 3.25.6. Decretos legislativos

Decreto legislativo é o ato normativo destinado a regular assuntos de competência exclusiva do Congresso Nacional.

A finalidade dos decretos legislativos é referendar atos presidenciais.

Seu objeto cinge-se, basicamente, às matérias previstas no art. 49 da Constituição Federal, incumbindo-lhes, também, disciplinar as relações jurídicas decorrentes de medidas provisórias (CF, art. 62, § 3º, com redação dada pela EC n. 32/2001).

a) Procedimento legislativo especial de formação dos decretos legislativos

Os decretos legislativos submetem-se a um procedimento legislativo especial, previsto para esse fim. São, obrigatoriamente, instruídos, discutidos e votados tanto na Câmara dos Deputados como no Senado da República.

Após aprovados, são promulgados pelo Presidente do Senado, nos termos do art. 48, n. 28, do Regimento Interno do Senado Federal: "Compete ao Presidente do Senado Federal promulgar as resoluções do Senado e os decretos legislativos".

O Presidente da República, em nenhum momento, participa desse procedimento, inerente à competência do Poder Legislativo. Quer dizer, os decretos legislativos não estão sujeitos a sanção, nem veto, sendo discutidos por maioria simples (CF, art. 47).

Também é o Presidente do Senado Federal que manda publicá-los.

Cabe ao próprio Congresso Nacional, portanto, disciplinar o procedimento de formação dos decretos legislativos.

1058

Por isso é que a Constituição é silente sobre o procedimento de feitura desses atos normativos primários, veiculadores da competência exclusiva do Parlamento brasileiro.

b) Decretos legislativos em face dos atos e tratados internacionais

O art. 49, I, autoriza o Congresso Nacional a aprovar atos e tratados internacionais via decretos legislativos.

Enquanto isso, o art. 84, VIII, atribui competência privativa ao Presidente da República para celebrá--los, respeitada a anuência congressual. Trata-se da adoção do *princípio do dualismo moderado*.

Cumpre ao Congresso Nacional editar decretos legislativos a fim de aprovar atos e tratados internacionais. Esse procedimento dispensa sanção ou promulgação do Presidente da República, restando-lhe, apenas, ratificá-los em nome da República Federativa do Brasil.

Note-se que a mera edição de um decreto legislativo aprovando atos e tratados internacionais não lhe imprime força impositiva, porque não contém qualquer ordem executória. Só com a ratificação presidencial, ou seja, com a sua promulgação pelo Chefe do Executivo, é que esse ato passará a vigorar de forma genérica e obrigatória.

c) Características da incorporação dos atos e tratados via decreto legislativo

Os caracteres mais acentuados da incorporação dos atos e tratados internacionais via decreto legislativo são os seguintes:

- Para que atos ou tratados internacionais se incorporem à ordem jurídica interna é necessária a aprovação de um decreto legislativo pelo Congresso Nacional, ratificado pelo Presidente da República, satisfazendo, assim, o *princípio do dualismo moderado*.
- Normas de Direito das Gentes, contidas em atos ou tratados internacionais dos quais o Brasil seja signatário, não bastam, por si sós, para terem vigência e desempenharem eficácia social, como, aliás, já se manifestou o Pretório Excelso (STF, *RTJ*, *95*:980).
- A Constituição de 1988 não exige que uma lei formal seja editada para que ato ou tratado internacional se incorpore ao ordenamento brasileiro. Não dá lugar, pois, ao *dualismo extremado*. Ao invés, vigora o *dualismo moderado*, algo que se constata pela conjugação dos arts. 49, I, e 84, VII, da Carta Maior. Nesse ínterim, veremos a nítida colaboração entre o Legislativo e o Executivo, com vistas à formação de um ato complexo, mediante o qual se delineia o pacto de vontades entre o Presidente do Senado Federal, que os aprova, via decreto legislativo, e o Presidente da República, que os ratifica.
- Celebrado o ato ou tratado internacional, pelo Chefe do Executivo, aprovado pelo Congresso Nacional, promulgado via decreto presidencial e publicado no *Diário Oficial da União*, em idioma português (CF, art. 13), a norma de Direito das Gentes passa a integrar a ordem jurídica interna, estando apta para ser aplicada e cumprida.
- Mas a mera aprovação do ato ou tratado internacional, por meio de decreto legislativo, solenemente promulgado pela Presidência do Congresso Nacional, com a sua respectiva publicação, não é o bastante para que a incorporação seja efetivada na ordem jurídica interna. Apenas com a ratificação do Presidente da República é que se dará a aplicação imediata da norma de Direito das Gentes.
- O Supremo Tribunal Federal — intérprete maior da Constituição — entendeu que as normas constantes nos atos e tratados internacionais, devidamente aprovadas pela soma de vontades do Legislativo e do Executivo, ingressam na ordem jurídica brasileira no posto de leis ordinárias, isto é, de atos legislativos infraconstitucionais comuns (STF, 2ª T., HC 73.044-2/SP, Rel. Min. Maurício Corrêa, v. u., *DJ*, 1, de 20-9-1996, p. 34534).

◆ Cap. 21 ◆ ORGANIZAÇÃO DOS PODERES

1059

⌶ 3.25.7. Resoluções

Resoluções são todos os atos do Congresso Nacional, ou de qualquer de suas Casas, tomados à luz de um procedimento diverso daquele estabelecido para a elaboração das demais espécies normativas do art. 59 da Carta Maior.

> **Memória constitucional:** essa modalidade normativa foi prevista na Constituição de 1891, que lhe dedicou um capítulo inteiro (arts. 36 a 40); na de 1934, uma seção (arts. 41 a 49); na Carta do Estado Novo, de 1937, outra seção (arts. 64 a 66). O Texto de 1946 silenciou a respeito das resoluções, enquanto categoria normativa explícita, seguramente delimitada, embora as admitisse implicitamente. Já a Emenda Constitucional n. 17/65 referiu-se, de modo taxativo, às *resoluções especiais* (art. 67, § 8º). Noutro prisma, a Carta de 1967 colocou-as entre os degraus normativos do processo legislativo (art. 49, VII), no que foi mantida pela Emenda Constitucional n. 1/69 (art. 46, VII).

Eis o **critério residual**, que nos permite saber o que são resoluções, pois existem matérias — da competência exclusiva do Congresso (CF, art. 49), ou da competência privativa da Câmara ou do Senado (CF, arts. 51 e 52) — que não podem ser dispostas por decretos legislativos, nem por intermédio de leis ordinárias ou complementares.

Aliás, é essa a noção que embasa os regimentos internos da Câmara dos Deputados e do Senado Federal, os quais estatuem normas relativas às resoluções (RICD, art. 110, III; RISF, art. 213, *c*).

a) Natureza e efeitos das resoluções

As resoluções constituem atos normativos primários, desempenhando efeitos *intrínsecos* e *extrínsecos*.

Os efeitos *intrínsecos* constituem a regra, pois derivam das disposições previstas nos regimentos internos das respectivas Casas legislativas. Não precisa dizer que os regimentos citados são aprovados através da própria resolução.

Já os efeitos *extrínsecos* das resoluções são excepcionais, porque só se verificam quando a Constituição assim determina. É o caso da delegação legislativa, veiculada por resoluções, além de matérias financeiras e tributárias (CF, arts. 68, § 2º, 52, IV a X, e 155, § 2º, V).

Note-se que as resoluções de efeito *extrínseco* ficam a cargo dos regimentos internos de ambas as Casas legislativas, porque a Constituição não lhes disciplinou o processo de formação.

b) Campo de incidência das resoluções

Como delimitar o campo de incidência de uma resolução, dissociando-a das áreas em que atuam os decretos legislativos?

A tradição constitucional brasileira consagrou o entendimento de que as resoluções não vêm mencionadas na Constituição, enquanto os decretos legislativos são expressamente referidos, a fim de exprimirem as deliberações do Congresso Nacional.

Mais uma vez, parece-nos que o critério residual, acima dito, cumpre ser lembrado para estipular o campo de incidência das resoluções. Significa que esse degrau normativo poderá ser concebido por exclusão. A matéria que sobra ou resta integra-lhe o núcleo conceitual. Normalmente, são aqueles assuntos genéricos, que escapolem à área de atribuições das outras espécies do art. 59.

Por isso, compete às resoluções dispor sobre as deliberações do Congresso Nacional, ou de suas Casas, apoiadas na Constituição e nos regimentos internos da Câmara dos Deputados e do Senado Federal.

c) Espécies de resolução

As espécies de *resolução* variam a depender da finalidade que perseguem.

No ordenamento constitucional brasileiro, é possível detectar quatro tipos distintos:

- *resolução administrativa* — referenda nomeações pelo Senado Federal;
- *resolução tributária* — fixa alíquotas de tributos;

1060 ◆ Uadi Lammêgo Bulos ◆

- *resolução coparticipativa* — suspende lei declarada inconstitucional pelo Supremo Tribunal Federal; e
- *resolução delegativa* — autoriza o Poder Executivo a elaborar lei delegada.

d) Procedimento legislativo especial de formação das resoluções

Diz-se que o procedimento legislativo para a formação de resoluções é *especial* porque dele não participa o Presidente da República. Identicamente aos decretos legislativos, inexiste sanção ou veto, uma vez que a competência para criá-las adstringe-se ao âmbito do Poder Legislativo.

O procedimento para a feitura das resoluções não encontra disciplina normativa expressa em nosso Direito Constitucional. Nem precisa, pois a praxe recomenda que a matéria fique sob os auspícios do regimento interno do Congresso Nacional e dos regimentos internos de cada uma das Casas legislativas.

Conforme o art. 200, § 2º, do Regimento Interno da Câmara dos Deputados, as resoluções da Câmara serão promulgadas pelo seu presidente, no prazo de duas sessões após o recebimento dos autógrafos, que, não o fazendo, caberá aos vice-presidentes, segundo a sua numeração ordinal, exercer tal prerrogativa.

E, pelo art. 48, n. 28, do Regimento Interno do Senado Federal, compete ao Presidente do Senado promulgar as resoluções senatoriais.

Já a resolução congressual deverá ter aprovação das duas Casas legislativas, cabendo ao Presidente do Senado, no exercício da Presidência do Congresso Nacional, promulgá-la.

✦ 4. FISCALIZAÇÃO CONTÁBIL, FINANCEIRA E ORÇAMENTÁRIA

Para fechar o capítulo do Poder Legislativo, a Constituição de 1988 consagrou a Seção IX, que trata da fiscalização contábil, financeira, orçamentária, patrimonial e operacional dos dinheiros públicos.

Dois são os motivos pelos quais esse assunto foi incluído no capítulo do Poder Legislativo:
- quem exerce a fiscalização contábil, financeira, orçamentária, patrimonial e operacional da União e das entidades da Administração direta e indireta é o próprio Congresso Nacional; e
- quem auxilia o Parlamento no controle externo dos gastos públicos é o Tribunal de Contas da União. Isso não significa que essa entidade seja submissa ao Poder Legislativo. Ao contrário, a sua autonomia constitucional ficou patente com o advento da Carta de 1988. Por isso, cumpre--lhe exercer suas atribuições com imparcialidade e descomprometimento.

✧ 4.1. Função fiscalizatória na Constituição

A *regra de ouro* da função fiscalizatória na Constituição brasileira é o seu art. 70.

Desse modo, a fiscalização contábil, financeira, orçamentária, operacional e patrimonial da União e das entidades da Administração direta e indireta será exercida pelo Congresso Nacional (CF, art. 70, *caput*).

> **Poder de fiscalização legislativa:** "O poder de fiscalização legislativa da ação administrativa do Poder Executivo é outorgado aos órgãos coletivos de cada Câmara do Congresso Nacional, no plano federal, e da Assembleia Legislativa, no dos Estados; nunca, aos seus membros individual-mente, salvo, é claro, quando atuem em representação (ou presentação) de sua Casa ou comissão" (STF, ADIn 3.046, Rel. Min. Sepúlveda Pertence, *DJ* de 28-5-2004).

Essa fiscalização congressual tem por objeto a *legalidade*, a *legitimidade*, a *economicidade*, a *aplicação das subvenções* e a *renúncia de receitas* (CF, art. 70, *caput*).

A justificativa para essa fiscalização *lato sensu* finca-se no princípio da legalidade (CF, arts. 5º, II, e 37, *caput*).

◆ Cap. 21 ◆ ORGANIZAÇÃO DOS PODERES

Qualquer ato dos Poderes Públicos deve sujeitar-se ao império da lei, em sentido formal e material. Busca-se, assim, o controle das finanças públicas — finalidade precípua dos preceitos constitucionais consubstanciados nos arts. 70 a 75 da Carta Suprema.

Mas não é apenas a legalidade o objeto da fiscalização contábil, financeira, orçamentária, patrimonial e operacional dos dinheiros públicos.

Nesse campo, também se deve observar o respeito aos princípios da impessoalidade, moralidade, publicidade, eficiência, finalidade e boa-fé, com vistas ao fomento de uma *Administração Pública de resultados*.

> **Princípio da publicidade:** "Ante a publicidade de que se devem tais gastos revestir, não conflita, com a Carta Federal (arts. 70 e 71), o dispositivo da Constituição do Amazonas (art. 28, XXX), que autoriza a requisição de informações e cópias autenticadas de documentos de despesas realizadas pelos Tribunais de Contas dos Estados e Municípios. Não estão, ambos os Tribunais, indenes ao controle externo da Assembleia, nem basta, ao fim colimado pelo dispositivo estadual impugnado, o encaminhamento dos relatórios previstos, com outro objetivo, pelo § 4º do art. 71 da Constituição Federal" (STF, ADIn 375, Rel. Min. Octavio Gallotti, *DJ* de 14-2-1992).

Administração eficiente e dever de boa administração são faces de uma mesma moeda.

Esse é o sentido da *função fiscalizatória na Constituição de 1988* — verdadeiro meio de pôr em prática todos os princípios constitucionais administrativos, preservando, assim, a própria separação de Poderes (CF, art. 2º).

✧ 4.2. Modalidades de fiscalização

Há quatro modalidades distintas de fiscalização (CF, art. 70, *caput*):

- **fiscalização da legalidade** — vincula o administrador público ao império da lei, verificando a validade formal e material dos atos administrativos em face da Constituição e do ordenamento infraconstitucional;
- **fiscalização financeira** — controla a aplicação das subvenções, a renúncia de receitas, as despesas e as questões contábeis;
- **fiscalização da legitimidade** — as finanças públicas devem ser geridas conforme os objetivos politicamente aceitos pela Nação, a qual cumpre ser informada sobre o modo de gestão da coisa pública; e
- **fiscalização da economicidade** — às finanças públicas cumpre perseguir o princípio do custo/benefício. Logo, a despesa deve adequar-se à receita, de modo que os tributos pagos pela população tenham destino útil. Noutras palavras, deve-se diminuir o gasto e aumentar o lucro, em nome da eficiência administrativa (CF, art. 37, *caput*).

✧ 4.3. Formas de controle

Existem duas formas de controle dos dinheiros públicos: o externo e o interno (CF, art. 70, *caput*). Ambos devem atuar de modo integrado e sistêmico, em nome da gestão democrática da coisa pública (CF, art. 74, IV).

a) Controle externo

É exercido *externa corporis*, por órgão diverso do controlado — Congresso Nacional, Assembleias Legislativas dos Estados e do Distrito Federal e Câmaras Municipais. Sua natureza é técnica e pode ser acionado, nos termos da lei, perante situações de irregularidade.

Exemplo: Tribunal de Contas do Município que constata e apura desvio de verbas municipais.

O Texto de 1988 prescreve que o controle externo, a cargo do Congresso Nacional, é exercido com o auxílio do Tribunal de Contas da União (art. 71, *caput*).

1062 ◆ Uadi Lammêgo Bulos ◆

b) Controle interno (ou autocontrole)

É exercido *interna corporis*, dentro da esfera dos Poderes Executivo, Legislativo e Judiciário, possuindo a natureza administrativa.

Exemplos: controle do Executivo sobre os seus gastos internos; apuração empreendida no seio do Legislativo para apurar irregularidades funcionais; e fiscalização levada a cabo pelo Judiciário no seu quadro de pessoal.

Pelo art. 74 da Carta Maior, seu escopo é:

- avaliar o cumprimento das metas previstas no plano plurianual, a execução dos programas de governo e dos orçamentos da União;
- comprovar a legalidade e avaliar os resultados, quanto à eficácia e eficiência, da gestão orçamentária, financeira e patrimonial nos órgãos e entidades da administração federal, bem como da aplicação de recursos públicos por entidades de direito privado;
- exercer o controle das operações de crédito, avais e garantias, bem como dos direitos e haveres da União;
- apoiar o controle externo no exercício de sua missão institucional.

Cumpre aos responsáveis pelo controle interno, ao tomarem conhecimento de qualquer irregularidade ou ilegalidade, cientificar o Tribunal de Contas da União, sob pena de responsabilidade solidária (CF, art. 74, § 1º).

❖ 4.4. Quem deve prestar contas?

"Prestará contas qualquer pessoa física ou jurídica, pública ou privada, que utilize, arrecade, guarde, gerencie ou administre dinheiros, bens e valores públicos ou pelos quais a União responda, ou que, em nome desta, assuma obrigações de natureza pecuniária" (CF, art. 70, parágrafo único, com redação dada pela EC n. 19/98).

Até mesmo os Tribunais de Contas devem prestar contas.

Precedente: STF, ADIn 687/PA, Rel. Min. Celso de Mello, *Clipping* do *DJ* de 10-2-2006.

❖ 4.5. Participação popular no controle externo da Administração Pública

Conforme o art. 74, § 2º, do Texto de 1988, "qualquer cidadão, partido político, associação ou sindicato é parte legítima para, na forma da lei, denunciar irregularidades ou ilegalidades perante o Tribunal de Contas da União".

Sem sombra de dúvida, o § 2º, aqui transcrito, ficou mal situado, porque o art. 74 cuida do controle interno, e não do controle externo, como mencionado no seu *caput*.

De toda sorte, qualquer *eleitor* poderá dirigir-se ao Tribunal de Contas da União para fazer denúncias, por meio de petição, devidamente documentada.

Trata-se do instituto da *denúncia popular*, regulamentado pela Lei n. 8.443, de 16 de julho de 1992 (Lei Orgânica do Tribunal de Contas da União), que prevê a apuração sigilosa dos fatos alegados, até que seja comprovada a sua procedência, conferindo ao denunciante o direito de obter informações sobre o andamento das investigações.

Caso a denúncia seja infundada, não acarretará qualquer sanção administrativa, cível ou penal, salvo em caso de comprovada má-fé.

Precedente do STJ: "Ação popular. Litisconsortes passivos necessários. Donatários. Integrantes do Tribunal de Contas. Ato aprovado pelo Tribunal de Contas. Possibilidade de desconstituição. Desvio de finalidade. Restrição contida em norma posterior ao ato impugnado. Indenização feita sem o devido procedimento. Nulidade processual. Os donatários devem integrar a lide, como litisconsortes necessários, no processo de ação popular em que se pretende desconstituir doações

♦ Cap. 21 ♦ ORGANIZAÇÃO DOS PODERES **1063**

feitas pelo Estado. Também se inscrevem no rol de litisconsortes passivos necessários os integrantes do Tribunal de Contas que participaram do acórdão que aprovou ato sujeito a aprovação popular" (STJ, REsp 8.970/SP, Rel. Min. Humberto Gomes de Barros, *DJ*, 1, de 9-3-1992).

✧ 4.6. Tribunais de Contas

A iniciativa para criar Tribunais de Contas, no Brasil, partiu dos Senadores do Império, Visconde de Barbacena e José Inácio Borges, em 1826.

Nos idos de 1845, Manoel Alves Branco reforçou a ideia, que não saiu do papel, nada obstante os apelos de Pimenta Bueno, Silveira Martins, Visconde de Ouro Preto e João Alfredo.

Assim, o Brasil-Império não conheceu as Cortes de Contas.

Com o Decreto n. 966-A instituíram-nas, por insistência de Ruy Barbosa. Mas a constitucionalização do Tribunal de Contas só ocorreu com a Carta Republicana de 1891 (art. 89), mantendo-se nas constituições seguintes.

É curioso anotar que o Texto de 1946 deu bastante espaço à instituição (art. 77), enquanto a Lei Magna de 1967, e suas alterações posteriores, sufragaram-na no elenco considerável de prerrogativas.

Promulgada a Carta de 1988, o Tribunal de Contas soergueu-se com enorme galhardia, jamais vista antes.

Sua ampliação foi uma "consciente opção política feita pelo legislador constituinte, a revelar a inquestionável essencialidade dessa instituição surgida nos albores da república. A atuação dos tribunais de contas assume, por isso, importância fundamental no campo do controle externo e constitui, como natural decorrência do fortalecimento de sua ação institucional, tema de irrecusável relevância" (STF, Pleno, ADIn 215/PB, Rel. Min. Celso de Mello, *DJ* de 3-8-1990, p. 7234).

a) Missão dos Tribunais de Contas

Os Tribunais de Contas são órgãos públicos e especializados de auxílio.

Visam orientar o Poder Legislativo no exercício do controle externo, sem, contudo, subordinarem-se a ele.

Por isso, possuem *total independência*, cumprindo-lhes, primordialmente, praticar atos administrativos de fiscalização.

b) Tribunais de Contas perante as leis inconstitucionais

No âmbito das atribuições constitucionais dos Tribunais de Contas, destacadas ao longo dos onze incisos a seguir detalhados, há um aspecto que cumpre ser enfatizado.

Conforme a Súmula 347 do Supremo Tribunal Federal, "o Tribunal de Contas, no exercício de suas atribuições, pode apreciar a constitucionalidade das leis e dos atos do Poder Público".

Significa que os Tribunais de Contas, embora não detenham competência para declarar a inconstitucionalidade das leis ou dos atos normativos em abstrato, pois essa prerrogativa é do Supremo Tribunal Federal, podem, no caso concreto, reconhecer a desconformidade formal ou material de normas jurídicas, incompatíveis com a manifestação constituinte originária.

Sendo assim, os Tribunais de Contas podem deixar de aplicar ato por considerá-lo inconstitucional, bem como sustar outros atos praticados com base em leis vulneradoras da Constituição (CF, art. 71, X).

Reitere-se que essa faculdade é na via de exceção, no caso concreto, e não em abstrato, mediante controle concentrado de normas.

✧ 4.7. Tribunal de Contas da União

O Tribunal de Contas da União é o órgão independente que auxilia e orienta o Congresso Nacional no controle externo dos gastos públicos (CF, art. 71, *caput*).

Presidente do TCU — Legitimidade passiva em mandado de segurança: é parte legítima para figurar no polo passivo de mandado de segurança quando o ato impugnado reveste-se de caráter impositivo (STF, MS 24.997, Rel. Min. Eros Grau, *DJ* de 1º-4-2005).

1064 ◆ Uadi Lammêgo Bulos ◆

Muito se discutiu acerca da natureza desse auxílio prestado pelo Tribunal de Contas da União. Certamente, nos termos da Carta de 1988, trata-se de um auxílio eminentemente técnico, nada obstante o controle *externa corporis* ser realizado por órgãos políticos (Congresso Nacional, Assembleias Legislativas, Câmaras Municipais). Isso porque os Tribunais de Contas são, na verdade, instituições eminentemente técnicas, importantes e indispensáveis. Sem o auxílio deles, o controle externo dos dinheiros públicos não lograria a marca da tecnicidade, dada a índole política que define a composição e funções do próprio Poder Legislativo.

Daí a previsão constitucional desse órgão decisivo para garantir a imparcialidade dos orçamentos públicos.

a) Composição do Tribunal de Contas da União

Sediado no Distrito Federal, o Tribunal de Contas da União é composto por nove Ministros, que exercem suas atribuições em todo o território nacional (CF, art. 73, *caput*).

Pode ser nomeado Ministro do Tribunal de Contas da União o brasileiro que tiver (CF, art. 73, § 1º, com redação dada pela EC n. 122/2022):

- mais de 35 e menos de 70 anos de idade;
- idoneidade moral e reputação ilibada;
- notórios conhecimentos jurídicos, contábeis, econômicos e financeiros ou de administração pública; e

> **Notório saber**: "Inciso III, art. 235, § 1º, art. 73, CF. Necessidade de um mínimo de pertinência entre as qualidades intelectuais dos nomeados e o ofício a desempenhar. Precedente histórico: parecer de Barbalho e a decisão do Senado" (STF, 2ª T., REO 167.137/TO, Rel. Min. Paulo Brossard, *DJ* de 25-11-1994, p. 33312).

- mais de dez anos de exercício de função ou de efetiva atividade profissional que exija os conhecimentos mencionados no item anterior.

Observe-se que a Constituição de 1988 previu regras específicas para a escolha e investidura no cargo de Ministro do Tribunal de Contas da União.

Desse modo, os Ministros do Tribunal de Contas da União serão escolhidos (CF, art. 73, § 2º):

- um terço pelo Presidente da República, com aprovação do Senado Federal, sendo dois alternadamente dentre auditores e membros do Ministério Público junto ao Tribunal, indicados em lista tríplice pelo Tribunal, segundo os critérios de antiguidade e merecimento; e

> **Respeito à lista tríplice — Escolha discricionária do Presidente da República:** a nomeação deverá respeitar a existência de uma lista tríplice, a qual vincular-se-á ao juízo discricionário do Presidente da República, que escolherá um dos três nomes (STF, RE 179.461-5/DF, Rel. Min. Néri da Silveira, *DJ*, 1, de 22-3-1996).

- dois terços pelo Congresso Nacional.

> **Tribunal de Contas da União — Composição — Vinculação de vagas:** "O Tribunal de Contas da União é composto por 9 Ministros, sendo dois terços escolhidos pelo Congresso Nacional e um terço pelo Presidente da República (CF, artigo 73, § 2º, incisos I e II). O preenchimento de suas vagas obedece ao critério de origem de cada um dos Ministros, vinculando-se cada uma delas à respectiva categoria a que pertencem. A Constituição Federal ao estabelecer indicação mista para a composição do Tribunal de Contas da União não autoriza adoção de regra distinta da que instituiu. Inteligência e aplicação do artigo 73, § 2º, incisos I e II da Carta Federal. Composição e escolha: inexistência de diferença conceitual entre os vocábulos, que traduzem, no contexto, o mesmo significado jurídico. Suspensão da vigência do inciso III do artigo 105 da Lei n. 8.443, de 16 de julho de 1992, e do inciso III do artigo 280 do RITCU" (STF, ADIn 2.117-MC, Rel. Min. Maurício Corrêa, *DJ* de 7-11-2003).

A maioria de 2/3, exigida para a escolha de 1/3 dos Ministros do Tribunal de Contas da União, pelo Presidente da República, é a *simples* (CF, art. 47).

♦ Cap. 21 ♦ ORGANIZAÇÃO DOS PODERES **1065**

Com efeito, a Corte de Contas elaborará lista indicando, alternadamente, três auditores ou três membros do Ministério Público junto ao Tribunal, por merecimento ou antiguidade, para, depois, o Presidente escolher um deles, submetendo-os à aprovação pela maioria simples do Senado Federal.

Mesmo existindo uma vaga a ser preenchida pelo critério da antiguidade, o Tribunal de Contas deverá remeter uma lista tríplice com três auditores ou três membros do *Parquet* mais antigos, para serem submetidos à livre escolha do Presidente da República.

> **Decreto Legislativo n. 6, de 22-4-1996:** regulamenta a escolha de Ministros do Tribunal de Contas da União pelo Congresso Nacional.

Os Ministros do Tribunal de Contas da União têm as mesmas garantias, prerrogativas, impedimentos, vencimentos e vantagens dos Ministros do Superior Tribunal de Justiça (CF, art. 73, § 3º — redação dada pela EC n. 20/98).

Logo, são vitalícios, inamovíveis, e os subsídios que recebem a título de remuneração não podem ser reduzidos.

Aplicam-se-lhes, ainda, as regras do art. 40 da Carta Magna, relativas a aposentadoria e pensão.

O auditor, quando em substituição a Ministro, terá as mesmas garantias e impedimentos do titular e, quando no exercício das demais atribuições da judicatura, as de juiz de Tribunal Regional Federal (CF, art. 73, § 4º).

Quer dizer, o auditor é o substituto, no Tribunal de Contas da União, do ministro, sendo certo que é requisito para ingresso nesse cargo a idade mínima de 35 anos.

Logo, é razoável que a lei estadual exija esse limite mínimo para ingresso no cargo de auditor de Tribunal de Contas estadual, dado que as normas estabelecidas para o Tribunal de Contas da União na Constituição Federal aplicam-se, de regra, à organização, composição e fiscalização dos Tribunais de Contas dos Estados.

> **Autonomia organizacional dos entes federados — Não invocação:** "O provimento de cargos públicos tem sua disciplina traçada, com rigor vinculante, pelo constituinte originário, não havendo de se falar, nesse âmbito, em autonomia organizacional dos entes federados, para justificar eventual discrepância com o modelo federal. Entre as garantias estendidas aos Auditores, pelo art. 73, § 4º, da Constituição Federal, não se inclui a forma de provimento prevista no § 1º do mesmo dispositivo" (STF, Pleno, ADIn 373/PI, Rel. Min. Ilmar Galvão, *DJ* de 6-5-1994, p. 10483).

b) Competências do Tribunal de Contas da União

Compete ao Tribunal de Contas da União (CF, art. 71, I a XI):

* apreciar as contas prestadas anualmente pelo Presidente da República, mediante parecer prévio que deverá ser elaborado em sessenta dias a contar de seu recebimento;
* julgar as contas dos administradores e demais responsáveis por dinheiros, bens e valores públicos da administração direta e indireta, incluídas as fundações e sociedades instituídas e mantidas pelo Poder Público federal, e as contas daqueles que derem causa a perda, extravio ou outra irregularidade de que resulte prejuízo ao erário público;

> **Casuística do STF:**
> * **Órgãos sujeitos à fiscalização do TCU** — órgãos da Administração direta e indireta, incluídas as fundações e sociedades instituídas e mantidas pelo Poder Público federal, e as contas daqueles que derem causa a perda, extravio ou outra irregularidade de que resulte prejuízo ao erário (CF, art. 71, II; Lei n. 8.443/92, art. 1º, I). As empresas públicas e as sociedades de economia mista, integrantes da Administração indireta, estão sujeitas à fiscalização do Tribunal de Contas, não obstante os seus servidores estarem sujeitos ao regime celetista (STF, MS 25.092, Rel. Min. Carlos Velloso, *DJ* de 17-3-2006).
> * **Entidades privadas** — "O TCU não tem competência para julgar as contas dos administradores de entidades de direito privado. A participação majoritária do Estado na composição do capital não transmuda seus bens em públicos. Os bens e valores questionados não são os da administração pública, mas os geridos considerando-se a atividade bancária por depósitos de terceiros e administrados pelo banco comercialmente. Atividade tipicamente privada, desenvolvida por

entidade cujo controle acionário é da União" (STF, MS 23.875, Rel. Min. Nelson Jobim, *DJ* de 30-4-2004).

- **Entidades privadas que recebem dinheiros públicos** — "Embora a entidade seja de direito privado, sujeita-se à fiscalização do Estado, pois recebe recursos de origem estatal, e seus dirigentes hão de prestar contas dos valores recebidos; quem gere dinheiro público ou administra bens ou interesses da comunidade deve contas ao órgão competente para a fiscalização" (STF, MS 21.644, Rel. Min. Néri da Silveira, *DJ* de 8-11-1996).
- **Conselho Federal e Conselhos Regionais de classe profissional** — como têm a natureza autárquica devem prestar contas ao TCU (STF, MS 21.797, Rel. Min. Carlos Velloso, *DJ* de 18-5-2001). No mesmo sentido: STF, MS 22.643, Rel. Min. Moreira Alves, *DJ* de 4-12-1998.

• apreciar, para fins de registro, a legalidade dos atos de admissão de pessoal, a qualquer título, na administração direta e indireta, incluídas as fundações instituídas e mantidas pelo Poder Público, excetuadas as nomeações para cargo de provimento em comissão, bem como a das concessões de aposentadorias, reformas e pensões, ressalvadas as melhorias posteriores que não alterem o fundamento legal do ato concessório;

Casuística do STF:
- **Inexistência de contraditório na concessão de aposentadoria por Tribunal de Contas** — "O Tribunal de Contas, no julgamento da legalidade de concessão de aposentadoria ou pensão, exercita o controle externo que lhe atribui a Constituição Federal, art. 71, III, no qual não está jungindo a um processo contraditório ou contestatório" (STF, MS 24.859, Rel. Min. Carlos Velloso, *DJ* de 27-8-2004).
- **Tribunal de Contas. Registro de aposentadoria** — "O ato de aposentadoria configura ato administrativo complexo, aperfeiçoando-se somente com o registro perante o Tribunal de Contas. Submetido à condição resolutiva, não se operam os efeitos da decadência antes da vontade final da Administração" (STF, MS 24.997, Rel. Min. Eros Grau, *DJ* de 1º-4-2005). **Precedentes:** STF, MS 21.466, Rel. Min. Celso de Mello, *DJ* de 6-5-1994; RE 195.861, Rel. Min. Marco Aurélio, *DJ* de 17-10-1997.
- **Vantagem pecuniária incluída nos proventos de aposentadoria de servidor público federal, por força de decisão judicial transitada em julgado** — "Não pode o Tribunal de Contas determinar a supressão de tal vantagem, por isso que a situação jurídica coberta pela coisa julgada somente pode ser modificada pela via da ação rescisória" (STF, MS 25.460, Rel. Min. Carlos Velloso, *DJ* de 10-2-2006). Precedente: "Impossibilidade de o Tribunal de Contas da União impor à autoridade administrativa sujeita à sua fiscalização a suspensão do respectivo pagamento. Ato que se afasta da competência reservada à Corte de Contas" (STF, MS 23.665, Rel. Min. Maurício Corrêa, *DJ* de 20-9-2002).

• realizar, por iniciativa própria, da Câmara dos Deputados, do Senado Federal, de Comissão técnica ou de inquérito, inspeções e auditorias de natureza contábil, financeira, orçamentária, operacional e patrimonial, nas unidades administrativas dos Poderes Legislativo, Executivo e Judiciário;

• fiscalizar as contas nacionais das empresas supranacionais de cujo capital social a União participe, de forma direta ou indireta, nos termos do tratado constitutivo;

• fiscalizar a aplicação de quaisquer recursos repassados pela União mediante convênio, acordo, ajuste ou outros instrumentos congêneres, a Estado, ao Distrito Federal ou a Município;

Inaplicabilidade do art. 71, VI, da CF: "Embora os recursos naturais da plataforma continental e os recursos minerais sejam bens da União (CF, art. 20, V e IX), a participação ou compensação aos Estados, Distrito Federal e Municípios no resultado da exploração de petróleo, xisto betuminoso e gás natural são receitas originárias destes últimos entes federativos (CF, art. 20, § 1º). É inaplicável, ao caso, o disposto no art. 71, VI, da Carta Magna, que se refere, especificamente, ao repasse efetuado pela União, mediante convênio, acordo ou ajuste — de recursos originariamente federais" (STF, MS 24.312, Rel. Min. Ellen Gracie, *DJ* de 19-12-2003).

◆ Cap. 21 ◆ ORGANIZAÇÃO DOS PODERES   1067

- prestar as informações solicitadas pelo Congresso Nacional, por qualquer de suas Casas, ou por qualquer das respectivas Comissões, sobre a fiscalização contábil, financeira, orçamentária, operacional e patrimonial e sobre resultados de auditorias e inspeções realizadas;
- aplicar aos responsáveis, em caso de ilegalidade de despesa ou irregularidade de contas, as sanções previstas em lei, que estabelecerá, entre outras cominações, multa proporcional ao dano causado ao erário;

> **Coercibilidade das decisões dos Tribunais de Contas:** "Não é possível, efetivamente, entender que as decisões das Cortes de Contas, no exercício de sua competência constitucional, não possuam teor de coercibilidade. Possibilidade de impor sanções, assim como a lei disciplinar. Certo está que, na hipótese de abuso no exercício dessas atribuições por agentes da fiscalização dos Tribunais de Contas, ou de desvio de poder, os sujeitos passivos das sanções impostas possuem os meios que a ordem jurídica contém para o controle de legalidade dos atos de quem quer que exerça parcela de autoridade ou poder, garantidos, a tanto, ampla defesa e o devido processo legal" (STF, RE 190.985, Rel. Min. Néri da Silveira, *DJ* de 24-8-2001).

- assinar prazo para que o órgão ou entidade adote as providências necessárias ao exato cumprimento da lei, se verificada ilegalidade;

> **Contrato administrativo:** "O Tribunal de Contas da União, embora não tenha poder para anular ou sustar contratos administrativos, tem competência, conforme o art. 71, IX, para determinar à autoridade administrativa que promova a anulação do contrato e, se for o caso, da licitação de que se originou" (STF, MS 23.550, Rel. Min. Sepúlveda Pertence, *DJ* de 31-10-2001).

- sustar, se não atendido, a execução do ato impugnado, comunicando a decisão à Câmara dos Deputados e ao Senado Federal; e
- representar ao Poder competente sobre irregularidades ou abusos apurados.

Além dessas onze atribuições, previstas no art. 71 da Constituição, existem outras, previstas nos §§ 1º a 4º do mesmo preceptivo.

Essa amplitude de atuação funcional do Tribunal de Contas da União, inaugurada, no Brasil, pela Carta de 1988, pretendeu investir o órgão de poderes mais amplos, visando a fiscalização contábil, financeira, orçamentária, operacional e patrimonial das pessoas estatais e das entidades e órgãos de sua Administração direta e indireta.

◇ 4.8. Tribunais de Contas estaduais, distrital e municipais

Os Tribunais de Contas dos Estados, do Distrito Federal e os Conselhos ou Tribunais de Contas dos Municípios regem-se, no que couber, pelos arts. 70 a 75 da Constituição da República.

Assim, a organização, a composição e o próprio *munus* fiscalizatório que exercem seguem todas as as disposições que acabamos de estudar.

> **Uso de algemas em conselheiro de Tribunal de Contas estadual:** antes mesmo do advento de sua **Súmula vinculante n. 11** e da **Lei n. 11.689, de 9 de junho de 2008** (alterou o art. 474, § 3º, do CPP), o Supremo Tribunal Federal concedeu *habeas corpus* a conselheiro de Tribunal de Contas do Estado, para garantir-lhe o direito de não ser algemado nem exposto à exibição para as câmeras da imprensa, durante seu depoimento à Justiça. Entendeu a Corte Excelsa que o uso de algemas não pode ser arbitrário e que a prisão não é um espetáculo (STF, HC 89.429/RO, Rel. Min. Cármen Lúcia, decisão de 22-8-2006).

Os Tribunais de Contas dos Estados e do Distrito Federal, que serão compostos de sete Conselheiros, regem-se pelas Cartas estaduais, as quais devem, necessariamente, seguir o modelo compulsório previsto na Constituição da República.

1068　◆ Uadi Lammêgo Bulos ◆

Conselheiros substitutos de Tribunais de Contas: constituições estaduais não podem criar o cargo de substituto de conselheiro, dispondo sobre a forma de provimento e sua remuneração, divergindo, assim, do modelo definido na Constituição Federal (CF, art. 37, II). Assim, a composição dos Tribunais de Contas estaduais, bem como a forma de provimento de seus cargos, não se submete à conveniência do poder constituinte decorrente, muito menos do legislador estadual, a ponto de se extinguir o cargo de auditor, para se criar o de conselheiro substituto (STF, ADIn 1.994/ES, Rel. Min. Eros Grau, decisão de 24-5-2006).

Assim, a organização, a composição e as atribuições fiscalizatórias dos Tribunais de Contas estaduais, distritais e, também, municipais, têm na Carta Magna sua fonte de inspiração.

Tribunal de Contas — Competências institucionais — Modelo federal: as constituições estaduais devem observar o modelo instituído pela Constituição Federal, de observância compulsória pelos Estados-membros (CF, art. 75), que limita a competência do Congresso Nacional a sustar apenas os contratos (CF, art. 71, § 1º), e não prevê controle, pelo Poder Legislativo, das decisões, proferidas pelo Tribunal de Contas, quando do julgamento das referidas contas (CF, art. 71, II) (STF, ADIn 3.715 MC/TO, Rel. Min. Gilmar Mendes, decisão de 24-5-2006). **Precedentes:** STF, ADIn 849, Rel. Min. Sepúlveda Pertence, *DJ* de 23-4-1999; STF, ADIn 2.208, Rel. Min. Gilmar Mendes, *DJ* de 25-6-2004; STF, ADIn 3.276, Rel. Min. Eros Grau, *DJ* de 18-2-2008.

A nomeação dos membros do Tribunal de Contas do Estado não é ato discricionário, mas vinculado a determinados critérios, não só estabelecidos pelo art. 235, III, das disposições gerais, mas também, naquilo que couber, pelo art. 73, § 1º, da Constituição Federal.

Nesse sentido: STF, 2ª T., REO 16.7137/TO, Rel. Min. Paulo Brossard, *DJ* de 25-11-1994.

Há decisão do Supremo Tribunal Federal no sentido de que a "qualificação profissional formal não é requisito à nomeação de Conselheiro de Tribunal de Contas Estadual. O requisito notório saber é pressuposto subjetivo a ser analisado pelo Governador do Estado, a seu juízo discricionário" (STF, AO 476, Rel. Min. Nelson Jobim, *DJ* de 5-11-1999).

Quanto aos Tribunais de Contas municipais, a Constituição de 1988 manteve os que já existiam antes do seu advento. O Supremo Tribunal Federal, em sua composição plenária e por maioria de votos, decidiu que é possível a extinção de Tribunal de Contas dos Municípios por meio de emenda constitucional estadual. Pelo § 1º do art. 31 da Carta da República, os Estados têm o poder de criar e extinguir conselhos ou tribunais de contas dos municípios. "A expressão 'onde houver' alberga a existência presente e futura de tais órgãos, sendo que o óbice à criação ficou restrito à atividade municipal". "Quisesse o constituinte vedar a criação ao município e autorizá-la ao estado tê-lo-ia feito. Onde a norma não distingue, ao contrário, afasta distinções, não cabe ao intérprete fazê-lo", explicou o relator (STF, ADI 5763, Rel. Min. Marco Aurélio, j. 26-10-2017).

Pelo parágrafo único do art. 75 da Carta Maior, as Constituições estaduais disporão sobre os Tribunais de Contas respectivos, que serão integrados por sete conselheiros.

Modelo de composição heterogênea da Constituição de 1988: "A Constituição de 1988 rompeu com a fórmula tradicional de exclusividade da livre indicação dos seus membros pelo Poder Executivo para, de um lado, impor a predominância do Legislativo e, de outro, vincular a clientela de duas das três vagas reservadas ao Chefe do Governo aos quadros técnicos dos Auditores e do Ministério Público especial. Para implementar, tão rapidamente quanto possível, o novo modelo constitucional nas primeiras vagas ocorridas a partir de sua vigência, a serem providas pelo chefe do Poder Executivo, a preferência deve caber às categorias dos auditores e membros do Ministério Público especial" (STF, ADIn 2.596, Rel. Min. Sepúlveda Pertence, *DJ* de 2-5-2003).

A inteligência desse preceito segue a Súmula 653 do STF.

Súmula 653 do STF: "No Tribunal de Contas estadual, composto por sete conselheiros, quatro devem ser escolhidos pela Assembleia Legislativa e três pelo Chefe do Poder Executivo estadual, cabendo a este indicar um dentre auditores e outro dentre membros do Ministério Público, e um terceiro à sua livre escolha".

◆ Cap. 21 ◆ ORGANIZAÇÃO DOS PODERES   1069

Assim, os Tribunais de Contas estaduais devem ter 4 conselheiros eleitos pela Assembleia Legislativa e 3 nomeados pelo Governador. Dentre os 3 conselheiros nomeados pelo Governador, só um será de sua livre nomeação. Os outros 2 deverão ser nomeados pelo Prefeito do Município, necessariamente, dentre ocupantes de cargos de auditor do Tribunal de Contas (1) e de membro do Ministério Público junto à Corte de Contas local (1). E, uma das nomeações para os Tribunais de Contas estaduais, de competência privativa do Governador, acha-se constitucionalmente vinculada a membro do Ministério Público especial, com atuação perante as próprias Cortes de Contas.

> **Composição de Tribunal de Contas e princípio da máxima efetividade:** o Supremo Tribunal Federal, examinando o processo de formação dos Tribunais de Contas estadual e municipal do Estado do Pará, entendeu ser necessária, à solução dos problemas decorrentes de transição de um para outro modelo constitucional, a prevalência da interpretação que viabilizasse a implementação mais rápida do novo ordenamento, a fim de garantir a máxima efetividade das normas constitucionais. Assim, aplicou dois critérios para ajustar a situação atual ao desenho institucional dado pela Constituição, quais sejam, o *matemático*, partindo do número de conselheiros que cada Poder já indicara; e o *razoável*, a fim de implementar o novo sistema da maneira mais rápida e eficaz. Desse modo, a Corte Excelsa, numa interpretação conforme à Constituição, concluiu, quanto à formação do Tribunal de Contas estadual: **(i)** a cadeira atualmente não preenchida deverá ser de indicação da Assembleia Legislativa; **(ii)** após a formação completa (3 de indicação do governador e 4 da Assembleia), quando se abrir vaga da conta do governador, as duas primeiras serão escolhidas dentre os auditores e membros do Ministério Público junto ao Tribunal. Sobre a formação do Tribunal de Contas do Município, decidiu: **(i)** das duas vagas não preenchidas, a primeira delas deverá ser de indicação da Assembleia e a segunda, do governador, esta escolhida dentre auditores; **(ii)** após a formação completa, quando se abrir a vaga das indicações do governador, será escolhida dentre os membros do Ministério Público junto ao Tribunal. Quanto à atual formação da Corte de Contas do Estado, STF, ADIn 3.255/PA, Rel. Min. Sepúlveda Pertence, 22-6-2006. **Precedentes:** STF, ADIn 2.502-MC, Rel. Min. Sydney Sanches, *DJ* de 14-12-2001; STF, ADIn 2.884, Rel. Min. Celso de Mello, *DJ* de 20-5-2005; STF, ADIn 3.361-MC, Rel. Min. Eros Grau, *DJ* de 22-4-2005.

Quanto aos vencimentos dos conselheiros do Tribunal de Contas estaduais, devem tomar como parâmetro os dos desembargadores do Tribunal de Justiça.

> **Nesse sentido:** STF, ADIn 396, Rel. Min. Maurício Corrêa, *DJ* de 5-8-2005.

Segundo o princípio constitucional que impõe a prestação de contas no âmbito da Administração Pública direta e indireta, até os próprios Tribunais de Contas, embora detenham autonomia, como ordenadores de despesas, têm o dever de prestar contas a outro órgão.

> **Legitimidade da Assembleia Legislativa para julgar as contas do Tribunal de Contas do Estado:** "Reveste-se de plena legitimidade constitucional a norma inscrita na Carta Política do Estado--Membro que atribui, à Assembleia Legislativa, competência para efetuar, em sede de fiscalização financeira, orçamentária, contábil, operacional e patrimonial, o controle externo das contas do respectivo Tribunal de Contas. Doutrina. Precedentes. O Tribunal de Contas está obrigado, por expressa determinação constitucional (CF, art. 71, § 4º), aplicável ao plano local (CF, art. 75), a encaminhar, ao Poder Legislativo a que se acha institucionalmente vinculado, tanto relatórios trimestrais quanto anuais de suas próprias atividades, pois tais relatórios, além de permitirem o exame parlamentar do desempenho, pela Corte de Contas, de suas atribuições fiscalizadoras, também se destinam a expor, ao Legislativo, a situação das finanças públicas administradas pelos órgãos e entidades governamentais, em ordem a conferir um grau de maior eficácia ao exercício, pela instituição parlamentar, do seu poder de controle externo" (STF, ADIn 687, Rel. Min. Celso de Mello, *DJ* de 10-2-2006).

1070 ◆ Uadi Lammêgo Bulos ◆

◇ 4.9. Tribunal de Contas e rejeição das contas do Chefe do Executivo

Não são as Cortes de Contas que julgam as contas dos Chefes do Executivo, porque essa tarefa é da competência exclusiva do Congresso Nacional (CF, art. 49, IX).

Nesse sentido: STF, RE 132.747/DF, Rel. Min. Marco Aurélio, *RTJ, 157*: 989.

Elas somente auxiliam a apreciação das contas prestadas anualmente pelo Presidente da República, governadores e prefeitos (CF, arts. 25, 31, 71, I, e 75).

Portanto, o papel desempenhado pelos Tribunais de Contas no julgamento das contas dos Chefes do Poder Executivo da União, Estados, Distrito Federal e Municípios é de natureza *auxiliar* e *opinativa*.

> **Precedente do STF:** "Inconstitucionalidade de subtração ao Tribunal de Contas da competência do julgamento das contas das Mesas das Câmaras Municipais — compreendidas na previsão do art. 71, II, da Constituição Federal, para submetê-las ao regime do art. 71, c/c o art. 49, IX, que é exclusivo da prestação de contas do Chefe do Poder Executivo local" (STF, ADIn 1.964-MC, Rel. Min. Sepúlveda Pertence, *DJ* de 7-5-1999).

✦ 5. PODER EXECUTIVO

Executivo é o poder responsável pela função administrativa do Estado.

Foi concebido por Montesquieu para manter a ordem interna, exercendo a soberania estatal nas relações internacionais.

No Texto de 1988, o Poder Executivo logrou bastante amplitude, possuindo dois significados distintos:

- **órgão executivo ou administrativo** — nesse sentido nos referimos ao Poder Executivo do mesmo modo que falamos em Poder Legislativo e Poder Judiciário (CF, art. 2º); foi a acepção utilizada por Montesquieu para designar a atividade responsável pelo gerenciamento das relações internas e externas do Estado; e
- **função executiva ou administrativa** — aqui o Poder Executivo é exercido pelo Presidente da República, auxiliado pelos Ministros de Estado (art. 76). Engendra competências, faculdades, deveres, encargos e prerrogativas, com vistas à prática dos atos de chefia de Estado, de governo e de administração.

Mas, além de sua *função típica*, que é *administrar*, o Poder Executivo também legisla, por meio de medidas provisórias (CF, art. 62), e julga, no contencioso administrativo, exercendo, assim, *tarefas atípicas*.

> **Defesa de multa de trânsito:** mediante seus próprios órgãos internos, o Poder Executivo decide se aplica, ou não, multas de trânsito, diante das defesas apresentadas, na via administrativa.

Suas atribuições, portanto, são amplas, assemelhando-se, nesse aspecto, aos demais Poderes da República (CF, art. 2º).

No panorama dos Estados constitucionais, diversas são as formas de que se reveste o Poder Executivo:

- **Poder Executivo monocrático** — exercido por reis, imperadores, ditadores, presidentes;
- **Poder Executivo colegiado** — exercido por dois detentores de igual poder, como os cônsules romanos;
- **Poder Executivo diretorial** — exercido por grupos de homens, que formam comitês, a exemplo do que ocorre na Suíça e do que se deu na ex-URSS; e
- **Poder Executivo dual** — ínsito ao sistema parlamentar de governo, é exercido por um chefe de Estado e um Conselho de Ministros, que atuam separadamente.

◆ Cap. 21 ◆ ORGANIZAÇÃO DOS PODERES

1071

✧ 5.1. Presidencialismo

O *Presidencialismo* surgiu com a Constituição norte-americana de 1787, influenciada pela Teoria da Tripartição de Poderes de Montesquieu. Seu personagem principal é o *Presidente da República*.

> **Os artigos federalistas:** durante os anos de 1787 a 1788, uma série de escritos, publicados sob o pseudônimo *Publius*, vieram à tona, destrinchando as nuanças do Presidencialismo. Referimo-nos ao clássico de James Madison, Alexander Hamilton e John Jay, intitulado *Os artigos federalistas: 1787-1788*.

No Brasil, o regime presidencialista de governo iniciou-se com a nossa primeira Constituição republicana, de 1891, por influência de Ruy Barbosa, permanecendo até hoje.

> **Cronologia constitucional:** Constituição de 1891 (art. 41); Constituição de 1934 (art. 51); Constituição de 1937 (art. 73); Constituição de 1946 (art. 78); Constituição de 1967 (art. 74); EC n. 1/69 (art. 73); e Constituição de 1988 (art. 76).

Já é da nossa tradição histórica consagrá-lo. Tanto que foi mantido no Brasil, por força do plebiscito realizado em 21 de abril de 1993, nos termos do art. 2º do ADCT.

As principais características do Presidencialismo são:

- Permite ao Presidente da República chefiar o *Estado* e chefiar o *governo*.
- Consagra a *cláusula da irresponsabilidade política do Presidente da República*. De um lado, as ações presidenciais não podem ser impedidas pelo Poder Legislativo. De outro, elas não interferem no Parlamento. Quer dizer, o Presidente não dissolve o Congresso Nacional nem impede os seus membros de legislarem, do mesmo modo que deputados e senadores não demitem nem escolhem os auxiliares diretos da Presidência da República. É nisso que reside a irresponsabilidade política perante o Poder Legislativo, que só pode ser julgado por crimes de responsabilidade e em casos extremos, como o *impeachment*. Portanto, os Ministros de Estado são escolhidos ou demitidos *ad nutum* apenas pelo Presidente, sem ingerências externas. A irresponsabilidade política é, na realidade, um corolário do princípio fundamental da separação de Poderes, cujo lema é harmonia e equilíbrio, freios e contrapesos, de um Poder em relação ao outro, aquilo que os americanos chamaram de *checks and balances*.
- Compactua-se com o *princípio da eletividade*. Os poderes presidenciais podem derivar do voto popular, como no Brasil, onde o povo escolhe o Presidente da República por meio de eleições diretas. Mas tais poderes também podem advir de eleições indiretas, em que um colégio de representantes escolhe o Chefe do Executivo, como tem sido nos Estados Unidos desde a implantação do Presidencialismo.

✧ 5.2. Presidente da República: chefe de Estado e chefe de governo

A Constituição consagrou um Executivo monocrático, cumprindo ao Presidente da República, auxiliado pelos Ministros de Estado, exercer, ao mesmo tempo, as funções de *chefe de Estado* e as de *chefe de governo*.

Como *chefe de Estado*, o Presidente representa a República como um todo, tanto na órbita interna como na órbita internacional. No último caso, age em nome da soberania nacional. Nesse particular, a sua função é uma *longa manus* da soberania do Estado Federal.

São funções *de chefe de Estado* do Presidente da República (CF, art. 84, VII, VIII, XIX):

- manter relações com Estados estrangeiros e acreditar seus representantes diplomáticos;
- celebrar tratados, convenções e atos internacionais, sujeitos a referendo do Congresso Nacional; e
- declarar guerra, no caso de agressão estrangeira, autorizado pelo Congresso Nacional ou referendado por ele, quando ocorrida no intervalo das sessões legislativas, e, nas mesmas condições, decretar, total ou parcialmente, a mobilização nacional.

No posto de *chefe de governo*, incumbe ao Presidente gerenciar os negócios internos do Estado Federal, administrando, internamente, os órgãos que lhes encontram vinculados, com vistas à eliminação de problemas permanentes e conjunturais. Aqui ele é o *comandante supremo das Forças Armadas*, título que não tem nada de honorífico, cumprindo-lhe dirigir as atividades do Exército, da Marinha e da Aeronáutica. Mas, na chefia de governo, também lhe é conferida atribuição de natureza política, por meio de participação no processo legislativo.

Pagamento de servidores públicos da Administração Federal — Liberação de recursos — Exigência de prévia autorização do Presidente da República: "Os artigos 76 e 84, I, II e VI, *a*, todos da Constituição Federal, atribuem ao Presidente da República a posição de Chefe supremo da administração pública federal, ao qual estão subordinados os Ministros de Estado. Ausência de ofensa ao princípio da reserva legal, diante da nova redação atribuída ao inciso VI do art. 84 pela Emenda Constitucional n. 32/2001, que permite expressamente ao Presidente da República dispor, por decreto, sobre a organização e o funcionamento da administração federal, quando isso não implicar aumento de despesa ou criação de órgãos públicos, exceções que não se aplicam ao Decreto atacado" (STF, ADIn 2.564, Rel. Min. Ellen Gracie, *DJ* de 6-2-2004).

São funções de *chefe de governo* do Presidente da República (CF, art. 84, I a VI; IX a XVIII; XX a XXVII):

- nomear e exonerar os Ministros de Estado;
- exercer, com o auxílio dos Ministros de Estado, a direção superior da administração federal;
- iniciar o processo legislativo, na forma e nos casos previstos nesta Constituição;
- sancionar, promulgar e fazer publicar as leis, bem como expedir decretos e regulamentos para sua fiel execução;
- dispor, mediante decreto, sobre: **(i)** organização e funcionamento da administração federal, quando não implicar aumento de despesa nem criação ou extinção de órgãos públicos; **(ii)** extinção de funções ou cargos públicos, quando vagos;
- vetar projetos de lei, total ou parcialmente;
- decretar o estado de defesa e o estado de sítio;
- decretar e executar a intervenção federal;
- remeter mensagem e plano de governo ao Congresso Nacional por ocasião da abertura da sessão legislativa, expondo a situação do País e solicitando as providências que julgar necessárias;
- conceder indulto e comutar penas, com audiência, se necessário, dos órgãos instituídos em lei;
- exercer o comando supremo das Forças Armadas, nomear os Comandantes da Marinha, do Exército e da Aeronáutica, promover seus oficiais-generais e nomeá-los para os cargos que lhes são privativos;
- nomear, após aprovação pelo Senado Federal, os Ministros do Supremo Tribunal Federal e dos Tribunais Superiores, os Governadores de Territórios, o Procurador-Geral da República, o presidente e os diretores do Banco Central e outros servidores, quando determinado em lei;
- nomear Ministros do Tribunal de Contas da União;
- nomear os magistrados, nos casos previstos nesta Constituição, e o Advogado-Geral da União;
- nomear membros do Conselho da República;
- convocar e presidir o Conselho da República e o Conselho de Defesa Nacional;
- celebrar a paz, autorizado ou com o referendo do Congresso Nacional;
- conferir condecorações e distinções honoríficas;
- permitir, nos casos previstos em lei complementar, que forças estrangeiras transitem pelo território nacional ou nele permaneçam temporariamente;
- enviar ao Congresso Nacional o plano plurianual, o projeto de lei de diretrizes orçamentárias e as propostas de orçamento previstos nesta Constituição;
- prestar, anualmente, ao Congresso Nacional, dentro de sessenta dias após a abertura da sessão legislativa, as contas referentes ao exercício anterior;
- prover e extinguir os cargos públicos federais, na forma da lei;
- editar medidas provisórias com força de lei.

◆ Cap. 21 ◆ ORGANIZAÇÃO DOS PODERES

1073

Tanto as tarefas de *chefe de Estado* como as de *chefe de governo* integram o rol de competências privativas do Presidente da República (CF, art. 84, I a XXVI).

Além dessas atribuições, o Presidente da República pode exercer outras, previstas na Constituição (art. 84, XXVII).

A experiência elucida que no Presidencialismo ocorre uma interligação entre a chefia de Estado e a chefia de governo. Ambos os papéis se interagem, diferentemente do Parlamentarismo, sistema em que as atribuições do Poder Executivo se segregam.

Realmente, por força do princípio da separação de Poderes, as funções de *chefe de Estado* e de *chefe de governo* devem ser desempenhadas pelo Presidente da República sem qualquer ingerência do Congresso Nacional.

É que, no Brasil, não vigora o Parlamentarismo, no qual a chefia de Estado fica a cargo do Presidente ou Monarca, enquanto a chefia de governo pertence a um primeiro ministro, que chefia o Gabinete.

Vale lembrar que vivemos uma curta experiência parlamentarista, de 1961 a 1963.

O Parlamentarismo foi instituído, em nosso país, pela Emenda Constitucional n. 4, de 2 de setembro de 1961, à Carta de 1946, sendo revogado pela Emenda Constitucional n. 6, de 23 de janeiro de 1963, que reimplantou o Presidencialismo.

Diferenças entre o Presidencialismo e o Parlamentarismo

Presidencialismo	Parlamentarismo
• **Origem** — Estados Unidos da América. • **Caracterização:** as chefias de Estado e de governo encontram-se nas mãos do Presidente da República, auxiliado por Ministros, demissíveis *ad nutum*. No Presidencialismo, as funções estatais ficam bem demarcadas, porque incide, nessa seara, o princípio constitucional da separação de Poderes. É o caso do Brasil, que, tradicionalmente, o consagrou em todas as Constituições. • **Eletividade:** sujeita-se ao princípio da eletividade.	• **Origem** — fruto de longa evolução histórica, nasceu, tal como o conhecemos hoje, na Inglaterra, no fim do século XIX. • **Caracterização:** quem o exerce é o primeiro-ministro, após aprovação do Parlamento. Poderá cair em duas hipóteses: **(i)** perda da maioria parlamentar no partido político ao qual o primeiro-ministro pertence; e **(ii)** voto de desconfiança, por meio do qual ocorre a dissolução do Parlamento, extinguindo-se os mandatos de Chefe de Estado, com a convocação de novas eleições.

✧ 5.3. Vice-Presidente da República

Muito se discutiu sobre a importância do Vice-Presidente — figura criada pelo Direito norte-americano para ser o eventual substituto, ou sucessor, em caso de vacância definitiva, do Presidente da República.

"Homem esquecido na América" (*forgotten man in America*), "Sua Alteza Supérflua" (*Superfluous Highness*) e, até, "peça decorativa das constituições", são alguns dos apelidos jocosos para designar o Vice-Presidente da República, tido, por muitos, como desnecessário, que não exerce funções de comando, muito menos de decisão. Assis Brasil chegou a dizer que o "Vice-Presidente é, por sua própria natureza, figura subalterna" (*Do governo presidencial na república brasileira*, p. 191).

O descaso para com a figura do Vice-Presidente da República vem das próprias origens do Presidencialismo, refletindo nos textos legais, a começar pela Constituição norte-americana de 1787, berço desse regime de governo.

Deveras, a Carta estadunidense não hesitou em prescrever que "o Vice-Presidente dos Estados Unidos será o Presidente do Senado, onde não terá voto, a não ser nos casos de empate" (art. I, seção 3).

Na França, vagando o cargo presidencial, por certo tempo ou em definitivo, também assume o Presidente do Senado. Mas, conforme a Constituição francesa de 1958, se a vacância for definitiva, é convocada nova eleição presidencial, no prazo mínimo de vinte e máximo de trinta e cinco dias (art. 7º).

1074   ◆ Uadi Lammêgo Bulos ◆

Também é adepta desse *regime misto*, por assim chamá-lo, a Constituição portuguesa de 1976 (arts. 131 e 135).

No Brasil, aquela tendência inaugurada pelo Texto americano de 1787 esteve presente em nossa primeira Constituição republicana de 1891. Nela, o Vice-Presidente da República era o Presidente do Senado, que apenas tinha direito ao voto de qualidade.

Os constituintes, de modo geral, pois, demonstraram certo desdém para com a Vice-Presidência, sob o argumento de que só serviria para conciliar interesses menores ou firmar coligações partidárias, sem despertar a atenção do eleitorado.

A Constituição de 1988 imprimiu nova diretriz ao exame da matéria, se comparada aos Textos Constitucionais mencionados.

Agora, o Vice-Presidente da República, além de outras atribuições que lhe forem conferidas por lei complementar, auxiliará o Presidente, sempre que por ele convocado para missões especiais (art. 79, parágrafo único).

Portanto, no regime constitucional em vigor, o Vice-Presidente não é uma figura decorativa, dada a relevância das atribuições constitucionais que desempenha.

Desse modo, compete-lhe:

* auxiliar o Presidente da República em missões especiais (CF, art. 79, parágrafo único);
* substituir o Presidente da República (CF, art. 79, *caput*);
* suceder, em caso de vacância definitiva, o Presidente da República (CF, art. 80);
* participar do Conselho da República (CF, art. 89, I); e
* participar do Conselho de Defesa Nacional (CF, art. 91, I).

Além dessas atribuições, o Vice-Presidente também pode exercer outras tarefas, que venham a ser previstas em lei complementar.

Daí a importância desse colíder no equilíbrio de forças políticas, propiciando, a depender da credibilidade e da liderança pessoal de quem ocupe a Vice-Presidência, melhores condições de governabilidade ao Presidente eleito.

Assim, pela sistemática da Constituição de 1988, o papel de co-liderança, desempenhado pelo Vice-Presidente, reveste-se de inquestionável importância.

✧ 5.4. Eleição e posse do Presidente e do Vice-Presidente da República

São requisitos para alguém candidatar-se ao cargo de Presidente e Vice-Presidente da República:

* ser brasileiro nato (CF, art. 12, § 3º, I);
* encontrar-se no pleno gozo dos direitos políticos (CF, art. 14, § 3º, II);
* ter a idade mínima de 35 anos (CF, art. 14, § 3º, VI, *a*);
* ser elegível (CF, art. 14, §§ 4º e 7º); e
* possuir filiação partidária (CF, art. 14, § 3º, V).

Satisfeitas essas *condições de elegibilidade*, hão de se observar as regras para a eleição e posse do Chefe do Poder Executivo da União. Vejamo-las.

Em primeiro lugar, a "eleição do Presidente e do Vice-Presidente da República realizar-se-á, simultaneamente, no primeiro domingo de outubro, em primeiro turno, e no último domingo de outubro, em segundo turno, se houver, do ano anterior ao do término do mandato presidencial vigente" (CF, art. 77, *caput* — redação dada pela EC n. 16/97).

Aí está a consagração do *sistema majoritário* para a eleição do Presidente e Vice- Presidente da República, que pode ser de dois tipos:

* *sistema majoritário puro* (ou *simples*) — o candidato que obtiver maior número de votos é eleito Presidente da República, juntamente com o Vice-Presidente; esse sistema também é usado na eleição de senador (CF, art. 46) e prefeito, em Município com menos de 200 mil eleitores (CF, art. 29, II); e
* *sistema majoritário de dois turnos* (ou *composto*) — os candidatos eleitos a Presidente e a Vice-Presidente são os que obtiverem, no segundo turno da eleição, a maioria absoluta dos votos

◆ Cap. 21 ◆ ORGANIZAÇÃO DOS PODERES **1075**

válidos. Esse sistema também é adotado na eleição de governadores e de prefeitos de Municípios com mais de 200 mil eleitores (CF, art. 29, II). Na França, esse sistema é chamado de *escrutínio de bollotage*, só que neste país não é preciso a maioria absoluta de votos válidos para o candidato se eleger; basta a maioria simples.

Eleito o Presidente, mediante sufrágio universal e voto direto e secreto, elege-se, automaticamente, o Vice-Presidente com ele registrado (CF, art. 77, § 1º).

É que, no Brasil, o mesmo critério para a eleição e duração do mandato de Presidente, aplica-se ao Vice.

Art. 4º, § 1º, do ADCT: esse preceito transitório, cujos efeitos já se exauriram, previa a não aplicação do princípio da anterioridade da lei eleitoral, previsto no art. 16, da parte permanente da Carta de Outubro, à primeira eleição para Presidente da República.

Será considerado eleito Presidente o candidato que, registrado por partido político, obtiver a maioria absoluta de votos, não computados os em branco e os nulos (CF, art. 77, § 2º).

Eleições majoritárias — Nulidade: "Maioria de votos nulos, como tais entendidos os dados a candidatos cujo registro fora indeferido: incidência do art. 224 do Código Eleitoral, recebido pela Constituição. O art. 77, § 2º, da Constituição Federal, ao definir a maioria absoluta, trata de estabelecer critério para a proclamação do eleito, no primeiro turno das eleições majoritárias a ela sujeitas; mas, é óbvio, não se cogita de proclamação de resultado eleitoral antes de verificada a validade das eleições; e sobre a validade da eleição — pressuposto da proclamação do seu resultado, é que versa o art. 224 do Código Eleitoral, ao reclamar, sob pena da renovação do pleito, que a maioria absoluta dos votos não seja de votos nulos; as duas normas — de cuja compatibilidade se questiona — regem, pois, dois momentos lógica e juridicamente inconfundíveis da apuração do processo eleitoral; ora, pressuposto do conflito material de normas é a identidade ou a superposição, ainda que parcial, do seu objeto normativo: preceitos que regem matérias diversas não entram em conflito" (STF, RMS 23.234, Rel. Min. Sepúlveda Pertence, *DJ* de 20-11-1998).

Trocando em miúdos, aquele que obtiver a maioria absoluta dos votos válidos dados a candidatos será o Presidente da República, excluindo-se os votos brancos e nulos.

Nesse sentido: TSE, Resolução n. 16.087, Consulta n. 10.747, Classe 10ª, Distrito Federal, Rel. Min. Octavio Gallotti, decisão de 7-12-1989.

Há, inclusive, precedente do Supremo Tribunal Federal no sentido de que são *nulos* os votos conferidos a candidatos inelegíveis ou não registrados, os quais devem ser excluídos do cômputo geral para efeito de obtenção da maioria absoluta dos votos válidos.

Precedente: STF, Pleno, ROMS 24.485-6/MA, Rel. Min. Carlos Velloso, *DJ*, 1, de 12-3-2004, p. 39.

Porém, se "nenhum candidato alcançar maioria absoluta na primeira votação, far-se-á nova eleição em até vinte dias após a proclamação do resultado, concorrendo os dois candidatos mais votados e considerando-se eleito aquele que obtiver a maioria dos votos válidos" (CF, art. 77, § 3º).

Cálculo do quociente eleitoral — Votos brancos — Inclusão: "Os votos brancos também representam manifestação da vontade política do eleitor. São eles computados em eleições majoritárias em face de norma expressa (arts. 28; 29, II; e 77, § 2º, da CF) configuradora de exceção alusiva às eleições majoritárias, não podendo por isso ser tomada como princípio geral. O art. 5º do ADCT limitou-se a dispor sobre a inaplicabilidade, à eleição para Prefeito nele referida, do princípio da maioria absoluta previsto no § 2º do referido art. 77 do texto constitucional permanente, não dispondo sobre voto em branco" (STF, RE 140.460, Rel. Min. Ilmar Galvão, *DJ* de 4-5-2001).

Essa é a razão pela qual os votos nulos e brancos não anulam eleição alguma.

Embora a Emenda Constitucional n. 16/97 tenha estabelecido o último domingo de outubro como data para a eleição presidencial em segundo turno, o art. 77, § 3º, permaneceu intacto, não sofrendo qualquer mudança.

1076 ◆ Uadi Lammêgo Bulos ◆

Prevalece a regra oriunda da Emenda Constitucional n. 16/97 ou a prescrição em epígrafe, que manteve a ocorrência de nova eleição, em segundo turno, em até vinte dias após a proclamação do resultado?

Acreditamos que prevalece o disposto na Emenda Constitucional n. 16/97, norma posterior que regulamentou a matéria, no que tange à data do segundo turno, isto é, último domingo de outubro.

Ao lado disso, continua vigente e eficaz o art. 77, § 3º, no que concerne ao quórum necessário para a eleição de primeiro e segundo turnos.

"Se, antes de realizado o segundo turno, ocorrer morte, desistência ou impedimento legal de candidato, convocar-se-á, dentre os remanescentes, o de maior votação" (CF, art. 77, § 4º).

O que justifica esse preceito é a preocupação de levar em conta o *princípio da maioria absoluta*. Busca-se, pois, evitar conchavos entre candidatos mais votados, os quais poderiam se reunir para serem eleitos, com nítido desrespeito à vontade popular.

E se todos os demais candidatos desistirem, *sponte propria*, do pleito?

Nesse caso, o Texto Constitucional é silente. Parece-nos, então, que as eleições devem ser anuladas, marcando-se outra dentro do prazo de vinte dias, porque o *princípio da maioria absoluta* prevalece.

Havendo empate na eleição presidencial, é escolhido o candidato mais idoso (CF, art. 77, § 5º).

O "Presidente e o Vice-Presidente da República tomarão posse em sessão do Congresso Nacional, prestando o compromisso de manter, defender e cumprir a Constituição, observar as leis, promover o bem geral do povo brasileiro, sustentar a união, a integridade e a independência do Brasil" (CF, art. 78, *caput*).

A duração do mandato presidencial é de quatro anos, tendo início em 1º de janeiro do ano seguinte ao da sua eleição (CF, art. 82, com redação dada pela EC n. 16/97).

Originariamente, o art. 82 previa um mandato presidencial de cinco anos. Depois veio a Emenda Constitucional de Revisão n. 5/94, diminuindo-o para quatro anos, prazo mantido pela Emenda Constitucional n. 16/97.

Nas Cartas de 1891 e de 1934 o mandato também era de quatro anos. O Texto de 1937 fixou-o em seis anos. Já a Constituição de 1946 reduziu-o para cinco anos, no que foi seguida pela Carta de 1967. Com a Emenda Constitucional n. 8, o mandato presidencial voltou para seis anos.

Recordemos que a Emenda Constitucional n. 16/97 permitiu a reeleição do Presidente da República para um único período subsequente (CF, art. 14, § 5º).

✧ 5.5. Vacância da Presidência da República

Ocorre *vacância da Presidência da República* se, transcorridos dez dias da data fixada para a posse, o Presidente ou o Vice-Presidente, salvo motivo de força maior, não assumir o cargo. Nessa hipótese, ele será declarado vago (CF, art. 78, parágrafo único).

Quem declarará a *vacância*?

O Congresso Nacional, porque se trata de ato político.

Nesse ponto a Carta de 1988 não foi expressa como as anteriores, mas se deduz que tal incumbência seja do Poder Legislativo, raciocínio que se depreende por exclusão.

Caso o Presidente eleito não compareça na data fixada para a posse, e o Vice-Presidente sim, este assumirá, em definitivo, caso fique comprovada a impossibilidade de o titular ser empossado.

Foi o que ocorreu com a morte do Presidente Tancredo Neves, quando assumiu o seu Vice, José Sarney.

Desse modo, busca-se harmonizar as funções do Presidente e do seu companheiro de chapa, evitando oposições, como ocorrera inúmeras vezes, desde Floriano Peixoto.

✧ 5.6. Substitutos e sucessores do Presidente da República

O *substituto* e *sucessor* natural do Presidente da República é o Vice-Presidente (CF, art. 79, *caput*).

A *substituição* dar-se-á em caso de impedimento, isto é, doença, licença, férias etc.

♦ Cap. 21 ♦ ORGANIZAÇÃO DOS PODERES **1077**

Já a *sucessão* ocorrerá em caso de vacância definitiva do cargo, quando caberá ao vice assumir o mandato no restante do tempo para o seu término.

a) Substitutos do Presidente da República
Na falta do Vice-Presidente, serão sucessivamente chamados para ocupar, temporariamente, o exercício da Presidência da República:
* o Presidente da Câmara dos Deputados;
* o Presidente do Senado Federal; e
* o Presidente do Supremo Tribunal Federal.

Esses substitutos eventuais e temporários do Presidente da República exercem, por período determinado, os poderes normais do cargo, como editar medidas provisórias, nomear e demitir Ministros de Estado, sancionar, vetar, propor leis etc.

> **Substituições do Vice-Presidente no Brasil:**
> * **novembro de 1891**, pela renúncia do Presidente Deodoro da Fonseca; assumiu o Vice-Presidente, Marechal Floriano Peixoto, manobra que foi inconstitucional, pois, conforme o art. 42 da Carta de 1891, "se no caso de vaga, por qualquer causa, da presidência ou vice-presidência, não houver ainda decorrido dois anos do período presidencial, proceder-se-á a nova eleição"; logo, por imposição da *Lex Mater*, cumpria ao Vice-Presidente convocar novas eleições, haja vista que tinham transcorrido, apenas, nove meses do mandato em questão;
> * **junho de 1909**, pela morte do Presidente Afonso Pena; assumiu o Vice-Presidente, Nilo Peçanha;
> * **janeiro de 1919**, pela morte do Presidente eleito Rodrigues Alves; assumiu o Vice-Presidente, Delfim Moreira, que, dando cumprimento ao vigente art. 42 da Constituição de 1891, convocou novas eleições, das quais saiu vencedor Epitácio Pessoa;
> * **outubro de 1945**, após a deposição revolucionária de Getúlio Vargas, quando os órgãos legislativos não estavam funcionando, inexistindo quem o preferisse na ordem sucessória; assumiu o Presidente do Supremo Tribunal Federal, Ministro José Linhares;
> * **agosto de 1954**, pela morte do Presidente Getúlio Vargas; assumiu o Vice-Presidente, João Café Filho;
> * **novembro de 1955**, por doença do Vice-Presidente em exercício Café Filho; assumiu o Presidente da Câmara dos Deputados, Carlos Luz;
> * no mesmo mês de novembro de 1955, em seguida ao impedimento e posterior renúncia do Presidente da Câmara dos Deputados; assumiu o Presidente do Senado Federal, Nereu de Oliveira Ramos;
> * **agosto de 1961**, pela renúncia do Presidente Jânio Quadros, quando estava fora do Brasil o Vice-Presidente João Goulart, em visita oficial à China; assumiu o Presidente da Câmara dos Deputados, Ranieri Mazzili;
> * **abril de 1964**, quando o Presidente João Goulart foi deposto pelo movimento militar; novamente assumiu o Presidente da Câmara dos Deputados, Ranieri Mazzili;
> * **agosto de 1969**, pela doença e posterior morte do Presidente Costa e Silva, deveria ter assumido o Vice-Presidente Pedro Aleixo; mas os Ministros do Exército, da Marinha e da Aeronáutica baixaram o Ato Institucional n. 12, de 31-8-1969, e passaram a exercer, como Junta Militar, a Presidência da República; logo após, em 14 de outubro, baixaram o Ato Institucional n. 16, declarando vagos os cargos de Presidente e Vice-Presidente da República; foram convocadas novas eleições indiretas, das quais saiu vencedor o General Emílio Garrastazu Médici;
> * **abril de 1985**, com o falecimento do Presidente Tancredo Neves; assumiu o Vice-Presidente da República, José Sarney;
> * **setembro de 1992**, com a destituição-renúncia do Presidente Fernando Collor; assumiu o Vice-Presidente da República, Itamar Franco.

Recordemos que o Supremo Tribunal Federal enfrentou a questão se seria possível réus em ação penal integrarem a linha de substituição da Presidência da República. Em 7-12-2016, o Plenário da Corte referendou, em parte, liminar concedida pelo ministro Marco Aurélio, relator da ADPF 402, no

1078 ◆ Uadi Lammêgo Bulos ◆

sentido de que os substitutos eventuais do Presidente da República, arrolados no art. 80 da *Lex Mater*, se fossem réus em ação penal, ficariam impossibilitados de exercerem a Presidência. O fato é que a corrente majoritária seguiu o voto do Min. Celso de Mello, designado relator para o acórdão. Explicou Celso de Mello que os "substitutos eventuais do Presidente da República — o Presidente da Câmara dos Deputados, o Presidente do Senado Federal e o Presidente do Supremo Tribunal Federal (CF, art. 80) — ficarão unicamente impossibilitados de exercer, em caráter interino, a Chefia do Poder Executivo da União, caso ostentem a posição de réus criminais, condição que assumem somente após o recebimento judicial da denúncia ou da queixa-crime (CF, art. 86, § 1º, I). Essa interdição, contudo — por unicamente incidir na hipótese estrita de convocação para o exercício, por substituição, da Presidência da República (CF, art. 80) —, não os impede de desempenhar a Chefia que titularizam no órgão de Poder que dirigem, razão pela qual não se legitima qualquer decisão que importe em afastamento imediato de tal posição funcional em seu órgão de origem (STF, ADPF 402 MC-REF/DF, Rel. Min. Celso de Mello, j. 7-12-2016, acórdão divulgado em 27-8-2018).

b) Sucessão presidencial na hipótese de vacância definitiva

Interessante é a hipótese de *vacância definitiva* quando o Presidente da República e seu vice não podem dar continuidade ao mandato.

Como os Presidentes da Câmara dos Deputados, do Senado Federal ou do Supremo Tribunal Federal só podem ocupar a chefia do Executivo temporariamente, surge o problema de saber quem assumirá o mais elevado posto da República.

Para solucionar o problema, a Constituição de 1988 previu duas regras:

- **vacância nos dois primeiros anos de mandato** — faz-se nova **eleição direta** noventa dias após a abertura da última vaga, mediante sufrágio universal e voto secreto, direto e igualitário (CF, art. 81, *caput*); e
- **vacância nos dois últimos anos de mandato** — faz-se **eleição indireta** trinta dias após a abertura da última vaga, pelo Congresso Nacional, na forma da lei (CF, art. 81, § 1º). Caso inexista essa lei, aplica-se, por analogia, o Regimento Interno do Congresso Nacional, pois a Constituição assim permite. Prevê-se, assim, a excepcional possibilidade de eleição indireta para a Presidência da República, o que foge à regra do art. 14, *caput*, da Lei Suprema.

Em qualquer dos casos, os eleitos devem completar o período de seus antecessores. É o chamado **mandato tampão** (CF, art. 81, § 2º).

✧ 5.7. Ausência do Brasil por mais de quinze dias: perda do mandato presidencial

O Presidente e o Vice-Presidente da República não podem, sem licença do Congresso Nacional, ausentar-se do País por período superior a quinze dias, sob pena de perda do cargo (CF, art. 83).

Até o prazo de quinze dias, a saída do território nacional do Presidente e do Vice-Presidente da República independe da autorização do Congresso Nacional (CF, art. 49, III).

A licença congressual é para a ausência por mais de quinze dias.

✧ 5.8. Atribuições privativas do Presidente da República

As atribuições privativas do Presidente da República encontram-se demarcadas no art. 84, I a XXVIII, da Carta Maior.

Tais competências partem do princípio de que, no Brasil, existe concentração de funções, pois o Presidencialismo brasileiro é do tipo monocrático, em que o Chefe do Executivo desempenha, ao mesmo tempo, a chefia de Estado e a chefia de governo.

◆ Cap. 21 ◆ ORGANIZAÇÃO DOS PODERES — 1079

Com efeito, as atribuições presidenciais, cujo catálogo já transcrevemos acima, espraiam-se em cinco setores distintos, que podem ser classificados da seguinte forma:

- **atribuições de chefe de Estado** — CF, art. 84, VII, VIII, XIV, XV, XVI, primeira parte, XVIII, segunda parte, XIX, XX, XXI e XXII;
- **atribuições de chefe de governo** — CF, art. 84, I, III, IV, V, IX, X, XI, XII, XIII, XIV, XVIII, primeira parte, XXIII, XXIV, XXVII e XXVIII (inciso acrescido ao art. 84 pela Emenda Constitucional n. 109/2021);
- **atribuições de chefe da Administração Federal** — CF, art. 84, II, VI, XVI, segunda parte, XXIV e XXV;
- **atribuições constitucionais outras** — CF art. 84, XVII; e
- **delegação de atribuições constitucionais** — CF, art. 84, parágrafo único.

a) Princípio da delegação de competência presidencial

O *princípio da delegação de competência presidencial* encontra-se disciplinado no art. 84, parágrafo único, da Carta de 1988. Por seu intermédio, o Presidente da República poderá delegar as atribuições mencionadas nos incisos VI, XII e XXV, primeira parte, do art. 84 da Constituição aos Ministros de Estado, ao Procurador-Geral da República ou ao Advogado-Geral da União, que observarão os limites traçados nas respectivas delegações.

Esse princípio é significativo. Sua fonte próxima está na Carta de 1967 (art. 83, parágrafo único), com a Emenda Constitucional n. 1/69, que lhe aumentou o alcance.

Pelo *princípio da delegação de competência presidencial*, pouco verificado na prática, ocorre uma descentralização de poder, em que o Chefe do Executivo autoriza o exercício de atribuições privativas a Ministros de Estado, ao Procurador-Geral da República ou ao Advogado-Geral da União, mas sem abrir mão de sua respectiva titularidade.

Note-se que o *princípio da delegação de competência presidencial* é uma faculdade, jamais um dever, estando jungido ao vetor da legalidade.

De outro lado, segue limites impostos constitucionalmente, porque a transferência de tarefas segue critério discricionário, em que o único juiz da conveniência e da oportunidade é o Presidente da República.

A matéria a ser alvo de delegação restringe-se aos incisos VI, XII e XXV do art. 84, não abarcando o enunciado do inciso XXVII do mesmo preceito.

✧ 5.9. Responsabilidade do Presidente da República

A responsabilidade é o *prius* da República. Tanto que o Presidente, embora amparado pela *cláusula da irresponsabilidade relativa*, poderá ser afastado do cargo, processado e julgado por delitos funcionais (CF, art. 52, I), sem prejuízo de ser punido pela prática de crimes comuns (CF, art. 102, I, *b*). Quando estiver exercendo o *munus* que lhe foi confiado, óbvio que não pode ser processado por atos estranhos à sua função, embora nada obste sofrer reprimendas por ações levianas e impensadas, que causem prejuízo ao erário público.

Enquanto no Parlamentarismo a responsabilidade do Conselho de Ministros é apurada pelo Parlamento, pelo *voto de confiança* ou da *moção de censura*, no sistema presidencial o próprio Chefe do Executivo é o responsável, sujeitando-se às sanções previstas na Constituição.

De fato, na democracia representativa não há lugar para a irresponsabilidade dos governantes, como sói acontecer nas monarquias, em que vigora o princípio da absoluta irresponsabilidade dos reis, vertido no adágio *the King can do no wrong*.

Ao invés, o *quid* do regime democrático está na representação pública pelos mandatários da Nação, que "podem enganar todo o povo parte do tempo ou parte do povo todo o tempo, embora não possam enganar todo o povo todo o tempo" (Abraham Lincoln).

A previsão constitucional de normas especiais de responsabilização do Presidente da República, tanto por delitos político-administrativos quanto por infrações criminais, possui razão de ser.

Só o Chefe do Executivo tem a direção administrativa do Estado. As suas atribuições, pois, necessitam de um contrapeso que, em certos momentos, possa neutralizar a sua própria ação. Seria ilógico outorgar-lhe tantas competências sem refrear-lhe a inclinação para o excesso e o abuso.

Daí a célebre advertência de que *o poder deve conter o poder*, lídima medida capaz de fixar a obediência do magistrado supremo da Nação aos princípios e preceitos constitucionais, induzindo-o a uma gestão moralizada e prudente.

Logo, "*ad instar* do que fizeram os constituintes norte-americanos e argentinos, a nossa Lei Básica preceitua a responsabilidade do presidente, por meio de um processo perante juízo especial e cercado de garantias excepcionais", ensinou Aníbal Freire da Fonseca (*O Poder Executivo na República brasileira*, p. 5).

⌑ 5.9.1. Crimes de responsabilidade do Presidente da República

As constituições consagram dispositivos dotados de excepcionalidade fabulosa, porquanto permitem a deflagração de um processo especial de apuração, processo e julgamento do mandatário maior do Estado e de seus auxiliares, criando, não raro, denominações *sui generis* e *anfíbias*.

É o caso dos *crimes de responsabilidade* (CF, art. 85).

Situam-se em terreno insólito, dada a dificuldade de discernir o conteúdo político e o cunho técnico-penal dessas transgressões, que põem em xeque os poderes formidáveis que o Presidente e os Ministros podem exercer em nome do interesse público.

a) Que são crimes de responsabilidade?

Crimes de responsabilidade são infrações político-administrativas, atentatórias à Constituição, tipificadas na legislação federal.

Derivam do exercício de funções públicas, contrárias à União, ao Poder Legislativo, ao Poder Judiciário, ao Ministério Público, aos Poderes constitucionais das unidades federadas, aos direitos políticos, individuais e sociais, à segurança interna do País, à probidade administrativa, à lei orçamentária, ao cumprimento das leis e das decisões judiciais (CF, art. 85, *caput*, I a VII).

Nesse enfoque, deve-se considerar a existência dos crimes de responsabilidade *stricto sensu* e dos crimes de responsabilidade *lato sensu*.

Os primeiros — os crimes de responsabilidade *stricto sensu* — são os delitos de responsabilidade propriamente ditos. Acarretam para o sujeito ativo apenas a perda da função pública e a inabilitação para o exercício do *munus* público por oito anos. Esses são os verdadeiros crimes de responsabilidade, que vêm previstos no art. 85 da Carta Suprema, e na legislação especial, aplicada a presidentes da República, ministros de Estado, ministros do Supremo Tribunal Federal, procurador-geral da República, advogado-geral da União, governadores de Estado, secretários de Estado, governador do Distrito Federal, secretários do Distrito Federal, prefeitos municipais, secretários municipais. Por tratar-se de infrações político-administrativas, são processados e julgados pelo Senado Federal, pelas Assembleias Legislativas, pelas Câmaras Municipais.

Já os segundos — os crimes de responsabilidade *lato sensu* — ensejam pena privativa de liberdade. Vêm previstos no Código Penal, no Código de Processo Penal e em outras leis extravagantes. Podem ser próprios ou impróprios. "Dizem-se *próprios*, quando somente o funcionário público pode cometê-los. São também chamados delitos de mão própria. Por exemplo, o emprego irregular de verbas ou rendas públicas (CP, art. 315), a concussão (CP, art. 316), a corrupção passiva (CP, art. 317), a prevaricação (CP, art. 319), a condescendência criminosa (CP, art. 320), a advocacia administrativa (CP, art. 321) etc. Delitos funcionais *impróprios* são os que podem ser cometidos por qualquer pessoa, mas, se praticados por funcionário público, outra é a qualificação jurídico-penal. Assim, na hipótese de peculato furto, previsto no § 1º do art. 312. Se é o particular que subtrai, a conduta desloca-se para o art. 155; se cometido pelo funcionário público, valendo-se da facilidade que lhe proporciona essa qualidade, o delito se diz *funcional impróprio*" (Fernando da Costa Tourinho Filho, *Código de Processo Penal comentado*, p. 152-153).

Na realidade, os crimes de responsabilidade *lato sensu* enquadram-se na noção genérica de *delitos comuns*, porque não são cometidos por uma classe particular de agentes. Diferem, profundamente, das

◆ Cap. 21 ◆ ORGANIZAÇÃO DOS PODERES **1081**

infrações político-administrativas, praticadas em infringência à Constituição e às hipóteses nela previstas (art. 85, I a VII).

Não geram a perda da função pública, por determinado tempo. Em contrapartida, ensejam pena privativa de liberdade. Não são julgadas nem processadas pelo Congresso Nacional, mas por juízes de direito (CPP, art. 513, *caput*).

O procedimento a que estão sujeitas é *especial*, sendo todos atos afiançáveis, por força da Lei n. 6.416/77. Para a propositura da ação penal a que subjazem, basta apresentar documentos ou simples declarações fundamentadas que façam presumir a existência do cometimento ilícito.

Uma vez ofertada a denúncia ou queixa nesses delitos de responsabilidade *lato sensu*, o magistrado, antes de decidir, concede o prazo de quinze dias para o denunciado contestar a acusação. E, para que sejam distinguidos, completamente, das infrações político-administrativas, esses crimes, mesmo apenados com detenção, seguem o procedimento adotado nos delitos de reclusão.

b) Crimes de responsabilidade: infrações constitucionais ou político-administrativas

Crime de responsabilidade é terminologia equivocada, pois o *crime comum* também é de *responsabilidade*.

Registre-se, contudo, que da ótica científica, com lastro na linguagem descritiva do jurista, os *crimes de responsabilidade* podem ser vislumbrados em contraposição aos *delitos comuns*.

Os *comuns*, por exemplo, seriam aqueles em que o agente do fato pode ser qualquer pessoa, não uma classe específica de autores, como sói acontecer nos delitos de *responsabilidade*.

De qualquer sorte, a locução *crime de responsabilidade* parece renegar a existência de outras castas de delitos, porque dilui seu objeto na ideia genérica de *responsabilidade*.

Nesse sentido: Roberto Lyra, Crimes de responsabilidade, p. 112.

As constituições, de modo geral, a adotam sem maior esmero técnico ou preocupação científica, sendo factível afirmar que a espécie, além de ambígua, constitui uma peculiaridade do Direito Positivo brasileiro, pois se refere a crimes político-administrativos não sancionados com penas de caráter criminal.

O *nomen juris*, aderido por descuido de técnica legislativa, mereceu de Tobias Barreto o rótulo de pleonástico e insignificante. A seu ver, melhor seria que fosse designado, simplesmente, de *crime funcional* ou *delito de função (Estudos de direito*, p. 111).

Para nós, a modalidade poderia ser rotulada de *infrações constitucionais* ou *político-administrativas*, porque não são figuras de que trata o Direito Penal, e sim o Direito Constitucional.

Ao elaborar a Constituição, o constituinte exemplifica os casos de incidência desses delitos, os quais decorrem da violação de um dever inerente ao cargo, em *razão do ofício*, cometidos por agentes administrativos.

Mas o que se convencionou chamar de *crimes de responsabilidade* não pode ser alvo de distorções, a ponto de serem confundidos com as infrações contra a Administração Pública, tipificadas na legislação penal ordinária. Tanto é assim que algumas constituições estrangeiras, a exemplo da Carta do México, cognominam a espécie de *delitos oficiales* (art. 109), enquanto os Textos do Peru (art. 121) e do Chile (art. 39, I, b), a denominam *infracciones de la Constitución*.

c) Crimes de responsabilidade: natureza e caracteres

Os *crimes de responsabilidade* têm natureza anfíbia ou heteróclita, porque ora designam *infrações políticas*, ora *crimes funcionais*, praticados por agentes do Estado, no exercício da função pública.

Correspondem, pois, a lídimos delitos funcionais (*delicta in officio*), e, ao mesmo tempo, a atos políticos antijurídicos, diversos daqueloutros comuns propriamente ditos.

Mas a natureza e os caracteres desses *delicta in officio* revestem-se de traços peculiares, porquanto não consignam simples faltas administrativas, nem, tampouco, meras infrações disciplinares cometidas por servidores públicos. Equivalem a algo mais pujante, pois envolvem condutas típicas, ilícitas e cul-páveis, surgidas no seio da alta burocracia, derivadas da delinquência dos detentores de significativos postos do Estado.

Essas infrações *político-administrativas* recebem tratamento excepcionalíssimo.

Basta ver que seguem um regime jurídico que exorbita àquele inerente aos crimes disciplinares. Excedem, por igual, a índole dos delitos contra a Administração Pública, capitulados no Código Penal. Não se aplicam a qualquer do povo, porém a certa categoria de indivíduos, que exercem altas funções públicas.

A sanção decorrente desses delitos é *política*, diversamente dos crimes comuns, os quais são sancionados por pena-castigo, que consiste num mal, infligido ao autor do fato, pelo mal que cometeu e para que o não repita.

Nos crimes de responsabilidade — mostrou Raul Chaves — "não há sanção com esse caráter. Não é castigo a pena, senão, como tantas vezes se tem afirmado, um meio de tirar o poder a quem dele fez mau uso, ou, no máximo, um modo de punir politicamente o mau funcionário. E tanto isso é exato que, se o crime de responsabilidade é, ao mesmo tempo, crime previsto, ou definido em lei diversa, outra sanção — a verdadeira sanção penal — será também imposta, caracterizada, outrossim, pelo meio por que é atuada, isto é, o processo penal. Por outro lado, as penas previstas para os crimes de responsabilidade não passam, no caso dos demais crimes (ilícitos penais verdadeiros), de consequência da pena-castigo. Sejam vistas como sanções especiais — pena acessória — ou como simples efeitos da sentença condenatória, certo é que dependem da aplicação da pena-castigo (principal), esta sempre autônoma" (*Crimes de responsabilidade*, p. 91).

d) Surgimento e evolução dos crimes de responsabilidade no Brasil

A expressão *crimes de responsabilidade* surgiu, no Brasil, em 16 de dezembro de 1830, data em que foi sancionado o Código Criminal do Império (art. 308, 1º).

Daí em diante, a locução viciosa, com foros de linguagem legislativa, impregnou vários diplomas legais, para aludir àqueles delitos em que sujeitos ativos eram os ministros e secretários de Estado.

Designava, também, certas espécies de crimes comuns, definidos no Código de 1830. Eram os *delicta in officio*, os crimes de função, os *delicta propria*, cometidos pelos agentes públicos.

Desde o Império, portanto, a voz *crimes de responsabilidade* não arredou do vocabulário legislativo.

Reiteraram-na não somente o legislador ordinário e os escritores, mas também os Textos Constitucionais de 1891 (arts. 34 e 28), de 1934 (art. 57, *caput*), de 1946 (art. 89, *caput*), de 1967 (art. 84, *caput*, e parágrafo único), com a sua Emenda Constitucional n. 1/69 (art. 82, *caput*, e parágrafo único), e de 1988, que repetiu a velha e defeituosa denominação dez vezes.

Em nível constitucional positivo, a Carta de 1824 não usou a terminologia, que depois veio a ser vulgarizada. Previa, contudo, normas sobre a responsabilização dos ministros, secretários e conselheiros de Estado (arts. 38 e 47, II, c/c o art. 133).

e) Crimes de responsabilidade na Constituição de 1988

São crimes de responsabilidade os atos do Presidente da República que violem a Constituição Federal e, especialmente, contra (CF, art. 85, I a VII):
- a existência da União;
- o livre exercício do Poder Legislativo, do Poder Judiciário, do Ministério Público e dos Poderes constitucionais das unidades da Federação;
- o exercício dos direitos políticos, individuais e sociais;
- a segurança interna do País;
- a probidade na administração;
- a lei orçamentária;
- o cumprimento das leis e das decisões judiciais.

O art. 85, I a VII, da Carta Magna, aqui transcrito, é meramente exemplificativo, porque não esgota outras hipóteses de crimes de responsabilidade.

Podem existir outras infrações político-administrativas, exteriorizadas em atos comissivos ou omissivos do Presidente da República, atentatórias à Constituição, e que não sejam, necessariamente, aquelas dispostas na Lei n. 1.079/50, recepcionada, em grande parte, pela Carta de 1988.

♦ Cap. 21 ♦ ORGANIZAÇÃO DOS PODERES **1083**

Lei n. 1.079/50: a Lei 1.079, de 10-4-1950, regula os crimes de responsabilidade do Presidente, dos Ministros de Estado, dos Ministros do Supremo, do Procurador-Geral da República, dentre outros, ensejando sanções políticas, mesmo em caso de tentativa de delito. **O Supremo Tribunal Federal não põe em dúvida a sobrevivência de grande parte da Lei n. 1.079/50, em face do advento da Carta de 1988.** Mas também reconhece que muitos dos seus preceitos já foram revogados. Na vigência da Constituição de 1988, existem vários precedentes nesse sentido, destacando-se: STF, MS 20.941, Rel. Min. Aldir Passarinho, decisão de 9-2-1990; e STF, MS 21.623, Rel. Min. Carlos Velloso, *DJ* de 28-5-1993.

Para tanto, é preciso *lei federal* definindo quais as condutas que os fazem incorrer em crime de responsabilidade, aquilo que o parágrafo único do art. 85 da *Lex Mater* preferiu chamar de "lei especial".

Um decreto legislativo, uma medida provisória, uma resolução, por exemplo, não podem dispor sobre a matéria, que se encontra adstrita ao princípio da reserva de lei em sentido formal, a ser elaborada pelos deputados federais e senadores da República.

Precedente: STF, Pleno, ADIn 834-0/MT, Rel. Min. Sepúlveda Pertence, *DJ*, 1, de 9-4-1999, p. 2.

Esse é o entendimento da Suprema Corte, para a qual a definição formal dos crimes de responsabilidade se insere, por seu próprio conteúdo penal, na competência exclusiva da União, haja vista o brocardo *nullum crimen sine tipo*.

Súmula 722 do STF: "São da competência legislativa da União a definição dos crimes de responsabilidade e o estabelecimento das respectivas normas de processo e julgamento". **Precedentes:** STF, ADIn 2.235-MC, Rel. Min. Ellen Gracie, *DJ* de 7-5-2004; STF, ADIn 1.628-MC, Rel. Min. Nelson Jobim, *DJ* de 26-9-1997.

f) Crimes de responsabilidade: processo e julgamento

Admitida a acusação contra o Presidente da República, por 2/3 da Câmara dos Deputados, será ele submetido a julgamento perante o Senado Federal, nos crimes de responsabilidade (CF, art. 86, *caput*).

Portanto, o juízo natural para o processo e julgamento do Presidente e do Vice-Presidente da República, nos crimes de responsabilidade, é o Senado.

Procedimento dos crimes de responsabilidade — Posição do STF: "No regime da Carta de 1988, a Câmara dos Deputados, diante da denúncia oferecida contra o Presidente da República, examina a admissibilidade da acusação (CF, art. 86, *caput*), podendo, portanto, rejeitar a denúncia oferecida na forma do art. 14 da Lei 1.079/50. No procedimento de admissibilidade da denúncia, a Câmara dos Deputados profere juízo político. Deve ser concedido ao acusado prazo para defesa, defesa que decorre do princípio inscrito no art. 5º, LV, da Constituição, observadas, entretanto, as limitações do fato de a acusação somente materializar-se com a instauração do processo, no Senado. Neste, é que a denúncia será recebida, ou não, dado que, na Câmara ocorre, apenas, a admissibilidade da acusação, a partir da edição de um juízo político, em que a Câmara verificará se a acusação é consistente, se tem ela base em alegações e fundamentos plausíveis, ou se a notícia do fato reprovável tem razoável procedência, não sendo a acusação simplesmente fruto de quizílias ou desavenças políticas. Por isso, será na esfera institucional do Senado, que processa e julga o Presidente da República, nos crimes de responsabilidade, que este poderá promover as indagações probatórias admissíveis. Recepção, pela CF/88, da norma inscrita no art. 23 da Lei 1.079/1950" (STF, MS 21.564, Rel. Min. Carlos Velloso, *DJ* de 27-8-1993).

O mesmo vale para os crimes da mesma natureza cometidos pelo Vice-Presidente e pelos Ministros de Estado.

Sujeito ativo nos crimes de responsabilidade: no plano federal, submetem-se ao crivo da jurisdição política do Senado, pela prática do crime de responsabilidade, consumado ou tentado: **(i)** Presidente e Vice-Presidente da República; **(ii)** Ministros do Supremo Tribunal Federal; **(iii)** membros

1084 ◆ Uadi Lammêgo Bulos ◆

do Conselho Nacional de Justiça; **(iv)** membros do Conselho Nacional do Ministério Público; **(v)** Procurador-Geral da República; e **(vi)** Advogado-Geral da União.

A esse respeito, o Supremo Tribunal Federal afirmou, com base na interpretação sistemática da Carta de 1988, que o requisito de procedibilidade aludido no art. 51, I, da Carta Magna restringe-se, no tocante aos Ministros de Estado, aos crimes comuns e de responsabilidade conexos com os da mesma natureza imputados ao Presidente da República.

> **Precedente:** STF, *RDA*, 194:143.

Nos crimes de responsabilidade, o Presidente ficará suspenso de suas funções após a instauração do processo pelo Senado Federal (CF, art. 86, § 1º, II). Ele perderá o cargo se houver condenação criminal decretada pelo Supremo, porque o art. 15, III, da Carta Maior, cuja aplicabilidade é imediata, estatui que a decisão condenatória com trânsito em julgado acarreta a suspensão dos direitos políticos do Presidente da República, e, como consequência, a cessação imediata de seu mandato.

> **No mesmo sentido:** STF, 1ª T., AgRg 177.313/MG, Rel. Min. Celso de Mello, *DJ*, 1, de 5-11-1996, p. 44448.

Mas, se, decorrido o prazo de 180 dias, o julgamento não estiver concluído, cessará o afastamento do Presidente, sem prejuízo do regular prosseguimento do processo (CF, art. 86, § 2º). Tal prazo aplica-se tanto ao julgamento dos crimes de responsabilidade como ao dos delitos comuns, praticados pelo Presidente.

> **Manifestação do Procurador-Geral da República:** se o Procurador-Geral da República manifestar-se no sentido de arquivar o inquérito, seu pronunciamento deve ser acolhido sem questionamentos ou sem exame de mérito. Aplica-se, no caso, o art. 21, XV, do Regimento Interno do Supremo Tribunal Federal, c/c o art. 3º, I, da Lei n. 8.038/90, que determinam o arquivamento do inquérito policial. Dessa forma, o *Parquet*, ao requerer o arquivamento no prazo legal, impossibilita a interposição de ação privada subsidiária, ou a título ordinário, à luz do que dispõem o art. 5º, LIX, da Constituição e o art. 29 do Código de Processo Penal. **Nesse sentido:** STF, Inq. 1.085-5/SP, Inq. 215-5/SP, AgI 38.208, HC 68.540/DF e HC 67.502.

g) Imunidade presidencial: cláusula de irresponsabilidade penal relativa

O Presidente da República, na vigência de seu mandato, não pode ser responsabilizado por atos estranhos ao exercício de suas funções (CF, art. 86, § 4º).

Aí está a *cláusula de irresponsabilidade penal relativa* ou *imunidade do Presidente da República*.

> **Cláusula de imunidade penal temporária:** "A cláusula de imunidade penal temporária, instituída, em caráter extraordinário, pelo art. 86, § 4º, da Constituição Federal, impede que o Presidente da República, durante a vigência de seu mandato, sofra persecução penal, por atos que se revelarem estranhos ao exercício das funções inerentes ao ofício presidencial. Doutrina. Precedentes. Tratando-se, no entanto, de atos praticados *in officio* ou *propter officium*, e desde que possuam qualificação penal, tornar-se-á constitucionalmente lícito instaurar, contra o Presidente da República, mesmo na vigência de seu mandato, a pertinente persecução penal, uma vez exercido, positivamente, pela Câmara dos Deputados, o controle prévio de admissibilidade da acusação penal (CF, art. 86, *caput*, c/c o art. 51, I)" (STF, Inq. 1.418/RS, Rel. Min. Celso de Mello, j. em 31-10-2001, *DJ* de 8-11-2001, p. 7).

Parte do princípio de que o regime democrático diverge do arbítrio e do centralismo.

> **Responsabilização penal e política do Presidente:** "Embora irrecusável a posição de grande eminência do Presidente da República no contexto político-institucional emergente de nossa Carta Política, impõe-se reconhecer, até mesmo como decorrência do princípio republicano, a possibilidade de responsabilizá-lo, penal e politicamente, pelos atos ilícitos que eventualmente venha a praticar no desempenho de suas magnas funções" (STF, Inq. 927-0/SP, Rel. Min. Celso de Mello, *DJ*, 1, de 23-2-1995, p. 3507).

◆ Cap. 21 ◆ ORGANIZAÇÃO DOS PODERES **1085**

É que, no regime das liberdades públicas, o Presidente da República não dispõe de imunidade, quer em face de ações judiciais que visem a definir-lhe a responsabilidade civil, quer em função de processos instaurados por suposta prática de infrações político-administrativas, quer, ainda, em virtude de procedimentos destinados a apurar, para efeitos estritamente fiscais, a sua responsabilidade tributária. Por isso, a irresponsabilidade penal relativa do Presidente da República não se comunica com a responsabilidade civil, administrativa ou tributária.

> **Precedentes:** STF, *RTJ, 146*:467, *143*:714.

Portanto, a Carta Maior vedou, expressamente, a irresponsabilidade penal absoluta do Presidente da República. Trata-se de medida excepcional, pois o art. 86, § 4º, da Constituição reclama e impõe exegese estrita, do que deriva a sua inaplicabilidade a situações jurídicas de ordem extrapenal.

> **Nesse sentido:** STF, Inq. 927-0/SP, Rel. Min. Celso de Mello, *DJ*, 1, de 23-2-1995, p. 3507.

Assim, o chefe de Estado, nos ilícitos penais praticados *in officio*, ou cometidos *propter officium*, poderá, ainda que vigente o mandato presidencial, sofrer a *persecutio criminis*, desde que obtida, previamente, a necessária autorização da Câmara de Deputados.

> **Precedente:** "O art. 86, § 4º, da Constituição, ao outorgar privilégio de ordem político-funcional ao Presidente da República, exclui-o, durante a vigência do seu mandato — e por atos estranhos ao seu exercício — da possibilidade de ser ele submetido, no plano judicial, a qualquer ação persecutória do Estado" (STF, Inq. 927-0/SP, Rel. Min. Celso de Mello, *DJ*, 1, de 23-2-1995, p. 3507). **No mesmo sentido:** STF, *RTJ, 146*:467.

Como os ilícitos penais cometidos antes da investidura do candidato eleito na Presidência da República não configuram *delicta in officio*, eles se submetem ao crivo do art. 86, § 4º, da Carta Suprema, cuja eficácia subordinante e imperativa inibe provisoriamente o exercício, pelo Estado, do seu poder de persecução criminal.

> **Nesse sentido:** STF, Inq. 927-0/SP, Rel. Min. Celso de Mello, *DJ*, 1, de 23-2-1995, p. 3507.

Outro corolário decorrente do § 4º do art. 86 é a *suspensão da prescrição*.
Distribuído o inquérito ao ministro-relator, será, em seguida, declarada a irresponsabilidade relativa temporária do Chefe do Executivo da União, ocorrendo a suspensão da prescrição, a partir do reconhecimento dessa imunidade.

> **Precedente:** STF, *RTJ, 114*:136.

Se, entretanto, tratar-se de infração cometida antes do início do mandato, o Supremo Tribunal carecerá de competência para decretar a suspensão da prescrição. Nesse caso, restará à instância competente fazê-lo.

> **Nesse sentido:** STF, Pleno, Inq. 567/DF, Rel. Min. Sepúlveda Pertence, *DJ*, 1, de 9-10-1992, p. 17481.

◻ 5.9.2. *Crimes comuns do Presidente da República*

Admitida a acusação contra o Presidente da República, por 2/3 da Câmara dos Deputados, será ele submetido a julgamento perante o Supremo Tribunal Federal, nas infrações penais comuns (CF, art. 86, *caput*).

> **Lei n. 8.038, de 28-5-1990:** institui normas procedimentais para os crimes comuns praticados por Presidentes da República, perante o Supremo Tribunal Federal, no que é complementada pelos arts. 230 a 246 do Regimento Interno do Supremo Tribunal Federal.

A Câmara dos Deputados, portanto, exerce o *juízo político de admissibilidade*, sendo importante recordar que inexiste foro privilegiado para ações populares, ações civis públicas e ações por atos de improbidade administrativa ajuizadas contra Presidentes da República.

Crimes comuns, segundo o Supremo Tribunal Federal, são os que englobam todas as modalidades de infrações criminais, inclusive os delitos contra a vida, os eleitorais e, até, as contravenções penais.

Precedente: STF, *RTJ, 33*:590, 63:1, 91:423.

Nas *infrações penais comuns*, o Presidente ficará suspenso de suas funções se recebida a denúncia ou queixa-crime pelo Supremo Tribunal Federal (CF, art. 86, § 1º, I).

Enquanto não sobrevier sentença condenatória, nas infrações comuns, o Presidente da República não estará sujeito a prisão (CF, art. 86, § 3º).

Desse modo, o constituinte vedou a decretação da prisão preventiva do Presidente da República, mas apenas em relação aos delitos comuns, até porque os crimes de responsabilidade, tomados de per si, não privam o *status libertatis* de ninguém.

A decisão condenatória com trânsito em julgado, proferida pelo Supremo Tribunal, em razão da prática de crimes comuns e de responsabilidade, como vimos, além de suspender os direitos políticos do Presidente, faz cessar, de imediato, o seu mandato. Trata-se dos reflexos da regra estatuída no art. 15, III, da Constituição, que contempla hipóteses de perda do cargo, ensejando efeitos extrapenais da sentença condenatória.

Nesse caso, a perda do mandato decorrerá dos próprios efeitos constitucionais da condenação (CF, art. 15, III), não dependendo de qualquer deliberação das Casas do Congresso Nacional, muito menos de outro veredito do Supremo Tribunal Federal.

Nesse sentido: STF, Pleno, RE 225.019/GO, Rel. Min. Nelson Jobim, decisão de 8-8-1999.

✠ 5.9.3. *Competência para julgar crimes comuns e de responsabilidade*

Qual o órgão competente para julgar os crimes comuns e de responsabilidade, cometidos pelas autoridades da República, nos planos federal, estadual, distrital e municipal?

É a Carta de 1988 que responde, ao estatuir as seguintes regras norteadoras da *competência por prerrogativa de função*:

- **Presidente e Vice-Presidente da República** — pela prática de crime comum, o STF (art. 102, I, *b*), e, nos crimes de responsabilidade, o Senado (art. 52, I).

    Advertência quanto aos crimes de responsabilidade: no plano federal, os agentes públicos só estarão submetidos à jurisdição política do Senado pela prática de crimes de responsabilidade se os atos cometidos forem praticados em razão do ofício. Fatos anteriores à investidura dos cargos não bastam para constatar a existência do crime de responsabilidade.

- **Ministros de Estado** — crime comum ou de responsabilidade, o STF (art. 102, I, *c*); crime de responsabilidade conexo com o praticado pelo Presidente da República, é o Senado (art. 52, I).
- **Comandantes da Marinha, do Exército e da Aeronáutica** — crime comum ou de responsabilidade, o STF (art. 102, I, *c*); crime de responsabilidade conexo com o praticado pelo Presidente da República, é o Senado (art. 52, I).
- **Advogado-Geral da União** — crime comum, o STF (art. 102, I, *c*); crime de responsabilidade, o Senado (art. 52, II).

    Competência para julgar o Advogado-Geral da União nos crimes comuns: o art. 52, II, da Carta Magna dá margem à seguinte pergunta: qual a autoridade competente para apreciar e julgar os delitos comuns praticados pelo Advogado-Geral da União? A Constituição é omissa a esse respeito. Enquanto prevê, no seu art. 102, I, *b*, que, nas infrações penais comuns, compete ao STF processar e julgar, originariamente, o Presidente da República, o Vice-Presidente, os Membros do Congresso Nacional, os próprios Ministros do Pretório Excelso e o Procurador-Geral da República, nada diz

◆ Cap. 21 ◆ ORGANIZAÇÃO DOS PODERES **1087**

a respeito do foro competente para o julgamento do Advogado-Geral da União pelo cometimento de crimes comuns. Criada pela Carta de 1988, a Advocacia-Geral da União possui o *status* de Ministério de Estado, no sentido de que seu chefe ocupa alto cargo da República, de livre nomeação e exoneração. A exemplo dos Ministérios, encontra-se submersa a um elo de confiança firmado entre o Presidente da República e o Advogado-Geral, escolhido para auxiliá-lo no exercício de suas magnânimas atribuições. Ora, se nos delitos penais comuns os Ministros de Estado, e até os Comandantes da Marinha, do Exército e da Aeronáutica, são julgados pelo STF, na forma do art. 102, I, *c*, também compete à Corte Suprema processar e julgar, originariamente, as infrações comuns praticadas pelo Advogado-Geral da União. Portanto, não é o juízo do local onde o delito foi perpetrado o foro competente para processar e julgar o Advogado-Geral da União pela prática de crimes comuns, mas sim o STF. Esse raciocínio depreende-se da exegese lógica do sistema, mormente da interpretação conjunta dos arts. 52, II, e 102, I, *b* e *c*, pois não teria sentido o silêncio da *Lex Mater* — mero *lapsus calami* — prejudicar o entendimento lógico de tema pendente de definição constitucional. Nesse caso, há largo espaço para o intérprete valer-se do método integrativo de exegese. Assim, se o órgão competente para processar e julgar o Advogado-Geral da União nos crimes de responsabilidade é o Senado (art. 52, II), nos crimes comuns será o Pretório Excelso, nada obstante a falta de previsão constitucional e até legislativa a esse respeito. **Nesse sentido:** STF, Pleno, Inq. 1.660-QO/DF, Rel. Min. Sepúlveda Pertence, decisão de 6-9-2000; STF, Pleno, Inq. 1.660-8-QO/DF, Rel. Min. Sepúlveda Pertence, decisão de 6-6-2003. Ambas as decisões reconheceram que a Medida Provisória n. 2.049-22, de 28-8-2000, deu ao Advogado-Geral da União o *status* de Ministro, incidindo o art. 102, I, *c*, da Carta Maior.

- **Deputados federais e senadores** — crime comum, o STF (art. 102, I, *b*); crime de responsabilidade, a Casa respectiva a que pertencer o parlamentar (art. 55, § 2º).
- **Ministros do STF** — crime comum, o próprio STF (art. 102, I, *b*); crime de responsabilidade, o Senado (art. 52, II).
- **Procurador-Geral da República** — crime comum, o STF (art. 102, I, *b*); crime de responsabilidade, o Senado (art. 52, II).
- **Membros do CNJ e do CNMP** — crime comum, o STF (art. 102, I, *b*); crime de responsabilidade, o Senado (art. 52, II).
- **Ministros dos Tribunais Superiores (STJ, TSE, STM, TST)** — crimes comum e de responsabilidade, o STF (art. 102, I, *c*).

  Pedido de explicações a Ministro de Tribunal Superior da União — "O Supremo Tribunal Federal possui competência originária para processar pedido de explicações formulado com apoio no art. 144 do Código Penal, quando deduzido contra Ministro integrante de Tribunal Superior da União, por tratar-se de autoridade que dispõe de prerrogativa de foro *ratione muneris* (CF, art. 102, I, *c*). O pedido de explicações, admissível em qualquer das modalidades de crimes contra a honra, constitui típica providência de ordem cautelar destinada a aparelhar ação penal principal tendente a sentença condenatória. O interessado, ao formulá-lo, invoca, em juízo, tutela cautelar penal, visando a que se esclareçam situações revestidas de equivocidade, ambiguidade ou dubiedade, a fim de que se viabilize o exercício eventual de ação penal condenatória. A interpelação judicial, sempre facultativa (*RT* 602/368 — *RT* 627/365 — *RT* 752/611 — *RTJ* 142/816), acha-se instrumentalmente vinculada à necessidade de esclarecer situações, frases ou expressões, escritas ou verbais, caracterizadas por sua dubiedade, equivocidade ou ambiguidade. O pedido de explicações em juízo submete-se à mesma ordem ritual que é peculiar ao procedimento das notificações avulsas (CPC de 1973, art. 867 c/c o art. 3º do CPP). Isso significa, portanto, que não caberá ao Supremo Tribunal Federal, em sede de interpelação penal, avaliar o conteúdo das explicações dadas pela parte requerida nem examinar a legitimidade jurídica de sua eventual recusa em prestá-las, pois tal matéria compreende-se na esfera do processo penal de conhecimento a ser ulteriormente instaurado. Doutrina. Precedentes" (STF, Pet 4.892/DF, Rel. Min. Celso de Mello, j. em 26-4-2011).

- **Chefes de missão diplomática de caráter permanente** — crimes comum e de responsabilidade, o STF (art. 102, I, *c*).

1088 ◆ Uadi Lammêgo Bulos ◆

- **Membros do Tribunal de Contas da União** — crimes comum e de responsabilidade, o STF (art. 102, I, *c*).
- **Desembargadores; membros de Tribunais de Contas dos Estados, do Distrito Federal e dos Municípios; membros dos TRFs, dos TRTs, dos TREs; membros do Ministério Público da União que oficiem perante tribunais** — crimes comum e de responsabilidade, o STJ (art. 105, I, *a*).
- **Juízes federais, da Justiça Militar e da Justiça do Trabalho; membros do Ministério Público Federal, do Trabalho, Militar, do Distrito Federal e Territórios** — crimes comum e de responsabilidade, o Tribunal Regional Federal da área de jurisdição (art. 108, I). Aqui há duas observações: se o membro do Ministério Público da União atuar em primeira instância, a competência será do TRF. Porém, atuando perante tribunais, a competência por prerrogativa de função se deslocará para o Superior Tribunal de Justiça.

> **Precedente:** STF, 1ª T., HC 73.801, Rel. Min. Celso de Mello, *DJ* de 27-6-1997.

- **Governador de Estado ou do Distrito Federal** — crime comum, o STJ (art. 105, I, *a*); crime de responsabilidade, conforme o que dispuser a Constituição do Estado ou do Distrito Federal. A Constituição de São Paulo, no art. 49, § 1º, preceitua que a competência para processar e julgar o governador pela prática de delito de responsabilidade pertence a um *Tribunal Especial*, composto por sete deputados estaduais, sete desembargadores e pelo Presidente do Tribunal de Justiça. Mas o preceito da Carta paulista afigura-se inconstitucional, pois, como reconheceu a Súmula 722 do STF, "são da competência legislativa da União a definição dos crimes de responsabilidade e o estabelecimento das respectivas normas de processo e julgamento". Esse enunciado sumular foi fruto de longos e acalorados debates. Tem como pano de fundo a tese de que se deve aplicar a Lei federal n. 1.079/50, cujo art. 78, § 3º, determina a criação de um *Tribunal Especial* para julgar delito de responsabilidade do governador, composto de cinco membros do Legislativo e cinco desembargadores, liderados pelo Presidente do Tribunal de Justiça.
- **Vice-governador de Estado ou Distrito Federal** — tanto o crime comum como o de responsabilidade seguem o disposto na Constituição estadual ou distrital. Pelo art. 74, I, da Carta do Estado de São Paulo, a competência para julgar os crimes comuns é do Tribunal de Justiça, e os crimes de responsabilidade, do *Tribunal Especial*, já referido.
- **Procurador-Geral de Justiça** — crime comum, Tribunal de Justiça (art. 96, III); crime de responsabilidade, a Assembleia Legislativa Estadual ou Distrital (art. 128, § 4º). O art. 49, § 2º, da Constituição de São Paulo também confere ao *Tribunal Especial* o encargo de julgar os delitos de responsabilidade cometidos pelo Procurador-Geral de Justiça.
- **Juízes dos Estados, do Distrito Federal e dos Territórios; membros do Ministério Público Estadual** — crime comum e de responsabilidade, Tribunal de Justiça; delitos eleitorais, Tribunal Regional Eleitoral respectivo (art. 96, III).
- **Deputados estaduais e distritais** — crime comum, segue o disposto na Constituição do Estado ou do Distrito Federal; Delito de responsabilidade, a Assembleia Legislativa Estadual ou Distrital (art. 27, § 3º).
- **Prefeitos** — infração penal comum e crime de responsabilidade próprio, Tribunal de Justiça (art. 29, X); infrações político-administrativas, Câmara de Vereadores (art. 31); crimes eleitorais, Tribunal Regional Eleitoral; crimes federais, Tribunal Regional Federal (art. 109, IV).
- **Vereadores** — crimes comuns, Tribunal de Justiça, com base em previsão expressa nas constituições estaduais; crimes dolosos contra a vida, Tribunal do Júri (Súmula 721 do STF); infrações político-administrativas, Câmara Municipal.

◇ 5.10. *Impeachment* do Presidente da República

Impeachment é a prerrogativa institucional do Poder Legislativo que consiste numa sanção de índole político-administrativa, encarregada de destituir, de modo legítimo e constitucional, o Presidente da República.

◆ Cap. 21 ◆ ORGANIZAÇÃO DOS PODERES 1089

Por seu intermédio, o Chefe do Executivo Federal fica inabilitado de exercer qualquer função pública, eletiva ou de nomeação, durante oito anos. Envolve um procedimento jurídico-político, previsto na Constituição e nas leis, possibilitando o afastamento de Presidentes da República que cometeram crimes funcionais ou comuns, impedindo-os de continuar a exercer o *munus* público em detrimento do bem geral.

Etimologicamente, *impeachment* é um anglicismo incorporado à nossa língua. Significa "proibir que se ponha o pé": *im* (do latim *in* = não) *peachment* (do latim *pedimentum, pes, pedis* = pé).

Como seu verbo cognato é *to impeach*, ou seja, "incriminar ou acusar para o fim de impedir a pessoa criminosa", muitos se valem do signo "impedimento" para referi-lo.

Noutra vertente, *impeachment* é palavra que encontra origem no latim *impedimentum*, logrando, assim, a mesma raiz que o português *impedimento*, do francês *empêchement*, do italiano *impedimento*.

Só que *impedimento* é a consequência advinda do processo de *impeachment*, e não termo que lhe seja sinonímio, mediante traduções forçadas. Para ilustrar, no episódio Mônica Levinski, o presidente Bill Clinton sofreu *impeachment*, mas não foi destituído. Por isso, não podemos confundir *impeachment* com impedimento. Essa confusão quase fez com que, aceita a renúncia de Fernando Collor, se encerrasse o processo de sua responsabilização política. O *impeachment* é apenas parte ou fase do processo de responsabilização política: o recebimento da denúncia que abre as portas ao julgamento pelo Senado Federal.

Quando na Inglaterra o termo *impeachment* surgiu, em meados do século XIV, foi usado para exprimir a ideia de imputação ou desinvestidura daqueles que estavam amparados pela total irresponsabilidade, sintetizada à sombra da máxima "the king can do no wrong".

a) Origem do impeachment

O *impeachment* nasceu na Inglaterra, no final da Idade Média, quando a Câmara dos Comuns acusava os ministros do rei, para que os lordes os julgassem.

A Constituição da Filadélfia o previu (art. 1º, Seção 3ª; art. 2º, Seção 4ª).

Aliás, nos Estados Unidos, o instituto relacionava-se aos crimes políticos cometidos por funcionários nomeados pelo Presidente da República, ficando fora de seu raio de ação os deputados e senadores.

> **Impeachment no sistema constitucional norte-americano:** "Tem feição política com a finalidade de destituir o Presidente, o Vice-Presidente e funcionários civis, inclusive juízes, dos seus cargos, certo que o fato embasador da acusação capaz de desencadeá-lo não necessita estar tipificado na lei. A acusação poderá compreender traição, suborno ou outros crimes e delitos (*treason, bribery, or other high crimes and misdemesnors*). Constituição americana, seção IV do art. II. Se o fato que deu causa ao *impeachment* constitui, também, crime definido na lei penal, o acusado responderá criminalmente perante a jurisdição ordinária. Constituição americana, art. I, seção III, item 7" (STF, Pleno, MS 21.623/DF, Rel. Min. Carlos Velloso, *DJ*, 1, de 28-5-1993, p. 10383).

Basta lembrar que, na história americana, o Presidente Andrew Johnson, em 1868, foi submetido a processo de *impeachment*, sendo, inclusive, julgado pelo Senado, mas não foi afastado da presidência pela diferença mínima de um voto.

O mesmo se diga no caso *Watergate*, em que o Presidente Nixon renunciou antes de se iniciar o processo, enquanto o Presidente Bill Clinton foi denunciado sem qualquer êxito.

b) Evolução do impeachment no Brasil

O *impeachment* foi levado para o Direito norte-americano e, deste, ao brasileiro, onde se revestiu de traços típicos.

Instituído, entre nós, pela primeira Carta republicana, de 1891, o *impeachment* teve grande aplicação nas três esferas de governo, principalmente na municipal. Todas as nossas Constituições o previram, com maior ou menor intensidade, exceto a de 1937.

> **Impeachment no Brasil-República:** "A adoção do modelo americano na Constituição Federal de 1891, estabelecendo-se, entretanto, que os crimes de responsabilidade, motivadores do *impeachment*, seriam definidos em lei, o que também deveria ocorrer relativamente à acusação, ao processo e ao julgamento. Sua limitação ao Presidente da República, aos Ministros de Estado e

1090 ♦ Uadi Lammêgo Bulos ♦

Ministros do Supremo Tribunal Federal. CF/1981, arts. 53, parágrafo único; 54; 33 e §§; 29; 52 e §§; 57 e § 2º" (STF, Pleno, MS 21.623/DF, Rel. Min. Carlos Velloso, *DJ*, 1, de 28-5-1993, p. 10383).

No Brasil, o caso Collor tirou o instituto das especulações ociosas, das discussões meramente acadêmicas, destituídas de maior vigor ou valimento. No *impeachment* da Presidente Dilma, os debates ao derredor desse instrumento constitucional voltaram à tona.

A singularidade da série de julgamentos proferidos pelo Supremo Tribunal em ambos os casos demonstrou que o *impeachment* buscou frear crises institucionais, funcionando a tempo e hora, para dar trégua às exacerbadas críticas ao instituto, que, ao contrário do que muitos já disseram, não é uma "peça de museu".

> **Casuística:** o Supremo Tribunal Federal proferiu uma série de julgados no caso Collor, formando acervo considerável de jurisprudência sobre o *impeachment*. Para uma consulta detalhada de toda a jurisprudência do Pretório Excelso relacionada ao *impeachment* do ex-Presidente Fernando Collor de Mello, com o inteiro teor dos votos e acórdãos, compulsar a coletânea, organizada pela Imprensa Oficial: *Supremo Tribunal Federal. Impeachment: jurisprudência*, 416 p. Quanto ao *impeachment* de Dilma Vana Rousseff, o site *www.stf.jus.br* veiculou os diversos pronunciamentos dos juízes da Corte sobre o tema. Em 31-8-2016, por exemplo, foi publicada matéria com o Min. Celso de Mello, na qual ele rememorou o MS 21.689. Neste julgado, por maioria de votos, o Plenário separou o ato de perder o cargo da pena de inabilitação por oito anos para o exercício de qualquer função pública ou eletiva. Este entendimento repetiu-se, em 2016, no *impeachment* de Dilma. Lembrou o Decano Celso de Mello que, no caso Collor, foi voto vencido. No seu entendimento, o parágrafo único do art. 52 da Constituição Federal compõe uma estrutura unitária e indivisível, de sorte que não se poderia separar a sanção de perda do cargo da pena de inabilitação por oito anos para o exercício de qualquer função pública ou eletiva. Finalmente, pontificou o Min. Celso de Mello: "Entendo que, não obstante a exiguidade do tempo sob o qual se processaram dois processos de *impeachment* em nosso país, o fato é que os mecanismos de solução democrática atuaram de maneira plena e as instituições revelaram-se vigorosas e estáveis. Isso, na verdade, é uma expressão altamente positiva da solidez do processo democrático em nosso país".

c) *Perfil do* impeachment *na Constituição de 1988*

Na Constituição de 1988, o *impeachment* é um instituto político-administrativo.

> **Nesse sentido:** STF, HC 69.647-3, Rel. Min. Celso de Mello, *DJU* de 5-8-1992.

É correto o associarmos a um *processo*, no sentido de conjunto de providências e meios elucidativos de fatos gravosos para a vida pública, em que se desenvolvem:

(i) juízo de admissibilidade do processo na Câmara de Deputados; e

(ii) processo e julgamento no Senado da República.

> **Ordem de votação de pedido de** *impeachment*: o Supremo Tribunal Federal, em sua composição plenária, decidiu, por maioria de votos, negar pedido de medida liminar para alterar a ordem de chamada da votação de pedido de *impeachment* da Presidente da República. Prevaleceu o entendimento de que tanto a proposta do partido político como a definida pelo presidente da Câmara dos Deputados não afrontam a Constituição, até porque a Carta da República não prevê como deve se dar a votação. Demais disso, essa matéria é de deliberação *interna corporis* do Parlamento. Logo, não é dado ao Poder Judiciário interferir no campo de atuação parlamentar. Situações desse jaez não devem se resolver com intervenções judiciais (STF, ADI 5.498, Rel. Min. Marco Aurélio, j. 14-4-2016).

Assim, o Senado processa, na acepção genérica com que se designam os atos de acusação, defesa e julgamento. Trata-se de um processo *sui generis*, que não se confunde com processo judicial, pois deriva de fundamentos específicos, diversos daqueloutros de índole judiciária. Se algumas de suas fórmulas se assemelham, se ambos coincidem quanto ao estabelecimento de um ato decisório, que condena ou absolve, o *quid* do processo de *impeachment* está em que ele se reveste de um caráter essencialmente *político*.

◆ Cap. 21 ◆ ORGANIZAÇÃO DOS PODERES

1091

Seu escopo é desinvestir o *improbus administrador*, pela prática de atos contrários ao interesse público, à legalidade, impessoalidade, boa-fé, moralidade, publicidade e eficiência (art. 37, *caput*), assegurando-lhe o contraditório, o direito de defesa, o devido processo legal.

> **Impeachment e due process of law:** "A aplicabilidade deste no processo de *impeachment*, observadas as disposições específicas inscritas na Constituição e na lei e a natureza do processo, ou o cunho político do juízo" (STF, Pleno, MS 21.623/DF, Rel. Min. Carlos Velloso, *DJ*, 1, de 28-5-1993, p. 10383). **Art. XI da Declaração Universal dos Direitos do Homem:** "Todo homem acusado de um ato delituoso tem o direito de ser presumido inocente até que a sua culpabilidade tenha sido provada de acordo com a lei, em julgamento público no qual lhe tenham sido asseguradas todas as garantias necessárias à sua defesa".

Igualmente ao Direito norte-americano e ao argentino, o *impeachment*, no Brasil, possui natureza político-administrativa, ressalvadas algumas opiniões em sentido contrário.

> **Outras opiniões:** Pontes de Miranda defendia que o *impeachment* tinha a natureza penal (*Comentários à Constituição de 1946*, p. 138). Frederico Marques, por sua vez, aderia à posição mista, acreditando que o instituto possuía índole *político-penal* (*Da competência em matéria penal*, p. 154). No STF, há julgados defendendo a natureza penal do *impeachment*. **Nesse sentido:** STF, Pleno, ADIn 834-0/MT, Rel. Min. Sepúlveda Pertence, *DJ* de 9-4-1999, p. 1; STF, Pleno, ADIn 1.628/SC, Rel. Min. Nelson Jobim, *RTJ*, 166:147. Mas esse não pode ser tido como um posicionamento pacífico da Corte, pois há decisões defendendo a natureza política do instituto, posicionamento que se nos afigura correto. **Precedente:** STF, HC 69.647-3, Rel. Min. Celso de Mello, *DJU* de 5-8-1992.

O *impeachment* logra a natureza político-administrativa pelo seguinte:

- **é instaurado sob considerações políticas** — tanto é assim que acarreta sanção de natureza político-administrativa, embora não exclua outras sanções, aplicáveis pelo Poder Judiciário, nos termos da lei;

> **Impedimento e suspeição de Senadores — Inexistência:** "O Senado, posto investido da função de julgar o Presidente da República, não se transforma, às inteiras, num Tribunal Judiciário, submetido às rígidas regras a que estão sujeitos nos órgãos do Poder Judiciário, já que o Senado é um órgão político. Quando a Câmara Legislativa — o Senado Federal — se investe de 'função judicialiforme', a fim de processar e julgar a acusação, ela se submete, é certo, a regras jurídicas, regras, entretanto, próprias, que o legislador previamente fixou e que compõem o processo político-penal. Regras de impedimento: art. 36 da Lei n. 1.079, de 1950. Impossibilidade de aplicação subsidiária, no ponto, dos motivos de impedimento e suspeição do Código de Processo Penal, art. 252. Interpretação do art. 36 em consonância com o art. 63, ambos da Lei 1.079/50. Impossibilidade de emprestar-se interpretação extensiva ou compreensiva ao art. 36, para fazer compreendido, nas suas alíneas *a* e *b*, o alegado impedimento dos Senadores" (STF, Pleno, MS 21.623/DF, Rel. Min. Carlos Velloso, *DJ*, 1, de 28-5-1993, p. 10383).

- **É julgado segundo critérios políticos** — se, na Inglaterra, o *impeachment* consistia num julgamento penal, nos Estados Unidos da América, e no Brasil, é decidido de acordo com premissas políticas. Seu julgamento não exclui, antes supõe, a adoção de critérios jurídicos. "Isto ocorre mesmo quando o fato que o motive possua iniludível colorido penal e possa, a seu tempo, sujeitar a autoridade por ele responsável a sanções criminais, estas, porém, aplicáveis exclusivamente pelo Poder Judiciário" (Paulo Brossard, *O impeachment*, p. 76).
- **É um ato administrativo ao qual se deu a solenidade de uma sentença** — visa retirar o poder político das mãos de quem fez mau uso dele, impedindo novas reinvestiduras.
- **sentido:** Alexis de Tocqueville, *De la démocratie en Amérique*, p. 180.
- **Não pune delinquentes, nem intenta atingir a pessoa física e seus bens** — simplesmente desveste a autoridade de sua capacidade política, a fim de proteger o Estado no presente e no futuro; logo, é uma instituição de direito Constitucional, e não Penal.

> **Nesse sentido:** William Lawrence, The law of impeachment, p. 261.

1092 ◆ Uadi Lammêgo Bulos ◆

- **Visa à tutela do interesse público contra o abuso do poder oficial** — seu desígnio não é o castigo do homem em si, senão a tutela dos interesses públicos contra o abuso do poder oficial. Trata-se de medida que procura coibir a "negligência no cumprimento do dever ou conduta incompatível com a dignidade do cargo" (Juan A. Gonzalez Calderon, *Derecho constitucional argentino*, p. 54).

- **Não enseja dupla condenação** — o *impeachment* proporciona uma sanção administrativa imposta pelo Senado Federal, decorrente de um processo político. Tanto é assim que o acúmulo da penalidade aplicada ao Presidente da República pelo Senado juntamente com a condenação proveniente da Justiça comum não constitui *bis in idem*. Se o *impeachment* tivesse caráter criminal, o acusado ficaria sujeito a dois processos: um de competência do Poder Legislativo, outro da alçada do Poder Judiciário, respondendo duplamente pelo mesmo fato. Suportaria, então, duas condenações simultâneas, o que seria ilógico.

  > **Controle judicial do processo de *impeachment*:** é possível controle judicial do processo de *impeachment*, desde que se alegue lesão ou ameaça a direito, na forma do art. 5º, XXXV, da Constituição (STF, MS 21.689-1, Rel. Min. Carlos Velloso, *DJU* de 7-4-1995).

- **Possui um rito formal a ser seguido** — a forma de tramitação dos pedidos de *impeachment*, pela suposta prática de crimes de responsabilidade, não é ato aleatório, porque segue rito especial, previsto na Constituição da República (art. 85, parágrafo único), na Lei n. 1.079/1950 e em normas regimentais. Para ilustrar, um Presidente de uma das Casas Legislativas não detém competência para, *ex propria auctoritate*, estabelecer, a seu critério, gosto e modo, o rito que o *impeachment* deve seguir, até mesmo naquilo que a Lei n. 1.079/1950 for omissa. Quem rege o tema é a Carta Magna, cujo art. 85, parágrafo único, deixou para uma lei especial o encargo de traçar as diretrizes para julgamento dos crimes de responsabilidade, praticados por Presidentes da República. Se não criaram a indigitada lei especial, se há lacunas propositais nesse tema, cochilos legislativos, omissões, por exemplo, não se pode, por ato próprio de autoridade, dar uma "mãozinha" na ritualística do *impeachment*. É certo que o Parlamento, em sua sagrada missão de representar a soberania popular, pode, e deve, deliberar sobre as suas questões políticas e *interna corporis* que lhes são afetas. Acontece, porém, que o Supremo Tribunal Federal tem, sim, o dever impostergável de zelar pela magnitude constitucional, porque cogitar-se de *impeachment* de Presidentes da República é ato, umbilicalmente, ligado à primazia da *Lex Mater* no plano institucional do Estado com seriíssimas consequências e desdobramentos. Por isso, o dever de obediência à **Súmula Vinculante 46** é segurança para todos, afinal "a definição dos crimes de responsabilidade e o estabelecimento das respectivas normas de processo e julgamento são da competência legislativa privativa da União" (Também nesse sentido: STF, MS 33837 (liminar), Rel. Min. Teori Zavascki, j. 13-10-2015; STF, MS 33838 (liminar), Rel. Min. Rosa Weber j. 13-10-2015; STF, RCL 22124 (liminar), Rel. Min. Rosa Weber j. 13-10-2015).

Em linhas gerais, a feição básica do *impeachment*, no Texto de Outubro, é a mesma da Constituição de 1891, principalmente no que tange à responsabilidade política do Presidente da República. Mas, de modo específico, a Carta de 1988 trouxe particularidades.

Em primeiro lugar, a Câmara dos Deputados deixou de ser órgão de acusação perante o Senado, haja vista que qualquer cidadão poderá formulá-la. Limitou-se, pois, a autorizar a abertura do processo de *impeachment*, pelo voto de 2/3 de seus membros.

> **Senado — Titular do juízo de pronúncia:** "O *impeachment* do Presidente da República será processado e julgado pelo Senado Federal. O Senado, e não mais a Câmara dos Deputados, formulará a acusação (juízo de pronúncia) e proferirá o julgamento" (STF, MS 21.623, Rel. Min. Carlos Velloso, *DJ* de 28-5-1993).

Instaurado o processo de *impeachment* pelo Senado, o Presidente da República fica suspenso do exercício de suas funções por 180 dias.

Caso o julgamento não ocorra no prazo de seis meses, o Presidente da República retorna ao cargo, sem prejuízo do regular andamento do processo.

♦ Cap. 21 ♦ ORGANIZAÇÃO DOS PODERES

1093

Se condenado, pelo voto de 2/3 do Senado, o Presidente perde o cargo e fica inabilitado por oito anos para o exercício de outra função pública.

d) Desenvolvimento do processo de impeachment

No Brasil, o desenvolvimento do processo de *impeachment* dá-se mediante os seguintes elementos:

- **Legitimidade ativa** — todo cidadão, qualquer parlamentar ou autoridade pública poderá dar início ao processo de *impeachment*, desde que goze das prerrogativas da cidadania brasileira, exercendo, plenamente, seus direitos políticos. Note-se que a legitimidade ativa é conferida, apenas, às pessoas físicas investidas no *status civitatis*. Aqueles que não forem alistados na repartição eleitoral, que tiveram suspensos ou perdidos seus direitos políticos, que forem pessoas jurídicas, estrangeiros ou apátridas, jamais poderão ser parte legítima para oferecer a denúncia na Câmara dos Deputados.

  > **Cidadão que denunciou Presidente da República:** a Corte Suprema arquivou mandado de segurança, impetrado por cidadão, que denunciou a Presidente da República, na Câmara dos Deputados, por crime de responsabilidade. Como o presidente da Câmara negou seguimento à denúncia, o cidadão impetrou mandado de segurança no Supremo para que lhe fosse reconhecido o direito de recorrer ao Plenário da Câmara dos Deputados. Vários precedentes impedem esse tipo de pedido (MS 20941, 21754, 30672 e 32930). Trata-se de questão regimental, de natureza *interna corporis*, insuscetível de apreciação pelo Poder Judiciário (STF, MS 33558, Rel. Min. Celso de Mello, j. 29-4-2015).

- **Exame da denúncia pela Câmara dos Deputados** — esse exame segue o juízo, meramente político, dos parlamentares.
- **Parecer da Câmara dos Deputados** — dentro do prazo de quarenta e oito horas, o Presidente da Câmara solicitará a elaboração de um parecer por uma comissão especial eleita para esse fim, com representantes de todos os partidos, observado o critério da proporcionalidade.
- **Discussão e votação do parecer para rejeição ou aprovação** — devem ser únicas, nominais e abertas, sendo necessários 2/3 dos membros da Câmara para a admissibilidade da acusação. Aceita a denúncia, os representantes do povo dão autorização para que seja instaurado processo; se a rejeitarem, ela é arquivada. A denúncia oferecida e aceita à Câmara dos Deputados coloca o Chefe do Executivo na posição de *acusado*, sendo-lhe garantidos os direitos de ampla defesa e contraditório, tanto na fase de deliberação sobre a admissibilidade da acusação, perante a Câmara dos Deputados, como na etapa de processo e julgamento, no âmbito do Senado Federal. E o acusado poderá produzir provas, por meio de documentos, perícias ou testemunhas. A rejeição da denúncia gera o arquivamento do processo de *impeachment*.

  > **Precedente:** "Constitucional. *Impeachment*. Processo e julgamento: Senado Federal. Acusação. Admissibilidade: Câmara dos Deputados. Defesa. Provas: instância onde devem ser requeridas. Voto secreto e voto em aberto. Recepção pela CF/88 da norma inscrita no art. 23 da Lei 1.079/50. Revogação de crimes de responsabilidade pela EC 4/61. Repristinação expressa pela EC 6/63. CF, art. 5º, LV; art. 51, I; art. 52, I; art. 86, *caput*; EC 4/61; EC 6/63. Lei 1.079/50, arts. 14 e 23" (STF, Pleno, MS 21.564/DF, Rel. Min. Octavio Gallotti, *DJ* de 27-8-1993, p. 17019).

- **Recebimento formal da denúncia pela Câmara dos Deputados** — a Constituição de 1988 determinou que o *impeachment* do Presidente da República por crimes de responsabilidade se desenrola no Senado, desde sua instauração até o julgamento final, mas com a devida autorização de 2/3 da Câmara dos Deputados. Uma vez autorizado, sua instauração passará a ser dever de ofício. E, se comprovados os fatos, o Presidente é suspenso do cargo, que passará a ser exercido por seu substituto legal. A sanção política advinda do Senado não exime outras punições aplicáveis pelo Poder Judiciário, nos termos da lei. Se antes cabia ao Senado julgar o Presidente da República nos crimes de responsabilidade, agora compete-lhe, demais disso, processá-lo. Significa que a Câmara dos Deputados perdeu uma atribuição que era historicamente sua. Seu poder passou a assemelhar-se ao das Assembleias em tema de imunidades parlamentares.

1094 ◆ Uadi Lammêgo Bulos ◆

***Impeachment* do Presidente da República e apresentação de denúncia à Câmara dos Deputados:** "Competência do Presidente desta para o exame liminar da idoneidade da denúncia popular, que não se reduz à verificação das formalidades extrínsecas e da legitimidade de denunciantes e denunciados, mas se pode estender à rejeição imediata da acusação patentemente inepta ou despida de justa causa, sujeitando-se ao controle do Plenário da Casa, mediante recurso" (STF, MS 23.885, Rel. Min. Carlos Velloso, *DJ* de 20-9-2002).

- **Deslocamento da peça para o Senado** — admitida a acusação, a peça se desloca para o Senado, que se transforma num tribunal político, momento em que o Presidente da República é suspenso de suas funções, só retornando a elas se for absolvido, ou se, decorrido o prazo de 180 dias, o julgamento não for concluso, cessando o afastamento, sem prejuízo do regular prosseguimento do processo (CF, art. 86, §§ 1º e 2º). No caso Collor, o Supremo Tribunal Federal seguiu esse pensamento. Concedeu liminar em mandado de segurança, assegurando ao Presidente da República o prazo de dez sessões para oferecimento da defesa. O Pretório Excelso aplicou, por analogia, o art. 217 do Regimento Interno da Câmara dos Deputados.

  Precedente: STF, Pleno, MS 21.564/DF, Rel. Min. Octavio Gallotti, *DJ* de 27-8-1993, p. 17019.

- **Prolação da decisão e suas consequências** — no Brasil, duas são as consequências jurídicas do processo de *impeachment*: **(i)** perda do cargo; e **(ii)** inabilitação por oito anos para o exercício de função pública eletiva ou de nomeação (CF, art. 52, parágrafo único). Evidente que a decisão proferida pelo Senado, em sede de *impeachment*, é inalterável pelo Poder Judiciário. O Supremo Tribunal Federal não poderá mudar o veredito senatorial, interferindo no mérito de seu julgamento, para reformar sua decisão. Isso nada tem que ver com a natureza política do instituto, e sim com o perfil que a Carta de 1988 lhe irrogou, do contrário a jurisdição, nessa matéria, não seria conferida à Câmara Alta, como o foi, porém, ao Pretório Excelso. Enfim, a decisão do Senado é de sua exclusiva competência e no exercício de sua jurisdição política e de matriz constitucional. Quando os constituintes lhe outorgaram, no processo de *impeachment* do Presidente da República, o posto de órgão jurisdicional, evidente que inadmitiu recurso para qualquer juízo ou Tribunal. Por isso, o Supremo não é curador do Senado, órgão que processa e julga Ministros da Corte nos delitos de responsabilidade.

  Nesse sentido: STF, MS 21.689-1, Rel. Min. Carlos Velloso, *DJU* de 7-4-1995, em particular o voto do Ministro Paulo Brossard.

e) Pena de inabilitação por oito anos

A pena de inabilitação não é uma novidade do Texto de 1988. Existe, entre nós, desde a Carta de 1891, quando as Leis n. 27 (arts. 23 e 24) e 30 (art. 2º), de 1892, que regulavam o crime de responsabilidade do Presidente da República, a previam com o caráter de pena acessória.

Entendimento do STF: "O *impeachment* no Brasil tem características que o distinguem do modelo americano. Ao contrário do que ocorre nos Estados Unidos, lei ordinária definirá os crimes de responsabilidade, disciplinará a acusação e estabelecerá o processo e julgamento. Alteração do direito positivo brasileiro. A Lei n. 27, de 7-1-1892, no art. 3º, estabelecia: a) o processo de *impeachment* somente poderia ser intentado durante o período presidencial; b) intentado, cessaria quando o Presidente, por qualquer motivo, deixasse definitivamente o exercício do cargo. A Lei 1.079, de 1950, estabelece, apenas, no seu art. 15, que a denúncia só poderá ser recebida enquanto o denunciado não tiver, por qualquer motivo, deixado definitivamente o cargo. No sistema do direito anterior à Lei n. 1.079, de 1950, isto é, no sistema das Leis n. 27 e 30, de 1892, era possível a aplicação tão somente da pena de perda do cargo, podendo esta ser agravada com a pena de inabilitação para exercer qualquer outro cargo (Constituição Federal de 1891, art. 33, § 3º; Lei n. 30, de 1892, art. 2º), emprestando-se à pena de inabilitação o caráter de pena acessória (Lei n. 27, de 1892, arts. 23 e 24). No sistema atual, da Lei n. 1.079, de 1950, não é possível a aplicação da pena de perda do cargo, apenas, nem a pena de inabilitação assume caráter de acessoriedade (CF de 1934, art. 58, § 7º; CF de 1946, art. 62, § 3º; CF de 1967, art. 44, parágrafo

◆ Cap. 21 ◆ ORGANIZAÇÃO DOS PODERES   **1095**

único; EC 1/69, art. 42, parágrafo único; CF de 1988, art. 52, parágrafo único; Lei n. 1.079, de 1950, arts. 2º, 31, 33 e 34)" (STF, MS 21.689-1, Rel. Min. Carlos Velloso, *DJU* de 7-4-1995).

Hoje, é uma categoria constitucional autônoma (CF, art. 52, parágrafo único), evitando que o ex-mandatário condenado, seja ele presidente, governador ou prefeito, renuncie e, meses depois, retorne ao cargo, como se nada tivesse acontecido.

Daí a justificativa para a sua previsão constitucional.

E, havendo renúncia, o processo de responsabilidade prossegue normalmente, seja para condenar ou absolver, seja para afastar, ou não, o governante das funções públicas por oito anos.

Lembremos que a inabilitação compreende todas as formas de funções públicas. Aliás, não há buscar uma interpretação *contra constitutionem* da terminologia.

Função pública é aquela que deriva de concursos públicos, de cargos de confiança e, evidentemente, de cargos eletivos.

O Supremo Tribunal Federal decidiu que a inabilitação para o exercício de função pública, decorrente da perda do cargo de Presidente da República por crime de responsabilidade (CF, art. 52, parágrafo único), compreende o exercício do cargo ou mandato eletivo. Desse modo, manteve acórdão do Tribunal Superior Eleitoral que julgou procedente a impugnação ao pedido de registro de candidatura de ex-presidente.

> **Precedente:** STF, RE 234.223/DF, Rel. Min. Octavio Gallotti, decisão de 1º-9-1998.

Mas a pena de inabilitação por oito anos não compromete a liberdade de locomoção.

Em *habeas corpus* impetrado em favor do ex-Presidente Fernando Collor de Mello, imediatamente após o julgamento no Senado Federal, o Pretório Excelso decidiu que "a pena de inabilitação temporária, pelo período de oito anos, para o exercício de qualquer função pública eletiva ou de nomeação, não pôs em risco o *status libertatis* do paciente, e, portanto, não legitima a utililização do *habeas corpus*" (STF, *RTJ, 147*:650. No mesmo sentido: STF, *RT, 701*:417).

Realmente, o *habeas corpus* não é via idônea em processo de *impeachment* pela prática de crime de responsabilidade.

Como o *impeachment* enseja apenas sanção de índole político-administrativa, não põe em risco a liberdade de ir, vir e permanecer do Presidente da República.

Finalmente, uma palavra sobre o parágrafo único do art. 52 de nosso Texto Magno. Tanto a perda do cargo quanto a inabilitação por oito anos constituem uma só realidade. Este nosso modo de raciocinar diverge da linha preconizada no veredito, por maioria de votos, do Supremo Tribunal Federal, no MS 21.689. Também não se harmoniza com a tese prevalecente no Senado, que, em 31-8-2016, levou Dilma Rousseff a perder o cargo de Presidente (61 votos a 20), sem, contudo, inabilitá-la, por oito anos, ao exercício de funções públicas (42 votos a 36). Para nós, o parágrafo único do art. 52 compõe uma estrutura unitária e indivisível e não deve ser alvo de votações senatoriais diferentes, porque a inabilitação para o exercício de atividades públicas é decorrência automática da perda do cargo. Não se pode, por força do referido parágrafo único, seccionar, cindir ou separar a sanção da perda do cargo da sanção de inabilitação por oito anos. A *verba constitutionem* é cristalina a esse respeito: perdeu o cargo presidencial, já está, no mesmo instante, inabilitado para o exercício de funções públicas. Numa palavra, a sanção principal (perda do cargo) é indissociável da sanção acessória (inabilitação por oito anos).

f) Impeachment e condenação criminal

Presidente da República, governador de Estado ou prefeito municipal, submetidos a *impeachment*, poderão, ainda, sofrer sanções criminais, apreciadas pelo Poder Judiciário, nos termos da lei.

O parágrafo único do art. 52 da Constituição consagra essa possibilidade, mediante a frase "sem prejuízo de outras sanções judiciais cabíveis".

Cumprirá ao órgão jurisdicional, portanto, examinar as provas que autorizam a punição do Chefe do Executivo, independentemente de seu afastamento do cargo.

g) Renúncia e extinção do impeachment

Presidente da República, governador ou prefeito podem, a qualquer tempo, renunciar ao mandato, porque inexiste proibição legal.

a) Governador e vice-governador: dupla vacância e possibilidade de eleição indireta pela Assembleia Legislativa

Se os cargos de governador e vice-governador de Estado-Membro ou do Distrito Federal ficarem, ao mesmo tempo, vagos os Deputados Estaduais ou distritais poderão, com base numa lei local, escolher novos representantes? Tal eleição seria aberta ou fechada? Sobre ela incidiriam os princípios da anualidade da lei eleitoral e da simetria federativa?

Havendo dupla vacância dos cargos de governador e vice-governador uma lei estadual ou distrital poderá estabelecer os critérios para a realização de processo eletivo. Os deputados, em eleição aberta, escolherão os novos representantes do Executivo. Neste caso, não incide o princípio da anterioridade ou anualidade da lei eleitoral, previsto no art. 16 da Constituição brasileira, muito menos o princípio da simetria federativa.

Vejamos o desdobramento da matéria.

Em várias oportunidades, o Supremo Tribunal Federal tem admitido a possibilidade excepcional de eleição indireta para governador e vice-governador em caso de dupla vacância, valendo destacar os seguintes precedentes: **ADIn 1.057 MC/BA**, **ADIn 3.549/GO**, **ADIn 687/PA**; **MS 26.900 MC/DF**; **ADIn 2.709/SE** e **ADIn 2.703/MG**.

Mas há um julgado que merece ênfase.

Referimo-nos à **ADIn 4.298**, relatada pelo Min. Cezar Peluso e julgada pelo Plenário do Supremo Tribunal em 7 de outubro de 2009.

Nesse precedente, o Supremo Tribunal Federal permitiu à Assembleia Legislativa do Tocantins realizar eleição indireta para preenchimento do cargo de governador e vice-governador daquele Estado, rememorando, inclusive o paradigmático voto do Ministro Celso de Mello na **ADIn 1.057**, bem como o veredito do Min. Gilmar Mendes na **ADIn 2.703**.

A Corte dispensou a obediência do prazo de um ano, exigido pelo art. 16, da Carta Magna, para que a legislação estadual tocantinense começasse a vigorar, até porque os Estados têm autonomia para legislar.

Prevaleceu a tese de que eleição indireta não é princípio, mas exceção. E, em virtude desse caráter excepcional, não há que se cogitar de qualquer ofensa à cláusula pétrea, relativa ao voto direto e secreto (CF, art. 60, § 4º, II).

Quer dizer, o acontecimento *sui generis*, ocorrido no Tocantins, não permite que se invoque ofensa ao art. 14, *caput*, da Carta de 1988, sem falar que a eleição deveria, necessariamente, ser aberta, afinal o eleitor tem o direito de saber como votam os seus representantes, no caso os deputados estaduais tocantinenses.

Resultado: oito Ministros do Supremo Tribunal, seguindo o Relator, concluíram que não houve nenhum vício de inconstitucionalidade, tampouco irregularidade formal no processo legislativo. Vencido o Min. Joaquim Barbosa, que deferia a cautelar em parte, por vislumbrar plausibilidade na arguição de inconstitucionalidade dos arts. 1º e 3º da Lei Estadual n. 2.154/2009. Assim, a Corte, por maioria de votos, indeferiu a liminar pleiteada, julgando extinta, sem julgamento de mérito, a segunda ação direta ajuizada, a ADIn 4.309/TO, em virtude de litispendência (STF, ADIn 4.309/TO, Rel. Min. Cezar Peluso, j. em 7-10-2009).

Os pontos principais da **ADIn 4.298** podem ser assim resumidos:

- **irrazoabilidade da pretensão formulada pelo PSDB** — o Partido da Social Democracia Brasileira pediu que a Corte Suprema concedesse liminar, para declarar a inconstitucionalidade formal e material das Leis tocantinenses n. 2.143/2009 e 2.154/2009, que regularam a eleição a ser realizada na Assembleia Legislativa, para escolha do Governador e Vice-Governador do Tocantins, nos termos do art. 39, § 5º, da Constituição Estadual. Na petição inicial, o PSDB alegou ofensa aos arts. 1º, 2º, 16, 17, § 1º, 37, *caput*, 61, *caput*, e 81, § 1º, da Constituição brasileira. Mas o Supremo Tribunal Federal, por maioria de votos, indeferiu o pedido de medida liminar, concluindo que não havia razoabilidade jurídica do pleito. Prevaleceu, no julgamento, o voto do Relator, Ministro Cezar Peluso. Ele ressaltou que o precedente da Corte em hipótese análoga — **ADIn 1.057** — poderia ser invocado, desde quando se levasse em conta a nova composição do Supremo Tribunal e a exigência de motivação controlável e legítima (STF, Pleno, ADIn 4.298 MC/TO, Rel. Min. Cezar Peluso, j. em 7-10-2009);

◆ Cap. 21 ◆ ORGANIZAÇÃO DOS PODERES **1099**

- **não obrigatoriedade de observância ao princípio da simetria** — a reserva de lei constante do art. 81, § 1º, da Constituição brasileira, que constitui uma especialíssima exceção ao cânone do exercício direto do sufrágio, concerne, apenas, ao regime de dupla vacância dos cargos de Presidente e Vice-Presidente da República, inserindo-se no campo da competência legislativa da União. Logo, o referido art. 81, § 1º, não se aplica, por simetria, a tais casos, competindo aos Estados-Membros definirem e regularem o processo eleitoral para preenchimento dos cargos de governador e vice-governador. O princípio da simetria não é produto de uma decisão arbitrária ou imotivada do intérprete. Se o voto direto e secreto é a regra (CF, art. 14, *caput*), só excepcionalmente se pode invocar o art. 81, § 1º, que, pela sua natureza singular, demanda interpretação estritíssima. No caso do Tocantins, veja-se que o art. 39, § 5º, da Carta desse Estado--Membro apenas reproduziu a provisão da Constituição brasileira. Isto, contudo, não foi por uma necessidade de reprodução obrigatória, mas por força de livre decisão jurídico-política do constituinte estadual no exercício da autonomia que lhe é assegurada pela própria Carta da República. Esse raciocínio afigura-se-nos o mais acertado, porque evita que se invoque, aleatoriamente, o princípio da simetria em federações como a brasileira, cheia de especificidades e, também, anomalias. Lembremos que, na **ADIn 2.709**, publicada no *DJE* de 16-5-2008, o Supremo proclamou a constitucionalidade de norma constitucional estadual que disciplinou o processo de escolha de governantes em caso de dupla vacância (STF, ADIn 4.309/TO, Rel. Min. Cezar Peluso, j. em 7-10-2009);

  > **Constituição Estadual do Tocantins, art. 39, § 5º:** "Ocorrendo a vacância nos dois últimos anos do período governamental, a eleição para ambos os cargos será feita trinta dias depois da última vaga, pela Assembleia Legislativa, na forma da Lei".

- **competência legislativa estadual para dispor sobre eleição indireta** — é indiscutível a competência *ratione materiae* privativa da União para legislar sobre direito eleitoral (CF, art. 22, I). Mas quando a Carta do Estado-Membro reproduz a regra da eleição indireta pelos representantes do Poder Legislativo, compete ao legislador estadual disciplinar a matéria, que, neste caso excepcionalíssimo, não possui caráter jurídico-eleitoral, porquanto não apresenta aqueles atributos do direito eleitoral *stricto sensu* (STF, ADIn 4.309/TO, Rel. Min. Cezar Peluso, j. em 7-10-2009);
- **natureza das leis estaduais que regulam a eleição indireta** — as leis que regulam a eleição indireta não são materialmente eleitorais, pois versam sobre acontecimento raro, qual seja a sucessão extravagante do governador e vice-governador. Tais leis têm por objeto matéria político--administrativa que demanda típica decisão do poder geral de autogoverno, inerente à autonomia política dos entes federados (STF, ADIn 4.309/TO, Rel. Min. Cezar Peluso, j. em 7-10-2009);
- **normas constitucionais textuais que hospedam direitos políticos ativos e passivos:** a Constituição Federal hospeda normas textuais, relativas aos direitos políticos ativos e passivos. Elas têm incidência imediata e inexorável, como as condições de elegibilidade e as causas de inelegibilidade. Por isso, equivalem a normas eleitorais *stricto sensu*, de observância compulsória. Com base nesse pensamento, o Min. Cezar Peluso concluiu que a Lei estadual n. 2.154/2009 não apresentava vício de inconstitucionalidade. A iniciativa dela em nada feriu a Carta Magna, porque não houve qualquer irregularidade formal no curso do devido processo legislativo, sendo irrelevantes, no quadro da ação de inconstitucionalidade, as considerações factuais e puramente político-partidárias, desenvolvidas na petição inicial (STF, ADIn 4.309/TO, Rel. Min. Cezar Peluso, j. em 7-10-2009); e
- **eleição indireta aberta** — segundo o Min. Cezar Peluso, predomina, no Supremo Tribunal, a orientação jurisprudencial de que a eleição indireta deve ser aberta. Se a votação secreta subtrai ao eleitor, na condição de representado, a possibilidade de controlar as escolhas dos representantes, a votação aberta facilita-o, principalmente quando existir suspeita ou risco de acordos obscuros de bastidores. O princípio da publicidade, que norteia as deliberações parlamentares, demonstra a superioridade da votação aberta, sobretudo quando associada ao fato de que o cunho secreto do voto é expediente primacial de tutela do cidadão como eleitor, não de seu

representante, cujo dever básico está em dar-lhe conta pública das suas posições no exercício da atividade parlamentar (STF, Pleno, ADIn 4.298-MC/TO, Rel. Min. Cezar Peluso, j. em 7-10-2009).

❖ 5.12. Órgãos auxiliares do Presidente da República

Pela Constituição de 1988, o Presidente da República conta com o auxílio dos Ministros de Estado (arts. 87 e 88), do Conselho da República (arts. 89 e 90) e do Conselho de Defesa Nacional (art. 91).

a) *Ministros de Estado*

No presidencialismo brasileiro, os Ministros de Estado são meros auxiliares do Chefe do Executivo, que pode nomeá-los ou demiti-los, livremente.

> **Nesse sentido:** "O Ministro de Estado, de acordo com o comando constitucional, é mero auxiliar do Presidente da República, competindo-lhe as atribuições estabelecidas no art. 87, parágrafo único, inciso I, inciso II, inciso III e inciso IV, da Constituição Federal. Não pode obrigar-se, mesmo através de convênio entre Secretarias de Finanças Estaduais, à prática de exigência não autorizada em lei, máxime se dirigida ao contribuinte" (TRF, 4ª Região, REO 90.04.00058/RS, Rel. Juiz Cal Garcia, *DJ*, 2, de 12-9-1990, p. 20739).

No posto de auxiliares do Presidente da República, os Ministros de Estado não são agentes superiores na hierarquia da ordem de direito positivo. Submetem-se, por força do art. 50, da *Lex Mater*, com redação dada pela Emenda Constitucional n. 132, de 20-12-2023, às convocações da Câmara dos Deputados e o Senado Federal, ou qualquer de suas Comissões, os quais poderão convocá-los, assim como quaisquer outros titulares de órgãos diretamente subordinados à Presidência da República. Deverão, assim, prestar, pessoalmente, informações sobre assunto previamente determinado, sob pena de cometerem crime de responsabilidade. Em caso de ausência, a justificativa deve ser adequada, isto é, fundamentada e, de preferência, por escrito.

São requisitos constitucionais para alguém ser Ministro de Estado:

- ser brasileiro nato ou naturalizado, incluindo-se aí os portugueses equiparados (CF, art. 12, § 1º), mas o cargo de Ministro de Estado da Defesa é privativo de brasileiro nato (CF, art. 12, § 3º, com redação dada pela EC n. 23/99);
- ser maior de 21 anos (CF, art. 87, *caput*); e
- estar no pleno exercício dos direitos políticos (CF, art. 87, *caput*).

O caráter auxiliar da atividade desempenhada pelos Ministros de Estado apresenta consequências de ordem jurídica, a começar pelo processo de *impeachment*.

Deveras, o *impeachment* dos Ministros de Estado, por crimes de responsabilidade autônomos, não conexos com infrações da mesma natureza do Presidente da República, ostenta caráter jurisdicional, devendo ser instruído e julgado pelo Supremo Tribunal Federal. Neste particular, não incide o disposto nos arts. 51, I, e 52, I, da Carta de 1988, e 14 da Lei n. 1.079/50, dado que é prescindível autorização política da Câmara dos Deputados para a sua instauração.

> **Nesse sentido:** STF, Pet. 1.656, Rel. Min. Maurício Corrêa, *DJ* de 1º-8-2003.

De outro lado, para efeito de definição da competência penal originária do Supremo Tribunal Federal, "não se consideram Ministros de Estado os titulares de cargos de natureza especial da estrutura orgânica da Presidência da República, malgrado lhes confira a lei prerrogativas, garantias, vantagens e direitos equivalentes aos dos titulares de ministérios" (STF, Pet. 1.199-AgRg, Rel. Min. Sepúlveda Pertence, *DJ* de 25-6-1999).

> **Legislação:** Decreto presidencial de 1º-10-1996: dispõe sobre a substituição de Ministros de Estado em suas ausências do Território Nacional. Organização dos Ministérios: Lei n. 9.649, de

◆ Cap. 21 ◆ ORGANIZAÇÃO DOS PODERES **1101**

27-5-1998, e Decreto n. 4.118, de 7-2-2002. Ministério do Meio Ambiente: Decreto n. 4.118, de 7-2-2002 (arts. 61 e 62).

Mas, embora desempenhe atividade de auxílio, é notória a autoridade e a importância do *munus* ministerial.

No âmbito de sua pasta, o Ministro de Estado é a autoridade máxima. A decisão final a ele pertence.

Até os pareceres, previstos nos arts. 1º, XIII, 17 e 29, do Regimento Interno da Consultoria Jurídica do Ministério da Justiça, "por mais abalizados que sejam ou por mais ilustres que sejam seus subscritores, servem, apenas, para orientar o Ministro. Se, da análise de todo o processado, o Ministro, a quem compete decidir, deles vier a discordar, pode proferir a decisão que reflita sua convicção pessoal" (STF, MS 23.201, Rel. Min. Ellen Gracie, *DJ* de 19-8-2005).

A competência dos Ministros de Estado foi *exemplificada* no Texto de 1988 (art. 87, parágrafo único, I a IV).

Nada lhes impede de desempenhar outras tarefas estabelecidas na Constituição e na *lei* — aqui entendida em sentido amplo, para abarcar não apenas os atos formalmente elaborados pelo Congresso Nacional, mas todas as espécies normativas do art. 59 da *Lex Mater*.

Eis o elenco de competências constitucionais dos Ministros de Estado:

- exercer a orientação, coordenação e supervisão dos órgãos e entidades da administração federal na área de sua competência e referendar os atos e decretos assinados pelo Presidente da República (CF, art. 87, parágrafo único, I);

    Comentário: *referendar*, nos termos do preceito, está no sentido de *autenticar, subscrever*. Não se trata de uma obrigação ou exigência. Tanto é assim que os atos assinados pelo Presidente da República, sem o *referendum* do Ministro da respectiva pasta, continuam válidos do mesmo jeito. Ora, então qual a utilidade desse preceito? Nenhuma. Trata-se de formalidade inútil, porque o Ministro que não concordar com o pensamento do Chefe do Executivo, negando-se a referendá--lo, poderá deixar o cargo, cuja nomeação presidencial é livre, a pedido ou de ofício. Logo, não é essencial a assinatura de Ministros de Estado para atos e decretos terem validade. **Nesse sentido:** "A referenda ministerial, que não se reveste de consequência de ordem processual, projeta-se, quanto aos seus efeitos, numa dimensão estritamente institucional, qualificando-se, sob tal perspectiva, como causa geradora de corresponsabilidade político-administrativa dos Ministros de Estado. Cumpre ter presente, por isso mesmo, no que concerne à função da referenda ministerial, que esta não se qualifica como requisito indispensável de validade dos decretos presidenciais" (STF, MS 22.706-1-ML, Rel. Min. Celso de Mello, *DJ*, 1, de 5-2-1997, p. 1223). **Em sentido contrário ao raciocínio aqui esposado:** Themístocles Brandão Cavalcanti, *Princípios gerais de direito público*, p. 152; e Geraldo Ataliba, *República e Constituição*, p. 71-72.

- expedir instruções para a execução das leis, decretos e regulamentos (CF, art. 87, parágrafo único, II);

    Comentário: Ministro de Estado já tinha, desde a EC n. 1/69 (art. 85, II), competência para executar leis, decretos e regulamentos. Trata-se de reserva de lei, a *Gesetzesvorbehalt* dos publicistas alemães. Quer dizer, "a lei ordinária reserva para si determinadas áreas em que a autoridade administrativa não pode bulir" (TRF, 1ª Região, 3ª T., AMS 89.01.14930-3/MG, Rel. Juiz Adhemar Maciel, *DJ*, 2, de 10-12-1990, p. 29859). Lembremos que o STJ é competente para apreciar e julgar atos de autoridade ministerial decorrente dessa atribuição constitucional. **Nesse sentido:** STJ, MS 1395/DF, Rel. Min. Peçanha Martins, *DJ* de 15-3-1993, p. 3769.

- apresentar ao Presidente da República relatório anual de sua gestão no Ministério (CF, art. 87, parágrafo único, III);
- praticar os atos pertinentes às atribuições que lhe forem outorgadas ou delegadas pelo Presidente da República (CF, art. 87, parágrafo único, IV).

Enquanto a lei ordinária disporá sobre a criação e extinção de Ministérios e órgãos da Administração Pública (CF, art. 88), sua organização e funcionamento ficam a cargo de decreto presidencial (CF, art. 84, VI, com redação dada pela EC n. 32/2001).

Vale observar que o art. 88 da Carta Suprema foi alvo da Emenda Constitucional n. 32/2001, para prever a possibilidade de Ministérios serem extintos, algo que o preceito, originariamente, não contemplava.

Na realidade, melhor seria deixar a matéria em aberto, como no Direito anterior, sem as peias da lei para dispor sobre Ministérios.

A lei ordinária prevista no art. 88 é descabida, porque adentra a esfera de liberdade do Presidente da República, a quem compete organizar a máquina administrativa *sponte propria*.

b) Conselho da República

O Conselho da República é órgão superior de consulta do Presidente da República (CF, art. 89, *caput*).

> **Criação e atribuições de Conselho de Governo em conformidade com a Constituição Federal:** "Inconstitucionalidade da inclusão do procurador-geral de Justiça e dos presidentes dos Tribunais de Justiça e de Contas na composição do Conselho de Governo" (STF, ADIn 106, Rel. Min. Gilmar Mendes, *DJ* de 25-11-2005).

Dele participam: o Vice-Presidente da República, o Presidente da Câmara dos Deputados, o Presidente do Senado, os líderes da maioria e da minoria na Câmara dos Deputados, os líderes da maioria e da minoria no Senado, o Ministro da Justiça e seis cidadãos brasileiros natos, com mais de 35 anos de idade, sendo dois nomeados pelo Presidente da República, dois eleitos pelo Senado Federal e dois eleitos pela Câmara dos Deputados, todos com mandato de três anos, vedada a recondução (CF, art. 89, I a VII).

Evidente que esse elenco de conselheiros da República é taxativo, inadmitindo alargamentos por lei, muito menos por medida provisória.

> **Lei n. 8.041, de 5-6-1990:** dispõe sobre a organização e funcionamento do Conselho da República.

O papel de auxílio ao Presidente, desempenhado pelo Conselho da República, é meramente opinativo ou consultivo. Quer dizer, o Chefe do Executivo Federal ouve os conselheiros se quiser, pois a opinião que emitem não vincula a sua vontade.

Assim, o Conselho da República só poderá *pronunciar-se*, ou seja, *exprimir-se enfaticamente*, sobre os seguintes temas:
- intervenção federal, estado de defesa e estado de sítio; e
- questões relevantes para a estabilidade das instituições democráticas.

O Presidente da República poderá convocar Ministro de Estado para participar da reunião do Conselho, quando constar da pauta questão relacionada com o respectivo Ministério (CF, art. 90, § 1º).

c) Conselho de Defesa Nacional

O Conselho de Defesa Nacional é órgão de consulta do Presidente da República nos assuntos relacionados com a soberania nacional e a defesa do Estado democrático (CF, art. 91, *caput*).

Tal órgão de auxílio do Presidente da República substituiu o Conselho de Segurança Nacional, criado pela Carta de 1937, e mantido nas constituições posteriores.

A sua composição, contudo, é essencialmente diversa daquele, o que lhe dá foros de novidade.

Dele participam como membros natos: o Vice-Presidente da República, o Presidente da Câmara dos Deputados, o Presidente do Senado, o Ministro da Justiça, o Ministro de Estado da Defesa, o Ministro das Relações Exteriores, o Ministro do Planejamento e os Comandantes da Marinha, do Exército e da Aeronáutica.

Essa enumeração é *taxativa*; não pode ser ampliada por lei, tampouco por medida provisória.

> **Lei n. 8.183, de 11-4-1991:** estabelece a organização e o funcionamento do Conselho de Defesa Nacional.

◆ Cap. 21 ◆ ORGANIZAÇÃO DOS PODERES 1103

Compete ao Conselho de Defesa Nacional, no exercício de sua função meramente opinativa e não vinculante da vontade do Presidente da República:

- opinar nas hipóteses de declaração de guerra e de celebração da paz, nos termos desta Constituição (CF, art. 91, § 1º, I);
- opinar sobre a decretação do estado de defesa, do estado de sítio e da intervenção federal (CF, art. 91, § 1º, II);
- propor os critérios e condições de utilização de áreas indispensáveis à segurança do território nacional e opinar sobre seu efetivo uso, especialmente na faixa de fronteira e nas relacionadas com a preservação e a exploração dos recursos naturais de qualquer tipo (CF, art. 91, § 1º, III); e
- estudar, propor e acompanhar o desenvolvimento de iniciativas necessárias a garantir a independência nacional e a defesa do Estado democrático (CF, art. 91, § 1º, IV).

✦ 6. PODER JUDICIÁRIO

A Constituição encerra a horografia dos Poderes clássicos do Estado dedicando um capítulo inteiro ao terceiro e último deles: o Poder Judiciário (arts. 92 a 126).

O Judiciário, nos moldes do Texto de 1988, é um poder autônomo, de enorme significado no panorama constitucional das liberdades públicas. Sua independência e imparcialidade, asseguradas constitucionalmente, são uma garantia dos cidadãos, porque ao Judiciário incumbe consolidar princípios supremos e direitos fundamentais, imprescindíveis à certeza e segurança das relações jurídicas.

Além de administrar a justiça, solucionando conflitos, o Poder Judiciário é, também, o oráculo da Constituição. Juízes e Tribunais, indistintamente, têm o dever de obediência às normas constitucionais. Para tanto, o constituinte outorgou-lhes garantias, dentre as quais a vitaliciedade, a inamovibilidade e a irredutibilidade de vencimentos, que existem para evitar reprimendas e pressões ao ofício de julgar.

Na realidade, o "que o Estado faz pela magistratura não entra na categoria dos gastos, mas de investimento" (Edgar de Moura Bittencourt), pois "o aceno das decisões depende também do grau de cultura dos magistrados. Onde os governos estaduais se obstinam de pagar reles vencimentos, não haverá senão uns poucos vocacionados para a função judiciária, ao lado de muitos puramente acomodados" (Adriano Marrey).

De fato, "Assegure a Nação aos magistrados, em geral, um padrão mínimo de remuneração: é curial, como meio de dar-lhes as bases de independência, que deles exige" (Acácio Rebouças).

◇ 6.1. Funções típicas e atípicas do Poder Judiciário

A função *típica, imediata, primária* ou *própria* do Poder Judiciário é, simplesmente, *julgar*. Compete-lhe dirimir conflitos de interesses, aplicando a lei nas hipóteses concretas, produzindo coisa julgada, formal e material, no que substitui a vontade das partes.

Os órgãos do Judiciário, portanto, compõem conflitos de interesses em cada caso concreto, integrando o sistema de composição de litígios.

Aí está a *função jurisdicional* ou *jurisdição*, que é o poder-dever de aplicar autoritativamente as normas jurídicas, mediante a substituição de uma atividade pública por uma alheia, diante de questões contenciosas.

A *jurisdição* exercita-se por meio de ordens gerais e abstratas, que equivalem a ordens legais, porquanto dessumidas das leis, e, eventualmente, dos costumes, equidade, princípios gerais de Direito e analogia.

Nesse ínterim, o juiz deverá levar em conta os fins sociais a que os preceitos normativos se dirigem e as exigências do bem comum (LINDB, arts. 4º e 5º).

Evidente que a jurisdição possui características inequívocas. É, em regra, **inerte**, porquanto nenhum magistrado poderá exercê-la de ofício, sem prévia provocação. Decorre da presunção de litígio, pois se inexistir **conflito de interesses**, qualificado por uma pretensão resistida — lide — não há falar nela. Por outro lado, a jurisdição é **pública**, sendo dever do Estado-Juiz aplicá-la em nome do interesse geral, para satisfazer o bem comum. É, também, **subsidiária**. Tem como fundamento a substituição dos particulares no conflito, sendo exercida por seus agentes, que não agem em nome próprio, mas na qualidade de representantes do Estado. Enfim, a jurisdição é **una**, em todo o território federal, **indelegável**, **improrrogável** e **indivisível**, devido ao caráter subsidiário e autoritativo que possui, exteriorizado pelo seu **poder-dever** de dirimir litígios.

Mas o Judiciário não julga apenas aplicando contenciosamente a lei a fatos particulares. Se esta é a sua função típica, imediata, primária ou própria, certamente ele exerce outras tarefas, chamadas *atípicas*, *secundárias* ou *impróprias*, como decorrência do princípio da separação de Poderes (CF, art. 2º).

Seria inadmissível leis ou expedientes administrativos disporem sobre assuntos *interna corporis* dos órgãos jurisdicionais. Juízes seriam intimidados, o *munus* judicante estaria comprometido, a independência dos julgamentos encontraria empecilhos, o controle judicial de legalidade dos atos normativos e administrativos perderia a razão de ser e o direito fundamental de os cidadãos terem um Judiciário imune a pressões externas aniquilar-se-ia.

Como o regime constitucional das liberdades públicas exige independência e imparcialidade nos julgamentos, o Poder Judiciário, além de dirimir conflitos de interesses — atribuição que lhe é afeta por excelência —, também *legisla* e *administra*.

Desempenha *função legislativa* quando edita normas regimentais, porque lhe cabe elaborar seus regimentos internos, com base nas normas processuais e nas garantias individuais e metaindividuais das partes, dispondo acerca da competência e do funcionamento de seus corpos internos.

De outra parte, exerce *função administrativa*, no momento que concede férias aos juízes e serventuários, organiza o quadro de pessoal, provendo cargos de carreira na respectiva jurisdição.

Mas a função jurisdicional ou jurisdição não se confunde com as atividades legislativa e executiva.

É simples diferençar a *legislativa* da *jurisdicional*. Na primeira, o Estado elabora normas jurídicas para na segunda aplicá-la na solução de litígios. Daí, o ato jurisdicional típico, verdadeira ordem particularizada e concreta, dirigida a um bem específico: a sentença.

A dificuldade está em diferençar a atividade *jurisdicional* (*juris dicere*) da *executiva* (*jus exequi*).

Giuseppe Chiovenda esclareceu o ponto. Ensinou que a atividade *jurisdicional* é substitutiva, secundária ou coordenada, enquanto a *administrativa* é primária ou originária e autônoma, porquanto imposta diretamente pela lei ao Executivo. "Em outros termos, o juiz age atuando a lei; a administração age em conformidade com a lei; o juiz considera a lei em si mesma; o administrador considera-a como norma de sua própria conduta" (*Instituições de direito processual civil*, p. 12).

Porém, adotando o *critério orgânico*, extraído da própria Constituição de 1988, é possível distinguir, com facilidade, as atividades *jurisdicional* e *executiva*.

Na função *jurisdicional*, a matéria inclui-se na competência dos órgãos judiciários. Só o Poder Judiciário detém seu monopólio, competindo-lhe controlar a legalidade dos atos normativos e administrativos (CF, art. 5º, XXXV). Dessa forma, o Texto Supremo vedou a existência do contencioso administrativo, não sendo possível desenvolver-se, no seio do Executivo, órgãos que desempenhem atividades exclusivas do Judiciário, com atribuições e garantias próprias da magistratura. Apenas os depositários da função jurisdicional do Estado podem apreciar atos administrativos, envoltos em controvérsias jurídicas. O contrário seria transformar a administração em jurisdição, subvertendo o primado da separação de Poderes (CF, art. 2º).

De outro lado, função *administrativa* é a que se conferiu aos órgãos executivos.

Em ambas, hão de ser observadas as tarefas atípicas de cada uma.

❖ 6.2. Estatuto da Magistratura — reserva de lei complementar federal

Lei complementar, de iniciativa do Supremo Tribunal Federal, disporá sobre o Estatuto da Magistratura (CF, art. 93, *caput*).

Assim, a Constituição de 1988 previu, para a Corte Excelsa, uma *reserva de lei complementar federal*, área que nenhum outro órgão da República poderá invadir. Até hoje, porém, a lei em causa não veio a

◆ Cap. 21 ◆ ORGANIZAÇÃO DOS PODERES 1105

lume. O Estatuto da Magistratura que, aos trancos e barrancos, ainda vigora é o promulgado na vigência do ordenamento pretérito.

Lei Orgânica da Magistratura Nacional: Lei Complementar n. 35, de 14-3-1979.

Aliás, o Supremo Tribunal Federal proclamou, em diversos julgados, a recepção da Lei Orgânica da Magistratura pelo art. 93 da Carta de 1988.

Nesse sentido: STF, HC 68.210, Rel. Min. Sepúlveda Pertence, *DJ* de 21-8-1992; STF, ADIn 841-QO, Rel. Min. Carlos Velloso, *DJ* de 21-10-1994; STF, AO 185, Rel. Min. Ellen Gracie, *DJ* de 2-8-2002; STF, ADIn 2.580, Rel. Min. Carlos Velloso, *DJ* de 21-2-2003; STF, ADIn 1.985, Rel. Min. Eros Grau, *DJ* de 13-5-2005.

Realmente, a aplicabilidade das normas e princípios inscritos no art. 93 independe da promulgação do Estatuto da Magistratura, "em face do caráter de plena e integral eficácia de que se revestem aqueles preceitos" (STF, ADIn 189, Rel. Min. Celso de Mello, *DJ* de 22-5-1992).

Esse entendimento, contudo, não descarta a necessidade de editar outro Estatuto da Magistratura, porque existem temas que precisam de nova regulamentação, devido à inoperância da Lei Complementar n. 35/79 diante de diversas situações.

O art. 93, *caput*, da Constituição, que traz o *princípio da reserva de lei complementar federal*, em nada impede os órgãos do Poder Judiciário de exercerem o amplo poder de dispor, em seus regimentos internos, sobre a competência de seus órgãos jurisdicionais, desde que respeitadas as regras de processo e os direitos processuais das partes.

Precedente: STF, HC 74.190, Rel. Min. Moreira Alves, *DJ* de 7-3-1997.

Mas o legislador estadual não poderá adentrar na reserva de lei complementar federal do art. 93. Daí o Supremo Tribunal ter declarado inconstitucionais várias leis estaduais, que previam regras para a remoção e promoção de juízes, pena de demissão, remoção e disponibilidade compulsórias de magistrados, proibição de férias coletivas, permuta de cargos, readmissão de juiz etc.

Precedentes: STF, ADIn 1.152-MC, Rel. Min. Celso de Mello, *DJ* de 3-2-1995; STF, ADIn 202, Rel. Min. Octavio Gallotti, *DJ* de 7-3-1997; STF, ADIn 1.422, Rel. Min. Ilmar Galvão, *DJ* de 12-11-1999; STF, ADIn 575, Rel. Min. Sepúlveda Pertence, *DJ* de 25-6-1999; STF, ADIn 2.983, Rel. Min. Carlos Velloso, *DJ* de 15-4-2005; STF, ADIn 2.494, Rel. Min. Eros Grau, *DJ* de 1º-11-2006; STF, ADIn 3.227, Rel. Min. Gilmar Mendes, *DJ* de 20-9-2006.

✧ 6.3. Princípios constitucionais-estatutários da magistratura

Princípios constitucionais-estatutários da magistratura são os que vêm previstos no art. 93, I a XV, da Constituição Federal.

Ei-los:

• **Ingresso na carreira** — dá-se no cargo inicial de juiz substituto, mediante concurso público de provas e títulos, com a participação da OAB em todas as fases do certame. Deve o bacharel em Direito ter, no mínimo, três anos de atividade jurídica, obedecendo-se, nas nomeações, à ordem de classificação. A contagem desse triênio começa da data de conclusão do curso de Direito, indo até a data de inscrição definitiva no processo de seleção (STF, ADIn 3.460/DF, Rel. Min. Carlos Britto, decisão de 31-8-2006).

> **Flexibilização da terminologia *atividades jurídicas*** — o Supremo tem flexibilizado o sentido da terminologia *atividades jurídicas*, de modo a incluir funções materialmente jurídicas, cujo desempenho exijam a formação em direito. Exemplos: pareceres sobre minutas e editais de licitação, dispensa ou inexigibilidade de licitação, aplicação de sanções administrativas, recursos administrativos contra certames licitatórios e convênios com entidades públicas e privadas etc. (STF, MS 27.604/DF, Rel. Min. Carlos Britto, j. em 7-10-2010).

1106 ◆ Uadi Lammêgo Bulos ◆

Comprovação de atividade jurídica para ingresso no cargo de juiz substituto ocorre na inscrição definitiva: o Supremo Tribunal Federal, em sua composição plenária e por maioria de votos, seguindo a linha de sua própria jurisprudência (ADI 3.460), firmou a seguinte tese com repercussão geral: "A comprovação do triênio de atividade jurídica exigida para o ingresso no cargo de juiz substituto, nos termos do artigo 93, inciso I, da Constituição Federal, deve ocorrer no momento da inscrição definitiva no concurso público" (STF, RE 655.265, Rel. Luiz Fux, j. 13-4-2016).

* **Promoção** — deve ser de entrância para entrância, alternadamente, por antiguidade e merecimento, atendidas as seguintes normas: **(i)** obrigatoriedade de se promover juiz que figure por três vezes consecutivas ou cinco alternadas em lista de merecimento; **(ii)** pressuposição, para se promover por merecimento, que o magistrado exerceu, por dois anos, a sua atividade na respectiva entrância e integrou a primeira quinta parte da lista de antiguidade desta, salvo se não houver com tais requisitos quem aceite o lugar vago; **(iii)** aferição do merecimento conforme o desempenho e pelos critérios objetivos de produtividade e presteza no exercício da jurisdição e pela frequência e aproveitamento em cursos oficiais ou reconhecidos de aperfeiçoamento; **(iv)** na apuração de antiguidade, o tribunal somente poderá recusar o juiz mais antigo pelo voto fundamentado de 2/3 de seus membros, conforme procedimento próprio, e assegurada ampla defesa, repetindo-se a votação até fixar-se a indicação; **(v)** não será promovido o juiz que, injustificadamente, retiver autos em seu poder além do prazo legal, não podendo devolvê-los ao cartório sem o devido despacho ou decisão.
* **Acesso aos tribunais de segundo grau** — far-se-á por antiguidade e merecimento, alternadamente, apurados na última ou única entrância.
* **Previsão de cursos oficiais de preparação, aperfeiçoamento e promoção de magistrados** — constitui etapa obrigatória do processo de vitaliciamento a participação em curso oficial ou reconhecido por escola nacional de formação e aperfeiçoamento de magistrados.
* **Subsídio dos membros dos Tribunais Superiores** — corresponderá a 95% do subsídio mensal fixado para os Ministros do Supremo Tribunal Federal, e os subsídios dos demais magistrados serão fixados em lei e escalonados, em nível federal e estadual, conforme as respectivas categorias da estrutura judiciária nacional, não podendo a diferença entre uma e outra ser superior a 10% ou inferior a 5%, nem exceder a 95% do subsídio mensal dos Ministros dos Tribunais Superiores, obedecido, em qualquer caso, o disposto nos arts. 37, XI, e 39, § 4º, da Carta Magna.
* **Aposentadoria dos magistrados e a pensão de seus dependentes** — seguem o disposto no art. 40 da Constituição.

> **Magistrado aposentado — Ajuda de custo — Auxílio-moradia:** "o Supremo Tribunal Federal já proclamou, por mais de uma vez, que o rol inscrito no art. 65 da LOMAN reveste-se de taxatividade, encerrando, por isso mesmo, no que se refere às vantagens pecuniárias titularizáveis por magistrados, verdadeiro *numerus clausus*, a significar, desse modo, que não se legitima a percepção, pelos juízes, de qualquer outra vantagem pecuniária que não se ache expressamente relacionada na norma legal em questão (...). Mostra-se relevante observar, neste ponto, considerada a estrita disciplina jurídica que a LOMAN impôs à remuneração judiciária, que a percepção, por magistrados, de vantagens pecuniárias (como a ajuda de custo, para moradia), em desacordo com a própria LOMAN, por implicar transgressão à lei, não legitima a invocação de direito adquirido, pois, como se sabe, não há situação configuradora de válida aquisição de direitos, quando resultante de violação ao ordenamento normativo do Estado (...). O que não parece razoável, contudo, é deferir-se auxílio-moradia a juízes que já se achem aposentados, não mais estando, em consequência, no efetivo exercício da função jurisdicional, pois a situação de inatividade funcional descaracterizaria a própria razão de ser que justifica a percepção da mencionada ajuda de custo. Vale referir, neste ponto, que o critério da razoabilidade — que se qualifica como pressuposto de aferição da constitucionalidade material de atos estatais ou, como na espécie, de postulações de ordem jurídica manifestadas pelos próprios administrados — extrai a sua justificação dogmática de diversas cláusulas constitucionais, notadamente daquela que veicula, em sua dimensão substantiva ou material, o princípio do *due process of law*" (STF, MS 28.135-MC/DF, Rel. Orig. Min. Ellen Gracie, Rel. p/ ac. Min. Celso de Mello, *DJE* de 5-8-2009).

◆ Cap. 21 ◆ ORGANIZAÇÃO DOS PODERES **1107**

- **Dever de residir na comarca** — o juiz titular residirá na respectiva comarca, salvo autorização do tribunal.
- **Remoção, disponibilidade e aposentadoria do magistrado por interesse público** — depende de decisão tomada pelo voto da maioria absoluta do respectivo Tribunal ou do Conselho Nacional de Justiça, assegurada ampla defesa.
- **Remoção a pedido ou permuta de magistrados de comarca de igual entrância** — atende, no que couber, o art. 93, II, *a*, *b*, *c*, *e*.
- **Emenda Constitucional n. 130, de 3-10-2023** — alterou o art. 93 da Constituição Federal para permitir a permuta entre juízes de direito vinculados a diferentes tribunais. O art. 93 da Constituição Federal passou a vigorar com os seguintes incisos: "VIII-A — a remoção a pedido de magistrados de comarca de igual entrância atenderá, no que couber, ao disposto nas alíneas *a*, *b*, *c* e *e* do inciso II do *caput* deste artigo e no art. 94 desta Constituição"; e "VIII-B — a permuta de magistrados de comarca de igual entrância, quando for o caso, e dentro do mesmo segmento de justiça, inclusive entre os juízes de segundo grau, vinculados a diferentes tribunais, na esfera da justiça estadual, federal ou do trabalho, atenderá, no que couber, ao disposto nas alíneas *a*, *b*, *c* e *e* do inciso II do *caput* deste artigo e no art. 94 desta Constituição;".
- **Publicidade dos julgamentos** — todos os julgamentos do Poder Judiciário serão públicos e fundamentadas todas as suas decisões.
- **Decisões administrativas dos tribunais** — devem ser motivadas e em sessão pública, sendo as disciplinares tomadas pelo voto da maioria absoluta de seus membros.
- **Órgão especial** — nos tribunais com número superior a vinte e cinco julgadores, poderá ser constituído órgão especial, com o mínimo de onze e o máximo de vinte e cinco membros, para o exercício das atribuições administrativas e jurisdicionais delegadas da competência do tribunal pleno, provendo-se metade das vagas por antiguidade e a outra metade por eleição pelo tribunal pleno.
- **Atividade jurisdicional ininterrupta** — são vedadas férias coletivas nos juízos e tribunais de segundo grau, devendo funcionar, nos dias em que não houver expediente forense normal, juízes em plantão permanente.
- **Número de juízes na unidade jurisdicional** — deve ser proporcional à efetiva demanda judicial e à respectiva população.
- **Delegação a servidores** — os servidores receberão delegação para a prática de atos de administração e atos de mero expediente sem caráter decisório.
- **Distribuição de processos** — deve ser imediata, em todos os graus de jurisdição.

◇ 6.4. Regra do quinto constitucional

A regra do quinto constitucional, para a composição dos Tribunais Regionais Federais, dos Tribunais dos Estados, Distrito Federal e Territórios, encontra-se prevista no art. 94, *caput*, e parágrafo único.

> **Extensão da regra do quinto constitucional aos Tribunais do Trabalho:** "Com a promulgação da Emenda Constitucional n. 45/2004, deu-se a extensão, aos tribunais do trabalho, da regra do 'quinto' constante do artigo 94 da Carta Federal" (STF, ADIn 3.490, Rel. Min. Marco Aurélio, *DJ* de 7-4-2006).

Desse modo, um quinto dos lugares dos Tribunais Regionais Federais, dos Tribunais dos Estados, e do Distrito Federal e Territórios será composto de:
- membros do Ministério Público, com mais de dez anos de carreira; e

> **Princípio constitucional da paridade entre o Ministério Público e a advocacia**: "A norma do § 2º do art. 100 da Loman, Lei Complementar 35/79, é aplicável quando, ocorrendo vaga a ser preenchida pelo quinto constitucional, uma das classes se acha em inferioridade na composição do Tribunal. No preenchimento, então, dessa vaga, inverter-se-á a situação: a classe que se achava em inferioridade passa a ter situação de superioridade, atendendo-se, destarte, ao princípio

1108 ◆ Uadi Lammêgo Bulos ◆

constitucional da paridade entre as duas classes, Ministério Público e advocacia. Precedente do STF: MS 20.597-DF, Octavio Gallotti, Plenário, RTJ 120/75" (STF, MS 23.972, Rel. Min. Carlos Velloso, *DJ* de 29-8-2003).

* advogados de notório saber jurídico e de reputação ilibada, com mais de dez anos de efetiva atividade profissional.

> **Dispensa do desempenho de dez anos de profissão:** "Inconstitucionalidade, por igual, da dispensa de exigência, quanto aos lugares destinados aos advogados e integrantes do Ministério Público, do desempenho de dez anos em tais atividades" (STF, ADIn 160, Rel. Min. Octavio Gallotti, *DJ* de 20-11-1998).

Ambos devem ser indicados em lista sêxtupla pelos órgãos de representação das respectivas classes, ou seja, Ministério Público e Ordem dos Advogados do Brasil.

> **Quinto constitucional e lista sêxtupla:** "1. Ação Direta de Inconstitucionalidade. 2. Embargos Infringentes. Cabimento, na hipótese, de recurso interposto antes da vigência da Lei n. 9.868, de 10 de novembro de 1999. 3. Cargos vagos de juízes do TRT. Composição de lista. 4. Requisitos dos arts. 94 e 115 da Constituição: quinto constitucional e lista sêxtupla. 5. Ato normativo que menos se distancia do sistema constitucional, ao assegurar aos órgãos participantes do processo a margem de escolha necessária. 6. Salvaguarda simultânea de princípios constitucionais em lugar da prevalência de um sobre outro. 7. Interpretação constitucional aberta que tem como pressuposto e limite o chamado 'pensamento jurídico do possível'. 8. Lacuna constitucional. 9. Embargos acolhidos para que seja reformado o acórdão e julgada improcedente a ADIn 1.289, declarando-se a constitucionalidade da norma impugnada" (STF, Embargo Infringente na ADIn 1.289/DF, Rel. Min. Gilmar Mendes, *DJ* de 27-2-2004).

A regra do quinto constitucional não se estende aos Tribunais Superiores, pois cada um deles segue requisitos próprios de composição e investidura.

> **Composição dos Tribunais Regionais do Trabalho em decorrência da extinção da representação classista na justiça laboral:** "Emenda Constitucional n. 24/99. Vagas destinadas a advogados e membros do Ministério Público do Trabalho. Critério de proporcionalidade. Por simetria com os TRF's e todos os demais tribunais de grau de apelação, as listas tríplices haverão de ser extraídas das listas sêxtuplas encaminhadas pelos órgãos representativos de ambas as categorias, a teor do disposto no art. 94, *in fine*. A regra de escolha da lista tríplice, independentemente de indicação pelos órgãos de representação das respectivas classes é restrita aos tribunais superiores (TST e STJ). Não procede a pretensão da impetrante de aplicar aos Tribunais Regionais do Trabalho a regra especial de proporcionalidade estatuída pelo § 1º do art. 111 da Constituição, alusiva ao Tribunal Superior do Trabalho" (STF, MS 23.769, Rel. Min. Ellen Gracie, *DJ* de 30-4-2004).

Vale observar que o art. 94, em estudo, aplica-se independentemente de a composição do Tribunal somar, ou não, um múltiplo de cinco.

> **Arredondamento para o número inteiro seguinte:** "Se o número total de sua composição não for divisível por cinco, arredonda-se a fração restante (seja superior ou inferior à metade) para o número inteiro seguinte, a fim de alcançar-se a quantidade de vagas destinadas ao quinto constitucional destinado ao provimento por advogados e membros do Ministério Público" (STF, AO 493, Rel. Min. Octavio Gallotti, *DJ* de 10-11-2000).

Evidente que se a divisão dos membros de uma dada corte de justiça não resultar num número inteiro, o arredondamento deverá ser para cima. Evita-se assim uma sub-representação dos membros do *Parquet* e dos advogados, o que seria inconstitucional.

> **Nesse sentido:** "Se um quinto é dos advogados e dos membros do Ministério Público Federal, quatro quintos serão dos juízes de carreira. Observada a regra de hermenêutica — a norma expressa prevalece sobre a norma implícita — força é convir que, se o número total da composição não for múltiplo de cinco, arredonda-se a fração — superior ou inferior a meio — para cima, obtendo-se, então, o número inteiro seguinte. É que, se assim não for feito, o Tribunal não terá

◆ Cap. 21 ◆ ORGANIZAÇÃO DOS PODERES **1109**

na sua composição um quinto de juízes oriundos da advocacia e do Ministério Público Federal, com descumprimento da norma constitucional (CF, arts. 94 e 107, I)" (STF, Pleno, MS 22.323-5/SP, Rel. Min. Carlos Velloso, *Ementário de Jurisprudência* n. 1824-10).

Recebidas as indicações, o Tribunal formará lista tríplice, enviando-a ao Poder Executivo, que, nos vinte dias subsequentes, escolherá um de seus integrantes para nomeação (CF, art. 94, parágrafo único).

Assim, cumpre ao respectivo Tribunal, que deverá ter a vaga preenchida, reduzir a lista sêxtupla a, apenas, três dos nomes indicados. Um deles é escolhido pelo Chefe do Executivo.

> **Elaboração de lista tríplice por Tribunal de Justiça** — a Ministra Cármen Lúcia suspendeu decisão do Conselho Nacional de Justiça que havia anulado votação do Tribunal de Justiça de Rondônia sobre elaboração de lista tríplice para o preenchimento de vaga destinada ao quinto constitucional (STF, MS 30.531/DF, Rel. Min. Cármen Lúcia, j. em 13-5-2011).

✧ 6.5. Garantias do Poder Judiciário

Pela relevantíssima responsabilidade que ostentam, os juízes gozam de *garantias institucionais-funcionais*. Sem elas, o Poder Judiciário cederia a pressões de todo tipo. Têm tanta importância que Alexander Hamilton chegou a dizer que os predicamentos dos juízes comparam-se aos do Presidente dos Estados Unidos da América, mas com uma diferença: os juízes, por serem vitalícios, necessitam de proteções muito mais fortes e duradouras do que aquelas conferidas ao Chefe do Executivo estadunidense (*Os artigos federalistas*: 1787-1788, p. 331 e s.).

A Constituição de 1988 previu dois tipos de garantias para a magistratura:

* *garantias constitucionais institucionais*; e
* *garantias constitucionais funcionais*.

Ambas essas garantias não são privilégios ou benesses, mas sim instrumentos de imparcialidade e autonomia, existentes em defesa dos próprios jurisdicionados. Inexistem para servir a esquemas. Objetivam salvaguardar o interesse público, pois quem tiver uma prerrogativa a defender em juízo nelas encontrará o reduto necessário ao exame imparcial de suas pretensões. Por isso, são insuprimíveis, violando o pórtico da separação de Poderes qualquer proposta de emenda à Constituição tendente a aboli-las (CF, art. 60, § 4º, III).

Na realidade, as garantias da magistratura existem para:

* contribuir na defesa *imparcial* dos direitos e garantias fundamentais;
* conferir aos membros do Poder Judiciário tranquilidade e segurança, imprescindíveis à tomada de decisões independentes;
* preservar a regularidade processual, contra a corrupção, a desonestidade e a chicana;
* resguardar a democracia, a independência do Poder Judiciário, em face dos demais Poderes da República; e
* permitir a liberdade de pensamento dos juízes, inclusive no controle da legalidade dos atos político-governamentais, que venham a causar lesões ou ameaças a direitos individuais e coletivos.

a) Garantias institucionais da magistratura

Garantias institucionais da magistratura são as que propiciam a independência do Poder Judiciário perante os Poderes Legislativo e Executivo.

São amplas, porque se projetam em todos os órgãos do Judiciário, abrangendo, do Ministro do Supremo Tribunal Federal ao juiz de primeiro grau de jurisdição.

Possuem tanta importância que constitui crime de responsabilidade atentar contra o seu livre exercício (CF, art. 85, II).

Pela sistemática da Carta de 1988, tais garantias concentram-se, basicamente, nas seguintes autonomias:

* *autonomia orgânico-administrativa* — equivale à competência privativa dos tribunais (CF, art. 96, I a III); e

1110 ◆ Uadi Lammêgo Bulos ◆

• *autonomia administrativa, financeira e orçamentária* — corresponde a uma plêiade de normas constitucionais de fundo econômico, submetidas ao *princípio do autogoverno da magistratura* (CF, art. 99, §§ 1º a 5º).

a.1) Autonomia orgânico-administrativa do Poder Judiciário

A *autonomia orgânico-administrativa do Judiciário* é uma garantia institucional da magistratura, concretizando-se por meio da competência privativa dos órgãos jurisdicionais, referidos no art. 96, I a III, da Carta Magna.

Essas competências são *indelegáveis*, pois integram o *autogoverno da magistratura* — princípio disposto no art. 99 da Constituição, que abrange, inclusive, a capacidade de os *tribunais* se organizarem por si mesmos, para preservar a independência e a imparcialidade de seus membros.

> **Significado da palavra *tribunais* do art. 96, I, da CF**: nos termos do art. 96, I, da Constituição, *tribunais* — escrito com minúscula — significa todos os órgãos jurisdicionais colegiados, ou seja, Supremo Tribunal Federal, Superior Tribunal de Justiça, Tribunal Superior Eleitoral, Superior Tribunal Militar, Tribunal Superior do Trabalho, Tribunais Regionais Federais, Tribunais Regionais do Trabalho, Tribunais Regionais Eleitorais, Tribunais de Justiça e Tribunal Militar. Se escrevermos *Tribunais*, com letra inicial maiúscula, apenas nos reportaremos às Cortes Superiores, quais sejam, Supremo Tribunal Federal, Superior Tribunal de Justiça, Tribunal Superior Eleitoral, Superior Tribunal Militar e Tribunal Superior do Trabalho.

Assim, compete privativamente a todos os órgãos colegiados do Judiciário brasileiro (CF, art. 96, I):

• eleger seus órgãos diretivos e elaborar seus regimentos internos, com observância das normas de processo e das garantias processuais das partes, dispondo sobre a competência e o funcionamento dos respectivos órgãos jurisdicionais e administrativos;

> **Campo de regulamentação das leis e o dos regimentos internos dos tribunais:** "Com o advento da Constituição Federal de 1988, delimitou-se, de forma mais criteriosa, o campo de regulamentação das leis e o dos regimentos internos dos tribunais, cabendo a estes últimos o respeito à reserva de lei federal para a edição de regras de natureza processual (CF, art. 22, I), bem como às garantias processuais das partes, 'dispondo sobre a competência e o funcionamento dos respectivos órgãos jurisdicionais e administrativos' (CF, art. 96, I, a). São normas de direito processual as relativas às garantias do contraditório, do devido processo legal, dos poderes, direitos e ônus que constituem a relação processual, como também as normas que regulem os atos destinados a realizar a *causa finalis* da jurisdição. Ante a regra fundamental insculpida no art. 5º, LX, da Carta Magna, a publicidade se tornou pressuposto de validade não apenas do ato de julgamento do Tribunal, mas da própria decisão que é tomada por esse órgão jurisdicional" (STF, ADIn 2.970, Rel. Min. Ellen Gracie, *DJ* de 12-5-2006). **Precedente:** STF, ADIn 2.700-MC, Rel. Min. Sydney Sanches, *DJ* de 7-3-2003.
>
> **Autonomia administrativa para os tribunais definirem regras de eleição de seus dirigentes** — o Supremo Tribunal Federal reafirmou seu entendimento de que a autonomia administrativa dos tribunais permite o prevalecimento das regras previstas no regimento interno de cada corte. A Constituição de 1988, ao contrário da anterior, não incluiu no rol de princípios a serem observados na Lei Orgânica da Magistratura a disciplina da eleição, ficando a matéria no âmbito da autonomia administrativa dos tribunais. Por tal motivo, o art. 102 da Loman não foi recepcionado pela Carta de 1988, como já se decidiu na ADI 3976 (STF, ADI 3504, Rel. Min. Marco Aurélio, j. 14-9-2020).

• organizar suas secretarias e serviços auxiliares e os dos juízos que lhes forem vinculados, velando pelo exercício da atividade correicional respectiva;

> **Competência do Tribunal de Justiça para criar e disciplinar seus serviços auxiliares:** "Inconstitucionalidade da estipulação de prazo para que o Tribunal de Justiça envie projeto de lei dispondo sobre matéria que lhe é privativa" (STF, ADIn 106, Rel. Min. Gilmar Mendes, *DJ* de 25-11-2005).

◆ Cap. 21 ◆ ORGANIZAÇÃO DOS PODERES **1111**

- prover, na forma prevista nesta Constituição, os cargos de juiz de carreira da respectiva jurisdição;

> **Provimento de cargo de desembargador:** "O provimento do cargo de desembargador, mediante promoção de juiz de carreira, é ato privativo do Tribunal de Justiça (CF, art. 96, I, c). Inconstitucionalidade de disposição constante da Constituição de Pernambuco, art. 58, § 2º, que diz caber ao Governador o ato de provimento desse cargo" (STF, ADIn 314, Rel. Min. Carlos Velloso, *DJ* de 20-4-2001).

- propor a criação de novas varas judiciárias;

> **Lei de Organização Judiciária do Estado:** "Inobservância da iniciativa legislativa do Tribunal de Justiça: CF, art. 96, II, *d*. Supressão do processo legislativo: inconstitucionalidade" (STF, ADIn 3.131, Rel. Min. Carlos Velloso, *DJ* de 18-6-2004).

- prover, por concurso público de provas, ou de provas e títulos, obedecido o disposto no art. 169, parágrafo único, os cargos necessários à administração da Justiça, exceto os de confiança assim definidos em lei;
- conceder licença, férias e outros afastamentos a seus membros e aos juízes e servidores que lhes forem imediatamente vinculados.

De outro lado, compete, privativamente, ao Supremo Tribunal Federal, Superior Tribunal de Justiça, Tribunal Superior Eleitoral, Superior Tribunal Militar, Tribunal Superior do Trabalho e aos Tribunais de Justiça proporem ao Poder Legislativo respectivo (CF, art. 96, II):

- a alteração do número de membros dos tribunais inferiores;

> **Princípio da iniciativa privativa:** "Artigo 85 da Constituição do Estado de Rondônia, que elevou para treze o número de desembargadores do Tribunal de Justiça. Ofensa manifesta ao princípio da iniciativa privativa, para o assunto, do Tribunal de Justiça, consagrada no art. 96, II, *a*, da Constituição Federal, de observância imperiosa pelo poder constituinte derivado estadual, como previsto no art. 11 do ADCT/88. Procedência da ação, para declarar inconstitucional a expressão 'treze' contida no referido dispositivo" (STF, ADIn 142, Rel. Min. Ilmar Galvão, *DJ* de 6-9-1996).

- a criação e a extinção de cargos e a remuneração dos seus serviços auxiliares e dos juízos que lhes forem vinculados, bem como a fixação do subsídio de seus membros e dos juízes, inclusive dos tribunais inferiores, onde houver;

> **Reserva de iniciativa de lei:** "A EC 19/1998 deixou intocada na Constituição originária a reserva à iniciativa dos Tribunais dos projetos de lei de fixação da remuneração dos magistrados e servidores do Poder Judiciário (art. 96, II, *b*); e, no tocante às Assembleias Legislativas, apenas reduziu a antiga competência de fazê-lo por resolução ao poder de iniciativa dos respectivos projetos de lei (art. 27, § 2º): tais normas de reserva da iniciativa de leis sobre subsídios ou vencimentos, à primeira vista, são de aplicar-se à determinação de tetos ou subtetos" (STF, ADIn 2.087-MC, Rel. Min. Sepúlveda Pertence, *DJ* de 19-9-2003). **Precedente:** STF, ADIn 965, Rel. Min. Maurício Corrêa, *DJ* de 8-9-2000).

- a criação ou extinção dos tribunais inferiores;

> **Reprodução obrigatória nas constituições estaduais do modelo federal:** "A Constituição Federal reservou aos Tribunais de Justiça a iniciativa legislativa relacionada à auto-organização da magistratura, não restando ao constituinte ou ao legislador estadual senão reproduzir os respectivos textos na Carta Estadual, sem qualquer margem para obviar a exigência da Carta Federal" (STF, ADIn 2.011-MC, Rel. Min. Ilmar Galvão, *DJ* de 4-4-2003).

- a alteração da organização e da divisão judiciárias;

> **Iniciativa do Tribunal de Justiça:** "Compete ao Tribunal de Justiça deflagrar o processo de elaboração de leis que disponham sobre a instituição do selo de controle administrativo dos atos dos

1112 ◆ Uadi Lammêgo Bulos ◆

serviços notariais e de registro (CF, art. 99, II, *d*, c/c o art. 236, § 1º)" (STF, ADIn 3.151, Rel. Min. Carlos Britto, *DJ* de 28-4-2006).

Por fim, compete, privativamente, aos Tribunais de Justiça, ressalvada a competência da Justiça Eleitoral (CF, art. 96, III):

> **Competência por prerrogativa de função do Tribunal de Justiça para julgar crime contra a honra de magistrado estadual em função eleitoral, praticado por Juiz de Direito:** "Firme a jurisprudência do Supremo Tribunal no sentido de que a única ressalva à competência por prerrogativa de função do Tribunal de Justiça para julgar juízes estaduais, nos crimes comuns e de responsabilidade, é a competência da Justiça eleitoral" (STF, RE 398.042, Rel. Min. Sepúlveda Pertence, *DJ* de 6-2-2004).

- julgar os juízes estaduais, do Distrito Federal e Territórios; e

> **Crimes de competência da Justiça Federal:** "Nos termos do art. 96, III, da Constituição, compete aos Tribunais de Justiça julgar os juízes estaduais, mesmo quando acusados de crimes de competência da Justiça Federal" (STF, HC 77.558, Rel. Min. Carlos Velloso, *DJ* de 7-5-1999).

- julgar os membros do Ministério Público estadual, distrital e territorial, nos crimes comuns e de responsabilidade.

> **Membros do Ministério Público da União — Competência do STJ:** "Os membros do Ministério Público da União, que atuam perante quaisquer Tribunais judiciários, estão sujeitos à jurisdição penal originária do Superior Tribunal de Justiça (CF, art. 105, I, *a*), a quem compete processá-los e julgá-los nos ilícitos penais comuns, ressalvada a prerrogativa de foro do Procurador-Geral da República, que tem, no Supremo Tribunal Federal, o seu juiz natural (CF, art. 102, I, *b*). A superveniente investidura do membro do Ministério Público da União, em cargo ou em função por ele efetivamente exercido perante tribunais, tem a virtude de deslocar, *ope constitutionis*, para o Superior Tribunal de Justiça, a competência originária para o respectivo processo penal condenatório, ainda que a suposta prática delituosa tenha ocorrido quando o Procurador da República se achava no desempenho de suas atividades perante magistrado federal de primeira instância" (STF, HC 73.801, Rel. Min. Celso de Mello, *DJ* de 27-6-1997).

a.1.1) O art. 102 da Lei Complementar n. 35/1979 foi recepcionado pela Carta de 1988?

A pergunta em epígrafe aguarda resposta do Supremo Tribunal Federal, porque os argumentos constantes na Reclamação 13.115 e na ADI 3.566 não revelaram o entendimento definitivo da Corte sobre o assunto.

> **Liminar concedida no MS 32.451/DF:** "Diante de todo o exposto, em razão da proximidade da realização das eleições para os cargos diretivos do TJSP, a ser realizada em 4/12/2013, com base no artigo 7º, III, da Lei 12.016/2009, e sem prejuízo de um exame mais aprofundado da matéria por ocasião do julgamento de mérito deste *writ*, defiro o pedido de medida liminar para suspender os efeitos da decisão proferida pelo Plenário do Conselho Nacional de Justiça, nos autos do Pedido de Providências 0005039-51.2013.2.00.0000, ficando restabelecida, até o julgamento definitivo deste mandado de segurança, a eficácia da Resolução 606/2013 do Órgão Especial do Tribunal de Justiça do Estado de São Paulo" (STF, MS 32.451/DF, Rel. Min. Ricardo Lewandowski, j. 10-10-2013).

O anacrônico art. 102 da Lei Complementar n. 35/1979 (LOMAN) já passou da hora de ter sido considerado, pelo Supremo Tribunal Federal, como uma norma não recepcionada pela Carta de Outubro.

Esse preceito, que é incompatível com o sistema de direito positivo, firmado sob a égide da Constituição de 1988, em virtude de não ter sido por ela recepcionado, não detém o condão de infirmar,

◆ Cap. 21 ◆ ORGANIZAÇÃO DOS PODERES   **1113**

muito menos invalidar, efeitos de atos resolutivos emanados dos diversos órgãos que integram a estrutura do Poder Judiciário pátrio.

Poderíamos citar aqui uma plêiade de princípios constitucionais que abonam a nossa tese. Concentremo-nos, apenas, no ditame da autonomia orgânico-administrativa do Poder Judiciário (CF, art. 96, I a III), verdadeiro corolário do autogoverno da magistratura (CF, art. 99), que consagra a capacidade de os tribunais se auto-organizarem.

O vetor da autonomia orgânico-administrativa do Poder Judiciário não é uma peça decorativa de nossa *Lex Mater*. Trata-se de norma de eficácia plena e aplicabilidade imediata. Seus efeitos não dependem de nada. Consagrado nos incisos do art. 96, representa, também, uma garantia do próprio contribuinte. Ora, quando um Tribunal de Justiça, *ex propria auctoritate*, estabelece um ato resolutivo, permitindo a candidatura de todos os desembargadores em eleição para renovar seus cargos diretivos, está, na realidade, procurando respeitar algo que o contribuinte jamais tolera: a formação de instâncias hegemônicas de poder. A participação ampla de todos os membros de uma Corte é para evitar a existência de grupos que venham a agregar "privilegiados", algo totalmente incompatível com a ideia de regime republicano.

Na quadra atual, *pluralidade* é a palavra de ordem. Quando, em 1979, o art. 102 da LOMAN foi criado, as exigências para se renovar cargos diretivos de tribunais eram outras. O contexto social era diferente. Os árabes usam uma palavra que retrata, com esmero, a ideia que estamos procurando transmitir: *yazul*. Quer dizer, tudo passa! Não raro, vemos o Conselho Nacional de Justiça suspendendo resoluções de tribunais de justiça, com lastro no referido art. 102. É a lamentável exegese retrospectiva, que constitui um dos cancros da interpretação das leis e atos normativos, amesquinhando, até, os preceitos supremos do Estado, conforme estudamos no Capítulo 8 deste *Curso*.

Numa assentada, por exemplo, o CNJ suspendeu a Resolução n. 606/2013, do Tribunal de Justiça de São Paulo. A nosso ver, feriu o princípio constitucional da autonomia orgânico-administrativa do Poder Judiciário, tomando como arrimo um preceito que não foi recepcionado pela Constituição da República: o ultrapassado art. 102 da LOMAN. Esse dispositivo não se amolda à sistemática da Emenda Constitucional n. 45/2004 (reforma do Judiciário).

O pórtico do autogoverno da magistratura deve ficar imune à síndrome da interpretação retrospectiva, que subverte, em maior ou menor extensão, a própria supremacia constitucional. Nunca é demasiado lembrar que o CNJ nem tudo pode, porque a sua competência, que é administrativa, encontra fundamento na Constituição Federal, a qual deve ser concebida para frente, e não com vistas ao passado.

a.2) Autonomia administrativa, financeira e orçamentária do Poder Judiciário

A autonomia administrativa, financeira e, também, orçamentária do Poder Judiciário foi assegurada pelo Texto de 1988 (art. 99, §§ 1º e 2º).

O encaminhamento da proposta, com a aprovação dos respectivos tribunais, compete:

- *no âmbito da União*, aos Presidentes do Supremo Tribunal Federal e dos Tribunais Superiores; e
- *no âmbito dos Estados, Distrito Federal e Territórios*, aos Presidentes dos Tribunais de Justiça.

Assim, cumpre aos órgãos colegiados do Judiciário elaborar suas propostas orçamentárias dentro dos limites estipulados conjuntamente com os demais Poderes da República na lei de diretrizes orçamentárias.

Mas, se os órgãos judiciários não encaminharem as respectivas propostas orçamentárias dentro do prazo estabelecido na lei de diretrizes orçamentárias, o Poder Executivo considerará, para fins de consolidação da proposta orçamentária anual, os valores aprovados na lei orçamentária vigente, ajustados de acordo com os limites estipulados na forma do art. 99, § 1º, da Constituição.

E, se as propostas orçamentárias forem encaminhadas em desacordo com os limites do art. 99, § 1º, o Poder Executivo procederá aos ajustes necessários para fins de consolidação da proposta orçamentária anual.

Durante a execução orçamentária do exercício, não poderá haver a realização de despesas ou a assunção de obrigações que extrapolem os limites estabelecidos na lei de diretrizes orçamentárias, exceto se previamente autorizadas, mediante a abertura de créditos suplementares ou especiais.

- **Juiz das garantias** — ações diretas de inconstitucionalidade, com pedido de medida cautelar, foram ajuizadas, no STF, em face de dispositivos da Lei n. 13.964, de 24 de dezembro de 2019, que alteraram o Código de Processo Penal, particularmente quanto à criação do Juiz das Garantias (ADIs ns° 6.298, 6.299 e 6.300). Ao apreciar a matéria, no recesso forense, o Presidente da Corte, Min. Dias Toffoli, decidiu, em 15 de janeiro de 2020, que a validade da norma que instituiu o juiz das garantias deveria ser mantida, estendendo para 180 dias, a contar da publicação da sua decisão, o prazo para ser implementada. Eis as teses que deveriam vigorar, segundo seu ponto de vista: (i) as alterações trazidas pelo Pacote Anticrime (Lei 13.964/2019) são de grande porte, e é necessário um período de transição mais adequado e razoável que viabilize sua adoção de forma progressiva e programada pelos tribunais; (ii) o microssistema do juiz das garantias promove uma clara e objetiva diferenciação entre a fase pré-processual (ou investigativa) e a fase processual propriamente dita do processo penal. Desse modo, a linha divisória entre as duas fases situa-se no recebimento da denúncia ou da queixa, último ato praticado pelo juiz das garantias. Depois dessa etapa, as questões pendentes passam a ser resolvidas pelo juiz da instrução e do julgamento; e (iii) os preceitos que criaram o instituto não ferem competência concorrente dos Estados e da União para editar normas sobre procedimento em matéria processual. Também não conspurcam o poder de auto-organização dos tribunais. Portanto, seria legítima a opção do Congresso Nacional de instituir a figura do juiz das garantias (STF, ADI 6298 MC / DF, Rel. Min. Luiz Fux, decisão da presidência em 15-1-2020). A linha de raciocínio do Min. Dias Toffolli, contudo, não foi a mesma do Relator da matéria, Min. Luiz Fux, que suspendeu a criação do instituto por tempo indeterminado. Vejamos um breve resumo de alguns pontos de seu pensamento: (i) compete à jurisdição constitucional afirmar o que é constitucional ou inconstitucional, invariavelmente sob a perspectiva da Carta da 1988; (ii) a medida cautelar na ação direta de inconstitucionalidade tem escopo reduzido, sob pena de prejudicar a deliberação a ser realizada posteriormente pelo Plenário da Corte. Por isso, pode ser, em certos casos, reversível, não podendo produzir, ainda que despropositadamente, fato consumado que crie dificuldades de ordem prática para a implementação da futura decisão de mérito a ser adotada pelo Tribunal, qualquer que seja o teor; (iii) o juiz das garantias, embora formalmente concebido pela lei como norma processual geral, altera materialmente a divisão e a organização dos serviços judiciários; (iv) o juízo das garantias e sua implementação causam impacto financeiro relevante ao Poder Judiciário, especialmente com as necessárias reestruturações e redistribuições de recursos humanos e materiais, bem como com o incremento dos sistemas processuais e das soluções de tecnologia da informação correlatas; (v) ausência de prévia dotação orçamentária para a instituição de gastos por parte da União e dos Estados viola diretamente o art. 169 da Constituição e prejudica a autonomia financeira do Poder Judiciário (CF, art. 99); e (vi) a complexidade da matéria em análise reclama a reunião de melhores subsídios que indiquem, acima de qualquer dúvida razoável, os reais impactos do juízo das garantias para os diversos interesses tutelados pela Constituição Federal, incluídos o devido processo legal, a duração razoável do processo e a eficiência da justiça criminal (STF, ADI 6298 MC / DF, Rel. Min. Luiz Fux, j. 22-1-2020).

a.2.1) Princípio do autogoverno da magistratura

Pelo *princípio do autogoverno da magistratura*, reiterado ao longo da Carta de 1988 (arts. 96, 99 e 101), os órgãos colegiados do Poder Judiciário devem elaborar suas propostas orçamentárias nos limites estabelecidos pela lei de diretrizes orçamentárias, conjuntamente com os Poderes Executivo e Legislativo.

Desse modo, afigurar-se-á inconstitucional lei de diretrizes orçamentárias que fixar o orçamento do Poder Judiciário, sem que haja a sua *obrigatória* participação.

> **Precedente:** "Lei de Diretrizes Orçamentárias — participação necessária do Poder Judiciário na fixação do limite de sua proposta orçamentária (CF, art. 99, § 1º)" (STF, ADIn 848-MC, Rel. Min. Sepúlveda Pertence, *DJ* de 16-4-1993). **No mesmo sentido:** STF, Pleno, ADIn 1.911-7-ML/PR, Rel. Min. Ilmar Galvão, *DJ*, 1, de 12-3-1999, p. 2; STF, Pleno, ADIn 810-MC/PR, Rel. Min. Francisco Rezek, *DJ*, 1, de 19-2-1993, p. 2032.

◆ Cap. 21 ◆ ORGANIZAÇÃO DOS PODERES   **1115**

O substrato do princípio do autogoverno da magistratura reside na própria independência funcional do Judiciário (art. 2º).

Precedentes: STF, ADIn 202-3/BA, ADIn 314/PE, ADIn 189/RJ, ADIn 70/SC.

Isso, porém, não coloca o Judiciário como órgão imune ao controle da legalidade de seus dispêndios, abertos ao Tribunal de Contas, ao Legislativo ou a qualquer do povo. O que se inadmite são invasões inconstitucionais de competência às atribuições que o Texto Supremo lhe reservou.

> **Poder Judiciário — Independência — Autogoverno e controle:** "A administração financeira do Judiciário não está imune ao controle, na forma da Constituição, da legalidade dos dispêndios dos recursos públicos; sujeita-se, não apenas à fiscalização do Tribunal de Contas e do Legislativo, mas também as vias judiciais de prevenção e repressão de abusos, abertas não só aos governantes, mas a qualquer do povo, incluídas as que dão acesso à jurisdição do Supremo Tribunal (CF, art. 102, I, *n*). O que não admite transigências é a defesa da independência de cada um dos Poderes do Estado, na área que lhe seja constitucionalmente reservada, em relação aos demais, sem prejuízo, obviamente, da responsabilidade dos respectivos dirigentes pelas ilegalidades, abusos ou excessos cometidos" (STF, ADIn 691-MC, Rel. Min. Sepúlveda Pertence, *DJ* de 19-6-1992).

b) Garantias funcionais da magistratura

Garantias funcionais da magistratura são atributos que permitem aos juízes agir com imparcialidade e independência.

Também chamadas de *garantias de órgãos*, elas permitem aos magistrados desempenhar suas atribuições constitucionais e legais com desassombro e dignidade.

Não equivalem a privilégios, nem constituem afronta ao princípio da igualdade, porque existem a favor do próprio jurisdicionado.

Desdobram-se em duas espécies:

- *garantias funcionais de liberdade* — correspondem à vitaliciedade, inamovibilidade e irredutibilidade de subsídios (CF, art. 95, I a III); e
- *garantias funcionais de imparcialidade* — equivalem às vedações constitucionais a que estão submetidos os membros do Poder Judiciário (CF, art. 95, parágrafo único).

b.1) Garantias funcionais de liberdade

Garantias funcionais de liberdade são as que conferem à magistratura a autonomia necessária para julgar.

Permitem aos juízes trabalhar em paz, sem se subordinar, hierarquicamente, a qualquer órgão ou autoridade, no exercício de suas funções.

Aliás, a hierarquia de graus de jurisdição equivale, apenas, a uma competência derrogativa das decisões da instância superior sobre a inferior, e jamais uma competência de mando de uma em relação à outra.

As garantias de liberdade, portanto, procuram deixar os magistrados inteiramente livres na formação de seu juízo de valor, seja qual for o grau de jurisdição a que estejam vinculados.

Realmente, os juízes só devem obediência à Constituição, às leis e aos ditames de sua própria consciência, algo que em nada impede a atividade censória dos órgãos disciplinares da Magistratura e do Conselho Nacional de Justiça.

Pela Carta de 1988, três são as *garantias funcionais de liberdade*: vitaliciedade, inamovibilidade e irredutibilidade de subsídios.

b.1.1) Vitaliciedade

Vitaliciedade é a vinculação do titular ao cargo com foros de permanência e definitividade, à luz do estágio probatório de dois anos para os juízes togados de primeiro grau.

Cumpre observar que o estágio probatório dos juízes não é de três anos (CF, art. 41, *caput* — oriundo da EC n. 19/98). Seguem um regime constitucional próprio, porque, nesse ponto, a reforma

1116 ◆ Uadi Lammêgo Bulos ◆

administrativa, mudando de dois para três anos o estágio dos novos juízes, em nada alterou o inciso I do art. 95.

O magistrado vitalício, que ultrapassou o aludido biênio, apenas perde o cargo mediante sentença judicial transitada em julgado.

> **Poder Judiciário — Conselho Nacional de Justiça — Competência — Magistrado vitalício — Cargo — Perda mediante decisão administrativa:** "Previsão em texto aprovado pela Câmara dos Deputados e constante do Projeto que resultou na Emenda Constitucional n. 45/2004. Supressão pelo Senado Federal. Reapreciação pela Câmara. Desnecessidade. Subsistência do sentido normativo do texto residual aprovado e promulgado (art. 103-B, § 4º, III). Expressão que, ademais, ofenderia o disposto no art. 95, I, parte final, da CF. Ofensa ao art. 60, § 2º, da CF. Não ocorrência. Arguição repelida. Precedentes. Não precisa ser reapreciada pela Câmara dos Deputados expressão suprimida pelo Senado Federal em texto de projeto que, na redação remanescente, aprovada de ambas as Casas do Congresso, não perdeu sentido normativo" (STF, ADIn 3.367, Rel. Min. Cezar Peluso, *DJ* de 17-3-2006).

E, após sua titularidade, o juiz só poderá ser afastado:
- por vontade própria;
- por sentença judicial;
- por aposentadoria compulsória; ou
- por disponibilidade.

Tornam-se vitalícios a partir da posse, sem necessidade de cumprimento do estágio probatório:
- os membros de todos os Tribunais Superiores (STF, STJ, TST, TSE e STM); e
- os membros dos Tribunais de Justiça, dos Tribunais Regionais do Trabalho, dos Tribunais Regionais Eleitorais, dos Tribunais Regionais Federais e dos Tribunais de Justiça Militares.

b.1.2) Inamovibilidade

Inamovibilidade é a impossibilidade de designar o juiz para outro cargo, diferente daquele para o qual foi nomeado. Até os juízes substitutos são inamovíveis (MS 27.958/DF, Rel. Min. Ricardo Lewandowski, j. 17-5-2012).

Excepcionalmente, contudo, o juiz poderá ser removido por interesse público em decisão por voto da maioria absoluta do respectivo tribunal ou do Conselho Nacional de Justiça, assegurada ampla defesa (CF, art. 93, VIII, com redação dada pela EC n. 103, de 12-11-2019).

> **Nesse sentido:** "Os juízes são inamovíveis; podem ser removidos contra a vontade, apenas por interesse público, por votos de dois terços do respectivo Tribunal, assegurando-se ampla defesa. Assim, o magistrado pode ser removido em três hipóteses: a) quando aceita promoção; b) quando pede remoção; c) por interesse público. A Resolução n. 87/85 padece de evidente inconstitucionalidade, contrária às Constituições Estadual e Federal, ao admitir a designação ou remanejamento de juízes de uma para outra vara, sem o seu consentimento" (STJ, ROMS 945/AM, Rel. Min. Garcia Vieira, *DJ*, 1, de 24-8-1992, p. 12976).

b.1.3) Irredutibilidade de subsídio

Irredutibilidade de subsídio é a garantia funcional de liberdade que veda a diminuição dos ganhos da magistratura, inclusive por medida geral, observados os critérios estabelecidos na Constituição (arts. 37, X e XI, 39, § 4º, 150, II, 153, III, e 153, § 2º, I).

A *irredutibilidade* é a um só tempo:
- cláusula que "veda a redução do que se tem";

> **Precedentes:** STF, *RTJ*, *33*:255, *48*:392, *54*:486.

- direito adquirido dos juízes, que a incorporaram, em definitivo, a seus patrimônios (CF, art. 5º, XXXVI); e

◆ Cap. 21 ◆ ORGANIZAÇÃO DOS PODERES

Vantagens de natureza individual da magistratura: "Inclusão de vantagens de natureza pessoal no teto remuneratório e consequente redução dos vencimentos da magistratura, em particular, e do funcionalismo público, em geral: inciso II do art. 49 da Constituição alagoana, com a redação dada pela Emenda Constitucional n. 15, de 2-12-1996 (eficácia a partir de 1º-1-1997). As vantagens de natureza individual, como os adicionais por tempo de serviço, entre outras, estão excluídas do teto remuneratório do funcionalismo público (CF, arts. 37, XI, e 39, § 1º). Precedentes. A Constituição Federal consagra o princípio da irredutibilidade dos vencimentos dos magistrados (art. 95, III), e bem assim os dos funcionários públicos em geral (arts. 7º, VI, e 39, § 2º)" (STF, ADIn 1.550-MC, Rel. Min. Maurício Corrêa, *DJ* de 4-4-1997).

- garantia imodificável por meio de emendas à Constituição, pois equivale a um direito individual da magistratura (CF, art. 60, § 4º, IV).

b.2) Garantias funcionais de imparcialidade

As *garantias funcionais de imparcialidade* manifestam-se por meio de vedações constitucionais à magistratura.

Consagram limites instrumentais ao exercício da judicatura, com vistas à sua independência.

Desse modo, os juízes estão proibidos de (CF, art. 95, parágrafo único):

- exercer, mesmo em *disponibilidade*, outro cargo ou função, salvo uma de magistério — *disponibilidade* é a colocação do servidor titular (aquele que é estável) em inatividade remunerada, até seu adequado aproveitamento em outro cargo;

    Desde que a atividade magisterial não atrapalhe o ofício judicante, o exercício da magistratura pode acumular com o do magistério: "Ser professor, em qualquer grau, é permitido ao juiz. O constituinte entendeu que a magistratura e o magistério são missões correlatas. Com efeito, a imposição de que haja apenas uma única função de magistério não atende, a princípio, ao objetivo da Constituição Federal que, ao usar, na ressalva constante do inciso I do parágrafo único do seu art. 95, a expressão *uma de magistério*, visa apenas impedir que a cumulação autorizada prejudique, em termos de horas destinadas ao magistério, o exercício da magistratura, sendo a questão, portanto, de compatibilização de horários, a ser resolvida caso a caso" (STF, ADIn 3126 MC/DF, Rel. Min. Gilmar Mendes, decisão de 17-2-2005).

- receber, a qualquer título ou pretexto, custas ou participação em processo;

    Comentário: essa norma constitucional é de aplicação imediata. Sua eficácia é plena. Independe de lei formal para definir o que sejam "custas ou participação em processo", porque essa tarefa compete à doutrina realizar. O conceito de *custas*, nos termos do preceito, é mais elástico do que aquele oferecido pelos processualistas. Para estes, o vocábulo *custas* está compreendido na noção genérica de *despesas processuais*. Se, no âmbito do direito processual, a terminologia relaciona-se à formação, propulsão e terminação do processo de conhecimento, mesmo que se multipliquem os atos, autos etc., na seara constitucional a substância do signo apresenta maior pujança, designando, além disso, o recebimento de quantias extraordinárias ou à parte, isto é, aquelas que não decorrem do sistema remuneratório da judicatura. Daí o preceito ter-se valido da assertiva "ou participação em processo", a fim de dilatar o seu núcleo conceitual, com vistas a transmitir a ideia de que o juiz está proibido de receber custas ou participações econômicas, *ratione officie*. No âmbito infraconstitucional, qualquer norma que contiver enunciado, explícito ou implícito, em sentido contrário à presente vedação, não poderá ser aplicada. É o caso da segunda parte do art. 789, § 1º, da Consolidação das Leis do Trabalho: "Nos Juízos de Direito a importância das custas será dividida proporcionalmente entre o juiz e os funcionários que tiverem funcionado no feito, excetuados os distribuidores, cujas custas serão pagas no ato de acordo com o regimento local". Conforme o preceptivo, em análise, claro está que os juízes de direito não podem receber o valor das custas, repartidas entre os servidores da Comarca, sob pena de grave atentado à Constituição. Esse entendimento pacificou-se desde a vigência da Carta de 1946, época em que o Supremo Tribunal Federal declarou a inconstitucionalidade da percepção de custas por juízes de direito, levando o Senado a suspender a executoriedade de atos formais e materiais, que permitiam o recebimento de tais importâncias (Resolução n. 19/74).

- dedicar-se à atividade político-partidária;

    Comentário: a participação em campanhas políticas, bem como a vinculação a partidos políticos, também é vedada pela Constituição, sob pena de sacrificar a independência e a imparcialidade dos magistrados. Dedicar-se a atividade político-institucional é permitido pela Constituição. Perante os órgãos da classe, as associações de magistrados, conselhos representativos da entidade, o impedimento não vigora.

- receber, a qualquer título ou pretexto, auxílios ou contribuições de pessoas físicas, entidades públicas ou privadas, ressalvadas as exceções previstas em lei;
- exercer a advocacia no juízo ou tribunal do qual se afastou, antes de decorridos três anos do afastamento do cargo por aposentadoria ou exoneração.

Quarentena para escritórios de advocacia — é constitucional a Ementa 18/2013 do Conselho Federal da Ordem dos Advogados do Brasil que estende a quarentena prevista no art. 95, parágrafo único, V, da Constituição Federal, aos escritórios de advocacia que acolham magistrados aposentados. A decisão foi tomada na análise da Suspensão de Segurança (SS) 4.848. A norma constitucional referida tem como objetivo preservar a imparcialidade do Poder Judiciário, evitando eventual tráfico de influências, bem como a exploração do prestígio dos magistrados. O *decisum*, da lavra do Ministro Joaquim Barbosa, preservou os princípios constitucionais da moralidade, impessoalidade, devido processo legal, ampla defesa e paridade de armas. O sentido da norma da OAB é impedir que sociedade de advogados sirva como expediente de burla à regra da quarentena. O princípio da liberdade de exercício da profissão não oferece fundamentação jurídica adequada para justificar que juízes aposentados ingressem em escritórios de advocacia ao arrepio da regra da quarentena. Recordou Joaquim Barbosa que a quarentena, prevista na Constituição de 1988, é restrita, uma vez que o juiz aposentado segue fazendo jus a seus proventos, além de estar apto a advogar perante órgãos judiciários distintos daquele em que por último atuou (STF, SS 4.848/DF, Rel. Min. Presidente Joaquim Barbosa, j. 9-10-2013).

✧ 6.6. Precatórios judiciais

Precatório é o instrumento que consubstancia uma requisição judicial.

Emenda Constitucional n. 99, de 14-12-2017: alterou o "art. 101 do Ato das Disposições Constitucionais Transitórias, para instituir novo regime especial de pagamento de precatórios, e os arts. 102, 103 e 105 do Ato das Disposições Constitucionais Transitórias".

A Carta de 1988 concebeu-lhe como forma de assegurar a isonomia entre credores e a impessoalidade administrativa, para evitar favorecimentos políticos ou pessoais.

Existe decisão do Supremo Tribunal Federal no sentido de que o precatório é um instrumento de realização do princípio da igualdade (CF, art. 5º, *caput*).

Precedente: "A norma consubstanciada no art. 100 da Carta Política traduz um dos mais expressivos postulados realizadores do princípio da igualdade, pois busca conferir, na concreção do seu alcance, efetividade à exigência constitucional de tratamento isonômico dos credores do Estado. A vinculação exclusiva das importâncias federais recebidas pelo Estado-Membro, para o efeito específico referido na regra normativa questionada, parece acarretar o descumprimento de quanto dispõe do art. 100 da Constituição Federal, pois, independentemente da ordem de precedência cronológica de apresentação dos precatórios, institui, com aparente desprezo ao princípio da igualdade, uma preferência absoluta em favor do pagamento de determinadas condenações judiciais" (STF, ADIn 584-MC, Rel. Min. Celso de Mello, *DJ* de 22-5-1992). **No mesmo sentido:** STF, ADIn 1.098, Rel. Min. Marco Aurélio, *DJ* de 25-10-1996.

Formalmente falando, trata-se de uma carta expedida pelos juízes da execução de sentença ao presidente do tribunal, em virtude de a Fazenda Pública ter sido condenada ao pagamento de quantia certa.

Execução judicial contra a Fazenda Pública (posição do STF antes da EC n. 62/2009): "Créditos de natureza alimentícia. Pagamento. Prazo de trinta dias da apresentação do precatório. Inconstitucionalidade por ofensa aos parágrafos 1º e 2º, do art. 100, da CF. Necessidade de inclusão no orçamento" (STF, ADIn 225, Rel. Min. Paulo Brossard, *DJ* de 25-5-2001).

◆ Cap. 21 ◆ ORGANIZAÇÃO DOS PODERES

A Fazenda Pública, por sua vez, é citada para opor embargos no prazo de dez dias.

> **Advertência do STF antes do surgimento da EC n. 62/2009:** "O processo de execução por quantia certa contra a Fazenda Pública rege-se, nos termos do que prescreve a própria Constituição, por normas especiais que se estendem a todas as pessoas jurídicas de direito público interno, inclusive às entidades autárquicas" (STF, RE 188.285-9/SP, Rel. Min. Celso de Mello, DJ de 1º-3-1996).

O conteúdo do precatório engloba:
- a qualificação das partes;
- a identificação do ente de Direito Público condenado;
- a conta de liquidação; e
- a quantia requisitada.

Não cabe recurso extraordinário contra decisão proferida no processamento de precatórios, cuja expedição é de natureza administrativa e não jurisdicional, à luz do que decidiu o Supremo Tribunal Federal antes mesmo do aparecimento da Emenda Constitucional n. 62/2009 (STF, AgI 270.604-AgRg, Rel. Min. Moreira Alves, DJ de 8-9-2000; STF, RE 229.786, Rel. Min. Néri da Silveira, DJ de 18-5-2001; STF, RE 281.208-AgRg, Rel. Min. Ellen Gracie, DJ de 26-4-2002).

Compete ao magistrado do processo de execução realizá-la.

> **Suspensão de dispositivo do ADCT sobre parcelamento de precatórios:** o Supremo Tribunal Federal concluiu, na tarde do dia 25-11-2010, o julgamento conjunto das medidas cautelares nas ADIs 2.356 e 2.362, após voto de desempate do Min. Celso de Mello. Desse modo, prevaleceu o entendimento da suspensão do dispositivo do ADCT, que permitia o pagamento de precatórios pendentes na data da promulgação da EC 30/2000, de forma parcelada, em até 10 (dez) anos. Referido dispositivo acresceu, ao ADCT, o art. 78, permitindo o parcelamento de precatórios em até 10 (dez) prestações anuais, iguais e sucessivas, tanto para créditos pendentes de pagamento na data de promulgação da EC 30 (13-9-2000), como para créditos que viessem a ser gerados por ações judiciais iniciadas até o fim do ano de 1999. Vale lembrar que essa matéria foi amplamente debatida. Em fevereiro de 2002, o Relator de ambas as ações, Min. Néri da Silveira, já aposentado, votou pela concessão das liminares. À época, a Min. Ellen Gracie, pediu vista dos autos, que, ao trazê-los, acompanhou o Relator, parcialmente. Em 25-11-2010, concluiu-se o julgamento. Acompanharam o Relator, no sentido de conceder as cautelares, os Ministros Carlos Britto, Cármen Lúcia, Marco Aurélio e Cezar Peluso. Divergiram do Relator os Ministros Eros Grau, também aposentado, Joaquim Barbosa, Dias Toffoli, Ricardo Lewandowski. Mas o voto decisório foi do decano da Corte, o Min. Celso de Mello. Ele demonstrou que procrastinar o pagamento de precatórios pendentes na data da promulgação da EC 30/2000 comprometeria a eficácia imediata de uma sentença judicial, transitada em julgado, ferindo, ainda, a independência do Poder Judiciário, a coisa julgada material, a separação de Poderes, o Estado democrático de Direito, o princípio republicano e a exigência de segurança jurídica. Resultado: por maioria de votos, o Supremo Tribunal suspendeu a frase "os precatórios pendentes na data da promulgação desta emenda", inserida no art. 78, *caput*, do ADCT, incluído pela EC 30/2000 (STF, Plenário, ADI 2.362-MC/DF, Rel. orig. Min. Néri da Silveira, red. p/ o ac. Min. Ayres Britto, j. em 25-11-2010).

O escopo desse instituto, tipicamente brasileiro, é evitar que o Poder Público se sujeite ao processo ordinário de execução.

> **Precatório e cessão de crédito para compensar tributos — Impossibilidade:** antes do surgimento da Emenda Constitucional n. 62/2009, o Supremo Tribunal proferiu julgado, que não é mais válido nos dias de hoje. Decidiu a Corte que ofende o art. 100 da Carta Maior diplomas normativos "que concedem permissão para pessoas físicas cederem a pessoas jurídicas créditos, contra o Estado, decorrentes de sentença judicial, bem como admitem a utilização destes precatórios na compensação dos tributos" (STF, ADIn 2.405-MC, Rel. Min. Carlos Britto, DJ de 17-2-2006).

Funciona da seguinte forma: o juízo executório emite ao presidente do tribunal uma ordem para que o Poder Público pague as quantias devidas. A partir daí, essas quantias são incluídas no orçamento do exercício seguinte. Só no próximo orçamento que a verba necessária ao adimplemento dos precatórios apresentados até 1º de julho estará disponível para o credor.

Pagamento incompleto (decisão do STF antes da EC n. 62/2009): "Cabe ao Presidente da Corte determinar o pagamento. Incompleto este último, considerado o depósito, cumpre, até mesmo, impor o sequestro da quantia necessária à satisfação do débito, o que dirá quanto à complementação do que ofertado e colocado à disposição do credor. Onde a inconstitucionalidade vislumbrada pelo Estado? Não é crível pretenda este, diante de procedimento próprio irregular, revelado pela insuficiência do valor depositado, observados os parâmetros do precatório, voltar-se, seja qual for a diferença, à estaca zero, recomeçando-se essa *via crucis* a que a Constituição Federal submete os credores da Fazenda" (STF, ADIn 1.098, Rel. Min. Marco Aurélio, *DJ* de 25-10-1996). **No mesmo sentido:** STF, AgRg em RE 158.794/SP, Rel. Min. Marco Aurélio, *DJ* de 20-8-1993.

É nesse sentido que o art. 100, *caput*, da Carta Magna, com redação dada pela Emenda Constitucional n. 62, de 9-12-2009, prescreve: "Os pagamentos devidos pelas Fazendas Públicas Federal, Estaduais, Distrital e Municipais, em virtude de sentença judiciária, far-se-ão exclusivamente na ordem cronológica de apresentação dos precatórios e à conta dos créditos respectivos, proibida a designação de casos ou de pessoas nas dotações orçamentárias e nos créditos adicionais abertos para este fim".

Memória constitucional: foi a Carta de 1934 que implantou os precatórios no Brasil (art. 182), sendo acompanhada pelos Textos Constitucionais de 1937 (art. 95), de 1946 (art. 204), de 1967 (art. 112) e, também, pela Emenda Constitucional n. 1/69 (art. 117, §§ 1º e 2º), mantendo-se até hoje.

Aí está a *regra da ordem dupla de precatórios.*

Súmula 655 do STF (anterior ao advento da EC n. 62/2009): "A exceção prevista no art. 100, *caput*, da Constituição, em favor dos créditos de natureza alimentícia, não dispensa a expedição de precatório, limitando-se a isentá-los da observância da ordem cronológica dos precatórios decorrentes de condenações de outra natureza". O art.100, *caput*, aí mencionado equivale ao § 1º do mesmo art. 100, com redação dada pela Emenda Constitucional n. 62/2009.

Por seu intermédio busca-se assegurar o respeito à cronologia das requisições judiciais de pagamento de créditos alimentares, que têm preferência sobre os demais créditos, ao mesmo tempo que procura garantir a ordem cronológica dos créditos não alimentares (CF, art. 100, § 1º, com redação dada pela EC n. 62/2009, e § 2º, com redação dada pela EC n. 94/2016).

Precatório e prioridade de prestação alimentar (decisão do STF antes da EC n. 62/2009): "A jurisprudência do Supremo Tribunal Federal, ao interpretar o alcance da norma inscrita no *caput* do art. 100 da Constituição, firmou-se no sentido de considerar imprescindível, mesmo tratando-se de crédito de natureza alimentícia, a expedição de precatório, ainda que reconhecendo, para efeito de pagamento do débito fazendário, a absoluta prioridade da prestação de caráter alimentar sobre os créditos ordinários de índole comum. Precedentes" (STF, RE 188.285-9/SP, Rel. Min. Celso de Mello, *DJ* de 1º-3-1996).

Tal entendimento foi convertido na Súmula 144 do STJ, que permanece atual em virtude do que prescreveu a Emenda Constitucional n. 62/2009: "Os créditos de natureza alimentícia gozam de preferência, desvinculados os precatórios da ordem cronológica dos créditos de natureza diversa".

Sequestro de obras públicas: antes da EC n. 62/2009, o Supremo havia decidido que a admissão de sequestro de verbas públicas só era admissível "na hipótese de quebra da ordem cronológica" (Recl. 2.363, Rel. Min. Gilmar Mendes, *DJ* de 1º-4-2005).

O "Presidente do Tribunal competente que, por ato comissivo ou omissivo, retardar ou tentar frustrar a liquidação regular de precatórios incorrerá em crime de responsabilidade e responderá, também, perante o Conselho Nacional de Justiça" (CF, art. 100, § 7º).

Com a Emenda Constitucional n. 114, de 11-12-2021, o art. 100 da CF, recebeu os seguintes acréscimos: (i) inclusão, no ADCT do art. 107-A, I a III, e §§ 1º a 8º, que consagraram normas sobre a proposta orçamentária das despesas com pagamentos em virtude de sentença judiciária de que trata o

◆ Cap. 21 ◆ ORGANIZAÇÃO DOS PODERES **1121**

art. 100 da CF. Registre-se que, pelo art. 3º da referida EC n. 14/2021, o art. 4º da Emenda Constitucional n. 113, de 8-12-2021, passou a vigorar acrescido dos §§ 5º e 6º, os quais tratam dos limites do atendimento de despesas de programa de transferência de renda.

a) Obrigatoriedade da inclusão do precatório no orçamento dos entes públicos

"É obrigatória a inclusão no orçamento das entidades de direito público de verba necessária ao pagamento de seus débitos oriundos de sentenças transitadas em julgado constantes de precatórios judiciários apresentados até 2 de abril, fazendo-se o pagamento até o final do exercício seguinte, quando terão seus valores atualizados monetariamente" (CF, art. 100, § 5º, com redação dada pela EC n. 114, de 16-12-2022).

Não contraria o art. 100, § 1º, da Carta Magna acórdão que determina sejam os créditos de natureza alimentar corrigidos integralmente na data do pagamento do precatório. Antes mesmo do advento da EC n. 62/09 a Corte Excelsa assim já entendia (STF, AgRg 171.275-0/PR, Rel. Min. Ilmar Galvão, *DJ* de 2-2-1996).

Também não é razoável incidir juros moratórios no período compreendido entre a data de expedição e a data do efetivo pagamento do precatório, no prazo constitucionalmente estabelecido, como, aliás, proclamou o Supremo (STF, RE 457.547, Rel. Min. Carlos Velloso, *DJ* de 9-9-2005).

b) Débitos de natureza alimentícia

Os débitos de natureza alimentícia compreendem aqueles decorrentes de salários, vencimentos, proventos, pensões e suas complementações, benefícios previdenciários e indenizações por morte ou por invalidez, fundadas em responsabilidade civil, em virtude de sentença judicial transitada em julgado, e serão pagos com preferência sobre todos os demais débitos, exceto os de índole alimentícia, referidos no § 2º do art. 100 da Carta Maior (CF, art. 100, § 1º, com redação dada pela EC n. 62/2009).

E, conforme o § 2º do art. 100, com redação dada pela EC n. 94/2016, "Os débitos de natureza alimentícia cujos titulares, originários ou por sucessão hereditária, tenham 60 (sessenta) anos de idade, ou sejam portadores de doença grave, ou pessoas com deficiência, assim definidos na forma da lei, serão pagos com preferência sobre todos os demais débitos, até o valor equivalente ao triplo fixado em lei para os fins do disposto no § 3º deste artigo, admitido o fracionamento para essa finalidade, sendo que o restante será pago na ordem cronológica de apresentação do precatório".

Interessante observar que a constitucionalização dos créditos de natureza alimentícia, na Carta de 1988, possui um antecedente, qual seja, o art. 57, § 3º, da Constituição do Estado de São Paulo.

> **Constitucionalidade do art. 57, § 3º, da Constituição de São Paulo (decisão anterior à EC n. 62/2009):** "O art. 57, § 3º, da Constituição do Estado de São Paulo, segundo o qual os créditos de natureza alimentícia, observada a ordem dos precatórios, serão pagos de uma só vez, devidamente atualizados até a data do efetivo pagamento, não contraria os arts. 100 e 165, § 8º, da Constituição Federal" (STF, RE 159.029, Rel. Min. Octavio Gallotti, *DJ* de 17-5-1996).
> **Constitucionalidade do art. 333, parágrafo único, do Regimento Interno do TJSP (decisão anterior à EC n. 62/2009):** o Supremo Tribunal Federal, ao reconhecer a constitucionalidade do art. 333, parágrafo único, do Regimento Interno do Tribunal de Justiça do Estado de São Paulo, decidiu que a primeira parte do art. 100 da Constituição Federal, em sua feição originária, isto é, sem os emendos e remendos que depois viria a sofrer, não implicava o afastamento do regime de precatório, na satisfação de créditos de natureza alimentícia, mas, apenas, a imposição de ordem própria (STF, ADIn 1.098, Rel. Min. Marco Aurélio, *DJ* de 25-10-1996).

Na realidade, os *alimentos* são essenciais à vida. Daí a Emenda Constitucional n. 62/2009 — chamada de *emenda constitucional dos precatórios* ou, pejorativamente, de *emenda do calote* — ter mencionado, de modo explícito, o campo de abrangência dos débitos de natureza alimentícia.

Claro que os *créditos* decorrem desses *débitos*. Portanto, o Estado deve saldar as dívidas contraídas, decorrentes de salários, vencimentos, proventos, pensões e suas complementações, benefícios previdenciários e indenizações por morte ou invalidez, fundadas na responsabilidade civil, em virtude de sentença transitada em julgado.

1122 ◆ Uadi Lammêgo Bulos ◆

O entendimento do que sejam *créditos de natureza alimentícia* faz-se de modo amplo, compreendendo todos os bens imprescindíveis à sobrevivência física do homem, como moradia, instrução, saúde, vestimenta, lazer etc.

Por isso, os créditos relativos a vencimentos de agentes públicos, aposentadorias, pensões, benefícios acidentários e previdenciários devem ser pagos de uma só vez, independentemente de ordem cronológica.

Quanto aos honorários advocatícios, continua inabalável aquele entendimento que o Supremo Tribunal Federal firmou sobre o assunto, antes mesmo da EC n. 62/2009. Mostrou o Ministro Marco Aurélio que eles têm natureza alimentícia, pois visam prover a subsistência do advogado e de sua família. E, consoante os arts. 22 e 23 da Lei n. 8.906/94, a verba honorária incluída na condenação por arbitramento ou sucumbência pertence ao advogado, que goza do direito autônomo para executar a sentença nesta parte, podendo, até, requerer que o precatório seja expedido a seu favor (STF, RE 470.407, Rel. Min. Marco Aurélio, *DJ* de 17-8-2007).

Também possuem a natureza alimentícia os créditos decorrentes de decisões judiciárias em ações de acidente do trabalho. Os pagamentos desses débitos do INSS ficam, a princípio, sujeitos à expedição do precatório, nos termos do art. 100 da Constituição e da Lei n. 8.197, de 27 de junho de 1991 (art. 4º, parágrafo único), cuja vigência foi reconhecida pelo Supremo Tribunal, na ADIn 571-5-MC/DF, decisão de 28-11-1991, anterior, portanto, ao aparecimento da EC n. 62/2009.

No mesmo sentido: STF, RE 15.865-9/SP, Rel. Min. Néri da Silveira, *DJ* de 16-2-1996.

Evidente que o crédito de natureza alimentar deve ser satisfeito pelo seu valor real, porque a sua satisfação pelo seu valor nominal transforma-o, se ocorrente o fenômeno da inflação, em pensão vitalícia, como já decidiu o Pretório Excelso, muito antes de surgir a referida EC n. 62/2009 (STF, RE 159.220-AgRg, Rel. Min. Carlos Velloso, *DJ* de 4-8-1995).

c) Consignação ao Poder Judiciário de dotações e créditos

As "dotações orçamentárias e os créditos abertos serão consignados diretamente ao Poder Judiciário, cabendo ao Presidente do Tribunal que proferir a decisão exequenda determinar o **pagamento integral** e autorizar, a requerimento do credor e exclusivamente para os casos de preterimento de seu direito de precedência ou de **não alocação orçamentária do valor necessário à satisfação do seu débito**, o sequestro da quantia respectiva" (CF, art. 100, § 6º, com redação da EC n. 62/2009).

A Emenda Constitucional n. 62/2009, dando uma nova redação à regra antes constante no § 2º do art. 100 da Carta Magna, que foi, inclusive, alterada pela Emenda Constitucional n. 94/2016, trouxe, no preceito aí transcrito duas novidades: **(i)** integralidade do pagamento determinado pela decisão exequenda; e **(ii)** autorização de sequestro da quantia respectiva em caso de não alocação orçamentária do valor necessário à satisfação do débito.

Antes do advento da EC n. 62/2009, a única situação suficiente para motivar o sequestro de verbas públicas destinadas à satisfação de dívidas judiciais alimentares era a relacionada à ocorrência de preterição da ordem de precedência, a essa não se equiparando o vencimento do prazo de pagamento ou a não inclusão orçamentária, como decidiu o Supremo Tribunal Federal, num entendimento que não mais vigora atualmente (STF, ADIn 1.662-7/SP, Rel. Min. Maurício Corrêa, *DJ* de 19-9-2003; STF, Recl. 1.987, Rel. Min. Maurício Corrêa, *DJ* de 21-5-2004).

Advertência do STF anterior ao advento da EC n. 62/2009: "Estando a ordem de sequestro alicerçada em preterição — liquidação de precatório mais antigo — descabe cogitar de descumprimento ao acórdão do Supremo Tribunal Federal prolatado na Ação Direta de Inconstitucionalidade n. 1.662-7/SP" (STF, Recl. 1.738, Rel. Min. Marco Aurélio, *DJ* de 12-11-2004).

Cuidando-se, porém, de ordens cronológicas distintas, referentes a decisões emanadas de tribunais diversos ou de juízos subordinados a cada um deles, não há cogitar de preterição de um precatório pelo pagamento de outro, de seriação diferente. Aqui não nos parece que a **Emenda Constitucional n. 62/2009 deva ser interpretada de sorte a mudar esse entendimento, já consagrado, inclusive, na**

♦ Cap. 21 ♦ ORGANIZAÇÃO DOS PODERES **1123**

jurisprudência do Supremo Tribunal Federal (STF, Recl. 2.436-AgRg, Rel. Min. Sepúlveda Pertence, *DJ* de 22-10-2004; STF, Recl. 2.433-AgRg, Rel. Min. Sepúlveda Pertence, *DJ* de 28-4-2006).

Na realidade, o sequestro de rendas públicas é uma medida constritiva, de natureza extraordinária, que se justifica pela inversão da ordem de precedência de apresentação e de pagamento de determinado precatório. Nesse ínterim, é irrelevante se a preterição da ordem cronológica, que indevidamente beneficiou credor mais recente, decorrer da celebração, por este, de acordo mais favorável ao Poder Público. Doutro lado, a Constituição impõe a necessidade de a ordem de precedência ser rigidamente respeitada pelo Poder Público, cuja sequestrabilidade, na hipótese de inobservância dessa ordem cronológica, dos valores indevidamente pagos ou, até mesmo, das próprias rendas públicas, se faz oportuna, como já decidiu o Supremo (STF, Recl. 2.143-AgRg, Rel. Min. Celso de Mello, *DJ* de 6-6-2003).

d) Regra das obrigações definidas em leis como de pequeno valor

O disposto no *caput* do art. 100 da Carta Magna, oriundo da EC n. 62/2009, que versa sobre a expedição de precatórios, não se aplica aos pagamentos de obrigações definidas em leis como de pequeno valor que as Fazendas Públicas Federal, Estaduais, Distrital e Municipais devam fazer em virtude de sentença judicial transitada em julgado (CF, art. 100, § 3º, com redação dada pela EC n. 62/2009).

E, para que essa finalidade seja cumprida, poderão ser fixados, por leis próprias, valores distintos às entidades de direito público, segundo as diferentes capacidades econômicas, sendo o mínimo igual ao valor do maior benefício do regime geral de previdência social (CF, art. 100, § 4º, com redação dada pela EC n. 62/2009).

De outro lado, é proibida a expedição de precatórios complementares ou suplementares de valor pago, bem como o fracionamento, repartição ou quebra do valor da execução para fins de enquadramento de parcela do montante a que se refere § 3º do art. 100 (CF, art. 100, § 8º, com redação dada pela EC n. 62/2009).

> **Posição do STF antes do surgimento da EC n. 62/2009:** "Em referência a período anterior à Emenda Constitucional n. 37/2002, esta Corte firmou o entendimento de que, para a expedição do precatório complementar no caso de pagamento a menor, é obrigatória a obediência ao procedimento previsto no art. 100 da Constituição. Portanto, nos termos da sólida jurisprudência firmada nesta Corte, o pagamento de valor remanescente de precatórios judiciais deve obedecer ao rito previsto no art. 100 da Constituição, com a citação da Fazenda Pública e a expedição de precatório complementar" (STF, AgI 402.878, Rel. Min. Joaquim Barbosa, *DJ* de 14-10-2005). **No mesmo sentido:** STF, AgI 495.683, Rel. Min. Cezar Peluso, *DJ* de 23-9-2005; STF, AgI 490.528, Rel. Min. Celso de Mello, *DJ* de 23-9-2005.

e) Análise da Emenda Constitucional n. 62/2009

A Emenda Constitucional n. 62, de 9-12-2009, publicada no *DOU* de 10-12-2009, alterou o art. 100 da Constituição Federal, acrescentando, também, o art. 97 ao Ato das Disposições Constitucionais Transitórias (declarado totalmente inconstitucional pelo STF) para instituir regime especial de pagamento de precatórios pelos Estados, Distrito Federal e Municípios.

Portanto, modificaram, novamente, o regime jurídico de pagamento de débitos estatais decorrentes de sentença judicial.

Aliás, podemos dizer que a disciplina constitucional dos precatórios, no regime da Constituição de 1988, passou, até o momento, por quatro estágios:

* **1º estágio: moratória do art. 33, do ADCT** — quando a Carta de 1988 foi promulgada, em 5-10-1988, incluíram um dispositivo no Ato das Disposições Transitórias sobre o assunto. Era o art. 33, acompanhado de seu respectivo parágrafo único. Este preceito jamais realizou o seu objetivo. Basta ver que a inadimplência da grande maioria das entidades federativas continua até hoje. Débitos judiciais dificilmente são saldados. Na realidade, o art. 33 do ADCT somente satisfez os pedidos dos governantes, que afirmavam ser "impossível" pagar créditos oriundos de sentenças judiciais, pois faltava dinheiro para suprir essa finalidade. Resultado: dívidas que teriam de ser pagas de uma só vez foram fracionadas em oito parcelas, aplicando-se somente correção monetária, sem a incidência de juros moratórios. Transcorridas as primeiras duas décadas de

vigência da Carta de 1988, o Supremo proclamou: "Não incidem juros moratórios e compensatórios sobre o parcelamento previsto no art. 33 do ADCT referente ao período posterior à promulgação da Constituição Federal de 1988" (STF, 2ª Turma, RE 235217-AgR, Rel. Min. Ellen Gracie, j. em 23-6-2009);

> **Íntegra do art. 33 do ADCT, oriundo da manifestação constituinte originária de 5-10-1988:**
> **Art. 33.** Ressalvados os créditos de natureza alimentar, o valor dos precatórios judiciais pendentes de pagamento na data da promulgação da Constituição, incluído o remanescente de juros e correção monetária, poderá ser pago em moeda corrente, com atualização, em prestações anuais, iguais e sucessivas, no prazo máximo de oito anos, a partir de 1º de julho de 1989, por decisão editada pelo Poder Executivo até cento e oitenta dias da promulgação da Constituição.
> **Parágrafo único.** Poderão as entidades devedoras, para o cumprimento do disposto neste artigo, emitir, em cada ano, no exato montante do dispêndio, títulos de dívida pública não computáveis para efeito do limite global de endividamento.

- **2º estágio: moratória da EC n. 30, de 13-9-2000** — esta emenda inseriu no Ato das Disposições Transitórias o art. 78, §§ 1º a 4º. A novidade foi o parcelamento do débito do Estado em dez parcelas, com a incidência de juros legais. Suavizou-se, assim, o dever do Poder Público, que, mais uma vez, foi o grande vitorioso. Na prática, a diferença entre o parcelamento do art. 78 e o do art. 33 do ADCT foi a seguinte: o não pagamento de uma das dez parcelas dava ao credor algumas faculdades que lhe garantiam uma maior efetividade de seu direito subjetivo. Em face do inadimplemento, o credor poderia pedir o sequestro das contas públicas no valor respectivo ou, ainda, usar o crédito para compensar tributos a serem pagos ao ente público devedor. Consequência de tudo isso: somente os precatórios parcelados foram pagos pelo Poder Público, pelo simples fato de que o seu não pagamento implicava a sanção representada pelo sequestro das contas públicas. Os demais precatórios não parcelados, inclusive os alimentares, não eram pagos, afinal o seu inadimplemento não acarretava quaisquer consequências para os governantes. O Supremo Tribunal Federal, por sua vez, concluiu que "o descumprimento voluntário e intencional de decisão judicial transitada em julgado é pressuposto indispensável ao acolhimento do pedido de intervenção federal" (STF, Pleno, IF 5.050-AgR, Rel. Min. Ellen Gracie, j. em 6-3-2008). Esse entendimento acabou, na realidade, favorecendo o Poder Público inadimplente, que, alegando "dificuldades financeiras", ficou livre de toda e qualquer obrigação. Registre-se que a Confederação Nacional da Indústria ajuizou a **ADIn 2.356**, pendente de julgamento na Corte Suprema, na qual se discute o disposto no art. 78 do ADCT, preceito transitório que deixará de vigorar no final de 2010. Logo, se a referida ADIn 2.356 não for apreciada pelo Supremo, perderá o seu objeto, pois o *caput* do art. 78 menciona o **prazo máximo de 10 anos**. Em 2010, a Corte concluiu, numa votação majoritária, que não incidem juros moratórios e compensatórios sobre as frações resultantes do parcelamento de precatório, previsto no art. 78 do ADCT, acrescido à Carta de 1988 pela EC n. 30/2000. Na realidade, a Corte seguiu os diversos precedentes firmados sobre o tema. Resultado: no débito calculado em valor corrente, o montante pode ser fracionado sem outros acréscimos, desde quando pagos tempestivamente. Eis as teses prevalecentes nesta assentada: (**i**) também são incabíveis juros moratórios e compensatórios quanto à hipótese do art. 33 do ADCT; (**ii**) o Congresso Nacional aprovou a EC n. 30/2000 para restaurar o equilíbrio econômico-financeiro das unidades federadas, em particular Estados e Municípios, cujos orçamentos estariam compulsoriamente destinados a outros fins; (**iii**) o art. 333 do ADCT previu a correção monetária a fim de manter o valor real de cada uma das parcelas. Portanto, o parcelamento de precatório, apurado segundo o valor real do débito, acrescido de juros legais, somente protrai o seu pagamento no tempo, sem que o patrimônio do credor fazendário seja afetado, desde que saldadas no prazo avençado e corrigidas monetariamente as prestações; e (**iv**) não há que se cogitar eventual ofensa ao princípio da justa indenização (CF, art. 5º, XXIV), haja vista a incidência do Enunciado 279 da Súmula do STF (STF, Pleno, RE 590.751/SP, Rel. Min. Ricardo Lewandowski, j. em 9-12-2010).

> **Íntegra do art. 78 do ADCT, acrescentado pela EC n. 30, de 13-9-2000:**
> **Art. 78.** Ressalvados os créditos definidos em lei como de pequeno valor, os de natureza alimentícia, os de que trata o art. 33 deste Ato das Disposições Constitucionais Transitórias e suas

Cap. 21 ◆ ORGANIZAÇÃO DOS PODERES   1125

complementações e os que já tiverem os seus respectivos recursos liberados ou depositados em juízo, os precatórios pendentes na data de promulgação desta Emenda e os que decorram de ações iniciais ajuizadas até *31 de dezembro de 1999* serão liquidados pelo seu valor real, em moeda corrente, acrescido de juros legais, em prestações anuais, iguais e sucessivas, no *prazo máximo de dez anos*, permitida a cessão dos créditos (grifamos).

§ 1º É permitida a decomposição de parcelas, a critério do credor.

§ 2º As prestações anuais a que se refere o *caput* deste artigo terão, se não liquidadas até o final do exercício a que se referem, poder liberatório do pagamento de tributos da entidade devedora.

§ 3º O prazo referido no *caput* deste artigo fica reduzido para dois anos, nos casos de precatórios judiciais originários de desapropriação de imóvel residencial do credor, desde que comprovadamente único à época da imissão na posse.

§ 4º O Presidente do Tribunal competente deverá, vencido o prazo ou em caso de omissão no orçamento, ou preterição ao direito de precedência, a requerimento do credor, requisitar ou determinar o sequestro de recursos financeiros da entidade executada, suficientes à satisfação da prestação.

- **3º estágio: moratória da EC n. 37, de 12-6-2002** — acresceu ao art. 100, do texto originário da Constituição de 1988, o § 4º, precisamente para impedir o pagamento de precatório; e

  Íntegra do art. 100, § 4º, acrescentado pela EC n. 37, de 12-6-2002:
  Art. 100. (...)
  § 4º São vedados a expedição de precatório complementar ou suplementar de valor pago, bem como fracionamento, repartição ou quebra do valor da execução, a fim de que *seu pagamento não se faça*, em parte, na forma estabelecida no § 3º deste artigo e, em parte, *mediante expedição de precatório* (grifamos).

- **4º estágio: moratória da EC n. 62, de 9-12-2009** — o novo ataque à efetividade do Poder Judiciário e ao sentimento mínimo de respeito à cidadania ficou por conta da EC n. 62/2009.

  Principais novidades da EC n. 62/2009:
  (i) direito de precedência para o pagamento de débitos cujos titulares tenham mais de 60 anos de idade ou sejam portadores de doença grave. Tal preferência limita-se a três vezes o valor fixado em lei como sendo obrigação de pequeno valor;
  (ii) estabelecimento de patamar mínimo para que Estados e Municípios fixarem suas obrigações de pequeno valor quando editarem lei própria, consistente no valor do maior benefício do regime geral de previdência social;
  (iii) possibilidade de pedido de sequestro de contas públicas quando o valor necessário ao pagamento do débito não tiver sido previsto em lei orçamentária do ente público;
  (iv) antecipação da compensação, quando o precatório for expedido. O Poder Judiciário deverá abater do valor devido pelo Estado os valores de eventuais débitos do credor para com a Administração Pública, mesmo se não estiverem inscritos na dívida ativa;
  (v) vinculação da atualização monetária aos mesmos índices aplicados à poupança;
  (vi) cessão dos créditos de precatórios, desde quando a operação seja informada à entidade devedora e ao Poder Judiciário; e
  (vii) fixação por lei complementar do regime especial de pagamento de precatórios dos Estados, Distrito Federal e Municípios.

- **5º estágio: moratória da EC n. 113, de 8-12-2021** — a Emenda Constitucional n. 113/2021 modificou a Carta de Outubro e o seu ADCT, a fim de estabelecer mais um novo regime de pagamentos de precatórios. Nisto, alterou normas relativas ao regime fiscal. O objetivo foi autorizar o parcelamento de débitos previdenciários dos Municípios, além de outras providências. O art. 100, § 9º, recebeu a seguinte redação: "Sem que haja interrupção no pagamento do precatório e mediante comunicação da Fazenda Pública ao Tribunal, o valor correspondente aos eventuais débitos inscritos em dívida ativa contra o credor do requisitório e seus substituídos deverá ser depositado à conta do juízo responsável pela ação de cobrança, que decidirá pelo seu destino definitivo". O § 11 do mesmo art. 100 ficou assim redigido: "É facultada ao credor, conforme estabelecido em lei do ente federativo devedor, com autoaplicabilidade para a União, a oferta de créditos líquidos e certos que originalmente lhe são próprios ou adquiridos de terceiros reconhecidos pelo ente federativo ou por decisão judicial transitada em julgado para: I – quitação de débitos parcelados ou débitos inscritos em dívida ativa do ente federativo devedor, inclusive em transação resolutiva de litígio, e, subsidiariamente, débitos com a administração autárquica e fundacional do mesmo ente; II – compra de imóveis públicos de propriedade do mesmo ente disponibilizados para venda; III – pagamento de outorga de delegações de serviços públicos e demais espécies de concessão negocial promovidas pelo mesmo ente; IV – aquisição, inclusive minoritária, de participação societária, disponibilizada para venda, do respectivo ente federativo; ou V – compra de direitos, disponibilizados para cessão, do respectivo ente federativo, inclusive, no caso da União, da antecipação de valores a serem recebidos a título do excedente em óleo em contratos de partilha de petróleo". Já o § 14 do art. 100 logrou a seguinte fórmula: "A cessão de precatórios, observado o disposto no § 9º deste artigo, somente produzirá efeitos após comunicação, por meio de petição protocolizada, ao Tribunal de origem e ao ente federativo devedor", enquanto o § 21 do mesmo preceito estatuiu: "Ficam a União e os demais entes federativos, nos montantes que lhes são próprios, desde que aceito por ambas as partes, autorizados a utilizar valores objeto de sentenças transitadas em julgado devidos a pessoa jurídica de direito público para amortizar dívidas, vencidas ou vincendas: I – nos contratos de refinanciamento cujos créditos sejam detidos pelo ente federativo que figure como devedor na sentença de que trata o *caput* deste artigo; II – nos contratos em que houve prestação de garantia a outro ente federativo; III – nos parcelamentos de tributos ou de contribuições sociais; e IV – nas obrigações decorrentes do descumprimento de prestação de contas ou de desvio de recursos". Registre-se, ainda, que o art. 160, § 2º, da Carta Magna ficou assim redigido: "Os contratos, os acordos, os ajustes, os convênios, os parcelamentos ou as renegociações de débitos de qualquer espécie, inclusive tributários, firmados pela União com os entes federativos conterão cláusulas para autorizar a dedução dos valores devidos dos montantes a serem repassados relacionados às respectivas cotas nos Fundos de Participação ou aos precatórios federais".

Acreditamos que a existência dos brasileiríssimos precatórios nada mais é do que uma saída constitucional para não se pagar aquilo que se deve pagar.

Daí a indagação de Sérgio Sérvulo da Cunha: "De onde vem o soberano desprezo do legislador brasileiro pelos credores do Estado, igual somente ao de quem se julga superior a toda e qualquer norma? Quais os motivos que lhe dão causa? É possível que o Estado assim se comporte sem que daí decorram nefastas consequências para a ordem pública?" (*Os precatórios, a república e o princípio da moralidade*, p. 6).

Na realidade, a justificativa desse artifício, que intenta preservar o Estado de uma real e efetiva execução, liga-se a motivos ideológicos. Parte do pressuposto equivocado de que é impensável o Estado cometer ilícito quando os fatos e dados comprovam, precisamente, o contrário, porque o Estado-Governo sempre foi, e sempre será, o "amigo" do cidadão. Mas, como dizia Voltaire (1694 — 1778), "Senhor, proteja-me dos meus amigos, porque dos meus inimigos cuido eu"!

Daí a impropriedade do art. 100 da Carta Magna, que isenta o Estado de cumprir sentenças judiciais. Se foi ele que proibiu a justiça de mão própria, que assumiu o monopólio da prestação jurisdicional, que instituiu o Judiciário e que estabeleceu o princípio de obediência à coisa julgada, resta-lhe cumprir, espontaneamente, a sentença condenatória, quando vencido em juízo.

O art. 100 da Constituição, com seus "emendos e remendos", é preceito que existe só no Brasil. Não há em nenhum outro lugar do mundo figura análoga ao precatório.

Se é certo que o instituto foi introduzido em plagas brasileiras pela Carta de 1934, colimando proteger os credores judiciais contra a inadimplência do Poder Público, também é exato que houve a consagração de um "Estado sem peias", sob a falácia de que é melhor para o credor receber precatório em vez de nada, ou que o art. 100 do Texto Maior tem caráter "altamente moralizador", representando uma tentativa de evitar o enriquecimento sem causa do próprio Estado.

◆ Cap. 21 ◆ ORGANIZAÇÃO DOS PODERES   1127

Ora, a prática constitucional vivida, entre nós, desde 1934 demonstra que os precatórios ensejaram a existência de um "Estado inadimplente", que paga os seus credores quando quer e do modo mais conveniente aos seus interesses.

Enquanto isso, os mandamentos insertos nos arts. 34, VI, e 35, IV, da Carta Magna, que permitem ato interventivo nos Estados e Municípios pelo não pagamento das quantias devidas, funcionam como uma espécie de "recurso final" para aqueles que esperam receber alguma coisa daquilo a que têm direito.

A esse respeito, o Supremo concluiu que a intervenção federal é a sanção constitucionalmente prevista para possíveis desobediências a ordens judiciais, não sendo possível ordem judicial de sequestro da quantia necessária para satisfazer débitos, algo que só é permitido em virtude da inobservância da ordem cronológica de pagamento dos precatórios.

> **Respeito à ordem de precedência cronológica:** "O sentido teleológico da norma no *caput* do art. 100 da Carta Política — cuja gênese reside, no que concerne aos seus aspectos essenciais, na Constituição Federal de 1934 (art. 182) — objetiva viabilizar, na concreção do seu alcance, a submissão incondicional do Poder Público ao dever de respeitar o princípio que confere preferência jurídica a quem dispuser da precedência cronológica (*prior in tempore, potier in jure*)" (STF, RE 188.285-9/SP, Rel. Min. Celso de Mello, *DJ* de 1º-3-1996). O magistério subjacente a esse *decisum*, formulado em 1996, prossegue intocável perante as modificações trazidas pela Emenda Constitucional n. 62/2009.
>
> A seguir, vamos transcrever o art. 100 da Constituição Federal e o art. 97 do ADCT, ambos com redação dada pela Emenda Constitucional n. 62/2009. Desse modo, veremos a íntegra de tais dispositivos, pois nada melhor do que **ler a lei**. E, para facilitar a leitura, intitulamos cada um dos preceitos com as palavras chaves que traduzem o seu respectivo significado, pondo em colchetes as nossas observações.

e.1) Teor do art. 100 da Constituição Federal após o advento da EC n. 62/2009

Ao remendar o art. 100, da Carta Magna, que já havia sido emendado pela **EC n. 30, de 13-9-2000**, aumentado e renumerado pela **EC n. 37, de 12-6-2002**, os depositários da mal redigida e confusa **EC n. 62, de 9-12-2009**, prescreveram as seguintes normas:

- **apresentação dos precatórios** — os pagamentos devidos pelas Fazendas Públicas Federal, Estaduais, Distrital e Municipais, em virtude de sentença judiciária, far-se-ão exclusivamente na ordem cronológica de apresentação dos precatórios e à conta dos créditos espectivos, proibida a designação de casos ou de pessoas nas dotações orçamentárias e nos créditos adicionais abertos para este fim (CF, art. 100, *caput*);
- **débitos alimentícios** — os débitos de natureza alimentícia compreendem aqueles decorrentes de salários, vencimentos, proventos, pensões e suas complementações, benefícios previdenciários e indenizações por morte ou por invalidez, fundadas em responsabilidade civil, em virtude de sentença judicial transitada em julgado, e serão pagos com preferência sobre todos os demais débitos, exceto sobre os de natureza alimentícia (CF, art. 100, § 1º);
- **pagamento preferencial dos débitos alimentícios** — os débitos de natureza alimentícia cujos titulares tenham 60 (sessenta) anos de idade ou mais na data de expedição do precatório, ou sejam portadores de doença grave, definidos na forma da lei [ordinária], serão pagos com preferência sobre todos os demais débitos, até o valor equivalente ao triplo do fixado em lei [ordinária] para os fins do disposto no § 3º deste artigo [art. 100], admitido o fracionamento para essa finalidade, sendo que o restante será pago na ordem cronológica de apresentação do precatório (CF, art. 100, § 2º);
- **obrigações de pequeno valor** — o disposto no *caput* do art. 100 relativamente à expedição de precatórios não se aplica aos pagamentos de obrigações definidas em leis [ordinárias] como de pequeno valor que as Fazendas referidas devam fazer em virtude de sentença judicial transitada em julgado (CF, art. 100, § 3º);
- **reserva de lei ordinária** — para os fins do disposto no § 3º, do art. 100, poderão ser fixados, por leis [ordinárias] próprias, valores distintos às entidades de direito público, segundo as diferentes capacidades econômicas, sendo o mínimo igual ao valor do maior benefício do regime geral de previdência social (CF, art. 100, § 4º);

1128 ◆ Uadi Lammêgo Bulos ◆

- **obrigatoriedade de inclusão orçamentária** — é obrigatória a inclusão, no orçamento das entidades de direito público, de verba necessária ao pagamento de seus débitos, oriundos de sentenças transitadas em julgado, constantes de precatórios judiciários apresentados até 1º de julho, fazendo-se o pagamento até o final do exercício seguinte, quando terão seus valores atualizados monetariamente (CF, art. 100, § 5º);
- **missão do Presidente do Tribunal de Justiça** — as dotações orçamentárias e os créditos abertos serão consignados diretamente ao Poder Judiciário, cabendo ao Presidente do Tribunal que proferir a decisão exequenda determinar o pagamento integral e autorizar, a requerimento do credor e exclusivamente para os casos de preterimento de seu direito de precedência ou de não alocação orçamentária do valor necessário à satisfação do seu débito, o sequestro da quantia respectiva (CF, art. 100, § 6º);
- **crime de responsabilidade e responsabilização administrativa** — o Presidente do Tribunal competente que, por ato comissivo ou omissivo, retardar ou tentar frustrar a liquidação regular de precatórios incorrerá em crime de responsabilidade e responderá, também, perante o Conselho Nacional de Justiça (CF, art. 100, § 7º);
- **vedação a precatórios complementares ou suplementares** — é proibida a expedição de precatórios complementares ou suplementares de valor pago, bem como o fracionamento, repartição ou quebra do valor da execução para fins de enquadramento de parcela do total ao que dispõe o § 3º, do art. 100 (CF, art. 100, § 8º);
- **abatimento a título compensatório** — no momento da expedição dos precatórios, independentemente de regulamentação, deles deverá ser abatido, a título de compensação, valor correspondente aos débitos líquidos e certos, inscritos ou não em dívida ativa e constituídos contra o credor original pela Fazenda Pública devedora, incluídas parcelas vincendas de parcelamentos, ressalvados aqueles cuja execução esteja suspensa em virtude de contestação administrativa ou judicial (CF, art. 100, § 9º);
- **pedidos de informações à Fazenda Pública** — antes da expedição dos precatórios, o Tribunal solicitará à Fazenda Pública devedora, para resposta em até 30 (trinta) dias, sob pena de perda do direito de abatimento, informação sobre os débitos que preencham as condições estabelecidas no § 9º do art. 100, para os fins nele previstos (CF, art. 100, § 10);
- **possibilidade de compras de imóveis públicos com precatórios** — é permitido ao credor, conforme estabelecido em lei [ordinária] da entidade federativa devedora, a entrega de créditos em precatórios para compra de imóveis públicos do respectivo ente federado (CF, art. 100, § 11);
- **atualização de valores** — a partir da promulgação desta Emenda Constitucional [9-12-2009], a atualização de valores de requisitórios, após sua expedição, até o efetivo pagamento, independentemente de sua natureza, será feita pelo índice oficial de remuneração básica da caderneta de poupança, e, para fins de compensação da mora, incidirão juros simples no mesmo percentual de juros incidentes sobre a caderneta de poupança, ficando excluída a incidência de juros compensatórios (CF, art. 100, § 12);
- **cessão de créditos em precatórios** — o credor poderá ceder, total ou parcialmente, seus créditos em precatórios a terceiros, independentemente da concordância do devedor, não se aplicando ao cessionário o disposto nos §§ 2º e 3º do art. 100 (CF, art. 100, § 13);
- **efeitos da cessão de precatórios** — a cessão de precatórios somente produzirá efeitos após comunicação, por meio de petição protocolizada, ao tribunal de origem e à entidade devedora (CF, art. 100, § 14);
- **reserva de lei complementar** — sem prejuízo do disposto no art. 100, lei complementar à Constituição Federal poderá estabelecer regime especial para pagamento de crédito de precatórios de Estados, Distrito Federal e Municípios, dispondo sobre vinculações à receita corrente líquida e forma e prazo de liquidação (CF, art. 100, § 15); e
- **refinanciamento de débitos** — a seu critério exclusivo e na forma de lei [ordinária], a União poderá assumir débitos, oriundos de precatórios, de Estados, Distrito Federal e Municípios, refinanciando-os diretamente (CF, art. 100, § 16).

◆ Cap. 21 ◆ ORGANIZAÇÃO DOS PODERES

e.2) Ações diretas de inconstitucionalidade contra a EC n. 62/2009: entendimento do STF

O Plenário do Supremo Tribunal Federal, por maioria de votos, julgou parcialmente procedente pedido formulado em ações diretas, propostas pelo Conselho Federal da Ordem dos Advogados do Brasil e pela Confederação Nacional das Indústrias (STF, Pleno, ADI 4.425/DF, Rel. Min. Ayres Britto, j. 14-3-2013; STF, Pleno, ADI 4.357/DF, Rel. Min. Ayres Britto, j. 14-3-2013).

A Corte declarou a inconstitucionalidade:

1) da expressão "na data de expedição do precatório", contida no § 2º do art. 100 da CF;

2) dos §§ 9º e 10 do art. 100 da CF;

3) da expressão "índice oficial de remuneração básica da caderneta de poupança", constante do § 12 do art. 100 da CF, do inciso II do § 1º e do § 16, ambos do art. 97 do ADCT;

4) do fraseado "independentemente de sua natureza", inserido no § 12 do art. 100 da CF, para que aos precatórios de natureza tributária se apliquem os mesmos juros de mora incidentes sobre o crédito tributário;

5) por arrastamento, do art. 5º da Lei n. 11.960/2009; e

6) do § 15 do art. 100 da CF e de todo o art. 97 do ADCT (especificamente o *caput* e os §§ 1º, 2º, 4º, 6º, 8º, 9º, 14 e 15, sendo os demais por arrastamento ou reverberação normativa).

Assim, foram declarados inconstitucionais dispositivos do art. 100 da Carta Maior, que contemplavam regras gerais em tema de precatórios.

Com grande acerto, o Supremo também declarou integralmente inconstitucional o art. 97 do ADCT, que havia previsto regime especial para pagamento de precatórios.

Recordemos que o referido regime especial do art. 97 apregoava a adoção do sistema de parcelamento de 15 anos da dívida, somando-se a isso a previsão de parcelas variáveis entre 1% a 2% da receita de Estados e Municípios para uma conta especial, destinada ao pagamento de precatórios. Desses recursos, 50% seriam destinados ao pagamento por ordem cronológica. Já os valores restantes ficariam a cargo de um sistema que combinaria pagamentos por ordem crescente de valor, por meio de leilões, ou em acordos diretos com credores.

Ainda bem que nada disso vale mais, porque o art. 97 do ADCT foi tido como totalmente inconstitucional, pois, como se posicionou a maioria dos Ministros da Corte, ele feriu cláusulas pétreas, a exemplo da garantia de acesso à Justiça, da independência entre os Poderes e da proteção à coisa julgada.

O redator do acórdão, Min. Luiz Fux, incumbiu-se de modular os efeitos da declaração de inconstitucionalidade, atendendo a pedido de procuradores estaduais e municipais, os quais estavam preocupados com os efeitos da decisão sobre parcelamentos em curso e pagamentos já realizados sob a sistemática da Emenda Constitucional n. 62/2009 (STF, Pleno, ADI 4.425/DF, Rel. Min. Ayres Britto, j. 14-3-2013; STF, Pleno, ADI 4.357/DF, Rel. Min. Ayres Britto, j. 14-3-2013).

Em 24-10-2013, o redator do acórdão, Min. Luiz Fux, apresentou voto propondo a modulação no tempo dos efeitos da decisão da Corte nas ADIs 4.425/DF e 4.357/DF, que foram relatadas pelo Min. Ayres Britto (aposentado) e julgadas em 14-3-2013. A proposta do Min. Fux foi a seguinte: o regime de pagamento de precatórios fica prorrogado por mais cinco anos, até o fim de 2018, sendo declaradas nulas, retroativamente, apenas as regras acessórias concernentes à correção monetária e aos juros moratórios. Como o Min. Luís Roberto Barroso pediu vista, o julgamento foi suspenso.

No dia 19-3-2014, o Plenário do Supremo Tribunal Federal suspendeu o julgamento da modulação dos efeitos da declaração de inconstitucionalidade parcial da Emenda Constitucional n. 62/2009, que instituiu o novo regime de pagamento de precatórios. Barroso apresentou seu voto-vista, mas Dias Toffoli pediu vista. O voto-vista do Min. Roberto Barroso endossou, em linhas gerais, o voto do Min. Luiz Fux, mantendo a prorrogação da validade da EC 62 por cinco anos. Barroso, porém, votou pela manutenção das compensações já feitas entre precatórios e créditos tributários dos contribuintes, considerando-as válidas, por entender que desfazê-las teria o efeito de restaurar créditos tributários extintos. Seguiu, contudo, a ponderação de Fux, no sentido de resguardar, neste particular aspecto, os direitos de quem já tenha entrado com ação na Justiça ou de quem seja capaz de alegar lesão ocasionada pelos dispositivos questionados judicialmente. Para Barroso, diferentemente do entendimento de Fux, a decisão de inconstitucionalidade de aplicação do índice deve ter efeito *ex nunc*, ou seja, produzir efeitos a partir de

14 de março de 2013, data em que o Plenário concluiu o julgamento de mérito das ADIs. Na proposta original do Min. Fux, a invalidade da aplicação da TR deveria ter eficácia retroativa. Ressalte-se que Luix Fux reajustou o seu voto para acompanhar o entendimento do Min. Barroso neste aspecto. O Min. Teori Zavascki também proferiu seu voto. Não acompanhou a proposta de medidas de transição apresentada pelo Min. Roberto Barroso, seguindo integralmente o voto do Min. Luiz Fux, inclusive quanto ao reajuste realizado na referida sessão.

f) Emenda Constitucional n. 94/2016

A Emenda Constitucional n. 94, de 15-12-2016, trouxe inovações, sem, todavia, mudar por completo o panorama traçado pela Emenda Constitucional n. 62, de 9-12-2009. O que os depositários da competência reformadora fizeram foi:

- modificar o teor do § 2º do art. 100 da Carta Magna;
- dispor sobre o regime de pagamento de débitos públicos decorrentes de condenações judiciais; e
- acrescentar dispositivos ao Ato das Disposições Constitucionais Transitórias, a fim de instituir regime especial de pagamento para os casos em mora.

Em linhas gerais, vejamos o conteúdo da EC n. 94/2016:

a) **regime especial de pagamento** — a competência reformadora previu a possibilidade de precatórios dos Estados, Distrito Federal e Municípios, pendentes até 25 de março de 2015, bem como os que vencerem até 31 de dezembro de 2020, serem pagos, mediante regime especial, até o referido ano de 2020. A EC n. 94/2016, na verdade, procurou ajustar a disciplina normativa da matéria à jurisprudência do Supremo Tribunal Federal, que, desde 2013, tinha declarado a inconstitucionalidade de parte da EC n. 62/2009, que previa o prazo de 15 anos para os pagamentos. Segundo a EC n. 94/2016, os recursos serão limitados a 1/12 da receita corrente líquida dos entes federados. Registremos, ainda, que, até o ano de 2020, pelo menos 50% dos recursos destinados aos precatórios serão para o pagamento dessas dívidas, em ordem cronológica de apresentação. A única exceção a essa ordem é a preferência para os relacionados a créditos alimentares, no caso beneficiários de 60 anos ou mais, portadores de doença grave ou deficiência. Nessa hipótese, o valor será limitado a três vezes o da requisição de pequeno valor, débito dos governos pagos diretamente sem precatório;

b) **reserva de lei** — nos Estados, no Distrito Federal e nos Municípios, leis específicas podem determinar o valor dessa requisição, contanto que não seja inferior ao teto do benefício da Previdência Social;

c) **negociações com credores** — durante o período do regime especial de pagamento, a ordem de preferência dos credores deverá ser mantida, e os outros 50% dos recursos podem ser utilizados para a negociação de acordos com os credores, com redução máxima permitida de 40% do valor atualizado a receber, desde que não exista recurso pendente;

d) **compensações** — o Supremo Tribunal Federal tinha declarado a inconstitucionalidade da permissão para que a Fazenda de cada governo compensasse o precatório a pagar com débitos do credor, inclusive aqueles objeto de parcelamento. Tendo em vista esse *decisum*, a EC n. 94/2016 possibilitou ao beneficiário decidir se quer, ou não, compensar o valor a receber com dívidas, desde que estas estejam inscritas na dívida ativa até 25 de março de 2015. Após a compensação desses valores, eles passam a ser uma receita do ente público. Todavia, não poderão sofrer qualquer vinculação automática, a exemplo de transferências a outros entes federados, despesas com educação, saúde e outras finalidades.

e) **correção monetária** — a EC n. 94/2016 não enfrentou a problemática da correção monetária dos precatórios. Aplica-se, nesse particular, a decisão modulada pelo Supremo Tribunal Federal, que acatou a correção monetária pela Taxa Referencial (TR) até 25-3-2015, data de publicação da sentença pretoriana. A partir daí, aplica-se o Índice de Preços ao Consumidor Amplo Especial (IPCA-E). Os mesmos critérios valem para os precatórios tributários, e, no caso da União, incidirá a taxa Selic mais 1% no mês do pagamento;

f) **fontes de recursos** — a EC n. 94/2016 não permite que a parcela mensal que o ente federativo deverá depositar em conta especial na Justiça seja inferior, em cada ano, à média aferida aos precatórios de 2012 a 2014. Receita corrente líquida é, segundo a emenda, a soma das receitas tributárias, patrimoniais, industriais, agropecuárias, de contribuições e de serviços, transferências correntes e outras receitas correntes, inclusive *royalties*;

g) **depósitos judiciais** — também podem ser usados como recursos orçamentários os recursos provenientes de depósitos judiciais e administrativos em dinheiro, referentes a processos sobre matéria tributária ou não. Do total dos depósitos, 75% podem ser, imediatamente, direcionados à quitação dos precatórios, mesmo que os recursos se refiram a autarquias, fundações e empresas estatais dependentes. Quanto aos demais depósitos judiciais dos Municípios, Estados, Distrito Federal ou União relativos a causas entre particulares, os governos podem usar até 20% dos recursos em juízo, exceto aqueles de natureza alimentícia. Para tanto, os governos devem criar um fundo garantidor, composto pelos outros 80% dos depósitos; e

h) **empréstimos** — é permitida a contratação de empréstimo acima dos limites de endividamento constitucional ou da Lei Complementar n. 101/2000 (Responsabilidade Fiscal), com o objetivo de suprir a necessidade de recursos.

✧ 6.7. Órgãos do Poder Judiciário

São órgãos do Poder Judiciário:
- o Supremo Tribunal Federal (CF, art. 92, I);
- o Conselho Nacional de Justiça (CF, art. 92, I-A, acrescido pela EC n. 45/2004);
- o Superior Tribunal de Justiça (CF, art. 92, II);
- os Tribunais Regionais Federais e Juízes Federais (CF, art. 92, III);
- os Tribunais e Juízes do Trabalho (CF, art. 92, IV);
- os Tribunais e Juízes Eleitorais (CF, art. 92, V);
- os Tribunais e Juízes Militares (CF, art. 92, VI); e
- os Tribunais e Juízes dos Estados e do Distrito Federal e Territórios (CF, art. 92, VII).

Organograma do Poder Judiciário Brasileiro
(órgãos jurisdicionais)

Aí está a estruturação constitucional da ordem judiciária pátria, destacando-se:
- **órgão de cúpula** — é o Supremo Tribunal Federal, guardião da Carta de 1988 (CF, art. 102) e Corte Máxima de toda a Federação (CF, arts. 36, IV, 102, I, *f*), competindo-lhe apreciar e julgar as mais elevadas autoridades públicas (CF, art. 102, I, *b, c, d, q*), bem como as relações internacionais de que o Brasil faça parte (CF, art. 102, I, *e, g*);
- **órgão de articulação e defesa do direito federal** — é o Superior Tribunal de Justiça, oráculo do ordenamento jurídico federal (CF, art. 104); e

Extinção do Tribunal Federal de Recursos: "A Constituição de 1988 extinguiu o Tribunal Federal de Recursos e criou os Tribunais Regionais Federais e o Superior Tribunal de Justiça (art. 92, II e III). Aos Tribunais Regionais Federais atribuiu competência originária para o processo e julgamento de *habeas corpus* contra ato de juiz federal (art. 108, I, *d*). O § 7º do art. 27 do Ato das Disposições Constitucionais Transitórias esclareceu: até que se instalem os Tribunais Regionais Federais, o

1132 ◆ Uadi Lammêgo Bulos ◆

Tribunal Federal de Recursos exercerá a competência a eles atribuída em todo o território nacional" (STF, RHC 67.622-QO, Rel. Min. Rel. Sydney Sanches, *DJ* de 10-8-1989).

• **os juízes e tribunais** — equivalem aos órgãos judiciários federal (CF, arts. 106 a 110) e estadual (CF, arts. 125 e 126).

Veja-se que o Conselho Nacional de Justiça não se insere no organograma do Poder Judiciário. Não desempenha funções jurisdicionais. Realiza, apenas, o controle administrativo e disciplinar da magistratura. Isto, contudo, não lhe impede, de modo algum, de uniformizar procedimento administrativo disciplinar. Daí a constitucionalidade da Resolução n. 135/2011 do CNJ, que mereceu do Supremo Tribunal Federal análise detida (ADI 4.638 Referendo-MC/DF, Rel. Min. Marco Aurélio, j. em: 8-2-2012). E, mesmo sendo um órgão administrativo, interessante observar que, no tocante ao recebimento e conhecimento de reclamações contra membros do Poder Judiciário (CF, art. 103-B, § 4º, III e V), o CNJ poderá avocar processos disciplinares em curso, bem como obstar o processamento de sindicância em tramitação no tribunal de origem, algo equivalente a um mero procedimento preparatório, como reconheceu o Supremo Tribunal Federal (MS 28.003/DF, Rel. orig. Min. Ellen Gracie, red. p/ o acórdão Min. Luiz Fux, j. 8-2-2012).

O Supremo Tribunal Federal, o Conselho Nacional de Justiça e os Tribunais Superiores têm sede na Capital Federal, ou seja, Brasília (CF, art. 92, § 1º, com redação da EC n. 45/2004).

De outro lado, o Supremo Tribunal Federal e os Tribunais Superiores têm jurisdição em todo o território nacional (CF, art. 92, § 1º, acrescido pela EC n. 45/2004).

Eís aí o *princípio da unidade da jurisdição nacional*, inserto no Texto de 1988 pela reforma do Judiciário.

Mas não se deve confundir *jurisdição em todo o território nacional* com esfera de competência. Esta é a medida daquela, sendo o limite legal que o ordenamento jurídico irroga ao poder-dever de examinar e julgar litígios.

Quando se invoca o *princípio da unidade da jurisdição nacional*, com relação ao Supremo Tribunal Federal, ao Superior Tribunal de Justiça, ao Tribunal Superior do Trabalho, ao Tribunal Superior Eleitoral e ao Superior Tribunal Militar, quer-se aduzir que esses órgãos exercem tarefas delimitadas constitucionalmente, em níveis hierárquicos. Isso dá ao Judiciário o *status* de Poder nacional.

Deveras, a função jurisdicional é concatenada e hierarquizada, porque os órgãos jurisdicionais exercem suas atividades numa sequência de atos escalonados. Uma causa iniciada no primeiro grau de jurisdição da Justiça Estadual, por exemplo, pode terminar no Supremo Tribunal Federal.

Dessa atuação conjunta decorre o *princípio da unidade da jurisdição nacional*, que encontra sua disciplina completa no feixe de competências constitucionais, atribuídas ao Supremo Tribunal Federal, ao Superior Tribunal de Justiça e aos outros Tribunais Superiores.

Lembre-se de que os Tribunais de Justiça e os juízes estaduais também se acham interagidos nesse contexto, pois os encargos e atividades que as constituições dos Estados lhes outorgam devem seguir o modelo federal. Esse é um dos diversos motivos por que se afigura inconstitucional a *unificação de tribunais*.

Na realidade, todo esse exame da estrutura orgânica do Poder Judiciário mostra-nos que, no Brasil, não faltam órgãos jurisdicionais para se invocar.

O acesso ao Judiciário, pois, é amplo, mas a inefetividade da prestação jurisdicional ou lentidão da Justiça contraria o fato de possuirmos uma das melhores estruturas judiciárias do mundo.

Decerto, os *órgãos* jurisdicionais brasileiros — verdadeiros *núcleos de convergência de poder* — receberam, do constituinte de 1988, tratamento inovador, se comparado ao regime constitucional pregresso. Exemplifique-se com a criação do Superior Tribunal de Justiça, em lugar do Tribunal Federal de Recursos, e de cinco Tribunais Regionais Federais. Antes inexistia a obrigação de instituir cortes regionais em todos os Estados-membros (EC n. 1/69, art. 141, § 2º).

Com o advento da reforma do Judiciário, foram extintos os Tribunais de Alçada, criados pela manifestação constituinte originária de 1988. Os juízes que os integravam passaram para os Tribunais de Justiça dos respectivos Estados-membros, respeitadas a antiguidade e a classe de origem (EC n. 45/2004, art. 4º, *caput*).

A Emenda Constitucional n. 45/2004 não exigiu lei formal, a ser elaborada pelas Assembleias Legislativas, para disciplinar a transferência dos membros dos extintos Tribunais de Alçada para os

♦ Cap. 21 ♦ ORGANIZAÇÃO DOS PODERES

1133

Tribunais de Justiça. Apenas previu, no seu art. 4º, parágrafo único, que, "no prazo de cento e oitenta dias, contado da promulgação desta Emenda, os Tribunais de Justiça, por ato administrativo, promoverão a integração dos membros dos tribunais extintos em seus quadros, fixando-lhes a competência e remetendo, em igual prazo, ao Poder Legislativo, proposta de alteração da organização e da divisão judiciária correspondentes, assegurados os direitos dos inativos e pensionistas e o aproveitamento dos servidores no Poder Judiciário estadual".

Quer dizer, deixou o assunto sob os cuidados da competência administrativa dos Tribunais de Justiça, sem prejuízo de estes encaminharem às Assembleias Legislativas projeto de lei, propondo sua simples adequação formal.

✧ 6.8. Supremo Tribunal Federal

O Supremo Tribunal Federal é o oráculo de nossas Constituições, sendo a mais delicada *instituição* do regime republicano.

Instituição moderadora, limitadora, que cerca as demais instituições, como uma garantia de todas, o Supremo foi criado para ser inacessível às influências da desordem, das paixões, dos interesses e das inclinações corruptíveis.

Por isso, é joia da República, como o é no regime dos Estados Unidos, de onde para aqui o trouxemos.

Incumbem-lhe, preponderantemente, as seguintes missões:

* fiscalizar a constitucionalidade das leis e dos atos normativos;
* emitir a última palavra nas questões submetidas ao seu veredito;
* primar pela regularidade do Estado Democrático de Direito, garantindo a separação de Poderes; e
* defender a supremacia das liberdades públicas, dos direitos fundamentais, em face dos Poderes do Estado.

> **Advertência do STF:** "A autoridade hierárquico-normativa da Constituição da República impõe-se a todos os Poderes do Estado. Nenhuma razão — nem mesmo a invocação do princípio do autogoverno da Magistratura — pode justificar o desrespeito à Constituição. Ninguém tem o direito de subordinar o texto constitucional à conveniência dos interesses de grupos, de corporações ou de classes, pois o desprezo pela Constituição faz instaurar um perigoso estado de insegurança jurídica, além de subverter, de modo inaceitável, os parâmetros que devem reger a atuação legítima das autoridades constituídas" (STF, ADIn 2.105-MC, Rel. Min. Celso de Mello, *DJ* de 28-4-2000).

Tudo isso se resume à fórmula: o Supremo Tribunal Federal é o guarda da Constituição (CF, art. 102, *caput*).

> **A defesa da Constituição da República é o encargo mais relevante do STF:** "O Supremo Tribunal Federal — que é o guardião da Constituição, por expressa delegação do Poder Constituinte — não pode renunciar ao exercício desse encargo, pois, se a Suprema Corte falhar no desempenho da gravíssima atribuição que lhe foi outorgada, a integridade do sistema político, a proteção das liberdades públicas, a estabilidade do ordenamento normativo do Estado, a segurança das relações jurídicas e a legitimidade das instituições da República restarão profundamente comprometidas. O inaceitável desprezo pela Constituição não pode converter-se em prática governamental consentida. Ao menos, enquanto houver um Poder Judiciário independente e consciente de sua alta responsabilidade política, social e jurídico-institucional" (STF, ADIn 2.010-MC, Rel. Min. Celso de Mello, *DJ* de 12-4-2002).

Realmente, o Supremo Tribunal foi criado para garantir a supremacia constitucional, com vistas à segurança da ordem jurídica, controlando, jurisdicionalmente, a legalidade dos atos do Poder Público.

Respeito incondicional à Constituição da República: "O poder absoluto exercido pelo Estado, sem quaisquer restrições e controles, inviabiliza, numa comunidade estatal concreta, a prática efetiva das liberdades e o exercício dos direitos e garantias individuais ou coletivos. É preciso respeitar, de modo incondicional, os parâmetros de atuação delineados no texto constitucional. Uma Constituição escrita não configura mera peça jurídica, nem é simples escritura de normatividade e nem pode caracterizar um irrelevante acidente histórico na vida dos povos e das nações. Todos os atos estatais que repugnem a Constituição expõem-se à censura jurídica dos Tribunais, especialmente porque são írritos, nulos e desvestidos de qualquer validade. A Constituição não pode submeter-se à vontade dos poderes constituídos e nem ao império dos fatos e das circunstâncias. A supremacia de que ela se reveste — enquanto for respeitada — constituirá a garantia mais efetiva de que os direitos e as liberdades não serão jamais ofendidos. Ao Supremo Tribunal Federal incumbe a tarefa, magna e eminente, de velar por que essa realidade não seja desfigurada" (STF, ADIn 293-MC, Rel. Min. Celso de Mello, *DJ* de 16-4-1993).

A atividade precípua do Supremo, portanto, é a de guardião da Carta Política da República.

Nesse sentido: STF, RE 132.747, Rel. Min. Marco Aurélio, *DJ* de 7-12-1995.

O passo inaugural de sua fundação foi o Decreto n. 510, de 22 de junho de 1890 (arts. 54, 55 e 58), conhecido como *Constituição Provisória da República*.

Depois veio o Decreto n. 848, do Governo Provisório, de 11 de outubro de 1890, com a exposição de motivos do Ministro Campos Sales, mandando organizar a Corte Suprema com base na futura Carta Política. Nesse decreto, é significativa a inspiração norte-americana para a criação do Supremo Tribunal Federal: "Os estatutos dos povos cultos e especialmente os que regem as relações jurídicas na República dos EUA, os casos de *common law* e *equity*, serão também subsidiários da jurisprudência e processo federal" (art. 387).

Os antecedentes propriamente constitucionais do Pretório Excelso estão no art. 163 da Carta imperial de 1824, que criou o Supremo Tribunal de Justiça, estipulando sua competência no art. 164 e ficando a sua organização sob os auspícios da lei de 18 de setembro de 1828. Mais tarde, em 23 de outubro de 1875, pela Lei n. 2.674, ele teve a sua esfera de atribuições ampliada. Tornou-se o intérprete máximo das leis.

Pela Exposição de Motivos do Decreto n. 848, de 11 de outubro de 1890, o antigo Supremo Tribunal de Justiça do Império converteu-se no atual Supremo Tribunal Federal. A Lei n. 221, de 20 de novembro de 1894, foi o primeiro e fundamental estatuto que regulou o funcionamento do Supremo Tribunal Federal nos mais diversos ângulos.

Entre o Decreto n. 848/1890 e a Lei n. 221/1894, o Supremo Tribunal Federal elaborou o seu primeiro ordenamento interno, dentro das novas normas federais, preenchendo lacunas, da melhor maneira possível. Pretendia, pois, cumprir sua alta e meritória tarefa, dado que a Constituição de 1891, ao instituir o sistema federativo, estatuiu normas que atritavam com a profusa e confusa legislação estadual.

a) Supremo Tribunal Federal e a Suprema Corte dos Estados Unidos

Os esforços para criar um Supremo Tribunal, no Brasil, iniciaram-se com o Imperador Dom Pedro II, que solicitou, em maio de 1889, a Salvador Mendonça, na presença do Conselheiro Lafayette, cuidadoso estudo sobre a organização da Corte Suprema dos Estados Unidos da América.

Assim, o modelo que inspirou a criação do Supremo Tribunal Federal foi a Suprema Corte dos Estados Unidos da América.

Essa instituição magnífica e carismática, mediante sua jurisdição constitucional, amoldou e adaptou o texto setecentista dos americanos às necessidades sempre novas de outro dia e de outra época.

A auréola de mistério da Suprema Corte, a fascinação do povo sobre as controvérsias que a envolvem, tornaram-na essencial nos Estados Unidos.

Estudar a Suprema Corte quase significa fazer um curso de história americana: isso porque, "todos os problemas nacionais importantes sempre lhe foram submetidos sob a forma de um caso ou controvérsia jurídica. Seus julgados evidenciam, para os que os percorrerem com a mente

◆ Cap. 21 ◆ ORGANIZAÇÃO DOS PODERES 1135

aberta à modernidade dos temas de cada época, as lutas e os atritos entre os membros da Federação e o governo central; as forças aglutinantes criadoras da nação; todos os aspectos mais expressivos da produção, crédito, distribuição e consumo; a formação das grandes sociedades por ações; o uso e abuso do poder econômico; a crescente cobertura do país por uma extraordinária rede de transportes; os embates pela melhoria das condições de trabalho e de salário; as crises econômicas e as consequências das guerras; os problemas da criminalidade e dos desajustamentos sociais; os movimentos de opinião e as correntes religiosas; em suma, todos os temas de um mundo composto de gentes de todos os lados, de todas as classes e estamentos, que animadas de uma espécie de misticismo terreno e nutridas, em sua maioria, do credo calvinista e da religião do trabalho e da eficiência, se lançaram na grande aventura do país novo e de horizontes ilimitados" (Lêda Boechat Rodrigues, *A Suprema Corte e o direito constitucional americano*, p. 14).

Os americanos reverenciam a Suprema Corte como se fosse uma espécie de *oráculo popular*, cuja importância transcende seus correspondentes noutros países. Sua presença é tão marcante que espargiu ramificações noutros lugares do planeta, a exemplo do que sucedeu no Brasil, com a criação do Supremo Tribunal de Justiça do Império, convertido, nos albores da República, em nosso Supremo Tribunal Federal.

Mas, quando o legislador brasileiro adotou a formulação do constituinte estadunidense, transplantou, entre nós, uma Corte de Justiça apta a enfrentar questões políticas, precisamente para assegurar o predomínio de um documento político: a Constituição.

> **Questões políticas x questões jurídicas:** a experiência demonstra que as questões políticas e as questões jurídicas consignam aspectos integrantes de uma mesma realidade, não havendo como considerá-las totalmente distintas e equidistantes. Ao invés, constituem duas dimensões incindíveis dos problemas constitucionais, e qualquer pretensão no sentido de segregá-las é cair na unilateralidade; prestigia-se, tão somente, um dos lados, quando, em verdade, urge qualificá-las em conjunto, pois um tribunal da federação ora desempenha funções político-jurisdicionais, ora exerce funções jurisdicionais-políticas. É inegável que o guardião da Carta Maior — o Supremo Tribunal Federal —, ao desempenhar a jurisdição constitucional, também exerce uma tarefa político-jurídica, conformadora da vida estatal, pois suas decisões acabam por ter força política, precisamente porque influenciam a atuação de outros tribunais, e condicionam o procedimento dos órgãos de natureza política, a exemplo do Poder Legislativo.

Visou, duplamente, a defesa enfática do sistema constitucional e a sabedoria de homens aptos a enfrentar problemas jurídicos, mas também políticos, na devida ocasião.

Na realidade, um exame profundo da jurisprudência do Supremo Tribunal Federal demonstra a sua capacidade de desprender-se do rígido formalismo legal, possibilitando a existência de amplos debates sobre problemas constitucionais, tal a messe de decisões repetidas na aplicação de certas teses. Nisso, o nosso Supremo Tribunal constrói o direito *in concreto*, algo que corresponde à *construction* do Judiciário norte-americano.

> **Nesse sentido:** STF, RMS 4.928, Rel. Min. Ribeiro da Costa, *DJ* de 23-12-1957, p. 3285.

Como consequência de ser o Pretório Excelso o guardião da ordem constitucional, cabe-lhe essa missão.

E, se esses meios não estiverem delimitados na própria manifestação constituinte originária, advém o recurso supletivo da *construction*, dos americanos, que autoriza o Supremo Tribunal Federal a sair do texto, buscando para os casos obscuros uma solução que os constituintes previram, embora não esteja suficientemente clara, ou então não a previram.

> **Entendimento do STF:** "É certo que o Supremo Tribunal Federal (...) tem procedido, algumas vezes, em casos excepcionais, a construções jurisprudenciais que lhe permitem extrair, das normas constitucionais, por força de compreensão ou por efeito de interpretação lógico-extensiva, o sentido exegético que lhes é inerente" (STF, Pet. 1.120-MC, Rel. Min. Celso de Mello, *DJ* de 7-3-1996).

Daí invocar-se, a título comparativo, a Suprema Corte dos Estados Unidos, com o *judge made law* e com a *jurisprudential construction*, mostrando que o Supremo Tribunal chega a exercer *atividade supletiva*, em precedentes firmados por decisões de enorme repercussão.

Extensão da competência expressa do STF quando esta resulta implícita no próprio sistema constitucional — Possibilidade: a Corte adotou a interpretação extensiva ou compreensiva do Texto de 1988, nas seguintes hipóteses: **(i)** *habeas corpus* contra a Interpol, em face do recebimento de mandado de prisão expedido por magistrado estrangeiro, tendo em vista a competência do STF para processar e julgar, originariamente, a extradição solicitada por Estado estrangeiro (CF, art. 102, I, *g*); **(ii)** mandado de segurança contra atos que tenham relação com o pedido de extradição, na forma do art. 102, I, *g* (STF, Pet. 3.433, Rel. Min. Gilmar Mendes, *DJ* de 1º-8-2005).

Isso revela o *poder normativo do Supremo Tribunal Federal*, que lhe permite "construir o próprio direito, em dadas circunstâncias de premência e necessidade, em ordem a suprir as deficiências ou imperfeições da legislação" (STF, Recl. 315, Rel. Min. Edmundo Macêdo Ludolf, *DJ* de 28-11-1951, p. 4528).

O caráter normativo das decisões da nossa Egrégia Corte aplica-se a qualquer procedimento judicial, seja de juízes ou tribunais, tendente a impedir, obstar ou embaraçar, de qualquer modo, direta ou indiretamente, a execução de decisões definitivas da Corte.

Nesse sentido: STF, RMS 4.928, Rel. Min. Ribeiro da Costa, *DJ* de 23-12-1957, p. 3285.

b) Supremo Tribunal Federal: Corte Constitucional do Brasil?

Do modo como foi previsto na Carta de 1988, o Supremo Tribunal Federal não é, rigorosamente, uma Corte Constitucional, embora caiba a ele, precipuamente, a *guarda da Constituição* (CF, art. 102, *caput*).

Guarda da Constituição, no sentido de que lhe compete, principalmente, realizar o controle de constitucionalidade concentrado no Direito brasileiro. Não que essa seja a sua única atribuição, porém é mais destacada, pois só ele detém competência para processar e julgar ações de constitucionalidade, como vimos no Capítulo 6.

Mas essas atribuições não o transformam num autêntico Tribunal Constitucional, nos parâmetros europeus.

É que o Supremo também deve processar e julgar outras questões, diversas daquelas oriundas do controle de constitucionalidade concentrado, como *habeas corpus*, mandado de segurança, mandado de injunção, *habeas data*, infrações penais comuns praticadas por altas autoridades da República, crimes de responsabilidade etc.

As Cortes Constitucionais são de matriz europeia, pois têm por paradigma a Constituição austríaca de 1920, sob a influência de Hans Kelsen — seu principal teórico.

Sugestão de leitura: Luis Villar Borda, *Hans Kelsen: 1881-1973*, 2004.

Foram criadas para fiscalizar, em abstrato, a constitucionalidade das leis e dos atos normativos. Por isso, integram o controle concentrado de normas, que, diversamente do difuso, só é deferido a uma corte especial, não sendo reconhecido o seu exercício aos demais componentes do Poder Judiciário.

Com o tempo, os Tribunais Constitucionais passaram, também, a intervir na fiscalização concreta, mediante a subida obrigatória do *incidente de inconstitucionalidade* — instituto que não vigora no Brasil, nos moldes da Áustria, Alemanha, Itália e Espanha (ver Cap. 6).

São Tribunais dessa natureza o da Áustria (Constituição de 1920), da ex-Tchecoslováquia (Constituição de 1921), da Espanha (Constituições de 1931 e 1978), da Itália (Constituição de 1947), do Chipre (Constituição de 1960), da Turquia (Constituições de 1961 e 1982), da República Federal Alemã (Constituição de 1949), do Equador (Constituição de 1978), da ex-Iugoslávia (Constituição de 1974), da Polônia (Constituição de 1985), de Portugal (introduzido com a revisão constitucional do Texto de 1976, em 1982).

◆ Cap. 21 ◆ ORGANIZAÇÃO DOS PODERES

Os Tribunais Constitucionais agregam elementos do modelo político e do modelo judicialista, apresentando características de órgão jurisdicional, embora não sejam uma corte como as outras. Tanto que a sua composição e o modo de recrutamento de seus juízes revestem-se de notória especificidade.

Conferir: Dieter Grimm, *Constitucionalismo y derechos fundamentales*, 2006.

c) Composição do Supremo Tribunal Federal

O Supremo Tribunal Federal compõe-se de onze Ministros, escolhidos dentre cidadãos com mais de 35 e menos de 70 anos de idade, de notável saber jurídico e reputação ilibada (CF, art. 101, *caput*, com redação dada pela EC n. 122/2022).

A composição do Supremo tem variado ao longo da história constitucional brasileira, preponderando a existência de onze ministros.

Na Constituição republicana de 1891, por exemplo, o número era de quinze (art. 56). No Texto de 1934 o número foi reduzido para onze (art. 73), no que foi seguido pelas Cartas de 1937 (art. 97) e de 1946 (art. 98). O Ato Institucional n. 2, de 27 de outubro de 1965, aumentou para dezesseis, sendo acompanhado pela Lei Magna de 1967 (art. 113). Em contrapartida, o Ato Institucional n. 6, de 1º de fevereiro de 1969, voltou a diminuir para onze os integrantes do Pretório Excelso, número adotado pela Emenda Constitucional n. 1/69.

Para ser Ministro do Supremo Tribunal Federal é preciso atender a seis exigências estipuladas pela Constituição:

- **exigência de natureza administrativa** — ser indicado pelo Presidente da República para, depois, ter a aprovação do Senado Federal (art. 52, III, *a*);
- **exigência de natureza civil** — ter mais de 35 e menos de 65 anos (art. 101, *caput*);
- **exigência de natureza política** — estar no pleno exercício dos direitos políticos (art. 14, § 1º, I);
- **exigência de natureza jurídica** — ser brasileiro nato (art. 12, § 3º, IV);
- **exigência de natureza cultural** — possuir notável saber jurídico (art. 101, *caput*); e
- **exigência de natureza moral** — lograr reputação ilibada (art. 101, *caput*).

O limite de 70 anos de idade para a nomeação de Ministro do Supremo Tribunal Federal, proveniente da Emenda Constitucional n. 122, de 17 de maio de 2022, é para evitar que aposentadorias compulsórias sejam conferidas àqueles que foram empossados no cargo.

Exige-se, também, que o notável saber seja *jurídico*, porque na vigência da Constituição de 1891 inexistia esse requisito. O constituinte mencionava o signo "notável saber" (art. 56), sem qualificá-lo de jurídico. Então o Presidente Floriano Peixoto nomeou o médico Barata Ribeiro, que julgou no Supremo durante dez meses. O constitucionalista João Barbalho, que mais tarde viria a integrar a Corte Excelsa, emitiu parecer no sentido de só juristas ocuparem o cargo. Aprovado esse parecer pelo Senado, na sessão secreta de 24 de setembro de 1894, a nomeação de Barata Ribeiro foi anulada, juntamente com a dos generais Inocêncio Galvão de Queirós e Raimundo Ewerton Quadros. Com a Carta de 1934 (art. 74), a exigência do notável saber jurídico foi confirmada, mantendo-se até hoje.

Não compete ao STF examinar o que seja "notável saber jurídico": "Não compete ao Supremo Tribunal Federal analisar requisito que, nos termos da Carta Política de 1988, é de atribuição privativa do Presidente da República e do Senado Federal, sob pena de violação ao princípio constitucional da Separação de Poderes (CF, art. 2º)" (STF, Pet. 4.666/DF, Rel. Min. Ricardo Lewandowski, j. em 29-9-2009).

Os Ministros do Supremo Tribunal Federal serão nomeados pelo Presidente da República, depois de aprovada a escolha pela maioria absoluta do Senado Federal (CF, art. 101, parágrafo único).

Vedação de atividade político-partidária não se aplica a candidatos ao cargo de Ministro do STF: a proibição do exercício de atividade político-partidária dirige-se, apenas, aos magistrados (CF, art. 95, parágrafo único, III), e não àqueles que estiverem pleiteando o cargo de Ministro do Supremo (STF, Pet. 4.666/DF, Rel. Min. Ricardo Lewandowski, j. em 29-9-2009). Esse entendimento faz sentido, porque candidato a cargo de Ministro do Supremo ainda não pode ser considerado membro do Poder Judiciário, mas, tão só, mero pleiteante ao posto de juiz da Corte. Seu nome,

1138 ◆ Uadi Lammêgo Bulos ◆

inclusive, pode vir a ser negado pelo Senado Federal. Neste caso, o Presidente da República deverá indicar outro candidato, que, novamente, será sabatinado na Câmara Alta.

Inexiste divisão predeterminada para o preenchimento das onze vagas de Ministros do Pretório Excelso. Tal incumbência passa pela livre nomeação do Presidente da República, após a sabatina da maioria absoluta dos membros do Senado Federal.

Demora da CCJ para marcar sabatina de indicado ao STF: trata-se de questão interna do Senado da República, sendo que a Carta Magna não determinou como se deve desenrolar esse procedimento na Câmara Alta, ficando o tema sob os cuidados de normas do Regimento Interno de tal Casa Legislativa (STF, MS 38216, Rel. Min. Ricardo Lewandowski, j. 11-10-2021).

Assim, desde que os postulantes ao cargo de Ministro do Supremo Tribunal Federal sejam graduados em Direito, poderão ser nomeados juízes, desembargadores, ministros de Tribunais Superiores, procuradores, advogados, professores de renome e até políticos militantes.

d) Competências do Supremo Tribunal Federal

As competências do Supremo Tribunal Federal constituem um feixe de atribuições jurisdicionais de extração essencialmente constitucional.

Nesse sentido: STF, Pet. 1.026-4/DF, Rel. Min. Celso de Mello, *DJU* de 31-5-1995.

Daí o Texto de 1988, nos seus arts. 102 a 103, ter consagrado dois tipos de competência:

* **Competência originária (CF, art. 102, I)** — o Supremo Tribunal é acionado diretamente. São questões decididas apenas por ele, que não chegam ao seu exame por intermédio de recursos ordinários ou extraordinários. Aqui o Supremo julga em **ÚNICA** instância, porque nenhum outro órgão do Poder Judiciário poderá decidir nos temas afetos à sua competência constitucional originária.
* **Competência recursal (CF, art. 102, II e III)** — o Supremo Tribunal decide matéria que lhe foi submetida por via de recursos ordinários ou extraordinários. Nessa hipótese, o Supremo analisa a questão em **ÚLTIMA** instância, haja vista que o caso levado à sua jurisdição já passou, anteriormente, pelo crivo de outros órgãos jurisdicionais, competindo a ele proferir a palavra final a seu respeito, em grau de recurso.

d.1) Princípio da taxatividade constitucional das competências do STF

As competências do Supremo Tribunal Federal foram enumeradas *taxativamente* no Texto de 1988, motivo pelo qual nem o Poder Legislativo, mediante a edição de leis ou atos normativos, nem o Poder Executivo, por meio de medidas provisórias, poderão ampliá-las ou restringi-las.

Embora os autores e a própria jurisprudência apliquem esse raciocínio às competências originárias do art. 102, I, da Carta de Outubro, entendemos que as atribuições recursais da Corte Excelsa também seguem regime de direito estrito, não se estendendo a situações que extravasem os limites fixados, em *numerus clausus*, pelo rol exaustivo do art. 102, II e III, da *Lex Mater*.

Competência originária do STF — Regime de direito estrito: "A competência originária do Supremo Tribunal Federal, por qualificar-se como um complexo de atribuições jurisdicionais de extração essencialmente constitucional — e ante o regime de direito estrito a que se acha submetida — não comporta a possibilidade de ser estendida a situações que extravasem os limites fixados, em *numerus clausus*, pelo rol exaustivo inscrito no art. 102, I, da Constituição da República. Precedentes. O regime de direito estrito, a que se submete a definição dessa competência institucional, tem levado o Supremo Tribunal Federal, por efeito da taxatividade do rol constante da Carta Política, a afastar, do âmbito de suas atribuições jurisdicionais originárias, o processo e o julgamento de causas de natureza civil que não se acham inscritas no texto constitucional (ações populares, ações civis públicas, ações cautelares, ações ordinárias, ações declaratórias e medidas cautelares), mesmo que instauradas contra o Presidente da República ou contra qualquer das autoridades, que, em matéria penal (CF, art. 102, I, *b* e *c*), dispõem de prerrogativa de foro

♦ Cap. 21 ♦ ORGANIZAÇÃO DOS PODERES **1139**

perante a Corte Suprema ou que, em sede de mandado de segurança, estão sujeitas à jurisdição imediata do Tribunal (CF, art. 102, I, *d*). Precedentes" (STF, Pet. 1.738-AgRg, Rel. Min. Celso de Mello, *DJ* de 1º-10-1999).

Todas essas considerações alicerçam-se no *princípio da taxatividade constitucional das competências do Supremo Tribunal Federal.*

Seu surgimento deu-se à época do constitucionalismo moderno, com as concepções de controle de constitucionalidade das leis e dos atos normativos, quando, em 1803, o *Chief Justice* Marshall, no caso Marbury *versus* Madison, formalizou as bases do controle difuso de normas.

> **Sobre o tema:** Donald S. Lutz, *The origins of American Constitutionalism*, p. 78; Henry J. Abraham, *The judicial process:* an introductory analysis of the courts of the United States, England and France, p. 26; James Bryce, *Studies in History and Jurisprudence*, p. 57.

Ao proferir decisão histórica, Marshall focou seu raciocínio na vertente da *competência constitucional da Suprema Corte*, concluindo que tais competências estariam *taxativamente enumeradas na Constituição de 1787*, o que impediria ao Congresso Americano, em particular a *Lei Judiciária de 1789*, ampliá-las.

Esse precedente influenciou diversos ordenamentos, dentre os quais o nosso, levando Ruy Barbosa — o pai da Constituição republicana de 1891 — a invocá-la como instrumento de defesa da supremacia constitucional contra os abusos dos Poderes Públicos, e, em especial, do Poder Legislativo.

O certo é que, desde 1891, tornou-se inadmissível, no Brasil, os legisladores alterarem, mediante legislação ordinária, o elenco de competências constitucionais do Supremo Tribunal, sob pena de extrapolar os rígidos limites de atribuições *numerus clausus* da Carta Política.

É o caso da Constituição Federal de 1988. À luz de sua sistemática, o Congresso Nacional encontra-se impossibilitado de estender ou diminuir o rol de atribuições taxativas do Supremo Tribunal Federal (art. 102) ou do Superior Tribunal de Justiça (art. 105). Ambos só podem processar e julgar os temas delimitados constitucionalmente, porque o *juízo natural* a que se vinculam inadmite alargamento ou diminuição de competências.

Assim, atos de improbidade administrativa, cometidos por elevadas autoridades da República, prorrogação da prerrogativa de foro depois de terminar o exercício do cargo ou do mandato, julgamento de ações populares não se enquadram na esfera fechada de atribuições do Supremo Tribunal Federal.

> **Temas que fogem à competência originária do STF:**
> • **Competência para julgar ação popular contra ato de qualquer autoridade** — o Supremo Tribunal, na vigência da Carta de 1988, e sob a égide da EC n. 1/69, pacificou o entendimento, a nosso ver correto, de que o julgamento da ação popular não se inclui na esfera de suas competências constitucionais originárias. Pouco importa se foi proposta contra Presidentes da República, Congresso Nacional ou Ministros de Estado. Sem dúvida, a competência para julgar ação popular contra ato de qualquer autoridade pertence, por via de regra, ao juízo competente de primeiro grau, e não à Corte Excelsa (STF, AO 859-QO, Rel. Min. Maurício Corrêa, *DJ* de 1º-8-2003).
> • **Mandado de segurança contra ato de juizados especiais** — o STF é incompetente para apreciar *mandamus* impetrado contra ato de juizado especial, diversamente do que ocorre em relação ao *habeas corpus*. É o que a Corte, interpretando o restritivo rol de suas competências constitucionais, extraiu do disposto no art. 102, I, *d*, da Constituição Federal. **Nesse sentido:** STF, MS 25.173, Rel. Min. Gilmar Mendes, *DJ* de 25-2-2005; STF, MS 25.523, Rel. Min. Joaquim Barbosa, *DJ* de 16-9-2005; STF, MS 25.544-MC, Rel. Min. Celso de Mello, *DJ* de 23-9-2005.
> • **Notificação judicial formulada contra Presidente da República tem finalidade civil, fugindo à competência originária do STF** — "O Supremo Tribunal Federal — mesmo tratando-se de pessoas ou autoridades que dispõem, em razão do ofício, de prerrogativa de foro, nos casos estritos de crimes comuns — não tem competência originária para processar notificação judicial, quando tenha esta por objetivo alcançar fins de caráter extrapenal" (STF, Pet. 2.357, Rel. Min. Celso de Mello, *DJ* de 20-6-2001).

1140 ◆ Uadi Lammêgo Bulos ◆

Nada obstante, a Lei n. 10.628, de 24 de dezembro de 2002, modificando a redação do art. 84 do Código de Processo Penal, determinou que as ações de improbidade e as ações criminais deveriam ser ajuizadas perante o tribunal competente para processar e julgar o funcionário ou autoridade na hipótese de prerrogativa de foro em razão do exercício da função (CPP, art. 84, § 2º — oriundo da Lei n. 10.628/2002).

O Supremo Tribunal Federal, contudo, declarou a inconstitucionalidade dessa norma, algo que muitos juízes e Tribunais de Justiça já tinham percebido, a exemplo do Órgão Especial do Tribunal de Justiça de São Paulo, que, por unanimidade, reconheceu a impropriedade técnica da Lei n. 10.628/2002.

> **Precedente do TJSP:** "A competência originária do Tribunal de Justiça é estabelecida pela Constituição Estadual, na forma do art. 125, § 1º, da Constituição Federal, e a competência originária dos Tribunais Federais foi estabelecida pela Constituição Federal. A modificação da norma constitucional só pode ser feita pelo legislador constitucional, e não pelo legislador ordinário. A interpretação das normas constitucionais e legais a respeito da competência compete aos juízes e Tribunais, e não ao legislador ordinário" (TJSP, Órgão Especial, AP 065.288.09-00/SP, Rel. Des. Paulo Shintate, decisão de 13-8-2003).

O Supremo Tribunal também concluiu que o art. 84, § 2º, do Código de Processo Penal, além de ter feito interpretação autêntica da Carta Magna, o que seria reservado, apenas, à norma de hierarquia constitucional, usurpou a competência do Pretório Excelso como guardião da Constituição ao inverter a leitura por ele já feita de norma constitucional, o que, se admitido, implicaria submeter sua interpretação constitucional ao referendo do legislador ordinário. Ademais, o art. 84, § 2º, do Código de Processo Penal criou nova hipótese de competência originária não prevista no rol taxativo da Constituição de 1988. Por fim, ação de improbidade administrativa é de natureza civil (CF, art. 37, § 4º) e o Supremo jamais entendeu ser competente para o conhecimento de ações civis, por ato de ofício, ajuizadas contra as autoridades para cujo processo penal o seria.

> **Precedentes:** STF, ADIn 2.860, Rel. Min. Sepúlveda Pertence, *DJ* de 26-9-2005; STF, ADIn 2.797, Rel. Min. Sepúlveda Pertence, *DJ* de 26-9-2005.

Mas a Lei n. 10.628/2002 também é inconstitucional, pois, além de ferir o *princípio da taxatividade constitucional das competências do Supremo* (CF, art. 102), revigorou a *regra da contemporaneidade fato-mandato*, inserida na Súmula 394 do STF, cancelada pela Corte em 25 de agosto de 1999.

Como o legislador ordinário, ao insistir em perpetuar o foro especial, foi de encontro com a exegese conferida pelo Supremo no cancelamento da Súmula 394, a Lei n. 10.628/2002 violou a Carta de 1988, ao desconsiderar o fato de que o Pretório Excelso é o intérprete máximo do Direito no Brasil (CF, art. 102, *caput*).

> **Inconstitucionalidade dos foros especiais:** esse tema foi enfrentado pelo Pretório Excelso quando do cancelamento de sua Súmula 394 (STF, Pleno, Inq. 687-QO/SP, Rel. Min. Sydney Sanches, *DJU* de 9-9-1999).

Por fim, cumpre esclarecer que quaisquer alterações de competências do Supremo Tribunal Federal ou do Superior Tribunal de Justiça só podem ser operadas mediante emenda à Constituição.

Aliás, o próprio Supremo apenas aceita a mudança de suas competências originárias, pelo exercício do poder reformador da *Lex Mater*, entendimento que impede o legislador ordinário de fazer as vezes do constituinte derivado.

> **Precedentes:** STF, HC 78.416-QO/RJ, Rel. Min. Maurício Corrêa, decisão de 22-3-1999; STF, HC 78.756-6/SP, Rel. Min. Sepúlveda Pertence, *DJ* de 29-3-1999.

d.1.1) Desmembramento do processo do "Mensalão" (AP 470/MG)

O princípio da taxatividade constitucional das competências do STF, a nosso ver, foi abrandado pelo Pretório Excelso no julgamento da Ação Penal 470 de Minas Gerais, o chamado "Mensalão".

♦ Cap. 21 ♦ ORGANIZAÇÃO DOS PODERES

1141

A seguinte questão de ordem foi levantada no Plenário da Corte Excelsa: seria o Supremo Tribunal Federal competente para julgar o processo do "Mensalão" ou a matéria deveria ser remetida ao juízo comum, tendo em vista que nem todos os envolvidos teriam foro privilegiado?

Do ponto de vista técnico, sem *parti prius*, sem exame de valor, sem tomar partido deste ou daquele argumento fático, nem, tampouco, adentrar o mérito da deflagração da existência, ou não, de crimes escabrosos, entendemos que o Supremo Tribunal Federal não teria competência para julgar todos os réus da AP 470/MG. A Corte, em nosso sentir, atenuou o princípio da taxatividade constitucional das competências do STF.

Assim, por maioria de votos, vencidos os Senhores Ministros Ricardo Lewandowski (Revisor) e Marco Aurélio, prevaleceu o entendimento de que o Supremo Tribunal Federal seria competente, sim, para decidir quanto ao processo e julgamento dos denunciados não detentores de mandato parlamentar.

A maioria dos juízes da Corte acompanhou o voto do Relator, Min. Joaquim Barbosa, para quem o Tribunal já tinha decidido que todos os réus envolvidos na AP 470 deveriam ser processados e julgados no Supremo. Desse modo, a questão estaria preclusa, incidindo, nesse contexto, a Súmula 704 do STF, não havendo falar em ofensa às garantias do juiz natural, da ampla defesa e do devido processo legal, muito menos em atração por continência ou conexão do processo do corréu ao foro por prerrogativa de função de um dos denunciados. De acordo com o Min. Joaquim Barbosa, o debate já se havia exaurido sob o prisma constitucional.

Além dos argumentos, que foram vitoriosos naquele dia de julgamento, defendidos pelo Min. Joaquim Barbosa, convém conhecermos como os demais membros da Corte vislumbraram a matéria: **(i)** Min. Luiz Fux — o exame de ações conexas tem por escopo a aplicação de duas cláusulas constitucionais: o devido processo legal e a duração razoável do processo. Não vigora, nas causas de competência originária da Corte Suprema, o duplo grau obrigatório de jurisdição. Noutro lado, o eventual julgamento isolado de alguns dos réus, em contexto de interdependência fática, pode ensejar a prolação de decisões inconciliáveis. A Constituição Federal prevalece quanto ao Pacto de São José da Costa Rica, porquanto emanada do poder constituinte originário; **(ii)** Min. Dias Toffoli — aplica-se ao caso o mesmo entendimento fixado pelo Supremo nos autos do RHC 79.785/RJ (*DJU* de 10-4-2000). E, depois do advento da EC n. 35/2001, o processo e julgamento de inquérito ou de ação penal passara a prescindir de licença da casa parlamentar a que vinculado o detentor de foro por prerrogativa de função, algo que reforça a tese de que não se afigura cabível, no caso "Mensalão", o desmembramento; **(iii)** Min. Cezar Peluso — aplica-se, aqui, o entendimento firmado no Inq. 2.424/RJ (*DJE* de 27-11-2008). O risco do desmembramento da AP 470 é notório. Em primeiro lugar, poderia ensejar decisões contraditórias, à luz de imputações relativas a crimes de quadrilha, bem como de delitos atribuídos a título de coautoria. Em segundo, a eventual remessa dos autos a outro juízo provocaria excessiva demora no julgamento, dada a complexidade da causa e a quantidade de informações; **(iv)** Min. Gilmar Mendes — se o presente caso fosse desmembrado, sua complexidade levaria à prescrição da pretensão punitiva. Por isso, há de prevalecer uma exegese compreensiva, e não estrita, do Texto Maior, quanto à competência do Supremo Tribunal Federal. Aliás, existem vários exemplos, não positivados na Constituição da República, que atestam a competência da Corte para apreciar e julgar matérias não prescritas, taxativamente, pela manifestação constituinte originária. Eis alguns: a) mandado de segurança contra ato de CPI; b) mandado de segurança relacionado a pedido de extradição; c) *habeas corpus* contra qualquer decisão proferida pelo STJ etc. Demarquemos, também, os argumentos expendidos pelo Min. Ricardo Lewandowski (Revisor), que, embora não compartilhados pela maior parte dos membros do STF, exceto o Min. Marco Aurélio, merecem registro: **(i)** a matéria não estava preclusa, por força do princípio do juiz natural, que recomenda o desmembramento dos autos relativamente aos réus sem prerrogativa de foro; **(ii)** deveriam permanecer sob a jurisdição do Supremo apenas aqueles que detivessem esse *status* processual, como determina a própria Constituição de 1988; **(iii)** é inadmissível que a exegese de normas infraconstitucionais derrogue a competência constitucional estrita fixada pela Constituição aos diversos órgãos judicantes; e **(iv)** há que se respeitar, no bojo de tal exegese, o princípio do duplo grau de jurisdição, previsto no Pacto de São José da Costa Rica (STF, AP 470 11ª QO/MG, Rel. Min. Joaquim Barbosa, j. 2 e 3-8-2012).

1142 ◆ Uadi Lammêgo Bulos ◆

d.2) Competência originária do Supremo Tribunal Federal

Compete ao Supremo Tribunal Federal processar e julgar, originariamente (CF, art. 102, I):

- a ação direta de inconstitucionalidade de lei ou ato normativo federal ou estadual e a ação declaratória de constitucionalidade de lei ou ato normativo federal (v. Cap. 6);
- nas infrações penais comuns, o Presidente da República, o Vice-Presidente, os membros do Congresso Nacional, seus próprios Ministros e o Procurador-Geral da República;

> **Quebra de sigilo de parlamentar mediante decisão judicial em processo de inelegibilidade:** "Não se caracteriza, em tal hipótese, a usurpação de competência originária conferida ao Supremo Tribunal pelo art. 101, I, b, da Constituição, que se restringe ao julgamento de matéria criminal. Precedentes" (STF, Recl. 514, Rel. Min. Octavio Gallotti, DJ de 29-9-2000).

- nas infrações penais comuns e nos crimes de responsabilidade, os Ministros de Estado e os Comandantes da Marinha, do Exército e da Aeronáutica, ressalvado o disposto no art. 52, I, os membros dos Tribunais Superiores, os do Tribunal de Contas da União e os chefes de missão diplomática de caráter permanente (redação da EC n. 23/99);

> **Casuística do STF:**
> - **Crimes comuns** — abrangem todas as modalidades de infrações penais, eleitorais e até as contravenções penais (STF, Recl. 511, Rel. Min. Celso de Mello, DJ de 15-9-1995).
> - **Perda de prerrogativa de foro** — faz cessar a competência originária do Tribunal para julgar o feito, ainda que este tenha se iniciado (STF, Inq. 2.277, Rel. Min. Marco Aurélio, DJ de 16-5-2007).
> - **Equiparação do cargo de Presidente do Banco Central ao cargo de Ministro de Estado** — em nada viola o princípio da separação de Poderes, mesmo porque o Senado participa da escolha, pela aprovação dos indicados ao cargo de Presidente e Diretores do Banco Central (CF, art. 52, III, d). Assim, vigora, nesse contexto, a prerrogativa de foro como reforço à independência das funções de poder na República adotada por razões de política constitucional. Tal garantia de foro se coaduna com a sociedade hipercomplexa e pluralista, que não admite um código unitarizante dos vários sistemas sociais (STF, ADIn 3.289, Rel. Min. Gilmar Mendes, DJ de 24-2-2006).
> - **Secretário da Presidência da República** — "Para efeito de definição da competência penal originária do Supremo Tribunal Federal, não se consideram Ministros de Estado os titulares de cargos de natureza especial da estrutura orgânica da Presidência da República, malgrado lhes confira a lei prerrogativas, garantias, vantagens e direitos equivalentes aos dos titulares dos Ministérios" (STF, Recl. 2.356-AgRg, Rel. Min. Sepúlveda Pertence, DJ de 10-6-2005).

- o *habeas corpus*, sendo paciente qualquer das pessoas referidas nas alíneas anteriores; o mandado de segurança e o *habeas data* contra atos do Presidente da República, das Mesas da Câmara dos Deputados e do Senado Federal, do Tribunal de Contas da União, do Procurador-Geral da República e do próprio Supremo Tribunal Federal;

> **Casuística do STF:**
> - **Súmula 510** — "Praticado o ato por autoridade, no exercício de competência delegada, contra ela cabe o mandado de segurança ou a medida judicial".
> - **Súmula 622** — "Não cabe agravo regimental contra decisão do relator que concede ou indefere liminar em mandado de segurança".
> - **Súmula 624** — "Não compete ao Supremo Tribunal Federal conhecer originariamente de mandado de segurança contra atos de outros tribunais".
> - **Mandado de segurança contra atos do STJ ou de qualquer tribunal** — compete, de modo privativo, ao Superior Tribunal de Justiça ou a qualquer outro tribunal do País julgar, originariamente, os mandados de segurança contra seus atos, os dos respectivos Presidentes e os de suas Câmaras, Turmas ou Seções, nos termos do art. 21, VI, da Lei Orgânica da Magistratura Nacional (STF, MS 25.843, Rel. Min. Eros Grau, DJ de 1º-3-2006).
> - **Mandado de segurança contra Ministro da Corte Excelsa** — a jurisprudência do Supremo Tribunal Federal é pacífica em ter como inadmissível a impetração de mandado de segurança

◆ Cap. 21 ◆ **ORGANIZAÇÃO DOS PODERES** **1143**

contra Ministro da Corte, no exercício da função jurisdicional (STF, MS 25.517, Rel. Min. Carlos Britto, *DJ* de 16-9-2005).

* o litígio entre Estado estrangeiro ou organismo internacional e a União, o Estado, o Distrito Federal ou o Território;

Imunidade de jurisdição — Reclamação trabalhista — Litígio entre Estado estrangeiro e empregado brasileiro: o Supremo Tribunal Federal é originariamente competente para apreciar a matéria. Nesse sentido: STF, ACO 575, Rel. Min. Celso de Mello, *DJ* de 18-9-2000; STF, ACO 526, Rel. Min. Celso de Mello, *DJ* de 8-8-2002; STF, ACO 646, Rel. Min. Celso de Mello, *DJ* de 17-10-2002; STF, RE 222.368-AgRg, Rel. Min. Celso de Mello, *DJ* de 14-2-2003.

* as causas e os conflitos entre a União e os Estados, a União e o Distrito Federal, ou entre uns e outros, inclusive as respectivas entidades da administração indireta;

Não compete ao STF julgar litígio entre empresa pública federal e município: a Corte, por unanimidade, negou seguimento à **Ação Cível Originária 1.364**, ajuizada pela Infraero contra o município de Aracaju. A Constituição Federal explicitou, em seu art. 102, I, *f*, a competência do Supremo para julgar processos que coloquem em lados opostos a União e seus Estados-membros, ou entre os próprios Estados-membros, não sendo possível estender essa interpretação para que se inclua os municípios nesse rol (STF, ACO 1.364/SE, Rel. Min. Celso de Mello, j. em 16-9-2009).

Vale recordar que a Emenda Constitucional n. 45/2004, ao reforçar o exercício do controle de constitucionalidade pelo Pretório Excelso, previu como sendo conflito de competência entre entes federativos a recusa de cumprimento de execução da lei federal, deslocando a competência que era do Superior Tribunal de Justiça para o Supremo Tribunal, no que tange ao processo e julgamento das ações propostas pelo Procurador-Geral da República, com base no art. 36, III, da Carta Maior.

Casuística do STF:
* **Súmula 503** — "A dúvida suscitada por particular, sobre o direito de tributar manifestado por dois Estados, não configura litígio da competência originária do Supremo Tribunal Federal".
* **Súmula 517** — "As sociedades de economia mista só têm foro na Justiça Federal quando a União intervém como assistente ou opoente".
* **A competência do art. 102, I, *f*, da CF, visa resguardar o equilíbrio federativo, zelando pela harmonia política entre as pessoas estatais da Federação brasileira** — "o art. 102, I, *f*, da Constituição confere, ao Supremo Tribunal Federal, a posição eminente de Tribunal da Federação, atribuindo-lhe, nessa condição de órgão de cúpula do Poder Judiciário, competência para dirimir as controvérsias que irrompam no seio do Estado Federal, opondo as unidades federadas umas às outras, e de que resultem litígios cuja potencialidade ofensiva revele-se apta a vulnerar os valores que informam o princípio fundamental que rege, em nosso ordenamento jurídico, o pacto da Federação" (STF, ACO 641-AgRg, Rel. Min. Celso de Mello, *DJ* de 3-6-2005). **No mesmo sentido:** STF, ACO 640, Rel. Min. Marco Aurélio, *DJ* de 20-5-2005; STF, ACO 555-QO/DF, Rel. Min. Sepúlveda Pertence, *DJ* de 15-8-2005; STF, ACO 505, Rel. Min. Ellen Gracie, *DJ* de 23-9-2005; STF, ACO 756, Rel. Min. Maurício Corrêa, *DJ* de 31-3-2006.
* **Causas contra Estado-membro por iniciativa de autarquia federal** — "O Supremo Tribunal Federal não dispõe de competência originária para processar e julgar causas instauradas, contra Estado-Membro, por iniciativa de autarquia federal, especialmente se esta dispuser de *estrutura regional de representação no território estadual respectivo (RTJ, 133*:1059), pois, em tal hipótese, revela-se inaplicável a norma inscrita no art. 102, I, *f*, da Constituição, eis que ausente qualquer situação capaz de introduzir instabilidade no equilíbrio federativo ou de ocasionar ruptura da necessária harmonia entre as entidades integrantes do Estado Federal" (STF, ACO 641-AgRg, Rel. Min. Celso de Mello, *DJ* de 3-6-2005).
* **Competência para julgar ação popular em demarcação de terras indígenas** — "Cabe ao Supremo Tribunal Federal processar e julgar ação popular em que os respectivos autores, com pretensão de resguardar o patrimônio público roraimense, postulam a declaração da invalidade da Portaria nº 820/98, do Ministério da Justiça. Também incumbe a esta Casa de Justiça apreciar

todos os feitos processuais intimamente relacionados com a demarcação da referida reserva indígena" (STF, Recl. 2.833, Rel. Min. Carlos Britto, *DJ* de 5-8-2005).

- **Atividade de serviços portuários** — tema que envolve potencial conflito federativo, suscitando divergência entre as partes sobre a noção de substrato constitucional, de competência material para exploração desse importante serviço público STF (Recl. 2.549, Rel. Min. Joaquim Barbosa, *DJ* de 10-8-2006). De nossa parte, entendemos que a atividade de serviços portuários não se insere na competência originária do Supremo Tribunal Federal.

- **Conflito negativo de atribuições: Ministério Público Federal *versus* Ministério Público estadual** — compete ao Supremo a solução de conflito de atribuições a envolver o Ministério Público Federal e o Ministério Público Estadual, em se tratando de roubo e descaminho. Define--se o conflito considerado o crime de que cuida o processo. A circunstância de, no roubo, tratar--se de mercadoria alvo de contrabando não desloca a atribuição, para denunciar, do Ministério Público Estadual para o Federal (STF, Pet. 3.528, Rel. Min. Marco Aurélio, *DJ* de 3-3-2006).

- **Inconstitucionalidade da limitação territorial da eficácia de sentença em ação civil pública** — eis a tese de repercussão geral sobre esse tema: "I — É inconstitucional o art. 16 da Lei 7.347/1985, alterada pela Lei 9.494 /1997. II — Em se tratando de ação civil pública de efeitos nacionais ou regionais, a competência deve observar o art. 93, II, da Lei 8.078/1990. III — Ajuizadas múltiplas ações civis públicas de âmbito nacional ou regional, firma-se a prevenção do juízo que primeiro conheceu de uma delas, para o julgamento de todas as demandas conexas" (STF, RE 1101937, Rel. Min. Alexandre de Moraes, j. 9-4-2021).

- a extradição solicitada por Estado estrangeiro;

Súmulas do STF:
- **Súmula 2** — "Concede-se liberdade vigiada ao extraditando que estiver preso por prazo superior a sessenta dias".
- **Súmula 367** — "Concede-se liberdade ao extraditando que não for retirado do País no prazo do art. 16 do Decreto-lei n. 394, de 28-4-1938".
- **Súmula 421** — "Não impede a extradição a circunstância de ser o extraditando casado com brasileira ou ter filho brasileiro".
- **Súmula 692** — "Não se conhece de *habeas corpus* contra omissão de relator de extradição, se fundado em fato ou direito estrangeiro cuja prova não constava dos autos, nem foi ele provocado a respeito".

- o *habeas corpus*, quando o coator for Tribunal Superior ou quando o coator ou o paciente for autoridade ou funcionário cujos atos estejam sujeitos diretamente à jurisdição do Supremo Tribunal Federal, ou se trate de crime sujeito à mesma jurisdição em uma única instância (redação da EC n. 22/99);

Casuística do STF:
- **Súmula 208** — "O assistente do Ministério Público não pode recorrer, extraordinariamente, de decisão concessiva de *habeas corpus*".
- **Súmula 395** — "Não se conhece de recurso de *habeas corpus* cujo objeto seja resolver sobre o ônus das custas, por não estar mais em causa a liberdade de locomoção".
- **Súmula 606** — "Não cabe *habeas corpus* originário para o Tribunal Pleno de decisão de Turma, ou do Plenário, proferida em *habeas corpus* ou no respectivo recurso".
- **Súmula 690** — "Compete originariamente ao Supremo Tribunal Federal o julgamento de *habeas corpus* contra decisão de Turma recursal de juizados especiais criminais".
- **Súmula 691** — "Não compete ao Supremo Tribunal Federal conhecer de *habeas corpus* impetrado contra decisão do relator que, em *habeas corpus* requerido a Tribunal Superior, indefere a liminar".
- **Súmula 693** — "Não cabe *habeas corpus* contra decisão condenatória a pena de multa, ou relativo a processo em curso por infração penal a que a pena pecuniária seja a única cominada".
- **Súmula 694** — "Não cabe *habeas corpus* contra a imposição da pena de exclusão de militar ou de perda de patente ou de função pública".
- **Súmula 695** — "Não cabe *habeas corpus* quando já extinta a pena privativa de liberdade".

◆ Cap. 21 ◆ ORGANIZAÇÃO DOS PODERES **1145**

- **Ato de turma recursal dos juizados especiais** — cumpre ao Supremo processar e julgar originariamente *habeas corpus* impetrado contra ato de turma recursal dos juizados especiais (STF, HC 83.228, Rel. Min. Marco Aurélio, *DJ* de 11-11-2005). **Em sentido contrário:** "Após o advento da EC n. 22/1999, não mais compete ao Supremo Tribunal Federal processar e julgar, originariamente, *habeas corpus* impetrado contra ato emanado de Tribunal que não se qualifica, constitucionalmente, como Tribunal Superior. A locução constitucional 'Tribunais Superiores' abrange, na organização judiciária brasileira, apenas o Tribunal Superior Eleitoral, o Superior Tribunal de Justiça, o Tribunal Superior do Trabalho e o Superior Tribunal Militar" (STF, HC 85.838, Rel. Min. Celso de Mello, *DJ* de 23-9-2005).
- **Atos do Procurador-Geral da Justiça Militar e do Procurador-Corregedor da Justiça Militar** — o Supremo é originariamente incompetente para apreciá-los (STF, HC 86.296-AgRg, Rel. Min. Sepúlveda Pertence, *DJ* de 16-9-2005).

• a revisão criminal e a ação rescisória de seus julgados;

Casuística do STF:
- **Súmula 249** — "É competente o Supremo Tribunal Federal para a ação rescisória, quando, embora não tendo conhecido do recurso extraordinário, ou havendo negado provimento ao agravo, tiver apreciado a questão federal controvertida".
- **Súmula 515** — "A competência para a ação rescisória não é do Supremo Tribunal Federal, quando a questão federal, apreciada no recurso extraordinário ou no agravo de instrumento, seja diversa da que foi suscitada no pedido rescisório".
- **Decisão rescindenda fundada em precedente do STF** — não cabe ação rescisória por violação a literal preceito de lei quando a decisão rescindenda está fundada em precedente do Plenário do Tribunal (AR 1.686-AgRg, Rel. Min. Eros Grau, *DJ* de 28-4-2006).
- **Erro material** — ação rescisória não se presta a corrigir erro material (STF, AR 1.583-AgRg, Rel. Min. Carlos Britto, *DJ* de 14-10-2005).
- **Descabe colar à ação rescisória conceito linear de indivisibilidade** — "Contando o acórdão rescindendo, sob o ângulo subjetivo, com capítulos distintos, possível é o ajuizamento limitado, desde que não se tenha o envolvimento, no processo que desaguou na decisão, de litisconsórcio necessário" (STF, AR 1.699-AgRg, Rel. Min. Marco Aurélio, *DJ* de 9-9-2005).
- **Acórdão rescindendo que não aprecia o mérito da controvérsia** — tal situação desautoriza o trânsito da ação rescisória (STF, AR 1.850-AgRg, Rel. Min. Carlos Britto, *DJ* de 24-6-2005). **No mesmo sentido:** STF, AR 1.839, Rel. Min. Joaquim Barbosa, *DJ* de 15-8-2005.

• a reclamação para a preservação de sua competência e garantia da autoridade de suas decisões;

Casuística do STF:
- **Súmula 368** — "Não há embargos infringentes no processo de reclamação".
- **Súmula 734** — "Não cabe reclamação quando já houver transitado em julgado o ato judicial que se alega tenha desrespeitado decisão do Supremo Tribunal Federal".
- **Descabimento da reclamação** — "Descabe formalizar a reclamação quando se almeja a observância de acórdão proferido por força de idêntica medida" (STF, Recl. 2.398, Rel. Min. Marco Aurélio, *DJ* de 24-2-2006).
- **Usurpação da competência do STF. Cabimento da reclamação** — "Ação civil pública em que a declaração de inconstitucionalidade com efeitos *erga omnes* não é posta como causa de pedir, mas, sim, como o próprio objeto do pedido, configurando hipótese reservada à ação direta de inconstitucionalidade de leis federais, da privativa competência originária do Supremo Tribunal" (STF, Recl. 2.224, Rel. Min. Sepúlveda Pertence, *DJ* de 10-2-2006).
- **Ajuizamento da reclamação independe de publicação** — "A obrigatoriedade de observância da decisão de liminar, em controle abstrato realizado pelo Supremo Tribunal Federal, impõe-se com a publicação da ata da sessão de julgamento no Diário da Justiça. O ajuizamento de reclamação independe tanto da publicação do acórdão cuja autoridade se quer garantir, como de sua juntada" (STF, Recl. 872-AgRg, Rel. Min. Joaquim Barbosa, *DJ* de 3-2-2006).
- **Inadmissibilidade de reclamação em processos de natureza subjetiva** — "É velha e aturada a jurisprudência desta Corte sobre a inadmissibilidade do uso de reclamação, quando as decisões tidas por desrespeitadas tenham sido proferidas em processo de natureza subjetiva e, como

tais, desprovidas de eficácia *erga omnes* e efeito vinculante, a menos que — e a razão é óbvia — o reclamante seja parte na causa em que sobreveio o acórdão invocado" (STF, Recl. 3.412, Rel. Min. Cezar Peluso, *DJ* de 16-9-2005).

- **Reclamação contra lei posterior à decisão cujo desrespeito se alega** — é firme a jurisprudência do STF no sentido de não admitir reclamação contra lei posterior à decisão cujo desrespeito se alega (STF, Recl. 2.617-AgRg, Rel. Min. Cezar Peluso, *DJ* de 20-5-2005).

- a execução de sentença nas causas de sua competência originária, facultada a delegação de atribuições para a prática de atos processuais;

- a ação em que todos os membros da magistratura sejam direta ou indiretamente interessados, e aquela em que mais da metade dos membros do tribunal de origem estejam impedidos ou sejam direta ou indiretamente interessados;

Casuística do STF:

- **Súmula 623** — "Não gera por si só a competência originária do Supremo Tribunal Federal para conhecer do mandado de segurança com base no art. 102, I, *n*, da Constituição, dirigir-se o pedido contra deliberação administrativa do Tribunal de origem, da qual haja participado a maioria ou a totalidade de seus membros".

- **Súmula 731** — "Para fim da competência originária do Supremo Tribunal Federal, é de interesse geral da magistratura a questão de saber se, em face da LOMAN, os juízes têm direito à licença-prêmio".

- **Pretensão que envolve restrita parcela de membros do Judiciário** — não se há de invocar o art. 102, I, *n*, da Constituição Federal (STF, AO 750, Rel. Min. Cezar Peluso, *DJ* de 16-9-2005).

- **Exceção de suspeição** — "Exceção de suspeição de todos ou da maioria dos membros do Tribunal não basta para deslocar a competência para o STF, mas, apenas para conhecer e julgar da exceção" (STF, Recl. 473-AgRg, Rel. Min. Néri da Silveira, *DJ* de 24-8-2001). **No mesmo sentido:** STF, AO 1.303, Rel. Min. Joaquim Barbosa, *DJ* de 28-10-2005.

- os conflitos de competência entre o Superior Tribunal de Justiça e quaisquer tribunais, entre Tribunais Superiores, ou entre estes e qualquer outro tribunal;

Casuística do STF:

- **Conflito de competência entre juízo estadual de 1ª instância e Tribunal Superior:** "Compete ao Supremo Tribunal Federal dirimir o conflito de competência entre Juízo Estadual de primeira instância e Tribunal Superior, nos termos do disposto no art. 102, I, *o*, da Constituição do Brasil. A competência para julgar ações de indenização por danos morais e materiais decorrentes de acidente de trabalho, após a edição da EC 45/04, é da Justiça do Trabalho (...). O ajuizamento da ação de indenização pelos sucessores não altera a competência da Justiça especializada. A transferência do direito patrimonial em decorrência do óbito do empregado é irrelevante (...). Conflito negativo de competência conhecido para declarar a competência da Justiça do Trabalho" (STF, CComp 7.545/SC, Rel. Min. Eros Grau, *Clipping* do *DJ* de 14-8-2009).

- **Recurso de apelação interposto contra sentença proferida por Juiz de Direito** — "A competência para julgar recurso de apelação interposto contra sentença proferida por Juiz de Direito da Justiça Comum é do Tribunal de Justiça, não da Turma Recursal" (STF, HC 85.652, Rel. Min. Eros Grau, *DJ* de 1º-7-2005).

- **Conflito negativo de competência entre Juiz Federal e TST** — "Se o empregado público ingressa com ação trabalhista, alegando estar vinculado ao regime da CLT, compete à Justiça do Trabalho a decisão da causa. Conflito de competência julgado procedente, ordenando-se a remessa dos autos ao TST" (STF, CComp 7.134, Rel. Min. Gilmar Mendes, *DJ* de 15-8-2003). **Precedente:** STF, CComp 7.027, Rel. Min. Celso de Mello, *DJ* de 1º-9-1995.

- **Competência nos crimes militares** — "Considera-se *crime militar* o doloso contra a vida, praticado por militar em situação de atividade, contra militar, na mesma situação, ainda que fora do recinto da administração militar, mesmo por razões estranhas ao serviço. Por isso mesmo, compete à Justiça Militar — e não à Comum — o respectivo processo e julgamento. Interpretação do art. 9º, II, *a*, do Código Penal Militar. Conflito conhecido pelo STF, já que

◆ Cap. 21 ◆ ORGANIZAÇÃO DOS PODERES **1147**

envolve Tribunais Superiores (o Superior Tribunal de Justiça e o Superior Tribunal Militar) (CF, art. 102, I, *o*) e julgado procedente, com a declaração de competência da Justiça Militar, para prosseguir nos demais atos do processo" (STF, CComp 7.071, Rel. Min. Sydney Sanches, *DJ* de 1º-8-2003).

- **Conflito de competência. Execução trabalhista e superveniente declaração de falência da empresa executada** — "Competência deste Supremo Tribunal para julgar o conflito, à luz da interpretação firmada do disposto no art. 102, I, *o*, da CF. Com a manifestação expressa do TST pela competência do Juízo suscitado, restou caracterizada a existência de conflito entre uma Corte Superior e um Juízo de primeira instância, àquela não vinculado, sendo deste Supremo Tribunal a competência para julgá-lo" (STF, CComp 7.116, Rel. Min. Ellen Gracie, *DJ* de 23-8-2002).
- **Conflito de competência: TRT e STJ** — "Competente o Tribunal Regional do Trabalho para decidir conflito de competência, verificado na respectiva região, entre Vara do Trabalho e Juiz de Direito investido na jurisdição trabalhista" (CComp 7.076, Rel. Min. Maurício Corrêa, *DJ* de 8-2-2002).
- **Conflito de competência. Justiça Federal Militar de primeira instância e Justiça Federal de primeira instância. Afastamento** — "Compete ao Superior Tribunal de Justiça, e não ao Supremo Tribunal Federal, dirimir o conflito, enquanto não envolvido o Superior Tribunal Militar" (STF, CComp 7.087, Rel. Min. Marco Aurélio, *DJ* de 31-8-2001).

- o pedido de medida cautelar das ações diretas de inconstitucionalidade;
- o mandado de injunção, quando a elaboração da norma regulamentadora for atribuição do Presidente da República, do Congresso Nacional, da Câmara dos Deputados, do Senado Federal, das Mesas de uma dessas Casas Legislativas, do Tribunal de Contas da União, de um dos Tribunais Superiores, ou do próprio Supremo Tribunal Federal; e

Mandado de injunção contra o Ministério do Trabalho — Competência: "Sendo o mandado de injunção dirigido contra o Ministério do Trabalho, com o objetivo de que o impetrante obtenha registro como entidade sindical, evidencia-se não ser competente o STF para processá-lo e julgá--lo, ante o disposto no art. 102, I, *q*, da Constituição Federal, não lhe cabendo, por isso mesmo, sequer apreciar-se, para o fim em vista, o meio processual utilizado e o adequado. Remessa dos autos ao Superior Tribunal de Justiça para processar e apreciar o pedido, como for de direito" (STF, MI 157-QO, Rel. Min. Aldir Passarinho, *DJ* de 20-4-1990).

- as ações contra o Conselho Nacional de Justiça e contra o Conselho Nacional do Ministério Público (incluso pela EC n. 45/2004).

d.3) Competência recursal do Supremo Tribunal Federal

O Supremo Tribunal Federal pode ser provocado por meio de sua competência recursal, mediante dois recursos diferentes:
- recurso ordinário constitucional (CF, art. 102, II, *a*, *b*); e
- recurso extraordinário (CF, art. 102, III, *a*, *b*, *c*, *d*).

d.3.1) Recurso ordinário constitucional

Três são os requisitos constitucionais para a interposição do recurso ordinário:
- que exista julgamento pelo Superior Tribunal de Justiça, Tribunal Superior Eleitoral, Superior Tribunal Militar ou Tribunal Superior do Trabalho de *habeas corpus, habeas data*, mandado de segurança e mandado de injunção;
- que esse julgamento dos Tribunais Superiores tenha ensejado decisão originária, isto é, em única instância, sem que tenha reformulado ou mantido qualquer *decisum* anterior; e
- que a decisão tenha sido denegatória, cujo termo abrange as decisões de mérito e as decisões que extinguem o processo sem julgamento do mérito.

Satisfeitos esses pressupostos, compete ao Supremo Tribunal Federal julgar em sede de recurso ordinário (CF, art. 102, II, *a*, *b*):

1148 ◆ Uadi Lammêgo Bulos ◆

- o *habeas corpus*, o mandado de segurança, o *habeas data* e o mandado de injunção decididos em única instância pelos Tribunais Superiores, se denegatória a decisão;

  Casuística do STF:
  - **Súmula 691** — "Não compete ao Supremo Tribunal Federal conhecer de *habeas corpus* impetrado contra decisão do relator que, em *habeas corpus* requerido a Tribunal Superior, indefere a liminar".
  - **Instauração da competência recursal ordinária do STF** — "Para instaurar-se a competência recursal ordinária do Supremo Tribunal Federal (CF, art. 102, II, *a*), impõe-se que a decisão denegatória do mandado de segurança resulte de julgamento colegiado, proferido, em sede originária, por Tribunal Superior da União (TSE, STM, TST e STJ). Tratando-se de decisão monocrática, emanada de Relator da causa mandamental, torna-se indispensável — para que se viabilize a interposição do recurso ordinário para a Suprema Corte — que esse ato decisório tenha sido previamente submetido, mediante interposição do recurso de agravo (agravo regimental), à apreciação de órgão colegiado competente do Tribunal Superior da União" (STF, RMS 24.237-QO, Rel. Min. Celso de Mello, *DJ* de 3-5-2002).
  - **Não se sujeita o recurso ordinário de *habeas corpus* nem a petição substitutiva dele ao requisito do prequestionamento na decisão impugnada** — "Para o conhecimento deste, basta que a coação seja imputável ao órgão de gradação jurisdicional inferior, o que tanto ocorre quando esse haja examinado e repelido a ilegalidade aventada, quanto se se omite de decidir sobre a alegação do impetrante ou sobre matéria sobre a qual, no âmbito de conhecimento da causa a ele devolvida, se devesse pronunciar de ofício. Precedentes. A omissão sobre um fundamento posto é, em si mesmo, uma coação, e o tribunal superior, considerando evidenciado o constrangimento ilegal, pode fazê-lo cessar de imediato e não devolver o tema ao tribunal omisso" (STF, HC 87.639, Rel. Min. Sepúlveda Pertence, *DJ* de 5-5-2006).
  - **Abrandamento da Súmula 691 do STF. Possibilidade** — "Diante de flagrante violação à liberdade de locomoção, não pode a Corte Suprema, guardiã maior da Constituição, guardiã maior, portanto, dos direitos e garantias constitucionais, quedar-se inerte" (STF, HC 86.864-MC, Rel. Min. Carlos Velloso, *DJ* de 16-12-2005). **Precedente:** STF, Pleno, HC 85.185/SP, Rel. Min. Cezar Peluso, decisão de 10-8-2005.

- o crime político;

  Casuística do STF:
  - **Como se configura o crime político** — "O Plenário do Supremo Tribunal Federal decidiu que, para configuração do crime político, previsto no parágrafo único do art. 12 da Lei n. 7.170/1983, é necessário, além da motivação e os objetivos políticos do agente, que tenha havido lesão real ou potencial aos bens jurídicos indicados no art. 1º da citada Lei n. 7.170/1983" (STF, Recl. 1.470, Rel. Min. Carlos Velloso, *DJ* de 19-4-2002). **Precedente:** STF, Pleno, Recl. 1.468/RJ, Rel. Maurício Corrêa, decisão de 23-3-2000.
  - **Conceito de crime político puro** — "Compreende não só o cometido contra a segurança interna, como o praticado contra a segurança externa do Estado, a caracterizarem, ambas as hipóteses, a excludente de concessão de extradição" (STF, Extr. 700, Rel. Min. Octavio Gallotti, *DJ* de 5-11-1999).
  - **Crime político. Conceituação para o fim de verificar a competência da Justiça Federal (CF, art. 109, IV)** — "Quando, para a inteligência de uma norma constitucional, for necessário precisar um conceito indeterminado, a que ela mesma remeteu, como é o caso da noção de *crime político*, para a definição da competência dos juízes federais, é imperativo admitir-se, no recurso extraordinário, indagar se, a pretexto de concretizá-lo, não terá, o legislador ou o juiz de mérito das instâncias ordinárias, ultrapassado as raias do âmbito possível de compreensão da noção, posto que relativamente imprecisa, de que se haja valido a Lei Fundamental. Crime político: conceito: impertinência ao direito interno das exceções admitidas para fins extradicionais" (STF, RE 160.841, Rel. Min. Sepúlveda Pertence, *DJ* de 22-9-1995).

d.3.2) Recurso extraordinário

Recurso extraordinário é o meio excepcional de impugnação de decisões judiciais.

Não equivale a um terceiro ou quarto grau de jurisdição, nem serve para corrigir injustiças.

◆ Cap. 21 ◆ ORGANIZAÇÃO DOS PODERES **1149**

Busca, apenas, a salvaguarda dos comandos emergentes da Constituição da República.

Casuística do STF:
- **Não cabe recurso extraordinário contra decisão que defere liminar** — "A jurisprudência desta Corte se firmou no sentido de não ser cabível recurso extraordinário contra decisão que defere liminar, pois a verificação da existência dos requisitos para sua concessão, além de se situar na esfera de avaliação subjetiva do magistrado, não é manifestação conclusiva de sua procedência para ocorrer a hipótese de cabimento do recurso extraordinário pela letra a do inciso III do artigo 102 da Constituição. A mesma fundamentação serve para não conhecer de recurso extraordinário interposto contra acórdão que mantivera a decisão que concedera antecipação de tutela, a fim de que o ora agravante retirasse (ou se abstivesse de enviar) o nome do agravado dos órgãos de restrição de crédito" (STF, AgI 533.378-AgRg, Rel. Min. Joaquim Barbosa, *DJ* de 19-5-2006).
- **Agravo contra decisão de inadmissibilidade do recurso extraordinário** — "Enquanto se não instaure, mediante provimento ao agravo contra decisão de inadmissibilidade de recurso extraordinário, a competência do Supremo Tribunal Federal, a este não lhe cabe conhecer de ação cautelar para depósito judicial nos autos do mesmo agravo" (STF, AC 510-AgRg, Rel. Min. Cezar Peluso, *DJ* de 5-5-2006).
- **Exame de admissibilidade efetuado pelos tribunais inferiores** — "Tem natureza provisória e deve limitar-se à análise dos pressupostos genéricos e específicos de recorribilidade do extraordinário" (STF, AgI 414.648-EDecl-AgRg, Rel. Min. Joaquim Barbosa, *DJ* de 23-2-2007).
- **Não obrigatoriedade de depósito recursal para análise de recurso extraordinário de matéria trabalhista** — sobre esse tema o Supremo Tribunal Federal aprovou a seguinte tese de repercussão geral: "Surge incompatível com a Constituição Federal exigência de depósito prévio como condição de admissibilidade do recurso extraordinário, no que não recepcionada a previsão constante do § 1º do artigo 899 da Consolidação das Leis do Trabalho, sendo inconstitucional a contida na cabeça do artigo 40 da Lei n. 8.177/1991 e, por arrastamento, no inciso II da Instrução Normativa n. 3/1993 do Tribunal Superior do Trabalho" (STF, RE 607447, Rel. Min. Marco Aurélio, j. 22-5-2020).

Questões de natureza estritamente processual, de âmbito infraconstitucional, por exemplo, não lhe dão ensejo, ainda que, por via reflexa, atentem contra a Carta Suprema.

Nesse sentido: STF, RE 236.333/DF, Rel. Min. Marco Aurélio, decisão de 14-9-1999.

Sua interposição exige o prévio esgotamento das instâncias recursais ordinárias.

Precedente: STF, RE 258.714-AgRg, Rel. Min. Celso de Mello, *DJ* de 22-11-2002.

Para o Supremo Tribunal Federal admitir o recurso extraordinário, em qualquer das hipóteses do art. 102, III, *a, b, c, d*, da Carta Magna, é indispensável a presença de três requisitos:

Juízo de admissibilidade não se confunde com juízo de mérito: o Supremo Tribunal mudou seu velho entendimento de que só se conhece o recurso extraordinário se for para dar-lhe provimento. Nisso, distinguiu o *juízo de admissibilidade*, para o qual é suficiente que o recorrente alegue a contrariedade pelo acórdão recorrido de dispositivos da Constituição nele prequestionados, e o *juízo de mérito*, que envolve a verificação da compatibilidade ou não entre a decisão recorrida e a Constituição, ainda que sob prisma diverso daquele em que se hajam baseado o Tribunal *a quo* e o recurso extraordinário (STF, RE 298.695, Rel. Min. Sepúlveda Pertence, *DJ* de 24-10-2003).

- **Prequestionamento** — o recurso extraordinário é cabível quando o órgão julgador adota entendimento explícito a respeito da matéria versada no acórdão recorrido. Se o assunto aparecer no próprio acórdão recorrido, *ex officio*, estará configurado o requisito do *prequestionamento*, pois o tribunal *a quo* se pronunciou acerca do tema a ser alvo de recurso extraordinário ou recurso especial. Há decisões no Pretório Excelso no sentido de que a matéria não pode ser alegada pela primeira vez em embargos de declaração contra o acórdão do qual se pretende aforar recurso extraordinário ou recurso especial. Ademais, não se exige prequestionamento quando o direito é superveniente. O *prequestionamento*, na visão do Supremo, deve ser explícito, isto é, o acórdão deve decidir efetivamente a questão. O Superior Tribunal de Justiça, porém, já decidiu em sentido contrário, admitindo o *prequestionamento implícito*, onde a questão foi posta à discussão no primeiro grau, embora não seja mencionada no acórdão. Ao adotar a tese do prequestionamento implícito, o Superior Tribunal de Justiça deixa de aplicar a Súmula 356 da Corte Excelsa: "O ponto omisso da decisão, sobre o qual não foram opostos embargos declaratórios, não pode ser objeto de recurso extraordinário, por faltar o requisito do prequestionamento".

Casuística do STF:

- **Prequestionamento e Súmula 356** — "O que, a teor da Súmula 356, se reputa carente de prequestionamento é o ponto que, indevidamente omitido pelo acórdão, não foi objeto de embargos de declaração; mas, opostos esses, se, não obstante, se recusa o Tribunal a suprir a omissão, por entendê-la inexistente, nada mais se pode exigir da parte, permitindo-se-lhe, de logo, interpor recurso extraordinário sobre a matéria dos embargos de declaração e não sobre a recusa, no julgamento deles, de manifestação sobre ela" (STF, RE 349.160, Rel. Min. Sepúlveda Pertence, *DJ* de 14-3-2003).

- **Prequestionamento explícito. Indispensabilidade** — "O prequestionamento não resulta da circunstância de a matéria haver sido arguida pela parte recorrente. A configuração do instituto pressupõe debate e decisão prévios pelo Colegiado, ou seja, emissão de juízo sobre o tema. O procedimento tem como escopo o cotejo indispensável a que se diga do enquadramento do recurso extraordinário no permissivo constitucional. Se o Tribunal de origem não adotou entendimento explícito a respeito do fato jurígeno veiculado nas razões recursais, inviabilizada fica a conclusão sobre a violência ao preceito evocado pelo recorrente" (STF, RE 262.673, Rel. Min. Marco Aurélio, *DJ* de 24-2-2006).

- **Ofensa direta, e não por via reflexa, à Constituição Federal** — para caber recurso extraordinário deve existir afronta direta e frontal à Carta Suprema. Ofensas *reflexas* não motivam a sua interposição. Diz-se *reflexa* a agressão oriunda de ofensas que dependem do reexame de normas infraconstitucionais aplicadas pelo Poder Judiciário ao litígio. Estará configurada sempre que se sustentar a violação de um preceito constitucional pela interpretação das leis ordinárias. Nesses casos, o Pretório Excelso entende que, se para provar atentado à Constituição tem-se, antes, de comprovar a ofensa à lei ordinária, é esta que conta para o descabimento do recurso extraordinário em virtude das restrições regimentais.

  Ofensa à legalidade, ampla defesa, contraditório e devido processo legal: o "Supremo Tribunal Federal deixou assentado que, em regra, as alegações de desrespeito aos postulados da legalidade, do devido processo legal, da motivação dos atos decisórios, do contraditório, dos limites da coisa julgada e da prestação jurisdicional podem configurar, quando muito, situações de ofensa meramente reflexa ao texto da Constituição, circunstância essa que impede a utilização do recurso extraordinário" (STF, AgI 543.955, Rel. Min. Gilmar Mendes, *DJ* de 3-6-2005). **Em sentido contrário:** "Não se coaduna com a missão precípua do Supremo Tribunal Federal, de guardião maior da Carta Política da República, alçar a dogma a assertiva segundo a qual a violência à Lei Básica, suficiente a impulsionar o extraordinário, há de ser frontal e direta. Dois princípios dos mais caros nas sociedades democráticas, e por isso mesmo contemplados pela Carta de 1988, afastam esse enfoque, no que remetem, sempre, ao exame do caso concreto, considerada a legislação ordinária — os princípios da legalidade e do devido processo legal" (STF, RE 398.407, Rel. Min. Marco Aurélio, *DJ* de 17-12-2004).

- **Repercussão geral das questões constitucionais** — pelo art. 102, § 3º, acrescido à Carta Magna pela Emenda Constitucional n. 45/2004, "No recurso extraordinário o recorrente deverá demonstrar a repercussão geral das questões constitucionais discutidas no caso, nos termos da lei, a fim de que o Tribunal examine a admissão do recurso, somente podendo recusá-lo pela manifestação de dois terços de seus membros".

Cap. 21 ◆ ORGANIZAÇÃO DOS PODERES

d.3.2.1) Repercussão geral das questões constitucionais

O novo requisito de admissibilidade do recurso extraordinário, inscrito no art. 102, § 3º, da Carta Magna, é tão importante e necessário que convém ser estudado separadamente.

Ele confere ao Supremo o poder de escolher as causas que deverá julgar. E faz sentido, porque, na prática, a maior parte dos assuntos que chegam à Corte Excelsa via competência recursal já passaram pelo crivo do duplo grau de jurisdição, ainda que muitos reneguem a validade desse princípio fundamental na ordem jurídica brasileira.

Ora, se dado assunto é irrelevante ou inexiste qualquer interesse público em discuti-lo, não há motivos para enxundiar o Supremo de demandas e mais demandas, furtando-lhe o tempo para julgar aquilo que se afigura, verdadeiramente, essencial.

Assim, a Emenda Constitucional n. 45/2004 foi corretíssima ao exigir que a questão federal suscitada, em sede de recurso extraordinário, seja de alta relevância.

Aliás, a discricionariedade para o nosso Pretório Excelso avaliar se um tema é, ou não, relevante é antiga no panorama do constitucionalismo mundial. Que o diga a Suprema Corte dos Estados Unidos da América, com as suas *competências recursais facultativas*, vigorando o *procedimento de pré-triagem*, pelo qual se faz uma *lista de exame* dos casos de real necessidade de julgamento.

> **Conferir:** Wallace Mendelson, *The Constitution and the Supreme Court*, p. 114; Arthur Bentley, *The process of government:* a study of social pressupores, p. 17.

Pelo menos quatro juízes analisam, de antemão, se o recurso deve ou não ser admitido, a chamada *regra dos quatro*.

Desse modo, a imensa quantidade de *cases* que chegam dos tribunais federais e estaduais à Corte Suprema norte-americana é reduzida, evitando-se uma pletora infindável de matérias que não se sabe quando serão, sequer, apreciadas.

Na Alemanha, embora o Tribunal Constitucional Federal não exerça, formalmente, o poder discricionário de triagem dos recursos, nos precisos moldes da Suprema Corte americana, ele também desempenha um *juízo de admissibilidade recursal.* Isso porque a Lei do Tribunal Constitucional Federal (art. 93) permite que três juízes não aceitem, por unanimidade, o recurso constitucional, caso não estejam presentes os seus pressupostos, em decisão irrecorrível e não fundamentada.

Evidente que o art. 102, § 3º, da Carta de 1988, oriundo da Emenda Constitucional n. 45/2004, diverge do modelo alemão.

Óbvio que, no Brasil, todas as decisões judiciais devem ser fundamentadas e motivadas (CF, art. 93, IX e X).

Em contrapartida, a sistemática brasileira, por assim dizer, aproxima-se da americana. Tanto que os depositários da Emenda Constitucional n. 45/2004 deixaram sob os auspícios do legislador o encargo de regular os critérios para o recorrente demonstrar a repercussão geral das questões constitucionais discutidas.

Daí o Código de Processo Civil de 2015 prescrever:

"**Art. 1.035.** O Supremo Tribunal Federal, em decisão irrecorrível, não conhecerá do recurso extraordinário quando a questão constitucional nele versada não tiver repercussão geral, nos termos deste artigo.

§ 1º Para efeito de repercussão geral, será considerada a existência ou não de questões relevantes do ponto de vista econômico, político, social ou jurídico que ultrapassem os interesses subjetivos do processo.

§ 2º O recorrente deverá demonstrar a existência de repercussão geral para apreciação exclusiva pelo Supremo Tribunal Federal.

§ 3º Haverá repercussão geral sempre que o recurso impugnar acórdão que:

I — contrarie súmula ou jurisprudência dominante do Supremo Tribunal Federal;

II — (Revogado);

III — tenha reconhecido a inconstitucionalidade de tratado ou de lei federal, nos termos do art. 97 da Constituição Federal.

§ 4º O relator poderá admitir, na análise da repercussão geral, a manifestação de terceiros, subscrita por procurador habilitado, nos termos do Regimento Interno do Supremo Tribunal Federal.

§ 5º Reconhecida a repercussão geral, o relator no Supremo Tribunal Federal determinará a suspensão do processamento de todos os processos pendentes, individuais ou coletivos, que versem sobre a questão e tramitem no território nacional.

§ 6º O interessado pode requerer, ao presidente ou ao vice-presidente do tribunal de origem, que exclua da decisão de sobrestamento e inadmita o recurso extraordinário que tenha sido interposto intempestivamente, tendo o recorrente o prazo de 5 (cinco) dias para manifestar-se sobre esse requerimento.

§ 7º Da decisão que indeferir o requerimento referido no § 6º ou que aplicar entendimento firmado em regime de repercussão geral ou em julgamento de recursos repetitivos caberá agravo interno. (Redação dada pela Lei n. 13.256, de 2016)

§ 8º Negada a repercussão geral, o presidente ou o vice-presidente do tribunal de origem negará seguimento aos recursos extraordinários sobrestados na origem que versem sobre matéria idêntica.

§ 9º O recurso que tiver a repercussão geral reconhecida deverá ser julgado no prazo de 1 (um) ano e terá preferência sobre os demais feitos, ressalvados os que envolvam réu preso e os pedidos de *habeas corpus*.

§ 10. (Revogado).

§ 11. A súmula da decisão sobre a repercussão geral constará de ata, que será publicada no diário oficial e valerá como acórdão".

Como se pode observar, o legislador ordinário estabeleceu um procedimento de pré-triagem do recurso extraordinário, algo que em nada feriu a Carta de 1988, respeitando-se o quórum de 2/3 dos Ministros da Corte Excelsa, bem como a regra inscrita no art. 93, IX e X. No mais, a repercussão geral das questões constitucionais é *princípio* de enorme valia no ordenamento jurídico brasileiro, porque contribui para a razoável duração do processo, garantindo a celeridade de sua tramitação (CF, art. 5º, LXXVIII).

Repercussão geral em números — Estatística do STF e mudança de norma regimental para aperfeiçoar o instituto: o Supremo divulgou interessante estatística, contabilizando o aumento de casos, suscitados em sede de repercussão geral, bem como a gradual redução do número de processos distribuídos (*www.stf.jus.br*, seção notícias, 14-8-2009). Ademais, a Corte mudou seu Regimento Interno para aperfeiçoar a repercussão geral: "Os ministros do Supremo Tribunal Federal (STF) decidiram em sessão administrativa, realizada logo após a sessão plenária, alterar o Regimento Interno da Corte (art. 323) para permitir que o ministro presidente atue como relator dos recursos extraordinários durante o processo de reconhecimento de repercussão geral. Caso a repercussão geral do tema tratado no recurso seja reconhecida, o processo será então distribuído, mediante sorteio, a um ministro relator. O art. 13 do Regimento Interno já permite que o presidente do STF atue como relator em recursos extraordinários e agravos de instrumento até eventual distribuição, mas diante de dificuldades de gerenciamento interno dos recursos representativos da controvérsia, a nova alteração foi proposta. Para dar celeridade e simplificar o julgamento de recursos em que se aplica a jurisprudência pacífica da Corte, foi aberta a possibilidade do julgamento de mérito desses processos por meio eletrônico (Plenário Virtual). Essas alterações foram aprovadas contra os votos dos ministros Marco Aurélio, Gilmar Mendes e Dias Toffoli. Na sessão desta noite também foi alterado mais um artigo do Regimento (art. 325) com o objetivo de fortalecer o instituto da repercussão geral, fazendo com que os chamados 'representativos da controvérsia' cumpram seu verdadeiro papel, ou seja, forneçam o maior número possível de subsídios relativos ao tema objeto do recurso, já que o entendimento a ser fixado pelo STF será uniformizado. Na sistemática atual, o ministro relator tem acesso a um número reduzido de processos, sendo os demais, de outros relatores, devolvidos por decisão monocrática à instância de origem, para que lá aguardem a decisão do STF. Com isso, os diferentes argumentos trazidos nos diversos processos não são aproveitados. A emenda regimental resolve este problema, na medida em que permite ao ministro relator do recurso paradigma fazer uma reunião de processos, para que possa fazer uma análise mais ampla da questão tratada" (Notícias do STF, Quarta-feira, 1º-12-2010).

◆ Cap. 21 ◆ ORGANIZAÇÃO DOS PODERES **1153**

d.3.2.1.1) Não cabe recurso no STF para solucionar equívocos na aplicação da repercussão geral

O Plenário do Supremo Tribunal Federal, por unanimidade de votos, resolveu questão de ordem no sentido de não conhecer agravo de instrumento, devolvendo-o ao tribunal de origem para ser julgado como agravo regimental (STF, AI 760358/SE, Rel. Ministro Presidente Gilmar Mendes, j. em 19-11-2009. Precedentes: RCLs 7569 e 7547).

Decidiram os Ministros que não cabe recurso no STF para solucionar equívocos decorrentes da aplicação do instituto da repercussão geral, que diminuiu, drasticamente, a pletora de processos distribuídos, acelerando a aplicação da jurisprudência consolidada da Corte Excelsa pelos demais órgãos do Poder Judiciário.

O uso de mecanismos processuais, sejam quais forem eles, desservem para corrigir equívocos na aplicação da jurisprudência do Supremo Tribunal aos processos sobrestados na origem. É o exemplo da reclamação. Se for usada em todo e qualquer caso ela acaba minando os próprios objetivos da repercussão geral. De outro lado, temos a ação rescisória, instrumento idôneo para corrigir erros, desde quando estejam presentes os pressupostos processuais de seu cabimento.

d.3.2.2) Recurso extraordinário nas causas decididas em única ou última instância

Compete ao Supremo Tribunal Federal julgar, mediante recurso extraordinário, as causas decididas em única ou última instância, quando a decisão recorrida (CF, art. 102, III):

> **Recurso extraordinário em decisões administrativas — Impossibilidade:** "O recurso extraordinário, para revelar-se processualmente cabível, pressupõe, dentre outros requisitos, a existência de 'causa', que tenha sido decidida, em única ou última instância (CF, art. 102, III), por órgão do Poder Judiciário, no exercício da atividade jurisdicional. A decisão emanada de órgão judiciário, proferida em sede materialmente administrativa, de que haja resultado a imposição de sanção disciplinar, não se expõe à possibilidade de direta impugnação mediante recurso extraordinário, pelo fato de o procedimento disciplinar — em cujo âmbito o Poder Judiciário desempenha função de índole correcional — não se qualificar como 'causa', eis que deliberações adotadas na esfera meramente administrativa não se revelam impregnadas de caráter jurisdicional" (STF, AgI 316.458-AgRg, Rel. Min. Celso de Mello, *DJ* de 19-4-2002). **No mesmo sentido:** STF, AgI 559.027, Rel. Min. Celso de Mello, *DJ* de 23-9-2005.

- contrariar dispositivo da Constituição Federal;

> **Casuística do STF:**
> - **Tribunal de Justiça. Reserva de plenário (CF, art. 97). Recurso extraordinário retido** — prequestionada a matéria e interposto o recurso, com base no art. 102, III, *a*, da Carta Magna, cabe a suspensão dos efeitos do acórdão recorrido, prolatado por órgão fracionário do Tribunal (STF, AC 930, Rel. Min. Carlos Britto, *DJ* de 5-5-2006).
> - **Interposição de recurso extraordinário contra decisão de TRT** — não cabe recurso extraordinário contra quaisquer decisões proferidas por Tribunais Regionais do Trabalho. O acesso, ao Supremo Tribunal Federal, pela via recursal extraordinária, nos processos trabalhistas, somente terá pertinência quando se tratar de decisões proferidas pelo Tribunal Superior do Trabalho, por ser ele o órgão de cúpula desse ramo especializado do Poder Judiciário da União (STF, AgI 537.157, Rel. Min. Gilmar Mendes, *DJ* de 23-9-2005).
> - **Outorga de eficácia suspensiva a recurso extraordinário em medida cautelar** — "A concessão de medida cautelar, pelo Supremo Tribunal Federal, quando requerida com o objetivo de atribuir eficácia suspensiva a recurso extraordinário, exige, para viabilizar-se, a cumulativa observância dos seguintes pressupostos: (1) instauração da jurisdição cautelar do Supremo Tribunal Federal, motivada pela existência de juízo positivo de admissibilidade do recurso extraordinário, (2) viabilidade processual do recurso extraordinário, caracterizada, dentre outros requisitos, pelas notas da tempestividade, do prequestionamento explícito da matéria constitucional e da ocorrência de ofensa direta e imediata ao texto da Constituição, (3) plausibilidade jurídica da pretensão de direito material deduzida pela parte interessada e (4) ocorrência de situação

configuradora de *periculum in mora*" (STF, Pet. 2.705-QO, Rel. Min. Celso de Mello, *DJ* de 20-5-2005).

- **Recurso extraordinário interposto em processo de ação rescisória** — "Firme a jurisprudência do STF no sentido de que o recurso extraordinário interposto em processo de ação rescisória há de voltar-se contra a fundamentação do acórdão nela proferido e não a da decisão rescindenda" (AgI 460.869-AgRg, Rel. Min. Sepúlveda Pertence, *DJ* de 7-11-2003). **No mesmo sentido:** STF, AgI 555.145, Rel. Min. Celso de Mello, *DJ* de 23-9-2005.
- **Competência do presidente do tribunal de origem para reconhecer a ocorrência de deserção recursal do apelo extremo** — "Obrigação legal de comprovar, no ato de interposição do recurso, o respectivo preparo — Diretriz jurisprudencial firmada pelo Supremo Tribunal Federal" (STF, AgI 280.506-AgRg, Rel. Min. Celso de Mello, *DJ* de 29-11-2002).

- declarar a inconstitucionalidade de tratado ou lei federal;

  Casuística do STF:
  - **Não recepção de lei em face da Constituição** — o Supremo Tribunal entende que não é cabível recurso extraordinário interposto na forma da alínea *b*, inciso III, do art. 102, da Carta Maior, contra acórdão que decide pela não recepção de lei em face da Constituição de 1988, ante a inocorrência de declaração de inconstitucionalidade. **Nesse sentido:** STF, RE 289.533-AgRg, Rel. Min. Carlos Britto, *DJ* de 11-2-2005.
  - **Recurso extraordinário com base no art. 102, III, *b*, da CF** — "A admissibilidade no Tribunal *a quo* e o seguimento no Supremo Tribunal Federal de recurso extraordinário que veicule inconformismo contra declaração de inconstitucionalidade de ato normativo pressupõe o conhecimento das razões da declaração da pecha pela Corte de origem. Tratando-se de acórdão prolatado por Órgão fracionado, indispensável é que contenha a transcrição do que decidido pelo Plenário ou Órgão especial, únicos competentes para o exame e a decisão da matéria (CF, art. 97). A deficiência em tal campo não é suprida pela transcrição ou juntada, ao acórdão impugnado, de voto relativo a pedido de vista formulado quando do julgamento do incidente de inconstitucionalidade. Os fundamentos respectivos não são coincidentes, necessariamente, com aqueles que conduziram a declaração do conflito do ato normativo com a Carta Federal" (STF, RE 142.240-AgRg, Rel. Min. Marco Aurélio, *DJ* de 19-6-1992).

- julgar válida lei ou ato de governo local contestado em face da Carta Magna; e

  Súmula 285 do STF: "Não sendo razoável a arguição de inconstitucionalidade, não se conhece do recurso extraordinário fundado na letra c do art. 101, III, da Constituição Federal".

- julgar válida lei local contestada em face de lei federal (acrescido pela EC n. 45/2004).

  Comentário: o art. 102, III, *d*, oriundo da Reforma do Judiciário, reforçou o controle de normas, exercido pelo Supremo, ao contemplar nova hipótese de cabimento do recurso extraordinário. Nisso, transferiu, para o Supremo Tribunal, uma competência que o Superior Tribunal de Justiça antes exercia por meio de recurso especial. A mudança foi correta, porque o papel de guarda da Carta Magna pertence ao próprio Supremo (CF, art. 102, *caput*).

Súmulas do STF sobre Recurso Extraordinário

- **Súmula 228:** "Não é provisória a execução na pendência de recurso extraordinário, ou de agravo destinado a fazê-lo admitir".
- **Súmula 233:** "Salvo em caso de divergência qualificada (Lei n. 623, de 1949), não cabe recurso de embargos contra decisão que nega provimento a agravo ou não conhece de recurso extraordinário, ainda que por maioria de votos".
- **Súmula 249:** "É competente o STF para a ação rescisória quando, embora não tendo conhecido do recurso extraordinário, ou havendo negado provimento a agravo, tiver apreciado a questão federal controvertida".

◆ Cap. 21 ◆ ORGANIZAÇÃO DOS PODERES   **1155**

- **Súmula 253:** "Nos embargos da Lei n. 623, de 19-2-1949, no Supremo Tribunal Federal a divergência somente será acolhida se tiver sido indicada na petição de recurso extraordinário".
- **Súmula 272:** "Não se admite como ordinário recurso extraordinário de decisão denegatória de mandado de segurança".
- **Súmula 273:** "Nos embargos da Lei n. 623, de 19-2-1949, a divergência sobre questão prejudicial ou preliminar, suscitada após a interposição do recurso extraordinário, ou do agravo, somente será acolhida se o acórdão-padrão for anterior à decisão embargada".
- **Súmula 279:** "Para simples reexame de prova não cabe recurso extraordinário".
- **Súmula 280:** "Por ofensa a direito local não cabe recurso extraordinário".
- **Súmula 281:** "É inadmissível o recurso extraordinário quando couber, na Justiça de origem, recurso ordinário da decisão impugnada".
- **Súmula 282:** "É inadmissível o recurso extraordinário quando não ventilada, na decisão recorrida, a questão federal suscitada".
- **Súmula 283:** "É inadmissível o recurso extraordinário quando a decisão recorrida assenta em mais de um fundamento suficiente e o recurso não abrange todos eles".
- **Súmula 284:** "É inadmissível o recurso extraordinário, quando a deficiência na sua fundamentação não permitir a exata compreensão da controvérsia".
- **Súmula 286:** "Não se conhece do recurso extraordinário fundado em divergência jurisprudencial, quando a orientação do Plenário do Supremo Tribunal Federal já se firmou no mesmo sentido da decisão recorrida".
- **Súmula 287:** "Nega-se provimento ao agravo quando a deficiência na sua fundamentação, ou na do recurso extraordinário, não permitir exata compreensão da controvérsia".
- **Súmula 288:** "Nega-se provimento a agravo para subida de recurso extraordinário, quando faltar no traslado o despacho agravado, a decisão recorrida, a petição de recurso extraordinário ou qualquer peça essencial à compreensão da controvérsia".
- **Súmula 289:** "O provimento do agravo por uma das turmas do STF, ainda que sem ressalva, não prejudica a questão do cabimento do recurso extraordinário".
- **Súmula 291:** "No recurso extraordinário pela letra *d* do art. 101, n. III, da Constituição, a prova do dissídio jurisprudencial far-se-á por certidão, ou mediante indicação do Diário da Justiça ou de repertório de jurisprudência autorizado, com a transcrição do trecho que configure a divergência, mencionadas as circunstâncias que identifiquem ou assemelhem os casos confrontados".
- **Súmula 292:** "Interposto o recurso extraordinário por mais de um dos fundamentos indicados no art. 101, n. III, da Constituição, a admissão apenas por um deles não prejudica o seu conhecimento por qualquer dos outros" (referência a dispositivo da Constituição de 1946 — nota nossa).
- **Súmula 296:** "São inadmissíveis embargos infringentes sobre matéria não ventilada pela turma no julgamento do recurso extraordinário".
- **Súmula 299:** "O recurso ordinário e o extraordinário interpostos no mesmo processo de mandado de segurança, ou de *habeas corpus*, serão julgados conjuntamente pelo Tribunal Pleno".
- **Súmula 300:** "São incabíveis os embargos da Lei n. 623, de 19-2-1949, contra provimento de agravo para subida de recurso extraordinário".
- **Súmula 355:** "Em caso de embargos infringentes parciais, é tardio o recurso extraordinário interposto após o julgamento dos embargos, quanto à parte da decisão embargada que não fora por eles abrangida".
- **Súmula 369:** "Julgados do mesmo tribunal não servem para fundamentar o recurso extraordinário por divergência jurisprudencial".
- **Súmula 389:** "Salvo limite legal, a fixação de honorários de advogado, em complemento da condenação, depende das circunstâncias da causa, não dando lugar a recurso extraordinário".
- **Súmula 399:** "Não cabe recurso extraordinário por violação de lei federal, quando a ofensa alegada for a regimento de Tribunal".

1156 ◆ Uadi Lammêgo Bulos ◆

- **Súmula 400:** "Decisão que deu razoável interpretação à lei, ainda que não seja a melhor, não autoriza recurso extraordinário pela letra *a* do art. 101, III, da Constituição Federal" (referência a dispositivo da Constituição de 1946 — nota nossa).
- **Súmula 432:** "Não cabe recurso extraordinário com fundamento no art. 101, III, *d*, da Constituição Federal, quando a divergência alegada for entre decisões da Justiça do Trabalho" (referência a dispositivo da Constituição de 1946 — nota nossa).
- **Súmula 454:** "Simples interpretação de cláusulas contratuais não dá lugar a recurso extraordinário".
- **Súmula 456:** "O Supremo Tribunal Federal, conhecendo do recurso extraordinário, julgará a causa aplicando o direito à espécie".
- **Súmula 475:** "A Lei n. 4.686, de 21-6-1965, tem aplicação imediata aos processos em curso, inclusive em grau de recurso extraordinário".
- **Súmula 513:** "A decisão que enseja a interposição de recurso ordinário ou extraordinário não é a do plenário que resolve o incidente de inconstitucionalidade, mas a do órgão (Câmaras, grupos ou turmas) que completa o julgamento do feito".
- **Súmula 515:** "A competência para a ação rescisória não é do STF quando a questão federal, apreciada no recurso extraordinário ou no agravo de instrumento, seja diversa da que foi suscitada no pedido rescisório".
- **Súmula 527:** "Após a vigência do AI n. 6, que deu nova redação ao art. 114, III, da Constituição Federal de 1967, não cabe recurso extraordinário das decisões de juiz singular".
- **Súmula 528:** "Se a decisão contiver partes autônomas, a admissão parcial, pelo presidente do tribunal a *quo*, de recurso extraordinário que sobre qualquer delas se manifestar, não limitará a apreciação de todas pelo STF, independentemente de interposição de agravo de instrumento".
- **Súmula 598:** "Nos embargos de divergência não servem como padrão de discordância os mesmos paradigmas invocados para demonstrá-la, mas repelidos como não dissidentes no julgamento do recurso extraordinário".
- **Súmula 602:** "Nas causas criminais, o prazo de interposição de recurso extraordinário é de 10 (dez) dias". Veja-se que, pelo art. 26 da Lei n. 8.038, de 28-5-1990, o lapso temporal para interpor os recursos especial e extraordinário é de quinze dias. Diante disso, que prazo prevalece? Entendemos que o prazo da lei. Mas o Supremo Tribunal Federal não cancelou o enunciado da Súmula 602. Para nós, isso em nada muda o raciocínio de que o prazo para a interposição do extraordinário, nas questões penais, é de quinze dias.
- **Súmula 634:** "Não compete ao Supremo Tribunal Federal conceder medida cautelar para dar efeito suspensivo a recurso extraordinário que ainda não foi objeto de juízo de admissibilidade na origem".
- **Súmula 635:** "Cabe ao Presidente do Tribunal de origem decidir o pedido de medida cautelar em recurso extraordinário ainda pendente do seu juízo de admissibilidade".
- **Súmula 636:** "Não cabe recurso extraordinário por contrariedade ao princípio constitucional da legalidade, quando a sua verificação pressuponha rever a interpretação dada a normas infraconstitucionais pela decisão recorrida".
- **Súmula 637:** "Não cabe recurso extraordinário contra acórdão de Tribunal de Justiça que defere pedido de intervenção estadual em Município".
- **Súmula 638:** "A controvérsia sobre a incidência, ou não, de correção monetária em operações de crédito rural é de natureza infraconstitucional, não viabilizando recurso extraordinário".
- **Súmula 639:** "Aplica-se a Súmula 288 quando não constarem do traslado do agravo de instrumento as cópias das peças necessárias à verificação da tempestividade do recurso extraordinário não admitido pela decisão agravada".
- **Súmula 640:** "É cabível recurso extraordinário contra decisão proferida por juiz de primeiro grau nas causas de alçada, ou por Turma Recursal de Juizado Especial Cível e Criminal".
- **Súmula 727:** "Não pode o magistrado deixar de encaminhar ao Supremo Tribunal Federal o agravo de instrumento interposto da decisão que não admite recurso extraordinário, ainda que referente a causa instaurada no âmbito dos Juizados Especiais".
- **Súmula 728:** "É de três dias o prazo para a interposição de recurso extraordinário contra decisão do Tribunal Superior Eleitoral, contado, quando for o caso, a partir da publicação do

◆ Cap. 21 ◆ ORGANIZAÇÃO DOS PODERES   **1157**

acórdão, na própria sessão de julgamento, nos termos do art. 12 da Lei n. 6.055/1974, que não foi revogado pela Lei n. 8.950/1994".

• **Súmula 733:** "Não cabe recurso extraordinário contra decisão proferida no processamento de precatórios".

• **Súmula 735:** "Não cabe recurso extraordinário contra acórdão que defere medida liminar".

e) Súmula vinculante

Súmula vinculante é o instrumento que permite ao Supremo Tribunal Federal padronizar a exegese de uma norma jurídica controvertida, evitando insegurança e disparidade de entendimento em questões idênticas. Foi introduzida, na Carta de 1988, pela Emenda Constitucional n. 45/2004. Vale recordar, contudo, que o efeito *vinculante* já existia em nosso ordenamento constitucional desde o surgimento da ação declaratória de constitucionalidade, por obra da Emenda Constitucional n. 3/93, não sendo, portanto, uma novidade da reforma do Judiciário.

Importante distiguir as *súmulas tradicionais* das *súmulas vinculantes*.

As *súmulas tradicionais*, idealizadas por Víctor Nunes Leal, não vinculam os órgãos do Judiciário nem do Executivo, que não ficam compelidos a seguir a orientação firmada pelo Supremo Tribunal Federal. Funcionam como precedentes judiciais, que podem ou não ser adotados em casos semelhantes. E, quando acatados, obrigam apenas as próprias partes.

Já as *súmulas vinculantes* são determinações sobre a inteligência das leis, apresentando eficácia irrestrita (*erga omnes*). Após publicadas na imprensa oficial, vinculam os órgãos do Judiciário e da Administração Pública direta e indireta, em todas as esferas de governo (CF, art. 103-A, *caput*).

Mas a Emenda Constitucional n. 45/2004, no seu art. 8º, possibilitou às *súmulas tradicionais* produzirem efeitos vinculantes. Desse modo, os verbetes sumulares, anteriores à reforma do Judiciário, podem produzir efeitos vinculantes desde que sejam confirmados por 2/3 dos Ministros do Supremo Tribunal Federal e publicados na imprensa oficial.

As súmulas vinculantes possuem o seguinte perfil constitucional:

• **Previsão** — art. 103-A, §§ 1º a 3º, da Constituição da República.

• **Origem das súmulas vinculantes** — nasceram no sistema *common law*, mais precisamente entre os anglo-saxões, derivando do brocardo "mantenha-se a decisão e não se perturbe o que foi decidido" (*stare decisis et quieta non movere*). Nos Estados Unidos da América, a ideia de *súmula vinculante* exterioriza-se pelo instituto do *stare decisis*, pelo qual a Suprema Corte assegura aos indivíduos segurança e igualdade de entendimento na exegese de casos polêmicos e repetidos. Todos, sem exceção, do Presidente da República ao cidadão americano, acatam as decisões da Suprema Corte, num fervor quase religioso. Claro que o art. 103-A da Carta de 1988 não implantou o *stare decisis* entre nós, do mesmo modo que não converteu o nosso sistema *civil law* em *common law*, só porque permitiu ao Pretório Excelso aprovar súmula com efeito vinculante. A Emenda Constitucional n. 45/2004 apenas fomentou a ideia de que a uniformização de temas controvertidos e reiterados, pelo órgão de cúpula do Poder Judiciário brasileiro, é uma *garantia fundamental da cidadania*.

> **Sobre *stare decisis*:** Edward D. Re, Stare decisis, trad. Ellen Northfleet, *Revista de Informação Legislativa*, n. 122, maio/jul. 1994.

• **Antecedentes no Brasil** — as *súmulas vinculantes* remontam aos *assentos com força de lei*, regulamentados pelo art. 2º do Decreto n. 6.142, de 10 de março de 1876, que permitia ao Supremo Tribunal de Justiça interpretar as leis civis, comerciais e criminais quando, na execução delas, houvesse dúvidas manifestadas em julgamentos divergentes de juízes e tribunais do Império. Os *assentos da jurisprudência*, como eram conhecidos, não chegaram a ser utilizados. Joaquim Nabuco, entusiasta do instituto, chegou a apresentar, em 1843, projeto de lei para permitir ao Supremo Tribunal de Justiça o direito de julgar, em definitivo, as causas em grau de recurso. De lá para cá, a ideia não tem agradado a todos. O próprio Nabuco nos relata que o Conselho de Estado inadmitiu os *assentos com força de lei*, sob o argumento de que subverteriam princípios basilares de hermenêutica, pois, se ao Legislativo incumbe a exegese autêntica do Direito, ao

Judiciário cabe a sua interpretação doutrinária. Esse seria o motivo que justificaria a não aceitação dos *assentos* — figura congênere ao que hoje chamamos de *súmula vinculante (Um estadista do Império*, p. 230 e 234).

- **Competência exclusiva para editá-las** — somente o Supremo Tribunal Federal tem competência para editar súmulas vinculantes. Nenhum outro órgão da República poderá fixar interpretação definitiva sobre assunto polêmico. Apenas o Pretório Excelso, e mais ninguém, detém autorização constitucional para impor aos organismos judiciais e administrativos o entendimento derradeiro de uma controvérsia. Por isso, as Cartas dos Estados-membros e do Distrito Federal não detêm competência para regular a matéria, sob pena de violarem atribuição exclusiva da Corte Suprema — a única que ocupa, no ordenamento brasileiro, o posto de guarda da Constituição (CF, art. 102, *caput*).

- **Procedimento de criação** — o Supremo poderá, de ofício ou por provocação, mediante decisão de 2/3 dos seus Ministros, após reiteradas decisões sobre matéria constitucional, aprovar súmula que, a partir de sua publicação na imprensa oficial, terá efeito vinculante em relação aos demais órgãos do Poder Judiciário e à Administração Pública direta e indireta, nas esferas federal, estadual e municipal, bem como proceder à sua revisão ou cancelamento, na forma estabelecida em *lei ordinária federal* (CF, art. 103-A, *caput*).

- **Objetivo das súmulas vinculantes** — têm por objetivo a validade, a interpretação e a eficácia de normas determinadas, acerca das quais haja controvérsia atual entre órgãos judiciários ou entre estes e a Administração Pública que acarrete grave insegurança jurídica e relevante multiplicação de processos sobre questão idêntica (CF, art. 103-A, § 1º). Como tivemos oportunidade de salientar, em trabalho escrito com o Ministro Sálvio de Figueiredo Teixeira, "as súmulas vinculantes serão elaboradas com base na maturidade do trabalho jurisprudencial, fruto de lenta e prolongada atividade técnica dos juízes, de muitas e longas discussões, da observação atenta de casos repetidos" (Sálvio de Figueiredo Teixeira e Uadi Lammêgo Bulos, A súmula vinculante na reforma do Judiciário, *Correio Braziliense*, Caderno Direito & Justiça, 9 fev. 1998, p. 3).

- **Requisitos** — dois são os requisitos constitucionais para o Supremo Tribunal Federal editar súmulas vinculantes (CF, art. 103-A, § 1º): **(i)** *existência de controvérsia atual entre órgãos judiciários ou entre estes e a Administração Pública que acarrete grave insegurança jurídica* — o princípio da segurança jurídica é a base desse requisito. A Emenda Constitucional n. 45/2004 levou em conta que ninguém deseja viver em clima de insegurança judicial, ocasionada por interpretações diferentes de um mesmo assunto; e **(ii)** *relevante multiplicação de processos sobre questão idêntica* — a Emenda Constitucional n. 45/2004 pretendeu agilizar a resolução de litígios, e, ao mesmo tempo, uniformizar a exegese de temas idênticos. Ao fim do seu processo legislativo, prevaleceram os reclamos de presteza e agilização processual. É que, com a Carta de 1988, o cidadão teve a sua participação ampliada no acesso à Justiça. O Judiciário, porém, não estava preparado para atender ao imenso número de casos.

- **Legitimidade** — a legitimidade para editar súmulas vinculantes pertence, de ofício, ao Supremo Tribunal Federal e, por provocação, aos colegitimados do art. 103, I a IX, da Carta Magna. Quer dizer, os mesmos proponentes da ação direta de inconstitucionalidade e da ação declaratória de constitucionalidade são as partes legítimas para a propositura de tais súmulas, sujeitando-se, portanto, aos critérios jurisprudenciais de verificação do vínculo de *pertinência temática*, que estudamos no Capítulo 6. De resto, a *legitimatio* para provocar a edição de súmulas vinculantes pode vir a ser ampliada, jamais reduzida, por lei ordinária federal. Assim, podem provocar o Pretório Excelso para que se crie súmula vinculante: Presidente da República, Mesa do Senado Federal, Mesa da Câmara dos Deputados, Mesa de Assembleia Legislativa ou da Câmara Legislativa do Distrito Federal, Governador de Estado ou do Distrito Federal, Procurador-Geral da República, Conselho Federal da Ordem dos Advogados do Brasil, partido político com representação no Congresso Nacional e confederação sindical ou entidade de classe de âmbito nacional.

◆ Cap. 21 ◆ ORGANIZAÇÃO DOS PODERES   **1159**

- **Eficácia e aplicabilidade do art. 103-A, *caput*, da CF** — o art. 103-A, *caput*, é uma norma de eficácia contida e aplicabilidade imediata. Daí o advento da Lei n. 11.417, de 19-12-2006, que disciplinou a edição, a revisão e o cancelamento de enunciado de súmula vinculante pelo Supremo Tribunal Federal, dando outras providências.

  Pontos principais da Lei n. 11.417, de 19-12-2006:
  - **Missão do Procurador-Geral da República** — nas propostas que não houver formulado, o Procurador-Geral deverá manifestar-se previamente sobre a edição, revisão ou cancelamento de enunciado de súmula vinculante (art. 2º, § 2º).
  - **Publicação** — no prazo de 10 dias após a sessão em que editar, rever ou cancelar enunciado de súmula com efeito vinculante, o Supremo Tribunal Federal fará publicar, em seção especial do Diário da Justiça e do Diário Oficial da União, o enunciado respectivo (art. 2º, § 4º).
  - **Legitimidade ativa** — são legitimados a propor a edição, a revisão ou o cancelamento de enunciado de súmula vinculante: o Presidente da República; a Mesa do Senado Federal; a Mesa da Câmara dos Deputados; o Procurador-Geral da República; o Conselho Federal da Ordem dos Advogados do Brasil; o Defensor Público-Geral da União; partido político com representação no Congresso Nacional; confederação sindical ou entidade de classe de âmbito nacional; a Mesa de Assembleia Legislativa ou da Câmara Legislativa do Distrito Federal; o Governador de Estado ou do Distrito Federal; os Tribunais Superiores, os Tribunais de Justiça de Estados ou do Distrito Federal e Territórios, os Tribunais Regionais Federais, os Tribunais Regionais do Trabalho, os Tribunais Regionais Eleitorais e os Tribunais Militares.
  - **Propositura de súmula vinculante por Município só no caso concreto** — o Município poderá propor, incidentalmente ao curso de processo em que seja parte, a edição, a revisão ou o cancelamento de enunciado de súmula vinculante, o que não autoriza a suspensão do processo (art. 3º, § 1º).
  - **Manifestação de terceiros** — no procedimento de edição, revisão ou cancelamento de enunciado da súmula vinculante, o relator poderá admitir, por decisão irrecorrível, a manifestação de terceiros na questão, nos termos do Regimento Interno do Supremo Tribunal Federal (art. 3º, § 2º). O art. 3º, § 2º, da Lei n. 11.417/2006 deve ser interpretado em consonância com a Resolução n. 388/2008 do STF, para permitir à sociedade civil organizada participar do processo de edição, revisão ou, até, cancelamento de súmulas vinculantes. Significa dizer que as entidades podem enviar manifestações ao Supremo, como memoriais, pareceres, estudos ou outros documentos que possam vir a contribuir com o entendimento dos Ministros sobre as matérias em análise. Tal participação, para se concretizar, depende da aprovação da própria Corte, com a respectiva publicação dos editais no Diário da Justiça eletrônico e no link "Proposta de Súmula Vinculante", disponível no site do STF. Contados vinte dias da data da publicação desses editais, os interessados têm cinco dias para se manifestarem perante o Supremo.
  - **Manipulação dos efeitos da súmula vinculante** — a súmula vinculante tem eficácia imediata, mas o Supremo Tribunal Federal, por decisão de 2/3 dos seus membros, poderá restringir os efeitos vinculantes ou decidir que só tenha eficácia a partir de outro momento, tendo em vista razões de segurança jurídica ou de excepcional interesse público (art. 4º).
  - **Revogação ou mudança da lei em que se fundou a edição de enunciado de súmula vinculante** — o Supremo Tribunal Federal, de ofício ou por provocação, procederá à sua revisão ou cancelamento, conforme o caso (art. 5º).
  - **Proposta de edição, revisão ou cancelamento de enunciado de súmula vinculante** — não autoriza a suspensão dos processos em que se discuta a mesma questão (art. 6º).

- **Edição, revisão ou cancelamento de súmulas vinculantes** — esse tema foi regulado pela referida Lei n. 11.417/2006, que determina, inclusive, a aplicação subsidiária do Regimento Interno do STF (art.10). Registre-se que, no curso dos trabalhos de elaboração da Emenda Constitucional n. 45/2004, muitos disseram que as súmulas vinculantes comprometeriam as garantias constitucionais do devido processo legal, do juiz natural, da ampla defesa, do contraditório e do duplo grau de jurisdição e da inafastabilidade do controle judicial. Afirmavam, ainda, que sua adoção provocaria o engessamento ou cristalização da jurisprudência, cerceando a capacidade criadora do magistrado e convertendo o Supremo Tribunal Federal em legislador.

1160 ♦ Uadi Lammêgo Bulos ♦

Segundo esses críticos, as súmulas vinculantes constituiriam resposta burocrática à crise da justiça, além de serem incompatíveis com a sistemática brasileira e com o *status* de agente político dos juízes. Pois bem, o art. 103-A, § 2º, fulminou todos esses argumentos, ao permitir que os legitimados do art. 103, I a IX, do Texto Magno proponham a revisão ou o cancelamento dessas súmulas.

*   **Cabimento de reclamação ao STF** — do ato administrativo ou decisão judicial que contrariar a súmula aplicável ou que indevidamente a aplicar, caberá reclamação ao Supremo Tribunal Federal, que, julgando-a procedente, anulará o ato administrativo ou cassará a decisão judicial reclamada, e determinará que outra seja proferida com ou sem a aplicação da súmula, conforme o caso (CF, art. 103-A, § 3º). Contra omissão ou ato da Administração Pública, o uso da reclamação só será admitido após esgotamento das vias administrativas (Lei n. 11.417/2006, art. 7º, § 1º). E, ao julgar procedente a reclamação, o Supremo anulará o ato administrativo ou cassará a decisão judicial impugnada, determinando que outra seja proferida com ou sem aplicação da súmula, conforme o caso (Lei n. 11.417/2006, art. 7º, § 2º). Acolhida pelo Supremo Tribunal Federal a reclamação fundada em violação de enunciado da súmula vinculante, dar-se-á ciência à autoridade prolatora e ao órgão competente para o julgamento do recurso, que deverão adequar as futuras decisões administrativas em casos semelhantes, sob pena de responsabilização pessoal nas esferas cível, administrativa e penal (Lei n. 9.784, de 29-1-1999, art. 64-B, acrescido pela Lei n. 11.417/2006).

Nenhum órgão judicial ou da Administração Pública direta e indireta, da União, Estados, Distrito Federal e Municípios pode ser obrigado a acatar súmula vinculante que em nada se amolde ao caso concreto. Isso porque o *princípio da adequabilidade das súmulas ao fato* é condição indispensável à incidência do efeito vinculante.

Nos Estados Unidos da América, por exemplo, vigora o *distinguishing*, instrumento que permite ao magistrado distinguir o caso concreto do precedente judicial, avaliando a pertinência de se aplicar, ou não, a exegese conferida pela Suprema Corte ao problema deduzido em juízo.

Vale registrar que a Emenda Constitucional n. 45/2004 não previu qualquer mecanismo para punir, disciplinarmente, o juiz que não aplicar súmulas vinculantes, algo que em nada esvazia o instituto, haja vista a possibilidade de ajuizamento de reclamação perante a Corte Excelsa (CF, art. 103-A, § 3º).

Na realidade, a reforma do Judiciário acertou em não punir o magistrado, ou até mesmo a autoridade administrativa, que deixar de aplicar súmula vinculante. Desse modo, garantiu a liberdade de pensamento, o direito de opinião, assegurados pela Carta de 1988 a todo cidadão.

Embora haja, nos Estados Unidos, a possibilidade de se declarar o juiz culpado por desacatar as decisões da Suprema Corte, isso nunca chegou a ser aplicado, porque o livre pensamento judicial é corolário das instituições estadunidenses.

> **Sobre o tema:** Earl Warren, *The public papers of Chief Justice Earl Warren*, p. 32; C. S. Potts, Power of legislative lodies to punish for contempt, p. 23; Lawrence Baum, *A Suprema Corte americana*, p. 300 e 301.

Conforme o art. 64-B, da Lei n. 9.784, de 29 de janeiro de 1999, acrescido pela Lei n. 11.417, de 19 de dezembro de 2006, "Acolhida pelo Supremo Tribunal Federal a reclamação fundada em violação de enunciado da súmula vinculante, dar-se-á ciência à autoridade prolatora e ao órgão competente para o julgamento do recurso, que deverão adequar as futuras decisões administrativas em casos semelhantes, sob pena de responsabilização pessoal nas esferas cível, administrativa e penal". Este dispositivo não deve ser interpretado na literalidade de sua íntegra, muito menos com o rigorismo, aparente, que ostenta, sob pena de cercear a liberdade de manifestação de pensamento do juiz. Trata-se de norma a ser encarada *cum granun salis*, porque se fosse objetivo dos depositários da Emenda Constitucional 45/2004 punirem juízes que deixassem de seguir, à risca, súmulas vinculantes, eles teríam incluído no Texto de 1988 norma constitucional punitiva, o que, de certo modo, seria absurdo, porque o direito de pensar é inerente ao *munus* judiciário.

◆ Cap. 21 ◆ ORGANIZAÇÃO DOS PODERES 1161

Súmulas vinculantes da jurisprudência predominante do STF

- **Súmula Vinculante n. 1:** "Ofende a garantia constitucional do ato jurídico perfeito a decisão que, sem ponderar as circunstâncias do caso concreto, desconsidera a validez e a eficácia de acordo constante de termo de adesão instituído pela Lei Complementar n. 110/2001".

- **Súmula Vinculante n. 2:** "É inconstitucional a lei ou ato normativo estadual ou distrital que disponha sobre sistemas de consórcios e sorteios, inclusive bingos e loterias".

- **Súmula Vinculante n. 3:** "Nos processos perante o Tribunal de Contas da União asseguram-se o contraditório e a ampla defesa quando da decisão puder resultar anulação ou revogação de ato administrativo que beneficie o interessado, excetuada a apreciação da legalidade do ato de concessão inicial de aposentadoria, reforma e pensão".

- **Súmula Vinculante n. 4:** "Salvo nos casos previstos na constituição, o salário mínimo não pode ser usado como indexador de base de cálculo de vantagem de servidor público ou de empregado, nem ser substituído por decisão judicial".

- **Comentário** — toda e qualquer decisão deve respeitar a garantia do ato jurídico perfeito (CF, art. 5º, XXXVI). Ao ponderar o caso concreto, avaliando normas, fatos e valores, o Juiz tem de considerar a validez e a eficácia do acordo de termo de adesão, pois a Lei Complementar 110, de 29-6-2001, determinou a atualização monetária em contas vinculadas do FGTS.

- **Comentário** — as Assembleias Legislativas dos Estados e a do Distrito Federal não podem legislar em tema de bingos, loterias, sistemas de consórcios e sorteios. Pôs-se fim ao império das liminares absurdas, "dadas" ao arrepio da moralidade.

- **Comentário** — o mandamento inscrito no art. 5º, LV, do Texto Magno é o cerne da Súmula Vinculante n. 3, cuja aplicabilidade se condiciona aos seguintes requisitos: **(i)** trazer benefícios ao interessado se a decisão ensejar a anulabilidade ou a revogabilidade do ato administrativo; e **(ii)** não incidência do enunciado sumular na hipótese de apreciação da legalidade do ato de concessão de aposentadoria, reforma e pensão.

- **Comentário** — essa súmula originou-se do julgamento de um processo relativo ao pagamento de adicional de insalubridade para policiais militares paulistas. Em novembro de 2008, o Supremo indeferiu medida liminar, ajuizada pelo Instituto Nacional de Administração Prisional, na **Reclamação n. 6.830** que questionava suposto desrespeito a esse enunciado sumular. O Instituto alegava que a Súmula vinculante n. 4 deveria ser aplicada de imediato a qualquer processo, em qualquer instância na qual se encontre, "ainda que caiba recurso ordinário contra a decisão reclamada". Afirmou, ainda, que ao mudar o critério de cálculo do adicional de insalubridade, por meio da Súmula 228, o Tribunal Superior do Trabalho incorrera na proibição contida na parte final da Súmula Vinculante n. 4, "que proíbe o juiz de fixar a seu talante o novo critério de cálculo". Ao apreciar a matéria, demonstrou a Ministra Cármen Lúcia que não houve qualquer desrespeito à referida súmula. Lembrou, também, da decisão liminar, proferida na **Reclamação n. 6.266**, na qual o Supremo entendeu que não é possível a substituição do salário mínimo, seja como base de cálculo, seja como indexador, antes da edição de lei ou celebração de convenção coletiva que regule o adicional de insalubridade.

Com base na Súmula Vinculante n. 4, o Supremo suspendeu decisão do Tribunal Superior do Trabalho contrária ao Hospital das Clínicas da Faculdade de Medicina de Ribeirão Preto, da Universidade de São Paulo. Isso porque a tese da reclamação trabalhista, no sentido de fixar o valor do adicional de insalubridade com base na remuneração do servidor público estadual, encontra óbice na jurisprudência da própria Corte Excelsa (STF, Recl. 7.579/DF, Rel. Min. Cezar Peluso, *DJE* de 18-2-2009). **Cassação de sentença trabalhista que desrespeitou Súmula Vinculante n. 4:** empresa de móveis reverteu, no Supremo Tribunal, decisão de Vara Trabalhista, que havia permitido o pagamento de adicional de insalubridade a um funcionário, usando como indexador o salário-base da categoria. O juiz afirmou em sua sentença que não se aplicaria a Súmula Vinculante 4, pois o contrato de trabalho discutido na causa teria vigorado em data anterior à sua edição. Nada obstante, o Supremo entendeu que a Súmula Vinculante n. 4 aplica-se ao caso, sendo que o Judiciário não pode estabelecer novos parâmetros de base de cálculo para o adicional da insalubridade (STF, Rcl 6513/RS, Rel. Min. Ricardo Lewandowski, *DJE* de 22-9-2009).

- **Súmula Vinculante n. 5:** "A falta de defesa técnica por advogado no processo administrativo disciplinar não ofende a Constituição".

- **Comentário** — acatando as sugestões dos Mins. Joaquim Barbosa e Cezar Peluso, o Supremo, por unanimidade, aprovou essa súmula. A decisão foi tomada no julgamento do **RE 434.059**, interposto pelo INSS e pela União contra decisão do STJ que entendia ser obrigatória a presença de advogado, com base em sua Súmula 343 ("É obrigatória a presença de advogado em todas as fases de processo administrativo disciplinar"). A Corte, invocando precedentes, concluiu que a presença de advogado nos processos administrativos disciplinares é uma faculdade de que o servidor público dispõe, à luz do que prescreve o art. 156 da Lei n. 8.112/90 (Estatuto dos Servidores Públicos). Não se trata de uma obrigação, motivo por que sua ausência não implica nulidade do processo. Na realidade, **essa súmula foi feita com vistas a um destinatário certo: o Poder Executivo**. Ao manter o entendimento de que a ausência de defesa técnica do advogado é uma faculdade, e não um dever, o Supremo evitou que 1.711 processos já conclusos em diversos órgãos públicos pudessem vir a ser anulados. Por maioria de votos, o Plenário do STF rejeitou, em 30-11-2016, pedido do Conselho Federal da OAB para cancelar o enunciado sumular em comento.

Cap. 21 ◆ ORGANIZAÇÃO DOS PODERES

- **Súmula Vinculante n. 6:** "Não viola a Constituição o estabelecimento de remuneração inferior ao salário mínimo para as praças prestadoras de serviço militar inicial".

- **Súmula Vinculante n. 7:** "A norma do § 3º do art. 192 da Constituição, revogada pela Emenda Constitucional n. 40/2003, que limitava a taxa de juros reais a 12% ao ano, tinha sua aplicação condicionada à edição de lei complementar".

- **Súmula Vinculante n. 8:** "São inconstitucionais o parágrafo único do art. 5º do Decreto-Lei n. 1.569/77 e os arts. 45 e 46 da Lei n. 8.212/91, que tratam de prescrição e decadência de crédito tributário".

- **Comentário** — o enunciado dessa súmula — referente à decisão sobre o pagamento de valor inferior ao salário mínimo para os jovens que prestam serviço militar obrigatório — foi elaborado pelo Min. Lewandowski, Relator do **RE 570.177**, interposto por um recruta contra a União, cujo veredito também foi aplicado aos **REs 551.453, 551.608, 558.279, 557.717, 557.606, 556.233, 556.235, 555.897, 551.713, 551.778, 557.542**, que versavam sobre o mesmo assunto.

- **Comentário** — esse verbete tem o mesmo texto da Súmula 648, editada em 2003 pelo STF.

- **Comentário** — somente lei complementar pode alterar prazos de prescrição e decadência tributárias, incluídas aí as contribuições sociais. Foi essa a mensagem que a Súmula Vinculante n. 8 procurou transmitir. Os Ministros do Supremo concluíram que o art. 146, III, *b*, da Carta Maior estatui que apenas lei complementar pode dispor sobre prescrição e decadência em matéria tributária. Como as contribuições sociais são tributos, a reserva à lei complementar aplica-se a essa situação. A Súmula Vinculante n. 8 proveio, na realidade, do julgamento dos **REs 556.664, 559.882, 559.943** e **560.626**, todos negados unanimemente. Neles, o Supremo modulou os efeitos da declaração de inconstitucionalidade dos dispositivos relacionados aos prazos de prescrição e decadência tributárias. Decidiu a Corte que a Fazenda Pública não pode exigir as contribuições sociais com o aproveitamento do prazo de dez anos previsto nos dispositivos declarados inconstitucionais. Tal restrição vale tanto para créditos já ajuizados como para créditos que ainda não são objeto de execução fiscal. Nesse ponto, o veredito, tomado por maioria de votos, apresentou eficácia retroativa, voltando à data de edição da lei. Quanto aos recolhimentos já realizados, os contribuintes não têm direito à restituição, salvo se tiverem ajuizado ações judiciais ou solicitações administrativas até a data do julgamento, ou seja, 11-6-2008. Finalmente, tal proposta de modulação, inédita no STF, partiu do Ministro Gilmar Mendes. Desse modo, preservou-se a segurança jurídica na resolução da matéria. **Suspensão da cobrança de contribuição previdenciária em contrariedade à Súmula Vinculante n. 8:** a Min. Cármen Lúcia deferiu, em parte, medida liminar na Reclamação 8.895, ajuizada para suspender execução de contribuições previdenciárias em contrariedade ao entendimento firmado na Súmula Vinculante

• **Súmula Vinculante n. 9:** "O disposto no art. 127 da Lei n. 7.210/84 (Lei de Execuções Penais) foi recebido pela ordem constitucional vigente, e não se lhe aplica o limite temporal previsto no *caput* do art. 58".

• **Súmula Vinculante n. 10:** "Viola a cláusula de reserva de plenário (CF, art. 97) a decisão de órgão fracionário de tribunal que, embora não declare expressamente a inconstitucionalidade de lei ou ato normativo do poder público, afasta sua incidência, no todo ou em parte".

8. Concluiu Sua Excelência que os cálculos apresentados em reclamação trabalhista teriam tomado como parâmetro o art. 45 da Lei n. 8.212/91, considerado inconstitucional pela referida súmula, e não o art. 174 do Código Tributário Nacional. Explicou a Relatora que a contrariedade a determinada súmula, ou a sua aplicação indevida por ato administrativo ou decisão judicial, possibilita a atuação do Supremo Tribunal, que, ao julgar a reclamação procedente, pode anular o ato ou cassar a decisão, determinando que outra seja proferida com, ou sem, a aplicação de súmula (STF, Recl. 8.895/RJ, Rel. Min. Cármen Lúcia, j. em 19-11-2009).

• **Comentário** — essa súmula reporta-se à perda de dias remidos por falta grave, assegurando a constitucionalidade do art. 127 da Lei de Execuções Penais. Foi objeto de elaboração coletiva, levada para análise do Plenário das mãos do Ministro Ricardo Lewandowski. Assim, a cada três dias trabalhados, o preso tem direito ao desconto de um dia da pena a que foi condenado. Esses dias premiados pelo trabalho são chamados de remidos. E, segundo o art. 127 da Lei de Execuções Penais, são perdidos ou desconsiderados se o condenado cometer falta grave. Um novo período passará a ser contado a partir da data da infração disciplinar. Por fim, a Súmula Vinculante n. 9 estriba-se em inúmeros precedentes e ementas da Corte Excelsa, tais como o **RE 452.994**, os **HCs 90.107**, **91.084** e **92.791**, os **AgIs 490.228**, **570.188**, **580.259**. Vale lembrar que o Ministro Cezar Peluso deferiu liminar na **Reclamação n. 6.947** suspendendo sentença do Tribunal de Justiça de São Paulo por desrespeito à Súmula Vinculante n. 9. Como o preso tinha cometido falta antes de outubro de 2007, época em que referida súmula não existia, o Tribunal paulista concluiu que ele não estaria sob seus efeitos porque o texto só foi publicado em março desse ano (2008). O Ministro Peluso, contudo, na linha da **Reclamação n. 6.541**, afastou a tese de que decisões proferidas antes da edição de súmula vinculante não precisam obrigatoriamente observar o enunciado (STF, Recl. 6.947/SP, Rel. Min. Cezar Peluso, *DJE* de 13-11-2008).

• **Comentário** — essa súmula foi desrespeitada pelo Tribunal Superior do Trabalho, motivo pelo qual foi objeto da **Reclamação n. 6.970**, cujo pedido de liminar foi deferido pelo Ministro Ricardo Lewandowski para suspender a decisão da Corte Laboral. A Ministra Ellen Gracie, citando

◆ Cap. 21 ◆ ORGANIZAÇÃO DOS PODERES **1165**

- **Súmula Vinculante n. 11:** "Só é lícito o uso de algemas em caso de resistência e de fundado receio de fuga ou de perigo à integridade física própria ou alheia, por parte do preso ou de terceiros, justificada a excepcionalidade por escrito, sob pena de responsabilidade disciplinar civil e penal do agente ou da autoridade e de nulidade da prisão ou do ato processual a que se refere, sem prejuízo da responsabilidade civil do Estado".

vários precedentes do Supremo, também concedeu liminar na **Reclamação n. 8.388**, suspendendo decisão do TRT da 6ª Região, que havia proferido decisão com base na Súmula 331, inciso IV, do Tribunal Superior do Trabalho. Foi o Estado de Pernambuco que ajuizou a via reclamatória, sob o argumento de que o TRT da 6ª Região, ao julgar uma reclamação trabalhista, declarou a inconstitucionalidade do art. 71, § 1º, da Lei n. 8.666/93 (Lei de Licitações), violando a cláusula de reserva de plenário, e, consequentemente, a Súmula Vinculante n. 10.

- **Comentário** — o Supremo, em sua composição plenária, aprovou esse enunciado sumular consolidando a sua jurisprudência no sentido de que o uso de algemas somente é lícito em casos excepcionais. O *leading case* que motivou o advento da Súmula Vinculante n. 11 foi o **HC 91.952**, por meio do qual a Corte anulou a condenação de um pedreiro, mantido algemado durante todo o seu julgamento, sem que a juíza presidente daquele tribunal apresentasse qualquer justificativa convincente para submetê-lo a tal constrangimento público. Nessa oportunidade, o Supremo repudiou o uso generalizado e abusivo de algemas, em que pessoas detidas são expostas aos *flashes* da mídia. Com efeito, o Supremo consolidou o pensamento de que a dignidade humana, a presunção de inocência, as liberdades públicas em geral, bem como os arts. 284 e 292 do Código de Processo Penal, não permitem o uso generalizado e sem qualquer critério de algemas. E, pelo art. 474, § 3º, do Código de Processo Penal, alterado pela Lei n. 11.689, de 9 de junho de 2008, "não se permitirá o uso de algemas no acusado durante o período em que permanecer no plenário do Júri, salvo se absolutamente necessário à ordem dos trabalhos, à segurança das testemunhas ou à garantia da integridade física dos presentes". **Arquivamento de Reclamação contra descumprimento da Súmula Vinculante n. 11:** o Supremo arquivou reclamação que alegava desrespeito a esta Súmula, ajuizada por Defensoria Pública contra decisões de juiz de Vara Criminal. Ao relatar a matéria, a Min. Cármen Lúcia lembrou que a criação do instituto da súmula vinculante gerou uma nova hipótese de cabimento de Reclamação (CF, art. 103-A, § 3º). Concluiu que o magistrado agiu, corretamente, tendo em vista a "evidente periculosidade do agente, atestada pelas condenações anteriores por crimes cometidos mediante emprego de violência ou grave ameaça a pessoa, nos termos do art. 157, § 2º, I e II, do Código Penal".

A relatora enfatizou, ainda, que em casos semelhantes, nos quais o uso das algemas decorreu de fundamentação escrita e consistente, os Ministros do Supremo não têm acolhido a alegação de afronta à Súmula Vinculante n. 11, valendo destacar as seguintes decisões monocráticas: Recl. 7.268, 9.086, 8.313, 8.032, 7.264, 7.260, 8.659, 8.328 etc. (STF, Recl. 6.565/DF, Rel. Min. Cármen Lúcia, j. em 12-11-2009).

- **Súmula Vinculante n. 12:** "A cobrança de taxa de matrícula nas Universidades Públicas viola o disposto no art. 206, inciso IV, da Constituição Federal".

- **Comentário** — essa súmula proveio da conclusão do Supremo de que é inconstitucional a cobrança de taxa de matrícula pelas universidades públicas. A matéria foi discutida no **RE 500.171**, interposto pela Universidade Federal de Goiás, contra decisão do TRF da 1ª Região, para o qual a cobrança da contribuição para efetivação da matrícula dos estudantes fere o art. 206, IV, da Carta de 1988. Isso porque as instituições de ensino oficiais têm a obrigação de prestar ensino gratuito. Ao negar provimento ao recurso, explicou o Ministro Ricardo Lewandowski que o direito à educação é uma das formas de realização concreta do ideal democrático, não sendo factível que se criem obstáculos financeiros ao acesso dos cidadãos carentes ao ensino gratuito. Ele foi acompanhado pelos Ministros Carlos Alberto Menezes Direito, Carlos Ayres Britto, Cezar Peluso, Ellen Gracie e Marco Aurélio.

- **Súmula Vinculante n. 13:** "A nomeação de cônjuge, companheiro ou parente em linha reta, colateral ou por afinidade, até o terceiro grau, inclusive, da autoridade nomeante ou de servidor da mesma pessoa jurídica, investido em cargo de direção, chefia ou assessoramento, para o exercício de cargo em comissão ou de confiança, ou, ainda, de função gratificada na Administração Pública direta e indireta, em qualquer dos Poderes da União, dos Estados, do Distrito Federal e dos Municípios, compreendido o ajuste mediante designações recíprocas, viola a Constituição Federal".

- **Comentário** — essa súmula vinculante foi aprovada por unanimidade, vedando o nepotismo nos Três Poderes do Estado e em todos os níveis. Não se trata de uma recomendação, mas de uma imposição que deve ser seguida por todos os órgãos públicos, aplicando-se à contratação de parentes de autoridades e de funcionários para cargos de confiança, de comissão e de função gratificada no serviço público. A súmula proíbe, também, o **nepotismo cruzado**, aquele em que dois agentes públicos empregam familiares um do outro como troca de favor. **A súmula não se aplica aos cargos de caráter político, ocupados por agentes políticos.** Daí o Ministro Cezar Peluso ter deferido medida liminar na **Reclamação n. 6.650**, na qual Eduardo Requião, irmão do Governador do Paraná Roberto Requião, questionou sentença de juiz de primeira instância que anulara sua nomeação para o cargo de secretário estadual de transportes. Ao suspender o ato do juiz paranaense, lembrou o Ministro Peluso que "os **secretários estaduais são agentes políticos**, os quais entretêm com o Estado **vínculo de natureza igualmente política**, razão por que escapam à incidência das vedações impostas pela Súmula Vinculante 13".

◆ Cap. 21 ◆ ORGANIZAÇÃO DOS PODERES

1167

- **Súmula Vinculante n. 14:** "É direito do defensor, no interesse do representado, ter acesso amplo aos elementos de prova que, já documentados em procedimento investigatório realizado por órgão com competência de polícia judiciária, digam respeito ao exercício do direito de defesa".

- **Súmula Vinculante n. 15:** "O cálculo de gratificações e outras vantagens não incide sobre o abono utilizado para se atingir o salário mínimo do servidor público".

- **Súmula Vinculante n. 16:** "Os arts. 7º, IV, e 39, § 3º (redação da EC 19/98), da Constituição, referem-se ao total da remuneração percebida pelo servidor público".

- **Súmula Vinculante n. 17:** "Durante o período previsto no parágrafo primeiro do artigo 100 da Constituição, não incidem juros de mora sobre os precatórios que nele sejam pagos".

Esse mesmo entendimento vale, por exemplo, para os Ministros de Estado. Porém, o enunciado sumular em comento se aplica aos cargos administrativos criados por lei. Foi o que decidiu o Supremo Tribunal Federal ao concluir que os Conselheiros dos Tribunais de Contas se submetem à referida súmula, porque eles são agentes administrativos cujos cargos que ocupam foram criados por lei, competindo-lhes auxiliar o Poder Legislativo no controle da Administração Pública (STF, Recl. 6.702/PR, Rel. Min. Ricardo Lewandowski, j. em 4-3-2009).

- **Comentário:** essa súmula, aprovada por 9 votos a 2, permite o acesso do advogado ao inquérito policial sigiloso, é dizer, às provas já documentadas, inclusive as que tramitam em segredo de justiça. O tema foi levado ao Plenário do Supremo a pedido do Conselho Federal da Ordem dos Advogados do Brasil, que, pela primeira vez, lançou mão do **processo de Proposta de Súmula Vinculante**, instituído na Corte Excelsa em 2008. Para a maioria dos Ministros, com exceção de Joaquim Barbosa e Ellen Gracie, que não admitiram o assunto ser tratado em sede de súmula vinculante, o verbete reporta-se a direitos fundamentais, motivo pelo qual a jurisprudência do Pretório Excelso solidificou-se no sentido de permitir aos advogados o irrestrito acesso aos autos processuais. Aplicando a Súmula Vinculante n. 14, o STF assegurou a um médico especialista em fertilização *in vitro* o acesso aos nomes das mulheres que o acusaram da prática de crimes sexuais. Segundo a decisão, só depois de saber quem são as acusadoras, o médico pode ser ouvido pela polícia, devendo, no entanto, guardar, em sigilo, a identidade das pacientes (STF, Recl. 7.825/SP, Rel. Min. Ellen Gracie, *DJ* de 11-3-2009).

- **Comentário:** proposta pelo Ministro Ricardo Lewandowski, essa súmula foi aprovada, com alguns ajustes, por maioria de votos. Refere-se ao cálculo das gratificações no Serviço Público.

- **Comentário:** também proposta pelo Min. Ricardo Lewandowski, essa súmula foi aprovada, com alguns ajustes, por maioria de votos. Determina que o total da remuneração do servidor público, isto é, o vencimento somado às gratificações, não pode ser inferior ao salário mínimo.

- **Comentário:** esse enunciado sumular trata dos juros de mora em precatório. Foi aprovado, pelo Supremo, por maioria de votos, consolidando o entendimento jurisprudencial de que não incide juros de mora sobre pagamentos devidos pela Fazenda federal, estadual e municipal em virtude de sentença judicial (precatórios), no período

- **Súmula Vinculante n. 18:** "A dissolução da sociedade ou do vínculo conjugal, no curso do mandato, não afasta a inelegibilidade prevista no § 7º do artigo 14 da Constituição Federal".

- **Súmula Vinculante n. 19:** "A taxa cobrada exclusivamente em razão dos serviços públicos de coleta, remoção e tratamento ou destinação de lixo ou resíduos provenientes de imóveis, não viola o art. 145, II, da CF".

- **Súmula Vinculante n. 20:** "A Gratificação de Desempenho de Atividade Técnico-Administrativa — GDATA, instituída pela Lei 10.404/2002, deve ser deferida aos inativos nos valores correspondentes a 37,5 (trinta e sete vírgula cinco) pontos no período de fevereiro a maio de 2002 e, nos termos do art. 5º, parágrafo único, da Lei 10.404/2002, no período de junho de 2002 até a conclusão dos efeitos do último ciclo de avaliação a que se refere o art. 1º da Medida Provisória 198/2004, a partir da qual para a ser de 60 (sessenta) pontos".

- **Súmula Vinculante n. 21:** "É inconstitucional a exigência de depósito ou arrolamento prévios de dinheiro ou bens para admissibilidade de recurso administrativo".

- **Súmula Vinculante n. 22:** "A Justiça do Trabalho é competente para processar e julgar as causas relativas a indenizações por danos morais e patrimoniais decorrentes de acidente de trabalho propostas por empregado contra empregador, alcançando-se, inclusive, as demandas que ainda não possuíam, quando da promulgação da EC n. 45/2004, sentença de mérito em primeiro grau".

- **Súmula Vinculante n. 23:** "A Justiça do Trabalho é competente para processar e julgar as ações possessórias ajuizadas em decorrência do exercício do direito de greve pelos trabalhadores da iniciativa privada".

- compreendido entre a sua expedição (inclusão no orçamento das entidades de direito público) e o seu pagamento, quando realizado até o final do exercício seguinte, isto é, dentro do prazo constitucional de dezoito meses.

- **Comentário:** o enunciado sumular aí destacado versa sober a inelegilidade de ex-cônjuges. Foi aprovado, pelo Supremo, por maioria de votos. Assim, os ex-cônjuges estão impedidos de concorrer a cargos eletivos se, no decorrer do mandato de um deles, houver separação judicial. Em sentido contrário, registre-se o posicionamento do Ministro Marco Aurélio, que ficou vencido por acreditar que eventual vício na dissolução do casamento deve ser objeto de prova.

- **Comentário:** O Supremo Tribunal, por unanimidade de votos, aprovou esse verbete, confirmando a constitucionalidade da cobrança de taxas de coleta, remoção e destinação de lixo tendo por base de cálculo a metragem dos imóveis.

- **Comentário:** esse verbete foi aprovado, pelo Supremo Tribunal Federal, por maioria de votos. A Corte reconheceu, pois, o direito de os servidores inativos receberem a Gratificação de Desempenho de Atividade Técnico-Administrativa (GDATA). Ficou vencido o Ministro Marco Aurélio, para quem a Constituição de 1988 permitiu tratamento diferenciado entre servidores da ativa e os inativos. Certamente, o número de processos múltiplos e repetidos sobre esse tema irá acabar, firmando-se o entendimento do Supremo, que reconheceu a legalidade da GDATA.

- **Comentário:** esse verbete foi aprovado pelo Supremo Tribunal por unanimidade de votos, impedindo, assim, a exigência de depósito prévio ou de arrolamento de bens como condição para apresentar recurso perante a Administração Pública.

- **Comentário:** esse verbete reporta-se à indenização por dano moral decorrente de acidente de trabalho, na linha de diversos precedentes da Corte sobre a matéria.

- **Comentário:** na votação desse enunciado, que se refere às ações possessórias em decorrência do direito de greve, o Min. Marco Aurélio ficou vencido em parte. Para ele, o enunciado sumular deveria limitar-se aos casos de interdito proibitório.

◆ Cap. 21 ◆ ORGANIZAÇÃO DOS PODERES

1169

- **Súmula Vinculante n. 24:** "Não se tipifica crime material contra a ordem tributária, previsto no art. 1º, incisos I a IV, da Lei n. 8.137/90, antes do lançamento definitivo do tributo".

- **Comentário:** é necessário o lançamento definitivo do tributo para tipificar crime tributário. Esse tema foi exautivamente debatido no Plenário do Supremo Tribunal, graças à intervenção da Vice-Procuradora--geral da República Deborah Duprat. Ela alertou que, embora houvesse condições formais para a aprovação do verbete em epígrafe, a matéria não estava madura o suficiente para tornar-se vinculante. Nada obstante a argumentação da representante do *Parquet*, a Corte, por maioria de votos, vencidos os Ministros Joaquim Barbosa, Ellen Gracie e Marco Aurélio, aprovou essa Súmula, prevalecendo a tese de que não se tipifica crime material contra a ordem tributária, previsto no art. 1º, incisos I a IV, da Lei n. 8.137/90, antes do lançamento definitivo do tributo. Segundo o Min. Cezar Peluso, Relator da Proposta de Súmula Vinculante, a jurisprudência do STF não admite processo-crime sem que esteja pré-definido o crédito: "Nós temos um conjunto de fundamentos, mas isto não é objeto da súmula. O objeto da súmula é a conclusão da Corte de que não há possibilidade de exercício de ação penal antes da apuração da existência certa do crédito tributário que se supõe sonegado".

- **Súmula Vinculante n. 25:** "É ilícita a prisão civil de depositário infiel, qualquer que seja a modalidade do depósito".

- **Comentário:** este verbete derivou da Proposta de Súmula Vinculante (PSV) n. 31. Foi aprovada por unanimidade, não havendo discussão, em Plenário, sobre o tema.

- **Súmula Vinculante n. 26:** "Para efeito de progressão de regime de cumprimento de pena, por crime hediondo ou equiparado, praticado antes de 29 de marco de 2007, o juiz da execução, ante a inconstitucionalidade do art. 2º, § 1º da Lei 8.072/90, aplicará o art. 112 da Lei de Execuções Penais, na redação original, sem prejuízo de avaliar se o condenado preenche ou não os requisitos objetivos e subjetivos do benefício podendo, determinar para tal fim, de modo fundamentado, a realização de exame criminológico".

- **Comentário:** este verbete, apresentado à Corte pelo Min. Cezar Peluso, passou por alguns ajustes, sendo aprovado por maioria dos votos, vencido o Min. Marco Aurélio.

- **Súmula Vinculante n. 27:** "Compete à Justiça Estadual julgar causas entre consumidor e concessionária de serviço público de telefonia, quando a Anatel não seja litisconsorte passiva necessária, assistente nem opoente".

- **Comentário:** este verbete trata da competência para julgar ações que envolvam o serviço de telefonia.

- **Súmula Vinculante n. 28:** "É inconstitucional a exigência de depósito prévio como requisito de admissibilidade de ação judicial na qual se pretenda discutir a exigibilidade de crédito tributário".

- **Comentário:** este enunciado, relativo à inconstitucionalidade do depósito prévio para ajuizar ações contra exigência de tributos, foi aprovado por unanimidade. O *leading case* que o ensejou foi a **ADI 1.074**, por meio da qual o Supremo declarou inconstitucional o art. 19 da Lei n. 8.870/1994, que exigia depósito prévio para ações judiciais contra o INSS.

- **Súmula Vinculante n. 29:** "É constitucional a adoção, no cálculo do valor de taxa, de um ou mais elementos da base de cálculo própria de determinado imposto, desde que não haja integral identidade entre uma base e outra".

- **Comentário:** este verbete foi encaminhado pelo Min. Ricardo Lewandowski, tomando como base, dentre outros precedentes, o RE 576321, no qual a Corte aceitou a tese da cobrança da taxa de limpeza, baseada no tamanho do imóvel. Não houve unanimidade de votos na aprovação dessa Súmula Vinculante, havendo debates quanto ao cerne do art. 145 da Carta Magna, que distingue taxas de impostos. Ficaram vencidos os Ministros Marco Aurélio e Eros Grau. Eles entendiam que o tema deveria amadurecer, tendo em vista a produção de efeitos da norma proibitiva, constante no § 2º do art. 145 da *Lex Mater*.

- **Súmula Vinculante n. 30:** "É inconstitucional lei estadual que, a título de incentivo fiscal, retém parcela do ICMS pertencente aos municípios".

- **Comentário:** o Supremo Tribunal Federal, em sua composição plenária, suspendeu, na sessão de 4-2-2010, a publicação dessa súmula vinculante sobre partilha do ICMS. Entendeu a Corte que a matéria deveria ser melhor examinada. Depois de uma questão de ordem levantada pelo Min. Dias Toffoli, o Supremo decidiu suspender a publicação da nova súmula vinculante, que receberia o número 30, proveniente da PSV 41, aprovada em 3-2-2010. Concluíram os Ministros que a proposta de redação da nova súmula reportava-se, apenas, à inconstitucionalidade da lei estadual, deixando de fora a **inconstitucionalidade de lei estadual relativa a processo administrativo fiscal de cobrança e compensação de crédito/débito do particular perante o Estado**.

  Por fim, lembramos que a temática, versada no enunciado sumular em epígrafe, foi de autoria do Min. Ricardo Lewandowski. Muitas vezes, o Estado institui lei de incentivo fiscal, dando benefício no ICMS a certa empresa que se instalar em seu território. Porém, com base nessa lei, o próprio Estado retém parcela do ICMS devida ao município, alegando que a municipalidade já tinha se beneficiado com o aumento de arrecadação.

- **Súmula Vinculante n. 31:** "É inconstitucional a incidência de Imposto sobre Serviços de Qualquer Natureza — ISS sobre operações de locação de bens móveis".

- **Comentário:** este verbete foi fruto da Proposta de Súmula Vinculante (PSV) 35. Foi encaminhada pelo Min. Joaquim Barbosa e aprovada, por unanimidade, em 4-2-2010, tomando como base, dentre outros precedentes, o RE 116.121.

- **Súmula Vinculante n. 32:** "O ICMS não incide sobre alienação de salvados de sinistro pelas seguradoras".

- **Comentário:** A trigésima segunda Súmula Vinculante do Pretório Excelso baseou-se em dois precedentes, sobremodo, representativos, relatados pelo Min. Gilmar Mendes: a ADI 1.648 (*DJE* de 9-12-2011) e o RE 588.149 (*DJE* de 6-6-2011). Este enunciado sumular tem servido de paradigma para o ajuizamento de reclamações constitucionais no Supremo Tribunal, merecendo destaque as seguintes: Rcl 11.667 AgR (*DJE* de 8-8-2011); Rcl 12.741 (*DJE* de 13-12-2011); Rcl 12.396 (*DJE* de 12-12-2011).

◆ Cap. 21 ◆ ORGANIZAÇÃO DOS PODERES **1171**

• **Súmula Vinculante n. 33:** "Aplicam-se ao servidor público, no que couber, as regras do Regime Geral de Previdência Social sobre aposentadoria especial de que trata o artigo 40, parágrafo 4º, inciso III, da Constituição Federal, até edição de lei complementar específica".

• **Comentário:** esse verbete, que trata da aposentadoria especial de servidor público, foi aprovado pelo Plenário da Corte Excelsa, por unanimidade de votos, na sessão de 9-4-2014 (quarta-feira). Até a edição de lei complementar regulamentando norma constitucional sobre a aposentadoria especial de servidor público, deverão ser seguidas as normas vigentes para os trabalhadores sujeitos ao Regime Geral de Previdência Social. Esse enunciado refere-se, somente, à aposentadoria especial em decorrência de atividades exercidas em condições prejudiciais à saúde ou à integridade física dos servidores. Vale lembrar que a proposta para a criação dessa Súmula foi da lavra do Min. Gilmar Mendes. Observou ele a enorme quantidade de processos sobre o mesmo tema recebidos pela Corte nos últimos anos, suscitando, na maior parte dos casos, decisões semelhantes em favor dos servidores. Segundo levantamento apresentado pelo Min. Teori Zavascki, o Supremo, de 2005 a 2013, recebeu 5.219 Mandados de Injunção. Desses *writs*, 4.892 reportavam-se, especificamente, à aposentadoria especial de servidores públicos, nos termos do art. 40, § 4º, inciso III, da Constituição Federal.

• **Súmula Vinculante n. 34:** "A Gratificação de Desempenho de Atividade de Seguridade Social e do Trabalho — GDASST, instituída pela Lei 10.483/2002, deve ser estendida aos inativos no valor correspondente a 60 (sessenta) pontos, desde o advento da Medida Provisória 198/2004, convertida na Lei 10.971/2004, quando tais inativos façam jus à paridade constitucional (EC 20/1998, 41/2003 e 47/2005)".

• **Comentário:** Este verbete foi publicado no *Diário de Justiça Eletrônico* e divulgado em 23 de outubro de 2014. Foi aprovado na sessão plenária do Supremo Tribunal Federal de 16 de outubro de 2014.

• **Súmula Vinculante n. 35:** "A homologação da transação penal prevista no artigo 76 da Lei 9.099/1995 não faz coisa julgada material e, descumpridas suas cláusulas, retoma-se a situação anterior, possibilitando-se ao Ministério Público a continuidade da persecução penal mediante oferecimento de denúncia ou requisição de inquérito policial".

• **Comentário:** Enunciado publicado no *Diário de Justiça Eletrônico* e divulgado em 23 de outubro de 2014. Foi aprovado na sessão plenária do Supremo Tribunal Federal de 16 de outubro de 2014.

• **Súmula Vinculante n. 36:** "Compete à Justiça Federal comum processar e julgar civil denunciado pelos crimes de falsificação e de uso de documento falso quando se tratar de falsificação da Caderneta de Inscrição e Registro (CIR) ou de Carteira de Habilitação de Amador (CHA), ainda que expedidas pela Marinha do Brasil".

• **Comentário:** Verbete publicado no *Diário de Justiça Eletrônico* e divulgado em 23 de outubro de 2014. Foi aprovado na sessão plenária do Supremo Tribunal Federal de 16 de outubro de 2014.

- **Súmula Vinculante n. 37:** "Não cabe ao Poder Judiciário, que não tem função legislativa, aumentar vencimentos de servidores públicos sob o fundamento de isonomia".

- **Súmula Vinculante n. 38:** "É competente o Município para fixar o horário de funcionamento de estabelecimento comercial".

- **Súmula Vinculante n. 39:** "Compete privativamente à União legislar sobre vencimentos dos membros das polícias civil e militar e do corpo de bombeiros militar do Distrito Federal".

- **Súmula Vinculante n. 40:** "A contribuição confederativa de que trata o artigo 8º, IV, da Constituição Federal, só é exigível dos filiados ao sindicato respectivo".

- **Súmula Vinculante n. 41:** "O serviço de iluminação pública não pode ser remunerado mediante taxa".

- **Comentário:** Súmula vinculante publicada no *Diário de Justiça Eletrônico* e divulgado em 23 de outubro de 2014. Foi aprovado na sessão plenária do Supremo Tribunal Federal de 16 de outubro de 2014. Sobre o escalonamento de adicional pago a militares, o STF fixou a seguinte tese de repercussão geral: "Contraria o disposto na Súmula Vinculante 37 a extensão, pelo Poder Judiciário e com fundamento no princípio da isonomia, do percentual máximo previsto para o Adicional de Compensação por Disponibilidade Militar, previsto na Lei n. 13.954/2019, a todos os integrantes das Forças Armadas" (STF, ARE 1341061, Rel. Min. Luiz Fux, j. 15-10-2021).

- **Comentário:** Este verbete consagra a competência municipal para estabelecer horário de funcionamento do comércio nas cidades brasileiras. Agora não há mais que discutir, pois alguns ainda rechaçavam a autonomia do município para dispor sobre esta matéria.

- **Comentário:** Esta súmula contribuirá em muito para extirpar o acúmulo de demandas sobre questões idênticas e já pacificadas no STF, pois, agora, não há que se negar a competência privativa da União em tema de vencimentos das carreiras referidas no enunciado sumular.

- **Comentário:** Este verbete tem efeito vinculante em relação aos demais órgãos do Poder Judiciário e à administração pública direta e indireta, nas esferas federal, estadual e municipal.

- **Comentário:** O verbete sumular em comento uniformizou, perante as autoridades administrativas e judiciárias, velha diretriz jurisprudencial há muito consolidada no Pretório Excelso. Inúmeros são os vereditos do Supremo, no sentido da impossibilidade de os Municípios instituírem taxa para a remuneração relativa à iluminação pública, por se tratar de serviço inespecífico, não mensurável, indivisível e insuscetível de ser referido a determinado contribuinte (Precedentes: RE 849.340/SP e AI 757.929/RJ, Rel. Min. Celso de Mello; ARE 679.398/MG, Rel. Min. Gilmar Mendes; ARE 722.749/CE, Rel. Min. Dias Toffoli; RE 606.903/RJ e AI 560.189/MG, Rel. Min. Marco Aurélio; AI 719.732/SP, Rel. Min. Cármen Lúcia; RE 638.113/RJ, Rel. Min. Luiz Fux; ARE 759.590/CE, Rel. Min. Roberto Barroso etc.). Nada obstante a consolidação dessa tese, que levou, inclusive, à aprovação da conhecida Súmula 670 do STF, de 24 de setembro de 2003, muitos pleitos continuavam chegando ao Supremo Tribunal Federal. Assim, o ato de criação do enunciado sumular em estudo servirá para sepultar, de vez, qualquer insegurança jurídica, evitando-se a multiplicação de processos idênticos.

♦ Cap. 21 ♦ ORGANIZAÇÃO DOS PODERES

1173

- **Súmula Vinculante n. 42:** "É inconstitucional a vinculação do reajuste de vencimentos de servidores estaduais ou municipais a índices federais de correção monetária".

- **Súmula Vinculante n. 43:** "É inconstitucional toda modalidade de provimento que propicie ao servidor investir-se, sem prévia aprovação em concurso público destinado ao seu provimento, em cargo que não integra a carreira na qual anteriormente investido".

- **Súmula Vinculante n. 44:** "Só por lei se pode sujeitar a exame psicotécnico a habilitação de candidato a cargo público".

- **Súmula Vinculante n. 45:** "A competência constitucional do Tribunal do Júri prevalece sobre o foro por prerrogativa de função estabelecido exclusivamente pela Constituição estadual".

- **Súmula Vinculante n. 46:** "A definição dos crimes de responsabilidade e o estabelecimento das respectivas normas de processo e julgamento são da competência legislativa privativa da União".

- **Súmula Vinculante n. 47:** "Os honorários advocatícios incluídos na condenação ou destacados do montante principal devido ao credor consubstanciam verba de natureza alimentar cuja satisfação ocorrerá com a expedição de precatório ou requisição de pequeno valor, observada ordem especial restrita aos créditos dessa natureza".

- **Súmula Vinculante n. 48:** "Na entrada de mercadoria importada do exterior, é legítima a cobrança do ICMS por ocasião do desembaraço aduaneiro".

- **Comentário:** o Plenário do Supremo Tribunal Federal aprovou em 12 de março de 2015 a Proposta de Súmula Vinculante 101, que converteu o texto da Súmula 681, tradicional da Corte, em verbete vinculante. A Súmula Vinculante é fruto de diversos precedentes da Corte. Em virtude do imenso número de ações que estavam chegando ao Supremo sobre o assunto, o Min. Gilmar Mendes propôs a sua criação.

- **Comentário:** Este enunciado sumular foi fruto de conversão da antiga Súmula 685 do STF, cujo tema vem sendo debatido na Corte ao longo dos anos, bastando rememorar a ADIn 231, relatada pelo Ministro Moreira Alves (Tribunal Pleno, j. 5-8-1992, *DJE* de 13-11-1992).

- **Comentário:** O Plenário do Supremo Tribunal Federal aprovou, por unanimidade de votos, na sessão de 8 de abril de 2015, esta Súmula Vinculante, inspirando-se, também, na Súmula 685 do STF.

- **Comentário:** O Plenário do Supremo Tribunal Federal aprovou, por unanimidade de votos, na sessão de 8 de abril de 2015, esta Súmula Vinculante, baseando-se na Súmula 686 do STF.

- **Comentário:** O Plenário do Supremo Tribunal Federal aprovou, por unanimidade de votos, na sessão de 8 de abril de 2015, esta Súmula Vinculante, tomando como base a Súmula 721 do STF.

- **Comentário:** Esta Súmula Vinculante proveio de uma proposta do Conselho Federal da Ordem dos Advogados do Brasil. E faz muito sentido. Isto porque é inegável a natureza alimentícia dos honorários advocatícios decorrentes da condenação e a possibilidade do fracionamento da execução para satisfazer tais verbas. Trata-se, aliás, de posição pacífica na jurisprudência do Supremo, principalmente depois do julgamento do RE 564.132/RS, com repercussão geral reconhecida. Existem vários precedentes nesse sentido, tanto da Primeira Turma do STF (AI 732.358, RE 470.407 e RE 141.639), como da Segunda Turma (RE 415.950, RE 146.318 e RE 156.341). Desse modo, o tema contido na Súmula Vinculante 47 é dotado de nítido efeito multiplicador, mostrando-se imprescindível a Corte Suprema reafirmar a tese de que os honorários advocatícios representam, sim, verba alimentar, que não se confunde com o débito principal.

- **Comentário:** O tema de mercadoria importada do exterior passou a ser verbete vinculante. Não há mais que se discutir a legitimidade da cobrança do ICMS na hipótese aí ventilada.

- **Súmula Vinculante n. 49:** "Ofende o princípio da livre concorrência lei municipal que impede a instalação de estabelecimentos comerciais do mesmo ramo em determinada área".

- **Súmula Vinculante n. 50:** "Norma legal que altera o prazo de recolhimento de obrigação tributária não se sujeita ao princípio da anterioridade".

- **Súmula Vinculante n. 51:** "O reajuste de 28,86%, concedido aos servidores militares pelas Leis 8.622/1993 e 8.627/1993, estende-se aos servidores civis do Poder Executivo, observadas as eventuais compensações decorrentes dos reajustes diferenciados concedidos pelos mesmos diplomas legais".

- **Súmula Vinculante n. 52:** "Ainda quando alugado a terceiros, permanece imune ao IPTU o imóvel pertencente a qualquer das entidades referidas pelo artigo 150, inciso VI, alínea 'c', da Constituição Federal, desde que o valor dos aluguéis seja aplicado nas atividades para as quais tais entidades foram constituídas".

- **Súmula Vinculante n. 53:** "A competência da Justiça do Trabalho prevista no artigo 114, inciso VIII, da Constituição Federal, alcança a execução de ofício das contribuições previdenciárias relativas ao objeto da condenação constante das sentenças que proferir e acordos por ela homologados".

- **Súmula Vinculante n. 54:** "A medida provisória não apreciada pelo congresso nacional podia, até a Emenda Constitucional 32/2001, ser reeditada dentro do seu prazo de eficácia de trinta dias, mantidos os efeitos de lei desde a primeira edição".

- **Súmula Vinculante n. 55:** "O direito ao auxílio-alimentação não se estende aos servidores inativos".

- **Comentário:** O Plenário do Supremo Tribunal Federal aprovou esse verbete sumular na sessão de 17 de junho de 2015, por meio da Proposta de Súmula Vinculante 90, que converteu a velha Súmula 646 no enunciado vinculante aí transcrito.

- **Comentário:** O Plenário do Supremo Tribunal Federal aprovou esse enunciado sumular na sessão de 17 de junho de 2015, por meio da Proposta de Súmula Vinculante 97. Transformou em verbete vinculante a tradicional Súmula 669 do STF.

- **Comentário:** Este verbete originou-se da Proposta de Súmula Vinculante 99. Trata-se de uma conversão da antiga Súmula 672 do STF. Foi aprovado pelo Supremo Tribunal Federal, na sessão plenária de 18 de junho de 2015.

- **Comentário:** O Supremo Tribunal Federal, na sessão plenária de 18 de junho de 2015, aprovou essa súmula vinculante que trata da imunidade de IPTU de imóveis pertencentes a partidos políticos (inclusive suas fundações), entidades sindicais dos trabalhadores, instituições de educação e de assistência social sem fins lucrativos. O verbete em epígrafe derivou da Proposta de Súmula Vinculante 107, que converteu em vinculante a conhecida Súmula 724 do STF, com pequenas alterações de texto.

- **Comentário:** O Supremo Tribunal Federal, na sessão plenária de 18 de junho de 2015, aprovou esta súmula vinculante que trata da competência da Justiça do Trabalho para executar contribuições previdenciárias reconhecidas como direito do empregado. Ela se originou da Proposta de Súmula Vinculante 28, de autoria do Min. Carlos Alberto Menezes Direito (falecido), após o julgamento do Recurso Extraordinário 569056, com repercussão geral reconhecida.

- **Comentário:** Esse enunciado vinculante foi fruto de vários precedentes, nos quais a Corte Excelsa firmou a tese nele exarada, valendo destacar os seguintes: RE 592.315-AgR/RJ, Rel. Min. Dias Toffoli, Primeira Turma, *DJe* de 7-4-2011; e RE 593.002/PB, Rel. Min. Joaquim Barbosa, *DJe* de 15-6-2012.

- **Comentário:** Verbete sumular vinculante importantíssimo. Em várias assentadas, a matéria nele inserida foi fruto de calorosos debates e reflexões, valendo destacar os seguintes precedentes: ARE 762.911/RS, Rel. Min. Gilmar Mendes, *DJe* de 14-8-2003; AI 747.734/SP, Rel. Min. Luiz Fux, *DJe* de 9-5-2012; AI 738.881/SP, Rel. Min. Luiz Fux, *DJe* de 6-3--2012; RE 633.746/SP, Rel. Min. Dias Toffoli, *DJe* de 2-9-2013; ARE 757.614/SP, Rel. Min. Teori Zavascki, *DJe* de 25-2-2014.

◆ Cap. 21 ◆ ORGANIZAÇÃO DOS PODERES

1175

- **Súmula Vinculante n. 56:** "A falta de estabelecimento penal adequado não autoriza a manutenção do condenado em regime prisional mais gravoso, devendo-se observar, nesta hipótese, os parâmetros fixados no Recurso Extraordinário (RE) 641.320".

- **Comentário:** Aprovada na sessão plenária do Supremo Tribunal Federal de 29-6-2016, a Súmula Vinculante aí transcrita derivou de uma proposta do Defensor Público-Geral Federal, seguida das sugestões do Min. Roberto Barroso. Seu conteúdo remonta ao **RE 641.320**, cuja íntegra já é bastante explicativa e analítica, provido, parcialmente, em 11-5-2016, quando se fixou a tese, com repercussão geral, de que a falta de estabelecimento penal adequado não autoriza a manutenção do condenado em regime prisional mais gravoso. Como propôs o Relator do RE 641.320, Min. Gilmar Mendes, os juízes da execução penal poderão avaliar os estabelecimentos destinados aos regimes semiaberto e aberto, para qualificação como adequados a tais regimes. São aceitáveis estabelecimentos que não se qualifiquem como "colônia agrícola, industrial" (regime semiaberto) ou "casa de albergado ou estabelecimento adequado" (regime aberto) (Lei n. 7.209, de 11-7-1984, art. 33, § 1º, *a* e *c*). Existindo falta de vagas, há de se determinar: **(i)** a saída anteci pada de sentenciado no regime com falta de vagas; **(ii)** a liberdade eletronicamente monitorada ao sentenciado que sai antecipadamente ou é posto em prisão domiciliar por falta de vagas; **(iii)** o cumprimento de penas restritivas de direito e/ou estudo ao sentenciado que progride ao regime aberto. Até que sejam estruturadas as medidas alternativas propostas, poderá ser deferida a prisão domiciliar ao sentenciado.

- **Súmula vinculante 57:** "A imunidade tributária constante do art. 150, VI, *d*, da CF/88 aplica-se à importação e comercialização, no mercado interno, do livro eletrônico (*e-book*) e dos suportes exclusivamente utilizados para fixá-los, como leitores de livros eletrônicos (*e-readers*), ainda que possuam funcionalidades acessórias".

- **Comentário:** A Súmula Vinculante n. 57 trata da imunidade tributária para livros eletrônicos. Foi aprovada por unanimidade de votos, em sessão virtual. Proveio da Proposta de Súmula Vinculante n. 132, formulada pela Associação Brasileira das Empresas de Tecnologia da Informação e Comunicação.

- **Súmula Vinculante 58:** "Inexiste direito a crédito presumido de IPI relativamente à entrada de insumos isentos, sujeitos à alíquota zero ou não tributáveis, o que não contraria o princípio da não cumulatividade".

- **Comentário:** o *Diário de Justiça Eletrônico*, edição n. 112, do Supremo Tribunal Federal, do dia 7-5-2020, publicou a Súmula Vinculante 58. Tal verbete sumular foi sugerido pelo Min. Ricardo Lewandowski, consolidando a tese de que não há direito ao crédito de IPI em relação à aquisição de insumos não tributados ou sujeitos à alíquota zero.

¤ 6.8.1. Conselho Nacional de Justiça

O Conselho Nacional de Justiça foi introduzido na nossa Constituição pela Emenda Constitucional n. 45/2004 (reforma do Judiciário), como um órgão do Poder Judiciário brasileiro, com atuação em todo o território nacional.

Sediado em Brasília, sua instalação ocorreu em 14 de junho de 2005, funcionando no edifício Anexo II do Supremo Tribunal Federal, Praça dos Três Poderes, tendo como órgãos o Plenário, a Presidência, a Corregedoria, as Comissões e a Secretaria-Geral.

1176 ◆ Uadi Lammêgo Bulos ◆

A inserção do Conselho Nacional de Justiça no art. 92, inciso I-A, da Carta Maior foi inadequada, porque suas atribuições são exclusivamente administrativas, e não jurisdicionais, motivo pelo qual não se enquadra no organograma do Poder Judiciário.

Melhor seria que fosse disciplinado num parágrafo único do art. 92.

Todavia, por motivos de *política legislativa*, a Emenda Constitucional n. 45/2004 o listou entre os órgãos jurisdicionais, a exemplo das Constituições da Itália de 1947 (art. 104), da França de 1958 (art. 65), da Grécia de 1975 (art. 90), de Portugal de 1976 (arts. 219º e 220º) e da Espanha de 1978 (art. 122).

Todos esses países, alguns parlamentaristas, outros semipresidencialistas, previram o Conselho como órgão de controle administrativo e disciplinar da magistratura, mas sem qualquer ingerência na liberdade de pensar do juiz.

> **Lugares que não adotaram Conselhos de Justiça:** a ideia de instituir Conselhos para fiscalizar a Magistratura não foi aceita por diversos países europeus, como Alemanha, Áustria, Bélgica, Dinamarca, Finlândia, Grã-Bretanha, Irlanda, Luxemburgo, Holanda e Suécia. Nos Estados Unidos, onde vigora o Presidencialismo puro, por assim dizer, também não foi aceita a previsão de um Conselho de Justiça, atividade que é realizada pelo Executivo (Presidência da República), Legislativo (Senado) e Judiciário (Suprema Corte). Nesse particular, destaque-se a existência de *impeachment* para juízes, bem como a adoção de critérios eleitorais mistos, nos Estados e Distritos, para a escolha de juízes locais, para um mandato determinado, e com a participação da sociedade. Quanto aos juízes federais, eles são escolhidos pelo Presidente da República.

Essa também foi a fórmula encontrada pela Emenda Constitucional n. 45/2004 para mostrar que o Conselho Nacional de Justiça integra o Poder Judiciário brasileiro, sendo peça integrante de sua estrutura, não podendo, por isso, ser considerado inconstitucional, como, nos termos em que foi constitucionalizado, realmente não o é.

Daí a numeração I-A conferida a um dos incisos do art. 92, precisamente para esclarecer que o Conselho não julga nem aprecia litígios. É, tão só, um órgão com atribuições administrativas, submetendo-se ao controle do Supremo Tribunal Federal, sendo, por isso, inferior a ele. Tanto que não pode ser instituído por Estados, Distrito Federal ou Municípios, pois estes não detêm competência constitucional para criar órgão interno ou externo de fiscalização judiciária.

> **Impossibilidade de o CNJ suspender efeitos de atos jurisdicionais** — o Conselho Nacional de Justiça não pode interferir em atos de conteúdo jurisdicional, emanados de quaisquer magistrados ou de Tribunais da República, como, aliás, já decidiu o Supremo em vários precedentes (ADI 3.367/DF; MS 27.148/DF; MS 28.537 MC/DF). Embora incluído na estrutura constitucional do Poder Judiciário, sua natureza é meramente administrativa e sua competência foi definida, de modo rígido, pela EC 45/2004 (reforma do Judiciário), que introduziu o art. 103-B na Carta de 1988 (STF, MS 28.598-AgR-MC/DF e MS 28.611- AgR-MC/MA, Rel. Min. Celso de Mello, j. em 14-10-2010).

Previsto pela Emenda Constitucional n. 45/2004 como *apêndice* do Supremo Tribunal Federal, o Conselho é presidido pelo Presidente do STF e, nas suas ausências e impedimentos, pelo Vice-Presidente da Corte (CF, art. 103-B, § 1º, com redação dada pela EC n. 61/09).

> **Atribuição que pertencia ao Ministro-Corregedor:** na sistemática anterior à EC n. 61/09, era o Corregedor Nacional de Justiça, isto é, o Ministro do STJ, exercente da função de Ministro- -Corregedor (CF, art. 103-B, § 5º), quem substituía o Presidente do CNJ em caso da impossibilidade de seu comparecimento.

Antes da EC n. 61/2009, o Presidente do CNJ votava em caso de empate, ficando excluído da distribuição de processos em seu Tribunal. Pela nova redação do 103-B, § 1º, o Presidente poderá receber processos e não tem, necessariamente, o dever constitucional de desempatar votações.

> **Promulgação da EC n. 61/2009:** na manhã de 11-11-2009, as Mesas do Senado Federal e da Câmara dos Deputados promulgaram a EC n. 61/2009, que alterou o artigo 103-B da Constituição da República para modificar a composição do Conselho Nacional de Justiça. Na ocasião, afirmou o Ministro Gilmar Mendes, no posto de Presidente do STF e do CNJ: "Esta solenidade é daquelas que a todos compraz porquanto ao tempo em que reverenciada a democracia como valor em si

◆ Cap. 21 ◆ ORGANIZAÇÃO DOS PODERES   **1177**

mesma, também se celebram as ações que, etapa por etapa, cuidam de fortalecê-la. Neste salutar processo de aperfeiçoamento institucional, a atuação conjunta e complementar dos poderes da República evidencia claramente o elogiável estado civilizatório alcançado pelo país em tão pouco tempo, tendo em vista as duas décadas de vigência do nosso robusto texto constitucional". O Ministro Gilmar Mendes referiu-se, também, ao **Pacto Republicano de Estado por um Sistema de Justiça mais Acessível, Ágil e Efetivo**, acordo firmado entre os representantes dos Poderes Judiciário, Legislativo e Executivo, que tem entre seus objetivos melhorar o acesso universal à Justiça, aprimorar a prestação jurisdicional e aperfeiçoar e fortalecer as instituições de Estado para uma maior efetividade do sistema penal no combate à violência e criminalidade.

Isso evidencia que o papel fiscalizatório do Conselho dirige-se, apenas, aos órgãos e juízes situados, hierarquicamente, abaixo do Supremo Tribunal Federal.

Nenhum de seus membros — chamados de *Conselheiros* — pode, durante o exercício do mandato, exercer atividades incompatíveis com essa atividade, tais como exercer outro cargo ou função, salvo uma de magistério, dedicar-se a atividade político-partidária ou exercer a advocacia no território nacional.

Nesse sentido: STF, ADIn 3.367, Rel. Min. Cezar Peluso, *DJ* de 17-3-2006.

No mais, o Conselho Nacional de Justiça é uma revivescência, em nova roupagem, do velho Conselho Nacional da Magistratura da Emenda Constitucional n. 1/69, que também figurava entre os órgãos jurisdicionais mas que não desempenhava quaisquer funções judicantes.

a) Composição do Conselho Nacional de Justiça

O Conselho Nacional de Justiça é composto de quinze membros, sendo: nove do Poder Judiciário, dois do Ministério Público, dois da Advocacia e dois da sociedade (CF, art. 103-B, I a XIII — oriundo da EC n. 45/2004).

Assim, de acordo com o Texto Magno, integram o Conselho Nacional de Justiça:
- o Presidente do Supremo Tribunal Federal (redação dada ao inciso I do art. 103-B, pela EC n. 61/09);
- um Ministro do Supremo Tribunal Federal, indicado pelo respectivo tribunal;
- um Ministro do Superior Tribunal de Justiça, indicado pelo respectivo tribunal;
- um Ministro do Tribunal Superior do Trabalho, indicado pelo respectivo tribunal;
- um desembargador de Tribunal de Justiça, indicado pelo Supremo Tribunal Federal;
- um juiz estadual, indicado pelo Supremo Tribunal Federal;
- um juiz de Tribunal Regional Federal, indicado pelo Superior Tribunal de Justiça;
- um juiz federal, indicado pelo Superior Tribunal de Justiça;
- um juiz de Tribunal Regional do Trabalho, indicado pelo Tribunal Superior do Trabalho;
- um juiz do trabalho, indicado pelo Tribunal Superior do Trabalho;
- um membro do Ministério Público da União, indicado pelo Procurador-Geral da República;
- um membro do Ministério Público estadual, escolhido pelo Procurador-Geral da República dentre os nomes indicados pelo órgão competente de cada instituição estadual;
- dois advogados, indicados pelo Conselho Federal da Ordem dos Advogados do Brasil; e
- dois cidadãos, de notável saber jurídico e reputação ilibada, indicados um pela Câmara dos Deputados e outro pelo Senado Federal.

Para ser membro do Conselho Nacional de Justiça é preciso ter mais de 35 e menos de 66 anos de idade (CF, art. 103-B, *caput*).

O art. 103-B, *caput*, com redação dada pela Emenda Constitucional n. 61/2009, não previu idade para alguém ser membro do Conselho Nacional de Justiça. Antes da referida emenda era preciso ter mais de 35 e menos de 66 anos de idade. Agora não há idade mínima, nem máxima. Os depositários do poder de reforma da Carta de 1988 assim entenderam.

O mandato é de dois anos, sendo admitida apenas uma recondução sucessiva (CF, art. 103-B, *caput*).

Exceto o Presidente do Supremo Tribunal Federal, que já integra o Conselho automaticamente (CF, art. 103-B, I, com redação dada pela EC n. 61/09), os demais conselheiros devem ser nomeados pelo Presidente da República, depois de aprovadas as indicações de seus nomes pela maioria absoluta do Senado. Aí está uma mudança operada pela Emenda Constitucional n. 61/2009, que inseriu no art. 103-B, § 2º, a palavra "demais", precisamente para dizer que só o Presidente do Supremo Tribunal Federal não se submete ao crivo do Chefe do Executivo, muito menos à sabatina do Senado da República. A princípio, todos os outros quatorze componentes do CNJ devem sujeitar-se à escolha presidencial e ao voto da maioria absoluta dos Senadores. Mas, por uma questão de bom senso, afigura-se dispensável submeter o Ministro do STJ e o Ministro do TST à sabatina senatorial, porque eles já foram sabatinados antes de assumirem os cargos que ocupam em seus respectivos Tribunais.

Não efetuadas, no prazo legal, as indicações previstas na Constituição, caberá ao Supremo Tribunal Federal a escolha dos membros do Conselho Nacional de Justiça, regra que pode ser aplicada em situações futuras (CF, art. 103-B, § 3º).

Quem exerce a função de Ministro-Corregedor é o conselheiro vindo do Superior Tribunal de Justiça, ficando excluído da distribuição de processos naquele Tribunal, competindo-lhe, além das atribuições que lhe forem outorgadas pelo Estatuto da Magistratura, as seguintes:

- receber as reclamações e denúncias, de qualquer interessado, relativas aos magistrados e aos serviços judiciários (CF, art. 103-B, § 5º, I) — nesse aspecto, a União, inclusive no Distrito Federal e nos Territórios, deverá criar ouvidorias de justiça, competentes para receber reclamações e denúncias de qualquer interessado contra membros ou órgãos do Poder Judiciário, ou contra seus serviços auxiliares, representando diretamente ao Conselho Nacional de Justiça (CF, art. 103-B, § 7º);
- exercer funções executivas do Conselho, de inspeção e de correição geral (CF, art. 103-B, § 5º, II); e
- requisitar e designar magistrados, delegando-lhes atribuições, e requisitar servidores de juízos ou tribunais, inclusive nos Estados, Distrito Federal e Territórios (CF, art. 103-B, § 5º, III);

Junto ao Conselho oficiarão o Procurador-Geral da República e o Presidente do Conselho Federal da Ordem dos Advogados do Brasil (CF, art. 103-B, § 6º). Isso os impede de compor o órgão na qualidade de membros das funções essenciais à Justiça (CF, art. 103-B, X, XI, XII).

b) Competência do Conselho Nacional de Justiça

Compete ao Conselho Nacional de Justiça controlar a atuação administrativa e financeira do Poder Judiciário, fiscalizando o cumprimento dos deveres funcionais dos juízes. Cabem-lhe, ainda, outras atribuições que o Estatuto da Magistratura lhe conferir (CF, art. 103-B, § 4º, *caput*).

O Conselho Nacional de Justiça exerce a sua competência constitucional por meio de moções, atas, resoluções, portarias, notas técnicas, recomendações, enunciados administrativos e termos de cooperação técnica.

Suas principais competências, estabelecidas no art. 103-B, § 4º, I a VII, da Constituição, e regulamentadas no regimento interno do Conselho, são as seguintes:

- zelar pela autonomia do Poder Judiciário e pelo cumprimento do Estatuto da Magistratura, podendo expedir atos regulamentares, no âmbito de sua competência, ou recomendar providências;
- zelar pela observância do art. 37 e apreciar, de ofício ou mediante provocação, a legalidade dos atos administrativos praticados por membros ou órgãos do Poder Judiciário, podendo desconstituí-los, revê-los ou fixar prazo para que se adotem as providências necessárias ao exato cumprimento da lei, sem prejuízo da competência do Tribunal de Contas da União;

> **Vedação ao nepotismo:** concluiu o Supremo Tribunal Federal, por maioria de votos, que o Conselho Nacional de Justiça, órgão central de controle da atuação administrativa e financeira do Poder Judiciário, detém competência para dispor, primariamente, sobre as matérias de que trata o art. 103-B, § 4º, II, da Carta de Outubro, já que a competência para zelar pela observância do art. 37 da Lei Maior, e de baixar os atos de sanação de condutas eventualmente contrárias à legalidade, é poder que traz consigo a dimensão da normatividade em abstrato. Ressaltou-se que a Resolução nº 7/2005, do CNJ, está em sintonia com os princípios constantes do art. 37, em especial os da impessoalidade, da eficiência e da igualdade, não havendo que falar em ofensa à liberdade de nomeação e exoneração dos cargos em comissão e funções de confiança, já que as

◆ Cap. 21 ◆ ORGANIZAÇÃO DOS PODERES

1179

restrições por ela impostas são as mesmas previstas na Carta da República, as quais, extraídas dos citados princípios, vedam a prática do nepotismo. Afirmou-se, também, não estar a resolução examinada a violar nem o princípio da separação dos Poderes nem o princípio federativo, porquanto o CNJ não usurpou o campo de atuação do Poder Legislativo, limitando-se a exercer as competências que lhe foram constitucionalmente reservadas. Vencido o Ministro Marco Aurélio, que indeferia a liminar, ao fundamento de que o CNJ, por não possuir poder normativo, extrapolou as competências constitucionais que lhe foram outorgadas ao editar a resolução impugnada (STF, ADC 12-MC/DF, Rel. Min. Carlos Britto, decisão de 16-2-2006).

- receber e conhecer das reclamações contra membros ou órgãos do Poder Judiciário, inclusive contra seus serviços auxiliares, serventias e órgãos prestadores de serviços notariais e de registro que atuem por delegação do poder público ou oficializados, sem prejuízo da competência disciplinar e correicional dos tribunais, podendo avocar processos disciplinares em curso, determinar a remoção ou a disponibilidade e aplicar outras sanções administrativas, assegurada ampla defesa (CF, art.103-B, § 4º, III, com redação dada pela EC n. 103, de 12-11-2019);
- representar ao Ministério Público, no caso de crime contra a administração pública ou de abuso de autoridade;
- rever, de ofício ou mediante provocação, os processos disciplinares de juízes e membros de tribunais julgados há menos de um ano;
- elaborar semestralmente relatório estatístico sobre processos e sentenças prolatadas, por unidade da Federação, nos diferentes órgãos do Poder Judiciário;
- elaborar relatório anual, propondo as providências que julgar necessárias, sobre a situação do Poder Judiciário no País e as atividades do Conselho, o qual deve integrar mensagem do Presidente do Supremo Tribunal Federal a ser remetida ao Congresso Nacional, por ocasião da abertura da sessão legislativa.

Na realidade, a competência do Conselho Nacional de Justiça, delineada nos incisos do art. 103-B da Carta Magna, converge para duas missões diferentes e significantes, sem prejuízo de acionar os controles internos de cada tribunal:

- **exercer função de natureza correicional e disciplinar dos membros, órgãos e serviços do Poder Judiciário** — aqui o Conselho posta-se em grau de superioridade hierárquica em face dos órgãos jurisdicionais, apenas no aspecto administrativo; compete-lhe, pois, verificar a legalidade e a conduta funcional dos juízes; e
- **controlar a atuação administrativa e financeira dos órgãos jurisdicionais** — nesse aspecto, o Conselho poderá desconstituir ou, até, revisar os atos administrativos praticados pelos membros do Judiciário, verificando-lhes a legalidade, sem, contudo, adentrar no mérito, no juízo de conveniência e oportunidade do administrador, que praticou determinado ato com vistas ao interesse público.

> **Mandado de segurança contra ato do Conselho Nacional de Justiça** — "A) O art. 103-B, § 4º, da Constituição dá competência ao CNJ para fazer o controle da atuação administrativa dos Tribunais, e o exame dos requisitos para a instauração do processo disciplinar faz parte de tal controle. A cisão sindicância-processo disciplinar é apenas de procedimento, mas a sequência processual continua íntegra. B) se o CNJ somente pudesse examinar os processos disciplinares efetivamente instaurados, sua função seria reduzida à de órgão revisor de decisões desfavoráveis aos magistrados. Isto porque a decisão negativa de instauração do processo disciplinar pelos Tribunais de Justiça e pelos Tribunais Regionais Federais teria eficácia bloqueadora de qualquer iniciativa do CNJ. B1) O Regimento Interno do CNJ não poderia reduzir-lhe a competência constitucional. C) Quanto à alegada possibilidade de os fatos atribuídos à impetrante serem infirmados de plano (art. 5º, LV, da Constituição), o atendimento do pleito dependeria de ampla instrução probatória. D) Não há disparidade entre o que disposto na portaria de instauração da sindicância e da decisão pelo CNJ, pois a circunstância de a menina ser menor foi irrelevante. Os fatos em comum examinados tanto no TJ/PA como no CNJ são dois: (a) a circunstância de deixar mulher encarcerada com homens e (b) a fraude ou falsidade ideológica" (STF, MS 28.102/DF, Rel. Min. Joaquim Barbosa, *Clipping do DJE* de 3 a 7-5-2013).

c) Controle dos atos do Conselho Nacional de Justiça

Vimos até aqui que o Conselho Nacional de Justiça é um *apêndice* do Supremo Tribunal Federal, presidido por um Ministro da própria Corte Excelsa, sendo a maioria de seus conselheiros *juízes*.

O CNJ é um apêndice do STF: o CNJ é um apêndice do STF, no sentido de parte *acessória*, mas *distinta* pela sua forma ou posição, de importância menor se comparada a ele, submetida à sua magnitude.

Numa palavra, é o Supremo Tribunal Federal, e não o Conselho Nacional de Justiça, o órgão de cúpula jurisdicional, administrativa, financeira e, também, disciplinar do Poder Judiciário brasileiro. Tanto é assim que cabe à Corte Excelsa, no exercício de sua competência originária, controlar a legalidade e a constitucionalidade dos atos do Conselho Nacional de Justiça (CF, art. 102, I, *r* — proveniente da EC n. 45/2004).

Se, por exemplo, o Conselho adentrar no campo reservado à discricionariedade administrativa dos órgãos diretivos do Poder Judiciário, apreciando o mérito do ato, estará, certamente, desbordando as raias do seu campo de atuação, devendo, por isso, sujeitar-se ao controle do Supremo Tribunal Federal. É que as suas atribuições não comportam exame de atos administrativos discricionários, porque estes constituem o coração do princípio do autogoverno da magistratura (CF, arts. 92, I, *a*; 99, §§ 1º e 2º, I e II).

Cumpre-lhe, tão só, examinar a legalidade, a moralidade e a realidade fática que chegou ao seu conhecimento, mas sem invadir os motivos, a conveniência e a oportunidade que embasaram a prática do ato administrativo pelos membros ou órgãos jurisdicionais.

Não nos referimos, portanto, a atos arbitrários, revestidos numa falsa discricionariedade, até porque o ato discricionário, para ser válido, deve ser praticado à luz da legalidade, sob pena de desvirtuar a competência, a forma, o escopo e os pressupostos fáticos de sua edição.

Evidente que o Conselho deve controlar toda espécie de arbitrariedade, tomando como base *a teoria dos motivos determinantes* dos administrativistas franceses, que apregoa a necessidade de o ato administrativo ser praticado sob a égide de *razões verdadeiras*, e não pseudoverdades ou verdades inexistentes, que contaminam a ação administrativa, desviando o sentido maior do Estado Democrático de Direito: o império da lei.

Sobre a teoria dos motivos determinantes: Gaston Jéze, *Principios generales del derecho administrativo.*

❖ 6.9. Superior Tribunal de Justiça

A criação do Superior Tribunal de Justiça, pela Carta de 1988, culminou na existência de um órgão uniformizador da aplicação do *Direito Federal.*

Objetivou-se, assim, transferir certas competências do Pretório Excelso para uma corte de justiça encarregada de absorver a matéria infraconstitucional.

Disso resultou o Superior Tribunal de Justiça, órgão encarregado de defender, no plano jurídico--processual, o *princípio da incolumidade do Direito Objetivo.*

A Constituição atribuiu-lhe competências que fizeram dele verdadeiro guardião da ordem jurídica federal.

Isso evidencia a ideia do constituinte originário: transferir parcela de competência do Supremo Tribunal Federal para o Superior Tribunal de Justiça, extinguindo o Tribunal Federal de Recursos. As competências deste último foram distribuídas entre os Tribunais Regionais Federais.

a) Composição do Superior Tribunal de Justiça

O Superior Tribunal de Justiça, com sede em Brasília e jurisdição em todo o território nacional, é composto de, *no mínimo*, trinta e três ministros (CF, art. 104, *caput*).

Art. 27, §§ 1º a 10, do ADCT: este preceito transitório estatuiu os critérios de implantação do Superior Tribunal de Justiça e as condições para aproveitamento e incorporação dos Ministros do Tribunal Federal de Recursos à nova Corte. Ademais, previu a criação de cinco Tribunais Regionais Federais.

◆ Cap. 21 ◆ ORGANIZAÇÃO DOS PODERES **1181**

No mínimo, porque a lei ordinária federal pode ampliar o número de Ministro da Corte.

Essa *reserva absoluta de lei ordinária federal* enquadra-se na competência privativa do próprio Superior Tribunal de Justiça (CF, art. 96, I), único legitimado para formular projeto de lei, propondo a ampliação do número de seus Ministros (CF, art. 61, *caput*).

O preenchimento do cargo de Ministro do Superior Tribunal de Justiça deve observar os seguintes requisitos (CF, art. 104, parágrafo único, com redação dada pela EC n. 122/2022):

- ser brasileiro nato ou naturalizado;
- ter mais de 35 e menos de 70 anos de idade;
- possuir notável saber jurídico e reputação ilibada;
- ser escolhido pelo Presidente da República, dentro da lista tríplice de candidatos a ele apresentada;
- aprovação da escolha presidencial pela maioria absoluta do Senado.

> **Novidade da EC n. 45/2004:** antes da reforma do Judiciário bastava a maioria simples de votos dos senadores para a aprovação do nome escolhido pelo Presidente da República.

A Constituição determina que o Superior Tribunal de Justiça seja composto de (CF, art. 104, I e II):

- 1/3 dentre juízes dos Tribunais Regionais Federais, indicados em lista tríplice elaborada pelo próprio Tribunal;
- 1/3 de desembargadores dos Tribunais de Justiça, indicados em lista tríplice elaborada pelo próprio Tribunal; e

> **Precedente do STF:** "Para o provimento dos cargos a que se refere o art. 104, parágrafo único, inciso I, 1ª parte, não cabe distinguir entre juiz de TRF, originário da carreira da magistratura federal, ou proveniente do Ministério Público Federal ou da Advocacia (CF, art. 107, I e II)" (STF, MS 23.445, Rel. Min. Néri da Silveira, *DJ* de 17-3-2000).

- 1/3, em partes iguais, dentre advogados e membros do Ministério Público Federal, Estadual, do Distrito Federal e Territórios, alternadamente, indicados na forma do art. 94 da Carta Magna.

> **O STJ pode recusar lista sêxtupla da OAB para escolha de candidatos ao cargo de Ministro:** por maioria de votos, concluiu o Supremo Tribunal Federal que o Superior Tribunal de Justiça tem o direito de recusar lista sêxtupla encaminhada pela Ordem dos Advogados do Brasil para preenchimento de vaga de Ministro do quinto constitucional, componente de seus quadros. Entendeu a Corte Suprema que a seleção de futuro integrante do STJ é um ato complexo e que tal escolha não consubstancia mera decisão administrativa, nos exatos moldes de que trata o art. 93, IX, da Carta Magna, devendo ser apurada de forma a prestigiar-se o juízo dos membros do Tribunal. No caso concreto, nenhum dos indicados obteve a maioria absoluta de votos, algo que caracterizou a recusa, pelo STJ, da lista a ele encaminhada. Tal situação foi de enorme excepcionalidade, haja vista o impasse insolúvel entre o regimento interno do STJ, que exige a maioria absoluta dos votos pelo candidato à vaga de Ministro, e a necessidade de se preencher a vaga. Nada obstante, o Supremo Tribunal Federal entendeu que a divulgação, por cada um dos Ministros do STJ, dos motivos pelos quais nenhum integrante da lista sêxtupla alcançara a maioria absoluta de votos, além de não trazer solução para o delicado impasse, provocaria desarrazoada exposição dos advogados que dela constam, além de eliminar a natureza secreta da votação. O Supremo também concluiu que a OAB não tem direito líquido e certo para exigir que determinados advogados sejam incluídos em lista tríplice a ser formada pelo STJ, sob pena de se impor àquele Tribunal o dever de ratificar a escolha de indivíduos que lá não obtiveram o voto da maioria absoluta de seus Ministros. Por entenderem que o ato impugnado estava desmotivado, ficaram vencidos os Ministros Celso de Mello e Joaquim Barbosa que proviam parcialmente o recurso (STF, RMS 27920/DF, Rel. Min. Eros Grau, j. em 5-10-2009).

Note-se que não têm assento no Superior Tribunal de Justiça os membros do Ministério Público do Trabalho e do Ministério Público Militar, haja vista tratar-se de órgãos especializados.

1182 ◆ Uadi Lammêgo Bulos ◆

b) Competências do Superior Tribunal de Justiça

As competências do Superior Tribunal de Justiça são sobremodo amplas. Abarcam quase todas as atribuições do extinto Tribunal Federal de Recursos (art. 112, I, *b*, da EC n. 1/69), sem falar que certos encargos, dantes pertencentes ao Supremo Tribunal Federal, foram transferidos para sua alçada.

Assim, duas são as competências constitucionais do Superior Tribunal de Justiça:

- **competência originária (CF, art. 105, I)** — permite-lhe ser acionado diretamente, para analisar dada matéria em **ÚNICA** instância; e
- **competência recursal (CF, art. 105, II e III)** — possibilita-lhe ser provocado por meio dos recursos constitucionais ordinário e especial, de modo que possa analisar a questão em **ÚLTIMA** instância.

O *princípio da taxatividade constitucional das competências do Supremo Tribunal Federal* aplica-se, por simetria, ao Superior Tribunal de Justiça. Logo, o Congresso Nacional encontra-se impedido de ampliar ou reduzir o rol de atribuições taxativas do Superior Tribunal de Justiça (art. 105, I a III).

O mesmo se diga quanto a medidas provisórias ou quaisquer atos administrativos do Poder Executivo, que também não poderão adentrar nessa seara. Daí a inconstitucionalidade da Lei n. 10.628, de 24 de dezembro de 2002, que previu novas competências originárias para o Superior Tribunal de Justiça.

Qualquer mudança no quadro de competências do *guardião do ordenamento federal* só pode dar-se via emenda à Constituição.

> **Nesse sentido:** "As competências recursais dos outros Tribunais Superiores, o STJ e o TSE, estão enumeradas taxativamente na Constituição, e só a emenda constitucional poderia ampliar" (STF, RHC 79.785, Rel. Min. Sepúlveda Pertence, *DJ* de 22-11-2002).

b.1) Competência originária do Superior Tribunal de Justiça

A competência originária do Superior Tribunal de Justiça permite-lhe processar e julgar os casos em que altas autoridades da República pratiquem *atos* atentatórios às liberdades públicas. Esses *atos* são aqueles que não estão sob a jurisdição do Supremo Tribunal Federal.

Assim, compete ao Superior Tribunal de Justiça processar e julgar, originariamente (CF, art. 105, I, *a, b, c, d, e, f, g, h, i, j*):

- nos crimes comuns, os Governadores dos Estados e do Distrito Federal, e, nestes e nos de responsabilidade, os desembargadores dos Tribunais de Justiça dos Estados e do Distrito Federal, os membros dos Tribunais de Contas dos Estados e do Distrito Federal, os dos Tribunais Regionais Federais, dos Tribunais Regionais Eleitorais e do Trabalho, os membros dos Conselhos ou Tribunais de Contas dos Municípios e os do Ministério Público da União que oficiem perante tribunais;

> **Casuística do STF:**
> - **Incompetência absoluta do STJ antes de oferecimento da denúncia** — "Ainda não houve o oferecimento de denúncia contra o Subprocurador da República, de modo que não há como deslocar a competência para o Superior Tribunal de Justiça" (STF, HC 84.301, Rel. Min. Joaquim Barbosa, *DJ* de 24-3-2006).
> - **Membros do Ministério Público da União** — "Os membros do Ministério Público da União, que atuam perante quaisquer Tribunais judiciários, estão sujeitos à jurisdição penal originária do Superior Tribunal de Justiça (CF, art. 105, I, *a*), a quem compete processá-los e julgá-los nos ilícitos penais comuns, ressalvada a prerrogativa de foro do Procurador-Geral da República, que tem, no Supremo Tribunal Federal, o seu juiz natural (CF, art. 102, I, *b*). A superveniente investidura do membro do Ministério Público da União, em cargo ou em função por ele efetivamente exercido 'perante tribunais', tem a virtude de deslocar, *ope constitutionis*, para o Superior Tribunal de Justiça, a competência originária para o respectivo processo penal condenatório, ainda que a suposta prática delituosa tenha ocorrido quando o Procurador da República se achava no desempenho de suas atividades perante magistrado federal de primeira instância" (STF, HC 73.801, Rel. Min. Celso de Mello, *DJ* de 27-6-1997).
> - **A competência do Tribunal do Júri é mitigada pela própria Carta da República** — "Tendo em vista que um dos denunciados por crime doloso contra a vida é desembargador, detentor de foro por prerrogativa de função, todos os demais coautores serão processados e julgados perante

◆ Cap. 21 ◆ ORGANIZAÇÃO DOS PODERES 1183

o Superior Tribunal de Justiça, por força do princípio da conexão. Incidência da Súmula 704 do STF" (STF, HC 83.583, Rel. Min. Ellen Gracie, *DJ* de 7-5-2004). **Precedente:** STF, HC 79.212, Rel. Min. Marco Aurélio, *DJ* de 7-9-1999.

* **Desnecessidade de licença para julgamento de governador** — alterando a jurisprudência, o Supremo Tribunal Federal, por 9 votos a 2, fixou a seguinte tese: "Não há necessidade de prévia autorização da Assembleia Legislativa para o recebimento de denúncia ou queixa-crime e instauração de ação penal contra o governador de estado, por crime comum, cabendo ao STJ, no ato de recebimento da denúncia ou no curso do processo, dispor fundamentadamente sobre a aplicação de medidas cautelares penais, inclusive afastamento do cargo" (STF, ADI 5540, Rel. Min. Edson Fachin, j. 3-5-2017). Na sessão de 4-5-2017, a Corte confirmou esse entendimento ao julgar as ADIs 4798, 4764 e 4797, ressaltando que as unidades federativas não têm competência para editar normas que exijam autorização da Assembleia Legislativa para que o Superior Tribunal de Justiça instaure ação penal contra governador e nem para legislar sobre crimes de responsabilidade. Também foi confirmado que, no caso de abertura de ação penal, o afastamento do cargo não acontece automaticamente. E, pacificando esse entendimento, a Corte, agora por unanimidade, concluiu que "é vedado às unidades federativas instituírem normas que condicionem a instauração de ação penal contra governador, por crime comum, à previa autorização da casa legislativa, cabendo ao Superior Tribunal de Justiça dispor, fundamentadamente, sobre a aplicação de medidas cautelares penais, inclusive afastamento do cargo". Nessa assentada de 4-5-2017, os juízes do Supremo disseram que esse texto será usado como base para a propositura de uma Súmula Vinculante sobre a matéria. No que tange aos delitos de responsabilidade, foi mantido o entendimento contido na Súmula Vinculante 46, segundo a qual "A definição dos crimes de responsabilidade e o estabelecimento das respectivas normas de processo e julgamento são da competência legislativa privativa da União" (STF, ADIs 4798, 4764 e 4797, Rel. Min. Celso de Mello, j. 4-5-2017). Finalmente, a Corte vem aplicando essa jurisprudência em outros casos análogos, a exemplo das decisões proferidas em 14-8-2017, nas ADIs 185, 218, 4781, 4775, 4778 e 4804.

* os mandados de segurança e os *habeas data* contra ato de Ministro de Estado, dos Comandantes da Marinha, do Exército e da Aeronáutica ou do próprio Tribunal (redação da EC n. 23/99);

    Casuística do STF:
    * **Ato de Conselho Superior** — "O Superior Tribunal de Justiça é incompetente para julgar ato do Conselho Superior da Advocacia-Geral da União" (STF, RMS 25.479, Rel. Min. Joaquim Barbosa, *DJ* de 25-11-2005).
    * ***Habeas data* requerido contra Ministro de Estado. Competência do STJ** — "Tendo em vista o disposto no art. 105, I, *b*, da nova Carta Política, a competência para julgar *habeas data* requerido contra o Serviço Nacional de Informações, cujo titular possui o *status* de Ministro de Estado e contra o Ministro da Marinha e do Superior Tribunal de Justiça. Questão de ordem que se resolve, dando-se pela competência do Superior Tribunal de Justiça para apreciar e julgar o *habeas data*, como for de direito, sendo-lhe, em consequência, encaminhados os autos" (STF, HD 18-QO, Rel. Min. Aldir Passarinho, *DJ* de 9-6-1989).

* os *habeas corpus*, quando o coator ou paciente for qualquer das pessoas mencionadas no art. 105, I, *a*, da Carta Magna, ou quando o coator for tribunal sujeito à sua jurisdição, Ministro de Estado ou Comandante da Marinha, do Exército ou da Aeronáutica, ressalvada a competência da Justiça Eleitoral (redação da EC n. 23/99);

    Casuística do STF:
    * ***Habeas corpus* contra Ministro de Estado** — "Compete ao Supremo Tribunal Federal processar e julgar, originariamente, pedido de *habeas corpus*, quando impetrado contra o Ministro da Justiça, se o *writ* tiver por objetivo impedir a instauração de processo extradicional contra súdito estrangeiro. É que, em tal hipótese, a eventual concessão da ordem de *habeas corpus* poderá restringir (ou obstar) o exercício, pelo Supremo Tribunal Federal, dos poderes que lhe foram outorgados, com exclusividade, em sede de extradição passiva, pela Carta Política (CF, art. 102, I, *g*). Consequente inaplicabilidade, à espécie, do art. 105, I, *c*, da Constituição. Precedentes" (STF, HC 83.113-QO, Rel. Min. Celso de Mello, *DJ* de 29-8-2003).

1184 ◆ Uadi Lammêgo Bulos ◆

- *Habeas corpus* **contra atos de tribunais** — o "Superior Tribunal de Justiça é competente para processar e julgar, originariamente, o *habeas corpus* quando o ato de coação emana de decisão colegiada dos demais tribunais do País, ressalvada a competência do Tribunal Superior Eleitoral (CF, art. 105, I, *c*, com a redação dada pelo art. 3º da EC n. 22/1999) e a do Superior Tribunal Militar (CF, art. 124, parágrafo único)" (STF, HC 78.416-QO, Rel. Min. Maurício Corrêa, *DJ* de 18-5-2001). **Precedente:** STF, HC 80.283, Rel. Min. Sydney Sanches, *DJ* de 16-2-2001.

- os conflitos de competência entre quaisquer tribunais, ressalvado o disposto no art. 102, I, *o*, da Carta de 1988, bem como entre tribunal e juízes a ele não vinculados e entre juízes vinculados a tribunais diversos;

Casuística do STF:

- **Competência para julgar recurso de apelação contra sentença proferida por juiz de direito** — pertence ao Tribunal de Justiça, e não à Turma Recursal (STF, HC 85.652, Rel. Min. Eros Grau, *DJ* de 1º-7-2005).

- **Conflito de competência entre Turma Recursal de Juizado Especial e Tribunal de Justiça** — resta ao Superior Tribunal de Justiça apreciar, originariamente, tal conflito de competência (CF, art. 105, I, *d*) (STF, CComp 7.090, Rel. Min. Celso de Mello, *DJ* de 5-9-2003).

- **Conflito entre o Ministério Público Federal e o Estadual** — "A competência originária do Supremo Tribunal Federal, a que alude a letra *f* do inciso I do artigo 102 da Constituição, restringe-se aos conflitos de atribuições entre entes federados que possam, potencialmente, comprometer a harmonia do pacto federativo. Exegese restritiva do preceito ditada pela jurisprudência da Corte. Ausência, no caso concreto, de divergência capaz de promover o desequilíbrio do sistema federal. Presença de virtual conflito de jurisdição entre os juízos federal e estadual perante os quais funcionam os órgãos do *Parquet* em dissensão. Interpretação analógica do artigo 105, I, *d*, da Carta da República, para fixar a competência do Superior Tribunal de Justiça a fim de que julgue a controvérsia" (STF, Pet. 1.503, Rel. Min. Maurício Corrêa, *DJ* de 14-11-2002). **Nesse sentido:** STF, ACO 756, Rel. Min. Eros Grau, *DJ* de 31-3-2006.

- **Conflito de jurisdição entre auditor militar e juiz de direito** — compete, nesse caso, ao Superior Tribunal de Justiça dirimir o conflito. Só nos Estados onde não houver Tribunal de Justiça Militar os auditores militares estaduais ficam sujeitos ao Tribunal de Justiça do Estado, a quem caberá julgar conflito de jurisdição entre esses magistrados e os juízes de direito (STF, RE 200.695, Rel. Min. Néri da Silveira, *DJ* de 21-5-1997)

- **Conflito entre órgãos da Justiça do Trabalho e Tribunal de Justiça dos Estados** — a competência para dirimir esse conflito pertence, originariamente, ao Superior Tribunal de Justiça (STF, CComp 7.035, Rel. Min. Celso de Mello, *DJ* de 6-10-1995).

- **Conflito entre Tribunal de Justiça e juiz federal** — compete ao Superior Tribunal de Justiça dirimi-lo (STF, CJ 6.862, Rel. Min. Octavio Gallotti, *DJ* de 25-8-1989).

- as revisões criminais e as ações rescisórias de seus julgados;

Competência originária do TRF ou do STJ para a ação rescisória — "A definição da competência originária do TRF ou do STJ para a ação rescisória ajuizada contra decisões emanadas do extinto TFR subordina-se a aferição da natureza da atuação processual daquela Corte — se como Tribunal ordinário ou como Tribunal de índole nacional — e a verificação do conteúdo material do acórdão rescindendo" (STF, AR 1.302, Rel. Min. Celso de Mello, *DJ* de 17-9-1993).

- a reclamação para a preservação de sua competência e garantia da autoridade de suas decisões;

Reclamação para o STJ: o descumprimento de decisão do Superior Tribunal de Justiça enseja reclamação para esta Corte, e não *habeas corpus* para o Supremo Tribunal Federal (STF, HC 78.199, Rel. Min. Sydney Sanches, *DJ* de 1º-10-1999). Assim, compete ao Superior Tribunal de Justiça julgar reclamação quando se alega usurpação de sua competência (STF, Recl. 330-MC, Rel. Min. Néri da Silveira, *DJ* de 29-11-1991).

◆ Cap. 21 ◆ ORGANIZAÇÃO DOS PODERES   **1185**

- os conflitos de atribuições entre autoridades administrativas e judiciárias da União, ou entre autoridades judiciárias de um Estado e administrativas de outro ou do Distrito Federal, ou entre as deste e da União;

> **Conflitos de atribuições entre autoridades administrativas e judiciárias da União:** compete ao Superior Tribunal de Justiça processar e julgar, originariamente, conflito de atribuições entre autoridades administrativas, em que figuram como suscitantes o Superintendente e o Corregedor da Polícia Federal e, como suscitados, representantes do Ministério Público Federal (STF, AgI 234.073-AgRg, Rel. Min. Néri da Silveira, *DJ* de 28-4-2000).

- o mandado de injunção, quando a elaboração da norma regulamentadora for atribuição de órgão, entidade ou autoridade federal, da administração direta ou indireta, excetuados os casos de competência do Supremo Tribunal Federal e dos órgãos da Justiça Militar, da Justiça Eleitoral, da Justiça do Trabalho e da Justiça Federal;

> **Casuística do STF:**
> - **Mandado de Injunção. Omissão normativa imputada a autarquia federal** — o Banco Central do Brasil, como é uma autarquia federal, sujeita-se à competência originária do juiz federal e não do Supremo Tribunal, nem do Superior Tribunal de Justiça, por força do que dispõe o art. 105, I, *h*, da Constituição (STF, MI 571-QO, Rel. Min. Sepúlveda Pertence, *DJ* de 20-11-1998).
> - **Mandado de injunção por falta de norma regulamentadora que deveria constar em regimento de Tribunal de Justiça** — sendo os Tribunais de Justiça órgãos federais, por força do art. 21, III, da Carta Maior, compete, originariamente, ao Superior Tribunal de Justiça o julgamento do pedido (STF, MI 32, Rel. Min. Octavio Gallotti, *DJ* de 7-12-1990).

- a homologação de sentenças estrangeiras e a concessão de *exequatur* às cartas rogatórias (acrescido pela EC n. 45/2004);

> **Precedente do STF:** a Corte Suprema, por maioria de votos, deferiu *habeas corpus* impetrado contra acórdão do STJ que mantivera decisão de juiz federal do Tribunal Regional Federal da 2ª Região que, sem a concessão de *exequatur*, havia permitido a participação direta de autoridades suíças na realização de atos instrutórios no Brasil. O paciente e outros réus tinham sido condenados em processo relativo ao denominado *propinoduto*. Foram intimados pelo Tribunal Regional Federal, cujo procedimento foi autuado como *Cooperação Internacional*. Assim, receberam intimação para participar de audiência a fim de atender a solicitação enviada por magistrado daquele país, onde se investigava a prática do crime de lavagem de dinheiro, em suposta conexão com a mencionada ação penal envolvendo o paciente. O Supremo Tribunal, levando em conta o **princípio da realidade** e o **princípio da organicidade do direito nacional**, decidiu que o *procedimento de cooperação internacional* não poderia resultar na prática de atos passíveis de serem alcançados somente por intermédio de carta rogatória. Concluiu, também, que o ordenamento brasileiro exige o endosso do órgão competente para que os pronunciamentos judiciais estrangeiros possam aqui gerar efeitos. Tal endosso não poderia ser substituído pelo acórdão recorrido. No julgamento, invocou-se, ainda, **princípio da economia processual**, que impede qualquer sobreposição à competência do STJ para conceder o *exequatur*, sob pena de os órgãos do Poder Judiciário brasileiro atuarem, a pretexto da cooperação, sem a participação do STJ. Além de reconhecer que tratado de cooperação entre o Brasil e a Suíça encontrava-se pendente, o Supremo firmou o entendimento de que, existente ou não o tratado de cooperação entre os países, os atos impugnados deveriam ser precedidos de carta rogatória e do correspondente *exequatur* pelo STJ, imprescindíveis à validade do ato e à preservação da soberania do Estado brasileiro (STF, HC 85.588, Rel. Min. Marco Aurélio, *DJ* de 15-12-2006).

b.2) Competência recursal do Superior Tribunal de Justiça

A competência recursal do Superior Tribunal de Justiça delineia-se mediante dois recursos constitucionais diferentes:
- o recurso ordinário (CF, art. 105, II, *a*, *b*, *c*); e
- o recurso especial (CF, art. 105, III, *a*, *b*, *c*).

1186 ◆ Uadi Lammêgo Bulos ◆

b.2.1) Recurso ordinário para o STJ

Compete ao Superior Tribunal de Justiça julgar, em recurso ordinário:
- os *habeas corpus* decididos em única ou última instância pelos Tribunais Regionais Federais ou pelos tribunais dos Estados, do Distrito Federal e Territórios, quando a decisão for denegatória;

> **Distinção entre *habeas corpus* originário e *habeas corpus* substitutivo:** a diferença feita pelo Supremo Tribunal Federal entre esses dois tipos de *habeas corpus* visa, de modo único e exclusivo, verificar a competência para processar e julgar o pedido. O uso alternativo de um ou de outro, ainda que permitido, não pode implicar em livre escolha do juízo por parte do impetrante, fraudando a competência recursal atribuída pela Constituição ao STJ e a competência originária do Supremo (CF, art. 102, I, *i*), na redação original. Tratando- se de *habeas corpus*, exaurido o seu exame pelo STJ, resta ao impetrante, como última instância, valer-se do Supremo para o julgamento final do pedido, em que se alega o constrangimento de sua liberdade. Nesse particular, a EC n. 22/99 não suprimiu a possibilidade de o impetrante recorrer ao Pretório Excelso (STF, HC 78.897-QO, Rel. Min. Nelson Jobim, *DJ* de 20-2-2004).

- os mandados de segurança decididos em única instância pelos Tribunais Regionais Federais ou pelos tribunais dos Estados, do Distrito Federal e Territórios, quando denegatória a decisão;

> **Casuística do STF:**
> **Posse de juiz em TRF com 67 anos** — o Min. Luiz Fux concedeu liminar para assegurar, pelo critério da antiguidade, posse de juiz federal com 67 anos de idade, numa vaga aberta no Tribunal Regional Federal da 1ª Região. Embora a sua indicação tivesse sido validada pelo Conselho Nacional de Justiça, a Presidente da República não nomeou o magistrado para o TRF, alegando que ele teria mais de 65 anos de idade. Observou Luiz Fux que o art. 107 da Carta Magna, segundo o qual os Tribunais Regionais Federais devem ser compostos por juízes com mais de 35 anos e menos de 65, não deve ser interpretado literalmente. Para Fux, o mandamento constitucional, não se dirige a juízes de carreira, aplicando-se, somente, às vagas destinadas ao quinto constitucional, isto é, a representantes do Ministério Público e a membros da advocacia. Defendeu a tese de que o art. 107 da Lei Maior objetiva impedir que alguém que nunca exerceu cargo efetivo no serviço público venha a ingressar no cargo de juiz de tribunal e se aposente com menos de cinco anos de exercício e, portanto, de contribuição. No entendimento de Luiz Fux, deve-se conferir interpretação sistemática, harmonizando-se o disposto no art. 107 com o art. 40, § 1º, III, da Carta Magna, que trata da aposentadoria do servidor público (STF, MS 32461/DF, Rel. Min. Luiz Fux, j. 6-11-2013).
>
> - **Mandado de segurança decidido em única instância por tribunal estadual** — nessa hipótese, o recurso cabível é o ordinário para o Superior Tribunal de Justiça. Pouco importa se a matéria é ou não constitucional (STF, AgI 144.895-AgRg, Rel. Min. Ilmar Galvão, *DJ* de 20-11-1992).
> - **Conversão de recurso extraordinário em ordinário. Impossibilidade** — "Incabível a postulação alternativa de conversão do recurso extraordinário em ordinário e na remessa do mesmo para o Superior Tribunal de Justiça. Inescusável o erro grosseiro, não há como aplicar-se o princípio da fungibilidade" (STF, AgI 145.553-AgRg, Rel. Min. Ilmar Galvão, *DJ* de 26-2-1993).

- as causas em que forem partes Estado estrangeiro ou organismo internacional, de um lado, e, do outro, Município ou pessoa residente ou domiciliada no País.

b.2.2) Recurso especial

O recurso especial proveio da Carta de 1988, não encontrando precedentes em nossas constituições anteriores.

Seus antecedentes fincam-se no *writ of error* dos norte-americanos, embora muitos o vislumbrem como uma modalidade de *recurso de cassação* do Direito europeu.

♦ Cap. 21 ♦ ORGANIZAÇÃO DOS PODERES   **1187**

Foi criado para preservar a *unidade* e *autoridade* do Direito Federal, de modo que o interesse público prevaleça em face dos interesses privados, não se prestando para o enfrentamento de questões de Direito Constitucional Positivo.

Recurso especial — Instrumento de tutela do Direito Federal: "O recurso especial, por sua vez, está vocacionado, no campo de sua específica atuação temática, à tutela do direito objetivo infraconstitucional da União. A sua apreciação jurisdicional compete ao Superior Tribunal de Justiça, que detém, *ope constitutionis*, a qualidade de guardião do direito federal comum. O legislador constituinte, ao criar o Superior Tribunal de Justiça, atribuiu-lhe, dentre outras eminentes funções de índole jurisdicional, a prerrogativa de uniformizar a interpretação das leis e das normas infraconstitucionais emanadas da União Federal (CF, art. 105, III, c). Refoge, assim, ao domínio temático do recurso especial, o dissídio pretoriano que, instaurado entre Tribunais diversos, tenha por fundamento questões de direito constitucional positivo. A existência de fundamento constitucional inatacado revela-se bastante, só por si, para manter, em face de seu caráter autônomo e subordinante, a decisão proferida por tribunal inferior" (STF, AgI 162.245-AgRg, Rel. Min. Celso de Mello, *DJ* de 24-11-2000).

Seu papel, pois, é ensejar o reexame da causa, unificando a jurisprudência.

Matéria de fato não se insere em seu objetivo, porque o recurso especial não funciona como uma terceira instância judiciária.

Casuística do STF:
* **Recurso especial em matéria trabalhista** — "Não cabe recurso especial para o Superior Tribunal de Justiça, em matéria trabalhista, de decisão de Tribunal Regional Federal, no exercício da competência residual prevista no § 10, do art. 27, do ADCT, da Constituição de 1988" (STF, RE 170.802, Rel. Min. Néri da Silveira, *DJ* de 19-12-1996).
* **Necessidade de interposição simultânea de recurso extraordinário** — "É inadmissível o recurso especial se a decisão recorrida contém fundamento constitucional suficiente e não tiver sido interposto o recurso extraordinário simultâneo" (STF, AgI 155.895-AgRg, Rel. Min. Sepúlveda Pertence, *DJ* de 20-5-1994).

Para seu ajuizamento é necessário o *prequestionamento* e a consequente análise, pelo Tribunal Regional Federal, Tribunais Estaduais ou do Distrito Federal, da matéria a ser, posteriormente, analisada pelo Superior Tribunal de Justiça.

Casuística do STF e STJ:
* **Súmula 203 do STJ** — "Não cabe recurso especial contra decisão proferida por órgão de segundo grau dos juizados especiais".
* **Súmula 207 do STJ** — "É inadmissível recurso especial quando cabíveis embargos infringentes contra o acórdão proferido no Tribunal de origem".
* **Recurso especial e embargos de declaração** — "Não há que se falar em prequestionamento quando a matéria objeto da discussão na instância *a quo* tratou de tema diverso do constante no recurso especial. Para tanto, seria necessária a oposição dos embargos de declaração, os quais foram rejeitados, sem que o Tribunal tivesse apreciado os temas arguidos no Especial. Aplicável, à espécie, as Súmulas 282 e 356 do STF" (STJ, AgRg no AgI 435.891/SP, Rel. Min. Gilson Dipp, j. em 7-5-2002, *DJ*, 1, de 3-6-2002, p. 269).
* **Discussão sobre os requisitos de admissibilidade do recurso especial** — "A jurisprudência do Supremo Tribunal Federal firmou entendimento no sentido de que a discussão em torno dos requisitos de admissibilidade do recurso especial, dirigido ao Superior Tribunal de Justiça, não viabiliza o acesso à via recursal extraordinária, por tratar-se de tema de caráter eminentemente infraconstitucional, exceto se o julgamento emanado dessa Alta Corte judiciária apoiar-se em premissas que conflitem, diretamente, com o que dispõe o art. 105, III, da Carta Política" (STF, AgI 442.654-AgRg, Rel. Min. Celso de Mello, *DJ* de 11-6-2004).

Com efeito, compete ao Superior Tribunal de Justiça julgar, em recurso especial, as causas decididas, em única ou última instância, pelos Tribunais Regionais Federais ou pelos tribunais dos Estados, do Distrito Federal e Territórios, quando a decisão recorrida:

Causas decididas em única ou última instância: o art. 105, III, *caput*, é sobremodo lacônico. Primeiro: usa a palavra *causa*. Segundo: utiliza a voz *instância*. Ora, não são *causas decididas*, e sim litígios, ou seja, conflitos de interesses qualificados por pretensões resistidas (Francesco Carnellutti). O termo *causas* propicia uma abertura semântica no sentido, significado e alcance do recurso. Resultado: toda e qualquer matéria passa a ser objeto do especial, precisamente pelo fato de o signo *causa* lograr a índole polissêmica. E o pior: confunde-se tudo, a começar pela sinonímia injustificada e errônea entre *causa* e *questão*, enxundiando os tribunais de recursos e mais recursos, muitos deles sem qualquer respaldo. De outro prisma, os litígios a serem dirimidos via recurso especial são aqueles suscetíveis de exame em último grau de jurisdição. Não há razões para usar o vocábulo *instância* para exteriorizar essa ideia. Para o Supremo Tribunal Federal, o "termo *causa* empregado no art. 105, III, da Constituição compreende qualquer questão federal resolvida em única ou última instância, pelos Tribunais Regionais Federais ou pelos tribunais dos Estados, Distrito Federal e Territórios, ainda que mediante decisão interlocutória" (STF, RE 153.831, Rel. Min. Ellen Gracie, *DJ* de 14-3-2003).

- contrariar tratado ou lei federal, ou negar-lhes vigência;

  Questão que não foi prequestionada: "O acórdão recorrido violou, pelo menos, o artigo 105, III, *a*, ao decidir sobre questão que não fora prequestionada, por não ter sido ventilada pelo acórdão local, nem ter sido objeto de embargos de declaração nessa instância, o que, aliás, determinou que não fosse ela invocada no recurso especial" (STF, RE 208.775, Rel. Min. Moreira Alves, *DJ* de 19-5-2000).

- julgar válido ato de governo local contestado em face de lei federal (redação da EC n. 45/2004).

Aqui a reforma do Judiciário apenas excluiu do art. 105, III, *b*, o termo *lei*. Perdeu a oportunidade de extinguir a *superposição de competências recursais* entre o Superior Tribunal de Justiça e o Supremo Tribunal. Isso porque o art. 105, III, *b*, da Carta de 1988 propicia a existência de uma *zona cinzenta* entre o oráculo da Constituição — o STF — e o guarda do ordenamento jurídico federal — o STJ. Resultado: vigora, no Brasil, uma verdadeira *competência concorrente entre Tribunais Superiores*. Segundo a Ministra Eliana Calmon, a regulamentação em dois níveis gera simultaneidade de recursos interpostos na Justiça — recurso especial, para questões de natureza infraconstitucional, e extraordinário, para questões de natureza constitucional —, o que termina por dificultar a delimitação da competência das instâncias derradeiras: STF e STJ. Infelizmente, a reforma do Judiciário não conseguiu resolver o problema, porque o art. 105, III, *b*, contempla uma *questão constitucional* a ser solvida, não se limitando, como deveria ser, a proteger a incolumidade do Direito Federal, por meio de recurso especial. Logo, há uma brecha para se ajuizar recurso extraordinário ao Supremo, nessa hipótese, como sempre existiu, desde o advento da Carta de 1988.

Fonte: *www.stj.gov.br*, notícias, acesso em 20-8-2006.

- der a lei federal interpretação divergente da que lhe haja atribuído outro tribunal.

  Casuística do STF:
  - **Quando a ementa de acórdão serve de paradigma para a interposição do recurso especial** — "A ementa do acórdão paradigma pode servir de demonstração da divergência, quando nela se expresse inequivocamente a dissonância acerca da questão federal objeto do recurso" (STF, Inq. 1.070, Rel. Min. Sepúlveda Pertence, *DJ* de 1º-7-2005).
  - *Habeas corpus* **em dissídio jurisprudencial** — "Impossibilidade do reexame, em *habeas corpus*, da existência, ou não, do dissídio de jurisprudência que determinou o conhecimento do recurso especial, por configurar hipótese de matéria de fato" (STF, HC 79.513, Rel. Min. Ilmar Galvão, *DJ* de 26-9-2003).
  - **Acórdãos do extinto Tribunal Federal de Recursos** — "A extinção do Tribunal Federal de Recursos não invalida a força de jurisprudência de seus acórdãos, para que permaneçam servindo de padrão de divergência, de modo a ensejar o cabimento de recurso especial (CF, art. 105, III, *c*)" (STF, AgI 142.522-AgRg, Rel. Min. Octavio Gallotti, *DJ* de 22-5-1992).

◆ Cap. 21 ◆ ORGANIZAÇÃO DOS PODERES   **1189**

b.2.2.1) Arguição de inconstitucionalidade em recurso especial

No caso concreto, é plenamente possível arguir a inconstitucionalidade de normas jurídicas mediante recurso especial.

> **Nesse sentido:** Domingos Franciulli Netto, Arguição de inconstitucionalidade em recurso especial, *RePro, 103*:178.

Urge banir aquela visão equivocada de que o Superior Tribunal de Justiça não pode, de nenhum modo, examinar matéria constitucional. Ao invés, pode e deve fazê-lo, porque o acatamento da Constituição não é privilégio de um ou outro órgão da República, mas de todos indistintamente.

Por isso, o Superior Tribunal de Justiça — no âmbito dos recursos de sua competência — tem o poder-dever de aferir, se necessário for, a constitucionalidade das leis, no caso concreto.

> **Precedente do STJ:** "A Constituição, no seu artigo 105, III, estabelece a competência desta Corte para julgar recurso especial, versando sobre matéria infraconstitucional. Mas outro artigo estabelece a competência de todos os Tribunais para declarar a inconstitucionalidade de lei ou ato normativo do Poder Público. Trata-se, portanto, de declaração *incidenter tantum*, não havendo qualquer razão plausível, à vista do nosso sistema constitucional, de negar-se apenas a um Tribunal, da hierarquia deste, poderes de incidentemente declarar a inconstitucionalidade de lei diante de um recurso especial que esteja a apreciar" (STJ, Arguição de Inconstitucionalidade no REsp 12.005/RS, Rel. Min. Antônio de Pádua, *DJU* de 10-5-1993).

Nesse mister, não há obstáculo intransponível; basta que seja em sede de controle difuso de normas, pois, na via concentrada, apenas o Supremo Tribunal Federal é o órgão competente para declarar, em tese, a inconstitucionalidade das leis e dos atos normativos. Significa dizer que o Superior Tribunal de Justiça pode, de ofício, arguir a inconstitucionalidade de lei ou ato normativo. Não é preciso haver provocação, muito menos prequestionamento.

Esse, aliás, é o entendimento do Supremo Tribunal Federal, pois, uma vez ultrapassada a barreira de conhecimento do recurso especial, cabe ao Superior Tribunal de Justiça, como a todo e qualquer órgão judicial, o controle difuso de normas. Deixando o órgão de examinar questão versada pela parte, isso após conhecido recurso com o qual se defrontou, verifica-se o vício de procedimento e, portanto, a abertura de via à arguição pertinente.

> **Precedentes:** STF, AgI 217.753-AgRg, Rel. Min. Marco Aurélio, *DJ* de 23-4-1999; STF, AgI 509.344, Rel. Min. Cezar Peluso, *DJ* de 23-9-2005.

Todos os órgãos do Judiciário, sem distinção, têm a missão sacrossanta de primar pela defesa incondicional dos postulados supremos do Estado. E, diga-se de passagem, que a Súmula 126 do Superior Tribunal de Justiça não invalida esse entendimento.

> **Súmula 126 do STJ:** "É inadmissível recurso especial, quando o acórdão recorrido assenta em fundamentos constitucional e infraconstitucional, qualquer deles suficiente, por si só, para mantê-lo, e a parte vencida não manifesta recurso extraordinário".

Por fim, alertou a Corte Especial do Superior Tribunal de Justiça que, "se o único fundamento da causa é a inconstitucionalidade de texto de lei, inexistindo matéria remanescente a ser decidida, é desnecessário que a Corte Especial devolva os autos ao órgão julgador que a suscitou, para completar-lhe o julgamento, devendo, desde logo, decidir o feito, a fim de evitar procrastinação incompatível com os princípios que regem o processo moderno" (STJ, *RSTJ, 90*:23).

b.2.2.2) Recurso especial e tutela de princípio geral de direito

Numa exegese lógico-razoável de todo o sistema constitucional, e não apenas da singela literalidade do art. 105, III, *a, b e c*, da Constituição da República, podemos afirmar: em sede de recurso especial, o constituinte de 1988 conferiu competência ao Superior Tribunal de Justiça para conhecer e julgar afronta a princípios gerais de direito, inclusive aqueles não consubstanciados, *ipsis litteris*, em leis federais.

Sobre o assunto: Uadi Lammêgo Bulos, Recurso especial: meio idôneo para a tutela de princípios gerais de direito?, p. 437 a 456.

Esse apelo ao caráter lógico da interpretação das pautas jurídicas de comportamento motivou o Ministro do Superior Tribunal de Justiça Sálvio de Figueiredo Teixeira a obtemperar: "Enquanto no processo civil, ao lado dos métodos tradicionais (literal, histórico, comparado e lógico-sistemático), sobrelevam-se a 'lógica do razoável' de Recaséns Siches e os métodos valorativo, teleológico e evolutivo, no Direito Constitucional, igualmente marcante é a efervescência em torno da exegese" (Prefácio em nosso *Manual de interpretação constitucional*, p. XII).

Sem embargo, o entendimento da verdadeira função do recurso especial desautoriza a exegese restrita do art. 105, III, *a*, *b* e *c*, da Lei Maior, porque a linguagem do constituinte é aberta e incompleta.

Nesse particular, defluem as nuanças do modo de preservar a inteireza do Direito Federal — não apenas da lei federal — como realidade sobremodo complexa, contendo inúmeras variações e dimensões, não somente a normativa, mas também a fática, a axiológica e, sobretudo, a principiológica.

b.2.2.3) EC n. 125/2022: relevância de questões de direito federal infraconstitucional

A Emenda Constitucional n. 125, de 14-7-2022, modificou o art. 105 da Carta Maior para consagrar, no bojo do recurso especial, o requisito da relevância das questões de direito federal infraconstitucional.

Desse modo, inseriu, no indigitado art. 105, os §§ 2º e 3º, cujo teor de ambos convém ser transcrito, *ipsis literis*:

- **§ 2º:** "No recurso especial, o recorrente deve demonstrar a relevância das questões de direito federal infraconstitucional discutidas no caso, nos termos da lei, a fim de que a admissão do recurso seja examinada pelo Tribunal, o qual somente pode dele não conhecer com base nesse motivo pela manifestação de 2/3 (dois terços) dos membros do órgão competente para o julgamento"; e
- **§ 3º:** "Haverá a relevância de que trata o § 2º deste artigo nos seguintes casos: I — ações penais; II — ações de improbidade administrativa; III — ações cujo valor da causa ultrapasse 500 (quinhentos) salários mínimos; IV — ações que possam gerar inelegibilidade; V — hipóteses em que o acórdão recorrido contrariar jurisprudência dominante do Superior Tribunal de Justiça; VI — outras hipóteses previstas em lei".

Last but not last, o art. 2º da EC n. 125/2022 profligou ainda: "A relevância de que trata o § 2º do art. 105 da Constituição Federal será exigida nos recursos especiais interpostos após a entrada em vigor desta Emenda Constitucional, ocasião em que a parte poderá atualizar o valor da causa para os fins de que trata o inciso III do § 3º do referido artigo".

Recordemos que a EC n. 125/2022 entrou em vigor na sexta-feira, dia 15-7-2022, data de sua publicação no *Diário Oficial da União*.

Breves reflexões promanam desse contexto, porque a EC n. 125/2022 trouxe incongruências e nos pareceu uma mudança formal ao Texto Magno comprometedora do ideal da manifestação constituinte originária, nada obstante o esforço de se procurar uma saída conciliatória que harmonizasse o teor de seu conteúdo e a infeliz forma que acabou vindo a lume.

Em primeiro lugar, a terminologia "relevância das questões de direito federal infraconstitucional" é uma *contraditio in terminis*. Afinal, para aqueles que buscam o acesso à Justiça, a sua questão sempre será relevante, do contrário não bateriam às portas do Superior Tribunal de Justiça, a Corte da Cidadania.

Em segundo, se, por um lado, a "relevância" funcionará como filtro, a exemplo da repercussão geral (CF, art. 102, III, § 3º), por outro, limitará, sim, o acesso ao Judiciário, ampliado pelo Constituinte Inicial de 1988 (CF, art. 5º, XXXV).

Em terceiro, a Emenda Constitucional n. 125, de 14-7-2022, desfigurou o papel originário do Superior Tribunal de Justiça, que foi instituído, como é público, óbvio e notório, para realizar o controle infraconstitucional dos atos judiciários, julgando, amiúde, matérias via recurso especial.

Numa palavra, o egrégio "Tribunal da Cidadania", oráculo da inteireza positiva do direito federal (CF, art. 105), que encontrou no recurso especial um dos meios hábeis para os seus Ministros exercitarem

◆ Cap. 21 ◆ ORGANIZAÇÃO DOS PODERES

1191

nobilitantes encargos, deparar-se-á com uma provável estadualização da exegese do direito federal, em detrimento da atividade uniformizadora para a qual a própria Corte Superior de Justiça fora criada.

Sim.

Quando surgiu a ideia de criar o STJ, o objetivo foi o de absorver parcela da competência do Supremo Tribunal Federal. Por meio do recurso especial, haveria amplo controle de violações ao direito infraconstitucional, uniformizando sua exegese, sem prejuízo do advento de outras competências.

Mas o intuito de filtrar a sobrecarga de processos do STJ, por meio da EC n. 125/2022, poderá ser menos prejudicial se dois fatores forem considerados.

O primeiro fator é de natureza legislativa.

Urge que a lei a ser criada não cerceie, mais do que o § 3º do art. 105 já cerceou, as hipóteses de cabimento do filtro de relevância, que, a rigor, não é benéfico para o jurisdicionado, embora possa, até, ser útil para a atividade judiciária, tomada de *per si*.

Aliás, a EC n. 125/2022 consagrou o princípio da reserva de lei em sentido formal. Nem provisoriamente, muito menos em caráter definitivo, o próprio Superior Tribunal de Justiça detém competência para disciplinar a matéria. Somente o Poder Legislativo.

E, advindo tal diploma normativo, que só pode ser feito pelo Parlamento brasileiro, o STJ poderá regular, internamente, o modo de operacionalizar o filtro de relevância.

Tal competência decorre de sua função atípica de autolegislação, *longa manus* do art. 2º da *Lex Mater*.

Já o segundo fator para o filtro de relevância não se afigurar sobremodo prejudicial ao jurisdicionado reside na necessidade de o Poder Judiciário como um todo, e não somente o Superior Tribunal de Justiça, imprimir um entendimento ao filtro de relevância que consiga superar um problema estrutural.

Ora bem.

Uma das vigas mestras do Estado brasileiro é o princípio federativo. Ele tem como um de seus consectários a uniformidade de aplicação de normas federais.

Imaginemos que os Tribunais de Justiça e os Tribunais Regionais Federais, por exemplo, imprimam entendimentos distintos, com linguagens diferentes, a assuntos que demandam uniformidade em todo o território nacional.

A nosso ver, a EC n. 125/2022 "desfuncionalizou" o recurso especial.

Como os bens mais preciosos da cidadania foram detalhados, normativamente, no plano infraconstitucional, o Superior Tribunal de Justiça não pode ser tolhido, porque isso não serve à sociedade, ainda quando o filtro de relevância possa ser benéfico ao funcionamento mais célere da Corte.

Certamente, o Superior Tribunal de Justiça encontra no recurso especial grande parcela de sua razão de ser, algo incompatível com limites proibitórios de sua funcionalidade.

Esse importante aspecto foi levantado pelo jurista Nabor Bulhões, designado pelo Conselho Federal da Ordem dos Advogados do Brasil, para tratar do assunto no Senado da República, onde a PEC tramitou desde os idos de 2017.

> **Lição de Nabor Bulhões:** "Nós não temos uma estrutura judiciária preparada e aparelhada para decidir de forma terminante e com segurança jurídica as questões de direito federal infraconstitucional no âmbito dos estados, do Distrito Federal ou da Justiça Federal, razão por que a nossa Carta Magna concebeu a necessidade de um tribunal de superposição para exercer essa relevante função constitucional como está expresso em seu artigo 105" (PEC 10/2017: risco de estadualização do recurso especial ronda PEC da relevância. *Revista Consultor Jurídico*, 13 jun. 2021, 16:05).

Ponderou o insigne *primus inter pares* da advocacia brasileira que, em um país de dimensões continentais como o Brasil, seria necessário existirem requisitos de hipótese de relevância presumida, em que caberia automaticamente o recurso especial, para que não se abrisse o risco de a interpretação do Direito federal acabar "estadualizada".

O fato é que as ponderações de Nabor Bulhões foram acolhidas pelo Senado. Minorou-se o prejuízo. Os depositários da EC n. 125/2022 colocaram no § 3º do art. 105 as matérias que deveriam ser submetidas ao filtro de relevância. Dos males o menor.

Em 1977, foi criada a arguição de relevância no Supremo Tribunal Federal. Foi outra reforma no Judiciário para juízes. Como a carga de trabalho era grande, "passou".

1192 ♦ Uadi Lammêgo Bulos ♦

Naquela época, pouquíssimas arguições foram admitidas.

Então, foi posto, na Constituição de 1988, o Superior Tribunal de Justiça, com a missão de uniformizar o direito federal e desafogar a Suprema Corte.

Esperamos que o Superior Tribunal de Justiça não perca a sua função primeira, para o qual foi consagrado, até porque, mesmo garantidos, no Texto Constitucional, direito e prerrogativas, indiscutivelmente, a maioria das situações da vida está regulada na lei federal.

A EC n. 125/2022 nos trouxe à memória o vaticínio de Ruy Barbosa: "tudo muda sobre uma base que não muda nunca".

c) Escola Nacional de Formação e Aperfeiçoamento de Magistrados

Funcionará junto ao Superior Tribunal de Justiça a Escola Nacional de Formação e Aperfeiçoamento de Magistrados, cabendo-lhe, dentre outras funções, regulamentar os cursos oficiais para o ingresso e promoção na carreira (CF, art. 105, parágrafo único, I — acrescido pela EC n. 45/2004).

d) Conselho da Justiça Federal

Funciona junto ao Superior Tribunal de Justiça o Conselho da Justiça Federal, cabendo-lhe exercer, na forma da Lei n. 8.472, de 14 de outubro de 1992, a supervisão administrativa e orçamentária da Justiça Federal de primeiro e segundo grau, como órgão central do sistema e com poderes correicionais, cujas decisões terão caráter vinculante (CF, art. 105, parágrafo único, II — acrescido pela EC n. 45/2004).

Com a reforma do Judiciário, o Conselho da Justiça Federal foi alçado ao posto de órgão central, dotado de poderes correicionais, cujas decisões serão vinculantes.

As funções do Conselho da Justiça Federal mantêm significativa correspondência com aquelas desempenhadas pelos Conselhos Superiores da Magistratura de Portugal (Constituição da República Portuguesa, arts. 219º e 220º).

Tais Conselhos não logram, portanto, competência para interferir na independência interna da magistratura. Não lhes cabe obstaculizar, por via direta ou oblíqua, o livre exercício das atividades funcionais e institucionais da judicatura, sob pena de desvirtuar o seu desiderato constitucional.

O controle desempenhado pelo Conselho da Justiça Federal cinge-se à supervisão administrativa e orçamentária da Justiça Federal de primeiro e segundo grau, funcionando sob forma de coordenadoria. Sujeito ao império da legalidade, não pode exceder as balizas constitucionais do *princípio do autogoverno da magistratura* (CF, art. 99, §§ 1º e 2º, I e II).

✧ 6.10. Tribunais Regionais Federais e juízes federais

A organização da Justiça Federal na Constituição de 1988 proveio do Anteprojeto da Comissão Afonso Arinos. Previu-se a existência de juízes federais e dos Tribunais Regionais Federais, em substituição aos extintos Tribunais Federais de Recursos, criados pelo Texto Constitucional de 1946.

Recorde-se que a Justiça Federal de primeira instância foi instituída pelo Decreto n. 848, de 11 de outubro de 1890 — ano anterior à promulgação de nossa primeira Constituição republicana, de 1891. Esta dizia que o Poder Judiciário da União exercer-se-ia pelo Supremo Tribunal Federal, com tantos juízes e tribunais federais, distribuídos pelo País, quantos o Congresso criasse (art. 55).

Com a Carta de 1937, a Justiça Federal de primeira instância foi extinta e a sua competência passou para os juízes estaduais. Todavia, o Ato Institucional n. 2, de 27 de outubro de 1965, a restaurou, passando ela a integrar a organização judiciária brasileira.

O constituinte de 1988 esboçou-lhe a competência, o funcionamento e o modo de ingresso dos seus membros. Assim, os magistrados federais ingressam na carreira mediante aprovação em concurso público de provas e títulos, na qualidade de juízes substitutos, aplicando-se-lhes, quanto à investidura, disposições específicas.

A justificativa para a inclusão da Justiça Federal de primeira instância no quadro da organização judiciária brasileira possui fundamento. Não se trata de algo aleatório, ao sabor de paixões e interesses esporádicos. Eliminá-la em nada serviria para aprimorar a função jurisdicional do Estado.

Cap. 21 ◆ ORGANIZAÇÃO DOS PODERES

1193

Tais considerações vêm a propósito da tese de que a Justiça Federal de primeira instância se afigura despicienda. Argumentam que deveria ser extinta, pois apenas gera gastos e despesas para o erário. Por isso, é uma instituição cara e desnecessária, e sua competência convém ser absorvida pela Justiça comum.

Não pensamos assim. Em primeiro lugar, os juízes estaduais ficariam sobrecarregados. Em segundo, os Estados, afastados da Federação, ficariam sem tutela judicial, pois são os juízes federais que lhes examinam as garantias constitucionais básicas. Em terceiro, o caos se implantaria, definitivamente, com a transferência de atribuições para a órbita estadual. Em quarto, a Justiça Federal de primeira instância seria útil, necessária e indispensável. Dissolvê-la violaria a manifestação constituinte originária.

Inicialmente, eliminar a Justiça Federal de primeiro grau atenta contra o princípio constitucional da separação dos Poderes (CF, art. 2º), porque a União não teria foro próprio para o exame de seus litígios. Seria uma espécie de renúncia da União ao seu Poder Judiciário, ficando as demais entidades federadas como únicos entes constitucionais a possuir a configuração tricotômica dos Poderes em sua plenitude.

A extinção da Justiça Federal também fere o pórtico republicano, que prima pela organização político-administrativa do Estado brasileiro (CF, arts. 1º e 18). A União, Estados, Distrito Federal e Municípios dependem de um órgão jurisdicional para a resolução de suas demandas. E, na esfera da União, o órgão específico para apreciar litígios é a Justiça Federal, à qual competirá processar e julgar as matérias previstas na Carta de Outubro (art. 109).

Desse modo, a Justiça Federal de primeira instância se impõe como indispensável à administração do princípio federativo, convertido em cláusula de inamovibilidade pelo constituinte de 1988 (art. 60, § 4º, I). Ambos nutrem sólida ligação, sendo ilógico proibir a União — quando se sentisse prejudicada — de invocar a autoridade dos juízes federais, vendo-se forçada a recorrer, para tão legítimo fim, à justiça dos Estados.

A Justiça Federal ficaria, então, inutilizada, em nome de um vínculo de subordinação das prerrogativas e interesses da União à autoridade dos Estados. Por igual, se os particulares têm de acionar a União, o Governo Federal, a Fazenda Nacional, evidente que o foro não pode ser estadual. Os interesses nacionais devem ser apreciados por órgão próprio. Quem tiver de enfrentar contendas com a União, nele recorrerá.

a) Órgãos da Justiça Federal

São órgãos da Justiça Federal (CF, art. 106, I e II): os Tribunais Regionais Federais e os juízes federais.

a.1) Tribunais Regionais Federais

Os Tribunais Regionais Federais foram instalados em 30 de março de 1989, por força do art. 27, § 6º, do Ato das Disposições Constitucionais Transitórias.

Na Emenda Constitucional n. 1/69, o órgão de segunda instância da Justiça Federal era o Tribunal Federal de Recursos (arts. 121 e 122), extinto pela Carta de 1988.

Os Tribunais Regionais Federais podem instalar a justiça itinerante, realizando audiências e demais funções da atividade jurisdicional, nos limites territoriais da respectiva jurisdição, servindo-se de equipamentos públicos e comunitários (CF, art. 107, § 2º — acrescido pela EC n. 45/2004).

Também podem funcionar descentralizadamente, constituindo Câmaras regionais, a fim de assegurar o pleno acesso do jurisdicionado à justiça em todas as fases do processo (CF, art. 107, § 3º acrescido pela EC n. 45/2004).

Pela Emenda Constitucional n. 73, de 6-6-2013, data em que ela entrou em vigor, acrescentou-se, ao art. 27 do ADCT, o § 11, cujo teor transcrevemos: "São criados, ainda, os seguintes Tribunais Regionais Federais: o da 6ª Região, com sede em Curitiba, Estado do Paraná, e jurisdição nos Estados do Paraná, Santa Catarina e Mato Grosso do Sul; o da 7ª Região, com sede em Belo Horizonte, Estado de Minas Gerais, e jurisdição no Estado de Minas Gerais; o da 8ª Região, com sede em Salvador, Estado da Bahia, e jurisdição nos Estados da Bahia e Sergipe; e o da 9ª Região, com sede em Manaus, Estado do Amazonas, e jurisdição nos Estados do Amazonas, Acre, Rondônia e Roraima".

Conforme o art. 2º da referida Emenda n. 73, os "Tribunais Regionais Federais da 6ª, 7ª, 8ª e 9ª Regiões deverão ser instalados no prazo de 6 (seis) meses, a contar da promulgação desta Emenda Constitucional".

a.1.1) Composição dos Tribunais Regionais Federais

Os Tribunais Regionais Federais compõem-se de, no mínimo, sete juízes, recrutados, quando possível, na respectiva região (CF, art. 107, *caput*, com redação dada pela EC n. 122/2022).

> **Desembargadores Federais:** os *juízes* dos Tribunais Regionais Federais são chamados de *desembargadores federais*. A denominação é correta e deve prosperar, porque eles decidem em grau de recurso. Embora o art. 107, *caput*, fale em *juízes*, esse termo sofreu *mutação constitucional* ao longo dos anos de vigência da Carta de 1988, passando a ser entendido como *desembargadores federais*. Nesse particular, os Tribunais Regionais Federais, por meio de emendas regimentais, atribuíram a seus membros tal designação. Do ponto de vista técnico, essas emendas nos Regimentos Internos em nada violaram o Texto Magno.

Tais magistrados são nomeados pelo Presidente da República dentre brasileiros com mais de 30 e menos de 70 anos, com base em duas regras:

- **regra do quinto constitucional (CF, art. 107, I):** um quinto dentre advogados com mais de dez anos de efetiva atividade profissional e membros do Ministério Público Federal com mais de dez anos de carreira;

> **Casuística do STF:**
> - **Tribunal Regional Federal. Composição. Quinto constitucional** — "Número par de juízes. CF, art. 94 e art. 107, I. LOMAN, Lei. Compl. 35/1979, art. 100, § 2º. Nomeação de Juiz do quinto constitucional: ato complexo de cuja formação participam o Tribunal e o Presidente da República: competência originária do Supremo Tribunal Federal. A norma do § 2º do art. 100 da LOMAN, Lei Compl. n. 35/1979, é aplicável quando, ocorrendo vaga a ser preenchida pelo quinto constitucional, uma das classes se acha em inferioridade na composição do Tribunal. No preenchimento, então, dessa vaga, inverter-se-á a situação: a classe que se achava em inferioridade passa a ter situação de superioridade, atendendo-se, destarte, ao princípio constitucional da paridade entre as duas classes, Ministério Público e advocacia" (STF, MS 23.972, Rel. Min. Carlos Velloso, *DJ* de 29-8-2001). **Precedente:** STF, MS 20.597/DF, Rel. Min. Octavio Gallotti, *RTJ, 120*:75.
> - **Provimento dos cargos com base no art. 104, parágrafo único, I, da CF** — "Para o provimento dos cargos a que se refere o art. 104, parágrafo único, inciso I, 1ª parte, não cabe distinguir entre juiz de TRF, originário da carreira da magistratura federal, ou proveniente do Ministério Público Federal ou da Advocacia (CF, art. 107, I e II). Objeção à investidura como Ministro do Superior Tribunal de Justiça improcedente" (STF, MS 23.445, Rel. Min. Néri da Silveira, *DJ* de 17-3-2000).

- **regra da antiguidade e do merecimento (CF, art. 107, II)** — os demais, mediante promoção de juízes federais com mais de cinco anos de exercício, por antiguidade e merecimento, alternadamente.

> **Casuística do STF:**
> - **Legitimidade de listas quádruplas** — "A teor dos artigos 93, II, *b*, e III, 107, II da Constituição Federal e 80, 82, 84 e 88 da LOMAM, a confecção de lista quádrupla, ao invés de duas listas tríplices, é legítima" (STF, MS 23.789, Rel. Min. Ellen Gracie, *DJ* de 23-9-2005).
> - **Promoção de juízes federais** — "É inaplicável a norma do art. 93, II, *b*, da Constituição Federal à promoção dos juízes federais, por estar sujeita apenas ao requisito do implemento de cinco anos de exercício do art. 107, II da Carta Magna, incluído o tempo de exercício no cargo de juiz federal substituto" (STF, MS 23.789, Rel. Min. Ellen Gracie, *DJ* de 23-9-2005).

Cumpre ao legislador ordinário federal disciplinar a remoção ou a permuta de juízes dos Tribunais Regionais Federais, determinando sua jurisdição e sede (CF, art. 107, § 1º — renumerado pela EC n. 45/2004).

a.1.2) Competências dos Tribunais Regionais Federais

Os Tribunais Regionais Federais têm dupla competência:

- **competência originária (CF, art. 108, I)** — processam e julgam feitos em primeira mão (art. 108, I); e

◆ Cap. 21 ◆ ORGANIZAÇÃO DOS PODERES **1195**

- **competência recursal (CF, art. 108, II)** — reexaminam as causas decididas pelos juízes federais e estaduais, estes últimos no exercício da competência federal da área de sua jurisdição.

a.1.2.1) Competência originária dos Tribunais Regionais Federais

Compete aos Tribunais Regionais Federais processar e julgar, originariamente (CF, art. 108, I, *a*, *b*, *c*, *d*, *e*):

- os juízes federais da área de sua jurisdição, incluídos os da Justiça Militar e da Justiça do Trabalho, nos crimes comuns e de responsabilidade, e os membros do Ministério Público da União, ressalvada a competência da Justiça Eleitoral;

> **Regra de competência para julgamento de *habeas corpus* contra ato de autoridade:** a competência para julgar *habeas corpus* contra ato de autoridade pertence ao Tribunal a que couber a apreciação da ação penal contra essa mesma autoridade. Assim, "a competência do Tribunal Regional Federal da 1ª Região para processo e julgamento de ato de Promotor de Justiça do Distrito Federal e dos Territórios com atuação na primeira instância. Com efeito, a garantia do juízo natural, proclamada no inciso LIII do art. 5º da Carta de outubro, é uma das mais eficazes condições de independência dos magistrados. Independência, a seu turno, que opera como um dos mais claros pressupostos de imparcialidade que deles, julgadores, se exige. Pelo que deve prevalecer a regra específica de competência constitucional criminal, extraída da interpretação do *caput* do art. 128 c/c o *caput* e a alínea *d* do inciso I do art. 108 da Magna Carta, em face da regra geral prevista no art. 96 da Carta de Outubro" (STF, RE 418.852, Rel. Min. Carlos Britto, *DJ* de 10-3-2006). **Também nesse sentido:** STF, RE 315.010, Rel. Min. Néri da Silveira, *DJ* de 31-5-2002; STF, RE 467.923, Rel. Min. Cezar Peluso, *DJ* de 4-8-2006.

- as revisões criminais e as ações rescisórias de julgados seus ou dos juízes federais da região;

> **Competência originária do Tribunal Regional Federal em ação rescisória:** "O extinto TFR, enquanto instância de convergência da Justiça Federal comum no regime constitucional anterior, foi sucedido, sob a égide da Carta Política de 1988, tanto pelos Tribunais Regionais Federais quanto, excepcionalmente, pelo Superior Tribunal de Justiça. Ao Tribunal Regional Federal cabe, em regra, o desempenho das atribuições jurisdicionais cometidas ao extinto TFR, enquanto Tribunal ordinário de apelação. Ao Superior Tribunal de Justiça, no entanto, que é Tribunal de índole nacional — e que atua como instância judiciária de superposição na defesa do primado do direito federal comum —, outorgaram-se apenas algumas das primitivas competências deferidas ao extinto TFR. Disso decorre que a definição da competência originária do TRF ou do STJ para a ação rescisória ajuizada contra decisões emanadas do extinto TFR subordina-se a aferição da natureza da atuação processual daquela Corte — se como Tribunal ordinário ou como Tribunal de índole nacional — e a verificação do conteúdo material do acórdão rescindendo" (STF, AgRg 1.302, Rel. Min. Celso de Mello, *DJ* de 17-9-1993).

- os mandados de segurança e os *habeas data* contra ato do próprio Tribunal ou de juiz federal;

> **Mandado de segurança contra ato de Tribunal de Justiça que afastou juiz:** "A competência para o julgamento do *writ* é do próprio tribunal, por isso que não ocorrente, no caso, a hipótese inscrita no art. 102, I, *n*, da Constituição. A Constituição e a LOMAN desejam que os mandados de segurança impetrados contra atos de tribunal sejam resolvidos, originariamente, no âmbito do próprio tribunal, com os recursos cabíveis" (STF, MS 20.969-AgRg, Rel. Min. Carlos Velloso, *DJ* de 31-8-1990).

- os *habeas corpus*, quando a autoridade coatora for juiz federal;

> **Habeas corpus contra decreto de prisão civil de Juiz do Trabalho:** "Coação atribuída ao Tribunal Regional do Trabalho: coexistência de acórdãos diversos para o mesmo caso, emanados de tribunais de idêntica hierarquia (STJ e TST): validade do acórdão do STJ, no caso, dado que as impetrações foram julgadas antes da EC 45/04. Até a edição da EC 45/04, firme a jurisprudência do Tribunal em que, sendo o *habeas corpus* uma ação de natureza penal, a competência para o

1196
◆ Uadi Lammêgo Bulos ◆

seu julgamento 'será sempre de juízo criminal, ainda que a questão material subjacente seja de natureza civil, como no caso de infidelidade de depositário, em execução de sentença'; e, por isso, quando se imputa coação a Juiz do Trabalho de 1º Grau, compete ao Tribunal Regional Federal o seu julgamento, dado que a Justiça do Trabalho não possui competência criminal" (STF, HC 85.096, Rel. Min. Sepúlveda Pertence, *DJ* de 14-10-2005).

- os conflitos de competência entre juízes federais vinculados ao Tribunal.

a.1.2.2) Competência recursal dos Tribunais Regionais Federais

Compete aos Tribunais Regionais Federais processar e julgar, em grau de recurso, as causas decididas pelos juízes federais e pelos juízes estaduais no exercício da competência federal da área de sua jurisdição (CF, art. 108, II).

Atentemos para o fato de que o art. 108, II, da Carta Maior não é norma instituidora de recurso, mas de competência para o julgamento dos recursos criados pela lei processual.

Assim, esse preceptivo "encerra somente uma norma de competência segundo a qual, quando houver recurso para a segunda instância (e nada impede que a legislação ordinária não o admita), por não ter o Texto Constitucional criado, no caso, recurso específico, caberá ao Tribunal Regional Federal julgá-lo" (STF, AgI 151.641-AgRg, Rel. Min. Moreira Alves, *DJ* de 12-9-1997).

> **Competência para julgar ação rescisória de interesse da União é dos TRF's:** a tese de repercussão geral fixada sobre esse assunto foi a seguinte: "Compete ao Tribunal Regional Federal processar ação rescisória proposta pela União com o objetivo de desconstituir sentença transitada em julgado proferida por juiz estadual, quando afeta interesses de órgão federal" (STF, RE 598650, Rel. Min. Marco Aurélio, j. 18-10-2021).

a.2) Juízes federais

Denominam-se *juízes federais* os membros da Justiça Federal de primeiro grau de jurisdição, que ingressam no cargo inicial da carreira como juízes substitutos, mediante concurso público de provas e títulos, com participação da OAB em todas as fases do certame (CF, art. 93, I).

O concurso e a nomeação são da competência do Tribunal Regional Federal sob cuja jurisdição os cargos devam ser providos (CF, art. 96, I, *c, e*).

O cargo de juiz federal surgiu no Governo Provisório, com o fim da monarquia, sendo constitucionalizado, pela primeira vez no Brasil, por obra da Constituição republicana de 1891.

a.2.1) Organização da Justiça Federal de primeiro grau

Cada Estado, bem como o Distrito Federal, constituirá uma seção judiciária que terá por sede a respectiva Capital, e varas localizadas segundo o estabelecido em lei (CF, art. 110, *caput*).

> **Lei n. 9.788, de 19-2-1999:** dispõe sobre a reestruturação da Justiça Federal de primeiro grau, nas cinco regiões, com a criação de 100 Varas Federais.

Nos Territórios Federais, a jurisdição e as atribuições cometidas aos juízes federais caberão aos juízes da justiça local, na forma da lei ordinária (CF, art. 110, parágrafo único).

a.2.2) Competência dos juízes federais

A competência dos juízes federais, definida na Constituição, não pode ser ampliada, muito menos reduzida, por lei ordinária e, menos ainda, por medida provisória. Apenas emenda constitucional pode dispor sobre esse tema. (STF, ADIn 2.473-MC, Rel. Min. Néri da Silveira, *DJ* de 7-11-2003).

Feita essa advertência, compete aos juízes federais processar e julgar (CF, art. 109, I a XI):

- as causas em que a União, entidade autárquica ou empresa pública federal forem interessadas na condição de autoras, rés, assistentes ou oponentes, exceto as de falência, as de acidentes de trabalho e as sujeitas à Justiça Eleitoral e à Justiça do Trabalho;

> **Casuística do STF:**
> - **Súmula 556** — "É competente a Justiça Comum para julgar as causas em que é parte sociedade de economia mista".

◆ Cap. 21 ◆ ORGANIZAÇÃO DOS PODERES 1197

- **Compete à Justiça Comum, federal ou estadual, julgar ações contra concurso público realizado por empresas estatais** — o Supremo Tribunal Federal, por maioria de votos e em sua composição plenária, firmou a seguinte tese com repercussão geral: "Compete à Justiça Comum processar e julgar controvérsias relacionadas à fase pré-contratual de seleção e de admissão de pessoal e eventual nulidade de certame em face da administração pública direta e indireta, nas hipóteses em que adotado o regime celetista de contratação de pessoal" (STF, RE 96042905, Rel. Min. Gilmar Mendes, j. 5-3-2020).
- **Crime de extorsão mediante sequestro** — "A circunstância de o paciente, simples motorista da Polícia Federal, utilizar-se de apetrechos subtraídos da instituição, para a prática do crime de extorsão mediante sequestro, não atrai a competência da Justiça Federal, porquanto não há ofensa a bens, serviços ou interesse da União. Situação diversa é a que respeita ao delito de peculato, pelo qual, aliás, o paciente foi condenado" (STF, HC 87.376, Rel. Min. Eros Grau, *DJ* de 24-3-2006).
- **Legitimidade do interesse jurídico manifestado pela União** — "A competência outorgada à Justiça Federal possui extração constitucional e reveste-se, por isso mesmo, de caráter absoluto e improrrogável, expondo-se, unicamente, às derrogações fixadas no texto da Constituição da República. Somente à Justiça Federal compete dizer se, em determinada causa, há, ou não, interesse da União Federal. A legitimidade do interesse jurídico manifestado pela União só pode ser verificada, em cada caso ocorrente, pela própria Justiça Federal (RTJ 101/881), pois, para esse específico fim é que a Justiça Federal foi instituída: para dizer se, na causa, há, ou não, interesse jurídico da União (RTJ 78/398). O ingresso da União Federal numa causa, vindicando posição processual definida (RTJ 46/73 — RTJ 51/242 — RTJ 164/359), gera a incompetência absoluta da Justiça local (RT 505/109), pois não se inclui, na esfera de atribuições jurisdicionais dos magistrados e tribunais estaduais, o poder para aferir e dizer da legitimidade do interesse da União Federal, em determinado processo (RTJ 93/1291 — RTJ 95/447 — RTJ 101/419 — RTJ 164/359). A competência para processar e julgar recurso interposto pela União Federal, contra decisão de magistrado estadual, no exercício da jurisdição local, que não reconheceu a existência de interesse federal na causa e nem determinou a remessa do respectivo processo à Justiça Federal, pertence ao Tribunal Regional Federal (órgão judiciário de segundo grau da Justiça Federal comum), a quem incumbe examinar o recurso e, se for o caso, invalidar o ato decisório que se apresenta eivado de nulidade, por incompetência absoluta de seu prolator. Precedentes" (STF, RE 144.880, Rel. Min. Celso de Mello, *DJ* de 2-3-2001).
- **Competência da Justiça Federal para apreciar litígios envolvendo a FUNAI** — "A Fundação Nacional do Índio — FUNAI constitui pessoa jurídica de direito público interno. Trata-se de fundação de direito público que se qualifica como entidade governamental dotada de capacidade administrativa, integrante da Administração Pública descentralizada da União, subsumindo-se, no plano de sua organização institucional, ao conceito de típica autarquia fundacional, como tem sido reiteradamente proclamado pela jurisprudência do Supremo Tribunal Federal, inclusive para o efeito de reconhecer, nas causas em que essa instituição intervém ou atua, a caracterização da competência jurisdicional da Justiça Federal (RTJ 126/103 — RTJ 127/426 — RTJ 134/88 — RTJ 136/92 — RTJ 139/131). Tratando-se de entidade autárquica instituída pela União Federal, torna-se evidente que, nas causas contra ela instauradas, incide, de maneira plena, a regra constitucional de competência da Justiça Federal inscrita no art. 109, I, da Carta Política" (STF, RE 183.188, Rel. Min. Celso de Mello, *DJ* de 14-2-1997).

- as causas entre Estado estrangeiro ou organismo internacional e Município ou pessoa domiciliada ou residente no País;

> **Crime de competência da Justiça Federal:** "Se o crime for de competência da Justiça Federal (art. 109 da CF), competente será qualquer das varas criminais federais situadas na seção ou subseção judiciária à qual pertencer a capital do Estado em que por último tiver residido o acusado. Se nunca tiver residido no Brasil, competente será qualquer das varas criminais federais existentes em Brasília. A distribuição (art. 75 do CPP) determinará a competência em havendo mais de uma vara criminal federal na mesma seção ou subseção judiciária. Tratando-se de delito de competência da Justiça Comum local, o foro será o de qualquer das varas criminais estaduais da capital do Estado em que residiu o acusado ou qualquer das varas criminais locais da Justiça do Distrito

Federal. Havendo mais de uma, a distribuição (art. 75 do CPP) firmará a competência" (STF, HC 83.113-QO, Rel. Min. Celso de Mello, *DJ* de 29-8-2003).

- as causas fundadas em tratado ou contrato da União com Estado estrangeiro ou organismo internacional;
- os crimes políticos e as infrações penais praticadas em detrimento de bens, serviços ou interesse da União ou de suas entidades autárquicas ou empresas públicas, excluídas as contravenções e ressalvada a competência da Justiça Militar e da Justiça Eleitoral;

  Casuística do STF:
  - **Súmula 516** — "O serviço social da indústria (SESI) está sujeito à jurisdição da justiça estadual". Esse enunciado sumular aplica-se ao SEBRAE (STF, RE 366.168, Rel. Min. Sepúlveda Pertence, *DJ* de 14-5-2004).
  - **Parcelamento irregular de terras da União** — "Comprovado que a gleba pertence ao patrimônio da União, incide a regra prevista no art. 109, IV, da Constituição Federal, sendo competência da Justiça Federal julgar e processar a ação penal proposta para apurar parcelamento irregular de terras" (STF, RHC 86.081, Rel. Min. Gilmar Mendes, *DJ* de 18-11-2005).
  - **Crimes praticados em detrimento da Caixa Econômica Federal** — "É da jurisprudência desta Corte que, em regra, os crimes praticados em detrimento da Caixa Econômica Federal, por ser esta empresa pública federal, devem ser processados e julgados pela Justiça Federal" (STF, RE 332.597, Rel. Min. Sepúlveda Pertence, *DJ* de 11-2-2004).

- os crimes previstos em tratado ou convenção internacional, quando, iniciada a execução no País, o resultado tenha ou devesse ter ocorrido no estrangeiro, ou reciprocamente;

  Súmula 522 do STF — "Salvo ocorrência de tráfico com o exterior, quando, então, a competência será da justiça federal, compete à justiça dos Estados o processo e o julgamento dos crimes relativos a entorpecentes".

- as causas relativas a direitos humanos a que se refere o § 5º deste artigo (*incidente de deslocamento de competência* — criado pela EC n. 45/2004);
- os crimes contra a organização do trabalho e, nos casos determinados por lei, contra o sistema financeiro e a ordem econômico-financeira;

  Casuística do STF:
  - **Natureza do art. 109, VI, da CF** — "A competência da Justiça Federal para o processo e julgamento dos crimes contra o sistema financeiro e a ordem econômico-financeira encontra-se fixada no art. 109, VI, da Constituição Federal. O inciso VI do art. 109 da Constituição é a norma matriz da competência da Justiça Federal, tratando-se de crimes contra o sistema financeiro e a ordem econômico-financeira, que afasta disposições outras para o fim de estabelecer a competência do juízo federal, como, por exemplo, a inscrita no inc. IV do art. 109, CF" (STF, RE 454.735, Rel. Min. Ellen Gracie, *DJ* de 18-11-2005).
  - **Prejuízo que não se restringe aos particulares, atingindo o Sistema Financeiro Nacional** — competência da Justiça Federal para examinar o delito (STF, HC 84.111, Rel. Min. Gilmar Mendes, *DJ* de 20-8-2004).
  - **Prerrogativa de foro do deputado estadual** — acarreta o exame, pelo Tribunal Regional Federal, de crimes contra o Sistema Financeiro (STF, HC 80.612, Rel. Min. Sydney Sanches, *DJ* de 4-5-2001).
  - **Compete à Justiça Federal julgar crimes contra o sistema financeiro:** "A competência da Justiça Federal para julgar crimes contra o sistema financeiro nacional tem assento constitucional. A alegação de que o prejuízo decorrente do delito foi suportado exclusivamente por instituição financeira privada não afasta tal regra constitucional" (STF, HC 93.733/RJ, Rel. Min. Carlos Britto, *DJE* de 3-4-2009).

- os *habeas corpus*, em matéria criminal de sua competência ou quando o constrangimento provier de autoridade cujos atos não estejam diretamente sujeitos a outra jurisdição;

◆ Cap. 21 ◆ ORGANIZAÇÃO DOS PODERES   1199

Habeas corpus, com pedido de medida cautelar, impetrado com o objetivo de impedir a deportação de súdito de Estado estrangeiro: "Sendo, das autoridades policiais federais, a competência para determinar e efetivar a deportação do estrangeiro, incumbe, a magistrado federal de primeira instância, quando ocorrente tal hipótese, a atribuição de processar e julgar a ação de *habeas corpus,* eis que incide, nessa situação, a norma inscrita no art. 109, VII, da Constituição da República. Cabe advertir, no entanto, que, em ocorrendo situação caracterizadora de extradição indireta — como sucede na hipótese prevista no art. 63 do Estatuto do Estrangeiro, notadamente quando o Supremo Tribunal Federal tenha indeferido o pedido extradicional —, o deportando, presente esse específico e excepcional contexto, se impetrar ordem de *habeas corpus,* deverá fazê-lo, originariamente, perante esta Suprema Corte, pois só este Tribunal — consoante expressamente reconhecido no julgamento plenário do HC 54.718/DF, Rel. Min. Bilac Pinto (RTJ 82/370) — tem competência para dizer se se registra, ou não, caso de deportação fraudulenta que importe em extradição inadmitida pela lei brasileira" (STF, HC 87.007, Rel. Min. Celso de Mello, *DJ* de 8-11-2005).

- os mandados de segurança e os *habeas data* contra ato de autoridade federal, excetuados os casos de competência dos tribunais federais;

  Mandado de segurança contra ato de juntas comerciais: compete à Justiça Federal julgar mandado de segurança impetrado contra ato de juntas comerciais (STF, RE 199.793, Rel. Min. Octavio Gallotti, *DJ* de 18-8-2000).

  Mandado de segurança contra ato de dirigentes de sociedade de economia mista: compete à Justiça Federal julgar mandado de segurança impetrado contra ato de dirigentes de sociedade de economia mista investida de delegação concedida pela União (STF, RE 726035/SE, com repercussão geral reconhecida, Rel. Min. Luiz Fux, *DJE* de 5-5-2014).

- os crimes cometidos a bordo de navios ou aeronaves, ressalvada a competência da Justiça Militar;
- os crimes de ingresso ou permanência irregular de estrangeiro, a execução de carta rogatória, após o *exequatur,* e de sentença estrangeira, após a homologação, as causas referentes à nacionalidade, inclusive a respectiva opção, e à naturalização;
- a disputa sobre direitos indígenas.

  Casuística do STF:
  - **Disputa sobre direitos indígenas. Significado** — essa expressão, contida no art. 109, XI, da Carta Maior, retrata: **(i)** a existência de um conflito que, por definição, é intersubjetivo, cujo objeto são os direitos indígenas; e **(ii)** tal disputa envolve a demanda sobre a titularidade desses direitos. Veja-se que o art. 231 da Constituição liga-se à tutela de bens de caráter civil, muito mais do que de bens de valoração penal, embora tal preceito também tutele delito praticado contra grupo indígena (STF, RE 419.528/PR, Rel. Min. Cezar Peluso, decisão de 3-8-2006).
  - **Alcance do art. 109, XI, da CF** — "A Constituição promulgada em 1988 introduziu nova regra de competência, ampliando a esfera de atribuições jurisdicionais da Justiça Federal, que se acha, agora, investida de poder para também apreciar 'a disputa sobre direitos indígenas' (CF, art. 109, XI). Essa regra de competência jurisdicional — que traduz expressiva inovação da Carta Política de 1988 — impõe o deslocamento, para o âmbito de cognição da Justiça Federal, de todas as controvérsias, que, versando a questão dos direitos indígenas, venham a ser suscitadas em função de situações específicas. A disputa pela posse permanente e pela riqueza das terras tradicionalmente ocupadas pelos índios constitui o núcleo fundamental da questão indígena no Brasil. A competência jurisdicional para dirimir controvérsias pertinentes aos direitos indígenas pertence à Justiça Federal comum" (STF, RE 183.188, Rel. Min. Celso de Mello, *DJ* de 14-2-1997).
  - **Crimes praticados por silvícolas ou contra eles** — "Os crimes cometidos por silvícolas ou contra estes, não configurando disputa sobre direitos indígenas e nem, tampouco, infrações praticadas em detrimento de bens e interesse da União ou de suas autarquias e empresas públicas, não se inserem na competência privativa da Justiça Federal (CF, art. 109, XI)" (STF,

RE 263.010, Rel. Min. Ilmar Galvão, *DJ* de 10-11-2000). **No mesmo sentido:** STF, HC 79.530, STF, Rel. Min. Ilmar Galvão, *DJ* de 25-2-2000).

a.2.3) Regras complementares de competência dos juízes federais

Complementando o rol do art. 109, I a XI, a Carta de 1988 previu outras regras de competência a serem observadas pelos juízes federais. São elas:

* **causas em que a União for autora (CF, art. 109, § 1º)** — as causas em que a União for autora serão aforadas na seção judiciária onde tiver domicílio a outra parte;
* **causas em que a União for ré (CF, art. 109, § 2º)** — as causas intentadas contra a União poderão ser aforadas na seção judiciária em que for domiciliado o autor, naquela onde houver ocorrido o ato ou fato que deu origem à demanda ou onde esteja situada a coisa, ou, ainda, no Distrito Federal;

> **Casuística do STF:**
> * **Ações plúrimas movidas contra a União** — "Nas ações plúrimas movidas contra a União, a circunstância de um dos autores ter domicílio no Estado em que foram propostas não atrai a competência do respectivo Juízo, incumbindo observar a norma do § 2º do artigo 109 da Constituição Federal, no que apenas viabiliza o agrupamento em face do local onde houver ocorrido o ato ou fato que deu origem à demanda, ou onde esteja situada a coisa, ou, ainda, no Distrito Federal" (STF, RE 451.907, Rel. Min. Marco Aurélio, *DJ* de 28-4-2006).
> * **Ação proposta contra a União** — "Tratando-se de ação proposta contra a União, o autor pode ajuizá-la na capital do Estado-Membro em que domiciliado, na vara federal instalada no interior do mesmo Estado ou, ainda, no Distrito Federal, uma vez que o art. 109, § 2º, da CF, lhe assegura essa faculdade" (STF, RE 233.990, Rel. Min. Maurício Corrêa, *DJ* de 1º-3-2002).
> * **Compete à Justiça Federal julgar crime de publicação *online* de conteúdo pornográfico infantil** — "Compete à Justiça Federal processar e julgar os crimes consistentes em disponibilizar ou adquirir material pornográfico envolvendo criança ou adolescente [arts. 241, 241-A e 241-B da Lei n. 8.069/1990] quando praticados por meio da rede mundial de computadores" (STF, RE 628624, repercussão geral reconhecida, Rel. Min. Marco Aurélio, j. 29-10-2015).
> * **Justiça Federal é competente para analisar exploração de trabalho escravo** — reafirmando sua própria jurisprudência, o Supremo Tribunal decidiu, em sua composição plenária, que compete, sim, à Justiça Federal processar e julgar o crime de exploração de trabalho escravo. Logo, cabe à Procuradoria Geral da República apurar os crimes contra a organização do trabalho, a exemplo do trabalho escravo. Pela sua relevância, esses delitos fogem à esfera do Ministério Público local e das polícias locais. Interessante observar, como o fez o Min. Dias Toffoli, que "muitos desses delitos são transestaduais, uma vez que há vários casos de pessoas que são recrutadas em um Estado e levadas para outros Estados". Muitas vezes, instituições locais não dão a devida atenção a esse tipo de problema e as Cortes internacionais de direitos humanos repudiam tais delitos, situação na qual a União acaba respondendo no lugar dos próprios Estados federados. Embora o Supremo Tribunal Federal não tenha atribuído repercussão geral ao assunto, esse entendimento pode servir de precedente em situações análogas (STF, RE 459510, Rel. originário Min. Cezar Peluso (aposentado), j. 26-11-2015).

* **causas em que forem parte instituição de previdência social e segurado (CF, art. 109, § 3º com redação dada pela EC n. 103, de 12-11-2109)** — a lei ordinária poderá autorizar que as causas de competência da Justiça Federal em que forem parte instituição de previdência social e segurado possam ser processadas e julgadas na justiça estadual quando a comarca do domicílio do segurado não for sede de vara federal;

> **Casuística do STF:**
> * **Súmula 689** — "O segurado pode ajuizar ação contra a instituição previdenciária perante o juízo federal do seu domicílio ou nas varas federais da capital do estado-membro".
> * **Empresa pública federal contra INSS** — "Embora o presente processo envolva duas entidades federais: uma autarquia, na condição de autora, e uma empresa pública, na posição de ré, a recorrente é domiciliada em cidade onde existe apenas vara estadual, o que atrai a exceção criada no § 3º do art. 109 da CF/88. A regra do inciso I do art. 15 da Lei 5.010/66, ao mesmo

◆ Cap. 21 ◆ **ORGANIZAÇÃO DOS PODERES** **1201**

tempo que buscou facilitar a defesa do contribuinte, procurou garantir a própria eficácia da execução fiscal. É evidente que atos como citação e penhora tornam-se mais fáceis e geram menos custos se o processo tramitar na mesma cidade da sede do devedor do tributo. A tramitação do feito perante uma das Varas Federais da Subseção Judiciária de São José dos Campos acarretaria desarrazoada demora na resolução do processo e inegável prejuízo à própria prestação jurisdicional" (STF, RE 390.664, Rel. Min. Ellen Gracie, *DJ* de 16-9-2005).

- **Ação previdenciária** — "Tratando-se de ação previdenciária, o segurado pode ajuizá-la perante o juízo federal de seu domicílio ou perante as varas federais da capital do Estado-Membro, uma vez que o art. 109, § 3º, da CF, prevê uma faculdade em seu benefício, não podendo esta norma ser aplicada para prejudicá-lo. Precedentes" (STF, RE 292.066-AgRg, Rel. Min. Maurício Corrêa, *DJ* de 24-8-2001).
- **Destinatário da parte final do art. 109, § 3º, da CF** — "O dispositivo contido na parte final do § 3º do art. 109 da Constituição é dirigido ao legislador ordinário, autorizando-o a atribuir competência (*rectius* jurisdição) ao Juízo Estadual do foro do domicílio da outra parte ou do lugar do ato ou fato que deu origem à demanda, desde que não seja sede de Varas da Justiça Federal, para causas específicas dentre as previstas no inciso I do referido artigo 109. Considerando que o Juiz Federal também tem competência territorial e funcional sobre o local de qualquer dano, impõe-se a conclusão de que o afastamento da jurisdição federal, no caso, somente poderia dar-se por meio de referência expressa à Justiça Estadual, como a que fez o constituinte na primeira parte do mencionado § 3º em relação às causas de natureza previdenciária, o que no caso não ocorreu" (STF, RE 228.955, Rel. Min. Ilmar Galvão, *DJ* de 24-3-2000).

- **recurso para o Tribunal Regional Federal (CF, art. 109, § 4º)** — na hipótese do art. 109, § 4º, da Carta Maior, o recurso cabível será sempre para o Tribunal Regional Federal na área de jurisdição do juiz de primeiro grau;
- **incidente de deslocamento de competência para a Justiça Federal** (CF, art. 109, § 5º, acrescido pela EC n. 45/2004) — nas hipóteses de grave violação de direitos humanos, o Procurador-Geral da República, com a finalidade de assegurar o cumprimento de obrigações decorrentes de tratados internacionais de direitos humanos dos quais o Brasil seja parte, poderá suscitar, perante o Superior Tribunal de Justiça, em qualquer fase do inquérito ou processo, *incidente de deslocamento de competência para a Justiça Federal*. Significa que, a princípio, as causas ligadas a direitos humanos competem aos juízes estaduais. Porém, havendo grave desrespeito a tais direitos, o Procurador-Geral pode suscitar, discricionariamente, o aludido *incidente*. Inúmeros foram os pedidos para se consagrar essa providência no Brasil. É que o Estado tem o dever de preservar as liberdades públicas em face dos organismos internacionais. Mas o *incidente de deslocamento* não deve ser acionado em todo e qualquer caso. É preciso *bom senso*, por parte do Procurador--Geral, no exercício da medida, para não sobrecarregar a Justiça Federal de matérias que, em rigor, nem apresentam qualquer violação a direitos humanos;

> **Resolução n. 6, de 16-2-2005, do STJ:** "Art. 1º Fica criada a classe processual do Incidente de Deslocamento de Competência — IDC, no rol dos feitos submetidos a esta Corte, em razão do que dispõe a Emenda Constitucional n. 45/2004, mediante o acréscimo do § 5º ao art. 109 da Constituição Federal. Parágrafo único. Cabe à Terceira Seção do Superior Tribunal de Justiça o julgamento da hipótese prevista no *caput* deste artigo".

✧ 6.11. Tribunais e juízes do trabalho

A Justiça do Trabalho exerce atividade especializada, em razão da matéria. Foi constitucionalizada pela Carta de 1934 (art. 122) e criada, em 1942, como órgão do Executivo, ligado ao Ministério do Trabalho.

Da Constituição de 1946, recebeu os contornos constitucionais que hoje conhecemos, transformando-se num órgão jurisdicional, compelido a solver lides laborais, decorrentes das relações de emprego, excluídas as hipóteses em que o patrão ou empregador é o Poder Público.

1202 ◆ Uadi Lammêgo Bulos ◆

a) Organização da Justiça do Trabalho

A Justiça do Trabalho organiza-se com base nos seguintes órgãos (CF, arts. 92, II-A; 111, I a III):

- Tribunal Superior do Trabalho;
- Tribunais Regionais do Trabalho; e
- Juízes do Trabalho.

a.1) Tribunal Superior do Trabalho

O Tribunal Superior do Trabalho é o órgão de cúpula da Justiça Laboral, integrando a estrutura do Poder Judiciário brasileiro.

> **Emenda Constitucional n. 92, de 12-7-2016:** alterou os arts. 92 e 111-A da Constituição da República. Assim o fez para: **(i)** inserir o TST na lista dos órgãos componentes do Poder Judiciário, pois a Corte Laboral não aparecia listada na redação originária do art. 92 da Carta Magna. Aludia--se, tão só, à terminologia "Tribunais e Juízes do Trabalho", sem explicitar o TST. Para corrigir o equívoco, o constituinte derivado cunhou, no referido art. 92, o inciso II-A; **(ii)** exigir que a nomeação de Ministros do TST leve em conta o requisito "notável saber jurídico e reputação ilibada", algo que não se exigia, expressamente, antes da EC n. 92/2016, como o é agora (art. 111-A); e **(iii)** permitir que, no bojo de sua competência originária, o TST processe e julgue reclamação para a preservação de sua competência e garantia da autoridade de suas decisões (art. 111-A, § 3º). A EC n. 92, de 12-7-2016, entrou em vigor na data de sua publicação, que ocorreu no *Diário Oficial da União* de 13-7-2016.

Suas decisões são irrecorríveis, delas cabendo reclamação (CF, art. 111-A, § 3º, oriundo da EC n. 92/2016), exceto as que denegarem mandado de segurança, *habeas data* e mandado de injunção, bem como as que contrariarem a Constituição da República ou declararem a inconstitucionalidade de tratado ou lei federal, hipótese em que caberão os recursos ordinário e extraordinário para a Corte Suprema. Vale lembrar que o Superior Tribunal de Justiça não possui competência para rever as decisões da Justiça do Trabalho, pois o art. 105, II e III, da Carta Maior excluiu tal matéria do campo de suas atribuições.

O Tribunal Superior do Trabalho compõe-se de vinte e sete Ministros (CF, art. 111-A, *caput* — acrescido pela EC n. 45/2004).

> **Restabelecimento da composição anterior:** A EC n. 45/2004, ao determinar que o Tribunal Superior do Trabalho será composto de 27 Ministros, reestabeleceu a composição anterior à EC n. 24/99.

Tais Ministros devem ser escolhidos dentre brasileiros com mais de 35 e menos de 70 anos de idade, como demarcou a EC n. 122/2022, dotados de "notável saber jurídico e reputação ilibada" (CF, art. 111-A, advindo da EC n. 92/2016), nomeados pelo Presidente da República após aprovação pela maioria absoluta do Senado Federal, sendo:

- um quinto dentre advogados com mais de dez anos de efetiva atividade profissional e membros do Ministério Público do Trabalho com mais de dez anos de efetivo exercício, observado o disposto no art. 94 (CF, art. 111-A, I — acrescido pela EC n. 45/2004);
- os demais dentre juízes dos Tribunais Regionais do Trabalho, oriundos da magistratura da carreira, indicados pelo próprio Tribunal Superior (CF, art. 111-A, II — acrescido pela EC n. 45/2004).

A competência do Tribunal Superior do Trabalho deve ser prevista em lei ordinária, e não em medidas provisórias ou outras modalidades normativas (CF, art. 111-A, § 1º — acrescido pela EC n. 45/2004).

> **Competência da Seção de Dissídios Individuais do TST:** "A Lei 7.701/1988, ao outorgar competência à Seção de Dissídios Individuais do TST para julgar, em última instância, no âmbito trabalhista, os embargos em que se alegue violação literal a dispositivo da Constituição da República, não alçou esse órgão ao mesmo plano do Supremo Tribunal Federal, para que se possa sustentar

◆ Cap. 21 ◆ ORGANIZAÇÃO DOS PODERES **1203**

que a atribuição dessa competência é inconstitucional por concorrer com a competência da Suprema Corte" (STF, AgI 176.277-AgRg, Rel. Min. Moreira Alves, *DJ* de 12-4-1996).

Funcionaráo junto ao Tribunal Superior do Trabalho:
* a Escola Nacional de Formação e Aperfeiçoamento de Magistrados do Trabalho, cabendo-lhe, dentre outras funções, regulamentar os cursos oficiais para o ingresso e promoção na carreira (CF, art. 111-A, § 2º, I — acrescido pela EC n. 45/2004); e

> **Art. 6º da EC n. 45/2004:** "O Conselho Superior da Justiça do Trabalho será instalado no prazo de cento e oitenta dias, cabendo ao Tribunal Superior do Trabalho regulamentar seu funcionamento por resolução, enquanto não promulgada a lei a que se refere o art. 111-A, § 2º, II".

* o Conselho Superior da Justiça do Trabalho, cabendo-lhe exercer, na forma da lei, a supervisão administrativa, orçamentária, financeira e patrimonial da Justiça do Trabalho de primeiro e segundo graus, como órgão central do sistema, cujas decisões terão efeito vinculante (CF, art. 111-A, § 2º, II — acrescido pela EC n. 45/2004).

a.2) Tribunais Regionais do Trabalho

Os Tribunais Regionais do Trabalho compõem-se de, no mínimo, sete juízes, recrutados, quando possível, na respectiva região (CF, art. 115, *caput* — redação dada pela EC n. 45/2004 e pela EC n. 122/2022).

> **Desembargador federal do trabalho:** os juízes dos Tribunais Regionais do Trabalho são conhecidos como *desembargadores federais do trabalho*. A denominação é correta, afinal eles julgam em grau de recurso. O Supremo Tribunal Federal a reconhece (STF, MS 24.575, Rel. Min. Eros Grau, *DJ* de 4-3-2005). Registre-se que o Senado aprovou o Parecer n. 1.748, e, depois, em dois turnos, a Proposta de Emenda à Constituição n. 29, de 2000, formalizando a nomeclatura *desembargador federal do trabalho* (art. 103-B).

Tais juízes são nomeados pelo Presidente da República dentre brasileiros com mais de 30 e menos de 70 anos de idade, sendo:

> **Regra de proporcionalidade do art. 111, § 1º, da CF:** "Não procede a pretensão da impetrante de aplicar aos Tribunais Regionais do Trabalho a regra especial de proporcionalidade estatuída pelo § 1º do art. 111 da Constituição, alusiva ao Tribunal Superior do Trabalho" (STF, MS 23.769, Rel. Min. Ellen Gracie, *DJ* de 30-4-2004).

* um quinto dentre advogados com mais de dez anos de efetiva atividade profissional e membros do Ministério Público do Trabalho com mais de dez anos de efetivo exercício, observado o disposto no art. 94 da Constituição;

> **Alteração de entendimento do STF:** inicialmente o Supremo Tribunal Federal havia entendido que seria inconstitucional ato normativo do Conselho Superior do Ministério Público do Trabalho, que consagra a possibilidade de dispensa do requisito temporal exigido para o acesso de Procuradores aos Tribunais Regionais do Trabalho. Argumentou-se que "somente quando não houver, entre os Membros do Ministério Público do Trabalho, candidato com mais de dez anos de carreira, será lícita a inclusão em lista, para a investidura no cargo de Juiz de Tribunal Regional do Trabalho, de quem não preencha aquele requisito temporal" (STF, Pleno, ADIn 1.289-4/DF, Rel. Min. Octavio Gallotti, *DJ*, 1, de 29-5-1998, p. 2). Mas a Corte Excelsa, noutro julgado, concluiu: "Embargos infringentes. Cabimento, na hipótese de recurso interposto antes da vigência da Lei n. 9.868, de 10 de novembro de 1999. Cargos vagos de juízes do TRT. Composição de lista. Requisitos dos arts. 94 e 115 da Constituição: quinto constitucional e lista sêxtupla. Ato normativo que menos se distancia do sistema constitucional, ao assegurar aos órgãos participantes do processo a margem de escolha necessária. Salvaguarda simultânea de princípios constitucionais em lugar da prevalência de um sobre o outro. Interpretação constitucional aberta que tem como pressuposto e limite o chamado 'pensamento jurídico do possível'. Lacuna constitucional. Embargos acolhidos para

1204 ◆ Uadi Lammêgo Bulos ◆

que seja reformado o acórdão e julgada improcedente a ADI 1.289, declarando-se a constitucionalidade da norma impugnada" (STF, ADIn 1.289-EI, Rel. Min. Gilmar Mendes, *DJ* de 27-2-2004).

• os demais, mediante promoção de juízes do trabalho por antiguidade e merecimento, alternadamente.

> **Mandado de segurança contra ato de nomeação:** "O Presidente da República é parte legítima para figurar como autoridade coatora em mandado de segurança preventivo contra ato de nomeação de juiz para o Tribunal Regional do Trabalho, na qualidade de litisconsorte necessário com o Presidente do Tribunal. A nomeação de juiz para os cargos de Desembargador dos Tribunais Federais, pelo critério de merecimento, é ato administrativo complexo, para o qual concorrem atos de vontade dos membros do tribunal de origem — que compõem a lista tríplice a partir da quinta parte dos juízes com dois anos de judicatura na mesma entrância — e do Presidente da República, que procede à escolha a partir do rol previamente determinado. A lista tríplice elaborada pelo Tribunal deve obedecer aos dois requisitos previstos no art. 93, II, *b*, da Constituição do Brasil (redação anterior à Emenda Constitucional n. 45/04)" (STF, MS 24.575, Rel. Min. Eros Grau, *DJ* de 4-3-2005).

Os Tribunais Regionais do Trabalho devem instalar a justiça itinerante, para realizar audiências e outras funções de atividade jurisdicional, nos limites territoriais da respectiva jurisdição, servindo-se de equipamentos públicos e comunitários (CF, art. 115, § 1º, acrescido pela EC n. 45/2004).

Esses Tribunais também podem funcionar descentralizadamente, constituindo Câmaras regionais, para assegurar o pleno acesso do jurisdicionado à Justiça em todas as fases do processo (CF, art. 115, § 2º, acrescido pela EC n. 45/2004).

a.3) Juízes do trabalho

Juízes do trabalho são os membros da Justiça Laboral de primeiro grau de jurisdição, que ingressam na carreira mediante concurso público de provas e títulos, para ocupar o cargo de juiz substituto (CF, art. 93, I).

> **Súmula 225 do STJ:** "Compete ao Tribunal Regional do Trabalho apreciar recurso contra sentença proferida por órgão de primeiro grau da Justiça Trabalhista, ainda que para declarar-lhe a nulidade de incompetência".

Vale lembrar que a partir da Emenda Constitucional n. 24/99, a representação classista na Justiça do Trabalho foi extinta e as Juntas de Conciliação e Julgamento transformadas em varas do Trabalho, cuja jurisdição passou a ser exercida por um juiz singular (CF, art. 116).

> **Cumprimento do mandato dos antigos classistas:** o art. 2º da EC n. 24/99 assegurou o cumprimento dos mandatos dos ministros classistas temporários do Tribunal Superior do Trabalho e dos juízes classistas temporários dos Tribunais Regionais do Trabalho e das Juntas de Conciliação e Julgamento. Com base nessa norma transitória, o Supremo Tribunal Federal concluiu que não há qualquer ofensa ao princípio da paridade na Justiça do Trabalho por parte da EC n. 24/99 (STF, ADIn 2.149/DF, Rel. Min. Moreira Alves, decisão de 22-3-2000).

Cumpre à lei ordinária criar varas da Justiça do Trabalho, podendo, nas comarcas não abrangidas por sua jurisdição, atribuí-la aos juízes de direito, com recurso para o respectivo Tribunal Regional do Trabalho (CF, art. 112 — redação da EC n. 45/2004).

> **Súmula 222 do STF:** "O princípio da identidade física do juiz não é aplicável às juntas de conciliação e julgamento da justiça do trabalho".

Mas a lei ordinária também deverá dispor sobre a constituição, investidura, jurisdição, competência, garantias e condições de exercício dos órgãos da Justiça do Trabalho (CF, art. 113 — redação da EC n. 24/99).

♦ Cap. 21 ♦ ORGANIZAÇÃO DOS PODERES

1205

Súmula 628 do STF — "Integrante de lista de candidatos a determinada vaga da composição de tribunal é parte legítima para impugnar a validade da nomeação de concorrente".

b) Competência da Justiça do Trabalho

A competência da Justiça do Trabalho vem delimitada no art. 114 da Constituição de 1988, cujos incisos e parágrafos convém serem interpretados sistematicamente e com bom senso.

Essa norma constitucional é de observância obrigatória por parte de todos os órgãos e autoridades laborais. Do Ministro do Tribunal Superior do Trabalho, passando pelo desembargador federal do trabalho e chegando ao juiz substituto, recém-concursado, todos, sem exceção, sujeitam-se aos ditames imperativos da superioridade hierárquica do art. 114.

Na realidade, o art. 114 traz quatro regras distintas de competência *ratione materiae* da Justiça do Trabalho:

- **Competência material natural ou específica** — compete à Justiça Laboral decidir as questões entre empregados e empregadores, seja qual for o tipo da relação de emprego: urbana, rural, doméstica, domiciliar, temporária etc. Não é preciso lei para regular esse encargo normativo- -constitucional. Sua eficácia é plena e a aplicabilidade imediata, porquanto independe de medida legislativa posterior.

- **Competência material decorrente** — compete à Justiça Laboral decidir causas decorrentes de relações jurídicas diversas das de emprego. É o caso dos litígios previdenciários que derivem de uma relação empregatícia. Porém, é imprescindível a existência de lei formal, atributiva dessa tarefa, pois a cláusula "outras controvérsias decorrentes da relação de trabalho, na forma da lei", prevista no art. 114, IX, remete o intérprete a um enunciado de eficácia contida e aplicabilidade dependente da edição de providência legislativa ulterior. Existindo lei específica para satisfazer tal exigência, evidente que é possível, e plausível, a Justiça do Trabalho apreciar e julgar controvérsias inominadas, travadas entre sujeitos que não se enquadrem no *nomen juris* "empregado" ou "empregadores".

- **Competência material residual** — os dissídios entre trabalhadores e Administração Pública direta e indireta da União, dos Estados, do Distrito Federal e dos Municípios devem ser examinados à luz das normas constitucionais que conferem autonomia a esses entes políticos. Significa que os litígios, regidos pelos estatutos do funcionalismo público dessas entidades, não se submetem ao crivo da Justiça do Trabalho. Só assim se pode entender a cláusula "abrangidos os entes de direito público externo e da administração pública direta e indireta da União, dos Estados, do Distrito Federal e dos Municípios", do art. 114, I.

- **Competência material executória** — compete à Justiça Laboral executar suas próprias sentenças, inclusive as coletivas, nas lides que envolvam matérias cíveis, comerciais, administrativas, previdenciárias etc. Abre-se, nesse particular, uma perspectiva muito ampla para a Justiça do Trabalho resolver certas pendências que lhe são levadas à apreciação. Cumpre-lhe, nesse particular, adentrar nas diversas áreas do fenômeno jurídico, que se interagem à semelhança do sistema de vasos comunicantes. Todavia, para que assim seja é fundamental que os prováveis conflitos interdisciplinares estejam atrelados à relação de emprego. Sem isso, não há falar em competência material executória.

b.1) Amplitude do art. 114 da Constituição Federal

A Emenda Constitucional n. 45/2004 ampliou a competência da Justiça do Trabalho, prevista no art. 114 da Constituição Federal.

Resta saber até que ponto o constituinte reformador chegou.

Certamente, todos os litígios decorrentes da relação empregatícia enquadram-se nessa competência, como já havia dito o Supremo Tribunal Federal antes mesmo do advento da reforma do Judiciário.

> **Precedente:** numa ação de empregado contra empregador, visando à observação das condições negociais de contratar, formulada pela empresa em decorrência do vínculo de emprego, decidiu o Pretório Excelso: "À determinação da competência da Justiça do Trabalho não importa que dependa a solução da lide de questões de direito civil, mas sim, no caso, que a promessa de

1206 ◆ Uadi Lammêgo Bulos ◆

contratar, cujo alegado conteúdo é o fundamento do pedido, tenha sido feita em razão da relação de emprego, inserindo-se no contrato de trabalho" (STF, Pleno, CJ 6.959/6, Rel. Min. Sepúlveda Pertence, DJU de 22-2-1991).

Entendeu a Corte que, para saber se a lide decorre ou não do vínculo empregatício, pouco importa se a sua composição judicial envolve temas jurídicos de Direito comum. Nada tem que ver, pois, se a questão versa sobre Direito Civil ou Direito Previdenciário, por exemplo. O que importa, apenas, é a comprovação da relação de emprego.

Nesse sentido: STF, Pleno, CJ 6.959/6, Rel. Min. Sepúlveda Pertence, DJU de 22-2-1991.

Mas isso não é o bastante. Tem de haver *bom senso*, sob pena de transferir para a Justiça Laboral competências que, em rigor, não são suas.

As relações que envolvam direito do consumidor, por exemplo, podem misturar-se com vínculos empregatícios, o que não significa que estejam submetidas à competência constitucional da Justiça do Trabalho. É que os depositários da Emenda Constitucional n. 45/2004 não pretenderam acabar com os órgãos especializados da Justiça Comum, encarregados de apreciar e julgar litígios consumeristas. No momento que se admitem juízes laborais adentrando nessa seara, esvazia-se a competência daqueles órgãos especiais. Ora, a bandeira da reforma do Judiciário foi a celeridade. Não é razoável sobrecarregar a Justiça do Trabalho com demandas que, em tese, competem aos Juizados de Defesa do Consumidor, criados, de modo específico, para essa finalidade.

Como se vê, o art. 114 deve ser compreendido nos lindes da *razoabilidade*, porque de nada adianta resolver um problema e criar outro. As normas constitucionais não existem para plantar dificuldades a fim de vender facilidades. Embora a exegese delas seja um ato de vontade associado a um ato de conhecimento, isso não autoriza o intérprete a renegar o contexto social e a repercussão do fato na sociedade.

b.2) Desdobramento do art. 114 da Constituição Federal

Pelo art. 114, I a IX, da Constituição Federal (com redação da EC n. 45/2004), compete à Justiça do Trabalho processar e julgar:

- as ações oriundas da relação de trabalho, abrangidos os entes de direito público externo e da administração pública direta e indireta da União, dos Estados, do Distrito Federal e dos Municípios;

   Casuística do STF:
   - **Súmula 234** — "São devidos honorários de advogado em ação de acidente do trabalho julgada procedente".
   - **Súmula 736** — "Compete à Justiça do Trabalho julgar as ações que tenham como causa de pedir o descumprimento de normas trabalhistas relativas à segurança, higiene e saúde dos trabalhadores".
   - **Suspensão *ad referendum* do art. 114, I, da CF** — a Associação dos Juízes Federais questionou, no Supremo, a constitucionalidade do inciso I do art. 114 da Carta Magna, na redação dada pela EC n. 45/2004. Em sede de medida liminar, concluiu o relator que o preceito questionado poderá estabelecer "conflitos entre a Justiça Federal e a Justiça Trabalhista, quanto à competência desta ou daquela. Em face dos princípios da proporcionalidade e da razoabilidade e ausência de prejuízo, concedo a liminar, com efeito *ex tunc*. Dou interpretação conforme ao inciso I do art. 114 da CF, com a redação da EC n. 45/2004. Suspendo, *ad referendum*, toda e qualquer interpretação dada ao inciso I do art. 114 da CF, na redação dada pela EC n. 45/2004, que inclua, na competência da Justiça do Trabalho, a apreciação de causas que sejam instauradas entre o Poder Público e seus servidores, a ele vinculados por típica relação de ordem estatutária ou de caráter jurídico-administrativo" (STF, ADIn 3.395-6-MC/DF, Rel. Min. Cezar Peluso, decisão de 27-1-2005).
   - **Contrato por tempo determinado para atender a necessidade temporária de excepcional interesse público** — para o Supremo Tribunal Federal, trata-se de típica demanda trabalhista contra pessoa jurídica de direito público, motivo pelo qual compete à Justiça do Trabalho examinar a matéria (STF, CComp 7.128, Rel. Min. Gilmar Mendes, DJ de 1º-4-2005).

◆ Cap. 21 ◆ ORGANIZAÇÃO DOS PODERES　　　　　　　　　　　　　　**1207**

- **Complementação de pensão ou de proventos de aposentadoria** — compete à Justiça laboral examinar a matéria se a questão for regulada em contrato de trabalho (STF, AgI 524.869-AgRg, Rel. Min. Sepúlveda Pertence, *DJ* de 11-3-2005).
- **Ação civil pública para preservação do meio ambiente do trabalho** — "Tendo a ação civil pública como causas de pedir disposições trabalhistas e pedidos voltados à preservação do meio ambiente do trabalho e, portanto, aos interesses dos empregados, a competência para julgá-la é da Justiça do Trabalho" (STF, RE 206.220, Rel. Min. Marco Aurélio, *DJ* de 17-9-1999).
- **Conflito negativo de competência entre juiz federal e o TST** — "Entendimento desta Corte no sentido de que, em tese, se o empregado público ingressa com ação trabalhista, alegando estar vinculado ao regime da CLT, compete à Justiça do Trabalho a decisão da causa. Conflito de competência julgado procedente, ordenando-se a remessa dos autos ao TST" (STF, CComp 7.134, Rel. Min. Gilmar Mendes, *DJ* de 15-8-2003).

- as ações que envolvam exercício do direito de greve;
- as ações sobre representação sindical, entre sindicatos, entre sindicatos e trabalhadores, e entre sindicatos e empregadores;

Todo aquele que emprega sua energia pessoal, em proveito próprio ou alheio, buscando um resultado determinado, econômico ou não, é trabalhador, que, no sentido do art. 114, III, da Constituição Federal, é o mesmo que empregado.

Casuística do STF:
- **Celebração de convenções e acordos coletivos de trabalho constitui direito reservado exclusivamente aos trabalhadores da iniciativa privada** — "A negociação coletiva demanda a existência de partes detentoras de ampla autonomia negocial, o que não se realiza no plano da relação estatutária. A Administração Pública é vinculada pelo princípio da legalidade. A atribuição de vantagens aos servidores somente pode ser concedida a partir de projeto de lei de iniciativa do Chefe do Poder Executivo, consoante dispõe o artigo 61, § 1º, inciso II, alíneas *a* e *c*, da Constituição do Brasil, desde que supervenientemente aprovado pelo Poder Legislativo. Precedentes. A fixação de data para o pagamento dos vencimentos dos servidores estaduais e a previsão de correção monetária em caso de atraso não constituem aumento de remuneração ou concessão de vantagem" (STF, ADIn 559, Rel. Min. Eros Grau, *DJ* de 5-5-2006). **No mesmo sentido:** STF, ADIn 554, Rel. Min. Eros Grau, *DJ* de 5-5-2006; RE 240.735-AgRg, Rel. Min. Eros Grau, *DJ* de 5-5-2006.
- **Contribuição assistencial. Regência constitucional anterior à EC n. 45/2004** — "A competência da Justiça do Trabalho para processar e julgar ações sobre representação sindical, entre sindicatos, entre sindicatos e trabalhadores e entre sindicatos e empregadores — art. 114, III, da Constituição Federal, com a redação da Emenda n. 45, de 2004 —, abrange demandas propostas por sindicato de categoria econômica contra empregador, objetivando o reconhecimento do direito à contribuição assistencial" (STF, CComp 7.221/RS, Rel. Min. Marco Aurélio, *Clipping do DJ* de 25-8-2006).
- **Ação contra sindicato pleiteando a desoneração do pagamento de contribuição confederativa estipulada em cláusula de acordo coletivo de trabalho** — "Não é caso de incidência da Lei n. 8.984/1995, editada com base no art. 114 da Constituição Federal, que retirou do âmbito residual deixado à Justiça Comum dos Estados a ação tendo por objeto o adimplemento de obrigação assumida em convenções ou acordos coletivos de trabalho, incluindo-se na órbita da Justiça Trabalhista, tendo em vista que tanto a sentença de primeiro grau como o acórdão recorrido foram prolatados muito antes da vigência da referida lei, quando era competente a Justiça Comum dos Estados" (STF, RE 204.194, Rel. Min. Ilmar Galvão, *DJ* de 6-2-1998).
- **Litígio entre sindicato de trabalhadores e empregador que tem origem no cumprimento de convenção coletiva de trabalho ou acordo coletivo de trabalho** — "Pela jurisprudência desta Corte, não havendo lei que atribua competência à Justiça Trabalhista para julgar relações jurídicas como a em causa, é competente para julgá-la a Justiça Comum. Sucede, porém, que depois da interposição do presente recurso extraordinário, foi editada a Lei 8.984, de 7-2-1995, que afastou a premissa de que partiu o entendimento deste Tribunal ao julgar o RE 130.555,

1208 ◆ Uadi Lammêgo Bulos ◆

porquanto o art. 1º da referida lei dispõe que 'compete à Justiça do Trabalho conciliar e julgar os dissídios que tenham origem no cumprimento de convenções coletivas de trabalho e acordos coletivos de trabalho, mesmo quando ocorram entre sindicatos ou entre sindicato de trabalhadores e empregador'. E, em se tratando de recurso extraordinário interposto contra acórdão que julgou conflito de competência, não tem sentido que se deixe de aplicar a lei superveniente à interposição desse recurso, para dar-se como competente Juízo que o era antes da citada Lei, mas que deixou de sê-lo com o advento dela" (STF, RE 131.096, Rel. Min. Moreira Alves, *DJ* de 29-9-1995).

- os mandados de segurança, *habeas corpus* e *habeas data*, quando o ato questionado envolver matéria sujeita à sua jurisdição;

> ***Habeas corpus* contra decreto de prisão civil de juiz do trabalho: coação atribuída ao Tribunal Regional do Trabalho — coexistência de acórdãos diversos para o mesmo caso, emanados de tribunais de idêntica hierarquia (STJ e TST) — validade do acórdão do STJ, no caso, dado que as impetrações foram julgadas antes da EC n. 45/2004:** "Até a edição da EC 45/2004, firme a jurisprudência do Tribunal em que, sendo o *habeas corpus* uma ação de natureza penal, a competência para o seu julgamento será sempre de juízo criminal, ainda que a questão material subjacente seja de natureza civil, como no caso de infidelidade de depositário, em execução de sentença, e, por isso, quando se imputa coação a Juiz do Trabalho de 1º Grau, compete ao Tribunal Regional Federal o seu julgamento, dado que a Justiça do Trabalho não possui competência criminal" (STF, HC 85.096, Rel. Min. Sepúlveda Pertence, *DJ* de 14-10-2005).

- os conflitos de competência entre órgãos com jurisdição trabalhista, ressalvado o disposto no art. 102, I, *o*, da Constituição;

> **Casuística do STF:**
> - **Conflito de competência entre TRT e STJ** — "Vara do trabalho e juiz de direito investido na jurisdição trabalhista. Hipótese de conflito entre Vara do Trabalho e Juiz de Direito no exercício de funções específicas da Justiça Trabalhista. O STJ, em face da Súmula 180, dele não conheceu, determinando a remessa dos autos ao TRT, que suscitou novo conflito perante esta Corte. Ocorrência de legitimidade do TRT, com fundamento da alínea *o* do inciso I do artigo 102 da Constituição Federal. Competente o Tribunal Regional do Trabalho para decidir conflito de competência, verificado na respectiva região, entre Vara do Trabalho e Juiz de Direito investido na jurisdição trabalhista" (STF, CComp 7.076, Rel. Min. Maurício Corrêa, *DJ* de 8-2-2002).
> - **Conflito de competência entre juiz de direito investido de jurisdição trabalhista e juiz do trabalho** — competência do TRT para dirimir o conflito (STF, CComp 7.061, Rel. Min. Carlos Velloso, *DJ* de 31-10-2001).

- as ações de indenização por dano moral ou patrimonial, decorrentes da relação de trabalho;

> **Casuística do STF:**
> - **Competência para julgar ação de reparação de danos por acidente do trabalho** — até o julgamento do Conflito de Competência n. 7.204, o Pretório Excelso entendia ser da Justiça Comum estadual a competência para julgar ação de reparação de danos por acidente de trabalho. Depois dessa decisão, a competência passou a ser da Justiça do Trabalho. Eis o cerne do *decisum*: "Numa primeira interpretação do inciso I do art. 109 da Carta de Outubro, o Supremo Tribunal Federal entendeu que as ações de indenização por danos morais e patrimoniais decorrentes de acidente do trabalho, ainda que movidas pelo empregado contra seu (ex-) empregador, eram da competência da Justiça comum dos Estados-Membros. Revisando a matéria, porém, o Plenário concluiu que a Lei Republicana de 1988 conferiu tal competência à Justiça do Trabalho. Seja porque o art. 114, já em sua redação originária, assim deixava transparecer, seja porque aquela primeira interpretação do mencionado inciso I do art. 109 estava, em boa verdade, influenciada pela jurisprudência que se firmou na Corte sob a égide das Constituições anteriores. Nada obstante, como imperativo de política judiciária — haja vista o significativo número de ações que já tramitaram e ainda tramitam nas instâncias ordinárias, bem como o relevante interesse social em causa —, o Plenário decidiu, por maioria,

Cap. 21 ◆ ORGANIZAÇÃO DOS PODERES **1209**

que o marco temporal da competência da Justiça trabalhista é o advento da EC 45/2004" (STF, CComp 7.204, Rel. Min. Carlos Britto, *DJ* de 9-12-2005). Assim, a "competência para julgar as ações indenizatórias decorrentes da relação laboral — após a promulgação da EC 45/2004 — é da Justiça do Trabalho, desde que não tenha sido proferida sentença de mérito pela Justiça comum" (STF, Pet. 3.578, Rel. Min. Eros Grau, *DJ* de 22-2-2006). **No mesmo sentido:** STF, AgI 529.763-AgRg-ED, Rel. Min. Carlos Velloso, *DJ* de 2-12-2005.
* **Competência para julgar dano moral e material decorrente de acidente de trabalho** — "É competente a Justiça Comum estadual para o julgamento das causas relativas a indenização por acidente de trabalho, bem assim para as hipóteses de dano material e moral que tenham como origem esse fato jurídico, tendo em vista o disposto no artigo 109, I, da Constituição do Brasil. A nova redação dada ao artigo 114 pela EC 45/2004 não teve a virtude de deslocar para a Justiça do Trabalho a competência para o exame da matéria, pois expressamente refere-se o dispositivo constitucional a dano moral ou patrimonial decorrentes de relação de trabalho" (STF, RE 394.943, Rel. Min. Eros Grau, *DJ* de 13-5-2005).

* as ações relativas às penalidades administrativas impostas aos empregadores pelos órgãos de fiscalização das relações de trabalho;

  Fundo de Garantia das Execuções Trabalhistas: pelo art. 3º da EC n. 45/2004, "A lei criará o Fundo de Garantia das Execuções Trabalhistas, integrado pelas multas decorrentes de condenações trabalhistas e administrativas oriundas da fiscalização do trabalho, além de outras receitas".

* a execução, de ofício, das contribuições sociais previstas no art. 195, I, *a*, e II, e seus acréscimos legais, decorrentes das sentenças que proferir;
* outras controvérsias decorrentes da relação de trabalho, na forma da lei.

A Carta Magna finda o catálogo de competências da Justiça Laboral enunciando três regras:
* **Arbitragem** — frustrada a negociação coletiva, as partes poderão eleger árbitros (CF, art. 114, § 1º);
* **Dissídio coletivo de natureza econômica** — recusando-se qualquer das partes à negociação coletiva ou à arbitragem, é-lhes facultado, de comum acordo, ajuizar dissídio coletivo de natureza econômica, podendo a Justiça do Trabalho decidir o conflito, respeitadas as disposições mínimas legais de proteção ao trabalho, bem como as convencionadas anteriormente (CF, art. 114, § 1º, redação da EC n. 45/2004). Aqui a reforma do Judiciário ampliou a faculdade de ajuizar dissídio coletivo econômico, permitindo à Justiça do Trabalho decidir o conflito, e não simplesmente estabelecer as normas e as condições para sanar divergências, como era antes.

  Casuística do STF (anterior à EC n. 45/2004):
  * **Exaurimento das negociações para propor ação coletiva** — "O exaurimento das tratativas negociais é requisito indispensável à propositura da ação coletiva" (STF, Ag. 166.962-4, Rel. Min. Carlos Velloso, decisão de 30-4-1996).
  * **Dissídio coletivo. Ausência de previsão legal para cláusulas deferidas. Poder normativo da Justiça do Trabalho. Limites na lei** — "A jurisprudência da Corte é no sentido de que as cláusulas deferidas em sentença normativa proferida em dissídio coletivo só podem ser impostas se encontrarem suporte na lei" (STF, RE 114.836, Rel. Min. Maurício Corrêa, *DJ* de 6-3-1998).
  * **Competência normativa da Justiça do Trabalho** — "Recursos igualmente providos, quanto à cláusula 14ª (antecipação, para junho, da primeira parcela do 13º salário), por exceder seu conteúdo à competência normativa da Justiça do Trabalho, cujas decisões, a despeito de configurarem fonte de direito objetivo, revestem o caráter de regras subsidiárias, somente suscetíveis de operar no vazio legislativo, e sujeitas à supremacia da lei formal (art. 114, § 2º, da Constituição)" (STF, RE 197.911, Rel. Min. Octavio Gallotti, *DJ* de 7-11-1997).

* **Ajuizamento de dissídio coletivo pelo Ministério Público do Trabalho (CF, art. 114, § 3º — redação dada pela EC n. 45/2004)** — em caso de greve em atividade essencial, com possibilidade de lesão do interesse público, o Ministério Público do Trabalho poderá ajuizar dissídio coletivo,

1210 ◆ Uadi Lammêgo Bulos ◆

competindo à Justiça do Trabalho decidir o conflito. Nesse tópico, a reforma do Judiciário mudou, completamente, a forma e o conteúdo versado no preceito. A substância, dantes nele prevista, foi transferida para o art. 114, VIII, da Constituição.

✧ 6.12. Tribunais e juízes eleitorais

Coube à Constituição da ex-Tchecoslováquia de 1918 inaugurar a técnica de constitucionalizar a Justiça Eleitoral, mediante a previsão de órgãos específicos para esse fim (art. 19).

Esse modelo foi seguido pela Carta austríaca de 1920, cujo principal artífice foi Hans Kelsen, que apregoava a lisura dos pleitos políticos.

Os tribunais e juízes eleitorais, portanto, são órgãos instituídos para reprimir deturpações, assegurando a *pureza do voto*.

No Brasil, essa Justiça inaugurou-se com o Código Eleitoral de 1932, sagrando-se depois na Constituição de 1934.

Há quem aponte divergências quanto à sua conveniência. Todavia, eliminá-la não é solução satisfatória. Repensá-la, em pontos específicos, sim. Em termos gerais, não se pode negar que a Justiça Eleitoral trouxe condicionamentos benéficos a hábitos políticos arraigados na mentalidade predominante.

a) Órgãos da Justiça Eleitoral

São órgãos da Justiça Eleitoral (CF, art. 118, I a IV): o Tribunal Superior Eleitoral; os Tribunais Regionais Eleitorais; os juízes eleitorais; e as Juntas Eleitorais.

a.1) Tribunal Superior Eleitoral

O Tribunal Superior Eleitoral é o órgão de cúpula da Justiça Eleitoral.

Sua composição é mista, abarcando magistrados e advogados (CF, art. 119, I e II).

É composto de, no mínimo, sete membros, escolhidos:

- mediante eleição, pelo voto secreto, três juízes dentre os Ministros do Supremo Tribunal Federal e dois juízes dentre os Ministros do Superior Tribunal de Justiça;
- por nomeação do Presidente da República, dois juízes dentre seis advogados de notável saber jurídico e idoneidade moral, indicados pelo Supremo Tribunal Federal.

Quer dizer, o TSE é composto por sete ministros titulares e sete ministros substitutos. Três ministros são provenientes do STF, sendo que os dois mais antigos devem exercer a presidência e a vice-presidência da Corte eleitoral; dois ministros do STJ, sendo que o mais antigo dos dois exerce a função de corregedor eleitoral; e dois representantes da advocacia, nomeados pelo presidente da República a partir da lista encaminhada pelo STF. Cada ministro do TSE tem um substituto, advindo da mesma classe do titular, seja do STF, do STJ ou dos advogados.

O Tribunal Superior Eleitoral elegerá seu presidente e o vice-presidente dentre os Ministros do Supremo Tribunal Federal, e o corregedor eleitoral, dentre os Ministros do Superior Tribunal de Justiça (CF, art. 119, parágrafo único).

A escolha do presidente e vice-presidente do Tribunal Superior Eleitoral dar-se-á mediante eleição organizada no próprio órgão.

São irrecorríveis as decisões do Tribunal Superior Eleitoral, salvo as que contrariarem a Carta de 1988 e as denegatórias de *habeas corpus* ou mandado de segurança (CF, art. 119, § 3º).

> **Decisão do TSE que não se fundou em reexame da prova:** "Não viola o art. 121, § 3º, da Constituição decisão do TSE em recurso especial que não se fundou em reexame da prova, mas, sim, na qualificação jurídica de fato. O princípio do sufrágio universal vem conjugado, no art. 14 da Constituição, à exigência do sigilo do voto: não o ofende, portanto, a decisão que entende nula a cédula assinalada de modo a poder identificar o eleitor" (STF, Pleno, RE 133.468/MG, Rel. Min. Sepúlveda Pertence, *DJ* de 9-3-1990).

◆ Cap. 21 ◆ ORGANIZAÇÃO DOS PODERES

1211

Interessante observar que a competência para apreciar e julgar **recursos contra a expedição de diplomas em eleições federais e estaduais** é do Tribunal Superior Eleitoral, e não do Supremo Tribunal Federal.

Aliás, a jurisprudência do próprio Supremo, há mais de quarenta anos, é pacífica no sentido de que compete, originariamente, ao Tribunal Superior Eleitoral, e não a ele, apreciar e julgar recursos contra a expedição de diplomas decorrentes de eleições federais e estaduais (STF, ADPF 167 Referendo em MC/DF, Rel. Min. Eros Grau, *DJE* de 9-10-2009).

a.2) Tribunais Regionais Eleitorais

Haverá um Tribunal Regional Eleitoral na Capital de cada Estado e no Distrito Federal (CF, art. 120).

Os Tribunais Regionais Eleitorais compor-se-ão (CF, art. 120, § 1º, I, II, III):

* mediante eleição, pelo voto secreto de dois juízes dentre os desembargadores do Tribunal de Justiça e de dois juízes, dentre juízes de direito, escolhidos pelo Tribunal de Justiça;
* de um juiz do Tribunal Regional Federal com sede na Capital do Estado ou no Distrito Federal, ou, não havendo, de juiz federal, escolhido, em qualquer caso, pelo Tribunal Regional Federal respectivo;
* por nomeação, pelo Presidente da República, de dois juízes dentre seis advogados de notável saber jurídico e idoneidade moral, indicados pelo Tribunal de Justiça.

> **Casuística do STF:**
> * **Preenchimento de vaga de juiz substituto da classe dos advogados** — "Regra geral. Art. 94, CF. Prazo de 10 (dez) anos de exercício da atividade profissional. Tribunal Regional Eleitoral. Art. 120, § 1º, III, CF. Encaminhamento de Lista Tríplice. A Constituição silenciou-se, tão somente, em relação aos advogados indicados para a Justiça Eleitoral. Nada há, porém, no âmbito dessa justiça, que possa justificar disciplina diferente na espécie. Omissão constitucional que não se converte em silêncio eloquente" (STF, RMS 24.334, Rel. Min. Gilmar Mendes, *DJ* de 26-8-2005).
> * **Lista tríplice que encaminha para vaga de advogado nome de magistrado aposentado, inscrito na OAB** — "Exclusão do mesmo pelo TSE — art. 25, § 2º do Código Eleitoral. A Lei n. 7.191/94 não revogou o § 2º do art. 25 do CE, com a redação dada pela Lei 4.961/66. O dispositivo foi recepcionado pela CF. Impugnação procedente para manter a decisão do tribunal. A análise da instituição, Justiça Eleitoral, parte de um determinado princípio e de um determinado espírito informador, para que se integre ao tribunal, aquele que se produziu na profissão, por longos anos, escolhido não pela corporação, mas pelos membros do tribunal, que conhecem quem está exercendo a profissão e realmente tem condição de trazer a perspectiva do advogado ao debate das questões eleitorais" (STF, RMS 23.123, Rel. Min. Nelson Jobim, *DJ* de 12-3-2004).
> * **Vaga reservada à classe dos advogados. Participação da OAB no procedimento de indicação** — "Compete exclusivamente ao Tribunal de Justiça do Estado a indicação de advogados, para composição de Tribunal Regional Eleitoral, nos termos do art. 120, § 1º, inciso III, da Constituição, sem a participação, portanto, do órgão de representação da respectiva classe, a que se refere o parágrafo único do art. 94, quando trata da composição do quinto nos Tribunais Regionais Federais, dos Estados, do Distrito Federal e Territórios" (STF, MS 21.060, Rel. Min. Sydney Sanches, *DJ* de 23-8-1991). **No mesmo sentido:** STF, MS 21.073, Rel. Min. Paulo Brossard, *DJ* de 20-9-1991.

O Tribunal Regional Eleitoral elegerá seu presidente e o vice-presidente dentre os desembargadores (CF, art. 120, § 2º).

Das decisões dos Tribunais Regionais Eleitorais somente caberá recurso quando (CF, art. 121, § 4º, I a V):

* forem proferidas contra disposição expressa desta Constituição ou de lei;

> **Recurso para o TSE:** "Contra acórdão de Tribunal Regional Eleitoral somente cabe Recurso para o Tribunal Superior Eleitoral, mesmo que nele se discuta matéria constitucional. É o que se extrai

1212 ◆ Uadi Lammêgo Bulos ◆

do disposto no art. 121, *caput*, e seu § 4º, inc. I, da Constituição Federal de 1988, e nos artigos 22, inc. II, e 276, I e II, do Código Eleitoral (Lei n. 4.737, de 15-7-65). No âmbito da Justiça Eleitoral, somente os acórdãos do Tribunal Superior Eleitoral é que podem ser impugnados, perante o STF, em Recurso Extraordinário (CF, arts. 121, § 3º, e 102, III, *a*, *b* e *c*)" (STF, AgI 164.491-AgRg, Rel. Min. Sydney Sanches, *DJ* de 22-3-1996).

- ocorrer divergência na interpretação de lei entre dois ou mais tribunais eleitorais;
- versarem sobre inelegibilidade ou expedição de diplomas nas eleições federais ou estaduais;
- anularem diplomas ou decretarem a perda de mandatos eletivos federais ou estaduais;
- denegarem *habeas corpus*, mandado de segurança, *habeas data* ou mandado de injunção.

a.3) Juízes e Juntas Eleitorais
Lei complementar disporá sobre a organização e competência dos tribunais, dos juízes de direito e das juntas eleitorais (CF, art. 121, *caput*).

Casuística do STF:
- **Única ressalva à competência por prerrogativa de função do Tribunal de Justiça para julgar juízes estaduais** — "Firme a jurisprudência do Supremo Tribunal no sentido de que a única ressalva à competência por prerrogativa de função do Tribunal de Justiça para julgar juízes estaduais, nos crimes comuns e de responsabilidade, é a competência da Justiça Eleitoral. Precedentes" (STF, RE 398.042, Rel. Min. Sepúlveda Pertence, *DJ* de 6-2-2004).
- **Uso de simuladores de urna eletrônica** — "Não incide em ofensa à Constituição Federal o ato normativo do Tribunal Regional Eleitoral que veda a utilização de simuladores de urna eletrônica como veículo de propaganda eleitoral. Possibilidade de indução fraudulenta de eleitores, com favorecimento indevido aos candidatos com maior poder econômico. Legitimidade da atuação da Justiça especializada, como forma de garantir a efetividade da legislação e do processo eleitoral, assegurando observância aos princípios da isonomia e da liberdade do voto" (STF, ADIn 2.275, Rel. Min. Maurício Corrêa, *DJ* de 13-9-2002). **No mesmo sentido:** STF, ADIn 2.268-MC, Rel. Min. Octavio Gallotti, *DJ* de 2-8-2002.
- **Ação rescisória eleitoral** — "Não ofende a Constituição Federal a instituição de uma ação rescisória eleitoral, como prevista na alínea *j* do inc. I do art. 22 do Código Eleitoral (Lei n. 4.737, de 15-7-1965), acrescentada pelo art. 1º da Lei Complementar n. 86, de 14-5-1996. São inconstitucionais, porém, as expressões 'possibilitando-se o exercício do mandato eletivo até seu trânsito em julgado', contidas na mesma alínea *j*, pois implicariam suspensão, ao menos temporária, da eficácia da coisa julgada sobre inelegibilidade, em afronta ao inciso XXXVI do art. 5º da Constituição Federal. Igualmente inconstitucionais as expressões 'aplicando-se, inclusive, às decisões havidas até cento e vinte dias anteriores à sua vigência', constante do art. 2º da mesma LC n. 86/1996, pois essa eficácia retroativa afetaria direito adquirido daqueles que foram beneficiados pela coisa julgada em matéria de inelegibilidade, quando ainda não havia possibilidade de sua impugnação por Ação Rescisória" (STF, ADIn 1.459, Rel. Min. Sydney Sanches, *DJ* de 7-5-1999).
- **Apreciação de *habeas corpus* pela Justiça Eleitoral** — "Não compete à Justiça Eleitoral conhecer e julgar *habeas corpus* em que se requer o trancamento de ações penais instauradas para apurar crime previsto na Lei de Imprensa, da competência da Justiça comum" (STF, RHC 76.980, Rel. Min. Carlos Velloso, *DJ* de 4-9-1998).
- **Inclusão em lista para remessa ao órgão da Justiça Eleitoral do nome do administrador público que teve suas contas rejeitadas pelo TCU, além de lhe ser aplicada a pena de multa** — "Inocorrência de dupla punição, dado que a inclusão do nome do administrador público na lista não configura punição. Inelegibilidade não constitui pena. Possibilidade, portanto, de aplicação da lei de inelegibilidade, Lei Complementar n. 64/1990, a fatos ocorridos anteriormente a sua vigência. À Justiça Eleitoral compete formular juízo de valor a respeito das irregularidades apontadas pelo Tribunal de Contas, vale dizer, se as irregularidades configuram ou não inelegibilidade" (STF, MS 22.087, Rel. Min. Carlos Velloso, *DJ* de 10-5-1996).
- **Arguição de suspeição à maioria dos juízes efetivos do TRE** — "Dirigida a arguição de suspeição à maioria dos juízes efetivos do TRE, por fundamentos comuns a todos os exceptos, desloca-se para o STF a competência originária para processar e julgar a própria Exceção e não apenas o

◆ Cap. 21 ◆ ORGANIZAÇÃO DOS PODERES   **1213**

Agravo Regimental da decisão do Relator, na Corte de origem, que liminarmente a rejeitara: incidente, em tal hipótese, o art. 102, I, *n*, CF, não cabe declinar da competência questionada para o TSE, ainda que, em recurso pendente e de sua competência, se tenha preliminarmente alegado a suspeição objeto da Exceção anterior. Precedentes" (STF, AO 202-QO, Rel. Min. Sepúlveda Pertence, *DJ* de 11-3-1994).

Os membros dos tribunais, os juízes de direito e os integrantes das juntas eleitorais, no exercício de suas funções, e no que lhes for aplicável, gozarão de plenas garantias e serão inamovíveis (CF, art. 121, § 1º).

Finalmente, os juízes dos tribunais eleitorais, salvo motivo justificado, servirão por dois anos, no mínimo, e nunca por mais de dois biênios consecutivos, sendo os substitutos escolhidos na mesma ocasião e pelo mesmo processo, em número igual para cada categoria (CF, art. 121, § 2º).

> **Entendimento do STF:** "O parágrafo único do art. 5º da Resolução 615/2002, do TRE/MG, estabelece que nenhum juiz poderá voltar a integrar o Tribunal na mesma classe ou em classe diversa, por dois biênios consecutivos. Inconstitucionalidade: a norma proíbe quando a Constituição faculta ao juiz servir por dois biênios consecutivos. CF, art. 121, § 2º. Ademais, não cabe ao TRE a escolha dos seus juízes. Essa escolha cabe ao Tribunal de Justiça, mediante eleição, pelo voto secreto: CF, art. 120, § 1º, I, *a* e *b*, II e III. A norma regimental do TRE condiciona, pois, ao Tribunal incumbido da escolha, certo que a Constituição não confere à Corte que expediu a resolução proibitória tal atribuição" (STF, ADIn 2.993, Rel. Min. Carlos Velloso, *DJ* de 12-3-2004).

✧ 6.13. Tribunais e juízes militares

Os Tribunais e juízes militares correspondem a um ramo especializado da Justiça brasileira, criado em virtude dos princípios que regem a vida dos militares.

Entendeu o constituinte de 1988 que os soldados não poderiam ser julgados por órgãos comuns, devido à natureza particularizada das funções que exercem e da legislação especial que disciplina suas condutas.

a) Órgãos da Justiça Militar

São órgãos da Justiça Militar (CF, art. 122, I e II): o Superior Tribunal Militar; e os Tribunais e Juízes Militares instituídos por lei.

Entendeu o Supremo Tribunal Federal que não é incompatível com a atual Constituição a composição, por um capitão e por dois oficiais de menor posto, dos Conselhos de Justiça nos corpos, formações e estabelecimentos militares. A legislação ordinária anterior, portanto, não foi derrogada, nesse ponto, pela Carta de 1988.

> **Precedente:** STF, Pleno, HC 67.931/RS, Rel. Min. Moreira Alves, *DJ* de 31-8-1990.

a.1) Superior Tribunal Militar

O Superior Tribunal Militar é o órgão de cúpula da Justiça Militar. É composto de quinze Ministros vitalícios, nomeados pelo Presidente da República, depois de aprovada a indicação pelo Senado Federal, em votação secreta, sendo (CF, art. 123, *caput*):

- três dentre oficiais-generais da Marinha;
- quatro dentre oficiais-generais do Exército;
- três dentre oficiais-generais da Aeronáutica, todos da ativa e do posto mais elevado da carreira; e
- cinco dentre civis.

Esse critério de composição do Superior Tribunal Militar descende do Alvará de 1º de abril de 1808, que criou o Conselho Supremo Militar de Justiça.

Nos moldes da Carta de 1988, a composição do Superior Tribunal Militar é mista, pois dela participam oficiais-generais das Forças Armadas e civis.

Quanto aos Ministros civis, serão escolhidos pelo Presidente da República dentre brasileiros com mais de 35 e menos de 70 anos de idade, sendo (CF, art. 123, parágrafo único, com redação dada pela EC n. 122/2022, e incisos I e II):

1214 ◆ Uadi Lammêgo Bulos ◆

- três dentre advogados de notório saber jurídico e conduta ilibada, com mais de dez anos de efetiva atividade profissional; e

   Significado de efetiva atividade profissional: "O art. 123 da Constituição dá ensejo a que se admita como efetiva atividade profissional o exercício da advocacia tal como previsto no artigo 71 do Estatuto da Ordem dos Advogados, não cabendo restringi-la à advocacia forense. Por outro lado, a efetiva atividade profissional, de que cuida a Constituição, não pode ser concebida como exercício do qual não seja permitido o afastamento eventual do advogado, ainda que para investir-se em cargo ou função pública temporários" (STF, MS 20.930, Rel. Min. Carlos Madeira, *DJ* de 28-6-1991).

- dois, por escolha paritária, dentre juízes auditores e membros do Ministério Público da Justiça Militar.

Essa proporção é de observância obrigatória.

Vale lembrar que para a investidura no cargo de Ministro do Superior Tribunal Militar não é preciso invocar o art. 93, VI, da Constituição, que limita em 65 anos a idade do nomeado, porque essa norma busca estabelecer o tempo mínimo do exercício da judicatura para efeito de aposentadoria facultativa.

   Nesse sentido: STF, MS 20.930, Rel. Min. Carlos Madeira, *DJ* de 28-6-1991.

Noutro prisma, a "dualidade de composição prevista no artigo 123 da Constituição Federal — militares oficiais generais da ativa no posto mais elevado e civis — é conducente a ter-se como inconstitucional a indicação de oficial da reserva para ocupar vaga destinada a civil, sendo irrelevante o fato de o escolhido manter dupla qualificação — militar reformado na patente de coronel e advogado" (STF, MS 23.138, Rel. Min. Marco Aurélio, *DJ* de 19-4-2002).

a.2) Tribunais e juízes militares

Compete à Justiça Militar, que, além do Superior Tribunal Militar, também é formada pelos Tribunais e juízes militares, processar e julgar os crimes militares definidos em lei ordinária (CF, art. 124, *caput*).

Assim, cumpre à lei ordinária dispor sobre a organização, o funcionamento e a competência da Justiça Militar (CF, art. 124, parágrafo único).

   Casuística do STF:
   - **Juiz de direito no cargo de juiz auditor** — "A Lei de Organização Judiciária do Estado de Rondônia não viola o art. 124 da CF/88 ao atribuir a juiz de direito, investido excepcionalmente no cargo de juiz auditor, a competência para processar e julgar feitos criminais genéricos. Com base nesse entendimento, a Turma negou provimento a recurso ordinário em *habeas corpus*, em que se pretendia a declaração da incompetência de vara da Auditoria Militar do Estado de Rondônia para processar acusado pelo crime de estupro" (STF, RHC 86.805, Rel. Min. Carlos Britto, *DJ* de 10-3-2006).
   - **Crime militar praticado por civil** — "Competência para processo e julgamento. Art. 9º, III, *a*, do Código Penal Militar. Receptação culposa: art. 255 do Código Penal Militar. Competência da Justiça Militar da União para processar e julgar crime contra o patrimônio sob administração militar praticado por civil" (STF, HC 86.430, Rel. Min. Gilmar Mendes, *DJ* de 16-12-2005).
   - **Competência penal da Justiça Militar da União em tempo de paz** — "Não se tem por configurada a competência penal da Justiça Militar da União, em tempo de paz, tratando-se de réus civis, se a ação delituosa, a eles atribuída, não afetar, ainda que potencialmente, a integridade, a dignidade, o funcionamento e a respeitabilidade das instituições militares, que constituem, em essência, nos delitos castrenses, os bens jurídicos penalmente tutelados. O caráter anômalo da jurisdição penal castrense sobre civis, notadamente em tempo de paz. O caso *Ex Parte Milligan* (1866): um precedente histórico valioso" (STF, HC 81.963, Rel. Min. Celso de Mello, *DJ* de 28-10-2004).

✧ 6.14. Tribunais e juízes dos Estados

A Justiça estadual é a que está mais próxima do povo. Locais destituídos de órgãos judiciários especializados, ou de varas federais, valem-se dos tribunais e juízes dos Estados.

◆ Cap. 21 ◆ ORGANIZAÇÃO DOS PODERES

1215

Desde a reforma constitucional de 1926 (art. 6º, II, *i*) que o Judiciário estadual vem pontificando em nossas constituições. A Carta de 1934 explicitou-lhe (arts. 104 e s.), no que foi acompanhada, em linhas gerais, pelos Textos subsequentes de 1937 (arts. 103 e s.) e de 1946 (arts. 124 e s.).

Na trajetória de nossas constituições existe a tendência de sempre reivindicar reformas ao Poder Judiciário, o que revela a busca constante de aprimorar a prestação jurisdicional.

Há muito tempo fala-se em levar a Justiça a todos os rincões do País, de modo célere e desburocratizado.

Pode-se concluir, então, que a cada Lei Maior, editada no Brasil, cogita-se, aberta ou veladamente, em alteração formal de suas normas, relativas aos órgãos judiciários. Foi assim em 1891, 1934, 1937, 1946, 1967, 1969 e 1988.

Nos últimos tempos, por exemplo, afirmam que a "crise do Judiciário" chegará a termo com a reforma da Constituição de 1988, considerada, por muitos, o único caminho apto para agilizar a Justiça, inclusive pelos artífices da Emenda Constitucional n. 45/2004.

Não pensamos assim. Cremos que o problema não se situa somente no âmbito das modificações formais. A verdadeira reforma do Judiciário passa por uma autêntica mudança de mentalidade; algo muito mais profundo do que se imagina.

a) Princípios organizatórios da Justiça comum

Os Estados organizarão sua Justiça, observados os *princípios constitucionais estabelecidos* (CF, art. 125, *caput*).

Tais *princípios* emboçam-se de modo abrangente. Englobam, por exemplo, os vetores federativo e republicano (CF, art. 1º, *caput*), da separação funcional de Poderes (CF, art. 2º), das garantias da magistratura (CF, art. 95, I, II e III), das vedações dos juízes (CF, art. 95, parágrafo único, I, II e III), da competência dos tribunais (CF, art. 96), do quórum para a decretação de inconstitucionalidade (CF, art. 97), da autonomia administrativa e financeira do Judiciário (CF, art. 99), da ordem cronológica dos pagamentos pela Fazenda Pública (CF, art. 100) etc.

Com a observância desses *princípios* é que os Estados-membros devem, e podem, organizar a Justiça, ou seja, emitir normas jurídicas, elaboradas pelo Poder Legislativo, para dispor sobre matéria judiciária, no âmbito estadual, o que não se confunde com a capacidade de auto-organização do Judiciário (CF, arts. 96, I e II, e 99).

b) Usurpação de iniciativa reservada

O Tribunal de Justiça, mediante regimento interno ou deliberação administrativa, está impedido, pela Constituição Federal, de usurpar o campo reservado às Assembleias Legislativas dos Estados. São estas, via ato normativo próprio e indelegável, que devem disciplinar as matérias de iniciativa das Cortes de Justiça estaduais. Esse raciocínio deflui da interpretação sistemática do art. 125, *caput*, e § 1º, aos *princípios constitucionais estabelecidos*, a exemplo dos ditames republicano e federativo (CF, arts. 1º, *caput*, e 60, § 4º, I), aliados à cláusula da separação funcional de Poderes (CF, arts. 2º e 60, § 4º, III).

Decerto, são os Estados, pelo seu Poder Legislativo, que organizam a sua Justiça, não o Judiciário estadual. Por isso, os Tribunais de Justiça, por meio de regimentos internos, ou em sessões administrativas, não podem adentrar numa esfera de atribuição que não lhes pertence, sob pena de violar a Constituição da República (CF, art. 25, § 1º).

Se é correto que compete privativamente às Cortes de Justiça elaborar seus regimentos internos (CF, art. 96, I, *a*), mais seguro ainda é que elas não podem incluir em seus corpos matérias afetas ao processo solene de formação das leis e dos atos normativos.

E se um Tribunal de Justiça contrariar a Constituição, prevendo em seu regimento interno assunto reservado à lei estadual?

Parece-nos que estará caracterizado o vício inadmissível da inconstitucionalidade formal, não possuindo qualquer plausibilidade jurídica o ato do Tribunal que violou a Constituição. Espera-se, nesses casos, que as instâncias superiores, quando devidamente provocadas, insurjam-se contra essa *fraude constitucional*. O mesmo vale para as deliberações administrativas, que, inclusive, não desempenham qualquer efeito subordinante. Não vinculam, nem obrigam, os membros do Tribunal a seguir deliberações inconstitucionais.

1218

♦ Uadi Lammêgo Bulos ♦

Compete aos juízes de direito do juízo militar processar e julgar, singularmente, os crimes militares cometidos contra civis e as ações judiciais contra atos disciplinares militares, cabendo ao Conselho de Justiça, sob a presidência de juiz de direito, processar e julgar os demais crimes militares (CF, art. 125, § 4º — redação da EC n. 45/2004).

Casuística do STF:

- **Súmula 673** — "O art. 125, § 4º, da Constituição não impede a perda da graduação de militar mediante procedimento administrativo".
- **Prática de ato incompatível com a função militar** — "Pode implicar a perda da graduação como sanção administrativa, não se havendo de invocar julgamento pela Justiça Militar Estadual, porquanto a esta compete decidir sobre a perda da graduação das praças somente como pena acessória dos crimes que a ela coube decidir" (RE 283.393, Rel. Min. Moreira Alves, *DJ* de 11-5-2001). É assegurado o direito de ampla defesa e o contraditório (STF, RE 206.971, Rel. Min. Moreira Alves, *DJ* de 9-6-2000). **No mesmo sentido:** STF, AgI 210.220-AgRg, Rel. Min. Octavio Gallotti, *DJ* de 18-9-1998.

✧ 6.15. Juizados especiais

A União, no Distrito Federal e nos Territórios, e os Estados criarão juizados especiais, providos por juízes togados, ou togados e leigos, competentes para a conciliação, o julgamento e a execução de causas cíveis de menor complexidade e infrações penais de menor potencial ofensivo, mediante os procedimentos oral e sumariíssimo, permitidos, nas hipóteses previstas em lei, a transação e o julgamento de recursos por turmas de juízes de primeiro grau (CF, art. 98, I).

Juizados Especiais — Criação de recursos — Competência legislativa privativa da União: os critérios de identificação das *causas cíveis de menor complexidade* e dos *crimes de menor potencial ofensivo*, a ser confiados aos Juizados Especiais, constitui matéria de Direito Processual, da competência legislativa privativa da União. **Nesse sentido:** STF, AgI 210.068-AgRg, Rel. Min. Marco Aurélio, *DJ* de 30-10-1998; STF, ADIn 1.807-MC, Rel. Min. Sepúlveda Pertence, *DJ* de 5-6-1998; STF, RE 273.899, Rel. Min. Sepúlveda Pertence, *DJ* de 25-5-2001.

Os juizados especiais contribuem para o descongestionamento do Poder Judiciário.

Quanto aos juizados especiais da Justiça Federal, oriundos da Emenda Constitucional n. 22/99, sua inserção na Carta Política merece aplausos. Porém, tanto eles quanto os cíveis e criminais dependem, em grande parte, da estruturação orgânica e do dinamismo do magistrado, a alma que lhes dará vida.

De resto, lembre-se da máxima do Código Geral da Suécia de 1734: "Mais vale um juiz bom e prudente do que uma boa lei. Com um juiz mau e injusto, uma lei boa de nada serve, porque ele a verga e a torna injusta a seu modo".

Na realidade, a constitucionalização dos juizados especiais foi fruto do reconhecimento de uma realidade anterior à promulgação da Carta de 1988. Desde a Emenda Constitucional n. 1/69 que já se previam dessa natureza (art. 144, § 1º, *b*), sem falar da Lei n. 7.244/84, que instituiu os juizados de pequenas causas.

a) Fundamento constitucional dos juizados especiais

Comprovado o êxito dos juizados de pequenas causas, o constituinte de 1988 foi além, prevendo a criação obrigatória, pelos Estados e Distrito Federal, de juizados especiais cíveis e criminais.

Segundo o art. 98, I, esses juizados detêm competência para processar, julgar e executar causas cíveis de menor complexidade e infrações de menor potencial ofensivo.

Competência para julgar crime de menor potencial ofensivo: "A competência para julgar recurso de apelação interposto contra sentença proferida por Juiz de Direito da Justiça Comum é do Tribunal de Justiça, não da Turma Recursal" (STF, HC 85.652, Rel. Min. Eros Grau, *DJ* de 1º-7-2005).

◆ Cap. 21 ◆ ORGANIZAÇÃO DOS PODERES — 1219

Daí serem denominados especiais. Seus julgamentos devem basear-se no procedimento oral e sumariíssimo, incentivada a transação, cabendo recursos a serem examinados por turmas de juízes de primeiro grau.

Os juizados, sejam especiais, sejam de pequenas causas, consignam o prenúncio de uma nova mentalidade que se vem implantando aos poucos. Têm como meta a simplificação do processo, a ausência de custos e a distribuição célere da justiça, através da brevidade na conclusão das causas.

Daí a Carta de 1988 ter erigido esses mecanismos para ampliar o acesso ao Poder Judiciário, possibilitando ao lesado defender direitos de pequena monta ou de reduzido valor econômico, bem como as infrações de menor potencial ofensivo, quais sejam, na redação primitiva da Lei n. 9.099/95, as contravenções e os crimes apenados no seu grau máximo com pena privativa de liberdade até um ano, não sujeitos a procedimento especial.

Todavia, o sucesso desse projeto em andamento passa pela desformalização, desburocratização e simplificação dos conceitos e institutos processuais, que devem acompanhar as exigências da rapidez dos tempos modernos. Numa palavra, o desiderato constitucional dos juizados especiais é incompatível com o excesso de tecnicismo e o rigorismo das formas. Além de exigirem uma mudança completa de mentalidade, eles compactuam com o *princípio da instrumentalidade*, pelo qual se busca um processo de resultados, em nome da efetividade da prestação jurisdicional.

b) Juizados cíveis e criminais

Os juizados especiais cíveis foram criados para atender a uma demanda reprimida, devido à insuficiência dos organismos de assistência judiciária, que, por questões funcionais e estruturais, não realizavam o seu papel institucional.

Quanto aos juizados especiais criminais, para que cumpram o seu desiderato constitucional, não basta encaminhar termos circunstanciados, que nada mais são que boletins de ocorrência mais sofisticados, com a qualificação das partes, o resultado de suas versões e, se possível, das testemunhas. O imprescindível é que as ações do Poder Judiciário e da autoridade policial estejam afinadas, para que as infrações de menor potencial ofensivo não fiquem impunes.

> **Competência para julgar ato de Turma Recursal de Juizado Especial Criminal:** segundo jurisprudência majoritária da Corte Excelsa, pertence ao Tribunal de Justiça do Estado essa competência. Para a maioria dos Ministros, em razão de competir aos Tribunais de Justiça o processo e julgamento dos juízes estaduais nos crimes comuns e de responsabilidade, ressalvada a competência da Justiça Eleitoral (CF, art. 96, III), a eles deve caber o julgamento de *habeas corpus* impetrado contra ato de turma recursal de juizado especial criminal. Essa competência não pertence ao Supremo, porque a Constituição não a incluiu no rol de atribuições originárias da Corte Excelsa. Veja-se que o art. 102, I, *i*, da Carta Magna reporta-se ao julgamento, pelo Supremo, apenas de *habeas corpus* quando o coator for Tribunal Superior, e não ato de turma recursal de Juizado Especial, constituindo paradoxo admitir também sua competência quando se tratar de ato de turma recursal criminal, cujos integrantes nem sequer compõem tribunal. Em sentido contrário a essa tese, posicionam-se os Ministros Sepúlveda Pertence, Cármen Lúcia e Celso de Mello, para os quais o critério decisivo para a determinação dessa competência não é o da superposição administrativa ou o da competência penal originária para julgar o magistrado coator ou integrante do colegiado respectivo, e sim o da hierarquia jurisdicional (STF, HC 86.834/SP, Rel. Min. Marco Aurélio, decisão de 23-8-2006).

c) Distinção entre juizados especiais e juizados de pequenas causas

Os juizados especiais (CF, art. 98, I) em nada se confundem com os juizados de pequenas causas (CF, art. 24, X).

A distinção evidencia que os Estados federados podem criar juizados de pequenas causas no âmbito de sua competência concorrente, mesmo que inexista lei federal sobre a matéria. Acresça-se que a Lei n. 9.099/95, no art. 93, delegou aos Estados, no que se estende ao Distrito Federal, a atribuição legislativa para organizar, compor e dispor sobre juizados especiais, observadas as normas gerais, dispostas na lei federal (CF, art. 24, §§ 1º e 3º).

Percebendo a diferença entre ambos, o Supremo Tribunal Federal demonstrou que por juizado de pequenas causas se compreendem os órgãos judiciários instituídos antes da Carta de 1988, pela Lei n.

1220 ◆ Uadi Lammêgo Bulos ◆

7.244/84, com alçada jurisdicional determinada pelo valor patrimonial da lide e absolutamente desprovidos de competência na esfera criminal. Já os juizados especiais são instituições cuja competência cível é determinada pela menor complexidade da causa, sem considerar o seu valor, e a competência criminal circunscreve-se às infrações de menor potencial ofensivo. Nesse ínterim, o Pretório Excelso obtemperou que os juizados especiais cíveis e criminais não devem ser confundidos com os juizados de pequenas causas, com a Justiça do Trabalho, nem, tampouco, com a Justiça de Paz.

Precedente: STF, ADIn 1.127/DF, Rel. Min. Paulo Brossard, decisão de 28-9-1994.

Lembre-se de que o juizado de pequenas causas não foi abolido da ordem jurídica pátria. Em primeiro lugar, a Constituição o mencionou *in verbis* (CF, art. 24, X). Em segundo, ele representa, na ótica dos cidadãos, acesso facilitado ao Poder Judiciário. Em terceiro, a sua competência prevista na Lei n. 7.244/84 transferiu-se para a Lei n. 9.099/95.

> **Lei n. 9.099, de 26-9-1995:** instituiu o Juizado especial de causas cíveis e criminais. Essa lei deu a dimensão do que vem a ser infração penal de menor potencial ofensivo, estabelecendo, também, os requisitos para a transação penal e para o procedimento sumaríssimo, dentre outras providências. Editada a Lei n. 9.099/1995, que unificou os juizados de pequenas causas e os especiais cíveis, a Lei n. 7.244/84 ficou revogada, expressamente. A **Lei n. 11.313, de 28-6-2006**, alterou a redação dos arts. 60 e 61 da Lei n. 9.099/95, considerando infrações de menor potencial ofensivo as contravenções penais e as infrações a que a lei comine pena máxima não superior a dois anos, cumulada ou não com multa.

d) Procedimento sumaríssimo

A Constituição menciona o procedimento sumaríssimo, porque levou em conta o nome dado ao procedimento sumário, previsto no revogado Código de Processo Civil de 1973 (arts. 272 e 275), com redação proveniente da Lei n. 8.952/94.

Lembremos que foi a Lei n. 9.099/95 que consagrou o procedimento sumaríssimo cível.

e) Juizados especiais no âmbito da Justiça Federal

Lei federal disporá sobre a criação de juizados especiais no âmbito da Justiça Federal (CF, art. 98, § 1º — renumerado pela EC n. 45/2004).

> **Lei n. 10.259, de 12-6-2001:** "Dispõe sobre a instituição dos Juizados Especiais Cíveis e Criminais no âmbito da Justiça Federal". A Lei n. 11.313, de 28-6-2006, alterou a redação do art. 2º da Lei n. 10.259/2001.

Qualifica-se *federal* a lei criada por iniciativa da União. Ela disciplina interesses federais, diferentemente da lei *nacional*, que dispõe não só sobre interesses federais, mas também a respeito dos interesses estaduais e locais. A Lei n. 8.112/90, que trata do Regime Jurídico dos Servidores Públicos Civis da União, por exemplo, é uma lei *federal*, enquanto o Código Civil é uma lei *nacional*.

✦ 6.16. Juizados de paz

A União, no Distrito Federal e nos Territórios, e os Estados criarão justiça de paz, remunerada, composta de cidadãos eleitos pelo voto direto, universal e secreto, com mandato de quatro anos e competência para, na forma da lei, celebrar casamentos, verificar, de ofício ou em face de impugnação apresentada, o processo de habilitação e exercer atribuições conciliatórias, sem caráter jurisdicional, além de outras previstas na legislação (CF, art. 98, II).

Eis aí outra justiça que deve ser criada pela União — no Distrito Federal e Territórios — e pelos Estados. Estes últimos devem seguir, inclusive, as normas das suas respectivas constituições sobre o assunto, desde que estejam compatíveis com o modelo insculpido na Constituição da República.

◆ Cap. 21 ◆ ORGANIZAÇÃO DOS PODERES   **1221**

Ressalte-se que os juizados de paz não são uma novidade do Texto de 1988. Já existiam, no Brasil, desde a Carta Imperial de 1824 (arts. 161 e 162). Foram implantados em vários Estados-membros durante muito tempo. Prestaram enormes serviços ao povo. Realizavam casamentos, atuavam como mediadores em fatos corriqueiros, sempre buscando a reconciliação entre as partes. Serviam para dirimir impasses contornáveis.

A volta dos juizados de paz minoraria o acúmulo de processos e, consequentemente, o emperramento do Judiciário, nos casos determinados pela lei. Em longínquas localidades, eles seriam um importante órgão, pois há lugares, distantes das sedes de comarcas, destituídos de qualquer auxílio.

Convém passar para a alçada dos juizados de paz a celebração de casamentos, a resolução de conflitos domésticos, dentre outras pendengas menores que dispensam o aforamento de ações. Evitar-se-ia, pois, simples feitos protraírem-se no tempo, transformando-se em batalhas jurídicas intermináveis, atravancando cartórios e fadando-se ao arquivamento.

Exercidos, como manda a Constituição da República, por cidadãos eleitos pelo voto direto, universal e secreto, com mandato de quatro anos e competência estabelecida em lei, os juizados de paz contornariam problemas estruturais. Um juiz togado da capital, por exemplo, não precisaria deslocar-se para um recanto do Estado a fim de presidir a celebração de matrimônios ou dirimir pequenas controvérsias que poderiam chegar a termo por uma simples conversa entre litigantes, pela mediação de um terceiro imparcial: o juiz de paz.

> **Lei estadual que define como competência funcional do juiz de paz:** "Lei estadual que define como competência funcional do juiz de paz zelar, na área territorial de sua jurisdição, pela observância das normas concernentes à defesa do meio ambiente e à vigilância sobre as matas, rios e fontes, tomando as providências necessárias ao seu cumprimento, está em consonância com o art. 225 da Constituição do Brasil, desde que sua atuação não importe em restrição às competências municipal, estadual e da União" (STF, ADIn 2.938, Rel. Min. Eros Grau, *DJ* de 9-12-2005).

Para ser juiz de paz não é necessário conhecimento jurídico, nem nível superior. Trata-se de um juiz leigo, não togado, podendo ser qualquer pessoa capaz, dotada de escrúpulo, maturidade e bom senso. Não goza das garantias da magistratura (CF, art. 95), sendo eleito pelo voto direto, universal e secreto, dentre cidadãos domiciliados na área de atuação. O mandato é de quatro anos, sendo obrigatória a filiação partidária do candidato ao cargo de juiz de paz (CF, art. 14, § 3º).

> **Obrigatoriedade de filiação partidária para os candidatos a juiz de paz:** "A fixação por lei estadual de condições de elegibilidade em relação aos candidatos a juiz de paz, além das constitucionalmente previstas no art. 14, § 3º, invade a competência da União para legislar sobre direito eleitoral, definida no art. 22, I, da Constituição do Brasil" (STF, ADIn 2.938, Rel. Min. Eros Grau, *DJ* de 9-12-2005).

Importante destacar que a remuneração dos juízes de paz somente pode ser fixada em lei de iniciativa exclusiva do Tribunal de Justiça do Estado, à luz do princípio da autonomia administrativa e financeira do Judiciário. Nesse particular, o entendimento do art. 98, II, pressupõe a inteligência do art. 96, II, *b*, da Carta Magna. Assim decidiu o Pretório Excelso.

> **Remuneração de juiz de paz** — a remuneração dos Juízes de Paz só pode ser fixada em lei de iniciativa exclusiva do Tribunal de Justiça Estadual (STF, ADI 954/MG, Rel. Min. Gilmar Mendes, j. em 24-2-2011).

> **Precedente:** ADI 1.051/SC (*DJU* de 13-10-1995).

A Constituição nada diz a respeito da recondução dos juízes de paz ao cargo. Deixou a matéria sob os auspícios da lei ordinária. Nesse ínterim, o Superior Tribunal de Justiça decidiu que, com o advento da Lei n. 8.906/94, art. 28, II, passou a ser ilegal reconduzir advogado, e suplentes, ao cargo de juiz de paz.

> **Precedente:** STJ, RMS 8.954/RS, Rel. Min. Edson Vidigal, decisão de 14-9-1999.

Parece-nos que as Cartas estaduais não podem dispor sobre a recondução dos juízes de paz ao cargo, uma vez que o Texto de 1988 foi enfático quanto à competência da justiça de paz, que deverá erigir-se nos termos da lei ordinária.

Espera-se dos juízes de paz — que não exercem tarefas inerentes à jurisdição — muito mais do que os atributos da intelectualidade. Incontáveis são os desentendimentos oriundos de quizilas destituídas de maior envergadura, mas que podem agravar-se, pondo em risco a vida dos homens. Daí o relevantíssimo papel desses *pacificadores sociais*, que, com uma palavra amiga, isenta, tranquila, podem celebrar casamentos, verificar, de ofício ou em face de impugnação apresentada, o processo de habilitação, exercendo, ainda, atribuições conciliatórias, sem caráter jurisdicional, além de outras previstas na lei ordinária.

CAPÍTULO 22

FUNÇÕES ESSENCIAIS À JUSTIÇA

✦ 1. QUE SÃO FUNÇÕES ESSENCIAIS À JUSTIÇA?

Funções essenciais à Justiça são atividades profissionais, públicas ou privadas, propulsoras da jurisdição. Sem elas, o Poder Judiciário não seria chamado para dirimir litígios, pois não há juiz sem autor (*nemo iudex sine auctore*).

Realmente, a jurisdição é inerte ou estática, precisamente para assegurar a imparcialidade e o equilíbrio do juiz diante dos interesses das partes em disputa.

Por isso, o Judiciário só funciona por provocação, ou seja, se o agente exigir que ele atue, donde resulta a importância dos *protagonistas* da dinâmica processual, titulares das *funções essenciais à Justiça*.

A Carta Magna os enumerou, taxativamente:

*   Ministério Público (arts. 127 a 130);
*   Advocacia Pública (arts. 131 e 132);
*   Profissional da Advocacia (art. 133); e
*   Defensoria Pública (arts. 134 e 135).

Todos esses organismos desencadeadores da atividade jurisdicional atuam por meio de seus agentes públicos ou privados, isto é, promotores, procuradores, advogados e defensores públicos.

Dessa maneira, a inércia da jurisdição é compensada pelo dinamismo dos protagonistas das *funções essenciais à Justiça*.

Em verdade, o papel constitucional dos promotores, procuradores, advogados e defensores públicos é relevantíssimo, porque, de modo genérico, compete-lhes agir em defesa dos interesses do *Estado-co-munidade*, e não do *Estado-pessoa*. Por isso, não estão sujeitos a multas pessoais ou ameaças absurdas e intimidatórias. O Supremo Tribunal Federal tem proferido alguns julgados nesse sentido, indo, inclusive, mais além, precisamente para tutelar o exercício de outras funções tão importantes quanto aquelas desempenhadas pelos titulares das funções essenciais à Justiça, a exemplo da Reclamação 9.941 (Rel. Min. Ricardo Lewandowski, j. 25-3-2013).

O arquétipo prefigurado na Constituição da República distancia-os da caricatura usual de que ocupam posição de superioridade se comparados aos cidadãos comuns. Ao invés, encontram limites ao exercício de suas atribuições, pois quem tem o poder e a força do Estado não pode exercer em benefício próprio a autoridade que lhe foi conferida.

✦ 2. MINISTÉRIO PÚBLICO

De todas as *funções essenciais à Justiça* a mais difícil é a do Ministério Público, principalmente no Brasil, onde a Constituição Federal alargou-lhe, sobremodo, a esfera de competência.

Como sustentáculo da acusação, o Ministério Público deveria ser tão parcial como um advogado; como guarda inflexível da lei, deveria ser tão imparcial como um juiz. "Advogado sem paixão, juiz sem imparcialidade, tal é o absurdo psicológico no qual o Ministério Público, se não adquirir o sentido do equilíbrio, se arrisca, momento a momento, a perder, por amor à sinceridade, a generosa combatividade do defensor ou, por amor da polêmica, a objectividade sem paixão do magistrado" (Piero Calamandrei, *Eles, os juízes, vistos por nós, os advogados*, p. 59).

Mas, afinal, que é *Ministério Público*?

A palavra *ministério*, do latim *manus*, significa mão. Computa a ideia de *ministro, ministrar, administrar*.

Como, desde os seus primórdios, o Ministério Público era considerado a *mão do rei*, ele passou a designar o trabalho exercido pelos procuradores reais — agentes que defendiam os interesses da Coroa, em contraposição aos advogados privados.

Com o tempo, a presença do *Ministério Público* passou a ser constante na homologação de provimentos legislativos do século XVIII, particularmente na época das ordenanças e éditos. Ora nominava as funções peculiares dos que exerciam ofício de Estado, ora referia-se a um magistrado específico.

> **Sobre o assunto:** Mario Vellani, *Il pubblico ministero nel processo*, p. 67.

Desde essa época, o Ministério Público era chamado de *Parquet*, palavra haurida da tradição francesa, que significa *assoalho*.

Tendo em vista que os *agentes do rei* (*les gens du roi*) assentavam-se no assoalho das salas de audiência, para não serem confundidos com a *magistratura de pé* (*magistrature débout*), a terminologia *Parquet* ficou consagrada.

✧ 2.1. Origem do Ministério Público

Os estudiosos reconhecem que a origem do Ministério Público é ponto eivado de controvérsias.

> **Nesse sentido:** Michèle-Laure Rassat, *Le Ministère Public entre son passé et son avenir*, p. 7.

Alguns vislumbram a origem do Ministério Público há mais de quatro mil anos, no *magiaí*, funcionário real no Egito. Outros buscam os primórdios da instituição na antiguidade clássica, na Idade Média, ou, até, no Direito Canônico, difundido pela Igreja Católica.

> **Sobre o assunto:** Hugo Nigro Mazzilli, *Introdução ao Ministério Público*, p. 1 e s.; José Dilermando Meirelles, Ministério Público — sua gênese e história, *RIL, 84*:197.

Sem embargo dos antecedentes remotos, a origem do Ministério Público, tal qual a conhecemos hoje, parece estar na *ordonnance* de 1302, de Felipe, o Belo, Rei da França. Nela encontramos a figura dos procuradores da Coroa — os *procureurs du roi*.

Tais procuradores integravam os *corps de magistrats*, incumbindo-lhes, na fase de substituição do processo acusatório pelo inquisitório, representar os interesses sociais.

Mais tarde, precisamente em 1690, editou-se um decreto em França que atribuía aos integrantes do *Parquet* a garantia de vitaliciedade.

✧ 2.2. Surgimento do Ministério Público no Brasil

No Brasil, foi o Alvará de 7 de março de 1609 que criou o Tribunal de Relação da Bahia, inaugurando as figuras do procurador dos feitos da Coroa e do promotor de justiça.

> **Compulsar:** João Baptista Ferrão de Carvalho Márten, O Ministério Público e a Procuradoria-Geral da Coroa e Fazenda, história, natureza e fins, *Boletim do Ministério da Justiça de Portugal*, Lisboa, 23:16, fev. 1974.

Em 1832, com o Código de Processo Criminal do Império, houve rápida referência ao *nomen juris* "promotor da ação penal".

Nascia, assim, o Ministério Público brasileiro, regulamentado, depois, pelo Decreto n. 120, de 21 de janeiro de 1843, que prescrevia os critérios de nomeação dos promotores.

Com a Consolidação Ribas, de 1876, apareceu na segunda instância o procurador da Coroa, que não tinha o *status* de chefe dos procuradores.

Mas foi durante a primeira República, por obra do Ministro da Justiça do Governo Provisório, Campos Salles — o precursor da independência do Ministério Público pátrio —, que foi editado o

◆ Cap. 22 ◆ FUNÇÕES ESSENCIAIS À JUSTIÇA **1225**

Decreto n. 848, de 11 de outubro de 1890, o qual veiculou a reforma da Justiça brasileira, atribuindo à instituição ministerial contornos de grande importância para a época.

Nesse mesmo ano de 1890, também veio a lume o Decreto n. 1.030, que implementou, definitivamente, o Ministério Público no Brasil.

✧ 2.3. Evolução do Ministério Público nas Constituições brasileiras

O Ministério Público, no Brasil, sofreu lenta e gradativa evolução constitucional.

Foi omitido na Carta Imperial, de 1824, embora ela dispusesse que "no juízo dos crimes, cuja acusação não pertence à Câmara dos Deputados, acusará o procurador da Coroa e Soberania Nacional" (art. 48).

A Constituição republicana, de 1891, também não o mencionou, senão para dizer que o Procurador--Geral da República seria escolhido, pelo Presidente, dentre os próprios Ministros do Supremo Tribunal Federal (art. 58, § 2º).

Sem embargo, coube à Carta de 1934 alçar o Ministério Público em nível constitucional positivo, concebendo-o como um dos órgãos de cooperação nas atividades governamentais (arts. 95 a 98).

Com o Texto de 1937, a instituição ministerial foi prevista em artigos esparsos, a exemplo da livre escolha e demissão do Procurador-Geral da República (art. 99), diluindo-se no arcabouço de Carta opressora das liberdades públicas. Confirmava-se, assim, o nítido retrocesso do *Parquet*, que foi esmagado pela ditadura de Getúlio Vargas.

A Constituição democrática de 1946 restaurou-lhe as virtudes. Conferiu ao Ministério Público título próprio (arts. 125 a 128), com preceitos de organização, ingresso por concurso público, garantias de estabilidade e inamovibilidade, escolha do Procurador-Geral, ao qual incumbiu a representação de inconstitucionalidade.

Depois do golpe militar de 1964, editaram a Carta de 1967, que manteve, no geral, as conquistas alcançadas em 1946. Sem embargo, pôs o Ministério Público como seção do Capítulo do Poder Judiciário (arts. 137 a 139).

Com a Emenda Constitucional n. 1/69, o Ministério Público passou a integrar o Capítulo do Poder Executivo (arts. 94 a 96), com aumento de atribuições do chefe da instituição, que poderia ser nomeado e demitido, livremente, pelo Presidente da República.

Mais tarde, a Emenda Constitucional n. 7/77 deu nova redação ao art. 96, prevendo a existência de lei complementar, de iniciativa do Presidente, para estabelecer normas gerais a serem adotadas na organização do *Parquet* estadual. Nesse ínterim, conferiram-se mais poderes ao Procurador-Geral da República.

Chegamos à Constituição de 1988. Nela a instituição ministerial encontrou o seu apogeu, logrando capítulo especial, com atribuições próprias e bastante específicas.

Certamente, a Carta de Outubro poderia ser apelidada de a *Constituição do Ministério Público*. Do ângulo constitucional positivo, nunca se viu tanta atenção ao *Parquet* como agora. Na votação histórica, de 12 de abril de 1988, os constituintes aprovaram, em primeiro Turno, por 350 votos favoráveis, doze contrários e vinte e uma abstenções, o texto contendo os atuais preceitos relativos à instituição.

Os princípios e as garantias a que estão sujeitos os seus membros, a forma de nomeação e a autonomia dos procuradores-gerais, as funções institucionais, as normas fundamentais delineadoras dos caracteres da instituição foram predispostos em técnica jamais vista antes. Até o poder de iniciativa das leis, em certas matérias, atribuíram-lhe (art. 169), sem falar da capacidade de elaborar sua proposta orçamentária, com base nos limites impostos pela Lei de Diretrizes Orçamentárias. Não se lhe deu, contudo, a faculdade de iniciar proposta orçamentária, o que é da alçada do orçamento geral, submetido ao Legislativo pelo Executivo.

Pela primeira vez um texto constitucional brasileiro disciplinou, enfaticamente, a estrutura orgânico--funcional da instituição, as principais regras relativas ao seu funcionamento e atribuições. Acresça-se a isso o alargamento de seu campo funcional, que ocupou lugar destacado no panorama do Estado brasileiro.

Na área penal, deu-se-lhe o encargo privativo de interpor a ação penal pública; o controle externo da atividade policial, na forma da lei complementar; o poder de requisitar diligências investigatórias; a

1226   ◆ Uadi Lammêgo Bulos ◆

determinação de instaurar inquérito policial; o dever de indicar os fundamentos jurídicos das manifestações processuais.

No campo cível, a Constituição garantiu-lhe, além do direito de promover ações interventiva e de inconstitucionalidade — como sói no regime pregresso —, o direito de defender, em juízo, interesses das populações indígenas, outorgando-lhe, também, a missão de promover inquéritos cíveis e ações civis públicas para a proteção do meio ambiente, do patrimônio público e social etc.

⟡ 2.4. Ministério Público na Constituição de 1988

Na sistemática da Constituição de 1988, o Ministério Público galgou ao posto de instituição permanente, essencial à função jurisdicional do Estado, encarregado de defender a ordem jurídica, o regime democrático e os interesses sociais e individuais indisponíveis (CF, art. 127, *caput*).

Vejamos o desdobramento desse seu *status* constitucional:

* **O Ministério Público é instituição permanente** — constitui orgão da manifestação viva da soberania estatal, sendo dinâmico e combativo na defesa da ordem jurídica, da democracia e dos interesses maiores da sociedade. Daí a sua competência para promover ações cíveis e penais. Numa palavra, detém capacidade postulatória para a abertura do inquérito civil, de ação penal pública, de ação civil pública para a proteção do patrimônio público, social e do meio ambiente, incumbindo-lhe, ainda, a defesa de interesses difusos, coletivos e individuais homogêneos (CF, art. 129, I e III).

* **O Ministério Público é essencial à função jurisdicional** — deve atuar na defesa dos interesses sociais e individuais indisponíveis. Cumpre-lhe, pois, exercer várias atribuições que extrapolam a órbita meramente judiciária, como fiscalizar fundações e prisões, inspecionar habilitações matrimoniais, homologar acordos extrajudiciais, atender ao público, impugnar mensalidades escolares, via ação civil pública etc. Todavia, lembre-se de que nem sempre ele oficia em todos os feitos submetidos à prestação jurisdicional, mas só naqueles em que haja algum interesse difuso, coletivo ou individual homogêneo, imbricado na situação litigiosa.

  > **Nesse sentido:** "Interesses difusos são aqueles que abrangem número indeterminado de pessoas unidas pelas mesmas circunstâncias de fato e coletivos aqueles pertencentes a grupos, categorias ou classes de pessoas determináveis, ligadas entre si ou com a parte contrária por uma relação jurídica base. A indeterminidade é a característica fundamental dos interesses difusos e a determinidade a daqueles interesses que envolvem os coletivos. Direitos ou interesses homogêneos são os que têm a mesma origem comum (art. 81, III, da Lei n. 8.078, de 11-09-1990), constituindo-se em subespécie de direitos coletivos. Quer se afirmem interesses coletivos ou particularmente interesses homogêneos, *stricto sensu*, ambos estão cingidos a uma mesma base jurídica, sendo coletivos, explicitamente dizendo, porque são relativos a grupos, categorias ou classes de pessoas, que conquanto digam respeito às pessoas isoladamente, não se classificam como direitos individuais para o fim de ser vedada a sua defesa em ação civil pública, porque sua concepção finalística destina-se à proteção desses grupos, categorias ou classe de pessoas. As chamadas mensalidades escolares, quando abusivas ou ilegais, podem ser impugnadas por via de ação civil pública, a requerimento do Órgão do Ministério Público, pois ainda que sejam interesses homogêneos de origem comum, são subespécies de interesses coletivos, tutelados pelo Estado por esse meio processual como dispõe o artigo 129, III, da Constituição Federal. Cuidando-se de tema ligado à educação, amparada constitucionalmente como dever do Estado e obrigação de todos (CF, art. 205), está o Ministério Público investido da capacidade postulatória, patente a legitimidade *ad causam*, quando o bem que se busca resguardar se insere na órbita dos interesses coletivos, em segmento de extrema delicadeza e de conteúdo social tal que, acima de tudo, recomenda-se o abrigo estatal" (STF, RE 163.231, Rel. Min. Maurício Corrêa, *DJ* de 29-6-2001).

* **O Ministério Público é o guardião do regime democrático** — compete-lhe defender a ordem jurídica, os princípios e preceitos supremos do Estado, sem subserviências a *chefes externos* nem a *ditadores informais*. Não é possível imaginar democracia sem liberdade, do mesmo modo que não se pode pensar em Ministério Público dependente, omisso, pequeno, subserviente a interesses do governo ou dos governantes. Trata-se de instituição magna da República, indispensável ao cumprimento das leis, à preservação da paz e da liberdade. Por isso, cumpre-lhe primar pela

◆ Cap. 22 ◆ FUNÇÕES ESSENCIAIS À JUSTIÇA **1227**

legalidade democrática, impetrando, se preciso for, mandados de injunção e ações diretas de inconstitucionalidade, fiscalizando o processo eleitoral, elaborando, inclusive, representação na Justiça Eleitoral contra eventuais irregularidades na propaganda partidária gratuita, como já decidiu o Supremo Tribunal Federal (STF, ADI 4.617/DF, Rel. Min. Luiz Fux, j. 19-6-2013).

• **O Ministério Público é o defensor dos interesses sociais e individuais indisponíveis** — cumpre-lhe defender os interesses sociais e individuais indisponíveis, além de outros em que a lei considerar imprescindível a sua participação. A indisponibilidade do interesse, seja relativa, seja absoluta, é o *prius* da atuação funcional do *Parquet*. Até os interesses individuais, singulares, disponíveis, clássicos etc. sujeitam-se à sua competência, desde que a tutela a pleitear convenha à coletividade. Eis aí o grande detalhe. E, para saber se o interesse é objeto de amparo ministerial, devemos recorrer à classificação dos interesses públicos em primários ou secundários. Os primários equivalem ao bem geral; já os secundários dizem respeito à Administração, ao modo como os órgãos governamentais veem o interesse público. Quer dizer que nem sempre os interesses primário e secundário são coincidentes. Por isso, só os primários constituem alvo de amparo pelo *Parquet*, sejam eles sociais, sejam coletivos, difusos, individuais homogêneos. O que se busca é a satisfação de toda a sociedade.

> **Sobre o tema:** Francisque Goyet, *Le Ministère Public en matière civile et en matière répressive et l'exercice de l'action pubblique*; Renato Alessi, *Sistema istituzionale del diritto amministrativo italiano*.

✧ 2.5. Posição institucional do Ministério Público

Inexistem dúvidas acerca da posição sobranceira do Ministério Público no contexto institucional brasileiro. Isso, contudo, não o subtrai da condição de instituição vinculada ao Poder Executivo, o que jamais significa depreciar a sua independência, nada obstante o constante perigo de o órgão ministerial servir a interesses político-partidários.

> **Advertência:** "Hoje, quando o Ministério Público dispõe de poderes ampliados, notadamente para a defesa dos chamados direitos difusos ou transindividuais, e para a responsabilização pessoal de todos os agentes públicos por condutas imorais ou lesivas ao bem comum, esse resquício de ligação do órgão com o Poder Executivo é preocupante. O Ministério Público serve, não raras vezes, aos interesses político--partidários do governo, propondo, a pedido deste, ações de inconstitucionalidade de leis, julgadas inconvenientes ao Executivo ou à maioria parlamentar. Outras vezes, as instâncias superiores do órgão deixam de agir com o necessário zelo contra membros do governo, sob o curioso pretexto de que o assunto é de natureza político-partidária. Ora, a denominação do órgão indica, já por si, a natureza das suas atribuições. Trata-se de um servidor do povo, não de um dependente ou agregado governamental. Para que o Ministério Público possa, portanto, defender com absoluta autonomia o bem comum do povo, é indispensável desvincular totalmente o órgão do Poder Executivo, retirando-se deste a atribuição de nomear qualquer de seus integrantes" (Fábio Konder Comparato, *Ética:* direito, moral e religião no mundo moderno, p. 679).

Seja como for, o "Ministério Público não constitui órgão auxiliar do Governo. É-lhe estranha, no domínio de suas atividades institucionais, essa função subalterna. A atuação independente dessa instituição e do membro que a integra impõe-se como exigência de respeito aos direitos individuais e coletivos e delineia-se como fator de certeza quanto à efetiva submissão dos poderes à lei e à ordem jurídica" (STF, Pleno, ADIn 789-MC, Rel. Min. Celso de Mello, *DJ* de 26-2-1993).

Registre-se que os membros do *Parquet* integram a categoria de agentes políticos. Atuam sem ingerências externas, porque possuem responsabilidades constitucionais próprias, além de outras previstas na Lei Orgânica Nacional do Ministério Público.

> **Lei n. 8.625, de 12-2-1993:** instituiu a Lei Orgânica Nacional do Ministério Público.

Submetem-se a critério seletivo, via concurso público de provas e títulos, no que não estão sujeitos ao regime estatutário comum.

São escolhidos e investidos no cargo por normas específicas, as quais lhes regulam, também, a conduta e o processo pelo cometimento de delitos funcionais e de responsabilidade.

É até possível vislumbrar no *Parquet* uma simbiose *sui generis*.

1228 ◆ Uadi Lammêgo Bulos ◆

Ao mesmo tempo que seus membros gozam das garantias conferidas à magistratura, com direito de assento ao lado dos juízes e uso das vestes talares da judicatura, atuando como se autoridades judiciais fossem, possuem o ardor dos advogados no patrocínio das causas. Embora desvinculados dos quadros jurisdicionais do Estado, são essenciais à jurisdição.

A colocação constitucional do Ministério Público, portanto, é complexa, o que tem causado celeumas doutrinárias intermináveis. Mesmo assim, parece-nos que a instituição ministerial é, notadamente, *sui generis*.

Não se trata de quarto poder, como inadvertidamente se pode pensar, nada obstante o alargamento de suas funções pela Carta de 1988.

> **Entendimento do STF:** "A questão da colocação constitucional do Ministério Público entre os Poderes é uma questão de somenos, pois o verdadeiro problema é a sua independência" (STF, *RTJ*, *147*:120, Rel. Min. Rodrigues Alckmin).

✧ 2.6. Natureza administrativa das funções do Ministério Público

Quando se procura delimitar o posicionamento institucional do Ministério Público, busca-se, na realidade, perquirir uma questão de fundo, muito mais singular: a natureza jurídica de suas atribuições. Sem dúvida, as funções que desempenha possuem natureza *administrativa*, como promover ações públicas, zelar pelo regime democrático, tutelar os interesses sociais e individuais indisponíveis, opinar como *custos legis* etc. Por isso, o Ministério Público não possui poder decisório, como os juízes, nem o condão de elaborar atos normativos, gerais e abstratos, atividade típica dos legisladores. Simplesmente atua junto ao Judiciário, sem exercer jurisdição, fiscalizando ou promovendo a observância das leis, mas sem elaborá-las.

Como prover a execução das leis não é atividade legislativa nem, tampouco, jurisdicional, o critério residual leva-nos a concluir que o *Parquet* se enquadra no bojo da função administrativa.

✧ 2.7. Princípios institucionais do Ministério Público

São princípios institucionais do Ministério Público a unidade, a indivisibilidade e a independência funcional (CF, art. 127, § 1º).

Somam-se a esse contexto:

* o princípio constitucional do *promotor natural* (estudado no Cap. 13);
* o princípio infraconstitucional do *livre exercício da ação penal*;
* o princípio infraconstitucional da *irresponsabilidade*; e
* o princípio infraconstitucional da *irrecusabilidade*.

> **Irrecusabilidade do pedido de arquivamento do Procurador-Geral da República:** "À luz de copiosa jurisprudência do Supremo Tribunal Federal, no caso de inquérito para apuração de conduta típica em que a competência originária seja da Corte, o pedido de arquivamento pelo procurador-geral da República não pode ser recusado. Na hipótese dos autos, o procurador-geral da República requerera, inicialmente, o arquivamento dos autos, tendo seu sucessor oferecido a respectiva denúncia sem que houvessem surgido novas provas. Na organização do Ministério Público, vicissitudes e desavenças internas, manifestadas por divergências entre os sucessivos ocupantes de sua chefia, não podem afetar a unidade da instituição. A promoção primeira de arquivamento pelo *Parquet* deve ser acolhida, por força do entendimento jurisprudencial pacificado pelo Supremo Tribunal Federal, e não há possibilidade de retratação, seja tácita ou expressa, com o oferecimento da denúncia, em especial por ausência de provas novas" (STF, Inq. 2.028, Rel. Min. Joaquim Barbosa, *DJ* de 16-12-2005).

a) Unidade

Pelo *princípio constitucional da unidade*, os membros da instituição ministerial integram um só órgão, sendo chefiados, apenas, por um procurador-geral.

Veja-se que inexiste unidade entre o *Parquet* federal e os Ministérios Públicos estaduais.

◆ Cap. 22 ◆ FUNÇÕES ESSENCIAIS À JUSTIÇA

1229

De igual modo, não há falar em unidade entre o Ministério Público de um Estado e de outro, nem entre os diversos ramos do Ministério Público da União. É que o *princípio constitucional da unidade* só incide no âmbito de cada Ministério Público.

b) Indivisibilidade

O *princípio constitucional da indivisibilidade* é corolário da própria ideia de unidade do Ministério Público; daí que o *Parquet* não pode ser subdividido internamente em várias outras instituições autônomas e desvinculadas entre si. Por isso, seus membros não se vinculam aos processos nos quais oficiam, podendo ser substituídos uns pelos outros, conforme o que dispuser a lei.

O Ministério Público é uno e indivisível, mas apenas na medida em que os seus membros estão submetidos a uma mesma chefia. Essa unidade e indivisibilidade só dizem respeito a cada um dos vários Ministérios Públicos que o sistema jurídico brasileiro consagrou.

Nesse sentido: STJ, ROMS 5.563/RS, Rel. Min. César Asfor Rocha, *DJ* de 16-10-1995.

Logo, o ato processual de oferecimento da denúncia, praticado, em foro incompetente, por um representante, prescinde, para ser válido e eficaz, "de ratificação por outro do mesmo grau funcional e do mesmo Ministério Público, apenas lotado em foro diverso e competente, porque o foi em nome da instituição, que é una e indivisível" (STF, HC 85.137, Rel. Min. Cezar Peluso, *DJ* de 28-10-2005).

c) Independência funcional

O *princípio constitucional da independência* ou *autonomia funcional* do Ministério Público logrou tanta importância na Carta de 1988 que constitui crime de responsabilidade do Presidente da República praticar atos atentatórios ao livre exercício de suas atribuições (CF, art. 85, II).

A independência funcional do Ministério Público impede retaliações e reprimendas à atuação de seus membros.

> **Possibilidade de delegação a Subprocurador-Geral da República de competência para atuar no STJ:** "Pode o Procurador-Geral da República delegar a competência de que trata o art. 48, II, da Lei Complementar n. 75, de 1993, a Subprocurador-Geral pré-designado para atuar perante o Superior Tribunal de Justiça" (STF, HC 84.488, Rel. Min. Cezar Peluso, *DJ* de 5-5-2006).

Por isso, seus integrantes só devem dar satisfações *funcionais* à Constituição, às leis e ao bom senso. Nem do ponto de vista interno há de se falar em superioridade hierárquica. Um Procurador Regional da República, por exemplo, não deve obediência ao Procurador-Geral da República. Este não detém competência constitucional para ditar-lhe ordens, no sentido de agir desta ou daquela maneira no âmbito de um processo. Até as recomendações dadas pelos órgãos de administração superior do *Parquet* não têm qualquer caráter cogente, ou imperativo, porque não são normas jurídicas. Seguem-nas quem as desejar.

A única hierarquia vislumbrada na configuração constitucional do Ministério Público brasileiro é de ordem administrativa, jamais funcional, partindo da chefia da instituição.

Mas a independência funcional do Ministério Público também é reconhecida pela legislação infraconstitucional. Basta ver que o art. 28 do Código de Processo Penal assegura ao Promotor de Justiça discordar do Procurador-Geral da Justiça.

É indispensável que o Ministério Público ostente, em face do ordenamento vigente, "especial posição na estrutura do poder estatal. A independência institucional constitui uma das mais expressivas prerrogativas político-jurídicas do *Parquet*, na medida em que lhe assegura o desempenho, em toda a sua plenitude e extensão, das atribuições a ele conferidas" (STF, Pleno, ADIn 789-MC, Rel. Min. Celso de Mello, *DJ* de 26-2-1993).

c.1) Autonomia funcional e administrativa do Ministério Público

Implementando o *princípio da independência*, que acabamos de estudar, a Constituição da República assegurou ao Ministério Público *autonomia funcional e administrativa*.

A *autonomia funcional e administrativa* é a capacidade de o *Parquet* propor ao Poder Legislativo, com base no art. 169 da Carta Maior, a feitura de lei ordinária para a criação e extinção de seus cargos

1230

◆ Uadi Lammêgo Bulos ◆

e serviços auxiliares, provendo-os por concurso público de provas ou de provas e títulos, a política remuneratória e os planos de carreira (art. 127, § 2º — redação dada pela EC n. 19/98).

> **Impossibilidade de se instituir a figura do promotor *ad hoc*:** "A criação, por Corregedoria-Geral da Justiça, da figura do promotor *ad hoc* conflita com o disposto nos arts. 127, § 2º, 128, *caput*, parágrafos e inciso I, e 129, §§ 2º e 3º, da Constituição da República" (STF, ADIn 2.874, Rel. Min. Marco Aurélio, *DJ* de 3-10-2003). **No mesmo sentido:** STF, Pleno, ADIn 1.649-1-MC/RJ, Rel. Min. Sydney Sanches, *DJ* de 8-9-2000; STF, ADIn 2.958-MC, Rel. Min. Cezar Peluso, *DJ* de 3-10-2003. **Julgado admitindo a possibilidade:** "O art. 129, I e seu § 2º da Constituição diz que é função institucional do Ministério Público 'promover, privativamente, a ação penal pública, na forma da lei'; o art. 55, *caput*, da Lei Complementar n. 40/1991, proíbe a nomeação de promotor *ad hoc*; e o art. 448 do CPP, ao tratar do julgamento pelo Júri, dispõe, em 'caráter excepcional', que pode haver nomeação de promotor *ad hoc* quando houver ausência ilegal do Ministério Público. Em casos excepcionais, como este, é possível dar um rendimento residual ao art. 448 do CPP, sob pena de se permitir, como consequência de movimento paredista ilegal, a paralisação do Poder Judiciário, o que seria um mal maior. Conquanto isto não fosse possível, tal nulidade não poderia ser arguida pelo impetrante, mas, apenas, pelo órgão acusador, como dispõe a parte final do art. 565 do CPP. Embora o art. 564, III, *d*, do CPP, diga, expressamente, que é nula a nomeação de promotor *ad hoc*, não cuida de nulidade cominada ou absoluta, mas de nulidade relativa e, assim, sanável. Tal nulidade deve ser arguida 'logo depois de ocorrer', sob pena de ficar sanada (art. 572 e incisos do CPP)" (STF, HC 71.198, Rel. Min. Maurício Corrêa, *DJ* de 30-6-2000).

Sem autonomia funcional e administrativa, o Ministério Público não passaria de um cartório do Poder Executivo.

Ao contrário disso, o *Parquet* logrou, com a Carta de 1988, capacidade de autodeterminação, podendo dirigir suas próprias ações, sem ingerências externas.

A *autonomia funcional e administrativa* do Ministério Público, portanto, é o seu poder de agir, livremente, nas raias da legalidade, dirigindo-se por um governo próprio, sem intromissões na esfera de competência que a Constituição da República lhe outorgou. Trata-se de um reforço à independência mesma do *Parquet*, que possui capacidade de gerir negócios próprios, como reconheceu a Lei n. 8.625/93, ao prever a possibilidade de o órgão (art. 3º, I a XII):

* praticar atos próprios de gestão;
* praticar atos e decidir sobre a situação funcional e administrativa do pessoal, ativo e inativo, da carreira e dos serviços auxiliares, organizados em quadros próprios;
* elaborar suas folhas de pagamento e expedir os competentes demonstrativos; adquirir bens e contratar serviços, efetuando a respectiva contabilização;
* propor ao Poder Legislativo a criação e a extinção de cargos, bem como a fixação e o reajuste dos vencimentos de seus membros;

> **Posicionamento do STF:** entendeu a Corte Excelsa que é facultado ao Ministério Público propor ao Legislativo a fixação, e até a revisão, dos respectivos subsídios de seus membros. **Precedentes:** STF, Pleno, ADIn 883-MC/RJ, Rel. Min. Carlos Velloso, *DJ* de 3-9-1993; STF, ADIn 63, Rel. Min. Ilmar Galvão, *DJ* de 27-5-1994.

* propor ao Poder Legislativo a criação e a extinção dos cargos de seus serviços auxiliares, bem como a fixação e o reajuste dos vencimentos de seus servidores;
* prover os cargos iniciais da carreira e dos serviços auxiliares, bem como nos casos de remoção, promoção e demais formas de provimento derivado;
* editar atos de aposentadoria, exoneração e outros que importem em vacância de cargos e carreira e dos serviços auxiliares, bem como os de disponibilidade de membros do Ministério Público e de seus servidores;
* organizar suas secretarias e os serviços auxiliares das Procuradorias e Promotorias de Justiça;
* compor os seus órgãos de administração;
* elaborar seus regimentos internos; e
* exercer outras competências dela decorrentes.
* **Ascensão funcional e transposição: servidor público distrital e provimento derivado** — reafirmando sua jurisprudência de que a ascensão e a transposição constituem formas inconstitucionais de provimento derivado de cargos por violarem o princípio do concurso público, o

◆ Cap. 22 ◆ FUNÇÕES ESSENCIAIS À JUSTIÇA **1231**

Plenário do Supremo, em votação majoritária, julgou parcialmente procedente pedido formulado em ação direta, declarando a inconstitucionalidade dos arts. 8º e 17 da Lei n. 68/1989 e do art. 6º da Lei n. 82/1989, ambas do Distrito Federal (STF, ADI 3341/DF, rel. Min. Ricardo Lewandowski, j. 29.5.2014).

c.2) Autonomia orçamentária e financeira do Ministério Público

Além de permitir ao Ministério gerir negócios próprios, a Constituição também lhe garantiu a *autonomia orçamentária e financeira* (art. 127, §§ 3º a 6º).

É importante observar que a Carta de 1988 não falou, expressamente, em autonomia *financeira* do Ministério Público, como o fez com o Poder Judiciário (art. 99). Mas, na realidade, ela se encontra implícita no art. 127, § 3º, pois, como se sabe, o Ministério Público, do mesmo modo que o Judiciário, não tem recursos financeiros próprios. Assim, a ideia de independência *financeira* enquadra-se no direito constitucional de o *Parquet* elaborar sua proposta orçamentária global, no que lhe compete delimitar os recursos necessários ao provimento de suas despesas.

Em suma, o Ministério Público possui (CF, art. 127, § 3º):

* **autonomia orçamentária** — revela a capacidade de elaborar sua proposta de orçamento dentro dos limites estabelecidos na lei de diretrizes orçamentárias; e
* **autonomia financeira** — demonstra sua capacidade de gerir e aplicar os recursos destinados a prover suas atividades e serviços, com base nas dotações orçamentárias que lhe foram destinadas.

Sem as autonomias *orçamentária* e *financeira* o Ministério Público ficaria impedido de realizar seus encargos constitucionais e legais, porque dependeria de outro órgão para controlar sua receita e despesa.

Quer dizer, embora o Ministério Público não conte com recursos financeiros próprios, detém a atribuição de elaborar sua própria proposta orçamentária.

Vale observar que a competência para instaurar processo de criação de leis orçamentárias é exclusiva do Poder Executivo. A Constituição autoriza o Ministério Público a atuar, apenas, na fase pré-legislativa, apresentando sua proposta orçamentária dentro dos limites impostos na lei de diretrizes.

> **Nesse sentido:** "O reconhecimento da autonomia financeira em favor do Ministério Público, estabelecido em sede de legislação infraconstitucional, não parece traduzir situação configuradora de ilegitimidade constitucional, na medida em que se revela uma das dimensões da própria autonomia institucional do *Parquet*. Não obstante a autonomia institucional que foi conferida ao Ministério Público pela Carta Política, permanece na esfera exclusiva do Poder Executivo a competência para instaurar o processo de formação das leis orçamentárias em geral. A Constituição autoriza, apenas, a elaboração, na fase pré-legislativa, de sua proposta orçamentária, dentro dos limites estabelecidos na lei de diretrizes" (STF, ADIn 514-MC, Rel. Min. Celso de Mello, *DJ* de 18-3-1994).

Se o Ministério Público não encaminhar a respectiva proposta orçamentária dentro do prazo estabelecido na lei de diretrizes orçamentárias, o Poder Executivo considerará, para fins de consolidação da proposta orçamentária anual, os valores aprovados na lei orçamentária vigente, ajustados de acordo com os limites estipulados na forma do art. 127, § 3º, da Constituição (art. 127, § 4º — acrescido pela EC n. 45/2004).

Ademais, caso a proposta orçamentária seja encaminhada em desacordo com os limites estipulados no art. 127, § 3º, o Poder Executivo procederá aos ajustes necessários para fins de consolidação da proposta orçamentária anual (art. 127, § 5º — acrescido pela EC n. 45/2004).

Durante a execução orçamentária do exercício, não poderá haver a realização de despesas ou a assunção de obrigações que extrapolem os limites estabelecidos na lei de diretrizes orçamentárias, exceto se previamente autorizadas, mediante a abertura de créditos suplementares ou especiais (art. 127, § 6º — acrescido pela EC n. 45/2004).

1232 ♦ Uadi Lammêgo Bulos ♦

⬦ 2.8. Organização constitucional do Ministério Público

A Carta de 1988 conferiu a seguinte estruturação orgânica ao Ministério Público (art. 128, I e II):

MINISTÉRIO PÚBLICO

• **Ministério Público da União** ⟨
- Ministério Público Federal (desempenha funções do MP Eleitoral)
- Ministério Público do Trabalho
- Ministério Público Militar
- Ministério Público do Distrito Federal
- Ministério Público dos Territórios

• **Ministérios Públicos Estaduais**

a) *Ministério Público da União: nomeação e destituição do Procurador-Geral da República*

O Ministério Público da União, que compreende os Ministérios Públicos Federal, do Trabalho, Militar, do Distrito Federal e Territórios, é chefiado pelo Procurador-Geral da República.

Casuística do STF:

- **Ministério Público do Trabalho não tem legitimidade para atuar no STF:** a representação do Ministério Público da União no Supremo Tribunal Federal é, unicamente, do Procurador-Geral da República. Por isso, a Corte Excelsa, por maioria de votos, não conheceu o agravo regimental interposto pelo Ministério Público do Trabalho contra acórdão que julgara procedente pedido formulado em reclamação e, declarando a incompetência da Justiça do Trabalho para julgamento do feito, determinara a remessa dos autos à Justiça Comum estadual. O acórdão reclamado alegava ofensa à autoridade da decisão proferida pelo Supremo na ADI 3.395-MC/DF, que tinha suspendido qualquer interpretação ao art. 114 da Carta Magna, a qual incluísse, na competência da Justiça do Trabalho, a apreciação de causas instauradas entre o Poder Público e seus servidores, tendo por base o vínculo de ordem estatutária ou jurídico-administrativa. A única divergência foi do Min. Marco Aurélio. Para ele o Ministério Público do Trabalho atuou nos processos desde a sua origem, devendo acompanhá-los até a última instância (STF, Recl 5.543 AgR/GO, Rel. Min. Celso de Mello, j. 23-9-2009).

- **Ministério Público junto ao TCU. Instituição que não integra o Ministério Público da União. Taxatividade do rol inscrito no art. 128, I, da CF** — "O Ministério Público que atua perante o TCU qualifica-se como órgão de extração constitucional, eis que a sua existência jurídica resulta de expressa previsão normativa constante da Carta Política (art. 73, § 2º, I, e art. 130), sendo indiferente, para efeito de sua configuração jurídico-institucional, a circunstância de não constar do rol taxativo inscrito no art. 128, I, da Constituição, que define a estrutura orgânica do Ministério Público da União" (STF, ADIn 789, Rel. Min. Celso de Mello, *DJ* de 19-12-1994).

- *Habeas Corpus* **contra ato de membro do MPDFT** — a competência para o julgamento de *habeas corpus* contra ato de autoridade — exceto Ministro de Estado — é do Tribunal a que couber a apreciação da ação penal contra essa mesma autoridade. Assim, o Tribunal competente para o julgamento de Promotor de Justiça do Distrito Federal e dos Territórios com atuação na primeira instância é o Tribunal Regional Federal da 1ª Região, sediado em Brasília, e não o Tribunal de Justiça do Distrito Federal e Territórios. Aplica-se aqui o princípio do juiz natural (CF, art. 5º, LIII). Em suma, o Chefe do Ministério Público da União — que é o Procurador-Geral da República (CF, art. 128, § 1º) — é processado e julgado originariamente, nas infrações penais comuns, pelo Supremo Tribunal Federal (CF, art. 102, I, *b*). Os membros do Ministério Público da União que atuam perante quaisquer Tribunais estão sujeitos à jurisdição penal do Superior Tribunal de Justiça (CF, art. 105, I, *a*), a quem compete processá-los e julgá-los nos ilícitos penais comuns. Finalmente, os demais membros do Ministério Público da União, que atuam perante órgãos judiciários de primeira instância, submetem-se, *ratione muneris*, à competência penal originária dos Tribunais Regionais Federais, ressalvada a competência da Justiça Eleitoral (CF, art. 108, I, *a*). Esse é o entendimento consagrado na jurisprudência do Supremo Tribunal Federal. **Nesse sentido:** STF, RE 315.010, Rel. Min. Néri da Silveira, *DJ* de 31-5-2002; STF, RE 418.852/DF, Rel. Min. Carlos Britto, *DJU* de 10-3-2006.

- **Promotor de Justiça que ingressou no Ministério Público de Território extinto** — "Extinto o Território, foi ele posto em disponibilidade. Seu aproveitamento em cargo igual no Ministério Público do Distrito Federal e Territórios: legitimidade, por isso que a CF/1988, art. 128, I, *d*, unificou num só ramo o Ministério Público do Distrito Federal e Territórios. O aproveitamento, ademais, encontra apoio na

CF, art. 41, § 3º, na Lei 8.112/90, art. 30, aplicável *ex vi* do disposto no art. 287 da Lei Complementar 75/1993" (STF, MS 22.492, Rel. Min. Carlos Velloso, *DJ* de 20-6-2003).

Cumpre ao Presidente da República nomear o Procurador-Geral dentre os integrantes da carreira, maiores de 35 anos, após a aprovação de seu nome pela maioria absoluta dos membros do Senado Federal, para mandato de dois anos, permitida a *recondução* (CF, art. 128, § 1º).

Essa *recondução*, que, pela Carta Magna, é ilimitada, deverá ser precedida de nova decisão do Senado Federal, nos termos da Lei Complementar n. 75/93 (art. 25).

Diga-se de passagem que o constituinte de 1988 impossibilitou a demissão *ad nutum* do Procurador- -Geral da República.

Note-se que o Presidente poderá escolher para o cargo de Procurador-Geral qualquer membro do Ministério Público da União, isto é, dos Ministérios Públicos Federal, do Trabalho, Militar, do Distrito Federal ou Territórios.

Esse, aliás, foi o entendimento do Pretório Excelso quando, ao reconhecer o poder de autogoverno do *Parquet*, concluiu que o Procurador-Geral pode provir de qualquer das carreiras do Ministério Público da União.

Precedente: STF, MS 21.239, Rel. Min. Sepúlveda Pertence, *DJ* de 23-4-1993.

Importante assinalar que o mandado de injunção não é instrumento idôneo para declarar a vacância de cargos, nem para compelir o Presidente da República a praticar ato administrativo, concreto e determinado, consistente na indicação ao Senado Federal de nome de membro do Ministério Público Federal para ser investido no cargo de Procurador-Geral da República.

Nesse sentido: STF, MI 14-QO, Rel. Min. Sydney Sanches, *DJ* de 18-11-1988.

A destituição do Procurador-Geral da República, por iniciativa do Presidente da República, deverá ser precedida de autorização da maioria absoluta do Senado Federal (CF, art. 128, § 2º).

Aí está um "inédito mecanismo de salvaguarda da independência externa do Ministério Público, em face dos Poderes do Estado, mediante a segurança no cargo do seu chefe" (STF, MS 21.239, Rel. Min. Sepúlveda Pertence, *DJ* de 23-4-1993).

A Lei Complementar n. 75/93 determinou que a votação para destituir o Procurador-Geral da República deve ser secreta (art. 25, parágrafo único).

Organização, atribuições e Estatuto do Ministério Público da União: Lei Complementar n. 75, de 20-5-1993.

b) *Ministérios Públicos dos Estados, Distrito Federal e Territórios: nomeação e destituição do Procurador-Geral de Justiça*

Os Ministérios Públicos dos Estados e o do Distrito Federal e Territórios formarão lista tríplice dentre integrantes da carreira, na forma da lei respectiva, para escolha de seu Procurador-Geral de Justiça, que será nomeado pelo Chefe do Poder Executivo, para mandato de dois anos, permitida uma recondução (CF, 128, § 3º).

Pela sistemática da Carta de 1988, a nomeação do Procurador-Geral de Justiça dos Estados não está sujeita à aprovação da Assembleia Legislativa.

Norma constitucional estadual. Escolha de procurador-geral. Suspensão: por unanimidade de votos, o Plenário do Supremo Tribunal Federal deferiu medida cautelar, suspendendo a eficácia de norma da Constituição do Estado do Amapá que atribuía, privativamente, à Assembleia Legislativa aprovar procuradores-gerais de Justiça. Prevaleceu a tese, já firmada pela Corte noutras assentadas, segundo a qual são inconstitucionais normas que submetem a escolha do chefe do Ministério Público estadual à aprovação das Assembleias Legislativas. Não há qualquer menção no Texto Magno quanto à participação legislativa na indicação do procurador-geral de Justiça. Aliás, o processo de tal escolha foi disciplinado no art. 128, § 3º, da Constituição Federal, que determina a formação de lista tríplice para nomeação pelo chefe do Poder Executivo estadual (STF, ADI 6608, Rel. Min. Gilmar Mendes, j. 20-1-2021).

Compete ao Governador nomear o Procurador-Geral de Justiça dentre lista tríplice composta de integrantes da carreira, não incidindo, nesse contexto, o princípio da simetria.

Nesse sentido: STF, ADIn 1.506/SE, Rel. Min. Ilmar Galvão, *DJ* de 22-11-1996; STF, ADIn 452, Rel. Min. Maurício Corrêa, *DJ* de 31-10-2002.

Afigura-se inconstitucional lei de Estado-membro que determina a vacância do cargo de Procurador--Geral no curso do biênio, instaurando provimento para completar o período interrompido em vez de iniciar outro de dois anos.

Precedente: STF, ADIn 1.783, Rel. Min. Sepúlveda Pertence, *DJ* de 16-11-2001.

E, em se tratando de investidura no cargo de Procurador-Geral, no Ministério Público junto ao Tribunal de Contas do Estado, aplicam-se os arts. 128, § 3º, e 130 da Carta Suprema.

Nesse sentido: STF, ADIn 1.791-MC, Rel. Min. Sydney Sanches, *DJ* de 11-9-1998.

Os Procuradores-Gerais nos Estados e no Distrito Federal e Territórios poderão, nos termos da lei complementar respectiva, ser destituídos por deliberação da maioria absoluta do Poder Legislativo, mediante voto secreto, com direito à ampla defesa (CF, art. 128, § 4º).

Reserva constitucional de lei complementar: o art. 128, § 4º, da Carta Magna exige lei complementar para disciplinar a destituição de Procuradores-Gerais dos Estados, Distrito Federal e Territórios. Daí a indispensabilidade dessa modalidade normativa, como reconheceu o Pretório Excelso (STF, ADIn 2.436-MC, Rel. Min. Moreira Alves, *DJ* de 9-5-2003).

Aprovada a destituição, o Colégio de Procuradores de Justiça declara a vacância do cargo, cientificando o Conselho Superior do Ministério Público para proceder à elaboração de lista tríplice.

❖ 2.9. Ingresso na carreira do Ministério Público

O ingresso na carreira do Ministério Público far-se-á mediante concurso público de provas e títulos, assegurada a participação da OAB em sua realização, exigindo-se do bacharel em direito, no mínimo, três anos de atividade jurídica e observando-se, nas nomeações, a ordem classificatória (CF, art. 129, § 3º — com redação da EC n. 45/2004).

Concurso Público para Cargo de Procurador da República e requisito temporal: por maioria de votos, o Supremo Tribunal deferiu mandado de segurança para assegurar aos impetrantes o direito de aprovação em concurso público para provimento do cargo de Procurador da República. No caso concreto, o Procurador-Geral da República havia indeferido a inscrição definitiva dos impetrantes, argumentando não restar atendido o requisito de três anos de atividade jurídica previsto no regulamento do certame e no art. 129, § 3º, da Carta de 1988. Ao relatar a matéria, a Min. Cármen Lúcia concluiu que os impetrantes teriam, sim, cumprido a exigência de três anos de atividade jurídica, precisamente porque o Banco Central do Brasil assim certificou. Decidiu, portanto, que os impetrantes: **(i)** tinham mais de três anos como bacharéis em Direito na data da inscrição do concurso; **(ii)** possuíam habilitação para integrar os quadros da OAB e, nesta condição, poderem advogar; **(iii)** comprovaram o exercício de atos de advocacia após receberem a Carteira da OAB (deferimento de inscrição); **(iv)** exerceram funções próprias de bacharel no exercício de um cargo no qual essa era uma das possibilidades. O não reconhecimento de direito dos impetrantes implicaria, segundo Cármen Lúcia, afronta ao princípio da igualdade, pois a existência de servidores públicos, em cargos não privativos de bacharel em Direito, que são proibidos de advogar e, para esses, o Supremo ter decidido não haver violação à regra que exige a comprovação de três anos de atividade jurídica a partir da colação de grau no curso de Direito. Ressaltando faltarem apenas 15 dias para o perfazimento do requisito temporal de três anos de atividade jurídica, consideraram o fato de que, de forma similar ao que ocorrera naquele julgamento, os impetrantes, embora tivessem, já habilitados desde 22-6-2005, protocolizado os requerimentos de inscrição no quadro da OAB nos dias 4 e 6-7-2005, teriam tido seu pleito deferido apenas em 2-9-2005. Concluíram que esse atraso de quase dois meses para o deferimento dessa inscrição seria atribuível à OAB, não podendo prejudicar os impetrantes. Vencidos os Ministros Joaquim Barbosa, Cezar Peluso e Ellen Gracie que denegavam a ordem por considerar não observado o mencionado requisito temporal (STF, MS 27.608/

♦ Cap. 22 ♦ FUNÇÕES ESSENCIAIS À JUSTIÇA

DF, Rel. Min. Cármen Lúcia, j. em 15-10-2009). No mesmo sentido: **Rcl 4.936** (*DJE* de 11-4-2008) e **MS 26.681** (*DJE* de 17-4-2009).

Examinando o art. 129, § 3º, o Supremo Tribunal, por maioria de votos, julgou improcedente pedido formulado em ação direta de inconstitucionalidade, ajuizada pela Associação Nacional dos Membros do Ministério Público, contra o art. 7º, *caput*, e parágrafo único, da Resolução n. 35/2002, com a redação que lhe foi dada pelo art. 1º da Resolução n. 55/2004, do Conselho Superior do Ministério Público do Distrito Federal e Territórios.

> **Nesse sentido:** STF, ADIn 3.460/DF, Rel. Min. Carlos Britto, decisão de 31-8-2006. No julgamento, foi vencido, em parte, o Ministro Relator que julgara parcialmente procedente o pedido para excluir do parágrafo único do art. 7º da Resolução impugnada a expressão "verificada no momento da inscrição definitiva", ao fundamento de que a comprovação dos requisitos deve dar-se na data da posse no cargo, tendo em conta ser o requisito temporal exigido para o ingresso sinônimo de investidura na carreira do Ministério Público. Vencidos, integralmente, os Ministros Eros Grau, Marco Aurélio e Sepúlveda Pertence, que julgaram o pedido procedente, reportando-se à jurisprudência da Corte no sentido de que os requisitos devem ser demonstrados na data da posse e conferindo interpretação mais ampla à terminologia *atividade jurídica*.

Dita resolução determinou que a inscrição em concurso público para a carreira do Ministério Público só pode ser feita por bacharéis em Direito com, no mínimo, três anos de atividade jurídica, cuja comprovação dar-se-á no momento da inscrição definitiva.

> **Cargo público privativo de bacharel de direito e Resolução 4/2006 do CNMP:** não é possível considerar o tempo de exercício no cargo de Analista Tributário da Receita Federal, para fins de comprovação de atividade jurídica, por não se tratar de cargo público privativo de bacharel em Direito. Apesar do disposto nos arts. 1º e 2º da Resolução 4/2006 do Conselho Nacional do Ministério Público, o Supremo, na ADI 3460, concluiu que a expressão "atividade jurídica", prevista no art. 129, § 3º, da Carta Magna, corresponde ao desempenho de atividades que exijam a conclusão do bacharelado em Direito, hipótese na qual não se enquadraria o exercício do cargo público de Analista Tributário da Receita Federal (STF, MS 27.606/DF, rel. Min. Ellen Gracie, j. em 12-8-2009).

A Corte Excelsa concluiu que essa determinação resolutiva atendeu ao objetivo da Emenda Constitucional n. 45/2004, que pretendeu selecionar profissionais experientes para o exercício das funções atribuídas aos membros do Ministério Público.

Nesse ínterim, os três anos de atividade jurídica contam-se da data da conclusão do curso de Direito, porque a terminologia *atividade jurídica* retrata o desempenho de atividades privativas de bacharel em Direito.

Desse modo, deve-se comprovar tudo isso na data de inscrição no concurso, em prol da segurança jurídica da sociedade e dos próprios candidatos.

Aplica-se aos membros do Ministério Público, no que couber, o disposto no art. 93 da Carta Magna (CF, art. 129, § 4º — redação da EC n. 45/2004).

A distribuição de processos aos membros do Ministério Público deve ser imediata, assim que tomarem posse no cargo, aplicando-se-lhes, no que couber, o disposto no art. 93 da Constituição (CF, art. 129, § 5º).

> **Ministério Público e estímulo ao macroprocesso:** "Tanto quanto possível, considerado o direito posto, deve ser estimulado o surgimento de macroprocesso, evitando-se a proliferação de causas decorrentes da atuação individual. O Ministério Público é parte legítima na propositura de ação civil pública para questionar relação de consumo resultante de ajuste a envolver cartão de crédito" (STF, RE 441.318/DF, Rel. Min. Marco Aurélio, *Clipping* do *DJ* de 24-2-2006).

✧ 2.10. Garantias do Ministério Público

Leis complementares da União e dos Estados, cuja iniciativa é facultada aos respectivos Procuradores-Gerais, estabelecerão a organização, as atribuições e o estatuto de cada Ministério Público, assegurados, relativamente a seus membros, dois tipos de garantias (CF, art. 128, § 5º):

* *garantias institucionais*; e
* *garantias funcionais*.

Ambas não podem ser objeto de propostas de emendas à Constituição tendentes a aboli-las, direta ou indiretamente, porque constituem um direito fundamental da cidadania, incorporado à estrutura do Estado Federal brasileiro (CF, art. 60, § 4º, I e IV).

Nesse particular, incide a *teoria dos limites do poder de reforma constitucional*, que estudamos no Capítulo 7.

Certamente, não há sentido em derrubar as vigas-mestras do *Parquet*, que, com a reconstrução da ordem constitucional, emergiu sob o signo da legitimidade democrática. Nem mesmo a praga do denuncismo exacerbado, verificada desde o advento da Carta de 1988, que contaminou o espírito de alguns membros da instituição, não todos, motivando-os a empreender ações espetaculosas, incentivadas por setores da mídia, não é capaz de justificar a retirada das garantias constitucionais do Ministério Público.

Tais garantias, frise-se bem, existem para assegurar o regime democrático. Desvios de conduta devem ser banidos, venham de onde vierem, embora não sirvam de apanágio para o amesquinhamento institucional de órgão tão importantíssimo para a preservação das liberdades públicas, dos interesses sociais e individuais indisponíveis.

Um Ministério Público forte, atuante, independente, composto de membros espiritualmente equilibrados, é uma meta distante, mas que se espera, algum dia, ser alcançada. E a saída para combater males não é fulminar aquilo que a Constituição trouxe de benéfico à sociedade. Embora o *dever ser* das normas jurídicas não consiga suplantar as deficiências do *ser*, em que os desvios de caráter, as vaidades, o torvelinho das ambições inconfessáveis esfloram infrenes, é indiscutível a necessidade de existirem pautas jurídicas de comportamento, a exemplo daquelas previstas nos arts. 127 a 130-A da Constituição Federal, para disciplinar comportamentos e esquematizar órgãos.

Esse foi o motivo pelo qual o Texto de 1988 ampliou as atribuições do Ministério Público, dilatando-lhe a competência, a fim de atender a "antiga reivindicação da própria sociedade civil. Como o Ministério Público não constitui órgão ancilar do Governo, instituiu o legislador constituinte um sistema de garantias destinado a proteger o membro da instituição e a própria instituição, cuja atuação configura a confiança de respeito aos direitos individuais e coletivos, e a certeza de submissão dos Poderes à lei" (STF, voto do Ministro Celso de Mello no MS 21.239, Rel. Min. Sepúlveda Pertence, *DJ* de 23-4-1993).

As garantias do Ministério Público, do mesmo modo que os predicamentos dos juízes e as imunidades parlamentares, não são benesses ou privilégios atentatórios à igualdade de todos perante a lei (CF, art. 5º, *caput*). Existem para defender o próprio Estado Democrático de Direito, sendo um reduto da cidadania contra a arbitrariedade e o abuso de poder daqueles que ocupam funções de mando, e que, por isso mesmo, precisam ser fiscalizados em suas respectivas ações e omissões.

Tais garantias equivalem a direitos subjetivos dos membros do *Parquet*. Logo, são passíveis de proteção judicial, quando negadas ou desrespeitadas por qualquer autoridade, sob pena de comprometimento da correta execução das atribuições constitucionais e legais do próprio órgão.

GARANTIAS DO MINISTÉRIO PÚBLICO

a) *Garantias institucionais do Ministério Público*

As *garantias institucionais* do Ministério Público são as que dizem respeito à instituição como um todo. São importantíssimas, porque decorrem:

- da unidade, indivisibilidade e independência funcional do Ministério Público (CF, art. 127, § 1º);
- da autonomia funcional e administrativa do Ministério Público (CF, art. 127, § 2º);
- da autonomia orçamentária e financeira do Ministério Público (CF, art. 127, §§ 3º a 6º);
- do modo de nomeação e destituição do Procurador-Geral da República (CF, art. 128, §§ 1º e 2º); e
- do modo de nomeação e destituição do Procurador-Geral de Justiça (CF, art. 128, §§ 3º e 4º).

◆ Cap. 22 ◆ FUNÇÕES ESSENCIAIS À JUSTIÇA **1237**

Já estudamos, acima, todos esses tópicos.

Cumpre alertar, por fim, que as garantias institucionais do *Parquet* equivalem a uma segurança do próprio cidadão, motivo que levou o constituinte originário a prevê-las, para permitirem a seus membros atuar com isenção e imparcialidade.

b) Garantias funcionais do Ministério Público

Garantias funcionais do Ministério Público são prerrogativas conferidas a seus membros inerentes à função que desempenham.

Reitere-se que tais garantias não consignam privilégios, nem promovem ruptura ao princípio geral da isonomia; decorrem da natureza mesma das atribuições ministeriais.

Daí a Carta de 1988 subdividi-las em duas espécies distintas: *garantias funcionais de liberdade* e *garantias funcionais de imparcialidade*.

b.1) Garantias funcionais de liberdade

As garantias funcionais de liberdade correspondem à *vitaliciedade, inamovibilidade* e *irredutibilidade de subsídios*.

b.1.1) Vitaliciedade

Vitaliciedade é a garantia dada ao membro do Ministério Público de só perder o cargo por sentença transitada em julgado (CF, art. 128, § 5º, I, *a*).

> **Portaria n. 74, de 17-2-1992, da Procuradoria-Geral da República:** dispõe sobre a garantia constitucional da vitaliciedade dos membros do Ministério Público Federal.

A garantia da *vitaliciedade* sujeita-se às seguintes regras:

* **Cumprimento do estágio probatório de dois anos** — só é adquirida após dois anos de estágio probatório, avaliado pelo exercício efetivo da atividade ministerial, antes de esgotar esse biênio, o agente não é vitalício (Lei n. 8.625/93, art. 38, I; Lei Complementar n. 75/93, art. 208, *caput*).
* **Não vitaliciedade mesmo ultrapassado o estágio probatório** — o membro do Ministério Público poderá, excepcionalmente, não ser vitalício, mas *estável*, mesmo ultrapassado o período de dois anos do estágio probatório. Para tanto, deverá seguir o mandamento do art. 29, § 3º, do ADCT. Essa regra, contudo, só se aplica aos que foram admitidos antes da promulgação da Carta de Outubro, que poderão optar pelas garantias e vantagens do regime constitucional pregresso. Todavia, cumpre-lhes acatar as proibições existentes à época da data de promulgação do Texto Maior, ou seja, 5 de outubro de 1988.
* **Ação civil própria para perda do cargo** — o membro vitalício do Ministério Público somente perderá o cargo por sentença judicial transitada em julgado, proferida em ação civil própria, nos seguintes casos: **(i)** prática de crime incompatível com o exercício do cargo, após decisão judicial transitada em julgado; **(ii)** exercício da advocacia; **(iii)** abandono do cargo por prazo superior a trinta dias corridos (Lei n. 8.625/93, art. 38, § 1º).
* **Legitimidade para propor a ação civil para perda do cargo** — a ação civil para a decretação da perda do cargo será proposta pelo Procurador-Geral de Justiça perante o Tribunal de Justiça local, após autorização do Colégio de Procuradores, na forma da Lei Orgânica Nacional do Ministério Público (Lei n. 8.625/93, art. 38, § 2º).
* **Ação para perda do cargo de membro do Ministério Público da União** — a propositura de ação para perda de cargo, quando decorrente de proposta do Conselho Superior depois de apreciado o processo administrativo, acarretará o afastamento do membro do Ministério Público da União do exercício de suas funções, com a perda dos vencimentos e das vantagens pecuniárias do respectivo cargo (Lei Complementar n. 75/93, art. 208, parágrafo único).

b.1.2) Inamovibilidade

O membro do Ministério Público, após titularizar o respectivo cargo, só pode ser removido, ou promovido, por iniciativa própria, jamais por ordem de quem quer que seja.

Membros do Ministério Público do Distrito Federal: "Os membros do Ministério Público do Distrito Federal têm assegurada a garantia da inamovibilidade, de forma expressa, desde 1946 (CF/1946, art. 127; CF/1967, art. 138, § 1º; EC 01/69, art. 95, § 1º; CF/1988, art. 128, § 5º, I, b). A Lei Complementar n. 75/93, na esteira do que já haviam disposto a Lei n. 3.754/60 (art. 42, § 3º) e a Lei n. 7.567/86 (art. 31), definiu os ofícios, nas Promotorias de Justiça, como 'unidades de lotação' do Ministério Público do Distrito Federal, tornando desnecessária a criação de cargos, tida pelo acórdão recorrido como pressuposto da aplicação da garantia sob enfoque, nessa unidade federada. Ato administrativo que, por destoar dessa orientação, não tem condições de subsistir" (STF, RE 150.447, Rel. Min. Ilmar Galvão, DJ de 15-8-1997).

Mas a Carta de 1988 excepciona essa regra, permitindo a *movibilidade*, em nome do interesse público, mediante decisão do órgão colegiado competente do Ministério Público, pelo voto da maioria absoluta de seus membros, assegurada ampla defesa (art. 128, § 5º, I, b — com redação dada pela EC n. 45/2004).

Competência do Conselho Superior do Ministério Público da União para remoção: Lei Complementar n. 75/93, art. 211.

Antes da Emenda Constitucional n. 45/2004, que deu nova redação ao art. 128, § 5º, I, b, da Carta Maior, o quórum qualificado de votação dos membros do Ministério Público para permitir a remoção era de 2/3.

Finalmente, o Supremo Tribunal Federal, em sede de medida liminar, determinou que a garantia funcional da inamovibilidade só pode ser concedida por norma da Constituição Federal. Cartas estaduais não detêm essa competência.

Nesse sentido: STF, Pleno, ADIn 1.246/PR, Rel. Min. Moreira Alves, decisão de 6-5-1995.

b.1.3) Irredutibilidade de subsídio

Os subsídios dos membros do Ministério Público são insuscetíveis de redução, para evitar pressões no exercício de suas competências constitucionais e legais.

Daí a garantia da "irredutibilidade de subsídio, fixado na forma do art. 39, § 4º, e ressalvado o disposto nos arts. 37, X e XI, 150, II, 153, III, 153, § 2º, I" (CF, art. 128, § 5º, I, b — com redação dada pela EC n. 19/98).

Vale lembrar que, antes mesmo da reforma administrativa (EC n. 19/98), o Supremo Tribunal Federal já se orientava no "sentido de conceder a liminar em hipóteses de equiparação de vencimentos, quando é manifesta a relevância dos fundamentos opostos (na sustentação de inconstitucionalidade, frente à Carta Federal), a dispositivos legais, ou mesmo de Constituições estaduais, que estabelecem equiparações de vencimentos, assegurando-se não haver identidade de atribuições" (STF, Pleno, ADIn 172-MC/DF, Rel. Min. Aldir Passarinho, DJ, 1, de 7-5-1993).

b.2) Garantias funcionais de imparcialidade

As garantias funcionais de imparcialidade dos membros do Ministério Público exteriorizam-se, no ordenamento positivo, por meio de vedações constitucionais.

Tais proibições são as seguintes:

- **Receber, a qualquer título e sob qualquer pretexto, honorários, percentagens ou custas processuais (CF, art. 128, § 5º, II, a)** — os membros do *Parquet* em hipótese alguma poderão receber honorários, gratificações, percentagens ou custas processuais, quer atuem como agentes ou intervenientes, quer oficiem como substitutos processuais ou, ainda, na qualidade de representantes de órgão estatal autônomo.

    Honorários em causa patrocinada pelo Ministério Público: "São devidos honorários de advogado em ação de acidente de trabalho julgada procedente (Súmula 234), ainda que a causa tenha sido patrocinada por membro do Ministério Público. Com esse entendimento, a Turma afastou a alegada ofensa ao art. 128, § 5º, II, a, da CF — que veda aos membros do Ministério Público receber honorários a qualquer título —, uma vez que os honorários serão devidos ao Estado-Membro mantenedor da instituição" (STF, AgI 189.430-AgRg, Rel. Min. Sepúlveda Pertence, DJ de 2-9-1998).

◆ Cap. 22 ◆ FUNÇÕES ESSENCIAIS À JUSTIÇA   **1239**

- **Exercer a advocacia (CF, art. 128, § 5º, II, b)** — com o Texto de Outubro, o exercício da advocacia tornou-se proibido. Indiscutível, porém, é o direito adquirido, ao exercício da advocacia, dos membros do Ministério Público, egressos na instituição, antes de 5 de outubro de 1988, data da promulgação da Constituição em vigor.

  > **Advocacia em causa própria:** "Nas ações penais originárias, a defesa preliminar é atividade privativa dos advogados (Lei 8.038/1990, art. 4º). Os membros do Ministério Público estão impedidos de exercer advocacia, mesmo em causa própria. São atividades incompatíveis (Lei 8.906/1994, art. 28)" (STF, HC 76.671, Rel. Min. Néri da Silveira, DJ de 10-8-2000).

- **Participar de sociedade comercial, na forma da lei (CF, art. 128, § 5º, II, c)** — a Lei n. 8.625/93 dispõe sobre a vedação em epígrafe, determinando que ela não atinge a participação do membro do *Parquet* como quotista ou acionista. Na maioria dos casos, portanto, o membro do Ministério Público não poderá: **(i)** participar de sociedade comercial; **(ii)** ser comerciante individual; **(iii)** ser diretor de sociedade comercial; **(iv)** ser gerente ou administrador de empresa industrial ou mercantil. Sem embargo, a doutrina predominante entende que só é proibido ao membro do *Parquet* participar de sociedades de pessoas. Nada o impede, pois, de tomar parte de sociedade de capital, como as sociedades anônimas e as sociedades por cotas de responsabilidade limitada, nada obstante as controvérsias doutrinárias e jurisprudenciais a respeito das últimas, isto é, se seriam ou não sociedades de capital.
- **Exercer, ainda que em disponibilidade, qualquer outra função pública, salvo uma de magistério (CF, art. 128, § 5º, II, d)** — em rigor, só existem duas exceções a essa regra: **(i)** uma relativa ao magistério, cujo caráter é permanente; e **(ii)** outra relacionada aos optantes do art. 29, § 3º, do ADCT. Fora dessas duas hipóteses, o membro do Ministério Público não poderá exercer, ainda que em disponibilidade, qualquer outra função pública, exceto se pedir exoneração do cargo ou se aposentar dele. Registre-se, porém, a prática inconstitucional de se admitir a participação de integrantes do *Parquet* em comissões, ministérios, secretarias de Estado ou organismos estatais dos mais diversos. Existem, nesse sentido, resoluções, leis municipais, estaduais e até federais prevendo a participação desses agentes públicos em conselhos de defesa de direitos humanos, comissões de trânsito, conselhos de entorpecentes, dentre outros órgãos administrativos. Tanto a Lei n. 8.625/93 (art. 10, IX, c) como a Lei Complementar n. 75/93 (art. 6º, §§ 1º e 2º) admitem tal subversão constitucional, que reclama sério e rígido controle de constitucionalidade. Lembre-se, enfim, de que algumas funções administrativas da instituição ministerial podem ser exercidas pelos próprios membros do *Parquet*, a exemplo das assessorias. Nesses casos, inexiste fraude à Constituição. Óbvio que integrantes do Ministério Público, que nele ingressaram antes da Carta Magna de 5-10-1988, submetem-se à égide do art. 128, § 5º, II, d, da *Lex Mater*. Incide, aqui, o primado da independência funcional (CF, art. 127, § 1º). E não há que se falar, na espécie, em direito adquirido (CF, art. 5º, XXXVI), porquanto os componentes da instituição ministerial não se subordinam a chefes da Administração, cumprindo-lhes agir com total imparcialidade, devendo satisfações, somente, ao ordenamento jurídico e à consciência que lhes norteia o exercício do *munus* em que estão investidos.
- **Membros do Ministério Público não podem ocupar cargos públicos fora do âmbito da instituição** — em sede de arguição de descumprimento de preceito fundamental, o Plenário do Supremo julgou parcialmente procedente o pedido formulado, declarando a inconstitucionalidade da Resolução n. 72/2011 do Conselho Nacional do Ministério Público. Resultado: membros do Ministério Público não podem ocupar cargos públicos fora do âmbito da instituição, salvo cargo de professor e funções de magistério (CF, art. 128, § 5º, II, d). A Constituição vedou não simplesmente o exercício de "outra função pública", mas o exercício de "qualquer outra função pública", regra cuja única exceção seria a de magistério. Quanto ao art. 129, IX, da Carta Maior, ele não deve ser lido como uma espécie de cláusula de exceção. Este dispositivo é o inciso final da lista de funções institucionais do *Parquet*. De acordo com a sua redação, compete ao Ministério Público "exercer outras funções que lhe forem conferidas, desde que compatíveis com sua finalidade, sendo-lhe vedada a representação judicial e a consultoria jurídica de entidades públicas". Esta disposição é relativa às funções da instituição Ministério Público e não aos seus membros. Norma com dupla função. Uma primeira, de abertura do rol das atribuições

ministeriais, pois a lista do art. 129 é aberta (*numerus apertus*). Uma segunda reforça a completa separação, inaugurada pela Carta de 1988, do Ministério Público com a advocacia pública, ao afastar o *Parquet* de realizar "a representação judicial e a consultoria jurídica de entidades públicas". O entendimento de que a vedação seria quanto ao exercício concomitante de funções de promotor e outras funções fora da instituição não passa pela leitura do Texto Constitucional. A vedação ao exercício de outra função pública vige "ainda que em disponibilidade", enquanto não rompido o vínculo com a instituição. Ao exercer outro cargo público, fora o magistério, o membro do Ministério Público passa a atuar como subordinado ao chefe da Administração. Isso fragiliza a instituição Ministério Público, que pode ser potencial alvo de captação por interesses políticos e de submissão dos interesses institucionais a projetos pessoais de seus próprios membros. Por outro lado, a independência em relação aos demais ramos da Administração Pública é uma garantia dos membros do Ministério Público, permitindo-lhes exercer suas funções de fiscalização do exercício do Poder Público sem receio de reveses. Por tudo isso, a Resolução n. 72/2011 do Conselho Nacional do Ministério Público afrontou a Constituição Federal e a jurisprudência do STF. Criou exceção à vedação constitucional, que textualmente não admite quaisquer exceções. O Conselho, por meio da Resolução n. 72/2011, ao invés de interpretar o Texto Magno, propôs-se a mudá-lo com base em seus próprios atos (STF, Pleno, ADPF 388/DF, Rel. Min. Gilmar Mendes, j. 9-3-2016).

- **Exercer atividade político-partidária (CF, art. 128, § 5º, II, e — redação dada pela EC n. 45/2004)** — a reforma do Judiciário alterou esse preceito para consagrar *regra de inelegibilidade absoluta*. Agora, os membros do Ministério Público, a exemplo dos juízes, não podem filiar-se a partidos políticos, muito menos disputar quaisquer cargos eletivos, exceto se estiverem aposentados ou exonerados. Mas essa regra só se aplica aos egressos na carreira ministerial após a promulgação da Carta de 1988 ou àqueles que tenham feito a opção prevista no art. 29, § 3º, do ADCT. A partir da reforma do Judiciário, frise-se de novo, a inelegibilidade tornou-se *absoluta*. Logo, não mais prospera o entendimento jurisprudencial anterior à Emenda Constitucional n. 45/2004. Antes, o membro do *Parquet* podia disputar eleições desde que se filiasse a partido político e se desincompatibilizasse. Esse era o entendimento do Supremo Tribunal Federal e do Tribunal Superior Eleitoral.

   Precedentes: STF, Pleno, ADIn 1.371-8/DF, Rel. Min. Néri da Silveira, *DJ* de 15-6-1998; STF, Pleno, RE 127246-5/DF, Rel. Min. Moreira Alves, *DJ* de 19-4-1996; TSE, Consulta n. 13.981, *DJU*, 28-3-1994.

- **Recebimento de auxílios e contributos (CF, art. 128, § 5º, II, f — acrescido pela EC n. 45/2004)** — é vedado ao membro do Ministério Público receber, a qualquer título ou pretexto, auxílios ou contribuições de pessoas físicas, entidades públicas ou privadas, ressalvadas as exceções previstas em lei.

- **Advogar no juízo ou tribunal do qual se afastou antes de três anos (CF, art. 128, § 6º, acrescido pela EC n. 45/2004)** — exercer a advocacia no juízo ou tribunal do qual se afastou, antes de decorridos três anos do afastamento do cargo por aposentadoria ou exoneração.

◇ 2.11. Funções institucionais do Ministério Público

As funções institucionais do Ministério Público encontram-se regulamentadas em dois níveis normativos que se complementam:

- **Nível constitucional** — a Constituição da República previu as funções ministeriais com bastante amplitude, abrangendo os campos penal e civil (art. 129, I a IX). Até mesmo a defesa das prerrogativas individuais integrou a alçada do Ministério Público. Ou seja, a tutela dos direitos fundamentais da cidadania, a exemplo do direito de sufrágio, integra o bojo das funções institucionais do *Parquet*. Desse modo, o constituinte de 1988 procurou proteger o *status* constitucional dos indivíduos, tanto nas suas *relações jurídicas positivas* (quando reivindicam do Estado direito que lhes pertence e, por isso, devem ser satisfeitos) como nas *relações jurídicas negativas* (quando deixam de cumprir algo não exigido em lei).

◆ Cap. 22 ◆ FUNÇÕES ESSENCIAIS À JUSTIÇA   **1241**

- **Nível infraconstitucional** — a Lei Orgânica Nacional do Ministério Público estabeleceu, *pari passu* com a Constituição de 1988, outras funções ministeriais de grande importância (art. 25, I a IX). Ainda nessa seara, constituições dos Estados-membros e leis complementares estaduais podem estatuir outras competências ministeriais, desde que observem as normas constitucionais e legais que regulam a matéria.

Não compete ao legislador municipal dispor sobre as atribuições do *Parquet*, matéria afeta à Carta da República e às leis federais e estaduais. Daí o Pretório Excelso ter declarado a inconstitucionalidade de legislação municipal que obrigava Promotor de Justiça a participar de *Conselhos Municipais*.

> **Precedente:** STF, AgI 168.964-1/040, Rel. Min. Néri da Silveira, *DJ* de 29-5-1996.

As funções ministeriais só podem ser exercidas por membros da carreira, que devem residir na comarca da respectiva lotação, salvo autorização do chefe do *Parquet* (CF, art. 129, § 2º — redação da EC n. 45/2004).

> **Lei supressora da exigência de residir na comarca:** "Conquanto a Lei Complementar n. 102/2004, ao alterar a Lei Orgânica do Ministério Público do Estado do Paraná, tenha suprimido a exigência de os Procuradores de Justiça residirem na sede da Procuradoria-Geral de Justiça, não se afigura que tal supressão possa conduzir ao juízo de inconstitucionalidade do diploma legal sob censura, porquanto a referida exigência já se faz presente no âmago da Constituição Federal de 1988" (STF, ADIn 3.220-MC, Rel. Min. Carlos Britto, *DJ* de 6-5-2005).

Finalmente, o Supremo reconheceu que o Ministério Público Federal é competente para instaurar investigação sobre quebra de sigilo bancário e ato de improbidade, supostamente praticados por servidora pública federal, no exercício de cargo em órgão municipal. A matéria chegou à Corte via Ação Cível Originária, ajuizada pela Procuradoria-Geral da República, para quem a ofensa ao sigilo bancário contraria o Sistema Financeiro Nacional como um todo, "pois a divulgação indevida de tais dados acarreta o descrédito das instituições que o compõem". Ao acolher tais argumentos, a Corte Excelsa destacou o interesse da União, e, por consequência, a atribuição do *Parquet* Federal (STF, ACO 1.142/SP, Rel. Min. Eros Grau, *DJE* de 14-8-2009).

a) Funções ministeriais previstas na Constituição Federal

São funções institucionais do Ministério Público (CF, art. 219, I a IX):
- promover, privativamente, a ação penal pública, na forma da lei;

> **Transação penal homologada em audiência realizada sem a presença do Ministério Público:** afigura-se nula, porque viola o art. 129, I, da Constituição Federal. A transação penal — bem como a suspensão condicional do processo — pressupõe o acordo entre as partes, cuja iniciativa da proposta, na ação penal pública, é do Ministério Público (STF, RE 468.161, Rel. Min. Sepúlveda Pertence, *DJ* de 31-3-2006).

- zelar pelo efetivo respeito dos Poderes Públicos e dos serviços de relevância pública aos direitos assegurados nesta Constituição, promovendo as medidas necessárias a sua garantia;
- promover o inquérito civil e a ação civil pública, para a proteção do patrimônio público e social, do meio ambiente e de outros interesses difusos e coletivos;

> **Casuística do STF:**
> - **Súmula 643** — "O Ministério Público tem legitimidade para promover ação civil pública cujo fundamento seja a ilegalidade de reajuste de mensalidades escolares".
> - **Preço de passagem em transporte coletivo** — "O Ministério Público é parte legítima para propor ação civil pública voltada a infirmar preço de passagem em transporte coletivo" (STF, RE 379.495, Rel. Min. Marco Aurélio, *DJ* de 20-4-2006).
> - **Relação de consumo resultante de cartão de crédito** — "O Ministério Público é parte legítima na propositura de ação civil pública para questionar relação de consumo resultante de ajuste a envolver cartão de crédito" (STF, RE 441.318, Rel. Min. Marco Aurélio, *DJ* de 24-2-2006).
> - **Serviço hospitalar privado sem procedimento licitatório** — "O Ministério Público tem legitimidade ativa para propor ação civil pública com o objetivo de evitar lesão ao patrimônio público decorrente

1242 ◆ Uadi Lammêgo Bulos ◆

de contratação de serviço hospitalar privado sem procedimento licitatório" (STF, RE 244.217-AgRg, Rel. Min. Eros Grau, *DJ* de 25-11-2005).

- *Habeas corpus*. **Paciente denunciada por omitir dado técnico indispensável à propositura de ação civil pública (Lei n. 7.347/85, art. 10)** — "Alegada nulidade da ação penal, que teria origem em procedimento investigatório do Ministério Público e incompatibilidade do tipo penal em causa com a Constituição Federal. Caso em que os fatos que basearam a inicial acusatória emergiram durante o Inquérito Civil, não caracterizando investigação criminal, como quer sustentar a impetração. A validade da denúncia nesses casos — proveniente de elementos colhidos em Inquérito civil — se impõe, até porque jamais se discutiu a competência investigativa do Ministério Público diante da cristalina previsão constitucional (art. 129, II, da CF). Na espécie, não está em debate a inviolabilidade da vida privada e da intimidade de qualquer pessoa. A questão apresentada é outra. Consiste na obediência aos princípios regentes da Administração Pública, especialmente a igualdade, a moralidade, a publicidade e a eficiência, que estariam sendo afrontados se de fato ocorrentes as irregularidades apontadas no inquérito civil. Daí porque essencial à apresentação das informações negadas, que não são dados pessoais da paciente, mas dados técnicos da Companhia de Limpeza de Niterói, cabendo ao Ministério Público zelar por aqueles princípios, como *custos iuris*, no alto da competência constitucional prevista no art. 127, *caput*" (STF, HC 84.367, Rel. Min. Carlos Britto, *DJ* de 18-2-2005).

- promover a ação de inconstitucionalidade ou representação para fins de intervenção da União e dos Estados, nos casos previstos nesta Constituição;
- defender judicialmente os direitos e interesses das populações indígenas;
- expedir notificações nos procedimentos administrativos de sua competência, requisitando informações e documentos para instruí-los, na forma da lei complementar respectiva;

   Obtenção de informações em instituição bancária: "O poder de investigação do Estado é dirigido a coibir atividades afrontosas à ordem jurídica e a garantia do sigilo bancário não se estende às atividades ilícitas. A ordem jurídica confere explicitamente poderes amplos de investigação ao Ministério Público — art. 129, incisos VI, VIII, da Constituição Federal, e art. 8º, incisos II e IV, e § 2º, da Lei Complementar n. 75/1993. Não cabe ao Banco do Brasil negar, ao Ministério Público, informações sobre nomes de beneficiários de empréstimos concedidos pela instituição, com recursos subsidiados pelo erário federal, sob invocação do sigilo bancário, em se tratando de requisição de informações e documentos para instruir procedimento administrativo instaurado em defesa do patrimônio público. Princípio da publicidade, *ut* art. 37 da Constituição" (STF, MS 21.729, Rel. Min. Marco Aurélio, *DJ* de 19-10-2001).

- exercer o controle externo da atividade policial, na forma da lei complementar mencionada no artigo anterior;
- requisitar diligências investigatórias e a instauração de inquérito policial, indicados os fundamentos jurídicos de suas manifestações processuais;

   Casuística do STF:
   - **Súmula 524** — "Arquivado o inquérito policial, por despacho do juiz, a requerimento do Promotor de Justiça, não pode a ação penal ser iniciada, sem novas provas".
   - **A instauração de inquérito policial independe da propositura da ação penal pública** — pode "o Ministério Público valer-se de outros elementos de prova para formar sua convicção. Não há impedimento para que o agente do Ministério Público efetue a colheita de determinados depoimentos, quando, tendo conhecimento fático do indício de autoria e da materialidade do crime, tiver notícia, diretamente, de algum fato que merecesse ser elucidado" (STF, Inq. 1.957, Rel. Min. Carlos Velloso, *DJ* de 11-11-2005). **No mesmo sentido:** STF, HC 83.463, Rel. Min. Carlos Velloso, *DJ* de 4-6-2004.

- exercer outras funções que lhe forem conferidas, desde que compatíveis com sua finalidade, sendo-lhe vedadas a representação judicial e a consultoria jurídica de entidades públicas.

a.1) Legitimidade do Ministério Público para propor ações civis

A legitimidade do Ministério Público para propor ações civis, nos termos do art. 129 da Carta Magna, não impede a legitimação de terceiros, nas mesmas hipóteses, observado o que dispõem a Carta da República e a lei (CF, art. 129, § 1º).

◆ Cap. 22 ◆ FUNÇÕES ESSENCIAIS À JUSTIÇA

a.2) O Ministério Público tem poder de investigação criminal?

O Ministério Público tem, sim, poder de investigação criminal.

Essa foi a conclusão a que chegamos, depois de meditarmos bastante sobre o papel institucional do *Parquet* no campo das investigações criminais.

Até a 4ª edição deste *Curso*, entendíamos que a amplitude que a Carta da República outorgou ao Ministério Público, notadamente no art. 129, VIII, não era o bastante para conferir-lhe poderes de investigação próprios das autoridades policiais.

Hoje estamos certos de que cabe, sim, ao *Parquet* realizar, de modo direto, investigações criminais (e administrativas), sem a necessidade de requisitá-las à autoridade policial competente (ou ao respectivo órgão administrativo), respeitadas, evidentemente, as garantias constitucionais e legais conferidas a todo e qualquer investigado (ou suspeito).

Mas deixe-se bem claro que o Ministério Público não deve, e não pode, determinar, por autoridade própria, a quebra de sigilo, inclusive do segredo bancário, porque isto depende de ordem judicial para ocorrer. Vigora, nessa seara, o princípio da reserva constitucional de jurisdição, pelo qual a primeira e última palavra, acerca de determinados temas (monopólio do *juris dicere*), pertence, exclusivamente, aos membros do Poder Judiciário (CF, art. 5º, XXXV).

O poder investigatório de o *Parquet* levar à frente investigações criminais decorre, na realidade, de um plexo de normas constitucionais de competência, ordenadas em incisos do art. 129 da *Lex Mater*, a exemplo do I, V, VI, VII, VIII e IX.

A análise lógica e concatenada de todos os preceitos constitucionais e legais, definidores de funções institucionais da instituição, demonstra-nos que o poder investigatório do Ministério Público é subsidiário ao da Polícia.

Nesse contexto, o *Parquet* poderá colaborar no próprio inquérito policial.

É-lhe facultado, por exemplo, solicitar diligências e tomar medidas que venham a contribuir para formar a sua convicção a respeito de determinado delito.

Também é dado ao *Parquet* realizar investigações *ex propria auctoritate*, isto é, por sua própria iniciativa e sob seu inteiro comando.

Na realidade, o poder investigatório do Ministério Público é uma garantia de todos, porque a República Federativa do Brasil não é um Estado de Polícia, e sim um Estado democrático de Direito, segundo o art. 1º, *caput*, da Carta Magna.

As consequências e os benefícios de o Ministério Público realizar investigações criminais são fundas na ordem jurídica.

Basta ver o crime de tortura, amplamente praticado pela polícia para forçar uma confissão.

Se deixarmos o *Parquet* de mãos atadas em face de tais crimes, numa intepretação medíocre e contraproducente das normas constitucionais a ele relacionadas, renegaremos o mais elementar de todos os direitos humanos, que é o respeito incondicional ao corpo físico do ser humano, e sua dignidade, à míngua.

Ora, o direito ao estado de higidez física, psíquica e emocional é uma *longa manus* da dignidade da pessoa humana e do direito à vida (CF, arts. 1º, III, e 5º, *caput*).

E, como a polícia não costuma colaborar com a investigação daqueles que pertencem aos seus próprios quadros, brutalidades inimagináveis são perpetradas nos porões das delegacias, algo que o Ministério Público deve combater, duramente, com toda a sua força e entusiasmo, sob pena de não exercer a grandiosidade do papel institucional que a Constituição de 1988 lhe reservou.

Soma-se a esse raciocínio a constatação de que, havendo indícios concretos de autoria de um crime, o inquérito policial é dispensável ao oferecimento da denúncia, porque o Ministério Público pode, *moto proprio*, deduzir a pretensão punitiva do Estado, como já decidiu o Supremo Tribunal Federal em diversos precedentes, a exemplo do **HC 89.837**, que comentaremos logo abaixo.

Em suma, se qualquer membro do Ministério Público reunir todos os elementos aptos ao oferecimento da denúncia, nada o impedirá, no regime da Constituição de 1988, de recorrer a certos elementos de convicção, a exemplo do procedimento investigativo de sua própria iniciativa e por ele presidido.

Aliás, existe algo sobremodo benéfico em se conferir ao Ministério Público o poder de investigação criminal: o legítimo controle externo da Polícia Judiciária, previsto na Lei Complementar n. 75/1993.

Por fim, uma palavra sobre o art. 144, § 1º, IV, da Constituição Federal.

A *exclusividade* de que fala esse dispositivo constitucional tem, apenas, um objetivo: diferençar a competência da Polícia Federal das funções exercidas pelas demais polícias, isto é, das polícias civis dos Estados-membros, das polícias militares, das polícias rodoviária e ferroviária federais.

Significa dizer que o fato de o Ministério Público conduzir, por autoridade própria, investigações criminais em nada fere a Carta de 1988, no tocante à competência da Polícia Federal exercer, com *exclusividade*, as atribuições de Polícia Judiciária da União.

Resumindo, a competência de o Ministério Público promover, por autoridade própria, investigações penais, desde que respeitados os direitos e garantias que assistem a todo e qualquer indiciado ou pessoa sob investigação do Estado, justifica-se, a nosso ver, pelos seguintes motivos:

- nos Estados Democráticos de Direito, como o Brasil, o fato de se conferir aos promotores de justiça e procuradores da República o poder de investigação criminal não é medida equivocada. Isto porque, os membros do *Parquet*, do mesmo modo que quaisquer outras autoridades, encontram-se submetidos à supremacia da Constituição Federal. Logo, quaisquer atos por eles praticados, inclusive os de investigação criminal, se cometidos na esfera da ilegalidade e do abuso de poder, devem ser reprimidos pelo Poder Judiciário (CF, art. 5º, XXXV). Resultado: se empreendido nas lides da legalidade, o procedimento investigatório instaurado pelo Ministério Público em nada afeta o *munus* da missão empreendida pela Polícia Judiciária, a quem cabe exercer o posto de presidente do inquérito policial, responsabilizando-se pela condução das investigações penais na fase pré-processual da *persecutio criminis*;
- no posto de *dominus litis*, a Carta de 1988 não impediu que o Ministério Público determinasse a abertura de inquéritos policiais, ou, até mesmo, requisitasse diligências investigatórias, conduzidas, inclusive, pela própria autoridade policial. Mas a existência de inquérito criminal não se afigura imprescindível ao oferecimento da denúncia. Dispondo de elementos informativos, o *Parquet* poderá, sim, fazer instaurar a *persecutio criminis*, mesmo se não houver qualquer investigação, patrocinada pela Polícia Judiciária;
- a competência investigatória do *Parquet* deve, necessariamente, respeitar o princípio da unilateralidade dos atos de investigação da Polícia Judiciária. Observada tal exigência, os membros do Ministério Público podem promover, por autoridade própria, atos investigativos. E o caráter unilateral das investigações preparatórias da ação penal não autoriza o *Parquet*, muito menos a própria Polícia Judiciária, a extrapolar as garantias jurídicas que assistem aos suspeitos e indiciados, os quais, no regime das liberdades públicas, não equivalem a meros objetos de investigação; e
- o poder investigatório do Ministério Público encontra-se implícito nas próprias normas constitucionais explícitas, que norteiam a instituição, a exemplo do art. 129, I, VI, VII, VIII e IX. Significa dizer que, nessa seara, incide a **Teoria dos Poderes Implícitos do *Parquet***, pela qual o reconhecimento do poder investigatório do Ministério Público em nada frustra, muito menos compromete a garantia do contraditório e da ampla defesa do investigado.

a.2.1) Posicionamento do Supremo Tribunal Federal

Vamos, a seguir, traçar o panorama jurisprudencial da matéria, para fornecer ao leitor uma visão ampla de sua evolução jurisprudencial, embora o tema já esteja pacificado. Hoje não há mais dúvidas de que o Ministério Público dispõe, sim, de competência para promover, por autoridade própria, e por prazo razoável, investigações de natureza penal, desde que respeitados os direitos e garantias que assistem a qualquer indiciado ou a qualquer pessoa sob investigação do Estado, observadas, sempre, por seus agentes, as hipóteses de reserva constitucional de jurisdição e, também, as prerrogativas profissionais de que se acham investidos, em nosso País, os Advogados (Lei n. 8.906/94, art. 7º, notadamente os incisos I, II, III, XI, XIII, XIV e XIX), sem prejuízo da possibilidade — sempre presente no Estado democrático de Direito — do permanente controle jurisdicional dos atos, necessariamente documentados (Súmula Vinculante 14), praticados pelos membros do Ministério Público (STF, RE 593727, com repercussão geral, Rel. Min. Gilmar Mendes, j. 14-5-2015).

No passado, existiram julgados do Supremo entendendo que o *Parquet* não teria competência para empreender investigações criminais, realizando e presidindo inquérito policial, do mesmo modo que não é da sua alçada promover inquérito administrativo ou quebrar, por autoridade própria, sigilo bancário.

◆ Cap. 22 ◆ FUNÇÕES ESSENCIAIS À JUSTIÇA **1245**

Casuística do STF:

- **Impossibilidade de o *Parquet* realizar e presidir inquérito policial** — "Não cabe, portanto, aos seus membros inquirir diretamente pessoas suspeitas de autoria de crime. Mas requisitar diligência nesse sentido à autoridade policial. Precedentes" (STF, RHC 81.326, Rel. Min. Nelson Jobim, *DJ* de 1º-8-2003).
- **Impossibilidade de o *Parquet* promover inquérito administrativo** — "O Ministério Público não tem competência para promover inquérito administrativo em relação à conduta de servidores públicos; nem competência para produzir inquérito penal sob o argumento de que tem possibilidade de expedir notificações nos procedimentos administrativos; pode propor ação penal sem o inquérito policial, desde que disponha de elementos suficientes" (STF, RE 233.072, Rel. Min. Néri da Silveira, *DJ* de 3-5-2002).
- **Impossibilidade de o *Parquet* quebrar, por autoridade própria, sigilo bancário** — "A norma inscrita no inc. VIII, do art. 129, da CF, não autoriza ao Ministério Público, sem a interferência da autoridade judiciária, quebrar o sigilo bancário de alguém. Se se tem presente que o sigilo bancário é espécie de direito à privacidade, que a CF consagra, art. 5º, X, somente autorização expressa da Constituição legitimaria o Ministério Público a promover, diretamente e sem a intervenção da autoridade judiciária, a quebra do sigilo bancário de qualquer pessoa" (STF, RE 215.301, Rel. Min. Carlos Velloso, *DJ* de 28-5-1999).

Mas, de outro lado, também foram proferidas decisões no sentido de que compete ao Ministério Público empreender investigações criminais.

Em voto-vista, por exemplo, o Ministro Joaquim Barbosa argumentou que compete ao *Parquet*, à luz do art. 129, III, da Carta Magna, instaurar procedimento investigatório sobre questão que envolva interesses difusos e coletivos (no caso a proteção do patrimônio público). Tal competência decorreria não da natureza do ato punitivo que resulta da investigação, mas do fato a ser investigado sobre bens jurídicos cuja tutela a Constituição lhe conferiu. Assim, a outorga constitucional, ao Ministério Público, da titularidade da ação penal estaria de acordo com seu *munus* (CF, art. 129, IX; Lei Complementar n. 75/93, art. 8º, V; Lei n. 8.625/93, art. 26). Os Ministros Eros Grau e Carlos Britto seguiram esse pensamento. Em sentido contrário, registre-se o raciocínio do Ministro Marco Aurélio, acompanhado à época pelo então Ministro Nelson Jobim, de que as investigações criminais só poderiam ser requisitadas à autoridade policial competente, e não levadas a cabo pelo próprio *Parquet* (STF, Inq. 1.968/DF, Rel. Min. Marco Aurélio, decisão de 1º-9-2004).

A propósito, a 2ª Turma do Supremo Tribunal chegou a proferir decisões paradigmáticas, reconhecendo, pois, a possibilidade de o Ministério Público realizar investigações criminais.

No **HC 91.661**, os Ministros firmaram, por unanimidade de votos, o poder investigatório do Ministério Público. Concluíram ser plenamente possível o *Parquet* promover a coleta de determinados elementos de prova que venham a demonstrar a existência da autoria e materialidade de determinado delito. Isso não significa retirar da polícia judiciária suas atribuições previstas constitucionalmente. Segundo a Relatora, Ministra Ellen Gracie, nada impede que o Ministério Público "requisite esclarecimentos ou diligencie diretamente a obtenção da prova de modo a formar seu convencimento a respeito de determinado fato, aperfeiçoando a persecução penal". Concluiu, ainda, ser possível o membro do Ministério Público investigar fatos, em tese, delituosos, e, ao mesmo tempo, oferecer a denúncia em relação a esses mesmos fatos (STF, 2ª T., HC 91.661/PE, Rel. Min. Ellen Gracie, decisão unânime, j. em 10-3-2009).

Contudo, de todas as manifestações do Supremo, reconhecendo a possibilidade de o órgão ministerial realizar investigações criminais, há que se destacar o substancioso voto do Ministro Celso de Mello, proferido nos **HCs 89.837** e **85.419**. O magistério de Celso de Mello foi acompanhado, unanimemente, pelos Juízes da 2ª Turma. Apenas o Ministro Cezar Peluso não estava presente à sessão.

Ementa do HC 89837: "*Habeas Corpus* — Crime de Tortura atribuído a Policial Civil — Possibilidade de o Ministério Público, fundado em investigação por ele próprio promovida, formular denúncia contra referido agente policial — validade jurídica dessa atividade investigatória — condenação penal imposta ao policial torturador — legitimidade jurídica do poder investigatório do Ministério Público — Monopólio constitucional da titularidade da ação penal pública pelo *Parquet* — Teoria dos Poderes Implícitos — Caso 'Mcculloch v. Maryland' (1819) — Magistério da doutrina (Ruy Barbosa, Jonh Marshall, João Barbalho, Marcello Caetano, Castro Nunes, Oswaldo Trigueiro, *v.g*) — outorga, ao Ministério Público, pela própria Constituição da República, do poder de controle externo sobre a atividade policial — Limitações de ordem jurídica ao poder investigatório do Ministério Público — *Habeas Corpus* indeferido" (STF, 2ª Turma, HC 89.837/DF, Rel. Min. Celso de Mello, j. em 20-10-2009).

O caso concreto, subjacente ao **HC 89.837**, que ensejou a manifestação do Ministro Celso de Mello foi o seguinte: o agente da Polícia Civil do Distrito Federal, Emanoel Loureiro Ferreira, condenado pelo crime de tortura de um preso para obter confissão, pleiteava a anulação do processo desde seu início, alegando que ele fora baseado exclusivamente em investigação criminal conduzida pelo Ministério Público. O Supremo, por unanimidade, indeferiu o *habeas corpus* solicitado. E, ao relatar o processo, o Min. Celso de Mello optou por apresentar o seu voto em separado. Isto trouxe luzes ao esclarecimento do tema, porque, até hoje, o **HC 84.548**, que discute o assunto, não foi julgado pelo Plenário do Supremo Tribunal Federal.

Com efeito, ensinou o Ministro Celso de Mello no **HC 89837**:

- **competência de o Ministério Público realizar, por iniciativa própria, investigações criminais** — a outorga constitucional de funções de polícia judiciária à instituição policial não impede nem exclui a possibilidade de o Ministério Público, que é o *dominus litis*, determinar a abertura de inquéritos policiais, requisitar esclarecimentos e diligências investigatórias, estar presente e acompanhar, junto a órgãos e agentes policiais, quaisquer atos de investigação penal, mesmo aqueles sob regime de sigilo, sem prejuízo de outras medidas que lhe pareçam indispensáveis à formação da sua *opinio delicti*, sendo-lhe vedado, no entanto, assumir a presidência do inquérito policial, que traduz atribuição privativa da autoridade policial (STF, 2ª Turma, HCs 89.837/DF e 85.419/RJ, Rel. Min. Celso de Mello, j. em 20-10-2009);
- **não é preciso existir investigação policial instaurada para o Ministério Público atuar** — ainda que inexista qualquer investigação penal promovida pela Polícia Judiciária, o Ministério Público, mesmo assim, pode fazer instaurar, validamente, a pertinente *persecutio criminis in judicio*, desde que disponha, para tanto, de elementos mínimos de informação, fundados em base empírica idônea, que o habilitem a deduzir, perante juízes e Tribunais, a acusação penal (STF, 2ª Turma, HCs 89.837/DF e 85.419/RJ, Rel. Min. Celso de Mello, j. em 20-10-2009);
- **alcance do art. 144, § 1º, IV, da CF** — a cláusula de exclusividade inscrita no art. 144, § 1º, IV, da Constituição de 1988 — que não inibe a atividade de investigação criminal do Ministério Público — tem por única finalidade conferir à Polícia Federal, dentre os diversos organismos policiais que compõem o aparato repressivo da União Federal (polícia federal, polícia rodoviária federal e polícia ferroviária federal), primazia investigatória na apuração dos crimes previstos no próprio texto da Lei Fundamental ou, ainda, em tratados ou convenções internacionais (STF, 2ª Turma, HCs 89.837/DF e 85.419/RJ, Rel. Min. Celso de Mello, j. em 20-10-2009);
- **atividade subsidiária do Ministério Público:** incumbe, à Polícia Civil dos Estados-membros e do Distrito Federal, ressalvada a competência da União Federal e excetuada a apuração dos crimes militares, a função de proceder à investigação dos ilícitos penais (crimes e contravenções), sem prejuízo do poder investigatório de que dispõe, como atividade subsidiária, o Ministério Público (STF, 2ª Turma, HCs 89.837/DF e 85.419/RJ, Rel. Min. Celso de Mello, j. em 20-10-2009);
- **função de polícia judiciária e função de investigação penal** — eis aí uma distinção conceitual relevante, que também justifica o reconhecimento, ao Ministério Público, do poder investigatório em matéria penal (STF, 2ª Turma, HCs 89.837/DF e 85.419/RJ, Rel. Min. Celso de Mello, j. em 20-10-2009);
- **controle externo da atividade policial** — o poder de investigar compõe, em sede penal, o complexo de funções institucionais do Ministério Público, que dispõe, na condição de *dominus litis* e, também, como expressão de sua competência para exercer o controle externo da atividade policial, da atribuição de fazer instaurar, ainda que em caráter subsidiário, mas por autoridade própria e sob sua direção, procedimentos de investigação penal destinados a viabilizar a obtenção de dados informativos, de subsídios probatórios e de elementos de convicção que lhe permitam formar a *opinio delicti*, em ordem a propiciar eventual ajuizamento da ação penal de iniciativa pública (STF, 2ª Turma, HCs 89.837/DF e 85.419/RJ, Rel. Min. Celso de Mello, j. em 20-10-2009);

♦ Cap. 22 ♦ FUNÇÕES ESSENCIAIS À JUSTIÇA **1247**

- **fiscalização de atos praticados pelo Ministério Público e preservação das liberdades públicas** — o Ministério Público, sem prejuízo da fiscalização intraorgânica e daquela desempenhada pelo Conselho Nacional do Ministério Público, está permanentemente sujeito ao controle jurisdicional dos atos que pratique no âmbito das investigações penais que promova *ex propria auctoritate*, não podendo, dentre outras limitações de ordem jurídica, desrespeitar o direito do investigado ao silêncio (*nemo tenetur se detegere*), nem lhe ordenar a condução coercitiva, nem constrangê-lo a produzir prova contra si próprio, nem lhe recusar o conhecimento das razões motivadoras do procedimento investigatório, nem submetê-lo a medidas sujeitas à reserva constitucional de jurisdição, nem impedi-lo de fazer-se acompanhar de Advogado, nem impor, a este, indevidas restrições ao regular desempenho de suas prerrogativas profissionais (STF, 2ª Turma, HCs 89.837/DF e 85.419/RJ, Rel. Min. Celso de Mello, j. em 20-10-2009);
- **conteúdo do procedimento investigatório do Ministério Público** — o procedimento investigatório instaurado pelo Ministério Público deverá conter todas as peças, termos de declarações ou depoimentos, laudos periciais e demais subsídios probatórios coligidos no curso da investigação, não podendo, o *Parquet*, sonegar, selecionar ou deixar de juntar, aos autos, quaisquer desses elementos de informação, cujo conteúdo, por referir-se ao objeto da apuração penal, deve ser tornado acessível tanto à pessoa sob investigação quanto ao seu Advogado (STF, 2ª Turma, HCs 89.837/DF e 85.419/RJ, Rel. Min. Celso de Mello, j. em 20-10-2009); e
- **sigilo das investigações criminais promovidas pelo Ministério Público** — o regime de sigilo, sempre excepcional, eventualmente prevalecente no contexto de investigação penal promovida pelo Ministério Público, não se revelará oponível ao investigado e ao Advogado por este constituído, que terão direito de acesso — considerado o princípio da comunhão das provas — a todos os elementos de informação que já tenham sido formalmente incorporados aos autos do respectivo procedimento investigatório (STF, 2ª Turma, HCs 89.837/DF e 85.419/RJ, Rel. Min. Celso de Mello, j. em 20-10-2009).

Em seu voto, o Ministro Celso de Mello mencionou precedentes da Corte para sustentar o seu ponto de vista em favor do poder de investigação criminal do Ministério Público.

Um desses precedentes foi o emblemático **Recurso em HC 48.728**, julgado em 1971, cujo Relator foi o Ministro Luiz Gallotti, que envolvia o falecido delegado do extinto Departamento de Ordem Política e Social de São Paulo (DOPS), Sérgio Paranhos Fleury, protagonista do malfadado "Esquadrão da Morte", suspeito de eliminar adversários do regime militar e de torturar presos políticos, segundo a investigação realizada pelo Ministério Público. Nesse caso, o Supremo reconheceu a competência do *Parquet* para realizar investigação criminal contra o delegado. A investigação contra Fleury fora comandada pelo então Procurador Hélio Bicudo, grande defensor dos direitos humanos que, à época, integrava o Ministério Público paulista.

Outro precedente citado pelo Ministro Celso de Mello foi a **ADIn 1.517**, no qual o Supremo concluiu que a Polícia não detém o monopólio das investigações criminais.

No mesmo caminho dos **HCs 89.837** e **85.419**, a 2ª Turma do Supremo também reconheceu o poder de investigação do Ministério Público em três casos, julgados na sessão de 27-10-2009. Referimo-nos aos **HCs 87.610, 90.099 e 94.173**, relatados pelo Ministro Celso de Mello, cujo entendimento foi acompanhado por unanimidade pelos demais Ministros.

> **HCs 87.610, 90.099 e 94.173:** o HC 87.610, de Santa Catarina, envolveu dois policiais, acusados da prática do tráfico de drogas, peculato, concussão, prevaricação e falsidade ideológica. No HC 90.099, um delegado de polícia e policiais civis, de Araçatuba, interior de São Paulo, foram denunciados e condenados por crime de tortura. O HC 94.173 discutiu a prática do crime de peculato. Os três processos foram negados, por unanimidade, pela Segunda Turma, que reconheceu o poder investigatório do Ministério Público.

Em 2010, a 2ª Turma do Supremo, em decisão unânime, voltou a reiterar o seu entendimento de que compete ao *Parquet* investigar a instituição policial. Embora o tema ainda não tenha sido examinado pelo Plenário da Corte, a 2ª Turma seguiu a linha de seus próprios precedentes (STF, HC 93.930/RJ, Rel. Min. Gilmar Mendes, j. 7-12-2010).

1248 ◆ Uadi Lammêgo Bulos ◆

No ano de 2013, a Corte Suprema decidiu sobre o poder de investigação criminal do Ministério Público, proclamando: "Concluir que o sistema constitucional atribuiu aos órgãos policiais o papel principal na investigação criminal e aos delegados de polícia a condução dos inquéritos penais não significa reputar impedido o Ministério Público de realizar diligências investigatórias quando circunstâncias particulares o exigirem. O adequado cumprimento das funções institucionais do MP impõe, em alguns casos, a necessidade de busca de elementos informativos que possibilitem a persecução judicial, como em situações de lesão ao patrimônio público; delitos envolvendo a própria polícia; corrupção em altas esferas governamentais ou omissão deliberada ou não na apuração policial" (STF, HC 118.280, Rel. Min. Rosa Weber, j. 9-8-2013).

b) Funções ministeriais previstas na Lei n. 8.625/93

Além das funções previstas nas Constituições Federal e Estadual, na Lei Orgânica e em outras leis, incumbe ainda ao Ministério Público (Lei n. 8.625/93, art. 25, I a IX):

- propor ação de inconstitucionalidade de leis ou atos normativos estaduais ou municipais, em face da Constituição estadual;
- promover a representação de inconstitucionalidade para efeito de intervenção do Estado nos Municípios;
- promover, privativamente, a ação penal pública, na forma da lei;
- promover o inquérito civil e a ação civil pública, na forma da lei: **(i)** para a proteção, prevenção e reparação dos danos causados ao meio ambiente, ao consumidor, aos bens e direitos de valor artístico, estético, histórico, turístico e paisagístico, e a outros interesses difusos, coletivos e individuais indisponíveis e homogêneos; e **(ii)** para a anulação ou declaração de nulidade de atos lesivos ao patrimônio público ou à moralidade administrativa do Estado ou de Município, de suas administrações indiretas ou fundacionais ou de entidades privadas de que participem;
- manifestar-se nos processos em que sua presença seja obrigatória por lei e, ainda, sempre que cabível a intervenção, para assegurar o exercício de suas funções institucionais, não importando a fase ou grau de jurisdição em que se encontrem os processos;
- exercer a fiscalização dos estabelecimentos prisionais e dos que abriguem idosos, menores, incapazes ou pessoas portadoras de deficiência;
- deliberar sobre a participação em organismos estatais de defesa do meio ambiente, neste compreendido o do trabalho, do consumidor, de política penal e penitenciária e outros afetos à sua área de atuação;
- ingressar em juízo, de ofício, para responsabilizar os gestores do dinheiro público condenados por tribunais e conselhos de contas; e
- interpor recursos ao Supremo Tribunal Federal e ao Superior Tribunal de Justiça.

✦ 2.12. Ministério Público junto ao Tribunal de Contas da União

A Carta de 1988 reconhece a existência de um Ministério Público junto ao Tribunal de Contas da União (art. 73, § 2º, I), aplicando-se aos seus membros o mesmo regime jurídico dos demais integrantes do *Parquet* (art. 130).

O Ministério Público junto ao Tribunal de Contas da União não integra o Ministério Público da União. Isso porque o rol inscrito no art. 128, I, da Carta de 1988 é taxativo, motivo por que compete ao Tribunal de Contas da União fazer instaurar o processo legislativo concernente à estruturação orgânica do Ministério Público que nele atua (CF, art. 73, *caput*).

Assim, a Lei n. 8.443, de 16 de julho de 1992, arts. 80 a 84, afigura-se constitucional, como reconheceu o Pretório Excelso, ao examinar a natureza jurídica do *Parquet* que atua perante o Tribunal de Contas da União.

> **Natureza do Ministério Público que atua perante o TCU:** "O Ministério Público que atua perante o TCU qualifica-se como órgão de extração constitucional, eis que a sua existência jurídica resulta de expressa previsão normativa constante da Carta Política (art. 73, § 2º, I, e art. 130), sendo indiferente, para efeito de sua configuração jurídico-institucional, a circunstância de não constar do rol taxativo inscrito no art. 128, I, da Constituição, que define a estrutura orgânica do Ministério Publico da União.

◆ Cap. 22 ◆ FUNÇÕES ESSENCIAIS À JUSTIÇA **1249**

O Ministério Público junto ao TCU não dispõe de fisionomia institucional própria e, não obstante as expressivas garantias de ordem subjetiva concedidas aos seus Procuradores pela própria Constituição (art. 130), encontra-se consolidado na 'intimidade estrutural' dessa Corte de Contas, que se acha investida — até mesmo em função do poder de autogoverno que lhe confere a Carta Política (art. 73, *caput*) — da prerrogativa de fazer instaurar o processo legislativo concernente a sua organização, a sua estruturação interna, a definição do seu quadro de pessoal e a criação dos cargos respectivos" (STF, ADIn 789, Rel. Min. Celso de Mello, *DJ* de 19-12-1994). **No mesmo sentido:** STF, ADIn 3.192/ES, Rel. Min. Eros Grau, decisão de 24-5-2006.

Deveras, a Lei n. 8.443/92, ao reconhecer que o órgão ministerial se encontra estruturalmente ligado à própria Corte de Contas da União, não se sujeitando à chefia do Procurador-Geral da República, trilhou as raias da constitucionalidade.

a) *Ministério Público junto aos Tribunais de Contas estaduais*

Entende o Supremo Tribunal Federal que os Estados-membros devem, obrigatoriamente, observar o disposto nos arts. 75 e 130 da Carta Suprema, para a organização dos Ministérios Públicos junto aos Tribunais de Contas dos Estados.

Precedente: STF, Pleno, ADIn 892-7-MC/RS, Rel. Min. Celso de Mello, *DJ* de 7-11-1997.

Lei complementar de Estado-membro, portanto, não se afigura veículo idôneo para determinar o funcionamento de órgão do Ministério Público estadual junto ao Tribunal de Contas.

Nesse sentido: "Relevância da arguição de inconstitucionalidade, perante o art. 130 da Constituição Federal, bem como perante o art. 37, II, também da Carta da República, do art. 83 do mesmo diploma estadual que transpõe, para cargos de Procurador de Justiça, os ocupantes dos de Procurador da Fazenda Pública junto ao Tribunal de Contas" (STF, ADIn 1.545-1-MC/SE, Rel. Min. Octavio Gallotti, *DJ* de 24-10-1997).

✧ 2.13. Conselho Nacional do Ministério Público

O Conselho Nacional do Ministério Público, instituição análoga ao Conselho Nacional de Justiça, foi criado pela Emenda Constitucional n. 45/2004.

Ação popular contra o CNMP e incompetência do STF: a Corte, decidindo questão de ordem em petição, não conheceu de ação popular ajuizada contra o Conselho Nacional do Ministério Público — CNMP, na qual se buscava a nulidade de decisão, por este proferida pela maioria de seus membros, que prorrogara o prazo concedido, pela Resolução n. 5/2006, aos membros do Ministério Público ocupantes de outro cargo público, para que estes retornassem aos órgãos de origem. É que o art. 102, I, *r*, da Carta de 1988 refere-se a ações contra os respectivos colegiados e não aqueles em que se discute a responsabilidade pessoal de um ou mais conselheiros. Ademais, tendo em vista o disposto no art. 6º, § 3º, da Lei n. 4.417/1965 (Lei da Ação Popular), o CNMP, por não ser pessoa jurídica, mas órgão colegiado da União, não está legitimado a integrar o polo passivo da relação processual da ação popular. E, ainda que se considerasse a menção ao CNMP como válida à propositura da demanda contra a União, seria imprescindível o litisconsórcio passivo de todas as pessoas físicas que, no exercício de suas funções no colegiado, tivessem concorrido para a prática do ato, isto é, os membros que compuseram a maioria dos votos da decisão impugnada. Finalmente, enfatizando a jurisprudência da Corte no sentido de, tratando-se da ação popular, admitir sua competência originária somente no caso de incidência da alínea *n* do inciso I do art. 102, da Carta Maior ou de a lide substantivar conflito entre a União e Estado-membro, o Supremo concluiu que, embora emendada a petição inicial no tocante aos sujeitos passivos da lide e do pedido, não seria o caso de competência originária (STF, Pet. 3674 QO/DF, Rel. Min. Sepúlveda Pertence, decisão de 4-10-2006).

a) *Composição do Conselho Nacional do Ministério Público*

O Conselho Nacional do Ministério Público é composto de quatorze membros, sendo: oito do Ministério Público, dois do Poder Judiciário, dois da Advocacia e dois da sociedade (CF, art. 103-A, I a VI — acrescentado pela EC n. 45/2004).

Conselho Nacional do Ministério Público — Composição inicial (EC n. 45/2004, art. 5º, § 1º): "Densa plausibilidade da arguição de inconstitucionalidade de norma atributiva de competência transitória para a hipótese de não se efetivarem a tempo, na forma do texto permanente, as indicações ou escolhas dos membros do Conselho Nacional do Ministério Público, por inobservância do processo legislativo previsto no § 2º do art. 60 da Constituição da República, dada a patente subversão do conteúdo da proposição aprovada pela Câmara dos Deputados, por força de emenda que lhe impôs o Senado, e afinal se enxertou no texto promulgado" (STF, ADIn 3.472-MC, Rel. Min. Sepúlveda Pertence, *DJ* de 24-6-2005).

Desse modo, integram o Conselho Nacional do Ministério Público:

- o Procurador-Geral da República, que o preside;
- quatro membros do Ministério Público da União, assegurada a representação de cada uma de suas carreiras;
- três membros do Ministério Público dos Estados;
- dois juízes, indicados um pelo Supremo Tribunal Federal e outro pelo Superior Tribunal de Justiça;
- dois advogados, indicados pelo Conselho Federal da Ordem dos Advogados do Brasil; e
- dois cidadãos de notável saber jurídico e reputação ilibada, indicados um pela Câmara dos Deputados e outro pelo Senado Federal.

Vale frisar que a Emenda Constitucional n. 45/2004 não estipulou limite de idade para o cargo de membro do Conselho Nacional do Ministério Público. Recomenda-se aplicar, por analogia, a idade mínima de 35 e a máxima de 66 anos, exigidas para a composição do Conselho Nacional de Justiça (CF, art.103-B, *caput* — proveniente da EC n. 45/2004).

Cumpre ao Presidente da República nomear os integrantes do Conselho, depois de aprovada a escolha pela maioria absoluta do Senado Federal, para um mandato de dois anos, admitida uma recondução (CF, art. 130-A, *caput*).

Os membros do Conselho oriundos do Ministério Público serão indicados pelos respectivos Ministérios Públicos, na forma da lei (CF, art. 130-A, § 1º).

O Conselho escolherá, em votação secreta, um Corregedor nacional, dentre os membros do Ministério Público que o integram, vedada a recondução, competindo-lhe, além das atribuições que lhe forem conferidas pela lei, as seguintes (CF, art. 130-A, § 3º):

- receber reclamações e denúncias, de qualquer interessado, relativas aos membros do Ministério Público e dos seus serviços auxiliares;
- exercer funções executivas do Conselho, de inspeção e correição geral; e
- requisitar e designar membros do Ministério Público, delegando-lhes atribuições, e requisitar servidores de órgãos do Ministério Público.

O Presidente do Conselho Federal da Ordem dos Advogados do Brasil oficiará junto ao Conselho, no que já se encontra, automaticamente, excluído de participar do órgão, na qualidade de membro da advocacia (CF, art. 130-A, § 4º).

Leis da União e dos Estados criarão ouvidorias do Ministério Público, competentes para receber reclamações e denúncias de qualquer interessado contra membros ou órgãos do Ministério Público, inclusive contra seus serviços auxiliares, representando diretamente ao Conselho Nacional do Ministério Público (CF, art. 130-A, § 5º).

b) Competência do Conselho Nacional do Ministério Público

Compete ao Conselho Nacional do Ministério Público o controle da atuação administrativa e financeira do Ministério Público e do cumprimento dos deveres funcionais de seus membros, cabendo-lhe (CF, art. 130-A, § 2º, I a V):

- zelar pela autonomia funcional e administrativa do Ministério Público, podendo expedir atos regulamentares, no âmbito de sua competência, ou recomendar providências;
- zelar pela observância do art. 37 da Constituição e apreciar, de ofício ou mediante provocação, a legalidade dos atos administrativos praticados por membros ou órgãos do Ministério Público da União e dos Estados, podendo desconstituí-los, revê-los ou fixar prazo para que se adotem

Cap. 22 ◆ FUNÇÕES ESSENCIAIS À JUSTIÇA

as providências necessárias ao exato cumprimento da lei, sem prejuízo da competência dos Tribunais de Contas;

- receber e conhecer das reclamações contra membros ou órgãos do Ministério Público da União ou dos Estados, inclusive contra seus serviços auxiliares, sem prejuízo da competência disciplinar e correicional da instituição, podendo avocar processos disciplinares em curso, determinar a remoção ou a disponibilidade e aplicar outras sanções administrativas, assegurada ampla defesa (CF, art. 130-A, § 2º, III, com redação dada pela EC n. 103, de 12-11-2019);
- rever, de ofício ou mediante provocação, os processos disciplinares de membros do Ministério Público da União ou dos Estados julgados há menos de um ano; e
- elaborar relatório anual, propondo as providências que julgar necessárias sobre a situação do Ministério Público no País e as atividades do Conselho, o qual deve integrar a mensagem prevista no art. 84, XI, da Carta Magna.

✦ 3. ADVOCACIA PÚBLICA

Advocacia Pública é a instituição constitucional que engloba as funções exercidas pela Advocacia-Geral da União e as atividades desempenhadas pelos Procuradores dos Estados e do Distrito Federal, organizados em carreira (CF, arts. 131 e 132).

No passado, era o Ministério Público que exercia a advocacia de Estado. A Carta de 1988 imprimiu nova diretriz à matéria, transformando o *Parquet* em órgão de defesa da sociedade. Daí conferir *status* constitucional à Advocacia-Geral da União e às Procuradorias-Gerais dos Estados, mas sem estender aos seus membros as garantias da Magistratura e do Ministério Público.

Os membros da Advocacia Pública seguem as normas remuneratórias do art. 39, § 4º, da Carta Magna, tendo, como limite máximo de remuneração, o teto e subteto a que alude o art. 37, XI — com redação dada pela EC n. 41/2003.

✧ 3.1. Advocacia-Geral da União

A Advocacia-Geral da União é a instituição que, de modo direto ou mediante órgão vinculado, representa a União, judicial e extrajudicialmente (CF, art. 131, *caput*).

Cumpre-lhe realizar a consultoria e o assessoramento jurídico do Poder Executivo, nos termos da *lei complementar*.

> **Reserva de lei complementar:** "Não encontra guarida, na doutrina e na jurisprudência, a pretensão da requerente de violação ao art. 131, *caput*, da Carta Magna, uma vez que os preceitos impugnados não afrontam a reserva de lei complementar exigida no disciplinamento da organização e do funcionamento da Advocacia-Geral da União. Precedentes" (STF, ADIn 2.713, Rel. Min. Ellen Gracie, *DJ* de 7-3-2003).

Referida lei complementar já foi editada.

> **Legislação:**
> - **Lei Orgânica da Advocacia-Geral da União:** Lei Complementar n. 73, de 10-2-1993. O Decreto n. 767, de 5-3-1993, dispõe sobre as atividades de controle interno da Advocacia-Geral da União.
> - **Exercício das atribuições institucionais da Advocacia-Geral da União, em caráter emergencial e provisório:** Lei n. 9.028, de 12-4-1995.

Tem por chefe o Advogado-Geral da União, de livre nomeação pelo Presidente da República dentre cidadãos maiores de 35 anos, de notável saber jurídico e reputação ilibada (CF, art. 131, § 1º).

O chefe da Advocacia-Geral da União é o Advogado-Geral da União, cargo de livre nomeação e exoneração. Não se reclama, nesse caso, a participação do Senado Federal, a exemplo do que ocorre com o Procurador-Geral da República (art. 128, §§ 1º e 2º).

Por outro lado, o Advogado-Geral da União não precisa ser integrante da carreira; basta que tenha mais de 35 anos, notável saber jurídico e reputação ilibada.

É importante lembrar que não se exige imparcialidade do advogado-geral da União.

1252 ◆ Uadi Lammêgo Bulos ◆

Decerto, ele funciona como uma espécie de advogado do Presidente da República, no que tange ao exercício de atribuições presidenciais. Por isso, o cargo é de livre nomeação, donde insurge a *parcialidade* de seu mister, derivada de uma ligação de confiança.

Eis um dos motivos por que um Procurador-Geral da República, nos termos da Carta de 1988, jamais desempenharia essa função com o descortino necessário.

O ingresso nas classes iniciais das carreiras da Advocacia-Geral da União far-se-á mediante concurso público de provas e títulos (CF, art. 131, § 2º).

Não se exige a participação da Ordem dos Advogados do Brasil no concurso público de provas e títulos para ingresso nas classes iniciais da carreira.

Na execução da dívida ativa de natureza tributária, a representação da União cabe à Procuradoria--Geral da Fazenda Nacional, observado o disposto em lei (CF, art. 131, § 3º).

> **Delegação de competência:** "Tem base na Constituição, § 5º do art. 29, ADCT, a delegação da Procuradoria-Geral da Fazenda Nacional à Procuradoria do INCRA, para promover a cobrança, mediante execução fiscal, de débitos fiscais da União" (STF, RE 193.326, Rel. Min. Carlos Velloso, *DJ* de 23-5-1997).

Portanto, na execução da dívida ativa tributária, a competência para promovê-la não é da Advocacia--Geral da União, e sim da Procuradoria-Geral da Fazenda Nacional.

> **Honorários em virtude de condenação da Fazenda Nacional:** "Em se tratando de condenação da Fazenda Nacional a satisfazer honorários advocatícios, cumpre sopesar o grau de zelo do profissional, o lugar da prestação do serviço, a natureza e importância da causa, o trabalho realizado e o tempo exigido. Inexistência de obstáculo legal à fixação, considerados tais critérios, na base de dez por cento do valor da causa" (STF, RE 163.581, Rel. Min. Marco Aurélio, *DJ* de 10-5-1996).

◇ 3.2. Procuradorias dos Estados e do Distrito Federal

Os Procuradores dos Estados e do Distrito Federal, organizados em carreira, na qual o ingresso dependerá de concurso público de provas e títulos, com a participação da Ordem dos Advogados do Brasil em todas as suas fases, exercerão a representação judicial e a consultoria jurídica das respectivas unidades federadas (CF, art. 132 — redação da EC n. 19/98).

> **Casuística do STF:**
> • **Atividades de assessoramento dos procuradores** — "O desempenho das atividades de assessoramento jurídico no âmbito do Poder Executivo estadual traduz prerrogativa de índole constitucional outorgada aos Procuradores do Estado pela Carta Federal. A Constituição da República, em seu art. 132, operou uma inderrogável imputação de específica e exclusiva atividade funcional aos membros integrantes da Advocacia Pública do Estado, cujo processo de investidura no cargo que exercem depende, sempre, de prévia aprovação em concurso público de provas e títulos" (STF, ADIn 881-MC, Rel. Min. Celso de Mello, *DJ* de 25-4-1997).
> • **Representação judicial não excludente da Constituição de mandatário *ad judicia* para causa específica** — "Ao conferir aos procuradores dos Estados e do Distrito Federal a sua representação judicial, o art. 132 da Constituição veicula norma de organização administrativa, sem tolher a capacidade de tais entidades federativas para conferir mandato *ad judicia* a outros advogados para causas especiais" (STF, Pet. 409-AgRg, Rel. Min. Celso de Mello, *DJ* de 29-6-1990).

Portanto, é obrigatória a participação da Ordem dos Advogados do Brasil em todas as fases do concurso público de provas e títulos para o preenchimento do cargo de Procurador do Estado e do Distrito Federal.

A representação judicial do Estado, por seus procuradores, deriva da lei, dispensada a juntada de mandato, diferentemente das autarquias e sociedades de economia mista, cujos advogados deverão juntar procuração.

> **Nesse sentido:** STF, *RDA*, 179:158.

As Procuradorias dos Estados têm legitimidade para recorrer de sentença absolutória, em crime de peculato, na qualidade de representante da pessoa jurídica de direito público lesada.

> **Precedente:** STF, *RTJ*, 159:613.

◆ Cap. 22 ◆ FUNÇÕES ESSENCIAIS À JUSTIÇA   **1253**

Não ofende a Constituição Federal dispositivos de cartas estaduais que conferem aos procuradores do Estado prerrogativas de foro, atribuindo ao Tribunal de Justiça a competência para processá-los e julgá-los nos crimes comuns e de responsabilidade, observada a regra do art. 125, § 1º, da *Lex Mater*.

> **Nesse sentido:** STF, *RT, 682*:232.

A previsão da desvinculação da Procuradoria-Geral do Estado, em dispositivo de Carta estadual, com relação ao governador do Estado, não se harmoniza com os princípios federais, porque causa graves prejuízos à Administração local. Convém, nesses casos, suspender, *ex nunc*, os efeitos das disposições constitucionais estaduais até o julgamento final da ação.

> **Precedente:** STF, *RT, 661*:205.

Aos procuradores dos Estados e do Distrito Federal é assegurada estabilidade após três anos de efetivo exercício, mediante avaliação de desempenho perante os órgãos próprios, após relatório circunstanciado das corregedorias (CF, art. 132, parágrafo único — acrescido pela EC n. 19/98).

> **Prova da qualidade de procurador do Estado:** "O princípio da razoabilidade, a direcionar no sentido da presunção do que normalmente ocorre, afasta a exigência, como ônus processual, da prova da qualidade de procurador do Estado por quem assim se apresenta e subscreve ato processual" (STF, RE 192.553, Rel. Min. Marco Aurélio, *DJ* de 16-4-1999).

Após três anos de efetivo exercício funcional, os procuradores alcançam estabilidade. Esse período de estágio probatório deverá ser apurado mediante avaliação de desempenho, acompanhado de relatório das corregedorias. Mas, pelo art. 28 da Emenda Constitucional n. 19/98, os procuradores que fizeram concurso à época da reforma administrativa, e se encontravam em estágio probatório, submeteram-se ao prazo de dois anos de efetivo exercício funcional para adquirir estabilidade.

Na **ADI 2.682/AP**, relatada pelo Ministro Gilmar Mendes, cujo julgamento foi em 12-2-2009, concluiu o Supremo:

*   **nomeação de cargos em Procuradoria-Geral do Estado**: a forma de nomeação do Procurador- -Geral do Estado, não prevista pela Constituição da República (art. 132), pode ser definida pelas cartas estaduais, no âmbito da competência de cada Estado-membro. É constitucional a previsão, nas cartas estaduais e na legislação estadual, da faculdade do Chefe do Executivo local de nomear e exonerar livremente o Procurador-Geral do Estado. Logo, o Procurador-Geral do Estado desempenha funções de auxiliar imediato do Governador do Estado;
*   **cargo de Procurador de Estado Corregedor**: compete, livremente, ao Governador nomear o ocupante do cargo de Procurador de Estado Corregedor; e
*   **cargo de Procurador de Estado Chefe**: suas atribuições são idênticas àquelas exercidas pelos demais Procuradores do Estado, com a diferença de ser responsável por coordenar o trabalho do restante da equipe. Tal cargo não é auxiliar imediato do Chefe do Poder Executivo estadual. Por isso, afronta o disposto no art. 37, II e V, da Carta Magna, norma que cria cargo em comissão, de livre nomeação e exoneração, que não possua o caráter de assessoramento, chefia ou direção.

✦ 4. O PROFISSIONAL DA ADVOCACIA

A advocacia não é apenas uma profissão, mas uma atividade delicadíssima, porque interfere no consciente e inconsciente da criatura humana.

> **Equilíbrio do advogado:** os advogados prestam "importante serviço de contribuição para o bom exercício da Justiça, sendo natural que, no desempenho regular da atividade, o façam, até, com ardor e veemência. Nunca, porém, deixando de lado o essencial, que é a defesa da causa, para uma luta contra o colega adverso, ou contra o representante do Ministério Público, ou ofendendo a honra, desabusada e desnecessariamente, fora dos limites da causa ou da defesa de direitos e prerrogativas de que desfrutam" (STJ, 5ª T., HC 4.539/RO, Rel. Min. Jesus Costa Lima, v. u., decisão de 2-8-1995).

Requer paciência, humildade, profundo conhecimento técnico, cultura humanística, relacionamento sadio, boa vontade, persistência, amor, sentido cristão da vida, discernimento, perdão, renúncia, senso de justiça, criatividade etc.

1254 ◆ Uadi Lammêgo Bulos ◆

Liberdade de crítica do advogado: "A crítica a atitudes do juiz constante da defesa prévia, pelas circunstâncias e no contexto em que foi escrita, não entremostra, *prima facie*, o *animus* de ofender. O advogado deve atuar como um guardião da Constituição e defensor da ordem jurídica; exercer a profissão com zelo e probidade; 'velar pela dignidade da magistratura, tratando as autoridades e funcionários com respeito e independência, não prescindindo de igual tratamento', pois, tanto quanto o juiz, a sua missão é a busca incessante de eficaz e justa distribuição da justiça. Inexistência de fato típico. Provimento do recurso para se trancar a ação penal" (STJ, 5ª T., RHC 560/DF, Rel. Min. Jesus Costa Lima, decisão de 6-8-1990, *RSTJ, 22*:90; *DJ*, 1, de 24-9-1990, p. 9985).

É um *munus*, no sentido de que é a base para o exercício de todas as demais funções essenciais à Justiça.

Natureza da advocacia: "A advocacia é serviço público, igual aos demais, prestados pelo Estado. O advogado não é mero defensor de interesses privados. Tampouco é auxiliar do juiz. Sua atividade, como 'particular em colaboração com o Estado', é livre de qualquer vínculo de subordinação para com magistrados e agentes do Ministério Público" (STJ, MS 1.275/91, Rel. Min. Humberto Gomes de Barros, *RDA, 189*:283).

Deveras, o advogado é a antena supersensível da Justiça, porque seu mister envolve, a um só tempo:
* *arte* — de dizer o óbvio para quem não quer entender a obviedade;
* *política* — disciplina da liberdade dentro da ordem;
* *ética* — exercício de virtudes contra a tentação; e
* *ação* — luta intransigente na defesa de direitos e prerrogativas.

Foi essa a bússola que orientou o constituinte de 1988, o primeiro a consagrar, em nossas constituições, a figura do advogado como indispensável à administração da Justiça.

Advogado que elabora parecer consultivo e impossibilidade de multa: o Supremo Tribunal Federal concedeu mandado de segurança para afastar condenação ao pagamento de multa imposta pelo Tribunal de Contas da União a advogado que elaborou parecer consultivo, na qualidade de coordenador jurídico da Companhia Docas do Espírito Santo (Codesa). Segundo os autos, o advogado foi notificado a apresentar esclarecimentos acerca de irregularidades descritas em denúncia apresentada ao TCU pela Associação Amigos do Porto e emitiu manifestação favorável ao pleito da Navemar Transportes e Comércio Marítimo de concessão de prazo de carência para começar a efetuar os pagamentos relativos ao arrendamento do rebocador Belo Horizonte. Alegou o impetrante que o parecer não revelou conteúdo decisório capaz de gerar consequências para a Administração, pois se trata de parecer não vinculante. Explicou o Min. Luiz Fux que a decisão do TCU contrariou orientação consolidada pelo Supremo Tribunal Federal, no sentido de que o parecer meramente consultivo não possui caráter vinculante, não ensejando, portanto, a responsabilização de seu emissor. "Ademais, ao consultar o Regimento Interno da Codesa, não se verifica nas competências e atividades da coordenação jurídica a obrigatoriedade da elaboração de pareceres jurídicos, muito menos a sua vinculação aos atos dos gestores." Portanto, a condenação pelo TCU foi indevida. "Incabível, portanto, a responsabilização do autor do MS pela Corte de Contas, restando tal incumbência, se for o caso, à Companhia Docas do Espírito Santo, órgão empregador do impetrante" (STF, MS 30892/DF, Rel. Min. Luiz Fux, *DJE* de 22-5-2014).

E faz sentido, porque é esse profissional que detém, em princípio, o *ius postulandi*, embora essa prerrogativa não seja absoluta.

Nos trabalhos preparatórios da Carta em vigor, muitas críticas foram endereçadas a esse reconhecimento. Não faltou quem discordasse do fato de a Lei Maior de um País destacar, com tanta ênfase, a figura do advogado. Porém, não se pode olvidar-lhe o atributo de elemento essencial ao regime democrático.

Não se trata de função melhor nem pior do que as demais. Tanto é assim que a Constituição de 1988 referiu-se, também, ao professor, ao médico, ao juiz, ao procurador, ao jornalista, ao empresário etc.

Ao sair dos bancos universitários, o acadêmico de Direito habilita-se na profissão de advogado, razão pela qual ela constitui pressuposto essencial à formação de um dos Poderes do Estado: o Judiciário.

◆ Cap. 22 ◆ FUNÇÕES ESSENCIAIS À JUSTIÇA

✧ 4.1. Mandamentos do advogado

Os mandamentos do advogado são um desses decálogos que, desde Santo Ivo, no século XIII, passando por Angel Ossorio, no século XX, vêm expressando a dignidade da advocacia. Foram criados pelo processualista uruguaio Eduardo Couture (*Os mandamentos do advogado*, p. 5 e 6).

Consignam máximas hauridas da vivência, que revelam a linhagem da conduta profissional. Intentam dizer, de forma simples, a hierarquia do mister advocatício. Ao mesmo tempo, ordenam e confortam, buscando a interação da condição humana do advogado com a missão quase divina da defesa.

Assim, vejamos os mandamentos do advogado:

"1º **Estuda:** o direito está em constante transformação. Se não lhes segues os passos, serás cada dia um pouco menos advogado.

2º **Pensa:** estudando se aprende o direito, mas é pensando que se o exerce.

3º **Trabalha:** a advocacia é uma árdua tarefa posta a serviço da justiça.

4º **Luta:** teu dever é lutar pelo direito, mas se acaso um dia encontrares o direito em conflito com a justiça, luta pela justiça.

5º **Sê leal:** leal para com teu cliente, a quem não deves abandonar senão quando te convenceres de que é indigno de ti. Leal para com teu adversário, ainda quando ele seja desleal para contigo. Leal para com o juiz, que desconhece os fatos e que deve confiar no que lhe dizes, e que mesmo quanto ao direito, às vezes tem de aceitar aquele que invocas.

6º **Tolera:** tolera a verdade alheia assim como queres que a tua seja tolerada.

7º **Tem paciência:** o tempo vinga-se das coisas feitas sem a tua colaboração.

8º **Tem fé:** crê no direito como o melhor instrumento para o humano convívio; crê na justiça como objetivo normal do direito; crê na paz como o substitutivo piedoso da justiça; acima de tudo, crê na liberdade, sem a qual não há direito, nem justiça, nem paz.

9º **Esquece:** a advocacia é uma luta de paixões. Se a cada batalha deixares em tua alma o rancor, logo chegará o dia em que a vida se terá tornado impossível para ti. Findo o combate, esquece a tua vitória tão depressa quanto a tua derrota.

10º **Ama a tua profissão:** procura estimar a advocacia de tal maneira que, no dia em que teu filho te pedir conselho sobre o seu destino, consideres uma honra para ti aconselhá-lo a que se faça advogado".

✧ 4.2. Princípio constitucional da indispensabilidade do advogado

De modo inédito, a Carta de 1988 proclamou que o "advogado é indispensável à administração da justiça, sendo inviolável por seus atos e manifestações no exercício da profissão, nos limites da lei" (art. 133).

> **Somente Advogados podem fazer sustentação oral no STF:** quem não é advogado não pode fazer sustentação oral em julgamento no Supremo Tribunal Federal. Nesse sentido, é explícito o art. 124 do Regimento Interno do STF (STF, HC 96.088/SP, Rel. Min. Cezar Peluso, j. em 13-4-2009).

Eis aí o *princípio constitucional da indispensabilidade do advogado*, por meio do qual é necessária a **assistência de um profissional da advocacia para postular-se em juízo**. Em regra, ninguém, ordinariamente, pode ingressar no Poder Judiciário do nada. É preciso assistência de advogado, a quem compete, nos termos da lei, o exercício do direito de postular (*jus postulandi*). A exigência de capacidade postulatória constitui indeclinável pressuposto processual de natureza subjetiva essencial à válida formação da relação jurídico-processual. Portanto, afiguram-se nulos de pleno direito atos processuais privativos de advogados. Eles não podem ser praticados por quem não dispõe de capacidade postulatória. O direito de petição não assegura, por si só, a possibilidade de o interessado, que não dispõe de capacidade postulatória, ingressar em juízo para, independentemente de advogado, litigar em nome próprio ou como representante de terceiros. Esse tem sido, aliás, o magistério do Supremo Tribunal Federal (STF, Agravo regimental em Arguição de Impedimento 28, Rel. Min. Celso de Mello, j. 12-11-2015).

1256 ◆ Uadi Lammêgo Bulos ◆

Por isso, sem deter a condição de advogado, regularmente inscrito na Ordem dos Advogados do Brasil, não é possível requerer mandado de segurança, em nome próprio ou de terceiros (**Nesse sentido:** STF, Pleno, MS 21.651-AgRg/BA, Rel. Min. Néri da Silveira, *DJ* de 19-8-1994).

Mas o princípio da indispensabilidade não é absoluto em si mesmo. Admite exceções. É o caso da capacidade postulatória para qualquer pessoa impetrar ordem de *habeas corpus* ou pleitear revisão criminal (Precedente: STF, Revisão Criminal n. 4.886, Rel. Min. Celso de Mello, *RTJ, 146*:49).

> **Nesse sentido:** "A indispensabilidade da intervenção do Advogado traduz princípio de índole constitucional, cujo valor político-jurídico, no entanto, não é absoluto em si mesmo. Esse postulado — inscrito no art. 133 da CF — acha-se condicionado, em seu alcance e conteúdo, pelos limites impostos pela lei, consoante estabelecido pelo próprio ordenamento constitucional. Portanto, é legítima a outorga, por lei, em hipóteses excepcionais, do *jus postulandi* a qualquer pessoa, como já ocorre na ação penal de *habeas corpus*, ou ao próprio condenado — sem referir outros — como se verifica na ação de revisão criminal" (STF, Revisão Criminal n. 4.886, Rel. Min. Celso de Mello, *RTJ, 146*:49).

Em contrapartida, sem deter a condição de advogado, regularmente inscrito na Ordem dos Advogados do Brasil, não é possível requerer mandado de segurança, em nome próprio ou de terceiros (STF, Pleno, MS 21.651-AgRg/BA, Rel. Min. Néri da Silveira, *DJ* de 19-8-1994).

✧ 4.3. Inviolabilidade do advogado

A inviolabilidade ou imunidade material do advogado foi assegurada pela Carta de 1988 (art. 133).

> **Casuística do STF:**
> * **Prisão domiciliar de advogado e prevalência do Estatuto da Advocacia** — subsiste a norma consubstanciada no inciso V do art. 7º da Lei n. 8.906/94, sendo inaplicável aos advogados, em tema de prisão especial, a Lei n. 10.258/2001. O Supremo Tribunal Federal, ao proceder ao exame comparativo entre a Lei n. 10.258/2001 e a Lei n. 8.906/94 (art. 7º, V), "reconheceu, nesse cotejo, a existência de uma típica situação configuradora de antinomia em sentido próprio, eminentemente solúvel, porque superável mediante utilização, na espécie, do critério da especialidade (*lex specialis derogat generali*), cuja incidência, no caso, tem a virtude de viabilizar a preservação da essencial coerência, integridade e unidade sistêmica do ordenamento positivo" (STF, HC 88.702/SP, Rel. Min. Celso de Mello, *DJU* de 30-5-2006). **No mesmo sentido:** STF, ADIn 1.105/DF, Rel. Min. Ricardo Lewandowski, decisão de 17-5-2006.
> * **Injúrias proferidas por advogado na discussão da causa** — "O artigo 7º, § 2º, da Lei n. 8.906/2004 deu concreção ao preceito veiculado pelo artigo 133 da Constituição do Brasil, assegurando ao advogado a inviolabilidade por seus atos e manifestações no exercício da profissão. No caso concreto, é fora de dúvida que as expressões tidas por injuriosas foram proferidas no estrito âmbito de discussão da causa, em petição de alegações finais pela qual o paciente manifestou indignação com o procedimento judicial praticado à margem da lei" (STF, HC 87.451/RS, Rel. Min. Eros Grau, *Clipping* do *DJ* de 10-3-2006).

Não consiste, contudo, numa garantia absoluta, porque os atos e manifestações do advogado sujeitam-se aos limites da lei.

> **Casuística do STF:**
> * **Advogado. Imunidade judiciária. Não compreensão de atos relacionados a questões pessoais** — "A imunidade do advogado — além de condicionada aos limites da lei, o que, obviamente, não dispensa o respeito ao núcleo essencial da garantia da *libertas conviciandi* — não alcança as relações do profissional com o seu próprio cliente". Com base nesse entendimento, o Supremo Tribunal manteve decisão do Juizado Especial Cível e Criminal do Acre que, afastando a citada imunidade, entendera configurado dano moral praticado por causídico consistente em carta ofensiva relativa à cobrança de honorários advocatícios (STF, RE 387.945/AC, Rel. Min. Sepúlveda Pertence, *Clipping* do *DJ* de 10-3-2006).
> * **Atos, gestos e palavras ofensivas proferidas por advogado** — a prática de atos, gestos e palavras ofensivas proferidas por advogado, que ensejam agressão física ou moral, insulto pessoal e humilhação pública, não estão cobertos pela inviolabilidade do art. 133 da Constituição (STF, AO 933, Rel. Min. Carlos Britto, *DJ* de 6-2-2004; STF, AO 1.300, Rel. Min. Carlos Britto, *DJ* de 7-4-2006).

◆ Cap. 22 ◆ FUNÇÕES ESSENCIAIS À JUSTIÇA

- **Constitucionalidade de multa aplicada a advogado que abandona processo** — por 6 a 5, o Plenário do Supremo Tribunal Federal declarou a constitucionalidade do art. 265 do Código de Processo Penal, com redação dada pela Lei n. 11.719/2008, que previu a aplicação da multa a advogado que abandona processo sob sua responsabilidade. Prevaleceu o entendimento de que a aplicação da multa não é desproporcional ou desarrazoada. Trata-se de um meio para se evitar o comportamento prejudicial à administração da justiça e ao direito de defesa do réu, haja vista a imprescindibilidade do advogado no regular andamento do processo penal. O art. 133, da Lei Maior, prescreveu que o advogado é uma figura indispensável à administração da Justiça. O Estatuto da Advocacia, por sua vez, reconheceu que o causídico presta serviço público e exerce função social. No processo penal, tal mister é mais importante ainda, porquanto o direito à liberdade está em jogo. A multa, inclusive, não exime a aplicabilidade de outras sanções administrativas (STF, ADI 4398, Rel. Min. Cármen Lúcia, j. 7-8-2020).

Assim, a inviolabilidade do advogado não configura uma imunidade penal ampla e absoluta, porque "o nobre exercício da advocacia não se confunde com um ato de guerra em que todas as armas, por mais desleais que sejam, possam ser utilizadas" (STJ, 5ª T., RHC 4.889, Rel. Min. Assis Toledo, v. u., decisão de 2-10-1995).

Entrevistas abusivas aos meios de comunicação, por exemplo, não estão protegidas pela inviolabilidade do advogado.

> **Precedente:** STJ, RHC 4.804/RS, Rel. Min. Anselmo Santiago, *DJ* de 23-9-1996.

O art. 142 do Código Penal, quando diz que a ofensa irrogada em juízo não constitui injúria ou difamação punível, no âmbito da discussão da causa, pela parte e por seu procurador — excluídos, portanto, os comportamentos caracterizadores da calúnia —, estendeu, notadamente ao advogado, a tutela da imunidade judiciária, desde que, como ressalta a jurisprudência dos Tribunais, as imputações contumeliosas tenham relação de pertinência com o *thema decidendum* e não se refiram ao próprio juiz do processo.

> **Nesse sentido:** STF, HC 69.085, Rel. Min. Celso de Mello, *DJ* de 26-3-1993; STF, HC 80.881, Rel. Min. Maurício Corrêa, *DJ* de 24-8-2001; STF, HC 85.446, Rel. Min. Cezar Peluso, *DJ* de 21-6-2005; STF, Agl 540.349, Rel. Min. Gilmar Mendes, *DJ* de 2-12-2005.

Rememore-se que o Supremo Tribunal Federal suspendeu, liminarmente, a eficácia da expressão "ou desacato" do art. 7º, § 2º, da Lei n. 8.906/94 (Estatuto da OAB), que alargava a abrangência da imunidade material dos advogados.

> **Imunidade profissional do advogado e desacato:** a Corte Suprema indeferiu *habeas corpus* impetrado contra decisão de Turma Recursal de Juizado Especial Criminal, que negara provimento a recurso interposto pelo ora paciente, no qual se pretendia a extinção do processo penal de conhecimento contra ele instaurado pela suposta prática do crime de desacato contra policial militar. Invocava-se, na espécie, a aplicação do § 2º do art. 7º da Lei n. 8.906/94 ("O advogado tem imunidade profissional, não constituindo injúria, difamação ou desacato puníveis qualquer manifestação de sua parte, no exercício de sua atividade, em juízo ou fora dele, sem prejuízo das sanções disciplinares perante a OAB, pelos excessos que cometer"). Considerou-se o entendimento firmado pelo Supremo Tribunal, no julgamento da ADIn 1.127/DF, no sentido da inconstitucionalidade da expressão e *desacato* contida no aludido dispositivo (STF, HC 88.164/MG, Rel. Min. Celso de Mello, 15-8-2006).

Com efeito, o art. 7º, § 2º, da Lei n. 8.906/94 deu concreção ao preceito veiculado pelo art. 133 da Carta Maior, assegurando ao advogado a inviolabilidade por seus atos e manifestações no exercício da profissão (Nesse sentido: STF, HC 87.451, Rel. Min. Eros Grau, *DJ* de 10-3-2006).

> **Ausência de procuração e vista dos autos** — o art. 7º, XIII, da Lei n. 8.906/94 (Estatuto da Advocacia) garante ao advogado o direito de examinar, em qualquer órgão dos Poderes Judiciário e Legislativo, ou da Administração Pública em geral, autos de processos findos ou em andamento, mesmo sem procuração, quando não estejam sujeitos a sigilo, assegurada a obtenção de cópias, podendo tomar apontamentos. Daí o Supremo Tribunal Federal, em sua composição plenária, ter concedido mandado de segurança impetrado contra decisão do Tribunal de Contas da União, que havia indeferido requerimento de vista e cópia integral de processo (não sigiloso) a advogado, em razão da inexistência de procuração a ele outorgada (MS 26.772/DF, Rel. Min. Gilmar Mendes, 3-2-2011). Precedente: MS 23.527 MC/DF (*DJU* de 4-2-2002).

1258

✧ 4.4. Habilitação e exercício da advocacia

Qualquer advogado, para exercer legalmente a profissão, deverá comprovar efetiva habilitação perante a Ordem dos Advogados do Brasil, sob pena de inexistência dos atos processuais praticados.

Nesse sentido: STF, RHC 69.619, Rel. Carlos Velloso, *DJ* de 20-8-1993.

Constitui contravenção penal usar diploma falso de bacharel em Direito. Todavia, por força do art. 47 da Lei das Contravenções Penais, a habitualidade exigida para a caracterização do exercício ilegal da advocacia não se configura quando existe a prática de um ato único privativo da profissão, e sim a prática de vários atos processuais, sejam eles cometidos num processo isolado ou em causa própria.

Precedente: STF, *RTJ, 155*:493.

Se, no exercício da advocacia, o defensor "teve desempenho simplesmente formal, em verdadeira postura contemplativa, forçoso é concluir que o réu esteve indefeso. Por outro lado, se estiver evidente a inércia e desídia do defensor nomeado, o réu deve ser tido por indefeso e anulado o processo desde o momento em que deveria ter sido iniciado o patrocínio técnico no juízo penal" (STF, HC 71.961, Rel. Min. Marco Aurélio, *DJ* de 24-2-1995).

✧ 4.5. Livre ingresso em repartições públicas

O advogado tem direito de ingresso e atendimento em repartições públicas, a qualquer horário, desde que estejam presentes servidores da repartição.

Não pode o juiz, ou autoridade administrativa, vedar ou dificultar o atendimento a advogado, em horário reservado a expediente interno.

Nesse sentido: STJ, *RDA, 189*:283.

✧ 4.6. Natureza jurídica dos honorários advocatícios

Sobre esse tema decidiu o Pretório Excelso: "Os profissionais liberais não recebem salários, vencimentos, mas honorários e a finalidade destes não é outra senão prover a subsistência própria e das respectivas famílias. Consoante o disposto na Lei n. 8.906, de 4 de julho de 1994, os advogados têm direito não só aos honorários convencionados como também aos fixados por arbitramento e na definição da sucumbência — artigo 22 —, sendo explícito o artigo 23 ao estabelecer que os honorários incluídos na condenação, por arbitramento ou sucumbência, pertencem ao advogado, tendo este direito autônomo para executar a sentença nesta parte, podendo requerer que o precatório, quando necessário, seja expedido a seu favor" (STF, RE 470.407/DF, Rel. Min. Marco Aurélio, *Clipping* do *DJ* de 12-5-2006).

✧ 4.7. Inconstitucionalidade da atuação da OAB no lugar da Defensoria Pública

Padece de inconstitucionalidade formal, por ofensa ao art. 61, II, *d*, da Constituição Federal, preceito normativo que possibilita à Ordem dos Advogados do Brasil fazer as vezes da Defensoria Pública, mesmo se a unidade federada não tiver Defensoria funcionando.

- **Advogados não podem exercer atribuições do cargo de Defensor Público** — o Supremo Tribunal Federal cassou acórdão do Tribunal de Justiça do Espírito Santo que havia reconhecido o direito de permanência no serviço público estadual a advogados contratados em 1990, sem concurso público, para o exercício de atribuições do cargo de defensor público. Prevaleceu a tese de que houve desrespeito à decisão proferida pela Corte, em 2006, no julgamento da ADI 1199 (STF, RCL 15796/ES, Rel. Min. Teori Zavascki, *DJE* de 7-4-2014).

É o exemplo da omissão de Santa Catarina. Passados mais de vinte anos da promulgação da Carta de Outubro, este Estado se manteve inerte quanto à implantação de sua Defensoria Pública. Pelo menos

◆ Cap. 22 ◆ FUNÇÕES ESSENCIAIS À JUSTIÇA

1259

até a data de fechamento da edição deste livro, Santa Catarina pouco se importou com o mandamento previsto nos arts. 5º, LXXIV, e 134. Deixou à míngua direitos comezinhos de cidadãos marginalizados. Referimo-nos aos excluídos do sistema jurídico nacional, aqueles que compõem a maioria esmagadora dos eleitores brasileiros, e, mesmo assim, ficam à mercê dos caprichos de seus mandatários. Nada obstante o tamanho do problema, cujas dimensões são nacionais, e não apenas locais, o fato é que a Ordem dos Advogados do Brasil não pode substituir as Defensorias Públicas.

✦ 5. DEFENSORIA PÚBLICA

Ao menos do ponto de vista estritamente normativo, o brocardo de Ovídio não vigora no Brasil: *cura pauperibus clausa est* — "o Tribunal está fechado para os pobres".

Aqui não faltam normas constitucionais nesse campo. Basta ler o disposto no art. 5º, LXXIV, de nossa *Lex Mater*.

Mesmo assim, os pobres, em nosso país, nem sempre têm acesso condigno à Justiça. Os recursos são insuficientes. Nada obstante o enorme esforço dos Defensores Públicos, o patrocínio gratuito, por falta de estrutura mesmo, muito longe se encontra de ser satisfatório, ainda quando o Poder Judiciário tenha fomentado a tutela de pessoas necessitadas.

> **Defensoria pode propor ação civil pública na defesa de interesses difusos de pessoas necessitadas** — decidiu o Plenário da Corte Suprema, por unanimidade de votos, que "A Defensoria Pública tem legitimidade para a propositura de ação civil pública em ordem a promover a tutela judicial de direitos difusos e coletivos de que sejam titulares, em tese, pessoas necessitadas" (STF, RE 733433, com repercussão geral reconhecida, Rel. Min. Dias Toffoli, j. 4-11-2015).

Mas foi importantíssima a constitucionalização da Defensoria Pública pelo Texto de 1988. É um sopro de esperança, um paliativo excepcional, para o combate à dramática questão do acesso igualitário à Justiça.

Não raro, litigantes poderosos e afortunados, que contratam advogados de escol, sobrepujam hipossuficientes, impossibilitados, por motivos econômicos e culturais, de exercerem, com a mesma galhardia que a Constituição lhes assegurou, o direito de ação e de defesa. Daí o Supremo Tribunal Federal ter reconhecido a *obrigatoriedade de implantação de Defensoria Pública*, considerando uma omissão estatal intolerável a sua não instalação, sob pena de comprometer e frustrar direitos fundamentais de pessoas necessitadas (STF, AI 598.212/PR, Rel. Min. Celso de Mello, j. 10-6-2013).

✧ 5.1. Essencialidade da Defensoria Pública

"A Defensoria Pública é instituição permanente, essencial à função jurisdicional do Estado, incumbindo-lhe, como expressão e instrumento do regime democrático, fundamentalmente, a orientação jurídica, a promoção dos direitos humanos e a defesa, em todos os graus, judicial e extrajudicial, dos direitos individuais e coletivos, de forma integral e gratuita, aos necessitados, na forma do inciso LXXIV do art. 5º desta Constituição Federal" (CF, art.134, com redação dada pela EC n. 80/2014).

> **Legislação:**
> - **Lei Complementar n. 132, de 7-10-2009** — publicada no *Diário Oficial da União*, de 8-10-2009, alterou "dispositivos da Lei Complementar n. 80, de 12 de janeiro de 1994, que organiza a Defensoria Pública da União, do Distrito Federal e dos Territórios e prescreve normas gerais para sua organização nos Estados, e da Lei n. 1.060, de 5 de fevereiro de 1950, e dá outras providências".
> - **Lei Complementar n. 98, de 3-12-1999** — altera dispositivos da Lei Complementar n. 80, de 12-1-1994.

O defensor público tem o poder-dever de esgotar, a favor do réu, todos os recursos legais que garantam a ampla defesa. Sem a assistência do defensor, o réu nem sempre estará apto para avaliar as possibilidades de sua defesa.

1260 ♦ Uadi Lammêgo Bulos ♦

Legitimidade da Defensoria Pública para propor ação civil pública: é constitucional a atribuição da Defensoria Pública em propor ação civil pública. O aumento de atribuições da instituição amplia o acesso à Justiça e é perfeitamente compatível com a Lei Complementar n. 132/2009 e com as alterações à Constituição Federal promovidas pela Emenda Constitucional n. 80/2014, que estenderam as atribuições da Defensoria Pública e incluíram a de propor ação civil pública. Não há qualquer vedação constitucional para a proposição desse tipo de ação pela Defensoria, nem norma que atribua ao Ministério Público prerrogativa exclusiva para ajuizar ações de proteção de direitos coletivos. A ausência de conflitos de ordem subjetiva decorrente da atuação das instituições, igualmente essenciais à Justiça, demonstra inexistir prejuízo institucional para o Ministério Público. E, além de constitucional, a inclusão taxativa da defesa dos direitos coletivos no rol de atribuições da Defensoria Pública é coerente com as novas tendências e crescentes demandas sociais de se garantir e ampliar os instrumentos de acesso à Justiça. Não é interesse da sociedade limitar a tutela dos hipossuficientes. O Supremo, inclusive, tem atuado para garantir à Defensoria papel de relevância como instituição permanente essencial à função jurisdicional do Estado. Por fim, é importante a ampliação dos legitimados aptos a propor ação para defender a coletividade. Em um país marcado por inegáveis diferenças e por concentração de renda, uma das grandes barreiras para a implementação da democracia e da cidadania ainda é o acesso à Justiça (STF, ADIn 3.943, Rel. Min. Cármen Lúcia, j. 7-5-2015).

Aliás, é dever da Defensoria Pública prestar plantão de atendimento 24 horas, porque a Constituição elevou a Defensoria Pública ao patamar de instituição permanente, essencial à prestação jurisdicional do Estado. Trata-se de "uma instituição especificamente voltada para a implementação de políticas públicas de assistência jurídica, assim no campo administrativo como no judicial". Por isso, a falta de atendimento em regime de plantão impede que a Defensoria Pública cumpra, plenamente, a importante missão constitucional que lhe foi conferida (STF, AC 2.442/RS, Rel. Min. Carlos Britto, *DJE* de 11-9-2009).

Impossibilidade de defensores públicos exercerem atividades próprias da advocacia privada: o Supremo declarou a inconstitucionalidade do art. 137 da Lei Complementar n. 65/2003, de Minas Gerais, que permitia defensores públicos exercerem advocacia fora de suas atribuições institucionais até que fossem fixados os subsídios dos membros da carreira (STF, ADIn 3.043, Rel. Min. Eros Grau, *DJ* de 12-12-2006).

O legislador estadual não detém competência para atribuir à Defensoria Pública a defesa judicial de servidores públicos processados civil ou criminalmente em virtude do regular exercí- cio do cargo. Isso extrapolaria a Carta da República, que restringe as atribuições da Defensoria Pública à assistência jurídica integral e gratuita (arts. 5º, LXXIV, e 134) (Nesse sentido: STF, ADIn 3.022, Rel. Min. Joaquim Barbosa, *DJ* de 4-3-2005).

Prerrogativa de intimação pessoal com entrega dos autos: é prerrogativa da Defensoria Pública a intimação pessoal para todos os atos do processo, mediante a entrega dos autos, sob pena de nulidade (STF, HC 125270, Rel. Min. Teori Zavascki, j. 23-6-2015).

⌺ 5.1.1. *Perfil constitucional dos Defensores Públicos*

Defensores Públicos não são meros "advogados de pobres", "advogados para pobres", "advogados de ofício", porquanto tais denominações pejorativas não retratam a grandiosidade de seu *munus*. Também não são "advogados do Estado", o contrário, seriam o mesmo que Procuradores dos Estados, algo que não ocorre. Eles desempenham, sim, o mister de advogados, aplicando-se-lhes, nesse particular, o Estatuto da OAB (art. 3º, § 1º).

É certo que a hipossuficiência econômico-financeira ainda é a marca primordial dessa nobre atividade. Mas não é a única. Aliás, desde o advento da Carta de 1988, o Defensor Público não é um simples exercente de atividades híbridas, ora postando-se como funcionários públicos, ora como advogados. Defensores Públicos, pela Constituição Federal, são agentes políticos com *status* de membros componentes da nobilitante tarefa de operacionalizarem transformações exigidas nas sociedades de massas.

Assim, a Defensoria Pública não é uma instituição que visa tutelar, apenas, os pobres. Os idosos, as crianças, os adolescentes, os réus em processos criminais, as mulheres violentadas no seio doméstico, os consumidores, os deficientes, por exemplo, podem ser objeto de proteção da Defensoria. Qualquer

◆ Cap. 22 ◆ FUNÇÕES ESSENCIAIS À JUSTIÇA

grupo socialmente vulnerável, suscetível de tutela estatal (art. 4º, XI, LC n. 80/1994), pode ser atendido por um Defensor Público, que também operacionaliza atividade de curadoria especial (art. 4º, XVI, LC n. 80/1994). O mesmo é dito quanto à difusão e à conscientização dos direitos humanos, da cidadania e do ordenamento jurídico (art. 4º, III, LC n. 80/1994). Soma-se a isso o mister de informar direitos, orientar, conciliar e conscientizar a população, bem como alertar para a prevenção de litígios e emancipação jurídico-social (art. 4º, II, LC n. 80/1994), em vez de abarrotar o Poder Judiciário com demandas e mais demandas.

O perfil constitucional do Defensor Público engloba, ainda, a sua atuação em estabelecimentos policiais, penitenciários e de internação de adolescentes, tutelando, pois, direitos fundamentais (art. 4º, XVII, LC n. 80/1994).

> **Princípio do defensor público natural:** a Segunda Turma do Supremo Tribunal Federal denegou *habeas corpus* no qual se pretendia a incidência do princípio do defensor natural. O caso concreto foi o seguinte: defensor público foi designado para exercer suas funções em duas comarcas distintas, em dias da semana predeterminados. O juízo no qual estava sendo processado o paciente, por seu turno, determinara a realização de audiência em dia no qual o defensor estaria em comarca diversa, designando outro advogado para prestar-lhe assistência na oportunidade. Assim, alegou-se, no *habeas corpus*, que haveria ofensa à ampla defesa e ao princípio do defensor público natural, e que o juízo deveria designar nova audiência para o dia em que o defensor público estivesse disponível. Entendeu o Supremo Tribunal que fora assegurado ao paciente o direito de contato prévio e privativo com seu defensor *ad hoc*. Este, a sua vez, exercera seu mister com eficiência e exatidão, participando ativamente dos depoimentos, formulando perguntas, tanto para o acusado quanto para as testemunhas do Ministério Público. Ademais, a Defensoria Pública deveria se acomodar ao Poder Judiciário, e não o contrário, pois a atuação da Defensoria ainda seria insuficiente em alguns locais (STF, HC 123.494/ES, Rel. Min. Teori Zavascki, j. 16-2-2016).

⌗ 5.1.2. *Emenda Constitucional n. 80, de 4 de junho de 2014*

A EC n. 80, de 4 de junho de 2014, garantiu a todos os cidadãos brasileiros, de todo o território, o acesso aos serviços da Defensoria Pública.

Esse avanço proveio da PEC n. 247, apresentada em 12 de março de 2013, pelos Deputados Federais André Moura (PSC/SE), Alessandro Molon (PT/RJ) e Mauro Benevides (PMDB/CE).

Apresentada ao Senado, em 13 de março de 2014, foi protocolada como PEC n. 4/2014, sendo aprovada em 20 de maio de 2014, por unanimidade.

Após a sua promulgação, a PEC n. 4/2014 passou a ser a EC n. 80/2014.

Vejamos os pontos principais da Emenda Constitucional em epígrafe:

a) Locus *constitucional*

A EC n. 80, de 4 de junho de 2014, modificou o Capítulo IV (Das Funções Essenciais à Justiça), do Título IV (Da Organização dos Poderes), acrescentando ao ADCT da Constituição da República o art. 98.

Originariamente, o constituinte de 1988 havia colocado a Defensoria Pública junto à Advocacia. Essa linha principiológica foi alterada pela EC n. 80/2014. Agora, a Defensoria Pública saiu da Seção III, outrora denominada "Da Advocacia e da Defensoria Pública". Aplausos para os depositários da competência reformadora da Carta de 1988. A Defensoria, embora continue sendo, a nosso ver, uma atividade essencial à Justiça, passou a ter seção própria, a Seção IV. O tema foi melhor sistematizado. Portanto, a EC n. 80/2014 concretizou uma exigência há muito reclamada. Desde o advento do texto de outubro, as Defensorias Públicas saíram dos pés do Ministério da Justiça e das secretarias de Estado das unidades federadas.

A nova Seção IV, pois, satisfez as exigências práticas. Agora não se pode mais confundir defensores públicos e advogados, ainda quando tais atividades possuam pontos em comum.

b) Status *de permanência*

O avanço constitucional, oriundo da EC n. 80, de 4 de junho de 2014, elevou a Defensoria Pública ao *status* da permanência.

Decerto, a Defensoria Pública tem vida própria, importância destacada, sendo uma lídima expressão do regime democrático.

Quem promove a tutela, judicial e extrajudicial, particular e coletiva, de liberdades fundamentais, em todos os quadrantes, qualifica-se como peça nodular à configuração das democracias, verdadeiramente, livres.

Daí o art. 134, da Carta Magna, com redação dada pela EC n. 80/2014 ter considerado a Defensoria Pública uma expressão e um instrumento do regime democrático. Incumbe-lhe, pois, orientar e promover a garantia das liberdades públicas em todos os níveis, judicial e extrajudicial. Até os direitos individuais e coletivos são da alçada dos defensores públicos, os quais podem promover a defesa, de forma integral e gratuita, de prerrogativas dos necessitados.

c) Princípios institucionais da Defensoria Pública

A EC n. 80, de 4 de junho de 2014, consagrou os princípios institucionais da Defensoria Pública no § 4º, do art. 134, da *Lex Mater*.

Referimo-nos aos pórticos da unidade, da indivisibilidade e da independência funcional da Defensoria Pública, os quais já constavam no ordenamento, amiúde na Lei Complementar n. 132, de 2009.

Pelo vetor da unidade, a Defensoria Pública é una, vedando-se a formação de "panelinhas" ou "grupelhos" que busquem a satisfação de interesses particulares.

Segundo o ditame da indivisibilidade, a Defensoria Pública não pode ser dividida ou fragmentada, porque a prestação da assistência jurídica é contínua, ainda quando um defensor possa vir a ser substituído por outro ao longo de sua atividade.

Conforme a diretriz da independência funcional, o defensor não deve satisfações a ninguém, mas apenas a sua própria consciência, podendo desagradar aqueles que se sentirem ofendidos por sua atuação, sem que sofra represálias ou retaliações de quem quer que seja.

d) A terminologia "aplicando-se no que couber"

O indigitado § 4º, do art. 134, com redação dada pela EC n. 80/2014 determinou que se aplique à Defensoria Pública, "no que couber", o disposto no art. 93 e no inciso II do art. 96 da Carta Magna.

Não há dúvidas de que os defensores públicos têm direito à especificação de critérios objetivos e claros de promoção em suas carreiras. Fazem jus a cursos oficiais de preparação, aperfeiçoamento e promoção, de verem assegurada a aplicabilidade de normas claras de remoção, de disponibilidade, de aposentadoria e de permuta etc.

Mas a linguagem prescritiva do legislador reformador foi inapropriada ao se referir ao jargão "no que couber", porque deixou para o legislador e, até, para o Poder Judiciário, a especificação de critérios para solver determinadas situações daí decorrentes.

Exemplos: a título ilustrativo, e sem a pretensão de esgotar o tema, perguntamos: será que o candidato ao cargo de defensor público deverá exercer, no mínimo, os três anos de atividade jurídica (CF, art.93, I)? Ou deverá observar a regra dos dois anos de prática forense (arts. 26 e 71 da LC n. 80/94)? Defensores públicos gozam de estabilidade, inamovibilidade (CF, art. 134, § 1º), vitaliciedade (CF, art. 93, IV, nos mesmos moldes dos juízes (CF, art. 95, I), membros do Ministério Público (CF, art. 128, § 5º, I, *a*), Ministros de Tribunais de Contas (CF, art. 73, § 3º) e oficiais militares (CF, art. 142, VI)?

e) A "PEC das Comarcas" e o prazo de 8 anos

A EC n. 80/2014 acresceu ao Ato das Disposições Transitórias da Carta de Outubro o art. 98, §§ 1º e 2º.

Daí muitos chamarem a EC n. 80/2014 de "PEC das Comarcas" ou "PEC Defensoria para Todos".

Com efeito, ao longo do lapso de oito anos a lotação de defensores nos lugares necessários deverá ser uma prioridade, levando-se em conta o maior índice de exclusão social e maior adensamento populacional.

Esperamos que isso saia do "papel", afinal tais critérios de lotação já se encontravam previstos no art. 107 da LC n. 80/94 ("A Defensoria Pública do Estado poderá atuar por intermédio de núcleos ou

◆ Cap. 22 ◆ FUNÇÕES ESSENCIAIS À JUSTIÇA 1263

núcleos especializados, dando-se prioridade, de todo modo, às regiões com maiores índices de exclusão social e adensamento populacional").

Formalmente falando, agora não há mais desculpas. A EC n. 80/2014, previu uma meta a ser concretizada.

A não implementação do desígnio constitucional em comento recomenda o ajuizamento, no Supremo Tribunal Federal, de uma ação direta de inconstitucionalidade por omissão (CF, art. 103, § 2º). Em Santa Catarina, por exemplo, foi ajuizada a ADI 4270. Mas não adiantou muito. Em sede de reclamação constitucional, o Min. Celso de Mello, ao indeferir o pedido de liminar formulado pela Associação Nacional dos Defensores Públicos (Andep), no sentido de ver implantada, de imediato, a Defensoria Pública catarinense, afirmou: o "exame dos fundamentos subjacentes a presente causa, considerada a específica função jurídico-processual a que se destina o instituto da reclamação, torna inacolhível a postulação cautelar formulada nesta sede processual, porque aparentemente inocorrente, na espécie, situação caracterizadora de transgressão à autoridade do acórdão ora invocado como paradigma de confronto (...). Daí não se poderia, aparentemente, extrair a premissa — em que se apoia a pretensão ora deduzida pela parte reclamante — de que esta Suprema Corte, ao julgar a ADI 4270, teria determinado ao Estado de Santa Catarina a adoção de providências necessárias à institucionalização e à adequada organização da Defensoria Pública local" (STF, Rcl 16034/SC, Rel. Min. Celso de Mello, j. 12-9-2014).

◇ 5.2. Organização da Defensoria Pública: Lei Complementar n. 132, de 7-10-2009

Lei complementar organizará a Defensoria Pública da União e do Distrito Federal e dos Territórios e prescreverá normas gerais para sua organização nos Estados, em cargos de carreira, providos, na classe inicial, mediante concurso público de provas e títulos, assegurada a seus integrantes a garantia da inamovibilidade e vedado o exercício da advocacia fora das atribuições institucionais (CF, art. 134, § 1º — renumerado pela EC n. 45/2004).

O art. 134, § 1º, que acabamos de mencionar, foi regulamentado pela Lei Complementar n. 132, de 7 de outubro de 2009.

Publicada no *Diário Oficial da União*, de 8-10-2009, ela alterou "dispositivos da Lei Complementar n. 80, de 12 de janeiro de 1994, que organiza a Defensoria Pública da União, do Distrito Federal e dos Territórios e prescreve normas gerais para sua organização nos Estados, e da Lei n. 1.060, de 5 de fevereiro de 1950, e dá outras providências".

Dois pontos merecem destaque na Lei Complementar n. 132/2009:

* **acompanhamento da sistemática constitucional** — a nova Lei estatuiu que a Defensoria Pública é instituição permanente, essencial à função jurisdicional do Estado, incumbindo-lhe, como expressão e instrumento do regime democrático, fundamentalmente, a orientação jurídica, a promoção dos direitos humanos e a defesa, em todos os graus, judicial e extrajudicial, dos direitos individuais e coletivos, de forma integral e gratuita, aos necessitados, assim considerados na forma do inciso LXXIV, do art. 5º, da Constituição Federal; e
* **Defensores Públicos Federais e Defensor Público Geral Federal** — pela nova Lei, os defensores públicos da União passam a ser chamados Defensores Públicos Federais, e, o seu chefe, o Defensor Público Geral Federal. Este último será nomeado pelo Presidente da República, dentre membros estáveis da carreira e maiores de 35 anos, escolhidos em lista tríplice formada pelo voto direto, secreto, plurinominal e obrigatório de seus membros, após aprovação de seu nome pela maioria absoluta dos Senadores da República.

O advento da Lei Complementar n. 132/2009 foi muito importante.

Basta ver que, antes de sua edição, as funções de assistência judiciária, no Estado de São Paulo, eram desempenhadas pela Procuradoria de Assistência Judiciária, que é um órgão da Procuradoria-Geral do Estado.

Vale lembrar, também, que o Supremo Tribunal Federal firmou o entendimento de que competiria ao Ministério Público paulista ajuizar ação em favor dos hipossuficientes até que a Defensoria Pública

1264 ♦ Uadi Lammêgo Bulos ♦

estadual tivesse plena condição de exercer seu *munus* (STF, RE 147.776, Rel. Min. Sepúlveda Pertence, *DJ* de 19-6-1998; STF, RE 432.423, Rel. Min. Gilmar Mendes, *DJ* de 7-10-2005).

Agora, o parâmetro para os Estados e o Distrito Federal, com base no art. 134, § 1º, da Carta Magna, organizarem suas respectivas Defensorias é a Lei Complementar n. 132/2009, e não mais a Lei Complementar n. 80/94, que versava sobre as normas gerais para a organização, nos Estados-membros, da respectiva Defensoria Pública, inclusive as definidoras de critérios de nomeação para os cargos de Defensor Público Geral e de Corregedor-Geral.

> **Precedente anterior ao surgimento da Lei Complementar n. 132/09:** o Supremo decidiu, antes da Lei Complementar n. 132/09, que leis complementares estaduais e do Distrito Federal deveriam tomar como base o art. 134,§ 1º, da Carta Maior, e a Lei Complementar n. 80/94 (STF, ADIn 2.903, Rel. Min. Celso de Mello, *DJE* de 8-10-2008).

Às Defensorias Públicas estaduais são asseguradas autonomia funcional e administrativa, e a iniciativa de sua proposta orçamentária dentro dos limites estabelecidos na lei de diretrizes orçamentárias e subordinação ao disposto no art. 99, § 2º, do Texto de 1988 (CF, art. 134, § 2º — acrescentado pela EC n. 45/2004).

A Emenda Constitucional n. 74, de 6-8-2013, acrescentou ao art. 134 da Constituição Federal o § 3º, que assim determina: "Aplica-se o disposto no § 2º às Defensorias Públicas da União e do Distrito Federal". Desse modo, assegurou-se às Defensorias Públicas da União e do Distrito Federal autonomia funcional e administrativa, bem como a iniciativa de sua proposta orçamentária dentro dos limites estabelecidos na lei de diretrizes orçamentárias, subordinando-se ao art. 99, § 2º. Portanto, o mesmo preceito, de eficácia plena e aplicabilidade imediata, que a Emenda Constitucional n. 45/2004 (reforma do Judiciário) conferiu às Defensorias Públicas Estaduais aplica-se, também, às Defensorias Públicas da União e do Distrito Federal. Agora, a situação de desigualdade, que antes persistia, foi, do ponto de vista normativo, extirpada pelos depositários do poder reformador da Carta de Outubro.

> **ADI 5.296:** o Supremo Tribunal Federal, em sua composição plenária e por maioria de votos (8 a 2), concluiu o julgamento de medida cautelar na ADI 5.296, ajuizada contra a Emenda Constitucional n. 74/2013, que estendeu às Defensorias Públicas da União e do Distrito Federal a autonomia funcional e administrativa bem como a iniciativa de proposta orçamentária asseguradas às Defensorias Públicas estaduais. Para a maior parte dos Juízes da Corte, não houve violação a princípios constitucionais. Argumentava a presidente da República que a emenda, de iniciativa parlamentar, teria vício de iniciativa, alegando que apenas o chefe do Poder Executivo poderia propor a mudança. Ao apresentar o seu voto--vista, o Min. Dias Toffoli, embora não seguindo os mesmos argumentos da Relatora, Min. Rosa Weber, destacou o caráter autônomo das Defensorias Públicas: "Ao contrário, portanto, da pretensão da inicial de atribuir pecha de incompatibilidade com o texto da Constituição, vislumbro no espírito da norma a busca pela elevação da Defensoria Pública a um patamar adequado a seu delineamento constitucional originário — de função essencial à Justiça —, densificando um direito fundamental previsto no artigo 5º da Constituição Federal, que ordena ao Estado a prestação de assistência jurídica integral e gratuita aos que comprovarem insuficiência de recursos" (STF, ADI 5.296, Rel. Min. Rosa Weber, j. em 18-5-2016).

CAPÍTULO 23

DEFESA DO ESTADO E DAS INSTITUIÇÕES DEMOCRÁTICAS

✦ 1. EQUILÍBRIO E ESTABILIDADE NA ORDEM CONSTITUCIONAL

A *defesa do Estado e das instituições democráticas* traduz-se por um conjunto de normas constitucionais destinadas a garantir o equilíbrio e a estabilidade da ordem constitucional.

Daí o Título V da Carta de 1988 consagrar os seguintes mecanismos de tutela institucional, que buscam proporcionar a paz e o bem-estar gerais:

- sistema constitucional de crises = estado de defesa e estado de sítio;
- Forças Armadas = defesa do País; e
- segurança pública = proteção interna da sociedade.

> **Emenda Constitucional n. 106, de 7-5-2020:** publicada no *DOU*, de 8-5-2020, a EC n. 106/2020 instituiu regime extraordinário fiscal, financeiro e de contratações para enfrentamento de calamidade pública nacional decorrente de pandemia do Covid 19 (Coronavírus). A fim de manter a estabilidade do ordenamento, tal mudança formal do Texto Maior dispensou, em seu art. 2º, "a observância do § 1º do art. 169 da Constituição Federal na contratação de que trata o inciso IX do *caput* do art. 37 da Constituição Federal, limitada a dispensa às situações de que trata o referido inciso, sem prejuízo da tutela dos órgãos de controle". Recordemos que, pelo art. 11 dessa emenda, ela "ficará automaticamente revogada na data do encerramento do estado de calamidade pública **reconhecido pelo Congresso Nacional**" (grifamos).

✧ 1.1. Defesa do Estado

Defender o Estado é proteger:
- o território brasileiro contra invasões estrangeiras (CF, arts. 34, II, e 137, II);
- a soberania nacional (CF, art. 91); e
- a Pátria (CF, art. 142).

Mas isso nada tem que ver com a tutela de concepções geopolíticas, a exemplo da doutrina da segurança nacional, existente no ordenamento passado.

A Carta de 1988 não amparou regimes políticos ou ideologias de grupos particulares.

✧ 1.2. Defesa das instituições democráticas

A sobrevivência da democracia é a garantia da própria Constituição, pois o equilíbrio relativo é o traço característico dos Estados democráticos. Sem equilíbrio, o poder não se distribui igualitariamente, pois alguns indivíduos, ou grupos, sobrepõem-se a outros, comprometendo a democracia, a soberania, a separação de Poderes, o federalismo, a República, a livre concorrência, as liberdades públicas etc.

No momento que a defesa das instituições democráticas se torna inviável, estamos diante das situações de crise.

Em regra, tais situações caóticas ensejam duas saídas diversas:
- administração, pelas autoridades competentes, dos problemas e dificuldades; ou
- ruptura total da ordem jurídica, com rompimento da constituição, para instaurar outra.

1266 ♦ Uadi Lammêgo Bulos ♦

Nessa última hipótese, o equilíbrio constitucional esfacela-se, pondo em risco as instituições democráticas, donde insurge o *sistema constitucional de crises*.

✦ 2. SISTEMA CONSTITUCIONAL DE CRISES

Sistema constitucional de crises é o conjunto ordenado de normas constitucionais que visam restabelecer a normalidade institucional.

Existente no Brasil desde a Carta de 1824, gera um *status subjectionis*, permitindo acionar o poder repressivo do Estado para banir grandes males.

Exterioriza-se por meio dos estados de defesa e de sítio, que estudaremos a seguir.

Tem por objeto o combate de situações insustentáveis, almejando restituir o equilíbrio e a estabilidade do Estado.

Rege-se por três princípios distintos:

* **princípio fundante da necessidade** — os estados de defesa e de sítio só podem ser declarados à luz de fatos que os justifiquem, v. g., conturbações de ordem pública, ameaças à paz social, instabilidades institucionais, terremotos, enchentes etc.;
* **princípio da temporariedade** — os estados de defesa e de sítio têm prazo de duração preestabelecido no Texto Supremo; e
* **princípio da proporcionalidade** — os estados de defesa e de sítio devem ser proporcionais aos fatos que justificaram a sua adoção.

A inobservância de qualquer desses princípios ocasiona ditaduras, golpes de Estado, arbítrios, inconstitucionalidades etc.

Em contrapartida, observados tais vetores, implanta-se o *regime de legalidade extraordinária* — providência excepcional que limita e suprime, temporariamente, o gozo das liberdades públicas.

Interessante observar que o *regime de legalidade extraordinária* em nada fere o Texto Maior, embora os direitos e garantias fundamentais sejam afastados *por certo tempo*, o que não significa a total supressão das liberdades públicas. O *habeas corpus*, o mandado de segurança, a igualdade de todos perante a lei, a proibição à tortura, por exemplo, permanecem intactos.

Certamente, a justificativa para o *regime de legalidade extraordinária* é o quadro caótico reinante, que exige medidas rigorosas, mas que não se confundem com os instrumentos ordinários de coerção (torturas, assassinatos, confisco de bens, obtenção de provas ilícitas etc.).

Os *sistemas constitucionais de crises* são milenares. Em Roma existia a *magistratura extraordinária*, para funcionar em períodos conturbados.

No Brasil, a Carta de 1988 colocou o *sistema de crises* ao dispor do Presidente da República, que poderá acioná-lo diante de acontecimentos tormentosos (art. 136, *caput*). Exemplos: guerras externas, comoções internas graves, guerrilhas, rebeliões, calamidades de grandes proporções na natureza etc.

✧ 2.1. Medidas excepcionais das situações de crise: estados de defesa e de sítio

Os instrumentos incumbidos de restaurar a normalidade institucional são o estado de defesa e o estado de sítio (escritos com minúscula para não serem confundidos com *Estado*, no sentido de *unidade política*).

Apenas sérios motivos justificam o uso deles, que se revestem de notória *excepcionalidade*.

Os agentes públicos que porventura os invocarem, à míngua de seus pressupostos materiais e formais de admissão, sujeitam-se à responsabilidade penal, civil e política. Isso porque a não observância dessa advertência gera a *morte da democracia*.

Adotá-las, ao arrepio da Constituição, ou em tempos de normalidade e paz institucionais, constitui verdadeiro *golpe de Estado*.

Por tudo isso, é plenamente possível o Poder Judiciário empreender o controle da legalidade dos estados de defesa e de sítio, reprimindo abusos, tanto por meio do mandado de segurança como mediante *habeas corpus*, instrumentos insuprimíveis em qualquer circunstância.

Posição do STF: a excepcionalidade dos estados de defesa e de sítio não enseja a supressão, por completo, das liberdades públicas (*RF*, *24*:150).

De outro lado, mesmo vigorando qualquer uma das *medidas excepcionais das situações de crise*, nenhum agente público poderá converter-se em tirano, a ponto de vilipendiar a Constituição da República e as leis.

O que não se admite, em nenhuma hipótese, é o Judiciário examinar a discricionariedade do ato praticado pelo Executivo, em se tratando de estado de defesa, ou desse com o Legislativo, se for estado de sítio.

Deveras, a conveniência e a oportunidade política da decretação das *medidas excepcionais* não dizem respeito à atividade jurisdicional do Estado, haja vista o princípio da separação de Poderes (CF, art. 2º).

Posição do STF: "Tratando-se de ato de natureza essencialmente política, o Judiciário não pode entrar na apreciação dos fatos que o motivaram" (STF, Ac. 3.556, de 10-6-1914).

Nos estados de defesa e de sítio, serão ouvidos, sem caráter vinculativo, os Conselhos da República e de Defesa Nacional, para que aconselhem e apresentem sugestões ao Presidente (CF, art. 136, *caput*).

Panorama das medidas excepcionais das situações de crise

O estado de defesa (CF, art. 136, §§ 1º a 7º)	O estado de sítio (CF, arts. 137 a 139)
• **Quem decreta** — o Presidente da República. • **Procedimento** — o Presidente, após examinar os pressupostos de admissibilidade, solicita o parecer dos Conselhos da República e de Defesa, embora sua decisão de decretar ou não o estado de defesa não se vincule a tais opiniões. • **Duração** — prazo máximo de 60 dias. • **Fiscalização congressual** — a Mesa do Congresso Nacional, após ouvir os líderes partidários, designa comissão de 5 membros para acompanhar e fiscalizar a execução das medidas que estão sendo tomadas. A Mesa do Congresso é formada por 7 membros: Presidente do Senado; 1º Vice-Presidente da Câmara; 2º Vice-Presidente do Senado; 1º Secretário da Câmara; 2º Secretário do Senado; 3º Secretário da Câmara; e 4º Secretário do Senado. • **Atividades parlamentares** — o Congresso Nacional funcionará até o fim das medidas coercitivas (CF, art. 136, § 6º). Cometerá crime de responsabilidade quem impuser constrangimentos a senadores ou a deputados federais (CF, art. 85, II).	• **Quem decreta** — o Presidente da República. • **Procedimento** — o Presidente, após examinar os pressupostos de admissibilidade e solicitar o parecer dos Conselhos da República e de Defesa, pede autorização ao Congresso Nacional para decretar o estado de sítio. A autorização deve ser pelo voto da maioria absoluta dos senadores e deputados federais. • **Duração** — em se tratando de comoção nacional ou ineficácia do *estado de defesa*, dura, no máximo, 30 dias. Se for na hipótese de guerra ou resposta à agressão armada estrangeira, dura enquanto persistirem os conflitos. • **Fiscalização congressual** — o mesmo do estado de defesa. • **Atividades parlamentares** — tudo que foi dito quanto ao *estado de defesa* aplica-se aqui. Mas, no *estado de sítio*, não se pode restringir a liberdade de informação, cerceando a difusão de pronunciamentos de parlamentares efetuados em suas Casas legislativas, desde que liberada pela respectiva Mesa (CF, art. 139, parágrafo único).

⌑ 2.1.1. *O estado de defesa (CF, art. 136, §§ 1º a 7º)*

Diz-se *estado de defesa* o conjunto de medidas que objetivam debelar ameaças à ordem pública ou à paz social.

Do "estado de emergência" ao *estado de defesa*: na EC n. 11/78, o *estado de defesa* era chamado de "estado de emergência" (art. 155). No Texto de 1946, existia apenas o estado de sítio. O constituinte de 1988, porém, não retornou ao modelo de 1946. E, no lugar do velho *estado de emergência*, preferiu usar o *nomen juris* "estado de defesa" (art. 136).

Mas, afinal, o que é *paz social*?

Em sentido amplo, *paz social*, também chamada de *paz pública* ou *paz coletiva*, é o sentimento geral de tranquilidade e de segurança, onde todos convivem harmoniosamente, respeitando as diferenças. Em clima de tolerância mútua, cada um cuida de sua vida sem agredir, de modo efêmero ou permanente, o outro. Por isso, as leis penais procuram tutelar a vida gregária, considerando crime a formação de quadrilha. Decerto, é delito ignominioso um grupo de delinquentes formar uma *societa sceleris* para dominar, corromper, controlar, dar um tiro de morte na Constituição e nas leis que regem o País. A paz social é noção consectária de moralidade, legalidade, separação de Poderes e respeito integral à *res pública*. Da mais elevada autoridade ao mais simples brasileiro, todos, sem exceção, devem colaborar para a paz social. Não existe felicidade onde reina a desarmonia. Democracia e república são os outros nomes da *tranquillitas ordinis*. Colaborar para a paz é chamar a presença da luz de Deus, descortinando-nos um horizonte espetacular para uma vida superior. Em vez de sair quebrando tudo por aí, sigamos a lição de Jesus de Nazaré, até hoje incompreendido na totalidade de seu magistério, quando nos conclamou a vivermos em harmonia conosco e com os outros.

Embora sejam inconfundíveis, como veremos abaixo, o *estado de defesa* é uma espécie mais branda ou amena do "estado de sítio". Tanto é assim que, para o Presidente da República decretá-lo, não é preciso prévia autorização do Congresso Nacional. Basta que o decreto presidencial determine o prazo de duração do *estado de defesa*, especificando as áreas abrangidas e indicando as medidas coercitivas que devem vigorar, nos estritos limites constitucionais e legais (CF, art. 136, § 1º).

a) Pressupostos materiais e formais de decretação

A Carta de 1988 previu os seguintes pressupostos *materiais* e *formais* para a decretação do estado de defesa:

- **materiais (substanciais, de fundo ou de conteúdo)** — **(i)** grave perturbação à ordem pública ou à paz social, graças à instabilidade institucional ou a calamidades de grandes proporções na natureza (art. 136, *caput*); **(ii)** impossibilidade de restabelecer, pelas vias normais, a ordem pública e a paz social (art. 136, *caput*);
- **formais (procedimentais, instrumentais ou de rito)** — **(i)** consulta prévia aos Conselhos da República e de Defesa Nacional (art. 136, *caput*); **(ii)** decreto presidencial estabelecendo a duração da medida, as áreas abrangidas e as providências legais a serem adotadas para restringir o direito de reunião e os sigilos de correspondência, de comunicação telegráfica e telefônica (art. 136, § 1º, I, *a*, *b* e *c*); **(iii)** submissão do ato, com sua justificativa, ao Congresso Nacional, no prazo de vinte e quatro horas (art. 136, § 4º). Se o Congresso estiver em recesso, será convocado, extraordinariamente, em cinco dias (art. 136, § 5º), cabendo-lhe apreciar o decreto em dez dias (art. 136, § 6º). Rejeitado o decreto, ocorrerá a cessação imediata do estado de defesa (art. 136, § 7º).

O exame dos requisitos formais demonstra que a competência para a decretação do estado de defesa é do Presidente da República. Por isso, os pareceres emitidos pelos Conselhos da República e de Defesa Nacional não são vinculantes.

De outro lado, o Congresso Nacional pode revogar o estado de defesa, decretado pelo Presidente da República (CF, art. 136, § 4º).

O tempo máximo de duração do estado de defesa é de trinta dias, período que pode ser prorrogado apenas uma vez (CF, art. 136, § 2º).

Se, ao término de sessenta dias, as medidas adotadas forem insuficientes, poderá — a depender da circunstância — ser decretado o estado de sítio (CF, art. 138, § 1º).

Finalmente, a inobservância dos pressupostos constitucionais de admissibilidade do estado de defesa, pelo Presidente da República, constitui crime de responsabilidade, sem prejuízo de outras sanções civis e criminais (CF, art. 85).

♦ Cap. 23 ♦ DEFESA DO ESTADO E DAS INSTITUIÇÕES DEMOCRÁTICAS　　**1269**

b) Prisão no estado de defesa

Como não são todas as liberdades públicas que ficam bloqueadas durante o estado de defesa, o constituinte de 1988 estatuiu o seguinte:

- a prisão por crime contra o Estado, determinada pelo executor da medida, será por este comunicada imediatamente ao juiz competente, que a relaxará, se não for legal, facultado ao preso requerer exame de corpo de delito à autoridade policial (CF, art. 136, § 3º, I);
- a comunicação será acompanhada de declaração, pela autoridade, do estado físico e mental do detido no momento de sua autuação (CF, art. 136, § 3º, II);
- a prisão ou detenção de qualquer pessoa não poderá ser superior a dez dias, salvo quando autorizada pelo Poder Judiciário (CF, art. 136, § 3º, III); e
- é vedada a incomunicabilidade do preso (CF, art. 136, § 3º, IV).

> **A regra é a comunicabilidade do preso** — a vedação da incomunicabilidade deve ser interpretada sistematicamente, em consonância com as normas dos arts. 1º, III, e 5º, LXII, da Carta Maior. Significa dizer que a incomunicabilidade do preso é algo proibido não apenas durante o *estado de defesa*; em período de normalidade institucional, a garantia também prepondera. Assim, a partir de 5-10-1988, data em que foi promulgada a Carta Magna, a regra passou a ser a comunicabilidade do preso. Não mais vigora a vetusta restrição imposta ao criminoso que o impossibilitava de, nos primeiros momentos seguintes à prática da infração, comunicar-se com o exterior dos presídios. Nem na hipótese extrema do *estado de defesa*, quando as medidas a serem tomadas devem ser enérgicas, para preservar a ordem pública e a paz social, pode-se decretar a incomunicabilidade de quem quer que seja. Também não há falar em incomunicabilidade durante a fase do inquérito policial. Entendeu o constituinte que a incomunicabilidade do preso era um ranço da ditadura, incompatível com o Estado Democrático de Direito (art. 1º, *caput*, da CF). Estão revogados todos os diplomas legais que consagravam a incomunicabilidade do réu, a exemplo do art. 21, parágrafo único, do Código de Processo Penal, modificado pelo art. 69 da Lei n. 5.010, de 30-5-1966.

c) O estado de defesa sujeita-se aos controles jurisdicional e político

O estado de defesa não é situação de arbítrio. Incide em terreno pré-traçado pela Constituição. Daí a doutrina e a jurisprudência admitirem que ele está sujeito aos controles político e jurisdicional de legalidade.

Político é o controle exercido pelo Congresso Nacional. Ilustra esse controle a previsão inserta no art. 136, §§ 4º a 7º, da Lei Maior.

Já controle *jurisdicional* é aquele pelo qual o Poder Judiciário reprime eventuais abusos e ilegalidades praticados durante o estado de defesa. Exemplo desse controle é o previsto no art. 136, § 3º, I a IV, da Constituição.

☐ 2.1.2. O estado de sítio (CF, arts. 137 a 139)

Chama-se *estado de sítio* a suspensão enérgica, temporária e localizada das garantias constitucionais, com vistas a preservar e defender o próprio Estado democrático, bem como dar condições para a defesa da soberania nacional em caso de guerra.

Tal medida, bem mais drástica do que o *estado de defesa*, originou-se no Direito francês.

No Brasil, todas as nossas constituições o previram, a começar pela Carta Imperial de 1824, que o consagrou mas sem mencionar o seu nome (art. 179, § 35).

Como providência que instaura *regime de legalidade extraordinária*, o *estado de sítio* vigora por período determinado, em certa área ou, a depender da necessidade, no território nacional por inteiro (CF, art. 138, *caput*).

Tal medida não pode ser tomada de modo abrupto ou impensado, em razão do caráter de grande gravidade que a permeia.

Seu objetivo é preservar ou, a depender da circunstância, restaurar a normalidade das instituições democráticas, perturbadas por comoções graves ou por situações de beligerância com Estados estrangeiros (CF, art. 137, I e II).

É engano pensar que o *estado de sítio* suspende os próprios direitos fundamentais. O que ele suspende são as garantias, isto é, as limitações postas à ação governamental, que acompanham a declaração de direitos da Carta de 1988, com vistas a aumentar o campo de ação legítima do Estado brasileiro.

Exemplificando: quando o *estado de sítio* suspende a garantia da liberdade de expressão do pensamento, não elimina o direito que se lhe subjaz; apenas permite que o Estado restrinja o direito à livre manifestação do pensamento.

No Brasil várias vezes o *estado de sítio* foi declarado, mas por razões político-partidárias, sem levar em conta os princípios da *necessidade fundante*, da *temporalidade* e da *proporcionalidade*, que aqui também se aplicam.

Rememore-se o regime ditatorial de Getúlio Vargas, época em que a Carta de 1937 declarou, em todo o País, estado de emergência (art. 186). Nos períodos de 1964 a 1978, o povo brasileiro conheceu autêntica ditadura. O AI-5, de 13 de dezembro de 1968 a 13 de outubro de 1978, foi o instrumento de arbítrio mais contundente da história pátria. Casas legislativas foram fechadas, mandatos populares cassados, funcionários demitidos, direitos políticos suspensos, magistrados aposentados etc.

a) Pressupostos materiais e formais de decretação

A Carta de 1988 previu os seguintes pressupostos *materiais* e *formais* para a decretação do estado de sítio:

- **materiais (substanciais, de fundo ou de conteúdo)** — **(i)** comoção grave de repercussão nacional ou ocorrência de fatos que comprovem a ineficácia de medida tomada durante o estado de defesa (art. 137, I); **(ii)** declaração de estado de guerra ou resposta a agressão armada estrangeira (art. 137, II); e

  > **Comoção grave:** não é um simples levante público de armas; significa toda perturbação que não possa ser resolvida pelos meios convencionais, normais ou ordinários de resolução pacífica de conflitos.

- **formais (procedimentais, instrumentais ou de rito)** — **(i)** oitiva, pelo Presidente da República, dos Conselhos da República e de Defesa Nacional (art. 137, *caput*); **(ii)** autorização, por voto da maioria absoluta do Congresso Nacional, para que seja decretado (art. 137, parágrafo único); **(iii)** decreto do Presidente da República (art. 138, *caput*).

Como vemos, os pressupostos ou causas que ensejam o *estado de sítio* consubstanciam-se em situações críticas que reclamam a implantação de um *regime de exceção*.

Diante do quadro de anormalidade insustentável, óbvio que todos esses pressupostos são de observância obrigatória. Tanto é assim que se o Presidente da República desrespeitá-los cometerá crime de responsabilidade, sem prejuízo de outras sanções civis e criminais (CF, art. 85).

b) Tipos de estado de sítio

O *estado de sítio* pode ser de dois tipos:

- **Repressivo (CF, art. 137, I)** — tem como pressuposto material a ocorrência de uma comoção grave, cuja repercussão é nacional, não podendo ser debelada com os instrumentos normais de segurança. O estado de sítio repressivo é deflagrado quando se comprovar a ineficiência do estado de defesa. Exemplo: transcorridos sessenta dias sem que a situação de crise tenha sido extinta, a medida poderá ser tomada (CF, art. 138, § 1º). As únicas providências coercitivas a serem adotadas no estado de sítio repressivo são aquelas delimitadas no art. 139, I a VII, da Lei Magna.
- **Defensivo (art. 137, II)** — tem como pressuposto material a declaração de guerra ou agressão armada estrangeira. Nessa espécie, toda e qualquer garantia constitucional pode ser suspensa. Não há limites. Enquanto perdurar a guerra ou a agressão armada estrangeira ele poderá ser decretado.

c) Efeitos da decretação do estado de sítio

Os efeitos da decretação do *estado de sítio* decorrem da substituição da legalidade constitucional comum pela legalidade constitucional extraordinária.

Reitere-se que a *legalidade extraordinária* é *constitucional*.

◆ Cap. 23 ◆ DEFESA DO ESTADO E DAS INSTITUIÇÕES DEMOCRÁTICAS 1271

Desse modo, o decreto do Presidente da República, veiculador do conteúdo do *estado de sítio*, deve ater-se a essa realidade. Tanto é assim que a própria Constituição indica quais as providências coercitivas a serem aplicadas aos sujeitos, durante a vigência do *estado de sítio* (art. 139, I a VII).

Evidente que, cessado o *estado de sítio*, cessarão, de imediato, os seus efeitos. Isso não prejudica a apuração da responsabilidade pelos ilícitos cometidos pelos delegados do Presidente da República encarregados da prática dos atos coercitivos autorizados no decreto (CF, art. 141).

d) O estado de sítio também se sujeita aos controles jurisdicional e político

Igualmente ao estado de defesa, o *estado de sítio* está sujeito aos controles político e jurisdicional.

O *controle político*, no *estado de sítio*, realiza-se de modo prévio (CF, art. 137), simultâneo ou concomitante (CF, art. 140) e sucessivo (CF, art. 141, parágrafo único).

Já o *controle jurisdicional* é amplo, porque compete ao Poder Judiciário decidir, quando devidamente provocado, v. g., nas vias de mandado de segurança ou *habeas corpus*, sobre os abusos ou excessos cometidos pelos executores ou agentes do estado de sítio.

Interessante anotar que, mesmo cessado o estado de sítio e seus respectivos efeitos, a responsabilização jurisdicional dos atos ilícitos dos agentes não cessa (art. 141). A razão é simples: os estados de sítio e de defesa sujeitam-se ao império da legalidade (CF, art. 5º, II).

Como *legalidade constitucional extraordinária* não se confunde com arbitrariedade ou abuso de poder, qualquer pessoa que se sinta prejudicada pelas medidas dos executores do estado de sítio poderá recorrer ao Judiciário para pedir reparação pelos danos materiais e morais causados (CF, art. 5º, XXXV, c/c os incisos V e X).

⌘ 2.1.3. Diferenças entre o estado de defesa e o estado de sítio

Os estados de defesa e de sítio são inconfundíveis, embora sejam *medidas excepcionais das situações de crise*.

Diferenças entre estado de defesa e estado de sítio

O estado de defesa (CF, art. 136, §§ 1º a 7º)	O estado de sítio (CF, arts. 137 a 139)
• **Teor das medidas praticadas** — no estado de defesa as medidas de legalidade extraordinária são menos drásticas. O Presidente da República toma providências mais amenas com relação aos direitos fundamentais. Situações menos caóticas recomendam atitudes mais serenas. Daí a Carta Magna conferir ao Presidente poderes mais restritos.	• **Teor das medidas praticadas** — no estado de sítio as medidas de legalidade extraordinária são bastante drásticas. O Presidente da República pode praticar medidas fortes e bastante gravosas às liberdades públicas. Quanto mais graves são os fatos, mais intensas serão as reprimendas. Foi por isso que a Constituição deu ao Presidente poderes mais amplos.
• **Abrangência** — circunscreve-se a localidades determinadas. Não pode ser decretado em todo o território nacional.	• **Abrangência** — não se circunscreve a localidades determinadas. Se for preciso, abrange o País por inteiro.
• **Alcance das restrições** — o decreto que instituir o estado de defesa só pode restringir os direitos de: **(i)** reunião, ainda que exercida no seio das associações; **(ii)** sigilo de correspondência; **(iii)** sigilo de comunicação telegráfica e telefônica; **(iv)** ocupação e uso temporário de bens e serviços públicos, na hipótese de calamidade pública, respondendo a União pelos danos e custos decorrentes.	• **Alcance das restrições** — só podem ser tomadas as seguintes medidas: **(i)** dever de permanência em localidade determinada; **(ii)** detenção em edifício não destinado a acusados ou condenados por crimes comuns; **(iii)** restrições à inviolabilidade de correspondência, ao sigilo das comunicações, à prestação de informações e à liberdade de imprensa, radiodifusão e televisão, na forma da lei; **(iv)** suspensão da liberdade

• **Momento do controle** — o controle político sobre a decretação é *posterior*. Decretado o estado de defesa ou sua prorrogação, o Presidente da República, dentro de 24 horas, submeterá o ato com a respectiva justificação ao Congresso Nacional, que decidirá por maioria absoluta de ambas as Casas legislativas. Em seguida, é editado o decreto legislativo (CF, art. 49, IV, c/c o art. 136, §§ 4º a 7º).	de reunião; **(v)** busca e apreensão domiciliares; **(vi)** intervenção nas empresas de serviços públicos; e **(vii)** requisição de bens. • **Momento do controle** — o controle político sobre a decretação é *prévio*. O Presidente da República, ao solicitar autorização para decretar o estado de sítio ou sua prorrogação, relatará os motivos determinantes do pedido, devendo o Congresso Nacional decidir por maioria absoluta (CF, art. 137, parágrafo único).

⌐ *2.1.4. **Disposições comuns aos estados de defesa e de sítio** (CF, arts. 140 e 141)*

A Carta Maior consagrou disposições comuns aos estados de defesa e de sítio (arts. 140 e 141). Desse modo, cumpre à Mesa do Congresso Nacional, ouvidos os líderes partidários, designar uma comissão, de natureza especial, composta de cinco de seus membros, para acompanhar e fiscalizar a execução das medidas referentes ao estado de defesa e ao estado de sítio (CF, art. 140).

Cessado o estado de defesa ou o estado de sítio, cessam, também, seus efeitos, sem prejuízo da responsabilidade pelos ilícitos cometidos por seus executores ou agentes (CF, art. 141), afinal cumpre ao Judiciário controlar a legalidade dos atos praticados.

Logo que cesse o estado de defesa ou o estado de sítio, as medidas aplicadas em sua vigência serão relatadas pelo Presidente da República, em mensagem ao Congresso Nacional, com especificação e justificação das providências adotadas, com relação nominal dos atingidos, e indicação das restrições aplicadas (CF, art. 141, parágrafo único).

✦ **3. FORÇAS ARMADAS**

As Forças Armadas, constituídas pela Marinha, Exército e Aeronáutica, são instituições nacionais permanentes e regulares (CF, art. 142, *caput*).

> **Não é necessário regulamentar o art. 142 da Constituição Federal** — esse dispositivo constitucional é norma de eficácia plena e aplicabilidade imediata. Também não há dúvida sobre a posição das Forças Armadas na ordem constitucional. Nenhum método de interpretação — literal, histórico, sistemático ou teleológico — autoriza que se dê ao artigo 142 da Carta Magna o sentido de que as Forças Armadas teriam uma posição moderadora hegemônica. Nesse sentido, concluiu o Relator: "A menos que se pretenda postular uma interpretação retrospectiva da Constituição de 1988 à luz da Constituição do Império, retroceder mais de 200 anos na história nacional e rejeitar a transição democrática, não há que se falar em poder moderador das Forças Armadas (STF, MI 7311, Rel. Min. Roberto Barroso, j. 10-6-2020).

São organizadas com base na hierarquia e na disciplina de seus membros, chamados de *militares* (CF, art. 142, § 3º), encontrando-se sob a autoridade suprema do Presidente da República (CF, art. 142, *caput*).

Destinam-se à defesa da Pátria, à garantia dos poderes constitucionais e, por iniciativa de qualquer destes, da lei e da ordem (CF, art. 142, *caput*).

Cumpre observar que a tradição constitucional brasileira é no sentido de consagrar disposições especiais relativas às Forças Armadas. Desde a Carta Imperial que é assim (arts. 145 a 150), sem falar que a primeira constituição republicana, de 1891, dedicou-lhe inúmeros preceptivos esparsos, devido ao seu enorme relevo (arts. 14; 34, n. 17 e 18; 48, n. 3, 4 e 5; e 73, 74; 76; 77 e 78). Já o Texto de 1934 conferiu-lhe o título específico "Da Segurança Nacional", enquanto a Carta de 1937 desdobrou a matéria em dois capítulos, técnica que foi seguida pelos constituintes de 1967 e 1969.

A Constituição de 1988 seguiu a linha da Carta de 1946 (art. 176).

◆ Cap. 23 ◆ DEFESA DO ESTADO E DAS INSTITUIÇÕES DEMOCRÁTICAS 1273

✧ 3.1. Importância das Forças Armadas

As Forças Armadas constituem o elemento fundamental da organização coercitiva do Estado. Postas a serviço do direito e da paz social, têm o objetivo de afirmar a ordem interna da Nação.

Do ponto de vista externo, buscam garantir a defesa da soberania e da Pátria, funcionando como as vigas-mestras de subsistência do Estado, em perfeita sintonia com seus fins essenciais.

A missão precípua das Forças Armadas, portanto, é a defesa da Pátria e a garantia dos poderes constitucionais, que, harmônicos e independentes (CF, art. 2º), têm a sua fonte nas aspirações populares (CF, art. 1º, parágrafo único).

Esporadicamente, contudo, incumbe-lhes defender a lei e a ordem interna, atribuições típicas da segurança pública, exercidas pelas polícias civil e militar dos Estados e do Distrito Federal.

Nesse ínterim, é dado aos chefes de qualquer dos três Poderes do Estado o direito de convocá-las. Mas enfatize-se bem: juízes de direito, desembargadores, juízes federais, deputados federais, senadores da República, ministros de Tribunais Superiores, nada obstante a grande importância de suas atribuições, não detêm essa competência, porque são meros representantes dos poderes constitucionais.

Apenas o Presidente da República, o presidente da Mesa do Congresso Nacional ou o presidente do Supremo Tribunal Federal podem convocar, quando necessário, as Forças Armadas.

A importância que a Carta de 1988 atribuiu às Forças Armadas foi tão grande que, ao incluí-las no seu Título V, enfatizou o seu poderio, imprescindível nos momentos cívicos da vida internacional.

Por isso, o respeito à sua autoridade consigna um dever de todos, tendo em vista a destinação que o constituinte lhe outorgou.

✧ 3.2. Composição das Forças Armadas

No Império, as Forças Armadas eram compostas, somente, da Armada e do Exército (art. 142).

A Aeronáutica só surgiu com o aparecimento da aviação, utilizada em operações bélicas, para desencanto de Santos Dumont.

Pela Constituição de 1988, a Marinha, o Exército e a Aeronáutica constituem as Forças Armadas.

Esses três setores, organizados em Ministérios, possuem autonomia, devendo obediência ao seu comandante supremo, o Presidente da República.

✧ 3.3. Instituições nacionais, permanentes e regulares

Dizer que as Forças Armadas consignam instituições nacionais é reconhecer-lhes a autonomia jurídica que deriva do seu próprio caráter institucional.

Por outro lado, declará-las como instituições permanentes e regulares significa dizer que estão ligadas à própria manutenção do Estado; enquanto este existir e durar, as Forças Armadas também perduram.

Sendo um organismo regular, as Forças Armadas devem contar com efetivos necessários ao seu funcionamento normal, através do recrutamento constante, nos limites legais.

Como instituições nacionais, permanentes e regulares, as Forças Armadas não podem ser dissolvidas, eliminadas, castradas, porquanto elas se ligam à própria existência do Estado. Apenas uma Assembleia Nacional Constituinte poderia dar novos contornos à instituição.

✧ 3.4. Hierarquia e disciplina

Hierarquia é o elo de subordinação escalonada e graduada de acordo com os níveis de autoridade. O Presidente da República é o grau máximo desse escalonamento (CF, art. 84, XIII). Também existe relação hierárquica no âmbito interno de cada uma das Armas.

Disciplina é o poder legal, conferido aos superiores hierárquicos, para impor comportamentos e ordens aos seus inferiores, num vínculo de obediência, acatamento e respeito.

1274 ◆ Uadi Lammêgo Bulos ◆

Hierarquia e *disciplina* são termos correlatos. Um depende do outro, porque, do ponto de vista jurídico, só se obedece a quem tem poder hierárquico. Nesse sentido, a lição de Seabra Fagundes: "Onde há hierarquia, com superposição de vontades, há, correlativamente, uma relação de sujeição objetiva, que se traduz na disciplina, isto é, no rigoroso acatamento pelos elementos dos graus inferiores da pirâmide hierárquica, às ordens normativas ou individuais, emanadas dos órgãos superiores. A disciplina é, assim, um corolário de toda organização hierárquica" (*As Forças Armadas na Constituição*, p. 23).

✧ 3.5. Provisões constitucionais das Forças Armadas (CF, arts. 142 e 143)

Aplicam-se aos membros das Forças Armadas — os militares — as seguintes provisões constitucionais:

- **Lei complementar:** deverá estabelecer as normas gerais a serem adotadas na organização, no preparo e no emprego das Forças Armadas (art. 142, § 1º).

  Organização, preparo e emprego das Forças Armadas: Lei Complementar n. 97, de 9-6-1999.

- **Punições disciplinares militares** — não cabem *habeas corpus* (CF, art. 142, § 2º).

  Posição do STF: "Não há que se falar em violação ao art. 142, § 2º, da CF, se a concessão de *habeas corpus*, impetrado contra punição disciplinar militar, volta-se tão somente para os pressupostos de sua legalidade, excluindo a apreciação de questões referentes ao mérito" (STF, RE 338.840, Rel. Min. Ellen Gracie, *DJ* de 12-9-2003. Precedente: STF, HC 70.648, Rel. Min. Moreira Alves, *DJ* de 4-3-1994).

- **Concessão de patentes** — "As patentes, com prerrogativas, direitos e deveres a elas inerentes, são conferidas pelo Presidente da República e asseguradas em plenitude aos oficiais da ativa, da reserva ou reformados, sendo-lhes privativos os títulos e postos militares e, juntamente com os demais membros, o uso dos uniformes das Forças Armadas" (art. 142, § 3º, I — redação dada pela EC n. 18/98).
- **Transferência para reserva** — "O militar em atividade que tomar posse em cargo ou emprego público civil permanente será transferido para a reserva, nos termos da lei" (art. 142, § 3º, II — redação dada pela EC n. 77/2014).

  Casuística do STF:
  - **Militar. Demissão *ex officio* por investidura em cargo ou emprego público permanente estranho à carreira** — "Indenização das despesas com a formação e preparação do oficial, sem que hajam transcorrido, até a demissão e transferência para a reserva, os prazos estabelecidos em lei (art. 117 do Estatuto dos Militares, cf. redação da Lei 9.297); arguição de inconstitucionalidade a qual não se reconhece a plausibilidade bastante a justificar a suspensão liminar da norma" (STF, ADIn 1.626-MC, Rel. Min. Sepúlveda Pertence, *DJ* de 26-9-1997).
  - **Discricionariedade presidencial para nomeação ou admissão de oficiais** — "Cabe exclusivamente ao Presidente da República, dentro do princípio da discricionariedade que a lei lhe outorga para avaliar e decidir segundo seus próprios critérios de conveniência e oportunidade, autorizar ou não a nomeação ou admissão de oficial militar para cargo ou emprego público. A autorização do Presidente da República é requisito essencial à passagem de oficial das Forças Armadas para a reserva remunerada" (STF, MS 22.431, Rel. Min. Maurício Corrêa, *DJ* de 22-11-1996).
  - **Acúmulo de proventos com remuneração na atividade** — "O Plenário desta Corte, recentemente, ao julgar o RE n. 163.204, firmou o entendimento de que, em face da atual Constituição, não se podem acumular proventos com remuneração na atividade, quando os cargos efetivos de que decorrem ambas essas remunerações não sejam acumuláveis na atividade. Improcedência da alegação de que, em se tratando de militar que aceita cargo público civil permanente, a única restrição que ele sofre é a prevista no § 3º do artigo 42: a de ser transferido para a reserva. A questão da acumulação de proventos com vencimentos, quer se trate de servidor público militar, quer se trate de servidor público civil, se disciplina constitucionalmente de modo igual: os proventos não podem ser acumulados com os vencimentos" (STF, MS 22.182, Rel. Min. Moreira Alves, *DJ* de 10-8-1995).

- **Posse em cargo, emprego ou função pública temporária** — "O militar da ativa que, de acordo com a lei, tomar posse em cargo, emprego ou função pública civil temporária, não eletiva, ainda que da administração indireta, ficará agregado ao respectivo quadro e somente poderá, enquanto

◆ Cap. 23 ◆ **DEFESA DO ESTADO E DAS INSTITUIÇÕES DEMOCRÁTICAS** **1275**

permanecer nessa situação, ser promovido por antiguidade, contando-se-lhe o tempo de serviço apenas para aquela promoção e transferência para a reserva, sendo depois de dois anos de afastamento, contínuos ou não, transferido para a reserva, nos termos da lei" (art. 142, § 3º, III — redação dada pela EC n. 77/2014).

- **Sindicalização e greve** — são vedadas ao militar (art. 142, § 3º, IV — redação dada pela EC n. 18/98).
- **Filiação partidária** — "O militar, enquanto em serviço ativo, não pode estar filiado a partidos políticos" (art. 142, § 3º, V — redação dada pela EC n. 18/98).

> **Casuística do STF:**
> - **Súmula 55** — "Militar da reserva está sujeito a pena disciplinar".
> - **Súmula 56** — "Militar reformado não está sujeito a pena disciplinar".

- **Perda do posto e da patente** — "O oficial só perderá o posto e a patente se for julgado indigno do oficialato ou com ele incompatível, por decisão de tribunal militar de caráter permanente, em tempo de paz, ou de tribunal especial, em tempo de guerra" (art. 142, § 3º, VI — redação dada pela EC n. 18/98).

> **Casuística do STF:**
> - **Perda do posto e da patente. Recurso extraordinário** — "É tradição constitucional brasileira que o oficial das Forças Armadas só perde posto e patente, em virtude de decisão de órgão judiciário. No regime precedente à Emenda Constitucional n. 1, de 1969, a perda do posto e patente podia decorrer da simples aplicação da pena principal privativa de liberdade, desde que superior a dois anos; tratava-se, então, de pena acessória prevista no Código Penal Militar (...). Não se pode equiparar a decisão prevista no art. 93, §§ 2º e 3º da Constituição, à hipótese de decisão de Conselho de Justificação (Lei n. 5.836, de 5/12/1972). Por força da decisão de que cuida o art. 93, §§ 2º e 3º, da Lei Maior, pode ser afastada a garantia constitucional da patente e posto. Nesse caso, a decisão possui natureza material e formalmente, jurisdicional, não sendo possível considerá-la como de caráter meramente administrativo, à semelhança do que sucede com a decisão de Conselho de Justificação. Cabe, assim, em princípio, recurso extraordinário, de acordo com o art. 119, III, da Constituição, contra acórdão de Tribunal Militar permanente, que decida nos termos do art. 93, §§ 2º e 3º, da Lei Magna. Aplica-se idêntico entendimento, em se tratando de oficial de Polícia Militar e de decisão de Tribunal Militar estadual" (STF, RE 104.387, Rel. Min. Néri da Silveira, *DJ* de 9-9-1988). **Conferir:** STF, RE 186.116, Rel. Min. Moreira Alves, *DJ* de 3-9-1999; STF, RE 318.469, Rel. Min. Sepúlveda Pertence, *DJ* de 5-4-2002.
> - **Descabimento de *habeas corpus*** — "Estando em jogo acórdão de Tribunal alusivo a procedimento inominado que tenha implicado a declaração de perda de posto e patente e consequente demissão de policial militar, o *habeas corpus* mostra-se inadequado" (STF, HC 70.852, Rel. Min. Marco Aurélio, *DJ* de 6-5-1994). **No mesmo sentido:** STF, HC 70.894, Rel. Min. Sydney Sanches, *DJ* de 15-4-1994.

- **Pena privativa de liberdade** — "O oficial condenado na justiça comum ou militar a pena privativa de liberdade superior a dois anos, por sentença transitada em julgado, será submetido ao julgamento previsto no inciso anterior" (art. 142, § 3º, VII — redação dada pela EC n. 18/98).

> **Entendimento do STF:** "A EC n. 18/98, ao cuidar exclusivamente da perda do posto e da patente do oficial, não revogou o art. 125, § 4º, do texto constitucional originário, regra especial nela atinente à situação das praças" (STF, RE 358.961, Rel. Min. Sepúlveda Pertence, *DJ* de 12-3-2004).

- **Extensão de outras garantias** — Extensão de outras garantias — "aplica-se aos militares o disposto no art. 7º, incisos VIII, XII, XVII, XVIII, XIX e XXV, e no art. 37, incisos XI, XIII, XIV e XV, bem como, na forma da lei e com prevalência da atividade militar, no art. 37, inciso XVI, alínea *c*" (art. 142, § 3º, VIII — redação dada pela EC n. 77/2014).
- **Encargo da lei ordinária** — "A lei disporá sobre o ingresso nas Forças Armadas, os limites de idade, a estabilidade e outras condições de transferência do militar para a inatividade, os direitos, os deveres, a remuneração, as prerrogativas e outras situações especiais dos militares, consideradas as peculiaridades de suas atividades, inclusive aquelas cumpridas por força de compromissos internacionais e de guerra" (art. 142, § 3º, X — redação dada pela EC n. 18/98).

1276 ◆ Uadi Lammêgo Bulos ◆

Princípio isonômico — Código Penal e Código Penal Militar: "O tratamento diferenciado decorrente dos referidos Códigos tem justificativa constitucionalmente aceitável em face das circunstâncias peculiares relativas aos agentes e objetos jurídicos protegidos" (STF, RE 115.770, Rel. Min. Marco Aurélio, *DJ* de 21-2-1992).

- **Obrigatoriedade do serviço militar, nos termos da lei** — no Brasil, o serviço militar é obrigatório, nos termos da lei, porque se trata de dever oneroso e imperioso, e ninguém poderá deixar de prestá-lo, injustificadamente (CF, art. 143). Nem a condição religiosa ou a condição social minoritária desautorizam tal obrigação infungível. Quem é convocado para o serviço militar e não se apresenta é tido como insubmisso, sofrendo os encargos da lei. Por outro lado, aquele que o abandona é considerado desertor, sujeitando-se às restrições legais. E se alguém invocar escusa de consciência para não cumprir a exigência, estará sujeito à perda dos direitos políticos (art. 15, IV).

  Aplicação dos princípios administrativos: "Os princípios gerais regentes da Administração Pública, previstos no art. 37, *caput*, da Constituição, são invocáveis de referência à administração de pessoal militar federal ou estadual, salvo no que tenha explícita disciplina em atenção às peculiaridades do serviço militar" (STF, ADIn 1.694-MC, Rel. Min. Néri da Silveira, *DJ* de 15-12-2000). *Lei do Serviço Militar:* Lei n. 4.375, de 17-8-1964, regulamentada pelo Decreto n. 57.654, de 20-1-1966.

- **Escusa de consciência** — "Às Forças Armadas compete, na forma da lei, atribuir serviço alternativo aos que, em tempo de paz, após alistados, alegarem imperativo de consciência, entendendo-se como tal o decorrente de crença religiosa e de convicção filosófica ou política, para se eximirem de atividades de caráter essencialmente militar" (art. 143, § 1º).

  Legislação:
  - Lei n. 8.239, de 4-10-1991, regulamenta esse parágrafo.
  - Portaria n. 2.681 — COSEMI, de 28-7-1992, aprova o Regulamento da Lei de Prestação do Serviço Alternativo ao Serviço Militar Obrigatório.

- **Isenção de mulheres e eclesiásticos** — "As mulheres e os eclesiásticos ficam isentos do serviço militar obrigatório em tempo de paz, sujeitos, porém, a outros encargos que a lei lhes atribuir" (art. 143, § 1º).

  Lei n. 8.239, de 4-10-1991: regulamenta o art. 143, § 1º, da CF.

✦ 4. SEGURANÇA PÚBLICA

Segurança pública é a manutenção da ordem pública interna do Estado.

A ordem pública interna é o inverso da desordem, do caos, da desarmonia social, porque visa preservar a incolumidade da pessoa e do patrimônio.

Paolo Barile associou a ideia de ordem pública a uma situação de pacífica convivência social, distante das ameaças de violências ou sublevação, que podem gerar, até mesmo, a curto prazo, a prática de delitos (*Il soggetto privato nella costituzione italiana*, p. 117).

Como a convivência harmônica reclama a preservação dos direitos e garantias fundamentais, é necessário existir uma atividade constante de vigilância, prevenção e repressão de condutas delituosas.

A finalidade da *segurança pública*, pois, é manter a paz na adversidade, preservando o *equilíbrio* nas relações sociais. Daí a Carta de 1988 considerá-la um dever do Estado, direito e responsabilidade de todos, sendo exercida, pela *polícia*, para preservar a ordem pública e a incolumidade das pessoas e do patrimônio (art. 144, *caput*).

Polícia é a entidade encarregada de evitar a violação da ordem jurídica, apresentando-se da seguinte forma:

- *polícia administrativa* — destinada a proteger a liberdade e a propriedade;
- *polícia de segurança* — abarca a *polícia ostensiva* (busca evitar danos e perigos que podem ser causados ao homem) e a *polícia judiciária* (investiga e apura crimes, fornecendo ao Ministério Público os elementos necessários à repressão das condutas criminosas).

◆ Cap. 23 ◆ DEFESA DO ESTADO E DAS INSTITUIÇÕES DEMOCRÁTICAS

Mas a *segurança pública* não se resume a uma "questão de polícia". Tanto é assim que a Constituição enuncia, no art. 144, *caput*, que ela é dever do Estado, direito e responsabilidade de todos.

Casuística do STF:

- **Secretaria Nacional Antidrogas** — suas atribuições não se confundem com a atividade policial, propriamente dita, prevista no art. 144, e seus parágrafos, da Constituição (STF, ADIn 2.227-MC, Rel. Min. Octavio Gallotti, *DJ* de 7-11-2003).
- **Polícia penitenciária** — o conceito de *segurança pública* não abrange a vigilância dos estabelecimentos penais (STF, ADIn 236, Rel. Min. Octavio Gallotti, *DJ* de 1º-6-2001).
- **Princípios da unidade e da indivisibilidade** — não são apanágios da Polícia Civil e da Militar (STF, ADIn 146-MC, Rel. Min. Maurício Corrêa, *DJ* de 19-12-2001).
- **Financiamento da segurança pública** — "Em face do artigo 144, *caput*, da Constituição, sendo a segurança pública dever do Estado e direito de todos, exercida para a preservação da ordem pública e da incolumidade das pessoas e do patrimônio, através, entre outras, da polícia militar, essa atividade do Estado só pode ser sustentada pelos impostos, e não por taxa, se for solicitada por particular para a sua segurança ou para a de terceiros, a título preventivo, ainda quando essa necessidade decorra de evento aberto ao público. Ademais, o fato gerador da taxa em questão não caracteriza sequer taxa em razão do exercício do poder de polícia, mas taxa pela utilização, efetiva ou potencial, de serviços públicos específicos e divisíveis, o que, em exame compatível com pedido de liminar, não é admissível em se tratando de segurança pública" (STF, ADIn 1.942-MC, Rel. Min. Moreira Alves, *DJ* de 22-10-1999).

◇ 4.1. Órgãos da segurança pública (CF, art. 144, I a VI)

A segurança pública efetiva-se por meio dos seguintes órgãos:

- **Polícia federal** — instituída por lei como órgão permanente, organizado e mantido pela União e estruturado em carreira, destina-se a: **(i)** apurar infrações penais contra a ordem política e social ou em detrimento de bens, serviços e interesses da União ou de suas entidades autárquicas e empresas públicas, assim como outras infrações cuja prática tenha repercussão interestadual ou internacional e exija repressão uniforme, segundo se dispuser em lei; **(ii)** prevenir e reprimir o tráfico ilícito de entorpecentes e drogas afins, o contrabando e o descaminho, sem prejuízo da ação fazendária e de outros órgãos públicos nas respectivas áreas de competência; **(iii)** exercer as funções de polícia marítima, aeroportuária e de fronteiras; e **(iv)** exercer, com exclusividade, as funções de polícia judiciária da União.

  Policiamento naval — Exercício: "Sendo o policiamento naval atribuição, não obstante privativa da Marinha de Guerra, de caráter subsidiário, por força de lei, não é possível, por sua índole, caracterizar essa atividade como função de natureza militar, podendo seu exercício ser cometido, também, a servidores não militares da Marinha de Guerra. A atividade de policiamento, em princípio, se enquadra no âmbito da segurança pública. Esta, de acordo com o art. 144, da Constituição de 1988, é exercida para a preservação da ordem pública e da incolumidade das pessoas e do patrimônio, por intermédio dos órgãos policiais federais e estaduais, estes últimos, civis ou militares. Não se compreende, por igual, o policiamento naval na última parte da letra *d*, do inciso III, do art. 9º, do Código Penal Militar, pois o serviço de vigilância, garantia e preservação da ordem pública, administrativa ou judiciária, aí previsto, de caráter nitidamente policial, pressupõe desempenho específico, legalmente requisitado para aquele fim, ou em obediência a determinação legal superior" (STF, HC 68.928, Rel. Min. Néri da Silveira, *DJ* de 19-12-1991).

- **Polícia rodoviária federal** — órgão permanente, organizado e mantido pela União e estruturado em carreira, destina-se, nos termos da Lei n. 9.654, de 2 de junho de 1998, ao patrulhamento ostensivo das rodovias federais.

- **Polícia ferroviária federal** — órgão permanente, organizado e mantido pela União e estruturado em carreira, destina-se, na forma da lei, ao patrulhamento ostensivo das ferrovias federais. Mas, segundo o Pretório Excelso, a previsão constitucional de uma polícia ferroviária federal, por si só, não legitima a investidura nos cargos referentes a tal carreira; é necessário que ela seja, primeiro, estruturada.

  Precedente: STF, MI 627, Rel. Min. Ellen Gracie, *DJ* de 7-2-2003. **No mesmo sentido:** STF, MI 545, *DJ* de 2-8-2002.

1278 ◆ Uadi Lammêgo Bulos ◆

- **Polícias civis** — dirigidas por delegados de carreira, exercem, ressalvada a competência da União, as funções de polícia judiciária e de apuração de infrações penais, exceto as militares. A Resolução n. 2, de 20 de fevereiro de 2002, do Conselho Nacional de Segurança Pública, estabelece diretrizes para as polícias civil e militar dos Estados e do Distrito Federal em relação às Corregedorias e recomenda a criação de Ouvidorias autônomas e independentes dos órgãos policiais.

   > **Direção das polícias civis:** "Se a Constituição Federal, no § 4º do art. 144, estabelece que as polícias civis dos Estados serão dirigidas por Delegados de Polícia de carreira, não será possível, inclusive para as Constituições Estaduais, estabelecer uma carreira única nas polícias civis, dentro da qual se incluam os delegados, ainda que escalonados em categorias ascendentes. O que a Constituição exige é a existência de carreira específica de Delegado de Polícia para que membro seu dirija a Polícia Civil, tendo em vista, evidentemente, a formação necessária para o desempenho dos cargos dessa carreira. A ascensão funcional não mais é admitida pelo inc. II do art. 37 da Constituição. Ação direta de inconstitucionalidade que se julga procedente para declarar inconstitucional o § 1º do art. 185 da Constituição do Estado do Rio de Janeiro" (STF, Pleno, ADIn 245/RJ, Rel. Min. Moreira Alves, *DJ*, 1, de 13-11-1992, p. 20848). **No mesmo sentido:** STF, ADIn 132, Rel. Min. Sepúlveda Pertence, *DJ* de 30-5-2003.

- **Polícias militares** — realizam o policiamento ostensivo e a preservação da ordem pública; aos corpos de bombeiros militares, além das atribuições definidas em lei, incumbe a execução de atividades de defesa civil. A Resolução n. 4, de 20 de fevereiro de 2002, do Conselho Nacional de Segurança Pública estatui os procedimentos a serem adotados pela Polícia Militar em relação às suas atribuições legais, e dá outras providências.

   > **Polícia Militar — Atribuição de "radiopatrulha aérea":** o âmbito material da polícia aeroportuária, privativa da União, não se confunde com o do policiamento ostensivo do espaço aéreo, que — respeitados os limites das áreas constitucionais das Polícias Federal e Aeronáutica Militar — se inclui no poder residual da Polícia dos Estados" (STF, ADIn 132, Rel. Min. Sepúlveda Pertence, *DJ* de 30-5-2003).

- **Corpos de bombeiros militares** — são forças auxiliares que se subordinam, juntamente com as polícias civis, aos governadores dos Estados, do Distrito Federal e dos Territórios. Daí o Supremo ter declarado a inconstitucionalidade de preceito que, "invadindo a autonomia dos Estados para dispor sobre sua organização administrativa, impõe dar a cada uma das duas corporações policiais a hierarquia de Secretarias e aos seus dirigentes o *status* de secretários" (STF, ADIn 132, Rel. Min. Sepúlveda Pertence, *DJ* de 30-5-2003).

- **Polícias penais** — realizam a atividade dos antigos agentes penitenciários e foram criadas pela Emenda Constitucional n. 104, de 4-12-2019. As polícias penais podem ser federal, estadual e distrital (CF, art.144, VI, com redação dada pela EC n. 104/2019). Elas são muito importantes. Vinculam-se ao órgão administrador do sistema penal da unidade federativa a que pertencem, cabendo-lhes desempenhar a segurança dos estabelecimentos penais (CF, art. 144, § 5º-A, com redação dada pela EC n. 104/2019). Subordinam-se aos Governadores dos Estados, do Distrito Federal e dos Territórios (CF, art. 144, § 6º, com redação dada pela EC n. 104/2019). Pelo art. 4º, da multicitada EC n. 104/2019, o "preenchimento do quadro de servidores das polícias penais será feito, exclusivamente, por meio de concurso público e por meio da transformação dos cargos isolados, dos cargos de carreira dos atuais agentes penitenciários e dos cargos públicos equivalentes".

   > **A Corte Excelsa reconhece a subordinação constitucional da polícia civil ao governador do Estado (CF, art. 144, § 6º):** STF, Pleno, ADIn 244-MC/RJ, Rel. Min. Celso de Mello, *DJ*, 1, de 25-5-1990, p. 4603.

Ao lado dessas determinações constitucionais, a lei deverá disciplinar a organização e o funcionamento dos órgãos responsáveis pela segurança pública, de maneira a garantir a eficiência de suas atividades (CF, art. 144, § 7º).

   > **Policiais civis e acesso gratuito a eventos — Reserva de lei:** policiais militares, civis e bombeiros somente têm acesso gratuito a eventos realizados pela Administração estadual em estádios de futebol quando designados para serviço no evento. Qualquer outra lei estadual que prever o contrário será contrária à

♦ Cap. 23 ♦ **DEFESA DO ESTADO E DAS INSTITUIÇÕES DEMOCRÁTICAS** **1279**

Carta da República. Decerto, "é livre o exercício de qualquer trabalho, ofício ou profissão, atendidas as qualificações profissionais que a lei estabelecer" (CF, art. 5º, XIII) (STF, Pleno, ADIn 3.000/CE, Rel. Min. Carlos Velloso, decisão de 19-12-2005).

Quanto aos Municípios, eles podem constituir, no âmbito de suas competências legislativas, guarda municipal destinada a proteger seus bens, serviços e instalações (CF, art. 144, § 8º).

A remuneração dos servidores policiais será fixada na forma do art. 39, § 4º, da Carta Magna (CF, art. 144, § 9º).

Recordemos que a Emenda Constitucional n. 82, de 16 de junho de 2014, inseriu o § 10, no art. 144 da Constituição Federal, para disciplinar a segurança viária no âmbito dos Estados, do Distrito Federal e dos Municípios.

✦ **5. EMENDA CONSTITUCIONAL N. 60, DE 11-11-2009**

Publicada no *Diário Oficial da União* de 12-11-2009, a Emenda Constitucional n. 60, de 11 de novembro de 2009, alterou o art. 89 do ADCT para dispor sobre o quadro de servidores civis e militares do ex-Território Federal de Rondônia.

Conforme o art. 1º da EC n. 60/2009, o art. 89 do ADCT passa a vigorar com a seguinte redação, vedado o pagamento, a qualquer título, em virtude de tal alteração, de ressarcimentos ou indenizações, de qualquer espécie, referentes a períodos anteriores a 12-11-2009:

"Art. 89. Os integrantes da carreira policial militar e os servidores municipais do ex-Território Federal de Rondônia que, comprovadamente, se encontravam no exercício regular de suas funções prestando serviço àquele ex-Território na data em que foi transformado em Estado, bem como os servidores e os policiais militares alcançados pelo disposto no art. 36 da Lei Complementar n. 41, de 22 de dezembro de 1981, e aqueles admitidos regularmente nos quadros do Estado de Rondônia até a data de posse do primeiro Governador eleito, em 15 de março de 1987, constituirão, mediante opção, quadro em extinção da administração federal, assegurados os direitos e as vantagens a eles inerentes, vedado o pagamento, a qualquer título, de diferenças remuneratórias".

Pelo § 1º do art. 89 do ADCT, com redação dada pela EC n. 60/2009, "Os membros da Polícia Militar continuarão prestando serviços ao Estado de Rondônia, na condição de cedidos, submetidos às corporações da Polícia Militar, observadas as atribuições de função compatíveis com o grau hierárquico". E, de acordo com o § 2º do mesmo preceito, "Os servidores a que se refere o *caput* [do art. 89] continuarão prestando serviços ao Estado de Rondônia na condição de cedidos, até seu aproveitamento em órgão ou entidade da administração federal direta, autárquica ou fundacional".

Finalmente, consoante o art. 2º da EC n. 60/2009, esta emenda não produz efeitos retroativos.

CAPÍTULO 24

SISTEMA CONSTITUCIONAL TRIBUTÁRIO

✦ 1. BASES CONSTITUCIONAIS DA TRIBUTAÇÃO

O *sistema constitucional tributário* é o conjunto de normas relativas às *bases constitucionais da tributação*.

A tarefa do intérprete não é compreendê-lo em desarmonia, já que seus preceitos vêm agrupados em ordem, ainda quando haja possíveis conflitos em seu interior, facilmente solvidos pela *racionalização do todo*, sem falar que o próprio constituinte erige *regras de harmonização sistêmica*. É o caso do ICMS. Para evitar antagonismos entre ele e o ISS, a Carta de 1988 determina que o tributo estadual incidirá sobre o valor total da operação quando mercadorias forem fornecidas com serviços não compreendidos na competência tributária dos Municípios (art. 155, § 2º, IX, *b*).

Assim, o *sistema constitucional tributário* não é um amontoado de normas. Jamais deve ser compreendido em tiras, fatias ou pedaços, pois os seus elementos encontram-se predispostos em *inter-relação* e *interdependência*.

> **Ideia de sistema:** inerente à linguagem do jurista, do cientista do Direito, e não do legislador, *sistema* é um aparelho teórico, um método de análise, uma técnica para examinar a realidade circundante, que, por sua vez, não é sistematizada. Por seu intermédio, o estudioso concebe, de modo analítico, uma dada esfera do saber, compreendendo-a logicamente. O Direito, por exemplo, não é um *sistema*, mas algo que pode ser estudado sistematicamente pela Ciência Jurídica. Todo *sistema* é um nexo, uma suma, uma reunião de elementos predispostos em inter-relação e interdependência, dotados de um repertório (reunião de objetos e seus atributos) e de uma estrutura (dá coesão ao sistema).

Esse tem sido o entendimento subjacente a certas decisões do Supremo Tribunal Federal.

> **Precedentes:** STF, RE 153.771, Rel. p/ acórdão Min. Moreira Alves, *DJ* de 5-9-1997; STF, AgI 468.801-AgRg, Rel. Min. Eros Grau, *DJ* de 15-10-2004.

No Brasil, o *sistema constitucional tributário*, ao forjar as *bases constitucionais da tributação*, engloba o sistema tributário nacional, que vai do art. 145 ao art. 162 da Carta Maior, abrangendo:

- os princípios gerais da tributação;
- os limites do poder de tributar;
- os tributos das entidades federadas; e
- a repartição das receitas tributárias.

Foi a Constituição de 1967 a primeira a conter um capítulo inteiro consagrando as *bases constitucionais da tributação*, abeberando-se na Emenda Constitucional n. 18/65, que, complementando o Texto de 1946, previu um *sistema tributário*.

Tanto a Emenda Constitucional n. 1/69 como a Carta de 1988 seguiram essa tendência. E andaram bem. A *sistematização constitucional* da realidade tributária é essencial para conferir organicidade à matéria impositiva, pois dela depende o andamento da economia do País, em todas as suas esferas (federal, estadual, distrital e municipal).

◆ Cap. 24 ◆ SISTEMA CONSTITUCIONAL TRIBUTÁRIO **1281**

Veja-se que o constituinte de 1988 somente especificou os alicerces da tributação a partir do art. 150 da *Lex Legum*, ao dispor sobre as *limitações do poder de tributar*. Isso porque, nos arts. 145 a 149-A, somente disciplinou as disposições gerais, embora, no art. 145, § 1º, tenha mencionado o princípio da *capacidade contributiva*.

Interessante observar que a Constituição de 1988 não definiu a categoria nuclear do *sistema constitucional tributário*: o *tributo*.

Essa categoria-chave, diferente de outros institutos que se lhe encontram conexos, tais como preço público, multas, custas, emolumentos, quase fiscalidade, extrafiscalidade, parafiscalidade ou não fiscalidade, encontra no art. 3º do CTN sua *noção legal*: "Tributo é toda prestação pecuniária compulsória, em moeda ou cujo valor nela se possa exprimir, que não constitua sanção de ato ilícito, instituída em lei e cobrada mediante atividade administrativa plenamente vinculada".

Certamente, não é tarefa do constituinte definir *tributo*, algo que, em rigor, também não é do legislador, pois tal incumbência é afeta à doutrina.

Mas como o Código Tributário Nacional resolveu fazê-lo, misturando a linguagem prescritiva dos textos legais com a descritiva dos professores de Direito, devemos acatar a *noção legal de tributo*, algo que não empana a crítica construtiva encetada pelos doutores.

> **Por todos:** Paulo de Barros Carvalho, *Curso de direito tributário*, p. 19 e s.

Cumpre lembrar que a *noção legal de tributo* é anterior ao advento da Carta de 1988. Mesmo assim, foi recepcionada por ela.

Desse modo, o *Direito Tributário do Código de 1966* foi adaptado ao *direito tributário da Constituição de 1988*.

Resultado: o tributo, *definido* no art. 3º do CTN, é um dever constitucional fundamental, assim como outros deveres previstos na *Lex Legum*. Encontra limites nas liberdades públicas, por meio de imunidades, vedações de privilégios e de confisco (CF, art. 150), balizando-se em princípios *gerais* e *específicos*, a exemplo do pórtico genérico do *custo/benefício* (CF, art. 145, II e III) e do vetor específico da *capacidade contributiva* (CF, art. 145, § 1º). Seu escopo é suportar os gastos e despesas essenciais do Estado, sendo proibido seu emprego para suprir necessidade ou cobrir déficit de empresas, fundações ou fundos (CF, art. 167, VII). Não visa o mister puramente extrafiscal, sendo instituído mediante *atividade legislativa específica* (CF, arts. 145, 148, 149, 150, I, e § 6º, 153, 154, 155 e 156), que não se confunde com a competência genérica de fazer leis (CF, arts. 5º, II, e 48).

> **Só o pagamento integral do tributo devido aos cofres públicos extingue a punibilidade:** "seja em face do que dispunha o art. 14 da Lei n. 8.137/1990 (derrogado pelo art. 98 da Lei n. 8.383/91), seja à luz do que prescreve o art. 34 da Lei n. 9.249/1995, que a jurisprudência do Supremo Tribunal Federal, tratando-se da questão concernente à extinção da punibilidade nos crimes contra a ordem tributária, somente a reconhece quando o débito fiscal se achar integralmente solvido, não bastando, para esse efeito, a existência de mero parcelamento da obrigação tributária. Sem a satisfação integral do débito tributário, portanto, a ser necessariamente efetivada antes do recebimento da denúncia, não se torna viável o reconhecimento da extinção da punibilidade a que se refere o art. 34 da Lei n. 9.249, de 26/12/1995 (...). Cabe salientar, ainda, que a mera adesão ao REFIS gera o parcelamento do débito e a consequente suspensão da pretensão punitiva do Estado, além da sustação do curso da prescrição penal, não implicando, contudo, a extinção da punibilidade do agente" (STF, MC HC 98.777-0/DF, Rel. Min. Celso de Mello, j. em 24-4-2009).
>
> **Constitucionalidade de multa por atraso em declaração de tributos** — a tese de repercussão geral aprovada pelo Supremo Tribunal Federal sobre esse tema foi a seguinte: "Revela-se constitucional a sanção prevista no artigo 7º, inciso II, da Lei n. 10.426/2002, ante a ausência de ofensa aos princípios da proporcionalidade e da vedação de tributo com efeito confiscatório" (STF, RE 606010, Rel. Min. Marco Aurélio, j. 27-8-2020).

✦ 2. COMPONENTES DO SISTEMA CONSTITUCIONAL TRIBUTÁRIO

Pela Constituição de 1988, o *sistema constitucional tributário* compõe-se dos seguintes *tributos*:

* impostos;
* taxas;
* empréstimos compulsórios; e
* contribuições especiais.

É engano pensar que o *sistema constitucional tributário* compreende apenas os impostos, as taxas e as contribuições de melhoria.

Essa impressão advém da leitura solitária do art. 145, I, II e III, do Texto Maior, de modo que o intérprete adstringe seu raciocínio aos parcos limites de uma disposição, sem ler, *qualitativamente*, o todo, sem vislumbrar as conexões de sentido do *sistema*.

Lançando o nosso intelecto para os escaninhos da linguagem prescritiva da Carta de Outubro, descobriremos que ela abandonou aquela tripartição clássica do Código Tributário alemão de 1919, que, por ideia de Enno Becker, consagrava apenas impostos (*Steuer*), taxas (*Gebühren*) e contribuições (*Beiträge*). Nessa época, o *direito tributário do Código* não era concebido à luz do *direito tributário da Constituição*.

Atualmente, vigora o critério *quadripartite* de enquadramento do *tributo*, tendência essa que se prenunciou a partir da Emenda Constitucional n. 1/69, quando outras contribuições, além das de melhoria, ingressaram no ordenamento (art. 21, § 2º). Deveras, as perplexidades causadas pelo fenômeno da parafiscalidade, associadas às transformações da vida econômica do Estado, ensejaram acréscimos à horografia das exações tradicionais, como reconhece o Supremo Tribunal Federal.

> **Precedente:** "As diversas espécies tributárias, determinadas pela hipótese de incidência ou pelo fato gerador da respectiva obrigação (CTN, art. 4º), são as seguintes: a) os impostos (CF, arts. 145, I, 153, 154, 155 e 156); b) as taxas (CF, art. 145, II); c) as contribuições, que podem ser assim classificadas: c.1. de melhoria (CF, art. 145, III); c.2. parafiscais (CF, art. 149), que são: c.2.1. sociais, c.2.1.1. de seguridade social (CF art. 195, I, II, III), c.2.1.2. outras de seguridade social (CF, art. 195, § 4º), c.2.1.3. sociais gerais (o FGTS, o salário-educação, CF, art. 212, § 5º, contribuições para o SESI, SENAI, SENAC, CF art. 240); c.3. especiais; c.3.1. de intervenção no domínio econômico (CF, art. 149) e c.3.2. corporativas (CF, art.149). Constituem, ainda, espécie tributária: d) os empréstimos compulsórios (CF, art. 148)" (STF, RE 138.284, voto do Relator Ministro Carlos Velloso, *DJ* de 28-8-1992).

Na realidade, o sistema constitucional tributário brasileiro é bastante fecundo, porque ao critério *quadripartite* soma-se a técnica de *discriminação de rendas tributárias*.

Referida técnica concretiza-se mediante um exaustivo, integral e completo catálogo de tributos da competência dos entes federativos.

> **Sobre discriminação de rendas:** Aliomar Baleeiro, *Discriminação de rendas*, p. 5 e s.; Amílcar de Araújo Falcão, *Sistema tributário brasileiro*, p. 16 e s.; Pedro Manso Cabral, *Alguns problemas da discriminação de rendas no Brasil*, p. 2 e s.

Assim, o constituinte de 1988, seguindo as Constituições passadas, previu:

- a *discriminação de rendas por fonte* — União, Estados, Distrito Federal e Municípios exercem competência tributária *exclusiva*, por fonte; é a própria Carta Magna que indica, expressamente, o tributo que cada uma dessas esferas governamentais deve instituir (arts. 153 a 156); e
- a *discriminação das receitas tributárias pelo produto* — União, Estados, Distrito Federal e Municípios repartem, uns com os outros, a sua receita tributária (arts. 157 a 162).

Mas, além da competência exclusiva, a União, Estados, Distrito Federal e Municípios também exercem a competência tributária *comum*. Resultado: podem instituir taxas e contribuições de melhoria (CF, art. 145, II e III).

Há, ainda, os impostos da competência tributária *residual*. Instituídos, exclusivamente, pela União, por meio de lei complementar, eles não têm fato gerador nem base de cálculo iguais aos demais impostos discriminados na Carta de 1988 e não podem ser cumulativos (CF, art. 154, I). Os impostos extraordinários também aí se enquadram (CF, art. 154, II).

As competências tributárias *exclusiva*, *comum* e *residual* são insuscetíveis de mudança por lei ordinária ou lei complementar.

A seguir, veremos, apenas, o perfil *constitucional* dos impostos, taxas, empréstimos compulsórios e contribuições especiais.

Fica para o professor de Direito Tributário a nobilitante tarefa de explicá-los, esmiuçadamente, nos lindes específicos de sua respectiva disciplina.

✧ 2.1. Impostos (CF, arts. 145, I, e 153 a 156)

São tributos cuja obrigação tem por fato gerador uma situação independente de qualquer atividade estatal específica, relacionada ao contribuinte.

Esse é o conceito oferecido pelo Código Tributário Nacional (art. 16), que não exaure os elementos nucleares do *imposto*.

De qualquer sorte, o legislador não poderá alterar essa noção, pois a Carta de 1988 a adotou.

Embora o constituinte não tenha classificado os impostos, podemos vislumbrá-los do modo a seguir.

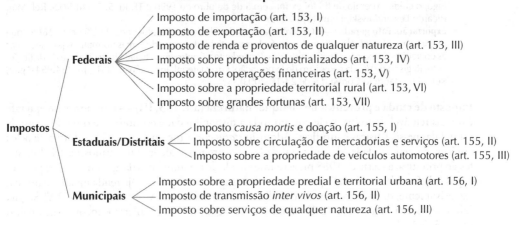

Panorama dos impostos na CF/88

Impostos
- Federais
  - Imposto de importação (art. 153, I)
  - Imposto de exportação (art. 153, II)
  - Imposto de renda e proventos de qualquer natureza (art. 153, III)
  - Imposto sobre produtos industrializados (art. 153, IV)
  - Imposto sobre operações financeiras (art. 153, V)
  - Imposto sobre a propriedade territorial rural (art. 153, VI)
  - Imposto sobre grandes fortunas (art. 153, VII)
- Estaduais/Distritais
  - Imposto *causa mortis* e doação (art. 155, I)
  - Imposto sobre circulação de mercadorias e serviços (art. 155, II)
  - Imposto sobre a propriedade de veículos automotores (art. 155, III)
- Municipais
  - Imposto sobre a propriedade predial e territorial urbana (art. 156, I)
  - Imposto de transmissão *inter vivos* (art. 156, II)
  - Imposto sobre serviços de qualquer natureza (art. 156, III)

⌑ 2.1.1. Impostos federais: competência da União

Os *impostos federais* são os da competência tributária exclusiva da União.

Lembre-se de que a União possui, ainda, competência *residual* para instituir imposto extraordinário por motivo de guerra (CF, art. 154, II). Poderá cobrar, também, empréstimos compulsórios (CF, art. 148) e contribuições especiais (CF, art. 149).

Eis aí o catálogo dos impostos federais na Carta de Outubro:
- **Impostos de importação (art. 153, I) e de exportação (art. 153, II)** — ambos são impostos de tributação do comércio exterior, utilizados como instrumentos de política econômica. Suas alíquotas podem ser flexibilizadas pelo Poder Executivo federal. No Império, tinham grande importância, em virtude da rentabilidade que proporcionavam.

  Casuística do STF:
  - **Importação de automóveis usados** — "Proibição ditada pela Portaria n. 8, de 13-5-91, do Ministério da Fazenda. Alegada afronta ao princípio constitucional da legalidade. Entendimento do Supremo Tribunal Federal no sentido da legalidade da Portaria que editou lista dos bens de consumo passíveis de importação e, ao mesmo tempo, proibiu a importação de bens de consumo usados (RE 203.954-3)" (STF, RE 187.321, Rel. Min. Ilmar Galvão, *DJ* de 30-5-1997).
  - **Extinção do crédito-prêmio de IPI em 1990:** aqui está uma típica matéria suscetível de súmula vinculante. Ao analisá-la, a Corte Excelsa, por unanimidade, entendeu que o incentivo fiscal deixou de vigorar dois anos após a promulgação da Carta de 1988, como determinou o art. 41 do ADCT. Eis o sumo das conclusões do Supremo sobre o assunto: **(i)** em 1979 foi editado o Decreto-Lei n. 1.658/79, que previa a extinção gradual do incentivo até junho de 1983; **(ii)** na sequência, o governo editou o Decreto-Lei n. 1.722/79, alterando o Decreto-Lei n. 1.658/79, para delegar ao ministro da Fazenda o poder de reduzir, ou mesmo extinguir, o incentivo; **(iii)** depois veio a lume o Decreto-Lei n. 1.724/79, que revogava a data prevista para o fim do crédito-prêmio, e novamente concedia poderes ao ministro da Fazenda para aumentar, diminuir, ou até mesmo extinguir o incentivo; **(iv)** após o advento de algumas portarias do ministro da Fazenda prevendo a extinção do incentivo, foi

editado o Decreto-Lei n. 1.894/81, que restabeleceu o estímulo, sem prazo para seu fim, e novamente delegando poderes ao ministro da Fazenda; **(v)** promulgada a Constituição de 1988, o crédito-prêmio teve seu prazo de validade determinado pelo artigo 41, § 1º, do ADCT. Este dispositivo previu a revogação de incentivos setoriais em dois anos, caso não fossem confirmados por lei; **(vi)** em 2001, o STF declarou a inconstitucionalidade parcial dos Decretos-Leis n. 1.724 e 1.894, mas apenas na parte em que as normas delegavam poderes ao ministro da Fazenda para reduzir ou extinguir o incentivo. Assim, a parte do Decreto-Lei n. 1.894, que restabeleceu a vigência do crédito-prêmio, sem previsão de termo final, estaria em pleno vigor. Quer dizer, a declaração de inconstitucionalidade dos referidos dispositivos levou à revogação do crédito-prêmio do IPI, pois manteve intactos os dispositivos remanescentes, incidindo, nesse contexto, os princípios da conservação dos atos jurídicos e da boa-fé objetiva; **(vii)** o crédito-prêmio de IPI constitui um incentivo fiscal de natureza setorial de que trata o art. 41, *caput*, do Ato das Disposições Transitórias da Constituição de 1988; **(viii)** como o crédito-prêmio de IPI não foi confirmado por lei superveniente no prazo de dois anos, após a publicação da Carta de 1988, segundo dispõe o § 1º do art. 41 do ADCT, deixou ele de existir; e **(ix)** logo, o crédito-prêmio de IPI foi extinto em 5 de outubro de 1990 (STF, RE 577.348-5/RS, Rel. Min. Ricardo Lewandowski, j. em 13-8-2009).

- **Exportação. Fato gerador** — "Ocorrência antes da edição das Resoluções 2.112/94 e 2.136/94, que majoraram a alíquota do tributo. Impossível a retroatividade desses diplomas normativos para alcançar as operações de exportação já registradas. Precedentes. Controvérsia acerca da existência de distinção entre Registro de Venda e Registro de Exportação. Erro material. Inexistência" (STF, RE 234.954-AgRg, Rel. Min. Maurício Corrêa, *DJ* de 24-10-2003).

- **Imposto de renda e proventos de qualquer natureza (art. 153, III)** — o imposto em epígrafe é o mais rentável de todos. Nele entram toda a disponibilidade econômica e o rendimento de capital das pessoas físicas e jurídicas. Adquiriu *status* constitucional em 1934. Informa-se pelos critérios da generalidade, da universalidade e da progressividade, nos termos da lei. Em sua feição primitiva, a Carta de 1988 previa a imunidade dos rendimentos da aposentadoria e pensão, pagos pela Previdência Social à pessoa com idade superior a 65 anos, cuja renda fosse constituída, exclusivamente, de rendimentos do trabalho. Daí veio a Emenda Constitucional n. 20/98, que, fulminando cláusula pétrea da Constituição, revogou, de modo solerte e inconstitucional, o art. 153, § 2º, II.

  Conceito de renda: "A legislação não fez qualquer ingerência no conceito próprio da renda ou da disponibilidade, apenas ligou as necessidades modernas do direito tributário internacional com os instrumentos da legislação comercial (...). O conceito de renda na CF é polissêmico e não ontológico. Para efeitos tributários, o conceito de renda é o legal" (STF, ADIn 2.588, Rel. Min. Ellen Gracie, *DJ* de 6-11-2007).

- **Imposto sobre produtos industrializados (art. 153, IV)** — cuida da tributação industrial, regendo-se pelos princípios da não cumulatividade e seletividade. O Poder Executivo pode alterar suas alíquotas por decreto, já que seus valores integram a composição dos preços por produtos tributados (CF, art. 153, § 1º). A partir da Emenda Constitucional n. 42/2003, a lei também passou a reduzir seu impacto sobre a aquisição de bens de capital.

- **Imposto sobre operações financeiras (art. 153, V)** — recai sobre operações de crédito, câmbio e seguro. Funciona, pois, como instrumento de política monetária. O Poder Executivo pode alterar suas alíquotas, ajustando-o à conjuntura inflacionária e à política de câmbio (CF, art. 153, § 1º). Aí se enquadra a tributação do ouro, quando definido em lei como ativo financeiro ou instrumento cambial (CF, art. 153, § 5º).

  Casuística do STF:
  - **Súmula 664** — "É inconstitucional o inciso V do art. 1º da Lei 8.033/1990, que instituiu a incidência do imposto nas operações de crédito, câmbio e seguros — IOF sobre saques efetuados em caderneta de poupança".
  - **Sujeição do ouro ao imposto sobre operações financeiras** — "O ouro, definido como ativo financeiro ou instrumento cambial, sujeita-se, exclusivamente, ao IOF, devido na operação de origem: CF, art. 153, § 5º. Inconstitucionalidade do inciso II do art. 1º da Lei 8.033/90" (STF, RE 190.363, Rel. Min. Carlos Velloso, *DJ* de 12-6-1998).
  - **Saque em conta de poupança** — "O saque em conta de poupança, por não conter promessa de prestação futura e, ainda, porque não se reveste de propriedade circulatória, tampouco configurando título destinado a assegurar a disponibilidade de valores mobiliários, não pode ser tido por

◆ Cap. 24 ◆ SISTEMA CONSTITUCIONAL TRIBUTÁRIO **1285**

compreendido no conceito de operação de crédito ou de operação relativa a títulos ou valores mobiliários, não se prestando, por isso, para ser definido como hipótese de incidência do IOF, previsto no art. 153, V, da Carta Magna" (STF, RE 232.467, Rel. Min. Ilmar Galvão, *DJ* de 12-5-2000).

* **Imposto sobre a propriedade territorial rural (art. 153, VI)** — verdadeiro imposto sobre o patrimônio, serve de instrumento auxiliar da política agrícola. É um tributo progressivo cujas alíquotas são fixadas em sentido contrário às propriedades improdutivas, que não cumpram sua função social (CF, art. 184). Não é cobrado nas pequenas glebas rurais, definidas em lei, exploradas pelo proprietário que não tem outro imóvel (CF, art. 153, § 4º).

> **Súmula 595 do STF:** "É inconstitucional a taxa municipal de conservação de estradas de rodagem cuja base de cálculo seja idêntica à do imposto territorial rural".

* **Imposto sobre grandes fortunas (art. 153, VII)** — instituído por lei complementar, que deve definir-lhe o fato gerador e a base de cálculo, visa redistribuir rendas no Brasil. Até hoje não foi regulamentado. É previsto na Espanha e na França sob a veste dos impostos sobre o luxo e sobre os grandes patrimônios.

¤ 2.1.2. Impostos estaduais/distritais: competência dos Estados e do Distrito Federal

Os *impostos estaduais* e *distritais* são da competência tributária exclusiva dos Estados e do Distrito Federal.

> **Estados e DF podem legislar sobre postagem de boletos de empresas públicas e privadas** — a tese de repercussão geral fixada sobre esse tema pelo Supremo Tribunal Federal foi a seguinte: "Os estados--membros e o Distrito Federal têm competência legislativa para estabelecer regras de postagem de boletos referentes a pagamento de serviços prestados por empresas públicas e privadas" (STF, ARE 649379, Rel. Min. Gilmar Mendes, j. 20-11-2020).

No que tange ao Distrito Federal, cabem-lhe os impostos estaduais e, também, os municipais, além das taxas de polícia e de serviços, a contribuição de iluminação pública e as receitas tributárias repartidas ao Fundo de Participação dos Estados (CF, arts. 147, 155, 157, 159, I, *a*, e II, e seus parágrafos).

* **Imposto *causa mortis* e doação (art. 155, I)** — é aquele que tem como fato gerador a transmissão, a causa de morte ou doação, de quaisquer bens ou direitos. Esse imposto é um dos mais antigos de todos os tempos. No Brasil, começou a ser cobrado pelo Alvará de 17 de junho de 1809, com a "décima da herança" ou do "legado". A Carta de 1988, nos passos da Emenda Constitucional n. 5, de 1962, separou o imposto *causa mortis* do *inter vivos*, deixando este último na órbita municipal. O imposto *causa mortis* e doação pertence ao Estado da situação do bem, em se tratando de bens imóveis. Se forem bens móveis, títulos e créditos, compete ao Estado onde se processar o inventário ou arrolamento, ou tiver domicílio o doador (CF, art. 155, § 1º, I e II). A competência para sua instituição é regulada por lei complementar se o doador tiver domicílio ou residência no exterior ou se o *de cujus* possuía bens, era residente ou domiciliado ou teve o seu inventário processado no exterior (CF, art. 155, § 1º, III). Terá suas alíquotas máximas fixadas pelo Senado Federal, as quais não podem ser progressivas (CF, art. 155, § 1º, IV).

> **Casuística do STF:**
> * **Súmula 113** — "O imposto de transmissão *causa mortis* é calculado sobre o valor dos bens na data da avaliação".
> * **Súmula 114** — "O imposto de transmissão *causa mortis* não é exigível antes da homologação do cálculo".
> * **Súmula 115** — "Sobre os honorários do advogado contratado pelo inventariante, com a homologação do juiz, não incide o imposto de transmissão *causa mortis*".
> * **Súmula 331** — "É legítima a incidência do imposto de transmissão *causa mortis* no inventário por morte presumida".
> * **Base de cálculo do imposto *causa mortis*** — "A escolha do valor do monte-mor como base de cálculo da taxa judiciária encontra óbice no artigo 145, § 2º, da Constituição Federal, visto que o monte-mor que contenha bens imóveis é também base de cálculo do imposto de transmissão *causa mortis* e *inter vivos* (CTN, artigo 33)" (STF, ADIn 2.040, Rel. Min. Maurício Corrêa, *DJ* de 25-2-2000).

1286 ♦ Uadi Lammêgo Bulos ♦

- **Imposto sobre circulação de mercadorias e serviços (art. 155, II)** — compete aos Estados e Distrito Federal instituir imposto sobre operações relativas à circulação de mercadorias e sobre prestações de serviços de transporte interestadual e intermunicipal e de comunicação, ainda que as operações e as prestações se iniciem no exterior. O famoso e controvertidíssimo ICMS apresenta problemas ligados ao federalismo, em virtude das complexidades que enfrenta. Informa-se pelos princípios da não cumulatividade e da seletividade, incidindo sobre: **(i)** a entrada de bem ou mercadoria importados do exterior por pessoa física ou jurídica, ainda que não seja contribuinte habitual do imposto, qualquer que seja a sua finalidade, assim como sobre o serviço prestado no exterior, cabendo o imposto ao Estado onde estiver situado o domicílio ou o estabelecimento do destinatário da mercadoria, bem ou serviço; **(ii)** o valor total da operação, quando mercadorias forem fornecidas com serviços não compreendidos na competência tributária dos Municípios. Em contrapartida, não incidirá sobre: **(i)** operações que destinem mercadorias para o exterior, nem sobre serviços prestados a destinatários no exterior, assegurada a manutenção e o aproveitamento do montante do imposto cobrado nas operações e prestações anteriores; **(ii)** operações que destinem a outros Estados petróleo, inclusive lubrificantes, combustíveis líquidos e gasosos dele derivados, e energia elétrica; **(iii)** ouro, nas hipóteses definidas no art. 153, § 5º, da Constituição; **(iv)** nas prestações de serviço de comunicação nas modalidades de radiodifusão sonora e de sons e imagens de recepção livre e gratuita (EC n. 42/2003). Consoante a Emenda Constitucional n. 87, de 16 de abril de 2015, que alterou o § 2º do art. 155 da Constituição Federal e incluiu o art. 99 no ADCT, "nas operações e prestações que destinem bens e serviços a consumidor final, contribuinte ou não do imposto, localizado em outro Estado, adotar-se-á a alíquota interestadual e caberá ao Estado de localização do destinatário o imposto correspondente à diferença entre a alíquota interna do Estado destinatário e a alíquota interestadual" (art. 155, § 2º, VII). Demais disso, "a responsabilidade pelo recolhimento do imposto correspondente à diferença entre a alíquota interna e a interestadual de que trata o inciso VII será atribuída: a) ao destinatário, quando este for contribuinte do imposto; b) ao remetente, quando o destinatário não for contribuinte do imposto (art. 155, VIII, *b*). E, de acordo com o art. 99, I a V, acrescido à Carta de Outubro pelo art. 2º, da EC n. 87/2015, "Para efeito do disposto no inciso VII do § 2º do art. 155, no caso de operações e prestações que destinem bens e serviços a consumidor final não contribuinte localizado em outro Estado, o imposto correspondente à diferença entre a alíquota interna e a interestadual será partilhado entre os Estados de origem e de destino, na seguinte proporção: I — para o ano de 2015: 20% (vinte por cento) para o Estado de destino e 80% (oitenta por cento) para o Estado de origem; II — para o ano de 2016: 40% (quarenta por cento) para o Estado de destino e 60% (sessenta por cento) para o Estado de origem; III — para o ano de 2017: 60% (sessenta por cento) para o Estado de destino e 40% (quarenta por cento) para o Estado de origem; IV — para o ano de 2018: 80% (oitenta por cento) para o Estado de destino e 20% (vinte por cento) para o Estado de origem; V — a partir do ano de 2019: 100% (cem por cento) para o Estado de destino".

  Casuística do STF:
  - **Súmula 574** — "Sem lei estadual que a estabeleça, é ilegítima a cobrança do imposto de circulação de mercadorias sobre o fornecimento de alimentação e bebidas em restaurante ou estabelecimento similar".
  - **Súmula 662** — "É legítima a incidência do ICMS na comercialização de exemplares de obras cinematográficas, gravados em fitas de videocassete".
  - **Súmula 573** — "Não constitui fato gerador do imposto de circulação de mercadorias a saída física de máquinas, utensílios e implementos a título de comodato".
  - **Produtos semielaborados** — "O Texto Constitucional não incumbiu o legislador complementar de relacionar os produtos semielaborados sujeitos ao ICMS quando destinados ao exterior, mas apenas de defini-los. De outra parte, a lei complementar, no caso, não delegou ao CONFAZ competência normativa, mas, tão somente a de relacionar os produtos compreendidos na definição, à medida que forem surgindo no mercado, obviamente, para facilitar a sua aplicação. Tanto assim que previu a atualização do rol, 'sempre que necessário', providência que, obviamente, não exige lei ou, mesmo, decreto" (STF, RE 240.186, Rel. Min. Ilmar Galvão, *DJ* de 28-2-2003).
  - **Programa de computador (*software*). Tratamento tributário** — "Não tendo por objeto uma mercadoria, mas um bem incorpóreo, sobre as operações de licenciamento ou cessão do direito de uso

♦ Cap. 24 ♦ SISTEMA CONSTITUCIONAL TRIBUTÁRIO **1287**

de programas de computador, matéria exclusiva da lide, efetivamente não podem os Estados instituir ICMS: dessa impossibilidade, entretanto, não resulta que, de logo, se esteja também a subtrair do campo constitucional de incidência do ICMS a circulação de cópias ou exemplares dos programas de computador produzidos em série e comercializados no varejo, como a do chamado *software* de prateleira (*off the shelf*), os quais, materializando o *corpus mechanicum* da criação intelectual do programa, constituem mercadorias postas no comércio" (STF, RE 176.626, Rel. Min. Sepúlveda Pertence, *DJ* de 11-12-1998).

- **Criminalização do não recolhimento intencional de ICMS** — por maioria de votos, o Supremo Tribunal Federal fixou a seguinte tese: "O contribuinte que, de forma contumaz e com dolo de apropriação, deixa de recolher o ICMS cobrado do adquirente da mercadoria ou serviço incide no tipo penal do artigo 2º (inciso II) da Lei 8.137/1990". Desse modo, prevaleceu o entendimento segundo o qual o valor do ICMS, cobrado do consumidor, não integra o patrimônio do comerciante, que é simples depositário desse ingresso de caixa que, depois de devidamente compensado, deve ser recolhido aos cofres públicos. Entretanto, é preciso comprovar a existência de dolo, ou seja, da intenção de praticar o ilícito. Como enfatizou o Relator, não "se trata de criminalização da inadimplência, mas da apropriação indébita. Estamos enfrentando um comportamento empresarial ilegítimo" (STF, RHC 163334/SC, Rel. Min. Roberto Barroso, j. 18-12-2019).
- **ICMS pode ser cobrado em importação realizada por pessoa que não se dedica habitualmente ao comércio** — sobre esse assunto o Supremo Tribunal Federal fixou a seguinte tese de repercussão geral: "I — Após a Emenda Constitucional 33/2001, é constitucional a incidência de ICMS sobre operações de importação efetuadas por pessoa, física ou jurídica, que não se dedica habitualmente ao comércio ou à prestação de serviços, devendo tal tributação estar prevista em lei complementar federal. II — As leis estaduais editadas após a EC 33/2001 e antes da entrada em vigor da Lei Complementar 114/2002, com o propósito de impor o ICMS sobre a referida operação, são válidas, mas produzem efeitos somente a partir da vigência da LC 114/2002" (STF, RE 1221330, Rel. Min. Luiz Fux, j. 23-6-2020).

- **Imposto sobre a propriedade de veículos automotores (art. 155, III)** — tem alíquotas mínimas fixadas pelo Senado Federal, as quais, a depender do tipo e uso do veículo, submetem-se a uma diferenciação.

> **Cancelamento de multa e isenção do pagamento do IPVA — Competência dos Estados e do Distrito Federal:** "Benefício fiscal concedido exclusivamente àqueles filiados à Cooperativa de Transportes Escolares do Município de Macapá. Inconstitucionalidade. A Constituição Federal outorga aos Estados e ao Distrito Federal a competência para instituir o Imposto sobre Propriedade de Veículos Automotores e para conceder isenção, mas, ao mesmo tempo, proíbe o tratamento desigual entre contribuintes que se encontrem na mesma situação econômica. Observância aos princípios da isonomia e da liberdade de associação" (STF, ADIn 1.655, Rel. Min. Maurício Corrêa, *DJ* de 2-4-2004).

⌘ 2.1.3. Impostos municipais: competência dos Municípios

Os *impostos municipais* são da competência tributária exclusiva dos Municípios.
- **Imposto sobre a propriedade predial e territorial urbana (art. 156, I)** — é o gravame fiscal da propriedade urbana imóvel, com ou sem edificação. Sem prejuízo da progressividade no tempo a que se refere o art. 182, § 4º, II, da *Lex Mater*, o IPTU poderá ser progressivo em razão do valor do imóvel e ter alíquotas diferentes de acordo com a localização e o uso do imóvel (CF, art. 156, § 1º — redação dada pela EC n. 29/2000).

> **Casuística do STF:**
> - **Súmula 668** — "É inconstitucional a lei municipal que tenha estabelecido, antes da Emenda Constitucional n. 29/2000, alíquotas progressivas para o IPTU, salvo se destinada a assegurar o cumprimento da função social da propriedade urbana".
> - **Súmula 539** — "É constitucional a lei do município que reduz o imposto predial urbano sobre imóvel ocupado pela residência do proprietário, que não possua outro".
> - **Inadmissibilidade de progressividade fiscal e capacidade econômica do contribuinte** — "IPTU. Não se admite a progressividade fiscal decorrente da capacidade econômica do contribuinte, dada a natureza real do imposto. A progressividade da alíquota do IPTU, com base no valor venal do imóvel, só é admissível para o fim extrafiscal de assegurar o cumprimento da função social da propriedade urbana (art. 156, I, § 1º, e art. 182, § 4º, II, CF)" (STF, AgI 468.801-AgRg, Rel. Min. Eros Grau, *DJ* de 15-10-2004).

1288 ◆ Uadi Lammêgo Bulos ◆

- **Imposto de transmissão *inter vivos* (art. 156, II)** — é o que tem como fato gerador a transmissão *inter vivos*, a qualquer título, por ato oneroso, de bens imóveis, por natureza ou acessão física, e de direitos reais sobre imóveis, exceto os de garantia, bem como cessão de direitos a sua aquisição. Esse imposto não incide sobre a transmissão de bens ou direitos incorporados ao patrimônio de pessoa jurídica em realização de capital, nem sobre a transmissão de bens ou direitos decorrentes de fusão, incorporação, cisão ou extinção de pessoa jurídica, salvo se, nesses casos, a atividade preponderante do adquirente for a compra e venda desses bens ou direitos, locação de bens imóveis ou arrendamento mercantil (CF, art. 156, § 2º, I). O imposto de transmissão *inter vivos* compete ao Município da situação do bem. Quando o imóvel situar-se no território de dois ou mais Municípios, a tributação deve ser proporcional à área e às benfeitorias em cada qual situadas.

  Casuística do STF:
  - **Súmula 656** — "É inconstitucional a lei que estabelece alíquotas progressivas para o imposto de transmissão *inter vivos* de bens imóveis — ITBI com base no valor venal do imóvel".
  - **Cobrança de ITBI só é possível após transferência efetiva do imóvel** — aí está a tese de repercussão geral fixada, pelo Supremo Tribunal Federal, sobre esse tema: "O fato gerador do imposto sobre transmissão *inter vivos* de bens imóveis (ITBI) somente ocorre com a efetiva transferência da propriedade imobiliária, que se dá mediante o registro" (STF, ARE 1294969, Rel. Min Luiz Fux, j. 12-2-2021).

- **Imposto sobre serviços de qualquer natureza (art. 156, III)** — remonta à Emenda n. 18/65 à Carta de 1946. Cumpre à lei complementar indicar os serviços tributáveis pelo ISS, bem como fixar suas alíquotas máximas e mínimas, excluir da sua incidência exportações de serviços para o exterior e regular a forma e as condições como as isenções, os incentivos e os benefícios fiscais serão concedidos e revogados (CF, art. 156, § 3º — redação dada pela EC n. 37/2002).

  Casuística do STF:
  - **Imposto sobre serviços** — terminologia que "revela o objeto da tributação. Conflita com a Lei Maior dispositivo que imponha o tributo considerado contrato de locação de bem móvel. Em Direito, os institutos, as expressões e os vocábulos têm sentido próprio, descabendo confundir a locação de serviços com a de móveis, práticas diversas regidas pelo Código Civil, cujas definições são de observância inafastável — artigo 110 do Código Tributário Nacional" (STF, RE 116.121, Rel. Min. Octavio Gallotti, *DJ* de 25-5-2001).
  - **Cobrança do ISS** — "A competência prevista em tal preceito, relativamente à instituição de imposto pela União, consideradas as comunicações, não obstaculizava a cobrança de ISS relativamente a atividades paralelas como as de locação de aparelhos, mesas, terminais, colocação e retirada de troncos" (STF, RE 163.725, Rel. Min. Marco Aurélio, *DJ* de 27-8-1999).
  - **Constitucionalidade da cobrança de ISS sobre atividade de apostas** — sobre esse assunto o Supremo Tribunal Federal fixou a seguinte tese de repercussão geral: "É constitucional a incidência de ISS sobre serviços de distribuição e venda de bilhetes e demais produtos de loteria, bingos, cartões, pules ou cupons de apostas, sorteios e prêmios (item 19 da Lista de Serviços Anexa à Lei Complementar 116/2003). Nesta situação, a base de cálculo do ISS é o valor a ser remunerado pela prestação do serviço, independentemente da cobrança de ingresso, não podendo corresponder ao valor total da aposta" (STF, RE 634764, Rel. Min. Gilmar Mendes, j. 9-6-2020).
  - **Lista de incidência do ISS, embora seja taxativa, é extensível a atividades inerentes às previstas na lei** — a tese de repercussão geral fixada sobre esse tema foi a seguinte: "É taxativa a lista de serviços sujeitos ao ISS a que se refere o art. 156, III, da Constituição Federal, admitindo-se, contudo, a incidência do tributo sobre as atividades inerentes aos serviços elencados em lei em razão da interpretação extensiva" (STF, RE 784439, Rel. Min. Rosa Weber, j. 27-7-2020).

✧ 2.2. Taxas (CF, art. 145, II)

São tributos contraprestacionais, ligados a uma prestação estatal específica em favor do contribuinte, cobrados pela *prestação de serviços públicos* ou pelo *exercício do poder de polícia*.

> **Selo de controle dos atos dos Serviços Notariais e de Registro:** possui natureza jurídica de taxa, em razão do exercício do poder de polícia, sendo possível a destinação do produto de sua arrecadação a órgão público, inclusive ao próprio Judiciário (STF, ADIn 3.151, Rel. Min. Carlos Britto, *DJ* de 26-6-2006).

◆ Cap. 24 ◆ SISTEMA CONSTITUCIONAL TRIBUTÁRIO **1289**

Conforme o Texto de 1988, três são os requisitos para a cobrança de *taxas*, inclusive aquelas oriundas do *poder de polícia*:

- **Uso efetivo ou potencial do serviço** — sempre que o contribuinte usufruir de unidades autônomas de serviço deverá pagar taxas. Desse modo busca-se evitar que alguns se furtem ao dever de efetuar o pagamento, rateando-se o custo da prestação entre todos os beneficiários.

  Casuística do STF:
  - **Preços de serviços públicos. Súmula 545** — "Preços de serviços públicos e taxas não se confundem, porque estas, diferentemente daqueles, são compulsórias e têm sua cobrança condicionada à prévia autorização orçamentária, em relação à lei que as instituiu".
  - **Remuneração pela exploração de recursos minerais** — "Não se tem, no caso, taxa, no seu exato sentido jurídico, mas preço público decorrente da exploração, pelo particular, de um bem da União (CF, art. 20, IX, art. 175 e §§)" (STF, ADIn 2.586, Rel. Min. Carlos Velloso, *DJ* de 1º-8-2003).

- **Especificidade e divisibilidade da prestação** — *específico* é o serviço público decomposto em unidades autônomas. *Divisível*, por sua vez, é o que pode ser adjudicado ao contribuinte.

  Casuística do STF:
  - **Taxa de pavimentação asfáltica** — "Tributo que tem por fato gerador benefício resultante de obra pública, próprio de contribuição de melhoria, e não a utilização, pelo contribuinte, de serviço público específico e divisível, prestado ao contribuinte ou posto a sua disposição. Impossibilidade de sua cobrança como contribuição, por inobservância das formalidades legais que constituem o pressuposto do lançamento dessa espécie tributária" (STF, RE 140.779, Rel. Min. Ilmar Galvão, *DJ* de 8-9-1995).
  - **Taxa judiciária** — possui a natureza tributária. Resulta da prestação de serviço público específico e divisível cuja base de cálculo é o valor da atividade estatal deferida diretamente ao contribuinte. Sua cobrança deve ser proporcional ao custo da atividade do Estado a que se vincula, e há de ter um limite, sob pena de inviabilizar, à vista do valor cobrado, o acesso de muitos à Justiça. **Nesse sentido:** STF, ADIn 948, Rel. Min. Francisco Rezek, *DJ* de 17-3-2000; STF, ADIn 1.926/PE, Rel. Min. Sepúlveda Pertence, *DJ* de 10-9-1999; STF, Ag. 170.271/SP, Rel. Min. Ilmar Galvão, *DJ* de 1º-12-1995; STF, ADIn 2.040-MC, Rel. Min. Maurício Corrêa, *DJ* de 25-2-2000.
  - **Taxa de iluminação pública. Súmula 670** — "O serviço de iluminação pública não pode ser remunerado mediante taxa". **Justificativa:** "Taxa de iluminação pública. Tributo de exação inviável, posto ter por fato gerador serviço inespecífico, não mensurável, indivisível e insuscetível de ser referido a determinado contribuinte, a ser custeado por meio do produto da arrecadação dos impostos gerais" (STF, RE 233.332, Rel. Min. Ilmar Galvão, *DJ* de 14-5-1999). Mas os Municípios e o Distrito Federal podem instituir *contribuição*, na forma das suas respectivas leis, para o custeio do serviço de iluminação pública, observado o disposto no art. 150, I e III, da Carta Maior, sendo facultada a cobrança na fatura de consumo de energia elétrica (CF, art. 149-A, e parágrafo único — acrescentados ao Texto de 1988 pela EC n. 39/2002).
  - **Taxa de segurança pública** — "Instituição de taxa de serviços prestados por órgãos de Segurança Pública. Atividade que somente pode ser sustentada por impostos" (STF, ADIn 2.424, Rel. Min. Gilmar Mendes, *DJ* de 18-6-2004). **Precedente:** STF, ADIn 1.942-MC, Rel. Min. Moreira Alves, *DJ* de 22-10-1999.

- **Efetividade ou disponibilidade do serviço** — o serviço deve estar em pleno funcionamento e posto ao dispor do usuário. Sem isso, não se pode cobrar a taxa do contribuinte.

  Custas judiciais e emolumetos: "A jurisprudência do Supremo Tribunal Federal firmou orientação no sentido de que as custas judiciais e os emolumentos concernentes aos serviços notariais e registrais possuem natureza tributária, qualificando-se como taxas remuneratórias de serviços públicos, sujeitando-se, em consequência, quer no que concerne à sua instituição e majoração, quer no que se refere à sua exigibilidade, ao regime jurídico-constitucional pertinente a essa especial modalidade de tributo vinculado, notadamente aos princípios fundamentais que proclamam, dentre outras, as garantias essenciais (a) da reserva de competência impositiva, (b) da legalidade, (c) da isonomia e (d) da anterioridade" (STF, ADIn 1.378-MC, Rel. Min. Celso de Mello, *DJ* de 30-5-1997).

Todos esses pressupostos constitucionais sujeitam-se ao primado da legalidade.

Taxa para inspeção de produtos pesqueiros: sujeitam-se ao princípio da legalidade estrita, que disciplina o Direito Tributário. **Nesse sentido:** STF, ADIn 2.247-MC, Rel. Min. Ilmar Galvão, *DJ* de 10-11-2000; STF, ADIn 1.982-MC, *DJ* de 11-6-1999; STF, ADIn 2.178-MC, Rel. Min. Ilmar Galvão, *DJ* de 12-5-2000; STF, RE 239.397, Rel. Min. Ilmar Galvão, *DJ* de 28-4-2000.

1290 ◆ Uadi Lammêgo Bulos ◆

Também se submetem ao *princípio da capacidade contributiva*, embora a Constituição não seja enfática a esse respeito.

> **Taxa sobre títulos e valores mobiliários — Súmula 665 do STF:** "É constitucional a taxa de fiscalização dos mercados de títulos e valores mobiliários instituída pela Lei n. 7.940/89". **Justificativa:** "A taxa de fiscalização da CVM, instituída pela Lei n. 7.940/89, qualifica-se como espécie tributária cujo fato gerador reside no exercício do Poder de polícia legalmente atribuído à Comissão de Valores Mobiliários. A base de cálculo dessa típica taxa de polícia não se identifica com o patrimônio líquido das empresas, inocorrendo, em consequência, qualquer situação de ofensa à cláusula vedatória inscrita no art. 145, § 2º, da Constituição da República. O critério adotado pelo legislador para a cobrança dessa taxa de polícia busca realizar o princípio constitucional da capacidade contributiva, também aplicável a essa modalidade de tributo, notadamente quando a taxa tem, como fato gerador, o exercício do poder de polícia" (STF, RE 216.259-AgRg, Rel. Min. Celso de Mello, *DJ* de 19-5-2000). **No mesmo sentido:** STF, RE 177.835, Rel. Min. Carlos Velloso, *DJ* de 25-5-2001.

Ora, seria inusitado absurdo a União, os Estados, o Distrito Federal ou os Municípios, no exercício da competência *comum*, cobrarem taxas de populações carentes, de baixa renda, que mal conseguem se autossustentar. É nessas condições que o hipossuficiente precisa de maior oferta de serviços públicos.

As taxas não podem ter a mesma base de cálculo dos impostos (CF, art. 145, § 2º).

> **Casuística do STF:**
> - **Taxa de conservação e manutenção de vias públicas** — é inconstitucional, porque sua base de cálculo é própria de imposto e não de taxa por serviços específicos e divisíveis postos à disposição do contribuinte (STF, RE 293.536, Rel. Min. Néri da Silveira, *DJ* de 17-5-2002).
> - **Taxa de construção, conservação e melhoramento de estrada de rodagem** — é inconstitucional, pois sua base de cálculo é própria de imposto e não de taxa (STF, RE 121.617, Rel. Min. Moreira Alves, *DJ* de 6-10-2000).
> - **Taxa de lixo e sinistro** — é constitucional e pode ser cobrada. Equivale à contraprestação de serviços essenciais, específicos e divisíveis, referidos ao contribuinte a quem são prestados ou a cuja disposição são postos, não possuindo base de cálculo própria de imposto (STF, RE 233.784, Rel. Min. Ilmar Galvão, *DJ* de 12-11-1999).

⬦ 2.3. Empréstimos compulsórios (CF, art. 148)

Empréstimos compulsórios são tributos com prestações pecuniárias *restituíveis*.

Limitam-se pelas liberdades públicas e vinculam-se ao princípio da capacidade contributiva.

Têm por escopo angariar receita para arcar com as necessidades públicas, nos estritos termos da Constituição Federal.

> **FGTS — Saque — Lei n. 8.162/91, art. 6º, § 1º:** "A norma legal que vedou o saque do FGTS, no caso de conversão de regime, não instituiu modalidade de empréstimo compulsório, pois — além de haver mantido as hipóteses legais de disponibilidade dos depósitos existentes — não importou em transferência coativa, para o Poder Público, do saldo das contas titularizadas por aqueles cujo emprego foi transformado em cargo público" (STF, ADIn 613, Rel. Min. Celso de Mello, *DJ* de 29-6-2001).

Em face do art. 148 da *Lex Mater*, não há dúvida quanto à natureza tributária desse autêntico empréstimo forçado, como aliás reconhece o Supremo Tribunal Federal.

> **Precedentes:** STF, RE 121.336, Rel. Min. Sepúlveda Pertence, *DJ* de 26-6-1992; RE 138.284, voto do Relator Ministro Carlos Velloso, *DJ* de 28-8-1992. **Principais teses sobre a natureza jurídica do empréstimo compulsório** — para uns, o empréstimo compulsório irmana-se com a ideia de mútuo, sendo *restituível* e *coativo*, a exemplo do que ocorre com os modernos contratos de adesão. Segundo os franceses, seria uma *requisição de dinheiro*, equiparando-se às requisições militares. Outros, porém, o vislumbram como verdadeiro *tributo*, tese que nos parece a mais apropriada no contexto da Carta de 1988, cujo maior defensor foi Amílcar de Araújo Falcão (Conceito e espécies de empréstimo compulsório, *RDP*, *14*:38-46).

Podem ser cobrados em duas hipóteses:

- **Atendimento a despesas extraordinárias, decorrentes de calamidade pública, guerra externa ou sua iminência (CF, art. 148, I)** — esse requisito corresponde ao art. 15, I e II, do CTN. Aqui não se aplica o princípio da anterioridade.

Cap. 24 ◆ SISTEMA CONSTITUCIONAL TRIBUTÁRIO

1291

- **Investimento público urgente e de relevante interesse nacional (CF, art. 148, II)** — a urgência e a relevância do interesse nacional ficam a critério da discricionariedade do legislador, que deverá, no caso concreto, avaliar a situação. Aqui incide o princípio da anterioridade.

A aplicação dos recursos provenientes de empréstimo compulsório será vinculada à despesa que fundamentou sua instituição (CF, art. 148, parágrafo único).

> **Empréstimo compulsório — Repetição do indébito:** "Incidência na aquisição de veículos automotores. Decreto-lei n. 2.288/86. Inconstitucionalidade. Repetição do indébito. Declarada a inconstitucionalidade das normas instituidoras do empréstimo compulsório incidente na aquisição de automóveis (RE 121.336), surge para o contribuinte o direito à repetição do indébito, independentemente do exercício financeiro em que se deu o pagamento indevido" (STF, RE 136.805, Rel. Min. Francisco Rezek, *DJ* de 26-8-1994).

Vale observar que a Carta de 1988 extinguiu o empréstimo compulsório que exigia a absorção temporária do poder aquisitivo, previsto no art. 15 do CTN.

Por outro lado, o constituinte não indicou o fato gerador da compulsoriedade, de modo que cumpre ao legislador escolher um acontecimento específico, respeitando, obviamente, as exigências do art. 148, bem como as liberdades públicas do art. 5º.

✧ 2.4. Contribuições especiais (arts. 145, III, e 149)

São tributos destinados à realização de obras e serviços públicos indivisíveis, cobrados para beneficiar determinado grupo social.

Equivalem a um terceiro gênero, pois situam-se entre os impostos e as taxas.

Aproximam-se dos impostos, porquanto podem ser cobradas a partir do momento que o legislador as prevê, independentemente da vontade de o contribuinte desejar pagá-las ou não. Em contrapartida, deles se distanciam, pois, para serem cobradas, é preciso existir uma *relação custo/benefício*.

Assemelham-se às taxas, em virtude da divisibilidade de ambas. Todavia, delas se apartam porque são cobradas a título *contributivo*.

As *contribuições especiais* não são apenas as de melhoria (CF, art. 145, III).

A despeito da dificuldade de serem classificadas e da insegurança do Supremo Tribunal Federal nesse particular aspecto do tema, podemos extrair da própria Constituição Federal o seguinte catálogo de *contribuições especiais*:

- **Contribuições de melhoria (art. 145, III)** — tributos contraprestacionais, cobrados em virtude das despesas de obras públicas, valorizando o imóvel do proprietário. Têm como pano de fundo o *custo* (para a Administração) e o *benefício* (para o contribuinte). A competência para institui--las pertence à pessoa jurídica que realizar a obra de que decorra a valorização imobiliária.

  > **Obra pública:** "O particular que assumiu por contrato a obrigação de ressarcir a sociedade de economia mista executora dos custos de obra pública de seu interesse não pode opor à validade da obrigação livremente contraída a possibilidade, em tese, da instituição para a hipótese de contribuição de melhoria" (STF, RE 236.310, Rel. Min. Sepúlveda Pertence, *DJ* de 6-4-2001).

- **Contribuições sociais (art. 149, *caput*)** — contraprestações devidas pela seguridade social e outros benefícios na área social, assegurados pelo Estado. Funciona como forma de financiamento direto da seguridade e dos direitos sociais. Ultimamente ampliou seu campo de atuação, abrangendo modalidades de financiamento indiretos e anômalos, como a COFINS, a CSLL e a absurda CPMF. No ordenamento brasileiro, são inúmeras as contribuições sociais, como veremos no esquema abaixo. Pela topografia constitucional que granjeiam, têm a natureza *tributária*, a despeito de trazerem a alcunha da parafiscalidade impregnada em sua configuração existencial. Aliás, o próprio Texto de 1988 foi ambíguo e contraditório a esse respeito. Ao mesmo tempo que a introduz na ordem tributária (art. 149), a prevê no Título da ordem social (art. 195). Mesmo assim, tudo leva a crer que elas são *tributos*, em virtude da diretriz intervencionista e paternalista adotada pelo constituinte de 1988.

1292 ◆ Uadi Lammêgo Bulos ◆

Casuística do STF:

- **Contribuição social** — "Exigência patrimonial de natureza tributária. Inexistência de norma de imunidade tributária absoluta. Regra não retroativa. Instrumento de atuação do Estado na área da previdência social. Obediência aos princípios da solidariedade e do equilíbrio financeiro e atuarial, bem como aos objetivos constitucionais de universalidade, equidade na forma de participação no custeio e diversidade da base de financiamento" (STF, ADIn 3.105, Rel. Min. Cezar Peluso, *DJ* de 18-2-2005). **Precedente:** STF, ADIn 2.556-MC, Rel. Min. Moreira Alves, *DJ* de 8-8-2003.
- **Natureza do PASEP** — "O PASEP, sendo contribuição instituída pela própria Carta da República, não se confunde com aquelas que a União pode criar na forma dos seus artigos 149 e 195, nem se lhe aplicam quaisquer dos princípios ou restrições constitucionais que regulam as contribuições em geral" (STF, ACO 580, Rel. Min. Maurício Corrêa, *DJ* de 25-10-2002).
- **Entidades fiscalizadoras do exercício profissional** — "As contribuições cobradas pelas autarquias responsáveis pela fiscalização do exercício profissional são contribuições parafiscais, contribuições corporativas, com caráter tributário. CF, art. 149" (STF, MS 21.797, Rel. Min. Carlos Velloso, *DJ* de 18-5-2001).
- **Isenção da contribuição sindical patronal para as empresas inscritas no SIMPLES** — "O Poder Público tem legitimidade para isentar contribuições por ele instituídas, nos limites das suas atribuições (CF, art. 149)" (STF, ADIn 2.006-MC, Rel. Min. Maurício Corrêa, *DJ* de 1º-12-2000).
- **Contribuição nas exportações de café** — "Não recepção, pela CF/88, da cota de contribuição nas exportações de café, dado que a CF/88 sujeitou as contribuições de intervenção à lei complementar do art. 146, III, aos princípios da legalidade (CF, art. 150, I), da irretroatividade (art. 150, III, *a*) e da anterioridade (art. 150, III, *b*). No caso, interessa afirmar que a delegação inscrita no art. 4º do DL 2.295/86 não é admitida pela CF/88, art. 150, I, *ex vi* do disposto no art. 146. Aplicabilidade, de outro lado, do disposto nos artigos 25, I, e 34, § 5º, do ADCT/88" (STF, RE 191.044, Rel. Min. Carlos Velloso, *DJ* de 31-10-1997).
- **FINSOCIAL** — "Como se vê do artigo 149 da Constituição Federal, as contribuições aludidas no artigo 195 têm natureza tributária, embora a elas não se aplique o disposto na letra *b* do inciso III do artigo 150 da Constituição Federal, graças à ressalva da parte final do artigo 149: 'sem prejuízo do previsto no artigo 195, § 6º, relativamente às contribuições a que alude o dispositivo'. Tem razão a recorrida quando sustenta que, contados os 90 dias a partir da publicação da Medida Provisória n. 32, de 03/02/89, que deu margem à Lei de conversão n. 7.738, de 09/03/89, só entraria ela em vigor no início de maio de 1989, não podendo, portanto, incidir sobre fato gerador ocorrido antes do decurso desses 90 dias, para alcançar a receita bruta auferida no mês de abril de 1989, sob pena de ofender o princípio da irretroatividade tributária, previsto no artigo 150, III, *a*, da Constituição Federal" (STF, RE 168.457, Rel. Min. Moreira Alves, *DJ* de 11-11-1994).
- **Contribuições incidentes sobre o lucro das pessoas jurídicas** — "A contribuição da Lei 7.689, de 15/12/1988, é uma contribuição social instituída com base no art. 195, I, da Constituição. As contribuições do art. 195, I, II, III, da Constituição, não exigem, para a sua instituição, lei complementar" (STF, RE 138.284, Rel. Min. Carlos Velloso, *DJ* de 28-8-1992).
- **Direito do contribuinte à restituição da diferença dos recolhimentos a mais para PIS e Cofins** — a tese de repercussão geral fixada pelo Supremo Tribunal Federal sobre essa matéria foi a seguinte: "É devida a restituição da diferença das contribuições para o Programa de Integração Social — PIS e para o Financiamento da Seguridade Social — Cofins recolhidas a mais, no regime de substituição tributária, se a base de cálculo efetiva das operações for inferior à presumida" (STF, RE 596832, Rel. Min. Marco Aurélio, j. 8-7-2020).

- **Contribuições econômicas (art. 149, *caput*)** — contraprestações em favor das categorias profissionais ou econômicas, caracterizadas por atos de intervenção no domínio econômico e de interesse de certa coletividade. Consubstanciam atividades de fiscalização, incentivo e planejamento do desenvolvimento nacional equilibrado (CF, art. 174). Englobam as contribuições de intervenção no domínio econômico (CIDE), cumprindo um escopo constitucional impostergável, cuja cobrança, se necessária, não pode ficar para depois, sob pena de se tornar inválida.

Casuística do STF:

- **SEBRAE. Contribuição de intervenção no domínio econômico** — "Lei 8.029, de 12/4/1990, art. 8º, § 3º. Lei 8.154, de 28/12/1990. Lei 10.668, de 14/5/2003. CF, art. 146, III; art. 149; art. 154, I; art. 195, § 4º. As contribuições do art. 149, CF — contribuições sociais, de intervenção no domínio econômico e de interesse de categorias profissionais ou econômicas — posto estarem sujeitas à lei complementar do art. 146, III, CF, isto não quer dizer que deverão ser instituídas por lei complementar. (...) A contribuição não é imposto. Por isso, não se exige que a lei complementar defina a sua hipótese

Cap. 24 ◆ SISTEMA CONSTITUCIONAL TRIBUTÁRIO **1293**

de incidência, a base imponível e contribuintes: CF, art. 146, III, *a* (...) A contribuição do SEBRAE — Lei 8.029/90, art. 8º, § 3º, redação das Leis 8.154/90 e 10.668/2003 — é contribuição de intervenção no domínio econômico, não obstante a lei a ela se referir como adicional às alíquotas das contribuições sociais gerais relativas às entidades de que trata o art. 1º do DL 2.318/86, SESI, SENAI, SESC, SENAC. Não se inclui, portanto, a contribuição do SEBRAE, no rol do art. 240, CF. Constitucionalidade da contribuição do SEBRAE" (STF, RE 396.266, Rel. Min. Carlos Velloso, *DJ* de 27-2-2004).

- **Adicional de tarifa portuária (ATP)** — "Lei 7.700, de 1988, art. 1º, § 1º. Natureza jurídica do ATP: contribuição de intervenção no domínio econômico, segundo o entendimento da maioria, a partir dos votos dos Ministros Ilmar Galvão e Nelson Jobim. Voto do Relator, vencido no fundamento: natureza jurídica do ATP: taxa" (STF, RE 209.365, Rel. Min. Carlos Velloso, *DJ* de 7-12-2000).
- **Contribuição devida ao Instituto do Açúcar e do Álcool (IAA)** — "A CF/88 recepcionou o DL 308/67, com as alterações dos Decretos-leis 1.712/79 e 1.952/82. Ficou afastada a ofensa ao art. 149 da CF/88, que exige lei complementar para a instituição de contribuições de intervenção no domínio econômico. A contribuição para o IAA é compatível com o sistema tributário nacional. Não vulnera o art. 34, § 5º, do ADCT/CF/88. É incompatível com a CF/88 a possibilidade da alíquota variar ou ser fixada por autoridade administrativa" (STF, RE 217.206, Rel. Min. Nelson Jobim, *DJ* de 29-5-1998).
- **Subsistência das contribuições ao Sebrae, Apex e ABDI depois da Emenda n. 33/2001** — sobre esse tema, eis a tese de repercussão geral fixada pelo Supremo Tribunal Federal: "As contribuições devidas ao Sebrae, à Apex e à ABDI, com fundamento na Lei 8.029/1990, foram recepcionadas pela EC 33/2001" (STF, RE 603624, Rel. Min. Rosa Weber, j. 23-9-2020).
- **Adicional ao frete para renovação da marinha mercante (AFRMM)** — "Contribuição parafiscal ou especial de intervenção no domínio econômico. CF, art. 149, art. 155, § 2º, IX. ADCT, art. 36. O Adicional ao Frete para Renovação da Marinha Mercante — AFRMM — é uma contribuição parafiscal ou especial, contribuição de intervenção no domínio econômico, terceiro gênero tributário, distinta do imposto e da taxa (CF, art. 149)" (STF, RE 177.137, Rel. Min. Carlos Velloso, *DJ* de 18-4-1997).

PANORAMA DAS CONTRIBUIÇÕES SOCIAIS NA CF/88

Contribuições sociais

Contribuições previdenciárias (art. 195, I, *a*, e II)
- dos empregadores e empregados — INSS
- dos autônomos — SAT
- dos servidores públicos

Contribuições dos sistemas de saúde, assistência e previdência sociais (arts. 195, I, *b* e *c*, III e IV; 239 e 90 do ADCT)
- sobre a receita ou faturamento (PIS/PASEP e COFINS)
- sobre o lucro líquido (CSLL)
- sobre a receita de concursos de prognósticos do importador de bens ou serviços do exterior (COFINS-importação)
- sobre a movimentação financeira (CPMF)

Contribuições indiretas da competência residual da União (art. 195, § 4º, c/c o art. 154, I)
- FGTS (LC n. 110/2001)

Contribuições para a educação e cultura (arts. 212, § 5º, e 240)
- salário-educação
- sistema SENAI, SESI, SENAC e SEBRAE

✦ 3. PREVENÇÃO DE CONFLITOS TRIBUTÁRIOS

A prevenção de conflitos tributários faz-se por meio de dois veículos normativos distintos:
- a lei complementar; e
- a resolução.

1294 ◆ Uadi Lammêgo Bulos ◆

✧ 3.1. Lei complementar tributária

A *lei complementar tributária*, referida nos arts. 146; 148; 153, VII; 154, I; 155, XII; 156, III; e 161 da Constituição, é uma novidade.

Nenhuma outra carta constitucional a prevê, nos moldes estabelecidos no Brasil.

O nosso constitucionalismo, portanto, é inovador nesse aspecto, merecendo, até certo ponto, aplausos, porque a previsão de leis complementares evita que as normas gerais sejam revogadas pelo legislador ordinário.

Por outro lado, apresenta a desvantagem de concentrar a competência normativa no âmbito da União, o que não é salutar, pois enfraquece o federalismo, ampliando litígios e enxundiando o Judiciário de demandas intermináveis.

De qualquer modo, compete à lei complementar:

- **dispor sobre conflitos de competência, em matéria tributária, entre a União, os Estados, o Distrito Federal e os Municípios (CF, art. 146, I)** — o intuito do constituinte foi regular a tributação das mercadorias que circulam no território brasileiro, evitando invasão de competência e guerra fiscal, provocada pela concessão de incentivos contrários ao interesse nacional;
- **regular as limitações constitucionais ao poder de tributar (CF, art. 146, II)** — atribuição correlata aos arts. 150 a 152 da Constituição, que veremos à frente;
- **estabelecer normas gerais em matéria de legislação tributária (CF, art. 146, III)** — aqui se encontra o "nó górdio" do sistema tributário nacional. É o que veremos a seguir.

⌘ *3.1.1. Normas gerais em matéria tributária*

Normas gerais são as que contêm declarações principiológicas, dirigidas aos legisladores, condicionando-os à ação legiferante. Recebem a adjetivação de "gerais" porque possuem um alcance maior, uma generalidade e abstração destacadas, se comparadas às normatividades de índole local. Desservem, pois, para detalhar minúcias, filigranas ou pormenores. As matérias que lhes são afeitas não podem ser legisladas por outros entes federativos, exceto nos casos expressos de suplementação (CF, art. 24, § 2º).

> **Precedente do STF:** "A formulação do conceito de 'normas gerais' é tanto mais complexa quando se tem presente o conceito de lei em sentido material — norma geral, abstrata. Ora, se a lei, em sentido material, é norma geral, como seria a de lei de 'normas gerais' referida na Constituição? Penso que essas 'normas gerais' devem apresentar generalidade maior do que apresentam, de regra, as leis. Penso que 'norma geral', tal como posta na Constituição, tem o sentido de diretriz, de princípio geral. A norma geral federal, melhor será dizer nacional, seria a moldura do quadro a ser pintado pelos Estados e Municípios no âmbito de suas competências" (STF, ADIn 927-3-MC/RS, voto do Ministro Carlos Velloso, decisão de 4-11-1993).

Servem para indicar as dimensões espácio-temporais dos assuntos relacionados à competência administrativa federal, colmatando lacunas ou eliminando conflitos normativos.

Logram sentido limitativo, porquanto não se lhes permite desbordar a Constituição, com preceituações particularizantes ou atentatórias à autonomia das entidades políticas. Visam estipular vetores uniformes para situações homogêneas, tendo em vista o cumprimento dos princípios constitucionais expressos e implícitos, dentre os quais o pórtico da segurança e certeza das relações jurídicas.

Em rigor, as normas gerais não constituem um "terceiro gênero normativo", visto que plenamente enquadráveis na pirâmide jurídica, segundo o modelo descritivo de Hans Kelsen (*stufenbautheorie*), inspirado em Merkl.

Sujeitas à discricionariedade do legislador, é indiscutível a dificuldade de estipular uma noção apriorística e consentânea a seu respeito.

Aliás, desde a Carta de 1934 que as normas gerais vêm despertando celeumas em torno de seu significado. Mas foi a partir da análise do art. 6º, XV, *b*, da Carta de 1946, que a doutrina passou a analisá-las com maior afinco.

Nesse particular, encontramos o seguinte registro, que explica o porquê da expressão *normas gerais*, da lavra de Rubens Gomes de Sousa, ilustre integrante da Comissão destinada a elaborar o Projeto do Código Tributário Nacional: "Quanto à delimitação do próprio conceito de *normas gerais*, a Comissão,

◆ Cap. 24 ◆ SISTEMA CONSTITUCIONAL TRIBUTÁRIO   **1295**

de início, encontrou-se numa situação de impasse, porque é sabido que a origem do dispositivo é devida ao Deputado Aliomar Baleeiro, que, segundo sua própria confissão, encontrou uma fórmula verbal para vencer uma resistência política. Eu teria que verificar esta afirmativa, mas creio que esta confissão não ficou nos limites do confessionário. Algo existe naquele livrinho *Andaimes da Constituição*, em que ele confessa que a sua primeira e última ideia era atribuir à União competência para legislar sobre direito tributário, amplamente e sem a limitação contida no conceito de *normas gerais*, desde que esta legislação tivesse a feição de uma lei nacional, de preceitos endereçados ao legislador ordinário dos três poderes tributantes: União, Estados e Municípios. A única limitação, que ele próprio enxergava, era a de se tratar de preceitos comuns aos três legisladores. Afora isto, ele não via e não achava necessário delimitar, de outra maneira, a competência que queria fosse atribuída ao Legislativo da União, que já então ele concebia, neste setor e em outros paralelos, não como federal, mas sim nacional. Entretanto, ele encontrou resistência política, de se esperar e muito forte, em nome da autonomia dos Estados e da autonomia dos Municípios, em nome de temores, justificados ou não, de se abrir uma porta, pela qual se introduzisse o fantasma da centralização legislativa. Falou-se nada menos do que na própria destruição do regime federativo, todos os exageros verbais, que o calor do debate político comporta e o próprio Aliomar encontrou uma solução de compromisso, que foi a de delimitar essa competência, que ele queria ampla, pelas *normas gerais*, expressão que, perguntado por mim quanto ao sentido que ele lhe dava, no intuito de ter uma forma de interpretação autêntica, ele me confessou que não tinha nenhuma, que nada mais fora do que um compromisso político, que lhe havia ocorrido e que tinha dado certo. O importante era introduzir na Constituição a ideia; a maneira de vestir a ideia, a sua roupagem, era menos importante do que o seu recebimento no texto constitucional e o preço deste recebimento foi a expressão *normas gerais*, delimitativa, sem dúvida, do âmbito da competência atribuída, mas em termos que nem ele próprio, Aliomar, elaborara ou raciocinara. Era um puro compromisso político. E a partir dessa política, juridicamente espúria, nós tivemos uma enorme produção bibliográfica, que até hoje continua a respeito do que sejam *normas gerais*" (*Comentários ao Código Tributário Nacional*, p. 5-6).

Seja como for, as *normas gerais* só podem ser assim consideradas se emanarem do poder constituinte originário. Este, por sua vez, ao incorporá-las ao articulado constitucional, não as erige para amparar situações particularizadas, do contrário não seriam *gerais*. Por isso, irmanam-se com todas as partes e escaninhos da Carta Magna, conectando-se, por exemplo, com o princípio republicano, a autonomia municipal, a independência dos Poderes, os direitos e garantias fundamentais etc.

Em suma, as *normas gerais* servem para:
- evitar conflitos de competência, aferindo o campo em que cada entidade política de direito público interno atua, para preservar o equilíbrio federativo; e
- banir do ordenamento jurídico o sério vício da inconstitucionalidade das leis e dos atos normativos.

No âmbito tributário, as *normas gerais* são basicamente aquelas que constituem objeto de codificação tributária, motivo pelo qual o CTN, editado pela Lei Ordinária n. 5.172, de 1966, passou a fazer as vezes de autêntica lei complementar, pelo menos nos julgamentos do Supremo Tribunal Federal (STF, RE 93.850, *RT, 105*:194).

> **Lei que obriga quitação de dívidas de seguridade social com bens pessoais de sócios é inconstitucional** — abrindo um parêntese em nossa exposição, rememoremos que o Supremo Tribunal considerou inconstitucional a responsabilização, perante a Seguridade Social, dos gerentes de empresas, ou o redirecionamento de execução fiscal, quando ausentes os elementos que caracterizem a atuação dolosa dos sócios. De acordo com o art. 146, III, *b*, da Carta Maior, o responsável pela contribuição tributária não pode ser qualquer pessoa. E quanto à responsabilidade dos diretores, gerentes ou representantes de pessoas jurídicas de direito privado pelos créditos correspondentes às obrigações tributárias resultantes de atos praticados com excesso de poderes ou infração de lei, contrato social ou estatutos, a jurisprudência do Supremo Tribunal é no sentido de que ilícitos praticados por tais gestores, ou sócios com poderes de gestão, não se confundem com o simples inadimplemento de tributos por força do risco do negócio, ou seja, com atraso no pagamento dos tributos. Resultado: gerentes, diretores ou representantes não podem responder, com o seu próprio patrimônio, por dívidas da sociedade. O que se exige para essa qualificação é um ilícito qualificado, do qual decorra a obrigação ou o seu inadimplemento, como no caso da apropriação indébita. Vale regristrar que o art. 13 da Lei n. 8.620/93, ao vincular a simples condição de sócio à obrigação de responder solidariamente,

1296 ◆ Uadi Lammêgo Bulos ◆

estabeleceu, na verdade, uma exceção desautorizada à norma geral de Direito Tributário, que está consubstanciada no art. 135, III, do Código Tributário Nacional, evidenciando a invasão da esfera reservada à lei complementar pelo art. 146, III, *b*, da Carta de 1988. Essa decisão do Pretório Excelso tem repercussão geral, conforme entendimento do Plenário expresso em novembro de 2007, repercutindo, pois, nos demais processos, com tema idêntico, na Justiça brasileira (STF, 562.276/PR, Rel. Min. Ellen Gracie, j. em 3-11-2010).

Segundo a Carta de 1988, as *normas gerais tributárias* consubstanciam (art. 146, III, *a, b, c* e *d*):

Enumeração exemplificativa: o art. 146, III, *a, b, c* e *d*, possui a natureza exemplificativa, não esgotando o campo de atuação da lei complementar tributária, como concluiu o Supremo Tribunal Federal (STF, RE 407.190, Rel. Min. Marco Aurélio, *DJ* de 13-5-2005).

- a definição de tributos e de suas espécies, bem como, em relação aos impostos discriminados na Constituição, a dos respectivos fatos geradores, bases de cálculo e contribuintes;
- a obrigação, lançamento, crédito, prescrição e decadência tributários;
- o adequado tratamento tributário ao ato cooperativo praticado pelas sociedades cooperativas;

Decisão do STF: "A falta de Lei Complementar da União que regulamente o adequado tratamento tributário do ato cooperativo praticado pelas sociedades cooperativas (CF, art. 146, III, *c*), o regramento da matéria pelo legislador constituinte estadual não excede os lindes da competência tributária concorrente que lhe é atribuída pela Lei Maior (CF, art. 24, § 3º)" (STF, ADIn 429-MC, Rel. Min. Célio Borja, *DJ* de 19-2-1993).

- a definição de tratamento diferenciado e favorecido para as microempresas e empresas de pequeno porte, inclusive regimes especiais ou simplificados no caso do imposto sobre operações relativas à circulação de mercadorias e sobre prestações de serviços de transporte interestadual e intermunicipal e de comunicação, e das contribuições da seguridade social e dos programas de integração social e formação do patrimônio do servidor público (art. 146, III, *d* — acrescentada à CF pela EC n. 42/2003).

Pelo parágrafo único do art. 146 da Constituição, a lei complementar que favorecer as microempresas também poderá instituir um regime único de arrecadação dos impostos e contribuições da União, dos Estados, do Distrito Federal e dos Municípios, observando-se o seguinte:
- o regime deverá ser opcional para o contribuinte;
- podem ser estabelecidas condições de enquadramento diferenciadas por Estado;
- o recolhimento será unificado e centralizado, e a distribuição da parcela de recursos pertencentes aos respectivos entes federados será imediata, vedada qualquer retenção ou condicionamento;
- a arrecadação, a fiscalização e a cobrança poderão ser compartilhadas pelos entes federados, adotado cadastro nacional único de contribuintes.

A lei complementar poderá estabelecer, ainda, critérios especiais de tributação, com o objetivo de prevenir desequilíbrios da concorrência, sem prejuízo da competência de a União, por lei, estabelecer normas de igual objetivo (art. 146-A — acrescido à CF pela EC n. 42/2003).

Mas a lei complementar tributária desempenha outras tarefas não enumeradas no art. 146 da *Lex Mater*, tais como instituir empréstimos compulsórios (art. 148), impostos de competência residual (art. 154, I) e contribuições sociais (art. 195, § 4º).

Finalmente, quando a Constituição não adjetiva a lei de *complementar*, o legislador ordinário poderá regular certas situações. Exemplos: arts. 150, VI, *c*; 153, §§ 1º e 4º.

✦ 4. LIMITAÇÕES CONSTITUCIONAIS AO PODER DE TRIBUTAR

Limitações constitucionais ao poder de tributar são o conjunto de normas, de natureza *declaratória*, que funcionam como contraponto fiscal da declaração de direitos do art. 5º da Carta Maior.

A Carta de 1988 foi a primeira a dedicar uma seção às limitações ao poder de tributar, consagrando as garantias constitucionais do contribuinte contra o Fisco (arts. 150 a 152).

♦ Cap. 24 ♦ SISTEMA CONSTITUCIONAL TRIBUTÁRIO   **1297**

Quando usou a terminologia *limitações ao poder de tributar* o fez em sentido amplo, para abarcar, de um lado, toda e qualquer restrição imposta pelo ordenamento jurídico às entidades dotadas desse poder, e, de outro, o conjunto de preceitos constitucionais que veiculam vetores de observância obrigatória para a atividade impositiva do Estado.

No Texto Maior, tais *limitações* abrangem:

* as imunidades;
* as vedações de privilégios odiosos; e
* os princípios constitucionais tributários (expressos, decorrentes, vedatórios e específicos).

✧ 4.1. Imunidades

As imunidades consistem na não tributação absoluta ditada a favor dos direitos fundamentais do contribuinte.

> **Surgimento no Brasil:** sob a influência da 14ª Emenda à Constituição norte-americana (1868), as imunidades surgiram, entre nós, com a Carta de 1891, por influência de Ruy Barbosa.

Vinculam-se às liberdades públicas de tal sorte que não podem ser revogadas, nem mesmo por emenda constitucional, como já decidiu o Pretório Excelso.

> **Precedentes:** STF, Pleno, ADIn 2.031-MC/DF, Rel. Min. Octavio Gallotti, decisão de 29-9-1999. STF, ADIn 939-7/DF, Rel. Min. Sydney Sanches, *DJ* de 18-3-1994.

Os efeitos produzidos pelas imunidades fiscais criam uma espécie de eficácia paralisante do *status negativus libertatis*, de sorte que tornam certas pessoas e coisas intangíveis.

Aliás, no panorama do constitucionalismo de nosso tempo, está superada aquela diretriz positivista que impregnava o tema, que concebia a imunidade como uma proibição imanente às normas constitucionais, autolimitando o poder tributário do Estado.

Hoje em dia, as constituições contemporâneas associam a teoria das imunidades fiscais às liberdades públicas, as quais ficam a salvo do fenômeno da incidência tributária.

O Texto de 1988, por exemplo, adotou essa diretriz, consagrando as imunidades fiscais como escudo protetivo dos direitos fundamentais, impedindo a cobrança dos tributos em geral (art. 150, IV e V), e, em particular, dos impostos (art. 150, VI), das taxas (art. 5º, XXXIV, LXXIII, LXXVI e LXXVII; art. 206, IV; art. 208, § 1º) e das contribuições (arts. 195, § 7º, e 203).

Mas, além dessas imunidades *explícitas*, também vicejam, na ordem constitucional brasileira, as *implícitas*, a exemplo das que protegem os representantes diplomáticos estrangeiros.

E, se não bastasse, as imunidades reportam-se a coisas, motivo pelo qual são chamadas de *objetivas* (CF, art. 150, VI, *d* e *e*). Há, ainda, as *subjetivas*, que excluem das imposições certas pessoas, embora não impeçam que o imposto indireto incida sobre bens ou mercadorias produzidas pela pessoa imune. Tal imunidade do comprador não alcança o produtor (Súmula 591 do STF).

Em resumo, sem prejuízo de outras garantias asseguradas ao contribuinte, é vedado à União, aos Estados, ao Distrito Federal e aos Municípios (CF, art. 150, *caput*):

* utilizar tributo com efeito confiscatório (CF, art. 150, IV);
* estabelecer limitações ao tráfego de pessoas ou bens, por meio de tributos interestaduais ou intermunicipais, ressalvada a cobrança de pedágio pela utilização de vias conservadas pelo Poder Público (CF, art. 150, V);
* instituir impostos sobre (CF, art. 150, VI, *a, b, c, d* e *e*):

(i) patrimônio, renda ou serviços, uns dos outros;

> **Casuística do STF:**
> * **Imunidade tributária recíproca sobre todos os serviços dos Correios** — por maioria de votos, entendeu o Plenário do Supremo Tribunal que a imunidade tributária recíproca, prevista no art. 150, VI, *a*, da Constituição Federal, alcança todas as atividades exercidas pelos Correios. O tema teve repercussão geral reconhecida (STF, RE 601.392, Rel. Min. Joaquim Barbosa, j. 28-2-2013).

1298 ♦ Uadi Lammêgo Bulos ♦

- **Empresas públicas prestadoras de serviço público** — estão abrangidas pela imunidade tributária recíproca do art. 150, VI, *a* (STF, RE 407.099, Rel. Min. Carlos Velloso, *DJ* de 6-8-2004). **No mesmo sentido:** STF, RE 437.889, *DJ* de 18-2-2005.
- **Banco privado** — não goza ele da imunidade tributária recíproca (STF, ACO 503, Rel. Min. Moreira Alves, *DJ* de 5-9-2003).
- **Imóveis que compõem acervo da União** — impossibilidade de tributação pela municipalidade, em face da imunidade recíproca (STF, RE 253.394, Rel. Min. Ilmar Galvão, *DJ* de 11-4-2003).

(ii) templos de qualquer culto;

> **Emenda Constitucional n. 116, de 17 de fevereiro de 2022:** a EC n. 116/2022 acresceu o § 1º-A ao art. 156 da CF. Sua finalidade foi demarcar a não incidência sobre templos de qualquer culto do Imposto sobre a Propriedade Predial e Territorial Urbana (IPTU), mesmo que as entidades, abrangidas pela imunidade tributária, sejam, apenas, locatárias do bem imóvel. Eis o seu teor: "§ 1º-A. O imposto previsto no inciso I do *caput* deste artigo não incide sobre templos de qualquer culto, ainda que as entidades abrangidas pela imunidade de que trata a alínea 'b' do inciso VI do *caput* do art. 150 desta Constituição sejam apenas locatárias do bem imóvel".

(iii) patrimônio, renda ou serviços dos partidos políticos, inclusive suas fundações, das entidades sindicais dos trabalhadores, das instituições de educação e de assistência social, sem fins lucrativos, atendidos os requisitos da lei;

Casuística do STF:
- **Súmula 730** — "A imunidade tributária conferida a instituições de assistência social sem fins lucrativos pelo art. 150, VI, *c*, da Constituição, somente alcança as entidades fechadas de previdência social privada se não houver contribuição dos beneficiários".
- **Imunidade tributária. Imóvel locado** — "Não impede o alcance do benefício a circunstância de o imóvel encontrar-se locado" (STF, RE 261.335-AgRg, Rel. Min. Gilmar Mendes, *DJ* de 13-9-2002). **Precedentes:** STF, RE 235.737, Rel. Min. Moreira Alves, *DJ* de 17-5-2002; STF, RE 217.233, Rel. Min. Sepúlveda Pertence, *DJ* de 14-9-2001; STF, RE 257.700, Rel. Min. Ilmar Galvão, *DJ* de 29-9-2000.
- **Entidades fechadas de previdência privada** — não estão abrangidas pela imunidade tributária do art. 150, VI, *c*, da Constituição (STF, RE 243.652-AgRg, Rel. Min. Carlos Velloso, *DJ* de 1º-10-2004). **Precedentes:** STF, Pleno, RE 202.700/DF, Rel. Min. Maurício Corrêa, decisão de 8-11-2001; STF, RE 227.799, Rel. Min. Marco Aurélio, *DJ* de 1º-8-2003.
- **Livraria em imóvel de entidade beneficente** — "O fato de uma entidade beneficente manter uma livraria em imóvel de sua propriedade não afasta a imunidade tributária prevista no art. 150, VI, *c*, da Constituição, desde que as rendas auferidas sejam destinadas a suas atividades institucionais, o que impede a cobrança do IPTU pelo Município" (STF, RE 345.830, Rel. Min. Ellen Gracie, *DJ* de 8-11-2002). **No mesmo sentido:** STF, RE 221.395, Rel. Min. Marco Aurélio, *DJ* de 12-5-2000.

(iv) livros, jornais, periódicos e o papel destinado a sua impressão; e

Casuística do STF:
- **Súmula 657** — "A imunidade prevista no art. 150, VI, *d*, da CF abrange os filmes e papéis fotográficos necessários à publicação de jornais e periódicos".
- **Álbum de figurinhas** — "A imunidade tributária sobre livros, jornais, periódicos e o papel destinado à sua impressão tem por escopo evitar embaraços ao exercício da liberdade de expressão intelectual, artística, científica e de comunicação, bem como facilitar o acesso da população à cultura, à informação e à educação. O Constituinte, ao instituir esta benesse, não fez ressalvas quanto ao valor artístico ou didático, à relevância das informações divulgadas ou à qualidade cultural de uma publicação. Não cabe ao aplicador da norma constitucional em tela afastar este benefício fiscal instituído para proteger direito tão importante ao exercício da democracia, por força de um juízo subjetivo acerca da qualidade cultural ou do valor pedagógico de uma publicação destinada ao público infanto--juvenil" (STF, RE 221.239, Rel. Min. Ellen Gracie, *DJ* de 6-8-2004).
- **Papel. Filmes destinados à produção de capas de livros** — capas de livros sem capa-dura estão abrangidas pela imunidade do art. 150, VI, *d* (STF, RE 392.221, Rel. Min. Carlos Velloso, *DJ* de 11-6-2004).
- **Papel, papel fotográfico e papel para artes gráficas** — estão cobertos pela imunidade tributária do art. 150, VI, *d* (STF, RE 276.842-EDecl., Rel. Min. Carlos Velloso, *DJ* de 15-3-2002).
- **Apostilas** — "O preceito da alínea *d*, do inciso VI, do art. 150, da Carta da República, alcança as chamadas apostilas, veículo de transmissão de cultura simplificado" (STF, RE 183.403, Rel. Min. Marco Aurélio, *DJ* de 4-5-2001).

Cap. 24 ◆ SISTEMA CONSTITUCIONAL TRIBUTÁRIO

- **Abrangência da imunidade sobre papéis** — "Esta Corte já firmou o entendimento (a título de exemplo, nos RREE 190.761, 174.476, 203.859, 204.234 e 178.863) de que apenas os materiais relacionados com o papel — assim, papel fotográfico, inclusive para fotocomposição por *laser*, filmes fotográficos, sensibilizados, não impressionados, para imagens monocromáticas e papel para telefoto — estão abrangidos pela imunidade tributária prevista no artigo 150, VI, *d*, da Constituição. No caso, trata-se de tinta para jornal, razão por que o acórdão recorrido, por ter esse insumo como abrangido pela referida imunidade, e, portanto, imune ao imposto de importação, divergiu da jurisprudência desta Corte" (STF, RE 273.308, Rel. Min. Moreira Alves, *DJ* de 15-9-2000).
- **Encartes de propaganda distribuídos com jornais e periódicos** — "Veículo publicitário que, em face de sua natureza propagandística, de exclusiva índole comercial, não pode ser considerado como destinado à cultura e à educação, razão pela qual não está abrangido pela imunidade de impostos prevista no dispositivo constitucional sob referência, a qual, ademais, não se estenderia, de qualquer forma, às empresas por eles responsáveis, no que concerne à renda bruta auferida pelo serviço prestado e ao lucro líquido obtido" (STF, RE 213.094, Rel. Min. Ilmar Galvão, *DJ* de 15-10-1999).
- **Listas telefônicas** — "O fato de as edições das listas telefônicas veicularem anúncios e publicidade não afasta o benefício constitucional da imunidade. A inserção visa a permitir a divulgação das informações necessárias ao serviço público a custo zero para os assinantes, consubstanciando acessório que segue a sorte do principal. Precedentes" (STF, RE 199.183, Rel. Min. Marco Aurélio, *DJ* de 12-6-1998).

(v) "fonogramas e videofonogramas musicais produzidos no Brasil contendo obras musicais ou literomusicais de autores brasileiros e/ou obras em geral interpretadas por artistas brasileiros bem como os suportes materiais ou arquivos digitais que os contenham, salvo na etapa de replicação industrial de mídias ópticas de leitura a *laser*". Eis o teor da nova alínea *e* do art. 150, VI, acrescentada à Carta Magna pela EC n. 75, de 15-10-2013, que entrou em vigor na data de sua publicação: 16-10-2013. Trata-se de norma de eficácia plena e aplicabilidade imediata. Pretendeu diminuir o preço final de CDs, DVDs, vinis, *blu-ray*, produtos digitais e *on-line*. Numa palavra, almejou combater a "pirataria" física e *on-line* (*Internet*). Oriunda da PEC n. 123/2011, do Deputado Otávio Leite (PSDB-RJ), a EC n. 75/2013 restringiu-se à comercialização, não alcançando o processo de produção, que continuará a ser tributado. O Governador do Amazonas questionou, no Supremo, a constitucionalidade da "Emenda da música", ajuizando a ADI 5.058 (Rel. Min. Teori Zavascki). Alegou que a EC n. 75/2013 feriu os arts. 40 e 92 do Ato das Disposições Transitórias da Carta de 1988, os quais garantem diferenciação tributária a produtos fabricados na Zona Franca de Manaus até 2023.

✧ 4.2. Vedação de privilégios odiosos

Privilégios odiosos são desigualdades infundadas e desarrazoadas que prejudicam a liberdade do contribuinte. Ofendem os direitos humanos, malsinando o pórtico geral da isonomia ao discriminar pessoas e coisas (CF, art. 5º, *caput*). Por isso, são nulos de pleno direito.

Em alguns casos diminuem a carga tributária; noutros até a excluem, desequiparando pessoas inseridas de modo inexplicável.

Mas não é toda e qualquer discriminação que constitui *privilégio odioso*.

Ricardo Lobo Torres, ao estudar o assunto, com grande lucidez observou que apenas a discriminação infundada ou desarrazoada é *odiosa*, até porque o Direito Tributário é, em si, uma disciplina essencialmente discriminatória, distinguindo contribuintes a partir da capacidade econômica de cada um.

Para o autor, as discriminações "podem ocupar a face oculta dos privilégios odiosos, pois, no privilegiar alguém, a lei sempre discrimina terceiro. Mas podem ocorrer também nos privilégios não odiosos, como nas hipóteses em que se excluem das isenções e de outros benefícios socialmente úteis e justos pessoas ou coisas que se encontram em situação assemelhada" (Ricardo Lobo Torres, *Curso de direito financeiro e tributário*, p. 82).

A Constituição de 1988 proíbe o *privilegium odiosum*, mediante a consagração de normas sobre *imunidades*.

Não incidência, imunidade e isenção — Diferenças:
- **Não incidência** — terminologia ampla que abarca a imunidade e a isenção. É o limite fiscal decorrente da falta de definição do fato gerador. Justifica-se por motivos lógicos, legais e constitucionais.

1300 ◆ Uadi Lammêgo Bulos ◆

Sua eficácia é declaratória. Pode ser revogada sem efeito respristinatório. Abrange a obrigação principal e a acessória.

- **Imunidade** — limite ao poder de tributar, baseando-se numa liberdade absoluta. Tem por fonte a constituição. Sua eficácia é declaratória. É irrevogável, abrangendo a obrigação principal e a acessória.
- **Isenção** — limite fiscal derrogatório da incidência. Pauta-se na ideia de justiça, tendo por fonte a lei ordinária. Possui eficácia constitutiva, sendo revogável. Abrange, tão só, a obrigação principal.

Na vigência da Carta de 1967, eram muito comuns os privilégios odiosos, época em que militares, magistrados, deputados e senadores ficavam livres de pagar imposto de renda.

> **Pioneirismo da Carta Política do Império:** foi o Texto Imperial de 1824 que vedou, pela primeira vez no Brasil, tais *privilégios*: "Ficam abolidos todos os privilégios que não forem essenciais e inteiramente ligados aos cargos por utilidade pública" (art. 179, 16).

Mas, como dissemos, a Constituição de 1988 os proibiu.

Nesse particular, deu tratamento condigno à matéria, em três dispositivos:

- **Art. 150, II** — consagrou o *princípio constitucional tributário da igualdade*, embutindo nele a proibição genérica dos *privilégios odiosos*. Desse modo, vedou *discrimens* que diminuam ou, até, excluam o dever de todos pagarem tributos. Pouco importa o *status* social, a riqueza, o nome de família, o posto, cargo ou profissão de quem quer que seja. Todos, sem *discriminação*, devem sujeitar-se ao fenômeno impositivo do Estado. Mas, como advertiu o Supremo Tribunal Federal, assiste ao contribuinte, quando transgredidas as limitações constitucionais ao poder de tributar, o direito de contestar, judicialmente, a tributação que tenha sentido discriminatório (STF, ADC 8-MC, Rel. Min. Celso de Mello, *DJ* de 4-4-2003).

> **Outro julgado:** "Emenda Constitucional (EC n. 41/2003, art. 4º, parágrafo único, I e II). Servidor público. Vencimentos. Proventos de aposentadoria e pensões. Sujeição à incidência de contribuição previdenciária. Bases de cálculo diferenciadas. Arbitrariedade. Tratamento discriminatório entre servidores e pensionistas da União, de um lado, e servidores e pensionistas dos Estados, do Distrito Federal e dos Municípios, de outro. Ofensa ao princípio constitucional da isonomia tributária, que é particularização do princípio fundamental da igualdade" (STF, ADIn 3.105, Rel. Min. Cezar Peluso, *DJ* de 18-2-2005).

- **Art. 151, I, II e III** — veda a União instituir:

> **Âmbito de aplicação do art. 151:** "É o das relações das entidades federadas entre si. Não tem por objeto a União quando esta se apresenta na ordem externa. Não incidência sobre a prestação de serviços de transporte aéreo, de passageiros — intermunicipal, interestadual e internacional" (STF, ADIn 1.600, Rel. Min. Sydney Sanches, *DJ* de 20-6-2003).

(i) *privilégios geográficos federais* (art. 151, I) — aqui temos o *princípio da uniformidade tributária*, que se irmana com a proibição do art. 152, abaixo analisada;

> **Não é possível ao Judiciário estender isenção a contribuintes não contemplados pela lei, a título de isonomia:** "A Constituição na parte final do art. 151, I, admite a 'concessão de incentivos fiscais destinados a promover o equilíbrio do desenvolvimento socioeconômico entre as diferentes regiões do país'. A concessão de isenção é ato discricionário, por meio do qual o Poder Executivo, fundado em juízo de conveniência e oportunidade, implementa suas políticas fiscais e econômicas e, portanto, a análise de seu mérito escapa ao controle do Poder Judiciário. Precedentes: RE 149.659 e AI 138.344-AgR" (STF, RE 344.331, Rel. Min. Ellen Gracie, *DJ* de 14-3-2003).

(ii) *tributar a renda das obrigações dos Estados, Distrito Federal e Municípios*, bem como a *remuneração e os proventos dos agentes públicos* (art. 151, II); e

(iii) *instituir isenções heterônomas de tributos da competência dos Estados, do Distrito Federal ou dos Municípios* (art. 151, III).

> **Casuística do STF:**
> - **Súmula 565** — "A multa fiscal moratória constitui pena administrativa, não se incluindo no crédito habilitado em falência".

Cap. 24 ♦ SISTEMA CONSTITUCIONAL TRIBUTÁRIO   **1301**

- **Conceito de isenção** — a isenção tributária subtrai bens ou pessoas ao princípio da generalidade da tributação, dispensando o contribuinte do pagamento do tributo (STF, RE 170.412, Rel. Min. Carlos Velloso, *DJ* de 13-12-1996).
- **Isenções heterônomas** — "A questão tem que ver com as isenções denominadas *heterônomas* — CF, art. 151, III — isenções concedidas por lei a pessoa pública que não é titular da competência para instituir o tributo. A *isenção heterônoma* não é, de regra, admitida pela Constituição: art. 151, III. As custas e emolumentos constituem espécie tributária, são taxas, é da jurisprudência do Supremo Tribunal Federal. Essas taxas são do Estado-Membro. Proibida estaria a União, em consequência, de estabelecer isenções quanto a essas taxas. Ter-se-ia, no caso, *isenção heterônoma*, vedada pela Constituição, art. 151, III" (STF, ADC 5-MC, Rel. Min. Carlos Velloso, *DJ* de 19-9-2003).
- **Multa fiscal moratória** — pela Súmula 565 da Corte Excelsa, "a multa fiscal moratória constitui pena administrativa e por isso não se constitui no crédito habilitado em falência. Tendo, pois, tal multa a natureza de pena administrativa, não se lhe aplica o disposto no § 6º do art. 150 e no inciso III do art. 151, ambos da Constituição, porquanto ambos esses dispositivos dizem respeito a tributos" (STF, AgI 197.625, Rel. Min. Moreira Alves, *DJ* de 12-6-1997).
- **Isenção concedida mediante convênio celebrado pelo Estado-membro** — não ofende o art. 151, III, da Constituição (STF, RE 206.397-AgRg, Rel. Min. Carlos Velloso, *DJ* de 20-3-1998).

- **Art. 152** — proíbe os Estados, Distrito Federal e Municípios estabelecer diferença tributária entre bens e serviços, de qualquer natureza, em razão de sua procedência ou destino.

    Casuística do STF:
    - **Taxa florestal** — "Exação fiscal que serve de contrapartida ao exercício do poder de polícia, cujos elementos básicos se encontram definidos em lei, possuindo base de cálculo distinta da de outros impostos, qual seja, o custo estimado do serviço de fiscalização. Descabimento da alegação de ofensa ao princípio da isonomia, por razões óbvias, diante do incentivo fiscal, em forma de redução do tributo, previsto para as indústrias que comprovarem a realização de reflorestamento proporcional ao seu consumo de carvão vegetal" (STF, RE 239.397, Rel. Min. Ilmar Galvão, *DJ* de 28-4-2000).
    - **Antecipação de pagamento do imposto** — se a mercadoria destinar-se a outro Estado, não configura a adoção de diferença tributária, em razão do destino e procedência dos bens (STF, RE 167.034-AgRg, voto do Ministro Néri da Silveira, *DJ* de 25-2-2000).
    - **Sonegação fiscal de lucro advindo de atividade criminosa** — "A exoneração tributária dos resultados econômicos de fato criminoso — antes de ser corolário do princípio da moralidade — constitui violação do princípio de isonomia fiscal, de manifesta inspiração ética" (STF, HC 77.530, Rel. Min. Sepúlveda Pertence, *DJ* de 18-9-1998).

- **Art. 173, § 2º** — proíbe que as empresas públicas e as sociedades de economia mista exerçam privilégios fiscais não extensivos aos do setor privado.

    Casuística do STF:
    - **Empresa Brasileira de Correios e Telégrafos** — "É uma empresa pública, entidade da Administração Indireta da União, como tal tendo sido criada pelo Decreto-lei n. 509, de 10 de março de 1969. Seu capital é detido integralmente pela União Federal (artigo 6º) e ela goza dos mesmos privilégios concedidos à Fazenda Pública, 'quer em relação a imunidade tributária, direta ou indireta, impenhorabilidade de seus bens, rendas e serviços, quer no que concerne a foro, prazos e custas processuais'. Leia-se o texto do artigo 12 do decreto-lei. No que concerne às obrigações tributárias, a ela não se aplica o § 2º do art. 173 da Constituição do Brasil, na afirmação de que as empresas públicas e as sociedades de economia mista não poderão gozar de privilégios fiscais não extensivos às do setor privado. O que resta definidamente evidente, neste passo, como anotei em outra ocasião, é que tanto o preceito inscrito no § 1º quanto o veiculado pelo § 2º do art. 173 da Constituição de 1988 apenas alcançam empresas públicas e sociedades de economia mista que explorem atividade econômica em sentido estrito. Não se aplicam àquelas que prestam serviço público, não assujeitadas às obrigações tributárias às quais se sujeitam as empresas privadas. As empresas públicas, sociedades de economia mista e outras entidades estatais que prestem serviço público podem gozar de privilégios fiscais, ainda que não extensivos a empresas privadas prestadoras de serviço público em regime de concessão ou permissão (art. 175 da CF 88). Isso me parece inquestionável" (STF, ACO 765-QO — voto-vista do Min. Eros Grau, *DJ* de 22-4-2005).
    - **Empresas públicas, sociedades de economia mista e outras entidades estatais ou paraestatais que explorem serviços públicos** — não se lhes aplica a restrição contida no art. 173, § 2º, da Constituição (STF, RE 220.906, Rel. Min. Maurício Corrêa, *DJ* de 14-11-2002).

Impende anotar que as *proibições aos privilégios odiosos* excedem a linguagem prescritiva do constituinte. Encontram-se inseridas nos cantos e recantos da Carta de 1988, porque constituem uma *longa manus* dos direitos e garantias fundamentais.

Assim, vão muito além do catálogo dos arts. 150, II; 151, I, II e III; 152 e 173, § 2º, da *Lex Mater*. Abrangem, por exemplo, a vedação ao preconceito de raça, cor, religião e sexo. Independem de profissão, ideologia, domicílio ou nacionalidade. Conectam-se com a boa-fé, o senso de justiça e de razoabilidade. Correspondem, pois, a uma manifestação eloquente do Estado Democrático de Direito, cujo ideal maior é a tutela efetiva das liberdades públicas.

✧ 4.3. Princípios constitucionais tributários

Os *princípios constitucionais tributários* são as linhas-mestras do sistema tributário nacional, servindo para balizar a conduta dos Poderes Públicos, principalmente do legislador.

Limitam o poder de tributar do Estado e constituem postulados que têm por destinatário exclusivo o poder estatal, que se submete à imperatividade de suas restrições.

Precedente: STF, *RTJ, 144*:435.

A seguir os analisaremos, limitando nossa abordagem ao que consta na Constituição de 1988 e na casuística do Supremo Tribunal Federal. Sugerimos, aos que desejarem um estudo mais aprofundado, a leitura de monografias específicas sobre o tema.

Sugestões de leitura: Antônio Roberto Sampaio Dória, *Princípios constitucionais tributários e a cláusula "due process of law"*, 1964; Victor Uckmar, *Princípios comuns de direito constitucional tributário*, 1976; Aliomar Baleeiro, *Limitações constitucionais ao poder de tributar*, 1977; Hugo de Brito Machado, *Os princípios jurídicos da tributação na Constituição de 1988*, 1991; Américo Masset Lacombe, *Princípios constitucionais tributários*, 1996; Alberto Nogueira, *Os limites da legalidade tributária no Estado Democrático de Direito*, 1996.

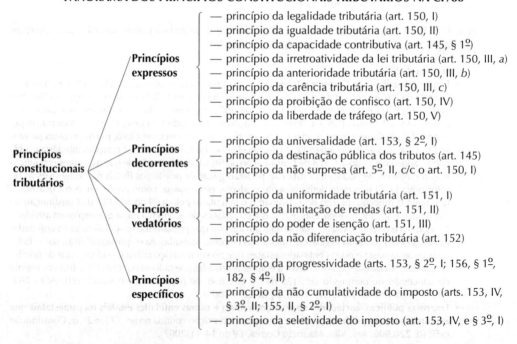

◆ Cap. 24 ◆ SISTEMA CONSTITUCIONAL TRIBUTÁRIO **1303**

¤ *4.3.1. Princípios constitucionais tributários expressos*

Princípios constitucionais tributários expressos são aqueles que vêm plasmados no texto da Constituição.

a) Princípio da legalidade tributária (art. 150, I)

Conforme o *princípio da legalidade* ou *reserva de lei tributária*, é vedado à União, aos Estados, ao Distrito Federal e aos Municípios exigir ou aumentar tributo sem lei que o estabeleça.

Mas é facultado ao Poder Executivo, atendidas as condições e os limites estabelecidos em lei, alterar, por decreto, as alíquotas dos impostos sobre importação, exportação, produtos industrializados e operações financeiras (CF, art. 153, § 1º).

> **Aplicação do princípio da legalidade pelo STF:**
> - **Complementação da lei por regulamento** — o fato de a lei deixar para o regulamento a complementação de certos conceitos não implica ofensa ao princípio da legalidade genérica (CF, art. 5º, II), nem da legalidade tributária (CF, art. 150, I) (STF, RE 343.446, Rel. Min. Carlos Velloso, *DJ* de 4-4-2003).
> - **Fixação do vencimento da obrigação tributária** — não se encontra sob a égide da legalidade (STF, AgI 339.528-AgRg, Rel. Min. Ilmar Galvão, *DJ* de 22-2-2002. **No mesmo sentido:** STF, RE 195.218, Rel. Min. Ilmar Galvão, *DJ* de 2-8-2002).
> - **Valor das taxas judiciárias** — só a lei pode criar, majorar ou reduzir os valores das taxas judiciárias (STF, ADIn 1.709, Rel. Min. Maurício Corrêa, *DJ* de 31-3-2000).
> - **Base de cálculo do IPTU (CTN, art. 33)** — a fixação do valor venal presumido do imóvel somente deve ser feita mediante lei e não por decreto executivo, haja vista o princípio da legalidade tributária (STF, AgI 181.853, Rel. Min. Moreira Alves, *DJ* de 27-6-1997).
> - **Princípio constitucional da capacidade contributiva e possibilidade de cobrança progressiva de imposto sobre transmissão por morte** — é constitucional a cobrança progressiva do Imposto sobre transmissão *causa mortis* e doações (STF, Pleno, RE 562045/RS, Rel. Min. Cármen Lúcia, j. 6-2-2013).
> - **Impossibilidade de cobrança de cheque especial sem uso do serviço** — a cobrança de cheque especial sem uso do serviço confunde-se com duas situações: 1ª) de um lado, gera confusão com tributo, na modalidade de taxa, tendo em vista que será cobrada apenas pela disponibilização mensal de limite pré-aprovado do cheque especial; e 2ª) de outro, com a cobrança antecipada de juros, face à possibilidade de compensação da tarifa com os juros. Na primeira situação, ocorre fraude ao princípio da legalidade tributária, pois a taxa somente pode ser instituída por lei em sentido formal e material (CF, art. 150, I). Já quanto à segunda situação, a cobrança é inconstitucional por colocar o consumidor em situação de vulnerabilidade econômico-jurídica (CF, art. 170, V), ao dissimular a forma de cobrança (antecipada), como a própria natureza da cobrança de juros, para atingir todos aqueles que possuem a disponibilização de limite de cheque especial (STF, ADPF 645, Rel. Min. Gilmar Mendes, j. 15-4-2020).

b) Princípio da igualdade tributária (art. 150, II)

Pelo *princípio da igualdade, paridade* ou *isonomia tributária* é proibido à União, Estados, Distrito Federal e Municípios instituir tratamento desigual entre contribuintes que se encontrem em situação equivalente, proibida qualquer distinção em razão de ocupação profissional ou função por eles exercida, independentemente da denominação jurídica dos rendimentos, títulos ou direitos.

> **Extrafiscalidade — Precedente do STF:** não há ofensa ao princípio da isonomia tributária se a lei, por motivos extrafiscais, imprime tratamento desigual a microempresas e empresas de pequeno porte de capacidade contributiva distinta, afastando do regime do SIMPLES aquelas cujos sócios têm condição de disputar o mercado de trabalho sem assistência do Estado. **Nesse sentido:** STF, ADIn 1.643, Rel. Min. Maurício Corrêa, *DJ* de 14-3-2003; STF, ADIn 1.276, Rel. Min. Ellen Gracie, *DJ* de 29-11-2002.

c) Princípio da capacidade contributiva (art. 145, § 1º)

Segundo o *princípio da capacidade contributiva* ou da *personalização tributária*, sempre que possível, os impostos terão caráter pessoal e serão graduados conforme a capacidade econômica do contribuinte, facultado à administração tributária, especialmente para conferir efetividade a esses objetivos, identificar,

1304 ◆ Uadi Lammêgo Bulos ◆

respeitados os direitos individuais e nos termos da lei, o patrimônio, os rendimentos e as atividades econômicas do contribuinte.

> **Aplicação do princípio da capacidade contributiva pelo STF:**
> - **Multa moratória de 20% do valor do imposto devido** — "Não se mostra abusiva ou desarrazoada, inexistindo ofensa aos princípios da capacidade contributiva e da vedação ao confisco" (STF, RE 239.964, Rel. Min. Ellen Gracie, *DJ* de 9-5-2003).
> - **Imposto de transmissão de imóveis *inter vivos*** — "A Constituição Federal não autoriza a progressividade das alíquotas, realizando-se o princípio da capacidade contributiva proporcionalmente ao preço da venda" (STF, RE 234.105, Rel. Min. Carlos Velloso, *DJ* de 31-3-2000).
> - **Exigibilidade do ISS** — "Não está condicionada ao adimplemento da obrigação de pagar-lhe o preço, assumida pelo tomador dele: a conformidade da legislação tributária com os princípios constitucionais da isonomia e da capacidade contributiva não pode depender do prazo de pagamento concedido pelo contribuinte a sua clientela" (STF, AgI 228.337-AgRg, Rel. Min. Sepúlveda Pertence, *DJ* de 18-2-2000).

d) Princípio da irretroatividade da lei tributária (art. 150, III, a)

Consoante o *princípio da irretroatividade da lei tributária* ou *da prévia definição legal do fato gerador*, é proibido à União, Estados, Distrito Federal e Municípios cobrar tributos em relação a fatos geradores ocorridos antes do início da vigência da lei que os houver instituído ou aumentado.

> **Aplicação do princípio da irretroatividade da lei tributária pelo STF:**
> - **Súmula 584** — "Ao imposto de renda calculado sobre os rendimentos do ano-base, aplica-se a lei vigente no exercício financeiro em que deve ser apresentada a declaração".
> - **Conteúdo e caracterização da irretroatividade tributária** — "Somente condiciona a atividade jurídica do Estado nas hipóteses expressamente previstas pela Constituição, em ordem a inibir a ação do poder público eventualmente configuradora de restrição gravosa (a) ao *status libertatis* da pessoa (CF, art. 5º, XL), (b) ao *status subjectiones* do contribuinte em matéria tributária (CF, art. 150, III, *a*) e (c) à segurança jurídica no domínio das relações sociais (CF, art. 5º, XXXVI). Na medida em que a retroprojeção normativa da lei 'não' gere e 'nem' produza os gravames referidos, nada impede que o Estado edite e prescreva atos normativos com efeito retroativo. As leis, em face do caráter prospectivo de que se revestem, devem, 'ordinariamente', dispor para o futuro. O sistema jurídico-constitucional brasileiro, contudo, 'não' assentou, como postulado absoluto, incondicional e inderrogável, o princípio da irretroatividade" (STF, ADIn 605-MC, Rel. Min. Celso de Mello, *DJ* de 5-3-1993).
> - **Como deve ser interpretado o princípio da irretroatividade tributária** — "O princípio da irretroatividade da lei tributária deve ser visto e interpretado, desse modo, como garantia constitucional instituída em favor dos sujeitos passivos da atividade estatal no campo da tributação. Trata-se, na realidade, à semelhança dos demais postulados inscritos no art. 150 da Carta Política, de princípio que — por traduzir limitação ao poder de tributar — é tão somente oponível pelo contribuinte à ação do Estado" (STF, ADIn 712-MC, Rel. Min. Celso de Mello, *DJ* de 19-2-1993).
> - **Imposto de importação. Alteração das alíquotas pelo Executivo** — "O que a Constituição exige, no art. 150, III, *a*, é que a lei que institua ou que majore tributos seja anterior ao fato gerador. No caso, o decreto que alterou as alíquotas é anterior ao fato gerador do imposto de importação" (STF, RE 225.602, Rel. Min. Carlos Velloso, *DJ* de 6-4-2001). No mesmo sentido: STF, RE 219.893, Rel. Min. Ilmar Galvão, *DJ* de 28-5-1999.
> - **Pagamento do tributo** — "A circunstância de o fato disciplinado pela norma — isto é, o pagamento do tributo — haver de ocorrer após a sua edição é suficiente para afastar a alegada violação ao princípio da irretroatividade" (STF, RE 219.878, Rel. Min. Sepúlveda Pertence, *DJ* de 4-8-2000). No mesmo sentido: STF, RE 201.618, Rel. Min. Ilmar Galvão, *DJ* de 1º-8-1997.

e) Princípio da anterioridade tributária (art. 150, III, b)

Segundo o *princípio da anterioridade tributária*, é proibido à União, Estados, Distrito Federal e Municípios cobrar tributos no mesmo exercício financeiro em que haja sido publicada a lei que os instituiu ou aumentou.

Essa diretriz não é uma peculiaridade do Direito Tributário, mas sim uma adaptação do princípio da irretroatividade das leis e dos atos normativos ao fenômeno tributário, previsto, inclusive, na Constituição brasileira de 1988 (arts. 5º, XL, e 150, III, *a*).

A anterioridade da lei tributária posta-se como uma liberdade pública de iniludível fundamentalidade na ordem jurídica brasileira. Sua importância é tão acentuada que ela se encontra imune, até

◆ Cap. 24 ◆ SISTEMA CONSTITUCIONAL TRIBUTÁRIO
1305

mesmo, da incidência da competência reformadora do Texto Maior, titularizada pelo Congresso Nacional.

> **Precedente:** STF, *RTJ, 151*:755-756.

Por isso, "representa um dos direitos fundamentais mais relevantes outorgados ao universo dos contribuintes pela Carta da República, além de traduzir, na concreção do seu alcance, uma expressiva limitação ao poder impositivo do Estado. Por tal motivo, não constitui demasia insistir na asserção de que o princípio da anterioridade das leis tributárias — que se aplica, por inteiro, ao IPTU (*RT, 278*:556) — reflete, em seus aspectos essenciais, uma das expressões fundamentais em que se apoiam os direitos básicos proclamados em favor dos contribuintes" (STF, Pet. 1.466, Rel. Min. Celso de Mello, *DJ* de 2-9-1998).

Com efeito, a anterioridade da lei tributária pode ser anual (CF, art. 150, III, *b*) ou nonagesimal (CF, art. 195, § 6º).

> **Anterioridade nonagesimal:** "PIS. FINSOCIAL. Prazo de recolhimento. Alteração pela Lei n. 8.218, de 29-8-91. Alegada contrariedade ao art. 195, § 6º, da Constituição Federal. Examinando questão idêntica, decidiu a 1ª Turma: 'Improcedência da alegação de que, nos termos do art. 195, § 6º, da Constituição, a lei em referência só teria aplicação sobre fatos geradores ocorridos após o término do prazo estabelecido pela norma. A regra legislativa que se limita simplesmente a mudar o prazo de recolhimento da obrigação tributária, sem qualquer repercussão, não se submete ao princípio da anterioridade" (STF, RE 274.949-AgRg, Rel. Min. Sydney Sanches, *DJ* de 1º-2-2002). No mesmo sentido: STF, RE 179.109, Rel. Min. Sepúlveda Pertence, *DJ* de 7-11-1997; STF, RE 196.276, *DJ* de 31-10-1997.

> **CSLL: EC n. 10/96 e anterioridade nonagesimal** — o Supremo Tribunal concluiu que é indevida a cobrança da contribuição social sobre lucro líquido (CSLL), tal como exigida pela EC n. 10/96, relativamente ao período de 1º-1-1996 a 6-6-1996, haja vista o princípio da anterioridade nonagesimal (CF, art. 195, § 6º). Concluiu-se que a anterioridade nonagesimal é uma garantia individual e, por isso, integra o núcleo das cláusulas pétreas, não passível de supressão por emenda constitucional (RE 587.008/SP, Rel. Min. Dias Toffoli, 2-2-2011).

A propósito, o *princípio da anualidade do lançamento do tributo* é um desdobramento do próprio vetor da anterioridade tributária, porque de 1º de janeiro a 31 de dezembro de cada ano ocorre o lançamento dos tributos.

A Constituição, todavia, excluiu da incidência da anterioridade/anualidade os seguintes tributos:
- os empréstimos compulsórios (art. 148, I);
- os impostos sobre importação, exportação, produtos industrializados e operações financeiras (art. 153, I, II, IV e V; e art. 154, II);
- os impostos extraordinários (art. 154, II); e
- as contribuições da seguridade social (art. 195, § 6º).

> **Precedente:** "As contribuições sociais da seguridade social previstas no art. 195 da Constituição Federal que foram incluídas no Capítulo do Sistema Tributário Nacional, poderão ser exigidas após decorridos noventa dias da data da publicação da lei que as houver instituído ou modificado, não se lhes aplicando o disposto no art. 150, III, *b*, do Sistema Tributário, posto que excluídas do regime dos tributos" (STF, AgI 174.540-AgRg, Rel. Min. Maurício Corrêa, *DJ* de 26-4-1996).

Todas essas exações podem ser instituídas, aumentadas e até cobradas no curso do mesmo exercício financeiro, pois sobre elas não se aplica o disposto no art. 150, III, *b*, da *Lex Legum*.

> **Aplicação do princípio da anterioridade da lei tributária pelo STF:**
> - **Redução de benefício fiscal ou majoração de tributo** — por criarem uma carga para o contribuinte, sujeitam-se ao princípio da anterioridade (STF, ADIn 2.325, Rel. Min. Marco Aurélio, *DJ* de 13-3-2008).
> - **Aumento da base de cálculo de IPTU** — só mediante lei, em sentido formal, publicada no exercício financeiro anterior (STF, RE 234.605, Rel. Min. Ilmar Galvão, *DJ* de 1º-12-2000).
> - **Revogada a isenção, o tributo torna-se imediatamente exigível** — nesse caso, não se aplica o princípio da anterioridade, dado que o tributo já é existente (STF, RE 204.062, Rel. Min. Carlos Velloso, *DJ* de 19-12-1996).

1306 ◆ Uadi Lammêgo Bulos ◆

- **Emenda constitucional. Violação à anterioridade tributária** — "A Emenda Constitucional n. 3, de 17-03-93, que, no art. 2º, autorizou a União a instituir o IPMF, incidiu em vício de inconstitucionalidade, ao dispor, no § 2º desse dispositivo, que, quanto a tal tributo, não se aplica o art. 150, III, *b* e VI, da Constituição, porque, desse modo, violou os seguintes princípios e normas imutáveis (somente eles, não outros): o princípio da anterioridade, que é garantia individual do contribuinte (art. 5º, § 2º, art. 60, § 4º, inciso IV e art. 150, III, *b* da Constituição)" (STF, ADIn 939, Rel. Min. Sydney Sanches, *DJ* de 18-3-1994).
- **Obrigação tributária** — "A obrigação tributária regula-se pela lei anterior ao fato que a gerou, mesmo no sistema de bases correntes da Lei n. 7.713/88 (imposto devido mensalmente, a medida em que percebidos rendimentos e ganhos de capital, não no último dia do ano) em vigor quando da norma impugnada. Ainda quando a execução da obrigação tributária se projeta no tempo, ela surge, também nesse sistema, contemporaneamente ao seu fato gerador" (STF, ADIn 513, Rel. Min. Célio Borja, *DJ* de 30-10-1992).

f) Princípio da carência tributária (art. 150, III, c)

Pelo *princípio da carência tributária*, é proibido à União, Estados, Distrito Federal e Municípios cobrar tributos antes de decorridos noventa dias da data em que haja sido publicada a lei que os instituiu ou aumentou.

Esse princípio proveio da Emenda Constitucional n. 42, de 19 de dezembro de 2003, sendo um consectário lógico do vetor da anterioridade da lei tributária.

Resultado: o prazo de noventa dias não exclui a aplicação da anterioridade.

Nesse ínterim, não se sujeitam à carência — podendo ser instituídos, aumentados e cobrados ao longo do exercício financeiro — os tributos assinalados no art. 150, III, § 1º, da Carta de 1988. Acrescente-se a esse rol os impostos sobre a propriedade de veículos automotores (art. 155, III) e sobre a propriedade predial e territorial urbana (art. 156, I), que também não se sujeitam ao *princípio da carência tributária*.

Em contrapartida, submetem-se ao prazo de carência de noventa dias:

- os impostos federais sobre renda, propriedade territorial rural e grandes fortunas; e
- todos os impostos, taxas e contribuições de melhoria estaduais e municipais, inclusive a contribuição de iluminação e de limpeza pública, instituída pela Emenda Constitucional n. 39/2002 (art. 149-A).

g) Princípio da proibição de confisco (art. 150, IV)

De acordo com o *princípio da proibição de confisco*, que, como vimos, constitui uma das causas de *imunidade tributária*, é defeso à União, aos Estados, ao Distrito Federal e aos Municípios utilizar tributo com efeito confiscatório.

Aplicação do princípio da proibição de confisco pelo STF:

- **Constitucionalidade da CPMF** — o Plenário do Supremo Tribunal Federal reconheceu a legitimidade constitucional da CPMF, vindo a rejeitar as alegações de confisco de rendimentos (STF, RE 389.423-AgRg, Rel. Min. Celso de Mello, *DJ* de 5-11-2004). Precedente: STF, ADIn 2.031/DF, Rel. Min. Ellen Gracie (julgamento definitivo).
- **Proibição constitucional do confisco. Significado** — "A proibição constitucional do confisco em matéria tributária nada mais representa senão a interdição, pela Carta Política, de qualquer pretensão governamental que possa conduzir, no campo da fiscalidade, à injusta apropriação estatal, no todo ou em parte, do patrimônio ou dos rendimentos dos contribuintes, comprometendo-lhes, pela insuportabilidade da carga tributária, o exercício do direito a uma existência digna, ou a prática de atividade profissional lícita ou, ainda, a regular satisfação de suas necessidades vitais (educação, saúde e habitação, por exemplo). A identificação do efeito confiscatório deve ser feita em função da totalidade da carga tributária, mediante verificação da capacidade de que dispõe o contribuinte considerado o montante de sua riqueza (renda e capital) — para suportar e sofrer a incidência de todos os tributos que ele deverá pagar, dentro de determinado período, à mesma pessoa política que os houver instituído (a União Federal, no caso), condicionando-se, ainda, a aferição do grau de insuportabilidade econômico-financeira, à observância, pelo legislador, de padrões de razoabilidade destinados a neutralizar excessos de ordem fiscal eventualmente praticados pelo Poder Público. Resulta configurado o caráter confiscatório de determinado tributo, sempre que o efeito cumulativo — resultante das múltiplas incidências tributárias estabelecidas pela mesma entidade estatal — afetar, substancialmente, de maneira irrazoável, o patrimônio e/ou os rendimentos do contribuinte. O Poder Público, especialmente em sede de tributação (as contribuições de seguridade social

◆ Cap. 24 ◆ SISTEMA CONSTITUCIONAL TRIBUTÁRIO ◆ **1307**

revestem-se de caráter tributário), não pode agir imoderadamente, pois a atividade estatal acha-se essencialmente condicionada pelo princípio da razoabilidade" (STF, ADC 8-MC, Rel. Min. Celso de Mello, *DJ* de 4-4-2003).

- **Fixação de valores mínimos para multas** — "A desproporção entre o desrespeito à norma tributária e sua consequência jurídica, a multa, evidencia o caráter confiscatório desta, atentando contra o patrimônio do contribuinte, em contrariedade ao mencionado dispositivo do texto constitucional federal" (STF, ADIn 551, Rel. Min. Ilmar Galvão, *DJ* de 14-2-2003).
- **Importação. Regularização fiscal. Confisco** — "Longe fica de configurar concessão, a tributo, de efeito que implique confisco decisão que, a partir de normas estritamente legais, aplicáveis a espécie, resultou na perda de bem móvel importado" (STF, AgI 173.689-AgRg, Rel. Min. Marco Aurélio, *DJ* de 26-4-1996).

h) Princípio da liberdade de tráfego (art. 150, V)

Pelo *princípio da liberdade de tráfego*, que também constitui uma das causas de imunidade tributária, é vedado à União, aos Estados, ao Distrito Federal e aos Municípios estabelecer limitações ao tráfego de pessoas ou bens, por meio de tributos interestaduais ou intermunicipais, ressalvada a cobrança de pedágio pela utilização de vias conservadas pelo Poder Público.

> **Pedágio:** possui a natureza jurídica da *taxa*, sendo legítima a sua cobrança (STF, RE 181.475, Rel. Min. Carlos Velloso, *DJ* de 25-6-1999).

✠ 4.3.2. Princípios constitucionais tributários decorrentes

Princípios constitucionais tributários decorrentes são os que provêm dos expressos.

Não se limitam, necessariamente, ao sistema constitucional tributário, podendo advir de outras partes da Constituição.

a) Princípio da universalidade (art. 153, § 2º, I)

Pelo *princípio da universalidade*, todos os que praticarem o fato gerador da obrigação tributária devem pagar o tributo respectivo, exceto nos casos de isenção, disciplinados em lei.

Como a Carta Federal prevê a universalidade e a generalidade com relação ao imposto de renda (art. 153, § 2º, I), tal regra se estende a todo e qualquer tributo, pois as pessoas políticas de direito público interno — União, Estados, Distrito Federal e Municípios — não podem estabelecer distinções ou preferências (CF, art. 19, III).

É nesse contexto que advém o *vetor da universalidade*, lídimo corolário da igualdade de todos perante a lei (CF, art. 5º, *caput*).

b) Princípio da destinação pública dos tributos (art. 145)

Segundo o *princípio da destinação pública dos tributos*, nenhum particular poderá exercer o poder de tributar. Só o Estado, e mais ninguém, detém o *munus* de impor exações, afinal não existe "tributo privado".

Tal ideia decorre do art. 145 da Lei Maior, pois são os entes federativos que instituem tributos, e não as pessoas físicas, propriamente ditas.

c) Princípio da não surpresa (art. 5º, II, c/c o art. 150, I)

O *princípio da não surpresa* é um vetor de índole axiológica, extraído da ordenação racional e sistemática de um conjunto de normas que compõem o ordenamento jurídico nacional.

Embora não se encontre explicitado pela linguagem prescritiva do constituinte, o pórtico esflora de uma retórica constitucional, no sentido de que constitui lídimo reflexo do princípio da legalidade geral (CF, art. 5º, II) e da legalidade tributária (CF, art. 150, I), concretizando-se pelo vetor da *anterioridade da lei tributária*, como reconheceu o Supremo Tribunal Federal.

> **Substituição legal dos fatores de indexação — Princípio da não surpresa:** "A modificação dos fatores de indexação, com base em legislação superveniente, não constitui desrespeito a situações jurídicas

consolidadas (CF, art. 5º, XXXVI), nem transgressão ao *postulado da não surpresa*, instrumentalmente garantido pela cláusula da anterioridade tributária (CF, art. 150, III, *b*)" (STF, RE 200.844-AgRg, Rel. Min. Celso de Mello, *DJ* de 16-8-2002).

Assim, o vetor da anterioridade tributária é uma das "traduções" do *princípio da não surpresa*, no sentido de que o contribuinte não pode ser surpreendido pela improvisação, pela incerteza, pela insegurança, provenientes, inclusive, de atos emanados de autoridades públicas, ainda quando praticados no exercício regular de suas atribuições.

O *princípio da não surpresa* é ínsito aos Estados Democráticos de Direito, encontrando no império da lei o seu supedâneo máximo. Equivale a uma diretriz genérica de aplicação universal no âmbito jurídico. É engano pretender particularizá-lo a este ou àquele setor do Direito, até porque a metáfora *ramos do Direito* existe por uma razão eminentemente didático-pedagógica.

Assim, o *princípio da não surpresa* serve para balizar e orientar o intérprete perante situações práticas, podendo ser utilizado em diversas hipóteses.

Na seara do direito constitucional, mais especificamente em tema de medida provisória, por exemplo, o *primado da não surpresa* vem destacado pelos autores.

Mizabel Derzi, por exemplo, anotou: "A questão relevante é saber como conciliar tais medidas provisórias com o princípio da não surpresa, a rigor, realidades sujeitadas a regimes jurídicos antitéticos e inconciliáveis" (Nota de atualização n. 9 à obra *Direito tributário brasileiro*, de Aliomar Baleeiro, p. 60-61).

No Direito Penal, o *princípio da não surpresa* igualmente está presente. Reveste-se na máxima de Anselm von Feuerbach, *nullum crimen, nulla poena sine lege*, constitucionalizada desde a *Magna Charta Libertatum* de 1215. Na Constituição brasileira ele está embutido no art. 5º, XXXIX, configurando mandamento nuclear das relações jurídico-criminais.

Nos domínios do Direito Tributário, o princípio em epígrafe vem registrado de maneira indelével.

Quando o Supremo Tribunal Federal, cumprindo o seu papel de guarda da Constituição, não permitiu, em diversas assentadas, que se criassem exações novas, excepcionadoras da anterioridade tributária, o fez com base no vetor em análise.

> **Precedentes:** STF, Pet. 1.466, Rel. Min. Celso de Mello, *DJ* de 2-9-1998; STF, RE 234.605, Rel. Min. Ilmar Galvão, *DJ* de 1º-12-2000; STF, RE 274.949-AgRg, Rel. Min. Sydney Sanches, *DJ* de 1º-2-2002; STF, RE 284.619, Rel. Min. Ilmar Galvão, *DJ* de 7-3-2003; STF, ADIn 2.556-MC, Rel. Min. Moreira Alves, *DJ* de 8-8-2003; STF, RE 268.003, Rel. Min. Moreira Alves, *DJ* de 10-8-2000; STF, RE 196.045, Rel. Min. Ilmar Galvão, *DJ* de 19-11-1999.

E faz sentido. A anterioridade, enquanto projeção da *não surpresa*, participa de um contexto constitucional que inadmite usurpações materiais e formais dos preceitos supremos que regem o Estado.

Mas não é apenas no acervo jurisprudencial que encontramos a consagração eloquente do *princípio da não surpresa* em sede tributária. Nessa área, estudiosos de escol vêm alertando sobre a sua incidência no sentido de que ele funciona como limitação ao poder de tributar.

Eduardo Maneira demonstrou que o *princípio da não surpresa* no Direito Tributário "atua como mecanismo de proteção jurídica destinado a tutelar os direitos subjetivos dos contribuintes. É subprincípio do princípio da legalidade e confere a este último maior concretude e densidade" (*Direito tributário*: princípio da não surpresa, p. 23).

Como se vê, o *princípio da não surpresa* não é um devaneio. Não se podem renegar as nuanças do sistema econômico pátrio, fechando os olhos para a legalidade e a não surpresa, enquanto pautas gerais de observância destacada, destinadas a garantir a igualdade daqueles que disputam o mercado. A invocação do primado em estudo pode evitar exegeses distorcidas que levam sempre à maculação dos direitos fundamentais dos contribuintes. Reportamo-nos à dimensão praxeológica da *não surpresa*.

Nos últimos anos, o *princípio da não surpresa* vem sendo paulatinamente estudado. Mas, em tempos remotos, o vetor só era examinado nuns poucos e brilhantes artigos, espraiados nos repositórios de doutrina. Após o advento da Carta de Outubro sua invocação intensificou-se em benefício de teses jurídicas suscetíveis de construção científica, ainda quando envolvas numa ambiência de polêmica

◆ Cap. 24 ◆ SISTEMA CONSTITUCIONAL TRIBUTÁRIO 1309

interminável. A razão de tudo isso é facilmente explicada: a *não surpresa* constitui uma forma de realizar o ideário da certeza jurídica.

Esse ponto de vista não é isolado. Sacha Calmon Navarro Coêlho também acredita que o *primado da não surpresa* é "valor nascido da aspiração dos povos de conhecerem com razoável antecedência o teor e o *quantum* dos tributos a que estariam sujeitos no futuro imediato, de modo a poderem planejar as suas atividades levando em conta referenciais da lei" (*Curso de direito tributário brasileiro*, p. 226).

⌥ 4.3.3. Princípios constitucionais tributários vedatórios

Princípios constitucionais tributários vedatórios, como o próprio nome já diz, são aqueles que consagram proibições ou limitações ao poder de tributar do Estado, impedindo, assim, a prática de *privilégios odiosos*.

Funcionam, pois, como diretrizes para a *vedação de privilégios odiosos*, que vimos acima.

a) Princípio da uniformidade tributária (art. 151, I)

Pelo *princípio da uniformidade tributária*, a Constituição veda *privilégios geográficos federais*, porquanto eles constituem *práticas odiosas*.

Assim, é proibido à União instituir tributo que não seja uniforme em todo o território nacional ou que implique distinção ou preferência em relação a Estado, ao Distrito Federal ou a Município, em detrimento de outro, admitida a concessão de incentivos fiscais destinados a promover o equilíbrio do desenvolvimento socioeconômico entre as diferentes regiões do País.

b) Princípio da limitação de rendas (art. 151, II)

Consoante o *princípio da limitação de rendas*, é proibido à União tributar a renda das obrigações da dívida pública dos Estados, do Distrito Federal e dos Municípios, bem como a remuneração e os proventos dos respectivos agentes públicos, em níveis superiores aos que fixar para suas obrigações e para seus agentes.

c) Princípio do poder de isenção (art. 151, III)

Segundo o *princípio do poder de isenção*, a União não poderá instituir isenções de tributos da competência dos Estados, do Distrito Federal ou dos Municípios.

> **ISS — Não incidência e instituições financeiras:** o art. 151, III, da CF não contempla *isenção*, mas hipótese de *não incidência tributária* (STF, RE 361.829/RJ, Rel. Min. Carlos Velloso, decisão de 13-12-2005. Precedentes citados: STF, RE 236.604/PR, *DJU* de 6-8-1999; RE 116.121/SP, *DJU* de 29-5-2001).

d) Princípio da não diferenciação tributária (art. 152)

Conforme o *princípio da não diferenciação tributária*, os Estados, o Distrito Federal e os Municípios encontram-se proibidos de estipular diferença tributária entre bens e serviços, de qualquer natureza, em razão de sua procedência ou destino.

⌥ 4.3.4. Princípios constitucionais tributários específicos

Princípios constitucionais tributários específicos são os que se dirigem a determinado tributo.

a) Princípio da progressividade (arts. 153, § 2º, I; 156, § 1º; 182, § 4º, II)

Princípio da progressividade é o que se reporta ao imposto sobre a renda e ao imposto sobre a propriedade predial e territorial urbana.

Diz-se *progressivo* o imposto cuja alíquota aumenta à proporção em que aumenta a base imponível.

1310 ◆ Uadi Lammêgo Bulos ◆

Aplicação do princípio da progressividade pelo STF:

- **Constitucionalidade de lei estadual que instituiu progressividade da alíquota de IPTU** — foi por unanimidade de votos que o Supremo Tribunal, em sua composição plenária, decidiu que é constitucional lei de Estado-membro, no caso a Lei municipal n. 13.250/2001, da capital de São Paulo, que instituiu a cobrança de IPTU com base no valor de venda de um bem, considerando a metragem, a localização, a destinação e o tipo de imóvel (valor venal do imóvel). Prevaleceu o entendimento de que a lei questionada estava de acordo com o art. 156, § 1º, da Carta Magna, com redação dada pela Emenda Constitucional n. 29/2000. Antes dessa emenda, não havia qualquer alusão ao valor do imóvel, nem a sua localização ou uso. Ademais, há que se levar em conta o princípio da progressividade tributária. É que a cobrança de tributos pressupõe o patrimônio, a renda e o volume de atividades econômicas (CF, art. 145, § 1º). Aquelas com maior capacidade contributiva devem contribuir mais para possibilitar ao Poder Público cumprir sua função social. Segundo o Min. Ayres Britto, trata-se de "justiça social imobiliária, com tratamento desigual para quem é imobiliariamente desigual". Finalmente, a EC n. 29/2000 incluiu entre os parâmetros da cobrança do IPTU a garantia da função social do solo urbano, o valor do imóvel, sua localização e uso. Na realidade, a EC n. 29/2000 apenas aclarou o real significado do que já existia sobre a graduação de tributos. Não aboliu nenhum direito ou garantia individual, pois, desde a redação original da Carta de 1988, já constava a progressividade dos impostos e a consideração da capacidade econômica do contribuinte, não se tratando, portanto, de novidade apta a afastar algo que pudesse ser tido como integrado a patrimônio (STF, RE 423.768/SP, Rel. Min. Marco Aurélio, j. em 1º-12-2010).

- **Progressividade fiscal do IPTU** — "No sistema tributário nacional é o IPTU inequivocamente um imposto real. Sob o império da atual Constituição, não é admitida a progressividade fiscal do IPTU, quer com base exclusivamente no seu artigo 145, § 1º, porque esse imposto tem caráter real que é incompatível com a progressividade decorrente da capacidade econômica do contribuinte, quer com arrimo na conjugação desse dispositivo constitucional (genérico) com o artigo 156, § 1º (específico). A interpretação sistemática da Constituição conduz inequivocamente à conclusão de que o IPTU com finalidade extrafiscal a que alude o inciso II do § 4º do artigo 182 é a explicitação especificada, inclusive com limitação temporal, do IPTU com finalidade extrafiscal aludido no art. 156, I, § 1º. Portanto, é inconstitucional qualquer progressividade, em se tratando de IPTU, que não atenda exclusivamente ao disposto no artigo 156, § 1º, aplicado com as limitações expressamente constantes dos §§ 2º e 4º do artigo 182, ambos da Constituição Federal" (STF, RE 153.771, Rel. p/ acórdão Min. Moreira Alves, *DJ* de 5-9-1997). **No mesmo sentido:** STF, AgI 468.801-AgRg, Rel. Min. Eros Grau, *DJ* de 15-10-2004.

b) *Princípio da não cumulatividade do imposto (arts. 153, IV, § 3º, II; 155, II, § 2º, I)*

Princípio da não cumulatividade do imposto é o que incide nos impostos sobre produtos industrializados e sobre operações relativas à circulação de mercadorias e prestação de serviços.

Aplicação do princípio da não cumulatividade do imposto pelo STF:

- **IPI. Direito ao creditamento** — "O Plenário do Supremo Tribunal Federal reconheceu, em favor da empresa contribuinte, a existência do direito ao creditamento do IPI, na hipótese em que a aquisição de matérias-primas, insumos e produtos intermediários tenha sido beneficiada por regime jurídico de exoneração tributária (regime de isenção ou regime de alíquota zero), inocorrendo, em qualquer desses casos, situação de ofensa ao postulado constitucional da não cumulatividade. Precedentes" (STF, RE 293.511-AgRg, Rel. Min. Celso de Mello, *DJ* de 21-3-2003).

- **Compensação de créditos de ICMS** — "A jurisprudência desta Corte firmou entendimento no sentido de inexistir ofensa ao princípio da não cumulatividade na hipótese da legislação estadual não consentir com a compensação de créditos de ICMS advindos da aquisição de bens destinados ao consumo e ao ativo fixo do contribuinte. Incidência do verbete n. 546 da Súmula do Supremo Tribunal Federal, tendo em vista a não demonstração, por parte da agravante, de que suportou o encargo relativo ao imposto da compra, sem repassar ao consumidor" (STF, AgI 487.396-AgRg, Rel. Min. Eros Grau, *DJ* de 8-4-2005).

- **Inexistência de cumulação tributária** — "O princípio da não cumulatividade opera a compensação do tributo pago na entrada da mercadoria com o valor devido por ocasião da saída, evitando-se a sua cumulação. Se uma das operações não é tributada, não há possibilidade de cumulação, inexistindo espaço para compensação" (STF, RE 212.019, Rel. Min. Ilmar Galvão, *DJ* de 21-5-1999).

- **Equilíbrio do débito e do crédito** — "Longe fica de vulnerar o princípio da não cumulatividade conclusão sobre o direito do contribuinte à reposição do poder aquisitivo da moeda quanto a crédito tributário reconhecido, homenageando-se o equilíbrio da equação crédito e débito" (STF, RE 191.605-AgRg, Rel. Min. Marco Aurélio, *DJ* de 6-2-1998). **No mesmo sentido:** STF, RE 172.394, Rel. p/ acórdão Min. Ilmar Galvão, *DJ* de 15-9-1995.

◆ Cap. 24 ◆ SISTEMA CONSTITUCIONAL TRIBUTÁRIO **1311**

- **ICMS. Diminuição da base de incidência** — "Conflita com o princípio da não cumulatividade norma vedadora da compensação do valor recolhido na operação anterior. O fato de ter-se a diminuição valorativa da base de incidência não autoriza, sob o ângulo constitucional, tal proibição. Os preceitos das alíneas *a* e *b* do inciso II do § 2º do artigo 155 da Constituição Federal somente têm pertinência em caso de isenção ou não incidência, no que voltadas à totalidade do tributo, institutos inconfundíveis com o benefício fiscal em questão" (STF, RE 161.031, Rel. Min. Marco Aurélio, *DJ* de 6-6-1997). **No mesmo sentido:** STF, RE 240.395-AgRg, *DJ* de 2-8-2002; STF, AgI 389.871, *DJ* de 4-3-2005.

c) Princípio da seletividade do imposto (art. 153, IV, e § 3º, I)

Princípio da seletividade do imposto é o que se aplica, obrigatoriamente, ao imposto sobre produtos industrializados, em virtude da *essencialidade do produto*. Mas pode ser aplicado ao imposto sobre circulação de mercadorias e prestação de serviços, em virtude da essencialidade das mercadorias e dos serviços (CF, art. 155, § 2º, III).

✦ 5. REPARTIÇÃO DAS RECEITAS TRIBUTÁRIAS

Repartição das receitas tributárias é a técnica pela qual uma entidade participa da receita tributária da outra; por seu intermédio, dá-se a *distribuição* ou *discriminação das rendas pelo produto*.

A Carta de 1988 consagrou a *repartição das receitas tributárias* nos seus arts. 157 a 162.

Previu, assim, uma autêntica cooperação financeira entre as entidades autônomas da Federação, aquilo que a doutrina chama de *federalismo cooperativo*.

O *federalismo cooperativo* inaugurou-se entre nós com o advento do Texto de 1934 (art. 9º), embora a participação na receita tributária só tenha vindo com a Lei Constitucional n. 4, de 1940, época em que vigorava a Carta de 1937. Com a Constituição de 1946, ampliou-se o cooperativismo financeiro, algo que foi assimilado pelo constituinte de 1967 e sobremodo aperfeiçoado na *Lex Mater* de 1988.

Realmente, o federalismo cooperativo, na Constituição atual, foi aprimorado consideravelmente com a disciplina de três técnicas ou modalidades de repartição da receita tributária:

- **Participação no produto de impostos decretados pela União (arts. 157, I, e 158, I)** — pertence aos Estados, Distrito Federal e Municípios o produto da arrecadação do imposto da União sobre renda e proventos de qualquer natureza, incidente na fonte, sobre rendimentos pagos, a qualquer título, por eles, suas autarquias e pelas fundações que instituírem e mantiverem.

- **Participação no produto de impostos de receita partilhada (arts. 158, II a IV, e parágrafo único; 159, III)** — pertencem aos Municípios **(i)** 50% do produto da arrecadação do imposto da União sobre a propriedade territorial rural, relativamente aos imóveis neles situados, cabendo a totalidade na hipótese da opção a que se refere o art. 153, § 4º, III; **(ii)** 50% do produto da arrecadação do imposto do Estado sobre a propriedade de veículos automotores licenciados em seus territórios; **(iii)** 25% do produto da arrecadação do imposto do Estado sobre operações relativas à circulação de mercadorias e sobre prestações de serviços de transporte interestadual e intermunicipal e de comunicação. Nessa hipótese, as parcelas de receita pertencentes aos Municípios, mencionadas no inciso IV, serão creditadas conforme os seguintes critérios: 3/4, no mínimo, na proporção do valor adicionado nas operações relativas à circulação de mercadorias e nas prestações de serviços realizadas em seus territórios; e até 1/4, de acordo com o que dispuser lei estadual ou, no caso dos Territórios, lei federal. Finalmente, a União entregará para os Estados e o Distrito Federal, na forma da lei, 29% do produto da arrecadação da contribuição de intervenção no domínio econômico relativa às atividades de importação ou comercialização de petróleo e seus derivados, gás natural e álcool combustível (CF, art. 159, III — redação dada pela EC n. 44/2004).

  - **Percentuais para creditamento** — ao modificar a Constituição de 1988 para estabelecer critérios na distribuição da cota municipal relativa ao ICMS, a Emenda Constitucional n. 108, de 26-8-2020, consagrou, no parágrafo único do art. 158, os percentuais de 65% (sessenta e cinco por cento), no mínimo, na proporção do valor adicionado nas operações relativas à circulação de mercadorias e nas prestações de serviços, realizadas em seus territórios, bem como de até 35% (trinta e cinco por cento), de acordo com o que dispuser lei estadual, observada, obrigatoriamente, a distribuição de, no mínimo, 10 (dez) pontos percentuais com base em indicadores de melhoria nos resultados de aprendizagem e de aumento da equidade, considerado o nível socioeconômico dos educandos.

1312 ◆ Uadi Lammêgo Bulos ◆

- **Participação em fundos (art. 159, I, *a, b, c, d, e*)** — a União entregará do produto da arrecadação dos impostos sobre renda e proventos de qualquer natureza e sobre produtos industrializados 49%, na seguinte forma: **(i)** 21,5% ao Fundo de Participação dos Estados e do Distrito Federal; **(ii)** 22,5% ao Fundo de Participação dos Municípios; **(iii)** 3% para aplicação em programas de financiamento ao setor produtivo das Regiões Norte, Nordeste e Centro-Oeste, através de suas instituições financeiras de caráter regional, de acordo com os planos regionais de desenvolvimento, ficando assegurada ao semiárido do Nordeste a metade dos recursos destinados à Região, na forma que a lei estabelecer; **(iv)** 1% ao Fundo de Participação dos Municípios, que será entregue no primeiro decêndio do mês de dezembro de cada ano; **(v)** 1% (um por cento) ao Fundo de Participação dos Municípios, que será entregue no primeiro decêndio do mês de julho de cada ano.

Interessante observar que a Emenda Constitucional n. 84, de 2 de dezembro de 2014, alterou a percentagem do inciso I, do art. 159 da Carta Maior, que era, por força da Emenda Constitucional n. 55/2007, de 48%, e passou a ser 49%. Demais disso, acresceu ao referido inciso a alínea "e". No seu art. 2º, determinou: "Para os fins do disposto na alínea "e" do inciso I do *caput* do art. 159 da Constituição Federal, a União entregará ao Fundo de Participação dos Municípios o percentual de 0,5% (cinco décimos por cento) do produto da arrecadação dos impostos sobre renda e proventos de qualquer natureza e sobre produtos industrializados no primeiro exercício em que esta Emenda Constitucional gerar efeitos financeiros, acrescentando-se 0,5% (cinco décimos por cento) a cada exercício, até que se alcance o percentual de 1% (um por cento)".

Em verdade, tanto a Emenda Constitucional n. 84, de 2 de dezembro de 2014, como a anterior, a Emenda Constitucional n. 55/2007, objetivaram ampliar a remessa de recursos federais ao Fundo de Participação dos Municípios, para resolver problemas clássicos de gestão fiscal desses entes federativos, onde as despesas locais tendem a exceder os recursos arrecadados. A palavra de ordem, pois, foi tentar minimizar as desigualdades locais, prevendo um sistema de receitas especificadas, na órbita constitucional.

Em 27 de outubro de 2021, foi promulgada a Emenda Constitucional n. 112, que alterou, mais uma vez, o art. 159 da Constituição Federal para disciplinar a distribuição de recursos pela União ao Fundo de Participação dos Municípios.

Tal mudança formal à *Lex Mater* foi publicada no *DOU* de 28-10-2021. Este dado é importante, pois, pelo art. 3º da EC n. 112/2021, ela entra em vigor na data de sua publicação, produzindo "efeitos financeiros a partir de 1º de janeiro do exercício subsequente".

Três pontos defluem da EC n. 112/2021: **(i)** mudança no inciso I do art. 159, cuja redação passou a ser a seguinte: "do produto da arrecadação dos impostos sobre renda e proventos de qualquer natureza e sobre produtos industrializados, 50% (cinquenta por cento), da seguinte forma"; **(ii)** alínea *f* do inciso I do art. 159, assim redigido: "1% (um por cento) ao Fundo de Participação dos Municípios, que será entregue no primeiro decêndio do mês de setembro de cada ano"; e **(iii)** especificação do art. 2º, da EC n. 112/2021: "Para os fins do disposto na alínea *f* do inciso I do *caput* do art. 159 da Constituição Federal, a União entregará ao Fundo de Participação dos Municípios, do produto da arrecadação dos impostos sobre renda e proventos de qualquer natureza e sobre produtos industrializados, 0,25% (vinte e cinco centésimos por cento), 0,5% (cinco décimos por cento) e 1% (um por cento), respectivamente, em cada um dos 2 (dois) primeiros exercícios, no terceiro exercício e a partir do quarto exercício em que esta Emenda Constitucional gerar efeitos financeiros".

Sem embargo, a repartição da receita tributária encontra, na Carta de 1988, normas de controle e disciplina, a exemplo da lei complementar prevista no art. 161, I a III.

> **Índices de participação dos Municípios no produto da arrecadação do ICMS:** devem respeitar o campo normativo reservado à lei complementar federal (STF, ADIn 3.262-MC, Rel. Min. Carlos Britto, *DJ* de 4-3-2005).

Desse modo, o constituinte proibiu a retenção ou qualquer restrição à entrega e ao emprego dos recursos atribuídos aos Estados, ao Distrito Federal e Municípios, neles compreendidos adicionais e acréscimos relativos a impostos (art. 160, *caput*).

Cap. 24 ◆ SISTEMA CONSTITUCIONAL TRIBUTÁRIO **1313**

Transferências voluntárias: "O Tribunal também indeferiu a cautelar pleiteada por entender juridica-mente irrelevante a alegação de ofensa ao art. 160 da CF, uma vez que a norma atacada cuida de transferências voluntárias que não são incompatíveis com restrições impostas aos entes beneficiários das mesmas" (STF, ADIn 2.238-MC, Rel. Min. Ilmar Galvão, *DJ* de 6-10-2000).

Mas a referida vedação não impede a União e os Estados de condicionarem a entrega de recursos (art. 160, parágrafo único — redação dada pela EC n. 29/2000):

* ao pagamento de seus créditos, inclusive de suas autarquias; e
* à aplicação pelos Estados e Municípios de porcentagem do produto de impostos e transferências.

Casuística do STF:
* **Fundo de participação dos Estados** — "Retenção por parte da União: legitimidade: CF, art. 160, parágrafo único, I. Pasep: sua constitucionalização pela CF/88, art. 239. Inconstitucionalidade da Lei 10.533/93, do Estado do Paraná, por meio da qual este desvinculou-se da referida contribuição do Pasep: ACO 471/PR, Relator o Ministro S. Sanches, Plenário, 11-4-2002. Legitimidade da retenção, por parte da União, de crédito do Estado cota do Fundo de Participação dos Estados — em razão de o Estado-Membro não ter se manifestado no sentido do recolhimento das contribuições retidas enquanto perdurou a liminar deferida na ACO 471/PR" (STF, MS 24.269, Rel. Min. Carlos Velloso, *DJ* de 13-12-2002).
* **Constituição Estadual. ICMS. Parcela devida aos Municípios** — "Bloqueio do repasse pelo Estado. Possibilidade. É vedado ao Estado impor condições para entrega aos Municípios das parcelas que lhes compete na repartição das receitas tributárias, salvo como condição ao recebimento de seus créditos ou ao cumprimento dos limites de aplicação de recursos em serviços de saúde (CF, artigo 160, parágrafo único, I e II). Município em débito com o recolhimento de contribuições previden-ciárias descontadas de seus servidores. Retenção do repasse da parcela do ICMS até a regulariza-ção do débito. Legitimidade da medida, em consonância com as exceções admitidas pela Constituição Federal" (STF, ADIn 1.106, Rel. Min. Maurício Corrêa, *DJ* de 13-12-2002).

Finalmente, a União, os Estados, o Distrito Federal e os Municípios divulgarão, até o último dia do mês subsequente ao da arrecadação, o montante de cada um dos tributos arrecadados, os recursos recebidos, os valores de origem tributária entregues e a entregar e a expressão numérica dos critérios de rateio. Os dados divulgados pela União serão discriminados por Estado e por Município; os dos Estados, por Município (CF, art. 162, *caput*, e parágrafo único).

✦ 6. EMENDA CONSTITUCIONAL N. 132, DE 20-12-2023

Ao término do presente Capítulo, iremos fazer um resumo do que está escrito na chamada "Emenda Constitucional da reforma tributária", a EC n. 132, de 20-12-2023.

* **Princípios a serem observados:** "O Sistema Tributário Nacional deve observar os princípios da simplicidade, da transparência, da justiça tributária, da cooperação e da defesa do meio ambiente" (CF, art. 145, § 3º, com redação dada pela EC n. 132/2023).
* **Alterações na legislação tributária:** devem buscar atenuar efeitos regressivos (CF, art. 145, § 4º, com redação dada pela EC n. 132/2023).
* **Adequado tratamento tributário:** adequado tratamento tributário ao ato cooperativo praticado pelas sociedades cooperativas, inclusive em relação aos tributos previstos nos arts. 156-A e 195, V, da Carta Magna (CF, art. 146, III, *c*, com redação dada pela EC n. 132/2023).
* **Definição de tratamento diferenciado e favorecido:** definição de tratamento diferenciado e favorecido para as microempresas e para as empresas de pequeno porte, inclusive regimes especiais ou simplificados no caso dos impostos previstos nos arts. 155, II, e 156-A, das contribuições sociais previstas no art. 195, I e V, e § 12 e da contribuição a que se refere o art. 239, do Texto Supremo (CF, art. 146, III, *d*, com redação dada pela EC n. 132/2023).
* **Contribuição para o custeio:** "Art. 149-A. Os Municípios e o Distrito Federal poderão instituir contribuição, na forma das respectivas leis, para o custeio, a expansão e a melhoria do serviço de iluminação pública e de sistemas de monitoramento para segurança e preservação de logra-douros públicos, observado o disposto no art. 150, I e III" (CF, art. 149-A, com redação dada pela EC n. 132/2023).

1314 ◆ Uadi Lammêgo Bulos ◆

- **Tributos previstos nos arts. 156-A e 195, V, da CF:** esses tributos observarão as mesmas regras em relação a: I — fatos geradores, bases de cálculo, hipóteses de não incidência e sujeitos passivos; II — imunidades; III — regimes específicos, diferenciados ou favorecidos de tributação; IV — regras de não cumulatividade e de creditamento (CF, art. 149-B, com redação dada pela EC n. 132/2023).
- **Destinação integral:** o produto da arrecadação do imposto previsto no art. 156-A e da contribuição prevista no art. 195, V, da Carta Maior, incidentes sobre operações contratadas pela administração pública direta, por autarquias e por fundações públicas, inclusive suas importações, será integralmente destinado ao ente federativo contratante, mediante redução a zero das alíquotas do imposto e da contribuição devidos aos demais entes e equivalente elevação da alíquota do tributo devido ao ente contratante (CF, art. 149-C, com redação dada pela EC n. 132/2023).
- **Entidades religiosas e templos de qualquer culto:** com redação dada pela EC n. 132/2023, o art. 150, VI, *b*, incluiu, em seu campo eficacial, as entidades religiosas e templos de qualquer culto, inclusive suas organizações assistenciais e beneficentes;
- **Competência do Estado onde era domiciliado o *de cujus*:** com redação dada pela EC n. 132/2023, o art. 155, § 1º, demarcou: "II — relativamente a bens móveis, títulos e créditos, compete ao Estado onde era domiciliado o *de cujus*, ou tiver domicílio o doador, ou ao Distrito Federal"; "VI — será progressivo em razão do valor do quinhão, do legado ou da doação"; "VII — não incidirá sobre as transmissões e as doações para as instituições sem fins lucrativos com finalidade de relevância pública e social, inclusive as organizações assistenciais e beneficentes de entidades religiosas e institutos científicos e tecnológicos, e por elas realizadas na consecução dos seus objetivos sociais, observadas as condições estabelecidas em lei complementar".
- **Imposto de Competência Compartilhada entre Estados, Distrito Federal e Municípios — disposições constitucionais com redação dada pela EC n. 132/2023:** "Art. 156-A. Lei complementar instituirá imposto sobre bens e serviços de competência compartilhada entre Estados, Distrito Federal e Municípios. § 1º O imposto previsto no *caput* será informado pelo princípio da neutralidade e atenderá ao seguinte: I — incidirá sobre operações com bens materiais ou imateriais, inclusive direitos, ou com serviços; II — incidirá também sobre a importação de bens materiais ou imateriais, inclusive direitos, ou de serviços realizada por pessoa física ou jurídica, ainda que não seja sujeito passivo habitual do imposto, qualquer que seja a sua finalidade; III — não incidirá sobre as exportações, assegurados ao exportador a manutenção e o aproveitamento dos créditos relativos às operações nas quais seja adquirente de bem material ou imaterial, inclusive direitos, ou serviço, observado o disposto no § 5º, III; IV — terá legislação única e uniforme em todo o território nacional, ressalvado o disposto no inciso V; V — cada ente federativo fixará sua alíquota própria por lei específica; VI — a alíquota fixada pelo ente federativo na forma do inciso V será a mesma para todas as operações com bens materiais ou imateriais, inclusive direitos, ou com serviços, ressalvadas as hipóteses previstas nesta Constituição; VII — será cobrado pelo somatório das alíquotas do Estado e do Município de destino da operação; VIII — será não cumulativo, compensando-se o imposto devido pelo contribuinte com o montante cobrado sobre todas as operações nas quais seja adquirente de bem material ou imaterial, inclusive direito, ou de serviço, excetuadas exclusivamente as consideradas de uso ou consumo pessoal especificadas em lei complementar e as hipóteses previstas nesta Constituição; IX — não integrará sua própria base de cálculo nem a dos tributos previstos nos arts. 153, VIII, e 195, I, *b*, IV e V, e da contribuição para o Programa de Integração Social de que trata o art. 239; X — não será objeto de concessão de incentivos e benefícios financeiros ou fiscais relativos ao imposto ou de regimes específicos, diferenciados ou favorecidos de tributação, excetuadas as hipóteses previstas nesta Constituição; XI — não incidirá nas prestações de serviço de comunicação nas modalidades de radiodifusão sonora e de sons e imagens de recepção livre e gratuita; XII — resolução do Senado Federal fixará alíquota de referência do imposto para cada esfera federativa, nos termos de lei complementar, que será aplicada se outra não houver sido estabelecida pelo próprio ente federativo; XIII — sempre que possível, terá seu valor informado, de forma específica, no respectivo documento fiscal".

CAPÍTULO 25

FINANÇAS PÚBLICAS E ORÇAMENTO

✦ 1. COLOCAÇÃO DA MATÉRIA

O estudo das finanças públicas e do sistema orçamentário, do ponto de vista *juspositivo*, deve proceder-se de forma conjunta, pois a técnica utilizada pela Constituição de 1988 fez com que tais matérias fossem tratadas em um mesmo capítulo.

De fato, no Capítulo II, encontramos o título genérico "Das Finanças Públicas", que se subdivide em duas seções:

- **Seção I** — traz as normas gerais que norteiam as instituições financeiras; e
- **Seção II** — reporta-se ao sistema orçamentário propriamente dito.

✦ 2. FINANÇAS PÚBLICAS

A Constituição brasileira de 1988 consagrou, portanto, um capítulo destinado às *finanças públicas*, dentro do título que trata da tributação e do orçamento.

Compreenda-se a terminologia *finanças públicas* numa acepção especulativa, e não jurídica, pois ela foi empregada com o objetivo de demarcar o conteúdo da despesa, da receita e do crédito público, sem levar em conta qualquer consideração de ordem normativa.

Aliás, *finanças* é um termo cunhado pela Economia Política para designar o rédito de um Estado. Noutro sentido significa tesouro ou erário. Os ingleses cognominam a palavra de *exchequer*, os romanos, de *fisco*, e os alemães, de *finantz*. José Ferreira Borges chegou até a rubricar o estudo de finanças públicas de *sintelologia*, com o intuito de caracterizar as contribuições e as despesas (*Princípios de sintelologia: compreendendo em geral a teoria do tributo e em particular observações sôbre a administração e despesas em Portugal, em grande parte aplicáveis ao Brasil*, 1844 (nota preliminar)).

> **Sobre Ferreira Borges:** o português José Ferreira Borges foi quem, há mais de cem anos, escreveu provavelmente a primeira obra sistemática sobre finanças públicas em nosso idioma, vendo malograda a sua tentativa de batizar a nova ciência com o pomposo nome *sintelologia*.

A partir da Carta de 1988 tornou-se perceptível, no campo das finanças públicas, o tratamento destacado que as matérias de índole financeira receberam por parte do constituinte.

Elas foram transferidas para a responsabilidade do Congresso, ficando fora da esfera de atribuições do Chefe do Executivo.

Daí a competência exclusiva do Banco Central para expedir moedas em nome da União (CF, art. 164, *caput*).

✧ 2.1. Normas gerais sobre finanças públicas

As normas gerais sobre finanças públicas constam dos arts. 163 e 164 da Constituição.

Destaca-se o art. 163, I a VIII, pelo qual a lei complementar disporá sobre:

1316 ◆ Uadi Lammêgo Bulos ◆

- finanças públicas;

> **Regulamentação fragmentada por lei complementar — Possibilidade:** o Supremo Tribunal Federal, por maioria, decidiu que a regulamentação do art. 163 da Carta Magna por lei complementar pode ser feita de forma fragmentada, rejeitando a arguição de inconstitucionalidade formal da lei, em sua totalidade, ao argumento de que o projeto teria de ter disciplinado por inteiro o art. 163 (STF, ADIn 2.238-MC, Rel. Min. Ilmar Galvão, *DJ* de 6-10-2000).

- dívida pública externa e interna, incluída a das autarquias, fundações e demais entidades controladas pelo Poder Público;

> **Consolidação e reescalonamento de dívidas públicas:** "Ação direta de inconstitucionalidade. Lei n. 8.388/91, que estabelece diretrizes para que a União possa realizar a consolidação e o reescalonamento de dívidas das administrações direta e indireta dos entes federados. Alegada ofensa aos arts. 52, VI a IX, e 163 da Constituição Federal. Ausência de plausibilidade do fundamento do pedido declaratório, tendo em vista que se trata de lei que cogita da consolidação e do reescalonamento de dívidas dos Estados e Municípios junto a órgãos e entidades controladas pela União, isto é, débitos já existentes, e não de contratações que resultem em aumento da dívida pública de tais entes, essas, sim, sujeitas ao controle do Senado Federal e a disciplina por meio de lei complementar. Diploma normativo que, de resto, pendendo de regulamentação por meio de decreto, e também de diploma legislativo, se mostra insuscetível de causar, de imediato, dano de natureza irreparável" (STF, ADIn 686-MC, Rel. Min. Ilmar Galvão, *DJ* de 6-4-2001).

- concessão de garantias pelas entidades públicas;
- emissão e resgate de títulos da dívida pública;
- fiscalização financeira da Administração Pública direta e indireta;
- operações de câmbio realizadas por órgãos e entidades da União, dos Estados, do Distrito Federal e dos Municípios;
- compatibilização das funções das instituições oficiais de crédito da União, resguardadas as características e condições operacionais plenas das voltadas ao desenvolvimento regional;
- sustentabilidade da dívida, especificando: (i) indicadores de sua apuração; (ii) níveis de compatibilidade dos resultados fiscais com a trajetória da dívida; (iii) trajetória de convergência do montante da dívida com os limites definidos em legislação; (iv) medidas de ajuste, suspensões e vedações; e (v) planejamento de alienação de ativos com vistas à redução do montante da dívida (inciso VIII do art. 163, acrescido ao Texto Maior pela Emenda Constitucional n. 109/2021); e
- condições e limites para concessão, ampliação ou prorrogação de incentivo ou benefício de natureza tributária (inciso VIII do art. 163, acrescido ao Texto Maior pela Emenda Constitucional n. 135, de 20-12-2024).

A Emenda Constitucional n. 108, de 26-8-2020, acrescentou o art. 163-A ao Texto Magno, cujo teor é o seguinte: "A União, os Estados, o Distrito Federal e os Municípios disponibilizarão suas informações e dados contábeis, orçamentários e fiscais, conforme periodicidade, formato e sistema estabelecidos pelo órgão central de contabilidade da União, de forma a garantir a rastreabilidade, a comparabilidade e a publicidade dos dados coletados, os quais deverão ser divulgados em meio eletrônico de amplo acesso público".

Vale lembrar que a Lei Complementar n. 131, de 27 de maio de 2009, publicada no *Diário Oficial da União* de 28-5-2009, acresceu "dispositivos à Lei Complementar n. 101, de 4 de maio de 2000, que estabelece normas de finanças públicas voltadas para a responsabilidade na gestão fiscal e dá outras providências, a fim de determinar a disponibilização, em tempo real, de informações pormenorizadas sobre a execução orçamentária e financeira da União, dos Estados, do Distrito Federal e dos Municípios".

✧ 2.2. Banco Central

Compete ao Banco Central observar as determinações previstas nos arts. 21, VII, e 164 da Constituição.

Note-se que *Banco Central* foi grafado com letra maiúscula para designar o Banco Central do Brasil, e não simplesmente qualquer instituição financeira que desempenhe tarefas de banco central, como era o caso da SUMOC — Superintendência da Moeda e do Crédito do Banco do Brasil.

♦ Cap. 25 ♦ FINANÇAS PÚBLICAS E ORÇAMENTO

1317

Pelo art. 21, VII, do Texto Maior, compete exclusivamente à União emitir moedas, bem como legislar sobre sistema monetário. Essa disposição, quando combinada com o art. 164, *caput*, reforça a missão do Banco Central de exercer a dita competência da União, cumprindo-lhe a atribuição exclusiva de emitir moedas.

É vedado ao Banco Central conceder, direta ou indiretamente, empréstimos ao Tesouro Nacional e a qualquer órgão ou entidade que não seja instituição financeira (CF, art. 164, § 1º).

Todavia, poderá comprar e vender títulos de emissão do Tesouro Nacional, precisamente para regular a oferta de moeda ou taxa de juros (CF, art. 164, § 2º).

Ademais, as disponibilidades de caixa da União serão depositadas no Banco Central. Já as dos Estados, do Distrito Federal, dos Municípios, dos órgãos ou entidades do Poder Público e das empresas por ele controladas devem ser depositadas em instituições financeiras oficiais, ressalvadas as hipóteses admitidas pela lei (CF, art. 164, § 3º).

A lei exceptiva aí enunciada é a lei ordinária federal, de caráter nacional. Daí a impossibilidade de constituições ou leis estaduais disporem sobre a matéria, como já decidiu o Pretório Excelso.

> **Precedentes:** STF, ADIn 2.600-MC, Rel. Min. Ellen Gracie, *DJ* de 25-10-2002; STF, ADIn 2.661, Rel. Min. Celso de Mello, *DJ* de 23-8-2002; STF, ADIn 3.075-MC, Rel. Min. Gilmar Mendes, *DJ* de 18-6-2004.

Decerto, a impossibilidade de poder adentrar no espaço reservado à lei nacional, do art. 164, § 3º, é uma maneira de preservar os princípios da reserva da Administração, da segurança jurídica e, sobretudo, da moralidade administrativa.

> **Razão de ser do art. 164, § 3º, da CF:** "A *ratio* subjacente à cláusula de depósito compulsório, em instituições financeiras oficiais, das disponibilidades de caixa do Poder Público em geral (CF, art. 164, § 3º) reflete, na concreção do seu alcance, uma exigência fundada no valor essencial da moralidade administrativa, que representa verdadeiro pressuposto de legitimação constitucional dos atos emanados do Estado" (STF, ADIn 2.661-MC, Rel. Min. Celso de Mello, *DJ* de 23-8-2002). Precedentes: STF, ADIn 2.364, Rel. Min. Celso de Mello, *DJ* de 14-12-2001; STF, ADIn 2.600-MC, Rel. Min. Ellen Gracie, *DJ* de 25-10-2002; STF, ADIn 1.901, Rel. Min. Ilmar Galvão, *DJ* de 9-5-2003; STF, ADIn 3.075-MC, Rel. Min. Gilmar Mendes, *DJ* de 18-6-2004.

A Emenda Constitucional n. 109/2021 acresceu ao Texto Maior o art. 164-A, e o seu respectivo parágrafo único. Assim, é dever da União, dos Estados, do Distrito Federal e dos Municípios conduzirem suas políticas fiscais para manter a dívida pública em níveis sustentáveis, na forma da lei complementar referida no inciso VIII do *caput* do art. 163 da Constituição Federal. Demais disso, a elaboração e a execução de planos e orçamentos devem refletir a compatibilidade dos indicadores fiscais com a sustentabilidade da dívida.

✦ 3. ORÇAMENTO

Orçamento é palavra de origem incerta.

Para uns, vem de *orçar*, encontrando a sua etimologia no latim *ordior, orsus sum, oridir*. Outros entendem que a expressão promana do italiano *orzare*.

O vocábulo exterioriza a ideia de computar, planizar, avaliar, urdir, tecer, calcular, isto é, fazer o cálculo, apreciar a despesa.

Para designar o signo *orçamento*, os ingleses e os franceses usavam o termo *budget*, derivado de *bougette*, significando pequena bolsa de couro para viagem. Já os espanhóis e argentinos empregavam *presupuesto*, os italianos, *bilancio*, e os alemães, *haushaltsplan*.

> **Orçamento na Inglaterra:** na Inglaterra, *orçamento* "designava também a pasta em que o ministro levava à Câmara dos Comuns os papéis e documentos que serviam de base ao seu discurso sobre o que hoje se chama proposta orçamentária (*budget speech*). Foi desse país que a expressão se generalizou na linguagem jurídico-política, a partir de 1733, quando se imprimiu um folheto com o título *The Budget Opened*, em que Robert Walpole, o Primeiro-Ministro e Ministro da Fazenda, é satiricamente representado como um médico charlatão que abria uma pasta cheia de remédios e amuletos,

enquanto explicava as suas medidas financeiras" (Nelson de Sousa Sampaio, *O processo legislativo*, p. 145).

Sem embargo, a palavra *orçamento* possui um sentido lato ou estrito, a depender do modo como for empregada.

No sentido lato, *orçamento* é a previsão da receita e das depesas de qualquer atividade econômica pública ou privada.

Na dimensão estrita, *orçamento* é o ato que prevê e autoriza a receita e a despesa da União, Estados, Distrito Federal e Municípios, por certo lapso de tempo.

É nesse último sentido que podemos apreender o significado de orçamento público, por expressar o instrumento que documenta a atividade financeira das entidades estatais, contendo a receita e o cálculo das despesas autorizadas para o funcionamento dos serviços públicos e outros fins projetados pelos governos.

✧ 3.1. Orçamento público na Constituição de 1988

Ao disciplinar o orçamento público em seu texto, a Carta de 1988 levou em conta que o Estado brasileiro necessita, comumente, delimitar e regular as suas finanças. Precisa, para tanto, de uma lei a que submeta a disciplina da sua *receita* e da sua *despesa*.

> **Significado clássico de orçamento público:** é um ato que contém, para um tempo determinado, a previsão das receitas e das despesas do Estado, ordenando a percepção de umas e o pagamento das outras. Eis aí o núcleo central da noção clássica de orçamento, que, de acordo com René Storm, "é o ato contendo a aprovação prévia das receitas e das despesas públicas" (*Le budget*, p. 4). **Conferir:** Maurice Duverger, *Finances publiques* 3, p. 205; Alberto Deodato, *Manual de finanças públicas*, p. 316).

Assim, nos termos de nossa Constituição, *orçamento* é um instituto jurídico, governamental, econômico e técnico, traduzido numa *lei*.

A missão da lei orçamentária é programar, planejar e aprovar obras, serviços e encargos públicos, estipulando o plano financeiro anual para as entidades constitucionais, com previsão da receita e autorização da despesa.

Esse foi o sentido que a Carta de 1988 imprimiu à matéria.

É reflexo do intervencionismo estatal na economia, quando o orçamento passou a refletir uma realidade muito mais ampla, recebendo, sensivelmente, acréscimos em seu conteúdo, agregando outros elementos, além daqueles de índole contábil, exteriorizados pela estimativa da receita e pela autorização da despesa.

Assim, o orçamento moderno tornou-se um complexo instituto de caráter:

- **jurídico** — porque deflui da disciplina constitucional e infraconstitucional que se lhe irroga;
- **governamental** — porquanto indica, por meio de documentos, o modo de elaboração, aprovação e execução dos planos e programas de obras, serviços, encargos financeiros etc.;
- **econômico** — pois revela-se pela apreciação da conjuntura econômica e financeira, assumindo a forma de uma previsão da gestão orçamentária do Estado; e
- **técnico** — por implementar os itens anteriores. Exemplos: a classificação clara e racional de receitas e despesas, os processos estatísticos para cálculo aproximado dos gastos e das compensações, a apresentação gráfica e contábil do documento orçamentário etc.

✧ 3.2. Organização dos orçamentos públicos

Para organizar os orçamentos públicos, a Carta de 1988 consagrou um sistema orçamentário nacional.

Nele, encontramos os critérios para a edição de atos normativos que, hierarquicamente, interligam-se para dar à Administração Pública um planejamento orçamentário funcional a longo, médio e curto prazo.

O *sistema orçamentário*, portanto, permite a visualização da disciplina orçamentária, suas nuanças e detalhes. Foi organizado nos arts. 165 a 169 da Carta Magna, para sistematizar a atividade financeira do Estado brasileiro.

◆ Cap. 25 ◆ FINANÇAS PÚBLICAS E ORÇAMENTO

a) Receita pública

É o conjunto dos recursos financeiros que entram pelos cofres do Estado, de acordo com a lei orçamentária.

A *receita pública* engendra as *rendas* (recursos próprios provenientes dos tributos e preços privativos da entidade estatal) e os *demais ingressos*, como aqueles decorrentes de tributos partilhados, fundos de qualquer natureza e origem, empréstimos, financiamentos, subvenções e doações.

A *receita pública* não se confunde com a renda, porque esta vem contida naquela. Logo, a receita é o todo, enquanto a renda é a parte.

Para ilustrar, quando "as normas administrativas se referem à receita, devemos entender *o todo*, e, quando mencionam *rendas*, devemos identificar apenas os recursos financeiros próprios de cada entidade estatal (tributos e preços). Assim, na *receita municipal* entram todos os recursos financeiros recebidos pelo Município, de fontes próprias ou alheias, ao passo que na *renda municipal* só se computam os hauridos de seus tributos (impostos, taxas e contribuições de melhoria) e do produto de seus bens, serviços ou atividades (preços)" (Hely Lopes Meirelles, *Direito municipal brasileiro*, p. 214).

b) Despesa pública

É a parte do orçamento que autoriza a execução de gastos para remunerar servidores, adquirir bens, executar obras e empreendimentos.

Designa, ainda, a aplicação *lícita* de certa quantia de dinheiro, pela autoridade ou agente competente, em prol do bem público.

Desse modo, a ideia de *despesa pública* interliga-se com o princípio da legalidade, pois, além de impor autorização legislativa para que ela se efetive, os gastos devem ser autorizados (CF, art. 165, § 8º).

> **Emenda Constitucional n. 135/2024:** o art. 165, § 17, da Carta Magna, com redação dada pela EC n. 135, de 20-12-2024, estabeleceu que, "Para o cumprimento do disposto no inciso I do § 11 deste artigo, o Poder Executivo poderá reduzir ou limitar, na elaboração e na execução das leis orçamentárias, as despesas com a concessão de subsídios, subvenções e benefícios de natureza financeira, inclusive os relativos a indenizações e restituições por perdas econômicas, observado o ato jurídico perfeito".

A influência do princípio da legalidade em tema de *despesa pública* pode ser sentida no extenso catálogo do art. 167 da Constituição, que veda:

- o início de programas ou projetos não incluídos na lei orçamentária anual;

> **Precedente do STF:** "Recurso extraordinário: efeito suspensivo. Município do Rio de Janeiro. Ministério Público. Ação civil pública. Gratuidade de atendimento em creches. Determinação judicial de construção de creches pelo município. Despesas públicas: necessidade de autorização orçamentária: CF, art. 167. *Fumus boni juris* e *periculum in mora* ocorrentes. Concessão de efeito suspensivo ao RE diante da possibilidade de ocorrência de graves prejuízos aos cofres públicos municipais" (STF, Pet. 2.836-QO, Rel. Min. Carlos Velloso, *DJ* de 14-3-2003).

- a realização de despesas ou a assunção de obrigações diretas que excedam os créditos orçamentários ou adicionais;

> **Precedente do STF:** "Reveste-se de plausibilidade jurídica, no entanto, a tese, sustentada em ação direta, de que o legislador estadual, condicionado em sua ação normativa por princípios superiores enunciados na Constituição Federal, não pode, ao fixar a despesa pública, autorizar gastos que excedam os créditos orçamentários ou adicionais, ou omitir-lhes a correspondente fonte de custeio, com a necessária indicação dos recursos existentes" (STF, ADIn 352-MC, Rel. Min. Celso de Mello, *DJ* de 8-3-1991).

- a realização de operações de créditos que excedam o montante das despesas de capital, ressalvadas as autorizadas mediante créditos suplementares ou especiais com finalidade precisa, aprovados pelo Poder Legislativo por maioria absoluta;
- a vinculação de receita de impostos a órgão, fundo ou despesa, ressalvadas a repartição do produto da arrecadação dos impostos a que se referem os arts. 158 e 159, a destinação de recursos para as ações e serviços públicos de saúde, para manutenção e desenvolvimento do ensino e para realização de atividades da administração tributária, como determinado,

respectivamente, pelos arts. 198, § 2º, 212 e 37, XXII, e a prestação de garantias às operações de crédito por antecipação de receita, previstas no art. 165, § 8º, bem como o disposto no § 4º do art. 167(determinação proveniente da EC n. 41/2003);

- a abertura de crédito suplementar ou especial sem prévia autorização legislativa e sem indicação dos recursos correspondentes;

> **Crédito suplementar e operações de crédito por antecipação da receita:** *crédito suplementar* é aquele que é aberto pelo Chefe do Executivo, ao longo do exercício financeiro, com o objetivo de solidificar ou reforçar item específico do orçamento que esteja prestes a sofrer exaustão. Já as *operações de crédito por antecipação da receita* constituem um caminho para se ajustar a saída com o ingresso das receitas. Ocorrem nos casos em que os Poderes Públicos tomam empréstimos, procurando saldá-los no decorrer do mesmo exercício financeiro.

- a transposição, o remanejamento ou a transferência de recursos de uma categoria de programação para outra poderão ser admitidos, no âmbito das atividades de ciência, tecnologia e inovação, com o objetivo de viabilizar os resultados de projetos restritos a essas funções, mediante ato do Poder Executivo, sem necessidade da prévia autorização legislativa (Redação dada ao § 5º, do art. 167, da Constituição Federal, pela EC n. 85, de 26-2-2015);
- a concessão ou utilização de créditos ilimitados;

Apenas a abertura de créditos extraordinários não precisa de determinação legal, já que visam atender despesas imprevisíveis e urgentes, como aquelas enumeradas de modo exemplificativo no art. 167, § 3º, da Constituição. Mas o próprio Texto Maior delimitou a vigência do crédito extraordinário ao exercício em que foi autorizado, ou, no máximo, se a autorização ocorreu nos últimos quatro meses do exercício, caso em que, reabertos nos limites de seus saldos, serão incorporados ao orçamento subsequente (art. 167, § 2º).

> **Dispositivo que aumenta a despesa — Posição do STF:** "Tratando-se de dispositivo que foi introduzido por emenda do Poder Legislativo em projeto de iniciativa exclusiva do Chefe do Poder Executivo, e dispositivo que aumenta a despesa, é, sem dúvida, relevante a arguição de sua inconstitucionalidade por violação do disposto no artigo 63, I, da Constituição Federal, uma vez que não se lhe aplica o disposto no art. 166, §§ 3º e 4º, da mesma Carta Magna" (STF, ADIn 2.810-MC, Rel. Min. Moreira Alves, *DJ* de 25-4-2003).

- o uso, sem autorização legislativa específica, de recursos dos orçamentos fiscal e da seguridade social para suprir necessidade ou cobrir déficit de empresas, fundações e fundos, inclusive dos mencionados no art. 165, § 5º;
- a instituição de fundos de qualquer natureza, sem prévia autorização legislativa;

> **Precedente do STF:** "A exigência de prévia autorização legislativa para a criação de fundos, prevista no art. 167, IX, da Constituição, é suprida pela edição de medida provisória, que tem força de lei, nos termos do seu art. 62. O argumento de que medida provisória não se presta à criação de fundos fica combalido com a sua conversão em lei, pois, bem ou mal, o Congresso Nacional entendeu supridos os critérios da relevância e da urgência" (STF, ADIn 1.726-MC, Rel. Min. Maurício Corrêa, *DJ* de 30-4-2004).

- a transferência voluntária de recursos e a concessão de empréstimos, inclusive por antecipação de receita, pelos Governos Federal e Estaduais e suas instituições financeiras, para pagamento de despesas com pessoal ativo, inativo e pensionista, dos Estados, do Distrito Federal e dos Municípios (vedação advinda da EC n. 19/98 — reforma administrativa);
- o uso dos recursos provenientes das contribuições sociais de que trata o art. 195, I, *a*, e II, para a realização de despesas distintas do pagamento de benefícios do regime geral de previdência social de que trata o art. 201 (proibição criada pela EC n. 20/98 — reforma previdenciária).

A Emenda Constitucional n. 103, de 12-11-2019, previu duas normas que se contextualizam no tema em comento:

- na forma estabelecida na lei complementar de que trata o § 22 do art. 40, a utilização de recursos de regime próprio de previdência social, incluídos os valores integrantes dos fundos previstos no art. 249, para a realização de despesas distintas do pagamento dos benefícios previdenciários

♦ Cap. 25 ♦ FINANÇAS PÚBLICAS E ORÇAMENTO

do respectivo fundo vinculado àquele regime e das despesas necessárias à sua organização e ao seu funcionamento (CF, art.167, inciso XII, oriundo da EC n. 103, de 12-11-2019); e

- a transferência voluntária de recursos, a concessão de avais, as garantias e as subvenções pela União e a concessão de empréstimos e de financiamentos por instituições financeiras federais aos Estados, ao Distrito Federal e aos Municípios na hipótese de descumprimento das regras gerais de organização e de funcionamento de regime próprio de previdência social (CF, art.167, inciso XIII, proveniente da EC n. 103, de 12-11-2019).

Já a Emenda Constitucional n. 109, de 15-3-2021, consagrou as seguintes normas sobre a matéria, inserindo-as no bojo do art.167, as quais recomendamos que sejam lidas e assimiladas, motivo pelo qual as transcreveremos *in verbis*:

- **criação de fundo público** — "a criação de fundo público, quando seus objetivos puderem ser alcançados mediante a vinculação de receitas orçamentárias específicas ou mediante a execução direta por programação orçamentária e financeira de órgão ou entidade da administração pública" (inciso XIV do art. 167);
- **vinculação de receitas** — "É permitida a vinculação das receitas a que se referem os arts. 155, 156, 157, 158 e as alíneas *a*, *b*, *d* e *e* do inciso I e o inciso II do *caput* do art. 159 desta Constituição para pagamento de débitos com a União e para prestar-lhe garantia ou contragarantia" (§ 4º do art. 167); e
- **término do exercício financeiro** — "Para fins da apuração ao término do exercício financeiro do cumprimento do limite de que trata o inciso III do *caput* deste artigo, as receitas das operações de crédito efetuadas no contexto da gestão da dívida pública mobiliária federal somente serão consideradas no exercício financeiro em que for realizada a respectiva despesa" (§ 6º do art. 167). Emenda Constitucional n. 128, de 22-12-2022 - acrescentou § 7º ao art. 167 da Constituição Federal, para proibir a imposição e a transferência, por lei, de qualquer encargo financeiro decorrente da prestação de serviço público para a União, os Estados, o Distrito Federal e os Municípios.

Recordemos, ainda, que a referida Emenda Constitucional n. 109/2021 acresceu ao Texto Supremo os arts. 167- A, 167-B, 167-C, 167-D, 167-E, 167-F e 167-G. Para não nos alongarmos de modo demasiado, não transcreveremos tais preceptivos.

Enfatizemos, tão só, que, nesse ínterim, a Emenda Constitucional n. 109/2021 também revogou dispositivos do Ato das Disposições Constitucionais Transitórias, instituindo normas transitórias sobre redução de benefícios tributários.

Demais disso, desvinculou, de modo parcial, o superávit financeiro de fundos públicos, suspendendo condicionalidades para realização de despesas com concessão de auxílio emergencial residual, com o fim de enfrentar as consequências sociais e econômicas advindas da Covid-19.

⟡ 3.3. Espécies de orçamento público e as leis de iniciativa do Executivo

A anatomia do sistema orçamentário na Carta de 1988 deflui das categorias normativas enunciadas no seu art. 165, as quais se conectam com leis de iniciativa do Poder Executivo:

- orçamento financeiro = lei complementar financeira;
- orçamento plurianual = lei plurianual;
- orçamento das diretrizes = lei de diretrizes orçamentárias; e
- orçamento anual (compreende os orçamentos fiscal, de investimento e da seguridade social) = lei orçamentária anual.

a) Lei complementar financeira

É a rainha das leis do sistema orçamentário, porque as outras nela deverão fundamentar-se (lei plurianual; lei de diretrizes orçamentárias e lei orçamentária anual).

Daí o seu papel de destaque, cumprindo-lhe dispor sobre o exercício financeiro, a vigência, os prazos, a elaboração e a organização do plano plurianual, além de estabelecer normas de gestão financeira e patrimonial da Administração direta e indireta, bem como as condições para a instituição e o

1322 ◆ Uadi Lammêgo Bulos ◆

funcionamento dos fundos, compreendendo os limites para a despesa com pessoal ativo e inativo e pensionistas da União, dos Estados, do Distrito Federal e dos Municípios, que não pode exceder os limites estabelecidos em lei complementar (CF, art. 169, *caput*, com redação dada pela EC n. 109, de 15-3-2021).

O seu caráter é permanente, enquanto as demais, que nela se fundam, são passageiras, efêmeras, porque têm natureza temporária.

b) Lei plurianual

Estabelece, de forma regionalizada, as diretrizes, os objetivos e as metas da Administração Pública federal para as despesas de capital e outras delas decorrentes e para as relativas aos programas de duração continuada (CF, art. 165, § 1º).

> **Calendário do plano plurianual:** "A previsão do calendário rotativo escolar na lei que institui o plano plurianual parece legitimar o exercício, pelo Chefe do Executivo, do seu poder regulamentar, tornando possível, desse modo, a implantação dessa proposta pedagógica mediante decreto. Posição dissidente do relator, cujo entendimento pessoal fica ressalvado" (STF, ADIn 748-MC, Rel. Min. Celso de Mello, *DJ* de 6-11-1992).

Designa, portanto, o plano relativo às despesas de capital naqueles programas de duração continuada, que excedam o orçamento anual em que foram iniciadas.

Vale lembrar que o plano plurianual é um plano de investimentos, devendo compatibilizar-se com todos os planos e programas nacionais, regionais e setoriais (CF, art. 48, IV).

Assim, "Os planos e programas nacionais, regionais e setoriais previstos nesta Constituição serão elaborados em consonância com o plano plurianual e apreciados pelo Congresso Nacional" (CF, art. 165, § 4º).

> **Alcance do art. 165, § 4º:** "O 'Programa Nacional de Petroquímica' não prevê investimentos governamentais, nem despesas de capital e outras, que devam ser levadas ao Orçamento. Inexistência de ofensa ao art. 167, I, e seu § 1º, da Constituição. Estão sob reserva de lei os 'planos e programas nacionais, regionais e setoriais', a que se referem os arts. 48, IV, e 165, § 4º, da Constituição Federal: a) os que impliquem em investimentos ou despesas para a União, e, neste caso, necessariamente inseridos no seu orçamento, art. 165, §§ 1º e 4º; b) os que, ainda que não impliquem investimentos ou despesas para a União, estejam previstos na Constituição. Consequentemente, os demais planos e programas governamentais não estão sob reserva de lei, como é o caso do PNP" (STF, ADIn 224-QO, Rel. Min. Paulo Brossard, *DJ* de 2-12-1994).

c) Lei de diretrizes orçamentárias

Tem uma duração bem maior do que a que regulamenta o exercício financeiro anual.

> **Iniciativa reservada de lei de diretrizes orçamentárias:** "A Constituição de 1988 admite a iniciativa parlamentar na instauração do processo legislativo em tema de direito tributário. A iniciativa reservada, por constituir matéria de direito estrito, não se presume e nem comporta interpretação ampliativa, na medida em que, por implicar limitação ao poder de instauração do processo legislativo, deve necessariamente derivar de norma constitucional explícita e inequívoca. O ato de legislar sobre direito tributário, ainda que para conceder benefícios jurídicos de ordem fiscal, não se equipara, especialmente para os fins de instauração do respectivo processo legislativo, ao ato de legislar sobre o orçamento do Estado" (STF, ADIn 724-MC, Rel. Min. Celso de Mello, *DJ* de 27-4-2001). **No mesmo sentido:** STF, ADIn 2.464-MC, Rel. Min. Ellen Gracie, *DJ* de 28-6-2002.

Pela sua própria essência, precede à elaboração do orçamento, pois será ela própria que irá fornecer as metas e as prioridades que deverão constar no orçamento anual.

Seu campo de atuação, delimitado no § 2º do art. 165 da *Lex Mater*, com redação dada pela Emenda Constitucional n. 109/2021, compreende:

- as metas e as prioridades da Administração Pública Federal;

> **Objetivo da lei de diretrizes orçamentárias:** "A Lei de Diretrizes Orçamentárias possui destinação constitucional específica e veicula conteúdo material próprio, que, definido pelo art. 165, § 2º, da Carta Federal, compreende as metas e prioridades da Administração Pública, inclusive as despesas de

◆ Cap. 25 ◆ FINANÇAS PÚBLICAS E ORÇAMENTO

1323

capital para o exercício financeiro subsequente. Mais do que isso, esse ato estatal tem por objetivo orientar a elaboração da lei orçamentária anual e dispor sobre as alterações na legislação tributária, além de estabelecer a política de aplicação das agências financeiras oficiais de fomento" (STF, ADIn 612-QO, Rel. Min. Celso de Mello, *DJ* de 6-5-1994).

• as diretrizes de política fiscal e respectivas metas, em consonância com trajetória sustentável da dívida pública;
• a orientação para que seja elaborada a lei orçamentária anual;
• as mudanças na legislação tributária; e
• a política de aplicação das agências financeiras oficiais de fomento.

d) Lei orçamentária anual

Faz a estimativa das receitas e das despesas da União.

> **Competência privativa do Chefe do Executivo**: "Orçamento anual. Competência privativa. Por força de vinculação administrativo-constitucional, a competência para propor orçamento anual é privativa do Chefe do Poder Executivo" (STF, ADIn 882, Rel. Min. Maurício Corrêa, *DJ* de 2-4-2004). **No mesmo sentido:** STF, ADIn 2.447-MC, voto do Ministro Relator Moreira Alves, *DJ* de 2-8-2002; STF, ADIn 2.345-MC, Rel. Min. Sydney Sanches, *DJ* de 28-3-2003; STF, ADIn 2.072-MC, Rel. Min. Octavio Gallotti, *DJ* de 19-9-2003; STF, ADIn 1.689, Rel. Min. Sydney Sanches, *DJ* de 2-5-2003.

É *anual*, porque sua validade condiciona-se ao exercício financeiro no período de um ano. Não poderá conter dispositivo estranho à previsão da receita nem da despesa.

Ficam extintas as *"caudas" orçamentárias*, isto é, matérias de índole não financeira, cuja aprovação era forçada por via de aprovação da lei orçamentária.

> **Fraude à separação de Poderes:** "Dispositivo que, ao submeter à Câmara Legislativa distrital a autorização ou aprovação de convênios, acordos ou contratos de que resultem encargos não previstos na lei orçamentária, contraria a separação de poderes, inscrita no art. 2º da Constituição Federal" (STF, ADIn 1.166, Rel. Min. Ilmar Galvão, *DJ* de 25-10-2002).

No entanto, o Texto Constitucional possibilita que na lei orçamentária se acresçam a autorização para a abertura de créditos orçamentários e a contratação de crédito por antecipação.

A *lei orçamentária anual* compreende três tipos de orçamento (CF, art. 165, § 5º, I, II e III):

• **Orçamento fiscal** — diz respeito aos poderes da União, seus fundos existentes, órgãos e entidades da Administração direta e indireta, inclusive fundações instituídas e mantidas pelo Poder Público. Lembremos que a criação legal de um fundo deve ocorrer antes da sua previsão no orçamento (STF, ADIn 1.726-MC, Rel. Min. Maurício Corrêa, *DJ* de 30-4-2004).

> **As universidades também se submetem à regra do orçamento fiscal:** "O princípio da autonomia das universidades (CF, art. 207) não é irrestrito, mesmo porque não cuida de soberania ou independência, de forma que as universidades devem ser submetidas a diversas outras normas gerais previstas na Constituição, como as que regem o orçamento (art. 165, § 5º, I), a despesa com pessoal (art. 169), a submissão dos seus servidores ao regime jurídico único (art. 39), bem como às que tratam do controle e da fiscalização" (STF, ADIn 1.599-MC, Rel. Min. Maurício Corrêa, *DJ* de 18-5-2001).

• **Orçamento de investimento** — refere-se ao investimento das empresas em que a União, direta ou indiretamente, detenha a maioria do capital social com direito a voto.
• **Orçamento da seguridade social** — relativo à seguridade social, abrangendo todas as entidades e órgãos a ela vinculados, tanto da Administração direta como da indireta, inclusive os fundos e fundações instituídos e mantidos pelo Poder Público.

> **Programa de Integração Social e de Formação do Patrimônio do Servidor Público (PIS/PASEP):** "Não compromete a autonomia do orçamento da seguridade social (CF, art. 165, § 5º, III) a atribuição à Secretaria da Receita Federal de administração e fiscalização da contribuição em causa" (STF, ADIn 1.417, Rel. Min. Octavio Gallotti, *DJ* de 23-3-2001).
> **Emenda Constitucional n. 135/2024:** o art. 239, § 3º, da Carta Magna, com redação dada pela EC n. 135, de 20-12-2024, estatuiu que "Aos empregados que percebam de empregadores que contribuem para o Programa de Integração Social ou para o Programa de Formação do Patrimônio do Servidor

1324 ◆ Uadi Lammêgo Bulos ◆

Público remuneração mensal de até 2 (duas) vezes o salário mínimo do ano-base para pagamento em 2025, corrigida, a partir de 2026, pela variação anual do Índice Nacional de Preços ao Consumidor (INPC), calculado e divulgado pela Fundação Instituto Brasileiro de Geografia e Estatística (IBGE), ou de outro índice que vier a substituí-lo, acumulada no segundo exercício anterior ao de pagamento do benefício, é assegurado o pagamento de 1 (um) salário mínimo anual, computado nesse valor o rendimento das contas individuais, no caso daqueles que já participavam dos referidos Programas, até a data de promulgação desta Constituição".

✧ 3.4. Orçamento-programa

A organização do sistema orçamentário na Constituição de 1988 também reservou espaço para o *orçamento-programa*.

O *orçamento-programa* surgiu da ideia de criar um orçamento que interferisse na reestruturação da economia estatal. Isso porque o orçamento clássico não objetivava promover a ação direta do Estado na economia.

Mas, com a crise econômica de 1929, que significou a grande depressão norte-americana da época, e com o término da Segunda Grande Guerra Mundial, o binômio orçamento público/economia nacional passou a conectar-se, devido à necessidade de planejamento, reestruturação e reprogramação da atividade governamental.

Por conseguinte, a noção clássica de orçamento, que preconizava a assertiva "equilibrar para crescer financeiramente", cedeu lugar a uma concepção ampla de orçamento, equacionando realidade orçamentária e técnica de planejamento.

Surgia, assim, o *orçamento-programa*, aqui compreendido como espécie ou variedade do gênero orçamento, cuja tarefa é programar e planejar a atividade econômica e a ação governamental do Estado, fomentando o crescimento das entidades político-administrativas de Direito Público Interno.

O *orçamento-programa* remonta à ideia de planejamento econômico. Informa-se pelo princípio da programação.

Fundamenta sua estrutura interna na classificação das contas orçamentárias, combinando sistematicamente órgãos, setores, categorias econômicas e unidades executivas.

Já a sua estrutura externa insere-se na sistemática do planejamento.

Nesse mister, a expressão *orçamento-programa* reserva-se para designar a "técnica orçamentária que vincula orçamento e planejamento, considerado aquele como uma etapa do processo de planificação econômica e social" (José Afonso da Silva, *Orçamento-programa no Brasil*, p. 42).

Gonzalo Martner o associa a uma *meta*, considerando-o como o "instrumento que cumpre o propósito de combinar os recursos disponíveis no futuro imediato para a consecução das metas de curto prazo, concebidas para a execução dos objetivos a longo e médio prazo" (*Planificación y presupuesto por programas*, p. 65).

Aspecto a ser salientado é a experiência brasileira no tocante à adoção do *orçamento-programa*, que pode ser estudada em quatro períodos distintos:

- **1º período** — foi o da instauração de planos orçamentários, envolvendo o *Plano Especial de Obras Públicas e Aparelhamento da Defesa Nacional* (Dec.-Lei n. 1.058, de 19-1-1939); o *Plano Salte* (Lei n. 1.102, de 18-5-1950); e o *Programa de Metas*, inicialmente denominado Plano de Desenvolvimento Econômico (1956).
- **2º período** — foi o do planejamento-orçamento, envolvendo os *Planos Diretores da SUDENE*, o *Plano do Governo Carvalho Pinto* e os *Planos de vários Estados*.
- **3º período** — foi o da introdução do orçamento-programa propriamente dito, entre os anos 1960 e 1970. Nessa época destacou-se o *Plano Trienal de Desenvolvimento Econômico e Social* (1963-1965), que não prosperou. Mais tarde a disciplina legal do *orçamento-programa* fez-se pela Lei n. 4.320, de 12 de março de 1964. Com o advento da Carta de 1967, erigiu-se o *princípio da programação orçamentária*, que foi mantido pela Emenda Constitucional n. 1/69. Consagrou-se, nesse terceiro período, portanto, a técnica do *orçamento-programa*, por força das normas constitucionais referentes à matéria, do Ato Complementar n. 43/69 e do Decreto-Lei n. 200/67 (arts. 7º, e 15 a 18).
- **4º período** — é o que estamos vivendo. Inaugurou-se com a Constituição de 1988.

◆ Cap. 25 ◆ FINANÇAS PÚBLICAS E ORÇAMENTO

1325

a) Orçamento-programa na Constituição de 1988

O orçamento-programa consolidou-se com o Texto de 1988, seguindo a linha da modernidade.

Como não poderia deixar de ser, o orçamento-programa encontrou amplas possibilidades para ser implantado, dentro de uma política de planejamento e desenvolvimento integrados.

Vamos encontrar, assim, o orçamento-programa espargindo a sua força intrínseca sobre as demais modalidades orçamentárias, até mesmo em relação ao orçamento fiscal, ao orçamento de investimentos das empresas e ao orçamento da seguridade social.

Dessa forma, o constituinte de 1988 procurou integrar o orçamento-programa à técnica de planejamento, com vistas a promover o crescimento econômico dos planos e programas nacionais, regionais e setoriais.

Houve, portanto, nítida preocupação em fixar um *planejamento de estruturas*, pois todos esses planos e programas nacionais, regionais e setoriais, que são apreciados pelo Congresso Nacional, devem estruturar-se de acordo com o plano plurianual (CF, art. 165, § 4º).

Aliás, é obrigação do próprio plano plurianual estabelecer as diretrizes, os objetivos e as metas da Administração Pública Federal para as despesas de capital e outras delas decorrentes, e para as relativas aos programas de duração continuada (CF, art. 165, § 1º).

Disso deflui o liame entre o orçamento público e o fator econômico, estudado por Keynes com esmero (Keynes, *A treatise on money*, 1930, 2 v.; e *The general theory of employment, interest and money*, 1936).

Esse elo entre ambos fornece-nos a compreensão do orçamento-programa na Carta de 1988, pois garante a coordenação necessária entre a política fiscal (intervencionismo indireto) e a política econômica (intervencionismo direto), proporcionando o equilíbrio entre o sistema financeiro e o econômico geral, integração essa relevante e indispensável, não mera justaposição de planos, mas sim uma vinculação permanente e continuada.

✧ 3.5. Princípios constitucionais orçamentários

Princípios constitucionais orçamentários são enunciados lógicos, que buscam orientar o modo como os orçamentos públicos devem ser elaborados, aprovados e executados.

> **Nesse sentido:** Sebastião Sant'Anna e Silva, *Os princípios orçamentários*, 1967; Carlos M. Giuliani Fonrouge, *Derecho financiero*, 1970; Pedro Muñoz Amato, *Orçamentos*, 1958.

Alguns possuem a marca da especificidade, como aquele que se refere ao orçamento-programa. Outros até servem para reforçar o papel dos orçamentos no controle parlamentar da atividade financeira do Executivo, v. g., o princípio constitucional da quantificação dos créditos orçamentários.

Ainda existem os que são mencionados pela legislação infraconstitucional, como é o caso dos princípios da unidade, universalidade e anualidade (art. 2º da Lei n. 4.320/64).

Existem várias classificações atribuídas aos princípios constitucionais orçamentários. Levando em conta a realidade constitucional brasileira, podemos classificá-los em:

- princípio constitucional da universalidade orçamentária;
- princípio constitucional da unidade orçamentária;
- princípio constitucional da programação orçamentária;
- princípio constitucional da pureza orçamentária;
- princípio constitucional do equilíbrio orçamentário;
- princípio constitucional da legalidade orçamentária;
- princípio constitucional da anualidade orçamentária;
- princípio constitucional da plurianualidade das despesas de investimento;
- princípio constitucional da não afetação da receita; e
- princípio constitucional da quantificação dos créditos orçamentários.

a) Princípio constitucional da universalidade orçamentária

O princípio constitucional da universalidade vem expresso no art. 165, § 5º, da Constituição.

Mediante sua observância, a lei orçamentária anual deverá compreender o orçamento fiscal, o orçamento de investimento das empresas, o orçamento da seguridade social e os que se ligam ao plano plurianual. Este, por seu turno, inter-relaciona-se com os planos e programas nacionais, regionais e setoriais.

Por isso, o princípio da universalidade é indispensável à organização e administração dos orçamentos públicos, completando-se, inevitavelmente, com a regra do orçamento bruto, pelo qual as parcelas da receita e das despesas não devem ser deduzidas, mas sim incluídas no orçamento anual dos Poderes, fundos, órgãos e entidades da Administração direta e indireta.

Consagrado a partir da Carta de 1934, o primado da universalidade apregoa que o orçamento deve conter todas as rendas e despesas dos Poderes, fundos, órgãos e entidades da Administração direta e indireta.

Atualmente, o princípio tem sofrido modificações em seu conteúdo, distanciando-se do sentido tradicional e formalista no qual era empregado. Tais mudanças refletem na sua relação com o orçamento-programa, que não o abandona, ao invés, conserva-o, com uma roupagem nova, todavia menos formal, para incluir todas as receitas e despesas, acabando com os fundos especiais e a autonomia financeira de determinadas empresas do governo.

A universalidade, certamente, garante a unidade, pois se fosse possível excluir certos recursos ou alguns dispêndios, apareceriam orçamentos suplementares ou paralelos.

b) Princípio constitucional da unidade orçamentária

O princípio constitucional da unidade orçamentária, tal qual formulado pela teoria clássica, tem perdido, cada vez mais, a sua razão de ser, merecendo ajustes em sua configuração.

Segundo pretendia o princípio da unidade orçamentária, era possível ter uma visão conjunta dos recursos e gastos anuais do governo num só documento, facilitando o controle da execução do orçamento.

Eis aí o cerne da noção clássica do vetor da unidade orçamentária, quase sempre violado, afinal o orçamento jamais foi uno. Basta ver a Carta de 1946 (art. 73), que prescrevia que todas as contas orçamentárias deveriam constar em uma única caixa. Só que, na prática, não constavam.

Com o crescimento dos encargos do Estado ficou impraticável, sem dúvida, seguir à risca o princípio da unidade na sua feição clássica. Paulatinamente, apareceram orçamentos paralelos das autarquias, das entidades paraestatais e das autonomias administrativas, surgindo, também, enorme variedade de orçamentos, que se imiscuiam no orçamento geral.

As dicotomias orçamento ordinário/orçamento extraordinário, orçamento corrente/orçamento de capital, orçamento anual/orçamento plurianual são expressivas nesse sentido.

Com o advento do orçamento plurianual, que se liga a planos de extensa duração (CF, art. 165, § 4º), o princípio da unidade ficou ainda mais dilacerado.

c) Princípio constitucional da programação orçamentária

Os objetivos, metas e fins do orçamento dos nossos dias seguem uma linha programática adrede planejada.

O cerne do princípio constitucional da programação finca-se nessa realidade, precisamente para cooperar com a ação governamental, pautada na realização de um programa de trabalho.

Neste são previstos modos de alcançar soluções, resolver problemas, transpor obstáculos, eliminando dificuldades e vencendo conflitos.

O princípio constitucional da programação orçamentária concretiza-se mediante categorias normativas orçamentárias, planos e programas nacionais, regionais e setoriais a serem realizados no futuro (CF, arts. 48, II e IV, 165, § 4º).

d) Princípio constitucional da pureza orçamentária

O princípio constitucional da pureza orçamentária, também denominado princípio da exclusividade, ingressou na normativa constitucional brasileira com a Reforma de 1926 ao Texto de 1891 (art. 34, § 1º).

◆ Cap. 25 ◆ FINANÇAS PÚBLICAS E ORÇAMENTO **1327**

> **Aplicação do princípio da exclusividade — Posição do STF:** "Se, para a aplicação do artigo 167, IV, combinado com o art. 165, § 8º, é necessária, como exceção ao princípio da exclusividade de objeto da lei orçamentária anual, a autorização desta para a prestação de garantias às operações de crédito por antecipação de receita, e o acórdão recorrido nega a existência dessa autorização, para se chegar a conclusão contrária a que ele chegou será mister o exame prévio dessa lei, não servindo para isso o recurso extraordinário" (STF, AgI 366.317-AgRg, Rel. Min. Moreira Alves, *DJ* de 14-6-2002).

Foi com essa Reforma, por iniciativa do Presidente Artur Bernardes, que se deu o tiro de morte nas chamadas *"caudas" orçamentárias*, isto é, dispositivo de lei, no sentido material, sobre os mais variados assuntos estranhos às finanças, pondo fim aos *orçamentos rabilongos*, aos corpos estranhos, como os *tackings*, dos ingleses, os *riders*, dos norte-americanos, e os *bepackungen*, dos alemães.

De acordo com esse princípio, é vedado à lei orçamentária conter matéria estranha à fixação da despesa e à previsão da receita (CF, art. 165, § 8º).

Tal princípio, que se tem repetido em nossas constituições, contém duas exceções: autorização para abertura de créditos suplementares e para contratação de operações de crédito, ainda que por antecipação da receita, nos termos da lei (CF, art. 165, § 8º).

O fundamento do princípio da pureza ou exclusividade é evitar que se alargue a lei orçamentária mediante a colocação de assuntos alheios ao orçamento, como ocorria, frequentemente, na primeira República e na vida parlamentar de várias nações cultas, encontrando-se de tudo, até mesmo "louvores pessoais, reformas de repartições, organização de serviços novos, derrogação de leis permanentes em todos os ramos do direito, criações de institutos jurídicos, nomeações, promoções, aposentadorias, providências que nenhuma relação tinham com o cálculo das rendas ou das despesas" (Epitácio Pessoa, Mensagem de 10 de março de 1922, *RF*, n. 38, p. 398).

Era comum, pois, o aproveitamento dos *orçamentos rabilongos*, a que se referia Ruy Barbosa, para satisfazer favores particulares, criando cargos, majorando vencimentos, alterando o Direito Penal, Civil, Comercial, permitindo que estudantes reprovados prestassem exames de "segunda época", dentre outras práticas nocivas e impróprias à evolução das instituições.

e) Princípio constitucional do equilíbrio orçamentário

Propagado largamente como a regra de ouro dos financistas clássicos, o equilíbrio orçamentário consistia num princípio fundamental do orçamento.

Norteava-se pela máxima: *gastar só o essencial, só aquilo que já foi arrecadado e jamais arrecadar além do estritamente necessário, para não sacrificar o bolso do contribuinte, desequilibrando as receitas e as despesas.*

Desse modo, o princípio do equilíbrio orçamentário tornou-se verdadeiro axioma das finanças clássicas, preconizando que o orçamento deve ser equilibrado em sua receita e despesa. No Brasil, foi incorporado no Texto de 1967 (art. 66, § 3º), não se mantendo na Emenda Constitucional n. 1/69.

Na Constituição de 1988, o princípio do equilíbrio não foi positivado pelo constituinte, mas isso não nos autoriza dizer que ele desapareceu, pois ficou embutido nos arts. 165 a 169.

O princípio do equilíbrio orçamentário está previsto de modo implícito no Texto em vigor. Não foi contemplado expressamente pelo legislador, mas nem por isso deixa de existir. Tanto é assim que o intérprete do sistema constitucional orçamentário deverá observar as hipóteses de relação de equivalência entre o montante das despesas autorizadas e o volume da receita planejada para o exercício financeiro, observando possíveis desequilíbrios no orçamento, é dizer, o déficit (despesa autorizada maior do que a receita prevista) e o superávit (receita estimada maior do que a despesa autorizada).

Ao proceder essa operação, o princípio do equilíbrio far-se-á presente, demonstrando a sua valia dentro do sistema.

f) Princípio constitucional da legalidade orçamentária

Aqui o pórtico geral da legalidade aplica-se aos assuntos orçamentários.

É o império da lei projetando a sua força sobre a Administração Pública, que se subordina ao vetor da legalidade.

1328 ♦ Uadi Lammêgo Bulos ♦

O princípio constitucional da legalidade orçamentária deve ser observado, necessariamente, nas hipóteses de elaboração e aplicação:

- do plano plurianual, das diretrizes orçamentárias, dos orçamentos anuais (art. 165);
- do orçamento fiscal, do orçamento de investimento das empresas, do orçamento da seguridade social (CF, art. 165, § 5º);
- dos planos, programas, operações de abertura de crédito, transposição, remanejamento ou transferência de recursos (CF, arts. 48, II e IV, 166, 167, I, III, V, VI e IX).

g) Princípio constitucional da anualidade orçamentária

O princípio constitucional da anualidade significa que o orçamento deve ser executado num período financeiro determinado. No Brasil, esse período tem sido de um ano, coincidindo com o ano civil, que vai de 1º de janeiro até 31 de dezembro, nos termos da Lei n. 4.320/64.

> **A Lei n. 4.320/64 foi recepcionada pela CF de 1988:** "A exigência de prévia lei complementar estabelecendo condições gerais para a instituição de fundos, como exige o art. 165, § 9º, II, da Constituição, está suprida pela Lei n. 4.320, de 17/03/64, recepcionada pela Constituição com *status* de lei complementar; embora a Constituição não se refira aos fundos especiais, estão eles disciplinados nos arts. 71 a 74 desta Lei, que se aplica à espécie: a) o FGPC, criado pelo art. 1º da Lei n. 9.531/97, é fundo especial, que se ajusta à definição do art. 71 da Lei n. 4.320/63; b) as condições para a instituição e o funcionamento dos fundos especiais estão previstas nos arts. 72 a 74 da mesma Lei" (STF, ADIn 1.726-MC, Rel. Min. Maurício Corrêa, *DJ* de 30-4-2004).

Mas a anualidade pode não coincidir com o ano civil. Pelo art. 165, § 9º, I, da Constituição, cabe à lei complementar dispor sobre o exercício financeiro, que poderá não se igualar, obrigatoriamente, ao ano civil.

Isso, porém, não desconfigura o princípio da anualidade, até porque é a própria Constituição que o prevê ao referir-se à *lei orçamentária anual* (arts. 48, II, 165, II, e § 5º, e 166).

Em certos países a anualidade não segue, em rigor, um período de tempo determinado, mas nem por isso o princípio fica descaracterizado. É o caso da Alemanha, da Grã-Bretanha e dos Estados Unidos da América. No geral, existe a coincidência, como na Argentina, França, Holanda, Suíça etc.

Enfim, o princípio constitucional da anualidade orçamentária, também conhecido por autonomásia, princípio da *lei ânua*, nasceu do expediente político de se obrigar os monarcas a convocarem o parlamento, pelo menos, uma vez por ano. Vigora, entre nós, desde a Constituição imperial de 1824, enunciando que as disposições do orçamento perdem, de imediato, a sua vigência no último dia do exercício financeiro, e as dotações que não seguirem essa data caducam, caem em exercício findo, não podendo mais ser pagas.

> **Que é *dotação*:** numa acepção lata, significa o recurso previsto no orçamento com o fim de atender a determinado órgão, fundo ou despesa. É o mesmo que *verba*, de acordo com o moderno vocabulário financeiro-orçamentário. No ordenamento jurídico brasileiro, *dotação* é a parcela do crédito orçamentário fixado para a execução de um programa governamental, vinculada a determinado elemento de despesa, em conformidade com a classificação legal.

h) Princípio constitucional da plurianualidade das despesas de investimento

Nos últimos anos, o vetor da anualidade tem sido conciliado com a implantação de planos plurianuais, segundo o ritmo das variações econômicas. Foram criadas, a partir daí, leis de programa e orçamentos de capital, os quais se conjugaram com os orçamentos anuais de manutenção dos serviços públicos.

O primado da anualidade foi, então, contornado por fatores econômicos, dando ensejo ao princípio constitucional da plurianualidade das despesas de investimento.

Este princípio, na realidade, vincula-se ao orçamento-programa, estando previsto no § 1º do art. 167, segundo o qual "nenhum investimento cuja execução ultrapasse um exercício financeiro poderá ser iniciado sem prévia inclusão no plano plurianual, ou sem lei que autorize a inclusão, sob pena de crime de responsabilidade".

Deveras, se é o plano plurianual que estabelecerá as diretrizes, objetivos e metas da Administração Pública Federal para as despesas de capital e outras delas decorrentes, fica claro que investimento algum

◆ Cap. 25 ◆ FINANÇAS PÚBLICAS E ORÇAMENTO   **1329**

poderá transgredir o prazo previsto. Este, por sua vez, depende do que irá prescrever a lei complementar aludida no art. 165, § 9º, da Carta Magna. A propósito, recordemos que "A administração tem o dever de executar as programações orçamentárias, adotando os meios e as medidas necessários, com o propósito de garantir a efetiva entrega de bens e serviços à sociedade" (CF, § 10, do art. 165, alterado pela EC n. 100, de 26/6/2019).

> **Art. 35 da Lei de Responsabilidade Fiscal:** "O art. 35 da Lei de Responsabilidade Fiscal, ao disciplinar as operações de crédito efetuadas por fundos, está em consonância com o inciso II do § 9º do art. 165 da Constituição Federal, não atentando, assim, contra a federação. Já a sanção imposta aos entes federados que não fornecerem dados para a consolidação de que trata o art. 51 da LC 101/2000 igualmente não implica ofensa ao princípio federativo, uma vez que as operações de crédito são englobadas pela mencionada regra constitucional e que o texto impugnado faz referência tão somente às transferências voluntárias" (STF, ADIn 2.250-MC, Rel. Min. Ilmar Galvão, *DJ* de 1º-8-2003).

O princípio constitucional da plurianualidade das despesas de investimento não colide com o pórtico da anualidade orçamentária. O próprio plano plurianual, com suas metas, programas de duração continuada, despesas de capital, executa-se anualmente, é dizer, de ano a ano, por meio do orçamento anual.

Em síntese, ambos os princípios se completam harmonicamente, porque o plano plurianual é exercitado por intermédio da anualidade, a qual lhe confere operacionalidade.

i) Princípio constitucional da não afetação da receita

O princípio constitucional da não afetação da receita ou princípio da não vinculação exterioriza-se em forma de vedação orçamentária. Daí a sua importância, justamente por referir-se a aspectos e situações próprias do orçamento.

Tendo em vista tais situações parciais e inerentes à realidade orçamentária, o princípio da não afetação foi colocado no art. 167, IV, com redação dada pela Emenda Constitucional n. 3/93, que proíbe "a vinculação de receita de impostos a órgão, fundo ou despesa, ressalvadas a repartição do produto da arrecadação dos impostos a que se referem os arts. 158 e 159, a destinação de recursos para manutenção e desenvolvimento do ensino, como determinado pelo art. 212, e a prestação de garantias às operações de crédito por antecipação de receita, prevista no art. 165, § 8º, bem assim o disposto no § 4º deste artigo".

j) Princípio constitucional da quantificação dos créditos orçamentários

O objetivo desse princípio, que também se esboça em forma de vedação orçamentária, é reforçar o papel dos orçamentos no controle parlamentar da atividade financeira do Executivo.

Ao fiscalizar os limites dos gastos do Executivo, ou seja, até quanto o Executivo poderá gastar, o Poder Legislativo estará aplicando o princípio constitucional da quantificação dos créditos orçamentários.

Essa tarefa, desempenhada pelo Legislativo, vem amparada na Constituição, que disciplina o princípio em foco no art. 167, VII, ao vedar "a concessão ou utilização de créditos ilimitados".

Tal vedação encontra reforço na impossibilidade de se realizarem:
* despesas que excedam créditos orçamentários ou adicionais; e
* operações de créditos que excedam o montante das despesas de capital, ressalvadas as autorizadas mediante créditos suplementares ou especiais com finalidade precisa, aprovados pelo Poder Legislativo por maioria absoluta.

✧ 3.6. Elaboração das leis orçamentárias

No Brasil, o orçamento é um ato legislativo. Desde a Reforma constitucional de 1926, nossas constituições sempre consideraram o orçamento uma lei.

Assim, a elaboração orçamentária tem merecido destaque especial, possuindo características próprias, as quais lhe conferem uma configuração singular, a exemplo do instituto da rejeição da proposta orçamentária.

> **Que é *proposta orçamentária*:** é o mesmo que *projeto de orçamento*. Doutrinariamente, é a reunião de documentos ligados aos planos governamentais, à previsão da receita e à fixação das despesas,

1330 ◆ Uadi Lammêgo Bulos ◆

incumbindo ao Poder Executivo, anualmente, enviar esses documentos ao Poder Legislativo, a fim de que ele aprecie para depois votar. Consoante a Lei n. 4.320, de 17-3-1964, que estatui normas gerais para elaboração e controle dos orçamentos e balanços da União, dos Estados, dos Municípios e do Distrito Federal, a expressão *proposta orçamentária* é mais ampla (art. 22), sendo o *projeto de orçamento* uma parte da proposta. Demais disso, a *proposta* envolveria outros elementos, quais sejam, a *mensagem* (exposição completa e cabal da situação econômico-financeira e dos compromissos do erário, juntamente com a exposição e a justificação da política econômico-financeira do governo, da receita e da despesa, com todas as tabelas enumeradas na própria lei) e a *especificação dos programas especiais de trabalho* (aqueles que são custeados por fundos globais, com estimativas do custo das obras e serviços, acompanhados de justificação).

O processo legislativo, no campo dos orçamentos públicos, apresenta, pois, peculiaridades, traduzidas em normas constitucionais, legais e regimentais, que conferem à tramitação parlamentar do orçamento um rito especial, mais sumário do que o da feitura das outras leis.

Mas, se o orçamento é uma lei, convém salientar a diminuição da participação do Legislativo no processo de elaboração das leis orçamentárias. Realmente, a evolução parece ser no sentido de convertê-lo em ato apenas do Executivo.

Por isso, o processo de formação das leis orçamentárias é peculiar em certos aspectos, ainda mais se levarmos em conta o caráter temporário de tais leis.

> **Emenda Constitucional n. 102, de 6-9-2019 – peculiaridades do processo legislativo orçamentário:** as peculiaridades do processo legislativo orçamentário podem ser sentidas no exame da EC n.102/2019. Ao formatar a redação do § 11, incisos I a III, do art. 165, da Carta Magna, por exemplo, a indigitada Emenda Constitucional n. 102/2019, gizou algumas pautas jurídicas, cujo dever de observância é explícito, as quais devem presidir o ato mesmo de feitura, e exegese, da lei diretrizes orçamentárias, a saber: (i) subordinação ao cumprimento de dispositivos constitucionais e legais que estabeleçam metas fiscais ou limites de despesas, sem impedir o cancelamento necessário à abertura de créditos adicionais; (ii) não aplicabilidade nos casos de impedimentos de ordem técnica devidamente justificados; e (iii) aplicação exclusiva às despesas primárias discricionárias. Se não bastasse, os depositários do poder reformador da Constituição, ainda estipularam no § 12, do art.165: "Integrará a lei de diretrizes orçamentárias, para o exercício a que se refere e, pelo menos, para os 2 (dois) exercícios subsequentes, anexo com previsão de agregados fiscais e a proporção dos recursos para investimentos que serão alocados na lei orçamentária anual para a continuidade daqueles em andamento". Todas essas previsões constitucionais, assim como os §§ 13 a 15, do art.165, com redação dada pela EC n.102/2019, demonstram o caráter peculiar da matéria em exame.

Daí se dizer, acertadamente, que as leis orçamentárias são de *iniciativa vinculada*, porque a autoridade que tem o poder de iniciativa sobre elas, no caso o Chefe do Executivo, deverá remeter a proposta do orçamento ao Congresso Nacional, dentro do prazo previsto na legislação.

O constituinte de 1988 trilhou esse caminho. Considerou que o processo de elaboração das leis orçamentárias, quais sejam, a lei do plano plurianual, a lei de diretrizes orçamentárias e a lei do orçamento anual, são de iniciativa do Presidente da República (art. 165).

Assim, incumbe ao Chefe do Executivo enviar ao Congresso Nacional a proposta orçamentária, dentro do prazo a ser estipulado pela lei complementar (CF, art. 165, § 9º). E, pelo inciso III, do § 9º, do art. 165, da Carta Magna, com redação dada pela EC n. 100, de 20-6-2019, cabe à referida lei complementar "dispor sobre critérios para a execução equitativa, além de procedimentos que serão adotados quando houver impedimentos legais e técnicos, cumprimento de restos a pagar e limitação das programações de caráter obrigatório, para a realização do disposto nos §§ 11 e 12 do art. 166".

O art. 84, XXIII, reforçado pelo art. 166, § 6º, da Carta Maior, é taxativo a esse respeito: "Compete privativamente ao Presidente da República enviar ao Congresso Nacional o plano plurianual, o projeto de lei de diretrizes orçamentárias e as propostas de orçamento previstas na Constituição".

Parece-nos que o ato presidencial de enviar a proposta ao Congresso não é mera faculdade, mas sim *dever*, configurando crime de responsabilidade o desrespeito a essa obrigação constitucionalmente prevista (art. 85, VI, da CF e art. 10 da Lei n. 1.079/50).

No âmbito municipal, a situação é a mesma, pois o prefeito que não enviar o orçamento do Município à Câmara dos Vereadores estará praticando crime de responsabilidade, tipificado, nessa hipótese específica, no Decreto-Lei n. 201/67.

◆ Cap. 25 ◆ FINANÇAS PÚBLICAS E ORÇAMENTO

◇ 3.7. Apreciação das leis orçamentárias

A apreciação das leis orçamentárias dá-se pelas duas Casas do Congresso Nacional, nos parâmetros do regimento comum (CF, art. 166).

Aí incluem-se a análise dos projetos daquelas leis constantes no art. 165 (lei do plano plurianual, lei de diretrizes orçamentárias e lei do orçamento anual), bem como as leis de créditos adicionais (especiais e suplementares), as quais serão submetidas a uma comissão mista permanente de deputados e senadores, que examinarão e emitirão parecer a respeito delas.

◇ 3.8. Apresentação de emendas ao projeto das leis orçamentárias

O Texto Constitucional de 1988 aumentou, consideravelmente, o poder dos parlamentares na apresentação de emendas, permitindo-lhes alterar a despesa. No entanto, alguns requisitos devem ser observados.

Primeiro, as emendas aos projetos das leis orçamentárias deverão ser apresentadas na Comissão mista, que sobre elas emitirá parecer, sendo apreciadas, nos termos do regimento, pelo Plenário das duas Casas do Congresso Nacional (CF, art. 166, § 2º).

Segundo a Carta de 1988, esses projetos, e a proposta de emendas a eles, serão votados pelo Plenário das duas Casas do Congresso Nacional, seguindo o que preceitua o art. 166, aplicando-se, no que couber, as normas relativas ao processo legislativo (arts. 63 a 68), sem ferir as prescrições dos arts. 165 a 169.

Caso sejam *aprovados*, passarão à sanção presidencial. Se forem *rejeitados*, serão, automaticamente, arquivados. Na hipótese de os projetos aprovados sofrerem *veto presidencial*, total ou parcial, vigora a determinação do art. 66.

A própria Constituição, entretanto, condiciona a aprovação dos projetos de emenda ao orçamento anual, ou aos projetos que o modifiquem, à observância de três itens:

- devem ser compatíveis com o plano plurianual e com a lei de diretrizes orçamentárias;
- devem indicar os recursos necessários, admitidos apenas os provenientes de anulação de despesa, que não incidam sobre dotações para pessoal e seus encargos, serviço da dívida, transferências tributárias constitucionais para os Estados, o Distrito Federal e os Municípios; e
- devem estar relacionados com a correção de erros ou omissões ou com os dispositivos do texto do projeto de lei (CF, art. 166, § 3º, I, II e III).

Noutro prisma, as emendas que se destinarem a modificar projeto de lei de diretrizes orçamentárias apenas poderão ser aprovadas se forem compatíveis com o plano plurianual (CF, art. 166, § 4º). Aqui o constituinte reforçou o *discrimen* constante no § 3º do art. 166. Impende observar que o processo de emenda do projeto de lei do plano plurianual segue o art. 63, I, da Constituição.

É que para efetuar mudanças formais no projeto da lei plurianual não deverá ser admitido qualquer aumento de despesa prevista nos projetos de iniciativa exclusiva do Presidente da República, ressalvadas as hipóteses inseridas nos §§ 3º e 4º do art. 166, que dizem respeito às emendas aos projetos de lei do orçamento anual e de diretrizes orçamentárias. Esse é o entendimento do Pretório Excelso.

> **Poder de emendar projetos de lei orçamentária:** "O poder de emendar projetos de lei — que se reveste de natureza eminentemente constitucional — qualifica-se como prerrogativa de ordem político-jurídica inerente ao exercício da atividade legislativa. Essa prerrogativa institucional, precisamente por não traduzir corolário do poder de iniciar o processo de formação das leis (RTJ 36/382, 385 — RTJ 37/113 — RDA 102/261), pode ser legitimamente exercida pelos membros do Legislativo, ainda que se cuide de proposições constitucionais sujeitas à cláusula de reserva de iniciativa (ADI 865/MA, Rel. Min. Celso de Mello), desde que — respeitadas as limitações estabelecidas na Constituição da República — as emendas parlamentares (a) não importem em aumento da despesa prevista no projeto de lei, (b) guardem afinidade lógica (relação de pertinência) com a proposição original e (c) tratando-se de projetos orçamentários (CF, art. 165, I, II e III), observem as restrições fixadas no art. 166, §§ 3º e 4º, da Carta Política" (STF, ADIn 1.050-MC, Rel. Min. Celso de Mello, *DJ* de 23-4-2004).

Note-se que o plano plurianual não se insere nesse contexto, ou seja, não poderá ser modificado para aumentar as despesas. Assim entende o Supremo Tribunal Federal.

Precedentes: STF, ADIn 2.810-MC, Rel. Min. Moreira Alves, *DJ* de 25-4-2003; STF, ADIn 1.254-MC, Rel. Min. Celso de Mello, *DJ* de 18-8-1995.

Com o advento da Emenda Constitucional n. 105, de 12 de dezembro de 2019, houve acréscimo do art. 166-A à Constituição Federal, que já está vigorando desde o dia 1º de janeiro de 2020.

O objetivo foi autorizar a transferência de recursos federais a Estados, ao Distrito Federal e a Municípios, possibilitando emendas ao projeto de lei orçamentária anual.

Eis o sumo das principais regras, consagradas pela Emenda Constitucional n. 105, atinentes ao assunto, que, pela sua importância, convém ser assimiladas, *in verbis*:

- **CF, art. 166-A, incisos I a II** — as emendas individuais impositivas apresentadas ao projeto de lei orçamentária anual poderão alocar recursos a Estados, ao Distrito Federal e a Municípios por meio de transferência especial ou transferência com finalidade definida;
- **CF, art. 166-A, § 1º, incisos I e II** — os recursos transferidos não integrarão a receita do Estado, do Distrito Federal e dos Municípios para fins de repartição e para o cálculo dos limites da despesa com pessoal ativo e inativo, e de endividamento do ente federado, proibida, em qualquer caso, a aplicação dos recursos no pagamento de despesas com pessoal e encargos sociais relativas a ativos e inativos, e com pensionistas, bem como encargos referentes ao serviço da dívida;
- **CF, art. 166-A, § 2º, I a III** — na transferência especial, os recursos serão repassados diretamente ao ente federado beneficiado, independentemente de celebração de convênio ou de instrumento congênere. Eles pertencerão ao ente federado no ato da efetiva transferência financeira e serão aplicados em programações finalísticas das áreas de competência do Poder Executivo do ente federado beneficiado;
- **CF, art. 166-A, § 3º** — o ente federado beneficiado da transferência especial poderá firmar contratos de cooperação técnica para fins de subsidiar o acompanhamento da execução orçamentária na aplicação dos recursos;
- **CF, art. 166-A, § 4º, I e II** — na transferência com finalidade definida, os recursos serão vinculados à programação estabelecida na emenda parlamentar e aplicados nas áreas de competência constitucional da União; e
- **CF, art. 166-A, § 5º** — pelo menos 70% (setenta por cento) das transferências especiais deverão ser aplicadas em despesas de capital.

✧ 3.9. Rejeição do projeto da lei orçamentária anual

A regra é a não rejeição, porque uma sessão legislativa não deverá ser interrompida sem a aprovação do projeto da lei de diretrizes orçamentárias (CF, art. 57, § 2º).

A Constituição, porém, trouxe exceção à regra, tornando possível a rejeição do projeto orçamentário anual, quando "os recursos que, em decorrência de veto, emenda ou rejeição do projeto de lei orçamentária anual, ficarem sem despesas correspondentes poderão ser utilizados, conforme o caso, mediante créditos especiais ou suplementares, com prévia e específica autorização legislativa" (art. 166, § 8º). Com o advento da EC n. 126, de 21-12-2022, houve uma previsão de como emendas aos projetos da lei orçamentária podem se realizar (art.166, §§ 9º, 9º-A, 11, 17, 19).

As hipóteses de rejeição devem ser bem delimitadas e, sobretudo, banidas, caso os motivos que as ensejaram não sejam extremamente justificados.

Os casos que a exigem são mínimos, e só se verificam, muito provavelmente, em situações de anormalidade política ou notória desobediência às normas e ditames constitucionais.

É o exemplo da proposta distorcida, ilegal e formalmente impossível de ser consertada e, muito menos, melhorada pelo recurso instituído da emenda. No mais, a rejeição do orçamento constitui um acontecimento extraordinário e grave. Jamais deve transformar-se num ato meramente "político", pelo qual propostas orçamentárias são rejeitadas por puro capricho, orgulho, suscetibilidades e interesses minoritários de grupos isolados.

É gravíssimo para a Administração Pública ficar sem orçamento, afinal outro não poderá ser aprovado em um mesmo exercício financeiro, sob pena de violação do princípio constitucional da anualidade orçamentária (arts. 48, II, 165, II, e § 5º, e 166).

◆ Cap. 25 ◆ FINANÇAS PÚBLICAS E ORÇAMENTO   **1333**

Não é da tradição constitucional brasileira a previsão da rejeição do orçamento. Tal situação sintomática e anormal, embora disciplinada na Carta Suprema, deve ser vista com cautela, para evitar consequências inesperadas, dentre as quais a falta de lei orçamentária anual.

> **Falta de previsão orçamentária:** "A falta de previsão orçamentária, conforme precedente do STF (RTJ 137/1067), é obstáculo ao cumprimento da Lei no mesmo exercício mas, não, no subsequente" (STF, ADIn 1.243-MC, Rel. Min. Sydney Sanches, *DJ* de 27-10-1995).

✧ 3.10. Emendas Constitucionais n. 86/2015 e n. 100/2019

Vamos estudar, agora, a Emenda Constitucional n. 86, de 17 de março de 2015, que estabeleceu, entre nós, o que se convencionou chamar de *orçamento impositivo*, bem como as alterações e adminúnculos oriundos da Emenda Constitucional n. 100, de 26 de junho de 2019.

Eis os assuntos contidos em tais emendas:

- **Emendas individuais ao projeto de lei orçamentária:** "§ 9º As emendas individuais ao projeto de lei orçamentária serão aprovadas no limite de 1,2% (um inteiro e dois décimos por cento) da receita corrente líquida prevista no projeto encaminhado pelo Poder Executivo, sendo que a metade deste percentual será destinada a ações e serviços públicos de saúde" (Redação dada pela EC n. 86/2015).

- **Execução do montante dos serviços públicos de saúde:** "§ 10. "A execução do montante destinado a ações e serviços públicos de saúde previsto no § 9º, inclusive custeio, será computada para fins do cumprimento do inciso I do § 2º do art. 198, vedada a destinação para pagamento de pessoal ou encargos sociais" (Redação dada pela EC n. 86/2015).

- **Obrigatoriedade da execução orçamentária e financeira:** "§ 11. É obrigatória a execução orçamentária e financeira das programações a que se refere o § 9º deste artigo, em montante correspondente a 1,2% (um inteiro e dois décimos por cento) da receita corrente líquida realizada no exercício anterior, conforme os critérios para a execução equitativa da programação definidos na lei complementar prevista no § 9º do art. 165" (Redação dada pela EC n. 86/2015).

- **Programações orçamentárias:** "§ 12. As programações orçamentárias previstas no § 9º deste artigo não serão de execução obrigatória nos casos dos impedimentos de ordem técnica" (redação dada pela EC n. 86/2015). Com o advento da EC n. 100/2019, o referido § 12, ficou assim redigido: "A garantia de execução de que trata o § 11 deste artigo aplica-se também às programações incluídas por todas as emendas de iniciativa de bancada de parlamentares de Estado ou do Distrito Federal, no montante de até 1% (um por cento) da receita corrente líquida realizada no exercício anterior". De acordo com o art. 2º, da EC n. 100/2019, "O montante previsto no § 12 do art. 166 da Constituição Federal será de 0,8% (oito décimos por cento) no exercício subsequente ao da promulgação desta Emenda Constitucional". Demais disso, enfatizemos que, pelo art. 3º, da multicitada EC n.100/2019, "A partir do 3º (terceiro) ano posterior à promulgação desta Emenda Constitucional até o último exercício de vigência do regime previsto na Emenda Constitucional n. 95, de 15 de dezembro de 2016, a execução prevista no § 12 do art. 166 da Constituição Federal corresponderá ao montante de execução obrigatória para o exercício anterior, corrigido na forma estabelecida no inciso II do § 1º do art. 107 do Ato das Disposições Constitucionais Transitórias".

- **Transferência obrigatória da União:** "§ 13. Quando a transferência obrigatória da União, para a execução da programação prevista no § 11 deste artigo, for destinada a Estados, ao Distrito Federal e a Municípios, independerá da adimplência do ente federativo destinatário e não integrará a base de cálculo da receita corrente líquida para fins de aplicação dos limites de despesa de pessoal de que trata o *caput* do art. 169" (redação dada pela EC n. 86/2015). Com o surgimento da EC n. 100/2019, o § 13 logrou a seguinte feição: "As programações orçamentárias previstas nos §§ 11 e 12 deste artigo não serão de execução obrigatória nos casos dos impedimentos de ordem técnica".

- **Hipótese de impedimento técnico:** "§ 14. Para fins de cumprimento do disposto nos §§ 11 e 12 deste artigo, os órgãos de execução deverão observar, nos termos da lei de diretrizes orçamentárias, cronograma para análise e verificação de eventuais impedimentos das programações e demais procedimentos necessários à viabilização da execução dos respectivos montantes" (Redação dada pela EC n. 100/2019).

1334 ♦ Uadi Lammêgo Bulos ♦

- **Prazo ultrapassado:** "§ 15. Após o prazo previsto no inciso IV do § 14, as programações orçamentárias previstas no § 11 não serão de execução obrigatória nos casos dos impedimentos justificados na notificação prevista no inciso I do § 14". Este parágrafo da EC n. 86/2015 foi, expressamente, revogado pela EC n. 100/2019.
- **Restos a pagar:** "§ 16. Quando a transferência obrigatória da União para a execução da programação prevista nos §§ 11 e 12 deste artigo for destinada a Estados, ao Distrito Federal e a Municípios, independerá da adimplência do ente federativo destinatário e não integrará a base de cálculo da receita corrente líquida para fins de aplicação dos limites de despesa de pessoal de que trata o caput do art. 169" (Redação dada pela EC n. 100/2019).
- **Reestimativa da receita e da despesa:** "§ 17. Os restos a pagar provenientes das programações orçamentárias previstas nos §§ 11 e 12 poderão ser considerados para fins de cumprimento da execução financeira até o limite de 0,6% (seis décimos por cento) da receita corrente líquida realizada no exercício anterior, para as programações das emendas individuais, e até o limite de 0,5% (cinco décimos por cento), para as programações das emendas de iniciativa de bancada de parlamentares de Estado ou do Distrito Federal" (Redação dada pela EC n. 100/2019).
- **Execução equitativa:** "§ 18. Se for verificado que a reestimativa da receita e da despesa poderá resultar no não cumprimento da meta de resultado fiscal estabelecida na lei de diretrizes orçamentárias, os montantes previstos nos §§ 11 e 12 deste artigo poderão ser reduzidos em até a mesma proporção da limitação incidente sobre o conjunto das demais despesas discricionárias" (Redação dada pela EC n. 100/2019).
- **Execução equitativa:** "§ 19. Considera-se equitativa a execução das programações de caráter obrigatório que observe critérios objetivos e imparciais e que atenda de forma igualitária e impessoal às emendas apresentadas, independentemente da autoria". Este parágrafo, do art.166, adveio da EC n.100/2019.
- **Execução equitativa:** "§ 20. As programações de que trata o § 12 deste artigo, quando versarem sobre o início de investimentos com duração de mais de 1 (um) exercício financeiro ou cuja execução já tenha sido iniciada, deverão ser objeto de emenda pela mesma bancada estadual, a cada exercício, até a conclusão da obra ou do empreendimento". Este preceptivo promanou da EC n.100/2019, que entrou em vigor no dia 27 de junho de 2019, data de sua publicação no *DOU*.

As Emendas Constitucionais n. 86/2015 e n. 100/2019 são tipicamente brasileiras, porque o teor que ostentam não traz a marca da universalidade. Não encontram correspondência em nenhuma outra Constituição do mundo.

Implantarm um orçamento impositivo, nos moldes nacionais, com a característica de que não obriga o Poder Executivo a seguir as leis orçamentárias.

Decerto, tais mudanças formais ao Texto Magno obrigam o Poder Executivo a respeitar emendas parlamentares, mas não, necessariamente, leis orçamentárias.

No mais, nunca houve, no Brasil, uma verdadeira reforma constitucional orçamentária que prestigiasse o todo, corrigindo anomalias na gestão de recursos públicos.

Mas não se afiguram totalmente descipiendas as EC n. 86/2015 e n. 100/2019, embora as suas normas só tenham alcançado parte da problemática orçamentária.

Embora tacanhas, as normas embutidas na Carta Maior por essas emendas poderão, sim, trazer benefícios no que tange à liberação de emendas parlamentares, as quais poderão deixar de ser "moeda de troca" entre os Chefes do Executivo de todas as esferas de governo e parlamentares. Isso é muito salutar, pois, ao longo da história brasileira, tem sido comum a execrável praxe de deputados votarem de acordo com o Executivo, sob pena de não terem recursos liberados.

Por essa ótica, ambas as emendas espelharam a virtude de liberarem o Legislativo do domínio do Executivo, nada obstante o fato de que os depositários da competência reformadora poderiam ter dado um passo além, corrigindo as notórias deficiências do modelo orçamentário nacional.

CAPÍTULO 26

ORDEM ECONÔMICA E FINANCEIRA

✦ 1. SIGNIFICADO E AMPLITUDE

Ordem econômica e financeira é o conjunto de normas constitucionais que regulam as relações monetárias entre indivíduos e destes com o Estado.

Seu objetivo é organizar os elementos ligados à distribuição efetiva de bens, serviços, circulação de riquezas e uso da propriedade.

Esse é o sentido proposto no Título VII, arts. 170 a 192, da Carta de 1988, que, sem sombra de dúvida, instaurou, entre nós, aquilo que os especialistas convencionaram chamar de *constituição econômica*.

> **Nesse sentido:** Francesco Galgano (Coord.), *Trattato di diritto commerciale e di diritto pubblico dell'economia:* la costituzione economica, 1977; Luiz Sánches Agesta (Coord.), *Constitución y economía:* la ordenación del sistema económico en las constituciones occidentales, 1977; Werter R. Faria, *Constituição econômica:* liberdade de iniciativa e de concorrência, 1990.

✦ 2. CONSTITUIÇÃO ECONÔMICA

Constituição econômica é a parte da *constituição total*, encarregada de estatuir preceitos reguladores dos direitos e deveres dos agentes econômicos, delimitando, assim, o regime financeiro do Estado.

Sua importância é tamanha que Vital Moreira chegou a dizer que todas as constituições modernas contemplam uma ordem econômica constitucional, uma *constituição econômica formal*, pois (*A ordem jurídica do capitalismo*, p. 33 e s.).

Na realidade, trata-se de um microssistema normativo, integrado à própria carta constitucional positiva, em cujo esteio erigem-se normas e diretrizes constitucionais que disciplinam, juridicamente, a macroeconomia.

Tem como meta dar o arcabouço jurídico-constitucional à ordem econômica, assegurando seus elementos de natureza monetária, tributária e financeira, os quais irão conformá-la.

No Brasil, ela está presente de maneira nítida, determinando os campos de atuação das iniciativas pública e privada, o regime regente da relação capital/trabalho e os princípios orientadores da atividade financeira.

Portanto, com o advento da Carta de Outubro, implantou-se, entre nós, uma autêntica *constituição econômica formal*, cujo conteúdo abarca:

- os princípios gerais da atividade econômica (arts. 170 a 181);
- a política urbana (arts.182 e 183);
- a política agrícola, fundiária e a reforma agrária (arts. 184 a 191); e
- o sistema financeiro nacional (art. 192).

Como se pode observar, a *constituição econômica formal*, extraída da Carta de 1988, não se resume aos princípios informadores da atividade financeira do Estado, nem, tampouco, à intervenção estatal no domínio econômico. Vai além, englobando, de uma só vez, as bases constitucionais da ordem econômica (arts. 170 a 192).

1336 ◆ Uadi Lammêgo Bulos ◆

Em contrapartida, não é um conceito estanque à ideia de *constituição total*, pois extrai-se desta, sendo formada por um plexo normativo incumbido de traçar as vigas-mestras do sistema econômico do País.

✦ 3. ORDENAMENTO ECONÔMICO COMPOSTO E INTERPRETAÇÃO DA ORDEM ECONÔMICA

O constituinte de 1988 optou por um *ordenamento econômico composto*.

Por isso, a ordem econômica na Carta de 1988 está impregnada de princípios e soluções contraditórias. Ora abre brechas para a hegemonia de um capitalismo neoliberal, ora enfatiza o intervencionismo sistemático, aliado ao dirigismo planificador, ressaltando até elementos socializantes.

Nisso tudo revela uma postura híbrida, porque consagra uma espécie de *paralelismo de princípios*.

Aliás, desde a Carta de 1934, sob a influência da Constituição de Weimar de 1919, que a disciplina jurídica da ordem econômica ingressou em nossa normativa constitucional, embora a constitucionalização dessa matéria tenha se iniciado com o Texto mexicano de 1917.

> **Sobre o assunto:** Josaphat Marinho, A ordem econômica nas constituições brasileiras, *RDP, 19*:51; Diogo de Figueiredo Moreira Neto, O Estado e a economia na Constituição de 1988, *RIL, 102*:5; Eros Roberto Grau, *A ordem econômica na Constituição de 1988:* interpretação e crítica, 1990; Américo Luís Martins da Silva, *A ordem constitucional econômica*, 1996; Tupinambá Miguel Castro do Nascimento, *Comentários à Constituição Federal:* ordem econômica e financeira, 1997; Jorge Alex Athias, *A ordem econômica e a Constituição de 1988*, 1997.

Nesse contexto, aparece o Estado capitalista, apoiado na propriedade privada dos meios de produção e na livre-iniciativa, gerando dificuldades e problemas complexos, a começar pela má distribuição de rendas, e terminando com os "pacotes financeiros", que, via de regra, erigem insegurança e instabilidade.

Resultado: a ordem constitucional econômica deve ser interpretada mediante exegese construtiva e sistemática, de modo a integrar os princípios gerais que a norteiam, com vistas a eliminar os seriíssimos conflitos depreendidos nesse campo.

É o caso da *livre-iniciativa* e da *valorização do trabalho*, do *planejamento estatal* e da *liberdade de mercado*, do equilíbrio harmônico entre a *liberdade da empresa* e a regulamentação da *atividade econômica*.

Qualquer desses elementos, se concebidos isoladamente, geram ambivalência e, até, contradição. Por isso, devem ser compreendidos em harmonia, preservando o arcabouço da ordem constitucional econômica.

Essa é a diretriz que a Corte Excelsa tem imprimido à matéria.

> **Conciliando princípios:** "Em face da atual Constituição, para conciliar o fundamento da livre-iniciativa e do princípio da livre concorrência com os da defesa do consumidor e da redução das desigualdades sociais, em conformidade com os ditames da justiça social, pode o Estado, por via legislativa, regular a política de preços de bens e de serviços, abusivo que é o poder econômico que visa ao aumento arbitrário dos lucros" (STF, ADIn 319-QO, Rel. Min. Moreira Alves, *DJ* de 30-4-1993).

✦ 4. PRINCÍPIOS GERAIS DA ATIVIDADE ECONÔMICA

Os *princípios gerais da atividade econômica* são núcleos condensadores de diretrizes ligados à apropriação privada dos meios de produção e à livre-iniciativa, que consubstanciam a ordem capitalista.

Além de constituírem *normas-síntese* informadoras do sistema econômico do Estado, equivalem aos fundamentos sobre os quais devemos interpretá-lo.

Pela retórica do constituinte, tais *princípios* sistematizam a esfera de atividades criadoras e lucrativas, com vistas à redução das desigualdades sociais.

Foram consubstanciados no art. 170 da Carta Maior do seguinte modo:

◆ Cap. 26 ◆ ORDEM ECONÔMICA E FINANCEIRA   **1337**

- **Valorização do trabalho humano e da livre-iniciativa (CF, art. 170, *caput*)** — o constituinte prestigiou uma economia de mercado, de cunho capitalista, priorizando o labor humano como valor constitucional supremo em relação aos demais valores integrantes da economia de mercado. Quanto à livre-iniciativa, não é absoluta; encontra limites na dignidade da pessoa humana (art. 1º, III), na defesa do consumidor (art. 170, V), no direito de propriedade (art. 5º, XXII), na igualdade de todos perante a lei (art. 5º, *caput*) etc.

- **Liberdade de exercício de atividade econômica (CF, art. 170, parágrafo único)** — é assegurado a todos o livre exercício de qualquer atividade econômica, independentemente de autorização de órgãos públicos, salvo nos casos previstos em lei. Esse princípio é corolário da livre-iniciativa (arts. 1º, IV; 5º, XIII; 170, *caput*). Porém, a parte final do parágrafo único do art. 170 anula, de certa forma, o seu próprio objetivo, pois abre a possibilidade de a lei estipular certas restrições ao livre exercício da atividade econômica.

  > **Lei local que submete contribuinte a emitir notas fiscais individualizadas:** ofende, além da garantia do livre exercício do trabalho, ofício ou profissão (CF, art. 5º, XIII), a liberdade de exercício de atividade econômica (CF, art. 170, parágrafo único) (STF, RE 413.782, voto do Ministro Marco Aurélio, *DJ* de 3-6-2005).

- **Existência digna (CF, art. 170, *caput*)** — a intervenção do Estado na economia deve atentar para a dignidade da pessoa humana, fundamento não só da ordem econômica mas também da República Federativa do Brasil como um todo (CF, art. 1º, III).

- **Justiça social (CF, art. 170, *caput*)** — eis um dos instrumentos de tutela dos hipossuficientes (CF, art. 6º) que, até hoje, não saiu do papel. O espírito do *neoliberalismo* não conseguiu estancar as desigualdades sociais, criadas e produzidas pela iníqua distribuição de rendas. Num regime de acumulação do capital, pela apropriação privada dos meios produtivos, prepondera a diversidade de classes sociais. Por outro lado, justiça social é cada um poder dispor dos meios materiais para viver com certo conforto, gozando segurança física, espiritual, econômica e política. Não precisa dizer que, na vigência da Constituição passada, nada disso existiu, situação que se repete, numa escala muito maior, atualmente. Embora o constituinte de 1988 tenha dado um conteúdo preciso à *justiça social*, associando-a à defesa do consumidor, à tutela do meio ambiente, à redução de desigualdades, à busca do pleno emprego, o certo é que a efetividade das normas constitucionais relacionadas a esses assuntos não vingou. Nada do que se esperava foi visto. Lembre-se, enfim, que o capitalismo gera egoísmo e má distribuição de rendas. Os fatos têm demonstrado isso.

  > **Crise do capitalismo:** Henri Bartoli, analisando a crise do capitalismo, observou que a fome não deveria estar reservada ao terceiro mundo. Cinco a dez por cento das populações dos países industrializados estão mais ou menos subalimentados, sobretudo nos períodos de desemprego em massa. Daí a necessidade da busca do equilíbrio entre os determinismos da economia de mercado e a reivindicação, "por meio de conflitos e negociações, de um modo de existência possível e aceitável por todos" (*L'économie, service de la vie*, p. 301).

- **Soberania nacional econômica (CF, art. 170, I)** — diz respeito à formação de um capitalismo nacional autônomo, sem ingerências externas (CF, arts. 1º, I, e 4º, I).

- **Propriedade privada (CF, art. 170, II)** — denota a índole do sistema econômico, que se funda na iniciativa privada.

- **Função social da propriedade (CF, art. 170, III)** — princípio que se irmana com os arts. 5º, XXIII, e 186, da *Lex Mater*.

- **Livre concorrência (CF, art. 170, IV)** — a livre concorrência, no posto de princípio da ordem econômica, não constou nas constituições anteriores, vindo implícita na liberdade de iniciativa. É incompatível com o abuso do poder econômico. Aliás, a Carta de 1988 não combate nem nega o exercício legal do poder econômico, porém o seu uso desmensurado e antissocial enseja a intervenção do Estado para coibir excessos. Práticas abusivas, portanto, derivadas do capitalismo monopolista, dos cartéis, dos oligopólios, não encontram respaldo constitucional.

Súmula 646 do STF: "Ofende o princípio da livre concorrência lei municipal que impede a instalação de estabelecimentos comerciais do mesmo ramo em determinada área".

- **Defesa do consumidor (CF, art. 170, V)** — ao inscrever a defesa do consumidor entre os princípios cardiais da ordem econômica, o constituinte pautou-se no seguinte aspecto: a liberdade de mercado não permite abusos aos direitos dos consumidores. Quem não detiver o poder de produzir ou controlar os meios de produção não se sujeita ao arbítrio daqueles que o detêm. Praticar livremente o exercício da atividade empresarial não significa anular direitos de pessoas físicas ou jurídicas, que adquirem ou utilizam produtos ou serviços como destinatários finais. Daí o ordenamento jurídico amparar a parte mais fraca das relações de consumo, tutelando interesses dos hipossuficientes. *Consumidor* é o usuário ou adquirente de produtos, serviços e bens, fornecidos por comerciantes ou qualquer pessoa física ou jurídica, para seu próprio uso, de sua família e daqueles que se lhe subordinam por uma ligação doméstica ou protetiva.
- **Defesa do meio ambiente (CF, art. 170, VI — redação dada pela EC n. 42/2003)** — princípio que engloba o tratamento diferenciado conforme o impacto ambiental dos produtos e serviços e de seus processos de elaboração e prestação. Pouco importa que essa novidade tenha vindo de uma emenda que se convencionou denominar "reforma tributária". O tratamento diferenciado aí aludido deve ser considerado em termos amplos, pois não se dirige apenas à tributação das pessoas que exercem atividades nocivas ao meio ambiente. E não há falar em "uso de tributo com efeito extrafiscal". A defesa do meio ambiente corrobora um limite ao exercício da livre-iniciativa e da livre concorrência. Por isso, veio inscrita como um dos princípios constitucionais regentes da ordem econômica. É facultado ao Poder Público interferir, de modo drástico, nos atos atentatórios à ecologia, mesmo porque a Constituição proíbe atividades produtivas agressoras do ecossistema.
- **Redução das desigualdades regionais e sociais (CF, art. 170, VII)** — a redução das desigualdades, além de ser um dos objetivos fundamentais da República Federativa do Brasil (art. 3º, III), constitui um dos princípios regentes da ordem econômica. Há, até mesmo, mecanismos tributários e orçamentários que podem implementar esse princípio (CF, arts. 43 e 165, § 1º).
- **Busca do pleno emprego (CF, art. 170, VIII)** — eis uma matéria controvertida e contraditória, pois "pleno emprego" é algo inexistente no Brasil. Logo, estamos diante de mais uma *ilusão constitucional.*
- **Tratamento favorecido para as empresas de pequeno porte (CF, art. 170, IX — redação dada pela EC n. 6/95)** — tais empresas devem ser sediadas no Brasil e constituídas sob as leis pátrias. A Emenda Constitucional n. 6/95, que revogou o art. 171 da Carta Maior, foi profunda, pois alterou o conceito de *empresa brasileira.*

Quanto a este último *princípio,* algumas considerações vêm à tona.

Antes do Texto de 1988, a revogada Lei das Sociedades por Ações — difundida pelo Decreto-Lei n. 2.627/40 — conceituava como *nacionais* as empresas organizadas de acordo com a legislação pátria, tendo, no Brasil, a sua sede administrativa (art. 60). Assim, as sociedades anônimas podiam ser nacionais ou estrangeiras, fato que ensejou, posteriormente, a instalação de multinacionais em nosso território.

Quando a Assembleia Nacional Constituinte se reuniu para elaborar a nova constituição, o conceito de *empresa brasileira* ensejou calorosos debates, principalmente na *Comissão Afonso Arinos.*

Àquela época, tramitava um anteprojeto, proposto por Barbosa Lima Sobrinho, que conceituava *empresa brasileira* como aquela cujo controle de capital pertencesse a brasileiros, devendo ser sediada no território nacional, que seria o centro de suas decisões. As correntes divergentes chegaram a um consenso, e admitiram, no art. 171 da Constituição, a existência de:

a) empresas brasileiras;

b) empresas brasileiras de capital nacional; e

c) empresas estrangeiras.

Somavam-se, às últimas, as multinacionais e as transnacionais.

Com a Emenda Constitucional n. 6/95, o art. 171 foi revogado, desaparecendo o conceito de empresa brasileira de capital nacional. Restaram, somente, as empresas brasileiras, as estrangeiras, as multinacionais e as transnacionais.

◆ Cap. 26 ◆ ORDEM ECONÔMICA E FINANCEIRA **1339**

A diferença entre elas é *formal*. Basta que a empresa se organize no território pátrio, conforme as leis nacionais, possuindo sede aqui, para ser *brasileira*. O rótulo do capital em nada interfere, muito menos a nacionalidade, o domicílio e a residência das pessoas que detêm o seu controle.

É que a Emenda Constitucional n. 6/95 suprimiu o conceito de empresa brasileira de capital nacional, assim como os privilégios e preferências que acompanhavam tal *status*. Logo, acabou com o tratamento diferenciado entre empresas brasileiras de capital nacional e empresas brasileiras de capital estrangeiro.

Já as *empresas de pequeno porte* receberam tratamento favorecido.

Decerto que a nova redação dada ao inciso IX do art. 170, pela Emenda Constitucional n. 6/95, não levou em conta a origem do capital, a natureza, tampouco a titularidade dessas empresas. Exigiu, apenas, que elas se constituíssem sob as leis brasileiras e tivessem sua sede e administração no Brasil.

A Constituição previu dois tipos de microempresas (art. 179): as micro e as de pequeno porte. Ambas foram delimitadas e distinguidas pelo legislador.

> **Legislação:**
> * **Lei n. 9.317, de 5-12-1996** — dispõe sobre o regime tributário das microempresas e das empresas de pequeno porte, institui o Sistema Integrado de Pagamento de Impostos e Contribuições das Microempresas e das Empresas de Pequeno Porte — SIMPLES, e dá outras providências.
> * **Lei n. 9.841, de 5-10-1999** — institui o Estatuto da Microempresa e da Empresa de Pequeno Porte, dispondo sobre o tratamento jurídico diferenciado, simplificado e favorecido previsto nos arts. 170 e 179 da Constituição Federal.
> * **Decreto n. 3.474, de 19-5-2000** — regulamenta a Lei n. 9.841, de 5-10-1999, e dá outras providências.

Na realidade, existem vários critérios para diferençar as *microempresas* das empresas de *pequeno porte*, a exemplo do que leva em conta o faturamento anual, combinado com a forma de constituição, os objetivos da sociedade e o tipo de organização administrativa.

Foi esse o critério adotado pela Lei n. 9.841/99 (art. 2º):

* *microempresas* — pessoas jurídicas e firma mercantil individual que tiver receita bruta anual igual ou inferior a R$ 244.000,00 (duzentos e quarenta e quatro mil reais);
* *empresas de pequeno porte* — pessoa jurídica e firma mercantil individual não enquadrada como microempresa. Tem receita bruta anual superior a R$ 244.000,00 (duzentos e quarenta e quatro mil reais) e igual ou inferior a R$ 1.200.000,00 (um milhão e duzentos mil reais).

✦ 5. NORMAS CONSTITUCIONAIS DA ATIVIDADE ECONÔMICA

Previstas do art. 172 a 181 da Constituição, as *normas constitucionais da atividade econômica* têm por fim reger a atividade financeira do Estado.

Juntamente com os *princípios gerais da atividade econômica*, que também são normas constitucionais, isto é, *normas-síntese* informadoras de todo o sistema, existem para moderar os excessos do capitalismo.

Deveras, as *normas constitucionais da atividade econômica* equivalem ao contraponto das contradições imanentes ao modelo capitalista, funcionando como instrumentos de correção de anomalias diversas, provocadas, na maioria das vezes, pela ganância, usura e egoísmo do espírito humano.

Infelizmente, nem sempre alcançam, na prática, o propósito para o qual foram erigidas.

Na maioria das vezes, não conseguem corrigir excessos, diante da força do tecnocratismo e do neocapitalismo, que, se não suprimem as bases da ordem econômica do Estado, muito contribuem para miná-la, enfraquecendo os domínios dos meios de produção e dos lucros respectivos.

✧ 5.1. Remessa de lucros (CF, art. 172)

Tendo em vista o interesse nacional, cumpre à lei ordinária disciplinar os investimentos de capital estrangeiro, incentivando os reinvestimentos e regulando a remessa de lucros.

Como vemos, a remessa de lucros submete-se à reserva de lei em sentido formal. Logo, medidas provisórias não podem dispor sobre o assunto.

1340 ◆ Uadi Lammêgo Bulos ◆

◇ 5.2. Exploração direta de atividade econômica (CF, art. 173)

A exploração direta de atividade econômica pelo Estado só é permitida se não comprometer a soberania brasileira e os interesses maiores da sociedade.

> **Estado como agente empresarial:** "Quer dizer, o artigo 173 da CF está cuidando da hipótese em que o Estado esteja na condição de agente empresarial, isto é, esteja explorando, diretamente, atividade econômica em concorrência com a iniciativa privada" (STF, RE 407.099, Rel. Min. Carlos Velloso, *DJ* de 6-8-2004).

Ao agasalhar o modelo capitalista, o constituinte de 1988 reconheceu a excepcionalidade da exploração direta da atividade econômica pelo Estado, delimitando a esfera da iniciativa econômica pública e privada.

Atendeu, nesse particular a reivindicações privatistas, traçando um novo perfil estatal no campo da economia.

Logo, para explorar diretamente uma atividade econômica, o Estado deve observar os *imperativos de segurança nacional* e a *relevância do interesse coletivo*.

> **Juízo de conveniência na exploração da atividade econômica:** "O juízo de conveniência, quanto a permanecer o Estado na exploração de certa atividade econômica, com a utilização da forma da empresa pública ou da sociedade de economia mista, há de concretizar-se em cada tempo e à vista do relevante interesse coletivo ou de imperativos da segurança nacional. Não será, destarte, admissível no sistema da Constituição Federal que norma de Constituição estadual proíba, no Estado-Membro, possa este reordenar, no âmbito da própria competência, sua posição na economia, transferindo à iniciativa privada atividades indevida ou desnecessariamente exploradas pelo setor público" (STF, ADIn 234, Rel. Min. Néri da Silveira, *DJ* de 15-9-1995).

Daí a necessidade de lei, em sentido formal, para regular a matéria (CF, art. 173, § 1º).

> **Requisito para a incidência do art. 173, § 1º, da CF:** "Se não houver concorrência — existindo monopólio, CF, art. 177 — não haverá aplicação do disposto no § 1º do mencionado art. 173" (STF, RE 407.099, Rel. Min. Carlos Velloso, *DJ* de 6-8-2004).

Nesse particular, frise-se o advento da Lei n. 13.303, de 30-6-2016, que dispôs sobre "o estatuto jurídico da empresa pública, da sociedade de economia mista e de suas subsidiárias, no âmbito da União, dos Estados, do Distrito Federal e dos Municípios".

> **Casuística do STF:**
> - **Empresa Brasileira de Correios e Telégrafos** — além de não estar equiparada às empresas privadas, integra o conceito de *fazenda pública*. "Assim, os seus bens não podem ser penhorados, estando ela sujeita à execução própria das pessoas públicas" (STF, RE 407.099, Rel. Min. Carlos Velloso, *DJ* de 6-8-2004).
> - **Servidor da Administração indireta** — essa terminologia abrange o servidor das empresas públicas e das sociedades de economia mista. Tais empresas sujeitam-se ao regime trabalhista, nos termos do art. 173, § 1º, II (STF, ADIn 1.515, Rel. Min. Sydney Sanches, *DJ* de 11-4-2003).
> - **Privatização das empresas públicas e das sociedades de economia mista** — tal processo "é distinto daquele realizado pelas empresas privadas quando submetidas à incorporação, fusão ou cisão, dadas as exigências peculiares do programa de desestatização e da cogente observância dos princípios moralizadores que regem os atos da administração pública, sob pena de invalidação. Empresas públicas e sociedades de economia mista. Prazo diferenciado daquele previsto para as empresas privadas para apresentação de balanço contábil. Afronta ao § 1º e inciso II do artigo 173 da Constituição. Alegação improcedente" (STF, ADIn 1.998, Rel. Min. Maurício Corrêa, *DJ* de 7-5-2004).
> - **Sociedade de economia mista** — "É competente a justiça comum para julgar as causas em que é parte sociedade de economia mista, cujo foro é o das empresas privadas e não o foro da Fazenda Pública" (AgI 337.615-AgRg, Rel. Min. Carlos Velloso, *DJ* de 22-2-2002).
> - **Empresas públicas e sociedades de economia mista** — "Estão sujeitas ao regime próprio das empresas privadas, inclusive quanto às obrigações trabalhistas e tributárias" (STF, ADIn 1.552-MC, Rel. Min. Carlos Velloso, *DJ* de 17-4-1998).

- Licitação e contratação de obras, serviços, compras e alienações, observados os princípios da Administração Pública;

◆ Cap. 26 ◆ ORDEM ECONÔMICA E FINANCEIRA

Regra do concurso público: "Pela vigente ordem constitucional, em regra, o acesso aos empregos públicos opera-se mediante concurso público, que pode não ser de igual conteúdo, mas há de ser público. As autarquias, empresas públicas ou sociedades de economia mista estão sujeitas à regra, que envolve a administração direta, indireta ou fundacional, de qualquer dos poderes da União, dos Estados, do Distrito Federal e dos Municípios. Sociedade de economia mista destinada a explorar atividade econômica está igualmente sujeita a esse princípio, que não colide com o expresso no art. 173, § 1º" (STF, MS 21.322, Rel. Min. Paulo Brossard, *DJ* de 23-4-1993).

* a constituição e o funcionamento dos conselhos de administração e fiscal, com a participação de acionistas minoritários; e
* os mandatos, a avaliação de desempenho e a responsabilidade dos administradores.

Mas o legislador não poderá conferir às empresas públicas e às sociedades de economia mista privilégios fiscais não extensivos aos do setor privado (CF, art. 173, § 2º).

Extensão do art. 173, § 2º, da CF: esse preceito constitucional só se estende às empresas públicas e sociedades de economia mista que explorem atividade econômica em sentido estrito. Não se aplica àquelas que prestam serviço público, não submetidas às obrigações tributárias às quais se sujeitam as empresas privadas. Com efeito, as empresas públicas, sociedades de economia mista e outras entidades estatais que prestem serviço público podem gozar de privilégios fiscais, ainda que não extensivos a empresas privadas prestadoras de serviço público em regime de concessão ou permissão (STF, ACO 765-QO, voto-vista do Min. Eros Grau, *DJ* de 22-4-2005).

Em contrapartida, deverá regular as relações da empresa pública com o Estado e a sociedade (CF, art. 173, § 3º).

Cumpre também à lei reprimir o abuso do poder econômico que vise à dominação dos mercados, à eliminação da concorrência e ao aumento arbitrário dos lucros (CF, art. 173, § 4º).

Recepção da Lei Delegada n. 4/62: a Lei Delegada n. 4, de 26-9-1962, que dispõe sobre a intervenção no domínio econômico para assegurar a livre distribuição de produtos necessários ao consumo do povo, foi recepcionada pela Constituição de 1988, no que revela o instrumento normativo como meio para reprimir o abuso do poder econômico (STF, AgI 268.857-AgRg, Rel. Min. Marco Aurélio, *DJ* de 4-5-2001).

Finalmente, resta à lei ordinária, sem prejuízo da responsabilidade individual dos dirigentes da pessoa jurídica, estabelecer a responsabilidade desta, sujeitando-a às punições compatíveis com sua natureza, nos atos praticados contra a ordem econômica e financeira e contra a economia popular (CF, art. 173, § 5º).

Esse encargo constitucional contém assunto polêmico, que vem sendo alvo de distorções e incompreensões: a responsabilidade penal da pessoa jurídica.

A matéria está a merecer meditação por parte dos penalistas ortodoxos, que, baseados numa visão obsoleta dos meandros da teoria clássica da culpabilidade, não oferecem solução satisfatória aos problemas criminais presentes nas sociedades de massa.

À evidência, o constituinte seguiu o caminho das Constituições portuguesa de 1976 (art. 6º) e espanhola de 1978 (art. 45), estatuindo, *ipsis litteris*, a responsabilidade penal da pessoa jurídica ou, na terminologia dos alemães, o "direito de intervenção".

A força suprema do poder constituinte originário operou fundas mudanças na concepção do tema, abrindo clareiras para a deflagração de um novo direito penal, muito mais de índole coletiva que particular. Num futuro bem próximo, espera-se que se possa apurar a responsabilidade não apenas de uma empresa, mas também de uma associação, quiçá, de um partido político, de um sindicato. Certas transgressões, cometidas por pessoas jurídicas em casos nos quais não se pode responsabilizar pessoa determinada, não ficarão impunes. Então superaremos a fase do Direito Penal individual, para pensarmos em termos metaindividuais.

Crime ambiental, absolvição de pessoa física e responsabilidade penal de pessoa jurídica — é admissível a condenação de pessoa jurídica pela prática de crime ambiental, ainda que absolvidas as pessoas físicas ocupantes de cargo de presidência ou de direção do órgão responsável pela prática criminosa. A persecução penal de entes morais somente é admissível se houver, ao mesmo tempo, a descrição e a imputação de uma ação humana individual, sem o que não seria admissível a responsabilização da pessoa jurídica, afrontando-se o disposto no art. 225, § 3º, da Carta Suprema. Ao se condicionar a imputabilidade da pessoa jurídica à da pessoa humana, subordina-se a responsabilização jurídico-criminal do ente moral à efetiva condenação da pessoa física. Ainda que o legislador ordinário não estabelecesse, por completo, os critérios de imputação da pessoa jurídica por crimes ambientais, não haveria como pretender transpor o paradigma de imputação das pessoas físicas aos entes coletivos (STF, RE 548.181/PR, Rel. Min. Rosa Weber, j. 6-8-2013).

No que tange ao parágrafo em epígrafe, algumas ponderações exsurgem a respeito da constitucionalização da responsabilidade penal da pessoa jurídica.

Em primeiro lugar, quando a *Lex Mater* consagra a responsabilidade penal da pessoa jurídica não está se referindo à aplicação de pena privativa de liberdade. Tanto é assim que enuncia a fórmula "punições compatíveis com sua natureza". Óbvio que seria impossível trancafiar empresas em casas de detenção, pois pessoas jurídicas ou morais são abstrações ou ficções técnicas, as quais subjazem pessoas físicas, nada obstante as infindáveis polêmicas a respeito de sua natureza jurídica. Então quais seriam as punições aplicáveis às empresas? É a própria Constituição que indica: perda de bens, multa, prestação social alternativa, suspensão e interdição de direitos (CF, art. 5º, XLVI).

Em segundo, a condenação criminal de pessoas jurídicas, à luz do § 5º, realiza-se em campo próprio, isto é, "nos atos praticados contra a ordem econômica e financeira e contra a economia popular". Evidente que a lei ordinária será inconstitucional se ampliar ou restringir essa área explicitada pelo constituinte.

Em terceiro, a assertiva "sem prejuízo da responsabilidade individual dos dirigentes da pessoa jurídica" não se confunde com dupla condenação. Seria *bis in idem* punir a *universitas personorum* infratora e, em complemento, os seus próprios titulares, que não participaram do crime. Quando a Constituição se vale da frase é para dizer que a empresa está sujeita a perda de bens, multa, prestação social alternativa, suspensão e interdição de direitos, caso incida contra a ordem econômica e o sistema financeiro, que nada têm que ver com delitos cometidos pela pessoa física, em sua vida privada. No art. 173, § 5º, em análise, há uma espécie de autonomia punitiva entre os cometimentos ilícitos praticados pelo homem, enquanto cidadão comum, e os delitos exercidos por empresas. Ambos não se imiscuem, pois estão sujeitos a regimes jurídicos diversos. Basta ver que a privação da liberdade física recai, por imposição lógica, sobre os donos das empresas, porque não se pode enclausurar em presídios pessoas jurídicas que não logram aquele *animus* próprio. Todavia, o que se acaba de dizer não exclui a figura da coautoria. A responsabilidade das pessoas jurídicas recai sobre coautores ou partícipes do mesmo fato criminoso. Parece-nos que o constituinte possibilitou a adoção da teoria da coautoria necessária entre o agente individual e a pessoa jurídica. Decerto que seria um absurdo deixar de lado a persecução daquele que concorreu para a realização do crime.

> **Possibilidade de abertura de ação penal contra a Petrobras** — por maioria de votos, a 1ª Turma do Supremo Tribunal Federal reconheceu a possibilidade de se processar penalmente uma pessoa jurídica, mesmo não havendo ação penal em curso contra pessoa física com relação ao crime. A decisão determinou o processamento de ação penal contra a Petrobras, por suposta prática de crime ambiental no ano de 2000, no Paraná. Ao relatar a matéria, concluiu a Min. Rosa Weber que a decisão, proferida no âmbito do Superior Tribunal de Justiça, feriu, frontalmente, o art. 225, § 3º, da Carta Suprema, pelo qual as condutas lesivas ao meio ambiente sujeitam as pessoas físicas e jurídicas a sanções penais e administrativas. Foi afastado, também, o entendimento do STJ, segundo o qual a persecução penal de pessoas jurídicas só é possível se estiver caracterizada ação humana individual. Ora, nem sempre é possível imputar-se determinado ato a uma única pessoa física, pois muitas vezes os atos de uma pessoa jurídica podem ser atribuídos a um conjunto de indivíduos. A dificuldade de identificar o responsável leva à impossibilidade de imposição de sanção por delitos ambientais. Não é necessária a demonstração de coautoria da pessoa física, segundo a Min. Rosa Weber. De acordo com seu entendimento, a exigência da presença concomitante da pessoa física e da pessoa jurídica na ação penal esvazia o comando constitucional. Quanto ao argumento de que o legislador ordinário não estabeleceu critérios para se imputar à pessoa jurídica a prática de crimes ambientais, resta à doutrina e à jurisprudência desenvolverem tais critérios (STF, RE 548.181/PR, Rel. Min. Rosa Weber, j. 6-8-2013).

Em quarto, não se deve confundir previsão constitucional de um instituto com filigranas acadêmicas a seu respeito. Se, por um lado, a doutrina clássica dissemina o brocardo *societas delinquere non potest*

Cap. 26 ◆ ORDEM ECONÔMICA E FINANCEIRA 1343

ou, o seu correlato, *societas punire non potest*, por outro, a Constituição de 1988, em dois momentos, prescreve a responsabilidade penal da pessoa jurídica de modo inconfundível: um, no art. 173, § 5º, outro, no art. 225, § 3º. Então, só nos resta lembrar do vaticínio de Von Kirchmann: "A ciência, ao fazer do azar seu objeto, se converte ela mesma em azar: três palavras retificadoras do legislador e bibliotecas inteiras se convertem em papéis inúteis" (*La ciencia del derecho*, p. 267-268).

Em quinto, a previsão de uma figura jurídica não significa sua efetiva aplicação. Na realidade, o argumento de que já existe respaldo constitucional para que sejam apurados e processados delitos penais praticados por empresas que cometam atos praticados contra a ordem econômica e financeira, e contra a economia popular, quase nada vale. O polêmico assunto foi disposto em norma de eficácia contida. Acontece, porém, que a responsabilidade penal de pessoa jurídica é de natureza juspositiva. Deflui da disciplina que o legislador ordinário lhe irroga. Daí cumprir à lei, em sentido formal, aferir a presença do dolo, da culpa e do preterdolo, ditando as hipóteses de sua incidência. Enquanto persistir a mora do Poder Legislativo, o mal redigido e confuso § 5º do art. 173 continuará como sempre esteve nesses últimos anos de Constituição: letra morta.

Em sexto lugar, a Lei n. 9.605/98 pode ser aplicada, por analogia, à matéria, conjugando-se seus artigos com esse § 5º. Isso, contudo, está muito longe de ser o ideal, porque esse diploma legislativo foi confeccionado para dispor, de modo particular, sobre as sanções penais e administrativas derivadas de condutas e atividades lesivas ao meio ambiente. Mas, enquanto não advier a normatividade em causa, a Lei n. 9.605/98, combinada com o art. 5º, XLVI, em cotejo com o § 5º do art. 173 vai suprindo a inércia do legislador.

✧ 5.3. Intervenção do Estado no domínio econômico (CF, art. 174)

Pela *intervenção no domínio econômico*, o Estado ocupa o posto de *agente normativo*, regulador da atividade econômica.

> **Sobre o tema:** Mariano Baena del Alcazar, *Régimen jurídico de la intervención administrativa en la economía*, Madrid: Tecnos, 1966; Alberto Venâncio Filho, *A intervenção do Estado no domínio econômico*, Rio de Janeiro, Fundação Getulio Vargas, 1968; Milton Cardoso Ferreira de Souza, A ordem econômica na Constituição de 1988, *CDCCP*, 6:111; Walter Douglas Stuber, A reforma da ordem econômica e financeira, *CDCCP*, 14:80; Dinorá Adelaide Musetti Grotti, Intervenção do Estado na economia, *CDCCP*, 15:73.

Significa que o Estado exerce as funções de *fiscalização*, *incentivo* e *planejamento*, essenciais para o setor público, servindo de indicativo para o campo privado.

> **Horário de funcionamento do comércio local:** "A fixação de horário de funcionamento para o comércio dentro da área municipal pode ser feita por lei local, visando o interesse do consumidor e evitando a dominação do mercado por oligopólio" (STF, RE 189.170, Rel. Min. Maurício Corrêa, *DJ* de 8-8-2003).

Esse é o alcance do art. 174 da Carta Maior — preceito que segue uma tendência firmada nas constituições modernas: o abrandamento do intervencionismo estatal e o fomento da iniciativa privada.

> **Intervenção do Estado no domínio econômico e responsabilidade civil:** a intervenção estatal na economia possui limites no princípio constitucional da liberdade de iniciativa, e a responsabilidade objetiva do Estado é decorrente da existência de dano atribuível à atuação deste. Nesse sentido, a fixação, por parte do Estado, de preços a serem praticados em valores abaixo da realidade e em desconformidade com a legislação aplicável ao setor constitui óbice ao livre exercício da atividade econômica, em desconsideração ao princípio da liberdade de iniciativa. Assim, não é possível ao Estado intervir no domínio econômico, com base na discricionariedade quanto à adequação das necessidades públicas ao seu contexto econômico, de modo a desrespeitar liberdades públicas e causar prejuízos aos particulares (STF, RE 422941/DF, Rel. Min. Carlos Velloso, decisão de 6-12-2005).

1344 ◆ Uadi Lammêgo Bulos ◆

O maior exemplo disso são as privatizações de empresas públicas. Criadas para enxugar a máquina administrativa, reduzem, se for preciso, cargos e funções, por meio de medidas fiscalizatórias e disciplinadoras.

Mas as atividades de *fiscalização*, *incentivo* e *planejamento*, desempenhadas pelo agente normativo *Estado*, dependem de lei formal para regulamentá-las.

Referida lei, que poderá ser a ordinária, estabelecerá as diretrizes e bases do planejamento do desenvolvimento nacional equilibrado, o qual incorporará e compatibilizará os planos nacionais e regionais de desenvolvimento (CF, art. 174, § 1º).

Demais disso, cumpre-lhe apoiar e estimular o cooperativismo, dentre outras formas de associação (CF, art. 174, § 2º).

> **Lei n. 5.764, de 16-12-1971:** recepcionada pela Carta de 1988, cumpre esse papel.

O Estado, por sua vez, deve favorecer a organização da atividade garimpeira em cooperativas, levando em conta a proteção do meio ambiente e a promoção econômico-social dos garimpeiros (CF, art. 174, § 3º).

Tais cooperativas têm prioridade na autorização ou concessão para pesquisa e lavra dos recursos e jazidas de minerais garimpáveis, nas áreas onde estejam atuando, e naquelas fixadas de acordo com o art. 21, XXV, da Carta Magna, nos termos da lei (CF, art. 174, § 4º).

Por fim, tenhamos em mente a advertência do Ministro Celso de Mello:

"A possibilidade de intervenção do Estado no domínio econômico não exonera o Poder Público do dever jurídico de respeitar os postulados que emergem do ordenamento constitucional brasileiro. Razões de Estado — que muitas vezes configuram fundamentos políticos destinados a justificar, pragmaticamente, *ex parte principis*, a inaceitável adoção de medidas de caráter normativo — não podem ser invocadas para viabilizar o descumprimento da própria Constituição. As normas de ordem pública — que também se sujeitam à cláusula inscrita no art. 5º, XXXVI, da Carta Política (*RTJ, 143*:724) — não podem frustrar a plena eficácia da ordem constitucional, comprometendo-a em sua integridade e desrespeitando-a em sua autoridade" (STF, RE 205.193, Rel. Min. Celso de Mello, *DJ* de 6-6-1997).

✧ 5.4. Exploração de serviços públicos (CF, art. 175)

Serviço público é aquele capaz de satisfazer as necessidades básicas da coletividade, nos casos indicados no Texto Constitucional.

Daí o art. 175 da Lei Magna estabelecer os princípios do regime da concessão e permissão de serviços públicos a empresas particulares, devendo-se observar o seguinte:

- é o Poder Público que deve prestar os serviços em causa, diretamente ou sob regime de concessão ou permissão;

> **Alteração por lei estadual do contrato de concessão:** "Impossibilidade de interferência do Estado-Membro nas relações jurídico-contratuais entre o poder concedente federal ou municipal e as empresas concessionárias. Inviabilidade da alteração, por lei estadual, das condições previstas na licitação e formalmente estipuladas em contrato de concessão de serviços públicos, sob regime federal e municipal" (STF, ADIn 2.337-MC, Rel. Min. Celso de Mello, *DJ* de 21-6-2002).

- tudo isso só pode ser implementado por meio de licitação; e
- é a *lei formal* que deverá regular o tema.

Quanto à *lei formal* mencionada, é a *ordinária*.

Ínsita ao poder concedente, poderá ser federal (União), estadual (Estados), distrital (Distrito Federal) e municipal (Municípios).

> **Limites da lei estadual:** "Lei estadual, máxime quando diz respeito à concessão de serviço público federal e municipal, como ocorre no caso, não pode alterar as condições da relação contratual entre o poder concedente e os concessionários sem causar descompasso entre a tarifa e a obrigação de manter serviço adequado em favor dos usuários" (STF, ADIn 2.299-MC, Rel. Min. Moreira Alves, *DJ* de 29-8-2003).

◆ Cap. 26 ◆ ORDEM ECONÔMICA E FINANCEIRA

1345

Note-se que o constituinte não determinou a origem da lei. O silêncio foi proposital, a fim de remeter a matéria à competência dos entes federativos autônomos, respeitado o disposto no art. 22, XXVII, do Texto de 1988.

> **Lei n. 8.987/95:** "A União, os Estados, o Distrito Federal e os Municípios promoverão a revisão e as adaptações necessárias de sua legislação às prescrições desta Lei, buscando atender as peculiaridades das diversas modalidades dos seus serviços" (art. 1º, parágrafo único).

O conteúdo da lei ordinária deve trazer (CF, art. 175, parágrafo único):

* o regime das empresas concessionárias e permissionárias de serviços públicos, o caráter especial de seu contrato e de sua prorrogação, bem como as condições de caducidade, fiscalização e rescisão da concessão ou permissão;
* os direitos dos usuários;
* a política tarifária; e
* a obrigação de manter serviço adequado.

As constituições passadas só falavam em *concessão*. Silenciavam a respeito da *permissão*. O Texto de 1988 trouxe ambos, colocando-os lado a lado.

Parece-nos que a distinção clássica entre eles deve ser mantida. Não há necessidade de serem redefinidos:

* **concessão** — é o contrato administrativo cuja formação engendra um vínculo bilateral, oneroso, precedido de licitação, entre o poder concedente e o concessionário; e
* **permissão** — é o ato administrativo discricionário, precário, unilateralmente revogável, embora, na prática, possa dar-se a curto prazo, inexistindo aí a aludida revogação.

Quanto à espécie de serviços públicos de que trata o art. 175, certamente é a *imprópria* — aquela que não afeta as necessidades materiais da comunidade, satisfazendo o interesse de todos, indistintamente.

Resultado: os serviços públicos podem ser prestados de modo indireto, por delegação a terceiros e prévio procedimento licitatório, em que haverá justa e democrática concorrência.

> **Licitação e leilão:** "A concessão e a permissão para a prestação de serviços públicos serão precedidas de licitação e o conceito e as modalidades da licitação estão na lei ordinária, Lei 8.666/93, arts. 3º e 22, certo que o leilão é modalidade de licitação (Lei 8.666/93, art. 22)" (STF, ADIn 1.582, Rel. Min. Carlos Velloso, *DJ* de 6-9-2002).

A única exceção a essa regra é o art. 29, V, da Carta Suprema, que trata dos transportes coletivos municipais.

> **Exploração de transporte urbano, por meio de linha de ônibus:** "Necessidade de prévia licitação para autorizá-la, quer sob a forma de permissão quer sob a de concessão. Recurso extraordinário provido por contrariedade do art. 175 da Constituição Federal" (STF, RE 140.989, Rel. Min. Octavio Gallotti, *DJ* de 27-8-1993).

Nesse caso, a prestação indireta é a exceção, valendo como regra geral a prestação de serviços próprios pelo Estado.

> **Licitação — Exclusão de transportadoras:** "O art. 7º da Lei 10.848, de 1996, do Estado do Rio Grande do Sul, exclui da licitação as transportadoras, licitação que tem por finalidade a escolha de concessionária dos serviços públicos de inspeção de segurança de veículos. Inocorrência, ao primeiro exame, de relevância na arguição de inconstitucionalidade" (STF, ADIn 1.723-MC, Rel. Min. Carlos Velloso, *DJ* de 19-12-2001).

✧ 5.5. Exploração dos recursos minerais e energia hidráulica (CF, art. 176)

As jazidas, em lavra ou não, e demais recursos minerais e os potenciais de energia hidráulica constituem propriedade distinta da do solo, para efeito de exploração ou aproveitamento.

1346 ◆ Uadi Lammêgo Bulos ◆

Propriedade do solo e propriedade mineral: "O sistema de direito constitucional positivo vigente no Brasil — fiel à tradição republicana iniciada com a Constituição de 1934 — instituiu verdadeira separação jurídica entre a propriedade do solo e a propriedade mineral (que incide sobre as jazidas, em lavra ou não, e demais recursos minerais existentes no imóvel) e atribuiu, à União Federal, a titularidade da propriedade mineral, para o específico efeito de exploração econômica e/ou de aproveitamento industrial. A propriedade mineral submete-se ao regime de dominialidade pública. Os bens que a compõem qualificam-se como bens públicos dominiais, achando-se constitucionalmente integrados ao patrimônio da União Federal" (STF, RE 140.254-AgRg, Rel. Min. Celso de Mello, *DJ* de 6-6-1997).

Embora pertençam à União, é o concessionário que detém a propriedade do produto da lavra, que é inerente ao modo de produção social capitalista. Tal concessão seria materialmente impossível sem que o proprietário se apropriasse do produto da exploração das jazidas.

Nesse sentido: STF, Pleno, ADIn 3.273, Rel. Min. Eros Grau, *DJ* de 28-3-2005.

Assim, a Carta de 1988 conferiu um regime especial à propriedade do solo, do subsolo e dos recursos naturais.

O solo designa um bem de propriedade particular, podendo, eventualmente, ser público. Em princípio, a propriedade do solo engloba a do subsolo, em toda extensão e profundidade.

Uso dos recursos do subsolo por particulares — Possibilidade: "O art. 20, inciso IX, da Constituição Federal estabelece que são bens da União os recursos minerais, inclusive os do subsolo. Em seu art. 176, a Carta da República dispõe que os recursos minerais constituem propriedade distinta da do solo, e confere, expressamente, à União os efeitos de exploração e aproveitamento. Dessa forma, a Administração Pública pode conferir a exploração ou aproveitamento dos recursos minerais ao uso especial de particulares, concessionários ou não de serviços públicos, por mais de três formas administrativas: autorização de uso, permissão de uso e concessão de uso. Não há qualquer óbice constitucional que impeça a União de permitir ao particular a utilização de seus recursos minerais, inclusive os do subsolo, mediante remuneração pelo uso. É pacífico o entendimento da doutrina e dos Tribunais no sentido de que a receita é um preço público" (STF, ADIn 2.586, voto do Ministro Relator Carlos Velloso, *DJ* de 1º-8-2003).

Mas a pesquisa e a lavra de recursos minerais somente podem ser efetuadas mediante autorização ou concessão da União, no interesse nacional, por brasileiros ou empresa constituída sob as leis brasileiras e que tenha sua sede e administração no País, na forma da lei, que estabelecerá as condições específicas quando essas atividades se desenvolverem em faixa de fronteira ou terras indígenas (CF, art. 176, § 1º — redação dada pela EC n. 6/95).

Petróleo e gás natural: submetem-se ao critério do poder concedente, no caso, a União. O petróleo e o gás natural "são recursos passíveis de ter a sua pesquisa e lavra, tanto quanto sua exploração e aproveitamento, realizáveis por via de autorização ou concessão (art. 176 e seu § 1º), mas agora sem a possibilidade de transferência do produto da lavra para o concessionário, por ser essa transferência incompatível com o regime de monopólio a que se referem o inciso I do art. 177 e o § 2º, inciso III, desse mesmo artigo" (STF, ADIn 3.273-MC, Rel. Min. Carlos Ayres Britto, *DJ* de 23-8-2004).

Saliente-se que a Constituição incluiu entre os bens da União os recursos minerais, inclusive os do subsolo, bem como os potenciais de energia hidráulica (art. 20, VIII, IX e X).

Indenização de recursos minerais: jazidas de minerais, areia, pedras e cascalho não são indenizáveis, salvo existência de concessão de lavra (STF, RE 189.964, Rel. Min. Carlos Velloso, *DJ* de 21-6-1996).

A pesquisa, a lavra e o aproveitamento de recursos minerais poderão ser efetuados por brasileiros natos ou naturalizados ou por empresa brasileira sediada no País e constituída sob a égide das leis nacionais.

Concessão de lavra: "O sistema minerário vigente no Brasil atribui, à concessão de lavra — que constitui verdadeira *res in commercium* —, caráter negocial e conteúdo de natureza econômico-financeira. O impedimento causado pelo Poder Público na exploração empresarial das jazidas legitimamente concedidas gera o dever estatal de indenizar o minerador que detém, por efeito de regular delegação presidencial, o direito de industrializar e de aproveitar o produto resultante da extração

Cap. 26 ◆ ORDEM ECONÔMICA E FINANCEIRA 1347

mineral. Objeto de indenização há de ser o título de concessão de lavra, enquanto bem jurídico suscetível de apreciação econômica, e não a jazida em si mesma considerada, pois esta, enquanto tal, acha-se incorporada ao domínio patrimonial da União Federal. A concessão de lavra, que viabiliza a exploração empresarial das potencialidades das jazidas minerais, investe o concessionário em posição jurídica favorável, eis que, além de conferir-lhe a titularidade de determinadas prerrogativas legais, acha-se essencialmente impregnada, quanto ao título que a legitima, de valor patrimonial e de conteúdo econômico. Essa situação subjetiva de vantagem atribui, ao concessionário da lavra, direito, ação e pretensão à indenização, toda vez que, por ato do Poder Público, vier o particular a ser obstado na legítima fruição de todos os benefícios resultantes do processo de extração mineral" (STF, RE 140.254-AgRg, Rel. Min. Celso de Mello, *DJ* de 6-6-1997).

É assegurada participação ao proprietário do solo nos resultados da lavra, nos termos da Lei n. 8.901, de 30 de junho de 1994 (CF, art. 176, § 2º).

> **Participação no resultado da exploração:** "O que a Lei 7.990/89 instituiu, ao estabelecer no art. 6º que 'a compensação financeira pela exploração de recursos minerais, para fins de aproveitamento econômico, será de até 3% sobre o valor do faturamento líquido resultante da venda do produto mineral', não foi verdadeira compensação financeira. Foi, sim, genuína participação no resultado da exploração, entendido o resultado não como o lucro do explorador, mas como aquilo que resulta da exploração, interpretação que revela o paralelo existente entre a norma do art. 20, § 1º, e a do art. 176, § 2º, da Constituição" (STF, RE 2287.800, voto do Ministro Relator Sepúlveda Pertence, *DJ* de 16-11-2001).

A autorização de pesquisa será sempre por prazo determinado, e as autorizações e concessões não poderão ser cedidas ou transferidas, total ou parcialmente, sem prévia anuência do poder concedente (CF, art. 176, § 3º). Já o aproveitamento do potencial de energia renovável de capacidade reduzida independe de autorização ou concessão (CF, art. 176, § 4º).

✧ 5.6. Monopólios (CF, art. 177)

A Carta de 1988 baniu os monopólios da ordem jurídica brasileira, reprimindo, assim, tais formas de concentração econômica nas mãos de particulares.

Nesse ínterim, determinou que o legislador ordinário regule o transporte e o uso de materiais radioativos no território nacional (CF, art. 177, § 3º), bem como combata o abuso do poder econômico que vise a dominação dos mercados (CF, art. 173, § 4º).

> **Lei antitruste e de infrações à ordem econômica:** Lei n. 12.529, de 30-11-2011.

Quanto ao monopólio público, ficou bastante restrito, porque o art. 177 fechou a possibilidade de se monopolizar determinada indústria ou atividade, definindo quais os temas que constituem monópolio da União. Vejamos:

- A pesquisa e a lavra das jazidas de petróleo e gás natural e outros hidrocarbonetos fluidos. Nessa hipótese, a União poderá contratar com empresas estatais ou privadas a realização dessas atividades, observadas as condições estabelecidas em lei (CF, art. 177, § 1º — redação dada pela EC n. 9/95). Referida lei disporá sobre: **(i)** a garantia do fornecimento dos derivados de petróleo em todo o território nacional; **(ii)** as condições de contratação; e **(iii)** a estrutura e atribuições do órgão regulador do monopólio da União (CF, art. 177, § 2º).

> **Legislação:**
> - **Lei n. 9.478, de 6-8-1997** — dispõe sobre a política energética nacional, as atividades relativas ao monopólio do petróleo, institui o Conselho Nacional de Política Energética e a Agência Nacional de Petróleo.
> - **Lei n. 9.847, de 26-10-1999** — dispõe sobre a fiscalização das atividades relativas ao abastecimento nacional de combustíveis de que trata a referida norma, bem como estabelece sanções administrativas.

- A refinação do petróleo nacional ou estrangeiro.
- A importação e exportação dos produtos e derivados básicos resultantes das atividades previstas nos incisos anteriores.

1348 ◆ Uadi Lammêgo Bulos ◆

- O transporte marítimo do petróleo bruto de origem nacional ou de derivados básicos de petróleo produzidos no País, bem assim o transporte, por meio de conduto, de petróleo bruto, seus derivados e gás natural de qualquer origem. Aqui também o constituinte facultou à União contratar com empresas estatais ou privadas a realização dessas atividades, nos termos da lei (CF, art. 177, § 1º — redação dada pela EC n. 9/95).

> **Abrangência do art. 177, § 1º:** "Embora submetidos ao precitado regime de monopólio da União quanto à *pesquisa, lavra, refinação, importação, exportação, transporte marítimo* e *transporte por meio de conduto* (CF, art. 177, I a IV), podem ter todas essas atividades contratadas entre a União e empresas estatais ou privadas (§ 1º do art. 177), contanto que estas atendam ao requisito do mencionado § 1º do art. 176. Contratação, que, para preservar o necessário regime de monopolização estatal do setor, só pode significar a mera execução de um trabalho que se faz para o ente monopolizador e em nome deste. Embora os riscos de todas essas atividades possam ficar por conta das empresas contratadas, dispondo a lei sobre o tipo de remuneração ou contrapartida cabível. Decisão: Prosseguindo no julgamento, o Tribunal, por maioria, julgou inteiramente improcedente a ação, vencidos os Senhores Ministros Carlos Britto (Relator), Marco Aurélio e Joaquim Barbosa que, na forma de seus votos, julgavam procedente, em parte, a ação. Votou o Presidente, Ministro Nelson Jobim. Ausente, justificadamente, o Senhor Ministro Celso de Mello. Plenário, 16.03.2005" (STF, Pleno, ADIn 3.273, Rel. Min. Eros Grau, *DJ* de 28-3-2005).

- Tal lei deverá possuir o mesmo conteúdo que assinalamos acima (CF, art. 177, § 2º); e

> **Normas editalícias:** não substituem a lei (STF, Pleno, ADIn 3.273, Rel. Min. Eros Grau, *DJ* de 28-3-2005).

- A pesquisa, a lavra, o enriquecimento, o reprocessamento, a industrialização e o comércio de minérios e minerais nucleares e seus derivados, com exceção dos radioisótopos cuja produção, comercialização e utilização poderão ser autorizadas sob regime de permissão, conforme as alíneas *b* e *c* do inciso XXIII do *caput* do art. 21 da Carta Magna (redação dada ao inciso V do art. 177 pela EC n. 49/2006).

Até mesmo a *contribuição de intervenção no domínio econômico* relativa às atividades de importação ou comercialização de petróleo, gás natural e álcool combustível deverá atender a dois requisitos (CF, art. 177, § 4º — instituído pela EC n. 33/2001):
- a alíquota desse autêntico *tributo*, da competência exclusiva da União, poderá ser diferenciada por produto ou uso, reduzida e restabelecida por ato do Poder Executivo, não se lhe aplicando o princípio da anterioridade tributária; e

> **Nesse sentido:** STF, Pleno, RE 138.284/DF, Rel. Min. Carlos Velloso, decisão de 1º-7-1992.

- os recursos arrecadados destinar-se-ão: **(i)** ao pagamento de subsídios a preços ou transporte de álcool combustível, gás natural e seus derivados e derivados de petróleo; **(ii)** ao financiamento de projetos ambientais relacionados com a indústria do petróleo e do gás; e **(iii)** ao financiamento de programas de infraestrutura de transportes.

Parcela dos recursos financeiros oriundos da arrecadação da contribuição de intervenção de domínio econômico será destinada à concessão de subvenções aos preços ou ao transporte de álcool combustível e de subsídios ao preço do gás liquefeito de petróleo (Lei n. 10.453, de 13-5-2002, art. 1º).

Como vemos, a Carta de 1988 procurou, de todos os lados, dificultar a formação de monopólios e, também, de oligopólios.

✧ 5.7. Ordenação de transportes (CF, art. 178)

A ordenação dos transportes aéreo, aquático e terrestre ficou a cargo do legislador.

> **Legislação:**
> - **Lei n. 8.617, de 4-1-1993** — dispõe sobre o mar territorial, a zona contígua, a zona econômica exclusiva e a plataforma continental brasileiros.

◆ Cap. 26 ◆ ORDEM ECONÔMICA E FINANCEIRA

- **Decreto n. 4.130, de 13-2-2002** — aprova o regulamento e o quadro demonstrativo dos cargos comissionados e dos cargos comissionados técnicos da Agência Nacional de Transportes Terrestres — ANTT.
- **Decreto n. 4.244, de 22-5-2002:** dispõe sobre o transporte aéreo, no País, de autoridade em aeronave do Comando da Aeronáutica.

Quanto ao transporte aquático, a lei deverá estabelecer as condições em que o transporte de mercadorias na cabotagem e a navegação interior poderão ser feitos por embarcações estrangeiras.

E, em se tratando de transporte internacional, vigoram os acordos firmados pela União, observado, ainda, o *princípio da reciprocidade*.

> **Que é *princípio da reciprocidade*:** é um prolongamento do princípio da isonomia (CF, art. 5º, *caput*). Direitos iguais, vantagens iguais, para os países signatários de convenções, tratados ou acordos de Direito das Gentes. Aquilo que determinado país conceder de benefícios especiais ao transportador ou transporte brasileiro, o Brasil, também, deverá retribuir, na mesma proporção.

Esse é o conteúdo do art. 178 e seu parágrafo único, com redação dada pela Emenda Constitucional n. 7/95.

> **Indenização — Danos material e moral — Voo — Atraso e extravio de bagagem:** "Longe fica de implicar violência ao artigo 178 da Constituição Federal provimento em que reconhecido o direito de passageira à indenização por danos materiais e morais decorrentes de atraso de voo" (STF, AgI 198.380-AgRg, Rel. Min. Marco Aurélio, *DJ* de 12-6-1998).

De tudo isso, devemos saber o seguinte:

- **Avanço terminológico** — na feição primeira do art. 178, a palavra *marítimo* vinha consignada. A partir da Emenda Constitucional n. 7/95, encontramos o signo *aquático*, muito mais apropriado, pois conferiu maior abrangência ao indigitado preceptivo constitucional.
- **Transporte internacional** — é aquele que se destina ao exterior, saindo do Brasil para plagas estrangeiras e vice-versa.
- **Transporte interno** — é o domiciliar, tendo como ponto de partida o próprio território nacional, mantendo-se nos limites deste. Havendo escala ou ingresso em territórios cuja jurisdição pertence a outros Estados, o transporte será internacional.
- **Navegação de cabotagem** — é a que procede entre portos brasileiros, ocorrendo em águas oceânicas e mantendo-se dentro dos limites do mar territorial, isto é, na faixa de duzentas milhas marítimas de largura, medidas a partir da linha do baixo-mar do litoral continental e insular brasileiro.
- **Navegação interior** — é aquela realizada no próprio território físico brasileiro, ao longo dos rios e lagos. Devido ao fato de não adentrar o território de outros Estados, é domiciliar. Não se confunde, pois, com transporte internacional. Sendo fluvial ou lacustre, também não é o mesmo que *navegação de cabotagem*.

✧ 5.8. Microempresas e empresas de pequeno porte (CF, art. 179)

A União, os Estados, o Distrito Federal e os Municípios devem tratar condignamente as microempresas e as empresas de pequeno porte, beneficiando-as, nos termos da lei, pela simplificação de suas obrigações administrativas, tributárias, previdenciárias e creditícias, ou pela eliminação ou redução destas.

Tal *incentivo* em nada fere o princípio da isonomia tributária. Motivos extrafiscais permitem à lei imprimir tratamento desigual a microempresas e empresas de pequeno porte de capacidade contributiva distinta, afastando do regime simplificado aquelas cujos sócios têm condição de disputar o mercado de trabalho.

> **Nesse sentido:** STF, ADIn 1.643, Rel. Min. Maurício Corrêa, *DJ* de 14-3-2003.

Desse modo, a lei pode simplificar, reduzir e, até, eliminar encargos administrativos, tributários, previdenciários e creditícios.

1350 ◆ Uadi Lammêgo Bulos ◆

Legislação:
- **Lei n. 9.317, de 5-12-1996** — dispõe sobre o regime tributário das microempresas e das empresas de pequeno porte, institui o Sistema Integrado de Pagamento de Impostos e Contribuições das Microempresas e das Empresas de Pequeno Porte — SIMPLES, e dá outras providências. **Advertência do STF:** "Ainda que classificadas como microempresas ou empresas de pequeno porte porque a receita bruta anual não ultrapassa os limites fixados no art. 2º, incisos I e II, da Lei n. 9.317/96, não podem optar pelo 'Sistema Simples' as pessoas jurídicas prestadoras de serviços que dependam de habilitação profissional legalmente exigida" (STF, ADIn 1.643-MC, Rel. Min. Maurício Corrêa, *DJ* de 19-12-1997).
- **Lei n. 9.841, de 5-10-1999** — institui o Estatuto da Microempresa e da Empresa de Pequeno Porte, dispondo sobre o tratamento jurídico diferenciado, simplificado e favorecido previsto nos arts. 170 a 179 da Constituição. **Súmula 184 do STJ:** "A microempresa de representação comercial é isenta de imposto de renda".

◇ 5.9. Incentivo ao turismo (CF, art. 180)

A União, os Estados, o Distrito Federal e os Municípios promoverão e incentivarão o turismo como fator de desenvolvimento social e econômico, algo que, de certa forma, constitui uma extensão do direito ao lazer (CF, art. 6º).

Desse modo, buscou-se fomentar o desenvolvimento social e econômico dos entes federativos que tenham pontos de atração turística.

◇ 5.10. Requisição de documento ou informação comercial (CF, art. 181)

O atendimento de requisição de documento ou informação de natureza comercial, feita por autoridade administrativa ou judiciária estrangeira, a pessoa física ou jurídica residente ou domiciliada no País, dependerá de autorização do Poder competente.

Aí está mais uma ninharia da Carta de Outubro.

Em rigor, esse assunto não era para vir num capítulo destinado à ordem econômica, sem falar da obviedade da mensagem que veicula, algo que, no máximo, mereceria a atenção do legislador ordinário, jamais do constituinte de primeiro grau.

✦ 6. POLÍTICA URBANA

Política urbana é o conjunto de providências que objetivam ordenar os espaços habitáveis, organizando todas as áreas em que o ser humano exerce funções sociais indispensáveis à sua sobrevivência, isto é, habitação, trabalho, recreação (lazer) e circulação. Visa, a um só tempo, proporcionar melhoria das condições de vida do homem na comunidade.

A Carta de 1988 foi pioneira ao consagrar um capítulo à política urbana, pois as constituições passadas não disciplinaram a matéria.

Essa preocupação do constituinte em atribuir tratamento especial à política de desenvolvimento urbano justifica-se pela mensagem inserida no próprio art. 21, XX. Tal dispositivo confere competência à União para instituir diretrizes voltadas ao desenvolvimento urbano. Mas o assunto é, também, da competência dos Estados, do Distrito Federal e dos Municípios (CF, art. 23, IX).

Assim sendo, "o urbanismo é incumbência de todos os níveis de governo e se estende a todas as áreas da cidade e do campo, onde as realizações humanas ou a preservação da natureza possam contribuir para o bem-estar individual e coletivo. Mas, como nas cidades se concentram as populações, suas áreas exigem mais e maiores empreendimentos urbanísticos, visando oferecer o maior bem para o maior número, que é objetivo supremo do moderno urbanismo" (Américo Luís Martins da Silva, *A ordem constitucional econômica*, p. 187-188).

♦ Cap. 26 ♦ ORDEM ECONÔMICA E FINANCEIRA 1351

✧ 6.1. Normas constitucionais da política urbana

Nos arts. 182 e 183, o constituinte disciplinou imposições urbanísticas, que são preceitos de ordem pública, derivados do poder de polícia do Estado-Administração.

Elas abrangem atividades e setores ligados ao bem-estar social, prevendo normas de segurança, de desenvolvimento, de funcionalidade, de conforto e estética da cidade.

Nesse ínterim, coarctam atividades particulares, buscando proteger a coletividade como um todo. Se preciso for, condicionam e restringem o uso da propriedade, o exercício do direito de construir, por meio de obrigações positivas (fazer), negativas (não fazer) ou permissivas (deixar fazer).

a) Política de desenvolvimento urbano (CF, art. 182)

A política de desenvolvimento urbano, executada pelo Poder Público municipal, conforme *diretrizes gerais* fixadas na Lei n. 10.257, de 10 de julho de 2001.

> **Loteamento urbano — Registro imobiliário:** "Ato que não tem o efeito de autorizar a edificação, faculdade jurídica que somente se manifesta validamente diante de licença expedida com observância das regras vigentes à data de sua expedição" (STF, RE 212.780, Rel. Min. Ilmar Galvão, *DJ* de 25-6-1999).

Tem por objetivo ordenar o pleno desenvolvimento da função social da cidade e garantir o bem--estar de seus habitantes.

> **Pedido de licença de instalação de posto de revenda de combustíveis:** "Requerimento de licença que gerou mera expectativa de direito, insuscetível — segundo a orientação assentada na jurisprudência do STF —, de impedir a incidência das novas exigências instituídas por lei superveniente, inspiradas não no propósito de estabelecer reserva de mercado, como sustentado, mas na necessidade de ordenação física e social da ocupação do solo no perímetro urbano e de controle de seu uso em atividade geradora de risco, atribuição que se insere na legítima competência constitucional da municipalidade" (STF, RE 235.736, Rel. Min. Ilmar Galvão, *DJ* de 26-5-2000).

Instituídas pela União, as *diretrizes gerais* norteiam a política de desenvolvimento urbano, que se liga a algo maior: a *política de desenvolvimento nacional.*

A Constituição direcionou a política de desenvolvimento a objetivos intraurbanos. Por isso mencionou o pleno desenvolvimento das funções sociais da cidade, com vista à garantia do bem-estar de seus habitantes. Ao fazê-lo, situou-se no estrito âmbito da competência municipal.

É enorme a dificuldade para a realização desse encargo constitucional, o que não retira sua importância.

Mesmo assim não se pode negar que a própria implantação de uma política de desenvolvimento é matéria tormentosa, pois, em regra, raro é o Município que possui vida econômica própria.

Quase sempre precisa vincular-se a setores nacionais, pelo fato de não dispor de condições econômicas para fomentar o crescimento das capacidades produtivas, proporcionando a melhoria de vida dos seus habitantes.

Seja como for, a *política de desenvolvimento urbano* envolve:

* **Elaboração de um plano diretor (CF, art. 182, § 1º)** — tal plano, aprovado pela Câmara Municipal, é obrigatório para cidades com mais de vinte mil habitantes, sendo o instrumento básico da política de desenvolvimento e de expansão urbana. Note-se que o plano diretor do Município depende de aprovação legislativa. Logo, sujeita-se ao princípio da legalidade. Esse plano urbanístico, por assim ser chamado, deve ser único, embora possa ser adaptado às características locais da comunidade, bem como dinâmico, porque visa ordenar o crescimento da cidade, de acordo com os recursos de cada prefeitura. Por outro lado, não contém um projeto executivo de obras e serviços públicos, mas sim um roteiro norteador dos empreendimentos futuros da administração municipal. Pela sua própria substância, não exige a apresentação de plantas, pareceres ou memoriais descritivos, pois seu conteúdo requer, apenas, indicações precisas do que irá ser operacionalizado para a execução de obras, serviços ou atividades, em prol das necessidades prementes da coletividade.

1352 ◆ Uadi Lammêgo Bulos ◆

Direito de construir — Limitação administrativa: "O direito de edificar é relativo, dado que condicionado à função social da propriedade: CF, art. 5º, XXII e XXIII. Inocorrência de direito adquirido: no caso, quando foi requerido o alvará de construção, já existia a lei que impedia o tipo de imóvel no local. Inocorrência de ofensa aos §§ 1º e 2º do art. 182, CF" (STF, RE 178.836, Rel. Min. Carlos Velloso, *DJ* de 20-8-1999).

- **Função social da propriedade urbana (CF, art. 182, § 2º)** — traduz a ideia de realização concreta das quatro bases do urbanismo moderno: habitação, trabalho, recreação (ou lazer) e circulação. Logo, convém ser compreendida em consonância com as demais normas constitucionais relacionadas à matéria (arts. 5º, XXIII; 170, III; 182, § 2º; e 186).

- **Desapropriações de imóveis urbanos (CF, art. 182, § 3º)** — são feitas com prévia e justa indenização em dinheiro, como qualquer outro bem decorrente da propriedade privada, e não em títulos da dívida pública. Aliás, só duas hipóteses fogem à regra de se indenizar em dinheiro: a do art. 182, § 4º, III, e a do art. 184, *caput*, da Lei Maior. Fora isso, todo e qualquer ato expropriatório deve ser precedido de justa e prévia indenização em dinheiro. Lembre-se que *prévia* é a indenização paga antes da transferência do bem desapropriado. Não é dado ao ente expropriante, sob pena de ferir a Constituição, tomar o imóvel sem o pagamento do *quantum* devido, mesmo se existir sentença transitada em julgado e o precatório correspondente não tiver sido saldado. Ademais, precatório não é pagamento, mas simples título executório.

> **Desapropriação indireta:** "Tem caráter real e não pessoal, traduzindo-se numa verdadeira expropriação às avessas, tendo o direito à indenização que daí nasce o mesmo fundamento da garantia constitucional da justa indenização nos casos de desapropriação regular. Não tendo o dispositivo ora impugnado sequer criado uma modalidade de usucapião por ato ilícito com o prazo de cinco anos para, através dele, transcorrido esse prazo, atribuir o direito de propriedade ao Poder Público sobre a coisa de que ele se apossou administrativamente, é relevante o fundamento jurídico da presente arguição de inconstitucionalidade no sentido de que a prescrição extintiva, ora criada, da ação de indenizar por desapropriação indireta fere a garantia constitucional da justa e prévia indenização, a qual se aplica tanto à desapropriação direta como à indireta" (STF, ADIn 2.260-MC, Rel. Min. Moreira Alves, *DJ* de 2-8-2002).

- **Faculdade de o Poder Público municipal impor exigências ao proprietário de solo urbano não edificado, subutilizado ou não utilizado** — essa possibilidade depende de lei federal. O não aproveitamento do solo urbano pode gerar:
  (i) parcelamento ou edificação compulsórios — o loteamento e a edificação forçada são permitidos pela Constituição; na hipótese, é facultado ao titular do domínio escolher uma ou outra medida, mas o direito de opção do proprietário só pode ser exercido quando a mesma área comportar construção ou parcelamento;
  (ii) cobrança de IPTU progressiva no tempo — o imposto progressivo é gradual, subindo ao longo do tempo, observado o *princípio da anualidade*, que limitará esse aumento uma vez ao ano (CF, art. 150, III, *b*); a progressividade não poderá gerar confisco (CF, art. 150, IV); e

> **Cálculo do IPTU:** "IPTU calculado com base em alíquota progressiva, em razão da área do terreno e do valor venal do imóvel e das edificações. Ilegitimidade da exigência, nos moldes explicitados, por ofensa ao art. 182, § 4º, II, da Constituição Federal, que limita a faculdade contida no art. 156, § 1º, à observância do disposto em lei federal e à utilização do fator tempo para a graduação do tributo" (STF, RE 194.036, Rel. Min. Ilmar Galvão, *DJ* de 20-6-1997). No mesmo sentido: STF, AgI 468.801-AgRg, Rel. Min. Eros Grau, *DJ* de 15-10-2004.

(iii) desapropriação-sanção — visa punir o descumprimento da obrigação ou ônus urbanístico, imposto ao proprietário de terrenos urbanos. Reflete, em realidade, uma consequência do desrespeito ao primado da *função social da propriedade urbana*. Seu pagamento dá-se mediante títulos da dívida pública de emissão previamente aprovada pelo Senado, com prazo de resgate de até dez anos, em parcelas anuais, iguais e sucessivas, assegurados o valor real da indenização e os juros legais. A *desapropriação-sanção*, muito mais que uma reprimenda, é um benefício, porque abre a possibilidade de se expropriar para, num momento posterior, revender o bem do desapropriado. De fato, é possível que o solo urbano não edificado, subutilizado ou não utilizado fique sujeito a ato expropriatório, como sanção pela inércia do seu proprietário.

◆ Cap. 26 ◆ ORDEM ECONÔMICA E FINANCEIRA   **1353**

b) Usucapião pró-moradia (CF, art. 183)

Aquele que possuir como sua área urbana de até 250 metros quadrados, por cinco anos, ininterruptamente e sem oposição, utilizando-a para sua moradia ou de sua família, adquirir-lhe-á o domínio, desde que não seja proprietário de outro imóvel urbano ou rural.

Eis aí o usucapião *pró-moradia*, também conhecido como *de solo urbano, pró-casa, pro morare* ou *urbano especial*.

> **Usucapião urbano especial:** "Longe fica de vulnerar o preceito decisão no sentido de obstáculo ao reconhecimento da prescrição aquisitiva em face de acordo homologado judicialmente" (STF, RE 172.726, Rel. Min. Marco Aurélio, *DJ* de 14-5-1999).

Trata-se de medida útil e salutar, sendo mais uma das novidades advindas do Texto de 1988, distinta das demais modalidades previstas no Código Civil, pelas quais os imóveis urbanos podem ser adquiridos por meio de usucapião ordinário ou extraordinário, com prazos mais largos e sem restrições.

> **Registro:** o Código Civil brasileiro adota o gênero feminino para a palavra "usucapião".

A criação do novo instituto justifica-se diante do quadro caótico por que passa a problemática da moradia em nosso país. Seu objetivo é cumprir a *função social da propriedade urbana*, atendendo ao apelo proveniente de vários movimentos e pressões de favelados quando da feitura do Texto de 1988.

> **Usucapião urbano aplica-se a apartamentos** — o Supremo Tribunal Federal decidiu que o instituto do usucapião urbano, previsto no art. 183 da Carta Maior, também se aplica a apartamentos em condomínios residenciais, e não apenas a lotes urbanos (STF, RE 305416, Rel. Min. Marco Aurélio, j. 3-9-2020).

O título de domínio e a concessão de uso serão conferidos ao homem ou à mulher, ou a ambos, independentemente do estado civil (CF, art. 183, § 1º). Desse modo, a propriedade pode ser concedida ao requerente sem que se leve em conta critério de sexo.

O usucapião constitucional de área urbana, como também é chamado, não será, porém, reconhecido ao mesmo possuidor mais de uma vez (CF, art. 183, § 2º).

Demais disso, os imóveis públicos não serão adquiridos por usucapião (CF, art. 183, § 3º).

> **Súmulas:**
> - **Súmula 340 do STF** — "Desde a vigência do Código Civil, os bens dominicais, como os demais bens públicos, não podem ser adquiridos por usucapião".
> - **Súmula 193 do STJ** — "O direito de uso de linha telefônica pode ser adquirido por usucapião".

Por fim, entende o Pretório Excelso que o *usucapião urbano* tem seu termo inicial de fluência na data da entrada em vigor da Carta Maior — 5 de outubro de 1988 — não se considerando o tempo de posse antes dessa data. Logo, não se aplica o disposto na Súmula 445 do Supremo ("A Lei n. 2.437, de 7-3-1955, que reduz prazo prescricional, é aplicável às prescrições em curso na data de sua vigência, 1º-1-1956, salvo quanto aos processos então pendentes").

> **Precedentes:** STF, RE 145.004/MT, Rel. Min. Octavio Gallotti, decisão de 21-5-1996; STF, RE 209.433, Rel. Min. Octavio Gallotti, *DJ* de 13-12-1996; STF, AgI 154069-9/MG, Rel. Min. Celso de Mello, *DJ* de 23-6-1997.

✦ 7. POLÍTICA AGRÍCOLA, FUNDIÁRIA E REFORMA AGRÁRIA

Esse tema foi fruto de grandes embates à época da Assembleia Nacional Constituinte. Setores de esquerda, representando os "sem-terra" e os "ruralistas" — classe formada por proprietários rurais —,

1354

♦ Uadi Lammêgo Bulos ♦

mobilizaram-se para fazer prevalecer seus respectivos pontos de vista. Desse jogo de forças antagônicas ressurgiu o capítulo da *política agrícola e fundiária e da reforma agrária*.

Seus artigos, parágrafos e incisos refletem o torvelinho de interesses variados, fruto de pressões endereçadas à Assembleia Nacional Constituinte.

As normas que servem de base à política agrícola e fundiária, bem como à reforma agrária, estão centralizadas no regime da propriedade rural. Este, por sua vez, pauta-se na propriedade da terra, possuindo a natureza de *bem de produção*.

Assim, os arts. 184 a 191 da Carta Magna trazem um conjunto de preceitos constitucionais que possibilitam a intervenção do Poder Público visando, em última análise, dar cumprimento à função social da propriedade.

Significa que toda riqueza oriunda do trabalho digno tem uma finalidade social e econômica predeterminada: trazer benefícios para o produtor e para a comunidade em que ele vive.

O fator preponderante, portanto, é a *produtividade*, pois o direito de propriedade rural, muito mais do que um bem patrimonial, é um bem de produção. Essa foi a doutrina seguida pelo constituinte de 1988 ao constitucionalizar a matéria.

> **Legislação:**
> • **Estatuto da Terra** — Lei n. 4.504, de 30-11-1964.
> • **Princípios da política agrícola** — Lei n. 8.174, de 30-1-1991.
> • **Lei n. 8.629, de 25-2-1993** — dispõe sobre a regulamentação dos dispositivos constitucionais relativos à reforma agrária.
> • **Lei n. 9.393, de 19-12-1996** — dispõe sobre o imposto sobre a propriedade territorial rural — ITR, e sobre o pagamento da dívida representada por títulos da dívida agrária.
> • **Fundo de Terras e da Reforma Agrária** — **Banco da Terra:** LC n. 93, de 4-2-1998.
> • **Decreto n. 4.892, de 25-11-2003** — regulamenta a LC n. 93, de 4-2-1998.
> • **Lei n. 10.469, de 25-6-2002** — institui o dia 17 de abril como o Dia Nacional de Luta pela Reforma Agrária.

✧ 7.1. Política agrícola

A *política agrícola* será planejada e executada na forma da lei, com a participação efetiva do setor de produção, envolvendo produtores e trabalhadores rurais, bem como dos setores de comercialização, de armazenamento e de transportes (CF, art. 187, *caput*).

> **Natureza do art. 187 da CF:** "O art. 187 da Constituição Federal é norma programática na medida em que prevê especificações em lei ordinária" (STF, ADIn 1.330-MC, Rel. Min. Francisco Rezek, *DJ* de 20-9-2002).

Deve levar em conta, especialmente (CF, art. 187, I a VIII):
• os instrumentos creditícios e fiscais;
• os preços compatíveis com os custos de produção e a garantia de comercialização;
• o incentivo à pesquisa e à tecnologia;
• a assistência técnica e a extensão rural;
• o seguro agrícola;
• o cooperativismo;
• a eletrificação rural e irrigação; e
• a habitação para o trabalhador rural.

> **Tópicos de participação popular:** "Além das modalidades explícitas, mas espasmódicas, de democracia direta — o plebiscito, o referendo e a iniciativa popular (art. 14) — a Constituição da República aventa oportunidades tópicas de participação popular na administração pública (v. g., art. 5º, XXXVIII e LXXIII; art. 29, XII e XIII; art. 37, § 3º; art. 74, § 2º; art. 187; art. 194, § único, VII; art. 204, II; art. 206, VI; art. 224)" (STF, ADIn 244, Rel. Min. Sepúlveda Pertence, *DJ* de 31-10-2002).

Incluem-se no planejamento agrícola as atividades agroindustriais, agropecuárias, pesqueiras e florestais (CF, art. 187, § 1º).

◆ Cap. 26 ◆ ORDEM ECONÔMICA E FINANCEIRA

1355

Serão compatibilizadas as ações de política agrícola e de reforma agrária (CF, art. 187, § 1º).

Tudo isso, que está na Constituição, se fosse realizado, na sua plenitude, transmudaria a ficção de Zweig sobre o Brasil: país do futuro, na visão mais compensadora e otimista.

De qualquer sorte, o art. 187 torna clara a mensagem de que a política agrícola, a assistência financeira e técnica, bem como outros estímulos, não caracterizam a reforma agrária.

Decerto que a Constituição vigente amparou bem mais a política agrícola do que a reforma agrária, impondo a esta requisitos formais para ser realizada, enquanto a primeira não encontra quaisquer obstáculos, porque aí é a classe rural a beneficiária direta.

◇ 7.2. Política fundiária

A *política fundiária*, na Carta de 1988, trata de um importante tema: o destino das terras públicas e devolutas no Brasil.

> **Lei n. 6.383, de 7-12-1976:** dispõe sobre o processo discriminatório de terras devolutas da União e dá outras providências.

Tal destinação deve compatibilizar-se com a *política agrícola* e, também, com o *plano nacional de reforma agrária* (CF, art. 188, *caput*).

Mas que é *terra devoluta*?

Devoluto, particípio passado do verbo *devolver*, significa tudo aquilo que foi devolvido.

Terras devolutas eram aquelas concedidas em sesmarias, sendo devolvidas ao Poder Público pelos sesmeiros que não satisfizessem os requisitos exigidos para a sua concessão.

Ruy Cirne Lima ensinou que "terra devoluta, nos primeiros tempos, era todo o nosso território" (*Origem e aspectos do regime de terras no Brasil*, p. 111).

De fato, as *terras devolutas* eram sem dono, adéspotas, *res nullius*, que não tinham sido dadas e não pertenciam a ninguém, destituídas de cultura e povoamento.

Hodiernamente, *terras devolutas* são as que se distanciam do patrimônio das pessoas jurídicas de Direito Público, sem se incorporar, a qualquer título, ao patrimônio dos particulares.

Vêm do art. 64 da Constituição de 1891, que as atribuía aos Estados, desde que se situassem em seus respectivos territórios.

Note-se que tais terras são *indispensáveis*, à luz do que preconizava o Texto de 1946 (art. 34, II).

Significa que a União, independentemente de ato expropriatório — sem qualquer indenização, pois, ressalvadas as benfeitorias —, terá o domínio das fronteiras, das fortificações e construções militares, das vias federais de comunicação e para a preservação ambiental.

Mas a inexistência de registro imobiliário não é suficiente para presumir que as terras sejam devolutas, a ponto de caracterizar o domínio público. Desde a ordem constitucional pregressa a jurisprudência majoritária assim entende; afinal o fato de um imóvel não ter registro em nada o faz ser considerado *terra devoluta*.

> **Precedentes:** *RTJ, 65*:856, *99*:234, *81*:191 etc.

Registre-se, ainda, uma corrente jurisprudencial minoritária segundo a qual terra devoluta é toda aquela que não se encontra registrada no Registro de Imóveis.

> **Precedentes:** *RF, 159*:71; *RT, 388*:619; *RDA, 134*:208 etc.

Por fim, para uma terra ser considerada devoluta é preciso que o Poder Público prove que o imóvel é de sua propriedade. A mera alegação não é o bastante.

> **Precedentes:** *RT, 541*:131, *558*:95 etc.

a) Alienação ou concessão de terras públicas (CF, art. 188, § 1º)

A alienação ou concessão, a qualquer título, de terras públicas com área superior a 2.500 hectares a pessoa física ou jurídica, ainda que por interposta pessoa, dependerá de prévia aprovação do Congresso

1356 ♦ Uadi Lammêgo Bulos ♦

Nacional. Essa exigência já estava presente na Constituição de 1946 (art. 156, § 2º) e na Emenda Constitucional n. 1/69 (art. 171, parágrafo único).

Excetuam-se aí as alienações ou as concessões de terras públicas para fins de reforma agrária (CF, art. 188, § 2º).

b) Distribuição de imóveis rurais (CF, art. 189)

Os beneficiários da distribuição de imóveis rurais pela reforma agrária receberão títulos de domínio ou de concessão de uso, inegociáveis pelo prazo de dez anos.

Tal inegociabilidade deflui do fato de que a reforma agrária visa difundir a propriedade. Logo, é normal que seus beneficiários não possam dela dispor pelo período de dez anos.

Saliente-se que o título de domínio e a concessão de uso serão conferidos ao homem ou à mulher, ou a ambos, independentemente do estado civil, nos termos e condições previstos em lei (CF, art. 189, parágrafo único).

> **Notificação prévia apenas ao marido:** "É eficaz a notificação prévia da realização da vistoria do imóvel rural feita apenas ao marido, e não também à mulher, sobretudo se o varão é o administrador da propriedade" (STF, MS 23.311, Rel. Min. Sepúlveda Pertence, *DJ* de 25-2-2000).

c) Aquisição ou arrendamento de propriedade rural (CF, art. 190)

A lei regulará e limitará a aquisição ou o arrendamento de propriedade rural por pessoa física ou jurídica estrangeira e estabelecerá os casos que dependerão de autorização do Congresso Nacional.

Eis um limite ao estrangeiro. Na Emenda Constitucional n. 1/69, a restrição era bem maior (art. 153, § 34).

Significa que a aquisição ou arrendamento de imóvel rural por pessoa física ou jurídica estrangeira, em princípio, é viável, cabendo à lei estabelecer o campo dessa possibilidade, além da exigência de autorização do Congresso Nacional.

Mas, como anotou José Carlos Tosetti Barruffini, a "pessoa de nacionalidade portuguesa não sofrerá qualquer restrição, desde que admitida a reciprocidade em favor de brasileiro. Destarte, a partir do momento em que se provar que o brasileiro, em Portugal, pode livremente adquirir imóveis rurais, os estrangeiros lusitanos também têm esta liberdade de aquisição no Brasil. O que se pode afirmar, objetivamente, em sede de usucapião constitucional é o seguinte: o estrangeiro, com residência definitiva no Brasil, tem direito à aquisição pela posse *pro labore*, com a ressalva de que, necessariamente, deve existir prévio assentimento da Secretaria-Geral do Conselho de Segurança Nacional, quando se tratar de terras devolutas indispensáveis à segurança nacional" (*Usucapião constitucional:* urbano e rural, p. 197).

d) Usucapião pro labore (CF, art. 191)

Aquele que, não sendo proprietário de imóvel rural ou urbano, possua como seu, por cinco anos ininterruptos, sem oposição, área de terra, em zona rural, não superior a cinquenta hectares, tornando-a produtiva por seu trabalho ou de sua família, tendo nela sua moradia, adquirir-lhe-á a propriedade.

Aí está o usucapião *pro labore*, também conhecido como *usucapião constitucional rural*.

Previsto na Constituição de 1946 (art. 156, § 3º), foi extinto pela Carta de 1967.

É adjetivado de *pro labore* porque o título que o justifica deriva do fato de a área ter-se tornado produtiva graças ao trabalho do beneficiário ou de seus familiares.

O usucapião *pro labore* diz respeito, exclusivamente, a áreas rurais. Estas distinguem-se das urbanas pelo aproveitamento econômico. Não se leva em conta a localização de ambas.

Mas o constituinte de 1988 adotou um critério misto quanto à distinção em causa.

É que o art. 191 fala em "área de terra, em zona rural". Depreende-se daí que a destinação não pode ser desprezada, pois a posse depende do *pro labore*, dando à terra um destino economicamente útil. Conclusão: ao critério topográfico soma-se o critério da produtividade.

Sem embargo, o usucapião *pro labore* é o mesmo previsto na Lei n. 6.969/81, recepcionada pela Carta de Outubro, exceto nos pontos conflitantes.

A Constituição exige que o usucapiente não seja proprietário rural nem urbano. Objetivou, assim, beneficiar o rurícola, premiando-o com o domínio da terra, devido ao fato de sua hipossuficiência. Por

◆ Cap. 26 ◆ ORDEM ECONÔMICA E FINANCEIRA 1357

outro lado, procurou beneficiar os posseiros rurais. Daí exigir a condição de não proprietário pelo lapso temporal de cinco anos.

Resta assinalar que os *imóveis públicos* não serão adquiridos por usucapião (CF, art. 191, parágrafo único).

Mas os *imóveis públicos* aí referidos são os *stricto sensu*, inconfundíveis com as terras devolutas, nada obstante a sua titularidade dominical.

✧ 7.3. Reforma agrária

Reforma agrária é o programa de governo, levado a cabo mediante a intervenção do Estado na economia agrícola, que, mantendo o modo de produção existente, promove a repartição da propriedade e da renda fundiária.

Segundo o art. 16 da Lei n. 4.504, de 30 de novembro de 1964, "visa a estabelecer um sistema de relações entre o homem, a propriedade rural e o uso da terra, capaz de promover a justiça social, o progresso e o bem-estar do trabalhador rural e o desenvolvimento econômico do País, com a gradual extinção do minifúndio e do latifúndio".

Como bem observou Henrique de Barros, a *reforma agrária* enseja uma "repartição do rendimento social-agrícola, deslocando, em proveito de qualquer das classes interessadas (trabalhadores, capitalistas ou empresários), o modo até então vigente de dividir o grande *bolo* comum" (*Economia agrária*, p. 243).

Compete à União desapropriar por interesse social, para fins de reforma agrária, o imóvel rural que não cumprir sua *função social* (CF, art. 184, *caput*).

Pela Carta Maior, cumpre sua *função social* a propriedade rural que preencher os seguintes requisitos (CF, art. 186, I a IV):

- **Aproveitamento racional e adequado** — teoricamente, aproveitamento racional e adequado é o atributo constitucional que revela o uso correto do solo, por meio do emprego de insumos, métodos modernos e tecnologia avançada. Na prática, a má distribuição de chuvas e a dificuldade de recursos materiais obstaculizam o item em estudo. Daí a sua notória ineficácia social.

  > **Prática ilícita do esbulho possessório:** "Quando afetar os graus de utilização da terra e de eficiência em sua exploração, comprometendo os índices fixados por órgão federal competente, qualifica-se, em face do caráter extraordinário que decorre dessa anômala situação, como hipótese configuradora de força maior, constituindo, por efeito da incidência dessa circunstância excepcional, causa inibitória da válida edição do decreto presidencial consubstanciador da declaração expropriatória, por interesse social, para fins de reforma agrária, notadamente naqueles casos em que o coeficiente de produtividade fundiária, revelador do caráter produtivo da propriedade imobiliária rural e assim comprovado por registro constante do Sistema Nacional de Cadastro Rural, vem a ser descaracterizado como decorrência direta e imediata da ação predatória desenvolvida pelos invasores, cujo comportamento, frontalmente desautorizado pelo ordenamento jurídico, culmina por frustrar a própria realização da função social inerente à propriedade" (STF, MS 23.759, Rel. Min. Celso de Mello, *DJ* de 22-8-2003).

- **Uso adequado dos recursos naturais disponíveis e preservação do meio ambiente** — eis uma exigência justificável nos dias atuais, pois a atividade agrícola predatória, causadora de poluição ou danos ecológicos dos mais diversos, deve ser banida num País em que todos têm direito a uma ambiência ecologicamente equilibrada. Nesse ponto, a educação ambiental, associada a uma mudança de mentalidade, poderia contribuir para o desígnio constitucional sair do papel.

  > **Integridade do patrimônio ambiental:** "A própria Constituição da República, ao impor ao poder público o dever de fazer respeitar a integridade do patrimônio ambiental, não o inibe, quando necessária a intervenção estatal na esfera dominial privada, de promover a desapropriação de imóveis rurais para fins de reforma agrária, especialmente porque um dos instrumentos de realização da função social da propriedade consiste, precisamente, na submissão do domínio à necessidade de o seu titular utilizar adequadamente os recursos naturais disponíveis e de fazer preservar o equilíbrio do meio ambiente, sob pena de, em descumprindo esses encargos, expor-se

1358 ◆ Uadi Lammêgo Bulos ◆

à desapropriação-sanção a que se refere o art. 184 da Lei Fundamental" (STF, MS 22.164, Rel. Min. Celso de Mello, *DJ* de 17-11-1995).

- **Respeito às disposições que regulam as relações de trabalho** — aqui temos uma preocupação social.
- **Exploração que favoreça o bem-estar dos proprietários e dos trabalhadores** — estamos diante de outra *ilusão constitucional*. Ora, nesse plano em que vivemos, predominam a solidariedade, a compreensão e a cooperação entre seres humanos?

Desde a Emenda Constitucional n. 10, de 9 de novembro de 1964, que existe, entre nós, normas específicas para a desapropriação de imóveis rurais, destinados à reforma agrária.

Acompanhando essa tendência, o art. 184 da Carta de 1988 forjou a mensagem de que a sanção para o imóvel rural que não estiver cumprindo função social é a *desapropriação*.

Em contrapartida, não se sujeitam à reforma agrária (CF, art. 185, I e II):

- a pequena e média propriedade rural, assim definida em lei, desde que seu proprietário não possua outra; e

   Casuística do STF:
   - **Pequena e média propriedades rurais** — "A pequena e a média propriedades rurais, cujas dimensões físicas ajustem-se aos parâmetros fixados em sede legal (Lei n. 8.629/93, art. 4º, II e III), não estão sujeitas, em tema de reforma agrária (CF, art. 184), ao poder expropriatório da União Federal, em face da cláusula de inexpropriabilidade fundada no art. 185, I, da Constituição da República, desde que o proprietário de tais prédios rústicos — sejam eles produtivos ou não — não possua outra propriedade rural. (...) A notificação prévia do proprietário rural, em tema de reforma agrária, traduz exigência imposta pela cláusula do devido processo legal" (STF, MS 23.006, Rel. Min. Celso de Mello, *DJ* de 29-8-2003). Precedente: STF, MS 22.022, Rel. Min. Celso de Mello, *DJ* de 4-11-1994.
   - **Média propriedade rural** — "Área resultante de divisão amigável — Inexpropriabilidade — Irrelevância de ser, ou não, improdutivo o imóvel rural" (STF, MS 21.919, Rel. Min. Celso de Mello, *DJ* de 6-6-1997).

- a propriedade produtiva.

   Casuística do STF:
   - **Imóvel invadido** — "Imóvel rural ocupado por famílias dos denominados *sem-terra*. Situação configuradora da justificativa do descumprimento do dever de tornar produtivo o imóvel. Força maior prevista no § 7º do art. 6º da Lei 8.629/93" (STF, MS 23.241, Rel. Min. Carlos Velloso, *DJ* de 12-9-2003).
   - **Invasão de menos de 1% do imóvel** — "Não justifica, no caso, o estado de improdutividade do imóvel" (STF, MS 23.857, Rel. Min. Ellen Gracie, *DJ* de 13-6-2003).

a) Títulos da dívida agrária (CF, art. 184, caput)

A *desapropriação* é paga mediante prévia e justa indenização em títulos da dívida agrária, com cláusula de preservação do valor real, resgatáveis no prazo de até vinte anos, a partir do segundo ano de sua emissão, e cuja utilização será definida em lei.

Desse modo, o valor encontrado para avaliação da terra nua, juntamente com as culturas e as pastagens naturais, será indenizado em títulos da dívida agrária e não em dinheiro.

Esses títulos serão resgatados no prazo de até vinte anos, com base no orçamento da União (CF, art. 184, § 4º).

Afinal, que são títulos da dívida agrária (TDAs)?

São títulos públicos, oriundos dos processos de desapropriação por interesse social, promovidos pela União. Possuem cláusula de preservação do valor real e têm como pressuposto único e exclusivo a retribuição monetária, a longo prazo, decorrente de um ato expropriatório. Logram a natureza de autênticas cambiais, podendo, a princípio, ser negociados livremente, no sentido de comportarem execução na forma dos títulos executivos em geral. Ao serem emitidos, revestem-se na roupagem de direitos creditórios, sendo diferentes dos títulos comuns que a União opera no mercado financeiro.

◆ Cap. 26 ◆ ORDEM ECONÔMICA E FINANCEIRA 1359

Para o Superior Tribunal de Justiça, o TDA é um título de crédito emitido *pro soluto*, pelo fenômeno da incorporação. Nele se materializa o próprio ato indenizatório pelo desapossamento. Devido à autonomia cambial, equipara-se a bem móvel, circulando como tal no comércio. Não está sujeito a tributação, o que seria um locupletamento do Poder Público, mas pode ser objeto de correção monetária plena, para não sofrer deflação. Uma vez repassado, mediante alienação, a pessoas diversas e na posse de estranhos à expropriação, conserva o vínculo inicial pertinente à indenização justa e prévia. Quando entregue ao expropriado, o Estado, ao tempo em que se considera exonerado pela indenização, compromete-se em resgatá-lo de qualquer portador ou endossatário que o apresente, sem indagar como ou por que se deu a transferência.

Precedentes: STJ, *RSTJ, 31:237, 28:227, 13:205, 26:266, 34:180, 26:255, 21:202, 25:257, 15:192.*

Desde o advento da Carta de 1988 que os títulos da dívida agrária vêm ensejando polêmicas jurídicas, principalmente a respeito de sua real utilização.

Reuniram, em torno de si, um autêntico "folclore".

Muitos pensam, ainda hoje, que o seu uso se procede de modo irrestrito e incondicionado, em virtude da redação lacônica que o art. 184 da Lei Maior lhes conferiu.

Na realidade, excetuadas as hipóteses taxativas, previstas na legislação, mormente no Estatuto da Terra, instrumentalizado pelo Código de Processo Civil, pela Lei de Execuções Fiscais e pelo Decreto n. 578/92, são reduzidíssimas as hipóteses legais de utilização desses papéis.

Para o pagamento de tributos, por exemplo, a regra é a não aceitação de TDAs, comprados, no mercado, com preços convidativos, e ofertados como saída milagrosa para débitos financeiros, inclusive os bancários.

Infelizmente, o que se vê, com frequência, são postulações jurídicas impositivas, que querem obrigar a parte credora a aceitar, de toda sorte, esses papéis, sem questionar se a obtenção deles lhes convém, pois não são moedas correntes, não têm segura e sólida cotação na Bolsa de Valores, nem substituem dinheiro.

Certamente, existem casos em que as próprias instituições credoras aceitam TDAs como ressarcimento de dívidas. Isso, contudo, não é a regra, a ponto de se disseminar a falácia de que títulos da dívida agrária quitam débitos de todo tipo.

A jurisprudência entende que os TDAs não suspendem a exigibilidade do crédito tributário, nem, tampouco, fazem cessar a responsabilidade do devedor pela atualização monetária e juros da mora.

Eles não podem liquidar débitos porque, se assim fosse, estar-se-ia admitindo a compensação de dívidas, expressamente vedada por lei, *ex vi* do art. 16, § 3º, da Lei de Execuções Fiscais.

O Superior Tribunal de Justiça, por sua vez, é forte ao prospectar, em inúmeros julgados, que os títulos da dívida agrária não têm cotação na Bolsa de Valores. Por isso, "só o depósito integral e em dinheiro suspende a exigibilidade do crédito tributário (Súmula 112 do STJ)" (STJ, AgRg no AgI 0095893, Rel. Min. Antônio de Pádua Ribeiro, *DJ* de 9-6-1997, p. 25504).

E mais: o Superior Tribunal de Justiça inadmite a nomeação à penhora de TDAs, cuja valoração é duvidosa, não se quantificando em dinheiro, pois "desservem para garantia do juízo, em execução" (STJ, RE 0108914/SP, Rel. Min. Demócrito Reinaldo, *DJ* de 3-11-1997, p. 56221).

Parece-nos que esses papéis — considerados "podres" — estão a merecer profunda reflexão doutrinária e jurisprudencial no que tange à verdadeira finalidade que podem desempenhar. Por enquanto, paira total incerteza a respeito de seu uso, o que recomenda atitude de prudência. Não há tese unânime em torno da real destinação dessas cambiais, principalmente quando apresentadas na forma de direitos creditórios.

b) Indenização das benfeitorias úteis e necessárias (CF, art. 184, § 1º)

Tal indenização é em dinheiro. Assim tem sido desde a Constituição de 1946, modificada pela Emenda Constitucional n. 10/64 (art. 147, § 4º), passando pela Carta de 1967 (art. 157, § 4º) e sua Emenda Constitucional n. 1/69 (art. 161, § 3º).

Temos, pois, duas regras:

- **indenização em TDAs** — da terra nua na desapropriação por interesse social para fins de reforma agrária;
- **indenização em dinheiro** — das benfeitorias úteis e necessárias, em moeda corrente nacional de curso forçado no País.

1360 ◆ Uadi Lammêgo Bulos ◆

Mas qual a noção constitucional de benfeitorias *úteis* e *necessárias*?
É a mesma do Direito Privado.

Benfeitorias são obras ou despesas que visam conservar, melhorar ou embelezar bens móveis ou imóveis.

Podem ser de três tipos:

*   **Voluptuárias** — são as de mero deleite ou recreio. Não aumentam o uso habitual da coisa, ainda que a tornem agradável e aprazível, elevando o seu valor econômico. A construção de piscina, de quadra poliesportiva numa casa ou a colocação de piso em granito na sala exemplificam-nas, pois não são indenizáveis ao possuidor de boa-fé que as tenha realizado sem danificar a coisa principal (*ius tollendi*). Pelo Texto Maior, não estão sujeitas à indenização em dinheiro, pois tal ato seria incompatível com os escopos da reforma agrária. Ademais, é da tradição constitucional brasileira só indenizar em dinheiro as benfeitorias úteis e necessárias. E faz sentido. Não se justificaria que benfeitorias empreendidas no campo da pura recreação ou mero deleite pessoal, sem conferir à coisa nova utilidade, fossem ressarcidas em moeda corrente. O expropriado de boa-fé pode levantar as benfeitorias voluptuárias, dês que não deteriore a coisa precípua. Portanto, afigura-se-nos possível a indenização em títulos da dívida agrária de benfeitorias voluptuárias, com base na aplicação analógica do art. 516 do Código Civil. Claro que nesse caso deverá haver perícia técnica para comprovar se a coisa está em perfeito estado. Isso porque o ordenamento constitucional não ampara a figura do "proprietário ocioso" — aquele que vive da indústria da desapropriação, construindo instalações milionárias para, em seguida, pleitear indenizações ilícitas e indevidas aos cofres do erário público, em vez de cultivar a terra, dando--lhe fim produtivo.

    > **Art. 1.219 do Código Civil:** "O possuidor de boa-fé tem direito à indenização das benfeitorias necessárias e úteis, bem como, quanto às voluptuárias, se não lhe forem pagas, a levantá-las, quando o puder sem detrimento da coisa, e poderá exercer o direito de retenção pelo valor das benfeitorias necessárias e úteis".

*   **Úteis** — aumentam ou facilitam o uso da coisa (CC, art. 96, § 2º). São indenizadas ao possuidor de boa-fé em dinheiro, permitindo inclusive direito de retenção, porque têm o fim de melhorar as qualidades da coisa, aprimorando a sua capacidade de utilização. É o caso dos instrumentos de irrigação, da instalação de aparelhos hidráulicos dos mais diversos, da construção de garagens para tratores e máquinas similares etc.

*   **Necessárias** — conservam a coisa, evitando que se deteriore (CC, art. 96, § 3º). Por isso a Constituição garante que sejam indenizadas em dinheiro, independentemente da boa ou da má-fé do possuidor que as realize. O direito de retenção até o reembolso delas, todavia, só será conferido ao de boa-fé. Exemplificam-nas o reforço de um terreirão de café, a substituição de vigamento apodrecido do telhado das instalações rurais, a colocação de cerca de arame farpado para proteger os produtos hortifrutigranjeiros, a desinfectação de uma lavoura infectada por pragas etc.

As culturas e as pastagens podem ser indenizadas em dinheiro?

Se forem *artificiais*, sim. Aqui existe a intervenção do labor humano, o que as equipara às benfeitorias *úteis*. Por isso, devem ser pagas em dinheiro, como determina a Lei n. 8.629/93 (art. 12, § 1º, I).

> **A favor desse entendimento:** "Procedimento contraditório especial, de rito sumário, para o processo de desapropriação de imóvel rural, por interesse social, para fins de reforma agrária: 1) depósito em dinheiro, pelo expropriante, do valor da indenização das benfeitorias, inclusive culturas e pastagens artificiais; 2) depósito em títulos da dívida agrária, para a terra nua" (STF, ADIn 1.187, Rel. Min. Maurício Corrêa, *DJ* de 30-5-1997). **Contra:** "Havendo o Plenário do Supremo Tribunal Federal, no julgamento do RE 247.866, Relator Ministro Ilmar Galvão, declarado a inconstitucionalidade da expressão *em dinheiro*, para as *benfeitorias úteis e necessárias, inclusive culturas e pastagens artificiais* e, contida no artigo 14 da Lei Complementar n. 76/93, reveste-se de plausibilidade jurídica tese no mesmo sentido objeto de recurso extraordinário interposto contra decisão que ordenou o depósito judicial de valores relativos às benfeitorias do imóvel expropriado, independentemente de precatório, circunstância que, aliada à possibilidade de dano irreparável à autarquia expropriante, justifica a concessão da medida" (STF, Pet. 2.801-QO, Rel. Min. Ilmar Galvão, *DJ* de 21-2-2003).

◆ Cap. 26 ◆ ORDEM ECONÔMICA E FINANCEIRA

1361

Mas, se as culturas e as pastagens forem *naturais*, não. Nesse caso, jamais podem ser caracterizadas como benfeitorias *úteis* (CC, art. 97). Logo, não podem ser indenizadas em dinheiro; seu ressarcimento far-se-á em títulos da dívida agrária, juntamente com a terra nua.

E as *coberturas florísticas*, podem ser indenizadas em dinheiro?

Cobertura florística, vegetal ou *natural* é o revestimento das florestas, abrigando formações arbóreas densas e de alto porte, que cobrem áreas territoriais mais ou menos extensas, as cognominadas *madeiras de lei*. Estas são formadas de substâncias sólidas, fibrosas. Constituem parte integrante do tronco dos vegetais. Em alguns casos, logram porte avantajado, possuindo considerável valor econômico. Daí serem protegidas pela legislação.

Podem ser indenizadas em dinheiro, desde que haja exploração econômica por parte dos proprietários da área desapropriada. Nesse caso, é avaliada em separado da terra nua.

Sem esse critério — comprovado por certidão emitida pelo Instituto Brasileiro do Meio Ambiente e dos Recursos Naturais Renováveis (IBAMA) — não há falar em indenização em dinheiro, uma vez que não podem ser equiparadas às benfeitorias úteis e necessárias, enquadrando-se, por exegese extensiva, no art. 184, § 1º, da *Lex Mater*.

Esse entendimento foi fruto de longos e calorosos debates, iniciados no extinto Tribunal Federal de Recursos, desenvolvidos no Tribunal Regional da 1ª Região e maturados pela jurisprudência do Supremo Tribunal Federal.

> **Precedentes do STF:** "As matas de preservação permanente são indenizáveis visto que, embora proibida a derrubada pelo proprietário, persiste o seu valor econômico e ecológico" (STF, RE 110.717, Rel. Min. Francisco Rezek, *RTJ*, *108*:1314). Eis outro julgado: "Desapropriação — cobertura florística. A circunstância de o proprietário não poder explorar a mata existente em seu imóvel, por força de vedação prevista no Código Florestal, não dispensa o expropriante do dever de indenizá-lo pelo valor dessa mata. Afastando a alegação de contrariedade aos arts. 5º, XXIII ('a propriedade atenderá a sua função social') e 225, *caput*, § 4º, da CF, a Turma negou provimento ao agravo regimental interposto pelo Estado de São Paulo. Cuidava-se, na espécie, de ação expropriatória visando à criação de estação ecológica" (STF, AgI 187.726, Rel. Min. Moreira Alves). **Sobre a evolução jurisprudencial da matéria:** Uadi Lammêgo Bulos, Cobertura florística — desapropriação — indenização (Parecer), *RDA*, *215*:294-308.

c) Decreto expropriatório (CF, art. 184, § 2º)

O decreto que declarar o imóvel como de interesse social, para fins de reforma agrária, autoriza a União a propor a ação de desapropriação.

> **Decreto expropriatório — Oportunidade e alcance:** "A ausência de eficácia suspensiva do recurso administrativo viabiliza a edição do decreto desapropriatório no que apenas formaliza a declaração de interesse social, relativamente ao imóvel, para efeito de reforma agrária, decorrendo a perda da propriedade de decisão na ação desapropriatória, não mais sujeita, na via recursal, a alteração" (STF, MS 24.163, Rel. Min. Marco Aurélio, *DJ* de 19-9-2003).

A propositura de ação expropriatória, portanto, pressupõe a existência de um decreto declarando-a de interesse social.

Mas o decreto expropriatório apenas se afigurará válido, sob pena de nulidade, se for precedido de notificação.

> **Precedente do STF:** "Mandado de segurança, contra ato do Presidente da República que declarou de interesse social, para fins de reforma agrária, imóvel rural, sem que tivesse ocorrido a notificação prévia dos impetrantes para efeito de vistoria do imóvel. Liminar deferida assentada no entendimento da Corte de que a notificação válida é a que foi entregue ao proprietário do imóvel em momento anterior ao da realização da vistoria. Parecer da PGR no sentido da concessão da ordem. Mandado de segurança deferido para anular o Decreto presidencial" (STF, MS 23.855, Rel. Min. Néri da Silveira, *DJ* de 22-3-2002).

O administrador do imóvel rural, como preposto do proprietário, tem legitimidade para receber a notificação prévia.

> **Nesse sentido:** STF, MS 23.598, Rel. Min. Maurício Corrêa, *DJ* de 27-10-2000.

1362 ◆ Uadi Lammêgo Bulos ◆

d) Procedimento contraditório especial (CF, art. 184, § 3º)

Cabe à lei complementar estabelecer procedimento contraditório especial, de rito sumário, para o processo judicial de desapropriação.

A primeira fase do procedimento expropriatório destina-se ao levantamento de dados e informações do imóvel expropriando, no qual os técnicos do órgão fundiário são autorizados a ingressar (Lei n. 8.629/93, art. 2º, § 2º); a segunda, ao procedimento judicial, disciplinado por lei complementar (CF, art. 184, § 3º), durante a qual a Administração poderá, novamente, vistoriar a área com a finalidade de avaliar a terra nua e as benfeitorias (LC n. 76/93, art. 2º, § 2º). Esse é o entendimento do Pretório Excelso.

Nesse sentido: STF, MS 23.744, Rel. Min. Maurício Corrêa, *DJ* de 17-8-2001.

e) Previsão orçamentária dos TDAs (CF, art. 184, § 4º)

O orçamento fixará anualmente o volume total de títulos da dívida agrária, assim como o montante de recursos para atender ao programa de reforma agrária no exercício.

Exige-se, pois, a previsão dos recursos que atenderão aos desígnios da reforma agrária, compatibilizando-se, assim, a execução das desapropriações com as possibilidades do erário.

Rigorosamente, não podem ser emitidos títulos da dívida agrária sem que tenham o seu valor assegurado no orçamento, impedindo seu titular de convertê-los em dinheiro no momento em que cumprirem o prazo estipulado para a livre negociação.

f) Imunidade tributária (CF, art. 184, § 5º)

Embora o § 5º do art. 184 fale que estão isentas de impostos federais, estaduais e municipais as operações de transferência de imóveis desapropriados para fins de reforma agrária, trata-se de *imunidade*. Isso porque a situação prescrita deflui da garantia constitucional da compensação (art. 5º, XXIV). Não seria lógico que o patrimônio do expropriado sofresse perdas e depreciações pela cobrança de onerosas cargas tributárias, as quais não teriam razão de ser.

Esse é o pensamento da Corte Suprema, para a qual a imunidade prevista no art. 184, § 5º, da Carta Magna não alcança os títulos da dívida agrária em poder de terceiros. Argumenta a Colenda Corte que a imunidade tem por objetivo a proteção do proprietário do imóvel expropriado e não se estende à negociação dos títulos decorrentes da desapropriação. Dessa forma, conheceu de recurso extraordinário do Ministério Público Federal e deu-lhe provimento para reformar acórdão do Superior Tribunal de Justiça que estendera a empresa, terceira possuidora de TDAs, tal imunidade.

Precedente: STF, RE 169.628/DF, Rel. Min. Maurício Corrêa, v. u., decisão de 28-9-1999. **No mesmo sentido:** STF, RE 168.110, Rel. Min. Moreira Alves, *DJ* de 19-5-2000.

✦ 8. SISTEMA FINANCEIRO NACIONAL

Sob a denominação ampla "Do Sistema Financeiro Nacional", o constituinte de 1988 consagrou dois grupos normativos reguladores dos assuntos financeiros do Estado: o *público* e o *parapúblico*.

Pelo primeiro grupo — o *público* —, os preceitos constitucionais disciplinam as finanças públicas e o orçamento público (arts. 163 a 169).

Já pelo segundo grupo — o *parapúblico* —, as normas constitucionais regem o Sistema Financeiro Nacional propriamente dito (arts. 170 a 192), estabelecendo pautas jurídicas norteadoras das instituições financeiras creditícias, públicas ou privadas, de seguro, de previdência privada e capitalização, que se sujeitam ao controle do Poder Público (art. 192).

As constituições anteriores não deram uma conformação constitucional ordenada ao tópico do sistema financeiro nacional, restando ao legislador ordinário cumprir o desígnio. Tal postura era correta. Não há necessidade de trazer para um texto constitucional assuntos desse jaez. Antes, os princípios regentes do sistema financeiro não eram constitucionalizados. Basta lembrar da Constituição de 1934, que, simplesmente, remetia à lei o encargo de facultar à União desenvolver o crédito e a nacionalização progressiva dos bancos de depósito e das empresas de seguro, em todas as suas modalidades (art. 177).

◆ Cap. 26 ◆ ORDEM ECONÔMICA E FINANCEIRA **1363**

Pode-se dizer, assim, que a Carta de 1988 foi a primeira a especificar os propósitos da matéria de modo abrangente. Pretendeu concatenar e coordenar o conteúdo programático do tema. Nesse aspecto, foi pioneira, porque conseguiu, acima de tudo, revelar o cunho simbólico da própria manifestação constituinte originária, na tentativa de constitucionalizar tudo por desconfiança de seus próprios intérpretes. É que, após a superação da burocracia tecnocrático-militar de mais de vinte anos, acharam que se devia dizer tudo, *in verbis*, porque, quanto menos subjetividade ficasse, melhor seria.

Mas a constitucionalização de um capítulo para enfeixar preceitos de índole financeira não é algo original do constituinte de 1988. Tanto a Constituição da República Federal da Alemanha de 1949 como a Constituição portuguesa de 1976 já previam, em seus textos, sistemas financeiros.

Há algum mérito nisso?

Pensamos que não.

Em rigor, a consagração do "pomposo" e "confuso" capítulo Do Sistema Financeiro Nacional só serviu para demonstrar prolixidade e perda de tempo. É inteiramente inútil tal sistematização, até porque tudo ficou a cargo de lei complementar.

Ora, já existe normatividade ordinária suficiente para dispor sobre os assuntos a seguir enumerados. Para que então lei complementar ou leis complementares?

É simples. Para complicar ainda mais um texto prolixo, casuístico e corporativo, em que as matérias foram prescritas de maneira reiterada, prestigiando uma sistematização pleonástica, desuniforme, confusa, com nítido predomínio de normas de eficácia contida e limitada, por princípio institutivo e por princípio programático.

◇ 8.1. Emenda Constitucional n. 40/2003 e o art. 192 da Constituição

Eis como ficou o art. 192 da Carta Maior com a redação da EC n. 40, de 29-5-2003:

"Art. 192. O sistema financeiro nacional, estruturado de forma a promover o desenvolvimento equilibrado do País e a servir aos interesses da coletividade, em todas as partes que o compõem, abrangendo as cooperativas de crédito, será regulado por leis complementares que disporão, inclusive, sobre a participação do capital estrangeiro nas instituições que o integram".

A EC n. 40/2003 foi promulgada numa discreta e muito rápida sessão do Congresso Nacional. Havia, apenas, cinco parlamentares no plenário.

Originária de um projeto do ex-Senador José Serra, a referida Emenda foi encampada por parlamentares do PT, mas sem o aval dos radicais.

Os pontos mais controvertidos da votação foram a retirada do texto do tabelamento dos juros em 12% ao ano e a abertura da autonomia do Banco Central, cujos diretores passaram a ter os seus respectivos mandatos regulados por leis complementares.

Na realidade, a EC n. 40/2003 apresentou evidente teor supressivo.

Suprimiu todos os incisos, alíneas e parágrafos originários do art. 192, dando-lhe nova feição, sem, contudo, alterar-lhe a substância. De resto, adequou o inciso V do art. 163 e o *caput* do art. 52 do ADCT à nova realidade. E só.

Comparando a redação primitiva do art. 192 com a atual, proveniente da EC n. 40/2003, chegamos a duas conclusões:

- A estrutura do sistema financeiro nacional deve atender aos interesses da coletividade. Incluem-se nesse contexto as cooperativas de crédito. Mas isso não foi propriamente uma inovação, e sim uma transferência do *locus* constitucional do cooperativismo de crédito, antes previsto no extinto inciso VIII, para a fraseologia do art. 192.
- Abriu-se a possibilidade de serem editadas várias *leis complementares*, e não apenas uma só lei complementar. Essa constatação poderia muito bem ser obtida mediante exegese construtiva do primitivo art. 192, sem a necessidade de reformar a Constituição. De qualquer sorte, *leis complementares* — no plural — podem ser editadas, em separado, formando microssistemas para regular, inclusive, a participação do capital estrangeiro nas instituições que o integram. Aqui também não há qualquer novidade, pois o revogado inciso III do art. 192 já tratava do assunto.

1364 ◆ Uadi Lammêgo Bulos ◆

✧ 8.2. Irretroatividade da EC n. 40/2003

A EC n. 40/2003 começou a produzir efeitos normativos no dia em que foi publicada no *Diário Oficial da União*: 30 de maio de 2003.

As relações jurídicas que se consolidaram antes dessa data regem-se pelas disposições revogadas, pois a EC n. 40/2003 não é retroativa.

Daí proclamar o seu art. 4º: "Esta Emenda Constitucional entra em vigor na data de sua publicação".

Assim, a EC n. 40/2003 somente se aplica aos contratos firmados a partir de 30 de maio de 2003; aqueloutros celebrados até o dia 29 de maio de 2003 disciplinam-se pelo art. 192 em sua redação originária.

✧ 8.3. Desconstitucionalização via EC n. 40/2003

A EC n. 40/2003 colimou desconstitucionalizar as matérias dantes arroladas no bojo do art. 192 da Constituição.

Deixou para as *leis complementares*, e não uma só lei complementar, a tarefa de disciplinar o sistema financeiro nacional, seus pormenores e especificidades, revogando os incisos, alíneas e parágrafos do mencionado preceito constitucional.

✧ 8.4. Revogação dos incisos, alíneas e parágrafos do art. 192

O enxugamento do art. 192, com a revogação dos seus incisos, alíneas e parágrafos, foi algo previsível.

É que os incisos I, II, III, alíneas *a* e *b*, IV, V, VI, VII e VIII, bem como os §§ 1º, 2º e 3º do art. 192 foram alvo de exegeses distorcidas, desde a promulgação da Carta de Outubro.

Quer dizer, os escopos enunciados pelo constituinte originário ficaram no limbo, sem qualquer eficácia social, pois é público e notório que a efetividade das normas outrora positivadas não interessava aos grupos econômicos dominantes.

Agora, os depositários da EC n. 40/2003 transferiram assuntos que estavam na Constituição para a seara infraconstitucional, dando às leis complementares encargos grandiloquentes, a exemplo da taxação dos juros reais, da exigência de autorização de funcionamento das instituições financeiras, dos estabelecimentos de seguro, resseguro, previdência e capitalização etc.

✧ 8.5. Missão do Poder Judiciário em face da EC n. 40/2003

Com a transferência dos temas antes versados no art. 192 da Constituição para o campo das leis complementares, juízes e tribunais estarão de mãos atadas até o dia em que essas leis forem editadas?

Vimos, no introito desta obra, que as constituições têm vida. Não se submetem a fórmulas preconcebidas, estáticas ou graníticas.

Desse modo, os juízes não são escravos das leis. Desempenham uma missão social que transcende os parcos limites da atividade legiferante. Por isso, quando provocados, devem mostrar que não são servis à gramática constitucional, à mera literalidade das disposições constitucionais normadas.

O art. 192, com a redação dada pela EC n. 40/2003, se entendido ao pé da letra, gera consequências funestas à vida da Nação. Cumpre, pois, ser encarado na lógica do sistema, à luz do bom senso, da razoabilidade, do sentimento de justiça, dos princípios gerais de Direito, da analogia, dos mecanismos integradores da ordem jurídica.

Se é certo que os artífices da EC n. 40/2003 deixaram a regulamentação do sistema financeiro nacional sob os auspícios de *leis complementares*, mais exato ainda é que as instituições financeiras não estão absolutamente livres para enriquecer à custa do esforço alheio.

◆ Cap. 26 ◆ ORDEM ECONÔMICA E FINANCEIRA   **1365**

Ainda que alguns membros do Poder Judiciário não tenham atentado para isso, não há dúvidas de que a magistratura é o reduto da cidadania, da dignidade humana, dos primados éticos da convivência harmônica, subsumidos e cristalizados no ordenamento.

Na prática, contudo, as decisões encampadas pelo Supremo Tribunal Federal e, recentemente, pelo Superior Tribunal de Justiça não seguem, por este ou aquele argumento, essa diretriz. As notas vindouras trazem à baila julgados de ambas as Cortes.

◇ 8.6. Enquanto as leis complementares não forem editadas

O art. 192 encampa os seguintes objetivos que deverão constar em *leis complementares*:
* estruturação do sistema financeiro nacional;
* promoção do desenvolvimento equilibrado do País;
* servir aos interesses da coletividade como um todo;
* fomentar o cooperativismo de crédito;
* regular a participação do capital estrangeiro nas instituições que o integram.

Evidente que a mensagem do art. 192 é sobremodo genérica.

Todavia, enquanto não forem editadas as leis complementares em questão, continuam valendo as leis que foram recepcionadas pela *Lex Mater*.

Mas a exegese dessas leis deve calcar-se na *lógica do razoável*. Só assim será possível falar em *recepção*.

É o caso, por exemplo, da Lei n. 4.595/64, que instituiu um sistema financeiro nacional que vale como se lei complementar fosse, e, para ser modificada, há de seguir os parâmetros gizados no art. 69 da Constituição.

Ela deve ser interpretada em harmonia com a Lei Complementar n. 101, de 4 de maio de 2000, que traz preceitos relacionados às finanças públicas voltados para a responsabilidade na gestão fiscal.

Óbvio que se empreendermos uma exegese gramatical da Lei n. 4.595/64, numa interpretação pequena e contraprodutiva, ela entrará em colisão com o sistema constitucional pátrio. Nesse caso, não se poderá falar em recepção, mas em inconstitucionalidade.

Portanto, convém interpretar o art. 192, oriundo da EC n. 40/2003, em cotejo com as demais preceituações já existentes na legislação comum. Elas vão fazendo as vezes das *leis complementares*, que não se sabe quando serão editadas.

Nesse ínterim, há uma plêiade de leis, suscetíveis de aplicação analógica. A título exemplificativo, eis algumas delas, que, se concebidas com prudência e moderação, a depender das particularidades do caso concreto, podem ser invocadas:
* **Lei n. 4.595, de 31-1-1964** — dispõe sobre a política e as instituições monetárias, bancárias e creditícias. Cria o Conselho Monetário Nacional e dá outras providências;
* **Lei n. 8.078, de 11-9-1990** — dispõe sobre a proteção do consumidor (Código de Proteção e Defesa do Consumidor);
* **Lei n. 10.406, de 10-1-2002** — institui o Código Civil (arts. 406 e 407);
* **Lei n. 9.710, de 19-11-1998** — dispõe sobre medidas de fortalecimento do sistema financeiro nacional e dá outras providências;
* **Lei Complementar n. 101, de 4-5-2000** — estabelece normas sobre finanças públicas voltadas para a responsabilidade na gestão fiscal e dá outras providências;
* **Lei n. 6.024, de 13-3-1974** — dispõe sobre a intervenção e a liquidação extrajudicial de instituições financeiras e dá outras providências;
* **Lei n. 7.492, de 16-6-1986** — dispõe sobre os crimes contra o sistema financeiro;
* **Lei n. 9.613, de 3-3-1998** — dispõe sobre os crimes de lavagem ou ocultação de bens, direitos e valores, a prevenção da utilização do sistema financeiro para os ilícitos previstos nesta Lei e cria o Conselho de Controle de Atividades Financeiras — COAF, cujo estatuto foi aprovado pelo Decreto n. 2.799, de 8-10-1998;
* **Lei n. 4.380/64** — trata dos critérios de aplicação regionalizada dos recursos arrecadados para o sistema financeiro de habitação.

1366 ◆ Uadi Lammêgo Bulos ◆

✧ 8.7. Limite da taxa de juros: perdura a discussão após a EC n. 40/2003?

Se, da ótica prescritiva, os artífices da EC n. 40/2003 *mataram formalmente* a disciplina da limitação dos juros reais na Constituição, o mesmo não ocorre nas relações humanas.

Mataram formalmente porque, antes mesmo de a EC n. 40/2003 ter revogado o § 3º do art. 192, a limitação dos juros reais *já estava morta*, sendo eles cobrados livremente no Brasil.

Assim, ao revogar o referido § 3º, o órgão reformador nada mais fez que consolidar o que se havia consumado no plano da experiência: a total ilimitação da taxa de juros.

Realmente, as taxas de juros superaram, em muito, os 12% ao ano. Ninguém, absolutamente ninguém, foi punido pela prática do crime de usura, nada obstante o eloquente apelo contido no extinto § 3º do art. 192.

De qualquer sorte, urge conhecermos os detalhes da matéria, porque, mesmo desconstitucionalizada, a problemática continua espargindo reflexos na vida nacional.

A discussão sobre a taxa de juros, portanto, deve prosseguir. Não convém cair no esquecimento.

Se o art. 192, por obra da EC n. 40/2003, saiu do plano das formas, suas consequências persistem no plano da vida, pois os parcos limites da linguagem prescritiva do constituinte não são capazes de acrisolar a ebulição do fato social. O problema existe. Pode ter saído da *folha de papel* — a Constituição —, mas permanece intacto no cotidiano da nossa sociedade.

É oportuno, pois, empreender a perquirição da *occasio legis* do antigo § 3º, que disciplinava os juros reais. Só assim será possível saber o porquê de certos posicionamentos do Poder Judiciário, a exemplo das decisões do Superior Tribunal de Justiça, na exegese do Direito Federal.

a) Limite da taxa de juros: polêmica que não precisava existir

Num primeiro momento, a celeuma acerca da aplicação imediata ou protraída do § 3º não era para existir, pois o dispositivo que originariamente o constitucionalizava havia sido aprovado em primeiro turno como inciso do art. 192.

À época, o então Deputado do PSDB de São Paulo, José Serra, relator da matéria na subcomissão específica, entendia que ela não deveria merecer foros constitucionais. Ficou derrotado no seu ponto de vista, e, numa segunda votação, resolveram colocar a disciplina dos juros reais em forma de parágrafo.

Mas os rumores persistiram e a lei complementar, dantes solicitada com veemência, nem chegou a ser editada.

Logo no dia seguinte à promulgação da Carta de 1988, a Consultoria-Geral da República divulgava parecer sobre o § 3º do art. 192, cuja ementa era a seguinte:

"Em um único artigo a Constituição, promulgada ontem, manda reformar o Sistema Financeiro Nacional, estabelecendo exigências e diretrizes que deverão ser observadas pelo legislador ordinário em lei complementar. Impossibilidade de vigência imediata de uma única diretriz destacada do conjunto. O tabelamento dos juros, previsto em parágrafo, sujeita-se à regra principal do artigo e não pode dela apartar-se para aplicação imediata no sistema ainda não submetido à reforma determinada pelo constituinte. Preceito constitucional de integração e a imprescindibilidade da *interpositio legislatoris*" (Parecer SR-70, firmado pelo Consultor-Geral Saulo Ramos e aprovado pelo Presidente da República, publicado no *DO* de 7-10-1988, p. 19675).

A partir dessa concepção, empenhada em fulminar a autoaplicabilidade do § 3º do art. 192, disseminou-se o folclore de que não haveria como limitar as taxas de juros reais em apenas 12% ao ano, incluídas, no percentual, as comissões e outras remunerações referentes à concessão do crédito.

Instituições financeiras, beneficiárias do argumento, para reforçar a tese, divulgaram a informação de que seus custos operacionais não permitiam o cumprimento do limite constitucional, pois ficariam comprometidas nas suas operações diárias.

Tal jogo de distorções almejava que o § 3º do art. 192 já nascesse "letra morta", pois sua aplicação plena contrariava poderosíssimos interesses econômicos, nacionais e internacionais.

O Supremo Tribunal Federal, ao julgar a ADIn 4/DF, determinou, por maioria de votos, que o § 3º do art. 192 não era autoaplicável.

Precedente: STF, Pleno, ADIn 4/DF, Rel. Min. Sydney Sanches, *DJ*, 1, de 25-6-1993, p. 12637. **Registre- -se o posicionamento do Ministro Marco Aurélio:** "Quando a Corte apreciou a questão alusiva à

◆ Cap. 26 ◆ ORDEM ECONÔMICA E FINANCEIRA

autoaplicabilidade do § 3º, do art. 192, da Carta da República, no que impõe o respeito ao limite máximo de doze por cento para os juros reais — Ação Direta de Inconstitucionalidade n. 4, relatada pelo Min. Sydney Sanches —, fiquei vencido, na companhia honrosa dos Ministros Carlos Velloso, Paulo Brossard e Néri da Silveira, no tocante à conclusão sufragada pela Corte de origem, ou seja, da eficácia imediata do preceito. Passei a ressalvar, no campo monocrático e na Turma, a convicção pessoal. Todavia, os ditames da consciência levaram-me a sustentar a tese que desde o início defendi. É que a usura vem vencendo o Brasil, com nefastos efeitos no campo social. Grassa o desemprego, fato que contribui para o aumento da criminalidade. As contas públicas estão seriamente comprometidas com os acessórios da dívida interna. Por isso, voltei a expressar o convencimento externado nos idos de 1991, e que, com a passagem do tempo, somente restou robustecido. Tenho como autoaplicável, tal como vem proclamando o Poder Judiciário do Estado do Rio Grande do Sul, a regra do § 3º, do art. 192, da Carta, que, a rigor, deveria estar em dispositivo autônomo. A única justificativa para o lançamento da norma em parágrafo é a notória fuga do legislador constituinte de 1988 à elaboração de um diploma constitucional com número excessivo de artigos. Reportando-me ao voto que venho fazendo juntar em hipóteses semelhantes a dos autos, conheço deste agravo, negando, no entanto, acolhida ao pedido nele formulado" (STF, AgI 234.441/RS, Rel. Min. Marco Aurélio de Mello, decisão de 4-2-1999). **No mesmo sentido:** STF, 2ª T., RE 194.792-6/PR, Rel. Min. Marco Aurélio, *DJ* de 23-2-1996, p. 3645).

Ao decidir assim, o Supremo Tribunal Federal retomou o enunciado da sua Súmula 596: "As disposições do Decreto n. 22.626/33 não se aplicam às taxas de juros e aos outros encargos cobrados nas operações realizadas por instituições públicas ou privadas, que integram o sistema financeiro nacional".

À época, a falta da lei reclamada, para estabelecer em 12% ao ano o limite da taxa de juros, demonstrou o estado de inércia do Congresso Nacional. Mesmo assim, nenhuma providência legal se concretizou, porque o Supremo Tribunal Federal firmou-se no sentido de que mandado de injunção não pode fixar prazo para suprimento de omissão estatal quando o exercício do Direito material, outorgado pela Constituição, tiver como sujeito passivo entidades ou pessoas estranhas ao aparelho do Estado, no caso, as instituições financeiras.

Precedente: STF, *RDA*, 200:237.

Assim, embora tenha reconhecido a mora do Legislativo, o Pretório Excelso, em sede de mandado de injunção, simplesmente exortou que se procedesse à feitura de lei, a fim de eliminar a letargia legislativa. Como exortação é mero conselho, o § 3º do art. 192 caiu no vazio.

Nesse sentido: STF, Pleno, MI 502-8/SP, Rel. Min. Maurício Corrêa, *DJ* de 19-4-1996, p. 12211.

No campo dos negócios, o § 3º possuía normatividade suficiente para ser aplicado.

Não havia necessidade de lei.

Aliás, o encargo de definir juros reais é da doutrina. Jamais do legislador.

Do mesmo modo que o Código Civil, a Lei de Usura, a Lei n. 1.521 e a Lei n. 4.595/64 não definiram juros reais, por que o constituinte deverá fazê-lo? Já não bastam as inúmeras minúcias írritas e as incontáveis obviedades depositadas na Carta de 1988?

O conceito de *juros reais* é pacífico.

Juros reais são aqueles que constituem valores efetivos.

Incidem sobre toda e qualquer desvalorização da moeda, precisamente porque revelam o ganho "real". Não corrigem, simplesmente, a desvalorização do dinheiro.

O qualificativo *real* não tem compreensão jurídica. Semanticamente, designa o efetivo ganho das instituições financeiras, em face do empréstimo.

Aliás, juros reais nada têm que ver com correção monetária. São figuras distintas. Inconfundíveis. Enquanto os juros reais são frutos civis, rendimentos da coisa, a correção monetária intenta garantir o poder aquisitivo da moeda com alteração de sua indicação nominal. Não objetiva qualquer ganho. Visa repor, monetariamente, o capital mutuado. Logo, a correção monetária não está incluída nos juros reais. Admitir o contrário seria levantar a bandeira do locupletamento injustificado do devedor, prestigiando a dura política inflacionária.

Pelo raciocínio de que o constituinte não especificou a noção constitucional de juros reais — tarefa que não lhe compete empreender, vale repetir —, por que, então, as instituições os cobram?

A resposta é óbvia: porque, nesse momento, é mais oportuno o esquecimento deliberado da "indeterminação do conceito". Não é conveniente para as instituições financeiras lembrarem disso.

b) Limite da taxa de juros em face do estado permanente de mora legislativa

A EC n. 40/2003 transferiu a regulamentação do sistema financeiro nacional para as *leis complementares*.

Perguntamos: caso não seja editada lei complementar para limitar os juros, poderão eles ficar à mercê do voluntarismo das instituições financeiras?

A resposta irá depender de exegese da Constituição.

Pela jurisprudência predominante do Supremo Tribunal Federal e do Superior Tribunal de Justiça, os juros podem ultrapassar os 12% ao ano. Quer dizer, são ilimitados. Ficam a critério dos títeres do lucro, ainda quando haja, no STJ, a tendência de proibir a abusividade, algo que, na prática, em nada impede a cobrança extorsiva de sempre, embora seja uma luz que se acende.

Acreditamos que, mesmo se as leis complementares forem editadas, elas não poderão estipular juros reais superiores a 12% ao ano. Aplica-se, na hipótese, a Lei de Usura (Dec. n. 22.626/33), perfeitamente compatível com a mensagem estampada no art. 192 da Carta Magna, com redação dada pela EC n. 40/2003.

Por que, então, defender a inaplicabilidade do art. 192, argumentando falta de normatividade integradora de sua eficácia, se qualquer lei complementar que vier a ser editada deverá concordar com as informações que já constam, originariamente, no próprio dispositivo? Do contrário, como o sistema financeiro nacional poderá promover o desenvolvimento equilibrado do País, servindo aos interesses da coletividade como um todo? As palavras contidas nos preceitos constitucionais são despiciendas?

A edição, ou não edição, de leis complementares é irrelevante para se limitar as taxas de juros.

O art. 192, na forma cunhada pela EC n. 40/2003, permite à autoridade jurisdicional lançar mão dos instrumentos de integração da ordem jurídica.

Consequência disso: as taxas de juros reais deverão limitar-se a 12% ao ano, e as instituições financeiras, dentre elas as bancárias, não poderão, com base na Lei n. 4.595/64 (art. 4º, IX) ou na Súmula 596 do Supremo Tribunal Federal, invocar que sobre elas não incidem a Lei de Usura, estando, por isso, livres para estabelecer taxas de juros nas suas transações monetárias.

c) Posições de vanguarda no Poder Judiciário

Nem todos os segmentos do Poder Judiciário seguiram o entendimento do Supremo Tribunal Federal.

O extinto Tribunal de Alçada do Rio Grande do Sul, por exemplo, defendeu a tese de se limitar a taxa de juros em 12% ao ano.

> **Nesse sentido:** *JTARS*, *81*:314. Aplicando normas do Código de Defesa do Consumidor e até do Código Civil de 1916, esse Tribunal de Justiça chegou a sentenciar: "lógico que uma fundamentação em cima de atos de delegação, portarias, comunicações, atos normativos oriundos do Conselho Monetário Nacional, através do BACEN, de uma lei ou súmula que excluem alguns e privilegiam outros, não pode afastar uma orientação legal que não foi revogada, ofendendo a Constituição que estabelece uma limitação de juros que se constitui numa prática dentro da história do Direito brasileiro" (*JTARS*, *99*:173).

Com efeito, o extinto Tribunal de Alçada do Rio Grande do Sul assegurou, em diversas oportunidades, que o revogado § 3º foi disposto em preceito autônomo, não se subordinando à lei complementar prevista no *caput* do art. 192. Por isso, os juros reais independiam de preceptivo integrante de sua eficácia para se tornarem plenamente exequíveis, sendo, pois, autoaplicáveis.

> **Precedente:** TARS, EI 195038179-3, Rel. Juiz Silvestre Jasson Ayres Torres, decisão de 24-5-1996.

O Tribunal de Justiça do Estado do Rio de Janeiro, ao julgar ação contra o BANERJ, que cobrava, em operações de crédito, juros acima de 12% ao ano, também sustentou a mesma linha de raciocínio.

> **Precedente:** "O § 3º, do art. 192, dispõe expressa e induvidosamente que as taxas de juros não poderão ser superiores a doze por cento ao ano. Qualquer que seja a orientação que se venha a adotar na lei

◆ Cap. 26 ◆ ORDEM ECONÔMICA E FINANCEIRA   **1369**

complementar a que alude o *caput* do art. 192, a taxa de juros não será, em hipótese alguma, superior ao limite fixado no texto constitucional. Se é possível admitir que o crime de usura a que se refere a segunda parte do § 3º e as respectivas penas dependem de lei ordinária, sob o aspecto civil dúvida não pode haver de que a concessão de crédito tem a sua taxa de juros limitada a doze por cento ao ano" (TJRJ, 1ª Câm. Cív., AC 5.560/89, Rel. Des. Renato Maneschy, decisão de 21-8-1990).

Esses julgados, portanto, divergiram da ADIn 4/DF do Supremo Tribunal Federal, que conclamou a necessidade de definir juros reais, por meio da edição de norma infraconstitucional.

O advento da EC n. 40/2003 não impôs qualquer obstáculo intransponível para que os elevados propósitos, preconizados nesses julgados, continuem a ser invocados.

Nada impede que o art. 192 seja concebido com visão de grandeza, em nome da cidadania (CF, art. 1º, II) e da dignidade da pessoa humana (CF, art. 1º, III).

✧ 8.8. Juros no Superior Tribunal de Justiça

Desde a promulgação da Carta de 1988, o Superior Tribunal de Justiça vem se manifestando a respeito das taxas de juros.

Um estudo comparativo dos julgados da Corte demonstra o quanto oscilam as suas decisões. Ora apresentam avanços (v. g., ao rechaçar a abusividade na cobrança de juros), ora retrocessos (e. g., ao desconsiderar o limite dos juros a 12% ao ano).

Pela leitura dos tópicos a seguir lançados, fica fácil perceber que o Superior Tribunal de Justiça ainda está construindo uma jurisprudência para a temática dos juros.

Inexistem posicionamentos firmes e convincentes. O que há é o prenúncio de tendências, situadas no plano do Direito Federal.

De resto, o Tribunal vaticinou que os aspectos constitucionais do assunto não devem ser rediscutidos, algo que incumbe ao Supremo Tribunal Federal e já foi feito na ADIn 4/DF.

> **Nesse sentido:** STJ, 2ª T., REsp 271.214/RS, Rel. Min. Carlos Alberto Menezes Direito, decisão de 12-3-2003.

a) Cobrança de juros além do limite de 12% ao ano

A jurisprudência do Superior Tribunal de Justiça reconhece às instituições financeiras a faculdade de acordar juros além do limite de 12% ao ano, previsto na Lei de Usura (Dec. n. 22.626/33, art. 1º). Prevalecem a Lei n. 4.595/64 e a Súmula 596 do Supremo Tribunal Federal.

> **Precedentes:** STJ, 3ª T., REsp 214.003/SC, Rel. Min. Carlos Alberto Menezes Direito, *DJ* de 5-6-2000; STJ, 4ª T., REsp 196.253-RS, Rel. Min. Barros Monteiro, *DJ* de 28-6-1999.

Para nós, cláusulas contratuais que estipulem juros superiores a 12% ao ano se apresentam completamente írritas, nulas e inadmissíveis em um Estado de Direito que se reputa Democrático. A cobrança deles é crime de usura, punido, em todas as suas modalidades, nos termos do Decreto n. 22.626/33, que não foi revogado pela Lei do Mercado de Capitais (Lei n. 4.595/64) e que sobrevive após o advento da EC n. 40/2003. E não precisa dizer que o Conselho Monetário Nacional não tem competência para regular taxas de juros, pois prevalece a supremacia dos arts. 22 e 48 da Constituição Federal.

Mas a jurisprudência do Superior Tribunal de Justiça não se posiciona assim. Baseada, ou na exegese, a nosso ver distorcida, da Lei n. 4.595/64 (art. 4º, IX), ou no enunciado da Súmula 596 do Supremo Tribunal Federal, ou, ainda, na ADIn 4/DF, decidiu que os juros podem ultrapassar o limite de 12% ao ano.

> **Precedentes:** STJ, 4ª T., REsp 235.380/MG, Rel. Min. Aldir Passarinho Júnior, *DJ* de 22-5-2000; STJ, 3ª T., REsp 221.942/RS, Rel. Min. Nilson Naves, *DJ* de 21-2-2000.

Mas nem sempre foi assim. Um ano após a promulgação da Constituição, o Tribunal pendeu para a tese da limitação da taxa de juros.

Julgado isolado na jurisprudência do STJ: "Juros. Percentual acima do teto legal. Ilegalidade. A circunstância de o título ter sido emitido pelo devedor, voluntariamente, com os seus requisitos formais, não elide a ilegalidade da cobrança abusiva de juros, sendo irrelevante a instabilidade da economia nacional. O sistema jurídico-nacional veda a cobrança de juros acima da taxa legal. Sem embargo de a referida norma constitucional (art. 192, § 3º) ser dirigida, em especial, às instituições financeiras, é certo, contudo, que o Decreto 22.626/33 — Lei da Usura — está em perfeita sintonia com aquele preceito, pois só assim serão respeitados os princípios fundamentais insertos no art. 1º, III e IV, da Carta Magna" (STJ, 4ª T., REsp 5/MT, Rel. Min. Sálvio de Figueiredo Teixeira, *DJ* de 2-10-1989; *Boletim Adcoas*, 1989, p. 551).

b) Cédulas de crédito rural, comercial e industrial

O Superior Tribunal de Justiça prospectou que a taxa de juros deverá limitar-se a 12% ao ano, no tocante às cédulas de crédito rural, comercial e industrial.

Argumenta o Superior Tribunal de Justiça que o Conselho Monetário Nacional (CMN) não estabeleceu qualquer medida regulando a taxa de juros. Todavia, no momento que o Conselho Monetário Nacional dispor sobre a matéria, os juros poderão exceder o limite de 12% ao ano.

Com lastro no art. 5º do Decreto-Lei n. 167/67, o Superior Tribunal de Justiça firmou o raciocínio de que os juros, nos contratos de crédito agrícola financiados pelos depósitos bancários, feitos à vista, deveriam ser determinados pelo Conselho Monetário Nacional.

Como o Conselho Monetário Nacional não fixou a taxa de juros, as instituições financeiras deveriam seguir a determinação da Lei de Usura (Dec. n. 22.626/33), a qual estipula o teto de 12% ao ano.

A mesma limitação de juros estende-se, conforme o Superior Tribunal de Justiça, às cédulas de crédito industrial e comercial, devido às semelhanças que nutrem com as rurais.

Precedente: STJ, 4ª T., AgRg no REsp 399.937/RS, Rel. Min. César Rocha, v. u., decisão de 5-12-2002.

c) Cobrança cumulada de juros remuneratórios e moratórios

Antes mesmo do advento da EC n. 40/2003, a jurisprudência majoritária do Superior Tribunal de Justiça, em especial a 4ª Turma, admitiu, nos contratos bancários, a cobrança cumulada de juros compensatórios ou remuneratórios com os moratórios.

Precedentes: STJ, 4ª T., REsp 194.262/PR, Rel. Min. César Rocha, *DJ* de 18-12-2000; STJ, 4ª T., REsp 206.440/MG, Rel. Min. Sálvio de Figueiredo, *DJ* de 30-10-2000; STJ, 2ª Seção, REsp 402.483/RS, Rel. Min. Castro Filho, v. u. decisão de 26-3-2003.

Conforme esse entendimento, os juros podem ter a função de recompensar o uso do capital (juros compensatórios ou remuneratórios), ou indenizar o credor pelo retardamento da execução da obrigação (juros moratórios).

Acreditam os ministros do Superior Tribunal de Justiça que a tese perfilhada em tais decisões não constitui *anatocismo*, porque os juros compensatórios derivam da utilização do capital durante determinado tempo, enquanto os moratórios provêm do atraso na restituição do capital e constituem sanção imposta ao devedor moroso.

Que é anatocismo: do grego *anatokismós*, significa capitalização dos juros de uma importância emprestada. Os agentes financeiros praticam-no, sem qualquer respaldo, para capitalizar juros mensais. Sem se darem por satisfeitos, exigem ainda dos inadimplentes comissão de permanência à maior taxa por eles praticada e multa moratória. Nem levam em conta o fato de ser vedada a cobrança de juros sobre juros. **Súmula 121 do STF:** "É vedada a capitalização de juros, ainda que expressamente convencionada".

d) Cobrança de juros remuneratórios e comissão de permanência

Entende o Superior Tribunal de Justiça que "não é lícito ao credor, entretanto, e constitui prática abusiva, cobrar concomitantemente os juros contratuais remuneratórios e a comissão de permanência. É necessário que seja feita uma opção. Ou o credor cobra a comissão de permanência, que traz embutida juros remuneratórios, ou ele cobra os juros contratuais compensatórios, acrescidos de correção

◆ Cap. 26 ◆ ORDEM ECONÔMICA E FINANCEIRA **1371**

monetária calculada com base em indexador puro de inflação" (STJ, 2ª T., REsp 271.214/RS, Rel. Min. Carlos Alberto Menezes Direito, decisão de 12-3-2003).

e) Cobrança da comissão de permanência pela taxa de mercado

A 2ª Seção do Superior Tribunal de Justiça, embasada na Súmula 596 do Supremo Tribunal Federal, admitiu a cobrança da comissão de permanência pela taxa de mercado:

"Contrato bancário. Aplicabilidade do Código de Defesa do Consumidor em tese. Caso concreto em que não incide. Abusividade indemonstrada. Aplicação do enunciado n. 596 da Súmula do STF. Comissão de permanência à taxa média de mercado. Legalidade. Recurso parcialmente acolhido. I — A norma protetiva do consumidor, mais nova e específica, regula situações apenas genericamente subordinadas à regra ampla do Sistema Financeiro Nacional. Não sendo caso de aplicação do Código de Defesa do Consumidor, ou não sendo demonstrada abusividade, aplica-se a jurisprudência tradicional sobre o tema, refletida no enunciado n. 596 da súmula do Supremo Tribunal Federal. II — Consoante se tem proclamado, a comissão de permanência é aferida pelo Banco Central do Brasil com base na taxa média de juros praticada no mercado pelas instituições financeiras e bancárias que atuam no Brasil, ou seja, ela reflete a realidade desse mercado de acordo com o seu conjunto, e não isoladamente, pelo que não é o banco mutuante que a impõe" (STJ, 2ª Seção, REsp 374.356/RS, Rel. Min. Sálvio de Figueiredo Teixeira, *DJ* de 19-3-2003).

f) Substituição da taxa mensal de juros pela taxa Selic

A mesma 2ª Seção do Superior Tribunal de Justiça, por maioria, não aceitou a substituição da taxa de juros mensal pela taxa Selic.

Precedente: STJ, REsp 407.097/RS, Rel. Min. Ari Pargendler, decisão de 12-3-2003.

g) Uso da TR como índice de correção monetária

O Superior Tribunal de Justiça, por maioria, autorizou a utilização da TR como índice de correção monetária até o vencimento do contrato, a majoração da multa para 10%, a cobrança dos juros remuneratórios às taxas fixadas no contrato até o vencimento deste, e da comissão de permanência para o período da inadimplência, não cumulada com correção monetária, nos termos da Súmula 30, calculada a taxa média dos juros de mercado apurada pelo Banco Central do Brasil.

Precedente: STJ, 2ª T., REsp 271.214/RS, Rel. Carlos Alberto Menezes Direito, decisão de 12-3-2003.
Súmula 30 do STJ: "A comissão de permanência e a correção monetária são inacumuláveis".

h) Relações jurídicas nos contratos entre bancos e consumidores

As relações de consumo são relações jurídicas que se esboçam pelo vínculo operado entre o consumidor, fornecedor e os produtos e serviços.

Inserem-se, nesse bojo, as atividades bancárias, públicas ou privadas, também submetidas ao regime do Código de Defesa do Consumidor.

Assim, o **Código de Defesa do Consumidor aplica-se, também, aos bancos**.

Ao julgar procedente a Reclamação 6.318, o Ministro Eros Grau confirmou o entendimento do Supremo Tribunal Federal, no sentido de que o Código de Defesa do Consumidor incide sobre as instituições financeiras (STF, Recl 6.318/SP, Rel. Min. Eros Grau, *DJE* de 22-9-2009).

CAPÍTULO 27

ORDEM SOCIAL

✦ 1. SIGNIFICADO

Ordem social é o conjunto de preceitos constitucionais que implementam os direitos previstos no art. 6º da Constituição.

Tem como *base* o primado do trabalho, e como *objetivo* o bem-estar e a justiça sociais (CF, art. 193).

Disciplinada no Título VIII da Constituição, harmoniza-se com os *princípios da ordem econômica*, já estudados, abarcando:

- a seguridade social — saúde, previdência e assistência sociais (arts. 194 a 204);
- a educação, a cultura e o desporto (arts. 205 a 217);
- a ciência e a tecnologia (arts. 218 e 219);
- a comunicação social (arts. 220 a 224);
- o meio ambiente (art. 225);
- a família, a criança, o adolescente e o idoso (arts. 226 a 230); e
- os índios (arts. 231 a 232).

Pelo art. 193, parágrafo único, da Emenda Constitucional n. 108, de 26-8-2020, abriu-se a possibilidade de o Estado planejar as políticas sociais, cumprindo à lei ordinária regulamentar a participação da sociedade nesse processo.

✦ 2. SEGURIDADE SOCIAL

Seguridade social é uma técnica de proteção ou espécie de *seguro avançado*, pois o destinatário de suas prestações é o *segurado*, que paga uma contribuição para fazer *jus* a ela.

> **Contribuição de seguridade social:** possui destinação constitucional específica. Além de qualificar-se como modalidade autônoma de tributo, representa espécie tributária essencialmente vinculada ao financiamento da *seguridade*, em virtude de sua específica destinação constitucional (STF, ADC 8-MC, Rel. Min. Celso de Mello, *DJ* de 4-4-2003).

Possui duas acepções:

- **acepção estrita** — concerne à segurança individual, que cada vez mais se aproxima da segurança coletiva; e
- **acepção ampla** — assume o caráter de distribuição de rendas, sob as mais diversas modalidades, atuando como instrumento destinado a englobar os deveres de agir do Estado, para garantir os direitos sociais básicos do cidadão (CF, art. 6º). É nesse sentido que o art. 194, *caput*, da Carta Suprema prescreve:

"A seguridade social compreende um conjunto integrado de ações de iniciativa dos Poderes Públicos e da sociedade, destinadas a assegurar os direitos relativos à saúde, à previdência e à assistência social".

Eis aí a ideia ampla de *seguridade social*, com base na garantia dos direitos à saúde, à previdência e à assistência social.

◆ Cap. 27 ◆ ORDEM SOCIAL

Aliás, o art. 194 é mais uma norma de Direito Securitário que um preceptivo de previdência ou seguridade social.

Daí o vasto programa de proteção à *saúde*, à *previdência* e à *assistência social* que se desdobra em preceitos específicos (CF, arts. 196 a 200; 201 e 202; 203 e 204).

A propósito, a Constituição não tornou clara a diferença entre *seguridade* e *previdência social*. Pouco importa que tenha sido assim. Na realidade, o sistema de seguridade social é uma forma de superar as notórias deficiências da previdência social. E nada mais.

> **Legislação:**
> • **Lei n. 8.212, de 24-7-1991** — dispõe sobre a organização da seguridade social e institui o plano de custeio.
> • **Lei n. 8.213, de 24-7-1991** — estabelece os planos de benefícios da previdência social.

Em resumo, a *seguridade social* é o conjunto de medidas, providências, normas e enunciados que visam ensejar ao corpo social e a cada indivíduo, tomado de per si, o maior grau possível de garantia, sob os aspectos econômico, social, cultural, moral e recreativo.

Na função de estimular ações sociais, os agentes político-governamentais intentam assegurar o exercício dos direitos à *saúde*, à *previdência* e à *assistência social*.

Sob esse tripé é erigida a estrutura da seguridade na Carta de 1988, a qual, organizada sob a forma de gestão pública, permite a participação e o controle da sociedade civil, representada por suas entidades de classe, trabalhadores, empregadores, aposentados, pensionistas e pela comunidade em geral.

Exteriorizada em normas que trazem programas ou metas a serem atingidas, a seguridade social na Constituição de 1988 recebeu um sentido consolidado, pois veio prescrita como direito de segunda geração. Logo, apresenta-se por meio de prestações positivas.

◇ 2.1. Objetivos da seguridade social

Compete ao Poder Público, nos termos da lei ordinária, organizar a seguridade social, com base nos seguintes objetivos (CF, art. 194, parágrafo único):

• **Universalidade da cobertura e do atendimento** — o vetor da universalidade, tanto em seu aspecto subjetivo (cobertura) como no seu aspecto objetivo (atendimento), constitui um ideal a ser alcançado. Por seu intermédio, todos, indistintamente, devem gozar dos serviços prestados pelo sistema de seguridade social. Brasileiros, bem como estrangeiros aqui residentes ou domiciliados, aí se incluem, no sentido de terem direito à mais ampla segurança potencial e efetiva. Não há distinções para que alguém recorra ao sistema de seguridade nas áreas de saúde, previdência e assistência social, exerçam ou não atividades laborais remuneradas.

• **Uniformidade e equivalência dos benefícios e serviços às populações urbanas e rurais** — eis a igualdade de benefícios. Trata-se de uma derivação de outros objetivos fundamentais para a República, dentre os quais reduzir as desigualdades sociais, promovendo o bem de todos. Não é justo privilegiar uma parcela da população em detrimento da outra. A equivalência de direitos, assim, é medida salutar, pois visa fixar o rurícola ao campo, eliminando o êxodo rural.

• **Seletividade e distributividade na prestação dos benefícios e serviços** — a seletividade e a distributividade fundam-se no primado da isonomia jurídica, que autoriza tratamento desigual aos desiguais, na medida de suas desigualdades.

• **Irredutibilidade do valor dos benefícios** — aí está um direito mínimo que a Constituição confere aos desvinculados do setor produtivo, aos enfermos, pensionistas, aposentados ou quantos sobrevivam da assistência social.

> **Reajuste de benefícios:** "Ao determinar que 'os valores dos benefícios em manutenção serão reajustados, de acordo com as suas respectivas datas, com base na variação integral do INPC', o art. 41, II, da L. 8.213/91 (posteriormente revogado pela L. 8.542/92) não infringiu o disposto nos arts. 194, IV, e 201, § 2º, CF, que asseguram, respectivamente, a irredutibilidade do valor dos benefícios e a preservação do seu valor real" (STF, RE 231.395, Rel. Min. Sepúlveda Pertence, *DJ* de 18-9-1998).

1374

- **Equidade na forma de participação no custeio** — eis uma forma de conclamar toda a sociedade a participar, direta ou indiretamente, do financiamento do sistema nacional de seguridade.
- **Diversidade da base de financiamento** — tal objetivo postula amplo espectro de maneiras para viabilizar o sistema nacional de seguridade. Pela EC n. 103, de 12-11-2019, que deu nova redação ao inciso VI, do parágrafo único, do art.194, da Carta Maior, a diversidade da base de financiamento deve identificar-se, "em rubricas contábeis específicas para cada área, as receitas e as despesas vinculadas a ações de saúde, previdência e assistência social, preservado o caráter contributivo da previdência social".
- **Caráter democrático e descentralizado da Administração, mediante gestão quadripartite, com participação dos trabalhadores, dos empregadores, dos aposentados e do governo nos órgãos colegiados** — finalidade advinda da Emenda Constitucional n. 20/98, que estabeleceu a gestão quadripartite, com ampla participação. No mais, o preceito persegue o mesmo escopo de antes, isto é, dar continuidade ao regime de participação democrática implantado pela Constituição de 1988.

✧ 2.2. Financiamento da seguridade social

A seguridade social será financiada por toda a sociedade, de forma direta e indireta, nos termos da lei, mediante recursos provenientes dos orçamentos da União, dos Estados, do Distrito Federal e dos Municípios (CF, art. 195, *caput*).

O financiamento da seguridade é mantido pelas seguintes *contribuições sociais* (CF, art. 195, I a IV):

- do empregador, da empresa e da entidade a ela equiparada na forma da lei, incidentes sobre a folha de salários e demais rendimentos do trabalho pagos ou creditados, a qualquer título, à pessoa física que lhe preste serviço, mesmo sem vínculo empregatício, a receita ou o faturamento e o lucro;

> **Casuística do STF:**
> - **Súmula 688** — "É legítima a incidência da contribuição previdenciária sobre o 13º salário".
> - **Contribuição para o FUNRURAL** — "Empresas urbanas: acórdão recorrido que se harmoniza com o entendimento do STF, no sentido de não haver óbice a que seja cobrada, de empresa urbana, a referida contribuição, destinada a cobrir os riscos a que se sujeita toda a coletividade de trabalhadores: precedentes" (STF, AgI 485.192-AgRg, Rel. Min. Sepúlveda Pertence, *DJ* de 27-5-2005).

- do trabalhador e dos demais segurados da previdência social, podendo ser adotadas alíquotas progressivas de acordo com o valor do salário de contribuição, não incidindo contribuição sobre aposentadoria e pensão concedidas pelo Regime Geral de Previdência Social (CF, art.195, II, com redação dada pela EC n. 103/2019);

> **Regras da Emenda Constitucional n.103, de 12-11-2019:**
> - **Alíquotas diferenciadas** — "As contribuições sociais previstas no inciso I do caput deste artigo poderão ter alíquotas diferenciadas em razão da atividade econômica, da utilização intensiva de mão de obra, do porte da empresa ou da condição estrutural do mercado de trabalho, sendo também autorizada a adoção de bases de cálculo diferenciadas apenas no caso das alíneas "b" e "c" do inciso I do *caput*" (CF, art.195, § 9º, com redação dada pela EC n.103/2019).
> - **Moratória e parcelamento** — "São vedados a moratória e o parcelamento em prazo superior a 60 (sessenta) meses e, na forma de lei complementar, a remissão e a anistia das contribuições sociais de que tratam a alínea "a" do inciso I e o inciso II do *caput*" (CF, art.195, § 11, com redação dada pela EC n.103/2019).
> - **Tempo de contribuição** —"O segurado somente terá reconhecida como tempo de contribuição ao Regime Geral de Previdência Social a competência cuja contribuição seja igual ou superior à contribuição mínima mensal exigida para sua categoria, assegurado o agrupamento de contribuições." (CF, art.195, § 14, acrescido pela EC n. 103/2019).

- sobre a receita de concursos de prognósticos;
- do importador de bens ou serviços do exterior, ou de quem a lei a ele equiparar.

◆ Cap. 27 ◆ ORDEM SOCIAL   **1375**

✦ 3. SAÚDE

Saúde é o estado de completo bem-estar físico, mental e espiritual do homem, e não apenas a ausência de afecções e doenças.

Acompanha a saúde a nutrição, ou seja, o complexo processo que vai da produção de alimentos até a absorção qualitativa e quantitativa indispensáveis à vida humana.

> **Direito à saúde e direito à vida:** "O direito à saúde — além de qualificar-se como direito fundamental que assiste a todas as pessoas — representa consequência constitucional indissociável do direito à vida. O Poder Público, qualquer que seja a esfera institucional de sua atuação no plano da organização federativa brasileira, não pode mostrar-se indiferente ao problema da saúde da população, sob pena de incidir, ainda que por omissão, em censurável comportamento inconstitucional. O direito público subjetivo à saúde traduz bem jurídico constitucionalmente tutelado, por cuja integridade deve velar, de maneira responsável, o Poder Público (federal, estadual ou municipal), a quem incumbe formular — e implementar — políticas sociais e econômicas que visem a garantir a plena consecução dos objetivos proclamados no art. 196 da Constituição da República" (STF, RE 241.630-2/RS, Rel. Min. Celso de Mello, *DJ*, 1, de 3-4-2001, p. 49).

O Texto de 1988, pela primeira vez na nossa história, elevou a saúde à condição de direito fundamental. Seguiu o exemplo da pioneira Carta italiana de 1948 (art. 32) e do Texto português de 1976 (art. 64º). Aliás, esses dois diplomas supremos foram acompanhados, nesse particular, pelas Constituições da Espanha (art. 43) e da Guatemala (arts. 93 a 100). Isso revela a preocupação de constitucionalizar a *saúde*, vinculando-a à seguridade social, pois os constituintes compreenderam que a vida humana é o bem supremo, que merece amparo na Lei Maior.

Portanto, o *estado de higidez* do indivíduo passou a ser um ponto de destaque nas constituições hodiernas.

O intuito dos textos constitucionais é formidável. Mas nem sempre se concretiza, inclusive no Brasil, onde a incolumidade do ser humano ainda é uma esperança.

De qualquer sorte, a Carta Magna diz que "a saúde é direito de todos e dever do Estado, garantido mediante políticas sociais e econômicas que visem à redução do risco de doença e de outros agravos e ao acesso universal igualitário às ações e serviços para sua promoção, proteção e recuperação" (CF, art. 196).

> **Acesso à saúde:** "O art. 196 da Constituição Federal estabelece como dever do Estado a prestação de assistência à saúde e garante o acesso universal e igualitário do cidadão aos serviços e ações para sua promoção, proteção e recuperação. O direito à saúde, como está assegurado na Carta, não deve sofrer embaraços impostos por autoridades administrativas, no sentido de reduzi-lo ou de dificultar o acesso a ele" (STF, RE 226.835, Rel. Min. Ilmar Galvão, *DJ* de 10-3-2000).

Dizer que a saúde *é dever do Estado brasileiro*, ou seja, da República Federativa do Brasil, não significa eximir a responsabilidade dos entes federativos.

Em tese, cumpre aos Estados-membros, ao Distrito Federal e aos Municípios primar pela consecução de políticas públicas úteis à manutenção da saúde integral do indivíduo.

> **Falta de recursos para tratamento do vírus HIV:** "Obrigação imposta pelo acórdão ao Estado. Alegada ofensa aos arts. 5º, I, e 196 da Constituição Federal. Decisão que teve por fundamento central dispositivo de lei (art. 1º da Lei 9.908/93) por meio da qual o próprio Estado do Rio Grande do Sul, regulamentando a norma do art. 196 da Constituição Federal, vinculou-se a um programa de distribuição de medicamentos a pessoas carentes, não havendo, por isso, que se falar em ofensa aos dispositivos constitucionais apontados" (STF, RE 242.859, Rel. Min. Ilmar Galvão, *DJ* de 17-9-1999).

Da mesma forma que os direitos sociais em geral (art. 6º), o direito à saúde reclama, para sua efetivação, o cumprimento de *prestações positivas* e *negativas*. Pela primeira, os Poderes Públicos devem tomar medidas preventivas ou paliativas no combate e no tratamento de doenças. Pela segunda, incumbe--lhes abster-se, deixando de praticar atos obstaculizadores do cabal exercício desse direito fundamental.

Embora o art. 196 esteja vazado em norma *programática*, o direito expressivo e universal que prevê não pode ficar postergado, e, por via oblíqua, negado, condicionado, sufocado, anulado, pois esse campo

1376 ◆ Uadi Lammêgo Bulos ◆

é incompatível com a indiferença, a acomodação, a omissão, a ignorância, a complacência e o conformismo.

> **Efetividade do art. 196 da CF:** "A interpretação da norma programática não pode transformá-la em promessa constitucional inconsequente. O caráter programático da regra inscrita no art. 196 da Carta Política — que tem por destinatários todos os entes políticos que compõem, no plano institucional, a organização federativa do Estado brasileiro — não pode converter-se em promessa constitucional inconsequente, sob pena de o Poder Público, fraudando justas expectativas nele depositadas pela coletividade, substituir, de maneira ilegítima, o cumprimento de seu impostergável dever, por um gesto irresponsável de infidelidade governamental ao que determina a própria Lei Fundamental do Estado. O reconhecimento judicial da validade jurídica de programas de distribuição gratuita de medicamentos a pessoas carentes, inclusive àquelas portadoras do vírus HIV/AIDS, dá efetividade a preceitos fundamentais da Constituição da República (arts. 5º, *caput*, e 196) e representa, na concreção do seu alcance, um gesto reverente e solidário de apreço à vida e à saúde das pessoas, especialmente daquelas que nada têm e nada possuem, a não ser a consciência de sua própria humanidade e de sua essencial dignidade" (STF, RE 368.041, Rel. Min. Joaquim Barbosa, *DJ* de 17-6-2005).

Aliás, a incapacidade financeira do povo, que o impede de ter o legítimo acesso ao tratamento e aos medicamentos essenciais à preservação da própria vida, deve ceder em face do dever político-constitucional, previsto no art. 196 da Carta Magna.

> **Precedente do STF:** "Direito à vida e à saúde — Pessoa carente — Fornecimento gratuito de medicamentos — Dever constitucional do Poder Público. Pacientes com esquizofrenia paranoide e doença maníaco--depressiva crônica, com episódios de tentativa de suicídio. Pessoas destituídas de recursos financeiros. Direito à vida e à saúde. Necessidade imperiosa de se preservar, por razões de caráter ético-jurídico, a integridade desse direito essencial. Fornecimento gratuito de medicamentos indispensáveis em favor de pessoas carentes. Dever constitucional do Estado" (STF, Pleno, RE 393.175/RS, Rel. Min. Celso de Mello, decisão de 1º-2-2006).

Assim, os Poderes Públicos, incumbidos de realizar a mensagem do art. 196, devem levar em conta que todos merecem tratamento isonômico, condizente com o atual estágio da ciência médica.

Por isso, as ações e serviços de saúde são de relevância pública, cabendo aos órgãos governamentais dispor, nos termos da lei, sobre sua regulamentação, fiscalização e controle, devendo sua execução ser feita diretamente ou através de terceiros e, também, por pessoa física ou jurídica de Direito Privado (CF, art. 197).

> **Essencialidade do direito à saúde:** "A essencialidade do direito à saúde fez com que o legislador constituinte qualificasse, como prestações de relevância pública, as ações e serviços de saúde, em ordem a legitimar a atuação do Ministério Público e do Poder Judiciário naquelas hipóteses em que os órgãos estatais, anomalamente, deixassem de respeitar o mandamento constitucional, frustrando--lhe, arbitrariamente, a eficácia jurídico-social, seja por intolerável omissão, seja por qualquer outra inaceitável modalidade de comportamento governamental desviante" (STF, RE 267.612, Rel. Min. Celso de Mello, *DJ* de 23-8-2000).

Significa dizer que os governos têm capacidade discricionária — não arbitrária — para dispor sobre a matéria, mediante lei ordinária.

Controlar e fiscalizar as ações e serviços de saúde são atos conexos e indissociáveis. Visam garantir o direito à saúde, pela prevenção, tratamento e recuperação do estado de higidez física e espiritual da pessoa humana.

❖ 3.1. Diretrizes constitucionais das ações e serviços públicos de saúde

As ações e serviços de saúde são da competência integral da União, dos Estados, do Distrito Federal e dos Municípios.

> **Encargo dos Poderes Públicos:** "Incumbe ao Estado (gênero) proporcionar meios visando a alcançar a saúde, especialmente quando envolvida criança e adolescente. O Sistema Único de Saúde torna a responsabilidade linear alcançando a União, os Estados, o Distrito Federal e os Municípios" (STF, RE 195.192, Rel. Min. Marco Aurélio, *DJ* de 31-3-2000).

◆ Cap. 27 ◆ ORDEM SOCIAL

1377

Tanto terceiros como pessoas físicas ou jurídicas de direito privado sujeitam-se a essa esfera de competência.

Casuística do STF:

- **Competência no crime de concussão praticado por médico** — "A justiça estadual é competente para processar e julgar médico por crime de concussão praticado contra pacientes internados mediante convênio com o Sistema Único de Saúde — SUS, quando não evidenciado o prejuízo para a União, suas autarquias ou empresas públicas. Precedentes" (STF, HC 81.912, Rel. Min. Carlos Velloso, *DJ* de 13-9-2002).
- **Diferença de classe sem ônus para o SUS** — "Resolução n. 283 do extinto INAMPS. Artigo 196 da Constituição Federal. Competência da Justiça Estadual, porque a direção do SUS, sendo única e descentralizada em cada esfera de governo, cabe, no âmbito dos Estados, às respectivas Secretarias de Saúde ou órgão equivalente" (STF, RE 261.268, Rel. Min. Moreira Alves, *DJ* de 5-10-2001).
- **Crime de peculato. Verba destinada ao SUS** — "A competência originária para o processo e julgamento de crime resultante de desvio, em Repartição estadual, de recursos oriundos do Sistema Único de Saúde — SUS, é da Justiça Federal, a teor do art. 109, IV, da Constituição. Além do interesse inequívoco da União Federal, na espécie, em se cogitando de recursos repassados ao Estado, os crimes, no caso, são também em detrimento de serviços federais, pois a estes incumbe não só a distribuição dos recursos, mas ainda a supervisão de sua regular aplicação, inclusive com auditorias no plano dos Estados. Constituição Federal de 1988, arts. 198, parágrafo único, e 71, e Lei Federal n. 8.080, de 19-9-1990, arts. 4º, 31, 32, § 2º, 33 e § 4º" (STF, RE 196.982, Rel. Min. Néri da Silveira, *DJ* de 27-6-1997).

Nesse mister, as ações e serviços públicos de saúde integram uma rede regionalizada e hierarquizada, que deve pautar-se nas seguintes diretrizes (CF, art. 198, I a III):

- descentralização, com direção única em cada esfera de governo;
- atendimento integral, com prioridade para as atividades preventivas, sem prejuízo dos serviços assistenciais; e
- participação da comunidade.

À luz dessas três diretrizes, o Poder Público federal, estadual, distrital e municipal devem tomar providências *sanitárias* para controlar a proliferação de substâncias prejudiciais à saúde pública.

Tais diretrizes demonstram que, de um lado, a saúde é um direito constitucional difuso de toda a comunidade, e, de outro, um direito social básico do indivíduo (CF, art. 6º).

✧ 3.2. Atribuição constitucional do Sistema Único de Saúde

O Sistema Único de Saúde (SUS) consiste numa rede regionalizada e hierarquizada de ações e serviços públicos de saúde.

É financiado com recursos do orçamento da seguridade social, da União, dos Estados, do Distrito Federal e dos Municípios, além de outras fontes (CF, art. 198, § 1º).

Tais entidades devem aplicar, anualmente, recursos mínimos para manter o SUS (CF, art. 198, § 2º), inclusive no que tange ao fornecimento de medicamentos, que é dever do Estado brasileiro.

> **Dever de o Estado fornecer medicamentos:** após realizar audiência pública sobre saúde, o Supremo Tribunal Federal, em decisão do Ministro Gilmar Mendes, entendeu que medicamentos requeridos para tratamento de saúde devem ser fornecidos pelo Estado. Foi a primeira vez que o Supremo utilizou subsídios de audiência para fixar orientações sobre questão controvertida. Concluiu o Relator que é necessário se redimensionar a questão da judicialização do direito à saúde no Brasil, para se estabelecer critérios de decisão. Para tanto, deve ser considerada a existência, ou não, de política estatal que abranja a prestação de saúde pleiteada. E, ao deferir uma prestação de saúde incluída entre as políticas sociais e econômicas formuladas pelo Sistema Único de Saúde (SUS), o Judiciário não está criando política pública, mas apenas determinando o seu cumprimento. Nesses casos, a existência de um direito subjetivo público a determinada política pública de saúde parece ser evidente. Segundo o Ministro Gilmar Mendes, "se a prestação de saúde pleiteada não estiver entre as políticas do SUS, é imprescindível distinguir se a não prestação decorre de uma omissão legislativa ou administrativa, de uma decisão administrativa de não fornecê-la ou de uma vedação legal à sua dispensa". Ademais, é necessário o registro do medicamento na Agência Nacional de Vigilância Sanitária, além do exame judicial das razões que levaram o SUS a não fornecer a prestação desejada. Todavia, não se pode

1378 ◆ Uadi Lammêgo Bulos ◆

impedir o Poder Judiciário, ou a própria Administração, decidir que medida diferente da custeada pelo SUS deve ser fornecida a determinada pessoa que, por razões específicas do seu organismo, comprove que o tratamento fornecido não é eficaz no seu caso. "Inclusive, como ressaltado pelo próprio Ministro da Saúde na Audiência Pública, há necessidade de revisão periódica dos protocolos existentes e de elaboração de novos protocolos. Assim, não se pode afirmar que os Protocolos Clínicos e Diretrizes Terapêuticas do SUS são inquestionáveis, o que permite sua contestação judicial" (STF, STA/PR 244, Rel. Min. Gilmar Mendes, j. em 18-9-2009).

Com o advento da Emenda Constitucional n. 29/2000, transferiu-se para a lei complementar o encargo de ratear esses recursos, estabelecendo o percentual a ser aplicado na área de saúde pelas entidades federativas (CF, art. 198, § 3º).

> **Reserva de lei complementar da União:** "Consequente plausibilidade da arguição da invalidez de lei estadual que prescreve o repasse mensal aos municípios dos 'recursos mínimos próprios que o Estado deve aplicar em ações e serviços de saúde'; risco de grave comprometimento dos serviços estaduais de saúde: medida cautelar deferida para suspender a vigência da lei questionada" (STF, ADIn 2.894-MC, Rel. Min. Sepúlveda Pertence, *DJ* de 17-10-2003).

Se não bastasse, a Emenda Constitucional n. 51/2006 acrescentou ao art. 198 da Carta Magna os §§ 4º, 5º e 6º, a saber:

* os gestores locais do Sistema Único de Saúde poderão admitir agentes comunitários de saúde e agentes de combate às endemias por meio de processo seletivo público, de acordo com a natureza e complexidade de suas atribuições e requisitos específicos para sua atuação (art. 198, § 4º);

> **Ressalva da EC n. 51/2006 (art. 2º, *caput*):** após a promulgação dessa Emenda, "os agentes comunitários de saúde e os agentes de combate às endemias somente poderão ser contratados diretamente pelos Estados, pelo Distrito Federal ou pelos Municípios na forma do § 4º do art. 198 da Constituição Federal, observado o limite de gasto estabelecido na lei complementar de que trata o art. 169 da Constituição Federal".

* lei (ordinária) federal disporá sobre o regime jurídico e a regulamentação das atividades de agente comunitário de saúde e agente de combate às endemias (art. 198, § 5º). Como veremos abaixo, a Emenda Constitucional n. 63/2010 modificou essa matéria, introduzida na Carta Magna pela Emenda Constitucional n. 51/2006 e regulamentada, no plano legislativo, pela Lei n. 11.350, de 5 de setembro de 2006; e
* além das hipóteses previstas no § 1º do art. 41 e no § 4º do art. 169 da Constituição Federal, o servidor que exerça funções equivalentes às de agente comunitário de saúde ou de agente de combate às endemias poderá perder o cargo em caso de descumprimento dos requisitos específicos, fixados em lei, para o seu exercício (art. 98, § 6º).

> **Advertência da EC n. 51 (art. 2º, parágrafo único):** "Os profissionais que, na data de promulgação desta Emenda [15-2-2006] e a qualquer título, desempenharem as atividades de agente comunitário de saúde ou de agente de combate às endemias, na forma da lei, ficam dispensados de se submeter ao processo seletivo público a que se refere o § 4º do art. 198 da Constituição Federal, desde que tenham sido contratados a partir de anterior processo de Seleção Pública efetuado por órgãos ou entes da administração direta ou indireta de Estado, Distrito Federal ou Município ou por outras instituições com a efetiva supervisão e autorização da administração direta dos entes da federação".

Vale ressaltar que, ao lado do SUS, a Carta de 1988 também determinou que a assistência à saúde é livre à iniciativa privada (art. 199, *caput*).

Assim, ao lado da *estatização da medicina*, o constituinte também deu guarida às ações de saúde prestadas por particulares, dividindo com o setor privado a missão de realizar o programa agasalhado no art. 196 da *Lex Mater*.

É o caso dos planos e seguros privados de assistência à saúde, regidos pela Lei n. 9.656, de 3 de junho de 1998.

Ressalte-se que as entidades sem fins lucrativos e, principalmente, as de natureza filantrópica, podem associar-se ao SUS, por meio de contrato de direito público ou convênio (CF, art. 199, § 1º).

Cap. 27 ◆ ORDEM SOCIAL

Precedente do STF: "A Constituição Federal assegura que a saúde é direito de todos e dever do Estado, facultada à iniciativa privada a participação de forma complementar no sistema único de saúde, por meio de contrato ou convênio, tendo preferência as entidades filantrópicas e as sem fins lucrativos (CF, artigo 199, § 1º). Por outro lado, assentou balizas entre previdência e assistência social, quando dispôs no artigo 201, *caput* e inciso I, que os planos previdenciários, mediante contribuição, atenderão à cobertura dos eventos ali arrolados, e no artigo 203, *caput*, fixou que a assistência social será prestada a quem dela necessitar, independentemente de contribuição à seguridade social, tendo por fim a proteção à família, à maternidade, à infância, à adolescência e à velhice; o amparo às crianças e adolescentes carentes; à habilitação e reabilitação das pessoas deficientes e à promoção de sua integração à vida comunitária; à garantia de um salário mínimo de benefício mensal à pessoa portadora de deficiência e ao idoso que comprovem não possuir meios de prover à própria manutenção ou de tê-la provida por sua família, inferindo-se desse conjunto normativo que a assistência social está dirigida à toda coletividade, não se restringindo aos que não podem contribuir. Vê-se, pois, que a assistência à saúde não é ônus da sociedade isoladamente e sim dever do Estado. A iniciativa privada não pode ser compelida a assistir à saúde ou a complementar a previdência social sem a devida contraprestação. Por isso, se as entidades privadas se dispuseram a conferir aos seus filiados benefícios previdenciários complementares e os contratados assumiram a obrigação de pagar por isso, o exercício dessa faculdade não lhes assegura o direito à imunidade tributária constitucional, outorgada pelo legislador apenas às entidades que prestam assistência social, independentemente de contribuição à seguridade social (CF, artigo 203), como estímulo ao altruísmo dos seus instituidores" (STF, RE 202.700, Rel. Min. Maurício Corrêa, *DJ* de 1º-3-2002).

Mas é proibida a destinação de recursos públicos para auxílios ou subvenções às instituições privadas com fins lucrativos, haja vista o respeito à moralidade administrativa (CF, art. 199, § 2º).

Também é vedada a participação direta ou indireta de empresas ou capitais estrangeiros na assistência à saúde no País, salvo nos casos previstos em lei (CF, art. 199, § 3º).

Com efeito, eis as atribuições constitucionais do SUS, sem prejuízo de outras previstas em lei (art. 200, I a VIII):

- controlar e fiscalizar procedimentos, produtos e substâncias de interesse para a saúde e participar da produção de medicamentos, equipamentos, imunobiológicos, hemoderivados e outros insumos;
- executar as ações de vigilância sanitária e epidemiológica, bem como as de saúde do trabalhador;
- ordenar a formação de recursos humanos na área de saúde;
- participar da formulação da política e da execução das ações de saneamento básico;
- incrementar, em sua área de atuação, o desenvolvimento científico e tecnológico e a inovação (Redação dada ao inciso V, do art. 200, da Constituição Federal, pela EC n. 85, de 26-2-2015);
- fiscalizar e inspecionar alimentos, compreendido o controle de seu teor nutricional, bem como bebidas e águas para consumo humano;
- participar do controle e fiscalização da produção, transporte, guarda e utilização de substâncias e produtos psicoativos, tóxicos e radioativos; e
- colaborar na proteção do meio ambiente, nele compreendido o do trabalho.

A competência do SUS, portanto, envolve tarefas normativas, fiscalizatórias e executivas, além de outras disciplinadas em lei ordinária.

Compete-lhe, ainda, toda a produção material e intelectual direcionada à área de saúde.

Não obrigatoriedade estatal em fornecer medicamentos de alto custo não registrados na lista do SUS — o Supremo Tribunal Federal, por maioria de votos e em sua composição plenária, decidiu que o Estado não é obrigado a fornecer medicamentos de alto custo solicitados judicialmente, quando não estiverem previstos na relação do Programa de Dispensação de Medicamentos em Caráter Excepcional do Sistema Único de Saúde (SUS). Prevaleceu o entendimento de que, somente em caso de ficar comprovada a extrema necessidade de remédios de alto custo não disponíveis no SUS, o Estado pode ser obrigado a fornecê-los. Para tanto, é preciso que haja comprovação da necessidade do medicamento, bem como a incapacidade financeira do paciente e de sua família para sua aquisição. Mesmo assim, não se pode compelir o Estado a fornecer fármacos não registrados na agência reguladora. Em suma, é possível, excepcionalmente, a concessão de medicamentos não registrados na lista da Anvisa. Aplicam-se, nesse contexto, as garantias constitucionais do direito à vida e da dignidade da pessoa humana, devendo-se levar em conta o que é, financeiramente, possível aos entes federados.

Há restrições orçamentárias nesse particular, bem como imensas filas de pessoas em situação calamitosa (STF, RE 566471, Rel. Min. Marco Aurélio, j. 11-3-2020).

Ora, o Brasil seria a melhor das nações se um sistema de saúde, chamado *único*, funcionasse do modo como a Constituição o prevê.

Será que conseguiremos?

⌑ *3.2.1. Agentes de saúde e agentes de combate às endemias na Emenda Constitucional n. 63/2010*

A **Emenda Constitucional n. 63, de 4 de fevereiro de 2010**, promulgada pelas Mesas da Câmara dos Deputados e do Senado, alterou o § 5º do art. 198 da Constituição Federal para dispor sobre piso salarial profissional nacional e diretrizes dos Planos de Carreira de agentes comunitários de saúde e de agentes de combate às endemias.

Eis a sua redação: "§ 5º Lei federal disporá sobre o regime jurídico, o piso salarial profissional nacional, as diretrizes para os Planos de Carreira e a regulamentação das atividades de agente comunitário de saúde e agente de combate às endemias, competindo à União, nos termos da lei, prestar assistência financeira complementar aos Estados, ao Distrito Federal e aos Municípios, para o cumprimento do referido piso salarial".

Esse preceito foi fruto da PEC n. 54/2009, de autoria do Deputado Federal Raimundo Gomes de Matos (PSDB-CE). Tal matéria, como dissemos acima, proveio da Emenda Constitucional n. 51/2006, sendo disciplinada pela Lei n. 11.350, de 5 de setembro de 2006.

Aguardamos a feitura das leis referidas no § 5º do art. 198, sob pena de a EC n. 63/2010 tornar-se letra morta.

É que, a rigor, o dispositivo prevê a existência de dois diplomas legislativos distintos, a saber:

• **lei (ordinária) federal** — disporá sobre o regime jurídico, o piso salarial profissional nacional, as diretrizes para os Planos de Carreira e a regulamentação das atividades de agente comunitário de saúde e agente de combate às endemias; e

• **lei (ordinária)** — disciplinará a competência da União no que tange à assistência financeira complementar que ela deverá prestar aos Estados, ao Distrito Federal e aos Municípios, de modo a viabilizar o piso salarial.

⌑ *3.2.2. Emenda Constitucional n. 120, de 5 de maio de 2022*

A Emenda Constitucional n. 120, de 5 de maio de 2022, acresceu os §§ 7º a 11 ao art. 198 da CF.

Assim o fez para dispor sobre a responsabilidade financeira da União, corresponsável pelo Sistema Único de Saúde (SUS).

Trata-se de matéria ligada à política remuneratória e à valorização dos profissionais que exercem atividades de agente comunitário de saúde e de agente de combate às endemias.

Eis os pontos principais da aludida mudança formal ao Texto Magno de 1988:

• **quem deve remunerar os agentes** — o vencimento dos agentes comunitários de saúde e dos agentes de combate às endemias fica sob responsabilidade da União. Mas cabe aos Estados, ao Distrito Federal e aos Municípios estabelecer vantagens, incentivos, auxílios, gratificações e indenizações. O objetivo é valorizar o trabalho desses profissionais (CF, art. 198, § 7º);

• **de onde vêm os recursos** — os recursos destinados ao pagamento do vencimento dos agentes comunitários de saúde e dos agentes de combate às endemias serão consignados no orçamento geral da União com dotação própria e exclusiva (CF, art. 198, § 8º);

• **piso remuneratório** — o vencimento dos agentes comunitários de saúde e dos agentes de combate às endemias não será inferior a dois salários mínimos, repassados pela União aos Municípios, aos Estados e ao Distrito Federal (CF, art. 198, § 9º);

• **direito à aposentadoria especial e adicional de insalubridade** — os agentes comunitários de saúde e os agentes de combate às endemias terão também, em razão dos riscos inerentes às funções

◆ Cap. 27 ◆ ORDEM SOCIAL   **1381**

desempenhadas, aposentadoria especial e, somado aos seus vencimentos, adicional de insalubridade (CF, art. 198, § 10); e

• **vedação constitucional** — os recursos financeiros repassados pela União aos Estados, ao Distrito Federal e aos Municípios para pagamento do vencimento ou de qualquer outra vantagem dos agentes comunitários de saúde e dos agentes de combate às endemias não serão objeto de inclusão no cálculo para fins do limite de despesa com pessoal (CF, art. 198, § 11).

¤ 3.2.3. Emenda Constitucional n. 124, de 14 de julho de 2022

A Emenda Constitucional n. 124, de 14 de julho de 2022, instituiu o piso salarial nacional do enfermeiro, do técnico de enfermagem, do auxiliar de enfermagem e da parteira.

Desse modo, as Mesas da Câmara dos Deputados e do Senado Federal, nos termos do § 3º do art. 60 da CF, acresceram ao art. 198 da Carta Magna os §§ 12 e 13, completando, assim, as mudanças formais, provenientes da Emenda Constitucional n. 120, de 5 de maio de 2022.

Eis ambas as novidades da EC n. 124/2022:

• **reserva de lei federal** — lei federal instituirá pisos salariais profissionais nacionais para o enfermeiro, o técnico de enfermagem, o auxiliar de enfermagem e a parteira, a serem observados por pessoas jurídicas de direito público e de direito privado (CF, art. 198, § 12); e

• **adequação dos entes federados** — a União, os Estados, o Distrito Federal e os Municípios, até o final do exercício financeiro em que for publicada a *supra* referida lei federal, adequarão a remuneração dos cargos ou dos respectivos planos de carreiras, quando houver, de modo a atender aos pisos estabelecidos para cada categoria profissional (CF, art. 198, 13).

¤ 3.2.4. Emenda Constitucional n. 127, de 22 de dezembro de 2022

A Emenda Constitucional n. 127/2022 consagrou mais dois parágrafos ao 198 da Carta Magna:

• **competência da União** — compete à União, nos termos da lei ordinária, diga-se de passagem, prestar assistência financeira complementar aos Estados, ao Distrito Federal e aos Municípios e às entidades filantrópicas, bem como aos prestadores de serviços contratualizados que atendam, no mínimo, 60% (sessenta por cento) de seus pacientes pelo sistema único de saúde, para o cumprimento dos pisos salariais (CF, art.198, § 14); e

• **recursos federais** — os recursos federais destinados aos pagamentos da assistência financeira complementar aos Estados, ao Distrito Federal e aos Municípios e às entidades filantrópicas, bem como aos prestadores de serviços contratualizados que atendam, no mínimo, 60% (sessenta por cento) de seus pacientes pelo sistema único de saúde, para o cumprimento dos pisos salariais serão consignados no orçamento geral da União com dotação própria e exclusiva (CF, art.198, § 15).

✧ 3.3. Remoção de órgãos, tecidos e substâncias humanas

O constituinte de 1988 irrogou à lei ordinária a incumbência de estabelecer as condições e os requisitos que facilitem a remoção de órgãos, tecidos e substâncias humanas para fins de transplante, pesquisa e tratamento, bem como a coleta, processamento e transfusão de sangue e seus derivados, sendo vedado todo tipo de comercialização (CF, art. 199, § 4º).

> **Meia entrada e doadores de sangue:** o STF, por maioria de votos, julgou improcedente pedido formulado em ação direta de inconstitucionalidade ajuizada pelo Governador do Espírito Santo contra a Lei estadual n. 7.735/2004, promulgada pela Assembleia Legislativa, que institui a meia entrada para doadores regulares de sangue em todos os locais públicos de cultura, esporte e lazer mantidos pelas entidades e pelos órgãos das Administrações Direta e Indireta do Estado. Entendeu-se que se trata, no caso, de norma de intervenção do Estado por indução, que visa tão só o *incentivo* à *doação de sangue*, conferindo um benefício àquele que adira às suas prescrições. Vencido o Ministro Marco Aurélio, que julgava o pleito procedente por considerar que a norma impugnada consiste em uma forma de remunerar a doação de sangue (STF, Pleno, ADIn 3.512/ES, Rel. Min. Eros Grau, decisão de 15-2-2006).

1382 ◆ Uadi Lammêgo Bulos ◆

A lei referida já existe.

Trata-se da Lei n. 10.205, de 21 de março de 2001, que regulamentou o art. 199, § 4º, da Carta Magna, dispondo sobre a coleta, processamento, estocagem, distribuição e aplicação do sangue, seus componentes e derivados, estabelecendo, ainda, o ordenamento institucional indispensável à execução adequada dessas atividades.

Outras leis relacionadas ao tema:
- **Lei n. 9.434, de 4-2-1997** — regulamentada pelo Decreto n. 2.268, de 30-6-1997, dispõe sobre a remoção de órgãos, tecidos e partes do corpo humano para fins de transplante e tratamento.
- **Lei n. 8.501, de 30-11-1992** — dispõe sobre a utilização de cadáver não reclamado, para fins de estudo ou pesquisas científicas.

Logo no art. 1º, a Lei 10.205/2001 proibiu a compra, a venda ou qualquer outro tipo de comercialização sanguínea, em todo o território nacional, seja por pessoas físicas ou jurídicas, em caráter eventual ou permanente. Mas não considerou como comercialização a cobrança de valores referentes a insumos, materiais, exames sorológicos, imunoematológicos e demais exames laboratoriais definidos pela legislação competente, realizados para a seleção do sangue, componentes ou derivados, bem como honorários por serviços médicos prestados na assistência aos pacientes e aos doadores.

O que a Lei n. 10.205/2001 fez foi estipular definições do que seja sangue, seus componentes e hemoderivados (art. 2º), delimitando quais seriam as atividades hemoterápicas e seus desdobramentos (arts. 3º a 7º).

Em seguida, estabeleceu a Política Nacional do Sangue (art. 8º), que deverá observar as diretrizes do Sistema Único de Saúde (art. 10), além dos princípios insculpidos no art. 14, instituindo o SINASAN — Sistema Nacional de Sangue —, com o intuito de erigir um mecanismo de vigilância e controle das atividades que propõe realizar (art. 9º).

Será que a Lei n. 10.205/2001, algum dia, realizará os seus propósitos?

Certamente, a sua eficácia social depende de vontade política. Esse é o maior problema para a realização concreta daquilo que ela própria chama de "direção e gestão do SINASAN" (arts. 16 e s.).

Basta ver que o art. 19, que assegurava a garantia dos recursos orçamentários para a consecução dos seus fins, foi vetado.

Ademais, é sobremodo desafiadora a proposta de fiscalizar o comércio clandestino de órgãos, tecidos e substâncias humanas para fins de transplante, pesquisa e tratamento.

A preocupação de constitucionalizar as transfusões sanguíneas e seus derivados adveio de um apelo de setores médicos, no sentido de eliminar as práticas contaminatórias.

✧ 3.4. Direito à saúde e políticas públicas

O Supremo Tribunal Federal manteve decisão que obrigava o Estado de Tocantins e o Município de Palmas a prestarem tratamento odontológico, com aplicação de anestesia geral, a menor portador de distúrbios mentais. A matéria chegou à Corte mediante Suspensão de Tutela Antecipada, ajuizada pelo governo municipal, sendo mantida a sentença da 2ª Vara dos Feitos das Fazendas e Registros Públicos da Comarca de Palmas, confirmada pelo Tribunal de Justiça do Estado (STF, STA 238/TO, Rel. Min. Gilmar Mendes, j. em 21-10-2008).

Ao analisar o pedido de suspensão, o Ministro Gilmar Mendes, relator, considerou que a **saúde é um direito fundamental** (CF, art. 196), consectário do próprio **direito à vida** (CF, art. 5º, *caput*), sendo que a prestação devida pelo Estado varia de acordo com a necessidade específica de cada cidadão. Demais disso, citou a **Portaria n. 1.570/2004**, sobre saúde bucal, implementada pelo Ministério da Saúde, que estabelece critérios para a implantação e credenciamento de centros de especialidades odontológicas que incluam atendimento a portadores de necessidades especiais, bem como a **Lei n. 10.216/2001**, que dispõe sobre a proteção e os direitos das pessoas portadoras de transtornos mentais, assegurando-lhes melhor tratamento do sistema de saúde, consentâneo às suas necessidades (STF, STA 238/TO, Rel. Min. Gilmar Mendes, j. em 21-10-2008).

O Ministro lembrou, também, que as decisões judiciais têm significado "um forte ponto de tensão perante os elaboradores e executores das políticas públicas, que se veem compelidos a garantir prestações de direitos sociais, muitas vezes contrastantes com a política estabelecida pelos governos para a área de

◆ Cap. 27 ◆ ORDEM SOCIAL

1383

saúde e além das possibilidades orçamentárias". Ressaltou, ainda, que o deferimento de pleitos como esse não significa que o Judiciário esteja criando política pública, mas apenas determinando o seu cumprimento (STF, STA 238/TO, Rel. Min. Gilmar Mendes, j. em 21-10-2008).

✦ 4. PREVIDÊNCIA SOCIAL

A previdência social é a instituição encarregada de prover as vicissitudes do trabalhador e de sua família, em casos de doença, invalidez, morte, idade avançada, gravidez e desemprego involuntário.

Disciplinada nos arts. 201 e 202 da Carta de 1988, existe para amparar indivíduos que não podem autossustentar-se.

Desde a Carta de 1934 que esse verdadeiro direito social existe em nosso ordenamento supremo (art. 121, § 1º, *h*).

Para ser concedido, exige-se o pagamento de contribuições, em regime de filiação obrigatória, observados os equilíbrios financeiro e atuarial.

A partir do Texto de 1988, a seção dedicada à previdência social recebeu regulamentação pormenorizada, algo que inexistia na ordem constitucional pregressa.

◇ 4.1. Organização da previdência social

A "previdência social será organizada sob a forma do Regime Geral de Previdência Social, de caráter contributivo e de filiação obrigatória, observados critérios que preservem o equilíbrio financeiro e atuarial" (CF, art. 201, *caput*, com redação dada pela EC n. 103, de 12-11-2019).

> **Legislação:**
> - **Lei n. 8.213, de 24-7-1991** — regulamenta os planos de benefício da previdência social.
> - **Lei n. 9.796, de 5-5-1999** — dispõe sobre a compensação financeira entre o regime geral de previdência social e os regimes de previdência dos servidores da União, dos Estados, do Distrito Federal e dos Municípios, nos casos de contagem recíproca de tempo de contribuição para efeito de aposentadoria.
> - **Lei n. 9.876, de 26-11-1999** — dispõe sobre a contribuição previdenciária do contribuinte individual, o cálculo do benefício, e altera dispositivos das Leis n. 8.212 e 8.213, ambas de 24-7-1991.

Com a Emenda Constitucional n. 20/1998 (1ª reforma previdenciária), a previdência social passou a ser organizada pelo regime geral, cujo caráter é contributivo e a filiação obrigatória. Também seguiu a mesma diretriz a Emenda Constitucional n. 103/2019 (4ª reforma previdenciária).

Antes, inexistiam essas exigências. O constituinte apenas enunciava que os planos de previdência seriam custeados mediante contribuição.

> **Constitucionalidade da cobrança de contribuição previdenciária:** "Não é inconstitucional o art. 4º, *caput*, da Emenda Constitucional n. 41, de 19 de dezembro de 2003, que instituiu contribuição previdenciária sobre os proventos de aposentadoria e as pensões dos servidores públicos da União, dos Estados, do Distrito Federal e dos Municípios, incluídas suas autarquias e fundações" (STF, ADIn 3.105, Rel. Min. Cezar Peluso, *DJ* de 18-2-2005).

Assim, para aferir esse direito social básico, não era preciso ninguém se filiar à previdência social, tampouco seguir critérios para preservar o equilíbrio financeiro e atuarial.

Equilíbrio financeiro é o controle equânime das receitas e das despesas, de modo que não haja gastos superiores àqueles previstos no orçamento público. Tal providência colima evitar "rombos", distorções no regime geral previdenciário.

Equilíbrio atuarial, por seu turno, é a boa proporção entre a estatística, que investiga problemas relacionados com o cálculo de seguros na sociedade e o montante de despesas da previdência social. Essa medida, oriunda da Emenda Constitucional n. 20/98, foi tomada para que não sejam excedidas as fontes de custeio. Decerto, seria inviável extrapolar os meios financeiros que cobrem os gastos havidos com bens, serviços, prestações e administração da própria previdência.

As mudanças encetadas no art. 201 pelas Emendas Constitucionais n. 20/98 e n. 103/2019 são, em princípio, justificáveis, pois buscaram acabar com o regime de castas e privilégios injustificados, eliminando, ainda, despesas excessivas aos cofres públicos.

Contudo, a previdência social deve atender a, nos termos da lei ordinária (CF, art. 201, I a V):

- **Cobertura dos eventos de incapacidade temporária ou permanente para o trabalho e idade avançada** — Eis a fraseologia do inciso I, do art.201, da Carta Maior, com redação dada pela EC n. 103/2019. Antes, o inciso referia-se à "cobertura dos eventos de doença, invalidez, morte e idade avançada". A Emenda Constitucional n. 103/2019 foi bem mais precisa do que a Emenda Constitucional n. 20/98. Mas esta última, que não mais está em vigor, teve o mérito de excluir a aposentadoria em decorrência de acidentes de trabalho e reclusão. Ademais, a expressão velhice, outrora constante na redação originária do preceito, foi substituída por idade avançada. A providência foi correta. Inúmeros são os idosos que produzem muito mais que os jovens. Logo, velhice não é o mesmo que idade avançada. Esta presume a total incapacidade física e mental para o trabalho.
- **Proteção à maternidade, especialmente à gestante** — o escopo aqui é subsidiar a mãe que esteja encontrando dificuldades financeiras para se manter.
- **Proteção ao trabalhador em situação de desemprego involuntário** — eis um reflexo do direito social ao trabalho (CF, art. 6º).

> **Lei n. 7.998, de 11-1-1990:** regula o Programa de Seguro-Desemprego, o Abono Salarial, e institui o Fundo de Amparo ao Trabalhador.

- **Salário-família e auxílio-reclusão para os dependentes dos segurados de baixa renda** — aí temos outra novidade trazida pela Emenda Constitucional n. 20/98. Antes o constituinte previa uma espécie de ajuda para os dependentes dos segurados de baixa renda. Até o momento, a inovação de nada adiantou. Em vez de prever salário-família e auxílio-reclusão, por que não estimular uma política de remuneração condigna ao trabalho probo e edificante? Não adianta combater efeitos; o indispensável é eliminar as causas que geram esses efeitos. Como dizia Abraham Lincoln, "pode-se enganar parte do povo todo o tempo; pode-se enganar todo o povo parte do tempo, mas não se pode enganar todo o povo todo o tempo".
- **Pensão por morte do segurado, homem ou mulher, ao cônjuge ou companheiro e dependentes** — a morte traz sérios problemas financeiros para aqueles que vivem dos ganhos do falecido. Por isso, cumpre à previdência amparar tais pessoas, que, sem proteção institucional, não conseguem sobreviver.

> **Beneficiário de pensão por morte do cônjuge:** "O Supremo Tribunal Federal, a partir do julgamento do RE 204.193 (Velloso, *DJ* 31/10/02), tem afastado a inclusão automática do viúvo como beneficiário da pensão por morte de sua esposa, quando não houver previsão legal de custeio do referido benefício. Na ocasião, acentuou o em. Ministro Carlos Velloso: 'É o que ocorre, de certa forma, no Brasil, presente o dado antes referido: o homem sempre foi, de regra, o provedor da família. A presunção de dependência da viúva pode ser afirmada, em linha de princípio. O contrário não tem sido a regra. Esse dado sociológico é muito importante na elaboração legislativa. O que é certo, entretanto, é que é preciso lei específica dispondo a respeito, porque o dado sociológico acima indicado sempre foi considerado no custeio do benefício. Sendo assim, presente a norma inscrita no art. 195, § 5º, da Constituição Federal'" (STF, RE 385.397, Rel. Min. Sepúlveda Pertence, *DJ* de 17-9-2003).

✧ 4.2. Vedações constitucionais previdenciárias

Vejamos, agora, as normas proibitivas, relacionadas à previdência social, provenientes das Emendas Constitucionais n. 20/98 (1ª reforma previdenciária), 41/2003 (2ª reforma previdenciária) e 47/2005 (3ª reforma previdenciária).

a) Proibição de diferenciações (CF, art. 201, § 1º)

Pelo art. 201, § 1º, Incisos I e II, com redação dada pela EC n. 103/2019, é proibida a adoção de requisitos ou critérios diferenciados para concessão de benefícios, ressalvada, nos termos de lei complementar, a possibilidade de previsão de idade e tempo de contribuição distintos da regra geral para concessão de aposentadoria exclusivamente em favor dos segurados: (i) com deficiência, previamente

◆ Cap. 27 ◆ ORDEM SOCIAL

submetidos a avaliação biopsicossocial realizada por equipe multiprofissional e interdisciplinar; e (ii) cujas atividades sejam exercidas com efetiva exposição a agentes químicos, físicos e biológicos prejudiciais à saúde, ou associação desses agentes, vedada a caracterização por categoria profissional ou ocupação.

Esse tipo de vedação proveio da Emenda Constitucional n. 47/2005, em vigor na data de sua publicação (6-7-2005), com efeitos retroativos à data da vigência da Emenda Constitucional n. 41/2003 (*DOU* de 31-12-2003).

Lembre-se, contudo, que a proibição de diferenciações foi instituída pela Emenda Constitucional n. 20/98. A única novidade oriunda da Emenda Constitucional n. 47/2005 foi a inclusão, no art. 201, § 1º, dos *segurados portadores de deficiências*. Já a Emenda Constitucional n. 103/2019 foi além, aprimorando a redação do preceptivo.

Antes de todas essas emendas e remendos, toda pessoa podia participar dos benefícios da previdência social. Não havia quaisquer critérios vedatórios.

Agora, busca-se preservar o princípio da igualdade de todos, ressalvando-se as hipóteses especiais, que não seguem a regra geral, e, por isso, devem ser definidas em lei complementar.

Enquanto a lei complementar não for criada, permanece em vigor o disposto nos arts. 57 e 58 da Lei n. 8.213, de 24 de julho de 1991, na redação vigente à data da publicação da 1ª reforma previdenciária, isto é, 15 de dezembro de 1998 (EC n. 20/98, art. 15).

b) Proibição de benefício inferior ao salário mínimo (CF, art. 201, § 2º)

Nenhum benefício que substitua o salário de contribuição ou o rendimento do trabalho do segurado terá valor mensal inferior ao salário mínimo.

O salário mínimo aí referido irmana-se com o disposto no art. 7º, IV, da *Lex Mater*.

c) Proibição de desatualização das contribuições (CF, art. 201, § 3º)

Todos os salários de contribuição considerados para o cálculo de benefício serão devidamente atualizados.

Aí temos outra vedação advinda da Emenda Constitucional n. 20/98, mas que depende de lei ordinária.

> **Aposentadoria — Cálculo do benefício — Reserva de lei:** antes do advento da EC n. 20/98, decidiu o Pretório excelso que "o disposto nos arts. 201, § 3º, e 202, *caput*, da Constituição Federal, sobre o cálculo do benefício da aposentadoria, não é autoaplicável, pois, dependente da legislação, que posteriormente entrou em vigor (Leis ns. 8.212 e 8.213, ambas de 24-7-1991). Precedentes: MI 306; RE 163.478; RE 164.931; RE 193.456; RE 198.314; RE 198.983" (STF, RE 201.091, Rel. Min. Sydney Sanches, *DJ* de 30-5-1997).

Vale ressaltar que o constituinte de 1988 também assegurou o reajustamento dos benefícios para preservar-lhes, em caráter permanente, o valor real, conforme critérios definidos em lei ordinária (art. 201, § 4º).

> **Reajuste de benefício previdenciário:** "A adoção do INPC, como índice de reajuste dos benefícios previdenciários, não ofende a norma do art. 201, § 4º, da Carta de Outubro" (STF, RE 376.145, Rel. Min. Carlos Britto, *DJ* de 28-11-2003).

d) Proibição aos "segurados facultativos" (CF, art. 201, § 5º)

É vedada a filiação ao regime geral de previdência social, na qualidade de segurado facultativo, de pessoa participante de regime próprio de previdência.

Com essa proibição, os depositários da Emenda Constitucional n. 20/98 procuraram acabar com certos privilégios, inexplicáveis, pelos quais indivíduos se filiavam ao regime geral da previdência sem qualquer respaldo legal.

Veja-se que a vedação em epígrafe harmoniza-se com o disposto nos arts. 201 e 202 da Carta Magna.

Nesse contexto, merece destaque a gratificação natalina dos aposentados e pensionistas.

> **Leis sobre gratificação de natal (13º salário):** Lei n. 4.090, de 13-7-1962; Lei n. 4.749, de 12-8-1965; Decreto n. 57.155, de 3-11-1965; Decreto n. 63.912, de 26-12-1968.

1386 ◆ Uadi Lammêgo Bulos ◆

Ela tem por base o valor dos proventos do mês de dezembro de cada ano (CF, art. 201, § 6º).

> **Precedente do STF:** "Contribuição para a seguridade social. Incidência sobre a gratificação natalina (décimo terceiro salário) paga aos empregados. Exigibilidade da contribuição" (STF, RE 272.761, Rel. Min. Nelson Jobim, *DJ* de 22-3-2002).

✧ 4.3. Regras constitucionais para a aposentadoria

A Carta de 1988 garante a aposentadoria *no regime geral de previdência social*, nos termos da lei ordinária (art. 201, § 7º).

Devem, contudo, ser observadas as seguintes regras:

- **Regra geral da aposentadoria por idade (art. 201, § 7º, I, com redação dada pela EC n. 103/2019)** — 65 (sessenta e cinco) anos de idade, se homem, e 62 (sessenta e dois) anos de idade, se mulher, observado tempo mínimo de contribuição.

- **Regra da aposentadoria por idade, aplicável ao produtor rural, ao garimpeiro e ao pescador artesanal (art. 201, § 7º, II, com redação dada pela EC n.103/2019)** — 60 (sessenta) anos de idade, se homem, e 55 (cinquenta e cinco) anos de idade, se mulher, para os trabalhadores rurais e para os que exerçam suas atividades em regime de economia familiar, nestes incluídos o produtor rural, o garimpeiro e o pescador artesanal.

- **Regra da aposentadoria de professor (art. 201, § 8º, com redação dada pela EC n.103/2019)** — professores que comprovem tempo de efetivo exercício das funções de magistério na educação infantil e no ensino fundamental e médio fixado em lei complementar, submetem-se à seguinte regra: — 60 (sessenta) anos de idade, se homem, e 57 (cinquenta e sete) anos de idade, se mulher. A Emenda Constitucional n. 103/2019, contudo, estabeleceu que, para o titular do cargo de professor que comprovar exclusivamente tempo de efetivo exercício das funções de magistério na educação infantil e no ensino fundamental e médio, os requisitos de idade e de tempo de contribuição serão: (i) 51 (cinquenta e um) anos de idade, se mulher, e 56 (cinquenta e seis) anos de idade, se homem; (ii) 25 (vinte e cinco) anos de contribuição, se mulher, e 30 (trinta) anos de contribuição, se homem; e (iii) 52 (cinquenta e dois) anos de idade, se mulher, e 57 (cinquenta e sete) anos de idade, se homem, a partir de 1º de janeiro de 2022 (EC n. 103/2019, art.4º, § 4º, I a III).

- **Regra da contagem recíproca do tempo de contribuição (art. 201, § 9º, com redação dada pela EC n.103/2019)** — para fins de aposentadoria, será assegurada a contagem recíproca do tempo de contribuição entre o Regime Geral de Previdência Social e os regimes próprios de previdência social, e destes entre si, observada a compensação financeira, de acordo com os critérios estabelecidos em lei ordinária. Tal regra não possibilita ao legislador ordinário cercear a contagem recíproca do tempo de contribuição, sob pena de violar o Texto Maior. Não precisa dizer que medidas provisórias não incidem nesse tema. Quanto à compensação financeira aí referida, é uma garantia constitucional. Logo, a lei ordinária contrariará a Carta Maior caso estabeleça critérios esdrúxulos ou requisitos tendenciosos para regular o assunto.

  > **Casuística do STF:**
  > - **Lei estadual que estabeleceu tempo de serviço em atividade privada, para efeito de aposentadoria e disponibilidade** — "Inexistência de previsão na Norma Maior, art. 201, § 9º, da Constituição Federal, na redação da EC n. 20/98, de qualquer limite quanto ao número de anos de contribuição na administração pública e na atividade privada, para os efeitos da compensação financeira entre os sistemas" (STF, ADIn 1.798-MC, Rel. Min. Néri da Silveira, *DJ* de 29-11-1999).
  > - **Atividades privadas. Cômputo do tempo** — "O Supremo Tribunal Federal já consagrou entendimento no sentido de que o tempo de serviço de atividades essencialmente privadas não é computável, para fins de gratificação adicional, salvo quando integrantes da administração pública indireta — empresas públicas, sociedades de economia mista e fundações instituídas pelo poder público" (STF, ADIn 1.400-MC, Rel. Min. Ilmar Galvão, *DJ* de 31-5-1996).

- **Regra da contagem do tempo de serviço militar (art. 201, § 9º-A, advindo da EC n.103/2019)** — o tempo de serviço militar exercido nas atividades de que tratam os arts. 42, 142 e 143, da Carta Magna, e o tempo de contribuição ao Regime Geral de Previdência Social ou a regime próprio de previdência social terão contagem recíproca para fins de inativação militar

Cap. 27 ◆ ORDEM SOCIAL

1387

ou aposentadoria, e a compensação financeira será devida entre as receitas de contribuição referentes aos militares e as receitas de contribuição aos demais regimes.

- **Regra da cobertura de risco em acidente de trabalho (art. 201, § 10, com redação dada pela EC n. 103/2019)** — lei complementar poderá disciplinar a cobertura de benefícios não programados, inclusive os decorrentes de acidente do trabalho, a ser atendida concorrentemente pelo Regime Geral de Previdência Social e pelo setor privado. A preocupação da Emenda Constitucional n. 20/98, com essa regra, foi de dupla ordem: **(i)** evadir-se da responsabilidade de cobrir os riscos decorrentes dos acidentes de trabalho, deixando a matéria sob os auspícios de lei complementar futura; e **(ii)** dividir a responsabilidade dos danos causados entre o setores público e privado, para equilibrar despesas e investimentos.
- **Regra da incorporação salarial (art. 201, § 11)** — os ganhos habituais do empregado, a qualquer título, serão incorporados ao salário para efeito de contribuição previdenciária e consequente repercussão em benefícios, nos casos e na forma da lei ordinária. Essa regra, estabelecida pela Emenda Constitucional n. 20/98, não é autoaplicável, pois os titulares do poder de reforma constitucional preferiram deixar a matéria no vazio, sem qualquer certeza de quando será realizada. Daí o astuto jargão "nos casos e na forma da lei".
- **Regra do sistema especial de inclusão previdenciária (art. 201, §§ 12 e 13, com redação dada pela EC n. 103/2019)** — lei ordinária instituirá sistema especial de inclusão previdenciária, com alíquotas diferenciadas, para atender aos trabalhadores de baixa renda, inclusive os que se encontram em situação de informalidade, e àqueles sem renda própria que se dediquem exclusivamente ao trabalho doméstico no âmbito de sua residência, desde que pertencentes a famílias de baixa renda. Nesse contexto, a aposentadoria concedida ao segurado terá valor de 1 (um) salário-mínimo.
- **Regra da vedação do tempo de contribuição fictício (CF, art. 201, §§ 14 e 15, instituídos pela EC n.103/2019)** — é vedada a contagem de tempo de contribuição fictício para efeito de concessão dos benefícios previdenciários e de contagem recíproca. Compete à lei complementar estabelecer vedações, regras e condições para a acumulação de benefícios previdenciários.
- **Regra da aposentadoria compulsória (CF, art. 201, § 16, advindo da EC n.103/2019)** — os empregados dos consórcios públicos, das empresas públicas, das sociedades de economia mista e das suas subsidiárias serão aposentados compulsoriamente, observado o cumprimento do tempo mínimo de contribuição, ao atingir a idade máxima de que trata o inciso II do § 1º do art. 40, da Carta Magna, na forma estabelecida em lei ordinária.

✧ 4.4. Previdência privada de caráter complementar

Vamos estudar agora uma novidade implantada no Brasil pela Emenda Constitucional n. 20/1998 e aprimorada pela Emenda Constitucional n. 103/2019: a *previdência privada de caráter complementar* (CF, art. 202, §§ 1º a 6º). Lembremos, desde já, que a competência para o processamento de ações ajuizadas contra entidades privadas de previdência complementar é da Justiça comum, dada a autonomia do Direito Previdenciário em relação ao Direito do Trabalho (STF, RE 586.453/SE, Rel. Min. Dias Toffoli, *Clipping do DJE* de 3 a 7-5-2013).

Eis suas características:

- tem caráter complementar, pois visa atender àqueles que não estão ligados ao regime geral previdenciário do art. 201. A propósito, registre-se que não compete à Justiça do Trabalho julgar casos envolvendo Previdência Complementar Privada. Essa competência é da Justiça Comum, porque inexiste qualquer relação trabalhista entre o beneficiário e a entidade fechada de Previdência Complementar (STF, RE 583.050/RS, Rel. orig. Min. Cezar Peluso, red. p/ o acórdão Min. Dias Toffoli, j. 20-2-2013).
- é autônoma, pois não se vincula ao regime geral de previdência social;
- é *facultativa*, pois, em virtude de sua não obrigatoriedade, filia-se a ela quem quiser;
- efetiva-se por meio de contrato, funcionando como uma espécie de *reserva* para garantir o benefício contratado; e

- foi regulamentada pela Lei Complementar n. 109, de 15 de dezembro de 1998, que estatui suas diretrizes específicas.

   Conforme o art. 202, § 2º, com redação dada pela Emenda Constitucional n. 20/98, as "contribuições do empregador, os benefícios e as condições contratuais previstas nos estatutos, regulamentos e planos de benefícios das entidades de previdência privada não integram o contrato de trabalho dos participantes, assim como, à exceção dos benefícios concedidos, não integram a remuneração dos participantes, nos termos da lei".

Esse preceito, em sua primeira parte, é de eficácia plena e aplicabilidade imediata. Não há necessidade de lei para regular a mensagem de que "as contribuições do empregador, os benefícios e as condições contratuais previstas nos estatutos, regulamentos e planos de benefícios das entidades de previdência privada não integram o contrato de trabalho dos participantes".

Mas o constituinte derivado, na segunda parte do preceptivo, exigiu a edição de lei ordinária para dar operatividade à assertiva de que, "à exceção dos benefícios concedidos, não integram a remuneração dos participantes". Consagrou aí enunciado de eficácia contida. Logo, enquanto não advier a lei ordinária em causa, a última frase do dispositivo continuará letra morta, sem qualquer aplicação imediata.

De outro prisma, é "vedado o aporte de recursos a entidade de previdência privada pela União, Estados, Distrito Federal e Municípios, suas autarquias, fundações, empresas públicas, sociedades de economia mista e outras entidades públicas, salvo na qualidade de patrocinador, situação na qual, em hipótese alguma, sua contribuição normal poderá exceder a do segurado" (CF, art. 202, § 3º).

   Lei Complementar: a Emenda Constitucional n. 103/2019 deu nova redação aos §§ 4º, 5º e 6º, do art. 202, da Carta Maior. Leiamos, *in verbis*, tais preceptivos:

   - "§ 4º Lei complementar disciplinará a relação entre a União, Estados, Distrito Federal ou Municípios, inclusive suas autarquias, fundações, sociedades de economia mista e empresas controladas direta ou indiretamente, enquanto patrocinadores de planos de benefícios previdenciários, e as entidades de previdência complementar".
   - "§ 5º A lei complementar de que trata o § 4º aplicar-se-á, no que couber, às empresas privadas permissionárias ou concessionárias de prestação de serviços públicos, quando patrocinadoras de planos de benefícios em entidades de previdência complementar".
   - "§ 6º Lei complementar estabelecerá os requisitos para a designação dos membros das diretorias das entidades fechadas de previdência complementar instituídas pelos patrocinadores de que trata o § 4º e disciplinará a inserção dos participantes nos colegiados e instâncias de decisão em que seus interesses sejam objeto de discussão e deliberação".

✦ 5. ASSISTÊNCIA SOCIAL

A *assistência social*, como instituto jurídico, tem suas origens no Direito Romano.

É o nome técnico dado ao ato de auxiliar pessoas necessitadas. Trata-se de um amparo estatal baseado no princípio humanitário de ajudar indigentes, reconhecidamente pobres, que não podem gozar dos benefícios previdenciários.

Concedida a hipossuficientes, a *assistência* nada tem que ver com seguro social, porque seu ato concessivo independe do pagamento de contribuições, sendo financiada com recursos do orçamento da *seguridade*, além de outras fontes de custeio. Ambas, enquanto marcas indeléveis do Estado do bem-estar, vêm patenteadas nos ordenamentos constitucionais de uma forma ou de outra, seja por iniciativa particular, seja de maneira pública, confessional ou leiga.

O propósito constitucional não é levar o necessitado à inutilidade, fomentando a política de "esmolas", mas sim dar-lhe os meios para caminhar por suas próprias forças. Do contrário, seria estimular a ociosidade, porque assistir socialmente alguém não é simplesmente oferecer gorjetas, nem, tampouco, ensejar ações benevolentes, em cujas oportunidades elas se transformam em bandeiras políticas ou estribilhos de exaltação religiosa, à custa da miséria alheia.

Ao inscrever a *assistência social* no Texto de 1988, o constituinte recaiu numa promessa vaga, sem qualquer condição de ser cumprida, pois, no Brasil, os minoritários sociais, os pobres, os necessitados são maioria. E não há uma efetiva política pública empenhada em destinar recursos à área de assistência social.

◆ Cap. 27 ◆ ORDEM SOCIAL **1389**

São inúmeros os indivíduos privados de qualquer bem da vida, inclusive aqueles arrolados no art. 5º da Constituição, nada obstante a pletora de leis que dispõem sobre o tema.

Legislação:
- **Lei n. 8.742, de 7-12-1993** — dispõe sobre a organização da assistência social.
- **Lei n. 9.720, de 30-11-1998** — dá nova redação aos arts. 18, VI, 20, §§ 1º, 6º e 7º, 29, parágrafo único, 30, parágrafo único, 37, *caput*, e parágrafo único, e 38 da Lei n. 8.742, de 7-12-1993.
- **Lei n. 9.790, de 23-3-1999** — dispõe sobre a promoção da assistência social por organizações da sociedade civil de interesse público.
- **Lei n. 8.909, de 6-7-1994** — dispõe, em caráter emergencial, sobre a prestação de serviços por entidades de assistência social, entidades beneficentes de assistência social e entidades de fins filantrópicos e estabelece prazos e procedimentos para o recadastramento de entidades junto ao Conselho Nacional de Assistência Social.
- **Portaria n. 27, de 22-10-1997** — aprovou norma operacional básica para disciplinar o processo de descentralização político-administrativa das três esferas de governo no campo da política de assistência social.
- **Ordem de Serviço n. 562, de 4-4-1997, do Instituto Nacional do Seguro Social** — dispõe sobre o manual de procedimentos para operacionalização do benefício assistencial a idosos e deficientes.

✧ 5.1. Perfil da assistência social na Carta de 1988

A assistência social será prestada a quem dela necessitar, independentemente de contribuição à seguridade social, e tem por objetivos:
- a proteção à família, à maternidade, à infância, à adolescência e à velhice (CF, art. 203, I);
- o amparo às crianças e adolescentes carentes (CF, art. 203, II);
- a promoção da integração ao mercado de trabalho (CF, art. 203, III);
- a habilitação e reabilitação das pessoas portadoras de deficiência e a promoção de sua integração à vida comunitária (CF, art. 203, IV);
- a garantia de um salário mínimo de benefício mensal à pessoa portadora de deficiência e ao idoso que comprovem não possuir meios de prover à própria manutenção ou de tê-la provida por sua família, conforme dispuser a lei. Com o advento da Lei n. 8.742/93 esse objetivo tornou--se autoaplicável, logrando eficácia plena (CF, art. 203, V); e
- a redução da vulnerabilidade socioeconômica de famílias em situação de pobreza ou de extrema pobreza (CF, art. 203, VI, acrescido à Carta Magna pela Emenda Constitucional n. 114, de 11-12-2021).

Autoaplicabilidade do art. 203, V, da CF: para o Ministro Gilmar Mendes esse preceito não é autoaplicável (STF, RE 401.127-EDecl., Rel. Min. Gilmar Mendes, *DJ* de 17-12-2004). Com maior lucidez, nesse ponto, o Ministro Nelson Jobim admitiu embargos para explicitar a autoaplicabilidade do preceito referido, em virtude do advento da Lei n. 8.742/93 (STF, RE 214.427 (agravo regimental em embargos de declaração), Rel. Min. Nelson Jobim, *DJ* de 5-10-2001).

Ainda no tocante à garantia do salário mínimo, que acabamos de ver, demarque-se que o Pretório Excelso considerou procedente a alegação de afronta ao art. 203, V, da Constituição, formulada pelo Estado do Paraná, sob o argumento de que compete à União, e não ao Estado, a manutenção de benefício de prestação continuada a pessoa portadora de deficiência física.

Nesse sentido: STF, RE 192.765, Rel. Min. Ilmar Galvão, *DJ* de 13-8-1999.

Certamente, todos os objetivos aí demarcados buscam assistir os hipossuficientes, que, aliás, nem precisam pagar contribuição social. Daí inadmitirem quaisquer restrições legislativas.

Talvez os constituintes não tenham imaginado a gravidade do que prometeram no art. 203.

Tanto é assim que, até hoje, os objetivos constitucionais da assistência social não tiveram qualquer efetividade. A cada dia aumenta o número dos sem-teto, sem-terra, sem-emprego, sem-comida, sem--roupa, sem-saúde, sem-escola, sem-lazer, sem-brinquedo, sem-pais, sem-família, sem-amor.

1390 ◆ Uadi Lammêgo Bulos ◆

✧ 5.2. Ações governamentais

As *ações governamentais* na área da assistência social serão realizadas com recursos do orçamento da seguridade social (CF, art. 195), além de outras fontes.

Organizam-se com base nas seguintes diretrizes (CF, art. 204, I e II):

- descentralização político-administrativa, cabendo a coordenação e as normas gerais à esfera federal, e a coordenação e a execução dos respectivos programas às esferas estadual e municipal, bem como a entidades beneficentes e de assistência social; e
- participação da população, por meio de organizações representativas, na formulação das políticas e no controle das ações em todos os níveis. Significa dizer que as organizações não governamentais também devem ter espaço na legislação reguladora da assistência social. O objetivo é abrir espaço para as igrejas, as Universidades, os diversos órgãos de classe, as associações e os clubes de serviços colaborarem no projeto de assistência social. Temos aí outra modalidade explícita de participação popular na Administração Pública.

Nesse sentido: STF, ADIn 244, Rel. Min. Sepúlveda Pertence, *DJ* de 31-10-2002.

Lembre-se que a Carta de Outubro facultou aos Estados e ao Distrito Federal vincular a programa de apoio à inclusão e promoção social até 0,5% de sua receita tributária líquida (art. 204, parágrafo único, I a III — redação dada pela EC n. 42/2003).

Mas vedou a aplicação desses recursos no pagamento de:

- despesas com pessoal e encargos sociais;
- serviço da dívida; e
- qualquer outra despesa corrente não vinculada diretamente aos investimentos ou ações apoiados.

✦ 6. EDUCAÇÃO, CULTURA E DESPORTO

No título da Ordem Social, o constituinte de 1988 consagrou um capítulo para tratar de três *direitos públicos subjetivos* distintos:

- a educação;
- a cultura; e
- o desporto.

Di-los *direitos públicos subjetivos*, porquanto equivalem a pretensões jurídicas dos indivíduos exigirem do Estado a execução (*facere*) ou a omissão (*non facere*) de certa prerrogativa, em virtude do que preconiza a norma jurídica. Pode ter como sujeito ativo o próprio Estado ou os particulares.

No primeiro caso, a Administração exige do administrado o cumprimento de deveres jurídicos. No segundo, os particulares requerem do Estado o compromisso de manter aquilo que lhes foi assegurado normativamente.

Decerto, "uma relação de domínio só se torna jurídica se ambos os membros, dominante e dominado, se reconhecem investidos de direitos e deveres recíprocos", ensinou Georg Jellinek (*Sistema dei diritto pubblici subjettivi*, p. 7).

Esses *direitos subjetivos públicos*, condensados pela Constituição em plexos constitucionais próprios, distribuem-se em três *subsistemas normativos*:

- **subsistema constitucional da educação (CF, arts. 205 a 214)** — conjunto de normas delineadoras do processo formal de ensino que, contextualizadas na ordem social, estabelecem prerrogativas educacionais dos alunos, professores, família, escola e Estado;
- **subsistema constitucional da cultura (CF, arts. 215 e 216)** — vertido numa *constituição cultural*, revela, via linguagem prescritiva do constituinte, a formação do povo, o potencial de expressão, a memória histórica, filosófica e sociológica brasileira, consubstanciando direitos materialmente culturais; e

♦ Cap. 27 ♦ ORDEM SOCIAL   **1391**

- **subsistema constitucional do desporto (CF, art. 217)** — contendo normas constitucionais desportivas, propõe a integração da vida social e o aperfeiçoamento do processo de educação do homem, mediante a expansão de sua personalidade. Busca estimular a política de saúde, o bem-estar e o lazer.

✧ 6.1. Educação

O *subsistema constitucional da educação* disciplina os princípios e preceitos educacionais que discriminam indicações curriculares, recursos financeiros, competências para o Poder Público atuar e promover o ensino, além de congregar elementos formais de organização (CF, arts. 205 a 214).

Mas a presença da *educação* na Carta Suprema ultrapassa a seção na qual foi depositada. Esparrama-se ao longo de todo o articulado constitucional, em vários dispositivos que tocam direta e indiretamente o assunto.

Basta ver a competência privativa da União para legislar sobre diretrizes e bases da educação nacional (art. 22, XXIV), o encargo dos entes federativos viabilizarem o acesso à educação (art. 23, V) ou o desígnio de legislar concorrentemente sobre temas educacionais (art. 24, IX).

Em tudo isso, a *Lex Mater* revelou-se pródiga, prevendo, inclusive, a existência de instrumentos processuais em que alunos e professores encontram a tutela jurídica incondicional, a exemplo do mandado de segurança, utilizado nas questões de ensino e magistério.

Além de explicitar princípios e normas atinentes à *educação*, o Texto de 1988 albergou, em seu seio, normações universais, vetores generalíssimos, aplicáveis ao processo educacional e, em particular, ao processo ensino/aprendizagem.

Veja-se, nesse particular, a cláusula do *due process of law* (art. 5º, LIV), a diretriz da isonomia (art. 5º, *caput*) e o vetor da legalidade (art. 5º, II), pórticos informadores de todo o sistema jurídico, de reconhecida força normativa, totalmente compatíveis nesse campo.

Completando os fundamentos jurídicos da *educação* no ordenamento brasileiro, assinalem-se as leis que fluem da Constituição, dentre elas a Lei de Diretrizes e Bases da Educação Nacional — Lei n. 9.394, de 20 de dezembro de 1996.

> **Legislação:**
> - **Lei n. 9.424, de 24-12-1996** — dispõe sobre o fundo de manutenção e desenvolvimento e da valorização do magistério.
> - **Lei n. 9.790, de 23-3-1999** — estabelece a promoção gratuita da educação por organizações da sociedade civil de interesse público.
> - **Lei n. 10.260, de 12-7-2001** — dispõe sobre o fundo de financiamento ao estudante do ensino superior e dá outras providências.

Da Carta de 1934, quando se iniciou o ciclo das LDBs, aos nossos dias, cumpre ao legislador ordinário declarar os princípios e os procedimentos reguladores dos currículos, do ano escolar, dos conteúdos programáticos, da duração dos cursos etc.

⌑ 6.1.1. *Educação como programa constitucional*

A Constituição brasileira de 1988 vislumbrou a educação como um programa constitucional a ser perseguido. Desse modo, colocou-a como um direito de todos e dever do Estado e da família, algo que não nos exime do dever de incentivar o pleno desenvolvimento das pessoas, seu preparo para o exercício da cidadania e sua qualificação para o trabalho (CF, art. 205).

Na realidade, a *educação* é o caminho para o homem evoluir.

Por isso, é um *direito público subjetivo*, e, em contrapartida, um dever do Estado e do grupo familiar.

Para que seja efetivado o desígnio constitucional, torna-se indispensável a existência de escola para todos. Em sentido contrário, o *direito público subjetivo* à educação ficará sem sentido.

Significa que o particular tem a faculdade de exigir do Estado o cumprimento da prestação educacional.

1392　　　　　　　　　　　　　　　◆ Uadi Lammêgo Bulos ◆

A esse respeito, os Poderes Públicos poderiam fazer muito pela *educação*, promovendo-a, colocando-a ao dispor de quem quer que seja, como, aliás, preconiza o art. 26 da Declaração Universal dos Direitos Humanos.

Ao encampar o ambicioso e dispendioso projeto do art. 205, o constituinte teve em vista o desenvolvimento do indivíduo, capacitando-o para o exercício da cidadania, a fim de qualificá-lo para o mercado de trabalho.

Estatuiu, assim, o importante programa de preparar o homem, o cidadão e o produtor de bens e serviços.

Pela Carta de 1988, a *educação* qualifica-se como o processo formal, regular ou escolar. Essa é a regra. Porém, há momentos em que se abre espaço à educação informal.

Assim, há dois regimes jurídicos da educação na Constituição da República: um *formal*, estatuído no Capítulo III do Título VIII; e outro *informal*, que fica de fora do regime escolar normatizado no referido capítulo.

Como exemplo do último, temos a educação ambiental (art. 225, VI), a eliminação do analfabetismo e a universalização da escola fundamental (art. 60 do ADCT).

Decerto que o Texto Maior não poderia ficar limitado ao regime jurídico da educação formal, porque a escolarização é um tipo de educação, e não o único.

Mas no art. 205, a palavra *educação* significa *educação escolarizada*, isto é, o processo formal, regular ou escolar de ensino.

Três motivos justificam a opção do constituinte:

- oficializar a escola como a instituição principal do processo ensino/aprendizagem;
- promover o preparo e a capacitação profissionais, insurgindo daí a importância dos serviços prestados pela escola; e
- deixar a educação informal como a última possibilidade de fomento ao desenvolvimento intelectual do homem, pois ela nem sempre alcança os mesmos resultados do ensino regular.

Por fim, o Supremo Tribunal Federal inadmitiu o direito ao ensino domiciliar (*homeschooling*). Por maioria de votos e em sua composição plenária, a Corte negou provimento a recurso extraordinário que discutia se o *homeschooling* constituiria meio lícito de cumprimento, pela família, do dever de prover a educação da prole. Prevaleceu a tese de que a pretensão de se educar filhos fora da escola não encontra guarida em nossa normativa constitucional, porquanto inexiste legislação regulamentadora dessa modalidade de ensino. Concluiu a Corte que a educação é direito e dever do Estado e da família, mas não exclusivamente desta, e deve ser construída coletivamente. Educar filhos somente em casa enseja fragmentação social, contribuindo para a divisão do País, intolerância e incompreensão (STF, RE 888.815, com repercussão geral reconhecida, Rel. Min. Roberto Barroso, j. 12-9-2018).

⌖ 6.1.2. Princípios constitucionais do ensino

Ensino, à luz do art. 206, *caput*, da Carta Suprema, é método de transmissão de conhecimentos e de capacitação do indivíduo, pela educação regular, formal ou escolarizada. Deve ser ministrado com base nos seguintes princípios constitucionais (art. 206, I a IX):

- **Igualdade de condições para o acesso e permanência na escola** — comete *fraude constitucional* o estabelecimento público ou particular de ensino que proibir, direta ou indiretamente, o livre acesso à escola.

    > **Transferência obrigatória de alunos:** "A constitucionalidade do artigo 1º da Lei n. 9.536/97, viabilizador da transferência de alunos, pressupõe a observância da natureza jurídica do estabelecimento educacional de origem, a congeneridade das instituições envolvidas — de privada para privada, de pública para pública —, mostrando-se inconstitucional interpretação que resulte na mesclagem — de privada para pública" (STF, ADIn 3.324, Rel. Min. Marco Aurélio, *DJ* de 5-8-2005).

- **Liberdade de aprender, ensinar, pesquisar e divulgar o pensamento, a arte e o saber** — aqui está a liberdade de cátedra, direito subjetivo do professor ensinar aos seus alunos, sem qualquer ingerência administrativa, ressalvada, contudo, a possibilidade da fixação do currículo escolar pelo órgão competente.

    > **Precedente:** STF, *RDA, 139*:52.

◆ Cap. 27 ◆ ORDEM SOCIAL

1393

- **Pluralismo de ideias e de concepções pedagógicas, e coexistência de instituições públicas e privadas de ensino** — com esse princípio buscou-se eliminar: **(i)** a centralização *versus* a descentralização; **(ii)** a qualidade das instituições *versus* a proliferação das academias de ensino; **(iii)** a terminalidade *versus* a continuidade da formação universitária.
- **Gratuidade do ensino público em estabelecimentos oficiais** — a universidade pública não está autorizada a cobrar mensalidade acadêmica. Tal proibição, contudo, não se aplica às instituições educacionais criadas por lei estadual ou municipal, editadas até a data de promulgação da Carta de 1988, que não sejam mantidas com recursos públicos (CF, art. 242).
- **Valorização dos profissionais da educação escolar, garantidos, na forma da lei, planos de carreira, com ingresso exclusivamente por concurso público de provas e títulos, aos das redes públicas (CF, art. 206, V, com redação dada pela EC n. 53/2006)** — tal princípio, que se aplica ao magistério em geral, adveio da EC n. 19/98, que extinguiu o regime jurídico único.

> **Casuística do STF:**
> - **Princípio da valorização dos profissionais do ensino** — "A circunstância de o citado artigo 206, V, da atual Carta Magna ter estabelecido o princípio da valorização dos profissionais do ensino e garantido, na forma da lei, plano de carreira para o magistério público, não implica que não mais possa a lei dispor que, no ensino superior, haverá, além da carreira que vai de professor auxiliar até professor adjunto, com ingresso mediante concurso público de provas e títulos, o cargo isolado de professor titular também acessível por concurso público de provas e títulos" (STF, RE 141.081, Rel. Min. Moreira Alves, *DJ* de 5-9-1997). **No mesmo sentido:** STF, RE 206.629; AI 212.774-AgRg.
> - **Regime especial do art. 206, V, da CF** — "No que diz com os integrantes do magistério público, não é o art. 54 da Lei Darcy Ribeiro que os subtrai do âmbito do Regime Jurídico Único do servidor público (CF, art. 39): é a Constituição mesma, art. 206, V, que lhes assegura outro regime, único mas especial, o qual, entretanto, não lhes poderá negar as garantias gerais outorgadas a todo o funcionalismo pela Lei Magna. O pessoal burocrático das Universidades, ao contrário, há de submeter-se ao regime único dos servidores públicos, que somente não alcança os que dele foram retirados pela própria Constituição" (STF, ADIn 1.620-MC, Rel. Min. Sepúlveda Pertence, *DJ* de 15-8-1997).
> - **Sistema eletivo para a escolha de dirigentes dos estabelecimentos de ensino** — "É inconstitucional o dispositivo da Constituição de Santa Catarina que estabelece o sistema eletivo, mediante voto direto e secreto, para a escolha dos dirigentes dos estabelecimentos de ensino. É que os cargos públicos são providos mediante concurso público, ou, tratando-se de cargo em comissão, mediante livre nomeação e exoneração do Chefe do Poder Executivo, se os cargos estão na órbita deste (CF, arts. 37, II, e 84, XXV)" (STF, Pleno, ADIn 123-0/SC, Rel. Min. Carlos Velloso, *DJ*, 1, de 12-9-1997, p. 43713). **No mesmo sentido:** STF, Pleno, ADIn 143-4/CE, Rel. Min. Carlos Velloso, *DJ*, 1, de 30-3-2001, p. 80.

- **Gestão democrática do ensino público, na forma da lei** — a escolha dos representantes das escolas, faculdades, institutos, diretorias, chefias e reitorias, mediante eleições livres, é um corolário do regime democrático. Mas isso não significa romper com a *hierarquia administrativa*, essencial às instituições que se reputam sérias. A escolha de diretores de escolas públicas, por exemplo, sujeita-se ao crivo do governador do Estado, porque ele é o Chefe da Administração estadual (CF, arts. 37, II, e 84, II e XXV). Esse é o entendimento do Pretório Excelso (STF, Pleno, ADIn 578/DF, Rel. Min. Paulo Brossard, *DJ* de 2-4-1993, p. 5615).

> **Eleição de dirigentes de Escola Pública:** o Supremo declarou a inconstitucionalidade de norma constitucional estadual e de vários preceitos legais que asseguravam eleição para dirigentes de escolas públicas. Concluiu a Corte que houve desrespeito aos arts. 2º; 37, II; 61, § 1º, II, c e 84, II e XXV, da Carta Magna, pelos quais compete ao Poder Executivo a iniciativa de leis tendentes a mudar o regime jurídico de provimento dos cargos de diretor de escolas públicas, que são em comissão e, como tais, de confiança do Chefe daquele Poder, a quem o ordenamento confere as prerrogativas de livre nomeação e demissão *ad nutum*, incompatíveis com o sistema de eleições (STF, ADI 2997/RJ, Rel. Min. Cezar Peluso, j. em 12-8-2009). **Outro julgado:** "Inconstitucionalidade, perante a Carta Federal, do art. 199 da Constituição do Amazonas, na parte em que determina a realização de eleições para os cargos de direção dos estabelecimentos de ensino público. Não se confunde a qualificação de democrática da gestão do ensino público com modalidade de investidura, que há de coadunar-se com o princípio da livre escolha dos cargos em comissão do Executivo pelo Chefe desse Poder (CF, arts. 37, II; e 84, II e XXV)" (STF, ADIn 490, Rel. Min. Octavio Gallotti, *DJ* de 20-6-1997).

1394 ♦ Uadi Lammêgo Bulos ♦

- **Garantia do padrão de qualidade** — a *qualidade* aí referida não é somente a interna, apurada por exames de avaliação escolar, como provas, testes, trabalhos de pesquisa, monografias etc. É também a *externa*, mediante a qual o ensino será aferido pelos padrões e necessidades sociais.
- **Piso salarial profissional nacional** — esse benefício é para os profissionais da educação escolar pública, nos termos de lei federal (CF, art. 206, VIII, acrescido à Constituição pela EC n. 53/2006).
- **Profissionais da educação básica** — a lei disporá sobre as categorias de trabalhadores considerados profissionais da educação básica e sobre a fixação de prazo para a elaboração ou adequação de seus planos de carreira, no âmbito da União, dos Estados, do Distrito Federal e dos Municípios (CF, art. 206, parágrafo único, acrescido à Constituição pela EC n. 53/2006).
- **Garantia do direito à educação e à aprendizagem ao longo da vida** — aí está o contributo da Emenda Constitucional n. 108, de 26-8-2020, que, a rigor, nada mais fez do que consagrar um enunciado constitucional que poderia, muito bem, ser dessumido do contexto constitucional. De qualquer modo, é bem-vinda a inserção do tema no bojo do art. 206 da *Lex Mater*.

✧ 6.1.2.1. Taxa de matrícula, gratuidade do ensino público e Súmula vinculante n. 12

No **RE 500.171**, o Supremo Tribunal Federal, por maioria de votos, negou provimento a recurso extraordinário interposto por universidade federal contra acórdão do TRF da 1ª Região, para o qual a cobrança de taxa de matrícula dos estudantes da recorrente, cujos recursos seriam destinados a programa de assistência para alunos de baixa condição socioeconômico-cultural, violaria o disposto no art. 206, IV, da Carta Maior, que consagra a **gratuidade do ensino público em estabelecimentos oficiais** (STF, RE 500.171/GO, Rel. Min. Ricardo Lewandowski, j. em 13-8-2008).

Entendeu a Corte que não se pode admitir que as universidades públicas, mantidas integralmente pelo Estado, criem obstáculos de natureza financeira para o acesso dos estudantes aos cursos que ministram, a pretexto de subsidiar alunos carentes.

> **Constitucionalidade da devolução de taxa de matrícula em caso de desistência ou transferência de curso universitário** — é constitucional a devolução de taxa de matrícula em caso de desistência ou de transferência de curso. A previsão de devolução respeita e reforça a Lei de Diretrizes e Bases da Educação Nacional (Lei n. 9.394/96) e as normas gerais sobre anuidades escolares (Lei n. 9.870/99). Tem o objetivo de proteger os estudantes de situação de abuso e enriquecimento sem causa de faculdades particulares. A intervenção do Estado no domínio econômico para defesa do consumidor é legítima e tem fundamento na Constituição Federal (art. 170) (STF, ADI 5951, Rel. Min. Cármen Lúcia, j. 19-6-2020).

Certamente, o constituinte de 1988, considerando que o ensino público superior é acessível às camadas sociais detentoras de maior poder aquisitivo, buscou superar essa desigualdade de acesso, prevendo, assim, a gratuidade do ensino público nos estabelecimentos oficiais (CF, art. 206, IV).

Logo, não é razoável a cobrança da taxa de matrícula, pois tanto a Carta Magna (art. 212) quanto a Lei n. 9.394/96 (art. 70, V, VI e VIII) garantem às universidades públicas os recursos necessários para a consecução de seus fins, inclusive para a eventual assistência de estudantes mais necessitados.

Para a maior parte dos Ministros do Supremo, se fosse aceita a tese da recorrente, no sentido de que a sociedade deveria compartilhar com o Estado os ônus do ensino dado em estabelecimentos oficiais e a manutenção de seus alunos, a própria recorrente teria de contribuir duplamente para a subsistência desse serviço público essencial, isto é, com o pagamento dos impostos e da aludida taxa.

A fim de pacificar, de uma vez por todas, a questão, o Tribunal aprovou a **Súmula vinculante n. 12**: "A cobrança de taxa de matrícula nas universidades públicas viola o disposto no art. 206, inciso IV, da Constituição Federal".

Finalmente, recordemos que universidades públicas podem, segundo o Supremo Tribunal Federal, cobrar por cursos de especialização. A garantia constitucional da gratuidade de ensino, disciplinada no art. 206, IV, da Carta Magna, não impede a cobrança, por universidades públicas, de mensalidades em

◆ Cap. 27 ◆ ORDEM SOCIAL **1395**

cursos de especialização, decidiu o plenário da Corte Excelsa, por maioria de votos e com repercussão geral reconhecida (STF, RE 597854, Rel. Min. Edson Fachin, j. 26-4-2017).

¤ 6.1.3. Autonomia universitária

O pórtico da autonomia universitária é o carro-chefe do ensino superior na Constituição, ponto culminante da horografia constitucional de nossas universidades.

Daí a Carta de Outubro consagrar-lhe, de modo grandiloquente:

"Art. 207. As universidades gozam de autonomia didático-científica, administrativa e de gestão financeira e patrimonial, e obedecerão ao princípio de indissociabilidade entre ensino, pesquisa e extensão".

Esse preceptivo atendeu aos pressupostos da liberdade de aprendizagem, ensino, arte, saber, pesquisa e divulgação do pensamento, independentemente de censura ou licença prévia (arts. 5º, IX, e 206, II).

Cerne da vida acadêmica desde a Idade Média, a autonomia universitária representava uma espécie de garantia da Igreja aos estudiosos que se abrigavam em torno das catedrais. Era o *studium generale*, corporação de alunos e professores, que se congregavam na *universitas*.

No Brasil, a autonomia universitária prenunciou uma realidade anterior à própria criação da universidade.

> **Nossas primeiras faculdades:** a primeira faculdade napoleônica, criada por D. João VI, foi a de Medicina da Bahia, nos idos de 1808, seguida pela do Rio de Janeiro. Nessa época, já era possível detectar uma pálida presença do princípio da autonomia universitária.

A tentativa inicial para sua implementação deu-se em 1823, com a proposta da criação de universidades, resultando daí o nascimento das faculdades de direito de São Paulo e de Olinda, depois, a do Recife. Dissolvida a Assembleia Geral Constituinte por Dom Pedro I, o projeto não se concretizou.

Só com a Reforma Rivadávia Correia, conhecida como Lei Orgânica do Ensino Superior e Fundamental da República (Dec. n. 8.659, de 5-4-1911), que a autonomia universitária foi concedida às escolas superiores. A partir daí inúmeras reformas se sucederam, dentre elas a de Francisco Campos, empreendida após a Revolução de 1930, que veio a reconhecer a autonomia universitária em bases firmes, alçando-a ao posto de garantia institucional das universidades (Dec. n. 19.851, de 11-4-1931).

A falta de uma política universitária esclarecida, entretanto, levou o legislador a se perder, consideravelmente, editando uma pletora de diplomas normativos, decretos e portarias que cairiam no esquecimento. Resultado: a Reforma Francisco Campos tornou-se letra morta, anulando a autonomia universitária, dantes assegurada.

Se no plano da legislação ordinária detectamos avanços e retrocessos na disciplina normativa da autonomia universitária, o mesmo não podemos dizer na órbita constitucional.

É certo que o assunto tem evoluído, gradativa e positivamente, em nossas constituições.

Da mera liberdade de cátedra — prevista no Texto de 1934 (art. 155), esquecida pelo constituinte de 1937, reintroduzida nas Cartas de 1946 (art. 168, VII) e 1967 (art. 168, VI), ausente na Emenda Constitucional n. 1/69 — ao poder de autogoverno conferido às universidades pela Constituição de 1988 (art. 207, *caput*), o que se constata é a crescente ascensão do princípio no Brasil.

Sem dúvida, a novidade mais significativa no campo da universidade, trazida pelo constituinte de 1988, foi a constitucionalização da autonomia acadêmica, outrora consagrada na legislação comum. Contudo, não há falar em nova autonomia universitária, e sim em uma nova realidade, decorrente da positivação suprema do art. 207.

A diferença é no que tange à hierarquização do princípio, antes presente na lei comum, hoje proclamado em sede constitucional.

Decerto, com o Texto de 1988 a matéria postou-se fora do arbítrio legislativo.

Nenhuma lei, formal ou material, poderá derrogar, suprimir ou, sequer, amesquinhar a obra do constituinte originário. O mesmo vale para o Executivo, que está impedido de emitir medidas provisórias nessa seara.

1396 ◆ Uadi Lammêgo Bulos ◆

Certamente, a constitucionalização da autonomia universitária ou acadêmica possui um sentido sólido e bastante delimitado: imprimir eficácia derrogativa à ação legiferante ordinária, impedindo cerceamentos à independência das universidades.

Lei de extensão nacional: não vulnera a autonomia prevista no art. 207 da Constituição Federal lei nacional que dispõe sobre a transferência de alunos (STF, 2ª T., RE 134.795/DF, Rel. Min. Marco Aurélio, *DJ* de 20-11-1992, p. 21613).

No mais, o princípio prossegue com a sua roupagem tradicional, pois o seu conteúdo intrínseco não se alterou. Cada centro universitário se autogoverna, administra-se, organiza seu ensino, seus cursos, programas, pesquisas, atividades culturais, artísticas e de extensão, sem ingerências externas, o que não significa eximir-se das avaliações periódicas do Ministério da Educação, como já decidiu o Supremo Tribunal Federal (STF, ADIn 1.511-MC, Rel. Min. Carlos Velloso, *DJ* de 6-6-2003).

Escolha de reitores de universidades federais: o ato de nomeação de reitores das universidades públicas federais, disciplinado na Lei n. 5.540/68, com redação dada pela Lei n. 9.192/95, não ofende a autonomia universitária do art. 207 da Constituição Federal. Trata-se de um ato de "discricionariedade mitigada", realizado a partir de requisitos objetivamente previstos na legislação federal, que exige que a escolha do chefe do presidente da República recaia sobre um dos três nomes eleitos pela Universidade. Embora o chefe do Poder Executivo não possa escolher entre os integrantes da lista tríplice, não há lógica para sua própria formação, cabendo à lei indicar a nomeação como ato vinculado a partir da remessa do nome mais votado (STF, ADPF 759, Rel. Min. Edson Fachin, j. 10-2-2021).

A Carta de 1988 desdobrou a autonomia universitária em três espécies complementares:

* **Autonomia didático-científica** — as universidades têm autonomia para criar cursos, organizar simpósios, fazer vestibulares, elaborar currículos e programas de fomento à cultura, à ciência e à tecnologia, sem necessidade de qualquer autorização do Conselho Federal de Educação, desde que respeitadas as leis, bem como as resoluções administrativas do próprio Conselho. Trata-se da liberdade de ensinar, pesquisar, falar e transmitir conhecimentos, que não podem sofrer restrições (art. 206, II).

Taxa de inscrição em vestibular: é constitucional a lei que isenta do pagamento de taxa de inscrição os candidatos ao exame vestibular de Universidade Estadual (STF, ADIn 2.643, Rel. Min. Carlos Velloso, *DJ* de 26-9-2003).

* **Autonomia administrativa** — o perfil organizacional das universidades, com laboratórios, bibliotecas, hospitais, exige que os administradores tenham liberdade para trabalhar. Daí a incumbência das universidades elaborarem seus estatutos a ser aprovados pelo conselho competente, viabilizando, por exemplo, concursos para professores, escolha do corpo técnico-administrativo e, até, organizando o *campus* universitário.

Implantação de *campus* universitário: "A implantação de *campus* universitário sem que a iniciativa legislativa tenha partido do próprio estabelecimento de ensino envolvido caracteriza, em princípio, ofensa à autonomia universitária" (STF, ADIn 2.367-MC, Rel. Min. Maurício Corrêa, *DJ* de 5-3-2004).

* **Autonomia de gestão financeira e patrimonial** — possibilita o pleno exercício da liberdade acadêmica, pela elaboração da proposta orçamentária. Sua execução guarnece a confecção de empenhos, o controle das receitas e das despesas, além da aceitação de subvenções, doações e legados. Envolve a administração de recursos financeiros, bens móveis e imóveis, bens de capital, construções, máquinas e implementos. Nesse sentido, exsurgem as *universidades autárquicas*, com seus conselhos de curadores, destinados a gerir a autarquia em regime especial. Soma-se a isso a administração contábil, cujo papel é sobremodo relevante no ordenamento dos gastos.

Enquadramento das autarquias na Administração indireta: "O fato de gozarem as universidades da autonomia que lhes é constitucionalmente garantida não retira das autarquias dedicadas a esse mister a qualidade de integrantes da administração indireta, nem afasta, em consequência, a aplicação, a seus servidores, do regime jurídico comum a todo o funcionalismo, inclusive as regras remuneratórias" (STF, RE 331.285, Rel. Min. Ilmar Galvão, *DJ* de 2-5-2003).

◆ Cap. 27 ◆ ORDEM SOCIAL 1397

Ao lado da autonomia universitária, o art. 207 previu o *princípio da indissociabilidade entre ensino, pesquisa e extensão*, introduzido, inicialmente, no Brasil, em sede infraconstitucional, por ideia de Newton Sucupira (*A condição atual da universidade e a reforma universitária brasileira*, 1972).

> **Sobre o tema:** Tomás-Ramon Fernandez, *La autonomía universitaria:* ámbito y limites, 1982; Nina Ranieri, *Autonomia universitária:* as universidades públicas e a Constituição Federal de 1988, 1994; Palhares Moreira Reis, A autonomia das universidades públicas na Constituição de 1988, *RIL, 105*:99; Giuseppe da Costa, A autonomia universitária e seus limites jurídicos, *RIL, 107*:61; Adilson Abreu Dallari, Autonomia nas universidades públicas, *RTDP, 1*:289.

Pelo *princípio da indissociabilidade entre ensino, pesquisa* e *extensão*, incumbe às universidades adotar a concepção unimodular de ensino superior, fomentando a liberdade de aprender, ensinar, pesquisar e divulgar o pensamento, a arte e o saber (CF, art. 206, II).

Para tanto, é facultado às universidades e às instituições de pesquisa científica e tecnológica admitir professores, técnicos e cientistas estrangeiros, na forma da lei (CF, arts. 37, I, 207, §§ 1º e 2º).

Mas o princípio geral da autonomia universitária não é absoluto. Ele não confere uma liberdade incondicionada, porque é limitado, como reconheceu o Supremo Tribunal Federal.

> **Precedente do STF:** "O princípio da autonomia das universidades (CF, art. 207) não é irrestrito, mesmo porque não cuida de soberania ou independência, de forma que as universidades devem ser submetidas a diversas outras normas gerais previstas na Constituição, como as que regem o orçamento (art. 165, § 5º, I), a despesa com pessoal (art. 169), a submissão dos seus servidores ao regime jurídico único (art. 39), bem como às que tratam do controle e da fiscalização" (STF, ADIn 1.599-MC, Rel. Min. Maurício Corrêa, *DJ* de 18-5-2001).

Sua ação e funcionamento passam pelo crivo do Estado, por intermédio de seus órgãos de controle, a exemplo dos Tribunais de Contas.

Ora, autonomia universitária nada tem que ver com soberania, afastando "as universidades do poder normativo e de controle dos órgãos federais competentes" (STJ, MS 3.318/DF, Rel. Min. Antônio de Pádua Ribeiro, *DJ* de 15-8-1994, p. 20271).

Cinge-se, por isso, a princípios constitucionais, que requerem a observância de procedimentos lícitos. É o caso das universidades federais; elas são inspecionadas pelo Ministério da Educação.

Em qualquer de suas formas de exteriorização — *didático-científica, administrativa* ou *de gestão* — deve respeitar as normas gerais da educação nacional (CF, art. 209, I), como já decidiu o Supremo Tribunal Federal (MS 22.412, Rel. Min. Carlos Velloso, *DJ* de 1º-3-2002).

> **Constitucionalidade do PROUNI** — segundo o Supremo Tribunal Federal, o Programa Universidade para Todos (PROUNI) em nada feriu o princípio da autonomia universitária (Pleno, ADIs 3.330 e 3.314, Rel. Min. Carlos Britto, j. 3-5-2012).

> Decidiu o Supremo Tribunal Federal que é livre a manifestação de ideias em universidades, inclusive na época de pleitos eleitorais. Segundo a Min. Cármen Lúcia, a "liberdade de pensamento não é concessão do Estado, mas sim direito fundamental do indivíduo, que pode até mesmo se contrapor ao Estado" (STF, ADPF 548, Rel. Min. Cármen Lúcia, j. 31-10-2018).

⌗ 6.1.4. Garantias constitucionais da educação

O dever do Estado para com a educação efetiva-se mediante o cumprimento das seguintes garantias (CF, art. 208, I a VII):

- educação básica obrigatória e gratuita dos 4 (quatro) aos 17 (dezessete) anos de idade, assegurada inclusive sua oferta gratuita para todos os que a ela não tiveram acesso na idade própria (Redação dada pela EC n. 59/09). Vale registrar que, pelo art. 6º da EC n. 59/2009, o inciso I do art. 208 da Constituição Federal deverá ser implementado progressivamente, até 2016, nos termos do Plano Nacional de Educação, com apoio técnico e financeiro da União;
- progressiva universalização do ensino médio gratuito (redação dada pela EC n. 14/96);
- atendimento educacional especializado aos portadores de deficiência, preferencialmente na rede regular de ensino;

- educação infantil, em creche e pré-escola, às crianças até 5 anos de idade (redação dada pela EC n. 53/2006);
- acesso aos níveis mais elevados do ensino, da pesquisa e da criação artística, segundo a capacidade de cada um;

Transferência ex officio entre instituições de ensino: o STF julgou procedente, em parte, "pedido de ação direta ajuizada pelo Procurador-Geral da República contra o art. 1º da Lei 9.536/97 que prevê a possibilidade de efetivação de transferência *ex officio* de estudantes — servidores públicos civis ou militares, ou de seus dependentes — entre instituições vinculadas a qualquer sistema de ensino superior, quando requerida em razão de remoção ou transferência de ofício desses servidores que acarrete mudança de seu domicílio. Não obstante considerar consentânea com o texto constitucional a previsão normativa asseguradora do acesso a instituição de ensino na localidade para onde é removido o servidor, entendeu-se que a possibilidade de transferência entre instituições não congêneres permitida pela norma impugnada, especialmente a da particular para a pública, haja vista a envergadura do ensino, a própria gratuidade e a escassez de vagas oferecidas pela última, acabou por conferir privilégio, sem justificativa, a determinado grupo social em detrimento do resto da sociedade, a violar os princípios da isonomia, da impessoalidade e da moralidade da Administração Pública, da igualdade de condições para o acesso e permanência na escola superior (CF, art. 206, I) e a garantia do acesso aos níveis mais elevados do ensino (CF, art. 208, V). Por conseguinte, assentou-se a inconstitucionalidade do art. 1º da Lei 9.536/97, sem redução do texto, no que se lhe empreste o alcance de permitir a mudança, nele disciplinada, de instituição particular para pública, encerrando a cláusula 'entre instituições vinculadas a qualquer sistema de ensino' a observância da natureza privada ou pública daquela de origem, viabilizada a matrícula na congênere, isto é, dar-se-á a matrícula em instituição privada se assim o for a de origem e em pública se o servidor ou o dependente for egresso de instituição pública" (STF, ADIn 3.324/DF, Rel. Min. Marco Aurélio, decisão de 16-12-2004).

- oferta de ensino noturno regular, adequado às condições do educando; e
- atendimento ao educando, em todas as etapas da educação básica, por meio de programas suplementares de material didático escolar, transporte, alimentação e assistência à saúde (Redação dada pela EC n. 59/2009).

O acesso ao ensino obrigatório e gratuito é direito público subjetivo. Por isso, o seu não oferecimento pelo Poder Público, ou sua oferta irregular, importa responsabilidade da autoridade competente (CF, art. 208, §§ 1º e 2º).

Demais disso, compete ao Poder Público recensear os educandos no ensino fundamental, fazer-lhes a chamada e zelar, junto aos pais ou responsáveis, pela frequência à escola (CF, art. 208, § 3º).

O ensino é livre à iniciativa privada, atendidas as seguintes condições (CF, art. 209, I e II):
- cumprimento das normas gerais da educação nacional; e
- autorização e avaliação de qualidade pelo Poder Público. Essa *autorização* não é ato administrativo discricionário, e sim vinculado. Trata-se, na realidade, de uma certificação, mediante a qual se verificará se a instituição de ensino cumpre as exigências legais e constitucionais.

Serão fixados conteúdos mínimos para o ensino fundamental, de maneira a assegurar formação básica comum e respeito aos valores culturais e artísticos, nacionais e regionais (CF, art. 210, *caput*).

Nesse particular, o constituinte destacou o ensino religioso, de matrícula facultativa, mas que constitui disciplina dos horários normais das escolas públicas de ensino fundamental (CF, art. 210, § 1º).

Claro que a liberdade de pensamento fala mais alto. Os pais ou responsáveis pela criança, não desejando que ela se matricule na disciplina *religião*, devem ter esse direito intocado. De outro prisma, os crentes têm a prerrogativa de reclamar o ensino religioso nas instituições que desejem implementá-lo.

Ensino religioso nas escolas públicas — por 6 votos a 5, o Supremo Tribunal Federal julgou improcedente a Ação Direta de Inconstitucionalidade, ajuizada pela Procuradoria-Geral da República, a qual questionava o modelo de ensino religioso adotado nas escolas da rede pública de ensino do país. Prevaleceu o entendimento de que o ensino religioso nas escolas públicas brasileiras tem natureza confessional, e, por isso, vincula-se às diversas religiões. A Procuradoria-Geral defendeu, no caso, a tese de que o art. 33, *caput*, §§ 1º e 2º, da Lei de Diretrizes e Bases da Educação, e o art. 11, § 1º, do acordo firmado entre o Brasil e a Santa Sé (promulgado por meio do Decreto n. 7.107/2010), deveriam ser submetidos à interpretação conforme à Constituição. O objetivo da Procuradoria era: (i) consignar

◆ Cap. 27 ◆ ORDEM SOCIAL

o entendimento de que o ensino religioso nas escolas públicas não pode vincular-se a uma religião específica; (ii) proibir a admissão de professores como representantes de confissões religiosas; e (iii) sustentar o raciocínio de que tal disciplina, cuja matrícula é facultativa, deve voltar-se para a história e a doutrina das várias religiões, ensinadas sob uma perspectiva laica. Para o Supremo Tribunal, a matéria deve ser concebida à luz dos seguintes parâmetros: (i) a "laicidade estatal não implica o menosprezo nem a marginalização da religião na vida da comunidade, mas, sim, afasta o dirigismo estatal no tocante à crença de cada qual"; (ii) "O Estado laico não incentiva o ceticismo, tampouco o aniquilamento da religião, limitando-se a viabilizar a convivência pacífica entre as diversas cosmovisões, inclusive aquelas que pressupõem a inexistência de algo além do plano físico"; (iii) não cabe ao Estado incentivar o avanço de correntes religiosas específicas, e sim garantir campo saudável e desimpedido ao desenvolvimento das diversas cosmovisões; (iv) "Em matéria confessional, o Estado brasileiro há de manter-se em posição de estrita neutralidade axiológica em ordem a preservar, em favor dos cidadãos, a integridade do seu direito fundamental à liberdade religiosa"; e (v) "A laicidade do Estado brasileiro não impediu o reconhecimento de que a liberdade religiosa impôs deveres ao Estado, um dos quais a oferta de ensino religioso com a facultatividade de opção por ele, a tolerância religiosa, bem como a importância fundamental às liberdades de crença, expressão e manifestação de ideias" (STF, ADI 4439, Rel. Roberto Barroso, j. 27-9-2017).

Obrigatoriedade da Bíblia em escolas e bibliotecas públicas é inconstitucional — os princípios constitucionais da liberdade religiosa e da laicidade do Estado vedam tratamento discriminatório ou favorecimento injustificado de determinada religião, não sendo obrigatória a manutenção de exemplares da Bíblia nas escolas da rede estadual de ensino e nas bibliotecas públicas, às custas dos cofres públicos (STF, ADI 5256, Rel. Min. Rosa Weber, j. 25-10-2021).

O ensino fundamental regular será ministrado em língua portuguesa, assegurada às comunidades indígenas também o uso de suas línguas maternas e processos próprios de aprendizagem (CF, art. 210, § 1º).

✄ 6.1.5. Educação infantil: obrigação constitucional do Município (CF, art. 208, IV)

Concluiu o Supremo Tribunal Federal que os Municípios têm a obrigação impostergável de cumprir o disposto no art. 208, IV, da Carta Magna. Eles não poderão demitir-se desse mandato constitucional, juridicamente vinculante, o qual representa fator de limitação da discricionariedade político-administrativa dos entes municipais. Eis o sumo da decisão:

"A educação infantil representa prerrogativa constitucional indisponível, que, deferida às crianças, a estas assegura, para efeito de seu desenvolvimento integral, e como primeira etapa do processo de educação básica, o atendimento em creche e o acesso à pré-escola (CF, art. 208, IV). Essa prerrogativa jurídica, em consequência, impõe, ao Estado, por efeito da alta significação social de que se reveste a educação infantil, a obrigação constitucional de criar condições objetivas que possibilitem, de maneira concreta, em favor das 'crianças até 5 (cinco) anos de idade' (CF, art. 208, IV), o efetivo acesso e atendimento em creches e unidades de pré-escola, sob pena de configurar-se inaceitável omissão governamental, apta a frustrar, injustamente, por inércia, o integral adimplemento, pelo Poder Público, de prestação estatal que lhe impôs o próprio texto da Constituição Federal. A educação infantil, por qualificar-se como direito fundamental de toda criança, não se expõe, em seu processo de concretização, a avaliações meramente discricionárias da Administração Pública, nem se subordina a razões de puro pragmatismo governamental" (STF, AgI 677.274/SP, Rel. Min. Celso de Mello, j. em 18-9-2008).

✄ 6.1.6. Sistemas de ensino

A União, os Estados, o Distrito Federal e os Municípios organizarão, em regime de colaboração, seus sistemas de ensino (CF, art. 211, *caput*), valendo lembrar que a educação básica pública deve atender prioritariamente ao ensino regular (CF, art. 211, § 5º, acrescido pela EC n. 53/2006).

Desse modo, a Carta de 1988 previu os seguintes sistemas de ensino:

1400 ◆ Uadi Lammêgo Bulos ◆

- **Sistema federal de ensino (CF, art. 211, § 1º — redação dada pela EC n. 14/96)** — organizado pela União, à qual cumpre financiar as instituições de ensino públicas federais, exercendo atividade redistributiva e supletiva. O objetivo do sistema federal é garantir a igualdade de oportunidades educacionais e o padrão mínimo de qualidade do ensino. Para tanto, cumpre à União assistir, técnica e financeiramente, as demais entidades federativas, isto é, Estados, Distrito Federal e Municípios.

> **Fundo de manutenção e desenvolvimento do ensino fundamental e de valorização do magistério (EC n. 14/96 e Lei n. 9.424/96):** "Atribuição de nova função à União — redistributiva e supletiva da garantia de equalização de oportunidades educacionais. Alegada ofensa ao princípio federativo. Não ferimento à autonomia estadual. *Causa petendi* aberta, que permite examinar a questão por fundamento diverso daquele alegado pelo requerente. Declaração de inconstitucionalidade que não se mostra possível, porque se atacaria o acessório e não o principal" (STF, ADIn 1.749, Rel. Min. Nelson Jobim, *DJ* de 15-4-2005).

- **Sistema estadual de ensino (CF, art. 211, § 3º — oriundo da EC n. 14/96)** — tem em vista, precipuamente, o ensino fundamental e médio. Na organização de seu sistema de ensino, cumpre ao Estado-membro definir formas de colaboração para universalizar o ensino obrigatório (CF, art. 211, § 4º — oriundo da EC n. 14/96).
- **Sistema distrital de ensino (CF, art. 211, § 3º — oriundo da EC n. 14/96)** — também visa, com prioridade, o ensino fundamental e médio.
- **Sistema municipal de ensino (CF, art. 211, § 2º — redação dada pela EC n. 14/96)** — os Municípios atuarão prioritariamente no ensino fundamental e na educação infantil.

Na organização de seus sistemas de ensino, a União, os Estados, o Distrito Federal e os Municípios definirão formas de colaboração, de forma a assegurar a universalização, a qualidade e a equidade do ensino obrigatório (CF, art. 211, § 4º — redação dada pela EC n. 108/2020). Recordemos que os entes federativos podem exercer ação redistributiva em relação a suas escolas (CF, art. 211, § 6º — redação dada pela EC n. 108/2020). Demais disso, há que se observar o padrão mínimo de qualidade e as condições adequadas de oferta. Tomar-se-á como referência o Custo Aluno Qualidade (CF, art. 211, § 7º — redação dada pela EC n. 108/2020).

> **Inclusão da pré-escola:** "A Constituição Federal, no art. 211, § 2º, inclui a pré-escola como um dos seguimentos dos sistemas de ensino" (STJ, REsp 31.728/SP, Rel. Min. José Cândido de Carvalho Filho, *DJ* de 31-5-1993, p. 10694).

⌑ 6.1.7. Financiamento do ensino público

O financiamento do ensino público ficou a cargo de todas as entidades federativas, as quais devem observar o disposto no art. 60 do Ato das Disposições Constitucionais Transitórias, com redação dada pela EC n. 53/2006.

> **Rejeição de contas públicas:** "A rejeição legislativa de contas públicas, com fundamento na ausência de aplicação do percentual compulsório mínimo determinado pelo Texto Constitucional em favor do ensino fundamental, não conduz, por si só, ao reconhecimento de uma situação caracterizadora de improbidade administrativa (LC 64/90, art. 1º, I, *g*)" (STF, RE 160.432/SP, Rel. Min. Celso de Mello, *DJ* de 6-5-1994, p. 10494).

Vejamos como o art. 212, *caput*, da Carta de 1988 distribuiu o repasse de verbas de cada entidade federativa para a educação:
- **União** — deve aplicar, todo ano, nunca menos de 18% de sua receita, advinda de transferências; e
- **Estados, Distrito Federal e Municípios** — têm a obrigação anual de aplicar, no mínimo, 25% de sua receita, proveniente de transferências.

Interessante observar que, segundo o § 3º do art. 76 do ADCT, proveniente da EC n. 59/2009, "Para efeito do cálculo dos recursos para manutenção e desenvolvimento do ensino de que trata o art. 212

◆ Cap. 27 ◆ ORDEM SOCIAL **1401**

da Constituição, o percentual referido no *caput* deste artigo será de 12,5% (doze inteiros e cinco décimos por cento) no exercício de 2009, 5% (cinco por cento) no exercício de 2010, e nulo no exercício de 2011".

Como podemos ver, a finalidade dessa norma transitória é reduzir, anualmente — a partir do exercício de 2009 —, o percentual da Desvinculação das Receitas da União incidente sobre os recursos destinados à manutenção e desenvolvimento do ensino de que trata o art. 212 da Constituição Federal.

Mas, além da vinculação de receitas para custeio do ensino, o constituinte estabeleceu, ainda, as seguintes regras de cálculo para o orçamento dos entes federativos:

- **regra da parcela da arrecadação (art. 212, §§ 1º e 2º)** — a parcela da arrecadação de impostos transferida pela União aos Estados, ao Distrito Federal e aos Municípios, ou pelos Estados aos respectivos Municípios, não é considerada, para efeito do cálculo previsto no art. 212, receita do governo que a transferir;
- **regra da distribuição de recursos públicos (art. 212, § 3º, com redação dada pela EC n. 59/2009)** — a distribuição dos recursos públicos assegurará prioridade ao atendimento das necessidades do ensino obrigatório, no que se refere a universalização, garantia de padrão de qualidade e equidade, nos termos do plano nacional de educação;
- **regra dos programas suplementares de alimentação e assistência à saúde (art. 212, § 4º)** — tais programas, no art. 208, VII, da Lei Suprema, serão financiados com recursos provenientes de contribuições sociais e outros recursos orçamentários;
- **regra da fonte adicional de financiamento do ensino público (art. 212, § 5º, com redação dada pela EC n. 53/2006)** — a educação básica pública terá como fonte adicional de financiamento a contribuição social do salário-educação, recolhida pelas empresas na forma da lei; e

> **Casuística do STF:**
> - **Súmula 732** — "É constitucional a cobrança da contribuição do salário-educação, seja sob a carta de 1969, seja sob a Constituição Federal de 1988, e no regime da Lei 9.424/1996".
> - **Alcance do art. 212, § 5º, da CF** — "A Constituição Federal faculta aos Estados e ao Distrito Federal vincular parcela de sua receita orçamentária a entidades públicas de fomento ao ensino, à pesquisa científica e tecnológica" (STF, Pleno, ADIn 780-MC/RJ, Rel. Min. Carlos Velloso, *DJ* de 16-4-1993, p. 6431). Precedentes: STF, ADIns 550-2/MT e 336/SE.

- **regra da distribuição proporcional (art. 212, § 6º, acrescido pela EC n. 53/2006)** — as cotas estaduais e municipais da arrecadação da contribuição social do salário- -educação serão distribuídas proporcionalmente ao número de alunos matriculados na educação básica nas respectivas redes públicas de ensino.
- **vedação constitucional (art. 212, § 7º, acrescido pela EC n. 108/2020)** — é proibido o uso dos recursos referidos no *caput* e no art. 21, §§ 5º e 6º, da Carta Magna, para pagamento de aposentadorias e de pensões;
- **extinção ou substituição de impostos (art. 212, § 8º, acrescido pela EC n. 108/2020)** — na hipótese de extinção ou de substituição de impostos, serão redefinidos os percentuais referidos no *caput* do art. 212 da Carta Magna e "no inciso II do *caput* do art. 212-A, de modo que resultem recursos vinculados à manutenção e ao desenvolvimento do ensino, bem como os recursos subvinculados aos fundos de que trata o art. 212-A desta Constituição, em aplicações equivalentes às anteriormente praticadas".
- **reserva constitucional de lei ordinária (art. 212 , § 9º, acrescido pela EC n. 108/2020)** — a lei comum disporá sobre "normas de fiscalização, de avaliação e de controle das despesas com educação nas esferas estadual, distrital e municipal".

¤ 6.1.8. Destinação dos recursos públicos no setor educativo

No setor educativo, o Texto de Outubro previu a destinação de recursos para as escolas públicas, comunitárias, confessionais ou filantrópicas, nos termos da lei (CF, art. 213, *caput*).

Mas essas instituições devem comprometer-se a (CF, art. 213, I e II):

1402 ◆ Uadi Lammêgo Bulos ◆

- comprovar que não têm em vista o lucro, aplicando seus excedentes financeiros em educação; e
- destinar seu patrimônio a outra escola comunitária, filantrópica ou confessional, ou ao Poder Público, caso encerrem suas atividades.

Os recursos públicos podem ser destinados a bolsas de estudo para o ensino fundamental e médio, na forma da lei. Nesse caso, deve-se demonstrar insuficiência de recursos, ficando o Poder Público obrigado a investir prioritariamente na expansão de sua rede na localidade (CF, art. 213, § 1º).

Conforme o art. 213, § 2º, com redação dada pela EC n. 85, de 26-2-2015, prescreveu: "As atividades de pesquisa, de extensão e de estímulo e fomento à inovação realizadas por universidades e/ou por instituições de educação profissional e tecnológica poderão receber apoio financeiro do Poder Público".

Com o advento da multimencionada Emenda Constitucional n. 108, de 26-8-2020, foi, também, acrescido ao texto da Constituição brasileira o art. 212-A. De acordo com esse preceptivo, parte dos recursos destinados aos Estados, Distrito Federal e Municípios terá como meta a manutenção e o desenvolvimento do ensino básico e a remuneração condigna de seus profissionais.

¤ 6.1.9. *Plano decenal de educação*

O plano decenal de educação foi uma novidade trazida pela EC n. 59/2009, que deu nova redação ao art. 214, *caput*, acrescentando-lhe, ainda, o inciso VI.

Sem embargo, destrinchando o art. 214, e seus respectivos desdobramentos, concluímos o seguinte sobre o plano decenal de educação:

- cumpre à lei ordinária estabelecer o plano nacional de educação, de **duração decenal**, com o objetivo de articular o sistema nacional de educação em regime de colaboração. Pela redação primitiva do art. 214, *caput*, a duração do plano de educação era plurianual. Com o surgimento da EC n. 59/2009, passou a ser decenal;

    > **Previsão do calendário rotativo escolar (decisão anterior à EC n. 59/09):** "A previsão do Calendário Rotativo Escolar na Lei que institui o plano plurianual parece legitimar o exercício, pelo Chefe do Executivo, do seu poder regulamentar, tornando possível, desse modo, a implantação dessa proposta pedagógica mediante decreto" (STF, Pleno, ADIn 748-MC/RS, Rel. Min. Celso de Mello, *DJ* de 6-11-1992, p. 20105).

- também é incumbência da lei ordinária definir diretrizes, objetivos, metas e estratégias de implementação para assegurar a manutenção e desenvolvimento do ensino em seus diversos níveis, etapas e modalidades por meio de ações integradas dos Poderes Públicos das diferentes esferas federativas. Antes do advento da EC n. 59/2009, a abrangência dos programas suplementares para todas as etapas da educação básica era mais restrita; e
- a integração das ações dos Poderes Públicos devem conduzir a: **(i)** erradicação do analfabetismo; **(ii)** universalização do atendimento escolar; **(iii)** melhoria da qualidade do ensino; **(iv)** formação para o trabalho; **(v)** promoção humanística, científica e tecnológica do País; e **(vi)** estabelecimento de meta de aplicação de recursos públicos em educação como proporção do produto interno bruto (novidade da EC n. 59/2009).

Esperamos, algum dia, que se cumpram todas essas promessas constitucionais. Até o momento, o analfabetismo persiste, o atendimento escolar não logrou universalização, a qualidade do ensino piorou, e a promoção humanística, científica e tecnológica não saiu do papel.

◇ 6.2. **Cultura**

O *subsistema constitucional da cultura* consagra os *direitos culturais*, que são prerrogativas de exercer a *cultura comum*, por meio do acesso às suas fontes nacionais (CF, arts. 215 e 216).

♦ Cap. 27 ♦ ORDEM SOCIAL **1403**

Cultura é palavra polissêmica. No sentido empregado pelo constituinte de 1988, ela se apresenta em duas acepções distintas:

- **Comum (ou vulgar)** — a cultura é todo fazer humano, incluindo-se aí uma qualificação ou aptidão espiritual. Daí as manifestações artísticas, poéticas, intelectuais, científicas, musicais etc. Essa primeira acepção estava no Direito brasileiro já nas Cartas de 1934 (art. 10, III), 1946 (arts. 174 e 175), 1967 (art. 172) e na Emenda Constitucional n. 1/69 (art. 180). Repetiu-se na *Lex Mater* de 1988, que prescreveu: "Art. 215. O Estado garantirá a todos o pleno exercício dos direitos culturais e acesso às fontes da cultura nacional, e apoiará e incentivará a valorização e a difusão das manifestações culturais".

  > **Proibição à "farra do boi":** "A obrigação de o Estado garantir a todos o pleno exercício de direitos culturais, incentivando a valorização e a difusão das manifestações, não prescinde da observância da norma do inciso VII do artigo 225 da Constituição Federal, no que veda prática que acabe por submeter os animais à crueldade. Procedimento discrepante da norma constitucional denominado *farra do boi*" (STF, RE 153.531, Rel. Min. Francisco Rezek, *DJ* de 13-3-1998).

- **Etnográfica (ou técnica)** — cultura é o conjunto de hábitos do homem na vida em sociedade, condicionando seu comportamento, suas reações, seu modo de ser. Nesse aspecto, entram os costumes e o *modus vivendi* do ser humano. Nessa acepção, exsurge a terminologia *constituição cultural*, para exteriorizar a ideia de aptidão, origem do povo, seu potencial de expressão, sua memória histórica, filosófica e sociológica.

  > **Legislação:**
  > - **Lei n. 7.505, de 2-7-1986:** dispõe sobre benefícios fiscais na área do imposto sobre a renda concedidos a operações de caráter cultural ou artístico.
  > - **Lei n. 8.313, de 23-12-1991:** institui o Programa Nacional de Apoio à Cultura (PRONAC).

⌑ 6.2.1. *Direitos constitucionais culturais*

Os direitos constitucionais culturais — garantidos pelo Estado brasileiro — podem ser assim sintetizados:

- **Direito à manifestação popular (art. 215, § 1º)** — o Estado protegerá as manifestações das culturas populares, indígenas e afro-brasileiras, e das de outros grupos participantes do processo civilizatório nacional. Eis a tutela da *cultura etnográfica*, que falamos acima, produzida pelo povo, e que se traduz pelo *folclore*. Nesse particular, o constituinte considerou a tríplice base formativa do povo brasileiro: portugueses, africanos e índios. Mas também levou em conta outras etnias, que substituíram o repugnante trabalho escravo: italianos, alemães, japoneses etc. Quanto ao *processo civilizatório nacional*, o intuito do constituinte foi externar, em palavras, a necessidade de interpretar o significado da formação do povo brasileiro, não deixando de fora todas as raças participantes de nossa existência.

  > **Proteção aos índios:** "Tendo em vista a proteção constitucional outorgada aos índios (CF, arts. 215, 216 e 231), o Tribunal deferiu *habeas corpus* impetrado em favor do Presidente do Conselho Indígena do Estado de Roraima para tornar sem efeito sua intimação para prestar depoimento, em audiência a ser realizada em Boa Vista, à CPI destinada a investigar a ocupação de terras públicas na região amazônica, sem prejuízo de sua oitiva na área indígena, em dia e hora previamente acordados com a comunidade, e com a presença de representante da Funai e de um antropólogo com conhecimento da mesma comunidade" (STF, HC 80.240, Rel. Min. Sepúlveda Pertence, *DJ* de 29-6-2001).

- **Direito à fixação de datas comemorativas (art. 215, § 2º)** — a lei ordinária disporá sobre a fixação de datas comemorativas de alto significado para os diferentes segmentos étnicos nacionais. Busca-se, assim, estimular a preservação dos valores culturais dos povos, que, através de reminiscências, rememoram datas ou feitos, vivificando a nossa história.

1404 ◆ Uadi Lammêgo Bulos ◆

⌗ 6.2.2. Patrimônio cultural brasileiro

O *patrimônio cultural brasileiro* constitui-se de bens de natureza material e imaterial, tomados individualmente ou em conjunto, portadores de referência à identidade, à ação, à memória dos diferentes grupos formadores da sociedade brasileira (CF, art. 216, *caput*).

Incluem-se no nosso *patrimônio cultural* (CF, art. 216, I a V):

* as formas de expressão;
* os modos de criar, fazer e viver;
* as criações científicas, artísticas e tecnológicas;
* as obras, objetos, documentos, edificações e demais espaços destinados às manifestações artístico--culturais; e
* os conjuntos urbanos e sítios de valor histórico, paisagístico, artístico, arqueológico, paleonto-lógico, ecológico e científico.

> **Proteção dos sítios de valor arqueológico:** "Encargo que não comporta demissão unilateral. Lei estadual que confere aos municípios em que se localizam a proteção, a guarda e a responsabilidade pelos sítios arqueológicos e seus acervos, no Estado, o que vale por excluir, a propósito de tais bens do patrimônio cultural brasileiro (CF, art. 216, V), o dever de proteção e guarda e a consequente responsabilidade não apenas do Estado, mas também da própria União, incluídas na competência comum dos entes da Federação, a qual, substantivam incumbência de natureza qualificadamente irrenunciável. A inclusão de determinada função administrativa no âmbito da competência comum não impõe que cada tarefa compreendida no seu domínio, por menos expressiva que seja, haja de ser objeto de ações simultâneas das três entidades federativas: donde, a previsão, no parágrafo único do art. 23 CF, de lei complementar que fixe normas de cooperação (v., sobre monumentos arqueológicos e pré-históricos, a Lei 3.924/61), cuja edição, porém, é da competência da União e, de qualquer modo, não abrange o poder de de-mitirem-se a União ou os Estados dos encargos constitucionais de proteção dos bens de valor arqueo-lógico para descarregá-los ilimitadamente sobre os Municípios" (STF, ADIn 2.544-MC, Rel. Min. Se-púlveda Pertence, *DJ* de 8-11-2002).

Essa lista é exemplificativa. Há outros bens, nada obstante a dimensão vastíssima dos incisos, que envolvem bens espirituais, técnicas, obras, lugares etc.

O Poder Público, com a colaboração da comunidade, promoverá e protegerá o patrimônio cultural brasileiro, por meio de inventários, registros, vigilância, tombamento e desapropriação, e de outras formas de acautelamento e preservação (CF, art. 216, § 1º).

> **Patrimônio histórico e artístico:** "No tocante ao § 1º do art. 216 da Constituição Federal, não ofende esse dispositivo constitucional a afirmação constante do acórdão recorrido no sentido de que há um conceito amplo e um conceito restrito de patrimônio histórico e artístico, cabendo à legislação infra-constitucional adotar um desses dois conceitos para determinar que sua proteção se fará por tomba-mento ou por desapropriação, sendo que, tendo a legislação vigente sobre tombamento adotado a conceituação mais restrita, ficou, pois, a proteção dos bens, que integram o conceito mais amplo, no âmbito da desapropriação" (STF, RE 182.782, Rel. Min. Moreira Alves, *DJ* de 9-2-1995).

Promover significa divulgar, levando ao público o conhecimento dos bens de interesse para a cultura pátria.

Inventariar é relacionar todo um acervo de bens culturais brasileiros.

Registrar é consignar a existência de livros, telas, esculturas, dentre inúmeros bens que merecem acautelamento e preservação, para não ficarem perdidos ou destituídos da importância que possuem.

Vigiar é defender a própria cidadania, impedindo pichamentos de prédios, monumentos ou edi-ficações de valor histórico inestimável. É o zelo que se dispensa à conservação de locais públicos, envol-vidos numa atmosfera de cultura, como escolas, teatros, museus, logradouros, não raro agredidos pelo vandalismo alheio.

Tombar é o ato clássico de tutelar o patrimônio público. Advém do Direito português, no qual tombar era inscrever o bem no "Livro da Torre do Tombo". O tombamento é o ato administrativo posto ao dispor do Poder Público para a efetiva proteção do patrimônio cultural e natural do País, cujo efeito precípuo é transformar em interesse jurídico o valor contido na coisa. Nesse sentido, o constituinte estatuiu que ficam tombados todos os documentos e os sítios detentores de reminiscências históricas dos antigos quilombos (CF, art. 216, § 5º). A nosso ver, tal iniciativa foi muito importante. Os

◆ Cap. 27 ◆ ORDEM SOCIAL

1405

quilombos, muito mais do que centros de convivência de comunidades escravagistas desenvolvidas no Brasil, foram marcas da luta pela liberdade. O maior exemplo disso foi o *Quilombo dos Palmares*, que abrigava cerca de vinte mil escravos fugitivos, reunidos na serra da Barriga, Estado de Alagoas. *Quilombos* eram barracas construídas com folhas de palmeiras, abundantes nas regiões dos *palmares*.

> **Tombamento — Conceito de bem vinculado a fatos memoráveis da história pátria e de excepcional valor artístico:** "O tombamento e a desapropriação são meios de proteção do patrimônio cultural brasileiro, consistentes em atos administrativos, que traduzem a atuação do Poder Público mediante a imposição de simples restrição ao direito de propriedade ou pela decretação da própria perda desse direito (...). As restrições ou limitações ao direito de propriedade, tendo em conta a sua feição social, entre as quais se insere o tombamento, decorre do poder de polícia inerente ao Estado, que há de ser exercitado com estrita observância ao princípio da legalidade e sujeição ao controle do Poder Judiciário. Cabe a este dizer, à vista do caso concreto, se se trata de simples limitação administrativa ou de interdição ou supressão do direito de propriedade, hipótese esta que só pode ser alcançada por meio de desapropriação" (STJ, 2ª T., REsp 30.519/RJ, Rel. Min. Antônio Torreão Braz, *DJ* de 20-6-1994, p. 16077).

Por outro lado, cabe à lei ordinária:

- conferir à Administração Pública atribuições para gerir a documentação governamental, franqueando sua consulta a quantos dela necessitem (CF, art. 216, § 2º);
- estabelecer incentivos para a produção e o conhecimento de bens e valores culturais (CF, art. 216, § 3º);
- punir danos e ameaças ao patrimônio cultural (CF, art. 216, § 4º).

> **Legislação:**
> - **Código Penal, art. 165** — considera crime o dano em coisa de valor artístico, arqueológico ou histórico.
> - **Lei n. 3.924, de 26-7-1961** — tipifica como delito a destruição ou mutilação de monumentos arqueológicos ou pré-históricos.

Com o advento da Emenda Constitucional n. 42/2003, facultou-se aos Estados e ao Distrito Federal vincular a fundo estadual de fomento à cultura até 0,5% de sua receita tributária líquida, para o financiamento de programas e projetos culturais (art. 216, § 6º, *caput*).

Mas os depositários do poder reformador proibiram a aplicação desses recursos no pagamento de (art. 216, § 6º, I a III):

- despesas com pessoal e encargos sociais;
- serviço da dívida; e
- qualquer outra despesa corrente não vinculada diretamente aos investimentos ou ações apoiados.

⌂ 6.2.3. Sistema Nacional de Cultura: a EC n. 71, de 29-11-2012

A Emenda Constitucional n. 71, de 29-11-2012, acrescentou o art. 216-A ao Texto Maior. Sua meta foi instituir o que ela chamou de "Sistema Nacional de Cultura".

Vamos entender o que o constituinte reformador pretendeu ao incluir, na Constituição de 1988, mais um novo preceito.

Pelo que está escrito no *caput* do mencionado art. 216-A, chama-se "Sistema Nacional de Cultura" o sistema organizado em regime de colaboração, mediante "pacto". Os entes federativos firmam esse "pacto" com a sociedade em regime de colaboração, de forma descentralizada e participativa, para instituir um processo de gestão e promoção conjunta de políticas públicas de cultura, democráticas e permanentes. O objetivo de tudo isso, segundo o disposto no art. 216-A, é promover o desenvolvimento humano, social e econômico com pleno exercício dos direitos culturais.

De acordo com o § 1º do multicitado art. 216-A, dito "Sistema" fundamenta-se na política nacional de cultura e nas suas diretrizes, estabelecidas no Plano Nacional de Cultura, regendo-se pelos seguintes princípios: **(i)** diversidade das expressões culturais; **(ii)** universalização do acesso aos bens e serviços culturais; **(iii)** fomento à produção, difusão e circulação de conhecimento e bens culturais; **(iv)** cooperação entre os entes federados, os agentes públicos e privados atuantes na área cultural; **(v)** integração e interação na execução das políticas, programas, projetos e ações desenvolvidas; **(vi)** complementaridade nos papéis dos agentes culturais; **(vii)** transversalidade das políticas culturais; **(viii)** autonomia dos entes federados e das instituições da sociedade civil; **(ix)** transparência e compartilhamento das informações; **(x)** democratização dos processos decisórios com participação e controle social; **(xi)** descentralização articulada e pactuada da gestão, dos recursos e das ações; **(xii)** ampliação progressiva dos recursos contidos nos orçamentos públicos para a cultura.

Já o § 2º, I a IX, do art. 216-A determina como o "Sistema Nacional de Cultura" deve ser estruturado pela União, Estados, Distrito Federal e Municípios. Cumpre a tais entes federativos desempenhar esse desiderato por meio de órgãos gestores da cultura; de conselhos de política cultural; de conferências de cultura; de comissões intergestores; de planos de cultura; de sistemas de financiamento à cultura; de sistemas de informações e indicadores culturais; de programas de formação na área da cultura; e de sistemas setoriais de cultura.

Consoante o § 3º do art. 216-A, "Lei federal disporá sobre a regulamentação do Sistema Nacional de Cultura, bem como de sua articulação com os demais sistemas nacionais ou políticas setoriais de governo".

A EC n. 71, de 29-11-2012, consagrou, no § 4º do art. 216-A, a competência legislativa *exclusiva* para os Estados, o Distrito Federal e os Municípios organizarem seus respectivos sistemas de cultura em leis próprias. Dissemos *exclusiva* porque cada ente federativo possui particularidades e peculiaridades inerentes à sua própria realidade. A vida em Brasília, por exemplo, não é a mesma que a população leva em Pomerode. Cada lugar tem suas características, restando ao legislador local estatuir e regulamentar o respectivo sistema de cultura de sua cidade. A manutenção do equilíbrio federativo assim exige e recomenda.

Particularmente, somos incrédulos de o *lindíssimo* "Sistema Nacional de Cultura" sair, a curto prazo, do papel.

Aliás, é tanta coisa *lindíssima* que a Constituição de 1988, com seus emendos e remendos, prevê, que o Brasil seria um Paraíso se tudo isso se concretizasse.

✧ 6.3. Desporto

O *subsistema constitucional do desporto* visa a integração social do homem (CF, art. 217).

Sua palavra de ordem é *educar pelo esporte*.

Busca-se, por seu intermédio, a expansão da personalidade humana, fomentando a política de saúde, o bem-estar e o lazer.

> **Lei n. 9.615, de 24-3-1998 (regulada pelo Dec. n. 2.574, de 29-4-1998):** institui normas gerais sobre desporto.

É nesse sentido que a Carta Magna disse ser dever do Estado fomentar as práticas desportivas formais e não formais, com base nos seguintes princípios (art. 217, I a IV):

* autonomia das entidades desportivas dirigentes e associações, quanto a sua organização e funcionamento;
* destinação de recursos públicos para a promoção prioritária do desporto educacional e, em casos específicos, para a do desporto de alto rendimento;

> **Programa de incentivo às atividades esportivas:** "Lei Complementar do Distrito Federal que cria o programa de incentivo às atividades esportivas mediante concessão de incentivo fiscal às pessoas jurídicas contribuintes dos impostos ISS, IPTU e IPVA. O STF não exerce o controle abstrato de normas do Distrito Federal no exercício da competência municipal. É vedada a vinculação da receita arrecadável de imposto a fundo ou despesa, salvo nas hipóteses previstas no artigo 167, inciso IV, da Lei Maior" (STF, ADIn 1.750-MC, Rel. Min. Nelson Jobim, *DJ* de 14-6-2002).

* tratamento diferenciado para o desporto profissional e o não profissional; e
* proteção e incentivo às manifestações desportivas de criação nacional. Daí ser uma incumbência do Poder Público incentivar o lazer, como forma de promoção social (CF, art. 217, § 3º).

♦ Cap. 27 ♦ ORDEM SOCIAL **1407**

Com esses princípios constitucionais desportivos, enumerados taxativamente, o constituinte conferiu amplitude às práticas esportivas, abarcando toda atividade física que colaborar para a saúde, o lazer e a harmonia psíquica do homem.

⌑ *6.3.1. Justiça desportiva*

a) *Justiça desportiva*

A Justiça desportiva é um órgão de natureza administrativa, que não integra o Poder Judiciário do Estado brasileiro, cuja competência é julgar, em caráter de exclusividade, a disciplina e as competições desportivas.

Sua organização e funcionamento são regidos pela Lei n. 9.615, de 24 de março de 1998, a chamada Lei Pelé, que previu os seguintes órgãos:

*   **Superior Tribunal de Justiça Desportiva** — funciona junto às entidades nacionais de administração do desporto;
*   **Tribunais de Justiça Desportiva** — funciona junto às entidades regionais de administração do desporto; e
*   **Comissões Disciplinares** — compete-lhes processar e julgar matérias inseridas nos Códigos de Justiça Desportiva.

b) *Princípio do esgotamento da instância administrativa de curso forçado*

O Poder Judiciário só admitirá ações relativas à disciplina e às competições desportivas após esgotarem-se as instâncias da Justiça desportiva, reguladas em lei (CF, art. 217, § 1º).

Aí está o **princípio do esgotamento da instância administrativa de curso forçado**, cujo alcance é o seguinte: só depois de se esgotarem todos os recursos na Justiça desportiva, é que se pode ingressar em juízo para discutir lides desportivas. **Precedente do TJSP:** "Competência. Futebol. Questão relativa a participação em campeonato. Necessidade do esgotamento da instância desportiva. Art. 217, § 1º, da Constituição da República. Incompetência da Justiça Comum. Carência de ação. Recurso provido" (TJSP, 11ª Câm. Civ., AC 212.895-2/Franca, Rel. Des. Gildo dos Santos, j. em 18-11-1993).

Mas há decisão do Supremo no sentido que o acesso ao Judiciário, nos termos do art. 5º, XXXV, da Carta Magna, não está condicionado ao prévio esgotamento da instância administrativa. O sistema da Carta de 1988 difere do regime constitucional passado, pois baniu a "jurisdição condicionada" ou "instância administrativa de curso forçado" (STF, *RP*, *60*:224).

Expliquemos: o constituinte previu a Justiça desportiva levando em conta a especificidade desse campo. Daí ter previsto um organismo, não integrado ao Poder Judiciário, para resolver pendências relativas ao setor. A Justiça desportiva terá o prazo máximo de sessenta dias, contados da instauração do processo, para proferir sua decisão final (CF, art. 217, § 2º). Essa determinação constitucional funda-se na necessidade de solução rápida de conflitos, pois a lentidão poderá motivar as torcidas para o caos e a baderna. E se o prazo de sessenta dias, corridos e não úteis, for ultrapassado, **óbvio que caberá recurso ao Poder Judiciário**, independentemente do prévio esgotamento da instância desportiva.

Interessante observar que nada impede o Poder Judiciário de examinar, depois de instaurado o processo administrativo, a legalidade e a constitucionalidade de alguma norma que esteja sendo submetida ao crivo da Justiça desportiva. O que o Judiciário não poderá fazer é adentrar no mérito da matéria, algo que só compete à própria Justiça desportiva.

c) *Não compete à Justiça desportiva processar e julgar questões trabalhistas*

Não compete à Justiça desportiva processar e julgar questões trabalhistas, decorrentes de contrato de trabalho entre atletas e entidades profissionais desportivas, porque tal atribuição é da Justiça do Trabalho (CF, arts. 114, I, e 217, § 1º, c/c o art. 50, *caput*, da Lei n. 9.615/98).

Compete, apenas, à Justiça desportiva apreciar e julgar infrações disciplinares e competições desportivas, nos termos dos Códigos desportivos, e não litígios de natureza laboral (TST, AIRR 448/2002-011-09-40, Rel. Min. Barros Levenhagen, *DJ* de 7-12-2007).

d) Membros do Poder Judiciário não podem exercer funções na Justiça desportiva

Pela Resolução n. 10/2005, do Conselho Nacional de Justiça, os membros do Poder Judiciário não podem exercer funções nos Tribunais de Justiça desportiva e em suas Comissões Disciplinares. Aqueles que as desempenhavam deveriam delas se desligar até 31 de dezembro de 2005.

Tal providência, além de se encontrar em **perfeita consonância com o Texto de 1988**, foi corretíssima, porque, pela Constituição Federal, membros do Judiciário só podem exercer, além da judicatura, uma função de magistério (art. 95, parágrafo único, I).

Recorde-se que contra a referida Resolução n. 10/2005, do Conselho Nacional de Justiça, ajuizaram, sem nenhum êxito, o **MS 25.938**. A liminar foi indeferida, sendo que a Procuradoria-Geral da República opinou pela extinção do mandado de segurança, sem julgamento do mérito, à luz da **Súmula 266 do STF**: "Não cabe mandado de segurança contra lei em tese".

e) Súmula vinculante n. 2 e a proibição de funcionamento das casas de bingos

A Lei n. 9.981/2000 revogou a autorização que a Lei n. 9.615/98 concedera para o funcionamento dos bingos, determinando que todas as casas de bingos deveriam deixar de funcionar a partir de 31 de dezembro de 2001.

Para "driblar" essa determinação legal, inúmeras leis estaduais disciplinaram a matéria, de modo a permitir que os bingos voltassem a funcionar.

O tema, contudo, chegou ao Supremo Tribunal Federal, que entendeu que o assunto é da competência privativa da União (CF, art. 22, XX), motivo pelo qual os Estados-membros, assim como o Distrito Federal e os Municípios, não poderiam legislar, concorrentemente, nesse setor. Esse entendimento provocou o fechamento definitivo das casas de bingos, culminando com a edição da **Súmula vinculante n. 2**: "É inconstitucional a lei ou ato normativo estadual ou distrital que disponha sobre sistemas de consórcios e sorteios, inclusive bingos e loterias".

Com efeito, a Associação Brasileira de Loterias Estaduais ajuizou, no Supremo Tribunal, a **ADPF 147**, com pedido de liminar, questionando a interpretação da Súmula vinculante n. 2, que retirou dos Estados a competência de legislar sobre loterias.

> **Emenda Constitucional n. 129, de 5-7-2023:** acrescentou o art. 123 ao ADCT, para assegurar prazo de vigência adicional aos instrumentos de permissão lotérica.

Argumentou a entidade que, apesar de os Estados não poderem legislar sobre loterias, conforme o entendimento do Supremo, as decisões dos órgãos inferiores da Justiça não teriam o condão de impedir o Poder Executivo dos Estados de dispor sobre a sua própria organização administrativa ligada à exploração do serviço.

Lembremos, tão só, que questão semelhante a essa chegou às barras do Supremo, cujo seguimento foi negado. Referimo-nos à **ADPF 128**, extinta sem julgamento do mérito, nos seguintes termos: "Incognoscível o pedido. (...) Não há, pois, a rigor, objeto determinado na demanda, que apenas revela inconformismo com o enunciado desta Corte. Pretende a arguente, em verdade, obter do Supremo Tribunal Federal o reconhecimento da competência dos Estados-membros, para a exploração de loterias no âmbito de seus territórios, sob pretexto de que a edição da súmula vinculante apontada teria dado azo ao descumprimento de preceitos fundamentais. E a este fim, como é sabido, não se presta a via eleita. (...) Ainda que assim não fosse, o conhecimento da ação encontraria óbice no princípio da subsidiariedade. (...) extingo o processo, sem julgamento do mérito, prejudicados o exame de liminar, o pedido de realização de audiência pública (fls. 267-270) e a solicitação de ingresso como *amicus curiae* do Estado do Pará, formulada às fls. 263-264. Oportunamente, arquivem-se" (STF, ADPF 128/DF, Rel. Min. Cezar Peluso, *DJE* de 24-6-2008).

f) Estatuto de Defesa do Torcedor

O Estatuto do Torcedor é um conjunto ordenado de normas de caráter geral. Ele não trata de peculiaridades locais, de especificidades ou singularidades estaduais ou distritais, tampouco cuida de particularidades ou minudências que possam estar reservadas à dita competência estadual concorrente não cumulativa ou suplementar do art. 24, § 2º, da Carta Magna.

◆ Cap. 27 ◆ ORDEM SOCIAL   **1409**

Decidiu o Supremo Tribunal Federal que não é possível se ter convicção sincera de que uma legislação federal, sobre competições esportivas, pautada pelo uso de substantivos abstratos, possa atingir um mínimo de efetividade social, sem prever determinados aspectos procedimentais imanentes às relações da vida que pretende regular. Alguns dispositivos mais pormenorizados, a exemplo do art. 11, que versa sobre súmulas e relatórios das partidas, pretendem resguardar o cumprimento de objetivos maiores do Estatuto, à luz do nexo de instrumentalidade entre regras e princípios. E, em virtude de aplicar-se à generalidade dos destinatários em competições de caráter nacional, não pode ficar relegada ao alvedrio de leis estaduais fortuitas, esparsas, disformes e assistemáticas. A despeito de a Lei n. 10.671/2003 destinar-se a reger ações tão somente no plano do desporto profissional, impende observar que a própria Constituição impõe essa distinção (art. 217, III). Quanto à autonomia das entidades desportivas, ao direito de livre associação e a não intervenção estatal, a Corte entende que nenhum direito, nenhuma garantia ou prerrogativa ostentam caráter absoluto. O esporte deve ser concebido como direito individual, não se afigurando viável interpretar o *caput* do art. 217 da Carta Maior, à margem e com abstração de seu inciso I, em que consta a autonomia das entidades desportivas. Na qualidade de objeto de direito do cidadão, o esporte emerge, com nitidez, na condição de bem jurídico protegido pelo ordenamento, sujeitando-se ao primado do direito individual ao esporte. Mas é imprescindível ter-se em conta, na análise da matéria, a legitimidade da imposição de limitações à autonomia desportiva como exigência do prestígio e garantia do direito ao desporto, constitucionalmente reconhecido. Na realidade, o Estatuto do Torcedor homenageia, entre outras coisas, o direito do cidadão à vida, à integridade e à incolumidade física e moral, inerentes à dignidade da pessoa humana, à defesa de sua condição de consumidor, ao lazer e à segurança. Seus preceitos buscam evitar, ou pelo menos reduzir, em frequência e intensidade, episódios e incidentes como brigas em estádios, violência, morte e barbárie entre torcidas. Tal situação seria mais caótica e preocupante se o Estatuto do Torcedor inexistisse (STF, ADI 2.937/DF, Rel. Min. Cezar Peluso, *DJE* de 23-2-2012).

✦ 7. CIÊNCIA E TECNOLOGIA

O capítulo da *ciência e tecnologia* procurou fomentar investimentos, propiciando ao País alcançar o *estágio do conhecimento aplicado* (CF, arts. 218 e 219).

> **Antecedentes constitucionais:** o Texto de 1967 (art. 171, parágrafo único) bem como a Emenda Constitucional n. 1/69 (art. 179, parágrafo único) já previam ser incumbência do Estado incentivar o desenvolvimento científico e tecnológico.

A Constituição diferenciou dois tipos de pesquisa: a *pesquisa científica básica* e a *pesquisa tecnológica*. Para tanto, o Estado deverá apoiar e estimular a formação de recursos humanos nessas duas áreas.

No tocante à *pesquisa tecnológica*, ela deve voltar-se, preponderantemente, à solução dos problemas brasileiros e ao desenvolvimento do sistema produtivo nacional e regional (CF, art. 218, § 2º).

Em suma, é dever *constitucional* do Estado:

* promover e incentivar o desenvolvimento científico, a pesquisa, a capacitação científica e tecnológica e a inovação (CF, art. 218, *caput*, com redação dada pela EC n. 85, de 26-2-2015);
* conferir à pesquisa científica básica e tecnológica tratamento prioritário, tendo em vista o bem público e o progresso da ciência, tecnologia e inovação (CF, art. 218, § 1º, com redação dada pela EC n. 85, de 26-2-2015); e
* apoiar a formação de recursos humanos nas áreas de ciência, pesquisa, tecnologia e inovação, inclusive por meio do apoio às atividades de extensão tecnológica, e conceder aos que delas se ocupem meios e condições especiais de trabalho (CF, art. 218, § 3º, com redação dada pela EC n. 85, de 26-2-2015).

Por outro lado, cumpre ao legislador ordinário apoiar e estimular as empresas que invistam em pesquisa, criação de tecnologia adequada ao País, formação e aperfeiçoamento de seus recursos humanos e que pratiquem sistemas de remuneração que assegurem ao empregado, desvinculada do salário, participação nos ganhos econômicos resultantes da produtividade de seu trabalho (CF, art. 218, § 4º).

> **Lei n. 8.248, de 23-10-1991:** dispõe sobre a capacitação e competitividade do setor de informática e automação, e dá outras providências.

Excepcionando a regra geral do art. 167, IV, da Carta Magna, o constituinte possibilitou aos Estados e ao Distrito Federal vincular parcela de sua receita orçamentária a entidades públicas de fomento ao ensino e à pesquisa científica e tecnológica (art. 218, § 5º).

> **Precedente do STF:** "Dispositivo da Constituição estadual que, ao destinar dois por cento da receita tributária do Estado de Mato Grosso à mencionada entidade de fomento científico, o fez nos limites do art. 218, § 5º, da Carta da República, o que evidencia a improcedência da ação nesse ponto" (STF, ADIn 550, Rel. Min. Ilmar Galvão, *DJ* de 18-10-2002).

Sem embargo, cumpre ao Estado estimular a articulação entre entes, tanto públicos quanto privados, nas diversas esferas de governo (CF, art. 218, § 6º, com redação pela EC n. 85, de 26-2-2015), bem como promover e incentivar a atuação, no exterior, das instituições públicas de ciência, tecnologia e inovação (CF, art. 218, § 7º, com redação pela EC n. 85, de 26-2-2015).

O mercado interno também integra o patrimônio nacional. Deve ser incentivado de modo a viabilizar o desenvolvimento cultural e socioeconômico, o bem-estar da população e a autonomia tecnológica do País, nos termos de lei federal (CF, art. 219).

> **Conselho Nacional de Ciência e Tecnologia:** Lei n. 9.257, de 9-1-1996.

Porém, esse imperativo constitucional perdeu grande parte de sua importância com o advento da Emenda Constitucional n. 6/95, que revogou o art. 171 da Constituição.

E, segundo o parágrafo único, do art. 219, da *Lex Mater*, com redação dada pela EC n. 85, de 26-2-2015, o "Estado estimulará a formação e o fortalecimento da inovação nas empresas, bem como nos demais entes, públicos ou privados, a constituição e a manutenção de parques e polos tecnológicos e de demais ambientes promotores da inovação, a atuação dos inventores independentes e a criação, absorção, difusão e transferência de tecnologia".

Vale lembrar que a EC n. 85, de 26-2-2015, acresceu dois novos dispositivos ao Capítulo IV do Título VIII da Constituição Federal:

- **Art. 219-A.** "A União, os Estados, o Distrito Federal e os Municípios poderão firmar instrumentos de cooperação com órgãos e entidades públicos e com entidades privadas, inclusive para o compartilhamento de recursos humanos especializados e capacidade instalada, para a execução de projetos de pesquisa, de desenvolvimento científico e tecnológico e de inovação, mediante contrapartida financeira ou não financeira assumida pelo ente beneficiário, na forma da lei"; e
- **Art. 219-B.** "O Sistema Nacional de Ciência, Tecnologia e Inovação (SNCTI) será organizado em regime de colaboração entre entes, tanto públicos quanto privados, com vistas a promover o desenvolvimento científico e tecnológico e a inovação. § 1º Lei federal disporá sobre as normas gerais do SNCTI. § 2º Os Estados, o Distrito Federal e os Municípios legislarão concorrentemente sobre suas peculiaridades".

✦ 8. COMUNICAÇÃO SOCIAL

O capítulo da *comunicação social* é fruto do momento em que a Constituição foi elaborada. O País estava saindo da ditadura, donde proveio o esforço de garantir, ao máximo, as liberdades de imprensa, informação, criação artística etc.

Pela primeira vez, no Brasil, o assunto foi regulado em capítulo constitucional específico (arts. 220 a 224).

Antes, é bem certo, a Emenda Constitucional n. 1/69 disciplinava a matéria, mas o fazia em forma de artigo, no bojo da liberdade de manifestação do pensamento (art. 153, § 8º).

Convém acentuar que o *subsistema da comunicação social* funciona como uma espécie de *declaração de direitos*, que atua em sentido complementar ao art. 5º, IV, V, IX, X e XIV, da Carta Magna.

◆ Cap. 27 ◆ ORDEM SOCIAL   **1411**

✧ 8.1. Liberdade de comunicação social

A *liberdade de comunicação social* possui um sentido *lato* e outro *estrito*:

* *Sentido lato* — abrange toda e qualquer forma de exteriorização do pensamento escrito ou oral. Essa foi a dimensão que o Texto Maior imprimiu à matéria (CF, art. 220). Tal amplitude fez da imprensa um veículo que interfere, de maneira direta, na opinião pública, sendo, na prática, pouquíssimos os condicionamentos a que está sujeita. Mas isso não significa a outorga de uma liberdade irresponsável, absoluta, destituída de qualquer critério ou parâmetro legal. Daí o dever dos Poderes Públicos estabelecerem requisitos lógicos, baseados no bom senso, para avaliar o alcance e a exata medida do poder de informar ou do direito de manifestar o pensamento. Há valores constitucionais a serem preservados, dentre eles a dignidade humana, o respeito ao meio ambiente, os direitos das crianças e dos adolescentes, da família, dos idosos, dentre inúmeros outros que devem ser respeitados pelos meios de comunicação.

* *Sentido estrito* — é o ato de emitir ideias, veiculadas em jornais, revistas, rádios ou televisões. Em rigor, insere-se na própria acepção lata.

Em ambos os sentidos, o ato de se comunicar propaga-se pelos meios de informação das massas, atingindo número indeterminado de pessoas.

A *liberdade de comunicação social* é um corolário da livre manifestação do pensamento, em suas imbricações mais profundas. Abrange a criação, a expressão e a informação, sob qualquer forma, processo ou veículo.

> **Menor infrator — Publicidade indevida:** o Pretório Excelso concluiu que é crime divulgar, total ou parcialmente, por qualquer meio de comunicação, nome, ato ou documento de procedimento policial, administrativo ou judicial relativo à criança ou adolescente a que se atribua ato infracional. Tal publicidade é indevida, acarretando suspensão da programação da emissora até por 2 dias, bem como da publicação do periódico até por 2 números. Isso porque a "Constituição de 1988 em seu artigo 220 estabeleceu que a liberdade de manifestação do pensamento, de criação, de expressão e de informação, sob qualquer forma, processo ou veículo, não sofrerá qualquer restrição, observado o que nela estiver disposto. Limitações à liberdade de manifestação do pensamento, pelas suas variadas formas. Restrição que há de estar explícita ou implicitamente prevista na própria Constituição" (STF, ADIn 869, Rel. Min. Maurício Corrêa, *DJ* de 4-6-2004).

Mas a *liberdade de comunicação social* não é exatamente idêntica à *liberdade de manifestação ou expressão do pensamento*, porque esta é o gênero, enquanto aquela é uma de suas facetas:

* *Liberdade de comunicação social* (CF, art. 220) — é uma das formas de exteriorização do próprio ato de manifestar o pensamento. Concretiza-se por meio das parafernálias antigas e modernas, dos engenhos tecnológicos que encurtam distâncias e transmitem pensamentos. Exemplos: rádio, televisão, *fax*, revistas, jornais, periódicos, *internet*, sons, imagens, telefones virtuais, espetáculos teatrais, *shows* com alto-falantes colocados num carro, numa árvore ou até no cume de uma igreja.

* *Liberdade de manifestação do pensamento* (CF, art. 5º, IX) — é o gênero, que engloba a *comunicação social*.

✧ 8.2. Limitações constitucionais à liberdade de comunicação social

A *liberdade de comunicação social* é insuscetível de restrições, desde que se observem os limites impostos pela Constituição.

> **Direito ao esquecimento é incompatível com a Constituição Federal:** eis a tese de repercussão geral firmada, pela Suprema Corte, nessa matéria: "É incompatível com a Constituição Federal a ideia de um direito ao esquecimento, assim entendido como o poder de obstar, em razão da passagem do tempo, a divulgação de fatos ou dados verídicos e licitamente obtidos e publicados em meios de comunicação social – analógicos ou digitais. Eventuais excessos ou abusos no exercício da liberdade de expressão e de informação devem ser analisados caso a caso, a partir dos parâmetros constitucionais,

1412 ◆ Uadi Lammêgo Bulos ◆

especialmente os relativos à proteção da honra, da imagem, da privacidade e da personalidade em geral, e as expressas e específicas previsões legais nos âmbitos penal e cível" (STF, RE 1010606, Rel. Min. Dias Toffoli, j. 11-2-2021).

E que limites são esses?

A resposta é dada pelo art. 220, §§ 1º a 6º, da Carta Maior, que convém ser interpretado em harmonia com todo o ordenamento jurídico, para não extrapolar os padrões de moralidade aferidos para um convívio social sadio.

Desse modo, eis tais limites:

* **Proibição de atos legislativos cerceatórios (CF, art. 220, § 1º)** — nenhuma das espécies normativas do art. 59 podem embaraçar a plena liberdade de informação jornalística em qualquer veículo de comunicação social. Significa que a *liberdade de comunicação social* limita-se pela proibição ao anonimato (art. 5º, IV), sujeitando-se ao direito de resposta e a indenização por danos causados à imagem física e social (art. 5º, V e X), ao livre exercício do trabalho (art. 5º, XIII) e ao sigilo da fonte (art. 5º, XIV);

  Casuística do STF:
  * **Liberdade de imprensa x segredo de justiça** — "Se, de um lado, a Constituição assegura a liberdade de informação, certo é que, de outro, há limitações, como se extrai no § 1º do art. 220, que determina seja observado o contido no inciso X do art. 5º, mostrando-se consentâneo o segredo de justiça disciplinado na lei processual com a inviolabilidade ali garantida" (STF, ROMS 3.292/PR, Rel. Min. Costa Leite, *DJ* de 8-5-1995, p. 12383).
  * **Direito à informação. Dano moral** — "A simples reprodução, pela imprensa, de acusação de mau uso de verbas públicas, prática de nepotismo e tráfico de influência, objeto de representação devidamente formulada perante o TST por federação de sindicatos, não constitui abuso de direito. Dano moral indevido" (STF, RE 208.685, Rel. Min. Ellen Gracie, *DJ* de 22-8-2003).

* **Proibição à censura (CF, art. 220, § 2º)** — é vedada toda e qualquer censura de natureza política, ideológica e artística. Mas proibir a censura não é dar margem à baderna, à desordem ou à bagunça generalizada. Nada impede o Conselho de Comunicação Social, previsto no art. 224 da Carta Maior, e instituído pela Lei n. 8.389, de 30 de dezembro de 1991, ou o Poder Judiciário, no caso *sub judice*, de estipularem limites ao exagero. Por fim, a publicação de veículo impresso de comunicação independe de licença de autoridade (CF, art. 220, § 6º).

  Liberdade de informar x direito à honra: "A tensão dialética permanente entre a liberdade de informação, de um lado, e a proteção à intimidade, à privacidade, à honra e à imagem das pessoas é, sabidamente, o pano de fundo mais frequente das especulações doutrinárias e pretorianas acerca da ponderação de interesses, como técnica de solução da colisão entre princípios e garantias constitucionais. Há mais, porém: de logo, o equacionamento da colisão de princípios constitucionais a solver no caso não se pode restringir à contraposição frequente — entre a liberdade de informar e o direito à honra e à reputação" (STF, Pet. 2.702-MC/RJ, Rel. Min. Sepúlveda Pertence, *DJ* de 20-9-2002, p. 117).

* **Proibição em lei federal (CF, art. 220, § 3º, I e II)** — no exercício da competência concorrente a que alude o art. 24, IX e XV, compete à lei federal: **(i)** regular as diversões e espetáculos públicos, cabendo ao Poder Público informar sobre a natureza deles, as faixas etárias a que não se recomendem, locais e horários em que sua apresentação se mostre inadequada; e **(ii)** estabelecer os meios legais que garantam à pessoa e à família a possibilidade de se defenderem de programas ou programações de rádio e televisão, bem como da propaganda de produtos, práticas e serviços que possam ser nocivos à saúde e ao meio ambiente.

  Atribuição da lei federal: "Não se compreende, no rol de competências comuns da União, dos Estados, do Distrito Federal e dos Municípios, *ut* art. 23 da CF, a matéria concernente à disciplina de 'diversões e espetáculos públicos', que, a teor do art. 220, § 3º, I, do Diploma Maior, compete à lei federal regular, estipulando-se, na mesma norma, que 'caberá ao poder público informar sobre a natureza deles, as faixas etárias a que não se recomendem, locais e horários em que sua apresentação se mostre inadequada'. Ao Município fica reservada a competência, *ut* art. 30, I, da Lei Maior, para exercer poder de polícia quanto às diversões públicas, no que concerne à localização e autorização de funcionamento de estabelecimentos que se destinem a esse fim" (STF, RE 169.247, Rel. Min. Néri da Silveira, *DJ* de 1º-8-2003).

◆ Cap. 27 ◆ ORDEM SOCIAL

1413

- **Proibição de propagandas nocivas (CF, art. 220, § 4º)** — a propaganda comercial de tabaco, bebidas alcoólicas, agrotóxicos, medicamentos e terapias também estará sujeita a restrições da lei federal, e conterá, sempre que necessário, advertência sobre os malefícios decorrentes de seu uso. Lembre-se que a Lei n. 9.294, de 15 de julho de 1996, regulada pelo Decreto n. 2.018, de 1º de outubro de 1996, dispôs sobre as restrições ao uso e à propaganda de produtos fumígenos, bebidas alcoólicas, medicamentos, terapias e defensivos agrícolas.

  > **Lei federal — Restrições ao uso e à propaganda de tabaco, bebidas alcoólicas, agrotóxicos, medicamentos e terapias:** "Impugnação do dispositivo que define o que é bebida alcoólica para os fins de propaganda. Alegada discriminação legal quanto às bebidas com teor alcoólico inferior a treze graus Gay Lussac. A subtração da norma do corpo da lei implica em atuar este Tribunal como legislador positivo, o que lhe é vedado. Matéria para ser dirimida no âmbito do Congresso Nacional. Precedentes. Ação não conhecida" (STF, ADIn 1.755, Rel. Min. Nelson Jobim, *DJ* de 18-5-2001).

- **Proibição de monopólio e oligopólio (CF, art. 220, § 5º)** — os meios de comunicação social não podem, direta ou indiretamente, ser objeto de monopólio ou oligopólio. Trata-se de uma remissão ao art. 173, § 4º. O intuito da vedação é fazer prevalecer a multiplicidade dos agentes informadores. Visa primar pelo regime democrático, no sentido de permitir a presença livre e igualitária de todas as correntes ideológicas, sem que haja monopólio ou oligopólio das fontes de comunicação. Se o art. 220, § 5º, fosse levado a sério, "A Voz do Brasil", programa radiofônico instituído pelo regime autoritário, seria banida da ordem jurídica brasileira. Tal excrescência da "ditadura Vargas", mantida pelos adeptos da propaganda gratuita, deixaria de ser um empecilho à liberdade de imprensa, não monopolizando o horário em que vai ao ar.

- **Constitucionalidade da transmissão da Voz do Brasil em faixa de horário predeterminada** — a tese de repercussão geral fixada sobre esse tema pelo Supremo Tribunal Federal foi a seguinte: "Presente razoável e adequada finalidade de fazer chegar ao maior número de brasileiros diversas informações de interesse público, é constitucional o artigo 38, 'e', da Lei 4.117/1962, com a redação dada pela Lei 13.644/2018, ao prever a obrigatoriedade de transmissão de programas oficiais dos Poderes Executivo, Legislativo e Judiciário ('Voz do Brasil'), em faixa horária pré-determinada e de maior audiência" (STF, RE 1026923, Rel. Min. Marco Aurélio, j. 19-11-2020).

◇ 8.3. Princípios constitucionais dos meios de comunicação

A produção e a programação das emissoras de rádio e televisão devem atender aos seguintes princípios (CF, art. 221, I a IV):

- preferência a finalidades educativas, artísticas, culturais e informativas;

  > **Decreto n. 4.901, 26-11-2003:** institui o Sistema Brasileiro de Televisão Digital (SBTVD).

- promoção da cultura nacional e regional e estímulo à produção independente que objetive sua divulgação;
- regionalização da produção cultural, artística e jornalística, conforme percentuais estabelecidos em lei;
- respeito aos valores éticos e sociais da pessoa e da família.

  > **Respeito à ética — Direitos do autor:** "Fixação, em *vídeo-cassete* e, depois, em *vídeo-tape*, por uma empresa de televisão, de programas de outra, para posterior utilização de pequenos trechos dessa fixação a título de ilustração em programa de crítica para premiação. Tendo em vista a natureza do direito de autor, a interpretação extensiva da exceção em que se traduz o direito de citação é admitida pela doutrina (...). A mesma justificativa que existe para o direito de citação na obra (informativa ou crítica) publicada em jornais ou revistas de feição gráfica se aplica, evidentemente, aos programas informativos, ilustrativos ou críticos do rádio e da televisão" (STF, RE 113.505, Rel. Min. Moreira Alves, *DJ* de 12-5-1989).

1414 ◆ Uadi Lammêgo Bulos ◆

❖ 8.4. Propriedade de empresa jornalística, de radiodifusão sonora e de sons e imagens

A propriedade de empresa jornalística e de radiodifusão sonora e de sons e imagens é privativa de brasileiros natos ou naturalizados há mais de dez anos, ou de pessoas jurídicas constituídas sob as leis brasileiras e que tenham sede no País (CF, art. 222, *caput* — redação da EC n. 36/2002).

Em qualquer caso, pelo menos 70% do capital total e do capital votante das empresas jornalísticas e de radiodifusão sonora e de sons e imagens deverá pertencer, direta ou indiretamente, a brasileiros natos ou naturalizados há mais de dez anos, que exercerão obrigatoriamente a gestão das atividades e estabelecerão o conteúdo da programação (CF, art. 222, § 1º — redação da EC n. 36/2002).

Também são privativas de brasileiros natos ou naturalizados, há mais de dez anos, a responsabilidade editorial e as atividades de seleção e direção de programação veiculada em qualquer meio de comunicação social (CF, art. 222, § 2º — redação da EC n. 36/2002).

Já os meios de comunicação social eletrônica, independentemente da tecnologia utilizada para a prestação do serviço, deverão observar os princípios enunciados no art. 221 da Carta Maior, na forma de lei ordinária específica, que também garantirá a prioridade de profissionais brasileiros na execução de produções nacionais (CF, art. 222, § 3º — redação da EC n. 36/2002).

❖ 8.5. Renovação dos serviços de radiodifusão sonora, de sons e imagens

Compete ao Poder Executivo outorgar e renovar concessão, permissão e autorização para o serviço de radiodifusão sonora e de sons e imagens, observado o princípio da complementaridade dos sistemas privado, público e estatal (CF, art. 223).

> A Lei n. 9.612, de 19-2-1998, institui o Serviço de Radiodifusão Comunitária, e o Decreto n. 2.615, de 3-6-1998, aprova seu regulamento.

O Congresso Nacional apreciará o ato no prazo do art. 64, §§ 2º e 4º, a contar do recebimento da mensagem (CF, art. 223, § 1º).

Para aprovar a não renovação é necessário o voto nominal de pelo menos 2/5 do Congresso Nacional. Todavia, para a aprovação da concessão, dado o silêncio do art. 223, § 2º, da Carta Magna, basta a maioria simples.

O ato de outorga ou renovação somente produzirá efeitos legais após deliberação do Congresso Nacional (CF, art. 223, § 3º).

Antes de vencido o prazo, o cancelamento da concessão ou permissão depende de decisão judicial (CF, art. 223, § 4º). Aí está uma garantia em benefício dos concessionários ou permissionários dos serviços de comunicação, inclusive aqueles ligados à área da informática.

O prazo da concessão ou permissão será de dez anos para as emissoras de rádio e de quinze para as de televisão (CF, art. 223, § 4º).

Se o lapso de tempo aí previsto fosse colocado na lei ordinária, poderia ficar exposto a mudanças sub-reptícias e injustificadas. Isso justifica a sua constitucionalização, que procurou tornar os prazos referidos insuscetíveis de alteração infraconstitucional.

Finalmente, a Lei n. 8.389, de 30 de dezembro de 1991, instituiu o Conselho de Comunicação Social, previsto no art. 224 da Carta Maior. Suas atribuições são de natureza auxiliar.

> Criação de Conselhos estaduais: "Criação de Conselho, dotado de diversificada composição e representatividade, destinado a orientar os órgãos de comunicação social do Estado, suas fundações e entidades sujeitas a seu controle (artigos 238 e 239 da Constituição do Rio Grande do Sul e Lei estadual n. 9.726/92). Cautelar deferida, ante a premência do prazo assinado para a instalação do Colegiado e a relevância da fundamentação jurídica do pedido, especialmente quanto às teses concernentes à separação dos Poderes e à exclusividade de iniciativa do Chefe do Executivo, bem como a competência privativa deste para exercer a direção superior e dispor sobre a organização e o funcionamento da administração" (STF, ADIn 821-MC, Rel. Min. Octavio Gallotti, *DJ* de 7-5-1993).

◆ Cap. 27 ◆ ORDEM SOCIAL
1415

◇ 8.6. Comunicação social e direito de antena

A previsão da *comunicação social*, na Carta de Outubro, abrangeu o *direito de antena*, expressão polifacética, variando em cada país.

Na Espanha e na Alemanha, *direito de antena* é a prerrogativa que o ordenamento jurídico confere às empresas de comunicação para que elas possam instalar-se e funcionar plenamente, a fim de difundir suas mensagens. Em Portugal, a terminologia designa o direito de resposta e de réplica política.

No Brasil, *direito de antena* é a possibilidade de captar ou transmitir informações por meio de ondas mecânicas ou eletromagnéticas.

Por meio de ondas mecânicas, a comunicação se propaga diretamente pelo ar, como no caso dos alto-falantes, colocados nos locais de uso comum do povo (praças, bairros, centros comunitários etc.).

Já por intermédio das ondas eletromagnéticas, o ato de comunicar adquire dimensões elevadas, pois ocorre a junção de um componente elétrico com outro magnético, conduzindo muita informação ao mesmo tempo (rádios, televisões).

A Constituição de 1988 consagrou normas relacionadas diretamente com o chamado *direito de antena*.

Tais normas encontram-se, basicamente, no Capítulo V, que trata da comunicação social, interligando-se com outros preceptivos espraiados ao longo do articulado constitucional, a exemplo dos arts. 5º, IV, VIII, IX e XIV, e 225.

Seja como for, a Carta Maior impediu os meios de comunicação de manipularem a força das ondas eletromagnéticas em detrimento do Estado brasileiro, violando o bem ambiental (art. 225, *caput*).

A pessoa física ou jurídica, nacional ou estrangeira, que pretender exercer o *direito de antena*, está obrigada a respeitar o bem ambiental, que não pode ser explorado sem prévio estudo de impacto do meio ambiente (CF, art. 225, IV).

Essa constatação reforça o objetivo da Política Nacional do Meio Ambiente, pois não podemos preservar as matas, os rios, os lagos, as plantas, os animais, sem levar em conta uma integração de valores, os quais encontram substrato na dignidade da pessoa humana, na cidadania, no respeito à soberania brasileira, no bem-estar geral dos povos.

Se, num passado de triste memória, o *direito de antena* constituía um *afago governamental aos caçadores de concessões*, com o advento da Carta de 1988 ele passou a ser um dos elementos integrantes de uma realidade maior. Assim, cabe àqueles que utilizam o espectro eletromagnético o dever de formar e informar todos os níveis sociais, fomentando a cultura, a educação, o desporto e o lazer.

Nos dias correntes, os meios de comunicação não podem olvidar que a preservação do meio ambiente é condição indispensável para a sobrevivência da própria espécie humana.

O *direito de antena*, todavia, encontra limites constitucionais em seu exercício.

A força do espectro eletromagnético não sobrepuja a soberania do Estado brasileiro (art. 1º, I), a cidadania (art. 1º, II), a dignidade da pessoa humana (art. 1º, III), os valores sociais do trabalho e da livre-iniciativa (art. 1º, IV), o pluralismo político (art. 1º, V), o respeito à privacidade (art. 5º, X), dentre outras garantias fundamentais, que equivalem à espinha dorsal do Texto de Outubro.

✦ 9. MEIO AMBIENTE

O capítulo do meio ambiente da Constituição de 1988 é um dos mais avançados e modernos do constitucionalismo mundial.

A preocupação de garantir esse autêntico *direito difuso* vem adquirindo enorme importância nas constituições mais recentes.

Em tempos remotos, os textos supremos previam, de modo genérico, atribuições de órgãos ou delimitação de competências ambientais.

Nos últimos decênios, a disciplina constitucional do meio ambiente passou a ser um direito fundamental da pessoa humana, lídimo direito de solidariedade, de *terceira geração*, porque a saúde do homem e a sua qualidade de vida passaram a ser a meta principal dos Estados.

1416 ◆ Uadi Lammêgo Bulos ◆

> **Posição do STF:** "O direito à integridade do meio ambiente — típico direito de terceira geração — constitui prerrogativa jurídica de titularidade coletiva, refletindo, dentro do processo de afirmação dos direitos humanos, a expressão significativa de um poder atribuído não ao indivíduo identificado em sua singularidade, mas, num sentido verdadeiramente mais abrangente, a própria coletividade social" (STF, MS 22.164, Rel. Min. Celso de Mello, *DJ* de 17-11-1995). **No mesmo sentido:** STF, RE 134.297, *DJ* de 22-9-1995.

A questão ambiental originou-se e evoluiu no primeiro mundo. Em sede legislativa ordinária, o seu tratamento remonta ao início da década de setenta, quando foi editado nos Estados Unidos o *National Environmental Policy Act*. A Conferência das Nações Unidas, por sua vez, reunindo-se em Estocolmo, em 1972, aprovou a Declaração de Estocolmo, primeiro documento internacional de vulto que firmou vinte e seis princípios na área ambiental. A partir daí, o tema assumiu dimensão internacional irrefreável.

Diversos fatores contribuíram nesse sentido, dentre os quais:
- a necessidade de preservar florestas e animais ameaçados de extinção;
- o combate à poluição das águas e da atmosfera;
- a melhoria da qualidade de vida nas metrópoles;
- o controle de atividades econômicas ou estratégicas predatórias e nocivas à saúde de todos;
- a promoção do desenvolvimento sustentável, no intuito de garantir a renovação constante dos estoques de recursos etc.

No Direito Comparado, o problema ecológico já era objeto de constitucionalização há algum tempo.

Nesse sentido, destacam-se as Cartas da Alemanha, de 1949 (arts. 74, 20 e 24); da Suíça, de 1874, reformada em 1957 (art. 24); da Bulgária, de 1971 (art. 31); de Cuba, de 1976 (art. 27); de Portugal, de 1976 (art. 66º); da União Soviética, de 1977 (art. 18); da Espanha, de 1978 (art. 45); e da China, de 1982 (arts. 9º e 26).

No Brasil, a matéria só recebeu atenção específica com o Texto de 1988, embora o *Livro Quinto*, Título LXXV, das Ordenações Filipinas, estipulasse a pena gravíssima de açoite e degredo para a África, por quatro anos, ao agente que cortasse árvore ou fruto. E isso se o dano fosse mínimo. Se lograsse maiores proporções, o degredo seria para sempre.

Assim, a primeira Constituição brasileira a positivar o meio ambiente foi a de 1988, prescrevendo normas avançadíssimas e adotando técnica de notável amplitude e de reconhecida atualidade.

Esse pioneirismo fez dela um documento essencialmente ambientalista.

A pesquisa atenta de seu articulado revela a ampla defesa do meio ambiente, senão vejamos:
- **Regras explícitas de garantia do meio ambiente** — além do art. 225, consagram, expressamente, a defesa do meio ambiente os arts. 7º, XXII (meio ambiente do trabalho); 91, § 1º, III (preservação dos recursos naturais); 170, VI (combate ao impacto ambiental); 186, II (uso adequado dos recursos naturais); 200, VIII (colaboração na tutela do meio ambiente); 216, V (patrimônio nacional); 220, § 3º, II (repudia práticas nocivas ao meio ambiente); 231, § 1º (defesa das terras indígenas).
- **Regras implícitas de garantia do meio ambiente** — arts. 20, III, V, VI, VII, IX, X; 21, XIX, XX, XXIII, XXIV, XXV; 22, IV, XII, XXVI; 23, III, IV; 24, II, VII; 26, I; 30, IX; 196 a 200.
- **Regras de competência dos entes federativos** — é da *competência comum* da União, dos Estados, do Distrito Federal e dos Municípios: **(i)** a proteção dos documentos, das obras e outros bens de valor histórico, artístico e cultural, dos monumentos, das paisagens naturais notáveis e dos sítios arqueológicos (art. 23, III); **(ii)** combater a poluição em qualquer de suas formas (art. 23, VI); e **(iii)** preservar as florestas, a fauna e a flora (art. 23, VII). Ademais, insere-se no bojo da *competência concorrente* da União, dos Estados e do Distrito Federal: **(i)** a defesa das florestas, da caça, da pesca, da fauna, a conservação da natureza, a defesa do solo e dos recursos naturais, a proteção do meio ambiente e o controle da poluição (art. 24, VI); **(ii)** a defesa do patrimônio histórico, cultural, artístico, turístico e paisagístico (art. 24, VII); e **(iii)** a responsabilidade por dano ao meio ambiente, ao consumidor, a bens e direitos de valor artístico, estético, histórico, turístico e paisagístico.

◆ Cap. 27 ◆ ORDEM SOCIAL

1417

> **Excesso de fumaça expelida por veículos coletivos:** "Firmou-se a jurisprudência desta Corte no sentido que não existe negativa de vigência ao art. 8º, VI, da Lei Federal 6.938/81, quando o Estado edita normas regulando os índices toleráveis de produção de fumaça por veículos automotores, por isso que usou apenas a sua competência concorrente para legislar sobre a proteção ao meio ambiente, sendo, portanto, legal a multa imposta sem qualquer afronta à Constituição Federal. Precedentes" (STJ, 2ª T., REsp 8.578/RJ, Rel. Min. José de Jesus Filho, *DJ* de 27-9-1993, p. 19803).

- **Regra de garantia institucional do meio ambiente** — cumpre ao Ministério Público exercer a função institucional de promover o inquérito civil e a ação civil pública para a defesa do meio ambiente (art. 129, III).

  > **Fundação de assistência a pescadores:** "Tal fundação está legitimada para propor ação civil pública em defesa do meio ambiente em que vive a comunidade" (STJ, 1ª T., REsp 37.888/BA, Rel. Min. Humberto Gomes de Barros, *DJ* de 24-4-1995, p. 10386).

- **Regra de garantia individual do meio ambiente** — qualquer cidadão tem legitimidade para propor ação popular visando à anulação de ato lesivo ao meio ambiente (art. 5º, LXXIII).

Diante de uma Constituição tão farta em mecanismos garantidores do *bem ambiental*, só nos resta lamentar que a simples disciplina normativa de tudo isso, por si só, não opera milagres.

Não basta, simplesmente, propagar as virtudes de modernidade do longo programa espraiado na Carta de Outubro para que tenhamos a conservação e a recuperação do meio ambiente.

Se fosse só isso, a floresta amazônica — pulmão do mundo — não apresentaria os problemas ambientais, de caráter global, que tanto têm colaborado para a destruição da camada de ozônio, o aumento da chuva ácida e o efeito estufa.

A pena do constituinte de 1988 vem cedendo ante a maldade dos corações gananciosos, que, no afã de querer sempre mais, não se contentando com o que já possuem, fazem da *Constituição ambiental* algo meramente simbólico, esquecido, relegado a último plano.

Decerto, nesses anos de vigência da Constituição de 1988, fatores psicossociais e econômicos têm dificultado a implementação de todas as suas normas, dispostas em enunciados genéricos, dependentes, na maioria, de providência legislativa posterior.

Vivemos, então, um dilema. De um lado, não podemos desprezar o avanço da matéria ambiental na Carta de 1988; de outro, não devemos fechar os olhos para certa *anestesia social*, provocada pela crença de que textos constitucionais tudo podem, quando, no Brasil, infelizmente, quase nada podem.

✧ 9.1. Meio ambiente ecologicamente equilibrado

Todos têm direito ao meio ambiente ecologicamente equilibrado, bem de uso comum do povo e essencial à sadia qualidade de vida, impondo-se ao Poder Público e à coletividade o dever de defendê-lo e preservá-lo para as presentes e futuras gerações (CF, art. 225, *caput*).

Mas, afinal, que é "meio ambiente ecologicamente equilibrado"?

Meio ambiente é o complexo de relações entre o mundo natural e os seres vivos. *Ecologia* é o campo do domínio científico encarregado de estudar a interação do homem com a natureza.

Logo, pelo art. 225, o *meio ambiente* é um bem jurídico autônomo, de caráter *difuso*, atingindo quatro campos complementares:

- **campo natural ou físico** — abrange a terra, a água, o ar atmosférico, a flora e a fauna;
- **campo cultural** — alberga o patrimônio genético, histórico, artístico, paisagístico, arqueológico e turístico;

  > **Meio ambiente e engenharia genética** — "Liberação de OGM (organismos geneticamente modificados): impugnação ao Decreto n. 1.752/95, especialmente ao seu art. 2º, XIV, relativo à competência, na matéria, do CTNBio e à possibilidade de o órgão dispensar para exarar parecer a respeito o Estudo de Impacto Ambiental e o consequente RIMA: controvérsia intragovernamental entre o Ministério da Ciência e

Tecnologia e o do Meio Ambiente sobre a vinculação ou não do Conama ao parecer do CTNBio, em face da legislação formal pertinente (Leis 6.938/81 e 8.974/95), que evidencia a hierarquia regulamentar do decreto questionado e o caráter mediato ou reflexo da inconstitucionalidade que se lhe irroga: matéria insusceptível de deslinde na ação direta de inconstitucionalidade, mas adequada a outras vias processuais, a exemplo da ação civil pública" (STF, ADIn 2.007-MC, Rel. Min. Sepúlveda Pertence, *DJ* de 24-9-1999).

- **campo artificial** — engloba o espaço urbano composto por edificações e por equipamentos públicos; e
- **campo laboral** — concerne ao meio ambiente do trabalho, que visa primar pela vida, pela dignidade, sendo contrário à periculosidade e à desarmonia do homem.

O *meio ambiente* é um *direito difuso*, pois não se funda num vínculo jurídico determinado, específico, mas em dados genéricos, contingentes, acidentais e modificáveis, do mesmo modo que acontece com pessoas que consomem produtos idênticos, habitam uma mesma região, participam de empreendimentos comuns a uma categoria de acordo com circunstâncias socioeconômicas. Por isso, o meio ambiente não é um direito subjetivo típico, divisível, particularizável, que pode ser usufruído individualmente. Ao contrário, é um direito exigível a quem tem o dever jurídico de prestá-lo: o Poder Público.

E a coletividade, como defender e preservar o meio ambiente para as gerações presentes e futuras?

Formando grupos, associações de classe, agremiações diversas. Exemplo: ONGs (organizações não governamentais).

Soma-se a isso o ajuizamento de ações civis públicas, pelo Ministério Público (CF, art. 129, III), e de ações populares, pelos cidadãos (CF, art. 5º, LXXIII).

Novidade digna de nota, trazida pelo art. 225, *caput*, foi a caracterização do meio ambiente como "bem de uso comum do povo", expressão que já estava presente no Código Civil de 1916, arts. 65 e 66 (correspondentes aos arts. 98 e 99 do CC/2002).

Todavia, o sentido atribuído à expressão "bem de uso comum do povo", pelo constituinte de 1988, não é o mesmo do Direito Privado.

Trata-se de um *tertium genus*, de um bem que não é público nem particular: o *bem ambiental*.

O *bem ambiental* é um bem jurídico próprio, diferente daquele ligado ao direito de propriedade.

Um industrial, por exemplo, pode ter uma fazenda e nela instalar sua fábrica; mas não poderá queimar as árvores ali presentes, sob pena de comprometer a qualidade do ar atmosférico.

Ora, o ar que o industrial respira não é só dele; é dele, de seus empregados e de todos nós, indistintamente.

Assim, quando o art. 225, *caput*, menciona "bem de uso comum do povo" quer referir-se ao *bem ambiental*, que excede o sentido clássico de propriedade, no qual o proprietário usa, goza e dispõe, como quiser, da coisa que lhe pertence.

✧ 9.2. Encargos do Poder Público na preservação ambiental

Para preservar o meio ambiente, a Carta de 1988 determinou aos Poderes Executivo, Legislativo e Judiciário a realização de *encargos inadiáveis* (art. 225, § 1º, I a VIII, com redação dada pela EC n. 123/2022).

Mas, de todos, o Executivo merece destaque, pois a efetividade do *direito ambiental* depende, em grande parte, do *poder de polícia* e do *poder regulamentar* da Administração.

Administrar é, sobretudo, aplicar a lei de ofício e, também, praticar atos de concretização constitucional, individualizando a norma ao caso concreto.

Daí exsurgem o *poder de polícia* — que se traduz numa competência genérica da Administração para limitar direitos e condicionar o uso de bens —, e o *poder regulamentar* — que consiste na faculdade de o Chefe do Executivo explicitar a lei para sua correta execução, provendo, se preciso for, situações que não foram disciplinadas pelo Poder Legislativo.

Cap. 27 ◆ ORDEM SOCIAL

1419

Relatório de impacto ambiental e poder de polícia: "Aprovação pela assembleia legislativa. Vício material. Afronta aos artigos 58, § 2º, e 225, § 1º, da Constituição do Brasil. É inconstitucional preceito da Constituição do Estado do Espírito Santo que submete o Relatório de Impacto Ambiental — RIMA — ao crivo de comissão permanente e específica da Assembleia Legislativa. A concessão de autorização para desenvolvimento de atividade potencialmente danosa ao meio ambiente consubstancia ato do poder de polícia — ato da Administração Pública — entenda-se ato do Poder Executivo" (STF, ADIn 1.505, Rel. Min. Eros Grau, *DJ* de 4-3-2005).

Seja como for, são *encargos inadiáveis* do Poder Público:

*   **Preservar e restaurar os processos ecológicos essenciais e prover o manejo ecológico das espécies e ecossistemas (art. 225, § 1º, I)** — eis um dever correlato ao direito insculpido no art. 225, *caput*. Desse modo, o constituinte *comunicou* aos depredadores do ambiente natural, investidos em funções do Poder Público, que existem meios judiciais para obstar-lhes a conduta. *Processos ecológicos essenciais* são aqueles que sustentam os sistemas de preservação da vida. Visam manter o clima, o ar, a água, a terra limpos. Buscam, também, reciclar elementos que permitam a autorrenovação do ecossistema. Nisso, objetivam eliminar as queimadas, a poluição atmosférica, sempre pretendendo proteger a flora, a fauna e os microrganismos. De outro lado, *manejo ecológico das espécies* diz respeito à interação do homem com as diferentes formas de vida animal e vegetal. Daí o seu papel de restaurar os *ecossistemas*, por exemplo, naqueles casos em que determinadas espécies em estado selvagem são transferidas para locais ecologicamente adequados, e. g., jardins zoológicos e botânicos, parques de preservação animal, florestas naturais etc.

*   **Preservar a diversidade e a integridade do patrimônio genético do País e fiscalizar as entidades dedicadas à pesquisa e manipulação de material genético (art. 225, § 1º, II)** — aqui temos duas situações diferentes: **(i)** a preservação da diversidade e a integridade do patrimônio genético do País, e **(ii)** a fiscalização das entidades dedicadas à pesquisa e manipulação de material genético. Na primeira, o constituinte almejou conservar a *biodiversidade*. Teve em vista a proteção das múltiplas espécies que compõem o patrimônio genético do País, buscando preservar as plantas, os animais e os microrganismos, ou seja, toda a *biota* (flora e fauna, formadas há milhões de anos). Pois bem, esse patrimônio genético ou biológico constitui fonte de riquezas materiais inexploradas. Daí a obrigação de manter a sua integridade. Já na segunda situação, vislumbrou o exercício do poder de polícia na área em que o material genético é utilizado. Trata-se de um problema de engenharia genética, que repercute sobre a espécie humana como um dos grandes problemas a ser investigados em nossos dias.

*   **Definir, em todas as unidades da Federação, espaços territoriais e seus componentes a serem especialmente protegidos, sendo a alteração e a supressão permitidas somente através de lei, vedada qualquer utilização que comprometa a integridade dos atributos que justifiquem sua proteção (art. 225, § 1º, III)** — aqui temos autêntica norma de conteúdo programático, que exige a atuação conjunta do Executivo e do Legislativo para a definição dos espaços territoriais a serem protegidos pela União, Estados, Distrito Federal e Municípios.

> **Função social da propriedade:** o dever do Poder Público de defender e de preservar para as gerações futuras o direito ao meio ambiente ecologicamente equilibrado, bem como os meios a que se refere o art. 225, § 1º, III, coaduna-se com a função social da propriedade, sem, em consequência, eliminá-la ou ferir os princípios da livre-iniciativa e da liberdade de ofício, não impedindo o desenvolvimento econômico nem violando o direito adquirido (STF, ADIn 1.952-MC, voto do Ministro Moreira Alves, *DJ* de 12-5-2000).

*   **Exigir, na forma da lei, para instalação de obra ou atividade potencialmente causadora de significativa degradação do meio ambiente, estudo prévio de impacto ambiental, a que se dará publicidade (art. 225, § 1º, IV)** — esse assunto já constava na Lei n. 6.938/81. Sua constitucionalização foi positiva, pois sem prévio estudo do *impacto ambiental* não há falar em concessão de licença. *Impacto ambiental* é qualquer alteração das propriedades físicas, químicas e biológicas do meio ambiente, causada por atividades humanas.

> **Estudo prévio do impacto ambiental:** "Diante dos amplos termos do inc. IV do § 1º do art. 225 da Carta Federal, revela-se juridicamente relevante a tese de inconstitucionalidade da norma estadual que dispensa o estudo prévio de impacto ambiental no caso de áreas de florestamento ou

1420 ◆ Uadi Lammêgo Bulos ◆

reflorestamento para fins empresariais. Mesmo que se admitisse a possibilidade de tal restrição, a lei que poderia viabilizá-la estaria inserida na competência do legislador federal, já que a este cabe disciplinar, por meio de normas gerais, a conservação da natureza e a proteção do meio ambiente (art. 24, inc. VI, da CF), não sendo possível, ademais, cogitar-se da competência legislativa a que se refere o § 3º do art. 24 da Carta Federal, já que esta busca suprir lacunas normativas para atender a peculiaridades locais, ausentes na espécie" (STF, ADIn 1.086-MC, Rel. Min. Ilmar Galvão, *DJ* de 16-9-1994).

- **Controlar a produção, a comercialização e o emprego de técnicas, métodos e substâncias que comportem risco para a vida, a qualidade de vida e o meio ambiente (art. 225, § 1º, V)** — essa diretriz irmana-se com a competência concorrente dos arts. 24 e 30, I, da *Lex Mater*.

- **Promover a educação ambiental em todos os níveis de ensino e a conscientização pública para a preservação do meio ambiente (art. 225, § 1º, VI)** — igualmente ao item anterior, o constituinte conferiu aos entes federativos um específico poder de polícia ambiental. A educação aqui referida é a *informal*. Não se trata de ensino escolarizado. Mas isso não impede que as instituições educativas promovam a conscientização do educando para a importância de preservar o meio ambiente.

- **Proteger a fauna e a flora, vedadas, na forma da lei, as práticas que coloquem em risco sua função ecológica, provoquem a extinção de espécies ou submetam os animais a crueldade (art. 225, § 1º, VII)** — a efetividade desse programa constitucional depende do respeito que se deve ter às leis já existentes, a exemplo da Lei n. 9.605, de 12 de fevereiro de 1998, que tipifica os crimes ambientais.

Inconstitucionalidade de lei estadual que regulou briga de galo — o Supremo Tribunal, em sua composição plenária, e com os aplausos do Autor deste livro, declarou a inconstitucionalidade da Lei estadual n. 2.895/98, do Rio de Janeiro, que autorizava e disciplinava a realização de competições entre "galos combatentes". Na ADI, proposta pela Procuradoria-Geral da República e julgada procedente por unanimidade de votos, concluiu-se que o diploma legal fluminense era ofensivo à Carta de 1988, que proíbe a prática de crueldade contra animais, a exemplo da briga de galo e da farra do boi (art. 225, § 1º, VII) (STF, ADI 1.856/RJ, Rel. Min. Celso de Mello, j. em 26-5-2011). **No mesmo sentido:** ADI 1.856-MC, Rel. Min. Carlos Velloso, *DJ* de 22-9-2000; e ADI 2.514, Rel. Min. Eros Grau, *DJ* de 1º-2-2006.

Inconstitucionalidade de lei estadual que regulamenta vaquejada — por maioria de votos, o Plenário do Supremo Tribunal Federal julgou procedente a ADI 4.983. Foi o procurador-geral da República que a ajuizou contra a Lei n. 15.299/2013 do Estado do Ceará. Prevaleceu o entendimento do relator, Min. Marco Aurélio. Para ele constitui ofensa ao art. 225 da Carta Magna a prática da vaquejada. O dever de proteção ao meio ambiente sobrepõe-se aos valores culturais da atividade desportiva. No caso, laudos técnicos contidos no processo demonstraram consequências nocivas à saúde dos animais: fraturas nas patas e rabo, ruptura de ligamentos e vasos sanguíneos, eventual arrancamento do rabo e comprometimento da medula óssea. Também os cavalos, de acordo com os laudos, sofrem lesões. A palavra "crueldade", escrita no inciso VII do § 1º do art. 225 da Lei Magna, alcança a tortura e os maus-tratos infligidos aos bois durante a prática da vaquejada. Seguiram o relator os Ministros Luís Roberto Barroso, Rosa Weber, Ricardo Lewandowski, Celso de Mello e Cármen Lúcia. Ficaram vencidos os Ministros Edson Fachin, Teori Zavascki, Luiz Fux, Dias Toffoli e Gilmar Mendes (STF, ADI 4.983, Rel. Min. Marco Aurélio, j. 6-10-2016). Em 30-11-2016, foi publicada no *DOU* a Lei n. 13.364, reconhecendo a vaquejada e o rodeio como manifestações da cultura nacional e do patrimônio cultural imaterial.

Manter regime fiscal favorecido para os biocombustíveis destinados ao consumo final, na forma de lei complementar (art. 225, § 1º, VIII) — a EC n. 123, de 14 de julho de 2022, consagrou esse mandamento constitucional. Seu escopo é assegurar tributação inferior à incidente sobre os combustíveis fósseis, capaz de garantir diferencial competitivo em relação a estes, especialmente em relação às contribuições de que tratam a alínea *b* do inciso I, o inciso IV do *caput* do art. 195 e o art. 239, e ao imposto a que se refere o inciso II do *caput* do art. 155 da Carta Magna. Ao alterar o art. 225 da Constituição da República, a EC n. 123/2022 incluiu o art. 120 no Ato das Disposições Constitucionais Transitórias. Buscou, assim, reconhecer o estado de emergência decorrente da elevação extraordinária e imprevisível dos preços do petróleo, combustíveis e seus derivados e dos impactos sociais dela decorrentes. Ademais, autorizou a União a entregar auxílio financeiro aos Estados e ao Distrito Federal que outorgarem créditos tributários do Imposto sobre Operações relativas à Circulação de Mercadorias e sobre Prestações de Serviços de Transporte Interestadual e Intermunicipal e de Comunicação (ICMS) aos produtores e distribuidores de etanol hidratado. Também expandiu o Auxílio Gás dos brasileiros, disposto na Lei n. 14.237, de 19 de novembro de 2021,

Cap. 27 ◆ ORDEM SOCIAL

1421

assegurando, ainda, auxílio para caminhoneiros autônomos. Expandiu o Programa Auxílio Brasil, de que trata a Lei n. 14.284, de 29 de dezembro de 2021. Por fim, instituiu auxílio para entes federativos financiarem a gratuidade do transporte público.

✧ 9.3. Normas assecuratórias do bem ambiental

Complementando o art. 225, § 1º, I a VII, que acabamos de ver, o Texto de 1988 encetou as seguintes normas assecuratórias do bem ambiental:

- **Exploração de recursos minerais (art. 225, § 2º)** — quem explorar recursos minerais fica obrigado a recuperar o meio ambiente degradado, de acordo com solução técnica exigida pelo órgão público competente, na forma da lei. A interpretação das normas constitucionais ambientais comporta exegese sistemática, para que sejam conciliadas com os demais princípios da Constituição. É o caso desse enunciado em epígrafe, que convém ser compreendido em harmonia com o art. 3º, II, da Carta Maior, que prevê a garantia do *desenvolvimento nacional*.

- **Sanções aos infratores do meio ambiente (art. 225, § 3º)** — as condutas e atividades consideradas lesivas ao meio ambiente sujeitarão os infratores, pessoas físicas ou jurídicas, a sanções penais e administrativas, independentemente da obrigação de reparar os danos causados. Temos aí a *responsabilidade penal de pessoas jurídicas* e a *responsabilidade objetiva por dano ambiental*. A primeira, nós já estudamos. Quanto à *responsabilidade objetiva por dano ambiental*, a pessoa física poderá ser condenada à reparação. Basta que pratique ato ilícito, dando margem à aplicação da doutrina tradicional da responsabilidade subjetiva, fundada na culpa. O mesmo vale para o ato lícito ou devidamente licenciado, que ensejou dano ambiental. Nesse caso, o que importa não é a culpa, porém a relação de causalidade entre o ato e o resultado danoso.

  > **Multa por degradação do meio ambiente:** "Exercida defesa prévia à homologação do auto de infração, não padece de vício de inconstitucionalidade a legislação municipal que exige o depósito prévio do valor da multa como condição ao uso de recurso administrativo, pois não se insere, na Carta de 1988, garantia do duplo grau de jurisdição administrativa. Precedentes" (STF, RE 169.077, Rel. Min. Octavio Gallotti, *DJ* de 27-3-1998).

- **Proteção ao patrimônio brasileiro (art. 225, § 4º)** — a Floresta Amazônica brasileira, a Mata Atlântica, a Serra do Mar, o Pantanal Mato-Grossense e a Zona Costeira são patrimônio nacional, e sua utilização far-se-á, na forma da lei, dentro de condições que assegurem a preservação do meio ambiente, inclusive quanto ao uso dos recursos naturais. Evidente que essa enumeração é puramente exemplificativa. O constituinte escolheu algumas áreas de especial valor ecológico e as prescreveu na Constituição. Quanto ao *patrimônio nacional*, sua noção ainda não foi firmada em bases sólidas. Parece-nos que equivale ao conceito de *domínio público*, abrangendo todos os bens presentes no território estatal, sejam públicos, sejam privados. Os *públicos* são aqueles cujo domínio patrimonial pertence ao Estado. Os *privados* são aqueles titularizados pelo Estado por *domínio eminente*, que lhe possibilita impor limites administrativos ou interferir na propriedade mediante ato indenizatório. Enfim, art. 225, § 4º, deve ser interpretado de modo harmonioso com o sistema jurídico consagrado pelo ordenamento fundamental, notadamente com o art. 5º, XXII, da Carta Política, que assegura o direito de propriedade em todas as projeções, inclusive aquela concernente à compensação financeira devida pelo Poder Público ao proprietário atingido por atos imputáveis à atividade estatal.

  > **Casuística do STF:**
  > - **Alcance do art. 225, § 4º, da CF** — "O preceito consubstanciado no art. 225, § 4º, da Carta da República, além de não haver convertido em bens públicos os imóveis particulares abrangidos pelas florestas e pelas matas nele referidas (Mata Atlântica, Serra do Mar, Floresta Amazônica Brasileira), também não impede a utilização, pelos próprios particulares, dos recursos naturais existentes naquelas áreas que estejam sujeitas ao domínio privado, desde que observadas as prescrições legais e respeitadas as condições necessárias à preservação ambiental" (STF, RE 134.297-8/SP, Rel. Min. Celso de Mello, *DJ* de 22-9-1995, p. 30597).
  > - **Pantanal Mato-Grossense** — "A norma inscrita no art. 225, § 4º, da Constituição não atua, em tese, como impedimento jurídico à efetivação, pela União Federal, de atividade expropriatória destinada a promover e a executar projetos de reforma agrária nas áreas referidas nesse preceito constitucional,

1422 ◆ Uadi Lammêgo Bulos ◆

notadamente nos imóveis rurais situados no Pantanal Mato-Grossense. A própria Constituição da República, ao impor ao poder público o dever de fazer respeitar a integridade do patrimônio ambiental, não o inibe, quando necessária a intervenção estatal na esfera dominial privada, de promover a desapropriação de imóveis rurais para fins de reforma agrária, especialmente porque um dos instrumentos de realização da função social da propriedade consiste, precisamente, na submissão do domínio à necessidade de o seu titular utilizar adequadamente os recursos naturais disponíveis e de fazer preservar o equilíbrio do meio ambiente (CF, art. 186, II), sob pena de, em descumprindo esses encargos, expor-se à desapropriação-sanção a que se refere o art. 184 da Lei Fundamental" (STF, MS 22.164, Rel. Min. Celso de Mello, *DJ* de 17-11-1995).

- **Mata Atlântica** — "Não é a Mata Atlântica, que integra o patrimônio nacional a que alude o artigo 225, § 4º, da Constituição Federal, bem da União. Por outro lado, o interesse da União para que ocorra a competência da Justiça Federal prevista no artigo 109, IV, da Carta Magna tem de ser direto e específico, e não, como ocorre no caso, interesse genérico da coletividade, embora aí também incluído genericamente o interesse da União" (STF, RE 300.244, Rel. Min. Moreira Alves, *DJ* de 19-12-2001). **No mesmo sentido:** STF, RE 349.184, *DJ* de 7-3-2003.

- **Floresta Amazônica** — "Embora válido o argumento de que MP não pode tratar de matéria submetida pela Constituição Federal a Lei Complementar, é de se considerar que, no caso, a Constituição Federal não exige Lei Complementar para alterações no Código Florestal, ao menos as concernentes à Floresta Amazônica" (STF, ADIn 1.516-MC, Rel. Min. Sydney Sanches, *DJ* de 13-8-1999).

- **Indisponibilidade das terras devolutas (art. 225, § 5º)** — são indisponíveis as terras devolutas ou arrecadadas pelos Estados, por ações discriminatórias, necessárias à proteção dos ecossistemas naturais. Importa assinar aqui que as terras devolutas são indisponíveis, porque não podem ser alienadas, vendidas, doadas, oferecidas em pagamento ou permutadas. O processo discriminatório será administrativo ou judicial, precisamente para separar as terras devolutas das propriedades particulares.

- **Localização de usinas nucleares (art. 225, § 6º)** — as usinas que operem com reator nuclear deverão ter sua localização definida em lei federal, sem o que não poderão ser instaladas. No regime constitucional passado, alguns Estados-membros aprovaram leis para dispor sobre a construção e a localização de usinas nucleares, sem qualquer critério ou planejamento prévio. No Estado do Rio de Janeiro, por exemplo, a Lei n. 785/84 foi declarada inconstitucional, devido à impossibilidade de instalar usina nuclear, processadora de material radioativo, em local impróprio. Para evitar problemas semelhantes, a responsabilidade por danos nucleares independe de culpa (art. 21, XXIII, *c*).

  Dano ao meio ambiente — Usina de reciclagem de lixo: "As usinas de incineração e reciclagem de lixo constituem atividade poluidora do meio ambiente e não podem ser localizadas em zona de uso residencial. Como, em vista de determinadas circunstâncias especiais, pode o juiz determinar a imediata cessação de atividade nociva ou que venha a causar dano ao meio ambiente independentemente de justificação prévia (CPC, art. 642; Lei 7.347/85, arts. 3º, 4º, 11 e 12), precisamente para evitar a consumação de lesão ambiental, justifica-se a concessão, em ação pública, de medida liminar determinando a paralisação das obras de implantação da referida atividade iniciadas sem expressa autorização dos órgãos estaduais para instalação do sistema" (TJSP, 6ª Câm. Civ., Agl 96.924-1/Diadema, Rel. Des. Ernani de Paiva, decisão de 18-2-1988).

- **Emenda Constitucional n. 96, de 6-6-2017 (art. 225, § 7º)** — acrescentou ao art. 225, da Carta Magna, o § 7º, cuja redação é a seguinte: "§ 7º Para fins do disposto na parte final do inciso VII do § 1º deste artigo, não se consideram cruéis as práticas desportivas que utilizem animais, desde que sejam manifestações culturais, conforme o § 1º do art. 215 desta Constituição Federal, registradas como bem de natureza imaterial integrante do patrimônio cultural brasileiro, devendo ser regulamentadas por lei específica que assegure o bem-estar dos animais envolvidos".

✦ 10. A FAMÍLIA, A CRIANÇA, O ADOLESCENTE, O JOVEM E O IDOSO

Por reunir preceitos que refletem as transformações sociais ocorridas nos últimos anos, o Capítulo VII, do Título VIII, *da família, da criança, do adolescente, do jovem e do idoso*, da nossa Carta Magna, é bastante inovador.

◆ Cap. 27 ◆ ORDEM SOCIAL   **1423**

Claro que as constituições pregressas não podiam prever o que o Texto de 1988 previu, pois, no passado, os problemas eram diferentes, os costumes eram outros, o *modus vivendi* se exteriorizava de forma totalmente distinta da atual.

Todavia a matéria de que aqui se cuida é velha conhecida em diversos ordenamentos constitucionais. Basta citar as Constituições da Costa Rica, de 1949 (art. 51), da Itália, de 1974 (art. 29), de Portugal, de 1976 (art. 36º, I) e da Espanha, de 1978 (art. 39, I).

Nesse contexto, o constituinte brasileiro de 1988 não olvidou os contornos modernos da mutável concepção de *família*.

A problemática da marginalização *infantil*, outrora situada *a latere* do processo de integração social, também foi destacada.

O mesmo se diga quanto às questões relacionadas à *adolescência*, marcantes nesse crepúsculo de século, sobretudo diante da violência e da exploração sexual dos adolescentes.

A referência aos jovens, no Capítulo VII, acima mencionado, deu-se com o advento da EC n. 65/2010, que ficou conhecida como "Emenda Constitucional da Juventude". Ela introduziu, em nosso Texto Maior, o § 8º do art. 227, pelo qual cumpre à lei (ordinária) estabelecer: (**i**) o estatuto da juventude, destinado a regular os direitos dos jovens; e (**ii**) o plano nacional de juventude, de duração decenal, visando à articulação das várias esferas do poder público para a execução de políticas públicas.

Os *idosos*, por fim, foram lembrados na Constituição, pela inestimável importância que logram em nossa sociedade, nada obstante a postura execrável do Poder Público, que nem sempre os reconhece na exata medida de seu papel social.

Mais do que nunca, é hora de buscar uma nova *ratio legis* das normas destinadas a regular relações jurídicas ligadas à família, à criança, ao adolescente, ao jovem e ao idoso.

◈ 10.1. Família como base da sociedade

Família, em sentido estrito, designa os laços de paternidade, maternidade e filiação. O ambiente familiar é composto dos pais e filhos, irmãos, do homem e da mulher em união estável, de um dos filhos com ambos os pais ou com apenas um deles.

Em sentido amplo, contudo, *família* é o conjunto de pessoas ligadas pelos laços de parentesco, com descendência comum, e de afinidade (tios, primos, sobrinhos, cunhados etc.). Aqui o sobrenome do núcleo familiar adquire relevo. Exemplo: família Prates, família Sampaio, família Pereira etc.

A primeira acepção — a *restrita* — é bastante usada no Direito Privado; já a segunda — a *ampla* — é utilizada no Direito Público, notadamente no âmbito *constitucional*.

Adotando o conceito *amplo* de família, a Carta de 1988 a definiu como a *base da sociedade*, que tem especial proteção do Estado (CF, art. 226, *caput*).

> **Casuística do STF:**
> - **Ação de investigação de paternidade. Legitimidade do Ministério Público** — "A Lei n. 8.560/92 expressamente assegurou ao *Parquet*, desde que provocado pelo interessado e diante de evidências positivas, a possibilidade de intentar a ação de investigação de paternidade, legitimação essa decorrente da proteção constitucional conferida à família e à criança, bem como da indisponibilidade legalmente atribuída ao reconhecimento do estado de filiação. Dele decorrem direitos da personalidade e de caráter patrimonial que determinam e justificam a necessária atuação do Ministério Público para assegurar a sua efetividade, sempre em defesa da criança, na hipótese de não reconhecimento voluntário da paternidade ou recusa do suposto pai" (STF, RE 248.869, Rel. Min. Maurício Corrêa, *DJ* de 12-3-2004).
> - **Preservação da intimidade infantil** — "A Constituição Federal adota a família como base da sociedade a ela conferindo proteção do Estado. Assegurar à criança o direito à dignidade, ao respeito e à convivência familiar pressupõe reconhecer seu legítimo direito de saber a verdade sobre sua paternidade, decorrência lógica do direito à filiação (CF, artigos 226, §§ 3º, 4º, 5º e 7º; 227, § 6º). O direito à intimidade não pode consagrar a irresponsabilidade paterna, de forma a inviabilizar a imposição ao pai biológico dos deveres resultantes de uma conduta volitiva e passível de gerar vínculos familiares. Essa garantia encontra limite no direito da criança e do Estado em ver reconhecida, se for o caso, a paternidade" (STF, RE 248.869, Rel. Min. Maurício Corrêa, *DJ* de 12-3-2004).

1424 ◆ Uadi Lammêgo Bulos ◆

Conforme o Texto de Outubro, pois, *família* não é somente o grupo oriundo do casamento; engloba, também, as uniões fora do casamento, mas com traços de permanência e continuidade, as quais merecem proteção jurídica.

Portanto, a noção constitucional de *família* é ampla, abrangendo:

- a entidade familiar constituída pelo *casamento civil* ou *religioso* com efeitos civis (art. 226, §§ 1º e 2º);
- a entidade familiar constituída pela *união estável* entre homem e mulher, devendo a lei ordinária facilitar sua conversão em casamento (art. 226, § 3º); e

Casuística do STF:

- **Súmula 380** — "Comprovada a existência de sociedade de fato entre os concubinos, é cabível a sua dissolução judicial, com a partilha do patrimônio adquirido pelo esforço comum". **Correntes interpretativas:** a jurisprudência do Pretório Excelso tem aplicado a Súmula 380 para admitir a sociedade, pela existência do concubinato. **Precedentes:** *RTJ, 70*:108, *69*:723, *54*:762, *83*:424, *79*:229, *80*:260 e *89*:181. Mas existem julgados inadmitindo a partilha: *RTJ, 69*:467; *66*:528; *64*:665; *57*:352 e *49*:664. Finalmente, prenuncia-se, na Corte, a tendência de se admitir a partilha apenas do patrimônio obtido pelo esforço comum, posicionamento que nos parece correto. Nesse sentido: *RTJ, 89*:81 e *90*:1022.
- **Dependente. Companheira. Dissolução da sociedade de fato** — "Preceito de lei ordinária, no caso, o inciso II do artigo 9º da Lei n. 7.672/82, do Rio Grande do Sul, há de merecer interpretação norteada pela Constituição Federal. Dispondo esta sobre o reconhecimento da união estável entre o homem e a mulher como entidade familiar, a gerar a proteção do Estado, a norma legal que enquadra a companheira como dependente do segurado alcança situação na qual, mediante acordo, previu-se a continuidade do sustento e a reinclusão desta como beneficiária no Instituto de Previdência do Estado do Rio Grande do Sul" (STF, RE 229.349, Rel. Min. Marco Aurélio, *DJ* de 9-11-2001).
- **Exclusão do benefício de pensão** — "Legalidade da decisão do Tribunal de Contas da União, que excluiu, do benefício de pensão, a companheira do servidor público falecido no estado de casado, de acordo com o disposto no § 3º do art. 5º da Lei n. 4.069-62. A essa orientação, não se opõe a norma do § 3º do art. 226 da Constituição de 1988, que, além de haver entrado em vigor após o óbito do instituidor, coloca, em plano inferior ao do casamento, a chamada união estável, tanto que deve a lei facilitar a conversão desta naquele" (STF, MS 21.449, Rel. Min. Octavio Gallotti, *DJ* de 17-11-1995).
- **Ilegitimidade de duas uniões estáveis simultâneas** – o Supremo Tribunal Federal, por maioria de votos, decidiu que é ilegítima a existência paralela de duas uniões estáveis, ou de um casamento e uma união estável, inclusive para efeitos previdenciários. Sobre o tema foi fixada a seguinte tese de repercussão geral: "A preexistência de casamento ou de união estável de um dos conviventes, ressalvada a exceção do artigo 1.723, parágrafo 1º, do Código Civil, impede o reconhecimento de novo vínculo referente ao mesmo período, inclusive para fins previdenciários, em virtude da consagração do dever de fidelidade e da monogamia pelo ordenamento jurídico-constitucional brasileiro" (STF, RE 1045273, Rel. Min. Alexandre de Moraes, j. 22-12-2020).

- a comunidade formada por qualquer dos pais e seus descendentes (art. 226, § 4º).

Desse contexto, extraem-se as seguintes ilações:

- para existir família não é necessário haver casamento, nem heterossexualidade; os homossexuais também podem formar família. E, diga-se de passagem, que, para o Supremo Tribunal Federal não há diferença entre cônjuge e companheiro para fim sucessório. Imprimindo repercussão geral à matéria e, por maioria de votos, a Corte fixou a seguinte tese: "No sistema constitucional vigente é inconstitucional a diferenciação de regime sucessório entre cônjuges e companheiros devendo ser aplicado em ambos os casos o regime estabelecido no artigo 1.829 do Código Civil". Desse modo, a Corte declarou inconstitucional o art. 1.790 do Código Civil, que estabeleceu diferenças entre a participação do companheiro e do cônjuge na sucessão dos bens. Enquanto o RE 878694 tratou da união de casal heteroafetivo, o RE 646721 reportou-se à sucessão em uma relação homoafetiva. Para a maior parte dos juízes do Supremo, não existe elemento de discriminação que justifique o tratamento diferenciado entre cônjuge e companheiro estabelecido pelo Código Civil, estendendo esses efeitos independentemente de orientação sexual (STF, REs 646721, Rel. Marco Aurélio, e RE 878694, Rel. Min. Roberto Barroso, j. 10-5-2017);
- a entidade familiar pode ser formada pela mulher e pelo homem, tenham eles filhos ou não;

◆ Cap. 27 ◆ ORDEM SOCIAL

- basta que apenas um dos seus membros haja se inteirado com um de seus descendentes para que esteja configurado o grupo familial;
- os filhos adotados são filhos, e como tais pertencentes ao núcleo familiar; e
- os filhos de outros casamentos de um dos membros, ou de ambos, também compõem o instituto.

O núcleo familiar formado pelo pai, mãe e prole é a primeira manifestação da tendência gregária do homem, de acordo com a Constituição, mas não a única, porque, com a sua promulgação, em 5 de outubro de 1988, a matéria tomou uma mudança de rumo considerável.

O número de pessoas que vivem sozinhas ou que se juntam sem as formalidades legais, os casais sem filhos, as crianças educadas por apenas um dos pais, as uniões homossexuais, os agrupamentos tribais de minorias étnicas, os pais que trabalham em cidades diferentes são alguns fatores que influenciam na exegese de um Texto Constitucional analítico, minucioso e detalhista.

Em nosso país, a previsão constitucional da *família* só apareceu com a Carta de 1934, uma vez que os Textos de 1824 e de 1891 a ignoraram.

Registre-se um dado importante: as Constituições de 1934, 1937, 1946 e 1967 faziam referência à *família legal*, só ostentando tal rótulo aqueles grupos familiais originários do casamento civil. Era um modo de seguir a tradição religiosa.

Atualmente, a desordem vem assolando os núcleos familiais.

O seu poder de transmitir valores às gerações mais novas tem diminuído consideravelmente.

Ao lado disso, sopitam, em escala crescente, as novas tecnologias da natalidade, os avanços da biologia, a figura dos "pais profissionais", dos "pais e mães de aluguel", dos "pais e mães solteiros", das "uniões experimentais", que, se antes soavam como aberrantes dissonâncias, hoje são "comuns" ao padrão cultural do homem médio.

Toda essa problemática foi transferida para o âmbito constitucional, estimulando a busca de soluções para problemas dantes reservados à órbita civilística.

☒ 10.1.1. Regras constitucionais das relações familiares

O constituinte de 1988 previu as seguintes regras disciplinadoras das relações familiares:
- **Regra da entidade familiar (art. 226, § 4º)** — entende-se por *entidade familiar* a comunidade formada por qualquer dos pais e seus descendentes. Após o advento da Carta de 1988, *entidade familiar* não é somente aquela oriunda do matrimônio. Uma mãe solteira, por exemplo, deve ser tratada sem discriminações, porquanto, para o ordenamento constitucional, inexiste diferença entre *família* e *entidade familiar*. Tudo é a mesma coisa. Segundo o Estatuto da Criança e do Adolescente, "entende-se por família natural a comunidade formada pelos pais ou qualquer deles e seus descendentes" (art. 25).
- **Regras do planejamento familiar e paternidade responsável (art. 226, § 7º)** — fundado nos princípios da dignidade da pessoa humana e da paternidade responsável, o *planejamento familiar* é livre decisão do casal, competindo ao Estado propiciar recursos educacionais e científicos para o exercício desse direito, vedada qualquer forma coercitiva por parte de instituições oficiais ou privadas. Contemplar o planejamento familiar como direito do casal é providência útil, em época de notável explosão demográfica. Resta ser colocada em prática. Já a *paternidade responsável* envolve dois temas:

  (i) dever alimentício — reconhecida a paternidade, a obrigação de alimentar, em caráter definitivo, deflui, de modo inconteste; e

  Nesse sentido: STJ, REsp 2.203/SP, Rel. Min. Waldemar Zveiter, *DJ* de 6-8-1990, p. 7333.

  (ii) submissão compulsória ao exame de DNA — o princípio da *paternidade responsável* deve ser compreendido no contexto da Constituição. Se é certo que as liberdades públicas são *relativas*, devem conviver em harmonia, também é exato que, pelo *princípio da concordância de normas*, elas precisam ser interpretadas à luz do *sistema constitucional*, de sorte a não converter vetores constitucionais, a exemplo da dignidade humana (art. 1º, III), em redutos de *irresponsabilidades*.

1426
◆ Uadi Lammêgo Bulos ◆

Assim, durante a produção probatória para fins de investigação de paternidade, nada obsta que o necessário exame de DNA seja realizado, pela coleta de sangue, saliva ou fio do cabelo. Esse, contudo, não é o pensamento do Pretório Excelso. Em algumas assentadas, a Corte, por maioria de votos, concluiu que não se pode submeter o possível pai à realização do exame de DNA, algo que discrepa das garantias constitucionais implícitas e explícitas, a exemplo da dignidade humana, da intimidade, da intangibilidade do corpo humano, do império da lei e da inexecução específica e direta de obrigação de fazer. Assim, afiguram-se inadmissíveis provimentos judiciais que, em sede de ação civil de investigação de paternidade, determinem a condução do réu ao laboratório *debaixo de vara*, para coleta do material indispensável à feitura do exame de DNA.

Nesse sentido: STF, HC 71.373, Rel. Min. Marco Aurélio, *DJ* de 22-11-1996, decisão por maioria (7 × 4).
Contra: "Nada obstante o respeito à maioria, firmada no HC 71.373, e o domínio do seu entendimento no direito comparado, ainda não me animo a abandonar a corrente minoritária no sentido — explícito no meu voto vencido — de que não se pode opor o mínimo ou — para usar da expressão do eminente Ministro Relator — o risível sacrifício à inviolabilidade corporal (decorrente da 'simples espetadela', a que alude o voto condutor do eminente Ministro Marco Aurélio) — à eminência dos interesses constitucionalmente tutelados à investigação da própria paternidade" (STF, Pleno, HC 76.060/SC, Rel. Min. Sepúlveda Pertence, *DJ* de 15-5-1998).

* **Regra da assistência familiar (art. 226, § 8º)** — o Estado assegurará a assistência à família na pessoa de cada um dos que a integram, criando mecanismos para coibir a violência no âmbito de suas relações. Eis outra providência útil, mas que resta vigorar na prática.
* **Regra da adoção (art. 227, § 5º)** — a adoção será assistida pelo Poder Público, na forma da lei, que estabelecerá casos e condições de sua efetivação por parte de estrangeiros.

Legislação:
* **Adoção** — Lei n. 8.069, de 13-7-1990 (arts. 39 a 52), e Código Civil (arts. 1.618 a 1.629).
* **Decreto n. 3.087, de 21-6-1999** — Convenção relativa à proteção das crianças e à cooperação em matéria de adoção internacional, concluída em Haia, em 29-5-1993.

⌗ 10.1.2. *Regras constitucionais do casamento*

A Carta de 1988 previu as seguintes regras sobre casamento:
* **Regra da gratuidade (art. 226, § 1º)** — o casamento é civil e gratuita a celebração.

Precedente do STF: "Está no art. 226, § 1º, da Constituição, que o casamento é civil e gratuita a celebração. Falta de relevância jurídica ao pedido de cautelar, na espécie, em ordem a autorizar, desde logo, a suspensão de vigência da Instrução Normativa n. 218/1993, não havendo, além disso, a autora demonstrado o *periculum in mora*" (STF, ADIn 1.364-MC, Rel. Min. Néri da Silveira, *DJ* de 11-4-1997).

* **Regra dos efeitos civis (art. 226, § 2º)** — seguindo a tendência implantada com o Texto de 1934 (art. 146), a Carta de 1988 estatuiu que o casamento religioso tem efeito civil. Nesse particular, foram recepcionadas as Leis n. 1.110, de 23 de maio de 1950 (arts. 71 a 75) e 6.015, de 31 de dezembro de 1973.
* **Regra do cabeça de casal (art. 226, § 5º)** — os direitos e deveres referentes à sociedade conjugal são exercidos igualmente pelo homem e pela mulher. Assim, todas as normas infraconstitucionais que estabeleciam desequiparações, com base no critério homem ou mulher, encontram-se, automaticamente, revogadas.

Problemática da pensão por morte e rateio entre esposa e concubina: o Supremo, por maioria de votos, deu provimento a recurso extraordinário no qual esposa questionava decisão de Turma Recursal de Juizado Especial Federal que determinara o rateio, com concubina, da pensão por morte do cônjuge, alegando a estabilidade, publicidade e continuidade da união entre a recorrida e o falecido. A Corte seguiu o entendimento firmado no RE 397.762/BA (*DJE* de 12-9-2008) no sentido da impossibilidade de configuração de união estável quando um dos seus componentes é casado e vive matrimonialmente com o cônjuge, como na espécie. Apesar de o Código Civil versar a união estável como núcleo familiar, excepciona a proteção do Estado quando há impedimento para o casamento relativamente aos integrantes da união. E, se um deles for casado, esse estado civil apenas deixa de ser óbice quando

♦ Cap. 27 ♦ ORDEM SOCIAL

1427

verificada a separação de fato. Desse modo, concluiu o Supremo que o caso se reportava a um concubinato, e não à união estável (STF, RE 590.779/ES, Rel. Min. Marco Aurélio, *DJE* de 20-2-2009).

- **Regra da dissolução da sociedade conjugal (art. 226, § 6º)** — passaremos a examiná-la a seguir e de forma específica, tendo em vista as implicações decorrentes do advento da EC n. 65/2010.

  Homologação de sentença estrangeira: "Estando a sentença estrangeira autenticada pelo consulado brasileiro e coberta pela preclusão maior, passado o período previsto no § 6º do artigo 226 da Constituição Federal, impõe-se a homologação" (STF, SEC 7.782, Rel. Min. Marco Aurélio, *DJ* de 17-12-2004).

Vale destacar, por fim, a problemática da **pensão por morte e rateio entre esposa e concubina**. A esse respeito, o Supremo, por maioria de votos, deu provimento a recurso extraordinário no qual esposa questionava decisão de Turma Recursal de Juizado Especial Federal que determinara o rateio, com concubina, da pensão por morte do cônjuge, alegando a estabilidade, publicidade e continuidade da união entre a recorrida e o falecido. A Corte seguiu o entendimento firmado no **RE 397.762/BA** (*DJE* de 12-9-2008) no sentido da **impossibilidade de configuração de união estável quando um dos seus componentes é casado e vive matrimonialmente com o cônjuge, como na espécie**. Apesar de o Código Civil versar a união estável como núcleo familiar, excepciona a proteção do Estado quando há impedimento para o casamento relativamente aos integrantes da união. E, se um deles for casado, esse estado civil apenas deixa de ser óbice quando verificada a separação de fato. Desse modo, concluiu o Supremo que o caso se reportava a um concubinato, e não à união estável (STF, RE 590.779/ES, Rel. Min. Marco Aurélio, *DJE* de 20-2-2009).

⌗ 10.1.3. Emenda Constitucional do divórcio

A EC n. 66/2010, que ficou conhecida como "Emenda Constitucional do Divórcio", alterou o art. 226, § 6º, da Carta Maior, dando novos ares à *regra da dissolução da sociedade conjugal*.

Ao dispor sobre a dissolubilidade do casamento civil pelo divórcio, a EC 66/2010 suprimiu o requisito de prévia separação judicial por mais de 1 (um) ano ou de comprovada separação de fato por mais de 2 (dois) anos.

Certamente, o avanço foi enorme, inclusive a nível mundial. Alemanha, Portugal, Espanha, Japão, França, entre outros países, por exemplo, não possuem, da vertente constitucional positiva, um comando normativo tão pujante, liberal e inovador como o do § 6º do art. 226, com redação dada pela "Emenda Constitucional do Divórcio".

O objeto da EC 66/2010 foi amplamente discutido por inúmeros segmentos organizados da sociedade, como o Instituto Brasileiro de Direito de Família (IBDFAM), cujo contributo serviu de fonte para os Deputados Antônio Carlos Biscaia (PEC n. 413/2005) e Sérgio Barradas Carneiro (PEC n. 33/2007) vislumbrarem os contornos prescritivos do tema.

Na constitucionalização da matéria, prevaleceram, dentre outras, as seguintes teses: (**i**) o Estado não deve se envolver em assuntos privados, pois cada ser humano é livre para determinar o seu próprio destino, conforme seus credos, realidade de vida, pensamentos, visão de mundo, opções pessoais etc.; (**ii**) dificultar o término de casamentos infelizes é, de certo modo, contribuir para o fomento de inaceitáveis situações de violência física e moral; (**iii**) casamentos frustrados não podem servir de empecilho para o ser humano iniciar uma nova vida com outrem (diretriz socioafetiva e eudemonista do direito de família); (**iv**) o Estado não deve burocratizar a eterna busca da felicidade humana, impondo gastos econômicos desnecessários, numa *via crucis* infindável, abarrotando o Poder Judiciário de demandas, a rigor, desnecessárias.

Como se pode observar, ficaram vencidos os defensores do raciocínio de que a facilitação do divórcio geraria o aumento da dissolução da sociedade conjugal, banalizando o casamento e a família. Este argumento não prevaleceu nos trabalhos parlamentares de feitura da EC 66/2010.

O advento da referida emenda demonstra uma verdade indiscutível: as constituições é que acompanham o fato social, e não o fato social que acompanha as constituições. As estatísticas falam por si.

1428   ◆ Uadi Lammêgo Bulos ◆

Lembremos que o IBGE fez pesquisas, demonstrando que o aumento da taxa de divorciados subiu, significativamente, em nosso país. Tal aspecto foi levado em conta para o processo de deflagração da EC 66/2010. A palavra de ordem foi desburocratizar, pondo fim à dissolvição da sociedade conjugal e à insuportabilidade da vida conjunta.

Sem embargo, o § 6º do art. 226, com redação dada pela EC n. 66/2010, defluiu do pulsar de um fenômeno mundial, irrefreável, que independe do querer humano: a mudança de paradigmas. A ideia clássica de núcleo familiar não é a mesma de antes. Tudo mudou. A revolução sexual, a independência econômica e profissional das mulheres, as famílias de várias núpcias, o influxo de fatores econômicos, sociais, políticos, antropológicos e culturais, a valorização do afeto e da dignidade humana, foram alguns dos argumentos invocados para se justificar a "Emenda Constitucional do Divórcio".

Anote-se que a EC 66/2010 amoldou-se aos propósitos do *princípio da intervenção mínima*, mediante o qual o caráter obsoleto e anacrônico de certos institutos não pode impedir as diversas formas de arranjos familiares. O que interessa, segundo os seguidores do princípio da intervenção mínima, é o amor, o afeto, pouco importando se as uniões são de segundas, terceiras, quartas ou quintas núpcias. Para os depositários da EC 66/2010, o assunto não poderia ser levado para o campo religioso, tampouco legal. Propuseram, então, uma fórmula para se findarem relacionamentos que não se sustentam mais, onde a vida matrimonial se tornou insuportável. Nesse passo, consagraram, no § 6º, uma redação para facilitar divórcios, extinguindo a separação judicial e a exigência de prazo para o casamento dissolver-se.

a) Extinção da separação judicial pela EC 66/2010

A EC 66/2010 extinguiu a separação judicial, que não terminava, de vez, com o matrimônio. Apenas dissolvia a sociedade conjugal, findando o dever de coabitação, de fidelidade entre as partes, facultando, ainda, dividir o patrimônio. Daí o revogado art. 1.576, do Código Civil de 2002, ter estatuído: "A separação judicial põe termo aos deveres de coabitação e fidelidade recíproca e ao regime de bens".

Para os proponentes da EC 66/2010, as desvantagens da separação judicial eram evidentes, a começar pelo fato de que pessoas separadas não poderiam se casar outra vez, porque o liame matrimonial persistia, exceto em caso de morte de um dos cônjuges ou de decretação do divórcio.

Com base em tais constatações, os artífices da EC 66/2010 procuraram simplificar o divórcio, contribuindo assim para se eliminarem desgastes e tertúlias entre os consortes.

É importante advertir que a nova redação do § 6º exige do intérprete uma análise ampla da matéria. Somente mediante *exegese sistemática, teleológica e histórica* poderemos sacar o verdadeiro alcance do parágrafo constitucional em estudo. Descobriremos, por exemplo, que muitas normas do Código Civil brasileiro foram revogadas pelo multicitado § 6º. Exemplificando, a "Emenda Constitucional do Divórcio" revogou os seguintes preceptivos do Código Civil: arts. 1.571 (*caput*, e segunda parte do § 2º), 1.572, 1.573, 1.574, 1.576, 1.578, 1.580, 1.702 etc. Encontram-se também revogadas as terminologias *separação judicial*, inseridas ao longo do Código Civil, notadamente quando ligadas ao divórcio. Óbvio que o intérprete deverá ter a argúcia necessária para enfrentar os pormenores da matéria. Ilustrando, o art. 1.566, que enuncia os deveres conjugais, continua em vigor quanto à sua perspectiva ética. Assinale-se que a *interpretação conforme à Constituição*, largamente difundida na jurisprudência do nosso Supremo Tribunal Federal, constitui mecanismo imprescindível para se interpretar as inúmeras disposições do Código Civil brasileiro. Para ilustrar citemos dois de seus dispositivos: o art. 1.597, II, que consagra uma presunção legal, e a diretriz insculpida no art. 1.721, relativa ao bem de família. Ambos devem se submeter à lente do § 6º, do art. 226, da *Lex Legum*.

b) Extinção de prazo para o casamento civil ser dissolvido pelo divórcio

Na redação orginal do § 6º, do art. 226, para o casamento civil ser dissolvido pelo divórcio, ele deveria ser precedido: (**i**) de prévia separação judicial por mais de 1 (um) ano nos casos expressos em lei; ou (**ii**) comprovada separação de fato por mais de 2 (dois) anos.

Com o surgimento da EC 66/2010, o § 6º recebeu uma redação que mudou completamente esse quadro. Agora, não há mais qualquer prazo para o casamento civil ser dissolvido pelo divórcio.

A mudança operada pelos depositários da competência reformadora do Texto de 1988 foi de vanguarda, no panorama do constitucionalismo mundial, pois possibilitou vínculos matrimoniais serem desfeitos, imediatamente. Aqui, ao contrário da Alemanha, não existe a *cláusula de dureza* (*Härteklausel*),

◆ Cap. 27 ◆ ORDEM SOCIAL　　**1429**

pela qual o divórcio não se efetiva se for prejudicial ao bem-estar da criança ou se um dos cônjuges padecer de doença grave. Também não vigora, no Brasil, aquilo que o ordenamento português exige. Entre os lusitanos, o divórcio, fundado em separação de fato, deve respeitar o prazo de 3 (três) anos consecutivos para se concretizar ou 1 (um) ano se for requerido por um dos cônjuges sem a oposição do outro.

Como vemos, o modelo contemplado pela EC 66/2010 é avançadíssimo. Não há óbice algum para o divórcio ser consumado. A *cláusula de dureza*, que constava no revogado art. 6º da Lei do Divórcio, e que não foi prevista no Código Civil de 2002, foi completamente extirpada do ordenamento pátrio.

O pedido de divórcio deve, apenas, ser instruído pela certidão de casamento e mais nada. É que a nova redação do § 6º do art. 226 irmanou-se com as formulações advindas do *princípio da ruptura do afeto*, que constitui uma *longa manus* do *princípio da desarticulação* ou da *ruína da relação de afeto* (*Zerrüttungsprinzip*).

Atualmente, o perfil constitucional do divórcio, no Brasil, é uma manifestação eloquente do *princípio da autonomia da vontade*. Os casais serão os únicos senhores de seu próprio destino. Pouco importa, a partir de agora, o motivo por que desejam se divorciar. O Estado nada mais tem que ver com suas escolhas. Uma simples briga, um desentendimento qualquer, por exemplo, não serão argumentos para desfazer divórcios consumados. Uma vez divorciado, divorciado se está. É que, pela EC 66/2010, o divórcio passou a ser um mero exercício de um direito potestativo, sem causa específica, nem prazo determinado, para seu deferimento, afinal não há qualquer período mínimo de separação de fato, exigido para a sua efetivação.

Isso foi bom? Foi ruim? Representou um massacre à instituição familiar e matrimonial? Do estrito ponto de vista constitucional positivo, de nada adianta, a partir do aparecimento da "Emenda do Divórcio", responder a essas perguntas. Constituição é para ser cumprida; é para ser levada às suas últimas consequências. Como cada povo tem a constituição que merece, o fato é que, a partir de agora, o povo brasileiro tem as regras do divórcio que merece. Não há mais lapso temporal para se admitir o divórcio. O amadurecimento da ruptura é problema único dos consortes, porquanto faz parte de um campo personalíssimo, que *ninguém deve meter a colher*, nem mesmo o Estado. Não há mais causa específica para fulano se divorciar de cicrana. "Dar um tempo", "acabar", "ver se quer continuar junto", é assunto *íntimo* dos casais, pois a EC 66/2010 acabou com o chamado "tempo para reflexão". Decisões impensadas de ruptura são da conta exclusiva dos casais e não mais do Estado. E, se o divórcio for levado à frente, os divorciados, para reaverem o *status* de casados, deverão casar-se de novo. As leis brasileiras não proíbem um mesmo casal divorciado celebrar matrimônios quantas vezes quiser.

c) Eficácia plena e aplicabilidade imediata do § 6º

Quando o § 6º, do art. 226, em sua nova redação, proclamou que "O casamento civil pode ser dissolvido pelo divórcio" erigiu um preceito de eficácia plena e aplicabilidade imediata, cuja eficácia social ou efetividade independe de qualquer providência legislativa ulterior para se concretizar.

Assim, não há espaço para exegeses que reneguem o caráter pleno do referido comando constitucional, postergando-lhe a efetividade.

Nem o legislador nem o juiz podem olvidar essa realidade. Aliás, o constituinte nem usou o jargão "na forma da lei". Portanto, não deixou ao arbítrio legislativo o *munus* de regular o tema. Numa fórmula seca e direta, a fraseologia do inditado § 6º do art. 226 fulminou, de uma vez por todas, o instituto da separação judicial, eliminando, também, a exigência de prazo para o casamento ser dissolvido.

A análise eficacial do referido parágrafo transmite-nos as seguintes conclusões: (**i**) o divórcio é a via adequada para dissolver-se, ao mesmo tempo, o vínculo e a sociedade conjugal, permitindo novo casamento; (**ii**) a classificação do divórcio em direto e indireto perdeu sentido, face ao disposto no § 6º, do art. 226. O que há, agora, é, apenas, o divórcio, verdadeiro direito potestativo, que não se condiciona a causas externas para o liame matrimonial extinguir-se; (**iii**) a EC 66/2010 evitou excessos processuais, pois, agora, o casal pode partir, diretamente, para o divórcio, eliminando-se despesas pelo fim da duplicidade de procedimentos; (**iv**) uma vez decretado o divórcio, os ex-consortes, caso resolvam se reconciliar, terão de se casar novamente; (**v**) como a EC 66/2010 extirpou o instituto da separação judicial, toda a legislação que se lhe aplicava sucumbiu, automaticamente, por força da supremacia do § 6º do art. 226 da Carta Maior.

d) EC 66/2010 frente às situações jurídicas já consolidadas

O novo perfil do divórcio, proveniente da EC 66/2010, não equivale a um desrespeito àqueles vínculos travados com terceiros, protegidos pelo manto do ato jurídico perfeito.

1430

Certos episódios, vividos por cônjuges já separados, mas não divorciados, que travaram relações jurídicas com terceiros, anteriores à EC 66/2010, devem ser regulamentados à luz das normas vigentes à época dos respectivos acertos e negócios jurídicos.

Todos os compromissos firmados, antes do surgimento da EC 66/2010, devem ser cumpridos, porque a "Emenda Constitucional do Divórcio" não equivale a um abominável instrumento de retroatividade maligna, ensejando situações de instabilidade, ao arrepio do primado da segurança jurídica.

Portanto, a EC 66/2010 não logra o poder de modificar situações jurídicas, perfeitamente consolidadas à luz das regras vigentes ao tempo de sua constituição, sob pena de contrariar liames outrora pactuados, matando, assim, o disposto no art. 5º, XXXVI, da Constituição Federal.

e) EC 66/2010 face aos processos de separação em curso

Quanto aos processos judiciais de separação em curso, nos quais a sentença judicial não chegou a ser proferida, parece-nos que o magistrado deve permitir aos autores, nos procedimentos litigiosos, ou aos interessados, nos procedimentos amigáveis, converterem seus respectivos pedidos em requerimentos de divórcio.

É importante assinalar que o disposto no art. 329, I e II, do Código de Processo Civil de 2015, não se aplica a essa hipótese, precisamente para não impor obstáculos à concretização do § 6º do art. 226 da *Lex Mater*, e, também, à cláusula do devido processo legal (CF, art. 5º, LIV).

Noutro ângulo, caso as partes se recusem, ou deixem transcorrer o prazo concedido *in albis*, cabe ao juiz extinguir o processo, sem julgar o mérito, haja vista a falta de interesse processual (CPC de 2015, arts. 485 e 486).

Com relação aos divórcios e separações consensuais, previstos na Lei n. 11.441/2007, recomendamos aos tabeliães seguirem a sistemática da EC 66/2010. Eles não precisam mais lavrar escrituras públicas de separação, exceto aquelas levadas a termo antes da promulgação da aludida emenda.

De outro lado, cumprem aos tabeliães lavrarem atos de conversão de separação em divórcio, conforme determina o seguinte ato resolutivo do Conselho Nacional de Justiça: "A Lei n. 11.441/07 permite, na forma extrajudicial, tanto o divórcio direto como a conversão da separação em divórcio. Neste caso, é dispensável a apresentação de certidão atualizada do processo judicial, bastando a certidão da averbação da separação no assento de casamento" (Resolução n. 35 do CNJ, art. 52).

Escrituras de separação, lavradas depois do surgimento da EC 66/2010, carregam a pecha da nulidade absoluta. Há, nesta hipótese, uma impossibilidade jurídica da lavratura (CC, art. 166, II). Quaisquer alegações de desconhecimento da "Emenda Constitucional do Divórcio", por parte de tabeliães, não retiram o caráter nulo do ato escriturário.

¤ 10.1.4. União entre pessoas do mesmo sexo: posição do STF

A união civil entre pessoas do mesmo sexo é um tema de alta relevância social, com reflexos jurídico-constitucionais.

O assunto chegou às barras do Supremo Tribunal Federal. O Ministro Celso de Mello, Relator, enfatizou a necessidade de discutir o tema das uniões estáveis homoafetivas, inclusive para efeito de sua subsunção ao conceito de entidade familiar, por meio de arguição de descumprimento de preceito fundamental, e não de ação direta de inconstitucionalidade. É que este instrumento de defesa abstrata da Carta Magna desserve para atacar atos revogados. Como o art. 1º da Lei n. 9.278/96, que estava sendo discutido, foi derrogado pelo Código Civil de 2002, houve perda de objeto, desencadeando o arquivamento da ação direta de inconstitucionalidade.

> **Íntegra dos preceitos mencionados:**
> - **Lei n. 9.278/96 (art. 1º)** — "É reconhecida como entidade familiar a convivência duradoura, pública e contínua, de um homem e uma mulher, estabelecida com objetivo de constituição de família".
> - **Código Civil de 2002 (art. 1.723)** — "É reconhecida como entidade familiar a união estável entre o homem e a mulher, configurada na convivência pública, contínua e duradoura e estabelecida com o objetivo de constituição de família".

Eis a suma do *decisum*:

"Não obstante as razões de ordem estritamente formal, que tornam insuscetível de conhecimento a presente ação direta, mas considerando a extrema importância jurídico-social da matéria — cuja

◆ Cap. 27 ◆ ORDEM SOCIAL

1431

apreciação talvez pudesse viabilizar-se em sede de arguição de descumprimento de preceito fundamental —, cumpre registrar, quanto à tese sustentada pelas entidades autoras, que o magistério da doutrina, apoiando-se em valiosa hermenêutica construtiva, utilizando-se da analogia e invocando princípios fundamentais (como os da dignidade da pessoa humana, da liberdade, da autodeterminação, da igualdade, do pluralismo, da intimidade, da não discriminação e da busca da felicidade), tem revelado admirável percepção do alto significado de que se revestem tanto o reconhecimento do direito personalíssimo à orientação sexual, de um lado, quanto a proclamação da legitimidade ético-jurídica da união homoafetiva como entidade familiar, de outro, em ordem a permitir que se extraiam, em favor de parceiros homossexuais, relevantes consequências no plano do Direito e na esfera das relações sociais. Essa visão do tema, que tem a virtude de superar, neste início de terceiro milênio, incompreensíveis resistências sociais e institucionais fundadas em fórmulas preconceituosas inadmissíveis, vem sendo externada, como anteriormente enfatizado, por eminentes autores, cuja análise de tão significativas questões tem colocado em evidência, com absoluta correção, a necessidade de se atribuir verdadeiro estatuto de cidadania às uniões estáveis homoafetivas" (STF, ADIn 3.300-MC/DF, Rel. Min. Celso de Mello, decisão de 3-2-2006).

Independentemente da postura religiosa ou moral que venhamos a adotar, o certo é que o reconhecimento jurisdicional das relações homoafetivas é uma realidade em todo o mundo.

Queiramos, ou não, a ideia de casamento, prole, procriação, nascimento e morte vem sofrendo significativa mudança. Em alguns ordenamentos, a aceitação dos vínculos homossexuais dá-se de forma explícita; noutros, implícita, pelo alargamento do conceito de *entidade familiar*. Nas duas hipóteses, o Poder Judiciário, antecipando-se à própria lei, vem considerando *união estável* o liame fático entre pessoas do mesmo sexo, configurada na convivência pública, contínua, duradoura e estabelecida com o objetivo de constituir verdadeira *família*, observados os deveres de lealdade, respeito e assistência mútua. Para tanto, juízes e tribunais invocam a analogia e os princípios fundamentais, como os da dignidade humana, isonomia, liberdade, autodeterminação, pluralismo, intimidade, não discriminação e busca da felicidade.

Recorde-se que, em sentença monocrática, o Ministro Marco Aurélio, na Presidência do STF, **manteve o direito de qualquer dos integrantes nas uniões civis homossexuais requerer reconhecimento, para fins previdenciários, como companheiros preferenciais**. Foram rejeitadas as alegações do Instituto Nacional do Seguro Social — que inadmitia a manutenção de direitos previdenciários conquistados por casais homossexuais — pedindo à Corte a suspensão de benefícios concedidos ao casamento entre pessoas do mesmo sexo. Em sua decisão, o Ministro Marco Aurélio reconheceu a inviabilidade de se adotar exegese isolada, como fez o INSS, do § 3º do art. 226 da Constituição Federal, que reconhece a união estável entre o homem e a mulher como entidade familiar. Vigora, nesse contexto, o art. 5º da Carta Maior, que inadmite qualquer distinção ante a opção sexual. Ademais, o sistema da Previdência Social é contributivo, havendo o direito à pensão por morte do segurado, homem ou mulher, não só ao cônjuge, como também ao companheiro, sem distinção quanto ao sexo, e dependentes (STF, Pet. 1.984-9/RS, Rel. Min. Pres. Marco Aurélio, j. em 10-2-2003). Importante salientar que esse entendimento não é unânime no STF. O Ministro Eros Grau, por exemplo, não vislumbra o § 3º do art. 226 com a amplitude aí descrita (STF, RE 406.837/SP, Rel. Min. Eros Grau, *DJ* de 31-3-2005).

Em 2011, o Ministro Celso de Mello cassou decisão do Tribunal de Justiça de Minas Gerais que não reconheceu a existência de união estável homoafetiva para fins de pagamento de benefício previdenciário de pensão por morte. Desse modo, reafirmou a tese da possibilidade de união estável entre pessoas do mesmo sexo como entidade familiar, confirmando o entendimento, externado em decisão unânime na *ADI 4.277* e na *ADPF 132* (STF, RE 477.554/MG, Rel. Min. Celso de Mello, j. em 1º-7-2011).

✁ *10.1.5. Realização, pelo SUS, de cirurgias de transgenitalização*

A Ministra Ellen Gracie, então Presidente do Supremo Tribunal Federal, concedeu pedido de Suspensão de Tutela Antecipada, requerida pela União, contra ato judicial referente a cirurgia de transgenitalização em transexuais. Reconheceu, em seu *decisum*, "o sofrimento e a dura realidade dos pacientes portadores de transexualismo", os que "se submetem a programas de transtorno de identidade de gênero

1432 ◆ Uadi Lammêgo Bulos ◆

em hospitais públicos, a entrevistas individuais e com familiares, a reuniões de grupo e a acompanhamento por equipe multidisciplinar, nos termos da Resolução 1.652/2002 do Conselho Federal de Medicina, com o objetivo de realizar a cirurgia de transgenitalização, pessoas que merecem todo o respeito por parte da sociedade brasileira e do Poder Judiciário" (STF, STA 185-2/DF, Rel. Min. Pres. Ellen Gracie, j. em 10-12-2007).

⌘ 10.1.6. Transgêneros: possibilidade de alteração de registro civil sem mudança de sexo

O Supremo Tribunal Federal decidiu ser possível a alteração de nome e gênero no assento de registro civil mesmo sem a realização de procedimento cirúrgico de redesignação de sexo. Este entendimento ocorreu em sede de ação direta de inconstitucionalidade, conferindo-se interpretação conforme a Constituição Federal ao art. 58, da Lei n. 6.015/1973, que dispõe sobre os registros públicos. Desse modo, permitiu-se a mudança de prenome e gênero no registro civil mediante averbação no registro original, independentemente de cirurgia de transgenitalização. Prevaleceu a tese de que não é preciso existir autorização judicial para referida alteração (STF, ADI 4.275, Rel. Min. Marco Aurélio, j. 1º-3-2018).

Em 15-8-2018, a Corte reafirmou o direito de os transgêneros alterarem o registro civil sem mudança de sexo, com base nos seguintes critérios, os quais tiveram reconhecida a sua repercussão geral pelo Plenário do Supremo: **(i)** o transgênero tem direito fundamental subjetivo à alteração de seu prenome e de sua classificação de gênero no registro civil, não se exigindo para tanto nada além da manifestação de vontade do indivíduo, o qual poderá exercer tal faculdade tanto pela via judicial como diretamente pela via administrativa; **(ii)** tal mudança deve ser averbada à margem do assento de nascimento, vedada a inclusão do termo "transgênero"; **(iii)** nas certidões do registro não constará nenhuma observação sobre a origem do ato, vedada a expedição de certidão de inteiro teor, salvo a requerimento do próprio interessado ou por determinação judicial; **(iv)** efetuando-se o procedimento pela via judicial, caberá ao magistrado determinar, de ofício ou a requerimento do interessado, a expedição de mandados específicos para a alteração dos demais registros nos órgãos públicos ou privados pertinentes, os quais deverão preservar o sigilo sobre a origem dos atos (STF, RE 670.422, com repercussão geral, Rel. Min. Dias Toffoli, j. 15-8-2018).

✧ 10.2. Proteção constitucional às crianças, aos adolescentes e aos jovens

"É dever da família, da sociedade e do Estado assegurar à criança, ao adolescente e ao jovem, com absoluta prioridade, o direito à vida, à saúde, à alimentação, à educação, ao lazer, à profissionalização, à cultura, à dignidade, ao respeito, à liberdade e à convivência familiar e comunitária, além de colocá-los a salvo de toda forma de negligência, discriminação, exploração, violência, crueldade e opressão" (CF, art. 227, *caput*, com redação dada pela EC n. 65/2010).

> **Desequilíbrio dos pais e respeito aos filhos:** "As paixões condenáveis dos genitores, decorrentes do término litigioso da sociedade conjugal, não podem envolver os filhos menores, com prejuízo dos valores que lhes são assegurados constitucionalmente. Em idade viabilizadora de razoável compreensão dos conturbados caminhos da vida, assiste-lhes o direito de serem ouvidos e de terem as opiniões consideradas quanto à permanência nesta ou naquela localidade, neste ou naquele meio familiar, enfim, e, por consequência, de permanecerem na companhia deste ou daquele ascendente, uma vez inexistam motivos morais que afastem a razoabilidade da definição. Configura constrangimento ilegal a determinação no sentido de, peremptoriamente, como se coisas fossem, voltarem a determinada localidade, objetivando a permanência sob a guarda de um dos pais. O direito a esta não se sobrepõe ao dever que o próprio titular tem de preservar a formação do menor, que a letra do artigo 227 da Constituição Federal tem como alvo prioritário" (STF, HC 69.303, Rel. Min. Néri da Silveira, *DJ* de 20-11-1992). Este entendimento prossegue intacto em face da EC 65/2010.

Pelo Estatuto da Criança e do Adolescente, *criança* é o ser humano até 12 anos incompletos e adolescente, aquele entre 12 e 18 (art. 2º, *caput*), embora existam casos expressos em lei que permitem,

◆ Cap. 27 ◆ ORDEM SOCIAL

1433

excepcionalmente, se aplicar o Estatuto aos infratores de 18 a 21 anos de idade, como decidiu o Supremo Tribunal Federal: "A manutenção do infrator, maior de dezoito e menor de vinte e um anos, sob o regime do ECA, em situações excepcionais, taxativamente enumeradas, longe de afigurar-se ilegal, tem como escopo, exatamente, protegê-lo dos rigores das sanções de natureza penal, tendo em conta a sua inimputabilidade, e reintroduzi-lo paulatinamente na vida da comunidade" (STF, HC 90.129, Rel. Min. Ricardo Lewandowski, *DJ* de 18-5-2007).

> **Torturar crianças é crime:** "O Brasil, ao tipificar o crime de tortura contra crianças ou adolescentes, revelou-se fiel aos compromissos que assumiu na ordem internacional, especialmente aqueles decorrentes da Convenção de Nova York sobre os Direitos da Criança (1990), da Convenção contra a Tortura adotada pela Assembleia Geral da ONU (1984), da Convenção Interamericana contra a Tortura, concluída em Cartagena (1985), e da Convenção Americana sobre Direitos Humanos (Pacto de São José da Costa Rica), formulada no âmbito da OEA (1969). Mais do que isso, o legislador brasileiro, ao conferir expressão típica a essa modalidade de infração delituosa, deu aplicação efetiva ao texto da Constituição Federal que impõe ao Poder Público a obrigação de proteger os menores contra toda a forma de violência, crueldade e opressão" (STF, HC 70.389, Rel. Min. Celso de Mello, *DJ* de 10-8-2001).

E *jovem* quem é? Quando dos debates parlamentares, que culminaram com o surgimento da EC 65/2010, dizia-se que *jovem* é o ser humano de 15 a 29 anos, tal como previsto na Lei n. 11.692/2008, que estabeleceu o *Programa Nacional de Inclusão de Jovens*. Pelos padrões da ONU, *jovem* é quem está na faixa etária dos 15 aos 24 anos. Polêmicas à parte, aguardemos o pronunciamento legislativo, pois a própria EC 65/2010 introduziu, na Carta de 1988, o § 8º do art. 227, que prevê a elaboração formal de um "estatuto da juventude". Portanto, é o legislador que definirá o termo *jovem*.

Portanto, seria o legislador que definiria o termo jovem, algo que ocorreu com o advento da Lei n. 12.852, de 5-8-2013, a qual instituiu "o Estatuto da Juventude e dispõe sobre os direitos dos jovens, os princípios e diretrizes das políticas públicas de juventude e o Sistema Nacional de Juventude – SINAJUVE". Logo no art. 1º, § 1º, prescreveu: "Para os efeitos desta Lei, são consideradas jovens as pessoas com idade entre 15 (quinze) e 29 (vinte e nove) anos de idade".

O Estado promoverá programas de assistência integral à saúde da criança, do adolescente e do jovem, admitida a participação de entidades não governamentais, mediante políticas específicas (CF, art. 227, § 1º, com redação dada pela EC n. 65/2010).

> **Lei n. 8.642, de 31-3-1993:** regulamentada pelo Decreto n. 1.056, de 11-2-1994, dispõe sobre a instituição do Programa Nacional de Atenção Integral à Criança e ao Adolescente.

Para tanto, o constituinte, embasado na *doutrina da proteção integral*, presente no ordenamento ordinário, determinou que devem ser obedecidos os seguintes princípios:

> **Doutrina da proteção integral:** preconiza a tutela jurídica de todas as necessidades do ser humano, de modo a propiciar-lhe o pleno desenvolvimento da personalidade.

- aplicação de percentual dos recursos públicos destinados à saúde na assistência materno-infantil (CF, art. 227, § 1º, I); e
- criação de programas de prevenção e atendimento especializado para as pessoas portadoras de deficiência física, sensorial ou mental, bem como de integração social do adolescente e do jovem portador de deficiência, mediante o treinamento para o trabalho e a convivência, e a facilitação do acesso aos bens e serviços coletivos, com a eliminação de obstáculos arquitetônicos e de todas as formas de discriminação (CF, art. 227, § 1º, II, com redação dada pela EC n. 65/2010).

Cumpre ao legislador ordinário disciplinar a construção de logradouros, de edifícios de uso público, e a fabricação de veículos de transporte coletivo para garantir acesso adequado às pessoas portadoras de deficiência (CF, art. 227, § 2º).

O direito à proteção especial das crianças e dos adolescentes abrangerá os seguintes aspectos (CF, art. 227, § 3º, I a VII):

- idade mínima de 16 anos para admissão ao trabalho, salvo na condição de aprendiz, a partir dos 14 anos, nos termos do art. 7º, XXXIII;

CF, art. 7º, XXXIII: foi alterado pela EC n. 20/98, fixando em 16 anos a idade mínima para a admissão ao trabalho.

- garantia de direitos previdenciários e trabalhistas;
- garantia de acesso do trabalhador adolescente e jovem à escola (exigência da EC n. 65/2010);
- garantia de pleno e formal conhecimento da atribuição de ato infracional, igualdade na relação processual e defesa técnica por profissional habilitado, segundo dispuser a legislação tutelar específica;
- obediência aos princípios de brevidade, excepcionalidade e respeito à condição peculiar de pessoa em desenvolvimento, quando da aplicação de qualquer medida privativa da liberdade;
- estímulo do Poder Público, através de assistência jurídica, incentivos fiscais e subsídios, nos termos da lei, ao acolhimento, sob a forma de guarda, de criança ou adolescente órfão ou abandonado;
- programas de prevenção e atendimento especializado à criança, ao adolescente e ao jovem dependente de entorpecentes e drogas afins (exigência da EC 65/2010).

A Carta Magna deixou sob os auspícios do legislador ordinário o encargo de punir, severamente, o abuso, a violência e a exploração sexual da criança e do adolescente (art. 227, § 4º).

Legislação:
- **Estatuto da Criança e do Adolescente (Lei n. 8.069/90)** — tipifica crimes praticados contra as crianças (arts. 225 e s.).
- **Lei n. 9.975, de 23-6-2000** — acrescentou o art. 244-A à Lei n. 8.069, de 13-7-1990, tipificando a prostituição e a exploração sexual praticadas contra a criança e o adolescente.
- **Lei n. 11.829, de 25-11-2008** — altera a Lei n. 8.069/90, para aprimorar o combate à produção, venda e distribuição de pornografia infantil, bem como criminalizar a aquisição e a posse de tal material e outras condutas relacionadas à pedofilia na Internet.

Os filhos, havidos ou não da relação do casamento, ou por adoção, terão os mesmos direitos e qualificações, proibidas quaisquer designações discriminatórias relativas à filiação (CF, art. 227, § 6º).

São penalmente inimputáveis os menores de 18 anos, sujeitos às normas da legislação especial (CF, art. 228).

Do mesmo modo que os pais têm o dever de assistir, criar e educar os filhos menores, os filhos maiores têm o dever de ajudar e amparar seus pais na velhice, carência ou enfermidade (CF, art. 229).

❖ 10.3. Amparo constitucional aos idosos

O amparo constitucional aos idosos é um dever da família, da sociedade e do Estado, os quais devem assegurar sua participação na comunidade, defendendo sua dignidade e bem-estar, garantindo-lhes o direito à vida (CF, art. 230).

Essa previsão constitucional é consectária:
- do bem-estar da sociedade (CF, Preâmbulo);
- da cidadania (CF, art. 1º, II);
- da dignidade da pessoa humana (CF, art. 1º, III); e
- do direito à saúde (CF, art. 196).

Os programas de amparo aos idosos serão executados preferencialmente em seus lares (CF, art. 230, § 1º).

Portaria n. 73, de 10-5-2001: editada pela Secretaria de Estado da Assistência Social, previu normas de funcionamento de serviços de atenção ao idoso no Brasil.

Idoso, segundo a Constituição, é a pessoa:
- **com mais de 70 anos** — para fins de aposentadoria compulsória — "expulsória" — no serviço público (art. 40, § 1º, II); e
- **com mais de 65 anos** — para obter a gratuidade de transportes coletivos (art. 230, § 2º).

◆ Cap. 27 ◆ ORDEM SOCIAL **1435**

Assim, a terceira idade mereceu tutela constitucional destacada, providência muito oportuna, pois o respeito aos idosos deve ser levado a sério, em todos os seus termos.

O Supremo Tribunal Federal tem reconhecido o amparo que a Constituição de 1988 propiciou ao idoso.

Numa assentada, concluiu que os idosos devem ter atendimento prioritário.

> **Precedente:** STF, Recl. 2.396-AgRg, Rel. Min. Ellen Gracie, *DJ* de 10-12-2004.

Noutra, determinou que paciente idoso, acometido de doença grave, que requer cuidados especiais, condenado por delito tipificado como hediondo, tem direito à prisão domiciliar, pois a dignidade da pessoa humana, especialmente a dos idosos, sempre será preponderante, dada a sua condição de princípio fundamental da República (CF, art. 1º, III).

> **Precedente:** STF, HC 83.358, Rel. Min. Carlos Britto, *DJ* de 4-6-2004.

Na ADIn 2.435, a Corte manteve a constitucionalidade de lei estadual que obrigava farmácias e drogarias a conceder descontos a idosos na compra de medicamentos. Concluiu que o benefício deveria permanecer, tendo em vista que a sua supressão ensejaria prejuízo aos idosos, comprometendo-lhes a saúde e a própria vida. Invocando o art. 230, *caput*, da Carta Magna, lembrou que a família, a sociedade e o Estado têm o dever de amparar a terceira idade.

> **Nesse sentido:** STF, ADIn 2.435-MC, Rel. Min. Ellen Gracie, *DJ* de 31-10-2003.

⌦ *10.3.1. Estatuto do Idoso: implementação do programa constitucional*

O programa constitucional de amparo à terceira idade foi minuciosamente implementado pela Lei n. 10.741, de 1º de outubro de 2003, que consagrou o Estatuto do Idoso.

Esse diploma normativo, como qualquer outro produto humano, não é perfeito, mas teve a virtude de reconhecer a importância daqueles que, ao longo de suas vidas, prestaram o seu contributo às novas gerações.

Igualmente às crianças, adolescente e jovens, os idosos também gozam de *direitos fundamentais*, com toda a *dignidade* que merecem, pois, contraparafraseando Cecília Meireles, a *velhice não tem de pedir desculpas*.

> **"A velhice pede desculpas":** este foi o título de um poema que Cecília escreveu em 1958. Com fina sensibilidade, prospectou: "Desculpai-me viver ainda: que os destroços, mesmo os da maior glória, são na verdade só destroços, destroços" (*Poesias completas de Cecília Meireles*, p. 176).

Esse foi o entendimento que motivou o Congresso Nacional a editar o Estatuto do Idoso, reforçando as competências constitucionais dos Poderes Públicos em matéria de saúde.

Na realidade, os *direitos e garantias fundamentais dos idosos*, por assim dizer, ganharam, com o advento da Lei n. 10.741/2003, um valiosíssimo impulso legislativo, cujo escopo foi amparar a terceira idade.

Vejamos os pontos nucleares desse diploma legal.

a) Objetivo do Estatuto do Idoso (art. 1º)

O objetivo do Estatuto é regular os *direitos* das pessoas com idade igual ou superior a 60 anos.

Tais *direitos* reportam-se à educação, à cultura, esporte e lazer, à profissionalização, à previdência, à assistência social e à habitação.

b) Extensão de direitos (art. 2º)

O idoso goza de todos os direitos fundamentais inerentes à pessoa humana, sendo-lhe asseguradas todas as oportunidades e facilidades para preservação de sua saúde física e mental e seu aperfeiçoamento

1436   ◆ Uadi Lammêgo Bulos ◆

moral, intelectual, espiritual e social, em condições de liberdade e dignidade, e nenhum idoso pode ser objeto de negligência, discriminação, violência, crueldade ou opressão (Lei n. 10.741/2003, art. 4º).

Qualquer atentado aos seus direitos, por ação ou omissão, será punido na forma da lei. Por isso, todos devem insurgir-se contra quaisquer ameaças ou violações de direitos dos idosos.

O Estatuto proibiu, ainda, que os planos de saúde discriminem a terceira idade. Os convênios, portanto, não podem cobrar valores diferenciados com base na idade do beneficiário.

c) Princípio da solidariedade (art. 3º)

A família, a comunidade, a sociedade e o Poder Público têm o dever de assegurar ao idoso, com absoluta prioridade, a efetivação do direito à vida, à saúde, à alimentação, à educação, à cultura, ao esporte, ao lazer, ao trabalho, à cidadania, à liberdade, à dignidade, ao respeito e à convivência familiar e comunitária.

> **Legislação:**
> * **Lei n. 8.842, de 4-1-1994** — regulamentada pelo Decreto n. 1.948, de 3-7-1996, dispõe sobre a Política Nacional do Idoso. Estatui os princípios e diretrizes dos direitos dos idosos, bem como as ações governamentais para viabilizá-los. No seu art. 1º prescreve que a política do idoso objetiva assegurar seus direitos sociais, garantindo-lhe autonomia, integração e participação efetiva na sociedade.
> * **Decreto 5.109, de 17-6-2004** — determina a composição, estruturação, competências e funcionamento do Conselho Nacional dos Direitos do Idoso (CNDI).

d) Garantia de prioridade no atendimento (art. 3º, parágrafo único)

A *garantia de prioridade* compreende:
* o atendimento preferencial imediato e individualizado junto aos órgãos públicos e privados prestadores de serviços à população;
* a preferência na formulação e na execução de políticas sociais públicas específicas;
* a destinação privilegiada de recursos públicos nas áreas relacionadas com a proteção ao idoso;
* a viabilização de formas alternativas de participação, ocupação e convívio do idoso com as demais gerações;
* a priorização do atendimento do idoso por sua própria família, em detrimento do atendimento asilar, exceto dos que não a possuam ou careçam de condições de manutenção da própria sobrevivência;
* a capacitação e reciclagem dos recursos humanos nas áreas de geriatria e gerontologia e na prestação de serviços aos idosos;
* o estabelecimento de mecanismos que favoreçam a divulgação de informações de caráter educativo sobre os aspectos biopsicossociais de envelhecimento; e
* a garantia de acesso à rede de serviços de saúde e de assistência social locais.

e) Direito ao envelhecimento saudável (arts. 8º a 10)

Todo homem tem o *direito subjetivo público* de envelhecer. Daí o Estatuto ter considerado o envelhecimento um *direito personalíssimo* e a sua proteção, um *direito social*. É dever do Estado, portanto, garantir à pessoa idosa a proteção à vida e à saúde, mediante a efetivação de políticas sociais públicas que permitam um envelhecimento saudável e em condições dignas.

De outro prisma, incumbe também ao Estado assegurar à pessoa idosa a liberdade, o respeito e a dignidade.

Ora, os idosos são titulares de direitos civis, políticos, sociais, coletivos, difusos e individuais homogêneos.

◆ Cap. 27 ◆ ORDEM SOCIAL

1437

f) Direito ao sustento (arts. 11 a 14)

A terceira idade tem o direito de se alimentar. Porém, se o idoso ou seus familiares não possuírem condições econômicas de prover o seu sustento, impõe-se ao Poder Público esse provimento, no âmbito da assistência social.

g) Direito à saúde (arts. 15 a 19)

Eis um dos mais importantes direitos previstos no Estatuto, verdadeiro reforço às normas constitucionais protetivas da terceira idade.

Para garantir a saúde do idoso, cumpre ao Estado propiciar-lhe o acesso livre, universal e igualitário ao Sistema Único de Saúde. Nesse particular, o Estatuto previu as seguintes medidas:

- cadastramento dos idosos em base territorial;
- atendimento geriátrico e gerontológico em ambulatórios;
- unidades geriátricas de referência, com pessoal especializado nas áreas de geriatria e gerontologia social;
- atendimento domiciliar, incluindo a internação, para os que dele necessitarem e estejam impossibilitados de se locomover, inclusive para idosos abrigados e acolhidos por instituições públicas, filantrópicas ou sem fins lucrativos e eventualmente conveniadas com o Poder Público, nos meios urbano e rural; e
- reabilitação orientada pela geriatria e gerontologia, para reduzir sequelas decorrentes do agravo da saúde.

Os idosos portadores de deficiência ou incapacidade terão atendimento especializado.

Aqueles que estiverem internados, ou em observação, podem levar acompanhante, devendo o órgão de saúde proporcionar as condições adequadas para a sua permanência em tempo integral, segundo o critério médico.

Os casos de suspeita ou confirmação de maus-tratos contra idosos serão obrigatoriamente comunicados pelos profissionais da saúde a quaisquer dos seguintes órgãos:

- autoridade policial;
- Ministério Público;
- Conselhos Municipal, Estadual e Nacional do Idoso.

Incumbe ao Poder Público fornecer aos idosos, a título gratuito, medicamentos, especialmente os de uso contínuo, assim como próteses, órteses e outros recursos relativos ao tratamento, habilitação ou reabilitação.

Nesse aspecto, o Estatuto, ampliando o entendimento do Supremo Tribunal Federal, lançou olhos sobre os hipossuficientes, que, sem sombra de dúvida, são os maiores beneficiários da obrigatoriedade constitucional de fornecimento gratuito de qualquer tipo de medicamento essencial à saúde física, mental e espiritual.

> **Nesse sentido:** STF, RE 241.630-2/RS, Rel. Min. Celso de Mello, *DJ*, 1, de 3-4-2001, p. 49; STF, Pleno, RE 271.286-AgRg/RS, Rel. Min. Celso de Mello, decisão de 12-9-2000; STF, Pleno, RE 232.335-1/RS, Rel. Min. Celso de Mello, *DJ*, 1, de 25-8-2000, p. 99.

h) Gratuidade do transporte público (arts. 39 a 42)

A Constituição de 1988 consagrou a gratuidade do transporte público aos maiores de 65 anos, numa norma de eficácia plena e aplicabilidade imediata (art. 230, § 2º).

O detalhamento do benefício, porém, ficou a cargo do Estatuto, que assegurou a gratuidade dos transportes coletivos públicos urbanos, semiurbanos, que abarca as áreas metropolitanas, e rurais, exceto nos serviços seletivos e especiais, quando prestados paralelamente aos serviços regulares.

> **Inclusão das áreas metropolitanas no transporte coletivo semiurbano:** TJRJ, *RT*, 665:147.

Quanto aos transportes *semiurbanos* e *rurais*, o Estatuto repudiou o velho entendimento jurisprudencial que inadmitia a gratuidade.

1438 ◆ Uadi Lammêgo Bulos ◆

Contra a obrigatoriedade constitucional de transporte coletivo gratuito para maiores de 65 anos: TJSP, 8ª Câm. de Direito Público, AC 47.164-5/0, Rel. Des. Toledo Silva, decisão de 29-7-1997; TJSP, 6ª Câm. de Direito Público, AC 49.510-5/4, Rel. Des. Afonso Faro, decisão de 8-10-1998.

Agora, não há mais dúvida: todos os transportes *semiurbanos* e *rurais* são gratuitos.

Nos veículos de transporte coletivo, serão reservados 10% dos assentos com a placa: "reservado preferencialmente para idosos".

Quanto às pessoas compreendidas na faixa etária entre 60 e 65 anos, fica a critério da lei municipal dispor sobre as condições para o exercício da gratuidade.

No sistema de transporte coletivo interestadual observar-se-á, nos termos da legislação específica:

• a reserva de duas vagas gratuitas por veículo para idosos com renda igual ou inferior a dois salários mínimos; e

• desconto de 50%, no mínimo, no valor das passagens, para os idosos que excederem as vagas gratuitas, com renda igual ou inferior a dois salários mínimos.

Ambas as medidas não apresentam qualquer vício de inconstitucionalidade formal ou material. Se inexistissem tais restrições, teríamos a gratuidade em todos os assentos, um inusitado absurdo, afinal as empresas de transportes *precisam sobreviver*.

Também é assegurada aos idosos a reserva, nos termos da lei local, de 5% das vagas nos estacionamentos públicos e privados, além da prioridade de embarque no sistema de transporte coletivo.

Para fazer *jus* à gratuidade basta o idoso apresentar qualquer documento pessoal que faça prova de sua idade.

Aqui uma observação: somente pode gozar o benefício quem for maior de 65 anos.

Precedente: o Tribunal de Justiça de São Paulo, antes mesmo do advento do Estatuto do Idoso, assim já entendia, baseando-se no art. 230, § 2º, da *Lex Mater*. **Nesse sentido:** TJSP, 7ª Câm., AC 129.144-1, Rel. Des. Benini Cabral, decisão de 24-10-1990.

Aliás, a cédula de identidade, ou qualquer outro documento identificatório, que trouxer grafado tal dado estará plenamente de acordo com as leis e a Carta Magna. Inexiste discriminação.

Daí a *legalidade* e, sobretudo, a *constitucionalidade* do Decreto n. 98.963, de 16 de fevereiro de 1990, que assim dispôs:

"A carteira de identidade conterá campos destinados ao registro dos números de inscrição do titular do Programa de Integração Social — PIS, ou do Programa de Formação do Patrimônio do Servidor Público — PASEP, no Cadastro de Pessoas Físicas do Ministério da Fazenda — CPF, bem assim a expressão MAIOR DE 65 ANOS, logo acima do local destinado à assinatura do titular, quando for o caso".

Surgimento do Decreto n. 98.963/90: suas origens fincam-se no Decreto n. 89.250, de 27-12-1983, expedido com base no art. 4º da Lei n. 7.116, de 29-8-1983. Já na vigência da Carta de 1988, o Presidente da República, no exercício do seu poder regulamentar (CF, art. 84), alterou o Decreto n. 89.250/83, por meio do Decreto n. 98.963/90.

i) Fiscalização do atendimento aos idosos (arts. 48 a 50)

Estamos diante de outro ponto merecedor de aplausos, inserido no Estatuto do Idoso.

A fiscalização em epígrafe deve ser implementada com a colaboração do poder de polícia do Estado, maior responsável pelo atendimento condigno à terceira idade.

Logo, as entidades governamentais e não governamentais de assistência ao idoso ficam sujeitas à inscrição de seus programas, junto ao órgão competente da Vigilância Sanitária e Conselho Municipal da Pessoa Idosa, e, em sua falta, junto ao Conselho Estadual ou Nacional da Pessoa Idosa, especificando os regimes de atendimento.

Para tanto, devem oferecer instalações físicas em condições adequadas de habitabilidade, higiene, salubridade e segurança, apresentar objetivos estatutários e plano de trabalho compatíveis com os princípios do Estatuto, estar regularmente constituída e demonstrar a idoneidade de seus dirigentes.

Quanto às entidades que desenvolvam programas de institucionalização de longa permanência, elas devem preservar os vínculos familiares, propiciar atendimento personalizado e em pequenos grupos, manter

◆ Cap. 27 ◆ ORDEM SOCIAL **1439**

o idoso na mesma instituição, salvo em caso de força maior, fomentar a participação do idoso nas atividades comunitárias, de caráter interno e externo, respeitar os direitos e garantias dos idosos, preservar a identidade do idoso, oferecendo-lhe ambiente de respeito e dignidade.

Enfim, o dirigente da instituição de atendimento responderá civil e criminalmente pelos atos que praticar em prejuízo ao idoso, além das sanções administrativas cabíveis.

j) Obrigações das entidades de atendimento (art. 50)

São deveres das entidades de atendimento:

* celebrar contrato escrito de prestação de serviço com o idoso, especificando o tipo de atendimento, as obrigações da entidade e prestações decorrentes do contrato, com os respectivos preços, se for o caso;
* observar os direitos e as garantias de que são titulares os idosos;
* fornecer vestuário adequado, se for pública, e alimentação suficiente;
* oferecer instalações físicas em condições adequadas de habitabilidade e atendimento personalizado;
* diligenciar no sentido da preservação dos vínculos familiares;
* proporcionar cuidados à saúde, conforme a necessidade do idoso;
* promover atividades educacionais, esportivas, culturais e de lazer;
* propiciar assistência religiosa àqueles que desejarem, de acordo com suas crenças;
* proceder a estudo social e pessoal de cada caso;
* comunicar à autoridade competente de saúde toda ocorrência de idoso portador de doenças infectocontagiosas;
* providenciar ou solicitar que o Ministério Público requisite os documentos necessários ao exercício da cidadania àqueles que não os tiverem, na forma da lei;
* fornecer comprovante de depósito dos bens móveis que receberem dos idosos;
* manter arquivo de anotações onde constem data e circunstâncias do atendimento, nome do idoso, responsável, parentes, endereços, cidade, relação de seus pertences, bem como o valor de contribuições, e suas alterações, se houver, e demais dados que possibilitem sua identificação e a individualização do atendimento;
* comunicar ao Ministério Público, para as providências cabíveis, a situação de abandono moral ou material por parte dos familiares; e manter no quadro de pessoal profissionais com formação específica, a exemplo dos enfermeiros e atendentes de enfermagem, os quais devem ficar disponíveis durante vinte e quatro horas (Lei n. 7.498/86, art. 23, e Resolução COFEN n. 186, de 28-7-2004).

k) Prioridade na tramitação de procedimentos judiciais (art. 71)

O Estatuto do Idoso — Lei n. 10.741/2003 — reduziu para 60 anos a idade necessária para o benefício da prioridade na tramitação de procedimentos judiciais (art. 71).

✦ 11. ÍNDIOS

A Carta de 1988 pode ser apelidada de "Constituição do índio", pois foi a que mais se preocupou com o *indigenato*, inspirando, inclusive, as Constituições recentes do Paraguai e da Colômbia.

No plenário da Assembleia Nacional Constituinte somaram-se, ao todo, 497 votos favoráveis à questão indígena.

O esforço foi grande e o resultado razoável, graças a um acordo político envolvendo diversos partidos e segmentos sociais.

A seguir, vamos examinar o cerne dos arts. 231 e 232 da Carta Maior, que estabelecem os fundamentos constitucionais dos direitos indígenas no Brasil.

1442 ◆ Uadi Lammêgo Bulos ◆

✧ 11.4. Mineração em terras indígenas

Aqui reside um tema controvertidíssimo, pois interesses econômicos gravitam em torno dele. Mas está dependendo de norma expressa para tornar-se plenamente aplicável.

De qualquer sorte, o constituinte de 1988 preconizou que o aproveitamento dos recursos hídricos, incluídos os potenciais energéticos, a pesquisa e a lavra das riquezas minerais em terras indígenas, só pode ser efetivado com autorização do Congresso Nacional, ouvidas as comunidades afetadas, ficando-lhes assegurada participação nos resultados da lavra, na forma da lei (art. 231, § 3º).

> **Competência exclusiva do Congresso Nacional:** "É do Congresso Nacional a competência exclusiva para autorizar a pesquisa e a lavra das riquezas minerais em terras indígenas (CF, arts. 49, XVI, e 231, § 3º), mediante decreto-legislativo, que não é dado substituir por medida provisória. Não a usurpa, contudo, a medida provisória que — visando resolver o problema criado com a existência, em poder de dada comunidade indígena, do produto de lavra de diamantes já realizada — disciplina-lhe a arrecadação, a venda e a entrega aos indígenas da renda líquida resultante de sua alienação" (STF, ADIn 3.352-MC, Rel. Min. Sepúlveda Pertence, *DJ* de 15-4-2005).

A Carta Maior também proibiu o acesso de garimpeiros às terras indígenas (art. 231, § 7º).

✧ 11.5. Princípio da irremovibilidade dos índios

O Texto de 1988 consagrou o princípio da irremovibilidade dos índios de suas terras.

É proibida, portanto, a remoção dos grupos indígenas de suas terras, salvo, *ad referendum* do Congresso Nacional, em caso de catástrofe ou epidemia que ponha em risco sua população, ou no interesse da soberania do País (CF, art. 231, § 5º).

Cessado o risco, os índios devem retornar, de imediato, às suas terras.

✧ 11.6. Ocupação, domínio e posse das terras indígenas

São nulos e extintos, não produzindo efeitos jurídicos, os atos que tenham por objeto a ocupação, o domínio e a posse das terras indígenas, ou a exploração das riquezas naturais do solo, dos rios e dos lagos nelas existentes (CF, art. 231, § 6º, 1ª parte).

> **EC n. 1/69:** o art. 198, § 1º, da Emenda Constitucional n. 1/69, já previa esse assunto.

Diante, porém, de relevante interesse público da União, a lei complementar poderá excepcionar essa regra, não gerando a nulidade e a extinção direito a indenização ou ações contra a União, salvo, na forma da lei, quanto às benfeitorias derivadas da ocupação de boa-fé (CF, art. 231, § 6º, 1ª parte).

✧ 11.7. Demarcação das terras indígenas

Compete à União demarcar as terras indígenas (CF, art. 231, *caput*).

A demarcação de qualquer terra indígena se faz no bojo de um processo administrativo que tem suas fases disciplinadas a partir da Constituição, passando pela Lei n. 6.001/73 (Estatuto do Índio) e pelo Decreto n. 1.775/96, que alterou o Decreto n. 22/91.

Assim se desdobram as fases procedimentais do ato demarcatório:

- identificação e delimitação antropológica da área;
- declaração da posse permanente, por meio de portaria do Ministro de Estado da Justiça;
- demarcação propriamente dita, mediante assentamento físico dos limites, com a utilização dos pertinentes marcos geodésicos e placas sinalizadoras;
- homologação mediante decreto do Presidente da República; e

◆ Cap. 27 ◆ ORDEM SOCIAL

1443

- registro, a ser realizado no Cartório de Imóveis da comarca de situação das terras indígenas e na Secretaria do Patrimônio da União.

Segundo o Supremo Tribunal Federal, não é preciso que o Conselho de Defesa Nacional se manifeste sobre o processo homologatório, mesmo nas regiões de fronteira onde se encontrem situadas as terras indígenas (STF, MS 25.483, Rel. Min. Carlos Britto, *DJ* de 14-9-2007).

Mas, se quiser, o Presidente da República poderá consultar o Conselho de Defesa Nacional (CF, art. 91, § 1º, III), especialmente se as terras indígenas a demarcar coincidirem com faixa de fronteira. Isso, contudo, **não é obrigatório**.

De outra parte, o art. 67 do Ato das Disposições Constitucionais Transitórias previu o **prazo contínuo de cinco anos**, contado a partir de 5 de outubro de 1988, para a União concluir a demarcação das terras indígenas.

Esse prazo "não é peremptório. Sinalizou simplesmente visão prognóstica sobre o término dos trabalhos de demarcação e, portanto, a realização destes em tempo razoável" (STF, MS 24.566, Rel. Min. Marco Aurélio, *DJ* de 28-5-2004).

Tanto é assim que o pleno gozo dos índios sobre as suas terras independe de qualquer demarcação, até porque esta, como encargo da União, não existe para prejudicá-los, e sim para proteger os seus direitos e interesses.

Completando esse entendimento, vale lembrar da seguinte decisão do Supremo Tribunal Federal:

"A importância jurídica da demarcação administrativa homologada pelo Presidente da República, ato estatal que se reveste de presunção *juris tantum* de legitimidade e de veracidade, reside na circunstância de que as terras tradicionalmente ocupadas pelos índios, embora pertencentes ao patrimônio da União (CF, art. 20, XI), acham-se afetadas, por efeito de destinação constitucional, a fins específicos voltados, unicamente, à proteção jurídica, social, antropológica, econômica e cultural dos índios, dos grupos indígenas e das comunidades tribais" (STF, RE 183.188, Rel. Min. Celso de Mello, *DJ* de 14-2-1997).

Numa palavra, o ato demarcatório não é título de posse, muito menos requisito para a ocupação das terras indígenas, devendo ser praticado nos estritos limites da legalidade, como reconheceu o Superior Tribunal de Justiça:

"Na área indígena, estabelecida a dominialidade (arts. 20, XI, e 231, CF), a União é nua-proprietária, e os índios situam-se como usufrutuários, ficando excepcionado o direito adquirido do particular (CF, art. 231, §§ 6º e 7º), porém com a inafastável necessidade de ser verificada a habitação, a ocupação tradicional dos índios, seguindo-se a demarcatória no prazo de cinco anos (CF, art. 67 do ADCT). Enquanto se procede à demarcação, por singelo ato administrativo, *ex abrupto*, a proibição, além de ir e vir, do ingresso, do trânsito e da permanência do proprietário ou particular usufrutuário habitual, a título de interdição, malfere reconhecidos direitos. A intervenção, se necessária, somente será viável nos estritos limites da legalidade e decidida pelo Presidente da República (Lei 6.001/1973, art. 20)" (STJ, MS 2.046/DF, Rel. Min. Milton Luiz Pereira, *DJ* de 30-8-1993).

◘ *11.7.1. Demarcação da reserva indígena Raposa Serra do Sol*

Em virtude de sua enorme importância, merece destaque a **demarcação da reserva indígena Raposa Serra do Sol**, que chegou ao STF por meio da **Petição n. 3.388**.

Referimo-nos à ação popular, ajuizada por Senador da República contra a União, em que se buscou impugnar o modelo contínuo de demarcação da Terra Indígena Raposa Serra do Sol, situada no Estado de Roraima, pleiteando a declaração de nulidade da Portaria n. 534/2005, do Ministro de Estado da Justiça, e do Decreto homologatório de 15 de abril de 2005, do Presidente da República. Sustentou o autor da ação popular que a Portaria n. 534/2005 apresentou os mesmos vícios

1444 ◆ Uadi Lammêgo Bulos ◆

da Portaria n. 820/98, que a antecedeu, não observando as normas dos Decretos n. 22/91 e 1.775/96, haja vista que não teriam sido ouvidas todas as pessoas e entidades afetadas pela controvérsia. Demais disso, alegou-se que o laudo antropológico sobre a área em discussão teria sido assinado por apenas um profissional, o que seria prova de presumida parcialidade. Afirmou, ainda, que a reserva em área contínua traria consequências desastrosas tanto para o Estado de Roraima, sob os aspectos comercial, econômico e social, quanto para os interesses do País, por comprometer a segurança e a soberania nacionais. Argumentou, finalmente, que haveria desequilíbrio da Federação, já que a área demarcada, ao passar para o domínio da União, suprimiria parte significativa do território roraimense, ferindo o princípio da razoabilidade, ao privilegiar a tutela do índio em detrimento da iniciativa privada.

O caso ficou sob a relatoria do Ministro Carlos Britto, cujos tópicos principais de seu voto, proferido em 27 de agosto de 2008, podem ser assim resumidos:

- **precedentes do STF sobre o tema** — no **RE 183.188**, cujo relator foi o Ministro Celso de Mello, ficou assentado que "a disputa pela posse permanente e pela riqueza das terras tradicionalmente ocupadas pelos índios constitui o núcleo fundamental da questão indígena no Brasil". No julgamento do **MS 24.045**, de relatoria do Ministro Joaquim Barbosa, o Plenário do Supremo Tribunal Federal consignou que, "ao estabelecer procedimento diferenciado para a contestação de processos demarcatórios que se iniciaram antes de sua vigência, o Decreto 1.775/1996 não fere o direito ao contraditório e à ampla defesa". Finalmente, o caso mais emblemático de todos, porque inaugural da discussão sobre a Reserva Indígena Raposa Serra do Sol e antecipador das controvérsias que adviriam da respectiva demarcação, foi a **ADIn 1.512**, relatada pelo Ministro Maurício Corrêa, que teve a virtude de levantar os antecedentes antropológicos que bem ilustram a história da região, evidenciando o trabalho desenvolvido por Joaquim Nabuco, nos idos de 1903 a 1904, e pelo Marechal Cândido Rondon, no ano de 1927, na defesa das fronteiras brasileiras e no estudo dos povos indígenas. Em seu minucioso voto, o Ministro Maurício Corrêa retrocedeu aos idos de 1768 para retratar fatos relacionados com a ocupação das áreas do atual Estado de Roraima, concluindo que é muito antigo o debate em torno da forma de demarcação da citada reserva: se contínua, ou insular;

- **relevância político-social da causa** — o Ministro Carlos Britto, relator da ação que contesta a demarcação da reserva indígena Raposa Serra do Sol, iniciou o seu voto enfatizando "a incomum relevância político-social desta causa, toda ela a suscitar investigações teóricas e apreciações empíricas da mais forte compleição constitucional. Por isso que principio por remarcar o seguinte: a competência originária desta Suprema Corte para o caso vertente foi reconhecida quando do julgamento da Reclamação 2.833. Ocasião em que ficou assentada a natureza federativa do conflito entre partes, de modo a deflagrar a incidência da alínea *f* do inciso I do art. 102 da Constituição Federal;

- **índios como tema de matriz constitucional** — os índios brasileiros têm na Constituição uma copiosa referência, por direta enunciação vernacular — "Dos Índios" —, que vai do art. 231 ao 232. Trata-se, no dizer do Ministro Carlos Britto, de bloco normativo-constitucional, que requer, para sua exegese, uma compreensão rigorosamente sistêmica ou contextual da *Lex Mater*;

- **significado do substantivo "índios"** — o substantivo plural "índios" foi recolhido pela Constituição com o mesmo sentido que a palavra tem em nossa linguagem coloquial. Logo, o termo traduz o coletivo de *índio*, assim entendido o indígena da América, que equivale ao "nativo", "aborígine" ou "autóctone", na acepção de primitivo habitante desse ou daquele país americano. Na Carta de 1988, o substantivo "índios" é usado para exprimir a diferenciação dos nossos aborígines por numerosas etnias que se estruturam, geograficamente, sob a forma de aldeias e, mais abrangentemente, vilarejos;

- **índios como parte essencial da realidade política e cultural brasileira** — a inteligência do arts. 215, §§ 1º, 2º; 216, *caput*; e 242, § 1º, permite-nos adjetivar de *brasileiros* os índios a que se reportam os arts. 231 e 232 da Constituição. Não índios estrangeiros, "residentes no País", porque para todo e qualquer estrangeiro residente no Brasil já existe a genérica proteção do art. 5º, *caput*. Assumindo tal qualificação de pessoas naturais brasileiras, ressalte-se, decisivas consequências hermenêuticas para a compreensão do tema da demarcação das terras indígenas,

◆ Cap. 27 ◆ ORDEM SOCIAL **1445**

pois as "organizações", "comunidades" e "populações" a que se refere o inciso V do art. 129 da Carta Federal, são constituídas de coletividades humanas genuinamente nacionais, todas alocadas em solo pátrio;

- **terras indígenas como parte essencial do território brasileiro** — cada terra indígena de que trata a Constituição brasileira está necessariamente encravada no território nacional. Todas elas são um bem ou propriedade física da União (art. 20, XI). E como tudo o mais que faz parte do domínio de qualquer das pessoas federadas brasileiras, submetem-se unicamente ao primeiro dos princípios regentes das nossas relações internacionais: a soberania ou "independência nacional" (CF, art. 1º, I). Assim, as terras indígenas inscrevem-se entre os bens da União, e, nessa medida, são constitutivas de um patrimônio cuja titularidade não é partilhada com nenhum outro sujeito jurídico, seja de direito público interno, seja de direito público externo, mas nem por isso os índios nelas permanentemente situados deixam de manter vínculos jurídicos com os Estados e Municípios que as envolvam;

- **competência constitucional da União para demarcar terras indígenas** — trata-se de competência a ser exercida também contra os Estados e Municípios, se necessário; não só contra os não índios. A vontade objetiva da Constituição obriga a efetiva presença de todas as pessoas federadas em terras indígenas, desde que em sintonia com o modelo de ocupação por ela concebido. Modelo de ocupação que tanto preserva a identidade de cada etnia quanto sua abertura para um relacionamento de mútuo proveito com outras etnias indígenas e grupamentos de não índios, mas sempre sob a firme liderança institucional da União, a se viabilizar por diretrizes e determinações de quem permanentemente vela por interesses e valores a um só tempo "inalienáveis", "indisponíveis" e "imprescritíveis" (CF, art. 231, § 4º). Inalienabilidade e indisponibilidade, como forma de proteção das terras indígenas; imprescritibilidade, como forma de proteção dos direitos dos índios sobre elas;

- **terras indígenas como categoria jurídica distinta de territórios indígenas** — a Constituição teve o cuidado de não falar em territórios indígenas, mas, tão só, em "terras indígenas". É que todo território se define como parte elementar de cada qual das nossas pessoas jurídicas federadas. Todas elas definidas, num primeiro e lógico momento, como o conjunto de povo, território e governo (só num segundo instante lógico é que toda pessoa federada se define como o conjunto dos seus órgãos de poder — Legislativo, Executivo e Judiciário —, com a ressalva de que este último não faz parte da estruturação do Município). Governo soberano, tratando-se da República Federativa do Brasil; governo autônomo, cuidando-se de qualquer das pessoas políticas de direito público interno. E já ficou demonstrado que terra indígena e ente federativo são categorias jurídicas de natureza inconfundível. Tal como água e óleo, não se misturam;

- **instituto da demarcação das terras indígenas e suas coordenadas constitucionais** — há precisas coordenadas constitucionais para a identificação das terras a demarcar, sendo que tais coordenadas já antecipam o conteúdo positivo de cada ato demarcatório em si. Vale dizer, coordenadas que significam a indicação do que seja terra indígena para fins especificamente demarcatórios. Com o que, em grande parte do tema, a nossa Constituição se revela como norma de eficácia plena ou de pronta aplicação, no sentido de que prescindente da intercalação da lei infraconstitucional para cumprir os desígnios a que se preordena. Demarcar é assinalar os limites, colocar os marcos físicos ou fincar as placas sinalizadoras de cada terra indígena, na perspectiva dos quatro pontos cardeais do norte/sul/leste/oeste, sem o que não se tem uma precisa orientação cartográfico-geodésica. Marcos de terras indígenas, repise-se, e não de terras devolutas. Tarefa tão empírica ou concreta quanto os próprios deveres estatais de permanentemente "proteger e fazer respeitar" (CF, art. 231, *caput*) todos os bens situados nas terras afinal demarcadas, que são cometimentos próprios, específicos, naturais do Poder Executivo da União, atuando esta por seus órgãos de Administração direta ou centralizada, ou, então, pelas suas entidades de Administração indireta ou descentralizada;

- **a demarcação de terras indígenas como capítulo avançado do constitucionalismo fraternal** — os arts. 231 e 232 da Constituição Federal são de finalidade nitidamente fraternal ou solidária, própria de uma quadra constitucional que se volta para a efetivação de um novo tipo de igualdade: a igualdade civil-moral de minorias que só têm experimentado, historicamente e por ignominioso preconceito — quando não pelo mais reprovável impulso coletivo de crueldade —, desvantagens comparativas com outros segmentos sociais. Por isso que se trata de uma era constitucional compensatória de tais desvantagens historicamente acumuladas, a se viabilizar por mecanismos oficiais de ações afirmativas (afirmativas da encarecida igualdade civil-moral). Era constitucional que vai além do próprio valor da inclusão social, para alcançar, agora sim, o superior estádio da integração comunitária de todo o povo brasileiro. Essa integração comunitária de que fala a Constituição a partir do seu preâmbulo, com o uso da expressão "sociedade fraterna", e que se põe como o terceiro dos objetivos fundamentais (CF, art. 3º, I);

- **falso antagonismo entre a questão indígena e o desenvolvimento** — a Magna Carta brasileira busca integrar os nossos índios para agregar valor à subjetividade deles (fenômeno da aculturação). Para que eles sejam ainda mais do que originariamente eram, beneficiando-se de um estilo civilizado de vida que é tido como de superior qualidade em saúde, educação, lazer, ciência, tecnologia, profissionalização e direitos políticos de votar e de ser votado, marcadamente. Já o outro lado da normação constitucional, este reside na proposição de que as populações ditas civilizadas também têm a ganhar com sua aproximação com os índios. Populações civilizadas de quem se exige: a) solidariedade, no plano do reconhecimento de que os aborígines precisam do convívio com os não índios; b) humildade, para reconhecer que esse convívio é uma verdadeira estrada de mão dupla, porquanto reciprocamente benfazejo. Esse tipo de humildade, justamente, que refreia e dissipa de vez todo ímpeto discriminatório ou preconceituoso contra os indígenas, como se eles não fossem os primeiros habitantes de uma Terra *Brasilis* cuja integridade física tão bem souberam defender no curso da nossa história de emancipação política, de parelha com uma libertária visão de mundo que talvez seja o mais forte componente do nosso visceral repúdio a toda forma de autocracia, ao lado da nossa conhecida insubmissão a fórmulas ortodoxas de pensar, fazer e criar. Daqui se infere o despropósito da afirmação de que "índio só atrapalha o desenvolvimento", pois o desenvolvimento como categoria humanista e em bases tão ecologicamente equilibradas quanto sustentadas bem pode ter na cosmovisão dos indígenas um dos seus elementos de propulsão; e
- **improcedência do pedido** — "tudo visto e revisto — sobretudo quanto a cada um dos dezoito dispositivos constitucionais sobre a questão indígena —, voto pela improcedência da ação popular sob julgamento. O que faço para assentar a condição indígena da área demarcada como Raposa/Serra do Sol, em sua totalidade" (STF, Pet. 3.388, Rel. Min. Carlos Britto, j. em 27-8-2008).

Após o voto do Relator, pediu vista o Ministro Carlos Alberto Menezes Direito, que, ao apresentar seu voto-vista, em 10 de dezembro de 2008, julgou parcialmente procedente o pedido formulado, estabelecendo 18 exigências para preservar a soberania do Estado brasileiro.

Em 19 de março de 2009, os Juízes da Corte analisaram as 18 condições propostas pelo Ministro Menezes Direito, e, ao fim dos debates, fixaram 19 ressalvas, passíveis de alterações quando da redação do acórdão pelo Relator, Ministro Carlos Britto.

E, para cumprir o veredito do Supremo, foi designado o Presidente do Tribunal Regional Federal da 1ª Região, que agirá sob a supervisão do Ministro Carlos Britto, como previu o presidente do Supremo, Ministro Gilmar Mendes, ao proclamar o resultado do julgamento.

As 19 condições estabelecidas para demarcação e ocupação de terras indígenas foram as seguintes:

1. o usufruto das riquezas do solo, dos rios e dos lagos existentes nas terras indígenas pode ser relativizado sempre que houver, como dispõe o art. 231, § 6º, da Constituição Federal, o relevante interesse público da União na forma de Lei Complementar;

2. o usufruto dos índios não abrange o aproveitamento de recursos hídricos e potenciais energéticos, que dependerá sempre da autorização do Congresso Nacional;

♦ Cap. 27 ♦ ORDEM SOCIAL **1447**

3. o usufruto dos índios não abrange a pesquisa e a lavra das riquezas minerais, que dependerá sempre de autorização do Congresso Nacional, assegurando aos índios participação nos resultados da lavra, na forma da lei;

4. o usufruto dos índios não abrange a garimpagem nem a faiscação, devendo, se for o caso, ser obtida a permissão da lavra garimpeira;

5. o usufruto dos índios não se sobrepõe ao interesse da Política de Defesa Nacional. A instalação de bases, unidades e postos militares e demais intervenções militares, a expansão estratégica da malha viária, a exploração de alternativas energéticas de cunho estratégico e o resguardo das riquezas de cunho estratégico a critério dos órgãos competentes (o Ministério da Defesa, o Conselho de Defesa Nacional) serão implementados independentemente de consulta a comunidades indígenas envolvidas e à Funai;

6. a atuação das Forças Armadas da Polícia Federal na área indígena, no âmbito de suas atribuições, fica garantida e se dará independentemente de consulta a comunidades indígenas envolvidas e à Funai;

7. o usufruto dos índios não impede a instalação pela União Federal de equipamentos públicos, redes de comunicação, estradas e vias de transporte, além de construções necessárias à prestação de serviços públicos pela União, especialmente os de saúde e de educação;

8. o usufruto dos índios na área afetada por unidades de conservação fica sob a responsabilidade imediata do Instituto Chico Mendes de Conservação da Biodiversidade;

9. o Instituto Chico Mendes de Conservação da Biodiversidade responderá pela administração da área de unidade de conservação, também afetada pela terra indígena, com a participação das comunidades indígenas da área, que deverão ser ouvidas, levando em conta os usos, as tradições e os costumes dos indígenas, podendo, para tanto, contar com a consultoria da Funai;

10. o trânsito de visitantes e pesquisadores não índios deve ser admitido na área afetada à unidade de conservação nos horários e condições estipulados pelo Instituto Chico Mendes;

11. deve ser admitido o ingresso, o trânsito, a permanência de não índios no restante da área da terra indígena, observadas as condições estabelecidas pela Funai;

12. o ingresso, o trânsito e a permanência de não índios não podem ser objeto de cobrança de quaisquer tarifas ou quantias de qualquer natureza por parte das comunidades indígenas;

13. a cobrança de tarifas ou quantias de qualquer natureza também não poderá incidir ou ser exigida em troca da utilização das estradas, equipamentos públicos, linhas de transmissão de energia ou de quaisquer outros equipamentos e instalações colocadas a serviço do público que tenham sido excluídos expressamente da homologação ou não;

14. as terras indígenas não poderão ser objeto de arrendamento ou de qualquer ato ou negócio jurídico que restrinja o pleno exercício do usufruto e da posse direta pela comunidade jurídica;

15. é vedada, nas terras indígenas, a qualquer pessoa estranha aos grupos tribais ou comunidades indígenas a prática da caça, pesca ou coleta de frutas, assim como de atividade agropecuária extrativa;

16. as terras sob ocupação e posse dos grupos e comunidades indígenas, o usufruto exclusivo das riquezas naturais e das utilidades existentes nas terras ocupadas, observado o disposto nos arts. 49, XVI, e 231, § 3º, da Constituição da República, bem como a renda indígena, gozam de plena imunidade tributária, não cabendo a cobrança de quaisquer impostos, taxas ou contribuições sobre uns e outros;

17. é vedada a ampliação da terra indígena já demarcada;

18. os direitos dos índios relacionados as suas terras são imprescritíveis e estas são inalienáveis e indisponíveis; e

19. é assegurada a efetiva participação dos entes federativos em todas as etapas do processo de demarcação.

Finalmente, no dia 23 de outubro de 2013, o Plenário do Supremo Tribunal Federal confirmou a validade dessas 19 salvaguardas, esclarecendo que a decisão tomada na Petição 3.388 não tem efeito vinculante. Logo, não deverá ser aplicada a outros litígios que envolvam terras indígenas. Demais disso, os índios podem realizar suas formas tradicionais de extrativismo mineral, produzindo brincos e colares, sem objetivo econômico. Mas o garimpo e a chamada "faiscação", com fins comerciais, dependem de autorização expressa do Congresso Nacional. A execução da sentença proferida pela Corte foi integralmente conclusa. Ninguém foi preso. A maioria dos "não índios", que tiveram de sair da área, já sacou os valores depositados pela Funai a título de indenização por benfeitorias advindas da ocupação de boa-fé. O trabalho do Supremo Tribunal Federal encerrou-se.

◈ 11.8. Defesa dos direitos e interesses dos índios

Os índios, suas comunidades e organizações são partes legítimas para ingressar em juízo em defesa de seus direitos e interesses, intervindo o Ministério Público em todos os atos do processo (CF, art. 232).

Desse modo, a Constituição determinou que os índios são partes legítimas para ingressar em juízo na defesa de seus direitos e interesses (art. 109, XI), cumprindo ao Ministério Público intervir em todos os atos do processo, *fiscalizando* o destino das normas constitucionais de proteção ao indígena (CF, art. 129, V).

É que todos têm direitos iguais (CF, art. 5º, *caput*). Logo, os índios também podem ir a juízo, amparando-se no devido processo legal (CF, art. 5º, LIV), no contraditório e na ampla defesa (CF, art. 5º, LV).

◈ 11.9. Competência do STF e das Justiças Federal e Civil nas questões indígenas

Vigoram as seguintes regras de competência aplicáveis ao processo e julgamento das causas indígenas:

- **Competência do STF** — cabe à Corte Suprema processar e julgar ação popular em que os respectivos autores, com pretensão de resguardar o patrimônio público, postulam a declaração da invalidade de ato do Ministério da Justiça. Também lhe incumbe apreciar todos os feitos processuais intimamente relacionados com a demarcação das reservas indígenas.

    Precedente: STF, Recl. 2.833, Rel. Min. Carlos Britto, *DJ* de 5-8-2005.

- **Competência da Justiça Federal** — se os crimes contra índios tiverem relação direta com os direitos originários sobre as terras que eles tradicionalmente ocupam (CF, art. 231), a competência será da Justiça Federal comum, por força do art. 109, XI, da *Lex Legum* ("Aos juízes federais compete processar e julgar: ... XI — a disputa sobre direitos indígenas"). Assim, compete aos juízes federais processar e julgar ações penais, a exemplo dos delitos de genocídio praticados contra indígenas nas disputas de terras. Aqui o que está em jogo é o direito à vida da pessoa humana, integrante da própria comunidade indígena. Esse é o entendimento do Supremo Tribunal Federal.

    Posição do STF: compete à Justiça Federal comum "julgar assassinato cometido contra índio, no interior da aldeia a que ele pertence, e que teve como causa a disputa sobre as terras ocupadas pela comunidade indígena" (STF, Pleno, RE 270.379/MS, Rel. Min. Maurício Corrêa, decisão de 17-4-2001).
    Outro julgado: "Sendo a vida do índio tutelada pela União, é competente a Justiça Federal para processar e julgar crime praticado contra a vida do índio em razão de disputa de terras, não estando a Justiça Estadual, na presente ordem constitucional, legitimada a conhecer da ação penal proposta. Delito praticado na vigência da Emenda Constitucional n. 01/69. Denúncia validamente recebida em setembro de 1988. Promulgação da Constituição Federal de 1988. Incompetência superveniente da Justiça Estadual. Deslocamento do processo à Justiça Federal" (STF, RE 270.379, Rel. Min. Maurício Corrêa, *DJ* de 29-6-2001). **No mesmo sentido:** STF, 2ª T., MC 71.835-3/MS, Rel. Min. Francisco Rezek, *DJ*, 1, de 22-2-1996, p. 45687; STF, RE 183.188, Rel. Min. Celso de Mello, *DJ* de 14-2-1997; STF, HC 75.404, Rel. Min. Maurício Corrêa, *DJ* de 27-4-2001.

◆ Cap. 27 ◆ ORDEM SOCIAL

- **Competência da Justiça comum** — compete aos juízes estaduais apreciar e julgar os crimes cometidos contra índios praticados fora da comunidade a que pertencem e das terras tradicionalmente por eles ocupadas. Assim também entende o Supremo Tribunal Federal.

    Posição do STF: "Não configurando os crimes praticados por índio, ou contra estes, *disputa sobre direitos indígenas* (CF, art. 109, XI) e nem, tampouco, *infrações penais praticadas em detrimento de bens, serviços ou interesse da União ou de suas entidades autárquicas ou empresas públicas* (CF, art. 109, IV), é da competência da Justiça Estadual o seu processamento e julgamento" (STF, HC 79.530, Rel. Min. Ilmar Galvão, *DJ* de 25-2-2000). **No mesmo sentido:** STF, RE 263.010, Rel. Min. Ilmar Galvão, *DJ* de 10-11-2000.

CAPÍTULO 28

DISPOSIÇÕES CONSTITUCIONAIS GERAIS

✦ 1. SIGNIFICADO

Disposições constitucionais gerais são normas jurídicas impessoais, abstratas, imperativas, incumbidas de erigir pautas de comportamento amplas, aplicáveis a situações certas, mutáveis, mas também passageiras e até contingentes.

Funcionam como uma espécie de complemento à obra do constituinte originário. Determinados assuntos que, pelos mais variados motivos, não puderam ser encaixados ao longo do articulado constitucional, são inseridos na *Lex Mater* sob a forma de *disposição geral*.

A experiência vivida pelos diversos ordenamentos constitucionais, dotados de constituição escrita, atestam o caráter *compromissório* das disposições gerais.

Compromissório, no sentido de estatuírem preceitos que defluíram de acordos firmados por partidos políticos, signatários de interesses diversos, da força dos *lobbies*, dos conchavos de momento, de tudo aquilo que revela a grandeza e a miséria dos parlamentos.

No Brasil, todas as constituições previram disposições gerais, com exceção da Carta de 1937, que simplesmente enunciou o rótulo "Disposições transitórias e finais".

Quanto ao Texto de 1988, é possível dizer que, em regra, inexistiram peculiaridades no que tange à disciplina do assunto, exceto nos seguintes pontos:

- **Previsão de assuntos típicos de lei ordinária** — o mal vezo do constituinte de 1988 repetiu-se nas *disposições gerais*. Normas inerentes à atividade legislativa comum foram convertidas em preceitos constitucionais. Exemplos: art. 239, §§ 2º, 3º e 4º.
- **Previsão de matérias acessórias e supérfluas** — o acessório e o supérfluo também marcaram presença no ato das disposições gerais. Nesse particular, temos uma pérola: "O Colégio Pedro II, localizado na cidade do Rio de Janeiro, será mantido na órbita federal" (art. 242, § 2º). Precisaria estar numa Constituição preceptivo dessa espécie?
- **Previsão de normas advindas de emendas constitucionais** — no Brasil, o ato das disposições gerais converteu-se em espaço de inserção de *emendas e remendos* à Carta de Outubro. Abusando da competência prevista no art. 60, nossos legisladores conseguiram deformar o Texto primitivo de 1988, tornando-o, ainda mais, detalhista e incompulsável. Em princípio, não há mal algum em encartar normas advindas de emendas no ato das disposições gerais. O problema é que, ano após ano, aumenta, bastante, uma *Lex Mater* que já é, essencialmente, prolixa, repetitiva e impossível de ser vivida na plenitude das promessas que contempla. Como cada governo *quer ter a sua própria constituição*, os artífices do poder reformador, para satisfazer o *jogo de interesses*, consagram preceitos que, em rigor, nem se enquadram na tipologia das disposições gerais. Exemplos: arts. 241, 246 a 250.

✦ 2. CONTEÚDO DAS DISPOSIÇÕES CONSTITUCIONAIS GERAIS

O conteúdo das disposições constitucionais gerais engendra matérias das mais diversas (CF, arts. 234 a 250).

♦ Cap. 28 ♦ DISPOSIÇÕES CONSTITUCIONAIS GERAIS   **1451**

Em rigor, inexiste uma ordem predeterminada de assuntos que devam aí constar, algo que, no Brasil, tem dado margem à inclusão de temas típicos de leis extravagantes.

A seguir, destacaremos os temas convertidos em disposições constitucionais gerais.

✦ 3. VEDAÇÕES À UNIÃO (ART. 234)

É vedado à União, direta ou indiretamente, assumir, em decorrência da criação de Estado, encargos referentes a despesas com pessoal inativo e com encargos e amortizações da dívida interna ou externa da Administração Pública, inclusive da indireta.

✦ 4. CRIAÇÃO DE ESTADO (ART. 235, I A XI)

Para evitar abusos, devem vigorar, nos dez primeiros anos da criação de Estado, as seguintes normas preordenatórias:

- A Assembleia Legislativa será composta de dezessete deputados se a população do Estado for inferior a seiscentos mil habitantes, e de vinte e quatro, se igual ou superior a esse número, até um milhão e quinhentos mil.
- O governo terá no máximo dez secretarias.
- O Tribunal de Contas terá três membros, nomeados, pelo governador eleito, dentre brasileiros de comprovada idoneidade e notório saber.

> **Casuística do STF:**
> - **Alcance do art. 235, III, da CF** — "O art. 235 prevê a criação e não instalação; a data considerada é o dia 5-10-1988" (STF, ADIn 1.903-MC, Rel. Min. Néri da Silveira, *DJ* de 8-9-2000).
> - **Criação de Tribunal de Contas** — "A inconstitucionalidade da criação do Tribunal de Contas dos Municípios do Estado do Tocantins resulta, entretanto, na espécie, de ofensa ao art. 235 da Constituição Federal, que define normas básicas para organização e funcionamento dos Estados, durante os dez primeiros anos de sua criação. No art. 235, III, prevê-se a existência de um Tribunal de Contas, no Estado, com três membros, não se fazendo qualquer remissão ao art. 31 e seus parágrafos da mesma Carta Magna. Ao dispor especialmente sobre o Estado do Tocantins, o art. 13 do ADCT não previu nenhuma ressalva ao autorizar a invocação do art. 31 e parágrafos da Constituição, para a fiscalização das contas dos Municípios, durante os dez primeiros anos da existência do Estado. De tal maneira, conforme o art. 235, III, Lei Maior, o auxílio às Câmaras Municipais, para o controle externo, nesse primeiro decênio, há de fazer-se por intermédio do Tribunal de Contas do Estado, sendo inviável a criação de Tribunal de Contas dos Municípios. Ação procedente para declarar-se a inconstitucionalidade da Emenda Constitucional 2, de 25-1-1991" (STF, Pleno, ADIn 445/DF, Rel. Min. Néri da Silveira, *DJ*, 1, de 25-3-1994, p. 6011).
> - **Qualificação profissional formal. Notório saber** — "A qualificação profissional formal não é requisito à nomeação de Conselheiro de Tribunal de Contas Estadual. O requisito notório saber é pressuposto subjetivo a ser analisado pelo Governador do Estado, a seu juízo discricionário" (STF, AO 476, Rel. Min. Nelson Jobim, *DJ* de 5-11-1999).
> - **Livre escolha, pelo governador, de conselheiro** — "Afastam-se do parâmetro federal obrigatório as normas estaduais que não reservam ao Governador a iniciativa da livre escolha de Conselheiro do Tribunal de Contas, submetendo-o a nomear quem é indicado pela Assembleia Legislativa ou quem já ocupa cargo de auditor do mesmo Tribunal. Contrariam a Carta Magna as normas estaduais que subtraem do Chefe do Executivo Estadual prerrogativa que lhe está constitucionalmente conferida de indicar e nomear Conselheiros do Tribunal de Contas nos dez primeiros anos de criação do Estado" (STF, ADIn 1.389-MC, Rel. Min. Maurício Corrêa, *DJ* de 20-9-1996).

- O Tribunal de Justiça terá sete desembargadores. Os primeiros desembargadores serão nomeados pelo governador eleito, escolhidos da seguinte forma: **(i)** cinco dentre os magistrados com mais de 35 anos de idade, em exercício na área do novo Estado ou do Estado originário; e **(ii)** dois dentre promotores, nas mesmas condições, e advogados de comprovada idoneidade e saber jurídico, com dez anos, no mínimo, de exercício profissional, obedecido o procedimento fixado na Constituição. No caso de Estado proveniente de Território Federal, os cinco primeiros desembargadores poderão ser escolhidos dentre juízes de direito de qualquer parte do País.

1452 ◆ Uadi Lammêgo Bulos ◆

Casuística do STF:

- **Criação de Tribunal de Justiça** — "A criação do Estado do Tocantins deu-se com a promulgação da Constituição de 1988, de 5-10-1988: ADCT, art. 13. A sua instalação é que se projetou no tempo. A Lei Complementar n. 17, de 16/11/98, do Estado do Tocantins, ocorreu quando já decorridos 10 (dez) anos da criação do Estado, motivo por que não estava obrigada a observar as regras básicas inscritas no art. 235 da CF/88. Inocorrência de inconstitucionalidade" (STF, ADIn 1.921, Rel. Min. Carlos Velloso, *DJ* de 20-8-2004).
- **Primeira composição de Tribunal de Justiça** — "Esta Corte, ao julgar o Mandado de Segurança n. 20.946, assim decidiu: 'Primeira composição do Tribunal de Justiça do Estado: atribuição transitória e excepcional do Chefe do Poder Executivo (art. 235, V, CF). Nomeação de magistrado federal. Alegação de nulidade. Cessada a eficácia da norma transitória com a instalação válida da Corte de Justiça, eventual declaração de nulidade não conduziria à renovação do ato impugnado, mas à escolha de novo membro na forma do art. 93, III, da Constituição'. Tem razão, portanto, o impetrante ao sustentar, com base nesse precedente, que a vaga para a qual houve a nomeação deve ser preenchida a partir de lista sêxtupla elaborada pelo Ministério Público do Estado de Roraima, e não — como sucedeu no caso — pelo Ministério Público do Distrito Federal, razão por que, por vício de origem, é nula essa nomeação" (STF, MS 22.042, Rel. Min. Moreira Alves, *DJ* de 14-11-1996).

- Em cada comarca, o primeiro juiz de direito, o primeiro promotor de justiça e o primeiro defensor público serão nomeados pelo governador eleito após concurso público de provas e títulos.
- Até a promulgação da Constituição Estadual, responderão pela Procuradoria-Geral, pela Advocacia-Geral e pela Defensoria-Geral do Estado advogados de notório saber, com 35 anos de idade, no mínimo, nomeados pelo governador eleito e demissíveis *ad nutum*.
- Se o novo Estado for resultado de transformação de Território Federal, a transferência de encargos financeiros da União para pagamento dos servidores optantes que pertenciam à Administração Federal ocorrerá da seguinte forma: **(i)** no sexto ano de instalação, o Estado assumirá 20% dos encargos financeiros para fazer face ao pagamento dos servidores públicos, ficando ainda o restante sob a responsabilidade da União; e **(ii)** no sétimo ano, os encargos do Estado serão acrescidos de 30% e, no oitavo, dos restantes 50%.

Casuística:

- **Responsabilidade por débitos trabalhistas** — tal responsabilidade pertence, totalmente, à União pelos encargos financeiros decorrentes das despesas de pessoal do novo Estado federado até o final dos cinco anos de sua instalação (CF, art. 235, IX, e ADCT, art. 14, § 2º). Nesse sentido: TST, 3ª T., RR 12.959/PA, Rel. Min. Roberto Della Manna, *DJ* de 23-8-1991, p. 11355; STF, RE 396.547, Rel. Min. Sepúlveda Pertence, *DJ* de 1º-4-2005.
- **Responsabilidade por créditos trabalhistas** — "Nos termos do art. 235, IX, a, da Constituição Federal, o Estado do Amapá, a partir de 1997 — sexto ano de sua instalação —, 'assumirá vinte por cento dos encargos financeiros para fazer face ao pagamento dos servidores públicos, ficando o restante sob responsabilidade da União'. Responsabilidade solidária entre os aludidos entes federados quanto aos créditos trabalhistas dos servidores públicos do antigo Território Federal do Amapá, considerando--se que o Tribunal Superior do Trabalho prolatou o acórdão recorrido em 10 de março de 1997, momento em que já caberia ao Estado do Amapá arcar com parte das despesas referentes ao funcionalismo público" (STF, RE 222.332, Rel. Min. Ellen Gracie, *DJ* de 6-8-2004).

- As nomeações que se seguirem às primeiras, para os cargos aí mencionados, serão disciplinadas na Constituição Estadual. As despesas orçamentárias com pessoal não podem ultrapassar 50% da receita do Estado.

5. SERVIÇOS NOTARIAIS E DE REGISTRO (ART. 236, §§ 1º A 3º)

Os serviços notariais e de registro são exercidos em caráter privado, por delegação do Poder Público, banindo-se do ordenamento brasileiro a *estatização dos serviços cartoriais*, nos termos da Lei n. 8.935, de 18 de novembro de 1994, alterada pela Lei n. 10.506, de 9 de julho de 2002.

Natureza dos serviços notariais e de registro: "A atividade notarial e registral, ainda que executada no âmbito de serventias extrajudiciais não oficializadas, constitui, em decorrência de sua própria natureza,

◆ Cap. 28 ◆ DISPOSIÇÕES CONSTITUCIONAIS GERAIS

1453

função revestida de estatalidade, sujeitando-se, por isso mesmo, a um regime estrito de direito público. A possibilidade constitucional de a execução dos serviços notariais e de registro ser efetivada 'em caráter privado, por delegação do poder público' (CF, art. 236), não descaracteriza a natureza essencialmente estatal dessas atividades de índole administrativa. As serventias extrajudiciais, instituídas pelo Poder Público para o desempenho de funções técnico-administrativas destinadas 'a garantir a publicidade, a autenticidade, a segurança e a eficácia dos atos jurídicos' (Lei n. 8.935/94, art. 1º), constituem órgãos públicos titularizados por agentes que se qualificam, na perspectiva das relações que mantêm com o Estado, como típicos servidores públicos" (STF, ADIn 1.378-MC, Rel. Min. Celso de Mello, *DJ* de 30-5-1997).

Em virtude da natureza das atividades exercidas pelos titulares de cartórios e registros extrajudiciais, elas ensejam a responsabilidade objetiva do Estado pelos danos praticados a terceiros por esses servidores no exercício de tais funções, assegurado o direito de regresso contra o notário, nos casos de dolo ou culpa (STF, RE 209.354-AgRg, Rel. Min. Carlos Velloso, *DJ* de 16-4-1999).

Quanto ao provimento de cargos de titular de escrivanias judiciais e extrajudiciais, o Supremo Tribunal Federal concluiu pela inviabilidade de equiparação de vencimentos, a teor do art. 37, XIII, da Constituição Federal, salvo nas hipóteses nela previstas (STF, ADIn 112, Rel. Min. Néri da Silveira, *DJ* de 9-2-1996).

Por outro lado, o regime privado da atividade notarial e de registro, estabelecido no art. 236 da Constituição, não impede que o tempo de serviço nela cumprido seja tido, por lei, como fato aquisitivo do direito ao adicional (STF, 1ª T., RE 245.171, Rel. Min. Sepúlveda Pertence, *DJ* de 20-10-2001; STF, RE 235.623, Rel. Min. Sepúlveda Pertence, *DJ* de 26-8-2005).

Ademais, os notários e registradores, ainda que considerados servidores públicos em sentido amplo, não são, por exercerem suas atividades em caráter privado por delegação do Poder Público, titulares de cargos efetivos da União, dos Estados, do Distrito Federal e dos Municípios, incluídas suas autarquias e fundações (STF, ADIn 2.602-MC, Rel. Min. Moreira Alves, *DJ* de 6-6-2003).

Cumpre ao legislador ordinário regular as atividades, disciplinar a responsabilidade civil e criminal dos notários, dos oficiais de registro e de seus prepostos, além de definir a fiscalização de seus atos pelo Poder Judiciário.

> **Responsabilidade civil do Estado pelas atividades de cartórios** — reafirmando a sua jurisprudência, o Supremo Tribunal Federal concluiu que o Estado tem a responsabilidade civil objetiva para reparar danos causados a terceiros por tabeliães e oficiais de registro no exercício de suas funções cartoriais, nos termos do art.37, § 6º, da Carta Maior. Por maioria de votos, o colegiado negou provimento a Recurso Extraordinário, atribuindo-lhe repercussão geral, para assegurar que o Estado deve ajuizar, sim, ação de regresso contra o responsável pelo dano, nos casos de dolo ou culpa, sob pena de improbidade administrativa. Nesse julgamento, merece destaque o entendimento do Min. Roberto Barroso. Para ele, além da regra geral sobre responsabilização do Estado, prevista no art. 37, § 6º, da Constituição Federal, haveria que incidir, no caso, a regra específica do art. 236, também da Lex Mater, com relação à responsabilidade subjetiva de notários e registradores. A seu ver, tanto a responsabilização do Estado quanto a dos tabeliães e registradores deve ser subjetiva, não devendo transferir o ônus da prova, totalmente, para o demandante. Desse modo, sugeriu Barroso que se procedesse uma reavaliação do ônus da prova, de forma a não ficar tão desigual um dissídio entre um particular e o cartório. No caso concreto, no entanto, Roberto Barroso acompanhou o relator pelo desprovimento ao recurso, em conformidade com a jurisprudência da Corte. A título de repercussão geral, contudo, propôs que novas ações em casos semelhantes fossem interpostas contra o tabelião ou registrador, facultando-se ao autor incluir o Estado no polo passivo para fins de responsabilidade civil. Por fim, foi aprovada a seguinte tese, com repercussão geral, por maioria de votos: "O Estado responde objetivamente pelos atos dos tabeliães registradores oficiais que, no exercício de suas funções, causem danos a terceiros, assentado o dever de regresso contra o responsável, nos casos de dolo ou culpa, sob pena de improbidade administrativa" (STF, RE 842846/SC, Rel. Min. Luiz Fux, j. 27/2/2019).

A Lei n. 10.169, de 29 de dezembro de 2000, estabeleceu normas gerais para fixação de emolumentos relativos aos atos praticados pelos serviços notariais e de registro.

> **Isenção de emolumentos dos serviços notariais e de registro:** "A idoneidade em tese da disciplina de matéria tributária em medida provisória é firme na jurisprudência do Tribunal, de que decorre a validade de sua utilização para editar norma geral sobre fixação de emolumentos cartorários, que são taxas. Afirmada em decisão recente (ADI 1.800-MC) a validade em princípio da isenção de emolumentos relativos a determinados registros por lei federal fundada no art. 236, § 2º, da Constituição, com mais razão parece legítima a norma legal da União que, em relação a determinados protestos, não isenta, mas submete a um limite os respectivos emolumentos, mormente quando o consequente benefício às microempresas

1454 ◆ Uadi Lammêgo Bulos ◆

tem o respaldo do art. 170, IX, da Lei Fundamental" (STF, ADIn 1.790-MC, Rel. Min. Sepúlveda Pertence, *DJ* de 8-9-2000).

O Supremo Tribunal Federal, por unanimidade de votos e em sua composição plenária, decidiu que os serviços notariais e de registro devem ser criados ou reestruturados por meio de lei formal de iniciativa do Poder Judiciário. Com base nesse entendimento, a Corte declarou a inconstitucionalidade formal da íntegra da Resolução n. 2 do Conselho Superior da Magistratura do Estado de Goiás, por considerar que a criação de serventias extrajudiciais é matéria de organização judiciária, cuja iniciativa legislativa deve partir do Tribunal de Justiça. Com o objetivo de manter a validade de todos os atos cartorários praticados pelas serventias goianas, durante a vigência do ato normativo, a Relatora, Ministra Ellen Gracie, imprimiu efeitos *ex nunc* (futuros) à sua decisão, a qual só terá eficácia plena a partir de 30 dias, contados da publicação do *decisum* no *Diário de Justiça*. Também por votação unânime, o Plenário da Corte deferiu cautelar na ADI 4.453, proposta pela Associação de Notários e Registradores do Brasil. Neste caso, concluiu a Relatora, Ministra Cármen Lúcia, que os dispositivos questionados apresentaram inconstitucionalidade formal (STF, ADI 4.140/GO, Rel. Min. Ellen Gracie, j. em 29-6-2011 e ADI 4.453/PE, Rel. Min. Cármen Lúcia, j. em 29-6-2011).

É importante recordar que jurisprudência do Supremo Tribunal Federal firmou orientação no sentido de que as custas judiciais e os emolumentos concernentes aos serviços notariais e registrais possuem natureza tributária. Logo, qualificam-se como taxas remuneratórias de serviços públicos, sujeitando-se aos pórticos da legalidade, da isonomia e da anterioridade tributária (STF, ADIn 1.378-MC, Rel. Min. Celso de Mello, *DJ* de 30-5-1997).

Todavia, quem desejar ingressar na atividade notarial e de registro deve prestar concurso público de provas e títulos, não se permitindo que qualquer serventia fique vaga, sem abertura de concursos de provimento ou de remoção, por mais de seis meses.

Daí o Supremo Tribunal Federal, em várias assentadas, ter considerado inconstitucional preceitos de constituições de Estados-membros que asseguram aos substitutos das serventias judiciais o direito de ascender à titularidade dos serviços notariais e de registro, sem prestarem concurso público de provas e títulos.

> **Indispensabilidade de realização de concurso público para atividades notariais e de registro:** o Supremo Tribunal Federal, em sua composição plenária, declarou, por unanimidade, a inconstitucionalidade dos arts. 19, 20 e 21 da Lei estadual n. 14.083/2007, criada pela Assembleia Legislativa do Estado de Santa Catarina. Esses preceitos feriram os arts. 5º, *caput*, 37, II, e 236, § 3º, da Constituição brasileira. O Ministro Eros Grau, ao relatar a matéria, rememorou, que o Supremo, na **ADI 3.519**, seguiu esse mesmo entendimento, enquanto o Ministro Celso de Mello, lembrou que, desde o julgamento da **ADI 126**, a Corte vem enfatizando ser indispensável a realização de concurso público de provas e títulos, nos termos do art. 236, § 3º, da Carta de 1988 (STF, ADI 3.978/SC, Pleno, Rel. Min. Eros Grau, j. em 21-10-2009). Precedentes: STF, Pleno, ADIn 690/GO, Rel. Min. Sydney Sanches, *DJ* de 25-8-1995, p. 26021; STF, ADIn 363, Rel. Min. Sydney Sanches, *DJ* de 3-5-1996; STF, ADIn 417, Rel. Min. Maurício Corrêa, *DJ* de 8-5-1998; STF, ADIn 3.519-MC, Rel. Min. Joaquim Barbosa, *DJ* de 30-9-2005.

Assim, depende da realização de concurso público de provas e títulos a investidura na titularidade de serventia cuja vaga tenha ocorrido após a promulgação da Carta de 1988, não se configurando direito adquirido ao provimento por parte de quem haja preenchido, como substituto, o tempo de serviço antes amealhado.

> • **Exigência de concurso público para titular de cartório** — o Supremo, por maioria de votos, negou mandado de segurança, ajuizado contra decisão do Conselho Nacional de Justiça. Tal *decisum* declarou a vacância das serventias dos serviços notariais e de registro cujos atuais responsáveis não tivessem sido investidos mediante concurso público de provas e títulos específico para a outorga de delegações de notas e de registro, conforme exige a Carta Magna, salvo os substitutos efetivados com base no art. 208 da Constituição Federal de 1967. Para a Relatora, Min. Ellen Gracie, "é pacífico no âmbito do STF o entendimento de que não há direito adquirido do substituto que preencha os requisitos do artigo 208 da Constituição passada, à investidura na titularidade de cartório quando esta vaga tenha surgido após a promulgação da Constituição de 1988, pois essa, no seu artigo 236, § 3º, exige expressamente a realização de concurso público de provas e títulos para ingresso na atividade notarial e de registro". Acompanharam esse entendimento os Ministros Dias Toffoli, Cármen Lúcia, Ricardo Lewandowski,

◆ Cap. 28 ◆ DISPOSIÇÕES CONSTITUCIONAIS GERAIS

Joaquim Barbosa e Ayres Britto. Ficaram vencidos os Ministros Marco Aurélio, Celso de Mello e Cezar Peluso, que concediam o pedido ao argumento da decadência do prazo para alterar o ato administrativo, já que se passaram, no caso concreto, 15 anos. Os argumentos vencidos foram os seguintes: (i) o CNJ atuou passados 15 anos da efetividade, quando o que está previsto na Lei n. 9.874/99, que revela a perda do direito de a Administração Pública rever atos passados, são cinco anos (Min. Marco Aurélio); (ii) considerando as circunstâncias específicas do caso, em que a investidura se prolonga no tempo por 15 anos, houve desconstituição do ato administrativo emanado pelo CNJ (Min. Celso de Mello); e (iii) não há dúvida de que tanto o Tribunal de Contas da União como o CNJ são órgãos administrativos e, portanto, suas atribuições são claramente administrativas. Ademais, pelo art. 54 da Lei n. 9.784/99, o próprio Estado se limitou quanto à desconstituição de situações consolidadas, salvo comprovada a má-fé, algo que inocorreu neste caso (Min. Cezar Peluso) (STF, Pleno, MS 28.279/DF, Rel. Min. Ellen Gracie, j. em 16-12-2010).

✦ 6. FISCALIZAÇÃO E CONTROLE SOBRE COMÉRCIO EXTERIOR (ART. 237)

A fiscalização e o controle sobre o comércio exterior, essenciais à defesa dos interesses fazendários nacionais, serão exercidos pelo Ministério da Fazenda.

Enquanto o Decreto n. 2.781, de 14 de setembro de 1998, instituiu o Programa Nacional de Combate ao Contrabando e ao Descaminho, o Decreto n. 4.732, de 10 de junho de 2003, dispôs sobre a Câmara de Comércio Exterior, que visa a formulação, adoção, implementação e coordenação de políticas e atividades relativas ao comércio exterior de bens e serviços, incluindo o turismo.

O assunto disposto no art. 237 da Carta Maior foi enfrentado pelo Supremo Tribunal Federal em tema de importação de pneus e veículos usados.

Quanto à *importação de pneus usados*, a Corte concluiu que o "princípio da razoabilidade constitucional é conducente a ter-se como válida a regência da proibição via Portaria, não sendo de se exigir lei, em sentido formal e material, especificadora, de forma exaustiva, de bens passíveis, ou não, de importação" (STF, RE 226.461, Rel. Min. Marco Aurélio, *DJ* de 13-11-1998).

No que tange à *importação de veículos usados*, o Supremo Tribunal concluiu que é legítima a proibição estabelecida em ato do Ministério da Fazenda, vedando a espécie. A legitimidade jurídico-constitucional da resolução administrativa que proíbe a importação de veículos usados descarta a tese de ofensa aos postulados constitucionais da igualdade e da reserva de lei formal.

Precedentes: STF, RE 209.635, Rel. Min. Celso de Mello, *DJ* de 29-8-1997; RE 224.861, Rel. Min. Octavio Gallotti, *DJ* de 6-11-1998.

✦ 7. VENDA E REVENDA DE COMBUSTÍVEIS (ART. 238)

Cumpre à lei federal ordenar a venda e revenda de combustíveis de petróleo, álcool carburante e outros combustíveis derivados de matérias-primas renováveis, respeitados os princípios da Constituição de 1988.

A Lei n. 9.478, de 6 de agosto de 1997, dispõe sobre a Política Energética Nacional, as atividades relativas ao monopólio do petróleo, institui o Conselho Nacional de Política Energética e a Agência Nacional do Petróleo.

Já a Lei n. 9.847, de 26 de outubro de 1999, disciplina a fiscalização das atividades relativas ao abastecimento nacional de combustíveis.

✦ 8. ARRECADAÇÃO DO PIS/PASEP (ART. 239)

A arrecadação decorrente das contribuições para o Programa de Integração Social, criado pela Lei Complementar n. 7, de 7 de setembro de 1970, e para o Programa de Formação do Patrimônio do Servidor Público, estatuído pela Lei Complementar n. 8, de 3 de dezembro de 1970, passou, a partir de 5 de outubro de 1988, a financiar o programa do seguro-desemprego e outras a outras ações da previdência social e o abono de que trata o § 3º do art. 239, da *Lex Mater* (CF, art. 239, *caput*, com redação dada pela EC n. 103/2019).

1456 ♦ Uadi Lammêgo Bulos ♦

Obrigatoriedade da cobrança do PASEP: "O art. 239 da Constituição de 1988 constitucionalizou o PASEP, criado pela Lei Complementar n. 8, de 3-12-1970, dando-lhe caráter eminentemente nacional, com as alterações nele enunciadas (§§ 1º, 2º, 3º e 4º). O mais foi objeto da Lei, que encomendou, ou seja, a de n. 7.998, de 11-1-1990. Sendo assim, o Estado do Paraná, que, durante a vigência da Lei Complementar n. 8, de 3-12-1970, se obrigara, por força da Lei n. 6.278, de 23-5-1972, a contribuir para o Programa de formação do patrimônio do servidor público, já não poderia se eximir da contribuição, mediante sua Lei n. 10.533, de 30-11-1993, pois, com o advento da Constituição de 1988, a contribuição deixou de ser facultativa, para ser obrigatória, nos termos do art. 239" (STF, ACO 471, Rel. Min. Sydney Sanches, *DJ* de 25-4-2003. Precedentes citados: STF, ACO 580, *DJ* de 25-10-2002; ACO 621, *DJ* de 9-5-2003). **No mesmo sentido:** STF, ADIn 1.417, Rel. Min. Octavio Gallotti, *DJ* de 23-3-2001.

Dos recursos mencionados no caput, no mínimo 28% (vinte e oito por cento) serão destinados para o financiamento de programas de desenvolvimento econômico, por meio do Banco Nacional de Desenvolvimento Econômico e Social, com critérios de remuneração que preservem o seu valor (CF, art. 239, § 1º, com redação dada pela EC n. 103/2019).

Arrecadação do PIS: "Dispondo o art. 239 CF sobre o destino da arrecadação da contribuição para o PIS, a partir da data da promulgação da Lei Fundamental em que se insere, é evidente que se trata de norma de eficácia plena e imediata, mediante a recepção de legislação anterior; o que, no mesmo art. 239, se condicionou a disciplina da lei futura não foi a continuidade da cobrança da exação, mas apenas, como explícito na parte final do dispositivo, os termos em que a sua arrecadação seria utilizada no financiamento do programa de seguro-desemprego e do abono instituído por seu § 3º" (STF, RE 169.091, Rel. Min. Sepúlveda Pertence, *DJ* de 4-8-1995). **No mesmo sentido:** STF, AgI 325.303-AgRg, *DJ* de 26-10-2001.

✦ 9. RESSALVA ÀS CONTRIBUIÇÕES COMPULSÓRIAS (ART. 240)

Ficam ressalvadas as atuais contribuições compulsórias dos empregadores sobre a folha de salários, destinadas às entidades privadas de serviço social e de formação profissional vinculadas ao sistema sindical.

Desde o julgamento do RE 396.266, o Supremo Tribunal Federal concluiu que a contribuição do SEBRAE — Lei n. 8.029/90, art. 8º, § 3º, redação das Leis n. 8.154/90 e 10.668/2003 — é contribuição de intervenção no domínio econômico, não obstante a lei a ela se referir como adicional às alíquotas das contribuições sociais gerais relativas às entidades de que trata o art. 1º do Decreto-Lei n. 2.318/86, SESI, SENAI, SESC, SENAC. Não se inclui, portanto, a contribuição do SEBRAE no rol do art. 240 da Carta Magna.

Precedente: STF, RE 396.266, Rel. Min. Carlos Velloso, *DJ* de 27-2-2004.

Por isso, são insubsistentes quaisquer alegações de que empresa fora do âmbito de atuação do SEBRAE, por estar vinculada a outro serviço social (SEST — Serviço Social do Transporte/SENAT — Serviço Nacional de Aprendizagem do Transporte), ou mesmo por não estar enquadrada como pequena ou microempresa, não pode ser sujeito passivo da referida contribuição.

Nesse sentido: STF, RE 401.823-AgRg, Rel. Min. Carlos Britto, *DJ* de 11-2-2005.

✦ 10. DISCIPLINA LEGAL DOS CONSÓRCIOS E CONVÊNIOS DE COOPERAÇÃO (ART. 241)

A União, os Estados, o Distrito Federal e os Municípios disciplinarão por meio de lei os consórcios públicos e os convênios de cooperação entre os entes federados, autorizando a gestão associada de serviços públicos, bem como a transferência total ou parcial de encargos, serviços, pessoal e bens essenciais à continuidade dos serviços transferidos.

Esse enunciado — proveniente da Emenda Constitucional n. 19/98 — previu a edição de leis federais, estaduais, distrital-federal e municipais, conforme o caso, para disciplinar a cooperação entre

Cap. 28 ♦ DISPOSIÇÕES CONSTITUCIONAIS GERAIS

essas entidades. Nesse passo, autorizou a gestão associada de serviços públicos através de consórcios públicos e convênios de cooperação.

Na realidade, o art. 241 levou em conta as duas vias pelas quais ocorre a coordenação gerencial da Administração Pública:

- pela ampliação da autonomia gerencial de órgão ou entidade da Administração direta e indireta, inclusive de sua própria gestão financeira e orçamentária, mediante acordos de programa (CF, art. 37, § 8º, I, II, III); e

- pela gestão associada com outros órgãos ou entidades da própria Administração, direta e indireta, através da pactuação de consórcios públicos e convênios de cooperação.

Os consórcios e os convênios não se confundem, embora, assim como os acordos de programa, sejam atos administrativos complexos.

> **Nesse sentido:** Diogo de Figueiredo Moreira Neto, Coordenação gerencial na Administração Pública, *RDA, 214:44.*

A distinção entre eles reside no fato de que os consórcios pressupõem competências iguais dos pactuantes e o convênio, competências diferentes.

✦ 11. EXCEÇÃO AO PRINCÍPIO DA GRATUIDADE DO ENSINO PÚBLICO (ART. 242)

O princípio da gratuidade do ensino público em estabelecimentos oficiais não se aplica às instituições educacionais criadas por lei estadual ou municipal e existentes a partir de 5 de outubro de 1988, que não sejam total ou preponderantemente mantidas com recursos públicos.

✦ 12. EXPROPRIAÇÃO DE GLEBAS PELO CULTIVO DE PLANTAS PSICOTRÓPICAS (ART. 243)

Eis o que prescreve o *caput* do art. 243, da Constituição da República, com redação dada pela EC n. 81/2014:

> "As propriedades rurais e urbanas de qualquer região do País onde forem localizadas culturas ilegais de plantas psicotrópicas ou a exploração de trabalho escravo na forma da lei serão expropriadas e destinadas à reforma agrária e a programas de habitação popular, sem qualquer indenização ao proprietário e sem prejuízo de outras sanções previstas em lei, observado, no que couber, o disposto no art. 5º".

Agora vejamos o que dispõe o seu parágrafo único, também oriundo da EC n. 81/2014:

> "Todo e qualquer bem de valor econômico apreendido em decorrência do tráfico ilícito de entorpecentes e drogas afins e da exploração de trabalho escravo será confiscado e reverterá a fundo especial com destinação específica, na forma da lei".

A despeito de o art. 243 e o seu parágrafo único, muito mal redigidos inclusive, dependerem de lei ordinária para lograrem eficácia social, não há dúvidas de que o ato expropriatório em causa abrange toda a propriedade e não apenas a área efetivamente cultivada, como já decidiu a Corte Suprema antes mesmo do advento da EC n. 81/2014 (STF, RE 543974/MG, Rel. Min. Eros Grau, j. em 26-3-2009).

No plano infraconstitucional, a Lei n. 8.257, de 26 de novembro de 1991, dispõe sobre a expropriação das glebas nas quais se localizem culturas ilegais de plantas psicotrópicas.

O Plenário do Supremo Tribunal, por maioria de votos, decidiu que o confisco de bens apreendidos em decorrência de tráfico de drogas não está condicionado à habitualidade de seu uso para práticas criminosas. Eis a tese com repercussão geral reconhecida: "É possível o confisco de todo e qualquer bem de valor econômico apreendido em decorrência do tráfico de drogas, sem a necessidade de se perquirir habitualidade, reiteração do uso do bem para tal finalidade, a sua modificação para dificultar a descoberta

1458 ◆ Uadi Lammêgo Bulos ◆

do local ou do acondicionamento da droga, ou qualquer outro requisito, além daqueles previstos expressamente no art. 243, parágrafo único, da Constituição Federal" (STF, RE 638491, Rel. Min. Luiz Fux, j. 17-5-2017).

✦ 13. ACESSO ADEQUADO AOS PORTADORES DE DEFICIÊNCIA (ART. 244)

A Constituição determina que lei ordinária adapte os logradouros, edifícios de uso público e veículos de transporte coletivo atualmente existentes, garantindo, assim, acesso adequado às pessoas portadoras de deficiência.

> **Alcance da matéria:** "O legislador constituinte, atento à necessidade de resguardar os direitos e os interesses das pessoas portadoras de deficiência, assegurando-lhes a melhoria de sua condição individual, social e econômica — na linha inaugurada, no regime anterior, pela EC n. 12/78 —, criou mecanismos compensatórios destinados a ensejar a superação das desvantagens decorrentes dessas limitações de ordem pessoal. A Constituição Federal, ao instituir um sistema de condomínio legislativo nas matérias taxativamente indicadas no seu art. 24 — dentre as quais avulta, por sua importância, aquela concernente à proteção e à integração social das pessoas portadoras de deficiência (art. 24 XIV) —, deferiu ao Estado-Membro, em 'inexistindo lei federal sobre normas gerais', a possibilidade de exercer a competência legislativa plena, desde que 'para atender a suas peculiaridades' (art. 24, § 3º). A questão da lacuna normativa preenchível. Uma vez reconhecida a competência legislativa concorrente entre a União, os Estados-Membros e o Distrito Federal em temas afetos às pessoas portadoras de deficiência, e enquanto não sobrevier a legislação de caráter nacional, é de admitir a existência de um espaço aberto à livre atuação normativa do Estado-Membro, do que decorre a legitimidade do exercício, por essa unidade federada, da faculdade jurídica que lhe outorga o art. 24, § 3º, da Carta Política" (STF, ADIn 903-MC, Rel. Min. Celso de Mello, *DJ* de 24-10-1997).

✦ 14. ASSISTÊNCIA AOS HERDEIROS E DEPENDENTES DE VÍTIMAS DE CRIME DOLOSO (ART. 245)

A lei ordinária disporá sobre hipóteses e condições em que o Poder Público dará assistência aos herdeiros e dependentes carentes de pessoas vitimadas por crime doloso, sem prejuízo da responsabilidade civil do autor do ilícito.

> **Fundo Penitenciário Nacional (FUNPEN):** Lei Complementar n. 79, de 7 de janeiro de 1994, regulamentada pelo Decreto n. 1.093, de 23 de março de 1994.

O Supremo Tribunal Federal, em sede de medida liminar, suspendeu lei distrital que havia instituído pensão mensal em favor de certas pessoas, nem sempre necessitadas de assistência, em razão de crimes hediondos, praticados por quaisquer agentes, não necessariamente públicos, ocorridos a partir de 21 de abril de 1960. A Corte, seguindo a sua pacífica jurisprudência, considerou preenchidos os requisitos da plausibilidade jurídica da ação (*fumus boni iuris*) e do risco da demora (*periculum in mora*), reforçadas pela alta conveniência da Administração Pública, deferindo, *ex nunc*, a medida cautelar de suspensão da Lei n. 913, de 13 de setembro de 1995, do Distrito Federal.

> **Precedente:** STF, ADIn 1.358-MC, Rel. Min. Sydney Sanches, *DJ* de 26-4-1996.

✦ 15. PROIBIÇÃO A MEDIDAS PROVISÓRIAS (ART. 246)

É vedada a adoção de medida provisória na regulamentação de artigo da Constituição cuja redação tenha sido alterada por meio de emenda promulgada entre 1º de janeiro de 1995 e 15 de agosto de 1995.

A redação desse enunciado normativo adveio da Emenda Constitucional n. 32/2001, cujo objetivo foi alargar o lapso temporal que proíbe a adoção de medidas provisórias.

◆ Cap. 28 ◆ DISPOSIÇÕES CONSTITUCIONAIS GERAIS **1459**

Casuística do STF:
- **Medida provisória. Impossibilidade de dispor sobre potencial hidráulico** — medida provisória, por via de delegação, não pode dispor normativamente, "de molde a afastar, pura e simplesmente, a aplicação das leis que se destinam à disciplina da regra maior do art. 176, § 1º, da Constituição, no que concerne a potencial hidráulico. De fato, esse dispositivo resultante da Emenda Constitucional n. 6, de 15/08/1995, não pode ser objeto de disciplina por medida provisória, a teor do art. 246 da Constituição. Nesse sentido, o Plenário decidiu múltiplas vezes, a partir da decisão na ADI 2.005-6-DF" (STF, ADIn 2.473-MC, voto do Ministro Néri da Silveira, *DJ* de 7-11-2003).
- **Promoção e progressão funcional** — "desconsideração ordenada por lei (MProv. 1.815/99, art. 1º) do período de um ano (março de 1999 e março de 2000) para os fins de promoção ou progressão dos servidores do Poder Executivo, salvo os diplomatas: plausibilidade da arguição de inconstitucionalidade. Fragilidade da alegação de ofensa ao art. 246 da Constituição no trato da matéria por medida provisória, uma vez que — salvo para carreiras específicas (CF, arts. 93, II, e 129, § 4º) — nem o texto original da Constituição, nem o que hoje vigora, por força da EC 19/98, cuidam da antiguidade como critério de promoção ou progressão funcional de servidores públicos. É densa, porém, a plausibilidade da alegação de ofensa ao princípio da igualdade na lei" (STF, ADIn 1.975-MC, Rel. Min. Sepúlveda Pertence, *DJ* de 14-12-2001).

✦ 16. PREVISÃO LEGAL DE CRITÉRIOS PARA PERDA DE CARGOS PÚBLICOS (ART. 247)

A Emenda Constitucional n. 19/98 determinou que:
- as leis previstas nos arts. 41, § 1º, III, e 169, § 7º, estabelecerão critérios e garantias especiais para a perda do cargo pelo servidor público estável que, em decorrência das atribuições de seu cargo efetivo, desenvolva atividades exclusivas de Estado; e

Precedente: "A EC 19/98 não contém dispositivo expresso mandando aplicar as novas normas a situações jurídicas anteriormente constituídas, cujo alcance houvesse de ser examinado pelo STF, em face do princípio do direito adquirido. Na verdade, o que fez o autor, neste caso, foi formular consulta ao Tribunal acerca da interpretação a ser dada às novas disposições da emenda constitucional pela qual foi veiculada a chamada 'reforma administrativa', diante da situação dos servidores que encontrou no gozo da estabilidade funcional adquirida antes dela, objetivo para o qual se mostra inadequada a ação direta de inconstitucionalidade" (STF, ADIn 2.047, Rel. Min. Ilmar Galvão, *DJ* de 17-12-1999).

- na hipótese de insuficiência de desempenho, a perda do cargo somente ocorrerá mediante processo administrativo em que lhe sejam assegurados o contraditório e a ampla defesa.

✦ 17. OBSERVÂNCIA AO TETO REMUNERATÓRIO (ART. 248)

Por força da Emenda Constitucional n. 20/98, os benefícios pagos, a qualquer título, pelo órgão responsável pelo regime geral de previdência social, ainda que à conta do Tesouro Nacional, e os não sujeitos ao limite máximo de valor fixado para os benefícios concedidos por esse regime observarão os limites fixados no art. 37, XI, da Carta Magna.

✦ 18. FUNDOS DE CONTRIBUIÇÕES, BENS, DIREITOS E ATIVOS (ARTS. 249 E 250)

A Emenda Constitucional n. 20/98 também acresceu ao Ato das Disposições Transitórias duas regras sobre fundos de contribuições, bens, direitos e ativos:
- com o objetivo de assegurar recursos para o pagamento de proventos de aposentadoria e pensões concedidas aos respectivos servidores e seus dependentes, em adição aos recursos dos respectivos tesouros, a União, os Estados, o Distrito Federal e os Municípios poderão constituir fundos integrados pelos recursos provenientes de contribuições e por bens, direitos e ativos de qualquer natureza, mediante lei que disporá sobre a natureza e administração desses fundos; e

1460 ◆ Uadi Lammêgo Bulos ◆

- com o objetivo de assegurar recursos para o pagamento dos benefícios concedidos pelo regime geral de previdência social, em adição aos recursos de sua arrecadação, a União poderá constituir fundo integrado por bens, direitos e ativos de qualquer natureza, mediante lei que disporá sobre a natureza e administração desse fundo.

Constitucionalidade do fundo do regime geral de previdência social: o Supremo Tribunal indeferiu pedido de medida liminar, formulado em sede de ação direta de inconstitucionalidade, quanto a dispositivo que criou o fundo do Regime Geral de Previdência Social, com a finalidade de prover recursos para o pagamento dos benefícios do Regime Geral da Previdência Social (CF, art. 250). A Corte afastou a arguição de inconstitucionalidade formal, sustentada pelos autores da ação, porque o art. 250 da Carta Magna, ao dispor sobre a instituição de fundo integrado por bens, direitos e ativos de qualquer natureza, não exclui a hipótese de os demais recursos pertencentes à Previdência Social, até mesmo os provenientes da arrecadação de contribuições, virem a compor o referido fundo (STF, ADIn 2.238-MC, Rel. Min. Ilmar Galvão, *DJ* de 6-10-2000).

CAPÍTULO 29

DISPOSIÇÕES CONSTITUCIONAIS TRANSITÓRIAS

✦ 1. SIGNIFICADO

Disposições constitucionais transitórias são normas jurídicas passageiras, efêmeras, momentâneas, temporárias, que possibilitam a passagem de uma ordem constitucional a outra.

O único lugar em que essas *disposições* não são *transitórias* é o Brasil, onde os verdugos da inconstitucionalidade as convertem em *definitivas*, a exemplo do que fizeram com a famigerada CPMF, já extinta, prorrogando-a sucessivamente (ADCT, art. 90, *caput* — redação dada pela EC n. 42/2003).

> **Normas transitórias permanentes:** o hábito de enxundiar o Texto Supremo com as contumeliosas *normas transitórias permanentes* remonta à Carta de 1937, quando a competência transitória do Presidente da República para expedir decretos-leis tornou-se regra definitiva (art. 180).

Anomalias à parte, o certo é que as *disposições transitórias* contemplam providências a serem adotadas no período de transição entre a ordem constitucional pregressa e a vigente a partir de 5 de outubro de 1988.

✦ 2. NATUREZA JURÍDICA

As disposições transitórias possuem *natureza jurídica* de normas constitucionais de eficácia exaurida e aplicabilidade esgotada, porque:

- ao exercer o seu papel, não se sujeitam a termo ou condição proveniente de manifestação legislativa (salvo no Brasil, onde temos o exemplo teratológico do art. 90, § 1º, acrescentado pela EC n. 42/2003);
- esgotam a duração temporária prevista para realizar seus fins, quer pela concreção dos benefícios ou direitos que nelas se continham, quer por meio do decurso dos prazos constitucionais estabelecidos; e
- cumprem a condição de normas receptoras, nada mais tendo para recepcionar.

Em suma, as disposições transitórias incidem sobre ato ou fato socioconstitucional relevante, e, após cumprirem seu desiderato, extinguem-se no tempo e no espaço.

A efemeridade que se lhes subjaz, porém, não retira a força que produzem, porquanto são *cogentes*, *gerais* e *abstratas*, embora fixadas para vigorar num determinado lapso de tempo ou enquanto persistir certa condição de exigibilidade fática.

> **Posição do STF:** "O Ato das Disposições Transitórias, promulgado em 1988 pelo legislador constituinte, qualifica-se, juridicamente, como um estatuto de índole constitucional. A estrutura normativa que nele se acha consubstanciada ostenta, em consequência, a rigidez peculiar às regras inscritas no texto básico da Lei Fundamental da República. Disso decorre o reconhecimento de que inexistem, entre as normas inscritas no ADCT e os preceitos constantes da Carta Política, quaisquer desníveis ou desigualdades quanto à intensidade de sua eficácia ou à prevalência de sua autoridade. Situam-se, ambos, no mais elevado grau de positividade jurídica, impondo-se, no plano do ordenamento estatal, enquanto categorias normativas subordinantes, a observância compulsória de todos, especialmente dos órgãos que integram o aparelho de Estado" (STF, RE 160.486, Rel. Min. Celso de Mello, *DJ* de 9-6-1995).

+ 3. *LOCUS* DAS DISPOSIÇÕES CONSTITUCIONAIS TRANSITÓRIAS

Todas as Constituições brasileiras previram disposições transitórias em seus textos, exceto a Constituição de 1824, pois à sua época inexistia ordem constitucional precedente a que ela tivesse de fazer integração.

Durante a Constituinte de 1946 Gustavo Capanema, baseado no projeto da Constituição austríaca de 1920, da lavra de Hans Kelsen, ofereceu a Emenda Constitucional n. 3.616, pretendendo substituir o Ato das Disposições Constitucionais Transitórias por uma lei constitucional especial, de natureza autônoma.

A justificativa para essa proposição sedimentava-se no argumento de que não seria de boa técnica legislativa incorporar à parte permanente de normas preceitos de curta duração, os quais deixariam de ter aplicabilidade em exíguo lapso temporal.

Nesse sentido: José Duarte, *A Constituição brasileira de 1946:* exegese dos textos à luz dos trabalhos da Assembleia Constituinte, p. 442, v. 3.

Parece-nos positiva a sistemática constitucional de separar, num mesmo Texto Maior, normas permanentes das efêmeras.

Desse modo, evita-se *dispersão normativa*, algo muito comum nos dias correntes, em que assuntos de semelhante teor integram diplomas legislativos distintos.

Registre-se que a redação das disposições transitórias nada tem que ver com a técnica redacional da parte permanente de normas.

No ADCT, as matérias não são distribuídas em Títulos, Capítulos ou Seções, de modo a agrupar, em cada um, assuntos diferenciados. Inexiste a preocupação de ordenar, muito menos de sistematizar, temas, que são tratados indistintamente.

Raul Machado Horta estava certo quando disse que o ADCT é o "terreno do depósito residual, da miscelânea e da mistura normativa" (*Estudos de direito constitucional*, p. 327).

E não podia ser diferente. Se as *disposições transitórias* são temporárias, um dia irão desaparecer.

Não há justificativa para serem agrupadas em compartimentos estanques, ou seja, partes, seções ou títulos, afinal são *efêmeras*, exceto no Brasil, onde se tornam *permanentes*.

Como norma permanente em disposição transitória é norma *anômala*, o exemplo brasileiro, mesmo atípico, não serve de paradigma, perdurando o entendimento de que o ADCT, um dia, sucumbirá, cessando o tempo dos direitos, garantias, deveres, ônus e encargos que engendra.

> **Alcance das normas constitucionais transitórias:** tal alcance "há de ser demarcado pela medida da estrita necessidade do período de transição, que visem a reger, de tal modo a que, tão cedo quanto possível, possa ter aplicação a disciplina constitucional permanente da matéria" (STF, ADIn 644-MC, Rel. Min. Sepúlveda Pertence, *DJ* de 21-2-1992).

+ 4. OBJETIVO DAS DISPOSIÇÕES CONSTITUCIONAIS TRANSITÓRIAS

O objetivo das disposições transitórias é harmonizar as pendências herdadas do passado com as normas voltadas para o futuro, evitando incompatibilidades, situações desastrosas, violações a direito adquirido, ato jurídico perfeito e coisa julgada.

Seria inadmissível duas constituições conviverem no tempo e ocupando o mesmo espaço.

Aliás, o Supremo Tribunal Federal reconheceu a impossibilidade de convívio entre duas ordens constitucionais originárias, pois cada qual representa uma *ideia própria de Direito*, refletindo uma *particular concepção político-ideológica de mundo*, "exceto se a nova Constituição, mediante processo de recepção material (que muito mais traduz verdadeira novação de caráter jurídico-normativo), conferir vigência parcial e eficácia temporal limitada a determinados preceitos constitucionais inscritos na Lei Fundamental revogada, à semelhança do que fez o art. 34, *caput*, do ADCT da Carta de 1988" (STF, AgI 386.820, Rel. Min. Celso de Mello, *DJ* de 4-2-2005).

◆ Cap. 29 ◆ DISPOSIÇÕES CONSTITUCIONAIS TRANSITÓRIAS   1463

Daí o objetivo do ADCT: cuidar do direito transitório ou intertemporal.

> **Princípio da imediata incidência das normas constitucionais:** "O Supremo Tribunal Federal não pode, na apreciação de litígio dirimido por Tribunal inferior, sob a égide da Carta Federal de 1969, aplicar texto de Constituição superveniente. A regra constitucional superveniente não se reveste de retroprojeção normativa, eis que os preceitos de uma nova Constituição aplicam-se imediatamente, com eficácia *ex nunc*. O princípio da imediata incidência das regras jurídico-constitucionais somente pode ser excepcionado, inclusive para efeito de sua aplicação retroativa, quando expressamente assim o dispuser a Carta Política" (STF, AgI 139.647-AgRg, Rel. Min. Celso de Mello, *DJ* de 11-6-1993).

Por isso, os atos transitórios desempenham efeito integrativo, buscando conciliar os efeitos da ordem constitucional velha com a manifestação constituinte originária nova.

✦ 5. DISPOSIÇÕES TRANSITÓRIAS E PRINCÍPIO DA RECEPÇÃO

As disposições transitórias interligam-se com o *princípio da recepção*.

Significa dizer que as normas jurídicas editadas na vigência da ordem anterior são recebidas e adaptadas ao *novo* ordenamento jurídico, naquilo que se conformarem a ele.

> **Nada sobrevive ao advento de uma nova constituição:** "A vigência e a eficácia de uma nova Constituição implicam a supressão da existência, a perda de validade e a cessação de eficácia da anterior Constituição por ela revogada, operando-se, em tal situação, uma hipótese de revogação global ou sistêmica do ordenamento constitucional precedente, não cabendo, por isso mesmo, indagar-se, por impróprio, da compatibilidade ou não, para efeito de recepção, de quaisquer preceitos constantes da Carta Política anterior, ainda que materialmente não conflitantes com a ordem constitucional originária superveniente" (STF, AgI 386.820, Rel. Min. Celso de Mello, *DJ* de 4-2-2005).

A exigência para a aferição do princípio da recepção é a seguinte: editado o novo texto constitucional, deve haver compatibilidade entre ele e o Direito anterior à sua implantação.

Qualquer atrito é repelido em nome da supremacia constitucional.

Trata-se do efeito *ab-rogativo* que emana da força intrínseca dos preceitos constitucionais, os quais invalidam todas as normas e atos normativos que lhes contrariarem, direta ou indiretamente.

✦ 6. DISPOSIÇÕES TRANSITÓRIAS E EMENDAS CONSTITUCIONAIS

Seria possível reformas constitucionais, mediante emendas, revalidarem atos transitórios cujos efeitos já se desvaneceram?

Acreditamos que não.

Atos transitórios que cumpriram seu papel não estão sujeitos à incidência do poder reformador, do contrário viria à tona o instituto da *repristinação*, prática que deve ser combatida em nome da certeza e segurança das relações jurídicas.

Na realidade, as disposições transitórias participam da técnica jurídica da *intertemporalidade*, sobressaindo daí o caráter passageiro, e até precário, que ostentam. Ao cumprir seu mister, desvanecem-se, perdem a razão de ser, porque solucionaram conflitos entre normas antigas e normas atuais, conciliando os efeitos imediatos e os efeitos retroativos disseminados. Por isso, emendá-las, restaurando-lhes a eficácia, é desvirtuar a natureza que apresentam.

Portanto, ressuscitar disposições transitórias esgotadas, muito mais do que mero desvio de competência, é providência execrável, vício irremissível, corrosão às vigas-mestras da obra constituinte de primeiro grau, que as concebeu para durar *momentaneamente*.

Excetuando-se a condenável e excepcional hipótese — inaplicável no Brasil — em que o próprio poder constituinte originário insere cláusula expressa na constituição, permitindo reformas de disposições exauridas, está totalmente descartada, do ângulo lógico-jurídico, a possibilidade de emendas aditivas fazerem ressurgir atos transitórios esgotados.

Uma emenda constitucional, por exemplo, não pode repristinar os efeitos do falecido art. 3º do ADCT, sob o argumento de ser necessária uma nova revisão constitucional.

Casuística do STF:

- **Impossibilidade de novas revisões constitucionais** — "Ao Poder Legislativo, federal ou estadual, não está aberta a via da introdução, no cenário jurídico, do instituto da revisão constitucional" (STF, ADIn 1.722-MC, Rel. Min. Marco Aurélio, *DJ* de 19-9-2003).
- **Art. 3º do ADCT e resultado do plebiscito** — "O resultado do plebiscito não tornou sem objeto a revisão a que se refere o art. 3º do ADCT. Após 5-10-1993, cabia ao Congresso Nacional deliberar no sentido da oportunidade ou necessidade de proceder à aludida revisão constitucional, a ser feita 'uma só vez'. As mudanças na Constituição, decorrentes da 'revisão' do art. 3º do ADCT, estão sujeitas ao controle judicial, diante das 'cláusulas pétreas' consignadas no art. 60, § 4º e seus incisos, da Lei Magna de 1988" (STF, ADIn 981-MC, Rel. Min. Néri da Silveira, *DJ* de 5-8-1994).

E os dispositivos transitórios que ainda não concretizaram seus efeitos? Poderiam ser emendados?

Depende.

Quanto às disposições transitórias que ainda irão produzir efeitos, elas podem ser emendadas, mas com rigorosa observância aos limites expressos e implícitos, condicionadores do exercício da competência reformadora, à luz do *juízo de conveniência* e *oportunidade*. Ilustrando, as Mesas da Câmara dos Deputados e do Senado agiram com acerto ao promulgar a Emenda Constitucional n. 2, de 25 de agosto de 1992, que regulou o plebiscito previsto no art. 2º do ADCT. Nesse caso, o mencionado art. 2º ainda não havia esgotado, nem mesmo parcialmente, os seus efeitos. Porém, se o ato transitório está prestes a atingir o tempo previsto para vigorar, acreditamos que não.

É um enorme casuísmo realizar reformas para postergar atos efêmeros, convertendo-os em definitivos. Infelizmente, os titulares da competência reformadora, usando e abusando da prerrogativa inscrita no art. 60 da Carta de Outubro, prorrogam a validade desses atos *pro tempore*. Exemplo categórico foi a Emenda Constitucional n. 42, de 19 de dezembro 2003, que, além de reformar (*sem reformar nada*) o sistema tributário, prorrogou o prazo do art. 84 do ADCT, um ano antes de esgotar a sua eficácia (31-12-2004). Veja a astúcia dos depositários da Emenda Constitucional n. 42/2003: anteciparam-se para prorrogar a cobrança da CPMF até 31 de dezembro de 2007. Em seguida, o "imposto do cheque" foi extinto. Oxalá nos dias vindouros ressuscitem-no com o mesmo ou, até, com outro nome!

> **EC n. 37/2002:** o art. 84, §§ 1º a 3º, foi criado pela EC n. 37, de 12-6-2002, que o acrescentou ao texto primitivo do ADCT da Carta de 1988.

O certo é que, se a revisão constitucional, prevista no art. 3º das Disposições Transitórias, não conseguiu deformar a Carta de Outubro, aos poucos os títeres do poder de emenda constitucional, numa pletora infindável de modificações, conseguiram retalhar a obra da Assembleia Nacional Constituinte.

Aquela ideia de *estabilidade* ficou esquecida. Remendaram o Texto de Outubro, inserindo-lhe preceitos extravagantes, consagrando disposições transitórias sobre disposições transitórias, com prorrogações que parecem não ter fim.

> **EC n. 93, de 8-9-2016:** essa emenda é um exemplo do que estamos falando. Publicada no *DOU* (ano CLIII, n. 174-A) de 9-9-2016 (sexta-feira), prorrogou, mais uma vez, o prazo previsto no *caput* do art. 76 do ADCT, sem falar que a EC n.126, de 21-12-2022 remendou, de novo, tal preceito. O objetivo foi desvincular de órgão, fundo ou despesa, até 31 de dezembro de 2024. O objetivo foi desvincular de órgão, fundo ou despesa, até 31 de dezembro de 2023, 30% (trinta por cento) da arrecadação da União relativa às contribuições sociais, sem prejuízo do pagamento das despesas do Regime Geral da Previdência Social, às contribuições de intervenção no domínio econômico e às taxas, já instituídas ou que vierem a ser criadas até a referida data. As Emendas Constitucionais n. 27/2000, 42/2003, 56/2007 e 68/2011 já tinham feito o mesmo.

O paradoxo é tão acentuado que *reformam sem reformular coisa alguma*, como fizeram com os sistemas previdenciário e tributário, os quais sofreram mudanças *contingenciais*, mas sem maiores benefícios imediatos para o povo brasileiro.

A Constituição de *hoje* não é mais aquela de 5 de outubro de 1988, porque implantaram, no Brasil, um Direito Constitucional *remendado, extravagante* e *transitório*. Nesse contexto, registremos: (i) a indenização devida aos seringueiros (a EC n. 78, de 14 de maio de 2014, acrescentou o art. 54-A ao ADCT, para dispor sobre esse assunto, referido, inclusive, no art. 54 desse Ato); e (ii) o acréscimo

◆ Cap. 29 ◆ DISPOSIÇÕES CONSTITUCIONAIS TRANSITÓRIAS 1465

de 50 (cinquenta) anos ao prazo fixado pelo art. 92 das próprias Disposições Transitórias (a EC n. 83, de 5 de agosto de 2014, acresceu o art. 92-A ao ADCT); e (iii) a nova redação do art. 42 do ADCT, dada pela EC n. 89, de 15-9-2015, para ampliar o prazo no qual a União deverá destinar às Regiões Centro-Oeste e Nordeste percentuais mínimos dos recursos destinados à irrigação.

EC n. 119, de 27-4-2022: o ADCT da Carta de 1988 tornou-se uma espécie de depósito normativo, porque abriga todos os tipos de assuntos constitucionais. Aquilo que não se tem como inserir no corpo permanente de normas, é colocado nas Disposições Transitórias. Por exemplo: a Emenda Constitucional n. 119, de 27-4-2022. Ela alterou o Ato das Disposições Constitucionais Transitórias para determinar "a impossibilidade de responsabilização dos Estados, do Distrito Federal, dos Municípios e dos agentes públicos desses entes federados pelo descumprimento, nos exercícios financeiros de 2020 e 2021, do disposto no *caput* do art. 212 da Constituição Federal". Evidente que o surpreendente estado de calamidade pública, provocado pela Covid-19, levou os Estados, o Distrito Federal, os Municípios e os agentes públicos desses entes federados a praticarem atos específicos. Então, não seria razoável que eles fossem responsabilizados administrativa, civil ou criminalmente pelo descumprimento, exclusivamente nos exercícios financeiros de 2020 e 2021, do disposto no *caput* do art. 212 da CF. Respeitamos o modo de pensar dos depositários da competência constituinte derivada, e até entendemos a época de transição pela qual estamos passando, mas não somos obrigados a concordar com tal técnica legislativa, ainda quando o tempo, implacável demiurgo de nossas passagens terrenas, venha a nos indicar outro modo de conceber o assunto.

BIBLIOGRAFIA

AARNIO, Aulis. *Le rationnel comme raisonable*. Trad. Geneviève Warland. Paris: LGDJ, 1992.

ABRAHAM, Henry J. *The judicial process:* an introductory analysis of the Courts of the United States, England and France. 7. ed. Oxford: Oxford University Press, 1998.

ACKERMAN, Bruce. The Rise of Word Constitucionalism. *Virgina Law Review* 83. Charlottesville/VA: Virgina Law Review Association, p. 771-97.

ADEODATO, João Maurício. *A retórica constitucional:* sobre tolerância, direitos humanos e outros fundamentos éticos do direito positivo. São Paulo: Saraiva, 2009.

AGESTA, Luiz Sanchez. *Curso de derecho constitucional comparado*. 5. ed. 2. reimpr. Madrid: Universidad de Madrid/Faculdad de Derecho, Sección de Publicaciones, 1974.

_____. (coord.). *Constitución y economía:* la ordenación del sistema económico en las constituciones occidentales. Madrid: Ed. Revista de Derecho Privado, 1977.

ALCAZAR, Mariano Baena del. *Régimen jurídico de la intervención administrativa en la economía*. Madrid: Technos, 1966.

ALDAY, Rafael Escudero. *Los calificativos del positivismo jurídico. El debate sobre la incorporación de la moral*. Madrid: Civitas, 2004.

_____. *Positivismo y moral interna del derecho*. Madrid: Centro de Estudios Políticos y Constitucionales, 2000.

ALEINIKOFF, T. Alexander. Constitutional law in the age of balancing. *Yale Law Journal*, n. 96, 1987.

ALENCAR, Ana Valderez Ayres de. A competência do Senado Federal para suspender a execução dos atos declarados inconstitucionais, *RIL*, 57:234.

ALESSI, Renato. *Sistema istituzionale del diritto amministrativo italiano*. 3. ed. Milano: Giuffrè, 1960.

ALEXY, Robert. *Teoría de la argumentación jurídica*. Madrid: Centro de Estudios Constitucionales, 1997.

_____. *Teoría de los derechos fundamentales*. Madrid: Centro de Estudios Constitucionales, 1997.

_____. Derechos fundamentales y Estado constitucional democrático. In: *Neoconstitucionalismo(s)*. Madrid: Trotta, 2005 (obra coletiva org. por Miguel Carbonell).

_____. Balancing, constitutional review and representation. *International Journal of Constitutional Law*, v. 3, n. 4, 2005.

_____. *El concepto y la validez del derecho*. Barcelona: Gedisa, 2004.

_____. On balancing and subsumption: a structural comparison. *Ratio Juris*. v. 16. n. 4. Oxford: Blackwell Publishing e University of Bologna, 2003.

_____. *Constitucionalismo discursivo*. 4.ed. rev. Porto Alegre: Livraria do Advogado Editora. Trad. e. Org. Luís Afonso Heck., 2015.

ALLEN, Carleton Kemp. *Law in the making*. 7. ed. Oxford, 1966.

ALLOT, A. N. *Judicial and legal systems in Africa*. 2. ed. London, 1970.

ALMEIDA, Joaquim Canuto Mendes de. *Princípios fundamentais de processo penal*. São Paulo: Revista dos Tribunais, 1973.

ALVES, José Carlos Moreira. Conferência inaugural do XXII Simpósio Nacional de Direito Tributário. In: *Imunidades tributárias*. São Paulo: Revista dos Tribunais, 1998.

AMARAL, Antônio Carlos Cintra do. *Motivo e motivação do ato administrativo*. São Paulo: Revista dos Tribunais, 1979.

AMARAL, Gilberto Luiz do; AMARAL, Letícia M. Fernandes do; OLENIKE, João Eloi; STEINBRUCH, Fernando; YAZBEK, Cristiano Lisboa. *Quantidade de normas editadas no Brasil: 31 anos da Constituição Federal de 1988*. Disponível em: <https://migalhas.uol.com.br/arquivos/2019/10/art20191025-11.pdf>. Acesso em: 2 dez. 2022.

AMARAL, Rafael Caiado. *Peter Häberle e a hermenêutica constitucional*: alcance doutrinário. Porto Alegre: Sérgio Fabris, 2004.

AMARO, Luciano. *Direito tributário brasileiro*. São Paulo: Saraiva, 1997.

AMATO, Giuliano; BARBERA, Augusto. *Manuale di diritto pubblico*. 4. ed. Bologna: Il Mulino, 1994.

AMATO, Pedro Muñoz. *Orçamentos*. Trad. Benedito Silva. Rio de Janeiro: Fundação Getulio Vargas, 1958.

ANASAKI, M. The text of a Constitution in seventeen articles by Prince Botoku in 604 A. D. Case and Comment, XLVIII, 1953.

ANCEL, Marcel. *Utilité et méthodes du droit comparé*. Neuchâtel: Ed. Ides et Calendes, 1971.

ANDRADE, José Carlos Vieira de. *Os direitos fundamentais na Constituição portuguesa de 1976*. Coimbra: Almedina, 1987.

ANDRIOLI, Virgílio. La precostituzione del giudice. *Rivista di Diritto Processuale*, Padova, p. 328, 1964.

ÂNGELIS, Joana de. *Dias gloriosos*. Salvador: Leal Ed., 1999.

ANTIEAU, C. J. *Constitutional construction*. Oxford: University Press, 2008.

ANTUNES, Pinto. Revisão constitucional. Direito à revolução. *Revista da Faculdade de Direito da Universidade de Minas Gerais*, p. 41, 1956.

ARAÚJO, Claudia de R. M. *O direito constitucional de resistência*. Porto Alegre: Sérgio A. Fabris, Editor, 2003.

ARCINIEGA, Esther Diaz. *La coercitividad jurídica*: prevención, ejecución, pena. México: Porrúa, 1964.

ARON, Raymond. *L'homme contre les tyrans*. Paris: Gallimard, 1946.

AROUET, François-Marie (Voltaire). *Tratado sobre a tolerância*: por ocasião da morte de João Calas. Trad. Augusto Joaquim. Lisboa: Relógio D'Água Editores, 2015.

ARRUDA ALVIM. *Manual de direito processual civil*. 3. ed. São Paulo: Revista dos Tribunais, 1990. v. 1.

ASCARELLI, Tullio. Antigone e Porzia. *Estratto dalla Rivista Internazionale di Filosofia del Diritto*, Milano: Giuffrè, anno XXXII (1955), fasc. VI, 1956.

ASSIS BRASIL, J. F. *Do governo presidencial na república brasileira*. 2. ed. Rio de Janeiro: Calvino, 1934.

ATALIBA, Geraldo. *Lei complementar na Constituição*. São Paulo: Revista dos Tribunais, 1971.

_____. *República e Constituição*. São Paulo: Revista dos Tribunais, 1981.

_____. Revisão constitucional. *Revista OAB/BA*, ano 5, n. 2, p. 87-91, nov. 1992.

ATHIAS, Jorge Alex. *A ordem econômica e a Constituição de 1988*. Belém: Cejup, 1997.

ATIENZA, Manuel. *El sentido del derecho*. Barcelona: Ariel, 2004.

AULAGNON, Lucien. Apercu sur la force dans la règle de droit. In: *Mélanges Roubier*. Paris: Dalloz, 1961.

AULETE, Caldas. *Dicionário contemporâneo da língua portuguesa*. 2. ed. Rio de Janeiro: Editora Delta, 1968.

ÁVILA, Humberto. *Sistema constitucional tributário*. São Paulo: Saraiva, 2004.

_____. *Teoria dos princípios*: da definição à aplicação dos princípios jurídicos. 7. ed. São Paulo: Malheiros, 2007.

AVOLIO, Luiz Francisco Torquato. *Provas ilícitas*: interceptações telefônicas e gravações clandestinas. São Paulo: Revista dos Tribunais, 1995.

AYRES BRITTO, Carlos. Revisão constitucional: norma de eficácia esvaída. *Revista Trimestral de Direito Público*, n. 6, p. 158-168, 1994.

AZEVÊDO, Fernando de. *A cultura brasileira*. 4. ed. São Paulo: Melhoramentos, 1963.

AZZARITI, Caetano. *Problemi attuali di diritto costituzionale*. Milano: Giuffrè, 1951.

◆ BIBLIOGRAFIA ◆   1469

BACHOF, Otto. *Normas constitucionais inconstitucionais?* Trad. José Manuel M. Cardoso da Costa. Coimbra: Atlântida Ed., 1977.

BADÍA, Juan Ferrando. *El Estado unitario, el federal y el Estado autonómico.* 2. ed. Madrid: Tecnos, 1986.

BALEEIRO, Aliomar. *Direito tributário brasileiro.* 11. ed. atual. por Misabel Abreu Machado Derzi. Rio de Janeiro: Forense, 2001.

_____. *Discriminação de rendas.* Rio de Janeiro: Ed. Financeiras, 1953.

_____. *Limitações constitucionais ao poder de tributar.* 5. ed. Rio de Janeiro: Forense, 1977.

_____. *Uma introdução à ciência das finanças.* Rio de Janeiro: Forense, 1955. v. 1.

BARACHO, José Alfredo de Oliveira. *O princípio de subsidiariedade:* conceito e evolução. Rio de Janeiro: Forense, 1996.

BARAK, Aaron. Foreword: a judge on judging: the role of a Supreme Court in a Democracy. *Harvard Law Review, 116:*1, 2002.

BARBALHO, João. *Constituição Federal brazileira:* comentários. Rio de Janeiro: Typographia da Companhia Litho-Typographica, 1902.

BARBI, Celso Agrícola. Mandado de injunção. In: *Mandado de segurança e de injunção.* Org. Sálvio de Figueiredo Teixeira. São Paulo: Saraiva, 1990.

BARBOSA, Ruy. *Commentarios à Constituição Federal brasileira.* São Paulo: Saraiva, 1933. t. 2.

_____. *O art. 6º da Constituição e a intervenção de 1920 na Bahia.* Rio de Janeiro: Fundação Casa de Ruy Barbosa, 1973.

_____. *O direito do Amazonas ao Acre septentrional.* Rio de Janeiro: Tipografia do Jornal do Commercio, 1910. v. 1.

_____. *O estado de sítio:* sua natureza, seus efeitos, seus limites. Rio de Janeiro: Cia. Impressora, 1892.

_____. *Oração aos moços.* São Paulo: Reitoria da Universidade de São Paulo, 1949.

_____. *Os atos inconstitucionais do Congresso e do Executivo ante a Justiça Federal.* Rio de Janeiro: Cia. Impressora, 1893.

_____. *República:* teoria e prática (Textos doutrinários sobre direitos humanos e políticos consagrados na primeira Constituição da República). Petrópolis-Brasília: Vozes/Câmara dos Deputados, 1978.

BARCELLOS, Ana Paula de. *A eficácia jurídica dos princípios constitucionais:* o princípio da dignidade da pessoa humana. Rio de Janeiro: Renovar, 2002.

BARILE, Paolo. *Diritti dell'uomo e libertà fondamentali.* Bologna: Il Mulino, 1984.

_____. *La costituzione come norma giuridica.* Florença, 1951.

_____. *Il soggetto privato nella costituzione italiana.* Padova: CEDAM, 1953.

BARKER, Ernest. *Teoria política grega.* 2. ed. Trad. Sérgio Bath. Brasília: Universidade de Brasília, 1978.

BARRETO, Rômulo Paes. O veto nas repúblicas presidencialistas. *RIL, 103:*47.

BARRETO, Tobias. *Estudos de direito.* Rio de Janeiro: H. Laemmert, 1892.

BARROS, Henrique de. *Economia agrária.* Lisboa: Livr. Sá da Costa, 1954. v. III.

BARROS, Sérgio Rezende de. O nó górdio do sistema misto. In: *Arguição de descumprimento de preceito fundamental:* análises à luz da Lei n. 9.882/99. São Paulo: Atlas, 2001.

BARROSO, Luís Roberto. Dez anos de Constituição (foi bom pra você também?). *Cidadania e Justiça: Revista da Associação dos Magistrados Brasileiros,* ano 2, n. 5, p. 89-113, 2º sem. 1998.

_____. Fundamentos teóricos e filosóficos do novo direito constitucional brasileiro. In: *Temas de direito constitucional.* Rio de Janeiro: Renovar, 2003. t. 2.

_____. *Interpretação e aplicação da Constituição.* 3. ed. rev. e atual. São Paulo: Saraiva, 1999.

_____. *O controle de constitucionalidade no direito brasileiro.* São Paulo: Saraiva, 2004.

1470 ◆ Uadi Lammêgo Bulos ◆

_____. Neoconstitucionalismo e constitucionalização do direito: o triunfo tardio do direito constitucional no Brasil. *Revista da Procuradoria-Geral do Estado*. São Paulo: Centro de Estudos da PGE, 63/64:2, jan./dez. 2006.

BARROWS, David Prescott. The constitution as an element of stability in american life. In: *The annals of the American Academy of Political and Social Science*. v. 185, maio 1936.

BARRUFFINI, José Carlos Tosetti. *Usucapião constitucional:* urbano e rural. São Paulo: Atlas, 1998.

BARTHÉLEMY, Joseph; DUEZ, Paul. *Traité de droit constitutionnel*. Paris: Dalloz, 1933.

BARTOLI, Henri. *L'économie, service de la vie*. Paris: Presses Universitaires de Grenoble, 1996.

BASCUÑÁN, Alejandro Silva. *Tratado de derecho constitucional*. Santiago: Ed. Jurídica de Chile, 1963.

BASSINI, Marco. Fundamental rights and private enforcement in the digital age. *European Law Journal*, v. 25, n. 2, 2019.

BASTID, Paul. *Sieyès et sa pensée*. 2. ed. Paris: Hachette, 1970.

BASTOS, Celso Ribeiro. *Emendas à Constituição de 1988:* comentários às Emendas Constitucionais n. 1 a 10 e Emendas Constitucionais de Revisão n. 1 a 6. São Paulo: Saraiva, 1996.

_____. *Do mandado de segurança*. São Paulo: Saraiva, 1978.

_____. *Lei complementar:* teoria e comentários. São Paulo: Saraiva, 1982.

BAUDENBACHER, Carl. Judicial globalization: new development or old wine in new bottles. *Texas International Law Journal*, Austin, University of Texas at Austin School of Law Publications, 2003, v. 38, p. 505-26.

BAUM, Lawrence. *A Suprema Corte americana*. Rio de Janeiro: Forense Universitária, 1987.

BAUMAN, Zygmunt. *Identidade. Entrevista a Benedetto Vecchi*. Trad. Carlos Alberto Medeiros. Rio de Janeiro: Jorge Zahar, 2005.

_____. *Modernidade líquida*. Rio de Janeiro, Zahar, Trad. Plínio Dentizien, 1999.

_____. *Tempos líquidos*. Rio de Janeiro: Jorge Zahar, 2007.

BÄUMLIN, R. *Lebendige oder gebändigte Demokratie?* Basel, 1978.

BAYÓN, Juan Carlos. Derrotabilidad, indeterminación del derecho y positivismo jurídico. Isonomía. *Revista de Teoría y Filosofía del Derecho*, n. 13. Alicante: Universidad de Alicante, 2000.

BELAUNDE, Domingo Garcia; SEGADO, Francisco Fernandez. *La jurisdicción jurisdiccional en Iberoamérica*. Madrid: Dykinson, 1997.

BENTLEY, Arthur. *The process of government:* a study of social pressupores, 1908.

BERCOVITZ, Rodrigo. *Derecho de la persona*. Madrid: Montecorvo, 1976.

BERMUDES, Sérgio. O mandado de injunção, *RT, 642*:24.

BERNARDES, Juliano Taveira. *Controle abstrato de constitucionalidade:* elementos materiais e princípios processuais. São Paulo: Saraiva, 2004.

BERNIERI, Giovanni. Rapporto della costituzione con la leggi anteriori. *Archivio Penale*, nov./dez. 1950.

BESTER, Gisela Maria. *Direito constitucional:* fundamentos teóricos. São Paulo: Manole, 2005. v. I.

BIANCHI, Paolo. Un'amicizia interessata: l'amicus curiae davanti alla Corte Suprema degli Stati Uniti. *Giurisprudenza Costituzionale*, Milano: Giuffrè, ano XI, fasc. 6, nov./dez. 1995.

BIN, Roberto. *Diritti e argomenti, il bilanciamento degli interessi nella giurisprudenza costituzionale*. Milano: Giuffrè, 1992.

BIONDI, Francesca. *La responsabilità del magistrado:* saggio di diritto costituzionale. Milano: Giuffrè, 2006.

BITAR, Orlando. A lei e a Constituição. In: *Obras completas de Orlando Bitar*. Brasília: Conselho Federal de Cultura, 1978. v. 2.

BITTAR, Carlos Alberto. Do dano moral coletivo no atual contexto jurídico brasileiro. *Revista de Direito do Consumidor, 12*:32.

BITTENCOURT, Lúcio. *O controle jurisdicional da constitucionalidade das leis*. Rio de Janeiro: Forense, 1949.

◆ BIBLIOGRAFIA ◆   1471

BLACK, Henry Campbell. *Handbook of american constitutional law.* 4. ed. Saint Paul: West Publishing, 1927.

_____. *Handbook on construction and interpretation of law.* Saint Paul: West Publishing, 1896.

BLACK, Hugo Lafayette. *Crença na constituição.* Rio de Janeiro: Forense, 1970.

BLOCH, Susan; MARCUS, Maeva. John Marshall's selective use of history in Marbury v. Madison. *Wisconsin Law Review,* v. 301, 1986.

BOBBIO, Norberto. *A teoria das formas de governo.* 2. ed. Trad. Sérgio Bath. Brasília: Ed. Universidade de Brasília, 1980.

BOBBIO, Norberto; MANTEUCCI, Nicolla. *Dicionário de política.* 4. ed. Brasília: Ed. Universidade de Brasília, 1992. v. I.

_____. *A era dos direitos.* Trad. Carlos Nelson Coutinho. Rio de Janeiro: Campus, 1992.

_____. *Contribución a la teoría del derecho.* Org. A. Ruiz Miguel. Valencia, 1980.

BOGNETTI, Giovanni. *Lo spirito del costituzionalismo americano.* Torino: Giappichelli, 2000.

BON, P.; MODERNE, F.; RODRÍGUEZ, Y. *La justice constitutionnelle en Espagne.* Paris, 1984.

BONAVIDES, Paulo. A decadência dos partidos políticos e o caminho para a democracia direta. In: *Direito eleitoral.* Coord. Carlos Velloso e Cármen Lúcia Antunes Rocha. Belo Horizonte: Del Rey, 1996.

_____. O método tópico de interpretação constitucional. *Revista de Direito Constitucional e Ciência Política,* 1/3, 1983.

_____. *Curso de direito constitucional.* 4. ed. São Paulo: Malheiros, 1993.

BONHOEFFER, Dietrich. *Resistência e submissão.* Rio de Janeiro: Paz e Terra, 1980.

BORDA, Luis Villar. *Hans Kelsen:* 1881-1973. Madrid, 2004.

BORGES, José Ferreira. *Princípios de sintelologia:* compreendendo em geral a teoria do tributo e em particular observações sobre a administração e despesas em Portugal, em grande parte aplicáveis ao Brasil. 2. ed. Lisboa: Ed. da Sociedade Propagadora dos Conhecimentos Úteis, 1844.

BORGES NETTO, André Luiz. *Competências legislativas dos Estados-membros.* São Paulo: Revista dos Tribunais, 1999.

BORJA, Célio. O mandado de injunção e o *habeas data. RF,* abr./jun. 1989.

BOROWSKI, Martin. *La estructura de los derechos fundamentales.* Bogotá: Universidad Externado de Colombia, 2003.

BOWEN, William G.; BOK Derek. *O curso do Rio:* um estudo sobre a ação afirmativa no acesso à universidade. Rio de Janeiro: Garamond, 2004.

BRANCO, Paulo Gonet Gustavo. *Juízo de ponderação na jurisdição constitucional.* São Paulo: Saraiva, 2009.

BRANDÃO, Antonio José. *Sobre o conceito de constituição política.* Lisboa: Ed. Estado & Direito, 1990.

BRENT, Carl. *Historic decisions of the Supreme Court.* Nova York: D. Van Nostrand Co., 1958.

BRITO, Luiz Navarro de. *O veto legislativo:* estudo comparado. Brasília: Ministério da Justiça e Negócios Interiores, 1966.

BROSSARD, Paulo. O *impeachment.* 3. ed. ampl. São Paulo: Saraiva, 1992.

BROWN, A. R. R. *Structure and function in primitive society.* Londres, 1952.

BROWN, Daniel W. *Rethinking traditions in modern Islamic thought.* Cambridge: University Press, 1996.

BRYCE, James. *Constituciones flexibles y constituciones rígidas.* Madrid: Centro de Estudios Constitucionales, 1988 (com estudio preliminar de Pablo Lucas Verdú).

_____. *Studies in history and jurisprudence.* New York: Oxford University Press, 1901. 2 v.

_____. *The American Commonwealth.* New York: Macmillan, 1897.

BRYDE, Brun-Otto. *Verfassungsentwicklung, Stabilität und Dynamik im Verfassungsrecht der Bundesrepublik Deutschland.* Baden-Baden, 1982.

BUENO, Cassio Scarpinella. *A nova lei do mandado de segurança.* São Paulo: Saraiva, 2009.

BULHÕES, Nabor. PEC 10/2017: risco de estadualização do recurso especial ronda PEC da relevância. *Revista Consultor Jurídico*, 13 jun. 2021, 16:05.

BÜLLOW, Oskar Von. *Gesetz und Richteramt*. Leipzig, 1885.

BULOS, Uadi Lammêgo. Para a revisão constitucional de 1993. *Jornal A Tarde*. Salvador, Caderno 1, p. 6, 18 jul. 1992.

_____. Recurso especial: meio idôneo para a tutela de princípios gerais de direito? In: *Direito processual:* inovações e perspectivas — estudos em homenagem ao Ministro Sálvio de Figueiredo Teixeira. Coord. Eliana Calmon e Uadi Lammêgo Bulos. São Paulo: Saraiva, 2003. p. 437-456.

BURDEAU, Georges. *Droit constitutionnel et institutions politiques*. Paris: LGDJ, 1972.

_____. Essai sur l'évolution de la notion de loi en droit français. In: *Archives de Philosophie du Droit et de Sociologie Juridique*, Paris, n. 1 e 2, 1939.

_____. *Les libertés publiques*. Paris: LGDJ, 1972.

_____. *Traité de science politique*. Paris: LGDJ, 1957. t. VII.

_____. *Traité de science politique*. 2. ed. Paris, 1978. t. I.

BURGESS, John W. *Political science and comparative constitutional law*. Boston-New York-Chicago-London: Ginn & Co., 1890. 2 v.

BUZAID, Alfredo. *Da ação direta de declaração de inconstitucionalidade no direito brasileiro*. São Paulo: Saraiva, 1958.

BUZANELLO, José Carlos. *Direito de resistência constitucional*. Rio de Janeiro: América Jurídica, 2003.

CABRAL, Pedro Manso. *Alguns problemas da discriminação de rendas no Brasil*. Salvador: Progresso, s. d.

CAETANO, Marcelo. *Direito constitucional*. Rio de Janeiro: Forense, 1978. v. II.

_____. *Direito constitucional*. Rio de Janeiro: Forense, 1977. v. I.

_____. *Manual de direito administrativo*. Rio de Janeiro: Forense, 1970. t. 1.

CALAMANDREI, Piero. *Eles, os juízes, vistos por nós, os advogados*. Trad. Ary dos Santos. 7. ed. Lisboa: Livr. Clássica, s. d.

CALDEIRA, Mirella D'Angelo; NUNES, Luiz Antonio Rizzatto. *O dano moral e sua interpretação jurisprudencial*. São Paulo: Saraiva, 1999.

CALDERON, Juan A. Gonzalez. *Derecho constitucional argentino*. 2. ed. Buenos Aires, 1923. v. 2.

CALIMAN, Auro Augusto. *Mandato parlamentar. Aquisição e perda antecipada*. São Paulo: Atlas, 2005.

CÂMARA, Alexandre. A coisa julgada no controle direto de constitucionalidade. In: *O controle de constitucionalidade e a Lei n. 9.868/99*. Coord. Daniel Sarmento. Rio de Janeiro: Lumen Juris, 2001.

CAMBRILLAC, T. Revet R. et al. *Droits et libertés fondamentaux*. 4. ed. Paris: Dalloz, 1997.

CAMMARATA. *Sulla coattività delle norme giuridiche*. Milano, 1932.

CAMPOS, Francisco. Comissão parlamentar de inquérito — Poderes do Congresso — Direitos e garantias individuais — Exibição de papéis privados. *Revista de Direito Administrativo*, 67:341.

_____. *Direito constitucional*. Rio de Janeiro: Forense, 1956. v. 2.

CAMPOS, Germán José Bidart. *El derecho constitucional del poder*. Buenos Aires: Ediar, 1967. 2 v.

CAMPOS, João Mota de. *Direito comunitário*. 2. ed. Lisboa: Calouste Gulbenkian, 1997. 3 v.

CAMUS, Geneviève. *L'état de nécessité en démocracie*. Paris: LGDJ, 1965.

CANOTILHO, J. J. Gomes. *Direito constitucional e teoria da constituição*. Coimbra: Almedina, 1998.

_____. *"Brancosos" e interconstitucionalidade*: itinerários dos discursos sobre historicidade constitucional. Coimbra: Almedina, 2006.

_____. *Constituição dirigente e vinculação do legislador:* contributo para a compreensão das normas constitucionais programáticas. Reimpr. Coimbra: Coimbra Ed., 1994.

_____. *Direito constitucional*. 6. ed. rev. Coimbra: Almedina, 1993.

◆ BIBLIOGRAFIA ◆

_____. *Estado de Direito*. Coimbra: Almedina, 1999.

_____. "Justiça constitucional". Conferência proferida no 3º Encontro Nacional de Direito Constitucional. São Paulo: Associação Brasileira dos Constitucionalistas — Instituto Pimenta Bueno, 1994.

CANOTILHO, J. J. Gomes; VITAL MOREIRA. *Constituição da República Portuguesa anotada*. 3. ed. Coimbra: Coimbra Ed., 1984.

CANTIZANO, Dagoberto Liberato. *O processo legislativo nas constituições brasileiras e no direito comparado*. Rio de Janeiro: Forense, 1985.

CAPPELLETTI, Mauro. *La pregiudizialità costituzionale nel processo civile*. Milano: Giuffrè, 1972.

_____. *O controle judicial de constitucionalidade das leis no direito comparado*. Trad. Aroldo Plínio Gonçalves. Porto Alegre: Sérgio A. Fabris, Editor, 1984.

CARBONELL, Miguel (coord.). *El principio de proporcionalidad en el Estado Constitucional*. Bogotá: Universidad Externado de Colombia, 2007.

CARDONA, Alejandro Ramirez. *Sistema de hacienda pública*. Bogotá: Themis, 1970.

CARRAZZA, Roque Antonio. Ação direta de inconstitucionalidade por omissão e mandado de injunção. *CDCCP, 3*:130, 1993.

CARRIÓ, Genaro. *Sobre los límites del lenguaje normativo*. Buenos Aires: Astrea, 1973.

CARVALHO, Aluísio Dardeau de. *Nacionalidade e cidadania*. Rio de Janeiro: Freitas Bastos, 1956.

CARVALHO, José Murilo de. *A Construção da Ordem*: a elite política imperial. Teatro de Sombras: a política imperial. Rio de Janeiro: Civilização Brasileira, 2003.

CARVALHO, Paulo de Barros. *Curso de direito tributário*. 17. ed. São Paulo: Saraiva, 2005.

CASANOVA, J. A. Gonzalez. *Teoría del Estado y derecho constitucional*. 3. ed. Barcelona: Ed. Vicens Vives, 1987.

_____. *Derecho constitucional e instituciones políticas*. Barcelona: Ariel, 1980.

CASTILHO NETO, Arthur. Reflexões críticas sobre a ação direta de constitucionalidade no Supremo Tribunal Federal. *Revista da Procuradoria-Geral da República, 2*:13, 1993.

CASTRO, Carlos Roberto Siqueira. *O devido processo legal e a razoabilidade das leis na nova Constituição do Brasil*. 2. ed. Rio de Janeiro: Forense, 1989.

CASTRO, Jose L. Cascajo; SENDRA, Vicente Gimeno. *El recurso de amparo*. 2. ed. 2. reimpr., Madrid: Tecnos, 1992.

CATHREIN, Víctor. *Moralphilosophie*. 4. ed. Friburgo, 1904. v. II.

CATTANEO, Mario A. *El concepto de revolución en la ciencia del derecho*. Buenos Aires: Depalma, 1968.

CAVALCANTI, Themístocles Brandão. *Princípios gerais de direito público*. 3. ed. Rio de Janeiro: Borsoi, 1966.

_____. *Do controle da constitucionalidade*. Rio de Janeiro: Forense, 1966.

CELESTE, Edoardo. Digital constitutionalism: a new systematic theorisation. International Review of Law, Computers and Technology, v. 33, n. 1, p. 76-99, 2019.

CENEVIVA, Walter. *Direito constitucional brasileiro*. 2. ed. ampl. São Paulo: Saraiva, 1991.

CERRI, Augusto. *Corso di giustizia costituzionale*. 3. ed. Milano: Giuffrè, 2001.

CESARINO JÚNIOR, A. F.; CARDONE, Marly A. *Direito social*. 2. ed. São Paulo: LTr, 1993. v. 1.

CHARVIN, Robert. *Droits de l'homme et libertés de la personne*. 2. ed. Paris: Litec, 1997.

CHAVES, Raul. *Crimes de responsabilidade*. Bahia: Artes Gráficas, 1960.

CHEMERINSKY, Erwin. *Constitutional law — principles and policies*. New York: Aspens Law & Business, 1997.

CHIMENTI, Ricardo Cunha. A primeira leitura da Emenda Constitucional n. 32 quanto às medidas provisórias. Disponível em: *www.saraivajur.com.br*. Acesso em 19-9-2001.

CHIOVENDA, Giuseppe. *Instituições de direito processual civil*. 2. ed. São Paulo: Saraiva, 1969.

1474 ◆ Uadi Lammêgo Bulos ◆

CIOCIA, Maria Antonia; **LUCARELLI**, Francesco. *Interessi privati e diritti soggestivi pubblici*. Padova: CEDAM, 1997.

CLÈVE, Clèmerson Merlin. *A fiscalização abstrata de constitucionalidade no direito brasileiro*. São Paulo: Revista dos Tribunais, 1993.

_____. *As medidas provisórias e a Constituição Federal de 1988*. Curitiba: Juruá, 1991.

_____. *Atividade legislativa do Poder Executivo no Estado contemporâneo e na Constituição de 1988*. São Paulo: Revista dos Tribunais, 1993.

_____. *Medidas provisórias*. 2. ed. rev. e atual. São Paulo: Max Limonad, 1999.

_____. *Temas de direito constitucional*. São Paulo: Acadêmica, 1993.

CLINTON, Robert Lowry. *Marbury v. Madison and judicial review*. Lawrence: University Press of Kansas, 1989.

COELHO, Bernardo Leôncio Moura. O bloco de constitucionalidade e a proteção à criança. *RIL, 123*:259-266.

COELHO, João Gilberto Lucas. *A nova Constituição:* avaliação do texto e comentários. 2. ed. atual. Rio de Janeiro: Revan, 1991.

COÊLHO, Sacha Calmon Navarro. *Curso de direito tributário brasileiro*. 6. ed. Rio de Janeiro: Forense, 2001.

_____. Da impossibilidade jurídica de ação rescisória de decisão anterior à declaração de inconstitucionalidade pelo Supremo Tribunal Federal no Direito Tributário. *CDTFP, 15*:200.

COLE, Charles D. *Comparative constitutional law:* Brasil and the United States. Birmingham, AL: Samford University Press, 2006.

COLLIARD, Claude-Albert. *Libertés publiques*. Paris: Dalloz, 1972.

COMANDUCCI, Paolo. Formas de (neo)constitucionalismo: un análisis metateórico. In: *Neoconstitucionalismo(s)*. Madrid: Trotta, 2005 (obra coletiva org. por Miguel Carbonell).

COMOGLIO, Luigi Paolo. *La garanzia costituzionale dell'azione ed il processo civile*. Padova: CEDAM, 1969.

COMPARATO, Fábio Konder. *Ética:* direito, moral e religião no mundo moderno. São Paulo: Companhia das Letras, 2006.

COOLEY, Thomas. *The general principles of constitutional law in the United States of America*. Boston: Little Brown, 1931.

_____. *Treatise on the constitutional limitations which rest upon the legislative power of the states of the american union*. 6. ed. Boston: Little Brown, 1890.

CORRÊA, Oscar Dias. *A defesa do Estado de Direito e emergência constitucional*. Rio de Janeiro: Forense, 1980.

CORWIN, Edward S. *A Constituição norte-americana e seu significado atual*. Rio de Janeiro: Zahar, 1986.

_____. *The higher law background of American Constitutional Law*. New York: Cornell University Press, 1955.

COSSIO, Carlos. *El concepto puro de revolución*. Barcelona: Bosch, 1936.

COSTA, Giuseppe da. A autonomia universitária e seus limites jurídicos. *RIL, 107*:61.

COSTA, José Manuel M. Cardoso da. *A jurisdição constitucional em Portugal*. 2. ed. rev. e atual. Coimbra, 1992.

COSTA, Luiz Antonio Severo da. *Da aplicação do direito estrangeiro pelo juiz nacional*. Rio de Janeiro: Freitas Bastos, 1968.

COSTA, Nelson Nery. *Teoria e realidade da desobediência civil*. Rio de Janeiro: Forense, 1980.

COUTURE, Eduardo. El "debido proceso" como tutela de los derechos humanos. *La Ley*, Buenos Aires, 1956.

_____. *Os mandamentos do advogado*. Trad. Rubens Gomes de Sousa. São Paulo, 1951.

CRISAFULLI, Vezio. Gerarchia e competenza nel sistema costituzionale delle fonti. *Rivista Trimestrale di Diritto Pubblico*, p. 775 e s., 1960.

◆ BIBLIOGRAFIA ◆   1475

_____. *La costituzione e le sue disposizione di principio*. Milano: Giuffrè, 1952.

_____. *Lezione di diritto costituzionale*. 4. ed. Padova: CEDAM, 1976. v. 2.

CUNHA, Paulo Ferreira da. *Res Publica (ensaios constitucionais)*. Coimbra: Almedina, 1998.

CUNHA, Sérgio Sérvulo da. *Fundamentos de direito constitucional*. São Paulo: Saraiva, 2004.

_____. *O efeito vinculante e os poderes do juiz*. São Paulo: Saraiva, 1999.

_____. "Os precatórios, a república e o princípio da moralidade". Seminário Nacional sobre a Questão dos Precatórios, Porto Alegre, 28-4-2000 (conferência).

CUSHMAN, Robert. Amendments constitutional. *Encyclopaedia of the Social Sciences*. New York: Macmillan, 1942.

DABIN, Jean. *Teoría general del derecho*. Madrid: Ed. Revista de Derecho Privado, 1955.

DAHL, Robert Alan. *La Democracia y sus Críticos*. New Haven: Yale University Press, 1989.

DALLARI, Adilson Abreu. Autonomia nas universidades públicas. *RTDP*, *1*:289.

DANTAS, Ivo. Coisa julgada inconstitucional: declaração judicial de inexistência. *Fórum Administrativo*, v. 15, 2002.

DANTAS, San Tiago. *Problemas de direito positivo*. Rio de Janeiro: Forense, 1953.

DANTAS JÚNIOR, João da Costa Pinto. *As Constituições do Brasil*. Bahia: Imprensa Oficial do Estado, Praça Municipal, 1937.

DAU-LIN, Hsü. *Die Verfassungswandlung*. Berlin, 1932.

_____. *Mutación de la Constitución*. Trad. de Pablo Lucas Verdú y Christian Förster, Instituto Vasco de Administración Pública, Oñati, 1998.

DAVID, Paul T. *Cooperativism and conflict*. Illinois: F. E. Peacock Publishers Inc. Itasca, 1969.

DE LOLME, M. *Constitution de l'Angleterre*. Genève, 1787.

DEL VECCHIO, Giorgio. *Lições de filosofia do direito*. 2. ed. Coimbra: Arménio Amado Ed., 1951.

_____. *Philosophie du droit*. Paris: Dalloz, 1953.

DEODATO, Alberto. *Manual de finanças públicas*. 10. ed. São Paulo: Saraiva, 1967.

DE PAGE, Henri. *Pourquoi la propriété*. Paris: Hachette, 1985.

DERRIDA, Jacques. *Força de lei*. Trad. Leyla Perrone-Moisés. São Paulo: Martins Fontes, 2007.

DIAMOND, A. S. *Primitive law:* past and present. London, 1971.

DÍAZ, Elías. *Ética contra política*. México: Fontamara, 1998.

_____. *Legalidad-legitimidad en el socialismo democrático*. Madrid: Ed. Civitas, 1978.

DICEY, Albert Venn. *Introduction to the study of the law of the constitution*. 4. ed. London: Macmillan, 1893.

_____. *Lectures introductory to study of the law of the Constitution*. London, 1888.

DIEN, Mawil Izzi. *Islamic Law:* from historical foundations to contemporary practice. Notre Dame: University of Notre Dame Press, 2004.

DÍEZ-PICAZO, Luis María. *Constitucionalismo de la Unión Europea*. Madrid: Civitas, 2002.

DIMOULIS, Dimitri. *Manual de introdução ao estudo do direito*. 2. ed. São Paulo: Revista dos Tribunais, 2007.

_____. *Positivismo jurídico:* introdução a uma teoria do direito e defesa do pragmatismo jurídico-político. São Paulo: Método, 2006.

DIMOULIS, Dimitri; MARTINS, Leonardo. *Teoria geral dos direitos fundamentais*. São Paulo: Revista dos Tribunais, 2007.

DI PIETRO, Maria Sylvia Zannela. O que muda na remuneração dos servidores? (os subsídios). *BDA*, p. 427, jul. 1998.

DONCEL. La resistencia a la opresión ante la libertad, el orden y el poder. *La Ley*, Buenos Aires, 1939. t. 4.

DONNELLY, Jack. *Universal Human Rights in theory and practice*. 2. ed. Ithaca: Cornell University Press, 2002.

1476 ◆ Uadi Lammêgo Bulos ◆

DOUIN, Claude Sophie. *Le fédéralisme autrichien.* Paris: LGDJ, 1977.

DROMI, José Roberto. *Federalismo y diálogo institucional.* Tucumam: Unsta, 1981.

_____. *Licitación pública.* Buenos Aires: E. Ciudad Argentina, 1995.

_____. La reforma constitucional. El constitucionalismo del "por-venir". In: *El derecho público de finales de siglo:* una perspectiva iberoamericana. (Coords. Eduardo García de Enterría e Manuel Clavero Arevalo.) Madrid: Fundación Banco Bilbao Vizcaya/Civitas, 1997.

DROR, Y. *Ventures in policy sciences.* New York, 1972.

DUAHMEL, Olivier. *Droit constitutionnel et politique.* Paris: Seuil, 1993.

DUARTE, José. *A Constituição brasileira de 1946:* exegese dos textos à luz dos trabalhos da Assembleia Constituinte. Rio de Janeiro: Imprensa Nacional, 1947. v. 3.

DUCLOS, Pierre. *L'evolution des rapports politiques depuis de 1750.* Paris: PUF, 1950.

DUDENA, Régis Anderson. *Constitucionalismo europeu:* autorreprodução e hierarquias entrelaçadas no sistema constitucional europeu. Lisboa, 2008 (Dissertação de Mestrado aprovada pela Universidade Clássica de Lisboa e pela Universidade de Hanover).

DUGUIT, Léon. *Traité de droit constitutionnel.* Paris: Sirey, 1930, t. III.

DUNCAN, Myrl L. The future of affirmative action: a jurisprudential/legal critique. *Harvard Civil Rights — Civil Liberties Law Review.* Cambridge: Cambridge Press, 1982.

DURANT, Charles. El Estado federal en el derecho positivo. In: *El federalismo.* Org. Gaston Berger et al. Trad. Raul Morodo. Madrid: Tecnos, 1965.

DUTRA, Carlos Roberto Alckmin. *O controle estadual de constitucionalidade de leis e atos normativos.* São Paulo: Saraiva, 2005.

DUVERGER, Maurice. *Droit constitutionnel et institutions politiques.* 4. ed. Paris: PUF, 1959. v. 1.

_____. *Finances publiques.* Paris: PUF, 1963.

_____. *Partidos políticos.* Rio de Janeiro: Zahar, 1970.

DWORKIN, Ronald. *Freedom's law:* The moral reading of the american Constitution. Oxford: University Press, 2005.

_____. *Law's empire.* Cambridge — Mass, 1985.

_____. *Taking rights seriously.* Cambridge: Harvard University Press, 1997.

_____. *A virtude soberana:* a teoria e a prática da igualdade. São Paulo: Martins Fontes, 2005.

_____. *Uma questão de princípio.* Trad. Luís Carlos Borges. São Paulo: Martins Fontes, 2000.

EASTON, David. *Política moderna.* México: Ed. Letras, 1980.

EBSEN, Ingwer. *Das Bundesverfassungsgericht als element gesellschaftlicher Elbstreglierung.* Berlin, 1985.

EHMKE, Horst. *Grenzen der Verfassungsanderung.* Berlin, 1953.

EISENMANN, Charles. *Cours de droit constitutionnel comparé.* Paris, 1950.

_____. *La justice constitutionelle et la haute cour constitutionnelle d'Autriche.* Paris: Economica/Presses Universitaires d'Aix-Marseille, 1986.

ELAZAR, Daniel J. *The American Partnership:* Intergovernmental Cooperation in the 19th Century United States. Chicago: University of Chicago Press, 1962.

ELIAS, T. O. *La nature du droit coutumier africain.* Paris, 1961.

EMANUEL, Steven L. *Constitutional law.* 13. ed. New York: Emanuel Law Oulines, 1995.

ENGISCH, Karl. *Introdução ao pensamento jurídico.* 6. ed. Trad. Baptista Machado. Lisboa: Fundação Calouste Gulbenkian, 1988.

ENTERRÍA, Eduardo García de. *La constitución como norma y el tribunal constitucional.* Madrid: Civitas, 1994.

◆ BIBLIOGRAFIA ◆   **1477**

ENTERRÍA, Eduardo García de; FERNÁNDEZ, Tomás-Ramón. *Curso de direito administrativo*. Trad. Arnaldo Setti. São Paulo: Revista dos Tribunais, 1990.

ESMEIN. *Éléments de droit constitutionnel français et comparé*. Paris, 1914.

ESTEVES, Maria da Assunção. *A constitucionalização do direito de resistência*. Lisboa: AAFDL, 1989.

FAGUNDES, Miguel Seabra. *As Forças Armadas na Constituição*. Rio de Janeiro: Biblioteca do Exército, 1955.

_____. *Dos recursos ordinários em matéria civil*. Rio de Janeiro: Forense, 1958.

_____. *O controle dos atos administrativos pelo Poder Judiciário*. 6. ed. Rio de Janeiro: Forense, 1984.

FAIREN GUILLÉN, Victor. *Temas del ordenamiento procesal*. Madrid: Tecnos, 1969. t. 1.

FALCÃO, Amilcar de Araújo. Conceito e espécies de empréstimo compulsório. *RDP, 14*:38-46, 1970.

_____. *Sistema tributário brasileiro*. Rio de Janeiro: Ed. Financeiras, 1965.

FANTOZZI, Augusto. *Diritto tributario*. Torino: UTET, 1991.

FARIA, Anacleto de Oliveira. Direito público e direito privado. In: *Enciclopédia Saraiva do Direito*. v. 28, p. 40 e s.

FARIA, Werter R. *Constituição econômica*: liberdade de iniciativa e de concorrência. Porto Alegre: Sérgio A. Fabris, Editor, 1990.

FAVOREAU, Louis. "Justiça constitucional". Conferência proferida no 3º Encontro Nacional de Direito Constitucional. São Paulo, Associação Brasileira dos Constitucionalistas — Instituto Pimenta Bueno, 1994.

_____. (coord.). *Documents d'études*: droit constitutionnel et institutions politiques — la justice constitutionnelle, Paris: La Documentation Française, n. 1.16, 1998.

FAVOREAU, Louis; LLORENTE, Francisco Rubio. *El bloque de la constitucionalidad*. Madrid: Civitas, 1991.

FAVOREAU, Louis; PHILIP, Loïc. *Les grandes décisions du conseil constitutionnel*. 6. ed. Paris: Sirey, 1991.

FELIPE, Márcio Sotelo. *Razão jurídica e dignidade humana*. São Paulo: Max Limonad, 1996.

FENUCCI, Fulvio. *Il limite dell'inchiesta parlamentare*. Napoli: Jovene, 1968.

FERES, João Júnior. *Comparando justificativas das políticas de ação afirmativa*. Rio de Janeiro: IUPERJ, 2007.

FERNANDES, Antonio Scarance. *Processo penal constitucional*. São Paulo: Revista dos Tribunais, 1999.

_____. *Processo penal constitucional*. São Paulo: Revista dos Tribunais, 1999.

FERNÁNDEZ, Tomás-Ramon. *La autonomía universitaria*: ámbito y límites. Madrid: Civitas, 1982.

FERNÁNDEZ GARCÍA, Eusebio. *Filosofía política y derecho*. Madrid: Marcial Pons, 1995.

FERRAJOLI, Luigi. *Derechos y garantías. La ley del más débil*, Madrid: Trotta, 2004.

_____. Juspositivismo crítico y democracia constitucional. *Isonomía*, n. 16, abr. 2002.

FERRAZ, Anna Cândida da Cunha. *Conflito entre poderes*. São Paulo: Revista dos Tribunais, 1994.

_____. *Poder constituinte do Estado-membro*. São Paulo: Revista dos Tribunais, 1979.

_____. *Processos informais de mudança da Constituição*. São Paulo: Max Limonad, 1986.

FERRAZ, Sérgio. *Mandado de segurança (individual e coletivo)*. 3. ed. São Paulo: Malheiros, 1996.

FERREIRA, Aurélio Buarque de Holanda. *Novo dicionário Aurélio da língua portuguesa*. 2. ed. rev. e amp. Rio de Janeiro: Nova Fronteira, 1986.

FERREIRA, C. Lobão. Terrorismo — II. In: *Enciclopédia Saraiva do Direito*. São Paulo: Saraiva. v. 72.

FERREIRA, Luís Pinto. Eficácia (Direito Constitucional). In: *Enciclopédia Saraiva do Direito*, v. 30, 1979.

FERREIRA, Waldemar Martins. *História do direito constitucional brasileiro*. São Paulo: Max Limonad, 1954.

FERREIRA FILHO, Manoel Gonçalves. *Comentários à Constituição brasileira de 1988*. São Paulo: Saraiva, 1997. v. I.

_____. *Do processo legislativo*. 3. ed. atual. São Paulo: Saraiva, 1995.

_____. *Estado de Direito e Constituição*. 2. ed. rev. e ampl. São Paulo: Saraiva, 1999.

_____. *O estado de sítio*. São Paulo, 1964.

_____. *O poder constituinte*. 3. ed. rev. e atual. São Paulo: Saraiva, 1999.

_____. O sistema constitucional brasileiro e as recentes inovações no controle de constitucionalidade, *RDA*, *220*:14.

FERRIZ, Remédio Sanchez. *Introducción al Estado constitucional*. Barcelona: Ed. Ariel, 1993.

FIGUEIREDO, Lúcia Valle. *A autoridade coatora e o sujeito passivo do mandado de segurança*. São Paulo: Revista dos Tribunais, 1991.

FIGUEROA, Alfonso García. A teoria do direito em tempos de constitucionalismo. *Revista Brasileira de Estudos Constitucionais — RBEC*. Belo Horizonte: Fórum, 4: 93-7, out./dez. 2007.

_____. La incidencia de la derrotabilidad de los principios iusfundamentales sobre el concepto de Derecho. *Diritto & Questioni Pubbliche*, n. 3, 2003.

_____. Norma y valor en el neoconstitucionalismo. *Revista Brasileira de Direito Constitucional*, n. 7, v. 2.

FISCHER-LESCANO, Andreas. *Globalverfassung: Die Geltungsbegründung der Menschenrechte*. Weilerswist: Velbrück, 2005.

FLAKS, Milton. Precatório judiciário na Constituição de 1988. *RF, 306*:107.

FONROUGE, Carlos M. Giuliani. *Derecho financiero*. 2. ed. Buenos Aires: Depalma, 1970.

FONSECA, Aníbal Freire. *O Poder Executivo na República brasileira*. Brasília: UnB, 1981.

FONTINHA, Rodrigo. *Novo dicionário etimológico da língua portuguesa*. Rev. por Joaquim Ferreira. Porto: Editorial Domingos Barreira, s/d.

FORSTHOFF, Ernest. *Zur Problematik der Verfassungsauslegung*. Stuttgart, 1961.

FRANÇA, Rubens Limongi. Reparação do dano moral. *RT, 631*:31.

FRANCHINI, Flaminio. Efficacia delle norme costituzionale. In: *Archivio Penale*, maio-jun. 1959.

FRANCIULLI NETTO, Domingos. Arguição de inconstitucionalidade em recurso especial. *RePro, 103*:178.

_____. *O ideal idealíssimo, o ideal realizável e o processo de resultados*. São Paulo: Fiuza Ed., 2003.

FRASER, Nancy; HONNETH, Axel. *Redistribution or rocognition? A politicaphilosophical exchange*. London/New York: Verso, 2003.

FRIESENHAHN, Ernst. *Verfassungsgerichtsbarkeit*. Jura, 1986.

FRISCHEISEN, Luiza Cristina Fonseca. *Políticas públicas — A responsabilidade do administrador e o Ministério Público*. São Paulo: Max Limonad, 2000.

GAHER, Roland. *Les terroristes*. Paris: Ed. Albin Michel, 1965.

GALDINO, Flávio. *Introdução à teoria dos custos dos direitos*. Rio de Janeiro: Lumen Juris, 2005.

GALGANO, Francesco (coord.). *Trattato di diritto commerciale e di diritto pubblico dell'economia:* la costituzione economica. Padova: CEDAM, 1977. v. 1.

GALLI, Pasquale. L'indagine giuridica e la purezza del metodo. In: *Studi in onore di F. Cammeo*. Padova: CEDAM, 1932. p. 555-577.

GALOTTI, Maria Isabel. A declaração de inconstitucionalidade das leis e seus efeitos. *RDA, 170*:18-40.

GANDHI, Mohandas Karamchand. *A roca e o calmo pensar*. São Paulo: Palas Athena, 1991.

_____. *As palavras de Gandhi*. Rio de Janeiro: Record, 1984.

_____. *Autobiografia:* minha vida e minhas experiências com a verdade. São Paulo: Palas Athena, 1999.

_____. *Minha vida e minhas experiências com a verdade*. Rio de Janeiro: O Cruzeiro, 1968.

GARAPON, Antonie. *Bem julgar:* ensaio sobre o ritual judiciário. Lisboa: Instituto Piaget, 1997.

GARCIA, Basileu. *Instituições de direito penal*. 5. ed. São Paulo: Max Limonad, 1980. t. 1.

GARCÍA MÁYNEZ. Some consideration on the problem of antinomies in the law. *Archiv für Rechts und Socialphilosophie, 49*:1 e s., 1963.

◆ BIBLIOGRAFIA ◆   1479

GARLICK, Leszec; ZAKRZEWSKY, Witold. La proteccion juridictionnelle de la constitution dans le monde contemporain. In: *Annuaire Internacionale de Justice Constitutionnelle*, 1985.

GARZÓN VALDÉS, Ernesto; LAPORTA, Francisco. *El derecho y la justicia*. Madrid: Trotta, 1996.

GASNIER-DUPARC, A. *La Constitution girondine de 1793*. Rennes, 1903.

GEAMANU, Grigori. *La résistance à l'opression et le droit à l'insurrection*. Paris, 1933.

GERBER, Scott Douglas. *Seriatim*: the supreme court before John Marshall — Introduction. New York: New York University Press, 1998.

GHIGLIANI, Alejandro E. *Del control jurisdiccional de constitucionalidad*. Buenos Aires: Roque de Palma, Editor, 1952.

GIANFORMAGGIO. L'interpretazione della costituzione tra applicazione di regole ed argomentazione basata sul principi. *Rivista Internazionale de Fisolofia del Diritto*, n. 1, 1985.

GICQUEL, Jean; GICQUEL, Jean-Éric. *Droit constitutionnel et institutions politiques*. 20. ed. Paris: Domat, 2005.

GILL, Lex; REDEKER, Dennis; GASSER, Urs. Towards Digital Constitutionalism? Mapping Attempts to Craft an Internet Bill of Rights. *Research Publication*. November, 2015.

GILLISSEN, John. *Introduction historique au droit*. Bruxelles: Émile Bruylant, 1979.

GIUDICE, Federico del. *La costituzione esplicata*. Napoli: Ed. Giuridiche Simone, 2000.

GIUSTINI, José Antonio. *Sistemas eleitorais nas democracias contemporâneas*. Rio de Janeiro: Relume-Dumará, 1994.

GOLDSCHMIDT, Werner. *Conducta y norma*. Buenos Aires: Abeledo-Perrot, 1955.

GOMES, Luiz Flávio; CERVINI, Raúl. *Interceptação telefônica:* Lei 9.296, de 24-7-1996. São Paulo: Revista dos Tribunais, 1997.

GOMES FILHO, Antonio Magalhães. *Direito à prova no processo penal*. São Paulo: Revista dos Tribunais, 1997.

GORDILLO, Agustín. *Tratado de derecho administrativo:* parte general. Buenos Aires: Fundación de Derecho Administrativo, 1997. t. 1.

_____. *Introducción al derecho de la planificación*. Caracas: Ed. Jurídica Venezolana, 1981.

GOSH, Partha S. *Positive discrimination in Índia*: a political analysis. In: scribd.com/doc/21581589/Positive-Discrimination-in-India. Acesso em 26-4-2012.

GOTOVICH, José. *Quelques réflexions historiques à propos de terrorisme*. Paris: Ed. Université de Bruxelles, 1974.

GOUVEIA, Jorge Bacelar. *O valor positivo do acto inconstitucional*. Lisboa: AAFDL, 1992.

GOYET, Francisque. *Le Ministère Public en matière civile et en matière répressive et l'exercice de l'action pubblique*. Paris, 1953.

GRAU, Eros Roberto. *A ordem econômica na Constituição de 1988:* interpretação e crítica. São Paulo: Revista dos Tribunais, 1990.

_____. *O direito posto e o direito pressuposto*. 6. ed. São Paulo: Malheiros, 2005.

GRAVES, W. Brooke. *American State Government*. Revised Edition. Boston: D. C. Heath and Co., 1941.

GRECO FILHO, Vicente. *Tutela constitucional das liberdades*. São Paulo: Saraiva: 1989.

_____. *Interceptação telefônica*. São Paulo: Saraiva, 1996.

GREFFE, Pierre; GREFFE, François. *La publicité et la loi*. Paris: Libr. Techniques, 1970.

GREVI, Vittorio. Rifiuto del difensore e inviolabilità della difesa. In: *Il problema dell'autodifesa nel processo penale*. Bologna: Zanichelli, 1977.

GRIMM, Dieter. *Constitucionalismo y derechos fundamentales*. Madrid, 2006.

GRINOVER, Ada Pellegrini; FERNANDES, Antonio Scarance; GOMES FILHO, Antonio Magalhães. *As nulidades no processo penal*. São Paulo: Malheiros, 1992.

GROSSI, Paolo. *Assolutismo giuridico e diritto privato*. Milano: Giuffrè, 1998.

GROTTI, Dinorá Adelaide Musetti. Intervenção do Estado na economia. *CDCCP, 15*:73.

1480 ◆ Uadi Lammêgo Bulos ◆

_____. *Inviolabilidade do domicílio na constituição*. São Paulo: Malheiros, 1993.

GUASTINI, Riccardo. La "constitucionalización" del ordenamiento jurídico: el caso italiano. In: *Estudios de teoría constitucional*. México/DF: Fontamara, 2003.

HÄBERLE, Peter. *El Estado constitucional*. Trad. Héctor Fix-Fierro e Rolando Tamayo y Salmoran. México: Universidad Nacional Autónoma de México, 2001.

_____. *Hermenêutica constitucional. A sociedade aberta dos intérpretes da Constituição:* contribuição para a interpretação pluralista e procedimental da Constituição. Trad. Gilmar Ferreira Mendes. Porto Alegre: Sérgio A. Fabris, Editor, 1997.

_____. *Verfassung als öffentlicher Prozess:* Materialien zu einer Verfassungstheorie der offenen Gesellschaft. Berlin, 1978.

_____. *Teoría de la Constitución como ciencia de la cultura*. Madrid: Tecnos, 2000.

HABERMAS, Jürgen. *Direito e democracia:* entre faticidade e validade. Rio de Janeiro: Tempo Brasileiro, 1997.

_____. *A inclusão do outro — estudos de teoria política*. Trad. George Sperber, Milton Camargo Mota e Paulo Astor Soethe. São Paulo: Loyola, 1997.

HAGE, Jorge. *Omissão inconstitucional e direito subjetivo*. Brasília: Brasília Jurídica, 1999.

HALIS, Denis de Castro. Teoria do direito e "fabricação de decisões": a contribuição de Benjamin N. Cardozo. *Revista Brasileira de Direito Constitucional* — ESDC, 6:358-74, jul./dez. 2005.

HALL, Kermit L. *The Oxford companion to the Suprem Court of the United States*. Oxford: Oxford University Press, 1992.

HALLER, Herbert. *Die Prüfung von Gesetzen*. Wien-New York: Springer-Verlag, 1979.

HAMILTON, Alexander; JAY, John; MADISON, James. *Os artigos federalistas:* 1787-1788. Rio de Janeiro: Forense Universitária, 1993.

HART, Hebert. *O conceito de direito*. Lisboa: Fundação Calouste Gulbenkian, 1996.

_____. The ascription of responsibility and rights. *Proceedings of the Aristotelian Society*. Londres: Harrison & Sons, 1948. v. XLIX.

HASSEMER, Winfried. A segurança pública no Estado de Direito. *Ajuris, 61*:349.

HAURIOU, André. *Droit constitutionnel et institutions politiques*. 5. ed. Paris: Montchréstien, 1972.

HAURIOU, Maurice. *Précis de droit administratif et de droit public*. 10. ed. Paris: Sirey, 1921.

_____. *Principios de derecho público y constitucional*. Trad. Carlos Ruiz de Castillo. 2. ed. Madrid: Ed. Reus, 1927.

HAYDEN, Patrick (ed.). *The philosophy of human rights*. St. Paul: Paragon House, 2001.

HAYEK, Friedrich A. *The Constitution of liberty*. Chicago: The University of Chicago Press, 1960.

HECKLER, Evaldo et al. *Dicionário morfológico da língua portuguesa*. São Leopoldo: Unisinos, 1984.

HEINITZ, Ernesto. *I limiti oggetivi della cosa giudicata*. Padova, 1937.

HELLER, Hermann. *Teoria do Estado*. São Paulo: Mestre Jou, 1968.

HENNIS, W. *Verfassung und Verfassungswirklichreit*. Tübingen, 1968.

HERAS, Jorge Xifras. *Curso de derecho constitucional*. 2. ed. Barcelona: Bosch, 1957. t. 1.

HESPANHA, António Manuel. *O caleidoscópio do direito — o direito e a justiça nos dias e no mundo de hoje*. Coimbra: Almedina, 2007.

HESSE, Konrad. *Escritos de derecho constitucional*. Trad. Pedro Cruz Villalon. 2. ed. Madrid: Centro de Estudios Constitucionales, 1992.

_____. *Grundzüge des Verfassungsrechts der Bundesrepublik Deutschland*. 13. erg. Aufl. Heidelberg: C. F. Müller, 1982.

HEYMANN-DOAT, Arlette. *Libertés publiques et droits de l'homme*. 4. ed. Paris: LGDJ, 1997.

♦ BIBLIOGRAFIA ♦   **1481**

HOBSON, Charles F. *The great Chief Justice:* John Marshall and the rule of law. University Press of Kansas, 1996.

HOFSTADTER, Douglas R. *Gödel, Escher, Bach:* an eternal golden braid. Hassocks: The Harvester Press, 1979.

HOLMES, Oliver Wendell. O caminho do direito. In: *Os grandes filósofos do direito.* Clarence Morris (org.). São Paulo: Martins Fontes, 2002.

HOLMES, Stephen; SUNSTEIN, Tephen Cass R. *The cost of rights.* New York: Norton, 1999.

HOMA, Léon. *Les institutions politiques des Romains de la cité à l'état.* Paris, 1968.

HORBACH, Carlos Bastide. A nova roupa do direito constitucional: neoconstitucionalismo, pós-positivismo e outros modismos, *RT, 859*:91, maio 2007.

HORTA, Raul Machado. *Da autonomia do Estado-membro no direito constitucional brasileiro.* Belo Horizonte, 1964.

_____. *Estudos de direito constitucional.* Belo Horizonte: Del Rey, 1995.

HUGHES, Charles Evans. *La Suprema Corte de Estados Unidos.* Trad. Roberto Molina Pasquel e Vicente Herrero. México: Fondo de Cultura Económica, 1946.

HUSTER, Stefan. *Rechte und Ziele:* Zur Dogmatik des allgemeinen Gleichheistssatzes. Berlin: Duncker und Humblot, 1993.

IKAWA, Daniela. *Ações afirmativas em universidades.* Rio de Janeiro: Lumen Juris, 2008.

IMPRENSA NACIONAL. *Supremo Tribunal Federal. Impeachment:* jurisprudência. Brasília: Imprensa Nacional, 1996.

IPSEN, Jörn. *Rechtsfolgen der Verfassungswidrigkeit von Normen und Einzelakt.* Baden-Baden, 1980.

JACOBSON, Artur J.; SCHLINK, Bernhard. *Weimar:* a jurisprudence of crisis. Berkeley: University of California, 2000.

JAFFIN, George H. Evolução do controle jurisdicional da constitucionalidade das leis nos Estados Unidos. *RF, 86*:279-292, 1941.

JELLINEK, Georg. *Sistema dei diritto pubblici subjettivi.* Trad. Gaetano Vitagliano. Prólogo de Vittorio Emanuele Orlando. Milano: Società Editrice Libreria, 1912.

_____. *Teoría general del Estado.* Argentina: Ed. Albatrós, 1973.

_____. *Verfassungsänderung und Verfassungswandlung.* Berlin: Häring, 1906.

JELLINEK, Walter. *Grenzen der Verfassungsgesetzgebung.* Berlin, 1931.

JENNINGS, William Ivor. *A Constituição britânica.* Brasília: Ed. Universidade de Brasília, 1981.

JESUS, Damásio E. de. Interceptação de comunicações telefônicas: notas à Lei 9.296, de 24-07-1996. *RT, 735*:458-473.

JÉZE, Gaston. *Principios generales del derecho administrativo.* Buenos Aires: Depalma, 1948.

JOBIM, Nelson. *Congresso revisor:* Relatoria da revisão constitucional — pareceres produzidos (histórico). Brasília: Senado Federal, 1994. t. I.

JOERGES, Christian. *On the Legitimacy of Europeanising Europe's Private Law: Considerations on a Law of Justi(ce)-fication (Justun Facere) for the EU Multilevel System (EUI Working Paper: Law, 3).* San Domenico (Florença): Eropean University Institute, 2003, 48 p.

JOERGES, Christian; PETERSMANN, Ernst-Ulrich (orgs.). *Constitucionalism, Multilevel Trade Governance and Social Regulation.* Oxford/Porland: Hart, 2006.

JOSSERAND. *Évolutions et actualités.* Paris, 1937.

JÚNIOR, Gonçalo. *A guerra dos gibis.* Rio de Janeiro: Companhia das Letras, 2004.

KAUFMANN, Arthur. *Beiträge zur Juristischen Hermeneutik.* 2. ed. München, 1993.

_____. *Filosofía del derecho.* Trad. Luis Villar Borda e Ana María Montoya. Colombia: Universidad Externado de Colombia, 1999.

KELSEN, Hans. *Justice et droit naturel.* Paris: PUF, 1959.

_____. La garantie juridictionnelle de la Constitution (la justice constitutionnelle). *Revue du Droit Public et de la Science Politique en France et a L'Étranger,* Paris, 1928.

_____. *La giustizia costituzionale.* Trad. it. Carmelo Geraci. Milano: Giuffrè, 1981.

_____. *Problemas escogidos de la teoría pura del derecho.* Buenos Aires: Guillermo Kraft, 1952.

_____. *Teoría general del derecho y del Estado.* Trad. Eduardo García Máynez. 2. ed. México: Imprenta Universitaria, 1958.

_____. *Teoría general del Estado.* Trad. Legaz y Lacambra. Barcelona: Labor, 1934.

_____. *Teoria generale delle norme.* Torino: Einaudi, 1985 (versão brasileira: *Teoria geral das normas.* Trad. José Florentino Duarte. Porto Alegre: Sérgio A. Fabris, Editor, 1986).

_____. *Teoria pura do direito.* Trad. João Baptista Machado. 4. ed. Coimbra: Arménio Amado Ed., 1979.

KEYNES, Maynard. *A treatise on money.* London-New York, 1930. 2 v.

_____. *The general theory of employment, interest and money.* London-New York, 1936.

KLEIN, Claude. *Théorie et pratique du pouvoir constituant.* Paris: PUF, 1996.

KRÜGER, Hild. *Algemeine Staatslehre.* 2. ed. Stuttgart, 1966.

_____. *Die Verfassung als Programm der nationalen Integration.* Festschrift für Berber, 1973.

_____. *Subkonstitutionelle Verfassungen.* DÖV, 1973.

LABAND, Paul. *Le droit public de l'Empire Allemand.* Paris: Giard & Brière, 1900. t. 1.

_____. *Wandlugen der Deutschen Reichverfassung.* Dresden, 1895.

LABOULAYE, Édouard. *Histoire des États Unis, 1783-1787. La constitution des États Unis.* 3. éd. Paris: Charpentier Libraire-Éditeur, 1868.

LA CHINA, Sergio. *L'esecuzione forzata e le disposizioni generali del codice di procedura civile.* Milano: Giuffrè, 1970.

LACOMBE, Américo Masset. *Princípios constitucionais tributários.* São Paulo: Malheiros, 1996.

LACOSTE. *De la chose jugée en matière civile, criminelle, disciplinaire et administrative.* Paris, 1904.

LAMPERT, Joseph. *La distinction des lois constitutionnelles et ordinaires dans les différentes États de l'Europe moderne.* Alsatia: Mulhouse, 1931.

LANGER, Stefan. *Grundalgen einer internationalen Wirtschaftsverfassung — Strukturprinzipien, Typik und Perpektiven anhand von Europäischer Union und Welthandelsorganisation.* München: Beck, 1995.

LANGUARDIA, Jorge Mario García (org.). *Partidos políticos y democracia en Iberoamérica.* México: UNAM, 1981.

LAPEÑA, Rosa Ruiz. *El tribunal constitucional:* estudios sobre la constitución española de 1978. Zaragoza: Libros Pórtico, 1979.

LAPORTA, Francisco. *Entre el derecho y la moral.* México: Fontamara, 1995.

LARENZ, Karl. *Metodologia da ciência do direito.* 2. ed. Trad. José Lamego. Lisboa: Fundação Calouste Gulbenkian, 1989.

LASSALLE, Ferdinand. *¿Qué es una constitución?.* Trad. W. Roces. Buenos Aires: Siglo Veinte, 1946.

LAVIÉ, Quiroga. *Derecho constitucional.* 3. ed. Buenos Aires: Depalma, 1993.

LAWRENCE, William. The law of impeachment. In: *The American Law Register.* Philadelphia, 1867.

LAZZARINI, Álvaro. Da segurança pública na Constituição de 1988. *RIL, 104*:233.

LEAL, Victor Nunes. Representação de inconstitucionalidade perante o Supremo Tribunal Federal: um aspecto inexplorado, *RDP, 53-54*:25-33.

LE FUR. Droit individuel et droit social. In: *Archives de philosophie du droit et sociologie juridique.* Paris, 1934. p. 34.

LEME, Ernesto. *A intervenção federal nos Estados.* São Paulo: Revista dos Tribunais, 1930.

◆ BIBLIOGRAFIA ◆ 1483

LEONCY, Leo Ferreira. *Controle de constitucionalidade estadual.* São Paulo: Saraiva, 2007.

LEROY, Paul. *L'organisation constitutionnelle et les crises.* Paris: LGDJ, 1966.

LEVASSEUR, Georges. *Terrorisme international.* Paris: Ed. A. Pedone, 1977.

LEVI, Giulio. *L'interpretazione della legge.* Milano: Giuffrè, 2006.

LEWANDOWSKI, Enrique Ricardo. *Globalização, regionalização e soberania.* São Paulo: Juarez de Oliveira, 2004.

_____. *Pressupostos materiais e formais da intervenção federal no Brasil.* São Paulo: Revista dos Tribunais, 1994.

LIEBMAN, Enrico Tullio. *Eficácia e autoridade da sentença e outros escritos sobre a coisa julgada.* 3. ed. Rio de Janeiro: Forense, 1984.

LIET-VEAUX, Georges. *Droit constitutionnel.* Paris: Sirey, 1949.

_____. *Essai d'une théorie juridique des révolutions.* Paris: Sirey, 1942.

LIMA, Maria Rosynete Oliveira. *Devido processo legal.* Porto Alegre: Sérgio A. Fabris, Editor, 1999.

LIMA, Ruy Cirne. *Origem e aspectos do regime de terras no Brasil.* Porto Alegre: Globo, 1933.

_____. *Princípios de direito administrativo.* 6. ed. São Paulo: Revista dos Tribunais, 1987.

LINARES, Juan Francisco. Ilimitación temporal de los decretos-leyes de la revolución. *La Ley,* 16-03-1967.

LINS, Álvaro. *Jornal de crítica.* 5ª Série. Rio de Janeiro: José Olympio, 1947.

LIPHART. *Las democracias contemporáneas.* 2. ed. Barcelona: Ariel, 1991.

LLORENTE, Francisco Rubio. "Justiça Constitucional". Conferência proferida no 3º Encontro Nacional de Direito Constitucional. São Paulo, Associação Brasileira dos Constitucionalistas — Instituto Pimenta Bueno, 1994.

LOEWENSTEIN, Karl. *Political power and the governmental process.* Chicago, 1965.

_____. *Teoría de la constitución.* Trad. Alfredo Gallego Anabitarte. Barcelona: Ed. Ariel, 1986.

_____. *Verfassungsrecht und Vefassungspraxis der Vereinigten Staaten.* Berlin, 1959.

LOMBARDI, Giorgio et al. *Costituzione e giustizia costituzionale nel diritto comparato.* Milano: Giuffrè, 1985.

_____. *Promesse al corso di diritti pubblico comparato.* Milano: Giuffrè, 1986.

LOPES, Teresa Ancona. *O dano estético:* responsabilidade civil. 2. ed. rev. atual. e ampl. São Paulo: Revista dos Tribunais, 1999.

LOSANO, Mario G. *Teoría pura del derecho:* evolución y puntos cruciales. Trad. Jorge Guerrero R. Bogotá: Ed. Temis, 1992.

LOUREIRO, João Carlos Simões Gonçalves. *Constituição e biomedicina:* contributo para uma teoria dos deveres bioconstitucionais na esfera da genética humana. Coimbra, 2003 (Tese de Doutoramento em Ciências Jurídico-Políticas na Faculdade de Direito de Coimbra).

LOUREIRO, Lair da Silva; LOUREIRO FILHO, Lair da Silva. *Ação direta de inconstitucionalidade:* jurisprudência do órgão especial do Tribunal de Justiça do Estado de São Paulo. São Paulo: Saraiva, 1996.

LOURENÇO, Rodrigo Lopes. *Controle de constitucionalidade à luz da jurisprudência do Supremo Tribunal Federal.* Rio de Janeiro: Forense, 1999.

LÜBBE-WOLFF, Gertrude. *Die Grundrechte als Eingriffsabwehrrechte:* Struktur und Reichweite der Eingriffsdogmatik im Bereich Sttaatslicher Leistungen. Baden-Baden: Nomos, 1988.

LUCAS PIRES, Francisco. *Introdução ao direito constitucional europeu (seu sentido, problemas e limites).* Coimbra: Almedina, 1997.

LUCHAIRE, François. La Décision du 16 de Juillet 1971. *Annuaire International de Justice Constitutionelle.* Paris: Economica/Puam, 1993.

LUCIFREDI, Roberto. Ati complessi. In: *Novissimo Digesto Italiano.* 3. ed. Torino, 1957. v. 1, t. 2.

LUHMANN, Niklas. Politische Verfassungen in Kontext des Gesellschaftssystems. *Der Staat,* 12, 1973.

LUMIA, Giuseppe. *Principios de teoría e ideología del derecho*. Trad. Alfonso Ruiz Miguel. Madrid: Ed. Debate, 1978.

LUÑO, Antonio Enrique Pérez et al. *Los derechos humanos:* significación, estatuto jurídico y sistema. Sevilla: Universidad de Sevilla, 1979.

_____. *Derechos humanos, Estado de Derecho y Constitución*. 4. ed. Madrid: Technos, 1988.

LUTZ, Donald S. *The origins of american constitutionalism*. London: Baton Rouge, 1988.

LYRA, Roberto. Crimes de responsabilidade. In: *Repertório enciclopédico do direito brasileiro*. Rio de Janeiro: Borsoi. v. 14.

MACCORMICK, Neil. Defeasibility in law and logic. *Informatics and the foundations of legal reasoning*. Dordrecht: Kluwer, 1995.

MACHADO, Carlos Augusto Alcântara. *Mandado de injunção:* um instrumento de efetividade da Constituição. São Paulo: Atlas, 1999.

MACHADO, Hugo de Brito. *Os princípios jurídicos da tributação na Constituição de 1988*. 2. ed. rev. e ampl. São Paulo, 1991.

_____. Posição hierárquica da lei complementar. *Revista Themis, 1*:103-7.

MACIEL, Adhemar Ferreira. Due process of law. *Scientia Ivridica*, n. 250-2, jul./dez. 1994.

_____. Observações sobre o constitucionalismo brasileiro antes do advento da República. *Revista de Informação Legislativa, 156*:13-24.

_____. "Amicus curiae": um instituto democrático. *Revista Emarf*, v. 5, n. 1, p. 263-267.

MADISON, James; HAMILTON, Alexander; JAY, John. *Os artigos federalistas:* 1787-1788. Rio de Janeiro, 1993.

MAGANO, Octavio Bueno. *As novas tendências do direito do trabalho*. São Paulo: LTr, 1974.

MAGGIORE, Giuseppe. Quel che resta del kelsenismo. In: *Scritti giuridici in onore di Santi Romano*. Padova: CEDAM, 1940. v. 1. p. 55-64.

MAKSOUD, Henry. *Demarquia:* um novo regime político e outras ideias. São Paulo: Visão, 1979.

MALBERG, Raymond Carré de. *Contribution a la théorie générale de L'Etat*. Paris: Sirey, 1920. t. 1.

_____. *La loi, expression de la volonté générale*. Paris, 1931.

_____. *Teoría general del Estado*. México: Fondo de Cultura Económica, 1948.

MANCUSO, Rodolfo de Camargo. *Ação popular*. São Paulo: Revista dos Tribunais, 1994.

MANEIRA, Eduardo. *Direito tributário:* princípio da não surpresa. Belo Horizonte: Del Rey, 1994.

MANGABEIRA, Otávio. *Injustiça social e fome*. Salvador, s.d.

MANZONI. Sul problema della constituzionalità delle leggi tributarie retroattive. *Rivista di Diritto Financiero*, 1963.

MARANHÃO, Clayton. Inconstitucionalidade da Emenda Constitucional 3/93. *RP, 72*:112.

MARÇAL, Patrícia Fontes. *O preâmbulo da Constituição Federal do Brasil*. Brasília, 2000 (dissertação de Mestrado apresentada à Universidade de Brasília).

MAREK, Krystina. Les rapports entre le droit international et le droit interne à la lumière de la jurisprudence. *Revue Générale de Droit International Public*, n. 2, p. 260-298, 1962.

MARINHO, Josaphat. A ordem econômica nas constituições brasileiras. *RDP, 19*:51.

_____. *Direito de revolução*. Bahia, 1953.

_____. *Poderes remanescentes na Federação brasileira*. Bahia: Artes Gráficas, 1964.

MARKESINIS, Basil. *Il método della comparazione:* il retaggio del passato e le sfide del futuro. Milano: Giuffrè, 2004.

MARQUES, José Frederico. *Da competência em matéria penal*. São Paulo: Saraiva, 1953.

◆ BIBLIOGRAFIA ◆   1485

MARSHALL, Geoffrey. *Teoría constitucional*. Buenos Aires: Esparacalpe, 1982.

MARSHALL, John. *Decisões constitucionaes de John Marshall*. Trad. Américo Lobo. Rio de Janeiro: Imprensa Nacional, 1903.

MÁRTEN, João Baptista Ferrão de Carvalho. O Ministério Público e a Procuradoria-Geral da Coroa e Fazenda, história, natureza e fins. *Boletim do Ministério da Justiça de Portugal*, Lisboa, *23*:16, fev. 1974.

MARTÍNEZ, Gregorio. *Derechos sociales y positivismo jurídico:* escritos de filosofía jurídica y política. Madrid: Dykinson, 1999.

MARTNER, Gonzalo. *Planificación y presupuesto por programas*. 2. ed. México: Siglo XXI, 1969.

MATTEUCCI, Nicola. *Organizzazione del potere e libertà:* storia del costituzionalismo moderno. Torino: UTET, 1976.

MATTOS, Thereza Baptista. A proteção do nascituro. *RDC, 52*:34.

MAUS, Didier. Inflation juridique et développement des normes. In: *Droit constitutionnel et droits de l'homme*. Paris, 1987.

_____. "Justiça constitucional". Conferência proferida no 3º Encontro Nacional de Direito Constitucional. São Paulo, Associação Brasileira dos Constitucionalistas — Instituto Pimenta Bueno, 1994.

MAXIMILIANO, Carlos. *Hermenêutica e aplicação do direito*. 11. ed. Rio de Janeiro: Forense, 1991.

MAYERS, Lewis. *The American legal system*. New York: Harper & Brothers Publishers, 1955.

MAZZILLI, Hugo Nigro. *Introdução ao Ministério Público*. São Paulo: Saraiva, 1997.

MCBAIN, Howard Lee. *The living constitution*. New York: Macmillan Co., 1942.

MCCARTY, L. Thorne. Some arguments about legal arguments. *Proceedings of the Sixth International Conference on Artificial Intelligence and Law*. New York: ACM, 1997.

MCILWAIN, Charles Howard. *Constitucionalismo antiguo y moderno*, Buenos Aires. Ed. Nova, 1958.

_____. *Constitutionalism and the changing world*. London: Cambridge University Press, 1939.

MEDAUAR, Odete. *A processualidade no direito administrativo*. São Paulo: Revista dos Tribunais, 1993.

_____. *Da retroatividade do ato administrativo*. São Paulo: Max Limonad, 1986.

MEDEIROS, Rui. *A decisão de inconstitucionalidade*. Lisboa: Universidade Católica, 1999.

MEIRELES, Cecília. *Poesias Completas de Cecília Meireles*. 2. ed. Rio de Janeiro: Civilização Brasileira, 1976. v. VII.

MEIRELLES, Hely Lopes. Comissão parlamentar de inquérito. In: *Estudos e pareceres de direito público*. São Paulo: Revista dos Tribunais, 1991. v. 11.

_____. *Direito administrativo brasileiro*. 21. ed. atual. por Eurico de Andrade Azevedo et al. São Paulo, 1996.

_____. *Direito municipal brasileiro*. 6. ed. atual. por Izabel Camargo Lopes Monteiro e Yara Darcy Police Monteiro. São Paulo: Malheiros, 1990.

_____. *Estudos e pareceres de direito público*. São Paulo: Revista dos Tribunais, 1989. v. 9.

_____. *Mandado de segurança, ação popular, ação civil pública, mandado de injunção, "habeas data"*. 13. ed. ampl. e atual. São Paulo: Revista dos Tribunais, 1989.

MEIRELLES, José Dilermando. Ministério Público — sua gênese e história. *RIL, 84*:197.

MELLO, Celso Antônio Bandeira de. *Apontamentos sobre agentes e órgãos públicos*. São Paulo: Revista dos Tribunais, 1987.

_____. Leis originariamente inconstitucionais compatíveis com emenda constitucional superveniente. *RDA, 215*:85-98.

_____. Poder constituinte. *RIBDC, 4*:69-104, 1985.

MELLO, Celso Duvivier de Albuquerque. *Direito constitucional internacional*. Rio de Janeiro: Renovar, 1994.

MELLO, Marco Aurélio de Farias. A eficácia dos precatórios. *Revista Themis*, *1*:181-4.

MELLO, Oswaldo Aranha Bandeira de. *Princípios gerais de direito administrativo*. Rio de Janeiro: Forense, 1969. v. 2.

MELLO FILHO, Álvaro de. *O desporto na ordem jurídico-constitucional brasileira*. São Paulo: Malheiros, 1995.

MELLO FILHO, José Celso de. *Constituição Federal anotada*. 2. ed. ampl. e atual. São Paulo: Saraiva, 1986.

_____. *Natureza jurídica do Estado federal*. São Paulo: Prefeitura Municipal, 1948.

MELO FRANCO, Afonso Arinos de. *O constitucionalismo de D. Pedro I no Brasil e em Portugal*. Ministério da Justiça: Arquivo Nacional, 1972.

MENAUT, Carlos Pereira. *El ejemplo constitucional de Inglaterra*. Madrid: Servicio de Publicaciones de la Facultad Derecho, 1992.

MENDELSON, Wallace. *The Constitution and the Supreme Court*. New York, 1959.

MENDES, Gilmar Ferreira. *Moreira Alves e o controle de constitucionalidade no Brasil*. São Paulo: Saraiva, 2004.

_____. *Jurisdição constitucional*. São Paulo: Saraiva, 1996.

_____. e FERNANDES, Victor Oliveira. Constitucionalismo Digital e Jurisdição Constitucional: uma agenda de pesquisa para o caso brasileiro, *Revista Justiça do Direito*, v. 34, n. 2, p. 06-51, Mai./Ago. 2020.

MENDES JÚNIOR, João. *Os indígenas do Brasil, seus direitos individuais e políticos*. São Paulo: Typographia Hennies Irmãos, 1912.

MÉNDEZ, Jaime Fajardo. *Manual de derecho electoral*. Bogotá: Ediciones Librería del Profesional, 2003.

MENEZES, Paulo Lucena de. *A ação afirmativa (affirmative action) no direito norte-americano*. São Paulo: Revista dos Tribunais, 2001.

MENEZES, Pedro Braga de. *As constituições outorgadas ao Império do Brasil e ao Reino de Portugal*. Rio de Janeiro: Arquivo Nacional, 1974.

MIERES, Luis Javier. *El incidente de constitucionalidad en los procesos constitucionales:* especial referencia al incidente en el recurso de amparo. Madrid: Civitas, 1998.

MIRANDA, Jorge. *Manual de direito constitucional*. Coimbra: Coimbra Ed., 1991. t. 2; 1988. t. 4.

_____. *Notas para uma introdução ao direito constitucional comparado*. Lisboa, 1970.

_____. Sobre a noção de povo em direito constitucional. In: *Estudos de direito público em honra do professor Marcelo Caetano*. Lisboa: Ática, 1973.

_____. *Teoria do Estado e da Constituição*. Coimbra: Coimbra Ed., 2002.

MIRANDA, Jorge; MEDEIROS, Rui. *Constituição portuguesa anotada*. Coimbra: Coimbra Ed., 2005. t. I; 2006. t. II.

MODUGNO, Franco. *L'invalidità della legge*. Milano: Giuffrè, 1970. v. I.

MOENCH, Cristoph. *Verfassungswidriges Gesetz und Normenkontrolle*. Baden-Baden, 1977.

MONTEIRO LOBATO. *História do mundo para crianças*. 20. ed. São Paulo: Brasiliense, 1974.

MONTESQUIEU. *De l'esprit de lois*. Paris: Librarie Garnier Frères, s. d.

MONTESSO, Cláudio José; FREITAS, Antônio de; STERN, Maria de Fátima (coords.). *Direitos sociais na Constituição de 1988*: uma análise crítica vinte anos depois. São Paulo, LTr, 2008.

MORAES, Germana de Oliveira. *O controle de constitucionalidade do processo legislativo*. São Paulo: Dialética, 1988.

MOREIRA, Eduardo Ribeiro. Neoconstitucionalismo e teoria da interpretação. *Revista de Direito Constitucional e Internacional*. São Paulo: Revista dos Tribunais — IBDC, *63*:64-80, abr./jun. 2008.

MOREIRA, José Carlos Barbosa. As ações coletivas na Constituição de 1988. *Boletim Jurídico da Procuradoria-Geral do Município*, v. 2, p. 17, 1991.

◆ BIBLIOGRAFIA ◆ **1487**

_____. *Comentários ao Código de Processo Civil*. 7. ed. Rio de Janeiro: Forense, 1998. v. 5.

_____. Mandado de injunção. *RP*, *56*:110, 1989.

_____. O Poder Judiciário e a efetividade da nova Constituição. *RF*, v. 304, 1988.

MOREIRA, Vital. *A ordem jurídica do capitalismo*. Coimbra: Centelha, 1973.

MOREIRA NETO, Diogo de Figueiredo. A segurança pública na Constituição. *RIL*, *109*:137.

_____. Coordenação gerencial na Administração Pública. *RDA*, *214*:44.

_____. O Estado e a economia na Constituição de 1988. *RIL*, *102*:5.

_____. Organizações sociais de colaboração (descentralização social e Administração Pública não estatal). *RDA*, *210*:184.

_____. O Poder Judiciário e a efetividade da nova Constituição. *RF*, *304*:151, 1988.

MORELLI, Gerardo. *Il diritto naturale nelle costituzioni moderne*. Milano: Giuffrè, 1974.

MORESO, José Juan. Algunas consideraciones sobre la interpretación constitucional. *Doxa*, n. 23, p. 105-118, 2000.

_____. In defense of inclusive legal positivism. *Diritto & questioni pubbliche*, 1/2001, p. 99-120.

MORGAN, Lewis H. *La sociedad primitiva*. 3. ed. Trad. Editorial Pavalov. Madrid: Ayuso, 1975.

MORRIS, Michel; WILLIAMSON, John B. *Powerty and public policy:* an analyses of federal intervention efforts. New York: Greenwood, 1986.

MORTATI, Costantino. *Istituzione di diritto pubblico*. 9. ed. Padova: CEDAM, 1975. 2 v.

_____. *La costituzione in senso materiale*. Milano: Giuffrè, 1940.

MOTT, Rodney L. *Due process of law*. Ed. Bobbs-Merril, 1926.

MOURA, Lenice S. Moreira de. *O novo constitucionalismo na era pós-positivista*. São Paulo: Saraiva, 2009.

MÜLLER, Friedrich. *Juristische Methodik*. 3. ed. Berlin, 1989.

_____. *Métodos de trabalho do direito constitucional*. 2. ed. rev. São Paulo: Max Limonad, 2000.

_____. *Quem é o povo?:* a questão fundamental da democracia. Trad. Peter Naumann. São Paulo: Max Limonad, 1998.

MÜLLER, J. P. *Soziale Grundrechte in der Verfassung?* Basel-Frankfurt-M, 1981.

MURPHY, W.; FLEMING, J.; BARBER, S. *American constitucional interpretation*. 2. ed. New York, 1995.

MUSSO, Spagna. *Diritto costituzionale*. Padova: CEDAM, 1986.

NABUCO, Joaquim. *Um estadista do Império*. Rio de Janeiro: Nova Aguilar, 1975.

NALINI, José Renato. *Ética geral e profissional*. 2. ed. rev. e atual. São Paulo: Revista dos Tribunais, 1999.

NASCIMENTO, Amauri Mascaro. *Direito do trabalho na Constituição de 1988*. 2. ed. atual. São Paulo: Saraiva, 1991.

NASCIMENTO, Carlos Valder do (org.). *Coisa julgada inconstitucional*. Rio de Janeiro: América Jurídica, 2003.

NASCIMENTO, Tupinambá Miguel Castro do. *Comentários à Constituição Federal:* ordem econômica e financeira. Porto Alegre: Livr. do Advogado Ed., 1997.

NATOLI, Ugo. *Limite costituzionale dell'autonomia privata nel rapporto di lavoro*. Milano: Giuffrè, 1955. v. 1.

NEVES, Marcelo da Costa Pinto. *A Constituição simbólica*. 2. ed. rev. e ampl. São Paulo: Martins Fontes, 2007.

_____. *Teoria da inconstitucionalidade das leis*. São Paulo: Saraiva, 1988.

_____. *Transconstitucionalismo*. São Paulo, 2009 (Tese apresentada em concurso para Professor Titular junto ao Departamento de Direito do Estado da Faculdade de Direito da USP).

NIESS, Pedro Henrique Távora. *Direitos políticos:* condições de elegibilidade e inelegibilidades. São Paulo: Saraiva, 1994.

NINO, Carlos Santiago. *La Constitución de la democracia deliberativa*. Barcelona: Gedisa, 2003.

1488 ◆ Uadi Lammêgo Bulos ◆

NÓBREGA, Francisco Adalberto. *Deus e Constituição:* a tradição brasileira. Petrópolis: Vozes, 1998.

NOGUEIRA, Alberto. *Os limites da legalidade tributária no Estado Democrático de Direito.* Rio de Janeiro: Renovar, 1996.

NOGUEIRA, Paulo Lúcio. *Instrumentos de tutela e direitos constitucionais.* São Paulo: Saraiva, 1994.

NOVAIS, Jorge Reis. *As restrições aos direitos fundamentais não expressamente autorizadas pela Constituição.* Coimbra: Coimbra Ed., 2003.

_____. *Os princípios constitucionais estruturantes da República Portuguesa.* Coimbra: Coimbra Ed., 2004.

NOVELLI, Flávio Bauer. Norma constitucional inconstitucional?: a propósito do art. 2º, § 2º, da EC 3/93. *RDA, 199*:21.

NUNES, A. J. Avelãs. *A Constituição europeia:* a Constituição do neoliberalismo. Coimbra: Coimbra Ed., 2006.

NUNES, Castro. *Teoria e prática do Poder Judiciário.* Rio de Janeiro: Forense, 1943.

NUNES, Luiz Antonio Rizzatto. *O princípio constitucional da dignidade da pessoa humana:* doutrina e jurisprudência. São Paulo: Saraiva, 2002.

NUVOLONE, Pietro. Le prove vitale nel processo penale nei paesi di diritto latino. *Rivista di Diritto Processuale*, n. XXI, 1966.

OBERNDORFER, Peter. Die Verfassungsrechtsprechung im Rahmen der Staatlichen Funktionen. *Europäische Grundrechte Zeitschrift*, Helf 8/9, 1988.

OLIVETTI, Marco; GROPPI, Tania (org.). *La giustizia costituzionale in Europa.* Milano: Giuffrè, 2003.

OMMATI, José Emílio Medauar. As novas técnicas de reprodução humana à luz dos princípios constitucionais. *RIL, 141*:229.

ORLANDO. *Della resistenza politica individuale e collettiva.* Firenze, 1885.

OROPEZA, Manoel Gonzáles. *La intervención federal en la desapropriación de poderes.* México: UNAM, 1987.

OST, François et al. *Le système juridique entre ordre et désordre.* Paris: PUF, 1988.

OTERO, Paulo. *Ensaio sobre o caso julgado inconstitucional.* Lisboa: Lex Edições Jurídicas, 1993.

OTTO, Ignacio de. *Derecho constitucional:* sistema de fuentes. 6. ed. Barcelona: Ed. Ariel, 1998.

PADILLA, Miguel M. Poder constituyente y revolución. *Criterio*, 13-10-1966.

PADOVANI, Claudia; SANTANIELLO, Mauro. Digital constitutionalism: Fundamental rights and power limitation in the Internet eco-system. *International Communication Gazette*, v. 80, n. 4, 2018.

PADOVER, Saul K. *Jefferson — a great American's life and ideas.* New York: The New American Library, 1944.

PAGLIARINI, Alexandre Coutinho. *Constituição e direito internacional:* cedências possíveis no Brasil e no mundo globalizado. Rio de Janeiro: Forense, 2004.

PALLIERI, G. Balladori. *Diritto costituzionale.* 11. ed. Milano: Giuffrè, 1976.

PAMPLONA, Danielle Anne. *Devido processo legal:* aspecto material. Curitiba: Juruá, 2004.

PATINO, Nestor Ivan Osuna. *Tutela y amparo:* derechos protegidos. Colombia: Externado, 1998.

PATRONO, Mario. Corte costituzionale, giudizio a quo e promovimento del processo costituzionale (note in marginale al ricorso diretto alla corte). In: *Giudizio "a quo" e promovimento del processo costituzionale.* Milano: Giuffrè, Atti del Seminario Svoltosi in Roma, Palazzo della Consuta, nei Giorni 13 e 15 novembre 1989.

PAUPÉRIO, Arthur Machado. *O conceito polêmico de soberania e a sua revisão contemporânea.* 2. ed. rev. e ampl. Rio de Janeiro: Forense, 1958.

_____. *O direito político de resistência.* 2. ed. Rio de Janeiro: Forense, 1978.

◆ BIBLIOGRAFIA ◆ 1489

PAZOS, María Inés. Derrotabilidad sin indeterminación. *Doxa*. Cuadernos de filosofía del derecho, n. 25. Alicante: Universidad de Alicante, 2002.

PECES-BARBA, Gregorio. La nueva constitución española desde la filosofía del derecho. *Documentación Administrativa*, n. 180, 1978.

PECES-BARBA, Gregorio; FERNÁNDEZ GARCÍA, Eusebio. *Curso de teoría del derecho*. Madrid: Marcial Pons, 2000.

PELAYO, Manuel Garcia. *Derecho constitucional comparado*. 2. ed. Madrid: Revista de Occidente, 1951.

PELOUX, Robert. Le préambule de la Constitution du 27 octobre de 1946. *Revue du Droit Public*. Paris, 1947.

_____. Vrais et faux droits de l'homme. *Revue du Droit Public et de la Science Politique en France et à l'Étranger*. Paris: LGDJ, 1981, n. 1.

PERELMAN, Chaim; ALBRECHTS-TYTECA, Lucie. *Traité de l'argumentation:* la nouvelle rhétorique. Bruxelles: Université Libre de Bruxelles, 1958.

PEREZ, Gabriel Nettuzzi. O significado da quase-pessoa jurídica no direito público interno. *Justitia, 75*:139.

PERNICE, Ingolf. Mutilevel Constitucionalism and Treaty of Amsterdam: European Constitution Making Revisited?. *Common Market Law Review*, Alphen aan den Rijn: Kluwer Law International, v. 36, n. 4, p. 703-50, 1999.

PERRINI, Raquel Fernandes. Os princípios constitucionais implícitos. *Cadernos de Direito Constitucional e Ciência Política*, São Paulo, n. 17, p. 113-169, out./dez. 1996.

PERROT, Roger. Le principe du double degré de juridiction et son évolution en droit judiciaire privé français. In: *Studi in onore di Enrico Tullio Liebman*. Milano: Giuffrè, 1979. v. 3. p. 1971-1993.

PESSOA, Epitácio. Mensagem de 10 de março de 1922. *RF, 38*:398.

PESTALOZZA, Christian. *Verfassungsprozessrecht*. 2. ed. München: C. H. Beck, 1982.

PETTRACHIN, Andrea. Towards a universal declaration on internet rights and freedoms? International Communication Gazette, v. 80, n. 4, 2018.

PHILIPPI, Klaus Jürgen. *Tatsachenfestsellungen des Bundesverfassungsgericht*. Köln, 1971.

PICO, Giovanni. *A dignidade do homem*. 2. ed. Campo Grande: Solivros Uniderp, 1999.

PINTO, Luzia Cabral. *Os limites do poder constituinte e a legitimidade material da constituição*. Coimbra: Coimbra Ed., 1994.

PIOVESAN, Flávia. *Direitos humanos e o direito constitucional internacional*. 7. ed. São Paulo: Saraiva, 2005.

_____. *Proteção judicial contra omissões legislativas*. São Paulo: Revista dos Tribunais, 1995.

PIRES, Francisco Lucas. *A teoria da Constituição de 1976. A transição dualista*. Coimbra, 1988.

PIZZORUSSO, Alessandro. Doppio grado di giurisdizione e principi costituzionali. *Rivista di Diritto Processuale*, 2ª série, v. 33, p. 33-58, 1978.

_____. I sistemi di giustizia costituzionale; dai modelli alle prassi. In: *Quaderni Costituzionali*, dez. 1982.

_____. L'interpretazione della costituzione di essa attraverso la prassi. *Rivista Trimestrale di Diritto Pubblico*, v. XXXIX, p. 8, 1989.

POLETTI, Ronaldo. *Controle da constitucionalidade das leis*. 2. ed. Rio de Janeiro: Forense, 1997.

PONTES DE MIRANDA, Francisco Cavalcanti. *Comentários à Constituição de 1967 com a Emenda n. 1, de 1969*. 2. ed. São Paulo: Revista dos Tribunais, 1970. v. 5.

_____. *Comentários à Constituição de 1946*. 2. ed. São Paulo: Max Limonad, 1953. 6 v.

_____. *História e prática do "habeas corpus"*. 4. ed. Rio de Janeiro: Borsoi, 1962.

_____. *Tratado da ação rescisória*. 5. ed. Rio de Janeiro: Forense, 1976.

PORT, Otávio Henrique Martins. *Os direitos sociais e econômicos e a discricionariedade da Administração Pública*. São Paulo: RCS Editora, 2005.

PORTO, Walter Costa Porto. *O voto no Brasil*. Brasília: Gráfica do Senado Federal, 1989.

POSADA, Adolfo. *Tratado de derecho político*. Quinta edición revisada. Madrid: Librería General de Victoriano Suárez, 1935. t. I.

POSPISIL, L. *Anthropology of law*. New York, 1974.

POSSONY, S. T. The procedural constitution. In: *Festschrift für Ferdinand Hermens*. Berlin, 1976.

POTTS, C. S. Power of legislative lodies to punish for contempt. *University of Pennsylvania Law Review*, v. 74 (1925-1926).

POUND, Roscoe. *Interpretations of legal history*. 1923.

POZZOLO, Susanna. Neoconstitucionalismo y especificidad de la interpretación constitucional. *Doxa*, n. 21-II, 1998.

_____. Inclusive positivism: alcune critiche. *Diritto & questioni pubbliche*, 1/2001, p. 163-179.

PRADO, Ney. *Razões das virtudes e dos vícios da Constituição de 1988*. São Paulo: Inconfidentes, 1994.

PRAKKEN, Henry; **SARTOR**, Giovanni. Representing legal precedents as defeasible–argumentation structures (preliminary report). *Proceedings of the Workshop on Computational Dialectic*. International Conference on Formal and Applied Practical Reasoning. Bonn: 1996.

PRÉLOT, Marcel. *Institutions politiques et droit constitutionnel*. 2. ed. Paris: Dalloz, 1961.

PUERTO, Miguel Montoro. *Jurisdicción constitucional y procesos constitucionales*. Madrid: Colex, 1991. t. I.

RADBRUCH, Gustav. *Introducción a la ciencia del derecho*. Barcelona, 1932.

RAE, Douglas W. *Leyes electorales y sistemas de partidos políticos*. Madrid: Edimarco, 1971.

RAMIREZ, Sérgio Garcia. *Los derechos humanos y el derecho penal*. México: Ed. Universidad, 1977.

RAMOS, Dircêo Torrecillas. *O federalismo assimétrico*. 2. ed. Rio de Janeiro: Forense, 2000.

RAMOS, Elival da Silva. *A inconstitucionalidade das leis:* vício e sanção. São Paulo: Saraiva, 1994.

_____. *A ação popular como instrumento de participação política*. São Paulo: Revista dos Tribunais, 1991.

_____. *A proteção dos direitos adquiridos no direito constitucional brasileiro*. São Paulo: Saraiva, 2003.

_____. *Parâmetros dogmáticos do ativismo judicial em matéria constitucional*. São Paulo, 2009 (Tese apresentada em concurso para Professor Titular junto ao Departamento de Direito do Estado da Faculdade de Direito da USP).

_____. *Perspectivas de evolução do controle de constitucionalidade no Brasil*. São Paulo, 2005 (Tese apresentada em concurso para Professor Titular junto ao Departamento de Direito do Estado da Faculdade de Direito da USP).

RAMOS, Rui Manuel de Moura. *Direito internacional privado e constituição (introdução a uma análise das suas relações)*. Coimbra: Coimbra Ed., 1980.

RAMOS, Wolney. *Regime jurídico da propaganda política*. São Paulo: Companhia Mundial de Publicações, 2005.

RANGEL, Paulo Castro. *Reserva de jurisdição:* sentido dogmático e sentido jurisprudencial. Porto: Universidade Católica Portuguesa, 1997.

RANIERI, Nina. *Autonomia universitária:* as universidades públicas e a Constituição Federal de 1988. São Paulo: EDUSP, 1994.

RASSAT, Michèle-Laure. *Le Ministère Public entre son passé et son avenir*. Paris, 1967.

RAWLS, John. *Uma teoria da justiça*. Trad. Almiro Pisetta, Lenita M. R. Esteves. São Paulo: Martins Fontes, 1997.

RE, Edward D. "Stare Decisis". Trad. Ellen Gracie Northfleet. *Revista de Informação Legislativa*, n. 122, maio/jul. 1994.

REALE, Miguel. Poderes das comissões parlamentares de inquérito. In: *Questões de direito público*. São Paulo: Saraiva, 1997.

_____. *Revogação e anulamento do ato administrativo*. Rio de Janeiro: Forense, 1968.

_____. *Filosofia do direito*. 7. ed. São Paulo: Saraiva, 1975. v. 2.

◆ BIBLIOGRAFIA ◆ 1491

REDENTI, Enrico. *Legittimità delle leggi e corte costituzionale*. Milano: Giuffrè, 1957.

RÊGO, Bruno Noura de Moraes. *Ação rescisória e a retroatividade das decisões de controle de constitucionalidade das leis no Brasil*. Porto Alegre: Sérgio A. Fabris, Editor, 1991.

REIS, Clayton. *Avaliação do dano moral*. Rio de Janeiro: Forense, 1998.

REIS, Palhares Moreira. A autonomia das universidades públicas na Constituição de 1988. *RIL, 105*:99.

REMÉDIO, José Antonio; FREITAS, José Fernando Seifarth de.; LOZANO JÚNIOR, José Júlio. *Dano moral:* doutrina, jurisprudência e legislação. São Paulo: Saraiva, 2000.

RENOUX, Thierry. *Le conseil constitutionnel et l'autorité judiciaire*. Aix-en-Provence: Presses Universitaires, 1984.

REPETTO, Raul Bertelsen. *Control de constitucionalidad de la ley*. Santiago de Chile: Ed. Jurídica de Chile, 1969.

REVORIO, Francisco Javier Díaz. *Valores superiores e interpretación constitucional*. Madrid: Centro de Estudios Políticos y Constitucionales, 1997.

RIBEIRO, Fávila. *A intervenção federal nos Estados*. Fortaleza: Jurídica, 1960.

RIBEIRO, João Luiz. *No meio das galinhas, as baratas não têm razão:* a Lei de 10 de junho de 1835. Rio de Janeiro: Renovar, 2005.

RIBEIRO, Maria Teresa de Melo. *O princípio da imparcialidade da Administração Pública*. Coimbra: Almedina, 1996.

RICCI, Edoardo. El doppio grado di giurisdizione nel processo civile. *Rivista di Diritto Processuale*. 2ª série, v. 33, p. 59-85, 1978.

RIOS, Roger Raupp. *Direito da antidiscriminação — discriminação direta, indireta e ações afirmativas*. Porto Alegre: Livraria do Advogado, 2008.

RIVERO, Jean. *Les libertés publiques:* les droits de l'homme. Paris: PUF, 1973. v. 1.

ROBERT, Jacques. *Libertès publiques*. Paris: Montchréstien, 1971.

ROCCO, Ugo. *L'autorità della cosa giudicata e i suoi limiti soggettivi*. Roma, 1917.

ROCHA, Cármen Lúcia. Ação afirmativa: o conteúdo democrático do princípio da igualdade jurídica. *Revista Trimestral de Direito Público*, n. 15, 1996.

ROCHA, Fernando Luiz Ximenes. A incorporação dos tratados e convenções internacionais de direitos humanos no direito brasileiro. *RIL, 130*:81.

ROCHE, Jean A. Poille. *Libertés publiques*. 12. ed. Paris: Dalloz, 1997.

RÓDENAS, Ángeles. En la penumbra: indeterminación, derrotabilidad y aplicación judicial de normas. *Doxa*. Cuadernos de filosofía del derecho, n. 24. Alicante: Universidad de Alicante, 2001.

RODRIGUES, Ernesto. *O veto no direito comparado*. São Paulo: Revista dos Tribunais, 1993.

RODRÍGUES, Javier Maseda. *El control de la constitucionalidad de la ley extranjera*. Madrid: Eurolex, 1997.

RODRIGUES, Lêda Boechat. *A suprema corte e o direito constitucional americano*. Rio de Janeiro: Forense, 1958.

RODRIGUES, Thaís de Camargo. *Tráfico internacional de pessoas para exploração sexual*. São Paulo: Saraiva, 2013.

RODRIGUES PINTO, José Augusto. *Curso de direito individual do trabalho*. 3. ed. São Paulo: LTr, 1997.

RODRIGUEZ, Jorge Luis; SUCAR, German. Las trampas de la derrotabilidad. Niveles de análisis de la indeterminación del derecho. In: COMANDUCCI, Paolo e GUASTINI, Riccardo (coord.). *Analisi e diritto. Ricerche di Giurisprudenza Analitica*. Torino: Giappichelli, 1998.

ROIG, Francisco Javier Ansuátegui. *Derechos, Constitución, democracia:* aspectos de la presencia de derechos fundamentales en las constituciones actuales. Valladolid: Instituto Universitario de Historia Simancas, Universidad de Valladolid, 2003.

ROMANO, Rogério Tadeu. A representação interventiva federal no direito brasileiro. *Revista da Procuradoria Geral da República*, 4:135, 1993.

ROMANO, Santi. *Diritto costituzionale generale*. 2. ed. Milano: Giuffrè, 1947.

_____. Norme giuridiche (destinatari delle). In: *Frammenti di un dizionario giuridico*. Milano: Giuffrè, 1983 (reimpr.).

_____. *Princípios de direito constitucional geral*. São Paulo: Revista dos Tribunais, 1977.

ROMBOLI, Roberto. *Il giudice naturale*. Milano: Giuffrè, 1981. v. 1.

ROMITA, Arion Sayão. *Direitos fundamentais nas relações de trabalho*. São Paulo: LTr, 2007.

ROSENFELD, Michel. Affirmative action, justice, and equalities: a philosophical and constitutional appraisal. *Ohio State Law Jornal*, n. 46.

ROSS, Alf. *Sobre el derecho y la justicia*. Trad. esp. Genaro Carrió. 3. ed. Buenos Aires: Eudeba, 1974.

ROSSI, Pelegrini. La elasticità dello Statuto Italiano. In: *Scr. Per Romano*. 1940. t. I.

ROSSITER, Clinton. *Constitutional dictatorship*. 2. ed. New York: Harcourt, Brace & World, 1963.

ROTHENBURG, Walter Claudius. A convenção americana de direitos humanos no contexto constitucional brasileiro. *Boletim Científico:* Escola Superior do Ministério Público da União, ano 1, n. 4, p. 73-80, jul./ set. 2002.

ROUSSEAU, Dominique. Les droits de l'homme de la troisième génération. In: *Droit constitutionnel et droits de l'homme*. Paris: Economica, 1987 (Association Française des Constitutionnalistes).

_____. *Droit du contentieux constitutionnel*. Paris: Montchrestien, 1990.

ROUX, André. *Droit constitutionnel local*. Paris: Economica, 1995.

RUFFIA, Paolo Biscaretti di. *Introducción al derecho constitucional comparado*. Trad. Héctor Fix Zamudio. México: Fondo de Cultura Económica, 1975.

RUGGERI, Antonio. Norme e tecniche costituzionale sulla produzione giuridice. In: *Politica del diritto*. 1987. p. 175 e s.

RUIZ-MIGUEL, Alfonso. El principio de jerarquia normativa, *Revista Española de Derecho Constitucional*, n. 24, p. 135 e s. set./dez. de 1988.

SABATINI, Giuseppe. *Principii costituzionali del processo penale*. Napoli: Jovene, 1976.

SÁCHICA, Luis Carlos. *Esquema para una teoría del poder constituyente*. Bogotá: Ed. Temis, 1978.

SALDANHA, Nelson. *O poder constituinte*. São Paulo: Revista dos Tribunais, 1986.

SALMON. Les antinomies en droit international public. In: *Les antinomies en droit*. Bruxelles: Émile Bruylant, 1965.

SALVETTI NETTO, Pedro. Terrorismo — I. In: *Enciclopédia Saraiva do Direito*. São Paulo, Saraiva. v. 72.

SAMPAIO, José Adércio Leite. *A constituição reinventada pela jurisdição constitucional*. Belo Horizonte: Del Rey, 2000.

SAMPAIO, Nelson de Sousa. *O poder de reforma constitucional*. 3. ed. rev. e atual. por Uadi Lammêgo Bulos. Belo Horizonte: Nova Alvorada, 1995.

_____. *O processo legislativo*. 2. ed. rev. e atual. por Uadi Lammêgo Bulos. Belo Horizonte: Del Rey, 1996.

SAMPAIO DÓRIA, Antônio. *Direito constitucional:* comentários à Constituição de 1946. São Paulo: Max Limonad, 1960. 2 v.

_____. *Princípios constitucionais tributários e a cláusula "due process of law"*. São Paulo: Revista dos Tribunais, 1964.

SANCHEZ, José Acosta. *Teoría del Estado y fuentes de la constitución*. Córdoba: Universidad de Córdoba, 1989.

SANCHÍS, Luis Prieto. *Justicia constitucional y derechos fundamentales*. Madrid: Trotta, 2003.

_____. Sobre el neoconstitucionalismo y sus implicaciones. In: *Justicia constitucional y derechos fundamentales*. Madrid: Trotta, 2003.

SANDE, Paulo de Almeida. *O sistema político da União Europeia*. Cascais/Portugal: Principia Publicações Universitárias e Científicas, 2000.

◆ BIBLIOGRAFIA ◆   1493

SANTORO, Emílio. *Estado de Direito e interpretação:* por uma concepção jusrealista e antiformalista do Estado de Direito. Trad. Maria Carmela Juan Buonfiglio e Giuseppe Tosi. Porto Alegre: Livraria do Advogado, 2005.

SANTOS, Aricê Moacyr Amaral. *O estado de emergência.* São Paulo: Sugestões Literárias, 1981.

_____. Mandado de injunção. *RDP, 17:*29.

SANTOS, Boaventura de Sousa. *Reconhecer para libertar:* os caminhos do cosmopolitanismo multicultural. Rio de Janeiro: Civilização Brasileira, 2003.

SARAIVA, Paulo Lopo. *Federalismo regional.* São Paulo: Saraiva, 1992.

SARLET, Ingo Wolfang. *A eficácia dos direitos fundamentais.* 2. ed. rev. e atual. Porto Alegre: Livr. do Advogado Ed., 2001.

SARMENTO, Daniel. *A eficácia temporal das decisões no controle de constitucionalidade, hermenêutica e jurisdição constitucional.* Belo Horizonte: Del Rey, 2001.

_____. *A ponderação de interesses na Constituição Federal.* Rio de Janeiro: Lumen Juris, 2000.

_____. *Direitos fundamentais e relações privadas.* Rio de Janeiro: Lumen Juris, 2003.

_____. *Os direitos fundamentais nas relações privadas.* Rio de Janeiro: Lumen Juris, 2004.

SARTORI, Giovanni. *Engenharia constitucional:* como mudam as constituições. Brasília, Universidade Nacional de Brasília, 1996.

_____. *Ingeniería constitucional comparada.* México: Fondo de Cultura Económica, 1996.

SATTA, Salvatore. Giurisdizione. In: *Enciclopedia del Diritto.* Varese, 1970, t. XIX.

SAVIGNY, Friedrich Carl von. *System des heutigen romisches Rechts.* Berlin, 1840.

SCAPARONE, Metello. Intercettazione di conversazioni tra presenti. *Rivista Italiana di Diritto e Procedura Penale, 20 (2),* 1977.

SCHIER, Paulo Ricardo. *Filtragem constitucional:* construindo uma nova dogmática jurídica. Porto Alegre: Sergio A. Fabris, Editor, 1999.

SCHLAICH, Klaus. *Das Bundesverfassungsgericht, Stellung, Verfahren, Entscheidungen.* Munique, 1985.

SCHMITT, Carl. *Il custode della costituzione.* Milano: Giuffrè, 1981.

_____. *La defensa de la constitución.* Trad. esp. Manuel Sanchez Sarto. Madrid: Technos, 1983.

_____. *Teoría de la constitución.* Madrid: Ed. Reus, 1927.

SCHNEIDER, Hans. Peculiaridad y función de los derechos fundamentales en el Estado Constitucional Democrático. *Revista de Estudios Políticos,* n. 7, 1979.

SCHOPENHAUER, Arthur von. *Aphorismen zur Lebensweisheit.* Berlin, 1913.

SCHROTH, Von Ulrich. *Rechtsphilosophie und Rechtstheorie der Gegenwart.* 6. Auf. Heidelberg: C. F. Müller, 1994.

SCHWARTZ, Bernard. *Direito constitucional americano.* Trad. Carlos Nayfeld. Rio de Janeiro: Forense, 1966.

SEGADO, Francisco Fernandez. *El sistema constitucional español.* Madrid, 1992.

SENADO FEDERAL. *Levantamento e reedições de medidas provisórias:* dados atualizados em 28 de fevereiro de 1999. 8. ed. Brasília: Senado Federal, Subsecretaria de Informações, 1999.

SENESE, Salvatore. Droit à la paix et droits de l'homme. In: *Les droits de l'homme:* universalité et renouveau. Org. Guy Braibant e Gérard Marcou. Paris: L'Harmattan, 1990.

SERVIER, Jean. *Le terrorisme.* Paris: PUF, 1978.

SGARBOSSA, Luís Fernando. *Crítica à teoria dos custos dos direitos.* Porto Alegre: Sérgio Fabris Editor, 2010. v. 1.

SICHES, Luiz Recaséns. *El concepto lógico-genético del derecho:* la nota de coercividad. Madrid, 1925.

SIEGENTHALER. *Die materiellen Schranken der Verfassungsrevision als Problem des positiven Rechts.* Bern, 1970.

SIEYÈS, Emmanuel Joseph. *Que é o terceiro Estado?* Trad. Norma Azeredo. Rio de Janeiro: Liber Juris, 1988.

SILVA, Américo Luís Martins da. *A ordem constitucional econômica*. Rio de Janeiro: Lumen Juris, 1996.

SILVA, Eduardo Costa. Os valores e a Constituição de 1988. *RIL, 109*:61-2.

SILVA, José Afonso da. A cidade-capital: função do Estado moderno, integração nacional e relações internacionais. *Revista Trimestral de Jurisprudência dos Estados*, n. 43.

_____. *Ação popular constitucional*. São Paulo: Revista dos Tribunais, 1968.

_____. *Aplicabilidade das normas constitucionais*. 3. ed. rev. ampl. e atual. São Paulo: Malheiros, 1998.

_____. *Orçamento-programa no Brasil*. São Paulo: Revista dos Tribunais, 1973.

SILVA, Luís Virgílio Afonso da. *A constitucionalização do direito*. São Paulo: Malheiros, 2005.

_____. *Sistemas eleitorais*: tipos, efeitos jurídico-políticos e aplicação ao caso brasileiro. São Paulo: Malheiros, 1999.

SILVA, Sebastião Sant'Anna e. *Os princípios orçamentários*. Rio de Janeiro: Fundação Getulio Vargas, 1967.

SILVEIRA, Paulo Fernando. *Devido processo legal*. Belo Horizonte: Del Rey, 1996.

SIMEON, Richard. *Federal-provincial diplomacy:* the making of recent policy in Canada. Toronto: University of Toronto Press, 1972.

SKIDMORE, Thomas E. *Preto no branco*: raça e nacionalidade no pensamento brasileiro (1870-1930). São Paulo: Companhia das Letras, 2012.

SKOURIS, Wassilios. *Teilnichtigkeit von Gesetzen*. Berlin, 1973.

SLAIBI FILHO, Nagib. Estado de defesa e estado de sítio, *RF, 306*:333.

SLAUGHTER, Anne-Marie. *A New World Order*. Princeton/Oxford: Princeton University Press, 2004.

SMEND, Rudolf. *Constitución y derecho constitucional*. Trad. José Beneyto. Madrid: Centro de Estudios Constitucionales, 1992.

SMITS, Katherine. *Applying political theory — issues and debates*. London: Macmillan, 2009.

SODRÉ, Ruy de Azevedo. *O advogado, seu estatuto e a ética profissional*. 2. ed. ampl. São Paulo: Revista dos Tribunais, 1967.

SÖHN, Hartmut. Die abstrakte Normenkontrolle. In: *Bundesverfassungsgericht und Grundgesetz*. (org. Christian Starck). 1. Aufl. Tübingen: Mohr, 1976. v. I.

SOMBRA, Thiago Luís Santos. *A eficácia dos direitos fundamentais nas relações jurídico-privadas:* a identificação do contrato como ponto de encontro dos direitos fundamentais. Porto Alegre: Sérgio A. Fabris, Editor, 2004.

SOMMERMANN, Karl Peter. *Staatsziele und Staatszielbestimmungen*. Tübingen: Mohr Siebeck, 1997.

SORENTINO, Frederico. *Profili costituzionali dell'integrazione communitaria*. Torino: Giappichelli, 1996.

SOUSA, António Francisco de. *A polícia no Estado de Direito*. São Paulo: Saraiva, 2009.

SOUSA, Lourival de Jesus Serejo. Interceptação e uso de e-mails como prova. *Informativo Del Rey, 6*:15.

SOUSA, Marcelo Rebelo de. *Direito constitucional*. Braga, 1979.

_____. *O valor jurídico do acto inconstitucional*. Lisboa, 1998.

SOUSA, Rubens Gomes de. *Comentários ao Código Tributário Nacional*. São Paulo: Revista dos Tribunais, 1975.

SOUZA, Milton Cardoso Ferreira de. A ordem econômica na Constituição de 1988. *CDCCP, 6*:111.

SOUZA JÚNIOR, Cezar Saldanha. *Consenso e democracia constitucional*. Porto Alegre: Sagra Luzzato, 2002.

_____. *O Tribunal Constitucional como poder:* uma nova teoria da divisão de Poderes. São Paulo: Memória Jurídica, 2002.

SOTTILE, Antoine. *Le terrorisme international*. Paris: Sirey, 1972.

STEINMETZ, Wilson. *A vinculação dos particulares a direitos fundamentais*. São Paulo: Malheiros, 2004.

STORM, René. *Le budget*. 7. ed. Paris: Félix-Alcan, 1912.

STORY, Joseph. *Comentários à Constituição dos Estados Unidos*. Traduzido e adaptado por Theophilo Ribeiro. Ouro Preto: Tipografia particular do tradutor, 1891.

◆ BIBLIOGRAFIA ◆ 1495

STRECK, Lênio Luiz. A escuta telefônica e os direitos fundamentais: as necessárias cautelas. *Enfoque Jurídico —* *Suplemento do Tribunal Regional Federal da 1ª Região*, n. 1, p. 4, ago. 1996.

_____. *Jurisdição constitucional e hermenêutica*. 2. ed. Rio de Janeiro: Forense, 2004.

STRECK, Lênio Luiz; OLIVEIRA, Marcelo Andrade Cattoni de; LIMA, Martonio Mont'Alverne Barreto. A nova perspectiva do Supremo Tribunal Federal sobre o controle difuso: mutação constitucional e limites da legitimidade da jurisdição constitucional. *Jus Navigandi*, Teresina, ano 11, n. 1498, 8 ago. 2007. Disponível em: <http://jus2.uol.com.br/doutrina/texto.asp?id=10253>. Acesso em: 31 jul. 2009.

STUBER, Walter Douglas. A reforma da ordem econômica e financeira. *CDCCP, 14*:80.

SUCUPIRA, Newton. *A condição atual da universidade e a reforma universitária brasileira*. Brasília: MEC, 1972.

SUEL, J. *Évolution du droit de réquisition*. Paris, 1947.

SUNDFELD, Carlos Ari. Mandado de injunção. *RDP, 94*:149-150.

SYRETT, Harold C. *American historical documents*. New York: Barnes and Nobles Publications, 1960.

TABOADA, Carlos Palao. Apogeo y crisis del principio de capacidad contributiva. In: *Estudios en homenaje a Federico de Castro*. Madrid, 1976.

TÁCITO, Caio. Educação, cultura e tecnologia na Constituição. In: *A Constituição brasileira de 1988:* interpretações. Rio de Janeiro: Forense Universitária, 1988.

TALAMINI, Eduardo. Dignidade humana, soberania popular e pena de morte. *Revista Trimestral de Direito Público, 11*:179.

TEIXEIRA, José Elaeres Marques. *A doutrina das questões políticas no Supremo Tribunal Federal*. Porto Alegre: Sérgio Fabris, Editor, 2005.

TEIXEIRA, J. H. Meirelles. *Curso de direito constitucional*. Rio de Janeiro: Forense Universitária, 1991.

TEIXEIRA, Sálvio de Figueiredo. Prefácio. In: BULOS, Uadi Lammêgo. *Manual de interpretação constitucional*. São Paulo: Saraiva, 1997.

TEIXEIRA, Sálvio de Figueiredo; BULOS, Uadi Lammêgo. A súmula vinculante na reforma do Judiciário. *Correio Braziliense*, Caderno Direito & Justiça, p. 3, 9 fev. 1998.

TEJADA, Javier Tajadura. *El preámbulo constitucional*. Granada: Comares, 1997.

TELES, Ney Moura. *Direito eleitoral*. São Paulo: Atlas, 1998.

TELHO, Frederico Leonardo Mendonça. Responsabilidade civil do Estado e (im)possibilidade de se demandar diretamente o agente público. In: *Direito público atual*: estudos em homenagem ao Professor Nélson Figueiredo. Belo Horizonte: Fórum, 2008, p. 185-209.

TELLES JR., Gofredo da Silva. Resistência violenta aos governos injustos. *RF*, 1955.

TEMER, Michel. *Constituição e política*. São Paulo: Malheiros, 1994.

_____. *Elementos de direito constitucional*. 12. ed. São Paulo: Malheiros, 1996.

TEPEDINO, Gustavo. *Temas de direito civil*. Rio de Janeiro: Renovar, 1999.

THON. *Norma giuridica e diritto soggettivo*. 2. ed. Padova: CEDAM, 1951.

TJADER, Ricardo da Costa. Enfoques jurídico-políticos das trocas de partidos. *Revista Brasileira de Direito Eleitoral, 4*:28-39.

TOCQUEVILLE, Alexis de. *De la démocratie en Amérique*. Paris, 1864, v. 1.

TOINET, Marie-France. *Le système politique des États-Unis*. Paris: PUF, 1990.

TORRES, Ricardo Lobo. *Curso de direito financeiro e tributário*. 12. ed. Rio de Janeiro: Renovar, 2005.

_____. (org.). *Teoria dos direitos fundamentais*. 2. ed. Rio de Janeiro: Renovar, 2001.

TOURINHO FILHO, Fernando da Costa. *Código de Processo Penal comentado*. 2. ed. rev., atual. e aum. São Paulo: Saraiva, 1997. v. 2.

_____. *Processo penal*. 21. ed. rev. e atual. São Paulo: Saraiva, 1999. v. 2.

TREVES, Giuseppino. *Principi di diritto pubblico*. 2. ed. Torino: UTET, 1973.

TREVES, Renato. Il fondamento filosofico della dottrina pura del diritto di Hans Kelsen. In: *Atti dell'Accademia delle Scienze di Torino*. 1933/1934. t. 19.

TRIBE, Laurence; **DORF**, Michel. *Leggere la costituzione:* una lezione americana. Milano: Saggi, 2005.

_____. *American constitutional law*. 2. ed. New York: The Foundation Press, 1988.

_____. The curvature of constitutional space: what lawyers can learn from modern physics. *Harward Law Review, 103*:1, 1989.

TRIEPEL, Heinrich. *Streitigkeiten zwischen Reich und Ländern:* Beiträge zur Auslegung des Artikels 19 der Weimarer Verfassung. Bad Homburg von der Höhe, Hermann Gentner Verlag, 1965.

TRIGUEIRO, Oswaldo. *O regime dos Estados na União Americana*. Rio de Janeiro, 1942.

_____. *Os poderes do presidente da república:* estudos sobre a constituição brasileira. Rio de Janeiro: FGV, s. d.

TROPER, Michel; **HAMON**, Francis. *Droit constitutionnel*. 29. ed. Paris: Sirey, 2005.

TUCCI, Rogério Lauria; **CRUZ E TUCCI**, José Rogério. *Constituição de 1988 e processo:* regramentos constitucionais do processo. São Paulo: Saraiva, 1989.

_____. *Devido processo legal e tutela jurisdicional*. São Paulo: Revista dos Tribunais, 1993.

TURPIN, C. *British government and the constitution*. London: Weidenfeld and Nicolson, 1990.

TURPIN, Dominique. *Contentieux constitutionnel*, Paris: PUF, 1986.

_____. *Droit constitutionnel*. Paris: PUF, 1992.

TUSHNET, Mark. The inevitable globalization of constitutional law. In: *The Changing Role of Highest Courts in na Internationalizing World*. Seminário Promovido pelo Hague Institute on International Law, em 23 e 24 de outubro de 2008, 22 p. Disponível em: <http://ssrn.com/abstract=1317766>.

UCKMAR, Victor. *Princípios comuns de direito constitucional tributário*. Trad. Marco Aurélio Greco. São Paulo: Revista dos Tribunais, 1976.

VALADÈS, Diego. *La dictadura constitucional en América Latina*. México: UNAM, 1977.

VANOSSI, Jorge Reinaldo. *Teoría constitucional*. Buenos Aires: Depalma, 1975, t. 1.

_____. Uma visão atualizada do poder constituinte. *RIBDC, 1*:11, 1983.

VASAK, Karel. *The international dimensions of human rights*. Paris: Unesco, 1982. 2 v.

VAZ, Manuel Afonso. *Lei e reserva da lei*. 2. ed. Coimbra: Coimbra Ed., 1996.

VÁZQUEZ, Rodolfo. *Derecho y moral:* ensayos sobre un debate contemporáneo. Barcelona: Gedisa, 2003.

VEDEL, Georges. *Les réquisitions*. Paris, 1948.

VEGA, Alberto. *Ley de amparo*. 2. ed. Montevideo: Idea, 1993.

VEIGA, Catarina; **SANTOS**, Cristina Máximo dos. *Constituição Penal anotada:* roteiro de jurisprudência constitucional — perspectiva cronológica. Coimbra: Coimbra Ed., 2006.

VELLANI, Mario. *Il pubblico ministero nel processo*. Bologna, 1965.

_____. *Naturaleza de la cosa juzgada*. Buenos Aires: EJEA, 1963.

VELLOSO, Carlos Mário da Silva. Reforma constitucional, cláusulas pétreas, especialmente a dos direitos fundamentais, e a reforma tributária. In: *Estudos em Homenagem a Geraldo Ataliba:* Direito Administrativo e Constitucional. Org. Celso Antônio Bandeira de Mello. São Paulo: Malheiros, 1997, p. 162-178.

VELOSO, Zeno. *Controle jurisdicional de constitucionalidade*. 2. ed. Belo Horizonte: Del Rey, 2000.

VENÂNCIO FILHO, Alberto. *A intervenção do Estado no domínio econômico*. Rio de Janeiro: Fundação Getulio Vargas, 1968.

VENTURA, Luigi. *Le sanzioni costituzionali*. Milano: Giuffrè, 1981.

VERDÚ, Pablo Lucas. *El sentimiento constitucional (aproximación al estudio del sentir constitucional como modo de integración política)*. Madrid: Ed. Reus, 1985.

◆ BIBLIOGRAFIA ◆   1497

VERNANT, Jean-Pierre. *O Universo, os deuses, os homens*. Trad. Rosa Freire d'Aguiar. São Paulo: Companhia das Letras, 2000.

VIAMONTE, Carlos Sanchez. *El poder constituyente*. Buenos Aires: Ed. Bibliográfica Argentina, 1957.

VIEIRA, Oscar Vilhena. *Direitos fundamentais — uma leitura da jurisprudência do STF*. São Paulo: Direito GV/Malheiros, 2006.

VILE, M. J. C. *Constitucionalism and the separation of powers*. London: Oxford University Press, 1967.

VILLA, Vittorio. Alcune chiarificazioni concettuali sulla nozione di inclusive positivism. In: *Diritto & questioni pubbliche*, 1/2001, p. 56-99.

VIRGA, Pietro. *Diritto costituzionale*. 6. ed. Milano: Giuffrè, 1947.

VON KIRCHMANN. *La ciencia del derecho*. Buenos Aires: Losada, 1949.

WALZER, Michel. *Das obrigações políticas:* ensaios sobre a desobediência, guerra e cidadania. Rio de Janeiro: Zahar, 1975.

WANG, Peng-Hsiang. *Defeasibility in der juristischen Begründung*. Baden-Baden: Nomos Verlagsgesellschaft, 2004.

WARREN, Earl. *The public papers of Chief Justice Earl Warren*. New York: Schuster and Simon, 1959.

WHEARE, Kenneth C. *Modern constitutions*. London: Oxford University Press, 1951.

WILLOUGHBY, Westel Woodbury. *The constitutional law of the United States*. 2. ed. New York: Baker — Voorhis Company, 1929. v. 1.

WOLF, M. *Gerichtsverfassungsrecht aller Verfahrenszweige*. Berlin, 1987.

WORMUTH, F. D. *The origins of modern constitucionalism*. New York: Harper, 1949.

WRIGHT, G. Henrik von. *Norma y acción:* una investigación lógica. Madrid: Tecnos, 1970.

YARDLEY, D. C. M. *Introduction to british constitutional law*. 6. ed. London: Batterworths, 1984.

ZAGREBELSKY, Gustav. *Il diritto mite*. Torino: Einaudi, 1992.

_____. *Il sistema costituzionale delle fontti del diritto*. Torino: Einaudi, 1984.

_____. *La giustizia costituzionale*. Bologna: Il Mulino, 1977.

_____. *Manuale di diritto costituzionale*. Torino: UTET, 2000. v. 1.

_____. *El derecho dúctil. Ley, derechos, justicia*. Madrid: Trotta, 2003.

ZAMUDIO, Hector Fix. *Ensayos sobre el derecho del amparo*. México: UNAM, 1993.

ZANCANER, Weida. *Da convalidação e da invalidação dos atos administrativos*. São Paulo: Malheiros, 1993.

ZANOBINI, Guido, Gerarchia e parità tra le fonti. In: *Studi in onere di Santi Romano*. Padova, 1939, t. I, p. 589 e s.

ZAVASCKI, Teori Albino. *Eficácia das sentenças na jurisdição constitucional*. São Paulo: Revista dos Tribunais, 2001.

ZIPPELIUS, Reinhold; MAUNZ, Theodor. *Deutsches Staatsrecht*. 26. ed. rev. Munique, 1985.

ZITSCHER, Harriet Christiane. *Introdução ao direito civil alemão e inglês*. Belo Horizonte: Del Rey, 1999.

ÍNDICE REMISSIVO*

Acesso à saúde — Cap. 27, n. 3

Ações afirmativas — Cap. 13, n. 14

Administração

— centralizada — Cap. 20, n. 2.1

— descentralizada — Cap. 20, n. 2.2

Aglomerações urbanas — Cap. 19, n. 5.4

Alcance

— das normas constitucionais transitórias — Cap. 29, n. 3

— político dos termos constitucionais — Cap. 8, n. 4

Alimentos transgênicos — Cap. 13, n. 6

Alistamento eleitoral — Cap. 17, 3.1, c.2

Anatocismo — Cap. 26, n. 8.8, c

Aplicação

— constitucional — Cap. 8, n. 1

— dos princípios federais — Cap. 12, n. 2

Argumentação jurídica — Cap. 8, n. 5

Armas — Cap. 12, n. 5

Ato de vontade e de conhecimento na exegese constitucional — Cap. 8, n. 6

Atos *in officio* (ou *propter officium*) — Cap. 21, n. 3.2, c

Autodeterminação dos povos — Cap. 12, n. 4

Autonomia partidária: significado — Cap. 18, n. 5

Avaliação periódica de cursos superiores — Cap. 27, n. 6.1.3

Bandeira nacional — Cap. 12, n. 5

Bicameralismo e unicameralismo — Cap. 21, n. 3

Caducidade (retardamento desleal ou retardação) — Cap. 20, n. 3.3

Cargos, empregos e funções públicas — Cap. 20, n. 4

Caso Madison *versus* Marbury — Cap. 6, n. 5, a

Cidadania — Cap. 16, n. 2

Circulação no Brasil com dólares — Cap. 14, n. 4

Círculos concêntricos de competência — Cap. 7, n. 3

Cláusula de umbral, barreira ou bloqueio — Cap. 18, n. 4

Concepção subjetiva de órgãos públicos — Cap. 20, n. 1

Concessão

— de asilo político (art. 4o, X) — Cap. 12, n. 4

— de lavra — Cap. 26, n. 5.5

— de patentes — Cap. 23, n. 3.5

Confederação — Cap. 19, n. 2

Confisco de bens — Cap. 28, n. 12

Congresso e Parlamento — Cap. 21, n. 3

Consciência constitucional — Cap. 4, n. 2.4

— plena — Cap. 6, n. 3

Conscrito — Cap. 17, 3.1, c

Conselho Constitucional francês — Cap. 6, n. 6, b

Constitucionalidade e inconstitucionalidade — Cap. 5, n. 1

Constitucionalismo exacerbado — Cap. 2, n. 4.5

Constitucionalização dos direitos trabalhistas — Cap. 15, n. 7

Constituição

— compromissória — Cap. 3, n. 6.8

— cultural — Cap. 3, n. 6.5

— necessidade — Cap. 3, n. 7.5

— futuro — Cap. 2, n. 4.6

— dogmática — Cap. 2, n. 4.4

— econômica formal — Cap. 26, n. 1

— em branco — Cap. 3, n. 6.10

— empresarial — Cap. 3, n. 6.12

— europeia — Cap. 1, n. 4.6

— feliz — Cap. 2, n. 4.4

— histórica — Cap. 2, n. 4.4

— oral — Cap. 3, n. 6.13

— plástica — Cap. 3, n. 6.11

— processual — Cap. 3, n. 6.7

— suave — Cap. 3, n. 6.9

Constituição-balanço — Cap. 3, n. 5.3

Constituição-garantia ou Constituição-quadro — Cap. 3, n. 5.3

Constituições biomédicas — Cap. 3, n. 6.7

Conteúdo da certidão — Cap. 14, n. 3

Contribuição de seguridade social — Cap. 27, n. 2

Contribuições especiais — Cap. 24, n. 2

Conveniência na exploração da atividade econômica — Cap. 26, n. 5.2

---

* Este índice remissivo é complementar ao sumário. Para maior gama de informações, consultá-los conjuntamente.

Convocação
— de governador — Cap. 21, n. 3, *b*
— em concurso público: prioridade — Cap. 20, n. 4

Cooperação entre os povos para o progresso da humanidade — Cap. 12, n. 4

Cores nacionais — Cap. 12, n. 5

Corpos de bombeiros militares — Cap. 23, n. 4.1

Crédito suplementar e antecipação da receita — Cap. 25, n. 3.2, *b*

Crise do capitalismo — Cap. 26, n. 4

Declaração dos Direitos do Homem e do Cidadão — Cap. 2, n. 2, *b*

Declaração Universal dos Direitos Humanos — Cap. 13, n. 6, 11, 29, 45, 50; Cap. 16, n. 4; Cap. 17, n. 3; Cap. 21, n. 5; Cap. 27, n. 6
Defesa
— da paz — Cap. 12, n. 4
— de multa de trânsito — Cap. 21, n. 5

Delegificação — Cap. 2, n. 4.4

Densificação constitucional — Cap. 8, n. 1

Desenvolvimento nacional — Cap. 12, n. 4

Desregulamentação — Cap. 2, n. 4.5

Destinação das normas jurídicas como falso problema — Cap. 13, n. 12

Dimensões dos direitos e garantias fundamentais — Cap. 13, n. 2

Direção das polícias civis — Cap. 23, n. 4.1
Direito
— à saúde e direito à vida — Cap. 27, n. 3
— de certidão e tutela da intimidade — Cap. 14, n. 1
— de petição e capacidade postulatória — Cap. 14, n. 2
— de petição e recurso extraordinário — Cap. 14, n. 2
— de revogação e veto — Cap. 21, n. 3, a.2
— de secessão — Cap. 19, n. 2.2
— do Estado — Cap. 1, n. 1

Direitos de crédito — Cap. 15, n. 3

Diretrizes legais do processo eleitoral — Cap. 18, n. 5

Discriminação de rendas tributárias — Cap. 24, n. 2

Dispersão normativa — Cap. 29, n. 3

Documentos abertos no tempo — Cap. 3, n. 2

Domicílio eleitoral na circunscrição — Cap. 17, n. 3.1, c.2

Domínio econômico e responsabilidade civil — Cap. 26, n. 5.5

Dupla filiação partidária — Cap. 18, n. 5

Eficácia de vinculação — Cap. 9, n. 3

Eficiência e eficácia: distinção — Cap. 20, n. 3.5

Empresa Brasileira de Correios e Telégrafos — Cap. 26, n. 5.2

Empresas Públicas e Sociedades de Economia Mista — Cap. 26, n. 5.2

Empréstimos compulsórios — Cap. 24, n. 2

Erradicação da pobreza — Cap. 12, n. 4

Espaço de decisão — Cap. 8, n. 1

Espírito da constituição — Cap. 5, n. 4, *e*

Espólio — Cap. 13, n. 12.4

Essencialidade do direito à saúde — Cap. 27, n. 3

Estabilidade sociológica das constituições — Cap. 6, n. 2
Estado
— como agente empresarial — Cap. 26, n. 5.2
— regional — Cap. 19, n. 2
— regional (ou federalismo de regiões) — Cap. 19, n. 4.4
— unitário — Cap. 19, n. 2

Estudo sistematizado das constituições — Cap. 1, n. 3

Exame de DNA em ação de investigação de paternidade — Cap. 2, n. 4.4

Falta de recursos para tratamento do vírus HIV — Cap. 27, n. 3
Federação
— americana — Cap. 19, n. 2.1
— brasileira — Cap. 19, n. 2.1

Federalismo nominal — Cap. 10, n. 5

Filiação partidária — Cap. 17, n. 3.1, c.2

Forais, pactos e contratos de colonização — Cap. 2, n. 4.3
Formação
— de uma comunidade latino-americana de nações — Cap. 12, n. 4
— do Estado Federal — Cap. 19, n. 5

Função promocional das normas constitucionais — Cap. 2, n. 4.4

Funcionamento dos partidos políticos — Cap. 18, n. 4

Fundamentos da constituição — Cap. 7, n. 1

Fundo do regime geral de previdência social — Cap. 28, n. 18

Fundo partidário — Cap. 18, n. 7

Gradualismo eficacial das constituições — Cap. 9, n. 5

Gratuidade do direito de certidão — Cap. 14, n. 3

◆ ÍNDICE REMISSIVO ◆   1501

Grau zero da eficácia constitutiva do Direito constitucional — Cap. 2, n. 4.2

Habeas corpus
— liberatório de prisão civil em alienação fiduciária — Cap. 2, n. 4.4
— no Brasil-Império — Cap. 14, n. 4
— no Brasil-República — Cap. 14, n. 4

Herança jacente — Cap. 13, n. 12.4
Hermenêutica — Cap. 8, n. 1
Hidrelétrica — Cap. 19, n. 4.2
Hino nacional — Cap. 12, n. 5

Idade mínima para ocupar postos públicos — Cap. 17, n. 3.1, c.2
Igualdade entre os Estados — Cap. 12, n. 4
Ilhas — Cap. 19, n. 4.1
Impossibilidade de novas revisões constitucionais — Cap. 29, n. 6
Impostos — Cap. 24, n. 2
Incentivos regionais — Cap. 19, n. 4.4
Inconstitucionalidade futura — Cap. 5, n. 4.9
Indenização de recursos minerais — Cap. 26, n. 5.5
Independência nacional — Cap. 12, n. 4
Indissolubilidade do pacto federativo — Cap. 19, n. 6
Inexistência de constituições escritas — Cap. 2, n. 4.2
Inflação legislativa — Cap. 2, n. 4.5; Cap. 21, n. 1
Interditos — Cap. 2, n. 4.2
Interesses difusos — Cap. 22, n. 2.4
Interrogatório de presos por videoconferência — Cap. 13, n. 47.3
Intervenção no domínio econômico e responsabilidade civil — Cap. 26, n. 5.3
Irresponsabilidade política do Presidente da República — Cap. 21, n. 5.1

Juízos de inconstitucionalidade — Cap. 5, n. 4

Legislador negativo — Cap. 6, n. 5, *b*
Leis
— não escritas — Cap. 2, n. 4.1
— supranacionais — Cap. 1, n. 4.5
Levantamento de FGTS para tratamento de AIDS — Cap. 2, n. 4.4
Lex mercatoria — Cap. 2, n. 4.5
Liberdade de exercício de atividade econômica — Cap. 26, n. 4
Limites à atuação eleitoral de partidos políticos — Cap. 17, n. 3.1, c.2

Magna Charta Libertatum — Cap. 2, n. 4.3
Massa falida — Cap. 13, n. 12.4
Matéria constitucional — Cap. 1, n. 4.4
Metódica constitucional — Cap. 1, n. 4
Microrregiões — Cap. 19, n. 5.4
Mínimo de eficácia — Cap. 9, n. 3
Movimento constitucionalista — Cap. 2, n. 2.2

Nação — Cap. 16, n. 2
Nacionalidade
— brasileira — Cap. 17, n. 3.1, c.2
— originária — Cap. 16, n. 4
— secundária — Cap. 16, n. 4
Não intervenção — Cap. 12, n. 4
Nascituros portadores de deficiências — Cap. 13, n. 16.1
Natureza dos serviços notariais e de registro — Cap. 28, n. 5
Neopresidencialismo — Cap. 10, n. 5
Norma-princípio — Cap. 12, n. 1
Normas
— gerais: conceito — Cap. 24, n. 3.1.1
— transitórias permanentes — Cap. 29, n. 1
Nulidade de processo administrativo — Cap. 14, n. 5.2

Objetivo da propaganda eleitoral-partidária — Cap. 18, n. 7
Orçamento público: significado clássico — Cap. 25, n. 3.1
Ordálios — Cap. 2, n. 4.1
Ordenamento econômico composto — Cap. 26, n. 3
Órgão executivo — Cap. 21, n. 5

Pacto fundante — Cap. 1, n. 2
Paralelismo de princípios — Cap. 26, n. 3
Paridade entre Ministério Público e advocacia — Cap. 21, n. 6.4
Peculiaridades da interpretação constitucional — Cap. 8, n. 4
Perda de mandato em votação aberta — Cap. 19, n. 5.1.1
Petróleo e gás natural — Cap. 26, n. 5.5
Place de grève — Cap. 15, n. 11
Plebiscito — Cap. 21, n. 3, a.2
Pleno exercício dos direitos políticos — Cap. 17, 3.1, c.2
Pluripartidarismo — Cap. 18, n. 4
Poder de fiscalização legislativa — Cap. 21, n. 3, a.2
Polícia
— administrativa — Cap. 23, n. 4

— de segurança — Cap. 23, n. 4

— federal — Cap. 23, n. 4.1

— ferroviária federal — Cap. 23, n. 4.1

— militar e atribuição de radiopatrulha aérea — Cap. 23, n. 4.1

— rodoviária federal — Cap. 23, n. 4.1

Policiais civis e acesso gratuito a eventos — Cap. 23, n. 4.1

Policiamento naval — Cap. 23, n. 4.1

População — Cap. 16, n. 2

Povo — Cap. 16, n. 2

Prazo de três anos de efetiva atividade jurídica — Cap. 21, n. 6.3

Precatório judicial e princípio da igualdade — Cap. 21, n. 6.6

Presidencialismo e Parlamentarismo: diferenças — Cap. 21, n. 5.2

Prestação de contas — Cap. 21, n. 4.4

Prevalência dos direitos humanos — Cap. 12, n. 4

Princípio

— constitucional — Cap. 12, n. 1

— da adequação ou da simetria — Cap. 4, n. 2.2

— da cidadania — Cap. 12, n. 2

— da defesa da constituição — Cap. 4, n. 2.2

— da dignidade da pessoa humana — Cap. 12, n. 2

— da força normativa da constituição — Cap. 4, n. 2.2

— da hierarquia — Cap. 4, n. 2.2

— da igualdade de voto — Cap. 17, n. 3.1, d.2

— da imediata incidência das normas constitucionais — Cap. 29, n. 4

— da incolumidade do direito objetivo — Cap. 21, n. 6.9

— da parcelaridade dos atos inconstitucionais — Cap. 5, n. 4, d

— da reciprocidade — Cap. 26, n. 5.7

— da separação de Poderes — Cap. 12, n. 2

— da soberania — Cap. 12, n. 2

— da temporariedade — Cap. 23, n. 2

— da unidade de legislatura — Cap. 21, n. 3.13

— do Estado Democrático de Direito — Cap. 12, n. 2

— do pluralismo político — Cap. 12, n. 2

— dos valores sociais do trabalho e da livre-iniciativa — Cap. 12, n. 2

— federativo — Cap. 12, n. 2

— fundante da necessidade — Cap. 23, n. 2

— jurídico — Cap. 12, n. 1

— representativo — Cap. 12, n. 2

— republicano — Cap. 12, n. 2

Princípios

— e valores: distinção — Cap. 12, n. 1

— extensíveis e pacto federativo — Cap. 12, n. 2

Prognoses legislativas — Cap. 6, n. 6, c

Proibição de ir contra atos próprios — Cap. 20, n. 3.3

Prolongamentos de administrações paralelas — Cap. 7, n. 5, c

Proteção

— à autonomia dos entes federados — Cap. 12, n. 2

Punições disciplinares militares — Cap. 23, n. 3.5

Qualificação de normas — Cap. 6, n. 6, c

Quinto constitucional

— e lista sêxtupla — Cap. 21, n. 6.4

— nos Tribunais do Trabalho — Cap. 21, n. 6.4

Reajuste de benefícios — Cap. 27, n. 2.1

Reconhecimento da face principiológica do Direito — Cap. 2, n. 4.4

Recusa de autoridade em fornecer certidão — Cap. 14, n. 3

Referendo — Cap. 21, n. 3, a.2

Regime de legalidade extraordinária — Cap. 23, n. 2

Regimes

— constitucionais — Cap. 2, n. 3

— de emergência — Cap. 7, n. 5, c

Registro partidário — Cap. 18, n. 6

Regra jurídica — Cap. 12, n. 1

Remédios constitucionais — Cap. 14, n. 1

Repúdio ao terrorismo e ao racismo — Cap. 12, n. 4

Requerimentos governamentais — Cap. 6, n. 5, b

Reserva

— absoluta de lei — Cap. 13, n. 18

— absoluta de lei ordinária federal — Cap. 21, n. 6.9, a

— de lei e liberdade de locomoção — Cap. 14, n. 4

— relativa de lei — Cap. 13, n. 18

Revoluções constitucionais — Cap. 7, n. 5, c

Selos nacionais — Cap. 12, n. 5

Senadores biônicos — Cap. 3, n. 2

Sistema

— conceito — Cap. 24, n. 1

— de representação de opiniões — Cap. 21, n. 3.2, b

Situações

— inconstitucionais abstratas — Cap. 6, n. 5, a

— inconstitucionais imperfeitas — Cap. 5, n. 4.10

◆ ÍNDICE REMISSIVO ◆

Sobreprincípio — Cap. 12, n. 1

Sociedade livre, justa e solidária — Cap. 12, n. 4

Solução pacífica dos conflitos — Cap. 12, n. 4

Stare decisis — Cap. 6, n. 5, *a*

Status activae civitatis — Cap. 17, n. 1

Sucesso da constituição — Cap. 9, n. 4

Supremacia sociológica das constituições — Cap. 4, n. 2.4

Taxas — Cap. 24, n. 2

Técnica jurídica de tutela das liberdades — Cap. 2, n. 2.2

Teoria brasileira do *habeas corpus* — Cap. 14, n. 4

Teoria da eficácia externa dos direitos fundamentais — Cap. 5, n. 6

Terras devolutas — Cap. 26, n. 7.2

Tipologia das constituições — Cap. 3, n. 8

Totalitarismo constitucional — Cap. 2, n. 4.5

Trabalhadores subordinados — Cap. 15, n. 7

Transferência
— obrigatória de alunos — Cap. 27, n. 6.1.2
— para reserva — Cap. 23, n. 3.5

Tratados-quadro — Cap. 1, n. 4.6

Uso do subsolo por particulares — Cap. 26, n. 5.5

Vacatio legis constitutionalis — Cap. 9, n. 1

Validade constitucional — Cap. 9, n. 1

Valor da constituição — Cap. 6, n. 3

Valores fundamentais das constituições do porvir — Cap. 2, n. 4.6

Valorização do trabalho humano — Cap. 26, n. 4

Verificação de normas — Cap. 6, n. 6, *c*

Vida uterina — Cap. 13, n. 16

Vigência constitucional — Cap. 9, n. 1

Vontade de constituição — Cap. 5, n. 3

Votação pública nas Casas legislativas — Cap. 17, n. 3.1, *d*

Votos em branco — Cap. 19, n. 5.1.1